SÆCULUM XII

LEONIS MARSICANI

ET

PETRI DIACONI

MONACHORUM CASINENSIUM

CHRONICON MONASTERII CASINENSIS

ET OPUSCULA

ACCEDUNT

RODULFI ABBATIS S. TRUDONIS

GESTA ABBATUM TRUDONENSIUM

NECNON

FALCONIS BENEVENTANI, LANDULPHI JUNIORIS

CHRONICA

INTERMISCENTUR

SANCTI OTTONIS BAMBERGENSIS EPISCOPI, MATTHÆI CARDINALIS, GILONIS TUSCULANI, GAUFRIDI CATALAUNENSIS, STEPHANI PARISIENSIS, EPISCOPORUM, GUALTERI CLUNIACENSIS MONACHI

OPUSCULA, DIPLOMATA, EPISTOLÆ

ACCURANTE J.-P. MIGNE

BIBLIOTHECÆ CLERI UNIVERSÆ

SIVE

CURSUUM COMPLETORUM IN SINGULOS SCIENTIÆ ECCLESIASTICÆ RAMOS EDITORE

TOMUS UNICUS

VENIT 8 FRANCIS GALLICIS

EXCUDEBATUR ET VENIT APUD J.-P. MIGNE EDITOREM
IN VIA DICTA *D'AMBOISE*, PROPE PORTAM LUTETIÆ PARISIORUM VULGO *D'ENFER* NOMINATAM
SEU PETIT-MONTROUGE

1854

ELENCHUS

AUCTORUM ET OPERUM QUI IN HOC TOMO CLXXIII CONTINENTUR.

Ex typis MIGNE, au Petit-Montrouge.

PATROLOGIÆ

CURSUS COMPLETUS

SIVE

BIBLIOTHECA UNIVERSALIS, INTEGRA, UNIFORMIS, COMMODA, OECONOMICA,

OMNIUM SS. PATRUM, DOCTORUM SCRIPTORUMQUE ECCLESIASTICORUM

QUI

AB ÆVO APOSTOLICO AD INNOCENTII III TEMPORA

FLORUERUNT;

RECUSIO CHRONOLOGICA

OMNIUM QUÆ EXSTITERE MONUMENTORUM CATHOLICÆ TRADITIONIS PER DUODECIM PRIORA ECCLESIÆ SÆCULA,

JUXTA EDITIONES ACCURATISSIMAS, INTER SE CUMQUE NONNULLIS CODICIBUS MANUSCRIPTIS COLLATAS, PERQUAM DILIGENTER CASTIGATA;

DISSERTATIONIBUS, COMMENTARIIS LECTIONIBUSQUE VARIANTIBUS CONTINENTER ILLUSTRATA;

OMNIBUS OPERIBUS POST AMPLISSIMAS EDITIONES QUÆ TRIBUS NOVISSIMIS SÆCULIS DEBENTUR ABSOLUTAS DETECTIS, AUCTA;

INDICIBUS PARTICULARIBUS ANALYTICIS, SINGULOS SIVE TOMOS, SIVE AUCTORES ALICUJUS MOMENTI SUBSEQUENTIBUS, DONATA;

CAPITULIS INTRA IPSUM TEXTUM RITE DISPOSITIS, NECNON ET TITULIS SINGULARUM PAGINARUM MARGINEM SUPERIOREM DISTINGUENTIBUS SUBJECTAMQUE MATERIAM SIGNIFICANTIBUS, ADORNATA;

OPERIBUS CUM DUBIIS TUM APOCRYPHIS, ALIQUA VERO AUCTORITATE IN ORDINE AD TRADITIONEM ECCLESIASTICAM POLLENTIBUS, AMPLIFICATA;

DUOBUS INDICIBUS GENERALIBUS LOCUPLETATA: ALTERO SCILICET RERUM, QUO CONSULTO, QUIDQUID UNUSQUISQUE PATRUM IN QUODLIBET THEMA SCRIPSERIT UNO INTUITU CONSPICIATUR; ALTERO SCRIPTURÆ SACRÆ, EX QUO LECTORI COMPERIRE SIT OBVIUM QUINAM PATRES ET IN QUIBUS OPERUM SUORUM LOCIS SINGULOS SINGULORUM LIBRORUM SCRIPTURÆ TEXTUS COMMENTATI SINT.

EDITIO ACCURATISSIMA, CÆTERISQUE OMNIBUS FACILE ANTEPONENDA, SI PERPENDANTUR: CHARACTERUM NITIDITAS, CHARTÆ QUALITAS, INTEGRITAS TEXTUS, PERFECTIO CORRECTIONIS, OPERUM RECUSORUM TUM VARIETAS TUM NUMERUS, FORMA VOLUMINUM PERQUAM COMMODA SIBIQUE IN TOTO OPERIS DECURSU CONSTANTER SIMILIS, PRETII EXIGUITAS, PRÆSERTIMQUE ISTA COLLECTIO, UNA, METHODICA ET CHRONOLOGICA, SEXCENTORUM FRAGMENTORUM OPUSCULORUMQUE HACTENUS HIC ILLIC SPARSORUM, PRIMUM AUTEM IN NOSTRA BIBLIOTHECA, EX OPERIBUS AD OMNES ÆTATES, LOCOS, LINGUAS FORMASQUE PERTINENTIBUS, COADUNATORUM.

SERIES SECUNDA,

IN QUA PRODEUNT PATRES, DOCTORES SCRIPTORESQUE ECCLESIÆ LATINÆ A GREGORIO MAGNO AD INNOCENTIUM III.

ACCURANTE J.-P. MIGNE,

BIBLIOTHECÆ CLERI UNIVERSÆ,

SIVE

CURSUUM COMPLETORUM IN SINGULOS SCIENTIÆ ECCLESIASTICÆ RAMOS EDITORE.

PATROLOGIA BINA EDITIONE TYPIS MANDATA EST, ALIA NEMPE LATINA, ALIA GRÆCO-LATINA. — VENEUNT MILLE FRANCIS DUCENTA VOLUMINA EDITIONIS LATINÆ; OCTINGENTIS ET MILLE TRECENTA GRÆCO-LATINÆ. — MERE LATINA UNIVERSOS AUCTORES TUM OCCIDENTALES, TUM ORIENTALES EQUIDEM AMPLECTITUR; HI AUTEM, IN EA, SOLA VERSIONE LATINA DONANTUR.

PATROLOGIÆ TOMUS CLXXIII.

LEO MARSICANUS ET PETRUS DIACONUS. RODULPHUS ABBAS S. TRUDONIS. FALCO BENEVENTANUS, LANDULPHUS JUNIOR. S. OTTO BAMBERG. EPISC., MATTHÆUS CARD., GILO TUSCUL., GAUFRIDUS CATAL. STEPHANUS PARIS., EPISC. GUALTERUS CLUNIAC. MON.

EXCUDEBATUR ET VENIT APUD J.-P. MIGNE EDITOREM,
IN VIA DICTA *D'AMBOISE*, PROPE PORTAM LUTETIÆ PARISIORUM VULGO *D'ENFER* NOMINATAM,
SEU PETIT-MONTROUGE.

1854

ANNO DOMINI MCXXXVIII

RODULFUS

ABBAS S. TRUDONIS

NOTITIA HISTORICA ET LITTERARIA

(FABRIC. *Biblioth. med. et inf. Lat.*, t. VI, p. 115)

Rodulfus, abbas monasterii S. Trudonis (*Saint-Tron*), diœcesis Leodiensis, ipse vitæ suæ notitiam exhibet a libro VIII Chronici Trudonensis usque ad lib. XIII, unde pauca excerpenda sunt. Natus est in villa quæ sita est super Sambriam fluvium, nomine Monasterium, ubi habetur abbatia monialium nigras vestes ferentium. Leodii studia tractavit usque ad annum XVIII, deinde monachus factus Porceti juxta Aquisgranum, ad custodis, magistri puerorum, cellerarii, minoris et majoris præpositi dignitatem aspiravit. Postea ad monasterium S. Trudonis perrexit, ubi rursum pueros docuit, postea decanus sive prior, tandem ann. 1108 abbas fuit. Electus quoque a. 1121 abbas S. Pantaleonis in diœcesi Coloniensi munus utrumque administravit, disciplinæ monasticæ studiosissimus. Vide Chronica regia S. Pantoleonis, tom. I, Eccardi, p. 927; Val. Andreæ Bibl. Belgicam, p. 801; Swertii Athenas Belgicas, p. 665; Oudinum, tomo II, p. 1010; Galliam Christianam, t. III, p. 759, 958.

Ejus opera sunt sequentia :

1. *Gesta abbatum Trudonensium*, ord. S. Benedicti, edita a Dacherio; Spicil. tom. VII, edit. novæ tom. II, p. 659.

2. *Epistola* ad Waleramnum ducem Limburgensem, advocatum monasterii Trudonensis, *De ejus monasterii statu* : exstat in Aub. Miræi Codice piarum donationum, tom. I, p. 61, edit. novæ : alia p. 520.

3. *Epistola* ad Stephanum, episcopum Metensem, *de statu monasterii sui* : est liber IX Historiæ Trudonensis, pag. 691.

4. *Rescriptum ad cœnobium S. Pantaleonis*, a quo quæsitus fuerat, *an liceat aliquid pro receptione puerorum accipere?* Exstat in Analectis Mabillonii, tom. II, p. 495, et 466 edit. novæ.

5. *Vita Lietberti episcopi Cameracensis*. Ἀνωνύμως edita erat a Dacherio t. IX (edit. novæ tom. II, pag. 138); nostro autem vindicat Mabillonius ex ms. codice Aquicinctiensi, ubi subscriptio hæc erat : *Explicit Vita domini Lietberti episcopi, edita a quodam monacho nomine Rodulpho*

6. Inedita sunt *Carmina varia*, quorum ipse meminit Historiæ Trudonensis lib. VIII, p. 690; et Trithemius quoque : *Volumen septem librorum contra Simoniacos* ipse loco citato memorat, Mabillonius in monasterio Gemblacensi invenit, et contenta narrat; sed illi postea in generali monasterii conflagratione perierunt, prout testantur Martene et Durand præfat. ad tomum IV Collectionis ampliss., pag. 17. Meminit quoque, p. 687, *Compilationum*, quæ multis sententiis divinis et decretis conciliorum plenæ fuerunt, item *Gradualis* a se conscripti.

7. *Acta translationis Sancti Gereonis unius militis legionis Thebæorum*. Edita est a Surio d. 24 Novemb., nec non a Martene et Durand Collect. ampliss. tom. VI, pag. 1013.

8. *Vita Petri Venerabilis*, ibid. pag. 1187 (*a*).

(*a*) Est Rodulphi alterius Cluniacensis monachi. EDIT.

GESTA ABBATUM TRUDONENSIUM.

EDIDIT D. R. KŒPKE PH. D.

(Georgius Heinricus Pertz, *Monumenta Germaniæ historica*, Script. t. X, p. 213.)

PROLEGOMENA.

Nullum facile monasterium ex omnibus quæ originis suarumque rerum laudatorem invenerunt, vel benigniorem præbuit scribendi materiem, vel accuratiores habuit auctores, qui per longius temporis spatium fortunæ secundæ vel adversæ vicissitudines prosecuti sunt, quam quod in Hasbania fundatum est Sancti Trudonis monasterium. Per septingentos triginta octo annos a quatuor rerum scriptoribus gesta abbatum monasterii Sancti Trudonis deducta sunt, quæ integra plenaque in hoc Monumentorum Germaniæ volumine primum dare luci publicæ haud immerito nobis gratulari posse videmur. Anni enim 628 usque ad 1366, grande historiæ Germaniæ spatium omnique memoria dignum, in his quos proponimus viginti uno gestorum libris comprehensi sunt. Non omnia quidem quatuor illi Trudonenses, qui et priorum et suorum temporum memoriam posteritati commendarunt, eadem auctoritate scribere poterant, cum neque antiquiora ex ipsorum recordatione traderent, neque omnes eodem felici ad scribendum ingenio essent ornati. Sed hæc est eorum laus, ut quod unusquisque suo loco suisque viribus proferre

A potuerit, haud male ad effectum perduxerit. Summa vero gratia habenda est illi viro, qui primus ad scribendas res Trudonensium manus admovit, atque ut eamdem viam, qua ipse præierat, ingredi conarentur suo exemplo invitavit reliquos. Est hic vir Rodulfus abbas Trudonensis, cujus nomen apud suorum temporum homines præclaro honore celebrabatur, qui primus horum gestorum fundamenta saluberrimo posuit consilio. De quo, cum unius ex omnibus Sancti Trudonis scriptoribus nomen servatum sit, paulo altius est repetendum. Cum vero et ipse, et qui primus post eum scribendi partes excepit, uberrime scripserit de juvenili ejus ætate et vita monachica, deque itineribus et ratione qua

B abbatis munus administraverit, hoc loco leviter tantum adumbrasse sufficiat, quæ apud ipsum auctorem majore cum utilitate unusquisque potest legere.

Rodulfus (1) parentibus plebeiis Monasterii ad Sabim, in comitatu Namurcensi, ubi lingua utebantur Walonica, ante annum 1070 ut videtur (2) natus, in celeberrima Leodiensium schola omnibus illorum

NOTÆ.

(1) Primus quod sciam ex recentioribus qui Rodulfi fecerunt mentionem est Trithemius in Chron. Hirsaugiensi ad a. 1120, ubi hæc leguntur : *Claruit his ferme temporibus Rodulfus abbas monasterii Sancti Trudonis in Brabantiæ finibus, nostri ordinis, in diœcesi Leodiensi, homo in Scripturis sua tempestate doctissimus, nec minus regularis vitæ sanctimonia quam litterarum eruditione venerabilis, qui scripsit inter cætera ingenii sui opuscula insigne volumen contra Simoniacos in libros septem divisum, Chronicon quoque transacti temporis librum composuit unum et quædam alia nobis incognita.* Eadem fere leguntur apud eumdem Trithemium in libro De scriptoribus ecclesiasticis ed. Fabricius, p. 93 : *Rodulfus abbas Sancti Trudonis in diœcesi Leodiensi, ordinis divi Patris Benedicti, natione Teutonicus, vir in divinis Scripturis jugi exercitatione peritus et in sæcularibus litteris non infime doctus, carmine valens et prosa et musicus excellens, nec minus opere quam scientia clarus. Scripsit utroque stylo non spernenda opuscula, de quibus feruntur contra Simoniacos libri* VII, *Chronica quoque liber* I, *carmina multa. Cantus etiam in laudem sanctorum plures dulci et regulari melodia composuit. Claruit sub Henrico V, anno Dom.* 1125. Dein rei litterariæ scriptores accuratius modo, modo levius Rodulfi Vitam litteris mandarunt; ita Possevinus in Apparatu sacro II, 350. V. Andreas in Bibliotheca Belgica, p. 707. Swertius, Athenæ Belgicæ p. 665. Vossius, De historicis Latinis p. 398. Gelenius, De magnitudine Coloniæ p. 365. Fisen, Flores Leodienses, p. 151. Mabillon., Ann. ordin. sancti Benedicti V, 493; VI, 66, 124, 285.

C Oudinus in Comment. de antiquis script. eccles. II, 1010. Dupin, *Nouvelle biblioth. des auteurs ecclés.* IX, 183. Cave, Biblioth. script. eccles. I, 571. Fabricius et Mansi, Biblioth. script. med. et infimæ Lat. VI, 115. Foppens, Biblioth. Belgica II, 1082. Ceillier, *Hist. gén. des auteurs sacr.* XXII, 68. *Histoire littéraire de la France* XI, 675. Martène et Durand, Coll. ampliss. IV, p. 17. Gallia Christiana III, 958. Paquot, *Mémoires pour servir à l'histoire litt. des Pays-Bas* II, 569. De Windt, *Bibliotheek der nederlandschen Geschidschryvers* I, 26. *Supplément à l'art de vérifier les dates*, in collectione *Nouveaux mémoires de l'Académie de Bruxelles*, VIII, 91.

(2) Quod probari videtur iis quæ sequuntur.

temporum bonis artibus instructus est. Tum Porceti apud Aquensem urbem nomen ad vitam monachicam Azelini abbatis tempore professus est anno ætatis decimo octavo, cum legendis sanctorum Vitis animus ejus ad cœlestia petenda esset erectus (3). Cum vero ibi paulatim ad præpositi munus provectus, sine ullo fructu pro regula accuratius servanda contendisset, in aliis monasteriis, e. g. in Hersfeldensi post annum 1088 (4), et præcipue apud Gladbacenses, qui severiorem Cluniacensium normam sibi vitæ ducem sumpserant, hospitari cœpit, et post Azelini mortem, quæ a. 1091 accidit (5), Porceto relicto in alium religiosæ vitæ portum confugere statuit. In Flandriam itaque profectus ad Sancti Trudonis monasterium venit hospes annis 1099-1101 (6), et a Theoderico abbate, qui felicem ejus indolem perspexerat, ad refrenandam Trudonensium feritatem, quæ inter intestina abbatum bella ingruerat, socius et adjutor retentus est. Duos per annos scholarum magister pueros primis litterarum rudimentis imbuit, et monachorum cantum satis barbarum secundum Guidonem Aretinum felicissime emendavit. Dein anno circiter 1103 prior electus, acerrimo studio monachorum disciplinam in meliorem statum reformare cœpit. Cumque in saluberrimo hoc consilio abbas Theodericus liberam ei dedisset potestatem, constanter pugnans contra efferos monachos, mores eorum emendavit et semiruta monasterii ædificia resarcinavit. Anno vero 1106 pene desperans de monachis in exsilium ivit, sed eodem anno revocatus, tandem a. 1107 hoc evicit, ut Cluniacensium usus apud Trudonenses introducerentur. Quantum vero odii quantumque invidiæ his omnibus in se susceperit, ipse, suppresso quidem suo nomine, satis tamen aperte indicavit (7). Sed in aliis etiam periculis Rodulfus abbati suo fidelissimus fuit adjutor contra Heinricum ducem Limburgensem, qui monasterii advocatus major Herimannum monachum Trudonensibus abbatem obtrudere conabatur. Sed longe majores tempestates concusserunt monasterium, cum post Theoderici obitum mense Aprili a. 1107 de eligendo novo abbate difficillima quæstio exorta esset. Cum enim qui Herimanno favebant suæ partis tutorem

A adepti essent Heinricum quintum regem, ab hujus legatis et Gisleberto comite Durachiensi advocato in monasterium ille introductus est abbas (8). Qua de causa Rodulfus ad Adalberonem episcopum Metensem missus legatus, ad cujus dominium spectabat Sancti Trudonis abbatia, se adjunxit comitem exercitui Friderici archiepiscopi Coloniensis et Godefridi ducis Lovaniensis, qui eodem tempore Virdunum ad regem proficiscebantur. Qua in expeditione, quam prædones potius quam milites facere videbantur (9), cum decem per dies summo cum vitæ periculo hæsisset et inimicorum insidiis vix evasisset, tanta in eum eruperunt adversariorum odia, ut Rodulfus in tutiorem locum Sancti Laurentii monasterium se reciperet (10). Tandem vero ad B concordiam hæ turbæ redierunt; in concilio enim Heinrici regis Leodii eodem anno habito Herimannus ab usurpato munere se abdicavit, et Rodulfus die 30 Jan. 1108 abbas electus, die 23 Febr. consecratus est (11). Gravioribus tandem periculis ereptus est morte Herimanni, qui anno 1114 non sine magno monasterii commodo e vita excessit (12). Sed mox in novas calamitates incidit abbas. Exarsit enim bellum inter Godefridum Lovaniensem ducem et Gislebertum comitem Durachiensem, quo eodem anno 1114 in oppidi Sancti Trudonis incendio monasterium etiam vixdum restauratum igne adustum est (13). Quibus ex bellorum fluctibus cum vix emersisset, denuo in altum mare rejectus est. Nam C in turbis de episcopatu Leodiensi exortis contra Alexandrum, quem confirmaverat imperator, Rodulfus fautor erat Friderici episcopi canonice electi, maluitque in exsilium ire anno 1121 quam cum excommunicato illo ejusque amicis communicare (14). Primum Gandæ apud Sanctum Petrum commoratus, dein Coloniam profectus est, ut synodo Friderici archiepiscopi Coloniensis interesset, qua Alexander se ab episcopatu Leodiensi recedere velle promisit. Paulo post d. 6 Sept. 1121 a monachis Sancti Pantaleonis abbas electus est Rodulfus, magnaque cum laude suorum usque ad annum 1123 monasterio præfuit (15). Quo tempore testis interfuit effodiendis reliquiis sanctorum Thebæorum, ex quibus nonnullas ad Sanctum Trudonem transmi-

NOTÆ.

(3) VII, 2.

(4) Tempore Friderici abbatis, ut ipse testatur I, 5, cujus mentio recurrit in tabulis annis 1095 et 1099 datis apud Wenk Hessische Landesgesch. Urkundenbuch tom. II, 51.

(5) Azelinum hoc anno mortuum esse Quix, vir in rebus Porcetensibus peritissimus, contendit in Adversariis suis, quæ servantur in bibliotheca regia Berolinensi; in libro quem de abbatia Porcetensi conscripsit ne nomen quidem Azelini occurrit, neque quod sciam alias ejus mentio facta est.

(6) Tempus quo ad Sanctum Trudonem venerit Rodulfus arctioribus finibus circumscribi nequit. Theoderico abbate regnante, qui obiit mense Aprili 1107, in monasterium receptus est, ut probatur V, 7, alioque loco, VI, 8, testatur se eodem Theode- D rico regnante vidisse intra quinque vel sex annos monasterium a septemdecim monachis esse relictum, unde patet cum jam anno 1101 apud Sanctum Trudonem commoratum esse. Anno 1102 inaugurationi novæ cryptæ se interfuisse probat VI, 2.

(7) VI, 22.

(8) VII, 2.

(9) VII, 3, 4.

(10) VII, 12.

(11) VII, 15, 16; VIII, 1.

(12) X, 12.

(13) X, 14, 15.

(14) XI, 11, 13, 14.

(15) XI, 16—18. Cf. epistola 50 de inventione sanctorum Thebæorum et Chron. Sancti Pantaleonis ap. Eccard Corpus SS. med. ævi I 927

sit. Anno demum 1123 mense Junio rediit ad suos Trudonenses, cum tandem Adalberonis episcopi electione Leodiensium res pacatæ et in pristinum statum essent redactæ. Sed horribilem sane præbebant aspectum res domesticæ. Rodulfo exsule Gislebertus advocatus monasterium denuo tanquam prædium suum expilaverat (16). Quibus miseriis omnibus circumventus, aliud consilium animo volvere cœpit abbas Romam proficiscendi, ut inde sibi solatium peteret. Itaque comes factus Alexandri olim inimici sui, qui peccatorum absolutionem petiturus erat, nor sine novis et itineris et prædonum periculis per Tusciam Romam anno 1126 profectus est. Cum vero res Romanas longe alias quam exspectaverat esse vidisset, anno sequenti corporis morbis fractus domum rediit (17). Nihilominus anno 1128 apostolorum limina iterum adiit cum eodem Alexandro, qui ob expiandam Simoniam, qua post Adalberonis mortem ipso anno episcopatum adeptus esse accusabatur, Romam erat vocatus (18). Sed ob hoc solum anno 1129 in patriam salvus videbatur rediisse, ut novis tempestatibus abriperetur. Anno 1129 Trudonenses crudelissimo bello pressi sunt a Godefrido duce Lovaniensi, cujus ducatus ab imperatore datus erat Waleramno Limburgensi, et a Gisleberto comite, cui advocatia abjudicata erat ob innumerabiles injurias, quibus Sanctum Trudonem vexare non cessabat (19). Cumque inter ipsos illos socios anno 1135 bellum exortum esset, Rodulfus cum suis non minora mala passus est (20). Sed post decursum longum malorum spatium ab omnibus his miseriis morte liberatus est. Cum anno jam 1132 paralysi ita percussus esset, ut sine magno labore ambulare nequiret (21), post triginta annos, quibus in abbatis munere omni cum studio omnibusque animi sui viribus id unum egisset, ut Sancti Trudonis monasterium in meliorem statum redigeret, die 6 Martii 1138 diem supremum obiit (22). Quod quam feliciter cesserit inter gravissimas tem-

A pestates, locorum redituumque probat catalogus, quos Sancto Trudoni partim recuperavit, partim novos acquisivit (23). Quantas vires quodque tempus consumpserit in reparando meliusque ædificando cœnobio, quomodo dirutum illud vastum monasterium ad finem perduxerit, Rodulfi continuator nobis testis est (24). Summaque opera, quam in emendanda monachorum disciplina posuerat, ita apud omnes bonam monasterii famam extulit, ut monachorum numerus, qui ante Rodulfum vix 17 vel 18 fuerat, illius temporibus alterum tantum excederet (25). Quibus omnibus ad tantum et gloriæ et bonæ conditionis fastigium monasterium evectum est, ut postero tempore ad minora tantum descendere posse videretur. Sed ut suo

B tempori rebus gestis, ita posteritati scriptis consuluit Rodulfus.

Primum inter eos quos composuit libros obtinent locum Gesta prædecessorum suorum abbatum Trudonensium, quæ eo consilio litteris mandavit ut ea conservaret, quæ priorum negligentia pene essent oblitterata, et hoc potissimum moneret posteros, ut priorum socordia vitata suarum rerum gestarum monumenta scripta conderent. Quod eo magis erat monendum, cum præter illos, qui Vitam sancti Trudonis sibi tradendam sumpserant (26), historiæ Trudonensium scribendæ manum admovere in mentem venerat sane nemini. Fontes igitur unde priorum temporum memoria hauriri poterat, exaruerant

C pene omnes. Nam de iis quæ Adelardi primi tempora præcesserant, i. e. annum 999, memoria servata erat pene nulla; neque ante Adelardi II tempora, qui monasterio ab anno 1055 præerat, largius historiæ flumen promanavit. Si jam tredecim illos Gestorum libros, quos primus editor Dacherius uni Rodulfo ascripsit, paulo accuratius inspexeris, vix te fugiet ab uno eodemque auctore hæc omnia minime scribi potuisse. Alius potius auctor Rodulfi vestigia presso pede secutus est. Nam

NOTÆ.

(16) XII, 1.
(17) XII, 2, 3.
(18) XII, 5, 6.
(19) XII, 7, 8.
(20) XII, 14.
(21) XII, 9, 10.
(22) In nonnullis etiam tabulis Rodulfi invenitur mentio: anno 1119 in charta qua continetur divisio jurium inter monachos Trudonenses habitantes in Dunk et parochum, quæ facta est per ipsum Rodulfum, apud Miræum I, 520; dein 1131 in Andreæ episcopi Ultrajectensis confirmatione ecclesiæ Alburgensis data Trudonensibus, ibid. IV, 364; denique anno 1136 in Stephani Metensis episcopi confirmatione monasterii Averbodiensis, quæ facta est consensu Rodulfi, ibid. I, 102.

(23) Cf. Rodulfi epistola ad Stephanum episcopum Metensem in libro IX et X, 2.

(24) IX, 29, 30; X, 13. 16—18. XII, 10.

(25) IX, 30.

(26) Primus qui centum circiter annos post sancti Trudonis mortem vitam ejus posteris tradere apud animum constituit, Donatus erat presbyter, cujus libellus legitur apud Mabillon Act. ord. Sancti Benedicti sæc. II, 1069, et Ghesquier in Act. SS. Belg. V. Post hunc Guicardus quidam monachus Trudonensis patroni vitam sibi sumpsit scribendam sæculo undecimo, cujus liber tenebris nescio quibus tegitur; sed mentionem ejus fecit tertius scriptor Vitæ sancti Trudonis Theodericus abbas in libro suo his verbis : *quem* (sanctum Trudonem) *longe ante Donatus diaconus et postea Guikardus, utriusque linguæ usque ad interpretem uterque periti, Latinitati tradiderunt.* Cf. Surii Act. sanct. VI, 544. De Theoderici Vita sancti Trudonis vide Sigebertum De viris illustr. cap. 171. Idem Theodericus conscripsit etiam sermonem de translatione sanctorum Trudonis et Eucherii ibid. pag. 566, qui vero nullius faciendus est momenti. His denique accedunt Stepelini Miracula sancti Trudonis lib. II, qui conscripti sunt ante a. 1055; dedicati enim sunt Guntranno abbati, cujus temporibus ultimis miraculis celebrari cœpit sancti Trudonis sepulcrum. Leguntur apud Mabillon Act. sanctorum ord. Ben. sæc. VI, 2. Recentiori tempore Gerardus Moringus Lovanii 1540 et Molanus in Natalibus sanctorum Belgii vitæ sancti Trudonis operam navarunt; qui præter illos alium libellum inter præsidia habuerunt, quem nominant *Informatio domni Trudonis prioris loci*. In meam notitiam hujus argumenti liber non venit.

Rodulfum a Grimone abbate usque ad ipsius electionem anno 1108 res Trudonensium prosecutum esse ex illis apparet verbis, quæ sub finem libri septimi subjunxit: *Neque enim adhuc pax fuit de Herimanno, adhuc restat inde dicenda gravis inquietatio, quam illi scribendam servamus, qui gesta hujus abbatis post domnum Theodericum assumet sibi scribenda, qui si fidelis diligensque relator exstiterit, inseret gestis hujus abbatis, quid Herimannus ei fecerit et qualem novissime finem habuerit.* Neque postea consilium mutavit, sed alius calamum a Rodulfo depositum recepit, et sequentibus sex usque ad decimum tertium libris historiam Trudonensium usque ad annum 1136 circiter deduxit (27). Nam, etsi eadem fere scribendi ratione usus est Rodulfi historiarum continuator primus, suamque narrationem cum altera illa conjunxit arctissime, tamen nemo unus dubitabit, quin minime Rodulfus, sed continuator sit qui hæc conscripserit. Quod quo magis in aperto sit, nonnullos apponam locos, qui sententiam illam certo certius confirmabunt. VIII, 17 continuator hæc habet verba: *Quæ autem postea secuta sunt, usque dum abbatiam intraret* (Rodulfus) *et quomodo introierit, puto, quod satis inde scriptor præcedentis historiæ prælocutus sit; ad illum recurrat quisquis hæc diligenter scire desiderat.* X, 10 ad Rodulfi epistolam ad Stephanum episcopum Metensem supplementa quædam se addere velle scribit: *Necesse est*, ait, *nos amodo ad priorem narrationis ordinem redire, ut si quid forte omisit* (Rodulfus), *aut obscurius, quia brevius, posuit, nostra narratio restituat et elucidet.* XI, 2 Rodulfus est *domnus abbas;* XII, 9 in describendo ejus morbo Rodulfus nominatur *caput nostrum*, denique XII, 10 eum his verbis suæ narrationis testem fecit auctor, *ut ipse referre solebat.* Quibus argumentis minime convellendis vix est quod addam, quod Rodulfus ipse de se abbate suppresso tantum nomine loquitur (28); idem non fecit continuator, qui eum formosum pulchreque litteratum juvenem, et alio loco pulchre personatum fuisse dicit (29), quod a viro tam modesto scribi potuisse nemo sane facile credat. Continuator demum secundus in sua præfatione satis aperte indicavit priora tempora non ab uno auctore esse descripta his verbis: *Quoniam tribulationes ecclesiæ nostræ — stylo quorumdam sapientium illustrari meruerunt*, etc. Neque ideo hæc commoveri posse videntur, quod continuator uno

A alterove loco quodammodo ex ipsius Rodulfi persona scribere conatus est, quod fecit e. g. VIII, 15 ubi hæc leguntur: *De quibus* (i. e. turbis inter Theodericum et Herimannum) *superius partem aliquam tetigimus;* at non ipse sed Rodulfus est qui has turbas descripsit; alioque loco de iisdem abbatum contentionibus, quas non tetigit, dicit idem, *quas superius diximus* (30).

Huic conscribendo operi quod septem continetur libris, post multas gravesque exantlatas miserias manum admovit Rodulfus abbas (31). Et si quid video uno tenore composuit librum suum exeunte anno 1114 vel anno 1115. Quod hæc mihi persuadere videntur argumenta, ultimis suis, quæ supra attulimus, verbis probat Rodulfus, novissime obiisse

B Herimannum usurpatorem, quod anno 1114 factum esse legimus (32). Alio loco primum monasterii incendium a. 1086 narraturus, ad aliud, et ni fallor ad illud incendium, quod factum est die 19 Jul. 1114 Sancti Trudonis oppidi, respexit his verbis: *Unde ipsi aliquando meminimus et post præsentes vidimus, non solum oppidum nostrum incendio prorsus conflagrasse, verum*, etc. (33). Uno loco monasterii suo tempore denuo restaurati fecit mentionem (34), at, cum ecclesiam anno 1115 summis viribus reparari cœptam (35) silentio præterierit, auctorem hunc annum scribendo transgressum non esse conjicimus. Minime vero eodem tempore in lucem publicam emisit librum; maluit enim eum tanquam testamen-

C tum posteris tradere, ut probant verba ejus in præfatione (36). Fontes ex quibus narratio hauriri poterat, haud ita benigne promanabant; erant potius ob intestinas turbas vix unquam sedandas interrupti et parcissimi, et merito Rodulfus modo negligentiam antiquorum hominum modo conditionem eorum litteris minime faventem vehementer dolet (37). Libri et tabulæ quas in auxilium sibi adsciscere poterat, sunt paucissimæ. Mentionem quidem fecit tabularii monasterii, sed se nunquam quod ibi quæsierit invenire potuisse profitetur; neque bibliotheca meliora præsidia videtur præbuisse (38). Ex libris laudavit vel Donati vel Theoderici Vitam sancti Trudonis, Vitam sancti Remacli et codicem quemdam, in quo præter alia legebantur nomina antiquorum abbatum usque ad

D Adelardum II, quorum posterioribus appositi erant numeri annorum et regni et Christi nati. Quas notulas tenuissimas, prout in libello invenerat, in præfa-

NOTÆ.

(27) Quod viderunt etiam auctores libri *Histoire litt. de la France* XI, 675.

(28) In libro septimo.

(29) VIII, 4; IX, 17.

(30) X, 5.

(31) I, 8. *Nos autem qui adhuc supersumus, sicut flagella iræ Dei et indignationis super locum nostrum non vidimus incepisse, ita quoque gravissima anxietate ingemiscimus adhuc quotidie necdum desiisse.* Cum his cf. III, 1, et præfationem.

(32) X, 12.

(33) Quod copiosissime narratur X, 14.

(34) III, 12; quo loco voce *ecclesia* eum non de ædificio sed de toto monasterio usum esse apparet.

(35) Quod probatur X, 16, ubi monasterium idem est quod nostris *munster*. Accedit quod Rodulfus ipse in epistola ad Stephanum Metensem, quam Gestorum quasi supplementum anno 1136 scripsit, ecclesiæ anno 1117 denuo consecratæ ab Obberto Leodiensi episcopo fecit mentionem IX, 29.

(36) *Dum adhuc in carne, qua nunc agonizatis, positus essem.*

(37) I, 2. 4; III, 10.

(38) Præfatio III, 11.

tione exscripsit. Ex suo libro thesauri Sancti Trudonis catalogum addidit, quem anno 870 Adventii Metensis episcopi legati conscripserunt (39). Reliqua vero omnia ex iis sibi petivit quæ antiquorum fratrum et testium oculatorum veridica narratione didicerat, vel longo temporis spatio prior et abbas Trudonensium suis oculis ipse viderat. Quas auctoritates in præfatione his apertis indicavit verbis: *Cætera vero fidelium virorum, qui hæc viderunt, aut eos qui hæc viderant, relatu didici; quæ me præsente aut me jam juvene existente acta sunt aliquantula fidelissimæ quidem memoriæ mandabo.* Et paulo post: *A secundo autem Adelardo usque ad me quidquid referam, aut ipse vidi aut videre potui, et quæ non vidi, eorum relatione qui hæc viderunt didici.* Antiquorum narrationes præcipue in libro primo secutus est, qui historiam trium abbatum Adelardi I, Guntramni, Adelardi II, annis 999-1082 continet (40). Longe vero majorem narrandi messem in describendis potuit facere illis temporibus, quæ Adelardi II mortem et Theoderici obitum intercessere, quorum viginti quinque annorum historiam in reliquis sex libris ex iis quæ vel a testibus oculatis audierat (41) vel ipse viderat (42) posteritati tradidit. Quibus præsidiis adjutus, rerum scriptoris munus, ut res gestas vere sincereque scriberet, ita profecto administravit, ut hanc laudem, quod partes suas bene egerit, ei negare non possis. Rarissime enim quod sciam erravit (43), et clarissimam quam sibi finxit muneris imaginem a rerum scriptore suscepti his verbis bene descripsit (44): *Nemo me mordeat, nemo michi detrahat, si veritatem loqui ipsa me compellat veritas; — historiografi debitum est nec assentatione nec amore*

A *nec odio nec timore a veritatis tramite declinare; scribam igitur, Deo teste, sicut a multis didici, et ut veracius exquirere a fratribus quoque potui, qui erant apud nos tunc temporis, et qui mecum postea inde ore ad os ista sunt locuti.* Neque artis criticæ, qua minime carere potest qui res præteritas vult memoriæ commendare, oblitus est, sed in singulorum testium narrationibus examinandis accuratum se præbet atque providum virum, qui quæ fide minus digna viderentur non uno loco aperte indicavit (45). At verum est, nonnulla silentio prætereunda esse satius duxit, quæ se pudore ordinis sui fecisse profitetur (46). Altiores etiam sensus in narrandis rebus ipsis non desiderantur, quibus velut fundamento totam narrationem superstruxit. Ex his hane potissimum sententiis haud paucis repetivit locis (47),
B omnes calamitates Trudonensibus illatas pœnas esse a justo Deo exactas, ob luxum superbiamque qua rebus secundis ad captandam vanam gloriolam se abripi passi essent. In dijudicandis rebus politicis et ecclesiasticis ex parte Romani pontificis auctorem stare vix est quod mireris, si cogitaveris eum illo tempore fuisse educatum, quo Gregorius VII pontificatui libertatem ab imperio vindicare cœperit. Itaque in rebus ecclesiasticis Romano pontifici magis obediendum esse quam imperatori aperte indicat (48). Si jam quæris quomodo tantam et rerum gestarum et sententiarum molem digesserit, cum unam illam viam ingressum esse haud negabis, qua in scribendis rebus tam perplexis tamque turbatis
C incedi poterat, quam ipse descripsit viam his verbis ab initio libri sexti: *Cum varias abbatum commutationes post obitum abbatis Adelardi secundi retulimus,*

NOTÆ

(39) I, 3.

(40) Exempla quomodo ex senioribus fratribus antiquiorem monasterii historiam quæsierit ipse affert in præfatione: *Sed neque quisquam erat antiquis de fratribus, qui se usquam hoc legendo reperisse, vel unquam audiendo didicisse diceret, ut ego scire quærebam.* Quibuscum est conjungendum quod de Stepelino narratur VIII, 8, qui ei antiquarum rerum auctor erat.

(41) Hi sunt loci quibus ad aliorum testium narrationem respexit: Præf., *Quod fidelium narratione didici, breviter referam.* I, 1, de Adelardo I, qui obiit anno 1034 legimus: *Unde et usque in hodiernum diem de eo a plerisque solet tale quid memoriale referri.* Ibid. de eodem, *aiunt* et *referri audivi;* I, 3, *accidisse cognovimus;* ibid. de Guntramno, *audivimus;* III, 3, *audivimus,* de Lanzone abbate a. 1085 a Liuponis fautoribus in turri obsesso; III, 8, *dicitur,* de Heinrico episcopo Leodiensi cum Trudonis urbem videret concrematam; infelicissimam urbis cladem postea audivit a monachis quibusdam, *qui diu postea nobiscum fuerunt,* e. g. cum Stepelino supramemorato diu vivebat in monasterio, qui æque testis his rebus interfuerat; IV, 4, *audivimus,* de fraude quam monasterium a. 1088 est perpessum; IV, 11, de Liuponis itinere a. 1091 ad imperatorem in Langobardiam facto, *sicut a multis didici;* V, 2, de inopia monasterii post Liuponis mortem, nonnullos *ore proprio audivi referre;* V, 6, *aiunt fratres;* VI, 5, miseriam, quæ primo Theoderici tempore circiter a. 1101 pressit monasterium, descripsit *secundum quod audivimus maximaque ex parte ipse vidi;* VII, 2, de Herimanno juniore unum habet testem qui cum illo erat, cum denuo in monasterium irrupisset.

(42) Quæ sequuntur inde ab ineunte libro sexto Rodulfus ex sua ipsius cognitione narravit, ut accurata probat rerum descriptio et ipsa ejus verba testantur; VI, 11, *ipse oculis* vidit summam lætitiam qua receptus est Theodericus abbas anno 1106, cum ex exsilio rediret; VI, 19, omnibus viribus laboravit ut inter Heinricum ducem Limburgensem et Theodericum abbatem pax constitueretur. Reliqua omnia ipse testis oculatus litteris mandavit; cf. VII, 3, 13.

D (43) I, 6. Giselam imperatricem cum sancta Cunigunda videtur confudisse, aliisque quibusdam locis, ni fallor, in computandis annis lapsus est; e. g. II, 13; VI, 25.

(44) IV, 11.

(45) Præf. : *Nam de supradictis cæteris nichil accepi quod fide certa proferre audeam.* I, 1 : *At unde hoc potissimum accidisset, fide plena relatione non didici.* I, 4: *Non plura didicimus;* I, 5: *Quo ordine non didicimus;* Ib.: *Quomodo vero inde transierit Hersfeldiam nescimus, sed quod ex eo transierit didicimus.* I, 12 : *Quod verisne an falsis hominum fieret suggestionibus, hoc Domino Deo nemo novit melius,* etc.; IV, 2 : de Herimanno seniore *nihil didicimus quod dignum memoria videatur.*

(46) Præf. IV, 11.

(47) II, 1, 4, 8, 19. III, 2, 7, 9.

(48) III, 2.

certam annorum seriem propter violentias eorum et frequentes ejectiones et regressiones singulorum nequaquam tenere potuimus. Nam, ubi nullus legitimus ordo succedentium sibi abbatum servabatur — observari facile certus annorum numerus non potuit de singulis, maxime, etiam si posset, cum familiari semper nostris negligentia nemo erat qui operam impenderet. Recte et bene; nam si annalibus hæc omnia auctor inclusisset, non sine magno perspicuitatis damno largissimum narrationis fluvium interrupisset.

Sed vir omnibus eruditionis præsidiis ornatus in componendo hoc uno Gestorum libro sibi vix satisfacere potuit. Exstant haud pauca doctrinæ et diligentiæ ejus specimina hoc loco enumeranda, ex quibus nonnulla his Gestis dabimus subjuncta. Primo loco hic censendæ sunt Rodulfi epistolæ, quibus ex parte Gestorum supplementa haud contemnenda continentur. Ex his præ cæteris mentione sunt dignissimæ litteræ ad Stephanum episcopum Metensem, a. 1136 datæ, quas servatas debemus continuatori primo, qui eas librum tanquam nonum Gestis ipsis prudenti consilio inseruit. Hoc potissimum ante oculos habebat Rodulfus, ut enumeraret ea prædia monasterii, quæ ipse sive nova acquisierat sive injuste possidentibus extorserat. Quem bonorum indicem, si nova accesserint, suo tempore complere apud animum constituerat, ideoque Metensi episcopo commendaverat ut sua auctoritate hunc bonorum Trudonensium statum integrum servaret. Quæ omnia ex tabulario Trudonensi hausit (49). Ad eumdem Stephanum aliam scripsit epistolam, quæ item haberi potest Gestorum supplementum, de injuriis et vexationibus quibus Otto comes Durachiensis, filius Gisleberti advocati, Sancti Trudonis monasterium per longum tempus presserat. De inventione porro reliquiarum sanctorum Thebæorum deque tempore quo apud monachos Sancti Pantaleonis vivebat, uberrimam conscripsit narrationem anno 1122 in epistola ad Trudonenses (50). Accedit quarta epistola, copiosior illa, qua continetur dissertatio ad eosdem monachos Sancti Pantaleonis, qui a Rodulfo consilium petierant de viro quodam divite, qui filium iis dederat monachum educandum, hæreditate ejus retenta sub vitanda Simoniæ specie. Scripta est epistola post annum 1123 (51). Quintam, brevem vero, dedit inter annos 1119 et 1138 ad Waleramuum ducem de Trudonensis advocati juribus. Nonnulla alia quæ composuit opuscula aut perierunt aut felicem fortasse exspectant inventorem. Teste continuatore primo Rodulfus ipse omnium suorum operum confecit catalogum, quem ab illo descriptum non esse dolemus (52). Ex quibus videtur fuisse gravissimum opus septem libris conscriptum contra Simoniacos, de quo hæc leguntur (53) : *Exstat et aliud volumen septem librorum ejus, quos contra Simoniacos scripsit, quatuor ratione, tribus agens auctoritatibus.* Cujus parvum ipse servavit fragmentum in libello ad monachos Sancti Pantaleonis, ut his patet verbis, quæ hoc loco repetere liceat : *Ad quæ probanda* (argumenta contra Simoniacos) *cum per campos sanctarum Scripturarum aliquando luderemus, hac pila multis et variis auctoritatum floribus respersimus nostra vestigia. Exstant volumina per quæ scribendo modo recurrere piget, vestro tamen amore pauca recolligere libet.* Nemo facile dubitabit quin ad opus supra laudatum respexerit auctor, quod ab eo ante annum 1123 luci datum esse apparet. Anno primo quo apud Trudonenses morabatur, jubente Theodorico abbate collectionem canonum conscripsit, quam continuator primus *utilissimas vocat compilationes, plenas plurimarum divinarum sententiarum et multorum decreta conciliorum* (54). Ad Alexandrum Leodiensem anno ut videtur 1119 de injusta ejus episcopatus invasione et de electione canonica misit epistolam, quod sciam, non servatam (55). Præterea duo composuit carmina de incendio, quod Sancti Trudonis oppidum anno 1114 consumpsit, quibus acerrime perstringens Godefridum ducem Lovaniensem, in manus ejus incurrit odium (56), et aliud carmen de Eucharistia (57). Denique cantus ecclesiasticos hymnosque panxit, et graduale conscripsit ad moderandum cantum mona-

NOTÆ.

(49) IX, 22, 24.

(50) Acta translationis primus edidit Surius in Actis sanctorum et post eum ex codice Trudonensi Martene et Durand in Collect. ampliss. VI, 1014.

(51) Una cum Siberti epistola ad Rodulfum edidit eam Mabillon in Analect. veterib., p. 465.

(52) VIII, 15. *Exstat volumen opusculorum ejus, in cujus præfatione invenitur quid scripserit, quid modulatus fuerit, et cur et quando.*

(53) I. I. Mabillonii tempore servabatur codex hujus libri in monasterio Gemblacensi, sed postea irreparabili ut videtur damno consumptus est. Qualis fuerit argumenti, ex Mabillonii annotatione, qui codicem inspexerat, in Analect. veterib. p. 465 conjici potest, quam hoc loco repetere liceat : *Volumen illud uti et duas præmissas epistolas inveni in bibliotheca Gemblacensi sub hoc exordio : « Rudolfus gratia Dei sanctique Trudonis id quod est, Lieberto suo, salutem. Scio me ante librum morosius hac illacque deferri, » etc. Tum incipit præfatio : « Nuper tibi, frater Lieberte, scripseram libellum quem laberinthum primæ Simonis intitulaveram, » etc. In primo libro primam et maximam hæresim esse Simoniam ostendit. In secundo deplorat quod nihil maximum aut minimum tunc esset in domo Dei, quod qualicumque modo non esset venale. In tertio ab agris incipiens, id est a presbyteris villarum, progreditur usque ad rectores et magistratus ecclesiarum, ostendens quomodo soleant clerici fieri et ecclesias suscipere. In quarto ab agris transit ad urbes agens de venditionibus præbendarum et omnium officiorum quæ sunt in ecclesia. In quinto sibi objicit quod de monachis loquens Simonias eorum dissimulet. In duobus posterioribus purgat se de ejusdem objectis.* Eumdem codicem postea incendio periisse adnotat Mabillon Ann. VI, 125. Alius codex servabatur in monasterio Villariensi teste Sandero in Biblioth. Belg. I, 271.

(54) VII, 4. Cf. Lebeuf *Dissertations sur l'histoire de Paris*, II, 130.

(55) XI, 6.

(56) X, 14.

(57) Ex quo quatuor tantum versus servati sunt, qui leguntur ex Groppero, qui eos primus dedit, *Hist. litt. de la Fr.* XI, 686. Rodulfo falso ascriptam

chorum satis incultum (58). Virum libris scribendis tam deditum magnum eruditionis apparatum legendis aliis scriptoribus sibi comparasse facile conjicias. Sed veterum sententiis libros suos minus quam alii distinxit; unum tantum Horatii locum inveni (59). Sæpius laudavit Ecclesiæ Patres Hieronymum, Augustinum, Gregorium, Benedictum (60) et canones, quibus scribendis et legendis summam operam videtur navasse (61), Vitasque sanctorum Mauri, Luciæ, Laurentii, Cæciliæ (62). Hæc de Rodulfo.

De Gestorum abbatum Trudonensium continuatore primo pauca tantum possunt afferri. Nam monachi hujus Trudonensis (63) ne nomen quidem posteritati traditum est, sed optimum sui monumentum in continuatione posuit, in qua eum rerum scriptorem invenies Rodulfo vix inferiorem. Deduxit Gesta abbatum usque ad annum 1136 (64), neque haut ita diu post videtur ea conscripsisse intra annos 1136 et 1138. Quod ni fallor ante Rodulfi obitum 6 Mart. 1138 factum est; nam ultima fata viri a se omnibus laudibus ornati minime sane silentio præteriisset auctor, si illo tempore jam accidissent, quo libro suo finem erat impositurus. Aperte indicat se quæ traditurus erat exhausisse, nullamque scribendi materiem superesse, seque priora quæ scripserit relegisse (65). Quibuscum consentit Gestorum codex antiquior, in quo desideratur brevis illa de morte Rodulfi narratio, legitur vero in altero codice Bruxellensi. Postero itaque tempore videtur esse adjecta, et si quid video, a continuatore secundo, qui ad eam primis his videtur respexisse verbis: *Anno igitur Inc. Dom. 1138 — defuncto, ut prædiximus, pridie Non. Mart. abbate Rodulfo*, etc. (66). Itaque vivente Rodulfo abbate prima Gestorum continuatio scripta est (67). Quin imo jam Rodulfi prioratus tempore inter monachos videtur fuisse auctor, nam quomodo fuerit tunc vita monachica, vix ab alio quam ab oculato teste tam accurate scribi poterat (68). Et ni fallor unus erat ex fidelissimis Rodulfi amicis, nam accurate enarrat, qui potissimum fuerint viri qui abbatis familiaritate usi essent (69), proculque dubio in iis quæ ipse non vidit Rodulfum habebat testem (70) et uno loco quid senserit, quid cogitaverit ille quantaque fuerit animi ejus perturbatio copiosius descripsit; quæ omnia unius Rodulfi tantum auctoritate posteritati tradi potuerunt (71). Ex limpidissimis igitur fontibus ubique suam hausit historiam, quam Gestorum libris sex posterioribus composuit. In ipsa scribendi ratione jam supra monuimus cum in Rodulfum quasi in exemplar clarissimum intuitum esse, eumque id præcipue egisse, ut suos libros illis adaptaret quam arctissime, unumque ex utraque parte volumen conficeret; quod quam feliciter ad effectum perduxerit nemo non videt.

Post primum hunc continuatorem præterlapsi sunt anni quadraginta duo, antequam unus ex posteris, quos Rodulfus ad scribendam historiam excitare voluerat, ad exsequendam hanc exhortationem se accingeret, cum jam haud paucæ res, quæ priori tempore accuratius scribi potuerant, oblivione essent obfuscatæ. Continuator secundus quatuor libris sibi scribendam sumpsit historiam abbatum Folcardi, Gerardi, Wirici, i. e. annorum 1138-1183, quorum illos duobus prioribus, hunc duobus posterioribus paulo uberius absolvit. Nam hoc præcipue sibi proposuit ut Wiricum abbatem, cujus tempore vivebat ipse, ita celebraret, ut merita ejus viderentur postulare. Quod consilium ultimis suis his indicavit verbis (72): *Dignum est igitur ut tanti patris operum et multiplicium beneficiorum grata memoria in benedictione apud posteros habeatur, quorum usibus et commodis tam egregie tamque paterne desudasse luce clarius comprobatur. Ei ergo commune precum conferamus juvamen, orantes, ut spiritus ejus in pace requiescat.* Quibus verbis hoc etiam elucere videtur, quod auctor haud ita diu post Wirici mortem a. 1183 opus suum aggressus est. Neque arctioribus finibus circumscribi videtur posse tempus quo librum suum composuit, nam clariora desiderantur indicia; Wirici vero eum fuisse æqualem, qui anno 1155 ad abbatis munus evectus est, apparet. Rebus enim anno 1167 in Italia gestis se fuisse æqualem indicat (73), anno 1169 reliquiis

NOTÆ.

esse Vitam Lietberti episcopi Cameracensis, qui obiit anno 1076, a Mabillonio Anal. vet. p. 465 et in Annalibus V, 102. quod post hunc repetierunt alii, observavit Bethmannus in Gestis episc. Cameracensium Mon. Germ. Script. VII, 398, n. 47. Neque alius Rodulfi Vita Petri venerabilis abbatis Cluniacensis nostro dari potest, quod mera videtur esse conjectura Fabricii in Biblioth. script. med. Latin.

(58) VIII, 5. Vide etiam narrationem de Rodulfi morte.

(59) IX, 30. Qui sit physicus cuius affert verba in præfatione nescio.

(60) Omnes in epistola ad monachos Sancti Pantaleonis.

(61) II, 10, 11.

(62) Epistola ad mon. Sancti Pant.

(63) Hoc eum fuisse et per se patet et ipse indicavit, e. g. VIII, 5, 7, 11, aliisque locis.

(64) XII, 15.

(65) XIII, 2, 3.

(66) I, 1.

(67) Non obstare videtur locus unus VIII, 10, unde fortasse conjicias continuationem scriptam esse post mortem Rodulfi; leguntur enim ibi verba *totoque vitæ illius tempore* malas quasdam monachorum consuetudines esse repressas. Nam minime hoc uno modo, opinor, interpretanda sunt illa verba, ut vitam Rodulfi jam præterisse credamus.

(68) VIII, 9, 10; X, 4. Turbis post Obberti Leodiensis mortem exortis 1119 testis intererat oculatus: *sic vidimus, sic audivimus, sic scribimus*, dicit de illis. XIII, 9, *vidimus* de Rodulfi dicit temporibus.

(69) VIII, 18. *Atque in tantum — rem quam certissime scio fidelissime referam ecce! coram Deo, quia non mentior — quod nullus fratrum tam carnaliter tamque spiritualiter poterat ei esse familiaris*, etc.

(70) VIII, 2 sqq. in narranda Rodulfi juventute, e. g. XIII, 8, seniores fratres habet testes.

(71) X, 12.

(72) IV, 32.

(73) III, 11. *Quod ne cui in dubium veniat nosque, quia rei non interfuimus, utpote longo terrarum ab*

sancti Lietberti effodiendis testis oculatus interfuit (74), itemque miraculo quo sanctorum reliquiis militis cujusdam brachium videbatur sanatum esse (75). Reliqua scribendi præsidia potissimum e Sancti Trudonis tabulario sibi petiit. Sunt litteræ tabulæque publicæ, quas partim laudavit partim in ipsum textum integras inseruit (76). Ex libris duos tantum quod sciam inter subsidia admisit : Sigeberti continuationem Gemblacensem (77), et triumphum sancti Lamberti (78), quæ in universum magis excerpsit quam ad verbum descripsit. Itaque ut minora erant ejus præsidia, ita in scribendis rebus minime ad eamdem ut Rodulfus et continuator primus potuit pervenire laudem. Minus enim benigne profluere videtur rerum narrandarum copia, minor est ipsius narrationis perspicuitas, minor simplex illa venustas; sunt potius omnia arida magis et jejuna minusque apta ad animum commovendum. Neque ejusdem sunt momenti quas posteritati tradidit res gestæ. Priores rerum scriptores non unum suum monasterium respexerant, neque suæ provinciæ aut imperii historiam a suo munere amandaverant, quod sæpissime fecit continuator secundus. In simplicioribus enim his rebus potissimum acquievit, in enumerandis monasterii juribus et redditibus, in fidelium donationibus, in describendis ædificiis noviter constructis, in enarrandis sanctorum inventionibus aliisque hujuscemodi rebus; in secunda demum parte libri quarti ad alia scribenda animum vertit (79). Eruditionis etiam specimina sunt rarissima; uno tantum loco, si quid video, Horatii laudavit versum (80).

Longe denique latiorem campum sibi percurrendum statuit, qui illum excepit continuator tertius. Is enim Trudonensium abbatum Gesta deduxit ab anno 1183 usque ad annum 1366, longeque difficilius erat quod sibi proposuerat exsequendum consilium. Nam non modo Gestorum continuationem sed etiam supplementa dare conatus est, et quod Rodulfus ante annos ducentos quinquaginta perficere non potuerat, ut de primordiis monasterii Sancti Trudonis scriberet, hoc sibi difficilius non esse continuator tertius opinabatur. Priores, rerum magna ex parte testes oculati, sua præcipue tempora descripserunt, hic antiquissima etiam tempora doctorum virorum more, ut ita dicam, perscrutanda sibi sumpsit. Duæ igitur tertiæ continuationis partes sunt discernendæ; prior, in qua libris tribus monasterii origines ab anno 628 usque 999 conscripsit, et posterior altera, in qua eorum abbatum, qui monasterio annis 1183 usque 1366 præerant, historiam libris duobus posteritati mandavit. Quam continuationem duplicem eo consilio auctor composuit, ut cum vetustioribus Gestorum libris suos accurate conjungeret, et ita quidem ut partem primam præmitteret operi Rodulfi, alteram tanquam continuationem tertiam antecedentibus subnecteret. Sed non in hoc uno acquievit; totam Trudonensium historiam adornare omniaque, quæ vel ab aliis scripta invenerat vel scripserat ipse, in unum Gestorum abbatum Trudonensium volumen redigere et compingere conatus est, ita ut ex antiquissimis temporibus usque ad ea quæ novissime erant gesta lector descendere posset. Quod consilium in præfatione primæ partis uberius exposuit auctor, et quomodo absolverit, probatur aperte illo in quo servatæ sunt hæ continuationes codice Bruxellensi. Scripta enim invenit in codice sæculi XII Gesta Rodulfi primique continuatoris, cum quibus secundam conjunxit continuationem, quæ in codice sæculi XIII erat contenta (81). Huic duplici volumini tanquam primam (82) et quartam (83) addidit partem quæ ipse sæculo decimo quarto conscripserat. Sed neque hoc ei satis erat. Ubi plura aut meliora posteris se tradere posse quam Rodulfus opinabatur, haud pauca ex illius libro rasuris delevit, suaque in ipsum textum intrusit aut in margine annotavit, ex parte tanquam ab ipso Rodulfo essent scripta; quas interpolationes *Incidentia* appellavit. Ut in unum denique ordinem omnia redigeret, in capita etiam Rodulfi librum divisit, quod illi ipsi minime in mentem venerat. Hoc modo Trudonensium scriptorum corpus condidit continuator quartus. Quis fuerit accuratus hic atque diligens auctor, utrum monachus an fortasse abbas Trudonensis, hoc ex tenebris in lucem produci non potest; hoc unum apparet, eum fuisse Trudonensem. Ne rebus novissime gestis manum admoveret bene sibi cavit, ne, ut ipse in præfatione profitetur, *si gestarum rerum veritatem persequerer, quorumdam*

NOTÆ.

eis semoti spatio, falsa referre credat, etc.

(74) IV, 1. *Nobisque Deum et ejus martyrem* (Libertum) — *collaudantibus*, etc. Ibid. *Robertum ducem Hasbaniæ — ibidem cum uxore sua sepultum seniorum nostrorum attestatione didicimus*, etc. IV, 2, *Aperto — foramine invenimus sarcofagum*, etc.

(75) IV, 9. *Nobisque subito inchoantibus hymnum*, etc.

(76) I, 3, tabulas laudat Stephani Metensis episcopi Trudonensibus datas; I, 5, aliam de lite quadam inter Forcardum abbatem et Arnoldum de Diest; I, 11, chartam donationis Tegnonis cujusdam; III, 10, Alexandri archidiaconi, Heinrici episcopi Leodiensis et Victoris papæ confirmationis tabulas; III, 7, in narratione secutus est litteras quas a 1179 Fridericus I et Adrianus papa miserunt alter contra alterum; III, 11, Raynaldi archiepiscopi Coloniensis epistolam de rebus in Italia gestis a. 1167 ex parte descripsit.

(77) I, 3.

(78) I, 4.

(79) Sed cfr. etiam III, 7; IV, 26.

(80) III, 6.

(81) Præf. part. I. *Deinde consequenter trium abbatum gesta, qui Rodulfo immediate successerunt in antiquo libello scripta inveniens annexi.*

(82) Ibid. *Pauca que collegi ad continuandum rerum gestarum ordinem, libris per venerabilem domnum Rodulfum de gestis novem abbatum nobiliter digestis anteponere curavi.*

(83) Ibid. *Postremo autem posui duodecim abbatum gesta, qui præfuerunt ab anno Domini 1180* (errat : 1183) *usque ad obitum Roberti abbatis, qui obiit anno Dom.* 1366. Et sub finem ejusdem præfa-

forsan, qui adhuc superstites sunt, offensam incurrerem, aut si a veritate discederem, adulationis seu mendatii nota fuscarer. Et ob eamdem sine dubio causam satis diu post annum 1366 opus ad finem perduxit ; uno enim loco mentionem fecit anni 1372 (84) alioque pestem quamdam usque ad annum 1383 (85) durasse testatur, et Zacheus abbas, Roberti successor, cujus sub finem libri fecit mentionem, anno 1391 obiit (86). Est hic scribendi terminus qui excedi nequit, nam equidem posterioris temporis indicia non inveni. Diversi generis sunt subsidia quæ in conficienda parte prima continuationis adhibuit, quæ descripsit ita in præfatione : *Evolutis tandem bibliothece nostre libris et cartharum copiis pauca que*, etc. Quibus accedit antiquarum rerum memoria, quæ monachorum ore circumferebatur. Verum est, resectis omnibus quæ descripsit auctor, nonnulla restant quæ et post Rodulfum memoria sunt haud indigna. Ordinem chronologicum totiusque libri fundamenta ex Sigeberto desumpsit, ut apparet ubivis usque ad finem partis primæ, inque iis quæ incidentia appellavit ; unoque loco Sigeberti auctarium Affligemense exscripsit (87). Neque minorem messem fecit ex sanctorum Vitis ; sunt vero quas in auxilium vocavit hæ : Theoderici Vita sancti Trudonis (88), Vita sanctorum Theodardi (89), Amandi (90), Chlodulfi (91), Sigeberti regis (92), Remacli (93), sancti Beregisi (94), Reneri Vita sancti Lamberti (95), Huberti (96), Eucherii (97), Visio sancti Eucherii (98), Rigoberti (99), Stepelini Miracula sancti Trudonis (100), Vita Brunonis (101), Sigeberti Vita Theoderici episcopi Metensis (102), Vita Balderici (103) episcopi Leodiensis. His addidit Martinum Polonum (104), et fortasse Martinum Minoritam (105), quem inter auctoris fontes fuisse haud ita certo contendam. Majorem adhuc dubitationem movent nonnulla alia, quæ inter ejus præsidia fuisse fortasse conjiciat aliquis. Unus alterve enim locus in memoriam mihi revocarunt Fredegarium (106), Gesta Trevirorum (107) et Chronicon comitum Flandriæ (108), sed libros ipsos ab eo esse inspectos vix credam. Reginonem (109) videtur legisse, sed inter fontes eum non habuit. Sequuntur denique tabulæ e scriniis Sancti Trudonis, quas vel laudavit (110) solum vel lectorum utilitati exscripsit (111), et epitaphia (112). His tabulis et antiquorum hominum narrationibus (113) debentur ea quæ majoris momenti posteritati tradidit auctor. Ex iisdem fere fontibus continuationis partem secundam hausit. In qua componenda his usus est chronicis : Vincentii Bellovacensis speculo historiali (114) ejusque quadam continuatione (115), Vita sanctæ Liutgardis Aquiriensis (116), Hocsemii Gestis episcoporum Leodiensium (117), et annalibus mihi quidem ignotis (118). Sequuntur tabulæ partim laudatæ (119) partim in textum receptæ (120), epitaphia (121), martyrologia (122). Alia neque paucissima ex antiquorum hominum memoria et fama vulgari sibi petivit (123). Ipse vero de fontibus suis hoc in præfatione testimonium fecit : *Horum duodecim abbatum actus ex diversis hinc inde libris et ex antiquorum relatibus collegi, ac ea quæ meis temporibus videre et audire potui inserui.* Cum vero continuator scriptioni operam dare cœpisset, iterum haud pauca oblivione hominum memoriæ videntur

NOTÆ.

tionis hæc leguntur: *Distinguitur autem hec gestorum abbatum compilatio in quatuor partes, quarum prima pars continet libros tres, secunda libros tredecim, tertia quatuor libros, quarta vero in duobus libris completur.*

(84) Gesta Roberti, c. 11.

(85) Gesta Amelii, c. 5.

(86) Gallia Christiana, III, 963.

(87) A. 1085.

(88) Cont. quartæ part. prim. I, 1, 2, 4, 6, 8, 10 — 13, 16, 18, 21 — 26 ; II, 8, 9.

(89) I, 2, 3, 7, 12, 18.

(90) I, 2, 5.

(91) I, 3.

(92) I, 5.

(93) I, 5, 12.

(94) I, 16.

(95) I, 19, 20, 22.

(96) I, 28, 29.

(97) I, 31 ; II, 3; 4, 6.

(98) II, 5.

(99) II, 3.

(100) III, 4, 7, a. 1021.

(101) III, 13.

(102) III, 15.

(103) A. 1013.

(104) II, 10, 14, ubi Martini nomen laudat. 15, 20, 22, a. 1003, 1025.

(105) II, 14.

(106) II, 4.

(107) II, 15, 20.

(108) II, 13.

(109) II, 22. Omnes has auctoritates scriptas uno alterove loco in universum laudavit I, 16, *ut veterum historia refert ; leguntur* ; II, 2, *excepta gestorum antiquitatum* ; III, 4, *solemnium virorum hystorie testantur.*

(110) II, 2, 14, 15 ; III, 11, 14.

(111) II, 7 ; III, 5, 10, 11.

(112) III, 14, 16.

(113) II, 7, *ut aiunt* ; II, 23, *ut ferunt* ; III, 2, *secundum antiquorum relationem.*

(114) 1187, 1188, 1190, 1191, 1197, 1198, ubi laudatur Vincentius, 1211-1214, 1226, 1245.

(115) 1273, 1292, 1289, 1309, in vetustissimis legitur editionibus.

(116) 1200.

(117) 1257, 1274, 1281, 1282, 1292, 1296-98, 1300, 1301, 1307, 1309, 1312, 1316, 1318, 1324, 1326-1328, 1331-1335, 1337, 1342, 1345, 1346.

(118) 1345.

(119) 1181 *prout in chartis nostris — continetur.* 1227 ubi chartæ ipsæ sunt fontes. 1258 *prout in litteris inde confectis plenius continetur.* Cf. etiam 1288, 1316, 1327, 1338.

(120) 1250 Willelmi abbatis litteræ, epistola Conradi cardinalis Sanctæ Rufinæ, 1348. Clementis papæ epistolæ tres. 504.

(121) 1221 Christiani abbatis, 1248 Thomæ abbatis.

(122) 1253.

(123) 1189 *ferunt*, 1227, 1269, 1271 *creditur*, 1248. 1300 *dicunt*, 1256 *secundum relata, ut ferebatur*, 1271 *prout relata audivi*, 1308 *dicebatur.*

fuisse abstersa. Nam minoris sunt momenti quæ in primo libro de prioribus novem abbatibus, excepto uno Willelmo primo, litteris mandavit; quod est longius quam centum annorum spatium 1180-1297. Hic de rebus monasterii potius internis scripsit quam externis, de prædiis acquisitis vel amissis, de villicationibus et debitis, quibus supra modum oneratum erat monasterium. Uberior scribendi materia parata erat auctori inde ab anno 1297 usque ad 1366, potissimum in Roberto et Amelio abbatibus, i. e. ab anno 1330. Quæ hic leguntur totam magis provinciam oppidumque Sancti Trudonis spectant quam monasterium; sunt præter ducum et comitum bella urbium potissimum communitates, quarum sæpissime mentio facta est, ut non monasterii sed urbis potius cujusdam historiam legere tibi videaris. Satisque dilucide et perspicue scripta sunt, quæ dedit auctor in secundo hoc libro, ut sine ullo dubio hunc priori illi præferas. Utrum quarto hoc continuatore posteriorem scriptorem Trudonensium res invenerint, non satis in aperto est. Unus exstat Bruxellensis codex (124) in quo supplementum quoddam legitur, quod incipit nomine *Zachæus de Vrankhoven*, etc., qui est Zazeus Roberti abbatis successor. Quod vero num justa sit Gestorum continuatio an abbatum catalogus nescio. Grammaye laudat chronicon Trudonopolitanum 600-1560 auctore Roberto (sine dubio Rodulfo) abbate et quatuor monachis post eum (125). Neque de oppidi Sancti Trudonis Chronico, quod servatur in Giessensi bibliotheca, accuratius aliquid afferre possum (126). A posterioribus scriptoribus in Bruxellensi nostro codice paucissima sunt adnotata de Arnoldo de Beringh et de Georgio Sarens a. 1469 et 1493 abbatibus, quæ ne quid omittatur ad calcem dabimus, etsi per se minimi sunt momenti. Sæculo demum decimo sexto duo quod sciam erant qui res Sancti Trudonis conscripserunt, quorum erat primus Moringus jam supra laudatus, qui Chronicon Sancti Trudonis edidit inde ab anno 1410, quod postea alius quidam monachus Trudonensis continuavit, et alium ejusmodi argumenti librum composuit Joannes Latomus, qui obiit anno 1578; codex priori tempore Leodii servabatur (127). Qui denique ex posteris Gesta abbatum Trudonensium tanquam fontem adierunt suaque inde petierunt, quod sciam, pauci sunt : Ægidius Aureævallis (128), interpolator Chronici Sancti Laurentii Leodiensis (129) et Brusthemius, cujus fragmenta dedit Chapeaville (130), qui omnes si quid video, unius Rodulfi et continuatoris primi libros exscripserunt.

A Ex iis qui in notitiam nostram pervenerunt codicibus duos tantum in editione adornanda adhibuimus; sed sunt, ni fallor, codicum qui hodie exstant antiquissimi, ut facile supersedere possimus reliquis. Ambo vero codices arctissime inter se cohærent.

1) Codex sæculi XII, med., membr., in octavo, quem beneficio viri reverendissimi de Ram, de rebus Belgicis meritissimi, ex sua bibliotheca nobis transmisit vir reverendissimus Cortens, vicarius generalis Mechliniensis; quibus duumviris summas publice referre gratias officium est religiose colendum. Codex eleganter undecim et dimidio quaternione scriptus est. Scribendi compendia neque multa sunt B neque inusitata; *e* sæpius occurrit in casibus obliquis primæ declinationis et in aliis quibusdam vocibus, e. g. in *ecclesia*, *penitentia*, *accepit*, *fecit*, etc. Sed etiam *e* pro *æ* legitur, e. g. quod constanter scribitur *pre;* lineola litteræ *i* superposita in littera duplicata tantum admittitur. Capita textus non quidem numeris sed litteris initialibus colore pictis distincta sunt, quæ in numerandis nostris textus capitibus secuti sumus. Hic est codex in quo quasi in fundamento nostra nititur editio; integrum enim Rodulfi et continuatoris primi sine interpolationibus præbet textum, præterque unam ad monachos Sancti Pantaleonis epistolam litteræ et continuationes desunt reliquæ omnes.

C 1*) Cod. 18181, membr., sæc. XII ex. et XIV, fol., e Burgundica bibliotheca Bruxellis, quem prius possidebat Lammens (131), arctissime cohæret cum codice 1, ex quo sine ullo dubio pars ejus prior descripta est, quod haud paucis probari potest exemplis; repetuntur enim errores nonnulli (132) in quos librarius codicis 1 incurrit, et præterea rarissime duo illi inter se differunt codices. Constat codex foliis 203; f. 31-118 leguntur Gesta Rodulfi primique continuatoris, quæ undecim quaternionibus sæc. XII conscripta peculiare sine dubio priore tempore confecerunt volumen, quod a tribus ut videtur conscriptum erat librariis. Item singularis erat codex sæculi XIII qui sequitur f. 123-144, quo tribus quaternionibus historia abbatum annis 1138-D 1183 legitur. Scribendi compendia, quibus librarii in priore parte modestius usi erant, jam frequentiora et graviora occurrunt, e. g. *pr* pro *pater*, *pria* pro *patria*, *mia* *misericordia*, *ca* *causa*, etc. Fol. 144-195 septem sequuntur quaterniones, qui sæc. XIV exarati continent Gesta annorum 1183-1366. Et hic graviores sunt breviationes; *qis* pro *communis*,

NOTÆ.

(124) Cod. 7647 sæc. XVII, Archiv. VIII, 504.
(125) *Catalogue des Historiens du Brabant*; cf. Le Long Biblioth. I, 790.
(126) Archiv. IX, 578.
(127) Sanderi Biblioth. Belg. II, 160.
(128) C. 11, 20, ap. Chapeaville Gesta epp. Leod. II.
(129) Mon. Germ., SS. VIII, 262.
(130) II, 36, 37, 64, 65.
(131) Ach. VIII, 546.
(132) E. g. I, 12, in utroque codice legitur falso *canis* pro *conus*; V, 1, falso *abbatiam* pro *abbatia*; VI, 6, *sibi* falso repetitur; VI, 19, *æque* pro *neque*; VI, 24, *lene* pro *leve*; VII, 10 *in* falso legitur in utroque codice; X, 21, *propulsius* falso pro *propensius*; XII, 4, *terra* falso pro *terram*; XII, 9, *solum* falso pro *totum*; ibid. *paralicam* pro *paraliticam*.

m'lti^o pro *multitudine*, etc. Eadem denique manu Gestorum pars prima f. 1-20 scripta est, quæ annos 628-999 continet; f. 20-30 denique eadem manu confectus est index capitum Gestorum Rodulfi. Jam supra monui hæc capita non a Rodulfo sed a continuatore tertio esse instituta, itaque nullius sunt pretii, neque in nostra editione index ille est repetendus. Idem denique est interpolator, qui textum genuinum undecim locis in Rodulfi Gestis erasit, suaque manu alia in textum intrusit vel in margine apposuit. At minimi faciendæ sunt hæ interpolationes, nam sæpissime Rodulfi sententiæ amplioribus verbis repetuntur eo consilio, ut capita sua, quibus haud raro contra sensum librum divisit, eo facilius afferre posset. Qua de causa interpolationes, quæ nihil genuini continent, inter varias lectiones recepimus. Totum denique hoc Gestorum volumen in unum quasi corpus redigere conatus est auctor ordine chronologico, et in singularum paginarum margine superiore apposuit litteris minio scriptis hanc inscriptionem : *prima — secunda — tertia — quarta pars*. Nos vero, cum librorum singulorum restituenda sit forma genuina, eumdem ordinem secuti non sumus, sed antiquissimo ex his auctoribus Rodulfo dedimus locum primum; dein sequetur continuatio prima et secunda, et ne ea quæ ab auctore quarto scripta sunt discerpamus, priorem partem ultimæ continuationis dabimus tanquam Auctarium Trudonense, cui incidentia in ordinem chronologicum redacta, et loco ultimo continuationem quartam addemus.

Hi præter illos sunt codices qui ex codice 1* descripti omnes, hoc loco sunt enumerandi :

1*a) Codex Parisiensis biblioth. Arsen. hist. Lat. 35, qui est exaratus anno 1479 (133).

1*b) Cod. Bruxellensis biblioth. Burgund. 16607, sæc. XVI (134).

1*c) Cod. Bruxellensis biblioth. Burgund. 14965, sæc. XVIII (135).

Una exstat Gestorum Trudonensium editio apud Dacherium in Spicilegio (136), sed vitiosissima illa et negligentissime confecta. Codicem secutus est editor nescio quem, nam ne verbo quidem ejus fecit mentionem; sed neque interpolationes neque continuationes videtur habuisse codex, in variis itaque lectionibus magis consentit cum codice 1 quam cum 1*. Ita vero perversæ sunt haud raro variæ lectiones, ut facile conjicias codicem fuisse recens apographum, cujus litteras negligentius exaratas legere non poterat Dacherius. Sæpius etiam modo minorem modo majorem narrationis partem mira negligentia omisit, quas lacunas suis locis sub littera *D.* adnotabimus. Secundum Dacherii textum excerpta quædam ex Rodulfi Chronico suo more dedit Bouquet (137). Minime vero Dacherius erat primus in cujus notitiam venerant Gesta abbatum Trudonensium, sed ante eum alii singula fragmenta luci dederant, quorum nomina hic videntur apponenda. Molanus, quod sciam, primus est qui Gesta abbatum Trudonensium laudavit et libro suo adscivit præsidium (138). Anno 1615 Sausseye (139) illas Gestorum partes typis mandavit quæ sanctum Eucherium spectant; hæc apud ipsos Trudonenses ex nostro ut videtur codice 1* sibi petierat. Anno 1624 Chronici Trudonensis hinc inde mentionem fecit Miræus, qui codicem etiam cum continuationibus videtur possedisse (140). Anno 1634 secutus est Meurisse, qui ex excerptis a Chesnio sibi transmissis haud paucos publici juris fecit locos ex Rodulfi et continuatorum chronicis (141). Sæpissime Gesta Trudonensium in consilium vocavit Mantelius (142), qui Historiam suam comitum Lossensium pene in hoc uno fundamento posuit. Henschenius denique in Actis sanctorum (143) ex Chronico Trudonensi manuscripto ex singulis continuationibus dedit fragmenta de sancto Eucherio, Lietberto, etc., quæ repetita sunt a Ghesquierio (144).

Scribebam Berolini mense Maio 1848.

R. KOEPKE.

NOTÆ.

(133) Archiv. VIII, 357.

(134) Ibid. VIII, 544.

(135) Ibid. VIII, 541. De monasterii Sancti Trudonis codicibus in universum vid. ibid. VIII, 48, 49, et de chartulariis VII, 844.

(136) II, 659.

(137) XI, 204. XIII, 591.

(138) Natales SS. Belgii ubi verbis *prout testantur Gesta abbatum Trudonensium* ad locum a. 1227 in tertia continuatione respexit.

(139) Annales Ecclesiæ Aurelianensis, Paris. 1615. 4, p. 271 hæc leguntur : *Visum est hoc loco chronologiam ex annalibus Sancti Trudonis, quam misit ad nos dictus Remigius Watzonius abbas anno Dom. 1607, d. 24. Sept., quamque nos ipsi apud ipsum monasterium diligenter legimus anno 1600, hoc loco de verbo ad verbum inserere.* Vide etiam p. 256, 258, 265.

(140) Opera diplomatica ed. Foppens I, 61, ubi hæc habet : *Rodulfus abbas Trudonensis scripsit monasterii sui chronicon, quod manuscriptum apud me exstat.* Cf. ibid. I, 493, 520.

(141) *Histoire des evesques de Metz*, p. 154, ex quo singulos locos collegit v. d. Hirsch De vita et scriptis Sigeberti, p. 231, qui recte conjecit Gestorum partem primam a Rodulfo non esse compositam.

(142) Historia comitum Lossensium 1671 p. 19, 38, 55, 57, 85, etc. Sed minime ubique accurate consentit narratio cum nostri textus verbis, ita ut facile conjiciam eum non Gestis genuinis sed textu quodam postea amplificato usum esse.

(143) Act. SS. Febr. III, 222, in commentatione de translatione sancti Eucherii.

(144) Act. SS. Belgii V, 11, sqq.

RODULFI GESTA ABBATUM TRUDONENSIUM.

Rodulfus[1] N. Salutem. Notum est[2] omnibus, quibus gratifica manus liberalis[3] fortunæ experiendi copiam dedit quod vetera vina gelidis promptuariis toto anni circulo liquata autumni tempore ad tempus seponantur, et nova musta naturali motu adhuc calentia et necdum prorsus defæcata avidius sumantur. Ut quid hoc? Utique non ut nova et turbida veteribus et defæcatis quasi meliora preponantur, sed quod novæ res delicatos hominum animos, irruente passione desideriorum, oblectabilius afficere soleant, donec, saciata passione desideriorum, cum alacriore aviditate ad veterum usum revertantur. Unde quidam physicæ non ignarus ait : *Alternis uti delectabile est; ipsaque alternitas sapores, licet impares, æque tamen interdum gratificat.* Secundum hujus dictæ[4] rei similitudinem, dilecte mi et semper[5] diligende preposite Sancti Dyonisii N., mitto tibi hystoriam nova incude formatam de his quæ acciderunt antiquo et moderno tempore erga æcclesiam nostram, ut qui veterum et novarum rerum usu delectaris, vetera nostra et nova per eam sapias, per quam cupidum animum ad condignam passionem afficias. In qua licet ad eruditionem parum proficias, scire tamen poteris, qui nova scire cum veteribus queris, qualis quondam æcclesia nostra fuerit, de quam sublimi[6] ad quas abyssi voragines frequenter corruerit, et quantum laboris super vix extantem adhuc veteris ruinæ favillam, contra malignorum flatuum importunitatem cottidie irruentem, ne prorsus avolet, egerrime sustineam[7]. Quod te scire in eo michi proderit, quia solent plerumque miseri homines referendo suos æquanimius sustinere dolores, cum invenerint qui eos audiant familiariter et compatienter[8].

INCIPIUNT GESTA ABBATUM SANCTI TRUDONIS

Rodulfus gratia Dei sanctorumque Trudonis et Eucherii abbas eorum cœnobii, omnibus posteris meis tam abbatibus quam monachis, qui in hoc eodem cœnobio[10] Deo sunt militaturi, id fore quod profitemini, et peccatricis animæ meæ interdum reminisci. Sepe nec non et sepissime, fratres[11] karissimi, totam armarii nostri revolvens suppellectilem, dum adhuc in carne, qua nunc agonizatis, positus essem, ardebam vehementer me posse reperire, qui et quot et cujus professionis, utrumne[12] omnes monachicæ an canonicæ aliqui fuissent predecessores mei, et cujus quisque vocabuli et quot annis prefuerit. Quod ad desiderium meum fateor me nunquam potuisse reperire; sed neque quisquam erat antiquis de fratribus, qui se usquam hoc legendo reperisse, vel unquam audiendo didicisse diceret, ut ego scire querebam. Hoc utrumne contigerit familiari semper nostris negligentia notariorum, an inter frequentissimas loci desolationes amissione forsitan librorum, certum similiter habere nullo modo potui. Domnum autem nostrum et piissimæ memoriæ sanctum Trudonem clericum fuisse et sacerdotem et cœnobii nostri primum edificatorem, Vita ipsius docet (145) necnon et beati Remacli Tungrorum episcopi, ubi et aliqui leguntur de principibus regnorum et rectoribus æcclesiarum, quorum temporibus hoc nostrum sanctissimæ puritatis lilium effloruit. Sed hoc manifeste neque ibi neque alias usquam datur intelligi, utrum per eum ipsum regeretur primo edificatum cœnobium nostrum sive per alium, clerici quoque sive monachi fuerint quos in eo constituerit, et quando monachi in eo esse inceperunt. Talia quæ quidem dignissima essent sincera annotatione, dum lectione aut vera relatione sepe et, ut dixi, sæpissime vehementer arderem cognoscere, inveni libellum quemdam ubi vita sancti Silvestri habebatur atque translatio sancti Benedicti nec non et sermo de assumptione sanctæ Mariæ semper Virginis; in eo quantum repperim hic annotare curavi. Unde excusatum rogo[13] habere me lectores hujus mei opusculi, si minus quam velletis certos vos reddidero ex his de quibus ipse certior esse non potui. Hæc mea in hoc opusculo est intentio, ut quod aliorum negligentia ferme obliteratum repperi, nostra salvum diligentia puriusque eliquatum futuræ conservem posteritati. Abbates et monachos post me futuros in hoc cœnobio volo sollicitos inde reddere,

VARIÆ LECTIONES.

[1] R. 1. 1*. R. — salutem *desunt* D. [2] *ita* 1. D. facimus 1*. [3] *deest* D. [4] r. d. 1*. [5] *deest* D. [6] *ita* 1. 1* quanam sublimitate D. [7] sustineant D. [8] compatiantur D. Vale *addit* 1*. [9] *ita* 1. *vox* S. Trudonis *erasa* et nomina præfatio libri primi *addit* 1*, *in quo adscripsit interpolator* prohemium. [10] nobio 1*. [11] mei *addit* 1*. *deest* 1. D. [12] *deest* D. [13] m. h. r. 1*.

NOTÆ.

(145) Num sit illa auctore Donato, quam vide apud Ghesquier, V. 23, an Theoderico, definiri nequit.

quatenus in anteriorum suorum negligentiam ulterius non incidant, sed suis quoque posteris de predecessoribus suis plenum fidei monumentum scripto relinquant. In quo dum probitas seu improbitas singulorum frequenter legi poterit, probi priorum exemplo accensi, in melius et melius semper proficiant, improbi imaginata sibi vita sua confusi, a malis operibus suis vel sic saltem resipiscant. Accipite ergo, posteri mei, nomina quædam abbatum sine annis quibus prefuerunt et absque annis Domini, quædam cum ipsorum tantum annis, quædam et cum ipsorum annis et cum annis Domini. Cætera vero fidelium virorum, qui hæc viderunt aut eos qui hæc viderant, relatu didici; ipse quoque de quibusdam didici [14]. Quæ me presente aut me jam juvene quoque existente acta sunt, aliquantula fidelissimæ quidem memoriæ mandabo, plurima pudore nostri ordinis et nimio tedio longæ relationis preteribo [15].

Igitur nomina abbatum [16] cœnobium quondam Sancti Trudonis regentium sunt hæc : Grimo [17] abbas (146), Reyramnus [18] abbas, Hardebenus abbas, Columbanus abbas, Angelramnus abbas, Ambrosius abbas, Gislebertus abbas, Adelboldus abbas, Hildradus abbas, Sabbatinus abbas, Ermeinmarus abbas, Radulfus abbas, Luodowicus abbas, Ratbertus abbas, Rodegangus abbas. Huc usque repperi sine numero annorum quibus prefuerunt. Reynerus abbas prefuit a. 5 (147). Theudefridus abbas prefuit a. 30 (148). Erenfridus abbas prefuit a. 4 (149). Huc usque repperi quot annis prefuerint, sed tamen sine annis Domini. Adelardus abbas memoria dignissimus prefuit a. 55, id est [19] usque ad a. 1034 [20] incarnationis Dom. Guntramnus abbas prefuit a. 21 [21], id est [22] a. 1034 [20] incarnationis Domini usque ad 1055. Adelardus abbas prefuit a. 27, id est [22] a. 1055 usque ad 1082 [23] incarnationis Domini. Huc usque et ita in supradicto libello repperi. Post hunc autem Adelardum illorum tantum nomina ponam, qui vel abbates fuerunt vel abbates se esse voluerunt, usque ad nostrum introitum, quoniam tantam confusionem annorum inter se contendentes fecerunt, quod de singulis nullum certum tempus habere potuimus preter unum, sicut in sequenti [24] opere explanabimus. Nomina autem eorum fuerunt : Lanzo, Luypo, Herimannus, et alter Herimannus, et predecessor noster domnus abbas Theodericus. De tribus vero supradictis abbatibus, scilicet Adelardo, Guntramno et secundo Adelardo, quod fidelium narratione didici, breviter [25] referam ; nam de supradictis cæteris nichil accepi, quod fide certa proferre audeam. A secundo autem Adelardo usque ad me quicquid referam, aut ipse vidi aut videre potui ; et quæ non vidi, eorum relatione qui hæc viderunt didici.

EXPLICIT PRÆFATIO. INCIPIT TEXTUS OPERIS.

LIBER PRIMUS [a].

1. Igitur primus Adelardus [27-28] nativam linguam non habuit Theutonicam, sed quam corrupte nominant Romanam, Theutonice Walonicam; familiam [29] æcclesiæ nostræ viscerabiliter dicitur dilexisse, unde et usque in hodiernam diem de eo a plerisque solet tale quid memoriale referri. Cum ex sterilitate terræ, aiunt [30], fames aliquando ejus tempore accidisset (150), concurrebat ad elimosinam fratrum omnis sexus et ætas importune et miserabiliter. Quorum aliquibus interdum ad se vocatis, querere dicebatur jоculariter : *Cujus servus, tu ille ? tuve illa, cujus ancilla es?* Respondentibus illis verbi gratia *sancti Lamberti* aut *sancti Petri*, sive *sancti Servatii*, sive *sancti Remacli*, postremo cujus-

VARIÆ LECTIONES

[14] *deest* D. [15] textus *addit* 1*. *quasi inscriptionem sequentis.* [16] *deest* 1*. [17] *abbatum catalogi in* 1 *minio scripti sunt.* [18] Reimannus D. [19] scilicet D. [20] 1039. D. [21] viginti D. [22] *desunt* D. [23] centesimum octog. sec. D. [24] consequenti D. [25] *deest* D. [26] *hæc desunt* 1*. explicit prefatio *desunt* D. [27-28] factus abbas hujus loci anno Dom. 999 *addit* D. [29] qui famili *in rasura interpolator* 1*. [30] aiunt ut D.

NOTÆ.

(146) Secundum Roberti comitis tabulam, quam protulit continuator tertius II, 7, Grimo abbas præerat monasterio tenente interregno illo, ad quod tempore Caroli Martelli res post Theoderici IV mortem redierant.

(147) Si sequeris tabulam Ruechlindæ matris Reyneri abbatis apud continuatorem III, 5, præerat monasterio anno tertio Ottonis primi. At hunc annum cum sequentium annorum numeris minime quadrare satis patet ; itaque aut in apponendis numeris erravit auctor, aut, quod ad veritatem propius accedit, desideratur in hoc abbatum catalogo nomen quoddam. Duas alias servavit continuator tabulas III, 10, 11, annis 21 et 23 Ottonis I, i. e. 957 et 959 scriptas, in quibus mentio facta est Adalberonis episcopi Metensis et ejusdem abbatis Trudonensis. Obiit anno 964 eique successit teste continuatore Theudefridus abbas, qui munere suo usque ad annum 994 functus est. Adalbero vero monasterio præfuisse dicitur per annos viginti, i. e. 944—964.

(148) Obiit die 13 Januar.

(149) Obiit 5 Novemb. De his diebus emortualibus vide continuatorem tertium III, 16, 17.

(150) Anno 1006 magna fame illam terram pressam esse testantur Annales Leodienses Mon. Germ. SS. IV, 18. Cfr. etiam Alpert. I, 6, ibid.

libet sancti, aiebat : *Quid igitur tibi et familiæ sancti Trudonis? Pascat te tuus dominus, cujus tu es servus.* Qui sancti Trudonis se esse profitebatur, paterne ab eo audiebat : *Pascet ergo te hodie sanctus Trudo dominus noster, conservus enim noster es.* Primis ejus annis æcclesia nostra necessariis illi deficientibus anxie nimis, ut referri audivi, laboravit. At unde hoc potissimum accidisset, fide plena relatione non didici.

*Anno [31] Domini 999, imperii Ottonis tercii anno . . . . , præsulatus vero Notgeri Leodiensis episcopi a. 27, defuncto Erenfrido abbate hujus loci, successit Adelardus primus hujus nominis, nativam linguam non habens Theutonicam, sed, *etc.*

2. Quorundam fratrum suorum inquietatione Theodericus (151) Mettensis episcopus in eum* adeo commotus exstitit, quo eum aliquamdiu quasi exsulem abductum Mettis teneret, et per prepositos interim res nostras curaret; sed episcopo Leodiense (152), cujus diocesis erat, jus suum in eo defendente, tandem honorifice revocatus est. Quem reversum tanta comitata est gratia, ut æcclesiam suam non modo necessariis faceret abundare, verum etiam interius et exterius vario cultu diversisque utensilibus gloriose choruscare. Quorum perpauca, preciosissima tantum, vidimus, nam cætera, sicut et alia perplurima, furor debacchantium Symoniacorum, et de nostra abbatia inter se decertantium, variis modis diversisque vicibus dampnose nimis distraxerat perditionique perpetuæ sepeliverat. Et ne quis videns hodie paupertatem æcclesiæ nostræ et in substantia et in thesauro, existimet eam semper tam tenuem tamque nudam fuisse, videtur michi non ingratum illi debere fieri neque nostris verecundum, si hic ei retulero quod in quodam alio libro inveni de thesauro quondam nostro et de substantia prebendæ fratrum ita annotatum :

Hæc verba erasis duabus lineis ita ampliavit interpolator 1 : Anno secundo prelationis Adelardi primi Adelberone Metensi episcopo hujus nominis tercio mortuo, Theodericus secundus hujus nominis, consanguineus ipsius, episcopatum sibi usurpat. Dux enim Mosellanorum, qui et Lotharingie, Theodericus, defuncti Adelberonis frater, episcopatu prefato Adelberoni hujus nominis quarto, filio suo adhuc puero, collato, ipsum Theodericum eidem tutorem constituit, qui, puero ab urbe excluso, episcopatum sibi usurpans patrem pueri bello cepit, et in episcopatu permansit. Post aliquot vero tempus quorundam fratrum instigatione contra abbatem Adelardum adeo, *etc.*

3. *Anno ab incarnatione domini nostri Jesu Christi 870* [32], *indictione 3 et a. 13 sedis domni Adventii, gloriosi presulis, sub die 18 Kal. Sept. facta est descriptio per jussionem ipsius ex abbatia Sancti Trudonis per suos legatos, videlicet Fredelonem et Herigaudum.* — Hinc etiam, sicut ex aliis multis, nostrorum negligentia debet merito reprehendi, qui hic neglexerunt annotare nomen abbatis sui, qui tunc temporis preerat, cum non tantum Mettensis episcopi [33] nomen hic inveniatur annotatum, sed etiam nomina legatorum ejus, qui hanc descriptionem fecerunt. — *Repperimus* [34] *de thesauro æcclesiæ Sancti Trudonis rebam* (153) *ipsius corporis auro argentoque fabricatam. Item rebam sancti Eucherii argento nobilitatam. Item in dextera parte sancti Trudonis similiter. Item altare in honore sanctæ Mariæ et* [35] *sancti Petri auro argentoque imaginatum cum cyborio* (154) *desuper; in medio cyborio pendentem coronam æream deauratam. Item altare in honore sancti Stephani argento paratum. Capsam 1 gemmis auroque insignitam. Item capsas argento tectas 21. Cruces inter majores et minores argento paratas, 10. Capsas evangelicas argento paratas 3. Mala granata argentea 2. Calices argenteos cum patenis inter majores et minores 19. Item patenas 6. Item calicem 1 aureum cum patena* [36] *argentea, unde debentur de argento libræ 8 et dimidia. Item cruciculas aureas 5, argenteas 6, ex cupro 2. Altaria parva argento parata 5. Thuribula argentea 3 et unum ex cupro. Candelabra argentea 7. Buxtas argenteas 2 ad ferendum incensum. Offertoria* (155) *argentea 16* [37]. *Scyphos argenteos 4, et 2 ex cupro. Buxtilem* [38] *argenteum. Vitam sancti Trudonis argenteam cum imaginibus decoratam. Lampades argenteas 5, et 7 ex stagno. Coronas argenteas 2, et 8* [39] *ex cupro partim deauratas. Claves argenteas 2. Item clavicellam ex auro. Cambutas* (156) *2 argento tectas. Vexilla 4. Cappæ 33 preciosæ de pallio* (157). *Casulæ* (158) *12 preciosæ de pallio. Dalmaticas 9 cum tunicis subdiaconalibus. Cussinos sericos 3. Pallia inter majora et minora 44. Item pallium 1 cum friso* (159) *et margaritis. Item pallas* (160) *lineas serico coopertas 10. Item pallas lineas sine serico 98. Facistergios* [40] *4. Fano-*

VARIÆ LECTIONES.

[31] Anno — Theutonicam *interpolator* 1*. *scripsit erasis quæ antea fuerant tribus lineis. Numerum Ottonis abscidit bibliopega.* [32] 770 D. [33] n. M. ep. 1*. [34] *hic catalogus in 1 ita conscriptus est, ut una linea atramento, altera vero minio exarata sit.* [35] *deest* 1*. sanctique D. [36] etiam *addit* 1*. [37] 17 D. [38] *ita videtur legendum;* suxtilem. 1. 1*. [39] et 8 — argenteas 2 *desunt* D. [40] facistergios — cultellum *desunt* D.

NOTÆ.

(151) Est secundus, qui sedebat inde ab anno 1006—1047.

(152) Quis ille fuerit non satis patet; nam intra annorum 1006—1034 spatium Leodiensem Ecclesiam rexerunt episcopi 5, Notkerus, Baldericus, Wolpodo, Durandus, Reginhardus.

(153) I. q. repa, est feretri operculum.

(154) Idem quod paulo supra reba.

(155) Calicis vel patenæ genus.

(156) Virga pastoralis episcoporum.

(157) I. e. de materia pallii, hoc sensu pallium est quoddam genus panni serici.

(158) Idem quod planeta; est vestis sacerdotalis, quæ, teste Rhabano, *supremum omnium indumentorum est et cætera omnia interius per suum munimen tegit et servat.*

(159) Fimbria.

(160) Aulæum quo altare operitur.

nes (161) ad offerendum 8. Cortinas lineas 6, laneas 2. Buxtas eburneas 3. Anappum (162) 1 cum aqua. Manile (163) ex cupro. Faldones (164) 2 cum cussinis. Cultellum 1 auro paratum. Fuscinulas aureas parvas de auro pensas denariorum 5. Fialam [41] *1 argenteam. Item de argento fracto libras 4 et dimidiam. Mucronem 1. Situlas (165) 2 ex cupro. Circulos* [42] *2 argenteos, cuprinos 3. Restant adduc inquirendæ inaures aureæ appendentes 21, cum gemmis decentissime ornatæ. Item aliæ inaures aureæ appendentes denarios 13. Item mancosos (166) 5, pensantes denarios 6. Habent ipsi fratres ad proprium usum deputatam speltam ad panem faciendum corbos 120, quod colligitur ad modios 1600; ad cervisam faciendam ordei corbos 192, quod colligitur ad modios 1920. Sunt simul inter speltam et ordeum corbi 312, quod colligitur ad modios 3520* [43]. *Porcos saginatos 15, leguminis modios 60, salis modios 24.*

4. Talem quondam fuisse thesaurum nostrum et fratrum prebendam certa annotatione legatorum Mettensis episcopi repperimus, diu tamen ante istum Adelardum, majoremque partem permansisse ferme usque ad ipsum, ipsumque nichilominus nonnulla perdita reparasse, quædamque illius studio acquisita usque ad nostra tempora, non tamen usque ad nostram prelationem perdurasse. Nam, ut superius diximus et in subsequentibus (167) suo apte loco ponemus, furor pertinacissimus debacchantium Symoniacorum, et de nostr abbatia inter se collidentium variis modis diversisque vicibus, miserabiliter nimis preciosissimum æcclesiæ nostræ thesaurum distraxit; sepultoque irrevocabiliter inestimabili illo decore, sedere eam usque hodie facit lugubrem et miserabilem extrema plenaque confusione suæ nuditatis. De Adelardo preter obitum ejus non plura didicimus; nunc ad successorem ejus convertamur.

5. Post primum Adelardum successit Guntramnus natus de Hasbania (168), liberorum prosapia, innutritus cœnobio nostro ab adolescentia*, ibidemque æcclesiasticis adprime institutus officiis et regularibus disciplinis. Tempore autem quo predecessor ejus**, abbas scilicet Adelardus, a Mettense episcopo Theoderico exul tenebatur, accidisse cognovimus, sed quo ordine non didicimus, cœnobii nostri curam agere primum Poponem Stabulensem abbatem. Interea nonnulli de fratribus nostris loco nostro diversis exulabant cœnobiis, amissi pastoris gravissimo dolore exacerbati. Inter quos precipui et religiosissime magnifici viri Gonzelinus et Godezo, servi Dei, carne quidem germani, sed spiritu uno in Deo coanimati, qui reverso tandem pastore ad ovile sunt reversi et apud nos consepulti. Interea cum pro ordinanda re utrique homini nostro necessaria, primus Poppo Stabulensis abbas (169) — utpote qui exulantis abbatis vices agebat — ad cœnobium nostrum descendisset, capitulum fratrum, ut audivimus, ingressus est, et de culpis cœpit agere pastoraliter; cumque usque ad istum Guntramnum devenisset, elegantissimæ formæ juvenis qualitate perspecta, cœpit de eo sagaci mente pium aliquid humileque presagire, atque in lucem velle producere, si, ut sibi de eo videbatur, ita experiri posset in re. Oblatam igitur sibi ordinis negligentiam cœpit in eum ex industria vehementius aggravare, et pie caritatis stimulis pectus humilitatis terebrare; tandem quasi in contumeliam perceptum dat ei per obedientiam, ut ad agendam ibi negligentiæ suæ pœnitentiam, pedes eum sequeretur usque ad Stabulensem æcclesiam. Erat ille primeva pube vernans, forma elegantissima, statura ultra nostræ ætatis homines procera, grossitudine proceritati congrua; vocalitas in eo instar tubæ altissona, predulcis tamen et mole corporis non indigna. Claris eum natalibus ortum superius diximus, et apprime eruditum officiis æcclesiasticis et regularibus disciplinis. Hæc quæ plerisque vagis juvenibus superbiendi solent esse multa materies, pulcherrimus juvenis tanto in se existimabat venustiora fore, quanto humiliori exercerentur obedientia. Vicino igitur jubentis pede obedientiæ iter Stabulaus alacriter pedesque aggressus est, nec pudore insueti peditis motus nec difficultate itineris exterritus. Ubi cum lassus quassusque tenerum corpus delicatus juvenis pervenisset, ex precepto abbatis, cui portarius eum jam adesse nuntiaverat, ad portam atrii, ad quam suscipiuntur hospites, scilicet extra conventum fratrum, nocte ea manere jussus est. Agebat pius pater ex industria, qualiter ejus comprobata exaltaretur humilitas. Portarius igitur, pia humilitate et hilaris vultus obedientia in tam specioso nobilique juvene sagaciter considerata, atque tam fratribus quam priori æcclesiæ nec non et ipsi tandem abbati in ammirationem celebri facta, facile

VARIÆ LECTIONES.

[41] fialam — mucronem *desunt* D. [42] circulos — denarios 6 *desunt* D. [43] *ita recte* D. 5700 1, 1ª.

NOTÆ.

(161) Est mappula, quæ manibus tenetur, quando missæ officium agitur.

(162) I. q. anaphus, id est vas.

(163) Urceus quo aqua manibus infunditur.

(164) Indumentum laneum.

(165) Est liquidorum mensura; 30 situlæ erant una carrada.

(166) Mulierum ornamentum; armilla.

(167) In tertio libro et sequentibus.

(168) Est pagus in Mosæ sinistra ripa situs inter fluvios Mehaigne, qui in Mosam exundat, Demeram et in quem hic se præcipitat, Dylam.

(169) Obiit anno 1048; cf. Vita Popponis apud Mabillon Act. SS. ord. S. Ben. sæc. VI, 1, p. 569.

per ipsos obtinuit, ut a conventu fratrum non differretur tam honestus tamque preclare obediens juvenis. Itaque conventui admissus est, at loco ultimo positus; totis scapulis celsior quoque majoribus habebatur. Nocte illa conversio sancti Pauli annualis de more solempniter celebrabatur (*Jan.* 25), qua ille ad invitatorium ymnos, psalmos, antyphonas, responsoria dulciter jugiterque instar amplissimæ tubæ reboans, attonitas aures fixosque in eum omnium fratrum animos absque invidia delectabat. Cumque ad illud responsorium ventum fuisset[44], quod cantandum abbati ab armario (170) defertur, significavit abbas armario, ut memorato juveni pro se cantandum deferret, eo loco quo stabat in ultimo. Guntramnus suscepta cum humilitate cantandi responsorii obedientia, tam mirabili tubeæ suæ vocis novitate atque organica fistulati gutturis dulcedine totum chorum ipsumque maxime abbatem permulsit, ut finito versu et *Gloria Patri*, eadem hora abbas significaret ei ad se venire, et de eo quo ultimus stabat loco eum a se secundum stare. Itaque aliquanto ibi mansit tempore, majori semper cunctis habitus ammirationi et reverentiæ. Quomodo vero inde transierit Hersfeldiam nescimus, sed quod ex eo transierit didicimus, quia factum eum ibi camerarium abbatis cognovimus ***. Locus regius, studiis artium liberalium mundanarumque rerum gloria egregie precipuus. Mansimus quoque et nos aliquamdiu apud loci illius abbatem Fredericum (171), et exuberantium divitiarum ejus jugem inundantiam et liberalium artium apud fratres studiosam efficatiam cotidie tanquam de novo expavimus. Camerarius autem abbatis non idem qui et fratrum; est honor magnus, nam et pluribus abundat, et domesticis imperans, eis quæ debentur abbati quasi tertius participat. Ubi dum moraretur, corporis pulcritudine morumque[45] nobilitate in brevi factus est celebris aulæ regiæ, ipsique religiosæ imperatrici maxime.

* *Ab interpolatore* 1* *erasis septem lineis hæc inserta sunt :* Descriptis igitur monasterii hujus thesauris et fratrum prebenda, et scripto commendatis, priusquam a Normannis monasterium ipsum destrueretur, ad prosequendum historiam est redeundum. Tempore autem hujus domni Adelardi quidam laudabilis juvenis nomine Guntramnus, natus ex Hasbania liberorum prosapia, nutritus in cenobio hoc ab adolescentia, floruit ibidemque, etc.

** Processu vero temporis quo venerabilis *scripsit idem interpolator* 1*, *una linea erasa.*

A *** *Interpolator quatuor lineis erasis hæc :* Post tribulationem vero que domno Adelardo primo increbuerat, dum hujus loci commonachi exulantes per diversa hincinde cenobia hospitabantur, Guntramnus supradictus in cœnobio Hersfeldie, quod situm est in Turingia, hospitalitatis gratia multo tempore moratus, factus est camerarius loci ipsius abbatis. Est enim locus, etc.

6. Interea primus Adelardus abbas loco nostro et honori suo jam dudum restitutus, defungitur (*an.* 1034) 55 annis æcclesiæ prelatus, famaque volante Hersfeldiæ ipsique imperatrici nuntiatur. Nec mora, apud utrosque fit deliberatio, qualiter Guntramno daretur nativi soli sui honor et proprii loci prelatio; sed parvum quid esse hoc tanto viro[46] reputabatur[47], nisi quod inter suos eum sublimandum, B majus multum illi peregrino honore gratiusque posse fore asserebant. De provehendo eo Hersfeldia imperatrixque gratulabantur, sed quod tanto viro talique carerent mestificabantur. Magnis igitur muneribus ab abbate Hersfeldense (172), maxime vero ab ipsa[48] imperatrice honoratus, cum litteris imperialibus et commendaticiis honestoque comitatu Mettis transmittitur, ut episcopo annuente abbas loci nostri, quin immo sui sine contradictione constitueretur. Theodericus, qui tunc erat Mettensis episcopus, frater imperatricis (173) secundum carnem habebatur; atque ita Deo ordinante contigit, ut simul una die venirent ante episcopum et imperatricis nuntii cum Guntramno et fratrum loci nostri missa C legatio. Utrorumque audita episcopus legatione, distulit rem usque in crastinum; sed seorsum utrisque recedentibus, cum jam profundior esset vespera, jubet episcopus duos de obsequio suo famulos ire ante Guntramnum cum aureis suis candelabris necnon et flammantibus super ea cereis usque ad illius hospitium, simulque candelabra illa dono jubet ei relinqui servitioque ejus et honori; quæque illi sunt suisque secum necessaria transmittuntur large de episcopali curia. Quo viso, fratres rem ut erat futura intelligunt, et facto mane unanimiter hilarique vultu consentiunt episcopo de preferendo sibi confratre suo, viro venerabili Guntramno.

7. Factus igitur abbas Guntramnus Mettis et consecratus Leodii*, multam paupertatem in loco D nostro invenit parumque in ordine nostro religionis. Maturius utrumque correxit; paupertatem ex eis, quæ ab imperatrice dono acceperat et a regio loco secum detulerat, ordinem ex disciplina maxima,

VARIÆ LECTIONES.

[44] v. f. *desunt* D. [45] probitate et *addit* D. [46] tanto viro *desunt* D. [47] reputabat. 1. [48] *deest* 1*

NOTÆ.

(170) Custos bibliothecæ monasterii et idem præcentor etiam.

(171) De quo vide supra præfationem.

(172) Bardone, qui inde ab anno 1031 Hersfeldiæ abbas, eodem anno Moguntinus archiepiscopus factus est. Hersfeldiæ anno 1035 successit ei Meginherus.

(173) Confundit Giselam, Conradi II uxorem, cum S. Cunigunda; hæc jam obierat die 3 Mart. 1033, cfr. Ann. Hildesh. Mon. Germ. SS. III; ejusque frater erat Theodericus II episcopus Metensis. Vide etiam Mabillon, Ann. ord. S. Benedicti IV, 396.

quam Hersfeldiæ didicerat. Mox qui dispersi fuerant monachis redeuntibus, nonnullisque ex seculo apud nos habitum vitamque mutantibus, florebat locus odorificentissime religiosorum senum canitie obedientiumque juvenum officiosa multitudine. Per 21 annum, quibus eum prefuisse comperimus, æcclesia nostra et temporalibus et famosissime crescebat spiritualibus.

* Anno Domini 1035, imperii Conrardi ratione nominis secundi, sed ratione imperialis benedictionis primi anno 9, et Reginardi Leodiensis episcopi anno 11 (174), *annotavit interpolator* 1* *in margine.*

8. Hujus vitæ ultimis annis domini nostri sancti Trudonis sepulchrum frequentissimis cœpit choruscare miraculis, quæ ille [49] studiosissime satagebat occultare; sagaci enim pectore concipiens quod futurum erat, signa data esse infidelibus non fidelibus (*I Cor.* XIV, 22) dicebat, quod non longe post illum nonnulli de nostris experti sunt, qui inter ipsa quoque miracula Deum offendere non timuerunt. Nos autem qui adhuc supersumus, sicut flagella iræ Dei et indignationis super locum nostrum non vidimus incepisse, ita quoque gravissima anxietate ingemiscimus adhuc cotidie necdum desiisse.

9. Tempore hujus domni abbatis Guntramni usque ad medium producta est maxima pars turris nostræ cum utrisque testudinibus suis. Quia vero, ut superius in juventute ejus testificati sumus, forma erat elegantissimus, corporis proceritate convenientique grossitudine delectabilis hominum aspectibus, ex eoque [50] sonora valde modulatione dulce canorus, hunc ei contulerat honorem æcclesia Leodiensis (175), ut summis ejus sollempnitatibus indutus, honorificentissime chorum medius [51] cantorum regeret, pulchritudine magni corporis pascens visus astantium, et dulcedine vocis tubeæ aures delectans eum ammirantium. Quid plura? Talis ante eum in loco nostro non surrexit, nescio utrumne post illum futurus sit [52]. Obiit tandem a. 1055. incarnationis Domini confessus et unctus, adhucque vigente in eo toto sensu animi disposita sapienter super stratum doloris sui re familiari, et consolata multimodis domo sua spirituali. Multa dona in argento, equis, A annona cæteraque suppellectili famulantibus sibi familiaribusque reliquit, et victum atque vestitum abundantissime usque in alterum annum ulteriusque [53] fratribus suis; sepultusque in æcclesia nostra jacet nunc juxta exteriorem partem templi versus aquilonem, medio parietis qui jungitur fratrum conventui.

10. Huic successit [54] Adelardus secundus, liberis ortus parentibus de Brabantia, de vico qui dicitur Lovinium juxta Lovanium, atque inde diminutivato. Hic a puero innutritus est cœnobio nostro sub Adelardo primo et Guntramno abbatibus, honeste litteratus, neque ignarus de sculpendis pengendisque imaginibus; post alios nonnullos æcclesia- B sticos honores de majore preposito electus est abbas et consecratus. Magnæ gloriæ apud mundales in abbatia habitus est, multis affluens divitiis et expensis utens sumptuosis, utpote qui dominum habebat fortem et religiosum, Alberonem [55] (176) videlicet Mettensem episcopum, fratrem ducis Frederici (177), cui in omnibus quæ erant ipsius episcopii, nullus principum sive advocatorum audebat quicquam dampni inferre, sed pro ejus sanctitatis reverentia et ejus timore —quia tota pendebat ab eo imperialis curia, necnon quia tota utriusque Franciæ regno diffusa erat per nobiliores ejus parentela — ubique pacata exercebantur et multiplicabantur exteriora bona nostra. Sed et venerabilis abbas Guntramnus pingue ditatam abba- C tiam bonisque omnibus refertam illi reliquerat, paceque vigentem et rebus affluentem securus eam glorioseque possidebat. Accedebat quoque ad augendam illi divitiarum magnitudinem sepulchrum beati Trudonis frequentissimis cotidie mirabilibusque choruscans miraculis, quæ tanta toto orbe terrarum fama resperserat, ut multitudinem peregrinorum non solum templi ambitus, sed et ipse quoque totus oppidi nostri locus ferre minime posset. Namque ab oppido nostro pæne usque ad dimidium miliare per omnes in circuitu populares vias ad nos se dirigentes, necnon et per campos atque per prata tantus peregrinorum cœtus, nobilium videlicet liberorumque atque popularium

VARIÆ LECTIONES.

[49] *deest* 1*. [50] ex eo quoque 1*. [51] medium 1*. [52] *deest* 1*. Qui postquam præfuit a. 21, *inseruit interpolator* 1*, *litera O erasa*. [53] reliquit *repetit* 1*. [54] Eodem anno *superscripsit interpolator* 1*. [55] *in rasura addidit manus recentior* II *in* 1.

NOTÆ.

174) Hæc non accurate quadrant in Rudolfi chronologiam.

(175) Cui tempore Guntramni præerant Reginhardus, Nithardus et Wazo episcopi.

(176) Adalbero III qui sedit annis 1046-1072, filius Theoderici ducis Lotharingiæ. Vide stemma hujus familiæ Mon. Germ. SS. IV, 548.

(177) Est Fridericus Luciburgensis dux Lotharingiæ inferioris per annos 1048-1065. Vide Sigeberti Chron. et Stenzel, Frank. Kaiser II, 119. Adalberonem episcopum Metensem et hunc Fridericum fuisse fratres, ipse testatur Adalbero in tabula quadam data anno 1065, quam ab aliis jam editam suo loco dabimus, cum in his ipsis Trudo- D nensium Gestis egatur. Ex eadem tabula apparet Fridericum ex beneficio Adalberonis fratris advocatiam monasterii Sancti Trudonis tenuisse, et post mortem ejus eamdem esse datam ab episcopo Metensi Udoni successori ejusdem Friderici. Hunc vero Udonem, qui in præcepto quodam anni 1061 appellatur *Udo egregius comes de Lemborch* apud Ernestum in *Histoire de Limbourg*, VI, 106 fuisse generum Friderici ducis et patrem Heinrici comitis de Limburg, de quo infra plura leguntur, eumdem qui alio nomine appellabatur Walmarus comes Arlonensis, certo certius probasse videtur idem Ernest. l. l. Cfr. etiam infra V, 5.

sexus utriusque pene cotidie, maxime vero diebus solenpnibus confluebat, ut in papilionibus tabernaculisque frondeis cortinatisque (178) habitantes, totum ipsum oppidum circumsedisse obsidionis specie viderentur, quos præ multitudine ipsæ oppidanorum domus aliis refertæ, capere non poterant; tum mercatorum copia, qui vix in equis et curribus, plaustris et animalibus tanta poterant advehere, quæ sufficerent multitudini peregrinæ. De oblationibus altaris quid dicam? Taceam animalia, palefridos, boves et vaccas, verres, arietes, oves, quæ incredibili multitudine offerebantur; sed et linum et cæra, panes et casei nullo pondere, nullo numero, nullo existimabantur precio, fila argentea et vix jam clauso vespere Olympo (179) exhaustus denariorum acervus quam plurimos in recipiendo et recondendo custodes fatigabant, et preter id nichil penitus cotidie agere [56] sinebant. Erat igitur non tam incomputabilis quam revera inestimabilis peregrinorum semper venientium ad altare oblatio, et nomen beati Trudonis frequentissimis mirabilibusque miraculis cœnobiumque nostrum exuberans divitiis, diffamatum plus quam toto Romani orbis imperio. Nam si licet vera referre etiam credere nolentibus, major longe altius, si recto existimaretur, erat per totum annum integrum altaris fructus quam omnes, vel modo vel tunc, abbatiæ reditus; atque hoc non uno aut [57] duobus annis, sed per totum vitæ tempus hujus abbatis Adelardi. Pace igitur et abundantia securus gloriose vivebat, cunctis [58] de regno nobis et nostris reverentiam exhibentibus; hinc gloriosis sancti patroni miraculis, hinc domni nostri episcopi Mettensis virtute et nobilitate ejus utriusque hominis. Quantacunque esset werra [59] in patria [60], quantacunque discordia in regno, securus ambulabat, securus terram suam inhabitabat quicunque sancti Trudonis sive servum sive ancillam se esse dicebat. Milites vero, qui de circum adjacentibus villis ob infestationem inimicorum suorum oppidum nostrum incolebant, cum adhuc esset sine omni vallo et munitione, tanta tamen pacis securitate in eo manebant, ut si forte contigisset aliquando eos super hostes suos longius processisse, et fugientes, ut plerumque assolet, redire, hanc prestantis beneficii gratiam ex meritis et reverentia beati Trudonis haberent, quatenus ex eo loco cessarent eos inimici eorum insequi, quo primum poterat altior pars turris monasterii nostri videri.

11. Interea abbas Adelardus secundus sollicite agens, ne tantus elemosinarum fructus ocio totus cederet et luxui, monasterium, quod neque vetustate neque rimis aliquam ruinam videbatur minari, non sane passus est presumptuosorum hominum tam monachorum quam laicorum temeritate dirui, sed amplitudine latitudineque majus satis ordinatum muro firmissimo columnisque spectabilibus, pulcherrimo tandem opere, sed expensis inestimabilibus reparari. Videre erat mirabile et relatu erit [61] incredibile, de quam longe quanta hominum multitudo quantoque studio et læticia lapides, calcem, sabulum, ligna ac quæcunque operi erant necessaria, nocte ac die, plaustris et curribus gratis propriisque expensis non cessarent advehere. Ipsi quoque lapides [62] maceriales atque in fundamento grandes atque gravissimi positi fideliter hoc possunt attestari, qui in tota Hasbania cum non possint reperiri, de alienis partibus comprobantur apportati. Columnas autem de Guormatia per Renum Coloniam usque navigio deductas, atque aliunde alias plaustrisque invectas, tanquam a Colonia usque ad nos per terram vehendas populus vicatim, funibus plaustris injectis, ardentissimo studio rapiebat, et sine omni bonum jumentorumque amminiculo, per ipsum quoque fundum Mosæ sine ponte trajectas catervatim ad nos ymnisonis vocibus perducebant. Quid plura? Muro vidit consummatum et tecto totum pene obumbratum, excepta parte aliqua, quæ inter majorem turrim et arcum grandem antepositum continetur.

12. Nec minus interea in edificandis per abbatiam æcclesiis et emendis æcclesiæ nostræ nobilium villis et prediis de oblationibus ad altare fideliter operam dabat. Nam dimidium quod habemus in Villario (180), et totum quod habemus in Moscha (181) a comite Brunone de Hengebac æcclesiæ nostræ acquisivit emptum 700 marcis, similiter et totam villam de Stades (182), emptam 100 marcis a duce Frederico, et quidquid habemus in Harches (183) a comite de Musal Alberto, necnon et partem illius quod possidemus in Sarchinio. Pro his tamen plurima de thesauro ecclesiæ distraxit; inter cætera quidem calicem aureum magni ponderis et frontem auream de feretro sancti Trudonis; aliqua etiam molendina in vadio posita morte preventus redimere non potuit. Æcclesiæ quas per abbatiam novas edificavit, seu quas reedificari ex parte juvit, sunt hæ tam numero quam nomine: prima major nostra æcclesia; secunda sanctæ Mariæ semper virginis in oppido nostro; tertia sancti Gengulfi martyris in eodem;

VARIÆ LECTIONES.

[56] facere 1*. [57] vel 1*. [58] que *addit* D. [59] esset werra *desunt* D. [60] *in rasura* 1. propria D. [61] erat 1*. [62] *deest* D.

NOTÆ.

(178) Tabernaculæ de cortina; panni quadam specie factæ.

(179) Virg. Æn. I, 374.

(180) Num Ville-en-Waret in comitatu Namurcensi haud procul ab Huy?

(181) Num Moxhe an Moha in terra Leodiensi in sinistra ripa Mosæ?

(182) Staye haud procul a S. Trudone.

(183) Herk ad fluvium Herk inter Diest et Hasselt.

4. in Alburg (184); 5. in Guimala; 6. in Pire; 7. in Scafe (185); 8. in Guebechem (186); 9. in Dunch (187); 10. in Stades; 11. in Mere; 12. in Bevinges (188); 13. in Horel; 14. in Jemapia (189); domum etiam nostram quæ est Leodii a fundamento fecit renovari. Cumque [63] tot et tantis operibus, quæ ipsum quoque imperatoris ærarium possent attenuare, libens sollicitaretur, sollicitus occuparetur, tamen a dominis nostræ æcclesiæ et a [64] tyrannis principibus terræ non minus vexabatur frequentibus obsoniis (190) et gravissimis precariis. Et licet oblationum altaris fructus interdum per eptomadam centum posset estimari libris, preter quod hac illacque distraxerat audax custodum fraus et dampnosa manuum niquarum rapacitas, tamen inter has illasque sollicitudines et expensas frequenter egere videbatur, et egebat intolerabilius, quia a nemine sibi inde credebatur. Jam enim sanctæ memoriæ Adelbero Mettensis [65] episcopus, frater, ut dixi, ducis Frederici, murus et arma paxque post Deum et sanctos et læta abundantia nostri cœnobii, obierat. Cui succedens Herimannus (191) pro dissensione, quam contra Heynricum [66] imperatorem moverat, eum videlicet qui sub filii sui persecutione longe post, istis pene omnibus jam defunctis, Leodii profugus obiit, gravissimis exactionibus abbatem cotidie, ut ita dicam [67], exossabat, æcclesiasque et censum suis beneficiari majoris dampni dampnatione cogebat. Quem usque Mettis semel ex violentia precepti sui pertractum tanto memore gravatum remisit, ut inibi beatum prothomartyrem suppliciter exoraret, quatenus prius sommo mortis domi quiesceret, quam Mettis amplius reversus recideret iterum in violentas judicii ejus manus. Sed et Heynricus Leodiensis episcopus (192), hujus Herimanni contemporaneus, frequentissime ad audientiam sibi vocatum anxie nimis terrebat eum, et in pace esse sine gravissimo dampno minime tandem permittebat. Nam licet canus [68] toto albicaret capite, et in senium vergens omnem emulis videretur tollere suspitionem familiaris vitæ suæ, tamen apud eum non penitus habebatur acceptus; quod verisne an falsis hominum fieret suggestionibus, hoc domino Deo nemo novit melius. Hic de abbatia multa suis beneficio dedit, et fiducia oblationis altaris nichil vel reliquit vel constituit quod luminaribus vel cæteris necessariis serviret monasterii. Jamque eum tedebat vivere, cum neque oblatio altaris neque multus fructus pinguissimæ tunc abbatiæ valerent gravi sollicitudini ejus satisfacere, cessissetque loco Sigeberge (193) intentus animo, si eum non retinuisset prepositi ejus Gerardi nomine cura et devotio. Quievit tandem in pace [69] anno 1082. inc. dom., prelatus æcclesiæ nostræ 27 annis.

EXPLICIT LIBER PRIMUS [70], INCIPIT SECUNDUS.

1. Post obitum abbatis Adelardi secundi mala gravissima et dolores super dolorem mulieris parturientis apprehenderunt æcclesiam nostram, qualia non sunt audita in toto unquam mundo ab illo famoso sub Tito et Vespasiano Jherosolimorum excidio; quæ in hoc secundo libro altiori repetenda dignum duxi principio, ut directa per ordinem veritatis semita viantem gravatum longo plano relevet vestigio. Siquidem pius multum et patientissimæ longanimitatis dominus Deus non precipiti ira, neque subito furoris sui turbine statum evertit æcclesiæ nostræ; sed [71] multa diutissime sustinuit miseratione terruitque signorum et miraculorum incessanti per annos plurimos formidandaque formidine. Sed qui tunc erant temporis, patientia Dei abutebantur in contumeliam, vitam suam magis magisque distendentes in luxum et desidiam; itaque cæcitate sua et contemptu miserationis Dei vim tandem fecerunt patientiæ ejus et longanimitati. Nam quod periculosissimum est, atque iræ Dei maximum incitamentum, nolebant intelligere suis peccatis accidere Dei super se flagellum, sed eorum tantum hominum, per quos Deus puniebat in eos suis contemptum. Unde factum est ut agitati tandem intolerabili judiciorum Dei turbine, dispergerentur diversis partibus orbis terræ, longiusque multo ipsis corporibus exiliarentur quam infami nomine prius ventilarentur.

2. Igitur, ut superius dixi, miracula ad sepulchrum beati Trudonis, quantum licuit quantumque

VARIÆ LECTIONES.

[63] *ita* 1. D. dum 1*. [64] *deest* 1*. [65] secundus *addit* D. *et recentiori manu* 1*. [66] i. m. H. 1*. IIII. *addit recentior manus in* 1. [67] ut i. d. *desunt* 1*. *addunt* 1. D. [68] canis 1. 1*. [69] 8. Id. Dec. *superscripsit inter.* 1*. [70] *desunt* D. [71] sed — formidine *desunt* D.

NOTÆ.

(184) Teste Stepelino qui miracula S. Trudonis conscripsit, in pago Masualensi; vid. Ghesquier 1,55.
(185) Schaffen.
(186) Webecom haud procul a Diest.
(187) Donck.
(188) Beringen in provincia Limburgensi haud procul a Diest.
(189) Genappe in Brabantia.
(190) Est convivium quod vasallus certis temporibus domino parare debet.
(191) Sedit annis 1072-1090; vide Lambertum et Bernoldum.
(192) 1075-1091; cfr. Ann. Leod.
(193) Monasterium rigidioris disciplinæ ab Annone constructum ad Sieg fluvium.

humana industria facere potuit, occulta fuerunt usque ante paucos annos obitus domni Guntramni abbatis. Intelligebat enim tanquam vir prudens non evenire ea suis neque suorum meritis, sed ammonitionem ea esse de vitæ et morum sui suorumque [72] correctione, quoniam signa data esse infidelibus non fidelibus legerat. Satagebat ergo quam plurimum fratrum numerum augere et meritum, quapropter a liberalissima manu omnipotentis largitoris hanc obtinuit benedictionem, ut omnibus diebus vitæ ejus pax et abundantia comitarentur ejus studiosam religionem. Defuncto autem eo (*an.* 1055) et succedente abbate Adelardo secundo, cœperunt haberi miracula et virtutes sepulchri beati Trudonis non tam timori et reverentiæ, quam ostentui et populari gloriæ. Frequentabat enim sepulchrum ejus infinitus peregrinorum numerus; neque diebus tantum singulis, sed singulorum dierum horis et scripulis superveniebat multitudini, atque noctis medio grandisona fiebat venientium et abeuntium inquietatio. Vellent nollent fratres, per omnes claustri irrumpebant partes, maxime quia aqua nostri qui adhuc superest putei dicebatur potata in nomine sancti Trudonis fieri medela, atque fiebat accedentibus ad eam languidis; sed et leprosi ibidem de ea loti referuntur nonnunquam fuisse curati. Quid multa? Oratorium, chorus, templum, claustrum, pratum nocte dieque non inveniebatur a multitudine vacuum, quarum perstrepentium continua inquietatio magnæ fiebat molestiæ et ordinis impedimento senioribus, solitis et volentibus Deo servire in quiete et silentio. Juniores vero, quibus tedio erat religio et disciplina odio, gratulabantur prius occulte hac quasi necessitate se magistræ regulæ mandata præterire. Accessu vero temporis et frequentissimo usu peregrinæ multitudinis, tandem inverecunda fronte cœperunt ad libitum cuncta agere; locorum indifferenter abutebantur qualitatibus et horarum tam incompetentium quam competentium vicissitudinibus, senorium increpationes indignanti supercilio respuere, in ipsum quoque abbatem interdum indecenter protervire, quodque primum in anima monachi totius perditionis radicabile est seminarium, et supremum exterminandi ordinis vixque unquam evadendum excidium, interea illicitis proprietatibus ardenter studere, et a secularium personarum accessibus vel mediocriter non abstinere, audere quod non expediebat. Hinc quosdam superbi sanguinis effrenabat tumida recordatio, hinc quibusdam lenocinantibus modo submurmurata modo palam objecta accendebat ejusdem fastus suggestio. Quorum inpunitas alios animo et sanguine degeneres audaciores reddebat ad similia aut majora committenda, et impatientiores efficiebat, si forte decepti digne plecterentur regularis disciplinæ sententia.

3. Ad hoc ruinosum perituræ æcclesiæ precipitium accedebat grande, ut ita dicam, lubricamentum, videlicet quod de hac vita subtrahebantur cotidie sancti et religiosi viri, qui nutriti fuerant sub disciplina abbatis Guntramni; quantoque eorum imminuebatur numerus, tanto presumptio et indisciplinatio invalescebat amplius. Qui vero de illis supererant, admodum pauci sibi soli cum dolore vivere, et de juvenum insolentia nec audere mutire. Quid pudore et reverentia nostri ordinis teneor? Quanto longius ferebatur relatione peregrinorum gloriosa celebritas miraculorum sancti Trudonis, tanto et nostrorum reprehendebatur secularitas ex levitate morum et abusione indisciplinationis. Erat enim summa oportunitas quibusque nostri ordinis perire volentibus ex peregrina, ut dixi, veniente et abeunte multitudine, tum ex confracti monasterii vasta reparandaque amplitudine.

4. Et quoniam quicquid a discipulis delinquitur ad abbatem respicere beatus Benedictus testificatur, extendit pius et cautus salutis nostræ monitor manum suam ad percutiendum abbatem Adelardum, quia remissius multo agens quam necesse est animabus, non opponebat se ad tantum animarum periculum et ad avertendum imminentis furoris Dei exterminium. Percussit igitur eum Dominus sensuque alienavit, ut etiam inter signa et miracula, quibus per beatum Trudonem vitam nostrorum emendandam cotidie ammonebat, ex hoc ammonitos fratres terreret, territos animadvertere faceret, quod eorum peccatis facientibus ille sensu esset alienatus, cujus ducatu regi deberent nutantes eorum gressus. Ductus itaque est Leodium ad monasterium beati Laurentii, ibique freneticorum more factis multis diebus in cripta beatæ Mariæ semper Virginis, curari tandem meruit ejus intercessione ad sepulchrum beati Wulbodonis episcopi (194). Sed neque sic sentire voluit nostrorum mala cæcitas, quam pie, quam caute manum misericordiæ porrigeret eis divina misericordia, in flagello sui capitis periculum ammonens totius corporis. Quin magis impetu irrevocabili ferebantur ad omne quod erat eis desiderio et voluptati, capta, ut superius dixi, oportunitate ex circumstrepenti peregrinorum multitudine atque ex vasta fracti monasterii amplitudine. Tum quia si quid forte concupiscentiæ [73] cujusquam deerat, supplebat singulis ad placitum suæ pruriginis effusissima oblatio sepulchri beati Trudonis; non enim noxias manus a tanto sacrilegio continere curabant. Latere ista omnino non potuerunt dominos nostros, scilicet Mettensem et Leo-

VARIÆ LECTIONES.

[72] que *deest* 1*. [73] concupenscientie 1*

NOTÆ.

(194) Leodiensis qui obierat anno 1021.

diensem episcopos, quin immo invidorum delatione majora satis veritate cœperunt inde credere, abbatemque gravissimis exactionibus et frequentibus audientiis supra posse gravare. Nam clerici, quos in exiciale malum suum parvulos educarat inter scolares pueros nostros stulta abbatis seniorumque indulgentia, rem sibi ex prima familiaritate nimis notam cum augmento deteriore per multorum ora spargebant, ipsosque episcopos modo litterarum transmissione, modo presenti suggestione in nostrorum omnium ejectionem et aliorum monachorum introductionem vehementissime accendebant. Quorum impudentes linguæ atque impudentiores litteræ plus cæteris omnibus delatoribus, plusque ipsa fama rem semper augmentante, nostris qui eos educaverant exiciales, ut dixi, fuere. Unde factum est ut duo supradicti episcopi, Mettensis scilicet Herimannus et Leodiensis Heynricus, pari in unum conspirarent consilio, quatenus, si superstes adhuc defungeretur abbas Adelardus secundus, nunquam nostris ex nostris abbas daretur, sed ad evacuandam irreligiositatem eorum, alius aliquis religiosus eis introduceretur. Bonum siquidem et utile consilium, si magistra discretione et non ira vindice esset consummatum. Quid plura?

5. 8 Idus Decembris abbas Adelardus secundus defungitur, fratrum electio Mettis respuitur, 3. [74] Idus Augusti in capitulo nostro ab utrisque episcopis cum religiosis tam clericis quam monachis convenitur. Affuit et abbas Sancti Laurentii Berengarius (195), et magnæ vitæ et nominis Franco, magister scolarum Sancti Lamberti religiosus (196). Recitantur sub omnium audientia delatrices litteræ ab iniquis illis clericis maleque nobis familiaribus datæ, asscribuntur illis et illis de nostris aliæ atque aliæ criminationum infamissimæ notæ, deinde omnibus pro hac infamia fratribus in commune precipitur, ut exilio longe lateque per diversa cœnobia ferantur. Totum pondus capituli die illa in nostros convertitur; non enim erat qui misereretur quibus jam dudum cæcitate sua obduratis longanimus Dominus tandem invehebatur iratus. Tamen petita vixque impetrata audientia, unus ita respondet pro omnibus :

6. *Licet peccata nostra, o domini nostri et episcopi, vosque sanctus tam clericorum quam religiosus abbatum et monachorum conventus, alienent pia corda vestra a nostri miseratione, tamen debita justiciæ piique judicii regula nunquam debet vacare ab universali matre virtutum, sancta discretione. Si a regula sancti Benedicti quam professi sumus hactenus utcunque deviavimus, iccirco regulam datam esse credimus monachis, ut regulæ prevaricatio ipsius auctoritate et sententia emendetur, ita tamen secundum eandem regulam, ut rubigo vasis sic abradatur, ne testa humanæ fragilitatis penitus comminuatur. Peccatis quidem nostris exigentibus, licet sero tamen recognoscimus factos nos esse obprobrium omnibus per circuitum nostrum, non tamen cuncta vera esse quæ loquuntur adversum nos malignæ linguæ odio nos habentium. Quapropter si canonicum hoc est, si regulæ nostræ consentaneum, si vestræ religioni debitum, si usibus æcclesiasticis usitatissimum, date, oramus pronisque tam mentibus quam corporibus imploramus, date, supplicamus, date, piissimi domini, nobis abbatem, quoniam noster defunctus est. Cum datus ille nobis fuerit, de omnibus quibus infamati sumus, quibusque hodie accusamur tam falsis quam veris vocibus, magistra regula ipso (197) ordinante, vobis etiam si placet presentibus, satisfacere et emendare parati sumus. Qui si prius cuiquam inde respondere debemus, sanctus iste vester decernat conventus. Electus noster, cum non tantum careat crimine sed omni quoque mala suspitione, isque nulla possit auctoritate respui, si nostris tantum, licet falsis, reprobatur criminibus, detur nobis quicumque vobis placuerit alius. Non contradicimus, quin libenter annuimus, dummodo habentes caput purgari et emendari sub oculis ejus ex his possimus, quibus vel presentes vel absentes arguimur.*

7. Et quidem erat electus ille vir peroptimus, prudens et religiosus monachus, humana divinaque pagina adprime eruditus, diuque loci nostri prepositus, nomine Gerardus, ex discipulis Guntramni abbatis superstitum adhuc unus. Sed tanta fuerat, proh pudor [75]! infamia eligentium, ut prejudicans prevaleret adversus electi meritum; quoniamque Dei benignitate et patientia abutentes, aurem cordis a clamore ejus diu averterant, effectum petitionis suæ, licet justæ, licet regularis, justo tamen Dei judicio assequi non poterant. Quid plura? Solvitur tandem die illa capitulum cum ira magna et indignatione episcoporum.

8. Ratione et regulari auctoritate se premi dissimulantes, tamen occulte ingemiscebant, sed tamquam ministri iræ et virga furoris Domini in nostros, etiam volentes assentiri non poterant. Satagebant ergo tota die illa simul, ut qui ferri in exilium reluctarentur, viribus et ignominiose sequenti die de monasterio et oppido ejicerentur, ut que ejecti miseratione, humana a nullo reciperentur vel in hospitio. Progressus in puplicum episcopus Leodiensis Haynricus stolatus auctoritate episcopali per bannum omnibus in episcopio suo precæpit, ut et hospitio ejs non in-

VARIÆ LECTIONES.

[74] 13. D. [75] dolor D.

NOTÆ.

(195) Qui præerat suo monasterio inde ab anno 1076 : cf. Ruperti Chron. Sancti Laurentii Leodiens. c. 44.

(196) De quo vide Mon. Germ. SS. IX, 2.

(197) Scil. abbate.

dulgerent, et quicquid habere invenirentur primo illis obviantes impune distraherent. Res miserabiliter miseranda, et nisi judicio Dei accidisset, nullo Dei et hominum judicio suscipienda. Sed ne forte in judicio duorum istorum episcoporum occultum Dei judicium videamur reprehendere, sinamus cum reverentia justum judicem Deum peccata nostrorum per istos punire; hoc tantum ad miseriam eorum veraciter referamus, quod etiam non intelligentes [76] ministros iræ Dei et virgam furoris Domini se esse, esse tamen meruerunt et pro peccatis suis peccata aliorum punire, atque ita, ut non modo hoc fieret sine reverentia monachici ordinis, sed etiam sine compassione in homines peccatores saltem extremæ humanitatis [77]. Quæ enim regula, quis canon, quis ordo, quæ leges hoc auctorizant, ut defuncto suo abbate monachi abbatem regulariter petentes, et quicquid de eis vel fama mentitur vel veritas perhibet [78], secundum regulam suam vel purgare vel emendare volentes, ire ante datum abbatem ab episcopo in exilium compellantur, et nisi assentiant, stola et banno omnes in episcopio christiani ab eorum hospitalitate interdicantur? Sed cum reverentia, ut diximus, justum Dei judicium in istorum injusto judicio suscipiamus, proximioremque Dei clementiam indubitanter credamus esse erga illos, quos dignatur corripiendo flagellare, quam quos voluit ministros iræ suæ et virgam furoris sui esse, si tamen in humilitate conscientiæ suæ sciunt correptionem Dei suscipere.

9. Episcopi igitur nec justæ petitioni nostrorum acquiescentes, nec Deum in se nostros persequi pro peccatis tam suis quam nostris intelligentes, spreta nostrorum digna electione et quæ reprobari non poterat aliqua regulari objectione, sicut jam dudum deliberaverant, sequenti die, stupentibus oculis monachorum, introduxerunt in monasterium nostrum Lanzonem quendam de cœnobio sancti Vincentii Mettis abbatem, virum quidem religiosum et inter religiosos nominatissimum, at nichil religioni ejus detraxissent, si tamdiu a regimine cœnobii nostri abstinuissent, donec canonica auctoritas etiam repugnantem eum ad id pertraxisset.

10. Nam nisi me fallunt auctoritates sedis apostolicæ, scilicet Cœlestino papa precipiente, necnon et illud idem Nicholao papa ad Karolum Francorum regem (198) et Egilonem episcopum Sennensem multipliciter iterante (199): *Illicitum est in aliena stipendia quenquam obrepere, et ex transverso venientem in castra inter quæ non militavit ducatum arripere. Tunc tandem alter de altera eligendus est æcclesia, si de civitatis ipsius clericis vel monachis nullus dignus inveniri potuerit, qui ordinandus sit. Primum enim illi requirendi* [79] *sunt, quam* [80] *aliqui de alienis æcclesiis preferantur. Habeat unusquisque fructum suæ militiæ in æcclesia sua, in qua suam super omnia officia transegit ætatem; in aliena stipendia minime alter* [81] *obrepat, nec alii debitam alter sibi audeat vendicare mercedem.* Hæ sunt auctoritates sedis apostolicæ.

11. Quod si quis dominum istum et religiosum quidem virum, Lanzonem abbatem, ex eo conatur defendere, quia faciente ipsius famosa religione consenserint in eum duo episcopi isti de violenta ejus in nostros prelatione, audiat se inde redargui hac ejusdem Nicholai papæ ad eundem Egilonem auctoritate: *Quid autem*, inquit, *suffragatur consensus episcoporum, ubi non pro regulis paternis, sed contra regulas adunatur?* Et paulo post: *Cujuscunque itaque sit sanctitatis dono quilibet preditus, alienos non debet labores preripere, quippe cum jubetur nichil eorum quæ proximi sunt aliquo modo concupiscere. Eo ipso enim quo quisque alteri pertinentia jura surripit, sanctitas gratiam perdit; nam quæ sanctitas vendicat mercedem alteri debitam? Quæ sanctitas alterius sibimet fructus usurpat?* Contra has æcclesiasticas auctoritates et sedis apostolicæ interdictiones, licet sanctus, licet justus, licet religiosus, licet suffragante illi duorum episcoporum consensu, peccatis nostrorum ita merentibus, domnus Lanzo abbas est super nostros introductus. Donum tamen rerum temporalium et cura committendarum ei animarum dilatum est ab episcopis usque 9. Kal. Sept. Die vero capituli convenerunt in chorum ad vesperos omnes confratres nostri, vestientes chorum formosis viris magnarum personarum et eruditis, apprime in omnibus officiis æcclesiasticarum institutionum. Felix quidem æcclesia tot et talibus et tantis viris, si non iratum habuissent sibi Deum patrem pro peccatis suis, vel iram ejus scissent portare in humilitate cordis et contritione carnis. Sed quid moror?

12. Eadem nocte intelligentes ab amicis quod sequenti die violenter et contumeliose truderentur in exilium, si in claustro essent inventi, pavore dissoluti — ut est humana natura et maxime formidolosa simplicitas monachorum — fuga sibi consuluerunt. Unus tantum eorum Luipo nomine, exilio sibi magis quam fuga electo, transmissus est Leodium sub Berengario abbate apud [82] Sanctum Laurentium; paucissimi vero cum abbate Lanzone remanserunt, Gerardus scilicet prepositus ille nostrorum electus, necnon et Bligerus, Herimannus quoque senior cum alio Herimanno nepote suo, atque Engo, qui paulo post missus est Mettis in exilium, ceterorum vero plurimis per Flandriam et Angliam, Datiam et Saxoniam, regnum quoque Theutonicorum dispersis.

VARIÆ LECTIONES.

[76] indulgentes D. [77] necessitatis D. [78] prohibet 1*. [79] reprobandi *Mansi.* [80] ut *Mansi.* [81] *deest* 1*. [82] ad 1*.

NOTÆ.

(198) Nicolai 1 ep. 20 Mansi XV, 391.
(199) Nicolai 1 ep. 21 in Appendice apud Mansi XV, 393. *Tunc — mercedem* sunt verba Cœlestini I.

Pars minima, habitu sibi retento, per diversa cœnobia hospitabatur, pars maxima, nichil sibi de monacho retento, presbiterorum more per diversas parrochias vagando ferebatur. Sed et Leodii et Coloniæ, post iræ Dei super locum nostrum pœnitentiam et redditam nostris miserationis suæ gratiam, vidimus nonnullos eorum inter clericos sub clericorum habitu consenuisse in ordine canonicorum; Leodii in monasterio sanctæ Crucis necnon et sancti Johannis, Coloniæ in monasterio sancti Georgii.

13. Interea Lanzo abbas duorum fultus auctoritate episcoporum, cœpit strennue de temporalibus et spiritualibus apud nos agere, advocata sibi de Mettensium [83] partibus religiosorum monachorum multitudine; sed nescimus quo occulto Dei judicio, gravissima contritus est divinitus [84] adversitate, dum humana nimium forsitan elevaretur prosperitate. Nam tercio prelationis ejus anno (200) super nostros 7 Idus Martii (*an.* 1085) combustum corruit mirificum illud et pulcherrimum operis monasterium nostrum, quod incomparabilibus in hac terra nostra, columnis, et tectura irrecuperabili pene consummaverat pia sollicitudo abbatis Adelardi secundi; tantumque fuit, non dicam infortunium, sed ut dixi [85] occultum Dei judicium, ut de una domuncula, longe quidem posita, in toto oppido nostro solum nostrum combureretur monasterium. Globus namque ardentis straminis altissime se attollens ab incendio flammivomantis domunculæ, dicitur visibiliter tandem corruisse super nidum cyconiæ in una duarum turrium, quæ est juxta orientales absides in australi latere *; et oppidanis ad clausum ostium monasterii concurrentibus, sed fratribus causam nescientibus, tamdiu protelatum illis esse introitum, donec vis ignea inexpugnabile sibi preoccupasset totius domus imperium. Cecidit igitur tandem, cecidit illud monasterium, cujus simile amplius nostrum non habebit cœnobium, illæque mirabiles columnæ, super quibus labor, expensæ, studium, opus, pulchritudo, magnitudo referri digne vix potest, ita funditus igne resolutæ corruerunt, ut de duodecim reformari non posset una similis preteritarum. Sed a tam luctuosa descriptione paululum hic jam respirare oportet, et secundi libri fine terminato, ad tertium inchoandum molestum animum recreare clementiori otio.

* Sita ad dexteram capelle Sancti Trudonis *in superiore margine addidit interpolator* 1 *.

EXPLICIT LIBER SECUNDUS, INCIPIT TERTIUS.

1. Dum [86] gravi sollicitudinum mearum pressura urgeor, tenue nimis viliterque scissum ipse reprehendo, quicquid in hac ordita tela texuisse videor. Sed quid? Si talis non fuerit res peracta, ut digna sit ita permanere, tantum saltem conferet ex sua vilitate, quod quandoque coget erubescentem se in melius stilum commutare. Interim, lector, animadverte quod scribitur, non quam bene scribitur. Anno igitur dominicæ incarnationis 1082 obiit abbas Adelardus secundus 8. Idus Decembris; 3. vero Idus Augusti capitulum actum est super confratres nostros a duobus episcopis, Herimanno scilicet Mettense et Heinrico Leodiense; qua nocte dispersi sunt omnes confratres nostri preter paucos, quos superius nominavi [87], 9. autem Kal. Septemb. [88] (201) Lanzo, abbas Sancti Vincentii Mettis, ordine [89] quo secundo libro disserui [90], abbatiam nostram regendam suscepit; tertio vero anno introitus ejus combustum est monasterium nostrum, scilicet 7. Idus Martii anno videlicet dom. inc. 1085 [91] **. Hildebrandus papa, qui et Gregorius [92] est appellatus, et Heinricus [93] Romanorum imperator, qui Leodii obiit filii persecutionem fugiens, gravissimis discidiis regnum et sacerdotium hac illacque miserabiliter distrahebant [94]. Quare imperator faventium sibi episcoporum Mogontiæ [95] concilio habito, suique papæ Clementis appellati, Ravennatium [96] scilicet archiepiscopi, auctoritate, ut sibi videbatur, roborato, Herimannum Mettensem episcopum hostem imperii puplicum adjudicatum, quoniam [97] sequi contra imperatorem videbatur Gregorium, abjudicari fecit [98] in eodem concilio totoque alienari Mettensium dominio (202), abbate [99] quodam Sancti Arnulfi Mettis Gualone dicto episcopo [100] pro eo supposito [101].

* Ante hos vero annos cum *interpolator una linea erasa* 1 *.

VARIÆ LECTIONES.

[83] Mettensibus 1*. [84] Anno Domini 1085 abbas Lanzo gravi attritus est *scripsit interpolator* 1*. *duabus lineis erasis.* [85] ut d. *desunt* 1*. [86] quam 1* [87] nominavimus D. [88] Anno sequenti *addit interpolator in rasura* 1*. [89] memorato *addit* D. [90] quo — disserui *desunt* D. [91] *ita* D. [92] VII *addunt* D. et *interpolator* 1*. [93] IIII. *rec. man. in* 1. [94] distraxis sent *interpolat. in rasura* 1*. [95] *rasura* 1*. [96] Ravennensium D. [97] quoniam — Gregorium *desunt* D. [98] *interpolator* 1*. fecisset. [99] abbatem quendam *interp.* 1*. [100] Gualonem dictum episcopum *interp.* 1*. [101] supposuit *interp.* 1*.

NOTÆ.

(200) I. e. anno 1086. Si revera ut ex sequentibus patet combustum est monasterium anno 1085, erravit auctor in computando abbatis; erat annus secundus. Cf. etiam infra IX, 29; X, 15.

(201) Ita legendum esse, non *Decembris*, quod exhibent codices et Dachery, ex antecedentibus II, 11 patet.

(202) Vide Sigebertum ad hunc annum et Mansi XX, 613. De Walone vide Hugonis Flav. Chron.

2. Interea Luipo, unus de fratribus nostris, ille inquam qui Leodii apud Sanctum Laurentium exilii sententiam susceperat, fuga exilium evadit, necessitate quidem ea, quia Leodensium episcopum longius eum velle in exilium mittere sensit. Qui cum per omnes quos utiles sibi fore existimabat, per ipsum quoque imperatorem apud abbatem Lanzonem omni humilitate ageret, ut receptus in claustro suo, quo nutritus fuerat, ordine quo et alii vivere posset, nullo modo impetrare valuit. At ille cum parentibus suis Lovanii, interdum vero Salechem aliasque nonnunquam — nobiliter enim natus fuerat — de patrimonio suo tristis et merens [102] vivebat. Sed auditis inimicitiis, quæ inter imperatorem et Herimannum Mettensem obortæ fuerant, et quia abjudicatum illi episcopatum imperator cum omnibus appenditiis ejus, simul etiam et abbatiam nostram eadem lege habebat in manu sua [103], locutus fratribus nostris qui Gande in monasterio sancti Bavonis exulabant, necnon et quibusdam qui abbatem Lanzonem aliquantum cum eo morati tandem effugerant, simul etiam aliquibus qui cum eo adhuc erant, ut multa interea hac illacque preteream, ab imperatore tandem obtinuit, ut suscepto dono abbatiæ nostræ de manu imperatoris, per duos comites ejus in eam introduceretur, Gerardum scilicet de castello quod dicitur de Guassenberge [104], et Gozwinum, avunculum ejus, de castello quod dicitur Heinesberge. Hæc autem ea geri videbantur ratione, quia absque electione domnus Lanzo introierat, fratrum electioni superpositus, episcopatusque Mettensium, qui Herimanno abjudicatus videbatur, in manu imperatoris habebatur, cujus capiti inheret [105] nostra abbatia. Quare imperator Lanzonem tanquam invasorem removere posse sibi videbatur, et fratribus nostris suum electum dare. Nostro tamen judicio non videtur coherere hæc ratio; cum si quid contra canones actum esset ab episcopis in nostros, de Lanzone apostolica prius cohercendum esset auctoritate, quam illicita imperatoris potestate. Sed apud mortales per mortales nichil juste rationabiliterque igitur, cum rationis justiciæque regula Deus judex justus victa patientia insurrexerit iratus. Hac tamen ratione et ordine Luipo abbatiam nostram primum visus est intrasse; qui si tum et postmodum gratis et per ostium intraverit, testabuntur sequentia ipsius operis. Intravit igitur 7 Kalendas Junii (*an.* 1085) in pompa magna militum, qua die secunda feria fuit rogationum. Cujus tirannidem Lanzo veritas intra parietes se continuit, turrimque preoccupans cum paucis monachis vitæ sibi eam solatium fecit. Primus quidem ipse fuit, qui turrim nostram sibi vitæ presidium fecit. Quæ res perniciosissimum postea exemplum nostris extitit, fiducia tanti presidii factis rebellibus in excidium totius loci nostri; non tamen vir religiosus ita [106] intellexit, cum eam ascenderet, qui nichil ex ea nisi vitam sibi servandam cogitabat, donec episcopi auxilio salvus evadere posset. Sed seditiosus populus noster et ad omne quod est turbæ et discidii levissimus; hujus viri necessitatis leviter in malo potuit meminisse, oblata sibi rebellandi et calumniam faciendi occasione. Unde ipsi aliquando meminimus, et post presentes vidimus, non solum oppidum nostrum incendio prorsus conflagrasse, verum turris hujus occasione plurima miserabilia in eo accidisse cum humani sanguinis larga effusione (203).

3. Igitur quidam de fratribus nostris, qui prelationem Lanzonis abbatis ferebant inviti, ad Luiponem statim se convertunt; beneficiati æcclesiæ preter paucissimos, necnon et oppidani fidelitatem ei faciunt. Lanzo interea letanias rogationum (204) intra parietes templi agebat cum paucis monachis; Luipo per campos, ut mos est, cum multis de fratribus nostris et turba laicali. Homines nostros ad hujusmodi seditiones facillimos, et modo hac modo illac levissime devios usque ad nostra quoque tempora invenimus; quod et interdum gravissime experti sumus, quam diu de monachis nostris superfuit vel unus, qui contendere de abbatia nostra moliretur. Quid moror? Franguntur tandem ab hominibus Luiponis fores monasterii versus claustrum, et abbatem Lanzonem intra turrim coactum ostium exire non permittunt. Tantam eum in ea necessitatem audivimus sustinuisse, ut aliquot diebus a pauperioribus mulierculis per fenestras aleretur grosso et arido pane, vasculoque parvissimæ refocillaretur [107] aquæ. Sic et sic, et hæc et illa per 15 dies sunt inter eos acta. Quinto decimo demum die, in qua fuit [108] secunda feria pentecosten, 5 scilicet Idus Junii, misit episcopus Leodiensis abbatem Berengarium de cœnobio sancti Laurentii Leodii, et astu simplici ereptum abbatem Lanzonem de nostra turri, cum eodem abbate manere fecit Leodii in monasterio sancti Laurentii. Fecit etiam ibidem servire ei quicquid habere videmur in Sesnin [109] (205) et in Jemapia et in Villario et in Orele (206), deliberans interea quid de Luipone ageret. Post hæc nichil moratus Luipo Mettis proficiscitur, et redditum Gualoni baculum, qui super Herimannum episcopus ibi dicebatur, ab eodem recipit, presentibus ibi de fratribus nostris multis et de oppidanis melioribus. Episcopus Leodiensis hanc presumptionem [110] Luiponis con-

VARIÆ LECTIONES.

[101] vixit qui sequenti anno scilicet 1086 *interp.* 1*. [103] suis D. [104] Guastenberge 1*. [105] inherebat 1*. [106] *deest* 1*. [107] a. r. 1*. [108] fuit — Junii *desunt* D. [109] Seni 1*. Sesuin D. [110] de hac præsumptione D.

NOTÆ.

(203) Cf. X, 14, 15.

(204) Quæ celebrantur ante Ascensionem Christi.

(205) Seny haud procul a Huy.

(206) Oreye inter Sanctum Trudonem et Leodium.

temptumque æcclesiæ sancti Lamberti suis tam abbatibus quam archidiaconibus totique simul æcclesiæ conquestus, eorum judicio Luiponem excommunicat 17 Kal. Julii, octavis scilicet Pentecosten, omnesque adherentes ei.

4. Heu ! heu ! Nunc, nunc invalescit materia de miseriarum nostrarum miserrima relatione, sub cujus pondere mens collisa hebitudine sua stilum quoque hebetem facit, horroreque informis monstri et enormis materiæ timet in lucem prodire. Dicendum enim hic erit post primam et miserabilem illam mirabilis quondam flamma faciente templi nostri ruinam secundo vix anno, et quasi calidis adhuc templi cineribus, quomodo totum oppidum nostrum in una quasi favilla corruerit, et humanus sanguis non modo perustos semirutosque templi parietes fœdaverit, verum altius largeque supra ipsas altariorum crepidines roraverit. Igitur Luipo quid faceret? Episcopum Heinricum inexorabilem prorsus sibi videt; rem igitur suam ad imperatorem iterum atque iterum refert. Imperator in turbato sibi regno et sacerdotio egre occupatus, rem ejus usque in curia Aquisgrani differt. Fit curia in natale Domini (*an.* 1087); assunt episcopus et Luipo. Longus inter utrosque post et ante imperatorem verborum conflictus; cedit tandem episcopus, victus terrore imperatoris magis quam legibus. Solvitur cum suis omnibus ab excommunicatione Luipo; sed interim fratribus nostris omnibus divino interdicto officio, donec dato sibi conductu veniens ad audientiam pacifice Leodii disceteretur Luipo, si quomodo posset de eo peticio imperatoris fieri. Luipo instante die licet conductum sibi videret deesse, Cunradum scilicet Ulterioris Trajecti episcopum, qui sibi promissus fuerat coram imperatore, tamen ad diem tendit. Quem ministri Leodiensis episcopi excipientes insidiis juxta villam Jupiliam (207) Leodio proximam, graviter verberatum spoliant, neque tamen sic a proposito itinere prorsus deterrent. Sedit concilium; jubetur Luipo intrare. Ille non abnuit, dummodo spoliato sibi res suæ restituerentur, et qui eum introduceret promissus ei adesset conductus. Iterum atque iterum et usque tertio vocatus cum superius dicta ratione venire nollet, tandem excommunicatur; sicque [111] tristis ad claustrum reversus res domesticas disponit et statim ad imperatorem redit. Nec mora; fautores ejus consilio simul habito de munienda turri nostra deliberant, et quicquid munitioni obsidionique videbatur esse necessarium parant. Eliguntur ad tale negotium juvenes audacissimi, multarum in corpore et parentela virium, sed parvissimi consilii, ut, si episcopus Leodiensis Lanzonem abbatem reducere vellet, timor turris ab illis

A occupatæ eum a reditu arceret, donec dominus eorum Luipo ab imperatore pace habita rediret. Tantaque erat cæcitas judicio Dei eorum, qui videbantur in oppido nostro sapientiores et natu majores, ut non attendere vellent, quam pessimum finem haberet, quod domus Dei, illis cooperantibus aut consentientibus sive non resistentibus, fiebat militum presidium, quin immo spelunca latronum et sacrilegorum refugium. Cœperunt interea novi illi castellani edificatam sibi munitionem possidere, multo Dei contemptu et rerum æcclesiasticarum abusione. Nam cortinis et tapetibus, quibus tunc multis et preciosis abundabat nostra æcclesia, velabant undique exterius novæ edificationis suæ circa turrim ambulatoria, sub illis et circa ea protegentes B se ab æstivalis solis ardore, et bibentes et manducantes dormientesque in eis luxuriose. Nam spacium monasterii, quod est a turre usque ad arcum primum ante ipsam turrim, munitioni suæ quasi antemurale conjunxerant, et per fenestras trium simul positarum turrium trabibus ingentibus longe porrectis, in giro extra turres placidum aspectu composuerant ambulatorium. Ibi, ut dixi, cortinis et tapetibus cæterisque æcclesiasticis utensilibus luxuriose nimis abutebantur. Censum quoque et annonam quæ pertinebant ad prebendam fratrum gulæ suæ et libidini prodige nimis servire faciebant. Nam inter magnos et parvos vix octo fratres tunc habebantur apud nos. Qui enim Deum timebant, Leodiensis C episcopi dispositione per alia cœnobia hospitabantur; et quidam, vestibus abjectis monachicis, clericali habitu exules abutebantur; quidam vero illorum qui cum Luipone remanserant, horum omnium malorum non tam incentores quam etiam cooperatores existebant, et simul cum seditiosorum furore quasi oleum in igne rebellionum insania effervebant.

5. Quorum scilicet turrensium insolentiam cum majores oppidanorum, tarde quidem nimium, cohibere vellent, nullo modo jam poterant, quia et [112] parentela et armis insuperque forti beneque stipendiata munitione confidentes, ad modum quem excesserant redire, jam nisi inviti volebant. Unde frequenter inter eos est rixa exorta, inque fori medio et intra ipsum atrium cruenter pugnatum. Tunc D demum peregrinorum multitudo cœpit cessare, quæ, ut superius descripsi [113], cotidiana concertatione ad sepulchrum beati Trudonis solebat oblationem afferre. Mam hinc illos dehortabatur horror bellicæ immo diabolicæ faciei, quam ex armata turre impresserant latrones illi [114] domui Dei; hinc episcopalis terrebat interdictio, quæ sacrilegos illos preconabatur ex oblatione fidelium non debere stipendiari. Quid longius moror?

VARIÆ LECTIONES.

[111] Tunc Liupo merens et *interpolat. in rasura* 1*. [112] *deest* 1*. [113] dixi 1*. [114] *deest* 1*.

NOTÆ.

(207) Jupille ad Mosam in ripa dextra.

6. His et aliis innumerabilibus nostrorum presumptionibus provocatus, Leodiensis episcopus movit tandem exercitum ad expugnandam, non jam turrim æcclesiæ, sed speluncam latronum. Igitur [115] Nonas Julii, feria secunda, obsessum est ab eo oppidum nostrum, ipseque resedit ante portam illam, quæ exit Sarchinium. Erat tunc temporis totum oppidum nostrum vallo fortissimo munitum, atque desuper postibus fortissimis magnisque tabulis [116] coronatum; supra singulas portas turres ligneæ eminentius edificatæ stratæque per medium et vestitæ per circuitum cratibus firmissimis et nullis sagittarum acuminibus perviis. Preterea turris monasterii firmissima quasi arx excelsa in medio oppidi, instar montis, eminebat, qualem non deceret tunc temporis habere monasterium, sed civitatem bellicosissimam aut castellum regium. Tum fortissimus monasterii murus, qui in anteriore anno concrematis tectis adhuc totus stabat nudus, longo suo exterius gyro et amplo interius spacio, aptissimos et plenos securitatis prebens illis qui in turre morabantur recessus. His itaque freti munitionibus, tum multitudine maxima bellicosorum magnæque audaciæ virorum, quibus semper abundasse oppidum nostrum scitur, prima die obsidionis frequentes temerariosque nimis faciebant in exercitum excursus, ita ut episcopum loco moveri facerent, et majorem suorum convocare multitudinem; potuissentque non multum timere illam obsidionem, nisi propter injustam eorum causam et domus Dei prophanatio nem Deum vindicem habuissent expugnatorem.

7. Orta igitur sequenti statim [117] die inter eos est seditio, aliis de deditione murmurantibus, aliis de repugnatione conclamantibus. Itaque invitis qui turrem occupaverant, alii, quos jam pœnitebat incepti, obsides episcopo tradunt, ut sanis rebus suis et corporum concessa sibi incolumitate, episcopus cederet ab obsidione, oppidani a rebellatione. Sed quæ prudentia, quod consilium effugere tandem potest judicis iræ Dei judicium? Nam etiam ipsa pœnitentia interdum esse potest infructuosa, cum facti mali pœnitet nos magis, ne de rebus temporalibus aliquid perdamus, quam ut Deum quem offendimus satisfactione placare studeamus. Erat tunc temporis adhuc inter Brustemienses (208) et nostros Trudonienses gravissimum et antiquum belli jure discidium, quorum alterutros nunc lancea, nunc sagitta, plerumque et gladius usque ad quam plurimos et de melioribus semper viris voraverat. Itaque Brustemienses intelligentes de pace facienda inter nostros et episcopum, gravissime ferunt, et, quicquid illud sit, audent moliri ad nostrorum excidium.

8. Postposita, igitur fide, qua episcopus obsides A nostros susceperat, eadem hora qua ante eum venerant, per quosdam recessus ultra vallum in oppidum nostrum transiliunt, nostris nichil minus quam id suspicantibus pro pace laudata et datis jam obsidibus, et ideo remisse positisque armis se continentibus. Prius ergo silenter igne injecto, deinde pedestri populo clamoribus in id ipsum concitato, demum igne et ferro totum invadit exercitus oppidum nostrum spe predæ captivandorumque cupiditate, non respicientes ad reclamantem fermeque solum relictum episcopum, qui nichil Brustemiensium insidiarum sibi conscius, egre nimis ferebat pro acceptis obsidibus, lacrimasque et grave suspirium dicitur fudisse, cum victricem flammam videret æcclesiam beatæ Mariæ semper virginis corripuisse. Nostris B licet sero ad arma tamen audenter convolantibus, per plateas, per compita, per notos sibi melius quam illis viarum recessus, multus hostium sanguis effunditur; hinc tamen eos igne, hinc armis jugiter circumvallantibus, inque fori medio gravissimo commissum est prelio. Armorum collisione et gemituosa humani sanguinis effusione tetra et miserabilis facta est diei illius facies, horribilis quoque et cruenta tota fori planicies. Prevaluit tandem multitudo, et nostros in atrium retrogrado cogunt vestigio. Heu! quantum sanguinis ibi effusum fuit, priusquam possent nostri compelli intra portas monasterii! Nam qui supra turrim erant omni defensionis genere hostes miserrime procul et prope conterebant, etiam C quibusdam ex monachis, qui diu postea nobiscum fuerunt [118], acerrime accinctis ad hujus defensionem necessitatis.

9. Miserabile erat videre a fenestris turris sanctam imaginem Domini, sanctum scilicet crucifixum pendere, et in expositum sancti Eucherii feretrum congredientem multitudinem sagittas jacere. Cumque recepti intra templi parietes, qui fugæ aut neci superfuerant de nostris, portas clausissent, multitudo hostium dolore gravissimo suorum mota occisorum, speque illecta majoris predæ, cœpit diligentissime explorare per gyrum monasterii parietum, si quem ad nostros possent habere accessum; et fracto tandem muro ad austrum contra criptæ introitum, necnon et per fenestras cœperunt irrum- D pere in monasterium. Interea nostri timorem et solitudinem intus silentio simulantes, quantos volunt de hostibus intrare permittunt, subitaque in eos facta irruptione non tantum trucidant, quantum supra ipsa quoque altaria insilientes horribiliter immolant. Fit, proh dolor! in domo Domini cedes cruentissima, humani sanguinis libatio profluentissima [119], ita ut membratim concisorum hostium hac illacque plurima facta congerie, visceribusque effusis, insa-

VARIÆ LECTIONES.

[115] Eodem anno Domini scilicet 1086, qui fuit quartus annus Lanzonis in hac abbatia, *annotavit interpolator in margine inferiore* 1*. [116] trabulis D. [117] 8. Id. Julii *interpolator* 1* *in rasura.* [118] vixerunt D. [119] humani — profluentissima *desunt* D.

NOT[Æ].

(208) Brusthem villa Sancto Trudoni vicina.

iabili furentis gladii mucrone, non solum parietes, A pavimenta humano aspergerentur sanguine, sed ipsa quoque altaria sanctorumque Trudonis et Eucherii sepulchra avulsarum intestinarum, heu! heu! pollucrentur stercore. Nec satis hoc erat huic tam misere victæ nostrorum victoriæ, nam artus exanimes igni circumfurenti injectos hic vigens [120] adhuc flamma horride circumlambebat. ibi prunarum ex incendio ferventissimus factus acervus, pestiferi nidoris profluente sanie, miserabiliter urebat. Hoccine portendebant, beate Trudo, tua miracula, quæ tantis prius temporibus fiebant ad sepulchrum tuum, tot, tam crebra, tam stupenda, tam gloriosa? Portendedebant quidem, quia dum blanda commonitione miraculorum tuorum non corrigeretur negligentia vitæ nostrorum, quin magis inconsiderate elati in luxu B et desidia abuterentur fructu inestimabili ad altare oblationum, meruerunt tandem experiri tam terrificam, tam gemituosam sententiam in se iræ Dei judiciorum. Intellexerat hoc longe ante prudentia sagacis mentis religiosi abbatis Guntramni, qui, quando suo primum tempore inciperent fieri hæc signa, dicebat ex auctoritate divinæ Scripturæ, infidelibus, non fidelibus signa data primum fuisse; et quasi ad divinam commonitionem per ea signa humilior factus et timidus, satagebat prius multum de occultandis quæ fiebant suo tempore miraculis, deinde de vitæ suæ, fratrum suorum correctione, quam predicabat cotidie ea miracula commonere. Quod quoniam nostri noluerant animadvertere, involuti sunt tandem C hac, quam descripsimus, miserrima vultus sui confusione. Quid tandem? Tota die pugnatum est. Noctis intervenientis beneficio cessaverunt utrimque hostes; in toto oppido nostro nec minima domuncula die illa superfuit incendio. Nocte illa qui qui supererant de nostris fuga dilabuntur, quippe qui nichil congregaverant sibi, unde in monasterio sustentarentur; pauci qui erant in turre, et qui tantorum malorum maxima pars fuerant, licet ambigui, necdum tamen nocte illa recesserunt, sed missis nuntiis ad comitem Arnulfum de Los (209), turrim ei tradiderunt.

10. Heu, heu! quibus gemitibus quibusve lacrimis referam gloriosam adhuc tunc thesauri æcclesiæ nostræ supellectilem, quæ in ea turre comportata D fuerat a reddentibus, a recipientibus turrim quibus quantisque modis distracta fuerit, quo ludibrio habita, non tam viris aut matronis, quam ipsis quoque mechis et mulierculis! Nudata est die illa, die illa [121] æcclesia nostra omni interiore sua et exteriore gloria. Pauci de monachis, qui in ipsa obsidione gravi senecta corporis locum relinquere non poterant, miserabilem loci faciam intus et exterius aspicientes, et nichil aliud preter ruinam, nisi horribilem, solitudinem, utcumque exire inde conantur, viamque Mergueles arripientes, a nostris quoque perfidissimis et nullo unquam Dei judicio castigatis corripiuntur, percutiuntur, spoliantur, episcopoque Leodiensi plectendi transmittuntur. Erant in his duo viri magnarum et pulcherrimarum personarum, viri [122] litterarum artibus et usu æcclesiæ nostræ apprime eruditi. Alter, prior scilicet Liebertus, cujus studio multi et optimi adhuc hodie habentur in biblioteca nostra libri, et qui multa thesauro æcclesiæ nostræ addiderat, quæ illo exterminio cum cæteris aliis quam plurimis bonis, non tam predonum quam nostrorum quoque manus sacrilegæ diripuerunt; alter vero Stepelinus (210), cujus nos diu post sepulturæ interfuimus. Cæteri utcumque miserrime quidem evaserunt. At episcopus illos preter nostrorum perfidissimorum spem impunitos abire permisit, episcopium tamen suis eis interdixit.

11. Acta sunt hæc 8. Idus Julii. Interea comes Arnulfus de Los turrim nostri monasterii pro presidio habebat. Cumque in monasterio nostro nec puer, nec juvenis, nec senex, nec quisquam monachorum tandem remansisset, nudosque et semirutos monasterii et claustri parietes solitudo cum nimio horrore nocte et die inhabitaret, erat nimis miserabile et gemituosum etiam inimicis de tam gloriosa quondam domo faciem tam tristem, tam lugubrem tamque horribilem aspicere, vespertinisque horis necnon nocturnis et matutinalibus pro dulci quondam psallentium monachorum choro, stridores tantum in ea audire vespertilionum, et male ominatos cantus ulularum. Tunc de ea dici illud apte nimis quidem poterat, quod Dominus per Isaiam prophetam minatur de Babylonia. *Et erit*, inquit, *Babylon illa gloriosa in regnis, inclita in superbia Caldeorum, sicut subvertit Deus Sodomam et Gomorram* (*Isai* XIII, 19). Atque illud Jheremiæ: *Precipitavit Dominus nec pepercit omnia speciosa Jacob, destruxit in furore suo munitiones* (*Thren.* II, 2). Et infra: *Et succendit in Jacob quasi ignem flammæ devorantis in gyro* (*ibid.* 3). Et paulo post: *Factus est Dominus velut inimicus, precipitavit Israel, precipitavit omnia mœnia ejus, dissipavit munitiones ejus, et replevit in filia Juda humiliatum et humiliatam. Et dissipavit quasi ortum tentorium suum, demolitus est tabernaculum suum. Oblivioni tradidit Dominus in Syon festivitatem*

VARIÆ LECTIONES.

[120] vigens — circumlambebat *desunt* D. [121] d. i. *desunt* D. [122] *deest* 1*.

NOTÆ.

(209) Est Arnulfus IV, quem filium fuisse dicunt Emonis comitis Lossensis, ex illa familia oriundus, quæ nomen a castro Looz vel Borgloon in vicinitate Sancti Trudonis ducens, originem ad sæculum decimum usque reduxit. Cf. Mantelii Historia Lossensis ed. Robyns, Leodii 1717, p. 50, 84.

(210) Is est ille qui, teste continuatore tertio, ad annum 1050 ad Guntramnum abbatem scripserat librum *De miraculis* sancti Trudonis, quem edidit Mabillon. Act. SS. ordin. S. Bened. Sæc. VI. 2, cujusque fragmenta nonnulla ex alio codice dedit Ghesquier V, 49.

et sabbatum; obprobrio in indignatione furoris sui regem et sacerdotem. Reppulit Dominus altare suum, maledixit sanctificationi suæ, tradidit in manu inimici muros turrium ejus (*ibid.*, 5-7). Et paulo superius : *Manum suam misit hostis ad omnia desiderabilia ejus* (*Thren.* I, 10).

12. Possem currere pene per omnem lamentationem Jheremiæ super Jherusalem, et etiam ad litteram invenire possem, aptissime convenire eam ad æcclesiæ nostræ lamentabilem miseriam. Qui enim etiam nunc hodie eam aspicit intus et foris, cum tamen multo et incredibili labore et sumptibus pars aliqua murorum, immo multa sit resarcita et edificiorum restructa, substantiæ reacquisita, fratrum numerus major, ordo et vita eorum melior, et prius, cum adhuc florens staret æcclesia, videre eam potuit in pulchritudine sua et divitiarum gloria, parvissimum quidem est, unde consoletur suam mesticiam, cum vix umbra sit hæc ad priorem ejus gloriam. Sed de his satis hic dictum sit; ad[123] narrationis ordinem recurramus.

13. Igitur hac miseria, et majore quam sciamus dicere, hocque in monasterio solitudinis horrore jugiter permanente, preter quod milites comitis Arnulfi de presidio turris prophanatica præsumptione frequentabant ingressum et egressum monasterii, tandem episcopus Leodiensis misertus miseriæ loci, tam quondam gloriosi quam tunc ignominiosi, eodem anno, parum scilicet ante Augustum, remisit ad locum nostrum, prepositum Gerardum, illum scilicet, quem superius diximus fuisse ad abbatem electum. His enim malis super locum nostrum irruentibus, et abbate Lanzone apud Sanctum Laurentium Leodii morante — posuerat eum episcopus apud Sanctum Jacobum in eadem civitate, diligens et honorans eum tamquam virum prudentem et religiosum — remisit igitur eum, ut dixi, ante Augustum, ut horrea construeret, fruges colligeret, et circa exustos monasterii parietes aliquas utcumque domunculas repararet, sepulchrumque sanctorum Trudonis et Eucherii qualicunque capellula circumdans, prepararet, ubi aliqui de fratribus redeuntes possent incipere Deo servire et habitaculum aliquod manendi invenire. Qua re pro tempore et loci facultate peracta, cœperunt fratres bini et bini redire, sed illi tantum qui Luiponem execrantes Lanzonem noluerunt deserere.

14. Lanzo autem[124] abbas novissimus suorum omnium rediit 10 scilicet Kalendas Martii, die natalis sancti[125] Eucherii, et, ut dixi, pro tempore et loci facultate agere strenue cœpit, nichil tamen unquam remissius agere permittens de his quæ sunt A nostri ordinis. Sed erat odibilis supra modum pene omnibus oppidanis, dicentibus eum causam fuisse malorum, quæ acciderant eis. Tunc tandem milites comitis Arnulfi recesserunt de presidio turris, et oppidum nostrum cœpit licentius inhabitari. Interea dum hæc aliaque perplurima mala geruntur apud nos, et non tam volubili fortunæ rota, quam justa in nostros vindicis Dei ira, nichil firmum, nichil certum, nichil prosperum nostris esse permittitur, Mettensis quoque æcclesia, cujus nos membrum sumus, tanto altiorum fluctuum gravissima quatiebatur collisione, quanto caput cætera quælibet membra solet supereminere.

15. Itaque Gualo, quem superius diximus episcopo Mettensium Herimanno superpositum[126] (211), videns B quod nichil proficeret, quin immo veraciter cognoscens, quod se graviter apud homines infamasset, apud Deum condempnasset, quia scilicet illicita ascensione viventis adhuc patris sui cubile maculasset, pœnitentia ductus ad humillimam satisfactionem Herimanno venit coram omnibus majoribus et religiosioribus episcopii, proque emendatione tam illiciti facinoris positus in cœnobio Gorziensi sub disciplina, factus est custos puerorum, qui antea dicebatur episcopus Mettensium. Postea tamen vidimus eum abbatiam suam recepisse, scilicet sancti Arnulfi Mettis, compulso ad miserationem ejus Herimanno episcopo super patientia[127] humillime pœnitentis. Verumtamen imperator Herimannum nec sic C esse quietum sinebat; statim enim contra eum et supra eum Mettensibus alium figuravit episcopum, Brunonem scilicet filium comitis de Calueh (212), hominem quidem nobilem sed levissimum, inque solo mendacio gravissimum, cujus frater Godefridus postea extitit comes palatinus.

16. Bruno igitur per missaticos suos ea, quæ apud nos habere videtur beatus prothomartyr Stephanus, sibi usurpans, frequentibus et humillimis litteris Lanzonem abbatem ad se venire rogabat, suamque invasionem hujus viri auctoritate palliare volebat. Sed viri religiosi constantia nullo modo acquiescebat, habens eum solum pro suo et Mettensium episcopo (213), quo vivente videbat adhuc vacare sedem illam absque canonico judicio. Quid tamen D faceret? Permanente ita invasore illo, aut abbatia sancti Vincentii Mettis, quam cum nostra tenebat, erat illi carendum, aut ad illum quoquomodo respiciendum. De nostra quoque non bona multum spe diutius presumebat, cum et illum super se irruere cotidie metueret, et plurimis oppidanorum nostrorum propter templi incendium et loci excidium se intolerabiliter exosum videret. Nam cum nocte ad

VARIÆ LECTIONES.

[123] ad — recurramus *desunt* D. [124] eodem anno, scilicet 1086 *interpolator in rasura* 1*. [125] scilicet 1*. [126] suppositum 1*. [127] pœnitentiam D.

NOTÆ.

(211) III, 2

(212) I. e. Calw in Suevia; erat filius Adalberti comitis Calvensis, cujus mentio sæpius occurrit apud Bernoldum; de hoc Brunone vide etiam Waltramum II, 30. qui eum monachum Sancti Trudonis fuisse falso dicit.

(213) scil. Herimannum.

matutinorum hymnos surgeret, procedere nunquam ad chorum audebat, nisi stipatus armatorum manu, neque inde aliter regredi.

17. Pertesus igitur tandem tantorum malorum et jam quasi desperans ultra de pace, versus Jherosolimam cœpit ordinare peregrinationem suam, toto tamen illo anno et usque dum Leodium veniret ita occulte, quod nullus nostrorum omnium illud unquam potuit subintelligere. Itaque contra vitæ suæ propositum et nominatæ[128] in eo religionis habitum cœpit in argentum æque et inique conflare; quicquid per totam abbatiam de sua[129] et fratrum prebenda potuit corradere[130]. Inter quæ constat eum tunc gravi dampno æcclesiæ nostræ dedisse quæque nunc de Renhrode videntur extra dominicalia (214) nostra esse. Qui etiam silvas quæ Mere et Burlo pertinebant fecit extirpari, sumptum inde precium servans suæ peregrinationi. Censum vero molendini de Moyse juxta Vilarium ad quinque tantum solidos redegit, quod multis longisque reclamationibus longe post prorsus dirutum et destructum de fortiorum quorundam manibus labor predecessoris nostri domni abbatis Theoderici et Ekardi[131] tunc prepositi, nostro tandem tempore, preposito Folkardo maxime alloborante, nostra quoque sollicitudo maximis dispendiis ad dominicalia nostra retraxit, totumque ex novo reedificatum vix contra renitentes plurimo dampno retinere[132] potuit. Similiter quicquid in villa Hallei (215) habere videmur, eodem tempore cuidam forti tyranno, scilicet Everardo de Nodewet, culpatur beneficiasse, sumpto ab eo mulo ipsa profectionis suæ die. Sic et sic multo collecto argento, æque, ut dixi, et inique[133], exivit de oppido nostro, nemine quo proficisceretur, preter unum suorum[134] hoc sciente, veniensque Leodium in cripta sancti Laurentii, stupentibus omnibus nostris qui aderant, reddidit episcopo Leodiensi curam abbatiæ nostræ et baculum; cappas tamen et casulas, et quicquid de reliquiis thesauri nostri tulerat, per manus prepositi[135] Gerardi ad nos remisit, sed uno tantum die se reliquisse fratribus, unde viverent, preposito confessus discessit (216).

EXPLICIT LIBER TERTIUS, INCIPIT[136] QUARTUS.

1. Heu! heu! heu! domine Deus! Qui Lanzone recedente putabamus naufragi perditis mercibus nudi saltem portum tenere, ecce, videmus nos iterum in altissimum sevientis maris profundum gravi revolvi turbine. Perpauci igitur fratres de nostris qui jam redierant — nam premiserat suos Lanzo abbas qui secum venerant — Mettis mittunt relationem de abbate Lanzone, quomodo discesserat petuntque humiliter primam adhuc sibi concedi electionem, saltem post tantam loci nostri desolationem. Annuit eis Bruno, qui Herimanno superpositus post Gualonem Mettis invaserat episcopatum, mandat tamen se prius ad nos venturum. Interea[137] prepositus Gerardus consulit episcopum Heinricum de secunda sua electione et fratrum de eo unanimitate. Alter namque alteri familiarissime sibi credebat, et quis alterum potius diligeret, non facile poterat intelligi. Dissuadet episcopus pretenta ei sicut et superius indomabili inquietudine fratrum, tum quia videbat Brunonem illum, a quo accepturus erat baculum, super canonicum adhucque viventem episcopum invasisse episcopatum, per quem si intraret, canonicam ei benedictionem dare non posset. O Heinrice, Heinrice! verum quidem et pium est, per manus invasoris religiosus vir intrare non debet; sed cur non permisisti tunc intrare, cum prius posset canonice, scilicet cum Herimannus pacifice adhuc maneret in sua sede? O quanta mala debaberet hodie nostra ecclesia, quæ tibi imputantur omnia, dum illum prohibes nobis promoveri, quo possent hæc et alia futura nobis mala utcumque arceri. Itaque Bruno, paucis interim diebus interlapsis, ad nos descendit, nullum habens secum de honorabilioribus Mettensium; audiensque Gerardum prepositum nolle accipere de manu sua baculum, nullo modo eum coegit, quin magis gavisus, cuidam fratrum nostrorum, Herimanno scilicet, qui calvus et senior cognominabatur, pecunia gravissima abbatiam vendidit. Habebat iste Herimannus germanum quendam virum, virum quidem tam genere nobilem quam prediis a patribus suis predivitem, nomine Engerannum, cujus inter cætera dicitur fuisse villa de Horfale, et fuit; hic de suo proprio totum dedit, quod de vendita abbatia nostra Bruno accepit.

2. Quod audiens factum episcopus Heinricus, indignatus de presumptione, voluit Herimannum statim excommunicare; sed obstitit instantissima supplicatio familiaris sui et amici, prepositi Gerardi, proponentis ei et commonentis simili re primam desolationem æcclesiæ nostræ sub Lanzone et Lui-

VARIÆ LECTIONES.

[128] invio latæ D. [129] suo 1*. [130] corrodere 1. 1*. [131] Gerardi D. [132] redimere D. [133] Anno 7. intrusionis sue, qui fuit annus Domini 1089, a claustro nostro clam diffugiens, nunquam rediturus. *Annotatio interpolatoris in margine inferiore* 1*. [134] pr. u. s. *desunt* D. [135] sui *addit* D. [136] liber *addit* 1*. [137] Anno eodem *interpolator in margine* 1*.

NOTÆ.

(214) Dominium proprietas.

(215) Halle Occidentem versus a Sancto Trudone.

(216) Minime videtur in terram sanctam profectus esse; a. 1090 Mettis subscripsit tabulam Herimanni episcopi, 1096 Urbanus II dedit ei privilegium quoddam, et anno 1099 subscripsit tabulam Richeri episcopi Virdunensis, anno 1098 de sua abbatia pulsus. Calmet *Hist. de Lorraine* I, pr. p. 595, 507, 512.

pone accidisse, timentisque adhuc inde gravius quoque multum posse accidere, cum jam populus non haberet, quid sicut primo perderet, et in vindictam preteritorum dolorum facillime commoveri posset. Episcopus, audita ratione considerataque tempestuosorum temporum necessitate, acquievit, et Herimanno neque maledixit neque benedixit. Verum quidem ille scilicet Herimannus non satis erat ad hunc honorem idoneus, utpote in quo de aliquibus virtutibus nichil didicimus, quod dignum alicujus memoriæ videatur, neque de sæculari neque de scientia litterali.

3. Interea Bruno sevissimus quidem turbo in superextantes cinerum nostrorum favillas, quæcumque nostra et ejus apud nos erant ventilata diligentissime, cœpit in omnem ventum dispergere; utque hic taceam de plurimis tamquam de minimis, inter cætera villas nostras vendidit viro cuidam forti et nobili, Ottoni videlicet de Diste, patri Arnulfi, scilicet Guebechem, Palte, Haletre (217), Guimale; acceptisque ab eo 100 marcis, traditione quali potuit ei firmavit. Inde Aquisgrani ad curiam profectus, ultra ad nos non est reversus; nam [138] Mettenses cum insolentiam ejus ferre non possent, stultaque ejus suorumque superbia, Deo ita volente, provocarentur, armis tandem in eum irruerunt, et intra monasterium beati prothomartyris conclusum obsederunt. Sed foribus tandem super eum fractis, milites ejus hac illacque per monasterium gladiis lanceisque confoderunt, quosdam super ipsa altaria immolantes, quosdam ipsis altariis contortis spiculis affigentes. Itaque Bruno vix elapsus, tam honore quam nomine episcopi ea ipsa die penitus est privatus a Mettensibus (218). Quid igitur misera æcclesia nostra poterat facere? Post ignem et gladium gravius ferebat hoc dampnum sibi contigisse, maxime cum nemo esset, etiam si posset, qui nostris misereri vellet. Mettis turbatio, Leodii super nos et nostra Dei et hominum indignatio, abbas quasi nullus, quippe cui neque pulchrum responsum pro aliqua nostra necessitate daretur.

4. Accidit quoque eodem tempore ad cumulum malorum nostrorum, dum in his aliisque perturbationibus nostris negligeretur æcclesia nostra de Alborg [139], ut clausa diutissime caderet tandem judicio in manibus episcopi Trajectensis Cunradi, gravissimi et potentissimi hominis (219), neque prius inde posset eximi, donec amplius quam 60 [140] libras constaret nobis; pro quali tunc necessitate venditus est calix magnus aureus, multo preciosior hac quantitate pecuniæ, auri valentissimi pondere et mirabilium gemmarum operisque mirifici inestimatione. In quo negotio multam fraudem audivimus fecisse nobis — sicut et sepius fecerunt — hujus rei venditores et argenti portitores, maxime vero presbiteros nostros, semper et usque hodie æcclesiæ fratrumque nostrorum dampnosos insidiatores. Quid amplius? Undique concluserat nos Dei indignatio, nullorumque hominum maximeque domesticorum compassio applicabat se nostræ miseriæ, quin ipsa nostra familia erubescebat se fateri nostræ esse æcclesiæ. Cum his tantis malis aliisque multis quæ pretermittimus non tam quateremur quam funditus erueremur, tetigit dominus Deus cor Heinrici episcopi non nostris meritis, sed ipsius; et reminiscens, quanta mala nobis ac nostris accidissent in brevi suo tempore, ipsumque maximam partem inde fuisse, tactus intrinsecus cordis dolore — erat enim homo pii cordis — atque graviter se peccasse inclamans in nostram æcclesiam, accinxit se ad succurrendum illi in quibus laborabat, et ad parcendum in quibus ulterius peccaret humanitus. Primum igitur 10 marcas de proprio misit ad reparandam æcclesiam sanctæ Mariæ semper virginis, quæ combusta fuerat tempore nostræ obsidionis. Deinde Ottoni, viro illi forti et nobili, qui villas nostras a Brunone emerat, minaciter interdixit, ut de bonis æcclesiæ nostræ nullo modo se intromitteret, alioquin eum excommunicaret. Non enim poterat esse ratum, quod contra Dei et hominum leges inde fuerat factum. At ille non acquievit.

5. Mandante igitur episcopo nobis, fratres nostri et multa familia æcclesiæ tam militum quam peditum cum feretro et reliquiis sancti Trudonis Hales ad eum veniunt. Qui vero ad Guebechem et ad alias villas nostras pertinebant, quas Otto sibi usurpaverat, nudati pedes laneisque induti, miserabili cultu maximoque ejulatu ex altera parte fluminis (220) sanctis nostris occurrerunt, ita ut ipsum etiam episcopum compungerent ad lamentum. Itaque cum grandi suorum nostrorumque processione introduxit episcopus sanctos nostros in Guebechem, celebratoque ibi in æcclesia [141] divino sacramento, interdixit ante altare Ottoni episcopali auctoritate villas nostras, satisfaciens omnibus qui astabant ratione, quod non posset stare legitime illa venditio, quam fecisset non episcopus, sed fur et latro; habuitque de presenti inde sermonem ad populum, initians ibi: *Væ homini illi per quem scandalum venit* (*Matth.* XVIII, 7). Sicque nostris in pace et leticia magna dimissis [142], ipse ibi prope ad sua pernoctaturus pertransiit.

VARIÆ LECTIONES.

[138] jam 1*. [139] Alburg 1*. Alboro D. [140] 40 D. [141] s. in æc. 1*. [142] episcopus *addit* D.

NOTÆ

(217) Num Hallet in terra Leodiensi?

(218) Quod Bernoldo teste jam factum est anno 1088

(219) Qui Heinrici IV partes sequebatur.

(220) Mosæ.

6. At Otto nec sic quievit; nam recedente episcopo ut prius omnia illa sacramento sibi mancipavit. Contigit autem, Deo ita ordinante, pacis die (221) hoc illum presumpsisse. Quod audiens episcopus, ut erat vir valde potens nec minus nobilis, indigne admodum tulit; veniensque Leodium paribus illius majoribusque sui episcopii conquestus est acriter contemptum suum et pacis violamentum. Quorum judicio tamdiu prosecutus est Ottonem, ut reus adjudicatus ad satisfactionem tandem venire compelleretur, et non solum villas nostras sine ulla nostra [143] redemptione exfestucaret, verum episcopo pro gratia ipsius 100 marcas persolveret. Sicque Deo miserante sanctoque Trudone intercedente, episcopo vero miro studio allaborante, recepit æcclesia nostra bona sua et tenet usque hodie.

7. Interea auctore hujus mali Brunone ab urbe Mettensi et episcopio irremeabiliter, ut superius dixi, expulso, Herimannus episcopus ad suam rediit sedem, non tamen satis adhuc securus propter imperatorem. Qui (222) mandans se cito venturum ad nos, precepit non Herimanno a Brunone abbati posito, sed Gerardo preposito, ut pararet ei servitium suum, Herimannumque numquam adducerent ante conspectum suum. Cumque Leodium venisset, volebat ei jurare super sancta [144] cum undecim adductis secum liberis Engeramnus, germanus Herimanni (223), quod de bonis æcclesiæ nichil omnino datum fuisset pro fratre suo posito abbate, sed de suo totum, nichilque amplius inde vellet exigere. Quem episcopus benigne audiens rem distulit usque in loco nostro. Ubi cum venisset, nulla nos voluit communione suscipere, donec absolveret nos a banno, quo dicebat nos teneri pro excommunicato illo Brunone. Cumque altero die sedens in cella abbatis de negociis suis strenue ageret, prandiumque illi ingens ex dampno nostro paratum interea expectaret, inter plures oppidanorum nostrorum, qui ante eum ad placitum vocati fuerant, unus eorum ita protervo ore indignanti supercilio profatus est: *Hiccine est, viri optimi, episcopus, qui facta in æcclesia ista et oppido nostro tanta seditione de suis abbatibus, nostra omnia incendio fecit cremari, et parentes nostros, nobis vix elapsis, gladio cruento jugulari? Et ecce, nunc in conspectu filiorum cum miseris excidii nostri reliquiis contendit judicio, cui non deberet rependi nisi mors pro tanto nostro nostrorumque excidio?*

8. Subintelligens hæc verba episcopus [145] rem diligentius interrogatam alto silentio dissimulat, secreteque parari sibi equum suis [146] secretariis mandat, habensque in verbo, quod foris super campum nepoti suo scilicet [147] Leodiensi episcopo deberet occurrere, Hoium (224) statim citissime tetendit, neque ultra ad nos aut nostra est reversus. Excepto autem dampno, quod de magnifice sibi parato servitio afflictæ nostræ fecerat, duos ei Herimannus equos transmisit, pro quibus molendinum de Stades in vadio positum fuit. Sic et sic inter episcopos et abbates cotidie ibat in deterius æcclesia nostra; Herimannus vero ita remansit in abbatia. Dum hæc et illa aguntur per annos aliquot, Luipo jam dudum sine spe auxilii ab imperatore redierat, adhucque excommunicatus cum parentibus suis Lovanii hac illacque manebat, ubi gravissima, ut visum est, infirmitate correptus — fuerunt enim, qui eam simulatam fuisse dicerent, ut taliter absolvi ab episcopo posset, et ad claustrum suum redire, cum quasi desperare de vita videretur — per parentes suos, nobiliter enim natus fuerat, hoc effecit, ut absolutus ad claustrum suum, si forte vivere posset, referretur; sed cito convaluit, et cum reversis redeuntibusque fratribus nostris privatus manere cœpit.

9. Reversi autem majori parte fratres, cum diutina longaque nimis in se Dei animadversione exterriti et emendati esse possent, obliti sunt citius et preteritarum culparum suarum et pœnarum pro his subsecutarum, de vita sua, de religione magis, ut ita dicam, cotidie deteriorantes quam emendantes. Et cum experti fuissent quanta per alienos [148] passi essent, haberentque ex se ipsis modo prelatum, per quem nullo modo gravarentur si vivere vellent quiete, ita agere noluerunt, sed verbis et factis suis miserrime illum cotidie affligentes ut ranæ bacillum conculcabant. De substantia æcclesiæ pene annullata, de combusto reedificando monasterio, de reparandis a fundamento officinis et claustro nulla eis aut minima cura erat, sed ventri tantum et eis quæ sunt ventris servire, portionesque grandes piscis et mensuras vini exigere. Hinc lites horis et locis incompetentibus competentibusque cotidie, hinc maledicta, hinc convicia in miserum illum Herimannum sine ulla miseratione [149]. Contigit ergo quadam die pro una mensura vini nescio vel medonis uni fratrum deficiente, ut ad cellam ejus ruerent, et nisi declinasset procacibus affectum conviciis, male quoque eum multassent. Hujus mali incentor fomesque quidam fuerat frater noster Stepelinus, sollicitans cotidie Luiponem de readipiscendo prerepto illi abbatis honore, ammonens eum de non vilipendenda ejus nobilitate, Herimannum ante subsannans retroque condempnans, gra-

VARIÆ LECTIONES.

[143] *deest* 1*. [144] sacramenta D. [145] Herimannus, *inseruit interpolator* 1*. [146] que *addit* 1. [147] *interpolator in rasura scripsit* Henrico 1*. [148] altercationes D. [149] *sequentia omnia usque ad* necessitatibus expendens *desiderantur apud* D.

NOTÆ.

(221) Pacem Dei anno 1085 Heinricus IV Moguntiæ publice constituerat; cf. tabulam Mon. German. Legg. II, 55.

(222) Scil. Herimannus episcopus Metensis.

(223) Abbatis Trudonensis.

(224) Huy ad Mosam.

vissima inquietudine, linguæ suæ facultate, dicens, non debere nomen aut honorem abbatis habere hominem idiotam vilemque personam, indignum benedictione. Sed cum diutius ista et alia quam multa Herimannus, immo Deus pati non posset, res ista digna gravitate episcopo Leodiensi per Herimanni amicos relata est, promissaque ei et suis usque ad 14 marcas argenti pecunia, ut liberaret æcclesiam de talium virorum intolerabili malicia. Quæ cum magno dampno æcclesiæ tota fuit persoluta, atque ita eveniebat, ut dum invicem morderent, ab invicem consumerentur. O dura precordia, o insensata animalia! O cæca pectora, quæ Deo recalcitrabant inter ipsa flagella, manifestissime adhuc super se manu Domini extenta. Vocantur igitur Luipo et Stepelinus Leodii ad audientiam. Quos excipiens episcopus inclamosa voce et gravi indignatione ait ad Luiponem: *Tune es*, inquit, *Luipo ille, cujus malitia fecit me ad Sanctum Trudonem ire, et pro peccatis meis totum illud tantum oppidum, necnon et æcclesiam sanctissimæ semperque Virginis Mariæ incendere?* Ad Stepelinum autem conversus: *Tuque*, inquit, *inveterate dierum malorum canus canis, quid debacharis in reliquias patentis adhuc ruinæ et miserandæ desolationis?* Respondereque volentes dedignatus audire, astanti sibi advocato nostro Ottoni (225), patri Gisleberti, minaciter ait: *Precipiendo precipio tibi, ut facias pacem æcclesiæ sancti Trudonis de istis duobus Dei inimicis.* Quos in multa oculorum suorum confusione ad domum nostram Leodii reversos Gislebertus, filius Ottonis advocati, tyrunculus tunc, statim e vestigio prosecutus est, et cæsos graviter fœdeque laceros domo ejecit, tollens eis parefridos et quicquid preter simplicem vestem habere videbantur. Itaque Stepelinus Mosum (226) se contulit, Luipo Lovanii mansit. Herimannus in abbatia cum parvo quidem honore preter solum nomen fuit; nam facientibus malis superioribus, cotidieque novis supervenientibus, vix corrodere poterat unde pauci quoque qui redierant fratres victitarent, interdum etiam vestimenta sua domesticis necessitatibus expendens.

10. Parvo interea preterlabente tempore [150], moriuntur ambo episcopi Herimannus Mettensis et Heynricus Leodiensis, imperator autem [151] in Longobardia morabatur (227). Sicque factum est ut quisque terræ nostræ potentium quantum vellet usurparet sibi quæ suis adjacebant vel interjacebant partibus. Igitur comes Heynricus Lovaniensis, cujus defuncti frater Godefridus comitatum tenuit, qui etiam primus Lovaniensium postea dux extitit (228), iste quidem Heynricus tunc potentior habebatur in nostris partibus. Et quoniam, mortuo episcopo Heynrico nulloque alio ei substituto, non erat qui æcclesiastice ei resisteret, viribus autem sæcularibus neque ipse etiam dux (229) eum offendere auderet, Luiponem [152] in abbatia nostra restituit, fratribus ita volentibus, laicisque partim assentientibus, partim contradicere non audentibus. Sic itaque [153] Herimannus de abbatis honore et nomine irrecuperabiliter ejectus, in claustro nostro mansit, quietus quidem et nullum umquam inde scandalum movens. Qui nobiscum tandem gravissimo languore et longo multum consumptus, atque prius in paupertate propter loci desolationem magnam et multa angustia cruciatus, preter ossa et nervos tensamque desuper cutem pallidam nichil habens vigoris, pæne hominem vivens exutus, tandem confessus, unctus et communicatus, presentibus nobis, obiit, atque in fratrum cymiterio sepultus est. Dies vero qua hoc Herimanno ejecto Luipo intravit, fuit translatio sanctorum Trudonis et Eucherii, 5. scilicet Idus Augusti, defuncto eodem anno [154] in diebus pentecosten (230) episcopo Heynrico. Qua etiam die sub Herimanno episcopo et Heynrico supradicto, capitulum illud ante actum est, quo fratribus nostris expulsis, Lanzo abbas Sancti Vincentii Mettis apud nos quoque abbas constitutus est.

11. Tunc vero quidam canonicus Sancti Lamberti, Obbertus nomine, prepositus in eadem civitate in monasterio sanctæ Crucis, jam dudum (231) ad imperatorem in Longobardiam profectus fuerat, spe adipiscendi Leodiensem episcopatum, sicut et adeptus est. Videns igitur Luipo oportunitatem

VARIÆ LECTIONES.

[150] imperatore Henrico permittente episcopus Herimannus a Metensibus in urbe recipitur, et ipso die post prandium in lecto mortuus invenitur, a. Domini 1090. Post cujus obitum Henricus primus, Leodiensis episcopus, nepos ejus, sequenti anno obiit; cui eodem anno Obbertus in episcopatu successit. *Ita ex Sigeberto interpolator* 1*, duabus lineis erasis in textu et in margine inferiore.* [151] *interpolator* 1*. in rasura addidit* tunc. [152] sede vacante Leodiensi *superscripsit interpolator* 1*. [153] tercio anno suo *superscripsit interpolator* 1*. [154] Domini 1091. *adscripsit interpolator* 1*.

NOTÆ.

(225) Est Otto comes de Duras subadvocatus monasterii Sancti Trudonis, quo munere cum jam anno 1060 et 1065 functum esse patet ex tabulis Theoderici et Adalberonis III episcoporum Metensium, quas jam alias editas ex nostro codice dabimus infra. Jam initio sæculi undecimi comites Durachienses habuisse hanc advocatiam probat tabula quædam ex tabulario Sancti Trudonis luci data a Man[illegible] p. 65. Deprehendimus hic anno 1024 Gisleber[illegible] [illegible]tum Sancti Trudonis, filium Godefridi [illegible] Ottonis patrem fuisse minime [illegible] conjectura. De hac advo[illegible] [illegible] des avoueries en Belgique p. 99.

(226) Muysen haud procul a Sancto Trudone.

(227) Per annos 1090-1097.

(228) Quod Sigeberto teste factum est anno 1106.

(229) Godefridus de Bullonio, qui tenebat ducatum inde ab anno 1089.

(230) Secundum Martyrologium Sancti Laurentii Leod. obiit die 31 Mai., vid. Chron. Sancti Laurent. Leod. c. 44, n. 61 et Ægidium Aureæval. Dies Pentecostes incidit in 1 Jun.

(231) Quod ante annum 1090 factum esse nequit. Cf. etiam Chron. S. Laur. Leod., c. 45.

temporis ad confirmandum se in abbatia nostra, circa autumnum et ipse ad imperatorem in Longobardiam profectus est. Nemo me mordeat, nemo michi detrahat, si veritatem loqui ipsa me compellat veritas, ipse animæ meæ timor de mendacio, ipsa Dei per sanctam Scripturam comminatio; nam *omne mendacium a diabolo est* (*Joan.* II, 21), et *os quod mentitur, occidit animam* (*Sap.* I, 11). Historiografi debitum est, nec assentatione, nec amore, nec odio, nec timore declinare; scribam igitur, Deo teste, sicut a multis didici, et ut veracius exquirere a fratribus quoque potui, qui erant apud nos tunc temporis, et qui mecum postea inde ore ad os ista sunt locuti. Sed quid rem profanam verbis juvat multiplicare? Gravissima pecunia Luipo hoc ibi effecit apud imperatorem, ut Olbertus factus episcopus Leodiumque reversus et consecratus, secundum jussionem imperatoris eum consecraret in abbatem Sancti Trudonis. De qua persolvenda illis, quibus constituerat imperator, et aliis, quibus ipsemet promiserat, multa fœda et illicita placita visa sunt, ipsa etiam die qua indutus fuerat ut consecraretur (232); de quibus honestius est silere quam loqui. Hoc tantum sufficiat, et nimium sit dixisse, quia neque prius neque tunc intelligere potuimus eum secundum Deum intrasse.

12. Qui paulo post gravissime ingemiscens de malis, quæ per eum apud nos acciderant, et conscientiam suam infirmam crebris prodens suspiriis, accingere se videbatur ad diluenda peccata sua per multas elemosinas et per suscipiendos pauperes et peregrinos et etiam interdum leprosos lavandos, tergendos manibusque propriis ungendos. Acer quidem erat constansque et intrepidus ad resistendum violentiæ advocatorum, tamquam generose natus de libertate et familia Lovaniensium. In parentibus vero suis et cura domestica profusus nimis et gloriosus [155], plura victus et vestitus effundebat quam in fratribus, et quæ interdum tolerare non poterant abbatiæ reditus, unde et ruricolas in precariis frequenter nimis [156] aggravabat. Cultor tamen agrorum et nutritor pecorum habebatur strenuus. Quid? Temporalia quidem in manibus ejus prosperabantur, sed de tenenda aut [157] emendanda religione pristinaque morum fratrum qualitate, neque timor, neque respectus aliquis apud eos habebatur. De reparando monasterio et claustro quædam incipienti illi parum succedebat; nam quod memoria dignum sit, nichil inde egit. Quartam tamen illam partem claustri, hoc est domum tantum quæ est ad occidentem, inceptam per Lanzonem abbatem, ipse consummatam texit, et interius sursum et deorsum sine omni cultu reliquit; in qua postea tantas fieri commutationes officinarum vidimus, ut nesciamus quo magis nomine eam appellemus.

13. Quodam vero tempore diebus messis valde æstuans lassusque de agro reversus, cum vespere multum bibisset cum domesticis suis, multum lætatus stratoque sanus repositus, media nocte inventus est membris pæne omnibus in eum emortuis, ita ut neque loqui neque movere se posset, deteriusque semper et deterius ageret; vixque utcumque usque [158] ad primum vivens diluculum, tandem exspiravit, neque confessus, neque unctus, neque communicatus. Obiit autem [159] Kalendas Augusti, vix post consecrationem suam vivens in abbatia duobus annis, sepultusque est in monasterio nostro. Quo etiam anno prepositus Gerardus mortuus est, prius confessus, unctus et communicatus, sicque tandem in bona memoria ad patres suos in monasterio nostro est appositus.

FINIT [160] LIBER QUARTUS, INCIPIT QUINTUS.

1. Considerato lugubris miserabilisque operis instanti pondere, qui superius heu! ter exclamaveram, nunc septies atque multo crebrius illud idem exclamare in assumenda michi materia opus haberem; nam quo altius provehor, terribiliores fluctus in faciem michi consurgere video. Igitur [161] defuncto Luipone, per quem ante abbatiam [162] et in abbatia navis ecclesiæ nostræ onerosa peccatis nostris in gravissimas Sirtes defluxerat, et inexpleta Caribdis voraverat quicquid fructus et decoris in domo Dei intus et foris apud nos fuerat, dux [163] Godefridus, qui postea [164] Iherosolimam profectus rex ibi defunctus [165] est, totam abbatiam nostram suo mancipat servitio. Necdum reparata erant templi claustrique nostri edificia, sed fratres quasi in tuguriis circa exustos parietes hac illacque habitabant; parum apud eos religionis minusque consilii. Inter quos erat quidam Herimannus, nepos superius dicti Herimanni, nobiliter natus et a puero claustro nostro innutritus, simplexque sine prudentia, tacitus et patiens ad sufferendas injurias, sed obstinatus ad occulte ulciscendas, facillimus ad

VARIÆ LECTIONES.

[155] gulosus D. [156] *deest* 1*. [157] et 1*. [158] *deest* 1*. [159] A. Domini 1093. *adscripsit interpolator* 1*. [160] explicit 1*. [161] Anno eodem *superscripsit interpolator* 1*. [162] abbatiam 1. 1*. [163] Lotharingie et Bullonii *interpolator* 1*. [164] Anno 5. *adscripsit interpolator* 1*. [165] rex ibi def. *desunt* D.

NOTÆ.

(232) Quod demum factum esse potest post diem 1 Febr. 1092, quo ipse Obertus Leodiensis episcopus consecratus est, teste Chron. Sancti Laur. Leod., c. 46, in quo etiam ... occurrit c. 47

quidvis presumendum, sed pertinacissimus ad non dimittendum, de liberali scientia insulsus, usu æcclesiæ suæ tantum exercitatus. Hic laicorum suggestione corruptus et partim eorum, qui propter Luiponem turrim olim occupaverant, ex dono ducis superius dicti Godefridi providentiam invadit totius abbatiæ nostræ, sperans sic tandem ipsum et nomen et fructum obtinere posse. Huic dono [166] fratres vehementissime reclamabant, tum quia ad talem curam eum inutilem esse omnino sciebant, tum quia metuebant, ut evenit, de promissa ab eo duci pecunia pro eo dono totam vastandam abbatiam. Vicit tamen ducis violentia, corrasaque est illi modo hinc modo illinc cum maximo dampno æcclesiæ gravis nimis pecunia. Nam soli nostri homines de Testrebant (233) usque ad 60 marcas inde persolventes, mendicare tandem compulsi sunt, qui prius fuerant divites. Quid singula enumerem? Undecumque fuerit corrasa 100 marcas nescio quantum superexcessit summa.

2. Sic et sic, et sic et sic pauci etiam, qui apud nos tunc erant, fratres summa vivebant inopia, nudi turpiter et famelici intolerabiliter. Quidam vero ab introeuntibus monasterium, ut ipsos ore proprio audivi referre, stipem interdum petebant; aliqui eorum, qui a parentibus suis, cognatis et amicis aliquid accipiebant, inde aliquamdiu tenuiter nimis victitabant; aliqui, si quid in libris aut vestimentis haberent, quo patientius carere possent, vendentes, panem inde emebant. Herimannus autem laicorum consiliis serviliter addictus, eorum etiam qui habebantur de stultioribus, nunc apud episcopum Obbertum, qui Heynrico Leodii successerat, nunc apud archydiaconos cæterosque aulicos promittendo, dando, mentiendo, voces fratrum pro necessitatibus suis clamantium ad effectum aliquem pervenire non sinebat. Audiens autem quod prevalente adversus imperatorem (234) æcclesia, Herimanno Poppo successerat (235), magno laicorum stipatus agmine, sed nullo omnino sibi de fratribus nostris comite, Mettis ad eum tetendit, et quibuscumque pravis modis solet illud fieri, donum ab eo abbatiæ ambire cœpit. Aderant ibi aliqui de nostris fratribus, missi a cæteris, legationemque æcclesiæ nostræ necnon et Leodiensis episcopo Mettensi [167] canonicam offerebant, simulque et Treverensis (236) litteras, quibus Herimannum, inter minas quidem et verbera direptionemque caballorum suorum et vestimentorum, ad abbatem sibi non debere dari constantissime rationabiliterque refutabant. Sed quid? Prevaluit pecunia, prevaluit adversum fratres laicorum malitia. Data est Herimanno hac auctoritate abbatia.

3. Fratres inde reversi, laceri, spoliati et pedites per tam longum perque tam difficile iter, rem per ordinem æcclesiæ sancti Lamberti episcopoque lacrimabiliter conquesti sunt et dampna æcclesiæ, quæ [168] passa per Herimannum fuerat, et majora, quæ nunc eam passuram metuebant, suisque victus et vestitus extremam inopiam. Victi tandem sui contemptu et nostrorum miseria etiam illi, quos transversos aliquando agebat Herimanni pecunia, accendunt episcopum ut ad audientiam faciat venire monachos et Herimannum. Vocatur semel et iterum ac tercio Herimannus, tandemque venire nolens canonica prosecutione excommunicatur et dampnatur. Neque sic tamen cessit [169]. At veritus [170] episcopum, ne, sicut disponebat, manu militari ejiceret eum, oppidum nostrum exivit, et apud villam nostram Hales aliquamdiu multo dampno æcclesiæ commoratus, transivit ad comitem de Lemburg Heynricum nomine (237), majorem tunc temporis advocatum nostræ æcclesiæ. Sperabat enim per eum se posse recuperare quandoque abbatiam, aut se afflicturum eam, sicut fecit, frequentibus dampnis et multis irruptionibus.

4. Interea [171] necdum cessante discidio, quod erat inter Mettensium episcopum et imperatorem Heynricum, imperator partem illam dominicalem, quam Mettensis episcopus apud nos habere videbatur, tradidit in beneficio comiti Arnulfo de Los. Quod indigne ferens comes Heynricus de Lemburg, quoniam major apud nos erat advocatus, introivit oppidum nostrum cum aliquantis equitibus, usurpans sibi quod comes Arnulfus in eo habere videbatur. Adduxerat etiam tunc secum Herimannum, ut in abbatia vi restitueret eum, at fratres tanta unanimitate et constantia spreverunt eum, ut neque signum pul-

VARIÆ LECTIONES.

[166] damno D. [167] *deest* D. Popponi *superscripsit inter.* 1*. [168] quæ — majora *desunt* D. [169] neque — cessit *desunt* D. [170] Leodiensem *superscripsit interp.* 1*. [171] A. Domini 1094. *interp.* 1*.

NOTÆ.

(233) Pagus inter fluvios Leck, Waal et Mosam. Ernst. *Hist. de Limbourg* II, 176, 232 conjicit hoc loco cogitandum esse de illis partibus pagi Texandriæ quæ erant vicinæ pago Testerbant.

(234) Qui apud Mettenses Adalberonem episcopum constituere volebat anno 1093; vid. Bernoldum ad h. a.

(235) Quod factum erat tempore paschali anni 1093.

(236) Eigilberti.

(237) Heinricus de Limburg erat filius Walrami comitis Arlonensis, qui primus construxit castrum Limburg, unde postea tota illa provincia sibi deduxit nomen. Accurate de hac familia, quæ originem duxit inde a Theoderico I, duce Mosellanorum, disseruit Albericus in Chron. ad a. 1064. Mater hujus Heinrici erat Judith, filia Frederici ducis Lotharingiæ inferioris, qui mortuus anno 1065, teste eodem Alberico, filiæ uxorique Walrami reliquerat *dominium ultra Mosam prope Leodium.* Primus qui post Duchesnium, Bertholetum aliosque dilucida commentatione hanc originem comitum Limburgensium proposuit, est Ernst in *Histoire de Limbourg*, tom. II ab initio.

sare [172] neque divinum officium facere vellent, quamdiu eum sciebant esse intra septa monasterii nostri aut atrii; terroribus, minis, blandiciis, promissionibus per homines Heinrici comitis pulsati frequenter, nullo modo movebantur. Ille vero interim latebat in angulo unius nostri spicarii, ad quem accedentes fautores ejus, homines levissimi et nullius boni inter nostros testimonii sive consilii, animabant eum ad perseverandum in proposito, et comitem Heynricum etiam conviciis inflammabant ad vindicandum terribiliter in nos contemptum suum de abbate suo. Interea comes Arnulfus, collecta suorum ingenti multitudine, comitem Heynricum aut in oppido nostro occidisset aut dedecorose ejecisset, nisi orantem ita suppliciter per nuntios suos comes Godefridus de Lovanio, qui postea dux extitit, interponendo se illum eripuisset; cujus conductu sanus evadens, abduxit quoque secum suum abbatem, statimque apud nos et signum horæ tertiæ sonuit, et divinum officium, quod propter eum dimittebatur, fieri cœpit. Utraque igitur repulsa comes Heynricus gravissime efferatus, Herimanno apud se collocato, quæcunque de nostris poterat, invadit, dissipat, affligit, suisque ut similiter faciant precipiendo precipit * Quis referre totum queat, quibus quantisque malis distracta tunc temporis bona æcclesiæ nostræ aut prorsus in perpetuum sunt nobis sublata, aut nimia longaque afflictione nobis amplius pene inutilia reddita? Nam dux [173] Godefridus, qui postea rex Iherosolimorum ibidem obiit, nostra sibi quæque erant in Hasbania et in Testerbant [174] ad libitum servire faciebat; comes Heynricus quæ erant circa et ultra Mosam et in Ripuaria et circa Renum; comes Heynricus palatinus (238) quæ habere videmur supra Mosellam. Ab illa die invasam nobis æcclesiam de Fonce (239), non longe a Mettensi urbe, numquam postea rehabere potuimus, quæ adhuc Lanzonis abbatis tempore et longe post adhuc ut nostra possidebatur. Preterea villici nostri et quidam de beneficiatis hominibus ecclesiæ nostræ quicquid eis placuit, quicquid eis melius tunc visum fuit, suis attraxerunt villicationibus suisque feudis, nobis modo volentibus ea recipere offerentes jurare, sua fuisse antiqua legalique beneficii aut villicationis possessione.

* precepit. A. Domini 1095, Henrici in regno quarti, in imperio tercii anno 40, et Otberti Leodiensis episcopi anno 5, Herimanno symoniaco invasore juste ab hac abbatia anno precedenti repudiato, hec prius famosa abbatia per annos circiter 4 pastore caruit, cujus violentas irruptiones per tyrannos ingestas, qui referre totum queat? *Hæc ab interpolatore inserta sunt, una linea erasa* 1*.

5. Nulli igitur mirum sit, si in gloria et divitiis attenuati hodie humiliter vivimus, cum magis mirandum diligenter attendentibus possit videri, quomodo inter tot loci nostri desolationes vel tantum adhuc relictum est, quod congregatio apud nos esse et abbatia appellari potest. Itaque paucissimi tunc temporis apud nos fratres remanserant, nullus apud eos ordo, nulla religio, utpote qui victus et vestitus necessitate afflicti, fame et frigore pene interibant, et qui neque claustrales officinas habebant, quibus suas necessitates occultarent; tantaque fuerat miseria, tanta desolatio, tanta rerum distractio, ut desperantes plerique vel ipsum nomen abbatiæ loco posse remanere, satagere viderentur ut clericorum prepositura fieret, et sex aut octo sub se clericos haberet. Inter hæc et cætera innumerabilia mala, cum pæne [175] jam annullata esset nobilissima illa et famosa quondam abbatia nostra, tandem miseratio divina tetigit corda Leodiensium, habitoque simul frequenti colloquio, cœperunt viscerabiliter tractare, quomodo desolatæ et pene adnichilatæ abbatiæ subvenire possent. Sed quoniam temporale bonum nostrum ad Metenses, curaque animarum tantum pertinet ad Leodienses, erant aliqui inter eos, ut plerumque fit, qui ad subveniendum nobis non multum erant attenti, dicentes hoc tantum ad eum pertinere, cui debebatur annalis reditus nostræ æcclesiæ, Leodiensesque non debere nobis abbatem donare, sed tantum ordinare. E contra sapientiores et religiosi asserebant canonice hoc posse facere Leodiensem æcclesiam, ut, quia cura animarum et consecratio abbatis ad eam pertinebat, et Metensis æcclesia nobis subvenire non poterat propter tribulationem suam, Leodiensis æcclesia abbatem æcclesiæ curæ suæ provideret atque ordinaret, ita ut nichil ex his quæ debebat Metensi detraheret; non enim esset leve ferendum tantum locum, tantum nomen, tantum quondam honorem negligentia Metensium annullandum esse ab æcclesia Leodiensium.

6. Querebatur igitur diligentissime si quis superesset de filiis nostræ æcclesiæ, cui idonee committi posset cura subveniendi matri suæ. Aiunt fratres nostri necnon clerici et laici, qui eum cognoverant, quod Gande in monasterio sancti Petri moraretur (240) unus de nostris fratribus nomine Theodericus, qui a loco nostro recesserat sub contentione abbatum Lanzonis et Luiponis. Hic si posset inde ex-

VARIÆ LECTIONES.

[172] facere D. [173] Lotharingie et Bullonii *superscripsit interp.* 1*. [174] Testebrant 1. [175] i. p. 1*.

NOTÆ.

(238) Obiit 12 April. 1095. Cf. Crollius Erlauterte Reihe der Pfalzgrafen, p. 134, et adnotationem Lavalleyi in Ernst Hist. de Limb. II, 175.

(239) *Poncé* in sinistra ripa Mosellæ meridiem versus a Mettis.

(240) In hoc exsilio composuit librum De vita sancti Trudonis hortatu Gerardi, quod opusculum ipse in præfatione *pignus ab exsilii angustia destinatum*, et *exsulatus libellum* appellat; vide eam apud Surium VI, 545, et quæ dedit Ghesquier V, 7.

trahi, idoneus illis videretur ad regendum abbatiam, quoniam Theutonica et Gualonica lingua expeditus, liberalibus artibus egregie eruditus, in prosa et versu nulli esset suo tempore secundus, dulci et altissona sonorus vocalitate, brevis sed pulchra persona mediaque ætate; qui etiam fratrum suorum infirmitatibus melius sciret compati, tamquam a puero illis connutritus, et qui viderat et audierat mala quæ passi erant in suis tribulationibus. Quid plura? Gavisus est inde episcopus Obbertus et æcclesia Leodiensis.

7. Electum igitur a fratribus cum necnon clericis et laicis vix tandem de cœnobio sancti Petri Gande litteris et missaticis suis abstrahit, et ductum secum Aquisgrani facit eum accipere donum abbatiæ nostræ de manu imperatoris, sicut mos erat tunc temporis. Hoc iccirco per manum illius factum est, quia imperator, quicquid beatus prothomartyr in partibus nostris habere videtur, suo juri mancipaverat, propter Popponem episcopum Metensem, qui episcopatum absque dono et consensu imperatoris obtinebat; adhuc enim imperator hoc in toto regno suo jure antiquo possidebat, ut absque dono ejus nullus in eo constitueretur episcopus. Nunc autem, quoniam, ut dixi, Poppo absque dono et voluntate imperatoris episcopatum Metensem intraverat, et hac de causa imperator quæ sunt apud nos beati prothomartyris suo juri mancipaverat, necessitas hoc fecit, ut de manu imperatoris baculum de abbatia nostra reciperet, ne longa inter imperatorem et episcopum decertatione locus noster miserabiliter desolatus interiret. Quamdiu ergo Aquisgrani erat, eunti illuc et moranti ibi episcopus obsonium illi dabat; inque suis expensis reducens eum Leodium, tamdiu [176] secum tenuit, donec ordinatum ad abbatem per semetipsum ad nos adduceret, et loco abbatis posito fratribusque et populo commendato, omnibus diebus vitæ suæ consilium et auxilium suum ei in auribus omnium presto fore promitteret, dummodo strenue agens de loci recuperatione propter nimiam ejus desolationem non desperaret. Datus est ei baculus 5 Kalend. Februarii Aquisgrani, consecratus est in abbatem et sacerdotem Nonas Martii Leodii, anno ab incarnatione dominica 1099.

EXPLICIT LIBER QUINTUS, INCIPIT SEXTUS.

1. Cum [177] varias abbatum commutationes post obitum abbatis Adelardi secundi retulimus, certam annorum seriem propter violentias eorum et frequentes ejectiones et regressiones singulorum nequaquam tenere potuimus. Nam ubi nullus legitimus ordo succedentium sibi abbatum servabatur, sed quam citius quisque poterat emulum suum ejiciebat, isteque quam minus poterat illum preesse sinebat, observari facile certus annorum numerus non potuit de singulis, maxime, etiam si posset, cum familiari semper nostris negligentia nemo erat qui operam impenderet. Superius igitur repetens ab obitu scilicet abbatis Adelardi secundi usque ad introitum abbatis Theoderici in abbatiam annos continuabo, et quod aliorum interpositorum scisma dirupit, per duos istos renodare studebo, notatis ex obitu alterius et alterius introitu annis incarnationis Domini. Abbas Adelardus secundus obiit a. 1082 incarnationis dominicæ, abbas Theodericus introivit abbatiam a. 1099 [178] ejusdem incarnationis; fuerant igitur ab obitu abbatis Adelardi secundi usque ad introitum in abbatiam Theoderici abbatis 17 anni, quos inter se compleverunt, iste plus, iste minus, Lanzo, Luipo, Herimannus et alter Herimannus de abbatia contendentes, et nullum certum tempus invicem habere permittentes.

2. Anno igitur ab incarnatione sempiterni principii 1099; post longas et diuturnas mortes, quibus a domno abbate Adelardo secundo usque ad ea tempora de æcclesia sancti Trudonis omnis vicinia desperaverat, quidam Theodericus, ejusdem loci antea nutritus, ad eandem æcclesiam regendam a domno Obberto episcopo et primis Leodiensium, tertiis jam missis litteris, a Flandria monasterio sancti Petri Gande tandem est revocatus, nescio magis an coactus, et Nonas Martii presbiter et abbas loci nostri consecratus. Quantam desolationem intus et foris invenerit, crede michi, o qui hæc legis, quia nulla vi ingenii possum exprimere nullaque facultate exponere, sicut veritas se habuit. Nam de toto monasterio preter turrim nichil tectum habebatur, quin interioribus parietibus collapsis, exteriores vastissime patebant, continentes in medio vilissimam capellam supra sanctorum Trudonis et Eucherii sepulchrum. Nostri autem post combustionem templi, cum sanctuarium, stante adhuc firmissime muro fortissimo, facili sumptu possent cooperuisse, totum [179] potius funditus diruerant, et majus stulta temeritate orditum, voluta jam cripta, usque ad fenestras cancelli illud produxerant. Ad quod opus ferventissime accinctus domnus abbas Theodericus, brevi tempore quicquid est superius a fenestris cancelli pulcherrimo opere consummavit, duobusque pilariis cum superstantibus illis parietibus juxta chorum edificatis, totam illam partem monasterii, quæ est ab arcu supra sepulchrum sancti

VARIÆ LECTIONES.

[176] ibi *addit* D. [177] dum 1*. post D. [178] Eodem anno Godefridus de Bullio, dux Lotharingie et princeps Iherosolimorum, obiit, post quem Heinricus imperator anno sequenti ducatum Lotharingie Henrico comiti Lemburghensi contulit. *Hæc ex Sigeberto ab alia (tertia) manu in margine adjecta sunt.* [179] Quidam ex intrusis abbatibus *superscripsit interpolator* 1*.

Trudonis ad partem orientis, cæmento plasmavit, calce dealbavit, fenestris vitreis decoravit, cælatura continuavit, tectamque superius pavimento linivit inferius; similiter et criptam, quam volutam tantum invenit, cæteris omnibus quæ deerant consummavit, atque in honore beati prothomartyris Stephani principale in ea altare dedicari fecit[180]. Anno ab incarnatione Domini 1102 [181] de vilissima capella supra sepulchra beatorum Trudonis et Eucherii introduxit nos in eam criptam cantare. Quæ dies visa est nobis et fuit immensæ læticiæ, cum in ea jam inciperemus secundum ordinem et orationes facere et in choro stare et ad altare procedere, quod nullo modo poterant prius fratres per multos annos in augustia capellæ. Nam ab ea die, qua vetus monasterium dirutum fuerat et novum combustum atque discissum, inter cæteras etiam desolationes et calamitates, quæ fratribus accidisse superius retulimus, ordo et disciplina prorsus abolita fuerant, maxime loci positura deficiente, in qua teneri possent.

3. Positus igitur est unus de fratribus antiquioribus, vix pre senectute se ipsum valens regere, custos puerorum, qui stante adhuc veteri monasterio viderat disciplinam eorum et ordinem fratrum. Itaque paulatim cœperunt reviviscere quæ erant religionis, et frequenti in capitulo collatione abundantius proficere. Postquam vero eduxit nos de cripta in chorum pulcherrimum et in partem illam monasterii, quam partim edificaverat, partim reformaverat a sepulchro beatorum Trudonis et Eucherii usque in finem operis versus orientem, cum augmento læticiæ cœpit et religio augmentari et fratrum numerus aliquantulum crescere. Hoc autem vehementissime impediebat, quia officinas (241) claustri fratres paucissimas atque illas vilissimas habebant partibus illis, quæ sunt ad orientem et aquilonem, non habentibus nisi tantum sepem nudam et vilissimam, quæ non modo hominibus, sed et canibus et porcis indifferenter pervia erant. Pars illa claustri, in qua sedentes fratres ad lectionem conventum suum silendo vel loquendo modo tenent, medio intertexta pariete tantum coperturæ habebat, sub qua fratres capitulum suum faciebant, dimidiumque superextantis dimidii necdum coopertum ex varia aeris intemperie fratribus ibi sedere volentibus multam molestiam tam æstate quam hyeme faciebat. Refectorium fratrum ac dormitorium domus illa una erat, quæ ad occidentem pars quarta claustri esse debebat, intertexta nichilominus pariete, habens subtus scolam puerorum, cellarium, domum infirmorum. Sed, ut superius dixi, sine aliquo cultu erant omnia; tectura nulla ante officinarum istarum ostia, jugeque lutum hyeme et molestia grandis intus pluviæ, nivis, grandinis et boreæ, nichilque obstaculi quo prohiberetur quodvis animal accedere.

4. Domus infirmorum neque die habebat ignem neque nocte lumen, nisi fratres in ea jacentes undecumque sibi, interdum etiam ex victu et vestitu suo, ea [182] procurarent. Sed neque in dormitorio lumen erat, fratribus tota nocte in tenebris jacentibus et per tenebras ad matutinos euntibus. Quod quidem erat gravissimum eis, quia de illa parte domus in qua dormiebant, oportebat eos per tenebras transire partem aliam in qua reficiebant, atque inde exeuntes sub tectura partim lignea partim straminea, utraque vero semiruta, juxta murum monasterii palpando frequenterque ruendo aut offendendo ire omni nocte ad matutinos, et de matutinis similiter per tenebras redire. Infra matutinos si quis fratrum aut puerorum volebat aliquando exire ad necessaria naturæ, dum timeret tenebrarum horrorem longique [183] itineris luteam difficultatem, magnam interim sustinebat naturalis necessitatis injuriam. Hyemali tempore lecta fratrum aspergebantur nive densissima, surgentesque ad matutinos sicut se albicantes nive super vestimenta sua inveniebant, ita et revertentes tota lectisternia sua. Propter communem quorumlibet accedere volentium importunitatem nichil tute servare poterant de lectisterniis suis in dormitorio, nichilque de his quibus serviebatur mensæ eorum in refectorio; qua necessitate habebant qui habere poterant pro lectis ligneis archas seratas, in quibus surgentes lectisternia sua obfirmabant; qui vero habere non poterant, frequentes molestias de vestimentis suis a furibus sustinebant. In refectorio autem post se in muro fenestrulas diligenter seratas habebant, recondentes in eis mappulas suas, cultellos, ciphos et quæ supererant eis de mensa, quia non habebant quibus necessitatibus suis succurrerent, nisi ex ea substantia, quæ aut supererat, aut quam ori suo subtrahebant; ad elemosinam nichil inde aut permodicum dabatur.

5. Transitus tritus sexus utriusque erat, plurimum vero ad missas mane per eum locum, quem tunc appellabamus et nunc habemus conventum, et frequens in eo cum fratribus fabulosumque laicorum et clericorum usque in noctem colloquium. Si

VARIÆ LECTIONES.

[180] Anno eodem 1100. 3. Kal. Oct. *annotavit interpol.* 1*. [181] dedicata est cripta nostra a domino Obberto episcopo Leodiensi, ad instantiam domni Theoderici, qui *hæc verba desunt in utroque codice* 1 *et* 1*; *at in illo manus sæc. XIV ea in margine adscripsit; leguntur etiam apud* D. [182] sibi *repetunt* 1. 1*. [183] longique — difficultatem *desunt* D.

NOTÆ.

(241) Cubicula, in quibus servabantur quæ ad singulorum monachorum victum reliquosque usus pertinebant.

qua potens persona, ut frequentissime assolet, A hospitari apud nos voluisset, fratribus hac illacque misere panem suum manducantibus, ipsa in refectorio ad mensam fratrum discumbebat aut si purior esset clementiorque aer in medio prati. Milites usque ad ostium refectorii sive ad medium conventus equitantes ibi descendebant, nullamque reverentiam, non dicam monachis, sed ipsis quoque sanctis locis exhibere usque ad noctis medium curabant. Testor Deum, quia digne non possum os meum stilumque miseriæ applicare, quo tantam majoremque miseriam fratrum, secundum quod audivimus maximaque ex parte ipse vidi, fideliter valeam referre.

6. Vir autem bonus, scilicet domnus abbas Theodericus, B noviter hanc Hierosolimiticam nescio an magis Babylonicam desolationem ingressus, cum omnia simul invenisset corruisse, omnia simul et derepente non poterat erigere. Verum, ut superius retuli, ad monasterium reparandum et animo intendebat, et studio infatigabili accingebatur. Qui dum facundi oris gratia commonaretur diebus pascæ sive pentecosten in æcclesia beatæ Mariæ ad populum, frequenter eis eliciebat decem aut duodecim plusve minusve marcarum ad monasterii reparandi auxilium. Ubi occupatus minus intendebat ad claustrum, tamen quam citius potuit in domo infirmorum, in dormitorio, in cella abbatis, in cripta, ante altare beati prothomartyris lumen constituit de æcclesia de Corbecce (242), disponendum per manus custo- C dis æcclesiæ de marca et dimidia census ejus, constituens custodi marcam ad luminare, preposito vero dimidiam ad prebendam fratrum, quæ prius non persolvebat nisi 5 tantum solidos. Similiter de censu æcclesiæ de Stades constituit custodi 5 solidos ad luminare, quæ amplius non persolvit. Elemosinæ pauperum prorsus abolitæ 6 cotidie constituit siligineos panes dandos de decima de Brustemia, quam redemit positam in vadio pro 10 marcis. Molendinum de Moyse cum auferre prorsus non posset viro potenti, qui dicebat se illud acquisisse pro censu 5 solidorum singulis annis, et quod plus valebat, accepisse in beneficio de manu abbatis Lanzonis, multis sumptibus, multis laboribus eo produxit, ut ferro inde sublato paulatim decidendo annullaretur, D et preter aquam et ripam nec vestigium molendini ibi relinqueretur; quod usque ad nos ita permansit. Alia plura molendina redemit, quæ gravissima pecunia invadiata aut beneficiata dicebat sibi fraus maligna nostrorum fœneratorum.

7. Ad missæ suæ ornamentum reponendum scriniola duo tali operi convenientia fecit, suoque studio amictum magno aurifrigio (243) et longo ornatum, albamque laqueum a collo aurifrigio factum, et nodum unde affigebatur ex auro et margaritis pulchre habentem compactum, in eis acquisivit. Similiter et cingulos duos, unum de nigro bonoque pallio latum satis, aurifrigio latitudinis trium digitorum in fine decoratum, alium de pallio varii coloris valde bonum, a nodo ante ventrem cingentis eum, filis aureis usque ad summitatem operose multum crasseque undique contextum. Sed et balteum et calicem cum patena argenteum, intus et circa oras exterius deauratum, pixidem argenteam, similiter et argenteam acerram vasque argenteum ad vinum, trium firtonum (244) pondus habens; thuribulum quoque de cupro deauratum, catenulas argenteas habens; pelviculam simulacro bestiolæ caudatam de cupro factam ad suscipiendam aquam manuum lavandarum, intus habentem imaginiolas argenteas fusili opere cælatas; tresque tuellas, unam sternendam super altare, aliam sub libro, tertiam ad tergendas manus. Crucem quoque cum crucifixo et pede quatuor evangelistarum imaginibus operoso, utrumque de cupro sed deauratum. Columbam etiam cupream, auro tamen superius argentoque variatam, continentem aquam ad opus manuum. Casulam de nigro pallio circa collum et a collo usque ad pedes ante ventrem aurifrigio lato ornatam; cappam similiter de nigro pallio pæne eodem, circa collum et super cristam capitii aurifrigio ornatam, ante pectus habentem plus quam palmæ unius longitudinis, æqua longitudine et latitudine, aurifrigium, neque tantum aurifrigium quam rem filis aureis desuper solidissime contextam, in medio habentem gemmulam bullula circumclusam. Hæc omnia ad officium missæ suæ et ad ornamentum æcclesiæ proprio studio de novo acquisivit. Redemit quoque cappam unam albi pallii valde bonam, thuribulum quoque argenteum appendens septem marcas, quod postea cum prestitisset archidiacono cuidam nomine Alexandro cum pallio uno optimo, quod ipse quoque emerat, et calice argenteo, numquam rehabere potuit quæ ita usque hodie nostra æcclesia perdidit. Pallium quoque unum, quod sufficit ad majus altare cooperiendum, emit totum novum, et de spisso pallio purpurei coloris, pallentis tamen, in grandiusculis rotis imaginibus bestiarum variatum. Hoc hodie quoque penes nos habetur.

8. Fratres quos invenit benigne fovit, et quot et quos potuit addidit, multa perpessus ab his, quos necessitate minoris sibi numeri de aliis claustris exeuntes suscipere cogebatur, invehentibus in illum frequenter maligne semper loquacibus in nos nostris oppidanis, quod tantæ fructum abbatiæ octo aut decem tantum fratres consumerent, non attendentibus neque veteri malicia cæcitatis suæ considerare volentibus, ad quantam paupertatem devolvissent ab-

NOTÆ.

(242) Corbeck ad Dylam in Brabantia.

(243) Gallis *orfroi*, *broderie*, limbus acu pictus, coloribus, auro argentove distinctus.

(244) I. q. ferto, Gallis olim *ferlin*, Germanis *vierling*, est quarta pars marcæ.

batiam furor mobilitatis eorum et contentio inter se abbatum factione eorum, et quanta consumenda essent in reparando monasterio, claustro et appendiciis eorum. Hac, inquam, male loquacium et maligne detrahentium necessitate compulsus, cum plures de suis fratres non haberet, et aliunde venientes monachos ignotos susciperet, multa et dampna et injurias sustinuit frequenter, talibus nullum ordinem servare volentibus, et cum de nuditate sua revestiti et de famelicitate sua refocillati essent, aut molestissime nobiscum commanentibus, aut cum dampno et [184] injuria et [184] detractione nostri tandem a nobis effugientibus. Vidi ipse intra quinque aut sex annos de talibus 17 a nobis recessisse, revestitos apud nos a planta pedis usque ad verticem integra veste. Studium et laborem ejus circa emendandam æcclesiam nostram intus et foris, et quantum sub eo profecerit, longissimum esset enarrare, cum tamen numquam defuissent interim ei tribulationes et persecutiones ab eis, de quibus aliquid hic modo volo referre.

9. Primo tempore introitus ejus in abbatiam gravissimus persecutor fuit ei comes Gislebertus de Duraz (245), advocatus noster, quem numquam potuit placare, nisi dampnosa æcclesiæ pecunia pro eo intercurrente. Preterea Heynricus de Lemburg, major noster advocatus, supradictum illum Herimannum, qui per violentiam non potens abbatiam nostram quam invaserat tenere, ad eum patrocinii causa confugerat, frequenter super domnum abbatem Theodericum in oppidum et usque in cellam abbatis introducebat, volens libentissime in abbatia eum confirmare, si et fratrum consensum inde prius habere potuisset, et fidelibus æcclesiæ fidelitatem extorquere suo Herimanno. Sed fratribus constantissime illi pro domno abbate Theoderico in faciem resistentibus, atque adeo ex auctoritate Leodiensis episcopi, ut quamdiu Herimannus aut in cella abbatis aut quoquam in toto oppido nostro esset, divinum officium in æcclesia nostra non fieret et nulla campana sonaret, cum multa tandem confusione et in nos et nostra indignatione recedebat, suumque iterum Herimannum in malum nostrum recipiens custodiebat. Jesu bone! quando totum dicerem, aut quomodo totum dicere possem malum

A et dampnum, quod per hos duos sustinuit ecclesia nostra [185]?

10. Accidit interea turbato vehementissime regno et sacerdotio, ut Heynricus tertius Romanorum imperator augustus, traditis filio eque vocato Heynrico imperialibus insignibus (246), abjectusque a regno iterum regnare moliretur. Cujus maxima spes tunc temporis esse videbatur iste Heynricus comes de Lemburg (247), dux [186] modico jam ante creatus (248). Quæ res prope exterminium debuit esse ecclesiæ nostræ, quia, cum tunc temporis non tam dux quam rex esse videretur, utpote qui regis erat patronus factus, non erat rex, non erat episcopus, non amicorum quisquam, qui auderet nos contra tantum tyrannum juvare; maxime gravissimis qui-

B busdam de oppidanis nostris et hominibus de factione Luiponis et Herimannorum factiosissimis ad hoc cotidie illum instigantibus, et in fornacem ardentissimam illius malæ suggestionis suæ oleum, picem, adipem, resinam et omnia instigationum fomenta congerentibus, ut suum Herimannum in abbatiam nostram restitueret, Theodericum ejiceret, modo venisse [187] tempus [188], in quo hoc liberrime facere posset; faceretque eum benedici, cum non auderet umquam episcopus contradicere ei, quem et introduxit, sed fratres non amplius quam antea inflectere ad suam voluntatem potuit. Relicto tamen eo cum custodibus sibi familiaribus in cella abbatis, abiit, multa vastatione facta in curia nostra et in claustro de rebus victui vestituique nostro preparatis.

C 11. Interim domnus abbas Theodericus secesserat ad castellum comitis Gisleberti Duraz, timens sibi, si tyrannum illum expectasset, de vita. Quo una parte oppidum nostrum egrediente, ipse (249) alia ingressus est. Testor Deum omnipotentem, quia nisi ipse oculis vidissem, et præ magnitudine leticiæ gemitum eorum querelosa et suspiria auribus hausissem, non facile mihi, sed neque ipsi cui flebat, posset persuaderi tantus affectus, tanta erga eum populi devotio sexus utriusque, diversæ etatis. Ipse e converso quam acclini vultu, quam modesto ore humiliari, quam profusis lacrimis, quam humectis genis tota facie irrorari; flebant illi præ nimia qua eum ardebant caritate, flebat ipse præ maxima qua se ipsum metiebatur humilitate. Tam triumphali

VARIÆ LECTIONES.

[184] aut 1*. [185] *sequitur hoc loco in 1 folium vacuum, desiderantur igitur omnia usque ad verba in c. 13* malorum recordatione populus *etc. Recentior manus quæ in margine superiore foliorum numeros apposuit, relicto folio vacuo a* XXV *ad* XXVII *transiit; itaque minime a librario hæc omissa sunt, sed folium postea casu quodam excidit, aut potius, ut videtur, excisum est, quod inde quoque conjici potest, quod vacuum folium non cum quaternione cohæret, sed postea insertum est.* [186] Lotharingie *superscripsit interpolator* 1*. [187] utilissimum D. [188] adesse *addit* D.

NOTÆ.

(245) Duras haud procul a Sancto Trudone. De Gisleberto comite vide supra IV, 9; pater ejus Otto inter annos 1090 et 1099 obiisse videtur. Si fides est Vitæ Arnulfi episcopi Suessionensis, Otto ille fuit frater Arnulfi comitis Lossensis, cf. Mantelium, p. 50.

(246) Quod factum est d. 31 Dec. 1105 Ingelheim; cf. Ann. Hildesh.

(247) Ad quem imperator tempore paschali anni 1106 Leodium venerat.

(248) Anno 1101 Natalitiis Domini Moguntiæ factum est testibus Ann. Hildesh. Eodem anno paulo ante comitem ab imperatore in castro Limburg obsessum esse constat.

(249) Theodericus abbas.

applausu, tam favorali populi devotione exceptus, usque ante cellæ suæ januam est perductus. At illi interius eam obfirmaverant; et strepitu indignationeque populi perculsi, nil sibi certius quam eorum confodi gladiis expectabant. Qua obfirmatione populo magis magisque in iram indignationemque concitato, cum tamen quidam dubitare viderentur, utrumne vi in eam irruerent, quidam vero ad irruptionem cum clamore jam se accingerent, unus eorum, cujus sapientiæ et consilio totum inniti videbatur oppidum, vultu flammeo et ore grandisono prorupit in medium : *Eyia, inquit, viri, eyia viri, si tamen viri! Quid hic tam ignaviter excubatis? Quid ad postes hujus domicilii observatis? Cur statim fracto repagulo, vel ipsis postibus radicitus evulsis, aperto ostio, micante gladio non irrumpitis? Quasi non voluntate neque judicio Dei, sed fortuitu hic conclusi teneantur rei illi et gladiis nostris hodie decapitandi, quorum venenata delatione, pestilenti consilio domus vestræ dampnoso olim flagrarunt incendio, matres legitimo destitutæ sunt conjugio, nepotes vestri sine parentibus, vos ipsi, heu! heu! sine liberis estis et nepotibus. Et ecce, nunc iterum ad nostram contumeliam et nominis generisque vestri ignominiam in oculos nostros importuni, contumaces, ignobiles lenones se ingerunt, ut quorum patres, filios, fratres, nepotes, affines, amicos, servos peremerunt, quosque igne et rapina de divitiis in inopiam, de gloria in ignominiam detruserunt, eorum nunc dominum inermes, ignavi, pauci scelerati ejiciant, ut, quæ ferro flammæque eorum cum periculo capitum nostrorum eripuimus, libidinosi deglutiant; seditionem, intestinum bellum in oppido nostro plectendi parricidæ, ut olim, ut sepius, nunc etiam commoveant, per quæ stirpis nostræ monimenta et extremæ reliquiarum nostrarum reliquiæ prorsus intereant. Si viri essemus, filii virorum, numquid hæc in capita eorum nunc de presenti non redundarent?* Talia Guntramnus.

12. Erat hic Guntramnus servus ecclesiæ nostræ, homo gratissimæ grandisque facundiæ, statura procerus, grossitudine corporis ejus decentissime respondente proceritati, acerrimus in bello, audax animo, prudens consilio, constans in negotio [189], formosus tam venusto corpore quam pleno vultu et elegantissima facie. Hunc talem, qualis apud nos de nostris nemo surget amplius, oppidani nostri flagrantes in eum odio maligno et nequissima invidia pro probitate ejus, casu volantis in frontem ejus sagittæ incerto auctore occiderunt, dum quadam die proditione ejus sic tandem patefacta, adversus eum sic nec opinantem consurrexissent armati. Quem si casus comminus se gladio defendere non vetuisset, o [190] quantam dedisset stragem, antequam occumbere posset! Sepultus jacet inter turrim et ostium, quod aperitur versus cymiterium fratrum ad meridiem, juxta murum, statim ut exitur de ostio ad dexteram manum. Hoc tali viro ita, ut superius dixi, perorante ad populum, statim versus in furorem preteritorum malorum recordatione populus, et tamquam ursus cruentis pregustatis carnibus in eos efferatus, stricto mucrone in eos conclamat ostia confringere, postes evellere pretemptat, ut omnes, tam monachos quam milites, minores quam majores in ore gladii interficiat. Sed statim pietas et benignitas domni abbatis Theoderici perjuris scelestis tutissimum scutum se opposuit, vehementerque inclamans Gisleberto comiti, necnon singulos suorum proprio ex nomine revocans, vix tandem ne in funestos illos irruerent multis precibus obtinuit. Quibus sedatis, hoc modo fratres suos ante populum alloqui cœpit :

13. *Absit a me, fratres karissimi, absit, inquam, dulcissimi filii, hoc peccatum in Domino, hoc scandalum in populo, ut regressus meus ad vos et pia in me vestra populique devotio maculetur, obfuscetur sanguine cujusvis aut homicidio. Non his armis decertandum nobis, non hoc gladio truncandus est impius hostis. Cujus nos sumus milites, ipse armatura nostra Christus est; hujus signifer beatus Paulus suis ita conclamat commilitonibus : « State, inquit, precincti lumbos vestros in veritate, et induite loricam justiciæ, et calciate pedes in preparationem evangelii pacis, super omnia accipientes scutum fidei, in quo possitis universa tela maligni ignita extinguere, et galeam salutis accipite et gladium spiritus, quod est verbum Dei (Ephes. VI, 14). » His armis ad similitudinem boni regis David muniti, hunc superbissimum, spurium et incircumcisum fiducialiter poterimus aggredi, ut, cum tantus blasphemus percussus in fronte, et in ea corporis parte vulneratus, in qua presumptor sacerdotii Ozias lepra incanduit, lepra corruerit, capite ei proprio mucrone truncato armisque omnibus expoliato, « confiteamur Domino, quoniam bonus, quoniam in seculum misericordia ejus; qui facit mirabilia magna solus (Psal. XXXV, 4). » Atque iterum cum nostro David dicamus : « Benedictus Dominus Deus meus, qui docet manus meas ad prelium et digitos meos ad bellum; misericordia mea et refugium meum, susceptor meus et liberator meus (Psal. XLIII, 1). »*

14. Hæc cum dixisset, populus ad propria rediit, ipse vero nobiscum in claustro habitavit. Qui autem conclusi erant in cella abbatis, ne a nostris qui turrim eis preripuerant, deberent interfici, nocte illa pene omnes effugerunt, et preter unum, qui cum Herimanno venerat de Malmundaria monachum, quasi nulli cum illo remanserunt. Quidam tamen ex oppido nostro impurissimi nebulones, ventricolæ, apud quos data crustula hispidi panis cujusvis dignitatis nomen facile mercari, eademque

VARIÆ LECTIONES.

[189] c. In neg. *desunt* D. [190] quot quantamque D.

subtracta patibulo reus posses adjudicari, frequenter ad eum conclusum in cella introibant, lethargicumque cerebrum ejus fœtido adulationis suæ oleo impinguantes, interim leccatriæ (250) suæ sic cum eo satisfaciebant. Tota autem abbatia et maxime monachi ad dominum abbatem Theodericum humili fidelitatis obsequio et piæ obedientiæ oculo respiciebant, ejusque anxietatem amaro satis animo deflebant. Sequenti igitur die cum domnus abbas Theodericus vocante eum episcopo Obberto Leodium venisset, injuriam suam, persecutionem, redivivi Symonis superbiam, invasionem in auribus episcopi ecclesiæque beati Lamberti exposuisset, non eos tantum mesta compassione sauciavit, sed et ipsam totam civitatem merore quidem maxime obnubilavit. Erat enim tam clero quam populo et monachis gratissimus, multa litterarum sciencia et egregiæ vocis jubilo acceptissimus, tum placidissimis moribus et vultus hilaritate serenissimus.

15. Non tamen prout deceret dignitatem disciplinæ et nominis Leodiensium, cito vindicatum fuit tam grave facinus in presumptorem impium. Sed nec mirum. Bona eis venia indulgemus, dum necessitatem temporis et eorum angustiam respicimus. Erat enim tunc non parva turbatio, non in ea tantum æcclesia, sed et in toto episcopio, et unumquemque non modo reipuplicæ, sed familiaris quoque sollicita urgebat occupatio. Sicut superius tetigimus pro recuperando extorti sibi regni statu imperator Heynricus ibi anxie insudabat; et quia crudeli odio et gravissimis dissidebant inimicitiis episcopus et Heynricus dux, simul quoque Namucensis comes Godefridus (251) et idem dux, eos prius ad pacem et concordiam revocare imperator maxime laborabat, ut postea robur pacis eorum et concordiæ esset ei spes et causa victoriæ. Quatiebantur etiam muri totius civitatis et æcclesiæ undosa imminentis belli formidine, quia ferebatur, verumque erat, filium imperatoris Heynricum nomine in manu robusta et indignatione maxima ad civitatem obtinendam properare (252).

16. His malis intercurrentibus, quo puplicæ familiarique rei suæ unusquisque, prout necesse sibi videbat, consulit attentius, eo de nostra disponitur satis quam expediret nobis negligentius. Semel tamen[191] atque iterum vocatum eum (253) episcopus tandem excommunicat omnesque ejus complices, precipiens archydiacono suo Alexandro, ut eum de caminata abbatis atrioque suo eliminet. Sed ille omnino neglexit; qua causa, quo animo, ipse viderit. At dux non immemor injuriæ contemptusque sui in Herimannum[192], arma copiasque suas in furore et indignatione magna adversum nos colligit, ut die data, quoscumque de nostris ad dedicationem sui Belis compellere non posset, eorum carnes in ejus sacrificio victimas propitiabiles faceret. Sed comes Gislebertus, qui reconciliati sibi fidelis tunc adjutor existebat domni abbatis Theoderici, conducto sibi comite Lovaniense Godefrido, qui non multo post dux extitit (254), viriliter ei restitit, omnemque conatum Heynrici, licet domini sui, dum accedere non auderet, irritum fecit. Nec multo post domnus abbas Theodericus reversus est de Leodio ad cœnobium nostrum, grandi ferens patientia conclusum in cella sua emulum suum.

17. Jamque dies imminebat, qua comes (255) Flandrensium imperatori occurrere Audeguerp debebat. Quo dum imperator proficisceretur, contigit eum habere per locum nostrum transitum, atque in cella abbatis, qua non sani consilii frater ille habitabat, nocte una hospitium. Qui dum cellam omnino non auderet imperatori contradicere, si vero ab ea egrederetur, nullum sibi ulterius patere regressum formidaret, in cellarium sub caminata descendit, ibique tota illa nocte mansit, ut facto mane, cum imperator viam suam proficisceretur, ipse ex inferioribus abditis prodiens ad obtinendam cellam regrederetur. Sed quidam de pueris nostris, qui nocte illa imperatori ministraverunt, fratrum nostrorum consilio prestruentes ei aditum, in cella regredi non permiserunt, nichil tamen contumeliæ aut virium ei ejusque satellitibus intulerunt. Cumque sibi interceptam introeundi facultatem intelligeret, et se quasi in sepulchro, cellario illo scilicet, a pueris nostris suffocandum omnino formidaret, de lacu, in quo se ipsum male dampnaverat, novus quasi terrigena ad invisam sibi lucem per aliud ostiolum tandem erupit, et magnum spectaculum populo factus platearumque pueris, ad unam forensium domum homo sine honore, monachus sine pudore proripuit, aliquotque dies ibi faciens, sabbato sancto dominicæ resurrectionis iterum ad ducem transivit. Qua peste eliminata sentinaque ejecta de navi nostræ æcclesiæ, mox, quia erat hora tertia, sonuit, et post tot luctuosos dies, quibus chorus noster siluerat, nos jam posse licenter divinis ora aperire laudibus grandis læticia fuit. Nam nostrum monasterium et parrochia foris tamdiu ab episcopo

VARIÆ LECTIONES.

[191] *deest* 1*. [192] Herimanno 1*.

NOTÆ.

(250) Est incontinentia; lecator est homo gulosus, incontinens; Belgis *lecker*, Gallis *lichard*.

(251) De hoc vide etiam Chron. Sancti Pantaleonis apud Eccardum I, 923.

(252) Henricus V, ante pascha 1106 jam certior factus de Heinrico duce Lotharingiæ et Obberto episcopo Leodiensi imperatoris partes tuentibus, in ipsam Lotharingiam profecturus erat; cf. Ekkehard. Uraugiensis ad h. a.

(253) Herimannum.

(254) Qui ipso anno 1106 Lotharingiæ inferioris ducatum Heinrico de Limburg ereptum accepit teste Sigeberto.

(255) Robertus II quem vocant Hierosolymitanum; regnavit a. 1095-1112.

in banno posita erant, ut in eis nemo cantaret, donec de cella abbatis et de tota curia et atrio Herimannus exiret.

18. Quod cum nunciatum fuisset duci Heynrico — forte enim ipse eadem hora per forum nostrum transibat — ira incredibili exarsit, dolore intolerabili infremuit, et nisi hanc suam in exemplum omnibus injuriam vindicaverit, cum obtestatione et horribili quadam anathematizatione se suaque omnia diræ morti extermnioque crudeli devovit. Ira igitur vehementi furoreque ingenti necnon et indignatione non minima in nos et nostra exardescens, contemptum sui abbatis cordi gravius apposuit, totumque se statim in nostrum nostrorumque vitæ periculum, quam substantiæ tam membrorum quoque detrimentum dissolute nimis accinxit. Jamque nulli nostrum parcere, inter monachum et clericum, clericum et laicum neque[193] quicquam discernere, crudeliter persequi, bestiali furore in nostros et nostra sevire, ut nullius nostrum misereantur suos omnes suppliciter orare, obsecrare, terribiliter precipiendo precipere. Tum si illos de nostris possent arripere, quosdam sine compassione decernebat suspendere, quibusdam oculos effodere, istis nares truncare, illis manus amputare, aliis pedes abscidere, nonnullis crura comminuere. Quibus vero misericordem atque humaniorem se exhibere volebat videri, eos diu carceratos tandem precipiebat gravissimo argenti pondere debere redimi. Et certe illi longe se beatiores cæteris reputabant, qui nichil aliud se perdere quam pecuniam metuebant. Erat igitur omnibus grandis formido, pavor et tribulatio, mentis hebitudo, membrorum dissolutio, genuum collisio, cum nulli nostrum extra oppidum pateret aliqua via sine vitæ periculo, membrorum aut substantiæ detrimento. Sed et comitem Gislebertum, quia pro nobis se illi opposuerat, in tantum odio habebat, quod eum de infidelitate palam argueie, et hereditario propter hoc privare beneficio fidenter laborabat. Erant etiam tunc nobis adhuc Coloniæ plures carratæ vini, quas statim fecit suis usibus obfirmari.

19. Hæc aliaque plurima quæ nobis cotidie ingerebat mala — nam et villicis[194] omnibus interminatus terribiliter fuerat, ne in quovis nobis responderent — domni abbatis Theoderici animum graviter afficiebant, et illud multo amarius, quia audiebat eum velle beneficiare suis satellitibus quæ nobis juxta Mosellam nec non et in Testrebant[195] obaudiebant. Quod si semel in tam tempestuosa tempestate contingeret, aut vix aut numquam ea amplius æcclesia nostra reciperet, et vinum et pisces ulterius abbatia nostra non possideret. Immenso igitur dolore

A et metu afficiebatur, metuens etiam et nimium sollicitus ne in tanta turba quisquam propter eum occideretur, carceraretur, spoliaretur. Sed cum sub hoc curarum sollicitudinumque onere importabiliter premeretur, fuerunt quidam ex amicis ejus cum duce, qui videntes angustiam, oppidanorum periculum, æcclesiæ intolerabile et irrecuparabile dampnum, mediante pecunia conabantur adhuc eum ab his malis quæ cogitabat in nos revocare. Vix tandem argenteo malleo emollita est nigri silicis duritia, exceptoque comite Gisleberto, annuit ut pacem habeat abbas noster et tota ejus æcclesia. Sed re perlata tandem ad domnum abbatem Theodericum — nam novit Dominus, se nesciente hoc prius ab amicis agitabatur —, nulla ratione, nullo consilio,
B nulla persuasione, nullo timore adduci potuit ut acquiesceret, nisi res æcclesiæ quas impedierat prius ab omni impedimento dux enodaret, et comitem Gislebertum oppidanosque omnes, quibus propter eum molestus fuerat, in firmam pacem gratiamque suam revocaret. Quod miro inedicibilique labore ab utraque parte tandem concessum est. Ipse presens istis interfui, et pro explendis feria sexta parasceve Domini, die una Leodium equitavi, et multum ibi moratus pro hoc negotio, ipsa redii, et statim reascendens cum domno abbate iterum Leodium abii. Persoluta est ibi pacta prius pecunia, comiti Gisleberto reddita est ducis gratia, oppidani liberati sunt a timore, res æcclesiæ eo jubente prorsus sunt expe-
C ditæ. De Herimanno vero inter ducem et domnum abbatem hoc tandem diffinitum est, ut si cognoscens reatum suum ad satisfactionem et pœnitentiam venire vellet, misericorditer reciperetur, probataque ejus humilitate et obedientia, secundum ejus animi infirmitatem condescendere ei domnus abbas non dedignaretur. Sed inveterata miserandi hominis malicia humiliari nullo modo ad satisfactionem et pœnitentiam potuit, sed id quod fuit permansit, et quod non erat assumpsit.

20. Ex hac ducis oppressione et Herimanni invasione gravissime afflicta elanguit diu æcclesia nostra. Calix aureus nescio quanti ponderis cum patena, quem ipse domnus abbas Theodericus acquisierat, hac necessitate irrecuperabiliter venditus est, silva
D in Kircheym excisa et vendita, substantia alia multum attenuata, quodque magis dolendum erat magisque deflendum, totum opus monasterii intermissum usque ad obitum ejus deperibat. Dei autem faciente judicio eodem anno abjudicatus fuit Heynrico ducatus[196] (256) et datus comiti Godefrido de Lovanio, causa existente, quia eadem eptomada scilicet feria quinta, quæ fuit cœna Domini, pugnaverat contra filium abdicati imperatoris Heynrici

VARIÆ LECTIONES.

[193] eque 1. 1*. [194] nostris *addit* D. [195] Testebrant 1. [196] Eodem anno Dom. 1106 mortuo Henrico imperatore tercio ducatus Lotharingie abjudicatus est Henrico Lemburgensi advocato nostro *interpolator* 1*. *duabus lineis erasis.*

NOTÆ.

(256) In placito Wormatiæ habito die Pentecostes testibus Ann. Hildesh.

regem creatum, Heynricum dominum suum, supra fluvium Mosæ oppido Guisez (257) ante pontem, regemque contrito exercitu ejus fugaverat. Ad cumulum autem malorum nostrorum accidit nobis et aliud malum, quanto de familiariori et amiciori prius nobis potente persona tanto et gravius, tanto et intolerabilius. Cœperunt namque in invicem dissidere comes Gislebertus advocatus noster et domnus abbas Theodericus. Comes exigebat ab eo 24 marcas argenti, quas duci Godefrido dederat de Lovanio, quia ducem Heynricum propter suum abjectum a nobis Herimannum super nos irruere non permiserat, et quicquid super eas ex usuris cotidie crescebat; abbas respondebat se ei non promisisse nisi 5 tantum, et eas se jam persolvisse. Sic et, sic cotidie mala nostra multiplicabantur. Comes quid faceret? Rationi omnino acquiescere nolens neque veritati, cum duplici dampno quam argenti hujus summa fuisset, totum per abbatiam quod exigebat diripuit, nulliusque umquam petitione abbati reconciliari voluit, sed conversus ad dominum suum comitem Heyricum (258) et ad emulum abbatis Herimannum, cœpit omni consilio et virtute agere, ut de abbatia ejiceretur et Herimannus reintroduceretur.

21. Habebatur tunc [197] Mettis episcopus Adelbero [198] (259) post Popponem (260), qui licet litteras suas et missaticos pro domno abbate Theoderico ad comites Heyricum et Gislebertum frequenter mitteret, nichil tamen aut modicum juvare eum poterat contra eos, nisi in hoc tantum, quod magis inde confortabat animos fratrum nostrorum et corda ambigua levium oppidanorum. Sub hujus fune contentionis aliquamdiu ancipites agitatæ sunt utræque partes dissidentium. Cum igitur humano undique destitueretur auxilio, et ab illis vehementissime affligeretur, qui, cum maxime debuerant juvare, ratum sibi duxit ad divinum eo modo confugere, si dissolutionem nostri ordinis, quæ diu nimis casibus diversis accidentibus apud nos non absque infamia inoleverat, religiosorum monachorum usibus posset emendare. Ad quod peragendum quidam de fratribus, pauci tamen instantissime eum perurgebant, plures autem gravissime inveteratas abusiones suas immutandas sibi ferebant, maxime vero qui apud nos de aliis claustris profugi confluxerant. Sed cum Dei adjutorio prevalente meliori parte fratrum, licet minori, introducti sunt usus Cluniacensium in monasterium et claustrum nostrum, scilicet Kalendas Martii, quæ fuit eo anno sexta feria in capite jejunii [199], ad quos demonstrandos misit nobis domnus abbas Sancti Jacobi de Leodio Stephanus duos de suis fratribus, abbas Sancti Laurentii Berengarius de eadem civitate duos. Cœpitque doceri ordo Cluniacensium ferventissimo apud nos studio et exerceri tenacissime, non ex parte sed ex integro, maxime juvenibus nostris in eo laudabiliter sine omni mendacio nostro ferventibus, senibus cum silentio mente pacifica acquiescentibus, scolarum pueris sine gravi jugo cotidiana exercitatione disciplinam exhibentibus. Qui aliunde apud nos collecti fuerant mutarique veterem levitatem suam nolebant, recesserunt; similiter et de nostris aliqui ejusdem levitatis. Volo autem hic annotare nomina eorum qui tunc de presenti vivebant, quando usus isti apud nos introducti sunt, ut et gloria eorum inde in hac quoque vita crescat, et posteri intelligant quanta apud nos fratrum paucitas extiterat : Abbas Theodericus, prior ego Rodulfus, secretarius Sybertus, prepositus Morungus cellerarius cantorque Folkardus, Engo jam senex, Gislebertus juvenis maturus. Prima autem die qua ordinem incepimus, exierunt de scolis quinque pueri : Thidelmus, Balduinus, Heynricus, Christianus, Franco, qui postea abjecto habitu fugit. Hi omnes jam adulti fuerant et de scolis jam dudum exisse poterant, sed prioris diligentia eos intra scolas usque ad eam diem tenuerat, timens, si ante inceptum ordinem, secundum veterem abusionem, extra scolas levitatis et ocii [200] placitam juvenibus venenatamque dulcedinem gustassent, quod amplius rigidæ juvenum jugique insuetæ cervices applicari ad ordinem non possent. Pueri qui in scolis remanserunt, fuerunt hi : Guazelinus, Adulfus, Gaulbertus, Fredericus, Humbertus. Inter majores et minores eramus 17. Quo parvo numero cum adjutorio eorum qui de Leodio prestiti nobis fuerant, cœpit, ut dixi, ferventissime ordo teneri, maxime studio juvenum laudabiliter ad hunc se accingentium.

22. Si quis tamen nostrum præcipue exstitit cujus importunitas et oportunitas, cujus mille formis variata sagacitas animum abbatis ad hos usus tenendos prior induxerit, et cum multa sua tribulatione et angustia, odio et invidia apud ipsum ut tenerentur tandem obtinuerit, et cujus studio eo vivente viguerint, mortuoque refrixerint, non dubitat, quisquis ille sit, cum multum emendationis vitæ fratrum et profectus æcclesiæ per hos usus subsecutum sit, quod de eo nobis tacentibus, ille tacere debeat, pro cujus amore nichil adversi, nichil odii, nichil invidiæ, nichil pericu.i sustinere formidabat, dummodo religio introduceretur et locus a preteritæ irreligionis infamia liberaretur.

23. Injecta igitur nobis ab Heynrico gravissimi meroris nubila, magna jam ex parte deterserant nova introducti ordinis gaudia, et sub suavi jugo

VARIÆ LECTIONES.

[197] A. 1107. *interp.* [198] V *addit* 1*. [199] A. Dom. 1107. *interp. in margine inf.* [200] odii 1*.

NOTÆ.

(257) *Visé* inter Leodium et Trajectum; de die consentiunt Sigebertus et Ekkehardus.

(258) Qui ex carcere, cui Heinricus rex eum mandaverat, interim effugerat anno ipso 1106, probante Sigeberto.

(259) Quartus.

(260) Qui jam obierat anno 1103.

Domini leve [201] satis habebatur nobis onus nostræ afflictionis. Vidit inimicus et invidit prosperis de ordine nostris successibus, atque multum doluit gyganteis, ut ita dicam, nos in eo promoveri passibus. Implevit igitur spiritu suo nequissimo, en nescio quota vice, eundem Heyaricum ad affligendas animas nostras jam dudum usitatissimum sibi ministrum et familiarissimum. Qui oblitus preteritæ pactionis cum domno abbate Theoderico dampnosæque multum nobis pecuniæ, quam ei extorserat pro sibi ulterius eo placato, mentitus fidem et non Dei reveritus judicium, iterum aggressus est sine omni dilatione suum nobis intrudere Herimannum. Regnum autem et sacerdotium, ut superius dixi, ita adversus invicem erant conturbata et commota, ut adversus violentiam tirannorum nichil aut parum juvare posset nos tunc æcclesiastica censura. Herimannus etiam per quosdam complices et in curia regis aliquantum familiares conciliavit sibi animum cancellarii regis Adelberti nomine, qui postea archiepiscopus fuit Maguntiæ, et per ipsum regem habens eos fidos adjutores de sua restitutione. Res vero non fuerat ita notificata regi et cancellario, sicut se veritas habebat de Herimanno. Itaque mendaciis faventium Herimanno decepti, restitui eum in abbatia nostra per litteras et missaticos suos Metensi et Leodiensi episcopo preceperant, cujus adventus cotidie nobis nuntiabatur. Comes autem Gislebertus paratus erat suscipere, et quia advocatus noster fuerat, in abbatiam eum introducere.

24. Inter quæ minantia famæ volitantis cotidie tonitrua, manus tonantis Dei excelsa, jam dudum ab antiquo gravissime super nos extenta, terribilissimo fulgure subito nos perforavit, tollens nobis de medio domnum abbatem Theodericum infirmitate, vix quinque dierum ex sanguinis minutione viam universæ carnis introductum. Heu! quo ore habeo referre, quo stilo scribere, quas tunc sustinuerimus pressuras, tribulationes et angustias? Illi qui vivente abbate Theoderico palam nos persequebantur propter Herimannum, vix jam manus continebant, quin nos vivos discerperent aut in frusta gladiis conciderent; et qui occulte soliti erant nobis ponere insidias, tunc aperta fronte prodibant, tanto in nos jam palam acriores quanto prius fuerant occultiores; paucissimi, qui nobiscum sentientes quicquam pro nobis agere vellent, quod effectum aliquem virtuosi alicujus operis haberet. Herimannus cotidie pro foribus nuntiabatur, et ab aliis invitatus ab aliis expectabatur. Omnium tamen fratrum animi erant contra eum obfirmati, non minus abbate defuncto quam prius vivente illo.

25. In hac nostra pressura, tribulatione et angustia nullos graviores invenimus persecutores, quam presbiteros nostros tres potentissime, Reynerum scilicet de Hales, Hezelonem de Mergueles necnon et Lanzonem quendam de oppido nostro. Istis dissensiones magnas facientibus, et laicorum amentiam contra nos ante et retro concitantibus, vix obtinuimus ut integro die defuncti abbatis corpus insepultum custodiremus, donec mandati compares ejus debitas ei solverent exequias. Alii presbiterorum et laicorum advenianti Herimanno acclamabant, alii hunc et illum, prout sunt qualitates hujusmodi partium, nulli tamen eorum secundum assensum nostrum; unde, ut dixi, vix se continuerunt quin sepilissent eum absque exequiis fratrum. Quorum furori, cum essem prior, constanti auctoritate me opposui, in multo tamen periculo vitæ meæ, flocci factus prius ab illis, multis conviciis et pluribus contusus injuriis. Evici tandem, et tertia die expectata, sepelivimus abbatem Theodericum, exhibente illi exequias domno abbate Berengario de Sancto Laurentio Leodii, prosequente funus ejus comitum et nobilium et populorum grandi turba interque sibi viventi fideles et amicos, facientibus illi fratribus planctum magnum et miserabilem, ploratum et ejulatum irrepressibilem. Fuerat enim erga eos lenissimi affectus et grandis patienciæ, vultus hilaris et jocundæ allocutionis, malos æquanimiter sciens tolerare, bonos amare et honorare. Obiit autem 7. Kalendas Maii, die letaniæ majoris anno ab inc. dom 1107, exactis in abbatia annis 9 [202] (261), mensibus tribus, sex diebus minus. Nichil de possessione sua tempore ejus perdidit æcclesia nostra, excepto allodio, quod jacet versus Andeguerp juxta Mallines (262) loco qui dicitur... [203] Hoc persolvebat singulis annis 25 solidos monetæ et ponderis de Andeguerp die conversionis sancti Pauli, quod ea necessitate vendidit, quia nichil inde habere poterat æcclesia nostra propter raptores et violentos predatores, ea autem intentione ut de precio ejus aliud apud nos allodium redimeret, fecitque illud non sui unius consilio sed majorum suorum, Metensis scilicet episcopi et advocatorum nostrorum et parium æcclesiæ. Sed morte illum preveniente, comes Gislebertus ab hominibus illis commissum argentum abstulit, qui servabant illud ad redimendum æcclesiæ aliud allodium; sicque æcclesia tandem et allodium perdidit et precium. Turibulum etiam argenteum ponderis 7 marcarum, et unum preciosum prorsusque novum pallium necnon et calicem argenteum, appendentem [204] marcam et dimidiam, prestitit archydiacono cuidam Leodiensi nomine Alexandro, quæ usque hodie rehabere non potuimus. Abstulit etiam comes Gislebertus eo defuncto æcclesiæ nostræ phylacterium (263) pre-

VARIÆ LECTIONES.

[201] Iene 1. 1*. [202] *ita* 1. 1*. [203] *in* 1. *et* 1* *locus vocabulo relictus*; loco qui dicitur *desunt* D. [204] *repetit* 1.

NOTÆ.

(261) Imo octo, ex iis quæ ipse supra V, 6 protulit.

(262) Mecheln.

(263) Arca in qua servantur sanctorum reliquiæ.

ciosissimum, quod ei abbas prestiterat, tabulam scilicet unius pedis longitudinem habentem tantundemque prope latitudinis, in exteriori parte argento cælatam, in interiori auro purissimo, multisque et electissimis lapidibus miro opere ornatam et oneratam, plenam preciosissimarum reliquiarum [205].

FINIT [206] LIBER SEXTUS, INCIPIT SEPTIMUS.

1. Sepulto igitur domno abbate Theoderico, cum viderem emulorum meorum invidiam me sustinere non posse, maxime eorum jamjam se manifestantium odia, quibus propter novi ordinis introductionem non licebat abuti claustro nostro et horis locisque inconvenientibus fratrum colloquio, eadem die humillima satisfactione petivi me absolvi a prioratu: et absolutus sum, fratribus tamen id egre ferentibus. Preterea quicumque Herimannum desideranter expectabant, comitem Gislebertum et uxorem ejus, et quotquot alios poterant, malignis de me detractionibus et fictis aut veris meis sceleribus in me cotidie inflammabant, certum habentes, quamdiu cum fratribus essem, quod adversus eos ratione aut consilio de sua Herimanno prevalere non possent. Factam igitur fratres electionem suam cum Leodii episcopo æcclesiæque representassent, et inde Mettis transire vellent, invenerunt ibi nuntios imperatoris Herimannum prevenisse litteris imperialibus, et viva voce episcopo precipientes, ut Herimanno ultra molestus de abbatia nostra non existeret (264). Episcopus [207] tunc noviter imperatori reconciliatus fuerat (265), defuncto Leodii patre imperatoris, cujus partes contra filium adjuverat; quo timore non satis audebat, non tamen eum decuisset, violentiæ imperatoris contradicere. Neque tamen assensit, sed quantum salva gratia imperatoris potuit nuntiis rationem reddidit, quo modo apud Sanctum Trudonem non posset amplius abbas canonice fieri, atque subjunxit: *Non est meum dare donum abbatiæ sancti Trudonis, sed abbatem ejus benedicere; Metensis illud est episcopi; quem michi mittat benedicendum ipse viderit.* Ibi, sicut et alias frequenter, religiosus vir abbas Sancti Jacobi Leodii Stephanus, multa fiducia et ratione nuntiis imperatoris ostendit, quod frustra laboraret imperator de Herimanno, quem suo suorumque comparium æcclesiastico judicio constabat jam dudum dampnatum esse pro invasione hujus abbatiæ, et pro obstinatione incorrigibilitatis suæ etiam excommunicatum fuisse, nec [208] potuisse tandem mereri absolutionem, nisi promissa amplius emendatione invasionis suæ et violentiæ. Hac turbatione intermissa est fratrum profectio Mettis, et reversi sunt ad claustrum nostrum, disponentes nuntium suum mittere pro instanti necessitate ad Mettensem episcopum.

2. Nec mora; adest Herimannus, et nuntiis imperatoris eum adducentibus, per comitem Gislebertum in abbatiam introducitur; faciunt ei fidelitatem et hominium quibus placebat ipse, et qui propter comitem non audebant contradicere. Primi tamen abbatiæ et honestiores viri manus suas continuerunt a fidelitate ejus et hominio; fratres omnes unanimiter non solum monasterio et claustro, sed et nullo eum dignantur nisi per internuntios colloquio, et eo duro, et quod assentiri ei nollent ullo modo, nisi ad audientiam et canonicam discussionem prius veniret, quam ille tamquam infirmæ sibi conscientiæ, ut semper, ita et nunc refugiebat. Collaterales ejus et consiliarii erant homines levissimi, mendaces, se ipsos metiri nescientes, inanis spei, omnis presumptionis, nullius tam virtutis quam consilii, pars maxima de illa Luiponis conjurata factione, adhuc tunc truncas manus portantes in signum dampnationis et exlegalitatis suæ. His miseris et miserrime miserrimis hominibus circumventus et, ut ab uno eorum didicimus, juratus in sanctos illis, ad insaniam eorum hac illacque nolens volensque ferebatur insanus, nichilominus interdum illis tantum diripientibus, ut non haberet saltem panem et cervisam, unde aleretur, aut preter simplicem tuniculam, unde media quoque gravissima hieme cooperiretur. Qui sibi talis erat, qualem nobis futurum existimatis?

3. Quesitus interea nuntius qui de his malis relationem ferret Mettis, electus ad hoc et compulsus multis fratrum suum [209] precibus, timens michi, sicut et postea graviter sensi accidisse, quantum ex relicto prioratu invidiæ et odii Herimannitarum credideram michi minui posse, quod tantum contraherem, si non amplius, ex hac suscipienda legatione; parui tamen, preciosiorem michi non faciens animam meam quam æcclesiæ utilitatem. Sed propter Herimannitarum insidias non ausus puplicam viam Mettis transire, junxi me exercitui episcopi Coloniensis Frederici et ducis Lovanii Godefridi, simul [210] et Namucensis comitis Godefridi et Lonensis comitis Arnulfi, duorum, ut putabam, si non amplius, milium militum, tenden-

VARIÆ LECTIONES.

[205] gemmarum D. [206] explicit 1*. [207] Obbertus *interp. superscripsit.* [208] amplius *hoc loco addit* D. [209] sumptibus D. [210] simul — Godefridi *desunt* D.

NOTÆ.

(264) Scil. episcopus Leodiensis.

(265) Jam anno 1106 post Heinrici IV mortem ad regem Aquisgrani venerat, ut legitur in Annalibus Hildesh.

tium ad imperatorem ad urbem Virdunum (266). Habuimus igitur iter de Leodio Hoium, de Hoio per Hasllangiam et Villantiam (267), inde per castellum Yvoys (268), sicque per aliud castellum Dun [211] (269) pervenimus tandem Virdunum. Jesu bone! Quanta in illo itinere sustinuerim [212], quomodo referrem? Dum putarem nos nocte debere per villas hospitari, subito vix octava adhuc hora diei laxabant equos suos scutiferi et militum nonnulli, et tota simul duarum vel trium villularum edificia rapientes grandemque et parvam materiem caudis equorum suorum ligantes, per viridaria secus fluenta aliqua quasi domicilia inde sub una horula sibi et equis suis edificabant, secum bypennes aliaque ferramenta ad tale opus portantes necnon et falces, quibus interea pars alia herbam ad opus equorum metebant. Domini autem in papilionibus suis magnis et operosis statim erectis quasi in domo propria habitabant, deducentes se spatiose usque ad vesperum, aut per viridaria secus fluenta, aut secus saltuum virgulta varie volucrum modulis voluptuoseque resultantia. At ego quid facerem monachus, et unum tantum habens famulum? Si ad villas tenderem, aut exercitu eas diripiente, jam villæ non erant, hominibus omnibus de eis per silvas latitantibus; aut si qua juxta remanserat, nichil totum me posse in ea servare nocte illa certum habebam, hinc a rusticis spoliatis et nocte explorare venientibus exercitum de silvarum latibulis, hinc a comitibus quoque nostris sua sibi invicem diripientibus. Si autem per spatiosa pratorum viridaria inter exercitum remanerem, ut taceam de domiciliis et casulis, quas etsi scirem non habebam tamen unde edificarem, aut michi aut equis meis victum, quem mecum non portabam, nesciebam ubi emere, neque pabulum ad opus equorum. Famulum autem meum a me separare non audebam, quia solus remanens, cui me de exercitu conjungerem, æque omnibus incognitus, nesciebam. Tandem me et mea Deo et beato Trudoni committens, exiens exercitum ibi juxta ad unam villulam semirutam a comitibus meis transivi, nullum virum in ea inveniens, nisi tantum feminas propter timorem exercitus. Quæ videntes me monachum, irruebant in occursum meum certantes invicem, quæ illarum prima me posset habere nocte illa ad hospitium suum, ut mea presentia defenderetur de rapina inimicissimorum scutiferorum. Cumque ad unam declinassem, cujus domus munitior michi parietibus videbatur, statim omnes mulierculæ cum pueris suis et infantibus de tota villa illa, relictis domibus suis, ad hospitium meum ululantes confugerunt, porcellos gallinasque suas et gallos et cætera parva animalia sua secum trahentes, et intra domum et horreum hospitæ meæ concludentes. Caseos autem et lac et panem, qualem habebant avenacium, et michi et famulo meo gratis ingerebant ad comedendum, nec non et fœnum et annonam, gratis nichilominus omnia hæc, ad pabulum equorum. Sed gratias Deo! nichil gratis ab illis accepi, et Deo me meritis sancti Trudonis protegente, non solum nichil ea nocte perdidi, verum quicquid pavidæ mulierculæ ad hospitium meum contraxerant, mane exercitu discedente, sine aliquo dampno receperunt. Mansi pæne tota illa nocte insomnis, maxime, ut est pavida natura mulierculaurm, nec ibi trepidare facientium ubi non erat timor.

4. Sequenti die summo diluculo movente se exercitu, salutatis meis mulierculis surrexi adjungens me nostro comitatui. Sed pro preteritæ diei fatigatione et nocte insomni, tota die illa sub gravissimo solis ardore eram estuans et anhelans, et super equum toto itinere diei illius somnolento capite et quasi fracto collo nutabundus equitans. Ea tamen die emens mihi et famulo meo bipennulam necnon et falcem, cœpimus amodo de casulis et hospitiolis nostris, metante exercitu, sicut et alii facere, magistra nobis necessitate, preter quod rapina et domorum confractione abstinebamus; concisisque viminibus et lignis grandiusculis, casulas nobis et equis nostris conficiebamus presepia et aliqua obumbratoria. Fœtor enim fimi equorum et hominum, non longe a nobis ad secessum declinantium, pæne me cotidie enecabat, crebro perurgens [213] ad vomitum. Tum grandium die muscarum densissima infestatio et nocte dormire volenti tenue sibilantium, et usque ad effusionem sanguinis amare crebroque mordentium malarum culicum importuna nimis exultatio [214].

5. Tandem emenso itinere per decem ferme dies, quod tamen per quinque poteramus suaviter fecisse, Virdunum venimus, imperatorem ibi quia necdum venerat expectantes. Audiens autem quod episcopus Metensis hospitaretur ad unam villam juxta Virdunum nomine Dongei (270), illuc ad eum transivi, dans ei ibi litteras fratrum nostrorum, et viva voce supplens ei querimoniam et petitionem eorum. Ipse vero respondere mihi Mettis distulit, consilio majorum suorum acturus de hac re ibi. Sed cum aliquamdiu apud eum manerem, o quantas sustinui ibi controversias et contradictiones a quibusdam Herimannitis. Erat enim ibi comes Heynricus de

VARIÆ LECTIONES.

[211] *deest* D. [212] sustinuerimus D. [213] pungens 1*. [214] infestatio D.

NOTÆ.

(266) Cum Heinricus Pascha die 14 Aprilis 1107 Moguntiæ celebrasset, papæ Paschali II, qui concilium habiturus in Franciam venerat, obviam ire voluit in confinio Lotharingiæ et Franciæ, ut habent Annal. Hildesh.; Pentecosten Mettis celebravit 2 Jun.

(267) Villance

(268) Ivois prope Mouzon.

(269) Ad Mosam.

(270) Dugny.

Lemburg cum episcopo, et ad eum miserant Herimannitæ presbiterum quendam nostrum verbosissime contentiosissimum, nomine Hezelonem de villa Mergueles, ut illi nuntiaret mortuum esse domnum abbatem Theodericum, et ammoneret eum juvare apud episcopum de abbatia Herimannum. Qualem ibi frequenter simul conflictum ante et retro habuimus, quam vix evasi insidias ejus tensas michi inter Dongei et Virdunum, dum pro hac necessitate pæne cotidie equitarem ad episcopum!

6. Villa autem hæc, scilicet Dongei, quæ versus austrum Virduno miliario parvo adjacet, sicut a Metensibus et indigenis tunc ibi didici, una fuit ex illis quas dominus noster sanctus Trudo cum cætero allodio suo beato prothomartyri Stephano in pueritia sua Mettis tradidit. Quæ ad mensam episcoporum Metensium usque ad tempus episcopi Theoderici permansit, qui cœnobium monachorum sub titulo beati Vincentii martyris Mettis ædificans (271), fratribus Deo et beato Vincentio inibi famulantibus ad stipendium proprium eam in perpetuum tradidit. Sed cum Deo me protegente nichil mali michi ibi facere potuissent, tractabant quomodo in reditu meo insidiis me exciperent, et aut turpiter dehonestarent aut crudeliter interficerent. Sed commissus ab episcopo priori de Sancto Clemente Azelino nomine, qui postea extitit abbas Gorzes — habebat enim secum tunc eum tamquam virum sapientem et religiosum monachum — Mettis cum eo transivi, expectans ibi apud illum aliquamdiu episcopum. Qui cum venisset, consultus signatas michi dedit duas litteras, unas[215] ad fratres, alias[216] ad Herimannum ferendas, mandavitque fratribus cito se velle venire ad eos, ut presens presentibus consilio eorum terminaret longum contentionis funem inter eos et Herimannum. Litteræ autem ad fratres habebant, ut nullius timore frangerentur a justicia et veritate, quia vim nullam de Herimanno vellet eis facere; ad Herimannum vero ita erant modificatæ, ut duplici sensu possent intelligi, ab Herimanno de assentiente sibi episcopo, a fratribus de contradicente illi. Hæc ambiguitas iccirco facta erat ut, dum vana spe illuderetur Herimannus, ante adventum episcopi, qui cotidie expectabatur, nullum per satellites suos inquietaret de fratribus sibi assentire nolentibus, et fratres non frangerentur territi de dubio sibi animo episcopi.

7. His acceptis litteris, et in pacis osculo ab episcopo dimissus, viam qua veneram neque audebam neque sciebam reverti, publicamque nichilominus viam metuens[217] insidias Herimannitarum, quas michi densissimas tetenderant. Igitur ducente me nuntio boni viri Azelini, transivi per castellum Briei (272), nocte illa habens hospitium apud religiosissimos canonicos in silva juxta ibi[218] monasterio Sancti Petri, noviter incepto ab illis edificari. Qui mane facto, die scilicet ascensionis Domini (*Mai*, 23, 1107), similiter accepto ab illis conductu, veni ad castellum Cuns, ubi erat cellula fratrum de monasterio sancti Huberti, et apud eos nocte illa mansi. Tertia vero die perveni ad Sanctum Hubertum per viam longissimam et vasta solitudine horribilissimam, pene solis ardore cerebrum concrematus, et muscis quibusdam ante quasi dentatis, aliis vero sine dubio amare nimis retro aculeatis, equorum meorum carnibus gravissime concisis, et sanguine eorum pene exhausto, qui amarissimarum punctionum suarum aut sevissimorum morsuum agitatione tantum hac illacque pre angustia subtus me tota die illa dissilierant, ut vix me jam possent portare et amplius quam lentum passum incedere. Væ terræ illi, cui Deus tam pessimorum monstrorum maledictione maledixit! Quarta die, ducente me quodam clerico qui non minus captivitatem metuebat quam ego, nescio per quæ devia, per altissimorum montium juga saxosa, per densium vallium concava palustria, miserabiliter tota die illa enervati nos et equi nostri fuimus. Nec[219] valentes tota die illa de silva exire, tandem in medio ejus in villula una turpissima pernoctavimus; semper aures attonitas ad omnem cujuslibet rei strepitum attollentes, ne forte caperemur, aut familiari loco illi latronum excursu dormientibus nobis equi nostri tollerentur. Quinta die illucescente locum execrantes effugimus, clerico viam suam tenente, me aliam. Habent Cluniacenses cellulam in silva inter Hoium et Leodium, ubi dicitur Ad sanctum Symphorianum; ad eam cum venissem, humanissime ab illis susceptus sum nocte illa. Sexta die pervenimus Leodium, apud piissimum et religiosissimum abbatem de Sancto Jacobo, domnum Stephanum. Ibi in securo jam positus, cœpi tandem gravissime sentire, quid doloris contraxissem de longa itineris difficultate. Jesu bone! redde animæ ejus compassionis humanitatem, quam ibi infirmitati meæ exhibuit, quam benigno vultu, quam larga manu, quam consolatorio alloquio! Jam dudum ibi prestolabantur quidam de fratribus nostris reditum meum, pio timore volentes[220] me avertere, ut ad claustrum tunc temporis non redirem, quoniam tota obstinatione conjurassent in me Herimannitæ, et jussu domini sui homines comitis Gisleberti summopere quererent me dehonestare. Fateor, territus aliquantulum, modicum anceps hesi; sed resumpta michi constantia, etsi ad claustrum non transirem, gravissimo considerato æcclesiæ dampno, mira arte,

VARIÆ LECTIONES.

[215] unam 1*. [216] aliam 1*. [217] ob *addit* D. [218] nomen loci D. [219] nec — pernoctavimus *desunt* D. [220] m. v. 1*

NOTÆ.

(271) Anno 970; cf. Vita Theoderici auctore Sigeberto Mon. Germ. SS. IV, 470 (*Patrolog.* CLX).
(272) Briey inter Virdunum et Mettim.

bona tamen, effeci, ut placarem michi uxorem (273) comitis Gisleberti, quæ maxime incitabat dominum suum et suos in auxilium Herimanni. A qua facillime obtinui, ut de Leodio ad claustrum nostrum pacificum conductum michi daret, et Herimanno suisque preciperet, ut in nullo michi molesti essent. Suspenderam enim animum ejus, quod forsitan Herimanno concordarer, si secundum misericordes litteras episcopi, quas illi afferebam, consilio meo acquiescere vellet. Quod illa libentissime de ore meo suscepit, et quicquid volui de pace mea ab illa tunc impetravi. Revera autem non mentiebar ei, quia, si Herimannus vellet consilio meo acquiescere, secundum litteras episcopi quas apportabam illi, quæ, ut dixi, duplici sensu poterant intelligi, in hoc concordarer ei, ut ab æcclesia nostra recederet et abbatem canonice nos habere permitteret. Ego autem dummodo sanus possem intrare claustrum, non multum postea timebam Herimannum. Sic simplicitate monachica delusa est mulieris astutia. Tendens itaque audaci fronte et nudo capite ad claustrum, stupori eram omnibus occurrentibus michi per viam, maxime qui me transeunte in medio oppidi nostri stabant. Rarus enim erat incola nostri territorii, qui ignoraret de coanimata eorum obstinatione in periculum mei capitis, sed comitissæ nemo illorum contradicere audebat.

8. Fratres vero viso me in medio claustri preter spem, cum magno stupore atque ingenti lætitia me circumsedebant, tamquam redivivum de sepulchro aut depensum a patibulo, et redditum vivum conventui suo. Labores itineris mei cum eis referrem, pectora sua percutiebant, et quod saltem vivum recepissent Deo gratias agebant. Interea episcopus Leodiensis monasterium nostrum et foris æcclesias in banno posuerat, quamdiu Herimannus in abbatia moraretur. Paulo post fratribus tradidi litteras legendas Metensis episcopi, et quomodo deberent intelligi aliæ missæ Herimanno exposui illis secundum sensum Metensis episcopi, unde fortissime in suam sententiam contra illum sunt animati. Suscipiens autem Herimannus de manu mea missas illi ab episcopo litteras, nullumque alium in eis sensum inveniens nisi qui ei placebat, familiaribus suis eas ostendit, addens etiam illis, quia episcopus ei mandaret, cum veniret quod de me pacem ei faceret, si nos concordare non posset. Quæ spes, licet inanis, tamen eos interim mitigabat, ne furorem, quem maligna mente in me [221] conceperant, maligniori opere exercerent. Acta sunt hæc in mense Maio.

9. Mense autem Julio, quarta eptomada, venit episcopus Metensis Leodium, tendens ad locum nostrum. Cui occurrentes fratres nostri, deprecabantur eum primum omni precum humillimarum

A humilitate, ut non audiret contra eos fautores Herimanni; deinde constanter affirmabant illi, quia, si contra æcclesiasticas regulas vim eis inferre moliretur, etiam usque Romam non vererentur eum appellare. Episcopus autem promittebat illis se nichil de Herimanno facturum, quod non esset canonicum; sed fautores Herimanni circumvenientes consiliarios et collaterales episcopi, incredibilibus promissis, modo fidem spondendo, modo jurejurando in tantum sibi eos inclinaverunt, ut de Leodio, ubi venerat, bona spe redire ad locum nostrum facerent Herimannum. Precessit episcopus, lente subsecutus est Herimannus. Episcopum venientem cum obvia processione suscepissemus, precantabamus ei cum multis lacrimis et singultibus illud

B responsorium : *Aspice, Domine, quia facta est desolata civitas plena divitiis;* et aliud : *Recordare, Domine, testamenti tui, et dic angelo percutienti : Cesset jam manus tua* (*II Reg.* XXIV, 16). Deinde introducto capitulum nostrum, lecta est ei et suis clericis illa lamentabilis Jheremiæ lectio : *Recordare, Domine, quid acciderit nobis, intuere et respice obprobrium nostrum,* [222] (*Thren.* v, 1) et cætera. Ubi cum ventum fuisset ad illum versiculum : *Pupilli facti sumus absque patre, matres nostræ quasi viduæ, cervicibus minabamur* [223], *lassis non dabatur requies* (*ibid.*, 3), lector primum tantis increpuit singultibus et profusus est lacrimis, ut vox deesset legere inantea volenti, et visus pre inundantia lacrimarum obtenebraretur ante se aspicienti. Deinde totus

C conventus in id ipsum flebiliter incitatus, omnes episcopales ea hora ad pietatem et miserationem super nos inflexit; sed cito ab cordibus eorum miseratio illa et pietas evanuit.

10. Inde tamen surgens episcopus, humanis nos consolatus verbis, bona spe eventum rei modicum sustinere precepit. Siluimus, sed fautores, immo venatores Herimanni iterum atque iterum nocte et die collaterales et consiliarios episcopi, quin certe etiam vilissimos quosque de curia ejus, maximis promissis et quæ vix aliquis sperare poterat sollicitantes, satagebant summopere, ut sibi animum episcopi inclinarent, quod et factum est. Habebat enim Herimannus nepotem quendam Gualterum

D nomine de Harche, liberum quidem hominem et plurima in feodis [224] et prediis possidentem. Huic non erat curæ quid promitteret, quid persolveret, quid juraret, quid pejuraret, sua multa bona in vadio ponens pro argento dando, pro equis et palefridis, pelliciis et pellibus grisiis et variis (274) cæterisque vestibus, dummodo Herimannus abbas statueretur. Cæteri nichilominus ejus complices nullo modo attendebant, quantum inde fidem mentirentur, quantum pejurarent, dummodo illum nobis nolentibus

VARIÆ LECTIONES.

[221] nos D. [222] *desunt* D. [223] minabamus et cætera 1* [224] feudis 1*

NOTÆ.

(273) Gertrudim.

(274) Pelles murinæ; Gallis *vair gris.*

intruderent. Summa tandem persoluti argenti supputata est nobis fuisse usque ad 70 [225] marcas et aliquid amplius, et equorum atque palefridorum usque ad 42. Sic erat tunc fama, quin immo infamia, sibi imputetur, non michi, si sit mentita. Sed nos ea quæ vidimus et presentes audivimus veraciter referre possumus, quia ante cellam abbatis, in qua episcopus hospitabatur, et per totam curiam magnus cotidie venientium et abeuntium equorum discursus et clamor hominum vendentium aut ementium eos habebatur, qui dabantur a fautoribus et amicis Herimanni consiliariis et collateralibus episcopi. Herimannus vero in spicario nostro morabatur, parvo satis spatio distante a [226] cella, in qua episcopus hospitabatur, ita ut intercurrentes nuntii manifestissime ad eum ingrederentur, et de quantitate et qualitate sui turpissimi mercimonii ante eum tractarent.

11. Hæc dum agerentur, nos interea gravissima victus et vestitus necessitate afficiebamur in tantum, ut presente episcopo et tirannizante Herimanno die solempnitatis sancti Petri apostoli, Kalendas Augusti, et in inventione beati prothomartyris Stephani, patroni et domini nostri, nichil omnino quod comederemus aut biberemus invenissemus ad mensam nostram, et cæteras perplurimas necessitates pateremur, quas hic enumerare longum esset. Quid moror? Corrupti graviter et facti turpiter abhominabiles in studiis pessimæ hujus symoniæ, omnes qui tunc aderant episcopales, maxime vero et ardentius clerici, subtilissima examinatione et astutissima pertractatione querebant, quomodo nobis deceptis Herimannum intruderent, ut sic promissa sibi acciperent, aut accepta deservirent, aut, si nos neque astu decipere neque vi aut ratione possent frangere, quomodo tanta eis promissa aut jam data illuso Herimanno retinerent. Qui frequentissime nobiscum inde agebant, et cum neque ratione superare neque astu possent decipere, malignis verbis et minis quam plurimis afficiebant. Ne tamen omnes hic lateat, quid nobis proponebant, et quid nos eis respondebamus, paucis hic annotare curavimus. Aiebant: *Cum Poppo, qui Herimanno Mettis in episcopatu canonice successit, Herimanno huic abbatiam Mettis dederit, quomodo audetis dono ejus contradicere, qui canonicus fuit episcopus?* Quibus fratres: *Popponem Metensem post Herimannum canonicum episcopum fuisse non negamus, sed Herimannum canonicum donum ab eo non accepisse, his rationibus usque ad majorem audientiam approbare parati sumus: Primo, quia scientia tam divina quam humana* [227] *honore et nomine abbatis sit indignus. Secundo, quia defuncto abbate suo fratribus ei reclamantibus, per vim et per pecuniam et per laicalem manum ducis Godefridi, ad quem nil pertinebat, neque de spirituali, neque de temporali dono abbatiæ nostræ, prelationem super nos accipere presumpsit, et homines æcclesiæ nostræ per sacramentum et hominium sibi mancipare. Tertio, quia bona æcclesiæ distraxit, familiam afflixit, nos victus et vestitus egestate cruciavit. Quarto, quia sine omnium consensu fratrum et electione Mettis profectus est, et donum illud quod accepit a Poppone, presentibus ibi fratribus nostris et viva voce ei contradicentibus diemque et audientiam petentibus, tamen accipere presumpserit; insuper cum ibi fratres in presentiarum habuissent litteras Leodiensis episcopi et alias, scilicet ejusdem æcclesiæ necnon et Treverensis archiepiscopi, magistri Metensis, quæ donum illi contradicebant cum fratribus nostris. Quinto, quod etiam illud donum per pecuniam obtinuerit, et quod contradicentes ei fratres spoliari et flagellari gravissime fecerit. Sexto, quod cum* [228] *necdum monachus sit, scilicet cum ad nullius umquam æcclesiæ titulum adhuc professionem fecerit neque benedictionem monachi susceperit, quod abbas vult esse et benedici in abbatem, qui necdum est benedictus in monachum? et quomodo monachis benedictionem monachilem dabit, qui eam necdum accepit? Aut* [229] *quomodo profiteri faciet, qui necdum professus est? Septimo, quia pro his culpis cum semel atque iterum necnon et tertio canonice ad audientiam vocatus fuerit, et venire noluerit, quod inde excommunicatus usque ad eam diem adhuc extiterit. Quæ si ita esse nollent credere, dies daretur et audientia nobis et illi; si se posset excusare ab his, non contradiceretur ei.* Talia cum a nobis Metenses audissent, nesciebant quid certi nobis respondere possent; attamen aviditas ardentissima gravissimæ eis promissæ aut jam datæ pecuniæ urgebat eos in omnes anfractus ire. Quid tandem? Ipsemet episcopus [230] in capitulum nostrum venit, si forte vel ejus presentia frangi posset fratrum constantia; sed cum non posset, saltem loco abbatis suadebat nobis tamdiu illum nobiscum pati, donec discuteretur nobis presentibus Mettis de his suis culpis. Fratres vero de discussionis illius die omnimodo acclamabant, sed quod ante discussionem in loco abbatis aut etiam fratris inter eos stare deberet, nullo modo pati volebant, maxime cum æcclesia Leodiensis in tantum pro excommunicato eum haberet, ut divinum æcclesiæ nostræ officium interdixisset, quamdiu intra atrium et curiam nostram esset; communicareque non audebant, cui Leodiensis non communicaret æcclesia, quoniam de ejus cura et communione erant. Sub hac dissensione die illa capitulum nostrum solutum est, muneratis ab Herimanno id egre ferentibus munerandisque multo egrius. Consolatum tamen eum et suos, sicut invenerant, reliquerunt, tollentesque secum grandem quam ab eo acceperant pecuniam, et magnum

VARIÆ LECTIONES.

[225] 60 D. [226] in 1. 1*. [227] *deest* D. [228] dum 1*. [229] aut—professus est *desunt* D. [230] Adelbero *super-*

equorum numerum pellesque et pellitias tam varias quam grisias, Mettis recesserunt. Episcopo autem recedente, factus est apud nos error novissimus, pejor pejore, efferatis crudelissime omnibus Herimannitis in nostram tribulationem, fame, siti, nuditate; tamen de ordine, quantum unquam sustinere poterat humana fragilitas, secundum mala quæ accidebant, nichil voluntarie pretermittebant.

12. Versum est autem in me solum majus pondus istorum malorum, et in me succensi furebant ardentissime animi omnium Herimannitarum. Putabant enim se potuisse prevalere, si solus cessissem, cum licet per me [231] plurimum, non tamen per me solum totum fieret, quod prevalere non poterant. Comitissa vero Gertrudis tandem sentiens qua ei arte illusissem, iratum in me maritum suum comitem Gislebertum vehementius indignatione feminæ cœpit accendere, ita ut etiam intra parietes dissipati claustri nostri non auderem me credere, infraque ipsum monasterium timerem capi plerumque. Quod meæ vitæ periculum cum diutius sustinere non possem, tacite egi per comitem Arnulfum Lonensem, ut me suo conductu sanum de claustro nostro educeret, animamque meam de medio catulorum leonum eriperet. Eduxit igitur me 4 Kalendas Septembris tristem vehementissime, quod locum assuetum michi relinquerem, et ad juvenes in quos erudiendos multum desudaveram, ad omnemque congregationem pro qua plurimum laboraveram, non ultra redeundi spem haberem.

13. Erat enim multo major quam hodie quisquam existimare possit loci desolatio, fratrum tribulatio, cum Herimannus usurpata sibi tota abbatia, homo sine consilio et absque prudentia, per pessimos nebulones et mendacissimos et levissimos homines omnia ageret, patrocinantibus ejus violentiam pæne omnibus, qui defendere deberent æcclesiæ nostræ justiciam. Unde laboris mei pro eo loco et multarum angustiarum, quas frequentissime sub domno abbate Theoderico sustinueram, multum me modo pigebat, in tenerrimo flore relinquens pede superborum conterendum et luto miserrimæ conversationis eorum imprimendum, quod putaveram me perducere posse ad maturum piæ operationis fructum. Flebam igitur, amarissime discedens, nullamque longo subsequentis temporis spatio consolationem recipiens. Nec multum moratus, contuli me ad Sanctum Laurentium Leodii, sub magisterio sapientis viri abbatis Berengarii (275); ibi infra tertiam ebdomadam Septembris firmavi stabilitatem meam.

A Gratias illis, quia omni humanitate et majori quam dignus essem honore consolari satagebant fratres multo studio recentis doloris mei egritudinem. Interea nec Herimannus ab obstinatione mentis, nec fratres quamvis ejus infestatione aut sua penuria removeri poterant a sua constantia; tam diuque inter utrosque protractus [232] est miserabilis contentionis hujus funis, donec imperator Leodium reverteretur de sua in Flandriam profectione, scilicet eodem anno (1107), mediante mense Decembre (276).

14. Ibi igitur proclamantibus fratribus imperatori coram episcopis et principibus, qui cum eo erant, quod contra sanctorum patrum instituta et canonum decreta Herimannum eis violenter vellet facere preesse, cum olim culpa exigente ejectus excom-
B municatusque fuisset ab eorum æcclesia et prelatione judicio majorum Leodiensis æcclesiæ, imperator jussit Herimannum et fratres sequenti die adesse, ut coram Leodiensi æcclesia intelligeret, si ita esset de eo sicut fratres ei conquererentur. Nam fautores Herimanni notum fecerant ei quod prejudicium passus fuisset, et quod non canonice sed obstinate fratres eum abjicerent. Die igitur data hujus indagandæ veritatis, sedit imperator in capitolio sancti Lamberti cum episcopis suis et principibus; sedit et episcopus Leodiensis Obbertus cum archidiaconibus, prepositis, decanis, cantoribus, scolasticis et multo alio clero; sederunt et abbates de civitate, abbas Sancti Laurentii Berengarius, et abbas Sancti Jacobi Stephanus. Intravit
C autem capitolium et Herimannus, multa vi et ingenio ad hoc ut ante veniret compulsus. Aderant et fratres. Ibi si adesses, posses vidisse, quam parvi homo erat consilii, quam inverecundi animi, quam hebetis ingenii. Nam inter cætera eo usque perduxerant eum sui consiliarii, qui tunc procul valde ab eo erant, quod in ipsa hieme vix habebat, unde vel frigus a se grosso aliquo tegumento propelleret, in medio tanti conventus, necessitate urentis eum frigoris, super tunicellam suam indutus vilissimam cappulam, cum qua equitabat.

15. Tunc surgens in conspectu omnium episcopus Obbertus narravit per ordinem, quomodo judicio suæ æcclesiæ actum esset olim de Herimanno, et
D quæ ratio esset, quod non liceret eum esse amplius abbatem Sancti Trudonis, et quod ejusdem culpæ obstinatione et frequentissima iteratione usque ad eam ipsam diem teneretur sub sua excommunicatione. Qui cum perorasset, abbates et archidiaconos et omnem suum qui ibi aderat clerum per obedien-

VARIÆ LECTIONES.

[231] me *deest* 1. 1*. [232] peractus 1*.

NOTÆ.

(275) Qui ipse paucis annis ante exsul fuerat; vid. Chron. Sancti Laurentii Leod. sub finem.

(276) De Heinrici expeditione contra Robertum Flandriæ comitem mense Octobri anni 1107 facta cf. Ekkehardus Uraug. et Ann. Hildesh. et regis præceptum die 23 Dec. Leodii datum ap. Chapeaville II, 54, ubi pro *Kalend. Jan.* legendum est x *Kalend. Jan.*, ut ex ipsis litteris emendavit Ernst *Hist. de Limbourg* II, 236.

tiam ammonuit, si ita res esset acta de Herimanno olim. Quam eodem tramite repetentes, eodem fine concluserunt. Tunc imperator dixit ad Herimannum: *Frater, si habes aliquid adversum hæc dicere, exi, consule, revertere, et responde.* Sedebat juxta imperatorem fautor Herimanni potentissime tunc temporis famosus et famosissime potens in curia imperatoris Adelbertus, postea, ut dixi, factus Maguntinus archiepiscopus (277), confusus nimium, quia cum vellet, contra veritatem non poterat juvare eum. Rogabat autem Herimannus aliquos de archidiaconibus et de clero ut exirent ad consilium ejus; sed nullus cum excommunicato homine exire volebat. Tunc unus [233] de principibus nomine Guibertus de [234] juxta Albin fluvium (278) et Rabodonensis episcopus (279) dixerunt ad archidiaconos et clerum Sancti Lamberti: *Bene decet vos exire cum excommunicato homine ad consilium, ut consulatis ei, quatenus cesset ab ea re pro qua tenetur excommunicatus.* Quod audientes quidam exierunt, et aliquamdiu habito foris cum hebete et obstinato homine conflictu, ad hoc tandem perduxerunt, ut reingressus in medio omnium se peccasse, se errasse fateretur, et toto corpore prostratus absolutionem deprecaretur, promittens se amplius talia nolle committere; ubi et absolutus est et jussus abire. Quem statim omnes satellites ejus non modo solum reliquerunt, verum precurrentes ad hospitium ejus, nec equum nec quicquam preter sicut stabat et ambulabat ei reliquerunt. Quidam autem canonicorum Sancti Petri Leodii solum eum jam vesperascente invenit stantem ante capellam Sancti Trudonis ibidem Leodii, merentem et quo declinaret prorsus nescientem. Quem nocte illa ducens ad hospitium suum, mane juvit transire Mosam in silvam ad Sanctum Symphorianum, cellam cellæ Cluniacensium. Fratres autem nostri cum læticia magna reversi sunt ad claustrum suum. Sic agunt laici erga stultos et nimium eis credulos monachos, ad talem honorem perducunt honoris cupidos, sed honoris indignos! Imperator inde abiens habuit curiam suam Aquisgrani in natale Domini (280) (*an.* 1107, *Dec.* 25); ad quam cum audissent fratres nostri quod episcopus Metensis adesset, venerunt ibi ad eum, sua mala quæ passi fuerant, omnia ei imputantes, quoniam tyranni illius violentiam opprimere eos passus fuisset. Qui suspensos eos de die in diem reddens de dando illis abbate, tamdiu distulit, nullo fratrum nostrorum quicquam ei pro abbatia promittente, donec cum eis ad claustrum nostrum

A reverteretur. Tandem vero sentiens non bonam famam ubique volitari de se, pro eo quod nobis de Herimanno fecerat, Leodienses vero necnon et Metensium meliores non sine nota symonicæ afflictionem æcclesiæ nostræ ei manifestius imputare, secretum cum suis iniit consilium, ut pro hac extinguenda infamia ipsemet iret Leodium, fratresque nostros meliores secum duceret, et ibi abbatum et primorum æcclesiæ consilio de preficiendo fratribus nostris abbate ageret. Quod et ita fecit.

16. Quarta igitur ebdomada Januarii (*an.* 1108) venit Leodium, et ad electionem fratrum nostrorum qui ibi aderant, prioris scilicet Guederici et prepositi Morungi sacristæque Siberti et cantoris cel-
B lerariique Folkardi, consilio abbatum et monachorum nec non et majorum clericorum Leodiensium, primis Metensium qui aderant tam clericis quam laicis in id ipsum acclamantibus, necnon et melioribus de familia nostræ æcclesiæ, prefecit eis abbatem — cujus nomen non est meum hic ponere —, contradicente huic electioni multa animadversione advocato nostro comite Gisleberto. Sed fratres et maxime homines nostræ æcclesiæ maxima constantia et libertate coram Metensibus et Leodiensibus pronuntiabant, nichil omnino ad advocatum pertinere de tali re; quod si episcopus hanc libertatem æcclesiæ vellet infringere, nullus eorum omnino interesset novæ et inauditæ illis hactenus presumptioni
C et violentiæ. Vicit fratrum hominumque æcclesiæ constantissima acclamatio, et in novum abbatem et ei familiarius adherentes succensa est quasi fornax vehementissima advocati ira et indignatio. Acta sunt hæc Leodii in domo sancti Trudonis, scilicet quod abbas iste positus fuit 3. Kalend. Februarii. 4. vero Nonas Februarii, hoc est die purificationis sanctæ Mariæ oppidum et monasterium sancti Trudonis intravit, susceptus cum processione fratrum et multa multitudine utriusque sexus et diversæ etatis oppidanorum; statimque indutus candelas benedixit, processionem cum aliis egit missamque cantavit. 7. autem Kal. Martii consecratus est in abbatem, qua fuit eo anno prima dies scilicet dominica quadragesimæ, quando cantatur:
D *Invocavit me*, anno ab incarnatione Domini 1108, regnante Romæ imperatore quarto [235] Heinrico, cujus pater Leodii defunctus est, presidente Romæ in papatu Paschali post Urbanum, Mettis Adelberone quarto [236] post Popponem, Coloniæ Frederico post Herimannum, Leodii Obberto post Heinricum.

VARIÆ LECTIONES.

[233] imus 1* [234] defluvium *desunt* D. [235] quinto 1. *man. rec. in rasura et* D. [236] *ita* 1. *in rasura et* D. quinto 1*.

NOTÆ.

(277) Anno 1111; anno 1112 contra Heinricum inimicorum partes tueri cœpit, teste Ekkehardo.

(278) Wicbertus marchio.

(279) Hartwicus episcopus Ratisbonensis.

(280) Recte noster contra Ekkehardum qui Heinricum Moguntiæ fuisse vult. *Cf.* Böhmer Reg. 1985.

Quod autem consecratio abbatis tamdiu dilata fuit, fecit hoc advocatus tunc noster comes Gislebertus, qui quocumque modo per se et per amicos suos adversabatur ei, tum causa Herimanni, quem sicut prius juverat, ita et tunc [237] quoque juvare adhuc de abbatia volebat, tum quia acerrimum sibi eum fore metuebat, si libertatem æcclesiæ nostræ infringere propter advocatiam suam ullo modo un-

A quam attemptaret. Neque enim adhuc pax fuit de Herimanno; adhuc restat inde dicenda gravis inquietatio, quam illi scribendam servamus, qui gesta hujus abbatis post domnum Theodericum assumet sibi scribenda, qui si fidelis diligensque relator extiterit, inseret gestis hujus abbatis, quid Herimannus ei fecerit, et qualem novissime finem habuerit

FINIT[238] LIBER SEPTIMUS, INCIPIT OCTAVUS.

CONTINUATIO PRIMA.

1. Obiit domnus abbas Theodericus 7 Kalendas Maii anni ab incarnatione Domini 1107; fuit autem abbatia sine abbate usque 3 Kal. Februarii propter supradictas dissensiones, volentibus Herimannitis suum intrudere Herimannum, fratribus vero volentibus habere canonice electum. Tandem igitur post inedicibiles labores suos et miras angustias prevaluit fratrum canonica unanimitas unanimisque constantia, et [239] 3 Kal. Februarii substitutus est abbas Rodulfus ordine quo superiore libro tacito nomine descriptum est de illo. 4 autem Nonas Februarii intravit, id est die purificationis sanctæ Mariæ, 7 vero Kal. Martii consecratus fuit.

2. Fuit iste Rodulfus natus de villa, quæ sita est supra Sambram (281) fluvium, nomine Monasterium (282), ubi habetur abbatia sacrarum monialium, nigras vestes ferentium, locusque est in honore sancti Petri apostoli constructus a sancto Amando episcopo, ubi requiescit sanctus Fredegaudus gloriosus et virtutibus probatissimus confessor. Parentes quidem ejus plebeii sed christianissimi de ejusdem æcclesiæ familia, hospitalitati pauperum et refectioni eorum infatigabili studio servientes, et conjugalem vitam sine crimine et absque nota aliqua christianitatis suæ ducentes. Sub scolari disciplina et studio litterarum Leodii positus usque ad 18 annos ætatis suæ ibi mansit; ubi quantum metro et prosa profecerit ex scriptis ejus et opusculis ejus quæ postea fecit plane intelligi poterit. Jamque factus subdiaconus libertatemque eundi quo vellet adeptus, amore cujusdam clerici sodalis sui nomine Lamberti, qui confessus ei fuerat, quia Porceti (283) vellet monachus fieri, quod etiam dudum Deo et sanctis loci illius voverat, tum gratia videndi loca calidis aquis de terra emanantibus famosa, cum illo Porcetum, quod est juxta palatium Aquisgrani, transivit; nichil tamen minus fuerat ei tunc in voluntate quam fieri monachum.

B At cum nocte de more monachorum vitæ patrum legerentur ad collationes fratrum, abscondebat se in apto ibi juxta posito locello, unde audire totum et intelligere poterat quod legebatur. Neque hoc faciebat adhuc studio tantum [240] edificandi, quantum audiendi miracula vitæ simplicium virorum, de quibus ibi legebatur, et novo auditorio stili simplicioris. Cumque frequentius ardentiusque non tam stili rusticitati quam mirabilibus dictis et factis simplicium sanctissimorumque patrum, de quibus ibi legebatur, attenderet, cœpit ei vehementer vilescere presentis vitæ miseria, et nichilominus accendi ad contemptum sæculi, atque illud in corde suo hac illacque versare continua noctis in stratu suo meditatione. Quid plura? Intra paucos dies in

C tantum coaluit lactea potatio illarum collationum in corde ejus, ut non solum titubantem aliquantulum sodalem suum de mutando habitu exhortatione sua firmaret, verum ipse una eademque die mutaret decimo octavo anno etatis suæ (*an.* 1088?). Die igitur conversionis sancti Pauli (*Jan.* 25) uterque habitum mutavit, monachumque professi sunt in loco qui dicitur Porcetum juxta palatium Aquisgrani, in monasterio sancti Joannis Baptistæ sub Azelino abbate. Sed cum audita regula videret fratres eam in perpaucis observare, cœpit religiosa Coloniensis episcopii cœnobia frequenter circuire, interdumque ibi et menses et dimidium annum facere, maxime apud religiosum et pium abbatem

D Adalberonem Gladebacensem, qui primus et noviter tunc tenebat ibi ordinem Sigebergensium nominatissimorum tunc temporis monachorum in ordine, religione, hospitalitate. Quorum disciplinam quo ardentiori animo ebibebat, eo fastidiosior loci sui dissolutionem et secularitatem nimiam abhorrebat

3. Mortuo interea abbate Azelino (*an.* 1091), cujus nimia simplicitas et gravis senectus et ordinem

VARIÆ LECTIONES.

[237] nunc 1*. [238] explicit 1*. [239] sequenti anno *superscripsi interpol.* 1*. [240] *ita* 1. D. *deest* 1*.

NOTÆ.

(281) Sambre.

(282) Moutiers occidentem versus a Namur.

(283) Burtscheid.

et temporale bonum nimis defluere nescientis melius dimiserat, successit Johannes custos et decanus ejusdem cœnobii, senex multum et in nullo prorsus valens ad tale ministerium ; nam fratres secundum quod erant personam sibi idoneam elegerant. Tunc videns Rodulfus, quia multiplicata essent mala et dissolutio roborata, secundum quod rem veracissime intelligebat futuram, desperans de loci aut ordinis emendatione, accepta licentia recessit tendens iter in Flandriam, ubi audierat duci religiosam monachorum vitam. Gladebac autem, ubi sepe moratus fuerat, idcirco ire noluit, quia sentiebat, ut postea evenit, si abbas loci illius Adelbero moreretur, quod cum eo corrueret et ordo Sigebergensis noviter ibi introductus. Multas autem et gravissimas frequenter injurias prius in Porceto sustinuerat, cum primum positus custos et scolaris magister puerorum, inde cellerarius, deinde minor atque major prepositus, de emendanda religione contenderet pene cotidie ipse et sodalis suus, cum quo monachus factus fuerat, fratribus eis convitiose multum atque injuriose resistentibus, cum parvum aut nullum haberent ab abbate inde auxilium.

4. Defetigatus [241] igitur multum, ut dixi, desperansque de loci emendatione, recessit tandem tendens in Flandriam. Contigit autem eum habere transitum per Sanctum Trudonem, et nocte illa hospitio eum recepisse domnum nostrum abbatem Theodericum. Qui interrogans eum quis et unde esset, quoque qualique mente proficisceretur, cum bonum ejus propositum intellexisset, formosumque et pulchre litteratum juvenem illum attenderet, cœpit sagacissime satagere, quomodo eum sibi retineret, utilem sibi cum fore credens, primum ad instruendos sibi disciplina et doctrina pueros suos, deinde ad promovendum in aliquod, si ita forte accideret, ut accidit, æcclesiasticum intus aut foris ministerium. Cui cum persuasisset demorandi secum voluntatem gratiosi oris facundia, primum ei scolares pueros scolaribus disciplinis instruendos commisit, quasdamque utilissimas compilationes, plenas plurimarum divinarum sententiarum scribendas et multorum decreta conciliorum (*an.* 1099-1101). Scripsit igitur ei eodem primo anno volumen illud utilissimum multum continens scripturæ, et pueros vix *musam* declinare sciolos non tam dictamen quam metrum quoque componere docuit. Gravissimum autem sustinuit laborem ad introducendos eos, cum ipse loqui eis Theutonicam nesciret, et quidam puerorum parvitate adhuc scientiæ et nativa illis lingua Theutonica neque Latine neque, ut ita dicam, Gnalonice possent eum intelligere. Vicit tamen labor improbus omnia vincens, et eodem anno fecit eos litterate facillime intelligere quidquid volebat eis legere. Instruxit etiam eos arte musica secundum Guidonem, et primus illam in claustrum nostrum introduxit, stupentibusque senioribus faciebat illos solo visu subito cantare tacita arte magistra, quod numquam auditu didicerant. Miserrima tunc adhuc, ut superioribus libris relatum est, et lamentanda habebatur loci facies, fratribus prorsus non habentibus neque claustrum neque monasterium, sed nudam et discissam atque horribilem templi vastitatem, et de claustro domum unam tantum imperfectam, et incultam, in cujus dimidietate reficiebant, et in altera dormiebant. Fratres autem qui tunc habebantur isti sunt : Primus domnus abbas Theodericus, secundus Boso decanus, quia [242] sic tunc in illo veteri ordine appellabatur, qui modo in iste prior vocatur, tercius Stepelinus, quartus Herimannus cognomento calvus, de quibus superius aliquid dictum est, quintus Sybertus, sextus Engo, septimus Morungus, octavus Folkardus, nonus Bovo, decimus Ruzelinus ; pueri de scolis : Gislebertus, Gerardus, Thidelmus, Balduinus, quatuor hi tantum. Inter [243] fratres et pueros 14 erant, preter duos hospites, qui paulo post recesserunt (284).

5. Itaque post duos ferme annos Boso, qui tunc erat decanus (*an.* 1103), moritur, et Rodulfus ad illud ministerium ab omnibus fratribus electus, in loco ejus substituitur. Qui statim accingens se ad emendationem ordinis cotidie in capitulo et extra capitulum conferebat cum senioribus, qualis et quomodo antiquitus ordo in monasterio priori et claustro adhuc stante teneretur. Quibus consuetudines plenas honestissimæ gravitatis et religionis antiqui monasterii illi demonstrantibus, suadebat illis benigna arte, mollique et paulatim procedente informabat vestigio, ut attemptarent eas posse recipere, et antiquam inustæ illis infamiæ rubiginem sic aliquando vel tandem abradere. Ipse autem nocte et die assiduus erat omnibus horis in choro, et de psalmis tractim cantandis et cantu dulce æqueque modulando indefessa illi sollicitudo. Sed cum nesciret secundum usum claustri cantare — usus enim noster cantandi, nescimus unde hoc acciderit, nulli comprovintialium nostrorum convenit — erubesceretque vehementissime quasi stipem inutilem se inter cantandum in choro stare, miro quidem [244] et inedicibili labore, et gravissima capitis sui infirmitate, graduale [245] (285) unum propria manu formavit, purgavit (286), punxit (287), sulcavit (288), scripsit,

VARIÆ LECTIONES.

[241] *ita* 1. 1*. [242] *ita* 1. D. qui 1*. [243] inter — hospites *desunt*. D. [244] *ita* 1. quidam 1*. [245] gradale 1*

NOTÆ.

(284) Cf. supra VI, 17.
(285) Liber in quo responsoria erant conscripta.
(286) Pumice pergamenum.
(287) Subulas affixit in singulis codicis foliis, quibus lineæ exarandæ præscribebantur.
(288) Lineas scripsit.

illuminavit, musiceque notavit, syllabatim, ut ita A dicam, totum usum prius a senioribus secundum antiqua illorum gradualia discutiens. Sed cum usum eorum per quam plurima loca, propter vitiosam abusionem et corruptionem cantus, nullo modo ad rectam regulam posset trahere, et secundum artem non posset notare, nisi quod regulari et verisona constaret ratione, ipse autem ab usu æcclesiæ non facile vellet dissonare, miro, ut dixi, inedicibilique labore in hoc tantum se frustra afflixit, quod ex toto usum mendacem regula vera tenere non potuit, sed in hoc profecit quod quidquid alicubi in monocordo (289) cantari potuit, de usu æcclesiæ non pretermisit se preterire. Multa tamen, propter negligentiorem suam perficiendi [246] operis velocitatem, quæ per graviores litteras notari debuerunt, per B acutas sive per superacutas notavit, et quæ per acutas sive per superacutas per graviores; quod incorrectum reliquit alia sollicitudine intercurrente. Consummavit autem uno anno opus illud propria, ut dixi, manu, de omnibus parvis et magnis quæ pertinere videntur ad graduale cum antyphonis rogationum et benedictione cerei in pascha. Statimque pueri et juvenes magisterium ejus et libri exemplar sequentes, non solum artem illam cœperunt addiscere, verum emendacius et accuratius libros suos post illum notare. Quod postquam vidit, petebat ut suus tolleretur de medio, ne propter ejus inemendationem et festinantis manus incuratam scripturam et notam, esset ei in posterum confusio. Sed pueri et juvenes qui ex illo introducti fuerant, magistri C amore monimentum illius leviter deperire non sinebant. Scripsit igitur in posteriori parte voluminis inter duas ascellas (290) ita : *Graduale non tam regulare quam usuale, postremo neque usuale neque regulare*, ut ostenderet, quia licet ita notasset, non tamen ignoraret quid erroris haberet, cum regulam propter usum et usum propter regulam tenere ibi non posset, et cum propter festinationem interdum de regula preterisset, ubi eam tenere attentus potuisset.

6. Abbas autem Theodericus videns studium ejus et fervorem in religione, vehementissime super eo gloriabundus lætabatur, et ad voluntatem ejus omnia quæ erant claustri sinebat libenter disponi. Sed ille D affligebatur quam maxime et pæne continue a quibusdam inquietis monachis, quos propter paucitatem fratrum nostrorum abbas Theodericus permittebat nobiscum hospitari de aliis claustris, cum eos compelleret nobiscum sub regula et disciplina vivere, quam illi aut in cœnobiis suis non didicerant, aut exosam habentes effugerant; ille autem aiebat, malle se cum paucis religiose vivere quam cum multis irreligiose.

7. Tenebatur tunc quoque abusio quædam vestimentorum apud nos, non antiqua sanctione sed novella presumptione, scilicet quod tunicæ fratrum non erant sine capitiis, sicut modo sunt, sed ita habebant a se capitia, sicut a cucullis, pendentia, quod si quando tunicas induerent, sine cucullis ibant, et quando cucullas portabant, tunicas nunquam induebant, propter singula, ut dixi, capitia a singulis vestibus fixe dependentia. Et quia talis abusio ab illis tantum tenebatur, qui irreligiositate notabiles habiti seculares quoque monachi appellabantur, dolebat multum Rodulfus hac nota se et fratres suos teneri, quod absque aliqua corporis afflictione poterat emendari. Contra quam abusionem immutandam maxime repugnabant superius dicti hospites monachi, et alios hortabantur artificiosa adulatione, ut non acquiescerent juvenili Rodulfi insolentiæ, maxime cum nunquam debuissent eum aliunde accitum sibi prefecisse.

8. Sed Rodulfus prudenti astu bonoque ingenio malam eorum frustratus est suggestionem; nam veniens ad unum de senioribus fratrum, nomine Stepelinum (291), interrogavit eum, quot anni haberentur, ex quo puer claustrum nostrum prius intrasset. Qui cum respondisset : *Pæne* 80, querenti illi ita ab eo subjunxit quoque se in pueritia sua seniores in claustro nostro vidisse, qui non minoris, quin imo majoris ætatis extiterunt quam esset ipse. Sed cum senior illum interrogaret, cur tam diligenter hoc quereret, adjunxit : *Quoniam*, inquit, *pater, vellem scire si de tam longo tempore, centum scilicet sexaginta annorum, de quibus tu potes meminisse, sive relatu eorum, quos vidisti octogenarios, sive visu tuo, cum sis ipse octogenarius in claustro isto hodie, si umquam ullo modo potes meminisse, hanc consuetudinem abantiquo in æcclesia ista fuisse, ut fratres non haberent capitia a tunicis suis pendentia, sicut non habent hodie alia cœnobia religiose circa nos viventia.* Cui senior : *Certissimus*, inquit, *sum, et relatu seniorum meorum et visu proprio, quod a cucullis tantum penderent eorum capitia, sed invalescente sub abbate Adelardo secundo juvenum indisciplinatione et insolentia, presumpsisse eos hoc novissimo tempore hanc abusionem, ut ad utrasque vestes capitia fixa ferrent, seniores tamen semper tenuisse primam et antiquam consuetudinem.* Cui Rodulphus : *Igitur cum ita sit, pater, ut asseris, quare transgredimur illum qui sanctorum et antiquorum patrum in hoc quoque nostro cœnobio usus fuit olim communis omnibus, nunc quoque circa nos religiosis monachis? Pudor est, relicto religiosorum usu et antiqua cœnobii nostri consuetudine, imitari novum stultorum et indisciplinatorum juvenum presumptionem, hacque tantilla cultus corporis immutatione notabiles haberi circum-*

VARIÆ LECTIONES.

[246] proficiendi 1*

NOTÆ.

(289) Musicum instrumentum.
(290) Signum quoddam, ut videtur, brachio simile.
(291) De quo vide supra III, 13.

quaque apud religiosos de irreligiositate. His aliisque facundi oris persuasionibus conciliatis firmatisque sibi seniorum animis, abbati tandem rem eandem suggessit, facileque deinde obtinuit, ut unusquisque fratrum nostrorum capitium a tunica sua deponeret, abbate primum deponente suum.

9. Sed unus, quem de Sigebergensium cœnobio abjectum domnus abbas Theodericus, firmata sibi stabilitate, propter nostrorum, ut superius dixi, paucitatem susceperat, huic decreto obstinatissime contradicebat, priore Rodulfo sepe eum ammonente atque tandem per obedientiam precipiente, ut capitium sibi a tunica deponi sineret, cum a puero inter Sigebergenses illud ita semper portasset, et nos secundum antiquam consuetudinem idem modo facere videret. Sed [247] ille neque ammonitionem recipiebat, neque obedientiæ parebat. Prior autem videns duræ mentis illius obstinatiam, pendentem a lecto ejus tunicam die quadam accepit, et mittens eam consutoribus fecit inde capitium honeste deponi, et ad modum aliorum [248] fratrum apte formari. At ille cum die quadam dominica, extracta de more cuculla ad primam vellet ire, indutus tunica capitium non invenit, torvoque vultu se ipsum circumspectum irridens, sine cuculla in sola decapitiata tunica chorum intravit, tota illa prima spectaculum [249] se prebens fratribus fronte impudenti. Sed quid? Ventum est ad capitulum, vindicatumque est in illum regulariter impudentis hominis tale spectaculum, jussumque statim capitulum exire, et pendentem a lecto ejus cucullam sub tunica induere; vellet, nollet, fecit eum domnus abbas Theodericus secundum alios indutum incedere. At ille [250] alto malignæ mentis profundo rem factam sibi reponens (292), sed ad tempus dissimulans, altero mane, dormiente post matutinas priore, ad lectum ejus clanculo accessit, et sublata inde ejus cuculla, capitium secum tulit, truncatamque illam ad lectum ejus reponens, ad lectum suum, quasi nil mali fecisset, rediit. Cumque jam orto die tempus esset, ut prior signum faceret, quo fratres ad orationem surgerent, prior cucullam suam indutus absque capitio eam respexit, miratusque primum vehementer, vix tandem rem ut erat ex crepitanti furtivi auctoris subrisione intellexit. Quid faceret? Tunica sua capitium non habebat, et malignus ille artifex de cuculla ejus aliud detraxerat. Si surgens decapitiata veste incederet, ridiculosum fratribus spectaculum de se preberet, maxime factæ sibi hujus auctori injuriæ; si autem diutius expectaret et horam surgendi preteriret, tamen nil amplius haberet, quid indueret. Tandem vocato ad se uno ex fratribus jam vigilante, significavit ei, ut sibi cucullam unius senioris afferret; et ille quidem necdum capitium de tunica sua deposuerat, forsitan ad hoc reservatum divina providentia. Surgens igitur quod facturus erat fecit, contumeliamque sibi factam per seniores ad abbatem retulit. Abbas et seniores gravissima animadversione in presumptorem illum exacerbati, publice eum in foro virgis cedendum deliberant, et sic tandem de claustro ignominiose ejciendum. Sed prior omnino vetabat hoc fieri, dicens parcendum esse, si non tanto presumptori, nostro saltem propter sæculares ordini. Veniens igitur abbas Theodericus ad capitulum, gravissimo verbere cædentium eum duabus scopis diu multum maceravit, et primum fratrum quidem intercessione in leviorem tantum culpam esse vix reliquit. Sed ille sententiam nullo modo observans, sed culpis culpas cotidie superaccumulans, cum esset incorrigibilis, et compedibus [251] tandem astrictus, cultello vellet priorem perforare, ejectus est tandem a claustro, permissus quo vellet irrevocabiliter abire. Cæteri vero fratres proficiebant cotidie [252] melius et melius in ordine, priore totum ad hoc studium suum impendente, neque deficiente umquam hac sive alia aliqua contumelia aut cujusvis provocatione.

10. Sed et aliam quandam pravam consuetudinem, quæ male apud nos insolentia nichilominus dissolutorum juvenum diu inoleverat, prorsus cessare fecit, neque tantum inter nos, sed etiam ferme prorsus inter laicos nostros. Nam diebus rogationum, cum antiquo more prima die Septemburias (293) processio nostra venisset, perplurima pars fratrum prece vel mercede equis sibi conductis, ibi statim ascendebant, et Brustemiam ante processionem equitantes, indeque ad claustrum cum levibus oppidanorum juvenibus per campos ante faciem totius populi, modo quanta agilitate poterant equos suos laxabant, modo subita retentione hac illacque girabant, perticis intentis nunc hos aut illos fugantes seu fugientes; quod totis tribus illis rogationum diebus non cessabant facere, secunda die Falmiam (294), tertia Mergueles pergente processione. Unde hoc singulis illis diebus eveniebat, ut quicquid ad mensam fratres habere debuerant piscium aut placentarum illis darent, qui equos sibi prestiterant, preter paucissimos, qui prece sive mercede noluerant sibi conducere aut non poterant; quin etiam scolares pueri hac pravissima consuetudine tenebantur illecti. Fratres autem quos aut voluntas aut necessitas pedites ire et redire faciebat, populo cito vestigio equitantes sequente domum, gravissima affligebat defatigatio, tum ex longo itinere tum ex inassueta et cita ambulatione. Itaque dies rogatio-

VARIÆ LECTIONES.

[247] sed — parebat *desunt* D. [248] ali *erasum* 1. [249] spectaculo 1* [250] *reliqua omnia usque ad* nullo modo observanda *desunt* D. [251] et compedibus — perforare *desunt* D. [252] m. et m. c. 1*

NOTÆ.

(292) Virgilii *Æn.* I, 209.

(293) Zepperen, una leuga a villa Sancti Trudonis distans.

(294) Vallem, una leuga meridiem versus a Sancto Trudone.

num et lætaniarum supplicationes erant apud nos quasi militantium excursiones, et mollium juvenum lascivæ circumventilationes. Quam detestabilem abusionem prior exhorrens Rodulphus, cum aliis ascendentibus offerretur ei ad equitandum equus, aiebat non decere neque laicorum nedum monachorum regulam, nulliusque prorsus christiani esse, ut in equo pœnitentiam ageret, dies [253] rogationum dies ducens penitentiæ et supplicationum; et hoc pretendere expoliatorum sibi pedum nuditatem atque jejunium, et quod cooperto capite supplicationes sanctorum recitatis eorum nominibus frequentarent. Qua et aliis quæ ad hoc pertinere videntur rationibus, primum persuasit domno abbati [254], deinde cœteris fratribus, ut tandem cessaret illa equitatio, et quæ fiebat pro equitatione indecens monachorum dissolutio, et prebendæ eorum dampnosa elemosinæque distractio, cui suppeterent de fratribus vires, iret, cui non, in claustro maneret, sicque abbreviaretur via, ut euntes nimiæ defatigationis nulla afficeret molestia. Itaque cessare cœpit sub prioratu ejus illa ad rogationes equitatio, cessavitque toto vitæ illius tempore, tantumque populo cœpit placere, ut paulatim inducerentur pæne omnes similiter et loqui et facere.

11. Quid dicam de diebus solempnibus festivitatum sanctorum Trudonis et Eucherii atque sancti Remigii? (*Nov.* 23, *Jan.* 13.) Quidam clericorum nostrorum ex familiaritate qua scolaribus aliis in claustro nostro cum pueris nostris pueri quoque ipsi nutriti fuerant, alii quoque nonnulli ex religiositate sua, apud antiquiores nobis olim jam diuque multum obtinuerant, ut supradictis solempnitatibus chorum nostrum annuatim ad majorem missam cum reverentia intrarent, induti albis sicut et fratres nostri, et si qui forte eorum vocales essent, tropos (295), qui tunc temporis apud nos cantabantur, aut graduale sive *Alleluia* cantarent, atque cum omni honestate diebus ipsis ad mensam fratrum in refectorio cum eis reficerent, indeque surgentes cantando altis vocibus quod ad festum pertineret, fratres *Miserere mei, Deus* cantantes, ad æcclesiam precederent. Sed usus qui ex caritate et religione pium videtur habuisse inicium, procedente tempore paulatim cœpit transverti in superstitionem et vicium. Nam cum illis tantum prius permitteretur, de quibus et sicut diximus, in hanc tandem evaserat superstitio presumptivam abusionem, ut quicunque presbiterorum ex agris ad nundinas magis quam ad sollempnitatem diebus illis convenirent, indifferenter in chorum nostrum inter fratres intrarent, ad majorem missam sine omni reverentia ruerent, nonnulli vestibus laicorum fissisque ante et retro turpiter induti, paucissimi saltem nigris cappis et absque albis et superpelliciis (296). Tum, quod contrarium est non tam nostro ordini quam ipsis quoque religiosis laicis, quin immo omnibus recte christianis, inter agenda misteriorum Christi secreta, duo aut tres de ipsis clericis circumsedebant in ipso choro, unum aut duos de fratribus nostris aut singuli singulos circumveniebant, et verbis ociosis risuque et jocis reliquum missæ sic pariter peragebant. Ubi autem post plurimas intolerandasque indisciplinationes ad refectorium ventum fuisset, tantus inte. reficiendum fiebat ibi strepitus diversorum et etiam ignotorum presbiterorum et clericorum clamor et fabulatio, ut vix audiri posset vox, licet altisona, legentis in eminentiori loco; quoque productior erat refectio, eo major accrescebat vino incitante inquietatio, tantusque erat eorum numerus — passim namque quicumque volebat ingrediebatur — ut constitutis ad serviendum illis fratribus vix de nobis quinque aut sex remanerent, qui ad mensam reficerent. Quanta die illa expenderet prepositus, quin immo quanta illi distraherentur nec ratione nec numero poterat comprehendere. Quam nichil ordinis et disciplinationis, quin potius quantum dissolutionis et periculi animarum diebus illis apud nos haberetur, honestius existimo hic reticere quam loqui. Surgentibus autem a mensa fratribus, et nonnullis ineptorum inverecundorumque clericorum quæcumque occurrerent manibus suis inde diripientibus, statim non minor ad ministros consedebat populus, scilicet quicumque in curti nostra de aliquo officio intromittere se per totum annum videbatur; strepituum, sumptuum nec modus nec ratio ibi tenebatur.

12. Talia primo et secundo prioratus sui anno videns, atque inde gravissime ingemiscens, Rodulfus multis et exquisitis modis et frequentibus in tantam indisciplinationem exaggerationibus satagebat, quam plurimum vero apud abbatem Theodericum, ut pravus iste usus et dampnosus æcclesiæ aut ad priorum temporum modum reduceretur aut penitus destrueretur. Abbas, licet absque magna commotione hoc fieri non posse videret, tamen bonæ prioris intentioni non satisfacere inutile ordini fore et æcclesiæ suæ videbat. Annua igitur revolutione festis redeuntibus, dictum est clericis, ut absque religiosa veste chorum nostrum nullus eorum intraret, sed qui missæ majori interesse vellent, in cancello, cum esset spatiosum, circa abbatem starent, cum reverentia tamen et silentio, ut bene conveniebat festo et tanto misterio; quod, si quis eorum aut alba vellet indui aut superpellicium haberet, post fratres ultimus in choro nostro staret sub reverentia nichilominus et silentio. Post missam domus eis es-

VARIÆ LECTIONES.

[253] dies — penitentiæ *desunt* D. [254] Theoderico *addit* D.

NOTÆ.

(295) Versus qui præcipuis festivitatibus ante missæ introitum canebatur.
(296) Peculiaris canonicorum vestis.

set extra refectorium parata, in qua ministraretur eis non minori quam cum fratribus abundantia. Non enim fratres ferre poterant, neque decebat eorum ordinem, ut tantam haberent et in choro et in refectorio suo indisciplinationem et inquietudinem. At illi omnes graviter commoti et indignationis iræque plenitudine rationem non admittentes, penitus recesserunt, et nisi prior eis abusio permitteretur, nichil aliud facere voluerunt; sicque, forsitan ita Deo volente, factum est, ut morbus ille diu apud nos inveteratus tandem deficeret. Sed et laici, qui in refectorio ad ministros solebant diebus illis comedere, in domum aliam compulsi sunt, licet multum inviti, reficere, providentibus ei preposito et cellerario quæque habituri erant in refectorio. Res vero talis multum odium et persecutionem longo tempore tam de laicis quam de clericis priori conspiravit, semper festis istis [255] diebus apud convenientes ad nundinas presbiteros morbum istum recommoventibus.

13. Neque istud tacere habeo; si defuncto alicui apud nos missa generaliter celebraretur, frater noster, ille videlicet qui missam cantabat, totam oblationem habebat, et tamquam propriam sibi rem eam vendicans, nichil inde ad communitatem aliorum respondebat [256]. Et quoniam secundum Apostolum avaritia est idolorum servitus (*Ephes.* v, 5), et secundum beati Benedicti Regulam (*cap.* XXXIII), *nichil proprium debet habere* monachus, prior Rodulfus huic occurrens vicio, de medio nostrum summo illud labore tulit, statuens presidente abbate commune esse omnibus fratribus, tam parvis quam magnis, quicquid eis quandocumque vel ubicumque offerretur, interposito quod, si frater, cui oblatio fieret, aliqua recula sibi necessaria indigeret, provideretur ei a priore ex eadem oblatione; verbi gratia sive corrigia, sive cultellus, sive lineus sub capite et scapulis ejus pannus, aut tale aliquid mediocris precii. Quicquid aliter inde agatur, sciant posteri nostri ita fuisse statutum, fratremque qui die illa missam cantaverit, libere posse sibi exigere — per manum tamen illud totum prioris — si quid ei defuerit de minoribus rebus sibi necessariis. Nos enim huic statuto presentes interfuimus, et exigi et dari frequenter vidimus, sicut hic scribimus. Quod autem postea immutatum est, et pars ad cooperturam plumbi, pars ad utensilia circa altaria custodi data est; non ideo factum est, ut sic amplius permaneret, sed quam diu abbati et fratribus placeret.

14. Et quoniam duæ partes loci illius, qui claustrum apud nos debebat fieri, sepe humillima et arida semirutaque cingebatur, et sine aliqua tectura erat ad orientem scilicet et ad aquilonem, parsque occidentalis, licet domus esset lapidea, nichil tamen ante parietem haberet, quod fratres ad ejus officinas intrantes a pluvia et luto defenderet, sed patentibus undique aditibus nichil aut parum fuerat, quod laicos, interdum etiam et mulieres transitum habere per locum conventus fratrum prohiberet, satagebat multa anxietate benignaque et prudenti arte, toto studio multoque labore apud officiatos, maxime apud Folkardum fratrem nostrum, qui secundus tunc post abbatem in omnibus nostris [257] temporalibus rebus habebatur, ut edificarentur aliquæ domus, quæ claustrum formarent et transitum puplicum per medium fratrum prohiberent. Nec frustrata est eum pia intentio, inque brevi tempore edificio ligneo clausa est pars orientalis. Quæ domus cum perfecta fuisset, ante composito sub tectura deambulatorio, partem sui capitolium nobis satis aptum prestitit, partem dormitorium. Similiter a media fere parte conventus usque ad duas partes domus illius quæ occidentalis erat coopertum deambulatorium factum est, ut per tres partes claustri, orientalis scilicet, australis, occidentalis, coopertura facta, honeste posset incedi; sola pars aquilonaris sepe adhuc tenebatur et postitio claudebatur. Cumque hac conclusione et fratres arceret ab egressu claustri, preter eos quibus hoc solum licebat, et utrumque sexum ab ingressu, unamque ipse inde ferret clavim, cellerarius aliam, comitissæ advocatricis nostræ Gertrudis (297), quæ apud nos in claustro nostro requiescit, gravissimam inde iram et indignationem incurrit, cum solito more nequiret transitum habere per medium claustrum nostrum et conventum fratrum. Incitabant autem eam vehementissime in eum multi clericorum nostrorum et laicorum, maxime famuli de curti nostra, qui se conquerebantur odiose a solito transitu claustri et familiaritate fratrum arceri. Verum ille, licet terribiles in eum detonarent minæ, penetrantiaque etiam durissima hominum corda undique verborum manifesta volarent jacula, tamen imperterritus irreflexusque manebat solum hoc metuens, ne de emendando ordine et claustro minus ei ad votum succurreret. Ut igitur secundum ordinem fratres haberent, unde in claustro ad sedendum et legendum atque cantandum tenendumque silentium facilius retinerentur, armarium in claustro primus ipse fecit ex obedientia sua fieri, librosque in eo ad numerum fratrum reponi.

15. Interea raro umquam ipse cessabat, quin semper aut scriberet aut notaret, interdum quoque modulatis delectabatur carminibus, et de sollempnitatibus sanctorum compositis cantibus. Extat volumen opusculorum ejus, in cujus prefatione invenitur quid scripserit, quid modulatus fuerit, et cur et quando; extat et aliud volumen septem librorum ejus, quos contra symoniacos scripsit, quatuor ra-

VARIÆ LECTIONES

[255] illis 1*. [256] redundabat D. [257] *ita* 1. *et* D. *deest* 1*.

NOTÆ.

(297) Secundum Mantelium, p. 65, obiit anno 1114.

tione, tribus agens auctoritatibus. Paucis referre non possem quantum laboraverit causa abbatis Theoderici, quam fideliter, quam constanter, in quot et in quibus locis et coram quibus pro eo astiterit, cum magnæ et primæ regnorum personæ vellent eum de abbatia ejicere et supradictum Herimannum intrudere. De quibus superius partem aliquam tetigimus.

16. Postquam ista et alia nonnulla bona et mala, prospera pauca et adversa multa per aliquot annos prioratus sui apud nos sunt gesta, audivit Rodulfus usus Cluniacensium apud Sanctum Jacobum Leodii teneri introductos per abbatem Stephanum, dictum etiam Stepelinum, quos paulo post abbas Sancti Laurentii Berengarius susceperat. Unde eos omnium religiosorum ora magnificabant, et frequenti hospitio aut colloquio reverentius quam prioribus annis dignabantur, preterea de sæculo tam clerici quam laici plures ad eos convertebantur, et invalescente religione augebatur et fratrum numerus et fructus æcclesiæ. Jamque Rodulfus videns tempus adesse, quo desiderium suum posset adimplere de meliorandis usibus et tenenda apud nos religione, quocumque modo poterat ad hoc nocte dieque apud abbatem Theodericum laborabat, quatenus cum ad hoc accenderet ut post istos duos abbates tertius eosdem usus in claustrum nostrum introduceret. Decere enim eum aiebat, cum non minoris esset scientiæ et gloriæ in sæculo quam illi, et locus noster antiquioris et famosioris esset nominis, ut in religione et spiritualibus non obscurior apud homines neque indignior apud Deum inveniretur. Sed cum, perturbantibus hanc molitionem ejus quibusdam fratribus, rem ad effectum perducere non posset, accepta licentia a loco nostro ad suum (298) sine spe reditionis transiit, ut disposito ibi itinere suo, inde transiret quo districtius ordinem teneri audisset. Mox aliqui fratrum necnon et famulorum nostrorum occulte aperteque exultantes, ex votoque sibi accidisse gaudentes, quia ad voluntatem suam modo liberius possent facere, non multo post intellexerunt ex comparatione positi alterius prioris, quantum iste prestaret eis consilii, auxilii et honoris. Penitentes igitur quam plurimum post paucos menses, simulata alia re quidam eum revocarunt sub presentia et assensu abbatis Theoderici, firmantes ei si rediret et prioratum suum reciperet, quod infra annum illum (1106) usus Cluniacenses in claustrum nostrum introducerent. Vix tandem obtinuerunt. Qui igitur parum ante festivitatem nativitatis sancti A Johannis discesserat, in adventu Domini statim post festivitatem sancti Andreæ apostoli rediit.

17. Prioratu igitur suo ei reddito captatoque loco et tempore oportuno, atque domni abbatis et fratrum hilaritate, fidem promissi modo serio modo jocose reposcebat, remque bonam non diu quin fieret esse differendam aiebat. Miris igitur laboribus et frequentibus Leodium itineribus, concitato sibi multorum inde clericorum et laicorum aliquorumque fratrum nostrorum maximo odio, tandem effecit ut eodem anno [258] (299) Kalendas Martii [259] (1107), quæ fuit sexta feria (300) in capite jejunii, introducerentur usus Cluniacensium in claustrum nostrum tenendi. Quibus introductis cum vehementissime ferverent in eis, et ultra quam quisquam speraret, fratres nostri, B paulo post, heu! heu! Domnus abbas Theodericus obiit, 7 scilicet Kalendas Maii. Quæ autem postea secuta sunt usque dum abbatiam intraret, et quomodo introierit, puto quod satis inde scriptor precedentis historiæ prælocutus sit; ad illum recurrat quisquis hæc diligentius scire desiderat.

18. Postquam autem abbas constitutus est (*an.* 1108, *Jan.* 30), de ordine tenendo omnimodis satagebat amator illius et amatorum ejus. Atque in tantum—rem quam certissime scio fidelissime referam, ecce coram Deo, quia non mentior — quod nullus fratrum tam carnaliter tamque spiritualiter poterat ei esse familiaris, quem perfecto umquam corde diligeret, nisi diligentem nostrum ordinem cognosceret, et fidelem de rebus æcclesiæ sibi commissis C probasset. E converso nullus fratrum poterat esse tam rarus accessu ad eum, qui etiam palam aut occulte de dictis, factis vitaque ejus si eum mordaciter, ut plerumque solet, reprehenderet, dummodo aliquando cessaret et diligentem cum ordinem aspiceret et fidelem in rebus æcclesiæ illi commissis, quin facillime hos aliosque ei lapsus etiam graves indulgeret. Quid tibi vis amplius dicam? Brevius et verius quam potero hoc tibi sub testimonio Christi dicam, quod nulla res eum fratrem sibi commendare poterat, quem dilecti ordinis et fidelitas rerum æcclesiæ sibi commissarum non commendabat, non ætas, non familiaritas, non timor, non consanguinitas, non scientia, non pulchritudo, non generositas, D non aliqua etiam magna utilitas. Propter quæ duo (301) apud eum poterant (302) in quoscumque invenirentur, et apud eum nichil aut minimum poterant apud quoscumque non haberentur; frustra quivis aliter laboraret, aut ista habendo gratus illi aut non habendo ingratus existeret.

VARIÆ LECTIONES.

[258] Domini 1107 *interp.* [259] Maii D.

NOTÆ.

(298) Num Porcetum?

(299) Scilicet quo Leodium itinera fecerat, non quo ad Sanctum Trudonem redierat, ut ex antecedentibus satis apparet.

(300) Feria sexta incidit non in primum sed in secundum diem mensis Martii, jejunium vero incœpit die 3 mensis Martii; itaque in computando die auctor videtur errasse; legendum esset : VI *Non. Mart.* Sed cf. supra VI, 21.

(301) I. e. propter duas illas virtutes, amorem erga ordinem et fidem.

(302) I. e. auctoritate valebant illi, qui virtutibus illis excellebant.

19. Precipue detestabatur hoc vicium, et ad exterminandum illud quacumque virtute poterat per se et per illud sibi referentes laborabat, ut nullus fratrum de substantia in refectorio sibi statuta aliquid quoquam distraheret, sed per manus elemosinarii quod ori ejus superesset pauperibus erogari sineret. Quoscumque autem fratrum laicorum videbat amicitias et confabulationes et has illasque vanas gloriolas proclivius appetere, aut nunquam aut invitus illos volebat ad aliquam obedientiam promovere, neque eos quos intelligebat quocumque modo illam vel illam obedientiam (303) ambire, et quos noverat inhiare, ut possent aliquid clanculo dare et accipere. Quibus non erat grata ante obedientiam hominum gratia, et qui æquo animo simplicique tantum contenti erant claustri substantia, illis dicebat danda claustri ministeria. Quos sibi laudabant sæculi homines de obtenta apud eos familiaritate et frequenti collocutione, et si quid umquam habere possent de benivola eorum dapsilitate (304), eos judicabat indignos claustrum vel quoquam exire; quorum barbariem et silentium, et quia nichil eis darent aut ab eis acciperent, reprehendebant, quaqua vellent ire securus eos sinebat. Silentium inter monachos tanto extollebat preconio, ut diceret numquam tam perfectos et electos monachos simul esse posse qui ordinem et disciplinam valerent absque silentii virtute tenere. Superba subjectorum rigiditate numquam frangi poterat; humilitate quamvis multum lesus, citius etiam vincebatur quam ei ipsi interdum expediret.

20. His aliisque bonarum virtutum studiis, hinc ipsius sollicito curante magisterio, hinc discipulorum pio obedientiæ obsequio, cœpit in brevi longe lateque diffundi dulce fragrans unguentum boni de loco nostro nominis, fœdaque cicatrix vultus nostri de obprobrio præteritæ indisciplinationis, paulatim curata detergi manu piæ moderationis. Hospitalitas læte supervenientibus exhiberi maximeque obsecutoribus nostri ordinis, refectio pauperum post mensam fratrum non negligenter provideri. Sed quia exteriora sæculi bona ad hæc aliaque nostro ordini multum sunt necessaria, primumque regnum Dei querentibus necessario, deinde secundum Dei promissionem, sunt eis ista adicienda, cœpit se tota vigilantia et labore accingere, ut non modo quæ salva invenerat de bonis æcclesiæ conservaret, verum quæ dispersa fuerant congregaret [260].

21. Prima igitur die, qua homines æcclesiæ debebant ei fidelitatem et hominium facere, prepositum æcclesiæ et cellerarium quosdamque de senioribus juxta se in cella sua fecit sedere, ut nullius manus neque fidelitatem reciperet, quem fratres de prebenda sua injuste aliquid tenere quererentur. Quæ res multas ei peperit inimicitias, quas tamen sine gravi dampno evasit, usus postremo consilio necessariæ in omni re discretionis. Ut autem sciant posteri ejus, et scientes magis sollicili inde reddantur, quanta sollicitudine et timore, quantoque studio et labore servavit professionem pro posse et nosse, quam teste æcclesia ante altare, coram stolato episcopo, stolati et ipsi in consecrationibus suis facere solent tam abbates quam episcopi, finem hujus octavi libri facere hic decrevi, et nonum ab ea epistola incipere, quam scripsit ad Metensem episcopum Stephanum (305), loci nostri tunc temporis dominum.

EXPLICIT LIBER OCTAVUS, INCIPIT NONUS [261]

1. *Venerando atque reverendo sanctæ [262] Metensis æcclesiæ episcopo Stephano Rodulfus gratia Dei sanctique Trudonis id quod est, salutem animæ et corporis. Diebus prelationis meæ [263], hoc est a 1108 anno [264] inc. dom. usque ad 1136, qui tunc agebatur quando hæc scribebam, quæ nostræ æcclesiæ videlicet æcclesiæ beati Trudonis in Hasbania accreverint, sive per meum laborem de perditis recuperata, sive de non habitis acquisita, sive per meum nostrorumque studium de nullis aut parvis reditibus ad aliquos et majores fructus instaurata, et quæ pro animabus fidelium pauci pauca in possessionibus tradiderunt, fideliter hic annotare curavi. Quod si quid in hac annotatione excessu memoriæ exciderit, aut spes paritura adhuc [265] necdum protulerit, cum illud meminero et istud evenerit, huic aliquando subnectam operi. Testem interim conscientiæ meæ habeam Deum quia non hoc facio, ut inaniter videar gloriari secundum hominem et non secundum Deum de rebus, quarum tenuitas, etsi gloriari vellem, magis afferre potest michi confusionem quam gloriam, sed ut posteri mei desidiam meam et prelationis meæ inutile spatium erubescentes, accingant se fortius et utilius non solum ad servandas has et alias res æcclesiæ quas invenerint sed ad multiplicandas suis laboribus et meritis; quamquam qui tempestates maris, quo jactatus sum*

VARIÆ LECTIONES.

260 ret *erasum* 1. 261 Epistola Rodulfi ad episcopum Stephanum *addit* 1*. 262 *deest* 1*. 263 vigesimo octavo anno *addit* D. 264 *deest* 1*. 265 *deest* 1*.

NOTÆ.

(303) Cella vel præpositura a monasterio dependens, ad quam curandam singuli mittebantur monachi jussu abbatis; dein obedientia est omne munus monasticum.

(304) Liberalitate.

(305) Qui sedit annis 1120 — 1163.

et adhuc jactor, cognoverit, magis ammirari possit aliquid interim esse servatum quam acquisitum, quæ quoniam alias plenius descripsi (306), iterare hic supersedi. Et hæc etiam nichilominus idcirco facio, ut sub impetranda negligentiæ meæ venia hoc quoque a clementia vestra obtineam, qualenus vestra auctoritate et sigillo firmetur, ut nullus post decessorum meorum prioribus erroribus amplius ea involvat A *quæ absolvi, sed fixa permaneant ut institui. Quod si presumptum fuerit, irritum fiat, et banno vestro omniumque successorum vestrorum subjaceat. Non enim parvo rerum familiarium dispendio ea obtinui, cum interdum cum vitæ quoque meæ periculo vix evaserim, et in perpetuum odium eorum usque hodie sum, qui ea se amisisse dolent, quamvis injuste tenuerint.*

EXPLICIT EPISTOLA, INCIPIT TEXTUS.

2. Igitur post obitum abbatis Adelardi secundi, tanta B mala apprehenderunt æcclesiam nostram et multis annis tenuerunt, quanta non sunt audita in quovis loco ab illo famosissimo Jherosolimorum excidio (307). Evenerunt ea propter dissensiones de abbatia nostra inter monachos et episcopos, Metensem videlicet Herimannnum et Leodiensem Heynricum, dum monachi extrudere niterentur intrusum episcoporum abbatem per violentiam, et stabilire suum superpositum per symoniam. Sic primum secundus et secundum extrudit primus, tertius inter utrosque irrepit, quartus trium labores invadere et locum occupare presumit. Quorum nomina sunt hæc : Lanzo, Luypo, Herimannus et item Herimannus, inter quos septemdecim annis miserrime decertatum est (308), atque sic, ut infra duodecim annos C tredecim fierent commutationes (309) alio moriente, alio alium ejciente. Sub istis totum oppidum nostrum una die redactum est in favillam, effuso in eo cruentissime multorum hominum sanguine (310). Vixque duo anni preterierant, ex quo monasterium quoque nostrum novum et mirifici operis et claustrum cum omnibus appendiciis suis funditus igne cremata interierant (311). Turris, quæ sola supererat de incendio, facta est latrocinantium hominum munitio, thesaurus, qualem nostræ similis nulla habebat æcclesia, irrecuperabiliter distractus periit; monachi omnes — prorsus, inquam omnes — dispersi per diversas regiones, solum in loco vastatio et horribilis solitudo (312).

3. Hac tempestuosa tempestate contigit æcclesiam nostram de Alburch decidisse in potestate Trajectensis episcopi Conradi, et longa loci nostri miseria in jus æcclesiæ ipsius transisse lege synodali et judicio canonico. Propter quam liberandam, sed nec sic liberatam, distractus fuit calix aureus æcclesiæ nostræ, cujus pretii pars, scilicet 60 marcæ, data est episcopo Conrado, ut restitueretur æcclesia juri nostro; quod superfuit pretii perfide distraxerunt in hoc negotio perfidi quidam presbiteri nostri. Episcopus accepta pecunia nudo tantum verbo, non auctoritate canonica, mandavit nostris, ut reciperent sua, non quidem maliciose, sed minus caute. Et factum est ita. Subsecutus est Conradum episcopum (313) Burchardus episcopus (314), qui occasionem accipiens, eo quod legibus synodalibus non esset libere nobis restituta æcclesia, mancipavit eam suis usibus synodali judicio; sicque eam tenuit usque ad adventum meum in abbatiam. Ad quam liberandam profectus sum eodem anno (1108), quo intravi in abbatiam, Ulterius Trajectum in sancti Johannis festivitate, et per auxilium Dei et advocati nostri, comitis de Hollant Florentii (315), judicio æcclesiastico liberam nobis restitutam æcclesiam retulimus domum, cartha de hoc facta et episcopi Burchardi signo sygillata. Eodem anno æcclesia et alia quæ Alburch habemus bona valuerunt nobis domi absolute 24[266] marcas argenti. Quanto labore, quanta sollicitudine, quantis expensis per tres integras ebdomadas finem hujus rei effecerim, longum esset referre, cum predivitem comitem et gravissimum pinguedine oportuerit me funibus argenteis de Hollant Trajectum trahere, ipsiusque episcopi rigidam cervicem ejusdem metalli malleo michi in- D clinare, nec non et archidiaconum reacquisitæ æcclesiæ.

4. In ejusdem villæ villicatione homo quidam Gualdo nomine erat, qui 5 solidos denariorum de

VARIÆ LECTIONES.

[266] *ita* 1. D. XXXIV. 1*.

NOTÆ.

(306) In Gestorum libro sexto et septimo.

(307) Eadem iisdem verbis vide II, 1.

(308) Cf. V, 1.

(309) Annis enim 1082-1094 hæ factæ sunt conversiones in monasterio Sancti Trudonis : 1082 obiit Adelardus II abbas, 1083 introductus est Lanzo abbas, 1085 combustum est monasterium, eodem anno ab imperatore introductus est Luipo abbas, 1087 rediit Lanzo, 1089 Lanzo sponte se munere abdicavit, eodem anno Herimannus senior emit abbatiam, 1091 Luipo abbas iterum introductus est, 1093 Luipo obiit et Herimannus junior abbas introductus est, 1094 monasterium reliquit, et iterum reductus, iterum rejectus est.

(310) III, 7 sqq.

(311) II, 13.

(312) Cf. III, 11.

(313) Qui anno 1099 occisus est; cf. Annal. Hildesh. ad h. a.

(314) Obiit anno 1112.

(315) Secundi, qui regnavit annis 1091-1122.

Tycle (316) dicebat se habere in beneficio de abbate; falsum erat, et convictus recognovit eos coram paribus æcclesiæ ad prebendam fratrum, quos de terra sua debebat. Pro simili mendacio quidam Franco nomine de Dourch, convictus legibus et judicio, 4 solidos de denariis Andeguerp duobus denariis minus amisit, et eos prebendæ fratrum restitui. In villa Hulsela [267] villicus tantum sibi de censu furtim usurpaverat, qui ad nostros usus retractus 6 solidos facit. In eadem villa decimam lini dapifer Hezelo ad feodum suum trahebat, de qua legibus et judicio abstractus, permisi eam habere fratres ad opus mapparum in refectorio ad mensam ubi pertinebant. Totam [268] æcclesiam de Merguelis presbiter quidam Hezelo nomine per multos annos sub tribus abbatibus ita sibi usurpaverat, ut devictis et confusis abbatibus modo per Lemburgensem comitem Heynricum, modo per Durachiensem Gislebertum, aliquando per Lovaniensem, interdum per episcopum (317) et archidiaconum miris amfractibus, inenarrabili decertatione presbiteros legitime investitos ab abbatibus, unum et alterum et tertium et nescio quot ab æcclesia ejiceret, et pro eo excommunicatus quoque cantans (318), decimam sibi raperet, dicens pro 5 solidis eam se tenere, et eos beneficium suum ab abbate esse, et hoc jure sempiterno et hereditario. Hanc scilicet æcclesiam integram prebendæ fratrum ubi pertinebat restitui legibus et judicio, dampna multa prius passus et tribulationes ab ipso presbitero; solvit modo singulis annis in nativitate sancti Johannis 20 solidos.

5. Ea quæ videmur habere in Sarchinio unus fortium et sapientium oppidanorum nostrorum, Guntramnus nomine, ad feodum suum cuncta trahebat, advocati nostri Gisleberti fortissimo adjutorio. Quo defuncto, in eodem filius ejus Reynerus successit, et quoniam prebenda fratrum erat, eo eum perduxi, ut cuncta in potestate mea redderet, ut sub hac conditione iterum de manu mea acciperet, quatinus villicus noster inde esset, et de censu terræ et molendini parte 15 solidos prebendæ fratrum in manu prepositi singulis annis solveret, de placitis, justiciis, pascuis, emendationibus, vadiis terræque requisitionibus et omnibus quæ ad tale quid pertinent, tertiam partem haberet, prepositus duas, excepto si duo aut tres denarii aut sextarius vini ei obveniret, hoc integrum haberet. Quicquid supra 15 solidos esset in feodo haberet et homo abbatis ex eo esset, et villicus donum villicationis seorsum acciperet et donum feodi seorsum. Invitus hanc compositionem feci, sed aliter fieri non potuit propter violentiam Gisleberti comitis, qui inde erat valde contrarius nobis.

6. Tempore quo intrusi et symoniaci de abbatia, ut supra dixi, contendebant, quicumque de nostro aliquid invadere poterat, suum esse dicebat. Contigit tunc temporis 24 annis villam nostram de Seminc invasam fuisse a comite quodam de Vianne Bertholfo, quam beneficiaverat viro libero Gualtero nomine de Ambliz, et Gualterus Huberto de Asche; æcclesiam vero, quæ et nostra est, nonnisi 5 solidos solvere dicebant, eos quoque nunquam solvebant. Quid multa? Multis laboribus, multis expensis, multis profectionibus apud dominum nostrum Metensem episcopum Alberonem, apud majorem advocatum nostrum Heynricum de Lemburch, postremum apud imperatorem Heynricum, qui Trajecti obiit, effeci, muneratis gravi ære et dominis et intercessoribus, quod pacifice usque hodie tenemus et æcclesiam et villam, et servit vestiario fratrum. Quæ videlicet villa quando et quomodo beato Trudoni tradita fuerit, digne memoriæ mandare alias disposui.

7. In villa Halmala (319) miles quidam Gontramnus nomine terram hereditariam solventem 15 solidos dicebat se habere in beneficio. Cui cum eam extorquere non possem, prohibentibus dominis et advocatis nostris, per quos maxime juvari deberemus, data ei commutatione, scilicet molendino uno in Hales, quod ab alio quodam beneficiato meo nomine Theymboldo redemi, censum retinui et cameræ fratrum servire statui. Mansus unus terræ, qui jacet inter Halmala et Sanctum Trudonem, 20 solidos solvit in festivitate sancti Johannis baptistæ, quem duo fratres se dicebant habere in feodo, Everardus de Overheym et Hezelo de Comite; hos tantum legibus, ratione, veritate coartavi, quod de invasione pœnitentiam agentes censum michi recognoverunt, qui ad caminatam abbatis pertinet. In villa nostra Vilario nomine miles quidam Lambertus nomine mansum unum tenebat, de quo cum obtinere non posset, quod feodum ejus esset, dicebat se inde non debere solvere singulis annis nisi 12 tantum denarios; qui judicio et testimonio scabinorum et familiæ convictus, 6 solidos singulis annis solvere coactus, solvit. In eadem villa duo sunt villici, quorum unusquisque 6 bonuarios (320) sibi usurpaverat terræ ultra jus suum — sex solvunt in anno 30 sextarios annonæ et modium avenæ et 40 denarios, et 6 alii tantundem — hos judicio scabinorum et familiæ, evicimus, ut supradictum solverent debitum.

8. Molendinum de Moysc, quod solvit 25 solidos, prorsus ita erat perditum contentione fortium viro-

VARIÆ LECTIONES.

[267] Husela 1*. Hylsela D. [268] *quæ sequuntur omnia usque* fructu possunt experiri *desiderantur apud* D.

NOTÆ.

(316) Thielt vicinum Aerschot.

(317) Leodiensem.

(318) Cantat ille presbyter, cui ecclesia quædam ab altera majori dependens curanda commissa est quasi capellania.

(319) Halmael in vicinitate Sancti Trudonis.

(320) Idem quod bonarium, certus agri modus limitibus circumscriptus; fines ipsi nominabantur bonaria.

rum contra nos, ut nec signum molendini super fluvium A Mahange (321) inde videri posset, nec quisquam ad reparandum manum ponere auderet. Evicimus tandem invasores multis laboribus, multa pecunia, multis expensis ad reparandum, ut sine controversia supradictum modo solvat debitum, et pro adjacente curtili 12 denarios, et pro palustri terra juxta posita 4 denarios. Molendinum de Mecerin (322) olim pertinebat ad mensam fratrum, sed inveni illud occupatum pro feodo a judice quodam nostro nomine Udelrico, qui defunctus reliquit post se duos liberos, sed non de una matre, legitimos tamen. Quorum unus, ad quem molendinum pertinebat, sine liberis obiit, Alardus nomine, divisis sibi prius suis partibus; alter scilicet Everardus superstes, cum ad molendinum in feodo redire vellet nec legibus posset, quia objiciebam ei quod prebenda fratrum fuisset, et frater ejus ex alia matre, ab eo legitime separatus, nullum post se heredem nisi æcclesiam reliquisset, ad hoc tandem perductus est, ut amplius ex eo jure hereditario 5 solidos solvat. Quos 5 solidos coram paribus æcclesiæ in caminata mea, et coram fratribus in capitulo priori et preposito ad refectionem fratrum tunc et deinceps amplius [269] tradidi, 30 denarios inde disponens in festivitate sancti Quintini (*Oct.* 31), quam ipse causa, quam alibi dicam, celebrari in albis et 12 lectionibus constitui, 30 alios in die consecrationis meæ, ita ut me defuncto 30 isti consecrationis meæ denarii transferantur ad diem anniversarii mei. Quod si quis amplius voluerit infringere, sciant fratres ita me et acquisisse et statuisse perque manus prioris ordinanda esse. Villico autem quicumque molendinum tenebit, die qua de denariis istis fratribus refectio dabitur, mittetur ei inde ad domum ejus portio una piscis et tantum vini et panis quantum est unius fratris. Molendinum, cambam et (323) tabernulam, quæ sunt ante portam curtis nostræ, non inveni; quæ nostro tempore edificata quantum solvant in anno, qui habent in manibus ex cotidiano fructu possunt experiri.

9. Unus ex illis quatuor pestilentissimis flatibus, quos supradixi mare nostrum tam naufragose agitasse, Luipo scilicet, tria bonuaria culturæ nostræ, quæ jacet versus Mergueles, et [270] tria Kircheym (324) et tria Stades beneficiaverat cuidam amico suo nomine Lodeguico, et de mensa fratrum alienaverat. Qui mortuus reliquit parvulum filium nomine Heynricum in eadem injusticia, cui eadem bonuaria requirenti a me feodo dare nolui, quoniam de mensa sua fratres sublata esse dicebant injuste. Longa fuit altercatio, multis ejus similibus de me conquerentibus. Episcopus quoque Leodiensis Obbertus quoniam puer consanguineus ejus erat, blandimentis, promissionibus, minis, terroribus frequenter propter illum me aggressus fuerat, cumque evincere non posset, tandem se nostro cœnobio et hospitio representavit. Cui instanti pro puero respondi putans me sic melius posse evadere: *Fratrum prebenda est, sine eorum assensu facere nec audeo nec debeo.* Qui statim ad eos absente me se transferens, facillime simplicitati eorum persuasit, ut ei concederent. Quod cum intellexissem, omnino cœpi reclamare, meque non debere sequi deceptam simplicitatem eorum sed corrigere. Episcopus irasci, minari et me in hoc cum eo convenisse suos nostrosque attestari. Miro tandem labore evici, et tria bonuaria culturæ [271], quæ jacent juxta oppidum nostrum via quæ ducit Mergueles, retinui et eum exfestucare feci. Cætera [272] B invitus tradidi, sic tamen ut pro tribus illis, quæ in Kircheym prius pater ejus tenuerat, tria alia in Stades acciperet et Kircheym liberam relinqueret; terra relicta nobis dupliciter quam alia melior est. Puer pravorum hominum suggestione corruptus, sequenti anno annonam ejusdem terræ voluit michi tollere et ad exfestucatum feodum violenter redire. Sed licet armata manu michi occurrisset super eandem terram, et filium comitis Gisleberti advocati nostri secum haberet Ottonem, tamen dedit Deus nobis victoriam permelioris advocati nostri auxilium, scilicet beati prothomartyris Stephani, et annona domum deducta in conspectu eorum, terram usque in hodiernum diem retinuimus liberam.

C 10. In oppido nostro duo quidam homines de censuali terra, quæ ad mensam fratrum pertinet, tantum sibi in feodo [273] usurpaverant, quantum 45 denarii solvere debent. Alter eorum vocabatur Ramundus scabinus, alter Heynricus, Guntramni magni filius, qui agitati a nobis legibus et veritate, alter eorum Ramundus videlicet 15 denarios recognovit, alter vero Heynricus 30, restitutique sunt prebendæ fratrum. Locus, quidam est ante curtim nostram juxtra fontem, ubi olim bracena (325) fuerat, qui nostro labore de feodi violentia retractus 6 denarios solvit. In fossa curtis nostræ, quæ juxta domum elemosinariam jacet versus aquilonem, tria sunt curtilia quæ solvunt 18 denarios, ubi nullus antea usus habebatur; hos constitui elemosinario D ad refectionem tredecim pauperum in die anniversarii mei. Mansum unum, quem habemus in villa Haverdorp solventem 5 solidos, invasori eripui, et prebendæ fratrum restitui. Similiter et mansum alium alii invasori in villa nostra Mere, qui solvit prebendæ fratrum quantum et alii mansi. Decimam lini et 15 modios annonæ in villa nostra Guebecheym, et 60 capones et 20 carratas lignorum dicebat villicus

VARIÆ LECTIONES.

[269] *deest* 1*. [270] et-Stades *desunt* D. [271] prædictæ *addit* D. *et desunt reliqua usque* Mergueles. [272] *usque* vestiario fratrum restituimus *sequentia*; *desunt omnia apud* D. [273] feodum 1*.

NOTÆ.

(321) Mehaigne qui in Mosam exundat.
(322) Num Maiseret in vicinitate Namurci?
(323) Brassiatorum officina.
(324) Kerkem haud procul a Tirlemont.
(325) Domus in qua cerevisia conficitur.

noster Heynricus de eadem villa ad suos usus pertinere; quos ad nostros retraximus, cum veritate et justicia retinere non posset. Similiter in eadem villa molendinum unum quod solvit 2 solidos.

11. Molendinum de Mergueles, quod solvit modo duas marcas et dimidiam, quidam de factione Luyponis Heynricus cognomine Sualch, et Godezo clericus, frater ejus, auxilio advocatorum nostrorum sibi [274] pro beneficio mancipaverunt, et molendinarium in sua fidelitate et sacramento oposuerant. Contra quos et contra advocatos cum diu decertassem, tandem cum magno labore et dampno evici, et usibus fratrum molendinum cum omnibus quæ solvit restitui. Ea quæ videmur habere in villa Alost (326) excepta æcclesia 5 libras solvunt ad vestiarium fratrum. De quibus viri iniqui et æcclesiæ nostræ crudelissimi 10 solidos suum feodum esse mentiebantur; cumque eos ut invasores et mendaces nunquam investire voluissem, per amplius quam per quindecim annos multis tribulationibus et contumeliis me affecerunt; sed auxiliante Deo in presentia ducis Gualeramni, majoris advocati nostri, et domni episcopi Metensis Stephani, judicio et justicia et veritate evicimus et vestiario fratrum restituimus.

12. Oppidanus quidam noster Arnulfus nomine [275] patris sui Baldrici imitatus violentiam, terram tenere volebat sine servitio, quæ debet servire fratribus ad omnem minutionem sanguinis eorum. De ea terra sunt 18 bonuaria, et dicitur mansus de Nissen; debet et alia minuta servitia ad utensilia cameræ abbatis, scilicet quicquid de ferro ad sellam equitariam ejus et ad calcaria et ad saumas componitur, dato sibi ab abbate ferro. Fractas vitreas fenestras monasterii, claustri, cellæ abbatis, accepto a custode vitro, plumbo et stagno et cæra et sumptu emendat. Claves omnes monasterii et scriniorum, dato sibi ferro [276], novat et renovat, similiter et de omnibus officinis claustri et curtis. In solempnitate sancti Trudonis (*Nov.* 23) et sancti Remigii (*Jan.* 13) adjutor est cellerarii ad serviendum honestis hospitibus secundum antiquam consuetudinem. Quando minuebant fratres (327), chorus totus unus simul minuebat, cum silentio et psalmodia sedentes ordinate in cella una; ea die dabatur domino hujus mansi quantum uni fratrum ad mensam. Hæc cum ille tamdiu tenuisset, ut pro libero militari feodo habere se diceret, convictus tandem recognovit coram episcopo Metense Stephano et majore advocato nostro duce Gualeramno et paribus æcclesiæ et servitoribus curtis nostræ.

13. Quidam [277] Berengerus ministerialis episcopi Leodiensis pratum nostrum in villa Gemapia invaserat, similiter et ipse pro feodo volens illud
A habere, quod solvit singulis annis 5 solidos. Contra quem viventem usque in finem vitæ ejus contendi, defuncto prebendæ fratrum restitui; filius tamen adhuc impedit. Antecessor meus 4 libras denariorum duobus potentibus viris beneficiaverat, duas villico episcopi Metensis in oppido nostro, duas alias alii, cujus et nomen et personam non est utile nobis memorare. Unam de duabus, quas villicus in beneficio habuerat, redemi contra eum et cameræ abbatis restitui, aliam, cum possem, nolui, quoniam utile vidi [278] esse æcclesiæ, ut villicus episcopi beneficiatus esset abbatis. Duas alias quas subpressi nominis persona antecessoris mei tempore et meo violenter tamen magis quam juste tenuerat, nichilominus contra eum redemi et exfestucare feci, et usque
B hodie abbatis cameræ restitui.

14. Villicus de Stades dicebat suos esse 12 denarios et 8 capones de molendino quod dicitur molendinum Remigii; contra eum tantum egi per prepositum meum Folkardum, quod nobis et denarios et capones reliquit. Jacent ante portam curtis nostræ, in vico qui dicitur Scurehove (328), duo curtilia quæ solvunt 7 denarios, unum 4, alterum 3; hæc a duobus qui injuste possederant eripui et prebendæ fratrum reddidi. Silvam quæ dicitur silva de Godeledaleth iniquus homo et [279] infestissimus æcclesiæ nostræ ministerialis episcopi Metensis invaserat, dicens eam esse suum feodum. Quam cum ei multa mei injuria extorsissem, dedi ad censum aliis, qui 7 [280] solidos inde solvunt singulis annis ad bracenam
C fratrum. Curtile [281] etiam jacet in palude juxta viam, quæ de orientali porta curtis nostræ ducit versus sancti Gengulfi æcclesiam. Hoc se cum domuncula dicebat habere in feodo Franco quidam camerarius, quod obtinere non valens reddidit; hoc cellerario 8 denarios solvit.

15. Cunradus quidam Leodiensis cambam unam in oppido nostro dicebat se habere in feodo. Cujus longa inter me et ipsum contentio ad hoc pervenit, ut eam fratribus recognosceret, quoniam ad fratrum prebendam pertineret, et ex ea 8 solidos persolveret in anno; cumque ipse et uxor ejus defungerentur, 4 in die anniversarii ejus solidi solverentur, 4 in anniversario uxoris; si autem camba esse desineret, locus qui remaneret ad quoscumque usus
D verteretur, 5 solidos solveret, 30 denarios in anniversario unius, 30 in anniversario alterius, et eos mensæ fratrum. Engeramnus homo nobilis cum obisset, reliquit nobis legitima traditione pro eo facta tantum allodii in villa Herebach, quod singulis annis debet solvere 15 solidos. Qui tunc videbatur apud nos abbas esse, tradidit illud cuidam servo æcclesiæ nostræ feodo nomine Machelmo, de quibus

VARIÆ LECTIONES.

[274] *deest.* 1*. [275] nomine — violentiam *desunt* D. [276] dato — ferro *desunt* D. [277] *quæ sequuntur usque* fratrum reddidi *desunt omnia apud* D. [278] inde 1*. [279] Metensis *desunt* D. [280] decem D. [281] *reliqua usque ad verba* quiete hodie decimam *desunt omnia apud* D.

NOTÆ.

(326) Aalst ad Denderam in Flandria.
(327) Scil. sanguinem vena incisa.
(328) Num Luttecoven vicinum Looz?

postea 10 cum beneplacito possidentis reacquisivimus, 5 in anniversario viri nobilis, 5 domui infirmorum deputatis.

16. Villam nostram de Provin (329) Adelbertus quidam invaserat, ipseque fuerat de factione unus quatuor illorum abbatum, pro quorum ambitiosa contentione abbatia nostra pene usque ad extremum exterminium declinaverat. Qui et cum suis complicibus, dum abbas contra abbatem rebellaret, armata manu turrim æcclesiæ nostræ occupaverat, et captus, aliis suspensis, aliis manibus amputatis, ipse quoque manum dexteram perdiderat, exlexque factus, tamen ab invasione villæ nostræ non recedebat, in qua ad suum feodum ista pertinere dicebat: Stramen totum annonæ nostræ, quod in illis partibus propter penuriam lignorum valde carum est; ad nativitatem Domini 60 capones et 60 panes, ad sancti Johannis festivitatem 30 panes et omnem terræ requisitionem, preterea quotiens illuc iret et rediret, de denariis fratrum viveret, et nullum monachorum magistrum aut comitem haberet. Et cum esset homo inanissimus et infidelis, eo aliquando perduxit substantiam villæ, ut in anno michi non solvisset nisi 5 firtones et 15 denarios; et si totum solvisset quod debebat, parum amplius esset quam 6 marcæ Coloniensis ponderis et puritatis. Contra hunc vix aliquando comprehensibilem invasorem, quid laboris, quid molestiæ, quid dampni sustinuerim, quomodo me aggressus fuerit per majorem tunc advocatum nostrum, comitem Heynricum de Lemburch, et subadvocatum ejus, comitem Gislebertum de Duraz, tandem vero per comitem Flandriæ Robertum, et quomodo eum evicerim, non sine grandi hystoria enarrare possem. Evici tandem, et villam nostram absolute fratrum vestiario restitui per manus fratris qui vestiario preest sine alicujus laici inquietatione regendam; quæ nostris postea diebus solvit in anno 8 marcas argenti Coloniensis puritatis et ponderis.

17. De non possessis et acquisitis decima est de Barduwich in Testerbrant [282], quæ modo solvit in anno marcam et dimidiam, quam statui ad annale servitium episcopi Metensis, et de supercrescente homo debet esse abbatis, qui eam tenet. In hanc introierat homo nobilis sed tyrannus crudelis, Arnulfus de castello Rode (330), contra quem diu contendit predecessor meus domnus abbas Theodericus, sed non prevaluit. Ille enim ex episcopo Trajectensi dicebat se eam tenere [283], in quam ego gravissimam litem ingressus, multis profectionibus ad curiam imperatoris Heynrici (331) fatigatus sed non defetigatus, pecunia tandem inter me et tyrannum mediante, Aquisgrani in curia imperatoris decimam obtinui. In eodem territorio palus quædam olim inarabilis modo frugifera est, cujus decimæ terminus pertinet ad æcclesiam nostram de Alburch; hanc decimam quasi novam patrocinio Trajectensis episcopi sibi usurpaverat Gerardus, Flaminius qui dicebatur et erat patriæ comes. Contra tantos dominos tam potentes, maxime contra episcopum Trajectensem qui eum juvabat quantam litem sustinuerim, edicere longissimum est. Maxima igitur necessitate ad comitem de Hollant Florentium, advocatum nostrum in illa terra, compulsus sum me convertere, et divisa ei decima si eam totam juvaret nos retinere, sic patrocinio ejus evici, quia nec episcopus neque [284] comes Gerardus audebant eum offendere. Tenemus igitur quiete hodie decimam.

18. De paucis quæ pro animabus suis fideles tam viventes quam morientes ad æcclesiam nostram nostro tempore tradiderunt, ita evenit. Adelgerus miles quidam de villa Pumirs supra Mosellam, ad nos venit, et societate nostra impetrata, vineam nobis tradidit, quæ afferre potest 3 carratas vini. De eadem villa Gerardus quidam relicta seculari vita ad nos se convertit, tradens nobis 4 vineas, 3 minores, quartam majorem; hæ possunt afferre duas carratas vini. Istorum anniversaria agimus, in quibus caritas vini debetur fratribus de eorum collationibus. In villa [285] Runchirs (332) degebat homo nobilis Hardechunut nomine; pro hoc defuncto Bertha conjunx ejus, nobilis et ipsa, tradidit nobis duos mansos terræ, qui solvunt in anno 12 solidos. Advocatus noster comes Gislebertus tradidit nobis pro anima sui et uxoris suæ Gertrudis terram, quæ solvit in anno 20 solidos et 3 denarios. Inter Sanctum Trudonem et Sarchinium quidam Libertus nomine parum allodii habebat, quod moriens reliquit fratribus pro anima sua; solvit autem 12 denarios in festivitate sancti Remigii, qui cum aliis 12 ponuntur, quos vivens Hardechunut pro anima sua dederat fratribus, et in capite jejunii ad caritatem fratrum in refectorio dantur.

19. [286] Decima de Stades in tres partes est divisa, unam habet presbiter, duas reliquas duo operarii lignorum et lapidum. Unam istarum duarum ab uno operariorum et heredibus ejus redemi cum omnium benivolentia, quoniam pauperes erant, et de vadio ubi jacebat redimere non poterant, tantumque eis sine omni violentia et injuria superaddidi, quod ex toto exfestucaverunt michi. Hanc custodi æcclesiæ in

VARIÆ LECTIONES.

[282] *ita* 1. 1*. [283] habere 1*. [284] nec 1*. [285] In villa *usque* 3 denarios *desunt* D. [286] *reliqua usque* Johannem Brunoni dedi *desiderantur omnia apud* D.

NOTÆ.

(329) Proven in Flandria.
(330) Ærschot vicinum.
(331) Quinti.
(332) Runckelen haud procul a S. Trudone.

perpetuum tradidi habendam, ut ex ea lumen in turricula quæ est versus claustrum omni nocte ministret, cujus fenestra ita est aptata, ut ex ea lumen in claustro et monasterio æque fundatur. Ex eadem quoque decima debet idem custos providere omnibus personis, quibus nocturnalis candela anteponitur, in nocte dormientibus lumen et minutam candelam ad servitium.

20. De nullis aut parvis reditibus ad majores et meliores usus instaurata ista sunt : Molendinum superius, quod est ante portam curtis nostræ occidentalem, nostro tempore edificatum est, quod singulis diebus valere potest 3 denarios, caro tempore multo plures. Molendinum superius de Gursemdrul (333) nunquam extiterat, sed nostro tempore edificatum solvit modo singulis annis 24 modios puri frumenti. Silva de Meceres adjacebat castello Durachio, vicina quoque nostro oppido et villulis nostris ; quæ inter ista et illa ad hoc perducebatur, ut nichil nobis conferret preter scandala et sanguinum effusiones, dum cotidie detruncaretur a circummanentibus, maxime a Durachianis. Qua necessitate compulsus, prius tamen multas passus injurias a castellanis et domino castelli, ne forte quod supererat adhuc lignorum ad nullam utilitatem æcclesiæ redigeretur, vendendum tradidi fidelibus viris, et quicquid ex eo acciperetur, constitui ad reparandum monasterium, quod ante annos multos combustum miserrimæ ruinæ hiatum prebebat. De terra vero arabili facta 30 solidi solvuntur in anno et 20 denarii ; quos dividens 10 eorum bracenæ fratrum constitui, 10 claustro cooperiendo, et 10 qui supersunt cum 20 denariis caminatæ abbatis.

21. Silvula quoque juxta villam Stades erat, quæ tam a colonis nostris quam a villico et alienis exstirpabatur cotidie sine aliqua utilitate. Hanc tali necessitate ad fruges ferendas tradidi, ut de terra solverentur singulis annis 5 solidi, quos ad bracenam fratrum constitui. Alia silva juxta oppidum nostrum adhuc superest, quæ vocatur Bruderholt ; hanc miles quidam Arnulfus nomine, subadvocatus noster, dicebat se in feodo habere [287]. Cui cum miro et magno labore extorsissem, judicio tamen parium æcclesiæ, et tamen nec sic retinere cum pace valerem, tradidi eam in hereditatem duobus quibusdam viris de Brustemio, Lamberto scilicet et Gerardo fratribus, qui possent resistere invasori viribus et justicia, ut singulis annis tantum lignorum afferrent in curia nostra, quantum sufficeret ad 4 cervisias coquendas, unam ad festivitatem sancti Remigii, aliam ad festivitatem sancti Trudonis, tertiam in natale Domini, quartam mense Martio ad caminatam abbatis, ita ut silva illa ab eis nunquam exstirparetur, sed diligenter custodiretur et nutriretur, et totum aliud silvæ commodum ab abbate tenerent in feodo et homines ejus ex eo essent. Itaque nisi hæc fecissem, non silvam solum sed et ipsum fundum perdidissem.

22. Grutarius villæ nostræ Reynerus cum defuncta matre in illo officio vellet heres fore, et hoc non posset fieri nisi nostro multo labore, 5 solidos et libram piperis æcclesiæ nostræ recognovit solvendos singulis annis. Hos 5 solidos constitui refectioni fratrum in die anniversarii Adelberonis Metensis episcopi, qui fuit post episcopum Theodericum, ut, quoniam Theodericus primo et Adelbero secundo grutam (334) fratribus nostris pro animabus suis dederant, et die anniversarii Theoderici fratres 5 solidos in refectione pro anima ejus habebant, die quoque anniversarii Adelberonis hos 5 solidos ad refectionem haberent. Quod enim ille primus dedit, iste secundus confirmavit. Solvuntur 5 solidi et libra piperis pridie anniversarii Adelberonis episcopi, sicut et pro anima Theoderici episcopi 5 solidi et libra piperis. Jus omne bracenarum quod propter grutam solvitur in cervisia fratrum est, sicut testatur cartha quam habemus de illa justicia ; nullam omnino bracenam excipit. Hoc plures oppidanorum nostrorum ita invaserant, partim dicentes suum esse feodum, partim se habere in vadio, ut parvissimi inde reditus ad fratres venirent. Longa inter me et illos fuit decertatio, quæ ex parte etiam usque hodie manet, tamen usque ad paucos omnes evici, spe victoriæ de cæteris necdum amissa. Hujus juris fratrum reacquisitio quem fructum habeat supputare nescio, quia qui bracenam habet apud nos quando vult eam destruit et ad alios usus suos vertit, et ideo quæ hodie non est cras aliquando est ; edificari autem sine abbatis licentia non debet, destrui vero potest. Redemi autem 8 quæ jacebant in vadio ex his quæ Deus dedit nobis et frater unus noster nomine Gerardus, qui de longa peregrinatione ad nos munificus reversus est. Quarum reditus ad plumbum emendum constitui, ut inde cooperiretur monasterium, quod cum opertum foret, reditus earum ad cellarium fratrum sicut antea redirent ; ad minus autem 4 marcas solvunt in anno.

23. Ecclesia de Dunch duas tantum libras solvebat in anno ; locus in quo stat solitarius est et amenus, utpote circumfluente eum aqua navigifera, et arcentibus ab eo latis paludibus omnem viam, excepta una, studio potius quam natura facta. In hoc videlicet loco preter æcclesiam ab omni edificio

VARIÆ LECTIONES.

[287] *hoc loco in margine superiore adscripsit in 1 manus sæc. XIII :* Hanc dicit esse terram quam nunc tenet Renboldus de Thosen et Herimannus miles de Brusteio et Goduinus filius castellani de Brusteio.

NOTÆ.

(333) Gorssum in vicinitate S. Trudonis.

(334) Tributum quod coctores cerevisiæ solvunt. De hoc jure vide Metensium episcoporum tabulas quæ Gestis adjectæ sunt.

vacuo, quia alias non habebam, domum contraxi dominicalem et horreum claustrulumque satis aptum composui juxta æcclesiam, intusque et foris officinas cœnobitis necessarias. Constituti ibi duo fratres, qui Deo et beatæ Mariæ serviant, ex æcclesia cum famulis suis vivunt, et tamen in anno sicut antea duas nobis libras solvunt. Inter fratres autem ibi morantes et presbiterum parrochianum sciant posteri mei ita fuisse divisum, sicut hic invenient scriptum ; ut, si placet et utile est et melius non possunt, obtineant sic in æternum :

24. *Ego Rodulfus, gratia Dei cœnobii sancti Trudonis abbas, do fratri Johanni æcclesiam de Dunch, in omnibus tertiam partem tam magnæ decimæ quam minutæ, dotem totam, tria bonuaria terræ in Rotheem* (335), *totidem pratorum juxta Dunch, capitecensum familiarum quicquid est in parrochianis suis tam vivis quam defunctis totum per omnia, ex elemosina quæ ponitur super altare tam in festis quam in profestis diebus nullo excepto tertiam partem. Si quid deinceps allodii a* 1119. *anno incarnationis Domini ab aliquo nobili vel extraneo parrochiano datum fuerit æcclesiæ, in mea potestate retineo cui voluero stabilire, nisi presbitero sua pars denominata fuerit a dante. Si aliquis nobilis ibidem vel extraneus parrochianus sepelitur, primam missam persona æcclesiæ cantet, quicquid sibi offertur, habeat majorem abbas vel monachus, in oblatione persona nichil querat. Pro hac suprascripta prebenda frater Johannes concilium, synodum, obsonium et cætera, quæ alii compares sui, debet procurare.* Sub hoc eodem diviso post Johannem Brunoni dedi.

25. De campanis autem quæ aut novæ aut innovatæ sunt meo labore, scribere aliquid ad gloriam Dei hic volui, cujus adjutorio eas feci fieri, quæ etsi ventrem non pascunt, aures tamen et corda hominum ad laudes Dei sonus sui dulcedine provocant et attenta reddunt. Sunt igitur omnes 16 ; scilicet cimbalum 1, in refectorio 2, ad parrochiam sanctæ Mariæ 1, ad Sanctum Gengulfum 1, ea quam misi Mettis beato prothomartyri Stephano 1, super chorum nostrum 1, in turri nostra 9. Quæ quantum dulcedine valeant, atque una quæque in suo modo atque magnitudinis pondere, et videre mirabile et audire est delectabile. Unum quidem affirmo, quia tot et tales et tantæ pro 100 marcis fieri non possent hodie.

26. [288] Beatus Trudo et ab eo abbas vicarius ejus domus tres habet Coloniæ ; duæ solvunt 18 denarios illius monetæ, tertia dimidiam marcam quæ tamen dominicalis domus abbatis est, debens ei ac suis omnibus paratum hospitium. Duæ illæ domus quæ 18 denarios debent, eo legibus forensibus perductæ fuerant nostrorum nostris semper familiari negligentia, quod in jus abbatis Sancti Martini Coloniæ irrecuperabiliter transissent, nisi ex improviso nuntiata michi extrema illius judicii die, sub vix dimidia hyemali die et nocte pervolassem potius quam equitassem ad diem illum. Obtinui tamen domos et censum recepi judicio et justicia ; cum quanto vero per virtutes beati Trudonis miraculo alias enarrabo. Tertia vero domus, quoniam una est de capitalibus turribus urbis Coloniæ, si forte obsessa fuerit urbs, hoc ei per nos debet, ut custodibus nostris et stipendio muniatur et defendatur, cavendumque nobis est, sicut eam diligimus, ut pro maceria et tectura ruinam nullam patiatur. Quod totum ante curare debebat abbas et prepositus Mosellæ ; quare ad hoc aliquando pervenerat, ut per negligentiam nostris, ut dixi, semper familiarem 17 marcæ super eam deberentur. Ego vero ad hoc postea hospitem nostrum in ea Bernerum perduxi, ut tam ipse quam omnes qui post eum in ea vellent manere, si forte urbs obsideretur, aut domus aliquam ruinam minaretur aut defectus reparandos pateretur, omnem tertiam partem constitutarum solverent, et tertium hominem pro defendenda urbe in ea ponerent et stipendiarent, dimidiam vero marcam non minus solverent.

27. Est quoque beato Trudoni ejusque vicariis domus honesta et dominicalis Leodii, a qua perversissimum invasorem in hereditate habere volentem ejeci multa lite usque ante episcopum, de episcopo ad advocatum, de advocato ad imperatorem Heynricum, non sine dampno meo et multo labore. Annaliter igitur posui et pono in ea quem volo et volui. Ejectus violentus et iniquus heres totam pæne discoopertam, putridam, maceriis discissam vastatamque domum michi reliquit, ad cujus reparationem in una tantum æstate 9 marcas posui, exceptis meis obsoniis, quæ illuc vadens et aliquamdiu manens habui. Reparavi igitur ex integra et nova tectura simul et nova cælatura, resarcitis lapide et cæmento murorum scissuris, et parietibus cæmento linitis et calce dealbatis, fecique in ea capellam novam, cum prius nulla haberetur, satis pulchram et aptam hospitantibus. Feci et novam coquinam in curti et nova stabula, obturavique omnia ostia in platea patentia preter unam portam, qua commode exitur et intratur. Retraxi etiam ad me cameram juxta portam positam, quam quidam nostrorum in feodo se habere dicebant, ponentes in ea annaliter pro censu dando quem volebant ; census vero 2 solidi erant. Gratis igitur in ea hominem constitui, qui portam claudat et aperiat, et totam domum interius custodiat.

28. Bonum vero quod habemus in villa Beredorf, via Coloniæ, miles quidam palatinus de villa Cher-

VARIÆ LECTIONES.

[288] *reliqua usque ad* servitium preposito solveret *desunt* D.

NOTÆ.

(335) Rothem ad Mosam.

pen invaserat, quod per auxilium episcopi Coloniensis Friderici cum magno nostro labore reacquisivi. Solvit autem ad minus dimidiam marcam preposito de Mosella in anno. Sed et illud quod habemus juxta villam Bruches, quæ est in latere Aquisgrani, quod servit preposito Mosellæ illuc eunti, sive in domo velit possidentis sive in hospitio suo Aquisgrani, illi cui abjudicatum fuerat — et sine omni respectu in eo violenter manebat — cum multa sollicitudine et labore extorsi, ponens in eo jure hereditario, cui contradicere non auderet violentus, et qui debitum servitium preposito solveret.

29. De incenso autem et diruto monasterio, quoniam alias plenius scripsi (336), breviter his tangam, quoniam gratia Dei et sanctorum patrocinia in restruendo affuerint michi. Omnes qui videbant tantæ ruinæ expavescendum baratrum, desperabant aliquando esse reparandum. Igitur a pylariis et arcu, qui sunt ad pedes domini nostri beati Trudonis, ubi predecessor meus abbas Theodericus finem operis sui fecit, usque ad majorem turrim omne quod est operis infra exteriores muri parietes meo tempore assurrexit, exceptis pylariis cum arcu quæ sunt in medio navis monasterii. Et quod ante me et sub me factum fuerat, feci consecrari 3. Kalendas Octobris ab episcopo Leodiensi Obberto anno incarnationis Domini 1117, ordinationis meæ 9, ab eo quo crematum fuit monasterium 32 [289] (337).

30. De claustro et omnibus ejus appendiciis nichil inveni quod sic posset remanere, neque quivis hospitum pernoctare. Domus tantum una prorsus inculta, et tam æstate quam hyeme pro suis multis defectibus fratrum usibus molesta, tamen et refectorium prestabat eis et dormitorium, cellarium quoque et miserrimum carcerem potius quam infirmorum cellam; cæteræ partes sepe veterrima et semiruta signabantur potius quam clauderentur. Quicquid igitur monachis opus est in officinarum usibus, oportuit me festinanter construere de lignis ad tempus, postea paulatim illud diruere et a fundamento per gyrum de muro edificare. De quo opere illud adhuc Horatii possum cantare : *Dimidium qui cœpit habet* (338). Propter multas et vix enarrabiles tribulationes lente, pulchre tamen surgit, maxime cum a duobus miliariis empti adducantur lapides et calx, a septem et quinque denariis interdum emitur modius. Numerus fratrum cum inter parvos et majores ante me frequentissime vicenarium duobus aut tribus descenderet, usque hodie ad quadragenarium non pervenit; aliquando tamen unus tantum defuit, tricesimum tamen quintum necdum descendit, et nisi mors immatura aut levium quorundam fuga tulisset, quadragenarium multo superexcessisset.

31. His ita [290] descriptis non inutile arbitror, immo valde necessarium, de prediis æcclesiæ, quæ impedita inveni et expedire necdum prorsus potui, si posteros meos certos reddidero, quomodo invasores eorum et quo judicio ante judices agitaverim, et ubi rem perduxerim, ut ibi incipiant post me de reliquo, ubi ego finem fecero. Notum igitur sit eis, quia comes Otto et filius ejus Gislebertus de Durachio, ille pro anima uxoris suæ Odæ, iste pro anima matris tantum allodii nobis dederunt in villa quæ dicitur Meldreges (339), non longe a villa Lencholt, quod singulis annis valere potest inter censum ordeum, linum, pullos si non amplius 20 solidos, ut memoriam ejus in anniversario ageremus, et die illa caritas fratribus de vino et piscibus in refectorio ministraretur; diem anniversarii agimus et caritas debita nobis non impenditur. Nam illo tempore quo contendebant superius dicti quatuor de abbatia, junior eorum et novissimus Herimannus, ejectus de claustro et villa sub quodam villico nostro Johanne Hales se transtulerat (340), qui redituum villæ illius supra quam dici potest vorago erat et calamitas. Vastata igitur per amplius quam per annum ibi silva, et consumpta ab utrisque tota villæ substantia, ad comitem Heynricum de Lemburch, majorem advocatum nostrum, Herimannus se proripuit, sperans se de recuperatione abbatiæ per eum juvari. Vacabat interim abbatia et a multis multiformiter diripiebatur. Tunc quoque bonum de Meldreges Johannes sibi rapuit, et usque ad meum tempus suum feodum esse dixit; quem propter hanc et propter alias inenarrabiles culpas et infidelitates suas longissima et dampnosissima michi decertatione eo perduxi, ut non tantum villicatio et omne feodum ei abjudicaretur, verum et hereditas et corpus ejus in potestate nostra redigeretur. Post annum et dimidium filius ejus nomine Macharius quæsita gratia nostra ad villicationem et paternam hereditatem venit, sed feodum recipere noluit, quia bonum de Meldreges, quod pater invaserat et judicio in manus nostras redieral, nolebam tradere ei; in brevique hoc egit, ut multo perniciosior patre et infidelior a villicatione deponeretur, et quicquid sperabat se habiturum de nostra manu aut habere jam videbatur, ei abjudicaretur. Advocatus autem, cujus traditio

VARIÆ LECTIONES.

[289] Et a consecratione cripte 16 (341). *Interp. in superiori margine.* [290] *extrema hujus libri desiderantur apud* D.

NOTÆ.

(336) II, 13.

(337) Hi numeri justis uno minores sunt. Consecratus est Rodulfus abbas 23 Febr. 1108, ut ipse probat VII, 15; currebat igitur annus ejus 10, et annus concremati monasterii annus 33, cum incendio consumptum sit die 9 Mart. 1085.

(338) Epist. I, 2, 40.

(339) Meldert haud procul a Diest. Cf. supra IV, 9

(340) Cf. V, 3.

(341) Cf. VI, 3

hujus allodii pro anima matris suæ fuerat, ad opus fratrum quibus dederat bonum illud intrans resaciavit (342). Sic veritate, judicio, legibus de hoc bono actum est. Hoc solum adhuc impediebat, quod homo de fortibus Lovaniensium pro vadio illud se habere dicebat; quam litem necdum finitam introivimus.

32. Gualterus homo liber de castello Baccunguez, stimulatus mala cupiditate et illectus predii nostri adjacentis suo castello commoda amenitate, cum propter æcclesiæ nostræ supradictam desolationem non haberetur qui ei obsisteret, cœpit nostra sibi adjacentia attrahere suis usibus quasi propria. Dicunt nostri rustici, quod inter silvam et terram arariam sint ex eis quasi 40 mansi; dicunt etiam, quod domini de Disthe cum aliquando ea invadere voluissent, pater hujus Gualteri jurejurando coram legitimo advocato nostro comite Ottone obtinuisset, quod nostra essent, cumque super hæc suæ proprietati attraxisset, major advocatus noster Heynricus de Lemburg, mandatus a meis predecessoribus, illuc ivit et legibus juri æcclesiæ nostræ restituit. Sed neque sic avarus invasor quievit. Ventum est ad tempus nostrum et possidentem nostra inveni eum. Clamavi advocatis nostris, duci quoque, et nullus exaudivit, pecunia aures obturati. Quid facerem? Ad imperatorem Heynricum, filium Heynrici, qui Leodii obiit, me contuli; causa mea audita, reinvestiri me prediis æcclesiæ per ducem Lovaniensem Godefridum et advocatum nostrum Gislebertum fecit. Avarus invasor clamitabat violentiam sibi fieri. Dux iterum Lovaniensis secundum mandatum imperatoris diem posuit, ut presente adversario preirent homines nostri et divisionem rectam facerent nostri et illius predii. Ventum est ad diem; affuit dux, affuimus, affuit et Gualterus, et cum multis liberis grandis utrimque populus. Perambulaverunt nostri divisionem facientes allodii, cumque ad aquam vivarii (343) sub castello jacentis venissent, quam ille stagnaverat, et per quam partem allodii nostri occuluerat, dixerunt nostri se rectam perambulationem non posse facere, nisi prius aqua emitteretur, sub qua recta divisio occultabatur. Adversarius hoc ne fieret omnimodis renitebatur. Tunc unus rusticorum nostrorum, cui melius divisio nota fuerat, se omnibus vestimentis suis exuit, et ligata sibi cruce aurea super dorsum inter scapulas, quæ ante presens ibi feretrum sancti Trudonis ferebatur, invocato nomine Domini et veritate ipsius rectæ divisionis, sanctumque alto clamore obtestatus Trudonem, in ipsum vivarium saltu se injecit, et per longitudinem enatans sine molestia exivit; deinde quod supererat divisionis tam in terra quam in aqua cum nostris perfecit. Adversarius quoque suam fecit partem, de nostra sua attrahens, partem nobis liberam relinquens. Finiri die illa non potuit. Alia dies posita est, ut liberi veritatem dicerent circummanentes; corrupti muneribus, ut fama ferebat, veritatem se nescire mentiti sunt. Nec sic delatigatus quievi; adversarium iterum ad curiam Aquisgrani ante imperatorem feci vocari. Ubi cum multum sibi timeret, fecit me interpellari per honestos viros, tam liberos quam servos, promittens, quia totum allodium sicut perambulaveramus æcclesiæ recognosceret, si dimidium daretur ei in feodum, ex quo homo abbatis et sui heredes fierent, et dimidium æcclesia absolutum reciperet. Placuit michi, immo valde placuit. Sed contra hoc nostris tam clericis quam laicis pertinaciter reclamantibus, et quædam indigna in adversarium et in me quoque proferentibus, tristis et merens coactus sum ab eis non facere, quod amplius, sicut predicebam, non potui recuperare. Venimus ergo ante imperatorem. Advocatus meus suum statuit prolocutorem, adversarius suum. Ab utraque parte est dictum et sub judicio positum, judiciumque usque ad proximam curiam dilatum. Interim regnum turbari et imperator impediri, donec in Italiam transivit (344), resque nostra usque hodie sic remansit indiffinita.

33. Pene preterieram quod hic ante dixisse debueram. Media occidentalium turris nostra ab utroque latere habet [291] unam, eodem muro sibi compactam, perque singularum cocleas (345) ad primum et secundum et tertium statum ascenditur usque ad campanas; deinde media relicta humilius altioribus se proripiunt cacuminibus, habetque proprium unaquæque suum tectum. Istæ propter supradictas varias æcclesiæ nostræ desolationes longo tempore discoopertæ prope erant putridæque tecturæ, et trabium corruptarum periculo dampnosissimam ruinam maxime campanarum minabantur. Pars enim plumbearum tabularum ab his qui turrim custodierant aliquando et eam habuerant pro presidio, furtim sublata erat, pars ventorum flante turbine in perpetuam perditionem avulsa fuerat. Totas igitur ex integro et ex novo feci recooperiri, et sub trabibus, quæ campanas sustinent, transversam aliam trabem poni capitibus paribus muro utrimque infixis; et sub eadem trabe posui [292] columnam fortissimam ligneam, sustinentem eam et appodiantem se super subjacentem illi aliam trabem,

VARIÆ LECTIONES.

[291] turrim *addit* 1*. [292] posuit 1. 1*.

NOTÆ.

(342) Gallice *resaisir*, in possessionem restituere.

(343) Gallice *vivier*, *Weiher*.

(344) Cum Heinricum imperatorem appellet, sine dubio hæc gesta sunt ante secundam expeditionem in Italiam anno 1116, factam itaque currente ut videtur anno 1115, quod probatur etiam regno turbato de quo loquitur auctor.

(345) Cochlea est alta et rotunda turris in qua per circuitum ascenditur

transverse jacentem super inferiores trabes a parte una turris usque ad aliam. Sicque factum est, ut pondus campanarum et lignorum sustinentium eas prius 6 tantum trabes sustinerent, modo quindecim illud æque sustineant. Turris vero quæ juxta meridianam manicham (346) æqualis muro monasterii diu ante me facta fuerat, meis diebus perfecta plumboque cooperta, insignita desuper cruce deaurata splendide emicat *.

* In hujus turris opposito versus aquilonem alia est turris, que etiam ante me facta fuit, altitudine et structura equalis isti inter apsidam, que est versus conventum juxta dormitorium situata. Hee due turres duas habuerunt stationes, quarum alterutra inferior lapidea erat testudine voluta; ambe vero superiores grossis trabibus [293] ligneis asseribus superpositis conserte, firmum ascendentibus tabulatum prebebant. Quia vero nomine manica hic ponitur, sciendum quod sub tali nomine quatuor extremitates, seu ale tam anterioris crucis fabrice monasterii ad chori majoris dexteram et sinistram, quam inferioris capellam, que nunc dicitur sancti Eucherii, annexam ad dexteram, et sancti Lamberti ad sinistram, designantur. *Interpolator in margine inferiore.*

EXPLICIT LIBER NONUS, INCIPIT DECIMUS.

1. Finita epistola abbatis Rodulfi, quam ad episcopum Metensem Stephanum scripsit, de his quæ ejus tempore accreverunt in abbatia, sive per suum suorumque laborem de perditis recuperata, sive de non habitis acquisita, sive [294] de nonnullis aut parvis reditibus ad aliquos et majores fructus promota, et quæ pro animabus fidelium pauca in possessionibus sunt data, et de his quæ impedita invenit, ad quem statum perduxerit; necesse est nos amodo ad priorem narrationis ordinem redire, ut, si quid forte omisit aut obscurius quia brevius posuit, nostra narratio restituat et elucidet.

2. Eo itaque, secundum episcoporum et abbatum in sacratione sua professionem, servante inventa, recuperante perdita, recolligente dispersa, emendante neglecta, mortuus est juxta nos homo quidam [295] nobilis Hardechenut nomine de locello Runchirs (347). Hic tantum de ejusdem loci allodio nobis reliquit, quod 12 solidos debet nobis singulis annis solvere, prima dominica post epyphaniam 6 solidos, et prima dominica post festivitatem sancti Johannis 6 [296] solidos, et nullam aliam justiciam amplius; sunt inde duo mansi, et si metiaris plus invenies. Et quoniam predecessores abbatis Rodulfi multa, quæ ita tradita fuerant æcclesiæ, olim suis famulis in feudum dederant, ita ut de tota hujusmodi elemosina non remansisset fratribus vel una in anniversariis refectio, timens ne illud idem de isto post se fieret, coram majoribus æcclesiæ et traditoribus et receptoribus hujus allodii fratres omnes convocavit, et priori æcclesiæ nostræ hos solidos singulis annis recipiendos per manus prepositi statuit, 6 in anniversario defuncti ad refectionem fratrum, 6 ad ea quæ necessaria erant ad domum infirmorum; nichil enim omnino erat ad eam ordinatum aut constitutum, preter quod negligenter multum a preposito interdum dabatur. Paulo post defuncta est uxor ejusdem Hardechenut nomine Bertha, pro qua tantum datum est nobis quantum et pro marito ejus, terra scilicet juxta illam eandem terram solvens 12 solidos, in die sancti Johannis 6 solidos et in die epyphaniæ 6 solidos. De quibus ab abbate Rodulfo eodem modo solempniter constitutum est, 6 scilicet solidi in anniversario ejus et 6 ad domum infirmorum. Quam videlicet terram cum legitima donatione tradidissent ad æcclesiam nostram advocatus noster Gislebertus, et filius ejus Otto, qui supradictorum liberorum heredes extiterunt, tamen postea invadi passi sunt a nepote suo comite Arnulfo de Los et nunquam resistere voluerunt (348).

3. Pro comitissa autem Gertrude, quæ jacet in claustro nostro, tantum allodii datum est nobis quod solvit singulis annis 20 solidos et 3 denarios. Jacet [297] inde Alost, quod solvit 3 solidos et 3 denarios, et ad Assebruc (349) 5 solidos et ad Steinvert 8 solidos; hi omnes faciunt 16 solidos et 3 denarios, et 3 solidi solvuntur Kalendis Maii. Superest adhuc tantum juxta Steinvert de eodem allodio, quod solvit 4 solidos in die sancti Remigii, et quando apportatur iste census, nichil omnino debetur inde [298] apportantibus. De his nichilominus constitutum est solempniter presente marito ejus, advocato nostro Gisleberto, et filiis ejus Ottone et Gisleberto, et comite Arnulfo et Theoderico fratre ejus (350), pe-

VARIÆ LECTIONES.

[293] travivus 1*. [294] sive — perduxerit *desunt* D. [295] *deest* 1*. [296] quinque D. [297] jacet — denarios *desunt* D. [298] *deest* 1*.

NOTÆ.

(346) I. e. partem, latus i. q. nos dicimus *Flügel.*

(347) Cf. IX, 18.

(348) Est Arnulfus V, comes de Los, fundator cœnobii Averbodiensis, nam Arnulfus IV frater patruelis erat Gisleberti II, comitis Durachiensis; cf. supra IV, 9. Hunc Arnulfum eumdem esse vult Mantelius, p. 92, cuius mentio fit in Heinrici IV tabula a. 1101, itaque Arnulfum IV ante hoc tempus obiisse conjicit.

(349) Num Assebruck in Flandria?

(350) Idem Theodericus, frater Arnulfi V Lossensis occurrit in eadem tabula Heinrici IV de Andana villa Godefrido comiti Namucensi restituta a. 1101, ap. Miræum I, 368. Cf. etiam Wolters Cod. diplom. Lossensis. Gand 1849, p. 35 sqq.

tente et allaborante abbate Rodulfo propter supradictum timorem, ut per manus prepositi singulis annis totus census iste priori daretur, darenturque in anniversario ejus 6 inde solidi fratrum refectioni, et quando maritus ejus Gislebertus defungeretur, 6 similiter in anniversario ejus, et 8 reliqui et 3 denarii ad domum infirmorum habentur.

4. Engeramnus vir nobilis de Horpale [299] olim ante istos (351) defunctus fuerat, qui pro anima sua in villa quæ dicitur Herebac tantum allodii nobis reliquerat, quod preter alias justicias 15 solidos solvere debebat, sed ab abbatibus in feodum datum olim totum fuerat. De quibus studio prepositi sui Folcardi abbas Rodulfus 10 [300] solidos reacquisivit, sed quia cum labore acquirebantur et vix retineri poterant, volebat illud alias libenter cambire si posset. De his 10 solidis similiter abbas Rodulfus majorum suorum consilio statuit, ut 5 in anniversario ejus ac refectionem fratrum haberentur, 5 ad domum infirmorum, et si quis illos cambiret, qui tunc temporis essent sollicite ordinarent, ut de cambiis anniversarium ejus ordinaretur, et quod superesset ad domum infirmorum daretur. Jam igitur 25 solidi sunt et 3 denarii, qui constituti sunt ad domum infirmorum. Dicendum modo erit, quid ex his agendum abbas Rodulfus constituerit. Ad ligna coquinæ domus infirmorum, quando per se coquinam habuerint infirmi, et ad focum faciendum hyeme ante eos 8 solidos, et ad continuum in ea nocte lumen incendendum 6 solidos, et ad minutum lumen, quo cœnantibus et missam in ea cantantibus servietur, 3 solidos et 3 denarios, 3 solidos ad utensilia emenda, scilicet vascula, quibus in ea opus habetur, et mappas et mensulas et manutergia et minuta hujusmodi. Quinque autem solidos qui adhuc restant ita reliquit, ut, si forte contingeret, quo minus 20 alii solidi et 3 denarii solverentur, ex istis quod deesset suppleretur, et si plene persolverentur, quantumque 20 solidis illis superesset, necessitatibus infirmorum disponerentur, ad quascunque custos domus infirmorum consilio prioris videret necesse fore, sive ad carnes sive ad alias res, licet carnes de prepositura debeant venire. Censum autem istum de omni elemosina iccirco constituit recipiendum a preposito a debitoribus, et a preposito presentibus illis dandum priori, ut absque majori sollicitudine et absque ullis expensis preposito procurante solveretur ei. Si autem redemptio aliqua de terra moriente herede exiret, aut culpa aliqua existente, vadium vel tale aliquid preter censum vivens persolveret, duas inde partes prepositus haberet, qui hac illacque suis sumptibus pro acquirenda justicia equitaret, tertiam prior; prior vero custodi [301] domus infirmorum de istis 25 tantum solidis singulis annis responderet, si autem nullus custos in ea esset, ipse per se eadem disponeret, sicut et de anniversariis et de aliis elemosinis. Mortuo vero qui aliquid de censu isto jure hereditario teneret, successor ejus ad claustrum veniret, et donum hereditatis de manu prepositi et prioris reciperet, alioquin legitimum non esset. Lumen autem, quod custos prius dabat ad domum infirmorum, constituit abbas Rodulfus, ut divideret hyemali tempore per quatuor angelos claustri ante collationes (352) usque post completorium (353). Ista pauca domui nostræ infirmorum ex elemosinis quæ suo tempore venerunt constituit, quia ad eam nec parvum nec magnum constitutum invenit, preter quod infirmis et languentibus carnes ministrare debebat et adhuc debet prepositus, quod si in lardario (354) abbatis aut in curti invenirentur, inde acciperet quod ipsis infirmis convenire videretur. Novit enim Dominus, quia ad eam miseriam et tenuitatem disceptatione abbatum res æcclesiæ defluxerant, quod domus infirmorum neque lumen in nocte, neque focum in die, neque quicquam infirmus amplius habebat languens in lecto, quam sanus in refectorio. Ex eo si quid appetitui ejus non conveniebat, commutationem foris faciebat, pro eo quod intus desiderabat, interdum etiam ori et appetitui subtrahebat, unde necessitatem luminis et foci sibi supplebat. Quæ constitutio non ob hoc facta est ab eo, ut sic tenuiter amplius permaneret, sed ut presentem tunc necessitatem utcumque alleviaret. Nam voluntas ei erat summa et desiderium plura addere, si ei acciderent, aut ab eis addenda relinquere qui post eum venirent.

5. Ad vestiarium fratrum parum certi erat statutum; nam cætera abbates prout eis veniebant procurabant. Quorum negligentia magnam frequentissime fratres penuriam vestimentorum sustinebant, maxime inter illas quas superius diximus abbatum contentiones. Tamen dicendum hic ociosum prorsus esse non credidi, quæ ad eam tunc pertinebant, et post quæ et quomodo statuerat. Bonum de Provin totum ad illam pertinebat, et census de Alost 3 libræ, et æcclesia de Pirges 4 libræ, et æcclesia de Dunc 2 libræ, et æcclesia de Guebechem 2 libræ. Bonum autem de Provin ad id modicum defluxerat, ut vix solveret 7 marcas, cum aliquando 19 solvisset, unde inter hæc omnia vix ad 17 [302] libras tandem

VARIÆ LECTIONES.

[299] Norpale 1. [300] quindecim D. [301] de istis 25 t. s. cust. dom. inf. 1*. [302] viginti duas D

NOTÆ.

(351) Mantelius p. 72, argumentis ductus nescio quibus, conjicit Gislebertum V superfuisse ad annum usque 1138.

(352) Sacrorum librorum lectio apud monachos, quæ post cœnam fieri solebat.

(353) Officium ecclesiasticum ultimum, quod sub noctis initium habetur.

(354) Locus ubi carnes asservabantur.

perveniebat. Ligna ad vestimenta fratrum lavanda veniebant de terra quæ dicitur Manedac (355), ad balneas de Lare (356), prebendæ lautorum et consutorum de molendino de Grosmec.

6. Igitur abbas Rodulfus audiens ea quæ abbates de suo dabant ad vestimenta fratrum, quia cum labore et dolore et longa prius afflictione eis interdum dedissent, timensque quia id idem post se posset accidere, utile duxit tam animæ suæ quam fratribus, ut plene ordinaret et denominaret bona ad vestimenta fratrum jam amplius pertinentia, maxime quia fratrum numerus creverat sub eo, qui supradicto penso vestiri non poterat. Voluit etiam ita ordinare, ut illa vel illa curia non demembraretur de censu sive de annona sua, sed quo servire deberet, tota integra serviret, ut si quando carum tempus accideret, officiatus de annona se plenius juvaret, et si annona vile venderetur, census esset qui ei succurrere posset. Dicebat enim nullum officiatum de aliqua curia posse proficere, cui aut census de ea aut annona deesset. Itaque Provin sicut erat ad vestimenta fratrum dimisit, et censum de Alost et æcclesiam de Pirges et ligna et prebendas servientium, sicut invenit. Censum autem de æcclesia de Guebechem et de æcclesia de Dunch, quoniam villæ istæ majori parte ad abbatem pertinent, in manum retinuit superius dicta intentione. Villam vero de Sesninc cum æcclesia, quoniam studio suo et labore eam magno et gravibus expensis reacquisierat, ad vestimenta fratrum statuit, et villam de Stades absque æcclesia et molendino Remigii in censu et annona. Si igitur diligenter computaveris, invenies quod ad vestiarium aliquid plus pertineat quam valens 30 librarum, de quibus 10 superadditæ sunt quæ prius non erant.

7. In villa [303] Ham (357) quæ est in Texandria mansum unum habebat æcclesia, solventem 30 denarios. Quem quoniam multi querebant in feodum, et nos ibi nichil amplius habebamus, timens abbas Rodulfus, ne post se aliquis veniret, qui illum in feodum alicui daret, sicut sibi quoque prope contigerat, convocavit majores æcclesiæ tam de laicis et clericis quam monachis, et 30 illos denarios in festivitate sancti Johannis solvendos priori constituit fratribus ad servitium eorum in festivitate sanctæ Mariæ Magdalenæ, ut facerent festivitatem illam in albis, quam prius vix in tribus lectionibus faciebant. Addidit etiam ad eandem festivitatem solempnius celebrandam 30 alios denarios, qui veniunt de Guebechem, de loco ubi olim camba extiterat et modo status curtilicius est. Cumque legisset in libro de vita beati Trudonis (358), quia vivens adhuc monasterium suum primum in honore sanctorum Quintini et Remigii fecisset Deo consecrari, et ante aram ipsorum se sepeliri, videretque usque hodie et a populo exterius et a fratribus interius festivitatem sancti Remigii celebrari, et de sancto Quintino unum tantum collectam fieri, miratus qua negligentia hoc de tanto martyre contigisset, gratum existimavit fore beato Trudoni, qui se et sua sub nomine ejus Deo dedicaverat, si solempnitas ejus celebraretur in loco qui esset, ut dixi, Deo ex nomine ejus dedicatus. Composito ergo ex passione ejus pulcherrimo cantu, cum antyphonis et responsoriis hymnisque dulcisonis solempniter celebrari ejus festivitatem apud nos instituit, statuto fratribus die illa reditu in refectorio ultra commune refectionis, sicut [304] supra in epistola ejus scriptum est.

8. Molendinum de Gursemdrul [305] ratione dictante duos modios fecit solvere amplius quam antea solveret, alterum siliginis, alterum frumenti. In die sancti Quintini dimidium siliginis constituit pauperibus ad domum elemosinariam, alterum dimidium similiter pauperibus ad eandem domum in die sacrationis suæ, sic ut post suum decessum transferretur ad anniversarium. De altero modio frumenti constituit, in die festo ejusdem sancti ut simila excuteretur, et panis ponderis duarum marcarum et dimidiæ daretur inde singulis fratribus super panem suum cotidianum, de reliquo farinæ panis fieret communis, et singulis camerariorum et servientium in curti unus daretur ejusdem ponderis. Similiter de alio modio in die suæ sacrationis, et cum defungeretur ad diem anniversarii.

9. Bonarium [306] unum terræ juxta culturam nostram versus Mergueles Gueinrico cuidam, subvillico nostro, conquerenti, quod injuste esset sibi sublatum, restituit ea conditione, ut 12 denarios singulis annis inde persolveret villico de curti nostra ad opus servientium, scilicet cocorum, pistorum, lautorum et aliorum de curia nostra, ut die festivitatis sancti Quintini 6 inde denarios ad bibendum simul haberent, 6 in die ordinationis ejus, qui 6, cum defungeretur, transferrentur ad diem anniversarii ejus. Ante occidentalem curtis nostræ portam inter superius molendinum et viam publicam, quæ a ponte dirigitur ad sancti Gengulfi æcclesiam, tabernula est facta ejus tempore super rivum juxta pontem, cellerarii labore, sumptibus æcclesiæ super nostrum dominicale, de cujus censu sive reditibus — potest enim interdum commutari

VARIÆ LECTIONES.

[303] *quæ sequuntur usque ad* curtilicius est *desunt* D. [304] sicut — est *desunt* D. [305] *in rasura* 1. [306] *quæ sequuntur usque ad* ciphos fratribus *desunt* D.

NOTÆ.

(355) Num Montenaken haud procul a Landen?
(356) Laer in vicinitate Landen.
(357) Hamme Lovanio vicinum.
(358) Donati Vita S. Trudonis c. 15.

sic vel sic, ut solvat plus vel minus — constituit cellerario, ut emat in refectorio coclearia et coppas (359) et ciphos fratribus.

10. Igitur inter ista recolligenda et illa acquirenda et singula ordinanda dum miro ardore desudaret, non deerant illi maximæ tribulationes. Persequebatur enim eum inhumane advocatus noster comes Gislebertus, et plurimum advocatrix comitissa Gertrudis, conjunx ipsius, ita ut nichil aut permodicum ei relinqueret de omnibus reditibus ad eum pertinentibus, preter communem victum et vestitum qui debetur fratribus. Vetus autem hoc odium exordium habuit a tempore abbatis Theoderici, propter quem frequenter et constanter eis restiterat tempore prioratus sui, et cum modo factus esset abbas, fortius et fiducialius pro posse et ultra posse resistebat, ubicumque jura æcclesiæ eos infringere videbat. Propter quod tantum in eum processit fæminea procacitas, ut misso ad eam aliquando priori nostro Guederico ardenti ira cum juramento minaretur, nisi etiam communis victus et vestitus abbati tolleretur, quod eis suus non relinqueretur.

11. Interea abbas claustro clausus tenebatur, relevans sibi ocium et tedium lectione, prosa, metro et cantu, quasi qui non habebat nec audebat quo progrederetur. Desperans tandem de auxilio hominum, convertit se ad divinum disposuitque iter suum Mettis infra dies paschales (*an.* 1114, *Mart.* 29), non ad aliquem dominum suum in carne adhuc positum episcopum, sed ad beatum protomartyrem Stephanum, specialem post Deum æcclesiæ nostræ dominum et patronum. Ubi cum ante pares Metensis æcclesiæ, monachos, clericos, laicos, causam itineris sui et angustiam perorasset, nullumque posse ab illis fieri auxilium videret, convertit se lacrimabiliter per octo dies quos ibi fecit ad beati prothomartyris suffragium, frequentans reverenter parvulum quoddam beatæ Mariæ semper virginis in eo monasterio oratorium, tantoque profusiori corde causam suam illis agendam committebat, quanto se propulsius humano destitutum auxilio considerabat.

12. Sed dum illuc transiret, in monasterio beati Remacli [307] Stabulaus nocte una habuit hospitium. Celeberrima erat nox illa solempnitatis institutæ pro eo quod beatus Remaclus reacquisierat sibi Malmundarium (360), quod Anno archyepiscopus Coloniensis susceperat de manu Heynrici imperatoris qui Leodii obiit. Poppo secundus tunc temporis abbas ibi habebatur, simulque et Prumiensem tenebat abbatiam, quas quam irrevocabiliter dilapidaverit dicere, hic mei non est propositi. Nocte illa ad primos solempnes vesperos ambo abbates albis et cappis preciosis induti, positis sedibus festivis sederunt ab utraque parte ingressus cancelli ante altare beati Remacli. Ubi abbas Rodulfus dum infra *Magnificat* et sequentem antyphonam baculo pastorali innixus caput, quem ambabus junctis tenebat manibus, ad altare staret versus, amarissimum et profusum profudit fontem lacrimarum pro sua necessitate qua peregrinabatur, revocabatque sepe beato confessori Remaclo ad memoriam eam [308] quam ipse senex et beatus Trudo adolescens viventes adhuc in carne habuerant simul amicitiam. Pia etiam exprobratione objiciebat ei consilium, pro quo tradiderat beato prothomartyri Stephano Mettis preclaræ hereditatis suæ atque familiæ magnum et illustre monimentum, cum non esset modo presul in urbe, qui succurreret angustiis nostris et miseriæ. Quid plura? Audivit pius confessor tacitos gemitus merentis cordis illius, vidit profusos per baculum usque in pavimentum lacrimarum fluxus. Non solum igitur ab insidiantibus abbati dispositis latronibus eripuit eum in itinere, verum precedens eum vere, vere precedens eum potenti virtute, causam ejus efficaciter Mettis egit, non cum episcopo Alberone secundo (361), sed cum beato prothomartyre Stephano atque cum beatissima Dei genitrice Maria, cujus oraculum in ejusdem prothomartyris æcclesia gloriosa frequenter illustrant miracula. Nam antequam abbas reverteretur a Mettis Stabulaus ad beatum iterum visitandum et orandum Remaclum, in itinere nuntiatum est ei, quod mortua esset illa superius dicta advocatrix, et ipsius et æcclesiæ pessima persecutrix (*an.* 1114). Advocatus autem Gyslebertus, qui inimicissimus ei prius fuerat, reverso a Mettis statim obvius ivit amico vultu et supplici, et quicquid in eum deliquisset amodo se libentissime velle emendare promisit. Sed neque hic adhuc continuit se beatus Remaclus. Nam Herimannitarum et Herimanni multos et malignos et sepius redivivos in abbatem conatus potenter contrivit et ab omni spe decidere fecit. Qui videlicet Herimannus ad Sanctum Symphorianum in silva supra Leodium juxta Clarum montem (362), sicut ante, se contulit, et ab inguine inferius gravi infirmitate correptus, privatus est omni gressu. Longo itaque cruciatu ibidem mortuus est et sepultus (*an.* 1114), prius tamen, quantum fieri potuit, per internuntios abbati et æcclesiæ reconciliatus; sex quippe annis postea vixit quam abbas Rodulfus in abbatiam intravit, quo vivente alter nunquam absque perturbatione fuit. Hic et talis finis extitit Herimanni, qui unus et ultimus fuit quatuor illorum ventorum, quorum turbinibus agitati frequenter usque ad cœlos fuimus, et depressi usque ad abyssos descendimus.

13. Defunctis Herimanno et comitissa aliquantula

VARIÆ LECTIONES.

[307] S. Trudonis D. [308] *deest* 1*.

NOTÆ.

(359) Vas potorium.
(360) Malmedy.
(361) Imo quarto.
(362) Clermont.

pax abbati et æcclesiæ est reddita, et quoniam de A reparando monasterio propter vastitatem ejus desperabat, et manus apponere propter paupertatem non audebat, convertit se ad edificandam quartam partem claustri versus aquilonem ex lignorum materia, sicut erat pars illa quæ ad orientem respiciebat, cum prius ambæ vix clauderentur sepe humili et vetustate discissa. Illam versus orientem habebat pro fratrum dormitorio, versus aquilonem pro infirmorum domo, subque uno ipsius tecto domus erat lavatoria, domus elemosinaria et curticula (363) ante cum posticio. Exitus de claustro et introitus pulcher, et amplus, in quo mandatum (364) pauperum agebatur et curticula ante porta claudebatur; superius granarium, inferius duæ cameræ, una in qua vestimenta fratrum camerarius reponeret, alia in qua consuerentur. B Deinde domus infirmorum habens fumariam sive focariam, capellulam, lobiam (365), cameram dispensatoriam, cameram privatam aliamque privatiorem, ortum (366) ante eam postibus, tabulis, spinis munitum, ut esset ex aere et viriditate infirmorum aspectibus refrigerium. De domo illa, quæ prius erat quasi carcer infirmorum, fecit cervisæ et vini cellarium, atque a dextera introeuntium aptum hospitibus prepositi habitaculum. Quæ prius cellarium fuerat, fecit pulchram et amplam sibi et majoribus hospitibus caminatam, habentem ab utroque latere duas alias usibus hospitantium necessarias, ex quibus aptus et secretus in monasterium est introitus, interclusa manica a monasterio, factoque C in ea ad titulum sancti Lamberti martyris oratorio, hospitibus volentibus missam audire vel dicere congruo. In pariete hujus manichæ versus monasterium est fenestra ab utraque parte vitrea, quæ lumen fundit et in monasterio et in hoc hospitum oratorio; lumen hoc procurat custos de 5 solidis qui veniunt ei de æcclesia de Alost. De hoc quoque oratorio est introitus in aliam caminatam, quam ipse abbas latam et altam similiter hospitibus edificavit cum necessariis ejus appendiciis, ut non haberent fratres inquietudinem de hospitibus in claustro, neque necessitatem exire propter eos, sicut ante solebant, de suo refectorio. Sunt et atria et porticus ante has utrasque caminatas, et viridiarium spaciosum et delectabile hospitibus, cum pluribus lignis diversos fructus D ferentibus. De quibus pæne omnibus nichil invenit, nisi situm horribilem et dirutas macerias, quando abbatiam est ingressus. Et cum de reedificatione monasterii propter horribilem vastitatem ejus, ut dixi, desperaret, et propter tenuem æcclesiæ substantiam accingere se ad tantum opus formidaret, inspiravit Deus cuidam matronæ de oppido nostro nomine Ruzelæ, quæ suis sumptibus unum pylarium prima cœpit edificare. Cœpit, erexit, consummavit; Deus[309] retribuat ei sancti Trudonis meritis. Hanc imitatus quidam Libertus, de hac majori curte nostra villicus, aliud juxta eam incepit et consummavit. Post istos oppidani nostri de suis fraternitatibus quatuor inceperunt pylaria, et duo reliqua sunt imperfecta. Perpendens ergo abbas Rodulfus, quia voluntas Dei erat et sanctorum, spiritu recepto, aliis intermissis, ad illud tantum opus non segniter se accinxit. Itaque pylariis tanto labore et constitura erectis, qualem nemo novit qui non interfuerit, in brevi tempore de choro usque ad turrim utrosque parietes navis æcclesiæ pæne usque ad consummationem perduxit.

14. Sed diabolus crescenti invidens operi, cum turbatis regni principibus adversus imperatorem Heynricum quartum videret locum impediendi opus nostrum, partes fecit; et propter comitem Gyslebertum, advocatum nostrum, imperatorem deserere nolentem, et ducem Godefridum Lovaniensem imperatori adversantem (367), irruptio facta est ab eo in oppidum nostrum. Nam stolidus populus preter corporum communia arma et pectora stulte audacia, nulla preparaverat adversus eum repugnationis machinamenta; fossatum oppidi detritum et dirutum et plus quam centum locis pervium, porta nulla, terra loco pontium continua, ligna per strata nulla transversa. Stulte tamen audax et male ante securus populus ruit ei obviam obduratis pectoribus, contraque omnium hominum spem diu ne intraret virili ei manu obstiterunt, et bis et semel violenter ingressum bis et semel, facta magna strage corporum eorum, cruento vestigio ejecerunt. Sed tertio prevalentes hostes multitudine et securiores nostris ferreo tegmine, compulerunt nostros intra atrium, quod tantum munierant contra eum. Statim omne oppidum usque ad 15 domos igne fuit concrematum, quæ[310] paludis beneficio remanserunt. Interea milites circumquaque discurrentes omnia nostra diripiunt, non amplius æcclesiis quam domiciliis parcunt, maneque abeuntes, quicquid supererat depopulationi igni tradunt, omnes nostras villas, quæ illi superfuerunt incendio suos mancipare fecit dux suo suorumque servitio. Quam nostram calamitatem, quam tristi metro bis descripsit abbas Rudolfus, prosa hic iterare ociosum duximus. Hoc[311] tantum hic de eo attingimus, quod multam peperit ei indignationem et fomitem odii apud eos qui erant ducis, quoniam in eum invective veritatem expressit.

15. Tunc intermissum est opus monasterii, cum ea ipsa die, eadem hora, qua cremabatur oppidum,

VARIÆ LECTIONES.

[309] Deus — meritis *desunt* D. [310] quæ — remanserunt *desunt* D. [311] hoc — expressit *desunt* D.

NOTÆ.

(363) Atrium.
(364) Ablutio pedum.
(365) Porticus.
(366) I. e. hortum.
(367) E parte conjuratorum principum stetit cum Frederico archiepiscopo Coloniensi et Heinrico duce Limburgensi, testante Ekkehardo Uraug. ad a. 1114.

operarii starent adhuc super assurgentem [312] murum, A jamjamque posituri supremo operi extremam manum. Videntes enim gravissimi ignis magnum periculum super chorum, super absides, super cancellum, celeriter se transfuderunt, et cum magno vitæ suæ periculo et intolerabili æstu atque ardore partes illas ab incendio eripuerunt. Nam multis in locis de tectura sub pedibus eorum flamma erumpebat, et dorso atque capitibus minaciter desuper allambebat. Gratias Deo, pars illa evasit ab incendio, non tamen sine aliquo in diruptione tectorum dampno. Annus quo hæc mala nobis acciderunt annus erat incarnationis Domini 1114, ordinationis abbatis 7, 14 Kalendas Augusti, feria 2, messe matura, anno a concrematione monasterii et claustri sub Lanzone et Luipone de abbatia contendentibus 29. (368), a B concrematione oppidi, quæ facta est sub Heynrico Leodiense episcopo et per eum 30 et plus modico (369).

16. Dux Lovaniensis, licet mala ista omnia nobis propter advocatum nostrum Gyslebertum fecisset, majora tamen adhuc minabatur, neque bona æcclesiæ solvenda ab invasione, nisi prius fossatum atrii, quod contra eum elevaverant, reimpleretur. Quid multa? Quod stulta factum erat temeritate, ut ita dicam, defectum est tristi necessitate; fossatum atrii repletum est. Tunc abbas Rodulfus a turre monasterii per circuitum versus aquilonem usque ad portam curtis, quæ respicit ad orientem, cumulum grandissimæ fossæ non exterius sed interius sparsit, C propter magnum precipitium, quod ea parte curtis intus deformiter habebat. Portam quoque, quæ respiciebat ad aquilonem, transtulit juxta molendina ad occidentem, in qua commoda planitie, videlicet inter portam orientalem et occidentalem, pulchro modo ordine sunt positæ necessariæ curti officinæ: Orrea duo, domus dominicalis, vasta habens per circuitum sui stabula equis supervenientium hospitum necessaria, duæ domus pauperum, altera æstivalis ad habitandum, altera hyemale calefactorium ad reficiendum; per circuitum ortus amenus, pomorum herbarumque commodus usibus, deinde pistrinum, post bracena, post eam divitibus hospitibus coquina, quæ cum expedit fratribus est domus lavatoria; D in medio et ante istas officinas puteus, utilis curti ad omnes aquæ usus. Igitur repleta atrii fossa et pacata ducis ira, recepit æcclesia nostra sua bona vacua et post multos annos inutilia. Deinde sequenti anno tam ardenti animo ad reparandum monasterium abbas Rodulfus se cœpit accingere, quod, ut ita dicam, vix meditullio noctis poterat requiescere, quin ipse semper adesset presens operariis mane ante solis ortum, vespere usque post occasum, ad instantiam operis urgens eos, hinc lapidi hinc ligno occupatos. Totos igitur parietes monasterii anno illo usque ad turrim peræquavit, et trabibus supra compositis fere percooperuit, modico superexstante, quamvis illud idem non cessaret cotidie strenue consummare. Tunc tandem fracta est ab ipso capellula, quæ supra sepulchra sanctorum Trudonis et Eucherii fere triginta annis computruerat, et circumdata sunt sepulchra eorum inferius muro, superius quadratis tabulis quadraginta preter aditum [313] versus altare insitis, ligno operoso, duplici ordine. Circuibat hoc opus sanctorum corporibus reverendum minor chorus* valde decorus, et invalidis fratribus ad sedendum aptus, et ad venerandam et orandam presentiam sanctorum corporum. Per duo utrimque ostiola introitus erat per minorem chorum ad altare et sepulchra sanctorum, valvis duabus ferreis ante altare intercludentibus populum et fratres, si quando cantatum aut oratum procedere vellent manifeste aut occulte ad altare et [314] corpora sanctorum. Muro itaque monasterii et tecto gravissimis sumptibus consummatis, fecit illud solempniter dedicari ab Obberto Leodiensium episcopo in gaudio et gloria magna anno ordinationis suæ abbatis videlicet 9, ab incarnatione Domini 1117, 3 Kalend. Octobris, ab eo quo crematum fuit 32 (370).

* cujus latus unum ad levam, invalidis fratribus ad sedendum et ad missas audiendum est congruum, reliquum, quod est versus dexteram, ad confessiones audiendum et solitarias orationes exsolvendum constat esse opportunum. *Hæc interpolator, tribus lineis erasis.*

17. Reliquiæ vero quæ in altaribus et in quibus altaribus positæ sunt, ita habentur: Principale altare, post beatam et gloriosam semperque virginem Dei genitricem Mariam, est consecratum in honore sanctorum Quintini et Remigii, quibus beatus Trudo primum a se factum monasterium dedicavit, in quo continentur reliquiæ istæ: De corpore sancti Adriani martyris, de sepulchro Domini, de columna Domini, de spinea corona Domini, de oliva Domini, de sancto Theodoro martyre, de [315] sancto Apollinare martyre et episcopo, de sancto Nazario, de sancto Georgio, de sancto Maxelende, de sancto Christoforo, de vestimentis sancti Stephani prothomartyris et aliorum multorum. Altare quod est retro majus altare est consecratum in honore sanctorum Martini episcopi et Christofori martyris, in quo continentur reliquiæ istæ: De vestimentis sanctorum Trudonis et Eucherii, de [316] lecto sancti Othalrici episcopi, de reliquiis sanctorum Christofori, Pancratii, Victoris, Rumoldi martyrum, Bavonis con-

VARIÆ LECTIONES.

[312] assurgentem — super *desunt* D. [313] preter aditum *desunt* D. [314] aut 1*. [315] de — multorum *desunt* D. [316] de — Christofori *desunt* D.

NOTÆ.

(368) Imo 30.
(369) Imo 29. Confudit auctor numeros; cfr. supra II, 13; III, 6.
(370) Et hi numeri justo uno minores sunt.

fessoris et aliorum multorum. Altare in dextera A parte est consecratum in honore sanctorum Johannis baptistæ et Johannis evangelistæ, in quo continentur reliquiæ istæ: De lecto sancti Johannis baptistæ et de spelunca ipsius et de aliorum multorum. Altare in sinistra parte est consecratum in honore sanctorum apostolorum Petri et Pauli et aliorum omnium; in eo continentur reliquiæ istæ: De corpore sancti Amandi confessoris et sancti Valentini martyris [317] et sancti Landoaldi confessoris, sancti Firmini martyris et aliorum multorum. Altare ad sepulchrum beatorum Trudonis et Eucherii in minori choro est consecratum in eorum honore; in eo continentur reliquiæ istæ: De capillis sanctæ Mariæ, de vestimentis sancti Jacobi apostoli Domini, de reliquiis sanctarum undecim millium virginum, de [318] vesti- B mentis sancti Rumoldi martyris, de reliquiis sanctorum apostolorum Petri et Pauli et Thomæ et aliorum multorum. Altare in dextera parte ad introitum monasterii est consecratum in honore sancti Leonardi et sanctæ Gertrudis virginis; in eo continentur reliquiæ istæ: De corpore sanctæ Gertrudis et aliorum multorum. Aliud contra istud altare in sinistra parte est consecratum in honore sancti Lamberti martyris; in eo continentur reliquiæ istæ: De capillis sancti Lamberti episcopi et martyris, de sancto Georgio martyre, de [319] corpore sancti Germani episcopi et confessoris, de corpore sanctæ Gertrudis virginis, de sancto Vincentio episcopo et martyre, de sancto Mauritio martyre, de capite sancti Ypoliti martyris, de sancto C Innocentio martyre, de sanctis Marcellino et Petro, de sanctis innocentibus.

18. Dictum [320] est superius (371) de numero campanarum et dulcedine sonoritatis earum, sed omissum est de vocabulis et ponderibus earum quas fecit [321] novas fundi aut veteres renovari. Prima facta est de 4 centenariis et aliquanto plus, scilla dulce sonora. Secunda de 21 in honore sancti Eucherii, et eam appellavit Aureliam, quam et benedixit. Tertia de duobus centenariis quam appellavit Filiolam; hæc sanctæ Mariæ data est ad parrochiam. Quarta de 33 centenariis in honore sancti Quintini martyris appellata est Quintiana. Quinta Remigia in honore sancti Remigii de 7 centenariis. Sexta de 6 centenariis dicta est Benedicta ad honorem sancti Benedicti. Septimam de 8 et amplius centenariis vocavit Angustiam, quia in tempore illius angustiæ facta fuit, quo tota villa nostra et abbatia per ducem Lovaniensem Godefridum combusta aut invasa fuit. Octavam factam de 6 et amplius centenariis vocavit Drudam in honore sancti Trudonis, quæ bis fusa in dulcedine sonus nulli aliarum compar fuit. Nona vocata est Nicholaia, quæ 20 centenarios ad ignem habuit, sed nescio quantum superexcrevit. Decima, quæ propter preciositatem suam missa est Mettis, 4 centenarios habuit, quam Stephaniam vocatam beato prothomartyri Stephano dicavit. Undecima, quæ translata fuit ad æcclesiam sancti Gengulfi, 4 nichilominus centenarios habuit, sed non fuit similis preciositatis. Duæ scillæ in refectorio et cymbalum in claustro bis fusum potuerunt habere ad ignem dimidium centenarium. Illa quæ pendet super chorum habuit plus quam centenarium. Iste simul positus numerus facit centenarios 115 et dimidium.

EXPLICIT DECIMUS, INCIPIT UNDECIMUS.

1. Ante hos consecrationis monasterii undecim annos, excommunicatus obierat Leodii Heynricus imperator, filius Heynrici filii Cunradi imperatoris, regnoque et atrio privatus erat propter dissensionem inter ipsum et apostolicos Romanos de investituris episcopatuum per anulos et baculos de manu imperatoris, et propter symoniam quam de eis faciebat. Regnabat autem pro eo filius ejus æque Heynricus vocatus, qui cum Romana æcclesia patrem persecu- D tus, regno eum privaverat. Hic cum regnare cœpisset, et potentissime atque robustissime in regno confirmatus esset, in illud ipsum incidit, in quo pater æcclesiam offenderat, et pro quo sententiam privationis acceperat, majoraque satis atque nefanda committere non pertimuit. Nam cum Romam venisset, et ad gradus beati Petri apostoli processione suscipiendus esset a domno papa Paschali et cardinalibus, episcopis et presbiteris, diaconibus et omnibus clericis Romanorumque nobilioribus et populo innumerabili, fidem subito rupit, sacramenta interposita postposuit, datos obsides vilipendit, manusque sacrilegas tam ipse quam sui in domnum papam, christum Domini, injecit, et in omnes qui capita videbantur esse æcclesiastici ordinis atque Romani populi custodiaque conclusit (*an.* 1111, *Febr.* 12). Ibi quod quisque suorum potuit de insignibus æcclesiasticis, sibi rapuit, tam in auro atque argento quam in cappis et casulis, sicut unaquæque æcclesia attulerat adornatum processionis (372). Quid longius protraho? Tandem gravi necessitate et lamentabili re compulsus, domnus papa non propter se tantum, quantum propter Romanorum nobiles et cardinales suos, episcopos, presbiteros, diaconos, qui secum crudeli clausura tenebantur, extorquenti

VARIÆ LECTIONES.

[317] et—multorum *desunt* D. [318] de—multorum *desunt* D. [319] *reliqua desunt* D. [320] Sed dicamus de campanarum vocabulis D. *Apud* D. *hæc leguntur supra* IX, 25 *post* fieri non possent hodie. [321] feci D. *et sic deinceps prima persona usus est.*

NOTÆ.

(371) IX, 25.
(372) De hac re nihil legitur in Annalibus Romanis aut apud Ekkehardum Uraugiensem.

magis quam petenti imperatori consecrationem imperialem se daturum concessit (*April.* 11), et pravilegium potius quam privilegium (373) de investiendis abbatibus et episcopis.

2. Hoc tristi nuntio et polluta fama pervolante ad Gallicanam æcclesiam, sine omni mora facto conventu (374) (*an.* 1112, *Sept.* 15), imperatorem excommunicavit, et quod sub tanto sacrilegio et violentia factum fuerat dampnavit. Domnus vero papa quod in reconciliatione imperatori promiserat non violavit, sed æcclesiam Gallicanam omnesque filios Romanæ æcclesiæ pro injuria summo pontifici facta clavibus beati Petri apostoli uti non prohibuit. Suspendebatur adhuc hæc in imperatorem sententia apud Germanorum æcclesiam, tum propter timorem, tum a quibusdam propter gratiam. Nec multo post tempore vocatus est ab ea et missus ad eam Cono Prenestinus episcopus, Romanæ æcclesiæ legatus (375), congregatumque est concilium magnum in loco qui vocatur Friselart (376), tam de abbatibus et episcopis quam de multitudine clericorum et monachorum (*an.* 1118, *Jul.* 26). Cui propter obedientiam qua vocabantur non ausus fuit deesse domnus abbas hujus nostri cœnobii videlicet sancti Trudonis Rodulfus, ne ab officio et communione æcclesiæ suspenderetur. Excommunicatus in eodem concilio imperator Heynricus, sicut et in Gallicana æcclesia, cum [322] propter predictam culpam, tum propter tyrannidem quam exercebat in æcclesiam. Propter fideles imperatoris cum multa sollicitudine et timore actum et peractum concilium fuit. Sed et domnus abbas Rodulfus non sine minori sollicitudine atque timore domum rediit, utpote per medium et ad medium fidelium imperatoris. Sicque in turbato prius regno facta est satis major conturbatio.

3. Defungitur paulo post Leodiensis episcopus Obbertus [323] (377) (*an.* 1119, *Jan.* 31). Fit altercatio grandis de episcopatu, electionis tamen dies in communi prefigitur, infra quem Alexander ejusdem æcclesiæ sacrista et archydiaconus baculum et anulum arripit, imperatori representat et ab eodem recipit, investitus sic a manu excommunicata de episcopatu Leodiensi. Pro qua temeritate et contentionis erroneo fune prefixa canonica electio diu protelata fuit, donec traheretur Coloniam conventus Leodiensis (378) (*Mai.* 25), cogente auctoritate metropolitani, scilicet Friderici archyepiscopi (379). Neque ibi quoque ausus est defuisse domnus abbas Rodulfus, cavens sibi semper sollicitissime, ne inobedientia feriretur, sicut ne excommunicatorum communione macularetur. Electus est igitur ibi [324] domnus Fredericus (380), majoris æcclesiæ Leodiensis major prepositus et archydiaconus, atque Remis a domno papa Calixto sacratus (*Oct.* 26), et Alexander cum omnibus suis complicibus excommunicatus. Studens brevitati pretermisi hic, quanta difficultate, quanto periculo electus et qui elegerunt redierint a Colonia Leodium, cum a Trajecto usque ad urbem ab utraque parte Mosæ acerrimas insidias per dispositas aptis locis militum copias Alexander eis posuisset, quibus ipse quoque intererat. Tamen protegente eos Deo sine aliqua lesione urbem introierunt, et exclusum Alexandrum, et Hojo castello obsidione ejectum, cotidie patiebantur hostem gravissimum. Vix tandem aliquando domnus abbas Rodulfus ab hoc reditu post [325] multas frustratas insidias cœnobio nostro incolumis est receptus. Quod non minimum dolebat advocatus noster Gyslebertus comes et omnes Alexandri satellites.

4. Igitur excommunicato imperatore [326] Friselart et Alexandro Remis, inter hoc et illud facta est magna perturbatio et in monachos et clericos crudelis persecutio in toto Leodiensi epyscopio, qualis a tempore Arrianorum non fuit audita. Alexandri partes juvabat cum suis omnibus Lovaniensis Godefridus tunc temporis dux, Durachiensis comes Gyslebertus, Leodiensis militiæ signifer Reynerus, de Monte acuto (381) comes Lambertus, et pæne tota familia æcclesiæ cum suis viribus. Frederici partes tuebatur fratres ejus Namucensis comes Godefridus cum suis sed non omnibus, de Lemburg comes Gualeramnus (382), qui postea extitit dux, de Falcomonte (383) Gozguinus, civitas tota, exceptis aliquibus, abbates omnes epyscopii, de archydiaconibus et prepositis meliores et plurimi, clerus quam plurimus. Pars illa dicebatur Alexandrina, pars ista Frederina. Alexandrini Frederinos dicebant esse reos regiæ majestatis et ob hoc eos persequebantur,

VARIÆ LECTIONES.

[322] tum 1*. [323] anno Dom. 1119 *superscripsit interp.* [324] eodem anno *interpolator.* [325] *excidit* 1. 1*. [326] Henrico D.

NOTÆ.

(373) Sunt hæc verba Gerardi episcopi Engolismensis in concilio Lateranensi a. 1112. Cf. Ekkehardus Uraugiensis ad h. a.

(374) Viennæ auctore Guidone archiepiscopo Viennensi. Conf. Mansi XXI, 73.

(375) Qui jam in concilio Bellovacensi Dec. 1114 imperatorem excommunicavit.

(376) Cf. Stenzel II, 330. Mansi XXI, 175.

(377) Vide diem in commemoratione fidelium apud Chapeaville II, 56. De anno, quem fuisse 1119 probant Annales Rodenses, alii vero 1118 falso volunt, cf. Lavalleyi adnotationem in Ernst *Histoire de Limbourg* III, 4.

(378) De die cf. Ægidium Aureævall. c. 21.

(379) Sedebat annis 1100-1131 testibus Ekkehardo et annalista Saxone.

(380) Frater Godefridi comitis Namucensis. Cf. Vita Friderici apud Martene Coll. ampl. IV, 1024 et in Act. SS. Mai. VI, 725.

(381) Montaigu inter Arschot et Diest.

(382) Est filius Heinrici I comitis Limburgensis, quem Ernst II, 250, hoc ipso anno 1119 obiisse merito conjecisse videtur. Idem est cujus nomen alias exstat Paganus vel Paginus, quod occurrit in Ann. Erphesford. 1129 et apud annalistam Sax. 1036. Vide de hoc nomine Ernst III, 3.

(383) Fauquemont, Valkenburg, orientem versus a Mastricht.

Frederini Alexandrinos cum imperatore et Alexandro excommunicatos et ob hoc in æcclesiastica communione eos vitabant. Itaque qui Romanæ obedientiæ sub episcopo Frederico obtemperabant, predas et direptiones et captivitates, ignem et gladium per Alexandrinos cotidie sustinebant. Nulli ætati, nulli sexui, nulli ordini parcere, totum persecutionis æstum super æcclesias tam in monachos quam clericos effundere, vagi et profugi, laceri et seminudi multi tam monachi quam clerici hac illacque mendicare. Sic vidimus, sic audivimus, sic scribimus.

5. Alexander civitate et castellis ejectus sub predictis tutoribus nostro oppido frequenter se recipiebat, et tantorum malorum incendium acriter se agebat. Oppidani nostri omnes illi favorales erant, utpote semper levissimus ad talia populus. In tota Brabantia et tota Hasbania non erat princeps aut dominus, qui Alexandro non faveret aut eum tueretur, solus Lonensis comes Arnulfus inter utrosque medium se agebat, Frederico tamen magis obtemperans ex domni papæ obedientia quam Alexandro ex imperatoris violentia. In medio nationis tam pravæ atque perversæ, in multa spiritus nostri augustia et carnis nostræ amara penuria, licet depredata, licet afflicta, servabat tamen æcclesia nostra cum domno abbate obedientiam Romanæ æcclesiæ, et incontaminatam se custodiebat ab excommunicatorum communione. Quapropter ira gravissima et odio intolerabili atque rapina in domnum abbatem Rodulfum et in nostros et nostra omnes ferebantur, quicumque imperatorem et suum Alexandrum sequebantur.

6. In tempore illo et in diebus illis scripsit domnus abbas Rodulfus epystolam ad ipsum Alexandrum, et aliam ad quendam de suis, redarguens eos cum magna libertate animi et constantia et auctoritate de illicita ejus invasione et de tyrannide quam in æcclesiam exercebant cotidie, et instruens eos quæ esset canonica electio et ad episcopatum æcclesiastica promotio et de imperatoris dono. Hæ [327] si queruntur, in volumine opusculorum ejus invenientur. Sed quid? Non mutavit Æthiops pellem suam neque [328] pardus varietatem. Interea Lovaniensis dominus villas nostras et æcclesias et quæcumque de nostris dominio suo adjacebant militibus suis distribuerat, comes vero Gyslebertus advocatus noster de nostris, quæ ei subjacebant similiter fecerat. Heynricus castellanus de Cohme, ministerialis imperatoris, quæ supra Mosellam videbamur habere possidebat, quisque dominorum, immo raptorum, prout eis nostra contingebant. Solum deerat votis Alexandrinorum et aulicorum domnus abbas Rodulfus, desiderantium eum quandoque rapere et imperatori dehonestandum pro magno munere offerre. Hoc ei totum conflaverat advocati Gysleberti vetus in eum et novum odium et detractio continua apud ipsum tyrannum, sed testis erat qui novit corda hominum, quia preter Romanam obedientiam non peccaverit in illum.

7. O quotiens fideliores et meliores æcclesiæ domnum abbatem convenerunt humillimis precibus et piis obsecrationibus, pretendentes ei tempestuosi temporis tempestatem, ut promissa sibi prius securitate, offerri se pateretur a fidelibus viris imperatori, et osculo tantum et colloquio ei communicaret, et sic deinceps pacem et gratiam ejus tam ipse quam bona nostra haberent. Cumque evincere non possent, quia ille constanter dicebat servandam sibi obedientiam Romanam et communionem catholicam, conviciis affectum aspernabantur, et sinistris auspiciis devoventes iratum solum relinquebant. Nam si quando Trajectum (384) sive Leodium imperator venisset, vix eum tutum posse fore intra templi quoque nostri parietes amici ejus credebant; quod et Alexandrini plurimum concitabant. Ipse tamen nichilominus quantum valebat ab æcclesia nostra eos arcebat, et si quando ad unum altariorum nostrorum ab uno suorum Alexandro missa cantaretur, nullum nostrorum missam ibi cantare permittebat amplius, donec benedictione data ab episcopo Frederico reconciliaretur. Preteribant dies sanctæ quadragesimæ necnon simul passionis dominicæ (1129), et tota æcclesia nostra cum domno abbate agonizabat vehementer in hac passione. Nil nos juvare poterat, quod consilio et multis precibus fidelium æcclesiæ pacem et securitatem tam nostri quam bonorum nostrorum credebamus (nos redimisse 24 marcis a Lovaniense, 20 a Durachiense, impeditis quæ supererant nobis sub fœnore pro hac gravissima nobis exactione. Inimici Dei et sanctæ æcclesiæ mentiuntur promissum, rumpunt fidem. Ventum jamjam esse minantur ad clausulam, scilicet aut abbatem eis communicaturum, aut loco et abbatiæ cessurum sive fame cum omnibus nobis in ea moriturum. Atque ad complenda eorum longa desideria hujusmodi est eis occasio suborta.

8. Infirmata matrona de majoribus oppidanorum propinquabat ad mortem; spes vivendi nulla erat. Conveniunt abbatem filii et parentes, rogant ut, cum defungeretur, missam et exequialia de more ei faceret. Quid faceret? Annuere eis quod non facturus erat, eum non decebat; negare causamque querentibus dicere, seditio futura erat. Quid tandem? Respondit se non audere. Querentibus quare: *Pro servanda mihi*, inquit, *sancta communione;* sed si viri tantum vellent abesse, presentibus mulieribus missam et exequialia non timeret peragere. Suggesserunt crebrius eadem, et eadem nichilominus ab eo

VARIÆ LECTIONES.

[327] Hæ — invenientur *desunt* D. [328] neque p. v. *desunt* D.

NOTÆ.

(384) Mastricht.

audierunt. Epyscopum vero Fredericum [329] non episcopum reputabant, sed invasorem et tyrannum. *Ergone*, tandem inquiunt, *viri excommunicati sunt?* Iratique recedentes commoverunt seditionem magnam in populo, populusque cum filiis egrotantis matronæ cum clamoso furore querimoniam apud advocatum faciunt de ipso. *Ecce*, inquiunt, *advocate, patet quod pro excommunicatis tam te quam nos habet, quia te duce ivimus Hojum in ducis* (385) *expeditione. Ob hoc neque nos in communione neque mortuos nostros propter nos vult recipere. Satis utique ignominiosum tam tibi quam duci, qui in medio nostrum securum pateris esse inimicum imperatoris, qui tam ipsum quam te et nos non negat se habere pro excommunicatis.* Monebant abbatem secreto amici et homines sui, ut saltem cum [330] duobus vel tribus fratribus in B cella residens conventum fratrum ad exequias mitteret, et temptantes eum proposito avertere dicebant ei utilius esse ad horam necessitati temporis cedere, quam æcclesiam sibi commissam desolatam relinquere. Sciebat enim alterutrum imminere, quod aut voluntati eorum aut loco cederet. Flecti non potuit.

9. Nunc quoniam sermo de expeditione ducis versus Hojum incidit, breviter tangam quid fuerit. Alexander Hojum castellum occupaverat, quem in eo Fredericus episcopus cum fratre suo Namucense comite Godefrido obsessum tenebat; nam suburbana Hoyi [331] Frederico magis favebant quam Alexandro (386). Ad quem liberandum dux applicuit exercitum Hoyo ex una parte Mosæ, in quo oppidani C nostri fuerunt — et hoc est quod advocato et duci improperabant, ut eos amplius in abbatis contumeliam sic accenderent, — ex altera parte Mosæ de verticibus montium comes Lambertus in obsidentes castellum cum ingenti multitudine irruit. Pugnatum utrimque acriter est, illinc a duce istinc a Lamberto comite, contra utrosque ab his qui erant cum episcopo Frederico et fratre ejus Namucense comite. Dux inani spe frustratus recessit, comes Lambertus in bello prostratus de equo et vulneratus, captivus ductus Namucum fuit. Alexander obsidionem diu sustinere non valens et valde expavefactus ex verbis papæ Calixti, qui ei mandaverat, quia clauderet ei januam vitæ æternæ, nisi cessaret, episcopo Frederico castellum reddidit, et promissa emendatione et D perpetua cessatione, in puplico conventu Leodii absolutus est ab episcopo Frederico cum paucis adherentibus ei clericis, et domi sedens ad tempus invitus siluit. Nunc ad narrationis ordinem revertamur.

10. Advocatus jam dudum graviter abbati infensus, A nunc vero magis in iram et furorem propter supradictam exprobrationem contra eum succensus, duci quid eis faciendum sit de abbate communicat, consultuque accepto secundo die paschæ (*Apr. 11.*) in atrium æcclesiæ veniens, pulsata campana populum convocat. Ubi de illo pariter cœperunt tumultuari et conqueri, et vicissim favere ejus derogationi. Mandatus ad eos exire [332] recusat; advocatus homines ejus pro precepto [333] suo nolentes eum exfestucare exfestucat. Die illa tota satis turbæ actum est in turba. Sequenti die (*Apr. 12*) comes Arnulfus de Los se interposuit nichilque profecit, cum neque mutari posset abbatis constantia neque dissidentium ab eo pertinatia. Itaque defetigata horum ratione et illorum dissono fremitu, eo res demum relicta est, ut aut loco cedendum aut excommunicatis communicandum sibi esset. Nec diu hesitavit quid potissimum eligeret. Vir enim prudens citius advertit, etsi temporis necessitas presentiam suam æcclesiæ sibi commissæ omnino deposceret, priori tamen honori et constantiæ suæ nullatenus debere notam subsannationis inferre, nec egregia principia probroso exitu corrumpere. Tedebat eum bona æcclesiæ cotidie videre diripi, et ab his qui debebant nullum auxilium ferri. Concertabat vero egerrime in mente ejus hinc fratrum affectus, quos intime diligens sine gravi dolore ita desolatos relinquere nequibat, illinc conservandæ catholicæ communionis superius liberrime acta constantia. Sed quid? Zelus æcclesiæ et magnanimitas honesti fortisque propositi demum palmam hujusmodi conflictus penes eum obtinuit.

11. Certus itaque de incontaminanda fratrum perseverantia, cessit tandem non sine magno ejulatu eorum et meliorum de abbatia dolore, parvipendens presentia melioris spei contemplatione. Anno incarnationis Domini 1121 exivit, ordinationis ejus 13 (387), quarta feria paschæ (*Apr. 13*), quæ fuit eo anno Idus Aprilis, atque a comite Arnulfo de Los honorifice conductus, humanissime quoque ab eo est hospitio susceptus liberaliterque stipendiatus. Paucis itaque cum eo factis diebus, licet morbo per plures tunc diffuso capitis et oculorum tunc gravaretur, viam tamen versus Flandriam est aggressus, atque per Lovanium, ubi dominus Lovaniensium folia tantum dedit ei verborum, inde per Afflingiam (388), per cœnobium sancti Bavonis tandem pervenit Gande ad æcclesiam sancti Petri. In illis diebus preerat Hafflingiæ primus abbas loci illius Fulgentius [334] (389), vir cum omni suo conventu vita religiosus atque hospitalitati deditus; apud Sanctum Bavonem Guulchricus in providentia rerum temporalium vigilanter

VARIÆ LECTIONES.

[329] Alexandrum D. [330] cum — residens *desunt* D. [331] Hoy 1*. [332] venire 1* [333] mandato D. [334] anno scilicet 34° ordinationis sue in abbatem illius monasterii *interpol. in margine*.

NOTÆ.

(385) Godefridi Lovaniensis

(386) Cf. de his rebus Annales Rodenses ad 1121.

(387) Quarto decimo. Cf. infra quæ ipse Rodulfus de his attulit in libello De elevatione martyrum legionis Thebææ.

(388) Afflinghem inter Gent et Brussel.

(389) Quem anno 1120 jam obiisse vult Sigeberti auctarium Affligemense. Præerat monasterio inde ab anno 1087; cf. Sigeberti auctarium Gemblacense.

strenuus, apud Sanctum Petrum Gande Arnulfus, qui postea vivens abbatiam reddidit inquietatus a fratribus. Exuberabat tamen ejus tempore locus ille victuum et vestituum tam sanis fratribus quam infirmis superabundanti copia, vigebantque sub eo introducta per eum religiosa Cluniacensis ordinis studia (390). Ab his supradictis omnibus pia humanitate et compassione susceptus, postremo remansit Gande sub hoc eodem Arnulfo abbate [335], donec de tam solido littore posset speculari, quando Deus imperaret ventis ejus et mari. Interim dum ibi moraretur, manus Domini paternæ super eum visitationis correptionem super correptionem ei apposuit, quia frater ejus uterinus, qui cum eo exierat vice famuli sed affectu germani, longo languore vita decessit. Jacet sepultus in medio prati ante occidentalem portam monasterii, quod circumdat undique murus vasti et bene compositi paradysi; signatur sepulchrum ejus lapide polito atque subnigro. Quanta constantia animi, quanta vultus serenitate visitationem illam Domini ibi susceperit, cum tamen carnis affectu ut homo intus ureretur, mirabantur omnes qui eum intuebantur, maxime ipse Arnulfus abbas, qui omne genus consolationis affectu et effectu maximo erga eum exercebat. Fuit igitur cum eo usque post obitum Frederici Leodiensis episcopi, propter cujus obedientiam et Romanæ æcclesiæ communionem supradictam patiebatur incommoditatem.

12. Eodem anno defungitur episcopus Fredericus 6 Kal. Junii (391), et Alexander reducitur in urbem a suis et cum suis. Preter eum vero solum, quem episcopus Fredericus absolverat, ut et Hoyum exiret et ab episcopatu cessaret, nullus suorum laicorum absolutus fuerat, neque tamen ipse eorum communionem in aliquibus devitabat. Videbatur enim tam sibi quam suis, quod omnis contradictio, quæ hactenus eos impugnaverat, defuncto episcopo Frederico sublata et remota esset. Vocatus ergo ab eo, licet excommunicatus adhuc, Lovaniensis dux Leodium venit, clerum et populum ei pacificare satagit, et in pleno conventu capituli reformat ei assensum electionis. Qui de Frederinis intererant silentio magis quam corde aut ore assentiebant. Placuit tunc quoque in communi eos abbatem Rodulfum revocare, ut illo ei cooperante, qui in parte domni Frederici nonnullæ opinionis fuerat, et archyepiscopo virtute constantiæ in persecutione satis innotuerat, ad ea quæ restabant promptius de Alexandro prevalerent. Scientes autem, quia pro ipsis minus rediret, litteris et sygillo Leodiensis æcclesiæ eum remandaverunt.

Rediit, sed ex consilio Alexandri, licet hoc negaret, abbatiam intrare ab advocato Gysleberto non permittitur, donec intelligeret atque probaret, quo animo, quo studio causam suam tueretur. Cumque Leodii moraretur, annitebantur valde communes amici eorum, ut pacificarentur. Abbas Rodulfus non renuebat, sed secundum Deum et animæ suæ salutem; Alexander neque hanc neque illam volebat interponere [336] conditionem. Manebat interim Leodii apud Sanctum Laurentium; Heribrandus tunc temporis ibi presidebat post Berengarium (392). Sed cum intelligeret in his quæ Alexander querebat, quia anguis in herba lateret, atque cognosceret, quia ille excommunicatis communicaret, et factus conventus excommunicatorum communione contaminatus esset, dolebat vehementer se venisse, et libentissime volebat se absentare, ne cætera sua strenue acta fuscaret vel falsa opinione. Sed non parum habebat anxietatis et sollicitudinis, quia neque in Flandriam redeundi facile copia erat ei, cum viderent eum sibi dissentire quorum conductu eo redire haberet, et timeret deesse sibi ad victum pertinens, si Leodii diutius remorari necessitas compulisset. In proximo autem archyepiscopus et dux Trajecti debebant convenire, ut in pace omnia solidarent, sub qua spe firmandæ [337] pacis pacifice Trajectum venit. Nichil eorum quæ promittebantur ibi actum est, archyepiscopus non veniens venientem [338] ducem frustravit.

13. Videns igitur facultatem in Flandriam revertendi minus sibi suppetere, Coloniam intendit animum ad archyepiscopum Fredericum. A Trajecto autem descendens Eyselo castellum (393), invenit ibi majorem prepositum æcclesiæ sancti Lamberti Andream, qui postea Trajectensis extitit (394) episcopus, et cum eo de æcclesia majores, qui Alexandri communionem vitabant. Ubi invicem consolatis et in perseverantia corroboratis, transivit ad virum nobilem Gozguinum de castello Falcomonte, qui et ipse fautor erat et cooperator [339] Frederinæ parti faventium. Qui honorifice habens eum secum aliquot diebus, deduxit eum in Arduennam ad archyepiscopum, ubi tunc forte per nemorosa oblectabatur. Archyepiscopus de adventu illius gavisus, hospicio et consilio est eum consolatus. Mane autem facto, adveniunt nuntii Alexandri, Heynricus archydiaconus æcclesiæ sancti Lamberti, filius Cononis comitis, et Godescalcus canonicus æcclesiæ sancti Servatii Trajecti, qui erant de communione Alexandri. Sprevit eos archyepiscopus nolens eos audire propter communionis contaminationem; tamen eis et Ale-

VARIÆ LECTIONES.

[335] 4 mensibus *interpolator*. [336] c. v. i. 1*. [337] *deest* 1*. [338] ven. d. f. *desunt* D. [339] cooplator 1*.

NOTÆ.

(390) Quod factum est anno 1117; cf. Ann. Blandinienses Mon. Germ. SS. V.

(391) Consentit scriptor Vitæ ejus, sed Ægidius preævallis habet II *Kal. Jun.* Epitaphium quod servit idem et Annales Rodenses 1121 volunt eum veneno necatum esse auctore Alexandro.

(392) Annis 1115-1130.

(393) Eysden in dextra ripa Mosæ inter Mastricht et Vise.

(394) Sedit annis 1127-1139; cf. annalista Saxo.

xandro omnique clero ei faventi inde apud Sanctum Cornelium (395) diem statuit, ut audiret eos ibi. Interim abbatem Rodulfum secum Coloniam ducit, et commendat eum Roberto abbati Sanctæ Mariæ Sanctique Heriberti ultra Renum Tuitii (396). Iste Robertus Leodii nutritus fuit in cœnobio sancti Laurentii, quem propter preclaram nominis ejus famam in sanctarum scripturarum scientia archyepiscopus sibi assumpserat (397), et abbatem loci predicti constituerat. Hujus viri multa et magna et preclara extant librorum volumina (398), quæ de divina pagina exarata reliquit in æcclesia; cujus corpus viventis (399) nec somno poterat requiescere, quin palpitaret lingua et moverentur ejus labia in divinæ legis meditatione.

14. Neque diu interfuit, venit dies positus Alexandrinis (400). Archyepiscopus convocatis majoribus æcclesiæ Coloniensis affuit, abbatemque Rodulfum cum Tuitiense Indam perduxit. Duobus diebus longa ibi altercatio, longa de canonibus disputatio; archyepiscopus Alexandri et suorum communionem vitabat, et omnes cum eo qui de obedientia episcopi Frederici fuerant. Alexander se absolutum ab episcopo Frederico et suos clericos aiebat, archyepiscopus non solum Alexandrum et suos, sed et omnes qui erant capita æcclesiæ sancti Lamberti pro excommunicatis se habere dicebat, exceptis his qui de obedientia et communione episcopi Frederici adhuc extra civitatem erant. Tandem querentibus quare, archyepiscopus respondit : *Quia defuncto et sepulto episcopo Frederico, ducem Lovaniensem in capitulum vestrum*[340] *et in æcclesiam introduxistis, et cum eo, immo per eum et propter eum electionem fecistis, cum ab apostolico et me ipso et ab ipso vestro episcopo Frederico fuisset excommunicatus et necdum absolutus, et omnes cum eo qui persecuti fuerant æcclesiam sub episcopo Frederico.* Hoc autem totum archyepiscopus faciebat, ut, cum ex hoc convicti satisfacerent, cassa esset eorum electio quam cum excommunicatis et per excommunicatos et propter excommunicatos fecerant de Alexandro. Erant autem de illa contaminatione honestæ personæ æcclesiæ, archydiaconus Almannus, archydiaconus Heynricus, Seyfridus decanus, Steppo archydiaconus, et multi alii majores atque minores. Cum archyepiscopo erant de æcclesia Leodiensi Andreas majoris domus prepositus, Emmo archydiaconus, magister scolarum Stephanus, vir vitæ venerabilis, Reymboldus prepositus Sancti Johannis, et alii nonnulli boni in æcclesia testimonii cum abbatibus. Quid multa? Tandem procidunt omnes coram archyepiscopo et petitam impetrant absolutionem. Alexander interrogatus ab archyepiscopo obedientiam promittit, manu sua in manu ejus sacrata posita. Archyepiscopus per sanctam ei precipit obedientiam, ut amplius se non intromittat de episcopatu ; ille annuit, et qui vidimus et audivimus hoc testificamur. Sic die illa solutus est ille conventus. Archyepiscopus expertus in illo conventu quam necessarius esset æcclesiæ abbas Rodulfus, gratissime secum illum Coloniam reduxit, donec deliberaret quid de illo esset acturus, commendatum supradicto Roberto abbati.

15. Nec multa mora intercedente causa extitit, qua majores æcclesiæ Coloniensis archyepiscopum adierant, prepositi, decani, cantores et scolastici, necnon et abbatum aliqui, quorum unus erat Tuitiensis abbas Robertus, qui ad illum conventum secum duxit abbatem Rodulfum. Aderat et Sygeburgensis abbas Cono primus, qui postea Radisbonæ extitit episcopus (401). Apud illum decreverat abbas Rodulfus se mansurum, quoniam locus erat famosæ religionis, et propter excelsum montem preter monachos amandæ solitudinis. Sed divina providentia aliter de eo fieri proposuerat. Ecce enim fratres Sancti Pantaleonis adveniunt, et archyepiscopi pedibus provoluti, coram toto conventu se post defunctum abbatem suum Herimannum (402) jam novem mensibus pastore caruisse (403) conqueruntur, religionem deperire, bona æcclesiæ imminuere. Archyepiscopus sine mora optionem dat eis eligendi; pars illum, alia elegerat alium, fœda coram archyepiscopo inter eos erat dissentio; longo enim novem mensium spacio magis creverant partes, quam unanimitas convenisset. Ipse quoque abbas Rodulfus pro nostri ordinis reverentia, ut eos uniret aut saltem disciplinate loqui coram tanto conventu faceret, se interposuit et frustra laboravit. Archyepiscopus semel et secundo de concordia monuit eos, et locum dedit consulendi deterioresque recepit. Quapropter consilio cum majoribus æcclesiæ accepto, placuit in auribus omnium, ut providentiam illam abbati Rodulfo committerent. Ille tale quid nichil unquam suspicatus, de benivolentia dominorum primum gratias pronus in terram egit, deinde renisus est quantum ratione et auctoritatibus

VARIÆ LECTIONES.

[340] nostrum 1*.

NOTÆ.

(395) Cornelimunster sive Inden.
(396) Deutz.
(397) De his cf. locum ex libro ejus *De Trinitate* Mon. Germ. SS. VIII, 261, ubi et Chronicon ejus Sancti Laurentii Leodiensis.
(398) Quæ partim dogmatica partim exegetica edita sunt Moguntiæ 1631 f.
(399) Obiit 4 Mart. 1135.
(400) De hoc concilio vide Kremer *Academische Beiträge zur Gülich-und Bergischen Geschichte*, II, 215.
(401) Sedebat annis 1126-1132.
(402) Cf. Chron. Sancti Pantaleonis apud Eccard. I, 927.
(403) Vacua erat abbatia inde a 29 Dec. 1120, ut ipse probat Rudolfus in epistola de elevatione legionis Thebææ.

potuit et licuit. Sed decanus et magister scolarum majoris æcclesiæ Egebertus, qui postea regularis factus canonicus atque Monasteriensis est episcopus (404), cito ei occurrit ex sententiis canonum, cum pro Romana communione pulsus esset a sede sua et sancti Pantaleonis vacaret abbatia. Cessit tandem, nichil tamen aliter nisi fratrum loci illius consensu et electione hoc fieret; et unanimiter hoc factum est. Itaque mense Septembrio (*die* 6), modicum ante nativitatem sanctæ Mariæ, sancti Pantaleonis abbatiam ingressus est (405), introductus a majoribus æcclesiæ Coloniensis, et cum festiva fratrum et familiæ processione susceptus.

16. Æcclesia autem sancti Pantaleonis ex privilegio Romano antiquitus hoc habuisse dicebatur, ut abbas loci illius sandaliis et dalmatica uteretur, vicesque ageret archyepiscopi per civitatem in suis stationibus; sed Anno archyepiscopus sandalia et dalmaticam prohibuit, vices vero suas agere per stationes concessit. Sic usque ad tempus abbatis Rodulfi permansit, et quia erat homo pulchre, ut ita dicam personatus, et divino assistens officio decenter sonorus, frequentabat stationes quas agebat celeberrime Coloniensis populus, matronarumque plurimum devotus Deo sexus. Clerus vero sine omni invidia solempne exhibebat ei obsequium, tanquam si haberet pro oculis ipsum archyepiscopum. In brevi et sine grandi labore dilapsum ordinem et violatam fraternam concordiam pulchre reformavit, peroptimamque virtutem puræ confessionis in fratribus illis invenit, furtivarumque et puplicarum vigiliarum et orationum indefatigatam assiduitatem. Clausam immo sertam januam hospitalitati aperuit, domos dirutas atque deformes dignas ipsius[341] archyepiscopi hospitibus atque loci abbati reparavit, nichil umquam passus mensæ fratrum de statuto imminui. Inter vetus et novum 120 carratæ vini æcclesiæ illo anno provenerunt. In hospitibus et plurimum monachis et regularibus canonicis multa expendebat, quippe quibus et janua et mensa ejus semper patebat. Magni et etiam majores de æcclesia sancti Lamberti, qui propter Alexandrum adhuc erant extra Leodium, magnum apud eum frequenter habebant refugium; nunquam tamen egebat, quin magis semper abundabat. Diligebatur a familia æcclesiæ valde, eo quod tractabat eam honorifice et Theutonicorum disciplinato more. Cum Judeis frequenter lene habebat colloquium, non disceptando neque exprobrando, sed duritiam cordis eorum palpatu et fricatione qua opus erat emolliendo; quam ob rem ita amabatur ab eis, ut etiam mulieres eorum irent videre eum et alloqui.

17. Fluctuabat adhuc graviter Leodiensis æcclesia, nec certam spem designati rectoris habebat. Frater ducis Godefridi Lovanii, Adelbero primicerius Mettis, jam tunc multis erat in ore et in dies rumor et opinio de ipso magis accrescebat. Porro sub eo spatio temporis causa imperatoris adeo cum apostolico (406) in pacem et concordiam rediit[342] (407), ut cum suis imperator a predicta excommunicatione absolveretur. Alexander inolita sibi prurigine necdum disposita, sed Lerninis ydræ capitibus circa precordia ejus anhelantibus, limas aureas atque argenteas preparat, quibus avarorum manus et animos ad satisfaciendum ambitioni suæ acuat. Lenitus esset ei talibus instrumentis asper ei prius animus episcopi Coloniensis Frederici, sed Rodulfus abbas tunc Sancti Pantaleonis, cum auxilio decani majoris domus Egeberti et eorum qui erant de parte defuncti, spem vanam ambitiosi hominis prorsus exinanivit. Itaque Alexander ubi sepius experitur conatus suos frustrari, cœpta vel dissimulat vel omittit. Fit tandem de Adelberone Leodii assensus[343], imperatori presentatur, dono episcopali a manu ejus investitur, Coloniam consecrandus ducitur. Exhibent se ibi fratres nostri cœnobii videlicet sancti Trudonis, abbatemque suum repetunt auxilio æcclesiæ Leodiensis, advenerat quoque pro eo repetendo Stephanus, domnus noster Metensis episcopus. Grandis erat inter eos pro eo decertatio, alii ut utrasque abbatias haberet, alii ut illam sancti Pantaleonis retineret. Neutrum illi placebat, animus ejus ad primam sponsam redire intendebat. Res eo processit ut adhuc investitus sancti Pantaleonis abbatia ad nostram honorifice rediret, et libere reinvestitus ea de qua injuste exturbatus fuerat atque secure possidens deliberaret secum, quid sibi melius agendum esset. Quod et ita factum est. Sacrato episcopo Adelberone (*An.* 1123) (408), cum eo rediit Leodium, refocillatusque ibi pauxillum, reintroductus est in abbatiam et cœnobium nostrum per Heynricum archydiaconum (*Jun.*).

EXPLICIT LIBER UNDECIMUS, INCIPIT DUODECIMUS.

1. Dies quibus extra abbatiam fuit abbas Rodulfus fuerunt 2 anni et menses 5 (409) (*an.* 1121 Apr.—1123 Jun.), infra quos advocatus noster Gyslebertus et filius ejus Otto redditibus abbatiæ ad libitum suum abutebantur, neque solum eis sed quæ apud nos episcopo quoque Metensi debentur. Nec sacris etiam

VARIÆ LECTIONES.

[341] ipsi 1. 1*. [342] Anno 1122 *interpolator in margine.* [343] Anno 1123 *interpolator in margine.*

NOTÆ

(404) Sedit annis 1127-1131, testante annalista Sax.

(405) VIII *Idus Sept.* Rudolfus in epistola supralaudata.

(406) Calixto II.

(407) Wormatiæ.

(408) Cf. Annales Leodienses ad h. a. Mon. Germ. SS. IV.

(409) Imo 5, ut ex sequentibus patet.

[A] locis dignam exhibebant reverentiam, cum in cella abbatis quasi in propria domo manens, novæ nuptæ suæ (410) commixtione juxta sacratæ turris parietes filius non abstineret. Reverso autem abbate post dies aliquot pentecostes, atque cum occursu longe a villa multorum hominum et majori gloria cum processione suscepto quam contumelia exivisset, advocatus et filius ejus cella abbatis abstinuerunt, et direptis sibi quæcunque tunc poterant, futuris reditibus renuntiaverunt. Ira tamen eorum et indignatio et odium adversum abbatem non erant pro hoc imminorata, sed in occulto, ut ita dicam, ampliorata; nam propter episcopum Leodiensem Adalberonem qui eum diligebat et reverebatur et de Colonia secum reduxerat et ad locum nostrum remiserat, non erat quisquam eorum ausus qui in manifesto ei adversaretur.

2. Itaque reversus multis modis dilapidatam invenit æcclesiæ substantiam, et debitis et usuris graviter oppressam. De eis ergo quæ Deus ei foris dederat et secum attulerat et cotidie amministrabat, communem æcclesiæ anxietatem maxime de debitis et usuris relevabat. Nec multum moratus, cellam, quæ juxta majorem turrim posita erat, quasi leprosam habens exosam propter supradictorum cohabitationem, et quia vetustate corruptis atque fractis trabibus facili sumptu non poterat reparari, fregit et funditus destruxit, juxta aliam, quam ipse olim construxerat, novam pro veteri construens, congruam hospitibus necessariis appendiciis, capella quoque et viridiariis. Cujus lapides ad opus domus dormitorii extraxit, et fundamento unius parietis versus orientem jacto, extra terram aliquantulum anno illo eduxit. Habebat etiam et ob aliud exosam, quia apta fuerat olim recessibus prophanorum, qui de juncta illa sacra turre struxerant sibi bellicosum presidium, quod et adhuc posse fieri sibi posterisque suis timebat. Pulsatus enim usque ad graves injurias et inimicitias per advocatum Gyslebertum aliquando fuerat, ut simul in ea milites suos ponerent propter utriusque de villa securitatem, sicut cum eo fecerat abbas Theodericus, et ante eum cum eodem advocato oppidani suis vicibus. Qua de re multa de ea turre evenerant mala, et in adjuncta ei caminata perpetrata fuerant plurima flagitia. Ob hoc igitur eam fregit, ut turris amodo minus apta esset seditiosorum munitioni, et domus Dei non prophanaretur amplius ab eis. Cumque aliquando solus sibi sederet et erumnas preteritosque labores suos recogitaret, atque in inquietudine qua manebat locum deflendi peccata sua se habere non videret, cœpit valde tristari et mestus esse et de fuga et linquenda sibi patria cogitare. O quotiens cupido licet merenti revolvebat animo, si forte umquam libere voci illi Domini ad Abraham posset obedire : *Egredere de terra et de cognatione tua* (*Gen.* XII, 1); atque illud psalmistæ veraciter psallere : *Elongavi fugiens et mansi in solitudine* (*Psal.* LIV, 8). Intendebat ergo animum Romam ire, atque in itinere religiosorum virorum consilio quod intendebat, si agendum esset, peragere, deinde ut perageret apostolica firmari benedictione.

3. Interea Alexander privatus et quietus sub Adalberone episcopo vivebat, honoribus contentus quos prius possiderat. Incidit et illi in mente, ut Romam pergeret, et de perturbationibus, quas in æcclesia fecerat, ultra communem absolutionem quam acceperat, singularem sibi a summi pontificis gratia impetraret. Honorius (411) post Calixtum [B] Romæ tunc presidebat. Prius vero reconciliati ipse et abbas Rodulfus, peregrinationem suam per Sanctum Egidium aggressi sunt (412) simul cum omni dilectione et bono affectu. Cumque emensis Alpibus intrassent Italiam (*an.* 1126-1127), pervenerunt Hose, quæ Senis villa dicitur alio nomine (413), una de nobilioribus civitatibus Tusciæ. Ubi cum pernoctassent, mane egressi inciderunt in predones circa meridiem, et captivi abducti per devia, perdiderunt omnia suæ peregrinationi necessaria. Vix tandem post magnum laborem, post multum timorem cum parvissimis sumptibus equos receperunt, neque tamen a peregrinatione destiterunt. Itaque Romam pervenientes cum minus consolationis et compassio- [C] nis quam sperarent tam secundum Deum quam secundum hominem invenirent, ad sancta apostolorum limina et aliorum multorum sanctorum suffragia devote se contulerunt, satisfacientes votis suis lacrimis et precibus, prout erat unusquisque sibi conscius.

4. Ubi cum per aliquot dies morarentur, et de apostolico et de his quæ circa eum erant viderent et intelligerent, quæ dicta sibi domi credere non vellent, in diversas animi partes ferebantur, plurimum Rodulfus abbas, qui sibi bene conscius erat pro quo terram egressus fuerat. Cumque vigilans nocte aliquando jaceret, et die in æcclesiis solus Romæ resideret, diligenti cura et sollicito retractabat animo, quæ peregrinationis suæ fuisset intentio, et de ea [D] revelata religiosis viris quid in itinere didicisset ab eis. Sollicitabat etiam eum hoc non parum, quia ad ea quæ cogitaverat, si essent explenda, cuncta ei jam surrepta fuerant necessaria. Præterea terram [344], ad quam ulterius disposuerat peregrinari, audiebat pollutam esse inveterata heresi de corpore et sanguine Domini. Sed et de consilio animæ suæ et eorum qui sibi fuerant commissi nichil aliud audierat a religiosis viris, nisi quod domi didicerat ex ecclesiastica disciplina et libris communibus tam

VARIÆ LECTIONES.

[344] terra 1. 1*.

NOTÆ.

(410) Berthæ, filiæ Godfridi de Buchain, domini de Rubemont; cf. Mantelius p. 78.

(411) Secundus, annis 1124-1130.

(412) De tempore vide paulo infra.

(413) Sena.

nobis quam illis. Super hoc accreverat ei passio jam dudum in clune, quam physici solent chyam [345] appellare; ea cum gressum ei perstringeret, equitare etiam sine continuo cruciatu non sinebat. Talibus a proposito revocatus necessitatibus salutatis sanctorum patrociniis et apostolorum osculatis liminibus acceptaque apostolica benedictione, intendebat cum prædicto socio repatriare. Cumque ad supradictam urbem Hose redissent, omnia quæ sublata eis fuerant a predonibus preter spem invenerunt sibi recollecta a suis hospitibus et a cunctis urbis civibus. Magnum Dei et occultum judicium, ut Romam pervenirent pauperes et domum redirent divites. Quid moror? Per multas animi tribulationes, per multas corporis passiones, per exitialia montis Jovis (414) pericula recepit eos tandem civitas Basilea. Alexander inde remeavit eques per Burgundiam, abbas Rodulfus naufragoso Reni navigio usque prope Coloniam, quoniam propter supradictam passionem ferre non poterat jugem equitationem.

5. Paulo post [346] Adelbero Leodiensis episcopus in pace requievit (415) (*an.* 1128 Jan. 1), vir simplex et rectus, lenis, pudicus, sine avaritia, bonis moribus, nobilior nobilibus. Statim male sanata cicatrix veteris morbi Alexandri bis prius effracta, tertio jam erupit, et ad episcopatum anhelans ut lupus ad dilapsam sibi predam, omnem pudorem Deique timorem postponere cœpit. Sed quid melius tacenda quam maledicenda in auribus hominum proferre volumus? Assecutus est quod voluit. Quomodo? Sicut Deus novit! Gladebach cœnobio sancti Viti consecrationis ejus dies fuit (416), res mira! ab archyepiscopo Coloniensi Frederico, qui tanta in eum egerat antea. At ille imbutus antiquitus viciis avaritiæ, subtrahere se non poterat a servitute idolatriæ per exercitium symoniæ, quapropter a suis clericis agitatus, ante apostolicum Honorium Romam est invitatus.

6. Tunc illi visum fuit utile, si abbatem Rodulfum secum posset ducere. Abbas non recusat, neque tantum propter eum quantum propter insitum ei adhuc prioris peregrinationis suæ desiderium imperfectum. Hyemalis tota fuit hæc profectio, atque iccirco vix tolerabilis corpori humano; itum tamen est. Romæ positis, soporato nocte abbati a furibus et, ut dicebant vicini, a proprio hospite ablatum est ei quod paraverat ad peregrinandum suæ antiquæ et novæ voluntati. Decidit igitur ibi prorsus ab iterata intentione, quia, secundum quod poterat conjicere, putabat voluntatem Dei non esse. Alexander, infuso sibi ab apostolico Honorio vino salubris increpationis et oleo paternæ commonitionis, domum cum abbate Rodulfo repatriat, quem in omnibus

A postea reveretur et honorat. In reditu autem suo nativitatem Domini Placentiæ celebraverunt, et increscentibus hyemalibus periculis Augustam civitatem (417) transeuntes, ad villulam quæ est in pede montis Jovis, quæ vocatur Restopolis (418), cum difficultate morti proxima pervenerunt. Ubi nec ante ire valentes nec retro propter altissimos nivium aggeres, octavas Domini egerunt (*an.* 1129 Jan. 1), et post aliquot dies premonstrata eis a preducibus maronibus difficillima via — marones (419) enim appellant viarum premonstratores — subactis duobus miliariis Theutonicis, ad Sancti Remigii villulam (420) in ipso Jovis monte pervenerunt. In quo loco tamquam in mortis faucibus coagulati, manebant nocte et die sub periculo mortis. Angustia

B villulæ tota completa erat peregrinorum multitudine. Ex altissimis et scopulosis rupibus ruebant frequenter [347] intolerabiles omni opposito nivium aggeres, ita ut aliis jam collocatis, aliis adhuc supersedentibus mensis domos juxta, eos prorsus obruerent, et inventos in eis quosdam suffocarent, quosdam contritos inutiles redderent. Sub hac jugi morte aliquot dies in infausta villula illa fecerunt. Tunc sponte applicantes se peregrinis montis marones, gravem indicunt eis mercedem, ut temptatam viam aperirent, pedites peregrini eis sequerentur, equi post illos, sicque trita via planaretur dominis qui delicatiores retro venirent. Itaque marones capitibus propter nimium frigus filtro pilleatis, manibus villosæ cyrothecatis, pedibus coturnis munitis atque subtus

C a planta ferreis aculeis propter lubricam glaciem armatis, hastas longas ad palpandam sub alta nive viam in manibus ferentes, solitam audenter ingressi sunt viam. Summum mane erat, atque cum summo timore et tremore sancta mysteria peregrini celebrantes atque sumentes, ad instantis mortis ingressum se preparabant. Certabant, si quis eorum prior sacerdoti confessionem suam dare posset, et cum unus non sufficeret, passim per æcclesiam invicem sibi sua peccata confitebantur. Cum hæc in æcclesia cum summa devotione agerentur, percrepuit per plateam luctuosissimus luctus; nam marones per ordinem de villa egressos subito lapsus rupibus instar montis densissimus nivis globus decem involvit, et usque ad inferni locum visus est extulisse.

D Qui hujus infausti mysterii aliquando conscii fuerant, precipiti cursu ad hunc homicidam locum velocissime ruerant, et effossos marones, alios exanimes in contis referebant, alios semivivos, alios contritis ossibus in manibus trahebant, illa maritum, illa fratrem, ille et ille illum et illum se amisisse clamitabant. Tam horribili occursu [348] peregrini exeuntes

VARIÆ LECTIONES.

[345] sciaticam D. [346] Anno Domini 1128. *interpolator in margine.* [347] *deest* 1*. [348] cursu 1*.

NOTÆ.

(414) S. Bernhard.

(415) Cf. Annales Leodienses et Ægidius Aureævallis 23.

(416) Ægidius c. 24 dicit xv Kal. April. Alexandrum dono regali episcopatum obtinuisse, et probat Anselmus Gemblacensis Mon. Germ. SS. VI (*Patrolog.* t. CLX). Auctor innuere videtur consecratum ess Alexandrum die sancti Viti, i. e. 15 Jun.; vide de hac re adnotationem Lavalleyi apud Ernst III, 18.

(417). Aosta.

(418) V. Cl. C. L. Grotefend monente est Estrouble, Etrouble, in pede montis Jovis, infra S. Remy.

(419) Vel hodie *marronniers* vocantur. PERTZ.

(420) Saint-Remy.

de æcclesia, exterriti paululum hesitaverunt, et idem timentes sibi futurum, quantocius Restopolim refugerunt. De difficultate viæ nulla ut prius questio, plana videbatur eis pro effugiendo mortis periculo. Ibi acta epyphania Domini, et expectato sereno aere, conductis maronibus mortiferam villulam repetunt, et timore mortis pedibus velocitatem prebente, die illa usque ad medium montis modo repando, modo ruendo, vix tandem perveniunt. Sequenti die (Jan. 7), recepto aliquantulum spiritu, prophana Jovis sacra effugiunt, et ad patrium solum tendentes sine gravi difficultate perveniunt. Sed abbas non ita. Nam cum propter asperitatem hyemis et difficultatem itineris, tum propter incommoditatem corporis contractis dietis, lento vestigio est eos subsecutus, sed usque in patriam non assecutus. Quapropter cum parvo comitatu transisset Bisuntium (421), civitatem metropolitanam Burgundiæ, a maligno tyranno exceptus est insidiis altera die, atque per jugosa et saltuosa devia fatigabiliter diductus et distractus tribus diebus, demum spoliatus necessariis, in itinere permissus est abire.

7. Jam igitur Roma secundo reversus, modicumque ab itineris vexatione recreatus, necdum tamen requiescebat a priori desiderio, si forte requiem, quam extra patriam quesierat nec invenerat, in propria invenire valeret. Sed manus Domini diu antea super nos extenta, et necdum abbreviata, adjecit adhuc per solitum angelum iræ suæ ministrum percutere locum nostrum, et commonefacere prevaricatores redire ad cor suum. Advocatum enim nostrum comitem Gyslebertum et filium ejus Ottonem spiritu suo malo repleri permisit, et in omne quod erat contra jus, contra fas, ad deprimendam æcclesiæ familiam irrevocabiliter suscitavit. Commonitus humiliter ab abbate Rodulfo, increpatus frequenter a Lemburgense duce, domino suo, Gualeramno, proclamante etiam super eum domino nostro Mettense episcopo Stephano, pro pertinacia, pro contumacia abjudicatus est tandem legitimo judicio ab advocatia [349]. Et quia erat homo pertinacis animi et non multi consilii, contigit ei sub eisdem diebus culpis suis exigentibus, ut comitatus et beneficium, quæ habebat de Leodiensi episcopatu, proclamante episcopo Alexandro a paribus ei abjudicarentur. Quid faceret? Vires quibus supradictis dominis resisteret non habebat, animositas eum quiescere non sinebat; seditionem movit in regno scandalum in populo.

8. Contulit ergo se ad exducem Lovaniensem Godefridum, regni et imperatoris inimicum propter ducatum [350], qui abjudicatus fuerat illi et datus Gualeramno Lemburgensi comiti, advocato nostro majori (422). Calamitas hujus dissensionis ex majori parte æcclesiæ nostræ incubuit; quæcumque ex nostris subjacebant advocato et exduci aut cremata aut vastata aut servientia erant illi et suis. Quanto erant nobis viciniores, tanto et infestiores. Solum restabat nobis oppidum et cœnobium, in quibus non audebant adhuc prophanas ponere manus. Erat autem advocati [351] permaxima intentio, ut, quia sine omni munitione erat oppidum nostrum, vires suas et Lovaniensium in ipsum introduceret, et oppidanos hospitii dissipatione gravatos, postremo captivos abduceret. Sed providentia abbatis malignitatem ejus prudenti consilio avertit. Egit enim apud dominum suum, Metensem episcopum Stephanum, quod Alexander episcopus Leodiensis abbatiam nostram et oppidum sub patrocinio suo suscepit, juraveruntque sibi invicem fidem, consilium et auxilium episcopales et oppidani. Qua fiducia renovare cœperunt fossati vetustatem, firmaveruntque qualem in plano terra nostra nunquam habuit munitionem. Quam ob rem crescebat vehementissime in majus et majus malum, dissensio, hinc furente Lovaniense exduce, hinc comite Gysleberto. Monachorum, clericorum substantiis tam in villis quam æcclesiis nunquam parcebant, omnem sexum, omnem ætatem, omnem ordinem captivantes, diris cruciatibus usque ad mortem pro redemptione examinabant. His aliisque culpis exigentibus excommunicantur Lovaniensis exdux et comes Gyslebertus cum suis omnibus. Obsidetur post hæc Durachium ab episcopo Leodiensi Alexandro et duce Lemburgense Gualeramno [352], ad quod liberandum movit exercitum Lovaniensis domnus Godefridus et cum eo Flandrensis comes Theodericus. Durum commissum est prœlium ante ipsum, pugnatum est acriter (*an.* 1129, *Aug.* 7). Victi fugerunt Lovaniensis et Flandrensis comites, ceciderunt in ipso prelio ex hostibus plus quam 400 homines (423). Rediit circa castellum obsidio, sed diu teneri non potuit propter instantem messem in Augusto. Soluta est ergo, sed tyrannorum permansit dissolutio in igne et gladio. Sub tali calamitate et angustia licet de victu et vestitu multum attenuata esset fratrum substantia, utpote qui tribus annis subjacuerunt hujus passioni, tamen ob hoc nec disciplina eorum tepuit nec numerus decrevit. Cum autem complacuit ei, in cujus manu sunt omnium potestates et omnia jura regnorum, et

VARIÆ LECTIONES.

[349] Eodem anno Domini 1128 *interpolator in marg.* [350] Lotharingie *interp. in marg.* [351] Giselberti *interp.* [352] anno Domini 1129 *interpolator.*

NOTÆ.

(421) Besançon.

(422) Quod factum esse anno 1128 testantur Annales Rodenses, et apud Miræum IV, 197 in tabula quadam occurrit die 13 Jun. 1128 dux Paganus, i. e. Gualeramnus. Sed tantum terram inter Rhenum et Getam fluvios potuit obtinere, ut probant Annales Erfurtenses ad 1129. Vide Ernst III, 18. Godefridus Staufensium parti favisse videtur.

(423) Cf. de hoc prælio quæ leguntur apud Anselmum Gemblacensem ad a. 1129 et in Ann. Rodensibus.

qui conturbat profundum maris et mitigat cum voluerit, dixit angelo percutienti : *Cesset jam manus tua, ut non desoletur terra* (*II Reg.* XXIV, 16); et statim facta est tranquillitas magna. Nam Lovaniensis et Durachiensis domini et qui cum eis erant excommunicati Leodium venerunt, et æcclesiasticam facientes satisfactionem (*an.* 1131), absolutionem acceperunt et emendationem promiserunt (424). Itaque cessavit terra a bellis. Jamque tercia [353] facta crematione et vastatione [354] abbatiæ nostræ a Lovaniense principe, prima propter advocatum nostrum comitem Gysleberium, tunc ei adversantem propter imperatorem Heynricum quartum, secunda vero [355] nichilominus propter ipsum nobis adversantem et ei confœderatum (425), permaxima sollicitudo incumbebat nobis de reparandis æcclesiis nostris combustis, molendinis, villis dominicalibus, sicut vulneratis in bello de curandis domi eorum vulneribus.

9. Inter quæ maxima et continua mala intolerabiliter afficiebatur abbas Rodulfus cum animi vexatione tum etiam corporis per cyatica passione, quæ ita et totum [356] clunem occupaverat, ut equo aut pede modicum valeret. Itaque infirmitati suæ commodam et religiose volenti vivere congruam edificavit sibi cellulam versus aquilonariam partem juxta occidentalem [357] monasterii absidem, aperientem ostium in oratorium, criptæ choroque vicinum, votoque ei fuerat altare consecrare in honore sanctæ Mariæ, matris Domini nostri Jesu Christi, et sancti Basilii episcopi, quia beata Dei genitrix semperque virgo domina nostra Maria nullum speciale oratorium habebat in nostra æcclesia. Sed medicinalis manus Domini, quæ ab antiquo non consuevit corpus æcclesiæ nostræ absque expiatione diu relinquere, adjecit quoque ad caput nostrum se misericorditer appouere, et passionem cyaticam transfudit abbati in paralyticam [358]. Mense Martio ordinationis suæ anno 25 (*an.* 1132), 15 Kalendas Aprilis, feria 6, diebus sanctæ [359] quadragesimæ sedebat abbas Rodulfus ad mensam cum fratribus in refectorio. Ea ipsa die dederat fratribus generale de pisce, solvens abstinentiam pro humana compassione, ubi inter prandium allatæ sunt ei palustres anguillæ veru assatæ, atque subinde minores aliæ herbis primogenitis in pulmento confectæ. De quibus cum comedisset et aviditatem sentiens abjecisset, apposuit manum ad poma quæ erant in cipho ante eum vino infusa. Quibus ad modicum gustatis, statim sinistra manus cœpit ei quasi plumbum aggravari et momentaneis vicibus interdum levari, angulus quoque labiorum in eadem parte quasi emori, et lingua minus solita facilitate uti. Territus valde tamen lectionis finem non fecit, sed peracto prandio cum fratribus gratias peragens, ad occidentalem cellam sine aliquo dolore, sed cum multo timore declinavit, pro eo quod acciderat ei. Ibi cum suis familiaribus conferens de eo quod contigerat ei in refectorio, gratias Deo agebat, quia se evasisse, cum non evasisset, putabat. Non post collationes fratrum sensit paulatim obstupescere sibi crus sinistrum, ita ut sine amminiculo non fuisset ausus ire ad lectum. Circa mediam vero noctem cum evigilasset, omni officio cruris et sinistri brachii privatus inventus est. Cumque de officio linguæ et sensus integritate vehementer pavitaret, fratrum orationibus devotissime se commendabat, ut ei et linguam ad confitendum, et sensum ad recognoscendum Deus ei conservaret. Quod et pia Dei clementia ei concessit.

10. Eodem etiam anno circa autumnum dolori huic paterna manus corripientis eum Domini tantum languorem adjecit, ut a medicis desperaretur, et vix figmentum hominis pretendere videretur. Et ut ipse referre solebat, nocte festivitatis sancti Michaelis tanta passione attritus fuit, quasi qui angelorum aspectum peccando offenderat, si angelicis verberibus puniretur. Postquam autem de illa infirmitate vix evasit et de paralysi tantum meliorari cœpit, ut bacillo innixus ambulare utcumque valeret, et conventum fratrum, chorum capitulumque interdum intrare, studiosissime ammonebat fratres de servanda religione et de avertenda ab eis iræ Dei indignatione. Fecit etiam sibi basternam fieri, qua ad usus æcclesiæ longe etiam quo vellet commode valeret pervehi. Apposuit etiam et animum et studium ad informandum de muro claustrum. Et sequenti anno (1133) aperiens turrim ante conventum, de parvo prius fecit arcum, ut nunc appareт, magnum, mutans templi introitum ad dexteram manum, et in obturato priori introitu faciens depingi sanctæ Dei genitricis imaginem, ut haberet ab introeuntibus et exeuntibus dignam venerationem. Perduxit etiam murum dormitorii usque ad trabes ex utraque parte, et murum refectorii ex una cum coquinæ muro et signato exitu de claustro. Capitulum quoque ordinavit tribus parietibus, juxta quartum templi habens arcum ad introeundum et duas fenestras ad illuminandum cum arcuatis columpnis. Murum claustri, super quem stare debent columpnæ ab uno capite conventus usque ad aliud in circuitu, ab alto multum fundamento usque ad ponendas columpnas evexit, pilariisque per circuitum erectis locum distantium columpnarum signavit, atque simul locum quem ad lavandas manus debet habere conventus fratrum. Jamque ex parte trabes excisæ jacebant in silva, quibus dormitorii desuper et officinarum deorsum [360] compaginaretur

VARIÆ LECTIONES.

[353] *ita* 1* secunda 1. D. [354] et v. *desunt* 1*. [355] *deest* 1*. [356] solum 1. 1*. [357] orientalem 1*. [358] paralicam 1. 1*. [359] *deest* 1* [360] *dcest* 1*.

NOTÆ.

(424) Consentit de tempore Alexander episcopus in tabula apud Miræum I, 92; cf. Ernst III, 32.

(425) Vide supra X, 14. Revera est tertia vastatio, ut ipse probat paulo infra XII, 14.

structura. Cumque ad hanc abbas et sollicitaret officiatos et sollicitaretur a fratribus, suscitavit Deus, en nescio quota vice! super nos angelum satanæ, ut et operis impedimento nos contristaret, et substantiæ detrimento peccata nostra puniret. Adhuc enim manus ejus extensa super nos, et ira non erat aversa. Provenit autem sub hac occasione.

11. Est genus hominum mercennariorum, quorum officium est ex lino et lana texere telas, hoc procax et superbum super alios mercennarios vulgo reputatur. Ad quorum procacitatem et superbiam humiliandam et propriam injuriam de eis ulciscendam pauper quidam rusticus ex villa nomine Inda (426) hanc diabolicam excogitavit tegnam (427). Accepta a judicibus fiducia et a levibus hominibus auxilio, qui gaudent jocis et novitatibus, in proxima silva navim composuit, et eam rotis suppositis affigens vehibilem super terram effecit. Obtinuit quoque a potestatibus, ut injectis funibus textorum humeris de Inda Aquisgrani traheretur. Aquis suscepta cum grandi hominum utriusque sexus processione, nichilominus a textoribus Trajectum est pervecta, ibi emendata et malo veloque insignita, Tungris est inducta, de Tungris Los. Audiens abbas Rodulfus navim illam infausto compactam omine, maloque solutam alite cum hujusmodi gentilitatis studio nostro oppido adventare, presago spiritu hominibus predicabat, ut ejus susceptione abstinerent, quia maligni spiritus sub hac ludificatione in ea traherentur, in proximoque seditio per eam moveretur, unde cedes, incendia rapinæque fierent, et humanus sanguis multus funderetur. Quem ista declamantem omnibus diebus, quibus malignorum spirituum illud simulachrum Los morabatur, oppidani nostri audire noluerunt, sed eo studio et gaudio excipientes, quo perituri Trojani fatalem equum in medio fori sui dedicaverunt. Statim proscriptionis sententiam accipiunt villæ textores, qui ad profanas hujus simulachri excubias venirent tardiores. Papé! Quis hominum vidit unquam tantam — ut ita liceat latinizare — in rationabilibus animalibus brutuitatem? quis tantam in renatis in Christo gentilitatem? Cogebant sententia proscriptionis textores nocte et die navim stipare omni armaturæ genere, sollicitasque ei excubias nocte et die continuare. Mirumque fuit, quod non cogebant eos ante navim Neptuno hostias immolare, de cujus naves esse solent regione; sed Neptunus eas Marti reservabat, cui de humanis carnibus fieri volebat. Quod postea multipliciter factum est.

12. Textores interim occulto sed precordiali gemitu Deum justum judicem super eos vindicem invocabant, qui ad hanc ignominiam eos detrudebant, cum juxta rectam vitam antiquorum christianorum et apostolicorum virorum manuum suarum laboribus viverent, nocte ac die operantes unde alerentur et vestirentur liberisque suis id ipsum providerent. Querebant etiam et conquerebantur ad invicem lacrimabiliter, unde illis magis quam aliis mercennariis hæc ignominia et vis contumeliosa, cum inter christianos plura alia essent officia suo multum aspernabiliora, cum tamen nullum ducerent aspernabile, de quo christianus posset se sine peccato conducere, illudque solum esset vitabile et ignobile quod immundiciam peccati contraheret animæ, meliorque sit rusticus textor et pauper, quam exactor orphanorum et spoliator viduarum urbanus et nobilis judex. Cumque hæc et horum similia secum, ut dixi, lacrimabiliter conquererentur, concrepabant ante illud, nescio cujus potius dicam, Bacchi an Veneris, Neptuni sive Martis, sed ut verius dicam, ante omnium malignorum spirituum execrabile domicilium genera diversorum musicorum, turpia cantica et religioni christianæ indigna concinentium. Sanccitum quoque erat a judicibus, ut preter textores quicunque usque ad tactum navi appropinquarent, pignus de collo eorum ereptum textoribus relinquerent, nisi se ad libitum redimerent. Sed quid faciam? Loquarne an sileam? Utinam spiritus mendacii stillaret de labiis meis! Sub fugitiva adhuc luce diei, imminente jam luna (428), matronarum catervæ, abjecto femineo pudore, audientes strepitum hujus vanitatis, passis capillis de stratis suis exiliebant, aliæ seminudæ, aliæ simplici tantum clamide circumdatæ, chorosque ducentibus circa navim impudenter irrumpendo se ammiscebant. Videres ibi aliquando mille hominum animas sexus utriusque prodigiosum et infaustum celeuma (429) usque ad noctis medium celebrare. Quando vero execrabilis illa chorea rumpebatur, emisso ingenti clamore vocum inconditarum sexus uterque hac illacque bachando ferebatur. Quæ tunc illic agebantur [361], illorum [362] sit dicere, quibus libuit videre et agere, nostrum est tacere et deflere quibus modo contingit graviter luere.

13. Istis tam nefandis sacris plus quam duodecim diebus supradicto ritu celebratis, conferebant simul oppidani, quid agerent amodo de deducenda a se navi. Qui sanioris erant consilii et qui eam susceptam fuisse dolebant, timentes Deum pro his quæ facta viderant et audierant et sibi pro his quæ futura conjitiebant, hortabantur, ut combureretur, aut isto vel illo modo de medio tolleretur. Sed stulta quorundam cecitas huic salubri consilio contumeliose renitebatur, nam maligni spiritus qui in ea ferebantur, disseminaverant in populo, quod locus ille et inhabitantes probroso nomine amplius

VARIÆ LECTIONES.

[361] videres agere. D. [362] illorum — videre *desunt* D.

NOTÆ.

(426) Corneli-Münster.
(427) Dolum.
(428) Horat., Od. 1, 4, 5.
(429) Nautarum cantus.

notarentur, apud quos remansisse inveniretur. Deducendam igitur eam ad villam quæ juxta nos est Leugues (430) decreverunt.

14. Interea Lovaniensis dominus audiens de demonioso navis illius ridiculo, instructusque a religiosis viris terræ suæ de illo vitando et terræ suæ arcendo monstro, gratiam suam et amicitiam mandat oppidanis nostris, commonefaciens eos humiliter, ut pacem illam, quæ inter ipsos et se erat reformata et sacramentis firmata, non infringerent et inde precipue, si illud diaboli ludibrium viciniæ suæ inferrent. Quod si ludum esse dicerent, quererent alium cum quo inde luderent, quia si ultra hoc mandatum committerent, pacem predictam in eum effringerent, et ipse vindictam in eos ferro et igne exequeretur. Id ipsum mandaverat Durachiensibus dominis, qui et homines ejus fuerant manuatim et interpositis sacramentis et datis obsidibus sibi confœderati. Hoc cum jam tercio fecisset, spretus est tam ab oppidanis nostris quam a Durachiensibus dominis. Nam propter peccata inhabitantium volebat Dominus immittere super locum nostrum ignem et arma Lovaniensium. Ad hanc igitur plebeiam fatuitatem adjunxit se comes Gyslebertus contra generis sui nobilitatem, trahendamque decrevit navim illam terream usque Leugues ultra Durachium villam. Quod et fecit malo nostro omine cum omni oppidanorum nostrorum multitudine et ingenti debachantium vociferatione. Leuguenses oppidani, nostris prudentiores et Lovaniensis domini mandatis obsequentes, portas suas clauserunt, et infausti ominis monstrum villam suam intrare non permiserunt. Lovaniensis vero dominus precum suarum et mandatorum contemptum nolens esse inultum, diem constituit comitibus tanquam suis hominibus, qui neque ad primum neque ad secundum sed nec etiam ad tertium venire voluerunt. Eduxit ergo [363] contra eos et contra nos multæ multitudinis exercitum armatorum tam peditum quam militum. Nostro igitur oppido seposito, tanquam firmius munito et bellicosorum hominum pleno, primum impetum in Durachienses fecit. Quibus viriliter resistentibus, castellum nescio quare, cum posset, non obsedit, sed inter Leugues et Durachium pernoctavit. Cumque sequenti die applicare exercitum disponeret et ex quatuor partibus assultum facere — habebat enim ingentem multitudinem — supervenit Adelbero Metensium primicerius, filiorum Lovaniensis domini avunculus, cujus interventu, quia comitissa Durachiensis erat soror ejus, et Durachium erat castellum sancti Lamberti Lovaniensis dominus ab impugnatione cessavit et ab obsidione se amovit, promisso ei quod Durachienses paulo post ei ad justiciam suam producerentur. Et cum ista et alia de dominis et inter dominos tractarentur, pedites et milites per omnia nostra circuadjacentia se diffuderunt, villas nostras, æcclesias, molendina et quæcunque occurrebant combustioni et perditioni tradentes; recedentes vero quæ longe a nobis fuerant, prout cuique adjacebant, inter se diviserunt. Vastata est gravissime tempore illo abbatia et direpta omnia fratribus necessaria. Vastatio ista fuit quarta, quas infra 26 (431) annos fecit Lovaniensis dominus in nostra abbatia [364]: prima propter comitem Gyslebertum dissidentem ab eo propter imperatorem Heinricum quartum (432); secunda cum eo propter Alexandrum, postea Leodiensem episcopum (433); tertia, quando pugnatum est ante Durachium (434), nichilominus propter ipsum; quarta, quando inter eos est fœdus ruptum propter terrestris navis malignum adventum. Omnes istæ grandes vastationes factæ sunt propter comitem Gyslebertum, aut per eum, aut cum eo, exceptis innumeris minutis quas facere nunquam cessavit.

15. Isto fere anno (1136) quid nobis per abbatem Rodulfum acciderit, necessarium sciens fore posteris nostris, tenaci memoriæ scripto mandare curavi. Homo quidam Hezelo nomine defunctus fuerat, dapifer abbatum sub quibus consenuerat. Hic dum adhuc viveret et dominis suis placere familiari servitio sciret, familiaritate et calliditate sua effecit, quod de mensa fratrum partem culturæ juxta oppidum nostrum, et partes duas culturæ de Stades, necnon et molendinum de Cotteym, quod solvit omni anno 24 modios, suo fiodo attraxit. Mortuus est tandem sine liberis, relicto usu fructuario suæ uxori, sicut ei firmaverat ante abbates et coram paribus suis. Surrexit autem filius fratris ejus post eum Arnulfus nomine, volens quod avunculus tenuerat juste et injuste fiodali et hereditario jure possidere; patronum habebat inde advocatum nostrum comitem Gyslebertum et potentiores qui de paribus habebantur. Longa inter hunc Arnulfum et abbatem Rodulfum fuit decertatio. Ille abbatem urgebat falsis sed verisimilibus conditionibus et advocati violentia, de cujus erat familia, abbas quia erat satis legisperitus, excludebat eum legibus et veris assertionibus non solum ab his quæ avunculus occupaverat de mensa fratrum, sed etiam a fiodo

VARIÆ LECTIONES.

[363] Anno Domini 1135. *interpol.* [364] in n ab *desunt* D.

NOTÆ.

(430) Leeuw inter Tirlemont et Sanctum Trudonem

(431) In numero erravit; prima vastatio facta est anno 1114, quarta hæc, ut ex sequentibus patet, anno 1136, quo tantum anni efficiuntur.

(432) Vide supra X, 14.

(433) XI, 6.

(434) XII, 9.

quod possederat legitimum. Quid multa? Res tan- A dem eo processit, quod molendinum et culturam Arnulfus exfestucavit et abjudicatum ei coram paribus fuit, et quod ad dapiferi ministerium pertinebat obtinuit; molendinum vero et cultura post mortem supradictæ uxoris nomine Engelbergæ judicata sunt ad mensam fratrum redire. Molendinum eo tempore solvebat 24 modios annonæ commixtæ Leodiensis mensuræ et modium frumenti et 2 solidos et 4 capones [365]. Huic altercationi et diffinitioni multæ hominum interfuerunt animæ sepissime, de quibus quorundam necessariorum nomina voluimus hic reprensentare, ut defuncta matrona nulla sit ambiguitas de mensæ fratrum restituto molendino et cultura. Acta sunt ista solempniter et puplice, presente Gysleberto advocato et comite, et Rodulfo abbate, testibus paribus æcclesiæ, Arnulfo episcopi Metensis quondam judice, et Everardo [366] abbatis judice, Gonramno de Alost, Gualtero de Kircheym, Guederico de Halmala, Ruthardo cognomento Gimo, et alio Ruthardo curtis nostræ villico, Arnulfo tunc scabino et abbatis pincerna, Radulfo marescalco, Ulrico et Lietberto camerariis, et alio Ulrico, Richolfo, Adelardo, Reynero de Miles, Reynero grutario, et oppidanis parvis et magnis plus quam centum hominibus, anno ab incarnatione Domini 1136, ab ordinatione abbatis Rodulfi 28, regnante Lothario imperatore de terra et genere Saxonum, Petroleone et Gregorio diacone, qui post sacrationem vocatus est Innocentius (435), de papatu contendentibus, Mettis Stephano episcopante, Coloniæ Brunone secundo (436), Treviris Adalberone (437) Mettis quondam primicerio, Leodii ejusdem nominis (438), et loci post istum primicerio in episcopum electo et investito, sed necdum sacrato.

EXPLICIT LIBER DUODECIMUS, INCIPIT DECIMUS TERTIUS

1. Quia inter gesta hujus abbatis Rodulfi occasio B se obtulit, ut mentionem faceremus quomodo Alexander in episcopatum Leodiensem introierit, non ingratum quoque esse arbitramur, si de exitu ejus ab episcopatu et de fine vitæ ipsius posteritati certitudinem reliquerimus. Leodii in æcclesia beati Martini magister scolarum decesserat, post cujus decessum episcopus Alexander juvenem quendam nomine Theodericum per pecuniam in eodem officio substituerat, sciolum quidem satis de scolari eruditione, sed necdum vel signatum habitu vel tonsura clericalis disciplinæ, et quod prius nunquam habuerat vel illa vel alia in civitate, æcclesia posuit eum sine canonia, hoc est prebenda. De qua re cum reprehenderetur et emendare debuisset, deterius egit, quia canonicum eum similiter pro pecunia C fecit. Quam causam dum obstinate defenderet, et eam ipsam æcclesiam graviter inde scandalizasset, inter reprehensores suos in ejusdem æcclesiæ canonicum nomine Nicholaum vehementius invectus est, adeo ut domini Innocentii papæ audientiam appellare eum compelleret. Ad quam per eum ipsum de symonia accusatus, et a domno papa semel et secundo canonicis intervallis vocatus, viam arripuit quasi iturus. Sed remorante eum in Francia culpæ suæ conscientia, cum premissis ad domnum papam venerabilibus nuntiis, abbate videlicet Stabulense atque Lobiense (439) cum aliquibus archydiaconis, et relaxari de adventu suo ad audientiam nullo modo posset, tertiam vocationem canonicam accepit, et eam ipsam sicut alias postponens, depositionis suæ sententiam incurrit in concilio Pisæ domno papa Innocentio presidente, anno ab incarnatione Domini 1135. Quo diro sibi nuntio accepto, in tantam amaritudinem animi incidit, ut eam quoque sequeretur sine ulla dilatione egrotatio corporis, atque adeo ut appetitu cibi et usu sibi prestructo ad extrema perductus sit. Vix tamen confessione data et communione accepta, et regularium canonicorum vita in monte Puplico juxta Leodium promissa, extremum tandem sic spiritum efflavit (440), et in eodem loco sepulturam sine episcopalibus exequiis accepit (Jul. 6). Talis extitit finis Alexandri Leodiensis quondam episcopi.

2. Digestis de quibus proposueramus, jam nulla talium superest scribendi materia, sed de vastationis nostræ malis, quæ cotidie patimur, multa et amara nimis lugendi copia. Quæ ne forte magnitudinis suæ mole torpentem ocio animum obruat, et amaritudinis suæ aculeis usque ad desperationis baratrum detrudat, occupandus est solita exercitatione animus, ut minorem habeant locum in dolore corporales sensus; solent enim minuere fructuosæ animi occupationes etiam amaras corporum passiones. Quapropter ad superiora libet recurrere et scribendi materiam de pretermissis reassumere.

3. Ubi cum illa aliquando relegeremus, quod tempore domni Adventii, gloriosi Metensium presulis, facta sit descriptio ex abbatia sancti Trudonis (441), et ibi dictum sit quantum speltæ fratres haberent ad faciendum panem, quantum ordei ad cervisiam, quot porcos ad saginen, quantum salis, quantum

VARIÆ LECTIONES.

[365] 4 capones — cultura *desunt* D. [366] *extrema hujus libri desunt* D.

NOTÆ.

(435) Secundus.
(436) Sedebat annis 1152-1157.
(437) 1131-1152.
(438) Adalberone II. 1136-1145.
(439) Leonio; cf. Mabillon Annal. ord. sancti Bened VI, 184. Idem probant Annales Rodenses.
(440) Pridie Non. Jul., teste Ægidio.
(441) Supra I, 3.

leguminis, mirati valde sumus, quare non dixerunt, unde ista venirent, et quare pretermiserunt quid haberent fratres ad companium, scilicet ad piscem, ad ova, ad caseos, cum absque istis nulla vivant cœnobia monachorum, et si quid habebant fratres statutum ad vinum. Mirati etiam valde sumus et adhuc miramur, cur de mensa abbatis reticuerint, cum secundum mandatum beati Benedicti illa sit, quæ semper debet esse cum hospitibus et peregrinis, et si aliquando, quod rarissimum est, defuerint, vocandi sint de fratribus quot et quos abbas voluerit. Nec illud quoque pretermittendum fuisset, quantum ad vestiarium fratrum pertineret, quantum ad suscipiendos hospites, qui nunquam monasteriis desunt, quantum ad elemosinam pauperum, quan- B tum ad retinenda templi sartatecta, et ad invenienda in eo luminaria, et unde ministrari deberet infirmis fratribus, de quibus regula precipit, ut tractentur humanius et reparentur carnibus. Quæ ista omnia et alia perplurima cum debeant habere monachorum cœnobia, ut diximus, valde mirati sumus, cur descriptores abbatiæ ista reticuerint, quia de sola annona quam posuerunt ista omnia provenire non possunt [367].

4. Diligentius igitur exarare volentes statutam antiquitus prebendam fratrum usque ad desolationem loci propter abbatum contentiones et propter multimodas bellorum varietates, sic incipiamus: Mensæ fratrum panis cotidianus 5 marcis Coloniensis C ponderis appenditur, pulcher et albus, de spelta maxime et de excusso primæ farinæ flore effectus; puerorum panis 4 marcis, sed ejusdem pulchritudinis; portio [368] cervisæ unicuique fratrum, cervisæ inquam qualem nulla alia cœnobia habent usquam, inter prandium et cœnam sextarius vinarius; die dominica et feria tertia atque quinta inter tres fratres sextarius vini, sabbato ad mandatum inter quatuor. Sed cum venissent ad nos usus Cluniacensium, qui multa sobrietate mandatum suum faciunt, sextam partem sextarii de vino in prandio accepimus, et de cætero more Cluniacensium mandatum explevimus. Juvenibus vero fratribus nunquam dabatur vinum, nisi ab abbate aut priore eis dari preciperetur, et tunc quoque parcius. Feria secun- D da, feria quarta, feria sexta, si talis eveniebat festivitas, nichilominus inter tres fratres sextarius vini dabatur. Habebant etiam fratres cotidie legumen, diebus quibus comedebatur confectum sagimine (442). Similiter et olus tribus in epdomada diebus, ab assumptione vero sanctæ Mariæ cotidie usque *Circumdederunt me.* Quando vaccina caro comedebatur, pinguedine carnis olera abunde condiebantur; A sed et scutellæ tam leguminum quam olerum magnæ et bene refertæ habebantur. A festivitate sancti Remigii usque ad octavas pentecosten prepositus de Testebant inter duo leguminum videlicet et olerum fercula piscem cotidie dabat, scilicet aut magnos lucios aut anchoraum sive salmonem vel allec recentia. De allec recentibus unicuique fratrum quinque dabantur; de anchorao tanta portio quanta palmæ hominis latitudo, pollice juxta eam complicato, portiones vero lucii et salmonis minores erant, quia carior est piscis et spissior. Quod si alii pisces interveniebant, recta compensatio inde fiebat. Quia vero jugis et antiqua querela semper erat de piscibus inter nos, qui de Testebant [369] adducebantur, eo quod aut nimis essent salsi aut interdum putidi et putridi, aliquando etiam quia nec qualescunque poterant propter hiemem inveniri, et unius rei cotidiano usu fratres fastidio graviter afficiebantur, ordinaverunt abbas Theodericus et prior tunc temporis Rodulfus, ut fierent vicissitudines, scilicet ut daretur piscis, cum posset inveniri et sanus haberi, et cum non posset hoc fieri, commutaretur sive de frixis sagimine ovis, sive de artocreis, aliquando de caseo et ovis.

5. Prepositus de Hasbania, quamdiu alius serviebat, cœnam omni nocte dabat, scilicet quatuor ova unicuique fratrum aut dimidium caseum seu poma vel alium fructum. Et illud non est obliviscendum, quia si infra istos dies sive infra totum annum dies jejunii evenirent, debitum cœnæ prepositus de Hasbania non subtrahebat, sed prandentibus fratribus dabat quod comedi die illa poterat. Sed et a festivitate sancti Remigii usque ad octavas pentecostes omnibus festivitatibus, quibus fratres in albis erant, prepositus Hasbaniæ pro ferculo leguminis jussellum (443) commutabat confectum vino, ovis et sagimine, dabatque unicuique fratrum recentis piscis portionem bonam atque simul tres artocreas, quæ jure antiquo continere debent quinque ova et caseum (444), nunquam propter hoc subtracta portione de Testebant [370]. In nocte festivitatis sancti Remigii et sancti Trudonis idem ipse prepositus dabat fratribus ad cœnam recentem [371] piscem de Mosa, habebantque ipsi fratres ad ipsam eandem cœnam inter quatuor vini sextarium, etiam si contingeret eis ea ipsa die inter tres habere ad prandium. Die festivitatis sancti Remigii et die festivitatis sancti Trudonis cum cotidiano fratrum pane dabatur inter duos simila appendens quatuor marcas. Et primum ferculum in mensa erat quæ vocari potest carpeia (445), de sicco pisce de Testebant, eo quod minutatim carperetur, et minutatim cum ovis concisis cum pipere super-

VARIÆ LECTIONES.

[367] *hucusque omnia desiderantur apud* D. [368] portio — fratrum *desunt* D. [369] Testerbant 1*. [370] Testerbant 1*. [371] recentem — eandem *desunt* D.

NOTÆ.

(442) I. e. adipe.
(443) Jusculum.
(444) Alias est cibus ex pane et carne compositus.
(445) I. q. carpia, Gallis *charpie*; apud Italos est *carpionare* pipere, aceto aliisque speciebus condire.

aspergeretur. Secundum ferculum idem Hasbaniensis prepositus de salmone recenti, aqua cocto et piperato; tertium ferculum de eodem genere assatum et nichilominus piperatum; inter ea et alios assatos pisces qui afferebantur de Mosa, quos poetica licentia vocare possumus roceas (446) et bardos (447); preterea inter duos et duos fratres pictantias [372] (448), partim de luciis farcitis, partim de dorsis salmonum et ovis eorum piperatis; postremo artocreas. Quid multa? Multorum piscium multa erat copia. Cumque sic per intervalla festivitatum cum preposito de Testebant prepositus Hasbaniensis serviret, tamen omni tempore minutis fratribus quatuor ova ad gentaculum (449) procurabat et quatuor ad cœnam et carnes in infirmaria (450), si tamen in curti erant aut in lardario, inde sumebat quantum expediebat. Ab octavis pentecosten usque ad festivitatem sancti Remigii prepositus de Testebant cessabat, et Hasbaniensis omni die serviebat.

6. Die dominica et secunda feria et quarta et sexta feria dabantur scutellæ refertæ bonis piscibus unicuique fratrum, quantum alias inter tres aut duos divideretur. Frequentissime magnæ portiones sturionum (451), tempore quoque lampredæ (452) in usu sunt, inter tres una; sed et crassus piscis qui balena dicitur frequenter abunde ministrabatur. Tertia feria et quinta [373] et sabbato supradicti temporis intervallo inter legumen et olus ad prandium unicuique fratrum quinque ova et dimidius caseus dabatur, ad cœnam quatuor ova aut dimidius caseus, et propter hoc minutis tribus diebus de supradictis ovis nichil subtrahebatur. Ipsi quoque minuti quartam partem sextarii vini tribus diebus pro minutione sua accipiebant, quamvis aliqua dierum illorum de communi justicia tertiam partem haberent ad prandium. Diebus rogationum habebant fratres ad mensam unusquisque placentam cum portione sui piscis. Die palmarum commutabatur legumen pro faba trita, et in cœna Domini similiter et in sabbato sancto. Quatuor diebus nativitatis Domini, paschæ et pentecostes ad prandium duas portiones piscis, unam de Testebant, aliam de Hasbania, et ad cœnam prima die placentam cum brachiolo (453), minorem tamen quam in diebus rogationum; a pascha usque ad octavas pentecostes omnibus diebus, quibus fratres sunt in albis, dabat prepositus Hasbaniensis jussellum et portionem piscis cum illa de Testebant, et tanacetum quod 5 ovis conficiebatur, aut pro tanaceto porratam (454) bene ovis et sagimine confectam, ab octavis pentecosten inantea eo loco [374] artocreas. Panis qui dabatur ad cellam abbatis in ea famulantibus et in curti servientibus et omnibus supervenientibus hospitibus de [375] communi accipiebatur in cellario fratrum; similiter cervisa et vinum per manus villici qui erat super curtim. Pabulum et cibarium equorum distribuebat mariscalcus de horreo et granario, tam domesticis quam hospitibus, nam cellerarius fratrum ea tantum accipiebat et dispensabat quæ fratrum erant. De annona vero, de cervisa et de vino nichil habebat abbas singulare preter censum quarundam villarum et æcclesiarum et molendinorum. De eo procurabat mensæ suæ in cella et obsequentibus sibi et hospitibus, tam parv's quam magnis, et tria servitia in anno episcopo Metensi, quorum redemptio sex marcæ, et ea quæ pertinent ad retinenda claustri edificia.

7. Habebant fratres ad vestimenta sua singuli in anno singulas pelliceas novas, duas stamineas novas, (455) coturnos novos, 4 calceos novos (456) nocturnales et diurnales, et portionem magnam unde ungebantur, et inter duas vices 8 pedules (457), cucullam et tunicam, bracas et caligas et cætera quotiens et quando indigebant. Hæc et alia quæ supradiximus unde venirent villæ erant et æcclesiæ quas hic nominabimus: In Testrebant in villa Alburch ea quæ habere videmur cum æcclesia et omnibus appendiciis villicationis illius. In villa [376] Guimala cum ecclesia de Pirges ea quæ ibi habere videmur ad jus pertinent villici illius. Similiter in villa de Pelte, villa de Guebechem, villa de Hales cum suis æcclesiis et appendiciis villicationum suarum. Villa de Mergueles cum æcclesia sua et cum æcclesia quæ est in villa sancti Trudonis, et cum omnibus quæ intus et foris ibi habere videmur cum suis appendiciis. Villa de Stades cum æcclesia et eis quæ in Halmala habere videmur. Æcclesia de Halles et villa de Meres cum appendiciis suæ villicationis. Æcclesia de Lare cum villa et multis sparse jacentibus partibus quæ pertinent ad villicationem ejus. In Masesele (458) villula et æcclesia, de quibus vix aliquid boni unquam habuimus. In villa Provin quæ ibi habere videmur, similiter in villa Hallei. In Kircheym dimidium æcclesiæ et quæ in villa habemus. Æcclesia de Bovinges (459) et villa de Burlos cum appendentibus ad villicationem ejus. In Alost et Brustemia quæ in eis habere videmur. In Orel et Gemmapia quæ ibi habemus. In Sesninc æcclesia et quæ in villa habemus. Æcclesia de Corbeche et æcclesia

VARIÆ LECTIONES.

[372] pietancias 1 1*. [373] sexta D. [374] eo l. *desunt* 1*. [375] in 1*. [376] *reliqua usque ad verba* ejusdem monetæ *desunt apud* D.

NOTÆ.

(446) Rutilus, Gallis *rose.*
(447) Idem videtur quod barbus, Gallis *barbeau.*
(448) Portio cibi lautioris ad valorem unius pictæ, i. e. monetæ Pictaviensis.
(449) I. q. jantaculum, cibus quo solvitur jejunium ante prandium.
(450) Conclave infirmorum.
(451) Stör.
(452) Muræna, *lamproie, lamprete.*
(453) I. q. bracellus, Germanis *bretzel.*
(454) Poirata, porrecta, jusculum ex porris confectum.
(455) Lanea interula, camisia.
(456) Crurum indumentum.
(457) Pedum indumentum.
(458) Mazenzele haud procul ab Alost.
(459) Num Bouvines?

de Engelmunthove (460). Supra Mosellam æcclesia de Punirs et æcclesia de Bredal et vineæ et allodia quæ in ipsis villis habemus, et quæ serviunt in itinere preposito eunti illuc, unde veniebat vinum quod dabatur fratribus. In territorio Andeguerpensi juxta Mechele villam predium, quod solvebat [377] singulis annis 25 solidos Andeguerpensis monetæ. In pago qui vocatur Rin, non longe ab Andeguerp, aliud predium solvens 15 solidos ejusdem monetæ.

8. Didicimus quoque a nostris antiquioribus, cum pace et opulentia et religione æcclesia nostra floreret, quod Eltæ (461) villa magna et æcclesia ejus nostra fuisset, quæ non longe a Trajecto supra Mosam posita est. Fructus vero altaris ad sepulchrum beati Trudonis per multa tempora tantus erat et cotidianus, quod si nichil esset aliud, solus sufficere posset totius æcclesiæ necessitatibus. Qua fiducia presumptuosa abbatum temeritas et temeraria presumptio multa detraxit de substantia fratrum beneficiando, et de custodia quicquid pertinebat ad monasterii lumen et edificium. Similiter censum et predium, quod pro defunctis dabatur vel datum erat ad elemosynam fratrum, beneficiebant suis ad libitum. Quo tempore elemosina pauperum ita annichilata fuit, quid ad eam pertinuisset quod nec in memoria relictum sit. Sed et in præpositura de Testebrant octo capellas per negligentiam abbatum æcclesia nostra perdidit, quæ serviebant fratrum stipendiis. Accrescentibus vero malis per contentiones abbatum et inquietudines monachorum multa de prebenda fratrum per negligentiam deperierunt, multa in beneficiis data sunt, multa a villicis usurpata per mendacium. Duobus [378] miliariis non longe a Mettis villa est quæ dicitur Foncey, cujus æcclesia nostra erat; ea videlicet æcclesia invasa fuit et retenta a domino, cujus erat villa tempore dissensionis de nostra abbatia. Similiter eodem tempore pars multum fructuosa de Sesninc villa nostra adhuc tenetur invasa, Halley de fratrum quondam prebenda in beneficio fuit data. In oppido nostro plura tenentur in beneficio, domus et curtilia, census et alia servilia, quam habeat hodie prepositus in manu sua; quæ omnia fratrum fuerunt prebenda. Sed et per alias curtes et in ista quoque nichilominus culturæ fratrum sunt decurtatæ (462) et beneficiatæ, et molendina data in beneficio aut dampnosa hereditate. De allodio quod pertinebat ad curtem Guebecheym quædam pars in beneficio est data, quædam ampla valde et longa a circummanentibus liberis invasa et adhuc tenetur, ita pro advocatorum negligentia atque perfidia; multo autem plura in Hales villa. Nam inter ea quæ pertinent ad Guebecheym et Hales, inter campos et silvas et utilia palustria sunt plura quæ alienantur ab æcclesia quam mansi 70. In Brustemia censum totum qui pertinebat ad præbendam fratrum. De Stades multa pars beneficiata et in Kircheym de cultura.

9. Quid loquar de decimis, cum pæne omnes sint aut ad dampnosum pactum datæ, aut ad inutile beneficium famulis quibusdam pro fabrili operatione? Multorum pratorum vastissima possessio adbreviata est nobis modico relicto. Predium juxta Machele, quod solvebat 25 solidos Andeguerpensis monetæ, venditum fuit sine aliqua recuperatione et absque ulla commutatione. Illud de Masesele tenetur a quodam tyranno, sed sub recuperandi bona spe. Silvarum extirpatarum lugenda dampna non superabit amplius æcclesia nostra. Nam ut taceam de Peltæ et Guimala et de Guebecheym et Halla, ubi rarissime et humiles adhuc superesse videntur, Meruguelges et Mecerin et Stades densissimæ et magnarum arborum silvæ habebantur. Similiter Mere et Lare, Kircheym, Burlo, Villeyr (463), ex quibus supradictis silvis ad curtes earum veniebant clausuræ (464) sufficienter, et ad fabricam edificiorum tam monasterii quam claustri, et in villis dominicalium materies et ad eorum reparationes. Ex eis nichilominus veniebat porcina caro, quæ in æsca et sagimine cellæ abbatis et hospitibus et domui infirmorum et cellerario abunde sufficiebat in anno. Quæ ista omnia cum gratis aliquando haberentur, denario modo acquiruntur aut caremus. Vidimus aliquando tantum in anno supercrevisse, quod plaustrum scalatum onustum siccis carnibus Aquisgrani ad curiam imperatoris misit episcopo Metensi Adalberoni abbas Rodulfus in pentecosten diebus. Veniebant etiam ligna comburenda gratis et sufficienter ad abbatis cellam, ad fratrum coquinam, ad hospites, ad pistrinum, ad bracenam, ad lautores fratrum, quæ graviter modo comparare oportet ex his quæ manducare aut bibere debemus. Nutrimenta etiam pecorum erant per dominicalia in villis, quæ in carnibus et caseis multam commoditatem conferebant prepositis et abbati, quæ modo habere non licet propter villicorum fraudulentas distractiones et advocatorum violentas pernoctationes predonumque frequentes irruptiones.

10. Preterea dampnum grande et irrecuperabile [379] increvit istis diebus æcclesiæ. Nam familia ejus quæ multum imminuta est hodie propter oppressio-

VARIÆ LECTIONES.

[377] serviebat 1*. [378] *quæ sequuntur usque ad* frequentes irruptiones *desunt* D. [379] irreparabile 1*.

NOTÆ.

(460) Engelshoven in vicinitate Sancti Trudonis.

(461) Elsen vel Elsloo in ripa dextra Mosæ.

(462) Imminutæ.

(463) Villers, cujus nominis plures exstant villæ Leodio vicinæ.

(464) Sepes.

nes advocatorum et turbines bellorum, ampla quondam erat valde et diffusa longe lateque. Cujus plurima pars vivebat sub hac lege : Masculus 12 denarios solvebat singulis annis de censu sui capitis, femina sex, quidam alius legis duos denarios, quidam quatuor. Masculus istarum conditionum quocumque moreretur, sive sub nostro jure sive sub alieno, si necdum conjugatus erat, debebat æcclesiæ, quasi suæ heredi, quicquid in omni substantia supererat ei ; si fuerat conjugatus et non cum sua compare, hoc est quæ non esset ancilla nostræ æcclesiæ, debebat dimidium suæ substantiæ. Similiter et femina, excepto quia de quocumque conjuge essent ei liberi, non dabat æcclesiæ nisi quod melius videbatur habere in omni sua mobili re. Masculus, si esset cum sua compare conjugatus, dabat de suis vestimentis quod erat melius. Qui si haberet censualem terram et servilem, de terra dabat prepositis ad curtim bovem, et de capite suo vel alium vel rem quam habebat meliorem. Ita quoque fiebat, si parefridi superessent. Fructus iste copiosus et valde commodus fuerat olim prepositis et abbati nostræ æcclesiæ, antequam propter bellorum inundationes et advocatorum infestationes et villicorum infidelitates et nostra exulando imminueretur familia et remanentium attenuaretur substantia. Magistris vero census capitum partim consentientibus partim A exhortantibus propter uxores, quas de hujus legis conditione duxerant, ad hoc paulatim quidam proruperunt, et innumerabiles in hoc ipsum protraxerunt, quod censum 12 denariorum ad unum protrahere volunt et cætera debita eorum ad 12 denarios post mortem ipsorum ; sed et ubicumque in aliena moriantur justicia, preter 12 denarios omnia nobis negantur debita. Qui autem confitentur et solvere se velle dicunt debita, communicato cum villicis fraudis suæ et dolositatis commento, post mortem alicujus vestem aliquam pretendunt vilissimam et discissam, aut ovem claudam vel scropham languidam, et accepto sacramento, quod mortui aliquid melius non habuerint, si permittitur, sine omni timore Dei jurant, immo pejurant, aut a villicis eis B condonatur, ut injurati discedant. Sic et sic et multis modis aliis sublatus est fructus antiquæ commoditatis. Fructus etiam altaris ad sepulchrum beati Trudonis, qui inestimabilis olim fuerat, et de quo æcclesia omnes incommoditates suas antiquitus emendabat, vix modo confert unde æcclesia debitum luminare habeat. Quapropter tantis incommoditatibus, tantis defectibus simul concurrentibus, nemo miretur si intus sit prebenda attenuata, cum exterius sit substantia sic et multo amplius quam dixerim extenuata.

RODULFI ABBATIS TRUDONENSIS EPISTOLÆ QUATUOR.

I.

EPISTOLA [380] MISSA DE CŒNOBIO SANCTI PANTALEONIS RODULFO ABBATI SANCTI TRUDONIS.

Reverentissimo patri domno RODULFO [381] *Dei gratia abbati*, SIBERTUS [382], *pace frui supera post vitæ hujus incommoda.*

Si foret meæ possibilitatis adire presentiam vestræ paternitatis, nulla itineris obstaret asperitas, nulla familiaris rei revocaret adversitas. Sic enim verus amor, nullum qui novit habere modum, mentem vestri desiderio penetrat, dum compellit meminisse, quam liberalem vos aliquando erga se expertus sit extitisse (465), *et pro hac vicissitudine non solum aliquo modo non respondisse, verum nunc usque et a resalutatione obmutuisse. Hoc quantum ad humanum spectat obsequium; cæterum ille novit melius qui scrutatur omnia solus, quali vel quanta devotione vos assumam in mea peculiari oratione. Sunt quorundam obloquentium prepositiones, vel ut verius dicam detrahentium oblocutiones, pater karissime, quæ nos* C *inquietant acerrime, contra quas clypeum vestræ defensionis obnixe efflagitat humilitas totius congregationis. Sunt autem hæc : Oblatus est aliquando quidam puerulus nobis a parentibus suis, et devotione sua cum puero de facultate sua obtulerunt quantum voluerunt. Vidit hoc quidam ditior facultate, sed pauperior et avarior voluntate et invidit, statimque etiam suum filium suscipi rogavit. Multum temporis est in petendo et contradicendo consumptum, quoniam eundem puerum parentes vi intrudere voluerunt nudum. Tandem pater ejus familiariter conventus, ut de rebus quas sibi concesserat Deus aliquid conferret æcclesiæ, cœpit furere, dicens se nolle symoniam incurrere. Hac arreptus furia, multa nos pulsavit injuria, replevit fora et plateas, cives et æcclesiasticas* D *movit personas, contestans apud nos precio constare quæ jubemur gratis dare. « Si enim, inquit, plebeius nummatus facile admittitur, generosior simpliciter veniens multum excusationum repagulis repellitur; patet profecto, quia non persona sed pecunia requiri-*

VARIÆ LECTIONES.

[380] *hæc et reliqua omnia desiderantur apud* D. [381] R. 1. 1*. [382] S. 1. 1*.

NOTÆ.

(465) Cum Rudolfus abbas esset Sancti Pantaleonis; hanc igitur epistolam post annum 1123 scriptam esse patet. Cf. XII, 1.

tur. Dumque is qui primum repudiatus fuerat, sacculum pecuniæ attulerit et denegatum introitum meruerit, quis non videat quantum hic symonia operetur et valeat? » *Et quia nota et urbana fuit persona, satis nos inquietavit hac infamia. Tandem iterum conventi a clericis et laicis, respondimus id quod prius, quia esset competens et justum, nec canonico rigori contrarium, ut qui se vel quempiam suorum æcclesiæ vellet sociare, dum haberet unde posset, in usus ejusdem æcclesiæ deberet conferre. Illi autem* : « *Ad hoc, inquiunt, sunt instituta cœnobia, ut quicunque seculo voluerit renuntiare, licenter debeat intrare, nec paupertatis aut alicujus rei occasio huic erit obstaculo, quia quos Deus coadunat et sociat, bonis omnibus replet et saciat.* » *Hæc et plura opponuntur nobis alia, quæ omnia æquo libramine appendite, et qualiter calumpniatoribus ordinis nostri rationabiliter et canonice obviemus, plane et luculenter rescribite, et quomodo in hac reclamatione nos oporteat inoffenso pede stare, enucleate. Quicquid super hac re a vobis fuerit diffinitum, sic apud nos perpetuabit inconvulsum, acsi ab apostolica sede fuerit confirmatum.*

Prefatiuncula in rescripto.

Sequentis opusculi inténtio illuc maxime respicit, ut dives iste, de quo sermo habebitur, in medio recedat a parcitate sua et avaricia propter idolatriam. Si filium suum vult recipi, dimittat eum ad æcclesiam sequi quæ de sua substantia debentur ei; æcclesia vero caveat sibi de omni rerum ejus mala concupiscentia propter symoniam, quæ vendentes et ementes ejicit extra æcclesiam. Sive veniat vacuus sive plenus divitis filius, si vult eum suspicere, suscipiat, si non vult, dimittat, in suo arbitrio stat. Probabitur vero diviti et rationibus et auctoritatibus veridicis, quod pars substantiæ suæ, quæ deberet filio suo in seculo provenire, debeat eum ad æcclesiam cui offertur sequi juste et pie [383].

II.

RESCRIPTUM RODULFI ABBATIS AD EPISTOLAM MISSAM EI DE CŒNOBIO SANCTI PANTALEONIS [384].

RODULFUS, gratia Dei sanctique Trudonis id quod est, dilectissimo michi quondam filio, modo vero fratri karissimo SIBERTO, priori in sancti Pantaleonis cœnobio, cum omnibus secum morantibus, tam dominis nostris quam fratribus, in omni devotione et oratione salutem animarum et corporis.

Nuntium vestrum tanquam angelum Domini vidimus, litteras vestras quasi sacram paginam reverenter legimus, dolentes quod in litteris et nuntiis vestris vos raro audimus et videmus. De re ergo, pro qua humilitas vestra parvitatem nostram dignata est consulere, prope a scribendo manum subtraxeramus, cum nemo sit qui inde vos provocet ad audientiam vel qui trahat ad judicium, et vobis non minus quam nobis sint nota inde sacræ scripturæ et apostolica precepta. Procax tantum curiosorum hominum loquacitas teneras aures vestras inquietat, et eorum quidem hominum qui solent videre festucam in alieno oculo et trabem non considerare in suo, et culicem liquare et camelum glutire. Tales silenti irrisione magis sunt pretereundi, quam amabili illis contentionis fune diutius trahendi. Sed ne videremini gravari nostro prorsus silentio, et quasi inaniter usque ad nos cucurrisse, breviori forsitan quam velletis nos absolvemus sermone propter eos qui indigni sunt hac responsione, nedum responsionis auctoritate. Eia, pecuniosus homo sed parcus et avarus vult vobis filium suum intrudere sine omni oblationum genere, pallians idolum suæ parcitatis et avariciæ falsa virtutis specie, scilicet ne in sua oblatione videatur symoniam facere. Eripiat vos Deus ab homine iniquo et doloso! Miser et avaricia excæcatus non videt, quia, dum mentitur se velle vitare symoniam, quam graviter incidat per cultum suæ parcitatis et avariciæ in idolatriam, nam avaricia idolorum est cultura; neque hoc vult videre quantum prejudicium et calumpniam velit Deo facere et æcclesiæ, ad quam filium suum vult tradere. Nam portio illa, quæ debebat filio contingere in sæculo, jure Dei et hominum deberet eum sequi ad æcclesiam, ad quam eum vult tradere Deo. Exigere autem et velle habere quod justum est, symonia nulla est, magis vero rapina est et avaricia retinere quod juste debeat dare.

Dicit beatus Augustinus in libro de decem cordis (466): « Noli sub imagine pietatis augere pecuniam. » Et non multo post: « Mentiuntur quidem homines, mala est avaricia; palliare se volunt nomine pietatis et dealbare, ut quasi propter filios videantur servare homines, quod propter avariciam servant. Nam ut noveritis, quia sic plerumque contingit, dicitur de quodam: Quare non facit elemosinam? Quia servat filiis suis. Contigit ut amittat unum; si propter filios servabat, mittat post illum partem suam. Quare illam tenet in sacculo et illum relinquit ab animo? Redde illi quod suum est, redde quod illi servabas. *Mortuus est*, inquit. Sed precessit ad Deum, pars ipsius pauperibus detur [385]. Illi debetur ad quem perrexit, Christo debetur, ad eum enim perrexit. Et ipse dixit: Qui uni ex minimis istis fecit, michi fecit, et qui uni ex minimis istis non fecit, michi non fecit (*Matth.* XXV, 40). » Consideremus si ista sententia beati Augustini convenienter possit nostro pecunioso avaro aptari. Palliare se vult nomine pietatis et dealbare, ut quasi propter symoniam sive, ut ibi habetur, propter filios videatur servare quod propter avariciam servat. Si vult vitare symoniam et exuere avariciam, faciat

VARIÆ LECTIONES.

383 explicit *addit* 1*. 384 de c. s. P. *desunt* 1*. 385 debetur *Aug.*

NOTÆ.

(466) Sermo 9, de decem chordis, c. 20. Opp. ed. Venet. V, 62.

justiciam, nam symonia et avaricia non possunt fieri cum justicia. Sed quam eum rogamus facere justiciam, ut fugiat symoniam et avariciam? Inter filios æque dividat quod propter filios sive propter vitandam symoniam, ut ipse mentitur, retinet et servat. Sed a se unum vult emittere et Deo dare et sanctæ æcclesiæ. Bonum hoc est utique; sed et nichilominus bonum et justum est, ut mittat post illum sive cum illo partem suam. Sed credo ad hoc vult emittere e seculo, ut partem illius retineat in sacculo. Utique hoc neque bonum neque justum est, sed rapina mala et avaricia atque sacrilegium. Sacrilegium enim est, cum eum Deo obtulerit, si partem quæ illi debetur sibi retinuerit. Nam cujus jam effectus est, ejus et pars quæ illi debetur est. Deum igitur et sanctam æcclesiam spoliat sacrilegus, ubi ei, qui Dei est et sanctæ æcclesiæ, tollit ea quæ jure debentur. Reddat ergo illi quod suum est, reddat quod illi servabat. Sed: *Mortuus est*, inquit. Utique mortuus seculo, sed vivit Deo. Pauperibus Christi et æcclesiæ pars ipsius detur. Illis debetur, ad quos perrexit, Christo debetur, ad eum enim perrexit. Repleat nunc fora et plateas, cives et æcclesiasticas moveat personas noster clamitosus et pecuniosus avarus, quoquo se vertat, si post oblationem filii retinuerit quæ illi debentur, idolatra erit et sacrilegus, idolatra propter avariciam, sacrilegus propter Dei et sanctæ æcclesiæ rapinam. Concordat sententiæ beati Augustini sanctus Benedictus in sententia de disciplina suscipiendorum fratrum et de filiis nobilium vel pauperum (467). « Res, inquit, si quas habet — procul dubio qui suscipitur — aut eroget prius pauperibus aut facta solempniter donatione conferat monasterio, nichil sibi reservans ex omnibus. » Crudelis pater, res quæ debent contingere filio, neque ipse vult erogare pauperibus in platea, neque pauperibus Christi in æcclesia, sed sibi reservare omnia; immo conventus familiariter a fratribus et pie commonitus, ut de rebus quas sibi concesserat Deus aliquid conferret æcclesiæ; cœpit furere, dicens se nolle symoniam incurrere. Non occultam sed solempnem rogat fieri beatus Benedictus ad monasterium donationem, quod iste miser arreptus a furiis appellat symoniam. Item in sententiam de filiis nobilium vel pauperum (468): « Si aliquid offerre voluerint in elemosina monasterio pro mercede sua, faciant ex rebus quas dare volunt monasterio donationem. » Audit forsitan et lætatur, quod in voluntate ejus hoc ponat beatus Benedictus. Et certe vir sanctus in nullius voluntate hoc poneret, nisi sciret, quod debere hoc fieri sanctum et justum et pium esset. Nunc, quia quod sanctum et justum et pium est, non potest intrare istius voluntatem, habeat sibi res suas in perditionem. Vult ut vacuus suscipiatur ejus filius, faciat ut de eorum sit numero, de quibus scribit beatus Benedictus (469). « Qui vero, inquit, ex toto nil habent, simpliciter petitionem faciant, et cum oblatione offerant filium suum coram testibus. »

Sed nunc quoniam semel loqui cœpimus cum dominis et karissimis fratribus nostris, jam dilatato corde ex affectu erga vos magnæ dilectionis compellimur transire terminos nostræ propositionis. Proposueramus enim sermonem reddere breviorem, sed violentia caritatis elicit longiorem. Dicamus ergo aliquid, quod libenter velit audire noster pecuniosus avarus, ut æquanimius ferat, cum audierit quod non vult. Susceptiones igitur de æcclesiis et in æcclesiis maturarum et immaturarum personarum utique omnes debent gratis fieri, propter illud mandatum: *Gratis accepistis, gratis date* (*Matth.* x, 8), et quia Dominus Jesus omnes vendentes et ementes ejicit de templo. Qui hæc scimus et libenter audimus, illud quoque ignorare non debemus, quia tales susceptiones duos precipue respectus debent habere, scilicet ut imminutus numerus Deo in æcclesiis famulantium per eos qui suscipiuntur accrescat, et labor servitii Dei tolerabilior fiat. Quod si pecuniosi avari filius ad istos respectus non est necessarius, pro eo quod sufficiens vobis sit numerus et de Dei servitio nullus defectus, non videmus quæ sit ratio, ut gravetur æcclesia de superfluo et non necessario. Superfluum amputari debet, non necessarium assumi non debet. Recedite ergo, fratres, recedite ab hujusmodi homine et immundum ejus nolite tangere, ne videamini et per ejus avariciam idolatriæ communicare, et per eandem notam symoniæ incurrere. Sicut vestrum est nichil ab eo vel ab alio aliquo pro hujusmodi re exigere, ita et ejus erat, si homo Dei esset et non mammonæ, de portione hereditatis, quæ filio deberet contingere, oblationem cum eo ad æcclesiam facere, quæ eum amplius deberet et nutrire et vestire. Sed sicut ipse non vult hoc facere, et vos non potestis nec debetis eum compellere, sed pie tantum commonere, ita et, si filium ejus non vultis suscipere, non potest nec debet ad hoc vos cogere.

Nunc ad te michi conversio, pecuniose, avare, nunc ad te michi conversio. Convenio te, responde. Dic, quis te ducit spiritus, bonusne an malus, quia filium tuum domi onustum in cœnobio vis intrudere vacuum et nudum? Hoc iccirco quero, quia probari debent talium spiritus si sint ex Deo. Sed non dubito quin debeas respondere: « Bonus; » neque tu dubites quin ego asseram: « Malus. » Et unde hoc probem, audi. Spiritus Domini bonus nunquam cuiquam bona sibi debita tollit, nulli avariciam suadet, nullum patrem ab affectu filii propter aliquam substantiam abrumpit, sed liberalitate manus et animi conglutinat et connectit. Tu autem per malum spiritum idolatriæ, quæ est avaricia, tollis filio tuo ei debita, quæ offerre secum deberet in cœnobio pauperibus Christi, famulantibus ibi Deo. Ecce malus qui te ducit spiritus, et propter malum

(467) Regula S. Benedicti, c. 59.
(468) Ibid.
(469) Ibid.

quo probaris duci spiritum, juste es reprobrandus. Nescio si recte offeras, hoc scio, quod inique dividas, quia ea quæ tui sunt filii et per eum deberent esse æcclesiæ et Dei, filio tuo et æcclesiæ et Deo avara manu subtrahis. Iccirco propter iniquam nichilominus hanc divisionem, reprobam fecisti tuam de filio tuo oblationem. Dicit beatus Augustinus in supradicto libro de decem cordis : « Quidquid dicas, mortuo debes, quod vivo servabas. » Ergo secundum hujus beati viri doctrinam si mortuo debes, quod vivo servabas, multo justius debes illi mortuo sæculo et viventi Deo cum pauperibus Christi in cœnobio, quæ illi viventi mortaliter servabas in hoc mortali sæculo; sed avara non sinit manus. Hoc est quod dico, malus avariciæ te ducit spiritus. Clamat iterum contra te in eodem libro beatus Augustinus, clamat et dicit (470) : « Certe ea quæ hic tenes et non vis mittere post filium tuum, cui commendas? Actoribus tuis commendas illius partem qui precessit, et Christo non commendas ad quem precessit? » Et paulo superius : « Tenebitur hic ubi potest perire, et non mittetur illuc ubi Christus est custos. An idoneus est tibi procurator tuus, minus idoneus Christus? Videte, fratres, quia mendacium est quod dicunt homines : *Filiis meis servo*; mendacium est, fratres mei, mendacium est; avari sunt homines. » Quid contra hæc obloqui potes, dives avare? Licet dives, mendax es; licet pecuniosus, avarus es. Quid calumpniaris servos Dei de symonia, pro eo quod familiariter te convenientes exuere voluerunt avaricia et post avariciam idolatria, nichil a te requirentes nisi quæ dictat justitia, exigit misericordia, sicut audire noluisti ex beati Augustini sententia et sancti Benedicti Regula? Qui est ex Deo verba Dei audit; propterea tu non audis, quia ex Deo non es. Justissime ergo duobus istis fortissimis repagulis obseratur tibi janua cœnobii. Inique censor, etiam de institutis cœnobiis iniqua audes dare judicia. Profane papa, indiscreta promulgas decreta. « Ad hoc, inquis, sunt instituta cœnobia, ut quicunque seculo voluerit renuntiare, licenter debeat intrare. » Falleris. Quare ergo eos qui querunt suscipi mandaret [386] beatus Benedictus cum tanta difficultate recipi, cum tanta mora probari, cum tanta diligentia erudiri, si omnes qui veniunt licenter debent ingredi? Certe non ut omnes qui suscipi querunt licenter ingrediantur, sed quorum probati spiritus fuerint, quod ex Deo sint, ut regulariter suscipiantur. Si staret ista tua sententia, jam esset impleta petitio tua, quia non esset probatum, quod spiritus avariciæ sit agitata, sed putaretur, quod spiritu Dei esset actitata. Utque cætera taceam, intolerabilem multitudinem, quæ pro suis diversis necessitatibus et promiscuis affectibus se ingereret cotidie, ipsa regia horrea non possent stipendiare. Sed dicis ; « Quos Deus coadunat et sociat, bonis omnibus replet et saciat. » Verum quidem est, quos Deus coadunat et sociat, non vana securitas et stulta temeritas. Et quid dicis : « In quorum manibus replet et saciat? » In manibus ociosorum exspectantium de cœlis victum sibi et vestitum? Nequaquam certe; sed in manibus procuratorum suorum sollicite pro numero sibi commisso nocte et die invigilantium et laborantium. De ociosis legitur : *Quia in desideriis semper est omnis ociosus* (*Prov.* XXI, 25). Nunquam igitur saciatur istis tuis bonis omnibus. De his qui presunt : *Qui preest in sollicitudine* (*Rom.* XII, 8). De non laborantibus : *Qui non laborat nec manducet* (*II Thess.* III, 10). De qualibus et hoc est scriptum : *Non temptabis Dominum Deum tuum* (*Matth.* IV, 7). Non enim stulta temeritate et vana ociositate Dominum Deum suum temptare debet homo, quandiu habet quod sollicite faciat pro suis necessitatibus ex rationali consilio. Quod Abraham legitur fecisse, quando uxorem suam Saram sororem suam dixit esse, ne occideretur a rege inflammato in eam nimia ejus pulchritudine. Sanctus quoque Jacob patriarcha cum per multa Dei benificia expertus frequenter fuisset erga se ejus dilectionem atque protectionem, et fame premi videret terram Chanaan, et nisi sibi [387] prospiceret, ad se usque perventura, ne videretur temptare Deum non ociose torpuit, neque temere expectavit, ut dilector et protector ejus Deus annonam ei plueret de cœlo, sicut postea fecit filiis Israel manna in deserto, sed tanquam vir prudens et bene domui suæ preesse sciens, filios suos cum pecunia misit in Ægyptum, ubi audierat vendi frumentum, et semel et bis inde afferri sibi quantum domui suæ sciebat esse necessarium. Phylippus apostolus videns ingentem multitudinem quinque milium hominum et ad refocillandum eam non haberi [388] nisi quinque panes ordeaceos et duos pisces, egens super hoc rationis et consilii, obstupuit, et quasi desperans non de divina sed de humana potentia ait : *Ducentorum denariorum panes non sufficerent his, ut unusquisque eorum modicum quid accipiat* (*Joan.* VI, 7). Quapropter necessario apposuit se manus Domini, benedictio, ut, quod non potuit facere purus homo ratione aut consilio, omnipotens Deus homo faceret potenti virtutis suæ miraculo ob incrementum fidei in illo populo. Paulus, vas electionis, qui se sciebat ad hoc electum esse, ut portaret nomen Domini coram gentibus et regibus et filiis Israhel, et qui sciebat Deum non posse mentiri, quis nesciat quantis modis, quantis actibus, quantis amfractibus egerit, ut non traderetur occidendus Judeis, et quam subtili consilio et ratione Cæsarem appellaverit? Tunc enim rationabiliter et sine temptatione Dei debet homo fideliter confugere ad divinum auxilium, quando res quæ pre manibus

VARIÆ LECTIONES.

[386] mand. recipi 1*. [387] se 1*. [388] habens 1*.

NOTÆ.

(470) Ibid., Opp. V, 63.

habetur agenda humanam excedit rationem et consilium. Ista iccirco carptim percurrimus, ut non secundum nostri censoris sententiam quot et quales volunt cœnobia licenter ingrediantur, et inerti ocio vacantes expectent de cœlis a Deo, ut bonis omnibus pascantur, sed quot et quales viderint sibi necessarios qui preesse cœnobiis videntur, ita se committentes Dei providentiæ, ut tamen pro se et pro suis nunquam sint absque sollicitudine. Rationali igitur consilio observatum est ab antiquis, qui cœnobia instruxerunt, ut non majorem ponerent in eis numerum, nisi quantum viderent posse sufficere eis victum et vestitum constitutum — unde multa exemplaria pre oculis cotidie habemus, et beatum Maurum, sancti Benedicti discipulum, fecisse legimus (470-71) — sed et si aliqua [389] superabundarent necessaria, essent pauperibus et qui nunquam desunt cœnobiis hospitibus atque diversis intus ac foris accidentibus. Quod si adhuc egemus testibus, unum producimus qui sufficiet pro milibus. Dominus noster Jesus Christus, via veritatis et speculum et enigma totius bonitatis, licet in eum non cadat aliqua indigentia sed sit omnipotens sufficientia, tamen diffinitum numerum voluit habere discipulorum, hinc de toto mundo 72, illinc 12 apostolos, non ab aliquo sibi intrusos sed a se ipso electos. Et cum posset facere, quod nunquam esurirent neque sitirent, sed semper omnibus bonis abundarent, noluit, sed ex eis quæ mittebantur ei a religiosis viris et feminis, et quæ sequentes eum ministrabant ei, per dispensatorem suum statuit eos stipendiare, et quæ superesse poterant pauperibus et egenis erogare. In quo evidens et fidele posteris suis discipulis [390] documentum reliquit, quod benedictiones et oblationes accipere a religiosis viris et feminis de sæculo non esset symonia, sed justicia, pietas et misericordia, et qui eas offerrent non solum non facerent symoniam, sed justiciam, pietatem et misericordiam. Nunquid tu sanctior esse vis parentibus Domini Jesu? Qui, cum neque in cœlo neque in terra neque sub terra inveniri posset, quid sanctius offerrent ad templum Deo quam suum Dei filium, tamen sine hostiis et muneribus offerre noluerunt. Quod et Anna similiter fecit, mater sancti Samuelis, quæ eundem filium suum per sacerdotem Heli in hostiis et muneribus Deo obtulit. Quare ergo similia tu non facis, talibus instructus exemplis? Precepta sunt ista dominica, et illud : *Non apparebis in conspectu meo vacuus* (*Exod.* xxv, 15). Sed forsitan dicis michi : « Nihil debes exigere. » Et ego dico tibi : Nichil debes subtrahere; non pecco si requiro a te quod michi juste debes, sed tu magis peccas si michi negas quod

A juste debes. Quod juste debeas satis superius probatum est. Sancta vero et gloriosa virgo Lucia mutatura sæculum et itura ad Deum per martyrium, de re quam habemus pre manibus fidele nobis reliquit monimentum. Dives erat valde, et pro tenera ætate substantia ejus servabatur ei a matre. Quæ licet gloria et honore martyrii coronata, offerri Deo posset satis grata, nolebat tamen hoc fieri, nisi aut preeunte aut secum comitante sua substantia. Dicebat ergo matri suæ : « Omnia quæ mihi datura eras eunti ad corruptionis meæ auctorem, mortalem hominem, da michi eunti ad integritatis meæ factorem, Dominum Jesum Christum (472). » Quod sancta filia a matre non exigeret, nisi hoc justum et pium esse sciret; justum enim et pium est, ut qui ad Deum

B vadit illum precedant aut comitentur opes suæ in pauperibus Christi. Sed quid de feminis ista proferimus, quasi de viris similia exempla non habeamus, et quasi parentes tantum debeant hoc suis filiis et non filii parentibus? Utique quod [391] hac in re parentes suis filiis, hoc et suis parentibus debent filii. Beatus Laurentius pium patrem suum sanctum Sixtum ad Deum premiserat per martyrium, quem ipse subsecuturus fuerat per non minus martyrium post triduum, et cum satis utrisque posset sufficere in oblatione sua coram Deo dure mactata eorum corporum hostia, tamen substantiam, quam ei pius pater reliquerat, tanquam bonus filius voluit eum subsequi et se precedere, ut gloriosiores in conspectu Domini possent apparere. Non eam ergo reli-

C quit suis consanguineis aut divisit familiaribus, sed dispergens dedit pauperibus, et ideo in seculum seculi manet justicia ejus (473). Quodsi sancti martyres hoc faciunt, qui in suo sanguine sua jam cuncta peccata laverunt, quid tu, homo peccator, cogitas, qui sic filium tuum vis offerre Deo, ut ei sacrilegus subtrahas, quod in filio tuo ei debebas? Noli errare, Deus non irridetur.

Etiam nunc faciamus ad eum confugium, cujus verba et facta summa institutio sunt ad perfecte vivendum. Querenti cuidam : *Quid faciam, ut vitam æternam percipiam?* Dominus Jesus respondit : *Precepta nosti, ne adulteres, ne occidas, ne fureris, ne falsum testimonium dixeris, ne fraudem feceris, ho-*

D *nora patrem tuum et matrem. At ille respondens, ait illi : Magister, omnia hæc observavi a juventute mea. Jesus autem intuitus eum dilexit eum et dixit illi : Unum tibi deest; vade, quæcunque habes vende et da pauperibus, et habebis thesaurum in cœlo, et veni, sequere me* (*Marc.* x, 17-21). In his verbis Domini intelligimus, quia qui perfecte eum sequi vult, res quas habet erogare prius debet pauperibus. At dicis

VARIÆ LECTIONES.

[389] qua 1*. [390] *deest* 1*. [391] *deest* 1*.

NOTÆ.

(470-71) Cf. Fausti Vita sancti Mauri, c. 9, in Act. SS. Jan. I, 1049.

(472) Vita S. Luciæ ap. Surium Act. SS. VI, 892.

(473) Acta sancti Laurentii in Act. SS. Aug. II, 518

michi: « Res quas habeo pauperibus erogo et mandatum impleo, ut vel sic tandem excusatum me habeam, quia nichil ad monasterium conferam. » Et ego: Bene dicis: « Res quas habeo pauperibus confero. » Res igitur quas habes quibusvis pauperibus confer, sed res quæ sunt filii tui dimitte eum ad monasterium sequi, ubi inter pauperes Christi ad sequendum Dominum eum tradis. En iterum dicis: « Non sunt pauperes sed necessariis omnibus abundantes. » Et ego: Hoc est, quod Dominus dicit: *Servi mei comedent et vos esurietis* (*Isa.* LXV, 13). Et tamen revera sunt pauperes, et multo pauperiores quam illi qui vagantur per villas et discurrunt per plateas, quibus in meam commotionem tu mentiris te erogaturum res tuas. Nam quomodo possunt aliqui esse pauperiores, quam sunt in cœnobiis morantes, qui pro nomine Domini se privaverunt et totius corporis sui potestate et totius animi sui voluntate et rerum suarum omnium proprietate, quales extra istos nusquam invenies? Illi in seculo pauperes sunt non voluntarie, isti in cœnobiis voluntarie. Illi vel in hoc ditiores istis sunt, quia linguam, aures, oculos variis ad libitum quoties et quantum volunt pascunt, isti illis in hoc pauperiores, quia ista eis non licent, qui nec ipsum cœlum commune omni creaturæ neque ipsum aerem haurire oculis liberius audent. Propterea recte faciunt et mandatum Domini implent abundantius qui res suas conferunt talibus pauperibus, qui non solum pauperiores sunt pauperibus, sed etiam cotidie ministrant aliis pauperibus, peregrinis et hospitibus. Pauperum et pauperum multa est distantia, sicut nos docent quorundam sanctorum exempla, qui neglectis aliquibus erga quosdam majori se expenderunt diligentia. Ut enim paulo superius diximus, sunt pauperes non voluntarii, sunt etiam voluntarii. Non voluntarii ea quæ habent pauca gaudent se habere propria, et de rebus et divitis quas non habent cotidie ditant se et onustant assidua concupiscentia; voluntarii vero ad imitationem discipulorum Christi sua relinquunt omnia, habendi quoque voluntate relicta, et Christi sequentes vestigia conferunt se ad sanctorum cœnobia, in quibus tanquam in carceribus dampnant se pro nomine Domini sub diligenti custodia. Nichil habent propria neque volunt habere, quippe quibus placet etiam non licere, quod dicant « meum est » de aliqua re, sed « nostrum » propter commune. Hi tales vivunt de oblationibus fidelium, qui aliquando se sive sua vel suos cœnobiis contulerunt, nocteque ac die vigilanti studio Deo inserviunt pro salute vivorum et defunctorum omnium. Propter tales pauperes eorum stipendiatoribus in ultimo judicio Dominus dicturus est: *Venite, benedicti patris mei, possidete regnum quod vobis paratum est ab origine mundi. Esurivi enim et dedistis michi manducare; sitivi, et dedistis michi bibere; nudus fui et cooperuistis me, in carcere, et venistis ad me* (*Math.* XXV, 34). Tibi autem tuique similibus, quod Deus per emendationem vitæ avertat, terribiliter dicetur: *Ite, maledicti, in ignem æternum qui paratus est diabolo et angelis ejus. Esurivi enim, et non dedistis michi manducare; sitivi, et non dedistis michi bibere; nudus fui, et non cooperuistis me; in carcere, et non venistis ad me* (*Ibid.* 41, 44). Talium pauperum ab aliis differentiam sanctæ mulieres bene noverant, quæ a Galilæa cum domino Jesu ascenderant, et dimissis in medio multis milibus pauperum, ei et discipulis ejus de substantia sua pie ministrabant. Paulus apostolus harum sanctarum mulierum imitatus exempla, multa milia pauperum preteribat, quando sanctis qui erant Jherosolimis speciali cura ministrabat. Quid? putasne, quod in magna urbe Roma pauperes non inveniret sancta Cecilia, quæ ab urbe miliario tertio transferebat se omni diligentia ad eos pauperes qui erant in via Appia, inter quos latitabat sanctus Urbanus papa (474)? Tot et tantis exemplis iccirco te circumcludimus, ut ad te reversus non dicas facere symoniam, si de rebus quas tibi contulit Deus cum filio tuo offeras ad æcclesiam, ut sanctis pauperibus Christi, qui pro nomine Domini se in ea quasi dampnaverunt, prestare valeas necessarium corporis refrigerium, et ab auditione mala liberet Deus animam et corpus tuum.

Nunc igitur istis omissis ad confutanda tua indiscreta decreta revertamur. Monachorum cœnobia non sunt ad hoc instituta, ut avarorum divitum filios inconsulte suscipiant, vestiant et nutriant æcclesiæ stipendiis, et patres eorum de debita filiorum portione majori studentes avariciæ et questui satisfaciant suis marsupiis; sed ad hoc sunt instituta, ut, suis laboribus et fidelium oblationibus viventes, eos secundum regulæ preceptum suscipiant, qui aut omnino pauperes sunt, aut de divitibus pauperes se propter Deum fecerunt, sive qui sua non sua facientes, se tandem et sua ad pauperes Christi in cœnobiis conferunt. In quibus hoc omni diligentia observari antiquorum patrum statuit rationabilis providentia, ut non plures susciperentur quam stipendiare possent ipsa cœnobia, quatenus et qui inveniuntur et qui suscipiuntur essent absque edaci murmurationis lepra, quæ solet nasci gravissime ex egestate pro intolerabili et licenter admissa multitudine. Quod si sibi caverent quidam modernorum, hodie non tam impudenti rapacitate antiquarum æcclesiarum invaderent terminos et decimas, nec circuirent civitates et plateas, nec divitum domos frequentantes matronarum sibi affectarent gratias, ut inopiam, quam patiuntur propter supereffluentem multitudinem, effugare valeant per importunam et oportunam mendicitatem. Sed sacri ordinis et religiosi habitus reverentia non est modo dicendum de his per singula. Verum dic michi, illi qui erant coadu-

NOTÆ.

(474) Cf. Vita sanctæ Cæciliæ apud Surium in Act. sanct. VI, 525.

nati et sociati in Jherusalem et aliis aliquibus in locis, pro quibus Paulus collectas fieri sollicite monebat, et factas studiose mittebat aut ipse portabat, sanctine erant et servi Dei? Utique erant, et per Deum et pro Deo coadunati et sociati. Quare ergo Paulus de eorum numero et refrigerio tantopere erat sollicitus et non magis expectabat, ut a Deo de cœlis per angelum ejus tuis bonis omnibus replerentur et saciarentur? Quia hoc Deo placere non videbat. Sicut enim superius dictum est, quamdiu habet homo quid pro suis necessitatibus faciat ex rationali consilio, non debet temptare Dominum Deum suum. Fide solidata jam dudum preterierunt tempora miraculorum. Et quid, si recte perpendimus, nonne erat Paulus angelus Domini, per quem solacium et refrigerium prestabat sanctis qui in nomine ejus erant congregati? Et tu quidem potes fieri angelus Domini, si de tuis bonis quæ subtrahis velis prestare solacium et refrigerium sanctis qui pro nomine Domini tenentur clausi in cœnobiis. Quid vero dicemus de illa sancta et gloriosa credentium multitudine, quorum cor erat unum et anima una in primordio æcclesiæ? Faciebant symoniam, qui intrare ad eam volentes, bona quæ habebant ante pedes apostolorum afferebant et propria communia faciebant? Certe nequaquam; sed pietatem, misericordiam et justitiam. De quorum numero severissima sententia in duos vindicatum est, qui tamen non totas res suas, sed rerum suarum partem subduxerant. Tu, qui sic vis per filium tuum intrare, quod nec totum nec partem vis dare, quod fiet de te? Illi irrevocabili mortis sententia de parte per hominem multati sunt, tu non times de toto tremendum a Deo super te judicium. Deus det tibi melius consilium.

Hactenus ad eos sermo noster habitus peroravit, qui spiritu avaritiæ suæ et parcitatis gravati, deorsum feruntur per vacua obloquii sui campestria; nunc ad eos convertitur, qui spiritu sapientiæ et intellectus levati sursum in monte, a Domino Jesu audiunt mandata sublimia. Ergo, dilectissimi fratres, fugite omne genus symoniæ, excutientes manus vestras ab omni munere. Ars est diaboli subtilissima symonia. Triplex est, et nescimus an melius debeamus dicere trilex; nam quibus connectitur tria sunt fila, obsequium, manus, lingua. His plerumque tribus simul, aliquando horum quovis uno quorundam inondat pedes, qui videbantur gradi simpliciter, quorundam prestingit oculos, qui se putabant habere linceos. Nemo vos mittat exemplificandi gratia ad majores sive potentiores, si qui sunt, in æcclesia, qui capiunt et capiuntur symonia; de bonis, non de malis sumenda sunt exempla. Amen dico vobis, recipient mercedem suam, mortem sempiternam, si hic non egerint pœnitentiam et dimiserint quod tenent per symoniam, et quanto majores et potentiores sunt, tanto majora et potentiora patientur tormenta. Quia vero de tam longinquo dignati estis querere, accipite consilium parvitatis nostræ, ita tamen, ut si habetis melius, non relinquatis propter istud. Si quis vel se vel filium suum obtulerit vobis in cœnobio suscipiendum, simplici mentis oculo et tota cordis puritate, sine omni mala cupiditate, audiat per vos sancti Augustini consilium et regulæ sancti Benedicti precæptum, sicut superius de hujusmodi est relatum. Si audierit et obaudierit, bene, salvastis animam ejus a morte; si non obaudierit, neque iniquitas vestra neque peccatum si eum non recæperitis. Noluit enim intelligere, ut bene ageret, sed astitit omni [392] viæ non bonæ, avariciam autem non odivit. Fratres karissimi, magnum opus est in tali re magnam habere mentis puritatem et nullam avariciæ cupiditatem, quia, sicut omnis qui viderit mulierem ad concupiscendum eam, jam mechatus est eam in corde suo, ita omnis qui de æcclesiasticis donis mala cupiditate aliquid exigit vel concupiscit, plus dicam, vel in spe agit retributionis, symoniacus fit, et si non hic coram populo, certe coram divino oculo. Ad quæ probanda cum per campos sanctarum Scripturarum aliquando luderemus, hac pila multis et variis auctoritatum floribus respersimus nostra vestigia. Extant volumina, per quæ scribendo modo recurrere piget, vestro tamen amore pauca recolligere libet.

Scimus igitur et pro constanti habemus, quod omnes æcclesiastica vendentes et ementes symoniaci sunt, et omnes symoniaci heretici, et nulli heretici in æcclesia. Igitur omnes vendentes et ementes extra æcclesiam sunt, quod verissima assertione affirmat beatus Jheronimus super Matheum (475): « Cotidie, inquit, Jesus ingreditur templum Patris et ejicit omnes tam episcopos et [393] presbiteros et diaconos quam laicos et universam turbam de æcclesia sua, et unius criminis habet vendentes pariter et ementes. Scriptum est enim: « Gratis accæpistis, gratis date. » Ecce, quod vel una tantum die Dominus Jesus non patitur vendentes et ementes in æcclesia sua esse. Quomodocunque, quantumcunque cessent qui pro eo deberent hoc facere, ipse non cessat quod suum est facere. Omnes ergo ejicit cotidie, cujuscunque sint ordinis, cujuscunque gradus et officii, nulli parcit, non negligit, omnes cotidie ejicit. » Ubi ergo sunt vendentes et ementes? Extra æcclesiam. Quid dicit beatus Gregorius de extra æcclesiam? « Extra æcclesiam, inquit, non est locus veri sacrificii. » Sunt igitur vendentes et ementes, ubi non est locus veri

VARIÆ LECTIONES.

[392] *deest* 1. [393] quam 1*.

NOTÆ.

(475) Opera ed. Vallarsi tom. VIII.

sacrificii. Beatus Augustinus dicit de hereticis, quod procul dubio sunt symoniaci : « Ex nobis exierunt, sed non erant ex nobis, » et de vendentibus et ementibus super Johannem : « Vendunt, inquit, oves, vendunt boves, id est miseras plebes. » Et cui vendunt, nisi diabolo? O lacrimabile malum! Quos Filius Dei redemit de manu inimici precioso sanguine suo, isti filii diaboli vendunt patri suo diabolo. O quam malus venditor, ubi tam pessimus est emptor! Omnipotentis Dei bonitas et miseratio prestet nobis et vobis ut longe semper sit a nobis hæc heretica negociatio, per quam miseræ plebes venduntur diabolo, et propter quam tam episcopi et presbiteri et diaconi quam laici et universa turba ejiciuntur de Dei Patris templo. Amen.

Quando vult aliquis, ut fiat cœnobialis,
Ex omni quod habet partes æquas faciat tres.
A Unam pauperibus det, et una domi teneatur,
Tertia debetur sanctis ad quos gradietur;
Hoc ego justiciam magis assero quam symoniam.
Si quis suam prolem fieri vult cœnobialem,
De toto quod habet partem seponere debet
Prolis, ut æcclesiæ secum ferat introeundæ.
Hæc est æcclesiæ lex optima, non symoniæ.
Hoc etiam leges decernunt imperiales.
Pellit ab æcclesia cunctos heresis symonia.
Qui sunt vendentes in ea quicquam vel ementes,
Pellit in infernum regnum tollendo supernum.
Gratis prebenda, gratis sunt accipienda
Quæ sunt æcclesiæ, pulso trivio symoniæ.
Quisquis in hac heresi defungens invenietur,
Inferni nunquam de pœnis eripietur,
B Non etiam durum si martyrium pateretur[394] (475 *).

VARIÆ LECTIONES.

[394] *hoc loco desinit codex* 1; *quæ sequuntur in solo* 1* *leguntur.*

NOTÆ.

(475 *) Solemnis quondam fuit in ordine S. Benedicti puerorum oblatio, qua parentes filios suos Deo perpetuo et irrevocabili voto consecrabant, uti præscribit S. Benedictus in Regulæ cap. 59. Ea res triplici ritu peragebatur, scilicet oblatione puerorum, quorum manum parentes cum oblatione et petitione sua involvebant in palla altaris; donatione, et litteris publicis utrumque confirmantibus: quarum litterarum exempla tum in Chronico Novaliciensi, tum in notis ad Guibertum legere licet. Hinc copiosi monasteriis proventus accessere ex parentum liberalitate, qui multas opes et ampla prædia in filiorum suorum quos offerebant, gratiam, cœnobiis contulerunt. Hunc ritum efferendorum puerorum, ab Ecclesia jamdudum probatum, improbare, imo et abrogare nisi sunt nonnulli principatu Ludovici Augusti, cognomento Pii : ad quem Rabanus, tum Fuldensis monachus scripsit librum unum *contra eos qui oblationem secundum Regulam S. Benedicti destruere volebant*, testante Rodulfo Monacho in Vita Rabani. Librum hunc, hactenus ineditum, non semel ego postulavi ex cœnobio Mellicensi, ubi in ms. codice ejus bibliothecæ asservatur, ut lego in veteri ejusdem bibliothecæ catalogo, quem modo penes nos commodatum habemus.

Perseveravit mos iste, offerendi scilicet pueros, usque ad sæculum XII, quo tempore floruit Rodulfus. Is a Siberto priore cœnobii Sancti Pantaleonis, quod Coloniæ situm est, litteris pulsatus, quid respondendum censeret avaro cuidam pecunioso qui filium suum huic monasterio indotatum tradere volebat, repugnantibus priore et monachis, qui partem hæreditatis filio competentis ab illo divite exigebant; sic responsionem suam temperavit, ut non solum quid avaro illi, sed etiam quid consilii monachis hac in re expedire judicaret, sincere exponeret, qua in re certe boni viri et integri doctoris officio functus est.

Rodulfi itaque responsio duas habet partes. In prima graviter præstringit ejusmodi avarum hominem, qui filium suum monasterio oblatum debita hereditate fraudare volebat. Præcipua ejus argumenta sunt, avaritiæ et sacrilegii crimen esse, si partem filii, quem Deo obtulerat, sibi retinuerit. *Nam cujus*, inquit, *jam effectus est, ejus et pars quæ illi debetur, est.* Ad hoc non esse instituta cœnobia, ut divitum familiæ exonerentur : sed ut pauperes re ac censu, qui Deo servire voluerint, ac divites paupertatis studiosi alantur. Præferendos esse sæcularibus egenis monachos pauperes, *qui non solum pauperiores sunt pauperibus, sed etiam quotidie ministrant aliis pauperibus peregrinis et hospitibus.*

In altera epistolæ parte Rodulfus Sibertum et monachos ejus monet, ut ne quid a divite illo, *vel alio aliquo* pro puerorum susceptione exigant; commoneri posse, ut de portione hæreditatis, quæ filio contingere deberet, offerat Ecclesiæ : ad hoc vero non debere compelli. In utriusque potestate esse, monachorum quidem, ut filium ejus suscipiant; patris vero, ut partem hæreditatis monasterio conferat : neutros ad hoc cogi debere. In summa, C non posse quidquam exigi per monachos in susceptione puerorum seu monachorum circa simoniæ crimen, quia *omnis qui de ecclesiasticis donis mala cupiditate aliquid exigit et concupiscit, plus dicam*, inquit, *vel in spe agit retributionis, Simoniacus est ; et si non hic coram populo certe, coram divino oculo.*

Rodulfo præiverat ab anno 794 concilium Francofurtense, cujus insigne ea de re decretum est in cap. 16 : *Audivimus*, inquiunt Patres, *quod quidam abbates cupiditate ducti, præmia pro introeuntibus in monasterium requirant. Ideo placuit nobis et sanctæ synodo, ut pro suscipiendis in sancto ordine fratribus nequaquam pecunia requiratur; sed secundum Regulam sancti Benedicti suscipiantur.* Id vero statuit S. Benedictus in Regulæ cap. 58, ut suscipiendus frater *res si quas habet, aut eroget prius pauperibus, aut facta sollemniter donatione conferat monasterio*, non quasi pro conductæ susceptionis pretio, sed *in eleemosynam*, uti explicat in capite sequenti : ubi D filios pauperum *qui ex toto nihil habent*, gratis admitti præcipit. Eam porro legem religiose servabat Goffridus abbas Vindocinensis, cujus hæc verba sunt in lib. IV, epistola 49 : *Nihil pro faciendis monachis quærimus : sed, si quid oblatum fuerit, quia illud Regula recipi jubet, suscipimus. Ordo siquidem noster exigit, ut tales simus, qui non lucris temporalibus, sed lucrandis animabus operam demus.* Et certe cum ad hoc dotata sint ordinis nostri monasteria, ut quibusvis a sæculi corruptela sincere et ex animo converti volentibus, tanquam asyla et perfugia, pateant; intolerabilis inhumanitatis est, pauperes terreno censu, sed gratia et bona voluntate locupletes hinc excludere; et quos Deus ad religiosam professionem vocaverit, quasi indignos rejicere. Viderint qui cœnobiorum inopiam in facti sui excusationem afferunt : eam certe non admisit Jacobus a Vitriaco, cardinalis, *de monialibus* sui temporis

III.

EPISTOLA RODULFI ABBATIS AD WALERAMNUM DUCEM [395].

Glorioso [396] (476) principi et advocato suo majori WALERAMNO [397] abbas RODULFUS [398] et congregatio sancti Trudonis fideles orationes et servicium.

Quia quesivistis a nobis, notum vobis facimus breviter dominum nostrum sanctum Trudonem progenitum fuisse de nobiliori stirpe Francorum regum et ducum Austrasiorum (477), propter amorem Dei reliquisse militiam secularem, et angelica revelatione et beati Remacli ammonitione Mettis transisse, et omne patrimonium suum beato prothomartyri Stephano tradidisse, litteras ibi didicisse, multis miraculis ibidem claruisse et usque ad sacerdotis virtutem et scientiam et gradum pervenisse, deinde ad terram nostram reversum cœnobium nostrum fundasse. Tanta autem et tot fuerunt prædia sua quæ beato prothomartyri Stephano tradidit, ut exceptis his quæ dominus Metensis episcopus ad dominicalia sua tenet et milites ejus multi in beneficiis habent, et exceptis his quæ ecclesia nostra adhuc possidet, et exceptis multis et magnis quæ jam olim ecclesia nostra perdidit — nam inter cetera Bruges in Flandria allodium sancti Trudonis fuit, ubi et congregationem 80 monachorum habuit — exceptis his inquam et aliis multis, tot et tanta fuerunt, ut vos habeatis inde in feodo pro advocatia 1100 mansos, de quibus comes Gislebertus tenet de vobis 300, exceptis ecclesiis et servis ad eas pertinentibus et placitis suis et justiciis in abbatia. Et quia tantis allodiis ditavit sanctus Trudo Mettensem ecclesiam, sancti et religiosi pontifices et duces majori libertate donaverunt ecclesiam nostram de advocatis quam aliam aliquam. Misimus igitur vobis quia petistis exemplar cartæ nostræ de libertate ecclesiæ nostræ et de jure vestro in ea, qui noster major advocatus estis.

(*Anno 1065.*) *In* (478) *nomine sanctæ et individuæ Trinitas. Ego Adelbero* (479) *Dei gratia Metensis episcopus, notum esse volumus omnibus nos in villam sancti Trudonis quæ Sarchinia dicitur venisse, et ob contentionem inter germanum meum, ducem* [399] *Fredericum, et abbates Sancti Trudonis* (480) *nuper exortam in advocatione ejusdem loci, quam eidem fratri meo dederam in beneficio* (481) *consilio fidelium nostrorum usus, quid nostri et advocati juris esse in ipsa villa vel in reliqua abbatia ad nos attinente, presentia ejusdem advocati majores natu consuluisse, ut super hoc negotio quicquid a majoribus suis didicerunt, vel ipsi usque ad illud tempus tenuerunt, fideliter proferrent, et nec timoris nec amoris gratia in quamlibet partem plus minusve dicendo declinarent. Qui sacramento astricti nominatim protulerunt quasdam curtes esse in ipsa abbatia, id est Burlou, Lare, Mere, Wilre* (482), *Kyrcheim, Staden, Halmale, in quibus nunquam a meis prioribus aliquid juris concessum est advocato, quia eædem stipendiis ascriptæ fratrum, nulli alteri obaudire debent quam preposito et ejusdem monasterii cellerario. In villa autem sancti Trudonis vel in reliquis abbatiæ villis professi sunt ipsi duci — qui, ut dictum est, advocatiam in beneficio tenebat — sive advocato ab eo constituto ex tribus generalibus placitis et magno banno, si quis forte infra villam occisus vel vulneratus fuerit, tercium denarium debere assignari, reliquos autem duos vel michi vel abbati. Ceterum testati sunt abbatis vel villici mei esse arbitrii, ut legitimi et libere quicquid libuerit sine advocato possent placitare, scilicet de terris, de domibus, de alienis uxoribus ducendis, de familiis, nisi grande forte exigente negocio abbate vel ministro meo ad rem discutiendam invitatus fuerit. His ergo ita in predicta villa inquisitis et absque alicujus contradictione collaudatis, aliquanto tempore transacto, post decessum felicis memoriæ jam dicti fratris mei, iterum idem qui prius, in presentiam nostri in castro nostro Salembrucca* (483) *venire jussi, presente domno Udone, fratris mei successore, eadem advocatiam in beneficio a nobis habente, et Othone subadvocato, eodem modo quo prius ammoniti, eadem etiam quæ antea protulerant tunc utique sunt professi. Quapropter quibusdam fidelibus nostris, qui tunc temporis nobiscum aderant, consilium prebentibus* [400], *quorum etiam nomina infra notari jussimus, ne quis hoc postmodum valeat vel audeat infringere, sub cartarum descriptione placuit tam presentium quam futurorum memoriæ commendare. Et ut hoc firmum et inconvulsum habeatur, manu propria illud roboravimus,*

VARIÆ LECTIONES.

[395] *desunt* 1*. [396] De jure advocati *in margine superiore scripsit interpolator* 1*. [397] W. 1* [398] R. 1* [399] Lotharingie seu Mosellanorum (484) *interpolator in margine* 1*. [400] Præsentibus 1*.

NOTÆ.

scribens, in Historiæ Occidentalis cap. 15, *quæ passim et publice pro miserabili cœnobiorum ingressu pecuniam exigebant, allegantes suam paupertatem; et de Simoniæ crimine pessimo non curantes, domum orationis in forum negotiationis convertebant.* Fit vero plerumque justo Dei judicio, ut nulla magis cœnobia egestatem patiantur, quam quæ ab suscipiendis virginibus sacris ejusmodi dotem exigunt contra sacrorum Canonum præscripta. MABILLON.

(476) Hanc epistolam ad a. 1138 jam luci dedit Miræus Opp. dipl., ed. Foppens I, 61; scripta est inter annos 1119 et 1138.

(477) Hæc et sequentia leguntur apud Theodericum in Vita sancti Trudonis, apud Surium

(478) Hæc quoque tabula apud Duchesne, *Maison de Luxembourg*, pr., p. 19. Miræum 1, 62. Calmet *Hist. de Lorraine*, I, pr., pag. 452, et Bertholet *Hist. de Luxembourg*, III, pr., p. 29.

(479) Tertius.

(480) Abbas tunc erat Adelardus II.

(481) Cf. supra I, 10, et V. 3.

(482) Mastricht vicinum.

(483) Saarbrück.

(484) Errat; Lotharingiæ inferioris.

et fidelium nostrorum testimonio roborari fecimus. Actum publice in supradicto castello Salembrucca. Anno ab incarnatione Domini 1065, indictione 3, regnante Heynrico tertio. Adelbero tertius sanctæ Metensis ecclesiæ humilis episcopus subscripsit. Domnus Adelbero primicerius Domnus Theodoricus nepos ejus. Domnus Gervoldus archidiaconus. Domnus Odelricus, frater ducis Gerardi (485). *Fredericus, Herimannus, Riquinus, Otto, Bernardus, Stephanus, Guntramnus, Wigericus, Herimannus, Hugo, Gervoldus, Leudoldus, Theodericus, Arnulfus, Berengerus, Lyedeco, Gislebertus, Lyezeco, Adelstein, Wacelinus, Guncelinus, item Wacelinus. Ego Gislebertus ad vicem domni Tyetfridi Metensis ecclesiæ cancellarii. Lambertus homuntio.*

(*Anno* 1060.) *In* (486) *nomine sanctæ et individuæ Trinitatis. Notum sit omnibus tam presentibus quam futuris, qualiter domnus Theodericus Mediomatricæ sedis episcopus in cœnobio sancti Trudonis per aliquot tempus commoratus, et ibi in egritudinem incidens et ad extremum perveniens* (487), *cum consilio amicorum suorum donavit eidem ecclesiæ et fratribus inibi Deo servientibus scrutum* (488) *ejusdem oppidi, hoc est potestatem ponere et deponere illum qui materiam faceret, unde levarentur cervisiæ, et de singulis cervisiis quæ brasciarentur* (489) *in oppido nostro sex picarios* (490) *ad opus fratrum suspicere, quod ad servitium suum et antecessorum suorum pertinebat. Hoc autem ad remedium animæ suæ et aliorum antecessorum suorum fecit, quatinus memoria illorum non sicut ante, sed perfectius et stabilius permaneret. Hoc ego Adelbero* (491), *successor ejus et cognatione et ordine quamvis immeritus, in loco supradicto constitutus advertens, simulque causam et necessitatem, pro qua predicti fratres hoc ab eodem domino meo* (492) *episcopo expostulabant, considerans, scilicet ut eorum potus, qui eatenus vilior habebatur, postea quodammodo melioraretur, decrevi manuscripti auctoritate notare meoque sigillo signare, domno abbate Adelardo secundo loci illius ceterisque fratribus hoc idem postulantibus, quatinus hoc nullus successorum meorum infringere audeat; et quod ipse ad remedium animæ suæ predicto sancto sibique famulantibus contulit, ego quoque causa animæ et successorum meorum firmavi. Hoc, quicunque ille est, detrimento faciat*

A *animæ suæ. Actum est hoc in cœnobio predicti sancti Trudonis anno ab incarnatione Domini 1060, indictione 13, regnante rege Heynrico tertio, anno regni ejus 4, anno episcopatus ejusdem domni Adelberonis 43, coram idoneis testibus quorum nomina substernotata sunt. Nomina nobilium : Signum advocati ducis Frederici* (493). *Signum subadvocati comitis Ottonis* (494). *Signum Folmari comitis. Signum Hermanni comitis. Signum Richuini. Signum Bardonis. Signum Herimanni. Signum Walberti. Signum Ansfridi. Signum Theoderici. Signum Crath. Signum Wazonis. Signum Ottonis. Signum Gunzelini. Nomina plebeiorum de familia : Signum Ramundi. Signum Lamberti. Signum Wichmanni. Signum Everardi. Signum Ascolfi. Signum Lyzeconis. Signum Stephani. Signum*

B *Lydeconis. Signum Ruthardi. Ego Ramundus ad vicem domni Azonis cancellarii scripsi et subscripsi.*

IV.

EPISTOLA RODULFI ABBATIS AD STEPHANUM EPISCOPUM METTENSEM [401] (495).

Otto filius advocati nostri Gysleberti villam nostram Villarium invasit, absque ulla deplanctione villicum meum Anduardum innocentem contra ipsum cepit, abductum ad villam suam Wormiam in cippo (496) posuit, tortum graviter duabus tandem libris redimi coegit. In eadem villa scabinum nostrum Franconem cæpit, sub una nocte sex modios annonæ ei vastavit et 200 garbas (497) annonæ, tandem captum et abductum redimi coegit 48 solidis.

C Eidem alia vice duos boves abstulit et redimere fecit. Similiter eidem alia vice duos boves abstulit et redimere fecit. In eadem villa Stephanum scabinum nostrum et fratrem ejus Menardum cæpit et 18 solidis redimi cœgit. Eosdem alia vice in eadem villa invadens vulneravit, cepit, et 45 solidis redimi coegit. Waltero scabino nostro duos boves abstulit. Quadam vice minis in direptionem pecorum suorum ejusdem villæ rusticos eo coegit, ut plus quam 50 solidos ei persolverent. Alia vice eodem modo plus quam tres libras fecit persolvere. Alia vice in eadem villa solidarios suos per quatuor dies et noctes fecit hospitari cum multitudine equorum et palefridorum, et nimia devastatione totam villam afflixit. Pro propria werra quam habebat et nulla ecclesiæ nostræ

VARIÆ LECTIONES.

[401] *in superiore magine leguntur verba manu interpolatoris ut videtur scripta :* Stephanum episcopum Metensem, *reliquis a bibliopega abscisis. Ex quibus patet hanc eamdem esse epistolam Rodulfi abbatis, quam interpolator in indice suo his verbis significavit.* Epistola Rodulfi abbatis ad Stephanum episcopum de diversis injuriis ecclesie nostre illatis.

NOTÆ.

(485) Lotharingiæ superioris.
(486) Miræus I, 65. Meurisse p, 364.
(487) Adalbero I. Metensis episcopus apud Sanctum Trudonem mortuus est. Cf. contin. tertiæ part. 1, lib. III, 12.
(488) I. q. grutum, hordeum siccatum ex quo cerevisia coquitur, dein vectigal quod de cerevisia solvitur. Cf. IX, 22.
(489) Cerevisiam conficere; Gallis *brasser*.
(490) Gallis *pichier*, mensura potoria.
(491) Tertius.
(492) Excidisse videtur verbum *antecessore*.
(493) Lotharingiæ inferioris.
(494) De Duras.
(495) Est hæc epistola supplementum alterius quæ supra in libro nono ad eumdem scripta legitur.
(496) Tormenti instrumentum, quo captivorum pedes constringuntur, dein carcer in universum.
(497) Gallis *gerbe*, nobis *garbe*.

causa, inimici ejus in eandem villam irruerunt, et depredantes eam fere 2000 animalium inter parva et magna abduxerunt, exceptis rusticorum suppellectilibus. Sic et sic bona villa per eum est annichilata. Patri planximus, nichil profecimus. Hæc sunt pauca de multis quæ propter advocatum nostrum perdimus.

De brascenis quibusdam, quas per violentiam quorundam in oppido nostro perdimus, post plurimas ante episcopum Metensem, ante advocatum proclamationes et judiciarias discussiones eo pervenimus, ut invitatis nobis Mettis, coram primis Metensium fratribus nostris rejudicarentur. Mandatum est hoc advocato nostro per nuntium et sigillum episcopi, ut secundum judicum sanctionem cambas usui fratrum manciparet et de invasoribus justiciam nobis faceret. Noluit; sicque perdimus, Gerardus de Durmale, miles ejus, decimam unam et quinque solidos singulis annis nobis aufert, et neque diem neque justiciam de eo per advocatum nostrum habere possumus, cum frequentissime ei planxerimus. Geldulfus de Hacchedor (498) terram nobis tollit quæ 30 denarios solvit. In villa Lewes (499) curtile unum negligentia advocati perdimus. In Webecheym Otto de Bevere in loco qui dicitur Langerodech dimidium molendinum nobis aufert, aversa aqua nostra a recto cursu suo. Godefridus de Diesteh super allodium nostrum ibidem edificavit, quod alienavit a nobis trahens illud Diesteh. Gualterus de Bechenweiz villam unam nostram de Assent combussit cum tota ecclesia. De qua re sicut et de aliis frequenter advocatum nostrum convenimus, cujus homo est, ut diem poneret et justiciam nobis de eo faceret, nec perfecimus. Sic tota villa illa remanet vastata. Seleche (500) tantum terræ perdimus quod 12 denarios solvit. Udelrico villico nostro de Burlo Reynerus, advocatus Sancti Lamberti, unum mansum allodii aufert, et hoc suo allodio adjungit; neque ad hoc eruendum advocatus sepe rogatus subvenit. Quidem Egebertus tollit homini nostro Gysleberto unum mansum in villa Hers (501) et attrahit ad allodium comitis Arnulfi. In villa Hepene (502) servientes comitis Arnulfi tollunt eidem homini nostro Gysleberto unum mansum de feodo suo, et per advocatum nostrum nullam ex his justiciam habere possumus.

In villa nostra Burlo a festivitate sancti Johannis usque ad adventum Domini modo pater, modo filii, modo sui, 32 pernoctationes fecerunt uno anno, per quas singulas nunquam minus habuerunt quam 300 equos, aliquando 400. In eamdem villam dominus Otto cum militibus suis ingressus, precariis suis agressus est quendam Gozelinum, hominem nostrum, et quia non dedit quantum petiit, pecora illius ablata Woremiam minari fecit, donec marca argenti compulsus est ea redimere. Eidem tres firtones postea abstulit. Item ejusdem villæ homines ante se precepit assistere, exigens ab eis quantum sibi placuit, quam ob rem compulsus ei dare prepositus duas marcas, ne legem curtis infringeret. In eadem villa hominem nostrum Petrum aggressus est, et illo recusante dare quantum exigebat, quatuor noctibus apud illum suos armigeros cum equis suis pernoctari jussit, donec necessitate compulsus dimidiam marcam solveret. Item ibidem erga quemdam Baldricum commotus est, qui quoniam gratiam ejus ad libitum suum recuperare non potuit, plaustris suis totam segetem illius vi abvexit, quam ille coactus est quatuor libris redimere. Item cuidam Ramundo quinque firtones abstulit. Item in eadem villa apud Annelinum decanum frequenter pernoctavit; quadam vero nocte dum ille ex more pernoctanti optimo servisset, mane discedens octo solidos sibi dari compulit. Pernoctationes quas in ea fecit, et sumptus quos ab hominibus nostris violenter aufert, nemo numerare queat. Pater quoque in eadem villa 30 modios Leodienses siliginis sibi solvi coegit.

In villa Hales plus quam 30 mansos novo modo tempore perdimus inter dominum Reynerum advocatum et illos de Curtenaken (503). Ubi villicus meus Johannes, non justificante michi de eo advocato cum levissime posset, tanta mihi tollit, tanta vastat in silvis, in patris, in culturis, in piscationibus, in agricolis, in omnibus quæ ad villam pertinent, quæ fidem excedere possunt, et abjudicatam illi jam dudum villicationem tenens vi ibi tyrannizat, advocato non prohibente. Dampnum, quod per decem modo annos michi fecit in multis modis certe majus possum suppurare quam 100 libris. Insuper in eandem villam nocte sancti Martini intravit filius ejus Otto cum 100 pene equis, feceruntque in ea octo dies, modo ipse, modo frater ejus, de 16 libris census mei non relinquentes mihi nisi 20 solidos et 30 denarios abjectæ monetæ, omnia quæ erant in horreo nostro tollentes, et quæcunque debebant nobis rustici per totum annum. Harches villam nostram pernoctationibus et precariis suis ad exterminium duxerunt. In villa nostra Orel quanta mala nobis fecerunt filii ejus et ipse non facile possum dicere. Inter plurima pauca, pauca hæc sunt. Otto, filius ejus, villico nostro Roberto parefridum unum 30 solidorum abstulit; pater ejus cappam (504) quatuor solidorum, cum nocte eadem dormisset in domo ejus cum 12 hominibus. Pater tuas fecit precarias contra jus ecclesiæ nostræ, filius Otto duos, frater ejus Gyslebertus unam, quæ graviores simul fuere quam 10 libræ. Quotiens ibi dominicalem domum nostram et

NOTÆ.

(498) Num Haccourt in vicinitate Leodii?
(499) Haud procul a Namur.
(500) Num Seilles Huy vicinum?
(501) Herten Looz vicinum.
(502) Heppenher ad Mosam.
(503) Cortenæken Diest vicinum.
(504) Pallium.

curiam intraverunt, quotiens ea quæ invenerunt intus voranto vastaverunt, sepes curiæ et parietes domus combusserint, horreum nostrum et spicarium fregerint, hoc manifestum est omnibus judicium, quia velimus, nolimus, oportet nos eam vastam ac solitarium et absque agricultura relinquere. Inter precarias vero et pernoctationes, modo patre exeunte, modo filio intrante, tunc alio superveniente, mendici effugiunt agricolæ nostri. In nocte sancti Lantberti (*Sept.* 17) domum nostram irrupit, avulsis seris cum 20 equitibus, in ea vivens de nostro pernoctavit; in nocte sancti Trudonis (*Nov.* 23) cum 90 equis, prima dominica adventus Domini cum 30. Culturam ibidem nostram subadvocatus ejus quinque diebus vastavit, laxatis in ea sine custodia octo equis; rusticis 15 solidos precaria abstulit. A mense Augusto usque ad adventum Domini, sive per se sive per suos 15 ibi pernoctationes fecit, postea innumeras per singulos annos. In horreum presbiteri de villa nostra Alesta (505) filius ejus Otto suos homines misit, et triticum illius vi excuti fecit. De qua re patris auxilium presbiter imploratus quinque solidos ei dedit, sed nec sic cessanti filio octo Leodienses modios hordei et dimidiam marcam dare compulsus est. In eadem villa ab homine nostro Francone quatuor marcas abstulit, et illius germano dimidiam marcam. Pernoctationes innumeras tam per se quam per suos de nostro vivens ibi statuit. Kyrcheym in horreum decani Baldrici, nostram ecclesiam in eadem villa tenentis, suos homines Otto ad excutiendum in ejus triticum misit, qui non recesserunt, donec marcam ei decanus persolveret. In eadem villa tres precarias fecit contra jus ecclesiæ nostræ. In villa nostra Mere precariam unam fecit, propter quam ejusdem villæ homines, vellent, nollent, duas libras solverunt; alio anno similiter unam. Ibidem cuidam homini nostro Godefrido 12 solidos abstulit et filio Godescalci de Halla 15 solidos. Pernoctationes quantas et quam inhumane et immisericorditer habitatores ejus tractaverit, non facile possem dicere.

In villa Wimales misit milites multociens pernoctare, una nocte ampliore numero quam 100 equis, qui aliquando a feria quinta usque ad feriam secundam pernoctaverunt. Villicum meum Theodericum in eadem villa cepit ipsemet pater, captum secum abduxit, tamdiu secum tenuit donec 20 solidos, quos mihi de censu meo debebat, ei extorsit. Humbertus presbiter noster de Burlo ecclesiam nostram judicio canonico perdiderat, excommunicatus cedere nolebat. Episcopus, archydiaconus, ego ad advocatum Gyslebertum [402] inde nos contulimus. Ille et ego missis simul in Augusto nuntiis, decimationem illius ecclesiæ in communi horreo recondidimus, dimidiam ei pro auxilio spoponderam; qui a presbitero precio accepto, passus est eum horreum nostrum effringere et annonam totam tollere, atque ecclesiam tenere. Pro animabus patris advocati Gysleberti nostri et matris tantum habebamus boni, quod singulis annis valere poterat 15 solidos; hoc nobis tollit homo ecclesiæ nostræ nec vult nos inde juvare. Adebertus serviens ejus tollit nobis singulis annis octo solidos. Heynricus similiter serviens ejus octo de possessione nostra. Tribus annis spoliavit nos de molendino uno, quod amplius quam trecentos annos in pace tenuerat ecclesia nostra, quod singulis annis annonabat nobis, quatuor bubulcos nostros et famulum marescalci nostri, et in beneficii loco fecit tenere quosdam Flandrigenas, Godezonem scilicet clericum unum et Heynricum fratrem ejus. Diem inde et audientiam et judicium obtulimus, nichil profecimus, donec illis defunctis redimere contra advocatum tribus marcis coacti sumus.

Adelbertum mancum (506) unam integram villam nostram Provin vi fecit tenere, quæ jacet in Flandria, melior singulis annis quam 10 libræ, cum diem, audientiam, judicium nunquam (507) refugissemus. Quam cum ante comitem Robertum in Flandria ad Sanctum Othmarum judicio nobilium, qui ibi in curia ejus erant, extorsissemus, horreum nostrum in villa Mere advocatus invasit, et Adelberto totam annonam nostram fecit tritutari et dari, donec ad dampnosam conventionem ecclesiæ nos et illum reconciliavit. Supputatio dampni quæ inde nobis contigit certe gravior fuit quam 15 libræ. Quidam de oppido nostro in fide susceperant de manu predecessoris nostri abbatis Theoderici septem marcas, quas de vendito allodio ecclesiæ eis servandas commendaverat, teste ecclesia et ejus familia. Has, cum defuncto abbate cum iniuria ab illis extorqueret, illi super altare posuerunt, ubi ille temeraria manu accepit et ecclesiam inde spoliavit. Idem abbas prestiterat ei phylacterium unum de thesauro ecclesiæ auro argento gemmisque pretiosissime ornatum, melius valens quam 10 marcas, plenum preciosissimis reliquiis. Hoc ecclesiæ nostræ abstulit. Villam Sarchin, quam gravibus dampnis judicio principum coram imperatore invasoribus extorseramus, eisdem restituit, donec cum eis dampnosum pactum inivimus. Mense Augusto quoniam prohibuimus filium ejus Ottonem, ut contra leges, contra justiciam duo bonuaria culturæ nostræ annotatæ cuidam iniuste ea querenti non daret, altera die equites suos ante op-

VARIÆ LECTIONES.

[402] G. I'.

NOTÆ.

(505) Alst apud Sanctum Trudonem.

(506) Ita nominatus quia manum amiserat, cf. IX, 16.

(507) Secundum.

pidum nostrum laxavit, hominibus meis nichil minus suspicantibus fugatis, predam abduxit, scilicet 4 boves et 24 indomitas equas. Molendinum unum villico meo confregit, quod postquam reparaverat, quicquid ei persolvere debebat abstulit. Iturus in Longobardiam de singulis capitibus familiarum ecclesiæ, ubicunque audire potuit nominare, gravissimam pecuniam et super tot hominibus incredibilem sibi corrasit, contra cartas nostras, contra leges, contra usum. Qui superfuerunt et adhuc restiterant injustæ exactioni, uxori suæ et filio capiendos atque gravius spoliandos sub grandi obtestatione reliquit. Unde primus captus et vinculatus fuit homo noster Aleramnus, miles quidem et ex liberioribus ecclesiæ, et per Ottonem filium ejus in castello suo Durachio repositus usque ad gravem redemptionem. Arnulfus, tercius sub ipso advocatus serviens ejus, Gozuinum nichilominus ex liberioribus ecclesiæ natum, hominem meumatque militem, cepit, parefridum ei abstulit, ad domum suam abduxit, diu vinculatum et miris modis excruciatum tandem redimi coegit. Idem Arnulfus domum hominis mei Theoderici de Miles vi irrupit, eum atque uxorem ejus graviter vulneravit, equum 100 solidorum abstulit. Eundem Theodericum postea cepit filius ejus Otto, et spoliatum etiam redimi coegit, Robertum, qui cognominabatur Luthescal, servum ecclesiæ, pater de planctu nostro cepit, sed alias quam deberet abductum redimi coegit et sibi retinuit. Anelinum de Niel, servum ecclesiæ et meum hominem, post multas tribulationes tandem fugatum in una ecclesia cepit, valde bonum parefridum ei abstulit, ancillamque in conjugem accipere coegit. Hoc anno in die sancti Trudonis Otto servum ecclesiæ cepit, qui capitis sui censum ad altare apportaverat, quem diu multumque tormentis cruciatum ad gravem coegit redemptionem. Planximus patri, planximus vobis, misistis semel, iterum, tertio, nichil profecistis. Ipse idem Otto alium cepit servum ecclesiæ nomine Rodulfum de Halmala, et quinque marcis redimi coegit. Dum esset pater ejus in Langobardia, ipse per omnes villas nostras rusticorum pecora in unum coegit, et quantum sibi placuit redimere eos fecit. Quicunque abeunti patri simplum aliquid, verbi gratia quinque solidos aut 10, dederat, idem remanentibus filio et matri duplum, 10 videlicet et 20, dare compulsus est. Preterea prepositum meum coegit dominicales curtes nostras contra se redimere; Burlo 30 solidos, Orel 20, Vilarium 24, Mere 20 et alias eodem modo. Reversus pater de Langobardia me meosque duriori sevitia insectatus est quam prius. Tandem ita conclusit, ut exire claustrum non sineret, ita privavit, ut amplius habere quam minimum fratrem non permitteret. Tacerem, sed augustia non sinit. In medio sanctæ quadragesimæ claustrum nostrum cum suis irrupit; pisces fratrum, quinque dierum prebendam ad coquinam abstulit; novit Dominus, nec illas partes quæ jam incisæ erant in cacabo, ad opus fratrum reliquit. Villico nostro claves de granario nostro, me presente, extorsit. Monachum nostrum cellerarium claves de cellario dare reluctantem, duobus militibus per utraque brachia eum in modum crucis extendentibus, astare sibi fecit, ut sic circumquaque claves quesitas extorqueret. Alia multa tacere modo volo, donec Deus dederit, quod vos ad judicandum inter me et ipsum sedeatis.

Sed hoc mando, hoc conqueror, hoc declamo, quia amicitiam suam coram meis et suis michi contradixit, insidias struit, inimicitias exercet, suis precepit, ut de me pacem sibi faciant morte tandem aut qualicunque dehonestatione. Meis hominibus precepit, sicut diligunt salutem suam et vitam, ut si vocatus ad colloquium vel ad capitulum ire voluero Leodium, sive ad vos, sive Coloniam ad archyepiscopum, me nullo modo sequantur. His et aliis malis quæ michi facit, ita captivus teneor, ut exire claustrum nullo modo audeam, hoc mando vobis, hoc deplango. Certe, si non amendaveritis, ad omnipotentem Deum judicem convertam me de vobis. Si ausus fueritis michi justiciam facere, certe ego ero ausus hæc quæ hic scripta sunt, et alia multa quæ adhuc reservavi, in conspectu vestro et parium suorum proprio ore in ipsum declamare. Quod si non fecero, hujus scripti testimonio me confutate, et inimicus factus amplius non vivetis. Valete.

Wedericum de Burlo, clericum et mansionarium et censionarium nostrum, cepit, et 31 marcis inverecundissimo tormento afflictum in castello suo redimi coegit Lanzonem, clericum nostrum et censionarium, singulis pene annis libra aut duabus aut pluribus dampnavit. Heymezonem de Wesheym (508) cepit, captum in castello suo tenuit, tentum et tormentis addictum de valente 33 marcarum redimi coegit; Rodulfum de Hosduies acceptis ab eo quinque marcis; Franco et Ramundus ab eo capti quatuor marcas solverunt. In Alost duo bonuaria terræ tulit et Guntramno et Rutardo dedit. Fulcrico tulit quatuor marcas. De ecclesia de Kyrcheim in quatuor annis octo libras accepit, quicquid nobis de ecclesia illa solvebatur. Heynricum de Mosmale (509) nescio quot marcis redimi coegit; Everardum de Gengleheym septem marcis, Benzonem de Hesbines quinque marcis, Imezonem de Assebruch (510) 30 solidis, Theodericum tribus marcis.

NOTÆ.

(508) Wessem in ripa sinistra Mosæ.
(509) Moumal Leodio vicinum.
(510) Assebrouck apud Brugge.

ACTA TRANSLATIONIS UNIUS MILITIS LEGIONIS THEBÆORUM.

(Seorsim edimus infra.)

Anno dominicæ incarnationis 1138, regni Conradi tertii anno 1. (511), cum ei placuit qui hominem ab utero matris carnalis novit producere et productum iterum in matris primordialis terræ scilicet sinum revocare, venerabilis pater Rodulfus abbas, appropinquante vitæ suæ termino, in sinistro suo pede et crure, ubi jam per annos septem (512) paralitica se passio infuderat, gravi infirmitate laborabat. Qui cum spe recuperandæ sospitatis usque Leodium in basterna vulgariter appellata rosbare devectus esset, quidam medicus peritus nomine Moyses ipsum curandum suscepit. Ubi, dum post duos menses morbo ingravescente nil profecisset, ad monasterium suum vix spirans reducitur, et convocatis fratribus post piæ exhortationis verba, sumpto devote viatico, post completum extremæ unctionis sacramentum, spiritum exhalavit pridie Nonas Marcii (*Mart.* 6), postquam prefuit 30 annis, mense 1, diebus 7. Qui A sepultus est in sinistra ala ante introitum criptæ et chori ad aquilonem. Post cujus decessum, priusquam electio fieret, fratres fecerunt effringi cellam ejus quam paraverat sibi, quando cepit infirmare, aptatam intra unam de quatuor turribus quæ adhærent utrisque alis chori, quæ turris, tunc ejus lapidea deposita celatura, postea facta est sacristia. Causa vero destructionis cellæ hujus erat, ne per succedentem illi abbatem exinde requies fratrum sicut antea turbaretur. Iste abbas fuit vir magnæ litteraturæ suo predecessori Theoderico non impar, prout ejus epistolæ diversæ, dictamina, prosæ et metra apud nos conscripta testantur. Qui inter cætera fecit antiphonas et responsoria et cantum de sancto Quintino et de sancto Trudone ad laudes, ymnum ad B laudem re. glo. cum antiphona de sancto Stephano *O caritatis* [403].

GESTORUM ABBATUM TRUDONENSIUM

CONTINUATIO SECUNDA [404].

CAPITULA LIBRI PRIMI.—DE GESTIS DOMNI FOLCARDI ABBATIS.

1. *De electione et consecratione Folcaldi abbatis.*
2. *De litigatione ejus contra domnum de Dyest occasione obolorum bannalium.*
3. *De jure cambarum et de gruta et grutario et mala gruta. Incidentia. Item et de thelonei libertate Item et de discordia inter ducem Brabanciæ et comitem Lemburgiæ, et quomodo dux ad obsidendum opidum Sancti Trudonis venit.*
4. *De castro Bolioeyn, quomodo sit ecclesiæ Leodiensi per Alberonem secundum recuperatum.*
5. *De concordia annui redditus facta cum domno de Dyest, intercedentibus pro eo principibus multis, unde habemus litteras.*
6. *De prius per alium incepto dormitorio monasterii, sed per ipsum completo, et officinis pluribus suo tempore constructis et restauratis.*
7. *De fœdere pacis et antiquæ concordiæ inter Leodiensem episcopum et Trudonenses renovato, a quo episcopus propter rebellionem advocati Ottonis comitis et suorum coactus resilivit.*
8. *De obsidione opidi Sancti Trudonis facta per ducem Lovaniensem, comitem Namurcensem et comitem Durachii, et de obsidionis solutione ex concordia opidanorum cum comite Durachii, elaborante Lovaniensi duce, facta.*
9. *De reassumpta claustralium et aliarum officinarum constructione, propter dampna monasterio illata ex occasione obsidionis prefatæ ad tempus interpolata, et de elemosina Franconis, et ejus adjutorio prestito domno Folcardo ad Fabricam.*
10. *De lumine in capitulo, quod nunc dependet in angulo ambitus, quo intratur ad ecclesiam, ab eodem Francone constituto inter alia magnalia ab illo nobis collata. Require inde litteras in libro cartarum 88.*

VARIÆ LECTIONES.

[403] Expliciunt gesta Rodulfi abbatis, qui conscripsit secundam partem compilationis hujus, de gestis abbatum paucis superadditis. *Eadem manu scripta sequuntur hæc*: Sequitur de jure cambati primo, et de jure male grute in fide. [404] Incipiunt capitula terciæ partis super gestis trium abbatum quondam hanc abbatiam monasterii sancti Trudonis regentium ab a. D. 1138 usque ad a. D. 1180, quorum hæc sunt nomina: Folcardus, Gerardus et Wiricus, quorum gesta per quatuor libros partiales distinguuntur. Capitula libri primi hujus terciæ partis de gestis domni Folcardi. *Hæc in rasura quinque linearum; omnia rubro exarata sunt* 1'

NOTÆ.

(511) Electus erat Conradus III d. 22 Febr., coronatus d. 13 Mart. 1138.
(512) Sex; cf. XII, 9.

11. *De elemosinis aliorum opidanorum, Tegnonis, Reyneri et Udelrici, qui constituit cuilibet pauperi distribui nigrum Turonensem*[405] *in cœna Domini.*

12. *De jure cambarum, alias braxinarum, scilicet de pecario cervisiæ per singulas braxinas nostro monasterio solvendo, quod quidam de majoribus opidi ecclesiæ nostræ auferre laborabant; super quo primo moniti, ut desisterent, acquiescere nolebant; sed tandem excommunicati, licet inviti, injuste retenta restituebant, sicque absolutionem obtinebant.*

13. *De presagio Folcardi contra quemdam oppidanum pertinaciter sub juramento protestantem, jus cambarum se nunquam soluturum.*

14. *De tribus lampadibus accendendis ab eodem dotatis, una scilicet ad altare sancti Trudonis, alia ad altare sancti Petri, tercia ad altare sancti Leonardi. In eodem capitulo sub paragrafo finali de aliis opidanis monasterio nostro de jure cambarum suarum retento satisfacientibus et absolutionis beneficium promerentibus, et quomodo quidam resipiscere dedignantes excommunicati defuncti sunt.*

15. *De elemosina Reneri grutarii et ejus uxoris. Iste fuit grutarius hereditarius, qui de gruta sibi retinuit unam partem, et duas reliquas solvit monasterio.*

16. *De lite domus nostræ apud Coloniam sopita.*

17. *De obitu domni Folcardi, et de elemosina per eundem acquisita in die anniversarii sui fratribus conferenda.*

18. *De festis sanctorum Laurentii, Lamberti, Nycholai et Mariæ Magdalenæ, ut sollempniter agerentur ipse fratribus pytanciam constituit.*

CAPITULA LIBRI SECUNDI. — DE GESTIS DOMNI GERARDI ABBATIS.

1. *De electione domni Gerardi in abbatem.*

2. *De domo quadam apud Halen per villicum nostrum nobis ablata, per Gerardum et suos funditus destructa.*

3. *De synodo celebrata Leodii, ad quam venire contempsit.*

4. *De villa nostra Alym, quam comes Durachii Otto, frater domni abbatis Gerardi, mensæ fratrum contulit, unde habemus cartas.*

5. *De invasione villæ et bonorum nostrorum de Alym a nepote ipsius facta, sed ipso elaborante ablata fuit restituta, unde habemus cartas.*

6. *Quomodo domnus Gerardus abbatiam resignare voluit, sed Leodiensis episcopus non acquievit.*

7. *De eo quod ad instantiam parentum et amicorum ipsius episcopus evictus cessioni ejus ab abbatia consensit.*

8. *Qualiter idem cum unanimi conventus consensu abbatem Wiricum sui successorem eligens, tandem ut privatus sibi viveret, loca optata adeptus, ad claustrum proprium postea rediit et obiit.*

CAPITULA LIBRI TERTII. — DE GESTIS DOMNI WIRICI ABBATIS.

1. *De electione domni Wirici, quomodo donum electionis suæ apud Metensem civitatem obtinuit.*

2. *De ejus consecratione anno sequenti Leodii facta, et de impetitione canonicorum Sancti Johannis ob detentionem cujusdam insulæ, a suo predecessore occupatæ*[406]*, contra ipsum per eosdem facta.*

3. *De ejus introitu ad monasterium et de provisione lapidum, columpnarum et ceterorum ad reparanda edificia necessariorum ab ipso facta.*

4. *De discussione litis supradictæ per nobilium sententiam Leodii facta.*

5. *De combustione opidi Sancti Trudonis et magna parte monasterii, et duabus turribus cum molendinis et aliis officinis.*

6. *De reparatione monasterii et restructione domus nostræ in Colonia. Item ibidem de proprio usu sectorum lapidum pro tectibus domorum*[407]*.*

7. *De dissentione inter papam Adrianum et Fridricum*[408] *imperatorem, et de duobus ad papatum electis mutuo sibi decertantibus.*

8 *De profectione Wirici abbatis cum Leodiensi episcopo Henrico ad Ytaliam, et quomodo ab apostolico benigne assumptus, privilegia monasterii renovata et usum pontificalium obtinuit; quomodo illuc iterata profectione veniens filialiter ab ipso acceptus fuerit.*

9. *De lesione domni Wirici per amicos abbatis Floreffiensis per ignorantiam sibi illata.*

10. *De incorporatione ecclesiæ beatæ Mariæ in Sancto Trudone ad prebendam fratrum.*

11. *De eodem ab Alexandro secundo vocato ad secum proficiscendum in Ytaliam propter turbati regni et sacerdotii subsidium, remoranti domi tamen, donec prepararet quæ erant sibi ob iter necessaria.*

12. *De intermissione profectionis domni Wirici abbatis cum Leodiensi episcopo Alexandro secundo in Ytaliam propter mortalitatis illuc sevientis periculum.*

CAPITULA LIBRI QUARTI. — ADHUC DE GESTIS DOMNI WIRICI ABBATIS.

1. *De inventione corporum et reliquiarum sancti Liberti martiris et aliorum.*

2. *De inventione corporum sanctorum Trudonis et Eucherii.*

3. *De translatione sanctorum Trudonis et Eucherii.*

4. *De miraculo facto infra celebrationem missæ ipso die translationis hujus.*

5. *De perfectione structuræ capellæ sancti Trudonis.*

6. *De feretro sanctorum Trudonis et Eucherii nobiliter reparato, et in ipso reliquiis sanctorum pignorum diligenter et distinctim compositis, processione sollempni circa opidum deportato ac sub vola quæ post altare est collocato.*

7. *De cancello sanctuarii majori, cum duobus minoribus a dextris et sinistris ruinam minanti, reparato, arcuatione ejus prius cum magnis sumptibus sublata.*

8. *De cancellis, sedibus vel stallis chori factis et de navi ecclesiæ, a superioribus cancellis usque ad inferiorem arcum parietibus cemento plasmatis et trabibus tabulati lignea celatura ornatis, et de pavimento strato.*

VARIÆ LECTIONES.

[405] nig 4 turon 1*. [406] occupata 1*. [407] Item—domorum *addit alia manus coæva in* 1* [408] Henricum 1*.

9. *De constructa domo lavatoria et balneatoria cum cameris ibidem necessariis, et de variis ornamentis custodiæ hujus monasterii.*
10. *De dormitorio consummato.*
11. *De refectorio constructo, et de coquinæ ad alium locum alteratione.*
12. *De caminata abbatis et aliis necessariis officinis.*
13. *De duodecim festis sanctorum expressis et ut solempnius agerentur, tribus libris pro fratrum refectione ad easdem ab ipso collatis.*
14. *De parte fori, ubi modo pisces venduntur, nobis ablata, sed auxilio domni Theoderici, defuncti jam domni Stephani episcopi Metensis successoris, monasterio restituta, ac signo limitationis inter terminos dominii nostri monasterii et episcopi notabili discreta; de hiis habemus cartas.*
15. *De eo quod idem episcopus a nostratibus injuriatus, ea quæ apud nos habebat, in manus imperatoris saisivit.*
16. *De gwerra quam comes Lonensis Ludowicus incepit contra comitem Durachii Egidium, advocatum nostrum, et nostrates, et de turri apud Brustemium constructa et vallata.*
17. *De bello inter Brustemium et opidum nostrum, et de dampno per Ludowicum comitem in villa nostra Borlo nostris ibidem illato.*
18. *De prohibitione ab imperatore Frederico nostratibus demandata, ne se intromitterent de gwerra inter ambos comites, et quomodo Lonensis comes derisit nostrates tanquam vecordes et sibi ad conflictum exire non audentes; et de predis cotidie a suis opido illatis, ablatis.*
19. *De bello comitis contra opidanos nostros, et quomodo vastatis villis ejus Brustemium comouritur 5 Kalendis Augusti, et castellum ejus a nostratibus obsidetur, et quomodo eodem comite mortuo, Godefridus dux Lotaringiæ induciato bello obsidentes ad sua redire fecit.*
20. *De pace nostratibus reddita et collectione segetum, quæ vastationi supererant; et quomodo industria Wirici abbatis imperatoris ira contra nostrates concepta ob querimoniam defuncti comitis filii quievit, et monasterio dampna illata a patre, restituta sunt a filio Gerardo.*
21. *De invasione castri de Berle, et de vastatione et combustione villarum circumjacentium, et dampnis monasterio nostro illatis tunc apud Hoerle per filios comitis de Musal.*
22. *Quomodo comes Lonensis cum auxilio comitis Durachii suos adversarios devicit, et per matrimonium confederati sunt, paxque firma inter nostrates et comitem Lonensem stabilitur.*
23. *De vallo fossati circa Brustemium erecti, quod fuit omnis mali seminarium.*
24. *De novo ambitu ex politis lapidibus per abbatem Wiricum infra unum annum perfecto.*
25. *De villa Brustemiensi et castro ibidem per comitem Lonensem in manus imperatoris deditis, ob metum Durachiensis comitis et nostratium, et de intermissione operis erecti valli.*
26. *De reconciliatione Alexandri papæ et imperatoris Friderici primi, turbatione ecclesiæ et regni discordantium per 17 annos.*
27. *De hostili invasione comitatus Lonensis per Rodulfum Leodiensem episcopum et nostrates apud Calmunt, et quomodo primo comes Gerardus prevaluit, sed die sequenti cesis suis fuga lapsus, cum paucis de suis opidum Tungris cum monasterio beatæ Mariæ combussit.*
28. *De spoliatione et combustione villæ Lonensis, monasterii et castri ibidem factis, per Rodulfum Leodiensem episcopum et nostrates Trudonenses.*
29. *De combustione monasterii in Bilisia et totius villæ, et eversione et combustione castri Mutenakem et aliarum munitionum et villarum cum suis ecclesiis ad numerum 16 et amplius per militiam episcopi perpetratis, et de pace tandem facta.*
30. *De indignatione ducis Lovaniensis contra opidanos nostros pro eo quod auxilium in hujusmodi episcopo prestabant, et de prohibitione forentium mercimoniorum, ne de terra sua ad nostrates adveherentur.*
31. *Quomodo comitis Lonensis querimonia contra nostrates ad imperatorem delata, per patrocinium episcopi Leodiensis Rodulfi frustrata, pacisque concordia per imperatorem indicta, comes tandem compulsus vallum fossati ante Brustemium erecti, ne perficeretur, in perpetuum intermisit.*
32. *De obitu domni Wirici* [409].

PROHEMIUM [410].

Quoniam tribulationes ecclesiæ nostræ, quæ ei preteritis jam temporibus acciderunt ob metum et corruptionem sequentium, stilo quorundam sapientium illustrari meruerunt, non ab re visum est nobis, ea quæ diebus nostris eidem acciderint adversa seu accreverint bona, summatim descripta posterorum memoriæ transmittere. Quemadmodum enim juniores emulatione superiorum ad meliora informantur, ita nimirum insipientium filiorum corda, patrum precedentium calamitatibus territa, a desidiæ suæ errore revocantur. Ad hoc ergo opus inchoandum A exemplo suo nos hortatur domnus abbas Rodulfus, vir adprime divina et humana sapientia egregie eruditus et nulli suo tempore secundus. Is enim ministerii hujus culmen adeptus, multa digna relatione et memoria, aliorum negligentia ferme oblitterata, studiosus indagator repperit, et in libellos digesta futuræ posteritati legenda reliquit. Cujus vitam et morum continentiam, quæ vel quanta pro ecclesiæ et ordinis melioratione odiis emulorum actus sustinuerit, in libello quem de gestis abbatum edidit qui volet reperire poterit [411].

VARIÆ LECTIONES.

[409] Expliciunt capitula terciæ partis *addit* 1*. [410] tertiæ partis *addit* 1*. [411] Incipit tercia pars in gestis abbatum hujus loci *addit* 1*.

INCIPIT LIBER PRIMUS

DE GESTIS DOMINI FOLCARDI.

1. Anno igitur incarnationis dominicæ 1138, imperii Conradi tercii ratione nominis 1, episcopatus vero Alberonis Leodiensis episcopi anno 2, defuncto, ut prediximus, pridie Nonas Marcii (*Mart.* 6) abbate Rodulfo, habita fratres electione Folcardum majorem ecclesiæ prepositum, virum etate venerabilem probisque moribus insignem, communi elegerunt consilio. Qui a primevæ etatis indole sacris monasterii institutionibus decenter imbutus, et per multas officiorum administrationes sapiens ab omnibus approbatus, tanquam miles emeritus laboris premio, quo pro ecclesiæ negotiis egregie desudaverat, remunerandus, ad hujus honoris culmen non immerito est provectus. In quo qualis fuit vel quantum diligentiæ ad melioranda ecclesiastica et fratrum prebendam habuerit, subjectus hujus operis textus edocebit. Regulariter igitur, ut prediximus, electus, ad Metensem episcopum Stephanum, donum electionis ab eo accepturus, cum suis est profectus. Otto vero comes Durachiensis, jam pridem illi infestus, ejus electionem cassare volens, scripsit episcopo, quasi non canonice electus fuisset, sed nomen et dignitatem abbatis illicita presumptione usurpasset. Veniens igitur Mettim predictus dompnus Folcardus episcopum presentem non invenit, quem ibidem, ut fama vulgabat, cito rediturum dies aliquot expectavit. Quo reverso, ejus se presentiæ exhibuit, et fidelium suorum qui aderant testimonio electionem suam veram approbans, donum electionis sibi concedi postulavit. Magno autem ei ibidem impedimento fuerat, quod commendaticias ecclesiæ suæ litteras, ut moris est, secum ferre neglexerat; quod, ut reor, idcirco dimiserat, quia caniciei suæ attestationibus episcopum bene crediturum sperabat, aut certe, quod verius credi potest, suorum id negligentia evenerat. Verum episcopus legatione predicti comitis suspensus, re autem vera pecuniam ab eo se accepturum ratus, testimonium quidem fratrum et fidelium ejus admisit, sed dono eum electionis usque in curiam Conradi, ratione nominis tercii sed ratione benedictionis secundi, quæ post paululum Coloniæ futura erat (513), insignire distulit. Interim tamen quendam suorum nomine Symonem, qui postea decanus ejusdem ecclesiæ extitit, ad nos direxit, qui rei veritatem et electionis ordinem subtili indagatione perquireret et sibi fideliter renuntiaret. Ad curiam igitur evocatus episcopus venit, ibique ei predictus fratrum electus, ut jussus fuerat, occurrit. A De cujus electionis veritate jam dudum testimoniis fratrum et fidelium Sancti Trudonis plene approbata, per indagationem predicti Symonis episcopus donum electionis, quod petebat, ipsi Folcardo prestitit, eumque consecrandum ad Leodiensem episcopum Alberonem secundum, avunculum Godefridi Lovaniensis comitis (514), datis sibi epistolis mittit. Albero autem, reverendæ vir memoriæ, eodem tempore presidens Leodiensi ecclesiæ, in diebus penthecostes Fossis (515) suam curiam celebraturus, eo ut veniret predicto venerabili viro mandavit, quem venientem honeste suscipiens, 4 Kalendas Junii, quarta (516) videlicet ejusdem festivitatis feria, abbatem consecravit. A quo domum reversus, a B fratribus et populo cum magno tripudio et vocis jubilo receptus est et intronizatus. Tum vero, ut dudum sagaci mente conceperat, ea quæ ad pacem et utilitatem ecclesiæ spectant, suscepti nominis exigente officio providere curabat, et possessiones et jura ecclesiæ, antecessorum suorum honesto parta labore, conservare et ampliare temptabat.

2. Qui licet provectæ videretur esse etatis, animo tamen constans, accinxerat se zelo consilii et fortitudinis, et antecessorum suorum non segnis executor, formam se prebebat sequacibus suis, ne inertiæ dediti jura ecclesiarum quoquo modo diminui aut deperire sinant, sed contra omnia adversariorum temptamenta murum validum se incunctanter opponant. In hiis enim quæ fere perdita magno laboris C sui sudore ecclesiæ acquisivit, fidele suæ industriæ et fortitudinis monimentum nobis reliquit. Prima siquidem consecrationis suæ die pro ecclesia de Dyest diem et audientiam ab episcopo expetiit. Hæc enim antecessoris sui querela pro retentis ecclesiæ nostræ bannalibus (517) imbannita fuerat; sed eo decedente, Albero secundus episcopus eam non quidem canonice absolverat, ipse quippe ultra quam tam sapientem virum deceret ecclesiæ nostræ adversus erat, pro eo quod abbatem Rodulfum electioni suæ non plene favisse didicerat. Acceptis ergo duarum ebdomadarum indutiis, reversus eam imbanniri canonico judicio obtinuit, et Arnoldum, ejusdem injusticiæ auctorem, synodali judicio convictum, ad satisfaciendum sibi et ecclesiæ tandem coegit. Qui viD delicet Arnoldus, frequentibus obsequiis et magnis in expeditione belli episcopo conductis auxiliis, quod habuerat in expugnatione castri Bulioiin (518), ejus nimirum amiciciam emeruerat; et ne eadem eccle-

NOTÆ.

(513) Pascha celebravit Coloniæ die 3 mensis Aprilis, et usque ad d. 11 ejusdem mensis cum tabulas nonnullas scribi jussisse scimus. Cf. Boehmer 2177-2181 et Jaffe Conrad III, p. 8, n. 23.

(514) Cf. supra XII, 14.

(515) Fosse haud procul a Namur.

(516) Errat; Pentecoste enim a. 1138 celebrabatur d. 22 Maii.

(517) De his vide infra 1, 5.

(518) Quod a Rainaldo comite Barensi occupatum anno demum 1141 expugnatum est; cf. Ann. Laubienses et Triumph. sancti Lamberti de castro Bullonio.

sia respectum debitum ecclesiæ nostræ solveret, diu multumque incassum laboraverat *.

* Anno suo 2. Folcardus abbas confirmavit Reinero grutario jus, quod habet in mala gruta, vulgariter appellata kaedgruyt (519) *in margine addit eadem ut videtur manus, sed alio atramento.*

3. Anno ipsius Folcardi 3 (1140) domnus Stephanus Metensis episcopus confirmavit nostro monasterio jus cambarum id est braximarum, quod banno Leodiensis episcopi fecit confirmari. Require de hoc et gruta et de jure grutarii copias supra (520). Eodem anno prefatus Stephanus recognovit opidanos Sancti Trudonis liberos esse, a theloneo in civitate Metensi. Require de hoc copiam supra (521). Anno eodem, scilicet anno Domini 1140, Godefrimus primus cum barba -- ex comitibus Lovaniensibus mutato nomine comitis primus [412] dux Lotharingiæ et Brabantiæ deinceps cum suis successoribus suimet meritis et virtutibus esse et appellari dignus fuit auctoritate imperiali (522) — [SIGEB. *cont. Gembl.*] magnam patriæ decus obiit, et in ecclesia Haffligensi humatus est. Cui successit filius ejus Godefridus secundus. Eodem anno Henricus (523) comes Lemburgiæ et advocatus opidi Sancti Trudonis, dolens se privatum honore ducatus Lotaringiæ, quem pater et avus obtinuerant, Godefrido secundo duci rebellis erat, ejusque contiguos redditus possessionum invaserat. Cujus insolentiam Godefridus egre ferens, in illius detrimentum opidum Sancti Trudonis obsidere cum multo equitum et peditum exercitu venit, sed opidanis obsidionem humilitate prevenientibus, placato eo in gratiam accepti sunt. Iste dux anno ducatus sui quarto obiit, cui succedit filius ejus Godefridus, hujus nominis tercius, primum annum etatis suæ agens.

4. Quia igitur hujus castri mentionem intulimus, qualiter invasum seu redditum fuerit breviter libet ut describamus. Anno ergo sequenti [*Triumphus S. Lamberti.*] Hugo, filius comitis de Bare, potentiæ suæ fortitudinem elatus, invasum fraude castrum tenebat, quod copioso milite muniens, reddere episcopo nolebat. Episcopus autem Albero contractis undique auxiliis, copiosam exercitus multitudinem una cum ossibus beati Lamberti eo adduxit, et predictum invasorem se intra castri munimina audacter continentem obsidione clausit. Interim utrorumque exercitus agmine totis inter se viribus decertante, repente occulto Dei judicio predictus invasor mente captus, a suis deditionem castri offerentibus foras trahitur, et ante feretum beati Lamberti semivivus exponitur, subitoque exspirans, omnium qui aderant mentes in venerationem beati martiris excitavit, sibique similibus, ne quid tale facere audeant, exemplo esse potuit.

5. Igitur ut ad narrationis nostræ seriem redeamus, anno prelationis ipsius 5 (1142) diutina suæ altercationis materia inter abbatem Folcardum et Arnoldum de Dyest [413] in synodo Leodii coram episcopo ventilata, favente abbati justitia, Arnoldus convictus cessit, et annitentibus Godefrido Lovaniensi duce, nepote episcopi, et Henrico Lemburgense nec non et Ottone Durachiensi comite, ut decem solidos annuatim ei solvere concederetur, vix obtinuit. Quos et solvendos annis singulis 4. feria pentecostes testamenti scripto posteris tradidit, ita tamen, ut, si ea die non solverentur, denuo ecclesia eadem absque retractatione judicii a divino officio vacaret, quoadusque idem juris debitum ecclesiæ nostræ ex integro reconsignaret. Quod testamenti exemplar, ne qua oblivionis oblimaretur inercia, episcopalis auctoritatis sigillo confirmatum et in ecclesia reconditum scire volentibus presto est. Hoc ergo modo contentio diutina, quam ecclesia nostra pro jure suo contra Arnoldum habuit, industria abbatis Folcardi tandem terminata quievit. Ad evidentiam premissorum sciendum, quod oboli bannales sunt census nostro monasterio a diversis ecclesiis solvendi pro redemptione visitationis annuæ, qua de jure tenebantur singulis annis cum suis reliquiis limina monasterii sancti Trudonis visitare, ibique ad altare ipsius sancti ab unoquoque loco per singulos incolas obolum offerre. Hujusmodi ergo causa talis conventio intervenit cum domno de Dyest.

6. Qui cum indefesse pro ecclesia laborans, bonum suæ opinionis odorem longe lateque spergeret, et fratres sibi commissos sub monachicæ religionis disciplina paterne foveret, placuit ei, ut claustralium edificia officinarum alia situ et vetustate et vilissima destruens, a fundamentis erigeret, alia antecessoris sui studio inchoata ipse ampliando consummaret. Bonæ ergo intentionis opus, quod Deo inspirante sagaci mente concepit, ipso nimirum opitulante, ad effectum usque perduxit. Murum namque dormitorii, ab abbate Rodulfo inchoatum nec consummatum, qui morte preventus id perficere non potuit, ipse ab inferioribus trabibus exaltatum

VARIÆ LECTIONES.

[412] *alio atramento superscriptum.* [413] de D. *alio atramento superscriptum.*

NOTÆ.

(519) Quæ tabula sequitur ad calcem totius operis.

(520) Harum tabularum copias post Rodulfi librum insertas nos cum reliquis præceptis Gestis subjiciemus.

(521) Desideratur.

(522) Vide supra XII, 8. Hanc sententiam tueri videtur auctor, quam rejecit Ernst III, 15, jam Godefrido I Lotharingiæ ducatum restitutum esse a Conrado. De tempore quo obierit differunt inter se testes, a. 1138 legitur in continuatione Sigeberti Gemblacensi, 1139 in Ann. Bosoviensibus et in Ann. Laubiens.; at vivus occurrit in tabula quadam anni 1140, de qua cf. Ernst l. l. Cf. etiam Jaffé Conrad III, p. 38.

(523) Secundus filius Walerami Pagani qui obierat anno 1139, ut videtur, 16 Jul.; cf. Ernst III, 45, 49.

consummavit. Super eam namque partem turri contiguam, sub qua capitulum situm erat, abbas Rodulphus nudam tantummodo lignorum materiam erexerat quæ male compacta sibi firmiter non herens, flatibus ventorum mota, non modicum fratribus tanquam subito casura metum incutiebat. Folcardus autem non solum eundem murum altitudine ampliavit, verum etiam totius domus fabricam consummatam prout potuit stramine, paupere videlicet tecto, cooperiri fecit. Destructaque veteri infirmaria, opere et vetustate nimis horrida, terram eo effodit et cellarii fundamenta jecit, super quod etiam domum, quæ nunc est refectorium, constituit, eamque stramine coopertam successoris sui studio meliorandam reliquit.

7. Contigit autem hiis diebus dompnum Stephanum Metensem episcopum huc adventasse, cum quo et Albero Leodiensis episcopus affuit, et fœdus pacis et concordiæ, quo nostrates ex antiquo antecessorum suorum tempore Leodiensibus adstricti tenebantur, presente et consentiente eodem episcopo, renovavit. Idem vero episcopus traditionem grutæ, nobis ab antecessoribus suis concessæ, auctoritatis quoque suæ traditione innovatam confirmavit, quamque predictus Leodiensis episcopus nominis sui subscriptione et banni interminatione ecclesiæ nostræ perpetuo liberam delegavit. Hiis ita transactis, comperto comes Durachiensis Otto, quod nostrates cum episcopo fedus concordiæ juramento confirmassent, gravi adversum eos ira commotus est, injuriam sibi factam affirmans, quod sine eo, utpote qui advocatus eorum esset, ullam pacis et concordiæ conventionem cum episcopo aut cum aliquo hominum confirmare presumpsissent. Et commotis in ultionem injuriæ, ut videbatur, sibi factæ Lovaniensi duce et Namurcensi comite, die statuta ad episcopum venit, et ut se ab eis alienaret, et fedus quod cum eis pepigerat in irritum revocaret, frequenti suasione per se et per alios sibi faventes commonuit. Sentiens itaque episcopus animum comitis et nepotum suorum, ducis Godefridi videlicet et comitis Namurcensis (524), adversum eos ita commotos gravi et ipse animi dolore angebatur, quod eos quos sibi fideles et amicos fecerat auxilii sui solatio destituere cogebatur.

8. Comes ergo Otto voti sui compos, videns eos omni auxilio destitutos, prefatos principes et potentes quosque quot poterat quasi eversurus opidum contra eos adduxit, et fossati munimine circumseptos obsidione diutina graviter afflixit; magnamque habundantiam panis et vini et ceterarum rerum eis Dominus indulserat, cum principes ipsi et circumjacentes qui omni pene rerum gravi penuria afficerentur, et ab obsessis cotidie necessaria victui comparare cogerentur. Interim ergo ecclesia nostra gravi possessionum suarum dispendio affligebatur, et circumjacentes villæ nostræ a predonibus nullo resistente libere diripiebantur. Quæ res abbatem Folcardum magno animi dolore afficiebat, quia et bona ecclesiæ cotidie diripi et fratres suos victus et vestitus inopia affligi videbat, et qui se predonibus opponeret nullus erat. Igitur cum, obsidente eos comitis exercitu, ipsi intra muros fossati se utcunque continerent, et pauci multorum viribus se resistere different, consilio tandem inito, visum est eis utile de pacis conditione animum ducis (525) attemptare. Quem et mediatorem inter se et comitem esse voluerunt, ita videlicet ut, si quid justæ querelæ adversum eos comes obtenderet, ipse mediando eos illi reconciliaret, rursum si ipsi injusticiæ et dampni sibi illati comitem reum justa incusatione culpare possent, ipse itidem utrimque eque judicando utrosque sibi invicem pacificaret. Quod et factum est. Dux enim pactione pecuniæ et mediantibus quibusdam suorum flexus obsidionem solvit, et opidanis comiti reconsiliatis et jurata pace recessit. Sicque villa nostra a 5. Ydus Augusti pene usque ad festum sancti Martini obsessa, post multam sui afflictionem ab obsidionis periculo tandem est liberata.

9. Sopitis ergo undique bellorum tumultibus et pace reddita ecclesiæ, Folcardus inchoata claustralium officinarum edificia studiose laborabat perficere. Cujus ferventis zeli studium intuens Franco de Fuich, civis nostræ villæ, induxit animo abbati in expensis operum anxie laboranti de facultate sua, qua satis pollebat, succurrere; et in societatem fraternitatis admissus, quædam de suis dando, plurima autem accredendo cepit ei in edificando studiosus cooperator existere. Considerans itaque abbas largiffluam viri benevolentiam, eandem societatis participationem, quam ei indulserat, uxori quoque ejus communicavit, et singularem fratrum prebendam quoad viverent eis concessit, filium quoque eorum sub monachicæ religionis disciplina fovendum in claustrum recepit.

10. Idem autem Franco allodium quoddam ecclesiæ, quod in villa nostra Burlo jacebat, et terra vinearum et cambarum vocatur, pro redemptione decem marcarum ab abbate in vadium acceperat, quod ecclesiæ liberum remisit, et ut memoria sui et uxoris suæ annuatim inde ageretur constituit. Alias itidem sex marcas infundando cellarium, et totidem ad deducendum vinum fratrum dedit, eo scilicet tenore, ut recondito vino fratrum in cellario, prepositus vini tantumdem pecuniæ inde rursus acciperet, quod sequenti tempore et sic annis singulis, ac si eo vivente, semper paratum haberet. Ad infirmorum quoque capellam construendam quinque marcas condonavit, quas abbas accipiens, quia multa edificando multis indigebat, in opus edificii sui expendit. Similique modo in capelo lumen constituturus, ad id emendum quinque

NOTÆ.

(524) Heinrici.
(525) Godefridi, qui ipso anno 1142 obiit teste Cont. Sigeb. Gemblac. et Ann. Rodensibus.

marcas ecclesiæ contulit, et ob hoc locum sepulturæ in eodem loco sibi et uxori suæ obtinuit. Ejusdem vero temporis custos predictæ pecuniæ pondus assumens, in usus ecclesiæ expendit, et singulis noctibus se lumen ibi daturum spopondit, et successoribus suis, ut id facere deberent, hereditario quasi jure reliquit. Post aliquot autem annos uxor ejus in seculo defuncta, ante capitulum, ut actenus cernitur, sicut eis concessum fuerat, est sepulta. Post cujus obitum ipse aliam nichilhominus duxit uxorem; et ea post aliquantum temporis defuncta, terciæ quoque uxoris connubia requisivit [414], ex qua duas filias et filium suscepit. Quam relinquens et seculo abrenuntians monasterium expetiit, et sub regularis vitæ tramite nobiscum per aliquot annos honeste conversatus, in fratrum cimiterio pausat sepultus.

11. Hujus itaque viri et alii honestatæ vitæ seculares ceperunt imitatores existere, et crebris largitionum suarum beneficiis gratiam abbatis et fratrum societatem expetere. Inter quos quidam Tegno nomine sex marcas in adjutorium edificiorum contulit, et singularem fratrum societatem sibi et uxori suæ obtinuit. Inter reliqua etiam egregiæ liberalitatis beneficia mansionis suæ domum ecclesiæ dedit, quæ nobis singulis annis quinque solidos solvit, quos in suo et uxoris suæ anniversario fratrum refectioni constituit. Cujus donationis exemplar huic nostræ narrationi inserere non incongruum videtur (526), quemadmodum scripto et testibus confirmatum continetur. Domus igitur predictæ mansionis si vel senio collapsa fuerit vel infortunio aliquo incensa arserit, heredes eam suis sumptibus reedificabunt, nec tamen annuum censum denegabunt. Huic autem viro propter suæ devotionis liberalitatem ab abbate et fratribus concessum est, ut si aliquando inspirante Deo converti vellet, susciperetur congregationi sociandus. Pari modo Reinerus, vir honestæ vitæ cum uxore sua, Walswinde nomine, frequentibus liberalitatis suæ beneficiis spiritualem fratrum societatem emeruerat; quibus etiam abbas ob recompensationem gratiæ singularem fratrum prebendam usque ad finem vitæ concesserat. Hii ergo sex solidos annuatim ecclesiæ contulerunt, quos in anniversarii sui die fratrum caritati deputaverunt. Udelricus autem quidam duodecim modios frumenti de molendino Gorsiue (527) in pactum habebat, unde singulis Sabbatis in usus fratrum expendendum sextarium salis preposito solvebat. Hæc ergo pro anima sua ecclesiæ libera relinquere volens, statuit, ut prepositus ejusdem annonæ mensuram reciperet et fratribus salis copiam provideret. Mansionem etiam quandam ante portam atrii jacentem, quæ ei duos solidos solvebat, et aliam in palude positam, sex eque denarios solventem, nobis dedit, et eosdem nummos in cena Domini pauperibus ad mandatum partiri postulavit. Idem postea apud nos conversus obiit, et duos predicti frumenti modios in refectionem fratrum expendendos in anniversario suo constituit.

12. Cum igitur abbas Folcardus, honestorum virorum crebro fultus auxilio, opus edificii in manus suas prosperari videret, et ecclesia firma undique pace gauderet, ecce, paucis annis elapsis post factam confirmationem per dompnum Stephanum Metensem episcopum de jure pecarii (528) cervisiæ, quam hoc monasterium de singulis cambis, id est braxinis, infra libertatem opidi nostri Sancti Trudonis habet [415], insurrexerunt in eum viri tales, qui eum a quietis portu abstraherent, et tempestuosis tumultibus in gravium afflictionem laborum permoverent. Primates namque villæ nostræ omnes fere potentiores jura cambarum in villa nostra constructarum ecclesiæ auferre moliti sunt, asserentes eas nulli ecclesiæ juri subjacere, putantes, si in hac violentia contra abbatem prevaluissent, eas perpetuo liberas se posse retinere. Quibus cum abbas auctoritatibus episcoporum nuper aliquos monitos ostenderet, jus cambarum solvere renitentes, et ob id per sententiam eos excommunicatos asserens qui contradicere temptassent, et nichil proficeret, super illata sibi eorum violentia episcopo Metensi Stephano, qui idem cambarum jus ecclesiæ autoritatis suæ scripto confirmaverat, conqueri statui. Quibus ipse rescribens monuit, ne aliquam abbati violentiam inferre auderent, et quod precedenti tempore de cambis suis actum sciret, id tenendo ecclesiæ jura non infringerent. At illi, dum nec sic quiescerent, sed in prioris obstinatiæ duritia perseverarent, ad satisfaciendum ecclesiæ sepius commoniti ab abbate tandem excommunicari sunt jussi. Qua de re adversus abbatem graviter commoti, advocatum suum Ottonem comitem adeunt, et eum super excommunicationis sententia quid sibi faciendum sit consulunt. Cum quibus ipse Leodium profectus ad episcopum venit, culpaturus abbatem quod injuste in eos excommunicationis sententiam protulisset. Episcopus ergo audita utriusque partis allegatione, requisivit, si ecclesiasticæ prosecutionis modo excommunicati essent. Affirmante presbitero ecclesiæ se eos ecclesiastica sanctione et judiciali prosecutione excommunicasse, episcopus quoque eandem excommunicationis sententiam in eos prolatam auctoritate sua confirmavit, nec prius absolvendos esse censuit, donec quæ male auferre temptaverant, ecclesiæ jura sua reconsi-

VARIÆ LECTIONES.

[414] connubiare quesivit 1*. [415] *deest codici.*

NOTÆ.

(526) Desideratur.

(527) Horssum in vicinitate Sancti Trudonis.

(528) I. q. bicarium.

gnarent. Sicque ad satisfaciendum abbati necessitate compulsi, emendationem et debitæ subjectionis obedientiam licet inviti pollicentes, ab excommunicationis vinculo sunt absoluti.

13. Fuit igitur inter hujusce conspirationis homines Ruthardus quidam, cognomento Gun, acerrimus in hac oppidanorum adversus ecclesiam conspiratione abbatis adversarius, cujus superbam contra abbatem contentionem, quam ratio finire non potuit, cita mors finivit. Etenim utrisque causa predicti juris adversum se graviter commotis, cum ille multis sibi assidentibus diceret nunquam abbatem hujus juris potiturum, seque juraret ob hoc ecclesiæ dampna plurima illaturum, abbas respondit: *Quid me et ecclesiam meam te afflicturum minaris, qui te a me sepeliendum non attendis?* Cujus sententiam cum ille subsannando despiceret, seque diutius eo victurum, quia junior erat, vana juventutis fidutia jactaret, post gravem utrorumque inter se altercationem tandem discessum est. Et tumens furore domum reversus, post triduum in lectum decidit gravique languore vexari cepit. Convocatis itaque amicis suis et majoribus civitatis, ad abbatem misit, et ut se infirmum visitare dignaretur humilis jam et emendatus rogavit. Oranti abbas annuit, veniensque infirmum oleo inunxit et petenti veniam de hiis, quæ in eum commiserat, clementer indulsit. Et quia semine carebat, rerum suarum, quarum ei copia suppetebat, ecclesias Dei heredes reliquit, et bona sua, quæ ad juditium abbatis spectabant, ut pro anima sua ei dare liceret ab abbate obtinuit. Ecclesiæ ergo nostræ 15 solidos apud villam Enghelmunshoven (529) dedit, quos ad luminaria comparanda, unum ad altare sancti Trudonis, aliud ante altare sancti Petri, tertium ante altare sancti Leonardi, constituit; ad hospitale autem decem solidos contulit, qui de bono suo apud Hesbin (530) solvuntur. Ad ecclesiam quoque beatæ Mariæ quinque solidos condonavit. Non multo post defunctus, ab abbate, sicut ei contra se superbienti comminatus fuerat, in atrio est sepultus (531).

14. Fuerunt preterea quamplures alii ejusdem contra abbatem conspirationis rei, qui satisfacientes ecclesiæ, ut prediximus, ab excommunicatione meruerunt absolvi, alii autem obstinatiæ suæ timore inflati, nec resipiscere volentes, excommunicati defuncti sunt. Quorum Elyas de Kyrkem unus fuit, qui cambam in foro habens, ut aliquid juris ecclesiæ inde solveret, licet excommunicatus nullo modo cogi potuit. Quam postea cuidam optimatum civitatis Arnulfo nomine, filio Ottonis divitis, vendidit; cujus heredes nichil nobis inde solventes, eam usque in presens liberam tenent. Sic ergo abbas Folcardus justitiæ et fortitudinis zelo accinctus, cum multis unus decertavit et vicit, et jura sua, quod quilibet eo junior vix elaborasset, ipse jam evo fessus labore improbo adversus violentos viriliter obtinuit, et ecclesiæ suæ post se perpetuo possidenda reliquit. Adam autem, episcopi Metensis sculletus, cujus prius Arnulfus, eque et ipse sculletus apud nos conversus, vir inter suos precipuus, ratione ductus ad abbatem venit, satisfactionem ei quod adversus ecclesiam senserat obtulit, et abbati reconsiliatus, jura ecclesiæ suæ eidem ex integro recognovit. Idem vero pro camba sua et fratris sui Guntramni nomine 10 solidos abbati solvebat. Considerans itaque abbas necessariam talis viri amicitiam, qui homo ejus non erat, ut hominem suum eum faceret, et de fidele fidelior et de amico amicior redderetur, consilio amicorum suorum ei 10 solidos in beneficium dedit, mansum Herzonis de Baltershoven et 4 solidos, quos Arnulfus quidam de Halmale habebat, et 12 eque denarios, quos Lambertus de Palude, cognomento Dume, solvebat. Quæ quia de fratrum prebenda mutuavit, deminuta civitatis decima, totidem preposito solidos ad se pertinentes recompensavit. Tempore autem antiquo camba quædam in villa Meceres erat, quæ offitio sculteti subserviebat, unde ille preposito annis singulis 9 modios cervisiæ solvebat. Quæ cum in diebus Folcardi abbatis propter inopiam incolarum deperisset, aliam in platea quæ Lapidea vocatur penes ecclesiam sancti Gengulfi constructam, Everardo, qui tunc temporis sculletus erat, donavit, eique quantum cervisiæ inde solvere deberet superordinavit: duos modios in cena Domini ad mandatum pauperum, et partem 7 modiorum operariis prepositi, quando fenum prati Meceres secarent, aliam nichilhominus partem messoribus, quando seges curtis nostræ quæ civitati adjacet succideretur. Idem vero Everardus, honeste militaris et vir magnæ erga Deum devotionis, mansione quadam inter atrium nostrum et ecclesiam beatæ Mariæ empta, hospitale construxerat, cui pratum unum et allodium terræ jacens secus fontem, qui sancti Gengulfi vocatur, contulerat. Quæ tunc quidem modicum questus eidem domui conferebant, modo autem, domibus undique constructis et commanentibus ibidem plurimis, locus idem annis singulis 30 solidos hospitali solvit.

15. Reynerus etiam grutarius, vir admodum probus et abbati natione proximus, in suburbio villæ nostræ, in loco qui Nova domus vocatur, 5 solidos ecclesiæ contulit, et ut suus et uxoris suæ Engheltrudis nomine anniversarius inde ageretur constituit. Sunt adhuc nonnulla abbatis Folcardi egregia pii laboris studia narratione digna, quæ huic operi non incongrue judicavimus inserenda.

16. Cum igitur violentiam oppidanorum se vicisse gauderet, et post tanti laboris fatigationem requiem speraret, ecce, ei ex insperato res, quam non putabat, accidit, quæ eum non minore precedentis temporis labore afflixit. Cum enim terminata cum opi-

NOTÆ.

(529) Engelshoven Sancto Trudoni vicinum.
(530) Hespen.
(531) In capitum tabula hæc minus apte cum capite sequente conjunguntur.

danis sua causa in monasterio sancti Lamberti A sederet, et de repedatione domum cum suis letus tractaret repente nuntius Gerardi cardinalis (532) advenit, mandantis ei ut censum domorum Coloniæ jam diu retentum abbati Sancti Martini redderet, aut si nollet, pro hoc ei responsurus Coloniam veniret. Reversus domum quantocius viæ necessaria preparat, et sequenti post epiphaniam die Coloniam advectus, acceptis usque in pascha ad generale placitum induciis rediit, transactisque sacræ resurrectionis diebus, die statuta Coloniam venit. Sed considerantes majoris ecclesiæ prepositus et decanus et sapientiores quique clericorum dignitatem ordinis nostri vilescere, si tantos viros contigisset sub laycali persona judicio invicem contendere, statuerunt B eorum altercationem hoc compositionis modo terminare. Decreverunt namque ut ea domus quæ muro adherebat nostra esset, eamque ecclesia nostra perpetuo libertatis jure possideret, aliæ autem duæ, ex altera parte plateæ constructæ, quia nostræ non erant, in jus abbatis Sancti Martini cederent. Nec injuste. Sanctus enim Euergisilus, fundator ecclesiæ sancti Martini, eo in loco ubi in transitu ejusdem beati pontificis celestem audierat armoniam, quicquid a porta frumenti usque ad portam Reni continebatur, cum macello eidem loco libera traditione contulerat. Duæ ergo domus in spatio ejusdem termini comprehensæ non injuste cesserunt in jus prædictæ ecclesiæ. Harum autem trium domorum mansiones 18 denarios solverunt, quorum tercia C nostris, reliquæ predicti abbatis usibus cedunt. Sicque mutua abbatum pro suo jure altercatio industria clericorum terminata, et sua cuique juste restituit, et juditium laycalium personarum, quod eos subire non decebat, declinavit.

17. Hæc ergo et plura alia, quæ prioribus antecessores sui temporibus, multo licet studio temptassent, acquirere ecclesiæ non poterant, ipse meliora, ut sic dictum sit, servatus in tempora et feliciori usus fortuna, non solum acquisivit, sed et ab omni contradictione libera hominum, filiis suis perpetuo possidenda reliquit. Qui cum, ut erat grandevus etate et multo ab ipsa juventute defetigatus labore, ad extrema tenderet, jam die vocationis suæ appropinquante, in lectum egritudinis decidit, et astante religioso fratrum et filiorum suorum conventu, confessus, communicatus et inunctus, 5. Idus Maii die (*an.* 1145) obiit, et in medio monasterio ante capellam sanctorum Trudonis et Eucherii locum sepulturæ meruit. Prefuit autem monasterio annis 7, mensibus 2, diebus 7. Idem vero ipse reverendæ memoriæ vir allodium quoddam in villa Hakendover, 7 solidos solvens, ab heredibus emptum ecclesiæ contulerat, unde 6 solidos fratrum refectioni et 12 denarios servientibus in die depositionis suæ dari censuerat. Qui futuri providus, metuens, ne aliquando idem allodium incolarum violentia ecclesiæ subtraheretur, statuit, ut de curtibus nostris villæ adjacentibus, quas ipse invadiatas redemerat, predictorum solidorum quantitas fratribus et servientibus conferretur.

18. Diem preterea transfigurationis Domini et memoriam beati Laurentii martiris et sancti Lamberti, nec non et sancti Nycholai, Mariæ quoque Magdalenæ sollempnem agi instituit, et in honore eorumdem sanctorum singulis ipsarum sollempnitatum diebus duos fratribus solidos dare precepit. Adauctaque piæ devotionis reverentia, lumen ante altare sancti Nycholai constituit, quod sicut et cetera ut de predictis curtibus exsolveretur ordinavit. Conradus vero, hiisdem diebus major ecclesiæ prepositus, magnis debitorum anxietatibus implicatus, ut eas sibi invadiare liceret, multis ab abbate precibus vix extorsit, quos tamen eodem anno se redempturum fideliter spopondit; sed cum non post multos dies idem venerabilis pater e seculo migrasset, prepositus sponsionis suæ oblitus invadiatas curtes redimere neglexit. Sicque fratres multo tempore caritate sibi ab abbate constituta caruerunt, nec tamen predictas sanctorum memorias sollempnes agere omiserunt.

INCIPIT LIBER SECUNDUS [416].

DE GESTIS DOMNI GERARDI ABBATIS.

1. Anno Domini 1145, imperii vero Conradi ratione nominis tercii anno 8, episcopatus Alberonis secundi anno 9, defuncto 6. Idus Maii (533) abbate Folcardo, Gerardus, Gisleberti comitis et advocati nostri filius, communi fratrum electione abbas est substitutus. Quem videlicet saniori usi consilio ob id maxime elegisse videbantur, ut, quoniam Otto comes, frater ejusdem Gerardi, ecclesiæ infestus erat, D presidente cis fratre suo nichil eis ultra violentiæ inferret, sed contra aliorum predonum rapacitatem bona eorum sua defensione tutaret. Missis post eum claustri senioribus, a Cluniaco, quo se ante aliquot dies contulerat, revocatus est, et 8. Kalendas Augusti a fratribus et populo cum magna utriusque sexus multitudine receptus est. In magna quidem pace et quiete ecclesiæ prefuit, nullaque, sicut

VARIÆ LECTIONES.

[416] tercie partis *addit* 1*.

NOTÆ.

(532) Erat diaconus cardinalis Sanctæ Mariæ in Dominica.

(533) Supra legitur 5. Id. Maii.

antecessores qui passi fuerant, afflictionum seu laborum incommoda pertulit. Hocque virtutis et probitatis suæ monimentum posteris reliquit.

2. Domum Macharii villici sui de Hales, cujus pater Johannes abbatem Rodulfum crebra suæ arrogantiæ infestatione lacessiverat, quam idem Macharius in modum castelli fossatis et aquarum meatibus undique munierat, hoc modo cepit et funditus diruit. Cum idem Macharius vana elatione tumidus abbati se opponeret, et quicquid animo libuisset, id quasi sibi licitum opere compleret, accidit, ut quemdam abbatis servientem, despecto abbate et ejus nuntio, qui eum conduxerat, graviter injuriatum equo etiam spoliaret. Quo comperto abbas gravi adversus Macharium ira exarsit, et fratri suo comiti rem referens, ejus contra predonem auxilium expetiit, atque ad vindicandam in Machario injuriam suam eum secum usque Hales perduxit. Intromissus comes in curia Macharium advocat, equum quem abstulerat adduci sibi imperat, eumque de illata abbati injuria se excusare non valentem juditio hominum suorum cum uxore et filiis domo expellit, eamque et omnia illius in manus abbatis tradit. In qua cum per aliquot dies moraretur, et ille, ut erat ferus animo, nichil dignum satisfactione offerre dignaretur ei, inito abbas cum suis consilio, fossatis terræ adequatis, turres dejecit et domum totam destruxit. Postea tamen mediante Ludovico Lonensi comite (534), gratiam suam ei indulsit, et mansionem suam cum ceteris quæ ei abstulerat reddidit.

3. Eodem tempore Gerardus cardinalis a Roma in Gallias transvectus, et per multas civitates concilia celebrans, Leodium venit, ibique synodum suam celebraturus, abbati Gerardo ut adesset mandavit. Abbas autem intentionem propositi sui ejus preceptioni preposuit, et in Flandriam profectus, Leodium venire contempsit. Indignatus cardinalis et in persona sua papæ injuriam factam protestatus, ecclesiam nostram a divinorum celebratione cessare jussit, et abbati ex auctoritate beati Petri et ipsius papæ introitum domus Dei interdixit. Reversus abbas de Flandria, predictum Gerardum Romam redeuntem necessitate cogente Treverim usque secutus est, ibique mediante pecunia ejus gratiam adeptus.

4. Non post multos deinde dies, anno scilicet Domini 1146, domnus Gerardus obtinuit a comite Flandriæ Theoderico (535) confirmationem de villa nostra et bonis nostris Proviin. Eodem anno cum

A ingravescente languore comes Otto, frater ejusdem domni Gerardi abbatis, ad extrema venisset et de vita desperatus esset, in redemptionem animæ suæ et heredum suorum contulit ecclesiæ villam quamdam Aleym (536) nomine, et non multo post defunctus, in claustro juxta matrem secus introitum monasterii ad aquilonarem partem jacet sepultus. Expletis autem exequialibus ejus, presentibus Henrico secundo Leodiensi episcopo et Arnulfo Lonensi comite, frater ejus Theodericus canonicus Sancti Lamberti et Bruno, qui post archidiaconatum ejusdem ecclesiæ meruit, et Arnulfus de Curterse (537) et alii plures ejus nepotes tradicionem comitis sua auctoritate firmaverunt, et banno episcopi stabiliri ecclesiæ imperpetuum fecerunt.

B 5. Arnulfus tamen predictus promissum violans, anno post obitum Ottonis 5 (1150) datum monasterii sibi usurpans vim intulit; sed abbas ipsum conveniens ad restitutionem coegit (538). Anno prelationis domni Reneri (539) 9, qui fuit anno Domini 1153, obiit Albero Leodiensis episcopus secundus; cui successit Henricus secundus et prefuit annis 13. Eodem anno (540) defuncto imperatore Conrardo tercio ratione nominis, successit Fredericus primus et imperat annis 37 (541).

6. Postea ipse dompnus Gerardus pertesus malorum et turbinum secularium causarum, privatus vivere volens, donum abbatiæ Henrico secundo Leodiensi episcopo reconsignare voluit, sed quibus-

C dam hoc egre ferentibus, Leodiensi episcopo supplicatum est, ut minime consentiat. Leodiensis autem episcopus petenti annuere noluit; ymmo ut domui Dei, quam regendam susceperat, paterna sollicitudine preesset, distincte precepit.

7. Postea autem importunitate ipsius evictus cessit, et annitentibus quibusdam parentibus et amicis ejus nobilibus in depositionem volentis consensit.

8. Decessurus ergo abbatia anno Domini 1155 obtinuit a fratribus, ut eorum electioni interesset, quatenus electi personam et mores ipse sua auctoritate approbaret, quod ita quoque, fratribus in omnibus ei libenter obedientibus, accidit. Habitaque electionis die cum fratribus affuit, et Wiricum,

D majorem ecclesiæ et prepositum et armarium, omnium in commune vocibus acclamantium sibi in successorem eisque in patrem elegerunt. Transactisque paucis diebus, jam privatus, ut dudum animo intenderat, Flandriam adit, monasterium sancti Petri situm in Gandavo expetit, et ab abbate Sygero honorifice susceptus, sub communis vitæ

NOTÆ.

(534) Filio Arnulfi V, comitis Lossensis.
(535) Theodericus de Alsatia 1128-1168.
(536) Ad Mosam inferiorem.
(537) Juxta Diest.
(538) Tabula Gerardi abbatis de hac re anno 1150 conscripta legitur apud Mantelium, p. 75.
(539) Imo Gerardi. Quæ sequuntur falsa sunt; obierat Albero II jam anno 1145, de quo vide Jaffé p. 281; ei successit usque ad annum 1164 Heinricus secundus.
(540) 1152.
(541) 39.

regula aliquantis ibi annis cum fratribus vixit. Inde ab abbate Cluniacensi evocatus, cellam quandam ipsorum, tribus milibus a nobis disparatam, Bertreys (542) nomine, ab eo regendam suscepit. Cui cum aliquanto tempore prefuisset, eamque meliorem quam invenerat industria sua reddidisset, consilio sibi faventium persuasus, ut ad nos diverteret, habitationem loci, quæ multum ante ei placuerat, A curamque domus sibi commissæ deserens, ad nos se convertit. Et regulariter aliquamdiu apud nos honeste conversatus, in senectute bona obiit, et in monasterio penes introitum chori partis dexteræ ad meridianam plagam locum sepulturæ obtinuit. Prefuit autem monasterio annis 11, vixit vero postquam abbatiam dimiserat annis 19, eodem anno obiit (1174).

INCIPIT LIBER TERTIUS [417].

LIBELLUS GESTORUM DOMINI ABBATIS HUJUS LOCI WIRICI.

1. Anno ab incarnatione Domini 1155 Wiricus, major ecclesiæ prepositus et armarius, eo quo prediximus ordine a fratribus electus abbasque discedenti patri substitutus, Wormachii ad curiam imperatoris Frederici (543), episcopum Metensem se illic inventurum credens, est profectus. Quo non invento, ad requirendum eum Mettim properavit. Forte tum Hillinus, Treverorum archiepiscopus sedisque apostolicæ legatus, aderat. Cui cum presentatus fuisset, causamque viæ suæ aperuisset, auctoritatis ejus approbatione fultus, et ab ipso presenciæ episcopi Stephani exhibitus, donum electionis, quod petebat, absque difficultate aliqua est assecutus. Cum enim ante electionem ei notus et familiaris fuisset, ni mirum facile quicquid petisset, obtinere poterat, etiam si prefatus archiantistes suffragator non affuisset. Plurimum namque hominibus prodesse solet in suis necessitatibus familiaris divitum noticia.

2. Adeptus ergo electionis donum cum redire domum disponeret, predictus Treverorum archiepiscopus nimia ei dilectione astrictus, in comitatum suum eum esse precepit et Treverim usque perduxit. Ibi eum Henrico Leodiensi episcopo, de curia imperatoris redeunti, familiariter commisit, utque ei in suis negotiis causa suæ dilectionis assisteret, obnixe rogavit. Quem idem episcopus cum omnibus suis secum assumens Leodium deduxit, et sequenti suæ reversionis die missam celebrans, 18 videlicet Kalendas Februarii (1156), abbatem consecravit. Quo comperto, canonici ecclesiæ sancti Johannis ewangelistæ ad episcopum venerunt, nec prius se ejus consecrationi assensum prebituros dixerunt, nisi loco antecessoris sui pro injustitia sibi, ut asserebant, facta ab eo eis se responsurum. Abbas quippe Gerardus insulam quandam, Edecus nomine, in termino allodii nostri et allodii eorundem canonicorum positam, ut sibi videbatur juste, ut vero ipsi affirmabant injuste, in partem suam attrahens eis abstulerat, et quarto ab eis ad audientiam episcopi mandatus venire neglexerat, unde judicio nobilium B personarum tandem decretum est, ut insula eadem in jus et possessionem eorundem canonicorum libera cederet. Interrogatus abbas Wiricus, si super hac eorum querimonia eis respondere vellet, non abnuit, acceptisque usque in festo sancti Lamberti (*Sept.* 17) induciis domum cum suis rediit.

3. Receptus igitur a fratribus et populo solempniter, ut decebat, ilico ad reparationem claustri animum intendit, et conductis operariis lapides et columpnas et cetera ad id operis necessaria precio non modico comparavit. Consideransque, quia prepositi operis edificium non sine magnis sumptibus expleri posset, allatam sibi lapidum partem seorsum interim reponens, exspectavit donec congruentiori temporis aura alios commodius afferri faceret, C et aspirante sibi Dei et sanctorum adjutorio, claustrum in meliorem quam tunc erat pulchritudinis speciem mutaret. Copertum enim ligneis tegulis, et eisdem vetustate pene consumptis, per diversa loca rimis patentibus pluebat; unde grave incommodum tempore ymbrium seu nivium, ad murum plerumque defluentium, conventus omnis habebat. Ligneis etiam stipitibus totus claustri ambitus fulciebatur propter conventum, qui muro vetere cum columpnis et basibus atque capitellis, opere rustico, usque ad murum capellæ sancti Lamberti claudebatur. De hiis in sequentibus, cum ad id nostra pervenerit narratio, plenius dicemus.

4. Quum igitur, ut supra prelibavimus, dominica die, in vigilia videlicet sancti Lamberti (*Sept.* 16), D ut promiserat, responsurus canonicis Sancti Johannis Leodium venisset, et utraque pars altercationis suæ litem ab hora diei prima usque in vesperam protractam nullo modo finire potuisset, tandem finitis vesperis, judicio nobilium qui aderant sancitum est, ut judicii prioris sententia super idem allodium pridem prolata rata esset, eandemque insulam ecclesia sancti Johannis absque contradictoris alicujus reclamatione perpetuo liberam possideret [418]. Quæ tamen miro quodam fortunæ eventu, variarum occasionum impedimentis intercurren-

VARIÆ LECTIONES.

[417] tertie partis *addit* 1*. [418] possiderent 1*.

NOTÆ.

(542) Juxta Montenæken vicinum Waremme.

(543) Qui mense Septembri 1155 ex Italia redierat

tibus, ad nostra usque tempora nullos utilitati eorum protulit fructus.

5. Cum igitur in reparatione claustri animum intenderet, et in hujusmodi intentionis sollicitudine die noctuque totus estuaret, et sub tam ydoneo, licet recenti, rectore ecclesia commode ageret, ecce, mira omnipotentis Dei dispensatione, qui nunquam injusto delinquentium culpas punit judicio, magnam ejus erga nos et iram experti sumus et gratiam. Primo namque anno consecrationis suæ, 10 Kalendas Octobris, cum subito surgentibus flammarum globis civitas succensa arderet, et magna jam sui parte absumpta, quod residuum erat victrix flamma lamberet, fratribus matutinalis synaxis odas Deo solventibus, scintilla tenuis vento prelata secus turrim ad occidentalem plagam super arentia ligna cecidit. Ibi paulatim fomentis crescentibus, in immensum ignis exestuans, arentem totius manicæ materiam apprehendit; ipsum etiam supereminens proximæ turris tectum flammæ subito in altum eructuantis vapor corripuit. Quo duo quidam precio sibi promisso velociter ascendentes, cum magno vitæ suæ periculo igne vix extincto, turrim ab imminenti eruerunt incendio. Ignis vero reliqua quæ proxima erant libere pervagatus [419], tectum monasterii, partim ligneis tegulis, partim plumbo coopertum, ab orientali ejus parte invasit, totumque, fratribus quæ intra monasterium erant auferre certantibus, nullo jam obniti valente, nostris id peccatis exigentibus, feroci flamma absumpsit. Turris vero occidentalis ad aquilonarem plagam cum alia sibi coherente turre, in qua campanæ pendebant, licet jam tercia incensa arderet, industria et labore fidelium laicorum ignem a campanis propellentium illesa remansit. Quarta nichilominus orientalis turris ad meridianam plagam, cum flamma vorax proxima quæque depasceret, incensa arsit; super hanc crux deaurata cum pomo grandi eque deaurato stabat, quæ nitoris sui splendore oculos longe intuentium reverberabat. Armarium etiam, ubi calices reponi solebant, et formæ (544) in choro operis sui pulchritudine decentes, sedes etiam ad standum seu sedendum fratribus satis commodæ arserunt, aliaque quamplura utilitate sui satis preciosa, seviente incendio ad nichilum redacta disperierunt. *Item.* Monasterio itaque cum utrisque absidibus et duabus, ut predictum est, turribus quatuorque manicis exusto, cancellum cum duabus adherentibus absidibus, sibi vola (545) protegente lapidea, inustum remansit. Totus preterea claustri ambitus, dormitorium, caminata abbatis, refectorium quoque partim tegulis partim stramine coperta, miro modo ab igne remanserunt intacta. Hic animadvertere quilibet potest, quod omnipotens Deus mira dispensationis suæ miseratione et iram suam nos experiri voluit et gratiam. Nisi enim ea quæ igni superfuerunt pietatis suæ virtute ipse custodisset, nequaquam humanis viribus, scintillis patratæ concremationis super arentes, ut ita dicam, paleas late cadentibus, salvari potuissent. Molendina duo superius et inferius cum adjacentibus sibi omnibus exusta sunt. Congeries lignorum maxima secus murum refectorii posita, illesa permanente ejusdem domus straminea tectura, arsit. Cambam quoque, pistrinum, domum qua pauperes reficiebantur cum viridario et domunculis hac illacque per curiam constructis ignis absumpsit, solum vero horreum cum spicario collucente in circuitu incendio inexustum remansit. Eodem anno combustum est monasterium Gemblacense.

6. Abbas interim Ultrajectum ante aliquot dies profectus aberat, jamque expleto suæ profectionis negotio, quid suis accidisset ignarus, domum redibat. Ad quem tam diræ vastationis nuntius in villa nostra Alburch consistenti venit, ejusque animum et omnium qui aderant gravis nuncii merore perculit. Cumque post gravia imi pectoris suspiria, quæ dolor tristis ac subiti nuncii elicuerat, claustrum et cetera, ut dictum est, inusta remansisse audisset, spem totam in Deum et sanctum ejus Trudonem ponens, animumque viri fortis, qui nec adversis deprimi nec prosperis potest elevari, induens, suos ut de hiis quæ audierant clementius dolerent ammonuit, domumque sub omni celeritate repedavit. At ubi monasterio appropinquans vastationem recentis incendii oculis propriis aspexit, acri stimulante dolore vehementer ingemuit. Nec tamen de adjutorio Dei et patroni sancti sui diffidens, quin potiora exustis construere posset, ilico ad reparationem monasterii se viriliter accinxit. Intra paucos itaque dies ligneam fabricam, parvam quidem sed tempori congruentem, super corpora beatorum Trudonis et Eucherii erexit, fratresque ibi die noctuque solitas Deo laudes psallere fecit. Necessitate ergo reparationis monasterii compulsus, opus claustri, ad quod toto mentis fervore jam dudum intenderat, intermisit. Paucis post diebus elapsis quidam primatum villæ nostræ Rutardus nomine, languore ingravescente ad extrema veniens, 10 ad deducendum vinum fratrum marcas dedit; quas videlicet ita in usus ecclesiæ expendendas [420] ordinavit, ut recondito vino fratrum in cellario, eædem inde assumerentur quæ sequenti anno et sic in posterum semper paratæ haberentur. Preterea anniversaria quatuor, suum et uxoris suæ, patris quoque ac matris, inde agi instituit, ita scilicet ut si predictæ marcæ in alios forte usus ecclesiæ expenderentur, 16 solidi qui de bono suo in Sarchinio preposito solvuntur, fratribus in eisdem anniversariis ad refectionem darentur. Cum igitur abbas Wiricus

VARIÆ LECTIONES.

[419] provagatus 1*. [420] expendendos 1*.

NOTÆ.

(544) Canentium sedes plicatiles.

(545) I. q. volta, voutio.

omni sollicitudine satageret, si quoquo modo nudam templi faciem tegere posset, quæ magnitudine sua oculis intuentium horrida et miserabilis apparebat, subito ei alterius et non dissimilis sollicitudinis occasio accrevit. Domus namque nostra Coloniæ, quæ una de capitalibus turribus urbis est, anteriore muro in preceps pendente, ruinam minabatur; proxima enim Reno est, et inter ipsam et ripam fluminis brevis tantum et publicus transitus erat. In diebus ergo nativitatis Domini misso Colonienses nuncio abbati mandaverunt, ut emendaturus domum suam Coloniam veniret, aut si nollet, ipsi ea quæ emendanda erant suis sumptibus explerent. Mira [421] ergo abbas Wiricus anxietatis vallatus estuatione, metuensque, ne si quod Colonienses mandaverant omitteret, aliquo modo pro reparatione ejusdem domus postmodum ab eis impediri posset, diligentiam consummandorum edificiorum Everardo scultelo suo, viro admodum probo et strenuo, et quibusdam de fratribus sollicitioribus injunxit, et imminentem domus ruinam correcturus, Coloniam contendit. Considerans absque magnis sumptibus eam reparari non posse, accommodatis a quodam sibi fidele 15 marcis, quasi jam omnia reparationi necessaria haberet, juxta illud comici :

Dimidium qui bene cepit habet (546),

inchoante statim mense Marcio (1157), eam funditus statuit diruere. In cujus destructionis labore maximo quanta expenderit, brevitati consultum volens pretereo. Jactoque novi operis fundamento, cum nec lapides ipsi nec cementum pre vetustate novæ edificationi essent habilia, intra festum sanctæ Gertrudis sanctique Martini magno labore magnisque sumptibus preter hiis, quæ in eundo ac redeundo expendit, totius domus fabricam mirifice consummavit. In qua locato habitatore, 5 marcas et dimidiam sibi solvi fecit, cum a temporibus Theoderici abbatis, per 48 ferme annos (547), usque ad id temporis dimidiam tantum et vix eandem solvisset. Prepositus enim Mosellæ Coloniam veniens, cum eam exigeret, habitator ejus se in melioratione utensilium domus eam expendisse aiebat, nichilque preposito nisi blanda subdolæ argumentationis verba reddebat. Per 22 autem annos, quibus eam ecclesiam liberam tenuit, predictæ constitutionis summam ab inhabitante in ea abbas Wiricus annuatim recepit, quam etiam pridem, cum prepositus esset, contra voluntatem predecessoris sui eam vendere volentis, 8 marcis redemerat. Igitur [422] cum, ut dictum est, in reparatione domus Coloniæ esset occupatus, annitente viriliter Everardo judice ceterisque quibus id curæ injunctum erat fratribus, domi certatim fervebat opus. Per quos etiam eodem anno manicam cancello et turri aquilonaris plagæ contiguam grandi et forti materia reparavit, atque in meliorem quam ante combustionem fuerat statum opere citato reformavit, novoque cooperiendi genere et usque ad id temporis in nostris partibus inusitato multumque contra ignem valente, de lapidibus videlicet tenuiter sectis, eam cooperuit. Processum deinde temporis monasterium ipsum a cancello usque ad sepulchrum sanctorum Trudonis et Eucherii forti et mirifico opere consummavit, eaque qua manicam cooperuerat tectura decorabile reddidit. Intra 16 ergo annos abbatis et fratrum, qui cooperatores ejusdem operis erant, industria melior et decentior priore a cancello usque ad turres occidentales cum absidibus et manicis totius monasterii egregie consummata est fabricatura. Anno Domini 1158 Nonas Septembris tres soles visi sunt in parte occidentali ; sed duobus paulatim deficientibus, sol diei qui medius erat remansit usque ad occasum.

7. Anno Domini 1159, quinto anno (548) Wirici abbatis defuncto 3 Kalendas Septembris (549) papa Adriano, gravis inter Rolandum et Octovianum de papatu Romæ orta est contentio (550), electi quippe ad papatus honorem partibus inter se discordantibus utrique fuerant. Quorum alteri, scilicet Octoviano, Fredericus imperator et sui favebant, alterum autem, id est Rolandum, contra partes imperatoris plurimorum nobilium et maxime Wilhelmi Siculi potentia fovebat. Causam autem hujus inter eos contentionis et discordiæ non incongruum videtur hic paucis disserere. Obortis quibusdam discordiæ simultatibus inter Adrianum papam et imperatorem Fredericum (551), cum imperator ab episcopis suis hominagium et sacramenta regalia exigeret, et in scribendo papæ nomen suum nomini ejus preponeret, cardinalibusque ejus ecclesias et civitates regni sui interdiceret, quia non videbat eos, quales requirit ecclesia, pacis predicatores sed ecclesiarum predatores : hiis aliis molestiis exasperatus domnus papa, cum eum sepe monitum resipiscere nolle videret, excommunicaturum se eum minatus est. Proinde procedente tempore cum jam fama ferret eum Ytaliam cum exercitu intrasse (552), et plurima ejus parte suæ potestati subjugata, quasdam beati Petri possessiones sine judicio et ratione occupasse, assumpta tunc demum occasione apostolicus maximæ querelæ verbum in communi proposuit, cum

VARIÆ LECTIONES.

[421] mura 1*. [422] anno 1157. *in margine addit manus coæva.*

NOTÆ.

(546) Horat., Epp. I, 2, 40.

(547) Imo quinquaginta ; cf. supra VI, 26.

(548) Si annum 1155 Wirici fuisse primum status, inde a consecratione ejus currebat annus quartus.

(549) Imo 1 Sept.

(550) Haud scio an auctor pauca illa verba 1160 in Auctario Aquicinctino ante oculos habuerit.

(551) Quæ sequuntur argumenta desumpta sunt ex Adriani et Friderici litteris quæ in Sigeberti cont. Aquicinctina leguntur.

(552) Jam anno 1158 medio Fridericus in Italiam venerat.

Romanam ecclesiam conculcare disposuisse, et omnia ejus jura, tam imperialia quam spiritualia sibi violenter velle auferre. Ad hæc cum omnes in conventu turbati quid facto opus esset cogitarent, tandem eo sententia prolata est, ut omnes qui aderant data fide in manus papæ jurarent, quod unanimiter omnes pro honore et libertate Romanæ ecclesiæ contra imperatorem et omnes principes indeficienti animo usque ad sanguinis effusionem stare deberent. Cui sententiæ, ne effectum haberet, fautores partium imperatoris prudenter et sagaciter obviaverunt dicentes: *Multi quidem reges ecclesiam Romanam leserunt, et in presenciarum Siculus* — nam forte tum isdem aderat, qui eam [423] graviter afflixit — *nunquam tamen hujusmodi securitatibus et juramentis ecclesia ipsa contra quemquam se armavit. Verum si morbo noviter exorienti hoc noxium adhibendum est remedium, fiat specialius contra Siculum, qui plus omnibus nocuit, et tunc demum generaliter contra omnes, qui hanc ecclesiam deprimere et humiliare voluerunt, ne, si forte contra istum qui advocatus et defensor est ecclesiæ nos in hunc modum armaverimus, eum ad destructionem ecclesiæ nostræ modis omnibus incitemus.* Hac eorum prudenti responsione conclusi, adversæ partis fautores siluerunt, consilioque ea die taliter cassato, cum rubore abierunt. Postmodum tamen habita adversus imperatorem manifesta conspiratione, domno papæ sacramento firmaverunt, quod si imperatorem excommunicaret, ejus honori et voluntati usque ad mortem contrairent ipsumque contra eum modis omnibus adjuvarent. Adjecerunt preterea hæc, sacramento promissa confirmantes, quod si contingeret domnum papam vita decedere, nullum se nisi de illis qui juraverant in futurum pontificem eligere debere. Circumpositos insuper episcopos juramento constrixerunt, ne alicui electo, nisi in quem Siculi secta consentiret, in consecratione manus imponerent. Anno ipso predicto Adriano papa 3 Kalendas Septembris defuncto, ad eligendum ei successorem omnes ex more conveniunt. Sed cum propter conspirationem adversæ partis et imperatori non faventium electio lente procederet, tercia fere die transacta ad hoc deventum est, quod cardinales quatuordecim qui sacramento constricti tenebantur Rolandum cancellarium nominaverunt, alii autem novem numero qui exsortes juramenti erant Octovianum presbiterum cardinalem, ad regimen ecclesiæ et ad pacis et concordiæ unitatem inter ecclesiam Dei et imperium reformandam dignum et utilem cognoscentes, elegerunt. Cum autem illi electum suum manto induere festinarent, nundum tamen eo induto, alii eos prevenientes, ad petitionem totius populi Romani, electione universi cleri, assensu fere totius senatus, electum suum manto induerunt et intronizatum in sede beati Petri collocaverunt. Proinde ad palatium ejusdem, acclamante universo populo, ymnum Deo decantante clero, et omnibus rite sollempniter adimpletis, eum deduxerunt; adversæ vero cardinales partis retrocedentes in castrum quoddam beati Petri se contulerunt, ibique per dies 8 et amplius conclusi permanserunt. Inde postmodum per senatores educti extra Urbem secesserunt, et duodecima die, quod a seculo non est auditum, in castro quodam Cesterna nomine electum suum inmantaverunt, et continuo mittentes nuntios per universam Ytaliam, episcopis ne ad consecrationem electi eorum venirent dissuaserunt, minantes eis excommunicationem et depositionem imperpetuum.

8. Anno Domini 1160 ad hanc discordiam sedandam et ydoneum ecclesiæ pastorem substituendum cum omnes imperii proceres ab imperatore mandati fuissent (553), Henricus quoque Leodiensis episcopus inter primos non ultimus adesse jussus est. Qui cum abbatem Wiricum secum proficisci vellet, ille autem propter viæ periculum recusaret, et tamen, si non cum eo proficisceretur, inobedientiæ apud eum nota accusari timeret, oblata ei suæ profectionis competenti pecunia cum non proficeret, necessitatem in voluntatem vertens in Ytaliam profectus est. Cumque emenso grandi et difficili itinere Cremonam venisset, ubi tunc Octovianus papa, qui et Victor, erat, familiaritate quorumdam clericorum papæ adherentium fretus et ab eis ejus penitentiæ exhibitus, in majori quam quisquam sperare poterat honoris et gratiæ loco est habitus. Eisdemque clericis strennue et familiariter causam ejus agentibus, privilegia ecclesiæ nostræ innovata pro voto ei apostolicus sua auctoritate confirmavit, et impetrandi quicquid animo libuisset fiduciam magnam dedit. Cumque ad eum in vigilia penthecostes mandatus venisset, post dulcia amicæ locutionis verba usum annuli et mitræ ob memoriam sui ei non querenti ultro concessit, et ut se ad vesperas ejus ministerio prepararet jussit. Videns autem abbas Wiricus insperata sibi ultro offerri, et quæ alii aut vix aut cum labore solent adipisci, quod sibi offerebatur accepit, gratias egit, et ad vesperas, ut jussus erat, ad ministerium apostolici se revestitum exhibuit. Sequenti die cum Transalpini clerici, Germani videlicet, Francigenæ et Anglici ac diversarum qui aderant provinciarum, a papa obtinuissent, ut eis more suo missam celebrare liceret, jussu apostolici chorum rexit, quia leni et canora predulcis vocalitatis modulatione omnium aures mulcebat. Inde post aliquot dies reversurus ad patriam, apostolico qui eum paterne admodum et benigne tractaverat, valedixit, et in festivitate sancti Jacobi apostoli prospero itinere sanisque omnibus quos secum abduxerat in sua rediit. Interim Henricus Leodiensis episcopus, qui

VARIÆ LECTIONES.

[423] ca 1*.

NOTÆ.

(553) Paviam, ubi mense Febr. 1160 confirmatus est papa Victor IV· cf. Boehmer 2430-2431.

cum invitum secum proficisci coegerat, variarum impeditus occasionum tumultibus in Ytalia remansit. Anno autem reversionis necdum expleto, in penthecoste videlicet (*an. 1161 Jun. 4*), nuntium suum ex Ytalia ad eum direxit, mandans, ut omni occasione posthabita ei ad curiam imperatoris, quæ Bysuntii futura erat, occurrere festinaret. Animadvertens igitur abbas Wiricus animum post se mittentis episcopi, quod non ob aliud nisi ad gravandum se eum curiæ juberet interesse, licet necessariorum hujus viæ indigeret, jubentis tamen obediens imperio ad curiam venit. Quæ cum Bysuntii decreta esset, in decollatione sancti Johannis Baptistæ Latonæ (554) habita est, ibique Victor papa cum Frederico imperatore aderat. Benevolentia igitur apostolici et spirituali quadam familiaritatis ejus prerogativa, sicut et in priori sua profectione, humane admodum et filialiter usus, cum gratia quoque ejus et benedictione prospera ei imprecantis cum suis omnibus incolumis est reversus.

9. Eodem anno cum post tanti et tam laboriosi itineris fatigationem, requie sibi ab omnibus circumquaque indulta, reparationi monasterii omnimodis intenderet; ecce, non multo post, eodem scilicet anno, pia misericordis Dei virtute, qui quos diligit corripit, flagellat autem omnem filium quem recipit, ab ipsa quam pene calcare intraverat mortis porta retractus est. Quod ubi vel quando aut quomodo acciderit, quia id viris [424] virtutem imitari volentibus profuturum non ignoro, paucis explicabo. Transactis pridem aliquot consecrationis ejus diebus (555), cum adhuc novellus ecclesiæ presideret, Franco quidam de Dumella, qui decimam minoris Exele (556) ab eo tenebat, unde ei post biennium obsonium debebat, ad eum venit conquerens, quod abbas Floreffiensis Gerardus contra ordinis sui reverentiam in bona sua, quæ ad ecclesiam spectabant, violenter ei injustitiam fecisset. Abbas quippe Gerardus predictæ villæ (557) decimam, reclamante eodem Francone nulloque fratrum suorum conscio, in pactum sex solidorum ei dederat; quamque predictus abbas Floreffiensis, quia spirituali quadam familiaritate apud Heynricum episcopum potens erat, auctoritate scripti ejus confirmari sibi fecerat. Audita ergo abbas Wiricus contra predicti abbatis violentiam querela fidelis sui, percunctatus est ab eo si usquam de hiis, quæ sibi sublata querebatur, in juditio et potestate sui juris aliquid reliquisset? Cumque tres adhuc siliginis modios attestatione illius remansisse audisset, precepit ei, ut acceptos eosdem modios auctoritate ejus apud se haberet, donec inter eum et abbatem Floreffiensem res juditio discuteretur. Considerabat enim apud se virum tanti ordinis ac reverentiæ non sine causa hanc ei violentiam voluisse inferre. Recessit ille; annonam quam jussus erat accepit, eamque nuntiis predicti abbatis auferre volentibus auctoritate domni sui interdixit. Quo comperto, abbas Floreffiensis episcopum iratus adiit, et de injuria sibi, ut dicebat, ab abbate Wirico illata conquestus, eum ad audientiam evocari fecit. Mandatus ergo venit, et ab episcopo super predicta abbatis querimonia interrogatus, se excusans ita respondit : *Nullam quidem injuriam seu injustitiam abbati huic fecisse me recolo, sed bona ecclesiæ nostræ, ubicunque locorum sunt, ea qua debeo auctoritate tueri volo.* Cum ad hæc abbatis Gelrardus responderet, predictæ villæ decimam consciis et testibus filiis ecclesiæ ab abbate Gerardo se in pactum suscepisse, scriptumque episcopi inde se habere, abbas Wiricus post plurima negationis verba hæc subintulit : *Si meis*, inquit, *assertionibus fides non attribuitur, misso quolibet fideli nuntio ad fratres meæ ecclesiæ, res quomodo acta sit subtiliter indagetur, et si quemquam eorum hujus suæ attestationis conscium repererit, ea quæ injuste affectat, juste demum et libere imperpetuum possideat.* Hiis auditis episcopus obstupuit, seu quod pro hujusmodi causa, cum se res longe aliter haberet, eum ad audientiam evocari fecisset, seu quod non vera, cum non essent confirmanda, sigillo suo confirmari consensisset. Abbas autem Wiricus, ne majorem predicto abbati gravi rubore suffuso verecondiam faceret, eandem decimam a predicto Francone, qui responsalis suus inde erat, 8 marcis redemit, adjectisque ad prioris pacti summam 4 solidis, eam predicto abbati in pactum 10 solidorum dedit. Hinc obortis inter eundem abbatem Floreffiensem et predictum Franconem gravium inimicitiarum simultatibus, cum ille, ut erat ferus animo et plenus dolo, in bona abbatis rapinam facere eumque si posset moliretur occidere, abbas sibi suisque timens, dompnum Wiricum frequenti et humili prece deprecatus est, ut sui timoris reverentia eum sibi quoquomodo amicum faceret. Cui petenti Wiricus abbas annuens annorum fere quinque inducias ab illo extorsit, diemque sibi utrumque reconsiliandi eis prefixit. Quæ cum, ut superius dictum est, ipso reversionis suæ de curia imperatoris anno in die conversionis sancti Pauli futura esset (*an. 1162, Jan. 24*), illucque cum paucis suorum profectus fuisset, in domo ejusdem Franconis nocte hospitium habuit. Intempestæ ergo noctis silentio soporatis omnibus, milites quidam, qui Gallorum comites appellabantur, Franconem capere aut occidere parati, cum armatis undique copiis irruunt. Eoque cum suis celeri fuga elapso, quibusdam abbatis clientibus captivatis, ipsum nescii quis esset

VARIÆ LECTIONES.

[424] viros 2.

NOTÆ.

(554) I. e. Lauduni; cf. Boehmer 2445 sqq.; de hoc concilio vid. Ottonem Morenam.

(555) A. 1156.

(556) Exel.

(557) Sancti Trudonis.

in dextro armo, et quendam militem mariscalcum ejus in dorso graviter vulneraverunt. Miro autem modo Deus, qui eum pene ad mortem usque vulnerari permisit, providens ecclesiam suam, ut post claruit, edificiis et possessionibus per eum nobiliter ampliandam, ejus vitam inter impiorum gladios servavit. Nam cum aliis suorum captis, aliis fuga sibi consulentibus, ipse solus remansisset, et pene semivivus capud ad postem qui proximus stabat reclinasset, unus armatorum per domum in tenebris discurrentium eum ibi offendit jacentem. Quem cervice apprehendens, ratus eum aliquem inimicorum suorum esse, quasi amputaturus ei caput, gladium vibravit, postemque frustrato vulnere, Deo sic eum defendente, percussit. Cumque metu mortis perterritus, ultimum pene vitæ spiritum sub manu percutientis traheret, nichilque pre anxietate spiritus interroganti quis esset respondere valeret, ille eum jam obisse estimans recessit. Et recepto paululum spiritu, illis domum incendere molientibus, ipse reptans manibus et pedibus, qua sibi tutius visum est, beneficio noctis adjutus aufugit et imminens vitæ discrimen evasit. Illi autem incensa domo onusti preda victores abierunt. Mane reddito, conscii reatus sui, abbati equos suos et famulos cum preda fere omni remiserunt, et se inscienter in eum deliquisse, sero licet, graviter penituerunt. Inde ergo a fidelibus suis ad oppidum Fuich evectus, et non multo post ad monasterium exinde relatus, plerisque medicinæ expertis de salute ejus desperantibus, labore medicorum plurimo integre tandem est sospitati restitutus. At illi qui hoc in eum commiserant, sicut in hujusmodi delictorum satisfactionibus fieri solet, ad genua postmodum ejus misericordiæ venerunt, et se hoc in eum inscios deliquisse publicæ confessionis penitentia et satisfacientes, ejus indulgentiæ gratiam meruerunt. Eodem anno Brustemium vastatur et comburitur cum aliis adjacentibus villis per comitem Durachiensem (558).

10. Evolutis dehinc aliquot diebus Henricus decanus, qui ecclesiam beatæ Mariæ tenuerat a temporibus fere abbatis Rodulfi, ingravescente corporis molestia ad extrema pervenit. Qui ab abbate Wirico inunctus, donoque ecclesiæ quod habebat ei reddito, in medio mensis Junii die obiit, et in medio chori ante cancellum predictæ ecclesiæ locum sepulturæ meruit. Cujus decessu Alexander archidyaconus comperto pro eadem ecclesia supplicaturus ad abbatem Wiricum venit, et Heynricum Leodiensem episcopum secum quoque venire fecit, ut quod per se minus poterat eo suffragante facilius impetraret. Sed eorum petitionem abbas Wiricus prudenti responsione frustratus, cauta satis et callida excusationis occasione, ne id quod petebant effectui daretur, effecit. Affirmabat enim se dudum jurejurando eam fratrum prebendæ deputasse, sibique non licere quod multorum astipulatione sanxierat in irritum revocare. Quorum vultus licet hac suæ petitionis repulsa gravi rubore suffudisset, frequentibus tamen obsequiis et plurimo munere gratiam eorum mercatus, tandem obtinuit, ut eandem ecclesiam sua utique auctoritate libertarent, et fratrum prebendæ, ut definitum erat, liberam perpetuo delegarent. Quod ne cui successorum suorum infringere liceret, sigillo auctoritatis suæ et testibus confirmaverunt, et qualiter episcopalia obsonia seu archidyaconalia jura exequi deberet, superordinaverunt eidem. Anno sequenti, scilicet 1161, Wiricus abbas hanc obtinuit confirmationem ecclesiæ beatæ Mariæ in oppido et ecclesiæ de Mylen ab Alexandro archidyacono, et post duos annos ab episcopo Leodiensi Heynrico secundo a successore Rodulfo, item et a Victore summo pontifice per temporis processum, de quibus sunt cartæ.

11. Eodem tempore Fredericus imperator exercitum in Ytaliam ducturus (559), totas imperii Romani vires contraxit, et predictum Henricum Leodiensem episcopum ut se sequeretur jussit cum ceteris regni proceribus. Quem secutus, non multo post languore detentus, in Langhobardia est defunctus (560). Cujus corpus intestinis ejectis excoctum et Leodii delatum, in ecclesia beati Lamberti cum condigno est honore tumulatum. Qui quidem obiit anno Domini 1164, prelationis dompni Wirici anno 9. Huic Alexander secundus, ejusdem ecclesiæ archidyaconus et major prepositus, consensu clericorum electus succedit, vixque tribus annis eidem ecclesiæ prefuit. Turbato enim hiis diebus intra Ytaliam regno et sacerdotio, graves et cotidiani pene tumultus rei publicæ Fredericum imperatorem, ut episcopos regnique proceres frequentius mandaret, cogebant, quorum consilio quæ agenda erant disponebat (561). Mediolanenses quippe conjuratione facta adversus eum, civitatem suam pridem ab eo dirutam reedificabant, omnesque pene Ytaliæ civitates armis se opibusque munientes ejus se potestati opponebant. Reynaldus igitur Coloniensis archiepiscopus et Alexander quem prediximus Leodiensis antistes cum ceteris imperii proceribus mandati, in Ytaliam ad imperatorem sunt profecti (*an.* 1166, *Nov.* 27). Abbas autem Wiricus ab episcopo Alexandro simul proficisci jussus, quia necessaria profectioni deerant, interim ut se prepararet domi remansit, cumque in pascha (*an.* 1167, *Apr.* 9.) — nam ipse in adventu Domini precesserat — sequi deliberavit. Hyeme transacta, cum arridenti sibi aeris temperie paratis viæ necessariis discessurus esset, qui prius petitione amicorum hanc perfectionem

NOTÆ.

(558) Ægidium; cf. Mantel. p. 80.

(559) Mense Novembri 1163 Fridericus tertia vice in Italiam profectus erat.

(560) 6 Oct. 1164 Paviæ defunctus est, teste Ægidio Aureævall.

(561) Mense Novembri 1166 imperator iterum Italiam petierat.

dissuadentium remanere noluerat, occasione alia a proposito retractus est. Fama enim vulgante audierat imperatorem et suos adversis casibus laborare inter hostium gladios dubie et suspensos vitam ducere, viam preterea volentibus illuc proficisci latronibus incursantibus fore periculosam, Ytaliam exercitu populante vastatam, terram circumquaque bello, incendio, fame et celeris miseriarum omnium generibus nimis afflictam. Quod ne cui in dubium veniat, nosque, quia rei non interfuimus, utpote longo terrarum ab eis semoti spatio, falsa referre credat, ex scriptis eorum qui interfuerunt vera nos dicere cognoscat. Reynaldus siquidem Coloniensis episcopus, egregius inter suos et quasi dux totius Theutonici exercitus, hanc Ytaliæ vastationem et militum imperatoris contra Romanos pugnam atque victoriam Coloniensibus et Leodiensibus scripto intimans, sic ait : *Inestimabilem imperii sacratissimi victoriam vobis, utpote spiritualibus nostris, communicare dignum duximus. Egressi siquidem longe ab Urbe Romani in maxima superbia ante Tusculanum, ubi nos cum tota nostra et cancellarii imperatoris militia eramus constituti, castra metati sunt ipso sancto die penthecostes* (*Mai.* 28). *Sequenti die* (*Mai.* 29) *hoc est* 2. *feria, domnus Maguntinus et cancellarius imperatoris* (562) *cum sua militia adventabant et Brabantinis. Jamque ipsis prope Romanorum exercitum tentoria figere temptantibus, illi subito suis agminibus ordinatis, super eos bene cum* 40 *milibus electorum ex Urbe pugnatorum irruerunt. Interim tota militia nostra advolavit undique, tantaque fortitudine rupti et victi sunt in campo Romani per divinum auxilium, et fugati a Tusculano usque ad Romam, ut occisorum numerus super novem milia, captivorum autem numerus circa quinque milia estimatus sit. Quot tentoria, loricæ, arma alia, equos, mulos, asinos, pecuniam et vestimenta ibi perdiderint, nullus enumerare sufficeret. Nunc igitur cum inestimabili exercitu victoriæ in Dei nomine ante portas Urbis hospitamur, totam Romanorum terram igni ferroque vastantes* (563). Hæc de scriptis eorum qui gestis interfuerunt huic nostræ narrationi inserere dignum duximus, ut ad credulitatem eorum quæ superius relata sunt lectoris animum facilius impelleremus.

12. Anno igitur Domini 1167 Alexandro Leodiensi episcopo defuncto, succedit ei Rodulfus in episcopatu, anno prelationis domni Wirici abbatis 12. Certis itaque gestarum rerum nuntiis ab Ytalia ad nos usque reversis, abbas Wiricus assertioni eorum non incredulus, tum itineris difficultate tum mortalitatis quæ circumquaque in exercitu seviebat timore perterritus, a profectionis proposito est revocatus. Non multo post enim post patratam victoriam Reynaldus Coloniensis archiepiscopus, princeps et signifer totius nostræ partis exercitus, ab eadem mortalitate preventus in Langobardia obiit. Alexander quoque Leodiensis episcopus, qui cum eo aderat, 4 Idus Augusti (564) ibidem vitam finivit. Extinctisque principibus et primoribus populi, vulgares reliquos absque numero et differentia lues impia seviens extinxit.

INCIPIT LIBER QUARTUS [425].

1. Anno Domini 1169, anno prelationis Wirici 14. qualemcumque pecuniam, quam honesto parcitatis modo ad Ytalici itineris profectionem expendendam collegerat, in melioris ac nobilioris expensæ monimentum, Deo sic et sancto Trudone patrono suo annuente, expendere intendit. Destructa [426] ergo capella, quam exusto ante aliquot annos monasterio super sepulchra sanctorum Trudonis et Eucherii construxerat, novi operis fundamenta positurus terram altius fodi precepit. Cumque ad levam chori partem, ad meridianam videlicet plagam, jocundo omnium qui aderant labore terra modice effossa fuisset, repente sarcophagum secus ipsum ostii introitum fodientes invenerunt, quem ex adverso veniens murus capellæ adherens cooperiebat. Fama autem vetus apud nos erat, quod sanctus Libertus martyr ibi humatus jacet. Aperto ergo sarcophago, ossa martyris inventa sunt. Ne autem de ejus martyrio aut loco sepulturæ dubitaremus, estimationem nostram rei eventus affirmavit, quod sanguis ejus conglobatus ibidem in sarcophago inventus est. Caro prorsus tota cum ossibus fere omnibus, exceptis paucis de majoribus, in cineres absumpta erat, de capite vero nichil preter cerebrum inventum est. Collecto igitur sancto pulvere et in palla munda cum ossibus reverenter recondito, signis pulsantibus nobisque Deum et ejus martirem in voce jubilationis collaudantibus, populus admiratione subita excitus occurrit, et in laudem Dei ejusque sancti devotus et ipse subito erupit. Sumptis ergo de ossibus ejus et sacro cinere necessariis reliquiis, reliqua omnia in scriniolo ad hoc opus preparato cum reverentia sunt

VARIÆ LECTIONES.

[425] tertie partis *addit* 1*. [426] destructa — jacet *ex cod. Henschen.*

NOTÆ.

(562) Christianus.

(563) Quam multum differant in describenda hac victoria auctores vide apud Muratorium in Annalib. ad a. 1167.

(564) Secundum Ægidium v. Idus Aug.

reposita. Fodientes autem in dexteram partem, quia ita futuri operis ordo poscebat, in angulo cujusdam murelli invenerunt ossa duorum, unius quidem majora, alterius vero minora. Sed ne forte de hiis quinam fuerint ambigeremus, Robertum ducem Hasbaniæ, qui beatum Eucherium a Karolo relegatum benigne admodum et humane suscepit et fovit, ibidem cum uxore sua sepultum seniorum nostrorum attestatione didicimus (565). Inde ergo translata, in scrinio quodam reverenter sunt recondita. Ante capellæ autem introitum fodientes cum venissent, invenerunt ibi sarcophagum cujusdam nobis quidem ignoti, secundum estimationem vero nostram magni apud Deum meriti et in vita etiam gloriosi, utpote ut qui in tam solempni loco tam reverenti traditus fuerit sepulturæ. Fuerunt tamen qui eum beati Liberti martiris socium affirmarent, et cum eo palmam martirii adeptum, hoc autumantes inditio sanguinis plurimi, quem in sarcophago conglobatum invenerunt. Cujus ossa, sicut et celerorum quos prediximus, reverenter translata, in locello alio sunt transposita.

2. Retro [427] vero altare ipsius capellæ spissa admodum et firmi operis cemento compacta vola erat, in qua sanctos Trudonem et Eucherium contineri vulgaris opinio ferebat. Hanc eorum opinionem et seniorum preterea nostrorum assertionem rei eventus fefellit, qui dicebant et in scriptis etiam reliquerant, eos in cripta duplici vola cooperta haberi. Sed vola quidem inventa est et in ea sanctorum corpora, criptæ vero nulla inveniri vestigia potuerunt. Aperto ergo a posteriori parte ipsius volæ modico foramine, invenimus sarcofagum, et in eo in singulis scriniolis corpora singulorum, adhibitisque luminaribus et inspectis diligenter locellis — nox enim erat — pre magnitudine leticiæ; abbate auctore, in vocem confessionis et laudis omnes subito erupimus, concinentes vocibus altisonis *Te Deum laudamus*. Proinde in honorem ipsius gloriosi patroni nostri de eo ipso matutini sollempniter sunt decantati. Mane facto signis concrepantibus, cognito quid accidisset, populus omnis accurrit, et exultantibus animis possibilitatis suæ quisque munusculum offerens, quem erga patronum suum affectum haberet devotus ostendit. Inde cum de transferendis sanctorum corporibus sermo in populo agitari cepisset, quid faceret, quo se verteret, abbas Wiricus, aliquamdiu hesit anceps. Non enim intentio ei fuerat, ut eos sub terra quereret aut inventos forte transferret, sed ut locum sepulchri eorum, ut tantos patres decebat, venusti operis novitate decorabilem redderet. Hinc unanimi omnium suorum voluntate hoc decreto, ut transferrentur, Rodulfum episcopum, qui tunc post Alexandrum secundum Leodiensibus presidebat, adiit, eumque et sapientiores et primos ecclesiæ ejusdem, quid sibi super hoc negotio agendum esset, consuluit. Qui audita tam jocunda insperatæ rei relatione, immenso omnes gestierunt gaudio, laudantes Deum, quod temporibus eorum talium et tantorum patrum fieri ab eo predestinata esset translatio.

3. Anno [428] ergo inc. Dom. 1169, imperii Friderici primi anno 16 (566), ordinationis autem domni Wirici abbatis anno 14, episcopatus vero Rodulfi Leodiensis episcopi 3, ipso die translationis eorum facta est sollempniter corporum eorumdem sanctorum elevatio, et translata sunt secundo. Affuerunt ea die cum episcopo major ecclesiæ prepositus idemque archidyaconus Heynricus, Bruno et Rodulfus archidiaconi, abbates et comites et secularium dignitatum potentes quamplurimi, populi preterea utriusque sexus multitudo innumerabilis. Episcopus ipse sacerdotalibus indutus ornamentis, clericisque qui letaniam psallebant eum preeuntibus, cum sanctorum ministrorum ordine ad locum reverenter accessit, et cum magna cordis contritione et animi spirituali exultatione eorum corpora elevavit, quæ ad spectandum populo in medio monasterii prolata, in scrinio auro argentoque insigniter fabricato sunt recondita. Quo facto, abbate ipso chorum regente, sollempniter de eisdem sanctis inchoata est missa, et ab episcopo decenter decantata. Post canonem autem sollempni decreto instituit, ut dies translationis eorum denuo festiva exultatione ab omnibus hunc locum incolentibus celebris ageretur. Processio, quæ ea die propter multitudinem populi, qui confluxerat ut moris est, agi non potuit, in die Kal. Septemb. sollempni precedente jejunio acta est, totusque civitatis ambitus hac sanctorum corporum circuitione conclusus est, propter imminentem plagam ignis, qui eo anno exustis circumquaque domibus, civitates et vicos gravi incendio plurimum vastaverat. Sumptis ergo aliquibus de sacro eorum corpore reliquiis ad [429] salutem et perpetuam nostri munitionem, novo pallio involuti, in singulis scriniolis ferro diligenter obfirmatis reconditi sunt. Illa vero in quibus primo jacuerant, quia pre vetustate et terræ humore omnimodis computruerant, in sarcofago quo ante reposita, debita sacro eorum cineri reverentia honorantur.

4. Cumque [430] adhuc necdum consumamto opere in quo locandi erant [431], in scrinio, ut prelibatum est, positi in medio monasterii starent, et multi longe lateque ad adorandum eos venirent, miles quidam penitens de partibus Normanniæ, ferro brachium ligatus, audita eorum fama ad nos divertit, et eorum

VARIÆ LECTIONES.

[427] retro — translatio *ex cod. Henschen.* [428] eodem *addit corrector; et hoc caput dedit Henschen,* [429] ad — munitionem *desunt H.* [430] hoc *etiam caput apud H* [431] loc. erant *desunt H.*

NOTÆ.

(565) Cf. continuationis tertiæ partis 1, 2, 7.

(566) Imo 10.

intercessionem [432] lacrimosis suspiriis sedulus orator fideliter expetivit. Nec fidei suæ petitione frustratus est. Sanctorum enim apud Omnipotentem efficax potentia fideliter petentis, ea quibus astrictus erat hoc modo dissolvit ferri ligamina. 3 Kal. Octobris dominicus dies, quo omnibus exoccupatis populus ad ecclesiam venire solet, ex more festivus illuxerat, et ob memoriam dedicationis ecclesiæ nostræ, quæ sequenti die futura erat, major solito plebis turba confluxerat. Sacerdote interim infra canonem altari assistente, et populo tacita reverentia circumstante, ille ante sanctorum corpora stratus, solus clamosis singultibus, ut mox patuit, aures majestatis inquietabat, eamque, ut sanctorum meritis sui misereretur, intentis precibus exorabat, cum subito velut in extasi raptus videret quasi venustæ formæ clericum, canitie splendidum, multo fulgidum lumine, e cancello progredientem et ad locum usque ubi scrinium stabat tendentem. At ubi appropinquare ei cepit, virga quam manu gestabat ferrum quod brachium illius ambiebat percussit; statimque in duas partes divisum in terra ante pedes ejus cecidit, sic autem ferientis ictus insonuit, ut omnium qui in choro sedebant aures sonus idem perculerit. Liberatus homo et in hoc miraculo veniam peccati sui se adeptum ratus, Deum et sanctos ejus leto clamore benedixit, et congregatæ multitudini in eo quod sibi acciderat festivam diem egregie letiorem reddidit, nobisque subito inchoantibus ymnum *Te Deum laudamus*, clangor pariter concrepuit campanarum, et in laudem Dei et sanctorum ejus insonuit una vox omnium.

5. Igitur cum abbas Wiricus opus [433] ceptum festinato consummari vellet, et ad id peragendum operarios jugiter urgeret, tandem expleto triennio et amplius Deo auspice totum pro voto consummavit. Quod licet magno labore magnisque sumptibus perfectum fuisse comprobetur, attestatione tamen incolarum et ab exteris etiam terris venientium de pari lapidum structura nullum usquam simile reperitur. Tantum ei decoris contulit studium industrii artificis, ut omnibus in terra nostra, licet operosa varietate splendidissimis, emineat palatiis. Distinctis enim lapidum decenter ordinibus, nunc albos nunc nigros vicissim operi convenienter inseruit, totamque capellæ fabricam tabulato opere distinctam columpnis nigris et vivariis cum basibus benepolitis et capitellis mira varietate sculptis intus et foris egregie venustavit, perpetuamque apud mortales memoriam auctori fabricæ operis pulchritudine dedit. Volam preterea quæ altare tegeret quatuor sustentatam columpnis arcuato opere exstruxit, in qua quantum licuit abbas Wiricus vitam sancti patroni sui depingi fecit. Fronti vero ipsius volæ majestatis effigiem ex albo lapide sculptam indidit, cum geminis angelorum singulorum imaginibus,

A mutuis vultibus se invicem intuentibus. Verum anteriorem cappellæ partem a cetero opere eminentiorem faciens, interius eam in directum ex politis tabulis et columpnis, vivariis atque capitellis mirifice sculptis ornavit, exterius vero undecim magnis imaginibus ex albo lapide mirabili ordinatione dispositis eam decoravit. In medio [434] autem operis majestatis effigiem collocans, ad dexteram ejus sanctis Trudonis, ad levam vero beati Eucherii ymaginem statuit, quasi genua ipsi curvantes, eamque capitibus eorum singulas coronas inponentem, manibus eorum suppliciter protensis adorantes. Supra quos, id est citra ipsam majestatis ymaginem, gemellos angelos oblique jacentes collocavit, singula thuribula in manibus tenentes et intenta

B oculorum acie ipsam ymaginem inspicientes. A dextris autem beati prothomartiris Stephani, specialis hujus domus post Deum provisoris, et beati Quintini martiris ymagines statuit, a sinistris vero beati Remigii Remorum archiepiscopi et ipsius abbatis, breviculum in manu tenentis: *Domine, dilexi decorem domus tuæ.* Quatuor nichilominus alias ymagines longiori de lapide sculptas operi ipsi inseruit, a dexteris videlicet David et Moysem, a sinistris Salomonem et Ysayam, singula brevia sanctorum meritis testimonium perhibentia in manibus habentes, et extenso ad eos indice intente in eos respicientes.

6. Consummato itaque hoc opere, frontem scrinii

C auro argentoque splendidi, in quo sancti, ut dictum est, erant reconditi, insigni opere reparavit, sculpta in ea majestatis ymagine cum geminis sanctorum ymaginibus mirifice deauratis. Hanc autem ab abbate Guntranno auro nobiliter insignitam abbas Adelardus secundus ejus successor jam dudum distraxerat in redemptionem prediorum, quæ ecclesiæ plurima acquisierat. Indicto [435] itaque tam fratribus quam populo celebri jejunio, eos circa civitatem sollempni processione ferri fecit, et post missarum sollempnia de eis rite celebrata, post altare capellæ vola inclusos ad perpetuum nostri munimen eos recondidit.

7. Ante aliquot dies quam hoc opus capellæ inchoaretur, cancello [436], quod ardente monasterio

D igni superfuerat, vetustate et incendii conflagratione corrupto, per mediam hac illacque volam pluebat, fissurisque crescentibus, ne eadem vola repentino casu subtus stantes interimeret, non parvus apud omnes metus erat. Sed industria Arnulfi custodis, cui id officii ab abbate injunctum erat, eoque viriliter in id ipsum se accingente, volæ ruinam minanti accelerato opere, sed non sine magnis sumptibus, facile subvenit. Nam comparata grandi et firma materia, tectum partim lapidibus partim plumbo tegens volam deposuit, et cancellum non lapideo, ut ante, sed ligneo opere decenter celavit.

VARIÆ LECTIONES.

[432] intercessione 1*. [433] capelle *addit corr.* [434] medio — respicientes *apud Hensch.* [435] Indicto — recondidit *apud Hensch.* [436] scilicet superiori choro *in margine addit corr.*

8. Procedente dehinc tempore idem custos sedibus et formis congruentibus chorum nobiliter ornavit, monasterium cemento plasmavit, totamque ipsius navim a cancello usque ad arcum inferiorem celavit, pavimentum preterea ante capellam sanctorum Trudonis et Eucherii pene usque ad sepulchrum abbatis Folcardi polito lapide, opere decenti, stravit. Verum nec abbas Wiricus tunc quidem a labore cessabat, sed vetera quæ reparari poterant, ut sic dictum sit, aut resarciebat aut nova pro veteribus firmiori et nobiliori opere construebat.

A

9. De trabibus igitur quæ in cancello jacuerant, quæque pre vetustate et parvitate sui in idem opus reponi non potuerant, domum in qua fratres lavarentur, balnearentur, secus pomerium nostrum edificavit, solario etiam et necessariis cameris ornavit, lapidea insuper tectura cooperuit. Hiisdem temporibus, tam ejus studio quam industria custodis Arnolfi, sollicite et fideliter pro decore ornatus ecclesiæ desudantis, in vario ornatu ampliata est ecclesia nostra, tapetibus videlicet et palliis, cappis sericis et philacteriis, crucibus et alio ornatus varii genere, ut merito illud psalmographi utrisque possit captari: *Domine, dilexi decorem domus tuæ.*

B

10. Interim dormitorium fratrum, camminata abbatis et media intra utramque domus, quæ nunc refectorium dicitur, stramine omnia cooperta, animum ejus vehementer angebant, et ut se in nobiliorem decoris statum innovando mutarent, die noctuque pia sollicitudine perurgebant. Volebat quidem omnia corrigere, sed pre angustia et tenuitate census diffidebat cepta posse confirmare; sciens procul dubio insipientiæ asscribendum, si quid ultra vires visus fuisset velle conari. Frequenti vero suorum hortatu animabatur, ne diffideret, nove quod necessitas et paterna sollicitudo exigebat, metu aliquorum sumptuum omitteret. Dicebant etiam eum non debere diffidere de Dei et patroni sui adjutorio, vero privatum esse aliquando animi sui desiderio, quisquis in equitate ambulans cum bonæ operationis studio fideliter confisus fuisset in Domino. Volens ergo vincitur, et passibilitatis suæ conscius intendit totus ad quod animabatur, dejectaque non multo post arundinea dormitorii tectura, ad reparationem ejus ardenti animo se accinxit. Nec diffidens patronum suum sibi cooperationis beneficium presliturum fore, totam spei suæ in eo figens anchoram, admirandam ingentis structuram fabricæ viriliter aggressus est consummare. Rogatus sanctus Trudo, ut semper, indefesso laboratori suo se exibuit, et quod ille pii affectus studio inchoavit, ipse usque in perfecti operis consummationem felici successu perduxit. Trabes igitur predictæ domus, grandes quidem sed breves, et vix medium utriusque muri spacium attingentes, ligneis columpnis in medio dormitorii positis sustentabantur, laquearia vero, utpote de fragili ligno, valde erant debilia et vetustate jam putrida, et ad tam ingentis edificii pondus prorsus inutilia. Quæ omnia, quia nichil ex hiis novo operi pre vilitate sui poterant inseri, deposuit, et novæ fabricæ materiam celeri industrii artificis studio erectam, propter fratres, qui hac illacque per angulos claustri quasi dispersi dormiebant, festinato cooperiri fecit. Exteriorem vero dormitorii murum novo lapidum opere exaltatum interiori adequans, tres in eo fenestras decentes statuit. Totum ergo dormitorii edificium Deo annuente mira spectabilis operis celeritate perfecit, quod etiam propter lapidum nativam intemperantiam, quia in hyeme pre frigore, in estate pre calore fratribus incommodo erat, anno postero industria ejus celatum est, ut leni temperamento frigus in hyeme et calorem in estate muniret quiescentibus in eadem domo.

C

11. Hoc modo ergo dormitorio perfecto, domum quoque proxime stantem reparare intendit. Hæc enim, tecto suo in preceps pendente, nisi sibi citius subveniretur, ruinam dampnosam minabatur. Cujus parietes muro dormitorii altitudine adequans, trabesque alias dejiciens, alias autem, quia curtæ nimis erant, operi concinenter adaptans, novam supra materiam erexit totamque domum sicut et dormitorium insigni et eminenti ex lapidibus tectura nobiliter cooperuit. Pavimentum preterea recenti ex argilla decenter stravit, et parietibus cemento bene plasmatis, pulcherrimas vitreas fenestras et sedes comedentibus habiles in eo locavit. Venusti quoque operis celatura domum egregie consummatam adornavit, et refectorium, sicut cum fundaretur dispositum erat, ut esset, ammodo instituit. Coquinam vero, quia ab eadem domo nimis aberat, ubi ostium claustri tunc erat, ubi coquina esset, ordinavit, et competenti alternatione, ut ibi coquina steterat, ibi claustri introitum fieri designavit.

D

12. Duabus igitur domibus, dormitorio scilicet et refectorio, mirifico opere et magno sumptu perfectis, restabat nichilominus tercia domus, tanto ad edificandum difficilior quanto insignis decoris sui prerogativa ceteris futura erat nobilior. Eo quippe in loco, ubi refectorium pridem fuerat, et ubi hospites refici consueverant, cameram pulcherrimam exstruxit, in qua prepositus ecclesiæ cum suis placitaret, et quæ in usus fratrum expendenda erant reconderet. Superius autem eminentioris domus, in qua ipse moraretur et quiesceret, fundamenta jecit, et in id operis tota animum defigens intentione, domum ipsam mirifici operis insignivit decore. Exstructis enim in ea fenestris magnis et auræ capacibus, quæ stantis in domo prospectum longe dirigerent, et totam mediæ fere civitatis planiciem oculis intuentium offerrent, totamque ingeniosa industrii operarii arte mirifice consummatam, fumaria atque aqueductu per mediam cameram fluente egregie nobilitavit. Ante cujus introitum, dimisso quasi deambulatorii vice modico loci spatio, aliam nichilhominus cameram ei contiguam construxit, in quam mensæ suæ supellectilem reconderent, atque

in ea post prandium suum ad vescendum sederent. Secus quam edificavit aliam domum vacantem, et dehinc penes murum manicæ aliam cameram privatiorem, abbatibus et religiosis hospitibus ad commanendum satis habilem. Subtus autem exaltatis primum in muro trabibus, excellentiori quam ante fuerat opere caminatam suam reparavit, et mirifice celatam, cemento quoque dealbatam, fenestris vitreis et sedibus tantæ domui congruis, necessariis insuper cameris decenter adornavit. Murum quoque domus ejusdem, utroque ex latere novo opere exaltatum, parietibus predictarum domorum adequavit. Mirabili autem ordine paris bene sibi convenientis equalitatis tres domos, ac si una esset, unius pari et non dissimilis tecturæ genere cooperuit. Cum igitur talia et tam preclara et omnium ammiratione merito dignissima faceret, non ex habundantia aliqua, quæ sibi affueret, tanta faciebat, sed ut vir prudens et providus, decentis parsimoniæ modo, ne necessariarum rerum egeret, defectus suos supplebat. Majus autem adjutorium quod habebat erant oblationes fidelium, quæ de ecclesia beatæ Mariæ veniebant, quam ipse summo studio, allaborantibus in id ipsum quibusdam sibi familiaribus, jam dudum acquisierat.

13. De ipsis vero elemosinis tres libras delegavit fratribus, distribuendas refectioni eorum in duodecim tantorumdem sanctorum festivitatibus, quas hic subternotare non incongruum judicavimus, quæ pridem a priscis antecessorum suorum temporibus more dominicorum dierum in duodecim agebantur lectionibus. Ipse vero ob reverentiam devotionis, quam erga sanctos habebat, eas celebrius agi volens, in gratiam eorumdem sanctorum in singulis eorum festivitatibus singulas refectiones deputavit fratribus. In mense Januario festum sancti Vincentii martiris et conversionem sancti Pauli apostoli sollempnem in albis agi constituit, in Februario sancti Mathiæ et cathedræ sancti Petri apostoli, in Marcio sancti Benedicti abbatis, in Kal. Maii apostolorum Philippi et Jacobi, in Julio sancti Jacobi apostoli, in Augusto Ad vincula sancti Petri, in medio ejusdem Bartholomei apostoli, in Septembri Mathei evangelistæ, in Octobri apostolorum Symonis et Judæ, in Decembri eque Thomæ apostoli. Hæc filiis suis in omnem retro progeniem sic tenenda hereditario quasi jure reliquit, ut dum eorum memoria apud nos devotius recolitur, eorum meritis Omnipotentis gratia ab omnibus ubique adversis tueri dignetur.

14. Anno igitur ab inc. Dom. 1169, ordinationis autem ejus 9, defuncto 4. Kal. Augusti (567) Stephano Metensi episcopo, Theodericus [437] ejusdem ecclesiæ primicerius ejus sedi subrogatur episcopus. Qui Nonas ejusdem mensis ad nos veniens, ut more principum terræ noviter electus dominus bona sua, quæ apud nos sunt, pro libitu suo disponeret, et sciret quæ et quanta hic sanctus protomartir haberet, quorumdam opidanorum nostrorum animos in jura sua plus equo contra se offendit erectos. Is igitur abbatis Wirici querimonia pulsatus, parte fori atrio ecclesiæ beatæ Mariæ contigui, qualem sculletus injuste et violenter possidebat, ecclesiæ restituit, et ne quid injusticiæ nobis deinceps fieret, terminos suos a nostris, posito in medio fori evidenti signo, recta linea discrevit. Cumque pluries ad nostrates missis nuntiis nichil proficeret, ad oppidum profectus, apud nos aliquot dies commoratus est, et cum minus quam suspicatus erat se apud nos habere didicisset, indignans recessit.

15. Anno igitur Domini 1171 domnus Theodericus veniens Mettim, quod nostrates bona ejus pro libitu suo sibi quisque vendicaret, suis conquerendo intimavit. Et cum frequenter rerum suarum procuratores ad eos mittens, minus et minus ab eis reciperet, et diversas insuper pateretur molestias, more aliorum principum, auctoritate dominii sui eis mandavit, ut de injustitia quam ipsi faciebant ei responsuri Mettim venirent. Qui cum sepe mandati obedire negligerent, necessitate coactus, ea quæ apud nos habebat, pro 200 marcis imperatori Frederico impigneravit, ut ipse justo potestatis suæ dominio eos ad obediendum sibi subigeret, quorum ipse tortitudinem (568) ad sui reverentiam et subjectionem debitam nec legibus nec justitia flectere potuisset. 8. igitur Idus Marcii nuntius imperatoris ad nos venit, et bona episcopi diligenter inquisita dominii sui usibus deinceps servitura saisivit. Nec diu intercessit, et imperatore Coloniam veniente (569), mandatus ab eo abbas Wiricus affuit. Quem imperator honeste susceptum rogavit, ut sicut episcopo ad omnia jura sua fidelis fuisset, eandem quoque fidelitatem sibi exhibens, nuntiis ejus apud opidanos nostros in suis negotiis non deesset.

16. Eodem anno, elapsis dehinc paucis diebus, Ludowicus comes Lonensis, dum quicquid animo libet id sibi licere putat, 4. Idus Julii, cum jam messis appropinquaret et matura pene seges falcem expectaret, pace turbata hujusmodi ex occasione inportune omnes commovit in arma. Is quippe extructa firma turre in villa sua Brustemio, eam forti presidio vallaverat, munito grandi vallo ecclesiæ

VARIÆ LECTIONES.

[437] tercius *addit corrector. Idem in margine scripsit :* Nota, quod hoc 14um capitulum secundum datam habet locum in 11. capitulo tercii libri, sed propter rei gestæ continuationem hic ponitur.

NOTÆ.

(567) Neque anno 1169 neque IV Kal. Aug. mortuus est Stephanus, sed testibus Gestis epp. Metensium IV Kal. Jan. 1163, quem annum auctor etiam anno 9 Wirici indicari voluit.

(568) I. e. injustitiam, violentiam.

(569) 24 Jun. 1171 imperator Coloniæ commorabatur. Böhmer 2546.

turus ad imperatorem vadat, ex jure cogunt. Bona A ergo fide se eos ab omnibus impedimentis liberaturum pollicitus, ad curiam imperatoris, quæ Seynse futura erat, una cum eis est profectus. Comite autem plura adversus eos imperatori querente, episcopus causam eorum, ymo suam, strennue egit, eos ab objectis patrocinio suo defensans, et quæ eis inpingebantur, sibi rectius imputari debere libera voce protestans. Cujus constantia comes perculsus, annitente imperatore episcopoque in id ipsum allaborante, statuit cum eis in pacis concordiam redire. Quæ pax ibidem confirmata est conditione interposita, ut nec in allodio ecclesiæ, ut ceperat, foderet, nec juri advocati eorum in fodiendo se violenter opponeret. Vallum ergo, quod circa Brustemium erexerat, totius hujus discordiæ ab inicio seminarium, B hoc modo nostris ei reconciliatis remansit imperfectum.

52. Morabantur hiis diebus Coloniæ quidam pollentes opibus, qui erant de familia nostræ ecclesiæ; hos Henricus (583) Lemburgensis dux a jure ecclesiæ nolentes abstrahere violenter volebat, quia in bona eorum jam dudum juraverat. Qua necessitate abbas Wiricus Coloniam profectus, nativam sibi tybiarum et pedum infirmitatem adeo solito graviorem contraxit, ut omnibus qui secum ierant de salute ejus pene desperatis, vix reverti potuerit. Hinc familiari suorum dilectione evictus, qui eum sibi semper adesse desiderabant, languori et corporis debilitati in dies ingravescenti, auxilium medicinæ adhibuit. Cujus fomentis modice adjutus cum lenius membra doleret, et se jam convaluisse speraret, repente contra spem in mortiferam incidit egritudinem. Inunctus ergo et communicatus, fratribus devotas excubiarum vigilias ei exhibentibus, post matutinalem synaxim diem clausit extremum anno Domini 1183 Idus Decembris. Sepultusque est penes abbatem Folcardum ante capellam sanctorum Trudonis et Eucherii, quam ipse operosa lapidum varietate, ut supra prelibavimus, insigni opere jam dudum exstruxerat. Prefuit autem ecclesiæ ab anno suæ electionis annis 25 (584), 10 dies minus, vir prudens et in multis sepe secunda usus fortuna, et

Semper in adversis doctus sperare meliora.

Qui inter cetera probitatis et largitatis suæ beneficia, quæ utpote pius pater optimis heredibus perpetuo reliquerat possidenda, duas partes decimæ de Alost in annuam eis refectionem constituit, et quod superfuisset utilitati infirmorum delegavit. Dignum est igitur, ut tanti patris operum et multiplicium beneficiorum grata memoria in benedictione apud posteros habeatur, quorum usibus et commodis tam egregie tamque paterne desudasse luce clarius comprobatur. Ei ergo commune precum conferamus juvamen, orantes, ut spiritus ejus in pace requiescat, amen.

Finiunt Gesta Domini abbatis hujus loci, monasterii videlicet Sancti Trudonis.

GESTORUM ABBATUM TRUDONENSIUM CONTINUATIO TERTIA.

PARS PRIOR.

INCIPIT PRÆFATIO SUBSEQUENTIS OPERIS

Quoniam scire gesta rerum, que priscis temporibus contigerunt, viris religiosis et ecclesiasticis pre ceteris quam plurimum expedit, sciendum est, quod post multas persecutiones, quas catholici a paganis et infidelibus, Ghotis scilicet, Wandalis, Hunis et Longobardis reliquisque barbaris nationibus de sedibus et terris sue inhabitationis egressis, divino permissu sunt perpessi, novissime manus Omnipotentis, propter christianorum flagitia Gallias inhabitantium ad puniendum extenta, misit in eos iram indignationis sue per Normannos, alio nomine appellatos Norvenos, paganos. Qui adjunctis sibi Danis Gallias cum sibi adjacentibus provintiis per annos circiter C 60 pervagantes (585), plurimas civitates cum opidis et castellis, utriusque sexus incolis immaniter occisis, destruxerunt consimilique clade loca sancta, ecclesias et monasteria depopulando. Inter que hoc sancti Trudonis cenobium adeo suis thesauris, clenodiis pretiosis, librorumque copiis est spoliatum, precellentique structura concrematum et eversum, ut de tam famosa prius abbatia ab ipso sue fundationis tempore usque ad primi Ottonis imperium, perpauca memorie commendata reperirentur. Idcirco ut prefati cenobii futuris filiis et successoribus saltem ex aliqua parte, quanta prosperitate ante ipsorum Normannorum persecutionem locus iste flo-

NOTÆ.

(583) Tertius; Henricus II obierat 1167.

(584) Error videtur librarii; eum supra II, 3, dicat Wiricum a. 1155 electum esse, legendum videtur 28.

(585) Cfr. infra II, 21, ad annum 896.

ruerit, qualesve post sui eversionem miserias A sustinuerit, innotescat, evolutis tandem bibliothece nostre libris et cartharum copiis, pauca que collegi ad continuandum rerum gestarum ordinem, libris per venerabilem dominum Rodulfum de gestis 9 abbatum nobiliter digestis anteponere curavi. Deinde consequenter trium abbatum gesta, qui Rodulfo immediate successerunt, in antiquo libello conscripta inveniens annexi. Postremo autem posui 12 abbatum gesta, qui prefuerunt ab anno Domini 1180 usque ad obitum Roberti abbatis, qui obiit anno Domini 1366. Horum 12 abbatum actus ex diversis hinc inde libris [443] et ex antiquorum relatibus collegi, ac ea que meis temporibus videre et audire potui inserui. Incidentia quoque prout oportuna videbantur, pluribus sparsim librorum capitulis interpo- B sui. Cum autem ad presentia tempora deventum est, notare cessavi, latius hec posteris exequenda [444] relinquens; quia, si gestarum rerum veritatem persequerer, quorundam forsan qui adhuc superstites sunt offensam incurrerem, aut si a veritate discederem, adulationis seu mendatii nota fuscarer. Preterea humiliter supplico et instanter posteros meos exhortor, ut postposita negligentia amodo sint solliciti notabiles rerum eventus et gesta annalibus scriptis commendare, quibus inspectis eorum successores cautius pericula poterint evitare futura. Distinguitur autem hec gestorum abbatum compilatio in quatuor partes, quarum prima pars continet libros tres, secunda libros tredecim [445], tertia quatuor libros, quarta vero in duobus [446] libris completur.

INCIPIT TABULA PRIME PARTIS DE GESTIS ABBATUM HUJUS MONASTERII SANCTI TRUDONIS, ET PRIMO CAPITULA PRIMI LIBRI EJUSDEM.

INCIPIUNT CAPITULA LIBRI SECUNDI.

VARIÆ LECTIONES.

[443] liberis 1*. [444] exequendam 1*. [445] undecim 1*. *falso.* [446] *vacuum hunc locum auctor numero librorum apponendo reliquit.* [447] incedentia 1*.

INCIPIUNT CAPITULA LIBRI TERTII.

INCIPIT LIBER PRIMUS

CONTINENS ORTUM, ACTUS ET OBITUM BEATI TRUDONIS.

1. [SIGEB. THEODERICI *Vita S. Trud.*] Anno Domini 628, imperii vero Heraclii cum sua conjuge Martina anno 16 et Lotharii secundi hujus nominis A Francorum regis, Hylperici filii ex Fredegunde consorte sua, anno 40, Johanne dico Agnus Trajectensi ecclesie presidente [450], electus Domini sanctus Trudo

VARIÆ LECTIONES.

[448] p 1*. [449] meritis 1*. [450] presidenti 1*.

ex nobilibus et Deo dignis parentibus ipso anno plus minusve in Hasbaniensi territorio, Sarcinium nomine, nascitur. Cujus pater Wicboldus nomine ex Francorum regum ortus propagine, prefatique Hylperici regis contemporaneus et ex recta linea consanguineus, temporale dominium seu comitatum latum, quod proprio jure in partibus Hasbanie, Campinie (586) et Flandrie possederat, justis legibus gubernabat. Mater autem Adala nomine ex Austrasiorum ducum prosapia progenita, primi Pipini ducis Austrasie dilecta consanguinea, hunc unice natum filium ad multorum educavit salutem fidelium (587).

2. [Sigeb. *Vita S. Trud.* c. 3.] Anno Domini 633, imperii Heraclii 24, et Dagoberti regis, monarchi trium regnorum, scilicet Frantie et Neustrie, que nunc Normannia vocatur, ac Austrie, que modo Lotharingia nuncupatur, anno 2, sanctus Trudo ineuntis etatis sue anno 6, vel quasi, puerili opere in agri planicie collectis lapidibus ecclesiolam construxit, in qua ad orationem provolutus, de ecclesia in suo allodio edificanda se voto strinxit. Quam procax quedam mulier indignanter intuens, pede dissipavit, que continuo ultione divina cecatur, sed ad concurrentium vicinorum instantiam puer pro ea misericordiam Dei invocans, eidem visum restituit. *Incidentia.* [Sigeb.] Circa idem tempus sanctus Arnulphus Metensis episcopus constituitur. *Incid.* [*V. S. Theodardi*, c. 4.] Eodem tempore prefato rege Dagoberto filius nascitur, ad cujus preces humiles sanctus Amandus infantem baptizat et nomen Sygibertus eidem imponit; ubi cum patrini baptizanti venerabili presbitero finitis orationibus continuo non responderent, infans 40 dierum plena distinctione audientibus circumstantibus respondit: *Amen.* [c. 8.] Circa idem tempus (*circa an.* 646) defuncto Johanne dicto Agnus Trajectensi episcopo, idem rex sanctum Amandum Trajectensem episcopum quamvis renitentem constituit. *Incid.* Qui postquam 3 annis prefuit episcopatu posthabito sancto Landoaldo archipresbitero cathedre epyscopalis curam commisit, et solitariam vitam petiit, [*V. S. Amandi.*] et in Elnonensi monasterio usque ad finem vite permansit.

3. Anno Domini 644 vel quasi sancta Adala, mater beati Trudonis, in pace quievit; cujus corpus apud Zeelem villam (588), que allodium est sancti Trudonis, in ecclesia sepultum, miraculis claruit, et in decenti loculo compositum, a terra elevatum est. *Incip.* [*V. S. Glodulfi.*] Circa idem tempus sanctus Glodulphus sanctitatem genitoris sui sancti Arnulfi imitatus, post Georicum, quem prius Arnulphus in spiritu successorem sibi in epyscopatu agnoverat assignatum, Metensis factus est episcopus. *Incid.* [Sigeb.] Anno Domini 645, imperii Constantis seu Constantini anno 3, illustris vir Wicboldus, pater ipsius beati Trudonis, in senectute bona in Domino obdormivit, et in ecclesia ville sue allodialis, ex nomine suo Wibekem (589) denominate, sepultus, elevari meruit. *Incid.* Eodem anno sanctus Remaclus a Dagoberto (590) rege Francorum [*V. S. Theod.* 5], a solitaria et monastica vita extractus, invitus et precibus victus, Trajectensis epyscopus ordinatur [*circa an.* 650.]

4. Anno ipso beatissimus adolescens Trudo, utroque orbatus parente, nullo egens tutore, quippe cum jam complesset etatis suæ annum 17, cepit mente fluctuari, qualiter dominium paternum cum adherentibus huic largissimis patrimoniis possessionum tam sagaciter disponere auxiliante Dei gratia prevaleret, ut temporalium rerum affluentia ingressum perpetue hereditatis sibi nullatenus obstrueret. [*V. S. Trud.* 1, 7, 8, 12.] Hec secum diligenter ruminans ad memoriam reducit votum, quod de construenda ecclesia in propria hereditate pridem puerulus voverat. Qui cum in hujusmodi mentis captu fluctuaret, sompnus ei continuo obrepsit. Angelum Domini sibi assistere vidit, suadentem sibi, ut sanctum Remaclum epyscopum adiret, cui in omnibus que juberet obtemperaret. Expergefactus autem ad villam Septemburias secundum angeli mandatum festinat, ibique residenti epyscopo consilium angeli manifestat. Cui ille : *Perge, fili, ad Metensem epyscopum, et beato Stephano quidquid in Hasbania trade. Hoc enim, angelo revelante, Christo acceptum fore didici.*

5. Die igitur sequenti, mane diluculo, venerabilis adolescens Trudo ad civitatem Metensem iter arripit, ibique sancti pontificis Glodulfi oblatus presentie, monitoris sui beati Remacli obtemperans consilio, omne patrimonium quod in Hasbania possidet, sancto Stephano tradit. Tunc sanctus Glodulfus beatum Trudonem in filium assumens, diligenter illum ad litterarum scientiam, sicut petivit, instruendum fideli viro commisit, qui cooperante gratia sancti Spiritus, infra annum totum psalterium decantare scivit, et ultra estimationem hominum in brevi tam egregie in scientiis scripturarum sic profecerat, ut coequos suos mirabiliter superaret. *Incid.* [*V. S. Amandi; Vita S. Rem.*] Anno eodem cum Dagobertus rex sancto Amando contemplationi et predicationibus insudanti, quippe qui incolas Gandavi, famosi opidi in Flandria siti, ad fidem catholicam converterat, ab onere epyscopalis cure cedenti, licet invitus, condescendisset, ne tamen tam famosa sedes presidentia proprii epyscopi careret, habito consilio,

NOTÆ.

(586) Hodie Kempenland in sinistra ripa fluvii Dommel et aquilonem versus a fluvio Nethe, eadem regio quæ antiquioribus appellabatur Texandria. Vide infra I, 15.

(587) Hoc stemma primus si quid video noster dedit.

(588) Vicus prope Diesthemium.

(589) Vicus in eadem regione haud procul Diesthemio

(590) Imo a Sigeberto II. teste Vita antiqua S. Remacli.

sanctum Remaclum monachum ex monasterio Sollempniaco (591) sub patre Eligio a solitaria vita extractum, quamvis renitentem, Trajectensem epyscopum instituit. Circa idem tempus (*an.* 638) prefatus rex, fluxus ventris infirmitate deficiens, cum magna devotione emisit spiritum. Cui primogenitus ejus filius Clodoveus in regno Frantie et Neustrie successit; alter autem filius Sygibertus dicebatur, quem pater ante aliquot annos adhuc puerum in regno Austrie, que nunc Lotharingia vocatur, constituerat, dans eidem tutores Gumbertum Coloniensem archyepiscopum et Pipinum ducem inferioris Austrie, qui laudabilium suorum tutorum secutus vestigia, in universis moribus et virtutibus coaluit, prout ex processu decursus regnationis ejus enituit [cf. FREDEG., *V. S. Sigeb.*]. *Incid.* Anno sequenti (639) Pipinus prefatus dux et major domus regie, quem Dagobertus rex totius Austrie archiducem fecit, in Domino obiit. Cujus corpus apud Landen sepelitur et post plures annos inde ad opidum Nyvellense translatum, miraculis coruscat; cujus obitus universum Austrie regnum merore perculit [cf. *V. S. Sigiberti*]. Iste Pipinus, primus hujus nominis, fuit magnifici principis Karlomanni filius, qui ex sua conjuge sancta Ytuberga filium nomine Grimoaldum genuit, qui patri in ducatu succedens, per auxilium sancti Cuniberti loco patris sui major domus constituitur, obiitque sine liberis. Habuit etiam idem Pipinus filiam nomine Beggam, quam Ansigiso duci, sui sodalis sancti Arnulfi filio, conjugavit, que Pipinum secundum, qui Grossus dicebatur, peperit, cujus filius Karolus Tudetes sive Martellus fuit. Qui Karolus ex Alpayde concubina procreatus, genuit Pipinum hujus nominis tercium, qui favente Zakaria papa propter victoriarum suarum strenuitatem Francorum rex constituitur. Quartum vero Pipinum rex Karolus Magnus genuit, eumque Ytalie regem prefecit. Quintus autem Pipinus, Ludowici Pii filius, a patre rex Aquitanie constituitur. Sextus hujus nominis Pipinus patri in regno Aquitanie succedit, quo mortuo nomen Pipini abolevit. Fuit autem iste Pipinus primus unus ex ducibus potentissimis infra regnum Austrasie, ducatuum suorum dominatum distinctis terrarum limitibus hereditario jure possidentibus. Hujus vero Pipini ducatus dicebatur ducatus Austrie inferioris, in quo preter alia multa oppida et castella, Brabantia continebatur, que a Brabone Trojano milite, scilicet nepote Hectoris magni, nomen accepit. Pars insuper magna Hasbanie et Campinie ad ipsum respiciebat, qui in nostris confiniis habuit duo palacia, unum minus in loco qui adhuc vocatur Landen, et aliud majus in opido nuncupato Nivella. [*V. S. Gertrud.*] Post autem memoratos liberos Ituberga peperit illi filiam nomine Gertrudem, virginem a Deo electam, que 14 anno etatis sue matri vidue fideliter adhesit. *Incid.* Anno quasi eodem quo ipse Pipinus obiit, sanctus Amandus more solito causa seminandi Dei verbum juxta opidum Nivelense iter direxit, quem Ituberga viduata ad prandium invitavit. Qui ad instantiam precum Ituberge matris et Gertrudis filie utrique sacrum velum imposuit et domum earum ecclesiam consecravit, [*V. S. Amandi*, SIGEB.], qui post paucos dies ad monasterium Elnonense quod elegerat rediit, et ibi devotissime Christo serviens, post hos annos, 18 anno imperii hujus Constantis seu Constantini in Domino obdormivit.

6. [*V. S. Trud.*, c. 9.] Anno Domini 650, imperii Constantis sive Constantini 8, epyscopatus sancti Remacli anno 6, sanctus Trudo postpositis liberalium scientiis ad intelligendum indaginem sacre scripture studium convertit, in qua quantum profecerit, per reparatos ab ipso lapsos apparuit.

7. Eodem anno rex Austrie Sigibertus de liberorum desperatus propagine, [*V. S. Theod.*, c. 4, 7] cooperante sibi majore domus et duce Grimoaldo, primi Pipini filio, et sancto Remaclo, 12 monasteria construxit, inter que duo edificanda quo in loco sancto Remaclo placeret consensit. Ex hujus concessionis gratia vir Domini fundavit in diocesi Coloniensi monasterium unum, quod appellavit Malmundarium, reliquum vero in diocesi Trajectensi, quod nominavit Stabulaus. Quorum structura cum sumptuose ex ærario pii regis esset consummata, de consilio sancti Remacli rex Stabulensi monasterio sanctum Theodardum, virum scientiis et virtutibus ornatum primum prefecit abbatem, qui quam diligenter sancte religionis disciplinam ad perfectionis unguem verbis et opere in subditos transfuderat, ex discipulis quos informavit claruit, qui tam devote vitam duxerunt, ut plures famosi viri, sanctus scilicet Remaclus et sanctus Lambertus Trajectenses epyscopi, preter alios ibidem monastice conversationis puritate delectati, Deo militaturi successu temporis deguerunt. *Incid.* Circa hec tempora Grimoaldo duce inferioris Austrie et majore regalis domus Sigiberti regis defuncto, Pipinus secundus, ex sorore Begga illius nepos, in ducatu et majoratu domus succedit (*circa an.* 656).

8. [SIGEB. *V. S. Trud.* I, 15, 16, 17.] Anno Domini 655, imperii Constantis seu Constantini anno 12, epyscopatus sancti Remacli anno 10, sanctus Trudo, admodum sacre scripture scientiis sufficienter imbutus, a sancto Clodulfo sacerdos ordinatur. *Item.* Anno eodem venerabilis pater sanctus Glodulfus Metensis epyscopus, divinitus inspiratus, ad se vocato benigne sancto Trudone dixit : *Oportet te, fili karissime, patrios fines visitare ob profectum ecclesiæ sancti Stephani, immo potius ob salutem Hasbaniam habitantium; nam populum non parvum Deo et sancto Stephano acquires, perfectamque plebem Domino servituram in tua hereditate parabis. Nec tibi molestum, queso, sit, quod hinc te proficisci jubeo, necesse enim*

NOTÆ.

(591) Solignac in Aquitania.

est, ut tuis exigentibus meritis, plurimi religiosi viri A *in hereditate quam sancto Stephano tradidisti Deo serviant.* Consentit sanctus Trudo pii patris monitis, et lacrimis mutuo perfusi, post sancta oscula pontificis cum benedictione iter arripuit. *Item.* Proficiscente autem venerabili Trudone a Metensi urbe, gens urbana comitantes eum voce lacrimabili dixerunt : *Cur, pater sancte, sic nos deseris, qui tuis semper obtemperavimus jussis? Felix*, aiunt, *Hasbania, que tuis aspectibus fruitura, de nostro dampno ditabitur, et ex nostro merore letabitur.* Quibus ille respondit : *Cari concives et domestici Dei, nolite contristari, licet enim corpori videar presentie vestre ad momentum subtrahi, votis tamen semper presens ero.* Sicque commendans eos divine majestati ad patrios fines iter dirigit.

B

9. Venerabilis igitur pater Trudo prospero transitu cuidam ville nomine Seni, que fuit proprium allodium unius nobilis militis, appropiavit. Qui dum nimia passione lepre infectus, lumine oculorum esset privatus, apparuit ei angelus Domini dicens : *Festinans surge, proxima est tibi salus et sanitas corporis. Mitte igitur servientes tuos ad exitus viarum, et obviam habebunt virum abjecti habitus, de cujus manuum ablutionis aqua, si lotus fueris, continuo curaberis.* Qui evigilans revelationem cum gaudio suis ostendit, et sicut ab angelo didicit, nuntios emisit. Cumque paululum ad campestria extra villam processissent, vir Dei obvius venit, et humiliter querit transitum qui ad ipsam ecclesiam perducit. C Tunc illi ex habitu eum cognoscentes, pre gaudio stupefacti dixerunt : *Ad ecclesiam, si cupis, tecum comitabimur, insuper ad prandium te libenter recipiemus.* Tunc vir sanctus intelligens gratiam Dei sibi id providisse, oratione in ecclesia cum habundantia lacrimarum peracta, gratanter cum illis ad prandium comitatur, et ad domum illius militis cum benedictione ingreditur. Cumque post dulcia colloquia mensa parata ad consedendum esset, nobilis precepit ad abluendum aquam manibus dulcis hospitis sui ministrari. Cum autem ad tergendum tuella (592) extenderetur, prefatus nobilis, prout ab angelo didicit, seorsum declinans oculos, membra leprosa ex hac abluitione perungit, et continuo totius corporis sanitatem consequitur. Ad pedes igitur D celestis sui medici proruit, et cum tota familia gratiarum actiones Deo et sancto Trudoni imbre lacrimarum perfusi in excelsum proclamant, sed vir Dei hujus curationis donum non sibi, immo potius virtuti gratie hospitalitatis sui hospitis ascribit, sicque cum humilitatis altercatione curatus cum curatore ad mensam accedunt, factoque prandio nobilis ille sobole carens sancto Trudoni villam suam cum omni jure et hereditate, prout sibi a progenitoribus suis allodialiter successerat, efficaciter contulit, et sanctum Domini heredem sibi constituit. Quam donationem cum frater donatoris percepisset, ipsam villam sibi vendicat et violenter eam apprehendere non formidat; sed Omnipotens injuriam servo suo illatam ulciscens, invasorem hujus ville mox gravi corporis languore perculsit, et membris contractum quasi in trunco reliquit. Tunc ille ad cor rediens, penitentia ductus beatum Trudonem humiliter reduci ad se visitandum nuntios destinat veniamque postulat. Cujus sancti precibus in presentia egroti ad Deum fusis, omnis illa nodositas membrorum dissolvitur, et pristina sanitas illi restituitur. Qui continuo pedibus ipsius provolutus, ablata restituit, et propriam villam, prout frater prius suam, sancto viro obtulit. Cui ipse respondit : *Ablatum mihi tunc et modo restitutum accipio, sed tuam villam volo Metensi ecclesie perpetuo fore incorporatam.* Hec villa nuncupatur . . . . . [481] et est vicina ville nostre prefate Seni, cujus incole adhuc in hodiernum fidelissimi sunt beato Trudoni, et reputant sese potius ad monasterium ipsum, tanquam ad proprios patronos spectare.

10. Preterea ex prelibata causa venerabilis Trudo [482] aliquantulum a sua profectione retardatus, intelligens sanctum epyscopum Remaclum juxta Tungrense opidum moram facere, iter suum illuc dirigit. Ad cujus presentiam adductus ipsiusque obvolutus pedibus, uterque surrexerunt, et post amplexus mutuos miscentes sancta colloquia, Trudo patri suo karissimo omnem processum itineris et eventuum suorum narravit. Tunc epyscopus tanti sacerdotis in scientiis profectum et in moribus disciplinam lucra sua reputans, illum sibi in collegam ad predicandum evangelium Christi assumit, partitoque onere cure pastoralis ecclesias ordinare et penitentie sacramentum conferre sua auctoritate injunxit. Cepit igitur epyscopus liberius contemplationi cum Maria vacare, et Trudo instanter cum Martha laborando provisioni ecclesiarum et predicationi per dyocesin invigilare.

11. [*Vita S. Trud.* II, 1.] Post hec vir Domini Trudo beati Glodulfi Metensis epyscopi monita adimplere curans, patrios fines visitare festinat, et ad Sarcinium, locum sue nativitatis, iter dirigit. Quod cum fama precurrente Sarcinienses percepissent, domino suo diu desiderato catervatim totus pagus agmine virorum, mulierum et puerorum congregato in ejus occursum festive procedit. Quem ubi sanum et incolumem aspexerant, perfusi pre gaudio lacrimis, amplexatum deosculantur ejusque dulci alloquio delectati, benedictionem postulant et obtinent. Tali autem amice plebis tumultuoso affectu in suam Sarcinium comitatus, factus omnia omnibus, alios consolando emendans, alios castigando reformans, ipsumque pagum verbo predicationis circumiens,

VARIÆ LECTIONES.

[481] *lacuna* 1* [482] Trudo — invigilare *apud Henschen.*

NOTÆ.

(592) *Touaille* Francis, *dwele* Germanis in speculo Saxonico, i. q. mappa.

paganismi fecem, que inibi adhuc plene non fuit exinanita, funditus expurgavit, et religione fidei crescente, ecclesiam fidelium cotidie per novos populos augmentavit.

12. [*Ibid.* II, 2.] Igitur beatus Trudo divinum auxilium ex fidelium multitudine concurrente sibi adesse considerans, votum quo se Deo in pueritia astrixerat de construenda in sua hereditate ecclesia, ad memoriam reduxit, ut exercitui christiano sibi confluenti cenobiale vallum erigeret [453], ubi contra tela nequissimi continua devotione et oratione cum suis commilitonibus intentus, in Christo triumpharet. Invocato tandem summi conditoris auxilio, artifices peritos comparat, et fundandi cenobii in loco eminenti versus aquilonem, ad levam fluvium Cisindriam (593) per convallem defluentem [454] habenti, gratam planiciem illis consignat. Comparatis vero materiis ad hoc opus necessariis, cementarii absque mora fundamenta jaciunt, et sub brevi temporis discursu lapidee parietes in altitudinem elevate intuentium mentes letificaverunt. In sollicitudine tamen tam sumptuosi operis servus Dei Trudo inardescens, injunctum sibi a sancto Remaclo predicationis officium nichilominus fideliter implevit. *Incid.* [*V. S. Theod.* c. 8. *Vita S. Trud.* II, 17. *V. S. Theod.* c. 5. *Vita S. Rem. V. S. Theod. c.* 5, 7.] Circa idem tempus (*an.* 661) sanctus Remaclus male ferens, quod bona sue ecclesie violenter per potentes et nobiles per annos circiter 30 injuste retenta possiderentur, nec valeret contra torrentem brachia extendere, pertesus tumultuum secularium, volvebat in animo ad portum solitarie vite redire, propter quod regem Sygibertum adiit (594), et ab eo tandem cum magna difficultate ab onere cure pastoralis absolutus fuit. Qui sarcina presulari exemptum et de naufragio mundi se exutum letatus, diu desideratum quietis portum Stabulensis cenobii expetit, et vite contemplative ibidem vacans, secum habitavit, professionem monachalem fecit, et tandem post plures annos ad Dominum vocatus, in eodem loco sepeliri meruit (*circa an.* 667). *Incid.* Anno eodem proceres et aulici cum plebe urbana de substituendo presule regem Sygibertum adeunt, qui in commune cum eisdem deliberatione facta de omnium consensu, accedente etiam summi pontificis auctoritate, Theodardum, Stabulensem abbatem, Trajectensem epyscopum constituit, a sancto Cuniberto Coloniensi archiepyscopo post paucos dies consecratum. Qui a sancto Materno Tongrensi post epyscopo presedit 28us. Eodem anno sanctus Lambertus bone indolis adolescens a patre Apro nomine, illustri viro et comite, magisterio sancti Theodardi traditur [455].

13. [SIGEB. *Vita S. Trud.* II, 2.] Anno Domini 657, imperii Constantis seu Constantini anno 15 et epyscopatus Theodardi Trajectensis epyscopi anno 3, sanctus Trudo cenobium, quod propriis expensis in sua hereditate fundaverat et ad inhabitandum aptatum decenter in altum produxerat, dedicari fecerat a sancto Theodardo Trajectensi epyscopo in honore sanctorum Quintini et Remigii, 3 Idus Octobris.

14. Qui voto dudum in pueritia sibi divinitus inspirato plene satisfacere cupiens, ex suo reddituoso et largo patrimonio prefatum cenobium copiose dotavit. Preter enim dominium et possessiones quas in Hasbania ex parentum successione possederat, unde, ut prenarratur, maximas hereditates in Austria, que postea Lotharingia vocata est, tenuit, que nuncusque Metensium epyscoporum mense incorporate serviunt — inter quas Dongei (595) villa, que miliario vicina Virduno constat, una fuit, quam post plures annos Theodericus, primi Ottonis consobrinus, sibi attraxit — habuit insuper ex parte patris dominium ville Brugis nuncupate cum suis attinentiis, que modo est oppidum famosum in terra qui nunc vocatur Flandria. Juxta quod opidum monasterium nigrorum monialium quasi ad dimidium miliare situm est, habens ex nomine beati Trudonis sortitum vocabulum scilicet Sancti Trudonis. Istud monasterium (596) ipse beatus Trudo in proprio suo ibidem allodio fundavit et dotavit, et in eo 80 monachos instituit, sed qua causa postea immutatio sexus Deo inibi servientium contigit, nescitur. *Incid.* Et quia de terra Flandrie recitatio insilit, annotari congruit, cujus conditionis ab antiquo exstitit. Sciendum igitur, quod ad regnum Frantie quidam sinus terre fertilis valde respiciebat, qui nunc Flandria nuncupatur. Illuc balivi et forestarii solebant per reges constitui ex proceribus aulici ad populum gubernandum, et redditus annuos in colligendum destinari, nec vocabantur comitatus usque ad primum annum imperii Karoli Calvi.

15. Preterea venerabilis Trudo dominium et largas possessiones hereditarias habuit in Taxandria, que terra nunc vocatur Campinia, que plures libertates et villas continet. Inter quas post dormitionem sancti patris plurime ecclesie in honore ipsius sancti Trudonis dedicate noscuntur, quarum jus patronatus cum aliarum vicinarum ecclesiarum patronatu ad collationem abbatis et conventus hujus monasterii sancti Trudonis pleno jure pertinere antiqua possessio manifestat.

16. [*Vita S. Trud.* II, 2.] Eodem anno vel quasi venerabilis Trudo dedicatum hoc suum cenobium.

VARIÆ LECTIONES.

[453] exigeret 1*. [454] defluenti 1*. [455] *excidit* 1*; liberali doctrina imbutus est *legitur in vita S. Theodardi.*

NOTÆ.

(593) Cisinder rivulus incidit in fluvium Geete.

(594) Sigebertus jam anno 656 obierat; erat rex Austrasiæ Childericus II. De sancto Remaclo vide Herigerum in Mon. Germ. SS. VII, 185.

(595) Dugny; cf. Rudolfi Gesta VII, 6.

(596) Est monasterium Brugense-Elckhoutanum.

quemadmodum beatus Glodulfus epyscopus Metensis spiritu revelante sibi predixerat, ex largo et redditoso suo patrimonio habunde dotaverat, adunataque fidelium multitudine divini cultus officium fecit inibi solempniter iniciari, crescenteque devotione cotidie profecit in augmentum laudabilis fame locus iste. Divulgata enim undique fama tam devote cenobialis congregationis, plurimi huc nobilium virorum filii, tam ex palatinorum dignitate quam et procerum libertate, una cum popularibus et ex servitio conversis, ad portandum jugum Christi, onere divitiarum contempto, comaque capitis detonsa, ingrediuntur celesti regi perpetuo militaturi, multique nobilium proprios filios et nepotes suos huic sancte communioni mansipandos cum amplis patrimoniis devoverunt, quos sub tanti doctoris magisterio innormandos statuerunt. [*V. S. Bereg.*] Circa[456] hec tempora sanctus Beregisus ex pago Condrosio ortus, et a parentibus intra monasterium sancti Trudonis sub habitu religionis litterarum studiis et lege divina imbuendus nuper traditus, nunc largiente Pipino principe eidem latam provinciam[457], monasterium Andaniense in honore sancti Petri construxit, in quo clericis ordine canonico militantibus, ipse pater in eodem habitu est sociatus[458]. De situ autem primarie fundationis hujus monasterii, ne rerum processus in ambiguum cadat, sciendum, quod beatus Trudo non incepit hanc ecclesiam edificare a cancello sanctuarii (597), sub quo nunc continetur cripta, quam Obbertus Leodiensis episcopus anno Domini 1101 consecravit, sed tantummodo ab illo loco, ubi nunc inter chorum stallatum (598) et beati Trudonis altare arcus supereminet, partem monasterii anteriorem tanquam caput erexit, quam ecclesiastico more cancellum et sanctuarium appellavit. Ibi ipse primum altare in honore sanctorum Quintini et Remigii consecratum fundavit, post quod processu temporis psallentium choro constructo, reliqua pars structure ordinata fuit, que navis ecclesie cum sibi coherentibus absidis dici potuit. Retro vero prefatum cancellum, ut veterum hystoria refert, infra locum, qui nunc est chorus psallentium, cripta constructa fuit que per se erat, prout adhuc in quibusdam antiquis monasteriis simile cernitur. Fuit insuper processu temporis inter altare beati Trudonis et primarium chorum psallentium, intra ipsum cancellum sanctuarii, altare in honore sanctorum apostolorum constructum, et fuit altare majus appellatum, distans ab ipsa beati Trudonis ara spacio quasi 9 pedum; est enim ibidem locus sepulchri prefati sancti patris. Hec igitur cripta et altare majus ab antiquo fuisse leguntur, sed quando et a quibus construebantur, ignoratur. De loco prefati et veteris sanctuarii est sciendum, quod illud extenditur ab arcu, qui est sursum retro capellam, sancti Trudonis usque ad planitiem, quæ est ante ipsam capellam ad longitudinem humane quasi stature, inclusive. Nec est ibidem alicujus preterquam probabiliter Deo digni corpus humandum, propter sanctorum reliquias, que sicut in circuitu a dextris et a sinistris sancti Trudonis capelle habentur, illuc continentur.

17. Preterea vir beatus, non obstante devoti gregis domestica sollicitudine, opportunis vicibus familiarium stipatus agmine pagum Hasbanicum circumiens, innumerabiles sue doctrine verbis et exemplis in fide Christi confortavit, ex quibus plurimos vivens ad Deum premisit.

18. [*Vita S. Trud.* II, 6.] Habuit autem in consuetudine alternis noctibus, ceteris quiescentibus, nunc ecclesiam Martini sitam in villa quæ Falmia nuncupatur, tunc ecclesiam sancti Servatii et beate Genovefe sitam in villa que vocatur Septemburias, solus et absque arbitris visitare, et post peculiares orationes priusquam illucesceret ad monasterium clam redire. Distabat autem uterque vicus a loco Sarcinii propter interpositum ab antiquo tempore nemus spaciosum 3 ferme miliaribus, sed nunc grata campestris planicies dimidio tantum miliario illuc usque perducit. *Incid.* [*V. S. Theod.*, c. 9, 10, 16 sqq.] Eodem insuper tempore beatus Theodardus, dolens Trajectensem ecclesiam magna possessionum suarum quantitate fore mutilatam[459], defuncto jam pridem pio rege Austrasiorum Sygiberto, deliberavit adire regem Hildericum, et de injuriis sue ecclesie illatis coram illo contra sacrilegos deponere querimoniam. Qui cum illuc iter arriperet, ejus adversarii, veriti ne suarum iniquarum usurpationum causa coram palatii proceribus tractaretur, mala malis addentes, insidiis positis, sanctum Domini armis impetunt, caput ejus secant et ad terram prostratum membratim gladiis dividunt. *Incid.* Anno ipso cum corpus beati Theodardi apud urbem Gwangionum, que nunc Wormacia appellatur, honorifice detineretur, sanctus Lambertus magistri sui corpus a Wormacia cum omni diligentia ad villam, que Legia vocabatur detulit, quod et ibidem cum reverentia sepelivit.

19. [Reneri Vita *S. Lamberti* c. 7.] Post paucos vero dies cum de substituendo pontifice nobiles cum clero et populo mutuo tractarent, congregati simul palatium regis Hildrici, qui patrui sui Sygiberti jam defuncti regnum Austrasie a suo patre Clodoveo acceperat, adeunt, statutoque die de consensu regis, procerum, cleri et populi universi sanctus Lambertus Trajectensis epyscopus eligitur, et licet renueret

VARIÆ LECTIONES.

[456] Circa continentur *alia manu coæva scripta sunt in scida quaterni insuta in quaternionem.* [457] lata provinci 1*. [458] Quod modo sancti Huberti in Arduenna, ubi Waso Leodiensis episcopus, delato ibidem et . . . (*vox legi nequit*) a Trajecto corpore dicti sancti Huberti, pro canonicis regularibus monachos instituit. *adscripsit alia manus.* [459] mutulatam 1*.

NOTÆ.

(597) Altaris locus qui cancellis munitus est.

(598) Stallus is est locus in choro, ubi unusquisque monachorum suam habebat sedem, itaque chorus stallatus est chorus in quo monachi sedent.

a sancto Cuniberto Coloniensi archiepyscopo inthronizatur et consecratur anno etatis sue 21. *Incid.* [SIGEB.] Anno Domini 663, imperii Constantis vel Constantini 21, obiit sancta Gertrudis Nivelensis.

20. Anno Domini 685 [675], imperii Constantini junioris 16, epyscopatus autem sancti Lamberti anno 28, Hilderico rege Francorum propter suam severitatem occiso, frater ejus Theodericus ante aliquot annos [670] a Francis de regno repudiatus, de consilio primorum in regno restituitur, [SIGEB. RENERI VITA *S. Lamberti* c. 10, 11.] qui consilio Ebroini majoris domus ad synodum epyscopos coegit, ex quibus plures injuste destituit. Et quia Lambertus olim Hilderico intimus fuit, Theodericus rex omne expulsionis sue crimen per Ebroinum illi imponit eumque ab epyscopotu eicit; Lambertus vero cuncta clementer ferens, presulatum relinquit, et in monasterio Stabulensi monastice quietis portum eligit, ibique secum habitans per 7 annos cum spirituali suo patre Remaclo monasticis se disciplinis subdidit.

21. [*Vita S. Trud.* II, 6.] Dum autem vir beatus (599) vix imbecillia membra sustinere sufficeret, tum pre cotidiano labore tum pre etatis maturitate, sepe tamen biduana jejunia et triduana complens, raro sompnum in stratu molliori admisit. Qui cum de hujusmodi a sibi specialibus corriperetur, subrisit vel respondit illud Job : *Homo natus ad laborandum et avis ad volandum.* Fuit misericors pauperibus circumquaque commorantibus, in elemosinarum largitione tam familiaris, ut ab eo sicut carnales filii a parentibus vite necessaria importune exigerent et acciperent.

22. [SIGEB. RENERI VITA *S. Lamb.* 12, 13.] Anno Domini 691, imperii Justiniani secundi 7, epyscopatus sancti Lamberti anno 35, Ebroino tyranno occiso, Faramundus, quem Coloniensis arciepyscopus Adewinus ex clerico suo pridem mediante pecunia Trajectensem epyscopum ordinaverat, justa cleri et populi abjudicatus instantia, a tota provincia expellitur, et per Pipinum filium Ansegisi, Francie principem, ducem inferioris Austrie, sanctus Lambertus in cathedra Trajectensi relocatur. *Incid.* [*Vita S. Trud.* II, 17.] Anno eodem sanctus Remaclus epyscopus Trajectensis apud Stabulaus obdormivit et sepultus fuit.

23. [SIGEB. *Vita S. Trud.* II, 7, 8, II, 8.] Anno Domini 693, imperii Justiniani secundi anno 7, epyscopatus sancti Lamberti anno 37 plus minusve, servus Dei venerabilis Trudo vocante Domino ad extrema venit, convocatisque fratribus, post dulcia verba sancte exhortationis, in presentia omnium devotissime participatus sacramentis vivificis, facto signo crucis, continuo spiritum efflavit 9 Kal. Decembris, anno etatis sue 65, cujus corpus ante altare quod ipse fundaverat, in suo monasterio sepultum, plurimis miraculis, ut gestorum ejus libri testantur, claruit.

24. [*Vita S. Trud.* II, 8.] Paucis igitur interpolatis diebus, desolatus pius grex ex tanti pastoris sui sublatione, cum gemitu et perfusione lacrimarum funus de more compositum, choris psallentium circumstipatum, turba totius provintie confluente, voce lacrimabili concinendo bajulat ad monasterium. Quod in medio ecclesie ante altare solempniter situatum, cum post missarum expletionem in sepulcro suppinaretur, antequam injecta terra pavimento coequaretur, subito tanta miri odoris respersa est fragrantia, ut omnibus circumstantibus quasi in extasi versis, exteriores sensus retunderentur. Fuit et tanta caligo comitata per unius hore spacium, ut nullus juxta se positum proximum agnosceret. Nec defuit dies infra hujus depositionis tricennarium, quin miraculorum illustratione luceret.

25. [*Ibid.* II, 13, 14.] Post tanti pastoris dormitionem Lotharius prepositus curam pii gregis strennue gubernavit, sub quo et cohabitantium devotio et possessionum temporalium et largitione fidelium redditus augmentabatur. *Item.* Eo tempore quo idem pater Lotharius huic monasterio preerat, latro quidam bovem fratrum furtim abstulit, et mancipium, sub cujus custodia bos exstitit, eo quod sibi ablatum insequeretur, servus furis occidit. Hujus flagitii actores, quia latuerant, præfatus pater, indicto fratribus cum assidua oratione jejunio, evidenti signo a Deo cognoscere promeruit. Nam fur amens factus, vociferans in preceps ceno involutus, suffocatur, alter de latrocinio reus ad limina monasterii sancti patris a matre deductus, duris flammis se introrsum consumi ejulans, meritis beatissimi Trudonis curam adeptus, sanitati restituitur.

26. [*Ibid.* II, 10.] Circa idem tempus cum ad sepulcrum sancti Trudonis crebra fierent miracula, Pipinus secundus Francorum princeps et dux inferioris Austrie cum proceribus et obtimatibus regni peregre illuc profectus, post completam orationem in signum devotionis contulit monasterio solempni donatione omne jus quod in villa Okinsala (600) habebat [450], que tunc fiscus publicus erat, ad altare ipsius sancti, similiter et aliam villam nomine Ham (601), in Campinia sitam, in usum servorum Dei inibi militantium. Venerabilis quoque ejus conjunx Plictrudis in recompensatione eterne mercedis

VARIÆ LECTIONES.

[450] *excidit* 1*.

NOTÆ.

(599) Sanctus Trudo.

(600) Okinsala apud Teodericum Ekinsala. Hanc villam hodie reperiri non posse testatur Ghesquier in Act. SS. Belgii V, 48, quem in constituendis horum locorum nominibus secuti sumus.

(601) Hamme una leuga a dynastia Meerhoutana distans.

magnam summam auri cum lapidibus pretiosis ad altare beati Trudonis obtulit, conductisque aurifabris ipsum opere sumptuoso mire decoravit. *Incid.* SIGEB.] Anno Domini 697, imperii Leonis secundi anno 1, venerabilis Beda presbiter et monachus claruit in Anglia 30, etatis annum agens, qui reliquum tempus vite sue insudando laboribus sanctarum scripturarum utiliter implevit.

27. Anno sequente cum sanctus Lambertus Pipinum principem caritative corripuisset de pellatu Alpaidis a Dodone duce Ardenne fratre hujus Alpaidis, martirizatur, et Trajecti tumulatur anno epyscopatus sui 40, etatis vero 61 [*circa an.* 709]. Cujus occisores infra annum miserabili morte perierunt; quorum interitum Alpaidis divine animadversionis mucrone mulctatum videns, ad placandam Dei offensam largam elemosinam ministris ecclesie hereditarie contulit.

28. [*V. S. Huberti.*] Cum (602) autem ad exequias circa corpus beati martyris divina officia celebrarentur, vox desuper intonuit dicens : *Deus novo martyri Lamberti dignum successorem Hubertum, hodie per suum vicarium Romanum presulem in epyscopum ordinatum et consecratum, vobis transmittit.*

29. Eadem hora sancto Huberto Rome residente, ut mundi contemptum, quem per exhortationem beati Lamberti mente conceperat, ad effectum perduceret, in ipsa hora passionis sancti ipsius angelus Dei Sergio pape baculum pastoralem sancti Lamberti cum pontificalibus a loco martyrii illius attulit, quibus ab angelo indutus, a papa in epyscopum consecratur Hubertus. Cui ibidem missam celebranti sanctus Petrus apparuit, tradens ei clavem quasi auream, in signum lunaticis et furiosis sanitatem conferendi. Qui a Roma rediens cum divinitus sibi collatis baculo, pontificalibus et clave, honorifice a populo et clero Trajectensibus suscipitur.

30. [SIGEB.] Anno Domini 711, imperii Justiniani tercii anno 3, sanctus Hubertus pontificalem sedem a Trajecto ad Legiam transtulit qui et divinitus ammonitus corpus sancti Lamberti integrum adhuc in loculo reperiens, ad Legiam, ubi passus est, attulit et sepelivit. Fuit autem in epyscopatu annis 32, et obiit post annos hos anno Domini 735, 3. Kal. Julii, imperii Leonis tercii anno 18; cui successit Floribertus, qui prefuit annis 18. *Incid.* Anno Domini 713, imperii Philippici anno 2, Pipinus filius obiit, et Karolum Martellum, filium Alpaidis, principatus sui heredem fecit. *Incid.* Anno eodem cenobium montis Cassini Petronax reædificat [461], devotus civis Bricxianus, expletis 110 annis ex quo a Langobardis pridem desolatum fuerat.

31. [*Vita S. Eucherii* c. 4.] Anno Domini 717 [462], imperii Philippici 5, Karolus Martellus major domus et princeps Francie ad instantiam civium Aurelianensium beatum Eucherium Gemetici monasterii monachum a professionis sue loco renitentem extraxit, eumque pro patruo suo Aurelianorum epyscopum instituit.

32. [SIGEB.] Anno Domini 727, imperii Leonis tertii anno 10, Lotharius prepositus, qui post dormitionem beati Trudonis hoc cenobium per annos circiter 35, ut opinatur, laudabiliter gubernavit, obiit. Nota, lector, quod quamvis ab anno primo quo sanctus Trudo hoc cenobium fundavit usque ad presentem annum non inveniatur scripto declaratum, cujus regularis professionis hujus loci cenobialis congregatio fuerit; concluditur tamen ex eo, quod vir Domini Trudo juxta Brugis opidum congregationem 80 monachorum instituit, quod sicut ibidem sic et in hoc loco a principio monachalis conversatio exstiterit (603).

Finit liber primus prime partis.

INCIPIT SECUNDUS EJUSDEM.

1. Anno Domini eodem plus minusve vir venerabilis Grimo primus habere nomen abbatis in hoc monasterio post annum depositionis beati Trudonis, hujusce congregationis primi pastoris, 33um meruit; sub quo crescente profitentium affluentia, proficiebat adeo regularis disciplina, ut non solum finitimos sed et fideles remotos, seculum deserere cupientes probata fama ferventis in hoc loco religionis plurimos alliceret.

2. Iste abbas Grimo est unus et primus de 15 hujus loci abbatibus, de quorum gestis nichil memorie posteris est commendatum, prout domnus Rodulfus abbas in primo libro secunde partis horum gestorum hujus loci abbatum sentit, ubi etiam sin-

VARIÆ LECTIONES.

461 *excidit* 1*. 462 A. D. 717— instituit *dedit Sausseye.*

NOTÆ.

(602) Hæc non ex illa sancti Huberti Vita desumpta sunt, quam luci dedit Surius tom. VI; sed ex recentiore quadam sibi deduxit auctor, quam Ægidius Aureævallis inter suos fontes habuit, et his verbis paulo accuratius indicavit in Gest. epp. Tungrens. apud Chapeaville I, 139 : *Libellum illum relegat, quem a viris fidelibus editum de Vita et conversatione ipsius præclari comitis Huberti ante episcopatum, aplerisque apud nos et haberi et legi non dubium.* Eadem videtur esse Vita quam et Surius vidit et innuit in adnotatione ad calcem Vitæ sancti Huberti VI, 56

(603) De hac quæstione, quæ recentiores etiam rerum scriptores satis vexavit, vide commentationem, quam dedit Ghesquier ante Donati Vitam sancti Trudonis in Act. SS. Belgii V, 1.

gulorum nomina exprimit. Verumtamen per quorundam diligentiam, tam excerptis gestorum antiquitatum quam ex copiis veterum cartarum, memoria hujus abbatis Grimonis sufficienter reperta est, quibus et annis Domini et sub quo imperatore huic monasterio [463] prefuerit, prout in processu patebit. Isti igitur Grimoni abbati successit Reyramnus abbas secundus, et Hardebenus abbas tercius, post quem prefuit Columbanus abbas quartus, deinde Ingelramnus abbas quintus, et Ambrosius abbas sextus. Horum vero quinque abbatum nomina solummodo inveniuntur. Post hos Ghiselbertus abbas septimus fuit. De isto nichil aliud scriptum reperitur, quam quod quedam nobilis matrona renovari obtinuit ab abbate Reynero cartulam unam, quam ante plures annos idem Ghiselbertus primogenitoribus illius matrone super libertate de capitis censu condam sigillaverat. Iste Ghiselbertus fuit, ut creditur, predecessor domni Drugonis Metensis epyscopi et hujus loci abbatis, de quo infra anno Domini 838, imperii Ludowici anno 24, narrabitur.

3. [SIGEB. *Vita S. Eucherii* 7, 8.] Anno Domini 733 [464], imperii Leonis tercii anno 16, Karolus Martellus, princeps Francorum, suggestione suorum sanctum Eucherium Aurelianensium epyscopum 16 epyscopatus sui anno destituit et in exsilium misit, duplici ex causa, primo pro eo quod consentire noluit, quia Karolus bona ecclesiarum sibi usurpavit, ex quibus stipendia militibus distribuit, secundo quia Karolo eunti ad rebellandum [465] contra Raginfredum, civitatem Aurelianensem aperire, veritus periculum civium, denegavit. [*Vita S. Rigoberti.*] Ex eadem causa Rigobertus Remensium arciepyscopus, qui Karolum baptizaverat, suam aperire civitatem renuens, ab eodem destituitur.

4. [*Vita S. Euch.* c. 8.] Eodem fere mense [466] Karolus ad civitatem Parisiensem tendens, jussit sanctum Eucherium pedestrem se subsequi, quem habito consilio ad Coloniam Agrippinam exulare misit. Ubi cum honorifice tractaretur, Karolus timens Eucherium forsan debere Alpinos montes petere, et coram apostolico de illatis sibi injuriis querimoniam deponere, revocatum a Colonia mittit ad tutiora loca, commendans eum Roberto duci Hasbanie. Qui inspitiens beati viri benignitatem et sanctam conversationem, dedit ei liberam potestatem de suis sumptibus propriis et largis bonis pauperibus elemosinas dandi et monasterialibus [467] subsidias parandi. Cujus gratia epyscopus benedicens domum et ducem de tanta misericordia, petivit, ut sibi daretur facultas orandi et missas celebrandi in ecclesia beati Trudonis, quod ubi gratuito obtinuit, tanta devotione in continuo Dei servitio se mancipavit, ut non solum illa hujus monasterii monastica congregatio ex sollertia sui abbatis Grimonis proficeret, sed et ex tanti pontificis dulci doctrina et virtutum sanctarum perfectione provecta, spretis terrenis indesinenter ad celestia suspiraret [468]. *Incid.* [SIGEB. Cfr. FREDEG.] Anno Domini 741, imperii Leonis tercii anno 23, Karolus princeps victoriosissimus, pacato et dilatato regno Francorum, consilio optimatum suorum filiis suis Karlomanno et Pipino partito regni principatu, valida febre correptus, apud Parisiis in pace obiit 11 Kalendas Novembris, principatus sui anno 25. Circa idem tempus obiit Theodericus secundus (604) Francorum rex, quem idem Karolus mortuo Chilperico (605) pridem regem fecerat [469]; cui successit Hildericus (606).

5. [*Visio S. Eucherii.*] Anno [470] sequenti beatus Eucherius cepit viribus destitui, sed quod minus corporali exercitio Deo exsolvere potuit, ferventiori spiritus ardore indesinenter estuans, explevit. Qui, dum quadam die instantius oraret, raptus in spiritu vidit Karolum principem infernalibus penis torqueri, et cum ab angelo ductore suo requireret, qua causa inferni claustra tantum principem regnique propugnatorem excluderent, angelus respondit: *Quia ecclesiarum et Deo servientium decimas abstulit et stipendiariis inde donativa distribuit, judicio summi regis eterna dampnatione punietur.* Qua visione disparente, ad se reversus vir Dei, nuncio celeriter ad Bonefacium sibi intimum amicum, archiepyscopum Maguntinensem, qui pro tunc Parisius residebat, transmisso, hoc quod viderat significat. Qui ex hujusmodi visione stupefactus, visionem sancti Eucherii abbati Sancti Dyonisii, in cujus monasterio prefati principis Karoli corpus humatum extitit, narrat. Post paucos igitur dies causa quadam exigente contigit, ut sepulchrum ipsius Karoli aperiretur, quod omnino vacuum totumque denigratum invenitur, et ingens serpens ex illo exire videtur. Cujus rei eventus circumquaque divulgatus, multorum principum tyrannidem, ne simili pena plecterentur, ab invasione ecclesiasticarum possessionum compescuit. Pipinus enim tercius, prefati Karoli filius [471], legitur multas fecisse restitutiones ecclesiis et domibus religiosis. Frater quoque Karolomannus, posthabito principatu monachum in monasterio Montis Cassini induit.

6. [*Vita S. Euch.* c. 9.] Anno vero sequenti beatus Eucherius sacramentis salutaribus munitus, extremum spiritum exalavit, cujus corpus honorifice juxta tumulum beati Trudonis sepultum est, mensis Februarii die . . . [472], anno exilii ipsius 9, ordina-

VARIÆ LECTIONES.

[463] *excidit* 1*. [464] A. D. 733 — suspiraret *dedit ex cod. Sausseye.* [465] bellnm *S.* [466] anno *Sausseye.* [467] monasteriis *S.* [468] adspiraret *S.* [469] *excidit vox* 1*. [470] Anno — ostendit *ex codice Sauss.* [471] *excidit vox* 1*. [472] *lacuna* 1*. vigesima *addit Sauss.*

NOTÆ.

(604) Imo quartus.
(605) Secundo.
(606) Tertius Merovingorum ultimus.

A tionis vero anno 24, cujus sepulcrum multis miraculis illustratum legenda vite et gestorum ipsius ostendit. *Incid.* [SIGEB.] Anno Domini 743, imperii Constantini filii Leonis tercii 2. Bonefacius arciepyscopus Maguntinensis, natione Anglicanus, cenobium quod Folda vocatur in Bocania silva, que est in Turingia, fundavit — quod pre ceteris in partibus Germanie nobilius dicitur, cujus abbas precipuus est in curia imperatoris, et servit ipsi imperatori cum mille armatis militibus —; cujus primus abbas sanctus Sturmus fuit, qui post hos annos anno Domini 780 obiit. Circa idem tempus floruit Sigibaldus Metensis epyscopus.

7. Anno Domini 745, imperii Constantini filii Leonis tertii anno 4, Hildrici successoris Theoderi-
B cique Francorum regis anno 4, et Grimonis abbatis hujus loci anno circiter 15. Robertus comes vel dux Hasbanie, qui beatum Eucherium epyscopum prefatum ex commisso Karoli Martelli principis supradicti de suo proprio caritative usque obitum illius nutrierat, devotionem affectans circa divinum cultum, ad monasterium hoc venit, et sancto Trudoni allodium suum Dung (607) cum aliis adjacentibus villis, Halen (608), Scaffen (609), Velpem (610), Merhout (611), ac universis hereditatibus, campis, silvis, pratis, piscariis, aqueductibus et wariscapiis (612), cum reliquis juribus, curtibus et casis, liberaliter contulit, super quibus plures carte sunt, quarum unius tenor talis est : *Ille bene possidet res in seculo, qui sibi de caducis comparat premia sem-*
C *piterna. Quod ego Robertus comes, filius condam Lamberti, sedulo animo pertractans, statui aliquid de possessione mea hereditaria conferre ad corpora sanctorum, ut eorum meritis veniam merear de peccatis meis ante conspectum Dei. Igitur in Dei nomine notum facio presentibus et futuris, quod ego Robertus anno 5 post obitum Theoderici regis, die 7 post Kalendas Aprilis* (742), *legitima traditione dedi ac deputavi quiddam de allodio meo ad basilicam sancti Trudonis, que est constructa in villa nomine Sarcinio, ubi ipse sanctus Dei secundum fidem omnium in corpore requiescit ; cui etiam ecclesie venerabilis abba Grimo nomine regulariter preesse videtur. Tradidi ergo supradicto in pago Hasbaniensi loquum quendam*
D *qui dicitur Dungo cum basilica inibi constructa, quam ego proprio labore edificavi in honore beate Marie et sancti Petri, sancti Johannis et sancti Servatii et sancti Lamberti, tam ipsum locum quam reliquas villas vel loca ad supradictum locum de mea possessione pretitulata, scilicet Halon, Scaffnis, Felepa et Marholt. Ista loca supradicta sunt in pago Hasbaniensi et Masuarinsi* (613), *que omnia tradidi cum casis et curtibus ibidem jacentibus, cum pratis, campis, silvis,* etc., prout in libris cartarum copiatum continetur. Hujus comitis seu ducis corpus et ejus uxoris in sanctuarium non longe a sepulchro sancti Trudonis ad levam sepultum fuit, ante locum capelle sancti ejusdem, quod post plures hos annos, tempore scilicet Wirici (614) abbatis, cum fundamenta capelle prefate ab ipso jacerentur, integrum, ut aiunt, inventum est, in sarchofago depositum lapideo. *Incid.* Anno Domini 750, imperii Constantini filii Leonis tercii anno 9. Pipinus tercius dux inferioris Lotharingie, major domus et princeps Francie, ad mandatum Zacharie pape a sancto Bonefacio Maguntinensi arciepyscopo in regem Francie inungitur, et Hildricus rex destituitur et in monachum tonsuratur. Prefatus vero Bonefacius anno post hunc tertio ab inimicis fidei in Frisia martirizatur. Cujus corpus ad Fuldense cenobium, quod ipse in Thuringia intra silvam Bachoniam fundaverat, est delatum et honorifice inhumatum.

8. [*Vita S. Trud.* II, 8.] Post aliquot vero annos, tempore prefati regis Pipini, thesaurus cenobii sancti Trudonis a quodam peregrini speciem deferenti furtim rapitur. Cujus sacrilegii actor post aliquot tempora a quodam altero peregrino commissi flagicii conscio propalatur, et de mandato prefati regis suspenditur, et thesaurus in diversis locis reconditus reperitur et ad altare sancti Trudonis restituitur. Post paucos vero [473] dies hujus thesauri magna pars, quam idem fur sub terra occultaverat, meritis beati Trudonis a pastoribus terram effodiendo ludentibus, inopinate invenitur abbatique restituitur. *Incid.* [SIGEB.] Anno Domini 753, imperii Constantini filii Leonis tercii anno 12, mortuo Floriberto, sancti Huberti filio, Leodiensi epyscopo, Fulcharius succedit, et 15 annis preest.

9. [*Vita S. Trud.* II, 16.] Anno Domini 758, imperii Constantini filii Leonis tercii a. 17, Sanctus Rodegangus Metensis epyscopus post Sigebaldum pontificavit, qui Gorziam cenobium sub sua dyocesi fundavit. Iste fuit nepos Pipini tercii Francorum regis ex sorore sua Landrada. Qui tempore prelationis sue quadam vice ad opidum Sarcinium venit. Ex cujus servientibus puer unus pro excessu quo-

VARIÆ LECTIONES.

[473] vero 1*.

NOTÆ.

(607) Donck haud procul a Diest.

(608) Halen haud procul distat a Diest est Brabantiæ oppidulum ad Getam.

(609) Schaffen in diœcesi Machliniensi.

(610) Velpen hodie haud procul ab urbe S. Trudonis. Miræus, apud quem in Opp. diplom. I, 493 hæc ipsa tabula legitur, dubitat num sit Op-Velpe an Neder-Velpe.

(611) Ita et hodie ; ad lacum quemdam Meer nominatum in territorio Sichenensi. Secundum Miræum Latomus in historia monasterii S. Trudonis apud Brugenses se vidisse dicit.

(612) i. q. waterscapum, aquæductus.

(613) Pagus Mosariorum, Masegau, Mosau est pagus qui a Visé usque ad Bois-le-Duc ex utraque fluminis ripa situs est. Comitatum Masuarensem vero ab hoc differre volunt, situmque eum esse ob locos in hac tabula nominatos in Toxandria. Cfr. Ghesquier Act. SS. Belgii V, 355. Wastelain *Description de la Gaule Belgique*, p. 202, 215.

(614) Sedebat 1155-1183.

dam penam correctionis demeruerat, qui veritus acrioribus verberibus disciplinari, ad monasterium sancti nostri Trudonis confugit, quem familiares epyscopi temerario ausu insequentes, vi extrahere cupientes, fores ecclesie irrumpebant. Quibus continuo dextra Excelsi obsistens, delapso celitus igneo fulmine cereos sacris altaribus astantes accendit, presumptoresque tante violentie, metu consternatos, manus in delinquentem extendere nequaquam sustinuit. Evocatus ergo sanctus epyscopus in testimonium tanti miraculi, puero illi culpam remittens, satellites suos de irruptione tam celebris cenobii inflicta satisfactione castigavit, seque sub tam defensibili tutela in orationibus suis sancto patrono Trudoni commendans veniamque implorans, ad urbem Metensem repedavit. [SIGEB.] Qui anno Domini 763 Italiam veniens, corpus sancti Gorgonii ad Galliam transmisit, et tantum thesaurum monasterio Gorziensi donavit, annoque sequenti in Domino obdormivit, cui in epyscopatu Angelramnus successit. *Incid.* Anno Domini 768, imperii Constantini filii Leonis tercii anno 27 Pipinus tercius, filius Karoli Martelli rex Francorum obiit, cui in regno ejus filius Karolus Magnus eodem anno successit. Anno eodem mortuo Fulchario, Agilfridus, ex palatio Karoli regis assumptus, Leodiensis epyscopus constituitur, qui prefuit annis 16. *Incid.* Anno Domini 797, imperii Constantini filii Leonis quarti matre ejus Herene ab imperio per Karolum Francorum regem repudiata [474], anno 6, post victoriam de Hunis, qui et Avari dicebantur, habitam Henricus dux Forojuliorum, exspoliato Avarorum principe Yrungo in Pannonia, que nunc Hungaria dicitur, inestimabilem thesaurum Karolo regi misit. Eodem anno Thadim princeps Avarorum vel Avarum se et patriam suam Karolo regi dedit et gratiam baptismi percepit. *Incid.* Anno Domini 784 mortuo Agilfrido Leodiensi episcopo succedit Ogerbaldus, et preest annis 25.

10. Anno Domini 802, imperatrice Herene per Romanos exsiliata, Karolus Magnus cum jam super Francos annos 33 regnasset, a Romanis in imperatorem sublimatur, et [475] diviso a Constantinopoli imperio Romano evolutis circiter 468 annis, imperat 13 annis, qui filium Pipinum, hujus nominis quartum, Italie regem a Romanis obtinuit ordinari. Eodem anno Angelramnus, qui Metensem ecclesiam jam 45 annis rexit, adhuc floruit, ad cujus instantiam Donatus, hujus loci, ut creditur, monachus et exul, vitam et actus beati Trudonis plano stilo descripsit. *Incid.* Anno Domini 803, imperii Karoli Magni anno 4, Huni pagani — qui a primo anno imperii Gratiani, anno Domini scilicet 381, ex regione Scitica, que est citra paludes Meotides emergentes, Ghotos paganos a suis sedibus depulerunt — isti post plures annos sortiti nomen regis sui, qui Avarus vocabatur, appellati sunt Avares. Hos Longobardi, alias dicti Vinidi, in amicitiam receperunt, et provinciam Pannoniam, quam annis plurimis effugatis incolis obtinuerant, ad Italiam profecturi, prefatis Hunis seu Avaribus ad inhabitandum concesserunt. Qui ibi non paucis annis residentes, a supervenientibus Ungaris paganis Pannoniam bello victi perpetuo amiserunt. Egressi igitur ad Italos, Italiam et Gallias pervagantes, cedibus, rapinis et incendiis diversa loca devastantes, usque ad Karoli Magni tempora tyrannizarunt. Qui congregata nobilium et popularium multitudine, conserto cum illis bello, prefatos Hunos sic protrivit, ut sola illorum historia factorum posteris remanserit, cessavitque tunc persecutio Hunorum. *Incid.* Anno Karoli 9, mortuo Gerbaldo Leodiensi epyscopo, Waschandus succedit, qui in Ardenna Andagium cenobium feminarum construxit. Eodem [476] tempore idem Waschandus apud cenobium Andainense, quod postea vocatum est cenobium sancti Huberti, immutato ibidem statu regularium canonicorum, instituit congregationem nigrorum monachorum, transferens illuc a Leodio corpus beati Huberti, reperiens illud altiori loco juxta tumbam sancti Beregisi fundatoris illius cenobii [476]. *Incid.* Anno Domini 814 mortuo Karolo Magno anno etatis sue 72, filius ejus Ludowicus Pius imperium obtinuit, et annis 27 imperavit, qui anno primo sui imperii Bernardum, filium fratris sui Pipini quarti hujus nominis, quia contra eum conspiraverat, exoculavit, regnoque Italie et vita privavit. Anno imperii ejus 10, mortuo Waschando Leodiensi epyscopo succedit Pirardus, et annis 9 preest. *Incid.* Anno eodem Drogo frater hujus Ludovici fit Metensis epyscopus. Anno sequenti [MART. POL.] Arioldus rex Danorum cum uxore et filio ac sua parte Danorum per plures irrumptiones devastationum Francis illatas, tandem viribus hujus Ludovici Pii devictus, apud Maguntiam baptizatur, et ab imperatore Ludovico muneribus et parte Frisie in beneficium sibi data honoratur. *Incid.* Anno Domini 836 defuncto Pirardo Leodiensi epyscopo succedit Hyrcanus, et preest 25 annis.

11. [SIGEB.] Anno Domini 836, imperii Ludovici Pii a. 23, Normanni pagani a suis sedibus et nationibus egressi, Gallias graviter impetunt et Frisones tributarios faciunt. Isti Normanni origine fuerunt Dani sed lingua barbara. Normanni quasi septentrionales homines sunt dicti, eo quod ab illa mundi parte venerunt. Isti peccatis christianorum promerentibus sub diversis successive eorum ducibus et regibus, Gundo scilicet, Grimundo, Alstagno, Rollone et aliis pluribus, per annos 40 Gallias et regna Francorum, Anglorum, Lotharingiam cum diver-

VARIÆ LECTIONES.

[474] *hæc vox alio atramento in rasura scripta est.* [475] et diviso — descripsit *alia manu in margine scripta.* [476] Eodem — cenobii *alia manu in margine scripta.*

sis [477] mundi provinciis et terrarum principatibus pervagantes iteratoque redeuntes, miserabiliter devastaverunt. Qui tum multotiens pluribus milibus de suis per christianos occisis, licet cum suis principibus baptizari merentur, verumtamen residui fuga lapsi, recuperata suorum multitudine, a depopulatione urbium, civitatum et opidorum non cessaverunt usque ad tempora imperii Arnulfi, anno scilicet Domini 891.

12. Anno Domini 838, imperii Ludovici Pii anno 23. Drogo Metensis episcopus huic monasterio sancti Trudonis abbas prefuit, qui, ut creditur, Ghiselberto in numero abbatum hujus loci septimus successit; sed quo anno abbas esse ceperit aut quo obierit, memorie commendatum non inveni.

13. Ipso anno quidam vir nobilis Hotbertus nomine bona sua in loco dicto Hasnoth (615) in pago Hasbaniensi sita ad ecclesiam beati Trudonis donavit, et inde cartam confici mandavit, cujus tenor talis est (616) : *Cum lux ista festinanter discurrit, et dies nostri sicut umbra transeunt, ideoque oportet, ut, dum in seculo consistimus, de futuro judicio tractare debeamus, ut, quando venerit dies subitanea, non inveniat ullum qnemcunque imparatum, idcirco in Dei nomine ego Hotbertus, cogitans Dei de misericordia pro anime mee remedio et eternorum retributione bonorum, ut piissimus Deus me de peccatis meis relaxare dignetur, et eternam beatitudinem possideam, donator dono per hanc epistolam donationis, donatumque in perpetuum esse volo ad basilicam sancti Trudonis, ubi preciosus in corpore requiescit, et domnus Drogo arciepyscopus preesse videtur. Hoc est quod dono rem proprietatis mee in loco nuncupante Hasnoch, super fluvio Merbate in pago Hasbaniensi sive Dyostiensi, curtem cum casa indominicata* [478] *et cetera edificia in ipsa curte constructa, et mansas vestitas 6 ad ipsam curtem conspicientes vel pertinentes, cum perviis legitimis, warescapiis, pratis, pascuis, egressum vel ingressum, mobile et immobile, et de silva scara ad porcos, quantum inveniri potest et propria voluntas intus decreverit mittere, et quidquid ibidem mea possessio vel dominatio esse videtur, totum et ad integrum cum devotissimo mentis affectu ad ipsum sanctum locum supradictum tradidi, et coram testibus confirmavi perpetualiter possidendum inter confines Sancti Trudonis et casaleti et mancipia 24. Actum in Sarcinii monasterio sancti Trudonis publice, sub die 13 Kalendas Augusti, anno 24, regnante domino nostro Ludowico serenissimo et ortodoxo imperatore. Incid.* Nota, lector, quod iste Drogo 39us fuit Metensis episcopus, qui de 5 Metensibus epyscopis fuit quartus, quos Romani pontifices ex speciali privilegio transmisso ipsis pallio tam-

A quam arciepyscopos sub certis diebus palliatos missas celebrare jusserunt.

14. Iste Drogo, sicut verisimiliter creditur, fuit a primo Grimone abbate octavus hujus monasterii sancti Trudonis abbas, qui per suam industriam ipsum monasterium monasticis disciplinis devotius inornavit, et pretiosis clenodiis et redditibus largioribus cumulavit. Ipsius etiam tempore nullus principum hoc monasterium ausus fuit perturbare, tum propter suarum virtutum auctoritatem, tum propter imperatoris Ludowici Pii, fratris ejusdem, formidabilem majestatem. Post hunc Drogonem abbatem successit abbas Adelboldus, ut creditur, 9us, deinde Hildradus abbas 10us, postea Sabbatinus abbas 11us, post hunc Ermenmarus abbas 12us, cui

B successit Radulfus abbas 13us, et Ludowicus abbas 14us, post hunc Rotbertus abbas 15us, deinde Rodegangus 16us, cui successit Imizo abbas 17us, de quo pauca, que suo tempore contigerunt, infra consequenter annotantur. Nota hic, lector, quod inter 15 abbates hujus loci, quos continue ponit Rodulfus abbas nominatim, ex quibus supra capitulo primo secundi libri illorum septem nomina exprimuntur, et octo reliquorum, quorum hic seriatim nomina notantur, isti duo Drogo scilicet et Imizo abbates non pertinent, sed ex antiquis annotationibus et cartis postea compertum est ipsos etiam abbates hujus loci fuisse. *Incid.* [SIGEB.] Anno Domini 841, imperii Ludowici anno 26, idem Ludowi-

C cus moritur et Metis sepelitur, qui reliquit post se 4 filios : Lotharium, Karolum dictum Calvum, Ludowicum et Pipinum; iste fuit ultimus Pipinus hujus nominis quintus. Lotharius igitur primogenitus ejus usurpans imperium cum regno Francie imperat 15 annis. Anno ejus 2, floruit Theodulfus abbas Floriacensis [Cfr. MARTIN. MIN.], postmodum factus Aurelianensis epyscopus, qui in captivitate positus in die palmarum, cum Ludowicus solempni illius diei processioni interesset, ad fenestram eminentis turris ubi detinebatur accessit, et elevata voce ymnum *Gloria, laus et honor* cum ceteris versibus ab eodem compositis per ordinem devote cantavit; quod audiens rex illius exsilii misertus, jussit eum absolvi, et ab illo tempore in Galliarum ecclesiis

D ymnus prefatus illo die decantatur. *Incid.* Anno sequenti defuncto Ludowico Pio Lotharius primus, ejus filius, succedit, et imperat annis 15. *Incid.* [SIGEB.] Anno Domini 844, imperii Lotharii 4 anno, fratribus de particione regni contra Lotharium gravi bello decertantibus, descripto regno in tres partes, fratres cum ipso paciscuntur. Karolus accipit occidentalia regna a Britanico occeano usque ad Mosam fluvium, in qua parte ex tunc et modo nomen

VARIÆ LECTIONES.

[477] diversarum 1*. [478] in dominicato 1*.

NOTÆ.

(615) Conjiciunt eumdem esse locum atque Halen de quo supra II, 7. Cf. Ghesquier Act. SS. Belg. I, 308.
(616) Jam a Miræo 499 edita tabula.

Francie remansit; Ludowico vero orientalia regna cesserunt, omnis enim Germania usque ad Reni fluenta, et alique super Renum civitates cum adjacentibus pagis propter vini copiam; Martini cronice addunt quartum horum fratrum Pipini nomine, cui cessit Aquitania pro sua portione (617). [Sigeb.] Lotharius, quia major natu erat, imperator appellabatur, omniaque Italie regna tenuit cum ipsa Roma, nec non provinciam et mediam partem Francie inter Scaldum et Renum, que mutato nomine, cum ipsa vocata esset Austria, a nomine istius Lotharii, hujus nominis inter imperatores primi, Lotharingia est denominata. Continet autem Lotharingia has nobiles civitates, Coloniam Agrippinam, Treverim, Mettim, Virdunum, Cameracum et Leodium cum universis opidis, castellis et libertatibus ac villis sub suis dyocesibus constitutis. Item Gandavum (618), Lovanium (619), Bruxellam, Maghliniam (620), Antwerpium, Hoyum, Namurcum, Tongris (621), Dyonantum (622), Trudonis, insuper et Aquisgrani, que a Karolo Magno facta est sedes regni ipsius Lotharingie, sicut Metensis civitas ab antiquo exstitit. Fuerunt quoque sub hoc regno plures ducatus et comitatus principumque dominia, prout illis liquido constat, qui terras inter Scaldum et Renum sitas lustrabant. *Incid.* [Sigeb.] Anno Domini 856, imperii Lotharii primi 16. Lotharius primus, partito inter filios imperio et regno, imperium filio suo Ludowico, et Lotharingie regnum juniori filio Lothario tradidit, susceptoque habitu monachali apud Prumiam monasterio mundo renuntiat, et non longe post in Christo obiit. De cujus anima altercatio facta fuit; angeli enim petebant animam monachi, demones animam imperatoris, sed per orationes fratrum demones abscesserunt [Cf. Mart. Pol.]. *Incid.* Anno Domini 857. Adventius Metensem epyscopatum suscepit, et prefuit annis 15. Hujus autem immediatus predecessor quis fuerit nescitur. *Incid.* Anno eodem defuncto Hyrcano Leodiensi epyscopo successit Franco, et prefuit annis 26. Circa idem tempus Dani piraticam exercentes, duce Alstagno per portum Flandrensium emergentes, vi magna Franciam invadunt.

15. [Sigeb.] Anno Domini 870, imperii Ludowici secundi anno 15. Adventius Metensis epyscopus per vicarios suos a Metis ad nostrum monasterium missos fecit descriptionem fieri omnium suppellectilium et jocalium (623) hujus loci. Quibus a nostris ostensa est magna copia pretiosorum clenodiorum et utensilium, tam pro divino cultu congrua quam pro humanis usibus decens et honesta. Insuper et

A fratrum prebenda largissima et regulariter ordinata, certa annotatione cum expressa redditnum assignatione ad eandem spectantium per eosdem scripto commendata est anno epyscopatus ipsius 13, 18 Kalendas Septembris. *Incid.* [*Gesta Trevir.* 27.] Anno Domini 872, imperii Ludowici secundi anno 17. Adventius Metensis epyscopus, qui consanguineum suum Bertulfum apud Karolum regem Lotharingie et Provincie in Treverensem arciepyscopum promoveri obtinuit, post paucos dies obiit, cui Walo succedit. Huic Waloni anno ordinationis sue 2. ob reverentiam dignitatis regni Lotharingie, cujus Metis civitas caput fuit, Johannes papa 105us pallium transmisit, et quibus festis hoc usurus fuerit, patentibus litteris indulsit. Super quo usu ab arcie-

B pyscopo Treverensi Bertulfo, ut pallium deponeret, ammonetur. Cui idem Walo respondit, se non primum sed quintum fuisse epyscopum, quem sedes apostolica sublimare pallii honore dignata fuit; primo scilicet Urbicium, secundo Rodegangum, Pipini tercii Francorum regis ex sorore nepotem, tercio Engilramnum, quarto vero Drogonem, Karoli Magni filium ac cenobii sancti Trudonis abbatem: *quibus ego interpolatis successoribus quintus exstiti.* Sed prefato Bertulfo hiis assertionibus non contentato, Hicmarus Remorum arcipresul ad sedandam talis controversie litem Metensem Walonem, ut suo metropolitano obediret, informavit; sicque pretermisso pallio discordia quievit. Ex cujus rei enarratione liquet, ex qua causa prefati Metenses episcopi

C nomine arciepyscoporum intytulati leguntur, prout in cartis aut copiis de archivis nostri monasterii sancti Trudonis annotatum invenitur. In quibusdam etiam antiquis cartis hujus monasterii scribitur *Theodericus vel Stephanus*, *Mediomatrice sedis epyscopus*, quod idem sonat ac si diceretur *epyscopus Metensis*. Quod quidem ex eo provenit, quia urbs Metensis caput et sedes regni Austrie, que postea Lotharingia dicta est, extitit. Invenitur etiam in quibusdam cronicis pro hoc nomine Metim Mediomatricum conscriptum. *Incid.* [Sigeb. Mart. Pol.] Anno Domini 877 mortuo Ludowico secundo, Karolus Calvus duobus annis imperat, cujus anno 1 comitatus Flandrie exordium sumpsit. Non enim tunc,

D prout nunc, tanti nominis et opilencie, sicut modo cernitur, exstitit, sed a regum Francorum balivis seu forestiariis illo transmissis regebatur; ex quibus (624) nobiles viri Lidericus scilicet sub Pipino tercio, Ingerlaus sub Karolo Magno, et Andacer sub Ludowico Pio, rectores Flandrie fuerunt. Processu vero temporis Balduwinus filius Andacri, vir elegan-

NOTÆ

(617) Revera Martinus Minorita tribus fratribus hoc loco addit Pipinum quartum

(618) Gent.

(619) Lowen.

(620) Mecheln.

(621) Tongern.

(622) Dinant.

(623) *Joyaux* Gallorum; ornamenta pretiosa.

(624) Minime ad verbum sequentia desumpta sunt ex illo comitum Flandrensium Chronico quod Flandria generosa appellatur; at eædem fere res ibidem leguntur, et sine dubio noster ex simili quodam Flandriæ Chronico sua hausit.

tis forme, loco patris succedens, in aula regis acceptus fuit [Cfr. *Chron. com. Fland.*]. Is cum ad Flandriam destinandus esset, filiam Karoli regis Judith, que hunc adamavit, rapuit et ad Flandriam secum devexit, propter quod ex regis precepto ab omni ecclesia consensu epyscoporum excommunicatur. Dehinc intercedentibus epyscopis et optimatibus ad id consulentibus, Balduwinus et Judith regis filia ab ipso Karolo ad veniam admittuntur, quibus rex Flandriam in comitatum perpetuo possidendum benigne donavit. *Incid.* [SIGEB.] Anno Domini 879 mortuo Karolo Calvo, fratruelis ejus Karolus junior annis 12 imperat. *Incid.* Anno imperii ipsius 3, cum Normannorum multa milia per Francos occisa fuissent pluresque cum navibus in mari demersi, major securitas Gallias, Franciam et Lotharingiam inhabitantibus accrevit. Qui tamen, ne effera gens ad predictas provincias et regna repedaret, per diversas urbes et loca criptas et latebras subterraneas ad res ecclesiasticas et sanctorum pignora occultanda construxerunt.

16. Anno igitur sequenti plus minusve (*Circa* 880) abbas hujus monasterii qui tunc prefuit, et conventus ejusdem, tam ex observantia monastice discipline quam temporalium possessionum locupletatione undique famosi, ob cedem, qua Normanni pagani humiliati erant, animequiores effecti, ut suo patrono majorem solito reverentie honestatem impenderent, consilio [479] habito, unanimi consensu Leodiensem epyscopum Franconem invitant. Qui, prius aperto loco sepulcrali [480] in presentia plurimorum ecclesiasticorum et religiosorum virorum ac secularium, sanctum pignus pretiosorum corporum Trudonis et Eucherii ab imo elevat, et in loco eminenti cum psallentium devota modulatione reverenter collocat.

17. Anno [481] sequenti (881), quia fama laborabat Normannos infestaturos fore Lotharingiam, corpora sanctorum Trudonis et Eucherii diligenter a loco eminentiori, in quo pridem translatione eorum solempniter celebrata reposita fuerant, per sollicitudinem fratrum monachorum hujus monasterii intra subterraneam criptam seu voltam (625), que infra cappellam [482] ipsius beati Trudonis ad hoc nuper constructa fuit, suppinata et occultata sunt. Ubi multis annis latuerunt usque ad tempora Wirici abbatis, sub quo per Rodulfum Leodiensem epyscopum solempniter iterato translata fuerunt, ut infra patebit (626).

18. [SIGEB.] Anno Domini 883, imperii Karoli junioris anno 4. Normanni pagani adjunctis sibi Danis, a Francia declinantes Lotharingiamque pervagantes, Ambianis, Atrebatum, Corbeyam cum monasterio Sancti Petri, Cameracum, Taruennam finesque Morinorum, Menapiorum, Brachantensium ac omnem terram citra Schaldem fluvium cum monasterio sanctorum Walarici et Richarii ferro et igne crudeliter vastaverunt; indeque procedentes Wael fluvium ingrediuntur, qui fluvius a latere alvei Reni fluminis erumpens, inter ipsum Renum et Mosam preterfluit. Applicantes vero aggeri Batuam insulam, inter prefatos fluvios Renum et Wael situatam, que est umbilicus ducatus seu comitatus Ghelrie, intraverunt. Qua devastata per transversum prefati fluminis Wael navigantes, Novimagium opidum et palatium ibidem imperatoris dextruxerunt et incenderunt.

19. Eodem anno prefati Normanni repedantes per fluvium Scaldem, famosum opidum Machliniam devastaverunt, a quorum impetu sanctus Libertus, filius comitis Machliniensis, fugiens in Hasbaniam devenit; et cum ab illis infidelibus insequeretur, causa presidii hoc monasterium sancti Trudonis intravit, quem ante aram prefati patroni gens effera ad orationem provolutum crudeliter mactavit.

20. Eodem anno Godefridus et Sigefridus, reges Normannorum, cum inestimabili multitudine suorum juxta Mosam in loco dicto Haslon considentes, Leodium, Trajectum, Tungris, Coloniam Agrippinam, Bunnam cum adjacentibus opidis et Castellis devastant et comburunt, et in palatio Aquisgrani equos stabulantes, ipsum opidum et palatium incendunt; insuper hoc monasteria Stabulaus, Malmundarium, Indam, Prumiam comburunt et destruunt. Hoc insuper monasterium sancti Trudonis non minus aliis religione splendidum, et rebus temporalium possessionum refertum, sub hac clade sic funditus est eversum (627), et usque ad tempora primi Ottonis imperatoris raro incoleretur habitatore. Quapropter sacri ordinis et professionis utriusque sexus homines fuga lapsi, ubi oportunius poterant latitabant, et thesaurum ecclesiarum et sanctorum corpora locis, prout valebant, tutioribus occultabant. *Incid.* Eodem anno mortuo Francone Leodiensi epyscopo Stephanus, qui cantum inventionis Sancti Stephani composuit, successit. *Incid.* Anno sequenti Normanni Treverensem dyocesim impetentes, omnia castella et opida universa cum villis everterunt, et tandem ipsam civitatem expugnatam destruxerunt, epyscopo per fugam reservato [Cfr. *Gesta Trevir.* 28]. Post hoc urbem Metensem usque perveniunt, ibique conserto prelio christianos vincunt omniaque cum urbe destruunt et comburunt. In hoc prelio Treverensi archiepyscopo Bertulfo prefato per fugam salvo, Walo epyscopus Metensis cesus occubuit; cui in epyscopatu Rubertus successit. Iste est 47 annus sub quibus Normanni christianorum regna cum diversis provinciis pervagando cedibus, rapinis et flammis vastaverunt. *Incid.* [MARTIN. POL.] Anno imperii Karoli junioris 11 gens Ungarorum barbara

VARIÆ LECTIONES.

[479] consilio — collocavit *ex codice dedit Henschen.* [480] loculo sepulchri *H.* [481] Anno — patebit *ex cod. dedit Henschen.* [482] retro altare *H.*

NOTÆ.

(625) I. q. voutio, Gallis *voute*, concameratio.
(626) Cfr. supra Cont. Sæc., IV, 2.
(627) Quod jam anno 881 sine dubio factum est, quo pagum Hasbanicum a Northmannis devastatum esse testantur Annales Fuldenses.

a Scitia in Pannoniam provinciam primo aggressa, ejectis inde Awaribus qui et Huni, ibidem usque in hodiernum remanserunt. Isti ante baptismum crudis carnibus pro cibo et humano sanguine pro potu utebantur.

21. [SIGEB.] Anno Domini 891 Karolo juniore mortuo, Arnulfus fratuelis ejus imperat 12 annis. Hujus imperii anno 1 Normanni Parisius expungnare nequeuntes, diversas civitates Francie impugnant et expugnatas devastant. Qui anno imperii Arnulfi 5 iterato Lotharingiam repetentes, Hasbaniam in confiniis opidorum Sancti Trudonis Tungrisque depopulantur, Brabantiaque cum Flandria annullata, circa Leodium civitatem cum christianis pugnant et prevalent. Contra quos Arnulfus rex eodem anno cum exercitu valido super fluvium qui Tylia dicitur congreditur, tantamque multitudinem pugnatorum prostravit, ut vix ex eis superesset qui ad classem meroris nuntium adversum ferre posset. Residui vero Normanni Mosa transvadata Ribuariam terram et Arduennam vastando pervagantes, trans mare recedunt. Est autem Ribuaria terra victualibus habundans, sub qua comitatus Juliacensis (628) aliorumque principum fortalicia continentur. Arduenna vero vel Ardenna est terra montuosa et ferarum habundans, sub qua plura famosa monasteria sunt scita, que a Leodio civitate ab uno latere usque Metim, et ab alia usque citra Coloniam protenditur et dilatatur [483].

22. Anno Domini 896, hujus Arnulfi regis anno imperii 6. [MARTIN. POL.] Normanni et Dani qui Francorum regnum et Lotharingiam cum aliis provinciis adjacentibus per annos ferme 60 pene ad nichilum redegerant, hoc anno per Arnulfum predictum, Ricardum Burgundie ducem et Robertum Parysiensem comitem adeo sunt devicti, ut et ipsi Dei misericordiam implorarent et Baptismum reciperent (*an.* 896). Tunc primum ira Dei versa est in misericordiam, ut habetur 2. Machabeorum capitulo 7. *Incid.* [SIGEB.] Anno 903. Arnulfo imperatore mortuo filius ejus Ludowicus tercius succedit, et annis 10 regnat. *Incid.* Circa idem tempus Ruberto Metensi epyscopo mortuo Adelbero primus hujus nominis, frater Frederici Mosellanorum ducis, vir precellentis philosophie, succedit. *Incid.* Anno hujus Ludowici 8. Regino Prumiensis abbas cronicam suam, quam a nativitate Domini inchoatam usque ad hunc annum produxit, corrigendam ad predictum Adelberonem transmisit. *Incid.* Anno Domini 912. Ludowico tercio mortuo, Conradus, filius comitis Hessie, annis 7 regnat. Ab hoc tempore imperium a Francigenis transiit et ad Alemannos perpetuo devolutum est. *Incid.* Anno Domini 920. Conrado sine benedictione imperiali mortuo Henricus primus, dux Saxonie, succedit, et annis 18 imperat. *Incid.* Anno ejus 3. Ungaris Franciam, Alsatiam, Alemanniam Saxoniamque depopulantibus Henricus rex occurrit, et omnes usque ad internitionem dilevit. *Incid.* Eodem anno mortuo Stephano Leodiensi epyscopo succedit Richarius abbas Prumiensis. Hic reparavit ecclesiam sancti Petri in Leodio a Normannis destructam. *Incid.* Circa idem tempus Henricus, rex Alimannie, et Karolus Simplex, rex Francie, apud Bonnam confederantur. Karolus reddit Henrico regnum Lotharingie, epyscopis et comitibus jurejurando rem confirmantibus. Anno hujus Henrici 16. adhuc floruit Adelbero primus Metensis epyscopus.

23. Hiis temporibus, quibus nostrum monasterium fuit a Normannis destructum, fuit, ut ferunt, quidam nomine Imizo hujus loci abbas, qui omnium predecessorum suorum abbatum, ossa de diversis locis monasterii in quibus humata jacebant, elevavit in loco sanctuarii, parvo choro scilicet, sub quatuor marmoreis lapidibus in unum posuit, et post hoc infra spatium unius anni obiit. *Incid.* Post lapsum temporis Karolo rege Francie mortuo, Lotharingi Henrico regi Alemannie subesse nolentes, ad instinctum Chiselberti comitis Hannonie, cui pridem rex Karolus ducatum commiserat Lotharingie, ab ejusdem Henrici fidelitate recesserant, quod Henricus sagaciter dissimulans, inspecta Chiselberti potentia, filiam suam Girbergam illi in uxorem dedit et ducatum Lotharingie ei commisit. Et ne ducatus Lotharingie quantum comprehendat legentibus lateat, sciendum, quod ipsa, ut supra tangitur, prius dicta fuit Austria, et fuit regnum per se et conjunctum quandoque regno Francie, vocabaturque tunc Francie pars media. Extenditur ergo hec Lotharingia in longitudine a finibus Burgundie usque ad mare Frisonum, et in latitudine a Scalda usque ad Reni fluenta; et complectitur in ea Hannonia cum adjacentibus sibi terris totaque Brabantia, que olim ab urbe Tornaco (629) usque ad ripam Velpe fluminis (630), cujus hodie pars una a comitibus Hannonie, pars altera a comitibus Flandrie, tercia vero a principibus et ducibus Brabantie possidetur. Complectitur etiam ipsa Lotharingia intra se totam Hasbaniam, Campiniam, Batuam cum aliis principatibus et comitatibus, ac Mose fluminis transfluenta cum Ardenna. Hec predicta pertinebant ad Pipinum, a quo duces Brabantie descenderunt, et vocabatur Austrasia seu Lotharingia inferior. Preterea integritas ipsius Austrasie seu Lotharingie adhuc ducatum Mosellanorum, quem modo vocant ducatum Lotharingie, continebat cum tribus metropolibus, scilicet Colonie, Treveris et Maguncie, cum ducatu Lemburgie et terris interjacentibus.

Explicit secundus liber hujus prime partis.

VARIÆ LECTIONES.

[483] dilatur 1*.

NOTÆ.

(628) Iulich.

(629) Tournay, in Hannonia situm.

(630) Ita et hodie; in Dylam ex sinistra ripa se praecipitat.

INCIPIT TERCIUS EJUSDEM.

1. [SIGEB.] Anno Domini 938. Henrico rege nondum imperiali benedictione adepta mortuo, filius ejus Otto, primus hujus nominis, in regem Alemannie succedit, et annis 24 ante benedictionem suam in imperatorem feliciter regnat (an. 938). Iste Otto, meliorato regni et ecclesie per suam industriam statu, duas ecclesias in Leodio a Normannis destructas monasteriaque reedificat et restaurat.

2. Anno ejusdem secundo vel quasi (939), qui fuit annus a monasterii hujus devastatione per Normannos facta 45 (631), prefatus rex, secundum antiquorum relationem, pro exsequendis regni negotiis opidum Sancti Trudonis, ut pranderet, intravit. Cum autem facto prandio recessurus in hospitii sollario cum suis primatibus staret, respexit a longe prominere hujus monasterii devastati muros vi ignis miserabiliter ruptos, virentiaque ramorum per amplitudines fenestrarum se in altum extollere; requisivit ergo quid hec ruinosa parietum proceritas indicaret. Cui cum responsum esset, hoc desolatum spectaculum condam cenobium fuisse famosum, sed per Normannorum rabiem, prout aspiceret, ad nichilum esse redactum, paucosque inibi monachos ex victu tenui Deo servientes, abbate jam de medio sublato, desolatos exsistere; tunc rex pius ingemiscens, convocatis fratribus, sibi in hoc consentientibus, virum devotum ex ipsis nomine Reynerum abbatem constituit. Qui auxiliante rege officinas necessarias restauravit, victumque et vestitum fratribus sufficienter ex tunc ministravit.

3. Post defunctionem igitur supradicti Imizonis abbatis Reynerus, ex pago Hasbaniensi ortus, hujus loci abbas consecratur, et preest annis 5. Qui infra breve tempus congregata multitudine monachorum, laudabiliter subditos in disciplina monastica dictis et factis innormavit.

4. [STEPELINI *Mir. S. Trud.*] Iste tamen quorundam adulantium delatione accusatus apud Adalberonem, secundum hujus nominis Mettensem epyscopum, ad quem respiciebat medietas opidi istius, nullatenus poterat animum ipsius epyscopi contra se quamvis injuste commotum per intercessionem illustrium virorum placare. Protestabatur enim idem epyscopus ipsum abbatem gratiam suam nunquam fore habiturum. Cum autem abbas Metis necessario compulsus devenisset, et ad presentiam epyscopi oblatus fuisset, pro humili salutatione graves contumelias perpessus, cum rubore faciei confusus, a presentia epyscopi se subtraxit. Sed vir Domini beatus Trudo non sustinens injustas servi sui contumelias, per visum nocte quadam epyscopo appa- A ruit, cumque verbis terribilibus increpans et acribus verberibus flagellans, continuo disparuit. Evigilans ergo epyscopus, concitata ad se familia, quid sibi in visione acciderit, enarravit, suique testes sermonis nudato corpore ostendit plagarum livores cum tumore carnis. Misso vero celeriter nuntio, abbas ad epyscopum rogatus repedat, et injurias illatas benigne remittit. Cui epyscopus auxilium in universis negotiis se presliturum quamdiu superviveret firma promissione profitetur, sicque gratie epyscopi restitutus, in Domino gaudens ad propria redit.

5. Anno sequenti (938) venerabilis matrona Ruechlinda, mater domni Reyneri abbatis, quiddam de sua hereditate huic monasterio sub forma testamenti conscripti contulit, unde carte vel copie in nostris B archivis habentur, quorum tenor talis est: *Notum sit omnibus sancte Dei ecclesie fidelibus, quia, si aliquid de rebus propriis ad loca sanctorum conferimus, ob hoc procul dubio bravium immarcessibile a Domino retributore recipere post metam hujus vite nos confidimus. Quapropter ego in nomine Dei Ruechlinda donatrix donatum imperpetuum esse volo ad monasterium sancti Trudonis, quod est constructum in loco nuncupante Sarcinio super fluvium Cysindriam, in pago Hasbaniensi, ubi ipse pretiosus Christi confessor corpore tenus requiescit, et domnus Reynerus, filius meus, cum multitudine monachorum sub norma regulari degentium abba preesse videtur. Et hoc est quod dono pro remedio anime mee, ut post cursum presen-* C *tis vite munera perpetue lucis mihi impendere dignetur, mancipia hiis nominibus, Everardum et uxorem suam cum infantibus suis et multis*, etc. Sequitur in fine: *Actum in Sarchiensi monasterio, sub die 9. Kalendas Decembris anno regnante domino Ottone primo in Alemannia* (*an.* 938). *Incid.* [SIGEB.] Anno regni Ottonis 4. Ludowicus rex Francie ad regnum Lotharingie, quod Karolus pater suus nuper Henrico regi Alemannie dederat, ipsam Lotharingiam ductu Ghiselberti ducis Lotharingie, cujus uxor Gerberga soror Ottonis regis erat, invasit et usque Alsatiam venit. Quod ubi Otto rex perceperat, Lotharingiam intravit, et usque ad Caprimontem pervenit, sed postea concordia interveniente Ludowicus ad sua rediit. *Incid.* Anno regni sui 6. Otto Brisagam D opidum Alsatie obsederat ad expugnandum militis Everardi et Ghiselberti, adversariorum suorum, qui ipsum occupaverant. A quo proceribus regni animo recedentibus, Everardus comes palacii et Ghiselbertus comes Hannonie et dux Lotharingie, qui pridem Henricum ducem Bawarie, fratrem Ottonis regis, pellacia sua a fratre averterant, congregato

NOTÆ.

(631) Si revera anno regni secundo Otto ad Sanctum Trudonem venit, i. e. anno 937 aut 938, inde ab everso a Northmannis monasterio non 45 sed anni 56 præterlapsi sunt. At vix certi aliquid statui potest de tempore quando Otto apud Sanctum Trudonem commoratus sit; neque anno 937 neque 938 eum in Lotharingiam venisse tabulæ ejus probant. Facilius fieri poterat anno 939, quem ipse innuit auctor. At jam anno 938 Reynerus præerat monasterio, ut ex sequentibus patet. Vide supra Rudolfi chronologiam.

magno exercitu, contra ipsum Ottonem bello congrediuntur, sed victi ab exercitu ipsius Ottonis, pluribus suorum occisis, Everardus occubuit gladio, et Ghiselbertus [484] submergitur in Reni fluvio. *Incid.* Circa idem tempus mortuo Ghiselberto, Otto rex Gerbergam sororem suam, relictam ipsius Ghiselberti, tradidit in uxorem Ludowici regis Francorum. Cui Ludowicus post paucos dies partem Lotharingie, prout obtinuit, contulit.

6. Circa idem tempus abbate Reynero die quadam missam celebrante, facta fractione forme sacramentalis, cum in calicis fundo araneam horribilis quantitatis et coloris respexisset, abhorrens animalis spetiem quid faceret anxiatur, sed tandem vim divine virtutis ad mentem reducens, confisus in Domino, calicis sacramentum glutivit, nec quidquam postea molestie sensit. Qui eodem anno, postquam huic loco quinquennio prefuisset, Kalendis Marcii in Domino obdormivit.

7. [SIGEB.], Anno Domini 944, imperii Ottonis regis Alemannie anno 7 venerabilis pater Adelbero secundus, Mediomatrice sedis epyscopus, [STEPELINI *Mir. S. Trud.*] qui, ob favorem quem monachis exhibebat, monachorum pater est appellatus, gravi compatiens desolati gregis necessitati, ut habundantius proficienti illi in monasticis institutis prodesset, et temporalia bona, que per illos ferme 45 annos desolati hujus loci per tyrannidem nobilium et magnatum injuste possidebantur, recuperare posset, divinitus inspiratus, onus prelature hujus monasterii assumens, abbas efficitur.

8. Et quia dudum Reynero suo predecessori sinistre informatus alienus exstiterat, pro qua causa sanctus Trudo etiam, prout supra narratur, ipsum corripuerat, ideo ferventius ad omnem istius monasterii promotionem intentus, hereditates deperditas pro parte restitutas accepit, et non habitas ex proborum largitione quos informaverat augmentavit. Ex sua insuper propria hereditate hanc ecclesiam 6 vineis juxta locum dictum Manwen cum 6 curtilibus suis ac mansione una, sitis supra fluvium Mosellam in villa que vocatur Pomerium(632), dotavit, et ad similia facienda alios devotos homines, apud villam Bredal supra eundem fluvium Mosellam habitantes, effective induxit. Structuram monasterii quoque multiplicatis operariis cum gravibus expensis in altum produxit, et firmo tecto ex sectis lapidibus nobiliter coopertam consummavit.

9. Completo ergo pro magna parte opere monasterii, annuente Leodiensi epyscopo Richario, ipse Adelbero in propria persona, congregata populorum multitudine, hoc monasterium solempniter consecravit anno prelationis sue in hac abbatia 2 (945). et a prima dedicatione hujus monasterii anno 288. *Incid.* Anno eodem quo domnus Adelbero secundus, Metensis epyscopus et hujus monasterii sancti Trudonis abbas, hoc monasterium consecravit, qui fuit, 8. annus imperii Ottonis primi in regno Alimannie, prefatus Otto subjugavit sibi totam Lotharingiam, resistente sibi solo Adelberone epyscopo et abbate prefato, fratre Frederici ducis Mossellanorum [SIGEB.]. *Incid.* Anno ipso defuncto Richario Leodiensi epyscopo succedit Hugo primus, et preest annis 2. *Incid.* Anno Domini 947, regni Ottonis anno 10, defuncto Hugone Leodiensi epyscopo succedit Farrabertus abbas Prumiensis, qui prefuit annis 6. *Incid.* Anno regni Ottonis 15, Conrardus, gener hujus Ottonis et dux Lotharingie, quia contra Ottonem conspiraverat, a Brunone Coloniensi arciepyscopo, tutore imperii, capitur, redeunteque Ottone ducatus Lotharingie ipsi Brunoni a fratre Ottone datur. Anno regni Ottonis 16, mortuo Farreberto Leodiensi epyscopo succedit Ratherius monachus Lobiensis.

10. Anno Domini 959, regni Ottonis primi anno 21, quedam nobilis matrona nomine Guodrada ad famulandum Deo et sancto Trudoni sese tradidit, tempore domni Adelberonis secundi, Metensis epyscopi et abbatis Sancti Trudonis, prout continetur in quadam carta veteri, cujus tenoris principium et finis talis est : *In nomine sancte et individue Trinitatis. Notum sit omnibus sancte Dei ecclesie fidelibus, quod quedam femina nomine Guodrada, veniens ad monasterium sancti Trudonis, ubi ipse sanctus in corpore requiescit, et domnus Adelbero epyscopus et preesse videtur, ibi sue genuitatis libertatem amittens, et sese sub jugo servitutis Deo et sancto Trudoni tradidit famulaturam*, etc. (633) Sequitur : *Actum in monasterio Sarciniensi sub die 6. Idus Januarias anno 21, regnante domno Ottone glorioso* [485] *rege Germanorum*(*an.* 957). *Ego Eynardus cancellarius scripsi.*

11. Item anno regni ejusdem 23 (*an.* 959), quidam devotus vir contulit ad mensam fratrum largas elemosinas possessionum apud Bredal super fluvium Mosellam, de quibus carta conscripta sic incipit : *In nomine Dei omnipotentis ego Zeizolfus quasdam res mee proprietatis tradidi ad mensam fratrum in monasterio sancti Trudonis degentium*, etc. Sequitur : *Per consensum Adelberonis epyscopi Metensis, qui videtur esse abbas ipsius loci*, etc. Sequitur : *Acta sunt hec anno regni Ottonis primi* 23. Nota, lector, quod hic de duabus cartis, quarum copie in libro cartarum nostri monasterii antiquarum plenarie continentur, pauca recitavi, ut nemo dubitet prefatum domnum Adelberonem hujus monasterii fuisse abbatem. *Incid.* Anno Domini 962, anno regni ejus in Germania seu Alimannia 24. Otto primus a cardinalibus Rome demandatus, in imperatorem coronatur.

12. Anno Domini 964, regni Ottonis 26 (634), imperii ejusdem anno 3, domnus Adelbero hujus nominis secundus, Metensis epyscopus et abbas hujus loci,

VARIÆ LECTIONES.

[484] Ghiselberto 1*. [485] gloriose 1*.

NOTÆ.

(632) Pomerieux, tribus leugis a Metensi urbe distans.

(633) Neque Miræus I, 503, reliqua dedit.

(634) Imo. 28.

postquam 20 annis huic abbatie prefuit, quadam die ad hoc monasterium deveniens, in lecto egritudinis cecidit, convocatisque fratribus, post sacramentorum sumptionem, 7 Kalendas Maii in Domino obdormivit. Cujus corpus post solempnes exequias in latere exterioris parietis ipsius monasterii ad levam versus claustri ambitum et sepultum. Cui Theodericus hujus nominis primus, Ottonis imperatoris consobrinus, in epyscopatu Metensi, et Thietfridus in abbacia hujus loci succedit.

13. Anno gratie eodem domnus Thietfridus huic loco abbas preficitur, qui annis 30 prefuit, sub quo religio floruit et possessionum summa accrevit. *Incid.* [SIGEB.] Anno sequenti vel circiter Conrardus, Ottonis imperatoris gener, a ducatu Lotharingie pridem destitutus, contra Ottonem rebellans, ad Ungaros Germaniam depopulantes transfugit, eosque in regnum imperii Ottonis adduxit. Qui ab ipso imperatore in hoc bello ita sunt prostrati, ut contra imperii regnum amodo se erigere non auderent, in quo conflictu idem Conrardus occubuit. *Incid.* Circa eadem tempora Ottone imperatore pro tuenda republica longe proficiscente, Bruno ejus frater, Coloniensis arciepyscopus, secunda vice Germanie et Gallie tutor et defensor constituitur. *Incid.* [*Vita Brun.*] Post hec venerabilis Bruno febre correptus obiit; cujus corpus per Theodericum Metensem epyscopum, suum consobrinum, est delatum Colonie, et in cenobio sancti Panthaleonis, quod ipse fundaverat, sepultum honorifice. Cui in arciepyscopatu Folmarius, et in ducatu Lotharingie ejus nepos Karolus succedit. Anno imperii sui 7. Otto primus ducatum Lotharingie Karolo, fratri Lotharii regis Francie, filio sororis sue, tali conditione contulit, ut ipse a propriis insolentiis resipisceret, et sui fratris Lotharii insultibus, quos contra Lotharingiam conceperat, obsisteret.

14. Circa hec tempora plus minusve, tempore hujus abbatis Thietfridi, illustris femina domna Bertha, vidua et Deo sacrata, comitissa Flandrie, cum peregre visitasset limina beate Marie Aquisgrani, contigit eam in reditu opidum Sancti Trudonis devotionis causa visitare et ad sepulchrum prefati sancti preces humiles fundere. Que cum per aliquot dies causa repausationis ibidem moram faceret, in lectum egritudinis incidit. Quod ut Arnulfo illustri viro, filio suo, Flandrensi comiti, innotuit, ad prefatum locum quantotius properat, ibique presentibus Metensi epyscopo Theoderico primo ac Thietfrido abbate, ad preces sue matris domne Berthe ob remedium sue et suorum animarum Deo et beato Trudoni in usus servorum Dei inibi Deo famulantium villam Proviin, in castellania Ylensi sitam juxta fluvium Doulam, cum mancipiis, terris, decimis, silvis, pratis, pischariis aquarumque decursibus liberaliter hereditarieque donavit, cum ecclesia parochiali ilius ville et omnibus appendiciis ejusdem. Contulit insuper beato Trudoni silvam unam sitam non longe a villa Merwel, et unam decimam apud villam que vocatur Brustemium (635) hac de causa, ut predicti patroni meritis delictorum suorum veniam adipisci mereretur, presentibus ibidem pluribus comitibus ac aliis viris, prout in privilegiorum nostri monasterii archivis clare conscriptum reperitur. Quo peracto, ingravescente infirmitate, prefata comitissa, sumptis ecclesiasticis sacramentis, extremum spiritum efflavit anno Domini 967, 17. Kalendas Augusti. Cujus corpus sepultum est in cripta antiquâ, quod postea tempore Adelardi secundi est translatum et positum ad novum sanctuarium, sub volta in muro sinistri lateris superioris chori juxta majus altare. In cujus preconium hujusmodi versus conscripti inveniuntur:

Bertha sacrata Deo, celesti digna tropheo,
Hic translata jacet, que memoranda placet.
Stema prefulsit ei regalis progeniei,
Nec fastu tumuit clara quod emicuit.
In virtute studens comitissa per omnia prudens,
Dans sua seque Deo, digna potitur eo.
Ipsaque forma boni sancto devota Trudoni,
Villam quo tenuit jure Proviin tribuit,
Dans partem decime de villa Brustemiense,
Addidit et silvam que decet ecclesiam.
Suscipe, Trudo pater, quod contulit inclita mater,
Gaudeat ut tecum, munera redde precum.
Restabat biduum cancro solis peragendum,
Cum felix obiit. Vita Deus sibi sit.

Incid. Anno imperii Ottonis 10. mortuo Eraclo Nothgerus subcedit, et in epyscopatu Leodiensi annis 42 residet. *Incid.* [SIGEB.] Anno Domini 973. Otto primus, qui fuit primus imperator de genere Alemannorum seu Germanorum, ad quos imperium perpetuo a Francis exemptum est devolutum, postquam annis 24 regnavit et 12 imperavit, cum devotione magna exspiravit. Qui in principio regni sui hoc destructum monasterium per suam diligentiam reedificari procuravit. Cui ejus filius Otto secundus, qui secum per aliquot annos coimperavit, successit, et annis 10 imperavit. *Incid.* Quia vero de Germania mentio incidit, sciendum, quod due sunt Germanie, superior scilicet et inferior. Superior autem est maxima regio in initio Europe, sub cujus nomine vocabulo Schitia et Alania cum aliis terris communiter optinent tytulum Germania. Que simul protensa juxta occeanum septentrionale, paludes Meothidis a superioribus habet propinquas, quam etiam maximus fluvius Danubius, cui 60 flumina navifera successive influunt, qui in suo progressu propter situum mutationes Hyster appellatur, pertransiens habundanter irrigat (636). Est enim terra hec nimium ferax victualium et barbaris hominibus

NOTÆ.

(635) Brusthem haud procul a S. Trudone

(636) Eadem fere leguntur in cosmographia Sæc. VII, quam edidit Pertz in Commentariis academiæ Berolinensis 1845, ubi inter alia hæc habentur:
Scithia Vocatur prima Europæ provincia,
Meothidas paludes juncta sistitque Alaniæ;

populosa, que propter gignendorum populorum fecunditatem dicta est Germania. Ex hiis partibus condam egressi sunt Goti, Huni, Wandali, Longobardi ceterarumque nationum pagani, postremoque barbari Normanni christianorum fines zelo debellandi (637). Quorum egressionis causa fuit hujusmodi. Intra hanc enim regionis plagam constituti populi cum in tantam multitudinem pullulassent, ut jam simul habitare nequissent, sicut ferunt qui illam lustraverunt, in tres omnem catervam partes dividentes, que ex illis pars patriam relinquere novasque sedes deberet requirere, sortem miserunt. Ea igitur pars, cui sors dederat genitale solum excedere exteraque arva sectari, suis et patrie valedicentes, cum conjugibus et prolibus ad requirendas quas possent terras incolere iter arripuerunt. Qui quam inhumaniter [486] Italiam, Galliam et alia plura christianorum regna illis temporibus depopulabantur, multorum solemnium virorum hystorie testantur. Inferior vero Germania est eadem que et Alemannia, terra fructifera et habundans in victualibus, repletaque cohabitatione hominum sapientium et fortissimorum, innumerabili multitudine et sacre fidei catholice professorum, quam Renus fluvius dulcis et amenus circumquaque irrigat. *Incid* [SIGEB.] Anno Ottonis secundi 5. Lotharius rex Francie Lotharingiam perturbat et devastat sicque repatriat. Quem imperator cum multitudine armatorum insequens, Franciam pervagando Remensium, Laudunensium, Suessionum et Parisientium fines diversa clade devastat, ecclesiis et monasteriis tamen parcens; qui tandem reconsiliati in loco super Karum fluvium rex Francie Lotharingiam adjurat. *Incid.* Anno Domini 984 mortuo Ottone secundo otto tertius ejus filius, adhuc adolescens succedit; cui Leodiensis epyscopus Nothgerus propter sui industriam a primoribus imperii tutor constituitur.

15. [SIGEB.] *Vita Theod. ep.* Anno Domini 984 Theodericus primus Metensis epyscopus fundator cenobii sancti Vincentii ordinis sancti Benedicti, siti in insulaque est intra extremos muros civitatis Metensis, postquam annis tribus cum Ottone primo in Italia nuper militasset, et anno 11, ante hoc multas reliquias, inter quas pignera sancti Vincentii levithe et martyris cum sunguine prothomartyris sancti Stephani erant, ad Galliam translatas in prefato cenobio locasset, et inter cetera dotalitia, quibus illud cenobium ditaverat, villam Dongei civitati Virdunensi vicinam, que condam sancti Trudonis matrimonium fuit, contulisset, in Domino obiit. Cui Adelbero hujus nominis tercius, ducis Mosellanorum Frederici filius, successit. *Incid.* [SIGEB.] Anno Ottonis tercii 4. Ludowico Francorum rege 37, qui post patrem Lotharium uno regnaverat anno, mortuo, Francis regnum, transferre volentibus ad Karolum ducem Lotharingie, hujus Ludowici patruum; sed cum ille rem ad consilium differret, Hugo Capet, filius magni Hugonis Parisiensis comitis ex Hawide sorore primi Ottonis procreatus, regnum usurpat, et annis 9 regnum tenet [487]. Quem Karolus prefatus ejus nepos, cui regnum ex paterna et avita successione debebatur, multis bellis et victoriis quinquennio lacescens, mentis conceptu infecto diem conclusit extremum. Sicque defecerunt reges Francorum de stirpe Karoli Magni ab anno et deinceps. Post mortem hujus Karoli ducis, anno imperii Ottonis tercii 8, filius ejus Otto in ducatu Lotharingie ei succedit, qui processu temporis contra jus hoc cenobium sancti Trudonis graviter impetiit.

16. Anno Domini 994, imperii Ottonis tercii anno 11, 19 Kalendas Januarii (638) obiit Theitfridus abbas hujus loci, qui sepultus est immediate post locum sepulcri abbatis Gontramni, juxta murum lateris sinistri versus ambitum claustri. Supra cujus locum sepulcri tales versus sunt conscripti. Versus:

Abbas Theitfridus divino munere fidus
Sub norma fidei vexit ovile Dei,
Fratribus et rebus augmentandis studiosus,
Commodus ecclesie, carus erat patrie.
Annis ter denis monachorum pastor herilis,
Regnaturus abit, non moriturus obit.
Hac in humo corpus post Jani ponitur Idus,
Spiritus in cœlo vivat ovans Domino.
Anno milleno sex demptis transit ab evo.

17. Anno eodem defuncto Theitfrido abbate, succedit Herenfridus qui prefuit 4 annis. Anno Domini 999 defuncto Herenfrido hujus loci abbate, Nonis Novembribus, Adelardus hujus nominis primus ei succedit.

Explicit liber tercius prime partis De gestis abbatum hujus monasterii S. Trudonis.

CONTINUATORIS TERTII AUCTARIUM.

Incid. Anno Domini 1003 [488] Ottone tercio defuncto, qui patri avo prius defuncto per generis succes-

VARIÆ LECTIONES.

[486] humaniter 1*. [487] *in codice excidit.* [488] *Hæc ex capitum tabula desumsimus et hic suo loco posuimus. Capitum vero tabula ita ab interpolatore est inscripta :* Incipit tabula super 13 libros secunde partis de gestis abbatum hujus monasterii sancti Trudonis; intra quam aliqua capitula que in libris subsequentibus deficiunt, apponuntur, et incidentia quedam, capitulis hincinde congruenter interserenda, compilantur, ubi primo ponitur prohemium.

NOTÆ.

Vertitur exinde locus qui nuncupatur Dacia.
. . . .
Germania nuncupatur juncta Reno flumine.
Ubi sunt gentes barbaræ et grandævo corpore,
Obdurato corde suo cœli partes inscii.
. . . .
Danubius currit per longum inter gentes maximas
Fluvios largos ministrat et Sclavis pabulat, etc.

(637) Excidisse videtur vox *causa;* aut *debellandi* hoc loco id quod *debellaturi.*

(638) Codex *Marcii* exhibet; sed ita corrigendum ex sequente inscriptione sepulcrali patet.

sionem immediate ad imperium successit, generali consilio principum et primorum imperii ad hoc convocato, concorditer est institutum, quod filius patri aut propinquus suo propinquo de cetero jure hereditario nequaquam in imperatorem succedere debeat, sed qui per officiales imperii eligeretur [cf., MARTIN. POL.], imperio potiretur, quod adhuc observatur, ut habetur *Extra* [489] *de electione Venerabilem* § 1 (639). Sunt ergo 7 electores, 3 scilicet cancellarii, quorum primus archiepiscopus Maguntinensis est cancellarius Germanie, secundus Treverensis Gallie, et tercius Coloniensis Ytalie. Hii 3 sunt ecclesiastici principes, reliqui vero 4 sunt seculares, quorum primus marchio Brandeburgensis est camerarius, secundus, palatinus scilicet comes Reni, est dapifer, tercius vero dux Saxonie est ensem portans, et quartus Bohemie rex est pincerna. Unde versus :

Maguntinensis, Treverensis, Coloniensis.
Quilibet imperii fit cancellarius horum.
Est palatinus dapifer, dux portitor ensis,
Marchio prepositus camere, pincerna Bohemvs;
Hii statuunt dominu i cunctis per secula summum.

Nota, quod secundum quosdam rex Bohemie non est necessarius, nisi quando sex prefati electores discordarent, nec habet jus ab antiquo, sed tenet hodie de facto, ut notatur per Hostiensem super canone *Venerabilem*. Iste Otto tercius et ejus pater Otto secundus tam atroces et mirabiles fuere, ut unus pallida mors Saracenorum semper sanguinarius, alter mirabilia mundi diceretur. Avus vero hujus tercii Ottonis, primus Otto, ultra omnes fuit christianissimus; cujus anima per generalem totius imperii orationem ecclesiarum, elaborante sorore sua abbatissa, cui ipse defunctus apparuit, diligenter expletam, a purgatorio est liberata et per angelos ad celestia deducta. *Incid.* [SIGEB.] Anno igitur Domini eodem 1003 isto tercio Ottone absque liberis mortuo, Henricus dux Bawarie, nepos Henrici fratris primi Ottonis, fit imperator, et imperat 22 annis. Nota hic, quod plures erant Henrici reges quam imperatores. [MART. POL.] Unde cum legitur Henricus primus imperator, ratione imperii dicitur primus, sed ratione regni dicitur secundus. Fuit enim ante ipsum Henricus rex primus, qui tantummodo in Alemannia et non in Ytalia imperavit, et ideo benedictionem imperialem non est assecutus. Idem est intelligendum de Conradis et aliis succedentibus

Anno Domini 1005 Henricus imperator regni sui anno 3 post plures victorias intendens soli Deo vacare, episcopatum Babenbergensem fundavit. A cujus civitatis honorem cathedram episcopalem ibidem a civitate Narniensi de consensu pape transtulit [SIGEB.] Contra quod Metensis episcopus Theodericus secundus, dolens dotem et patrimonium sue sororis Cunegundis imperatricis ab imperatore ad prefatam ecclesiam delegari, anno episcopatus sui 6 rebellat. Cujus resistentie imperator offensus, Ottoni duci Lotharingie, suo consanguineo, omne jus quod prefatus episcopus in oppido hoc possedit, in prejudicium ejusdem episcopi illicite tradidit. Predictus igitur dux [490] avaricie sue consulens, cum usurpatione possessionum Metensis ecclesie contra fas nimis immisericorditer bona monasterii hujus non solum diripere, sed etiam nostram familiam presumpsit inhumaniter tractare [Cf. STEPELINI *Mir. S. Trud.*]. Qui nocte quadam cum se sopori dedisset, vidit per somnium quasi ipse staret ad monasterii portam, et quendam senem in clericali scemate sibi obviantem et quo tenderet percunctantem. Cui cum ille respondisset se monasterium ipsum velle adire, senior ille aditus hujus indignum affirmabat, cum tot sacrilegiis divinum hoc oraculum totiens temerasset. Ille vero dum nititur reluctanti resistere et prohibita limina introire, continuo, ut sibi visum est, ictum gravem [491] . sensit . . ige . . . . atior . . . . risque . . . . sepe . . . . nstrata . . a ergo perseverans . . monasterium lucra sua c . fratribus dolorem augme . e . cupiens accessit. Expletis igitur hiis, quorum causa illuc venerat, cum inde profecturus monasterii [492] portam egrederetur, subito in scapulis quasi sagitta mortifera vi febrium pungitur, ejulandoque vociferans pre nimia angustia mentis, vicinam sibi mortem affatur, lentoque conamine somarios suos usque Trajectum subsecutus, quis eum per visum sompnii a monasterio pepulerit, et quem increpantem contempserit, exitiali morte mulctatus, omnibus stuporis exemplum factus, miserabiliter interiit. [SIGEB.] Quo sic mortuo, Henricus imperator eodem anno ducatum Lotharingie Godefrido comiti Ardenne contulit. Qui Otto absque filio reliquit post se filiam Hermegardam Namursi cometissam; de quo etiam processit Godefridus comes de Bolyon et dux Lotharingie, qui et postea rex Jherusalem.

Incid. Anno Domini 1007 obiit Nothgerus Leodiensis episcopus, plurimas ecclesias et beneficia Leodii constituens, qui fuit natione Suevus. Huic successit Baldricus secundus, qui prefuit annis 11. Iste fuit filius Ottonis comitis de Los, ex Lutgarde, filia Hermegardis Namurcensis comitisse, Ottonis prefati ducis filie, progenitus. Hujus Baldrici frater

VARIÆ LECTIONES.

[489] ex 1*. [490] dux — tractare *dedit Ghesquier.* [491] *paginæ pars superior, in qua decem lineæ scriptæ erant, desideratur; igne absumta est in incendio bibliothecæ Lammensis, ut in ipso codice annotatum est. S. Trudonem auctorem hujus miraculi fuisse e summario patet :* De morte Ottonis ducis Lotharingie per sanctum Trudonem ejus tyrannidi divinitus inflicta. [492] monasterii — interiit *ap. Ghesquier.*

NOTÆ.

(639) C. 34, X, de electione 1, 6.

fuit Ghiselbertus, qui patri Ottoni post aliquot annos in comitatu successit.

Incid Anno Domini 1010 rex Ungarie, que prius vocata fuit Pannonia, cum gente sua per diligentiam uxoris ejus regine Gille, sororis Henrici imperatoris, ad catholicam fidem convertitur. Eodem anno idem Henricus a Benedicto octavo Rome in imperatorem coronatur. Ipso etiam anno Henricus imperator Metensem urbem obsedit propter Theodericum Metensem episcopum sibi rebellantem; urbe vero per obsidionem pene desolata, tandem pax intervenit.

Incid. [*Vita Balderici.*] Anno Domini 1013, imperii Henrici hujus 10, Baldricus secundus Leodiensis episcopus ad arcendum maleficos cepit edificare castrum apud Hugardis villam, que est allodium ecclesie sancti Lamberti, intra Brabantiam, modicum ad confinia sitam. Cui obsistente Lamberto cum barba, Lovaniensi comite, conflictu belli congressi episcopus, cesis suorum 300, vincitur. Qui Leodii rediens de suorum strage, lesam conscientiam habens, consilio discreti viri Johannis episcopi, ex Ytalia venientis, ad placandum Omnipotentem pro redemptione animarum occisorum cenobium fundare se devoverat. Sequenti igitur anno voti compos intra muros civitatis in insula cenobium in honore sancti Jacobi minoris edificavit, ad quod idem comes Lambertus de proprio allodio pro satisfactione larga dotalicia contulit. Ubi et primus abbas Albertus nomine prefuit.

Incid. [SIGEB.] Anno Domini 1015 Godefrido duce Lotharingie et comite Ardenne, Montensem comitatum depopulante, Lambertus cum barba, filius Reyneri comitis Montensis, patruo suo Reynero comiti in auxilium adveniens, bello apud Florinas conserto, occisis suorum 400 viris, ipse cum eis occubuit. Qui Lambertus in uxorem duxerat Gerbergam, filiam Karoli ducis Lotharingie, et cum ea in dotem accepit unam partem ducatus Lotharingie, scilicet terram que nunc vocatur Brabantia, continens hec opida, Lovanium et Bruxellam cum suis appendiciis. Occasione cujus primo et primus comes Lovanie [493] . . . . post . . . . prim . . . . et post . . . . tuit . . . . tia primo . . . . tercio capitulo tercie partis. . . hoc Lamberto filius eque successit.

Anno Domini 1017, imperii Henrici hujus 14. Baldricus secundus obiit, et in cripta monasterii sancti Jacobi quod ipse fundaverat sepelitur. Cui Wolbodus succedens, anno eodem cenobium prefatum nuper inceptum ex mandato imperatoris Henrici perfecit; qui in episcopatu 5 annis prefuit.

Anno Domini 1021, imperii Henrici secundi 20 et A prelationis domni Adelardi anno 21 domna Herlendis comitissa, mater Godefridi comitis Duratii, de consensu filii contulit beato Trudoni medietatem ville sue, que vulgariter villarium Popliir nuncupatur, cum omni sua justicia et pratis, terris, aquis ceterisque universis, pro anniversario suo et filii sui primogeniti Adelberonis, Metensis ecclesie primicerii pridem defuncti. Qui ambo in una tumba consepulti sunt infra absidam monasterii juxta parietem, qui est versus meridiem, ubi et altare stat in honore [494] beatæ virginis (640) . . . . [STEPELINI *mir. S. Trud.*] Ghiselberto q conf . . uisse ligitur k . . nescitur. Quod quidam e . . e Omekinus cognoscens . . dilatandum terminos . . extirpare palos fin . . . renalium extremitatum B beati Trudonis in silva quadam. Cumque utriusque partis defensores causa discernende limitationis convenissent, ille arborem quandam calce concutiens: *Hunc*, inquit, *locum jurejurando assero esse domini mei, sicut istum hinc sanum possim retrahere pedem.* Mox igitur, sicut falsum testimonium protulit, ita verum judicium Deus ostendit, ita ut non solum ejus pedem computrescere faceret, sed et totum ejus corpus gravi tabe consumeret. Circa hec tempora plus minusve Adelardus abbas indesinenter estuans, quomodo de reliquiis prothomartyris Stephani, patroni fundationis cripte hujus monasterii, aliquam particulam consequi posset, consilio conventus sibi communi [495] . . . . e C . . . . si . . . . s . . . . audivit . . . . minuta particula . . . . sancti reliquiis ibidem haberetur. De quo nil cuiquam posset impertiri, nec propter offensam aliorum id presumere auderet. Tunc ille: *Num meritis ejus aliquid de ipso osse divina mihi dignabitur indulgere clementia? Spero*, inquit, *in Deo, dummodo mihi acquiescatis, quod desiderii mei pigneribus minime frustrabor. Os, queso, jubete presentari et reverendo et sancto martyri committite.* Quid plura? Tandem, licet difficulter, persuasum tamen est episcopo, et os allatum est. Quo fleotimo leniter percusso, continuo recens sanguis profluxit, D quem manu abbatis in vase ad hoc parato devote acceptum, Adelardus abbas de consensu totius Metensis ecclesie ad propria gaudenter deferendum suscepit. Postea referebant quidam, quod, cum de prefato osse in dubium venisset, utrum veraciter de beati Stephani corpore esset, ad explorandam rei veritatem de communi majorum ecclesie Metensis consilio rem predictam sic gestam fuisse, et ex meritis ipsius sancti ambiguitate omnium detersa,

VARIÆ LECTIONES.

[493] *versa pagina igne adrosa.* [494] *desiderantur 7 lineæ; pars superior folii iane absumta est.* [495] *desiderantur in altera columna reliqua ejusdem paginæ.*

NOTÆ.

640) Verba *beatæ virginis* desumpta sunt ex Mantelii Historia Lossensi p. 55, qui totum hunc locum usque ad hæc verba ex Chronico Trudoniano repetiit. Alia Herlindis et Godefridi filii donatio Sancto Trudoni facta ibidem legitur datā IV Non. Nov. 1024.

continuo post ictum fleotomi, ut jam dictum est, sanguinem illum profluxisse.

I . . . . [495]
A . . . .
Io . . . .
et tribus . . . .
Anno Domini 1023 . . . .
do Reginaldus succedit, et preest annis 13.

Anno Domini 1025 Henricus secundus in regno, in imperio primus, anno regni sui 7, et imperii 16, cum consorte sua Cunigunde virgine in virginitate permanens, tandem in lectum egritudinis incidit. Qui se consulentibus imperii primoribus Conradum, virum regii generis et egregie libertatis, designans, moritur [Cf. MART. POL. SIGEB.], et in ecclesia Babenbergensi quam ipse fundaverat sepelitur. Post quem imperatrix Cunigundis, cujus sanctitati Gontramnus, postea hujus loci abbas, familiarissimus fuit, que post decennium defuncta, imperatori consepelitur. Eodem anno Conradus eligitur, et imperat 15 annis.

Anno Domini [496] 1045 plus minusve pius pater [497] Guntramnus pro elevandis sanctorum Trudonis et Eucherii corporibus, que [498] tempore persecutionis Normannorum paganorum et translata et iterum sub terra occultata erant, indesinenter sollicitus, fecit prius fieri ex auro, argento et pretiosis lapidibus feretrum aurifabrili opere sumptuosum, in quo honorifice exhumanda cœlestium thesaurorum margarita ordinavit includenda, quatinus eo majori fiducia illorum a fratribus optinerentur patrocinia, quo orantium intuitus continue patronorum zomata (641) haberet [499] in presentia. Quapropter [500] completo hoc opere, fossoribus intra sanctuarium post altare beati Trudonis, ubi reposita erant, instanter de profundis terram effodientibus, ad voltam lapideam, sub qua continebantur, tandem est perventum, cum subito immense caliginis nebula ibidem exorta, fossores tanto terrore sunt perculsi, ut de vita desperati, cum in summa festinatione ad superos redissent, nimio stupore et sensibus alienati, post diuturna suspiria continua interruptione [501] resumpta, vix loqui palpitante [502] hanelo corde valerent. Quod abbas ubi vidit, territus in eo quod acciderat, rejecta humo et fossa repleta, ceptum intermisit.

Anno Domini 1048, imperii Henrici tercii in regno, in imperio secundi anno 9, et episcopatus Wasonis Leodiensis episcopi anno 8, domnus Theodericus secundus hujus nominis, Metensis episcopus, anno episcopatus sui 49 (642), in cenobio nostro per aliquot tempus conmoratus, in lectum egritudinis incidit. Qui cum ad extrema pervenit, ad preces fratrum hujus loci, communicato sibi consilio suorum, contulit nobis scrutum hujus opidi, scilicet omne jus grute, quod solum ad ipsum pertinebat, et libertatem grutarium constituendi, ac domum cum appendiciis suis, intra quam materia grute conficiebatur, sitam in opposito aule abbatis nostri, platea publica intermedia. Post cujus obitum Adelbero ejus consanguineus, nepos Adelberonis tercii hujus nominis ex fratre Theoderico duce Lotharingie seu Mosellorum successit, vir devotissimus, et post Deum et sanctum Domini Trudonem, hujus cenobii contra omnes principes et tyrannos defensator usque in finem vite sue fidelissimus. *Incid.* Eodem anno defuncto Wasone Leodiensi episcopo successit Theoduinus, qui prefuit 28 annis

Anno Domini 1050 [503], prelationis domni Guntramni 16 anno Stepelinus, hujus loci monachus, scripsit ad prelatum domnum Guntramnum librum de miraculis beati Trudonis, que temporibus hujus domni Guntramni apud nos percrebuerunt sub numero centenario et amplius, quibus anteposuit aliqua miracula ante hec tempora facta. Iste Stepelinus adhuc puer ad ordinem receptus fuit in hoc monasterio, circa 21 annum domni abbatis Adelardi primi, qui puericie sue tempore vidit laudabilis vite seniores, qui 80 et amplioribus annis sub habitu monachali Deo et sancto Trudoni devote servierunt; qui etiam ad tot annorum numerum pervenit, sicut in secunde partis octavo libro clarebit (643). Post hos annos plus minusve vir quidam nobilis castellanus incaute deambulans, cum de alto cadens crurium debilitatem incurrisset, compuncto corde ad conversionem intendens, suscepto habitu religionis contulit monasterio huic allodium suum, quod et adhuc optinere dicimur. Qui in monachatu tanto ferventius se in bonis operibus excercuit, quanto gravius in seculo deliquisse se cognovit. Is, cum more solito ante matutinos alios ad peculiares orationes agendas preveniret, sanctuarium intravit, et retro majus altare, quod tunc ibidem fuit, ad orationem prostratus ante altare beati Trudonis, paululum soporatus vidit mire pulcritudinis infantulos per crepidinem altaris discurrere, flentes, gementes, capillos trahentes atque complosis manibus ita conquirentes: *Heu, heu!* Hec illis reciprocantibus, frater ille innocue etati compatiens: *Filii*, inquit, *qui estis, et que est causa tanti meroris?* Innocentes aiunt: *Pueri sumus, en domini nostri sancti Stephani sanguis jam versabitur.* Post quam vocem disparuerunt. At ille evigilans negligentiam non negligendi tam pretiosi pigneris veritus, priori loci nostri petita

VARIÆ LECTIONES.

[496] Anno Dom. — intermisit *apud Henschen.* [497] Trudonensis abbas *H.* [498] que — erant *desunt H.* [499] exhiberet *H.* [500] anno Domini 1045 plus minusve *addit H.* [501] eruptione *H.* [502] palpitantes *H.* [503] Anno Domini 1050 — pervenit *dedit Ghesquier V*, 50.

NOTÆ.

(641) I. e. corpora.
(642) Imo 40, anno 1046 obiit.
(643) I. e. supra in primi Rudolfi continuatoris libro VIII, 8.

loquendi licentia visionem indicat. Excitatis ergo fratribus, matutini cum celeritate cantantur, incumbentibusque domno abbate Guntramno et conventu in orationibus, acceptis disciplinis et confessione omnium facta, capsa pretiosi thesauri aperitur, et roseus ac fluidus sanguis ille usque ad supremam inclinati vitrii vasculi oram fluxisse invenitur. Accitoque industrio aurifabro, circa vasculum pretiosi sanguinis sperica clausura componitur, et sic in loculo undique munito reconditur. Iste celestis thesaurus, quem nemo dubitet, quin sit veraciter in hoc monasterio, ex providentia laudabilium tunc seniorum in tam secreto loco tutatus est, ut nec incendio poterit corrumpi neque predonum violentia auferri.

Anno Domini post hunc 1152, imperii Lotharii anno 8, quidam noster serviens nomine Gozelinus in nocte festivitatis beati Martini (*Nov.* 10), sero facto lectum suum, ut dormiret, super locum sepulchri domni abbatis Guntramni stravit. Is, cum pulsatis signis et inceptis matutinis a turri majori exiens cubitum iret, apparuerunt ei tres spectabilis forme viri, sacris vestibus amicti et clara nube circumdati, stantes in medio monasterii ante crucifixum. Quorum unus eminentior aliis visus est gestare virgam pastoralem, dominice crucis signo insignitam. Matriculario (644) illo interim ante lectum sepulcro abbatis suppositum tremulo et stupido residenti, ille ammirationis persone quasi indignantes et minas intentantes vise sunt ei appropiari, sed illo meticuloso super latus suum in terram ruente, et transpositionem lecti ex voto meditante, disparuerunt. Mox ille reverentiam exhibens sepulchro et sepulto, lectum exinde tollit, et devotior factus Iherosolimam postea proficiscitur. Hanc apparitionem hic ponimus propter materiei convenientiam.

— Descripta (645) monasterii ampliatione et reparatione, ac provisione copiosa materiarum ad structuram necessariarum in generali, memorie commendandum est per singula, quam animose pia sollicitudo hujus domni Adelardi (646) fabricam hujus monasterii cepit dilatare. Primo enim in loco atrii, quod fuit post tunc veterem criptam, novum cancellum, qui et sanctuarium dicitur, cum duabus absidis firmissime fundatum, in altum produxit, testudinibusque lapideis formose volutatum consummavit (*an.* 1057). Infra quod opus novam criptam et spatiosam, undique lapidea celatura testudinatam, ad perfectum complevit, intra quam structuram septem erexit altaria, quorum primum et majus, in medio sanctuarii, in honore beate Marie et sanctorum Quintini et Remigii construxit. Post quod aliud est in honore sanctorum Martini et Cristofori, tercium vero sub absida sanctuario coherenti ad dextram, in honore sanctorum Johannis baptiste et Johannis evangeliste, quartum, quod est sub absida ad levam sanctuarii, in honore sanctorum apostolorum Petri et Pauli et aliorum omnium. Altaria vero, que in cripta sunt, sic constituit: principale, quod stat in medio, fundavit in honore sancte Trinitatis et beate Virginis ac sancti Stephani, secundum ad dextram ibidem in honore sancti Benedicti, et tercium ad levam situm in honorem sancti Gregorii. Hiis omnibus rite perfectis, corpus domne Berthe comitisse Flandrie, quod in veteri cripta tempore Thietfridi abbatis humatum fuit, elevavit, et ad levam majoris altaris in sanctuario transtulit, et in tumba eminenti, Pariis lapidibus polita, infra voltam honeste conclusit. Et quia post vetus sanctuarium, de quo habetur supra in primo libro prime partis capitulo 13, predicta vetus cripta erat, replevit illam humo, et ibidem chorum psallentium construxit. Inter quem et illud novum sanctuarium gratum ascensum erexit, quem septem gradibus protraxit. Prosequenti vero tempore, cum quedam monasterii edificia per suos antecessores erecta sed minus completa cerneret, ad perficiendum ea animum accinxit. Inter que majorem turrim nostram, quam devotus abbas Guntramnus suo tempore usque ad medium cum duabus testudinibus lapideis produxit, iste superaddito tercio ascendendi statu, eam paulo humilius, duabus collateralibus erectam, magnis impensis consummavit. Preterea navim monasterii, quamvis nequaquam ruinosam, eversis fortissimis pilariis erectisque pro illis spectabilibus columpnis, muro ad summum coequato reparatam consummavit. Erat ergo suo tempore in tantum de novo augmentata hujus veteris ecclesie fabrica, ut de ipsa sicut de bene consummatis ecclesiis congrue secundum doctores diceretur, quod ad staturam humani corporis esset formata. Nam habebat, et adhuc habere cernitur, cancellum, qui et sanctuarium, pro capite et collo, chorum stallatum pro pectoralibus, crucem, ad utraque latera ipsius chori duabus manicis seu aliis protensam, pro brachiis et manibus, navim vero monasterii pro utero, et crucem inferiorem, eque duabus alis versus meridiem et septemtrionem expansam, pro coxis et cruribus. Fuerunt insuper ab antiquo ante tempora hujus Adelardi due speciose cum firmissimis parietibus in altum producte abside, navi ipsius ecclesie ad dextram et levam coherentes, que, ubi manicis anterioris crucis jungebantur, habebant duas turres eminentes, unam versus meridiem et aliam versus septemtrionem respitientes, altitudine muro monasterii pares; ubi vero dicte abside posterioris crucis alis seu manicis continuabantur, habebant duas capellas, unam ad dexteram in honore sanctorum

NOTÆ

(644) Est socius sacristæ.

(645) Hæc respiciunt ad Rudolfi gesta I, 12, ubi interpolator hæc inseruit, quæ hoc loco cum reliquis ejus interpolationibus conjunximus.

(646) Secundi.

Eucherii, Leonardi et Gertrudis, reliqua versus ambitum in honore sancti Lamberti. Et quia de cancello seu sanctuario et absida tractatur, sciendum, quod cancellus est caput et humilior pars ecclesie versus orientem respitiens, et dicitur alio nomine sanctuarium, eo quod ibi sancta conduntur vel tractantur, et porrigitur usque ad chorum, unde tempore quadragesimali velum solet inter chorum et cancellum seu sanctuarium in ecclesia suspendi. Abside vero sunt exedre seu appenditie, que aularum seu ecclesiarum lateribus adherent pro deambulatione amplianda.

Incid. [SIGEB.] A. Domini 1057. Henrico secundo in imperio mortuo, filius ejus Henricus tercius imperator succedit, et 50 annis imperat. Anno ejus 3, Stephanus nonus, frater Godefridi ducis Lotharingie et comitis Ardenne, fit papa, et moritur anno sequenti.

Anno Domini 1060, hujus Henrici in regno anno 4, Theoduini Leodiensis et Adelberonis Metensis episcoporum anno 13 idem Adelbero ad postulationem abbatis Adelardi et fratrum hujus loci omne jus scruti in gruta, quod predecessor ejus Theodericus secundus nuper ecclesie et fratribus donaverat, confirmavit, presentibus ibidem in eodem cenobio Theoderico duce Lotharingie seu Mosellanorum, ejusdem fratre, advocato hujus opidi, et Ottone comite Durachii, subadvocato, de qua gruta et jure ipsius infra notabitur. Ante hunc annum Theodericus prefatus, dux Lotharie, constituitur advocatus hujus opidi, qui Ottonem comitem Durachii, fratrem Emmonis comitis de Los sibi substituit.

Anno Domini 1063 plus minusve inter domnum Adelardum abbatem et Fredericum ducem, advocatum nostrum, controversia exorta est de jure advocatus, sed per scabinorum declarationem determinatum est, quod ab antiquo advocatus habet tercium denarium ex tribus generalibus placitis et magno banno, de ceteris nichil, nisi per scultetum episcopi vel abbatis in magnis causis ad hoc fuerit invitatus.

Postea anno 1065 defuncto duce Frederico, instante domno Udone successore ejus in presentia hujus domni Adelberonis, idem scabini adjurati eadem que antea protulerunt declaraverunt.

Anno [504] Domini [505], quando combustum fuit monasterium, solutis in eo columpnis que pro pilariis erant, duo interiores navis ecclesie parietes ruerunt, et eorum ruina sanctuarii veteris ambo altaria, minus scilicet sanctorum Trudonis et Eucherii, ac majus, anterius stans, in honore duodecim apostolorum contrivit. Quorum unum, quod est sanctorum Trudonis et Eucherii, postea est reparatum, alterius vero etiam vestigia sunt abolita. Post premissam

A igitur ruinam Lanzo abbas sanctorum Trudonis et Eucherii corpora, in sanctuario illo occultata, voluit requirere, et ob hoc incipiens longius inde circa eorum sepulchrum fodi jussit. Sed locus ipse in tantum plenus inventus est sarchofagis, ut inter sarchofagum et sarchofagum vix interdum pedis unius distaret spacium. Referebant de hoc aliqui, quod quidam loci nostri abbas Imizo omnium suorum predecessorum abbatum ossa de diversis monasterii locis, in quibus humata jacebant, elevari fecerit, et in predicto sanctuarii loco simul posuerit, circumpositis quatuor lapidibus marmoreis. Qui post hoc annum non supervixit. Preterea cum sub anteriori parte majoris ibidem altaris defossum esset, inventus est, sarchofagus ita positus, ut, dum

B sacerdos huic altari assisteret, pectus ibidem quiescentis sub pedibus haberet. Quo diligenter aperto, inventus est quidam in eo pretioso coopertus pallio, sed occipicium non habebat. Duo etiam lateres ibidem inventi sunt, unus ad caput, alius ad pedes, sed nichil erat inscriptum. De quo presentes magnum aliquid rati, ad corpus accesserunt, et arguenda temeritate disjecto per sarchofagum hac illacque membratim corpore, si qua indicia reperire possent quis fuerit, adhibitis etiam luminaribus inquisierunt, sed nichil invenerunt. Pari modo ad ingressum parvi chori aperto sarchofago, quidam inventus est indutus cappa purpurea, aurifrigio optime parata, sed nulla quis fuerit indicia sunt reperta, a plerisque tamen sanctus Libertus fuisse

C estimatum est. Ad quod spectaculum totus conveniens populus mirabatur, quod mox ubi attrectata fuissent ornamenta quibus operiebantur, in cinerem solvebantur. Tandem vero fossum est usque ad locum, in quo sancti erant reconditi, inventumque est foramen in muro volte seu cripte illius, ad grossitudinem manus hominis. Cumque unus de popularibus, humana tactus curiositate, quid in ea contineretur scire vellet, accensam candelam virge summitati affixit, et per foramen in criptam misit. Cui quidam astans hunc presumptionis arguit, et turbulento clamore, ut cepto desisteret, monuit. Quod populus audiens tumultuoso strepitu infremuit, aliis, ad quos rei notitia pervenerat, pro-

D gressum prohibentibus, aliis, qui rem ignorabant, ut cepto scrutaretur, conclamantibus. Quorum strepitu ille territus, ceptum intermisit. Abbas [506] etiam Lanzo progredi veritus, priorem claustri ad episcopum Leodiensem Henricum [507] direxit, querens quid vel super inventis corporibus vel in reliquum sibi esset agendum. Qui hujusmodi factum in mandatis primo arguit, inde progressum vetat, et ad ultimum, ut celebratis missarum solempniis pro fidelibus defunctis et commendatione animarum facta, clauderentur sarchofagi, aspersis prius aqua

VARIÆ LECTIONES.

[504] *hæc capitis 5 titulo signata libro secundo Rudolfi interpolator subnexuit.* [505] A. D. 1085 — spacium *apud Henschen.* [506] Abbas — factum fuit *apud H.* [507] Herimannum *H.*

benedicta corporibus et incensatis, et sic terra operirentur, mandavit. Quod ita factum fuit.

[SIGEB. *Auct. Afflig.*] Anno [508] igitur quo supra 1085 Romani Henricum imperatorem quartum regni nomine recipiunt, ac eorum judicio prefatus papa Gregorius a papatu abjudicatur, et Clemens ille inthronizatur. Anno hunc precedenti monasterium Haffligense sumpsit exordium.

[SIGEB.] Anno [509] Domini papa Gregorius VII exul moritur, cui Victor successit. Quo mortuo Urbanus II contra imperatorem et ejus antipapam anno tertio post hunc successit, et 11 annis preest.

Anno [510] eodem, anno scilicet Domini 1086, secundum seniorum tunc temporis relata et in antiquis libris nostri monasterii diligenter conscripta, miles quidam, cui Arnulfus comes de Los, nepos Ghiselberti comitis de Durachio, excubias majoris turris nostri commiserat, intempeste noctis silentio prospiciens deorsum ad exustam monasterii navem, ceteris consortibus suis dormientibus, vidit quosdam specie monachali habitu vestitos a cimiterii nostri loco nudis pedibus procedere usque ad sepulchrum sanctorum Trudonis et Eucherii, quod, ex recenti adhuc incendio sine tecto redactum sub divo, cum satisfactionibus et humillimis supplicationibus reverenter ambiebant. Hujus ille visionis conscium et testem volens adhibere, cum conaretur soporatum excitare proximum socium, ipse immobilis mutusque tam diu permansit, usque dum visio dispareret, reversis illis, quos viderat, ad pristinum cimiterii locum. Moxque tante visionis virtutem non ferens, tam valido languore correptus est, ut tercia die exanimatus sepulture traderetur.

Anno Domini 1096 [511] Godefridus dux Lotharingie et comes Bullii, vendito prius castro de Bullio cum villis suis Leodiensi episcopo Obberto pro 1300 marcis argenti, ad terram sanctam cum Hugone fratre regis Francie et comitibus Flandrie, Provincie, Normannie ac multis principibus et populo innumerabili, cujus numerus est estimatus 600000, signo crucis prius ad exortationem Urbani II, ab omnibus assumpto, Judeis in Christum credere nolentibus occisis, proficiscitur.

Anno [512] Domini 1100 Godefridus de Bullio et dux Lotharingie, per cujus industriam Iherosolima a christianis capta est, ipso tunc facto rege Jherosolima anno precedenti, hoc anno moritur. Et eodem anno Henricus imperator Henricum Lemburgensem sibi rebellantem ad deditionem coegit, receptoque in gratia multa mediante pecunia ducatum Lotharingie vacantem confert. Hic sciendum diligenter, quod duo sunt et fuerunt duces Lotharingie, quorum unius ducatus incipit prope Metensem urbem, et porrigitur inde juxta ducatum ducis Austrie, et vocatur alio nomine Mosellanorum; reliquus ducatus Lotharingie est ab hac parte, et est longo tempore incorporatus ducatui Brabantie.

Iste [513] dominus Theodericus (647) inter plurima gratiarum dona divina et humana predictus scientia, precipuus erat in prosarum, ritmorum et metrorum dictamine, qui vitam sancti patris et patroni nostri Trudonis, quam dudum Donatus dyaconus et, ut creditur, loci hujus professus, mandante Metensi episcopo plano stilo descripserat, ad prepositi Gerardi superius sepe nominati instantiam, apud Gandavum in cenobio sancti Petri, ubi post obitum Adelardi secundi, abbatis hujus loci, diu exulavit, urbaniori dictamine, cujus principium est: *In exaltando igitur*, etc., eliquavit. Sermonem insuper, qui legitur in translatione sanctorum Trudonis et Eucherii, cujus initium est: *Gloriosum est hodierna*, etc. (648), cum quibusdam ibidem responsoriis, scilicet hec duo et *O viri misericordie*, et antiphonam [514] urbis eterne et *Trudo virtutum* cum antiphonis, responsoriis et versibus, qui in depositione sancti Trudonis decantantur, dictavit; quos tunc prior Rodulphus, vir litteratissimus, in musica Guidonis Aretini expertus, ipso jubente, modulanter centonavit.

Anno Domini 1126 Henricus quartus imperator, qui patrem contra jus nature captivaverat, sine liberis moritur. Cui Lotharius quartus in regem electus succedit, qui anno regni sui 3. Godefridum Lovaniensem comitem de ducatu Lotharingie abjudicat, et Waleramnum comitem Lemburgie instituit [515].

Anno Domini 1127 Stephanus Metensis episcopus contulit nobis unum curtile ad usus fratrum, situm ante orientalem portam curie nostre nostri cenobii [516].

CONTINUATIONIS TERTIÆ PARS SECUNDA.

PREFATIO.

Expletis [516] pridem tribus partibus compilationis in gestis abbatum hujus monasterii, convenit saltem in hac quarta parte colligere quæ restant pauca, quia plurima memoria digna precedentium patrum pretermisit annotare negligentia. Cum igitur secundum Gregorium in omeliis qui ad arcam non valet

VARIÆ LECTIONES.

[508] *hæc ad III, 2 in margine inferiori adscripsit interpolator.* [509] *hæc ab interpolatore in indice quem confecit adjecta sunt.* [510] *hoc caput in indice adjecit interpolator.* [511] *hæc ab interpolatore in indice addita sunt.* [512] *hæc interpolator in indice subjunxit.* [513] *ab interpolatore in indice adjecta.* [514] a 1*. [515] *interpol. 1*. in margine.* [516] *prima verba ex cod. dedit II.*

NOTÆ.

(647) Abbas Trudonensis.

(648) Vide apud Surium Act. SS. VI

afferre manipulum, prodest illi, ne vacuus veniat, quod spicas portet: idcirco, licet multitudo scribendorum, velut arena grandis, aquis oblivionis sit obvoluta, ut tamen reliquie horum annalium salve fiant, et, ut paucula fragmenta, ne pereant, colligantur, placuit hanc ultimam partem in binos libros partiales dividere. In quorum primo novem abbatum gesta ponuntur, quorum nomina hec sunt: Nycholaus, Cristianus, Johannes, Libertus, Johannes, Thomas, Willelmus, Henricus, Willelmus. In secundo libro ponuntur gesta trium abbatum, scilicet Ade, Amelii et Roberti; inter que gesta plurima interseruntur incidentia annalibus congrua

INCIPIUNT CAPITULA LIBRI PRIMI QUARTE PARTIS CONPILATIONIS IN GESTIS ABBATUM, ET PRIMO DE GESTIS NYCHOLAI ABBATIS.

1. *De Nycholai abbatis electione.*
2. *De incorporatione decime ecclesie de Alburg. Incidentia diversa.*
3. *De officii sculletici seu villicationis nostre controversia.*

DE GESTIS CRISTIANI ABBATIS.

1. *De Cristiani abbatis electione.*
2. *De offitio sculteti seu villicationis et ejus redemptione. Incidentia de imperio Frederici secundi et aliis.*
3. *De superstitiosa adinventione Anglicani monachi*
4. *De sancta Luthgarde priorissa Sancte Katerine.*
5. *De civitatis Leodiensis depopulatione.*
6. *De bello apud Steps, et qualiter episcopus incendiis invasit Brabantiam*
7. *De bello juxta pontem Bovinum, ubi conspirantes in episcopatum principes succubuerunt*
8. *De obitu Cristiani abbatis.*

DE GESTIS JOHANNIS HUJUS NOMINIS PRIMI ABBATIS.

1. *De postulatione Johannis in abbatem et ejus creatione.*
2. *Quomodo visitatio monasteriorum Stabulensis et Malmundariensis per C. cardinalem legatum sibi est commissa*
3. *Quomodo cum abbatia ista abbatiam in Tuitio de mandato C. cardinalis suscepi*
4. *Quomodo medietas opidi Sancti Trudonis Leodiensi Ecclesie acquisita est.*
5. *De abbate Sancti Pauli Trajectensis.*

DE GESTIS LIBERTI ABBATIS.

1. *De electione Liberti abbatis.*
2. *De officio villicationis nostre.*
3. *De festo sancti Liberti de novo instituto.*
4. *De translatione monasterii sororum nostrarum monialium a suburbio Sancti Trudonis.*
5. *De cessione hujus abbatis ab abbacia.*

DE GESTIS JOHANNIS SECUNDI HUJUS NOMINIS ABBATIS.

1. *De Johannis abbatis ad hanc abbatiam institutione et de mutuo ad usuras ejusdem tempore contracto, et de dampnis occasione hujus mutui emergentibus. Incidentia plura.*
2. *De cessione hujus abbatis Johannis ab abbacia ista.*
3. *De mutuo occasione damnonorum per priorem et conventum ad usuras contracto.*

GESTA THOME ABBATIS.

1. *De creatione Thome in abbatem, et de debitorum obligatione, qua monasterium invenit ad usuras obligatum.*
2. *De offitio villicationis nostre, et quomodo magnates hujus opidi ad fidelitatem suam donis mancipavit. Incidentia plura, et de obitu regis Romanorum lantgravii, et quomodo successit Willelmus comes Hollandie electus.*
3. *De hospitali sancti Trudonis, et de recuperatione pontificalium ornamentorum.*
4. *De numero monialium de Milen et de obitu Thome abbatis.*

DE GESTIS WILLELMI PRIMI HUJUS NOMINIS ABBATIS.

1. *De Willelmi abbatis postulatione in abbatem et ejusdem electione.*
2. *De lite, quam contra Lumbardos usurarios in curia Romana sex annis peregit, et ejus concordia. Item de gravibus aliis expositis.*
3. *De acquisitione advocatie in Alburgh, et redemptione diversorum bonorum monasterii et 16 prebendarum, quas ministeriales et officiati seculares hereditarie habebant.*
4. *De numero monachorum hujus loci causa exigente restricto ad tempus.*
5. *De emptione 14 mansionum, et ampliatione nostre curie claustralis versus paludem sardonum et lapideam plateam.*
6. *De discordia episcopi et patrie mutua, et proscriptione facta apud Votthem.*
7. *De latrocinio hospitis, et origine octo dominorum.*
8. *De violentiis et injuriis, quas octo domini nostro monasterio fecerunt, et electo Leodiensi episcopo occasione percussure monete, et de obsidione opidi per Henricum ducem Brabantie.*
9. *Quomodo octo domini duci Brabantie dominium opidi tradiderunt et monasterium violaverunt, abbatem fugaverunt, ecclesiam beate Marie violaverunt, sacerdotes et scabinos captivaverunt.*
10. *De proscriptione octo dominorum et de castro episcopi,*
11. *De augmentatione prebende, de monachalibus in vino, in refectorii ferculis et in vestiario, et de prima*

fundatione curie Beghinarum in Sancta Agnete, elaborante ad hoc Willelmo abbate. Item de censu fratrum Minorum.

12. *Quomodo sunt vendita bona nostra super Mosellam, et de violentia quam comes de Los et dux Brabantie nobis fecerunt usurpando juredictiones villarum monasterii nostri ; et de molendino in Mecheren.*

13. *De prebendis beate Marie, et de prebendis minoribus, et de elemosina ad portam, et pottagio quod in caldaria super fornacem solidata condiebatur.*

14. *De non recipiendis ad nostram congregationem de illegitimo thoro procreatis. Item de mira apparitione Willelmo abbati ostensa de anima defuncti conmonachi. Item de ejusdem obitu.*

DE GESTIS HENRICI ABBATIS.

1. *De creatione Henrici in abbatem hujus loci. Incidentia plura.*
2. *De cessione ejus ab abbatia.*

DE GESTIS WILLELMI ABBATIS HUJUS NOMINIS SECUNDI.

1. *De institutione Willelmi secundi in nostram abbaciam et ejus laudabili vita.*
2. *Incidentia de episcopi Leodiensis occisione et alia plura. De communitate in oppido erecta de consensu episcopi et abbatis ad tempus placiti ipsorum, et de bello apud Wuronc.*
3. *De edificatione mansionis nostre in Donc, et de alveo fluvii Herke, et obitu hujus Willelmi abbatis.*

INCIPIT QUARTA PARS

In gestis abbatum monasterii sancti Trudonis, divisa in binos partiales libros. Cujus primus liber continet novem abbatum gesta ; et primo

DE GESTIS NYCHOLAI ABBATIS.

1. Anno Domini 1180, imperii Frederici primi A anno 28. ac anno Rodulphi Leodiensis episcopi 13, defuncto Wirico pie memorie abbate 3 Idus Decembris, Nycholaus eodem die eligitur, et 12 Kal. mensis Januarii consecratur.

2. Anno prelationis sue 2 (1181) ecclesia de Alburg cum omni decima ejus proventibus stipendiis fratrum est incorporata, prout in cartis nostris, per Lucium papam tercium et Balduinum Trajectensem episcopum datis, liquide continetur. *Incid.* Anno 3. prelationis ejusdem (1182), 11. Kal. Aprilis, fulmen cum horrido tonitruo dilapsum ecclesiam beati Laurentii Leodii intravit, neminem lesit, intactisque cortinis, pallium majoris altaris scidit nec ussit; et sudario altaris illeso, sigillum ipsius altaris in septem partes divisit. *Incid.* Eodem anno, 3. Nonas B Novembris, ecclesia eadem per Rodulphum Leodiensem episcopum reconsiliatur. *Incid.* Anno prelationis ipsius 4, scilicet anno Domini 1183, Godefridus tercius dux Brabantie Jerusalem proficiscitur, et filius ejus Henricus ipso recedente castrum Jacie (649) destruit. Anno ipso plures apud Flandriam combusti sunt heretici. Anno sequenti mortuo Godefrido duce Brabancie (650) Henricus (651) ejus filius succedit et castrum Durachii destruit. *Incid.* Anno suo sequenti, 4 Kal. Maii, combustum et monasterium sancti Lamberti Leodii et sancti Petri ibidem cum claustris suis et omnibus officinis ac episcopi palatium. *Incid.* Anno Domini 1186 combustum est totum oppidum nostrum Sancti C Trudonis cum ecclesia beate Marie, monasterio illeso remanente, sub quo incendio plures utriusque sexus cum pueris suffocati sunt. *Incid.* [VINC BELLOV. XXIX.] Anno sequenti Saladinus soldanus terras cristianorum invadit, cristiani vincuntur (1187), Jerusalem obsidetur et capitur, crucis signatio predicatur. Philippus rex Francie, Henricus rex Anglie cum principibus fidei catholice pro liberatione terre sancte cruce signantur. *Incid.* Anno Domini (1188) Henricus cardinalis episcopus Albanensis apud nos biduo missas celebrat, populo predicat, et multos crismate confirmat, 4 Kal. Maii. *Incid.* Eodem anno Parisius in generali consilio multa milia nobilium et plebeiorum cruce signantur. Eadem nocte luna visa est descendere ad terras, et postea paululum ad locum suum redire. Circa idem tempus imperator Fredericus cum principibus imperii crucem accipit ; et Rodulphus Leodiensis episcopus cum illo proficiscitur. *Incid.* Anno Domini 1189 Henricus dux Lovaniensis nonas Junii ex condicto inite pacis castrum Durachii, quod ante aliquot annos destruxit, reedificat. *Incid.* Circa idem tempus idem dux opidum Sancti Trudonis occasione advocatie obsidet et oppungnat (652), sed non expungnat. Ferunt, quod in hac aut consimili ducis obsidione in opido fuerunt honesti et prudentes scabini et burgenses, qui consilio inito, ut ad benivolenciam animum tanti principis excitarent, fecerunt ignatias fieri delicatas, prout ab olim in opido consuete sunt confici, quas alio nomine vocant placentas; has per spectabiles viros, datis dexteris liberi accessus, prandenti duci sub papilionibus propinaverunt, protestantes, quod opidi incole nil sinistri adversus suam dignitatem molirentur, supplicantes, quatinus pietatem sue nobilitatis super eos distillaret. Tunc ipse dux inspecta humilitate prudentium opidanorum, munusculum

NOTÆ.

(649) Num Jauche?
(650) Obiit Godefridus III anno 1190.
(651) Primus inter duces Brabantiæ.
(652) De his vide Gisleberti Chronicon Hannoniæ ed. Chasteler p. 201.

gratanter accipiens, post paucos dies obsidione remissa cum toto exercitu benigne ad sua repedavit. *Incid.* [VINC. BELL.] Anno sequenti (1190) Fredericus imperator cum maximo exercitu juxta Anthiociam veniens, de equo lapsus in parvo rivulo extinctus est. Et prophetia impleta est de ipso in cunis jacente facta : *Intrabit ut vulpes, regnabit ut leo, morietur ut canis.* Cui filius ejus Henricus quintus ratione nominis succedit, et imperat annis 7.

3. Tempore hujus abbatis, licet aliqui suorum predecessorum multa beneficiata et a villicis usurpata minus juste bona monasterii redemerunt, tamen plus quam 27 officia seu ministeria sive in feodum aut in aliud jus hereditarium diverse persone in gravamen magnarum inpensarum nostre ecclesie possederunt. Inter que officium villicationis seu sculteticum fuit causa gravis dissentionis. Cum enim sepe abbas iste cum Everardo villico litigasset, et propter quosdam excessus eidem villicatio abjudicari debuisset, tandem multorum precibus abbas inductus, consensit quod Everardus villicationem eo modo tenere deberet, ut nulli preterquam monasterio vendere posset nec alienare ab ecclesia, si abbas vel quilibet successor ejus ad scabinorum excommunicationem et suorum fidelium emere consentiret; sicque dissentio est sopita. *Incid.* [VINC. BELL.] Anno Domini 1191 christiani post longam obsidionem civitatem Acon expugnatam ceperunt conditione tali, quod pagani salvis corporibus discederent, et crucem Domini redderent, et captivos christianos libertati restituerent. *Incid.* Eodem anno vise sunt acies pugnantium ex aere in terram descendere, et facta inter se pugna mirabili subito evanescere. Anno ipso Rodulphus Leodiensis episcopus de transmarinis partibus rediens, cum 23 annis prefuisset, veneni poculo interisse dicitur. Post quem anno sequenti (1192) Albertis frater Henrici ducis Lotharingie in episcopum eligitur.

DE GESTIS CRISTIANI ABBATIS.

1. Anno Domini 1193, imperii Henrici ratione imperii quinti anno 4 (653), Nycholaus, postquam strenue 12 annis prefuit, malorum pertesus ab abbacia decedit, 5 Kal. Aprilis. Cui eodem die Cristianus electus succedit, et 9. Kal. Maii (654) consecratur. Hujus patruus fuit Wiricus abbas, et quidam scabinus dictus Johannes Kint ejus nepos, cognationis de Staplen capitaneus. Ipse precipue fuit devotus et religionis zelator.

2. Abbatis hujus tempore Everardus, de quo supra mensio facta est, rebus temporalibus attenuatus, contra promissum alienare voluit ab ecclesia officium villicationis, quod abbas non consensit, sed inspecta utilitate ecclesie sue, data certa pecunie summa ipsum redemit. Qui, cum postea ex necessariis utilitatibus pecunia indigeret, prefatum officium Ottoni theloneario, potenti et prediviti opidano, sub condicta pecunie summa impignorare curavit. Sed fideles ecclesie, precaventes, ne per eumdem Ottonem tam ipse abbas quam communes opidani in futurum nimirum possent opprimi, procurabant, quod talis conventio effectu caruit, pronunciantes, quod domnus abbas tradere deberet eidem Ottoni 10 marcas Colonienses pro pena, que indicta fuit parti ab illo contractu resilienti, sicque abbas constituit ad tempus quemdam amicum specialem in villicum. Quapropter interim fidelium ecclesie consilio Clemens quidam honestus opidanus et uxor ejus Sigardis, cum forent de familia beati Trudonis, pro ipso offitio 80 marcas Colonienses deliberaverunt, et prefato Ottoni 10 predictas marcas remittere nolenti de eisdem satisfecerunt. Qui Clemens domno suo dans dextrarium bonum (655), promisit cum uxore sua coram paribus ecclesie, si quando domnus abbas villicationem redimere vellet aut conventus ipse, paratus semper esset ad renunciandum restitutis sibi 88 marcis monete prefate. *Incid.* Eodem anno Albertus electus per sententiam pape (656). Remis in Leodiensem episcopum consecratur, et jussu imperatoris occiditur anno creationis sue 3. Eodem anno Albertus de Kuic et Symon filius ducis Ardenne pro episcopatu litigant. Symon fit cardinalis, et Albertus episcopatum pacifice obtinet. *Incid.* [VINC. BELL. XXIX, 59.] Anno Domini 1197 Henricus imperator moritur. *Incid.* Anno sequenti (1194) dissentio magna oritur de eligendo imperatore, inter Philippum ducem Suavi et Ottonem ducem Saxonie. Otto in imperatorem consecratur et contra ecclesiam tyrannizat, ut patet in speculo hystoriali. *Incid.* Anno Domini 1199 combustum est claustrum nostrum in Dunc cum ecclesia, pridie Kalendas Aprilis. *Incid.* Eodem anno obiit Albertus Leodiensis episcopus. Cui successit Hugo de Petraponte, qui ecclesie Leodiensi acquisivit castrum Musal cum suo comitatu.

3. Tempore hujus abbatis Cristiani contigit mirabile quiddam. Monachus enim quidam Anglicanus gratia hospitalitatis ad nos venit. Qui ex relatu fratrum intelligens quam maxima oblatio ob merita beati Trudonis hanc ecclesiam dudum ditavit, cupiens gratus esse abbati, excogitavit fallaciam, mediante qua claustrum a debilis quibus detinebatur exoneraret. Fecit enim per quosdam meatus subterraneos usque ad ima turris majoris protractos [517] sursum aquam [518] ad modum fontis ebullire. Quod ubi populus vidit, beatum Trudonem illud

VARIÆ LECTIONES.

[517] protractus 1*. [518] *hæc vox deest* 1*.

NOTÆ.

(653) Tertio.
(654) Ita legendum videtur · codex *Marcii*.
(655) Equus bellis aptus.
(656) Cœlestini III.

miraculose fecisse indubitanter crediderunt, divulgatumque est in tantum, ut confluentibus fidelibus altare beati Trudonis magnis oblationibus cumularetur. Sed quia talis ipocrisis diu latere non potuit, paucis emensis diebus, restructo meatu, fons emarcuit, et quo astu factum sit innotuit. Que res tandem ad aures summi pontificis delata est, cujus indignatio contra ipsum abbatem in tantum efferbuit, quod pontificalibus et mitra eum privavit.

4. [*Vita S. Liutgardis* 21, 17, 18, 22.] Anno Domini 1200 aut circiter, Lutgardis, devotissima monialis monasterii sancte Katerine, siti in suburbio opidi Sancti Trudonis, cum ibidem in manus Cristiani abbatis, ut moris est, professionem solemnem faceret, in fine, cum secundum regulam abbati sicuti sue priorisse et sororibus ceteris pacis osculum offerre deberet, in tantum expavit sancti viri attactum, ut vix a sororibus ad id sit tracta. In quo, prout dixit postea, nullum sentit corporalem contactum. *De eadem.* Hec Deo digna Luthgardis dum anelare cepit, ut ministerio consecrationis per manus episcopi Christo uni viro perfectius jungeretur, data est occasio, quod plures ibidem moniales Leodiensis episcopus statueret consecrare Deo. Adducta est ergo Luthgardis ad cetum virginum consecranda. Quarum capitibus dum presul per singulas in signum corone aureole sertum [519] ex zonis complexum innecteret, manifeste visum est tribus devotis personis ibidem astantibus, hanc Luthgardem pre ceteris presulem honorare, et pretiosam coronam auream illius capiti imponere. *De eadem.* Post aliquot autem discursus temporum defuncta priorissa, Luthgardis omnium consensu eligitur, et ex tunc locum et propositum mutare proposuit. Que cum a magistro Johanne de Liro, in omni sanctitate precipuo, et a Christiana Mirabili admoneretur [520], ut ad Aquiriam (657) monasterium Cysterciensis ordinis, loco et prelatione relictis transiret, et hesitasset, Christus ei apparens ammonuit, ut finaliter ad prefatum Aquirie locum tenderet. Parens igitur hiis monitis, ad monasterium illud in Brabancia situm, postquam in monasterio sancte Katerine annis ferme 12 monialis exstitit, feliciter petita licencia transivit. Quod ubi moniales Sancte Katerine viderunt, inconsolabiliter doluerunt. Quarum dolori compatiens, consolationem a beata Maria matre Christi accepit, ut illud claustrum, a quo recederet, spiritualiter et temporaliter ejus precibus promovendum esset. Facta est hec Luthgardis translatio anno Domini 1206 aut circiter. *Incid.* [VINC. BELL. XXX, 1.] Anno Domini 1211 Fredericus rex Cicilie, Ottone ab imperio nuper destituto, in imperatorem eligitur, et Rome honorifice susceptus consecratur, et imperat annis 34. *Incid.* Eodem anno cepit guwerra inter Hugonem Leodiensem episcopum et Henricum ducem Brabancie, occasione comitatus de Musal.

5. Anno Domini 1212 (658) ac anno prelationis ejusdem 20, in die ascensionis Domini, que fuit in die inventionis sancte crucis, Henricus dux Brabancie, dolens comitatum de Musal devolutum esse ad episcopatum Leodiensem, vastatis plurimis villis per episcopatum, in gravi multitudine armatorum Leodiensem civitatem invadit et expugnat, et infinitum thesaurum in auro, argento ac aliis preciosis substantiis omnino aufert. Clerici et sacerdotes spoliantur, omniaque ecclesiastica supellectilia et jocalia auferuntur, altare sancti Lamberti humano sanguine contaminatur, in ecclesia sancti Petri tres viri occiduntur, mulieres et virgines Deo sacratæ opprimuntur et stuprantur, et pluribus in diversis locis interfectis, multi submerguntur, aliique captivantur quamplurimi. Quibus patratis, dux cum suis ad propria rediit. Post cujus recessum Hugo episcopus Leodiensis statim celebrato consilio apud opidum Hoyum ducem excommunicat, et lata sententia excommunicatum denunciat, et congregato magno exercitu trium milium equitum ac maxima multitudine pedestrium, cum auxilio et potencia comitum Ferrandi Flandrie, Philippi Namurcensis, Ludovici Lossensis, cum aliis multis comitibus et nobilibus Francie ad destruendam Brabanciam festinat. Dux vero hec audiens, magno terrore anxiatur. Prefatum comitem Flandrie adiit, ac per ipsum interpositis conditionibus pacem cum episcopo fecit, promittens Leodiensibus omnia dampna illis per suos illata restituere, insuper et in ecclesia sancti Lamberti flexis genibus de suis excessibus veniam postulare. Sicque prefati principes cum suis ad propria redierunt. Eodem anno idem dux facto cum Philippo Francorum rege federe, filiam (659) ipsius regis accepit in uxorem, et idcirco elatus, animo tumido quicquid episcopo promiserat facere recusavit. *Incid.* [VINC. BELL.] Hiis temporibus floruit Maria de Ognies, que cognovit in spiritu, quod debacante hostium irrumptione per episcopatum Leodiensem, universe sue congregationis sacre puelle in puritate sue virginitatis forent preservande.

6. Anno Domini 1213 (660) ac anno prelationis ejusdem 21, comes Flandrie Ferrandus mandavit episcopo Leodiensi et comiti Lossensi, ut congregatis exercitibus terras ducis invaderent ex parte una,

VARIÆ LECTIONES.

[519] certum 1*. [520] *hoc vel simile verbum in codice desideratur.*

NOTÆ.

(657) Avirs haud procul a Leodio.

(658) De his et sequentibus uberrime disseruit auctor Triumphi sancti Lamberti in Steppes apud Chapeaville II, 605 (*Patrolog.* t. CXLIX, col. 287 seq.

(659) Mariam filiam spuriam Philippi regis.

(660) Narrationem harum rerum accuratissimam dedit Reinerus Sancti Jacobi, quem fortasse inter nostri auctores fuisse conjicere possis.

ipse easdem invaderet ex altera. Et cum circa hujusmodi intenderet, rex Francie Philippus, gener (661) ducis, terram ipsius comitis hostiliter invadit, et opida quedam in Flandria vi ad deditionem compulit, et quedam cepit aliaque subvertit, et de Flandrensibus circa duo milia hominum in bello peremit. Quo audito comes expeditionem, quam contra ducem disposuerat, pretermisit, et insecutus regem, qui jam ad propria redierat, civitatem Turnacum cepit. Interea dux congregato cuncto suo exercitu, iterato terram episcopi intravit et opidum Tongris devastavit, Waremiam (662), Waleviam (663) et alias villas episcopii combussit, et civitatem Leodiensem repetiit. Cui cum appropiasset et eam firmissimis muris vallatam invenisset, ammiratus de tam festiva munitione perfecta, retro cessit, iterque ad Brabanciam direxit. Congregatis ergo interim exercitibus suis, Hugo episcopus et Ludowicus Lossensis comes ipsum ducem festinato sunt insecuti, quem in custodia de Steps (664), que juxta villam Montenaken sita est, cum toto suo exercitu invenerunt. Ordinatis igitur aciebus ex partibus alterutris, durissimum commissum est prelium, cessitque victoria Leodiensi episcopo, et ceciderunt interfecti de exercitu Brabancie amplius quam duo milia virorum. Ipse quoque dux fuge consulere compulsus est, et venit cum paucis in opidum Lovanium. Episcopus vero procedens inde intravit terram ducis, et opida Lewis (665), Landen, Hanuet (666) et alias plures villas Brabantie devastavit. *Incid.* Post paucos autem dies Ferrandus comes Flandrensis, sua expeditione quam contra regem Francie disposuerat postposita, cum copioso exercitu Brabantiam intrare accelerat. Quod ut dux audivit, nimio terrore consternatus, data maxima pecunie summa pacem cum comite fecit, ac mediante interventu ipsius comitis, concordia pacis facta est inter episcopum et ducem. Sicque ipse dux id quod precedenti anno promiserat, sed adimplere renuebat, compulsus explevit, et apud Leodium veniens, ecclesiam sancti Lamberti humiliter intravit, et nudatis pedibus flexisque genibus beato martiri veniam de suis demeritis postulavit in presencia Hugonis episcopi, tocius cleri et populi. Quibus solempniter peractis, absolutionem ab episcopo accepit et ad propria rediit (667).

7. [Vinc. Bell. xxx, 1.] Anno eodem Fredericus, qui contra Ottonem imperatorem fuerat consecratus, Alimaniam intravit, cui principes regni pro majori parte adheserunt. Otto vero eximperator cum magno exercitu Aquisgrani venit, ut exhinc in adjutorium

A avunculi sui regis Anglie (668) contra regem Francie veniret. Ad quem Henricus dux Brabancie accessit, factoque federe cum ipso, filiam suam Ottoni in uxorem dare promisit (669), sub hac spe, ut se per illius potenciam adhuc vindicare contra Leodiensem episcopatum valeret. Quo federe facto (670), Otto imperator cum toto suo exercitu Nivelle venit. Ad quem cum duces Brabancie et Limburgie, comites Flandrie et Bolonie (671) aliique principes devenissent in multitudine copiosa, conspirationem contra episcopatum Leodiensem unanimiter secrete fecerunt, ut quam cito victoriam quam sperabant contra Philippum regem Francie obtinerent, continuo prefatum episcopatum invaderent, potitaque victoria, inter se civitatem, opida, castra, munitiones et villas

B Leodienses, prout ordinaverant, condividerent. Sed auxiliante Deo ac meritis sancti Lamberti faventibus, illis spe sua frustratis, preter votum accidit quod consequenter patebit. *Incid.* Anno sequenti Otto eximperator et Ferrandus comes Flandrie ac eorum complices, duces scilicet Brabancie et Limburgie, comes Bolonie, ac alii plures comites, principes et barones, contra Philippum regem Francie processerunt. Quibus idem rex juxta pontem Bovinum (672) cum suis occurrit (*an.* 1214, *Jul.* 27), commissoque prelio, cum ex utraque parte multi nobiles occubuissent, victoria tandem cessit regi Francorum. Ibi comites Flandrie, Bolonie, Salesberie, scilicet frater regis Anglie (673), cum multis

C aliis capiuntur, ac plures occiduntur, Ottoque imperator et duces Brabantie et Limburgie post maximos labores et pericula cum aliis multis nobilibus per fugam liberantur. *Incid.* Eodem anno reges Francie et Anglie pacificantur. *Incid.* Eodem anno post fugam Ottonis eximperatoris in bello pontis Bovinii omnes principes Alemanie, qui adhuc Ottoni imperatori adheserant, illum pro desperato reputantes, Frederico a Romana ecclesia consecrato sunt conjuncti. Fredericus vero cum quinque milibus militum Aquisgrani tendit, Renum transiit, et porro ducem Brabancie et terram ejus tanquam fautorem Ottonis adhuc invadere disponit. Quod audiens dux territus est, et mediante Hugone Leodii episcopo pacem et illius gratiam obtinuit. *Incid.* Anno Domi-

D ni 1215 ac anno prelationis ejusdem 23, Innocentius papa tercius Lateranense consilium celibrat, ubi inter ceteros ecclesiarum prelatos Cristianus hujus loci abbas vocatus interfuit. *Incid.* Anno Domini 1216 ac anno prelationis ejusdem 24, ordo fratrum Predicatorum confirmatur per Honorium tercium

NOTÆ.

(661) Socer.
(662) Waremme Sancto Trudoni vicinum.
(663) Waleffe prope Huy.
(664) Steppes; reportata est hæc victoria 13 Oct. 1213. Cf. Reinerum Sancti Jacobi apud Chapeaville II, 227.
(665) Leeuw haud procul a Sancto Trudone.
(666) Hannut prope Tirlemont.
(667) Quod factum est 28 Febr. 1214.
(668) Joannis.
(669) Mariam quam mense Maio 1214 in matrimonium duxit Otto.
(670) 12 Jul. 1214, ut probat auctor Triumphi sancti Lamberti in Steppes.
(671) Rainaldus.
(672) Inter Lille et Tournai juxta Cyssing.
(673) Guillelmus. filius spurius Richardi I regis.

papam, qui Innocentio ordinem ipsum promovere A proponenti hoc anno successit; unde versus :

M, C bis, X sexto cepit qui predicat ordo.

Incid. Anno Domini 1219 ac anno prelationis ejusdem 27. Honorius papa confirmavit regulam fratrum Vallis scolarium. Item idem confirmavit regulam fratrum habitantium in monte Carmeli, qui postea propter paganorum insultus compulsi sunt a loco illo per varias mundi partes dispergi. *Incid.* Anno Domini 1221 ac anno prelationis ejusdem 29. Kal. Septembris, combustum est fere dimidium opidum Sancti Trudonis et ecclesia sancti sepulcri. In hoc incendio tantum unus vir concrematur.

8. Iste abbas postquam prefuit annis 30, tandem in lectum egritudinis decidit, et sumptis ecclesie sacramentis devote in Domino obdormivit, sepultusque est in choro psallentium ante gradus. Cujus epytaflum hiis versibus intitulatur :

Hic sortitus erat nomen de nomine Christi,
Ergo christianum se vita [521] *prebuit isti;*
Et quia mente pia coluit pater is te, Maria,
Porrige, virgo, manum salvaque tuum Christianum.

DE GESTIS JOHANNIS ABBATIS PRIMI HUJUS NOMINIS.

1. Anno Domini 1222, imperii Frederici secundi B anno 22 (674), defuncto Christiano abbate, 15 Kal. Octobris, magister Johannes de Sanctis, decanus ecclesie sancte Marie in Aquisgrani, in abbatem hujus loci postulatur. Super quo Leodiensis et Metensis episcopi (675) nimium gavisi, patrocinaturos sese illi in cunctis affectuose sposponderunt. Qui humiliter obaudiens, per legatum Romane curie 5 Nonas novembris in abbatem creatur.

2. Eodem anno episcopus Portuensis et Sancte Rufine cardinalis, apostolice sedis legatus, 11 Kal. Decembris, auctoritate sue legationis eidem mandavit et commisit visitationem in monasterii Stabulaus et Malmundarii tam in capite quam in membris exsequendam.

3. Prefatus legatus sequenti anno mandatum illi C dirigit in hac forma : C. (676) *miseratione divina Portuensis et Sancte Rufine episcopus, apostolice sedis legatus, dilecto in Christo Johanni abbati Sancti Trudonis salutem in Christo Jesu. Licet salubriter in sanctis canonibus sit statutum, ut singulis personis singula officia committantur, frequenter tamen personarum consideratis et locorum qualitatibus ac circonstanciis, plures ecclesie conceduntur uni persone de gratia speciali. Hinc est, quod cum abbatiam Tuiciensem sancti Heriberti tibi commiserimus, ne monasterium sancti Trudonis ex nostra commissione jacturam in temporalibus vel in spiritualibus patiatur, tibi legationis qua fungimur auctoritate indulgemus, ut abbas Tuiciensis existens, abbas Sancti Trudonis* D *remaneas, ut utrorumque monasterium et eorum personas auctoritate presentis indulgentie tanquam proprius abbas regas, et plenam curam eorum habeas in temporalibus et spiritualibus ministrandis. Datum Sybergis, 16 Kal. Marcii. Incid.* Anno Domini 1226, beatus Franciscus incepit ordinem fratrum Minorum.

4. Anno Domini 1227 capitulum Leodii per sollempnem commutationem pro curia beati Lamberti dicta Maidieres, que sita est in episcopatu Metensi, acquisivit sibi jus, quod Metensis ecclesia in Leodiensi episcopatu optinuit, medietatem scilicet opidi Sancti Trudonis cum omni dominio et justitia ac ceteris villis ultra Mosam sitis, et hominibus tam nobilibus, clericis quam laicis, et quidquid juris in abbatiis in Leodiensi episcopatu sitis obtinuerit (677). Quam commutationem Treverensis (678) et Coloniensis (679) archiepiscopi, Gregorius (680) papa et Henricus comes Hollandie, rex Alemanie, et Metensis et Leodiensis episcopi cum suis capitulis confirmaverunt. *Incid.* Eodem anno Hugo Leodiensis episcopus confirmavit opido Sancti Trudonis, quod judicio 14 scabinorum, quorum sunt 7 episcopi et 7 abbates, omnia in opido agerentur (681). Hoc anno, ut creditur, statutus ab antiquo 14 scabinorum Sancti Trudonis numerus ad numerum senarium est redactus. Quapropter ut amodo prefatus numerus in sua perfectione perseveraret, per domnum episcopum Leodiensem et abbatem hujus loci et scabinos cum opidanis sic concordatum est, ut quilibet ex istis sex scabinis protunc unum opidanum quem vellet eligeret in officium scabinatus, ac domni prefati de duobus reliquis quilibet eorum unum constitueret; tali conditione subnixa, quod deinceps cum contingeret [522] scabinatum vacare, superstites scabini eligere possent infra 40 dies unum idoneum in scabinum. Qui si sub prefato dierum numero eligere pretermiserint, tunc episcopus seu abbas, cujus ille scabinus fuerat, unum idoneum quem vellet loco illius constitueret; quod usque in hodiernum conservatur.

5. Anno eodem (1228), 6 Nonas Marcii, Walterus prepositus hujus monasterii in abbatem monasterii sancti Pauli Ulterioris Trajecti assumitur,

VARIÆ LECTIONES.

[521] vite 1*. [522] contingerit 1*.

NOTÆ.

(674) Imperii 2, Siciliæ 24.
(675) Joannes.
(676) Conradus.
(677) Hæc ex parte desumpta sunt ex ipsa Metensis episcopi tabula, quæ cum aliis episcopi Leodiensis, Coloniensis, capituli Metensis et Heinrici regis exstat ap. Chapeaville II, 246. Scriptæ sunt mense Maio et Junio 1227.
(678) Theodericus II.
(679) Heinricus I.
(680) Nonus.
(681) Præcepto dato 26 Jun. 1227. Chapeaville l. l.

quod pene desolatum, suis laboribus emendavit. In cujus anniversario habemus ad pytanciam unum modium siliginis. *Incid.* Eodem anno Henricus dux A Brabancie moritur, cui filius ejus Henricus succedit (682).

DE GESTIS LIBERTI ABBATIS.

1. Anno Domini 1228, imperii Frederici anno 17. ac Hugonis Leodiensis episcopi 28. defuncto Johanne abbate 7. anno sue prelationis, 10. Kal. Octob., Libertus ei succedit, et 12. Kal. Februarii (1229) in ecclesia nostra a domno Hugone episcopo Leodiensi honorifice consecratur. Eodem anno visi sunt in opido nostro pulli quidam semipedes, alii quadrupedes et alii tripedes. Anno Domini 1230 Hugo Leodiensis episcopus 6. Idus Aprilis obiit (683); qui ecclesie nostre 80 libras alborum dedit. Cui Johannes de Appia hujus nominis secundus, major prepositus succedit.

2. Tempore hujus abbatis Clemens villicus, de quo supra narratur, villicationem vel officium sculteti, quod prius [523] sub pignore obtinebat, quatuor filiis fratris sui Serisii, de consensu domni abbatis, coram ministerialibus et scabinis contulit, pro eo quod ipse Clemens ecclesie nostre quandam decimam, que ad officium sculteti pertinebat, dedit. Hec fuit minuta decima de tota villa Sancti Trudonis.

3 Iste domnus Libertus instituit festum sancti Liberti sub festo duplici, et 50 solidos Lovanienses hereditarie acquisivit, quos abbas, qui pro tempore fuerit, singulis annis pytancie fratrum persolvit

4. Anno Domini 1231 omne edificium monasterii sancte Katerine, situm in suburbio opidi Sancti Trudonis, quod Ad sanctam Katerinam vocatur, translatum est ad locum magis congruum et confluentium aquarum irriguum, quem locum nobilis domina de Parweis cum omni jurisdictione sua temporali dicto monasterio contulit. Sub eadem B translatione corpus sanctum Christiane Mirabilis, quod 7 annis ante [524] in loco prioris monasterii humatum fuit, exhumatur, et ad locum nove habitationis transfertur. Anno eodem, in die beate Marie Magdalene (*Jul.* 22), Henricus dux Brabancie opidum nostrum Sancti Trudonis obsedit.

5. Anno Domini 1232, pridie Nonas Maii, Libertus abbas in presencia domni Johannis Leodiensis episcopi Apud Hoyum resignavit, et cessit de abacia cum prefuisset laudabiliter et devote annis 4, mensibus 6, diebus 15.

DE GESTIS JOHANNIS HUJUS NOMINIS SECUNDI.

1. Anno Domini 1232, imperii.... [525] anno, episcopatus Johannis secundi anno 3, Liberto ab abbacia cedente, Johannes abbas Sancti Laurentii in Leodio 8. Kal. Junii hujus loci abbas efficitur, regimine abbacie sancti Laurencii sibi permanente. Qui infra tres annos (*an.* 1236) ad usurarios apud Trecas accepit mutuum ad summam 2005 librarum Turonensium. Anno vero 4, solutione illius mutui neclecta, facta est computatio per ipsum abbatem cum Lumbardis, et sorte ac usuris cum expensis compensatis, abbacia nostra est ipsis usurariis in 6200 libris Turonensium obligata, solvendis infra 4 annos; de qua summa idem abbas persolvit iisdem Lumbardis usurariis medio tempore 2007 libras Turonensium nigrorum. Et sic post hujus abbatis obitum monasterium nostrum permansit ipsis Lumbardis obligatum in 3540 libris Turonensium preter usuras. *Incid.* Anno Domini 1233 Leodiensis eccle- C sia cum scripsisset datum annorum Domini a pascali tempore incipiens, nunc conformans se Romane et Coloniensi ecclesiis, incepit annos Domini a die natalis Domini. *Incid.* Anno Domini 1238 (*Mai* 2) Johannes episcopus Leodiensis secundus hujus nominis moritur (684), cui Wilhelmus Valentinus electus et a Gregorio papa confirmatus succedit.

2. Anno Domini 1239, Kal. Februarii, Johannes abbas hujus loci abbatiam hujus ecclesiæ ac Sancti Laurentii in Leodio resignavit, et in claustro vallis sancti Lamberti juxta Leodium Cystercienscm habitum induit, ubi infra annum in pace quievit. Qui prefuit huic monasterio 7 annis et 6 mensibus.

3. Anno eodem prior et conventus receperunt mutuo a prefatis Lumbardis per Egidium de Lavar D civem Leodiensem 800 libras Parisiensium, que faciunt 1200 libras Turonensium.

VARIÆ LECTIONES

[523] pro 1*. [524] *excidit* in 1*. [525] *lacuna trium fere litterarum in* 1*.

NOTÆ.

(682) Errat; obiit 5 Sept. 1235. Cf. Butkens *Trophées des ducs de Brabant* I, 198.

(683) III Id. April. legitur commemoratio ejus in libro Leodiensi, Chapeaville II, 251.

(684) VI Non. Mai., teste Ægidio.

DE GESTIS THOME ABBATIS.

1. Anno Domini 1239, qui fuit primus annus Willelmi Leodiensis episcopi, postquam Johannes secundus de hac abbacia cessit, Thomas, qui ante ingressum religionis plebanus ecclesiæ beate Marie fuit, ortus de mediocribus opidanis, utilis pro populo, postea prepositus hujus loci, vir circumspectus et sedulus, abbas creatus est [526]. Qui per negligenciam sui predecessoris invenerat abbaciam ex contractu mutui ad usuram cum Lumbardis apud Trecas facto, ut supra narratur, in 3540 libris Turonensium eisdem Lumbardis obligatam, item ex mutuo per priorem et conventum cum prefatis Lumbardis, ut jam prefertur, ex necessitate contracto in 1200 libras Turonensium similiter oneratam invenit, quarum summa ascendit usque 4740 libras Turonensium nigrorum. Anno prelationis sue secundo (1240) Thomas abbas solvit ipsis Lumbardis prefatis de debitis ante creationem sui factis 720 libras Parisiensium; postea facta est conputatio cum Lumbardis, et ipse persolvit 1766 libras Parisiensium. Summa igitur totalis, quam abbates Thomas et suus predecessor Johannes diversis temporibus solverunt, 4647 libre Parisiensium. Remansit igitur hec ecclesia adhuc dictis usurariis Lumbardis obligata ratione supradicti mutui in 2747 libras Parisiensium.

2. Iste abbas per suam diligenciam acquisivit duas partes scultetici officii; in quo statuit fidelem virum, qui singulis annis 8 mensibus villicavit, aliis vero 4 mensibus Walterus de Domo lapidea pro tercia parte villicationis ad se ex dote sue uxoris pertinente villicavit.

3. Anno Domini 1240 per diligenciam sollicitudinis hujus abbatis hospitale, quod situm fuit in cimiterio nostro, de consensu Jacobi episcopi Prenestini, apostolice sedis legati, translatum est ad locum ubi stat in platea de Stapel, conditione tali, quod domus hospitalis dicta in atrio nostro sita et quicquid habere dinoscitur in platea de Plankem in censu et redditibus nostro monasterio perpetue cedet, et in reconpensationem hujus assignavimus prefato hospitali sex bonuaria terre de cultura nostra in Schurovem et molendinum nostrum in Stadem jure perpetuo, nosque hospitalis, sicut hactenus fuimus, veri patroni erimus. Circa idem tempus prefatus abbas Romanam curiam adiit, et A usum pontificalium ornamentorum, qui ex causa abbatis Cristiano a papa retractus fuit, de novo ab Innocentio quarto papa, ut eo solempniter uteretur, impetravit. Qui eciam plura privilegia pro utilitate ecclesie nostre ab eodem papa obtinuit. *Incid.* Eodem anno (*Oct.*) Willelmus Leodiensis episcopus in Transalpinis partibus moritur et in Florencia inhumatur, et vacavit sedes 2 annis (685). *Incid.* Anno Domini 1241 Robertus primus, Lingonensis episcopus, per translationem Leodiensis episcopus efficitur. *Incid.* Tempore hujus episcopi incepit status Beginarum. *Incid.* Anno Domini 1245, mortuo lantgravo Thuringie, qui a papa Innocentio quarto super destitutum ab imperio Fredericum in regem Alemanie creatus fuit [Vinc. Bell. xxxi], B vacavit imperium anno 1. Anno sequenti, 6. Kal. Novembris (686), Robertus primus Leodiensis episcopus moritur. Eodem anno Henricus dux Brabancie moritur, cui ejus filius Henricus tercius succedit. *Incid.* Anno Domini 1247 Willelmus comes Hollandie, nepos ex sorore Henrici secundi ducis Brabancie, superstite adhuc Frederico secundo ab imperio destituto. Romanam ecclesiam persequente, elaborante papa Innocentio, eligitur in regem Alemanie. Anno eodem Henricus (687), consobrinus Willelmi electi in regem Alemanie, frater Ottonis comitis Gelrie, Leodiensi ecclesie preficitur (688). Circa idem tempus Innocentius papa quartus instituit festum sacramenti sancte eucharistie celebrari per omnes ecclesias fidelium.

C 4. Anno Domini 1248, anno 1. Willelmi regis Alemanie, B. priorissa totusque conventus monasterii sancte Katerine in Milen (689) conpromiserunt per juramentum sub pena excommunicationis in manus Thome abbatis, quod amodo non debeant numerum sanctimonialium et fratrum et sororum augmendare ultra 40 personas. Super quo conpromisso elaborante Thoma abbate obtinuerunt confirmationem a papa Innocencio quarto. Iste abbas fuit vir activus et sollers. Qui cum non haberet consanguineos valentes resistere monasterio injuriantibus, contraxit familiaritatem cum Johanne de Follonia, potenti opidano, emptisque quinque bonuariis terre arabilis et eidem in feodum collatis, fecit illum vasallum suum. Qui fideliter eidem pro D muro contra adversarios fuit. Eodem anno abbas Thomas obiit 4. Kal. Novemb. Cujus corpus se-

VARIÆ LECTIONES.

[526] excidit 1*.

NOTÆ.

(685) Ægidio teste, obiit mense Octobri 1239, neque vacabat sedes duos annos, sed jam 14 Jun. 1240 scribi jussit Robertus tabulam de lite inter abbatem Trudonensem et Gemblacensem, Chapeaville II, 266.

(686) Obiit xvi Kal. Nov., ut dedit ex Necrologio Foullon I, 340.

(687) Tertius.

(688) vi Kal. Oct. 1247, teste Ægidio.

(689) Melin haud procul a Tungris.

pultum est ante altare sancte Elizabeth, habens tale epitaphium:

Gessit digna legi Thomas abbas, quia legi
Astrixit multos ipsius dogmate fultos.
Divinum verbum bene prompserat, et quod acerbum
Patrator gessit, hoc confessore recessit.
Ecclesie decori quod reddita mitra labori
Ejus inest, memori jure nequitque mori,
Ut viva fama sculptum facit huic epigrama
Horum lectores, este sui memores.

DE GESTIS WILLELMI ABBATIS HUJUS NOMINIS PRIMI.

1. Anno Domini 1248, Willelmi regis Romanorum anno 1. et Henrici Leodiensis electi anno 2. Willelmus, investitus Sancte Marie Aquisgrani, in abbatem Sancti Trudonis postulatur, quia erat vir devotus et literatus valde; quem rex Alemanie precipue diligebat et pro suo secretario tenebat. Pro cujus confirmatione ad Romanam curiam missum fuit et optentum. Alii dicunt quod una die habitum monasticum induit, die sequenti professionem fecit, et tercia die abbas efficitur mensis Februarii die 5. *Incid.* Eodem anno Willelmus Hollandie comes, in regem Alemanie electus, Aquisgrani opidum et sedem regni per 6 menses obsedit, et per violentiam aquarum, mediantibus elevatis altis aggeribus intra men'a profluencium, Aquenses ad deditionem non conpulit, sed inedia tandem fatigatos aperire portas artavit. Sicque per legatum curie Romane in regem Alemanie consecratur.

2. Anno eodem cum idem abbas ecclesiam istam prefatis mercatoribus Lumbardis in 2748 libras Parisiensium obligatam inveniret, sepedicti Lumbardi, quia per triennium ante sui creationem cessatum fuit a particularibus solutionibus contracti mutui, que diversis temporibus fieri deberent, gravissimas et intolerabiles usuras petebant. Propter quod idem abbas, licet invitus, necessitate compulsus cum eisdem plus quam 6 annis placitavit in curia Romana, et tandem fecit cum ipsis conputationem anno Domini 1255 de 2480 libris Parisiensium infra 10 annos particulariter persolvendis. Quam summam idem abbas totam sub tali statuto termino persolvit. Sed quia quandoque statuto termino particulam non solvit, ideo sub diversis temporibus pro usuris 74 libras Parisiensium solvit. Item idem abbas pro tractatibus, quos cum mercatoribus istis in diversis partibus Lugduno, Lauduno, Cameraco et alibi habuit, pro testibus et advocatis exposuit 5 marcas Leodienses. Summa omnium predictarum, que abbas Willelmus solvit et expendit pro debitis suorum predecessorum infra 22 annos, 2183 marce Leodienses. Item summa omnium que exposuit ad mandatum pape Alexandri (690) pro vigesima, pro cardinalibus et pro legatis, infra annum 61 et 71, 2860 marcas Leodienses; item pro dampnis diversarum guerrarum et tempestatum 2000 marcarum Leodiensium. Summa igitur pecunie, quam ecclesia ista diversis partibus solvit pro contractu ad usuras cum Lumbardis, ultra et preter sortem ascendit ad 4000 librarum Parisiensium, que dicuntur tunc valuisse 6000 librarum Turonensium nigrorum. Et sic plenarie omnia persoluta sunt anno Domini subsequente 1265.

3. Anno Domini 1250 Willelmus Romanorum rex et comes Hollandie ex speciali favore, quem ad abbatem Willelmum gerebat, advocatiam, quam in bonis ecclesie nostre et in hominibus adjacentibus villis nostris in Alburgh existentibus ratione comitatus Hollandie pleno jure possedit, eidem abbati et suis successoribus in perpetuum jure feodali libere possidendam contulit, propter quod bona ecclesie nostre ibidem valebant annuatim 25 marcas amplius quam solebant. Idem abbas acquisivit, redemit et exoccupavit diversa bona ecclesie injuste a pluribus usurpata, tam in episcopatu Trajectensi quam Leodiensi. Item idem abbas, aut forte aliquis suorum predecessorum, titulo emptionis acquisivit monasterio terciam partem emolumentorum, quam quidam opidanus vir possedit hereditarie ad molendinum in curia nostri monasterii situatum. Item molendinum nostrum in Gorsembruel ab hereditario jure, quod Cristianus advocatus noster cum uxore sua in illo habuit, redemit. Item officium villicationis in villa nostra Borlo recuperavit. Item de prebendis ministerialium et officiatorum hujus ecclesie, quarum numerus fuit 29, redemit suo tempore usque ad numerum 16 prebendarum, scilicet braxenie seu cambarie, quod idem est, lotarie (691), ortolanie (692), cellerarie, camerarie, coquinarie, mariscalcie, cum ceteris. Item redemit terciam partem scultetici officii in opido nostro erga Walterum de Domo lapidea, cujus pridem predecessor suus Thomas duas partes redemit, et sic officium ipsum libere ad monasterium rediit. Item bona nostra apud Borlo, que ante sua tempora ascendebant ad numerum 60 bonariorum et 13 virgarum terre arabilis, ampliavit in 18 bonuariis cum 5 virgis magnis et 14 parvis; summa ergo totius terre arabilis apud Borlo suo tempore ascendebat ad 100 bonuaria cum 12 virgis magnis et 8 parvis. Item cum in decima nostra apud Borlo plures haberent portiones particulares, ipse ex illis data pecunia quatuor partes emit; primo erga abbatem de Heylesem (693) octavam partem, et erga abbatissam de Boneef (694) aliam octavam partem, et erga fratres Theutonicos duodecimam partem, et similiter duodecimam partem erga Hermannum de Brustino. Que quatuor partes valent 50 modios siliginis, de quibus assignavit ad pytanciam refectorii pro sextis feriis 26 modios siliginis.

NOTÆ.

(690) Quarti.

(691) Lota, Gallis *lot*, est piscium quoddam genus, estne igitur munus piscium præstandorum?

(692) Cura horti.

(693) Heylissem prope Tirlemont.

(694) Bonesse prope Jodoigne.

4. Tempore hujus abbatis Willelmi fuit numerus monachorum uno converso annumerato 55 preter abbatem. Postea vero idem domnus Willelmus abbas et conventus juramento sese obligaverunt, prout in transcripto hoc quod sequitur continetur : *Universis presentes literas visuris Willelmus Dei gratia abbas, G. prior totusque conventus monasterii sancti Trudonis salutem et orationes in Domino. Notum facimus universis, quod nos pensatis et diligenter consideratis universis bonis, proventibus sive facultatibus nostris, ac etiam pensionibus et diversis bonorum nostrorum distractionibus* [527]*, necnon et multitudine debitorum, quibus ad presens et etiam a multis temporibus ecclesia nostra graviter est oppressa; considerata etiam diversitate ac multitudine expensarum, quas circa nostras et officiatorum nostrorum personas, nec non circa hospites et pauperes, ac circa diversa alia, que ex inopinato et sine proposito frequenter emergunt, secundum exigentiam professionis nostre et diversitatem temporum nos oportet inevitabiliter sustinere : de communi consensu duximus statuendum, et quod jam diu inter nos statutum fuerit renovandum, videlicet quod nullum de cetero in monachum recipiemus, nec alicui prebendam dabimus monachalem, donec ad triginta monachorum nostrorum numerus sit redactus, et ecclesia nostra sit a debitorum onere liberata. Si vero super hoc nobis moveret aliquis questionem, pro jure nostro stabimus et nos, in quantum secundum Deum e justiciam poterimus, defendemus. Nos vero Willelmus abbas, et nos conventus de ipsius abbatis nostri voluntate et licentia speciali, propter ecclesie nostre utilitatem et necessitatem, imo ad vitandam ipsius omnimodam destructionem, promisimus et tactis evangeliis juravimus hoc firmiter et inviolabiliter conservare. In cujus rei testimonium presentes literas sigillis nostris fecimus roborari. Datum anno Domini* 1250. Iste prior Guntramnus fuit consecratus, qui quandoque abbatem Willelmus de neclectibus, quamvis non magnis, corripiens, disciplinam virgarum in capitulo ei dari fecit. Iste prior habuit sororem monachialem in Herkenrode, que scripsit ei breviarium, quod adhuc apud nos est. *Incid.* Anno Domini 1251 magna discordia orta est apud Leodium, primo inter clerum et laycos, deinde inter majores et populares, et demum inter populares ex una parte, contra clerum, canonicos et majores civitatis ex altera, in tantum ut clerus a civitate Leodiensi abcederet. Sed anno sequenti concordia pacis interveniente, populus clero redeunti nudis pedibus et cereis accensis obviam venit (695). *Item.* Anno Domini 1253 Hugo titulo Sancte Sabine presbiter cardinalis, apostolice sedis legatus, per commissarios fecit officium visitationis apud nos. Qui etiam statuta de pluribus observanciis nobis inflictis reliquit in scriptis. Et postea alia visitatio facta est per commissarios illius, 3. die post Lucie (*Dec.* 15), sicut in antiquo martirilogio in fine conpilata inveniuntur. *Item.* Anno Domini 1252 Reynerus de Rolinghem miles dedit decimam suam de Berlinghem (696) perpetuo ad elemosinam pauperibus ante portam distribuendam, que solvit 5 modios siliginis et 5 modios ordei. De quibus constituit conventui nostro subtrahendos modios siliginis et ordei.

5. Anno Domini 1254 idem abbas, videns officinas, scilicet pistrinum, braxenam et alias necessarias domus, in curia monasterii nostri versus paludem sitas, in arto positas, et strepitum ac tumultum commorantium oppidanorum vicinorum fastidiens, qui per 14 mansiones — quas hereditarie possidebant, protensas a loco posterioris porte curie monasterii, que stat versus orientem, usque ad molendinum nostrum, et similiter a molendino usque ad portam claustralem dilatatas — plura incommoda et inquietudines nobis et familiaribus nostris inferebant, collecta summa pecunie prefatas mansiones ab heredibus cum fundo integraliter emit, et continuo eversis omnibus hiis mansionibus, curiam ampliavit et muro conclusit.

6. Eodem anno Leodienses levaverunt communitatem, et facta est gravis discordia inter Henricum episcopum electum ex una parte et Leodiensem populum ac villas patrie ex altera. Electus convocatis scabinis Leodiensibus apud Vothem (697), et pro tribunali sedens, plures Leodiensium proscribit, propter quod Leodienses, nequaquam pacis amatores, audire noluerunt, nisi scabinorum sententia de proscriptis revocaretur. Sed tandem ad arbitrium quatuor proborum virorum dissoluta confederatione, quam pridem Leodienses cum villis patrie et Trudonensibus fecerunt, conclusum est, quod scabini Leodienses, cum fuerit necessarium, juditio tribunali consedere poterunt apud Vothem, contra transgressores processuri. *Incid.* Post modicum vero temporis dissoluta est concordia. Nam electus adversus patriam et patria contra electum horribiliter vicibus multiplicibus in invicem incendiis, violentiis et cedibus debacantur. Sub hac controversia castrum Waremie ab Hoyensibus concrematur.

7. Anno Domini 1254 quidam alienigena locuplex venit in opidum nostrum ad commorandum. Qui acquisita mansione solempnis hospitalitatis, sita ad dexteram ecclesie beate Marie in medio platee illius, accepit in uxorem consanguineam Gotscalci de Repe, militis et scabini opidi nostri Sancti Trudonis. Post aliquot vero annos quidam mercator de Hoyo oriundus, ibidem solitus hospitari, de nundinis pecuniam afferens, ab ipso hospitii domino ad cameram

VARIÆ LECTIONES.

[527] distractoribus 1*.

NOTÆ.

(695) Hæc facta sunt annis 1252 et 1253, ut probat Hocsemius apud Chapeaville II, 280, quem hoc loco ante oculos habuit auctor.

(696) Berlingen vicinum Loos.

(697) Votem prope Leodium.

ei deputatam, ut pausaret, primus intrare jubetur. Ille jussis obtemperans cum paululum procederet, valva volubilis equilibris in planicie maliciose parata calcantem in se, deorsum inclinata, in prisionem precipitavit. Ancilla interim, que pridem a prefato mercatore inpregnata erat, casu in stabulum equorum intrante, dum aspiceret amici sui equum spumantem et brumosum (698) ad presepe positum, et ipsum circumquaque queritans non invenisset, ejulando totam viciniam concitans, suum impregnatorem suffocatum lacrimose propalavit. Ad cujus ejulatum concurrente populo, dominus hospitii, flagicii hujus conscius, clam fuge consulit nunquam rediturus. Quapropter scultetus et scabini consilio habito ad hospitium prefatum accedunt, et facto scrutinio talis flagitii vestigia nullatenus reperiunt. Qui secrete ancillam illam adortantes, libere eam abire promiserunt, si suspecta loca de tali flagitio ipsis designaret. Tunc illa : *Scrutetur*, ait, *quid latere possit sub valva penoris* (699) *in introitu talis caminate sita.* Ad quam illico proceditur, et introspicientes in profundum, jacentem mercatorem semivivum respiciunt. Ad quem quibusdam ad extrahendum descendentibus introrsum quedam cavea patuit, cumulata ossibus et humanis corporibus. Idcirco conpletis quindenarum (700) per bannilem campanam citationibus, hospitii dominus ille non comparens proscribitur, et quia secundum justiciam hujus opidi bona temporalia perpetrancium latrocinia infiscantur, questio orta est inter rectores hujus loci, scilicet scabinos et consules, si [528] uxor latronis illius, nescia flagicii sui mariti, bonorum suorum fieri deberet exsors. Super quo facta monitione per scultetum, Godescalcus predictus sentencialiter pronunciavit per sequelam aliorum scabinorum, innoxie uxori sua bona debere restitui. Ob quam scabinorum sententiam maxima tumultuatio inter opidanos surrexit, in tantum ut Jordanus de Pule comes mercatorum et sui consiliarii, contra dominos suos, episcopum et abbatem, grassati, juridictiones eorum violenter contempnentes infregerunt. *Incid.* Anno eodem Willelmus rex Romanorum Frisones subjugavit. Qui sequenti anno in conversione sancti Pauli (701) eosdem impetens cum multitudine suorum super glacies, prevalentibus Frisonibus, anno regni sui 9. occiditur.

8. Anno Domini 1255, imperii Willelmi regis 9. pridem occisi[529], pridie Kalendas Mai, Jordanus de Pule comes mercatorum cum suis complicibus et communitate effregit seram de aquaductu nostro super pratum Willonis, alias dicti Wilbanid, ubi emissa aqua, capi fecit pisces nostros ab omnibus piscari volentibus, non formidans, quod precedenti anno 7 fuissent puplice et nominatim certe persone monite sub pena excommunicationis per Henricum electum Leodiensem, ut satisfacerent monasterio de excessu hujusmodi. Idem Jordanus sequenti anno mense Julio per violentiam communitatis fecit confringi navem nostram in aqua prati Willonis et in frusta comminui. *Incid.* Eodem anno Henricus tercius Brabancie dux cum magno exercitu ad invadendum Leodiensem patriam tendens, prope Straten villam, infra opidi nostri libertatem sitam, tentoria figit et ad [530] instantiam Henrici Leodiensis electi opidum nostrum obsedit; sed Trudonensibus sub certis pactionibus (702) electo se dedentibus, ab obsidione recedit. *Incid.* Eodem anno Henricus electus, non-immemor pristine rebellionis opidanorum, ipsos armis impetit, sed opidanis rem ad ducem deferentibus, mediante duce electo reconsiliantur (cf. HOCSEM. I, 5).

9. Anno Domini 1256 Jordanus de Puel et consortes sui cum consensu opidanorum, secundum relata veteranorum, Henricum prefatum ducem Brabancie ad opidum nostrum accersientes, circa medium forum sedili grandi sedere fecerunt, et claves portarum ipsius opidi ei tradiderunt. Qui acceptas claves manu[531] stringens filio suo ei comitanti dixisse fertur : *Ecce, nunc sum dominus oppidi hujus!* Cui filius : *Sic pater carissime; si tamen per episcopum et abbatem, veros ejus dominos, processisset donatio. De eodem.* Anno eodem cum opidani Sancti Trudonis percussuram monete, quam quedam opidana in feodum ab episcopo ab olim habuit, in gravamen sui domini Henrici episcopi electi procurassent transferri ad ducem Brabancie Henricum, et quedam etiam servicia balistariorum eidem duci prestare se obligassent, idem electus a summo pontifice Alexandro quarto obtinuit mandatum, quo compellerentur a male temptatis desistere. Hujus vero mandati executio injuncta est abbati Willelmo. Qui dum secundum ordinem juris moniti essent et non resipiscerent, tandem excommunicantur. Propter quod Jordanus de Puel cum suis complicibus, Lamberto de Porta, Waltero Rufi, Johanne filio Tharisii, et aliis decanis guldarum, communitate concitata in armis, assumtis secum villico de Lewis et Dormale (703), cum vexillis explosis egressi, de molendinis nostris apud Gorsembruel et Merwile ferra molarium lapidum abstulerunt. Qui inde redeuntes, cum multitudine pedestrium et viginti equestribus violenter monasterium intraverunt, et effractis ostiis

VARIÆ LECTIONES.

[528] *deest* 1*. [529] occiso 1*. [530] figitur ad 1*. [531] manum 1*.

NOTÆ.

(698) I. q. bromosus, fetidus, immundus.
(699) Cellæ.
(700) Spatium quindecim dierum.
(701) Imo 28 Jan. 1255, anno regni 8. Cf. Boehmer. Reg. imp., ed. 2, p. 56.
(702) Cf. Hocsemius I, 5.
(703) Dormael.

cum parietibus ante altare beati Trudonis, illic irruentes, pervenerunt usque ad gradum chori superioris, ex quo nimirum territi domnus abbas et domni commonachi ad latebras hinc inde fugerunt. Fueruntque illi sacrilegi in tantam rabiem versi, quod quidam ex eis cum impetu in feretrum sancti Trudonis cum hastis suis impegerunt, ex quibus plures de magnatibus et melioribus opidanis et plures ex mansionariis fuisse dicuntur. Qui usque ad capellam sancti Lamberti accedentes, securibus et fustibus ad januam percutientes, nitebantur irrumpere et domnum abbatem molestare. Post hec idem Jordanus et magna pars comitatus [532] cum officiatorum decanis ad portam claustri congressi, super januas obseratas [533] ictibus impulerunt, sed non effregerunt. Post aliquot vero dies idem sacrilegi requisiti, cur tam nefanda monasterio sancti Trudonis inferre presumpsissent, responderunt ex jussu ducis Brabancie hec facta fuisse, cui paulo antea claves portarum ipsius opidi tanquam domino suo tradiderunt. Fuit autem maxima causa presumpte illorum violencie, quod domnus abbas exequens mandatum apostolicum, excommunicationis in eos sententiam prosequebatur. Propter quod ipse dominus abbas veritus adhuc insultum eorum, ad curiam nostram Donc proxima die sancti Johannis baptiste sequente confugit; ubi eciam plures seniorum, vel ut ferebatur totus conventus, subsecutus fuit, usque dum opidanorum sevicia quievit. Item feria sexta, scilicet die sexto post diem beati Johannis, iidem qui prius explosis vexillis cum equestribus et multitudine armatorum cum impetu ad clericos clamaverunt, quos desuper forum insequentes, usque in ecclesiam beate Marie fugaverunt. Quos munitioni turris se committentes insecuti, duabus firmis januis de turri effractis, ceperunt ibidem domnum Clementem plebanum Sancte Marie cum aliis ex sacerdotibus aut clericis, pro eo quod apostolicis mandatis parere voluerunt. Quos cum inferius deduxissent, tandem habito inter se consilio, liberos abire dimiserunt. Unus vero de sacerdotibus Adam nomine ad turrim non confugit, sed retro majus altare ecclesie beate Marie in confessionis camera se tutavit. In quem cum vellent irruere, surrexit, et pixidem sacrosancti corporis Christi in manibus accepit, sicque, licet ecclesia plena armatis fuisset viris, cessaverunt in eum irruere. Eodem vero die iidem Jordanus et sui cum toto opidanorum tumultu ad forum accedentes, captivos deduxerunt scabinos opidi, scilicet Walterum filium Ermegardis, Walterum de Domo lapidea, Robertum Probum, Jordanum Scofeel, Arkint et Nycholaum militem ac alios plures opidanos, nefandis eorum insultibus consentire nolentes. Quos tanquam viles transgressores in anulis ferreis mansipaverunt, apponentes eisdem custodes ducis Brabancie sub expensis gravibus.

10. Eodem anno Henricus electus Leodiensis, simulata cum Trudonensibus pace, opidum ipsum intravit, comitante sibi post tergum armatorum multitudine [cf. Hocs. 5]. Quapropter congregatis scabinis pro tribunali, Jordanus de Puel, alias dictus de Lacu, cum suis complicibus tanquam rei crimine lese majestatis sententialiter proscribuntur a patria, honore et possessionibus suis. *Item.* Post hec jussu electi introitus porte de Staplen, qua tenditur usque Brabanciam, aggere firmo obstruitur. Propter quod dux ipse indignatus contra electi armatorum multitudinem, copiam militum congregat, sed pace interveniente electus et dux pacati sunt tali pacto, quod abjudicatio facta firma maneat; ex gratia tamen, si ipse Jordanus et consiliarii ejus reverti ad opidum elegerint, ipsos in pace residere in eo licebit tanquam proscriptos. Insuper conditionatum est, quod turrim seu castrum, dudum per ipsum electum intra muros opidi nostri restauratum et fossatis circumdatum, versus Trajectum respiciens — quod per prefatos Jordanem et suos prepeditum exstitit — ipse electus, ad precavendum, ne opidani amodo rebellare presumpserint, firmare libere poterit. De quo castro, secundum relationem antiquorum, pons, per transversum fossatorum desuper constructus, introitum liberum familiaribus episcopi dedit.

11. Anno Domini 1257 dissentio orta est per priorem Guntrammum et totum conventum contra domnum Willelmum abbatem, eo quod petebant augmentari sibi prebendam monachalem in victu et vestitu. Super quibus tandem compromissum est ex utraque parte in domnum G. archidiaconem Leodiensem, tanquam in arbitrum. Qui diligenter consideratis querelarum causis, suum arbitrium sic pronunciavit : primo quod ad 5 denarios Lovanienses, qui singulis diebus pro coquina cuilibet fratrum dantur, per singulas sextas ferias 4 vasa siliginis de redditibus monasterii pro ferculo piscium emendo assignarentur. Item quia feriatis diebus sexta una, id est sexta pars unius sextarii, cuilibet fratrum amministrabatur pro vino unius diei, prefatus arbiter unam quartam mensure opidi hujus, id est quartam partem unius sextarii, singulis diebus per singulos dandam pronunciavit. Item de vestiario cum vix marcha cum dimidia cuilibet daretur, tres marchas Leodienses, que faciunt decem solidos grossorum veterum, amodo liberandos pronunciavit. *Incid.* Eodem anno occiso apud Frisones Willelmo rege Alemanorum, dissentientibus electoribus, Rychardus comes Cornubie mediante pecunia electionem sibi paraverat, et per Conradum Coloniensem archiepiscopum in regem Alemanie Aquisgrani consecratur contra regem Castelle [cf. Hocsem. 5.] *Item.* Anno Domini 1258 Willelmus abbas Beginas, que sub diversis parrociis nostri opidi, partim scili-

VARIÆ LECTIONES.

[532] comitatis 1*. [533] observatas 1*

-cet apud Ghovelinghen, Rokendale, Sanctum sepulcrum, et partim apud Sanctum Genghulfum Deo serviebant, in unum locum collegit, et in suburbio de Schurovem in allodio et districtu monasterii nostri ecclesiam in honorem sancte Agnetis construxit, ad quam contulit reliquias de corporibus sanctorum 132, ubi edificatis per girum mansionibus, murum firmum in munitionem circumponi procuravit. Ob cujus perpetuam memoriam magistra Beginarum in die depositionis beati Trudonis offert ad altare unum aureum denarium valentem 3 grossos veteres. Tenentur etiam eedem begine blada sua molere ad molendinum nostrum in Mervile, prout in literis inde confectis plenius continetur. *Item.* Eodem anno discordia inter nostrum monasterium et conventum fratrum Minorum in opido nostro commorantium per arbitralem compositionem sic sopita est, quod idem conventus pro loco, in quo manent et eorum ecclesia sita est solvet [534] nobis perpetuo in die depositionis sancti Trudonis unum aureum denarium, valentem 12 denarios Lovanienses, et quod habeant liberam sepulturam, salvo jure parochialis ecclesie. *Incid.* Anno Domini 1260 Willelmus abbas attulit de Colonia plures reliquias, tam de sanctis undecim milibus virginibus quam sanctorum Thebeorum et Gereonis.

12. Anno Domini 1263 vendita sunt bona monasterii hujus super Mosellam sita sub dyocesi Treverensi, que condam Adelbero secundus, Metensis episcopus et hujus loci abbas, nobis contulit. Que titulo emptionis religiosi viri abbas et conventus de Hemmenrode acquisierunt pro 1150 marcis bonorum et legalium sterlingorum, 12 sterlingorum solidis pro qualibet marcha computatis. Cui summe addite fuerunt 60 carate vini de Mosella infra tres annos succedentes monasterio deliberande. Que pecunie summa conversa est in utilitatem monasterii, tam pro solvendis gravibus debitis ad usuras contractis per suos predecessores, quam pro redimendis et emendis bonis hereditariis monasterio ipsi bene situatis. *Item.* Tempore hujus abbatis comes Arnoldus de Los (704) nullum jus habuit in villa nostra Borlo, nec redditus aliquos secundum relationem veridicorum [535] veteranorum, nisi solummodo ad molam Sandicis ibidem, que solvebat eidem veterem mitam (705) cum dimidia; similiter in ceteris villis monasterii hujus Engelmanshoven, Ham, Halen, Linkout (706) cum ceteris nichil juris habuit preter advocatiam, que suis predecessoribus collata fuit pro defendendis juribus monasterii. Sed comes iste proprie salutis immemor, violenter jurisdictionem nostram sibi usurpavit. Eandem violenciam nobis intulit dux Brabancie in villis nostris sub dominio suo situatis. De qua gravi violencia iste devotus abbas Willelmus viscerabiliter flens et ingemiscens, cum a suis secretariis amicis de nimia impaciencia redargueretur, hoc solum solatii sibi remansisse dixit, quod contra voluntatem suam talem violenciam passus fuit. *Item.* Eodem anno, 6 Idus Julii (707), die dominica inter nonam et vesperas, cecidit media et major turris monasterii nostri, cum esset aura penitus tranquilla. Hujus ruine fore causam dixerunt, quia arcus volte qui subtus erat, sub quo capella sancti Nycholai exstitit, ubi cotidie per unum ex conventu fratrum nostrorum missa celebratur, primo dissolutus fuit. Et quamvis tunc in ipso instanti multi honesti viri ante altare sancti Leonardi ad tractandum de arduis causis simul convenissent, omnes illesi evaserunt; sed due minores nole peroptime consonancie cum campana sexte lapse sunt confracte, due vero majores, scilicet Aurelia et Katerina, licet ruerunt, integre permanserunt. Quintina vero in casu super duas trabes cecidit absque lesione, quam cum campana none et bannili campana deposuerunt, et duas alias que non ceciderant officiati nostri, ut eis uteremur, tucius suspenderunt. Post hujus turris ruinam quindecim gradus, qui solebant infra campanas ante matutinas legi, ceperunt in choro dici. *Item.* Anno Domini 1269 molendinum nostrum apud Meetseren translatum est ad monasterium sororum nostrarum in Milen ratione commutationis pro aliis hereditatibus

13. Tempore hujus domni Willelmi, cum ab antiquo tempore ad prebendas sancte Marie, que devotis pauperibus beginabus et paucis quibusdam viris conferuntur, per singulas singulis septimanis unus denarius Leodiensis ad duos albos panes distribuerentur, ipse idem abbas pro illo uno denario Leodiensi constituit et dedit duos Lovanienses. Numerus harum prebendarum est 20, et habet quelibet harum prebendarum duos panes albos de eadem tritici materia et pondere, quales sunt panes prebende dominorum, que singulis sabbatis diebus prefatis pauperibus ministrantur. Insuper ad prefatas prebendas datur singulis septimanis dimidia pars quarte partis unius vasis de pura et purgata farina, que equaliter dividitur inter habentes prefatas prebendas; preterea alia medietas quarte partis farine omni sabbato distribuitur pauperibus ante portam monasterii. Item ultra has 20 prebendas idem Willelmus abbas suo tempore constituit consimilem prebendam in honore sanctorum Trudonis et Eu-

VARIÆ LECTIONES.

[534] solvent 1*. [535] juridicorum 1*.

NOTÆ.

(704) Octavus filius Joannis comitis Lossensis. Partem advocatiæ Arnoldus vendiderat Willelmo abbati anno 1282, ut probant tabulæ apud Mantelium p. 217.

(705) Moneta ærea Flandrensis.

(706) Linchout prope Diest.

(707) Ita, non cum codice VIII *Id. Jul.* legendum est, nam dies Dominica incidebat in 8 Jul. 1263.

cherii, Quintini, Remigii et Liberti, que etiam appellatur prebenda sancti Trudonis. *De eodem.* Anno eodem aut circiter, Jacobus cognomine Juvenis, prepositus hujus loci, vir discretus et fide dignus, cum fuisset diversis vicibus a pluribus honestis et divitibus personis executor testamentorum constitutus, in remedium animarum eorumdem acquisivit certos reditus hereditarios, de testatorum bonis emptos, qui sufficerent perpetuis temporibus ad 18 minores prebendas, ex quibus quilibet pauper prebendarius habet unum panem, vulgariter dictum huesghenoetbroet, de quibus fiunt ex uno vase 14 panes subalbi coloris. Ad istas prebendas pecunia non datur neque farina. Item creditur, quod idem Jacobus de testatorum bonis constituit seu augmentavit prebendas, que in cena Domini pauperibus intra ambitum claustri distribuuntur, per singulos unus panis vulgariter huesgenotbroet, ut supra describitur, et duo alleca cum uno nigro Turonensi. Harum prebendarum numerus est 250. In hujusmodi elemosinarum redditibus idem Jacobus procuravit solenniter inhereditari abbatem hunc Willelmum aut alium nomine monasterii hujus. *De eodem.* Item sunt adhuc 11 panes ex farina non colata, sed prout multa defertur, qui ex dimidio vase conficiuntur, et dantur super curiam beginarum. A Kalendis Decembris 4 vasa pisarum coquebantur in septimana pro pottagio (708) pauperum, ad quorum condimentum 5 solidi Lovaniensium dabantur. Fuit enim grandis caldaria in domo portarii supra fornaculam firmata, ad modum caldarie cervisiarii, ex qua coctum pottagium in vasis haustum ad portam deferebatur et pauperibus distribuebatur. *Item.* Anno Domini 1271, in crastino epyphanie, domnus prefatus Jacobus prepositus obiit, qui reliquit monasterio 660 libras Lovaniensium et amplius. Que pecunia conversa est in finalem solutionem omnium debitorum hujus ecclesie, ita quod hoc anno abbacia ista, que a 40 annis precedentibus gravibus debitis fuit obligata, nunc nulli in aliquo teneatur [536]. *Item.* Tempore hujus abbatis, qui creditur fuisse anno Domini 1252, Cristianus advocatus Sancti Trudonis et Ida ejus uxor contulerunt monasterio nostro superius molendinum et medietatem inferioris molendini Gorsembruel, ut inde daretur in die anniversarii utriusque ad pytanciam fratrum unus modius, et similiter unus modius ad elemosinam pauperum perpetue. Item promisit abbas et conventus pro ipsorum animabus in altari sancti Nycholay, sub majori turri nostra sito, cotidie per unum de nostris fratribus debere missam celebrari. Item promisit idem abbas cum conventu dare fratribus et dominis in infirmitorio discumbentibus 8 modios siliginis perpetue, et totidem pauperibus ad

A portam, si de serviciis et pensionibus, quibus dicta molendina ecclesie nostre sancti Trudonis prius tenebantur, aliquid supercreverit. *De eodem.* De cotidiana missa in altari sancti Nycholai celebranda, de qua jam narratur, sciendum est, quod post tunc [537] anno Domini 1263 prefata turris corruit, prout supra patet, et ita ibidem missa celebrari non potuit. Propter quod forsan aliquis hesitare posset, si illa cotidiana missa in prefato altari fieri debita esset et fuisset omnino pretermissa; sed visibiliter credendum est, quod iste abbas et suus conventus, viri magne devotionis et reverencie, prefatam cotidianam missam transtulerint ad et supra altare beatissimi sancti Trudonis, ubi singulis diebus celebratur missa matutinalis aliquibus sanB ctorum diebus, ad quorum altaria protunc hec missa celebratur.

14. Tempore hujus domni Willelmi fuerunt plures hujus loci monachi nobilium virorum filii illegitimi, quorum unus dictus fuit Ludowicus, filius vel nepos Arnoldi comitis de Los, qui diu supervixit post obitum hujus domni Willelmi abbatis; fuit eciam unus nomine Godefridus, Henrici Leodiensis episcopi filius. Talium igitur receptiones seu intrusiones conventus egre ferens, consenciente domno abbate Willelmo aut uno suorum successore, concorditer statutum fuit, quod nullus ex tunc in antea in monachum hujus loci reciperetur, nisi ipse recipiendus et ambo parentes ac amborum parentum parentes de thoro legitimo fuerint. Quodam tempore C contigit mirabile factum in cymiterio hujus monasterii sancti Trudonis, prout relatum audivi, quod tempore prelationis hujus abbatis Willelmi accidisse [538] opinati sunt. Fuit enim quidam predives divicias quovis levi modo cumulans. Hic cum fuisset de fraternitate gulde sancti Eucherii, defunctus sepelitur juxta gulde prefate fratres infra districtum nostri cymeterii. Cujus exequiis de more peractis, cum sero factum esset, quidam juvenes commonachi hujus loci, forte fleothomati, in infirmitorio cenati, ceperunt jocundari et dicere : *Si quis nostrum tante audacie est, quod accedat ad sepulcrum defuncti hujus divitis, deferens ad aspectum nostrum de terra sepulchrali, nichil solvet de potu hujus cene.* D Tunc ex ipsis unus, corpore et mente elegans, continuo surgens, accessit ad locum sepulture, et cum manum extenderet ad capiendum de terra modicum, accessit quidam illum acriter brachiis stringens. Quod juvenis ille senciens, fortiter renisus est. Ubi dum diu luctatum est, impugnator disparuit, sicque ille iterato inclinatus, in manu terram accepit, et ad suos consodales attulit. Quem illi tamdiu retardatum intuiti, videntes eum sine habitu, inquirunt ubi dimiserit cucullam. Tunc ille

VARIÆ LECTIONES.

[536] *posthæc dimidia columna vacua relicta est; nil tamen deesse videtur.* [537] hunc 1*. [538] accedisse 1*.

NOTÆ.

(708) Omne leguminum genus; Gallis *herbes potagères.*

narrans quid ei acciderat, subintulit · *Redibo et cucullam michi ab illo extractam reportabo.* Statim cum ad locum illuc venisset, cucullam supra sepulchrum invenit, sed illum invasorem non repperit. Qui reversus ad consocios, tam amens affectus est, ut infra paucos dies sepulture traderetur. MIRACULUM. Tempore hujus abbatis contigit unum devotum hujus loci monachum ab hoc seculo transire, qui in ipsa nocte abbati comparens, ad penas purgatorii addictum se ingemuit. Cui compatiens abbas ipse quesivit per quem modum efficacius liberari posset. *In suburbio, quod Nove domus dicitur,* inquit, *matrona paupercula moratur sub domuncula illius platee, cujus penitencia michi precipue auxiliabitur,* sicque anima illa evanuit. Igitur mane facto misso festinanter, nuncio, invenitur illa in tali domuncula et nomine eodem nuncupata, prout anima illa predixit. Que cum presentie ipsius abbatis consedisset, interrogata de statu et modo suo vivendi, respondit : *Karissime domine, ego peccatrix maritata sum, nullius meriti conscia, que habeo maritum insolentem, ebrietatem frequentantem. Qui dum sero de taberna domunculam nostram intrat, filantem me invenit, et cum me paventem respicit, maledictionibus cum gravibus verberibus neque* [539] *demeritis indesinenter afficit.* Tunc abbas : *Quid agis, filia, post tanta gravamina?* Respondit : *Prosterno me ad orationem, et tunc recolo passionem Christi, et continuo tam dulcem consolationem in mente sencio, quod omnium miseriarum pondus pro nichilo reputo. O karissima, rogo te,* inquit abbas, *ut velis nuper defunctum nostrum confratrem penitentie et orationum tuarum facere participem.* Cui illa liberaliter ait : *Prosit ei totaliter, si quid Christo gratum aliquid offerre merui,* et sic ad sua recessit. Nocte igitur sequenti abbati in stratu suo quiescenti anima illa in claritate magna apparens, gratias illi optulit, quia a penis se liberatam et ad eterna gaudia se ascendentem [540], dulci voce resonans continuo evanuit. *Item.* Anno Domini 1272, 4. Kalendas Marthii, domnus Willelmus de Rikle, postquam 23 annis huic monasterio strenue prefuit, in Domino obdormivit. Cujus corpus sepultum est ante capellam beati Trudonis, in loco veteris sanctuarii.

DE GESTIS HENRICI DE WAELBEKE ABBATIS.

1. Anno Domini 1272 pendente scismate inter Richardum comitem Cornubie et regem Castelle de imperio regni Alemanie, et Leodii presidente Henrico, fratre comitis Gelrie, domnus Henricus de Vaelbeke abbas eligitur, vir magne nationis sed simplex. *Incid.* Eodem anno Placentinus de genere Vicecomitum, archidiaconus Leodiensis, quem Henricus filius comitis Gelrie, concanonicus suus, condam inhonestavit palmo suo illum ad maxillam percutiendo, in papam eligitur, et Gregorius decimus vocatus est. Qui prefato Henrico, ante plures annos Leodiensi ecclesie presidenti, nunc in papam consecratus paterne epistolam exhortatoriam scribit, ut evitatis viciis pro exsequendis virtutibus insudescat. *Incid.* Anno sequenti Rodulphus primus, comes de Havensborch, per consensum electorum imperii in regem Romanorum eligitur [VINC. BELL. XXXI], et Aquisgrani coronatur. Qui regnum Alemanie penitus destitutum ad statum pristinum strennue reformavit. *Incid.* Eodem anno Johannes dux Brabancie cum multitudine armatorum ad invadendum Leodiensem episcopatum usque opidum Lewis progressus, super vadum vulgariter Tvenne nuncupatum tentoria fixit.

2. [HOCSEM. 8.] Anno Domini 1274 Gregorius tercio anno pontificatus sui profectus ab urbe Roma, venit Lugdunum ubi pro passagio terre sancte statuit consilium, ad quod inter ceteros episcopos Henricus de Gelria, Leodiensis episcopus, personaliter citatus comparuit. Quod ubi Leodiensibus et ceterarum villarum majoribus innotuit, nuncios illuc destinant, et episcopum de suis insolenciis accusant. Qui presentie tandem pape Gregorii accercitus, presentibus ibidem precipuis theologis, Thoma de Aquino ordinis Predicatorum, et Bonaventura ordinis fratrum Minorum, exclusa comitiva suorum nobilium, episcopus solus asstitit. Appositus ergo illi liber est ad examinandum, sed illiteratus repertus ab episcopatu destituitur, et reddito anulo recedere jubetur. Acta sunt hec anno episcopatus hujus destituti [541] Henrici 27, qui cum confusione ad propria rediens, per totum episcopatum castra episcopalia occupavit. Eodem anno [HOCSEM., 10] Johannes de Anghiens, Tornacensis episcopus, transfertur ad Leodiensem episcopatum in eodem consilio Lugdunensi per prefatum Gregorium, cui etiam abbatia monasterii Stabulensis, prefato Henrico ablata, confertur. *Incid.* Anno sequenti, in die beate Marie Magdalene, solempnis processio facta est, congregato universo populo et pluribus ex circonjacentibus villis, ubi cum maxima devotione et reverentia deportatum est feretrum sanctorum Trudonis et Eucherii. *Incid.* Eodem anno cum processio fieret apud Trajectum cum feretro sancti Servatii, ubi multitudo populi ad medium pontis pervenit, dissoluto ponte submersi sunt in Mosa flumine 300 homines. *Incid.* Anno Domini 1276 Wido comes Flandrie et Johannes dux Brabancie cum suis plures villas in episcopatu Leodiensi combusserunt. Eodem anno Hoyenses et illi de Dyonanto terram comitis Namurcensis intraverunt et multas villas combusserunt [cf. Hocs. 10.].

VARIÆ LECTIONES.

[539] absque 1' [540] *excidisse verba quædam apparet : gauderet vel tale quid.* [541] destitui 1'.

3. Anno Domini 1277, prelationis hujus abbatis Henrici sexto, cum fratres sui et consanguinei bona monasterii hujus ad eorum placitum disponere vellent, et ipse quia pusillanimis erat, illos compescere A nequiret, et ideo cotidie a conventu instanter vexaretur, resignavit abbatiam in manus sui ordinarii, Johannis episcopi Leodiensis.

DE GESTIS WILLELMI SECUNDI ABBATIS.

1. Post prefatam resignationem habito consilio, totus conventus vota sue electionis in ipsum episcopum transtulit unanimiter, confidens sue fidei de providendo idoneo pastore. Fuit vero illo tempore monachus apud monasterium Haffligensem, vir magne literature et vite venerabilis, nomine Willelmus, quem idem episcopus in studio Parisiensi optime novit et dilexit, qui de progenie Maglinicnsium originem illegittimus duxit. Hunc ut idoneum promovere cupiens, indilate ad Romanam curiam pro dispensatione nuncios misit et obtinuit. Qua- B propter anno eodem episcopus denunciavit per honestos viros conventui, quod providisset ipsis de laudabili viro preficiendo, prefigens statutum diem quo illum solempniter, ut moris est, in abbatem reciperent. Interim cum conventus intellexisset illum fore de thoro illegitimo, omnimodis resistebant. Episcopus compescere illos cupiens, asserebat ipsum fore legittimum, quem capud ecclesie, summus pontifex, sanxit preferendum. Statuto igitur die episcopus cum honesta comitiva abbatem recipiendum ad opidum nostrum perduxit, et ut processionaliter obviam illi procederent, instanter requisivit, sed conventus asserens, tali monasterio hunc merito non debere prefici, adhuc renitebatur. Quo viso episcopus, accepto in manu percussivo C bacillo, compulit omnes, ut albis se induerent, sicque ordinata processione, festive ad monasterium inducitur et consecratur. *De eodem.* Iste abbas fuit vir precipue devotionis, zelator religionis, humilis, prudens, ecclesiasticis et secularibus personis acceptus, inter confratres et domesticos temperate solatiosus, studiosissimus in sacra scriptura, et canonibus sacris eruditus et bonus metricus. *De eodem.* Tempore hujus abbatis temporale dominium monasterii in nullo detrimentum [542] sustinuit. Qui honestum hospicii seu curie magistrum secum habuit, qui congruis temporibus in foro opidi deambulavit, et si quando viri honestatis aliunde venientes in hospiciis opidanorum se reciperent, ad D eos accessit, et invitatos ad mensam domni sui abbatis presentie adduxit, a quo gratiose recepti, sepe majora inpendia rependerunt. *Incid.* Anno eodem Willelmus comes Juliacensis cum multitudine suorum Aquisgrani civitatem sue ditioni subicere nitens hostiliter impetiit, sed Aquensibus viriliter rebellantibus, comes cum filiis Willelmo et Rolando et multis nobilibus et validis hominibus numero 350 occiditur. *Incid.* Anno sequenti (1277) Johanne papa mortuo, Nycholaus tercius succedit, qui fratribus Cystercii [543] ordinis privilegium dedit, quod tempore interdicti universalis ubique interesse possunt divinis, ecclesiis fratrum Minorum duntaxat exceptis. *Incid.* Anno Domini 1281 Henricus de Ghelre, destitutus nuper ab episcopatu, magnam pecunie summam in utilitatem Leodiensis episcopatus expositam, ut asseruit, ab episcopo Johanne instanter repetivit [cf. HOCSEM. 10]. Tandem vero conventum est, ut statuto die apud villam Hughardis (709) ad tractandum convenirent. Quo dum episcopus secundum condictum venisset inermis, ex insperato a satellitibus destituti Henrici capitur et violenter abducitur. Qui quia corpulentus impetuosum equi, cui impositus fuit, transcursum sustinere nequibat, preclusis vitalibus spiritibus, de equo inter manus rapientium pene suffocatus corruit, derelictoque illo in campestribus prope claustrum Heylecimense (710), malefactores confusi fugerunt. Eadem vero hora fortuito muliercula supervenit, que cum venerandi pontificis capud residens in sinu suo collocasset; post tenuis flatus suspiria spiritum exalavit extremum. *Item.* Eadem die opidani Sancti Trudonis comperto scelere redimere intendentes dominum suum, reos illos usque trans Temeram fluvium insecuntur. Contra quos Lossensis comitis viri in unum congressi, pontes undique evertunt, et Trudonenses aliquos separatim discernentes a Lossensibus, quos amicos suos reputabant, capiuntur, spoliantur, et aliqui occiduntur. Quod ubi comiti innotuit, continuo captivi dimittuntur liberi. *Incid.* Eodem anno gravissima bella inter christianorum regna commissa sunt. Gens Siculorum, violentiam Francorum non ferens, in contemptum Karoli regis Francie Gallicos in suis partibus commorantes, cujuscunque sexus et etatis essent, occiderunt, et mulierum a Gallicis inpregnatarum latera aperientes, nundum natos partus extrahentes occiderunt. Ipso anno inter paganos mutua bella innumerabilibus occisis hominibus facta sunt. *Incid.* Eodem anno (711) Florencius comes Hollandie cum multitudine suorum Frisiam in ultionem patris sui Willelmi Romanorum regis, a Frisonibus occisi, intravit, qui Frisones devicit et plures illorum sue ditioni subegit. Inter quos Friso unus, ut mortis

VARIÆ LECTIONES.

[542] detrimento 1*. [543] tercii 1*.

NOTÆ.

(709) Hougarde ad Getam juxta Jodogne.

(710) Heylissem prope Tirlemont, monasterium Præmonstratensium.

(711) Quod factum est a. 1282.

periculum evaderet, comiti patris sui corpus in trunco (712) repositum et retro focum domus sue subterratum effodit et tradidit, quod ille cum maximo honore secum ad propria afferens, reverenter sepelivit. *Incid.* Anno ipso (1283) Johannes primus Brabancie dux cum maximo exercitu transivit Mosam, cui Reinaldus comes Gholriecum multis nobilibus juxta villam Ghulpen (713) occurrit. Quorum acies cum ex utraque parte ordinate forent ad congrediendum, treugis interpositis ab invicem pacifice discesserunt. *Incid.* [HOCSEM. 14]. Eodem anno (1282) sede Leodiensi post mortem Johannis de Anghien episcopi per annum vacante, Johannes Metensis episcopus, filius Gwidonis Flandrie comitis, per Martinum quartum papam ad Leodiensem episcopatum transfertur.

2. Anno Domini 1288, regni Rudolphi Romanorum regis anno 18, mensis Aprilis die 25, cum opidani Sancti Trudonis crebris querimoniis insinuassent, quod graves excessuum enormitates assidue in ipso opido inpune perpetrarentur, domnus Johannes episcopus Leodiensis et Willelmus abbas ad refrenandum efficatius maliciam perversorum, concitato consilio plurium sapientium et providorum, statuerunt et concesserunt, ut in ipso opido debeat esse communitas, ad dictorum dominorum duntaxat voluntatem duratura, prout in literis super hoc confectis, qui in nostris archivis reservantur, continetur. Que communitas paucis annis duravit. *Item.* Eodem anno magnum horreum nostrum juxta pomerium monasterii situm, plenum segetibus frumenti, siliginis ac aliorum fructuum, latrocinaliter est combustum. *Incid.* Anno eodem, mensis Junii die 5, Johannes primus Brabancie dux volens stratam publicam ratione ducatus Lotharingie, tanquam marchio sacri imperii, inter fluvios Mosam et Renum tutam et liberam ad deambulandum conservare, cum copioso exercitu ultra Mosam transiens, Wuronc (714) castrum obsedit, pro eo quod archiepiscopus Coloniensis Siverdus (715) ibi raptores servaret, qui mercatores [844] spoliarent et captivarent. Quo audito archiepiscopus cum multitudine suorum, convocatis secum comitibus Ghelrie (716) et Luthsenburgie (717) qui causam injurie Johanni duci inponebant, eo quod ducatum Lemburgie a comite

A Montensi acquisierat (718), in quo ipsi jus se habere dicebant—preter hos etiam multitudo principum accedens in auxilium archiepiscopi, infinitum exercitum contra parvum ducis Brabancie cuneum conglobabat. Prefatus igitur dux confidens de Dei adjutorio, qui causis favet justis, ordinata suorum acie, constanter ab obsidione castri nolens cedere ante planiciem dicti castri accessus adversarum acierum animose expectabat. Congressum ergo est durissimum bellum, et post maximam sanguinis effusionem cessit victoria Brabantinis; sed adversa parte adhuc cum secunda acie viriliter irruente, tercia superaggreditur. Ibi tamdiu pugnatum est, ut congressus belli hujus mane inceptus, ad vesperum usque extenderetur. Sed tandem ceso comite Luth-

B senburgensi (719) cum fratre suo Waltero de Rupe et aliis suis duobus fratribus naturalibus, cum pluribus armatorum, quorum numerus est virorum 900, ceteris terga dantibus, dux certaminis campum victor obtinuit, et captivavit prefatum archiepiscopum, Reinaldum comitem Ghelrie, Adulphum comitem Nassouve, qui post non diu Romanorum rex efficitur, et multos alios nobiles et famosos. Ibi Waltrandus domnus de Falcomonte cum aliis multis nobilibus, aliis cesis, per fugam vix evasit. Prefatum igitur castrum dux ipse, in obsidione persistens, deditum recipiens destruxit, et liberum securumque ibidem strate regie transitum effecit. *Incid.* Anno sequenti Johannes primus, prefatus dux, obsedit castrum de Falcomonte, sed amicabili interveniente

C compositione, ab obsidione recessit, quia domnus ipse de Falcomonte ad optinendum illius gratiam homagio duci facto, liberum transitum mercatoribus prestandum promisit inviolabiliter observare. *Incid.* Eodem anno Rudolphus Romanorum rex moritur. Ipso anno Tripolis christianorum civitas iterato a Saracenis capitur. [*Cont. Vinc. Bell.*]

3. Anno Domini 1291 idem abbas Willelmus construxit de novo in allodio nostro de Dungh aulam pulcram cum suis appendiciis, et fluvil Herke [845] (720), que tantum post mansionem preterfluxit, effosso novo alveo, totam illam curiam intra prefatam Herkam conclusit, que nuncusque per dikum, quo de campestribus ad ecclesiam transitur, non cessat

D preterfluere. Temporibus hujus abbatis fuerunt inter conmonachos et dominos nostri monasterii plures

VARIÆ LECTIONES.

[844] Raptores 1* [845] fluvium Herkam 1*.

NOTÆ.

(712) Arcella.

(713) Gulpen inter Mastricht et Aachen. Anno 1283 et 1284 hoc loco principes manus conserturi erant.

(714) Wœringen inter Coloniam et Nussiam. Celeberrimum prælium hoc loco commissum reliquasque res gestas huc spectantes ante alios descripsit Jan de Heelu in Chronico quod edidit Willems.

(715) Sigfridus.

(716) Reinaldo filio Ottonis II.

(717) Heinrico et Waleramo.

(718) Adolpho. Cum enim Ermengarda, filia Walerami IV ducis Limburgiæ, anno 1283 obiisset, quæ Reinalda comiti Gelrensi nupserat, Adolphus comes Bergensis, comites Luxemburgenses et alii ob propinquitatem cum Limburgensibus ducatum sibi reposcebant; ex quibus postea Adolphus jus suum hæreditarium cessit Johanni duci Brabantiæ, contra quem reliqui principes cum archiepiscopo Coloniensi societatem inierunt.

(719) Heinrico.

(720) Herk qui exundat in Demeram.

honeste persone et literati viri, facundi in Teuthonico, Gallico et Latino sermone. *Incid.* [HOCSEM 17.] Anno sequenti Rodulpho Romanorum rege mortuo, Adolphus comes Nassouwe in regem eligitur. *Incid.* Eodem anno Johannes tercius Leodiensis episcopus obiit, et Gwido frater comitis Hannonie (721) ab una parte capituli Leodiensis eligitur, contra Willelmum Bertoldi de Maghlinia theologum ab alia parte electum. *Incid. Cont. Vinc. Bell.* Eodem anno Achon, opulenta civitas a christianis diu possessa, per soldanum Babilonie diu obsessa capitur, prout circa finem secunde partis Vincentii in speculo hystoriali plenius narratur. *Incid.* Anno Domini 1293, mensis Julii die 5. Celestinus quintus in papam eligitur et consecratur, qui prius heremeticam vitam, pane et aqua pro victu contentus, 40 annis duxit. Iste callide circumventus resignavit papatum. [HOCSEM. 20.] Cui Bonefacius octavus anno eodem in vigilia natalis Domini electus succedit, qui sextum librum decretalium fecit. *Incid.* Circa idem tempus Johannes dux Brabancie apud Barram in hastiludio a quodam milite in brachio lanceatus, graviter in lecto egritudinis positus, militem qui eum lanceavit, sibi adduci jussit, et causam sue lesionis integraliter indulsit, acceptisque ecclesiasticis sacramentis devotus obiit, Cui filius suus Johannes secundus successit. *Incid.* [HOCSEM. 21.] Anno Domini 1296 Hugo de Caballone per Bonefacium octavum papam fit Leodiensis episcopus, et electiones pridem de Willelmo et Gwidone examinate in Romana curia, cassate sunt. Anno Domini 1297, prelationis sue anno 20, abbas Willelmus inter devotos devotior obiit, 18 Kalendas Maii, et sepultus est in medio navis ecclesie.

Explicit primus liber quarte et ultime partis de Gestis abbatum hujus monasterii Sancti Trudonis.

INCIPIUNT CAPITULA SECUNDI LIBRI PARTIS EJUSDEM. — DE GESTIS ADE ABBATIS.

DE GESTIS AMELII ABBATIS.

NOTÆ.

(721) Joannis.

7. *Quomodo Johannes dux Brabancie usurpavit sibi dominium in opido Sancti Trudonis, et privilegia opidi sibi oblata in oculis omnium abscisis sigillis cassavit, et plurium opidanorum mansiones funditus fecit everti. Incidentia de imperatore K., et de secta flagellatorum et de combustione Judeorum.*

8. *De obitu Amelii abbatis et ejus sepultura.*

DE GESTIS ROBERTI ABBATIS.

1. *De electione Roberti abbatis.*
2. *De modo recipiendi abbatem vel episcopum.*
3. *De modo consecrandi abbatem.*
4. *De relevatione feodi, de avocatia in Ælburgh, et de dampnis que comes nobis intulit.*
5. *De redemptione ville nostre Halchtre, et bonis ibidem de Dola et violenta usurpatione domni Reyneri de Schoenvorst.*
6. *De homicidio vel pocius latrocinio super curiam beghinarum perpetrato, et de homicidio super cymiterium ecclesie beate Marie facto. Incidentia de discordia et bello inter ducem Brabancie Wincelaum et Ludowicum comitem Flandrie, et de secunda eversione claustri Haffligensis, et de conflictu episcopalium et Brabantinorum apud opidum Landem, et de rege Francie in Angliam captim abducto.*
7. *De modificatione obligationis scabinorum antiquorum, et quomodo ex scabinis modernis aliqui, de pluribus excessibus sibi objectis in presencia amborum dominorum et oppidanorum se excusantes, evaserunt, et de sentencia appellationis ad scabinos sedis Aquensis facta, et de amicabili compositione ipsorum scabinorum Sancti Trudonis cum dominis suis facta.*
8. *De prerogativa speciali, quam ab antiquo quilibet abbas Sancti Trudonis habet in abbacia Sancti Broniensis, quam abbas et conventus ibidem Roberto abbati nostro gratuite et effective exhibuerunt. Incidentia de obitu comitis de Los, ad cujus comitatus dominium incole opidorum de Los et Hasselt et Herke conpulsi, receperunt Engelbertum episcopum, prestando ei fidelitatem.*
9. *De elevanda communitate in opido nostro Sancti Trudonis, quam episcopus contradicente Roberto abbate, contra fas mediante pecunia, opidanis concessit, cum essent secum in obsidione castri de Stockim.*
10. *De injusta defidatione in nos et nostratium bona per Henricum de Halbeke armigerum facta, et combustione mansionis nostre in Dola, et quomodo investitum de villa nostra occidit et ecclesiam ipsam concremavit.*
11. *De violentia magistrorum communitatis, compellentium scabinos ad eligendum scultetum episcopi in scabinum, contra quem Robertus abbas appellavit ad sedem Aquensem, ubi suum obtinuit intentum. Incidentia de comitatu.*
12. *De imprisionatione illorum qui latrocinium apud curiam beghinarum fecisse dicebantur, et eorum variis ad mortem talionibus. Incidentia plura de translatione episcopi Leodiensis et cetera. De Arnoldo de Rumiens pro comite de Los se gerente, et quomodo Leodienses combusserunt villam Rumiens et castrum de Hamele.*
13. *De expulsione Roberti abbatis a civitate Leodiensi, et de remissione cause litis ad curiam Romanam. Incidentia de obsidione castri Rummiens.*
14. *De primo introitu Johannis Leodiensis episcopi sine solennitate, et de tractatu pacis inter dominos et opidanos absque effectu.*
15. *De obitu Roberti abbatis, et de ejus sepultura, et de adversariis suis qualiter ante ejus mortem multis tribulationibus sunt afflicti.*

DE GESTIS ADE ABBATIS.

1. Anno Domini eodem 1297, 12[546] Kal. Maii, scilicet sexto die post obitum prefati et reverendi abbatis Willelmi, anno regni Adulphi Romanorum regis 7 et Hugonis Leodiensis episcopi anno 2, Adam custos hujus monasterii in abbatem eligitur. Hujus electio fuit tumultuosa. Prior enim, quem ad minus saltem tunc seniores et laudabiles persone plures simul privatim decreverunt pre aliis eligendum, votis horum clam cedens, in loco et tempore capitulari, absque habita deliberatione cum illis, pronunciavit, hunc Adam custodem precipue fore eligendum. Propter quod illi id non estimantes sunt stupefacti, sed conclamantibus aliis: *Placet! placet!* postposita maturitate surgitur, et ad chorum incepto ymno *Te Deum laudamus* electus deducitur. Qui Leodii, ut moris est, presentatur, et confirmatus apud Sanctum Jacobum consecratur. Iste oriundus fuit de Ardinghen ex potentioribus hominibus Hasbanie, sagacis ingenii sed modice literature, astutus in temporalibus et in juribus sue ecclesie defendendis seriosissimus. Hic biennio post suum introitum expensis parcens, non extra partes sed intra claustrum suum cum pauca familia sibi providit et vixit. *Incid.* [Hocsem. 23.] Circa hec tempora nimis seva guerra oritur inter domnum (722) de Awaus (723) cum sua progenie et progeniem de Warois ex altera parte. Eodem anno domnus de Awaus campestri bello ab adversariis suis de Warois occiditur. *Incid.* Eodem anno sanctus Ludowicus rex Francie a Bonefacio octavo papa canonizatur. *Incid.* Eodem anno Philippus rex Francie potenter Flandriam invadit, et Brugis opilentum opidum cum aliis opidis cepit, Gwidonem comitem et filium ejus primogenitum Robertum, imponens eis, quod contra eum cum rege Anglie Edwardo (724) conspirassent, captivos in Franciam duxit et carceri mancipavit.

VARIÆ LECTIONES.

[546] *excidit in 1*, sed restituendum esse apparet.*

NOTÆ.

(722) Humbertum.

(723) Ita codex constanter; has familias Awans et Waroux appellatas esse constat. De cruentissimo hoc bello civili confer copiosissimam narrationem Jacobi de Hemricourt, *Abrégé des guerres d'Awans et de Waroux* in libro *Le miroir des nobles de Hasbaye*, ed. Salbray. Bruxelles 1673, p. 336. Avans et Waroux villæ sunt in vicinitate Leodii.

(724) Primo.

Incid. [HOCSEM. 22.] Anno Domini 1298 Adulphus rex Romanorum ab exercitu Alberti ducis Austrie, filii Rodulfi condam regis Alemanie, cum suorum multitudine occiditur. Sequenti anno idem dux a principibus imperii in regem Romanorum eligitur et coronatur.

2. Anno Domini 1299 quidam cambiatores[547] mensas cambii sui sub districtu domini Leodiensis statuerunt, officium suum extra districtum ecclesie nostre exercentes contra jus. Quod abbas ut intellexit, mensas illorum ad medium fori deferri fecit, et propriis pedibus conculcans, in frusta jussit concidi. Per sententiam enim scabinorum cambii usus pertinet ad abbatiam, sicut monete percussura spectat ad episcopum, sic vero condivisum fuit ab antiquo inter Metensem et nostram ecclesiam. Quapropter destructis cambiis in districtu episcopi, quidam honestus opidanus nomine Petrus, qui postea scabinus fuit, ex parte domni abbatis, infra districtum jurisdictionis nostre ecclesie, officium cambiarum in domo vicina capelle clericorum solus tenebat. *Incid.* [HOCSEM. XXIV.] Anno Domini 1300 Hugo de Caballone per capitulum et cives Leodienses criminatur [548] apud Romanam curiam propter plura enormia facta, que ejus frater domnus Johannes de Caballone dicebatur perpetrasse de consensu episcopi. Propter quod personaliter citatus, coram papa Bonefacio conparens, ab episcopatu destituitur, et Adulfo de Waldeghe ibidem presenti [549] confertur. Dicunt aliqui quod papa eidem Hugoni de alio minori episcopatu providit. *Incid.* Anno eodem communitas Brugentium contra magnates opidi sui propter assisiam impositam contendentes, multos occiderunt. *Item.* Circa idem tempus Adam abbas cupiens majorem turrim, que corruit dudum tempore Willelmi primi abbatis, reedificare, ascivit quendam famosum lapicidam. Qui cum amplitudinem edificii, prout congruebat, ordinasset, nec abbati, qui expensis pepercit, hoc placuisset, dixit ille: *Si non placet vobis id quod bene concepi, malo ut alium opificem quam me acceptetis, qui vestre voluntati potius quam edificii profectui insistat.* Sicque recedente illo alius supervenit, qui turrim usque ad campanas in altum produxit. *Incid.* Anno Domini 1301 rex Francie comitatum Flandrie sibi usurpans, misit plures nobiles Brugis ad puniendum id quod precedenti anno communitas Brugensis perpetravit. Que consurgens contra regis nuncios, omnes occidit, et electo uno capitaneo ex officio pannificum nomine Petrus, per illum omnes communes populi contra regem conspirant, et de loco ad locum mittentes, fautores regis cunctos interficiunt, in tantum ut in opido Erdenburgh (725) quatuor milia hominum occiderent et bona ipsorum invaderent.

Incid. [HOCSEM. XXV.] Eodem anno Adulfus de Walderghen in Leodiensem episcopum a Leodiensibus honorifice suscipitur, qui eodem anno moritur. Cui succedit Theobaldus, frater comitis de Barro. *Incid.* Anno sequenti filii Gwidonis comitis Flandrie, egre ferentes, quod eorum pater et primogenitus frater a rege Francie sic captivi tenerentur, accitis secum nepote eorum comite Namurcensi (726) et aliis sibi proximis, nec non Petro predicto cum ipsis Flandrensium communitatibus, castrum Curtraci, in quo regis thesaurus reconditus fuit, obsederunt. Quo rex audito, misit Robertum suum nepotem, filium fratris sui sancti Ludowici condam regis (727), cum multitudine principum ex regno Francie et aliarum provinciarum undique, ad repellendum ab obsidione Flandrenses. Sed illi non cedentes, licet pauci contra innumeros, cuncti se ad pedestre bellum statuerunt, modico fossati vallo se munientes, Francis in equis suis animose permanentibus. Congressum igitur est; et Franci primo adversarios impetentes, in vallum illius fossati corruerunt. Nam qui in fronte belli erant, a subsequentibus successive precipitio lapsi, et subsequentes a supervenientibus miserabiliter precipitati, sine gladiis partis adverse interierunt. Cum autem prima acies et secunda, paucis gladio cesis, sic deperisset, Flandrini, qui ad dandum terga se paraverunt, animosiores effecti, Francos qui a periculo evadere potuissent, omnes absque misericordia occiderunt. Sicque acies tercia adveniens, nil laudis consecuta, fuge consulit. Quos multi Flandrensium insecuti sunt; et cum vadum quoddam evadere credentes intrassent, paucis evadentibus, cum equis suis sunt submersi, et qui evaserant, ab altera vadi parte occiduntur, uno milite de Brabancia ad vitam preservato, qui captivus a sibi notis abductus evasit. Ceciderunt ergo in illo bello comites Atrebatensis cum multis comitibus, item de Brabancia domnus Godefridus, frater Johannis ducis, cum tribus baronibus, scilicet Johanne de Virson ejus filio, domno de Wesemale, et domno de Butersiim cum multis de melioribus Brabancie Item primogenitus (728) comitis Hanonie cum pluribus de Lotharingia, Provincia et Gasconia, quorum numerus estimatus fuit octo milia tam nobilium quam militarium. *Incid.* Eodem tempore gravis guerra oritur contra episcopum Leodiensem, canonicos, clerum et scabinos, a Leodiensibus et ceterarum villarum incolis.

3. Anno Domini 1302 Cristianus dictus Weilnere cum duxisset in uxorem domnam de Busco, relictam cujusdam militis, impedientibus amicis primi ejus mariti, nequibat libere uti bonis et possessionibus, que ad uxorem quam duxerat pertinebant. Super quo pluries instanter scabinos requirens, ut

VARIÆ LECTIONES.

[547] cambitores 1*. [548] criminatus 1*. [549] presente 1*.

NOTÆ.

(725) Erembodeghem ad Dendram.

(726) Joanne.

(727) Auctorem vehementer errare neminem fugit; Robertus erat frater Philippi regis et ambo erant Ludovici Sancti filii.

(728) Joannes

facerent ei justicie complementum, eo quod possessiones ipse infra districtum opidi nostri consistebant, nichil profecit, quia, ut dicebatur, ad instanciam precum adverse partis dicti scabini causam discuciendi de die in diem differebant. Propter quod idem Cristianus cum tribus fratribus suis 12 Kalendas Januarii causam injuriarum sibi factam officiatis de opido pluribus privatim convocatis refert, et auxilium ab hiis requirit. Ex cujus occasione opidani contra scabinos concitati, quendam opidanum nomine Walterum de Dyst, dictum Wouterman, extulerunt et capitaneum fecerunt. Anno sequenti (1303) congregatis opidanis, idem Woutermannus cum suis consortibus 7 die mensis Julii scabinos captivat, et in penore domus Lumbardorum sub custodia mancipat. Ad quorum liberationem cum domno abbate Arnoldus comes de Los advocatus cum ante prandium laborasset [550], et ad prandendum in aulam consedissent, communitas, comperto quod Arnoldus Probus scabinus extra opidum fugisset, furore accensi ad arma convolant, et ut comitem secum habeant, conclamant. Quapropter portam claustralem cum impetu intrant, januam aule effringunt; sed interim domno abbate de mensa resiliente et in secreto loco se occultante, comes conpulsus cum illis ad domum prefati Arnoldi Probi accedens, requisitus ab illis tanquam advocatus, primum ictum cum virga percussit, et continuo plurimi in ipsam domum impegerunt, et solotenus confregerunt et spoliaverunt. Deinde procedentes extra portam Stapulensem, vineam ejusdem Arnoldi Probi destruxerunt. *Item.* Post hec cum ad forum procederent, Arnoldum filium domni Roberti de Glinden sine causa occiderunt. *Item.* Dehinc redeuntes ad portam claustralem, aliqui evaginatis gladiis discurrebant. Ex quo plures ex nostris commonachis et dominis valde timuerunt, ex quibus tres murum curie nostre transscendentes, fugam ceperunt, quorum unus fracto aut torto bracio corruit; sed opidani illos ad monasterium deduxerunt nec abire sustinuerunt. Interim tumultu cedato, 12 die mensis Julii scabini de captivitate liberi abire permittuntur, et circa horam cene domnus abbas cum comite, adductis secum scabinis, latenter recessit ad loca tutiora, sculteti utrisque cum subadvocato subsequentibus pre timore capitaneorum communitatis, qui expulsis ipsis jurisdictionem sibi usurpaverunt. *De eodem.* Anno eodem cum scultetus noster Johannes de Winde nocte quadam [551] a loco, ubi Adam abbas residebat, reverteretur, et clam opidum per portam dictam Visseghat intraret, ab insidiatoribus atrociter vulneratus, ad claustrum festinavit. Quo comperto communitas in armis concitata, ante portam nostram congregata, horribilibus ictibus
A pulsantes, instabant, ut scultetus in manus eorum traderetur. Quibus prior Henricus de Rikle et alii ex senioribus, qui supra portam sursum erant, seriose responderunt, supplicantes, ut sic intempesta nocte vim nobis inferre parcerent. Qui humilibus precibus mitigati, tandem suadente id Woutermanno ad sua recesserunt.

4. Anno eodem, in vigilia sancte Barbare (*Dec.* 3), cum domnus abbas fuisset apud Alken (729) villam episcopi ad tractandum cum episcopo de arduis causis, supervenit nuncius secreto suggerens, ne ad novam curiam ad pernoctandum rediret. Quo audito, secrete iter versus Kerkim (730) parat ad domum sui fratris Godefridi, ibi pernoctans. Capitanei vero communitatis, habito secreto consilio, circa
B noctis medium ad novam curiam festinantes, ut ipsum captivum secum abducerent, armata manu ad aulam accedentes et undique perscrutantes, viderunt se ab effectu sceleris sui frustratos, quia absentem esse abbatem conspexerunt. Propter quod furore accensi, domum superiorem incendunt, equos quinque occidunt, et lectos plures gladiis dilaniant et transfigunt; utensilibus ablatis recesserunt. Interea mane facto conversus noster provisor colonie nostre in ipsa nova curia interfectas equas cum lectis gladiis dilaniatis super currus impositas supra medium fori fecit [552] projici, et circa horam prime, concurrentibus opidanis ad spectaculum, plumis ex rupturis lectorum profluentibus circonquaque voli-
C tantibus, idem frater Nycholaus tubali voce dixit: *Videte, opidani omnes, has violentias nostri opidani apud novam curiam cum incendiis et spoliationibus domino meo abbati intulerunt.* Quod quidem factum opidanis id ammirantibus valde displicuit. Quapropter abbas ipse cum scabinis suis velociter Aquisgrani perveniens, omnia nefanda sibi illata scabinis Aquensibus recitans, et de eodem, ut congruo tempore eis denunciando ad curiam nostram in Dung accederent, supplicavit. *De eodem.* Interea post reditum domni abbatis ab Aquensi sede interdictum positum est in totum opidum, quinta scilicet die post violenciam in nova curia perpetratam (*Dec.* 8). Post hec paucis interpolatis diebus curati ecclesiarum ac alii sacerdotes, tutiora loca petentes, ad curiam
D nostram Dungh se presidio receperunt.

5. Anno Domini 1304, pridie Nonas Februarii, episcopus Leodiensis Theobaldus, Adam abbas hujus loci et Arnoldus comes de Los cum multitudine copiosa armatorum electorum virorum, in loco campestri, sito inter opidum et Brustemium, super stratam que tendit versus Bautershoven a latere, et ab alio latere versus locum dictum Heirstake — adductis secum scabinis Aquensis sedis, propter hoc specialiter demandatis, ac scabinis opidi Sancti

VARIÆ LECTIONES.

[55] laborassent 1*. [551] quedam 1*. [552] feci 1*.

NOTÆ.

(729) Prope Hasselt.

(730) Kerckem prope Tirlemont.

Trudonis universis — habito consilio maturo, querimoniam deposuerunt contra opidanos de violenciis supra narratis, et specialiter contra singulares personas dominium opidi sibi usurpantes. Hiis prefati scabini auditis, diligenter jusserunt poni sedilia in prefata strata, sic ut partim in districtu episcopi et partim in districtu jurisdictionis abbatis, eo quod limites amborum dominorum ibidem se contingerent, sisterentur. Congregatis ergo scabinis, nichil actum est, quia campana bannilis non pulsabatur. Comparato vero pro 100 libris Turonensium quodam satellite, ad monasterium clam mittitur qui ascenso turri ipsam campanam diu pulsat. Quapropter scabini, quia intra opidum ipsum justicie conplementum explere nequibant, facta per utrosque sculteios monitione, campane sonu audito, sententialiter tanquam reos crimine lese majestatis abjudicant ab honore et proprio jure ac possessionibus et rebus Woltermannum de Diest, quatuor fratres dictos Weelnere, Henricum, Walterum, Gunterum et Cristianum, Johannem filium Johannis et Hermannum Wisselere. Pulsante vero tamdiu campana, opidani in armis ad forum convenientes, cum audirent armatos congregatos esse in campestribus, exeuntes in armis, ordinant aciem in campo retro ortos suburbii, sed ad informationem comitis ad opidum redeunt. Quibus omnibus sic patratis, domini cum suis ad propria tendunt. Facta vero talium proscriptione, opidani multi ceperunt illos capitaneos devitare, dicentes: *Nolimus pro istis in manus incidere dominorum.* Quod illi intelligentes, et de die in diem se quasi alienos haberi, de aliorum adjutorio desperati, infra quindenam uxoribus et liberis suis cum fletu et merore relictis, ad paupertatem ex maximis diviciis perventuri, opidum reliquerunt. De *eodem.* Eodem anno post multos tractatus opidani ad cor redeuntes, tandem dominis suis concordia pacis interveniente reconsiliantur, deliberantes dominis prefatis pro emenda 3000 librarum Turonensium, hoc adjecto, quod secundum ordinationem proborum obviam dominis suis usque novam curiam procedere debeant, ubi pridem rapinas et nocturna incendia committebant. In cena igitur Domini, que tunc fuit 7 Kalendas Aprilis, congregato universo populo, singulares persone, que illis septem capitaneis supradictis in excessibus suis auxilium et favorem prestabant, nudis pedibus et capitibus in lineis vestibus incesserunt. Et cum ad locum prefate curie pervenissent, flexis genibus et manibus complosis a domno abbate et conventu humiliter veniam postulantes, ad gratiam recipiuntur. Et sic in modum processionis bini et bini, domno abbate subsequente cum conventu, usque in medium monasterii processerunt. Ibi facta statione usque dum ymnus *Te Deum laudamus* finiretur, perstiterunt. *De eodem.* Pascalibus diebus transactis, plures ex opidanis prefato Woutermanno et suis compli-

A cibus famulantes, a dominis ad gratiam non recepti abjudicantur et proscribuntur. *Incid.* [Hocsem. 29.] Anno eodem Benedictus XI. papa, qui Bonefatio a suis inimicis occiso successit, de ordine Predicatorum fuit. Hic vel magister ordinis aut provincialis factus, ad opidum nostrum veniens, ad prandium domni abbatis est invitatus. Cui ad aulam accedenti a quodam honesto viro suggestum est, quod Gallica lingua, non Latina, cum abbate haberet colloquia. Quod ille grataiter intelligens, dulcia familiaritatis obsequia promittens, jocunde delectati sunt, status sui qualitatem alter alteri mutuo collatione verborum depromentes, sicque cum gratiarum actione vir ille laudabilis ab aula recessit. Post aliquot vero temporis spacium idem iste pater sanctus cardinalis,
B hoc anno in papam consecratus est. Eodem anno missi sunt nuntii ex parte monasterii hujus ad Romanam curiam pro causis arduis. Que cum ad noticiam pape relate essent, vocatis ad se nunciis illis, papa quesivit, si causa esset abbatis sine Latino, qui nuper ei in claustro sancti Trudonis tam jocundum prandium exhibuit. Illis id affirmantibus, papa indilate jussit in omnibus petitionem illorum ad effectum produci. Iste papa cum 9 mensibus presedisset, obiit (731). Cui Clemens V. qui primo Romanam curiam a Roma ad Provinciam transtulit, successit. *Incid.* Eodem anno ad instanciam fabrorum opidi Sancti Trudonis, sub expensis ipsorum, de consensu Ade abbatis et Henrici plebani Sancte Marie, capella sancti Eligii construitur, et altare
C dotatum in ea consecratur, et gulda fraternitatis dictorum fabroruum oritur. *Incid.* Eodem anno communitas quasi per totam Lotharingiam immaniter, et postea undique per Brabanciam surrexit. Sed resistentibus majoribus de Bruxella, quos communitas expulsos tenuit, auxiliante duce, per conflictum pungne communitas in fugam vertitur, multis occisis et 45 rotatis et aliis de patria expulsis. *Incid.* Sequenti anno (1305) pax reformata est inter Philippum regem Francie et Flandrenses, et Wido comes cum filio suo Roberto, addicta regi una parte Flandrie, a vinculis emancipatur et comitatui restituitur. *Incid.* [Hocsem. 29, 30.] Anno Domini 1307, Templarii per totam Franciam captivantur, et anno sequenti ad instanciam regis in consilio
D Lugdunensi a Clemente papa ordo ipsorum propter quedam nefanda facta, que illis imponebantur, funditus aboletur. Unde, ut dicebatur, pape cupiditas et regis inordinata voluntas erant occasio, quod multi saltem innocentes perierunt, omnes enim ad condictum diem igne combusti sunt. Quorum possessiones continuo ad fratres ordinis sancti Johannis, data pape infinita pecunie summa, applicantur, illorumque privilegiis annullatis, nova summa pecunie accepta, papa dedit eisdem Johannitis nova privilegia. *Incid.* Eodem anno inter populares et insignes Leodienses discordia magna orta est, unde per

NOTÆ.

(731) 6 Jul. 1304.

episcopum Theobaldum, scabinis a civitate exeuntibus, armatorum exercitus colligitur, ut ex popularibus multi apud Voethim proscribantur. Sed obstante in armis populi universitate, concordia intervenit

6. Anno Domini 1308 determinatum est per sentenciam arbitralem inter monasteria sancti Trudonis et sancte Katerine de Milen, quod priorissa et conventus ibidem ministrabunt eorum priori apud eas continue vel per interpolationes residenti talem prebendam in victu et vestitu, qualem habet unus ex commonachis monasterii Sancti Trudonis, et ejus famulo victum dabunt. *Incid.* [HOCSEM. 31.] Anno Domini 1309 [1308], prima die mensis Maii, Albertus rex Romanorum, predecessoris sui Adulfi interemptor, anno regni sui 12 a suo nepote, cujus patrimonium occupabat, occiditur. Eodem anno nobilis Henricus de Lutsenburgh in Romanorum regem eligitur, et in epiphania Domini Aquisgrani coronatur. Eodem anno electio ejus a papa Clemente confirmatur. *Incid.* Anno eodem (1309, *Jan.* VI) multitudo communis plebis, tam virorum quam mulierum, de partibus Lotharingie et trans Renum ex civitatibus, castellis et villis progrediens, nullo predicante, sed sua sponte cruce signantur. Qui occasione unius mulieris a Judeis necate apud Thenismontem (732), de qua nullum justicie complementum processit, eo quod Judei data magna pecunie summa sese redemerunt, dum postea martirizate illius mulieris mortuum corpus inventum fuisset, Judeos ipsos ubique persequentes, Christum confiteri nolentes indifferenter occidunt, et principum castra et fortalicia, ad que prefati causa presidii confugiunt, destruunt, et tandem Genapium, castrum ducis Brabancie, cum 12 milibus hominum oppugnant. Sed idem dux Johannes cum multitudine suorum ad resistendum illis ordinata acie in frontem se statuit, et continuo territos et fuga lapsos multos occidit et de terra sua exterminavit. Qui post aliquot menses cum 40 milibus hominum ad Romanam curiam accedentes, instanter petunt, sibi a papa Clemente generale passagium [553] concedi. Sed pontifex ipse advertens eos presumptuose et sine discretione id opus acceptasse, omnes a voto, quod absque ordinatione sedis apostolice emiserant, absolvit, et sic ad propria cum magna confusione redierunt. *Incid.* [*Cont. Vinc. Bell.*] Eodem anno exercitus christianorum cum Hospitalariis insulam Rodes cum quinque adjacentibus sibi insulis, prius ante quinque annos per ipsos Hospitalarios oppugnatam, nunc expugnatam obtinent, Turcis et infidelibus ibi habitantibus occisis et expulsis. *Incid.* [HOCSEM. 32.] Eodem anno Henricus rex Romanorum, ratione nominis regni sextus, cum multitudine

A principum et nobilium, adjuncto sibi Theobaldo Leodiensi episcopo, ad Italiam tendit, ubi multis civitatibus expungnatis, eciam Mediolanum, Ghelfinis sibi resistentibus, bello victoriosus obtinuit, ibidemque ferream coronam suscepit (1310). Deinde Brexiam nobilem civitatem diu obsidens expugnavit, ut muros ejus solotenus destruxit (1311). In cujus obsidione Waleramnus ejus frater, dominus de Rupe, sagittatus oppetiit. Eodem anno devictis Ghelfinis et rege Cecilie (733), totam fere Lombardiam et magnam Tuscie partem sibi subegit. Eodem anno multi valentes viri ejus exercitus cum consorte [554] sua regia [555] (734), Willelmo comite Juliacensi, Gerardo de Cassel, Johanne de Agemont, fratre comitis de Los, ex inconsueto aere de medio sunt sublati.

B *Incid.* [HOCSEM. 32.] Anno sequenti idem rex urbem Romanam cum suo exercitu intravit, et dum ad beati Petri ecclesiam tenderet, renitentibus ei rege Cecilie, Ghelfinis et Ursinis, auxiliantibus illis maxima cum multitudine Romanis, grave bellum in transitu platearum committitur, ubi plures famosi ceciderunt; inter quos ex parte regis Alimanie Theobaldus Leodiensis episcopus, licet captivatus, occiditur. Dehinc ipse rex majore urbis parte obtenta, a duobus cardinalibus a papa Clementi ad hoc missis apud Sanctum Johannem Lateranensem in imperatorem consecratur. Postea positis ad munitionem ibidem sibi fidelibus, urbem egressus, omnes fere civitates, opida et castella Tuscie, Campanie et Lombardie vel bello aut deditione subegit sue potestati (1312). Deinde resistentibus sibi diversis mortis penis mulctatis, Florenciam civitatem obsedit sicque Pisam [556] se recepit.

C 7. Anno Domini 1311, mensis Maii die 4, stantibus adhuc treugis inter progeniem de Stapelen et Ottonem Militis cum sua progenie, idem Otto circa horam prime convocatis ad se suis consanguineis, armata manu intravit mansionem unam super forum versus meridiem, que vocatur vulgariter der Moer. Et accessit quidam, dicens filiis et nepotibus hujus Ottonis: *Ecce, nostri inimici jam intrant ecclesiam beate Marie.* Qui continuo inconsultis patre et amicis, Damianus scilicet et Nycholaus fratres sui filii, et nepos ejus Nycholaus, cum septem aliis furiose

D intrantes, ipsam ecclesiam infra celebrationem misse, Walterum Burgelken armigerum et suos consanguineos, Arnoldum dictum Heere et alium Arnoldum nepotem ejus, de illorum insidiis nil suspicantes, eo quod treuge essent edicte, impetunt, et eos de loco altaris, ubi jam missa celebrabatur, ad presidium majoris chori confugere conpellunt. Quos viriliter repugnantes tandem occidunt, procedentesque inde in porticu irruerunt in domum Albertinum militem et scabinum, quem eciam letaliter vulnera-

VARIÆ LECTIONES.

[553] passigium 1*. [554] sorte 1*. [555] regina 1*. [556] Pisanis 1*.

NOTÆ.

(732) Tirlemont.

(733) Roberto.

(734) Margaretha.

verunt, qui post dies paucos obiit. Processu vero determinati temporis scelus tam nefandi sacrilegii per sententiam scabinorum sic punitum est. Prefatus enim Otto Militis cum per scultetum monitus esset, per sequelam conscabinorum suorum abjudicavit et proscriptos pronunciavit duos filios suos prefatos Damianum et Nycholaum, et nepotem suum Nycholaum cum aliis suis complicibus septem. Insuper pronuntiavit domum ipsam, ex qua illi rei armata manu procedebant, debere destrui et comburi, et quia domus prefata infra domni Leodiensis episcopi districtum sita fuit, similiter sententiatum est, quod ligna et lapides destructe illius domus intra terminos jurisdictionis monasterii hujus deportarentur et igni comburerentur [557]. Quod et ita factum est circa quasi medium fori.

8. Anno Domini 1312, regni Henrici sexti 4, imperii vero ejus 2, cum esset defunctus abbas Sancti Pauli apud Inferius Trajectum, conventus in electione discordans, tandem in hoc consensit, ut illum in abbatem recipere vellet, quem Gwido episcopus Trajectensis sibi provideret. Propter quod episcopus sollicite invigilans, tandem recolit, quod in studio parisiensi constudentem de monasterio sancti Trudonis socium habuit, qui in diversis scienciis habilis fuit, eloquentia et personali formositate alios precellens. Ad quem continuo per nuncium intrant, ut deliberet, si abbatiam acceptare velit. Qui habito cum abbate suo domno Adam et amicis suis consilio, oblatis graciis consensit. Misit igitur prefatus Adam abbas pro suffraganeo Leodiensi, qui eundem Henricum de Rikle, priorem hujus monasterii, in die sancto pasche (*Mart.* 26) presentibus et coassistentibus ipso domno Adam abbate a dextris, et investito Brustemiensi, condam abbate Averbodiensi, a sinistris, sollempniter in hoc monasterio sancti Trudonis in abbatem Sancti Pauli consecravit, et die eodem ibidem aliquos in acolitos ordinavit. Qui sic consecratus, proxima quinta die apud nos sollempniter congregata multitudine presbiterorum, summam missam celebravit. Quibus in cunctis honeste peractis, idem abbas domnus Adam ipsum domnum Henricum abbatem, tam in vestibus quam aliis oportunis [558] honorifice ornatum [559] cum decenti familia ad claustrum sancti Pauli prefatum deduci curavit. *De eodem.* Qui cum magna reverencia per domnum Gwidonem episcopum Trajectensem recipitur, et in ipsam abbaciam cum ingenti gaudio illius monasterii conventus intronizatur. Obedientia igitur loco capitulari per singulos conmonachos sibi facta, ut moris est, cepit diligenter insolentias indisciplinatorum aliquorum corrigere, et ad observantiam regularis vite verbis et factis subditos instruere. Ubi- A dum seriose per [560] annos ferme ad monastice discipline unguem illorum transgressiones reducere elaboraret et minime proficeret, pre mestitudine cepit ad locum, unde venerat, hanelare, et simplici monachali prebenda, si adipisci posset, contentari velle et illuc redire. Quod, quamvis affectuose requisivit, non obtinuit. Qui ante finem vite sue quasi per dimidii anni spacium vix aut nichil loquebatur, deambulans tamen et sic dolens filiorum indisciplinationem obdormivit in Domino. Anno prefato 1312, in octavis pasche, in die scilicet sancti Georgii (735), ecclesia beate Marie, que precedenti anno violata fuit, per prefatum suffraganeum B vacantis sedis Leodiensis reconsiliatur. Unde versus :

Sole Geor. grato numero dulci geminat.
Templo sacrato, Trudonica plebs jubilato.

Incid. Eodem anno, in vigilia Bartholomei (*Aug.* 23), Willelmus castellanus de Warum (736) cum suis inpetens apud Vert (737) domnum Henricum de Hermale improvisum, vulneravit illum graviter, et ejus nepotem Johannem de Phason occidit. Ex quo idem Willelmus, cum esset de progenie illorum de Awans, plures ex suis amicis offendit, ita ut ad ipsius inimicos de Warois sese converterent. *Incid.* Anno eodem adhuc Leodiensi sede vacante, orta est dissentio inter capitulum Leodiensem et Arnoldum comitem de Los propter mambirniam patrie (738). C Dicebant enim comes et majores civitatis et ipsius patrie, quod vacante sede manburnia episcopii addictum comitem pertineret, sed contra id capitulum Leodiense, cui populus omnis favebat retinens, eligunt prepositum Leodii Arnoldum de Blankenbergh nobilem virum. Propter quod 4 Idus Augusti comes cum pluribus militaribus post solis occasum civitatem intravit. Superveniente vero noctis silentio, scabini et majores de civitate odium, quod diu gerebant, ut dicebatur, adversus capitulum Leodiense et communem populum, volentes ad effectum producere, congregati simul in armis, communes populos clamoribus domorumque incendiis excitant, quos discurrentes per plateas et in foro congressos occi- D dunt. Inter quos Walterum de Bruenshorne, Leodiensem canonicum, causam clamoris ignorantem, occiderunt. Tandem vero convolante in armis communitate, acriter bellatum est. Quo comperto, prepositus prefatus continuo cum suis in auxilium communis populi venit, et sic majores cum scabinis usque ad Sanctum Martinum retro cedere sunt con-

VARIÆ LECTIONES.

[557] comburentur 1*. [558] oportinis 1*. [559] *ita videtur supplendum; excidit vox.* [560] *excidisse videtur numerus.*

NOTÆ.

(735) Anno 1312 Pascha celebratum est 26 Apr. Dies S. Georgii est 23 Apr.
(736) Waremme.
(737) Weer, haud procul a S. Trudone.
(738) Mamburnia, *la mambournerie*, est temporalis administratio episcopii Leodiensis tempore sedis vacantis. De celebri hac pugna *la Mal de Saint-Martin* vocata, cf. Polain, *Esquisses historiques de l'ancien pays de Liége.* Brux. 1837, p. 1 sqq. BETHMANN.

pulsi; iterumque illi reanimati, adversarios in fugam convertunt ipsumque prepositum ante beati Huberti ecclesiam occidunt. Mane autem facto, prefati communes populi iterato scabinos et magnates juxta claustrum beati Martini impetunt. Qui primo viriliter rebellantes, tandem tantis non resistere valentes, terga dare sunt conpulsi, quos extra portam per plateas et intra domos claustri insequentes, sine misericordia occiderunt. Quorum aliqui intra ecclesiam sancti Martini presidium querentes, turris munitionem ascendunt; sed parte adversa ignem supponente, aliquibus se desuper inter gladios adversariorum precipitantibus, ceteri suffocantur, et cum ipsa inflammata turre concremantur. Cecideruntque ibi de magnatibus tam gladiis quam incendio Johannes et Ludovicus Surlet, Johannes de Rosa, Jacobus de Cornu, Balduinus et Henricus de Sancto Servatio et omnes scabini, quatuor exceptis, industrii viri et honesti, ac plures eorum consanguinei, quorum numerus fuit 120 virorum armigerorum, quorum bona a communi populo diripiuntur, et mansiones dejiciuntur. De communitate ceciderunt ibi circiter 60 viri. *Incid.* Anno Domini 1313, circa principium mensis Junii, castellanus de Warum cum suis villam Berle armata manu intravit, et ante castrum 8 viros de progenie domini de Berle interfecit. *Incid.* Eodem mense, 6 Idus Junii (739), domnus Henricus de Hermale cum omnibus illorum de Warois parti [561] faventibus ex una parte, et Willelmus castellanus de Warum ex alia parte cum universis fautoribus illorum de Awaus, convenerunt in loco campestri inter villas Ferme et Warum aliter dictam Warenniam. Ubi ex utraque parte omnes progeniosi ex Hasbania et comitatu de Los, et multi de terra Namurcensi et Brabancie, in duas ex opposito acies animose constituti, ad flebiles comitis de Los preces et instantias humillimas dare treugas recusabant. Recedente igitur comite dolenter ab utrisque, congressum est bellum durissimum, et cessit tandem victoria parti domni Henrici de Hermale pro illis de Warois castellano de Warum cum aliis ex suis per fugam salvato, et castellano de Montenakem cum pluribus vel duobus militibus interfecto, ac Johanne de Lobosgh, fratre naturali domini de Wesemale, ejus signifero, cum pluribus aliis armigeris occiso, quorum numerus 15 et amplius fuit. Dominus vero de Wesemale et de Lidekerken cum suis in ecclesia prefate ville se receperunt. Quos cum plures partis adverse insequerentur, domnus Willelmus de Berle cum aliis eque prudentibus militibus posuerunt se murum ex adverso pro domo Dei, et dorsa sua ante januas ecclesie viriliter opponentes, animos suorum ab irruptione conpescuerunt, et sic prefati presidium ecclesie obtinentes, omnes illesi ad Brabanciam redierunt. Plures eciam ad castri de Warum munitionem festinantes evaserunt, ceteris hinc inde fuga [562] lapsis. *Incid.* Eodem anno imperator Henricus sextus regni sui anno 5, et imperii ejus 3, post sumptum eucharistie [563] sacramentum in die assumptionis beate Marie (740), in civitate Pysana intoxicatus, continuo in egritudinis lecto positus, post extremam unctionem devotissime spiritum emisit. *Incid.* [Hocs. II, 4.] Circa idem tempus Ludowicus dux Bawarie et Fridericus dux Austrie per electorum discordiam eliguntur alter adversus alterum. *Incid.* Anno Domini eodem 1313, anno regni Henrici imperatoris sexti 5, imperii ejus 3, post obitum Theobaldi Leodiensis episcopi trans Alpes, Adulfus de Marcha a Clemente V apud Avinionem Leodiensis constituitur episcopus, qui 11 Kal. Augusti in episcopum receptus, invenit maximas in patria discordias et plura enormia sede vacante perpetrata [Hocsem. II, 2.] Ad captandam tamen omnium benivolentiam Leodiensibus omnia prius forefacta indulsit.

9. Anno Domini 1314, anno 2 vacantis sub discordia imperii, Adulphus episcopus et totum capitulum Leodiense, mediante pecunie summa, postposito Dei timore, reclamante et contradicente abbate nostro, concesserunt communitatem fieri in opido Sancti Trudonis duraturam perpetue. Qua sic erecta, opidanorum rectores jura monasterii nostri ubique violare ceperunt, propter quam temeritatem per officialem Leodiensem curie convicti, singulares persone excommunicantur, ecclesiastico interdicto in totum opidum posito. Sed illis ab injuriis nobis illatis adhuc ad cor minime redeuntibus, domnus abbas adductis secum scabinis ac opido recedit.

10. Anno Domini 1316 opidanos nostros, qui jam per annos ferme duos sub sentenciis interdicti et excommunicationis indurati jacuerunt, accepta ab eis magna summa pecunie iterata vice, idem Adulphus episcopus, mentis oculus precii nubilo reverberatis, sicut prius contra fas concessit illicitum, sic nunc interdicti et excommunicationis sentencia ligatos de jure absolvit de facto. Contra quam absolutionem cum ex parte nostra esset ad Romanam curiam apellatum, episcopus ipse addens mala malis, postposito Dei timore, misit mariscalcum suum cum duobus canonicis Leodiensis ecclesie ad opidum istud Sancti Trudonis, qui ad informacionem perversorum et fallacissimorum hominum, prout postea compertum fuit, omnem jurisdictionem ecclesie usurpaverunt, dicentes nos nichil juris habere in opido, et sic indignanter nostro sculteto gladium et

VARIÆ LECTIONES.

[561] partem 1*. [562] fugam 1*. [563] eucharie 1*.

NOTÆ.

(739) Vide de his Hocsemium I, 33.

(740) Obiit 27 Aug. Bonconventi.

forestario virgam abstulerunt. Et post hæc ad locum cippi, qui ab olim intra limites districti abbatis, sicut patibulum intra districtum episcopi consistit, accesserunt, et appositis ibi combustibilibus ipsum concremaverunt, et novum cippum fieri fecerunt, quem supra forum infra limites jurisdictionis episcopi statuerunt. Propter quod iterato a nobis ad prefatam sedem apostolicam appellatur. *De eodem.* Interea opidani braxatores prohibentur a magistris et rectoribus communitatis, ne solvant nostro monasterio censum cervisie, scilicet pecarium cervisie, propter quod famulis nostris bis in ebdomade more solito braxenas intrantibus census cervisie minime persolvitur. Quo viso, conventus ordinavit duos ex nostris commonachis, qui per singulas ebdomades intraverunt braxenas, et censum dare recusantes plures invenerunt, et multos alios invenerunt, qui, cum non auderent tradere, gratiose annuentes permiserunt illos ex vasis suis in idriis (741) ad hoc per garsiones (742) allatis haurire et secum auferre. Mensuram insuper salis, quod equo modo nostra est hereditas, nobis persolvi prohibuerunt. *Item.* Hiis temporibus episcopo Leodiensi Adulfo ad instigationem perverse conversancium procedenti adversus hoc monasterium zelo amaro, quidam ex clericis et sacerdotibus opidanis se ipsos ad id offerentibus, de mandato ipsius accedentes ad hospitale Sancti Trudonis, cujus ordinatio et gubernatio tam in temporalibus quam spiritualibus per patentes literas ad nostrum monasterium sancti Trudonis ab olim dinoscitur pertinere, Dei abjecto timore compulerunt seu fecerunt magistrum de fratribus ipsius hospitalis ad ipsorum presentiam afferre privilegia ipsius hospitalis, continentes inter cetera per quem modum a loco nostro cymiterio vicino translatum fuit. Quibus astu suo inspectis, in prejudicium nostri, precisis sigillis ea cassaverunt, prout in nostris archivis reposita continentur.

11. Anno quasi eodem Leodiensis episcopus, nonobstante quod propter accepta munera a Trudonensibus contra fas se fecit partem cum toto opido Sancti Trudonis ad litigandum in curia Romana contra monasterium nostrum, sed postposito juris generalis statuto, venit ad nostrum monasterium causa visitandi in capite et membris cum 150 equestribus, ibique tamdiu remansit, quod expense asscenderunt usque 1500 libras Turonensium nigrorum. Propter quam visitationem cum ipse abbas Adam ad instanciam conventus computationem explesset de redditibus bonorum monasterii a 15 annis, idem episcopus per unum vicarium suum archidiaconum visus est hanc computationem frustrari, asserens, quod ipso non presente computatio non sortiretur effectum. Sed conventu sibi obiciente, cur non accessisset, tandem quievit. Post hec episcopus instigatus a domno Enghelberto suo avunculo, canonico Leodiensi, nitebatur seminare scismata inter conmonachos et dominos nostri conventus adversus ipsum abbatem, sed non prevaluit. Sicque secundario intravit cum 60 equis et fecit visitationem, inquietans laudabiles viros hujus monasterii, et gravibus expensis monasterium depascens. Sub hac visitationum frequentia abbas ipse conpulsus, plura emendavit prius nimium neclecta, tam in cultu ornatus chori quam officinarum. *De eodem.* Sub hac turbatione iste abbas per episcopum et suum secretarium Enghelbertum, abbatem secularem, Sancti Lamberti canonicum, avunculum ipsius episcopi, graviter persequebatur, sed per priorem Geimarum Hugonis et alios honestos seniores, quos ipse abbas in principio sue creationis propter ipsorum constanciam in causis virtuosis aversabatur, annuente illis toto conventu, adjutus efficaciter, de gravissimis sibi objectis articulis ereptus est. *Item.* Iste prior Geimarus, si quando vinum aut cervisia vel panis prebende monachalis fuit insufficiens, noluit percutere simbolum nec tenere refectorium, nisi esset emendatum. *Item.* Iste abbas quadam vice, cum de vino, quod fuit insufficiens, conventui ministraret, unus devotus ex conventu monachus cessavit a choro. Quem cum abbas ob id niteretur subjicere penitencie, prior cum senioribus non sustinuerunt, cum pro universitate laborasset. *Incid.* [Hocs. II, 6.] Eodem anno fuit generaliter per diversa terrarum regna maxima sterilitas, mortalitas et bladorum caristia, ita ut in partibus Hasbaniæ nostre habitationis modius siliginis mensure Sancti Trudonis pro 11 florenis emeretur. Nam circa nativitatem sancti Johannis usque ad messem fuit aura continue pluvialis, ita quod grana interius erant quasi a farina vacua. Et ideo homines a mensa surgentes, cum nutritivus minime fuisset panis, statim esuriebant, et multo plus edebant quam actenus consueverant. Propter quod communes et pauperes populos fames tanta premebat, ut famelici per vicos deambulando supini in terram cadentes, exspirarent. Victualia tamen aliorum conmestibilium fuerunt competentis fori. *De eodem.* Anno vero sequenti modius siliginis nostre mensure Sancti Trudonis emebatur quasi pro floreno. *Item.* In anno hujus caristie larga elemosina pauperibus distribuebatur ad portam. Fuit enim in domo elemosinarii vel a tempore Willelmi primi abbatis (743) aut a presentis abbatis Ade fornax constructus cum caldaria grandi, in qua statutis diebus pottagium ex pisis et condimentis coquebatur, quod mendicantibus et pauperibus distribuebatur. *Incid.* Anno ante hunc proximo sevissime discordie inter episcopum et patriam increverunt, et

NOTÆ.

(741) I. q. hydria, mensura liquidorum.

(742) *Garçons.*

(743) Cf. supra ad annum 1270.

inter progenies de Awaus et Warois mutua homicidia.

12. Anno Domini 1317 episcopus de consensu capituli concessit magistris et juratis in opido Sancti Trudonis, ut depositis scabinis perpetuatis, eligerentur annales scabini, qui ex parte sui 7 in medietatem hujus opidi constituerentur. Qui cum per sententiam malignitatis scabinos antiquos pronunciassent bonis et honoribus privandos, illi contra tamen sentenciam ad regalem sedem appellaverunt. Ibi ad instanciam Ade abbatis per sententiam scabinorum Aquensium judicatum est annales esse destituendos; sicut factum est. *Incid.* Eodem anno defuncto Clemente papa V, qui compilavit Clementinas constitutiones, sed morte preventus non complevit, succedit Johannes XXII, qui prefatas complevit Clementinas, quas statuit in scolis legendas et communiter observandas. *Incid.* [Hocs. II, 8.] Anno Domini 1318 castrum Haren (744) fortissimum, quod erat domini de Falcomonte, propter violentias, quas idem dominus de ipso castro pluries Trajectensibus intulit, per episcopum Leodiensem et ducem Brabancie (745) obsessum expugnatur, et custodibus decapitatis funditus destruitur. *Incid.* Sequenti anno per Franciam et Hanoniam multi leprosi concremantur, qui, ut dicebatur, precio a Judeis corrupti, fontes et rivos veneno inficiebant. Anno Domini 1322 Adam abbas acquisivit titulo emptionis mansionem cum suis appendiciis, quam habemus apud Lewis sitam prope fossata, ad levam juxta portam. Ubi post aliquot temporis aulam latam cum necessariis officinis construxit, et antiquam mansionem, quam ibidem habuimus, que vocabatur vulgariter Tenscheverstene, distraxit, quia extra opidi illius munitiones sita fuit.

13. Anno Domini 1323 aut circiter, cum diu esset litigatum, circiter 8 annis, inter nostrum monasterium et opidanos nostros, ita ut interdictum in totum opidum diu perdurasset, magistri communitatis cum suis complicibus inducentes quemdam presbiterum insolentem et Dei timorem postponentem, fecerunt divina in ecclesia beate Marie per illum publice celebrari, protendentes, quod contra sentenciam interdicti et excommunicationis appellassent. Propter quod, quia plebani ecclesiarum opidi hujus requisiti recusabant tali frivole appellationi adherere, a magistris communitatis et opidanis plura gravamina sunt perpessi. Sub hac et aliorum perturbationum ingruentia conventus totus exivit de claustro relinquens opidum, et venit ad nostram mansionem apud Dungh juxta abbatem Adam ibidem moram facientem. Ubi cum continue moraretur per menses ferme 14, plures ex nostris dominis et confratribus propter aeris inconvenientiam egrotabant. Inter quos prior Geimarus vir laudabilis ibidem obiit, qui eodem anno effractis a choro psallentium vilibus stallatis sedibus, fecit novas et formosas fieri de redditibus custodie nostri monasterii, ex mandato prefati Ade abbatis. Anno sequenti intervenit tractatus de facienda litis suspensione inter nostrum monasterium et opidum. Misit ergo prefatus abbas et fecit totum conventum venire ad mansionem nostram apud Lewis, quam de novo construxerat. Ubi dum idem conventus per 4 menses resedisset, tractatu de litis suspensione ad effectum perducto, conventus ad claustrum nostrum rediit. *Item.* Anno Domini 1234 cum esset litigatum jam 6 annis ex more, reclamante causa appellationis per nostrum monasterium facte contra domnum Adulphum episcopum, Engelbertum Fransoes archidiaconum vice gerentem in spiritualibus, dominum Johannem de Balodio commissarium in temporalibus, scabinos ex parte episcopi, et magistros communitatis et totum opidum ex alia parte: ad instanciam bonorum virorum, de consensu adverse partis et nostrorum ad triennium lis suspenditur, de consensu et gratia Johannis pape XXII per sententie sublationem et interdicti suspensionem, si forte medio tempore pacis concordia interveniret, sin autem, ubi lis pausaret, ibi resumeretur, et excommunicationis sentenciam et interdictum ut prius renasceretur. *Item.* Infra hujus triennii factam litis suspensionem nichil actum est de pacis concordia, sed post aliquot temporis iterato litis causa ad triennium suspensa, medio tempore honesta pace interveniente, sopita est, prout consequenter patet. *Incid.* Anno eodem Domini 1324 Leodienses cotidie contra episcopum sevientes, bona ad mensam episcopalem pertinentes sibi usurpant, benivolos episcopo faventes captivant, occidunt, comburunt, et treugas de concordia inter episcopum et patriam firmatas violant. [Hocs. II, 11.] Propter que episcopus in vigilia beati Thome (*Dec.* 20), transtulit curiam officialitatis cum curiis archidiaconorum [564] ad opidum Hoyense, et postea, circa festum sancti Mathie (*Febr.* 24) civitas et populus ecclesiastico supponitur interdicto. Propter quod illi in pejus prolapsi, apostatos et presbiteros Deum non timentes, precio conductos missas [565] celebrare, mortuos in cymiteriis et ecclesiis sepelire faciunt, et populos ad sacramenta ecclesiastica ab illis prophanis accipere compellunt, canonicos Leodienses terroribus gravant, et se illis contradicere non audientibus procaciter immiscent, propter quod illi necessitate compulsi, pro majori parte ad opidum Hoyum capitulum suum et domicilia transferunt. Sed terciam partem canonicorum Sancti Lamberti, propter eorum commmoda adhuc Leodii residentem, papa [566] Johannes, ut infra duos menses apostolico aspectui se presentent, mandat, quod executum fuit anno post hoc tercio. *Incid.* [Hocs. II, 12.] Anno

VARIÆ LECTIONES

[564] archiepiscoporum 1*. [565] *deest* 1*. [566] papam 1*.

NOTÆ.

(744) Haud procul a Tungris.

(745) Joannem tertium.

Domini 1326 (746), in crastino Bartholomei (*Aug.* 25) progenies de Warois cum natione [de Werfengeies et aliarum nationum multitudine ex una parte, et progenies de Awaus cum castellano de Warum et natione de Hanef cum ceteris suis fautoribus ex parte altera, convenerunt apud Dommartiin. Ibi congresso pedestri bello atrociter preliatum est, sed cessit tandem victoria illis de Awaus cum suis, et ceciderunt ex parte adversa Henricus de Hermale, Johannes de Landriis, Johannes de Cervo, Lambertus de Hardwemont, Johannes Polens de Warois, Helinus de Latiens milites, et alii plures probi de Werfengeies, ex [567] ceteris progeniosis plus quam 40, reliquis fuga lapsis. Ex parte vero illorum de Awaus duo fratres castellani de Warum, Arnoldus miles de novo factus, et Butorus armiger cum 12 armigeris, gladiis ceciderunt. Et quia, ut ferebatur, iste conflictus treugis adhuc exstantibus est commissus, partis devicte delictum pactionibus mediantibus per episcopum condonatur, partis vero prevalentis delictum cum Leodienses defendere niterentur, episcopus collecto magno exercitu, auxiliante sibi rege Bohemie (747) cum 11 comitibus, contra Leodienses procedit apud Crestengueies (748), ubi castellanus mediantibus conventionibus episcopo reconsiliatur [cf. Hocsem. ii, 14.]. *Incid.* Anno Domini 1327 episcopus sentiens se non posse violentiis civitatis et patrie Leodiensis armis suorum obsistere, querit auxilium pontificis Romani. Quo comperto, Leodienses miserunt nuncios solempnes ad præfatam curiam cum accusatoriis delationibus. Quibus sic proficiscentibus, cum juxta nemus Viromandense venissent, a quibusdam amicis episcopi insidiati, capiuntur et diu captivi detinentur, super quo multus Leodii excrevit tumultus. *Incid.* [Hocs. ii, 13.] Anno eodem Karolus (749) rex Francie et Navarre regina (750) impregnata obiit (751). Post quem Philippus filius Karoli comitis de Valois, fratris Philippi regis Formosi, tanquam proximus heres, ad regni regimina ut futurus rex assumitur, nisi ab impregnata prefata regina, relicta Karoli, filius nascatur. Sed cum post aliquot menses regina filiam est enixa, Philippus in regno stabilitur. *Incid.* Anno sequenti (1328) Johannes tercius Brabancie dux castrum de Falcomonte obsedit, sed interveniente concordia ab obsidione recedit. Sequenti vero anno (1329) castrum iterum obsidet et expugnatum destruit. *Incid.* [Hocs. ii, 14.] Anno Domini 1328 Leodienses per nuncios Hoiensibus improperant, quod literas confederationis inter civitatem et villas bonas apud Fehe factas male tenuissent, eo quod illos qui suos ambassiatores captivaverant, liberos intra opidum Hoiense deamblare sinerent

A et episcopum ibidem foverent. Propter quod literis prefatis ruptis, Leodienses opidum Hoiense diffidant. *Incid.* Eodem anno, tercia dierum penthecosten, scilicet 11 Kalend. Junii, Leodienses, Tongrenses et Trudonenses cum aliis confederati, simul in armis congressi, castrum Egidii de Cervo, Hoiensis opidani, evertunt. Et sequenti mane diluculo progressi, suburbana Hoii impetunt, sed incolis diu rebellantibus, opidum Hoiense in multitudine armatorum illis in auxilium confluens, montem veteris castri occupat, ut ab alto adversarios impetuosius opprimat. Ibi cum Raso de Cantumerula, qui interfuit ubi nuper ambassiatores Leodiensium ad curiam Romanam destinati erant captivati, ipse cum 15 electis armigeris passagium excedens, Leodien- B ses obvios in asscensu montis ut vidit, elevata hasta in eos irruens, cum suis cesus occubuit. Quod strennuus Leodiensis episcopus intelligens, adversarios suos in montis descensu esse congregatos, in 6 feria infra octavam penthecosten, que fuit 6 Kalendas Junii, cum paucis militibus et armigeris, scilicet Johanne de Hardwemont, Johanne de Landriis et aliis ex progenie de Warois et Werfengeies viris 60 ab opido Hoiensi exiens, ascendit montem Arbone, vulgariter appellatum de kaie te Hoie, ubi videns adversarios suos Leodienses, Tongrenses et Trudonenses, quorum numerus fuit tria milia, accedentibus cum illis pluribus ex progenie de Awaus et Hosemont, ipse processit et ad districtum asscen- C sus illius montis aditum se cum paucis suis viriliter statuit. Ad quem adversa pars animose asscendens, commissum est durissimum prelium circa horam primam. Ubi dum episcopus valde contra multos cum paucis fatigatus, plures manu sua prostravit, supervenit frater ejus Conradus, Razo de Printhaghem, castellanus de Musal, et alii numero novem a latere uno, et Reynerus de Arkenteil cum quindecim recentibus ab altera montis parte, qui sese ad latera episcopi intrudentes, in fronte conflictus prorumpentes, multos adversariorum prostraverunt. Quo viso Leodiensium plurimi per montis declivia ascendere moliti, ut episcopales a tergo protererent, per Hoienses in montis cacumine positos lapidum jactibus, quos mulieres afferebant, coercentur. D Certatum ergo cum foret ab hora prime usque ad nonam, victoria cessit episcopo, et ceciderunt ibi ex progenie de Awaus et Hosemont cum aliis suorum Johannes dominus de Hanef, Balduinus de Genef, Amelius de Bovengistier, ductor exercitus opidi Sancti Trudonis, quem episcopus exprobrantem ei cum machina quam manu tenebat prostravit. Ceciderunt eciam ibi multi famosi armigeri, inter quos Stephanus de Zittert, magister communitatis

VARIÆ LECTIONES.

[567] et 1*.

NOTÆ.

(746) Anno 1325 si audis Hocsemium et Jacobum de Hemricourt.

(747) Joanne.

(748) Crichegné Leodio vicinum

(749) Quartus.

(750) Joanna.

(751) Mortuus est 1 Febr. 1328.

Sancti Trudonis, qui in suo reditu proposuit monasterio nostro plura imponere gravamina, quem equus effrenis, cui insedit, in medio adversariorum devectum, occisum in terra dejectum reliquit. Pluribus igitur de parte Leodiensium captivitatis, et interfectis 300 viris, ceteri tam insignes quam populares fugientes terga dederunt. Quos Hoienses supra montem stantes, prestolantes exitum belli, persecuti spoliaverunt; sed prohibente episcopo a cede temperaverunt. De parte autem episcopi quinque tantum viri ceciderunt. In ipso belli conflictu, ut quidam asserebant, beatus Georgius armatus in equo visus est per aera supra episcopi exercitum deferri, propter quod postea festum beati Georgii episcopus statuit celebrari, quod prius non fuit celebre. *Incid.* Eodem mense, 3 Kalend. Junii, in crastino Trinitatis, Leodienses, Tongrenses et Trudonenses cum progenie de Awaus et Hosemont iterato in armis exeunt, et destruunt grangias (752) et mansiones bonorum virorum, qui pridem fuerunt in auxilium episcopi. *Incid.* In mense sequenti 3 Kalendas Julii, que erat dies sacramenti, Leodienses cum Tongrensibus iterato exeunt, et episcopo et suis fautoribus assignant campum certaminis, quos cum sentirent paratos esse ad rebellandum, ad propria redierunt. In ipso die cum tota communitas Sancti Trudonis armata manu usque supra Jechoram fluvium (753) juxta Waremiam processisset in auxilium Leodiensium et Tongrensium contra episcopum, circa horam prandii quieti et epulationi intenti, ab invicem aliquantulum sequestrati, amena residendi virentia loca delegerunt. Ubi cum clamatum esset : *Ad arma! ad arma!* omnes in aciem convenerunt et animose steterunt, et dum ductor exercitus eorum, Eustatius de Halmale senior, confisus de constantia Trudonensium, cum eorum paucis procederet ad speculandum insidias adversantium, ipsi Trudonenses suspicantes illum pro timore ab ipsis in fugam conversum, ceperunt sese disjungere. Super quos domnus Johannes de Hardwemont cum paucis suorum de Warois et Werfengeies, antequam in aciem redirent, irruit, qui statim terga dederunt. Ibi paucis rebellantibus, 100 viri ceciderunt, et circiter 30 captivati fuerunt; plures etiam ad castri introitum, aliqui transvadando ad litus evaserunt. Novissime vero plures [568] ex opidanis nostris, qui vulnerati et hanelo spiritu intercepti fugere nequibant, a predonibus, qui ab opido ipso tanquam amici cum opidanis comitabantur, vivi jugulantur et nudantur, quorum multi non ad mortem lesi ab inimicis, predonum manibus perierunt. Post paucos autem dies quinque ex illis predonibus intra opidum capiuntur, et quatuor ad equos tracti vivi in rotis ponuntur, et quintus, quia honestis

A magnatibus hujus opidi attinebat, ad locum dampnatorum non trahitur, sed ligatus abducitur. Inter quos unius uxor, qui dicebatur Merquard interfuit jugulationibus talibus. Mense eodem Leodienses, Tongrenses et eorum complices de progenie Awaus et Hosemont, iterum cum multitudine armatorum patriam Hasbanie et comitatum de Los pervagantes, omnes episcopo adherentes cum ipso episcopo destruere et de patria expellere conantur. Unde destructis hinc inde castellis in die translationis sancti Benedicti (*Jul.* 11) turrim de Landriis cum omnibus ibidem edificiis conburunt et destruunt. Postea in die sancte Margarete (*Jul.* 12) castrum Here (754) destruunt, et villam totam comburunt. *Incid.* Eodem anno mense Augusti iidem castrum Hardwe-

B mont (755) obsident, quod eis tandem deditum circa festum sancti Egidii destruunt, et similiter turres apud Velrois (756) et Oborn (757) evertunt (Sept. 1, 1328). In tantum enim circumquaque villas et fortalicia destruxerunt, quod ipsi episcopo et suis vix aliquis locus esset presidii, preter solum opidum Hoiense, in quo ipse et capitulum Leodiense cum secundariis ecclesiis et curiis Leodiensibus, ac progenies de Warois et de Werfengeies liberum presidium obtinebant. *Incid.* Eodem anno, 7 Kalendas mensis Octobris, in die sancti Firmini, comes Ghelrie (758) cum multitudine armatorum venit in adjutorium Leodiensi episcopo apud villam Huselt, ad vindicandum injurias ipsi episcopo per Leodienses

C illatas. Ubi dum figerent tentoria, hora vesperarum supervenerunt ipsis ignorantibus Leodienses et Tongrenses, cupientes ex improviso illos conterere. Quibus dum Ghelrenses, antequam episcopus et sui ad arma essent parati, viriliter obsisterent, sed illi viribus prevalerent, ceciderunt ex Ghelrensibus aliqui. Et cum quasi terga dare compellerentur, irruente episcopo cum valida manu in Leodienses, Ghelrenses resumptis viribus auxilium illi tanquam recenter pugnaturi conferebant. Ubi dum fortissime longo conflictu bellatum est, cessit tandem victoria episcopo et comiti Ghelrensi, et ceciderunt ibi de Leodiensibus et Tongrensibus 1200 viri, captique sunt ex ipsis 400 per Ghelrenses, ceteris in fugam versis. *Incid.* Eodem mense episcopus cum Hoien-

D sibus et progenie de Warois et Werfengeies, adjunctis sibi paucis aliis validis viris et Ghelrensi comite, obsedit opidum Tongrense [cf. HOCSEM. II, 15]. Sed comite nolenti in obsidione ad instanciam episcopi perseverare, sed cum 80 de ditioribus captivatis ad propria repedare contra jus bellicum, ut dicebatur, episcopus cernens Tongrenses contra macinas erectas portas et sua propugnacula terra et lapidibus ab intra animose ad resistendum munire, et Hoienses contra illos nolle insultare, ad instan-

VARIÆ LECTIONES.

[568] pluribus 1*

NOTÆ.

(752) *Grange*, horreum.
(753) Jere qui exundat in Mosam.
(754) Heron prope Hoium.
(755) Hargimont.
(756) Velroux prope Leodium
(757) Num Obourg?
(758) Reinaldus II.

ciam principum, invitus tamen, cum Leodiensibus et Tongrensibus de pace tractanda consentit. Tandemque ipsi Leodienses et Tongrenses domino suo mediante, summa 50,000 librarum Turonensium reconsiliantur, et cessante ipso ab opidi impugnatione, spondent se amodo suo domino episcopo nullas inferre molestias, nec infringere debere laudabiles et antiquas patrie consuetudines, et quod scabinorum sentencias in quocumque loco prolatas temerare ab hac hora minime presumerent, missis ex Leodiensibus et Tongrensibus ad opidum Hoiense obsidibus, ibidem remansuris, usque dum confectis inde cartis sigilla appensa fuerunt. Circa hec tempora pauci opidani Sancti Trudonis, qui videbantur suo domino episcopo favorabiles, inpetum magistrorum communitatis Sancti Trudonis formidantes, plures ipsorum ex sculletis, scabinis et officiatis ad villam episcopalem Alken causa presidii se transtulerunt. Occasione cujus prefati communitatis magistri ex hiis quosdam nocturno tempore in propriis mansionibus quiescentes armata manu querebant, sed illi prout poterant per posticia evadebant. Aliorum eciam bona, qui opidum effugerant, violenter rapiebant. Unde episcopus et sui videntes, quod, Leodiensibus et Tongrensibus cum suis conplicibus mediantibus conditionibus ad concordiam pacis se humiliter conferentibus, soli Trudonenses, quamvis nuper apud Warum ab auxiliatoribus episcopi devicti fuissent, reconsiliationem non quererent, tractavit episcopus cum secretariis suis ex improviso opidum ipsum inpetendum, et diluculo per fossata de novis domibus armata manu per fundum fossati usque ad pontem porte de Cloppem procedendum, et sic opidum occupandum, cum ibidem munitio foret debilior. Quod tamen ad effectum non pervenit, quia paulo post tractatus de pace intervenit, ut jam infra patebit. Occasione hujusmodi obtinendi ex improviso clam opidum Sancti Trudonis, post paucos annos fortissima turris inter portam de Cloppem et portam pecudum construitur, ut hostilis accessus ab illa propulsetur. *Incid. de antipapa.* Eodem anno vel precedenti (759) quidam frater Minor (760) sub umbraculo fallacis privilegii cleri Romani passus est in papam se coronari et Nycholaus (761) appellari, factisque cardinalibus, Ludovico duci Bauwarie, tercio ante hunc anno, eodem falsitatis privilegio diademate imperiali coronato (762), tanquam imperatori adhesit [cf. HOCSEM. II, 15]. Qui ubicunque Ludowicus urbes expugnavit, illic tanquam papa resedit et beneficia contulit. Sub quo statu cum jam quinquennio perseverasset (763), a quodam principe (764) cui confidebat, accepta magna pecunie

A summa a papa Johanne, ad Avinionem in presencia veri pontificis ipsius Johannis, funem in collo deferens ligatum, deducitur, et humiliter reatum suum confitens, et puplice suam presumptionem hereticam abjurans, absolvitur. Qui sub custodia honesta detentus, non multo post diem clausit extremum. *Incid.* Anno eodem (1328), in vigilia sancti Bartholomei (*Aug.* 23), comite Flandrie (765) cum multitudine suorum nobilium per insolenciam communitatis erecte a comitatu Flandrie expulso, Philippus (766) de Valois rex Francie Flandriam intravit, et facto contra Flamingos acerrimo prelio prevaluit. Ibi de Flamingis 14,000 virorum occubuerunt, sicque ipsi comiti terram propriam undique subjugatam libere restituit. Hoc factum est anno 2 regni sui.

B 14. Anno Domini 1329 Adulphus Leodiensis episcopus ad cor rediens, de injuriis que monasterio nostro intulit penituit, animadvertens qualiter Trudonenses, cum quibus ipse nuper ante 14 annos contra monasterium hoc litem inceptam in curia Romana continuavit, Leodiensibus et ceteris villis anno precedenti ad concordiam pacis secum redeuntibus, ipsi adhuc in duricia perseverarent. Quapropter cum abbas Sancti Trudonis ex causa apud curiam ejus in Alkem quadam die venisset, episcopus de injuriis, quas [569] ipsi Trudonenses sibi intulerunt, et abbas de suspensione litis ad triennium facta non exspirata mutuo contulissent, inspirante Deo utrique amici facti unanimiter consenserunt non separatim sed conjuncti cum Trudonensibus C jam bello humiliatis de pace tractare. Post aliquot autem dies Trudonenses, intelligentes dominos suos speciales amicos esse effectos, miserunt honestos et discretos viros ad tractandum de pacis concordia. Et post longos cum opidanis tractatus, cum dominus abbas auditum averteret quamdiu communitatem non deponerent, tunc illi habito consilio miserunt duos honestos opidanos ad novam curiam, et literas communitatis sigillis episcopi et capituli Leodiensis sigillatas ipsi Ade abbati optulerunt. Quas cum ipse cassasset, subintulit: *Ecce! ecce! harum literarum occasione expendi ultra* 10,000 *florenorum.* Anno eodem, mensis Decembris die 29, episcopo Leodiensi cum consiliariis suis et Adam D abbate cum suis amicis apud novam curiam congregatis, tractatus [570] ingens longe disseritur, in tantum ut tres honesti mediatores a crepusculo noctis usque ad crepusculum sequentis diei quinque vicibus a nova curia ad opidanos, et e converso ad novam curiam in equis diverterent, tandemque in hunc modum pax confirmatur: Promittunt siquidem nunquam communitatem levandam, nec datam sine

VARIÆ LECTIONES.

[569] que 1*. [570] tractus 1*.

NOTÆ.

(759) Hoc ipso anno.
(760) Petrus de Corvaria.
(761) Quintus.
(762) 17 Jan. 1328 Ludovicus Romæ imperator coronatus est.
(763) Usque ad sequentem tantum annum 1329.
(764) Comite de Donoratico.
(765) Ludovico I.
(766) Sextus.

consensu amborum dominorum acceptandam, et cetera, prout in literis seriatim continentur, que in nostris archivis reservantur. Preterea de consensu omnium talis processio solempniter facta est: Statuto enim ad hoc die, dominis Adulpho Leodiensi et Adam abbate hujus loci existentibus in nova curia cum pluribus solempnibus viris, totus populus congregatus in loco fori hoc ordine dominis suis obviam procedit usque ad campi locum, qui est in opposito molendini monasterii nostri in Merwile: Primo capitanei assumpte communitatis cum honestioribus opidanis numero 200, exuti vestibus, in camiseis et femoralibus, nudis capitibus et pedibus incedunt, gladios evaginatos cum acumine super pectoralia sua positos deferentes, ceteris opidanis cum vestimentis suis subsequentibus. Cum vero ad prefati campestris locum deveniunt, provoluti genibus flexis una voce a dominis suis humiliter veniam deprecantur. Quibus benigne a dominis ad graciam receptis, et excessuum omnium enormitatibus liberaliter indultis, episcopus ipse graciose gladium unius ex illis cum capulo in manu capiens et vibrans inquit: *Ecce, si placeret, nunc vos interficerem.* Quibus peractis, in omnium presentia litera de pacis concordia publice in laica lingua secundum tenorem omnem legitur, quam universi una voce approbant, et in futurum pro se et suis successoribus de non contraveniendo levatis dextris juramento, sub pena excommunicationis late sentencie, sese obligant, et sic subsequentibus dominis episcopo et abbate cum suis, ad opidum proceditur. Ubi dum intra portam opidi, que Nova porta appellatur, proventum est, prefati domini, visa processione sacerdotum et clericorum in obviam procedenti, de equis humiliter descendunt, et precedentibus eis predictis opidanis in nudis, usque intra monasterium procedunt, cantatoque ymno *Te Deum* cum anthiphonis omnes cum gaudio ad sua redeunt. *Item.* Eodem anno cum domnus Johannes de Follonia presbiter [571], cujus patri Thomas abbas 5 bonuaria terre de pecunia nostri de monasterii empta contulisset in feodum, ut illo, quia erat de majoribus et primoribus hujus opidi, eidem abbati auxilium et favorem fideliter tempore oportuno, prout etiam efficaciter inplevit, exhiberet, in lecto egritudinis detineretur: contulit quinque bonuaria terre feodalis prenarrata in manus domni Johannis de Diist, conventualis prioris hujus monasterii sancti Trudonis, ad hunc finem ut de proventibus prefate terre primo solverentur sex modii siliginis perpetui ad pytanciam refectorii pro comedentibus ibidem duntaxat feriis quartis; reliquos vero proventus qui supercrescunt, voluit et ordinavit, quod pytanciarius nostri predicti monasterii, qui pro tempore fuerit, faciat per elemosinarium circa festum beati Nycholai pauperibus ad portam in panibus fideliter distribui Quibus ordi-

A nationibus domnus Adam abbas, pluribus vasallis presentibus, in omnibus consentit, in vigilia omnium sanctorum. *Item.* Idem abbas Adam suo tempore dedit bona nostra apud Kerkim videlicet fratri suo Godefrido de Kerkim armigero ad culturam, non perpetue sed ad tempus. Post cujus abbatis decessum liberi prefati Godefridi dicebant se obtinere prefata bona ad perpetuam culturam, sed non fuit verum. Caveant ergo abbates suis propinquis monasterii bona eciam ad tempus dare colenda. *Item.* Ante hujus abbatis tempora fuerunt ab antiquo a redditibus abbatis distincti redditus ad officium cellelarie pertinentes, de quibus cellerarius in victualibus conventum in refectorio ministrabat, et de vino cuilibet suam portionem ubivis dispensabat.
B Sed isto facto abbate, prefati redditus incorporati sunt redditibus abbatis, qui de pane, vino, cervisia, combustibilibus, sale, mensalibus, tuellis, famulis et ceteris necessariis et fieri consuetis conventui providet. Tempore hujus abbatis erant optima vina rubea in suo cellario, que a senioribus pre ceteris vinis desiderabantur. Quod ubi intellexit abbas, proposuit ipsis, si de tali desiderabili vino preelegerent bibere, optime sibi placeret. Sed cum quesitum esset inter conventum, cujus situs terre hoc vinum protulisset, et intellexissent non esse de Reno, nullo modo volebant bibere, quia prebendam suam tantummodo vinum Renense fore asserebant. *Item.* Iste abbas acquisivit conventui ad refectorium
C pro sexta feria ad pytanciam 26 modios siliginis hereditarie ad et supra decimam nostram in Borlo, prout suus predecessor Willelmus primus pridem alios 26 modios acquisitos contulerat; et sic habet conventus de prefata decima 52 modios siligenis hereditarie ibidem. Ipse eciam fecit aulam mansionis nostre apud Dungh prolongari versus orientem, quantum ad unius arcus colligaturam. Qui etiam domum fortalicii ibidem similiter et fortalicii domum apud novam curiam a fundis erexit, quarum erectionis causa calumniatus fuit tempore visitationis supradicte. *Incid.* Anno Domini 1330 Enghelbertus canonicus Leodiensis, patruus Adulphi Leodiensis episcopi, qui dicebatur plura dampna monasterio nostro procurasse, ad nos venit et pernocta-
D vit. Qui in gutture apostematus cum ad extrema tenderet, vocato domino abbate ad se, humiliter supplicavit sibi indulgeri de adversitatibus monasterio sese annitente illatis, spondens constanter, si convalere de infirmitate illa posset, amodo fidelis promotor hujus ecclesiæ totis viribus esse vellet. Post paucos dies sumptis sacramentis ecclesiasticis devote, infirmitate ingravescente vix eloqui [572] valens, sepulturam hic petivit et obiit; sepultusque est honorifice ante altare beate Marie, in absida monasterii, ad dexteram capelle sancti Trudonis. *Incid.* Eodem anno cum de concordia pacis inter

VARIÆ LECTIONES

[571] I. d. F. p. *in rassura.* [572] eliqui 1*.

episcopum, Aoam et cives Leodienses esset tractatum, canonici Leodienses et secundarum ecclesiarum ad residendum in collegiis suis singuli Leodii redierunt, et concepta pacis concordia cartis confirmatur.

15. Anno Domini 1330 Adam de Ardinghem, abbas hujus loci, cum strenue prefuisset, anno prelationis suæ 33, 8 Idus Augusti, circa noctis medium devote communicatus et inunctus obiit, cujus corpus cum solempnibus exsequiis sequenti tercia die in medio navis monasterii hujus suo predecessori in uno sepulcro coadhumatur. Iste abbas reliquit sufficientes provisiones monasterio suo, in victualibus et in aliis necessariis nulli quidquam creditori debuit, in cujus archivis magna pecunie summa contineri putabatur. Quibus per priorem et seniores reseratis, corrigiis sacculorum extra clausuras dependentibus, vacui sacculi plures sunt inventi, ibi tantummodo 50 libris veterum grossorum repertis, super quo gravis suspicio erga familiares suos consanguineos habebatur.

DE GESTIS AMELII ABBATIS.

1. Anno Domini eodem 1330, anno Adulphi Leodiensis episcopi 18, imperio propter excommunicatum Ludovicum Bauwarum [573] vacante, electus est in abbatem hujus loci Amelius de Sconouwen, aliter dictus Masscreeil, 19 Kal. Decembris, et paucis interpolatis diebus, presentibus ibidem abbatibus Sancti Jacobi in Leodio et Sancti Egidii, consecratur. *Incid.* [Hocsem. II, 16.] Anno sequenti Petrus Andricas, qui communitatem Leodiensem tanquam capitaneus diu rexit, cum suis fautoribus numero 39 per sentenciam scabinorum apud Vothem proscribitur. *Incid.* [Eodem anno villicus Tenensis (767) ad jussum Johannis ducis Brabancie pannos mercatorum opidi Sancti Trudonis ad nundinas devectos insequitur. Qui dum a quadrigariis in proximam illic ecclesiam intra terminos Brabancie sitam causa presidii essent depositi, ab eodem violenter rapiuntur et auferuntur. Ubi dum quidam ex mercatoribus prefati opidi spoliantibus resistunt, atrociter vulnerantur. Propter quod ab ecclesia Leodiensi et a civitate dux per ambassiatores (768) requiritur, ut ablata restituantur, ne similia contra Brabanciam committere compellantur [574]. Respondit dux : *Ad tractandum cum episcopo presto sum, sed Trudonensibus michi injuriantibus nullas inducias dabo.* *Incid.* [Hocsem. II, 17.] Anno Domini 1332, 9 Kal. Maii, Adulphus episcopus, Johannes rex Bohemie, archiepiscopus Coloniensis (769), comites Ghelrensis, Juliacensis (770), Barrensis (771), Namurcensis (772), Loscensis (773), et domnus de Falkemont (774) cum suis ducem Brabancie defidant. Qui omnes, archiepiscopo Coloniensi et comite Barrensi exceptis, consilio habito cum majoribus Leodiensis patrie ob injurias per ducem sibi illatas, Brabanciam intrant. Hanutum cum villis adjacentibus conburunt. *Incid.* Eodem mense, 6 Kal. Maii, dominica Quasimodo, Adulphus episcopus post concordiam cum patria nuper factam, comitatus prefatis principibus, in obviam sibi processionaliter clero et populo procedentibus, civitatem, a qua septennio absens [575] erat, per portam sancte Walburgis introiens, ab equo descendit, et ingressus capellam prefate virginis, pontificalibus induitur. Ubi precedente processione sollempni a civitate honorifice receptus, monasterium sancti Lamberti ingreditur. *Incid.* Mensis ejusdem die 4 prefati principes cum comite Barensi Leodii conveniunt, et 6 die sequenti cum episcopo et Leodiensi exercitu, precedente standario, Brabanciam octo diebus incendiis et spoliis devastantes, usque ad montem Wiberti (775) et Geldoniam, suburbiis Geldonie pro parte exustis, pervagantur, duce Johanne cum multitudine armatorum intra claustrum Heilchinense sese tutante, et ibidem baltheo milicie insignito (776), in nullo sua defendente. Ibi elaborante comite Hannonie (777), licet ipso renitente, treuge usque post Johannis baptiste stabilite sunt, sicque in die Servacii (778) ad sua quilibet redierunt. *Incid.* Que discordia per arbitrium regis Francie Philippi, quantum ad injuriarum causas, quas idem dux episcopo et opido Sancti Trudonis intulit, sic discutitur : Primo, ut Leodiensi episcopo dux ipse satisfaciat de injuriis illatis, et tunc interdictum revocetur ; secundo, ut opidanis Sancti Trudonis dampna de pannis sibi ablatis restituantur. Que omnia utraque, prout arbitratus est rex, conpleta sunt; sed de injuriis prefatis comitibus illatis per ducem, quia congrua reconpansa (779) minime est consecuta, iterato dux

VARIÆ LECTIONES.

[573] Baurum 1*. [574] conpallantur 1*. [575] obsens 1*.

NOTÆ.

(767) I. e. Tirlemontensis.
(768) Vide Hocsemium II, 17, qu unus erat ex his legatis. Cfr. etiam de his Joannis presbyteri locum apud Chapeaville II, 411.
(769) Walcramus.
(770) Guillelmus.
(771) Eduardus.
(772) Joannes
(773) Ludovicus.
(774) Reinaldus.
(775) Mont-Saint-Guibert.
(776) Lapsus est auctor ; ut ex Hocsemio patet, plures viri balteo insigniti sunt.
(777) Joanne.
(778) 11 Mai, 1332 litteræ de hac pace conscriptæ sunt ; vide Ernst V 40.
(779) *Récompense*

ipse Brabancie per ipsos defidatur. *Incid.* Anno Domini 1333 Johannes dux Brabancie misit ambassiatores cum deprecatoriis literis regine Francie (780), fultos maximis pecunie summis, ad Johannem XXII papam, pro constituendo in terra Brabantina opido Lovaniensi novam diocesem et episcopalem cathedram, sed nil consecutus est. *Incid.* [Hocs. II, 18.] Eodem anno Adulphus episcopus et capitulum Leodiense vendiderunt comiti Flandrie (781) opidum Magliniam cum appendiciis attingentibus illud pro 100,000 regalium summa, ab ecclesia Leodiensi semper renovandum, jure feodali.

2. Anno eodem iterata discordia inter Adulphum episcopum et Johannem ducem Brabancie, prefatus episcopus cum Johanne rege Bohemie, auxiliante sibi cum 14 comitibus, ad opidum nostrum Sancti Trudonis cum multitudine armatorum venit. Et inde mane cum prefatis principibus 2 feria post ascensum Domini (*Mai.* 14) Brabanciam impetit, et villas plures usque citra Jaceam spoliat et destruit, ipso duce intra claustrum Heilecinense, in confiniis Brabancie sito, cum aliquibus . . . . [576] fossati per girum elevati. Circa horam vesperarum episcopo cum ceteris principibus ad opidum redeunte, quidam ex militibus regis Bohemie, deducens secum villicum de Jacea captivum, posuit illum in vinculis intra stabulum hujus monasterii juxta equos suos, quem mane facto extra curiam claustri nostri abductum, tradidit sculteto episcopi sibi custodiendum. Quod cum priori et conventui innotuit, continuo ad episcopum accedunt, et abductum de loco nostre emunitatis cum instancia requirunt. Qui statim accito suo sculteto, prefatum captivum ad locum claustri hujus liberatum restituit et saisivit; et sic ille nostro conventui gratias agens, die sequenti ad sua liber repedavit. *Incid.* Eodem anno circa finem mensis Januarii repetita discordia inter Brabantinos et Leodienses, Conrardus de Marca, germanus Adulphi episcopi, cum Trudonensibus, quorum ductor exercitus Raso de Printaghe miles fuit, armata manu villam fortalicii Landen, quam dux muniverat, impugnat. Ubi habito duro conflictu Trudonenses munitiones transscendentes, rebellantes ibi in fugam vertunt, et occiso ante repagulum animoso milite, domno Henrico dicto probo de Winde cum aliis, abductis captivis quasi 25 viris, villam spoliant et comburunt. *Incid.* Circa idem tempus postquam comes Flandrensis Johannem ducem Brabancie, pro eo quod contra se cum Maghiniensibus confederatus fuit, merito defidavit, prefatus dux famosum claustrum Haffligense tanquam bellicum presidium muniverat, de quo ex ejus eminentis turris fastigio quidquid super forum opidi de Alost agebatur clare inspiciebatur. Propter quod Johannis ducis custodibus a presidio claustri recedentibus, Willelmi (782) Flandrie comitis exercitus indignatus claustrum cum ecclesia combusserunt et destruxerunt. Tunc abbas et conventus habito consilio, plures ex conmonachis in suis prioratibus locantes, apud Bruxellum opidum degeurunt. *Incid.* [ID. II, 21.] Eodem anno castrum Rode trans Mosam comes Juliacensis deditum suscepit, si dux Brabancie infra 15 dies comitem ab obsidione non expugnaret. Quod cum non contigerat, castrum comiti traditur. *Incid.* Anno Domini 1335, mensis Maii die 5, confirmata est pax inter progenies de Awans et Warois, cum omnibus partium earum consanguineis et progeniosis. Que cum in invicem cruentis cedibus amplius quam 38 annis sevissent, tandem elaborantibus capitulo Leodiensi et tota patria, statutum est solempniter sub pena talionis perpetuo duratura et ex patria proscriptione, ne quis amodo ex prefatis progeniosis in alterutrum sublato quovis gwerrandi abusu insurgat. Quo statuti timore illi compulsi, ex una parte adversariorum sex et totidem ex altera honestiores viros elegerunt, qui de occisis ex utraque parte satisfactiones compensarunt, et mutua obligatione sanxerunt, ut potestas duodecim horum electorum ad puniendum pacis violatores perpetuo tempore permaneat, quorum quotiens aliquis obierit, alius ex sua progenie continuo subrogetur. *Incid.* Eodem anno Johannes papa XXII obiit, et Benedictus ipso anno eligitur. Qui sequenti anno consecratur. *Incid.* Anno Domini 1336 Ludowico de Los absque prole defuncto, capitulum Leodiense per antiquitatis cartas ostendit, ipsum comitatum ad ecclesiam sancti Lamberti esse devolutum [Hocs. II, 22]. Contra quos Theodericus dominus de Heinsbergh, nepos ex prima sorore hujus Ludowici (783), asseruit comitatum ad se pertinere, cum foret nepos primogenitus, super quo longa dissentio exorta est. *Incid.* Eodem anno papa Benedictus scripsit Adulpho episcopo Leodiensi literas acerrimas reprehensiones continentes, quod propter suum ex sorore nepotem, ipsum Theodericum (784), ecclesie sue jura negligere diceretur. Super quo comitatu in curia Romana diu litigatum est, sed tandem per legatum ad partes destinatum Theodericus in comitatu stabilitur anno Domini 1340 [577]. *Incid.* [ID. II, 23.] Anno sequenti Johannes dux Brabancie propter plures excessus, quos contra ecclesiam commiserat, excommunicatus Leodii maledicitur, et in ipsum *Media vita*

VARIÆ LECTIONES.

[576] *exciderunt nonnulla in codice.* [577] *scriptum erat* MCCCXLIII, *sed jam* III *erasum.*

NOTÆ.

(780) Joannæ

(781) Ludovico.

(782) Imo Ludovici de Nevers, qui eo tempore erat comes Flandriæ.

(783) Mathilda nupsit Godefrido dynastæ de Heinsberg; vide Mantel. p. 248. Cf. etiam locum Joannis presbyteri a Chapeavillio datum II, 437.

(784) Theoderici pater Theodericus Cunigundam, sororem episcopi Leodiensis, in matrimonium duxerat. Cf. Mant. p. 265.

in ecclesia sancti Lamberti cantatur. *Incid.* Eodem anno rex Anglie (785) venit in Brabanciam. Postea venit juxta Ludovicum ducem Bawarie, qui se pro imperatore tenuit, quem papa Johannes pridem excommunicavit. Circa idem tempus prefatus rex, tanquam vicarius imperatoris, sedit pro tribunali apud villam Herke intra domum bladorum, ubi dux Brabancie inter ceteros principes gladium evaginatum desuper verticem regis tenuit, tanquam marcio (786) imperii.

3. Anno Domini 1340 Amelius abbas veterem aulam et ruinosam cum suis appendiciis apud novam curiam destruxit, et novam cum suis appendiciis eminentiorem per quadrum super lapideum murum a fundo vivarii productum restruxit. Cui capellam lapideam, lapideo opere volutatam, altare quoque consecratum in honore . . . . . [578] continentem, et in superiori fastidio caminatam habentem astruxit. Qui postea valde doluit, quod pretermissa necessariori structura intra claustrum, prefatam mansionem tam sumptuose foris edificavit. Anno eodem idem abbas cepit majorem et mediam turrim monasterii, quam suus predecessor abbas Adam olim lapsam a fundamentis usque ultra medium altitudinis produxerat, elevatis quadratis muris usque ad supremum perficere. Quam desuper erecta in altum cappa lignea, exsectis lapidibus contecta, spectabilem de longe reddidit; quam quasi infra biennium complevit. Anno sequenti exortis gravibus inter episcopatum Leodiensem et Johannem ducem Brabancie discordiis, opidani nostri presumentes opidum hoc per ducem prefatum obsideri, ne fame periclitarentur, excogitabant, quomodo molendinum, quod appositis equorum jugis volvi solet, obtinere valerent, quod jactibus lapidum machinalium destrui non posset. Habitoque consilio considerabant, quod aptius tale opus nusquam collocari cernerent, nisi in atrio et loco nostre emunitatis, vulgariter appellato Vrythof, cum ibidem medium et centrum intra murorum ambitum fore ymaginati fuissent. Propter quod accedentes ad prefatum abbatem, optinuerunt quod optaverunt, obligantes se hoc modo, quod guerra transacta, si post monitionem ipsius abbatis aut alius post successoris infra duos menses molendinum cum domo suis expensis non deponerent, quod extunc totum id opus libere ad possessionem monasterii esset devolutum. Et sic construxerunt cum gratia, super quo habemus literas.

4. Anno Domini 1340 cum opidum nostrum Sancti Trudonis gravibus pensionum debitis esset onera tum, in tantum ut scabini dicerent, se non posse onera ipsius opidi Amelio sustentare, nisi domini sui temporales adhiberent consilium oportunum, idcirco domini Adulphus episcopus et Amelius abbas cum opidanis habito consilio, de consensu totius opidi elegerunt vel elegi consenserunt 12 honestos opidanos, qui redditus et tallias (787) de toto opido levarent, et ad utilitatem ipsius opidi exclusis scabinis quoad id disponerent. Et quia ad tam gravia pensionum onera persolvenda firmiteta [579] (788) non sufficerent, concorditer ordinatum est, quod per singulos annos singuli opidani secundum qualitatem bonorum suorum talliarum impositiones solverent, scilicet ditiores 7 florenos et sic descendendo, usquedum pensiones diminuerentur. Et ut predicta majorem efficaciam obtinerent, ad opidanorum instantiam prefati domni consenserunt, quod pascua communia ad spatium 18 annorum accensarentur (789). Propter quam gratiam opidani dederunt Leodiensi episcopo in prompta pecunia 1600 florenos, et ipsi abbati per patentes suas literas ad ejus monitionem promiserunt deliberare 1100 florenos. *Incid.* [HOCSEM. II, 27]. Anno Domini 1342, mensis Aprilis die 25, Benedictus XII papa ordinis Cistariensium obiit, cui Clemens VI, [580] ordinis sancti Benedicti, natione Limovicensis, mensis Maii die 7 consecratus, succedit. Eodem anno, mensis Junii die 7, hora diei . . . . . [581] Maglinia opidum famosum fere totum favillatur. *Incid.* Eodem anno Godefridus, unigenitus filius Theoderici domni de Heinsbergh, futuri comitis de Los, in bellico conflictu contra paganos occubuit. Qui ex matre Adulphi episcopi Leodiensis nepos fuit.

5. Anno Domini 1344 cum per scabinorum et consiliariorum hujus opidi ineptum regimen ipsum opidum tam innumeris debitorum oneribus esset gravatum, quod nisi fidignorum (790) precavisset sollertia, in desolationem penitus fuisset ruiturum, convocato per campanam bannalem populo, episcopus, abbate propter infirmitatem absente, intravit ortum nostrum dictum Vrythof, et de consensu opidanorum fecit scabinos ibidem presentes abduci captivos, partim ad sculteti sui mansionem mancipandos, et partim ad domum sculteti abbatis, ut habita matura deliberatione de excessibus suis corrigerentur. Sed post aliquot menses [ID. II, 30] eodem anno, mensis Novembris die 3, ipse Adulphus episcopus, cum prefuisset Leodiensi ecclesie strennue anno prelationis sue 34, apud Cleermont castrum, quod ipse acquisierat, obiit. Post cujus obitum Engelber-

VARIÆ LECTIONES.

[578] *post hæc spatium trium seu quatuor litterarum reliquit scriba.* [579] p. f. *scripsit alia manus coæva, eraso quod prius fuerat vocabulo uno. Eadem paullo post voces* talliarum impositiones *in margine supplevit.* [580] quartus 1*. [581] *scriba spatium septem fere litterarum vacuum reliquit.*

NOTÆ.

(785) Eduardus III
(786) I. e. marchio
(787) *La taille*
(788) Redditus de rebus venalibus.
(789) Ad censum darentur.
(790) Fidejussorum, sponsorum.

tus prepositus Leodiensis, ejus ex fratre nepos, in episcopum eligitur. *De eodem.* Anno vero sequenti 1345 idem electus et Amelius abbas id quod precedenti anno per Adulphum episcopum de consciencia sui capituli inchoatum fuit de correctione scabinorum et consiliariorum cupientes perducere ad effectum, cum consensu totius universitatis opidi hujus prefatos scabinos et consiliarios propter eorum excessus in regimine opidi ab officio scabinatus et consulatus destituunt, corrigunt et pena pecunie puniunt. Qui scabini et consiliarii promittunt, nunquam se intromittere de regimine hujus opidi, nisi de consensu amborum domnorum et opidanorum; et sic a captivitate liberantur. Eodem anno Engelbertus electus per consensum Clementis pape VI fit Leodiensis episcopus et consecratur. *Incid.* Eodem anno plaga epydimie, alias dicta lues inguinaria, postquam diversa gentilium regna transmarina pervolasset, tandem christianorum regna per Gallias, Alemaniam, Germaniam et per Angliam cum aliis diversis provinciis perlustrans, innumerabilem hominum multitudinem stravit, hoc modo accedens. Crescebant enim hominibus et maxime juvenibus in emunctuosis corporum locis ut plurimum glandule in modum nucis seu dactili, quas mox sequebatur febrium inestimabilis estus, sic ut infra triduum frequenter homines extinguerentur. Si vero aliquis triduum superegisset, habuit spem vite (791), et fuit hec plaga contagiosa, in tantum quod non solum tactus languidorum seu anelitus, quin etiam operimenta et vestimenta illorum sanos inficiebant. Que a presenti anno interpolatim nunc in hac provincia nunc in illa duravit usque ad subsequentem annum Domini 1383. De hac plaga legitur in annalibus anno Domini 546, imperii Justiniani primi anno 18, quod sevit post obitum sancti Remigii Remensis ab Alimania usque in Franciam; item postea in partibus provinciarum Romanie anno Domini 563, imperii Justiniani prefati anno 36; item anno Domini 592, imperii Mauricii anno 9, in primo anno pontificatus sancti Gregorii pape, cui revelata fuit Dei clementia super peste inguinaria, quia vidit in cacumine castri eminentis angelum stantem, qui erectum nudum gladium demisit et in vaginam reclusit. *Incid.* Anno eodem Willelmus (792) comes Hollandie et Hanonie [ID. II, 31.] sub specie invadendi terram Frisonum, emit erga cives Ultrajectenses multitudinem victualium et sagittarum. Quibus adeptis, collecta armatorum manu valida, eosdem cives improvisos defidavit et civitatem eorum obsedit, sed illis viriliter repugnantibus, cum perciperet comes illos adhuc pro biennio habere victualia, post longam obsidionem pacis concordiam cum illis iniit. *Incid.* Eodem anno prefatus comes contra consilium patrui sui, domni Johannis de Beamont, Frisiam intrat mensis Septembris die 26. Qui nimium festinus [582], vix cum tercia parte suorum, duabus aciebus nundum adhuc aggressis [583] in ejus adjutorium, in campestri loco aggeribus vallato ad pedestre bellum procedit. Ubi Frisonibus paullatim occurrentibus et aggeres effodientibus, comes cum sua comitiva, profluencia aquarum invalescente, luto limoso infixus, absque omni rebellatione occiditur, et si qui terga dantes gladios Frisonum evitare temptarent, descenderunt in profundum aquarum quasi lapis. Unde versus:

M, C ter, quater, X quinque semel, Cosme quoque noctu,
Holla. Zelantque gemit, comitem quoque Frisia demit.

Item solus versus:

Nox Cosme luxit Hollos quos Frisia flixit.

Incid. [*Hocsem.* II, 32.] Anno eodem (793) abbas Sancti Nychasii Gandensis ex mandato summi pontificis cum literis apostolicis venit ad Leodium, et Theodericum dominum de Heinsbergh, qui pro comitatu de Los contra capitulum Leodii annis fere 10 litigavit, ab excommunicatione absolvit, et interdictum per totam terram Lossensem diu positum relaxavit.

6. Eodem anno Leodienses cum bonis villis totius patrie Leodiensis contra episcopum Engelbertum conspiraverant, et cum Flandrensibus mutuas colligationes et confederationes confraternitatis inierunt, prestandi alteri ab altero auxilium oportunum. Quapropter episcopus videns se undique expulsum, mandat Trudonensibus, quod cum eis benigne agere omnino vult de eorum commissis contra se ipsum excessibus, si sibi tranquillum accessum et recessum in opido suo habere annuerint; sed illi nullatenus acquiescere volunt. Cum autem dominus abbas Amelius videret opidanos induratos contra episcopum, dispositis omnibus exivit ab opido, et ad curiam nostram in Dola procedens, abduxit [584] secum plures scabinos, qui ibidem cum ipso diu steterunt; quos ipse honeste pavit. Post aliquot dies episcopus habito consilio delliberat capitaneos adversancium sibi Leodiensium apud Vothem proscribere, quod Leodienses minime latuit. *De eodem.* Anno Domini 1346, in mense Julio, Karolus rex Romanorum cum electoribus sacri imperii et multitudine principum et armatorum manu valida ad regalem sedem Aquisgrani, ut ibidem coronaretur (794) in regem Alemanie, iter direxit. Cujus progressum Engelbertus Leodiensis episcopus proveniens, humilibus precibus optinuit, quod ipse rex cum ceteris sibi comitantibus ad locum appellatum Vothem processit, ubi scabini Leodiensium pro tribunalibus considentes,

VARIÆ LECTIONES

[582] festivus 1*. [583] aggressuris 1*. [584] adduxit 1*.

NOTÆ.

(791) *Crescebant — spem vite* ad verbum fere leguntur apud Paulum diaconum II, 4.

(792) Quartus.

(793) Secundum Hocsemium anno 1348.

(794) Bonnæ coronatus est.

proscriptum erant adversarios et injurias facientes prefato episcopo. Juxta quem locum cum tota civitas Leodiensis cum Hoyensi intra fossatum ad sui munitionem erectum conglobati ad resistendum scabinorum sententie fortiter armati starent, prefatus rex Karolus et ejus pater rex Bohemie cum ceterorum multitudine non dubitabant de optinendo triumphum, cum, ecce, ex irrupto dominus de Falkomont cum impetu in Leodienses irruit; cui in fronte stantes adversarii cum cederent, sponte conclusus in hostes occubuit. Post cujus ruinam Leodienses, qui prius erant quasi desperati, animosiores effecti, contra strenuos viros de exercitu comitum Montensis (795) et Ghelrensis (796), ex alia parte aciei ipsos impugnantes, rebellant, et ceciderunt ibi de Ghelrensibus et Montensibus famosi et nobiles viri numero 40. Quo facto, tota illa nobilissimorum dominorum congregatio nemine insequente terga vertens recessit, et Leodiensibus victoria potitis campum certaminis liberum reliquit. Huic bello Trudonenses non interfuerunt. *Incid.* [Hocs. II, 33, 34]. Eodem anno, mensis Augusti die 26, Philippus rex Francie infauste contra regem Anglie Eduardum apud Crissi congreditur. Nam cum ille in territorio haut [385] procul ab Ambianis processit, habens secum tantummodo 3000 armatorum, invenit prefatum Francorum regem cum 150000 [386] armatorum equestrium ad bella paratorum; commissoque prelio Franci mirabiliter non armis, sed de longinquo sagittis perfossi, prosternuntur; cessitque victoria Anglorum regi. Ubi rege Francorum a suis custodientibus post tergum retracto, occubuerunt Johannes rex Bohemie, comites Alenconensis (797), Flandrensis et Blesensis cum multitudine nobilium et militum. *Incid.* Eodem anno Leodienses cum aliis villis patrie dominos progeniosos patrie, qui in auxilium episcopi Leodiensis apud Vothem convenerant, persecuntur et bona eorum destruunt. Qui mensis Septembris die 3, castrum Clermont (798) obsident, et Dionantensibus eis auxiliantibus, obsidionis die 15, custodum corporibus salvis, castrum ipsum sibi deditum solo tenus destruunt. *Incid.* Anno ipso, mensis Septembris die 4, interdicto in favorem Leodiensis episcopi auctoritate apostolica publicato apud Leodium, ecclesie, major et secundarie, cum quibusdam religiosis non absque timore suspendunt organa. Quo contra Leodienses appellant; quibus abbas Belli redditus, fratres Vallis scolarium, Predicatores, Carmelite et Crucesignati, ac plures seculares presbiteri taliter qualiter adherent. *Incid.* Eodem mense castrum Hamale obsidetur. Quod cum aliquamdiu magonalibus (799) inpetissent, tandem custodibus vita salvis castrum destruitur. Circa idem tempus nostri opidani non formidantes infringere promissum, quo se obligaverant de pace facta in nova curia observanda, erexerunt propria auctoritate communitatem in opido, jurisdictiones dominorum suorum plurium violantes. Quorum consiliarius et fautor fuit quidam sacerdos nomine Johannes, dictus de Merwile, vir literatus et ad multa habilis, sed ad malum sibi, quia omnem gratiam ei a Deo collatam non ad Deum, sed ad usitata flagicia convertebat. Qui eciam inter cetera que congessit cum toto opido in armis concitato armatus ad conflagrandum mansiones plurimorum hominum de terra Lossensi progrediebatur. *Item.* Circa idem tempus Mathias de Bernym, communitatis magister, cum quadam die slusa de prato Willonis, alias wilbant, ex causa clave nostri monasterii claudi consueta declauderetur, idem magister, continuo extracta sera clavis nostri, intrusit aliam pro parte opidi. Circa idem tempus Brustemium a nostratibus conburitur, et villa Bautershoven a militaribus armigerisque ex Hasbania episcopo Leodiensi faventibus conflagratur, et 15 viri ex opidanis nostris, pro defensione incendii progressi longius, citra prefatam villam in campestribus occiduntur, quorum plures, licet frustra, animose rebellabant. Anno prenotato, mensis Octobris die 2, Trudonenses ad villam Ælst progressi, comburunt 7 honestorum virorum mansiones, pro eo quod contra Leodienses et Hoyenses in auxilium episcopi apud Vothem convenerant. Redeuntibus autem ad opidum cum ante atrium iter diverterent, quidam intra atrium consistens importunis vocibus ipsos lacessivit; super quo indignati, post tergum ad atrium accedentes, occiso uno de illa villa ante introitum atrii, in ecclesiam irruperunt, et cum spoliis plures honestos viros, qui causa presidii illuc confugerant, captivos ad opidum secum deduxerunt et inprisionaverunt. *Incid.* Anno eodem, in mense Octobri circa festum Symonis et Jude [Hocsem, II, 34.], facte sunt intra episcopum Engelbertum et suos ex una parte, et Leodienses et suos ex parte altera, treuge durature a festo omnium sanctorum presentis anni usque consimile festum anni sequentis, sub conditione tali, quod scabini Leodienses tribunale judicium, quod se protulisse dixerunt contra majores communitatis Leodiensium in die belli apud Vothem habiti, omnino revocarent. Igitur die prefata Symonis et Jude (*Oct.* 28) scabini omnes uno excepto conveniunt, et procedunt ad locum campestrem juxta novas tabernas, ibique tribunaliter considentes, judicium abjudicationis et proscriptionis, quod asserebant se protulisse, revocaverunt, dicentes, quia ibidem aliqua erant pretermissa, que effectum cause respiciebant. *Incid.* Anno

VARIÆ LECTIONES

[385] hanc 1*. [386] cum CL[a] milibus 1*.

NOTÆ

(795) Adolphi V.
(796) Reinaldi III.
(797) Carolus, frater Philippi regis.
(798) In Mosæ ripa dextra.
(799) Manganum, machina jaculatoria.

Domini 1346 Ludovico duce Bawarie, qui se dixit A imperatorem, a papa Johanne excommunicato mortuo, Karolus primogenitus Johannis Bohemie regis in regem Romanorum eligitur, quartus hujus nominis, quam electionem papa Clemens quartus (800) approbavit. *Incid.* Anno Domini 1347, circa medium mensis Julii, Leodienses indignati adversus dominum Reinerum de Argenteal, impingentes in eum, quod precedenti mense quidam de terra Daelhem (801) et Falkeburgh combusso Miremort (802) ibidem occiderunt improvisos 120 viros Leodiensibus amicos, propter quod armata manu castrum Argenteal (803) prefatum obsident. Videns igitur Engelbertus episcopus Leodienses treugas indictas anno precedenti violasse, nunc in militem sue partis accessit ducem Brabancie Johannem, qui prestare illi auxilium B oportunum contra Leodienses spospondit, promissa ei prius magna pecunie summa, hoc adjecto, quod fortalicia seu libertates, quas sui infra episcopatum Leodiensem expugnarent vel in dedicationem caperent, non sibi reservare, sed episcopo tradere libere deberet. Quod cum Leodienses non latuisset, instantius castrum diu impugnatum expugnant et evertunt. *Incid.* Anno eodem 1347 [cf. Hocsem. II, 34], regni Karoli quarti 2, Leodienses, Hoyenses, Dyonantenses cum ceteris patrie villis, scientes quod episcopus ipse multos terrarum principes in auxilium suum concitasset, moventes exercitum, congregatis cunctis patrie viris tam popularibus quam militaribus, inter Tourins (804) et Waleviam (805) villas castra metati sunt; Leodiensis C vero episcopus non segnis (806), stipatus multitudine nobilium virorum, comitum Gelrie, Juliacensis (807), de Los, de Marca (808), de Monte, cum suis germanis et nobilibus ac militibus melioribus ex suis comitatibus adductis, insuper presentibus Rodulpho et Ludowico germanis comitis Namurci ac multis baronibus, cum suis subditis et militibus pro episcopo de patria expulsis, quorum omnium numerus estimatus est ad 100000 equitum et 600000 [587] peditum, annumerato ducis Brabancie exercitu, qui nondum adhuc accessit. Quapropter in vigilia vigilie Marie Magdalene (*Jul.* 20) Leodienses et patrie ville, ordinata acie numero quasi 250000, tam animose in unum conglobati steterunt, quod episcopus cum sibi auxiliantibus deliberaverunt illo die non D congrediendum, missisque nunciis prefigitur Leodiensibus crastina dies ad bellandum. Quare sole occidente Leodienses et cetere ville pro requie nocturna habenda per diversas villas vicinas disperguntur. Sed Leodiensis episcopus pervigil consilio Theoderici comitis de Los, ante lucis crepusculum cum suis ad arma concitatis, aggregato agmine campestrem bellandi statutum locum occupant (Jul. 21). Quo congnito, Leodienses cum tota patria successive procedentes, quia dispersi per villas pernoctaverant, ad locum certaminis condictum festinant. Episcopus ergo cum aspiceret adversarios per turmas successive accedere, nutu comitis ipse cum paucis de Hasbania et comes cum toto suo comitatu concrepantibus tubis in hostes irruunt. Commissumque est acerrimum bellum, rebellantibus Leodiensibus cum suis animosissime, sed quia in ipso congressu belli vix quarta pars exercitus Leodiensium aderat, victoria tandem cessit episcopo et comiti non absque ruina plurium suorum. Dantibus vero terga Leodiensibus, circa horam primam diei supervenerunt comites Ghelrie, Juliacensis et alii comites et barones prefati, qui post inicium belli advenientes, Leodienses impetunt, et nunc millenos 12, et sub et supra absque numero, fortissime rebellantes non impune prosternunt. Novissime vero supervenit dux Brabancie cum filio suo Henrico, domino facto Magliniensium, ac universis militibus opidanis et villarum incolis tocius Brabancie. Qui per campestria peracto bello adventantes, misericordia moti letaliter lesos refocillarunt. *De eodem.* Cum autem Leodienses fuge consulentes, per turmas hinc inde ad sua redire moliti, rebellando evadere temptassent et per diversa compita prostrati essent, tandem tria ministeria officiatorum cum patentibus vexillis procedentes, cum aspicerent episcopales eos insequi, ordinata acie quasi murus persliterunt in unum conpacti. Quos episcopales cum Ghelrensibus in girum vallantes, prout de prerupta petra per celtes minucie preciduntur, sic nunc hos nunc illos lanceis et spatis ab acie illa eripientes, usque ad extremum sese defendentes omnes prostraverunt. In quo conflictu plures Ghelrenses, scilicet domini de Kulenborgh, de Batenborgh, Ro. de Erkle, Bertoldus de Oyen cum pluribus suorum occubuerunt. *De eodem.* Eodem die Hoyensibus post ruinam suorum a bello repedantibus ad propria, dum castro Musal appropiarent, balivus castrensis cum suis ad hoc electis fatigatos per fugam oppugnavit, occidit et captivavit. Tandem vero quandam turmam Hoyensium, inter quos Walterus et Arnoldus de Hautepen milites cum 80 armigeris sue progeniei erant, episcopus insequitur post tergum, contra quos in frontem idem balivus cum suis obstitit. Sed illis sese defendendo usque ad portarum introitum perventis, pluribus ex suis prostratis episcopales ad sua reces-

VARIÆ LECTIONES.

[587] *ita* 1*.

NOTÆ.

(800) Sextus.
(801) Dalhem prope Visé.
(802) Mirmoit.
(803) Argenteau haud procul a Leodio in Mosæ ripa dextra.
(804) Tourines.
(805) Waleffe prope Hoium.
(806) Scilicet *castra metatus est.*
(807) Guillelmi VII.
(808) Adolphi II.

serunt. Fuit vero ex parte Leodiensium et ceterarum bonarum villarum interfectorum numerus 21000 virorum. Die vero sequenti (*Jul.* 22) episcopo et universis principibus, qui in ejus auxilium advenerant, in locum campestrem ex condicto congregatis, concorditer deliberatum est tam a duce Brabancie quam ceteris prefatis principibus, quod quascunque libertates vel opida intra episcopatum ad deditionem conpellerent, episcopo restituere omnino deberent. *De eodem.* Eodem die dux Brabancie, reclamante episcopo et totis viribus cum lacrimis renitente, fecit conburi turrim de Walevia et omnes Hasbanie villas citra Leodium de Hoyum usque ad comitatum Lossensem, in ultionem sui, contra jus belli, quia precio conductus in adjutorium accessit episcopi. *De eodem.* Cum autem Trudonenses essent parati ad proficiscendum in auxilium Leodiensium versus Tourins ad statutum belli diem, Leodienses mandaverunt eis, ut pro conservatione opidi sui ad locum certaminis non venirent, eo quod in confiniis Brabancie siti, ducis insultus repellere efficacius valerent. Quapropter in ipsa vigilia beate Marie Magdalene Trudonenses, ne forte inertie arguerentur, cum ea die sui confratres contra dominum Leodiensem bello confligerent, magistri cum communitate totius hujus opidi, dissuadentibus id opidanis peritioribus, armata manu opidum Lewense impugnare festinant. Provenientibusque eis usque ad munitiones illius opidi, improvisis Lewensibus repugnacula cum obicibus everterunt, quorum aliqui vix ullam resistentiam Lewensium cernentes, usque intra exteriorem portam intraverunt; quidam vero ascendentes eminentis domus, stantis in suburbio ante portam, altum fastigium, sagittis lacesserunt Lewenses ipsos, ne possent deambulare inter illud hospitale et prefatam portam. Et nisi in illo suburbio magna copia rerum per convicinos villarum ibidem allata causa presidii fuisset, Trudonenses, si institissent fugientibus incolis, oppidum obtinuissent, sed multitudine spoliorum illecti, suburbio partim incendiato ad sua repedarunt, ex utraque tamen parte aliquibus sagittis sauciatis, et ex Lewensibus circiter 18 viris interfectis. Progressis igitur Trudonensibus usque villam que appellatur Bodenhoven, quidam comes ex partibus Alemanie Theodericus nomine, dominus de Dune, tendens ad Caleisium (809) opidum pro stipendio militaturus, intravit Lewis opidum. Qui cum videret quod ibi actum erat, suadet opidanis ipsis, ut suos inimicos insequantur. Qui jam reanimati, precedente comite illo cum 50 suorum armigerorum, procedunt extra fossata usque ad campestria. Quo conperto Trudonenses, exercitu suo post tergum reducto, in unum conpacti contra insectatores suos procedunt. Quorum multitudinem dum comes ille

A videret, quia non valerent pauci repungnare multis, fecit omnes intra munitiones repedare, et cum ipse postremo sequeretur supervenientibus hostibus, equus ejus petulando procedens secum intra fossatum fortalicii corruit. Quod videntes ipsi Trudonenses, quidam eum captivum salvare laborant, sed alii supervenientes intra fossatum occidunt illum. Post hoc ulterius non processerunt, quia Lewenses fuge consulentes, post tergum pontes suos abjacerunt, sicque Trudonenses ad sua hora none redierunt gaudentes supra modum de suo triumpho. Et cum opidum essent ingressi, campanis festive in turribus ecclesie concrepatis, monasterium nostrum plurimis eorum ingressis, sancto Trudoni, cujus feretrum in medio monasterii prefati per triduum ante capellam B ejus collocatum erat, magnas laudes referunt, manibus eorum sanguine adhuc humano fedatis. Ubi etiam quedam procax femina attulit telum a Lewensibus in nostros opidanos jaculatum, et fixit ad sancti Dei feretrum, putans de fermentato offerre laudem. *Item.* Et quia secundum Salomonem *extrema gaudii sepe luctus occupat* (*Prov.* XIV, 13), et Psalmista: *Ad vesperem demorabitur fletus et ad matutinum leticia* (*Psal.* XXIX, 6), eadem die, hora vesperarum venerunt honesti viri ad Sanctum Trudonem, asserentes Leodienses devictos et episcopum Leodiensem belli victoriam obtinuisse. Tunc per totum opidum factus est pavor et dolor vehemens, et poterant merito vociferari, dicentes illud Ysaie (810): C *Versus est in luctum chorus noster. De eodem.* Eadem die denunciatum est duci Brabancie, cum suo exercitu adhuc in campestribus remoranti, de violencia Trudonensium in Lewenses. Qui inardescenti animo recolens quanta inconmoda suis hominibus ex opido illo pluries essent illata, deliberavit cum suis secretariis in crastino opidum ipsum cum suo exercitu vallare et ad solum destruere. Quod intelligens dominus Reinerus de Scœnvorst, baro factus in bello illo, frater domni abbatis nostri Amelii, tunc extra monasterium residentis in curia nostra Dolensi propter insolencias opidanorum, significavit nostris commonachis, ut sibi providerent. Propter quod maximus timor totum conventum perculit pluribus claustrum exeuntibus, aliis remanentibus sanctum D Trudonem lacrimose inclamantibus [588], ut suam a dilapidatione ecclesiam preservare dignaretur. *Item.* Altera vero die (*Jul.* 22), que fuit solemnitas Marie Magdalene, episcopus cum principibus sibi auxiliantibus obsedit opidum Tongrense, comburens totum suburbium, repungnantibus tamen viriliter opidanis illis et extra portas suas contra incursantes se procedendo. Sub qua obsidione Leodienses cum aliis opidis patrie reconsiliantur domino suo episcopo Engelberto, spondentes sub certis terminis deliberare

VARIÆ LECTIONES.

[588] inclamentibus 1*.

NOTÆ.

(809) Calais, quod tunc obsidebatur ab Eduardo III, rege Angliæ.

(810) Errat: sunt verba Jeremiæ, Thren. v, 15.

eidem obsidibus datis 150 milia scutatorum veterum; duci vero Brabancie promiserunt servituros se 40 diebus sub suis expensis cum 600 pedestribus requisitis [589]. *De eodem.* Cum hec agerentur, Trudonenses angustiati [590], ab adjutorio omni civitatis et opidanorum Leodiensium ac propriorum dominorum suorum omnino destituti ac desperati, adventum ducis Brabancie cum suo maximo exercitu trepidantes, suos secretarios miserunt ad ducem, et ut secum misericorditer agere dignaretur, ipsum recipere in suum superiorem advocatum, ac in processu belli cum totam Brabantiam educturus foret, eo modo quo opidum Dystense sibi in armis fuerit, sese servituros exhibuerunt, et ad promittendum eadem opidanos Trudonenses paratos fore asseruerunt. Quapropter dux auditis illorum assertionibus [591], habito consilio animum efferatum paululum mitigavit. Tongrensibusque pacem a civitate et opidis Leodiensibus factam cum domno Leodiensi episcopo pro summa predicta ratificantibus, episcopus cum sibi auxiliantibus ab ipsa obsidione post triduum, in vigilia scilicet sancti Jacobi (*Jul.* 24), cessavit, et gratiarum actiones universis, qui sibi in tam victorioso triumpho auxilium oportunum prestiterant, exhibebat, sicque moto exercitu singuli ad sua redierunt. Dux vero Brabancie, intendens Trudonenses propter prefatas sponsiones obtinendas a dampnis preservare, precepit per totum exercitum Brabancie, ut nullus per opidum Sancti Trudonis iter arriperet. Quare contigit ut ille copiosus exercitus, a toto districtu ipsius opidi a dextris et a sinistris declinans, nec in fructibus agrorum, que tunc maturabant ad messem, neque in aliquo quocunque cuiquam nocumentum inferebant. *De eodem.* Sequenti autem die (*Jul.* 25), scilicet die beati Jacobi, prefatus dux cum suo exercitu ville appellate Heere (811) appropians, missis nunciis adventum suum Trudonensibus designavit. Qui continuo habito consilio, preservationi sui opidi corporum et rerum suarum sollicite providentes, cum suorum multitudine humiliter et inermes exierunt obviam ipsi domno duci, eventum facti ex propriis demeritis formidantes. Quibus sic in planicie campestri, que sita est inter ipsum opidum et appendicium ville Brustemiensis, quod vocatur Bruskem, congregatis, supervenit prefatus dux cum sua multitudine armatorum, ipsos circoncingens in modum corone. Cui illi sic angariati, exstractis capuciis et genibus prostrati, humiliter sese voluntati et pietati ipsius ducis obtulerunt, recongnoscentes eumdem suum superiorem advocatum, insuper ad [592] campane totius opidi ictum, ut supradictum est, secundum omnem modum opidi Dystensis sposponderunt. Quorum humilitati et sponsioni prefatus dux benigne condescendens, eosdem quasi morti destinatos, illesos ad ipsum opidum redire permisit, et cum omni suorum comitiva ab hujus opidi districtu sinistrorsum declinans versus Brabanciam, paucos ex suis intra ipsum opidum Sancti Trudonis in propriis expensis tantum pernoctaturos transmisit. Qui signa et vexilla ipsius ducis Brabancie per hospicia famosa, circa forum sita, cunctis spectanda explicata palam usque ad alterius diei mane exposuerunt. O quot boni opidani sub alis volantis aquile ab irruentibus ferarum dentibus totiens obumbrati et erepti, tunc ungulatum leonem in propatulo expositum cum quanto cordis dolore, averso vultu obliquatisque oculis inspexerunt! Considera, lector, prestitum beati Trudonis, inclamati per lacrimosa suspiria hujus loci monachorum, defensionis subsidium; qui non solum monasterium servorum suorum, quod in suo proprio allodio edificaverat, in tanto periculo ab omni jactura eripuit, sed etiam opidanos hos, sub dominio sue paterne jurisdictionis constitutos, ab ira indignationis magni principis ducis Brabancie et hominum sue patrie, quos isti graviter multociens offenderant, mirabiliter et inestimabiliter salvavit. *De eodem.* Credendum insuper verisimiliter estimo, prefatum ducem Brabancie propter favorem et subsidium, quos erga hanc abbatiam sepe exercuit, per ipsum sanctum Domini Trudonem a depopulatione loci hujus salubriter preservatum fore. Nam cum tempore imperii Henrici primi Otto dux Lotharingie, de cujus propagine iste Johannes dux Brabancie processit, opidum hoc intrasset, et per suos ipso presente bona monasterii hujus manu sacrilega deprędari fecisset, statim ut portam claustri exiit, sanctus Trudo, sicut dux ille ex probabili signo fassus fuit, eundem inter scapulos gravi ictu percussit. Qui pre nimio langore vix usque Trajectum profectus, tercia die spiritum exalavit et filiam unicam reliquit (812). Preterea post aliquot temporis quidam vir magne devotionis et literature venit in hoc opido. Qui cum audisset quod dux Brabancie et tota sua patria, quamvis permaxime Trudonenses tunc et diu exosos haberent, tamen, dum de bello ubi Leodienses succubuerunt redierant, ad pacem illos sine devastatione susceperant: statim quesivit, an alicujus sancti Dei corpus in hoc loco obtineretur. Cui cum responderetur quia fundatoris hujus monasterii corpus cum duorum aliorum sanctorum corporibus integraliter hic requiescit: *Indubitanter,* inquit, *presumite, quod illorum patrocinio salvatus est locus iste.* Is fuit frater Johannes de Liemeule ordinis sancti Francisci, qui post aliquot temporis constanter contra flagellatorum hereticam pravitatem publice

VARIÆ LECTIONES.

[589] requisiti 1*. [590] augustiati 1*. [591] *in rasura corr.* [592] et 1*.

NOTÆ.

(811) Heers, Sancto Trudoni vicinum.

(812) Cfr. supra a. 1005.

predicans, tanquam exul ad conventum fratrum Sancti Trudonis secreto languidus venit, et feliciter in Christo obdormivit.

7. Anno eodem, mensis Septembris die 9, in crastino scilicet nativitatis beate Marie, que fuit die dominica, dux Brabancie venit ad opidum Sancti Trudonis, non ut Trudonenses formidabant, ad murorum eversionem, sed ad obtinendum sibi ipsius opidi dominium in presidium contra Leodiensem patriam. Quapropter ipse dux contra promissum quod episcopo spondebat injusto modo procedens, cum comitiva magna militum et opidanorum monasterium nostrum intravit, et in signum dominii campanam bannalem pulsavit. Et procedens inde usque ad medium fori, compulit opidanos fidelitatem sibi prestare, et advocans scabinos dominorum episcopi et abbatis, qui tunc pro parte erant presentes, contra illorum fidelitatem, qua prefatis dominis erant astricti, constituit eos de manu sua scabinos bis septenos, et ex aliis opidanis consules duodenos. Die vero sequenti publice ad prestandum judicium cum scabinis quos constituit et sub advocato positis in foro tribulantibus presedit, privilegia eciam et cartas hujus opidi precepit sibi afferri, quas ubi sibi contrarias intellexit, forfice quem manu tenuit cassavit. Senescalcus Brabancie specialiter secretarius ducis, cum pro tunc apud nos foret satis familiaris, proposuit nobis secrete, si dominium jurisdictionis quam in ipso opido obtinemus, vendere aut in alias possessiones commutare eligeremus, dominus suus dux omnino ad nostrum optatum esset satisfacturus. Cui cum responsum fuisset quod patrimonium sancti Trudonis monasterio nostro divino instinctu collatum nullo modo alienare vellemus, cessavit ab hac instancia. *Incid.* Eodem mense dux prefatus misit ad opidum Sancti Trudonis villicum de Thenismonte, ad cujus mandatum opidani mansionem domni Franconis dicti Probi, militis, solo tenus destruxerunt, quia contra fidelitatem dominorum suorum episcopi et abbatis scabinus ex parte ducis fieri recusavit. Post aliquot menses quidam predives opidanus, Herbordus dictus Scat, compulsus pridem ad scabinatum tunc cum dux ipse scabinos statuit, cupiens suis veris dominis quorum vassallus fuit reconsiliari, exivit ab opido, et dum sepe requisitus redire nollet, mansio ejus in platea Brustemiensi presente villico prefato solo tenus destruitur. Eodem fere die domus plebani de novis domibus, ad quam habet conventus noster Sancti Trudonis ad pytanciam 6 florenos annuatim, debuit, ut elaboravit villicus ille, Thenismontem adjudicari ad fiscum ducis, pro eo quod ille sacerdos opidum relinquens episcopo adhesit. Sed per instanciam precum per priorem ex parte conventus, villicus, informatus ab opidanis in hoc nobis faventibus, cessavit a ceptis. *De eodem.* Interea anno ipso circa mensis Decembris Nonas episcopus Leodiensis, videns quia dux ipse cotidie in usurpando dominium jurisdictionis opidi Sancti Trudonis procederet, fecit villicos de Thenismonte majorem et inferiorem, et ex opidanis nostri opidi Sancti Trudonis 35 personas ad duellum appellari. Quo comperto, prefatus dux mandavit illis seriose ne formidarent de hac appellatione, quia vellet omnes de hujusmodi preservare indemnes. Ex qua adhortatione prefati 35 nil formidantes, neclectis dietis quindenarum et aliis in talibus fieri consuetis, per senteneiam majorum proscriptione plectendi pronunciantur. *Item.* Post aliquot autem dies episcopus videns quod Trudonenses dominio ducis nuper summissi, maledictionem proscriptionis imperialis pacis non formidantes, dominis suis reconsiliari minime curarent, in tribunalibus solemniter, ut moris est presentibus septem archydyaconibus, collocatus proscripsit, et excommunicatos pronunciavit ex prefatis 35 opidanis Sancti Trudonis quatuor personas, secundum jus pacis duelli ab imperatoribus Leodiensibus episcopis concessum. Quibus quatuor sic graviter mulctatis, ceteri tam ex scabinis et consulibus quam alterius status opidanis ceperunt formidare, ne pari pena plecterentur. Quapropter congressi in lobio (813) suo in presencia villici Montistenensis et aliorum opidanorum duci faventium, quod honoribus privari nollent, palam dixerunt. *De eodem.* Episcopus vero, qui ex industria proscriptis quatuor opidanis Trudonensibus, noluit contra reliquos per rigorem juris duellandi procedere, [593] scripsit plures secretas literas ad singulares personas, si vellent resipiscere, ipse assecuraret eos de prosecutione proscriptionis. Qui eciam ad singula ministeria misit literas publicas, ut a male ceptis resilirent, quia universos ad pacem reciperet. Quapropter in dominica Letare Iherusalem, que fuit mensis Marcii die 30 [594] (1348), congregato toto populo intra conventum fratrum Minorum, dissensio inter fautores ducis ex una parte et alios, qui reconsiliari veris dominis suis cupiebant, oritur. Quorum unus cum diceret: *Locus hujus refectorii nobis nimis artus est!* continuo ad forum proceditur. Ubi dum capitanei, fautores ducis, displosis vexillis primo ad forum congressi stetissent, partem ducis defensuri, supervenerunt, qui erant partis adverse, quorum auxilium in tantum accrevit, quod ducis fautores, metu mortis conpulsi, cum illis reconsiliari propriis dominis se obtulerunt. Interim cum hec agerentur, quidam opidani disploso pannificum vexillo accesserunt ad mansionem illius presbiteri supramemorati, malorum horum omnium capitanei. Qui cum audiret illorum strepitum et ad fores inpetuosum inpulsum,

VARIÆ LECTIONES.

[593] sed *addit* 1*. [594] *trium litterarum spatium reliquit scriba.*

NOTÆ.

(813) Porticus ante curiam, ubi leges pronuntiabantur, juramenta præstabantur, talia.

manus eorum effugere nitens, transscenso posteriori orti sui muro cucurrit intra domum cujusdam tinctoris, occultans se retro grandem cuppam. Quem quidam illorum insequentes, scrutando sub lectis et lectos perfodientes tandem invenerunt, perfossumque gladiis et punctivis cultris occiderunt. Quem, ut dicebatur, quedam matrona adhuc respirantem in sinu suo colligens, ut ad Christi passionem se converteret et de Dei misericordia confidenter presumeret, adortat, qui continuo signa conpunctionis nutu ostendens exspiravit. Hiis igitur sic patratis, et universis opidi hujus incolis suis veris dominis reconsiliari affectantibus, episcopus animarum ipsorum cupiens providere saluti, misit ad curatos totius opidi, conferens illis auctoritatem absolvendi opidanos de vinculo excommunicationis et excessibus suis, interdictumque quod diu duraverat revocavit. Tunc facta est in hoc opido maxima gratiarum actio, accedente populo per penitentiam in ipso pascali proximo tempore (*Apr.* 20) ad eucharistie perceptionem. *De eodem.* Non multis vero post diebus, cum prefatus episcopus Leodiensis Enghelbertus nuper misisset ambassiatores suos ad summum pontificem Clementem quartum (814), deponens contra Johannem ducem Brabancie querimoniam, quod medietatem opidi Sancti Trudonis ad ecclesiam sancti Lamberti pertinentis usurpasset, prefatus pontifex continuo scripsit literas plumbo clausas ad prelatos et principes ac opida, prout sequitur in hec verba : *Clemens episcopus servus servorum Dei dilecto filio abbati de Grandi Prato* (815) *Cisterciensis ordinis, Leodiensis diocesis, salutem. Ut dilectum filium, nobilem virum Johannem ducem Brabancie, sollicites pro restitutione opidi Sancti Trudonis, quod idem dux dicitur occupasse in Leodiensi dyocesi, ad quam pertinet, facienda, per alias nostras literas, quarum tibi formam mittimus interclusam presentibus, mandamus. Dilectum quoque filium, nobilem virum Henricum* (816) *ducem Limburgie, natum dicti ducis Brabancie, ac universos ac singulos nobiles et milites, nec non et Bruxellensem et Lovaniensem, Camerescensem et Leodiensem dyocesim, ac aliarum bonarum villarum Brabancie consilia, ut apud ejusdem ducem super hoc dent operam efficacem, per diversas alias nostras literas exhortamur. Quocirca discretioni tue per apostolica scripta mandamus, quatinus literas ipsas eisdem ducibus, nobilibus, militibus et consiliis ex parte nostra presentans, des operam erga illos, quod nostris annuant liberaliter precibus in hac parte. Datum Avinione 4. Nonas Aprilis, pontificatus nostri anno 6.*

Epistole Johanni duci Brabancie misse tenor talis est. *Item. Clemens etc. Johanni duci Brabancie etc.*

A *Perduxit nuper ad nostri apostolatus auditum relatio fidigna, quod, licet opidum Sancti Trudonis, Leodiensis dyocesis, ad ecclesiam Leodiensem — quibusdam juribus ad dilectum filium abbatem Sancti Trudonis, ordinis sancti Benedicti, ejusdem dyocesis, et ad advocatum opidi prefati spectantibus duntaxat exceptis — pertineat pleno jure, idque cum notorium sit in illis partibus, minime lateat* [595] *te, tu tamen ipsum opidum occupasti et detines occupatum, non curans illud ecclesie prefate restituere, quamquam pro parte illius fueris super hoc requisitus. Cum autem, fili, honorem tuum deceat ut hec, si vera sint, prudenter et provide studeas revocare, ne jurium ipsius ecclesie, que pro reverentia Dei defensare deberes, notari valeas, quod absit ! impugnator, nobi-*
B *litatem tuam attente rogamus, quatenus quid in hac parte equitati conveniat, quidve justicie debeatur, attendens, predictum opidum pro nostra et apostolice sedis reverentia, et tui eciam honoris obtentu, sic prompte ac liberaliter ecclesie memorate restituas, et in premissis aliis sic te geras, quod de te ipsa merito contentetur ecclesia, et nos devotionem tuam dignis gratiarum actibus prosequamur. Datum Avinione 4. Non. Aprilis, pontificatus nostri anno 6.*

Epistola Clementis sexti pape ad opidanos Sancti Trudonis missa : *Clemens servus servorum Dei dilectis filiis consilio et opidanis opidi Sancti Trudonis, Leodiensis dyocesis, salutem et apostolicam benedi-*
C *ctionem. Miranter audivimus quod vos, qua* (817) *ecclesie Leodiensi tanquam domine et magistre* [596] *tenemini, devotionis obliti, ab obedientia et fidelitate ipsius ecclesie recessistis, dilecti filii nobilis viri Johannis ducis Brabancie vos dominio voluntarie submittentes. Cum autem hec, si vera sint, gravis culpe vos arguant, et nota macule gravioris aspergant, universitatem vestram rogamus, requirimus et hortamur attente, paterno vobis consilio suadentes, quatinus premissa in examen considerationis debite adducentes, ad ipsius ecclesie devotionem redeatis et fidem, sicque per debite satisfactionis opera vos reconsiliare studeatis eidem, quod ipsa erga vos velut devotos filios et subditos favoribus gratie consuetis exuberet, et nos devotionem vestram debitis gratiarum actibus prose-*
D *quamur. Datum Avinione 4. Nonas Aprilis, pontificatus nostri anno 6. Item.* Quapropter anno eodem transmissis bullis ad partes celeri nuntio, prefatus abbas Grandis Prati mandatum apostolicum exsecuturus [597], venit ad nos pernoctandi causa, et die sequenti porrexit rectoribus et scabinis opidi hujus Sancti Trudonis epistolas ad eos per Clementem papam directas, prout pridem ipsi duci et ejus filio Heinrico cum opidis Brabancie tradidit, et sic

VARIÆ LECTIONES.

[595] letere 1'. [596] magistri 1'. [597] exsecurus 1'.

NOTÆ.

(814) Sextum.
(815) Grandpre prope Namurcum.
(816) Quintum.
(817) Sc. devotione.

absque indignatione ad sua rediit. Paschalibus vero diebus peractis, ipso anno (818) mensis Aprilis die 16. data sunt opido nova privilegia, et ad instanciam opidanorum 12 consules, qui secundum privilegia antiqua perpetui fuerunt, de dominorum episcopi et abbatis consensu de anno ad annum amodo constituuntur [598], quatinus gubernatio regiminis totius opidi pluribus de cetero innotescat. *Incid.* Anno Domini 1349, in mense Julio, Karolus in Romanorum regem electus vice altera cum multitudine valida principum et armatorum ad sedem regalem Aquisgrani festinat, quod Leodiensis episcopus Engelbertus intelligens, cum electorum armatorum copia secum comitatur; cui Aquenses, ex mandato pape Clementis quarti ut creditur, 24. die prefati mensis portas aperiunt, ubi accepta corona, ... [599] cum sua regia consorte (819) pacifice ad sua repedat. *Incid.* Eodem anno Alpinos montes transiens, apud Mediolanum coronam [599] recipit, et ulterius procedens, absque effusione sanguinis Rome per cardinalem ad hoc destinatum imperialem recepit (820). *Item unde supra.* Eodem anno, mensis Julii die 24, Karolus hujus nominis quartus anno 4. suorum regni Romani, ac 3. Bohemie regni, confirmavit privilegia pacis de nova curia et privilegia nuper opidanis nostris reconsiliatis cum dominis suis concessa. *Incid.* Eodem anno, circa nativitatem sancti Johannis, intraverunt Hasbanie terminos ex partibus inferioris Alimanie egressi viri flagellatores, qui corpore usque ad umbilicum nudato, capite capuciis et pilleis operto, pedibus nudis, vestes lineas rugatas ab umbilico deorsum usque ad talos portensas deferebant, et flagellis corrigiatis, in extremitatibus nodos aculeatos habentibus, propria dorsa percutientes, sanguinem eliciebant, asserentes quod per talem corporis afflictionem morbum epydimie forent evasuri. Qui bini et bini processionaliter incedentes, cantilenas lamentabiles proferebant. Quibus partim finitis genua flectentes, in terram projectis impetuose corporibus, bracia in modum crucis extendentes supini jacebant. Post hoc erectis corporibus geniculantes, sacerdotibus eis comitantibus et preconantibus confessionem generalem dixerunt, et continuo surgentes cantando leticie ficta ceremonia, sindone penitenciali ut ita dicam exuta, consueta indumenta resumebant. Hujusmodi flagellationis operam bis in die per 30 continuos dies peregerunt et frequencius in ecclesiis, ubi si divina officia horarum canonicarum aut sermocinationes stationum persolverentur, illi dicebant suos actus preferendos. Ad istius igitur hereticam penitentiam multitudo hominum nobilium, militarium et plebeiorum, primo ex devotione magna in tantum confluxit, quod non solum in episcopatu nostre dyocesis Leodiensis, sed eciam in diversis dyocesibus cum laicis religiosi viri tam monachorum quam ut plurimum mendicantium et secularium sacerdotum de suis sedibus exirent, et sacramenta ecclesiastica ministrarent eisdem. Processu vero temporis cum ipsorum presumpta religio, quam excogitabant quidam apostate religionis hospitali occulte in domo unius mulieris trans Renum, a litteratis viris plena superstitionibus et heresibus diligenter considerata esset inventa, et in destructionem sancte ecclesie et tocius cleri progressiva, prout postea conparuit, per censuram ecclesiasticam hec superstitio cessavit. *Incid.* Anno eodem Judei per totam Alemaniam comburuntur, eo quod fama laboravit ipsos intoxicare puteos et aquarum fluenta in destructionem totius christianitatis, et quod muneribus pauperes christianos corrumperent ad similia perpetrandum. Quorum bona villici circumquaque collegerunt ad opus suorum dominorum. Inter quos villicus civitatis Coloniensis occiditur a Judeis, qui ibidem stratam cum multis domibus hereditarie possidentes, nolentesque ad baptismum convolare, igne immisso sese cum uxoribus et liberis intra domos proprias comburunt. De qua Judeorum persecutione aliqui opinantur quod illi mendaciter criminati sunt.

8. Anno Domini 1350 domnus Amelius de Sconouwen, abbas hujus loci, per annos fere 15 in lecto paraliticus decubans, jura tamen hujus monasterii strennue preservans, emit 12 modios siliginis hereditarie, de quibus contulit pro suo anniversario 6 modios ad pytanciam mensis, et 6 reliquos ad pytanciam refectorii pro comedentibus secundis feriis in refectorio, et acquisivit plures libros huic monasterio, et ampliavit bona nostra apud novam curiam. Qui anno prelationis ejus 21. mensis Februarii die 20. obiit; cujus corpus honorifice sepultum est in medio stallati chori nostri, post sepulcrum Christiani abbatis, et grandi lapide sculpto coopertum.

INCIPIUNT GESTA ROBERTI ABBATIS HUJUS LOCI.

1. Anno Domini eodem 1350, Clementis pape sexti anno 10. (821) et Karoli quarti in regno 6, in imperio vero anno 3, mensis Februarii die 24, que fuit 5. feria, et in die beati Mathie apostoli, Ro-

VARIÆ LECTIONES.

[598] constituentur 1*. [599] *lacunam octo litterarum reliquit scriba.*

NOTÆ.

(818) 1349 quo anno Pascha celebratum est d. 12 April.; anno 1348, d. 20. April.

(819) Anna.

(820) Quod demum factum est anno 1355.

(821) Octavo.

bertus de Crænewic per viam scrutinii mixti in abbatem hujus loci eligitur, vir laudabilis vite et religionis zelator. Cujus consecratio retardata est hoc modo. Clemens apostolicus reservavit sibi omnes prelaturas et dignitates, quod inauditum fuit retroactis temporibus. Propter quod nunciis ad curiam Romanam destinatis pro electionis confirmatione, seu potius pro provisionis obtentu, causa hec ad consistorium deducta est et diu examinata, quia ambassiatores archiepiscopi Coloniensis Willelmi ad obtinendum hanc abbaciam ad opus fratris archiepiscopi prefati, alterius cenobii monachi, instanter insudabant. Sed tandem de consensu cardinalium papa eidem electo de ipsa providit abbatia bullis porrectis, mensis Junii die 3 (1351). Nunciis igitur nostris, cunctis patratis, prospere reversis, prefatus electus a nova curia, ubi a tempore electionis residebat, ad monasterium cum honesta comitiva circa horam diei septimam deducitur. Et quia omnibus modus recipiendi abbatem non constat, ideo congruit nunc hunc describere.

2. *De modo recipiendi abbatem vel episcopum.* Primo igitur cum electi adventus appropiare [600] denunciatur priori et conventui, statim omnes albis induti, precedentibus scolaribus et sacerdotibus ac fratribus minoribus, processionaliter veniunt obviam ei, et dum fuerit processum usque citra chorum capelle clericorum, ubi fruges solent vendi, stationem faciunt, adventum ipsius prestolantes. Qui ad prefatam capellam perveniens, viso conventu ab equo descendit. Ad quem prior et unus de senioribus cum maturitate accedentes, unus ad dexteram et alter ad sinistram reverenter ipsum ad manus recipiunt, et precedente processione ad monasterium deducitur, cantore incipiente responsorium [601] *Honor virtus* cum suo versu, interim priorissa Sancte Katerine de Milen et ejus conventu stationem cum maturitate facientibus in loco emunitatis nostre, sito inter porticum monasterii et conum (822) platee. Cum autem processum fuerit usque ad capellam sancti Trudonis, incepto ymno *Te Deum laudamus*, electus, si episcopus presens non est, super tapete scampno superstrato [602] solus ad orationem procumbit, ymnoque expleto surgit. Tunc sequitur responsorium *Deum time* cum versu et repetitione; sequitur versiculus *Salvum fac servum tuum. Mitte ei auxilium desuper*, collecta *Pretende Domine f. t.* Quibus expletis, statim deducitur ad altare sancti Trudonis, et facta ibi oratione, congregatis ad hoc scabinis et opidanis, continuo prestat fidelitatis juramentum, ponens manum dexteram super crucem tabule altaris insculptam et verba unius ex circonstantibus scabinis eloquentis per singula replicat in hunc modum jurando: *Van desen daghe voert ende*

A *desen dagh algader, sal ich houd ende ghetrouwe sin s'nte Marien, sente Lambrecht, den bysschop van Ludike, der capittelen van Sente Lambrechs, den gœde Sentrůde, den convente van Sentrůden, den greve van Lœn als rœcht, der stat van Sentrůden; letteren, brieve ende privilegien, die die heren verleent hebben, houden der stat van Sentrůden, vriheyt helpen houden von missen dœn, en dœn dœn als een abt van Sentrůden, den armen gheliic den riken, ende den riken geliic den armen. Dat ensal ich laten om vrinschap, nocht om mæsschap, noch om engheenre hande zaken, die mer mich dœn mach. Zo mich God helpe ende die heyleghen.* Quo pacto deducitur ad majus altare, et facta oratione a scabinis deducitur ad

B campanam bannalem, quam ipse pulsat in signum temporalis dominii.

3. *De modo consecrandi abbatem.* Expleto modo recipiendi solemniter electum hujus monasterii abbatem novum vel episcopum Leodiensem novum, videndum est de abbatis novi consecrationis officio. Ubi primo sciendum, si ipse electus et ab ecclesia Leodiensi confirmatus post presentationem foras, ante suum introitum ad monasterium, consecratus sit, completo modo recipiendi supradicto, si placet, potest missam sollempniter celebrare vel ad prandium accedere; si vero nondum sit consecratus, tunc episcopo consecrationem hanc peracturo ad missale officium parato; electus consecrandus in medio superioris chori, ex opposito majoris altaris, inter

C duos consecratos abbates in sedili medius ponitur, et dicto offertorio, episcopus officio consecrationis completo, anulum illi tradit. Quem ad chorum psallentium deducens, in stallo abbatis mitratum cum baculo sistit, et cantato ymno *Te Deum laudamus*, iterato ante majus altare inter prefatos ambos abbates ipsum collocat. Qui continuo juramentum abbatibus ordinis nostri prestari consuetum facit in hunc modum..... [603]. Prestito autem juramento, episcopus, sumpto sacramento calicis, amministrat ipsi consecrato sanctam eucharistiam, expletoque missarum officio, abbas abbacie domum intrat [604], et prout velit [605], pransores invitat. Prefatus igitur Robertus die prefato consecratus est a Theoderico

D suffraganeo Leodiensis episcopi Engelberti, assistentibus abbatibus Sancti Laurencii et Sancti Jacobi. *De eodem.* Sequenti vero sexta feria proxima idem abbas Robertus hora capitulari venit ad capitulum, et presentibus priore et toto conventu, hec tria more solito se promisit servaturum: primo, quod distracta et alienata revocare deberet, et jura monasterii conservare; secundo, quod bonas et antiquas rationabiles et approbatas monasterii hujus consuetudines observaret; tercio, quod bona pytancie nostre ad usus alios non converteret. Post hec posita ei

VARIÆ LECTIONES.

[600] appripiare 1*. [601] responsum 1*. [602] super-stratum 1*. [603] *post hæc columna vacua relicta in codice plus quam dimidia.* [604] *insit* 1*. [605] *ult* 1*.

NOTÆ.

(822) *Coin*, angulus.

regula beati Benedicti in sinu suo per priorem, prior et totus conventus per singulos ad domnum abbatem prius genibus flexis accesserunt, et utrisque manibus super ipsam regulam, quam supra sinum suum tenuit, positis, eidem per singulos obedientiam promiserunt sub tali forma : *Domine, promitto vobis obedientiam secundum regulam beati Benedicti*, pacis osculo ipsi ore ad os continuo prestito. Quo completo obedienciarii seu officiati per singulos claves officiorum suorum super mattam capituli deposuerunt ad ipsius abbatis dispositionem, qui singulis continuo sua officia recommisit exsequenda. *Incid.* Anno Domini 1352 Clemens papa sextus obiit. Cui Innocentius sextus successit.

4. Anno Domini 1353 Robertus abbas, accedens ad Willelmum (825) comitem Hollandie in opido et monasterio de Middelborgh, gratanter ab eodem ad prandium susceptus est, et relevato feudo ab ipso persolutaque pro relevatione una marcha argenti, qua tenetur nostrum monasterium de advocatia super bonis et hominibus nostris in Alburgh et in adjacentibus villis, ad suum monasterium rediit. *De eodem.* Eodem anno prefatus comes mendaciter informatus per quendam Godefridum de Dumella, surreptorem possessionum virorum honestorum sue fidei commissarum per eosdem, prenosticationibus et superstitionibus tam principes quam honestos homines pellicientem, elaboravit effective omnia bona nostra tam in Hœsden quam in Hollandia sita sibi usurpata tenere, pro eo quod eidem Godefrido decima de Bardewyc per sententiam vassallorum nostrorum amplius quam 50 sibi adjudicata, et domno Johanni de Bœchout adjudicata in aula abbatis, ad ipsum comitem appellasset. Sed quia *sevissima est injusticia ferens arma* secundum philosophum, et *durum est contra stimulum calcitrare*, ut dicit Lucas in Actis apostolorum (*cap.* IX, 5), prefatus abbas comparato favore domni de Iselsteine, comitis consiliarii et ejus sigilli custodis, pacem cum comite inivit, et redemit bona nostra injuste abjudicata pro 1700 [606] scutatis Brugensibus, solvendis comiti infra mensem, et 300 pro mediatoribus solvendis ad diem post spacium temporis condicti. Quibus sic peractis, Robertus abbas obtinuit literas quitantiarias, nomine ipsius comitis scriptas et sigillatas, et sic ad possessionem bonorum nostrorum per comitis vassallos nobis adjudicatorum restitutus est. Omnibus ergo computatis tam pro literis restitutionis quam aliis pluribus incidentalibus, cum 500 florenis domno Florentio de Versele traditis, idem abbas occasione dicte appellationis sustinuit infra 4 annos dampna usque ad 4000 florenorum. *Incid.* Circa hec tempora domnus Arnoldus de Rummiens, nepos Ludovici comitis de Los ex legittima sorore, cum duxisset in uxorem relictam predivitis militis cujusdam, maximi usurarii, comitis Flandrie Ludowici materteram, cepit fundare castrum in villa propria Rumiens (824). Qui licet alias non parceret expensis, cum protunc foret..... [607]. Brabancie, gravissime angariavit una cum subditis sibi popularibus populos rurales per Brabanciam, compellens illos ut longo tempore lapides, calcem et quelibet alia pro structura ipsius castri necessaria, gratis sub ipsorum laboribus et expensis advectarent. Sicque post annos ferme 9 completo eleganter castro, et postea positis in ipso omnibus ad rebellandum opportunis, referebatur a multis quod nocturno tempore, dormientibus custodibus, fenestre hujus castri audiebantur horribili sono concuti, et turres cum sua ingenti aula videbantur repleri [608] coruscantibus flammis per fenestras sese spargentibus, que poterant pronosticare congrue hujus castri subversionem, prout infra patebit, secuturam.

5. Anno Domini 1355 cum domnus Reinerus de Scœnvorst baro, frater Amelii pie memorie, predecessoris Roberti hujus loci abbatis, bona nostra de Halchtre et Dola, que a creatione Roberti prefati in abbatem injuste detinuit, restituere libere voluisset, post multos tractatus idem baro allegationibus suis veritati contrariis [609] tandem ipsum abbatem compulit, quod dominium prefate ville et curiam cum redditibus 4 annis obtinere deberet tantummodo, quibus peractis, abbas eidem 1000 florenos solvere deberet. Sed anno sequenti (1356) guerra crescente inter eundem et domnum Waleramnum de Borne, occasione terre de Valkenburgh, timens prefatus Reinerus baro bona de Halchtre predicta ab adversario suo favillari, prioribus conditionibus annullatis, exactis 1000 florenis et 120 scutatis ab ipso abbate, villam et curiam cum redditibus eidem libere restituit. Nosce hic, lector, quod prefatus domnus Reinerus, vivente fratre suo Amelio abbate prefato, seriose instabat ut sepedicta villa de Halchtre cum curia et bonis ibidem, quam ad placitum fratris sui Amelii abbatis cum dominio temporali super populum illum occupaverat, a conventu nostro sibi quoad viveret sub annuo pactu accensaretur. Super quo deliberatione habita, prior cum senioribus considerantes hujus viri et suorum animositatem et potentiam, congregato toto conventu rem propositam retulerunt, finaliterque de omnium consensu responsum est illi quod nulli monasterii bona vellent ad vitam tradere. Super quo responso ille in tantum indignatus est, ut profiteretur amodo conventui se in nullo subsidiari. Sed revera quod optime consulti erant claret, quia, licet nil juris in predictis bonis habuit, fuit tamen abbatia nostra tam in redemptione ville prenotate quam in aliis

VARIÆ LECTIONES.

606 XVII 1*. 607 *lacuna decem litterarum.* 608 repleti 1*. 609 v. c. *postea erasa.*

NOTÆ.

(823) Quintum.

(824) Rummen prope S. Trudonem.

expensis ex hujusmodi causa emergentibus 2150 florenos et amplius dampnificata. Preterea sciendum quod idem domnus de Schœnvorst — qui de permissione fratris sui abbatis Amelii pridem maxima emolumenta tam de bonis monasterii quam [610] de opidanorum et scabinorum pecuniarum penis illis inflictis perceperat, et qui homines nostros apud Halchter graviter angariabat et cruciabat in tantum, quod in mediis campestribus locis insudantes, voce lacrimabili clamabant : *Vindica, Domine, sanguinem precii nostri laboris, quod ebibit violenta exactio Reineri de Schœnvorst* — immemor tamen horum omnium, in lecto egritudinis positus, diviciarum plenus nullam restitutionem nobis fecit. Caveant ergo omnes hujus monasterii salvationem diligentes, ut grangias aut alias possessiones nunquam ad vitam cuiquam potenti seculari accensent, plus tamen precaveatur, ne fratribus aut propinquis abbatum talia concedantur, quia de talium manibus dampnosius quam ab alienis hujusmodi recuperantur, prout superius in gestis Ade abbatis comprobatur. *De eodem.* Eodem anno (1355) Robertus abbas occasione Gerardi de Steinvorde ipsum defidantis, et postea condignam emendam eidem Roberto ex compulsione exsolventis, sustinuit dampna usque ad 300 florenos.

6. Anno prenotato (1355) quidam mercatores fecerunt arestari et vinculis mancipari quendam ex eorum famulis, qui mercimonia ipsorum sue fidei commendata ad opidum nostrum Sancti Trudonis detulit, et ad se ea pertinere asseruit. Sed illis pluribus rationibus contrarium ostendentibus, is ad suspendium veritus condempnari, aliquorum, ut dicebatur, scabinorum oculos muneribus excecavit, quorum astu sententialiter definitum est non fore furtum, licet bona suorum dominorum ille ad loca sibi non jussa attulisset, sicque a vinculis est deliberatus. Qui cum [611] post aliquot temporis ad paupertatem, ut talibus evenire assolet, devenisset, apud Leodium coram episcopo Enghelberto querimoniam contra scabinos deposuit, quod minus juste ab eo munera accepissent. Quo percepto, ut dicebatur, scabini illi fecerunt prefatum famulum sub spe pacis ad opidum prefatum redire. Cujus adventum plures assisini scabinorum, ut postea patebit, cognoscentes, ipsum apud curiam Beginarum, ubi juxta avam sue uxoris clam ad cenandum venit, in noctis crepusculo latrocinaliter occiderunt. De quo facto rei illi tunc evaserunt, quia balivus episcopi et horum assisinorum amici et consanguinei quidam scabini impediverunt nostrum sculletum, quod nequibat testes producere contra diffamatos illos. *Item.* Anno Domini 1356 quidam juvenis nocte quadam ante tempus campane per cymiterium sancte Marie transiens, a quibusdam adversarium domini sui insidiantibus, innocens et bone indolis reputatus, pro insidiato adversario clam occiditur. Et cum rumor ille [612] sero de tali crimine in populo cresceret, unus reorum stans super cymiterii ingressum, unum servorum nostrorum cum aliis opidanis ad spectaculum accurrentem in faciem cum ferrea chyrotheca percussit, quem percussus optime novit. Propter quod cum violatum esset cymiterium, per biennium defunctorum corpora in nostro orto appellato Vriithof sunt de consensu conventus sepulta. *Item.* Talia et plura alia homicidia, furta, rapine et violentie in opido sunt diu perpetrata, ex quibus gravis tumultuatio inter opidanos surrexit contra aliquos ex primoribus et scabinis prefatis, quibus imputabant quod quisque eorum mutua vicissitudine defenderet suum et dissimularet delictum, ne criminosi punirentur. *Incid.* Anno supradicto 1355 (*Dec.* 5) Johannes dux Brabancie obiit, et ducatum Brabancie filie sue Johanne reliquit, quam pridem matrimonio copulavit cum Wincelao duce Lutsemburgie (825). *Incid.* Anno Domini 1356 Ludowicus comes Flandrie, qui ex filia (826) prefati ducis Brabancie secunda natu adhuc superstite prolem legitimam habuit, cernens nullam portionem sibi ad presens assignatam esse ad et in ducatu prefato, collecta multitudine armatorum opidum Andwerpie obsedit et in deditionem accepit. *Incid.* Eodem anno post festum Johannis Enghelbertus episcopus (827) per marisscalcum (828) et balivum (829) Hasbanie expugnavit opidum Landen. Die vero sequenti multitudo Brabantinorum supervenit, et paucis Leodiensibus illis prevalens, pluribus captivatis, ceteros terga dare conpulit. Sed cum paucis redeunte balivo prefato, qui ad conburendum vicinas villas operam dabat, Leodienses per ipsum reanimati, iterato opidum impetunt, contra quos Brabantinorum exercitus extra portas aggressus est. Sed commisso prelio victoria cessit Leodiensibus, ex Brabantinis pluribus occisis, et Leodiensibus qui captivi erant a vinculis ereptis. *Incid.* Eodem anno Wincelaus novus dux Brabancie, ut efficatius comiti predicto obsisteret, famosum claustrum sancti Petri Haffligensis intravit, et expulso abbate et toto conventu officinisque eversis, monasterium cum dormitorio refectorioque et ambitu elevato fossato circumvallans, sacrilegium perpetrare non formidans, fortalicium castri ad impetendum Flandriam exinde positis ibidem armatorum custodiis effecit. Contra quem comes ipse campestri bello congressus victoriam obtinuit, et illum terga dare conpulit. Propter quod custodibus castri lacrimandi fuga lapsis, Flandrenses continuo id ipsum occupan-

VARIÆ LECTIONES.

[610] t. d. b. m. q. *crasa.* [611] *deest* 4*. [612] illo 4*.

NOTÆ.

(825) Filio Joannis regis Bohemiæ.
(826) Margaretha. Cf. Radulfus de Rivo, in Gest. epp. Leodiens., c. 3, ap. Chapeaville III.
(827) Socius erat comitis Flandriæ.
(828) Lambertum de Elpey, teste Radulfo.
(829) Jacobum de Chaboz, teste eodem.

tes, cum armatis custodibus munierunt. Post paucos dies comes prefatus intravit opida Brabancie Bruxellam, Lovanium cum aliis libertatibus; ibi accepta ab illis fidelitate, suos ibidem balivos constituit. Post cujus recessum Brabantini postposita fidelitate quam comiti probabant, mittentes pro duce et duxissa sese illis obtulerunt. Sed post duos menses concordia pacis intervenit, conditione tali, quod Wincelaus, quousque duxissa vixerit, ducatum obtineat, duntaxat exceptis opidis Maglinia et Andwerpia comiti addictis, secundum arbitrium Willelmi comitis Hollandie (830). Post aliquot temporis facta concordia pacis secundum arbitrium Willelmi comitis, prefati milites Flandrenses occupantes fortalicium proh dolor! ex Haffligensi monasterio immutatum, precaventes ne dux Brabancie in posterum inibi positis militaribus Flandriam infestaret, continuo suppodiantes ima fundamenta lignis, apposito igne abscesserunt. Cumque vi ardoris suppodia deficerent monasterii, cum fortissima turri refectorii ambitus et pulcerrime capelle beate Marie parietibus eversis, omnis illa structura corruit excepto dormitorio. Quod cum cuidam sagaci illius monasterii monacho innotuit, celeriter suppodiari jussit, et postea novis fundamentis positis, sumptuosum hoc dormitorium est preservatum. *Incid.* Anno eodem Johannes rex Francie cum maximo suorum exercitu insequens regis Anglie filium (831) principem Gualie, qui cum parvo electorum Anglicorum cunco nuper intra Franciam pervenit, in medio regni sui juxta Pictavis (832) in prelio vincitur; et dare dextras dedignans, sed fortissime repugnans, tandem a militibus principis compressus et in terram prostratus, elevatur, et cum Philippo filio et multis Francie principibus dextras dantibus in Angliam navigio deducitur, et ibidem post plures menses moritur (833).

7. Anno Domini 1357 antiqui scabini et consules nuper destituti tempore Amelii abbatis ab obligatione, qua se obligaverant de non attemptando amodo officia fidelitatis in regimine hujus opidi, nisi de consensu dominorum et opidanorum, nunc ab illa obligatione quitantur mediante obligatione fidelitatis nostro monasterio prestanda, sub juramento suo tactis evangeliis. *Item.* Anno sequenti (1358) Engelbertus episcopus Leodiensis modernos scabinos hujus opidi, coram eo diffamatos de multis excessibus et de latrocinio apud curiam sancte Agnetis facto, tanquam conscios intendens corrigere et destituere, venit ad monasterium nostrum, requirens consensum abbatis Roberti. Qui animadvertens quanta gravamina occasione destitutionis scabinorum antiquorum monasterio suo obvenerant, sic consensit, quod non per violenciam, sed per sententiam et legem hujus opidi procederetur. Propter quod ipse Leodiensis episcopus prima die

A Marcii per campane bannalis pulsum convocavit populum, et post plures tractatus, scabinis de objectis sibi sese excusantibus ibidem in presentia omnium, prefatus episcopus, qui ad illorum corporum detentionem huc accesserat, erubuit et eos liberos abire promisit. *Item.* Post hec quidam perpetravit homicidium juxta molendinum monasterii de Milen. Contra quem reum scabini Sancti Trudonis post testium depositiones per juris ordinem sententiam protulerunt, a qua sententia priorissa consilio et auxilio episcopi suffulta, ad scabinos Aquensis sedis appellavit. Processu vero temporis, quia homicidium illud infra libertatem nostre jurisdictionis contigit, scabini prefati sunt sub expensis monasterii nostri primo et secundo ducti et reducti pro recipienda B doctrina et sententia a scabinis Aquensis sedis, ad quorum judicium sententia principalis, quam tulerant scabini Sancti Trudonis, mansit in suo robore non revocata; sed questio ejus compositione interveniente sopita est. Ex hujus litis occasione monasterium nostrum sustinuit dampna expensarum ultra 1600 florenos, et de quodam facto 400 florenos. *Item.* Eadem ebdomada qua scabini Sancti Trudonis ad Aquensem sedem sunt adducti, episcopus Leodiensis post plures tractatus, cum videret se prefatos scabinos in presentia scabinorum Aquensium non posse, prout putavit, corrigere et destituere, compositione pacifica interveniente, mediantibus 600 florenis per ipsos scabinos deliberandos, et inter C episcopum et abbatem atque advocatum partiendos ab impetitione illorum cessatur.

8. Anno eodem, in mense Aprili, Robertus abbas ex certis causis transiens per comitatum Namurcensem, divertit iter ad monasterium sancti Gerardi Broniensis. Quod cum perciperet abbas ejusdem loci, misit celeriter equestres nuncios honestos, invitantes eum ad prandium domini sui, et eidem intimantes quod totus conventus processionaliter obviam sibi venire paratus esset, si sue paternitati gratum foret. Quo id fieri recusante et ad hospitium ipsi monasterio vicinum declitante, paululum repausatione facta, ad missam signa pulsantur. Qui cum ad ipsum claustrum ad audiendum officium missale intraret, prefati monasterii abbas et conventus simul D congregati, cum omni humanitatis salutatione reverenter ipsum ad chorum psallentium deducentes, ad stallum sedis abbatis statuerunt. Qui cum ad hospicium suum extra monasterium misse officio peracto iter caperet, nequaquam exire de claustro permittitur, sed ad domum abbatis deducitur, et convocato conventu ibidem ad prandendum, eidem cum omni sua comitiva jocundum et lautum convivium ab abbate illius loci honestissime exhibetur. Ibi inter cetera dulcia colloquia abbas asseruit,

NOTÆ.

(830) Quæ pax demum anno 1357 constituta est; cf. Ernst V, 114.

(831) Eduardum.

(832) Poitiers.

(833) Anno 1364 Londini quidem, sed non captivus mortuus est.

quod cuilibet abbati Sancti Trudonis ibidem noviter advenienti tenetur abbas prelati monasterii cum toto suo conventu obviam [613] extra claustrum monasterii ipsius solenniter cum reliquiis et crucibus procedere, et ad ipsum monasterium honeste inducere, et oratione ibi facta, devote ad aulam abbatis deducere, et prandio peracto, ad ejus presenciam omnes officiati tam abbatis quam conventus officinarum [614] suarum claves teneantur deponere et eidem tradere; et si forte quisquam ex domnis commonachis fuerit ibidem carceri mancipatus, vel in aliqua penitentia regulari detentus aut positus, ipse abbas Sancti Trudonis poterit illum aut illos libere absolutos facere. Quibus per ordinem sic enarratis, valefacto mutue ad peragendum ceptum iter processit. *Item.* Anno Domini 1359, Nonas Maii, circa horam diei 11. cecidit turris hujus monasterii tercia, que versus meridiem respiciebat, ubi vix dimidia hora precedenti plures scabini et mansionarii, cum diu de inheredationibus intra porticum ipsius monasterii tractassent, discesserant illesi. Et puer quidam triennis cum juxta turris hujus parietem ludens sederet, a fratre suo vix sexenni vocatus abducitur, post cujus discessum continuo ruina turris subsequitur. *Item.* Anno revoluto abbas Robertus timens de majoris turris ruina, accito famoso lapicidarum magistro, fecit murum parietis majoris turris versus monasterium stantem conspissari, et arcum qui subter erat amplius artiorem construi. Ubi dum opifices ultra medium altitudinis parietis structuram produxissent, quadem die hora misse dum ponderosos lapides, quos de turris pariete excusserant, ad continuandum novum opus veteri in nimia quantitate super apodiatas crates cumulassent, continuo apodiamina cum cratibus concussa ruerunt, et duos operarios in summo constitutos deorsum precipitaverunt. Quorum unus ruptus ab intra quarta die obiit, alter vero licet. Jesus, convaluit. *Incid.* Eodem tempore quidam mercenarius ad operandum super tabulatum in ecclesia beate Marie conscendit. Qui dum incaute super celaturam, que de tenuissimis asserribus fuit, calcaret, desuper cecidit super pulpitum in choro inferiori, quod fractum dissiliit, et ille in pavimento proruens, crepuit et exspiravit. *Incid.* Anno Domini 1360 Theodoricus comes de Los et dominus de Heinsberg 12. Kalendas februarii obiit (834). Cujus corpus cum delatum esset ad claustrum de Herkenrode, non recipitur ad sepeliendum (835); et sic devectum ad conventum Augustiniensium in Hasselt inhumatur. *Incid.* Post hujus obitum episcopus Leodiensis producens literas referentes quod condam comes quidam sponte fecit ipsum comitatum feodum Sancto Lamberto, et ad ejusdem sancti ecclesiam debere devolvi, si comitem quemlibet contingeret absque prole decedere. Propter quod placuit majoribus ecclesie et civitatis Leodiensis, exceptis nobilibus milicie patrie, quod ipse episcopus comitatum, quia ad ecclesiam foret devolutum, attemptaret. Et sic non obstante quod domnus de Dalenbruech, nepos ex fratre (836) comiti, cui etiam comes ipse comitatum legaverat, et domnus Arnoldus de Rummeins, comitis consobrinus, per majores patrie sententialiter petebant definire cui ipsorum alteri comitatus cedere deberet, prefatus episcopus conpulit incolas de Los, de Herka, de Hasselt et aliarum villarum, quod ipsum in comitem reciperent et eidem fidelitatem prestarent.

9. Anno Domini 1361, imperii Caroli quarti anno 13. et episcopatus Engelberti episcopi Leodiensis anno 18. cum Godefridus de Dalenbroech custodes armatos in castro de Stockem (837) ad ipsum obtinendum posuisset, episcopus et tota patria Leodiensis cum maximo exercitu castrum obsedit mense Junio. *De eodem.* Mense eodem opidani Sancti Trudonis ceperunt laborare pro obtinenda sibi communitate, maxime instigantibus eos hiis qui dudum de scabinatu et consulatu destituti erant, cum sibi faventibus, ponderantes, quod per assisinos scabinorum novorum multi excessus et violencie graves fierent. Quod cum Robertus abbas intellexit, congregato in orto nostro Vrythof toto opido, accessit ad eos cum toto suo conventu, et facto silentio, accito notario, fecit publice in Theutonica lingua privilegia de non elevanda communitate et de pena imperatoris contra transgressores privilegiorum inflicta per ordinem exponi subjungens se paratum semper esse ad corrigendum, si quid ostendere possent infra jurisdictionem suam incorrectum. Illis vero respondentibus quod ipsi suo domino nil imputarent, sed insolenciis scabinorum, tunc prefatus abbas cernens quod singula officia ministerialium consentirent de communitate elevanda, monuit universos sub testimonio astantium, ut a ceptis desisterent, alioquin contra eos ad penas expressas procederet. Die ergo eadem principales communitatis promotores festinanter venientes ad coopidanos suos, qui in obsidione castri predicti remanserant, assumptis secum magistris communitatis Leodiensis, Hoyensis et aliarum villarum, mediantibus 4000 florenorum et amplius obcecant oculos domini Leodiensis, quod contra debitum promissum concedit eis erectionem communitatis, in quantum in ipso est, mensis Junii die 27. Qui acceptis sigillatis literis ad opidum redeunt, et constitutis duobus magistris et 12 consulibus, paucis diebus transactis, opidi regimen ad placitum suum usurpant, contra amborum domino-

VARIÆ LECTIONES

[613] ei *addit* 1*. [614] officiarum 1*.

NOTÆ.

(834) Obiit 1361; vid. Mantelium p. 279.

(835) Quia excommunicatus erat. cf. Radulfus de Rivo 5.

(836) Joanne præmortuo

(837) In Mosæ ripa sinistra prope Maseyck.

rum jurisdictionem et oppidi libertatem. Persistente autem episcopo cum tota patria in obsidione, custodes compulsi sunt salvis corporibus tradere castrum mensis. . . . die. . . [615] (838). Cum autem magistri prefati proponerent requirere domni abbatis consensum de erecta communitate, ipse convocato prius toto conventu in loco capitulari, omnium requirens consilium et finalem consensum, invenit omnes in hoc concordes, quod communitati nullo modo assentirent, sed in resistendo sibi totius viribus assisterent. Post paucos dies cum dominus abbas ad novam curiam divertisset, magistri communitatis cum suis fautoribus venerunt ad eum, instantes ut elevate communitati consentiret. Quibus respondit : *Communitati nullatenus consentio, sed ad corrigendum excessus, si quos proposueritis, in quantum teneor paratum me offero.* Exhinc ipse abbas metuens ne violenter uterentur eum ibidem residentem compellere ad consentiendum communitati et eorum voluntati, prout condam tempore abbatis Ade, ut supra narratur, temptatum fuerat licet frustra, de consilio amicorum Leodium petiit, et ibi veniens circa festum Dyonisii subsequens, 5 annis, mensibus 3 minus, ibidem commoratus est. Qui ubi diligenter episcopum, capitulum Leodiense et civitatem et villas patrie sepe requisisset, ut Trudonenses, qui contra prestitum juramentum communitatem acceperant in prejudicium sui monasterii, ab illicite usurpatis resilire procurarent, nullum finale responsum obtinuit, capitulum tamen Leodiense semper pro sua parte fuit.

10. Eodem anno (1361) post festum penthecosten (*Mai.* 16) cum Robertus abbas ad instanciam honestorum virorum testamentum domni Johannis de Halbeke militis de bonis feodalibus, sicut comes de Los et domnus de Lummene pridem fecerunt, ratificaret et confirmaret, secundum sentenciam vassallorum suorum ad opus filiorum naturalium prefati domni Johannis, quibus certam pecunie summam assignavit ad prefata bona : Henricus de Halbeke, nepos ex fratre hujus domni Johannis, cum sibi adherentibus ex Ghelria et Julia armigeris, injuste ex occasione hujusmodi legati defidavit Robertum abbatem, suos et monasterii bona, per litteras ante solis occasum ad nostrum monasterium transmissas. Et in crastino proxime sequenti in solis crepusculo villam nostram Halchtre et curiam ibidem de Dola spoliavit et combussit, homines nostros captivos abducens. Qui cum per suos satellites nocturnos incendiarios similiter domno de Heere, executori dicti domni Johannis, dampna intulisset, elaborante illo per 12 pacis Hasbanie conservatores proscribitur, et sui satellites

A incendiarii apud Heere capti tres rotantur. *Item.* Eodem anno cum superior mansio nostra apud Dolam cum fortalitio bene vallato adhuc ab incendio salva permansisset, abbas ex suorum consilio fecit straminea ipsius mansionis tecta deponi, ne ab adversariis possent comburi. Ecce aliud infortunium, quia cum famuli abbatis straminibus tecture ignem supponerent, ut latronibus combustionum materia auferretur, continuo venti impetus vim flamme reflexit ad edificia nondum detecta, et omnia cum ipso fortalicio incineravit. *Item.* Eodem anno in die Bartholomei apostoli (*Aug.* 24) idem Henricus mansionem de Dola tunc straminibus detectam combussit per suos in crepusculo. *Item.* Postea in medio noctis vigilie conceptionis sancte Marie

B (*Dec.* 7) ab eodem orreum trecensuarii (839) nostri apud Engelbamd, segetibus et feni plenum, comburitur, et eadem nocte molendinum nostrum apud Merwile incendiatur, sed ignis sine magno dampno extinguitur. *Item.* Anno post hunc quarto (1362) in Marcio idem maledictus cum suorum 18 complicibus occidit presbiterum de Halchtere ante cymiterium, et septem viros atrociter vulneravit, et captivos quinque abduxit. *Item.* Prenotato anno, mensis Aprilis die 8, in crepusculo diei captus est unus ex incendiariis nefandi Henrici per forestarium nove curie juxta pontem de Merwile, progrediens ad comburendum orreum unius coloni nostri. Qui cum traderetur forestario opidi nostri, sponte fassus est se incendiasse [616] nuper illud orreum prefatum

C apud Engelbamd, et jam, si captus non fuisset, in ipsa nocte plura commisisset incendia. In cujus pera invenerunt lignos ex sulfure et stuppa compositos, quibus in domorum tectis aut segetibus orreorum intrusis, vel eadem hora aut die sequenti aut subsequenti flamma efferbuit, secundum adinventionem nequitie talium. Qui cum plures consortes sui flagicii accusasset, sexto die sequenti (*Apr.* 14) ante molendinum de Mervile, quod nuperrima nocte incendiaverat, post equos ligatus, ad locum condempnatorum trahitur et rotatur. *Item.* Eodem anno, mense Junii die 3, Henricus de Halbeke cum suis complicibus ecclesiam et 8 mansiones in villa de Halchtre combussit. Propter quod ad sonitum

D campane viris de Houthalen (840) et de aliis villis ad villam Halchtre concurrentibus, ereptis predis predones terga dare compulerunt. Ibi ex parte Henrici tres armigeri cum 20 equis occisi sunt et plures vulnerati, ex parte altera unus de Halchtre et duo de Houthalen occubuerunt. Postea Robertus abbas constituit duos mamburnos, per quos multi complices prefati..... [617] domino de Rumeins, pro certa summa pecunie traditis illi cartis et literis de comitatu ipso

VARIÆ LECTIONES.

[615] *ita* 1*. [616] incendiassie 1*. [617] *hic desinit quaternio ; sequens pergit in voce* domino, *eadem manu ; nil abscissum ; sed scribœ incuria quœdam omissa esse apparet.*

NOTÆ.

(838) Mense Junio ineunte, ut apparet ex Radulfo de Rivo, qui obsidionem die 7 m. Maii cœptam esse c. 5 probat.

(839) Qui terræ censum dat.

(840) Haud procul ab Hasselt.

mentionem facientibus. Et cum Karolus imperator A paulo post Aquisgrani circa festum omnium sanctorum advenisset, ipse domnus de Rummiens ad ejus presentiam comparens, prefatum comitatum dicitur ab eodem relevasse et investitus fuisse, et anno sequenti sententiam pro eodem et suis heredibus apud Pragam latum fuisse, antequam episcopus et idem domnus de Rummiens processu temporis ad presentiam imperatoris citati comparuissent.

11. Anno Domini 1363 duo assisini diffamati de nefando latrocinio super curiam sancte Agnetis patrato capiuntur et diu imprisionantur, quorum unus per sentenciam scabinorum Sancti Trudonis decapitatur [618], alter per sculteturn de Montenaken detentus, et per scabinos de Veerte abjudicatus, apud Bruistemium rotatur. *Item.* Eodem anno ex quatuor B scabinis diffamatis de prefato flagitio tanquam consciis tres apud Leodium causa presidii commorantes et ibidem egrotantes, moriuntur, de quorum decessu repentino, licet multi nutu divini examinis ipsos mulctatos fuisse dixissent, quis scit? Quorum quartus post aliquot temporis, scilicet anno Domini 1372 circa festum omnium sanctorum, per idoneos testes in presentia scabinorum Sancti Trudonis, in loco judiciali criminatur de eodem facto. Qui per campanam bannalem appellatus et per consuetas quindenas citatus, cum non compareret, ab honore et proprio jure proscribitur. *Item.* Anno prenotato (1363) inchoatus est lapideus murus, qui circuit curiam monasterii, et completa est pars illa que a C porta nostra extenditur usque ad molendinum nostrum. *Incid.* Ipso anno Enghelbertus episcopus relevavit tanquam comes Lossensis a duce Brabancie Wincelao feudum de advocatia Sancti Trudonis, et feuda de castro Durachii et de Kælmont. *Item.* Eodem anno duo ex quinque assisinis, reis de crimine super curiam sancte Agnetis prefatam patrato, naturalis mortis exicio preventi, talionem pro suis demeritis evaserunt. *Item.* Anno sequenti (1364) flagicii prefati particeps quintus, asserens se interfuisse huic flagitio et adductum sed manus non apposuisse, Maii mensis die 21, sero vivus sepelitur. *Incid.* Anno Domini 1364, in mense Maio, Enghelbertus Leodiensis episcopus per Clementem quintum (841) papam ad sedem Coloniensem (842), et Johannes de Erkle episcopus Trajectensis ad sedem Leodiensem sunt translati. *Incid.* Eodem anno Arnoldus de Rummiens mensis Maji die 8, collecto magno exercitu per Henricum, ad duellum D Leodii sunt appellati et contumaces effecti. Ex quibus Johannes de Puteo miles cum duobus fratribus suis pro emenda fecit homagium domno abbati, et tandem Henricus ille dyabolicus obligavit se stare ordinationi duorum honestorum militum.

12. Anno eodem, in vigilia purificationis (*Febr. 1*), cum Johannes de Trudonica, nepos Roberti abbatis, officium sui scabinatus resignasset, scabini quadragesimo die ad eligendum convenerunt. Et cum aliqui metu aut precio, ut dixerunt, inducti sculletum episcopi eligerent et alii dissentirent, magistri communitatis concitantes populum ad arma, accensis laternis et facibus in medio fori, quia tenebre incumbebant, accesserunt ad lobium, et in metus compulerunt scabinos ad eligendum sculletum prefatum. Propter quod Robertus abbas contra hanc electionem appellavit scabinos ad caput sedis Aquensis. Qui per scabinos prefate sedis de ferenda sententia anno sequenti edocti, statuto die in omnium presentia pronunciaverunt electionem illam nullius esse momenti, tanquam per metum et alias non rite celebratam, eundemque a scabinatu, gravibus articulis contra eum productis, amoverunt, condempnantes eum ad refusionem expensarum pro ductu et reductu factarum ascendentium ad summam 347 florenorum. Fuit eciam abbas Robertus prosequendo hujusmodi negocium expendens 300 florenos. *Item.* Post aliquot temporis prefatus condam sculletus de gravibus excessibus criminatus apud domnum Johannem episcopum, inprisonatus apud Musal, exactis ab ipso 2400 florenis, a prisone liberatur. Qui si, postquam ad fidelitatem scabinatus fuit admissus, domno abbati veniam de tali usurpatione scabinatus postulasset, et de cetero contra monasterium se adversari non debere promisisset, totum delictum abbas ad hoc informatus illi indulsisset, et scabinus permansisset, et de gravibus prefatis dampnis indempnis exstitisset. Sed ipse usus consilio quorumdam scabinorum, humiliare se dedignans, omnia hec perpessus est. *Incid.* Anno Domini 1362 Innocentius papa VI obiit, cui, cardinalibus ex suo gremio eligere discordantibus, succedit Urbanus [619] V, qui fuit abbas Massiliensis, ordinis Benedictini. Eodem anno magistri communitatis erexerunt peronem lapideum super forum, superposita cruce et aquila deaurata. *Incid.* Eodem anno domnus Godefridus de Dalenbruch, videns se non posse resistere episcopo Leodiensi, qui per totum comitatum tanquam comes receptus erat, vendidit omne jus (843) quod habuit ad comitatum de Los, suo consanguineo (844).... [620] auxilium principum sibi faventium, aggressus est ante opidum Herke cum explosis vexillis armature comitatus de

VARIÆ LECTIONES

[618] decapitur 1*. [619] *correctum ex* Clemens [620] *apparet iterum aliquid deesse; in codice nullum lacunæ vestigium.*

NOTÆ.

(841) Urbanum quintum.

(842) Successor archiepiscopi Adolphi de Marca.

(843) Quod probante Radulfo de Rivo c. 6 factum est anno 1363.

(844) Arnoldo de Rummiens.

Los. Quem incole fuge consulentes pre timore post paululum receperunt et fidelitatem ei fecerunt, die vero sequenti post recessum exercitus incole illi iterato sese Leodiensibus obtulerunt. In crastina vero die, que fuit vigilia penthecostes (*Mai.* 11), fama rei pervolante, Leodienses et Hoienses cum tota patria indignatione permoti, usque super Jecoram fluvium armata manu procedentes, propter Englielberti episcopi absentiam, Johannem domnum de Rupeforti in mamburnum sibi elegerunt. In die penthecostes, que fuit mensis Maji die 12, Trudonenses circa horam vesperarum armata manu obviam patrie Leodiensi exeuntes, intraverunt grangiam Theutonicorum dominorum apud Obhere. Ibi pernoctantes, effregerunt violenter clausuras diversas, bona eorum dissipando et rapta ad opidum transmittendo et segetes agrorum immaturas sponte conculcando. Sequenti autem die quarto (*Mai.* 16) totius patrie equestres accedentes ad castrum Rummiens. villam cum appendiciis combusserunt, et sequenti die (*Mai.* 17) ad villam Hamale declinantes, castrum ipsum combusserunt.

13. Eodem anno in octava penthecostes, que fuit mensis Maii die 19, opidani nostri Trudonenses, videntes quod Robertus abbas ab anno precedenti traxisset eos coram officiali Leodiensi, in causam litis, occasione communitatis contra voluntatem ipsius per eosdem elevate, super quo quamvis coram tota patria nuper querimoniam deposuissent, sed non profecissent: nunc adhortantes sese magistri communitatis, adductis secum ex singulis officiis duobus opidanis, accedunt ad civitatem Leodiensem, ad provocandum communitatem Leodinensem contra ipsum abbatem. Ubi tertia feria sequente (*Mai* 22) in capitulo Leodiensi prefato abbate cum amicis suis comparente, Trudonenses datis muneribus majorem partem ex ministerialibus officiatorum Leodiensium sibi adherentium obtinuerunt, proponentes domno abbati optionem, quod vel sigillaret communitatem, vel a civitate aut patria expelleretur, tribus diebus ad deliberandum eidem oblatis. Die vero sequenti (*Mai* 23), que fuit vigilia sacramenti, cum magistri Leodienses sibi intimassent quod sigillaret communitatem vel recederet, mane facto in die sacramenti (*Mai* 24) a civitate recessit cum rebus et familia. Quod dum nostro conventui ante processionem denunciatum est, in anxietate positi, fecimus clenodia monasterii et abbatie infra processionis illius solemnitatis egressum et regressum festine ad mansionem nostram apud Lewis quadrigari. Necessaria eciam corporum indumenta reservantes, misimus per singulos nostra jocalia et utensilia extra conventum secrete intra et extra opidum apud amicos secretos tutanda. Elapsis igitur diebus paucis, ille exul devotus Robertus abbas,

A rebus et bonis suis a Leodio ad opidum Lewis prefatum deductis, venit ante cenam ad novam curiam. Qui die sequenti que fuit dominica a secretariis amicis accepta premonitione ut precaveret, ne a capitaneis communitatis violentia opprimeretur, continue Lewis se transtulit et ibidem moratus est. Post hoc mensis Junii die 9. quidam garrulus et precipuus adversarius monasterii de ministerio serdonum (845) concitavit cum complicibus suis apud conventum fratrum Minorum communitatem contra scultetum nostrum et unum ex scabinis, impingens illis quod ipsorum instinctu ipse Robertus abbas a curia nova discessisset. Iterumque facto prandio, procax ille cum suis et parva communitate procuravit invitis magistris sculte:um
B ipsum ad decennium debanniri; qui diu extra opidum detentus est. *Item.* Anno eodem in crastino sancti Jacobi Minoris (*Jun.* 22.) Johannes de Erkle, prefatus pridem episcopus Trajectensis, auctoritate apostolica Leodiensis episcopus constitutus, receptis ab imperatore Karolo regalibus cum expressione comitatus de Los, venit ad episcopale fortalicium Francemont (846), et post aliquot dies intravit civitatem Leodiensem, ubi pacifice est receptus, et dictus est hujus nominis Johannes quintus. *Item.* Circa idem tempus opidani Sancti Trudonis multociens cum pecunarum promissione requirebant nunc de novo Johannem creatum episcopum, quod, prout predecessor ejus Englielbertus, communitatem eis concederet et sigillaret. Qui noluit, sed eis pro-
C posuit, si vellent in ipsum consentire, totis viribus laboraret inter abbatem et ipsos omnimodam pacem procurare. Propter quod prefati opidani in vigilia sancti Egidii (*Aug.* 31) apud Leodium in presentia magistrorum totius patrie gravem querimoniam contra ipsum episcopum deposuerunt, quibus omnes illi magistri pro sigillanda communitate adheserunt. Sed assignata iterato die alia, que erat in crastino nativitatis beate Marie (*Sept.* 8), prefatus Leodiensis episcopus consentire noluit. Quocirca cum in processu litis procurator opidi ab interlocutorio ad delegatum scilicet abbatem Sancti Jacobi appellasset, et ipsi opidani Sancti Trudonis pendente appellatione domnum abbatem ad procedendum in causa coram
D eodem delegato citari fecissent: ipse abbas Robertus causam ad sedem apostolicam remitti postulavit, pretendens quod apud Leodium secure nequiret litigare. Quare ipse delegatus partibus coram eo comparentibus, causam ad sedem apostolicam remisit, assignans post terminum duorum mensium se presentandos sedi apostolice. Infra quod tempus de consensu ambarum partium prorogatum est tempus ad comparendum in curia Romana usque ad primam diem mensis Marcii sub spe pacis. Anno sequenti (1365) ad instanciam Trudonensium communitas capitulum

NOTÆ.

(845) Cerdonum, i. e. sutorum.

(846) Franchimont.

Leodiense et Robertum abbatem vocaverunt ad consentiendum communitati, sed non prevaluerunt. *Item.* Anno eodem Robertus abbas ab opido Lewis exiens, mensis Maii die 5. iter dirigit ad Romanam curiam, cumque causa litis contra erectionem communitatis opidanorum nostrorum relata esset in consistorio, commissa est auditori sacri palacii. Postea ipse abbas circa festum Dyonisii ad partes rediit, dimisso ibidem uno fideli sollicitatore. Qui cum in reditu Trajecti venisset, Leodienses magistri requirebant novum episcopum Johannem, ut ipsum abbatem ab appellatione duelli, qua sex opidanos Trudonenses per mamburnum impetebat, et a lite contra opidum Sancti Trudonis cessare faceret. Qui in nullo illis consensit, quare prefatus abbas a Trajecto ad urbem Coloniam se transtulit. *Item.* Circa idem tempus opidani Sancti Trudonis egressi ad castrum de Rummiens invadendum, progressi ad ipsius antecastrale vestibulum, ubi sumptuosa edificia propugnaculorum et murorum cum circonfluenciis aquarum fortaliciis vallata minacem aspectum protendebant, animoso impetu transvadendo usque ad portam et muros, non formidantes balistarum et tonitrualium bustarum jacula, accesserunt, irrumpentesque violenter omnem structuram, ipsam usque ad castri crepidinem combusserunt. Et, ut ferebatur, si institissent castrum expungnantes, obtinuissent, quia custodes castri, vix octo exceptis, ibant jocatum omnes ad sponsalia quedam in vicina villa celebranda. Combustis igitur hiis omnibus, Trudonenses ad sua redierunt. Post pauculum custodes, dum ad castrum redirent, invenerunt quinque juvenes Trudonenses in cerasis cerasa legentes, quos impetentes occiderunt. *Item.* Anno Domini 1365, mensis Augusti die 11, obsessum est castrum de Rummiens per Johannem episcopum cum tota patria et milicia. Ubi inter ceteras magonales seu machinas projecit machina opidanorum Sancti Trudonis tam ponderosos lapides, ut obsessi ad illius machine jactum precipue formidarent, quia castri structura exinde concutiebatur. Preterea cum in vigilia Dionisii episcopus fecisset machinam quandam quam vocant aprum aptare ad unam turrium castri, statim ex continuatis impulsibus horribilibus parietibus ruptis, turris illa corruit. In crastino vero prefati Dionisii ad aliam turrim impulsum est cum secundo apro tam impetuose, quod structura parietum castri rumpebatur. Tunc custodes ad planiciem in summitate castri ordinatam accedentes, acerrime rebellabant, sulfureos globos super apri machinam projicientes cum ardentibus linguis et cum tonitrualibus globis plumbeis, plures ex oppugnantibus mutilantes et occidentes. Qui tandem vim passi, ad castri deditionem sunt compulsi, salvis corporibus tantum, quorum numerus fuit 124 (847), sex mortuis exceptis. Quibus deductis ad prisonem castri de Musal, abjectis turribus et parietibus ceterisque combustis, locus castrensis ille proscriptus et abjudicatus est a sui restructione ad centum annos. Sub hac obsidione licet plures ecclesiastici viri et femine gravia dampna suarum rerum perpessi sunt, et maxime domini et fratres Theutonici, nostri tamen monasterii bona tam in nova curia quam alibi remanserunt intacta, presidiante nobis in propria persona domno Godefrido de Harduemont.

14. Anno Domini 1366 [621], mensis Februarii die 22 Johannes V. Leodiensis episcopus venit cum paucis suorum, insciis nobis et opidanis, circa horam summe misse, et intravit per portam curie nostre ad monasterium tanquam episcopus in suo joconde introitu (848), sed absque omni solemnitate. Qui congregatis scabinis cum opidanis fidelitatis juramentum, prout solent episcopi Leodienses, super altare beati Trudonis prestitit, ad pulsandum bannalem campanam accessit, qua diu pulsata congregatum populum adhortatur ut resipiscant a regimine communitatis, quam attemptaverant. Quo audito capitanei communitatis quasi semimortui omnino obstupuerunt. Qui, si animose dixisset: *Accedant ad me opidi salutem et amicitiam meam optantes! Ego dabo vobis regimen quo merito gaudere debeatis*, major pars accessisset ad eum; sed quia dixit: *Accedant singuli ad sua ministeria responsum mihi daturi!* statim [622] animequiores effecti, mutuo se adhortantes, responderunt: *Attemptatam de consensu episcopi Enghelberti communitatem nolumus postponere, sed patrie Leodiensis ordinationi volumus acquiescere.* Quapropter tertia feria sequenti, que fuit dies sancti Mathie (*Febr.* 24), ad informationem magistrorum Leodiensium, Hojensium, 13 persone ex nostris opidanis sunt electi, qui pacem cum dominis firmare possent. Sed in mense Martio, cum tractaretur Leodii de pace, magistri patrie Leodiensis minati sunt nuntios domni abbatis consilium prebentes eidem et omnes ipsi adherentes a patria et terra comitis de Los eosdem expellere, nisi consentiret ipse communitati. Sed die sequenti illis magistris et juratis 13 offerentibus in scriptis puncta regiminis pro se ordinata, responsum est abbatem nequaquam hiis velle assentire. Quare post hec circa inicium mensis Maii, elaborantibus decano Sancti Lamberti theologo et juris peritis pluribus super novo regimine opidi hujus concepto [623], moderatius annotantur, et prefato abbati Colonie residenti, quia de pacis concordia tractaretur, significatur. Qui cum crederet per surreptionem informatus [624], ipsam pacis formam potiorem fore in sui favorem, quam postea comparuit, a Colonia continuo ad sancti Servacii Trajectum rediit. Leodiensium nitebatur compellere episcopum capi-

VARIÆ LECTIONES.

[621] 1367 *falso* 1*. [622] stanti 1*. [623] concepte 1*. [624] ifotus 1*.

NOTÆ.

(847) Tantum habet Radulfus de Rivo c. 8, qui in reliquis consentit.

(848) *Joyeuse entrée.*

15. Anno ipso 1366 cum sic Robertus abbas fuisset Trajecti, mensis Maii die 11, cepit febricitare, et jam ingravescente languore mensis ejusdem die 18, circa horam vesperarum communicatus et inunctus, cum magna devotione et lacrimarum profusione emisit spiritum. Cujus corpus post noctis crepusculum in falcato curru depositum, cum deferretur ad nostrum monasterium, auriga deviante currus corruit in loco campestri ante noctis medium; et confracto curru libitina exsilivit dissoluta. Per omnia benedictus Deus, qui viventem pridem multiplicibus tribulationibus, tam in dampnis rerum temporalium a tirannis principibus illatis et aliis infortuniis accedentibus, quam corporeis languoribus tunc in anima cum corpore flagellavit, et nunc corporis truncum emortuum, spiritu ad eternitatem salvato, tali concussione elidi permisit. Comparato ergo alio curru in villa que vocatur Heerderen (849), funus devectum est usque ad opidi introitum, et observante ibi conventu cum sacerdotibus et clericis, circumstante multitudine populi, funus ipsum de curru depositum processionaliter ad monasterium deportatur, et ante capellam sancti Trudonis collocatum honeste, cantata missa, corpus defunctum ante introitum cripte, prout vivens ordinaverat, sepelitur, presentibus ibidem episcopo Leodiensi cum decano Sancti Lamberti et aliis suis concanonicis, qui, ut electioni celebrande interessent, convenerunt. *Item.* Iste abbas Robertus infra annos 16 quibus prefuit, sustinuit diversimode gravissima dampna, que ultra summam 20,000 florenorum ascenderunt. Qui tamen acquisivit monasterio nostro mansionem de Borchgat cum fortalicio suo ac terris adjacentibus; item bona de Myrhope, in quantum erant censualia. Attamen ultra solutionem debitorum, quibus monasterium fuit obligatum, reliquit tam in debitis quam promptis mille modios siliginis et amplius. In cujus anniversario habet conventus pro pytancia in refectorio de paternis ejus bonis quatuor modios spelte annuatim. Et scias, lector, quod duo ex pricipibus et duo alii ex plebeiis, ex quorum tirannide et injuriosa impugnatione prefatus Robertus abbas tanta dampna sustinuit, diu prius quam ipse obiit tam per gravia summi principis et vesanie flagella, quam per terrenorum principum inflicta gravamina, et quantum ad unum ipsorum, per miseriarum extrema patenter perculsi sunt, ut merito beato Trudoni imputanda sit prefatorum injuriantium afflictio in hac vita, qui priscis temporibus erant totiens invasores rerum hujus monasterii; in corporibus et rebus mulctavit misericorditer, ut salvarentur in anima. *Item.* Anno igitur Domini eodem 1366, regni Karoli quarti anno 21, imperii vero anno 18, Urbani [625] pape quinti anno 5, et episcopatus Johannis V Leodiensis episcopi anno 3, sepulto Roberto abbate hujus loci, eodem die circa horam diei 11, indicto capitulo decanus Sancti Lamberti brevem collationem fecit de modo rite eligendi abbatem. Qua finita episcopus et decanus cum aliis exiverunt capitulum. Ibi in secreto capituli invocata Spiritus sancti gratia, Zazeus sacrista unanimiter ab omnibus est electus in abbatem. Tunc accitus episcopus, electo inter priorem et unum ex senioribus ad chorum cum ymno *Te Deum laudamus* deducto, comitatur, cujus electionem populo in monasterio congresso tanquam ordinarius pronunciavit, quem quinta feria sequenti Leodii presentatum confirmavit. Hiis peractis, exequie defuncti abbatis facte sunt solemniter et honeste, mensis Junii die 16, abbate Helino Sancti Jacobi missam celebrante.

Explicit secundus liber quarte et ultime partis de gestis abbatum hujus monasterii S. Trudonis.

Ne [626] ea que fiunt tempore labantur tempore, dum tempus edax est, res conscribere pro futuris memoria dignas oportet. Anno mundi 6668 secundum communem chronographorum usum, et secundum Hebreos et translationem beati Jheronimi anno 5421, anno siquidem a nativate Christi 1469, 7 die Martii, feria 5 post Oculi, hora quidem 9, Paulo papa secundo pontificante, imperatore Romanorum Frederico sui nominis tertio imperante, primate omnium regum, Ludovico sui nominis undecimo [627] Francorum rege, Edwardo sui nominis quarto Anglorum rege cum Henrico sui nominis sexto, rege nunc temporis incarcerato, Henrico (850) Castelle et Legionis rege, Alfonso (851) Portugalie rege, Jacobo sui nominis tertio Scotorum rege, Johanne (852) Aragonum et Navarre rege, Fernando (853) naturali Sicilie rege, Renato Andegavensi duce Sicilie etiam Aragonum titulo utente, Ludovico de Sabaudia cum Jacobo naturali Cipri regnum tenente, Christiano (854) Danorum, Nortwegie et Suedie rege, Casimiro (855) Polonie rege, Mathia, bellicoso milite, Hungarie, Dalmatie, Croatie regnum optinente, Georgio alienigena non regni herede, Bohemie regnum occupante, regnantibus, Karolo Dei gratia Burgundie, Lotharingie, Brabantie, Limburgie, Luthzenburgi duce, Flandrie etc. comite principante, presentibus

VARIÆ LECTIONES.

[625] *alius correxit* Urbani; *in textu* Clementis. [626] *hæc in ultimis paginis post quartam partem Gestorum Trudonensium manu coæva scripta leguntur.* [627] decimo 1*.

NOTÆ.

(849) Herderen.
(850) Quarto.
(851) Quinto.
(852) Secundo.
(853) Primo.
(854) Primo, a Suecis erat expulsus jam anno 1464
(855) Quarto.

illustris progeniei, reverendo patre in Christo domno Ludovico de Borbonio, Dei gratia episcopo Leodiensi, duce Bullonensi, comite Lossensi, ac Guidone de Brimeu, domno de Humbercourt, preside ac tutore dicti domni ducis Burgundie auctoritate in patria Leodiensi et comitatu Lossensi, Arnoldus de Beringhen, resignatione domni Henrici de Coninxhem quondam abbatis et confirmatione apostolica, divina providentia abbas, villam Sancti Trudonis de Sancto Trudone solenniter intravit, ab omni clero et senatu populoque cum jocunditate magna receptus, a venerando domno Johanne Liberiensi episcopo, domni Leodiensis suffraganeo, presentibus venerabilibus domnis Gerardo Floreffiensi et Sigero Hilisibemensi abbatibus, sacerdotalibus vestibus indutis, consecratur a decessu sancti Trudonis gloriosissimi confessoris anno 780. Cujus domini Arnoldi abbatis consecrationi interfuerunt reverendus in Christo Leodiensis episcopus et domnus preses et tutor supradicti, necnon et multi alii milites, nobiles, similiter doctores, licenciati, magistri atque alii viri docti et experti. Hunc ergo novum abbatem in tranquilla pace et salute longevum sancti Trudonis sanctorumque et sanctarum meritis Deus conservare dignetur, qui est benedictus in secula. Amen.

Dum juga montis aper; fluvios dum piscis amabit,
Dumque thimo pascentur apes et rore cicade,
In freta dum fluvii current, dum montibus umbre
Lustrabunt, convexa polus dum sidera pascet,
Semper honos nomenque suum laudesque mane-[bunt (856);

ArnoLdVs [628] de BerIngh ConVentVs pater abbas
IIVIVs, nVnC sIt eI paX, leX [629], greX et deCVs [oMne.]

Hii versus Christi dant annos (857), insuper hujus
Ortum cenobii, mutato nomine quando
Sarchinium cepit nomen Trudonis habere,
M simul L demptis, reliquis numeris duplicatis (858),
Presule Lamberto passo, cui sanctus Hubertus
Ultimus et primus Trajectensis Leodinus
Successit presul, cui successit Floribertus
Translata cathedra, meruit quam Legia sacra
Martello Karolo Francorum sceptra regente,
Omnes vocales D conjuncte Leodini
Presulis eximii donant annos Ludovici (859),
VoX dat episcopios Ludovici presulis annos.
Annos abbatis per coma columque notamus,
In verbis cuncte signantur cathegorie.

A Hec ducis invicti cecini cronographus Hugo.
In propriis jacco, meus est Christus Deus heres,
Cur caveat templum quis violare meum.
Villa meum que nomen habet Trudonea fertur
Annectens comitis et ducis arva simul.
Gaudet messe mea non juste falx aliena,
Cenobii primus attamen humus eram.
Non mea Lamberti sancti bona sunt nec Huberti
Mettis et imperii, sed bona parta Deo.
Non omnes possunt omni esse in tempore primi,
Res stabilis nulla est, nec violenta diu.
Dure cervicis mea gens me nosce patronum,
Dic genibus flexis : *Trudo patrone, roga!*
Qui michi conjuncti sunt intercedere norunt
Cum prece dulci ymno jugiter ante Deum.
B Si precepta tui studeas servare patroni,
Deficient hostes aere, aqua, igne, solo.
Hostibus ergo tuis inimicus ero, sed amici
Leticie fructus cum pietate dabo.
Parcite sic cupidi sanctorum tangere fructus,
Ut sint pro vobis judicis ante diem.
Res est magna Dei sanctos offendere summi,
Ex improviso nam venit ira malis.

—

Georgius [630] cognomento Sarens, natione Mechliniensis, vir pius imprimis et mansuetus, ex abbate Boneffiensi postea celeberrimi hujus monasterii divi Trudonis declaratus abbas, ipso natali Virginis matris in Septembri a. sal. 1493 amictum monasticum C apud Boneffiam induit ætatis sue anno 16. Natus est ipso die sancto Vito sacro 15 Junii, die dominico a feriis sacramenti, intra primam et secundam pomeridianam a. 1477

—

Ego [631] Adelardus secundus (*an.* 1055-1082), sola Dei gratia hujus loci abbas, post me futuris abbatibus et fratribus partem et sotietatem cum sanctis omnibus. Audiens in quibusdam locis diligentiorem curam esse pro pauperibus quam fuisset hactenus apud nos, statuimus pro communi nostra salute secundum consuetudinem illorum illam meliorare, et, ut inviolabiliter conservaretur, litteris manus nostræ confirmare [632]. Dabatur tribus pauperibus cotidie ad D mandatum panis unus et offæ de reliquiis fratrum cum stopo (860) uno cervisiæ, ad portam autem tres siliginei panes, preter hæc dimidius modius de cambagio (861) supervenientibus pauperibus. Adjeci-

VARIÆ LECTIONES.

[628] *litteraræ inclinatæ rubro colore scriptæ sunt.* [629] *ita legendum, non* leX, *ut exhibet* 1'; *desideratur enim in numero annorum Christi* 1469 *L.* [630] *hæc sub finem codicis leguntur recenti manu scripta.* [631] *hæc tabula legitur in ultimo folio codicis* 1 *eadem manu qua reliqua scripta, in codice* 1' *deest.* [632] *deest* 1.

NOTÆ.

(856) Virgil, eclog. V, 76—78. Æn. I, 607—609. GROTEFEND.

(857) 1469.

(858) I. e. 569, qui numerus duplicatus indicat annum fundationis monasterii S. Trudonis 738.

(859) 15 D sequente littera vocali occurrunt in versibus 29—45; sunt igitur anni Ludovici episcopi 15. Eumdem numerum indicat VoX in versu 42. Hanc computationem debemus Grotefendio v. d.

(860) I. q. staupus, poculum, liquidorum mensura nostrum *stof*, *stübchen*.

(861) Idem quod camba.

mus postea 7 panes, tres quidem puerorum ad mandatum, quatuor vero siligineos aliis pauperibus, et dimidium modium cervisiæ de gruta. Visum est etiam dominis [633] predecessoribus nostris abbatibus mihi etiam aliquid commemorationis impendere, et fecimus hiis duntaxat quos vel videre vel nosse potuimus. In anniversario domni abbatis Adelardi primi dabuntur 4 solidi fratribus, 12 vero denarii in cervisiam pauperibus. Item in anniversario abbatis domni Guntramni habebunt fratres 4 solidos, pauperes vero in cervisiam 12 denarios et dimidium panis modium, in meo autem 8 solidi dabuntur in servitium fratrum, duo autem in cervisiam ad usus pauperum cum uno modio panis. Hoc ita constituimus, ut quoad vixero in anniversario benedictionis nostræ detur, post discessum vero nostrum in anniversario defunctionis nostræ. Libra hæc denariorum solvetur de allodio Herken, quod emimus a comite G. de Musalf; panis vero de Villario. Quoniam vero anniversaria fratrum nostrorum defunctorum nimis desidiose agimus, judicavimus bonum esse, si negligentias totius anni semel in anno redimeremus, primo scilicet die post missam omnium sanctorum, in quo illis vigilia et missa et commendatio animæ propulsantibus signis celebraretur, eo etiam die fratribus caritas trium solidorum detur [634].

—

Hee [635] sunt copie cartarum de jure grute seu scruti totius opidi ad nostrum monasterium pertinentis, ratione cujus habemus omni septimana de singulis cambis seu braxinis, quotiens braxant, unum pecarium cervisie. Quarum hec est prima, de qua narratur in prima parte hujus compilationis de gestis abbatum, libro 1, capitulo 22, cujus tenor talis est : *In nomine sanctæ et individuæ Trinitatis, notum sit omnibus tam presentibus quam futuris, qualiter domnus Theodericus Mediomatrice sedis episcopus*, etc. (862).

Item de eodem. Sequitur secunda, de qua narratur in tercia parte compilationis libro 1, capitulo 3, cujus tenor talis est: (1140) *In nomine sanctæ et individuæ Trinitatis, Stephanus Dei gratia sanctæ Metensis ecclesiæ episcopus, notum sit omnibus tam presentibus quam futuris, qualiter domnus Thedericus Mediomatricæ sedis episcopus in cœnobio sancti Trudonis per aliquod tempus commoratus, et ibi in egritudinem incidens et ad extrema perveniens, cum consilio amicorum suorum donavit eidem ecclesiæ et fratribus inibi Deo servientibus scrutum ejusdem opidi, quod ad servitium suum et antecessorum suorum pertinebat. Hoc autem ad remedium animæ suæ et aliorum antecessorum suorum fecit, quatinus memoria illorum ibidem, non sicut ante, sed perfectius et stabilius permaneret. Quod domnus Adelbero successor ejus et* A *cognatione et ordine in loco supradicto constitutus advertens, simulque causam et necessitatem, pro qua predicti fratres hoc ab eodem domino suo episcopo expostulabant, considerans, scilicet ut eorum potus, qui eatenus vilior habebatur, postea quodammodo melioraretur, decrevit manuscripti auctoritate notare suoque sigillo signare, domno abbate secundo Adelardo loci illius ceterisque fratribus hoc idem postulantibus, quatinus hoc nullus successorum suorum infringere auderet, et quod ipse ad remedium animæ suæ predicto sancto sibique famulantibus contulit, ille quoque causa animæ suæ et successorum suorum firmavit. Hoc ego quoque Stephanus ejusdem sanctæ Metensis ecclesiæ episcopus pro remedio animæ suæ et prædecessorum meorum in id ipsum renovavi et* B *confirmavi, quatinus ratum et inconvulsum permaneat nec ulli amplius hoc infringere liceat. Et quia hoc de antecessorum nostrorum et nostro fuit servitio, statuimus et manu propria firmamus, ut censum, qui de prefato scruto ecclesiæ sancti Trudonis jure debetur de omnibus tabernis quæ vel infra villam Sancti Trudonis vel extra villam sitæ sunt, quæ ad ipsam villam pertinent, nulli contradicere aut retinere liceat. Hæc renovatio et confirmatio facta est puplice, petente domno Folcardo abbate et fratribus ejus anno incarnati verbi 1140, ind. 3, Romæ papa Innocentio, rege Conrado, sub testibus ydoneis qui subnotati sunt. Theodericus primicerius, Albero et Walnerus capellani, Henricus comes de Salmis, Gerardus de Rottei, Walterus, Otto mariscalcus, Gerardus, Ricardus.* C *Ego Albero secundus nomine, Dei gratia Leodiensis episcopus, petente domno Stephano Metensi episcopo, auctoritatis nostræ banno hæc confirmavi et subscribendo roboravi, et quia fratrum prebenda est, quam nulli distrahere vel quoquo modo imminuere licet. Si quis contra niti voluerit, vel aliquid ex hiis sibi retinuerit aut vendicaverit, juxta sanctorum patrum decreta sit danti et accipienti et possidenti anathema, donec satisfecerit et ecclesiæ bona restituerit.*

Item de eodem. Sequitur tercia, cujus tenor est talis : *Stephanus Dei gratia Metensis episcopus fidelibus suis in villa Sancti Trudonis manentibus gratiam Dei et suam, si obedierint. Res ecclesiæ votæ sunt fidelium sustentationes pie viventium, quas si quis* D *tulerit vel detraxerit, juxta patrum veridicam sententiam cum Juda proditore eternæ dampnationi subjacebit. Monemus ut ab hujusmodi caveatis, ne similem dampnationis pœnam incurratis. Notificamus autem vobis, quod causa fratrum ecclesiæ sancti Trudonis, ad consilium fidelium nostrorum relata et diligentius investigata, veritati manus dedimus et justiciæ satisfecimus. Elemosinam itaque quam eis priorum nostrorum contulit munificentia, censum scilicet grutæ juxta manuscripti* (863), *quod eis de ea nostra reno-*

VARIÆ LECTIONES.

[633] nobis 1. [634] *reliqua desunt.* [635] *hæ tabulæ scriptæ sunt in 1* eadem manu qua Gestorum pars ultima exarata est.*

NOTÆ.

(862) Repetitur eadem tabula quam ex priori codicis parte sæculo XII scripta dedimus supra.
(863) Excidisse videtur *auctoritatem.*

vavit veritas, et petitione nostra venerabilis fratris nostri Leodiensis episcopi Alberonis reverenda firmavit auctoritas, firmum et insolubile judicamus, contra illud venientes anathemati et eternæ dampnationi, nisi resipuerint, subjacere decrevimus. Hominibus nostris precipimus per fidem nobis debitam, ut ecclesiæ jus suum recognoscant, quod si neglexerint, nos ecclesiæ non deerimus, sed causam ejus pro officii nostri debito fideliter manutenebimus.

Sequitur quarta in qua determinatur de jure malæ grutæ, quantum ex ipsa ad grutarium pertineat, et de 6 cambis sive braxinis dominicalibus, que libere sunt et non solvunt censum cambarum, id est pecarium cervisie, unde etiam fit mensio in tercia parte prefate compilationis libro 1. capitulo 3, cujus tenor talis est: (1139) *In nomine sanctæ et individuæ Trinitatis, notum sit tam presentibus quam futuris, qualiter ego Folcardus, gratia Dei abbas Sancti Trudonis, pro dirimenda lite et contentione, quæ tempore antecessoris mei, domni Rodulfi abbatis, persepe graviter mota fuit de gruta hujus villæ, Renero et uxori ejus Engeltrudi et heredibus ipsorum pro veritate et justicia eorum, quæ omnibus hodie nota est, bannum et confirmationem impressione sigilli mei de eadem gruta facio, quam primum idem Renerus et uxor ejus Engeltrudis ab hiis qui ipsam grutam hereditatem suam esse perhibebant, scilicet Renero et Roberto et Hugone et filiis eorum in presentia domni Rodulphi abbatis in vadio pro 100 marcis acceperat, quibus et postea de suo tantum addidit quod ipsam grutam et omne jus hereditatis,* A *quod in ea videbantur habere, omnes effestucaverunt, et Renerus et uxor ejus Engeltrudis ad usus suos et filiorum suorum de manu Rodulfi abbatis coram fratribus, scabinis et paribus ecclesiæ hereditario jure eam suscepit. Hæc ut rata et inconvulsa permaneant, sicut ab antecessore meo facta sunt, sic et a nobis in id ipsum coram capitulo et scabinis et paribus ecclesiæ legitime et hereditario jure ipsi Renero et uxori ejus Engeltrudi et heredibus ipsorum renovata sunt. Anno dominice incarnationis* 1139. *ind.* 2. *epacta* 18. *Romæ papa Innocentio, rege Conrado, Metis presidente Stephano, Leodii Alberone secundo, prelationis nostræ anno* 1.

Debet autem grutarius ecclesiæ in anno 5 libras piperis, in natale Domini, in pascha, in pentecosten, B in festo sancti Remigii et sancti Trudonis; in hiis quinque solempnitatibus cum solvit piper, accipit a cellerario duos panes seniorum duorum puerorum et duas portiones piscis, quales habent fratres, et sextarium vini. Dat etiam in anniversario Theoderici Metensis episcopi, scilicet 2. Kal. Maii, qui grutam ipsam fratribus dedit, 5 solidos, et item Idus Novembris in anniversario Adelberonis Metensis episcopi, qui grutam ipsam fratribus confirmavit, solidos 5, et hiis diebus habet prebendam sicut quilibet fratrum. Dominicalibus cambis dat grutam gratis, et de cambis ville hujus censum grute duas partes habet ecclesia, terciam grutarius. Huic confirmationi interfuerunt fratres, prior Egebertus, Balduinus, Henricus, Fulbertus, Elioldus, Conradus

DE JURE SOLVENDI CENSUM MALE GRUTE.

Sciendum quod census male grute, quem cum cambato pie memorie domnus Theodericus hujus nominis secundus Mentensium episcopus nostre ecclesie perpetuo jure ad suam prius ecclesiam pertinente solemniter contulerat, sequestratus fuit ante plures annos a censu cambati, qui vulgariter appellatur panthgiis et ad hereditariam possessionem quorundam opidanorum devolutus. Verum per quem modum aut quali aliarum hereditatum commutatione immutata fuerit prefate carte de mala gruta traditio, ita quod hujusmodi heredes nostre ecclesie preposito tantummodo solvant 15 solidos Lovanienses, in archivis cartarum nostri monasterii declaratum non reperitur.

Preterea sciendum quod hereditas de jure prefate male grute, per successum temporis ad quosdam de magnatibus opidi devoluta, in tres partes divisa est. Cujus una pars ab olim devoluta ad domnam Gertrudem dictam Pondernuel militissam, per eandem collata est circa annum Domini 1352 ad instituendum duo beneficia, quorum unum situm est in nostro monasterio ad altare beate Marie et sancte Anne, et aliud ad altare omnium sanctorum in ecclesia sancti sepulcri. Relique vero due partes sic divise sunt, quod heredes Eustachii condam dicti C Greve et pueri de Palude habent unam partem; terciam autem partem obtinent heredes domni Albertini condam militis et ejus fratruelis Ade de Sancta Katharina, scabini hujus opidi. Redditus vero hujus grute qui certi sunt capiuntur ad et supra domos, scilicet braxenam, que sita est in angulo ex opposito aule domini nostri abbatis, que appellatur domus grute, et ad reliquas contiguas mansiones usque ad conum super rivum, et consequenter a cono ipso ad reliquas mansiones citra rivum constructas, usque ad vicum pervium ibidem positum; que mansiones nullum alium censum fundi solvunt nostro proposito preterquam censum supradictum. Insuper habent prefati heredes de jure ipsius grute de qualibet cervisia, que braxatur infra districtum opidi, denarium Leodiensem cum dimidio, qui faciunt quartam partem unius grossi veteris, quociens D braxant, exceptis 5 cambis id est braxenis, que dicuntur dominicales et libere sunt ab hac solutione de una cervisia; si vero pluries braxant in hebdomada una, tunc de reliqua solvunt ut alie. Hujusmodi vero braxene sunt tres, quarum una sita est in platea Planestrate ex opposito cymiterii nostri majoris dicti Vriethof, secunda sita est inter ecclesiam beate Marie et mansionem Theutonicorum dominorum, altrinsecus pluribus domibus interpositis; tercia vero sita est in novis domibus supra conum vici versus ecclesiam. Item sunt adhuc due alie, quarum una vocatur braxena sancti Spiritus, et alia que sita in platea salis ultra rivum mansioni supra conum stanti contigua, in quibus quotiens braxatur nullam pecuniam solvunt. Item est adhuc una que est sexta, sita in opposito domus de Everbodio, in qua quotiens braxatur, datur braxatori a grute heredibus pecunia illa gratis. Ad hanc braxenam habent prefati heredes, quotiens braxant, 18 quartas cervisie inter se dividendas. Insuper sciendum quod hee 6 braxene dominicales, quotiens braxant, libere sunt a censu pecarii cervisie, quem habemus ad reliquas braxenas infra libertatem opidi.

RODULFI EPISTOLÆ.

(Vide supra col. 94.)

VITA LIETBERTI EPISCOPI CAMERACENSIS.

(Vide Patrologiæ tom. CXLVI, col. 1450.)

ACTA TRANSLATIONIS S. GEREONIS

UNIUS MILITIS LEGIONIS THEBÆORUM.

(PERTZ, *Monum. Germ. hist.*, Script. t. X, p. 330.)

Rodulfus, Dei gratia id quod est, omnibus sanctorum martyrum memoriam pie amplectentibus martyrum consortium. Anno ab incarnatione Domini 1121, turbatis jam ante per aliquod annos ecclesia et regno, sub imperatore Heynrico, cujus pater Heinricus Leodii obiit, multi episcoporum et abbatum et de omni ordine et gradu clerici et monachi expulsi a suis sedibus hac illacque ferebantur propter communionem imperatoris, quam vitabant, quia excommunicaverat eum domnus papa Calixtus secundus, secutus in eum sententias predecessorum suorum Gelasii et Paschalis. Hac tempestate, eademque de causa, eoque maxime quia Frederici Leodiensis episcopi electioni et consecrationi faveram, expulsus sum et ego de cœnobio beati Trudonis Idus Aprilis, quarta feria dominicæ resurrectionis, cum in eo indignus presedissem 12 jam annos et 2 menses et, ut puto, 14 dies. Susceptusque sum eodem anno misericorditer a domno archiepiscopo Coloniense Frederico, ejusdem ecclesiæ studio et fratrum electione positus sum abbas in cœnobio beati Pantaleonis extra muros civitatis, 8. Idus Septembris, cum jam vacasset a 4. Kalendas Januarii. Nec multis post subsequentibus diebus, petente quodam Dei servo et predicatore magno Norberto unum de corporibus martyrum Thebeorum, qui jacent in monasterio sancti Gereonis, apertum est unius eorum sepulchrum in eodem monasterio, juxta medium pylarium ad meridianam plagam, presentibus tota nocte ad vigilias et ad fodiendum religiosis clericis et monachis atque abbatibus cum omni obsequio et reverentia atque devotione; inter quos et ego peccator mandatus affui. Elevato igitur superiore lapide de sarcophago post 800 et aliquot plures annos martyrii Thebeorum, inventum est in eo corpus magnum, per scapulas amplum, per pectus et brachia thorosum, indutum clamide militari coloris purpurei, quæ ampla utrimque vestis dependebat usque subter genua ejus quasi tribus digitis, genus pallæ non ignobilis. Super eam aliam habebat vestem non breviorem, ignotam quidem nobis nomine, sed cognitam filo serico et colore nobilioris purpuræ; subtus ad carnem nichilominus vestis serica albi maxime coloris, sed tamen subrubea. Corpus totum intactum adhuc videbatur a mento, quod tantum de capite supererat, usque ad pedes, indissoluta adhuc superficie vestium, caligarum atque calceorum. Nam ut conicere verius potuimus, sic casu pertransierat inter caput et mentum persecutoris gladius. Pars tantum illa ubi ventris mollities fuerat, aliquantulum modeste tamen subsederat, quam vestis subsecuta indissoluta permanserat. Tali suppressione pectus et ossa femorum videbantur magis turgere. Supra pectus illius signum dominicæ crucis inventum est de aurifrigio factum, sicut considerari potuit, submicantibus adhuc in eo auri metalli scintillulis. Aurifrigii longitudo pene unius pedis extiterat, latitudo vix unius digiti. A genu ejus usque ad pedes ejus tibiæ ex directo et integro decenter compositæ, habentes adhuc caligas integras de palla, rotundis floribus ad modum oculorum caude pavonis circumquaque distinctas. In ipsis subtularibus juncti sicut prima die et a talo sursum erecti pedes adhuc continebantur, et, quantum ad superficiem vestis, nichil de toto corpore videri poterat, quod adhuc corruptum sive commotum adhuc fuisset. Sub vestibus tamen, sicut postea exitus probavit, ipsa caro jam prorsus in cinerem resoluta fuerat cum ossibus, exceptis paucis de majoribus, sed favillæ superextantis incommota integritas carnis quoque integritatem oculis admirantium figurabat. O, quam gloriosum erat videre magnanimi militis Christi venustam formam magnificeque vestitam et quasi viventis adhuc viribus plenam, cujus caput, si sub simili incorruptione corporis adesset, dormire eum potius quam mortuum crederes! Ad caput ejus cespis erat gramineus locatus, a capite usque ad cingulum ab utraque parte laterum inter corpus ejus et sarcophagum. Qui cespis, immo qui cespites, nam plures fuerant, sanguinei toti adhuc erant, sicut perfusi in terra fuerant fluente sanguine martyris, quando percussus in terram cecidit.

Sed et in aliorum trium martyrum sarcophagis hac occasione apertis eadem magnalia Dei vidimus. Pili herbarum in ipsis adhuc cespitibus, rigebantur, sicci tamen, sed concreto sanguine integri tenebantur. Testes mihi sunt ipsi martyres, quia propria sed indigna manu tenui, oculis propriis aspexi, et aliis videre porrexi, ipsi quoque domno episcopo assidenti multumque pre gaudio et devotione lacrimanti. O quantum studium, quantus amor Christi, quanta devotio fidelium tunc temporibus christianorum, qui in tanta persecutione nec ipsos sanguineos cespites tollere neglexerunt! Quid moror? Ista nocturnis horis acta sunt, sub magno quidem religiosorum virorum fletu et cantu. Mane facto, cum res tam gloriosa et desiderabilis audita fuisset a civibus et ostensa pluribus illorum, nam apertum sarcophagum palla tantum tegebat, tota statim civitas infremuit, se malle mori quam tanto thesauro, tanto patrono privari. Erant etiam inter eos qui corpus inventum ipsum esse sanctum Gereonem dicebant, propter habitus venustatem et corporis formositatem. Unde major et major fiebat tumultus in populo, contradicebaturque ab omnibus domno Norberto. Vix tandem sedatus est tumultus, preposito Sanctæ Mariæ de Gradibus Theoderico pulpitum ascendente et populum mitigante, et quod rei hujus consilium esset differendum promittente, usque ad presentiam domni archyepiscopi. Tunc nichilominus ad satisfaciendum populo decretum est a majoribus, ut sepulchrum lapide superposito clauderetur, considerata prius diligenter integritate corporis a fidelibus, ne quid furto de eo tolleretur. Hæc acta sunt 3. Ydus Octobris, anno supradicto dominicæ incarnationis. Interea nocte et die usque ad 8. Kalendas Decembris cum magna devotione et multo lumine sepulchrum custodiebatur, die circumsedentibus cum psalmodia electis ad hoc ejusdem ecclesiæ aliquibus clericis, nocte vigilantibus nichilominus cum psalmodia quibusdam aliis, interdumque juvantibus eos fratribus de Sanctis Apostolis. Igitur post aliquot ita interlapsos dies, 8, ut diximus, Kalendas Decembris vocatus affuit domnus archyepiscopus, abbates, prepositi et omnes congregationes civitatis, populus vero innumerabilis. Magna reverentia magnisque laudibus secundo apertum est sepulchrum, et integrum representatum corpus sanctum; tamen ex magni lapidis concussione caro quæ sub vestibus in favillam versa erat, per plurima loca subsederat, sicut etiam in talibus solet contingere, infuso post tot tempora occultis corporibus novo aere. Ponuntur duo abbates induti vestibus albis et stolis, unus ad caput, alter ad pedes. Quorum unus ego peccator ad caput ejus sedi, quamvis, ut superius dixi, de capite nichil preter mentum haberetur, sicut percussoris illud absentaverat gladius. Applicuerunt se etiam alii duo presbiteri clerici sancto levando corpori, nichilominus et ipsi induti vestibus albis et stolis. Qui sacras manus pie apponentes primum vestes collegerunt, non integras, quia vetustas non patiebatur, sed per grandes et minores partes, sicut poterant diligentius. Circa scapulas vero et supra totum pectus et usque ad cingulum multus inveniebatur sanguis superglobatus, sicut absciso capite ex collo et venarum meatibus sparsim potuit emanare. Collectæ igitur sunt diligenter omnes ejus vestes, sed istæ diligentius crasso sanguine sed sicco graves, et per se in scriniolo uno decenter ad hoc parato positæ reverenter. Cum quibus et balteus ejus militaris de nigro corio inventus et repositus est, pene unius ulnæ longitudinis, adhuc integras habens partes. A sinistro latere juxta latus ejus et balteum, inventum est nodus ferreus ad modum ovi, rubigine prope consumptus, quem capulum gladii ejus fuisse credidimus, sed de gladio frustum nullum invenimus. Diligentius tamen postea quidam attendentes, in ipsis partibus reliquiarum, quas inde exoraverant, particulas ferri michi protestati sunt se invenisse. Subtulares, magnis partibus integris, eodem scriniolo reconditi sunt, caligæ prorsus in cinerem resolutæ. At ubi susceptis vestibus ad carnem et ossa colligenda ventum est, vix de ipsis ossibus, et hoc de magnis, aliquid solidum apparuit quod prorsus in cinerem aut in parvas particulas vetustas non redegit. Mira res et valde gloriosa. Testor ipsos sanctos martyres, testor et ipsam multitudinem religiosorum, qui diutius hoc viderunt, totus cinis carnis et ossuum quasi calx noviter fusa candebat per totum sarcophagum. O quotiens ibi cantatum cum multis lacrimis fuit « et in sanguine agni laverunt stolas suas! » o quotiens ibi [repetitum « laverunt stolas suas, et candidas eas fecerunt in sanguine agni! » Tandem collectus est cinis et cespis simul sanguineus, et ipse in pulvere, sed terrei atque subrubri coloris propter sanguinem, resolutus, susceptusque in munda palla et preciosa, in alio scrinio majore reconditus est. Tunc elevatis utrisque scriniis, multa oblata sunt ad fabricandum feretrum sancto martyri. Domnus archyepiscopus obtulit scutellam argenteam, deinde singuli quique prout devotionem habebant. Acta est etiam processio magna die illa circa claustrum et circa monasterium, pulsantibus signis et cantantibus clericis et monachis laicisque theutonice in concrepationibus suis. Qua processione finita et sanctis reliquiis in loculis suis super altare in medio monasterii collocatis, missa de ejusdem sanctæ legionis martyribus incepta est, et jubente domno archyepiscopo a me peccatore cantata. Ante canonem vero, finito evangelio, domnus archyepiscopus sermonem fecit ad populum de his quæ tunc pre oculis habebantur et manibus, et quæ ad salutem animarum pertinebant, de sanctis Thebeis martyribus. Finita missa, dimissus est populus cum leticia magna. Ex hujus sancti martyris reliquiis cura et devotio fratris nostri Echeberti postea partes aliquas nostro interventu impetravit a preposito ejusdem monasterii Herimanno, cujus studio et devotione revelatum corpus translatum fuit. Reliquiæ autem hæ sunt : De veste illa subtiliori quam ad carnem suam indutam habuit, de balteo ejus militari qui circa lumbos ejus inventus est nigri corii, de ferro, ut videbatur, ejus gladii, confuso cum sanguine et cineribus vestium et corporis illius, ubi quasi in media vagina ferrum adhuc patenter sublucere videtur ; de sanguine ejus cum pulvere carnis et ossuum et vestium ejus. Nam purus cinis carnis ossuumque ejus cum adhuc per se jaceret, simillimus erat calcis novæ aut farinæ candidæ, postquam vero collectæ sunt partes vestium quæ integre colligi potuerunt, et ossa quæ penitus resoluta non fuerunt, cetera omnia in uno pulvere collecta sunt, hoc est, pulvis sanguinei cespitis, pulvis ossuum, pulvis carnis, pulvis vestium; quæ omnia simul confusa album quoque prius illum confuderunt. Hæc ideo tam diligenter exprimimus, quia pulverem carnis et ossuum colorem calcis noviter fusæ habere diximus, ut, cum alius color in isto pulvere inventus fuerit, nemo tamen dubitet quin de vera carne et ossibus ejus sit, immo simul quoque de sanguineis cespitibus atque de ejus simul vestibus. Has scilicet reliquias cum michi frater Echebertus allatas representasset, recognovi eas sicut in sepulchro videram, et ex earum presentium occasione ordinem inventionis, sicut hic legitur, aggressus sum fideliter describere secundum quod vidi et manibus propriis licet indignus tractavi. Itaque prius eas vobis per eundem fratrem misi transferendas in ecclesiam beatæ Mariæ in Dunc, quatenus ex hoc nostro scripto et ex earum presenti contemplatione nulli modo vel in posterum dubium sit quod ex corpore martyris de sancta legione Thebeorum martyrum sumptæ sint. Hortamur ergo et rogamus atque precipimus ut fratres nostri qui morantur in Dunc diem festum martyrii eorum in die sancti Gereonis cum duodecim lectionibus amodo agant et diem adventus istarum ad eos reliquiarum.

Hæc ego peccator Rodulfus, fratres mei et filii karissimi qui estis in cœnobio sancti Trudonis in Hasbania, scripsi vobis de cœnobio beati Pantaleonis juxta Coloniam. Ceteras reliquias quæ subnotatæ sunt supradictus frater suo studio collegit ; earum aliam ego certitudinem non habeo nisi quod a Dei ancilla apud nos inclusa et a fidelibus Christi eas accepit : de sanctis virginibus, de sanctis Mauris, de pilleo sancti Thomæ apostoli et ejus cingulo, de cera ab igne dominica liquefacta, de sancto Pancratio, de sepulchro Domini. Datum 18 Kalendas Octobri

ANNO DOMINI MCXXXVIII

LEO MARSICANUS

CASINENSIS MONACHUS

POSTMODUM

CARDINALIS EPISCOPUS OSTIENSIS

ET

PETRUS DIACONUS

MONACHUS CASINENSIS.

LEONIS MARSICANI ET PETRI DIACONI CHRONICA MONASTERII CASINENSIS

(Edidit W. WATTEMBACH in *Monumentis Germaniæ* clarissimi Pertzii, Script. t. VII, p. 551)

PROLEGOMENA.

I.

LEONIS GESTA, NATALES, SCRIPTA. — SUBSIDIA EDITIONIS.

Casinensis cœnobii, quod nostri imperatores præ cæteris pia cum veneratione coluerunt, cujus labantibus rebus plus semel strenue sucurrerunt, monumenta litteris consignata, quæ in tertio hujus collectionis volumine plurimis mendis purgata prodierunt (1), longo jam intervallo sequitur Chronicon a Leone et Petro conscriptum. Jacentia enim post Saracenorum irruptionem litterarum studia non ante medium sæculum XI in beati Benedicti plantatione ad novum vigorem sunt resuscitata : quod ne pluribus mihi sit persequendum, docta et ingeniosa *De litterarum studiis apud Italos primis medii ævi sæculis* dissertatione (2) cavit V. cl. Wilh. Giesebrecht. Multa ibi invenies de eximio illo virorum cœtu, qui florentissimis sub Desiderio abbate cœnobii rebus litterarum quoque artiumque liberalium studiis Casinum reddiderunt celeberrimum, primamque inter eos, quæ hucusque latuerat, Leonis nostri mentionem. Multa semper cum Marsorum comitibus Casinensibus fuerat conjunctio, quorum stirpe progeniti tunc inter eos conversabantur

NOTÆ.

(1) Vide appendicem ad Chronichon Casin. infra. (2) Berolini 1845, 4°, p. 25 sqq EDIT.

Oderisius, Theodinus, Transmundus. Leonem autem, *cognomine* ut ipse ait (2*) *Marsicanum*, cum eis vel consanguinitate vel affinitate fuisse conjunctum, admodum probabilis est Giesebrechtii conjectura (3). Alfanum audiamus, Salernitanorum archiepiscopum, qui, Theodinum (4) exhortatus ut socios in paradisum, postquam ipse præmia virtutum acceperit, adducat, postremo addit:

Ut sit in hoc horto sed et ipse Leunculus opto.

Et ad Pandulfum Marsorum episcopum, patruum Theodini, postquam aliorum ejus propinquorum meminit:

Integra sit pueri bonitas tibi grata Leonis,
Nec tibi displiceat : hunc, ut ameris, ama ;
Dilige (5) *quo semper te diligat, atque libenter*
Obsequium possit solvere sæpe tibi.
Mente satis miti devotus in ordine vivit,
In quo perficitur Cunctipotentis opus.

Quibus locis nostrum designari Leonem, certum quidem non est, at quam maxime verisimile. Certe cum superius carmen scriberetur ad Theodinum jam cardinalem diaconum, fratribus Casinensibus eum ascriptum fuisse constat. Ipse autem quam amanter de Theodino, quam leniter de Transmundo loquatur videsis in Chr. Cas. III, 17, 24, 25. Fratrem habuit Joannem monachum Casinensem, cujus Petrus diaconus meminit in sermone de Octava sancti Benedicti, c. 3. Avunculum suum ipse commemoravit Joannem Soranum episcopum (6), monachum Casinensem (7) : fortasse non diversum a præposito illo Casinensi cujus inter Theodini amicos l. l. meminit Alfanus (8). Episcopus est consecratus a Gregorio VII, primo pontificatus ejus anno (9).

Leo igitur Marsicanus vixdum 14 annos egressus in Casinensi monasterio a Desiderio abbate (10) est susceptus, instructus, enutritus ac provectus (11). Magistro in conversione usus est Aldemario, quem olim fuisse dicit (12) « Capuanæ civitatis prudentissimum ac nobilem clericum et Richardi principis notarium. » Eo siquidem munere fungens 23 Aug. 1059 subscripsit litteris principis (13) ; anno 1063 vel 1064 abbas in Sardiniam missus, post reditum ab Alexandro II S. Laurentii abbas cardinalis est constitutus. Unde efficitur, Leonem novitium fuisse intra annos D. I. 1060 et 1064 (14). Quod si II, 16, legimus, eum cum puerulus esset, vidisse presbyterum quemdam plus centum annos natum, qui excæcationem Mansonis abbatis Joanni Sorano episcopo confiteri solitus fuerit, non possumus quin Joannem tunc nondum episcopum fuisse statuamus (15). Ut ut hoc fuit, bonæ indolis puer a Desiderio inter familiares mox receptus est et arcta cum eo necessitudine conjunctus, universis fere ejus usque ad obitum negotiis interfuit (16) ; cujus erga se merita grato semper animo recolens, in summa ejus memoriam habuit veneratione. Quo factum est ut Oderisius, qui illi successit, Vitæ Desiderii scribendæ officium ei injungeret, quod Alfanum (17) olim ut susciperet frustra rogaverat (18). Sed Leo per totum illum annum otium ad scribendum minime nactus est, cum plurimis semper distineretur negotiis. Nam cum Petro teste (19) « sanctitate et monasticis disciplinis ad plenum esset imbutus, et in divinis Scripturis apprime eruditus, » mature ut videtur se convertit ad rerum gestarum historiam atque vetera monumenta cognoscenda, et bibliothecarius monasterii (20) factus, non solum in causis hujus loci gerendis, verum etiam in apostolicæ sedis negotiis sæpe fuit adhibitus. Continuas autem Casinensibus pro possessionibus monasterii lites fuisse orandas, ex ipso hoc Chronico discimus, quæ per quantum temporis singulæ duraverint, quanta iis facessiverint negotia, ex uno estimare licet exemplo. Leo enim ipse scripsit relationem de causa Sanctæ Sophiæ in Benevento (21), quam ex Petri regesto edidit Gattula Hist. Cas. p. 54. Ejus igitur loci dominium cœnobio suo vindicaturus,

NOTÆ.

(2*) Prol. I. I.

(3) L. l., p. 50.

(4) Card. diaconum : carmen igitur post annum 1061 scriptum esse oportet. V. Chr. Casin III, 24.

(5) *Ita Gies.* Ut tibi *Ughellus.*

(6) II, 16.

(7) III, 34.

(8) Sed distinguendus ab eo est alter Joannes, cognomine Marsicanus, quem, cum in Capuano monasterio præpositus esset, fuerunt qui mortuo 1055 Richerio abbatem eligere vellent. Hic, ut videtur, e præposito Casinensi 1058 factus est abbas S. Vicentii ad Vulturnum, seditque annos 22, menses 4, dies 15; v. Chr. Cas. II, 89, 97. Desid. Dial. I, 6. Chron. Vult. p. 514.

(9) Reg. Greg. VII, apud Mansi, Conc. XX p. 125.

(10) 19 Apr. 1058-1087.

(11) Prol. I. III.

(12) III, 24.

(13) Gattula, Acc. ad Hist. Casin., p. 161.

(14) Certe verba l. l. aliam interpretationem admittere vix videntur, eam scilicet, ut reducem e Sardinia Aldemarium Leonis magistrum fuisse statuamus.

(15) Eodem modo quod addit *sanctæ memoriæ* intelligendum est.

(16) V. prol. I. III. Dedicationem ecclesiæ 1071 se præsentem vidisse ait III, 25.

(17) Ob. a. 1087.

(18) Prol. I. I.

(19) De viris ill. c. 30.

(20) Chr. Cas. III, 42. Etiam presbyterum fuisse apparet e Petri Diac. *De ortu et obitu Justorum Casin.* c. 51. Decanum dicit J. B. Marus in notis ad Petr. D. *De viris ill.* 30, nescio quo jure.

(21) *Frater Leo bibliothecarius S. Casinensis cœnobii, qui hoc ipsum memoratorium scripsit,* quæ ibi sunt verba ejus.

cum « primo apud Romam in synodo venerabilis papæ Gregorii (22), et postmodum apud Melphim (1089 sept. 18) et Troiam (23) (1093, Mart. 11), et iterum Romam in synodo rev. papæ Urbani cum super diversis ac plurimis aliis (24) tum super hoc præcipuo negotio solemnem proclamacionem fecisset, et nichil ex his usque ad hanc diem justiciæ recipere potuisset, contigit ut quadam die ex imperio domni abbatis Oderisii ad ipsius apostolici curiam pergeret qui tunc temporis (apud) Beneventum morabatur. » Ibi exorta altercatione cum Madelmo abbate Sanctæ Sophiæ, papa « ad proximum synodum apud Barum habendam eos cum muniminibus » adesse jussit, ibi tandem ad finem causam perducturus. « Venitque tempus concilii ferme post mensem » (1098, Oct. 1); sed ne tun quidem sententia prolata, papa Beneventum post dies aliquot reversus, iterum partes audivit, nec tamen sententiam protulit. « Post dies aliquot, pergit Leo, simul cum illo nobis in servitium ejus pergentibus, et super hoc eodem negotio rursus iterumque apostolicam sententiam repetentibus, scripsit Anzoni (Beneventanorum domino) a Ceperano epistolam, » qua eum vice sua Casinensibus justitiam facere juberet. Ea data est III Non. Novembris. « Sequenti anno papa defunctus est; Anso post biennium perdidit Beneventum; negotium eapropter remansit infectum (25). » Similibus eum causis gerendis occupatum fuisse existimes, cum abbatem Capua redeuntem « pro officio suo » comitaretur (26): cui de mandato sibi Desiderii Vitam scribendi munere sciscitanti, se nondum opus aggressum esse respondit. « Et quando, inquit, huic tuo parere imperio potui? quando tanto fere hoc anno tum in servitio domni apostolici ex jussionne tua per Maritimam atque Campaniam, tum quoque in tuimet ipsius negotiis occupatus, vix per octo dies continuos in monasterio constiti. » Accepta excusatione Oderisius jam universam ei cœnobii historiam scribendam demandavit et summa cum diligentia Leo mox totum se ad magnum et multo gravius hoc opus convertit: otio ut apparet sibi concesso, ut post annum illum 1098 scribendi initium fecisse videatur. Sed cœptum opus non absolvit, neque ultra annum 1075 produxit: quanquam ne tum quidem calamum deposuisse videtur, cum ad dignitatem episcopi Ostiensis (27) et S. R. E. cardinalis a Paschali II esset evectus (28). Quod quo tempore factum sit ignoramus. Anno 1101, Mart. 31, Odo decessor ejus inter vivos fuit (29); Leo autem nomen suum præceptis papæ subscripsit post Crescentium Sabinensem, Petrum Portuensem episcopum: Cononem Prænestinum præcedit; unde nescio an concludere liceat, eum post illos, sed ante Cononem fuisse ordinatum. Quorum Petrus quidem Mauricios qui a. 1100 Hierosolyma petierat, a. 1102 jam successerat (30), Cono autem mense Maio 1107 in concilio Trecensi familiaris papæ effectus, mox Romam petiit: ubi episcopus ordinatus et Hierosolyma est directus Nam a. 1107 (31) Prænestinus episcopus ibi fuisse traditur, Cono a. 1111.

Anno Domini 1111, Febr. 12, Leo Romæ fuit, cum Heinricus V rex Urbem intraret, et capto eum cæteris cardinalibus papa, ipse cum Joanne Tusculano episcopo habitu plebeio indutus evasit (32), et Joannem quin in animando ad resistendum populo adjuverit, non est quod dubitemus. Sed cum neque captus fuisset, neque conventioni isti a papa extortæ subscripsisset, tamen coronationi regis, ne omnia denuo turbarentur, deesse non potuit, et cum vice Albanensis episcopi primam orationem dixisset, deinde proprio fungens officio Heinricum ad confessionem apostolorum perductum, unxit inter scapulas et in brachio dextro (33), Quod quam malo animo fecerit, æstimare licet ex eo quod III Non. Jul. Paschalis a Tarracina « Joanni Tusculanensi et Leoni Velletrensi (34) episcopis et cardinalibus in unum congregatis » scribendum duxit. Ubi quod Velletrensem appellat Leonem, ideo factum esse arbitror, ne vel juniori episcopo seniorem, vel Ostiensi, primæ post Romanam Ecclesiæ, Tusculanensem videretur postponere. Scribit autem: « Id quod in personam nostram, imo in Patrem vestrum præter ipsius Ecclesiæ judicium atque præsentiam vos egistis, etsi vobis ex zelo Dei visum est, non tamen ut mihi videtur canonico tramite incepistis. Non enim charitas sed æmulatio id dictasse perspicitur. » Quos deinde ita adhortatur: « Vos autem pro Ecclesia in Ecclesia

NOTÆ

(22) 1078, ut videtur; v. infra III, 42, et Binium ap. Mansi, Conc, XX, p. 511

(23) IV, 7.

(24) E. g. de eccl. Cinglensi, v. infra IV, 18.

(25) Cf. Chr. Cas. IV, 48, 60.

(26) V. prol. l. I.

(27) Et Velletrensis. Nam utrumque episcopium post Mincii illius tempora ita fuisse conjunctum, ut episcopus ab una alterave diocesi nullo discrimine facto appellaretur, evicisse mihi videtur Al. Borgia, *Istoria di Velletri*, p. 214 sqq., quidquid contra proferat F. A. Maroni, *De eccl. et ep. Ost. et Velit., et Romæ* 1766, 4°, p. 71.

(28) Certe cum in catalogo abbatum cod. 1 Oderisio, cui opus suum inscripsit (ob. 1105), anni regiminis non ascripti sint, codd. 3 et 4 Girardo (1111-1123) annos non assignant. Tamen non nego hos abbates ab eodem addi potuisse, qui Oderisium II ascripsit. Petro teste, prologo l. IV, opus *morte præventus explere nequivit.*

(29) Gatt. Hist. Casin., p. 54.

(30) Falco Benev. initio.

(31) Acta SS. Jan. I, p. 833, Ekkeh. Uraug. ad a. 1116. Baronii Ann. a. 1107, c. 18. Cæterum hic adnotare libet, quæ apud antiquiores scriptores de horum temporum cardinalibus disputantur, duobus erroribus omnia esse infecta: primo quod portio quædam actorum concilii Later. a. 1112 a Martenio primo editore (Thes. IV, p. 127), quem cæteri secuti sunt, negligentia quadam cum actis concilii Guastallensis sit conjuncta, altero quod subscriptiones falsissimæ præcepti Paschalis II a. 1105, Dec. 27, pro genuinis sint acceptæ. — De epitaphio Bernardi ep. Prænestini, quod Baronius non bene a. 1107 assignavit, v. Giesebrecht. De litt. studiis p. 37.

(32) Chr. Casin. IV, 38.

(33) Guil. Malmesbur. V, 423; cf. infra IV, 37, n.

(34) Ita cod. Vat., teste Al. Borgia, p. 214. Hist. Vel

agite, ut illum Ecclesiæ Dei zelum, quem habetis et habere ostenditis, ipsa experiatur Ecclesia. » Hac igitur summi pontificis admonitione Leo noster ab amicorum consortio videtur esse revocatus (35): qui potius operam papæ præstandam esse putavit contra socios hostibus acerbiores, litterisque a Paschali acceptis Casinum venit et Brunum Signiensem episcopum ut abbatiæ renuntiaret coegit (36). Quo negotio mense Augusto vel Septembri ejusdem anni peracto, Romam rediit, ubi in Pallariæ monasterio Casinensibus subjecto hospitabatur (37). 1112, Jan. 24, in ecclesiæ Sancti Laurentii in Lucina altari craticulam hujus martyris solemniter deposuit, Kalendis Febr. altare principale dedicavit (38). Deinde xv Kal. Apriles in concilio Lateranensi primarias partes egit, et quod per vim et inordinate geri papa noluerat, jam consentiente eo fecit. Nam chartam illam qua extortum a papa privilegium de investituris ecclesiarum condemnatum est, a Gerardo Engolismensi, Leone Ostiensi, Gregorio Terracinensi, Galone Legionensi episcopis, Roberto tit. S. Eusebii et Gregorio tit. Apostolorum presb. cardinalibus « communi aliorum consilio dictam (39) » fuisse legimus (40); id est, ut opinor, verbis conceptam. Vides Leonem socium strenuorum Ecclesiæ propugnatorum, separatum tamen a Joanne et Bruno, qui ea die ne adfuerunt quidem concilio (41). — Post hæc Leo anno 1113, Febr. 11 et 13, Beneventi præsens fuit, cum lis quædam Casinensium cum Terræ majoris abbate dijudicaretur, sed a sententia dicenda, utpote monachus Casinensis, abstinuit (42). 1114, Febr. 25, Lateranis privilegio Ecclesiæ Marsicanæ subscripsit (43); Jul. 5, ibidem, alteri, quod canonici Sanctæ Mariæ in Portu Ravennæ acceperunt (44). Obiit ante annum 1118, quo Lambertum episcopum Ostiensem fuisse constat (45), die xi Kal. Junias (46).

Scripta Leonis opera enumerantur a Petro diacono libro De viris illustribus Casinensibus, c. 30, his verbis : *Fecit sermones de Pascha. De nativitate. Historiam peregrinorum. Historiam Casinensis archisterii divisam in libros 4. Vitam sancti Mennatis, et alia quamplurima, quæ in nostram non venere notitiam.* Ex his alia periisse videntur, Vita autem sancti Mennatis inedita remansit, cum prologum et epilogum cum initio translationis Gattula e cod. 413 ediderit, Hist. Cas. p. 188, 911. Scripserat eam jubente Oderisio I abbate, rogatu Roberti comitis filii Rainulfi, qui « nuper » sancti ossa Caiatiam transtulerat, a. D. 1094. Sermonem quoque festo translationis die ii Kal. Apr. habendum Joan. Mabillon e cod. Cas. eruit et Leoni ascripsit, editum in Martenii et Durandi Coll. ampl. VI, 879-984, cui inserta est accurata translationis historia, simplici sed nitido stylo scripta, et qui Leoni nostro optime conveniat. — Chronico autem Casinensi prolusisse videtur narratione quam De consecratione ecclesiarum a Desiderio et Oderisio in Monte Casino ædificatarum scripsit. Eam Leoni tribuendam esse jam Cam. Peregrinius probavit (47), neque, ut mihi quidem videtur, cuiquam dubium esse potest. Auctor enim, qui post a. 1094 sub Oderisio abbate scripsit (48), sed jam majoris ecclesiæ consecrationem a. 1071 præsens vidit (49), aperte profitetur se Gesta Desiderii scribenda sibi proposuisse, cum post brevem ecclesiæ descriptionem dicat : « Quantitatem autem ipsius ecclesiæ, et qualitatem, seu ornamenta, quoniam non fuit mei propositi ex integro in hoc sermone describere, et alio loco cum reliquis operibus prædicti domni abbatis latius Deo volente, comite vita pandentur, id tantum quanta gloria quantaque frequentia sit consecrata, pro posse narrabo. » Et ultima verba : « Quorum omnium nomina cum reliquarum ecclesiarum pignoribus pariter suis in locis Domino juvante scribemus; » — ea, inquam, faciunt ut credam eum jam tum de Chronico scribendo cogitavisse. Quo ad ea tempora usque perducto, multa ex hoc opusculo eisdem plerumque verbis, — nam scribendi genus in utroque plane idem est, — inseruit : sequentibus Petrus diaconus usus est. Exstat in cod. Casinensi 47, unde descriptum edidit Ant. Caracciolus in Chronologis antiquis quatuor, Neap. 1626, 4°, cum quibus iterum prodiit in L. A. Muratorii SS. Rerum Ital. vol. V, p. 76. Nos partem posteriorem Leonis Chronico adjunximus.

NOTÆ.

(35) Nisi epistolam illam in alium annum reponere mavis, quod mihi minus placet.

(36) Chr. Casin. IV, 42.

(37) IV, 81.

(38) Baronii Ann. ad h. a.

(39) An *dictata ?*

(40) Mart. Thes. IV, p. 128. Mansi XX, 1212.

(41) Nam ita conjungenda esse verba Mon. Legg. II. B, p. 182, equidem persuasum habeo; cf. Guil. Malmesb. V, 426.

(42) Gatt. Acc. Hist. Casin. p. 714.

(43) Ughell. I, p. 892.

(44) Bull. Lateran. p. 5.

(45) Mart. 21. electioni Gelasii interfuit. Panduif. Pis. in Murat. SS. R. It. III, p. 381.

(46) Necrol. cod. 47, ap. Gattulam, Acc. Hist. Casin., p. 855.

(47) Series abb. Casin. in Oderisio I.

(48) Ante a. 1105, ut videtur, cum dedicationis ecclesiæ S. Stephani (Chr. Casin. IV, 23) nondum meminerit.

(49) Nam ipse ibi ait : *Hæc omnia ita fuisse nemo legentium ambigat, quæ utique non ab aliis tradita, sed revera propriis oculis visa descripsimus.* Cf. Chron. Cas. III, 25.

Cod. autographus Monacensis.

suisq; illatam minime defendi ducens. misit Argiropoli. & Saracenos ibi degentes accersiens. primo eduxit eos in Matinolanense ad
locum sancti Angeli in locum ubi fracta cardia uocatur. & inde per flumina
ascendentes usq; fundis. ibi scaphis egressi. & cunctam loci
circuitu depopulantes. tandem ad castrum peruenerunt. & in formianis
collib; sua castra componunt. His papa auditis. illico peruenit ad

Ipso anno sol obscuratus est hora diei tertia ... et multe stelle apparuerunt.
postquam domnus leo huius cenobii monachus ... archiepiscopus ... huius loci

Epos. Et sequenti anno defuncto primo
monacho successione archiepiscopatus
filius eius cognomento rufus
Ottone. Otto secundus imperator uenit
relegit. Ipso
de metrio ponitum.
capuam. Et abiit Barenum. Et deinde calabriam. Biennio autem post hec pandulfus
castro capue
princeps pugnans cum grecis apud bebinum.
captus ab eis est. & constantinopolim depor-

datus. quousq; illi apud dragonariam ...

obsidentes, locum nona hora dicitur. Quid
inquint mora in dies aetas. & nil omnino
agentes frustra tempus consumimus. Insurgite tandem. & omnes unanimiter astrum
aggrediamur. nichilq; trepidetis. Conti-

cui; cumulum plurima ... signa ... Eodem anno
gratia concordandi electos de monasterio ... constantinopolitanae
prudentissimos ualde uiros ad imperatorem constantinopolitanum cognomento monomachum apocrisarios misit ... fredericum
fridericum scilicet cancellarium suum. & humbertum episcopum silue
candide. & petrum archiepiscopum amalfitanum. Quos imperator
nimis honorabiliter suscepit. & ... terminauit. Inde

Hic
gradu monasterii
primitus ueniente
seq; ... deuotissi-
me commendauit. ...
...
... Quos

Restat ut de Chronico Casinensis cœnobii accuratius dicamus; quod quo melius fieri possit, primo loco proponenda esse videtur codicum manuscriptorum descriptio. Exstant igitur præter codices editionis Ambrosianæ, de quibus mox dicendum erit (50).

1) Cod. reg. Monacensis, inter Benedictoburanos 123, mbr., in 4. Continet Cantica canticorum, Librum Sapientiæ, Ecclesiasticum, sermones diversos, postremo foliis, ut nunc numerantur, 85-189, Chronicon Leonis, quod cum illis recentiore tempore colligatum est per hominem imperitum, qui non pauca marginibus foliorum inscripta resecuit. Priora illa in Germania exarata sunt, Chronicon autem manu Beneventana admodum pulchra et constanti (51) cujus specimina dedimus. Quaterniones 14, quorum tamen 5 et 14 duerniones sunt, secundus folio inserto auctus est, manu non valde antiqua in ultimis foliis signati sunt. Membrana fortis, satis alba; decem priorum quaternionum rescripta, ita ut lineæ cum Leonis verbis non conveniant, et antiquioris scripturæ vestigia inter versus appareant. Ea sæc. XI esse videtur, charactere Romano. Ultima 4 folia ejusdem membranæ sunt, lineis jam signatæ, sed litterarum vestigia non apparent. In cæteris paginis, quibus paulo crassior est membrana, lineæ vicenæ binæ stylo ductæ sunt, quas in utroque margine binæ de summo ad imum currentes finiunt. In imo margine folii 1 manu sæc. XV scriptum est : *Benedictn peirn* et in fine libri : *Iste liber attinet huic monasterio Benedicten Peiren.* Sed ad Burenses ex alio pervenit monasterio; est enim Casinensis et quidem ipsum Leonis autographum; quod ex toto ejus habitu patet. Nam continet primum, ut ita dicam, operis nucleum, brevem satis narrationem, diversis scriptorum manibus exaratam, quam deinde sua manu Leo et correxit et innumeris additionibus auxit; magna sæpe folii parte erasa et minutioribus litteris rescripta. Primo scribæ 6 priores dedit quaterniones, qui primum librum continent, et secundi in tribus ultimi folii partibus initium : quod Leo cum jam aliquot locis correxisset et auxisset, totum expunxit. Nam iterum scriptum exstat initio quat. 7, alterius scribæ manu, quem deinde f. 154 verbis *Quæ omnia* (II, 43.) tertius excepit. At ultima 4 folia sua Leo manu scripsit, litteris minutioribus, margine fere nullo. Folia quoque 120, 121, erasis quæ ibi scripta erant omnibus, ipse denuo scripsit. Nonnunquam etiam cum margines foliorum ad additiones inscribendas non sufficerent, schedulas assuisse videtur, quæ postea perierunt, cum signa in textu posita non semper habeant quæ sibi respondeant, ut I, 45. II, 7, et II, 9, quo loco in nullo codice quidquam insertum legitur. — Nos quæ in hoc codice ab initio scripta fuerunt I. signavimus; quæ auctoris manus addidit, etsi non eodem omnia tempore, 1b; interdum 1c quæ alio tempore superinduxit. Finitur narratio II, 92, electione Friderici abbatis, in media pagina, ita ut nihil periisse appareat. Eorum autem quæ in marginibus foliorum scripta bibliopegi nobis eripuit stultitia, nonnulla servata sunt in apographo, quod jam s. XII in monasterio Burensi factum est, scil.

1*) Cod. reg. Monac. inter Benedictobur. n. 146, in 8° min. Codicem enim autographum jam circa a. 1137 Burum delatum esse existimo per abbatem Engelscalcum, qui Innocentium II frequentasse et Lotharium imp. secutus esse dicitur (52); Burenses autem illum, cum lectu esset difficilior, descripserunt in membrana alba, crassa, lacunis vitiosa, littera Romana, cujus specimen adjicimus; satis accurate, sed eorum quæ in margine scripta sunt nonnullis omissis, iis præcipue quæ pallidiore atramento scripta erant. Sed quæ recepta sunt ostendunt codicem tunc adhuc integrum fuisse et illæsum. Hoc autem apographum jam mature male habitum est. Is enim qui c. a. 1250 judicem librorum Burensis ecclesiæ scripsit, nostros hoc modo designavit : *Liber de situ Montis Cassini. Item XVI coternuli de Monte Cassino* (Pez Thes. III, 3. p. 622, 623). Scil. 16 est ultimus quaternionum qui supersunt, sed in medio c. II, 4, desinit. Præterea autem quat. 1, 2, 15, desiderantur : quæ omnia manus s. XV diligentissime supplevit, annexis et insertis foliis et foliolis chartaceis, et læsa membranæ folia ubique agglutinatis laciniis sarsit. Desumpsit hæc ex cod. 1, jam tunc ita ut nunc est truncato; quare nullius ea sunt utilitatis ad editionem nostram.

2) Cod. Casinensis mbr. 851, nunc 450, sæc. XIII, litteris Langobardicis exaratus, continet Leonis chronicon cum continuatione Petri diaconi. et Chron. anonymi Casinensis 1128-1212; eadem omnia manu scripta. Primam ejus paginam nitide pictam Historia Casinensis Ludovici Tosti lapidi inscriptam

NOTÆ.

(50) Cave ne ex loco Ludovici Tosti, Storia della badia di M. C. Napoli 1842, 4°, II, 317, Velitris cod. Leonis esse conjicias. Nam ibi nullum invenies. — J. B. Marus ad Petr. diac. De viris ill., c. 30, commemorat exemplar Leonis, in quo Lucas Holstenius plurium mss. exemplarium variantes lectiones adnotavit. Sed hoc in biblioth. Vat. frustra quæsivit Bethmannus.

(51) *i. b. d. c.* geminatum duobus tantum locis lineolis insignitur, quibus præterea caret.

(52) Monumenta Boica t. VII, pag. 36, 97.

Cod. reguis Nonacensis olim Benedictoburanus n. 146

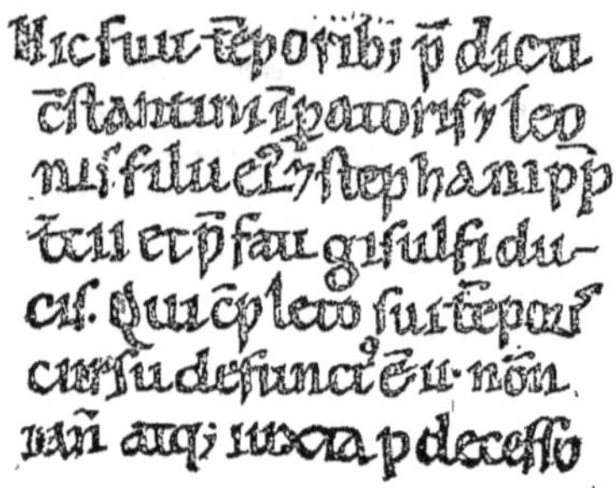

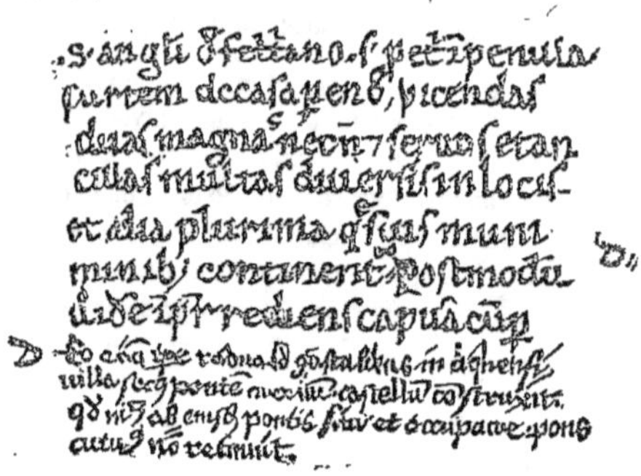

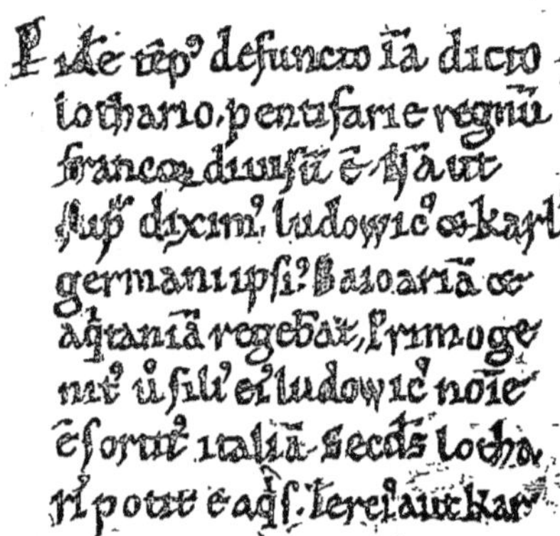

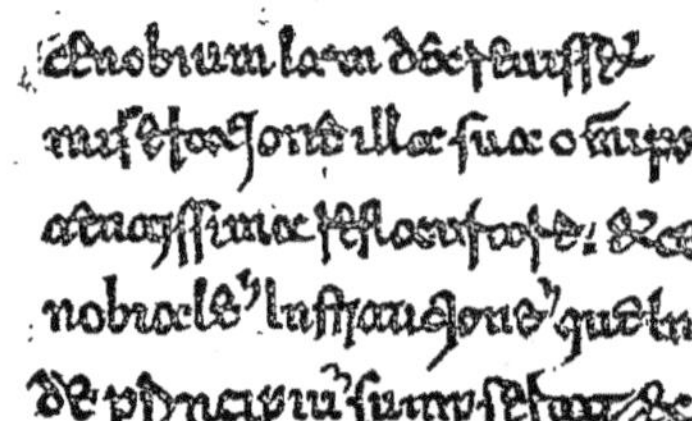

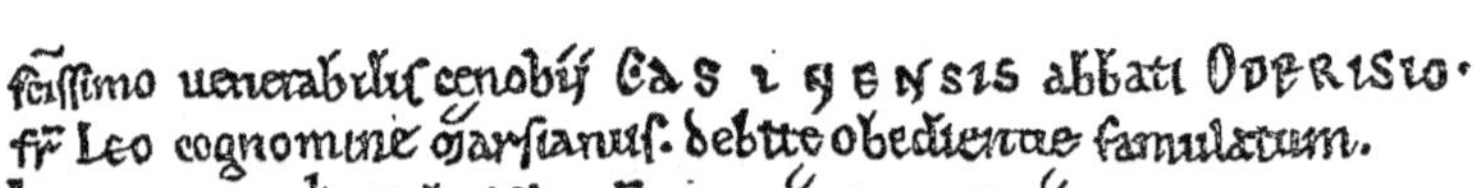

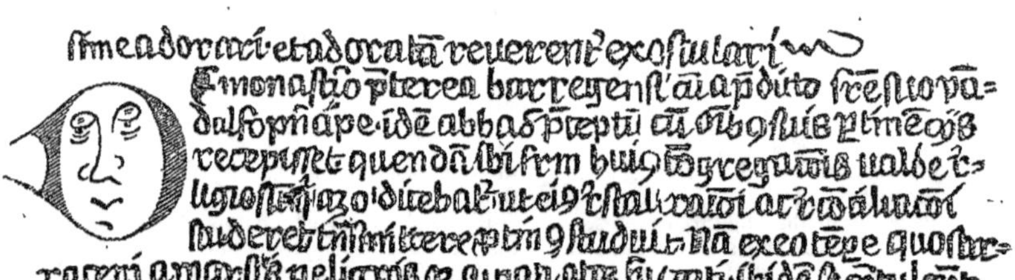

exhibet 1, 347. Ex hoc codice diligentissime expressa est editio Angeli de Nuce (53), restituta tantum suis locis diphthongo pro simplici *e*; signavit eum A, addiditque varias lectiones codicis B, i. e.

3) Cod. Casinensis 202, mbr., sæc. XII, litteris Latinis, solius Leonis qui subsistit in fine cap. 34, l. III, post verba *apostolorum principis Petri*. Cujus in lectionis varietate adnotanda cum Angeli fide standum esset, quem tamen nonnulla prætermisisse appareret, eas lectiones quæ ex ejus silentio codd. 2 et 3 communes essent, *ed.* signavi.

4) Cod. regius Stuttgard., chart., sæc. XV, Leonis Chronicon ad eumdem cum 3 terminum deducit, additis verbis *fundata est* ubi nulla rubrica facta partem c. 43 l. I adsuit post quam scripsit *Deo gracias;* deinde rubricator hæc addit : *Scripta est hec Cronica per me fratrem Andream ysengrin de lantsperg juxta fluvium lici, dyocesis Augustensis monachum professum et presbiterum in monasterio Blawburgensi dyocesi*[a] *Constansiensis non longe post annum sue professionis videlicet circa Annum domini Millesimum quadringentesimum septuagesimum septimum, plus vel minus, quam professionem fecit venerabili patri, patri Udalrico Kundig abbati hujus monasterii blawburgensis.* Nomen monasterii corruptum utroque loco eraso *g* purgatum est. Sed remanent alia ejusmodi menda in primis capitum litteris admissa, nec desunt in ipsis Leonis verbis ut fr. Andreas quæ scripsit intellexisse non videatur : exemplari ut apparet usus litteris Langobardicis scripto, cum non semel pro *t* ponat *at* vel *it*, pro *ejus que* vel *qui*, pro *k lc.* Quin integros versus omisit et dimidias diversarum vocum partes composuit e. g. I, 35. Quo fit ut consulto quidquam mutavisse minime sit credendus, et cum levioribus scribendi vitiis abundet, cæterum exemplar suum accurate expressisse videatur (54).

Quatuor igitur hi codices ita inter se sunt diversi, ut operis formam nobis exhibeant tribus vicibus pluri-mis in locis mutatam et plane aliam : de quo profecto quid sentiendum esset, incertum maneret, nisi cod. 1 auctoris autographus optatam nobis præberet criticæ normam, et totam Leonis scribendi rationem ante oculos poneret. Siquidem primam ibi habemus et adhuc tantum inchoatam operis speciem. Quod tamen et hic diligenter scriptum est, et litteris majoribus rubricisque distinctum, sed ita ut pro absoluto nondum haberi possit. Adhuc enim pauca tantum continet eorum quæ in prologo auctor se daturum esse pollicitus erat, privilegiorum et aliorum documentorum de singulis monasterii possessionibus. Itaque nactus nitidum cœpti operis exemplar, primo quæ scriptorum negligentia vitiata erant correxit (55), deinde in suis ipse verbis plurima mutavit, quo melius oratio procederet, tum in rebus correxit minus vera et nova addidit : præcipue autem documentis archivi Casinensis perlustratis, ubicunque in marginibus foliorum spatium suppetebat, summas eorum ascripsit, quas deinde signis positis suis quasque locis assignavit (56), multa dum scriberet ipse statim corrigens, alia addens, quæ si omnia adnotare voluissem, nullus variarum lectionum modus esset. Sufficere videbatur ad cognoscendam ejus scribendi rationem specimen in tabula adjectum cum quæcunque alicujus momenti esse viderentur, religiose indicavissem ; eorum tantum quæ ipse dum scriberet statim eodem calamo correxit, leviora omittens. Sed cum ita omnia Leo addendo et corrigendo implevisset, ut novo exemplari opus esset, librum ita correctum et auctum describendum curavit, quo facto similiter in expoliendo eo et ampliando perrexit, et continuationem usque ad a. 1075 adjecit, « deinceps reliqua descripturus (57). » Ejusmodi codicem nactus Petrus diaconus, qui continuandi operis curam susceperat, nonnulla de suo addidit, cum miracula aliqua e Desiderii Dialogis petita, tum nonnulla de gentilium suorum, comitum Tusculanensium, rebus quæ nos in imam paginam rejecimus. Cætera autem quæ ipse in verbis Leonis mutavisse arguitur ab Angelo de Nuce, in priore operis parte paucis locis exceptis jam in ipso Leonis autographo invenimus, ut etiam in sequentibus fidem ejus in hoc criminari non liceat. Solum cap. III, 34, liberius tractavit, quippe

NOTÆ.

(53) Quod hic pro *k* ubique posuit *hc*, mirus error est e litteræ forma natus, qualem in tabula expressam invenies.

(54) In primo folio codicis vacuo hæc manibus coævis scripta exstant : *A. D.* 1503 *Ulricus dux de Wirtenberg und dictus graf zu Mimpelgart regimen suscepit quarta feria ante festum Marie Magdalene annorum* 17, *cum consensu omnium provincialium suorum. A. D.* 1503. *sub Maximiliano Romanorum rege apparuerunt cruces in vestimentis hominum et etiam in corporibus multiplicis forme et coloris in tota Germania, et etiam alia signa passionis.* In fragmento folii membr. quo liber antiquitus ligatus fuit manus s. XVI scripsit : *Due cronice famose in hoc libro continentur. Prima de sancto benedicto vita ac regimine ipsius ac successorum ejus in monte cassino et aliis monasteriis. Secunda de friderico magno imperatore et successione ipsius.* Et in fragmento chart. agglutinato : *Ludwig hasperger maisterlin.*

(55) E. g. *lanbardiam* corr. *lamb.*, *inpostorem* c. *imp.*, *hujus cerei* c. *hujusce rei*, *atto* c. *Otto*, *sepulchro* c. *sepulcro*, *mixtis* c. *mistis*, *guiscardus* c. *wisc.*, *guacco* c. *wacco*, *edificiis* c. *edif.* et alia plurima.

(56) Sed non semel accidit ut ea loco alieno insereret, vel non bene orationis filum interrumperet, quod postea aliquot locis correxit. Evidens mendum habes I, 16.

(57) III, 17; *cetera deinceps plenius exequemur* III, 18.

quod ab auctore nondum satis elaboratum esset. Nonnulla vero menda scribæ codicis nostri aliquantum posteriori attribuenda sunt, quanquam et hic satis diligenter opera sua functus est (58). Leo vero ipse calamum nondum deposuit, sed eodem modo pergens novam Chronici editionem paravit, quam cod. 3. præbet, immunis a Petri additionibus, sed scribæ negligentia sæpe vitiatus. In ea editione verba plurimis locis mutata sunt, ordo etiam capitum non semel inversus, sed in rebus pauca vel mutata vel addita; II, 56, integrum caput resecuit. Ejus generis codicem in usus suos verterunt auctor Chronici Casinensis quod sub Anastasii nomine fertur, editum in cl. Murat. SS. II, 351, et auctor Chron. Vulturnensis. Etiam Petrus diac. de octava S. Bened. Leonis c. I, 20, e cod. 3 mutuatus est.

Sed Leoni nondum satis placebant quæ scripserat, et cum nova quæ adderet non haberet (59), in verbis denuo plurima perpolivit, itaque novissimam paravit editionem, qualem præbet cod. 4. Is enim iis quidem locis, quibus 2. et 3. discrepant, fere semper cum 3. facit, at in aliis iisque plurimis orationem exhibet magna cum diligentia rursus emendatam. Qui cum admodum recens sit, dubium esse poterat an non alius quispiam hanc Leoni operam navasset. Verum totus orationis color Leonis est, et quæ mutavit eumdem prorsus stylum sapiunt, quo inde a principio usus est: scilicet præcipue cavens ne idem verbum intra breve spatium bis occurrat, præterea eleganti et numeroso sermoni studens, adeo ut vel ipsos Caroli ad Paulum versus mutare ausus sit. Omnem autem eximit dubitationem, quod eamdem hanc Chronici editionem jam paucis post Leonem annis vulgatam fuisse apparet. Nimirum ipse Petrus diaconus cum multa scriberet, ea sæpius usus est quam sua editione et in sermone de oct. S. Bened. Chronici Cas. II, 69, 75; De Justis Cas. II, 1, 2, 30, 57, 59, 63; III, 8, ex hujus generis codice mutuatus est. Accedit quod supposititæ Zachariæ (60) et Benedicto VIII (61) bullæ, quæ jam in regesto Petri exstant, et integra fere Leonis capita continent, eumdem cum cod. Stuttg. textum exhibent (62). Quas ex Leone sumptas, non vero ab hoc exscriptas esse, inde apparet quod in codd. nostris verba diversis vicibus mutata esse videmus, cum ille in fontibus adhibendis plane contrario modo procedat, dum prima vice ipsa eorum verba ponit, deinde suæ ea orationi similia efficit. At fieri potuit ut vel ipse Petrus vel aliquis coævus correctoris officium susciperet; sed tum vix poterat non accidere, ut non uno saltem ex tot qui mutati sunt locis diversam a Leonis ingenio scribendi indolem deprehenderemus, neque profecto ulla causa apparet, quæ quemquam præter auctorem inducere potuerit, ut eum sibi laborem sumeret.

Post Petrum manum operi admovit Ambrosius Traversarius, celeberrimus Camaldulensium ordinis generalis, qui Florentiæ obiit a. D. 1439, Oct. 21. Is Chronicon Casinense emendandum et abbreviandum suscepit (63), rogatus a Ludovico Barbaro abbate S. Justinæ; cujus codicem conservatum in cœnobio S. Michaelis Muriani Venetiis (64) pro genuino Leonis opere edidit Laurentius Vincentinus monachus, Venet. 1513, 4°. Quam editionem repetiit Jac. du Breul, Paris. 1603, fol., cum Aimoino De gestis Francorum.

Qui eos secutus est Matth. Lauretus Hispanus, monachus Casinensis, Neap. 1616, 4°, codice quidem usus est Casinensi, sed ipse diasceuastæ opera functus plurima pro libitu mutavit vel amputavit, neque ulla fide dignus est. De quibus editionibus cum fuse egerit cl. Gattula, Hist. Casin., p. 879 sqq., hic quæ diximus sufficere videntur. Specimen autem utriusque editionis invenies III, 49.

Genuinum Leonis et Petri opus primus edidit Angelus de Nuce abbas Casinensis, Paris. 1668, fol., accurate et diligenter, et commentarium addidit amplissimum, sed qui non multa nobis utilia præstet, præsertim post insigne Erasmi Gattulæ opus, Historiam dico Casinensem, Venet. 1733, fol., cui volumen Accessionum addidit 1734. — Angeli editionem, cum additionibus ad notas quas Romæ 1670, fol., dederat, iterum excudi jussit L. A. Muratori in SS. RR. It. IV, Mediol., 1723, fol.

Oderisius abbas Leoni mandaverat ut, a beato Benedicto sumpto principio, abbatum seriem et gesta casusque monasterii enarraret, insertis privilegiis cæterisque documentis, quibus jura et possessiones monasterii niterentur; adderetque quæ « interim occurrerent de operibus seu gestis clarorum virorum harum duntaxat partium. » Quod ut perficere posset Leo libros operi necessarios conquisivit, fundamenti loco ponens *Chronica Joannis abbatis*, quo nomine complecti videtur quæ in cod. Cas. 353 scripta exstant, edita in hujus collectionis Vol. III, SS. Benedicti, Casinense et comitum Capuæ Chronicon, cum epistola

NOTÆ.

(58) Non raro omittendis verbis peccavit.

(59) I, 58, de S. Sophia accuratius loquitur; c. 60 addit *Teanensis*; II, 1, *nobili*.

(60) Ap. Vicentinum et Breulium in App. Chronici. Margarini Bull. Cass. 1, 3. Tosti 1, 82.

(61) Ib. Margarini 1, 7, Tosti 1, 251.

(62) V. Chr. I, 5; II, 43.

(63) Nactus ut apparet apographum cod. 2.

(64) N. 727. Mittarelli, codd. S. Mich. p. 42. Alius servatur in bibl. Chisiana, pulcherrime scriptus, sign. J. VII. 258, mbr., fol. — Ultimo folio hæc inscripta sunt: *Expl. l. IV, et ultimus hystoriæ Casinensis mon. per fratrem Leonem Marsicanum et per Petrum Diaconum editæ, expolitæ vero per fr. Ambrosium generalem Camald. quam ego Johannes scriba rev^mi in Christo patris d. Mariocti de Aretio gen. Camald. de ejus mandato feliciter transscripsi a. D. 1466. de mense Junii. Deo gracias.* Ea autem *Hist. Cass. Leonis Ost. cum addit. Petri* quæ habetur in cod. bibl. Vatic. 2961, chart., fol., s. xvi, per Augustinum Patricium abbreviata est in usum card. Francisci Piccolomini. Quo ille cod. usus sit, tacuit, sed proxime accedit ad edit. Nucei.

Pauli ad Carolum (65), capitulari Ludovici Pii (66), pacto divisionis (67), et iis quæ I, 32, exscribit de consuetudine monasterii. Præterea operi adhibita scribit Historiam Langobardorum (68), et Chronica Romanorum imperatorum et pontificum : catalogos scilicet, quales nonnulli eorum temporum supersunt. Sed Gesta quoque pontificum cognovisse videtur (69). Præterea in prologo sola documenta domestica commemorat, Casinensis scil. monasterii et cellarum ei subjectarum S. Angeli de Barregia, S. Liberatoris de Majella, alia. Quibus ea sunt adnumeranda quæ de casibus monasterii, de ædificiis sub unoquoque abbate constructis, aliaque id genus solus refert, necrologiis quoque, inscriptionibus et epitaphiis usus. Etiam Vulturnensium (70), Casæ aureæ (71) et Beneventanorum (72) monumenta domestica inspexit. Præter hæc ad manus ei fuerunt Gregorii Dialogi (73), Fausti Vita sancti Mauri ab Odone ut videtur interpolata (74), Chronicon Salernitanum (75), Translatio XII fratrum (76), quæ Alfano tribuitur, vel ea antiquior alia, cum ejusdem generis de S. Bartholomæo (77) et S. Matthæo (78) scriptionibus, Caroli ad Paulum versus (79), Dialogi Desiderii (80), Annales Beneventani (81) et Casinenses (82), Vita S. Adalberti (83), Petri Damiani ep. ad Mainardum (84), et sermo de vigilia sancti Benedicti (85). Ex his igitur aliisque scriptionibus nunc deperditis, ex quibus etsi non multa, aliqua tamen præcipue de Capuanorum rebus (86) hausit, vulgi quoque narrationibus adhibitis (87), et quæ a coævis testibus audierat addens (88), historiam contexuit, quam deinde cura nunquam intermissa emendavit et auxit. Nam non solum quæquæ in privilegiis aliisque archivi documentis reperiret, sedulo addidit, verum etiam cum ex iisdem quibus antea usus fuerat libris, tum ex aliis plurima et correxit et ampliavit. Ita Erchempertum jam commemoraverat quidem (89), at nunc demum in partes vocavit (90); præterea Romualdi Vitam a Petro Damiani scriptam (91), et quorum origo nos latet, nonnulla de Caietanorum et Saracenorum rebus (92), de Ungaris (93), de Ademario (94); Roffridi quoque usus narrationibus (95). Novam deinde elaboraturus editionem, insigne nactus est adjumentum, Amati dico Historiam Northmannorum, cujus auxilio quæ de iis jam scripserat recognovit (96). Opus non parvæ utilitatis, quod diu latuerat, nuper in lucem protulit V. D. Champollion-Figeac (97), in sermonem Gallicum versum s. XIII, cum aliter ad nos pervenisse non videatur; cujus auctorem, quem Leo tacet, Amatum fuisse in prolegomenis evicit editor. Præterea nova donationum excerpta adjecit, et alia sed pauca de temporibus pontificum (98), de permutatione Beneventi cum episcopatu Babenbergensi (99). Continuationis quam adjecit, fontes non novimus, præter ea quæ et hic Amato debet (100), et Petri Damiani epistolis (101). Testem oculatum solum nominat Jaquintum (102), sed plurima Desiderii et aliorum narrationibus niti, prologo l. III prodit : postremorum ipse testis fuit. Postea novis auxiliis non usus est; tantum fabellam inseruit de Heinrico II (103), nescio cujus ab ore acceptam, et Nicolai II constitutionem de eligendo pontifice, quæ neminem tunc latere potuit; pauca præterea de Marsorum comitibus III, 17, 23.

NOTÆ.

(65) I, 12.
(66) I, 16.
(67) I, 29.
(68) Pauli, I, 1, 2, 4, 5, 15; II, 44.
(69) Non est quod dubitemus, Leonem Gestis Pontificum usum esse. Nam schedula illa, in Petri Reg. a scriba ipso paulo post inserta, nihil continet nisi *Preceptum Caruli regis Ecclesie Rom. Adrianus papa — Lateranensis bibliothecæ*; v. Borgia Del dominio temporale, etc., App. p. 3. Præterea nihil de his rebus in Reg. Petri exstat. Quæ manus prima scripsit I, 12, aliunde sumpta sunt; quæ addidit, ex Adriani Vita coll. Erchemp., c. 9. E Vita Steph. III fluxit I, 8, assumpta ex c. 12 finium descriptione; I, 18, e Vita Leonis III. Sed pactum Ludovici, I, 16, unde acceperit nescio.
(70) Iisdem quibus auctor Chr. S. Vincentii usus est, I, 4, 12.
(71) I, 37.
(72) I, 9, 20, 24; II, 24.
(73) I, 1, 2, 59.
(74) I, 1, 3.
(75) Quod I, 20, Erchemperto tribuere videtur, cum cujus Historia in cod. Vat. conjunctum est. Sed pauca tantum inde assumpsit v. I, 7, 8, 15; II, 9, n.
(76) I, 9.
(77) I, 24.
(78) II, 5.
(79) I, 15.
(80) I, 19, 27; II, 21; 22, 34 sqq.
(81) Quanquam id dubium est, v. I, 49, n.; II, 11 66.
(82) II, 9, 24, 25. Utrique editi sunt Mon. SS. III. Sed aliis quoque Cas. annalibus usus est, quos postea Anonymus quem optime Gattula edidit Acc. p. 827 sqq. descripsit : nam hunc Leonis opere non usum esse inde apparet, quod quæ uterque habet, in primo tantum Leonis codice inveniuntur, ab eodem postea vel mutata vel omissa; v. II, 37, 56, 59, 62.
(83) II, 17.
(84) II, 16.
(85) II, 63, 64.
(86) II, 2, 9, 10, 11.
(87) I, 37, n. 61; II, 24.
(88) II, 16 (Andreas), 20, 34 (Petrus), 72 (Mainardus), 80.
(89) I, 9.
(90) I, 12, 14, 20, 21, 22, 23, 25, 29, 30, 31, 35, 36, 40-42, 47.
(91) II, 17, 18, 19, 24
(92) I, 43, 44, 50 52.
(93) I, 55.
(94) II, 15, 24
(95) II, 45, 48.
(96) II, 37, 41, 43, 56, 63, 66, 79, 82, 84.
(97) *L'ystoire de li Normant et la chronique de Robert Viscart par Aimé, moine du Mont-Cassin; publiées pour la première fois par M. C. F. à Paris*, 1835. 8.
(98) I, 50, 52.
(99) II, 46. Cf. etiam c. 77.
(100) III, 15, 23.
(101) II, 98, 99; III,
(102) III, 2.
(103) II, 47.

His igitur fontibus usus Leo Historiam suam concinnavit: nonnunquam ipsa eorum verba mutuatus, quæ deinde iterata cura mutaret et expoliret, ut unus idemque omnibus esset orationis color. Neque vero criticæ artis expers fuit, sed diligenter auctores suos inter sese comparans, ita eos composuit, ut ex altero alterum et emendaret et suppleret, v. g. Desiderii dialogos ex Chron. Casinensi (104), hoc ex Erchemperto (105), Petrum Damiani ex eis quæ ipse audierat (106). Plurima in compendium redegit, et studiose cavit ne singulæ narrationes modum excederent. Sermo autem, qualem summa cum diligentia expolitum nunc legimus, æqualiter ubique procedit, et satis purus est (107). Veterum dicta non affert, præter unum Salustii (108), alterum Virgilii (109), et Ciceronis de Varrone judicium (110); sed Paulini Nolani versus semel, cum altius insurgere orationem cuperet, interspersit (111), non nominato auctore, quod illius ævi hominibus superfluum esse videbatur. Nam testes quoque et auctores suos Leo tum tantum nominavit, cum majorem inde verbis suis auctoritatem accrescere vellet, et vel quæ initio posuerat nomina, postea eliminavit (112). Nam fidem ejus in hoc ne crimineris, quæ omnino integra est et sincera. Melius eam nunc æstimare licet, ex toto operis habitu, nam qui rerum veritatem negligit, non tam sollicitus est in singulis elaborandis. Plurimis autem locis, quibus cum fontibus ejus narrationem comparare licet, erravit quidem interdum, at pro libitu quidquam mutavisse nusquam argui potest. Imo fabellas quas primo incaute receperat, diligenter postea expunxit, ut de Barregio illas et de Adelaide imperatrice (113). Unicus locus, quo fidem ejus in dubium vocare possis, est c. II, 42, de electione Theobaldi abbatis, ubi initio multo majores partes imperatori tribuerat, quam postea admisit, nescio an abbatis cedens imperio: sed ibi quoque omittendo peccavit, non addendo vel falsa substituendo (114). Verum nullum apud eum vestigium invenies fabularum istarum quas de prisca cœnobii magnitudine, de prodigiosis Desiderii, Tertulli et aliorum donationibus alii excogitaverunt, qui vel falsa chartarum documenta quibus hæc probarent cudere ausi sunt. Cæterum, ut par erat, Leo in scribendo nihil magis sibi proposuit, quam ut monasterii casus et titulos possessionum cæteraque jura et privilegia explicaret (115); res alias brevius tetigit, nec tamen ea omisit quæ in universas Italiæ vel Ecclesiæ res gravioris momenti essent: inferioris autem Italiæ casus succincte quidem sed ita exposuit, ut neque series eorum usquam sit interrupta, et nihil quo ad Casinensium res perspiciendas scitu opus sit desideres: modo ubique servato, quo aptiorem vix invenias. — Parum ei curæ fuit circa temporum ordinem in singulis rebus stabiliendum (116), quanquam in universa rerum dispositione scienter et considerate versatus est; sed cum accuratam temporis indicationem difficultatem sibi parere videret, nonnunquam vel hanc vel ipsas res omittere quam veritatem sollicite explorare satius habuit (117), neque hac in re ab erroribus satis cavit, quibus e. g. I, 61; II, 9, scatent. Contra judicium ejus non facile vituperes; tranquillo enim animo scribit, et cum in universum pontificibus faveat, tamen a partium studiis se abripi minime patitur, et a civium suorum illius ævi declamationibus, quæ cæco impetu feruntur, multum differt.

Sequenti tempore Chronico Casinensi usi sunt Joannes S. Vincentii monachus, qui in conscribendo Chronico Vulturnensi in omnia fere vitia lapsus est quæ Leo caute vitaverat; Petrus deinde diaconus, et auctor portentosi istius Chronici Casinensis, quod sub Anastasii nomine fertur, editum a cl. Muratorio SS. II, 351, ex schedis Constantini Cajetani (118).

Novæ igitur hujus editionis consilium id fuit, ut verba daremus quæ Leo postrema manu scripsisse visus est, ex auctoritate codicis 4, cujus leviora et manifesta menda tacite sustulimus, graviora omnia religiose indicavimus. Cæterorum varias lectiones textui subjecimus (119), et si quando operæ pretium esse videretur binis columnis factis secus cod. 4 imprimendas curavimus. Quæ in uno codice addita sunt, ab auctore postea omissa, interdum cum iis quæ a Petro venerunt inter textum et notas posuimus. Ipsius autem Petri manus cum plerumque facile agnosci possit, aliis locis divinari tantum potest tum præcipue, cum cod. 1 auxilio destituimur. Ibi conjectura opus fuit, cum suum cuique judicium ex apposita lectionum

NOTÆ.

(104) I, 27.

(105) I, 25, 35, 36.

(106) II, 16.

(107) Quæ a bonorum scriptorum auctoritate recedunt, hæc fere sunt: nominativi absoluti, v. g. I, 8. *ditatum* 27. II, 74; III, 23. *futurum;* I. 52. *docendi;* II, 92. *redeuntes;* III, 7. *remorati.* Quin nominativum sæpe conjungit cum ablativis absolutis, ut III, 19, *Hildebrandus — consilio habito, eligunt. Venire in* jungit ablativo, II, 15, 50; *nocere* accusativo III, 20; *dehortatus* pass. legitur II, 17; *memoratus est* II, 90; *parvissimus* III, 10. Alia minus bene vel ex usu sacrorum librorum dicta non moror. In scribendo sæpe præpositiones cum nominibus conjungit, quod nos non semper retinuimus.

(108) I. 25.

(109) III, 13.

(110) I, 1.

(111) III, 32.

(112) Petrum Dam. II, 63. Roffridum II, 45. 48; cf. c. 72.

(113) I, 37. 61.

(114) Etiam II, 91, 92, de electione Friderici summa cum diligentia recognovit.

(115) In his quæ magna ex parte cum ipsis documentis comparare possumus, nunquam falsitatis, raro erroris vestigium deprehendimus.

(116) E. g. I, 1, 2.

(117) I, 5; II, 9 13, 24.

(118) De cod. bibl. Chis. v. Archiv. IV, 529.

(119) Ubi si quid de rebus novi inest, typorum interstitio indicavimus.

varietate ferre liceat. Orthographiam damus, qua ipse auctor, teste codice autographo, usus est (120); interpunctionem quoque ubi fieri poterat retinuimus (121), cæteris locis secundum auctoris consuetudinem restituimus. Capitum ordinem et numeros damus e cod. 4, prioribus numeris in margine additis. In cod. 1. capitum divisio apposita littera K indicata est, multum a posteriore diversa.—Quæ explicatione indigere videbantur, breviter enodare tentavimus, præter Angeli commentarios plurimum usi insigni Gattulæ opere, et chartarum documentis ibi impressis, Tostii quoque Historia Casinensi nuper edita. Temporum notas ubi fieri poterat adjecimus, multum ea in re adjuti Alexandri Di Meo Annalibus regni Neapolitani, qui Neap. 1795, 1810, 4°, prodierunt : magnæ doctrinæ et acuti ingenii opus, quod summæ nobis fuit utilitatis, quamvis Pratilli commentis quibus auctor plurimum tribuit fœdatum sit

II

PETRI NATALES, VITA, SCRIPTA.

Petrus, diaconus ac bibliothecarius Casinensis Chronicon quod imperfectum Leo reliquerat usque ad a. 1138 continuavit. Hic e nobilissima comitum Tusculanensium stirpe ortus, natus est circa annum 1107 (122), « ex patre Egidio, natione Romano, Gregorii Romanorum patricii et consulis filio (123). » Gregorius autem ille filius fuit Gregorii de Alberico « Romanorum ducis et consulis (124). » Alberici patrem novimus Gregorium, cujus mater fuisse videtur Maroza, quæ post Alberici principis et omnium Romanorum senatoris (125) mortem (a. 954) omnium Romanorum senatrix appellatur (126) 959, Nov. 1. Sed cum hoc minus certum sit, genealogiam Petri subjicimus inde a primo illo Gregorio, ope historiæ ms. comitum Tusculanensium a Cl. Galetti contextæ, cujus excerpta a Giesebrechtio accepimus.

Gregorius de Tusculana,
Romanorum consul dux et senator (127).
Uxor Maria (128).

Theofilactus (129) qui et Benedictus VIII. 1012—1024 | Romanus (130) qui et Johannes XIX. 1024—1032. | Albericus comes palatii consul dux et patricius Romanorum (131). Uxor Ermelina. | Theodora (132) uxor Pandulfi Salernitani filii Waimarii III.

Theofilactus (133) qui et Benedictus IX. 1032—1044. | Gregorius Lateranensis et Tusculanensis comes, Romanorum patricius consul dux et senator (134). | Petrus Rom. consul. dux et senator (135). | Octabianus (136).

Johannes infans (137), natus Oct. 19. mortuus Oct. 28. a. 1030. | Petrus. | Gregorius patricius et consul (138). | Gregorius. | Otto.

Ptolemeus consul Romanorum et comes Tusculanæ (139). | Gregorius (140). | Petrus (141). ? | Egidius (142). | Iadara (143).

Ptolemeus II. consul Rom. (144) ux. 1. Bertha f. Heinrici V. 2. filia Leonis Petri Leonis. Obiit 1153. Feb. 25. | Petrus 1116. præfect. | Petrus diaconus. | Guylla ux. Landulfi de S. Johanne (145).

Reginulfus (146). | Jonathan comes Tusculanus (147).

NOTÆ.

(120) Eam ubicunque ipsa cod. 1. verba exhibentur religiose servavimus, quamvis eum e. g. simplex e loco diphthongi positum postea correxisse sit verisimile. Sed ea ipsa festinantius scribentis negligentia ostendere videbatur, quomodo circa ea ipsa tempora acciderit, ut distinctio vocalis a diphthongo in desuetudinem veniret.

(121) Usus est virgula simplici et puncto imposita, puncto minore et finali, et signo interrogandi, quod super voce cui interrogationis vis inest, collocat, deinde finita sententia repetit. Curam quam huic quoque rei adhibuit, creberrimæ demonstrant signorum a scriptore positorum factæ correctiones. Nos signa quidem ipsa non servavimus, at nostra eodem semper loco posuimus, præter interrogationis signa, quæ initio sententiæ omisimus. Scribæ sententias majores duobus punctis appicta virgula claudunt : quod Leo non fecit.

(122) V. infra n. 50.

(123) V. Petri in cod. Cas. 257, f. 15, 16, ap. Ang. de Nuce in notis ad Prol. l. IV, quam ab ipso Petro scriptam esse et Angelus asserit et V. D. Giesebrecht quærenti mihi confirmavit : qui post verba l. l. allata eam a l. IV, c. 66, vix diversam esse ait, præter extrema verba, quæ ibi notavi. Descriptionem codicis videsis in Annalibus nostris

Petrus igitur a. D. 1115 sub Girardo abbate a parentibus suis beato Benedicto oblatus (148), atque sub eodem abbate (149) per 8 ferme annos eruditus est (150), institutione usus Guidonis, quem moribus vitaque præcipuum, sermone et sensu excelluisse ait (151). Quem equidem non diversum puto a Guidone monacho Casinensi, qui Alberici visionem descripsit, « vir in humana eruditione clarissimus, religione et vita

NOTÆ.

V. 124. De vita Petri cf. IV, 40.

(124) Chr. Cas. IV, 115.

(125) Marini Pap. Dipl. C. p. 155.

(126) In Excerptis Sublac. ap. Murat. Ant. V. 769: *senatrix*, 961. Aug. 8, *b. mem.* 979. Mai. 28, *Gregorius illustrissimus vir fil. Maroze senatricis, per apostolicam preceptionem rector monasterii S. Andreæ apostoli et monasterii S. Luciæ quod vocatur Renati*, 981, Feb. 9, ib. — Benedictus VII filius Deusdedit a Petro in Catal. Pont Tusculanensis appellatur, Chron. Cas. II, 4, propinquus Alberici majoris. Hujus curtis erat juxta basilicam S. Apostoli, Exc. Sublac. p. 773, junioris domus juxta SS. Apostolos, Galetti de Vestar. p. 14. Marozam igitur ex consanguinitate Alberici I fuisse existimo, non uxorem, nam illum inter ipsa sponsalia mortuum esse, tradit Benedictus monachus S. Andreæ c. 34.

(127) 979, Mai. 28, *consul et dux;* 981. Febr. 9, *ill. vir, f. Maroze*, Exc. Subl., 986, Jun., *Rom. senator*, Galetti; 987, Apr. 9, *consul et dux*, Nerini SS. Bonif. et Alexius, p. 378; 999, Dec. 2, *excellentiss. vir qui vocatur de Tusculana atque prefectus navalis*, Galetti de Primicerio 230. *Patricium* vocat Petrus diac. in catal. pap. Commemoratur in Vita S. Nili et ap. Thietmarum IV, 30. Eumdem (ut Provana conjecit, Studi critici, p. 176) Silvester II legatum ad imp. miserat, teste ep. ejus in cod. Bamb., ubi Gregorius Tusculanus vocatur. Obiit, cum uxore, ante 11 Jun. 1012, teste Galetto. Sed eumdem omnibus his locis virum intelligendum esse non contendo.

(128) Eccard. Corp. II, 1640. Murat. SS. III^b, 542; II^b, 559.

(129) Ita ipse nomen subscripsit 1014, Aug. 2. Gal. Primic. 249; Murat. SS. II^b. p. 521; 1015, Dec. 4, ib., p. 526. Cf. Petr. diac. Chron, Cas. II, 27, 55. Catal. pap. Reg. ap. Gattulam Hist. 256, Cod. Cencii ap. Murat. SS. III^b. 339. Vat. ib 541. Eccardi ib. 342. Petri Dam Opusc. 19, 3. Boniz. p. 801. Fatteschi Duc. Spolet. p. 138. Teste Galletto ante 30 Apr. 1012, papa fuit.

(130) Teste Galetto non diversus a pontifice. In placito a. 1015 vocatur : *D. Romanus consul et dux et omnium Romanorum senator atque germanus prænominati de pontificis*, Murat. SS. II^b, 524; 1024. Apr. 20, præceptum dedit sancti Gregorii Rom. cœnobio, jam papa; Galetti. V. Petr, diac. Chron. II, 55. 60, et Catal. Petr. Dam. Opusc. 19, 3. Boniz. p. 801; Murat. SS. III^b. 340, 541.

(131) 999. *imp. palatii magister.* Gal. Primic. 250; 1013, Mai. 23, *consul et dux.* Galetti del Vestarario, p. 14; 1028., Jan., *illustriss. vir et comes sacri Lateranensis palatii*, teste Galetto. A. 1032 mortuus fuisse videtur, cum a Bonizone p. 801 non commemoretur. 1045, Jun., 2, *bonæ memoriæ* ap. Borgiam, Velletr. 167. De eo Petrus diac. Chron. Cas. II, 60; III, 17; IV, 115, in Catal. pap. et Reg. ap. Gatt. Hist. 232, 233, 234, 236. Desid. Dial. III, prol. Borgia Vel. 181. Gal. Primic. 83. 230. Ughell. I, 98. Murat SS. II^b, 525. Petr. Dam. Ep. 8, 4, qui Ermelinam nominat.

(132) 1054, Feb., vocatur *filia quondam Gregorii Rom. consulis et ducis*, mortuo Pandulfo monacha Sanctæ Mariæ; v. Di Meo, Ann. Neap. VII, 359, 384; IX, 85.

(133) Bonizo p. 801. Puer fere decennis electus est, teste Rodulfo Glabro 4, 5, ante 15 Nov. 1032, Fatteschi Duc. Spol. 134. Cf. Chron. Cas. II. 60. 77. Desider. III prol. Gatt. Hist. p. 232. Nerini 387. Petri Dam. Opusc. 19, 3. Murat. SS. III^b, 340. 341 et Petri diac. catal. pontificum.

(134) A. 1030. Johannem filium extulit, v. epitaph. ap. Gal. Primic. p. 83; 1032, *patriciatus nomen sibi vendicabat*, Bonizo p. 801; 1033, Jun., *Gr. de Toscolana* in charta Farf. teste Galetto; 1058 Benedictum X papam constituit, Bonizo 806. Leo Ost. II, 99; 1059, Apr. 15, pro anima Petri filii bona largitur, Borgia Vell. 181; 1064, Jan. 30, mortuus fuisse videtur, Gatt. Hist. I, 232; certo 1068, Feb. 18, ib. 233, De eo Chr. Cas. II, 99; III, 17; IV, 133. Borgia Vell. 167. Nerini 387.

(135) 1032 commemoratur a Bonizone p. 801, nescio an diversus a præfecto a. 1059 in Ann. Romanis. Petrus Dam. ad eum ni fallor direxit ep. 8, 5; 1065, Dec. 26, Casinensibus bona largitur cum filiis.

(136) 1064, Mai. 24, ap. Gatt. Hist. p. 234.

(137) V. n. 35.

(138) 1064, Jan. 30, ap. Gatt. Hist. 232; 1068, Febr. 18, ib. 233; 1077, Sept. 24, *piæ memoriæ*, ib. 236. De eo Chr. Cas. III, 60. IV, 61, 115, et epistolæ infra impressæ.

(139) C. 1105. Chr. Cas. IV, 25; 1111, ib. 39; 1116, ap. Falc. Benev. a. 1116. Circa a. 1128 epistolam scripsit quam mox dabimus. Mortuus fuit m. Junio 1130. Obiit Kal. Aug. Necrol. Cas. cod. 47.

(140) Hic Gregorius fortasse is est quem an. 1098 cum filio Theodolo commemoratum invenimus ap. Sigeb. ad an. 1105. c. 1128 epistolas scripsit.

(141) 1077, Sept. 24, Chr. Cas. III, 60. Gatt. Hist. 236, Fortasse non diversus a præfecto qui 2 Apr. 1116 obiit. Ann. Rom. in Mon., SS. V, 476. Etsi filii hujus Petri Ptolomeus fuisse dicitur *avunculus* a Falcone a. 1116.

(142) V. cod. 257 et epistolas.

(143) C. 1128 viro nupsit. Ep. Gregorii.

(144) 1117 Bertam duxit. Chr. Cas. IV, 61; 1130, ind. VIII, mense Junio, *Ptolemeus, Dei gratia Romanorum consul, filius quondam b. m. Ptolemei* Casinensibus securitatem terra marique promittit. Reg. Petri f. 252. Anno 1137 investituram ab imp. recipit. Chr. Cas. IV, 125; 1141, Mar. 14, *Tholomeus de Tusculana cum socero Leone Petri Leonis*, Nerini p. 394. Obiit 1153, Feb. 25. Chron. Fossæ Novæ. De Ptolemeo ejusque posteris cf. not., ad IV, 25.

(145) V. infra epistolam Landulfi.

(146) 1137 obses Lothario datur, Chr. Cas. IV, 125. *Maino*, leg. *Raino*. Mart. Coll. I, 757.

(147) 1163, Feb. 5, Nerini p. 404; 1168, Romuald. Sal. Cf. Borgia Vell. 247.

(148) *Quinquennis* cod. 257. De viris ill. c. 47, *primo ætatis lustro*. Chr. IV, Prol. c. 66. Sed a. 1128 annorum 21 se fuisse dicit, De viris ill. 47, et cod. 257. Ann. 23 Vitam S. Placidi scripsit, vel in exsilio adhuc positus vel statim post reditum; a. 1133 Vitas alias, ab assidua archivi cœnobialis scrutatione quæ ei a Seniorecto ante a. 1134 dudum injuncta fuerat per amicos avocatus. Quare c. a. 1107 eum natum esse existimo.

(149) Obiit 17 Jan. 1123.

(150) Chron. IV, 66. Cod. 257. De viris illustr. 47.

(151) De viris ill. Prol.

probatissimus, » teste Petro nostro De viris ill. (c. 41 cf. Chr. IV, 66), ubi eumdem *Historiam Henrici imperatoris* scripsisse refert : « præterea quæ in historia Casinensi deerant, a temporibus scilicet Oderisii I usque ad hunc diem adjunxit. » Sed nullum horum exstat vestigium. Præter eum institutorem suum appellat etiam Petrum Diaconum (152), declamatorem insignem, qui « e civitate Theanensi de qua oriundus erat egrediens, Casinum venit, aque Oderisio abbate monachus factus est. » Sub his igitur magistris Petrus a quinto ut ait ætatis anno divinis expositionibus et priscis annalibus adhæsit, disciplinis autem liberalibus nequaquam operam dedit (153). Postea vero cum Oderisius II « abbatiam reliquisset (154), ad exsilium æmulorum suorum faciente invidia directus est, » a. D. 1128 (155), ab abbate scilicet Seniorecto (156) propter patris cum comitibus Aquinensibus, Casinensium hostibus, familiaritatem. Atinam tunc se recepisse videtur, cum in exsilio positus, 21 ætatis anno passionem sancti Marci episcopi Atinensis descripserit, « rogatus ab Adenulpho ejusdem urbis comite (157). » Eo autem tempore epistolam accepit a Ptolemeo patruo, his verbis (158) : « Ptolemeus, Julia stirpe progenitus Romanorumque consul excellentissimus, Petro nepoti carissimo salutem. Relatum est nostræ gloriæ, quod Seniorectus emisit te a Casino. Quapropter, si ad nos reverti volueris, et te et patrem tuum honeste recipiam, et tibi cunctas basilicas Casinensis ecclesiæ tradam. Per Landonem vero nostrum nepotem, consobrinum tuum, has litteras tibi transmitto. Vale. Data 12 Kal. Julii, in castro Neptuni. » Aliud refugium ei Gregorius patruus ejus obtulit, hanc mittens epistolam, quam per Joan. Mabillon e cod. Cas. descriptam evulgaverunt Martene et Durand., Coll. ampl. vol. I, col. 705 : « Gregorius, Gregorii Romanorum consulis filius, Petro nepoti suo salutem. Tuas accepimus litteras, quibus [*M.* quo] te ejectum a Casino narrabas. Gaudio lætatus sum non modico; nam pater tuus [*M.* meus] me fratremque meum Ptolemeum derelinquens comitibus mendicis (159) adhæsit, unde ipse egens pæne et inops effectus, et [*M.* ut] tu de Casino ejectus es. Quapropter suadeo [*Cod. Casin.* 257, f° 30, suade] patri tuo, ut ad nos revertatur. Tibi autem monasterium meum quod in Villano situm est tradam. » Et ad patrem ipsius hæc scripsit (160) : « Gregorius, Gregorii Romanorum consulis filius, Egidio fratri amando salutem. Romanorum invenitur in scriptis, de antiquorum via parentumque mandatis recedere nullum debere. Tu autem me fratremque tuum Ptolemeum derelinquens, comitibusque mendicis adhærens, ad nos usque in præsens tempus reversus non es; unde et tu egens effectus, et filius tuus de Casino ejectus est. Unde una cum eo ad nos reverti studete, quatinus ita de vobis sicut de nobis curam geramus. Jadaram vero sororem tuam scias jam viro traditam esse. » Quibus admonitionibus Egidius videtur a societate comitum illorum esse revocatus : certe Petrus noster non multo post in monasterium iterum est receptus, et in gratiam rediit cum Seniorecto, cujus ex ore se plurima audiisse eorum quæ scripserit refert, prologo libri IV ; in Chronico eum multa cum laude commemorat, et complura ei dedicavit opera, quæ eo jubente scribenda susceperat.

Primum autem ejus opus, ut jam diximus, fuit *Passio beati Marci et sociorum ejus*, quam, ut ipse ait, « scripsit ad Oderisium II. » Marcus quem primum sibi fuisse episcopum, sancti Petri discipulum, Atinenses ferebant, in magna ibi cum Nicandro et Marciano martyribus sanctaque Daria habebatur veneratione, exstantque ab aliis conscripta gesta illorum cum translatione atque miraculis, edita in Ughelli It. sacra vol. VI, p. 408 sqq., ed. II; in Joan. Mabillon Museo Ital. II, p. 247, et in Actis SS. Apr. III, p. 558; Jun. III, p. 268. Ea autem omnia diversa esse a Petri opere, probant verba quæ ab eo in *Historia passionis sanctorum martyrum Marci, Nicandri et Marciani* scripta commemorat Ughellus l. l. : « Inter omnes fere urbes quas Occidentis limen includit, Atinensem civitatem antiquissimam esse perspicuum est. Hanc rex Saturnus, postquam a Jove filio pulsus est, post civitatis Sipontinæ constitutionem secundam in toto Occidenti condidit, atque Atinam appellavit. Hæc itaque ad quantum culmen evecta, et quam potentissima et doctissima exstitit, et quales quantosque artifices habuit nosse qui cupit, Historiam Livii et Virgilii Æneidem relegat, bique qualis olim viguit facunde descriptum inveniet (161). » Præterea Petrus, *destructionem et restaurationem Atinæ urbis in beati Marci adjunxit historiam* (162), *et inventionem corporis beati martyris Marci descripsit* (163), « nec non *Vitam sanctæ Dariæ uxoris sancti Nicandri.* » Addidit *Miracula sanctorum mar-*

NOTÆ.

(152) Ib. c. 59.
(153) Prol. l. IV, *Divinis apprime litteris imbutus* c. 108. Cf. 115.
(154) A. 1126.
(155) De viris ill. 47, *ætatis* 21. Ib. et cod. 257.
(156) 12 Jul. 1127 — 4 Feb. 1137.
(157) De viris ill. 47. Quem non diversum existimo ab Adenulpho com. Aquin. Chron. Cas. IV, 88, commemorato, cum Atina comitibus Aq. subdita fuerit. De rebus Atinensium Petrus quædam addidit ad Leonem II, 79.
(158) Has epistolas, quas e cod. 257 Angelus l. l. edidit, nos collato cod. illo emendatas sistimus, beneficio V. D. Will. Giesebrecht.
(159) Quos Aquinenses fuisse e verbis Petri supra adductis collegisse mihi videor.
(160) Cod. 257.
(161) Imo frustra requiret. Aliter idem in Hist. gentis Trojanæ ap. Tostium 2, 118. *Capin. Ati Trojanus civitatem Atinam construens nomen*, etc.
(162) De viris ill., c. 47.
(163) Chr. Cas. IV, 66, *translationem beati Marci in civitate Atina* De viris ill. c. 47.

tyrum Marci, Nicandri et Marciani (164), et cum assiduus esset in eorum cultu, scripsit *de festivitate beati Marci sermones* 8, *de vigiliis ejus duos* (165), *sermonem de sancto Nicandro, de sancto Nicandro et Marciano sermonem de translatione*; porro *hymnos* 6 *in eorum laude composuit*, et *cantus beati Marci dictavit*. Ex hac tanta scriptorum copia Ughellus manuscripta penes se servari professus est Vitam sanctorum cum historia translationis et miraculis, canticum quoque in festivitate beati Marci canendum; sed nihil horum edidit neque flagitanti Danieli Papebroch concessit : qui cum num ea unquam habuerit Ughellus dubitaverit, refellitur verbis ab eo e Vita per Petrum conscripta allatis, quæ in cæteris non inveniuntur. Ad nos autem nihil eorum quantum scimus pervenit, præter sermones aliquot in cod. Casin. 361 servatos (166). Petrus autem ne his quidem quæ ipse edidit contentus, etiam a Petro sanctæ Romanæ Ecclesiæ subdiacono et Casinensi monacho precibus impetravit, ut passionem beati Marci versibus adornaret (167).

Eam, quam in verbis supra allatis animadvertimus fingendi licentiam vereor ne pari modo attulerit ad proximum quod suscepisse videtur opusculum. Nam « vicesimum tertium ætatis annum agens (168), » a Gregorio episcopo, quem Terracinensem fuisse suspicor (169), admonitus est, ut Gesta sancti Placidi quæ Gordiano tribuit, ex Græco in Latinum sermonem transferret. Hæc enim, ut ipse Petrus auctor est in alia ejusdem Vitæ editione (170), Symeon quidam presbyter Constantinopolitanus Salernum attulerat, a. 1115, Græce scripta per Gordianum Placidi socium; Joannes autem monachus Capuanus Casinum transmiserat ad Raynaldum monachum, cujus hortatu Petrus ea se transtulisse refert. Prius autem opusculum, in quo Symeonis nulla mentio fit (171), « disponebam, inquit, ad Ptolemeum Romanorum consulem dirigere, sed prius censui eum tuo (172) renitenti cothurno elimare. » Vides cum patruo in gratiam eum rediisse, sed nondum, vel non multo ante, cum Senioredo, cum, « propter tanti cœnobii perturbationem nostrique exsilii ærumnas id aggredi, » initio recusavisset. Hæc igitur Vita quæ incipit : « Postquam summi regis » integra nondum edita est, namque libro De justis Casin. inserta est (173), cum prologo ad Gregorium scripto, eam abbreviatam esse apparet, cum ad Gordiani opus lectores identidem ablegentur. Postea autem, nondum contentus fabulis quibus Vita Gordiano supposita scatet, denuo eam exaravit, multisque interpolavit figmentis, quæ partim exstant in Vita a Surio (174), Mabillonio (175), Bueo (176) edita, partim latent in codice quem Regestum S. Placidi Casinenses vocant; quanquam omnia ista Gordiano Petrus tribuit, et num ipse ea ingesserit, non plane constat. Ita enim post finem Vitæ pergit (177) : « Hucusque Gordianus patris Benedicti discipulus,, qui, etc. Ea vero quæ a temporibus Vitaliani papæ usque ad Heinrici et Alexii imperatorum tempora evenerunt, jussu reverendissimi Casinensis archimandritæ Raynaldi Petrus Casinensis diaconus ex cosmographia Theofani et ex chronographia Romanorum pontificum excerpens, jam dictæ historiæ adjunxit. Incipit : « tempore illo quo constans imperator » etc. Cæterum difficillimas illas quæstiones de actis Græcis num unquam scripta fuerint, de Symeone presbytero an fictitius sit, de Stephani Aniciensis ignoti præterea viri paraphrasi et epistola, num et hæ a Petro confictæ, de ridiculis plane epistolis aliisque documentis, in Regesto S. Placidi quod litteris Langobardicis Petri nostri ætate exaratum esse Gattula asserit, scriptis, editis ad calcem Chronici Casinensis Venet. 1513, Parisiis 1603, cujusnam ea fetus sint existimanda, eas inquam quæstiones, cum a nostro proposito sint alienæ, hic examinare non attinet, magnaque cum eruditione et doctrina discussit Jacobus Bueus in Actis SS. Octobris III, 65 sqq. Nobis animadvertere sufficit, Petrum quibusvis fabellis facillime manus dedisse, et si eas non ipse excogitavit, promptissimum fuisse ad adoptandas eas suosque in usus vertendas. Nam documenta illa aperte falsa cum a Leone ne verbo quidem commemorata essent, a Petro primum sunt in lucem prolata. Ita Justini, Justiniani, Theoderici erga Casinense cœnobium favor et munera in Chron. IV, 113 commemorantur; regesto autem suo et portentosam Tertulli donationem inseruit (178), et Desiderii non melioris notæ privilegium (179), quæ præ cæteris hic commemoro, quia Leoni vel ignota vel fide prorsus indigna visa fuisse apparet : Benedicti VIII autem bulla (180) ad verbum ex ipso Leonis textu descripta est.

NOTÆ.

(164) Omnia hæc l. l. enumerantur.

(165) Vel unum, alterum de vig. Nicandri, et Marciani, teste c. 47 De viris ill.

(166) V. J. B. Marum ad cap. 47 De viris illustribus.

(167) De viris ill. 43.

(168) Ex prologo hujus Vitæ, quem solum ex schedis Mabillonii ediderunt Mart. et Dur. Coll. Vol. VI, col. 785.

(169) Chr. Cas. IV, 42.

(170) Ap. Constantium Cajetanum in Vitis SS. Siculorum 1, 183; quas ex sola Buei dissertatione cognovi.

(171) Quin imo scribit : *Nam quum ab ipsis beati Benedicti temporibus in Casinensi gymnasio sapientes quam plurimi fuerint, istius passio de Greco in Latinum a nullo translata fuisset*; ut recens eo allata esse minime videatur.

(172) Gregorii.

(173) A. Mai, Nova Coll. VI. B, p. 247.

(174) 7, 746 ed. I; 5, 657 ed. II.

(175) Acta SS. O. S. B. 1, 45.

(176) Acta SS. Oct. III, p. 114.

(177) Ap. Gatt. Hist. Cas. 916.

(178) Tosti 1, 77.

(179) Ib. 1, 89.

(180) Ib. p. 254.

Eorum igitur falsitas quin et ipsi perspecta fuerit, vix licet dubitare, cum præsertim post reditum a Seniorecto sit cœnobii *cartularius, scrinarius* et *bibliothecarius* constitutus : quibus eum titulis vixdum mortuo illo ornatum videmus, Chr. Cas. IV, 108. Quo anno Casinum reversus fuerit, non liquet (181); mihi vero c. a. 1130 evenisse videtur, nam cum a. 1133 hagiologica quædam ad Seniorectum scripserit, in prologo Vitæ sancti Severi ita loquitur : « Hic nempe (Raynaldus) dum nostram exiguitatem in diversorio legislatoris fluctuantem reperisset, et cœnobialibus negotiis me irretitum vidisset agnovissetque quod assidua præceptorum atque tomorum inquisitio nostri pectoris animam (prohiberet) libros scrutari deiloquos, » etc. Vides adumbratam bibliothecarii occupationem, quin ipsam regesti Casinensis confectionem his verbis indicari existimo. Regestum enim Casinensis cœnobii sive *librum*, ut ipse ait, *privilegiorum*, opus magnæ molis (182) maximæque utilitatis, quod integrum Casini servatur, litteris scriptum Langobardicis, jussu Seniorecti abbatis disposuit describique mandavit (183), cui et « prologum fecit ex rogatu Raynaldi subdiaconi Casinensis (184). » Cujus operis ea est cum litteris nostris conjunctio, ut præfationem ex Cl. Gattulæ libro (185) integram liceat ascribere.

Reverendissimo atque sanctissimo Patri SENIORECTO [Senioreto *G.*] PETRUS, *filiorum ejus infimus, debitæ obedientiæ servitutis obsequium.*

Injunxerat nobis jamdudum (186) *Pater tua venerande sagacitas, ut privilegia nostro cœnobio a Romanis pontificibus facta volumine sub uno describerem. Difficile opus nempe, et nostris temporibus inusitatum, ob id vel maxime quia munimina quæ ex* [et *G.*] *incendio duabus vicibus erepta sunt, vetustate jam pene consumpta et ad nihilum sunt redacta. Quod igitur agerem, vel qualiter id perficerem nesciebam. Quod ub vestra advertit prudentia, nostram exiguitatem talibus monere est adorsa affatibus : « Quanta sit his qui mundum diligunt transituræ caritas patriæ, liquidius nosti ; nullis etiam muneribus, nullis minis, nullis perturbationibus a dilectione patriæ recedebant, Quirites quippe, qui et armis illam defendere ac edificiis illustrare modis studebant omnimodis. Quodsi illi perituram ac terrenam patriam tanto diligebant amore, quid nobis pro perenni ac indeficienti agendum sit adverte. Enimvero dum ad curiam nostram Robbertus excellentissimus Capuanorum princeps* (187) *advenisset, et de his interdum locutio oriretur, hortari nos quam maxime cœpit, ut ea quæ de privilegiis scribendis olim præceperas, ad effectum perducerem. Unde quia usque in hodiernum res ipsa dilata est, vola simul et jubeo, ut privilegia pontificum, præcepta imperatorum, regum, ducum ac principum, nec non oblationes quorumcumque fidelium uno describantur volumine. » Vestram igitur ubi in hoc voluntatem adverti, parui, quia non parendum impium et profanum adverti, nam teste Deiloquio, « quasi peccatum ariolandi est repugnare, et quasi scelus idololatriæ nolle acquiescere* (*I Reg.* XV, 23). » *Quantum autem difficultatis opere sim expertus in isto, ex ipsis oblationibus evidentisssime comprobabitur. Maximo autem adjutorio in hoc nobis venerabilis Leonis Hostiensis episcopi historia fuit, qui a beatissimo Patre Benedicto sumens exordium, de Cassinensis cœnobii rebus utilem nimis librum descripsit, in quo opulentiam tantam sui sensus expressit, ut pene nihil eorum omitteret quæ in eodem evenere cœnobio* (188). *Tanti namque viri studium in hoc opere sequens, licet adsequi nimis impari sensus facultate nequiverim, ordinem tamen oblationum prout ab eo statutum est posui. In sex porro decisiones librum statui dividere istum : in privilegiis, in præceptis, in oblationibus* (189), *in libellis, in renunciis, in sacramentis. Quapropter vestræ paternitatis excellentiam humili devotionis obsequio flagito, ut sanctitas tua opusculum istud gratissima mente percipiat, et si in aliquo minus forte inveneris, veniam clementer accommodes.*

Librum igitur eo tempore primo scriptum, ita instituit, ut sequentis temporis documentis spatium relinqueretur ; nam multo recentiora eidem inesse probat e. g. epistola Wibaldi ex eodem impressa (190). Ad fidem autem operis quod attinet, jam vidimus eum a falsis documentis recipiendis minime abstinuisse ; alia autem quorum exempla supersunt, satis accurate videtur transcripsisse. Plurima inde hausit Erasmus Gattula, nonnulla Lud. Tosti edidit. Eisdem autem studiis, ut videtur, adductus Petrus, « Istoriam de eversione seu restauratione cœnobii beati Mauri ex jussione abbatis Seniorecti emendavit, in qua et prologum scripsit : » nonnulla enim privilegia pontificum de ejus monasterii casibus agunt. Verum ne in profanis et sæcularibus studiis plus temporis consumeret, amicorum prohibitus est admonitionibus : et quibus primum commemoro Albericum, eadem cum Petro Guidonis disciplina usum. Guidonis autem de

NOTÆ.

(181) V. supra n. 50.

(182) *Habet chartas CCXLIX.* Vetus catal. codd. Casin. in Ang. Maii Spicil. V, 221b:

(183) Nam cod. 257, qui autographus esse dicitur, litteris Latinis exaratus est.

(184) Chr. IV, 66, De viris ill., c. 47.

(185) Acc. p. 22.

(186) Ergo dudum ab exsilio reversum fuisse oportet

(187) A. 1134 Capua pulsus est.

(188) At res gravissimas omisisset, si vera essent quæ ipse Petrus de Justiniano, Justino, cæteris refert.

(189) Oblationes cum renuntiis permixtas esse, Giesebrechtius mihi retulit.

(190) Murat. SS. IV, 622.

mirifica illius visione libellum « quidam, inquit Albericus (191), accipiens, quod voluit addidit, et quod voluit abstulit, et quod voluit permutavit, et circumfert tanquam ex nostro nomine, insultans et offendens ea quæ ipse conscripsit....... Hæc et alia multa in nostra visione conficta repperi. Ob quam rem Senioreclus abbas nostram parvitatem evocans præcepit, ut iterum illam emendans, superflua resecarem, amputata loco suo restituerem. Accito igitur Petro diacono, ab ipsis, ut ita dicam, cunabulis nobis in Christi amore conjuncto, triduanum laborem assumens eam ad unguem usque correxi, falsa resecans et dempta loco suo restituens. » Petrus vero amicitiæ erga Albericum documentum dedit in Chr. IV, 66, et inter opera sua recenset, quod ejus visionem corruptam emendavit. Non minor ei fuit cum Raynaldo subdiacono Casinensi familiaritatis consuetudo, qui nescio an Tuscus ille fuerit, in abbatem postea promotus, qui Anacleti subdiaconus fuit (192). Tum certum esset librum *Illustrium virorum Casinensis archisterii* scriptum fuisse ante a. 1137, quo ille abbas factus est : ibi enim ita loquitur c. 44 : « Raynaldus Casinensis subdiaconus, parvulus beato Benedicto oblatus, vir valde eruditus et versificandi scientia antiquis per omnia comparandus, scripsit ad Petrum diaconum ac bibliothecarium sanctissimi Severi Casinatis episcopi in laudem versus; versus quoque de vita beati Benedicti ac beati Mauri; hymnos in laudem sancti.... Severi. » Sed hoc nimis urgere nolim. Librum illum, quem jam 7 annis ante Guido scribendum susceperat, sed rem cœptam dimiserat, Petrus scripsit ad Pandulfum Teanensem episcopum (193), satis jejunum, sed nobis multarum rerum notitia perutilem : quem primus edidit J. B. Marus (194), cum commentario, cui de codicibus Casinensibus nonnulla insunt, Romæ 1655, 8; recusum Parisiis 1666, et in Bibl. Patrum Lugd. 1677, t. XXI, p. 347; in Bibl. Eccl. J. A. Fabricii, Hamb. 1718, f., p. 165; in Murat. SS. VI, p. 9, in Burmanniano Thesauro IX, 329.

Præter hunc igitur Raynaldum Petrus amicitia conjunctus fuit cum Raynaldo diacono, quem abbatem ipse vocat Chr. IV, 66, Colementano scilicet; ad quem : « Tu vero, inquit (195), in Christo carissime frater, et nimium nimiumque ab ipsis ut i a dicam crepundiis indissolubili mihi conglutinate amore, » etc. Hujus ut apparet auctoritate post reditum primo ad sanctorum Vitas scribendas impulsus est. Nam in *Vita sancti Apolinaris*, quam inscripsit « reverendissimo academicisque floribus adornato Rainaldo Casinensis cœnobii condiacono, » dicit : « Post mei reversionem perpetuam Casini montis ad arcem, e qua per tempus tempora et dimidium temporis (196) absens fueram, otioso inertique somno sopitum evigilare. . . . . non desinis » : ut vel ante regestum hanc videatur composuisse. Est autem nihil fere aliud nisi cento e Leonis chronico excerptus, tantaque verborum prolixitate oneratus, ut vel ipse codicis Vat. scriptor subjiceret :

Ipse supervacuum scriptor dum vito laborem,
Quæ non sunt ad rem plurima surripui.

A negotiis sæcularibus et chartarum veterum tractatione Petrum alter ille Raynaldus, subdiaconus avocavit, *sancti Severi Vitam*, ut scriberet adhortatus quam Seniorecto abbati dedicavit, nondum adolescentiæ terminos egressus (197). Qua absoluta, *Guinizonis Vitam* composuit, Richardi monachi Casinensis (198) precibus cedens in qua plurima e Leonis Chronico ad verbum descripsit, miraculorum aliquot narratione adjecta (199). Hanc igitur Vitam in Chr. Cas. III, 48 (199), « ante hoc ferme septennium » se exaravisse refert, i. e. circa annum 1133. Eisdem verbis ib. IV, 7, librum *De miraculis*, sc. Casinensium monachorum designat, qui perditus esse videtur; exstant autem *Ortus et Vitæ justorum Casinensis cœnobii*, in quibus quæ ex illo laudat, reperimus, ut ab eo vix diversum opus esse putaremus, nisi ipse utrumque distingueret (200). Verum ea fuit Petri indoles, ut quæ semel scripsisset sæpius repeteret, suimet ipse plagiarius. Integra enim illius libri capita eisdem verbis in Chronico offendimus : Vitæ sancti placidi iteratam recensionem jam animadvertimus, partes chronici pro justis libellis ab eo recenseri mox videbimus, et Vitas quarum supra meminimus, SS. Severi, Placidi, Apollinaris, Guinizonis, cum prologis suis vel integras vel abreviatas libro De justis inseruit (201). Cæterorum plurima e Gregorii Magni, Desiderii, Leonis libris ad verbum exscripsit, aliorum fontes non novimus, multa ex ore hominum accepit. Plurima idem beati

NOTÆ.

(191) F. Cancellieri, *Osservazioni interno alla questione promessa dal Vanozzi.... sopra l'originalità della Divina Commedia di Dante.* Roma 1814, 8, quo in libro Alberici visio edita est. p. 134 sqq.

(192) Chr. IV, 104. Sed inde Romanæ Ecclesiæ subdiaconum fuisse concludas. Quod fortasse propter dubia Anacleti jura reticuit.

(193) Ch. IV, 66, 75, 108.

(194) Cum supplemento cui ipsius Petri Vita inest, e Chr. IV, 66, et cod. 257, non multum diversa.

(195) Prol. V. S. Apollinaris, in Ang. Maii. Nova Coll. VI. B. 237.

(196) Daniel VII, 25; XII, 7.

(197) Ang. Maii Nova Coll. VI, B. 250.

(198) Ejusdem ni fallor, qui postea Innocentii II, capellanus factus est. Chr. Cas. IV, 105.

(199) Edita est in Actis SS. Maii VI, 456, et correcta e cod. Vat. in Ang. Maii Nova Coll. VI. B. 264

(200) Chr. IV. 66. de viris ill. c. 47.

(201) In hoc nempe vitæ Severi, Apollinaris et Gui-

Benedicti miracula, et de inventione ejus fabellas cum Leonis narratione minime consonas, congessit in sermone *de octava B. Benedicti*, scripto post annum 1134, cujus § 41 meminit, edito in Actis SS. Maii III, 288-297.

Sed jam attigimus tempora quibus maxima Casinensibus instabant pericula, dum Petrus gratissima potiebatur exhibendi facundiam, subtilitatem ingenii, peritiam legum (202) et temporum cognitionem præteritorum occasione. Quæ verbo tetigisse sufficeret, cum ipsius Chronicon de his nobis sit pene unicus et locupletissimus testis, nisi ea ipsa causa fuisset cur Petro fidem omnino denegandum censuissent Baronius aliique; quibus amplo excursu respondit Angelus de Nuce ad c. 108, et primum quidem Petrum ejus narrationis auctorem facile agnosco, quæ tota ejus stylum sapit. Exstitit Casini relatio ejus de altercatione coram imperatore facta, quam in ipsa imperiali aula scripserat (203), incipiens teste J. B. Maro ad c. 47 De viris ill. : « Igitur dum in conspectu imperatoris Lotharii, » quæ si adhuc superest, collata omnem scrupulum eximeret, verum apud Angelum altum de ea silentium est. Sed totus orationis color non diversus est a sequentibus, quæ ex parte confirmantur genuino Lotharii privilegio (204) adhuc apud Casinenses religiose conservato, partim epistolis a Petro scriptis ad Richizam imperatricem. Verane sint necne, altera quæstio est, eaque difficillima, quamque ego diffinire non ausim. Nam ipsæ illæ aliæque Lotharii quas in Chronico commemorat epistolæ e solo Casini tabulario, e codicibus Petri auspiciis scriptis regesto scilicet ejus et cod. 257 prodierunt, et num intemeratæ sint, nescimus (205). Tamen inter se consentiunt, omnesque ementitas esse, mihi persuadere non possum. Quin ex ipso Lotharii privilegio videmus, hunc summa erga Casinense cœnobium fuisse devotione, et ex verbis quibus utitur apparet, falsa Justiniani et Zachariæ (206) privilegia ei fuisse proposita et pro veris habita. Itaque mihi quidem tutissimum videtur statuere, vetulum et devotum imperatorem versutissimi monachi calliditate captum, delectatum fuisse ejus loquacitate, eumque de antiquis temporibus narrantem et libenter audivisse, et fidem ei accommodavisse. Omnem igitur quam refert altercationem habitam fuisse credo, singulis autem verbis ut multum tribuam, longe absum, et a gloriosi hominis ampullosa jactatione me decipi minime patior. Multa enim insunt quæ falsitatis eum arguant. Rainaldum ipse narravit c. 104 ab imperatore hostem imperii publice fuisse pronuntiatum, ipse contentiosam electionem retulit, quorum in altercatione nullum apparet vestigium. Deinde Seniorecti abbatis electioni nuntios pontificis nullos affuisse contendit, quorum adventum et verba c. 94 ipse narravit; postremo ubi Lotharius Casinum venit, ita agitur, tanquam ne verbum quidem ad Lacum Pensilem de his rebus dictum fuerit. Quibus rebus efficitur, rem ita ut narratur actam esse vix posse, verum si nihil ejusmodi factum fuisset, non video, quomodo Petrus sibi potuerit persuadere, apud quemquam se commentis suis fidem esse inventurum. Quem vero objiciunt annum huic rei falso assignatum, is parum me movet; nam homo parum accuratæ memoriæ et admodum festinanti calamo tempus rei assignaturus, privilegium a Lothario concessum videtur inspexisse, quod cum Sept. 1137 datum esset, errore lapsus pro æstate ejusdem anni sequentem descripsit; id quod facilius accidere potuit cum primo altercationem solam conscriberet, eamque postea ut erat Chronico insereret (207).

Igitur cum ad Lacum Pensilem Rainaldus Tuscus imperatori occurreret, nominatim vocatus cum eo venit Petrus, chartularius, bibliothecarius ac scriniarius (208) monasterii, quem cognitum ille habere poterat propter Tusculanensium comitum cum imperatoribus conjunctionem (209). Præterea cum abbatem privilegia imperatorum secum deferre jussisset (210), chartularium quoque vocatum fuisse, facile credi potest. Cum dies disceptationi statuta esset, monachi Petrum nostrum apocrisiarium et defensorem sibi statuerunt, qui rem ipsorum contra cardinales gereret (211). Quodqua ratione fecerit, ipse narravit, sed fide admodum dubia ; verum tamen esse videtur, eum et Lotharii et Innocentii favori se insinuavisse. Sed de Innocentio nihil præterea scimus, nisi quod Vitam sancti Leonis IX ei dedicavit (212); Lotharii amorem testantur epistolæ supra jam com-

NOTÆ.

nizonis solo supersunt, edito ab Ang. Maio in Nova Coll. VI. B. 245, e cod. Vat. quo plenior et prolixior alter Casini servatur. Ex hoc etiam Vita Aldemarii edita est in Actis SS. Mar. III, 489. Hæc quatuor Vitæ exstant etiam in Reg. S. Placidi.

(202) Sed fabellam illam de congesta per eum jussu Lotharii legum Langobardarum collectione systematica dudum explosit Cl. Savigny, *Gesch. d. Röm. Rechts im M. A.* II, 200.

(203) IV, 66. Etiam altercationem cum Constantinopolitano separatim edidit.

(204) Gatt. Acc. p. 250. Margarini Bull. Cass. II, 153.

(205) Ep. in Chr. IV, 125, scripta non parum differt ab altero ejus apographo in cod. 257.

(206) Cujus privil. etiam a pontificibus Romanis confirmatum est. V. Annales nostros V, 319,

(207) Pari errore c. 112 Lotharium annum et dimidium sub tentoriis egisse ait; c. 115, annum et duos menses, cum nondum integer annus post curiam Wirzburg. elapsus fuerit.

(208) Chr. IV, 108.

(209) Cf. Chr. IV, 125.

(210) Ep. 3 Loth., in Murat. SS. IV, 621. Cf. Chr. IV, 108.

(211) Chr. IV, 66, 108, prol,

(212) De viris ill., c. 47.

memoratæ. Si genuina est epistola in Chr. c. 125, et in cod. 257, sed non eisdem verbis scripta, logothetam Italicum eum constituit, a secretis, exceptorem, auditorem, chartularium, ac capellanum Romani imperii (213). Quod c. 116 factum esse refert post disputationem cum Græco habitam, interventu Richizæ Augustæ, Henrici ducis Bavariæ, et Conradi de Suevia. Siquidem hospitabatur in tentorio Bertulfi (214) cancellarii (215), cum eo in imperiali aula remanere jussus est, « imperii servitia peracturus (216), » et ejus se jactat discipulum (217). Postea autem Lotharium dixisse narrat (218), se eum Henrici Ratisponensis episcopi et cancellarii discipulum effecisse. Quin præcepta antecessorum suorum custodienda ei credidit, et relationibus ejus de antiquorum rebus gestis tantopere delectatus est, ut historiam imperatorum eum scribere juberet (219). Sed etiam Casinensium negotia apud imperatorem manens tunc procuravit (220). Deinde dimisso abbate a Lothario retentus, cum valetudinis causa monasterium repetisset, mox jubente imperatore ad hunc reversus est, et cum eo Casinum venit. Unde recedens Lotharius cum Petrum secum abducere cuperet, imperialia semper servitia peracturum, vix Guibaldo ut eum retineret concedens, magnifice laudatum ejus amori commendavit (221). Tamen carere eo diu non sustinuit, et cum Tibur venisset, ut sibi transmitteretur a Guibaldo petiit (222). Qui rescribens (223) cum multa conquestus esset de vicinorum oppressionibus, « cætera, inquit, ex verbis filii nostri Petri hujus epistolæ dictatoris ac Romani imperii per omnia fidelis, quem in Alemanniam, Saxoniam, Daciam, Sueviam ac Lotharingiam mittere decrevimus, cognoscetis. Historiam vero occidentalium imperatorum, quam eidem Petro dictare præcepistis, noveritis adhuc non explesse. Variis enim tribulationibus et angustiis pressus, plus ei flere quam scribere licuit. » Quem tamen « quia id itineris longitudo et conclusio prohibuit, » mutato consilio domi retinuit (224). Ubi quod mireris in tanta cœnobii afflictione tamen libellum *De locis sanctis* sive *Itinerarium terræ sanctæ* Guibaldo inscripsit, *ex omnibus, ut ita dicam, libris collectum*, ut ait (225). Eum ex cod. 361 jam mutilo edidit Tostius, Hist. Cas. II, 121. Mortuo autem Lothario epistolam direxit ad Richizam Augustam (226), quam ex ms. Cas. Joan. Mabillon eruit, editam in Mart. Coll. I, 756; Ann. Bened. VI, 623; Orig. Guelf. II, 540, cum altera qua post mortem Heinrici ducis eamdem consolatus est (227). Verum etiam « Chonrado, excellentissimo imperatori et Romani imperii strenuissimo propagatori », epistola teste auctore perpulchra (228) de recenti ejus electione gratulatus, Casinensem Ecclesiam ejus commendavit protectioni. Eidem etiam duo opuscula inscripsit, quæ cum cæteris videsis in Chron. IV, 66, nam nimis magna eorum copia est, quam ut singula hic recensere possimus, et de plerisque præter titulos nihil compertum habemus (229). Post Guibaldi igitur recessum Petrus Rainaldi abbatis fruebatur favore et familiaritate, cujus jussu circa a. 1140 continuationem Chronico Casinensi adjunxit. Ab hoc petiit eum Landulfus affinis ipsius, his litteris (230) : « R. Dei gratia cardinali et abbati Landulfus Sancti Joannis sicut suo domino salutem et commendationem. Vestram paternitatem rogando mandamus ut sicut meum amorem et servitium habere vis, ita dominum Petrum Egidii, qui est frater uxoris meæ Guyllæ et meus consanguineus, constituatis in ecclesia sancti Benedicti Collis insulæ, quia est prudens et sapiens, et volo consiliari ab eo. Ideo te deprecor, ut sine mora mittatis eum ibi, quia nimis necessarius est mihi et pro terra mea et pro omnibus meis. » Num venerit nescimus, neque ulterius quidquam de eo comperimus. Et mihi quidem vitam non multum postea produxisse videtur (231). Nam cum tantum scripserit intra breve decem annorum spatium, id sumere posse mihi jure videor, eum dum vixerit a scribendo nunquam quievisse. Jam vero etiamsi fieri potuit ut eorum quæ in Chr. IV, 66, enumerat aliqua postea insererentur, tamen si diu supervixisset, vel in editis ejus operibus vel in aliorum inscriptionibus aliquod certe posterioris temporis indicium

NOTÆ.

(213) Cf. ep. 1, ad Richizam, Chr. IV, 66, 116.

(214) *B. notarii* 1137, Sept. 22, Mart. Coll. II, 102. Nonnulla Lotharii privilegia recognovit *Berthaldus, scriptor imp.* Lami Del. Erud., IV, 162. *Bertholdus camarlengus imp.* Ugh. V, 756, 777.

(215) C. 108, 111.

(216) C. 114.

(217) IV, 66. Ep. ad Richizam. Prol. I. de notis : *Ex parte præceptoris nostri Rodulphi cancellarii.*

(218) C. 125.

(219) IV, 125. Ep. Wibaldi, Mart. Coll. II, 185.

(220) C. 117, 118.

(221) C. 125. Ep. 1 ad Richizam.

(222) C. 125.

(223) C. 125. Mart. Coll. II, 183.

(224) C. 126. Utramque epistolam Petrus inter opera sua recenset.

(225) Plurima teste Joan. Mabillon a Beda accepit, v. Mart. Coll. VI, 789, ubi prologus editus est.

(226) Cf. Chr. IV, 124.

(227) Hæc cum sequenti etiam ab Aug. Mai edita est, Nova Coll. I, 758.

(228) IV, 66. De viris ill. 47.

(229) In catal. codd. Casin. sub Paulo II, in A. Mai Spicil. V, 223, commemoratur Petri *liber de dignitate Romani imperii.* Incipit : *Hæc digni.*

(230) Ang. ad Chr. IV, prol. ex cod. 257, quem denuo contulit V. D. Giesebrecht.

(231) *Illud constat, exauctorato Egidio Venusino abbate ab Alexandro III, suffectum in regimen monasteri Petrum diaconum, titulo tantum procuratoris, donec de successore provideretur.* A. de Nuce ad Chr. IV prol. Sed quo teste? — Ille Petrus cui 1168 papa procurationem reliquit, decanus fuit et sacerdos, et a. 1174 in abbatem electus est; obiit VIII Id. Jul. 1186; v. Anon. Cas. ad h. a. — A quo nostrum diversum esse apparet ex constanti quod ei adhæsit diaconi nomine et silentio ejus qui c. 47, libro de viris ill. post mortem ejus adjunxit.

deprehenderemus (232), cum tot inveniamus ad priora tempora referenda. Obiit autem in Casino et ibi sepultus est (233).

Chronico Casinensi Petrus continuationem adjunxit anno tertio post res coram Lothario gestas (234), id est anno D. 1140. Sed etiam quæ Leo scripserat, non intacta reliquit. Nam quæ in cod. 2 addita sunt et mutata, a Petro profecta esse, jam Ang. de Nuce vidit. Quod cum per se verisimile sit, quia in eo tantum codice reperiuntur, qui etiam continuationem continet, eo comprobatur quod pleraque agunt de comitibus Tusculanis, Petri nostri gentilibus, quibus plane similia inveniuntur in ejus catalogo pontificum (235). Præterea addita sunt quæ scriniarii manum produnt I, 59; II, 2, de cella Cinglensi, Casinensibus postea subducta (236), et de aliis monasterii possessionibus II, 26, 37, 52, 69. Neque a Petri ingenio aliena sunt quæ de miraculis addita legimus II, 59, 80, ut cætera quoque, in quibus ab aliis cod. 2 differt, ejus manu vindicare possimus. Quorum minuta quidem et quæ eodem jure vel ipsi Leoni vel scribæ codicis tribui poterant, inter varias lectiones posuimus, cæteris inter textum et notas locum suum assignavimus. — Continuationem scripsit a renovatione ecclesiæ Beati Martini (237), id est III, 34, quo in capite jam tantum mutavit et addidit, ut id in fronte operis ejus repetendum duxerimus. Fontes cum jussu Raynaldi abbatis ad scribendum se accinxisset, adhibuisse se dicit registra Romanorum pontificum, Gregorii VII et successorum ejus, nec non principum et ducum gesta, quæ modo excerpserit, modo ut scripta erant inseruerit; cætera Seniorecti aliorumque (238) relationibus comperuisse, plurima ipsum vidisse. Sed Gregorii VII registro an usus sit, dubito; Victoris registrum exscripsisse videtur, quod de Paschali II constat (239). De Urbano II post electionem ejus pauca tantum habet; de Innocentio II et Anacleto fere nihil præter causam illam coram Lothario agitatam. Præterea exscripsit annales Casinenses (240), qui in Anonymi Chronicon postea transcripti sunt, Amatum (241), Desiderii dialogos (242), Leonis relationem de consecratione ecclesiæ (243); Historiam belli sacri (244), Pauli Vitam S. Gebizonis (245), Petri Dam. epistolas (246). Quæ ex eis desumpsit, plerumque ad verbum descripsit, Leo autem e diversorum auctorum narrationibus, cum eis quæ aliunde comperuerat, novum ipse opus elaboravit. At multo etiam magis a Leone Petrus fide differt, cum non solum donationes et alia privilegia afferat, quæ pro genuinis accipere vix possimus, verum etiam falsi ipse aperte reus teneatur. Nam IV, 31, Bruni Signensis epistolam inserit, quæ ex Petri Dam. opusc. 19 conflata est, et si hoc ab ipso Bruno factum esse contendis, IV, 42, orationem ei tribuit, ex ipsis Bruni epistolis compositam. Quod si hoc more multis scriptoribus olim usurpato excusare velis, in defendenda coram imperatore monasterii causa et privilegia in usum vocat nunquam data, et ex aliis quæ adhuc supersunt verba affert quæ in eis frustra quærimus, et ipsa canonum verba vel corrumpit, vel falsis assignat auctoribus. Sed hoc fortasse negligentiæ ejus tribuere possis, qua e. g. Carlomannum non semel confundit cum Carolo Magno: illud falsarium manifesto ostendit. Vides igitur quanta in eo legendo opus sit cautione. Cæterum in continuatione quam ad a. 1138 deduxit monasterii casus satis accurate retulit; plurimis interspersis miraculorum narrationibus, nonnullis de viris eruditione et ingenio insignibus. Alias autem res gestas non ita tractavit, ut Leonis, secutus exemplum, gravissima quæque quæ Italiam, inferiorem præcipue, attingerent, brevi relatione complecteretur, sed tanquam cæco impetu et plane fortuito nunc ultra modum prolixe narrat, nunc silentio premit, ut e. g. maximi momenti res quæ Capuæ et Beneventi acciderunt ne verbo quidem attigerit (247). In singulis autem narrandis quam parum accurate egerit, specimen habes III, 70. De temporum ordine minime sollicitus fuit, quod vel numeri annorum parenthesibus inclusi primo obtutu dicere possunt. Oratione usus est negligenti et inæquali, neque a solœcismis aliisque mendis immuni, etsi eorum nonnulla librario potius quam Petro culpæ vertas. Ubi ad altercationem illam venit, altius insurgit, flosculis ornatus Virgilianis, verum et hæc ita scripta sunt, ut festinantis calami vestigia prodant, quo inchoare libellos consuevit, elaborare raro tantum sustinuit. Nam arte scribendi non penitus eum caruisse, epi-

NOTÆ.

(232) Catal. imperatorum, etc., subsistit in Conrado, Innocentio II, et Guibaldo. Mon. SS. III, 219. Si Fulco ille cujus Vitam scripsit abbas Cavensis fuit, a. 1146 mortuus, huic superfuit; sed id dubium manet.

(233) De viris ill. c. 47.

(234) Prol. l. IV. Verba de Gerardo et Guidone cardinalibus c. 109, 121, postea inserta esse videntur post a. 1145, vel ab ipso Petro vel ab alio.

(235) Nondum edito; v. I, 61; II, 4, 27, 55, 60, 77, 99; III, 9, 17.

(236) IV, 18, 70.

(237) Prol. l. IV. Ex persona Leonis loquitur III, 44, et IV, 70, etsi in libro quarto se auctorem aperte profitetur.

(238) Alberti IV, 34. Carbonis IV, 55.

(239) IV, 35 sq.

(240) III, 36, 49, 50, 64; IV, 16, 18, 20, 79, 82, 97. Ubi eodem errore Petrum lapsum esse animadvertas, quo scribæ ut in Anonymo describendo anni sequentis numeros cum gestis anni præcedentis conjungerent, sunt inducti.

(241) III, 45.

(242) III, 38, 43, 51, 64. Complura e perdito l. IV eum sumpsisse existimo.

(243) IV, 8, 9.

(244) IV, 11.

(245) III, 48.

(246) III, 38.

(247) Cruce signatorum expeditionem fuse describit, donec Antiochiam veniunt IV, 11; deinde tribus verbis c. 16 Hierosolima capta esse subjungit. Ab a. 1130 a. 1136 quam celeri cursu perveniat, v. IV, 97.

stolæ ostendunt multo majore cum cura neque invenuste compositæ (248). Chronicon igitur cum per se quidem pretii satis parvi sit, utilitatis tamen non ita exiguæ est æstimandum, quum de pontificibus præsertim et de Lothario imperatore non pauca proferat aliunde non nota, quæ in usum nostrum convertere possimus.

Codex ms. Chronici unicus servatur Casini, de quo supra jam diximus, editus post priorum infidas editiones per Angelum de Nuce, quem nos secuti sumus, adnotationibus quibus opus esse videretur adjectis. Orthographiam codicis non mutavimus, paucis exceptis, quæ a Petri more aliena videbantur; diphtongum tamen qua Petrum usum esse e cod. 257 constat suis locis pro simplici *e* restituimus.

W. WATTENBACH.

INCIPIT [1] EPISTOLA FRATRIS LEONIS

AD DOMINUM ODERISIUM SANCTISSIMI MONASTERII CASINENSIS VENERABILEM ET REVERENTISSIMUM PATREM.

Domino et patri sanctissimo, venerabilis cœnobii Casinensis abbati Oderisio [2], frater Leo cognomine Marsicanus [3], debitæ obedientiæ famulatum. Injunxerat [4] michi jam dudum vestra beatitudo, pater venerandissime, ut gloriosi predecessoris tui [5], sanctæ memoriæ abbatis Desiderii, singularis plane [6], et unici hoc tempore sui ordinis viri, magnifica [7] gesta [8] ad posterorum memoriam scribendi [9] operam darem. Nimis videlicet indignum [10] judicans, loci hujus veterum te desidiam imitari, qui de tot abbatum gestis seu temporibus nichil fere litteris tradere studuerunt; et siqua forte super hoc aliqui [11] descripserunt; inepta [12] prorsus, et rusticano [13] stilo digesta, fastidium potius quam scientiam aliquam legentibus conferunt. Quod tua [14] paternitas ne Desiderio nostro contingat sollertissime providens, huic me [15] operi placuit destinare; imponendo michi [16] sarcinam meis profecto viribus imparem: ita ut ipsa tantum sui consideratione succumbens, jam fere per annum [17] id attemptare timuerim [18]. Nuper itaque cum a Capua redeuntem te [19] pro meo comitarer [20] officio, inter ambulandum reminiscens tuæ [21] ipsius egregiæ jussionis, percontatus es utrum desiderium tuum super scribendis [22] Desiderii gestis explessem. Ego vero subita hac sciscitatione conventus, id quod in re erat respondere coactus sum, nichil [23] omnino me inde fecisse. Moxque aliquantulum resumpta constantia: « et quando [24], inquam [25], ego huic tuo parere [26] imperio potui, quando toto fere hoc anno, cum in servitio domni apostolici ex jussione [27] tua, tum [28] quoque in tuimet ipsius diversis negotiis occupatus, vix per octo dies continuos in monasterio constiti. Cum videlicet opus istud non parvo indigeat otio, neque sit occupati alicujus tantam materiam aggredi, sed potius [29] curis omnibus expediti? » Hac igitur patienter [30] ratione suscepta, et neglegentiæ me, modesta admodum invectione coarguens: « et nunc, inquis, otium quod desideras arripe, et in scribendo Desiderio, ne velis amplius moras innectere. Immo etiam volo atque præcipio, quandoquidem usque in [31] hanc diem res ipsa procrastinata est, ut ab ipso patre Benedicto [32] ejusdem tuæ inscriptionis initium sumens, universorum usque ad eundem [33] Desiderium nostri loci abbatum series, tempora, seu gesta undecumque [34] studiosissimus indagator exquiras: et quæ vel a quibus, seu qualiter sub singulis abbatibus possessiones seu [35] ecclesias quas possidere videmur nostro monasterio

VARIÆ LECTIONES.

[1] *ita* 1. *litteris rubris*. I. prologus in chronica Cassinensi *ed. Desunt* 4. [2] O. 1. [3] Marsianus 3. [4] Preceperat 1. *Quum modo* præ *modo* pre *scribat, nos pro* p *ubique posuimus* præ. [5] tue 4. [6] fere 1. [7] gloriosa ac m. 1. [8] in scribendo *addit* 1. *sed ipse delevit*. [9] *add.* 1b. [10] ineptum esse i. 1. [11] *add.* 1b. [12] inepto *ed.* [13] ac lacinioso *addit* 1. *sed ipse delevit*. [14] t. p. *add.* 1b. [15] h. operi me d. dignationi vestri inperii placitum fuit 1. h. me o. dest. pl. fuit 1b. [16] plane m. 1. [17] non sine aliqua inobedientia *add.* 1. [18] timuerint 4. timuerim. Et secundum regulam quidem, quod michi visum fuerat impossibile, jubentis imperium absque ulla contradictione, non tamen aliqua repromissione (n. t. a. r. *expuncta sunt*) suscepi. Verum quia (Quia tamen 1b.) inpossibilitatis meæ causam humiliter ac patienter non tuæ paternitati suggessi, neglegenter ac stulte me fecisse confiteor (n. fateor egi 1b.). Nuper 1. [19] *deest* 4. [20] o. c. 1. [21] ipsius t. juss. 1. [22] scribentis 4. *sed hujusmodi menda in sequentibus non semper notavi*. [23] Respondi igitur verecunde ac reverenter; n. 1. [24] *deest* 4. [25] *ita* 1b. q. e. i. 1. [26] præcepto satisfacere potui 1. parere *superscr.* 1b. [27] imperio tuo per Maritimam atque Campaniam. tum 1. [28] cum 4. [29] otiosi. p. curisque o. 1. [30] rationabili 1. *quod expunxit*. [31] ad hunc 1. *ed.* [32] B. 1. [33] ipsum 1. [34] *addit* 1b. [35] s. e. *add.* 1b.

NOTÆ.

(248) Tumidiorem enim sententiarum congeriem ex ejus ævi more excusare debemus. In epistola ad Conradum veterum Romanorum nominibus et gestis commemorandis multum delectatur.

accesserint [36], imperatorum ac ducum principumque præcepta, necnon [37] aliorum quorumque fidelium monimina scrupulose disquirens, instar chronicæ historiam [38] non parum nobis nobisque succedentibus utilem condas [39]. Super hæc præterea tam [40] destructionem quam et restaurationem cenobii hujus bis diversis temporibus factam, necnon et siqua interim [41] occurrunt de operibus seu gestis clarorum virorum harum [42] dumtaxat partium digna memoria, suis in locis vel breviter annectere [43] non graveris › Cujus [44] ego imperii pondus postquam cœpi sollicitius in [45] memet considerare, cœperunt michi hinc inde plurima cogitationum [46] spineta succrescere, et unde vel quomodo id perficere naviter [47] possem, pro [48] paupertate sensus [49] mei non facile pervidens, an [50] suscipere, an recusare tantum opus, utrum eligerem ignorabam. Siquidem in suscipiendo temeritas, inobedientia me in recusando pungebat Ad hæc, memineram præfatum [51] dominum meum Desiderium hoc ipsum opus olim [52] Alfano archiepiscopo Salernitano, viro nostrorum temporum sapientissimo, [53] injunxisse, sed eum [54] laboriosam valde materiam pervidentem, periculo se hujusmodi subduxisse. Quod si ille qui et scientia et eloquentia incomparabiliter tunc pollebat, huic se oneri cavit summittere, quid michi esset agendum, cui nec scientia aliqua, et eloquentia nulla prorsus inesset? Angebat iterum conscientiam meam, cur opus istud non alicui alii confratrum [55] nostrorum, qui longe utique me scientiores et dictanti usu peritiores existerent, a te committeretur : quos videlicet vel [56] ex diversis partibus orbis, ejusdem sancti prædecessoris tui diligentia in locum [57] hunc aggregaverat, vel in hoc eodem cœnobio doceri studiosissime fecerat [58]. His et hujuscemodi cogitationibus fluctuans [59] æstuabam, quoniam [60] et res hæc altior erat quam ut a me posset attingi, et obstrusior certe quam ut valeret a me perscrutari. Verum, quoniam pro devotione quam ab [61] olim in tua paternitate singularem gerebam, nil [62] unquam tibi refutare [63] jam dudum decreveram ; stabilivi tandem animum [64]; et qui sola prius Desiderii gesta pusillanimis attemptare timueram [65]; universorum postmodum prædecessorum ejus [66], confidens de adjutorio Dei, et ita michi prorsus judicans expedire, quoquomodo [67] scribenda suscepi. Mox itaque repertis [68] illis ipsis scriptiunculis quæ de hac eadem materia laciniose [69] licet stilo videbantur vel breviter exarata, et præcipue chronica Johannis abbatis qui primus in Capua Nova monasterium nostrum construxit; adhibitis nichilominus libris huic operi necessariis : historia videlicet Langobardorum, chronica quoque Romanorum imperatorum atque pontificum ; nec non et diligenter indagatis privilegiis [70], atque præceptis, nec non et concessionibus, diversorumque nominum scriptis, tam scilicet [71] pontificum Romanorum, quamque diversorum imperatorum, regum, principum, ducum, seu comitum, ceterorumque virorum illustrium [72] ac fidelium, quæ dumtaxat nobis ex duobus cenobii hujus incendiis (249) residua esse videntur; quamvis nec ad eadem ipsa omnia [73] potuerim pervenire; postremo [74] etiam [75] scrupulose interrogatis his quos modernorum temporum seu [76] abbatum gesta vel audire in proximo contigerat vel videre : prout tenuitas ingenioli mei suppetit, peragere quod præcepisti aggredior [77]; magis certe de obedientia quam tibi ut patri ac domino debeo, quam de aliqua [78], præsumens scientia. Assit [79] Deus, et gratia Spiritus ejus : ut tam efficaciter id possim implere, quam tu [80] michi es diligenter dignatus injungere. Quatinus opusculum istud et tibi gratissimum, et multis valeat esse proficuum. Hæc [81] tantisper, ne fortasse a nescientibus [82] temeritatis seu [83] præsumptionis arguerer [84], michi prospiciens, velut [85] in præfatiuncula necesse habui prænotare; ut etsi me [86] accuset inertia auctoritas tamen præceptoris excuset.

VARIÆ LECTIONES.

[36] accesserunt 4. [37] n. a. q. f. m. *add.* 1b. [38] historiolam 1. [39] componas 1. [40] tam-necnon et *add.* 1b. [41] *deest* 1. [42] h. d. p. *add.* 1b. [43] connectere 4. [44] Quod ego imperium priusquam curiose perpenderem (p. c. p. *delevit* 1b.) quamvis gravissimum esse parvitati meæ (ipso quoque auditu *add.* 1b.) non dubitarem, annuendo tamen suscepi, postquam vero cœpi magnitudinem ejusdem præcepti soll. 1. Cujus imp. p. 4. [45] in m. ad 1b. 16. [46] *ita* 1b. curarum 1. [47] *ita* 1b. irreprehensibiliter 1. gnaviter 2. 3. [48] per 4. [49] ingenioli 1. *corr.* 1b. [50] an r. an s. *ed.* p. rursus itemque cœpi eadem mecum estuanti mente tractare. Ad 1, p. tunc primum impossibilitatem inscientiæ meæ apertius cœpi videre. Ad 1b. [51] m. sanctæ memoriæ p. 1. m. olim p. 1b. m. p. 1c. [52] *add.* 1c. [53] s. ac prudentissimo. 1. *corr.* 1b. [54] s. pro rei magnitudine labori se h. s. 1. [55] de plurimis monasterii nostri confratribus, longe utique me scientioribus, et d. u. peritioribus quos 1. [56] *add.* 1b. [57] h. l. 1. *ea.* [58] f. committeretur, quos etiam nominatim hic ostendere possem ; si illorum humilitatem qui favores humanos contemnunt (q. f. h. c. *delevit* 1b.) offendere non extimescerem 1. [59] anxiatus et fluctuans; quid facerem non satis videbam 1. [60] *ita* 1c. quia super (et insuper preter 1b.) id quod vires meas duplicatum onus excedebat ; pro devotione etiam q. 1. [61] ab o. *add.* 1b. [62] nunquam t. 1. *corr.* 1b. [63] non obedire 1. *corr.* 1b. [64] igitur a. 1. *corr.* 1b. [65] pertimui 1. *corr.* 1b. [66] *deest* 4. [67] promptus ab obedientiam tuam 1. [68] recensitis 1. [69] m. hac illacque inhonesto prorsus et vilissimo stilo digesta; quasi lineas quasdam et si fragiles, opusculo isti apposui adhibitis 1. m. h. i. dispersa reppereram ; et præcipue 1b. [70] i. atque perspectis donationibus, privilegiis, atque concessionibus, tam 1. i. d. p. a. concessionibus, ac diversorum (*corr.* diversorumque) n. s. quæ-pervenire, tam 1b. i. priv. atque c. d. n. s. tam 1c. [71] *add.* 1b. [72] i. prout 1. i. postremo-videre. p. 1b. i. quæ *etc.* 1c. [73] ex integro *add.* 1c. [74] postrem 4. [75] et 1. *ed.* [76] s. a. *add.* 1c. [77] aggressus auxiliante Domino sum 1. *ed.* [78] quæ michi non est *add.* 1. *del.* 1b. [79] Adsit 4. [80] q. libenter in hoc tuis cupio imperiis obedire. Quatinus 1. q. tu m. es studiose (*corr.* st. tu m. es) dign. i. 1b. [81] Hæc-excuset *add.* 1b. [82] necessitatibus 4. [83] s. p. *add.* 4. [84] notarer *corr.* arguerer 1b. [85] *add.* 4. [86] *ita.* 1c. e. imperitia.... 1b.

NOTÆ

(349) V. infra 1, 44. 48.

In [87] tres porro decisiones quasi [88] pro legentium levamine statui libellum istum dividere : quoniam tribus præcipue cenobii [89] hujus abbatibus concessum est post beatum Benedictum in hujus loci restauratione supra ceteros studuisse ; atque ideo forsitan divinitus [90] illis præstitum est, amplius reliquis in hac prælatione vixisse. Et beato quidem patre Benedicto cum quattuor subsequentibus quasi in præfatione præmisso, a Petronace qui post centum et decem circiter annos a Langobardorum destructione locum hunc restaurare cœpit, primæ sortis initium faciam. Qua usque ad secundam destructionem quæ a Sarracenis sub Berthario [91] facta est ordine suo perducta [92], eique insuper [93] illis adjunctis quæ per annos septem et sexaginta destituto hoc loco [94] a septem abbatibus apud Teanum et Capuam commorantibus gesta sunt ; secunda pars ab Aligerno michi incipiet : qui non [95] tantum in istius [96] monasterii restauratione, verum etiam in [97] reconciliatione totius hujus terræ quæ Sarracenorum infestatione destituta cultoribus fuerat studiosissime studuit. Et hac ergo ad Desiderium usque nostrum particula protelata, et gestis [98] illorum qui per ipsius temporis spatium huic monasterio præfuerunt, consequenter [99] annexis : ipse Desiderius [100] initium erit et terminus totius tertiæ [101] partis ; qui nec Petronace nec Aligerno inferior, immo longe meo judicio potior, magnificum [102] ac speciosissimum [103] ex integro monasterium, novum atque pretiosissimum ac si alter Salomon nostris temporibus construxit Domino templum. Jam vero si juvat [104] tribus his portionibus addere quartam, a vobis auxiliante Domino illius erit principium.

Hoc unum præterea simul cum paternitate vestra [105] lectorem opusculi [106] hujus expostulo [107] : ut non in [108] eo dictantis inertiam [109], sed materiem [110] dignetur attendere utilissimam [111]. Sicut enim non peritus artifex si de purissimo auro gemmisque [112] pretiosis imperiale diadema confecerit, licet opus ipsum non [113] recte formatum videatur ob imperitiam [114] artificis, non tamen non carum esse potest, tam propter pretiosam materiem, quam et propter ipsius vocabuli dignitatem : sic et opusculum istud, quamvis omnino despicabile [115] propter stili mediocritatem [116] possit videri, propter utilia tamen multa quæ continet, ingratum [117] alicui haberi non debet. Licet enim minus eleganter, sinpliciter tamen [118] atque fideliter [119] quantum ad me, ea [120] quæ dicenda sunt pro meæ scientiæ modulo exequar ; quæ neque doctis, si invidia desit, ingrata, nec nimus doctis possint ad intelligendum videri profunda. Confido autem quod [121], et si forte [122] non omnibus, pluribus tamen hæc nostra sit hystoriuncula placitura : quoniam tempore hoc nostro, licet difficulter invenias aliquem qui velit istiusmodi aliquid scribere, multos tamen est reperire qui hujusmodi narrationes vel audire delectentur vel legere.

Explicit epistola [123].

INCIPIT CATALOGUS [124] ABBATUM HUJUS SACROSANCTI CŒNOBII CASINENSIS.

1. [125] Sanctus BENEDICTUS [126] primus abbas et fundator hujus cœnobii [127].

2. Constantinus [128] abbas.	Sedit
3. Simplicius [129] abbas.	Sedit
4. Vitalis abbas.	Sedit
5. Bonitus abbas.	Sedit
6. Petronax abbas.	Sedit annis 32.
7. Optatus abbas.	Sedit annis 10 [130].
8. Hermeris [131] abbas.	Sedit anno 1.
9. Gratianus abbas.	Sedit annis 4 [132].

VARIÆ LECTIONES.

[87] In-erit *add.* 1^c. [88] q. p. l. l. *superscr.* 1^c. [89] c. h. a. *superscr.* 1^c. [90] *superscr.* 1^c. [91] bertario 1^c. [92] perducata 4. [93] *supersc.* 1^c. [94] tam apud T. quam ap. C. *addit* 1^c. *sed statim expunxit.* [95] q. velut alter Petronax celitus hic ordinatus, n. 1^c. [96] deest 1^c. [97] in — studuit *in cod.* 1. *abscisa sunt.* [98] labore atque industria 1^c. [99] p. præcipueque abbatis Richerii quasi alterius David, ad novi templi constructionem acsi pro omni impensa, quiete parata, ipse 1^c. [100] despœrius 4. [101] terre 4. [102] novum 1^c. [103] spatiosissimum 3. [104] si delectat, h. 1^c. si. i. t. h. *eodem attramento correxit.* [105] *ita* 1^b. tua 1. [106] l. meum 1. *ed.* [107] exoratum esse velim 1. expostulem *ed.* [108] in eo *add.* 4. [109] imperitiam 1. *ed.* [110] materiam 4. [111] *ita* 1^b. gloriosam 1. [112] g. p. *add.* 1^b. [113] *ita* 1^b. vile v. 1. [114] *ita* 1^b. inertiam 1. [115] *ita* 1^c. o. contemptibile (despicabile *corr.* 1^b. *et addit* videri possit, *sed statim delevit*) p. meam inscitiam sit (possit videri 1^b.), propter gloriosorum tamen virorum gloriosissima (gloriosa 1^b.) gesta q. 1. [116] inertiam 1^c. *ed.* [117] *ita* 1^c. alicui non gratum haberi n. d. 1. ing. a. n. d. h. 1^b. [118] *addit* 1^b. [119] veraciter 1. *ed.* [120] tamen ea 1. *corr.* 1^b. [121] *superscriptum* 1. *vel.* 1^b. [122] *add.* 1^b. [123] *ita cod.* 1. præfatio *ed.* ep. modum continens prefationis 4. [124] series a. monasterii Cassinensis 4. *Hæc desunt ed. ut et ipse catalogus, qui tamen extat in cod.* 3. [125] *numeros omisit* 4. *in* 1. *colore rubro scripti sunt, ut et majores litteræ et numeri annorum præter eos quos manus* 2. *addidit.* [126] *eum litteris rubris, Desiderium uncialibus rubris, oderisium uncialibus nigris scribit* 1. [127] monasterii 1. [128] Constantinus 4. [129] S. a. S. *desunt* 4. [130] VIIII 1. *cum Chr. S. Ben. et indice antiquo menbranaceo Camilli Tutini Neapolitani, quem contulit Cam Peregrinius in Serie abbatum Casinensium.* [131] Hermerius *ind. Tutini.* [132] m. V. *add.* 1^b. 3. *et index Tutini.*

10. Tomichis abbas.	Sedit annis 6 [133], mensibus 5.
11. Poto abbas.	Sedit annis 7 [134], mensibus 5.
12. Theodemar [135] abbas.	Sedit annis 19. [136].
13. Gisulfus abbas.	Sedit annis 21.
14. Apollinaris abbas	Sedit annis 11.
15. Deusdedit abbas.	Sedit annis 6.
16. Hildericus abbas.	Sedit diebus [137] 17
17. Autpertus [138] abbas.	Sedit annis 3 [139].
18. Bassacius abbas.	Sedit annis 19.
19. Bertharius abbas.	Sedit annis 27, mensibus 7.
20. Angelarius abbas [140].	Sedit annis 6 [141].
21. Ragemprandus abbas.	Sedit annis 9, mensibus [142] 10 [143].
22. Leo abbas.	Sedit annis 15, mensibus [144] 7 [145].
23. Joannes abbas.	Sedit annis 19, mensibus 7 [146].
24. Adelpertus abbas.	Sedit annis 9.
25. Baldoinus abbas.	Sedit annis [147].
26. Maielpotus abbas.	Sedit annis 6 [148].
27. Aligernus abbas.	Sedit annis 37 [149].
28. Manso abbas.	Sedit annis 11.
29. Joannes abbas.	Sedit anno 1.
30. Joannes abbas.	Sedit annis 12 [150], mensibus [151] 6 [152].
31. Altenulfus abbas.	Sedit annis 11.
32. Theobaldus abbas	Sedit annis 13.
33. Basilius abbas.	Sedit annis 2.
34. Richerius [153] abbas.	Sedit annis 17, mensibus 6 [154].
35. Petrus abbas.	Sedit anno 1, mensibus 5 [155].
36. Fridericus abbas. Qui [156] et Stephanus papa.	Sedit mensibus 10 [157].
37. DESIDERIUS abbas. Qui [158] et Victor papa.	Sedit [159] annis 29, mensibus 5 [160].
38. ODERISIUS abbas.	Sedit annis [161] 19, mensibus 2 [162].
39. Otto abbas.	Sedit anno 1, mensibus 10.
40. Bruno abbas.	Sedit annis 3, mensibus 11.
41. Girardus abbas.	Sedit annis [163].
42. Oderisius abbas.	Sedit [164] annis 2, mensibus 4, diebus 26.
43. Nicolaus abbas.	Sedit anno 1, mense 1, diebus 6.
44. Seniorectus abbas.	Sedit annis 9, mensibus 6, diebus 19.

INCIPIUNT [165] CAPITULA PRIMÆ PARTIS OPERIS HUJUS.

1. *De conversione vita vel obitu patris nostri* [166] *Benedicti.*
2. *Qui abbates illi successerint* [167], *et qualiter monasterio destructo fratres Romam confugerint* [168].
3. *De reversione Fausti a Galliis* [169].
4. *Qualiter Petronax abbas huc venerit et locum hunc restauraverit, et qualiter illum* [170], *papa Zacharias* [171] *adjuverit.*
5. *De adventu Gisulfi ducis in hunc locum et concessione* [172] *totius in circuitu terræ.*
6. *Qualiter factum sit monasterium sanctæ Mariæ in loco* [173] *qui dicitur Cingla.*
7. *Qualiter Karolus rex Francorum huc venerit, et de humilitate ipsius* [174].
8. *Qualiter Ratchis* [175] *rex Langobardorum huc ad conversionem venerit.*
9. *De principe Arichis* [176] *qualiter monasterium sanctæ Sophiæ fecerit et monasterio isti subdiderit, vel*

VARIÆ LECTIONES.

[133] d. XXI *add.* 3. *et ind. Tutini.* [134] VI. 4. [135] Theodorar 4. [136] m. XI. *add. ind. Tutini.* [137] annis *ind. Tutini.* [138] Authpert 1. [139] XVII. 4. [140] *deest* 4. [141] VII 4. [142] m. X. *add.* 1b. [143] d. V. *add. ind. Tutini.* [144] m. VII. *add.* 1b. [145] d. XVII. *add. ind. Tutini.* [146] d. X. *add. ind. Tutini.* [147] m. VI. *ind. Tutini.* [148] *vacat* 1. [149] d. XII. *add. ind. Tutini.* [150] XI. 3. [151] m. VI. *add.* 1b. [152] IV. d. XXVIII. *ind. Tutini.* [153] Richerus 4. [154] d. X. *add. ind. Tutini.* [155] d. XII. *add ind. Tutini.* [156] Q. et S. p. *desunt* 1. [157] d. VIII. *add. ind. Tutini.* [158] Q. et V. p. *desunt* 1. [159] *deest* 4. [160] IV. d. XXII. *ind. Tutini.* [161] *hucusque cod.* 1. *spatio vacuo relicto.* [162] d. XVII. *add. ind. Tutini.* [163] XI. m. II. d. XXVIII *add. ind. Tutini.* [164] *hucusque* 3. 4. *Sequentia addidi ex indice Tutini, cujus ulterius Peregrinius mentionem non fecit.* [165] *ita cod.* 4. *index capitum deest in cod.* 1. [166] *deest ed.* [167] successerunt 4. [168] confugierunt *corr.* confugerunt 4. [169] Gallis 4. [170] *deest* 4. [171] Seccarias 4. [172] gressione 4. [173] l. q. d. *desunt ed.* [174] ejus *ed.* [175] Rachis 2. Carolus 4. [176] Arechis 2. Archis 3

VARIÆ LECTIONES

[177] *ita correxi*, dicaverit *ed.* 4. [178] *deest.* 4. [179] Theodomar 4. [180] fecerit *ed.* [181] ad p. m. i. *desunt* 2. [182] pedes 3. [183] ageret 4. [184] *ita codd.* [185] sancto 4. [186] Delatio 2. [187] Ludovicus *ed.* 4. [188] *deest ed.* [189] oblati 4. [190] in B. *deest* 4. [191] *deest ed.* [192] Richardus 4. [193] venerit *ed.* [194] p. c. se *ed.* [195] monasterii *ed.* [196] Ludoicus *ed.* [197] principatus 4. [198] Ludoicus 2. [199] v. p. a. *desunt* 4. [200] Ludoici *ed.* [201] fecit *ed.* [202] Morinis 2. et de q. in h. l. o. *desunt* 4. [203] pactu 2. [204] factus *ed.* s. m. *desunt* 4. [205] et — profecti *desunt* 4. [206] Remoratorium 4. [207] p. m. *deest ed.* [208] *deest* 4. [209] sub 4. [210] *deest ed.*

INCIPIT [215] CHRONICON MONASTERII CASINENSIS.

I. [Greg. *Dial.* II, Prol. et c. 1, 3.] Egregius igitur et sanctissimus pater, hujusque Casinensis cœnobii primus fundator, gratia et nomine Benedictus, sicut beatus papa Gregorius in secundo dialogorum suorum [216] libro pleniter scribit, Nursia [217] provincia oriundus fuit. Romæ vero ad erudiendum liberalibus studiis a parentibus traditus, non multo post, ut præfati doctoris sermonibus utar, recessit scienter nescius, et sapienter indoctus. Relictis itaque litterarum studiis pariterque nutrice, clam fugiens, ad locum qui Sublacus (250) dicitur, quadraginta ferme ab Urbe milibus disparatum devenit, ubi in speleo quodam per triennium excepto beato Romano qui sanctæ illi conversationis habitum induerat, nulli cognitus mansit. Post hæc a pastoribus repertus, et demum [218] a pluribus [219] agnitus, a Romanæ quoque urbis nobilibus frequentatus, duodennem (251) ab Æquitio Maurum, a Tertullo vero patricio Placidum adhuc puerulum monastica disciplina instituendos accepit. Ubi etiam duodecim monasteria Christi auxilio construens, per singula quoque eadem duodecim monachos sub statutis patribus deputavit. [Pauli *Hist. Langob.* I, 26.] Inde persecutione presbyteri [220] Florentii loco cedens, paucos secum fratres assumpsit; atque duobus se angelis comitantibus, et tribus corvis quos solitus erat alere consequentibus (252), per quinquaginta circiter milia ad hunc locum Christo jubente pervenit. Cujus [221] videlicet sedis Varronem illum tot seculis celebratum, et omnium Romanorum Tullio teste sa-A pientissimum, auctorem fuisse refert antiquitas (253), ubi [222] contrito quod ibidem [223] a rusticis colebatur Apollinis idolo [Greg. II, 8], subversa ara, lucoque succiso, monasterium sibi construxit; et circumquaque manentes populos, continuis prædicationibus ad Christi fidem convertit. Ubi etiam [224] quantis qualibusque refulsit [225] miraculis, quoniam non hujus est operis, si quis eorum desiderat habere notitiam, in præfato beati Gregorii libro facunde scripta reperiet. [*V. S. Mauri* 4.] Inter quæ cum die quadam divinitus sibi revelatum fuisset [226] idem monasterium quod ipse fundaverat [227], a gentibus destruendum, atque propterea inconsolabiliter fleret: cœlesti protinus oraculo consolatus, audivit eundem locum suis nichilominus meritis in potiorem et ampliorem quam B tunc statum fore venturum; et in multas exinde orbis Romani partes regularis normæ ac disciplinæ ordinem [228] proditurum [229]. [*V. S. Mauri* 26.] Ipso itaque anno quo de hac vita migraturus erat ad Christum, rogatus [230] in Galliam ad monasterium constituendum [231] suos mandare discipulos [232], quamvis finem dierum suorum non ignoraret, nichil moratus, beatum Maurum illuc cum eisdem direxit legatis [233]; cum quo etiam beatum Faustum qui ejus postmodum historiam pleniter scripsit, et tres alios mittere studuit. Hinc [234] factum est ut per hunc virum Dei sanctissimum Maurum ejusque discipulos, omnis ordo et regularis disciplinæ norma quæ per beatissimum patrem Benedictum in hoc loco fuerat constituta, per totam Galliam disseminata atque

VARIÆ LECTIONES.

[211] minati sunt *deest* 4. [212] *deest ed.* [213] Martini 4. [214] *deest* 4. [215] *ita cod.* 1. 1: liber primus historiæ hujus cœnobii C. *ed.* [216] *deest ed.* [217] N. p. o. f. *desunt* 4. [218] *add.* 1^{b}. *deest* 4. [219] plurimis *ed.* [220] *deest* 1. [221] Cujus — antiquitas *desunt* 1. [222] In quo 1. [223] antiquitus *add.* 1. [224] *deest* 1. [225] *add.* 1^{b}. [226] esset 1. [227] construxerat 1. 2. [228] *ita* 1^{b}. et multis inde reg. n. a. d. in diversis orbis partibus o. p. 1. [229] profecturum 1. *ed.* [230] est *add.* 4. [231] construendum 1. 2. [232] s. mittere monachos 1. *ed.* [233] l. d. 1. *ed.* [234] Hinc — p. totas Gallias disseminari, constitui, et observari, Deus annuerit. Sub hisdem ferme diebus 1^{b}. *desunt* 1.

NOTÆ.

(250) Subiaco.

(251) Ex Vita S. Mauri c. 8.

(252) Vel ex Chron. S. Bened. ubi eadem verba leguntur, ap. Tosti *Hist. Cas.* I, p. 129.

(253) Cf. Cic. Phil. 2, 40; Varro R. R. 3, 5. Hæc Leo de suo addidit.

diffusa sit. Beatum [235] (253*) etiam Placidum opinio [236] est quod vir Domini Benedictus tunc ad Siciliam miserit [237], ubi pater ejusdem Placidi [238] Tertullus patricius, decem et octo patrimonii sui curtes eidem viro [239] Dei concesserat. [*V. S. Mauri* 32, Greg. *Dial.* II, 37.] Post hæc idem sanctus vir expleto sui temporis cursu laudabili, ea die qua [240] sacrosancti [241] paschæ sabbatum illucescebat, duodecimo videlicet Kalendas Aprilis, in [242] oratorium sancti Johannis baptistæ [243] a discipulis se ferri præcipiens, inter ipsorum [244] manus orans migravit [245] ad Dominum, anno [246] quidem incarnationis ejus 542, indictione quinta (254); sepultusque est in [247] eodem oratorio, ante ipsum altare, quod idem Apollinis ara destructa construxerat, ubi jam ante beatam Scolasticam sororem suam posuerat. Claruit autem temporibus imperatorum Justini senioris et Justiniani [248]; Romanorum vero pontificum Johannis primi, et quarti Felicis, quem sanctus papa Gregorius atavum suum fuisse testatur (255); Theoderico apud Italiam Arriano regnante (256).

2. [Greg. *D.* II, Prol. Pauli *H. L.* IV, 17; II, 4, 7; IV, 17. Greg. *D.* II, 17.] Huic sanctissimo patri succedit in monasterii regimine vir reverentissimus Constantinus, ejusdem sancti patris discipulus. Tertius autem præfuit [249] eidem [250] congregationi Simplicius; quartus Vitalis; quintus vero Bonitus. Quo præsidente, Langobardi, qui nuper sub Justino minore [251] Italiam invaserant, cum jam ab incarnatione Domini 568 annorum circulus volveretur, præfatum cœnobium nocturno tempore quiescentibus fratribus ingressi sunt: qui universa diripientes [252], ne unum quidem hominem illic [253] capere potuerunt, videlicet ut sermo sancti patris Benedicti compleretur, quem Theopropo dixerat: *Vix obtinere potui ut ex* [254] *hoc loco michi animæ cederentur.* Fugientes itaque ex eodem cœnobio fratres Romam profecti sunt, codicem [255] sanctæ regulæ quam pater idem [256] descripserat, et quædam alia scripta, nec non et pondus panis [257], vini quoque mensuram, et quicquid supellectilis [258] potuerunt surripere deferentes. Atque [259] (257) ex concessione Romani pontificis Pelagii, qui tunc sedi apostolicæ præerat, juxta Lateranense [260] patriarchium monasterium statuerunt [261]; ibique per centum * ferme [262] ac decem annos (258) quod Casinense monasterium destructum permansit, habitaverunt [263].

* centum ac triginta annos. 2.

3. [*V. S. Mauri* 5.] Tertio [264] (259) interea Bonifatio sedem apostolicam gubernante, supradictus Faustus qui ad Gallias cum beato Mauro [265] perrexerat [266], ad prænominatum [267] Lateranense cœnobium reversus est, atque a beato Theodoro [268] qui tunc post sanctæ memoriæ Valentinianum [269] tertius can-

VARIÆ LECTIONES.

[235] *ita* 1^b. studuit...... beatum P. 1. [236] Pl. jam ad S. 1. Pl. sanctus Benedictus jam ad S. 1^b. Pl. discipulum suum vir D. B. 1. ad S. 2. [237] miserat 1. misit *ed.* [238] *ita* 1^b. p. ipsius 1. [239] e. beato Benedicto c. 1. *ed.* [240] quæ *ed.* [241] sacro *add.* 1^b. [242] in — præcipiens *add.* 1^b. [243] b. l. 1^b. *ed.* [244] *in loco raso* 1^b. [245] perrexit 1. [246] anno ejusdem inc. 543. ind. secunda 2. a. ei. inc. 542. ind. quinta 3. *desunt* 1. [247] i. e. o. *in loco raso ubi plura scripta fuerant* 1^b. [248] cujus scilicet imperii anno quartodecimo, a dominica vero passione anno quingentesimo nono juxta diligentissimam supputationem defunctus est. *add.* 1. [249] a beato Benedicto p. 1. *ed.* [250] ejusdem *ed.* [251] post Justinianum quem prediximus imperante *add.* 1. *delevit* 1^b. [252] deripientes *ed.* [253] i. h. 1. *ed.* [254] michi e. h. l. a. 1. *ed.* [255] secum *add.* 1. [256] q. beatus Benedictus 1. *ed.* [257] habens per quadram libram unam *add.* 1^b. *delevit* 1^c. [258] *ita corr.* 1^b. supp. 1. [259] Cumque a beato Gregorio q. t. s. a. præerat gratanter recepti fuissent, ex ejus concessione ibidem juxta 1. [260] *add.* 1^b. [261] construxerunt 1. *ed.* [262] *deest* 3. [263] habitaculum 4. [264] Anno igitur dom. inc. sexcentesimo quinto, secundo anno imperii Focæ, defuncto b. papa Gregorio, Savinianus pontificatum Romanum accepit, quo post annum et menses quinque migrante, tertius Bonifatius apostolicam sedem indeptus est, sub quo videlicet suprad. 1. [265] Fausto 4. [266] quoniam Casinense monasterium jam destructum a Langobardis erat *add.* 1. [267] prædictum 1. *ed.* [268] Tehodoro 3. [269] primum ejusdem loci abbatem *add.* 1.

NOTÆ.

(253*) 3. *Non. Oct. apud Siciliam natalis sancti Placidi beatissimi martyris cum sociis suis Eutychio, Victorino, et aliis triginta. Pro quo pater ejus Tertullus patricius decem et octo patrimonii sui curtes beatissimo patri Benedicto obtulit.* Martyrolog. jussu Desiderii abb. conscriptum ap. Gatt. H. p. 915.

(254) A. 542, *ind.* v, non ex Gregorio sumpsit, sed ipse addidit; quod utrum ipse computaverit an ex fonte nobis incognito hauserit nescio. Certe annus 14. Justiniani est a. D. 541; annus autem 509 nullo modo ferri potest; sed solus convenit cum die qualem fortasse ex interpolatione Odonis in Vita b. Mauri adnotatum habemus. Si narrationi de Benedicti cum Totila congressu fides habenda est, Petrus Diaconus verum viderit, sed indictio corrigenda erit. Equidem putaverim obitum Benedicti a Fausto vigiliæ primi Paschatis fuisse assignatum, quem male interpretatus Odo tantas posteris paravit difficultates: nam si revera Sabbato sancto obiisset, id a beato Gregorio silentio prætermissum fuisse non existimo. Petrus, infra 3, 73 annos a transitu beati Benedicti ab anno 509 computat.

(255) Dial. 4, 16, sed tertium; quartum jam Joannes Diac. dixit in Vita beati Greg. 1. Ang.

(256) Cf. Chron. S. Benedicti SS. t. III, p. 200.

(257) Hæc noster addidit.

(258) 110 annos habet Paul. Diac. 6, 40; Petrus in Reg. n. 86, centum viginti; hic et infra 4, 89 rectiori calculo usus 130. Ang. Destructionem a. 577 accidisse probare nititur Di Meo in Ann. Neap. Cæterum vides quam parum accuratam temporum computationem Leo curaverit, cum papæ nomine correcto annorum numerum intactum reliquerit. Tamen cap. seq. initio annum dom. inc. sustulit, scilicet ne pugnantes inter se numeri sub oculos caderent. Nam, ipso teste, restauratio monasterii Casinensis evenit a. D. 720.

(259) Numerum Leo addidit.

dem congregationem regebat, compulsus atque rogatus, historiam de vita beati [270] Mauri veracissimam composuit; quam prædictus papa Bonifatius approbans, laude dignam duxit, suaque auctoritate roboravit.

4. [P. D. vi, 40. *Chron. Vulturn.*] Cum [271] autem [272] omnipotens Deus præfatum [273] beati Benedicti cœnobium jam decrevisset miseratione [274] illa sua omnipotentissima restaurare, et cœnobialem institutionem quæ inde principium sumpserat, ex ejusdem patris loco [275] per orbis circulum propagare, contigit [276] disponente Deo, ut Petronax civis Brexianæ urbis vir valde religiosus, divino afflatus amore Romam venisset. Quem reverentissimus [277] tertius (260) papa Gregorius cœlitus [278] inspiratus admonuit ut hoc Casinum castrum peteret, atque monasterium beati Benedicti quod jam per tot annos destructum manserat [279], suo studio reconciliare satageret. Quo annuente, mox [280] idem venerabilis pontifex cum illo aliquantos de Lateranensi congregatione fratres direxit [281], et alia quoque [282] illi nonnulla adjutoria contulit. Is ergo huc ad sacrum beati Benedicti corpus perveniens, tam cum illis qui secum venerant, quamque etiam cum aliquot simplicibus viris quos inibi jam dudum resedisse repperit, habitare cœpit anno Domini 720 [283]. Atque [284] ab eisdem fratribus in abbatem prælatus, cooperante Deo, et beati Benedicti suffragantibus meritis, constructis [285] decenter habitaculis, ac multorum ibi fratrum congregatione statuta, sub regulæ sanctæ doctrina vivere studuit. Quem [286] videlicet tres quidam nobiles viri Beneventani [287], Paldo et Taso atque Tato, germani fratres [288], qui ante quindecim circiter annos monasterium sancti martyris Christi Vincentii juxta ortum Vulturni fluminis de propriis sumptibus construere ceperant [289], cum essent potentes ac divites, in ipso opere tam per semetipsos quam per suos usque ad restaurationem loci hujus plurimum adjuverunt. Hic (261) in æcclesia beati Martini, quam parvulam repperit, sedecim ferme cubitos auxit; ibidemque absidam efficiens, in honore beatæ Mariæ semper Virginis, et sanctorum martyrum Faustini et Jovitæ in ea [290] altarium statuit, in [291] quo etiam et brachium unius illorum [292] quod secum de Brexia asportaverat decenter recondidit. Insequenti tempore, sanctissimus papa Zacharias qui Gregorio successerat, plurima huic adjutoria contulit; libros scilicet aliquot [293] sanctæ scripturæ, nec non et codicem sanctæ regulæ quam [294] pater Benedictus manu propria scripserat; pondus etiam libræ panis, et mensuram vini, quæ olim inde sicut supra diximus, sub Langobardorum invasione [295] monachi fugientes secum Romam detulerant [296]. Diversa etiam ad ecclesiasticum ministerium ornamenta, nonnulla quoque ad diversas utilitates monasterii pertinentia, illi apostolica liberalitate largitus est. Ab hoc etiam sanctissimo papa prædictus abbas privilegium primus accepit, ut hoc monasterium cum omnibus sibi pertinentibus cellis [297], ubicumque terrarum constructis, ob [298] honorem ac reverentiam sanctissimi patris Benedicti, ab omnium episcoporum dicione sit omnimodis [299] liberum; ita ut nullius juri subjaceat nisi solius Romani pontificis (262).

5. [P. D. vi, 58. *Chr. S. Benedicti.*] Gisulfus

VARIÆ LECTIONES.

[270] *deest 4.* [271] Aliquot interea labentibus annis, temporibus scilicet Johannis sexti papæ, Gisulfus major dux Beneventanus cum valida suorum manu in Campaniam veniens, arcem Arpinum, et Soram Romanorum civitatem pariter cepit; incendia quoque et deprædationes maximas faciens, captivosque nonnullos abducens, nullo ei valente resistere, usque ad locum qui Horrea nominatur pervenit, ibique sua castra metatus est. Ad hunc præfatus papa Johannes aliquot sacerdotes cum muneribus apostolicis dirigens, universos quos ceperat captivos redemit, eumque cum universo exercitu remeare ad propria fecit (*Ex Chr. S. Bened.*). Cum 1. Aliquot i. l. annis, cum jam videlicet ab inc. Domini annus septingentesimus ac tertius verteretur, præsidente Romanæ sedi Constantino mitissimo et angelico papa, imperantibus autem Justiniano minore cum Tiberio filio, ceptum est construi monasterium sancti martyris Christi Vincentii juxta ortum Vulturni fluminis, a tribus nobilibus fratribus civibus Beneventanis, Paldone scilicet, Tasone, atque Tatone, Gisulfi ducis Beneventani propinquis; e quibus idem Paldo primus ibidem abbas effectus est. *Ea* 1b. *addit : mutata esse, postquam superiora illa delevit, voces plurimæ erasæ et deletæ indicant; postremo omnia pariter delevit.* [272] *deest 4.* [273] præfati 3. [274] i. s. m. 4. [275] l. et regula p. l. l. et p. *ed.* [276] p. hujusmodi occasionis initium extitit, ut 1. [277] reverendissimus 2. [278] divinitus 1. [279] a. erat destructum 1. [280] *ita* 1b. eundem Petronacem mox abbatem constituit atque cum 1. [281] *ita* 1. dirigens a. 1b. [282] etiam nonnulla illi 1. [283] A. D. 720. *add.* 1b. [284] Ac non multo post 1. ab e. f. i. a. prælatus *add.* 1b. [285] reparatis undique hab. et dec. constructis, multorum 1. [286] *ita* 1c. Quem videlicet prædicti Beneventani fratres cum essent potentes ac divites, in ipso opere tam per se quam per suos usque ad restaurationem ejus plurimum adjuverunt 1b. *desunt* 1. [287] supradicti ducis propinqui *add.* 1c [288] g. f. *suprascr.* (*falsum est*). [289] ceperunt 3. [290] in ea *desunt* 1. [291] ubi (etiam *add.* 1b.) et 1. [292] *ita* 1b. b. eorundem sanctorum 1. [293] *deest* 1. [294] quem 1. [295] destructione 1. [296] detulerunt 4. [297] c. s. p. 1. *ed.* [298] ob — Bened. *desunt* 1. [299] *add.* 4.

NOTÆ.

(260) Imo quartus. Cæterum e cod. autographo apparet Leonem quæ e solo Paulo Diacono hauserat, postea ipsis Vulturnensium monumentis adhibitis accuratius elaborasse. Sed annum rotundo, ut aiunt, numero expressit, qui ex ipsius Leonis calculo est 718. Annus 720 etiam in Libro pontificali ap. Steph. Borgia *Del dominio temp.*, p. 4, invenitur. S. Vincentii monasterium conditum est a. D. 702, cum ex ejus temporis more jam 703 numeraretur.

(261) *Hic—recondidit* ex fonte nobis ignoto hausit, ut plurima ejusmodi, quæ sub uno quoque abbate refert.

(262) Privilegii meminit Petrus presb. in Chron. Vulturn. Spurium recentioris ævi fetum, quem jam Baronius rejecit, denuo edidit Tosti *Hist. Casin.* I, p. 82. Exstat jam in Regesto Petri Diaconi.

præterea junior, nepos Liutprand [300] regis Langobardorum [301], qui post Gotscalcum [302] Beneventanorum dux exiitit, cum per eos dies [303] ingenti [304] coadunato exercitu versus Romam pergeret (263), et in transeundo in hanc arcem Casini quæ tunc Mello vocabatur, cum [305] plurimis ascendisset, atque juxta corpus sanctissimi patris Benedicti [306] prædictos [307] fratres [308] religiose [309] satis in Dei servitio vivere repperisset, divino mox [310] tactus [311] instinctu, cuncta in circuitu, tam campestria quam montana eidem patri Benedicto in scriptis contulit, firmisque donariis in perpetuum eadem posteris habenda concessit. Per (264) has videlicet terminationes et fines (265). Quemadmodum incipit ab ipso fluvio qui dicitur Carnellus (266), et ascendit per aquam quæ vocatur Bautra (267) usque in Rivum Siccum; et sicut ascendit per ipsum rivum usque in furcam Sancti Martini; et in eam ascendit per serras (268) et vadit in montem qui dicitur Cisinus; et sicut inde pergit in pesclum (269) nomine Corvarum; et qualiter vadit per ipsas serras ad furcam quæ dicitur Popplu; et inde pergit ad lacum qui vocatur Vitecusus; et inde vadit ad Aquam Fundatam; et ascendit in montem qui dicitur de Sile; et vadit exinde in caput [312] aquæ de Rapido (270); et inde ascendit in montem qui dicitur Caballus; et pergit in montem qui vocatur Rendenaria major; et inde per serras montium venit ad Rendenariam minorem; et qualiter inde directe vadit per pedes montium qui vocantur Freselona; et pergit in aquam de Mellarino; et descendit per eandem aquam cum utrisque ripis, et vadit in Parietes [313] de Balnearia; et inde vadit per locum qui dicitur Anglone; et ascendit [314] ad furcam [315] de Valleluci; et quomodo vadit per ipsas serras montium, et descendit ad Petram scriptam; et exinde ascendit ad serras montis qui dicitur Orticosa [316]; et quomodo vadit per serras montium, et pervenit ad pesclora quæ vocantur Falconari [317]; et qualiter vadit per duos montes quorum unus vocatur Spinacius, alter autem Porcacius; et qualiter inde vadit ad cristas montis qui vocatur Caria (271); et descendens venit ad petras super aquam [318] Vivolam; et inde ascendit ad collem [319] Gimberuti; et descendit in Quercetulum [320]; et inde in fossatum juxta Sanctum Damasum [321] quem [322] videlicet vulgus [323] Sanctum Amasum appellat; exinde [324] directe pergit in Silicem [325] loco ubi dicitur Arcus Pezzuli [326]; et qualiter vadit ad lacum qui vocatur Radeprandi; et quemadmodum inde pergit in Farnietum; et [327] inde in rivum qui dicitur Marozzæ [328]; et qualiter descendit in ipsum fluvium Carnellum; et per eundem [329] ascendit in aquam quæ nominatur Cosa; inde [330] per serras montis sancti Donati; inde [331] super monticellos de Marri descendens [332] vadit ad [333] pesclos qui sunt in pede montis qui dicitur Balva (272); inde [334] per duos leones (273); et inde pergens ascendit per [335] serras montis super Casale; et sicut descendit per ipsum montem usque ad [336] villas de Gariliano [337]; inde ad [338] pesclum qui nominatur Cripta imperatoris; et [339] inde pergit [340] ad jam dictum flumen Garilianum; atque per ipsum flumen ascendit usque ad priores fines; una cum omnibus castellis, vicis, domibus, ecclesiis, molendinis et aquis, cæterisque omnibus quæ intra prædictos fines tunc temporis habebantur [341]. (*Chr. S. Bened.*) Uxor etiam ejusdem ducis Scauniperga nomine, templum idolorum quod antiquitus in Casino

VARIÆ LECTIONES.

[300] Luitprandi 3. [301] n. l. r. l. *add.* 1b. [302] Godescalcum 1. [303] c. hujus tempore 1. [304] ingenti — transeundo *desunt* 1. 2. [305] c. p. *add.* 4. [306] tam religiose *add.* 1. *ed.* [307] *deest* 1. [308] qui tunc ibi manebant *add.* 1. [309] r. s. *add.* 4. [310] *add.* 4. [311] compunctus 1. [312] capud 3. [313] parietibus 1. *ed.* [314] descendit 3. bulo V. 1. *ed.* [315] f. quæ dicitur de 1. *ed.* [316] Ortiasa 3. 4. [317] Falconara 3. 4. *priv. Zach.* [318] a voca- [319] c. qui vocatur G. 1 *ed.* [320] Querquitulum 1. Quertitulum 2. [321] D. et exinde q. 2. [322] quem — appellat *desunt* 1. *et priv. Zach.* [323] S. A. vulgus 2. 3. [324] et d. 1. *ed.* et exinde d. *privil. Zach.* [325] S. in l. 1. *ed.* [326] Jezzuli 3. [327] *deest ed.* [328] Marocze 2. [329] e. fluvium a. 1. *ed.* [330] C. et sicut ascendit p. 1. *ed.* [331] D. et quomodo descendit s. 1. *ed.* [332] M. et v. 1. *ed.* [333] ad ipsos p. 1. *ed.* [334] B. et qualiter directe vadit p. 1. *ed.* [335] ipsas s. 1. *ed.* [336] ad — inde *desunt* 2. [337] G. et inde vadit usque ad 1. [338] ad ipsum p. 2. [339] indeque p. 1. *ed.* [340] p. usque ad 1. *ed.* [341] una habebantur *add.* 1b. *Inde prima manus ita pergit:* His ita præfatus dux b. patri B. legali donatione concessis atque firmatis, marchias tantum propter hostium irruptionem ad tutamen incolarum sibi retinuit, quibus tamen, tam seminum quam messium tempore in laborum suffragiis monachis obedire præcepit (274). Huic etiam abbati idem Gisulfus præceptum fecit (firmatis, fecit etiam eidem abbati præceptum 1b.) de monasterio sanctæ Mariæ in Cingla cum omnibus pertinentiis suis; et huic Casinensi monasterio subdidit. *Quibus secunda addit:* Nec non et de territorio Gentiane concessionem beato B. satis liberaliter fecit. *Postea totum locum expunxit.*

NOTÆ.

(263) Eam Leonis conjecturam esse arbitror. Chronicon S. Bened. hunc Gisulfum cum seniore confundit.

(264) Hæc Leo addidit, non ipso ut videtur dipl. usus, quod jam in Petri Regest. desideratur; sed principum et regum confirmationibus, quæ eosdem fines enarrant. Verba autem ex hoc loco describens fabricator privilegii Zach. editione Chronici usus est qualem nos ex cod. 4 damus.

(265) Cf. tabulam dominii Casinensis ap. Gattulam.

(266) Liris qui fonti propior Carnellus, Rapido auctus Garilianus vocabatur; v. Gatt. Acc. p. 753 s.

(267) Vulgo Pecia. GATT.

(268) Altiora montium, unde Hisp. *sierra*.

(269) Rupis, saxum, locus in rupe positus, hodie *pesco*, teste Giustiniani in *Dict. geogr. Neap.*

(270) Qui modo Clarus dicitur, diversus ab altero Rapido qui supra Castrum S. Eliæ oritur. GATT.

(271) Monte Cairo. GATT.

(272) Postea *Famara*. Gatt. Acc. p. 121.

(273) V. infra III. 12.

(274) Ex Chr. S. Bened.

castro constructum fuerat, in beati Petri apostoli honorem convertens (275), yconas ibi et cætera ecclesiæ officiis congrua ministeria in posterorum memoriam devotissima contulit.

6. Hujus [342] (276) ducis temporibus quidam sculdais Beneventanus Saracenus nomine, in loco qui Cingla vocatur territorio Aliphano, ecclesiam in honore sancti Cassiani a solo [343] construxit; eamque ex permissione prefati ducis cum omnibus quæ ibi adquirere potuit, simul etiam cum omni ex integro substantia et hereditate sua præter servos et ancillas omnes [344] libertate donatos, quoniam filium non habebat, in monasterio beati Benedicti concessit [345] (*an.* 743, *Aug.*). Qui locus cum oculis venerabilis Petronacis valde utilis [346] apparuisset [347], cum consensu et maximo adjutorio ejusdem gloriosi ducis Gisulfi et Scaunipergæ conjugis [348] ejus, construxit ibidem monasterium puellarum Dei ad honorem beatæ Dei [349] genitricis et semper virginis Marie; concessa insuper ibi a prædicto duce ecclesia sanctæ Crucis cum omnibus territoriis et pertinentiis ejus (*an.* 745, *Oct.*), quam Giselpertus noster præpositus a quodam abbate (277) Deusdedit nomine cum consilio et auxilio [350] ejusdem ducis emerat; nec [351] non et aliis ecclesiis et curtibus non paucis in circuitu, juxta quod monimina ejusdem cœnobii continent. Quod (278) videlicet sanctæ Dei genitricis monasterium, annuente præfato abbate idem dux Gisulfus tunc [352] concessit [353] tribus ancillis Dei (*an.* 747, *Mai.*), id est Gausanæ [354] abbatissæ, Pancritudæ et Garipergæ; quæ postpositis parentibus et universis opibus suis, peregrinari pro Deo in partibus istis elegerant. Eo utique [355] tenore firmato [356], ut quandiu qualibet [357] earum adviveret, loci ipsius regimen sine alicujus contradictione quieto [358] jure altera post alteram retineret; post illarum vero excessum, et potestas et ordinatio ejusdem loci ad monasterii nostri dicionem rediret.

A Eodem [359] (279) tempore supradictus dux de territorio Gentiane concessionem monasterio [360] Casinensi satis liberaliter fecit. [ERCHEMP. 3, 9.] Iste (280) Gisulfus cepit ædificare ecclesiam sanctæ Sophiæ in Benevento; quam cum morte præventus explere nequivisset [361], Arichis qui ei successit, mirifice illam perfecit; ibique cœnobium sanctimonialium [362] statuens, monasterio beati [363] Benedicti hic in Casino concessit, sicut [364] in sequentibus ostendemus.

7. [*Chr. Salern.* 1, 31, 32, 33, 5.] Per idem tempus [365] (747), Karolus magnus [366] filius Karoli regis Francorum, amore cœlestis regni regno [367] terreno relicto, Romam ad beatum Petrum apostolum [368] devotus advenit, seseque ejusdem apostoli [369] servitio man- B cipavit. Quem præfatus papa Zacharias clericum ordinans [370], post aliquot dies huc cum ad nostrum [371] monasterium, Domino cum cæteris sub regulari magisterio serviturum cum [372] universis [373] opibus suis transmisit; ubi sub regimine prædicti abbatis cum omni humilitate et devotione Domino serviens, per aliquot deguit annos. Non autem videtur otiosum, si quantæ humilitatis in monasterio, quantæque obedientiæ idem rex fuerit [374], litteris [375] ad posterorum exemplum mandemus. Cernens [376] denique præfatus abbas ejusdem Karoli fervens esse propositum, volensque juxta tenorem regulæ ipsius [377] perseverantiam sufferentiamque cognoscere, sicut scriptum est: *Nolite omni spiritui credere, sed probate spiritus si ex Deo sunt* [378], temptavit illi curam pau- C carum ovium quas habebat [379] injungere, ut cotidie scilicet [380] ad pastum illas [380] educeret, pascentes custodiret, pastasque [381] reduceret. Quam ille obedientiam (280*) ac si ex ore Domini ferventer nimis [382] amplexus, satagebat cotidie diligenter [382] quæ sibi fuerant imperata perficere. Quadam [383] igitur die, cum aliquanto [382] longiuscule pascendas oves duxisset, subito quidam [384] latrunculi super [382] eum [382]

VARIÆ LECTIONES.

[342] Hujus — liberaliter fecit *add.* 1b. [343] fundamentis 1b *ed.* [344] quos o. l. donavit 1b. *ed.* [345] optulit 1b. 2. [346] delectabilis 1b. [347] visus fuisset 1b. *ed.* [348] uxoris 1b. *ed.* [349] g. D. 4. [350] adjutorio 1b. *ed.* [351] Nec — continent *desunt* 1b. [352] *deest* 1b. [353] confirmavit 1b. 2. [354] Gausani 1b. 2. [355] *deest* 1b. [356] *deest* 1b. *ed.* [357] quælibet *ed.* [358] c. teneret; p. 1b. 2. [359] Eodemque *ed.* [360] beato Benedicto 1b. *ed.* [361] non posset 1. *ed.* [362] i. s. c. 1b. *ed.* [363] sancti 1b. *ed.* [364] s. i. s. o. 1b. quique Arichis prædicto abbati (*corr.* Theodem.) præceptum concessionis de territorio Gentiane fecit; et monasterio beati B. devotissimus obtulit 1. [365] Hujus tempore 1. [366] mannus 2. [367] regnum terrenum relinquens 1. *ed.* [368] cum aliquot suis fidelibus *add.* 1. [369] eidem apostolo tradidit 1. e. apostolico tradidit 2. [370] faciens 1. 2. [371] beati Benedicti 1. *ed.* [372] *deest ed.* [373] omnibus suis divitiis t. 1. [374] fuit *ed.* [375] f. scriptis breviter 1. [376] Denique p, a. cernens e. K. fervere p. *ed.* D. p. a volens juxta 1. [377] ejusdem Karoli 1. [378] cernens illius fervere propositum *add.* 1. [379] o. quæ præ manibus erant 1. [380] *add.* 1b. [381] pastas 1. [382] *add.* 4. [383] Post paucos dies c. 1. *ed.* [384] in eum *add.* 1.

NOTÆ.

(275) Unde ipsum Casinum postea vocatus est Sanctus Petrus in monasterio.

(276) Ex dipll. Gisulfi ap. Gatt. H. p. 27, datis *in Alifas mense Augusti ind.* II, altero Beneventi *mense Octuber et ind.* XIV.

(277) De Sancto Joanne, prope Alifas.

(278) Gatt. l. l. Præceptum datum est Beneventi *mense Magio per ind.* XV.

(279) V. infra c. 14. Casa Gentiana sita est in finibus Liburiæ, in territorio quod nunc *Quarto* vocant (ad Maranum pertinens). ANG.

(280) Hæc in cod. Erchemperti ita non leguntur; at inde se ea hausisse ipse Leo testatur; v. Gatt. H. p. 54.

(280*) Ita officia monasterii appellabant, quorum præcipua erant præpositurae monasterii Casinensis et cellarum ei subjectarum.

irruentes, conabantur de ovibus sibi [385] commissis A violenter [386] abripere. Quibus Karolus constanter [386] obvius factus : *De me* [387], inquit, *quod Dominus vobis facere permiserit, patienter sustineo; de ovibus autem auferendis quæ meæ curæ commissæ sunt, nullo pacto pro meo posse assentior.* Illi vero perversæ mentis homines funditus eum exspoliantes, cœperunt abire. Tum Karolus pudorem pudendorum membrorum non sufferens, femoralia tantum sua violenter eis [388] eripuit; cætera, nolens contendere, patienter illos auferre permisit. Cumque seminudus ad monasterium reversus fuisset [389], interrogatus ab abbate vel fratribus, rem gestam ordine pandit. Abbas vero ut cognosceret si patientiam quam deforis ostendebat gereret intus, cœpit eum vehementer increpare, eique tam segnitiem quam simulationem exprobrando objicere. Cum ille nichil aliud ad omnia illa, nisi solummodo se peccasse protestaretur. Jubetur ergo vestiri, et ad commissam obedientiam de consuetudine egredi. Revertente autem [390] eo quadam die cum præfatis oviculis, cœpit una earum egerrima claudicare. Videns igitur [391] se propterea non posse ad constitutam sibi [392] horam occurrere, cordis [393] humilitate dictante eandem mox claudicantem oviculam [393] rex quondam Karolus, sed tunc vere monachus humeris suis imposuit, sicque cum omnibus ad monasterium rediit. Sed [394] ut [395] tanta ejus adhuc humilitas intima atque ideo verissima probaretur ac probata coronaretur, inter redeundum oviculæ illius quam gestabat in humeris, perfundi [396] eum [397] lotio contigit. Quod, ille quondam præpotens, ille regali dudum [398] dignitate [398] conspicuus, tanta cordis [389] patientia pertulit, tanta animi virtute toleravit, ut nec [399] oviculam ob hoc deposuerit, nec alicui, vel modicæ [400] murmurationis verbum inde protulerit. Hoc [401] cum abbati ab his qui cognoverant relatum fuisset, admiratus nimium tantam tanti viri humilitatem ac tolerantiam, et vere Dei spiritum in illo esse perpendens, præcepit eum de cætero ab obedientia illa quiescere; et ibi juxta, hortulum prout sciret [402] excolere. Postmodum vero ab Aistulfo [403] Langobardorum rege pro quibusdam rei [404] suæ [405] utilitatibus ad fratrem suum Pipinum regem in Franciam ire rogatus, vix [406] ægre hoc [407] regi annuente abbate profectus est; ibidemque negotio pro quo abierat impediente aliquandiu retardatus, judicio Dei defunctus est (*an.* 754). [*Chr. S. Bened.*, p. 200.] Cujus postmodum [408] corpus idem frater ejus rex Pipinus in locello aureo [409] positum, cum [410] multis aliis muneribus huc ad suum monasterium retransmisit *.

* remittere studuit. Tunc temporis in eodem monasterio Cyprianus (281) presb. et monachus ymnum sancti B. composuit: *Christe sanctorum decus atque virtus.* 1.

8. [*Ch. Salern.* 1.] His quoque diebus (749), Ratchis rex Langobardorum ad [411] capiendam Perusinam urbem cum valido exercitu pergens [412], eam B undique fortiter expugnabat. Ad quem prædictus papa Zacharias profectus [413], multis precibus ac monitis magnisque [414] illi concessis donariis, ad sua illum redire coegit. Cujus idem rex monitionum sollicite reminiscens, non multo post divino afflatus instinctu, relinquens regalem dignitatem et gloriam, cum jam per annos quinque et sex menses (282) regnasset, Romam una cum uxore et filia (283) ad beati Petri [415] limina devotus advenit; ibique a præfato papa [416] comam attonsus, et clericus factus, monachico etiam habitu simul cum uxore et filia est indutus. Moxque ad hoc monasterium [417] eodem apostolico dictante [418] perveniens, et sub regulari magisterio instituendum se tradens, post [419] reli- C giosam satis ac Deo placitam conversationem, ibidem vitæ finem sortitus est. Extat in hodiernum [420] diem vinea satis monasterio vicina, quæ vulgo vinea Ratcisi vocatur; quam eundem Ratchis et plantavisse et incoluisse nonnulli nostrorum [421] existimant. Uxor vero illius nomine Tasia, et filia Rattruda, concedente et adjuvante [422] præfato abbate, monasterium puellarum non longe a Casino (284), in loco qui Plumbariola (285) vocatur, propriis sumptibus extruxerunt; multisque ditatum opibus, ibi sub magna cautela et districtione regulari vitam agentes, ultimum diem clauserunt. Fuit autem præ-

VARIÆ LECTIONES.

[385] illi 1. *ed.* [386] *deest* 1. [387] De ovibus inquit absportandis (auferendis *ed.*) q. m. c. c. sunt, n. p. (pro meo posse *add. ed.*) ass. de me vero q. D. v. p. f, non contendo. Illi autem 1. *ed.* [388] *deest* 1. ab eis 1b. *ed.* [389] esset 1 [390] igitur 1. *ed.* [391] ergo 1. *ed.* [392] *deest* 1. 2. [393] occurrere, eandem cl. ov. humeris 1. *ed.* [394] Ante vero quam portam esset ingressus. o. i. q. g. i. humeris, perfusus lutio est 1. [395] ut-coronaretur *add.* 4. [396] profundi *ed.* [397] lutio *ed.* [398] *add.* 4. [399] ne *ed.* nec illam ob 1. [400] quidem *add.* 1. *ed.* [401] Quod 1. Hoc 1b [402] posset 1. [403] Astulfo 3. [404] publicæ *add.* 1. [405] *add.* 1b. [406] rogatus ibidem def. 1. [407] r. h. 1. *ed.* [408] *deest* 1. [409] atque gemmato *add.* 1b. [410] c. m. a. m. *add.* 1b. [411] ad—post *in* 1. *addit secunda manus quæ hic totum sententiarum ordinem invertit, cum hæc omnia prius Optato abbati adscripserit.* [412] veniens 1b. [413] pergens 1b. [414] multisque 1b. *ed.* [415] apostolorum principis *add.* 1. *ed.* [416] ab apostolicæ sedis præsule 1. a pr. ap. s. præsule Zacharia 1b. *ed.* [417] beati B. *add.* 1. *ed.* [418] transmittente 2. e. a. d. *desunt* 1. [419] tradens, ibidem v. 1. [420] *ita* 1b. inodiernum 1. [421] i. nostrorum quidam 1. [422] et a. *desunt* 1.

NOTÆ.

(281) Cf. Petr. D. *De viris ill.* c. 7.

(282) Eos Chr. S. Bened. Aistulfo tribuit, quam erroris causam fuisse puto.

(283) *Filiis* Chr. Salern. et Vita Zach. Noster hic Chr. S. Bened. sequitur, SS. III, p. 200, quibuscum conjunxit quæ per ora hominum tradita accepit.

(284) Rivulo, qui nunc *Le Fontanelle* dicitur. Ang.

(285) *Piumarola.*

dictus abbas sextus a beato Benedicto temporibus imperatorum Leonis et Constantini [423]; Romanorum vero pontificum, Gregorii et Zachariæ; et Gregorii Beneventani ducis, atque præfati [424] Gisulfi junioris [425]. Qui cum præfuisset huic monasterio annis triginta duobus, defunctus est, pridie Nonas Maii (*an.* 750); et sepultus [426] in porticu juxta ecclesiam sancti Martini.

OPTATUS abbas septimo loco a beato Benedicto ordinatus, sedit annis 10. [427] Hic fuit temporibus prædicti Constantini imperatoris, et Leonis filii ejus, et [428] præfati ducis Gisulfi (286), et Stephani secundi papæ.

Quo (287) videlicet tempore Langobardorum [429] rex Aistulfus et Ravennam cepit, et Romam per tres menses obsedit (288) (751). Qua de causa prædictus pontifex Franciam ire compulsus est ad excellentissimum regem Pipinum (*an.* 753); a quo cum magna gloria [430] et honore receptus, eundem Pipinum et duos filios ejus Karolum et Karlomannum unxit in reges Francorum (*an.* 754). Fecitque idem gloriosus rex una cum prædictis filiis suis promissionem et concessionem beato Petro ejusque vicario [431] de civitatibus ac territoriis Italiæ per designatum confinium: A Lunis cum insula Corsica; inde in Surianum; inde in montem Bardonem; inde in Vercetum; inde in Parmam; inde in Regium; inde in Mantuam et montem Silicis; simulque universum exarchatum Ravennæ sicut [432] antiquitus fuit, cum provinciis Venetiarum et Histrie; necnon et cunctum ducatum Spoletinum seu Beneventanum; eamque donationem propria manu sua, filiorumque suorum, multorumque judicum, et optimatum suorum corroboravit [433]. Demum vero [434] idem rex simul cum præfato Romano pontifice Italiam ve-

A niens, et Ravennam et viginti alias civitates (289) supradicto Aistulfo abstulit, et sub jure apostolicæ sedis redegit. Propter quod tunc Romanorum etiam patricius constitutus est. Præfatus vero abbas completo sui temporis cursu, defunctus est pridie [435] Nonas Januarii (*an.* 760), atque juxta prædecessorem suum apud ecclesiam beati Martini sepultus est [436].

HERMERIS abbas octavus, sedit anno [437] uno *, obiit autem 15 Kal. Augusti (*an.* 760), et sepultus est juxta ecclesiam sancti Benedicti.

* temporibus supradicti Constantini imperatoris et Leonis filii ejus, et Stephani papæ secundi *addit.* 2.

B GRATIANUS abbas in [438] hujus loci prælatione nonus, sedit annis 4, mensibus 5 [439] (290); temporibus imperatorum quos supra diximus, et [440] Arichis Beneventani ducis et principis (291).

De [441] quo videlicet Arichis [442] domnus [443] Herchempertus [444], in historia quam de Langobardorum gente post [445] Paulum diaconum composuit, ita refert [446]. Hic [447] (292) Arichis primus Beneventi principem se appellari jussit; cum usque ad istum, qui Benevento præfuerant duces appellarentur. Nam et ab episcopis ungi se fecit, et coronam sibi imposuit, atque in suis cartis, *scriptum in sacratissimo nostro palatio* (293), in finem scribi præcepit.

9. [ERCH. c. 3.] Hic [448] intra mœnia Beneventi templum Domino opulentissimum ac decentissimum C condidit, quod Greco vocabulo, ΑΓΗΑΝ [449] ΣΟΦΗΑΝ id est Sanctam Sapientiam nominavit; ditatumque amplissimis prædiis, ac [450] variis opibus, et [451] sanctimonialium cœnobium statuens, germanamque [452]

VARIÆ LECTIONES.

[423] et Liudprandi (Luitprand 2.) regis Langobardorum *add.* 1. *in loco raso.* 2. [424] *deest* 1. [425] nepotis scil. Liudprandi regis *add.* 1. [426] est *add.* 1. [427] novem 1. [428] ejus et stephani pp secundi (*corr.* tertii). et p. g. ducis 1. *ubi jam sequebatur narratio de Ratchis rege. Qua ad Petronacis tempora relegata* 1b. *pergit:* Qui completo; *prius scriptum erat*: Prædictus autem abbas c. [429] A. r. L. *ed.* [430] *deest* 4. [431] vicaris 3. [432] s. a. f. *desunt* 1b. (*cap.* 12.) [433] corroboratam *ed.* [434] *deest ed.* [435] *ita* 1b. VII k. septembris 1. [436] *deest* 1. *ed.* [437] s. a. *desunt* 4. [438] a. a. beato B. n. 1. *ed.* [439] m. q. *add.* 1b. [440] et Aistulfi Langobardorum regis qui Ravennam cepit, et Romam per tres menses sub Stephano papa possedit, Arichis quoque qui primus Beneventi appellatus est princeps 1. quoque Beneventani principis *corr.* 1b. et prædicti A. L. regis, Arichis q. B. d. et p. 2. [441] De isto A. 1. [442] ita refert *hic add.* 1. *infra omittit.* [443] *add.* 1b. [444] Hercenbertus 3. Erchempertus 4. quidam grammaticus *add.* 1. q. monachus atque g. 1b. *quæ postea expunxit.* [445] p. P. d. *add.* 1b. [446] i. r. *desunt* 1. [447] Hic - præcepit *add.* 1b. [448] Arichis *add.* 1. *delevit* 1b. [449] A. S. *desunt* 4. [450] et 1. *ed.* [451] ac 1. *ed.* [452] germanamque - ejus *add.* 1b.

NOTÆ.

(286) Imo Liutprandi quem Chr. S. Ben. omisit, et Arechisi.

(287) Hæc non ex Anastasio recepit Leo, sed ex quadam schedula quæ ex Anastasio forte emanaverat, et postea a Petro Diacono in suum Regestum inducta fuit, numero signata 86. ANG. Scil. promissionem Pippini, reliqua utrum ex ipsis Gestis Pont. hauserit, an ex Chr. Salern. c. 2 ss. concinnaverit, non liquet. Totus locus desideratur in cod. 1; cf. c. 12, 16.

(288) A. D. 756. Hoc ex Chr. S. Bened. descripsit, ubi tamen de tempore nihil adnotatum est.

(289) Prima vice cum papa venit 754, altera solus 756, et tunc civitates eas S. Petro restituit.

(290) Calculus sibi non constat, cum mense Julio Hermerim, Augusto Gratianum obiisse tradat; et in catalogo abbatum cod. 4 habet: *annis IIII.*

(291) Ex Chr. S. Benedicti p. 201 hæc primo exscripsit, postea auxit et mutavit.

(292) Cum hæc postea in margine addiderit, ad verba *Beneventani principis*, deinde signis positis huc amandaverit, dubium videtur utrum in suo Erchemperti codice ea invenerit, an aliunde sumpta hic inseruerit auctor: nam in cod. Vat. desunt.

(293) Id jam sub antecessoribus ejus fieri consuevisse, in Arichisi chartis vero non inveniri, adnotavit Di Meo Ann. Neap. III, p. 93.

(294) suam ibidem abbatissam efficiens, cum omnibus omnino pertinentiis et possessionibus ejus, id sub jure beati Benedicti in Monte Casino tradidit in perpetuum permansurum (*an.* 774. *Nov.*). In [453] (295) quo videlicet templo, sanctorum martyrum 12 Fratrum corpora diversis in locis per Apuliam in quibus et decollati fuerant quiescentia, honorabiliter allata, ad tutelam et honorem patriæ in singulis capsis pariter sub uno altari [454] recondidit (*an.* 760, *Mai.* 15). Postmodum vero corpus pretiosi martyris Mercurii (296), nec non et aliorum tam martyrum quam confessorum numero triginta et unum sancta corpora ex diversis Italiæ partibus per tempora diversa indeptus, ibidem nichilominus attulit, et per diversa altaria in circuitu majoris altaris satis reverenter locavit (*an.* 768, *Aug.* 26). Ubi dum maxima devotione, quoniam vicinum loco illi [455] palatium erat [456], frequentem consuetudinem in oratione pernoctandi haberet, fertur quadam nocte oranti illi sanctos 12 Fratres apparuisse, eumque pariter inclinatis amicabiliter vultibus salutavisse. Quos dum torvo nimis aspectu exteros quoslibet esse existimans, quinam illi essent qui nocturno tempore sanctimonialium claustra sic audacter ingredi præsumpsissent inquireret; illi leniter arridentes: *Nos* inquiunt *sumus, o princeps, quos tua devotio per diversa repertos loca summo huc studio detulit, ac* [457] *studiosius delatos recondidit; quod nobis quidem quam bonum et quam jocundum, tibi autem quam sit divina pietate proficuum, ultima dies ostendet.* Et his dictis, subito principi [458] visio quæ videbatur disparuit. In [459] quo etiam monasterio ecclesiam sancti Modesti quam nuper intra eandem civitatem quidam Leonianus construxerat, eique omnem suam substantiam per cartulam offerens in arbitrio præfati principis illam reliquerat, ipse per suum præceptum postmodum cum omnibus ejus pertinentiis obtulit et confirmavit. Depositus est autem prædictus abbas 11 Kal. Septembris (*an.* 764), et sepultus in porticu ecclesiæ sancti Martini.

Tomichis decimus abbas, sedit annis 6, mensibus 5. * Obiit 8 Kalendas Februarii (*an.* 771).

* et dies 21 *addit* 2.

10. Hujus [460] (297) temporibus vir quidam nobilis atque ditissimus Beneventanæ civitatis, Leo nomine, se ipsum et omnia sua tam mobilia quam immobilia in hoc [461] monasterio tradidit; ejusdemque oblationis cartulam propria manu scriptam super corpus sancti Benedicti in præsentia præfati abbatis Tomichis et universorum fratrum testium posuit. Et servos quidem et ancillas suas omnes primitus per [462] cartulam libertate [463] donavit; postmodum [464] vero eosdem omnes ita ut liberi erant, simul cum curtibus propriis, et cum omnibus pariter quæ ipsi possidere videbantur, sub prædicti monasterii potestatem [465] redegit; condicione videlicet hujusmodi, ut singuli eorum, quatuor per mensem operas ubi necessarium esset monasterio facerent; res suas sive substantias nulli omnino nisi inter se vendere aut donare illis liceret. Res eorum qui sine liberis defuncti fuissent in monasterii dicionem transirent. Pueros tamen [466] sive puellas eorum alicui ad serviendum tradere utpote liberos, monachis fas non esset. Curtium autem et servorum illius nomina et numeros sommatim hic præter cætera annotare curavimus. Curtis Gaydepert [467] presbyteri: Adelpertus [468] cum quattuor filiis et uxoribus eorum, Bonecausus [469] cum quattuor filiis uxoribus eorum; ac filiis; Grimoaldus cum quattuor filiis et uxoribus ac filiis eorum; Ciminulus cum uxore et filiis; Ursus cum uxore et filiis; Fuscari cum uxore et filiis. Curtis [470] Grisi: Landulfus cum Arniperto [471] filio suo et filiastris duobus [472]; Bonitus cum tribus filiis et uxoribus eorum. Curtis [473] Cerbuli presbyteri: Leoaldus cum quattuor filiis et uxoribus ac liberis eorum; Agenulfus nepos ejus cum filiis suis; Desiderius cum tribus filiis; Bassacius cum tribus filiis et genero uno. Curtis Lupi: Sadipertus cum filio et genero suo; Sico cum filio suo et uxore ipsius; Stephanus cum filiis duobus [474]; Formosus

VARIÆ LECTIONES.

[453] In — obtulit et confirmavit *add.* 1c. *sed ultimus versus a voce* arbitrio *abscisus est; quem servavit* 1*. *Prius hæc scripserat:* Pari etiam modo in territorio Aliphano idem Deo amabilis vir, ecclesiam in honore domini Salvatoris construxit (plurimisque prædiis atque colonis ditavit *add.* 1b.) et puellare (nichilominus *add.* 1b. *quod prius post* Adelgisam *scripserat*) cœnobium, instituit (instituens, filiam suam Adelgisam ibi in matrem prefecit 1b.); atque dicioni sancti Vincentii martyris subdidit. *Quæ ipse expunxit. Cf. Erch. c.* 3. [454] altare 1. *ed.* [455] v. ejus p. 1c. [456] *deest* 4. [457] a. s. d. r. *add.* 4. [458] duci 1c. [459] *Hæc* 1c. *alia vice addidit.* [460] Hujus. — quæ supra dicta sunt *add.* 1b. [461] in m. beati B. contrad. 1b. [462] *deest* 4. [463] libertati 1b. [464] *ita* 1c donavit Curtes vero suas et omnia quæ ipsi 1b. [465] potestate 1b. [466] *ita* 1c preterea 1b. [467] gayoc perit 4. [468] adelpert 1. *ed.* [469] eorum ac filiis et u. ac. f. e. Cuninulus 4. [470] Curtius 2. [471] perto - Sico cum f. s. *abscisa* 1b. [472] duabus 3. [473] Curtem *ed. et hic et infra.* cur 1b. [474] *deest* 4.

NOTÆ.

(294) Et hæc quæ apud Erch. non legimus, postea adjecit. Diploma Arichis e Reg. Petri D. exhibet Gatt. H. p. 50: *Actu Beneventu in felicissimo palacio, in anno septimo decimo, mense Novembrii, per indictione* XIII *feliciter.*

(295) Quæ sequuntur e Translatione XII Fratrum metrice scripta desumpsit, quæ exstat ap. Surium ad Sept. 1, et apud nos cod. 280. Ang. Sed adjecit aliqua ex lectionibus Officii sanctorum.

(296) Translationis historia exstat auctore ipso principe Arichis, impr. ap. Borgiam, Mem. di Benev. 1, p. 221. Quæ de aliis sanctis addit, facile ipse Beneventi discere potuit. Corpora sanctorum 44 ibi requiescere, dicit etiam Robertus c. Bovian. a. 1119; Nov. apud Ughellum VIII, 243.

(297) Charta traditionis s. d. exstat ap. Gatt. Acc. p. 11.

cum tribus filiis suis. Curtis Lupi pictari[475] : Maurus cum quattuor filiis ; Johannes cum tribus filiis suis. Curtis Dulciperti : Bonerisius cum filio suo, et uxore ejus ac filiis ; tres filii Rajenolfi[476] cum uxoribus ac filiis eorum. Curtis Erfemari : Bonus, Adelchis, Maio[477], Bonulus, Johannes, Ursus ; omnes isti cum uxoribus ac filiis eorum ; Rozzius cum quattuor filiis suis, id est, Leone, Stephano, Sellittulo[478], ac Ciminulo, cum uxoribus et filiis suis ; Adelgarius cum filio uno, et generis duobus. Preter hæc autem unum casalem[479] suum vocabulo[480] Pantanum (298) prope Beneventum concessit cuidam amite suæ in usus proprios diebus vite ipsius, cum servis de Abellino (299) et de Transmonte (300) ad eundem[481] casalem[479] pertinentibus ; eo utique[482] tenore, ut post mortem illius omnia redirent in jus monasterii hujus[483] sicut cetera que supra dicta sunt.

Poto abbas undecimus, sedit annis 7, mensibus 5.

Hic ædificavit deorsum ecclesiam parvam in honore sancti Benedicti, in eo loco ubi nunc sita[484] videtur ecclesia sancti Germani. Fecit[485] etiam alteram ecclesiam in honore sancti Michahelis archangeli ad radices alterius montis, in loco satis amœno ubi nunc est olivetum monasterii hujus, eamque et picturis insignibus et carminibus in circuitu[486] decoravit honestis. Ex quibus hic aliquanta quæ vix præ vetustate valuimus legere describemus. Principia agitur illorum, post aliquot[487] quæ legi minime[488] poterant, hæc continebant de situ et habitudine loci ejusdem[489] :

Ore truces ululare lupi sub nocte silenti
Alopicesque olidæ dudum gannire solebant,
Implexisque ursi diro cum murmure villis,
Setigerique apri.

Et post pauca :

Damma fugax, pavidique simul discurrere[490] cervi.
Optimus at postquam Poto sacra septa regenda
Suscepit vigili studio pater.

Itemque[491] post pauca :

Quin Regi altithrono vastum qui[492] continet orbem,
Cui cita[493] cœlicolæ comportant nuntia jussi,
Addidit hoc[494] magni Michahelis nomine templum
Sanguine rubrantem cœlo qui depulit hydrum.
Isdem sed celeri præventus morte sacerdos
Indedicatam aram pariterque reliquit asylum.

Et cætera.

Defunctus vero est[495] tertio Kal. Julii (*an.* 778), et sepultus juxta ecclesiam sancti Benedicti.

Theodemar duodecimo loco a beato Benedicto abbatiam sortitus, sedit annis 19. Fuit autem temporibus imperatorum Leonis qui et Zacharis[496], et Constantini et Hirenæ matris ejus, atque Adriani papæ ; principium autem Beneventanorum, præfati[497] Arichis[498], et Grimoaldi filii ejus.

11. Hic juxta prædictam ecclesiam sancti Benedicti quam prædecessor suus fecerat construxit pulchro opere templum in honore sanctæ Dei genitricis et virginis Mariæ, super ipsum videlicet fontem unde fluvius[499] Lyris (301) procedit. Cujus templi quadrifida[500] fabrica in duodecim est[501] columnis erecta, ita ut per unam quamque faciem, quattuor columnæ consistant ; super quas turris altior a subjectis porticibus est levata ; aliis quattuor turribus per singulos angulos ejusdem porticus, circa eandem turrim erectis. Quod videlicet templum plumbeis laterculis coopertum, et figuris[502] pulcherrimis, et versibus optimis adornavit ; quodque his satis[503] præcipuum est, omnium fere apostolorum, et multorum[504] martyrum confessorumque magnificis pigneribus[505] compsit. De[506] ipsis[507] autem[508] versibus quattuor tantum qui aforis in circuitu medianæ turris descripti sunt hic ponere placuit.

Sublatis tenebris, quia per te mundus habere
Lumen promeruit, virgo et sanctissima mater,
Celsa tibi idcirco[509] consurgunt templa per orbem,
Et merito totis coleris celeberrima terris.

Ecclesiam[510] quoque sancti Michahelis archangeli[511] quam indedicatam a prædecessore suo relictam prædiximus, cum omni honorificentia dedicari fecit (302), ibique juxta illam[512] claustrum et habitacula nonnulla construxit (303).

VARIÆ LECTIONES.

[475] pictoris 4. [476] Ragenolfi 2. [477] Malo 4. [478] Solliatulo 1b. 3. [479] casale *ed.* [480] s. qui dicitur P. 1b. *ed.* [481] ipsum 1, *ed.* [482] *deest* 1. *ed.* [483] *deest* 1b. [484] n. est e. 1. 2. [485] Fecit Et cætera *desunt* 1 ; *cf. c.* 11. *n.* a. [486] giro *ed.* [487] aliquanta *ed.* [488] non *ed.* [489] *deest ed.* [490] discernere 2. [491] Et 4. [492] quoque 4. [493] cite *ed.* [494] hæc *ed.* [495] idem abbas *add. ed.* [496] Zacharias 3. [497] *addit* 1b. [498] Archis 3. [499] Liris fl. 1. *ed* f. tyris 4. [500] f. q. 1. *ed.* [501] *ita* 1b. e. i. d. 1. [502] figulis 2. [503] *add.* 4. [504] aliorum 1. [505] pignoribus *ed.* [506] De terris *add.* 1b. [507] prædictis 1b. *ed.* [508] itaque 1b. [509] iccirco 1b. [510] Fecit etiam alteram eccl. in honore s. M. a. ad radices alterius montis, (in loco amœnissimo, *add.* 1b.) juxta olivetum scilicet hujus monasterii ; ibique cl. 1. [511] *deest* 4. [512] *deest* 2.

NOTÆ.

(298) Ita, i. e. palus, vocatur locus quo Sabbatus et Calor se conjungunt, v. Stef. Borgiam, *Mem. di Benev.* III, p. 18.

(299) *Avellino* ad fl. Sabbatum.

(300) Vulgo *Tramonti.* Inter civitates Nuceriam et Cavas. Ang.

(301) Passim in monumentis nostri archivii Lyris appellatur fluvius, qui hinc delabitur ac jungitur Rapido. Ang.

(302) In pervetusto breviario Casinensi celebranda præscribitur dedicatio hujus ecclesiæ sanctæ Mariæ quinque Turrium die 30 Maii. Ang.

(303 Initia monasterii inferioris, quæ postea in amplitudinem excreverunt. Ang.

12. [*V. Adriani.*] Hujus (304) temporibus (*an.* 773) A Karlomannus [513] filius Pipini [514], invitatus ab Adriano papa [515], cum valido Francorum, Alamannorum [516] atque Saxonum exercitu venit [517] super civitatem Papiam, propter Desiderium sevissimum [518] regem Langobardorum, qui civitates sancti Petri invaserat; eamque per sex continuos menses obsidens, cepit; cunctumque sibi Langobardorum regnum victoriosissime subdens [519], Pipino (305) filio suo contradidit; prædictum vero Desiderium secum in Franciam asportavit, anno [520] Domini 774. Interim autem [521] cum [522] Papiam obsideret, amore principis apostolorum in ipso [523] sancto paschali sabbato (*Apr.* 2) Romam cum [524] multis episcopis, abbatibus atque ducibus [525] venit, et celebrata ibi paschali festivitate a prædicto papa commonitus simul [526] atque rogatus est ut donationem illam, quam genitor ejus Pipinus una secum beato Petro ejusque vicario domno Stephano papæ dudum fecerat, adimpleret in omnibus. Cujus postulationibus idem rex annuens, prompto [527] ac libenti animo aliam donationis promissionem ad instar prioris describi præcepit per Etherium [528] notarium suum, eamque propria manu rex ipse corroborans, et universos episcopos et abbates, duces etiam et graphiones ac plures qui secum venerant honoratos ibi subscribere faciens, super altare [529] beati Petri manu propria posuit; idque [530] se inperpetuum conservaturos beato [531] Petro et ejus vicariis, tam ipse rex quam et universi magnates ejus sacramento terribili firmaverunt. [ERCH. c. 2.] Post [532] hæc idem rex una cum Pipino C filio simulque magno exercitu Beneventum perrexit super Arichis [533], qui erat [534] gener Desiderii regis. Cum quo idem Carolus [535] diversis ac variis eventibus dimicans (*an.* 787), demum ab [536] Arichis coronam illius (306) et maximam partem thesauri, necnon et geminas soboles, Grimoaldum scilicet et Adelgisam obsides gratia pacis recipiens recessit. Hinc Arichis Francorum metu perterritus civitatem (307) novam Benevento addidit; Salernum quoque inter Lucaniam (308) et Nuceriam (309) antiquitus conditam mirifice restauravit. Præfatus (310) vero rex prospere a Benevento revertens, causa orationis huc ad beatum patrem Benedictum ascendit, seque tam ipsi quam universis hic Deo [537] servientibus fratribus commendavit. Tunc [538] rogatus ab abbate vel fratribus, ipse primum rex præceptum (311) illi confirmationis fieri de tota hac terra B præcepit (*Mart.* 25). Itemque altero præcepto (312) (*Mart.* 28) confirmavit beato Benedicto monasterium sanctæ Mariæ in Cingla, et [539] sanctæ Mariæ in Plumbariola, et sanctæ Sophiæ in Benevento, et cætera quæ tunc temporis habere videbatur; necnon [540] et universas aquas (313) cum ripis utriusque partis, ubicumque fuissent terris hujus [541] monasterii junctæ. Sed et [542] auctoritatem dedit (314), ut monachi juxta [543] tenorem sanctæ regulæ abbatem sibi absque alicujus præjudicio seu violentia eligerent.

Reversus [544] (315) igitur post ista in Franciam, mox ad hunc abbatem per Adelgarium episcopum litteras destinavit, rogans ut aliquot sibi de monasterio nostro [545] fratres ad ostendendam seu [546] con-

VARIÆ LECTIONES.

[513] Karolomannus 1. [514] nepos autem superioris Karoli quem supra meminimus *add.* 1. [515] venit *add.* 1. [516] A. a. S. *add.* 1[b]. [517] *deest* 1. [518] *deest* 4. [519] subdidit 1. et P. f. s. c. *add.* 1[b]. [520] a. d. dcc[mo]. lxx[mo]. 1[b]. *deest* 1. [521] vero 1. *ed.* [522] ante quam P. cepisset, a. 1. [523] *ita* 1[b]. ipsa p. festivitate R. 1. [524] cum — faciens, super *add.* 1[b]. R. venit, et omnia quæ rex Desiderius et cæteri sui prædecessores beato P. abstulerant, eidem per præceptum facta donatione restituit; et super ipsius c. 1. [525] judicibus 1[b]. 2. [526] c. quarta feria post pascha fecit scribi donationem beato P. hujusmodi : A Lunis *etc.*, *ut supra c.* 8. — Beneventanum; eamque donationem p. m. r. i. c. et universos qui secum 1[b]. [527] bono *ed.* [528] Ethierum 3. [529] confessionem 1. beati P. *add.* 1[b]. [530] posuit; et ex tunc vocatus est Karolus rex Francorum et Lan ... *post quæ versus unus cum dimidio erasus est.* Tuncque ad hoc 1. p. et tam ipse r. q. et u. m. e. id se i. c. b. P. et e. v. sacramento — fratribus commendavit 1[b]. *ed.* [531] *ita* 1[c]. c. eidem papæ t. 1[b]. [532] Postmodum vero præfatus rex una c. P. f. Beneventum perrexit cum m. e. super 1[b]. *ed.* [533] quem supra jam memoravimus *add.* 1[b]. *ed.* [534] fuit 1[b]. [535] *ita* 1[c]. rex 1[b]. [536] d. artatus Arichis, et c. suam, et m. p. t. n. et g. s. G. s. (scilicet *deest* 1[b]) et A. eidem Carolo obsides p. g. tradidit. Hinc Francorum 1[b]. *ed.* [537] degentibus ac D. 1. *ed.* [538] Tuncque ab hoc primum rege præfatus abbas præceptum conf. de t. terra S. B. (t. hac terra *ed.*) recepit. Alio etiam p. prædictus rex sancto B. c. (c. s. B. *ed.*) mon. 1. *ed.* [539] et s. M. i. P. *add.* 1[b]. [540] necnon — junctæ *add.* 1[b]. [541] *deest* 1[b]. [542] *deest ed.* [543] m. sibi (i. t. s. r. *add.* 1[b].) absque a. p. s. v. abbatem eligerent 1. [544] Ad hunc idem Karolus per Adelgarium (del *in loco raso*) (ep. *add.* 1[b].) litteras misit 1. Ad hunc abbatem idem K. per Aldegarium (Adelg. 3.) ep. litt. a Francia dest. *ed.* Aldegarium 4. [545] m. beati B. monachos ad 1. m. b. B. ad 2. [546] s. c. *desunt* 1. *ed.*

NOTÆ.

(304) Imo Potonis, nisi hæc verba ad solam expeditionem Beneventanam referenda sunt.

(305) Hæc non suo loco inseruit; Pippinus enim tunc nondum natus erat, in regem unctus est 781.

(306) Id jam apud Erch. non legitur.

(307) *c. n. B. a.* non habet Erch.

(308) *Pesto.*

(309) *Nocera de' Pagani.*

(310) Eadem in Chr. Vult. p. 359 leguntur, ex relatione Petri presb. qua noster quoque usus esse videtur.

(311) Gatt. Acc. p. 13 e Reg. Petri D., cf. p. 111 Böhmer Reg. Kar. 128. Suspectum redditur verbis in cod. subscriptis : *Carolus g. D. imperator augustus.*

(312) ib. p. 14.

(313) Tosti I. p. 98. e Petri Neg. *Data* XVIII *Kal. Martii. Anno* 30 *regni nostri. Ind.* VII. *Actum civitate Papia.*

(314) In præcepto illo de S. M. in Cingla, etc. ut quæ de ripis addidit noster, alieno loco inseruisse videatur : quod plus semel fecit.

(315) Ex ep. Pauli Diac. qua regi responsum est. Eam ad hunc locum e cod. Cas. 353 edidit Angelus de Nuce; e cod. Pithœi Jac. du Breul in App. chronici p. 797.

stituendam in illis partibus regularis disciplinæ normam trans mitteret. Quod et fecit, mittens illi etiam regulam, et hymnos [547], qui tunc ex traditione regulæ in hoc monasterio canebantur: pondus quoque libræ panis, et mensuram vini, nec [548] non et mensuram calicis quam in misto [549] servitores debent accipere; et universas [550] prorsus consuetudines quæ in hoc loco tunc temporis [551] habebantur [552] in scriptis ei trans misit.

13. His [553] temporibus (316) vir quidam de genere [554] Anglorum mutus et surdus cum quibusdam suæ [555] gentis sociis ad limina venit apostolorum. Inde cum socios [556] ad memoriam beati Michaelis archangeli quæ in monte Gargano sita est properare conspiceret, simul cum eis iter arripiens, venit ad hoc monasterium. Cumque oratorium ingressi, ante corpus sanctissimi patris Benedicti orationis gratia se pariter prostravissent, ceteri post modicum ab oratione surgentes, eundem quoque ut surgeret secumque recederet pulsare cœperunt. Verum ille cœlesti visitatione compunctus, gemitibus cordis mentisque vocibus prout [557] poterat, atque sciebat orationem protelans, beati patris [558] auxilium pectore fidissimo implorabat. Cum ecce post non [559] integram horam de loco se in quo prostratus fuerat erigens,— benedictus et mirabilis Deus in [560] sanctis suis! mox recepto auditu pariter [561] et loquela, non solum in lingua [562] patria id [563] est Anglica, sed etiam in Romana cœpit absolutissime loqui. Inde [564] simul cum sociis, multis in Deum et sanctum patrem gratiarum actionibus editis, recesserunt, ubique omnibus referentes, quanta sibi meritis beati Benedicti fecerit Dominus.

14. Huic porro [565] abbati præfatus [566] princeps Arichis concessit partes majores in territorio Gentianæ (317), super id videlicet [565] quod Gisulfus dux jam dudum [565] Petronaci abbati concesserat (*c.* 6). [ERCH. 4.] Sequenti etiam tempore Grimoaldus filius ejus, quem regi [567] Carolo obsidem datum prædiximus [568], ejusdem regis concessione post patris obitum Beneventum remissus et princeps effectus, per præceptum donationis concessit (*an.* 788. *Sept.*) beato [569] Benedicto universa domnicalia sua cum servis et ancillis in eodem territorio Gentianæ; et cellam sancti Agapiti; portum quoque Trajectensem (318) et [570] Vulturnensem; nec non et totam piscariam de civitate Lesina (319), una cum ipsa fauce [571] (320) sua. Per [572] idem tempus (321) (*an.* 782. *Apr.*) Hildeprandus [573] quoque Spoletii dux obtulit in hoc monasterio curtem quæ dicitur Castrinianum cum omnibus pertinentiis ejus in comitatu Pinnensi (322); et olivetum in Tronto, loco qui vocatur [574] Turri. In comitatu vero Marsorum, loco qui Paternus appellatur [575], curtem quingentorum simul modiorum; et familias multas cum omnibus substantiis earum; nec non et aliquot piscatores in lacu Fucino cum portu ejusdem [576] lacus vocabulo Adrestina. Insuper [577] et gualdum (323) suum nomine Cusanum. Quidam [578] etiam vir dives Wacco [579] nomine Beneventanus gastaldeus in expeditione constitutus [580] obtulit (324) in hoc sancto cœnobio filium [581] suum nomine Wachipertum [582], cum rebus inferius designatis. Casalem [583] in Trane ubi dicitur Cimilianum; casalem in Trepurio; casalem in Ariano; casalem in Virgilie; casalem in Terranea, alium [583] in Vicario [584]; alium in Crosta cum oliveto; alium in Culmo; alium in Genne; alium in Monte nigro; in [585] Massa; ad Ripam; in Noceto [586]; in Corneto; in Tammaro [587]; in Latiniano; in Marsico; in Trelicio [588]; in finibus Potentiæ, et casalem in Sancta Agnete. Casam vero suam intra civitatem judicavit Tasie uxori sue, in vita dumtaxat ipsius. Servos autem suos et ancillas omnes libertati donavit, sub dicione tamen et tutela monasterii hujus; ita ut per singulos singulas operas annualiter ubicumque [589] nostri ordinati præciperent exercerent.

VARIÆ LECTIONES.

[547] *ita* 1^b. ymnos 1. [548] v. mensuramque c. 1. [549] mixto 4. m. sumendo s. 1. [550] universam consuetudinem 1. 2. [551] *deest* 1. [552] habebatur 1. 2. [553] *Totum caput add.* 1^b. [554] gente 1^b. *ed.* [555] propriæ *ed.* sociis propriæ g. 1^b. [556] prædictos socios suos 1^b. [557] ut 1^b. [558] p. Benedicti a. 1^b. *ed.* [559] *deest* 4. [560] in — loquela *desunt* 1^b. 1^* in — mox *desunt ed.* [561] et par. *ed.* [562] lingua — loqui *abscisu* 1^b. *servavit* 1^*. [563] hoc *ed.* [564] Inde — Dominus *add.* 4. [565] *add.* 4. [566] prædictus Arichis princeps 1. *ed.* [567] *deest* 1^b. 2. quem — effectus *add.* 1^b. [568] præmisimus 1^b. *ed.* [569] sancto 1. *ed.* [570] ac 1. [571] foce 1. 2. [572] Per — Cusanum *add.* 1^b. [573] Hildebr. 1^b. *ed.* [574] dicitur 1^b. *ed.* [575] vocatur 1^b. *ed.* [576] ipsius 1^b. *ed.* [577] Sed 1^b. *ed.* [578] Quidam — exercerent *alio tempore add.* 1^b. [579] Guacco *corr.* Wacco 1^b. Vacco 4. [580] *deest* 1^b. [581] filiolum 3. [582] Waccipertum 1^b. Guaquipertum 3. [583] casale *et* aliud *ed. semper.* [584] Vicarium 1^b. *ed.* [585] et in M. et ad R. et in N. et in C. 1^b. *ed.* [586] Nocetum *corr.* Noceto 1^b. [587] Tamaro 1^b. 2. [588] Trelitio 3. [589] ubi 1^b. *ed.*

NOTÆ.

(316) *Ante hoc fere decennium* ait Paulus D. in homilia quam e cod. Casin. ed. Mabillon Ann. 1, App. pag. 621. Ubi paucis tantum verbis ejus miraculi meminit.

(317) Cf. c. 48; dipl. Grimoaldi e Petri Reg. edidit Gatt. Acc. p. 17. *Actum Beneventi in sacratissimo palatio in anno primo mense Septembris.*

(318) *Trajetto*, prope ostia Gariliani.

(319) In Apulia, prope ostia Frontonis.

(320) Ita ostia lacuum vel lacunarum maris appellabant, et ut videtur ipsas lacunas.

(321) Anno regni Caroli in Italia 9 ducatus Hildeprandi 9, ind. v, Gatt. Acc., p. 18 e Petri Regesto.

(322) Pinna hodie vocatur *Civ. di Penna*, in Aprutio ulteriore.

(323) Nemus, quod alibi foresta dicebatur.

(324) Hujus oblationis charta non exstat.

15. Hujus abbatis [590] tempore Paulus diaconus supradicti [591] regis Desiderii notarius [592], post captionem ejusdem [593] Desiderii, et Arichis Beneventani principis obitum, ad hoc monasterium venit, et sanctæ sibi [594] religionis habitum induit. Quis autem vel qualis, vel unde domo [595] Paulus hic fuerit, non est ab re perstringere. [P. D. IV, 37.] Iste siquidem ex Langobardorum gente originem duxit; ejus namque abavus Leupichis nomine, eo tempore quo primum in Italiam Langobardi ingressi sunt, cum eis venit. Cujus Pauli pater nomine Warnefrid [596], mater Theodelinda [597] fuit. [*Chr. Sal.* 9.] Qui a puero disciplinis liberalibus eruditus, maximum in curia Desiderii regis ob suam industriam familiaritatis locum obtinuit, atque Aquileiensis patriarchii diaconus extitit. Hic post captam ut supra diximus Papiam, cum regi quoque Karolo [598] pro sua prudentia admodum carus et [599] familiaris effectus [600], ac non multo post eidem [601] regi a quibusdam invidis accusatus fuisset, quod eum propter fidelitatem Desiderii domini sui voluisset [602] occidere, fecit eum idem rex in [603] præsentiam suam adduci. Quem cum interrogasset utrum vera essent ea [604] unde ipse super occisione sua accusaretur? constanter respondit se pro certo fidelissimum domini sui semper [605] fuisse, et in eadem se fidelitate cum vita perseverare. Ad hæc rex [606] subito ira succensus, præcepit eum manibus sine mora privari; moxque [607] in se reversus, et reminiscens magnæ [608] nimis illius scientiæ, suspirans ait: *Et si manus* [609] *ejus abscidimus, ubi jam* [605] *tam elegantem scriptorem reperiemus?* et ait proceribus assistentibus sibi: *Dicite, quid super hoc vobis videtur?* At illi: *Digne* [610] inquiunt *tanto viro compateris o rex; sed ne aliquando aliquas alicui contra vos litteras dirigat, jubete* [611] *si placet ut eruantur oculi ejus. Et ubi* ait rex *vel quando tam insignem hystoriographum aut poetam invenire valebimus?* Illi vero considerantes [612] circa illum benigni regis benivolentiam, suaserunt tandem [613] ut in Diomedis (325) insula quæ hodie a tribus montibus Tremiti nuncupatur [614] eum exiliaret; factumque est. Ubi eum per aliquot annos exul [615] mansisset, homunculus quidam qui [616] ei propter Deum præbebat [617] obsequium clam illum de ipsa insula expulit, et cum eo pariter Beneventum perrexit. Quo viso Arichis qui filiam præfati Desiderii domini [618] ipsius Adelbergam nomine habebat [619] uxorem, valde tam ipse quam et [620] eadem ejus conjunx [621] gavisi sunt; eumque secum [622] honorifice [623] retinuerunt. Quo videlicet tempore, utrumque palatium quæ idem princeps unum in Benevento, alterum in Salerno nobiliter construxerat [624], idem [625] Paulus versibus luculentissimis exornavit. In [626] historia etiam Romana quam Eutropius breviter composuerat, ejusdem Adelpergæ rogatu plurima hinc inde ex [627] historiis ecclesiasticis addidit [cf. *Chr. S. Ben.* p. 201]. Ad ultimum vero duos libellos a tempore Juliani apostate in quem ipsam hystoriam [628] Eutropius terminaverat, usque ad tempora primi Justiniani imperatoris eidem annexuit. Necnon [629] et universas fere annalis computi lectiunculas rithmice composuit. [*Chr. Sal.* 36, 37.] Defuncto autem Arichis mox ad hoc monasterium ut supra diximus properavit; et factus monachus, non parvo hic [630] tempore vixit. Rogatusque a prædicto abbate vel fratribus, expositionem super regulam sancti Benedicti [631] valde utilissimam edidit, ubi multa de veteri hujus loci consuetudine necessaria attestatur [632] (326). Historiam [633] quoque gentis suæ id est Langobardorum, et nonnulla [634] alia scripta eleganti stilo composuit. Inter quæ versus quoque reciprocos, elegiaco [635] metro digestos et hymnum de singulis beati Benedicti miraculis, satis diserto sermone conscripsit.

Ad hunc præfatus Carolus [636] qui eum exiliari jusserat, audito quod in hoc loco monachicum habitum assumpsisset, plurimum illi congratulans, satis affabiles et jocundas litteras metrice compositas misit (327); de quibus aliquot hic versus inserere libuit. Ait enim, post aliquanta cartulam [637] suam alloquens, ita [638]:

Hinc [639] *celer egrediens facili mea carta volatu,*

VARIÆ LECTIONES.

[590] *deest* 1. *ed.* [591] *ita* 1b. prædicti 1. [592] atque consiliarius *add.* 1. [593] ipsius 1. *ed.* [594] ibi 3. [595] domnus 2. [596] Varn. 4. [597] Teodelenda 3. [598] carolo *corr.* karolo 1. [599] ac 4. [600] esset *add.* 1b. *ed.* [601] p. accusatus e. r. fuisset a q. invidis, q. 1. *ed.* [602] vellet 1. [603] r. comprehendi et coram se a. 1. *ed.* [604] essent quæ super morte sua de eo dicerentur, r. 1. *ed.* e. et unde i. s. occasione s. 4. [605] *add.* 4. [606] r. s. *desunt* 4. [607] p. sed mox 1. *ed.* [608] r. sagacitatis ejus atque prudentiæ, s. 1. 2. [609] e. m. 1. *ed.* [610] illi: ut eruantur inquiunt ejus oculi, ne 1. illi: Jubete inq. ut er. ejus oc. ne 2. [611] d. Et ubi vel q. ait rex t. 1. *ed.* vel q. *superscr.* 1b. [612] v. videntes c. i. regis compassionem ac ben. 1. *ed.* [613] *deest* 1. [614] dicitur 1. *ed.* [615] religatus 1. exulatus *ed.* [616] q. ei *desunt* 4. [617] D. obs. faciebat, c. 1. *ed.* [618] D. regis A. 1. *ed.* [619] u. h. 1. *ed.* [620] *add.* 4. [621] conjux *corr.* conjunx; 1 conjux *ed.* [622] in palatio *add.* 2. in p. quandiu Arichis vixit *add.* 1. [623] honorificentissime 1. *ed.* [624] construxit 1. [625] præfatus 1. *ed.* [626] Ejusdem etiam A. rog. in h. R. q. E. b. c. plurima 1. *ed.* [627] de 1. *ed.* [628] q. sua t. *corr.* 1b. [629] Necnon-composuit *add.* 1b. [630] pauco 1. *ed.* p. ibi 1. 2. [631] simplicibus fratribus *add.* 1. [632] testatur *ed.* [633] Historiam — et *desunt* 1. 2. [634] etiam *add.* 1. *ei.* [635] rec. et hymnum 1. r. et hymnos *ed.* [636] rex ux *add.* 1. *ed.* [637] cartom 1. cartulam 1a. [638] *dest* 1. *ed.* [639] i. a. Roma *hyprascr.* 1. a.

NOTÆ.

(325) Nomen Leo addidit.

(326) Exstat in cod. Casin. 353 expositio hujusmodi, quam Paulo nostro vindicare novissime studuit V. G. Tosti, *Hist. Cas.* I. p. 99 ss.

(327) Integras habet codex noster 257. ANG. Ex quo ediderunt Tosti *Hist. Cas.* I, 105; Giesebrecht *De litt. studiis ap. Italos*; Berol. 1845, 4°. p. 26. Sed ne in his quidem versibus a mutandis verbis Leo abstinuit.

Per silvas, colles, valles quoque præpete [640] *cursu,*
Alma Deo cari Benedicti tecta require.
Est nam certa quies fessis venientibus illuc.
Hic holus hospitibus, piscis [641], *hic panis abundat,*
Pax pia, mens humilis, pulchra et concordia fratrum,
Laus, honor [642], *et cultus Christi simul omnibus horis.*
Dic [643] *patri et sociis cunctis, salvete, valete.*
Colla mei Pauli gaudendo amplectere [644] *dulcis,*
Dicens multotiens, salve pater optime, salve. Et [645] reliqua.

Cui similiter idem Paulus versifice rescribere, et gratias pro visitatione et salutatione sua cunctorumque fratrum referre maximas studuit (328). [*Chr. Sal* 37.] Jam vero ætate maturus, vitæ hujus cursus explevit (329), et in claustro monasterii juxta capitulum honorabiliter est sepultus.

16. Ultimo [646] hujus abbatis (330) anno [647], Ludowicus imperator qui cognominatus est Almus vel [648] Sanctus, filius Caroli hujus, quarto anno imperii sui in Aquisgrani palatio cum plurimi totius Franciæ abbatibus monachisque religiosis conventum faciens (*an.* 817, *Jul.* 10), valde utilissima nostri ordinis observationi septuaginta et duo (331) generalia capitula constituit; quæ ita fere omnia apud honesta [649] monasteria ac si beati Benedicti regula observantur. Hic [650] (332) Ludowicus [651] ad instar parentum suorum Pipini et Karoli fecit beato Petro ejusque vicario domno Paschali pactum constitutionis et confirmationis, et propriæ manus signaculo ac trium filiorum suorum illud corroborans, decem episcopos et octo abbates, et comites quindecim, bibliothecarium, mansionarium et ostiarium unum in illo subscribere fecit, et per legatum sanctæ Romanæ ecclesiæ Theodorum nomenculatorem domno Paschali papæ transmisit. Hoc [652] tempore (333) pulchro [653] satis opere constructa est ecclesia sancti Vincentii quæ appellatur Major, in loco supradicto, juxta [654] Vulturnum, a Josue abbate

A ejusdem loci. Præfatus autem abbas Theodemar defunctus est [655] Nonis [656] Junii, et [657] sepultus est juxta ecclesiam sancti Martini.

Gisulfus abbas tertius decimus a beato Benedicto ordinatus, anno Domini septingentesimo nonagesimo septimo (334), sedit annis viginti et uno.

17. Qui [657] ex nobili Beneventanorum ducum prosapia ducens originem, mox ut abbas effectus est, cœpit satagere qualiter posset [658] ad utilitatem fratrum tunc [659] deorsum manentium, tam ecclesiæ, quam reliquarum officinarum angustias spatiare. Incitabat etenim illum ad hoc et loci amœnitas, et opum copia non parvarum: simul etiam arta et ardua montis habitatio, et [660] erat laboriosa plurimum, et non erat sufficiens tam numerosæ multitudini

B fratrum. Itaque cuidam fratri [661] Garioald qui ejusdem loci post eum curæ totius [662] fungebatur officio mandat, ut super [663] hoc negotio omni studio studeat, et [664] eum locum ubi dudum [665] Poto abbas ecclesiam sancti Benedicti construxerat, ad edificandas novi [666] monasterii officinas aptare protinus debeat. Quod ille imperium promptus arripiens, quoniam instar paludis totus ille locus carectis aquisque stagnabat, multis terræ ruderibus saxorumque aggeribus universa replevit, atque amplam basilicam in loco prioris parvulæ, in honore [667] domini Salvatoris opere satis pulchro construxit (335). Quæ videlicet basilica, marmoreis basibus et columnis 24 [668] hinc inde suffulta, et amplis porticibus circumsepta, habet in longitudine cubitos 82; in latitudine

C quadraginta et tres; in altitudine 28. Desuper autem satis [669] mirifice trabibus tabulisque cipressinis est [670] laqueata ac tegulis cooperta; parietibus in giro [671] figuris pulcherrimis insignitis [672]. Jam vero pavimenti opus, quam speciosum, quam solidum, quam variorum lapidum sit diversitate conspicuum, circuitus [673] etiam chori, quam sit pulchris ac magnis marmorum tabulis septus, in promotu cernentibus

VARIÆ LECTIONES.

[640] perpete 2. [641] pisces 1. [642] amor 1. *ed. cod.* 257. [643] hic pater et 4. [644] amplecte benigne, Dicito 1. 2. *cod.* 257. (*ubi* colla-benigne *recenti manu addita sunt.*) [645] et r. *desunt* 4. [646] Ultimo-observantur *add* 1^{b}. [647] XVI. *add.* 4. [648] almus vel *suprascr.* 1^{c}. [649] a. nos ac 1^{b}. 2. [650] Hic-papæ transmisit *desunt.* 1. Hic L. pactum c. et c. fecit b. P. e. v. d. P. ad i. priorum parentum s. P. et K. et propriæ *ed.* [651] Lodeuuicus 3. [652] Hoc — loci *add.* 1^{b}. [653] p. s. o. *desunt* 1^{b}. [654] i. V. *desunt* 1^{b}. [655] *add.* 4. [656] *ita* 1^{b}. VIIII. K. 1. [657] Hic 1. 2. [658] possit 4. [659] f. quorum tunc maxima deorsum pars morabatur, t. 1. 2. [660] h. jam (*deest* 1.) non erat s. 1. 2. [661] *deest* 1. 2. Carioald 2. [662] *add.* 4. [663] super — et *desunt* 1. [664] ut *add. ed.* [665] u. prius a Potone abbate ecclesia parva s. B. constructa erat. 1. *ed.* [666] *deest* 1. 2. [667] honorem 1. *ed.* [668] xx^{ti} iiii^{or} *add.* 1^{b}. [669] *deest* 1. [670] c. laqueatam a. t. coopertam; parietes i. c. f. p. insignivit 1. [671] circuitu 1. *ed.* [672] *deest* 4. [673] consp. et c. ch. *ed.* et-septus *desunt* 1.

NOTÆ.

(328) Metrica Pauli responsio apud nos non exstat. Ang.

(329) Necrologium Casinense cod. 47 sic habet: *Idibus Aprilis venerandæ memoriæ domnus Paulus diaconus et monachus.* Ang.

(330) Imo Gisulfi, ut hæc non suo loco inserta esse appareat, sed contra codicum consensum ordinem mutare nolui. Etiam ps. Anastasius hoc loco ponit.

(331) 71 sunt in cod. Casin. n. 252, e quibus tria librarius in unum contraxit.

(332) Hæc prima hujus pacti mentio est.

(333) Dedicata est a D. 808, sec. Chr. Vult. I. 2, sed præsente Ludovico imperatore. I Josue 793-818 sedisse demonstravit Di Meo in Ann. Neap. ad a. 818.

(334) Ineunte, cum mense Jan. jam Wacconis donationem receperit. Vivente Theodemario sene substitutum existimo, quod plus semel factum videbimus.

(335) Quæ substitit ad annum 1694. Gatt. H. p. 71, ubi architecti testimonium cum icone ecclesiæ dedit.

[674] est. In absida porro ejusdem [675] basilicæ mediana, ad quam per gradus septem ascenditur, statuit [676] altarium in honore ut diximus domini Salvatoris. In dextera autem, altarium sancti Benedicti. In sinistra vero, altarium fecit ad honorem sancti Martini. Fecit [677] etiam atrium ante eandem ecclesiam longitudine cubitorum 40 [678], latitudine simili, et in marmoreis illud columnis numero 16 [679] undique versus erexit; atque in circuitu ipsius, lapideos canales juxta pavimentum unde semper aqua decurreret posuit. Porro a parte orientali ejusdem atrii in conspectu ecclesiæ absidam fecit, et altarium ibi sancti Michahelis constituit. In [680] medio vero ipsius campanarium valde pulcherrimum super octo magnas columnas erexit. Ex utraque autem parte ejusdem ecclesiæ, diversorum officiorum multas et maximas atque pulchras, tam ad suas quam ad fratrum utilitates officinas efficiens, totum etiam monasterii spatium propter aquarum exundantiam magnis saxorum tabulis stravit.

18. Sursum [681] etiam præfatus abbas non segnius se exercens, aliquot ibi habitacula decenter construxit; ecclesiam quoque in qua [682] beati Benedicti corpus erat reconditum, quoniam parva erat, ex toto ampliorem efficiens, ac [683] tectum illius universum, cipressinis contignatum lignis plumbo operiens [684], diversis illam ornamentis, tam aureis quam argenteis decoravit. Super altare siquidem beati [685] Benedicti argenteum ciburrium statuit; illudque auro simul ac [686] smaltis partim exornans, cætera ejusdem ecclesiæ altaria tabulis argenteis induit. In loco etiam qui Vallis Luci (336) dicitur, ecclesiam in honore sancti Angeli construxit [687]. Necnon [688] et ecclesiam sancto Christi martyri Apollinari, in loco qui tunc temporis Albianus vocabatur, nunc vero ex ejusdem martyris nomine Sanctus Apollinaris (337) dicitur, statuit [689]. Fuit autem temporibus [690] supra dictorum imperatorum Constantini et Hirenæ, Beneventanorum vero principum Grimoaldi filii Arichis, et alterius Grimoaldi cognomine Thesaurarii; Romanorum autem pontificum Adriani et Leonis tertii [*V. Leon.* III]: cui videlicet oculis et lingua a Romanis privato omnipotens Deus mirabiliter ac potenter et visum restituit et loquelam. Huic [691] abbati [692] prædictus princeps Grimoaldus præcepto suo (338) firmavit (*an.* 797. *Feb.*) omnes feminas liberas que servis hujus monasterii fuerant copulatæ, a tempore scilicet [693] primi Gisulfi (339) usque ad eam diem, cum filiis et filiabus et universis eorum. Alio quoque præcepto (340) concessit in hoc loco monasterium sanctæ Mariæ in Banza [693], quod situm est in finibus Acerentie (341), cum servis et ancillis atque colonis, et cum omnibus ex integro possessionibus ac pertinentiis ipsius [694]. Eodem tempore (342) supradictus Waco [695] Beneventanus obtulit in ecclesia sancti Benedicti (*an.* 797. *Jan.*), quam ipsemet in jure proprio intra civitatem Beneventanam ad portam Rufini construxerat [696], omnia sua; id est casam propriam eidem ecclesiæ conjunctam, cum omnibus pertinentiis suis [697]; casalem [698] in Septimo; casalem in Sancto Angelo ad Pecte; hæreditatem in Salerno; casalem in Caudis; casalem in Forcle; casalem ad Sanctum Januarium, cum servis et ancillis; olivetum in Ariano; molendina sua in fluvio Sabbato [699] (343); item [700] aliam casam intra Beneventum ubi ipse manebat, simul cum curte sua et coquina; et aliam casam novam juxta plateam ubi est Sancta Arthellais [701], cum curte et pertinentiis [702] suis; item [703] casalem sub Apice et Toroniano erga fluvium Arvi [704]; casalem in Autiano et Ceppaluni; Campum nepetarum; casalem alterum [705] in Crosta cum oliveto. Item [706] quinque pueros clericos, cum servis

VARIÆ LECTIONES.

[674] videntibus 1. *ed.* [675] ejus 1. *ed.* [676] constituit 1. *ed.* [677] Ante eandem vero basilicam fecit a. l. 1. *ed.* [678] XL et I. 1. [679] num. XII^m *suprascr.* 1^b. sedecim undecim undique 4. [680] in — erexit *add.* 1^b. [681] Rursum 3. [682] q. ubi b. 1. *ed.* [683] e. tectumque ipsius 1. *ed.* [684] coop. 1. *ed.* [685] sancti 1. *ed.* [686] et 1. *ed.* [687] et diversas ibi ad monachorum utilitates officinas instituit *add.* 1. *expunxit* 1^b. [688] Fecit 1. [689] *deest* 1. [690] t. (supra d. i. C. et H. *desunt* 1. 2.) Ben. p. (præfati *add.* 1^b. *ed.*) G. *etc.* — tertii videlicet cui — mirabiliter et v. r. et l. (vid. — loquelam *desunt* 1.) 1. *ed. Inde* 1. 2. *pergunt:* imp. vero s. d. C. et Hirenæ. Qui depositus — levam *ut infra.* [691] Huic — loco s. Martini *diversis vicibus addidit* 1^b. [692] *add.* 4. [693] Banze 1^b. 2. [694] ejusdem monasterii 1^b. *ed.* [695] Guacco 1^b. 2. Vaco 4. [696] construxerat — Januarium *abscisa* 1^b. *servavit* 1^*. [697] ejus 1^*. [698] casale *ed. semper.* [699] quinque pueros — d. prædicti monasterii manerent *hic add.* 1^b. 2. *omittunt infra.* [700] iterum 1^b. *ed.* [701] Archellais 2. [702] pertinentia sua 1^b. *ed.* [703] *add.* 4. [704] Arbi 1^b. 2. [705] *vid. not.* f.

NOTÆ

(336) In tabula geogr. apud Gatt. situs est paulo supra S. Eliam. Furçam de V. habuimus I, 5.

(337) E meridie Casini, trans Lirim.

(338) Quod e Reg. Petri D. ed. Gatt. Acc. p. 18. *Actum in Benevento in sacratissimo palatio nono anno, mense secundo, quinta indictione.*

(339) *Tam quæ tempore domni Gisulfi quam et domni Luiprandi vel domni sanctæ ac dulcis memoriæ genitoris nostri, et nostro felicissimo tempore:* ubi Gisulfum juniorem designari apparet.

(340) Ib., p. 19, ex eodem. *Actum anno decimo.* i. e. 797 vel 798.

(341) Acerenza, olim Acheruntia; cf. Horat III, 4, 15.

(342) Anno Grimoaldi 9, mense Jan., ind. v. Gatt. Acc. p. 19, 20 ex eodem Reg., n. 179, 180.

(343) Fluit prope Beneventum cum Calore item

quamplurimis, præter multos alios quos liberos dimisit: eo tamen tenore ut semper sub dicione præfatæ [706] ecclesiæ permanerent. In [707] ecclesia etiam sancti Benedicti quæ sita est in Liburia loco Casa Gentiana, sibi pertinente, obtulit idem Wacco [708] campum de Porcari, et [709] pratum quod vocatur Porcile, necnon et 12 familias servorum cum omnibus ex integro illorum pertinentiis, commanentes in loco [710] qui vocatur Balusanus [711]; sed [712] et alios servos et ancillas suas in prædicta Casa Gentiana habitantes cum universis nichilominus [713] substantiis ac rebus eorum. Hæc autem omnia ex integro simul cum præfatis [714] ecclesiis idem [715] Wacco ad obitum veniens obtulit et delegavit in hoc beati Benedicti cenobio; dimissa dumtaxat [716] medietate eorum [717] omnium usufructuario [718] uxori suæ Tasiæ, sub [719] B tutela monasterii hujus in vita tantum [720] ipsius [721]. Sub his quoque diebus (344) vir quidam Colo nomine de territorio Cajatiano [722] obtulit in ecclesia sancti Martini (*an.* 808. *Sept.*), cella hujus cenobii, quæ juxta [723] Vulturnum sita est integram curtem suam in loco qui Aditianus [724] dicitur, cum omnibus ad eam [725] pertinentibus rebus tam in monte quam in plano. Similiter etiam Maximus (345) quidam de eodem [726] territorio obtulit beato Benedicto omnem ex integro substantiam suam in supradicto loco sancti Martini. Iste [727] abbas fecit libellum quibusdam hominibus de Termule (346), de omnibus rebus sancti Benedicti quas ibi possidebamus, pro censu 14 solidorum, et medietate totius pastionis. Qui [728] C depositus nono Kalendas Januarii (*an.* 817), sepultus est juxta ecclesiam beati Benedicti ante capitulum, introeuntibus in ecclesia ad levam *.

* Hujus temporibus factum est breviarium de cellis de Marca *addit* 2.

APOLLINARIS abbas quarto decimo loco in abbatiam prælatus [729], sedit annis 11. Fuit [730] autem A temporibus Romanorum pontificum Paschalis et Eugenii, et Siconis principis [731] Beneventani.

19. [DESIDERII *Dial.* I, 1.] De hoc sanctissimo viro celebris fama est, et seniorum nostrorum attestatione firmata, quia cum quadam die [732] necessitate cogente ad monasterii possessiones visendas esset egressus, necesse illi fuit Lirim fluvium transvadare; sed cum navis deesset qua transire potuisset, vir Dei fide repletus salutiferæ crucis se signaculo munivit: et ad fluminis oram accedens, ita ut erat indutus et calciatus, in illud [733] intravit; sicque ad ulteriorem ripam miro modo, apostoli [734] Petri exemplo, siccis tam [735] pedibus quam vestibus [736] est transvectus, ita ut non super aquas ambulasse sed super aridam [737] crederetur [738]. Per idem tempus Trasemundus (347) quidam nobilis de Benevento obtulit in hoc monasterio casas suas intra Beneventum (*an.* 820. *Mai.* v); casalem quoque quem possidebat in loco ad pantanum (348), rebus monasterii nostri conjunctum; casalem [739] in valle de Caudis, loco [740] ubi dicitur Laudecene; casalem in Forinum; casalem in finibus Aliphanis [741], ubi dicitur Vulcanum; cum omnibus pertinentiis eorundem casalium. Servos etiam suos omnes liberos statuens, tres per mensem operas nostris ordinatis in loco quo habitabant [742] exercere constituit. Rodegarius quoque gastaldeus Beneventanus fecit hospitale juxta Beneventum de propriis suis [743]; in quo obtulit et casas suas intra civitatem, et ecclesiam sancti Salvatoris, que sita est foris Casam majorem, et molendinum in loco Tassile, necnon et decimas omnium rerum suarum; et constituit illud sub hoc monasterio. Quidam etiam vir nobilis Arnipertus nomine, natione Compsanus obtulit beato Benedicto curtes suas in diversis locis numero quinque (*an.* 823. *Mart.*); cum omnibus omnino pertinentiis earum, tam in [743] mobilibus quam in [744] immobilibus; et cum servis et

VARIÆ LECTIONES.

[706] prædicti monasterii manerent 1b. *ed.* [707] Obtulit etiam idem G. in e. s. B. q. s. est in L. l. C. G. campum 1b. *ed.* [708] Guacco 1b. *ed.* [709] P. pratum quoque q. dicitur P. et 1b. *ed.* [710] vico 1b. *ed.* [711] Balusanu 1b. 2. [712] B. alios etiam s. 1b. *ed.* [713] omnino rebus illorum 1b. *ed.* [714] prædictis 1b. *ed.* [715] e. obtulit in h. 1b. 2. idem W. *deest* 3. [716] *add.* 4. [717] horum 1b. [718] *deest* 1b. [719] s. t. m. h. *desunt* 1b. 1*. 2. [720] dumtaxat 1b. 1*. *ed.* [721] ipsius usufructuario 1*. [722] Cajazzano 1b. 2. [723] supra 1b. 2. [724] Aditianu 1b. 2. q. d. A. 1b. *ed.* [725] se 1b. *ed.* [726] prædicto 1b. *ed.* [727] Iste — pastionis *desunt* 1. Hic a *ed.* [728] *v. supra p.* 593. *not.* e*. [729] eodem anno quo et Sico Beneventi factus est princeps *add.* 1. [730] Fuit — Beneventani *desunt* 1. *v. infra p.* 595 *not.* f. [731] S. qui eodem anno Beneventi princeps effectus est 2. [732] *deest* 4. [733] eum 1. *ed.* [734] a. P. c. *add.* 1b. [735] s. pedibus est advectus, ut 1. 2. [736] v. super ripam est advectus. ut 3. [737] a. terram c. *ed.* [738] Hic fuit temporibus Rom. pont. Paschalis et Eugenii *add.* 1. *Reliqua hujus capitis add.* 1b. *sed alio ordine, ita :* Sub hujus abbatis diebus quidam v. n. nomine Arnipert (Arnipertus *ed.*) — immobilibus suis. Rodegarius — monasterio. Per idem t. Trasemundus — constituit. Sed et Dachopertus quidam Capuanus genere obtulit — ejus. *Ita et ed.* [739] alium c. 1b. *ed.* [740] *ed.* 4. [741] Alifanis 1b. (*supra c.* 6. Aliphano) [742] habitant 2. [743] p. rebus. s. ubi o. 1b. *ed.* [744] *deest add.*

NOTÆ.

fluvio, cui adjungitur et in Vulturnum denique influunt. ANG.

(344) Anno Grimoaldi 3, mense Sept. Gatt. Acc. p. 21 e Regesto Petri D. Cajatia, hodie *Cajazzo*, a Capua non procul abest, occidentem versus.

(345) Reg num. 85. ANG.

(346) Termoli mari supero adjacet, prope ostia Biferni.

(347) Donationes sequentes e Petri Regesto edidit Gattula Acc. p. 27, 28, 30, 31. Unum Rodegarium omisit, cujus chartam exstare in Reg. n. 188 adnotavit Ang. de Nuce.

(348) V. supra c. 10.

ancillis quam plurimis. Necnon et tunicam unam cum lista (349) aurea, et circellos de auro, et listam auream [745] cum margaritis, et fibulatorium nichilominus aureum, cum medietate omnium mobilium suorum. Sed et clericus quidam nomine Danihel nobilis [746] genere, natione Tarentinus, ad extrema veniens (*an.* 827.) (350), et se ipsum et omnia sua cum plurimis servis et ancillis apud Aquinum et apud ipsam cellam sancti Gregorii in [747] illius vicinia sitam, per cartulam oblationis huic monasterio tradidit. Unde nonnulli nostrum [748] non usquequaque improbabiliter autumant [749] de istis [750] ejusdem Danihel servis, eos quos hodieque habemus famulos propagatos [751]. Similiter etiam Dachenaldus quidam Capuanus [752] obtulit in hoc monasterio (*an.* 827.) (351) universam omnino substantiam suam in loco qui dicitur Cannetus [753], et per alia diversa loca in [754] comitatu Caazzano, cum terris, et colonis, atque animalibus diversis, et omnibus tam mobilibus quam immobilibus suis. Sed et Dachopertus quoque nichilominus Capuanus similiter obtulit beato Benedicto (*an.* 825. *Mart.*) casalem suum in loco qui Colimniana vocatur, cum casis et cortaneis, et omnibus ex integro pertinentiis ejus.

20. [Erch. 9.] Porro [755] Radechis [756] Compsanus comes qui interfecto Grimoaldo [757] prædictum Siconem principem constituerat (*an.* 817), non multo post penitentia ductus relicto sæculo, cervicetenus catena ligatus, huc ad beati Benedicti se cenobium contulit. Cujus nimis austeræ ac [758] per hoc fructuosæ penitentiæ diabolus condolens [759] simul [760] et invidens, multis audientibus circa monasterii claustra sæpissime clamitabat, dicens [761]: *Heu me, heu me Benedicte, cur tam* [762] *nequiter michi præjudicas? cur me sic instanter persequeris? non suffecit tibi ut me ipsum hinc expelleres; insuper et meos fideles undecumque tibi vendicare non desinis. Heu* [763], *heu me!* [*Chr. Sal.* 57.] Præfatus [764] præterea princeps Sico cum diu Neapolim obsedisset et afflixisset, tandem sancti martyris Januarii corpus de [765] loco quo fuerat reconditus [766] auferens, Beneventum detulit, et cum suis [767] quondam sociis Festo et Desiderio sanctis apud ipsius urbis episcopium honorifice recondidit, sicut in historia domni [768] Herchemperti refertur (352).

21. [Erch. 11.] Anno [769] tertio abbatis hujus Saraceni a Babylonia et Africa venientes [770], Siciliam occupaverunt [771], et Panormum ceperunt, anno incarnationis dominicæ 820 (353). Obiit autem idem [772] abbas 5. Kal. Decembris (828), et sepultus est prope [773] ecclesiam sancti Benedicti, juxta gradus porticus qua tunc [774] temporis pergebatur ad ecclesiam sancti Martini.

Deusdedit quintus decimus abbas sedit annis sex, temporibus [775] principum Siconis atque Sichardi.

22. Huic idem [776] Sico princeps fecit præceptum (354) de fluvio qui dicitur Lauri, cum omnibus limitibus et piscariis suis, et omnibus quæ juxta ipsum fluvium hinc et inde ad jus sui palatii pertinebant. [Erch. 13.] Mortuo [777] Sicone (*an.* 832), Sichardus filius ejus factus est princeps, homo [778] nequissimus et omnibus vitiis carnalibus circumsessus, ac super omnia avarissimus (355). Hic præfatum [779] venerabilem abbatem virum omni sanctitate perspicuum [780] causa pecuniæ cepit, atque custodiæ mancipavit. Qui videlicet [781] sanctus vir cum depositus fuisset 7 Idus Octobris (834) (356), in [782] loco quo [783] reconditus est, multos febre detentos diversisque languoribus oppressos, ex fide poscentes

VARIÆ LECTIONES.

[745] l. unam a. 1b. *ed.* [746] D. nat. T. nobili g. ortus, ad 1b. *ed.* [747] G. quæ in ipsius v. sita est 1b. *ed.* [748] nonnulli et n absque (*corr.* usque) quaque putant 1b. nonn. n. nunc usqueq. p. 2. [749] putant 1b. *ed.* [750] prædictis *ed.* de prædicatorum virorum s. 1b. *in loco raso.* [751] procreatos 1b. [752] C. genere 1b. *ed.* [753] Cannetu 1b. Cannetum 2. [754] *add.* 4. [755] *totum caput add.* 1b. [756] Radelchis 4. [757] Grimoald 1b. *ed.* [758] ac p. h. f. *desunt* 1b. 2. [759] dolens 4. [760] *add.* 4. [761] *deest* 1b. 2. [762] tam n. m. p. cur *desunt* 1b. 2. [763] h. h. me *desunt* 1b. 2. [764] Iste Sico 1b. *ed.* [765] de l. q. f. r. *desunt* 1b. 2. [766] reconditum 3. [767] cum sanctis F. et D. in ipso episcopio honorabiliter r. 1b. *ed.* [768] *deest* 1b. 2. s. in h. h. r. *postea alio atramento adscripsit.* [769] Hujus tertio anno Siciliam Saraceni ingressi sunt, a. d. i. 820. 1. Hujus abbatis t. a. Sar. a Bab. *etc.* 1b. *ed.* [770] ve et Panormum 4. [771] S. ingressi sunt 1b. 2. [772] i. a. *add.* 4. [773] p. e. s. B. *add.* 1b. [774] tunc *add.* 1b. temp. *add.* 4. [775] t. p. S. a. S. *desunt* 1. 2. [776] supradictus 1. *ed.* [777] Depositus vero est VIIº idus novemb. (*corr.* octobris) et sepultus apud ecclesiam sancti B. 1. *quibus deletis* 1b. *add.* Mortuo — restituit. [778] p. vir omnibus 1b. 2. [779] prædictum 1b. *ed.* [780] spicuum 4. conspicuum. *Erch.* [781] *add.* 4. [782] *ita* 1c. et apud eccl. beati B. sepultus m. 1b. [783] ubi 1c. *ed.*

NOTÆ.

(349) I. e. ora, limbus, tænia.

(350) Temporibus Siconis. ind. v.

(351) Grimoaldi anno 10, ubi *Siconis* legendum docet Gatt. l. l.

(352) Ultima verba postea addidit, cum rem a Beneventanis auditam Chronico Sal. quod Erchemperto tribuit confirmari reperisset: ubi tamen nihil de Festo et Desiderio dicitur. Translationis historia exstat in Actis SS. Sept., tom. VI, p. 888.

(353) Saracenos (scil. Hispaniæ) eo anno Siciliam ingressos esse nescio unde Leo sumpserit. Sed quod Panormi expugnationem ex Erch. huc retulit, ipsius est conjectura, quæ fundamento caret. Capta est a. D. 832.

(354) Non exstat. Donationem quamdam factam Deusdedit abbati a Romualdo duce, ind. II *in loco qui nominatur fluvio Lauro* e Petri Regesto, ed. Gatt. Acc. p. 32. Quam vel fictam vel certe corruptam esse apparet. Lauri fl. lacum Lesinensem influit.

(355) Talis apparet e Chron. Salernitano.

(356) Martyrol. Romanum 9 Octobris: *Apud Casinum sanctus Deusdedit abbas, qui a Sicardo tyranno in carcerem trusus, illic fame et ærumnis confectus reddidit spiritum;* eodem die colitur ejus memoria apud nos sub ritu duplici. Ang.

ad suos cineres precibus [784] ac meritis suis pristinæ saluti restituit.

HILDERICUS (357) abbas sextus decimus. sedit diebus 17.

AUTHPERTUS [785] ordine septimo decimo abbas [786] effectus, sedit annis 3.

23. Huic Lotharius [787] rex Francorum filius [788] supradicti Ludowici præceptum (358) fecit (*an.* 835. *Febr.* 21.), confirmans omnia quæ huic sacro cœnobio tam - a regibus quam a principibus collata hactenus fuerant. Pratum etiam magnum vocatum [789] Cervarium, et servos, et hæreditates plurimas fisco suo pertinentes in pago Marsorum alio [790] præcepto (359) in hoc monasterio confirmavit. [ERCH. 11.] Ab [791] hoc Lothario [792] regnum Francorum divisum est; et ipse quidem Aquensem et Italicum, Ludowicus [793] vero frater ejus Bajoariam, Carlus autem ex alia matre genitus Aquitaniam obtinuit. Sichardus præterea [794] Beneventanorum princeps, gualdum qui Martoranus vocatur, per suum præceptum [795] sancto Benedicto concessit (*an.* 837. *Jun.*), (360) per [796] fines et terminos suos, cum ripis et aquis, fussariis [797] (361) et piscationibus, et omnibus intra se positis, quemadmodum ad palatii jus pertinere tunc temporis videbatur. Tunc [798] etiam vir quidam Rodegarius nomine de territorio Compsano, obtulit huic monasterio (*an.* 835. *Jun.*) quattuor curtes suas cum omnibus pertinentiis earum, et aliquot servos et ancillas suas (362). Hujus abbatis [799] nonnulla opuscula et pulchri sermones habentur (363). Obiit [800] autem 10. Kal. Martii (838).

BASSACIUS abbas a beato Benedicto octavus decimus ordinatus, anno 363 dominicæ incarnationis octingentesimo tricesimo septimo (364), sedit annis 19.

24. Tertio [801] hujus ordinationis anno, superstite adhuc præfato principe Sichardo; corpus beati apostoli [802] Bartholomei de Lyparitana insula ordinatione [803] divina Beneventum translatum est (364*): in [804] quam videlicet insulam olim de Armenia mirabiliter fuerat, cum saxea tumba itinere marino sine remige ullo transvectum. Per [805] idem tempus Gontarius, (365) abbas monasterii sancti Modesti reddidit beato [806] Benedicto res quas dudum [807] Authpertus abbas per scriptum convenientie concesserat Sichardo principi, idest curtem quæ dicitur Milazzanum [808] cum ecclesia sanctæ Mariæ cum omnibus ornamentis et pertinentiis suis in finibus Canosinis; curtem que vocatur Plazanum; curtem [809] in Campi; curtem in Pastena; et casam unam in Cannis [810] cum omni [807] substantia sua; et cum piscatione in mare, et cum omnibus pertinentiis eorum que supra dicta sunt. His quoque [807] diebus (*an.* 849. *Mai.*) Agenardus [811] (366) quidam [807] gastaldeus Capuanus fecit cartam oblationis in hoc monasterio de omnibus omnino rebus substantiæ suæ quæ possidere videbatur tam [807] in territorio Capuano quam [807] et Theanensi; atque Calinulo (367), cum servis et ancillis, et universis quæ sibi jure hæreditario competebant. Sed et Arnefrid (368) quidam nobilis Aliphanus [812] obtulit beato Benedicto Amelfrid filium suum clericum cum integra curte sua de loco qui dicitur Patenaria, cum universis ejusdem curtis pertinentiis: nec non et integram portionem suam de ecclesia sanctorum Nazarii et Vincentii [813] loco ubi dicitur Anglena, cum ornamentis et curtibus, et omnibus [814] pertinentiis ac possessionibus ejus. Quidam [815] etiam Maio (369) Telesinus, ad extrema veniens (*an.* 856. *Jan.*), tradidit se ipsum in hoc monasterio cum omnibus suis,

VARIÆ LECTIONES.

[784] p. ac m. s. *desunt* 1b 2. [785] Authpert 1. 2. [786] *deest* 4. [787] Lutharius 3. [788] f. s. L. *add.* 1b. [789] m. qui vocatur Cervarius 1. *ed.* [790] a. p. *add.* 1b. [791] Ab — obtinuit *add.* 1b. [792] Lothgario 3. [793] Lodevicus 3. [794] *ita* 1. b. quoque 1. [795] tunc *add.* 1. *delevit* 1b. [796] per — ancillas suas *add.* 1b. [797] fassariis 4. [798] His temporibus v. 1b. *ed.* [799] *add.* 1b. [800] Obiit — Martii *add.* 1b. [801] Hujus t. o. 1b. *ed.* Hujus — et alia nonnulla *add.* 1b. [802] b. B. a. 1b. [803] o. d. *desunt* 1b. 2. [804] in — transvectum *desunt* 1b. 2. [805] *Hæ traditionum notitiæ in cod. autographo in margine singulæ ubi spatium erat adscriptæ sunt, ordine diverso ab eo quem hic e cod. 4. damus. Primus erat Agenardus, sequebatur Arnefrid, deinde Maio, quartus Gontarius, quintus Theodericus.* [806] r. huic dudum 4. *integro ut videtur versu omisso.* [807] *deest* 1b. *ed.* [808] Milactianum 1b. 2. [809] c. in C. *om.* 4. [810] Canni 1b. *ed.* [811] Agenardus *corr.* Ahgen. 1b. Hagenardus 4. Aienardus, Agenardus *et* Achenardus *in ipso dipl.* [812] Alifanus 1b. *ed.* [813] de *add.* 1b. *ed.* [814] omnino *add.* 1b. *ed.* [815] Similiter etiam quidam 1*. *ed.* Similiter — eorum *abscisa* 1b. *servavit* 1*.

NOTÆ.

(357) De eo Petrus Diac. *De viris ill.* c. 9.

(358) Quod e Petri Reg. edidit Gatt. Acc. p. 32.

(359) Ib., p. 34 ex originali genuino, quod ind. XIII, IX Kal. Mart. datum est.

(360) Ib., p. 35 e Regesto. *Actu Benevento in sacro palacio* 5. *anno, mense Junio, indictione* XV.

(361) Piscinæ esse videntur.

(362) Ib. p. 35 e Regesto: *tertio anno principatus domini nostri Sicardi mense Junio, ind.* XII (leg. *ind.* XIII).

(363) Exstant Casini in codice signato 305. De eo Petrus diaconus *De viris illustr.*, cap. 13 et ibi I, B. MARUS ANG.

(364) Vel annum falsum esse oportet, si privilegium illud Sichardi principis genuinum est, vel vivente Authperto eum esse ordinatum.

(364*) A. D. 838, mense Aug., sed ecclesia perfecta dedicatum est altare 839, Oct. 25, mortuo Sichardo, tertio Bassacii anno secundum Leonis calculum. Exstant sermones in translationis anniversario habiti, alter Berthario abb. Casin. attributus in Actis SS. tomo V, Augusti; alter accuratior Martini mon. ad Roffredum archiep. Benev. directus, qui sedit ab anno 1076, ap. Borgiam Mem. Benevent. I, p. 333.

(365) Reg. n. 299. ANG.

(366) Gatt. Acc. pag. 36, ann. 10 Sikenolfi, ind. XII, Capuanus erat genere; gastaldus Capuæ, Lando, chartæ subscripsit.

(367) Hodie *Carinola*, prope Sessam.

(368) Reg., n. 308. ANG.

(369) Gatt. ib., p. 36. Data est anno... princ. 3, ind. IV, Telese sita est in Terra Laboris inter Vulturnum et Calorem fluvios.

id est curte una in Telesia [816], vocabulo Pulianellum [817], et altera [818] in Aliphis [819] in qua est constructa ecclesia sancti [820] Petri, cum silva sua circa eandem ecclesiam, et cum omnibus pertinentiis ipsarum curtium, cum servis quoque et ancillis [821] in eisdem curtibus commanentibus, et universis eorum. Theodericus (370) præterea [822] Caiatiæ [823] comes testamento suo (*an.* 843. *Mai.*) concessit in hoc [824] loco curtem unam quæ dicitur Squillæ, cum [825] universis ad ipsam curtem pertinentibus ; insuper et scutellam argenteam unam, scattones (371) tres, garales duos, bandum aureum unum, equos [826] tres, et alia nonnulla.

Fuit [827] autem hic abbas temporibus Romanorum pontificum Sergii II, Leonis IV, et tertii Benedicti, nec non et primi Nycolai, a quo etiam apostolicæ auctoritatis privilegium (372) de hujus monasterii libertate et confirmatione recepit ; principum vero Radelchis [828] et Siconolfi, sub quibus principatus Beneventanus Capuanorum [829] contra [830] se factione divisus est. Cur autem vel qualiter divisus sit, et qua occasione primum [831] Saraceni ab his invitati huc adventaverint, quoniam cladis eorum nos quoque pars maxima fuimus, necessarium huic [832] historiunculæ et oportunum inserere duximus.

25. Cum (373) supramemoratus [833] princeps [834] Sichardus nequiter a suis fuisset occisus (*an.* 839.), præfatus Radelchis [835] thesaurarius [836] ipsius illi in principatu successit. Interea Capuani quibus [837] tunc Landulfus gastaldeus [838] præerat, quique [839] propter multas nequitias suas eundem [840] Radelchis valde infensum habebant, dominationem [841] illius quam nimium formidantes, ineuntes consilium, ad Siconolfum filium supradicti principis Siconis, qui tunc apud Tarentum exul [842] manebat [843], se conferunt ; eumque sibi in principem eligunt. Qui Siconolfus, tam cum eisdem Capuanis, quam et cum maxima Beneventanorum manu qui prædictum Radelchis

A exosum habebant Salernum ingressus, contra eundem Radelchis modis omnibus insurrexit ; cœperuntque ad invicem totis nisibus litigare. Sed quoniam, ut ait Veritas, *omne regnum in se ipsum divisum desolabitur* (*Luc.* XI, 17), et, ut ait quidam auctorum (374), *concordia parvæ res crescunt : discordia maximæ dilabuntur* (*Sall. Jug.* 10) : vicissim ab his Saracenorum [844] exercitus ex diversis partibus orbis alter adversus alterum evocatus, totum non modo principatum, verum etiam regnum Italicum sua dissensione [845], ferro et igni per annos ferme triginta demoliti sunt. Primus itaque Radelchis in auxilium [846] Saracenos invitat (*an.* 841), per [847] Pandonem quendam suum fidelem qui tunc Barim regebat ; quos dum idem Pando juxta muros B [848] urbis et maris [849] ora locasset improvidus, illi, ut sunt ingenio callidi, nocte intempesta urbem per loca abdita penetrant, multisque aliis interemptis, prædictum quoque [850] Pandonem marinis fluctibus donant. Horum rex fuit vocabulo Calphon ; quos [851] præfatus Radelchis quia propellere urbe non poterat, cepit quasi familiares excolere, et ad sui auxilium provocare ; cumque illis totam Siconolfi regionem devastans, Capuam quoque universam redegit in cinerem. Siconolfus [852] autem [853] econtra ex Hyspania Saracenos acciscens, frequentibus præliis omnes fere in circuitu præter Sipontum, a Radelchis jure auferens urbes, Beneventum nihilominus expugnabat (375) (*an.* 845.).

C 26. Septimus (376) jam prædicti abbatis annorum circulus volvebatur (*i. e.* an. 843), cum prædictus [854] Siconolfus ad beati Benedicti monasterium veniens, sub [855] præstationis nomine Hyspanis [856] tribuendum Agarenis, universum fere thesaurum quem gloriosæ memoriæ reges, Karolus, et Pipinus frater ejus, et Karlomannus, et Ludowicus filii ejusdem Pipini (377), et alii quam plures seu reges seu principes religiosi ibidem contulerant, auferens [857] asportavit. Prima siquidem vice abstulit [858] in

VARIÆ LECTIONES.

[816] Telese 1^*. *ed.* [817] Pulianellu 1^*. 2. [818] alia 1^*. *ed.* [819] Alife 1^*. *ed.* [820] e. vocabulo Sanctus Petrus 1^*. *ed.* [821] omnibus *add.* 1^*. *ed.* [822] *deest* 4. [823] *deest* 1^b. 2. Calatiæ 4. [824] *deest ed.* [825] cum — et *desunt* 1^b. *ed.* [826] equos t. *desunt* 1^b. 2. [827] *ita* 1^b. Fuit temp. principum R. 1. [828] Rathelchis 3. [829] *ita* 1. Kap. 1^b. [830] c. se *desunt* 1. 2. [831] *deest* 1. 2. [832] n. inserere huic historiolæ duximus 1. *ed.* [833] *add.* 1^b. [834] S. pr. 1. *ed.* 3. [835] Rathelchis. [836] *ita* 1^b. R. zetarius palatii ejus 1. [837] q. t. l. cast. p. *add.* 1^b. [838] castaldeus 1^b. 2. [839] *add.* 4. [840] prædictum 1. *ed.* [841] habebant. Qua de causa illum n. f. 1. *ed.* [842] *add.* 1^b. [843] morabatur 1. *ed.* [844] *ita* 1^b. h. Francus ac Saracenus alter adv. 1. [845] dissentione 1. *ed.* [846] sui *add.* 1. *ed.* [847] *ita* 1^b. invitat. Qui apud Barim primitus transfretantes, cum illam diebus aliquot obsedissent, nocturna tandem fraude ceperunt ; nec multo post Tarentum quoque adepti sunt. Horum 1. [848] murum 1^b. 2. [849] ora maris 1^b. *ed.* [850] p. patriæ proditorem m. 1^b. 2. [851] *ita* 1^b. cum quibus R. totam S. 1. [852] S. — expugnabat *add.* 1^b. [853] quoque 1^b. *ed.* [854] præfatus 1. *ed.* [855] sup 2. [856] H. t. A. *add.* 1^b. [857] c. adstulit 1. *ed.* [858] tulit 1. *ed.*

NOTÆ.

(370) Reg. n. 398 : *anno 4 princ. Radelchis, mense Maio, ind.* VI. ANG. Squilla hodieque est villa Caiatiæ proxima, a Vulturno non multum distans.

(371) Scattones vocant apud nostrates eas scutellas quibus arida venditores metiuntur, ut lupinos et similia. ANG. Garalis est scyphi species quædam ; bandus vexillum, tænia.

(372) Reg., n. 4. ANG.

(373) Hæc e Chron. Cas. c. 8, 4?, 17 petita postea ex Erchemperto c. 14—17 correxit et auxit.

(374) Hoc de suo addidit ; *ut Livius* dicit ps. Anastasius.

(375) I. e. oppugnabat.

(376) Hoc caput fere integrum e Chron. Cas. 10 accepit Leo, sed etiam alia nunc nobis incomperta antiqua monumenta adhibuit. ANG.

(377) Non librarios sed auctorem dormitasse, cod. autographus hic ut alibi ostendit ; ubi plurima convicia in immeritos librarios conjecta sunt ab Ang. de Nuce et aliis.

calicibus et patenis, coronis, ac crucibus, fialis [859] quoque et amulis, bokis [860] (378) ac fibulis, auri purissimi libras centum triginta [861]; saricam (379) insuper sericam de sylphori cum auro et gemmis: pro quibus promisit se redditurum solidos Siculos decem milia. Unde cognatus ejus Ursus (380), et Grimoaldus [862], scriptum redditionis monasterio isti [863] fecerunt. Item [864] secundo, trecentas sexaginta quinque in argento libras, et tredecim [865] milia solidos aureos figuratos. Item bazias (381) duas de argento, pondo [866] librarum 30, et fundatos (382) duplices octo. Item in anaglifis [867] baziam unam, et scattonem unum [868] Constantinopolitanum, utrumque argenteum et inauratum. Item [869] post octo circiter menses, tulit in coronis, ac baziis, atque amulis, garalibus et coclеariis, argenti libras [870] quingentas. Item post menses decem venit et rupit ipsum monasterii vestiarium, et abstulit inde solidos mazatos (383) 14 milia. Pro quibus juraverunt Leo episcopus, et Petrus et Landenulfus gastaldei ejus super evangelia, et crucem, et corpus sancti Benedicti, quod abinde ad quartum mensem, pretium illud monasterio restituerent, et non habentes unde redderent, fecerunt huic [871] monasterio præceptum de Sancto Nazario in Canzia [872] (384) cum omnibus pertinentiis [873] suis. Rursum [874] venerunt Lando (385) et Aldemarius gastaldei ipsius, et portaverunt hinc [875] solidos prædulatos duo milia. Item [876] quando perrexit [877] Spoletum, Maio cognatus ejus abstulit alios [878] nichilominus duo milia. Ad [879] postremum quando Romam perrexit (*n.* 844), venit idem Siconolfus et abstulit coronam auream [880] smaragdinis gemmis mirifice decoratam, quæ patris sui [881], Siconis principis fuerat, pro solidis tribus milibus. Et hæc quidem [882] omnia ipse præfatus [883] sacrilegus sancto Benedicto auferens, neque sibi neque patriæ aliquid inde profecit [884]; neque ab eo [885] tempore aliquam promereri [886] victoriam potuit.

27. [Desid. *Dial.* 1 *Chr. Cas.* 9]. Triennio [887] post hæc (386), Sergio secundo in sede apostolica præsidente, a [888] quo Ludowicus imperator est coronatus, ingens Saracenorum multitudo ab Africa [889] classe Romam devecta, ecclesias sanctorum apostolorum Petri et Pauli ex integro deprædati sunt (*Aug.*), multosque illic interficientes, per Appiam viam iter aggressi, ad Fundanam civitatem (387) venerunt. Quam cum cepissent et incendio cremavissent, universaque [890] per circuitum vastavissent, secus Cajetam applicantes castrametati sunt. Contra quos missus a Spoletio [891] Francorum exercitus, turpiter superatus aufugit. Quos Saraceni instantius persequentes (*Nov.* 10), tandem ad viciniam hujus monasterii trans flumen [892] quod Carnellum vocatur applicuerunt, ecclesiamque sancti Andreæ apostoli [893] igne cremantes, ac demum ad cellam sancti Apollinaris [894] in loco qui dicitur Albianus (388) pervenientes, evestigio ad hoc monasterium quod fama jam dudum [895] vulgante audierant, quodque præsentialiter suis oculis ex eodem loco cernebant, totis satagebant [896] conaminibus properare. Sed, quoniam tardior illos hora eo die cohibuit, ibidem tentoria figunt, futurum [897] profecto ut die huc altero properantes, cœnobium totum [898] destruerent; quæcunque fuissent [899] reperta, diriperent; cunctosque ibidem [900] degentes, gladio trucidarent. Maxima tunc erat totius [901] cœli serenitas, tantaque prædicti fluvii siccitas, ut pedes aliquis illum transvadere valeret [902]. Itaque, cum ad fratrum aures hujuscemodi nuntius pervenisset, et tam subitam, tamque horrendam sibi [903] mortem imminere conspicerent, maximo valde [904] timore perterriti mox [904] omnes nudis pedibus et cinere asperso capite, cum letaniis ad beatum conveniunt Benedictum, orantes Dei clementiam, ut eorum animas misericorditer dignaretur recipere, quorum corpora tam repentine morti [905] tradere suo judicio decrevisset. Tota igitur nocte illa fratribus vigiliis, orationibusque intentis, sanctæ memoriæ

VARIÆ LECTIONES.

[859] phialis 4. [860] boris 5. bolcis 4. [861] trig. *add.* 1b. [862] Grimoald. 1. *ed.* [863] *add.* 4. [864] Item — inauratum *add.* 1b. [865] XIV 2. [866] pensantes libras 1b. *ed.* [867] anagliphis 4. [868] *deest* 4. [869] Alia vice p. 1. *ed.* [870] *deest* 2. argenti *add.* 1b. simul q. 1. *ed.* [871] f. hic p. 1. *ed.* [872] Canziæ 1. Canzie 2. [873] *add.* 4. [874] R. alia vice v. 1. *ed.* [875] hinc *deest* 2. [876] Alia vice q. 1. *ed.* [877] Sp. p. 1. *ed.* [878] absit item solidos d. m. 1. *ed.* [879] Iterum q. 1. 2. [880] a. et s. *ed.* [881] ejusdem 1. *ed.* [882] idem 4. [883] *add.* 4. [884] per fecit 4. [885] illo 1. *ed.* [886] a. deinceps vict. habere promeruit 1. *ed.* [887] His temporibus, 10. videlicet ujus abbatis anno, S. papa 1, 2. [888] a — coronatus *desunt* 1. [889] ab A. *add.* 1b. [890] c. cunctosque illius cives partim captioni partim gladio destinavissent, universa quoque p. 1. *ed.* [891] *ita* 1b. Siconolfo 1. [892] *ita* 1b. t. Lyrim a. 1. [893] *ita* 1b A, et Apollinaris i. cremantes, evestigio ad 1. [894] martyris Christi A. 1b. 2. [895] *add.* 1b [896] t. prop. nisibus satagebant 1. *ed.* [897] futuro *ed.* [898-99] omne 1. *ed.* [900] f. hic. r. 1. *ed.* [901] ibi 1. 2. [902] si vellet *add.* 1 *del.* 1b. [903] h. imm. s. m. aspicerent 1. *ed.* [904] *add.* 4. [905] *deest* 3.

NOTÆ.

(378) *Al.* bauca, vasis species; unde Ital. *boccale*, nostrum *Pokal*.

(379) Pallium purpureum.

(380) Comes Compsanus, v. Erch. 1*.

(381) Pateræ species esse videtur, Angl. *basin*.

(382) Et pallia et vasa ita designantur.

(383) Argentum signatum esse arbitror; *mazza* enim Italis malleus est. Iidem supra vocantur figurati, infra prædulati.

(384) Ita dicebatur ea Campaniæ pars quæ ad septentrionem fl. Vulturni viæ Appiæ utrinque adjacet, Peregrini tempore *Terra di Canzo*. Camp. felice pag. 467.

(385) Com. Capuanus?

(386) Tempus ope Chr. S. Benedicti computavit.

(387) Fondi.

(388) V. supra c. 18.

Apollinaris [905] abbas de quo supra locuti [906] sumus per visum [907] reverentissimo abbati Bassacio apparens, dixit : *Quid* inquiens *frater* [908] *ita turbamini, vel quare sic mæstum timidumque geritis animum?* Cui Bassacius : *Propter mortem* inquit *pater omnium nostrum quam ante oculos cernimus, et propter sancti hujus loci desolationem, quam protinus præstolamur. Nolite amplius* ait Apollinaris *timere, omnemque ab animo mestitiam ac sollicitudinem pellite. Benedictus etenim pater, vestram a Domino liberationem obtinuit, ipsumque pariter nobiscum in auxilium vestrum procerto venisse noveritis. Perficite tantum vota vestra et supplicationes ad Dominum, quod etiam et* [909] *nos una vobiscum ante conspectum Domini* [910] *facimus, et estote certissimi quod nullam vobis neque huic loco Saracenorum ferocitas nunc possit inferre molestiam* [911]. Cumque abbas experrectus hæc omnia fratribus indicasset, universi procidentes in faciem, cum lacrimis ac singultibus magnisque clamoribus cœperunt Deo laudes et gratias reddere, eumque immensis jubilationum vocibus [912] benedicere, cui per beati Benedicti intercessionem, taliter eos ab instanti placuit periculo liberare; atque quod erat noctis residuum, in hymnis et laudibus Dei studuerunt peragere. Fidelis Dominus in verbis suis, et sanctus in omnibus [913] operibus suis, qui justo polliceri dignatus est dicens : *Invoca me in die tribulationis tuæ, eripiam te et magnificabis me* [914] (*Psal.* XLIX, 15). Cum ecce circa [915] matutinas vigilias, subito cœlum quod eatenus [916] ut diximus undique serenissimum fuerat, densis [917] atrisque nubibus operitur, coruscant fulgura, tonitrua mugiunt, tamque valida repente pluviarum inundatio facta est, ut supradictus [918] fluvius ultra ripas excrescens, latius undique redundaret. Mane [919] igitur Saraceni surgentes, ad fluvii properant oram, vident eminus quem die præterito sicut diximus pedibus possent transire, vix nunc posse se illius vel ripas attingere. Cœperuntque nimis diligenter scrutari, sicubi navem aliquam reperire valerent, qua fluvium transvadarent. Sed, cum omni spe transeundi se viderent frustratos, totiusque prædæ illius qua se tunc [920] valde onustari putabant vacuos redditos : sicut sunt barbaræ immitisque naturæ, frementes, dentibusque stridentes, digitos sibi cœperunt manusque præ furore corrodere. Cellas itaque hujus cœnobii, sanctorum martyrum Georgii ac Stephani vocabulis insignitas, igne succendentes, per duos leones (389) ad sua castra Cajetam reversi sunt. Post dies aliquot cum in propria reverti disposuissent [921], debilitatos ac subnervatos equos [922] suos universos dimittunt, et conscensis navibus, versus Africam [923] iter aggrediuntur. Cumque jam ita proximi patriæ essent ut montes vicinos aspicerent, et nautico more plausus inter [924] se et gratulationes efficerent, repente conspiciunt unam inter suas huc illucque naviculam discurrentem, in qua duo tantum homines visebantur, quorum unus pulchra canitie clerici speciem prætendebat, alter vero habitu erat indutus monastico. A quibus diligenter [925] interrogati, unde tam hylares [926] remearent, quidve in partibus [927] illis ubi profecti fuerant operati essent [928] : ab Italia se, et ab ipsa Roma reverti, ibique se maximas cedes, rapinas, atque incendia perpetrasse fatentur [929]. *Et* [930] *Petri quidem* inquiunt *ac Pauli ecclesias devastavimus; ad Benedicti vero cœnobium deprædandum, quoniam fluvium* [931] *transire nequivimus, cellas ejus trans ipsum* [932] *positas igne succendimus. Cumque demum* et ipsi [933] ab eis requirerent quinam essent, hujuscemodi [934] ab eis responsum recipiunt : *Nos quidem illi sumus quorum vos domos et diripuisse et cremavisse tantopere gloriamini. Veruntamen qui nos simus, quantocius nosse habebitis;* et his dictis, subito pariter cum verbo disparuerunt. Repente igitur valida surgente procella, tam ingens tempestas exorta est, ut universas illorum naves partim inter se collisas, partim in [935] montes et scopulos impulsas, naufragare compulerit; ita ut vix aliquanti evaserint [936], per quos hæc ad aliorum notitiam pervenirent. Hoc [937] modo Petrus apostolus suas injurias vindicavit. Hoc [937] modo Benedictus pater suum monasterium liberavit. Sequenti tempore sanctissimus Leo quartus papa effectus, ne forte [938] aliquando [939] amplius hoc contingeret evenire, muris [940] firmissimis, castellum non modici ambitus circa beati [941] Petri ecclesiam fecit, quod videlicet [938] usque hodie ab auctoris nomine, Leoniana civitas appellatur.

28. [*C. Casin* 12, 14.] Tunc etiam temporis, Massar

VARIÆ LECTIONES.

[905] s. retulimus p. 1. *ed.* [907] v. interim r. 1. *ed.* [908] fratres *ed.* fr. 1^b. *suprascr.* [909] *add.* 4. [910] *deest* 4. [911] sed quantocius divina prohibitione coercitos, reditum ad sua maturaturos *add.* 1. [912] v. glorificare ac b. 1. *ed.* [913] *deest ed.* [914] Sanctissimus quoque pater B. quod suis vivens discipulis repromiserat, oportunissime nunc reminiscens implevit : « Præsentior inquiens vobis filii deposito carnis onere, vestrique per Dei gratiam (adjutor et *add.* 1^b.) cooperator existam assiduus » *addit.* 1. [915] e. post paululum s. 1. 2. [916] hactenus 1. *ed.* [917] d. a. *add.* 4. [918] *ita* 1^b. ut fl. Lyris u. 1. [919] Facto ig. m. S. 1. *ed.* [920] t. v. *add.* 1^b. [921] videntes se suos equos portare non posse *add.* 1. *del.* 1^b. [922] e. s. *add.* 1^b. [923] *ita* 1^b. Siciliam 1. [924] et g. i. se vicissim e. 1. [925] diligentissime percontati, u. 1. *ed.* [926] *ita corr.* 1^b. hil. 1. [927] in illis a quibus sic onusti revertebantur p. o. 1. in i. p. unde redibant o. *ed.* [928] fuissent 1. *ed.* [929] fatentur *post* reverti *collocat* 1. [930] *deest ed.* Et præcipue, P. 1. [931] Lyrim 1. L. fluvium 1^b. [932] lyrim 1. [933] vicissim *add.* 1. [934] hujusmodi 1. *ed.* [935] inter 3. [936] evadere potuerint 1. *ed.* [937] *Has sententias inverso ordine habet* 1. [938] *add.* 4. [939] aliquando *post* contingeret *collocat* 1. [940] m. optimis ac f. 1. *ed.* [941] c. ecclesiam b. P. apostoli 1. c. b. P. ap. eccl. *ed.*

NOTÆ.

(389) v. infra III, 12.

Saracenorum dux in auxilium prædicti Radelchis, Benevento residens, eosdemque [942] Beneventanos vilipendens, quocumque modo posset [943] affligeret, monasterium quoque [944] sanctæ Mariæ in Cingla devastavit; castellum sancti Viti cepit, Telesinam civitatem antiquam [945] siti ad deditionem coegit, et universa in circuitu depopulatus est. Qui, dum quadam die secus hoc [946] beati Benedicti monasterium iter ageret [947] adeo mens ejus barbara cœlitus immutata est, ut dum canis illius [948] unam in pratis monasterii aucam (390) cepisset, per semetipsum cum flagello cucurrerit, eandemque de ore illius extraxerit. Veniens autem [949] ante januas monasterii, mox claudi illas præcepit, ne scilicet aliquis illuc [944] suorum ingrediens, violentiam [950] ibi aliquam inferret. Sicque Aquinum pertransiens, et Arcem (391), cæteraque in circuitu devastans, Beneventum reversus est. Eo [951] tempore, cum [952] annus ab incarnatione Domini 847, volveretur (392), tam ingens terræ motus per universam Beneventi factus [953] est regionem (*Jun.*), ut Isernia fere tota a fundamentis corrueret, multusque inibi [954] populus, et ipse cum eis eorum pontifex interiret. Apud monasterium quoque sancti Vincentii terræmotus idem plurimas domos evertit; in hoc vero [955] monte similiter [956] nichilominus agitato [957], meritis beatissimi [958] Benedicti, ne una [959] quidem petra de loco suo commota est.

29. [Erch. xix, c. 23.] Per [960] idem tempus defuncto jam dicto Lothario (*an.* 855), pentifariam [961] regnum Francorum divisum est; nam, ut supra diximus, Ludowicus et Carlus germani ipsius Bajoariam et Aquitaniam [962] regebant. Primogenitus vero filius ejus Ludowicus nomine est sortitus Italiam. Secundus Lotharius potitus est Aquis. Tertius autem Carlittus [963] Saxoniam optinuit [C. Cas. 18.] Huic (393) igitur Ludowico admodum adolescenti, ab afflictis varia peste Langobardis suppliciter suggestum est per [964] venerabilem abbatem Bassacium, ut ad has partes venire, eosque a [965] nefandorum Saracenorum devastatione eripere, tantisque eorum [966] calamitatibus finem dignaretur imponere. Quod [967] et obtentum est. Veniens itaque [968] Ludowicus Beneventum (*an.* 848), a [969] Radelchis Beneventanisque honorifice [970] nimis receptus est, eique omnes Saraceni contraditi, quos omnes ipso die vigiliarum sancti pentecostes extra civitatem duci et protinus [966] jugulari præcepit; inter quos etiam dux eorum Massar pariter [966] capite plexsus est [971]. Moxque imperator [972], convocatis omnibus Langobardis, totam Beneventanam provinciam inter Radelchis ac Siconolfum æquo discrimine est partitus, anno [973] Domini 851 (394). Sicque post dies non [974] plurimos prospere est ad sua reversus.

Porro [975] demum prædicti principes Radelchis et Siconolfus pactum divisionis (395) principatus unanimiter [966] inter se confirmantes [976], hoc monasterium [977] et monasterium sancti Vincentii extra sortem esse decreverunt, dicentes: *Hæc monasteria ad nos minime pertinent, quoniam sub tutela et* [978] *immunitate dominorum imperatorum Lotharii ac* [979] *Ludowici constituta sunt.*

30. [Erch. 20.] Iterum [980] igitur Saracenis [981] qui Bari degebant, Apuliam [982] atque Calabriam universamque Beneventanam provinciam affligere ac devastare nitentibus, rogatus a principibus [983] patriæ Bassacius abbas, unacum Jacobo abbate sancti Vincentii Franciam adiit, præfatumque Ludowicum rursus ad has partes venire coegit. Qui veniens, Barim protinus adiit, cumque Saracenis per dies aliquot variis [984] eventibus dimicavit (*an.* 852) (396); sed Capuanorum calliditate ac fallacia cernens se nil

VARIÆ LECTIONES.

[942] eosdemque—affligeret *add.* 1b. e. ipsos B. 1b. *ed.* [943] p. vehementer a. 1b. *ed.* [944] *add.* 4. [945] *deest ed.* 1, 2. [946] *deest* 1, 2. [947] m. pertransiret 1. *ed.* [948] ejus 1. *ed.* [949] Veniensque ante 1. *ed.* [950] aliquam illic v. i. 1. *ed.* [951] Eo—movit 1b. *ex seq. cap. huc transtulit.* [952] cum—volveretur *add.* 1b. [953] fuit r. 1. [954] ibi 1. *ed.* [955] autem 1. *ed.* [956] s. n. a. *desunt* 192. [957] cogitato 3. [958] beati 1. *ed.* [959] ne unam quidem petram de l. s. movit 1. *ed.* (s. non movit 1. *corr.* 1b.) [960] *ita* 1b. Circa hæc tempora Bassacius abbas rogatus a primatibus patriæ Franciam adiit, et Ludowicum gloriosum imperatorem ut ad Italiam venire, eosque a nef. S. d. e. t. c. f. d. imponere obsecravit. Quod et obtinuit. Veniens igitur imperator Barim, cum per dies aliquot totis viribus cum Saracenis sine effectu aliquo dimicasset, adiit Ben. Ibique miserante Deo post non multos dies, ipso d. v. s. pentecostes, a nostris intra Ben. Saracenis peremptis, dux eorum Massar capitur, atque imperatori exhibitus, ejus præcepto cap. plectitur. Sicque p. d. p. idem imperator ad sua revertitur. Eo tempore — movit (*v. cap.* 28.) His quoque, *etc.* (cap. 31.) 1. [961] pentifarie 1b. *ed.* [962] Aquitaneam 3. [963] Carlettus 3. 4. [964] p. v. a. B. *postea addidit.* [965] *deest ed.* [966] *add.* 4. [967] Q. et o. est *desunt* 4. [968] igitur 1. *ed.* [969] B. eamque undique obsidens, tandem a R. 1b. [970] h. n. *desunt* 1b. 2. [971] c. plectitur 1. *ed.* [972] imp. idem 1b. idem imp. 1. *ed.* [973] a. d. o. L. p. *postea addidit.* [974] d. paucos pr. 1. *ed.* [975] Porro — sunt *prius in fine cap.* 31. *post* sexto *scripta erant* 1. [976] firmantes 1. 2. [977] m. sancti B. et 1. *ed.* [978] et i. *deest* 1. [979] atque 1. *ed.* a. filii ejus L. 1. 2. [980] *totum caput add.* 1b. [981] Saraceni Barim tenentes 1b, Bari degentes 2. [982] Calabriam totam omnemque Ap. u. p. B. affligere ac d. 1b *ed.* [983] primatibus 1b. 2. principatibus 4. [984] a sine effectu aliquo d. 1b. 2.

NOTÆ.

(390) Anser, nunc Ital. *oca.*

(391) Arce.

(392) Temporis notam, quæ in C. Cas. deest, ex Vita Leonis IV hauserit, ubi indictioni 10, terræmotus ascribitur.

(393) Hic rursus quæ initio e solo C. Cas. exscripserat Erchemperto inspecto mutavit et ampliavit, ut nulla ei præ illis auctoritas sit tribuenda. Ita Bassiacii legationem ipsius tantum errore geminatam esse existimo.

(394) Siconolfum 949 mortuum esse, probavit Di Meo Ann. Neap. ad h. a.

(395) Quod e cod. Casin. 353 in Ann. Al. Di Meo ad a. 879 editum est, post Peregrinium.

(396) Ann. Bertin. Ademarius annos princ. a Dec. 853 computavit: post Siconem Petrus pater Ademarii principatum obtinuit.

proficere, Siconolfi filio de Salerno exiliato, et Ademario principatu concesso [985] reversus est.

31. [*C. Cas.* 16.] His quoque temporibus, cum ob facinora commorantium Capua quæ (397) et [986] Sicopolis ab igne sæpius cremaretur, quæ (398) videlicet in monte qui [987] Trifliscus vocatur paulo ante quindecim annos ædificata fuerat, consilio habito Lando comes et Landolfus episcopus cum cæteris propinquis suis, multo [988] aptius et honorificentius apud pontem illam Casulini sicut hodieque cernitur construxerunt, anno (399) Domini 856. Non [989] multo post prædictus abbas Bassacius obiit [990]; 16 [991] videlicet Kalendas Aprilis, atque juxta ecclesiam sancti Benedicti in ipso capitulo fratrum digna satis sepultura reconditus est [992].

[*C. Cas.* 19.] Hujus valde [993] maximum fuit tam sursum quam et deorsum in rebus [994] ecclesiasticis studium, et ipse (400) renovavit omnia altaria [995] de ecclesia domini Salvatoris [996].

32. Non [997] autem otiosum videtur hoc in loco litteris tradere, quæ consuetudo tunc temporis in hoc monasterio diebus paschalibus habebatur [998]. Tertia (401) feria post pascha summo [999] mane universi fratres tam de monasterio [1000] quod deorsum erat, quam et de eo [1001] quod sursum, vestibus sacris induti, assumentes cruces aureas ad procedendum, et turibula, atque ceraptata (402), nec non et textus evangeliorum, et capsas, diversosque ornatus atque thesauros [1002] ecclesiasticos, procedebant; et [1003] his descendentibus, atque ascendentibus illis, conjungebant se pariter ad civitatem sancti Petri, prope ipsam ecclesiam (403). Tunc incipientibus illis qui de deorsum [1004] venerant responsorium: *Benedictus qui venit in nomine Domini*, illi quoque de sursum id ipsum subsequebantur. Quo finito, dabat sacerdos orationem. Dehinc singillatim [1005] per ordinem omnes qui de deorsum [1004] venerant accedentes, salutabant et osculabantur tam domnum abbatem quam et reliquos seniores de sursum [1006]. Post hæc incipientes letanias, omnes pariter ingre- A diebantur [1007] ecclesiam sancti Petri, et iterum data oratione, cantabant tertiam, et deinde missam: *Venite, benedicti patris mei*, cum cantu promiscuo, Greco videlicet atque Latino, usque ad completum evangelium. Presbytero igitur [1008] cum ministris ad percomplendam missam relicto, ceteri omnes simul egredientes cantando atque psallendo deorsum pergebant, ac prope jam monasterium ab ipso negotiantum foro letanias incipientes, in ecclesiam domini Salvatoris intrabant. Ea vero [1009] finita, lotis manibus, atque vestimentis induti sollemnibus, procedebant omnes ordinate in atrium ad [1010] altare beati archangeli Michahelis, ibique subsistentes expectabant abbatem. Quo cum pervenisset, stipatus [1011] diversis ac multiplicibus officiis ministrorum, mox B universis reboantibus signis, procedebant sollemniter cum omnibus supradictis ornatibus [1012], et ingressi ecclesiam, incipiebant canere missam [1013] ipsius diei: qua completa, et [1014] dicta sexta, ibant in refectorium cantando *Te Deum laudamus*, gratias utique [1014] agentes Deo, qui eos [1015] ab omnibus [1016] adversis eripuit, et cœnobium cum inhabitantibus incolume [1017] custodit. Et data oratione, exeuntes, expoliabant se (404) indumenta sollemnia, et sic revertebantur ad comedendum. Eo nimirum [1018] die major præpositus (405) prandium omnibus faciebat. Expleta vero refectione, fratres qui de sursum venerant [1019] valedicentes abbati ac cæteris fratribus, cum benedictione revertebantur. His item temporibus C mos erat, ut pridie Kal. Septembris conventus ad hunc locum fieret una cum præpositis suis universorum hujus cœnobii in circuitu monachorum; docendi ab abbate quid facere, quid cavere, quidve corrigere, seu qualiter sub Dei præsentia et timore cum regulari observatione vivere deberent. Sequenti vero die ordinabantur et describebantur, atque destinabantur in obedientias per singulas prout oportunum erat provincias [1020].

BERTHARIUS nonus decimus abbas, præfuit [1021] annis viginti et septem et mensibus septem. Fuit [1022]

VARIÆ LECTIONES.

[985] sine mora *add.* 1b. *sed postea expunxit.* [986] q. in monte Trifisco (Triflisco, alio nomine Sicopolis vocitata 1b.), paulo a. q. a. tunc a. f. ab igne s. c. consilio 1. q. et S. quæ in m. Triflisco paulo a. q. a. a. f. ab i. s. c. c. *ed.* [987] *deest* 4. [988] m. a. et h. *desunt* 1. 2. [989] Non—est *hic desunt* 2. *cf. c.* 32. *in fine* [990] B. defunctus est; (cum præsedisset annis decem et novem *delevit* 1b.). Hujus max. 1. obiit, *etc. ut* 2. *infra*, 3. [991] sexto 4. [992] *deest* 4. [993] abbatis *ed.* [994] in ecclesiis st. 1. *ed.* [995] deorsum *add.* 1. [996] depositus est autem 16 Kal. April. et sepultus est juxta ecclesiam s. B. in capitulo fratrum *add.* 1. [997] Hujusmodi præterea consuetudo 1. [998] erat 1. *ed.* [999] valde 1. *ed.* [1000] monasterio — eo quod *desunt* 4. [1001] hoc 1. 2. [1002] eccl. th. *ed.* [1003] et h. d. illis c. 2. atque illis ascendentibus 3. [1004] q. deorsum 3. 4. [1005] sigill. 4. [1006] sen. deorsum 3. [1007] i. in e. 1. *ed.* [1008] vero 1. *ed.* [1009] *add.* 4. [1010] ad a. *deest* 1. [1011] p. d. a. m. stipatus o. 1. *ed.* [1012] ordinatibus 2. [1013] missas *ed.* [1014] *deest* 1. *ed.* [1015] illos 1. *ed.* [1016] *deest* 1. [1017] incolumem 1. [1018] siquidem 1. *ed.* [1019] venerant. Item mos erat 4. [1020] Non multo post prædictus abbas Bassacius defunctus est 16 videl. Kal. April. et juxta eccl. s. Bened. in ipso capitulo fratrum digna veneratione reconditus *add.* 1. [1021] sedit 1. *ed.* [1022] Fuit — recepit *in medio cap. seq. collocant* 1b. 2. *in cap.* 38. 1.

NOTÆ.

(397) Ex Erch. c. 24.

(398) E. Chr. S. Ben, SS. III, p. 205. Scil. 841 cremata Capua vetere comites Sicopolin se contulerunt, quæ sub Sicone principe ædificata fuerat.

(399) Annum ipse computavisse videtur.

(400) Cf. Chr. S. Ben. p. 199.

(401) Ex cod. 353, v. Gatt. II. p. 62.

(402) Quæ et ceroferaria, quibus impositi cerei portantur.

(403) Cujus consecrationem supra c. 5 retulit, civitas ea olim Casinum vocata est. ANG.

(404) Ital. *spogliarsi*.

(405) I. e. monasterii inferioris Sancti Salvatoris. ANG.

autem temporibus Romanorum pontificum supradicti A Nykolai, Adriani quoque [1023], atque octavi Joannis, a quo etiam privilegium (406) de omnimoda hujus monasterii libertate recepit (*an.* 882, *Mai* 22).

33. [*C. Cas.* 19.] Hic prædecessoris sui Bassacii [1024] fuit discipulus; cujus etiam in omnibus, et præcipue in ecclesiasticis studiis industriam est imitatus. Codicem namque evangeliorum auro et gemmis optimis adornavit, et aureum calicem non parvæ quantitatis effecit, aliaque perplura ornamenta ecclesiastica tam sursum quam et deorsum patravit [1025]. Qui [1026] etiam apprime litteratus, nonnullos tractatus atque sermones, nec non et versus in sanctorum laude composuit. Cujus et Anticimenon de plurimis tam veteris quam novi Testamenti questionibus [1027] hic habetur (407); aliquot etiam de arte gramma- B tica libri, necnon et duo codices medicinales, ejus utique industria de innumeris remediorum utilitatibus hinc inde collecti; versus quoque perplures ad Angelbergam augustam aliosque amicos suos, mira conscripti facundia. Hic itaque reminiscens periculi quod nuper a Saracenis sub suo prædecessore nisi Deus misericorditer avertisset eidem loco acciderat, totum undique monasterium quod sursum erat, muris turribusque [1028] firmissimis in modum castelli munivit. Civitatem [1029] quoque ad radicem hujus montis circa monasterium domini Salvatoris construere inchoavit (408) [*C. Cas.* 27]. Quo videlicet tempore, dum supradicta mœnia Eulogimenopolis, id est Benedicti civitatis construerentur, vir quidam C qui per [1030] septem jam annos prævalida infirmitate, linguæ prorsus carebat officio, ita ut nullum penitus posset edere verbum, in [1031] ejusdem operis ministerio inter cæteros serviebat [1032]. Dum [1033] igitur quadam nocte in ecclesia [1034] consuetas Domino fratres redderent laudes, idem mutus circa basim cujusdam columnæ ipsius ecclesiæ residens, obdormivit. Cui mox beatus Benedictus in ipso sopore apparens eumque baculo quem gestabat in caput blande percutiens [1035]: *Huccine*, ait, *venisti dormire? Surge protinus, et tribus in terram vicibus* [1036] *expue*. Quod cum evigilans ille fecisset, statim clara voce cœpit gratias agere Deo, et beatissimo patri Benedicto per quem pristinum linguæ meruisset recuperare officium. Quo viso universi, et cognito qualiter illi hoc evenisset, benedixerunt Dominum necnon [1037] et Benedictum famulum ejus.

[*Ibid.* c. 20.] His diebus defuncto Lupoald [1038] Teanensis ecclesiæ præsule, Hylarius diaconus et monachus hujus cœnobii [1039] in eadem civitate episcopus ordinatur.

34. Per [1040] idem tempus Maurus quidam [1041] de partibus Liburie (409) vir dives obtulit (410) seipsum in hoc monasterio in manibus Angelarii præpositi [1041] (411), cum duabus sortibus omnium rerum suarum tam mobilium quam immobilium, in loco ubi dicitur Ad filicem [1042]; nam tertiam partem donaverat unice filiæ suæ. Agelmundus quoque Telesinus civis semet ipsum nichilominus [1043] obtulit Deo [1044] in hoc loco cum omnibus ex integro rebus substantiæ sue, tam in ipsa Telesia quam et in diversis locis, præter duos casales quos dedit filie suæ sanctimoniali, et alia quædam [1045] cum aliquantis servis quæ concessit in ecclesia sancti Domnini apud eadem Telesiam, que erat [1046] cella hujus cenobii. Quidam [1047] etiam vir nomine Maio de comitatu Teatino (412) obtulit in [1048] hoc monasterio curtem suam quæ dicitur Fara (413) Maionis, cum omnibus pertinentiis suis, quæ insimul continet quinque milia octingenta [1049] modia de terra, et aliam [1050] curtem quæ vocatur Mallie, cum ecclesia sancti Petri, et cum omnibus pariter [1051] pertinentiis suis. Similiter quoque Stephanus quidam genere Capuanus obtulit in hoc sancto [1052] loco per diversa territoria [1053] curtes octo, cum servis et ancillis atque colonis ad easdem curtes pertinentibus, et cum omnibus omnino pertinentiis ipsarum. Quarum [1054] prima vocatur Juncianum; secunda Clabazanum [1055]; tertia Decazanum [1056]; quarta Aldurum [1057], in monte Marsico, cum integro territorio suo prope curtem que vocatur Campumutuli; quinta dicitur Adcasale, ibidem in monte Marsico; sexta Addiripatum in

VARIÆ LECTIONES.

[1023] *add.* 4. [1024] abbatis *add.* 1. [1025] p. Fuit autem — recepit *ut supra* 1^b 2. Fuit — Hic itaque *add.* 1^b. [1026] Hic appr. *ed. cf. infra c.* 38. *n.* e. [1027] *deest* 4. [1028] m. ac turribus 1^b. *ed.* [1029] Civitatem — inchoavit *add.* 1^b. [1030] q. jam p. s. a. 1. *ed.* [1031] ad e. o. ministerium 1. [1032] erat 1. serviebat 2. [1033] Cum *ed.* [1034] beati B. *add.* 1. [1035] *deest* 4. [1036] e. v. 1. [1037] *add.* 4. [1038] Lupo 2. [1039] monasterii 1. *ed.* [1040] *Totum caput addidit* 1^b. [1041] *deest* 4. [1042] Silicem *ed.* [1043] *add.* 4. [1044] et beato B. *ad.* 1^b. [1045] nonnulla 1^b *ed.* [1046] est 1^b. [1047] cenobii. Hic abbas — edificiis suis. Hujus temporibus quidam vir nomine Majo — Cantia 1^b. 2. Todericus — Spigianus *add.* 2. 3. His diebus Leo — pertinentiis *pergit* 3. [1048] o. beato Benedicto c. 1^b. 2. [1049] octingenti 1^b. *ed.* [1050] a nichilominus c. 1^b. *ed.* [1051] similiter 1^b. *ed.* [1052] h. l. s. *ed.* [1053] loca 1^b. *ed.* [1054] Prima earum v. 1^b. [1055] Clabatzanum 1^b. 2. [1056] Decatzanum 1^b. 2. [1057] Addurum 3.

NOTÆ.

(406) Quod e. Reg. edidit Gatt. Hist., p. 63.

(407) Quod in nostra bibliotheca codice 187 cum aliis ejus operibus codd. 169, 110, 139 servamus. Ang. Cf. Tosti *Hist. Cas.* I, 113; Petrum *De viris ill.* 12.

(408) Nunc *San Germano*.

(409) Ea exigua pars est terræ quæ nunc dicitur Laboris, dicta *Quarto*, circa Maranum et lacum Patriensem.

(410) Hæc diplomata nondum edita sunt; oblationes in Reg., num. 200, reperiri ait Ang.

(411) Qui postea abbas factus est.

(112) *Di Chieti.*

(413) Fara Langob. est generatio, inde curtis certæ generationi addicta. Ducang. v. infra c. 45.

finibus Cantie; septima Adpatricanum[1058]; octava vero vocatur Adroselle, similiter in Cantia. Sed[1059] et Theodericus quidam Capuanus fecit oblationem suam de prato Patenariæ[1060] in hoc monasterio, loco qui dicitur Spigianus[1061]. Hic abbas fecit libellum Guidoni comiti de Sancto Angelo de Varriano (414), et de Sancto Potito cum omnibus pertinentiis earundem ecclesiarum, cum terra videlicet modiorum nungentorum quinquaginta; pro quibus inpræsentiarum recepit solidos quingentos; annualiter vero recipiebat pro censu mancusos septem. Concessit etiam Suabilo Marsorum[1062] gastaldeo usufruendi[1063] diebus tantum vitæ ipsius ecclesiam sancti Cosme de Civitella, cum colonis et servis et ancillis, et omnibus omnino rebus et pertinentiis suis, et cum duabus aliis ecclesiis prædictæ ecclesiæ pertinentibus, idest Sancta Maria in Ellereto[1064], et Sancto Leucio in Moscosi, cum servis nichilominus, et ancillis, et universis[1065] pertinentiis earum; necnon et ecclesiam sancti Benedicti de[1066] Auritino et sancti Victorini de[1067] Celano, et sancti Abundii de[1067] Arcu, prope lacum Fucinum, cum omnibus similiter rebus et pertinentiis earum: recipiens ab eo pro omnibus his in præsenti libras triginta, annualiter autem pro censu libras quattuor in mense Septembrio. Hujus Suabili filius Rodepertus civis Beneventanus obtulit de substantia sua in hoc monasterio curtes numero 16, cum omnibus earum pertinentiis, et unam domum novam intra civitatem Beneventanam cum curte et edificiis suis. His diebus Leo quidam cum Guilerona uxore sua, obtulerunt beato Benedicto de rebus suis curtem unam in Canose, et aliam in Sancto Valentino, et cartam de lacu Romani (415) cum piscatione sua, et cum omnibus earundem curtium pertinentiis.

35. [*C. Cas.* 28.] Interea (416) nequissimus Saracenorum rex nomine Seodan Barim egressus[1068], venit Capuam; quam totam circumcirca devastans, Cantiam[1069] quoque et Liburiam nullo sibi valente resistere peragrans, in campo Neapolitano tentoria

A fixit, plurimos cotidie interficiens, ac diversas iniquitates exercens. [*Erch.* 29.] Quo[1070] tempore Majelpotus Telesinus et Wanpelpertus[1071] Bovianensis (417) gastaldei[1072] conducto Lamberto duce Spoletino et Gerardo Marsorum comite, exierunt adversus eum cum de Capuæ populatione rediret; irruentesque super illum Marte aliquandiu ancipiti certaverunt. Ad ultimum vero[1073] Saraceni potiti victoria sunt, Gerardo et Majelpoto atque Wandelperto[1071] in acie ipsa peremptis, multis aliis captis, aliisque necatis. Propter quod maximam Seodan sumens audaciam, cuncta in circuitu castella præter præcipuas civitates cepit, funditusque delevit. [*C. Cas.* 30.] Moris tunc erat monachorum utriusque cœnobii, sancti videlicet Benedicti et sancti
B Vincentii, caritatis gratia, diebus sanctæ quadragesimæ se invicem visitare: nam[1074] (418) tanta tunc temporis dilectionis copula nectebantur, ut cum quosdam de servis sancti Vicentii pars nostri monasterii possideret, itemque illi quosdam de nostris, placuit utriusque monasterii patribus Berthario scilicet atque Majoni, ut nequaquam discambiarantur, sed ita ut tunc erat eorum[1075] possessio, sic semper intemerata maneret. Cum igitur[1076] die quadam ad[1077] sanctum Vincentium de more quidam a Casinensi hoc[1078] monasterio fratres abissent[1079], et de suo ad invicem ordine loquerentur, repente illuc Seodan sævissimus[1080] cum suis satellitibus supervenit. Cujus monachi rumore com-
C perto[1081] mox ad castellum suo monasterio[1082] proximum maturato cursu, multum licet pavidi, incolumes tamen fugerunt. Saraceni vero monasterium ingressi, cuncta quæ invenerant vastaverunt, plurima confregerunt, frumenta vero et legumina in fluvium qui secus affluit[1083] projecerunt, fodientesque hic atque illic, universum ecclesiæ thesaurum quem illorum pavore monachi jampridem[1084] absconderant reppererunt; bibebatque ille nefandissimus Seodan in sacris callicibus, et cum[1085] turibulis aureis sibi turificari jubebat[1085]. Ita[1086] (419) pro dolor, incensum a fulminandis illis præfatum

VARIÆ LECTIONES.

[1058] Adpatricanu 1b. 2. Ad Patrianum 3. [1059] Sed — Spigianus *desunt* 1b. Todericus q. *ed.* [1060] p. de Patenaria, loco q. *ed.* [1061] Spigiano 2. [1062] S. g. M. 1b. *ed.* [1063] *suprascr.* 1b. [1064] to — Victorini *abcisa* 1b. *servavit* 1*. [1065] omnibus 1*. *ed.* [1066] in 1*. *ed.* [1067] in 1b. *ed.* [1068] Barim etotam c. 4. [1069] Canziam 1. [1070] Quo — delevit *add.* 1b. [1071] Guand. 3. 4. [1072] castaldei 3. 4. [1073] *deest* 1b. [1074] nam — maneret *add.* 1b. [1075] *deest* 4. [1076] Cumque d. 1. *ed.* [1077] apud 1. *ed.* [2078] *add.* 4. [1079] venissent 1. *ed.* [1080] nequissimus 1. 2. [1081] reperto 4. [1082] s. quod m. erat p. (q. m. e. p. *add.* 1b.) maturato — tamen confugiunt 1. *ed.* [1083] effluit 1. *ed.* [1084] *add.* 1b. [1085] i Verum tamen non minori tunc pietate omnipotens Deus hoc beato Vincentio, quam olim beato B. concessit: quia etsi res gentibus tradidit, tamen animas custodivit. Post d. 1. *quibus deletis* 1b. *pergit:* Incensum igitur penitus a fulminandis — Seodan post. [1086] iubebat. Post hec undique igne summisso. ita 4. *ubi aliqua excidisse videntur.*

NOTÆ.

(414) Vairano, inter Capuam et Venafrum.

(415) Infra II, 26: *de S. Focate in Barano cum ipsa piscatione de lacu Romani*, ut videatur esse *Lago di Varano;* Cf. I, 59 *piscariam de Lauri et aliam piscariam ibidem* et privil. ap. Gatt. Acc., p. 66, quo datur aqua fluvii Lauri *cum ipsa foce, et piscaria ad S. Focatum.*

(416) Notat Leonem Al. Di Meo tanquam sequentia omnia eodem anno accidisse putaverit, quod tamen nusquam dicit.

(417) Bojano, prope fontes Biferni.

(418) Hoc ex veteri rei documento haustum adjecisse videtur.

(419) *Ita — permansit* incaute postea addidit, nam

sancti Vincentii monasterium est [1087], monachis partim occisis, partim in diversa dispersis, atque [1088] usque ad triginta tres annos (420) ita desolatum ac destitutum permansit. Pessimus vero Seodan post diem tertium usque ad portas Capuanæ civitatis accedens, plaustra onusta et animalia diversa cum multis hominibus cepit, veniensque juxta Teanum, ibidem [1087] castrametatus est. Quo venerabilis abbas Bertharius agnito, verens nimium tam loco quam populo nequam illius adventum, per Ragenaldum diaconem [1089] suum tria [1090] milia (421) illi aureos misit; sicque illius [1091] ferociam mitigavit. [*C. Cas.* 33.] Inde Seodan Venafrum [1092] contendens, eamque post paululum capiens, ac viciniam cunctam devastans, per aliquot ibi [1093] dies moratus est (*an.* 867). Erat tunc initium quadragesimalium dierum, timentesque monachi perfidi [1094] illius propinquitatem, sursum [1095] omnes ad beati Benedicti se præsidium contulerunt. Post paucos dies venit prope monasterium quod deorsum erat [1096], nequam illius exercitus, quasi stadia duo; quod tamen ductoris evenit errore. Namque dum vellent per montana ad Atinam descendere, vetulus quidam qui eorum ductor erat, descendit cum eis in vallem Rotundam, dehinc in Rapidum. Cumque in plana evenissent [1097], ingressi ecclesiam sancti Heliæ, tulerunt quod invenerunt. Inde per Circlarias in hortum [1098] dominicum [1099], perque pascuarium in fontanam Lucii; venientesque Peolam (422), senem illum qui eorum viam fefellerat [1100] interfecerunt. Demum cesam (423) Constantii, olivetum, ac [1101] Matronulam (424) sollicite perscrutantes, vaccasque monasterii et equas quotquot invenerunt diripientes, Venafrum [1092] ad suos reversi sunt, ac [1102] non multo post Barim ingressi.

36. Langobardi igitur videntes sese cœlitus pro suis iniquitatibus flagellatos, afflicti, ac magna demum necessitate artati, tertio [1103] jam legatos in Franciam ad præfatum Ludowicum [1104] trans mittunt; exorantes ac flagitantes, ut ad [1105] Italiam iterum venire, eosque ac patriam, a nefandissima Saracenorum gente dignaretur eripere. Tunc rex [1106] Ludowicus motus his nunciis generale edictum in universas regni [1107] sui partes direxit [1108] [*C. Cas.* 5, 6, 7], ut nullus omnino esset qui se ab hac expeditione subtraheret; sicque [1109] immenso valde congregato exercitu (425), simulque cum domna Angelberga augusta conjuge sua iter arripiens, anno [1110] Domini 866. Beneventi [1111] fines per Soram (426) Campaniæ [1112] urbem ingreditur; ac mense Junio pervenit ad monasterium hujus sanctissimi patris, quod [1113] deorsum est; ubi a venerabili abbate Berthario, universis illi [1114] monachis sollemniter [1115] procedentibus, maximo cum honore susceptus est. Die altera, montem adoraturus ascendit, ibidemque magna nichilominus honorificentia a fratribus est [1116] receptus. Cumque universum cœnobium circumiens [1117] perlustrasset, et optime ædificatum [1118] laudasset, præceptum (427) confirmationis totius abbatiæ juxta quod sui prædecessores [1119] imperatores jam fecerant beato Benedicto faciens, et regalia [1120] inibi conferens munera, fratribusque plurimum [1121] se commendans, descendit. Post hæc inde digressus Capuam [1122] adiit; quam (426) tribus obsessam mensibus cepit, eamque maxima ex parte delevit. Inde perrexit Salernum, ac [1123] navigavit Amalfim. Puteolim quoque pergens, ejusdem utitur lavacris; perque [1124] Neapolim revertens ac [1125] Sessulam, atque apud vallem Caudinam (428) castrametatus (*Dec.*), non multopost ingressus est Beneventum. Apud Luceriam (429) porro [1126] Apuliæ civitatem universo suo congregato exercitu, consequenter cum Saracenis congreditur (*an.* 867); a [1127] quibus primo certamine superatus (430),

VARIÆ LECTIONES.

[1087] *add.* 4. [1088] d. ad t. usque et t. a. i. desolatum p. 1b. *ed.* [1089] diaconum *ed.* [1090] s. non parvam illi pecuniam mittens e. 1. s. aureos i. 1. m. misit, s. e. 1b. *ed.* [1091] ejus 1. *ed.* [1092] Venaffrum 3. [1093] a. d. i. 1. *ed.* [1094] m. nefandissimi ac pessimi i. 1. *ed.* [1095] p. omnes s. ad b. Benedictum se c. 1. *ed.*, [1096] est 1. [1097] venissent 1. *ed.* [1098] ortum *ed.* [1099] domnicum 1. 2. [1100] ante cancellos *add.* 1. [1101] necnon et 1. *ed.* [1102] ac — ingressi *desunt* 1. regressi *eu.* [1103] t. i. 1b. denuo 1. [1104] imperatorem *add.* 1. *uel.* 1b. [1105] ad yt. *add.* 4. [1106] imperator 1. *corr.* 1b. Lud rex generale e. 1b. *ed.* [1107] imperii 1. *corr.* 1b. [1108] dirigens 1. *ed.* [1109] subtraheret, anno D. 866. (a. D. 866. *desunt* 1. 867 1b.) immensum v. congregavit exercitum; simulque 1. *ed.* [1110] a. D. 866. *hic om.* 1. *ed.* [1111] B. f. p. S. i. ac *add.* 1b. [1112] C. u. *deest* 1. 2. [1113] q. d. est *desunt.* 1. [1114] illis 4. u. mon illi 1. *ed.* [1115] *deest* 1. 2. [1116] f. universis r. est 1. [1117] circuiens 4. [1118] o. satis æd. 1. *ed.* [1119] depræcessores 2. processores 4. [1120] imperialia 1. *corr.* 1b. [1121] f. se multum c. 1. *ed.* [1122] d. obtinuit Capuam; in qua remoratus mensibus 9, inde 1. *corr.* 1b. [1123] dehinc 1. *ed.* [1124] per quæ 3. [1125] r. S. adiit. demum ap. 1, *ed.* [1126] itaque 1. *corr.* 1b. [1127] *ita* 1b. de q. op. Deo 1.

NOTÆ.

incensum est demum a. 881, quo d. 10 Oct., feria 3 notatur *cædes beatorum monachorum* in Chr. Vult. Cæteris rebus hic narratis certa tempora constitui non posse existimo: tantum ante Ludowici adventum accidisse constat.

(420) Ita etiam Chr. Vult.

(421) Pecuniæ summam ex Erch. c. 29 didicit.

(422) Pagus erat prope olivetum Sancti Michaelis, ut ex ruderibus adhuc exstantibus apparet. ANG.

(423) Sepes, rus sepe munitum.

(424) Inter pagos dirutos S. Germani nominatur.

(425) Hoc non bene noster addidit, nam exercitus potius subsecutus est imperatorem, cum expeditis copiis prægressum.

(426) Ex Erch., c. 32.

(427) Diploma e Reg. dedit Gatt. Acc., p. 38, sed datum Beneventi Feb. 21, notis chronologicis aut corruptis aut falsis.

(428) Ubi nunc Forchia sita est, prope Arienzo.

(429) *Lucera*, ex edicto Lud. in Chr. Cas. 6.

(430) Ex Erch. c. 33.

demum ex his opitulante Deo victoriam est [1128] triumphalem adeptus, atque [1128] universis eorum castris potitus [1129]. Inde Barim contendens, quattuor (431) illam annis obsedit [1130]. Materam (432) interim [1131] munitissimam illorum civitatem capiens, igne illam ferroque consumpsit. Post [1132] hæc venit Venusiam (430), et tam in ea quam et in Canusio pugnatorum præsidio posito, Barim hinc inde præcepit [1133] graviter expugnari; sicque rediit Beneventum (*Aug.*). Ibi itaque cum in ejus obsequio abbas Bertharius moraretur, oratorium parvum quod intra monasterium sanctæ Sophiæ prædecessor suus abbas Bassacius inchoaverat [1134], omni diligentia studioque complevit, et in honore [1135] sancti patris Benedicti a Stephano Teanensis ecclesiæ præsule consecrari fecit. Tunc [1136] temporis idem [1137] imperator (433) beato Benedicto præceptum (434) fecit de una curte sua nomine Lajanum [1138] (435) in loco qui dicitur Turturitus [1139], et de Sancto Georgio, cum omnibus rebus et pertinentiis eorum. [ERCH. 33.] Cum autem Saraceni Bari [1140] degentes undique angustati ad extremitatem ultimam pervenissent, misso illuc [1141] imperator [1142] exercitu, et civitatem, et Seodan [1143] cum suis omnibus cepit, eosque [1144] (436) universos gladiis trucidari mandavit [1145] (*an.* 871, *Feb.* 3). Deinde Tarentum obsideri evestigio jussit; nam [1146] et ipsam olim idem nequissimi ceperant. [*C. Cas.* 22.] Interea (437) duo quidam comites nisi sunt in imperatorem insurgere: quod cum cognovisset imperator, persecutus est eos usque Marsiam. Ubi illi non audentes consistere, fugerunt [1147] Beneventum. Imperator autem, dum illos persequitur, venit Iserniam; quam temptantem resistere, expugnavit et cepit. Inde Aliphas pertransiens, per Telesiam venit ad civitatem quæ nominatur Sancta Agatha [1148] (438); quam cum [1141] per dies plurimos quoniam capere non poterat obsideret [1149], tandem Bertharius abbas quoniam Hisembardus gastaldeus [1150] qui ipsam civitatem obtinebat, ejus consanguineus erat, apud imperatorem pro illo interveniens, et ipsi [1151] gratiam, et civitati veniam impetravit. Adelchis [1152] etiam Beneventanus [1153] princeps, pedibus [1154] ejusdem imperatoris prostratus, tam præfatis qui fugerant, quam etiam sibi qui eos recipere præsumpserat, ipsius gratiam [1155] adquisivit.

(ERCH. 34, 35.] Ludowico [1156] itaque [1141] apud Beneventum remorante [1157], præfatus [1141] Adelchis suggestione [1158] diabolica stimulatus, inventa occasione quod Franci multa in civitate insolenter agerent, adversus eum secure degentem protinus insurrexit, eumque capiens custodiæ mancipavit, cunctosque milites illius despolians [1159] ex civitate projecit (*Aug.* 13). Sed non in longum passus [1160] est Deus innocentem hominem frustra affligi. Intra [1161] quadraginta namque dies innumerabili Saracenorum exercitu ab Africa [1162] adventante, Ludowicus e custodia extemplo dimissus est; et sacramentis (439) obstrictus, a [1163] Benevento recedens (*Sept.* 17) intra tres dies abiit Berolam (440); ibique per menses circiter undecim remoratus, interim per quosdam suos comites (441), primo tria milia, debinc novem milia ferme Saracenorum apud Capuam [1164] interemit. Post hec (*an.* 872) illo [1165] adventante Capuam, Saraceni cognito ejus adventu relinquentes principatum, Calabriam adierunt [1166], eamque quaquaversum [1167] depopulantes, conscensis navibus, ac [1168] maximam tempestatem perpessi [1169], ad sua quotquot evadere potuerunt, reversi sunt.

37. Per [1170] (442) idem tempus cum prædictus [1171] imperator secus insulam Piscariæ quæ est in [1172] confinio Pennensis comitatus transitum habuisset,

VARIÆ LECTIONES.

[1128] *add.* 4. [1129] potitur 1. *ed.* [1130] cepitque in ea Seodan regem Saracenorum cum omnibus suis *add.* 1. *del.* 1^b. [1131] *ita* 1^b. quoque 1. [1132] Dehinc imperator reversus est Benev. 1. *corr.* 1^b. [1133] cepit g. expugnare 1^b. *ed.* [1134] inch. o. d. st. c. et *om.* 4. [1135] honorem 1. *ed.* [1136] Tunc — evestigio jussit *add.* 1^b. [1137] t. prædictus imperator eidem abbati 1^b. idem Ludowicus beato B. 1^c. prædictus rex b. B. 2. [1138] Lajanu 1^b. 2. Jalanum 3. [1139] Turturitum 4. [1140] Barim 1^b. *ed.* [1141] *add.* 4. [1142] *deest* 1^b. [1143] Saracenorum regem *add.* 1^b. [1144] e. u. g. t. m. *desunt* 1^b. [1145] jussit *ed.* [1146] jussit Præterea duo 1. [1147] fugerunt—resistere *desunt* 4. [1148] Agathe Agathe *en.* [1149] obsidebat 1. *eu.* [1150] gastaldio 1. 2. [1151] illi 1. *ed.* [1152] Athelchis 3. [1153] B. p. *deest* 4. [1154] ad pedes 1. *ed.* [1155] i. imperatoris g. 1. *ed.* [1156] Interea augusto (*corr.* Ludowico) apud *usque ad finem capitis add.* 1^b. [1157] posito 1^b. *ed.* [1158] A. princeps ipsius civitatis 1^b. *ed.* diaboli invidia ductus 1^b. 2. s. d. ductus 3. [1159] dispolians fugere compulit 1^b. 2. [1160] D. p. est 1^b. *eb.* [1161] a. moxque i. q. d. 1^b. *eq.* [1162] Africa 3. [1163] rec. a. B. 1^b. *eq.* [1164] c. cæteris fugientibus int. anno Domini 871. 1^b. [1165] eo 1^b. *eq.* [1166] adeunt 1^b. *eq.* [1167] q. — reversi sunt *abscisa* 1^b. funditus 1^*. *eq.* [1168] n. ad sua m. t. p. q. evaserunt r. s. 1^*. *ed* [1169] passi 1^*. [1170] Per — appellata *desunt* 1. [1171] c. idem religiosus i. *ed.* [1172] intra confinia 2.

NOTÆ.

(431) Ex Chr. S. Bened. SS. III, p. 205.
(432) Sitam in terra d'Otranto.
(433) Tandem ita appellat: quod cur supra noluerit, ignoro.
(434) Reg. n. 113. Datum IX Kal. Martii, imp. an. XVII, ind. XIII, Benevento. ANG.
(435) Prope S. Agatham.
(436) Hoc de suo non recte addidit: cf. Erch. 37; Chron. Sal., 108.
(437) Defectionem Lamberti et Ildeberti (a. 860) hic confusam esse cum fuga Lambertorum (a. 871) demonstravit Di Meo Ann. Neap.
(438) S. Agata de' Goti paulum distat a Caserta, ad Occidentem versus.
(439) Ex Chron. S. Bened. l. l.
(440) Veroli, urbs Latii. Eo tamen tempore Ludowicus et Romæ et Ravennæ fuit.
(441) Iterum diversas relationes consarciendo erravit noster; prior enim victoria est Adelgisi et Lambertorum, altera comitum imperatoris.
(442) Hæc inspectis monasterii ejus privilegiis scripsisse videtur, quæ videsis in Chron. Casaur. ap. Murat. SS. II, 2.

ejusque oculis locus ipse quondam Casa aurea nuncupatus valde complacuisset, et servorum Dei usibus [1173] vir [1174] religiosus aptissimum judicasset, ab episcopis Balvensi atque Pennensi ecclesiam inibi ad honorem sanctæ Trinitatis construi jussit, et religiosos in [1175] eodem loco viros ad Dei servitium congregari. Quo facto, plurimis eandem ecclesiam diversisque beneficiis quemadmodum [1176] ipsius munimina continent, imperiali largitate per diversa loca donavit (445), suamque ibi [1177] memoriam semper habendam [1178] satis devotus indixit. Postmodum vero ab ejusdem loci abbatibus ipsa [1179] ecclesia ampliata, et sancti Clementis vocabulo est prout [1180] placuit appellata.

Hic idem christianissimus imperator circa [1181] hoc tempus [1182] monasterium sancti Angeli [1183] quod [1184] Barregium (444) appellatur [1185], juxta [1186] tenorem præceptorum antecessorum suorum Karoli [1187] atque Lotharii, suo quoque præcepto roboravit; confirmans ibi omnia quæ tam in circuitu suo, quam et in pago Marsorum atque Balva (445) Teate quoque et Penne atque Aprutio (446) nec non [1188] et Asculo (447) multipliciter possedisse antiquitus videbatur. Videlicet in Marsia cellam sanctæ Mariæ in Fundo magno cum omnibus sibi subjectis ecclesiis vel rebus; Sanctum Euticium in Arestina (448); Sanctum [1189] Paulum supra ipsam civitatem Marsicanam (449); Sanctam Mariam in Oretino; Sanctum Gregorium in Paterno (450); Sanctam Mariam in Montorone; ecclesiam sancti Salvatoris in Avezzano (451); sancti Antimi ad Formas; sancti Angeli in Alba (452); sancti Cosmæ in Ellereto [1190]; sancti Angeli in Carseolis [1191] (453) cum duabus cellis suis. In Balva [1192] ecclesiam sancti Petri in Barbarano [1193]; sancti Salvatoris supra flumen; sancti Angeli ad Aquam vivam; sancti Angeli ad Floretum; et cellam quæ est Inter aquas posita; sanctæ Felicitatis in Furcona (454). In Penne ecclesiam sanctæ Mariæ in Cerqueto; et Petitianum. In [1194] Aprutio [1195] monasterium sancti Angeli de Marano cum omnibus cellis vel rebus suis. In Asculo ecclesiam domini Salvatoris quæ dicitur Caput acquis [1196] cum omnibus pertinentiis suis; sancti Angeli de Stabulo; sancti Angeli de Feltriano; sancti Petri in Pectiniano [1197]; curtem de Casa Perende; nec non [1198] et servos et ancillias multas diversis in locis, et alia plurima quæ suis muniminibus continentur.

38. [*C. Cas.* 26.] Eodem [1199] tempore Radoad gastaldeus in Aquinensi villa secus Pontem curvum castellum construxit; quod videlicet ab ejusdem pontis situ et nuncupatione, Pons curvus (455) nomen retinuit. [*C.S.Benedicti* p205] Præfatus [1200] autem imperator cum per annum fere Capuæ remoratus fuisset, sublato [1201] corpore beati Germani ejusdem civitatis episcopi (456), demum Franciam est reversus (*an.* 873), moratus per diversa loca in partibus istis per annos circiter sex.

39. Cumque (457) in reversione sua apud sanctum Apollinarem Ravenne remoraretur (*an.* 874. *Mart.*), adiit eum Angelarius tunc monasterii hujus [1202-05] præpositus, proclamationem faciens de cella sanctæ Mariæ in Maurinis sita in comitatu Pennensi; quam

VARIÆ LECTIONES.

[1173] recessibus 2. [1174] v. r. *add.* 4. [1175] r. viros i. e. l. ad *ed.* [1176] b. per div. l. q. i. m. c. i. l. donavit *ed.* [1177] *add.* 4. [1178] s. ibi h. *ed.* [1179] e. i. *ed.* [1180] sicut *ed.* [1181] c. h. t. *add.* 1b. i. Ludowicus c. 1. *ed.* [1182] construxit *add.* 1. *del.* 1c. [1183] satis (amplum atque *add.* 1b.) mirificum *add.* 1. *del.* 1c. [1184] A. juxta fluvium Sangrum q. 1. 2. [1185] dicitur 1. *ed.* [1186] d. idque tam in circuitu ipsius q 1. *mutavit* 1c. [1187] caroli 1c. [1188] *ita* 1c. Apr. possessionibus variis multiplicibusque ditavit. Relatum michi a quibusdam senibus est, quod ejusdem imperatoris filius Barro nomine hisdem temporibus ibidem mortuus fuerit; eoque ibi sepulto, ob ejus memoriam prædictum monasterium fecerit; et ideo scilicet Barregis, quasi Barro regis pro ejusdem regis filio, nuncupatum sit. Eo etiam (c.38.) 1. [1189] cellam s. Pauli s. i. c. M. s. Mariæ in O. s. Gregorii in P. s. Mariæ in M. s. Salvatoris 1c. 2. [1190] Ellerito 1c. *ed.* [1191] Carzolo 1c. *ed.* [1192] balba 1c. [1193] Barrano 3. [1194] in — omnibus *desunt* 4. [1195] Apruzio 1c. [1196] Capudaquis 3, [1197] Pectinianu 1c. 2. [1198] P. vicendas duas magnas. n. 1c. 2. [1199] Eo etiam t. 1. *ed.* [1200] Postmodum vero idem imp. rediens Capuam, cum p. a. ibi r. f. 1; *hinc* 1b. *pergit in margine erasis his quæ prius scripta fuerant :* demum Franciam est reversus. Fuit autem prædictus abbas temporibus Romanorum pontificum Nycolai, Adriani, atque octavi Iohannis; a quo etiam privilegium de omnimoda hujus monasterii libertate recepit. Hujus temporibus erat Monecaus monachus hujus monasterii, præpositus in ecclesia sancti Jacobi de Tremiti, quæ erat cella hujus cœnobii, sub cujus videlicet præpositi nomine multæ apud nos ejusdem loci cartæ habentur. Hic abbas apprime litteratus, non nullos tractatus, *etc.* — veteris quam (*cap.* 33). *Sequentia autem folia duo rasa sunt et manu ipsius ni fallor Leonis minutioribus litteris conscripta.* [1201] de basilica s. protomartyris Stephani *add.* 1b. [1202-05] *deest* 4.

NOTÆ.

(443) Privil. fundationis datum est Capuæ 26 Mai. 873.

(444) Quod olim fuerat monasterium, in castrum evasit, *Vallis regia* dictum, hinc *Varreja*, *Berreja*, in saxea rupe collocatum, cujus dorsum Sangrus fluvius alluit. ANG.

(445) Comitatus in Pelignis.

(446) Et pagus est, et civitas, jam *Teramo*, ad Trontinum fluvium, olim Interamna.

(447) Ascoli, ad Truentum fl.

(448) supra c. 14 Adrestina, portus lacus Fucini.

(449) Quæ interiit.

(450) Paderno lacu Fucino a Septentrione adjacet.

(451) prope lacum Fucinum, versus Occidentem.

(452) Alba Fucentia.

(453) Carsoli.

(454) Jam diruta; episcopatus Aquilam translatus est.

(455) Pontecorvo.

(456) Cujus capite ditavit novam Sancti Germani civitatem, inde sic appellatam, ut fert traditio. ANG.

(457) Ex dipl. Ludowici, quod e Petri regesto ed. Gatt. Acc. p. 41. Confirmationem Caroli Magni, sed suspectam, ex eodem Reg. ed. Tosti I, 93.

videlicet Hildebrandus dux tempore Karoli regis ante centum circiter annos interveniente Benjamin monacho in hoc cenobio præcepto suo firmaverat; modo vero essent aliqui qui quasi ex parte ipsius imperatoris res ipsas se tenere astruerent. Mox imperator rei ejusdem cognita veritate, et prædicti Angelarii precibus inclinatus, scripsit, et imperiali auctoritate præcepit, ut nullus deinceps ex eadem cella aliquid retinere vel auferre [1206], neque ex sua neque ex alicujus alterius parte præsumeret; sed quieta et omnimodis libera in pristinum dominium cenobii nostri rediret, cum (458) portu scilicet suo, et foce de Gomano, et cum omnibus omnino pertinentiis et finibus suis; id est ab Atria usque Gomanum; et usque in fluvium qui dicitur Plomba; et usque in mare; cum ipso littore ad piscandum; et cum gualdo de Bolciano: modia videlicet terre insimul undecim circiter milia. Insuper etiam præcepit Celso cuidam præposito (459), et Grimoaldo [1207] (460) episcopo, ut simul cum eodem Angelario mox venirent, eumque ad honorem [1208] et utilitatem loci hujus ex parte sua de his omnibus investirent; præcepto et sigillo suo super hoc illi concesso ne quis aliquando [1209] ista aliquomodo removere præsumeret. Circa hos dies Pergolfus præpositus noster [1210] de Sancta Sophia proclamavit in placito Heroici judicis Beneventani super quendam Lioprandum de curte nostra [1211] quæ est in loco qui dicitur Pantanum, ad vicum de Atriano: quam idem Lioprandus dudum invaserat; et ostensa ratione qualiter quidam Ursus una cum uxore sua Venera nomine obtulerat eam cum omnibus suis [1212] in ecclesia sancti Benedicti quæ sita erat in eodem loco (461), cella hujus [1213] cenobii, judicante prædicto judice [1214], recollegit eam. Per hos etiam [1215] dies Adelchis [1216] princeps, rogatus [1217] a Criscio præposito Sanctæ Sophiæ per præceptum concessit huic monasterio totam [1218] substantiam Potonis cuiusdam nobilis, cum omnibus omnino [1219] rebus ac pertinentiis suis. Idem quoque præpositus alio præcepto (462) (*an.* 885. *Mai.*) adquisivit ab Aione principe cuncta quæ Poto gastaldeus filius supradicti [1220] Potonis possidere videbatur, in pertinentiis Alifanis et Telesinis ad opus videlicet et utilitatem monasterii hujus. De terris [1221] nichilominus præfatæ [1222] cellæ nostræ quæ sunt in valle de Caudis idem præpositus in præsentia principis Adelchis super Rodelgrimo [1223] quodam qui eas fraudulenter receperat proclamans, protinus illas recollegit [1224]; data ab eodem principe publica [1225] jussione, ne quis esset deinceps qui absque nostri abbatis licentia aliquas terras nostri monasterii aliquomodo [1226] reciperet: propterea videlicet [1227], quia prædictus Rodelgrimus decepto Amelfrid monacho nostro, nescio abbate, quasi sub libello easdem terras receperat. In præsentia quoque Ludowici [1228] judicis proclamavit super Guandelmario [1229] quodam infantulo de una curte monasterii sanctæ Sophie in loco qui dicitur Faffons prope Beneventum, quam idem infantulus retinebat; ejusque illam judicio recollegit. His etiam diebus Benedictus et Sichardus germani fratres de Salerno obtulerunt in hoc monasterio omnem hereditatem suam quam habebant apud Teanum in loco qui dicitur Scatunianus et Purpuranus, cum omnibus ex integro pertinentiis ejus.

40. [Erch. c. 58, 59.] Non [1230] multo post igitur receptis viribus Saraceni, Tarentum obtinentes, exinde Barim cæteraque confinia acrius infestare cœperunt. Interea Salernitani, Amalphitani, Neapolites et Cajetani fœdus cum Saracenis componentes, Romam navalibus deprædationibus angustabant. Propter quod Karolus tunc imperator Julittæ scilicet filius a Iohanne octavo papa multis epistolis interpellatus, Lambertum ducem et fratrem ejus Guidonem illi in auxilium destinavit (*an* 876); cum quibus idem apostolicus Neapolim Salernumque profectus est. Sed Guaiferius Salernitanus princeps in omnibus papæ obtemperans, et fœdus Saracenorum dirupit, et ex eis plurimos trucidavit, Sergius vero dux Neapolitanus nolens se ab eis alienare, mox ab apostolico excommunicatus est; ac non multo post (*an* 877) vindice Deo a fratre proprio Athanasio episcopo captus atque cæcatus, Romam transmissus est. [Erch, c. 44.] Idem vero Athanasius [1231] dux in loco illius effectus, pace cum Saracenis firmata,

VARIÆ LECTIONES.

[1206] attemptare 1b. 2. [1207] Grimaldo *ed.* [1208] h. et *desunt* 1b. 2. [1209] q. umquam ista r. 1b. *ed.* [1210] p. S. Sophiæ 1b. *Reliquam capitis partem omisit* 1*. [1211] *add.* 4. [1212] o. rebus subtantiæ suæ in e. s. B. q. constructa est Beneventi (juxta Beneventum 2. *deest* 3.) in prædicto loco Pantano c. 1b. *ed.* [1213] hujus — eam *abscisa* 1b, [1214] Heroico 1b. *ed.* [1215] *deest* 1b. [1216] Radelchis 1b. [1217] p. Beneventanus, rog. 1b. *ed.* [1218] totam — hujus *abscisa* 1b. t. omnino s. *ed.* [1219] *deest ed.* [1220] prædicti *ed.* [1221] de cæteris 3. [1222] præfati S. Benedicti de Benevento q. 1b. *ed.* [1223] Rotelgrimo 3. [1224] recepit 1b. *ed.* [1225] *deest* 1b. [1226] reciperet — receperat *abscisa* 1b. *nisi ab initio defuerunt.* [1227] *add.* 4. [1228] Ludoici 1b. 2. Ludovici 4. [1229] Gualdemario 3. [1230] *Capita* 40. 41. 43. 44. 45. *in foliis duobus manu ut videtur ipsius Leonis scripta sunt, quæ tamen et ipsa postea aliquot locis mutavit et ampliavit.* [1231] v, frater ejus A. 1b *ed.*

NOTÆ.

(458) *Cum — milia* in charta illa non leguntur. Atri in Aprutio ult. sita est, inter fluvios Piomba et Vomano.

(459) S. Trinitatis de Casa aurea.

(460) Pinnensi.

(461) Cf. supra c. 10, 19.

(462) Quod ex orig. edidit Gatt. l. l. Ibi Poto consilio interficiendi Adelchis interfuisse eamque ob causam re familiari privatus esse dicitur. Pro spurio habet Di Meo Ann. Neap. T. V. p. 10. Diploma genuinum videri scribit Bethmannus.

eos [1232] juxta Neapolim collocavit, et, tam Beneventum quam Capuam atque Salernum, Romam quoque necnon Spoletium [1233] devastare eum eis acriter cœpit; multaque tunc temporis monasteria et ecclesiæ cum villis et urbibus incensa ac desolata ab [1234] eis sunt.

41, [Erch. 46 47,] His diebus Capuani expulso Lnndulfo canonice [1235] in episcopatum electo, Landenulfum [1236] quendam de suis nobilibus conjugatum atque neophitum sibi episcopum elegerunt, multisque precibus præfato [1237] papæ cœperunt insistere ut ipsum [1238] deberet eis in episcopum consecrare. Quapropter venerabilis abbas Bertharius et Leo episcopus Teanensis Romam profecti, cœperunt obsecrare summum pontificem, ut hac in re nullo modo flecteretur, unde gravis in populo Capuano ruina et multa sanguinis effusio fieri deberet. Et expressius inquit abbas; *O vir apostolice noveris, quia, si hoc consenseris, maximum procul* [1239] *dubio ignem, et usque ad te etiam* [1240] *pertingentem accendes* [1241]. Et primo quidem apostolicus tanti viri constantia territus est, postremo tamen prævaluit iniquitas, et prædictus neophitus est in episcopum consecratus. Hac civili discordia Saraceni oportunam [1242] occasionem nacti [1243] rursus universa diripiunt, iterum cuncta devastant, propter quod [1244] prædictus [1245] apostolicus bis Capuam est venire coactus. Videns igitur palam sibi contigisse quæ noster illi abbas prædixerat, valde penituit; ac demum habito consilio, Landulfum quem supra expulsum retulimus, in basilica [1246] beati Petri apostoli in [1247] Capua veteri [1248] (463) episcopum consecravit (*an.* 880); Landenulfum [1249] vero Capuæ [1250] novæ præesse constituit (*Ibid.* c. 48); cunctumque episcopatum inter utrumque dividi æqua lance mandavit.

42. Per [1251] hos dies supradictus princeps Guaiferius languores correptus, monachus factus est (*an.* 880). Rogans se ad hoc monasterium devotissime [1252] transportari; sed, quoniam propter Saracenorum incursionem huc deferri sicut [1253] optabat, minime potuit, cum [1254] fuisset defunctus, in monasterio nostro quod [1240] est [1240] apud Teanum corpus ipsius [1255] delatum atque humatum est [1256].

43. Eo [1257] tempore Pandenulfus [1258] quidam Capuæ præerat; qui dum in papæ fidelitate consisteret, rogabat eum ut subderet dominatui suo Cajetam. Nam Cajetani tunc [1259] temporis Romano tantum pontifici serviebant. Quod dum [1260] prædictus papa concessisset, cœpit idem Pandenulfus [1258] ita acriter [1261] Cajetanos incursare (*an.* 881.), ut vel usque ad Molas illis egredi non daretur. Docibilis quidam tunc illis in ducem præerat; qui tantum dedecus sibi suisque illatum minime ferendum ducens, misit Agropolim (464); et Saracenos ibi degentes asciscens [1262], conduxit eos marino itinere ad lacum Fundanum, in locum ubi Sancta Anastasia vocatur; et inde per fluvium usque [1263] Fundis ascendentes, ibi quasi [1264] de vagina gladius scaphis egressi, et cuncta in circuitu depopulantes, tandem Cajetam perveniunt, et in Formianis collibus (465) sua castra componunt. His papa auditis, ilico pœnitentia ductus, blandis alloquiis et epistolis, nec non et [1265] pollicitationiuus multis cœpit convenire Cajetanos, quatinus et [1266] sibi reconciliarentur, et a Saracenis sequestrarentur. Cujus demum monitis Docibilis obsecundans, rupto fœdere cum Saracenis bellum iniit. In quo videlicet [1267] bello plurimi Cajetanorum et cesi et capti sunt. Rursus tamen Saraceni fœdus a Docibile postulantes accipiunt, reddistisque captivis, juxta [1268] Garilianum de Formianis collibus ab eodem Docibile ad habitandum directi sunt [1269]; ubi permittente [1270] Deo pro innumeris iniquitatibus nostris per quadraginta ferme annos degentes, innumerabilia [1271] circumquaque mala gesserunt, multumque Christicolarum sanguinem effuderunt. In [1272] quo videli-

VARIÆ LECTIONES.

[1232] eosque i. N. collocans tam 1b, *ed.* [1233] Spoletum 4. [1234] ab eis *add.* 4. [1235] L. quodam c. 1b. *ed.* [1236] Landunolfum 1b. *ed.* [1237] præfatum papam decipiunt ut 1b. 2. [1238] ut illis episcopus sacraretur. Q. 1b. *ed.* [1239] profecto i. 1b. *ed.* [1240] add. 4. [1241] accendis 1b. *ed*, [1242] oportunitatem. n. 1b. *ed.* [1243] pacti 4. [1244] *deest ed.* [1245] idem 1b. *ed.* [1246] ecclesia 1b. 2. [1247] quam in C. v. Constantinus imperator construxerat, 1b. [1248] vetere 1b. *ed.* [1249] Landenulf 3. [1250] v. ecclesiæ Capuanæ p. 1b.2, [1251] *hoc cap. in merg. adscr.* 1d. [1252] m. deferri; s. 1c. *ed.* [1253] d. non potuit 1c, *ed.* [1254] p. defunctus 1c. .2 [1255] ejus 1c. *ed.* del. a. *desunt* 1c. 2. [1256] Circa hœc tempora defuncto Constantionpol imperatore Basilio, Leo et Alexander filii ejus in imperium subrogati sunt. Alter vero frater eorum nomine Stephanus ejusdem urbis est patriachatum adeptus; ejecto Photio, qui a Nycolao papa nuper fuerat anatbematizatus: pro eo videlicet quod adhuc supertite episcopo ejusdem urbis Ignatio, sedem illius ambitiosus invaserat. *add.* 1b. *in fine c.* 43. *unde huc trantulit* 1 (*ex Erch. c.* 52.) [1257] Post hœc P. qui tunc C. p. in p. f. consistens, rogavit e. 1b. *ed.* [1258] Pandenolfus 1b. *ed.* [1259] C., eo tempore 1b. *ed.* [1260] Q. p. p. d. c. 1b. *ed.* [1261] i. C. a. 1b. *ed.* [1262] a. primo c. 1b. *ed.* [1163] f. a. u. F. 1b. *ed.* [1264] q. d. v. g. *suprascr.* 1c [1665] *deest* 1b. [1266] *deest ed.* [1267] q. bello C. pl. et 1b. *vd.* [1268] c. n Garilian ab 1b. 2. [1269] anno hujns abbatis vicesimo *add.* 1d. [1270] p. D. p. i. i. n. *add.* [1271] innumera 1b. *ed.* [1272] In — manserunt *desunt* 1b.

NOTÆ.

(463) Quæ et Berelais, amphitheatrum, arena, colossus dicebatur, sita ubi nunc est Santamaria Maggiore.

(464) Ad. sinum Pæstanum.

(465) Videlicet in collibus inter [Formia, Itrum et Caietam, in quibus exstant etiamnum frequentes casulæ, seu tuguria diruta, quæ constanti traditione a Saracenis tunc exstructa et habitata fuisse asseruntur, et sane nihil præterea referunt. Ang.

cet loco frequenter a diversis magnatibus [1273] oppugnati, sed judicio Dei usque ad præfinitum [1274] ab eo tempus invicti et expugnati manserunt.

44. (*an.* 883 *Sept.* 4.) Per idem tempus monasterium beati patris Benedicti ubi sacratissimum ejus corpus humatum est, a præfatis [1275] Saracenis invasum, destructum atque incensum est, et [1276] quæque quæ ibi reperta sunt, universa direpta, pridie Nonas Septembris, anno incarnationis dominicæ octingentesimo octogesimo quarto (466), indictione secunda. Nec multo post, undecimo videlicet Cal. Novembris (*Oct.* 22) [1277], monasterium majus quod deorsum erat [1278], similiter occupaverunt [1279], devastaverunt et incenderunt, multosque inibi perimentes, ipsum etiam sanctum ac venerabilem abbatem Bertharium juxta altarium beati Martini gladio trucidaverunt. Cumque eandem domini Salvatoris ecclesiam diversis in locis igne summisso exurere molirentur, Dei omnipotentis [1280] misericordia id perficere nequiverunt; sicque ipsa [1281] tantum de toto hoc monasterio Saracenorum flammis erepta, illi monasterii spoliis onustati, lætantes triumphantesque Garilianum reversi sunt. Monachi vero quicquid supellectilis, vel thesauri, seu et muniminum hujus monasterii quoquomodo [1282] surripere potuerant [1283] assumentes, unacum domno Angelario tunc temporis eorum præposito, Teanum habitaturi proficiscuntur; eundemque Angelarium sibi constituentes abbatem, in cella, quæ ad beati patris Benedicti honorem dudum ibi constructa fuerat, manere cœperunt, anno et indictione suprascripta. Completis a Petronace abbate usque ad istum, annis centum sexaginta et sex*.

*) Sepultus vero est supradictus sanctus martyr Christi Bertharius sursum juxta ecclesiam sancti Benedicti in capitulo fratrum *add.* 2.

45. Non [1284] autem videri superfluum debet [1285], si hoc in loco memoratorium (467) quod prædicti abbatis Berthari studio gestum repperimus de rebus et cellis hujus monasterii apud Marchiam, in Teate dumtaxat et Penæ constitutis, quæ beato patri Benedicto a sancte memoriæ regibus Carolo Pipino Lothario atque Ludowico [1286], seu a ceteris quibusque [1287] fidelibus hactenus concessa noscuntur, annectimus; quandoquidem quæ [1288] specialiter a singulis quibusque collata sunt, incensis plerisque eorum oblationibus ignoramus.

Primum [1289] itaque [1290] est monasterium sancti Liberatoris quod situm est in comitatu Teatino supra [1291] fluvium Laentum (468) ad radicem montis qui dicitur Maiella, cum [1292] ecclesia sancti Angeli quæ est in latere Montis plani, cum integro eodem monte, et cum castello sancti Angeli, cum universis pertinentiis [1293] suis, et curte quæ dicitur Casale Prandi, et curte de Garifuli [1294], et castello sancti Petri, et curte sancti Januarii, et Valle plana, et Luciano, cum omnibus omnino pertinentiis [1295] ac rebus suis intra hos videlicet [1296] fines. Ab uno latere finis torrens ubi dicitur Cripta latronis, qui est sub ipso monticello nomine [1297] Sarracenico, qui [1298] nunc vocatur Prætorium (469); et quomodo ascendit inde ad ipsum staphilum (470) de Majella, qui [1299] dividit inter causam sancti Benedicti et regalia; de alio latere quomodo descendit inde [1300] in aquam Frassiningam [1301], et sicut mittit in rivum qui dicitur Bacinnium; hinc vero ab ipso fossato in puteum de Capetano [1302]; inde in fossatum sancti Januarii et in Rosentem [1303]. De [1304] alio latere finis Bisara, inde in viam quæ vadit in lacunam supra sanctum [1305] Donatum, hinc in Ficarium, inde in fossatum de sancta Lucia, et ascendit per Aquam frigidam in limitem [1306] de Monte plano, et sicut vadit sub ipsis limitibus in fossatum Gariful, et ita mittit in Alento. Inter quos [1307] utique fines nullam omnino sibi reservationem prædicti reges fecerunt, quia tota hæc pertinentia regalis fuit, excepta ecclesia sancti Vitalis cum pertinentia decem duntaxat [1308] modiorum quæ pertinet ad episcopatum [1309].

Deinde ecclesia sancte Marie in Bacinnio [1310] cum pertinentia sua. Dehinc ecclesia Sancti Felicis in Pastoricio, cum finibus et pertinentiis suis [1311]; qui [1312] habet fines hos [1313]: ab uno latere flumen Pi-

VARIÆ LECTIONES.

[1273] d. nostris principibus (magnatibus 3.) requisiti et opupugnati *ed.* [1274] prædictum t. inexpugnati m. *ed.* [1275] prædictis 1[b]. *ed.* [1276] et q. i. r. s. u. d. *add.* 4. [1277] Septembris 4. [1278] est 3. [1279] occupavere *ed. ubi et in sequentibus eadem terminatio sæpe recurrit* [1280] D. judicio id 1[b] *ed.* [1281] ea 1[b]. 2. *ed.* [1282] *add.* 4. [1283] potuerunt 4. [1284] *hoc caput minutissimis litteris nullo margine, scripsit* 1[b]. *omisit* 1[c]. [1285] est 1[b] *ed.* [1286] Ludowico 1[b]. 2. [1287] c. religiosis viris b. 1[b]. [1288] quæ — Orni *in cod.* 4. *iterum scripta sunt in fine operis, cum variis lectionibus quæ* 4. *signavi.* [1289] Primo 1[b]. [1290] scilicet 1[c]. *ed.* 4. est *deest* 4[b]. [1291] juxsa 1[b]. [1292] cum — Luciano *et* De — inde in *desunt* 1[b] *sed olim scripta fuisse signa appicta demonstrant.* [1293] u. s. p. *ed.* c. integris s. p. 4. [1294] Garifoli 3. [1295] r. ac p. 4. [1296] *deest* 1[b]. 4. [1297] vocabulo 1[b]. *ed.* 4. [1298] qui modo nominatur P. *ed. desunt* 1[b]. q. nom. P. 4. [1299] qui—s. B. *desunt* 1[b]. q. d. i. reg. et c. s. B. *ed.* 4. [1300] *deest* 4. [1301] Frassiniggam 3. [1302] Caputano 3. [1303] Rosente 1[b]. Rasentem 4. [1304] *vide p.* 610. *n.* b*. [1305] *deest* 4. [1306] limites 1[b]. limite 4. [1307] quas videlicet f. 1[b]. [1308] *deest* 1[b]. [1309] episcopium 1[b]. 4. episcopum *ed.* [1310] uacinio et S. Felicis 1[b]. Bacimnio c. p. s. Eccl. *ed.* [1311] earum 1[b]. [1312] qui — in Lavinum *desunt* 1[b]. [1313] *deest ed.* 4.

NOTÆ.

(466) Ab indictionis initio computato.

(467) Quod ex hoc loco et Reg. Petri ed. Gatt Hist. p. 78, ubi plura de insigni S. Liberatoris mon. affert.

(468) In antiquioribus tabulis appellatur Laentus, in recentioribus non raro Alentus. ANG. nunc *Lenta*.

(469) Nunc *Pretora*. ANG.

(470) I. e. cippum terminalem; v. editores Annalium Al. Di Meo in præf. tomi III.

scariæ, ab [1314] altero Lavinum, ab [1315] alio ripas de Turri, cum ipsa curte ubi [1316] est ecclesia [1317] sancti Benedicti; ab [1318] alio vero fontem de Troia, quomodo descendit in Lavinum. Ecclesia sancti Viti supra flumen Lavinum. Ecclesia sancti Helie in Sclangario, cum pertinentia sua quæ est viginti milium [1319] modiorum. Curtis de Caramanico. Monasterium sancti Comitii juxta rivum Arullum [1320], cum multis possessionibus. Ecclesia [1321] sancti Felicis in Pulverio, cum medietate ipsius curtis per fines suos [1322], id est ab uno capite monumentum, ab altero prædicta Piscaria, ab altero terra sancti Thomæ, ab altero Rosentem, qualiter [1323] mittit in Piscariam; quæ omnia Hyselgarda [1324] comitissa obtulit beato Benedicto. Ecclesia [1325] sancti Calixti; sancti Mammetis, cum totâ curte de Iliano; sancti Marci; sancte Marie in Pontiano, cum [1326] terræ modiis sexcentis. Insula quæ est intra Pomarium et castrum quod [1327] dicitur [1328] Calcaria, cum [1329] terra modiorum circiter 400. Ecclesia sancti Eleutherii et sancti Pauli in pertinentia de Boclanico, loco qui dicitur Rupi, cum terra septingentorum octoginta modiorum. Ecclesia sancti Herasmi in Cerretu plano, cum pertinentiis et finibus suis, ac molendinis omnibus que intra ipsos [1330] constructa sunt fines, cum ecclesia sancti Salvatoris et sancti Martini. Ecclesia sancti Benedicti et sancte Marie et sancti Comitii et sancti Silvestri in loco qui dicitur [1331] Orni cum omnibus finibus ac pertinentiis earum. Hanc [1332] ecclesiam sancti Silvestri construxit quidam Rainerius, et obtulit eam beato Benedicto cum omnibus pertinentiis suis, intra hos fines: ab uno latere [1333], ipsa benna (471); ab altero, Septem viæ; ab altero, alia benna, quæ se simul conjungunt. Fara Maionis, et fara que dicitur Biana [1334] cum finibus et pertinentiis earum [1335] (472). Hic [1336] Maio fuit consanguineus Poterici præpositi sancti Liberatoris sub prædicto abbate, et obtulit in hoc monasterio eandem faram; quæ continens est insimul quinque milium octingentorum modiorum terræ. Curtis [1337] sancti Calixti cum omnibus suis. Ecclesia sancti Petri in loco qui dicitur Mallianellum [1338], cum omnibus pertinentiis ac [1339] finibus suis, id est [1340] a capite fossatum de Lavite [1341], a pede viam de ipso puteo, ab uno latere bennam, ab altero fluvium de Argelli; quam etiam prædictus Maio hic obtulit. Intra quos [1342] fines est ecclesia in honore Sancti Mauri, et monasterium sancti Renati quod situm est inter Antonianum et Pizzum Corvarium cum omnibus pertinentiis suis. Ecclesia sancti Calixti supra istum Laentum in loco qui dicitur Vallis, cum [1343] terra modiorum sex milium sexaginta. Ecclesia sanctæ Mariæ supra faram de Laento, cum [1344] pertinentia et [1345] finibus suis, a capite videlicet via, a pede Laentum, ab utroque latere fossatum. Ecclesia sancti Savini in Trevanico [1346]; sancti Clementis in Plombata. Ecclesia sancti Salvii ibidem. Qui videlicet Salvius ex Campania ortus [1347] hujus monasterii extitit monachus, et tenuit prædictam ecclesiam sancti Clementis in obedientia [1348], ubi, cum defunctus fuisset, multa ad [1349] sepulchrum illius mirabilia Deus est operatus. Ecclesia sancte Marie in fluvio Foro [1350] (473), loco qui dicitur Cannetum, cum [1351] terra modiorum quattuor milium sexaginta. In ipsa aqua ejusdem [1352] Fori molendina quattuor. Ecclesia [1353] sancti Petri in Jolliano [1354], cum [1355] mille quadringentis modiis terræ. Monasterium sancti Severini. Ecclesia sancti [1356] Menne in pertinentia de [1357] Ripe; sancti Andreæ in colle de Albe [1358]; sancti Petri in loco, qui dicitur Ari. Curtis quæ vocatur Fenestre. Ecclesia sancti Angeli ante civitatem Ortonam, cum [1359] modiis terræ octingentis. Castellum de Ungo cum tota pertinentia sua, et intra ipsam pertinentiam, Grosse, et medietas de civitate Tazze, cum tota pertinentia de Rapini et [1360] Comino. Ecclesia sanctæ Crucis in pertinentia de [1361] Roma, cum mille quingentis terræ modiis, et medietate ipsius castri de Casale [1362] cum pertinentiis suis. Monasterium [1363] sancti Pancratii cum tota pertinentia sua. Castellum de Prata, et Gessi [1364], et Civitella, et vallis sancti Martini, cum omnibus pertinentiis eorum. Ecclesia sancti Petri in civitate Teatina veteri [1365], et ibidem juxta ecclesia sancti Pauli. Ecclesia sanctæ Teclæ intra camdem civitatem novam, cum ipsa porta quæ respicit ad orientem, quæ hactenus

VARIÆ LECTIONES.

[1314] de *ed.* 4. [1315] de altero r. *ed.* 4. [1316] ibi 2. [1317] e. ipsius curtis per fines suos. sancti Calixti *etc.* 4. [1318] de altero v. *ed.* [1319] milia 1b. *ed.* [1320] Arulum 2. [1321] ecclesiam *ed.* [1322] suas. S. Calixti 1b. [1323] quomodo *ed.* [1324] Yselg. *ed.* [1325] ecclesiam *ed.* [1326] c. t. m. s. *desunt.* 1b. 4. [1327] qui 1b. [1328] vocatur 4. [1329] c. t. m. c. q. *desunt* 1b. 4. [1330] ipsas 1b. i. f. c. s. 1b. *ed.* 4. [1331] d. in O. *ed.* [1332] Hanc — conjungunt *desunt* 1b. [1333] l. finis i. *ed.* [1334] uiana 1b. [1335] suis 1b. [1336] Hic — terræ *desunt* 1b. [1337] Curte (*corr.* Curtis) 1b. Curte *ed.* [1338] Malianellum 3. [1339] et 1b. [1340] id est — obtulit *desunt* 1b. [1341] della vite *ed.* [1342] quas 1b. [1343] c. t. m. 6060 *desunt* 1b. [1344] cum — Ecclesia *desunt* 1b. [1345] p. sua, a *ed.* [1346] T. S. Salvii et S. Clementis in Plombata. S. Marie 1b. Tr. et *ed.* [1347] natus *ed.* [1348] obedientiam *ed.* [1349] m. mir. D. ad s. i. c. o. *ed.* [1350] Fauro 1b. [1351] cum — ecclesia *desunt* 1b. [1352] a. de eodem Foro *ed.* [1353] Ecclesiam *ed.* [1354] Jollianu 1b 2. [1355] c. m. q. m. t. *desunt* 1b. [1356] S. 1b. sanctæ *ed.* [1357] *deest* 4. [1358] Alde 1b. Alve *ed.* [1359] c. m. t. o. *desunt* 1b. [1360] et de cominu 1b. [1361] de ipsa R. 1b. *ed.* [1362] Casule 1b. [1363] M. s. P. c. t. p. s. *desunt* 4. [1364] *reliqua hujus cap. desunt* 1, *ut et pars sequentis, quam tamen et signo et primo sententiæ verbo positis quærere jubemur, ut excidisse folium vel cartulam appareat.* [1365] vetere *ed.*

NOTÆ.

(471) I. e. piscina.
(472) Vide cap. 34, supra.
(473) A monte Majella defluit.

porta monacisca [1366] vulgo vocatur. Ecclesia sancti Theoderi, et ecclesia sancti Salvatoris intra civitatem Aternum (474), cum medietate de ipso portu, quem supradicta Hyselgarda [1367] comitissa obtulit beato [1368] Benedicto.

In comitatu vero Pennense est [1369] ecclesia sancti Felicis in Stabulo; campus de Gale; monasterium sancti Benedicti in Lauriano, et sanctæ Scholasticæ juxta fluvium qui dicitur Tabe (475) cum integra curte de Moscufo [1370], et curte de Gemberuti; et ecclesia sancti Angeli in Galbanico [1371], cum integra ipsa curte, et cum medietate de castro Laureto, ab ipsa videlicet pila quæ in ejusdem castelli medio sita est, quomodo descendit in fossatum [1372] de Rosiccle [1373], cum ecclesia quæ ibi constructa est in honore sancti Felicis, et usque trivium quod est super Sanctum Felicem, et sicut pergit per ipsam vallem in fossatum de Doreniano, et sicut ipsum fossatum descendit in flumen Tabe, et qualiter per ipsum flumen ascendit usque ad Paternum, ubi est ecclesia in honore sanctæ Mariæ; et sicut recte ascendit in ipso fonte de Laureto, et sic venit ad prædictam pilam : intra quos fines nulli omnino aliquid pertinet, nisi tantum monasterio Casinensi. In Colle alto sex petiæ de terra [1374] permaximæ. Medietas villæ de Laverano. Medietas de Podio (476) Pollecanti. Curtis [1375] de Colle alto. Tertia pars de castello [1376] Cese. Medietas castri de colle Maio. Ecclesia sancti Martini in Genestrula cum tota curte. Ecclesia in Salaiano [1377] cum mille septingentis modiis terræ. Quarta pars de civitate Quana. Medietas curtis de Viculo. Curtis de Carpeneto, cum montanis et planitiis magnis. In pertinentia de Civitella [1378], tria milia modiorum terræ. Monasterium sancti Petri in Castroniano, cum ecclesia sanctæ Ceciliæ et cum omnibus pertinentiis suis; et plurima alia quæ hic scribere supersedimus. Quæ videlicet omnia usque ad id tempus abbates hujus loci sive ad jus proprium retinebant, sive ad [1379] censum aliis libellario nomine nonnullis concesserant.

A ANGELARIUS [1380] abbas a beato Benedicto vicesimus sedit annis 6. Hic ut [1381] supra jam diximus (c. 44), de præpositura hujus monasterii apud Teanum abbas effectus, post [1382] biennium (*an.* 886) (477) cœpit paulatim restaurare monasterium domini Salvatoris, quod a Saracenis incensum superius diximus [1383]. Fuit [1384] autem temporibus Aionis [1385] principis Beneventani, et Stephani quinti papæ, et successoris ejus Formosi. Quem (478) videlicet Formosum, Stephanus papa qui ei successerat de sepulcro suo extrahi abicique mandavit; cunctasque ipsius ordinationes irritas esse statuit, pro (479) eo scilicet quod cum Ostiensis episcopus esset, contra canonum sanctorum [1386] decreta apostolicam sedem usurpaverat [1387].

B 46. Sub [1388] hoc abbate oblata est in hoc monasterio terra illa quæ nuncupatur Brezze [1389] prope Capuam, quod est pratum magnum et silva, a quodam Castulo, ejusdem loci habitatore. Hermefrid [1390] quoque civis Asculanus vir dives, subdiaconus officio, obtulit se ipsum per capillos capitis sui præposito nostro [1391] nomine Wamelfrid [1392], cum omnibus omnino mobilibus et immobilibus suis de partibus illis. Quidam etiam Ingius nomine de Benevento expeditionem Rome facturus, obtulit huic sancto cenobio de [1393] rebus suis curtes tres, unam in [1394] loco qui dicitur Turri, aliam in [1395] loco qui dicitur Murrece, aliam vero in loco qui [1396] vocatur Mattici, cum universis finibus ac pertinentiis illarum. Sed et [1397] Walamir quidam ejusdem civitatis indigena se C ipsum in hoc loco ad monachatum tradens, obtulit in ecclesia sancti Benedicti Benevento quæ [1398] dicitur [1399] Ad xenodochium, cella hujus cenobii, curtem unam magnam in finibus de Ariano (480), loco qui dicitur Tricium, cum omnibus ex integro pertinentiis [1400] curtis ipsius. Eodem [1401] tempore Athanasius [1402] Neapolitanus episcopus manifestavit se monasterio huic de obedentia nostra in Casa Gentiana, ut nullam ibi potestatem neque ipse neque successores sui ulterius [1403] habeant, vel licentiam in ea ali-

VARIÆ LECTIONES.

[1366] monastica 4. [1367] Yselgarda *ed.* [1368] sancto *ed.* [1369] *add.* 4. [1370] Moscuffe 2. [1371] Galvanico 2. [1372] fossato *ed.* [1373] Rosiale 3. Rosicle 4. [1374] terre *ed.* [1375] Curte *ed.* [1376] cartello Cesa *ed.* [1377] Saiano 3. [1378] Civitate 3. [1379] s. lib. n. ad c. nonnullis conc. *ed.* [1380] *hinc* 1. *pergit.* [1381] ut — effectus *desunt* 1. [1382] p. b. *add.* 1^b. [1383] *Hinc* 1. *pergebat* : Sed occulto Dei judicio monasterium quo in Teano fratres degere cœperant non multo post igne exustum est; ubi videlicet *quibus deletis sequentia ad cap.* 48. *amandavit, cetera de hoc abbate in marg. non uno tempore addidit.* [1384] Fuit *etc. add.* 1^b, *sed in fine hujus abbatis.* [1385] t. supradicti Stephani papæ, et 1^b. [1386] c. sanctorum can. 1^b. c. sacrorum can. *ed.* [1387] invaserat 1^b. *ed.* cujus videlicet corpus dum huc illucque crebrius jactaretur, etiam sanguis de eo fluxit. — Ragemprandus *add.* 1^c. [1388] Sub. — monaste *abscisa* 1^b. *Totum fere caput omisit* 1^* [1389] Brizze 1^b. (?) Preze 4. [1390] Hermefrit 3. [1391] suo 4. [1392] Walmelfrid 2. Gualmelfrit 3. Guamelfrid 4. [1393] c. res suas, id est curtem, u. 1^b. *ed.* [1394] de 1^b. ed. [1395] de 1^b. *ed.* a. vero in 4. [1396] q. v. *add.* 4. [1397] et — Gaitrudæ *desunt* 1. *v. supra p.* 612. *n. t.* [1398] ubi *ed.* [1399] *deest* 4. [1400] r. i. c. i. *ed.* [1401] p. Huic — pertinentibus. Eodem — rediret. *ed. inverso ordine.* [1402] Anathasius 3. [1403] *add.* 4.

NOTÆ.

(474) Pescara.

(475) Tavo, Salinum influit.

(476) Podium est collis, Ital. *poggio*, Gall. *puy*.

(477) Ex Erch. c. 61.

(478) E Chron. S. Bened. SS. III, p. 204. Sed ante Formosi pontificatum Ragemprandus ei successit.

(479) Hoc de suo noster inseruit, minus recte; cum Portuensis episcopus fuerit.

(480) Non multum distat a Benevento, versus Orientem.

quem ordinandi, vel conditionem ponendi; sed sicut antiquitus nobis pertinuit, ita deinceps in nostram [1404] ex integro potestatem et ordinationem rediret. Huic abbati Adelmarius quidam Capuanus vendidit integram curtem suam in loco Anglena prope ecclesiam Sancti Vincentii nobis pertinentem, cum campis et silvis et pratis et terris omnibus ad ipsam curtem pertinentibus. Per idem tempus Laurentius diaconus et monachus noster, præpositus monasterii sanctæ Mariæ de Cingla [1405], fecit concambium cum quodam Landoario Capuano de quibusdam terris in Calvo (481) et Calinulo, cum licentia scilicet [1406] et consensu præfati abbatis Angelarii [1406] et Radelchisæ [1407] abbatissæ. Idem quoque fecit et Johannes sacerdos et monachus, ac præpositus præfati monasterii Cinglensis [1408] de quibusdam aliis terris eidem Landoario, per licentiam nichilominus et consensum abbatis [1409] ejusdem, et abbatissæ Gaitrudæ.

Defuncto [1410] interea Teanensi episcopo, prædictus abbas in eadem civitate a clero et populo electus et ordinatus est; ubi etiam et defunctus est et sepultus, die [1411] Nonarum Decembrium (482).

RAGEMPRANDUS primo et vicesimo loco in [1412] præfato Teanensi monasterio abbas electus (*an.* 889), sedit annis 9, mensibus [1413] 10. Qui videlicet [1414] Johannem papam nonum, ut sibi more prædecessorum suorum privilegium faceret petiit et accepit (*an.* 889. *Mart.*) (483).

47. Hoc [1415] (484) præsidente Adelgarius quidam nobilis de [1416] Teano obtulit beato Benedicto [1417] cum oblationibus Herchempertum filium suum, docilis utique [1418] ingenii puerum. [*Erch.* 61, 69, 65, 66.] Quo tempore Grecis ac [1419] Neapolitanis Capuam obsidentibus (*an.* 886), idem Herchempertus cum aliis septem fratribus a Teano Capuam tendens, juxta Anglenam [1420] omnes a Grecis exquisitati pariter [1421] atque expoliati sunt, et eorum [1422] famuli capti; et famulis quidem argento redemptis, et equis [1423] quinque solummodo recollectis: ipse solus sicut idem de se refert cum magistro suo pedes remansit, sicque civitatem intravit. Post hæc cum Atenulfus [1424] gastaldatum adeptus omnia que juris nostri monasterii in [1425] terra Capuana erant fratribus abstulisset (*an.* 887, *Jan.*), præfatus Herchempertus [1426] Romam hac de re ad [1427] Stephanum papam transmissus est; a quo videlicet et apostolicam benedictionem fratribus detulit, et privilegium [1428] cœnobio obtinuit, et prædicto [1429] Atenulfo commonitorias litteras ut universa quæ abstulerat [1430] protinus redderet, nisi excommunicationis vellet subire sententiam attulit. Quas ille suscipiens paruit [1431], et omnia quæ nobis abstulerat ex integro restitui jussit. Hic etiam Atenulfus eidem pape Stephano jam dudum * suggesserat ut si ei contra Saracenos Gariliani [1432] degentes ferret auxilium, ipse et Cajetanos [1433] omnes quos nuper ceperat redderet, et fidelitatem [1434] ei firmissimam faceret; sed [1435] quia papa nequivit implere quod ille petiverat [1436], neque ipse quoque fecit quod papæ mandaverat. Theophilactus etiam [1437] stratigo hisdem [1438] diebus a Bari Teanum cum exercitu veniens, eosdem Saracenos nisus est aggredi: sed nil præsumens ad propria repedavit.

* Per Maionem abbatem sancti Vincentii *add.* 2.

Hic [1439] abbas concessit Ageltrudæ augustæ quæ fuit mater Lamberti regis, libellario more diebus tantum vitæ ipsius duas cellas hujus monasterii cum omnibus rebus suis in finibus Lombardiæ; unam in loco qui dicitur Laude (485), et alteram in Persiceta (486): unde per singulos annos mittebat illi eadem augusta census gratia tres libras argenti. Fecit etiam libellum Gotfrido cuidam Marsicano de ecclesia [1440] Sancti Gregorii in Serviliano [1441] cum servis et ancillis et omnibus pertinentiis [1442] ejus in eodem comitatu Marsorum; pro quo annualiter recipiebat censum tritici modios [1443] 15 totidemque de vino, et pisces centum in mense Octobri. Per

VARIÆ LECTIONES.

[1404] nostra e. i. potestate et ordinatione *ed.* [1405] Cingula 3. [1406] s. et *desunt ed.* [1407] Radelgisæ 3. [1408] m. de Cingla *ed* [1409] c. ejusd. a. Angelarii et *ed.* [1410] Predictus autem abbas non multopost defuncto T. e. ibidem episcopus factus est. ubi 1^b. P. a. a. n. m. d. his diebus ep. ecclesiæ Teanensis, in eadem *ed.* [1411] s. Nonis Decembris 1^b. *ed.* [1412] l. abbas el. in eodem m. T. 1. *ed.* [1413] m. 10. *add.* 1^b. [1414] Q. tamen I. 1. Q. v. abbas I. *ed.* [1415] Sub his diebus A. etc. *usque ad finem cap. add.* 1^b. *omisit* 1^*. [1416] de T. *deest* 1^b. 2. [1417] B. apud Teanum c. 1^b. *ed.* [1418] *add.* 4. [1419] cum 1^b. [1420] *deest* 4. [1421] e. et exp. p. s. 1^b. *ed.* [1422] et f. e. c. 1^b. *ed.* [1423] et q. c. rec. 1^b. 2. [1424] Atenolfus 1^b. 2. [1425] m. erant in t. C. 1^b. *ed.* [1426] ab Angelario abbate *add.* 1^b. [1427] ad venerabilem p. S. t. et ap. 1^b. *ed.* [1428] p. sancto c. 1^b. *ed.* [1429] et supradicto gastaldeo c. 1^b. 2. [1430] stulerat p. r. n. e. *abscisa* 1^b. [1431] paruit — jussit *abscisa* 1^b. [1432] Gariliano residentes 1^b. *ed.* [1433] Gaiet. *ed.* [1434] et ei f. 1^b. *ed.* [1435] sed — mandaverat *abscisa* 1^b. [1436] petierat *ed.* [1437] quoque 1^b. *ed* [1438] hisdem — repedavit *abscisa* 1^b. [1439] *hæc in marg. addit* 1^b. *et post* remansit *p.* 615. l. 8. *collocat.* [1440] de Sancto Gregorio 1^b. *ed.* [1441] *reliqua abscisa sunt* 1^b. *sed tot verba ibi scripta fuisse non possunt.* [1442] o. omnino rebus ac p. *ed.* [1443] modia 15 et 15 modia de 2.

NOTÆ.

(481) Calvi.

(482) *Non. Dec. ob. Angelarius sacerdos et abbas hujus loci.* Cod. Cas. 47.

(483) Exstat in Reg. Petri Diac. n. 5. *Scriptum per manum Leonis scriniarii s. R. e. in mense Martii indict.* II. ANG.

(484) Imo Berthario. Et sub Angelario abbate, cui dum præpositus esset, oblatus esse videtur, hæc noster primo scripsit. Sed cum incendium quoque monasterii sub Angelario retulisset, hoc corrigens Herchempertum simul loco suo movit.

(485) *Lodi.*

(486) V. cap. 54. et IV, 18.

hos dies Sichelfrid quidam Capuanus (487) reddidit huic monasterio inclitam (488) curtem de Patenaria [1444], quam avus ipsius [1445] a Bassacio abbate per convenientiæ scriptum receperat.

48. Jam [1446] septimus abbatis hujus annorum circulus volvebatur (*an.* 896), cum incomprehensibili Dei judicio monasterium quo in Teano fratres degere cœperant, ab igne crematum est [1447]; ubi etiam et regula quam beatus Benedictus manu sua scripserat [1448], nec non et sacci in quibus [1449] eidem patri sanctissimo cœlitus escæ delatæ sunt : insuper et plurima [1450] cœnobii munimina atque præcepta, a singulis imperatoribus, ducibus [1451], atque principibus eidem monasterio collata, pariter [1452] incensa sunt. Inter quæ etiam præcepta [1453] de Casa Gentiana simul sunt ab igne consumpta (489). Namque temporibus Johannis abbatis, qui tertius [1454] ab isto fuit, cum die quadam ante eundem venerabilem patrem [1455] ortum fuisset inter fratres colloquium, a quibus principibus prædicta Casa Gentiana huic monasterio concessa fuisset, quidam Maio presbyter atque grammaticus, homo senex et verax [1456], hoc exinde se nosse certo certius affirmabat. Aiebat namque [1457] : *Sicut recolo*, inquit, *me legisse in tribus præceptis donationum quæ fuerunt in scrinio domni Angelarii abbatis : in primis Gisulfus dux concessit* [1458] *in monasterio sancti Benedicti territorium Gentianæ; postea vero Arichis princeps concessit* [1459] *in hoc eodem monasterio partes majores ibidem in Gentiana. Iterumque Grimoaldus* [1460] *filius ejus* [1461] *concessit sancto Benedicto omnia domnicalia sua* [1462] *cum servis et ancillis, in eodem loco Casæ Gentianæ; et cellam sancti Agapiti, et multa* [1463] *alia quæ nunc non recordor. Simul etiam in eisdem præceptis continebatur donatio eorundem* [1464] *principum de portu Trajectensi, et Vulturnensi : necnon et de piscaria Lesinensi. Hæc*, inquit, *omnia ego legi, et in aliis cartis* [1465] *renovavi ex jussione ejusdem abbatis Angelarii.* De supradicto itaque incendio Teanensis monasterii, quidquid a fratribus de thesauro ecclesiæ potuit quomodolibet eripi, in episcopio ejusdem civitatis repositum est. Unde [1466] postmodum non parva ejusdem thesauri pars fertur in ipsa ecclesia remansisse. Obiit [1467] autem supradictus abbas 8 Idus Novembris.

49. Circa [1468] (490) hæc tempora (*an.* 899, *Nov.* 6.) Symbaticius [1469] patricius veniens a Constantinopoli obsedit [1470] Beneventum per tres [1471] circiter menses, cepitque illam 15 Kal. Novembris (*Oct.* 18), anno Domini 891. Completis [1472] a Zottone primo duce Beneventi trecentis et triginta annis; per cujus videlicet temporis spatium Langobardorum tam duces quam principes eandem civitatem tenuerant. Hic [1473] Symbaticius cum esset imperialis protospatharius et stratigo Macedoniæ [1474], Traciæ, Cephaloniæ atque Langobardiæ, entilma fecit (*an.* 892. *Jun.*) prædicto abbati de monasterio sanctæ Sophiæ de Benevento, et sancte Marie de Cingla, et sancte Marie de Plumbariola [1475], terribiliter ex parte imperatorum præcipiens, ne quis esset qui in causis ac possessionibus predictorum cenobiorum Casinensi cenobio pertinentium [1476] aliquam aliquomodo molestiam seu violentiam inferre presumeret. Quod si aliquis in eis delinqueret, iram imperatoriam pro certo se experturum sciret. Post hunc [1477] Symbaticium, dominatus est Beneventi Georgius patricius (*an.* 892) (491). Qui cum annis tribus et novem mensibus eam [1478] tenuisset (492), veniens Guido [1479] dux [1480] et marchio, expulit inde Grecos (*an.* 895, *Aug.*), et præfuit ibi annis ferme [1481] duobus;

VARIÆ LECTIONES.

[1444] c. in loco Patenara 2. [1445] a. ejus a B. a. p. scr. c. retinebat *ed.* [1446] *ita correxi.* Nam 4. Hujus (autem *add. ed.*) abbatis septimo anno, ind. 14. (i. q. *deest* 3.) m. quo in T. f. d. c. occulto Dei judicio ab i. 1b. *ed.* Hujus — insuper et *add.* 1b. *cf. p.* 612. *n.* m*. [1447] est cum omnibus opibus suis ; ubi 1b. 2. [1448] conscripserat 1b. *ed.* [1449] q. jussu Dei cœlitus eidem p. Benedicto c. d. s. 1b. *ed.* [1450] plurima etc. *usque ad finem cap. ab Angelario abb. huc transtulit* 1b. p. hujus c. m. plurima quoque pr. donationum a s. 1. *ed.* [1451] *add.* 1b. [1452] *add.* 4. [1453] p. quæ de C. G. facta fuerant, pariter sunt 1. *ed.* [1454] q. postmodum quartus ab hoc Angelario f. 1. q. t. ab hoc Ragemprando f. 1b. *ed.* [1455] v. abbatem exortum 1. *ed.* [1456] veracissimus 1. *ed.* [1457] n. præfato domno abbati : Sicut legi inquit in t. p. d. quæ hic f. 1. *ed.* [1458] c. domno Petronaci abbati in 1. 2. [1459] p. similiter c. Theodemario abbati p. 1. 2. [1460] Grimoald 1. *ed.* [1461] e. per præceptum donationis c. 1. *ed.* [1462] *add.* 1b. [1463] plurima a. q. modo n. r. Similiter e. 1. *ed.* [1464] d. ipsorum p. de p. Trajecti, et de portu V. sed et de p. L. 1. *ed.* [1465] membranis 1. 2. m. ego r. ex i. domni Aug. abbatis 1. *ed.* [1466] Ubi eodem tempore præfatus abbas Angelarius episcopus ordinatus, in eadem quoque civitate non longe post defunctus est atque sepultus, Nonis Decembris ; qua videlicet occasione n. p. e. t. p. in e. Teanensi remansit. Hic abbas etc. *ex cap.* 47. Obiit a. s. a. o. Id. Nov. 1. Unde p. n. p. e. t. p. in ecclesia ipsa remansit 1b. *ed.* [1467] O. a. s. a. o. Id. N. *post cap.* 50. *ponit. ed.* [1468] His temporibus S. 1. *ed.* [1469] Sabbaticius 1. *corr.* 1b. Ymbat. 3. [1470] C. cepit B. anno 1. *corr.* 1b. [1471] p. m. c. t. 1b. *ed.* [1472] C. videlicet 330 annis a Z. p. d. B. p. c. t. *ed.* [1473] Hic — sciret *add.* 1b. *desunt* 1*. [1474] M. T. C. a. L. *abscisa* 1b. [1475] Plombariola 3. [1476] subjectorum aliquom. aliquam injustitiam s. v. 1b. *ed.* [1477] *ita* 1b. P. quem Sabbat. d. est ibi G. 1. [1478] m. in ea sedisset, v. 1. 2. [1479] Guidego 3. [1480] d. et *add.* 1b [1481] *add.* 1b

NOTÆ.

(487) Cf. c. 24 supra.

(488) I. e. integram.

(489) Grimoaldi tamen donationis apographum saltem servatum esse videtur; cf. supra. c. 14.

(490) Ex Chr. S. Bened. SS. III, p. 201 quibus addidit quod e præcepto Symbaticii hausit, servato in Reg. n. 136, unde edidit Gatt. H., p. 51. Datum est *mense Junio, indictione* 10.

(491) M. Aug. ind. x, entilma dedit Majoni abb. S. Vincentii.

(492) Non Georgius, sed Græci, ut recte dicit Chr. S. Bened.

post hunc Radelchis (*an.* 897, *Apr.*) [1482] *. Deinde præfatus [1483] Atenulfus ex Capuano castaldatu jam comes, cum filio Landulfo, et cæteri deinceps per generationes suas, in [1484] ea principatum tenuerunt per annos circiter centum septuaginta et septem (*an.* 899) [1485].

*Annis duobus *add.* 2.

50. Interea [1486] præfatus Atenulfus una cum Neapolitanis [1487] et Amalphitanis non parvo exercitu aggregato, Garilianum supra Saracenos venit, et constructo de navibus ponte juxta Trajectum in loco qui Setra vocatur transiens expugnabat eos. Ibidem [1488] igitur illis consistentibus, quadam nocte dum minus caute suas custodias agunt, repente Saraceni cum Cajetanis [1489] super eos irruunt, deque illis plurimos sternunt: reliquos usque ad prædictum [1490] pontem acriter insequuntur. Sed ibi tandem nostris viriliter [1491] resistentibus, Saraceni terga vertere, et suis se castris tueri coguntur [1492].

Leo vicesimus et secundus abbas, similiter apud Teanum sedit annis 15, mensibus [1493] 7 (493): temporibus [1494] papæ Christofori, qui de papatu expulsus, et monachus factus est, nec non et Sergii tertii papæ, a quo idem abbas privilegium de more recepit (494).

51. Adquisivit etiam et a præfato Atenulfo [1495] jam principe præceptum (495) confirmationis omnium oblationum seu concessionum ac possessionum hujus monasterii (*an.* 902. *Mai.*), propter [1496] id vel maxime, quod et prius in hoc loco a Saracenis, denuo vero apud Teanum monimina hujus cenobii igne consumpta essent (*Jun.*). Hujus [1497] porro [1498] abbatis interventu concessus est ab eodem principe (496) mons sancti Eleutherii in monasterio sanctæ Mariæ de Cingla [1499], pro pascuis videlicet animalium ipsius loci, nec non et pro lignis faciendis ad diversas utilitates. Fluvius etiam qui dicitur Ete, ab ipso ortu suo usque ad fluvium Vulturnum, et deinceps ipse [1500] Vulturnus usque in pedem prædicti montis sancti Eleutherii, quemadmodum ad jus palatii pertinuit, ad faciendum in ipsis aquis quicquid eidem monasterio necessarium fuerit. Iste [1501] abbas quinto anno ordinationis suæ (*an.* 904.) cepit reedificare hoc monasterium, quod videlicet per septem et viginti annos (497) penitus fuerat destitutum.

Huic [1502] Guaimarius [1503] Salernitanus princeps per præceptum (498) concessit (*an.* 900, *Aug.*) curtem unam magnam in loco qui dicitur Rota, cum casis et silvis et arbustis, vineis et castanetis [1504], servis quoque et ancillis, et cum omnibus eidem [1505] curti ex integro pertinentibus. Idem [1506] item Guaimarius [1507] alio præcepto concessit in hoc monasterio medietatem curtis in finibus Sarni, loco vocabulo Lentiaria [1508] que fuit cujusdam [1509] Agenardi: cujus videlicet medietatem idem Agenardus jam beato Benedicto obtulerat; cum omnibus ad eandem curtem pertinentibus. Hic [1510] fecit libellum cuidam Adelario civi Romano de ecclesia Sancti Benedicti, quæ ibidem nobis antiquitus pertinuit; ea condicione ut quotiens vel abbas vel monachi nostri Romam pro aliqua utilitate perficienda perrexissent, honorabiliter eos [1509] in eadem ecclesia reciperet, quandiu ibi remorari necessarium esset, et omni anno pro censu 60 denarios monasterio nostro transmitteret. Defunctus vero est prædictus [1511] abbas 16 Kal. Septembris (*an.* 914, *Aug.* 17). Uterque autem hic, Ragemprandus videlicet atque Leo, in ipso Teanensi cœnobio ubi præfuerunt [1512], ubi et defuncti sunt et sepulti.

52. Per [1513] idem tempus cernens præfatus princeps non sine manu valida et brachio extento Saracenos posse de Gariliano expelli, Landulfum filium suum ad Leonem imperatorem Constantinopolim [1514] destinavit: suggerens omnia quæ per tot annos ab Agarenis perpessi fuerant mala, orans et supplicans ut dignaretur quantocius afflictæ ac desolatæ ab

VARIÆ LECTIONES.

[1482] Adelchis 1. Rachelchis 3. [1483] Deinde At. cum f. L. 1. [1484] in — 177 *desunt* 1. [1485] sex 3. Per idem tempus rex Gallorum Arnulfus ingressus Italiam venit usque Ticinum, cupiens attingere Romam, sed fame et peste pariter ingruente reverti compulsus est *add.* 1b. (*ex Chr. S. Bened.* p. 202.) *Inde* 1. *pergit:* Hoc etiam tempore venerunt Ungri (Ungari 1b.) in Italiam anno Domini 899. (*ex Ann. Benev.*). [1486] Interea — coguntur *add.* 1b. [1487] u. Gregorio duce (d. *deest ed.*) Neapolitano, nec non et cum A. 1b *ed.* [1488] Ibi 1b. *ed.* [1489] Gaiet. *ed.* [1490] *add.* 4. [1491] fortiter 1b. *ed.* [1492] Obiit autem supradictus abbas 8 Id. Nov. *add. ed. v. c.* 48. [1493] m. s. *add.* 1b. *hinc* 1. *pergit:* et hic quoque privilegium a Sergio tertio papa recepit; nec non et a princ. At. etc. [1494] t. Leonis imperatoris et p. 2. [1495] p. princ. At. *ed.* [1496] propter — essent *add.* 1b. [1497] Hujus — fuerit *desunt* 1. *hic* 1c. *inserit:* Huic Waimarius — curtem pertinentibus. [1498] *add.* 4. [1499] Cingula 3. [1500] ipsum Vulturnum. *ed* [1501] Hic 1b. *ed.* Hic — destitutum *add.* 1b. [1502] *v. supra not.* c. [1503] Waim. 1b. 2. [1504] castaneis *ed.* [1505] ejusdem *ed.* [1506] Hic idem G. 1b. *ed.* [1507] Guamarius 3. [1508] Jentiaria 3. [1509] *add.* 4. [1510] Hic — transmitteret *desunt* 1. [1511] p. a. *desunt* 1. [1512] u. commorati sunt 1. *ed.* [1513] *totum caput add.* 1b. [1514] Constantinopoli 1b. *ed.*

NOTÆ.

(493) Erravit noster dum tempus accuratius indicare vellet, nam in 15 annis quos Leoni attributos inveniti, ultimus pro integro computatus fuit. Sedit an. 14, m. 7, ut ex chartarum documentis constat.

(494) In Regest., num. 7 exstat Sergii privilegium Leoni abbati de ordinandis clericis a quocunque mallet episcopo. Ang.

(495) Ap. Gatt. Acc. p. 44, e Regesto.

(496) Ibi. ex originali.

(497) Ita Leo in cod. autographo manu sua scripsit, ut culpam erroris in librarios retorquere non liceat.

(498) Quod e Reg. edidit Gatt. Acc. p. 45. Roderis nepos Rodelchisæ, uxoris Adelferii Rofrid, curtem propter conjurationem contra principem amiserat. Rota in vicinia S. Severini sita fuit. Sarni fl. et oppidum in radicibus Vesuvii montis invenies.

eisdem Saracenis patriæ subvenire; atque ut [1515] illos de Gariliano valeat [1516] extirpare, auxilium exercitus sui non dedignetur illi transmittere. Quem imperator et [1517] honorifice satis recepit, et cuncta quæ suggesserat benigne se impleturum spopondit. Cum interim prædicto Atenulfo defuncto apud Capuam (*an.* 910), Landulfus, impetrata ab augusto licentia, revertitur, atque a fratre Atenulfo multo cum honore recipitur. Imperator autem suæ sponsionis non immemor, Nycolaum patricium cui Picingli cognomen erat [1518], consequenter ad has partes cum valida Grecorum manu transmisit, eique ut Saracenos Gariliani [1519] degentes, funditus deleret [1520], mandatis augustalibus imperavit. Veniens igitur prædictus patricius, et fortitudine valida et multa [1521] prudentia præditus, eos primum quos familiares sibi ac fœderatos Saraceni habebant, id est Gregorium ducem Neapolitanorum [1522], et ducem Cajetæ Johannem, patriciatus illis honorem ab augusto deferens, ab eis disjungere studuit; deinde conjunctus prædictis fratribus Landulfo et Atenulfo principibus [1523]; advocato etiam Guaimario principe Salernitano, Apulis quoque et Calabris omnibus transmarino exercitui additis, castra super Saracenos juxta Garilianum ex ista parte metatus est (*an.* 916). Quo cognito papa Johannes decimus [1524] qui triennio [1525] ante (*an.* 914, *Jan.*) ex episcopatu Ravennate Romanam sedem invaserat, et [1526] ipse unacum Alberico [1527] marchione (499), cum valida pugnatorum manu adveniens [1528], ex altera nichilhominus parte consedit; et ita illos [1529] hinc inde per tres menses continuos obsidentes [1530] ad extremitatem ultimam perduxerunt. Cumque jam Saraceni fame nimia laborarent, neque ullo modo [1531], ullo umquam ingenio se evasuros nostrorum manus sperarent, ipsamque jam mortem præ oculis cernerent, consilio tandem supradictorum [1532] ducum Gregorii atque Johannis, omnes domos suas incendunt; sicque facto unanimiter impetu fugientes, per montes silvasque proximas disperguntur (*Aug.*). Quos nostri

A instantius persequentes, vix paucissimis aliquot [1533] de tanta multitudine evadentibus, omnes interemerunt, atque hoc modo auxilio et misericordia Dei funditus de partibus istis eliminati [1534] sunt, anno incarnationis Dominicæ nungentesimo quintodecimo, indictione tertia (500), mense Augusto. Per [1535] omnia benedictus Deus.

JOHANNES abbas vicesimus tertius a beato Benedicto, sedit annis 19 [1536], mensibus 7.

53. Hic nobilium Capuanorum ortus familia, eo tempore quo præfatus abbas Leo decessit (*an.* 914, *Aug.*), archidiaconatus [1537] officio in Capuana ecclesia fungebatur, religiosis plane [1538] et valde honestis moribus præditus. Sed cum aliquanto tempore congregatio fratrum [1539] quæ Teani consistebat, pastore B esset proprio destituta, nec inveniretur inter eos aliquis hujusmodi qui tantæ prælationi videretur [1540] idoneus, tunc [1541] Landulfus et Atenulfus principes [1542], cum monachis ineuntes consilium, præfatum archidiaconum adierunt, cumque tam monitis quam precibus, ut prædictæ [1543] congregationis regimen reciperet compulerunt. Quo tandem annuente, monachus [1544] factus, non multopost a fratribus universis juxta morem electus est [1545], atque a supradicto papa Johanne honorifice consecratus. Ordinatus [1546] itaque abbas, cœpit monere fratres, ut relicta [1547] Teano, Capuam habitaturi secum pariter pergerent: quæ [1548] civitas, et [1549] circumpositarum civitatum primaria esset, et in ipsa domini ejusdem C patriæ principes habitarent. At [1550] illi obsecundantes ejus imperio, Capuam omnes simul ad [1551] habitandum profecti sunt. Verum in eadem civitate monasterium adhuc non erat ædificatum; sed in eo loco ubi nunc constructum esse [1552] conspicitur, juxta portam scilicet sancti Angeli, perparva nimium [1553] erat ecclesia [1554], ac secus eam altera [1555] nichilominus [1556] parva vilisque domuncula stabat [1557] contexta viminibus, ubi tres tantum aut quattuor fratres vetuli morabantur. Hunc [1558] siquidem locum Maio (501) abbas sancti Vincentii [1559] ad monaste-

VARIÆ LECTIONES.

[1515] s. utque i. 1^b s. atque i. *ed.* [1516] valeant 1^b. 2. [1517] *add.* 4. [1518] *deest* 4. consequenter asciscens, cum v. hunc G. m, ad h. p. t. *ed. et* 1^a, *nem in* 1. *abscisa sunt.* [1519] S. præcipue Gariliano 1^*. *ed.* [1520] delere satageret 1^b. *ed.* [1521] et p. maxima cumulatus, e. 1^b. *ed.* [1522] Neapolitanum 1^b. 2. [1523] p. Capuanis a 1^b. 2. [1524] *deest* 1^b. [1525] q. tunc ex 1^b. q. ex ep. R. tr. ante R. *ed.* [1526] *ita correxi*; et ipsa 4. *desunt* 1^b. *ed.* [1527] Adelberico 3. [1528] superveniens 1^b. *ed.* [1529] eos 1^b. *ed.* [1530] o. et ad 4. [1531] u. ingenio, u. u. modo 1^b. *ed.* [1532] s. imperatorum ducumque 3. [1533] *add.* 4. [1534] eliminati—Augusto *abscisa* 1^b. *servavit* 1^*. [1535] P. o. b. D. *add.* 4. [1536] XVIIII et m. 1^b. *ed.* [1537] archidiaconi *ed.* [1538] r. valde et h. 1. *ed.* [1539] monachorum 1. 2. [1540] esset 1. 2. [1541] bonæ memoriæ *add.* 1. *del.* 1^b. [1542] A Capuani p. una cum monachorum consensu c. 1. A. Cap. p. in cons. 1^b. 2. [1543] ejusdem 1. *ed.* [1544] a. mox m. f. nec m. 1. *ed.* [1545] el. atque a domno Joh. decimo p. h. c. est 1. el. a. a sup. domno Joh. papa h. c. est *ed.* [1546] Factus 1. 2. [1547] relicto *ed.* [1548] Q. videlicet c. 1. *ed.* [1549] ipsa *add.* 1. [1550] Qui obs. 1. *ed.* [1551] s. habitaturi 1. *ed.* [1552] est, i. 1. *ed.* [1553] n. et exilis e. 1. *ed.* [1554] in honore S. B. *add.* 1. *del.* 1^b. [1555] *deest* 1. alia 1^b. *ed.* [1556] similiter 1. *ed.* [1557] st. de lignis c. ubi 1. *ed.* [1558] Hunc—recolligere *add.* 1^b. [1559] V. nepos videlicet illius, sub quo monasterium ejusdem Christi martyris incensum supra jam diximus, ad m. 1^b. *et* 2, *in quo verba* monasterium — diximus *exciderunt.*

NOTÆ.

(499) Camerinorum et duce Spolet. v. Di Meo Ann. Neap. ad a. 899.

(500) A. D. 916, Berengario jam imperatore factum esse certum videtur, atque is est Joannis X annus tertius.

(501) Eum noster initio pro nepote Maionis I habuit, sed postea sententiam mutavisse videtur. Vulturnenses Maioni suo æque ac Berthario martyrium attribuerunt: quod falsum esse, e chartis monasterii probavit Cl. Muratori ad Chr. Vult. SS. II. 2, p. 408.

rium construendum olim a principibus adquisierat, A et eandem quam diximus ecclesiolam [1560] atque domunculam ibi construxerat; sed cum post eum Godelpertus abbas factus fuisset, locutus cum prædicto abbate nostro [1561], permissione seu licentia præfatorum principum concambiavit cum eo ipsum locum (*Nov.*), recipiens scilicet pro eo locum alium tantundem ambitus [1562], ubi prius idem Johannes abbas monasterium nostrum [1563] ædificare statuerat (502), et [1564] consequenter idem [1565] Godelpertus ad principes jam dictos accedens (*Nov.* 16.), adquisivit [1566] alium locum [1567], super ipsum fluvium Vulturnum (503): et cœpit ibi ædificare monasterium in honore sancti Vincentii, et monachos qui per diversa fuerant [1568] dispersi, inibi congregare, et res atque possessiones ipsius monasterii jam dudum perditas recolligere. Noster [1569] autem Johannes tam propinquorum quam et [1570] amicorum non [1571] parvis adjutus solaciis, cœpit nichilominus [1572] in eodem quo diximus loco monasterium in [1573] honore beati patris Benedicti a fundamentis construere, atque intra non multum tempus magnam pulchramque ecclesiam, nec non et officinas diversis monasterii officiis congruas decenter effecit [1574], ibique quinquaginta et eo amplius [1575] victuros regulariter aggregavit. Cujus etiam studio et cura, Dei præcedente gratia factum est ut monasterium [1576] ipsum velociter [1577] allevatum, atque diversis intus et exterius opibus ditatum sit. Fecit siquidem ibi inter cætera idem abbas, codicem missalem [1578] cum tabulis argenteis deauratis [1579]. Evangelium quoque opere [1580] simili. Altarium vero in [1581] circuitu totum argento sculpto [1582] vestivit. Crucem etiam pulcherrimam cum gemmis [1583] ac smaltis ad procedendum fecit. Ceroferaria argentea duo. Urceolum quoque cum aquamanili (504) suo similiter argenteum. Vascula ærea [1584] ad diversos usus, appendentia libras sexcentas. Codices ecclesiasticos totius anni diversos et multos. Planetas pluviales, et albas, nec non dalmaticas, universamque tam in ecclesiasticis quamque et in familiaribus usibus supellectilem, sufficientissime præparavit.

Eo [1585] tempore satis mirabile signum in eodem monasterio contigit. Nam altare majus ipsius ecclesiæ ab hora diei tertia usque ad mediam fere noctem tantam aquarum abundantiam guttatim instar sudoris effudit ut omnia ejusdem [1586] altaris madefierent indumenta.

54. Apud Casinum vero post [1587] renovationem totius majoris ecclesiæ, cum aliquot ibi [1588] ornamenta ecclesiastica idem abbas [1589] fecisset, altarium B quoque majus in quo [1590] sancti patris Benedicti corpus erat [1591] humatum, marmoreis tabulis circumdedit [1592]. A præfatis [1593] etiam principibus Landulfo et Atenulfo præceptum confirmationis totius abbatiæ (505) recepit [1594] (*an.* 925 *Feb.* 23). Nec non et aliud (506) de curte [1595] Petræ Mellariæ cum integro [1596] gualdo et castanieto [1597] omnibusque pertinentiis suis, et [1598] cum 4 aldionibus cum filiis ac filiabus, et universis eorum (*an.* 928, *Apr.* 25). Sciendum [1599] autem quoniam prædictam curtem de Petra Mellaria (507) pro cambio nobis dederunt præfati principes, et receperunt [1600] curtem sancti Benedicti [1601] de Pantano prope Beneventum (508), et obtulerunt eam in Sancta Sophia, cella [1602] videlicet monasterii C hujus. Hic [1603] fecit libellum Adelberto filio Rainerii de Rastello, de aliquot curtibus monasterii [1604] hujus in comitatu Mutinensi, fundo qui dicitur Persiceta (509), ad jugera octingenta (510); reddentibus per annos singulos censum solidorum [1605] septem.

VARIÆ LECTIONES.

[1560] ecclesiam *ed.* [1561] Johanne 1b. *ed.* [1562] juxta ecclesiam sanctæ Mariæ quæ nuncupatur Landi magistri *add.* 1b. [1563] suum 1b. *ed.* [1564] et—princi *abscisa* 1b. [1565] ipse *ed.* [1566] a. ab eis a. 1b. *ed.* [1567] l. juxta ipsam civitatem ets. *ed.* civitatem — recolligere *abscisa* 1b. [1568] d. disp. f. congr. *ed.* [1569] *ita* 1b. Supradictarum itaque principum ope atque auxilio fretus ac non minimis tam p. 1. [1570] *add.* 4. [1571] n. p. *add.* 1b. [1572] *add.* 1b. [1573] in honorem b. p. B. *add.* 1b. [1574] fecit *ed.* ibique—aggregavit *add.* 1b. [1575] a. monachos v. 1b. *ed.* [1576] ut i. m. 1. *ed.* quod usque ad id temporis fere nichil fuerat *add.* 1. *del.* 1b. *Hic in 1' quát. excidit, usque ad* est Franciscus c. 61. [1577] subito 1. *ed.* [1578] m. unum c. 1. *ed.* [1579] d. et gemmis 1. 2. [1580] q. s. o. decoravit 1. *ed.* [1581] undique in c. a. 1. *ed.* [1582] *deest* 1. 2. [1583] s. ac g. *legi* 1b. *signis positis jussit.* [1584] v. de auricalco vel aere 1. 2. [1585] Hoc 1b. *ed.* Hoc— madefierent *add.* 1b. [1586] o. ind. e. a. m. 1b. *ed.* [1587] p. r. t. m. e. *add.* 1b. [1588] a. eccl. orn. 1. *ed.* [1589] i. a. *add.* 1b. [1590] m. ubi 1. *ed.* [1591] c. h. est 1. *ed.* [1592] t. albissimis induit 1. *ed.* [1593] prædictis 1. *ed.* [1594] suscepit 1. *ed.* [1595] de petra mellara 1. [1596] *add.* 1b. [1597] castaneto 1. castaneo 2. [1598] et 4 aldiones et u. e. *add.* 1b. et 4 a. c. f. ac f. suis eorum 2. et 4 a. c. f. ac f. et u. e. 3. [1599] Sciendum — hujus *desunt* 1. [1600] r. a nobis c. *ed.* [1601] sancti Benedicti *deest* 2. [1602] q. vid. obedientia erat m. h. 2. [1603] Hic — videbatur *add.* 1b. [1604] h. m. 1b. *ed.* [1605] c. septem sol. 1b. *ed.*

NOTÆ.

(502) V. instrumentum ea de re factum anno 7 imp. Constantini, 5 patriciatus Landulfi, 5 Athenulfi principis, mense Nov., ind. III, quod exstat in Chr. Vult., p. 415.

(503) 16 *Kal. Dec. anno 5 patritiatus domni Landulfi et d. Athenulfi excellentissimorum principum, ind.* III, ib.

(504) *Aquamanile dicitur vas, super quod cadit aqua qua abluuntur digiti sacerdotum post sumptionem corporis Christi.* Jo de Janua.

(505) Duo ex orig. edidit Gatt. prius brevius Hist. p. 105, alterum amplum Acc., p. 45.

(506) ib., Acc. p. 47. datum eodem die quo confirmatio abbatiæ.

(507) Piedra Molara est vicus prope Teanum.

(508) Cf. cap. 39.

(509) San Giovanni in Persiceta, territ. Bononiensi.

(510) Cf. cap. 47.

Alium etiam libellum fecit eidem Adelberto de quibusdam possessionibus hujus loci in fundo Adili : quique Adelbertus postmodum obtulit (*an.* 998, *Dec.*) scripto [1606] suo (511) in hoc monasterio aliquot alias curtes suas, quæ in eodem fundo Adili (512) tunc ei [1607] pertinere videbantur. Obiit autem præfatus [1608] abbas pridie Kal. Aprilis (*an.* 934) (513), et apud Capuanum monasterium decenti est sepultura reconditus. Circa [1609] hos dies depositus [1610] est a Romanis supradictus papa Johannes invasor apostolicæ sedis, et Leo sextus in [1611] ea est ordinatus (*an.* 928. *Mart.*).

ADELPERTUS vicesimus quartus abbas*, sexto die post [1612] sui prædecessoris obitum ab universis fratribus ordinatus, sedit annis 9, ibique apud Capuam et commoratus est et defunctus. Fuit [1613] autem temporibus Stephani [1614] septimi papæ, et Johannis papæ undecimi, qui fuit filius Sergii papæ (514).

* anno Domini 934. *add.* 2.

55. Quarto [1615] abbatis hujus anno [1616] (*an.* 937), venientes innumerabiles Ungari super Capuam, omnia in circuitu ipsius vastaverunt [1617] ac deprædati sunt. Similiter etiam Beneventi facientes [1618], et Sarnum ac Nolam, cunctamque Liburiam discurrentes et devastantes, cum [1619] nullus inveniretur qui tantæ multitudini resistere posset, iterum Capuam reversi per 12 dies in campo Galliano commorati sunt. Quo [1620] videlicet tempore cum [1621] multos de nostris hominibus captivassent, non pauca in eis redimendis expendimus, quorum hæc summa est. Coronam (515) de [1622] argento magnam cum catenis argenteis. Turibulum [1623] argenteum deauratum. Pocula argentea 4. Coclearia de [1624] argento tria [1625] pondo [1626] libre unius. Tarenos (516) 20. Planetam diarodinam (517) de bizanteis 15; aliam [1627] cum listis argenteis de byzanteis 16, et aliam cum leonibus. Urnas (518) de pallio 4 [1628], longitudinem [1629] passuum 4, latitudinem [1630] palmorum trium. Pannum de altari [1631] diarodinum de bizanteis 16 [1632]. Tapeta optima 10 pro bizanteis 67. Pannum admasurum (519) pro bizanteis 8. Hostiales (519) 3 pro bizanteis 13. Castaneas [1633] (520) duas pro bizanteis 8. Pulvinaria serica tria pro bizanteis 10. De hinc victoria tanta elati, et præda tam magna onusti, Marsorum regionem ingressi cœperunt [1634] similia facere, incendentes ac depopulantes universa. Omnipotentis itaque nutu et [1635] auxilio Marsi ac Peligni simul convenientes, positis insidiis in [1636] locis artissimis, irruerunt viriliter [1637] super eos, et universos fere interficientes, ingentem nimis prædam in auro et argento ac [1638] palliis [1639], nec non et diversi generis animalibus, de illorum manibus extorserunt. Quotquot autem illorum evadere Marsorum gladios potuerunt, fuga dilapsi in sua reversi sunt.

56. Huic [1640] abbati Johannes consul et dux Neapolitanorum suo præcepto confirmavit atque concessit ecclesiam sancte Cecilie intra Neapolim sitam in platea quæ cognominatur Palmarum (521), antiquitus [1641] huic nostro monasterio pertinentem, cum universis omnino pertinentiis ejus. Necnon [1642] et cellam sancti Severi in Surrento, cum omni pariter substantia ac pertinentia ipsius; sed et cellam nostram de Casa Gentiana, cum gualdo, et terris, et silvis, et omnibus omnino nobis in eodem territorio pertinentibus; et ut in tota civitate Neapoli nullum plateaticum sive portaticum nostri monachi aliquando darent. Eodem [1643] tempore Agelmundus quidam nobilis de Vicalbo (522), obtulit huic mo-

VARIÆ LECTIONES.

[1606] o. per scriptum in 1^b. *ed.* [1607] t. possidere videbatur 1^b. 2. [1608] p. a. *add.* 4. [1609] Circa—ordinatus *desunt* 1. [1610] expulsus 2. [1611] in ea est *add.* 4. [1612] p. depositionem s. p. ab 1. *ed.* [1613] Fuit—Sergii papæ *add.* 1^b. [1614] St. VII. et *desunt* 1^b. [1615] *totum caput add.* 1^b. [1616] indictione decima *add.* 1^b. 2. [1617] v. ac *add.* 4. [1618] fecerunt, usque Sarnum ac Nolam discurrentes, et devastantes omnia, cunctamque L. peragrantes 1^b. *ed.* [1619] cum — posset *desunt* 1^b. 2. [1620] Quo — bizanteis 10, *add.* 1^c. [1621] t. m. de n. h. captivos duxerunt; in quibus recolligendis multa e. 1^c. *ed.* [1622] C. magnam cat. arg. 4: [1623] Pocula a. q. Turib. a. d. C. 1^c. *ed.* [1624] C. argentea *ed.* [1625] tres 1^c. [1626] penso 1^c. 2. [1627] a. planetam c. l. a. de b. s. Aliam planetam c. 1^c. *ed.* [1628] *deest ed.* 4. [1629] longitudine 1^c. *ed.* [1630] latitudine 1^c. *ed.* [1631] P. altaris 1^c. de altare *ed.* [1632] b. 67. Pannum a. 4. [1633] astaneas 2. [1634] i. s. f. c. 1^b. *ed.* [1635] et a. *add.* 4. [1636] in l. a *desunt* 1^b. 2. [1637] *add.* 4. [1638] *deest* 1^b. *Reliqua post* palliis *abscisa sunt* 1^b. [1639] p. ac tapetis n. 2. [1640] *Et hoc caput add.* 1^c, *ita ut primo loco ponat:* Sub hoc — Larino; *sequantur:* Huic — darent. [1641] tiquitus — monasterio *abscisa* 1^c. [1642] Sed. 4. [1643] Eodem — Sclavi *desunt* 1.

NOTÆ.

(511) Quod ex orig. dedit Gatt. H. p. 107. Vir ille longævus professus est *lege vivere Romana et habitare in comitatu Regense.* Sed nescio an verum viderit Cl. Tiraboschi *Hist. Nonant.* I, p. 447 cum libellum illum a Joanne III non I factum fuisse conjiceret.

(512) *In fundo quod vocatur Casale, comitatu Mutinense in Adile.*

(513) Ita etiam Ann. Casin. Mon. SS. III, p. 172.

(514) Cf. Liutpr. II, 48. Stephanus VII, a D. 930, mortuus est.

(515) Sc. cereis sustinendis aptam.

(516) Moneta aurea, quam a Tarento nomen traxisse putat Ducangius.

(517) I. e. coloris rosei.

(518) Pro *orla* seu *orula*, limbus. DUCANG.

(519) Hæc Œdipum suum exspectant.

(520) Quæ infra II, 102, ostiaria ad ostia ædium sacrarum appendenda. Duc.

(521) Ubi nunc est ecclesia Sanctæ Mariæ Palmarum. ANG.

(522) V. infra II, 6.

nasterio curtem suam quæ dicitur de Pranduli, cum omnibus pertinentiis ejus; aliamque curtem in Patenara cum vineis, et pratis, omnibusque pertinentiis suis. Nec non et omnia quæ illi jure hæreditario pertinebant, tam in civitate Sorana quam et in castello quod [1644] dicitur Sclavi (523). Sub hoc abbate (524) Johannes præpositus sancti Liberatoris fecit libellum de rebus hujus monasterii apud Marchiam in manuplello [1645] (525) et Oliveto, et Turri, et in diversis [1646] aliis locis; pro quibus recepit solidos ducentos, et centum modios [1647] terræ in villa Gaulejani [1648] (526). Similiter etiam et Garipertus præpositus diversarum per Marchiam cellarum ab hoc abbate ordinatus, fecit libellum de quibusdam casis nobis pertinentibus in Larino (527). Hic [1649] idem [1650] abbas fecit libellum cuidam Grimoaldo de Camerino de cunctis [1651] rebus hujus monasterii quæ sunt in pertinentia Termulensi, intra Bifernum videlicet et Asinaricum fluvios, et villa de Guilliolisi, et mare; receptis ad præsens pro pretio solidis centum, pro censu vero annuali solidis octo.

Baldoinus [1652] abbas [1653] quintus [1654] et vicesimus a beato Benedicto (*an.* 942). Fuit [1655] temporibus prædictorum principum Landulfi et Atenulfi, et fratris ejus Landulfi. Iste recepit privilegium a domno Marino papa secundo (528) de consuetudine monasterii hujus [1656] (*an.* 944, *Jan.* 21).

57. Hujus [1657] papæ temporibus Sico episcopus Capuanus homo [1658] utique et sæcularis et inlitteratus, contra divina humanaque statuta agere non formidans, ecclesiam Sancti Angeli in [1659] loco qui antiquitus ad arcum Dianæ (529) appellabatur [1660], nunc vero nuncupatur [1661] Ad formam (530), quam videlicet [1662] prædecessor ipsius monacho nostro ad monasterium ibi construendum jam dudum concesserat, violenter auferens, cuidam diacono suo in beneficium tradidit [1663]. Quod cum auribus prædicti venerabilis papæ Marini per eundem monachum relatum [1664] fuisset, apostolicæ mox auctoritatis litteras episcopo præfato transmisit (531); quibus acriter in illum invectus, et de canonum ignorantia et de inscitia litterarum, et de familiaritate sæcularium, quin [1665] etiam et de temeraria [1666] transgressione [1667] constitutorum prædecessoris sui cum districte redarguit. Mandat etiam, ut absque [1668] aliqua mora, præfatam ecclesiam monacho illi restituat, ut in ea sicut ab antecessore suo sub anathematis etiam obligatione dispositum fuerat, monasterium fiat; quod videlicet monasterium, tam ab ipsius episcopi, quam et ab omnium [1669] sibi succedentium ex tunc et [1670] deinceps inquietudine ac molestia liberum, sub custodia et potestate monasterii sancti Benedicti, quod tunc in Capua erat perpetuo permansurum constituit; diaconum vero illum cui prædictus episcopus eandem ecclesiam concesserat, præter in servitio altaris, ab omni prorsus [1671] ejusdem episcopi consortio privatum esse percensuit. Quod si omnibus his aliquatenus inobediens esse [1672] præsumeret, sacerdotali se honore privatum ex [1673] tunc, et excommunicationis vinculo innodatum sciret [1674].

58. Per [1675] (532) idem tempus cum monasterium sanctæ Sophiæ de Benevento principum violentia [1676] ab hoc cœnobio subtractum esset [1677], hic idem abbas ostensis Romanorum pontificum regumque præceptis, qui prædictum monasterium in hoc loco firmaverant, recollegit protinus [1678] illud, et sub monasterii [1679] hujus dicione redegit. Sed [1680] cum non multo post a supradicto papa Romæ evocatus

VARIÆ LECTIONES.

[1644] qui *ed.* [1645] Manupello 3. [1646] a. d. l. 1^{c}. *ed.* [1647] modia de terra 1^{c}. *ed.* [1648] Guaielani 3. [1649] Hic — octo *desunt* 1. [1650] ipse *ed.* [1651] omnibus *ed.* [1652] *hinc pergit.* 1. [1653] genere Francus *add.* 1, 2. [1654] vic. quintus 1. *ed.* [1655] Fuit — ejus Landulfi *add.* 1^{b}. [1656] *deest* 1. [1657] His t. 1, 2. [1658] h. u. et s. et i. *desunt* 1, 2. [1659] A. quod tunc ad 1, 2. A. quod ant. ad 3. [1660] a. quia templum ipsius (t. ejusdem Dianæ 1^{b}. 2.) inibi fuit, n. 1, 2. [1661] v. ad f. dicitur 1. *ed.* [1662] q. p. suus, ex longo jam tempore (e. l. i. t. *add.* 1^{b}.) m. n. ad c. ibi m. concesserat (tradiderat 1. *corr.* 1^{b}.) 1, *ed.* [1663] concessit 1, dedit 1^{b}, *ed.* [1664] intimatum f. mox ap. a. 1, *ed.* [1665] q. e. *add.* 4. [1666] præsumptiva 1, *ed.* [1667] *deest* 4, t. p. s. c. 1, *ed.* [1668] sine 1, *ed.* [1669] ab universorum successorum suorum ex 1, *ed.* [1670] *deest ed.* [1671] cons. ci. ep. priv. 1, *ed.* [1672] esset, et s. 1, *ed.* [1673] e. t. *add.* 4. [1674] sciret. Aliud etiam priv. — monstraverat 1, sciret. Hugonis quoque etc. 2, *v. cap.* 59. [1675] *totum caput tribus versibus continebatur in cod.* 1, *ita :* Atenulfus etiam . . . . . . præceptum suum (?) in hoc cœnobio imperpetuum confirmavit; *quibus partim erasis hæc* 1^{b}. *scripsit.* [1676] v. per annos aliquot ab 1^{b}. *ed.* [1677] fuisset 1^{b}. *ed.* [1678] *add.* 4. [1679] s. d. m. h. r. 1^{b}. *ed.* [1680] Post hæc cum (idem abbas *add.* 1^{b}.) a. s. domno Marino p. 1^{b}. *ed.*

NOTÆ.

(523) Schiavi inter Alvitum et Arpinum exstat.

(524) Cf. cap. 45.

(525) Nunc Manupello audit.

(526) Cf. cap. 14.

(527) Larino, in Capitanata, a Biferno fl. non multum distat.

(528) Quod e Petri Reg. edidit Gat. II. p. 94.

(529) Dianæ Tifatinæ (a Tifata monte proximo) templum ibi fuisse, et si auctores silerent omnes, ex solis lapideis litteratis monumentis, ibidem adhuc exstantibus, habere potuit. Ang. Cf. Vell. Pat. II, 25.

(530) In nostro tabulario servatur codex membranaceus, titulo Regesti sancti Angeli ad Formas, in quo coloribus expressæ principum, comitum, abbatum imagines antiquarum rerum studiosis non injucunda præbent argumenta vetustatis. Ang.

(531) Quas edidit Tosti, *Hist. Cas.* I, p. 217, s. d. Ibi vocat S. Angelum de monte.

(532) In hoc cap. ordo rerum et temporum magnopere turbatus est. Nam Atenulfum principem a. D. 943 obiisse constat, ut nomen ejus in epistolam Agapiti errore scribæ irrepsisse videatur. Ex his litteris quas e Petri Reg. ed. Gatt. II., p. 53, initium capitis desumptum est. Cf. Leonis relationem de cella S. Sophiæ ap. Gatt. II., p. 54. Utramque epistolam suspectam habet Di Meo. Stef. Borgia edidit sententiam latam a judicibus Beneventanis sub Landulfo II. a. 945, qua mon. S. Sophiæ eximitur a ditione Magelpoti abbatis et monasterii Casinensis. Mem. di Benev. III, p. 23.

fuisset, eique quoniam magnæ erat [1681] prudentiæ, abbatiam sancti Pauli idem pontifex commisisset (533), rursus a principibus monasterium sanctæ Sophiæ pervasum, et a nostra potestate [1682] subductum est. Sub his ferme diebus, cum defuncto Marino [1683] Agapitus in sede apostolica successisset (*an.* 946. *Mart.*), eique super hoc idem abbas conquestus fuisset, scripsit protinus præfatis [1684] principibus idem apostolicus increpans eos acriter cur talia agere præsumpsissent : monens pariter et obsecrans, ut idem monasterium nostro [1685] abbati sine aliqua mora ex integro restituerent. Quod si aliter agerent [1686], scirent se continuo [1687] vinculo anathematis illigandos [1688]. Cujus [1689] imperio parens confestim [1690] Atenulfus princeps, et ipsum monasterium abbati nostro reconsignavit [1691], et per proprium [1692] præceptum (534) quemadmodum a domno Arichis primitus hic oblatum fuerat [1693], in hoc cœnobio imperpetuum confirmavit (*an.* 943, *Jan.* 30), cum universis profecto quæ ibi postmodum concessa sunt, sive a singulis principibus sive a ceteris quibusque fidelibus (535). Quo etiam tempore octo familias [1694] hominum in cella sancti Benedicti de Caudis ab eodem abbate rogatus concessit (536) (*an.* 943, *Jan.* 30). Necnon et aliud præceptum illi de totius abbatiæ pertinentiis fecit (537).

59. Circa [1695] (538) hos dies cum monasterium quoque nostrum quod tunc apud [1696] Capuam erat sub sua jam dicione cupiditatis seu lucri gratia principes redegissent, et hac occasione fratres ibi degentes quodammodo [1697] seculariter viverent : cognito hoc supradictus [1698] papa Agapitus per suggestionem nostri [1699] abbatis, mandat confestim [1700] præfatis principibus apostolicæ auctoritatis acres nimium litteras ; redarguens vehementer et increpans eorum nequitiam cur tantum nefas committere ausi fuissent; præcipiens insuper ut nullam ulterius in eodem monasterio dominationem exercere præsumerent. Monachi vero universi ad pristinum [1701] cenobium Casinense [1702] cum universis monasterii rebus protinus reverterentur : ibidem sub abbate proprio regulariter Domino servituri; duobus dumtaxat vel tribus senibus fratribus in Capuæ monasterio relictis. Quod si vel principes vel certe monachi aliter agere præsumerent, aut aliquis aliquid de rebus ejusdem monasterii pervadere [1703], vel aliquam inde ordinationem [1704] præter abbatem facere temptarent, scirent se nisi resipiscerent auctoritate apostolica excommunicandos. Ab [1705] eodem quoque sancto pontifice adquisivit (*an.* 955. *Oct.* 16) præfatus abbas privilegium de monasterio sancti Stephani juxta Terracinam (539), quod beatus Benedictus sicut in Vita ipsius legitur (*Greg. Dial.* II. 22), per visionem mirabiliter apparens, ædificari monstraverat.

Hugonis [1706] etiam [1707] et Lotharii regum, de universis hujus loci possessionibus ad hunc abbatem præceptum confirmationis habetur (540) (*an.* 943, *Mai.* 15) ; quique reges, eo tempore monasterium [1708] sancti Angeli de Barregio ab Agarenis destructum ad pristinum statum revocare desiderantes, universa inibi quæ priores reges eidem regia donatione contulerant, præcepto proprio firmaverunt *.

His porro temporibus, cum Cinglensis ecclesia a Saracenis divastata fuisset, Johannes ejusdem cellæ præpositus, quicquid subpellectilis vel thesauri quoquo modo subripere potuit assumens, cum consensu abbatis nostri Capuas pergit, atque ibi monasterium construere cœpit.

VARIÆ LECTIONES.

[1681] m. prud. ac potentiæ videbatur 1b. 2, m. prud. vid. 3. [1682] dicione 1b. *ed.* [1683] M. præfatus A. 1b. [1684] prædictis 1b. *ed.* [1685] præfato 1b. *ed.* [1686] facerent 1b. *ed.* [1687] *add.* 4. [1688] innodandos 1b. *ed.* [1689] Hujus *ed.* [1690] protinus 1b. *ed.* [1691] restituit 1b. *ed.* [1692] suum 1b. *ed.* [1693] f. cum omnibus quæ ibi postmodum a singulis pr. concessa sunt, in h. c. i. c. Quo 1b. *ed.* [1694] f. liberorum h. 1b. 2. [1695] Circa — excommunicandos *add.* 1b. [1696] *deest ed.* [1697] omnino 1b. 2. [1698] h. idem sanctissimus pontifex per 1b. [1699] s. venerabilis abbatis Balduini, m. 1b. [1700] m. nichilominus supradictis p. 1b. [1701] proprium 1b. *ed.* [1702] C. relictis ibi duobus tantum aut tribus (a. certe t. 1b.) senibus fr. cum omnibus m. — servituri. Quod 1b. *ed.* [1703] invadere 1b. *ed.* [1704] o. p. a. f. t. s. se *desunt* 2. [1705] Aliud etiam priv. adq. p. a. ab Agapito nichilominus papa secundo de 1. *non hic sed in fine cap.* 57. Aliud e. p. a. p. a. ab eodem s. p. de *ed.* [1706] Hugonis — firmaverunt *in cap.* 57. *collocat* 2. [1707] quoque 1. *ed.* [1708] t. præceptum proprium monasterio s. A. de B. facientes (idque ab Agarenis desolatum a. ɔ. s. r. volentes *add.* 1b. *ed.*), universa inibi (ibi 1.) q. p. r. e. r. d. c firmaverunt 1. *ed.*

NOTÆ.

(533) Id in epistola non legitur ; cf. infra II, 1. Eum jam 940 S. Pauli abbatem fuisse, e Vita S. Odonis II, 22 probavit Cl. Mabillon in Ann. O. S. B. III, p. 470.

(534) Quod ex orig. dedit Gatt. H., p. 52.

(535) Eorum ibi nulla mentio fit.

(536) Verba ipsius præcepti in Reg. num. 208 sunt hæc : *Per rogum Balduini venerabilis abbatis charissimo patri nostro concessimus in ecclesia sancti Benedicti quæ est cella in loco Caudi, hos homines libertos, Leonem, Bernardum, Lupum*, etc. Ang.

(537) Gatt. Acc. p. 52 ex orig.

(538) Ex epistola Agapiti papæ s. d. ad Landulfum principem, quam e Reg. edidit Gatt. H, p. 90.

(539) E Reg edidit Tosti *Hist. Cas.*, p. 219. Mirum videtur, a Romanis pontificibus Baldoinum pro abbate Casinensi haberi, dum Casini Majelpotus et Aligernus et nomine et munere fungerentur ; quem tamen coabbatem appellat Hugo Farfensis, loco quem e Cl. Muratorii Diss. 73 integrum apponimus : *Casinense quoque monasterium sub illius* (Oddonis abb. Clun.) *magisterio ad normam regularis ordinis redactum est, quod in vastatione supradictorum Agarenorum destructum fuerat, sicut pleraque ut præfati sumus monasteria regni Italici. Ibi denique præposuit discipulum suum, venerabilem abbatem Balduinum nomine; cui successit in regimine suus condiscipulus atque coabbas Aligerius almificus pater, quem ipse a primævo erudierat regulari tramite in supra nominato Aventino* (S. Mariæ) *monasterio ; per quem ad culmen jam dictum recuperatum est monasterium, quem plures viventes recolunt.*

(540) Tria eodem die data edidit Gatt. Acc., p. 48 sqq.

Quo etiam tempore venerabilis papa Marinus A eandem ecclesiam Sanctæ Mariæ de Capua, cum omnibus possessionibus suis Casinensi cœnobio per privilegium ex integro confirmavit (541). Quod id ipsum similiter confirmaverunt, Johannes quintus decimus, Benedictus octavus, Benedictus nonus, Leo, ac Stephanus nonus : abbatibus nostris Balduino, Aligerno, Mansoni, Atenulfo, Theobaldo ac Friderico (542) *add.* 2.

Per [1709] eos dies cum Basilius imperialis protospatharius esset apud Salernum, ex præcepto abbatis adeuntibus illum monachis nostris, cartam [1710] restitutionis atque [1711] confirmationis fecit (543) de omnibus pertinentiis monasterii hujus per totam Apuliam, quas videlicet [1712] eo tempore perditas habebamus : hoc [1713] est ecclesiam [1714] sancti Benedicti de Lesina cum omnibus pertinentiis suis, B et casas aliquot [1715] intra eandem civitatem (544) Cf. c. 22; piscariam de Lauri, et aliam piscariam ibidem; in Asculo (545) casam solariatam, et curtes, et puteos; ad Melessanam [1716] curtes, et puteos; ad Sanctum Joannem in Ruliana [1717] curtes; ad Sanctum Decorentium terras; in Canusio [1718] veteri ecclesiam Sancti Benedicti et molendinum, et curtes; in Minervio [1719] (546) speluncam ubi est ecclesia Sancti Salvatoris, et terras; in Andre (547) vineas et olivas; in rivo qui dicitur De monacho, curtem. Hæc omnia præfatus Basilius reconsignari fecit fratribus nostris, confirmans eadem nobis [1720] per cartam proprio sigillo bullatam, et [1721] interdicens ne quis amplius invadere illa præsumeret.

Majelpotus abbas vicesimus sextus, sedit [1722] an- C nis sex (548) *.

* Fuit temporibus imperatorum Romanorum et Nycephori (549) *add.* 2.

60. Hic de præpositura monasterii hujus abbas effectus (*an.* 943), recepit a prædicto principe Landulfo præceptum de omnibus generaliter rebus ac [1723] possessionibus hujus monasterii. Necnon de terris et fundis in Liburia, loco qui dicitur Ad Trefone [1724], tam nostro monasterio, quam et ejus palatio in loco ipso pertinentibus (550). Aliud etiam præceptum (551) fecit idem [1725] princeps huic abbati (*an.* 944. *Aug.* 30) specialiter de aqua Saonis [1726] fluvii (552) et ceterarum aquarum cum ripis et limitibus suis, et de feminis liberis quæ essent servis monasterii copulatæ : necnon et de pertinentia seu [1727] confirmatione abbatiæ totius. Sub hoc abbate, Leo quidam presbyter civitatis Larinensis qui postea episcopus factus est (553), obtulit huic monasterio ecclesiam Sancti Benedicti (*an.* 945, *Aug.*) quæ sita est intra eandem civitatem cum omnibus rebus ac [1728] pertinentiis suis; quam etiam postmodum tempore Aligerni abbatis præfatus princeps [1728] in hoc monasterio præcepto [1729] suo firmavit (554) (*an.* 952. *Mai.* 6). Item [1730] Joannes quidam monachus (555) natione Capuanus obtulit in hoc loco ecclesiam Sancti Viti quæ constructa est in monte sancte Agathe supra Capuam (556), prope locum qui dicitur Ferruzanum (557), cum aqua [1731], et molendinis, et cum omnibus omnino [1732] ejusdem ecclesiæ [1733] pertinentiis, necnon et universis mobilibus et immobilibus suis. Hic abbas [1734] fecit libellum cuidam Aregisi Teanensi de ecclesia Sancti Adjutoris in [1735] Alifa cum omnibus pertinentiis ejus, et de [1736] silva quæ appellatur [1737] Catulisca, et de [1738] aliis possessionibus [1738] nonnullis quas in ejusdem civitatis territorio tenere videbamur : receptis ab eo preter annualem censum bizanteis [1739] quatuor. Cuidam [1740] etiam Urso judici [1741] fecit libellum in annis quindecim, de omnibus aquis, et piscariis, seu terris de tota pertinentia Lesinensi : pro tribus bizanteis, et quadringentis anguillis bonis per annos [1742]

VARIÆ LECTIONES.

[1709] *hic in cod.* 1. *sequebatur cap* 61. *quo signis positis ablegato* 1b. *in marg. adnotavit :* Majelpotus abbas hic scribatur. *Sequentia desunt* 1; *in cod.* 2. *scribuntur in medio cap.* 60; *cap.* 58. 3 (?). Basilius quoque i. p. cum esset a. S. adeuntibus 2. [1710] cartulam *ed.* [1711] et *ed.* [1712] *deest ed.* [1713] id *ed.* [1714] ecclesia 4. [1715] a. dirutas i. *ed.* [1716] Malessanam 4. [1717] Rulliana 4. [1718] in Andre. vineas et olivas. C. 4. [1719] Monorbino 4. [1720] *deest ed.* [1721] et i. ne q. a. i. i. p. *desunt ed.* [1722] sedit — præditus (*in fine c.* 60.) *diversis vicibus addita sunt, erasis quæ* 6 *versibus prius scripta fuerant* 1. [1723] et 1b. *ed.* [1724] ad Treffone 3. Atrefone 4. [1725] f. idem abbas princeps huic a. 4. f. prædictus p. eidem a. 1b. *ed.* [1726] Saconis 4. [1727] s. c. *add.* 4. [1728] p. Landulfus in 1b. 2. [1729] s. p. 1b. *ed.* [1730] Similiter etiam quidam I. m. 1b. *ed.* [1731] c. ipsa aqua 1b. *ed.* [1732] *deest* 4. [1733] loci 3. [1734] *add.* 4. [1735] de Alife 1b. *ed.* [1736] cum 1b. *ed.* [1737] dicitur 1b. *ed.* [1738] n. p. 1b. *ed.* [1739] bisanteis 1b. vis *ed.* [1740] Cuidam—Novembrio *desunt* 1. [1741] *deest* 3. [1742] p. s. a. *ed.*

NOTÆ.

(541) In eodem privilegio cujus supra Leo meminit.

(542) Horum aliorumque pontificum privilegia collegit in suo Regesto Petrus Diaconus n. 12, 14, 15, 16, 18, 20 et 21, videndus etiam n. 39 et 41. Ang.

(543) Reg. num. 112. Cujus tamen tempora vel interpretis Latini vel imperitia librarii nullo modo consistunt. *Dedimus mense Octob., ind.* x, *anni ab initio mundi* 6520, id est 1011. Abbas ibi nullus nominatur. Ang.

(544) Cf. c. 22.

(545) Sc. Appulo.

(546) Minervino.

(547) Andria.

(548) Electus vivente Baldoino cui subjectus mansisse videtur.

(549) Imperavit ab a. D. 963.

(550) Regest. num. 210. Ang.

(551) Quod ex orig. ed. Gatt. Acc., p. 53.

(552) Qui olim Savo vocabatur, v. Statium Silv. IV, 66; Plin. III, 5. Ang.

(553) Termulensis et Triventi ; pseudoepiscopus vocatur in privilegiis principum. Chartam Leonis e Reg. edidit Gatt. H., p. 130.

(554) Gatt. Acc., p. 55, ex orig

(555) Regest. num. 211. Ang.

(556) Primitus appellabatur mons Tifata, nunc dicitur mons sancti Nicolai ab ædicula in ejus cacumine exstructa; ubi olim munitissima fuit arx. Ang.

(557) Adhuc dicitur *Ferrazano*, sed non adjacet monti sanctæ Agathæ, a quo intermeante Vulturno fluvio dirimitur. Ang.

singulos mense Novembrio [1743]. Post transitum igitur ejusdem [1744] abbatis, cum convenissent in capitulo monasterii Capuani domnus Adelbertus [1745] egregius præsul ecclesiæ Capuanæ, et domnus Ardericus [1746] Teanensis episcopus, Leo quoque venerabilis abbas sancti martyris Christi Vincentii, necnon et nobilissimi judices prædictæ civitatis Arechis et Sadelfrid, et Adenulfus [1747] castaldeus (558) vir [1748] strenuissimus, 8 [1749] Kal. Novembris, omnibus unanimiter annuentibus atque laudantibus electus est ab universis fratribus cum ingenti [1750] voto [1751] atque letitia in abbatem, domnus Aligernus præpositus tunc monasterii hujus, vir plane [1752] venerabilis et valde honestus, et tam divina scientia [1753] quam seculari prudentia præditus.

61. Operæ [1754] (559) pretium sane videtur hoc in loco, quoniam ad id temporis decurrens pertinxit historia, qualiter regnum Italiæ a Francis ad Teutonicos sit translatum, compendiose perstringere. Denique [1755] post mortem Ludowici filii Lotharii (*an.* 875, *Aug.* 12.), de quo superius plura jam diximus, qui videlicet cum fratribus [1756] Lothario et Carlitto Francorum regno partito, Italiam [1757] per tempora [1758] aliquot retinuerat, Berengarius [1759] Forojulensis [1760], filius Everardi [1761] marchionis Italiæ regnum invasit (*an.* 888) : sed mox in ipsis suis primordiis, a Guidone filio Guidonis comitis duobus [1762] præliis superatus, Veronam tandem [1763] aufugit *. Guido autem cum per annos [1764] circiter
895 regnum obtinuisset, vomitu [1765] cruoris extinc- A tus (560) (*an.* 894.), reliquid [1766] illud filio suo Lamberto [1767]. Quo etiam similiter [1768] post sex annos (561) defuncto, Ludowicus filius Bosonis regis Provinciæ regnavit per annos tres (*an.* 900). Contra quem rursus filius regis Burgundiæ, Rodulfus nomine, Italiam venit [1769]. Interea [1770]. ** Johannes papa undecimus [1771] (562) junctus [1772] magnatibus Italiæ, depulit ex ea Rodulfum ; et mittens invitavit Hugonem [1773] Aquitaniæ ducem, qui tunc et prudentia maxima et virtute multa pollebat (*an.* 926). Qui rex protinus ordinatus, unacum filio Lothario strenue satis ac viriliter Italiæ regnum per aliquot annos obtinuit (*an.* 926). Cum hoc Hugone [1774] venit Italiam Azzo [1775] comes Burgundiæ [1776] avunculus Berardi illius [1777] qui cognominatus est Franciscus [1778]
B a quo videlicet Marsorum comites procreati sunt. Non multopost [1779] idem [1780] Hugo coronato filio (*an.* 931), et nobilissima illi conjuge Adelaide [1781] ex [1782] proceribus Tusciæ conjuncta, cum jam [1783] ab eo utpote senex vilipendi cœpisset, et molestias quasdam atque ingratitudines pati, relicto ei regno, ipse in Burgundiam cum omni thesauro suo [1784] recessit ; ibique monasterium de propriis sumptibus exstruens [1785], quod Sanctus Petrus de Arle nuncupatur, illudque sufficientissime ditans, in eodem monachus est effectus (*an.* 946). Lotharius deinde post quattuor ferme annos in subitam frenesim incidens, ultimam diem explevit (*an.* 950. *Nov.* 22) : et ita ipse Francorum regibus [1786] deinceps in Italia regnandi terminum dedit. Quo [1787] defuncto uxor ejus
C Adelais [1788] ad Attonem [1789] propinquum suum [1790]

VARIÆ LECTIONES.

[1743] N. Basilius quoque imp. protospatarius, etc. v. *cap.* 59. [1744] ejus cum 1^{b}. supradicti a. c. *ed.* [1745] Adelpertus 3. [1746] Hard. 4. Ard. ep. 1^{b}. *ed.* [1747] Atenulfus 3. 4. [1748] v. s. *add.* 4. [1749] 8. K. N. *desunt* 4. [1750] maximo 1^{b}. *ed.* [1751] gaudio 1^{b}. 2. [1752] *add.* 4. [1753] *deest* 1^{b}. 2. [1754] Hoc loco qualiter r. (Italiæ *add.* 1^{b}. *ed.*) a F. ad T. s. t. non videtur otiosum ç. p. 1. *ed. Hoc caput noster ante Majelpotum scripserat, unde signis appictis huc transtulit.* [1755] *deest* 1. 2. [1756] *ita* 1^{b}. c. fratre Lothario F. 1. [1757] I felici sorte p. 1. 2. [1758] tempus 1. *ed.* [1759] r. invasit r. I. Ber. F. f. E. m. sed 1. *ed.* [1760] *add.* 1^{b}. Forojuliensis *ed.* [1761] Eberardi 2. Evardi 3. [1762] d. p. *add.* 1^{b}. [1763] *add.* 1^{b}. [1764] *ita* 1^{b}. p. non longum tempus r. 1. [1765] v. c. e. *add.* 1^{b}. [1766] tradidit 1. 2. [1767] Jamperto 3. [1768] *ita* 1^{b}. e. non multopost d. iterum Berengarius regnum invasit. Contra 1. [1769] v. cum interea Berengarius interemptus a suis est 1. *expunxit* 1^{b}. [1770] Post hæc I. 1. [1771] p. tertius decimus 1. [1772] i. cum m. 1. *ed.* [1773] ugonem 1. *corr.* 1^{b}. [1774] Ugone 1. *ed.* [1775] A. c. a. *add.* 1^{b}. [1776] *deest* 1. 2. [1777] *add.* 1^{b}. [1778] F. propinquus ejusdem regis, a. 1. 2 *hic incipit quat. XVI. cod.* 1^{a}. [1779] multo *add.* 1^{b}. [1780] præfatus 1. *ed.* [1781] Adhel. 1. *corr.* 1^{b}. [1782] e. p. T. *add.* 1^{b}. [1783] c. ab eodem n. s. aliquas jam cœpisset molestias a. i. p. 1. *ed.* [1784] s. et universis divitiis r. 1. *ed.* [1785] s. ditissimum construens q. S. P. de A. n. in eodem 1. *ed.* [1786] regnum 1. [1787] *ita* 1^{b}. dedit Berengarii deinceps filius Albertus strenuissimus valde vir paterno exemplo regum invadens (*corr.* Berengarius d. cum filio Alberto strenuissimo v. viro), captam reginam Adhelaidem in domum suam induxit, facile se per eam universum regnum plenius adepturum ac retenturum existimans. Propter quod universi Italiæ principes valde commoti, mandant Alberto, ut dominam suam reginam nisi forte velit infensas et iras omnium experiri, nullo amplius pacto retineat ; sed quocumque velit ire, honorifice illam dimittat. Dimissa igitur regina, ultra montes ad suos affines revertitur, atque ad Ottonem Saxoniæ ducem legatos protinus dirigens, conjugium illius sortitur. Qui mox exercitu valido aggregato, Italiam venit, et expulso atque fugato Alberto, tali regnum occasione arripiens, Teutonicis 1. [1788] Adelachis ad Ottonem 3. [1789] A. [1790] quendam 1^{b}. *deest* 4.

NOTÆ.

(558) Aquinensium ; v. infra I..

(559) Hoc caput e regum catalogis et vulgi narrationibus consarcinatum erroribus scatere apparet : singula notare superfluum duximus.

(560) Cf. Mon. SS. III, p. 202.

(561) Sc. postquam imperator factus est, a. D. 892.

(562) Imo decimus.

in Canussam arcem munitissimam [1791] confugit. Cum interea prædictus [1792] Berengarius cum filio Alberto strenuissime viro [1793] rursus regnum invadere cupiens, ac per hoc prædictam reginam capere modis omnibus satagens, per triennium ferme præfatam arcem obsedit. Atto [1794] vero [1795] interim cum regina consilio habito, nuntium ad Ottonem Saxoniæ ducem, Ungarorum tunc victoria gloriosum transmittunt (*an.* 955), qui ei omnia quæ circa illos [1796] gerebantur referens, oraret quatinus ad Italiam confestim transire, eosque de Berengarii obsidione liberare, reginamque ipsam in conjugium simul cum regno deberet recipere. Jam fere prædicta arx ad deditionem hostium cogebatur : cum ecce dispositione Dei nuntius a regina [1797] transmissus subito rediit, et quoniam propter diligentissimam obsidionem nullus illi in arcem patebat [1798] ingressus, litteras et anulum quem a duce detulerat callidus [1799] arciger clam sagittæ inseruit, ac [1800] nemine id suspicante in arcem illa [1801] trajecit. Quarum [1802] videlicet litterarum tenor hujusmodi erat quod idem dux [1803] jam transitis Alpibus Veronam venisset, ejusque filius Litulfus Mediolanum [1804] se præcessisset; in proximo illos venturo auxilio viriliter agerent · se tam de conjugio quam et [1805] de aliis regni utilitatibus pro illorum voto auxiliante Deo facturum. Quid [1806] pluribus? Evestigio duce veniente et fugato Berengario atque Alberto [1807] soluta obsidio est, captis duabus Berengarii [1808] filiabus, atque in Teutonicam terram transmissis exilio; moxque Adelaidis [1809] conjugium Otto sortitus, Teutonicis regibus ex tunc et deinceps in Italia regnandi initium extitit (*An.* 951), ac [1810] non multo post Romam ingressus, coronam imperii de manu [1811] Johannis [1812] duodecimi papæ recepit, anno scilicet [1813] incarnationis dominicæ nongentesimo [1814] sexagesimo secundo [1815] (*Feb.* 2).

* Tunc temporis defuncto supradicto Agapito papa II, Joannes XI (563) natione Romanus, Alberici Romanorum consulis filius, illi in pontificatum succedit *add.* 2.

** Post hæc supradictus Joh. II.

Nos itaque jam sicut [1816] in præfatione [1817] hujus operis dixisse reminiscimur, tempus est ut primo huic libello terminum demus; non [1818] ignorantes quod ita certe libri termino lectoris refocilatur intentio, quemadmodum [1819] viatoris labor hospitio. Simul etiam [1820] dignum censemus [1821], ut restauratio : immo ut sic dicamus reinchoatio tanti monasterii, una [1822] cum novo abbate, sui libri exordium [1823] habeat, et [1824] sequentia tempora, sequentis quoque libri narrationibus annuente [1825] Domino prosequantur.

Explicit [1826] *liber primus.*

INCIPIUNT [1827] CAPITULA LIBRI SECUNDI.

VARIÆ LECTIONES.

[1791] a. valde m. 1b. *ed.* [1792] *deest* 1b. [1793] s. valde v. 1b. *ed.* [1794] Quam cum ad deditionem fere jam coegisset, nuntius qui interim ab Attone atque regina ad O. S. d. (U. t. v. g. *add.* 1c.) transmissus fuerat, ut ad Italiam venire eosque de B. o. l. r. i. c. deberet recipere, subito rediit 1b. [1795] *add.* 4. [1796] illam g. referret, eumque oraret *ed.* [1797] D. t. a. r. n. *ed.* [1798] dabatur 1b. *ed.* [1799] callide satis s. 1b. *ed.* [1800] et arrepto arcu n. 1b. *ed.* [1801] illam *ed.* [1802] Tenor itaque l. h. 1b. *ed.* [1803] d. cum exercitu i. 1b. 2. [1804] Mediolani 4. [1805] *add.* 4. [1806] Q. p. *add.* 4. Ev. igitur d. 1b. *ed.* [1807] Alperto 3. [1808] ejus 1b. *ed.* [1809] Adhelaidis 1b. 2. [1810] ac — recepit *add.* 1b. [1811] manibus 1b. *ed.* [1812] m. pontificis Romani r. 1b. m. Joh. XII. pont. R. r. *ed.* [1813] videlicet 1. *ed.* [1814] nungentesimo 2. [1815] *Hic* 1. *ita pergebat:* Huic præterea abbati, quoniam magnæ prudentiæ ac potentiæ erat, abbatia sancti Pauli de Roma concessa est; *v. c.* 58. *Quibus erasis* 1b : Quo etiam anno defuncto Romano imperatore Constantinopolitano, Nycephorus ordinatus est. Nos itaque—habeat. [1816] sicuti 1b. *ed.* [1817] præfatiuncula 1b. *ed.* [1818] d. nam ita 1b. *ed.* [1819] sicut 1b. *ed.* [1820] etiam novis Græciæ atque Italiæ imperatoribus, novum abbatem nostrum associantes, sequentia illorum tempora liberius libri sequentis narrationibus prosequemur. Dignum præsertim existimantes, ut 1b. *ed.* [1821] existimamus *ed.* [1822] u. c. n. a. *desunt* 1b. [1823] inchoationem seu exordium annuente D. h. 1b. *ed.* [1824] et — prosequantur *desunt* 1b. [1825] a. D. *deest ed.* prosequantur *ed.* 4. *an* prosequamur ? [1826] *ita ed.* [1827] *Inscriptiones ego addidi. Index cap. deest in cod.* 1. *ubi nulla est librorum distinctio* [1828] renuntius 2. [1829] *deest ed* [1830] venit *ed.*

NOTÆ

(563) Imo XII, sed in catal. Petri XIII, Mon. SS. III, 219. Hic alterum cum altero confudit.

12. *De introitu Mansonis abbatis.*
13. *De quorundam oblationibus seu libellis.*
14. *Qualiter Laidulfus princeps eidem abbati juraverit, et quid illi* [1831] *concesserit.*
15. *Quomodo Landulfus de Sancta Agatha* [1832] *princeps factus huic abbati juraverit, et quales ei concessiones fecerit.*
16. *Qualiter sit a Capuanis deceptus atque cæcatus.*
17. *De adventu sancti Adelberti ad hoc monasterium.*
18. *Item de adventu sancti Romualdi et sancti Bonifacii ad hunc locum.*
19. *Qualiter huc comes Olibanus venerit.*
20. *Qualiter vel qua de re Joannes abbas ultro abbatiam dimiserit, et de libellis ipsius.*
21. *Qualis visio in ejus obitu visa sit.*
22. *Qualiter abbas Johannes huc venerit, et cur Jerusolimam ierit, et quomodo per visionem de reditu monitus abbatiam receperit* [1833].
23. *De Sancta Maria in Cellis.*
24. *Ut Otto imperator Beneventum perrexerit, et quæ in iis partibus egerit, et qualiter vel ubi decesserit.*
25. *De operibus ipsius abbatis Johannis.*
26. *De commutationibus et oblationibus, seu libellis sub eo factis.*
27. *De Sancto Benedicto apud Suessam.*
28. *De secessu prædicti abbatis ad Capuam, et de abbate Docibili.*
29. *De exclusione Rotunduli, et substitutione Atenulfi.*
30. *Qualiter sit Albanetæ monasterium factum.*
31. *De concessionibus imperatoris Heinrici, et de operibus abbatis Atenulfi.*
32. *De quorundam in hoc loco oblationibus.*
33. *Qualiter delata sit in hoc monasterio pars de linteo Salvatoris.*
34. *De restauratione monasterii Barregensis, et de obitu ejus qui illud restauravit.*
35. *Placitum seu renuntium ducum Cajetanorum* [1834] *de confiniis monasterii hujus.*
36. *De oblatione* [1835] *insulæ quæ Limata vocatur.*
37. *Qualiter Normanni primum in partes has venerint, et qualiter cum Grecis Melo duce conflixerint.*
38. *De Normannis apud Piniatarium constitutis, et quomodo captus sit Dattus.*
39. *Quomodo imperator Heinricus* [1836] *super Trojam* [1837] *cum exercitu venerit, et qualiter abbas eum fugiens in mare mortuus sit.*
40. *Qualiter princeps Pandulfus sponte se Belgrimo* [1838] *tradiderit, et qualiter per eum idem princeps a morte ereptus sit.*
41. *Qualiter idem imperator Capuanum principatum Pandulfo Teanensi comiti tradidit.*
42. *De ordinatione abbatis Theobaldi.*
43. *Qualiter eundem imperatorem beatus Benedictus sanaverit, et* [1839] *quæ dona huic loco contulerit* [1840].
44. *Quomodo scripta translationis sancti Benedicti fallacissima* [1841] *probans exusserit*
45. *Qualiter olim per beatum Benedictum idem imperator infirmatus sit.*
46. *Qualiter episcopatus Babemberg concambiatus cum Benevento sit.*
47. *Visio quæ in obitu prædicti imperatoris cuidam servo Dei ostensa est.*
48. *Delationes de corpore sancti Benedicti.*
49. *De apparitione sanctorum Proti et Jacincti.*
50. *De Sancto Benedicto in Clia et Sancto Nazario.*
51. *Qualiter facta sit Capitinata.*
52. *De primordiis abbatis Theobaldi, et operibus ejus in Sancto Liberatore.*
53. *Item de operibus ipsius in hoc loco.*
54. *Qualiter domnus Odilo Cluniacensis abbas huc venerit, et reversus brachium sancti Mauri ad hunc locum transmiserit.*
55. *De oblationibus quorundam, seu libellis.*
56. *De reversione principis Pandulfi.*

VARIÆ LECTIONES.

[1831] ei *ed.* [1832] Agathe *ed.* [1833] recepit *ed.* [1834] Caget. *ed.* [1835] oblationibus 4. [1836] Einricus *ed.* [1837] Troilam *ed.* [1838] Velgrimo *ed.* [1839] et quæ, etc. *desunt ed.* [1840] *Abhinc in ed. inscriptiones capitum ita discrepant a cod. 4. ut eas ad calcem integras dare præstet.* [1841] *ita correxi.* fallacissime p. exrisserit. 4.

VARIÆ LECTIONES.

[1842] *deest inscriptio capitis de expugnata a Normannis Apulia.* [1843] uanaria *c.* [1844] aquensibus *c.* [1845] aquensium *c.* [1846] sancti *c.*

99. *Qualiter sit Mincius papa symoniacus ordinatus.*
100. *De muneribus Friderici* [1847].

Expliciunt capitula.

VARIÆ LECTIONES.

[1847] *Etiam in cod. 3, centum capita numerantur, quorum illud ultimum est. — In cod. 2, post 44 atramentum mutatur, 46 et iterum 66 manus; 48 ad finem inscripta sunt folio postea assuto, nec ante finem sæc. XIII. Inscriptiones capitum, ex Angeli editione, hæ sunt :*

44. *Qualiter idem imperator juxit comburi falsa scripta translationis ejusdem patris.*
45. *Qualiter idem imperator divina vindicta percussus fuit, ideo quod equos non timuit ponere in capitulo cujusdam monasterii sancti Benedicti.*
46. *Qualiter idem imperator construxit ecclesiam Sancti Georgii, et uxorem suam tanquam caste vivens in morte episcopis et abbatibus præsentibus virginem resignavit.*
47. *Qualiter fuit quæsitum ab Adam monacho per abbatem sancti Pauli de Urbe, utrum corpus sancti Benedicti hic quiesceret.*
48. *Qualiter idem Adam vidit sanctos Protum et Jacinthum in habitu monachali.*
49. *Qualiter idem dompnus Adam construxit cellam sancti Benedicti de Clia, et sancti Nazarii juxta fluvium Melphiæ.*
50. *Quomodo provincia Capitinale vocatur Capitinata.*
51. *De ortu et infantia abbatis Theobaldi, et de renovatione Sancti Liberatoris de Majella.*
52. *Qualiter idem abbas multa bona eidem monasterio acquisivit.*
53. *Qualiter per abbatem Cluniacensem fuit brachium sancti Mauri ad istud monasterium deportatum.*
54. *Qualiter medietas castri Surgii huic monasterio fuit collata, et aliæ donationes quamplurimæ.*
55. *Qualiter Aldermodus Saxonicus effectus monachus fecit fieri crucem argenteam 70 ferme librarum.*
56. *Qualiter Paulus monachus missus ad Sanctum Benedictum de Capua sanctam vitam gessit ; in cujus obitu lux magna apparuit.*
57. *Qualiter comes Teanensis construxit monasterium sancti Johannis in Capua, et de obitu Benedicti papæ.*
58. *Qualiter mortuo Henrigo imperatore, et Corrado assumpto in regem, et expulsione abbatis Theobaldi.*
59. *Qualiter Pandulfus princeps Capuanus istud monasterium ad tantam paupertatem deduxit, quod non habebatur vinum pro sacrificio offerendo.*
60. *Qualiter Theobaldus abbas expulsus fuit de monasterio.*
61. *Qualiter idem princeps mandavit vasa astuli sacra de monasterio, necnon de morte sancti Dominici monachi.*
62. *Qualiter Sancta Scolastica de Gajeta fuit constructa, et de miraculo mallei ibi facto.*
63. *Qualiter post mortem abbatis Theobaldi fuit de Basilio electio celebrata.*
64. *Qualiter idem Basilius in ordinis gubernatione male se gerens, principis procurationis officio fungebatur.*
65. *Qualiter Corradus imperator Capuam adiit revocaturus mala monasterii illata.*
66. *De ordinatione et studio abbatis Richerii, et quomodo factæ fuerant multæ donationes monasterio.*
67. *Qualiter corpus sanctæ Luciæ ex Sicilia in Constantinopoli fuit translatum, et de adventu Roberti Guiscardi.*
68. *De discessu Corradi imperatoris, et qualiter castrum Atini ad monasterium pervenit.*
69. *Qualiter comites Aquini ceperunt abbatem, et habuerunt oppidum sancti Angeli, quod monachi renuntiaverunt.*
70. *Qualiter abbas Richerius muros Sancti Angeli fecit dirui.*
71. *Qualiter Normanni cœperunt castrum sancti Andreæ, et rehabuerunt ipsum virtutibus beati Benedicti.*
72. *Qualiter beatus Benedictus dixit cuidam de Cervario quod propter ingratitudinem fratrum discessit a monasterio.*
73. *De quorundam oblationibus, ecclesiis, seu libellis.*
74. *De munitionibus castellorum, et ponte sancti Angeli in Theodici.*
75. *Qualiter Gajetani Adenulfum Aquini comitem evocarunt, sibique in ducem præficiunt.*
76. *De morte comitis Rodulfi, qui primo die ante mortem proposuerat mala facere in terra monasterii.*
77. *De ammissione roccæ Bantræ, et qualiter monasterium recuperavit eandem.*
78. *Qualiter ad petitionem regis Ungariæ abbas ad partes illas monachos destinavit.*
79. *Qualiter imperator Henricus cœpit tractare de bono statu Romanæ ecclesiæ.*
80. *Qualiter imperator prædictus planetam purpuream auro ac gemmis ornatam cum aliis rebus huic monasterio obtulit.*
81. *De morte Clementis papæ, et de sancto Leone qui ei in papatum successit.*
82. *Qualiter quidam nobiles Capuani conabantur castrum Conchæ a monasterii subtrahere potestate.*
83. *De morte Pandulphi Capuani principis.*
84. *De adventu sancti Leonis papæ ad hoc monasterium.*
85. *Quomodo Guaimarius princeps Salernitanus occisus sit, et quomodo vindicatus.*
86. *De oblatione duorum fratrum Capuanorum.*
87. *Qualiter dictus sanctus pontifex beato fine quievit.*
88. *Quid apocrisarii ejus apud Constantinopolim gesserint.*
89. *De quibusdam in comitatu Teatino huic monasterio concessis.*
90. *Qualiter castrum Sarracinisci fuit confirmatum huic monasterio.*
91. *Qualiter Richerius abbas obiit.*
92. *De electione abbatis Petri.*
93. *Qualiter monasterium sancti Georgii fuit constructum in civitate Lucensi.*
94. *Qualiter præfatus apostolicus electionem nostri abbatis indigne tulerit.*
95. *Qualiter abbas Petrus abbatiam renuntiaverit, et Fredericus electus sit.*
96. *De primordiis ejusdem Friderici.*
97. *Qualiter dictus abbas electus sit in papam.*

INCIPIT LIBER SECUNDUS[1848].

ALIGERNUS[1849] abbas, septimo ac vicesimo loco a A beato Benedicto in hoc monasterio feliciter ordinatus[1850] (*an.* 949, *Oct.* 25), sedit annis 37. Fuit autem temporibus primi et magni Ottonis imperatoris, de quo supra diximus, et filii ejus Ottonis secundi; principum vero[1851] Landulfi et Pandulfi, filii ejus cui cognomen Caput ferreum fuit[1852], et fratris ejus Landulfi, et item filii[1853] Landulfi; Romanorum quoque pontificum, a[1854] Johanne duodecimo usque ad Johannem quintum decimum; a quibus fere[1855] omnibus diversis temporibus nichil neglegens, tam privilegia quam præcepta recepit. Inter[1856] quæ quintus decimus papa Johannes ad honorem et reverentiam hujus loci hoc in suo privilegio (564) super ceteros addidit[1857]: interdicens videlicet[1858] omnibus episcopis ut nulli liceret ab universis populis huic monasterio subjectis, vel ab omnibus ubique terrarum sibi pertinentibus ecclesiis, decimas vivorum, aut defunctorum oblationes per quamlibet occasionem auferre.

I. Hic[1859] itaque Neapolitanorum[1860] nobilium[1861] genere ortus[1861] in monasterio sancti Pauli apud Romam sub supradicto[1862] abbate Baldoino monachus factus, postmodum[1863] autem ab eodem abbate huc translatus, atque post transitum Majelpoti ut jam dictum est de præposito loci hujus abbas effectus, super id quod Leo atque Johannes monasterii hujus abbates olim inceperant, restaurare cœpit hunc locum; qui nimirum[1864] a tempore abbatis Bertharii quando[1865] a Saracenis incensus est (*an.* 883), per septem et sexaginta circiter annos usque[1866] ad se, neglectus ac destitutus, et quasi desolatus penitus fuerat. Jam tamen paulo ante, sub Baldoino scilicet abbate, monachi nostri[1867] qui eatenus primo apud Teanum, postmodum vero apud Capuam commorati necessario[1868] fuerant, præcepto[1869] Agapiti papæ ex parte reversi fuerant, sicu jam supra relatum est (l. I, c. 59). Non tantum autem monasterium, sed et cuncta in[1870] circuitu ipsius planities ita tunc[1867] erat Saracenorum incursionibus[1871] destituta[1872], ut rarus, immo[1873] fere[1874] nullus[1875] inveniretur, qui servis Dei ibidem[1876] degentibus aliquod obsequium exhibere deberet. Super[1877] hæc præterea Teanenses comites usque ad monticulum monasterio proximum quem[1878] Toroc- B clum dicunt (565), res ejusdem monasterii invadendo pervenerant; Aquinenses etiam[1879] quibus[1880] Adenulfus quidam cognomento Megalu[1881] in castaldeum præerat, ab ipso fere Casino qui non integris duobus milibus a civitate sancti Germani abest, totam ut vulgo loquar Flumeticam (566) cum universis adjacentiis retinebant. Cœpit igitur prudens abbas monasterii possessiones quas antiquitus possederat ubique terrarum, et maxime contiguas quasque[1882] et in vicinia positas sollerter exquirere, et ab his qui bellicis eas temporibus diripuerant, inventis atque ostensis concessionibus ac præceptis eorum qui hic illas dudum tradiderant, conamine toto repetere. Sed cum videret se nullis rationibus[1883] nullisque precibus eorum posse ad illa restituenda animos inclinare, Landulfo[1884] demum prin- C cipi super ista conqueritur. Quo cognito adversarii,

VARIÆ LECTIONES.

[1848] *ita* 3. s. ystorie hujus cenobii Casinensis 2. [1849] *In cod.* 1. *Aligernus abbas bis scriptus est; prioris recensionis ab altera vix diversæ pagina et dimidia supersunt usque ad* Jam tamen, *ubi novus quaternio incipit, alia manu scriptus, quæ manet usque ad* II, 43. [1850] anno D. 950. *add.* 1^{b}. *delevit* 1^{c}. [1851] v. Capuanorum, L. 1. 2. [1852] quique sexto ætatis suæ anno volente atque consentiente patre principari cœperat *add.* 1. [1853] f. ejus L. 3. [1854] *ita* 1^{b}: Johannis quintidecimi, et Johannis sextidecimi, ac septimi Benedicti 1. [1855] videlicet 1. *corr.* 1^{b}. [1856] Inter — auferre *add.* 1^{b}. [1857] c. auctoritate apostolica a. 1^{b}. 2. [1858] *add.* 4. [1859] *caput* 5. *hic interponit* 1. [1860] Neapolitanus 1. 2. [1861] *add.* 4. [1862] prædicto 1. *ed.* [1863] f. est. Post non longum tempus annuente Deo meritis beati B. in hoc monasterio abbas effectus 1. f. est; qui videlicet ab eodem abbate præpositus in hoc monasterio primum est ordinatus; dehinc post transitum M. ut supra d. e. abbas e. 1^{b}. f. est, postmodum, etc. ut supra dictum est, de præpositura h. l. a. e. *ed.* [1864] videlicet 1. *corr.* 1^{b}. [1865] quo 1. *ed.* [1866] u. ad se 1^{b}. paucissimis hic admodum fratribus commorantibus 1. (*ed priori*). [1867] *add.* 1^{b}. [1868] *deest* 1. 2. [1869] ex p. papæ... reversi erant. Non 1. p. A. p secundi e. p. r. erant sicuti i. s. r. e. 1^{b}. *ed.* [1870] ipsius i. c. 1. [1871] infestatione 1. *ed.* [1872] deserta 1. [1873] ac 1. [1874] *deest* 3. [1875] in ea *add.* 1. [1876] ibi 1. *ed.* [1877] Ad 1. [1878] qui Torocclus dicitur 1. *ed* [1879] vero comites q. 1. vero q. *ed.* [1880] quidam 4. [1881] Megalii 3. *et hic et infra.* [1882] *add.* 1^{b}. [1883] n precibus nullis r. irrationabilium latronum p. ad ea r. 1. *ed.* [1884] i. Capuano p. L. s. 1, 2. i. princ. L. s. 3

NOTÆ.

(564) Dato pontificatus anno quinto, III Id Nov. indict. III (989. Nov. 11). Regest. Petri num. 13. Hoc verba illa continet, et Aligerno datum est, sed temporis notas falsas esse oportet: videntur esse repetitæ ex priv. Reg. n. 15 Mansoni dato, quod Tosti edidit, *Hist. Cas.* I, p. 233.

(565) Vulgo *Trocchio*, in cujus latere ad ortum vicus ad nostram usque ætatem habitatus, nunc penitus destitutus, paucis ejus colonis ad proximum castrum Cervarium demigrantibus. ANG.

(566) Castra scilicet et villas circa flumen Lirim, quæ Casinensis agri pars nunc quoque appellatur *La Firmara*. ANG. (Fiumara?)

et ejus studio ac diligentia vehementer offensi, cernentes porro[1885] se cum illius vigilantia[1886] seu instantia minime quieturos, meditabantur in dies qualiter vel[1887] eum caperent vel certe illi molestias quas possent inferrent. Cum[1888] igitur, quadam die, in construenda rocca quæ Janula dicitur[1889] (567), operam daret, subito præfatus Adenulfus qui et Megalu cum militibus[1890] aliquot superveniens, eundem abbatem vi cepit, atque Aquinum veluti prædam quandam[1891] maximam asportavit. Ibi vero in[1892] publico civium spectaculo ursino illum tergore vestiens, canes ei undique sicuti revera urso[1893] ad circumlatrandum immisit[1894], et pluri- A mis[1895] injuriis virum honorabilem vir nequissimus dehonestavit. His præfatus[1896] princeps auditis, et nimium[1897] super tanti viri tanto[1898] dedecore indignatus, mandat protinus Adenulfo ut Capuam vadat, coramque se legali judicio abbati justitiam faciat. Ille autem[1899] prospiciens se legaliter ob commissum[1900] facinus morti debere succumbere, rebellare magis elegit, et de Aquinensi satis[1898] munitione confidens, ad principis curiam ire contempsit.

2. Princeps (568) itaque tam suam quam et abbatis, ultum ire injuriam statuens, Aquinum venit, ejusque prætorium in quo præfatus rebellio se muniverat, obsidione ac machinis circumdedit[1901]. Videns[1902] igitur Adenulfus se non posse principis manus evadere, funem in collum suum misit, et per munus conjugis suæ ad principis pedes se trahi præcepit. Quo facto, protinus[1903] eum princeps ita ut erat ligatum, cum[1904] omnibus suis abbati delibera- B vit, ut quicquid vellet tam de ipso quam et de ipsius omnibus faceret. Ita[1905] Adenulfus cernens se in[1906] captivitatem captivi sui justo judicio Dei venisse,

mox cartulam renuntiationis de universis quas eatenus[1907] retinuerat monasterii possessionibus sponte satis ac libentissime faciens, in manibus abbatis suppliciter[1908] reddidit, sicque post hæc cum indulgentia[1909] criminis, libertati quoque propriæ cum omnibus suis ab eodem abbate est restitutus. Atque tali occasione res suas jam dudum invasas, pater Benedictus paulatim[1910] recuperare ac recipere cœpit. Namque non multo post Teanenses quoque comites divinitus acti, similia de his quæ ipsi retinebant refutationis[1911] scripta eidem abbati fecerunt.

Nichil itaque moratus idem abbas, et tempus acceptabile minime neglegendum ducens, statim a prædicto principe Landulfo et[1912] Pandulfo filio ejus, B præceptum libertatis ac confirmationis totius ex integro abbatiæ expetiit, et accepit (569); secundum terminos scilicet superius scriptos, quos Gisulfus dux tempore Petronacis primo statuerat, et postmodum Karolus imperator tempore Theodémar imperiali præcepto firmaverat. Aliud[1913] etiam specialius præceptum de[1914] castello[1915] sancti Angeli, et de turre[1916] sancti Georgii, nec non et de omnibus castellis sive arcibus[1917] quæ in pertinentiis monasterii deinceps construi deberent, ab[1918] eisdem principibus sibi fieri postulavit (570). Itemque aliud (*an.* 951. *Aug.* 30) de gualdo casæ Gentianæ (571), et aliud insuper de tota piscaria Lesinensi cum ipsa foce[1919] sua, et cum ecclesia Sancti Focatis quæ ibi est, nec non et de aliquot intra[1920] eandem Lesinam C casis (572). Postmodum vero (*an.* 961. *Jul.* 10) tam a prædicto Pandulfo (573), quam et a Landulfo (574) filio ejus[1921], aliud rursus præceptum recepit (*an.* 981. *Mai.* 16) de universis finibus ac pertinentiis mo-

VARIÆ LECTIONES.

[1885] *add.* 4. [1886] i. sollicitudine non posse quiescere, m. 1. *ed.* [1887] q. illum c. eique m. 1. *corr.* 1b. [1888] inferrent. Agebantur autem hæc omnia nutu ac dispositione Dei, qui ejus captionem ac dedecorationem, ad loci hujus providebat fieri restaurationem. Cum 1, 2. [1889] nuncupatur 1. *ed.* n. et ecclesiæ b. Germani desuper imminet, o. 1, 2. [1890] c. a. latronibus 1. [1891] *add.* 4. [1892] i. s. p. *ed. desunt* 1. [1893] publice *add.* [1894] immittit. His p. 1. [1895] et i. p. *ed.* [1896] prædictus 1. *ed.* [1897] plurimum 1. *ed.* [1898] *add.* 1b. [1899] vero 1. *ed.* [1900] ob hoc m. 1, *ed.* [1901] c. Interea cum ista geruntur, Paschalis stratigo missus ab imperatore Constantinopolitano veniens ad eundem principem Landulfum, ibi super Aquini obsidionem constituit eum anthipatum patricium, quemadmodum sibi a suo domino fuerat imperatum 1. *delevit* 1b. [1902] Ad postremum igitur videns A. 1. [1903] statim 1. *ed.* [1904] I. abbati c. o. s. d. ut tam de i. q. et de o. rebus ipsius q. v. efficeret 1. *ed.* [1905] Mox igitur prædictus A. cartulam r. 1. [1906] se captivum in potestatem c. *ed.* [1907] *add.* 4. [1908] a. remisit, sicque 1. *ed.* [1909] c. omnibus suis lib. p. ab e. a. gratuito r. est 1. *ed.* [1910] *deest* 1. [1911] renuntiationis 1, 2. [1912] L. necnon et 1. *ed.* [1913] Super quod e. a. p. 1. *ed.* [1914] p. ab eisdem principibus de 1. *ed.* [1915] Janula recens constructa, et de c. S. A. nec non et de t. S. G. singillatim s. f. 1. *corr.* 1b. [1916] curte 4. [1917] turribus 1b. *ed.* [1918] d. singillatim s. 1b. *ed.* [1919] Voce 4. [1920] a. casis i. e L. 1. *ed.* [1921] e rursus p. r. de 1. e. r. aliud p. r. interveniente supradicto Adenulfo gastaldeo, de 1b. e. interv. s. A. g. rursus a. p. r. de 2.

NOTÆ.

(567) Sic dicta videtur, quod antiquitus Jano templum ibi erectum fuerit, ut in Actis sanctorum Demetrii et sociorum, Petrus Diaconus in Regesto Sancti Placidi pag. 121. Ang.

(568) Cf. Chr. Sal. 162—164.

(569) Præcepta principum Aligerno concessa exemplavit Petrus Diac. in suo Regesto a num. 212 et deinceps. Ang. Multa edidit Gattula ex orig. inter quæ tamen hæc non inveni. Nam quod 952 Mai 6 accepit (Acc. p. 55), ab illo diversum est.

(570) Postea ei Paldolfus cum filio Landolfo *castellum de Jannule, et castellum de S. Angelo ad Tudice, et ipsa turre da S. Georgium* cum cæteris castellis et turribus confirmaverunt 967, Jun. 7, Gatt. Acc., p. 63.

(571) Gatt. Acc., p. 56.

(572) Confirmaverunt Paldolfus et Land. IV. 980, Jan. 27, l. l. p. 66.

(573) Ib., p. 58

(574) P. 82. Nulla in eis Adenulfi mentio est

nasterii hujus. Non [1922] tamen super omnia hæc quiescere [1923] valebant veritatis adversarii, quotiens quælibet occurrebat occasio; sed nunc [1924] quidam de Aquino, nunc quidam de Pontecurvo nec [1925] non et de Teano, de finibus hujus monasterii nobiscum [1926] contendere nitebantur. Verum quotienscumque cum nostris in placito se conjunxerunt, totiens summis rationibus victi, quod fallaciter contendebant, refutare veraciter cogebantur (575). Unde etiam contigit, ut hujusmodi [1927] occasione plurima apud nos talium [1928] conflictorum seu [1929] renuntiorum monimina habeantur*.

* Eo quoque tempore idem abbas ad principes jam dictos accedens (*an.* 961. *Jul.* 10) rogavit, ut darent cellæ nostræ Cinglensi locum foris portas Sancti Angeli, ad monasterium construendum ancillis Dei, quia monasterium quod intus erat nimium strictum et incompositum habebatur ancillis Dei ibi manentibus. Illi vero concedentes, statuerunt locum foris murum civitatis ubi castrum et monasterium construerentur, cuique concesserunt foris murum, qualiter vadit usque in flumen (576) *add.* 2.

Per idem tempus a Mariano quoque imperiali anthipato patricio et stratigo Calabrie atque Langobardiæ prædictus [1930] abbas sigillum recepit (*an.* 956. *Dec.*), ut secure et absque ullius [1931] contradictione seu impedimento liceret ei [1932] perquirere omnes hereditates seu [1933] possessiones monasterii hujus ubique [1934] locorum, et recolligere eas, justa dumtaxat et competenti ratione ostensa (577).

3. Denum [1935] prudens abbas a vicinis terris quæ ab [1936] Agarenis vastatæ non fuerant, agricolis undique mox evocatis, in possessiones illos monasterii quotquot cultoribus indigebant, cum universis eorum familiis habitaturos induxit: placito tam cum eis quos ibidem [1937] invenerat, quam [1938] cum eis quos ipse conduxerat libellari statuto; ut de tribus totius ejusdem terræ reditibus, hoc est tritici et ordei ac milii, partem septimam, de vino autem tertiam annualiter monasterio darent. Cætera in suis suorumque usibus possiderent; quod usque hodie stabiliter observatur [1939] (578). Tali igitur [1940] modo habitatoribus diversarum partium, terra [1941] hac ex magna parte repleta atque locata [1942], ad reparandas sive meliorandas monasterii officinas quemadmodum a prædecessoribus suis Leone atque Johanne jam dudum inchoatum fuerat animum posuit. Ecclesiam [1943] itaque totam quam prædictus Johannes construxerat, novis trabibus cipressinis [1944] contignans, tegulis cooperuit; parietes coloribus [1945] variis decoravit; pavimentum etiam [1946] diversorum [1947] lapidum varietate constravit. Ipsum quoque beati [1948] Benedicti altarium argenteis tabulis undique [1949] cinxit, necnon et anteriorem faciem altaris sancti [1950] Johannis argenteam fecit. Fecit etiam crucem [1951] de argento non modicam [1952], et textum evangelii undique contextum argento inaurato et smaltis ac gemmis; coronas [1953] argenteas tres; calices quoque et turibula et varia ecclesiastica ornamenta; necnon et codices plurimos [1954]. Interea et habitacula nonnulla hujus [1955] loci restaurans, ac si alter Petronax cepit juxta tenorem regulæ [1956] et priscam monasterii consuetudinem cum fratribus conversari. Apud [1957] Capuanum vero monasterium cum ornamenta ecclesiastica nonnulla, et campanas atque codices aliquot effecisset, in ecclesia etiam titulum (579) cum confessione sua a parte occidentali satis decorum adjunxit [1958], atque depinxit.

4. Eodem [1959] tempore Otto primus, tertio imperii sui anno per interventum supradictæ [1960] conju-

VARIÆ LECTIONES

[1922] Non — ostensa *add.* 1b. [1923] h. quotiens dabatur o. quiescere v. v. a. sed 1b. *ed.* [1924] n. q. de A. *desunt* 4. [1925] n. n. et d. T. *desunt* 1b. [1926] *add.* 4. [1927] hac *ed.* h. o. *desunt* 1b. [1928] hujusmodi 1b. *ed.* [1929] s. r. *desunt* 1b. [1930] prædictum s. r. 4. [1931] alicujus 1b. *ed.* [1932] ei quocumque vellet ire, et p. 1b. [1933] sive 1b. ed. [1934] u. l. *desunt* 1b. *ed.* [1935] A vicinis deinde t. 1. Porro d. p. a. a v. t. 1b. *ed.* [1936] ab A. *desunt* 1, 2. [1937] ibi 1. *ed.* [1938] q. c. e. q. i. c. *desunt* 4. [1939] est, ac perenniter o. 1. *ed.* [1940] ergo 1. *ed.* [1941] p. hujus monasterii t. ex maxima p. 1. *ed.* [1942] disposita 1, 2. [1943] Ecclesiamque primitus totam 1. *ed.* [1944] t. ac lignis c. 1. *ed.* [1945] p. vero illius undique satis pulchre depinxit, p. 1. *ed.* [1946] ante altare beati Benedicti *add.* 1, 2. [1947] multimoda 1. *ed.* [1948] b. B. *add.* 4. [1949] t. in circuitu decoravit n. 1. *ed.* [1950] beati 1. *ed.* [1951] e. et c. argenteam deauratam n. 1 *ed.* [1952] cum lapidibus pretiosis *add.* 1. [1953] c. a. t. *desunt* 1. [1954] p. ac diversos 1 *ed.* [1955] ejusdem 1. *ed.* [1956] t. sanctæ r. 1. [1957] Apud — depinxit *add.* 1b. [1958] adauxit 1b. *ed.* [1959] Per idem tempus primus ac magnus Otto, t. *etc.* 1b. *ed.* A primo itaque ac magno Ottone concessum est illi monasterium S. A. de Barregio, quod superius a Ludowico imperatore constructum ostendimus, cum omnibus cellis ac possessionibus suis; quod v. 1. [1960] *add.* 4.

NOTÆ

(575) Exempla dedit Gatt. I. I. p. 67.

(576) Ejusmodi privilegium exstat ap. Gatt. I. I. p. 59, etsi nihil ibi de cella Cinglensi et monasterio exstruendo dicitur. Cf. Ottonis II privil. d. 981, Oct. 13, ib., p. 99.

(577) In Regesto num. 153: *Sigillum factum a Mariano anthypato.* Verba sic concepta sunt: *Sigillum factum a Mariano anthypato patritio et stratigo Calabriæ et Langobardiæ, et datum vobis Aligerno venerabili abbati sancti Benedicti. Liceat te ambulare in tota thenia Langobardiæ, et perquirere omnem hæreditatem prædicti monasterii, et nullam contrarietatem patiaris a quolibet judice ae ipsa thenia,* etc. in calce vero: *Cum plumbea bulla nostra istum præsentem sigillabimus sigillum nostrum, et concessimus prædicto abbati, in mense Decembrio, indictione quinta decima.* Ang.

(578) Similia jura possidet etiamnum Casinense cœnobium in agro Pedemontis, et villæ sanctæ Luciæ, et in castro Fellæ apud Calabros, alibique. Ang.

(579) I. q. presbyterium, pars ecclesiæ in qua altare consistit. Confessio est locus sub altari major in quo reliquiæ reconditæ sunt. Duc.

gis suæ Adhelaidis imperatricis [1961], generale præceptum huic monasterio fecit (*an.* 964 *Feb.* 19)(580); confirmans omnia quæ hactenus per diversa loca a quibuslibet hic fuerant contributa. Item post quattuor circiter annos, Paulus abbas sancti Vincentii eum adiens, illumque [1962] ex parte prædicti nostri abbatis efflagitans, aliud ab eo præceptum plenius de confirmatione totius abbatiæ (581) de more priorum imperatorum obtinuit (*an.* 968. *Jul.* 1). Hic [1963] idem imperator concessit (*an.* 970. *Mai.* 25) eidem abbati nostro monasterium sancti Angeli de Barregio cum omnibus omnino cellis ac pertinentiis ejus (582); quod videlicet monasterium, eo tempore Albericus Marsorum episcopus in tempus vitæ suæ per scriptum ab eodem retinebat imperatore. Quique imperator eidem sancti [1964] Angeli monasterio præceptum confirmationis omnium rerum ipsius (583), jam ante quinquennium fecerat (*an.* 964. *Feb.* 12). A secundo etiam Ottone cum præcepto confirmationis totius abbatiæ præfatum [1965] quoque sancti Angeli monasterium eidem abbati reconfirmatum est (*an.* 981. *Aug.* 6) (584). Sed [1966] et Albericus supradictus episcopus in [1967] præsentia ejusdem imperatoris qui tunc apud Marsiam in monte vocabulo Cedici [1968] morabatur, cartulam refutationis [1969] illi de eodem Barregensi [1970] monasterio faciens, quietum de cætero sub hoc monasterio manere constituit: cum [1971] idem episcopus ante sex circiter [1960] annos sua sponte ipsum [1972] sancti Angeli monasterium per oblationis suæ cartulam beato Benedicto contulerit. De quo etiam monasterio cum post aliquot annos Guinisius Marsorum episcopus filius ejusdem [1973] Alberici questionem movere voluisset, quod quasi ecclesia sua præceptum imperatoris inde haberet, a monachis nostris in placito Marsorum comitum conventus atque convictus, tacere coactus est. Atque hujuscemodi [1974] occasione tria imperatorum præ-

A cepta quæ de eodem monasterio pater ejus adquisierat, nobis reddita sunt *.

* Eo tempore (*an.* 974) Benedicto papa sexto vita decedente, Benedictus papa septimus (585) propinquus supradicti Alberici Romanorum consulis in apostolicam sedem inthronizatur (586) *add.* 2.

5. Quinto [1975] hujus abbatis anno, qui est a nativitate Domini nungentesimus [1976] quinquagesimus quartus, corpus [1977] beati Mathei apostoli quod primo apud Ethiopiam ubi et passus fuerat, postmodum autem apud Britanniam [1978], demum [1979] vero apud Lucaniam per tempora diversa quieverat, tandem ejusdem sancti evangelistæ revelatione repertum, atque in Salernum translatum est (587).

B Triennio [1980] autem post, duo soles in cœlo pariter visi sunt, et per [1981] duos dies mensis Julii mare dulce factum est a Neapoli usque Cumas.

6. Tunc [1982] temporis Benedictus papa * quasdam curtes suas in comitatu Aprutii eidem abbati [1983] per privilegium (588) concessit [1984] (*an.* 977 *Jan.* 10). Per hos etiam [1985] dies prædictus princeps Pandulfus per præceptum suum [1986] concessit (*an.* 968. *Oct.* 7) in hoc monasterio totam substantiam Arechis [1987] filii Janiperti [1988] quam habuerat in Teano [1989] tam intus quam et foris, una cum ecclesia sancti Silvestri quæ intra eandem civitatem constructa est, cum omnibus omnino pertinentiis ejus (589). Aliud etiam præceptum fecit ei (*an.* 964. *Mai*)

C de aqua fluvii Saonis cum ripis ex utraque parte positis (590). Huic [1990] Pandulfo proclamavit prædictus [1991] abbas super Bernardum comitem de Aliphis, eo quod minabatur incendere et destruere unum castellum hujus monasterii de loco ubi Curvara dicitur, et homines ejusdem castelli prædari et cædere. Quapropter idem princeps flexus clamoribus ejus, sigillato præcepto constituit, ut sive prædictus

VARIÆ LECTIONES.

[1961] *post* im *desinit manus antiquior cod.* 1*. [1962] eumque 1b. *ed.* [1963] Nec multo post (N. m. p. *desunt* 3.) per aliud præceptum i. i. abbati n. m. S. A. de B. c. omnibus c. ac p. suis concessit; q. 1b. *ed.* [1964] m. s. A. p. de confirmatione o. 1. *ed.* [1965] prædictum 1. *ed.* [1966] est. Albericus quoque (necnon 1. *corr.* 1b.) præfatus Marsorum ep. 1. *ed.* [1967] in — morabatur *add.* 1b. [1968] Coditi 3. [1969] renuntiationis 1. *ed.* [1970] Barrigensi 3. Barregenensi 4. [1971] Cum — reddita sunt 1b. *deletis quæ prius in duobus lineis scripta fuerant.* [1972] prædictum 1b. *ed.* [1973] prædicti 1b. *ed.* [1974] pro hac 1b. *ed.* [1975] *hoc caput in* 1. *primum est.* [1976] nongentesimus 3. [1977] q. beatissimi ap. et evangelistæ Mathei corpus q. 1. *ed.* [1978] Brittaniam 1. (*corr.* 1b.) 3. [1979] d. v. a. L. 1. *editione priori; et* 3. 4. *desunt* 1b. 2. [1980] Triennio — Cumas *add.* 1b. [1981] p. d. d. m. I, *add.* 1c. [1982] Benedictus quoque papa 1. [1983] *deest* 1. [1984] c. anno ordinationis suæ tricesimo 1. *Hinc* 1b. *adscripsit sequentia hujus capitis, ita ut* Per hos — modiorum 1623. *collocet post* libra una per annum. [1985] *deest* 1b. [1986] *deest* 4. [1987] Arechisi 1b. [1988] Janniperti 1b. [1989] in civitate Teanensi 1b. in Teanensi *ed.* [1990] Huic — componere *desunt* 1. [1991] præfatus *ed.*

NOTÆ.

(580) Gatt. Acc., p. 71 ex orig.
(581) Ib., p. 72.
(582) Ib., p. 73.
(583) P. 75.
(584) P. 77.
(585) *Tusculanensis* Catal. Petri.
(586) Pulso Bonifacio VII.
(587) Ex translationis historia fabulis referta aliqua invenies in Actis SS. Sept. 21, et in Sorgiæ Mem. Benev. I, pag. 352.
(588) Datum IV Idus Januarii, anno 5 pontificatus Regest. num. 12. In quo exemplata sunt cætera privilegia, præcepta, oblationes, quæ hoc capite recensentur. Supervacuum propterea esset singula conferre. ANG.
(589) Gatt. Acc., p. 65 ex orig.
(590) Ib., p. 66 v. infra c. 83.

Bernardus sive quicumque homo sub sua dicione positus, aliquam molestationem vel rapinam [1992] aut eidem castro aut habitatoribus ipsius [1993] inferre præsumeret, componeret aureos bizanteos mille, super illam dumtaxat compositionem quam legibus est statutum componere. Gisulfus quoque Salernitanus princeps filius Guaimarii majoris (591) fecit [1994] in [1995] hoc monasterio cartam (*an.* 972. *Sept.*) de quarta parte omnium quæ Lambertus [1996] dux et marchio (592) possedisse visus est in comitatu Marsicano, et Balva, et [1997] Forcone, et Amiterno, necnon et marchia Firmana et ducatu Spoletino, exceptis servis quos omnes libertate [1998] donavit; quæ videlicet omnia ex parte Ittæ principissæ aviæ conjugis [1999] ejus Gemmæ sibi in hereditatem obvenerant. Sed et Borrellus comes de Petra abundanti [2000] (593) fecit huic [2001] monasterio cartulam oblationis de monasterio sancti Eustasii in finibus ejusdem castri loco qui dicitur Ad arcum (594), cum omnibus omnino rebus ac pertinentiis ipsius, et cum pertinentia terræ modiorum 1623 [2002]. Præterea [2003] quidam presbyter [2004] Joseph de civitate Larinensi obtulit in hoc monasterio ecclesiam sancti Laurentii, quam ipse construxerat in hereditate sua juxta eandem civitatem, cum omnibus rebus et pertinentiis suis. Quidam etiam Aquinenses viri nobiles filii Rodiperti gastaldei obtulerunt omnes res suas beato Benedicto in territorio Aquinensi, loco qui Publica vocatur, plana utique [2005] et montana perplurima. Hildebrandus quoque comes de Sora, simul cum fratribus suis, fecit [2006] cartam in [2007] hoc loco de medietate lacuum Taurini et Juliani (595), qui procedunt a Posta, cum omnibus pertinentiis medietatis eorum. Quos videlicet lacus totos ex integro, una cum rivo de Carpello [2008] Pandulfus [2009] et Landulfus principes in hoc monasterio postmodum cum omnibus eorum pertinentiis firmaverunt. Sed et Rachis gastaldeus de Vicalbo (596) donavit beato Benedicto curtem

A suam cum ecclesia sancti Victorini, prope prædictos lacus, ubi modo Posta vocatur; nec non et duo gualda in finibus Vicalbi; unum in loco qui dicitur Silva plana, alterum in monte Albeto, cum omnibus finibus ac pertinentiis ipsorum. Per idem tempus homines de Vicalbo adquisierunt a prædicto abbate podium illud [2005] ubi nunc est civitas sancti Urbani (597), quod nobis [2010] antiquitus pertinebat, ut facerent in eo castellum, et [2011] reddiderunt ei [2005] in Vicalbo duplo tantum terræ quam acceperant. Reservavit autem sibi abbas ipsam ecclesiam sancti Urbani, cum pertinentia [2012] proprietatis ipsius, et cum tota curte intra eandem [2005] civitatem, in omni dumtaxat [2013] parte pedes centum. Hic idem abbas dedit in concambium Aimerado [2014] cuidam de ter-
B ritorio Marsicano ecclesias quasdam [2005] et terras huic monasterio pertinentes ibidem; id est ecclesiam sancti [2015] Salvatoris in Avezzano, sanctæ Mariæ in Oretino [2016], sancti Abundii in Arcu, sanctæ Mariæ in Montorone, et sancti Antimi in Vico [2017]; et recepit ab eo in comitatu Teatino ecclesiam sancti Heliæ et sancti Viti, cum quinque milibus modiis de terra. Item dedit ecclesiam sancti Comitii, et sancti Helie [2018], et sancti Viti, in eadem [2019] Teate, et recepit ibidem [2020] ecclesiam sancti Tenestri cum tribus milibus modiis terræ; et in Comino (598) quinque milia, inter Atinam scilicet et Vicalbum, et furcam sancti Leutherii. Item [2021] de ecclesia sancti Felicis in Pulverio [2022], quod est modia [2023] terræ mille centum, recepit [2024] solidos centum; pro censu vero
C annuali solidos 5. Per hos dies in placito Marsorum comitum proclamanti [2025]; refutata est ripa Fucini cum piscaria sua, ab ipsa videlicet ecclesia sancte Marie de Montorone, usque in Sanctam Mariam de Palude; qui locus tunc [2026] Altoranum nuncupabatur. Necnon et duæ servorum familiæ cum omnibus suis. Proclamavit [2027] etiam (599) in placito Andreæ marchionis missi imperatoris [2028] Ottonis (*an.* 972. *Sept.*)

VARIÆ LECTIONES.

[1992] minimam *ed.* [1993] ejus *ed.* [1994] una cum Gemma uxore sua f. 1b. 2. [1995] f. cartam in h. m. de 1b. *ed.* [1996] Lampertus 3. [1997] B. F. A. 1b. *ed.* [1998] libertati 1b. *ed.* [1999] a. ipsius G. 1b 2. [2000] habundanti 1b. [2001] in hoc m. cartam 1b. *ed.* [2002] m. septingentorum atque v. trium 4. [2003] Tunc temporis q. 1b. [2004] q. I. p. 1b. *ed.* [2005] *add.* 4. [2006] fecerunt 1b. *ed.* [2007] c. sancto B. de 1b. *ed.* [2008] Carnello 2. [2009] C. in h. m. P. et L. p. cum 1b. *ed.* [2010] q. huic monasterio a. 1b. *ed.* [2011] et — centum. Hic idem *abscisa* 1b. [2012] pertinentiis *ed.* [2013] videlicet *ed.* [2014] Aimirardo 3. Almerado 4. [2015] s. Mariæ in M. s. Abundii in A. s. M. in O. s. Salv. in A. et 1b. *ed.* [2016] Oritino 3. 4. [2017] Vicu 1b. 2. [2018] Vit. et s. H. 1b. *ed.* [2019] *deest* 1b. 2. [2020] r. in eodem comitatu e. 1b. 2. [2021] Item — solidos quinque *desunt* 1. [2022] Polv. *ed.* [2023] modiorum. *ed.* [2024] tulit *ed.* [2025] proclamante illo r. est r. 1b. *ed.* [2026] *deest* 3. [2027] Proclamavit — eas *desunt* 1. [2028] m. domni O. imp. *ed.*

NOTÆ.

(591) Minoris. Donationem datam anno Gisulfi 30. 39.) ind. 15. e Petri Reg. edidit Gatt. Acc., p. 80. Quam Leo male interpretatus est: totam enim hæreditatem offerunt, cujus partem quartam Gisulfus Ittæ nepos Gemmæ uxori *per. scriptum morgincaph* antea assignavisse se profitetur.

(592) Imperatorem dicere videtur. In dipl. illo non commemoratur.

(593) In Abrutio cit. territ. Triventi.

(594) *In comitatu Molisie* in confirmatione donationis per Paldolfum et Landolfum principes, data 977, Mart. 12, quam solam edidit Gatt. Acc., p. 81. Ibi numerus modiorum non legitur.

(595) Qui nunc unum lacum Postanum efficiunt.

(596) Vicalvi in ducatu Alvitensi.

(597) Cujus simul et Comini in locum successit Alvito.

(598) Quod tunc civitatis et pagi nomen erat.

(599) A. 29 Pandolfi, 4. Landolfi, ind. xv. — Reg. n. 253.

A apud [2029] Sulmonem [2030] super Oderisio comite Balvensi, qui retinebat duas ecclesias nostras in [2031] valle de Pectorano, id est sancti Stephani et sancti Eleutherii, et facta inde manifestatione, recollegit protinus [2032] eas. Hic convocatis aliquot hominibus de civitate [2033] Termulensi, fecit cum eis convenientiam ut edificarent ibi in pertinentiis [2034] nostris in loco qui Ripa [2035] Orsa vocatur juxta fluvium Trinium (600) unum castellum, ubi ipsi cum [2036] suis omnibus habitarent, et laborarent ipsas terras nobis illic [2037] pertinentes: ita ut tertiam [2038] partem huic monasterio tam [2039] de ipso castello quam et de omnibus quæ ibi operarentur tribuerent, duas vero sibi haberent. Ipso [2040] tempore Sadelfrit diaconus civitatis Lesinensis obtulit in hoc monasterio unam B ecclesiam juris sui vocabulo Sanctus Martinus; constructam [2041] juxta eandem civitatem, in loco qui dicitur Alchisi, cum universis [2042] ornatibus et pertinentiis ejus. Id [2043] ipsum quoque fecerunt Guarnerius et Laidulfus a Basso Larinenses [2044], de ecclesia sancti Germani in loco qui vocatur [2045] Aquarola apud Larinum. Similiter [2046] fecerunt Johannes [2047] et Boncius cives Termulenses de ecclesia sanctæ Trinitatis quam ipsi construxerant super mare, in ripa que nominatur Petra Hermerissi. Eodem modo oblatæ sunt huic monasterio tres ecclesiæ in Lumisano, id est Sancta Maria, Sanctus Petrus, et Sanctus Benedictus in loco Maccla bona, cum omnibus rebus et pertinentiis earundem ecclesiarum. Guido C etiam Asculanus obtulit curtem suam de Casali, loco qui dicitur Forcæ, quæ est terra modiorum circiter mille quingentorum [2048]: obtulit autem illam in ecclesia sancti Salvatoris de prædicto Asculo, ad opus monasterii hujus (601). Emmo [2049] etiam quidam Marsicanus obtulit huic monasterio [2050] hereditatem suam de Comino quod est centum modia de terra, in loco qui dicitur Ferrara, ad Vicalbum.

Circa hos dies Gisepertus præpositus sanctæ Sophiæ de Benevento, ordinatus super causas hujus monasterii in Lesina et Thermule [2051], recollegit ab Adelchiso Lucerino episcopo libellum quem ei [2052] dudum Angelarius [2053] abbas fecerat de omnibus quæ in prædicta Lesina huic monasterio pertinebant, dimissa iterum [2054] ei per libellum medietate ipsius faucis, et fluvio Lauri usque in quindecim annos; censu libra [2055] auri per annum. Hic [2056] idem Gisepertus proclamavit in placito Termulensi coram multis qui ibi aderant nobilibus atque judicibus, super quodam Castelgardo [2057] qui ei contendebat quandam curtem nostram in eadem Termula, loco qui vocatur Casale Mari ad sanctum Georgium, quæ curtis appellatur De Theodosio; quam videlicet curtem Deusdedit abbas noster olim emerat ab Adelperto avo ejusdem Castelgardi, quingentis solidis aureis, cum casis, terris, vineis, silvis, pratis, et aquis, simul cum ipso pascuo ejus quod habebat in Termuleto [2058], per designatos fines: ab uno capite rivus qui decurrit a sancto Georgio in vivarium [2059], et usque Bifernum; ab altero capite mare; a latere Bifernum; ab alio latere rivus vivus qui decurrit in mare; et ita ostensa ratione sua judicantibus illis, manifestavit se inde prædictus Castelgardus [2060] per scriptum, apposita compositione mille solidorum si hoc aliquando removere voluisset. Constantius quoque præpositus sancti Benedicti de Larino [2061], proclamavit in placito Madelfrid [2062] comitis super Azenem episcopum ipsius civitatis, de ecclesia sancti Benedicti in Pettinari [2063] quam idem episcopus cum omnibus possessionibus ejus sibi vendicaverat, et ostensa ratione ac justitia nostra, judicante comite et episcopo renuntiante, recollegit eam: et quoniam destructa erat, a fundamentis illam [2064] restaurans, in ea monasterium quod hactenus intra [2065] civitatem fuerat, esse constituit, ibique cum fratribus [2066] religiose vivere cœpit.

* Cujus supra meminimus *add.* 2.

7. Hic abbas fecit libellum de monasterio [2067] sanctæ Mariæ in Luco [2068] (602), Raynaldo comiti Marsorum, secundum illas scilicet pertinentias atque [2069] fines, quibus Gualterius sacerdos et monachus eandem ecclesiam a [2070] Doda comitissa sibi concessam [2071] in hoc monasterio ante [2072] annos ferme viginti tradiderat, quod [2073] est terra modiorum circiter sexcentorum. Quod [2074] videlicet sanctæ Mariæ monasterium diversis postmodum ac multiplicibus longe lateque ecclesiis seu possessionibus

VARIÆ LECTIONES.

[2029] O. et Oderisi comitis de Balua, a. 2. [2030] Sulmonam s. prædicto c. Od. qui *ed.* [2031] n. de Balua in 2. [2032] *addit* 4. [2033] h. partis illius de pertinentia scilicet T. 1^b. [2034] in pertinentia hujus monasterii 1^b. 2. [2035] Riga *ed.* [2036] c. s. o. *add.* 4. [2037] *add.* 4. [2038] t. tantum p. 1^b. *ed.* [2039] m. de omnibus q. ibi (*deest ed.*) op. et de i. c. t. 1^b. *ed.* [2040] Per idem tempus S. 1^b. *ed.* [2041] constructa 1^b. *ed.* [2042] omnibus 1^b. *ed.* [2043] Id — Larinum *deest* 1. [2044] Larienenses 2. [2045] dicitur *ed.* [2046] Similiter — Hermerissi *desunt* 2. [2047] I. filius Radefrit et 1^b. [2048] quingenti 1^b. *ed.* [2049] Emmo — Vicalbum *desunt* 1. [2050] loco *ed.* [2051] Thermole 1^b. 2. [2052] illum 4. [2053] abbas A. 1^b. [2054] d. ei it. 1^b. *ed.* [2055] a. libra una 1^b. *ed.* [2056] Hic *etc. usque ad finem cap. desunt* 1. [2057] Castalgardo 4. [2058] Termoleto 2. [2059] Vicarium *ed.* [2060] Gastalgardus 3. [2061] Lariano 2. [2062] Madelfrit 3. [2063] Pettenari 2. [2064] eam r. ibi m. *ed.* [2065] infra *ed.* [2066] monachis 2. [2067] ecclesia 1. *corr.* 1^b. [2068] L. et S. Herasmi 1. [2069] a. f. *add.* 1^b. [2070] a. D. c. s. o. *add.* 1^b. [2071] oblatam 1^b. *ed.* [2072] m. dudum t. 1. *corr.* 1^b. [2073] q. e. modiorum terræ sexcenti 1^b. *ed. desunt* 1. [2074] Quod — Avezano *desunt* 1, *sed signum positum excidisse aliquid prodit.*

NOTÆ.

(600) Trigno.

(601) Cf. lib. I, cap. 37.

(602) Ad lacum Fucinum.

a[2075] nonnullis fidelibus est dilatum, de quibus hic A ea[2076] quæ investigare potuimus, congruum scribere duximus. Ecclesia[2077] sanctæ Mariæ in Passarano, et sancti Sebastiani ibidem. Monasterium[2078] sancti Martini in Trans aquas. Ecclesia[2077] sanctæ Mariæ de Colle longo; sanctæ[2079] Restitutæ in Morrei; sancti Stephani, et sancti Nykolai, et sancti Donati in valle Sorana; sanctæ Crucis in valle Ortuccle[2080]; sancti Laurentii in Vico; sancti Joannis in Besenge[2081]; sancti Cypriani in civitate Marsicana; sancti Salvatoris in agro[2082] ejusdem civitatis; sanctæ Barbaræ ibidem; sancti Ambrosii in Secunzano. Monasterium[2083] sanctæ Mariæ in Cesis; sancti Leucii[2084] in Marano; sancti Blasii in Muscosi[2085]; sancti Herasmi in Pomperano; sancti Silvestri in Pireto; sancti Salvatoris in Camerata[2086]; sancti Germani B in Petrella Romani. Omnes istæ ecclesiæ, cum universis possessionibus et pertinentiis earum mobilibus et immobilibus prædicto monasterio antiquitus pertinuerunt. Insuper et hereditas Petri Maimonis in Auritino[2087] magna et bona, et hereditas Apici in Paterno, necnon[2088] et hereditas Bettonis Rattrude in Avezano.

8. Præterea ubicunque aliquid[2089] de possessionibus hujus[2090] monasterii quæ prioribus temporibus amissæ seu[2091] perditæ fuerant præfatus[2092] abbas [2092] investigare certius poterat[2093], maximum[2094] recolligendi et conquirendi, seu[2095] etiam redimendi, nec non libellos faciendi, studium habebat[2096]. Libellos[2097] autem seu[2098] de rebus hujus monasterii sive sancti Angeli de Barreio sicut[2099] in eisdem C libellis habetur ideo studiosissime faciebat, ut et hoc monasterium dudum a Saracenis destructum hujusmodi[2100] pecuniis reconciliaret, et ut per hoc indicium ad hujus cœnobii dicionem universa illa pertinere in futurum tempus ostenderet. Nam filiis cujusdam Gisonis de Aprutio libellum faciens de curte de Bigano[2101], quadringentorum circiter modiorum, recepit inde in[2102] præsenti solidos sexcentos: annualiter vero pro censu, solidos 20. Item in Aprutio[2103] de curte Tulliana, solidos trecentos; pro censu[2104] 23. Item ibidem de curte quæ dicitur Bassanum solidos centum, pro censu 15. Item ibidem loco Arole de quadringentis modiis terræ, solidos sexcentos[2105]; pro censu 4; de[2106] curte Mariana solidos 168[2107]; pro censu 7. Item de[2108] curte Tuliana[2109] et aliis rebus libras 16; pro censu solidos 20. Item de eadem solidos trecentos: pro censu 16. In comitatu vero Pennensi de curte sancti Silvestri de Doliola[2110], solidos quadringentos: pro censu 15. De curte sancti Georgii de Colline, solidos ducentos: pro censu 10. De terris in loco qui dicitur Cicele, solidos quingentos; pro censu 10. De terris in Paterno et Casa Punti[2111] solidos 160: pro censu 4. In Marsia de Sancto Victorino in Celanu[2112], et Sancto Benedicto in Tilia, libras 6: pro censu tremisses 8. In[2113] Balva de Sancto Mercurio et Sancto Cesidio[2114], libras 4: pro censu tremisses 10. Item ibi de ecclesia sancti Benedicti in Prætorio libras duas: pro censu solidos duos. Fecit etiam libellum cuidam Johanni presbytero et Maraldo gastaldeo civitatis Cannensis de piscaria ejusdem civitatis, in loco qui dicitur Zappineta, usque in decem annos; pro censu[2115] 14 ligaturas sepiarum, 40 bonas sepias per singulas ligaturas habentibus; nec non et de ecclesia sancti Benedicti sita in eadem Canni, pro censu solidorum[2116] duorum. De[2117] piscaria quoque Lesinensi et fluvio Lauri libellum fecit pro censu triginta bizanteorum. Fecit et libellum Landulfo comiti Hiserniensi de tota pertinentia terrarum ubi dicitur Capriata. Quas idem comes non multo post ex integro reddidit in hoc monasterio; tradito hic ad conversionem cum[2118] aliis oblationibus filio suo parvulo De[2119] ecclesia quoque sancti Andreæ et omnibus pertinentiis ejus in valle de Caudis, loco Paulisi libellum fecit cuidam Leoni presbytero et Joanni Genco[2120], pro multis[2121] dumtaxat xeniis et servitiis eorum. Similiter fecit et de innumeris aliis per[2122] diversa loca seu provincias; quæ profecto[2123] hic recensere vel scribere superfluum duximus[2124].

9. Hujus (603) abbatis nono[2125] decimo anno (966) Johannes[2126] papa de Roma exiliatus venit Capuam, et rogatus a præfato principe Pandulfo, tunc primum in eadem civitate archiepiscopa-

VARIÆ LECTIONES.

[2075] et 2. [2076] h. aliquanta scribamus quæ i. p. *ed* [2077] S. Maria in Colle l. *etc. alio ordine ed.* [2078] Sanctus Martinus *ed.* [2079] S. Restituta *etc. ed.* [2080] Artuccle 3. [2081] Besenle 3. 4. *an* Besenie? [2082] giro *ed.* [2083] S. Maria *etc. ed.* [2084] Eleuticius 3. [2085] Muscusi 3. [2086] Camarata 3. [2087] Auretino 2. [2088] *add.* 4. [2089] *deest ed.* [2090] *deest* 1. nostri 1b. *ed.* [2091] s. p. *add.* 4. [2092] *add.* 1b. [2093] potuit 1. *ed.* [2094] m. præ omnibus r. 1. *ed.* [2095] seu—faciendi *add.* 1b. [2096] habuit 1. *ed.* [2097] Libellos *etc usque ad finem cap. add.* 1b. [2098] a. quamplurimos sive 1b. *ed.* [2099] ut 1b. *ed.* [2100] ipsorum 1b. *ed.* [2101] Vigano 1b. 2. [2102] in p. *desunt* 4. [2103] Prucio de curte q. d. Bass. 4. [2104] solidos *hoc loco ubique addunt* 1b. *ed. omittit* 4. [2105] ducentos 3. [2106] 4. Item ibidem de 1b. *ed.* [2107] solidos 168; pro censu *desunt* 2. [2108] i. ibidem de 1b. *ed.* [2109] Tulliana *ed.* [2110] Doliosa *ed.* [2111] Punzi 2. [2112] Celano 3. [2113] In—parvulo *desunt* 1. [2114] C. et aliis rebus in Flaterno 2. [2115] c. super singulos annos q. *ed.* [2116] c. duarum pellium confectarum 2. [2117] Fecit et libellum — parvulo. De — bizanteorum *ed.* [2118] c. a. o. *desunt ed.* [2119] In valle quoque de C. l. P. (l. P. *desunt* 1b.) de eccl. S. A. *etc.* 1b *ed.* [2120] G. p. *abscisa* 1b. [2121] m. d. *desunt* 1b. *ed.* [2122] a. quæ 1b. 2. [2123] q. hic superfl. scribere d. 1b. *ed.* [2124] depositus autem nono Kl. Dec, sepultus est juxta ecclesiam sancti Benedicti *add.* 1. [2125] octavo 1. *corr.* 1b. [2126] tertius decimus *add.* 1. *expunxit* 1b.

NOTÆ.

(603) Multum de hoc loco disputatum est. Ut paucis dicam quod sentio, Leonem in Ecclesiæ Capuanæ membranis adnotatum invenisse existimo: Joannem consecratum esse a. 966, quo 18us Aligerni

tum [2127] constituit, Johanne [2128] ejusdem principis fratre inibi consecrato. Post [2129] quem domnus Leo hujus cenobii monachus in eadem civitate quattuor annis et dimidio archiepiscopatu functus, Gerberto [2130] nichilominus loci [2131] istius monacho sui [2132] successionem honoris reliquit *. Sequenti [2133] autem anno defuncto primo Ottone, Otto secundus imperator filius [2134] ejus cognomento Rufus venit Capuam (*an.* 969), et abiit Tarentum, ac [2135] Metapontum, et deinde [2136] Calabriam. Unde [2137] prospere ad sua reversus, anno Domini 983. iterum magno exercitu congregato, cum Saracenis in Calabriam dimicaturus descendit : sed divina permissione superatus ab illis, vix ipse cum non multis evadere potuit. Veniens [2138] igitur Capuam, firmavit principatum relictæ Pandulfi principis Aloaræ, et filio ejus Landenulfo. Nam Landulfus et Atenulfus ejusdem Aloaræ filii in prædicto bello perierant. Ipse vero imperator pro recolligendo milite ac certamine restaurando Romam [2139] profectus [2140], eodem tempore defunctus est; atque [2141] in atrio ecclesiæ beati Petri apostoli in labro porphiretico (604) sepultus **; et filius ipsius, Otto tertius regnum [2142] accepit.

* Ipso anno sol obscuratus est hora tertia 11. Kal. Jan. ita ut multæ stellæ apparerent (605) *add.* 1c.

** introeuntibus in paradysum ejusdem ecclesiæ ad levam *add.* 1b. 2.

10. Aloara [2143] igitur cum vixisset in honore suo annis circiter octo, reliquit in principatu filium A Landenulfum; qui post quattuor menses cum [2144] de more principali ejusdem civitatis ad ecclesiam sancti Marcelli ipsa quinta feria sancti paschæ sollempniter processisset, a quibusdam infidelibus suis Capuanis crudeliter occisus est (607) (*an.* 993. *Apr.* 20). Quo cognito Trasmundus [2145] Teatinus comes et [2146] marchio (608) propinquus ejusdem principis, ad ulciscendam ipsius interfectionem, congregato non [2147] parvo exercitu simul cum Rainaldo et Oderisio Marsorum [2148] comitibus, venit super Capuam post duos ferme menses, et obsedit eam ac vastavit per quindecim dies. Postmodum vero pro hac eadem principis ultione, venit Capuam unacum prædictis comitibus Hugo marchio missus ab imperatore, et obsedit eam undique per multos dies, quousque illi B [2149] traditi sunt ii qui præfatum [2150] principem interfecerant. Quos accipiens, sex de illis in furca suspendit; cæteros vero diversis ac variis pœnis multavit.

11. Ante hoc ferme biennium ingens terræmotus factus est tam in Capua quam in [2151] Benevento : ita ut in Capua plurimas domos everteret, et campanas ejusdem civitatis per se sonari faceret (*an.* 990. *Oct.* 25). In Benevento autem Viperam (609) dejecit, et subvertit quindecim turres; in quibus videlicet [2152] centum [2153] quinquaginta homines mortui sunt. De Ariano et Freccento [2154] (610) magnam partem destruxit. Compsanam civitatem prope mediam evertit, ejusque episcopum cum aliis

VARIÆ LECTIONES.

[2127] archiepiscopum 3. [2128] c. consecrato ibi l. fratre e. p. archiepiscopo 1. *ed.* [2129] Post — reliquit *add.* 1b. [2130] Gilberto *ed.* [2131] hujus l. m. 1b. *ed.* [2132] m. succ. archiepiscopatus r. 1b. 2. [2133] Et s. anno 1. *Signum ibi in marg. appictum quid sibi velit nescio ; v. tab. lithogr.* Seq. anno *ed.* [2134] r. e. c. r. *add.* 1b. [2135] ac M. *add.* 1b. [2136] *deest* 4. [2137] *ita* 1c. Biennio autem post hæc Pandulfus princeps pugnans cum Grecis apud (castrum Apuliæ *add.* 1b.) Bebinum, captus ab eis est; et Constantinopolim deportatus; sed post decem menses evadens reversus est (ad Ottonem imperatorem apud eandem Bibinum ubi captus fuerat *add.* 1b.) filiumque suum Landenulfum ducem in Cajeta constituens, quarto postmodum est anno defunctus (606). Anno autem D. 983. præfatus Otto imperator secundus m. e. c. iterum c. S. 1. [2138] In quo etiam prælio Landulfus princeps filius principis Pandulfi cum fratre suo Atenulfo et aliis pluribus mortuus (occisus 1. *cor.* 1b.) est. Imperator autem Capuam reversus f. p. r. P. p. A. et f. e. L. Ipse vero pro 1. *ed.* [2139] Veronam 1. *cor.* 1b. [2140] rediens 1. *ed.* [2141] atque — levam *add.* 1b. [2142] factus est imperator 1. *corr.* 1b. [2143] Prædicta vero A. cum 1. *ed.* [2144] m. a quibusdam i. s. C. c. o. est apud ecclesiam s. M. ad quam de m. p. e. c. ipsa q. f. s. p. processerat 1. m. a. q. i. s. C. c. o. est a. e. s. M. ipsa q. f. s. p. ad quam d. m. p. e. c. eadem die (soll. *add.* 3.) processerat 1b. *ed.* [2145] Transmundus *ed.* [2146] et m. *add* 1b. [2147] n. p. *desunt* 4. [2148] O. c. M. 1. *ed.* [2149] ii t. s. illi *ed.* [2150] prædictum 1. 2. [2151] *deest ed.* [2152] *add.* 4. [2153] multi 1. 150 1b. [2154] Fregento *ed.*

NOTÆ.

annus incipiebat; Natali Domini 968 Ottonem II imperatorem factum : qua re adductus est ut patrem 967 defunctum crederet. Sed cum postea in Ann. Casin. inveniret, Ottonem 969 Calabriam adiisse, patremque inter vivos fuisse (nam illum pro secundo habuit), annum superius scriptum mutandum esse putavit et solis eclipsin ei addidit. Aligerni annum 18 exhibet etiam Chr. Atinense ap. Murat. SS. VII, p. 909, quod hic eodem cum Leone fonte usum esse videtur.

(604) Potius in concha marmorea lapide porphyretico tecta : eodem, ut fertur, qui Adriani sepulcro impositus fuerat; cujus arca postea recepit Innocentium II. Lapis ille Fontana dirigente excavatus in ecclesia S. Petri aquam baptismalem continet. Fusius de his omnibus disserentem adi Bonannium de templo Vaticano cap. 22.

(605) Accidit a. D. 968, Dec. 22. Cf. Liutprandi Leg. 64.

(606) Cf. Chr. Salern., c. 171 sqq.

(607) Cf. Chr. S. Bened. SS. III, p. 206, 207, sed noster aliqua addidit. Cf etiam Petri Dam. Opusc. 57.

(608) Id non recte addidisse videtur.

(609) Cf. Ann. Benev. ad a. 990. Vipera castellum fuit in agro Beneventano; noster tamen de simulacro aliquo cogitavisse videtur. Beneventi quoque vicum fuisse Viperam, postea dictum *Vico de Serpi*, De Vita refert in Antt. Beneventanis.

(610) *Frigento.*

[2155] multis occidit. Ronsam (611) vero cum universis fere in ea manentibus summersit. Eisdem [2156] ferme diebus frater hujus Aligerni abbatis, Leo nomine, monachus professione, revertens [2157] a Jerusolima portionem ligni dominicæ crucis non parvam, auro gemmisque pretiosis ac margaritis circumdatam [2158], secum detulit, et huic sancto cœnobio devotissimus obtulit, ipsa [2158] die [2159] Nonarum Novembrium. Depositus [2160] est autem prædictus abbas 9. Kal. Decembris (612) (*an.* 985), et honorifice [2152] sepultus juxta ecclesiam sancti Benedicti.

MANSO abbas [2161] vicesimus octavus, sedit annis undecim.

12. Iste fuit consobrinus Pandulfi principis (613); qui cum eo tempore quo Aligernus [2162] abbas defunctus est, monasterio sancti Magni juxta Fundanam civitatem (614) posito præesset, propinquorum principum solacio [2163] fretus, non autem [2164] monachorum consensu, cœnobii hujus abbatiam indeptus est. Unde factum est, ut nonnulli de prioribus ac [2165] melioribus hujus monasterii fratribus potius hinc egredi quam manere sub illo eligerent. E quibus domnus [2166] Johannes Beneventanus qui postmodum abbas extitit, unus fuit; alter vero domnus [2167] Theobaldus, nichilominus postmodum abbas effectus domnus etiam Liutius, de religiosioribus [2168] ac prioribus loci hujus monachis unus; nec non et quinque alii quorum nomina non recoluntur. Et [2169] tres quidem primi Jerusolimam profecti sunt; ceteri vero quinque in Lambardiam: quos cum ob maximam hujus loci devotionem Hugo marchio nimis honorifice [2170] suscepisset, ex ejus largitione quinque [2171] in illis partibus cœnobia construxerunt, atque juxta hujus monasterii traditionem omnem ibi ordinem posuerunt. Ex [2172] hujus marchionis dono duo hic argentæ coronæ habentur.

13. Per [2173] idem tempus supradictus Otto tertius interventu matris [2174] augustæ Theophanu [2175] præceptum huic monasterio fecit (*an.* 989 *Jul.* 23), confirmans de more omnes pertinentias ejus (615). Gisulfus præterea Teanensis comes (616) fecit oblationem in hoc monasterio (*an.* 996 *Aug.*) de loco sive [2176] castello quod dicitur Casale Caspuli, cum universis [2177] finibus ac pertinentiis ejus. Berteramus (617) etiam nobilis vir de comitatu Pennensi obtulit res suas beato [2178] Benedicto in loco qui vocatur [2179] Fonte tecta (618), cum ecclesia sancti Flaviani, et medietate castelli de colle [2180] Carello et castello de monte Petitto, et cum aliis curtibus suis, quod est terra modiorum septingentorum (*an.*

VARIÆ LECTIONES.

[2155] c. plurimis aliis o. 1. *ed.* [2156] Isdem 1. [2157] p. portionem *etc.* revertens a I. detulit 1. *ed.* [2158] et in argenteo loculo venerabiliter collocatam 1. *del.* 1b. [2159] d. N. N. *add.* 1b. [2160] *hæc in fine c.* 8. *habet* 1. [2161] M. 28. a. 1. *ed.* [2162] Aliernus 3. [2163] f. s. 1. *ed.* [2164] a. omnium hujus loci m. c. 1. 2. [2165] et m. 1. *desunt* 2. [2166] *deest* 1. 2. [2167] *deest* 1, 2. [2168] religiosis hujus l. m. ac prioribus u. 1 *ed.* [2169] E (*deest ed.*) quibus omnibus tres priores I, p. s. Quinque v. alii in L. 1 *ed.* [2170] reverenter 1 *ed.* [2171] l. atque concessione q. monasteria in i. p. c. ibique i. t. h. m. o. o. p. 1 *ed.* [2172] Ex — habentur *desunt* 1. Ex cujus etiam m. *ed.* [2173] *totum cap. add.* 1b [2174] m. suæ a. 1b. [2175] Theophanii *ed.* [2176] et 1b, 2. [2177] *addit* 4. [2178] sancto 1b *ed.* [2179] dicitur 1b *ed.* [2180] loco *ed.*

NOTÆ.

(611) Terra erat non longe a Compsa. ANG.

(612) In cod. 47, *Nono Kal. Decembris Aligernus sacerdos et abbas hujus loci.* In codice 353 habetur epitaphium Aligerni, manu s. XI. scriptum, quod per Bethmannum V. D. denuo collatum hic subnectimus:

Hic pater egregius Aligernus pausat humatus
Pignere vivifico resiliturus item.
Nativa bonitate cluens [a], *et inclitus orbi,*
Urbe Neapoleos satus et altus erat.
Ast Domini præcepta librans, patriam quoque linquens,
Quo caput orbis habet, pervolitabat ovans:
Æcclesiæ doctoris enim delegit asilum,
Sub patre Balthwino subdere colla Deo.
Dogmate normali virtutum culmina postquam
Attigit, hoc sacrum regere gimnasium
Promeruit, quo cuncta micant spiramina lucis,
Per mare, per terras, per juga, perque chaos.
Quod quia frustratum fuerat tum [b] *temporis, ille*
Nisibus omnigenis enceniarat hians.
Tigna novans tegulasque locans dissepta resarsit,
Picturamque — rudem — fecit habere domum.
Quid valeat, quid non, quo virtus, quo ferat error,
Noverat ipse sagax propositique tenax.
Non persona potens fuerat, quæ tempneret illum,
Quæ placeantque rogat; quo dare cuncta queat.
Gravis erat moribus, monachorum specula exstans,
Cuncta gerens placido ingenioque pio.
Jam meritis pater ille pius talibusque refertus,
Lætus ab æthereis sumitur ecce choris.
Conditur his septis ter ternis rite Kalendis
Romulei mensis, ipse December adest.
Hoc pie cœnobium ter denos rexerat annos,
Septenosque simul, sic adiitque [c] *polum.*
Nunc monachile decus titulum cum legeris istum,
Dic, et in æternum nunc habeat requiem. Amen.

Ind. XIV obiisse produnt Ann. Cas. ut annum 37 minime compleverit.

(613) Laidolfus etiam princeps consanguineum suum appellat in suo præcepto, in Regesto Petri num. 235. ANG.

(614) *Fondi.*

(615) Reg. n. 126. Actum est Ingelheim

(616) *Filius b. m. domni Paldolfi principi.* Datum est 4 anno Landolfi (l. Laydolfi), mense Aug. ind. IX. Edidit Gattula Acc., p. 84 e Reg. Petri. Verum non ipsum castellum dari, sed terram ei adjacentem, observavit Di Meo in Ann. Neap. 996.

(617) Gatt., ib., p. 84 e Reg.

(618) *Fontecchia*, in Aprutio Ultra. GATT.

[a] summus *addit c.* [b] tam *c.* [c] adiique *cod.*

991 *Jun.* 14). Sed et Petrus quidam presbyter (619) de Campomaurani[2181] (620), obtulit in hoc loco ecclesiam sancte Marie, quam ipsemet[2182] in hereditate sua construxerat super ipsos lacus ejusdem civitatis, cum multis terris et omnibus pertinentiis ejus. Temmarius quoque vir quidam illustris de Aprutio fecit sancto Benedicto cartam de omni pertinentia sua in Penne et Aprutio, cum ecclesia sancti Pauli, et sancti Johannis de Busseta[2183], et curtibus per diversa loca, quod[2184] est terra modiorum mille et centum[2185]. Similiter fecit et Trasmundus[2186] clericus de curte sua in Aprutio quæ dicitur Celli, cum omnibus pertinentiis et adjacentiis suis, quod est terra modiorum trecentorum. Id ipsum fecit et Grimoaldus judex Aquinensis de ecclesia sancti Angeli in monte qui vocatur[2187] Aspranus, cum terris non paucis et ceteris pertinentiis suis.

Hic[2188] abbas fecit libellum quibusdam nostratibus, juxta tenorem abbatis Aligerni, et posuit eos circa Sanctum Heliam, ut et ipsam ecclesiam a barbaris destructam restaurarent, et terras in circuitu ejus juxta terminos statutos excolerent. Landenulfo[2189] quoque Lucerinæ sedis episcopo fecit libellum de piscaria Lesinensi; unde idem episcopus per singulos annos reddebat in[2190] censum in natale Domini[2191] præposito sanctæ Sophiæ de Benevento ad opus monasterii hujus bizanteos 26. Fecit etiam libellum Rainaldo comiti Marsorum de ecclesia sancti Pauli quæ sita est in territorio Cominensi, in pertinentia castelli Septem fratrum, cum rebus et adjacentiis[2192] suis, trecentis videlicet terrarum modiis, recipiens ab eo ad[2193] præsens quidem solidos 50 : annualiter vero, tincas quingentas. De[2194] ecclesia quoque sancti Felicis in Pulverio, et sancti Maximi in comitatu Teatino libellum faciens, recepit solidos trecentos : pro censu autem solidos 8. In[2195] comitatu Pennensi : de Sancto Angelo de A Gaiano solidos 100 : pro censu 7. Item ibidem de Sancto Bonito solidos 50 : pro censu solidos 3. Item ibidem de terris ad Coronulas, et ad fontem Ermonis, solidos 100 : pro censu solidum unum. Item ibidem de terris in Pastina et in valle Albina solidos 160 : pro censu solidos 8. Item[2196] in Aprutio cuidam Odemundo[2197] de ipsa curte de Mariano ad ipsam cisternam, et in colle de Morta terram modiorum 100, pro[2198] solidis nichilominus 100, et pro censu solidos 5[2199]. Eodem tempore[2200] Terracinenses cives commoniti a Johanne episcopo suo propter cladem quandam[2201] quam tunc patiebantur, ipso die sancti pasche (*an.* 994. *Apr.* 15) (621) omnes[2202] unanimiter devoverunt ac promiserunt daturos se per singulos annos in hoc monasterio sex B milia anguillas; et scriptum inde fieri, terribili anathemate supposito ad posterorum memoriam præceperunt (622).

14. Hic idem[2203] abbas cum a Johanne papa quintodecimo[2204] privilegium (623) juxta solitum recepisset[2205] (*an.* 989. *Nov.* 11), a Landenulfo etiam principe, qui, ut jam diximus, a Capuanis[2206] crudeliter interemptus est, præceptum confirmationis abbatiæ[2207] totius accepit (*an.* 991) (624), secundum[2208] tenorem scilicet præcepti patris ipsius. Laydulfus quoque ejusdem Landenulfi frater qui illi in principatu successit, 15 et[2209] familias in Aquinensi civitate de majoribus quæ ibi erant concessit. Cui[2210] etiam nono (625) abbatiæ ipsius anno (*an.* 993) juravit omnem securitatem, et ut de tota C omnino abbatia se vivente illum fideliter adjuvaret; præceptum quoque de Castro Cœli, cum toto monte qui vocatur Aspranus per suas pertinentias fecit (*an.* 994. *Dec.* 10). In ejus[2211] itaque montis summitatem idem[2212] abbas ascendens, cum nonnulla inibi veterum ædificia repperisset, voluit ibi castrum construere; sed propter aquæ penuriam id facere

VARIÆ LECTIONES.

[2181] de civitate C. 1b, 2. [2182] ipse 1b *ed.* [2183] Bosseta 1b, 2. [2184] l. terram 1b *ed.* [2185] *Hic tribus fere versibus* (Similiter et Tento, *etc.*, *v. c.* 26) *expunctis pergit* : Hic fecit 1b. [2186] Transmundus *ed.* [2187] dicitur *ed.* [2188] Hic — excolerent *desunt* 1b *ed v. infra not.* g. [2189] Hic fecit l. L. L. s. e. de 1b *ed.* [2190] *add.* 4. [2191] natali p. *ed.* nat. d. p. 1b. [2192] pertinentiis 1b *ed.* [2193] in præsenti 1b *ed.* [2194] Fecit etiam libellum de e. s. F. in P. et s. M. in c. T. pro quo r. s. 500 : p. c. vero s. 1b *ed.* [2195] De S. A. de G. in P. c. 1b *ed.* [2196] Item — quinque *desunt* 1. [2197] Ademund 3. [2198] p. s. n. c. *desunt* 2. [2199] 5. Iste fecit libellum juxta t. a. A. quibusdam n. et p., *etc.*, *ut supra l.* 25 *ed.* [2200] Eodem — præceperunt *in c.* 26 *leguntur* 1b. [2201] *deest* 4. [2202] u. o. 1b *ed.* [2203] Hic itaque c. 1 *ed.* [2204] vicesimo 1 *corr.* 1b. [2205] tertio anno abbatiæ suæ recepit præceptum ab Ottone imperatore tertio (O. tertio adhuc regnante *corr.* 1b.) per rogum (*corr.* preces) Theophanu imperatricis (matris *suprascr.*) illius *add.* 1 *quæ postea expunxit.* [2206] C. apud ecclesiam s. Marcelli c. 1 *ed.* [2207] t. a. 1 *ed.* [2208] s. t. s. p. p. i. *add.* 1b. [2209] illi 1 *ed.* [2210] A quo etiam n. a. suæ a. præceptum adquisivit de C. C. cum t. m. q. dicitur S. Angeli in Asprano. In 1. Cui e. n. a. i. a. præceptum de C. C. cum t. m. qui dicitur S. Angeli in Asprano (d. Aspranus 3) per s. p. faciens, juravit illi omnem — adjuvaret. In 1b *ed.* [2211] cujus m. 1 præfati i. m. 1b *ed.* [2212] i. a. *add.* 1b.

NOTÆ.

(619) Reg. n. 237. Temmarius, n. 238, ubi vocatur *Tetmari*; Transmundus, et Grimoaldus ibidem. Ang.

(620) *Civita Campomorano* exstat in com. Molise prope Guardam Alfieram.

(621) 15 *die intrante mense Aprilis quæ fuit resurrectio domini nostri J. C. die secundum dominicum* id est Dominica altera post Pascha, ut temporum supputatione constat.

(622) Quod e Petri Reg. edidit Tosti *Hist. Cas.* I, p. 243.

(623) Tosti I, p. 233 e Reg.

(624) Gatt. Acc., p. 87 ex or. Datum est Landenulfi anno 9, ind. IV, s. d.

(625) Nonus annus ad solum præceptum pertinet, cum quo eum noster primo recte conjunxit : siquidem post Aligerni obitum sedem aliquot diebus vacasse statuimus; juramentum Laydulfus in ipsis principatus initiis anno Mansonis 8 præstitit. Utrumque dedit Gatt. Acc., p. 89, 90.

dissuasus, descendit; et in latere ejusdem montis, roccam quæ Sicca nuncupatur (626) ædificavit[2213].

15. Supradictus[2214] itaque imperator Otto, deposito de[2215] principatu Laidulfo (627) et ultra montes exiliato (*an.* 999) eo quod in nece fratris sui consensisse dicebatur, Ademario cuidam Capuano filio Balsami clerici, quem secum a puero deducatum unice diligebat, Capuanum[2216] tradidit principatum. Non multo post id est[2217] post menses 4, idem Ademarius a Capuanis principatu depellitur, et Landulfus (628) de Sancta Agatha[2218], filius scilicet Landulfi Beneventani principis in principem subrogatur. Hic præfato[2219] abbati jurejurando (629) firmavit, et jurando firmare fecit duodecim de[2220] nobilibus Capuanis totam ex integro abbatiam, cum omnibus omnino intra Capuanum principatum pertinentiis ejus, sicut eam tenuit sub supradicta[2221] principissa Aloara et Landenulfo filio ejus, a quibus ei dudum fuerat confirmata. Comitatum etiam Aquinensem totum ex integro, simul cum episcopatu ejus, et castellum[2222] Teramense (630) necnon[2223] et castellum Arcis, cum omnibus pertinentiis eorum, sicut eo tempore tenebat et dominabatur. Insuper et castellum de Bantra (631) quod fuit Landonis comitis, cum universis pertinentiis ipsius, tenore simili[2224] confirmavit, cum diversis videlicet aliis condicionibus quas a prædicto principe abbati eidem requirere visum fuit, quemadmodum in ipsius sacramenti serie continetur.

16. Præter multa igitur illius strenue et ut[2225] suppressius de tanti loci patre loquar sæculariter quodam modo gesta, cum et equites sibi plurimos, et non paucos sericis indumentis ornatos[2226] famulos paravisset, et[2227] ultramontani imperatoris curiam nichilo segniter frequentaret, præcipue[2228] ob

A supradictæ arcis constructionem, maximum sibi invidiæ atque odii fomitem in universo principatu succendit[2229]: quod quasi videretur non solum abbatiam, sed etiam principatum sibi cupere vendicare. Unde factum est, ut non multo post, fraude invitatus a Capuanis, captus atque cecatus sit. Accessit ad hanc invidentiam, etiam Alberici Marsorum episcopi nequitia; qui (632) videlicet dum filio suo quem de quadam meretrice susceperat tradidisset episcopatum, ad hujus loci abbatiam adipiscendam si quomodo posset totum[2230] miser dederat animum. Comperiens (633) itaque prædictum abbatem ob ea quæ supra diximus valde Capuanis infensum[2231], locutus primo cum quibusdam nequissimis monachis, postmodum vero cum aliquibus pessimis[2232] civibus

B Capuanis (634) pactus est[2233] centum se libras Papiensium denariorum illis daturum, si cecato prius abbate, Casinense sibi[2234] monasterium traderent[2235]; quod deinceps eorum fultus auxilio, sine alicujus contradictionis obstaculo possideret. Ita videlicet, ut medietatem ipsius pretii ad præsens illis per suos necessarios mitteret: medietatem vero alteram tunc destinaret, cum abbatis oculos in manus[2236] suas reciperet. Quod cum ita inter eos firmatum fuisset, cœperunt utrique hic de pecunia, illi de nequitia pro posse studere. Congesta igitur pseudo episcopus ille undecunque pecunia, misit (635) quemadmodum pollicitus fuerat. Quam nequam illi suscipientes, illos quidem qui detulerant in quibusdam latibulis[2237] absconderunt; ad (636) abbatem vero

C venientes, dolose pedibus[2238] ejus prostrati precantur ut Capuam adeat; et si quam adversus aliquem[2239] illorum querelam haberet, legalem inde justitiam sumeret[2240]. Abbas autem quoniam illorum invidiam jam dudum compertam et malitiam suspe-

VARIÆ LECTIONES.

[2213] qui videlicet locus Laurianum primitus a multitudine taurorum quæ ibi erant appellabatur (*ea delevit* 1b) ecclesiamque in honore sanctæ Crucis ibidem construxit *add.* 1. [2214] *totum caput deest* 1. *sed signum appictum est; cf. cap.* 24. [2215] dep. L. quem supra diximus et *ed.* [2216] d. quemque ante paululum marchionem fecerat, C. 2. [2217] i. p. m. q. *desunt* 2. [2218] Agathe f. L. *ed.* [2219] H. princeps supradicto a. *ed.* [2220] 12 nobiles Capuanos *ed.* [2221] s. præfata A. p. *ed.* [2222] c. T. n. et *desunt* 2. [2223] *deest* 3. [2224] t. quo supra dictum est c. *ed.* [2225] et quodam modo ut s. d. t. l. p. l. s. g. 1. *ed.* [2226] indutos 1. *ed.* [2227] et — freq. *add.* 1b. [2228] hujus præcipue munitionis constructione m 1. [2229] accendit: adeo ut non — sit; quod quasi non s. a. s. e. p. s. vendicare satageret 1. *ed.* [2230] p. animum appulit 1. p. a. dederat *ed.* [2231] infestum *ed.* [2232] Deum ignorantibus 1. *ed.* [2233] p. tandem est. c. se l. Papiensis monetæ i. d. si illi c. p. 1. *ed.* [2234] m. s. 1. [2235] contraderent 1. *ed.* [2236] manu sua conspiceret 1. *ed.* [2237] abditis 1. *ed.* [2238] p. e. p. *add.* 4. [2239] j. a. 1. *ed.* [2240] sumat 1. *ed.*

NOTÆ.

(626) *Roccasecca*. Ibi Thomas Aquinas natus est. ANG.

(627) Cf. Chr. S. Bened. SS. III, p. 207.

(628) Eum inde a Jan. 1000 principem chartæ ipsius demonstrant.

(629) Quod e Petri Reg. edidit Gatt. Acc., p. 90. Temporis notæ desunt. Verum aut fictitium est, aut Mansonis nomen scribæ errore insertum, ut jam Gattula vidit. Nisi forte Landulfus Mansonem quamvis cæcatum pro vero abbate habuit. Noster difficultates chronologicas quibus se impeditum cerneret, subterfugere quam solvere maluit; v. infra de Adenulfo et cap. 24 de Ademario.

(630) Olim Interamna, ubi confluunt Garilianus et rivus *delle Sogne*.

(631) Quæ postea Vandra, nunc deserta, sita ubi Bantra, hodie *Peccia*, Gariliano miscetur. Ex adverso trans Bantram sita est Rocca de Vandro S. Evandri.

(632) Sequentia pene ad verbum desumpta sunt e Petri Damiani ep. IV, 8. Longe aliter hæc narrantur in Vita S. Nili c. 12. Annum 995. habent Ann. Casinates.

(633) *Comperiens — infensum* addidit Leo.

(634) *Deum nescientibus laicis*. Petr. Dam.

(635) *Ad beati Germani oppidum*. Petr. Dam.

(636) *Ad — quemadmodum disposuerant*, apud Petr. D. non leguntur.

ctam habebat, negat illuc posse se aliquatenus ire. A Tunc illi Deum negare parum quid estimantes, et eum qui universorum inspector est fallere se posse credentes, mox adhibitis evangeliis jurant quod salvum illum et incolumem Capuam ducant, salvumque nichilominus et incolumem ad sanctum Benedictum reducant. Hoc autem [2241] illi jurantes, fraudulenter in mente sua statuerant, ut postea quam Capuam illum duxissent, ad ecclesiam quoque [2241] sancti Benedicti quæ in eadem civitate sita [2241] est eum perducerent [2242], ut quasi hujus [2243] doli ingenio perjurium devitarent. Deceptus itaque hujuscemodi [2244] fraudibus abbas, credidit; et Capuam una cum illis nichil suspicans mali, perrexit. At illi qui jam dudum [2245] diabolo [2246] suggerente conceperant [2247] dolorem, pepererunt tandem iniquitatem : mox- B que ut in Capuanum monasterium illum introduxerunt (*an.* 996. *Nov.* 14), quemadmodum disposuerant capiunt, ejusque oculos sine mora evellunt ac [2248] diligenter linteolo involutos, clam ut domino suo ferent, episcopi nuntiis mittunt. Quos illi suscipientes, et [2249] valde effecti [2250] hylares, festinanter ad dominum suum reverti cœperunt. Sed o nunquam dormitans divini judicii oculus [2251]. Jam illi prope Marsiam in campo qui [2252] Mezius vocatur pervenerant, ibique jam securi subsistentes, cibos ab itinere fatigati percipiebant. Cum ecce [2253] peregrinus quidam a [2254] Marsia veniens, ac perquisitus ab eis juxta quod viantibus consuetudo est aliquid novi : *Episcopus* ait *hujus terræ defunctus est.* Qua illi voce vehementer attoniti, cumque fallacem atque impo- C storem, cum aspernatione nimia esse dicentes, prorsus credere dubitabant. Sed cum ille rem certo certius atque instantius affirmaret [2255], et diem horam que illius obitus diligenter notatam eis referret, confestim illi in eodem loco defossis oculis quos jam frustra ferebant, ad domum infelicis [2241] episcopi [2256] conscensis equis perniciter advolant, atque reperiunt eadem hora vita privatum episcopum, qua prædictus abbas lumine privatus fuerat oculorum (637) : quæ videlicet dies 18. Kal. Decembris extitit. Ne [2257] cui autem hoc dubium forte aut incredibile videatur : ex illis nuntiis quos in tantum scelus jam dictus pseudo episcopus destinaverat, unum Andream nomine, presbyterum officio [2258], ego ipse cum adhuc essem puerulus vix sese in lecto movere valentem recolo me vidisse; qui ultra centenariam jam vivens ætatem, hæc omnia seriatim avunculo meo sanctæ memoriæ Johanni Sorano episcopo quotiens interrogabatur cum lacrimis confiteri solebat [2259].

Præerat eo tempore in Aquinensi gastaldatu Adenulfus cognomento Summucula, abavus [2260] scilicet eorum qui nunc dicuntur Aquinensium comitum; qui mox ut abbatem cæcatum agnovit, hylaris effectus, prædictam [2261] Roccam Siccam quam idem abbas [2262] paulo ante construxerat, a fundamentis [2263] evertit [2264] * (*an.* 1000?). Huic [2265] porro abbati successor ejus Johannes, ecclesiam sancti Martini justa Vulturnum, et ecclesiam sancti Secundini [2266], ex [2267] toto concessit, cum omnibus omnino pertinentiis ac possessionibus earum, ut ibidem suo arbitrio quandiu adviveret, honorifice conversari valeret. Defunctus [2268] est autem prædictus abbas 8. Idus Martii.

* Hic abbas in territorio Capuano construxit ecclesiam in honore sancti Apollinaris, et in Liburia ad Casam Gentianam ecclesiam sancti Johannis, et in Casale ecclesiam sancti confessoris Christi Mauri *add.* 2.

17. Eodem [2269] (638) tempore (*an.* 990) beatus Adelpertus Sclavorum episcopus relicto episcopatu suo ex [2270] licentia Romani pontificis ad hoc monasterium venit, cupiens Jerusolimam pergere [2271]; sed cum a prædicto abbate et a nonnullis hujus loci prioribus dehortatus inde fuisset, quasi divinitus datum sibi consilium sumens, statuit tota vita sua hic degere, et nusquam amplius omnino procedere. Cum [2272] autem quadam die quidam de prioribus hujus monasterii affectuose cum ipso loquentes dixissent : *Bonum est pater ut hic nobiscum maneas, hic habitum monasticum induas, hic Deo placitum vivere ducas; quoniam cum sis episcopus, et ecclesias nostras dedicare, et* (639) *nostros clericos ad gradus*

VARIÆ LECTIONES

[2241] *add.* 4. [2242] deducerent 1. *ed.* [2243] hoc fraudis i. 1. *ed.* [2244] hujusmodi 1. *ed.* [2245] *add.* 1b. [2246] d. s. *add.* 4. [2247] ceperant 2. [2248] atque 1. *ed.* [2249] *deest* 1. [2250] h. e. 1. *ed.* [2251] oculos 2. [2252] c. Mezio 1. 2. [2253] e. subito. p. 1. *ed.* [2254] q. superveniens 1. 2. [2255] affirmavit 4. [2256] e. quæ non longius aberat c. 1. *ed.* [2257] Ex his autem nuntiis q. 1. *ed.* [2258] *add.* 4. [2259] s. ne quis forte existimet fabulosum 1. *ed.* [2260] *ita* 1b. avus eorum 1. [2261] e. roccam vocabulo S. 1. *ed.* [2262] *add.* 1b. [2263] c. funditus e. 1. *ed.* [2264] XIIIa indictione, primo anno principatus domni Landulfi de S. Agatha 1b. *in marg.* [2265] Huic — valeret *add.* 1b. [2266] S. quæ in Cajazzano territorio sitæ sunt 1b. 2. [2267] cum o. o. p. ac p. e. diebus vitæ ipsius (d. v. i. *desunt* 3.) ex toto contradidit, ut 1b. *ed.* [2268] Ipse autem abbas non longo post tempore defunctus est (8. Id. Mart. *in marg.*) et in claustro hujus monasterii juxta ecclesiam conditus est 1. Depositus est autem 8. Id. M. et in claustro hujus m. i. e. reverenter reconditus 1b. 3. *desunt* 2. *v. c.* 19. *in fine.* [2269] Hujus temporibus b. 1. Per idem tempus b. *ed.* [2270] e. I. R. p. *add.* 1b. [2271] ire 1, *ed.* [2272] Sed cum q. 1. *ed.*

NOTÆ.

(637) Hucusque Petr. D. exscripsit.
(638) E Vita sancti Adelberti, de cujus cod. Casinate v. Pertzium Mon. SS. IV, p. 577.
(639) *Et — promovere* in Vita non leguntur.

ecclesiasticos poteris [2273] *promovere*; hoc ille verbum nimis [2274] moleste accipiens, mox descendit, atque [2275] ad virum sanctissimum Nilum, quem tunc apud (640) Vallem luci cum aliquot Grecis fratribus religiosissime conversari perceperat, devote [2276] profectus est. A quo dum opportuna [2277] humiliter consilia quæreret, seque ab illo non posse recipi cognovisset: pro eo enim quod ita de monasterio nostro recesserat, asserebat prædictus pater non audere se illum retinere, ne forte ob hoc et ipse cum suis inde expelleretur; consilio tandem ipsius Romam reversus, in monasterio sancti Bonifatii martyris aliquandiu conversatus est; nec multo post, iterum ad episcopatum suum a pontifice [2278] Romano directus [2279] (*an.* 994). Rursus itaque Romam [2280] reversus, iterumque Sclavoniam remissus (*an.* 996), cum prædicare ibi cœpisset, capite [2281] a barbaris pro Christo truncatus, martyrium sumpsit (*an.* 997. *Apr.* 23).

His quoque diebus imperialem coronam de manu Romani pontificis tertius Otto suscepit [2282] (*an.* 996. *Mai* 21). Non multo post autem Crescentium (641) Romanum senatorem qui se in castello sancti Angeli [2283] contra eum rebellans munierat, sacramento deceptum cepit, et mox quasi reum majestatis capite obtruncavit (*an.* 998. *Apr.* 29).

18. Eo [2284] (642) etiam tempore vir Dei Romualdus una cum beato Bonifacio imperatoris consanguineo qui paulo post apud Russiam Christi [2285] martyr effectus est, et cum aliis pluribus Teutonicis de prædicti imperatoris exercitu, ad hoc beati Benedicti monasterium orationis gratia venit. Ubi graviter infirmatus, sed quantocius divina misericordia convalescens, ad [2286] sua reversus est [2287].

19. Circa [2288] (643) hæc tempora Olibanus quidam Galliarum comes ditissimus a præfato [2289] viro Dei Romualdo cui peccata sua confessus fuerat commonitus est, ut relicto seculo ad beati Benedicti monasterium sub obtentu [2290] orationis veniret, ibique se [2291] divino servitio irrevocabiliter manciparet, quoniam [2292] quidem aliter nequaquam salvari valeret [2293]. Nil ergo moratus, sua relinquens filio, cum multa divitiarum copia, quindecim scilicet onustis thesauro sagmariis, ad hoc se monasterium contulit; et his qui secum venerant valedicens, nil tale de ipso hactenus suspicantes, ipse nusquam de cetero progressurus, flentes ad propria remeare coegit [2294].

JOHANNES (644) nonus [2295] et vicesimus abbas, sedit anno uno *.

* Quo videlicet tempore luna conversa est media in sanguinem et media in nigredinem *add.* 1b.

20. Qui [2296] videlicet venerabilis vir [2297], cum jam senectute pariter et infirmitate gravatus, tanti regiminis pondus se nequaquam [2298] ferre posse perspiceret, sponte [2299] sua fratrumque [2300] consensu ac voluntate, abbatem sibi substituit: ipse vero abbatia relicta, in proximam heremum, in loco qui hodie [2301] Piretum appellatur, cum [2302] quinque fratribus secessit; ibique in honore [2303] sanctorum Cosmæ et Damiani parvula constructa ecclesia solitarius quodammodo [2304] degens, in spiritualibus operibus reliquum vitæ suæ tempus exegit. Audivi a quodam sene, quod dum quadam die super municipium hujus monasterii vocabulo Piniatarium (645) cujus habitatores olim [2305] rebellare temptaverant, hostiliter perrexisset, ecclesia quædam juxta idem municipium posita, cum [2306] aliquot eorundem rusticorum mapaliis, ab illis qui secum ierant igne succensa sit, et ob hanc causam in [2307] multis se maximisque lamentis dedens [2308], abbatiam hujusmodi occasione inventa dimiserit. Iste [2309] fecit libellum Trasmundo cuidam clerico [2310], de quibusdam curtibus in [2311] Aprutio [2312] huic monasterio pertinentibus, per diversa loca modiorum quasi quadringentorum, pro solidis ducentis, et censu solidorum octo; de illis [2313] quoque terris in loco Ciccle pretii [2314] ac census tantundem recepit. Idem etiam de tertia parte curtis de Moscufe [2315] et de [2316] aliis terris, libellari nomi-

VARIÆ LECTIONES.

[2273] prom. decentissime poteris 1. *ed.* [2274] satis 1. *ed.* [2275] atque (paulopost *add.* 1b.) Romam r. in 1. [2276] p. satis d. *ed.* [2277] d. ejus genibus humiliter provolutus o. c. q. *ed.* [2278] *ita* 1b. p. xx^mo papa Johanne 1. [2279] est *add.* 1. [2280] i. videns se nichil ibi proficere, Romam revertitur. et in præfato s. Bonifatii monasterio remoratur; iterumque ab archiepiscopo suo Maguntino ad Scl. remittitur. Ubi cum p. c. 1. 2. [2281] c. ab infidelibus c. p. 1. *ed.* [2282] *hic finis capitis est* 1. 2. v. *cap.* 18. *in fine.* [2283] A. de ponte s. Petri c. 1b. *ed.* [2284] *totum caput add.* 1b. etiam vir *post lacunam* 4. [2285] *add.* 4. [2286] ad. s. *add.* 4. [2287] est; eo scilicet tempore quo idem imperator Crescentium — obtruncavit *ut supra* 1b. 2. [2288] *et hoc caput add.* 1b. [2289] prædicto 1c. *ed.* beato R. 1b. [2290] prætextu 1b. *ed.* [2291] *deest* 4. [2292] quando 3. q. q. a. n. s. v. *desunt* 1b. 2. [2293] posset 3. [2294] Depositus est autem prædictus abbas 8. Idus Martii, et in claustro hujus monasterii reverenter reconditus *add.* 2. [2295] I. abbas 29. 1. *ed.* [2296] Hic ven. 1. [2297] abbas 1. *ed.* [2298] se f. non p. 1. *ed.* [2299] s. s. *deest* 1. 2. [2300] consensu atque electione cunctorum fratrum, a. 1. *ed.* [2301] hodieque 1. [2302] c. q. f. *add.* 1b. [2303] honorem 1. *ed.* [2304] *addit* 1b. [2305] h. in morte prædecessoris sui r. 1. [2306] p. ab his qui s. i. cum a. e. r. m. igne 1. *ed.* [2307] c. abbatiam dimiserit 1. *mutavit* 1b. [2308] sedens 3. [2309] Iste — 24. *add.* 1b. [2310] c. de Aprutio, de 1b. 2. [2311] c. nostris in *ed.* [2312] in eodem A. 1b. *ed.* [2313] aliis 1b. *ed.* [2314] C. libellum faciens p. t. r. 1b. *ed.* [2315] Moscuse *ed.* [2316] *add.* 4.

NOTÆ.

(640) *Apud Vallem luci* addidit noster.

(641) E. Petri Dam. Vita S. Romualdi c. 25.

(642) Ib., c. 26, 27.

(643) Ib., c. 11, 15. Hæc multo ante evenerant: et prius a nostro in marg. ascripta sunt quam illa de beato Romualdo et de Crescentio, quæ postea addens signis factis interposuit.

(644) *Johannes abbas de Cappelle.* Ann. Casin. cf. infra c. 42. Ante annum 997 constitutum esse non puto, cum Joanni III 12 anni 6 menses tribuantur: quibus etiamsi 7 Docibilis menses addideris, tamen annum 1011 vix attinges.

(645) Piniatarium parvus nunc est vicus, quarto vel quinto lapide distans a Sancto Germano in austrum. ANG.

ne datis [2317], recepit solidos quadringentos; pro censu vero per annum solidos 24.

21. [Desid. *Dial.* II, 11]. Hic cum tempore jam Theobaldi abbatis defunctus fuisset, ipsa [2318] nocte religiosus quidam frater Johannes nomine in monasterio sancti Laurentii quod Capuæ situm est [2319], vigilias fratrum de more præveniens, subito [2320] dum oraret respexit, viditque quasi super hunc montem maximam lucem in aere, atque intra eamdem lucem, cernit Johannis ipsius animam cœlum conscendere. Cumque facto mane cuperet reddi certus de visione, perrexit ad Andream qui tunc Capuano [2321] monasterio præerat, eique visionem quam perspexerat pandens, obnixe rogat, ut hominem suum ad hoc monasterium protinus mittat, qui omnem rei veritatem diligenter addiscere, eisque revertens debeat intimare. Pergens itaque nuntius, cum pars illi adhuc itineris aliqua superesset, quemdam obvium habuit, qui ab hoc monasterio Capuam se proficisci diceret, ut præfati viri [2322] obitum fratribus ibi degentibus nuntiaret. Quem cum de hora obitus ejusdem sollicite perquisisset, ea illum hora ex hoc seculo migrasse accepit, qua Capuanus ille Johannes, ejus animam cœlum [2323] conscendere se vidisse asseruit. Tunc ad illos a quibus legati fuerant uterque reversus, alter Capuæ Johannis depositionem, alter vero Casini retulit quæ super ejus [2324] obitu visa fuerat visionem. Obiit autem pridie Idus Martii (646).

Johannes tricesimus a beato Benedicto abbas effectus, sedit annis duodecim, mensibus sex [2325].

22. [Desid. *Dial.* II, 1]. Hic ex illustri Beneventanorum civium prosapia genus nobile ducens, sed nobiliores ab infantia possidens [2326] mores, cum in ecclesia civitatis ejusdem archidiaconatus honorem gereret, divino tactus amore, temporibus Aligerni abbatis (647) ad hoc sanctum [2327] cœnobium venit; et universæ sæculi vanitati renuntians, vestem monasticam induit. Qui cum aliquantos sub sanctæ conversationis studio peregisset annos, atque post Aligerni transitum Manso in abbatiam, ordine quo

A jam diximus successisset, egressus hinc [2328] Jerusolimam orationis causa profectus est, atque in monte Syna per sex continuos [2329] annos commoratus. Inde vero in Grecia in monte qui Agionoros vocatur (648), per aliquot temporis spatia conversatus est. In quo loco sanctus pater Benedictus illi quadam nocte per visionem apparens, pastoralem virgam quam manu gestare videbatur, ei contradidit, atque ut ad monasterium Casinense quantocius [2330] reverteretur, indixit. Quam visionem cum mane facto patri monasterii retulisset, monere illum atque hortari idem abbas curavit, ut quoniam voluntatis hoc videretur esse divinæ, minime neglegendum duceret; sed mox ad suum [2331] monasterium cœlesti gratia comitatus reditum maturaret. Visioni igitur et com-

B monitioni Johannes obtemperans, ad hunc locum Christo duce reversus est; quem [2332] prædecessor ipsius Johannes abbas alacriter [2333] valde recipiens, mox præpositum ordinans, ac non multo post quia ipse ut supra relatum est et infirmitate simul et ætate impediebatur, eundem sibi substituit; et illo in heremum secedente, hic in monasterii curam universorum fratrum electione successit [2334]. Fuit [2335] autem temporibus Silvestri papæ secundi, et octavi decimi Johannis. Hic primo ordinationis [2336] suæ anno (*an.* 998. *Mai.* 25) recepit præceptum confirmationis totius abbatiæ, aureo sigillo bullatum [2337] a supradicto Ottone imperatore (649). Qui [2338] etiam imperator in [2339] hoc monasterio per dies aliquot remoratus, duas coronas argenteas beato Be-

C nedicto obtulit.

23. Per idem tempus Rainaldus comes Marsorum (650) fecit monasterium de ecclesia sanctæ Mariæ quæ dicitur In Cellis (*an.* 1000. *Febr.* 1), territorio Carseolano (651), idque in circuitu non parvis possessionibus ditans, castellum etiam quod nunc Celle vocatur, tunc autem appellabatur [2340] castellum sancti Angeli, cum omnibus ejus pertinentiis in eodem monasterio confirmavit. Petrus quoque presbyter quidam de civitate Tiburtina, de [2341] ecclesia sancti Pastoris quæ juxta eandem civitatem sita est,

VARIÆ LECTIONES.

[2317] *deest* 1b. 2. [2318] i. n. r. *add.* 1b. [2319] est, longe supra socios religiosam vitam ducebat. Ea igitur nocte qua Johannes quem diximus obiit, cum frater ille vig. 1. est, cum v. 1b. *ed.* [2320] p. orationibus esset intentus, s respiciens vidit q. s. montem 1. *ed.* [2321] t. m. nostro quod intra Capuam est præsidebat 1. 2. [2322] p. venerabilis v. Johannis o. 1. *ed.* [2323] *add.* 1b. [2324] illius 1. *ed.* [2325] quattuor 1. *corr.* 1b. [2326] m. p. 1. *ed.* [2327] sacrosanctum 1. *ed.* [2328] pauco post tempore *add.* 1. *del.* 1b. [2329] a. c. 1. [2330] sub omni festinatione 1. *ed.* [2331] ad beati Benedicti m. 1. 2. [2332] q. mox p. 1. *ed.* [2333] abbas præpositum ordinans, non multo post quia ipse et inf. et senio gravabatur, sicut supra diximus, eundem 1. *ed.* [2334] succedit 1. *ed.* [2335] fuit—Johannis *add.* 1b. [2336] p. anno o. s. r. p. c. t. a. ab Ottone tertio imp. a. s. b. 1. *ed.* [2337] bullatum. Hujus (*c.* 24) 1. [2338] Qui *etc. et cap.* 23. *desunt.* 1. Quo etiam tempore idem i. 2. Idem i. 3. [2339] imp. hic p. *ed.* [2340] autem c. s. A. nuncupabatur *ed.* [2341] T. in eodem m. de e. s. P. cum omnibus ejus p. juxta e. c. sita, cart. obl. cum *ed.*

NOTÆ.

(646) Ita Necrol. ap. Gatt. Acc., p. 853.
(647) Temporis notas Leo addidit.
(648) Olim Athos.
(649) Gatt. Acc., 91 ex orig. sigillo cereo munito, dato Romæ in palatio.

(650) *R. comes filius qd. Berardi comiti ex natione Francorum in ducato Spoletino comes de provincia Marsorum* ut ipse loquitur in charta quam e Reg. edidit Gatt. Acc., p. 101.
(651) Prope Talleacotium. Ang.

cum universis ipsius pertinentiis cartulam oblationis in eodem monasterio cum omnibus suis parentibus fecit.

24. Anno [2342] tertio abbatis hujus, qui est millesimus ab incarnatione Domini (652), præfatus [2343] imperator Beneventum venit [2344], et causa penitentie quam illi beatus Romualdus injunxerat abiit ad montem Garganum. Reversusque consequenter Beneventum, petiit a [2345] civibus corpus sancti Bartholomei apostoli; qui nichil tunc ei [2346] negare audentes, habito [2347] cum archiepiscopo qui tunc eidem urbi præsidebat [2348] consilio, corpus [2349] beati Paulini Nolani episcopi quod satis decenter apud episcopium ejusdem [2350] civitatis erat reconditum callide [2351] illi pro corpore apostoli obtulerunt; et eo sublato recessit, hujusmodi [2352] fraude deceptus. Quod [2353] postquam rescivit, nimium indignatus, corpus quidem confessoris quod detulerat, honorifice satis apud Insulam Romæ recondidit (653); evestigio [2354] autem Beneventum regressus, obsedit eam undique per tempus [2355] aliquod, sed nichil adversus eam prævalens, Romam reversus est [2356] (*an.* 1001). Unde cum [2357] ad sua reverti disponeret, mortuus est apud oppidum quod nuncupatur Paternum (*an.* 1002. *Jan.* 23), non longe a civitate que dicitur Castellana [2358] (654); ab uxore ut [2359] fertur Crescentii senatoris quem superius (l. II, c. 17) ab illo [2360] retulimus decollatum, qua [2361] impudice abutebatur potionatus. Sed [2362] antequam mors ejus a circummanentibus dinosci valeret [2363], corpus ipsius aromatibus [2364] conditum a suis ultra montes delatum [2365] est (655), et Heinricus [2366] dux consobrinus ipsius constitutus est rex [2367].

25. Hic abbas fecit capsam magnam argenteam inauratam, cum smaltis et gemmis [2368]. Fecit et ceroferaria duo magna [2369], librarum argenti quindecim, necnon et duo turibula argentea, librarum sex : codices quoque ecclesiasticos nonnullos [2370] fecit magnos et pulchros; totius etiam monasterii ambitum in circuitu muris turribusque munivit. Construxit preterea et ecclesiam in honore sancti Nycolai [2371] in monticulo qui secus pratum [2372] dominicum [2373] est, prope civitatem sancti Germani. Quem videlicet cmulatus Theobaldus præpositus ipsius, et ipse nichilominus eidem beato confessori [2374] basilicam aptavit apud castrum sancti Petri quod [2375] est positum ad radicem hujus montis, in cripta antiqua, quæ ingentibus [2376] saxis pulchro [2377] gentilium opere in demonum suorum [2378] honore constructa juxta ecclesiam [2379] ejusdem beati Petri sita videtur [2380] (656). Quo tempore, octavo scilicet ipsius abbatis anno, terræmotus ingens per quindecim et eo amplius dies hunc montem exagitavit, ita ut in aliquot locis ecclesiam scinderet.

VARIÆ LECTIONES.

[2342] Hujus abbatis a. t. 1. *ed.* [2343] idem 1. supradictus *ed.* [2344] *reliquam capitis partem add.* 1^b. venit. Sequenti vero anno mortuus est apud Sutrium 1. *dein tres versus erasi sunt.* [2345] ab eis 1^b. 2. [2346] illi 1^b. *ed.* [2347] habito — consilio *desunt* 1^b. 2. [2348] præerat 3. [2349] callide i. p. c. a. corpus 1^b. *ed.* [2350] ipsius 1^b. *ed.* [2351] r. ostenderunt; et 1^b. *ed.* [2352] tali 1^b. *ed.* [2353] Quo etiam tempore deposito Laidulfo quem supra diximus et ultra montes exiliato quod in nece fratris sui consenserat, Ademario cuidam Capuano filio Balsami clerici quem secum a puero educatum unice diligebat, quemque ante paululum marchionem fecerat, Capuanum tradidit principatum. Sequenti vero anno venit super B. et obsedit e. 1^b. [2354] Sequenti vero tempore perrexit iterum super B. et o *ed.* [2355] p. dies multos 1^b. *ed.* [2356] r. mortuus est a. 1^b. [1357] U. vix ad s. r. incipiens m. *ed.* [2358] Castellina 3. C. ubi ab 1^b. [2359] ut f. *desunt* 1^b. [2360] eo 1^b. [2361] quam 4. [2362] *deest* 1^b. [2363] posset 1^b. *ed.* [2364] a. c. *desunt* 1^b. [2365] d. atque sepultum est, 1^b. [2366] et II. cons. i. fit rex 1. [2367] *Hic* 1^b. *inseruit integrum caput, quod postea induxit :* K. Præfatus vero Ademarius potentia multa elatus, cum Aquinum ordinaturus venisset, Adenulfus Summucula cujus supra meminimus in Aquinensi se prætorio muniens, nequaquam recipere illum decernit. Contigit autem ut quadam die dum Ademarius castris egressus secus civitatem videndi causa deambularet, et Adenulfus campi explorandi gratia clam cum aliquot suis exisset, subito sibi ex improviso alter alteri obvius fieret. Cumque perterritus Adenulfus de tam insperato concursu fugam solus arripuisset, Ademarius cum suis illum insequi cepit. Qui vero cum Adenulfo fuerant hoc videntes, post eos a tergo pariter irruunt; et quibusdam eorum occisis, quibusdam fugatis, Ademarium capiunt, eumque in civitatem inducunt. Mox igitur Adenulfus ultra omnem spem curuli illum sella impositum, nichil timere hortatur; et consequenter adhibitis evangeliis ejus de more fidelis efficitur. Tantam itaque Adenulfi circa se considerans Ademarius quod nunquam captivus sperare poterat bonitatem, confestim illi præceptum de universo Aquinensi dominio fecit, eumque de cetero non gastaldeum sed comitem ab omnibus appellari præcepit. Hic igitur primus comes et hoc primum præceptum Aquinensium fuit. Non autem multo post, id est post menses quattuor Ademarius a Capuanis principatu depellitur, et Landulfus de S.... *reliqua sunt abscisa.* [2368] g. diversorum colorum 1. *ed.* [2369] d. l. q. 1. 2. [2370] e. renovavit m. 1. 2. e. fecit m. 3. [2371] s. confessoris Christi N. 1. *ed.* [2372] p. est ubi cymiterium defunctorum antiquitus fuerat. Quem 1. *corr.* 1^b. [2373] domnicum 1^b. *ed.* [2374] Nycolao 1. *ed.* [2375] q. e. p. a. r. h. m. *add.* 1^b. [2376] quæ juxta ejusdem 1. *ampliavit* 1^b. [2377] g. o. p. 1^b. *ed.* [2378] *deest* 1. 2. [2379] ei. b. P. eccl. 1. *ed.* [2380] est 1. 2.

NOTÆ.

(652) Adventum Ottonis ejusque mortem Ann. Casinates secutus uno anno anticipavit : quibus cum conjectura usus insereret quæ a Petro Damiano in Vita S. Romualdi, et Beneventanorum ut videtur narrationibus acceperat, in graviores errores incidit : nam Garganum Otto a. 999 adiit, v. Wilmans Jahrbb. Otto III, p. 106.

(653) Cf. Rob de monte ad a. 1156. Corpus apostoli Beneventanis non ademptum esse probavit Di Meo Ann. Neap. ad a. 1001.

(654) *Citta di Castello.*

(655) Cf. Ann. Casin. ad a. 1001 ubi Sutri obiisse dicitur, quod Leo nescio an ex Vita S. Rom. correxit.

(656) Cf. supra I, 5.

26. Rainaldus [2381] præterea supradictus Marsorum comes dedit huic abbati causa concambii curtem unam in Alifis quæ dicitur sancti Stephani, cum terra modiorum quadringentorum, et in Teano alteram modiorum quingentorum, in loco qui dicitur Campus; et recepit ab eo scriptum de Sancta Maria in Luco et de Sancto Herasmo et Sancto Sebastiano et Sancto Angelo. Oderisius [2382] quoque comes ejusdem Rainaldi filius, oppidum quod [2383] dicitur Casa Fortini [2384] (657) cum omnibus pertinentiis ejus, mille videlicet modiorum terra, quod idem comes a parte Gervisæ [2385] conjugis suæ receperat [2386], eidem abbati contradidit, et recepit ab eo sub nomine concambii castellum sancti Urbani et alias ecclesias seu curtes in Comino loco huic pertinentes, terram utique quasi modiorum [2387] nungentorum. Hic [2388] idem Oderisius ultimo abbatis hujus anno una cum Gibborga conjuge (658) obtulerunt huic monasterio ecclesiam sancti Felicis in Comino [2389]*, pertinentia, Sancti Urbani, cum centum modiis terræ in circuitu ipsius, et aliis centum apud Atinam [2390] in loco Vallis bonæ, et cum omnibus ejusdem ecclesiæ pertinentiis [2391] (*an.* 1010. *Mai*). Eodem tempore abierunt tres de monachis nostris ad Gualterium comitem de Lesina et in ejus præsentia contenderunt cum quibusdam [2392] nobilibus terræ [2393] illius de piscariis ejusdem Lesinæ, et de molendinis [2394] de Lauri, et de ecclesia sancti Petri ibidem, et de cæteris rebus sancti Benedicti, sicut in eorum libello continebatur; et cognita præfatus [2395] comes justitia nostra, jussit scripto suo universa illa ex integro [2396] monachis nostris restitui, apposita insuper pena compositionis 2000 bizanteorum, qui exinde amplius contra nos contendere voluisset. Per hos etiam dies Hubertus Firmanæ civitatis episcopus obtulit beato Benedicto de causa juris sui in fundo Oppiano terras et vineas, silvas, prata

A et oliveta, possessionem non parvam : et in fundo Paterno similiter. Sed et Gaiderisius [2397] quidam de eadem civitate Firmana fecit cartam in hoc monasterio de una ecclesia juris sui vocabulo Sanctus Benedictus, in loco qui dicitur Sambucetum, cum rebus et pertinentiis suis (659). Landulfus quoque Salernitanus princeps sub hoc abbate monachus factus, obtulit in [2398] hoc monasterio omnes res sibi [2399] jure hereditario pertinentes in comitatu Sanctæ Agathæ (*an.* 1004. *Dec.*); domus [2400] scilicet et curtes nonnullas, cum olivetis vineis et molendinis, et omnibus earum pertinentiis (660). Trasmundus [2401] etiam clericus dives ac nobilis de Aprutio (661), cujus jam supra meminimus (c. 13), ecclesiam sancti Nicolai, que constructa est juxta fluvium B Trutinum (662), loco Sumusiano vocabulo, rebus suis ditatam, monasterium esse constituit; idque per suæ oblationis cartulam, sub hujus cenobii jure contradidit (*an.* 1004. *Dec.*) Similiter autem et Teuto filius Teutonis de eodem Aprutio obtulit (*an.* 1005. *Aug.*) huic monasterio ecclesiam sancti Johannis in loco qui dicitur Scorzone (663); quam videlicet ipse propriis rebus ditatam, sanctimonialium monasterium fecerat. Eodem modo [2402] et Rainerius filius Josephi obtulit beato Benedicto unam ecclesiam juris sui vocabulo sancti Nicolai in comitatu Pennensi, loco qui dicitur Sambuceta, cum omnibus ornamentis et pertinentiis ejus. Quique Rainerius ante annos circiter sex (*an.* 1001. *Jul.*) C fecerat cartam [2403] in hoc monasterio de omnibus [2404] omnino rebus ac pertinentiis proprietatis suæ quæ possidere videbatur in comitatu Pennensi, Teatino [2405], Asculano, atque Aprutiensi (664). De castello videlicet Ambleto, et de Pharaone, et Murro [2406] et Cantalupu, et Aterno, et Arche, et de plurimis curtibus suis, quod est terræ octo milia circiter [2407] modiorum. Per [2408] idem tempus (665) cives

VARIÆ LECTIONES.

[2381] Hic abbas fecit concambium cum prædicto Rainaldo c. M. de S. Maria in Lucu et S. H. et S. S. et S. A. pro quibus recepit in terra de Alifis curtem q. d. s. St. c. t. m. q. et in T. modios D in l. q. d. Campanus *ed. desunt* 1. [2382] Ab hoc abbate facta est commutatio cum Oderisio comite Marsorum de castello S. U. et aliis ecclesiis et curtibus in Comino (nobis pertinentibus quasi modia nungenta *add.* 1b.) cum (oppido quod dicitur *add.* 1b.) Casa Fortini (et o. p. e. *add.* 1b.) quam (quod 1b.) prædictus comes (a parte c. s. G. tunc retinens *add.* 1b) cum nungentorum (mille 1b.) modiorum terra eidem a. contradidit. Hic. 1. [2383] qui *ed.* [2384] Casofortini *ed.* [2385] c. s. G. *ed.* [2386] tunc retinebat 2. [2387] *deest* 4. [2388] Hic *etc. usque ad finem cap. add.* 1b. [2389] *deest.* 4. [2390] Atinum 1b. 2. [2391] pertinentiis. Per hos etiam d. Hubertus 1b. [2392] *deest* 2. [2393] i. t. *ed.* [2394] molendino 2. [2395] prædictus *ed.* [2396] m. n. e. *ed.* [2397] Gald *ed; in* 1. *superior hujus versus pars abscisa est.* [2398] o. huic m. 1b. *ed.* [2399] ibi *ed.* [2400] domos 1b. *ed.* [2401] Sed et T. c. 1b. *ed.* Transmundus *ed. et Reg. Petri D.* [2402] E. etiam m. R. 1b. 2. E. tempore et eodem modo R. 3. [2403] cartulam 1b. 2. [2404] *deest ed.* [2405] A. T. 1b. *ed.* [2406] et de M. et de C. et de A. et de A. 1b. *ed.* [2407] *add.* 4. [2408] m. Eodem tempore Terrac. *etc. ut supra c.* 13. — præceperunt. Circa h. d. Franco 1.b

NOTÆ.

(657) Ad Garilianum, prope Bantram.

(658) Filia Trasmundi marchionis, ut ipse ait in charta ap. Gatt. H., p. 327. Hanc oblationem in Petri Reg. scriptam esse testatur A. de Nuce, datam *in Comino ab inc. d. n. J. C.* 1010. *anno, mense Madius et per ind.* VIII.

(659) Reg., n. 248. Ang.

(660) *In n. d. n. J. C.* 6. *anno p. d. Landolfi gl. p. mense Decembri, ind.* 3. *Ideoque ego Landolfus princeps de civ. Salerno et modo sum monachus in monasterio S. B. de castro Casino — offero,* etc. pœnam 100 *libras aurei bizant.* pollicitus, si contra egerit. Reg., n. 243.

(661) Fil. Gisoni. Chartam quam cum Armelda conjuge, f. Ugonis comitis, scribi jussit, edidit Gatt., II., p. 196. e Reg.

(662) Hodie *Trontino.*

(663) In monte solitario territorii Aprutiensis. Gatt. II., pag. 203 ubi chartam edidit.

(664) Gatt. Acc., p. 102.

(665) *Anno Deo propicio pontificatus d. Joannis summo pontifice et universali vanæ in ss. sede b. P.*

Terracinenses admoniti a Johanne pontifice suo, obtulerunt in monasterio sancti Stephani de Terracina (*an.* 986. *Jan.* 3) unam piscariam quæ est ab ipso fluvio ejusdem [2409] civitatis loco qui dicitur Gambara, usque in mare, apposita pœna trium librarum auri obrizi eis [2410] qui id removere aliquatenus temptavissent. Similiter etiam Roffridus [2411] patricius obtulit ibidem unam piscariam suam in [2412] prædicto fluvio de Terracina, in pantano Trasectu. Circa hos dies Franco quidam presbyter et monachus fecit cartam in hoc monasterio de una ecclesia proprietatis suæ [2413] vocabulo Sanctus Benedictus in finibus Monticelli, loco Salabuca juxta Bifernum cum universis [2414] rebus ac pertinentiis ejus. Huic abbati [2415] Lupus filius Azzonis de Aprutio fecit oblationem omnium rerum suarum cum quinque ecclesiis, id est B Sancta Victoria in Murro, Sanctus Calistus in Colle, Sanctus Antimus in Commejano [2416], Sanctus Archangelus in Fauniano [2417], Sanctus Andreas in Cesule, cum terra quingentorum circiter modiorum, et cum omnibus omnino sibi pertinentibus rebus in toto Aprutio. Adam quoque [2418] cognomento Salichus (666) obtulit in hoc monasterio ecclesiam [2419] sancti Martini in territorio Teatino, loco qui dicitur Cornecclanum, cum centum terræ modiis in circuitu ejusdem ecclesiæ, et cum reliquis pertinentiis ipsius [2420]. Hic abbas fecit libellum de Sancto Bonito [2421], Sancto Angelo de Galiano, Sancto Salvatore de Scriole, Sancto Petro de Castriniano, Sancto Felice de Montaniano, Sancto Felice inter flumina, C Sancto Valentino, et Sancta Maria in Aufiano [2422], pro solidis quadringentis, et censu solidorum 20. Idem [2423] fecit et Otteramo castaldeo [2424] Marsorum de Sancto Clemente in Avezano pro solidis centum, et censu staminearum 5 (667). Item de Sancto Gregorio de Serviliano pro solidis 30, et censu pisces 100. Item de eodem, censum piscium quadringentorum. Fecit et libellum cuidam monacho nomine Trasari, de Sancto Benedicto in Canusio, de Sancto Salvatore in Monorbino [2425], de Sancto Benedicto in [2426] Juve- A naze [2427], de Sancto Focate [2428] in Barano (668); cum ipsa piscatione de [2429] lacu Romani, de Sancto Cassiano in Filone, simul et de omnibus pertinentiis hujus loci in civitate Tranensi, cum omnibus pariter [2430] earundem ecclesiarum pertinentiis. Idem fecit et [2431] filiis Adelberti [2432] de Papiniano [2433] de [2434] quadringentis modiis [2435] terræ in Aprutio pro solidis 200, et [2436] censu solidorum 8. Fecit et commutationem cum Tresidio quodam Teatino, a quo recipiens [2437] ecclesiam sanctæ Luciæ in Castellone, loco qui dicitur Insula, cum omnibus rebus ejusdem [2438] ecclesie et terra modiorum centum, dedit [2439] ei per diversa loca apud Teatem terræ modios [2440] septuaginta [2441].

* Quæ videlicet sancto Angelo de Barregio olim pertinuit *addit* 2.

27. * Per [2442] idem tempus edificatum est monasterium sancti Benedicti apud Suessam, foris portam quæ dicitur Ermemari [2443], a domno Johanne hujus [2444] loci monacho, ubi præfatus abbas concessit omnes curtes et terras hujus monasterii, quæ sunt intra comitatum prædictæ civitatis loco Oronica, et curtes de Lota Alfani, nec non et curtes de [2445] Gariliano ad ipsos currentes, et terras [2446] atque curtem de Lauriana [2447]. Ita dumtaxat, ut per singulos annos ex eadem curte Lauriana persolveretur nobis census, modii fabarum centum.

* Hoc præterea tempore Sergio IV papa defuncto (*an.* 1012), Benedictus VIII, natione Tusculanus (669), ex patre Gregorio, Romanus pontifex ordinatur. *add.* 2.

28. Abbas [2448] autem ipse, cum [2449] plurimas a vicinis comitibus pateretur augustias, Capuam ad tempus remoraturus secessit [2450]. Et quoniam plus quam satis austerus in monachos fuerat, studueratque contra Benedicti decretum timeri magis a fratribus quam amari, illi estimantes immo [2451] optantes huc eum ulterius non reversurum. Docibilem quendam natione Cajetanum vitæ simplicis virum de congregatione sibi [2452] in abbatem substi-

VARIÆ LECTIONES.

[2409] supradictæ *ed.* [2410] e. q. id. r. a. t. *desunt ed.* [2411] Rofrithus 3. [2412] in pant. T. in pr. f. de T. *ed.* [2413] *hinc pauca abscisa sunt* 1b; *pergit:* cum Tresidio (*v. infra*). [2414] *deest ed.* [2415] *deest* 1b. [2416] Comiano 1b. 4. Comelano *ed.* [2417] Faumario 2. [2418] etiam 1b; *ed.* [2419] m. unam e. juris sui vocabulo S. Martinus, in 1b. *ed.* [2420] ipsius. Similiter obtulit omnes res suas 1b. *reliqua abscisa sunt, sed pauca;* Hic abbas — censu sol. 8. *defuisse videntur.* [2421] et pertinentiis ejus *add. ed.* [2422] Ausano 2. Caufiano 3. [2423] Item *ed.* [2424] gast. *ed.* [2425] Menorbino loco Strajuniano, de 2. [2426] de 3. [2427] Juvenazze loco Orosano, de 2. [2428] Focato *ed.* [2429] p. in Lauromari 3. [2430] simul *ed.* [2431] *add.* 4. [2432] Adelp. 3. [2433] Papinlano *ed.* [2434] et 2. [2435] modia *ed.* [2436] *add.* 4. [2437] recepit 1b. *ed.* [2438] ipsius 1b. *ed.* [2439] datis 1b. *ed.* [2440] modiis *ed.* [2441] LXXta. Huic Lupus *etc. v. supra,* 1b. [2442] Per — centum *a Joh. I. abbate ubi in marg. scripta sunt signis huc arcessivit* 1b. [2443] Hermerari 4. [2444] I. sacerdote et m. 1b. 2. [2445] de — curtem *desunt* 2. [2446] curtes *corr.* terras atque curtem 1b. t. a. curtes 3. 4. [2447] de loco L. 1b. 2. [2448] Ipse autem a. 1. Prædictus autem a. *ed.* [2449] abbas multas diversis temporibus a v. c. perpessus angustias, cum jam longævus esset, defunctus est 15. Kal. *etc.* 1. *mutavit et ampliavit* 1b. [2450] abscessit 1b. *ed.* [2451] i. potius o. 1b. [2452] *add.* 4.

NOTÆ

ap. . . . *ind.* XIV, *mense Jan. die* 3. (Dominico) *imperante anno* 1, *Johanne Crescentione filio Romanorum patricio.* Gatt. H., p. 115. e Reg. Petri.

(666) Erat enim de gente Francorum, ut perhibet ejus chartula num. 300. Ang.

(667) Lanea interula seu camisia qua monachi quidam vice cilicii utebantur. Ducang.

(668) Varano? Cf. supra I, 34.

(669) Ita etiam catalogus Petri.

tunt. Qui cum de more abbatum possessiones monasterii revisurus Marchiam perrexisset, et nonnullis [2453] ibi donatus [2454] equis aliisque muneribus [2455] jam rediret, Benzonis filii quidam de ejusdem partis magnatibus subito illum apud Pennas invadunt, et violenter universa quæ ferebat diripiunt. Quo cognito Bernardus comes, mox ad eum accessit: seque super hac re valde dolentem [2456] ostendens, totidem illi equos quot fuerant sublati, vir liberalis restituit. Veniens autem idem [2457] abbas in locum qui Furca Pennensis vocatur, conversus universos Benzonis filios maledixit: Bernardum vero cum omnibus [2458] suis benedicens, ut domui ejus domus Benzonis semper subdita esset, et ut numquam de domo ejusdem vindicta [2459] divina recederet, terribiliter imprecatus est. Quod videlicet fieri, nos hodieque videmus. Sed cum post septem non [2460] integros menses pacatis atque compositis rebus Johannes abbas huc fuisset regressus [2461], Docibilis Cajetam se contulit, ac non multo post languore detentus, ad hoc se referri [2462] monasterium postulans, quieto fine defunctus est. Abbas quoque Johannes cum jam longævus esset, et ipse nichilominus obiit [2463] 15. Kal. Aprilis (670), atque juxta ecclesiam est [2464] beati Benedicti sepultus.

29. Eo autem quo defunctus est anno, quendam nepotem suum Johannem cognomento Rotundulum monachum [2465] fecerat, cui videlicet ad mortem veniens, abbatiam [2466] contradidit, paucis admodum super hoc sibi consentientibus, vel potius coacte id sufferentibus monachis. Quorum autem pars potior ac sanior [2467] erat, nimis hæc indigne ferentes, et neophitum tantæ congregationi præesse minime congruum judicantes, post menses [2468] aliquot mandaverunt Pandulfo principi Beneventano, ut veniret, filiumque suum Atenulfum illis [2469] in abbatem ordinandum adduceret: nulli quippe [2470] magis quam ipsi, honor hujus loci competeret. Quem [2471] videlicet Atenulfum cum Otto imperator puerum a patre obsidem accepisset, ultra montes in quodam monasterio nutriri ac custodiri mandaverat. Post tempus vero aliquantum monitus a papate suo [2472], monastica veste indutus fugam arripuit, atque inter [2473] redeundum graviter infirmatus, cucullam quam fugæ occasione simulanter induerat sponte se deinceps gestaturum devovit. Sicque ad patrem rediens, cum ab eo in palatio retineri non adquiescerct, in monasterio sancti Modesti quod intra Beneventanam [2474] urbem situm [2475] est, usque ad id temporis mansit. Lætus igitur princeps superiori [2476] nuncio redditus, Casinum protinus venit, et consensu atque amminiculo monachorum [2477] excluso Rotundulo filium in abbatiam substituendum lætantibus universis contradidit. Rotundulus itaque [2478] tali ordine pulsus, Beneventum rediit; atque patrocinio propinquorum et [2479] consensu ac concessione præfati principis, supradicti [2480] monasterii sancti Modesti [2481] abbatiam recepit *.

* Hoc anno fames valida fuit; et sal [sol *Anon. Cas.*] defecit (671) *add.* 1^{b}.

30. Circa [2482] hæc tempora reversus domnus Liutius, quem superius (c. 12) hinc [2483] egressum Jerusolimam perrexisse retulimus [2484]: primo [2485] apud Salernum [2486] in quadam heremo, ubi [2487] nunc monasterium sanctæ Trinitatis constructum [2488] est quod nuncupatur Ad cavam, aliquandiu mansit [2489]; ubi a Guaimario principe agnitus, atque in maxima est reverentia habitus: postmodum vero in monte hoc, loco Albaneta vocabulo, usque ad suum est obitum religiosissime conversatus. In hoc [2490] videlicet loco ante non multum tempus cum quidam servus [2491] Dei mansionem sibimet remotiorem elegisset, atque in cisterna vetere quam ibi dirutam reppererat oratorium fabricare disposuisset, cogitante illo [2492] in cujus potissimum nomine ecclesiam ipsam construeret, fertur quendam puerulum scolarem ibi tunc casu [2493] venisse. Qui cum [2494] a prædicto viro Dei perquisitus fuisset [2494] utrum peritiam cantandi haberet, et ille habere se promptule respondisset, jussus ab eo cantare est quicquid sibi primum in mentem venisset; statuens [2495] scilicet in corde suo, ut in cujuscumque sancti honore puer ille cantasset, in ejus protinus [2496] nomine ecclesiam eandem edificaret [2497]. Mox puer responsorium impe-

VARIÆ LECTIONES.

[2453] multis 1^{b}. *ed.* [2454] donatis *ed.* [2455] a. non parvis m. 1^{b}. *ed.* [2456] *deest* 4. [2457] præfatus 1^{b}. *ed.* [2458] s. o. 1^{b}. *ed.* [2459] gladius iræ Dei r. 1^{b} *ed.* [2460] *deest* 3. [2461] reversus 1^{b}. *ed.* [2462] m. r. 1^{b}. *ed.* [2463] defunctus est 1. *ed.* [2464] *add.* 4. [2465] R. ante dies non plurimos m. f. quem vid. ad m. 1. R. quem a. d. n. p. m. f. ad m. 1^{b}. 2. R. quem m. f. ad m. 3. [2466] v. in a. substituit 1. *ed.* [2467] savior 2. [2468] *ita* 1^{b}. non p. multos dies 1. [2469] A. abbatem constitueret nulli 1. [2470] enim 1. *ed.* [2471] *ita* 1^{b}. Qui v. Atenulfus cum obses ultra montes fuisset, in redeundo valde infirmatus, factus fuerat monachus. Quod et factum est. Rotundulus 1. [2472] ut sine suspicione alicujus fuge posset *add.* 1^{b}. *ed.* [2473] in redeundo 1^{b}. *ed.* [2474] i. eandem B. civitatem 1^{b}. *ed.* [2475] prope episcopium s. 1^{b}. 2. [2476] s. n. r. *add.* 4. [2477] chorum — contradidit *abscisa* 1^{b}. [2478] igitur 1. *ed.* [2479] et — sancti *add.* 1^{b}. [2480] suprascripti 1^{b}. *ed.* [2481] M. quod intra candem Beneventanam civitatem situm est a. *add.* 1. *del.* 1^{b}. [2482] *cap. add.* 1^{b}. *erasis quæ prius in 7 versibus scripta erant.* [2483] s. tempore Mansonis abbatis h. 1^{b}. *ed.* [2484] monstravimus 1^{b}. *ed.* [2485] p. quidem a. 1^{b}. *ed.* [2486] Salernitanum principatum in 1^{b}. 2. [2487] ubi — dinoscitur *add.* 1^{c}. [2488] T. ad C. cognomento constructum esse dinoscitur 1^{c}. *ed.* [2489] remoratus est 1^{b}. *ed.* [2490] quo 1^{b}. *ed.* [2491] vir 1^{b}. *ed.* [2492] cogitanti ei 1^{b}. *ed.* [2493] t. supervenisse 1^{b}. *ed.* [2494] *add.* 4. [2495] statutum s. habens in 1^{b}. *ed.* [2496] *add.* 4. [2497] construeret 1^{b}. *ed.*

NOTÆ.

(670) A. 1011, quem charta Oderisii c. 20 allata et c. 31 initium verum esse probant.

(671) Ita Anon. Cas. ad a. 1011; Chr. Fossæ Novæ ad a. 1013; Atenulfi libellum datum 1011, m. Aug., v. ap. Gatt. Acc., p. 122.

suit: *Veni electa mea*, totumque illud suavi satis modulamine cecinit. Valde itaque Dei [2498] servus exhylaratus, et intellegens quodammodo [2499] per hoc beatissimæ genitrici Dei [2500] placere [2501], suum in loco eodem honorari vocabulum, confestim juxta possibilitatem suam parvulam ibi ecclesiam in honore ejusdem genitricis Dei construxit [2502], ibique usque ad exitum suum satis devotus in ejus servitio perduravit. Cum autem post aliquantum tempus præfatus Liutius [2503] illo [2504] venisset, et plurimum sibi locus ipse complacuisset, elegit ibi usque ad mortem consistere, et in servitio sanctæ [2505] Dei genitricis perseverare. Regressus igitur ad principem Guaimarium, cui [2506] dudum et pater spiritualis et familiaris super omnes extiterat, multa ab eo et diversa ornamenta ecclesiastica, et codices nonnullos [2507], necnon et aliam ad fratrum usus non modicam suppellectilem adquisivit; libentissime illo ac liberaliter cuncta quæ vellet accipere concedente. Confestim [2508] itaque prædictam Dei genitricis ecclesiam multo satis quam *fuerat* [2509] ampliorem efficiens, atque depingens, habitacula quoque in circuitu ad diversos commanentium usus [2510] non modice quantitatis ædificavit ibique cum triginta circiter fratribus conversari [2511] religiosissime cœpit. Ipse autem præ ceteris omni vilitate et extremitate contentus, tam humili se officio mancipaverat, ut farinam in pistrino ad panem faciendum famulorum more discerneret [2512], cum interim de ore illius Davitica cantica [2513] numquam cessarent. In cujus vitæ humilitate ac [2514] nimia abstinentiæ austeritate usque ad extrema vitæ indefesse perdurans, Richerii abbatis tempore in monasterio isto defunctus atque sepultus est.

ATENULFUS abbas tricesimus primus, sedit annis undecim, vir quanto nobilis, tanto humilis et humanus.

31. Cujus [2515] anno ordinationis tertio, anno videlicet Domini 1014, quo tempore paschalis festivitas ipso die sancti Marci juxta calculi ordinem extitit,

A Heinricus rex de quo supra diximus (c. 24.) venit Romam; et coronam imperii [2516] de manibus Benedicti octavi papæ recepit; a quo etiam papa idem abbas privilegium sumpsit (672). Tunc [2517] quoque et ipse imperator Heinricus ab eodem abbate et universa hujus loci congregatione rogatus [2518], per præceptum aureo sigillo bullatum universas pertinentias hujus monasterii hic confirmavit (673). Specialiter [2519] autem ac nominatim res de comitatu Thermulensi (674), quarum videlicet fines sunt: a capite Rivus planus, a pede mare, ab uno latere flumen Trinium cum aqua et portu suo, ab altero rivus qui dicitur Ticcle [2520]; cum castellis Petra fracida, Ripa mala, et cum monasterio sancti Be-

B nedicti ibidem constructo. Item Fara, Ripa ursa, Mons bellus, Pescloli, cum universis omnino finibus ac pertinentiis eorum. Item alibi in eodem comitatu juxta Bifernum, habens fines: a capite pertinentia sancti Gregorii, a pede mare, ab uno latere Bifernum, cum aqua, et medietate portus, ab altero rivus qui [2521] dicitur Vivus, cum omnibus adjacentiis sibi pertinentibus, necnon et ecclesiam sanctæ Trinitatis et sancti Georgii in eadem civitate Thermulensi, cum universis possessionibus ac pertinentiis earum. Duo [2522] etiam castella Cominensis territorii, id est Vicalbum [2523] et Sanctum Urbanum alio suo præcepto (675), postquam [2524] ultra montes reversus [2525] est, per [2526] rogationem Belgrimi Coloniensis archiepiscopi in hoc monasterio confirmavit

C (*an.* 1018 *Jul.* 13). De quibus jam [2527] pridem post patris mortem Pandulfus Capuanus princeps prædicto [2528] abbati fratri suo præceptum (676) fecerat [2529] (*an.* 1017, *Mai* 5, 9), nec non et de monasterio sancti Valentini in eodem territorio Cominensi cum [2530] universis rebus ac pertinentiis ipsius. Quod videlicet monasterium olim [2531] a [2532] Saracenis destructum, non multo ante restauraverat Pontius [2533] quidam filius Allonis de comitatu Marsorum; cui [2534] cum suggestum fuisset illud huic monasterio

VARIÆ LECTIONES.

[2498] i. vir Dei e. 1b. *ed.* [2499] *add.* 4. [2500] D. g. 1b. *ed.* [2501] placare 2. [2502] edificavit 1b. *ed.* [2503] domnus L. 1b. *ed.* [2504] ibi 1b. *ed.* [2505] serv. D. et g. ipsius p. 1b. serv. D. g. ipsius p. *ed.* [2506] G. prædicti Guaimarii filium, c. 1b. 2. [2507] quamplures 1b. *ed.* [2508] Mox 1b. *ed.* [2509] q. erat in omnibus a. 1b. *ed.* [2510] usque 2. [2511] r. c. 1b. *ed.* [2512] discuteret 1b. *ed.* [2513] modulatio n. cessaret 1b. *ed.* [2514] atque 1b. *ed.* [2515] Hujus *etc.* 1b. *ed.* Hujus secundo (*corr.* primo) ordinationis anno fames valida fuit et sal defecit (*v. cap.* 29 *in fine*). Triennio autem post Heinricus 1 *corr.* 1b. [2516] c. Romani imp. *ed.* [2517] Nec non et 1. *ed.* [2518] et interveniente imperatrice Cunigunda, *add.* 1b. [2519] specialiter — pertinentiis earum *desunt* 1. [2520] Tiale 3. [2521] q. d. *add.* 4. [2522] Insuper et per rogationem Peregrini (*corr.* Piligrimi) archiepiscopi sui, duo c. 1. Insuper etiam d. c. *ed.* [2523] Vicum album 2. [2524] p. u. m. r. e. *add.* 1b. [2525] regressus 1b. *ed.* [2526] p. r. B. C. a. *desunt* 1. 2. [2527] q. videlicet i. 1. *ed.* [2528] princ. frater suus eidem a. p. 1. *ed.* [2529] effecerat 1. [2530] cum — remisit *add.* 1b. [2531] m. ex plurimo jam tempore 1b. *ed.* [2532] a S. *deest* 1b. [2533] Ponzo 1b. [2534] qui c. agnovisset i. 1b. *ed.*

NOTÆ.

(672) Ap. Tosti I, p. 246.

(673) Chartam Romæ 1014, s. d. datam edidit Tosti, p. 249, sed neque interventu imperatricis obtentam neque bulla aurea munitam.

(674) In privil. Reg. 135 quod actum est in Teate, 1022, ind. IV. Kal. Februarii. Cf. etiam Reg. 131 app. Gatt. Acc., p. 120. Hic autem privilegia prius concessa quærenda esse videntur.

(675) Gatt. Acc., p. 104.

(676) Ib. p. 106. Præceptum de mon. Sancti Valentini quod Hist., p. 205 se daturum promiserat, frustra quæsivi.

antiquitus pertinuisse, ita ut erat restauratum pro A Dei amore in jus et potestatem hujus loci ex integro remisit [2535]. Hic etiam Pontius una cum Berardo [2536] filio manifestaverunt, et renuntiaverunt nobis in placito Marsorum comitum, totam pertinentiam de Opi et Peraccle in territorio Marsicano, quæ olim videlicet [2537] Barregensi monasterio pertinuerat.

32. Hic [2538] abbas fecit in ecclesia sancti Benedicti coronam argenteam 24 librarum. Fecit etiam [2539] in fronte ejusdem ecclesiæ campanarium altum et optimum, in cujus medio altarium in honore sanctæ Crucis constituit [2540]. Præterea juxta ostium majoris ecclesiæ dextra levaque supra marmoreas columnas, cameras duas erexit; in quarum una, altarium in honore sanctæ Trinitatis: in altera vero altarium statuit in vocabulo sancti Bartholomei apostoli. Ab- B sidam vero majorem auro diversisque coloribus depingi pulcherrime fecit. Ecclesiam [2541] porro sancti Stephani quæ juxta portam monasterii deforis sita [2542] fuerat, jam fere ruentem renovavit et ampliavit, atque altarium [2543] in ea sancti Adelperti [2544] quem superius (c. 17) factum martyrem diximus, ab occidentali parte adjunxit [2545]. Civitatem deorsum circa ecclesiam domini Salvatoris quam supra diximus (l. I, c. 33) ab [2546] abbate Berthario inchoatam, ex magna parte construxit*. Ecclesiam sancti Angeli quam olim [2547] Gisulfus abbas in Valle luci construxerat (677), jam [2548] vetustam restaurans, et [2549] titulo [2550] addito amplians atque depingens, possessionibus non parvis adauxit [2551], et diversas C ibi ad monachorum utilitates officinas instituens, nostratium [2552] monasterium esse constituit, quod [2553] eatenus Grecorum (678) extiterat.

* Restauravit præterea in territorio civitatis Atinæ monasterium sancti Nazarii martyris (679), quod antiquitus huic nostro cœnobio pertinuerat. *add.* 2.

Sub [2554] hoc abbate (*an.* 1015 *Apr.* 18) oblata est in monasterio [2555] isto ecclesia sancti Petri quæ nuncupatur Ad Iscleta, in Campania territorio Ciccanense, cum maximis circa se possessionibus, ab Hubberto et Amato comitibus Ciccani et Segniæ (680). Ecclesia quoque sancti Angeli in territorio de Ceperano, loco qui dicitur Cannuzzu [2556] a Landuino et Raterio [2557] consulibus Campanie (681). Sed et Saphirus quidam [2558] presbyter obtulit huic monasterio ecclesiam sancti [2559] Benedicti apud Capitinatam civitate Murrone, cum omnibus [2560] suis. Nec non et Petrus et [2561] Martinus presbyteri similiter obtulerunt beato Benedicto ecclesiam sancte [2562] Marie et Sancti Apollinaris in eodem Murrone [2563], loco vocabulo Casale planum [2564]. Id [2565] ipsum fecit et [2566] Odemundus [2567] quidam Firmanus de ecclesia sancti Michahelis de Torpelliano [2568]. Eodem etiam [2569] tempore simili tenore oblata est in hoc monasterio ecclesia sancte Juste apud Baranellum [2570], juxta Bifernum; et alia nichilominus [2571] ecclesia sancte Juste apud castrum Eudolini [2572], et ecclesia sancti Andreæ de Cantalupo, territorio Bovianensi [2573]; nec non et monasterium sancti Benedicti (682) et ecclesia sanctæ Luciæ apud [2574] castrum Baniolum, loco qui dicitur Molinum vetulum, et ecclesia sanctæ Mariæ de cruce, ecclesia [2575] etiam sancti Benedicti apud Aprutium cum omnibus et maximis earum rebus ac pertinentiis (*an.* 1020 *Jan.*) Stephanus quoque [2576] et Silvester presbyteri Larinenses [2577] obtulerunt in hoc loco ecclesiam suam, vocabulo Sancta Maria, loco ubi dicitur Monumentum [2578]. Quidam etiam nobilis vir de Marsorum provin-

VARIÆ LECTIONES.

[2535] *hinc* 1^b. *pergit:* Hoc tempore oblata (*c.* 32.) [2536] Bernardo 2. [2537] o. s. Angelo de Barregio p. *ed.* [2538] *hæc in fine capitis ponit* 1. [2539] F. et camp. 1. 2. [2540] construxit *ed.* [2541] In ecclesia 1. [2542] m. sita erat, altarium s. A. 1. [2543] in ea alt. *ed.* [2544] Adelberti 1. 2. [2545] a. eandemque pingere inchoavit. Librum sancti Ambrosii super Lucam describi præcepit. Civit. 1. [2546] ab a. B. i. *add.* 1^b. a sancto martyre Christi a. B. *ed.* diximus quæ nunc Sanctus Germanus vocatur, ipse primum facere cœpit, et ex 1. i. p. f. c. et *del.* 1^b. [2547] *add.* 1^b. [2548] *ita* 1^b. c. multis dilatam possessionibus monasterium 1. [2549] *deest ed.* [2550] et ampl. 1^b. [2551] ditavit 1^b. [2552] *deest* 1^b. [2553] q. e. G. e. *desunt* 1. [2554] Hoc tempore o. est 1^b. 2. *hinc caput incipit* 1^b. *sequentia diverso tempore in margine scripta sunt.* [2555] in hoc m. e. 1^b. *ed.* [2556] Canuzzu 2. Cannuzo 3. Cannuzu 4. cum omnibus pertinentiis et finibus suis *add.* 1^b. *ed.* [2557] Racterio 2. Ratherio 3. [2558] *add.* 4. [2559] c. juris sui vocabulo S. Benedictus 1^b. *ca.* [2560] o. rebus et pertinentiis s. 1^b. *ed.* [2561] P. presb. et monachus, et M. presb. et mon. 1^b. 2. P. presb. et M. presb. 3. [2562] S. A. et S. M. ibidem in M. 1^b. *ed.* [2563] Morrone 1^b. [2564] p. cum omnibus ad se pertinentibus 1^b. *ed.* [2565] Id — Torpelliano *desunt* 1^b. [2566] *deest ed.* [2567] Odmundus 2. [2568] Torpelleniano 3. T. cum universis pertinentiis ejus *ed.* *Deinde sequuntur traditiones, Faidolfi* 1^b. *Faidolfi* (*Leonis*), *Temmonis et Oderisii in ed.* [2569] quoque 1^b. *ed.* [2570] B. castrum, i. fluvium B. 1^b. [2571] similiter 1^b. *ed* [2572] E. de petra S. Angeli et 1^b. [2573] Bojanensi 1^b. *ed.* [2574] apud — beato *abscisa* 1^b. [2575] C. cum maximis e. r. ac p. Apud Ap. quoque loco Tribio (Trivio 3.) eccl. s. B. similiter cum omnibus rebus suis *ed.* *Sequuntur Rainerius, Albo* (*Adelpertus, Lupus*), *Stephanus* 1^b. *ed.* [2576] *v. not* Y. [2577] Larinensis civitatis *ed.* [2578] cum omnibus pertinentiis suis *add. ed.*

NOTÆ.

(677) Cf. lib. I, c. 17.

(678) Nili videlicet et sociorum, qui ad Cryptam ferratam demigraverant. ANG.

(679) Teste Pandulfo principe in charta ap. Gatt. H. p. 205, cf. infra c. 51.

(680) Nunc *Ceccano* et *Segni.* — *Me Ubberto comes f. de donno Leo comes et de domna Sergia illustrissima femina qd. jug. et domna Constantia conjugem meam, insimul cum domno Amato comes et domna Maria jugalibus* in charta ap. Gatt. H., p. 416 data Benedicti VIII, anno 3, ind. IX (13?).

(681) *De civitate Berulana* inquit chartula eorum num. 273. ANG.

(682) Postea dictum *de jumento albo.* Exstat in territorio Civitatis Novæ diœc. Triventinæ. Gatt. H., p. 207.

cia, Faidolfus scilicet [2579] filius Gueltonis tradidit in hoc loco omnem substantiam juris sui quam in eadem provincia possidere videbatur, et duas ecclesias sibimet pertinentes, id est ecclesiam sancti Thome in Betuge [2580] et sancti Magni in Castuli, cum omnibus earum pertinentiis atque rebus*. Similiter [2581] et [2582] Temmo filius Teudelausi [2583] obtulit ecclesiam sancti Felicis in Carrufe in [2584] hoc monasterio, cum omnibus pertinentiis ejus. Tunc [2585] temporis (*an.* 1012 *Jun.*) præfatus (683) Oderisius Marsorum comes, cum Gibborga uxore sua reddidit [2586] beato Benedicto ecclesiam sancti Pauli sitam in Comino, quam videlicet pater ipsius a Mansone abbate per libellum receperat (684). Per [2587] idem tempus Rainerius gastaldeus Soranæ civitatis obtulit beato Benedicto de rebus hæreditatis suæ in finibus Arpini, locum qui vocatur Collis [2588] de insula, cum omnibus adjacentiis ac pertinentiis ejusdem loci. Sed et Albo (685) quidam Aprutiensis obtulit (*an.* 1020 *Nov.*) in hoc monasterio integram medietatem de castello Saline jure [2589] sibi hereditario pertinentem, unàcum ecclesiis et omnibus [2590] pertinentiis earundem ecclesiarum [2591]; quod sunt terræ modii [2592] circiter septingenti [2593]. Adelpertus (686) etiam cujusdam Azzonis filius id ipsum fecit de curtibus et de portionibus suis apud [2594] Aprutium, de duobus scilicet castellis et ecclesiis aliquot, cum terra modiorum quadringentorum. Hoc [2595] ipsum fecit et Lupus quidam de Aprutio de partibus quas habebat in quattuor ecclesiis, id est Sancta Victoria, Sancto Antimo, Sancto Archangelo et [2596] Sancto Andrea, cum [2597] littore, et piscatione propria in mare, et quinque milibus modiis terræ.

Leo quoque presbyter et monachus de territorio Bovianensi, simul cum aliis fratribus suis optulerunt in hoc loco ecclesiam sancti Salvatoris, et sancti Christofori de castello Petroso, cum nonnullis possessionibus suis. *add.* 2.

33. Eodem [2598] tempore monachi quidam ab Jerusolimis venientes, particulam lintei, cum quo pedes discipulorum Salvator extersit, secum detulerunt; et ob reverentiam sancti hujus loci devotissime hic obtulerunt [2599], sexto [2600] scilicet Idus Decembris. Sed cum a plurimis nulla [2601] super hoc fides adhiberetur, illi fide [2602] fidentes, protinus prædictam particulam in accensi turibuli igne desuper posuerunt : quæ mox quidem [2602] in ignis colorem conversa, post paululum vero [2602] amotis carbonibus ad pristinam speciem mirabiliter est reversa. Cumque excogitarent nostri [2603] qualiter, vel quanam in parte pignera tanta locarent, contigit dispositione divina, ut eodem ipso die a [2604] quodam nobili Anglo transmissus sit in hunc [2605] locum loculus ille mirificus, ubi nunc recondita est ipsa lintei sancti particula, argento et auro ac [2606] gemmis Anglico opere subtiliter ac pulcherrime decoratus; ibi ergo christallo superposito, et [2607] visibiliter celata, et venerabiliter satis est collocata. Morisque [2608] est singulis annis ipso die cœnæ dominicæ ad mandatum (687) fratrum eam a mansionariis deferri et in medium poni, duoque candelabra ante illam accendi, et indesinenter per totum mandati spatium ab acolito incensari; demum vero juxta finem mandati a singulis per ordinem fratribus flexis genibus devotissime adorari, et adoratam [2609] reverenter exosculari.

34. De monasterio preterea Barregensi cum a prædicto fratre suo Pandulfo principe idem abbas præceptum (688) cum omnibus suis pertinentiis [2610] recepisset (*an.* 1017. *Mai.* 10), quendam ibi fratrem hujus congregationis valde religiosum qui Azzo dicebatur, ut ejus restaurationi ac reconciliationi studeret [2611] transmittere protinus studuit. Nam ex eo tempore, quo Saraceni a Marsis Pelignisque superati (689) atque fugati, ibidem se contulerunt, seque aliquandiu [2612] quoniam locus idem [2613] excelsis valde ædificiis munitus erat tutati sunt, sed ab his [2614] qui eos insequebantur una cum monasterio et ipsi pariter conflagrati sunt, per diversa exinde fugientibus monachis, ita succrescentibus undique silvis horridum [2615] fuerat et inhabitabile redditum, ut vix pauci fratres [2616] juxta parvam ecclesiolam antiquam [2617] quæ ignem evaserat pro venerabilis loci amore commanere aliquatenus [2618] paterentur. Erat tunc prædictus Azzo, præpositus

VARIÆ LECTIONES.

[2579] *add.* 4. [2580] Betuie 1b. [2581] Similiter — receperat *desunt* 1b. [2582] etiam *ed.* [2583] Teudelasii 2. [2584] in h. m. *deest ed.* [2585] Per idem tempus prædictus *ed.* [2586] reddiderunt *ed.* [2587] Sub hoc abbate R. *ed.* [2588] Colles 1b. 2. [2589] s. i. 1b, *ed.* [2590] et universis omnino rebus ac p. 1b. *ed.* [2591] e. et prædictæ medietatis quod 1b. 2. [2592] modia c. septingenta 1b. *ed.* [2593] Stephanus quoque Rk. post III car ♊. 1b. *Sed nihil inveni, nisi quæ c.* 26. *leguntur de Lupo filio Azzonis. Inde* 1. *pergit*: Hic abbas v.. *init. cap.* [2594] s. de d. cast. ap. A. et *ed.* [2595] Lupus necnon (filius cujusdam Azzonis *add.* 2.) de A. similiter fecit de portionibus suis in q. e. i. s. Victoriæ *etc. ed.* [2596] *deest ed.* [2597] et cum *ed.* [2598] His diebus 1. *ed.* [2599] opt. 1. *ed.* [2600] s. s. I. D. *add.* 1b. [2601] s. h. n. 1. *ed.* [2602] *add.* 1b. [2603] *add.* 4. [2604] a q. n. *desunt* 1. 2. Anglo *add.* 4. [2605] hoc loco 1. *corr.* 1b. [2606] auro gemmisque 1. *ed.* [2607] et v. c. et *add* 4. [2608] Morisque—exosculari *desunt* 1. [2609] *add.* 4. [2610] s. finibus, possessionibus, ac p. 1. *ed.* [2611] r. pro posse st. 1. *ed.* [2612] s. ibi a. 1. *ed.* [2613] *add.* 4. [2614] iis 1. *ed.* [2615] h. omnino f. 1. [2616] p. admodum f. 1. *ed.* [2617] *add.* 1b. [2618] *add.* 4.

NOTÆ.

(683) C. 26 Charta exstat ap. Gatt. H., p. 327, ubi Oderisius dicitur *ex natione Francorum, habitator in castellum Victualbum.*

(684) Cf. lib. II, c. 13.

(685) Gatt. Acc., p. 108.

(686) Ib., pag. 109, a. D. 1021, mens. Nov., ind. III

(687) Ablutio pedum.

(688) Gatt. H., p. 125.

(689) An potius Ungari? v. supra I, 55. Saracenos vocat Desiderius Dial. II, 6 ubi hæc breviter tetigit.

[2619] monasterii sancti Benedicti in pago Marsorum (690), quod [2620] videlicet monasterium eo tempore tam cellis quam fundis ac prædiis atque colonis diversis per Marsiam locis copiose [2621] ditatus erat. De quibus hic quoniam [2622] ad id loci venimus aliquanta perstringimus. Cella sancti Benedicti in Aurelino [2623] cum modiis terræ quingentis. Sanctus Gregorius in Pentoma cum modiis mille. Sancta Maria in Illiara [2624] cum modiis trecentis. Vicenda in Avezzano modiorum centum. In castello Veneris loco qui dicitur Casale, ab ipso monte usque in aquam; ex alio latere aquæ [2625] ad casalem Adelardi [2626] modii 20. In loco qui dicitur Calabrettum modii mille. Hereditas Gueltonis ibidem, similiter modii mille. In valle que dicitur Aquirana modii [2627] similiter [2628] mille, et cetera multa et maxima quæ longum scribere judicavimus. Hujus itaque monasterii [2629] universam omnino substantiam tam in codicibus, quam et in animalibus, quamque et universis utensilibus ex æquo præfatus [2630] Azzo divisit, partemque alteram ad prædicti loci [2631] restaurationem assumpsit; et conductis [2632] artificibus, ecclesiam primitus cujus fundamenta tantum remanserant, dehinc officinas cæteras restaurare protinus cœpit. Reversusque consequenter ad abbatem, hominibus quos in possessiones [2633] ejusdem monasterii necessarium erat inducere, libellos ab eo adquisivit, moxque castellum quod eidem loco [2634] proximum est Baiæ [2635] vocabulo condidit. Tertio demum anno consummata ecclesia, præfatus abbas ejusdem Azzonis oratu, Angelum episcopum hujus tunc monasterii monachum cum aliquot fratribus, et duodecim aliis sancti Germani clericis, ad eam dedicandam [2636] trans misit. [Desid. *Dial.* II, 6.] Quo facto, non [2637] multo post idem Azzo quendam ibi fratrem Dominicum nomine quem ipse monachum fecerat suà vice præficiens, senex jam atque infir- A mus, ad hoc monasterium reversus est. Qui cum in domo infirmorum per dies aliquot recubans, extremum jam vitæ spiritum traheret, quidam frater (691) Petrus [2638] nomine, eo quidem tempore juvenis: nostra vero etate qua illum in hoc loco adhuc viventem repperimus, annis simul moribusque grandevus, dum in dormitorio fratrum cum cæteris ea nocte quiesceret, vidisse sibi visus est Michahelem archangelum, illa nimirum specie qua depingi [2639] a pictoribus consuevit, per idem dormitorium altero se angelo comitante transire. Quem cum idem frater speciali [2640] quadam fiducia utrumnam [2641] ipso Michahel archangelus esset et quo tenderet perquisisset, et ipsum [2642] se beatus archangelus esse, et ad animam fratris Azzonis se [2643] properare respon- B dit. Moxque [2644] ille frater evigilans surrexit; et ad domum infirmorum perniciter advolans, jam eundem fratrem recessisse de sæculo repperit (692). Præfatus vero Dominicus ejusdem magistri sui sollertiam imitatus, roccam [2645] quæ Inter montes vocatur [2646] non longe ab ipso monasterio construxit, atque colonos qui prius in loco [2647] Civitella vocabulo (693) habitaverant, in ejusdem [2648] mansione constituit.

35. Per [2649] (694) idem tempus contentio Cajetanorum ducum et comitum Trajectensium orta est contra hoc monasterium, eo quod cœpissemus repetere terras quasdam et silvas in confiniis Aquini huic monasterio antiquitus pertinentes; quas ipsi C (695) ante non multos annos a papa Johanne octavo, et a Johanne papa decimo per privilegium (696) receperant (*an.* 873. *Jun.* 12), pro eo scilicet quod super destructione Saracenorum Gariliano degentium potentissime se intromiserint. Sed, cum apud Argenteum castrum (697) ad placitum res [2650] perducta fuisset (*an.* 1014. *Jul.*), in quo cum principe Capuano (698) et [2651] ejusdem civitatis archiepi-

VARIÆ LECTIONES.

[2619] p. cellæ ejusdem Barregensis mon. in 1. *corr.* 1b. [2620] *ita* 1b. quæ primitus Sancta Maria Asprandana vocabatur; nunc vero a nomine majoris ecclesiæ quæ in eodem loco constructa est, Sanctus Benedictus de Marsia nuncupatur. Hujus 1. [2621] copiosis *ed.* [2622] q. ad id l. v. *add.* 4. [2623] Oretino 1b. 2. [2624] Hyllara 1b. 2. [2625] a. Veneris 1b. 2. [2626] Adelrardi 3. [2627] A. a. S. Quintiano usque in Aquiranum m. 1b. 2. [2628] m. m. plus minus et c. 1b. *ed.* [2629] cellæ 1. *deest* 2. [2630] p. A. *deest* 1. 2. [2631] monasterii 1. *ed.* [2632] convocatis 1. *ed.* [2633] possessionem *ed.* [2634] monasterio 1. *ed.* [2635] Bale *ed.* [2636] e. sollemniter d. mandavit 1. *ed.* [2637] f. quendam i. f. vice sua nomine (n. s. 2) D. q. i. m. f. ordinans, non m. p. i. Azzo jam s. atque 1. 2. [2638] Mainardus 1. *corr.* 1b. [2639] q. in imaginibus d. c. 1. *ed.* [2640] q. s. 1. *ed.* [2641] utrum 1. *ed.* [2642] et se plane b. 1. 2. [2643] A. suscipiendam p. 1. *ed.* [2644] Mox f. i. 1. *ed.* [2645] i. non multo post r. 1. *ed.* [2646] dicitur 1. *ed.* [2647] vicino *add.* 1. qui C. vocabatur 1. *ed.* [2648] in ea c. 1. *ed.* [2649] *hoc caput add.* 1b. [2650] r. hec p. 1b. *ed.* [2651] et cum c. 1b.

NOTÆ.

(690) Dictum etiam *in Venere, de civitate Marsorum*, et *Morronis*, prope lacum Fucinum. Gatt. H., p. 211.

(691) *F. qui adhuc superest et nobiscum in monasterio conversatur, tunc juvenis, nunc autem ætate moribusque grandævus* Desid.

(692) Huc usque e Desiderio.

(693) Adhuc habitatur. Ang.

(694) Instrumentum hac de re factum jussu Dauferii comitis Trajectensis, edidit Gatt. Acc., p. 109. Pro spurio habet Di Meo Ann. Neap. ad a. 917 et 1014.

(695) *Docivilis et Johannes duces et ipati Gajetanorum.*

(696) Bulla Joan. VIII data esse dicitur ind. v, i. e. 872, quod verum esse non potest. Joannis X *capitularium* continebat juramentum jussu papæ illis præstitum a nobilibus Romanis, inter quos *Theofilactus senator* et *Adrianus genitor d. Stephani papæ.*

(697) Visuntur ejus rudera in monticulo prope Minturnas, sub Trajecto. Ang.

(698) Paldolfo II.

scopo (699), necnon et cum duce Neapolitano (700) et A Cajetano episcopo (701) domnus [2652] abbas, et plurimi de diversis partibus nobiles judicesque convenerant, relecta sunt primitus in omnium audientia [2653] præfata privilegia illorum; demum vero relecta sunt a parte nostra præcepta regum (702), Karoli [2654], Hugonis atque Lotharii : qui easdem terras huic monasterio concesserant et confirmaverant [2655]. Quo facto ostensum [2656] protinus a judicibus est tam ex Romanis legibus quam ex [2657] Langobardis (703), nequaquam posse Cajetanos [2658] terras illas primitus monasterio delegatas sibi aliquomodo vendicare, sed nos eas omnino legaliter ac firmiter optinere debere. Cumque [2659] judicum sententia et a principe et ab universis assidentibus laudata [2660] simul et confirmata fuisset [2661], præfati duces et B [2662] comites videntes se legum auctoritati contraire [2663] non posse, cartulam protinus manifestationis seu renuntiationis de universis rebus illis fecerunt, et apud nos remiserunt : pena centum auri librarum apposita, si umquam hec [2664] vel ipsi, vel sui heredes [2665] aliquatenus dirumpere seu removere quæsissent.

36. [2666] Eodem quoque tempore Pandulfus et Gisulfus Teanenses comites, proclamante eodem abbate in judicio Capuani judicis et archiepiscopi, manifestaverunt se et renuntiaverunt nobis totam pertinentiam de Cesima, apposita nichilominus centum [2667] librarum auri pena, si eandem renuntiationem removere aliquomodo temptavissent. Id ipsum etiam fecerunt filii Unzonis [2668] de castro Conca (704) et C de omnibus pertinentiis ipsius, et de Pilano, et Sancto Felice, et Cesima, proclamante Andrea præposito nostro in placito Antonii capellani et Benzonis missi Heinrici imperatoris, apposita pena si removerent quinque milium bizanteorum. Tunc [2669] temporis quidam Aquinensis vir, nomine Magipertus obtulit beato Benedicto se [2670] ipsum, cum omnibus ex integro rebus substantiæ suæ, tam mobilibus quam et [2671] immobilibus. Insuper etiam et insulam quæ Limata vocatur (705), Carnello et Melpha (706) fluviis [2671] circumdatam, centum æstimatione modiorum; quam videlicet insulam [2671] ipse ab hominibus de Pontecurvo ante [2672] non multum temporis emerat, ab uno latere habens passus 417, ab altero 325, ab [2673] alio 200, ab alio vero 300.

37. Septimo * hujus [2674] abbatis anno (*an.* 1017) cœperunt Normanni, Melo duce expugnare Apuliam. Qualiter [2675] autem vel qua occasione Normanni ad istas [2676] partes primo devenerint, et quis vel unde Melus hic [2677] fuerit, quave [2678] de causa eisdem [2679] Normannis adhæserit, opportune [2680] referendum videtur (707). Ante hos circiter 16 annos (708), quadraginta numero Normanni in habitu peregrino ab [2681] Jerusolimis revertentes, Salernum applicuerunt, viri (709) equidem et statura proceri, et specie pulchri, et armorum experientia summi. Quam a Saracenis obsessam reperientes, accensis nutu Dei animis, a Guaimario majore, qui tunc Salerni principabatur equis armisque expostulatis, incpinate super illos irruunt [2682], et pluribus eorum peremptis, ceterisque fugatis, mirabilem victoriam Deo præstante adepti sunt. [AMAT. I, 18, 19, 20.] Attolluntur ab omnibus in triumphum, donis a principe amplissimis honorantur, utque secum manere debeant multis precibus invitantur. Ill vero [2683] amore tantum Dei et christianæ fidei hoc se fecisse asseverantes, et dona recusant, et ibi manere posse se denegant. Princeps [2684] itaque habito cum suis [2685] consilio simul cum eisdem Normannis legatos suos in Normanniam dirigit, et veluti alter Narsis poma per eos cedrina, amigdalas [2686] quoque, et deauratas nuces (710), ac pallia imperialia, nec non et equorum instrumenta auro purissimo insignita illuc transmittens, ad terram talia gignentem illos transire non tam invitabat quam et trahebat. Per eos dies duo magnates partis illius, Giselbertus scilicet qui et Buttericus, et Guilielmus cognomento Repostellus acriter inter se dissidentes, ad id tandem flagitii [2687] devenerunt ut Giselbertus Guilielmum occideret. Quod, cum Robertus [2688] comes terræ ipsius comperisset, vehe-

VARIÆ LECTIONES.

[2652] d. Atenulfus a. 1b. *ed.* [2653] præsentia 1b. *ed.* [2654] Caroli 1b. [2655] firmaverant 1b. *ed.* [2656] f. decretum a 1b. 2. [2657] et 4. [2658] Cajetanis t. i. (p. m. d. *add.* 3) aliqualiter pertinere 1b. *ed.* [2659] C. hec i. 1b. *ed.* [2660] collaudata 1b. *ed.* [2661] fuisset *etc. ad finem cap. abscisa* 1b. [2662] ac *ed.* [2663] contradicere *ed.* [2664] *add* 4. [2665] h. hec a. *ed.* [2666] *totum caput deest* 1. *cf. infra c.* 65. [2667] pœna c. l. a. *ed.* [2668] Zunzonis 3. [2669] Per idem tempus *ed.* [2670] B. hereditatem quæ L. v. 2. [2671] *add.* 4. [2672] a. n. m. t. *add.* 4 [2673] ab alio 200 *desunt ed.* [2674] H. a. a. s. c. *ed.* [2675] Quis sane vel unde M. 1. [2676] has *ed.* [2677] *add.* 1b. [2678] et qua 1. *ed.* [2679] *deest* 1. [2680] a. compendiosa narratione dicendum est. Barensium c. (*v. infra*) 1. [2681] p. utpote a I. ubi causa orationis perrexerunt r. *ed.* [2682] *deest* 4. [2683] v. se a. *ed.* [2684] Tandem itaque prædictus p. consilio h. simul cum *ed.* [2685] *ita correxi*; suo 4. [2686] amigdolas 2. [2687] exitii 2. [2668] Rotpertus *vel* Rotbertus *constanter* 3. Robertus 4.

NOTÆ.

(699) Paldolfo.
(700) Sergio.
(701) Bernardo.
(702) V. supra I, 12, 59.
(703) Quarum verba ibi afferuntur, legis Liutpr. IV, 1. Juliani Nov. 110.
(704) In territ. Teanensi.
(705) Regest. n. 275. ANG.
(706) Melpha deinde non longe a Ponte curvo influit in Carnellum. ANG.
(707) Abhinc noster Amati Historia Northmannorum plurimum usus est, ad ea quæ aliunde accepta prius scripserat et supplenda et corrigenda.
(708) *Avan mille puis que Christ* etc. Aimé.
(709) *Viri — summi* apud Amatum non invenio.
(710) *Noix confites* Aimé.

menter iratus mortem Giselberto interminatus est. A Giselbertus igitur iram domini sui præcavens, assumptis quattuor fratribus suis, Rainulfo, Asclitino, Osmundo, atque Rodulfo, et aliquot aliis, cum equis tantum et armis juncti nostrorum legatis aufugiunt, et Capuam tandem perveniunt, ubi eo tempore prædictus Melus (711) cum Pandulfo principe morabatur. Hic itaque Melus, ut retro aliquantulum redeam, Barensium civium immo totius Apuliæ primus ac [2689] clarior erat, strenuissimus plane [2690] ac prudentissimus vir; sed, cum superbiam insolentiamque [2691] Grecorum qui non multo ante, a tempore scilicet primi Ottonis Apuliam sibi Calabriamque sociatis in auxilium suum Danis, Russis, et Gualanis vendicaverant, Apuli ferre non possent, cum eodem Melo et cum Datto quodam æque nobi- B lissimo, ipsiusque Meli cognato, tandem rebellant (712). Verum cum exercitui quem imperator illo [2692] transmiserat, idem Barenses resistere non valerent, post non longum tempus turpiter se suaque dedentes (712), eundem quoque Melum Grecis tradere [2693] conabantur. Quod prudentissimus vir advertens, una cum Datto clam fugit, et Asculum introivit; atque post paucos dies, timens ne etiam ipsi, Grecis qui eum requirebant [2694] contraderent, noctu egressus, cum Datto pariter Beneventum perexit [2695]; inde Salernum, ac deinde Capuam; nullo interim otio indulgens, quin modis omnibus satageret, qualiter Grecorum dominationem abicere, atque ab eorum tyrannide suam posset patriam liberare. Interea [2696] Barenses captam uxorem ipsius C Maraldam, et filium Argiro, Constantinopolim ad imperatorem transmittunt. Dattus itaque ad nostrum [2697] abbatem confugiens, cum apud eum [2698] diebus aliquantis [2699] mansisset [2700], demum [2701] a Benedicto papa in turre de Gariliano [2702] quam idem papa [2703] tunc retinebat, una [2704] cum suis ad habitandum receptus est; quam [2705] videlicet turrem Johannes imperialis patricius Cajetanus, filius Docibilis hypati pro Agarenorum repugnatione [2706] temporibus Johannis octavi papæ construxerat (713). Melus igitur [2707] inter ista Capuæ commorans, cognito prædictorum Normannorum adventu, mox illos accersit, eorumque causa diligentius perquisita et agnita, illis de more militiæ protinus fœderatur (*an.* 1017); et evestigio Salernum ac Beneventum repedans, multos sibi tam Grecorum odio, quam sui gratia ductos associat, cum [2708] quibus pariterque cum ipsis Normannis [2709] statim Grecorum terram ingressus, expugnare repugnantes viriliter cœpit. Tribus itaque vicibus cum Grecis, primo apud Arenolam (714), secundo apud Civitatem (715), tertio apud Vaccariciam (716) campestri certamine dimicans, tribus eos vicibus superavit [2710]; multosque ex his interficiens, et usque Tranum eos constringens, omnes ex hac parte quas invaserant Apuliæ civitates et oppida recepit. Quarta demum pugna apud Cannas, Romanorum olim clade famosas, Boiano [2711] catapani [2712] insidiis atque ingeniis superatus (*an.* 1018. *Oct.*), universa, quæ facile receperat, facilius perdidit [2713]. Feruntur (717) in ea pugna Normannorum ex ducentis quinquaginta numero, decem tantummodo remansisse, de Grecis autem innumerabilem turbam occubuisse. [AMAT. I, 23.] Melus vero cernens se militum auxiliis destitutum, Normannos (718) super-

VARIÆ LECTIONES.

[2689] p. hic et clarissimus erat, s. 1. [2690] valde 1. *ed.* [2691] i. ac nequitiam G. 1. 2. [2692] imp. hoc audito Barim L 1. [2693] t. nequiter c. 1. *ed.* [2694] obsidebant 1. 2. [2695] venit 1. *ed.* [2696] Int.— transmittunt *add.* 1b. [2697] i. cum apud præfatum a. una cum uxore et filiis d. a. 1. i. ad. præf. a. Ateaulfum veniens cum 1b. *ed* [2698] e. una cum uxore et filiis d. 1. 2. [2699] aliquot 1. *ed.* [2700] commansisset 1. commansissent *ed.* [2701] d. ob Heinrici imperatoris fidelitatem a. 1. 2. [2702] G. flumine 1b. *ed.* [2703] *deest* 1. [2704] r. positus est 1. *ed.* [2705] quam — construxerat *add.* 1b. [2706] dissipatione 1b. 2. [2707] M. interea C. cum principe morabatur. His primum diebus venerunt Capuam Normanni aliquot, quadraginta fere numero; qui domini sui comitis Normanniæ iram fugientes, tam ipsi quam plures eorum socii quaquaversum dispersi, sicubi reperirent qui eos ad se reciperet requirebant; viri equidem et statura proceri, et habitu pulchri, et armis experientissimi, quorum præcipui erant vocabulo, Giselbertus Botericus, Rodulfus Todinensis, Gosmannus, Rufinus, atque Stigandus. Hoc cognito Melus, mox illos accersit, eorumque 1. [2708] a. statimque G. 1. 2. [2709] ornamentis 3. [2710] vicit 1. *ed.* [2711] Bobano 2. Baiano 4. [2712] captapani 1. (*corr.* 1b.) *ed.* [2713] p. Constitutis autem tam in Benevento atque Salerno, quamque etiam apud Capuanum principem, nec non et Dattum Normannis, qui ad octogenarium jam pervenerant numerum, ipse ultra 1.

NOTÆ.

(711) Sequentia Amatus non habet.

(712) 1011. 1013. Ann. Barenses, i. e. 1010., 1012, cum annum a Martio præced. inchoare videantur.

(713) Si de turri loquitur quæ ad ostium Gariliani adhuc exstat, illa non a Joanne duce Cajetæ tempore Joannis VIII, sed a Pandulfo (forte primo Caputferreo vocato) post expulsionem Saracenorum constructa asseritur ab inscriptione lapidea eidem turri affixa:

Hanc quondam terram vastavit gens Agarena,
Scandens hunc fluvium. Fieri ne postea possit,
Princeps hanc turrim Pandulfus condidit heros,
Ut sit structori decus et memorabile nomen. ANG.

(714) *Juxta fluminis undam Nomine Fertorii* Guil. Ap.

(715) In Capitanata, olim episcoporum sedes, quæ inde ad S. Severum translata est.

(716) *Vaccarice, c'est en Puille a Mœlfe, ou maintenant sont gentil home qui se clament Vaccaire.* Translator Amati I, 22, cui clades Northmannorum ibi facta esse dicitur, post sex ipsorum victorias. Lupo teste, tertium prælium fuit *in Trane.* Corte Vaccarizza exstat in terra di Bari.

(717) Hæc Amatus refert de prælio sexto.

(718) *Normannos — constituens* noster addidisse videtur, et quæ sequuntur Amatus paucissimis verbis refert.

stites partim apud Guaimarium, partim apud Panduifum constituens, ipse ultra montes ad [2714] imperatorem profectus est, ut ad expellendos ex [2715] Apulia Grecos, vel ipsum per se ad has partes venire suaderet si posset, vel militum ab eo auxilia acciperet si non posset **.

* Hujus abbatis anno sexto, luna tota conversa est in sanguinem ; et sequenti (719) cœperunt N. 1.

** Tunc temporis Benafrani comites in possessione hujus monasterii quæ Vitecusum (720) dicitur ingredientes, castrum ibidem, et in loco qui dicitur Aqua fundata ædificare cœperunt. Quod dum abbati Atenulfo nuntiatum fuisset, missis militibus illos injuriis affectos, verberibus honustos, de hujus monasterii finibus expulit, et quæ ædificaverant a fundamentis evertit. *add.* 2.

58. [Desid. *Dial.* II, 22.] Interea cum præfatus abbas immo [2716] hoc monasterium magnis Aquinensium comitum infestationibus urgeretur, et neque servorum Dei hic commorantium, neque ipsius sancti patris Benedicti reverentia, aliquatenus illorum nequitia sedaretur, magna demum abbas necessitate coactus, fortissimos aliquot sibi ex prædictis [2717] Normannis ascivit, eosque in [2718] oppido quod Piniatarium nuncupatur ad monasterii bona tutanda constituit; quod quidem illi quandiu abbas ipse superfuit, strenue satis et fideliter executi sunt. Per [2719] hos dies prædictus catapanus Boiano [2720] concessit in hoc monasterio totam ex integro hereditatem vel substantiam Maraldi cujusdam Trapensis, tam intra eandem civitatem, quam et deforis, ubicumque ipse aliquid visus [2721] est possedisse. Itaque cum Capuanus princeps latenter faveret Constantinopolitano imperatori Basilio, fecit interim fieri claves aureas, et misit ad illum; tam se quam civitatem Capuanam, immo universum principatum ejus per hæc imperio tradens [2722] *. Prædictus interea [2723] Boiano non parvam pecuniæ summam eidem principi mittens [2724], rogat ut si re vera fidelis imperatori Basilio esset, ad [2725] capiendum Dattum se transire permitteret. Permissum est : et mox [2726] idem catapanus armato milite [2727], ad Garilianum venit (an. 1021 (721); A turremque in qua Dattus nichil tale suspicans residebat, per biduum oppugnans, vi tandem illam [2728] cum omnibus ibidem [2729] manentibus comprehendit. Et Normannos quidem qui [2730] inibi [2731] fuerant ab eodem Boiano abbas [2732] noster multis precibus adquisivit; Dattum vero nullo umquam modo ab ejus manibus eripere potuit; qui [2733] videlicet vinctus Barim reductus, post paucos dies ipsius catapani præcepto insutus culleo more parricidarum in mari præcipitatus est (722).

* Eo tempore mense Maio mare Neapolitanum dulce factum est a media nocte usque in mediam diem. *add.* 1b.

59. His omnibus augustæ memoriæ imperator Heinricus auditis, Grecorum scilicet invasione [2734], B principis tergiversatione, Datti denique crudelissima nece : reputans, amissa Apulia ac Principatu, Romam quoque ni maturaret, ac per hoc Italiam totam, consequenter sibi et in proximo amittendam ; cum jam bis [2735] ad eum Melus hac de causa profectus ultra montes defunctus fuisset, minime amplius remorandum ratus, anno incarnationis dominicæ 1022 (723), immenso valde totius regni congregato exercitu, Italiam venit. Et ipse quidem cum maxima ejusdem exercitus parte, per marchias transiit; archiepiscopum vero Poppum (724) cum undecim milibus ut [2736] perhibent armatorum per Marsorum regionem direxit. Belgrimum [2737] autem Coloniensem archiepiscopum, cum viginti milibus ad principem et abbatem capiendos [2738] per Romam præmisit. Et C [2739] ipse enimvero [2740] abbas simul [2741] cum fratre principe insimulatus apud imperatorem super captione ac morte Datti plurimum fuerat. Quod cum abbas amicis nuntiantibus persensisset, nusquam se tutum posse consistere a facie tantæ potestatis existimans, cum Marsorum quoque comites et [2742] filii Borrelli libentissime se illum recepturos [2743] pollicerentur, deliberato tandem et [2744] communicato cum fratre consilio, iræ locum dare decernit [2745]; cupiensque Constantinopolim ad imperatorem confugere, Ydrontum mare ingressurus perrexit (725). Ejusdem interea civitatis episcopo beatus Benedictus

VARIÆ LECTIONES.

[2714] ad prædictum i. abiit 1. *ed.* [2715] ex A. *desunt* 1. 2. [2716] j. potius hoc 1. *ed.* [2717] præfatis 1. *ed.* [2718] e. juxta se ad m. 1. e. juxta se in o. q. P. n. non longe a civitate santi Germani ad m. 1b. *ed.* [2719] Per — videretur, *desunt* 1. [2720] Baiano 4. *ubique.* [2721] a. possidere videretur *ed.* [2722] contradens 1. *ed.* [2723] præterea 1. *ed.* [2724] trans mittens 1. *ed.* [2725] e. perm. se ad c. D. t. 1. *ed.* [2726] m i. c. *deest* 1. 2. [2727] a. non parvo exercitu 1. *ed.* [2728] *add.* 4. [2729] o. qui secum inerant c. 1. *ed.* [2730] qui *deest* 2. [2731] ibi 1. [2732] B. prædictus a. m. 1. *ed.* [2723] quem v. vinctum B. reducens p. p. d. (i. c. p. *deest* 1. 2.) insutum c. m. p. in medio m. præcipitari mandavit 1. *ed.* [2734] *ita correxi :* invasionem, p. tergiversationem, D. d. crudelissimam necem 1. *ed.* crudelissima nece 4. [2735] M. b. ad e. 1. *ed.* [2736] ut p. *deest* 1. [2737] Peregrinum 1. Piligrimum 1b. [2738] capiendum 1. *ed.* [2739] Enimvero ipse a. *ed.* [2740] enim 1. vero *add.* 1b. [2741] *add.* 4. [2742] et f. B. *desunt* 1. [2743] recepturos 1. recepturi 1b. [2744] et c. c. f. *desunt* 1. 2. [2745] d. atque per Sangrum ad Termulas transiens, cup. C. a. i. c. mare ingressus est, sed occulta D. 1

NOTÆ.

(719) Ita Anon. Casin. ad. an. 1016, 1017.

(720) *Vitticuso* et *Acquafondata* a Venafro ad Occidentem non multum distant; v. infra IV, 6.

(721) Ita Anon. Casin. Barim intravit Jun. 15. Lup. Prot.

(722) Cf. Amat. I, 25, ubi Pandulfus ipse turrim expugnasse dicitur.

(723) Ita Anon. Casin. Intravit Italiam sub finem anni 1021.

(724) Patriarcham Aquileg.

(725) *Apres ces choses faites* sc. Pandulfo capto. Aime I, 25.

in visione apparens: *Vade, ait, et dic abbati ut nullatenus ingredi* [2746] *mare hac vice pertemptet, quoniam si fecerit, sine dubio peribit.* Et ille quidem hujusmodi visioni minime fidem accommodans, audacter mare ingressus est; sed ut verax prohibentis auctoritas probaretur, occulta Dei dispositione atque judicio, cum omnibus sociis in mare naufragium passus, atque demersus est (*Mart.* 30) (726). Quod cum fuisset imperatori relatum, fertur dixisse: *Lacum aperuit et effodit eum, et incidit in foveam quam fecit* (*Psal.* VII, 16). Inter [2747] cætera autem [2748] quæ hinc [2749] asportavit præfatus abbas, sive in libris sive in ornamentis, novem quoque præcepta tam imperatorum quam principum secum detulit, et cartam de loco qui dicitur Publica in pertinentia Pontiscurvi, et concambium de Calinulo, et præceptum de monte B Asprano ubi est castrum Celi [2750], et duas cartulas oblationis de Sancto Erasmo de Capua.

40. Belgrimus [2751] (727) igitur [2752] quoniam abbatem non repperit, verens ne forte et princeps fratris exemplo fuga simili laberetur, Capuam festinanter adiit, eamque [2753] mox undique armato milite cinxit. Princeps vero [2754] metuens civium proditionem, quam pro certo facturos eos sciebat, quasi [2755] desperans sed præsumens, sponte ad Belgrimum [2756] exiit [2757]; seque non ita ut dicebatur imperatori monstrans esse culpabilem, justitiam se coram illo de [2758] his unde insimulabatur fiducialiter [2759] facturum spopondit. Lætus Belgrimus [2760], accepto sub custodia principe, ad imperatorem profectus [2761] est, ubi jam super Trojam Grecorum civitatem quam C

A nuper [2762] idem Greci facere cœperant (728), castra posuerat. Exhylaratus itaque super [2763] captione principis augustus [2764], aggregatis [2765] magnatibus suis, tam Italicis, quam transmontanis [2766] in eorum judicium illum inducit; accusatoribus innumeris præsentibus, et ejus nequitias in faciem ipsius obicientibus; decernitur uno omnium parique judicio, mortis illum debere subire sententiam. Verum [2767] Belgrimus cujus fidei se [2768] idem princeps commiserat, dictam sententiam nimis graviter ferens, supplex ad imperatorem accessit, et multorum adminiculo fretus [2769], tum rationibus [2770] tum orationibus vitam ipsius obtinuit. Quem [2771] tamen imperator ferreo camo vinciendum, secumque in Germaniam asportandum mandavit.

41. Post paucos dies sponte Trojanis deditionem sui facientibus, et ad augusti [2772] vestigia universis suppliciter [2773] procumbentibus, imperiali clementia veniam tribuit. Et quoniam propter estivum tempus gens continuis assueta frigoribus diu [2774] in partibus istis remorari non poterat, reditum in [2775] dies singulos maturabat. Veniens igitur Capuam, Pandulfo Teanensi comiti tradidit principatum (729). Stephano [2776] autem, Melo, et Petro nepotibus præfati [2777] Meli, quoniam propria illis ad [2778] præsens restituere non potuit, comitatum Cominensis [2779] terræ concessit: quibus etiam in auxilium Normannos [2780], Giselbertum, Gosmannum [2781], Stigandum, Torstainum balbum, Gualterium de Canosa, et Ugonem Fallucam [2782], cum [2783] aliis decem et octo (730) reliquit.

42. Imperator [2784] (731) autem post hæc [2785] ordinatis suis negotiis omnibus, venit ad hoc monasterium una cum Romano [2786] pontifice Benedicto (*an.* 1022, *Jun.* 28). Congregatis itaque omnibus in capitulo fratribus, idem augustus monuit ut de eligendo sibi abbate tractarent (1).

42. Imperator [2784] (731) autem post hæc [2785] ordinatis suis negotiis omnibus, venit ad hoc monasterium una cum Romano [2786] pontifice Benedicto (*an.* 1022, *Jun.* 28). Interea fratres in unum omnes [2787] collecti ceperunt ad invicem juxta tenorem [2788] regule de eligendo sibi abbate tractare, ipso [2789] apostolico et imperatore præsentibus (1^b^. *rell.*).

Vivebat adhuc et eidem concilio intererat [2790] Johannes abbas, ille videlicet [2791] quem superius (c. 20) reliquisse abbatiam et in heremum secessisse monstravimus.

VARIÆ LECTIONES.

2746 n. hac v. mare p. *ed.* 2747 Inter—Capua *desunt* 1. 2748 *deest ed.* 2749 q. idem abbas h. egrediens asp. sive 3. q. idem abbas hinc egrediens secum auferens asportavit, novem præcepta imperatorum aurea bulla bullata, nec non et præceptum de casa Gentiana, et de piscaria Lesinensi secum auferens asportavit, quæ omnia cum eo in maris profunda demersa sunt 2. 2750 Celli 3. 2751 Peregrinus 1. Piligrimus 1b. 2752 interea 1. *ed.* 2753 eam 4. 2754 autem 1. *ed.* 2755 q. d. s. p. *add.* 4. 2756 Peregrinum 1. Piligrimum *ed.* 2757 accessit 1. *corr.* 1b. 2758 de his *add.* 1b. 2759 *add.* 4. 2760 Peregrinus 1. Piligrimus 1b. *ed.* 2761 i. abiit 1. *ed.* 2762 eodem anno 1. *ed.* 2763 de 1. *ed.* 2764 imperator 1. *ed.* 2765 et a. universis suis m. t. 1. 2. 2766 ultramontanis 1. *ed.* 2767 Quod cum Peregrino fuisset relatum, festinus ad imp. accedens, precibus suis v. i. opt. ferro t. eum imp. 1. Verum — sententiam *desunt* 4. 2768 *deest* 2. 2769 fletus 2. 2770 t. o. t. r. *ed.* 2771 ferreo t. c. i. v. *ed.* 2772 imperatoris 1. *ed.* 2773 n. a. minimo usque ad maximum s. procurrentibus 1. *ed.* 2774 i. p. i. diu 1 *ed.* 2775 *deest ed.* 2776 S. autem et Petro n. prædicti M. Cominense c. concessit, cum quibus remanserunt Normanni Giselbertus et Go. Sti. T. b. G. de C. et Ugo Fallucca, cum aliis aliquot *add.* 1b. 2777 prædicti *ed.* 2778 i. recuperare n. *ed.* 2779 C. t. *deest* 2. 2780 *deest* 3. 2781 et. G. *ed.* 2782 Fallucca 2. de F. 3. de Fallucca 4. 2783 F. Normannos c. 3. 2784 principatum atque post paucos dies o. 1. *corr.* 1b. 2785 p. dies paucos 1b. *ed.* 2786 c. papa reverentissimo B. 1. 2787 *add.* 4. 2788 *deest* 4. 2789 i. a. et i. p. *add.* 3. 4. 2790 præsens erat 1. *ed* 2791 *add.* 4.

NOTÆ.

(726) III *Kal. Apr.* Necrol. Cas. cod. 47.
(727) Cf. Amat. I, 24.
(728) Anno 1018. v. Di Meo ad h. a.
(729) Quem ei filioque ejus Joanni 5 Jan. 1023 confirmavit, *ut avus ejus Pandulfus tenuit*, teste Petro D. in Reg. ap. Gatt. Acc., p. 122.
(730) Numerum ab Amato didicit, I, 29.
(731) Brevissime relata hæc habes ap. Amatum I, 17.

Extiterunt[2792] ergo aliquot, qui [2793] eundem sibi in abbatem restitui consulebant [2794]. Quem imperator in ultima jam ætate conspiciens, ut erat optime litteratus, humiliter ita eum alloquitur : *Serve*, inquiens, *Dei, vade, ora pro te et pro nobis; quoniam non est ætati tuæ hujusmodi obedientia competens.* Aderat tunc domnus Theobaldus; vir utique et genere et moribus clarus : qui eo tempore Marchiæ præposituram unde et ortus fuerat naviter administrabat. Quique etiam eidem imperatori ante dies paucos per Marchiam transeunti obvius exiens, ad honorem et commendationem hujus loci strenuissime deservierat. Hunc igitur imperator dignum tanto officio si tamen fratribus complaceret, commemoratis probitatibus ejus asseruit. Aliquantis itaque super eo ut in talibus assolet fieri aliquandiu murmurantibus, aliquantis vero imperatoris voluntatem laudantibus, fertur dixisse imperatorem : *Ut possimus*, inquit, *discernere a nolentibus hoc volentes, surgant omnes quibus mea sententia complacet.* Surrexerunt ergo [2795] universi fere tam ordine quam ætate priores : junioribus reliquis consedentibus. Tum imperator : *Justius erat et competentius est nos seniorum tot et talium super hoc consensu et consilio uti, satisque rectius est meo judicio, juniores seniorum, quam seniores juvenum cedere voluntati.*

A Aderat etiam et [2796] domnus Theobaldus; vir utique et genere et moribus clarus : qui eo tempore Marchiæ præposituram naviter [2797] administrabat [2798]. Extiterunt igitur aliquot qui prædictum abbatem Johannem in abbatiam restituendum [2799] consulerent. Sed quoniam decrepitæ jam erat ætatis, tam [2800] præsentis imperatoris quam et sapientiorum fratrum consilio inutilis tanto oneri judicatus; post nonnullas ut in talibus fieri assolet ac diversas diversorum sententias, tandem communi omnium voluntate domnus [2801] Theobaldus dignus decretus [2802] a fratribus abbas eligitur; ipso etiam augusto [2803] una cum apostolico [2804] eandem electionem valde laudantibus (732); sicque die altera, festo [2805] apostolorum Petri et Pauli ab eodem apostolico [2806] solempniter consecratur. (1b. *rell.*).

B Tandem igitur communi omnium voto dignus adjudicatus, abbas eligitur (*an.* 1022, *Jun.* 29); et gaudente satius imperatore quod id impetrasset, altera die a præfato Benedicto papa honorabiliter consecratur (1.).

43. Patiebatur (733) eo tempore imperator illi dolorem permaximum, atque ut ipse postmodum referebat, quamvis maximam [2807] circa hunc locum devotionem gereret, et nusquam terribilius ac venerabilius oratorium se vidisse assereret, sæpius tamen dubietatis scrupulo movebatur, utrumnam [2808] beatus [2809] Benedictus corporaliter hoc in loco quiesceret. Præ dolore igitur jam dicto, nec plene dormienti ei [2810] nec ex integro vigilanti, idem [2811] sanctissimus pater apparuit; et quasi causa visitandi ad eum accedens, ubi pateretur inquirit. Cui languorem protinus confitenti : *Scio*, inquit Pater [2812] Benedictus, *quoniam tu me hactenus hic dubitasti quiescere; sed ne super hoc amplius dubites* [2813], *meumque* [2814] *in loco isto certissime quiescere corpusculum credas* [2815], *hoc tibi signum erit: Cum* [2816] *primum hodie surrexeris, in egestione urinæ tuæ tres lapillos non parvos mingere habebis, et ex tunc dolore isto amplius non laborabis. Et* [2817] *scias quia ego sum frater Benedictus*; et his dictis presto disparuit. Experrectus [2818] imperator confestim surrexit, ac [2819] juxta visionis ordinem sanitati pristinæ redditus, Deo et patri Benedicto gratias maximas [2820] retulit. Mane autem facto veniens in conventum fratrum, C post capituli verba solemnia : *Quidnam*, inquit [2821], *domini mei, me consulitis donare* [2822] *medico qui me curavit?* Cumque responsum illi fuisset, ut quicquid de [2823] monasterio sibi placeret, se libentissime offerentibus [2824] tolleret ac medico daret : *Non ita*, inquit [2825], *oportet : sed quoniam Benedictus pater hac me* [2826] *evidenter nocte curavit, ratio est et quidem justissima, ut de meamet camera illius debeam remunerare medelam.* Et hæc dicens, cum lacrimis gaudio mistis retulit omnibus quæ vidisset atque audis-

VARIÆ LECTIONES.

[2792] Surrexerunt *corr.* Ext. 1. [2793] et *corr.* qui 1. [2794] precabantur *corr.* cons. 1. [2795] *postea add.* 1. [2797] p. unde et ortus fuerat n. 1b. 2. [2798] a. quique præfato imp. *etc. ut* 1. *usque* deservierat 1b. *c. f. infra c.* 52. [2799] restitui consulebant 1b. *ed.* [2800] t. p. i. q. et *add.* 3. 4. [2801] *deest ed.* [2802] adjudicatus *corr.* decr. 1b. [2803] imperatore quem tunc præsentem esse contigerat 1b. *ed.* [2804] Romano pontifice 1b prædicto papa *ed.* [2805] nat. a. P. et P. *superscr.* 1b. nativitatis *ed.* [2806] beatissimo papa honorabiliter c. 1b. *ed.* [2807] nimiam 1. *ed.* [2808] utrum 1. nam *add.* 1b. [2809] pater 1. *ed.* [2810] *add.* 4. [2811] beatus Benedictus a. 1. *ed.* [2812] *add.* 4. [2813] a. aliquatenus d. 1. *ed.* [2814] meumque — credas *desunt* 1. [2815] credas corp. *ed.* [2816] e. Mox ut surr. 1. [2817] Ego autem sum 1. *ed.* [2818] Evigilans 1. *ed.* [2819] et 1. *ed.* [2820] ineffabiles 1. *ed.* [2821] Quid 1. *ed.* [2822] dare 1. *ed.* [2823] q. s. p. de m. 1. *ed.* [2824] dantibus 1. *ed.* [2825] ita est ait ut vos opinamini sed 1. [2826] h. nocte mei curam egit, oportet me de mea c. i. r. m. 1. *ed.*

NOTÆ.

(732) *Et fu proie de tout le college de li moine, conferma en abbe Theobalde home noble de lignage et plus de coustume, et lui donna la croce.* Aimé.

(733) Eadem sed non eodem modo referunt Amatus I, 28, et Adalbertus V. Heinr. 23, 24. Nostrum exscripsit auctor privilegii Benedicto VIII afflicti, quod post alios e Petri Regesto dedit Tosti, *Hist. Cas.* I, p. 251; textu usus qualem non damus, ex cod. 4.

set, adjiciens: *Nunc* [2827] *plane* [2828] *pro certo cognovi, quoniam* [2829] *vere locus iste sanctus est, et nulli mortalium est ulterius ambigendum* [2830] *quin hic Benedictus pater pariter cum sancta sorore sua quiescat.* Ad fidem autem verborum suorum tres illos lapillos quos secundum tenorem visionis ante paululum minxerat, palam [2831] omnibus ostendebat. Universis itaque super tanta visione tamque mirifica [2832] sospitate imperatoris obstupescentibus [2833], ac Deo laudes et gratias referentibus, obtulit ipsa [2834] die imperiali munificentia beato patri Benedicto [2835] munera hæc (734): Textum evangelii, deforis quidem ex uno latere adopertum auro purissimo ac gemmis valde [2836] pretiosis: abintus vero, uncialibus, ut aiunt, litteris atque figuris aureis mirifice decoratum. Calicem aureum cum patena sua, gemmis et margaritis ac smaltis optimis laboratum [2837]; planetam diapistin (735) listis [2838] aureis [2839] adornatam; stolam quoque et manipulum [2840] atque cingulum, singula [2841] intexta auro. Pluvialem [2842] etiam diasprum (736) cum listis [2838] auro textis, necnon et tunicam ejusdem subtegminis aureis operibus exornatam. Sed [2843] et mappulam diapistin auro nichilominus decoratam; situlam quoque et coppam (737) argenteam quantitatis non modicæ, cum qua videlicet fratres in præcipuis festivitatibus biberent. Recollegit præterea a Judæis vestem unam de altario sancti Benedicti quæ [2844] fuerat Caroli regis; quam idem Judæi retinebant in pignore pro quingentis aureis; nec non et calicem argenteum Saxonicum majorem cum patena sua, quem Theodericus Saxonum rex (738) beato Benedicto olim transmiserat. Quæ [2845] omnia pariter in fratrum præsentia super altare beati Benedicti ponens obtulit, prædictumque [2846] papam suæ auctoritatis scriptionem de ipsis omnibus in hoc loco facere rogavit, apostolici anathematis innodatione eidem scriptioni apposita, ne quis unquam vel hæc quæ diximus, vel alia quæ idem [2847] imperator inantea huic monasterio concesserit subtrahere præsumat. Idem [2848] quoque [2849] apostolicus imperatoris saluti valde congratulans, obtulit et ipse beato Benedicto eadem [2850] die planetam optimam veneti coloris, listis nichilominus aureis decenter ornatam, et stolam unam optimam auro brustam (739), cum manipulo suo. Sed [2851] et Belgrimus archiepiscopus ob gratiam imperatoriæ sanitatis similiter obtulit beato Benedicto planetam purpuream optimam, aureis [2852] listis mensium duodecim signa habentibus [2853] in circuitu adornatam, et stolam cum auro, et pluviale unum.

Post hæc idem christianissimus imperator adhuc parum quid existimans se præ nimia hujus loci dilectione fecisse, admonitus ab [2854] eodem Belgrimo [2855], et a Theoderico cancellario suo, altera die fecit præceptum concessionis in [2856] hoc loco de rocca quæ dicitur Vantra (740), cujus possessores ac si latrunculi quidam monasterium hoc [2857] frequentissime infestabant; ac propterea illam de manibus eorum ereptam, ad usus servorum Dei hujus loci in perpetuum habendam et retinendam contradidit. Fecit et aliud præceptum de universis ubique terrarum hujus loci possessionibus, juxta tenorem videlicet imperatorum antecessorum suorum; per [2858] quod etiam præceptum, monasterium sanctæ Mariæ in Canneto, in finibus Termulensis, imperiali auctoritate in hoc monasterio confirmavit (741); sicque commendans se plurimum patri Benedicto et omnibus fratribus, cum illorum benedictione reversus ad propria est. Et ne tanti benefactoris sui beneficium oblivisci aliquatenus videretur, mox ut domum rediit, planetam optimam diarodinam aureis listis ornatam [2859], una cum alba et cingulo, stola atque manipulo, qualia imperatorem mittere deceret, huc ad beatum Benedictum cum maximis gra-

VARIÆ LECTIONES.

[2827] Scitote quia. v 1. [2828] *add.* 1. [2829] quia venerabilis est l. i. et 1. *ed.* [2830] dubitandum q. cum sorore par. sua hic B. p. q. 1. *ed.* [2831] *add.* 1b. [2832] mirabili ac celeri 1. *ed.* [2833] o. pariter et gratulantibus, ac 1. [2834] ipso 1. *ed.* [2835] B. præsente Romano pontifice quem diximus m. 1. [2836] g. pretiosissimis 1. *ed.* [2837] adornatum 1. 2. simul que mappulam diapistin auro intextam cum qua idem calix offeratur *add.* 1. [2838] listris 4. *constanter.* [2839] a. optimis a. [2840] mappulam 5. [2841] c. totum intextum a. 1. singulas intextam a. *ed.* singulam intexta a. 4. [2842] Pluviale *ed.* [2843] simul cum et mappula d. a. n. decorata *ed. desunt* 1. [2844] q. quondam f. 1. *ed.* [2845] *hic manus et atramentum mutatur in quat.* 10. *versu* 5. [2846] o. ac reverentissimum papam Benedictum s. 1. [2847] inantea i. i. 1b. *ed.* antea 1. [2848] *Primo Piligrimum papæ anteposuit, quod postea mutavit* 1. Prædictus 1. *corr.* 1b. [2849] q. venerabilis a. illorum (*corr.* imperatoris) emulatus liberalitatem, obtulit 1. [2850] e. d. *desunt* 1. [2851] Super hæc etiam et Peregrinus (*corr.* Piligrimus) a. obtulit ea die beato 1. [2852] l. a. 1. [2853] *add.* 1b. [2854] a præfato archiepiscopo Peregrino (*corr.* Piligrimo) 1. [2855] Piligrino *ed.* [2856] i. h. *desunt* 1. [2857] h. m. 1. *ed.* [2858] per — confirmavit *add.* 1b. [2859] pulcherrime decoratam 1. *ed.*

NOTÆ.

(734) In eorum enumeratione privilegium illud propius ad lectiones cod. 1 accedit, ut utrumque veteri aliquo eorum indiculo usum esse appareat: nam pontificis scriptio mature periisse videtur.

(735) *Diapisti color subviridis* Hugo Falcandus, Præf. *Hist. Sic.*

(736) Versicolorem, ut videtur; v. Cangium s. v.

(737) I. e. poculum.

(738) Cum Th. rex Berniciæ, Idæ filius, paganus fuerit, neque ullum hujus nominis præter eum regem Saxonum compertum habeam, nescio an hic fuerit nobilis ille Saxo, dominus castri Hohseoburg, quem Carlomannus bis cepit.

(739) Acu pictam, unde Gall. *broder*. Duc.

(740) Bandra dicitur in dipl. quod ex orig. d. 1022. s. d. dedit Gatt. Acc., p. 119. Cf. supra c. 15.

(741) Exstat privil. illæsum, sed datum 4 Jan. 1023. Poderbrunnon. Edidit Gatt. Acc., p. 120.

tiarum actionibus transmittere studuit, tantæque [2860] (742) de cetero circa hunc sanctum locum devotionis extitit, ut si aliquanto diutius viveret, relicto imperii fastigio, Deo se sub sanctæ professionis habitu hic serviturum sponderet.

44. Sane quoniam de corpore beati Benedicti, quod in hoc loco veraciter requiesceret, tum revelatione quam viderat, tum sospitate quam senserat, fuerat certissimus redditus; ubicumque postmodum scripturam translationis ejusdem beati patris (743) repperire potuit, flammis exussit; narrans omnibus quæ sibi Dominus hoc in loco ostenderit, quæve præstiterit; ex ipsius falsæ translationis serie rationabiliter osténdens, hæc frivola esse et [2861] conficticia, dum sicut ibi refertur, unus idemque angelus, et illos hortabatur ad surripiendum, et Romanum pontificem instigabat ad persequendum, rursumque illis insistebat ad fugiendum. Ceterum [2862] qui Pauli diaconi veracis utique et insignis hystoriegraphi testimonio (VI, 2) super hoc se fulciri existimant, noverint consuetudinem hanc esse rerum [2863] gestarum scriptoribus, ut in narrationibus [2864] suis vulgi opinionem sequantur. Nam et apud Lucam (II, 48) beata Maria Joseph patrem Domini appellat dicens : *Ego et pater tuus dolentes quærebamus te*, et apud Marcum (VI, 26) Herodes pro eo quod puella caput Johannis [2865] baptiste quæsierit, dicitur contristatus; quod utrumque nequaquam verum fuisse nemo qui nesciat.

45. Verum [2866] et hoc ipse religiosissimus imperator multis [2867] * referre solitus erat; quod ipsum languorem unde nunc [2868] per beatum Benedictum convalescere meruerat, per eundem nichilominus dolori ipsi jam pridem addictus extiterat, occasione videlicet hujusmodi. Cum ducatus [2869] adhuc sui tempore iter agens, in monasterium quoddam [2870] Benedicti patris nomini dicatum [2871] hospitatus [2872] fuisset, quoniam multitudini equorum ipsius [2873] stabula sola nequaquam sufficerent, in ipso fratrum capitulo quod juxta ecclesiam erat ejus stabularii audacter [2874] ac pertinaciter ut est illud hominum genus, equos aliquot locare minime veriti sunt. Nocte igitur eadem pater [2875] Benedictus eidem [2876] duci torvo nimis [2877] ac terribili apparens intuitu, eique multa quod [2878] ita domum suam tractaret comminitans, virga etiam [2879] quam manu gestabat, illius latus percussit; et ex tunc dolore illi torqueri vehementissime cœpit.

Pandulfo Beneventano principi qui postmodum ultima jam etate a Desiderio Casinensi abbate monachus factus est referre solitus erat, ex cujus etiam ore domnus Roffridus qui adhuc superest, audisse se asseverat 1b.

46. Hic [2880] idem augustus ex proprii patrimonii sumptibus construxit ecclesiam ad honorem sancti Georgii in Babemberg [2881] (*an.* 1007), et advocans Benedictum papam, ab ipso illam consecrari fecit, atque episcopalem in ea sedem constituens, beato Petro exintegro obtulit; statuto censu per singulos annos equo uno optimo albo cum omnibus ornamentis et faleris suis, et centum marcis argenti. Postmodum vero Leo nonus papa vicariationis (744) gratia Beneventum ab Heinrico Chuonradi [2882] filio recipiens, prædictum episcopum Babembergense sub ejus dicione remisit (*an.* 1052), equo tantum quem prædiximus sibi retento (745).

Super [2883] ceteras autem bonitates seu virtutes quas idem [2884] imperator habuisse narratur, adeo fertur vixisse castissimus, ut ad mortis articulum veniens, coram præsentibus episcopis atque [2885] abbatibus, vocatis [2886] Cunigunde [2887] conjugis suæ propinquis, eaque illis tradita [2888] feratur [2889] dixisse : *Recipite quam michi tradidistis virginem vestram* (746).

47. Libet [2890] (747) hoc in loco dignam plane memoria et multis ædificationi futuram inserere visionem, a religiosis certe et prorsus veracibus michi relatoribus traditam, quam in obitu ejusdem imperatoris cuidam servo Dei voluit Dominus demonstrare. Hic itaque cum nocte illa qua prædictus imperator (*an.* 1024. *Jul.* 13), fenestræ cellulæ suæ incumbens de more Dominum precaretur, subito audivit immanem quorundam festinanter transeuntium strepitum, cachinnantium simul et gratulan-

VARIÆ LECTIONES.

[2860] tantæque — sponderet *desunt* 1. [2861] ac 1. *ed.* [2862] Qui vero P. 1b. *ed.* Qui — nesciat *add.* 1b [2863] r. g. *deest* 1b. [2864] narratione sua o. v. 1b. *ed.* [2865] *add.* 4. [2866] Hoc etiam i. 1. [2867] *deest* 1. [2868] tunc 3. [2869] *ita* 1b. C. quodam t. 1. [2870] ultra montes *addunt* 1b. 2. [2871] dedicatum 1. *ed.* [2872] hospitatum *ed.* [2873] imperialium 1. *corr.* 1b. [2874] st. equos 1. st. a. ac p. equos 1b. st. aud. eq. 2. [2875] B. p. 1. *ed.* [2876] p. imperatori t. 1. *corr.* 1b. [2877] t. ac t. valde i. a. 1. *ed.* [2878] q. i. d. s. t. *add.* 1b. [2879] *add.* 4. [2880] Hic — retento *desunt* 1. [2881] Babembergense *ed.* [2882] Corradi 2. [2883] Super — vestram. *add.* 1b. [2884] hic i. religiosissimus h. 1b. [2885] a. a. *desunt* 1b. [2886] *deest ed.* [2887] Cunibunde 2. [2888] reddita 1b. [2889] fertur : R. *ed.* [2890] *hoc caput soli* 3. 4. *addunt; editio Ang. de Nuce in notis exhibet.*

NOTÆ.

* (742) Ex Amato I, 28.

(743) Edita est in Actis SS. ad Mart. 21, ubi Adalberto cuidam attribuitur.

(744) I. e. permutationis, v. Di Meo Appar. Chronol., p. 280; Ann. VII, p. 304; Borgia Mem. Benev. II, 16

(745) Ejus tantum meminit Adelbertus, V. Heinr. 25.

(746) Cf. ib., c. 32.

(747) Eadem sed brevius narrat Adelbertus l. l. 33.

tium. Quod cum arrectis auribus quidnam illud esset curiose vellet addiscere, et oculis undique circumspiceret, videt confestim quam hominum autumaverat, innumerabilium turbam demonum esse. Territus primo, dehinc resumpta constantia salutiferæ crucis signo se muniens innuit uni ex illis ad se venire. Paruit protinus nequam spiritus, et accessit. Ad quem vir Dei : « Adjuro te, inquit, per eum qui judicaturus est vivos et mortuos et seculum per ignem, ut non abscondas a me veritatem, et dicas michi : quid est hoc, vel quo sic festinanter tenditis, cum tantis plausibus et tripudio ? Heinricus, ait, noster amicissimus moritur, et properamus adsuscipiendam animam illius, quoniam nisi forte injusticiam inde seu violentiam nobis inferre voluerit Deus, quod certe minime credimus, noster debet esse individuus socius. » Ad hæc vir Dei graviter ingemiscens : « Non hoc permittat, inquit [2891], misericordissimus Dominus [2892], ut tantus vir in vestræ potestatis jura deveniat; et confido plane et certus sum de magnitudine pietatis ipsius, quod nullam prorsus in eo vobis est daturus potentiam; quin potius inanes ac vacuos cum digna vos confusione remittet. Veruntamen impero tibi per ipsum Redemptorem mundi dominum nostrum, ut nullomodo dimittas quin ad me huc cum redieris redeas, ac michi quicquid ex hoc fieri contigerit veracissime referas. » Ad hanc vocem evanuit spiritus nequissimus et abscessit; servus autem Domini instantius quam solebat orationi incubuit. Cum ecce post biduum malignus ille spiritus dejecta facie, mœrens et lugubris, quemadmodum adjuratus fuerat ad hominem Dei reversus est. A quo cum tantæ expeditionis suæ ac sociorum ipsius requisisset eventum: « Ne, inquit, me super hoc interroges, cum ex habitudine mea patenter id possis advertere. Nec certe hodie huc redissem ob verecundiam, nisi adjuratione tua quam minime violare præsumpsi tenerer astrictus. Etenim quod et nos timebamus et tu pessime præsagisti, hoc totum contigit nobis. Nam cum prædictum Heinricum sicut nostræ justitiæ pertinebat parati staremus recipere, et post multas angelorum contentiones illum adjuvare et nobis auferre nitentium, decretum tandem utrimque fuisset, ut positis in trutina operibus ipsius tam bonis quam malis, præstolaremur quænam opera haberent præponderare, cœpit pars nostra paulatim increscere et non parum ut tibi fatear declivior esse. Nobis itaque plaudentibus et jam jamque illum rapere properantibus, ecce ex improvisu semiarsus ille Laurentius anhelus accurrit, et calicem aureum quan- A titatis non modicæ bajulans, quem idem Heinricus in basilica illius olim obtulerat, nil moratus nichilque interrogans, super adversam nobis trutinam tanto illum impetu et furore conjecit, ut usque ad imum illam ponderare coegerit. Tali occasione victoribus angelis cum lætanter excipientibus, nos omni spe frustrati quemadmodum cernis cum verecundia et confusione ingenti recessimus. Ne autem existimes me aliquatenus super ista mentitum, mitte ad ecclesiam ustulati illius, et fac perquirere calicem illum quem dixi; et nisi inveneris unam ex ansis calicis ejusdem contritam — namque tam præcipiter in trutina positus est ut cadens ex ea confractus sit — ne adhibeas fidem universis quæ retuli [2893]; si autem ita inveneris, crede procul du- B bio verum esse, quod utinam non fuisset, omne quod dixi. » Et hæc cum dixisset confestim velut umbra disparuit. His servus Dei auditis, cadens in faciem gratias egit Deo, et volens certius addiscere utrum verum esset quod sibi mendax dixerat spiritus, misit protinus ad præfatam basilicam pretiosi martyris Christi Laurentii; et ita prorsus invenit actum de calice sicut fuerat ille confessus. Valde igitur et nimium super his omnibus admiratus, rursus et iterum multas gratiarum actiones retulit Domino, et quod prædictum virum taliter illi placuit de manibus demonum liberare, et quod sibi licet per mendacissimum spiritum tam efficacissime veritatem sit dignatus ostendere.

48. [CAP. 47.] Quoniam [2894] autem de corpore C beati [2895] patris Benedicti [2896] paulo ante necessario fecimus mentionem (capp. 27, 44, 45), gratum hic commemorare videtur etiam illud quod Adam religiosissimo [2897] viro ecclesie suæ custodi, idem beatissimus pater ostendere dignatus est [2898]. Hic itaque Adam cum quodam tempore Romam de more, ad emenda quoque hujus ecclesiæ necessaria [2899] perrexisset, apud monasterium beati Pauli apostoli cui domnus [2900] Leo abbas tunc præerat, juxta [2901] quod dudum consueverat hospitatus est. Cum autem die quadam idem reverentissimi viri, Leo scilicet atque Adam, spiritualia quædam ad invicem verba consererent, cœpit abbas sciscitari, utrum vera essent [2902] ea quæ fama tunc per multorum ora volvebat : scilicet quod corpus beati Benedicti nequa- D quam [2903] apud nos quiesceret, sed ultra montes furtim sublatum, delatumque fuisset; addensque [2904], « Ut rei, inquit, huic fidem addant qui ista disseminant, ideo aiunt nullum apud vos signum, nullum miraculum fieri; illic [2905] vero ubi illum translatum [2906] astruunt, innumera per dies singulos ejus

VARIÆ LECTIONES.

[2891] ait 3. [2892] Deus 3. [2893] Dixi 3. [2894] Cum 4. [2895] sanctissimi 1. *ed.* [2896] B. decurrens historia mentionem attulit, dignum hic 1. [2897] r. valde ac sanctissimo v. 1. [2898] sit 1. [2899] e. utilitatibus n. 1. *ed.* [2900] c. sanctæ memo-riæ Leo 1. [2901] p. siculi et c. 1. *ed.* [2902] v. an falsa essent q. 1. *ed.* [2903] B. hic n. q. 1. *ed.* [2903] et addens, 1. [2905] illuc 1. *ed.* [2906] delatum 1. *ed.*

meritis affirmant [2907] signa patrari. » Ad hæc Adam vehementer suspirans, apprehensa manu ejusdem abbatis, ad altare illum beati Pauli apostoli duxit; ibique solis astantibus, manum suam super altare idem Adam ponens [2908]: « Per corpus hoc, inquit, doctoris gentium beatissimi Pauli quod hic absque ulla hesitatione quiescere [2909] christiana universitas credit, quoniam hoc quod tibi modo dicturus sum, veracissimum et sine omni mendacio est. Enimvero et ego aliquando de corpore beati Benedicti multotiens talia audiens [2910], non modo in hæsitationem, sed etiam in desperationem ac tristitiam inductus adeo fueram, ut jam fere nullam circa ipsius altare devotionem [2911] nullam possem dignam gerere reverentiam [2912]. Taliter me per aliquantum [2913] temporis fluctuante, et tristi [2914] ac trepido [2915] animo incedente, cum die [2916] quadam post completorium devotiori solito apud ejus sepulcrum fusa oratione, cubitum me [2917] collocassem, idem sanctissimus pater michi per visionem apparere dignatus est dicens: » Quare frater Adam tam demissus ac tristis incedis? et quare de me tam male sentire seduceris, quasi ego hic corporaliter [2918] minime jaceam? verum quoniam servitium et devotio tua valde michi [2919] est placita, amodo esto certissimus me hic pariter cum Scholastica sorore mea quiescere, meque simul cum ipsa in die examinis ultimo, in hoc loco debere resurgere; vobiscum etiam tam die quam nocte quotiens devote psallitis, attentiusque oratis ac decenter proceditis, me pariter esse. Ut autem te super his omnibus indubium reddam, cum matutinali hora primus ut es solitus ingressus ecclesiam fueris, si videris de tumulo [2920] meo quasi virgulam fumi aromatis procedentem, altaque petentem, crede universa quæ dixi esse [2921] verissima; » et hoc dicto disparuit. Evigilans itaque protinus, mecumque mysterium tantæ visionis pertractans, gaudio simul lacrimisque perfusus, cœpi benedicere Dominum patremque sanctissimum Benedictum; moxque licet tremens ac pavidus ecclesiam ingressus, aspexi; et vidi; et credidi; juxta id quod michi indignissimo fuerat revelatum. Porro quod dicunt apud nos nullum ab eo miraculum ostendi, omnino scias esse falsissimum. Si enim cuncta possem tibi referre, vel quæ a prioribus nostris percepi, vel certe quæ nostris temporibus ad ejus tumulum

A signa patrata sunt, liquido pervideres hoc nonnisi aut de invidia, aut potius [2922] de ignorantia dictum. Unum tamen tibi de multis, non ab aliquo michi relatum, sed oculis istis perspectum, pro omnibus miraculum referam. Demoniacus quidam Andreas [2923] nomine, de Barensi civitate die quadam ad monasterium venit, atque ut est consuetudinis, a propinquis qui eum adduxerant, ante altare ejusdem patris jactatus est. Cumque fratribus in choro psallentibus, ineptas quasdam et horrendas nequam ille spiritus per os miseri illius vociferationes emitteret, in parte michi stanti atque oranti, subito sanctissimus pater Benedictus, ante ipsum altare astare [2924] visus est, qui alapa non modica, maxillam vexati illius percutiens, malignum ab eo spiritum

B protinus expulit; et ita sanatus ille, cum affinibus Deo et patri Benedicto gratias agens, ad propria recessit. » Hæc omnia prædictus Adam Leoni [2925] abbati ante ipsum corpus beati apostoli Pauli magna quodammodo necessitate confessus, humilitatis gratia cæteris adeo dum vixit occuluit, ut nemo fratrum hujus loci de his aliquid nosse potuerit, quo usque idem abbas venerabilis [2926] Leo, quibusdam fratribus nostris* jam illo defuncto retulerit.

* E quibus supradictus Roffridus unus fuit a quo ego percepi *add.* 1b. 2.

49. [Cap. 48.] (Desid. *Dial.* II in fine.) Aliud [2927] etiam quiddam mirificum hic idem Leo referebat (748), ex ipsius nostri [2928] Adam veridico sibi

C ore relatum. Aiebat enim, quod cum die natalicio sanctorum martyrum Proti et Jacinthi idem Adam ad [2929] nescio quid utilitatis obedientiæ suæ portas monasterii fuisset egressus, ecce mox duo pulcherrimi juvenes in habitu monastico sibi obviam fiunt. Quos cum de more monasterii humiliter salutasset, et quinam ipsi essent reverenter interrogasset, audivit ab eis, se [2930] quidem Protum et Jacinthum nuncupari; venisse autem se ad visitandos fratres qui eorum sollemnia ipso die honorifice [2931] celebrassent. Hujusmodi Adam responsis attonitus, paululum substitit; moxque in semet reversus, post eos properanter currere cœpit, et quosque obvios percontari, quonam monachi qui se paulo præcesserant devenissent. Respondentibusque neminem se [2932] vidisse, nequaquam adhibens fidem, cœpit huc illucque discur-

D rere, et item [2933] itemque per [2934] singulos obviantes [2935]

VARIÆ LECTIONES.

[2907] dicunt 1. *ed.* [2908] posuit dicens 1. *ed.* [2909] requiescere 1. *ed.* [2910] a cum cæteris n. 1. [2911] reverentiam 1. [2912] devotionem 1. [2913] p. dies aliquot f. 1. [2914] tristicia tepido a. 4. [2915] turbido 1. [2916] c. nocte quadam prolixiori solito ap. e. sep. post compl. cum lacrimis f. 1. [2917] me juxta ecclesiam in stratu proprio c. 1. [2918] h. una, cum sorore mea jaceam? Quon. igitur s. 1. [2919] v. e. p. coram me. *ed.* [2920] sepulcro 1. *ed.* [2921] e. v. *desunt* 3. [2922] *add.* 1b. [2923] A. n. d. B. c. *add.* 1b. [2924] *add.* 1b. [2925] A. reverentissimo abbati L. 1. [2926] *deest ed.* [2927] Hic (Sic *ed.*) ipse Leo (reverentissimus abbas *add.* 1.) retulit etiam aliud quiddam magnum ex 1. *ed.* [2928] *add.* 1b. [2929] nescio ad q. 1. *corr.* 1b. [2930] eis, P. et I. se n. 1. *ed.* [2931] d. satis devote in psalmis et canticis honorassent. Quibus dictis, cepto itinere cœnobium ingressi sunt. Hujusm. 1. *ed.* [2932] n. visum eo die ante se monasterii portas ingressum, n. 1. [2933] * i. *desunt* 1. [2934] *deest* 1. *ed.* [2935] de illorum visione diligentissime i. 1. 2.

NOTÆ.

(748) A quo et a Firmo, Adæ nepote, Desiderius hoc accepit.

de illis investigare : sed minime [2936] illi ulterius eos videndi seu colloquendi [2937] est concessa licentia.

50. [Cap. 49.] Hic [2938] ipse [2939] domnus Adam in monte proximo qui Cariæ adjacet, Clia (749) vocabulo cellam in honore sancti Benedicti construxit [2940] nec non et in Cominensi territorio juxta Melfam fluvium ecclesiam sancti Nazarii, presbytero [2941] quodam cui jure hereditario pertinebat sibi libentissime [2942] concedente [2943] usus et necessitates obedientiæ suæ adquisivit [2944], easque nonnullis terrarum possessionibus emptis, diversisque ecclesiasticis ornamentis atque codicibus sufficienter ditavit.

51. [Cap. 50.] Ea [2945] tempestate supradictus Boiano [2946] catapanus [2947], cum jam dudum Trojam in capite Apulie construxisset, Draconariam (750) quoque et Florentinum (751) ac Civitatem et reliqua municipia, quæ vulgo Capitinata dicuntur, edificavit (752); et ex circumpositis terris habitatores convocans deinceps habitari constituit. Sane sciendum quoniam corrupta vulgaritate Capitinata vocatur, cum pro certo ab officio catapani qui eam fecit Catapanata debeat appellari.

THEOBALDUS secundus ac tricesimus hujus cœnobii abbas, sedit annis tredecim (1022-1035).

52. [Cap. 51.] Hic apud Teatinam marchiam, nobili ortus prosapia, quartodecimo (753) ætatis suæ anno, relicta domo, parentibus, omnique substantia, tempore Aligerni abbatis ad hoc monasterium venit; atque ab eo cum [2948] honore susceptus, et habitu est sanctæ religionis indutus. Sed (754) cum post Aligerni transitum Manso, ut jam dictum est (c. 12), abbas effectus fuisset, egressus hinc [2949] Jerusolimam abiit; indeque [2950] reversus, a Johanne abbate obedientiam præposituræ monasterii hujus suscepit. Quam cum per annos aliquot satis strenue administrasset, ab eodem abbate in monasterio sancti Liberatoris quod in comitatu Teatino juxta Lacntum fluvium situm est præpositus est ordinatus (755). Ubi [2951] cum parvam admodum ecclesiam et valde obscuram reperisset [2952], ceteras vero officinas et ligneas et vetustas : intra breve [2953] tempus (756) ab ipsis fundamentis omne illud monasterium petrinis parietibus ædificavit. In ecclesia [2954] cum ab introitu ipsius duodecim ferme cubitos (757) adjunxisset [2955], titulum quoque ab orientali parte non parvi ambitus cum sua [2956] confessione construxit, universamque ecclesiam picturis ac specularibus [2957] (758) decoravit. Ante majus vero altarium tabulam de [2958] argento (759) a propinquis accepto confecit; quam et ex parte non modica deauravit. Fecit etiam in eadem ecclesia duo magna turibula ex argento librarum decem : opere pulchro, et ex parte inaurato; et aliud [2959] turibulum argenteum [2960] quod fuerat patris ipsius ibidem contulit. Fecit et calicem de argento [2961] librarum sex (760); et alium librarum duarum et dimidia [2962]; cum duobus aliis minoribus, et uno turibulo. Fecit et crucem de auro purissimo, in [2963] qua etiam particulam de ligno sanctæ crucis, cum aliis quoque sanctorum reliquiis reverenter locavit. Fecit ibi et campanas non parvas numero quinque (761), et alia diversarum specierum ecclesiastica ornamenta perplurima; quæ hic inserere supersedi. Inter quæ etiam et codices diversos describi jussit numero sexaginta (762), e quibus quattuor pallio investitos [2964], argenteis quoque [2965] operibus decoravit.

Hic [2966] eo tempore quo imperator Heinricus in Apuliam descendit (*an.* 1022), ut jam supra retulimus (763), eidem [2967] per Marchiam transeunti obvius

VARIÆ LECTIONES.

[2936] nequaquam 1. min. nequaquam *ed.* [2937] alloquendi *ed.* all. eos 1. [2938] H. Adam quod domnus Leo magister suus una secum inchoaverat, in m. 1. [2939] idem *ed.* [2940] *add.* 1^b. [2941] presbytero — concedente *ad* 1^b. *et in mg.* d. ciconia. [2942] *add.* 4. [2943] ad u. et n. o. s. a. *desunt* 4. [2944] construxit 1. *corr.* 1^b. [2945] Hac 1^b. *Totum caput in mg. adscripsit* 1^b. [2946] Bajano 4. [2947] Greci imperatoris *add.* 1^b. 2. de quo supra jam diximus *add.* 1^b. *del.* 1^c. [2948] eo benigne s. 1. *ed. et ipse Theobaldus.* [2949] *add.* 1^b [2950] *add.* 4. [2951] Ibi *ed.* [2952] repp. *corr.* rep. 1. [2953] parvum 1. *ed.* [2954] e. vero cum 1. *ed.* [2955] c. in longitudine, et in latitudine tres a. 1. 2. et in l. t. *desunt* 3. [2956] *add.* 4. [2957] optimis *add.* 1. *del.* 1^b. [2958] t. argenteam satis pulchram de a. 1. [2959] alium 1. *Theob.* [2960] a. pulcherrimum q. 1. *ed.* [2961] a. cum patena sua l. 1. *ed.* [2962] media 4. libre et dimid. *Theob.* [2963] ubi posita est particula de l. s. c. c. a. s. r. 1 *ed.* [2964] i. bullis aliisque a. 1. 2. [2965] *addit* 4. [2966] Hic—modo invadere *add* 1^b. [2967] retulimus, apud Teatinum comitatum in loco qui dicitur S. Petrus in Planaci, residente eodem imperatore cum 1^b.

NOTÆ.

(749) Vulgus usque adhuc eumdem montem appellat *Chia*, inter Belmontem et sanctum Eliam ad boream et ortum Cairi. ANG.

(750) *Dragonara.*

(751) Quæ et Ferentino et Firenzuola, 8 mil. a Luceria distabat; nunc diruta jacet.

(752) I. e. auxit et munivit.

(753) Sequentia desumpta sunt e commemoratorio ab ipso Theobaldo a. 1019 de sua S. Liberatoris administratione condito, quod ex orig. edidit Gatt. Hist., p. 79. Ibi legitur : *XIIII* non *XI* ut apud Gattulam.

(754) *Sed — administrasset* addidit Leo.

(755) Cf. lib. I, c. 45.

(756) *Ubi cum paucis diebus moratus essem, inspirante Deo*, etc. Theob.

(757) *Ad regiam passos plus minus tres, et in altitudinem cubitos tres* Theob.

(758) *Fenestris* Theob.

(759) *Miræ pulchritudinis* Theob.

(760) *Cum duobus pateris.* Theob.

(761) Tres emit, duas fundi jussit.

(762) Theob. singulos enumerat; inter cæteros *Prosperum unum. Storia Anglorum. Istoria Pauli Orosii et Medi.*

(763) C. 42 retulerat, sed postea ejecit.

exiit, atque ad honorem et commendationem hujus loci strenuissime deservivit. Quo (764) etiam in loco qui dicitur Sanctus Petrus in Planaci [2968] residente cum universis magnatibus suis, in eorum omnium præsentia proclamavit super Attonem [2969] et Pandulfum comites de rebus sancti Benedicti in comitatu Termulensi, que [2970] ipsi tunc temporis retinebant; quæ sunt nominatim castella quinque, id est: Petra fracida, Pescloli, Guardia [2971], Ripa ursa, et Montebellu [2972], cum monasterio sancti Benedicti et sancti Nycolai, et cum aliis ecclesiis intra eorundem castellorum pertinentias positis; intra hos [2973] videlicet [2974] fines. A capite Rivus planus; a pede [2975] vero, mare cum ipso littore suo et portubus atque piscationibus; ab uno latere flumen Trinium, ab altero autem [2976] rivus qui dicitur Teccle. Quæ omnia in præsentia prædicti imperatoris et magnatum ipsius præfati comites refutaverunt ad [2977] partem hujus nostri monasterii, et [2978] ipse imperator manu sua investivit supradictum domnum Theobaldum de omnibus ipsis, obligans tam illos quam et omnes qui deinceps ista aliquomodo invadere [2979] præsumpserint, pœna duum milium librarum auri in monasterio [2980] isto. Sequenti etiam tempore proclamavit in placito Trasmundi [2981] comitis super quodam Tresidio, qui retinebat de terra sancti Liberatoris multas possessiones, et manifestante se illo, ac refutante, omnia recollegit *.

Eodem vero tempore Pandulfus princeps ad hoc monasterium veniens, præceptum fecit sancto Benedicto de monasterio sancti Nazarii quod situm est in territorio civitatis Atinæ (*an.* 1032. *Apr.* 12) (765), cui etiam loco præceptum confirmationis de omnibus pertinentiis ejus ad opus hujus nostri cœnobii fecit, locumque ad molendinum faciendum concessit. *add.* 2.

53. [Cap. 52.] Sed [2982] cum idem domnus [2983] Theobaldus in jam dicta præpositura annos ferme [2984] quindecim peregisset, atque [2985] ad abbatiam monasterii hujus ordine [2986] supra relato translatus fuisset, a præfato papa Benedicto qui eum sacraverat consuetudinarium privilegium (766) sumpsit [2987], ac per biennium quo supervixit imperator Heinricus, in omni prosperitate degens [2988], plurima hic ornamenta ecclesiastica [2989] fecit [2990]. Crucem namque [2991] argenteam ad procedendum diebus dominicis, et duas campanas magnas [2992] valde ac pulchras jussit [2993] fieri. Altare sancti Gregorii argentea tabula decoravit [2994]. Fecit et capsulam argenteam, uni portionem ligni dominicæ crucis quam superius (c. 11) a Leone monacho huc allatam ostendimus reverenter locavit. Virgam quoque pastoralem cum titulo, argento [2995] vestivit. Ecclesiam parvulam in honore sancti Nycolai juxta abbatis cameram ecclesie beati Benedicti a septemtrionali parte adjunxit, nec non et aliam nichilominus parvulam ecclesiolam in honore sancti Severi Casinatis [2996] episcopi, in loco qui vulgo Ad voltam sancti Severi antiquitus vocabatur ædificavit (767). Muros etiam altos ac turres duas, hinc inde ante atrium ecclesiæ in modum claustri construxit. Codices quoque nonnullos quorum hic maxima paupertas usque ad id temporis erat, describi præcepit: quorum nomina indicamus (768). Augustini de civitate Dei partem secundam. Ejusdem [2997] de Trinitate. Item ejusdem super psalmos, divisum in 2 volumina. Gregorii omelias 40. Primam partem moralium. Claudium super epistolas Pauli. Rabanum ethimologiarum. Historiam Romanorum. Historiam Langobardorum. Itinerarium totius orbis cum chronica Ieronimi. Martyrologium Ieronimi plenarium. Pontificale Romanum. Hisidorum officiorum. Edictum legis Langobardorum. Concordiam canonum. Alium librum canonum. Decreta pontificum. Super Marcum Bedæ. Duo etiam hymnaria in choro habenda.

54. [Cap. 53.] Per idem tempus domnus Odilo vir venerabilis vitæ ac famæ, Cluniacensis cœ-

VARIÆ LECTIONES.

[2968] palatio 3. [2969] Ottonem 3. [2970] ex longo jam tempore perditas *suprascr.* 1^c. [2971] Ripa mala quæ nunc dicitur G 1^c. *suprascr.* [2972] et Ipsafæ *add.* 1^c. [2973] has 1^b. [2974] *add.* 4. [2795] *deest.* 4. [2976] *add.* 4. rivum Teclum 2. r. q. d. *suprascr.* 1^b. Tecle 3. [2977] r. in manus ejusdem imperatoris ad 1^b. 2. [2978] m. cum universis omnino rebus ac pertinentiis eorum intra ipsos quos diximus terminos, et 1^b. *ed.* [2979] *sequentia abscisa sunt* 1^b. [2980] in hoc m. *ed.* [2981] Transmundi 2. [2982] Cumque et in hac p. 1, *quæ expunxit* 1^b. [2983] *deest* 4. [2984] plus minus 1. *ed.* [2985] *add.* 4. [2986] o. quo supra monstravimus Deo favente translatus est. Hic itaque a p. 1. *ed. Novum caput a voce* Hic *incipiunt* 1. 2. [2987] sumens p. 1. *ed.* [2988] p. sui honoris d. 1. *ed.* [2989] *add.* 1^b. [2990] adquisivit 1. *ed.* [2991] *add.* 4. [2992] c. miræ magnitudinis ac pulchritudinis f. 1. [2993] f. i. 1. *ed.* [2994] t. valde pulchri operis d. 1. *ed.* [2995] t. nichilominus argenti, opere pulchro v. 1. *ed.* [2996] Casinatis — Severi *desunt* 2. [2997] s. Greg. o. 40. p. p. m. Augustinum s. p. d. in d. v. Claud. s. c. P. R. e. Augustinum de T. Itiner. t. o. c. c. I. H. R. H. L. Edictum regum (E. legis Lang. 3.). Mart. I. p. (M. I. p. *add.* 1^b.) P. R. H. (Isid. *ed.* Ysid. 4.) o. Conc. c. Lib. c. Decreta (Decretale 1.) p. Bedam s. M. Duo *etc.* 1. *ed.*

NOTÆ.

(764) Instrumenta e quibus hæc nostro innotuerunt, periisse videntur; alia tamen in Petri Regesto superest *noticia judicati*, quo Theobaldus sententia missorum imperatoris curtem S. Mariæ in Morino ab Ildeprando f. qd. Trasmundi ducis recuperasse dicitur. Edidit Cl. Gattula Hist., p. 77.

(765) E Regesto edidit Gatt. Hist., p. 205; ibi etiam molinum in fluvio Melfe faciendum conceditur. Alterum privil. in Reg. n. 279 exstat, teste Ang. de Nuce.

(766) Regest. numer. 18. Ang.

(767) Ædicula hæc sæpius renovata, exstat adhuc ibidem. Locus dictus est Ad voltam, quod inde per montanam semitam via devolvitur euntibus Aquinum versus, relicta ampliori ad Sanctum Germanum ducente. Ang.

(768) Conf. Tosti *Histor. Casin.* I, 287.

nobii abbas [2998] ad hoc monasterium nimis devotus advenit; et ob maximam quam in beato patre Benedicto, atque per eum in loco isto reverentiam gerebat, pedes montem totum ascendit. Qui [2999] cum de monasterii more in capitulum [3000] honorifice ductus fuisset post sollemnem [3001] in adventu hospitum lectionem (769): *Sicut audivimus*, inquit vir reverentissimus, *ita et vidimus; in civitate Domini virtutum, in civitate Dei nostri, et in monte sancto ejus.* Moxque nimis humiliter ad abbatem conversus: *Donum*, ait, *a te pater amabilis [3002] maximum expeto, michique ut sine contradictione aliqua concedatur*, *suppliciter oro* [3003]. *Volo, inquam*, [3004] *atque desidero omnium fratrum vestigia devotissimus osculari.* Annuit Theobaldus licet invitus, nec reniti devotioni tam maximæ aliquatenus potuit [3005]. Postero [3006] die festivitatis beati [3007] Benedicti, multis ab eodem abbate nostro precibus invitatus missarum sollemnia celebrare, nullomodo cogi potuit, eo præsente missas publicas agere. Dehinc [3008] cum jam paratis ad procedendum fratribus, pastoralem baculum idem noster abbas reverenter ejus manui obtulisset, longe humiliter ille refugit, dicens nequaquam dignum esse se in magnitudinis ejus præsentia hujusmodi virgam gestare: nimis profecto indecens, et contra omne jus esse percensens, vel [3009] se vel quempiam abbatum manu pastoralem virgam præferre, ubicumque Benedicti vicarium cunctorum scilicet abbatis abbatum præsentem adesse contingeret. Eo igitur reverti parante, cum multis illum fratribus Theobaldus usque ad portam [3010] monasterii prosequens, tandem suppliciter exoravit, ut si [3011] quomodo posset, de beati Mauri pigneribus aliquam benedictionem [3012] Benedicto magistro ipsius transmitteret. Quam postulationem vir venerabilis benigne [3013] recipiens, et posse se confidenter respondit, et libenter facturum vita comite repromisit. Sicque valedicto recessit. Post septem porro annorum vertigines, os integrum brachii beatissimi Mauri, capsella decenter inclusum argentea, opere pulchro turrium instar aptata, per sex sui monasterii fratres huc mandare [3014] curavit. Ad cujus adventum maximus valde [3015] totius terræ istius populus cœtus devote [3016] nimis occurrit. Excitus enim fuerat ad [3017] hoc rumore hujusmodi, ut quoniam beatus Maurus ex longo jam tempore ultra montes transmissus in obedientiam fuerat, modo cum esset reversus [3018] debere se illi dignissime obviare. Jam [3019] autem prædictus abbas noster Capuani principis persecutionem aufugiens in Marchiam [3020] secesserat, sicut in sequentibus ordine [3021] suo monstrabimus. Verum universus sancti hujus loci conventus, inestimabili super hoc jocunditate repletus, omnes [3022] indumentis sollemnibus induti, cum [3023] cereis ac thimiamatibus plurimis, usque ad portam veterem (770) aliquanto extra monasterii ambitum procedentes, obviam cum devotione maxima exierunt; statimque ac si viventem illum in carne conspicere meruissent, omnes pariter in terram procidentes adoraverunt; surgentesque, sanctum illum loculum cum [3024] lacrimis gaudio mistis [3025] reverenter exosculati sunt, et cum hymnis ac laudibus nimis honorifice prosequentes, in monasterium induxerunt, eumque super magistri ejus Benedicti venerabili altario [3026] posuerunt. Quam dissimilis autem, quamque [3027] diversa hæc processio receptionis beatissimi Mauri fuerit ab illa qua pater Benedictus cum omni eum congregatione usque ad [3028] januas [3029] monasterii prosecutus ultra montes olim transmiserat, quamvis utraque piis plena lacrimis fuerit, devoto considerandum lectori relinquimus. Fuere interea aliqui fratrum non quidem ex toto dubitantes, verum certissimi super hoc reddi volentes, qui clanculo prædictum loculum ab inferioribus unde argentea clavicula [3030] reserabatur ac claudebatur aperientes, visis sacrosanctis reliquiis, tam sibi qui viderant, quam cæteris qui non viderant causa certissimæ fidei extitere. Quod, cum prioribus [3031] relatum fuisset, valde illorum præsumptionem redarguerunt, verentesque ne illorum deinceps exemplo dum a pluribus conspici deside-

VARIÆ LECTIONES.

[2998] abbas — curavit. Ad cujus *add.* 1b, *erasis quæ in septem lineis scripta fuerant.* [2999] Qui — possibile fuit *in mg.* 1c [3000] c. ab abbate vel (et? 1c.) fratribus h. 1c. 2. [3001] p. susceptionum tanti hospitis verba sollemnia 1c. 2. [3002] *add.* 4. [3003] c. votis omnibus flagito 1c. *ed.* [3004] itaque 4. [3005] a. illi possibile fuit 1c. [3006] Post hæc autem ipso die f. 1b. 2. [3007] f. ejusdem beatissimi patris nostri, ab e. a. Theobaldo, gratia præcipuæ religionis, multis precibus i. 1b. *ed.* [3008] Cumque i, p. sollemniter ad 1b. *ed.* [3009] p. quemp. 1b. 2. [3010] januas 1b. *ed.* [3011] si quid umquam p. 1b. *ed.* [3012] b. monasterio isti t. 1b. 2. [3013] v. valde lætus accipiens 1b. *ed.* [3014] delegare 1b. *ed.* [3015] *deest* 1. a. innumerabilis tot. *ed.* [3016] devotissime 1. [3017] ab *ed.* [3018] r. ad videndum illum debere se ardentissime properare 1. [3019] Jam — super hoc 1b. *in loco raso.* [3020] marchias 1b. *ed.* [3021] s. pleniter ostendemus 1b. *ed.* [3022] r. cum universis fratribus i. sollempnibus indutis, cumque c. a. t. *etc.* procedens — exiit 1. *corr.* 1b. [3023] c. c. *desunt* 4. [3024] l. devotissime ac reverenter c. l. g. m. omnes c. s. 1. *ed.* [3025] mixtis 1. *corr.* 1b. [3026] *add.* 1b. [3027] et quam 1. [3028] *deest ed.* [3029] januam 1. *ed.* [3030] c. quotiens esset necessarium r. 1. [3031] abbati — redarguit, verens 1. *corr.* 1b.

NOTÆ.

(769) Lectiones istæ coram hospitibus in capitulo legi solitæ, exstant apud nos in codice 47 cum hac epigraphe: *Hæc capitula divinæ auctoritatis, edita a beato Gregorio urbis Romæ pontifice, legenda sunt coram hospitibus in capitulo, juxta præceptum sanctissimi patris nostri Benedicti, ut ædificentur.* Ang.

(770) Illam intellige, quæ prope ædiculam sanctæ Agathæ aditum pandit in aream ante cœnobium. Infra lib. IV, cap. 73. Ang.

parentur sanctæ reliquiæ aliquatenus aliquando mutilarentur, diligentissime prædictum claudentes [3032] locellum, protinus clavim in frusta comminuerunt, sicque ex tunc et deinceps usque hodie sacer ille loculus clausus irreseratusque permansit.

55. [Cap. 54.] Circa [3033] hos dies (771) Hugo vir [3034] nobilis natione Cajetanus ad extrema veniens, fecit cartam (*an.* 1040, *Apr.*) in hoc monasterio de medietate castri quod Sujum (772) vocatur, nec non et de omnibus omnino rebus tam [3035] quæ in Cajeta, quam quæ [3036] in prædicto Sujo a parte parentum sibi competere videbantur [3037]. Hoc eodem tempore (*an.* 1023, *Jan.*) quidam Aprutii comitatus nobiles Lupus et Albertus obtulerunt [3038] beato Benedicto unam ecclesiam juris sui, vocabulo Sanctus Laurentius, loco qui Collenori (773) vocatur, prope fluvium Salinum, cum omnibus pertinentiis et rebus ejusdem ecclesiæ. Sequenti etiam anno Benedictus quidam [3039] de castello monte Metulo fecit oblationem suam in hoc monasterio de ecclesia Sancti Johannis quæ sita est in finibus ejusdem [3040] castri, juxta [3041] fluvium Trinium, cum terra modiorum 270, ubi ipsa ecclesia ædificata est, et cum ceteris omnibus rebus ipsius. Similiter quoque presbyter quidam de territorio Bovianensi, Leo nomine, obtulit in [3042] hoc loco ecclesiam Sancti Christofori de castello Petroso, quam [3043] ipse a fundamentis construxerat in [3044] proprio suo, cum universis rebus et pertinentiis ejus. Alius etiam presbyter Franco nomine, genere Arpinas, id [3045] ipsum fecit de ecclesia sanctæ Luciæ sibi pertinente in territorio ejusdem civitatis, cum plurimis circa eam terris, et ceteris rebus ipsius per [3046] loca diversa; ecclesia [3047] quoque sancti Angeli de civitate Morrone [3048] quæ sita est super Rivum cavum, loco [3049] qui dicitur Johannis Scutari, similiter [3050] hoc in loco oblata est cum omnibus suis. Sed [3051] et Rappotus [3052] quidam nobilis Termulensis obtulit in hoc monasterio omnes res suas et curtes quas in Larino habebat, cum ipsa ecclesia Sanctæ Mariæ de Plano, et cum

A ecclesia Sancti Petri, atque ecclesia Sancti Terentiani intra eandem [3053] Larinum, cum casis et terris, et ornamentis ac [3054] pertinentiis omnibus earundem ecclesiarum. [Cap. 55.] His [3055] temporibus Adelmodus presbyter natione Saxonicus, ad [3056] hoc monasterium veniens, habitumque monasticum [3057] devotissimus induens, de causa proprietatis suæ fecit in [3058] hoc loco crucem argenteam [3059] septuaginta ferme librarum, ejusque partem non modicam deauravit *.

* [Cap. 56.] Eisdem [3060] (774) quoque diebus, Paulus quidam sanctæ postmodum conversationis vir, ad istud cœnobium venit, atque de manibus prædicti abbatis monasticæ religionis vestem adeptus, ad monasterium beati Benedicti intra Capuanam urbem siti, ab eo ad commanendum

B transmissus est. Ubi sub sanctæ professionis disciplina ita ferventissime conversatus est, ut ejus vita prioribus et religiosis quibusque viris esse posset exemplo. Namque vitæ ipsius exitus docuit, quam omnipotenti Deo ejusdem conversationis vita placuerit. Cum enim languore correptus ad extrema venisset, nocte ipsa qua transiturus erat, quidam reverendæ vitæ episcopus de Galliarum partibus ad memoriam beati Michahelis archangeli in monte Gargano positam pergens, in eadem Capuana civitate juxta ecclesiam sancti martyris Laurentii (775) fuerat hospitatus. Qui cum in tempesta nocte surgens devote ante prædictam ecclesiam orationi incumberet, subito ad dexteram orientis plagam convertens obtutus, vidit de præfato nostro monasterio lucem maximam instar solis egressam cœlestia penetrare. Cumque ad visionem ipsam attonitus stuperet pariter et exsul-

C taret, mox campanæ monasterii sonitum quæ fratris obitum de more significaret audivit; agnovitque profecto talem ibi aliquem fuisse defunctum, cujus anima digna fuisset in luce quam viderat petere cœlum. Statim igitur idem sanctus antistes id quod viderat sociis referens, evestigio legatum transmisit ad monasterium, ut agnosceret quis ibi ea nocte defunctus fuisset, sibique ex nomine nuntiaret. Quo (776) facto, decrevit venerabilis episcopus, Pauli ipsius nomen sibi quandiu viveret intra beatorum nomina memorandum. *add.* 1. 2.

[Cap. 57.] Eodem [3061] tempore supradictus [3062]

VARIÆ LECTIONES.

[3032] claudens locellum, manu sua p. c. i. f. comminuit 1. *corr.* 1b. [3033] Circa — omnibus suis *add.* 1b. [3034] Hugo filius Docibilis, nat. 1b. *sed ipse mutavit.* [3035] q. (tam *suprascr.* 1b.) sibi in 1. t. q. s. in. *ed.* [3036] *add.* 4. [3037] videbatur 1b. 2. [3038] similiter o. 1b. *ed.* [3039] q. cum uxore sua Marenda de 1b. 2. [3040] ipsius 1b. *ed.* [3041] juxta — genere *abscisa* 1b. [3042] o. beato B. e. *ed.* [3043] quæ sibi, quam *ed.* [3044] in p. s. *add.* 4. [3045] A. cartulam oblationis huic monasterio f. de una e. sibi p. in t. prædictæ c. vocabulo S. Lucia, c. p. c. se t. et c. r. ac pertinentiis ejus 1b. *ed.* [3046] p. d. l. 3. *desunt* 1b. 2. [3047] Sed et e. s. A. 1b. 2. [3048] Murrone 4. [3049] supra r. in l. *ed.* [3050] simili modo 1b. *ed.* [3051] Sed — ecclesiarum *desunt* 1. R. quoque n. q. T. *ed.* [3052] Raptus 2. [3053] prædictam *ed.* [3054] o. omnibus ac. p. e. *ed.* [3055] His ipsis t. 1. His — deauravit *caput constituunt in* 1. *ed.* [3056] ob amorem ac devotionem beati Benedicti ad 1. *ed.* [3057] monasticæ professionis d. 1. [3058] in h. l. *add.* 4. [3059] a. majorem s. 1. *ed.* [3060] Hisdem 2. [3061] Hoc t. 1b. *ed.* Hoc etc. *usque ad finem cap. add.* 1b. *Novum caput hinc incipit ed.* [3062] præfatus 1b *ed.*

NOTÆ.

(771) Imo postea, temporibus Richerii abbatis; v. chartam ap. Gatt., Acc., p. 128.

(772) *Suio*, ad dextram Gariliani ripam.

(773) *Colle neri* in documento quod ex transs. edidit Gatt. Hist., p. 316. Erant *germani, filii qd. Tedaldi et Aczolini filiorum qd. Sansonis.* — Ecclesia hæc dicta S. Laurentii de Salino seu Salinello, sita erat in territorio Terami, hodie podii Morelli. GATT.

(774) Ex Desid. Dial. l. II.

(775) *Stephani* Desid.

(776) Hoc Leo addidit.

princeps Pandulfus qui fuerat Teanensis comes construxit oratorium beati Johannis Baptistæ juxta ecclesiam præfati [3063] monasterii Capuani (777), supra corpus videlicet domni Landenulfi [3064] principis, quem supra (c. 10) interfectum a Capuanis retulimus; et obtulit in eodem oratorio ad ejusdem monasterii utilitatem, integram medietatem de curte quæ nominatur Anglum, cum pertinentiis [3065] ejus. Porro alteram ejusdem curtis medietatem longe post, tempore scilicet Desiderii abbatis, emit [3066] Benedictus [3067] præpositus a Pandulfo comite Presenzani [3068], cui videlicet [3069] jure hæreditario pertinebat.

Tunc [3070] temporis (*an.* 1052, *Oct.*) abbatissa quædam Raimburga nomine de civitate Firmana obtulit in hoc monasterio monasterium suum vocabulo Sancta Maria, loco Leveriano [3071] (778), et ecclesiam Sancti Johannis de Garzania, et castellum de Barbulano cum ecclesia Sanctæ Mariæ et Sancti Blassii [3072], cum omnibus omnino rebus ac pertinentiis eorundem locorum.

Petrus quoque filius Rainerii de civitate Sorana oblationem [3073] fecit huic monasterio de ecclesia Sancti Silvestri in [3074] territorio Arpinensi, loco ubi dicitur Valle de Frassu, cum universis pertinentiis et rebus ipsius. Fecit [3075] præterea per hos dies prædictus [3076] abbas libellum de Sancto Gregorio de Paterno in comitatu Marsicano [3077] Rocconi [3078] cuidam, cum omnibus pertinentiis ipsius, pro solidis 60, et censu annuali piscibus octingentis. Idem fecit et de monte qui dicitur Sabucus [3079] supra Anium, pro quo recepit solidos 40, et censum pisces ducentos [3080]. Id [3081] ipsum fecit et filiis Guanengi de terris in Calabretto [3082] (779) pro solidis 60, censu denariis 12. Item ibidem filiis Guilielmi pro solidis 40, censu solidis 2, et piscibus [3083] trecentis. Similiter et in territorio Pennensi fecit de curte quæ dicitur Bocetula pro solidis 140, et pro censu solidorum 6. Necnon et de ecclesia Sancti Benedicti in Lambardia, in fundo Pasturini, pro censu solidorum 10*.

* His diebus Romæ Benedictus VIII papa defunctus (*an.* 1024), Johannes frater ejus nationis Tusculanæ ex patre Gregorio illi in pontificatu succedit (780) *add.* 2.

56. [Cap. 58] Defuncto igitur augustæ memoriæ imperatore Heinrico anno [3084] Domini 1025 [1024, *Jul.* 13] (781), et Chuonrado [3085] duce qui et Cono dictus est, ejusdem Heinrici electione in regem levato, precatu Guaimarii (782) tandem solutus a condignis sibi perpetuo vinculis princeps Pandulfus [3086] revertitur, atque totius mansuetudinis et humilitatis se virum ostendens, ad hoc monasterium venit; omnemque amicitiam et fidelitatem jurejurando repromittens abbati, quasi patrem et dominum se illum habiturum de cætero pollicetur. Mox itaque pristinos illos suos fautores de Apulia unacum Boiano [3087] Grecos asciscens, Guaimario quoque [3088] cognato [3089] suo cum Normannis [3090], comitibusque Marsorum omni conamine annitentibus, Capuam per annum integrum atque dimidium obsessam et expugnatam, tandem ingreditur (783). Pandulfus autem Teanensis quem principem Capuæ factum ab imperatore prædiximus [3091], receptus in fide a præfato [3092] Boiano [3093], unacum omnibus suis Neapolim est perductus: sed anno sequenti [1027] et ipsa quoque Neapolis a Capuano principe capta, et [3094] Sergio magistro militum exinde pulso, rursum Teanensis Pandulfus a facie ipsius Romam aufugiens, ibidem exul defunctus est; tenuitque Neapolim Capuanus princeps per [3095] annos ferme tres (784). Dehinc Sergius, recuperata Neapoli, Rainulfum strenuum virum affinitate sibi conjunxit, et Aversæ illum comitem faciens, cum sociis Normannis ob odium et infestationem [3096] principis ibidem [3097] manere constituit; tuncque [3098] primum (*an.* 1030) Aversa

VARIÆ LECTIONES.

[3063] prædicti 1b. *ed.* [3064] Landenolfi 1b. 2. L. gloriosi p. 1a. [3065] c. omnibus omnino p. 1b. *ed.* [3066] *sequentia abscisa sunt* 1b. [3067] domnus B. 1b. *ed.* [3068] c. qui cognominatur a Presenzano 2. [3069] c. pertinere i. h. videbatur *ed.* [3070] Tunc — et rebus ipsius *add.* 1b, *sed in medio cap.* 59. [3071] Levarino 2. [3072] Basilii 4. [3073] oblationis cartulam f. 1b. 2. [3074] S. quæ constructa est in 1b. *ed.* [3075] Fecit — solidorum decem *add.* 1b. [3076] idem 1b. *ed.* [3077] *deest* 4. [3078] Racconi 3. Roccani 4. [3079] Sabucu 1b. 2. [3080] d. *abscisum* 1b. Id. — trecentis *ibi desunt.* [3081] Idem f. *ed.* [3082] Calalielmi 4. *omisso versu integro.* [3083] pisces CC. *ed.* [3084] heinrico, ejusdem judicio tandem s. 1. h. anno D. mo. xxo. vo. magnatuum ejus judicio i. s. 1b. [3085] Cuonr. 4. [3086] Pandulfus. — rursum Teanensis *desunt* 4. [3087] B. catapano 1b. 2. u. B. c. *add.* 1b. *quæ melius post* Grecos *colloces.* [3088] q. Salernitano principe comitibusque 1. [3089] c. ipsius c. N. Rainulfo et Arnolino et ceteris a Comino, *add.* 1b. [3090] Rainulfo et Arnolino *add.* 2. [3091] p. Neapolim unacum Johanne filio fugit. Sed 1. *corr.* 1b. [3092] a catapano B. u. Johanne filio et o. s. 2. [3093] Bajano 3. [3094] et — pulso *desunt* 1. [3095] princ. anno uno et mensibus quinque 1. p. per a. f. Quamobrem Sergius Neapolitanus dux prædictum Rain. aff. s. conjungens, Averse i. c. f. c. s. N. ob odium principis m. c. 1b. [3096] insectationem *ed.* [3097] *deest* 2. [3098] tuncque — habitari *add.* 1b; *hinc* 1. *pergit :* Intra hoc ferme (itaque 1b.) triennium defuncto prius Basilio ac postmodum Constantino Constantinopolitanis imperatoribus, Romanos (Romano gener illius 1b.) sumit imperium. Chuonradus etiam dux post Heinricum, ejusdem Heinrici electione regnum suscipit Romanorum. K. Interea Pandulfus a prioribus s. n. non solum non d. verum potius in dies singulos crescens, deque h. m. d.

NOTÆ.

(777) Cujus mentionem fecerat in narratione illa de Paulo monacho, quam postea expunxit.

(778) *Juxta fluvio Aso* in docum. quod e reg. dedit Gatt. Acc. p. 129.

(779) Calabrito, in territ. Conzano.

(780) Eadem in catalogo Petri.

(781) Ita Anon. Casin.

(782) *Aimé* I, 33.

(783) 1026 mense Maio eam obtinebat; v. Di Meo Ann. Neap. h. a.

(784) Quæ prius Anonymum Cas. secutus scripserat, postea mutavit et auxit; cf. Amat. I, 40, ubi de tempore nunc nihil certi legitur.

cœpta est habitari. Pandulfus præterea a prioribus suis nequitiis nequaquam deficiens, ac [3099] de monasterii hujus devastatione quasi pro imperatoris odio suæ satis facere malitiæ ambiens [3100] Theobaldum (785) abbatem simulata benivolentia secum apud Capuam quasi pro utriusque securitate remorari rogavit, immo [3101] coegit : ita ut jam illum minime huc redire permitteret; præceptum [3102] tamen ei de confirmatione totius abbatiæ de more priorum [3103] principum fecit (*an.* 1032, *Apr.* 12) (786). Erat tunc præpositus in [3104] Capuano monasterio quidam Basilius, genere Calaber, seculari ingenio vehemens, qui olim apud episcopium sancti Stephani ministerialis officium gerens, pro eo quod erat familiaris [3105] principi, adventu Heinrici imperatoris territus, ad hoc monasterium fugerat. Postmodum vero a [3106] prædicto abbate monachus factus, et in non [3107] parvo apud eum honore fuerat habitus. Sed cum princeps idem [3108] reversus, Capuam ut diximus recepisset, eumdem [3109] ad se Basilium evocans, præposituram [3110] ei tradi Capuani monasterii fecit. Qui nequaquam officiorum [3111] quæ sibi abbas præstiterat memorans, quicquid illa molestiæ poterat inferebat, et principis amicitia elatus [3112], ita super chorum fratrum quasi alter abbas ad officium stabat.

57. [Cap. 59.] Itaque [3113] Pandulfus universos monasterii homines in suam fidelitatem jurare faciens, et [3114] cuncta [3115] castella seu villas ejusdem [3116] monasterii, præter Sanctum Germanum et Sanctum Petrum, Sanctum Angelum et Sanctum Georgium, Normannis qui sibi tunc adhærebant distribuens, Todinum quemdam de monasterii famulis nequitiæ suæ, complicem eisdem [3117] ipsis, quæ monasterio superesse videbantur præfecit; eumque apud Sanctum Germanum in ipsa abbatis mansione manere constituit [3118], insuper et roccam quæ Vantra dicitur illi contradens, ad suam fidelitatem cunctos illi tam Normannos quam ceteros quosque parere præcepit. Jam vero quam pessimus, quamque [3119] impius idem Todinus [3120] in Dei servos extiterit, in quantam eos sanctumque hunc locum penuriam dedecusque [3121] redegerit nos ex toto referre etiamsi

A adesset facundia non valemus. Adeo scilicet ut ex his pauca perstringam, ut in ipsa sanctæ Dei genitricis assumptione etiam ad ministerium altaris vinum eis defuerit. Præterea si quem de monachis ex monasterio projicere [3122] vellet, quasi dedignans illi hoc dicere, jubebat [3123] tolli de loco mensæ justitiam ipsius et poni [3124] in pavimento, ut ex hoc liquido ille valeret causam expulsionis agnoscere, et ex tunc non audebat amplius in monasterio remorari. Vilissimos [3125] etiam [3126] quosque de monasterii familia laicos in refectorium fratrum in quod tunc usque nemo laicorum ausus fuerat ingredi, ad panem vinumque mensis imponendum induxerat. Adeo nichil reliqui tunc monachis erat, quam cum Jeremia in lamentum prorumpere : *Servi dominati sunt*
B *nostri, nec fuit qui eriperet nos de manibus eorum* (*Thren.* v, 8). Supererat adhuc domnus Leo ille major ecclesiæ custos, qui die quadam refectorium ingressus, cum servos quos diximus ad exequendum id ministerium repperisset, zelo confestim [3127] religioso succensus, illos quidem foras cum magno dedecore expulit, ad confratres vero conversus : *Quousque tandem*, ait, *sub tanto nostri ordinis opprobrio, sub tam iniquo et impio servorum nostrorum dominio remoramur? Sequimini me, et omnes simul* [3128] *hinc exeuntes, ad imperatorem ultra montes pergamus, eique nostræ calamitatis lamentabilem historiam lamentabiliter* [3129] *referamus.* Mox itaque ad hanc exhortationem animos [3130] arrigentes, universi pariter illum [3131] sequi [3132] cœperunt. Quod Todinus [3133]
C isdem per nuntium audiens, festinanter nimis ascendit, et longiuscule [3134] jam illos a monasterii porta reperiens, protinus equo desiliit, et ad eorum [3135] vestigia procidit [3136] : orans, et multis [3137] satisfactionibus expostulans, ut dignarentur reverti; ad eorum libitum se de cetero cuncta pollicens correcturum. At [3138] illi tantam ejus [3139] humilitatem [3140] ac pollicitationem conspicientes, et [3141] vera illum spondere credentes, ut erant benigno ac compatienti pectore, sine mora reversi sunt. Parum [3142] tamen levaminis ac consolationis hoc facto adepti sunt. Unde [3143] accidit disponente Deo, ut non post longum

VARIÆ LECTIONES.

[3099] d. deque li. m. d. *ed.* [3100] satagens 1. [3101] i. magis c. 1. [3102] præceptum — fecit *add.* 1b. [3103] *deest* 1b. 2. [3104] in eodem C. 1. [3105] familiarissimus 1. *ed.* [3106] *add.* 1b. [3107] in maximo aliquandiu a. 1. *ed.* [3108] *add.* 4. [3109] r. ad se præfatum B. 1. [3110] præpositum in Capuano monasterio fecit 1. [3111] beneficiorum 1. *ed.* [3112] fidens; elata mente ita 1. [3113] Cum interim Pandulfus 1. P. i. u. *ed.* [3114] faciens, cæteris ejusdem monasterii castellis seu villis in Normannorum qui s. t. a. aliorumque satellitum jus delegatis; Todinum 1. [3115] universa *ed.* [3116] *add.* 4. [3117] c. super totius mon. bona quæ s. 1. [3118] constituens, atque roccam superius nominatam quæ Vantra dicitur illi c. 1. [3119] quam iniquus, quam impius i. 1. [3120] placere per hoc principi satagens *add.* 1, 2. [3121] dedecus *ed.* p. famem, ac sitim dedecusque 1. [3122] v. p. 1. [3123] tollebat tantum de 1. *ed.* [3124] ponebat 1. *ed.* [3125] Præter cætera autem v. 1. *ed.* [3126] *deest* 1. [3127] *add.* 4. [3128] unanimiter 1. *ed.* [3129] *add.* 4. [3130] e. omnes pariter a., a. simul omnes i. 1. *ed.* [3131] extra monasterium *add.* 1. [3132] *ita* 1b consecuti sunt 1. [3133] Q. p. n. a. Theodinus (Todinus 3.), fest. 1. *ed.* [3134] i. i. l. 1. *ed.* [3135] illorum 1. *ed.* [3136] corruit 1. *ed.* [3137] m. magnisque s. 1. *ed.* [3138] Et *ed.* [3139] viri 1. *corr.* 1b. [3140] satis factionem 1. *ed.* [3141] et v. i. s. *c. add.* 4. [3142] Parum — sunt *exciderunt* 4. [3143] Sed (Et 1b.) quoniam prædictus Todinus in sua nequitia perduravit (*ea desunt* 3.) non p. l. t. s. R. scilicet (*deest* 1b.) a. vindice Deo a. q. n. captus, etc. positus est. 1b. *ed. desunt* 1

NOTÆ.

(785) Cf. Amat, I, 34.

(786) Dedit Gattula Acc., p. 131.

tempus sub Richerio scilicet abbate a quibusdam nostris idem Todinus captus et tonsoratus, necnon sacco indutus, et ad cernendam farinam more famulorum in pistrino positus sit (787).

58. [Cap. 60.] Abbas interea noster [3144] in Capuano monasterio, quasi abbas quidem manebat; re autem vera quasi captivus aliquis [3145] extra urbem absque custodia progredi nusquam audebat. Quod cum per annos ferme 4 [3146] sustinuisset, clam mandavit Sergio [3147] duci Neapolitano, ut constituto die [3148] cum militibus ad locum designatum veniret, seque reciperet; quod et factum est. Nanque [3149] condicto die egressus Capuam quasi spatiandi gratia, perrexit usque ad ecclesiam Sancti Marci quæ est ad radicem montis sanctæ Agathæ; atque inde paulatim se, ac pedetemptim militibus præfatis conjungens, Neapolim abiit, indeque post dies aliquot in Marchiam est profectus: ubi in prædicto monasterio Sancti Liberatoris in quo prius præpositus fuerat, per quinque circiter annos usque ad obitum est honestissime conversatus.

59. [Cap. 61.] Post [3150] dies aliquot jubet nequissimus princeps cuidam fideli suo nomine Adelgisio, ut quantocius ad hoc monasterium veniat, eique planetam et calicem imperatoris, et nonnulla alia ecclesiæ [3151] præcipua ornamenta, Aquini et Sexti comitibus impignoranda [3152] perniciter deferat. Cumque ille veniens, rem propter quam transmissus fuerat indicasset, aliquanti [3153] quidem fratrum nequaquam ea [3154] mittenda, aliquanti vero nequaquam retinenda, ne iram [3155] principis experirentur censebant. Sed cum nuncius [3156] prorsus instaret, Adam supradictus [3157] qui tunc ecclesiæ curam gerebat: « Ego, inquit, hæc quæ vir [3158] bone requiris, neque tibi neque alicui alii [3159] daturus aliquando sum, sed ea [3160] super ipsum cujus [3161] sunt beati Benedicti altarium ponam; inde illa qui præsumpserit [3162] auferat. » Quod cum fecisset, mox ille audacter [3163] accedens [3164], cum jam jamque ad altare manus nefandas [3165] extenderet, in [3166] parte stantibus monachis atque mœrentibus: mirabile dictu! protinus in faciem corruit, et vehementissima subito paralisi [3167] correptus, universis astantibus mirum ac potius miserum de se spe- A ctaculum præbuit. Et de infirmitate quidem ipsa altera die utcumque [3168] convaluit, atque sine effectu reversus tunc [3168] ad principem est; distorto tamen ore atque oculo usque ad obitum remanens, [3169], cunctis se interrogantibus qualiter hoc illi contigerit, non sine admiratione audientium maxima referebat. Princeps vero hoc facto, aliquantulum quidem reveritus est; sed non in longum tempus in mala mente potuit voluntas bona durare. Post non multum etenim tempus, iterum præfatum Basilium [3170] misit, omnemque hujus loci thesaurum per illum ad [3171] se asportari præcepit. De [3172] Capuano quoque [3173] monasterio abstulit tres coronas de argento, et codicem unum gemmis ornatum, et planetam diocetrinam [3174] (788) optimam, et tres pannos de B altari, unum cum albis (789), alium cum cruce ex [3175] friso (790) et albis, alterum vero cum aquilis; atque in arce quam in monte sanctæ Agathæ qui Capuæ imminet paulo ante construxerat, omnia [3176] simul condens reposuit [cf. Desid. *Dial.* I. 9.]. In qua etiam arce, innumera diversarum aliarum ecclesiarum, necnon viduarum, pupillorumque spolia tum dolo, tum violentia rapta [3177] coacervaverat [3178] *.

* Sed qualiter a justo judice Deo pro jam dicto calice post mortem idem princeps dampnatus sit referam. Quodam (791) itaque tempore Sergius magister militum qui Neapolitanæ præerat urbi, venatum in ipso sancto paschali sabbato pergens, silvam suis cum pueris ut apros (792) caperet est ingressus, tensisque retibus, C ad insequendos eos sese cum canibus huc illucque unanimiter omnes per silvam diffundunt: sed antequam aper a retis laqueo fugiens involveretur, occupatus a venatoribus confossus captusque est. Cum autem hora jam tardior esset, et sol ad occasum vergens atram umbram jam pene induceret terris, prædictus magister militum, ne noctis tenebris occuparetur, sumpta quam ceperat venatione, omni cum clientela domum quantocius repedare cœpit, uni tantummodo puero Pytagoræ nomine, ut retia colligeret, et se perniciter sequeretur imperavit. Igitur cum puer qui relictus fuerat, collectis retibus recto calle suum dominum sequeretur, subito duo monachi reverendi admodum vultus ei se in itinere contulerunt. Cumque timore exterritus quinam essent inquireret, illi: « Ne timeas, inquiunt, tantummodo sequere

VARIÆ LECTIONES.

[3144] *add.* 4. [3145] quidam 1. [3146] tres 3. valde (*corr.* omnino) invitus *add.* 1, *sed postea expunxit.* [3147] N. *corr.* Sergio 1. [3148] c. atque condicto d. f. *ed.* [3149] *ita* 1, *et ed.* [3150] Præterea princeps p. d. a. c. fidelissimo s. n. A. jubet, ut 1. *ed.* [3151] a. quæ non recolo e. 1. 2. [3152] in pignore ponenda 1. *ed.* [3153] a, q. f. n. e. m. *desunt* 2. [3154] *deest* 1. [3155] ne pejora irato principe e. 1. *ed.* [3156] ille 1. *ed.* [3157] *deest* 1. 2. [3158] v. b. *add.* 4. [3159] hominum 1. *ed.* [3160] *deest* 1. [3161] c. s. *add.* 4. [3162] q. voluerit aut p. 1. *ed.* [3163] i. ut erat ad quælibet audenda promptissimus, a. 1. i. præsumptor a. *ed.* [3164] accessit et c. 1. *ed.* [3165] *add.* 4. [3166] in p. s. m. a. m. *desunt* 1. 2. [3167] epilempsia pariterque p. 1. 2. [3168] *deest* 1. aliquo modo *ed.* [3169] permanens 1 *ed.* [3170] B. Capuani monasterii præpositum m. 1. B. præp. m. *ed.* [3171] i. auferens asportavit 1. [3172] De — aquilis *add.* 1b. [3173] vero 1. *ed.* [3174] cetrinam 1b. 2. [3175] et *ed.* [3176] o. s. *add.* 1b. [3177] erepta 1. [3178] *Hic* 1b. *inserit :* Tunc temporis — et rebus ipsius, *quæ jam in cap.* 51. *leguntur.*

NOTÆ.

(787) Cf. Amat. II. 15.
(788) Coloris citrini intensioris
(789) I. e. margaritis.
(790) Opere Phrygio, acu picto.
(791) *Quodam — curavit* ad verbum desumpta sunt e Desid. Dial. I, 13. Extrema paulum mutavit.
(792) *Aprum* Desid.

nos¹. Cum itaque aliquantulum simul per eandem silvam graderentur, venerunt ad quendam lacum cœnosum valde atque horribilem aspectu, ibique Pandulfum Capuanum principem cujus superius memoriam feci, qui non longo ante tempore defunctus fuerat (1047), ferreis nexum vinculis, atque in illius cœno laci ad gulam usque demersum ei miserabiliter ostendunt. Interea duo nigerrimi spiritus retortas ex agrestibus vitibus facientes per gulam eum ligaverunt, ac in ipsam lacus profunditatem merserunt, iterumque sursum extraxerunt. Cumque hæc sæpius facerent, prædictus puer Pytagoras tremula licet voce, eum alloquitur, ut sibi qua de causa talia pateretur ediceret. Ille vero flens et ejulans ad verba interrogantis pueri mox tale responsum protulit, dicens: « Quamvis, o puer, ex innumeris meis sceleribus mihi plurima et infinita pœna præparata sit, tamen ob nullam aliam causam hanc quam cernis patior pœnam, nisi propter aureum calicem, quem de monasterio beati Benedicti sacrilega ductus cupiditate abstraxi, eique etiam moriens reddere neglexi. Sed obnixe deprecor ac per Jesum Christum dominum salvatorem omnium, cujus ego miser præcepta contempnens in hanc sum voraginem mortis demersus, te obtestor ut Capuam ad uxorem meam vel ipse pergas vel nuntium dirigas, qui ei et tormenta quæ patior, et ut calicem monasterio Sancti Benedicti reddat insinuet. » Et ille: « Quid prodest, inquit, si ei nuntiavero? non enim quod te vidissem, vel quod talia patiaris, mihi creditura est. » Cui ille respondit: « Hoc sibi signum ex mei parte denuntia, quod Pandulfus Gualæ filius calicem ipsum pro pignore habeat, et ut datis solidis quos ei debuimus reddere, illum recipiat, atque sancti Benedicti monasterio omni postposita mora restituat, sibi celeriter rogo insinuare ne differas. » Quibus dictis visio illa ab oculis ejus ablata est. Puer vero statim ut domum regressus est infirmitate detentus, intra paucos dies defunctus est. Ea vero quæ viderat, quæve sibi dicta fuerant, omnibus ad se venientibus patefecit. Pandulfus etiam ipse qui causa pignoris calicem apud se habebat, hoc ipso tempore nescio qua de causa Neapolim pergens, hæc omnia ex ore ipsius Pytagoræ se audivisse mihi (793) retulit, per quem quoque idem Pytagoras uxori illius omnia quæ de viro ejus viderat, vel quæ ipse ei mandaverat, Capuæ nuntiavit. Illa autem sibi potius quam marito consulens, pretium quod vir ejus accommodaverat reddere nolens, nec calicem recipere, nec monasterio reddere curavit. Hæc iccirco huic operi inseri curavimus, ut videlicet quicumque hæc audierit pertimescat, et a rapinis hujus cœnobii mentem manusque compescat, ne et ante mortem sese pœnitere non liceat, et post mortem parentibus propinquisve ea pro quibus ipse a suppliciis liberetur operari non libeat: sicque fiat, ut pro eis supplicia æterna possideat, quæ Dei timore postposito, in vita positus nullatenus perpetrare formidat, et jam veniam non mereatur in vita illa, quam bonis sanctisque operibus neglexit promereri in ista. *add.* 2.

His diebus; anno scilicet Domini millesimo tricesimo* primo (*Jan.* 22) beatus Dominicus mirabilium patrator magnorum [3179], et multorum cœnobiorum fundator, apud Soram Campaniæ civitatem jam ferme octogenarius migravit ad Dominum (794), et sepultus est in monasterio Soræ vicino, quod nunc ejusdem vocabulo nuncupatur **.

* Tricesimo, luna cum esset plenissima, id est quinta decima omnino obscurata est (795) 1. Anno vero sequenti beatus, etc. *add.* 1b.

** Quadriennio autem post (796), in ipsa die festivitatis sancti Petri apostoli (*an.* 1033. *Jun.* 29) solis pars maxima offuscata est (*corr.* ap. sol obscuratus est ab hora quinta usque in horam nonam). *add.* 1.

60. [Cap. 62.] (Desid. *Dial.* ii, 13.) Tunc [3180] temporis constructa est a fratribus hujus monasterii intra Cajetanam civitatem ecclesia in honore sanctæ Scolasticæ [3181], juxta [3182] veterem [3183] quæ inibi fuerat nominis ejusdem ecclesiam, quæ [3184] videlicet largitione Stephani [3185] ipsius civitatis episcopi, hospitationis [3186] gratia illis fuerat olim concessa (797). Ubi quale quantumque miraculum per merita beati Benedicti Deus effecerit; non [3187] dignum duximus reticendum. Cum enim [3188] die quadam quidam ex operariis de monte proximo qui mari imminet, petras quibus ecclesiæ ipsius parietes fabricarentur, exscinderet, subito ferrum illud quo operabatur de manubrio exiens, præceps in maris voraginem decidit. Quo fratres per eundem cui contigerat agnito, alium [3189] pro illo malleum quo instanter cœptum opus perficeretur, fieri mox decernunt. Cum repente unus eorum fide ferventior: « Nequaquam, ita [3190] inquit, sed simul [3191] omnes fiducialiter ad locum quo ferrum decidit accedamus; manubrium in aquam mittamus, miraculumque quod in Gothi falcastro pater Benedictus exhibuit,

VARIÆ LECTIONES.

3179 innumerum et c. f. m. 1b. *ed.* 3180 Sequenti tempore, ultimo videlicet hujus abbatis anno, restaurata est (*corr.* constructa est noviter) a, f. 1. 3181 s. virginis Christi S. 1. *ed.* 3182 juxta — ecclesiam *add.* 1b. 3183 *deest* 4. 3184 qui (*corr.* quæ) vid. locus (*del.* 1b.) larg. (b. m. d. St. *in loco raso*) ejusd. civ. (episcopi *add.* 1b.) illis f. (olim *add.* 1b.) concessus (*corr.* concessa cum universis pertinentiis ejus) ut etc. 1. 3185 bonæ memoriæ domni S. ejusdem c. 1b *ed.* 3186 e. ideo illis f. o. c. ut si quando gratia emendi aliquid inibi eos proficisci contingeret, proprium ubi hospitarentur locum haberent. Ubi 1. *ed.* 3187 ad ejus gloriam enarrare decrevimus 1. *ed.* 3188 C. igitur quidam 1. 3189 aliud 1. *ed.* 3190 n. ait sed 1. 2. n. inq. s. 4. 3191 o. s. 1. 2.

NOTÆ.

(793) Sc. Desiderio.
(794) Martyrol. Rom. 22 Januar. *Soræ sancti Dominici abbatis, miraculis clari.* Vitam scripsit Albericus diac. Casinensis, quæ exstat in cod. nostræ bibliothecæ n. 101. Ang. v. infra III, 35.
(795) Ex Anon. Casinensi. Accidit Feb. 20.
(796) Sc. post defectum lunæ. Ex eodem.
(797) Quam postea Bernardus ep. qui eam invaserat, Casinensibus restituere est coactus a. D. 1009; v. documenta ap. Gatt. Acc., p. 112. Cæterum Desiderio monachi ecclesiam construxisse dicuntur *quatenus dum ad aliquas res emendas ibidem pergerent, receptaculum habere possent.* Nostrum auctores suos nunquam presso pede secutum esse, jam supra animadvertimus.

in nostro [3192] etiam malleo per eundem patrem mox fieri indubie præstolemur. » Inspiratione [3193] divina placet consilium omnibus, et confestim [3194] descendentes ad mare, naviculam subeunt [3195] sinumque girantes, ad locum quo ferrum deciderat veniunt. In quo videlicet [3196] quamvis nimiam profunditatem aquarum inesse conspicerent; nichil tamen impossibile Deo esse credentes, et de meritis sanctissimi [3197] patris nostri ejusque beatissimæ sororis nichilominus præsumentes, manubrium in mare fideliter mittunt, moxque divino imperio [3198] ferrum idem ad manubrium suum reversum, non sine maxima multorum [3199] admiratione recipiunt *.

* Per idem tempus defuncto Romæ supranominato Johanne (*an.* 1033), Benedictus nepos illius, natione Tusculanus ex patre Alberico patricio (798), in apostolicam sedem pontifex ordinatur. *add.* 2.

61. [Cap. 63.] Prefatus autem abbas senex jam et plenus dierum apud supradictum [3200] sancti Liberatoris monasterium defunctus [3201] est, 3 Nonas Junii (799), ibidemque honorabili sepultura locatus. Quo defuncto, monachi quidem nullam electionem absque principis nutu [3202] facere præsumebant. Princeps vero jam dudum prædicto Basilio dare abbatiam decreverat, non [3203] tamen absque fratrum consensu, licet iniquus et impius agere id volebat. Erat etiam alter in hoc monasterio quidam frater, Antonius nomine, genere Capuanus, litteris utcumque [3204] imbutus. Hunc itaque princeps Capuam evocat [3205]. Nam et ipsi quoque eandem olim repromiserat abbatiam. Cumque per dies plurimos spe hujusmodi utrumque suspenderet, et jam fere annus evolveretur, tandem aliquando Antonium præficere dissuasus, quoniam [3206] jurare sibi nullatenus adquiescebat, Basilium eligere complacet. Mandat igitur ille summus archimandrita, ut aliquot de hujus loci prioribus ad eum Capuam pergant, quatinus eorum [3207] consilio abbatem [3208] illis constituat. Itum est, et in palatio ejus prædictus abbas electus, indeque ad monasterium ejusdem civitatis est cum laude qualicumque [3209] transmissus, præbito prius suis

A manibus satis [3210] turpiter principi sacramento, ut ultra viginti solidos per annum de rebus monasterii omnibus ei traditis nil retineret.

Basilius abbas tricesimus tertius sedit annis duobus.

62. (Cap. 64.] Hic indigne quidem ac seculariter ut [3211] prædictum est ordinatus, sed [3212] longe indignius ac turpius quandiu præfuit conversatus. Non enim quasi tanti monasterii abbas, verum [3213] quasi quidam procurator causarum principis existebat; ita ut ab ordinatione sua usque ad quinque circiter menses [3214], Capuæ remoratus, in servitio potius principis quam in cura studuerit monachorum. Jam [3215] vero quotiens illum huc venire contingeret [3216], B quoniam Todinus abbatis deorsum curiam ut [3217] supra diximus [c. 57] obtinebat, nequaquam sibi illic commorari [3218] dabatur, sed ac [3219] si quidam alter extraneus huc ascendens, et hic etiam in nulla a fratribus reverentia, in nulla abbatibus [3220] solita honorificentia habebatur, nisi quantum ipse ab invitis atque nolentibus extorquebat *. Sub [3221] hoc abbate Alferius et Stephanus presbyteri (800) de oppido Minianensi (801) obtulerunt (*an.* 1034, *Aug.*) huic monasterio unam ecclesiam juris sui vocabulo Sanctus Bartholomeus, prope ipsum [3222] oppidum, cum una domo sua, et cum omnibus ejusdem ecclesie pertinentiis [3223]. Hic fecit libellum de castello quod dicitur Petra fracida [3224] quibusdam Termulensibus; pro quo recepit solidos mille ducentos: C pro censu vero ejusdem [3225] solidos 40.

* *pergit* 1: Eodem itaque quo ordinatus est anno, sexto videlicet Kal. Feb. (1037) mons Vesuvius eructavit incendium, adeo maximum et insolitum, ut usque ad mare discurreret (802). *Hinc* 1b. *addit:* Quo tempore Guaimarius major Salernitanus princeps defunctus. Guaimario filio principatus successionem reliquit (803).

63. [Cap. 65.] Cum (804) autem jam Deus omnipotens tantis iniquitatibus tantisque hujus sancti loci direptionibus decerneret finem [3226] imponere, et orationes ac gemitus servorum Dei, orphanorumque ac viduarum et pauperum lacrimæ [3227] a ma-

VARIÆ LECTIONES.

[3192] in m.e. p. 1. *ed.* [3193] p. Quid pluribus? I. 1. *ed.* [3194] *add.* 4. [3195] n. omnes ascendunt 1. *ed.* [3196] loco 1. *ed.* [3197] beati p. Benedicti 1. *ed.* e. b. s. *desunt* 1. 2. [3198] i. de ipso profundo aquarum f. 1. [3199] *deest* 1. [3200] jam dictum 1. *ed.* [3201] m. III. N. I. d. est 1. *ed.* [3202] n. et imperio f. 1. [3203] non — volebat *desunt* 1. [3204] apprime 1. [3205] ire jubet 1. *ed.* [3206] q. i. s. n. a. *add.* 1b. [3207] e. c. *deest* 1. [3208] i. a. 1. [3209] *deest* 1. 2. [3210] s. t. *desunt* 1. [3211] ut p. est *add.* 4. [3212] ord. digne vero ac turpiter ut decuit est expulsus. Non e. 1. [3213] sed 1. *ed.* [3214] c. continuos m. 1. *ed.* [3215] Nam *ed.* [3216] v. aliqua necessitas cogeret 1. *ed.* [3217] u. s. d. *desunt* 1. [3218] remorari 1. *ed.* [3219] quasi a. q. e. 1. *ed.* [3220] s. a. 1b. *ed.* [3221] Sub — 40. *add.* 1b. [3222] prædictum 1b. *ed.* [3223] rebus et p. 1b. *ed.* [3224] f. cum pertinentiis ejus q. 1b. *ed.* [3225] *add.* 4. [3226] modum 1. *ed.* [3227] singultus ac. l. 1. *ed.*

NOTÆ.

(798) Ita etiam in catal. Petri.

(799) A. D. 1036, siquidem Pennæ donatio facta est Theobaldo abbate a. D. 1036. (nobis 1035) ind. III, m. Julio l. l. p. 135. Basilius autem jam prius abbatis nomen sumpsit, v. infra not. 50.

(800) Pater et filius. Reg 297, *a.* 19, *principatus d. Pandulfi et* 16 *a princ. d. Pandulfi filii ejus glor. princ. mense Aug. ind.* 2. i. e. a. 1034. Basilii abbatis ibi mentio fit. *Actum S. German.*

(801) *Mignano*, inter Vulturnum et Garilianum fluvios.

(802) Ex Anon. Casin. a. 1037

(803) Guaimarium III ultra a. 1031 non vixisse constat; v. Di Meo Ann. Neap. h. a.

(804) Magna capitis pars ex Desiderii Dial. I. desumpta est. Cf. Ann. Altahenses a. 1038.

xilla in cœlum intra ipsum exauditionis sacrarium essent admissæ [3228], anno divinæ incarnationis 1038 [1036] Chuonradus [3229] imperator cum valido nimis exercitu transitis Alpibus Italiam introivit, venitque Mediolanum ; namque [3230] ejusdem civitatis archiepiscopo vehementer erat infensus [3231]. Ibi de nostri monasterii prioribus aliquot qui ad eum ultra montes proclamationis gratia jam dudum perrexerant illum adeuntes, universa quæ per tot annos a Pandulfo mala pertulerant, flebilibus ei querimoniis denuo retulerunt : orantes ac supplicantes, ut tandem dignaretur ad [3232] has partes venire, ac [3233] beati Benedicti cœnobium quod catenus sui antecessores sub tutela [3234] sua reverenter nimis habuerant, de tanti tyranni manibus potenter [3235] eruere. Quorum imperator postulationibus [3236] ut erat valde piissimus inclinatus, Romam concitus venit (*an.* 1037), ubi etiam innumerabilium aliorum tam videlicet ecclesiasticorum quam reliqui ordinis virorum innumeras super Pandulfo querelas accepit. Habito itaque cum magnatibus suis consilio, Deumque timentium virorum adhortatione commonitus, strenuos aliquot a latere suo principi [3237] Capuam destinat viros, mandans [3238], ut nisi indignationem suam vellet protinus experiri, ante omnia monasterio Casinensi universa quæ sibi [3239] abstulit confestim [3240] restituat, captivos cujuscumque ordinis seu generis viros statim dimittat, bonaque unicuique suo sine diminutione aliqua celeriter reddat. Legati igitur imperatoris Capuam adeunt, Pandulfum [3241] conveniunt, multisque cum eo frustra sermonibus habitis, ad dominum suum sine effectu aliquo revertuntur. Induraverat enim cor ejus Dominus, ut quondam induraverat Pharaonis, ut quod spontaneus contempserat, invitus facere cogeretur. Cernens [3242] autem imperator se a Pandulfo contemni [3243], ira succensus, sumpto exercitu, venit Casinum (*an.* 1038). Cujus ministri qui præmissi de more fuerant ad apparatum regium exigendum, cum monasterii curiam introissent, præfatus [3244] Todinus valde perterritus clanculo inter hominum [3245] frequentiam exiit, et festinanter roccam (805) properans, fugit [3246]. Quod cum fratribus sursum fuisset relatum, in medium se proripiens unus ex prioribus Azzo nomine : « Tempus, inquit, fratres, tacendi pertransiit, et loquendi tempus advenit. Ecce illuxit dies redemptionis nostræ. Descendamus igitur, et regiis ministris quæque sunt necessaria coaptemus. » Quo facto, honorifice satis quantum ad illos, imperator receptus et hospitatus, altero die cum uxore pariter ac [3247] nuru sua ad [3248] monasterium beato Benedicto et [3249] fratribus se commendaturus ascendit. Quem cum fratres multa [3250] honorificentia gratulantissime recepissent [3251], post orationem illos allocuturus capitulum est ingressus. Quo residente, omnes simul monachi consurgentes, ante ejus se faciem prostraverunt, et erecti [3252] : « Ita vos, inquiunt, omnes pariter expectavimus, ita faciem vestram contemplari desideravimus, ita denique [3253] vestrum præstolati adventum sumus, ac si justorum animæ in inferno Redemptoris adventum expectasse [3254] noscuntur. » Ad hæc lacrimis imperatore suffuso, omnes iterum in faciem corruunt, ac demum surgentes, quæ et quanta a Pandulfi reversione per duodecim circiter annos mala perpessi fuerint [3255], ordine referunt, utque tantis calamitatibus finem dignetur imponere, per Deum et per beatum Benedictum obtestantes exposcunt. Tunc imperator ob [3256] eam solummodo causam se ad partes istas transisse jurejurando affirmans, seque locum hunc ex toto corde suo honoraturum ac protecturum quandiu viveret, devotissime pollicens : jubet demum ut duodecim ex eis ad se Capuam pergant, ubi licentius [3257] quicquid super hoc negotio agendum sit, illorum consilio peragat. Posuit deinde super altarium beati Benedicti coopertorium purpureum, aureo friso ad mensuram ulnæ unius in circuitu adornatum. Postremo autem suppliciter valde fratrum se orationi commendans, ita benedictione petita Capuam est profectus. Interea Pandulfus Capuæ augustum præstolari nequaquam [3258] præsumens, una cum abbate suo magis [3259] quam nostro in præfatam

VARIÆ LECTIONES.

[3228] admissæ, juxta quod Sapientia continet : Cor regis in manu Dei, et quocumque valuerit convertet illud, Chuonr. 1. a. d. i. 1038. *adscripsit* 1b. [3229] Cuonr. 4. [3230] namque — infensus *desunt* 1. [3231] invisus 2. [3232] ad h. p. *add.* 4. [3233] tamque famosum et beati B. meritis celebre ubique cenobium, q. 1. [3234] s. s. t. 1. *ed.* [3235] m. dignaretur eripere 1. *ed.* p. erueret *Petri Diac. in. vita S. Guinizzonis, ubi hæc exscripsit.* [3236] querimoniis ac precibus 1. *ed.* [3237] principes 4. [3238] *deest* 1. [3239] *add.* 4. [3240] bona *ed.* bona conf. r. 1. [3241] a. atque eum Pandulfo multis f. s. h. ad. imperatorem sine 1. *ed.* [3242] I. a. c. 1. *ed.* [3243] *ita* 1b, contempni 1. [3244] introissent, in ipsa quidem curia Todinum præfatum offendunt ; verum ille dum minime ab eis agnoscitur, ex improviso visis illis valde perterritus, clanculo 1. [3245] homines e. 1. *ed.* [3246] illorum manus evasit 1. p. aufugit *ed.* [3247] et 1. *ed.* [3248] B. ejusque congregationi se 1. [3249] ad m. *post* ascendit *collocant* 1. *ed.* [3250] omni qua poterant 1. [3251] suscep. 1. *ed.* [3252] p. erectisque data loquendi fiducia : 1. p. surgentesque : *ed.* [3253] *deest* 1. [3254] præstolasse 1. *ed.* [3255] fuerunt *ed.* [3256] i. jure. jur. aff. se ob e. s. c. ad has p. venisse, ut beati B. cœnobium de servitute nequissimi principis eruens, pristinæ illud restitueret libertati ; ac devotissime se illorum orationi commendans, posuit super alt. b. B. c. p. valde pretiosum, aureo friso ad m. palmi in c. pulcherrime adornatum. Jussit deinde ut d. ex eis ad se C. p. ubi q. s. h. n. a. sit, illorum c. p. sicque petita b. C. e. p. 1. imp. i. i. a. se ob e. s. c. ad has p. transisse, seque, etc. *ut supra usque ad* peragat ; sicque petita bened. C. e. p. ut beati B. cœn. d. s. n. p. liberaret, ac devotissime se, etc. *ut* 1. *usque ad* adornatum. Interea P. *ed.* [3257] *deest* 1. *ed.* [3258] minime ausus, u. c. prædicto a. 1. *ed.* [3259] m. q. n. *deest.* 1. 2.

NOTÆ.

(805) Vantræ v. supra c. 57.

[3260] roccam sanctæ Agathe [3261], arrepta [3262] fuga se contulit. Imperator vero Capuam in ipsis vigiliis sancti pentecostes (*Mai.* 14) ingressus [3263], altera die apud [3264] veterem tentoria posuit. Assunt evestigio monachi rogantes promissa compleri et abbatem sibi ante omnia postulantes. Ad quos imperator ex [3265] consilio*: « Non est meum hoc, inquit; vos eligite unum ex vestris. » Respondentibus non se habere idoneum, neque esse congruum in tantis perturbationibus in tanta domo aliquem sine magno vigore et potentia ordinari; et iccirco de suis magnum aliquem illis oportere [3266] præficere, imperator in priori sententia manens [3267] : « Nequaquam, ait, sed de congregatione vestra sicut beati [3268] Benedicti regula præcipit idoneum vobis abbatem eligite [3269]. » Illi vero nichilominus in petitione pristina perdurantes [3270], augustæ etiam suffragiis et [3271] consiliis fulti, Richerium tandem qui tunc Leonensem abbatiam [3272] regebat (806) in abbatem sibi dari expostulant. Super quo imperator valde mestificatus : erat enim sibi nimium et [3273] carus et utilissimus, quamvis primo negare satis institerit, victus demum monachorum [3274] vel ratione vel precibus, annuit [3275]; cumque advocatum licet plurimum renitentem [3276], in abbatem ordinandum [3277] fratribus tradidit [3278]. Pandulfus interea [3279] mandat [3280] imperatori [3281], trecentas [3282] auri libras pollicens se daturum, si ejus veniam cum gratia mereretur; cujus quidem auri medietatem ad præsens dare, pro medietate vero altera filiam et nepotem obsides transmittere spondet. Annuit imperator. Ille pecuniam [3283] delegat et obsides. Quo facto, Pandulfum facti protinus penitet, et estimans se civitatem augusto [3284] recedente facile posse recipere, reliquum auri mittere denegat. Imperator itaque, tam [3285] cum suis quam cum nostratibus consilio habito, Guaimario * Salernitano principi, Capuani tradidit principatus honorem. Rainulfum [3286] (807) quoque ipsius Guaimarii suggestione, de comitatu Aversano investivit (808). Adenulfum etiam Capuanum archiepiscopum quem pessimus Pandulfus carceri mancipaverat, sedi suæ restituit. Quibus [3287] et abbatem nostrum, et universam nostri monasterii causam plurimum [3288] commendans, ut sua illam vice tueri in omnibus ac procurare deberent [3289], Pandulfi secum obsides ferens, Beneventum perrexit [3290]; indeque ultra montes [3291] per [3292] marchias repedavit, atque post non integrum [3293] annum defunctus (*an.* 1039, *Jun.* 4), Heinrico filio reliquit imperium. Eodem [3294] tempore Guaimarius (809) Normannis faventibus Surrentum cepit, et fratri suo Guidoni concessit [3295]. Amalfim etiam [3296] suo dominatui subdidit. Interea Pandulfus (810) relicto in præfata rocca ad expugnandam quoquomodo [3297] posset Capuam filio, ipse cum Basilio suo ad [3298] imperatorem Constantinopolim abiit, causa adjutorii sive exercitus [3299] sive pecuniæ. Cui [3300] videlicet [3301] imperator non solum nichil [3302] contulit, verum etiam a nuntiis Guaimarii præmonitus, eum in exilium misit, ubi miser per duos et eo [3303] amplius annos, usque [3304] ad mortem [3305] imperatoris remoratus, tandem relaxatus, ac sine effectu aliquo reversus est.

* Juniori *add.* 1^b.

64. His [3306] diebus (811), cum a principio fere Maii mensis usque ad quintum diem ante Kalendas Augusti vix vel tenuiter pluvialis imber arva rigasset, die qua [3307] diximus rusticus quidam in vicinia monasterii commanens, postquam segetes agelli sui quem juxta radicem montis habuerat messuit, mox stipulis quæ remanserant ignem supposuit. Repente igitur flamma paulatim succrescens, non jam contenta tantummodo paleis, sed obviantia quæque, et ipsam quoque silvam devorare perniciter cœpit. Jamque contiguus monasterio ignis, non dubium illi

VARIÆ LECTIONES.

[3260] *add.* 4. [3261] quam summo studio undique communicrat *add.* 1. 2. [3262] Ag. fugiens contulit. 4. [3263] introivit; 1. *ed.* [3264] d. civitatem egressus, apud Capuam v. t. figit. assunt et m. r. ut opere compleat quæ promisit, abb. s. a. o. constitui p. 1. *ed.* [3265] imperator : Eligite inquit u. 1. [3266] oporteret *ed.* [3267] perdurans 1. *ed.* [3268] s. vestra r. 1. [3269] non enim ad præsens habeo quem vobis debeam dare *add.* 1, *sed expuncta sunt.* [3270] permanentes 1. *ed.* [3271] et c. *add.* 4. [3272] ecclesiam 3. [3273] n. c. et in omnibus suis negotiis u. 1. *ed.* [3274] *add.* 1^b. [3275] adquievit 1. *ed.* [3276] flentem ac repugnantem 1. *ed.* [3277] eligendum 1. 2. [3278] His diebus gestum est miraculum illud subito et superno imbre extincti ignis apud hoc monasterium, quod venerandæ memoriæ Petrus Ostiensis episcopus in sermone illo quem de vigiliis beati B. conscripsit, luca... *reliquis abscisis add.* 1^b. [3279] preterea 4. [3280] m. per necessarios i. 1. 2. [3281] veniam postulans *add.* 1. *ed.* [3282] ducentas (*corr.* trec.) auri optimi l. 1. [3283] centenarium 1. *corr.* 1^b. [3284] r. a. 1. *ed.* [3285] i. consilio t. c. s. q. c. Capuanis magnatibus (c. nostratibus 3.) h. 1. *ed.* [3286] honorem, eique Richerium a. 1. [3287] eisque *ed.* Richerium abb. universamque c. m. n. multum c. ut s. hanc v. t. et p. 1. *ed.* [3288] multum plurimum 4. [3289] deberet 1. [3290] concessit 1. *ed.* ubi pariter cum exercitu suo turpiter satis a civibus et indigne tractatus *add.* 1^b. indeque *in* inde *mutato.* [3291] post dies non plurimos *add* 1. 2. [3292] p. m. *add.* 1^b. [3293] non longum tempus, integrum annum scilicet 3. [3294] Eodem subdidit *desunt* 1. [3295] contulit *ed.* [3296] nichilominus *ed.* [3297] q. p. *add.* 1^b. posset *deest.* 4. [3298] s. C. a. ad i. 1. *ed.* [3299] e. s. *desunt* 2. [3300] p. sed cum per duos et 1. [3301] *add.* 4. [3302] nil adjutorii c. *ed.* [3303] *deest.* 4. [3304] a. frustra remoratus ibi fuisset, sine effectu a. r. est. 1. [3305] m. videlicet i. *ed.* [3306] *totum caput deest* 1. *v. supra p.* 671. *not.* f*. [3307] d. quadam r. 4.

NOTÆ.

(806) *Leno*, in territ. Brixiano. Et monachus Altahensis, testibus Annalibus Altahensibus a. 1038.

(807) *Rainulfum — restituit* ex Amato II, 6. addidit.

(808) *O une lance publica et o un gonfanon dont es vit l'arme imperial.* Aimé.

(809) *Guaimarius — subdidit* ex eodem II, 7.

(810) Cf. Amat. II, 12.

(811) E Petri Dam. sermone in vig. S. Benedicti legendo.

imminentis incendii ostendebat exitium : cum ecce superna Omnipotentis misericordia Benedicti patris precibus inclinata de supernis cœlorum super [3308] hunc locum respexit, et exilem prorsus nubeculam in immensa aeris vastitate repente creatam cum largissima imbrium inundatione super totius monasterii ambitum insperate perduxit, cujus quidem fluentis non modo voracis incendii flammas restinxit, sed et universum sancti hujus loci circuitum abundanter ac copiose rigavit. Mira omnipotentia Creatoris ut patenter ostenderet nubem illam ad solam loci hujus venerabilis creasse liberationem, cum tota undique cœli orbita serenitate continua rutilaret, ita se ad monasterii mensuram eadem nubes cohibuit, ut quæque adjacentia hubertim perfunderet : finitima vero penitus non attingeret. Rusticus (812) itaque qui tanti mali licet ignarus auctor extiterat ut monasterio ignem propinquare conspexit, amarissime lamentans et penitens, mox [3309] descendit, et sola conscientia torquente ac pertrahente, sponte se carcere publico condemnavit. Quod nostri [3310] altius et religiosius perpendentes, et illum quidem illæsum abire siverunt, et misericordi Deo pro tanti loci liberatione gratias innumeras reddiderunt *.

* Eodem (813) quoque tempore dum piscatores hujus monasterii retia in mare, quo pisces ad refectionem fratrum caperent misissent, Normannus quidam mente tumidus ac inflatus superbia, furibundo spiritu supervenit ; et ut sunt ad rapinam avidi, ad invadenda aliena bona inexplebiliter anxii, comprehensum unum e piscatoribus, vestimentum ei quo erat indutus abstraxit, sibique mox induit; dein naviculam ingressus, piscatorem cogere cœpit, ut retia ex alto educeret, quatinus pisces, qui in ea inventi essent, secum abstrahens deportaret. Cumque piscator renueret, et se pisces ad monachorum, non ad Normannorum refectionem, capere velle se diceret, valde cæsus ab eodem Normanno in mare projectus est. Cum vero isdem Normannus piscium præda [prædæ *Desid.*] avidus retia ex alto per semetipsum trahere, et pisces legere [regere *c.*] cœpisset, subito in mare ex navicula cecidit, atque interclusus ab æquore [equo *c.*] spiritum exalavit. Sed mirabile dictu ! ante illum unda mortuum projecit in litore, quam piscator qui ab eo projectus in aquas fuerat, vivus natando venire [pervenire *Desid.*] potuisset. *add.* 2.

Richerius natione Baugarius [3311] tricesimo quarto ordine abbatiam hujus loci sortitus, sedit annis 17, mensibus sex.

65. [Cap. 66.] Huic Chuonradus [3312] imperator eodem [3313] quo ordinatus est anno per [3314] preces Gislæ conjugis [3315] et Heinrici filii, nec non et Cadeloi episcopi atque cancellarii sui, apud Beneventum præceptum aureo sigillo bullatum juxta morem priorum augustorum de universis monasterii pertinentiis fecit (*an.* 1038, *Jun.* 5) (814). Sed et Benedictus papa nonus privilegium illi [3316] secundum Romanorum pontificum consuetudinem scripsit (*Jul.* 1) (815). Eodem [3317] tempore Guaimarius princeps fecit præceptum beato Benedicto (*an.* 1040, *Jun.* 12) (816) cum aurea bulla de universis monasterii pertinentiis: specialiter autem de Sancto Urbano et Vicalbo, et de [3318] decima parte [3319] totius civitatis Atinæ, de alveo quoque Carnello qui fluit secus [3320] insulam cognomento [3321] Limatam, centum videlicet passos super eandem insulam, et centum inferius, cum ripis et limitibus utriusque partis. Alio etiam præcepto (817) concessit in hoc monasterio ecclesiam [3322] sancti Nycolai apud Amalphim cum universis possessionibus suis (*an.* 1039, *Oct.* 25); nec non et alii ejusdem civitatis nobiles ecclesiam sancte Crucis cum omnibus rebus suis huic monasterio obtulerunt*. Per [3323] idem tempus (*an.* 1039, *Oct.*) (818) Nantarus quidam sacerdos et monachus de Venafro, obtulit in hoc monasterio ecclesiam Sancti Nazarii, quam idem nuper a fundamentis construxerat in ipso colliculo de Peperozzu, super rivum de Centesimo, cum [3324] codicibus aliquot et nonnullis eccle-

VARIÆ LECTIONES.

[3308] *add.* 4. [3309] statim *ed.* [3310] Q. abbas et fratres a. *ed.* [3311] Teutonicus 1. [3312] Cuonr. 4. [3313] i. anno Domini mill. tricesimo octavo quo abbas ordinatus est 1. 2. [3314] per rogum (*corr.* preces) — Beneventum *add.* 1b. [3315] c. suæ *ed.* [3316] nichilominus illi 1. *ed.* [3317] *Quæ sequuntur post c.* 67. *collocat* 1, *insertis quæ a fine c.* 70. *arcessit* 1b: K. per idem tempus quidam Aquinensis vir nomine Magipertus optulit beato Benedicto hereditatem suam insulam videlicet quæ Limata vocatur, Carnello et Melpha circumdatam, centum estimatione modiorum. in qua prædictus abbas ecclesiam S. Mauricii construxit. eamque post modum a Leone papa consecrari fecit. *v. supra c.* 56. [3318] *deest ed.* [3319] p. t. *desunt* 4. [3320] circa 1. *ed.* [3321] c. i. quæ Limata vocatur 1. c. præfatam i. Limatam 1b. c. i. cognominatam, c. 2. [3322] *deest* 4. [3323] Hoc tempore 1b. *ed.* Hoc etc. *usque ad finem cap. add.* 1b. [3324] in qua videlicet ecclesia cum nonnullos fratres ad Dei servitium aggregasset, et codices aliquot, necnon et ornamenta ecclesiastica, cum non parvis t. p. i. adquisisset, eorum omnium consensu eandem ecclesiam cum omnibus omnino pertinentiis ejus huic cœnobio contulit 1b. *ed.*

NOTÆ.

(812) Hoc Leo addidit.

(813) Ex Desid. Dial. I. ad verbum.

(814) Ex orig. dedit Gatt. Acc., p. 137.

(815) Reg. num. 20 : *Charissimo nobis in domino Jesu Christo filio Richerio venerabili et religioso abbati a nobis consecrato*, etc. Infra vero : *Cujus abbatis consecrationem nuper ex dono piissimorum Henrici et Conradi imperatorum Romanorum suscepimus. Scriptum indict.* VI, *Kal. Julii.* Ang.

(816) Num. 363. *Datum* II *Idus Junii, anno* 22 *principatus Salerni jamphati d. Guaimarii magnifici principis, et* 2 *anno principatus ejus Capuæ, ac* 2 *anno ducatus illius Amalfis, et primo anno Surrenti.* Ex orig. dedit Gatt. Acc., p. 140.

(817) Quod dubiæ fidei videtur Al. di Meo l. l. VII, 200. Specimen dedit Cl. Mabillon Dipl. App., p. 116.

(818) 22 *anno princ. Salerni d. Guaimarii, et* 2 *ejusdem pr. Capuæ m. Oct., ind.* VIII, Gatt. Hist., p. 215.

siasticis ornamentis, et cum non parvis terrarum possessionibus inibi adquisitis. Idem [3325] fecit et Jeroinus civis Draconariensis, et Johannes presbyter (819) de ecclesia sancti Nycolai sita juxta eandem civitatem. Johannes etiam comes qui cognominatus est Scintus obtulit [3326] beato Benedicto (*an.* 1049, *Oct.*) monasterium sancti Nycolai quod situm est prope [3327] castellum Pica; necnon et ecclesiam [3328] sanctæ Mariæ non longe ab eodem monasterio sitam, cum omnibus ex integro rebus et possessionibus ac pertinentiis earundem ecclesiarum (820). Fecit et [3329] commutationem cum prædicto abbate, confirmans in hoc loco ecclesiam Sancti Sabini, quæ adjacet monti sancti Leucii, cum omnibus pertinentiis ejus, et recipiens [3330] unam curtem in finibus [3331] Capuæ, loco qui vocatur Baniolum. Quam videlicet curtem ipsemet Johannes antea in monasterio [3332] isto donaverat. Hic abbas libellum [3333] fecit Berardo comiti Marsorum de Sancto Salvatore in Avezano [3334] pro censu 300 piscium. Eodem [3335] tempore (*an.* 1049, *Aug.*) Adelferius comes de Beneventano principatu obtulit in hoc loco monasterium sancti Eustasii quod nuncupatur de Pantasia, constructum prope castellum sancti Juliani (821), cum aliis [3336] quattuor sibi subjectis ecclesiis, et cum universis rebus ac pertinentiis ipsius. Id [3337] ipsum fecerunt Johannes et Ademarius comites de civitate quæ [3338] vocatur Morrone [3339] de ecclesia Sancti Angeli sita intra eandem civitatem super ipsam portam majorem (822). Sed et Petrus quidam abbas de eadem civitate similiter [3340] fecit de ecclesia sancti Johannis quæ est constructa in [3341] loco qui dicitur Serra major, cum alia ecclesia Sancti Bartholomei, et cum omnibus [3342] earundem ecclesiarum possessionibus. Raienaldus [3343] quoque et Leo presbyteri Aquinensis

A civitatis simili [3344] modo obtulerunt beato Benedicto ecclesiam Sanctæ Barbaræ, et duas casas suas cum omnibus rebus [3345] ipsius ecclesiæ, quæ sita est juxta [3346] eandem civitatem, in loco ubi dicitur Caput de ripa. Similiter et Stephanus presbyter ejusdem civitatis fecit de Sancta Maria de Gualdo, loco qui dicitur Ursitrude. Lando [3347] etiam ipsius nichilominus [3348] civitatis presbyter [3348], id ipsum fecit de ecclesia Sancti Stephani, quam ipsemet in proprio jure suo construxerat [3349] intra eandem civitatem, juxta portam videlicet [3348] quæ est prope ipsam fistulam. Idem fecit et Bonifatius judex ejusdem civitatis de ecclesia sancti Nycolai de Insula, cum omnibus sibi pertinentibus in toto comitatu Aquinensi. Pari etiam modo oblata est in hoc monasterio ecclesia domini

B Salvatoris apud castrum Vicalbum [3350] (823). Nec non et ecclesia Sancti Blassii in territorio Marsicano, in monte qui dicitur Sabucu cum terris et pertinentiis suis [3351]. [Cap. 73.] Hoc [3352] tempore (*an.* 1045) quidam viri nobiles de Asculo (824) id est Rolandus et Atto et Tedericus et alter Rolandus obtulerunt beato Benedicto de causa juris sui duo castella, quorum unum [3353] dicitur Decinianum, aliud [3354] Tribilianum, cum ecclesiis et [3355] cum omnibus [3356] pertinentiis ac possessionibus prædictorum castellorum; nec non et totam portionem suam de castello quod [3357] dicitur Cabine (825), et [3358] alias per diversa loca possessiones nonnullas, quod [3359] est terra modiorum circiter duum [3360] milium. Hic [3361] abbas

C fecit libellum Dauferio comiti de Larino de omnibus ecclesiis et rebus hujus monasterii quæ erant in eodem comitatu et in pertinentia Thermulensi, pro censu annuo centum bizanteorum. Eodem [3362] tempore (*an.* 1050, *Mart.*) [3363] Corbo quidam Aprutiensis obtulit in [3364] monasterio sancti [3365] Benedicti quod

VARIÆ LECTIONES.

[3325] Jeroinus quoque c. D. et I. p. obtulerunt in hoc monasterio ecclesiam s. N. sitam i. e. c. cum omnibus mobilibus sibi pertinentibus *ed. desunt* 1. [3326] per cartam oblationis contulit b. 1[b]. *ed.* [3327] in pertinentia Pontiscurvi, in pede montis qui dicitur sancti Leucii, p. 1. 2. [3328] et aliam e. s. M. quæ n. l. a prædicto m. sita est, c. 1[b]. *ed.* [3329] F. etiam cum supradicto a. c. c. in h. l. monasterium s. S. quod a. rupi præfati montis s. L. c. universis p. ac rebus ipsius rec. vero u. 1[b]. *ed.* [3330] *sequentia abscisa sunt* 1. [3331] pertinentia 2. [3332] in hoc m. d. *ed.* [3333] f. l. *ed.* [3334] Avezzano 2. [3335] Adelf. quoque c. de B. p. fecit beato B. cartam oblationis de monasterio s. E. 1[b]. *ed. hinc* 1[b]. *pergit.* [3336] c. q. e. s. s. 1[b]. *ed.* [3337] Id — majorem *desunt* 1[b], *fort. abscisa, nam signum appictum est.* [3338] q. v. *add.* 4. [3339] Marrone 4. [3340] c. Morrone f. in hoc monasterio cartam de 1[b]. [3341] c. in finibus prædictæ civitatis, loco 1[b]. [3342] o. e. e. p. *abscisa sunt* 1[b]. [3343] Per hos dies Raienaldus et 1[b]. [3344] pari *ed.* p. m. *desunt* 1[b]. [3345] r. et pertinentiis ipsius eccl. 1[b]. r. e. i. *ed.* [3346] prope prædictam c. 1[b]. *ed.* [3347] Lando — Aquinensi *desunt* 1. [3348] *add.* 4. [3349] a fundamentis c. *ed.* [3350] c. quod vocatur V. cum omnibus pertinentibus sibi 1[b]. *ed.* [3351] *hic* 1[b]. *pergit* A Normannis etc. *v. c.* 67 *in* 2. *sequitur cap.* 67, *nobis* 66. [3352] *hic in* 2. *incipit cap.* 73. *Eodem loco scripta sunt in* 1. *addita in marg.* Quo videlicet t. 1[b]. [3353] unus 1[b]. [3354] alius 1[b]. [3355] et ornamentis ac rebus earum, et c. 1[b]. [3356] c. universis omnino p. 1[b]. *ed.* [3357] qui vocatur C. 1[b]. *ed.* [3358] similiter cum pertinentiis ejus; et 1[b]. [3359] quæ 1[b]. *ed.* [3360] duo milia 1[b]. *ed.* [3361] Hic — bizanteorum *desunt* 1. [3362] Eodem — 4 milium *capiti* 79 *adscripsit* 1[b]. [3363] anno 1[b]. [3364] *deest* 1[b]. *ed.* [3365] beati 1[b]. *ed.*

NOTÆ.

(819) Regest. 579. *Geroinus judex, Joannes sacerdos et monachus.* ANG.

(820) Gatt. H., p. 213, fil. Landolfi comitis, v. ib., p. 215, Acc., p. 169.

(821) *Nostrum* in dipl. l. l. p. 215. Situm est in Capitanata.

(822) Num. 382 ANG. Eodem teste, sequentes donationes exstant in Reg. n. 544 386, 330, 332, 339.

(823) Num 342 ab Adamo filio Petri et aliis simul donantibus. ANG.

(824) Piceno.

(825) Ea potius excepta esse videtur in documento ap. Gatt. Acc., p. 145, quo Richerius ea nunquam a parte monasterii subtractum iri spondet, dato 1045 Julio.

situm est in codem comitatu juxta fluvium Trontum [3366], et huic monasterio [3367] subjacet, totam portionem suam de castello quod dicitur Fanum, et de Monte Domnelli, cum omnibus pertinentiis [3368] earundem portionum suarum, quod sunt modii [3369] terrarum tria milia (826). Similiter etiam fecit quidam Tedericus Asculanus (827) de integra portione juris sui de duobus castellis, id est Pomonte et Octavo, terra videlicet modiorum quattuor milium [3370].

* Sequenti anno luna cum esset tertia decima, 5 Idus Jan. (1042) per 5 horas obscurata est: cum nulla prorsus nubes appareret in cœlo (828) *add.* 1.

[Cap. 78.] Circa [3371] hoc tempus sanctæ memoriæ Stephanus Ungariæ rex qui gente sua ad Christi fidem conversa multis post mortem virtutibus claruit, auream crucem valde pulchram sancto patri Benedicto direxit, multis abbatem efflagitans precibus, ut de fratribus loci hujus aliquot sibi ad monasterium in illis partibus ordinandum, mittere dignaretur [3372]. Ad quem cum abbas nequaquam neglegens, duos de prioribus hujus monasterii fratribus transmisisset, jam eo defuncto (*an.* 1038, *Aug.* 15) Salomon filius ejus (829) qui in regno illi successerat honorifice nimis eos recepit, et quinque pluvialibus optimis cum aliis non paucis dolis illos remunerans, ad abbatem remisit.

66. [Cap. 67.] (AMAT. II, 8, 9, 10, 14, 15, 16, 17, 18, 19, 20, 21, 22, 23, 25, 26, 27, 28, 29, 30 *passim*). Per [3373] idem tempus (1038) Maniakis [3374] dux ab imperatore Constantinopolitano cum exercitu ad debellandos Saracenos in Siciliam transmissus, cum Apuliæ atque Calabriæ milites in auxilium ascivisset, ad Guaimarium quoque legatos direxit, exorans ut Normannorum illi suffragium mitteret. Qui ejus precatibus annuens, Guilelmum [3375], Drogonem, et Humfridum [3376] Tancridi filios, qui noviter a Normannia venerant, cum trecentis aliis Normannis illi in auxilium misit. Cumque maxima jam pars Siciliæ recepta esset, et Siracusana civitas capta, a sene quodam præfato duci mausoleum sanctæ virginis Luciæ proditum, ejusque sacrum corpus inde sublatum et in argentea theca cum omni reverentia positum Constantinopolim est transmissum. Sed post paululum in sua revertentibus Grecis atque Normannis, mox Saraceni cuncta quæ amiserant receperunt. Præfato itaque Maniako, eo quod ad imperium aspirasset pessime trucidato (830), alius in Apuliam catapanus nomine Ducliano (831) ab imperatore transmittitur (*an.* 1039). Huic Arduinus quidam Lambardus, de famulis scilicet sancti Ambrosii, aurum non modicum offerens, candidati (832) ab illo honore donatus et nonnullis Apuliæ (833) civitatibus prælatus est. Hic in superiori expeditione apud Siciliam cum Saracenum quendam stravisset, ejusque insignem equum victor cepisset, a [3377] supradicto Maniako idem equus expetitus, et ab Arduino constanter illi negatus [3378], cum vi tandem atque dedecore illi [3379] sublatus est. Hujus tantæ [3380] injuriæ Arduinus dolosa [3381] patientia ex tunc aptum retributionis tempus exspectans, et tandem invenisse se putans, omni conamine Grecis molitur insidias. Orationis igitur gratia Romam ire se simulans, Aversam venit, et Rainulfo comiti causam suam aperiens, ad universam Apuliam se duce facile adquirendam animum illius accendit: effeminatos prorsus atque remissos asserens Grecos, terram opulentissimam; se jam et numero multos et armis insignes angusti tamen hujus [3382] oppiduli penuriis usque ad id tempus non sine injuria sui contentos (834). Placet consilium, adhortatio comprobatur, et id protinus aggrediendum consilio unanimi definitur. Mox idem comes duodecim de suis capitaneos eligit, et ut æqualiter inter se adquirenda omnia [3383] dividant præcipit. Arduino de omnibus medietatem concedendam disponit; idque ad invicem sacramento firmato, trecentos numero milites eis adhibuit. His ita dispositis anno [3384] (835) dominicæ nativitatis

VARIÆ LECTIONES.

[3366] Tronlu *ed.* [3367] cenobio 1b. *ed.* [3368] o. omnino rebus ac p. 1b. *ed.* [3369] modia 1b. *ed.* [3370] *Sequitur in eodem cap.* 73. Guaimarius post hæc *etc.* 1. 2. *v. cap.* 72. [3371] Circa — remisit *in cod.* 2. *est cap.* 78; *eodemque loco post caput edit. nostræ* 73. *adscripsit* 1b. [3372] m. non differret 1b. *ed.* [3373] Normanni interea qui cum Rainulfo comite apud Aversam manebant, id est Guilelmus, et Drogo filii Tancridi, et filii Amici Gualterius et Petrones consilio habito, relicta Aversa, filium Beneventani principis Atenulfum seniorem super se facientes, ad Apuliam adquirendam, animum intenderunt, pergentesque applicuerunt Melphim, conjunctisque sibi Lambardis quos illic reppererant, ceperunt pugnare cum Grecis. anno scilicet nativitatis dominicæ m° xl primo. E quibus (p. quo videlicet anno dies paschalis sabbati ipso die festivitatis S. Benedicti evenit. Ex his itaque 1b.) frequenti potiti victoria, demum recedente ab eis Atenulfo, Guilelmum filium Tancridi comitem sibi fecerunt. Quo mortuo, frater ipsius Drogo 1. [3374] Maniacus 2. Maniachis 3. [3375] Guilielmum 2. Guillelmum 3. Guiellelmum 4. [3376] Umfridum *ed.* [3377] cumque a *ed.* [3378] n. fuisset *ed.* [3379] equus illi *ed.* [3380] autem 2. Hic t. 4. [3381] A. ex t a. r. t. pat. dol. e. *ed.* [3382] unius *ed.* [3383] cuncta dividerent *ed.* [3384] a. utique d. *ed.*

NOTÆ.

(826) Gatt. Acc., p. 146.

(827) Filius qd. Mainardi, idem ut videtur quem supra habuimus. Chartam edidit Gatt. Acc., p. 146, d. m. Jun. 1045, ind. XIV.

(828) Ita Anon. Cas. ad an. 1042.

(829) Imo Petrus sororis filius.

(830) Non tunc, sed postquam a. 1042 iterum catapanus factus fuerat, ad imperium aspiravit.

(831) *Duchane* Aimé. *Dulchiano* Lupus. Δουκειανός Cedrenus.

(832) *Fu en hautesce de honor fait* Aimé.

(833) *De moult de citez* loco non addito, Aimé.

(834) *Vouz i habitez comme la sorice qui est en lo partus* Aimé.

(835) *anno — evenit* addidit Leo, f. ex Ann. Benev. ad a. 1042, more Pisano; cf. Lupum a. 1041. Sed sunt quæ suadeant ut Melphiam a. 1040 captam esse ponamus.

1041, quo videlicet anno dies paschalis sabbati ipso die festivitatis sancti Benedicti evenit, Arduino duce Melphiam primitus quæ caput et janua totius videtur Apuliæ adeunt eoque interveniente ac mediante sine aliqua illam controversia capiunt. Inde Venusiam, inde Asculum, inde Labellum (836) viriliter occupant. Mittitur interea Constantinopolim de præsenti calamitate relatio; remittitur Ducliano ad Normannorum exterminationem maximus Grecorum exercitus. Tamen condicto die (*Mart.* 17) ac loco, juxta fluvium scilicet Oliventum (837) convenitur in pugnam; mandatum autem fuerat Grecis ut Normannorum partem occiderent, partem imperatori legandam vinculis manciparent. Sed o superbia Deo semper invisa, ex omnibus qui semel et bis ad eos missi sunt, nemo fere remansit. Dux ipse [3385] cum paucis aufugiens, eventum belli imperatori rescribit. Perturbatus imperator, iterum Ducliano potiorem delegat exercitum. Normanni interea ut incolarum ad se animos inclinarent, Atenulfum Beneventani principis fratrem sibi ducem constituunt, rursumque [3386] convenientes in prælium, Grecos eventu mirabili sternunt (*Mai.* 4). Fluvium namque qui Aufidus dicitur, cum in ipso belli procinctu pene siccum Greci transissent, ita Dei judicio redundantem ripasque transgredientem fugientes reperiunt, ut plures fuerint aquis absorti quam gladiis interempti. Normanni castris et spoliis maximis Grecorum potiti ditescunt. Dehinc imperator his auditis ira succensus, pulso Ducliano Exaugustum (838) nomine quendam vice illius cum Normannis dirigit congressurum, Guaranorum illi et aliorum barbarorum copiam maximam [3387] socians. Cur pluribus? Iterum in pugnam circa montem cui Piloso nomen est (839), utrimque concurritur (*Sept.* 3). Tandem ruentibus Guaranis, cadentibus Calabris, fugientibus qui evaserant Grecis, Exaugustus capitur; Normanni victores et alacres revertuntur. Deinde [3388] consilio habito, Grecorum ducem duci suo contradunt. Quo

A ille accepto, sperans se multis ab eo divitiis locupletandum, relictis Normannis Beneventum reversus est, eumque non parva pecunia vendidit. Normanni autem Argiro Meli supradicti filium sibi præficientes, brevi [3389] tempore cæteras Apuliæ civitates partim vi capiunt, partim sibi tributarias faciunt (*an.* 1042. *Febr.*). Post hæc (840) Guilelmo [3390] Tancridi filio comitatus honorem tradentes, ad Guaimarium omnes conveniunt (*Sept.*); cumque pariter cum Rainulfo Aversano comite ad divisionem terræ vel adquisitæ vel adquirendæ venire Melphim invitant. Primo igitur eidem Rainulfo domino suo Sipontinam civitatem cum adjacente Gargano nec non pertinentibus sibi oppidis omnibus, honoris causa concedunt. Inde [3391] cætera ad illorum placitum inter se

B dividunt. Statuunt itaque Guilelmo Asculum, Drogoni Venusiam, Arnolino Labellum [3392], Ugoni Tutabovi [3393] Monopolim, Petro Tranum [3394]; Gualterio (841) Civitatem, Rodulfo Cannim, Tristaino Montem pilosum, Herveo Grigentum [3395] (842), Asclittino Acerentiam, Rodulfo (843) Sanctum Archangelum, Raimfrido Monorbinum. Arduino autem juxta quod sibi juraverant parte sua concessa [3396], Melphim primam illorum sedem communiter possidere decernunt. Hoc itaque modo a Normannis adquisita Apulia (844), mortuo [3397] comite illorum Guilelmo (*an.* 1046), frater ipsius Drogo illi successit; et isto quoque defuncto [3398] (*an.* 1051), Humfridus [3399] cojum [3400] frater comes effectus est; atque post eum

C Robbertus qui et Viscardus [3401] (*an.* 1057), ipsorum nichilominus frater, qui non sola contentus Apulia, sed Calabriam quoque totam, et universam sibi subjugavit Siciliam, sicut in sequentibus ostendemus. Apud (845) Aversam autem defuncto Rainulfo, successit ei Asclittinus [3402] qui cognominatus est Comes juvenis. Dehinc Rodulfus [3403] cognomento Cappellus [3404]. Quo ab Aversanis expulso, Raidulfus Trinclinocte comes effectus est; et eo [3405] quoque mortuo, Richardum (846) filium Asclittini, qui tunc apud

VARIÆ LECTIONES.

[3385] *deest ed.* [3386] rursum 4. [3387] *deest ed.* [3388] Dehinc h. c. *ed.* [3389] b. t. *desunt* 2. [3390] Guilielmo 2. Guillelmo 3. 4. *constanter. Ego cod.* 1. *secutus sum.* [3391] Dehinc *ed.* [3392] Libellum 3. [3393] Autabovi 2. Tutabovim 4. [3394] Tranim *ed.* [3395] Grientum 3. Trigentum 2. [3396] contradicta *ed.* [3397] A. est. Mortuo igitur c. *ed.* [3398] occiso 1. 2. [3399] humfrida *corr.* humfridus 1. [3400] defunctorum *ed.* fr. illorum c. 1. [3401] Guiscardus (*corr.* Visc.). Apud Av. autem mortuo comite R. 1. V. qui 2. [3402] Aschettinus Rodelgeri dehinc 1. [3403] R. filius Oddonis c. C. quem post paucum tempus Aversani de honore projicientes, Rodulfum Trincanocte præfecerunt. Post quem Guilelmum Bellabocca de cognatione Tancridi. Deinde Aversani expulso illo, Richardum filium Aschettini ab Apulia evocantes, comitem sibi instituerunt. K. Chuonrado 1. [3404] Capellus 3. 4. [3405] isto *ed.*

NOTÆ.

(836) Jam *Lavello; la belle Pouille* Aimé.

(837) Dulibentis, Ann. Bar. a. 1041, q. v. Aimé nomen omisit.

(838) *Ou vicaire de Auguste* Aimé. Bugiano vocant Ann. Barenses, filium, sc. illius quem c. 38 vidimus.

(839) *Montepeloso*, in Basilicata.

(840) Cum Argiro Constantino Monomacho se subdidisset.

(841) Filio Amici, cujus in prima editione meminit.

(842) F. *Frigento.* MEO. *Argyneze.* Aimé.

(843) *Rodolfe fill de Bebena* Aimé. *Santarcangelo* in Basilicata situm est.

(844) Hucusque Amatum exscripsit.

(845) In sequentibus quæ prius scripserat, Amato II, 32 sqq. usus correxit.

(846) Rectius Leo hic in priori editione interposuit Guillelmum comitem, siquidem exstat charta d. *comitante d. Guilielmo et d. Herimanno in castro Aversæ . . . anno* 1, *die* 21 *m. Martii*, *ind.* I, i. e. 1048. Et a. 1050 Richardus ejusdem *Herimanni pueruli* collega fuit; v. Di Meo Ann. Neap. VII, 283, qui Herimannum, Rodulfi et Gaitelgrimæ filium, Rainulfi nepotem fuisse, cum Peregrino existimat.

Apuliam in Drogonis militia consistebat, cui etiam idem Drogo (847) sororem [3406] suam conjunxerat, Aversani sibi comitem statuerunt [cf. AMAT, III, 12]. Et hic etiam qualiter Capuanum principatum indeptus sit, congruenti loco monstrabitur (848). Jam nunc ad nostri abbatis seriem redeamus.

67. [Cap. 68]. Chuonrado igitur ab Italia recedente (*an.* 1038), non multo post Guaimarium principem abbas cum exercitu advocat, et ad oppugnandam seu recolligendam roccam superius dictam (849) qua potest instantia properat. Cum itaque per trium hanc mensium spatium iam [3407] obsedisset, et [3408] ut est inexpugnabilis, adversus eam nil penitus prævalerent, Guaimarius [3409] quoque tam privatim quam publice machinaretur illam [3410] Teanensibus comitibus reddere; quidam de primoribus ejusdem arcis fideles nostri monasterii hoc persentiscentes, per Teutonem tunc præpositum mandant [3411] abbati, ut si se una cum præfato Todino in sua vellet fide recipere, et sua tantum sibi [3412] quæ ante imperatoris adventum, vel [3413] idem Todinus in castello sancti Heliæ, vel [3414] ipsi in oppido Piniatario [3415] hereditatis jure possederant reddere, eandem [3416] illi roccam sine mora aliqua restituerent. Annuit [3417] abbas, et hoc modo in ipsis vigiliis assumptionis beatæ Mariæ eadem rocca a nostris recepta cum ingenti gaudio est [3418].

68. [Cap. 69.] Interea (850) cum et Aquinenses comites, et [3419] comites de Sexto (851) Pandulfi parti faverent [3420], Laidulfus [3421] Teanensis comes, Adenulfum qui postmodum [342] dux Cajetæ fuit (852), cum [3423] aliis non paucis apud Teanum captum [3424] in Guaimarii [3425] captionem tradiderat. Unde Aquinenses comites vehementer irati, congregato [3426] non [3427] parvo exercitu, super Teanum pergere disponebant: sed obsistente illis abbate, fluvium transire non poterant [3428]. Cumque in Casini campo per 15 ferme dies hac de causa hostiliter resedissent, in

A auxilium quoque abbatis nonnulli milites apud Sanctum Germanum commorarentur [3429], ipso die Kalendarum Maiarum Cervarium [3430] oppidum expugnatum ire aggressi, secum pariter abbatem ire [3431] precati sunt. Sed cum nil ibi [3432] agere potuissent, abinde revertentes eos [3433] subito adversarii [3434] prædicti conspiciunt, et vado fluminis quod per tot dies invenire nequiverant extemplo reperto, a loco qui nunc Pons ligneus appellatur præcipiter transeuntes, abbatem protinus capiunt; ejusque sociis partim captis, partim fugatis, nonnullos interimunt. Landulfus [3435] vero Teanensis comes qui [3436] hora eadem in abbatis servitium venerat [3437] eventum rei conspiciens, valde [3438] perterritus, ita ut armatus erat, mox ad monasterium ascendit [3439], et ut se in
B fide sua reciperent, et Aquinensibus [3440] non traderent, precari et obtestari monachos cœpit. Cum [3441] nil timere vix illi suasum fuisset a fratribus, mandant evestigio Aquinenses ad monasterium, ut si eundem Landulfum eis contradere [3442] vellent, ipsi protinus abbatem ad [3443] eos cum omni honore remitterent. Fratres autem ab abbate commoniti, nullo umquam pacto id se facturos renuntiant; potius se omnem monasterii substantiam daturos, potius vitam propriam amissuros, quam ut homo in fide susceptus ab eis proderetur, remandant. Ita demum abbas Aquinum perductus est, et die sequenti oppidum sancti Angeli sponte ad Aquinenses defecit. Post paucos dies [3444], universi fratres qui pedites incedere
C poterant [3445] Aquinum pariter properantes, abbatem sibi restitui lacrimantes expostulant: sed frustra precibus fusis, et neque videndi illum neque alloquendi permissa facultate [3446], sine aliquo effectu ad propria repedant. Non autem multopost, Guaimarius quia non aliter potuit, Adenulfo prædicto cum [3447] sacramento fidelitatis suæ fratribus reddito, abbatem monachis recollegit.

69. Ad [3448] se post hæc illum evestigio convocans,

VARIÆ LECTIONES.

[3406] suam s. *ed.* [3407] *add.* 4. [3408] et—prævalerent *desunt* 1. 2. [3409] et G. t. 1. *ed.* [3410] eandem roccam 1. *ed.* [3411] p. cum abbate paciscuntur, ut 1. 2. [3412] *deest* 1. [3413] et T. 1. *ed.* [3414] et 1. *ed.* [3415] o. quod Piniatarium nuncupatur 1. *ed.* [3416] r. roccam i. s. a. m. contraderent 1. *ed.* [3417] Libentissime id ab utrisque factum est, et in i. v. a. sanctæ Dei genitricis M. ipsa r. a. n. r. est 1. *ed.* [3418] *hic* 1. *pergit*: Eodem tempore *etc. i. e. c.* 65 — suis. A Normannis interea universa in circuitu monasterii castella retinebantur. Exceptis Sancto Germano, Sancto Petro, Sancto Angelo et Sancto Georgio; quæ sola tantummodo illis Pandulfus non concesserat. K. Per idem tempus cum *etc.* [3419] et c. *desunt* 4. [3420] pro posse f. 1. *ed.* [3421] *ita omnes.* [3422] postea 1. *ed.* [3423] fratrem Landonis comitis Aquinensis c. 1. 2. [3424] T. cepit (?) eumque in 1. T. a. Landulfo captum in 1b. [3425] G. principis c. 1. *ed.* [3426] aggregato 1. *ed.* [3427] tam Normannorum quam nostratium n. 1. 2. [3428] t. nequibant 1. *ed.* [3429] coadunati manerent 1. [3430] consilio habito C. 1. *ed.* [3431] *deest* 4. [3432] ibi, viriliter Normannis obsistentibus a. 1. [3433] *add.* 4. [3434] p. a. 1. *ed.* [3435] Præfatus 1. *corr.* 1b. [3436] qua *ed.* [3437] properabat 1. [3438] c. et usque ad mortem p. et minime sibi tutum deorsum remorari ratus, ita 1. [3439] ascendens confugit, et 1. [3440] A. comitibus 1. 2. [3441] Cumque n. t. illi 1. *ed.* [3442] contraderent, ipsi 1. [3443] illis c. 1. *ed.* [3444] Post d. aliquot 1. [3445] ita *add.* 1. [3446] facultas 4. a. eis concessa licentia 1. *ed.* [3447] c. s. f. s. *add.* 1b. [3448] Quem ad se Salernum evest. 1. Post h. i. ad se ev. *ed. eodem cap. continuato.*

NOTÆ.

(847) Raidulfus c. Avers., teste Amato II, 44.

(848) Infra III, 16.

(849) Vantram, v. c. 57.

(850) Cf. Amat. II, 40. Adenulfo et Landoni Aquinensibus comitibus Pandulfi filiæ nupserant.

(851) A dextra Vulturni ripa non multum distas infra Venafrum.

(852) Cf. cap. 74, infra.

monet ut ultra montes impiger vadat [3449], reique [3450] veritate imperatori exposita, vel ad [3451] has partes illum ad sui monasterii liberationem perducat, vel militum ab eo auxilia poscat [3452]. Alioquin et monasterium in proximo destruendum, et principatum sibi pariter amittendum ostendat. Præbitis igitur a principe abundanter universis quæ illi erant in itinere necessaria [3453], duobus tantum fratribus, et aliquot servientibus abbas acceptis, marino itinere ad Romanum portum devenit; ubi fracta navi, et universis præter solos homines quæ ferebat amissis, a quibusdam Romanorum nobilibus honorifice Romam deductus, ibique aliquandiu remoratus est [3454]. Post hæc præfati nobiles equos illi et quæque itineris oportuna [3455] satis liberaliter concedentes, eumque proficiscentem honorabiliter deducentes, arreptum iter peragere non segniter adhortati sunt. Illo itaque ultra montes profecto, gravis eodem anno Aquinenses vexare pestilentia cepit; et uno de comitibus Siconolfo nomine interempto, ad duo milia quingentos numero promiscui vulgi consumpsit. Supradicti [3456] igitur Adenulfus et Lando defuncti comitis fratres, divinitus se perculi ob injuriam [3457] abbatis pervidentes, moxque ad monasterium ligatis collo restibus properantes, magnis se vocibus in tantum virum graviter deliquisse, et tam venerabilem locum nequiter vilipendisse [3458] confessi, præfatum sancti Angeli oppidum monachis refutarunt. Confestim [3459] ergo fratres nuntium super hoc abbati transmittunt, utque reverti ad monasterium debeat adhortantur. Qui cum reversus quingentis [3460] se comitantibus ex Lambardia militibus esset, apud Patenariam cum Guaimario locutus, evestigio ejus est consilio gratia potioris exercitus ultra montes regressus. Per [3461] hos dies Basilius Pandulfi abbas a Constantinopoli cum eo reversus, iterum ad hoc monasterium venit, et Aquinensium comitum fiducia [3462] fultus, per dies [3463] aliquot abbatiæ incubuit. Sed cum Normannorum exercitus a Guaimario contra comites eosdem [3464] venisset, Basilius noctu [3465] per montana Aquinum transfugit, ibique satis [3466] indigne aliquantisper est remoratus. Interea defuncto [3467] apud Salernum abbate * monasterii sancti Benedicti,

A Guaimarius eundem Basilium accersiri fecit, ipsamque illi abbatiam ** regendam commisit.

* preposito monasterii s. B. huic Casinensi cenobio subditi G. 2.

** cellam nostram 2.

70. Post duos ferme annos quod [3468] fuerat ultra montes profectus Richerius, iterum majori satis congregato [3469] exercitu rediit. Sed nec [3470] cum eis Normannos aggredi Guaimario visum est [3471]. Tandem itaque universos Normannos qui terras monasterii retinebant, abbati fidelitatem [3472] jurare faciens, exercitum omnem ad sua remisit; abbas vero ad monasterium rediit. Inter hæc cum supradicti oppidani sancti Angeli adhuc [3473] inquieti consisterent, et Aquinenses ad se recipiendos rursum [3474] B sollicitarent, abbas reminiscens qualiter olim suæ captionis tempore a se defecissent, congregatis Normannis, idem oppidum adiit; captisque ac deprædatis cunctis ejus primoribus, muros in circuitu a fundamentis evertit. Sicque demum hactenus infidos et inquietos, quietos [3475] deinceps manere coegit.

71. Normannis [3476] (853) porro nostris arcem sancti [3477] Andreæ in suum præsidium edificare ac munire aggressis, mandat abbas ab incepto desistere; sed nullam prorsus [3478] obedientiam, nullam inde [3479] reverentiam eidem voluerunt habere. Cernens itaque abbas et [3480] Normannorum cotidie vires accrescere, et se quoniam non erat qui adjuvaret, C nullo modo proficere, dolens ac merens, et quo se verteret nesciens, decernit tandem ultra montes, ulterius [3481] huc non regressurus abire. Sed cum hoc [3482] illi a suis omnino dissuasum fuisset [3483], potiusque sumendum consilium qualiter se de tam manifestis perjuris suis cum auxilio patris Benedicti defenderet: ecce nutu Dei non post multos dies comes illorum Rodulfus nomine non paucis se militibus comitantibus ad abbatis curiam venit (*an.* 1045), eundem [3484] ut tunc putatum est abbatem seu capturus seu occisurus: sed dolor immo dolus ejus, conversus est in caput ejus. Cum enim foris ecclesiam juxta consuetudinem armis depositis, eandem ecclesiam cum omnibus pariter oraturus intrasset [3485] (cf. AMAT. II, 41), re-

VARIÆ LECTIONES.

[3449] i. imperatorem adeat omnique illi rei v. e. 1. [3450] omnique rei v. *ed.* [3451] v. illum ad h. p. si potest, ad 1. *ed.* [3452] a instanter exposcat 1. *ed.* [3453] necessariis 1. *ed.* [3454] est. Intra quos dies, unus de his qui cum eo venerant fratribus infelix extinctus est. Post 1. [3455] necessaria 1. *ed.* [3456] Prædicti 1. *ed.* [3457] a. i. 1. *ed.* [3458] parvi p. 1. *ed.* [3459] Protinus 1. *ed.* [3460] r. ad quingentos ex L. milites esset 4. [3461] Per — commisit *add.* 1b. [3462] adminiculo 1b. *ed.* [3463] menses 1b. [3464] prædictos 1b. *ed.* [3465] ingenti pavore perterritus n. 1b. *ed.* [3466] s. i. *add.* 4. [3467] a. S. d. 1b. *ed.* [3468] q. f. u. m. p. R. *add.* 1b. [3469] e. c. 1. *ed.* [3470] n. sic c. 1. [3471] G. placuit 1. *ed.* [3472] i. f. 1. *ed.* [3473] *deest* 1. [3474] *add.* 1b. rursus *ed.* [3475] d. m. q. 1. *ed.* [3476] Porro demum N. a. 1. 2. [3477] quæ nunc s. A. dicitur, in s. refugium e. aggressis 1. *ed.* [3478] inde 1. *ed.* [3479] n. illi r. v. 1 *ed.* [3480] a. nullo se modo proficere, et N. c. v. a. decernit u. 1. *ed.* [3481] ultra jam h. 4. [3482] c. illi a suis hoc consiliariis omnino dissuasum fuisset, et ut potius qualiter de perjuris se suis defenderet consilium sumeret, tandem omnino necessarium super hac re deliberatum consilium est. Cum ecce non 1. [3483] dissuaderetur *ed.* [3484] venit, et foris ecclesiam armis d. 1. [3485] intravit. Mox igitur homines monasterii equos 1.

NOTÆ.

(853) Brevius hæc narrat Desid. Dial. II, 22, nec in omnibus concinit.

pente monasterii servientes insimul omnes conveniunt, equos et arma illorum capiunt [3486], januas ecclesiæ claudunt, et campanas omnes simul pulsare ceperunt [3487]. Quod [3488] subito reliqui [3489] civitatis homines audientes, et [3490] quidnam illud rei esset penitus ignorantes, valde perterriti diversis undique armati telis accurrunt, et rumore [3491] capiendi abbatis vulgi more turbati, mox reseratis basilicæ portis præcipites [3492] irruunt, ac Normannos solis spatis armatos invadunt: resistentibus [3493] ac sese defensare nitentibus, postremo fidem Dei quam ipsi dudum parvi pendentes, infregerant, inaniter postulantibus, tandem fugientibus cæteris, quindecim obtruncant [3494]; solum comitem salva manu supervenientes [3495] monachi capiunt [3496], cumque vix a manu tumultuaria eruentes, sursum apud monasterium trudendum in custodiam mandant. Quo facto, universam evestigio [3497] terram circumeuntes [3498], ac [3495] subita formidine captos homines aggredientes [3499], præter castellum sancti Victoris, et prædictam [3495] arcem sancti Andree [3500], totam [3501] fere ipso [3502] die Deo auxiliante recipiunt. Dehinc [3503] nequaquam morati, comites Marsorum et filios Borrelli ceterosque monasterii fideles in auxilium advocant, et prædicto sancti Victoris oppido post paucos dies recepto, ad roccam sancti Andreæ in qua et uxor prædicti comitis, et Normanni ceteri [3504] se contulerant, obsidendam expugnandamque [3505] proficiscuntur. Cumque per dies ibi ferme 13 resedissent, et tam loci munitione quam commanentium repugnantia prævalere minime possent, stomachati tandem fratres qui aderant adversus obsidentes, jam quasi [3495] nona hora diei*: « Quid inquiunt moras in dies teritis? et nil omnino agentes frustra tempus consumitis? Insurgite tandem, et omnes unanimiter arcem aggredimini, nichilque trepidetis. Contra inimicos siquidem Dei, contra perjuros nostros [3506], contra latrunculos denique pessimos [3507] vobis pugna est. Aderit Deus, et pater sanctissimus Benedictus, qui et adversariis nostris [3495], fidei ac perjurii reis dignam confusionem, et victoriam nobis de justitia præsumentibus afferat. » Hac adhortatione [3508] vehementer accensi, omnes mox arma corripiunt, omnique conamine abintus adversariis resistentibus, lapidibus, telis, atque missilibus arcem adoriuntur. [Desid. *l. l.*] Mira [3509] dicturus sum: sed absque ulla prorsus cunctatione verissima. Denique cum ex utraque parte* viriliter lapides ac jacula mitterentur, Normannorum tela, seu quælibet missilia deintus venientia, nostris permixta, veluti a vento quodam valido introrsus reducta, in eos qui sese mittebant retorqueri, et plurimos sauciare ceperunt. Quod Normanni cernentes, stupore [3510] maximo capiuntur, et voluntati Dei contra ire ulterius non valentes [3511], arcem protinus reddunt, seseque monachorum manibus tradunt; a quibus vix defensati, inermes ac [3512] seminudi Aversam reversi sunt. Equi eorum, arma atque pecunia, hostibus universa permissa: sicque [3513] beati Benedicti ope et meritis suo juri terra hæc ex integro restituta, ex tunc et deinceps a Normannorum infestatione Dei [3514] manet miseratione quieta.

* Apparuit quidam vir honestæ pulchritudinis, adhortans eos, dixit: Quid? 2 *in margine, manu fere eadem.* Ang.

72. Denique ut hæc omnia Benedicti patris voluntate et auxilio gesta credantur, nocte ipsa quæ diem istam præcesserat, cum quidam rusticus de castello Cervario, nomine Jeronimus in domo sua quiesceret, videbat insomnis se per viam quæ a castro [3515] Mortula ducit redire: cum subito [3516] quidam monachus reverendi admodum vultus [3517] quasi longo [3518] fessus itinere, virgam manu gerens illi in via conjunctus est [3519]. Cumque pariter incedendo ad bivium pervenissent unde ad villam sancti Andreæ divertitur [3520], rogat socium monachus, ut parum [3521] quid pro labore [3522] itineris quiescant. Quod [3523] cum rusticus annuisset, undenam tam lassus tamque fatigatus veniret? eundem monachum percontatur. « Ego inquit [3524] ille [3525] jam diu est quod in monte illo, » simulque [3526] montem hunc digito designabat, « monasterium construens [3527], ibi-

VARIÆ LECTIONES

[3486] surripientes 1. [3487] incipiunt 1 *ed.* [3488] Quo audito terræ homines v. perterriti, cum hujusce rei essent ignari, et estimantes Normannos qui venerant, ad capiendum abbatem seu occidendum venisse, universi pariter diversis a. t. 1. [3489] aud. r. c. h. *ed.* [3490] et q. i. r. e. p. i. *add.* 4. [3491] r. c. a. v. m. t. m. *desunt* 1, 2. [3492] portis ingressi N. 1. *ed.* [3493] eosque ad altare confugientes, seseque defensare nitentes et frustra f. D. q. i. parvi p. infregerant implorantes vix (*del.* 1b) f. 1 eosque nunc sese defensare nitentes, nunc f. D. q. i. d. p. p. i. frustra fusis precibus implorantes, fug. *ed.* [3494] q. ex illis o. 1. *ed.* [3495] *deest* 1. [3496] capientes, e. v. a. t. m. eripientes, mox illum s. 1 *ed.* [3497] protinus 1 *ed.* [3498] in circuitu peragrantes 1 *ed.* [3499] aggrediuntur, eosque fidelitatem abbati jurare cogentes, præter 1. [3500] A. quam nuper supra naturalem loci asperitatem Normanni diligenter muniverant, eo die universa D. a. in sua recipiunt 1. [3501] universa *ed.* [3502] eo *ed.* [3503] Deinde nichil morandum rati, c. 1 *ed.* [3504] c. cum non parvo thesauro se 1. [3505] e. qua possunt militum manu p. 1. [3506] c. perjuros et latr. vobis 1. [3507] non plurimos *ed.* [3508] a. verecundia pariter et ira omnes a. arma corripiunt, lapidibus, t. a m. omni conamine a. a. r. arcem adoriuntur 1. [3509] Mirabilis Deus et miserationes ejus super omnia opera ejus. Denique 1 *corr.* 1b. [3510] s. m. c. *desunt* 1, 2. [3511] v. sese monachorum manibus tradunt, arcem p. r. ipsi vix a monachis d. 1. [3512] i. ad socios A. aufugiunt 1, 2. [3513] Statuentibus deinde Aversanis sociorum injurias vindicare Guaimarius obstitit. sicque 1, 2. [3514] i. sub valido ejusdem patris tutamine quieta permanet et secura 1. Dei mis. quiescit. Acta sunt autem hæc de Normannorum expulsione anno Domini m° xl° quinto 1b 2 D. mis. quiescit 3. [3515] *add.* 1b. [3516] c. ecce s. 1 *ed.* [3517] habitus 1. 2. [3518] *add.* 4. [3519] *deest* 4. [3520] vertitur 3. [3521] ut pro l. i. p. quiescant 1. *ed.* [3522] *deest* 4. [3523] Quibus residentibus, unde t. l. v. m. rusticus p. 1 *ed.* [3524] *ita* 1b inquid 1 *ed.* [3525] *add.* 4. [3526] illo illo s. 3 i. Casini monast. 1, 2. [3527] instruens 4.

dem[3528] cum fratribus habitavi : sed cum post[3528] aliquantum tempus valde michi esse[3529] ingrati cepissent, non valens jam illorum ferre molestias recessi ab eis, et Jerusolimam abii; ibique jam per quadraginta et amplius annos cum beato sum Stephano remoratus. Nunc autem frequentibus eorum nuntiis ac precibus evocatus, redii; et si quidem deinceps mores suos correxerint, ibidem cum illis habeo commanere[3530]. Sin autem, confestim via qua veni regrediar. » Perquisitus de nomine[3531], Benedictum se appellari respondit, et iterum surgentes iter[3532] incipiunt. Cumque viam illam qua ad Sanctum Andream pergitur monachus fuisset ingressus, et quo tenderet fuisset a rustico percontatus : « Hac, inquit, vado; quoniam in arce hac proxima michi aliquid est agendum. » Experrectus rusticus, retulit domino suo Mainardo archipresbytero*, quod viderat somnium; et ipsa[3533] die arx eadem ordine suprascripto recepta est. Hodieque supersunt aliqui ejusdem arcis incolæ, qui asserunt in ipso gravi utriusque partis conflictu vidisse se quendam monachum viriliter contra Normannos pugnantem, suosque enixius confortantem; cum nemo qui tunc[3534] aderant monachorum se illi pugnæ miscuerit. [Desid. *Dial.* II, 22.] Item ante non multos dies cuidam alii rustico visum pervisum est, quod pater Benedictus virga quam manu gestabat, universos Normannos hujus dumtaxat terræ incolas insequendo ante se ageret; eosque severissime verberans, cum maxima ignominia de hac terra procul eliminaret; nullo sibi vel ad modicum[3535] resistente. Acta[3536] autem sunt hæc de Normannorum expulsione anno Domini 1045 (854), mense Maio, ind. 13. Statuentibus[3537] deinde Aversanis sociorum injurias vindicare, Guaimarius et dissuasit et obstitit. Dehinc[3538] cum jam ferme annus elaberetur[3539] una cum Drogone Normannorum comite, et[3540] cum multis aliis capitaneis ad hoc[3541] monasterium venit, eorumque[3542] supplici valde rogatu ut prædictus Rodulfus[3543] absolveretur, ac[3544] parentibus redderetur, vix[3545] tandem optentum[3546] est; sacramento ab eodem prius exacto[3547], ne umquam ulterius de aliqua hujus monasterii pertinentia conquirenda se intromitteret; neve abbati vel alicui nostrorum[3548] talionem pro hujuscemodi facto seu meritum aliquando retribueret; sicque tandem libertati pristinæ[3549] redditus[3550], et mille tarenis qui ea die a prædictis capitaneis oblati fuerant, ab abbate donatus ita demum[3549] ad socerum est Aversam reversus.

* Cujus hoc ego relatione cognovi *addit* 1.

73. [Cap. 74.] Abbas[3551] autem jam dudum suspectam habens Normannorum nequitiam, singula monasterii castella muris in giro munivit, ibique rusticos qui hactenus in villis habitaverant manere constituit. Tunc etiam et oppidum sancti Angeli, quod ipsemet[3552] dudum destruxerat, muris ampLioribus cinxit (855). Juxtaque ipsum pontem optimum super Lirim fluvium fecit (856).

74. [Cap. 75.] Preterea[3553] Cajetani ob invidiam Guaimarii Adenulfum supradictum Aquini comitem evocant, sibique illum in ducem præficiunt. Quo audito Guaimarius, mox illuc exercitum destinat. Sed his impiger obvians Adenulfus, cum primo impetu aliquantos illorum fudisset, ipse protinus captus est, atque Guaimario deportatus. Pandulfus interea in[3554] nequitia adhuc pristina, et in loci istius priori odio permanens, expulsos hinc Normannos accersit, eisque universam hujus monasterii terram de qua projecti fuerant facile se restituturum promittit, si ei contra Guaimarium ferre vellent auxilium. Quibus id libentissime pollicentibus, mox adunato tam illorum quam et[3555] sociorum non parvo exercitu terram istam ingressus, ad primum oppidum sancti Petri in Flea (857) tentoria figit; futurum ut nisi Deus impediret, cunctam ex integro terram pervaderet. Iterum igitur fuga, iterum tribulatio et pavor ingens adeo totam terram invadit, ut aliquantorum militum[3556] domus sursum circa[3557] monasterium ad ejus defensionem tunc fuerint ordinatæ. Et quia jam nullum ab homine sperabant auxilium, mandat fratribus abbas ut opem super hoc divinam expeterent, et discalciatis pedibus cum letaniis per omnes montis ecclesias pergerent. Cognitis his Adenulfus, mandat Guaimario, ut si se dimittere vellet, ipse protinus Pandulfi incepta destrueret, sibique fidelitatem perpetuam, et monasterio beati Benedicti omnimodam defensionem jurare inviolabiliter spondet. Nam quia sororem Teanensium comitum quam idem Pandulfus in captione habebat pro absolutione ip-

VARIÆ LECTIONES.

[3528] p. a. t. *add.* 4. [3529] m. inobœdientes et (i. et *desunt ed.*) i. existerent, jam i. m. f. n. v. recessi 1 *ed.* [3530] commorari 1 *ed.* [3531] n. quod frater B. appellaretur r. 1 *ed.* [3532] viam 1 *ed.* [3533] et d. sequenti a. 1 *ed.* [3534] *add.* 1b. [3535] modum 3. [3536] Acta sunt autem hæc anno ab incarnatione Domini m° xl° v° 1 *del* 1b *ita ut post* resistente *ibi et in* 2 *caput finiatur : sequente c.* 73. Hoc — milium *quæ in c.* 65 *habes.* [3537] Statuentibus — obstitit *hic desunt* 1, 2 *v. supra pag.* 679 *not.* a*. [3538] Guaimarius post hæc c. 1, 2 *ubi hæc est pars altera capitis* 73. [3539] celebraretur 4. [3540] et c. m. a. c. *desunt* 1. [3541] *add.* 1b. [3542] et eorum *ed.* et ejusdem Drogonis s. 1. [3543] comes 1 *ed.* [3544] ac p. r. *desunt* 1, 2. [3545] abs. ab abbate obtinuit 1 a. a. impetratum est 1b. [3546] impetratum 1 *ed.* [3547] extorto 1 *corr.* 1b. [3548] a. ex parte hujus cœnobii t. 1 *ed.* [3549] *add.* 4. [3550] r. ad socerum 1. [3551] *hoc caput cum sequenti primo post c.* 75 *scripserat unde signis appictis huc amandavit.* [3552] ipse 1 *ed.* [3553] *caput addidit* 1b. [3554] P. demum expulsos 1b. [3555] *add.* 4. [3556] fidelium 1b, 2. [3557] juxta 1b, 2.

NOTÆ.

(854) 1045. *Richerius abbas ejecit Normannos de terra sancti Benedicti.* Anon Cas.

(855) Cf. cap. 70.

(856) Cf. infra III, 25.

(857) Nunc S. Petri in fine. Ang.

sius[3558] Adenulfi reddere noluerat, propterea contra A eundem[3559] Pandulfum valde et merito commotus erat, se videlicet[3558] pro una[3558] femina recollectum non esse nimium conquerens[3560]. Factum est, et dimissus Adenulfus pacto quo idem statuerat, ad abbatem protinus venit, rem omnem aperuit. Mane cum maxima cunctorum[3561] lætitia ad monasterium ascendit, ac super altare beati Benedicti aureum calicem imperatoris, et pluviale diasprum, quæ a prædicto Pandulfo jam dudum in[3562] pignus acceperat (858), devotus reposuit. Ibi eum abbas et equo optimo et armis præcipuis cum insigne pulcherrimo donans, monasterii defensorem illum constituit. Mandat protinus Pandulfo se esse reversum, defensorem se monasterio datum : quam citius potest de monasterii finibus exeat, nisi forte velit ut B ipse turpiter illum expellat. Nullatenus ista[3563] credente Pandulfo, intra biduum Adenulfus tam ex propinquis quam ex amicis exercitum non[3564] modicum aggregat, et congressurus die altera cum Pandulfo, in campo qui Ad perticellas vocatur (859) tentoria locat. Quo viso Pandulfus, et[3565] tandem eorum quæ sibi mandata fuerant credulus, statim confusus recessit : Adenulfus vero cum pace ad Cajetanum ducatum quem Guaimarius illi firmaverat rediit.

75. [Cap. 76.] Supradictus[3566] post hæc expulsorum comes Rodulfus, oblito immo parvi penso quod fecerat juramento, sicut est genus infidum et avaritiæ inexplebilis, cum quibusdam suæ nequitiæ sociis statuerat[3567] in[3568] terram istam prædatum[3569] venire. C Cumque hoc apud illos firmiter decretum fuisset, deque ipso[3570] consilio certus ad[3571] abbatem nuntius transmissus fuisset, die illo quo id se facturum paraverat[3572], terribili Dei judicio mane subita morte necatus repertus est. Quo facto tam ingens terror reliquos Normannos pervasit, ut ulterius neque invasionis, neque prædationis gratia venire[3573] in hanc terram apponerent[3574]. Denique ad manifestam hujus sancti loci vindictam, centum et quinquaginta ejusdem comitis Normanni milites intra ipsum ferme biennium diversis in locis diversa morte consumpti sunt[3575].

76. [Cap. 77.] Cuidam post[3576] ista propinquo suo nomine Ardemanno quem in rocca quæ Vantra dicitur abbas[3577] ad custodiendum posuerat, Teanenses comites et munera maxima, et sororem suam daturos se in conjugium, si roccam eandem illis traderet instantius polliceri. Callidus ille cuncta promittere; nocte condicta venientes eos clam intromittere spondet. Sed[3578] cum ad locum et horam dispositam ventum fuisset, Laidulfum unum ex eisdem comitibus cum aliquot militibus intromittens; portas subito claudit, universosque illos pariter in vincula conjicit[3579], cæteri vero repulsi[3580], ad sua sunt cum digna confusione reversi. Postmodum vero rogatus a Guaimario abbas per[3581] Guidonem fratrem suum, et comitem Rainulfum[3582], et Leonem de Manso illustrem virum[3583], ut comitem fratribus redderet, nequaquam[3584] congruum ducens tantorum virorum spernendas preces, accepto[3585] prædicti Laidulfi[3586] fratribus sacramento ac refutatione cum obligatione centum librarum auri, fecit quod fuerat postulatus. Qua rem idem[3587] Ardemannus indignissime ferens, sese[3588] in eadem rocca protinus rebellavit, eamque Normannis tradere minabatur. Super[3589] quo verbo abbas valde turbatus, confestim militibus aliquot aggregatis ad roccam accessit, eundemque Ardemannum ad colloquium suum descendere multis precibus ac pollicitationibus vix aliquando tandem obtinuit. Sed cum magnis rationibus maximisque blanditiis illi[3590] satis faceret[3591], cumque placare nullatenus posset, cernentes hoc qui cum abbate erant milites, eum protinus capiunt, et nisi roccam illis quantocius reddat, mortem illi præsentem invito[3592] etiam abbate minantur. Cumque vir[3593] pessimus nec sic adquiesceret, seque malle necari quam roccam reddere testaretur, eundem mox super crates ligneas[3594] alligantes, ad expugnandam roccam unanimiter armis instructi, illum[3595] præferentes accedunt; cum interim[3596] nequam ille diabolo plenus suis vociferando clamaret, ut prius ipsum opprimerent, quam roccam alicui redderent. Verum[3597] illi qui in arce erant, viso[3598] domino suo abbate, simulque ab eo commoniti pariter et exterriti, mox portas aperiunt, ejusque[3599] prostrati pedibus, indulgentiam postulantes, roccam illi sine mora restituunt.

77. [Cap. 79.] (Desid. *Dial.* III. Prol.) Romæ[3600]

VARIÆ LECTIONES.

[3558] *add.* 4. [3559] c. illum v. 1b. 2. [3560] *deest.* 4. [3561] l. c. *ed.* [3562] in — velit ut *abscisa* 1b. [3563] id 1b. *ed.* [3564] e. maximum a. 1b. [3565] et t. e. q. s. m. f. c. *desunt* 1b. 2. [3566] Sed sicut est g. i. et a. i. oblito miser immo p. p. sacramento q. f. cum 1. *statim post cap.* 72. Post h. s. e. c. R. sicut est g. i. et a. i. oblito i. p. p. s. q. f. c. 1b. *ed.* [3567] statuit 1. *ed.* [3568] iterum 1. *corr.* 1b. [3569] *ita* 1b. invadere et in suam dicionem redigere 1. [3570] hoc 1. *ed.* [3571] c. nuntius ut caveret ad a. venisset 1. *ed.* [3572] statuerat, mane 1. *ed.* [3573] g. i. h. t. v. 1. *ed.* [3574] præsumerent 1. 2. [3575] *Sequebatur olim c.* 73. *quem ordinem manus* 1b. *mutavit.* [3576] C. interea pr. 1. *statim post c.* 73. C. post hæc p. 1b. *ed.* [3577] *add.* 1b. [3578] Cumque ad 1. *ed.* [3579] Conjecit *ed.* c. Postmodum 1. [3580] expulsi 4. [3581] per — miserat *add.* 1b. [3582] Rainolfum, et per Rogerium et Rodulfum nepotes suos, et L. 1. [3583] v. quos pariter ad eum miserat, ut 1. 2. [3584] nequaquam — preces *desunt* 1. [3585] ab eis s. 1. [3586] comitis 1. 2. Landulfi 4. [3587] prædictus 1. *ed.* [3588] seque... rebellans, N. eam t. 1. *ed.* [3589] Abbas vero nequaquam moratus, congregatis al. m. ad 1. *ed.* [3590] b. s. facere i. non posset 1. [3591] facere, et eum p. *ed.* [3592] i. e. a. *desunt* 1. 2. [3593] v. p. *desunt* 1. [3594] igneas 4. [3595] i. p. *add.* 4. [3596] *add.* 4. [3597] Illi autem q. 1. *ed.* [3598] erant, ab abbate commoniti 1. 2. [3599] et abbatis 1. *ed.* [3600] P. R. 3. Apud Romam p. 1. 2.

NOTÆ.

(858) Cf. cap. 45.

(859) Appellatione nunc desita. Ang.

præterea cum [3601] papa Benedictus per (860) annos 12 [3602] sedem [3603] apostolicam obsedisset potius quam sedisset, a Romanis expulsus est, et Johannes Savinensis episcopus, qui [3604] Silvester vocatus est, non tamen gratis in Romanum pontificium subrogatus (*an.* 1044). Qui cum trium ibi mensium spatio [3605] præfuisset [3606]; expulsus Benedictus, propinquis suis, Tusculanis proceribus (861) annitentibus Silvestro [3607] repulso, Romanam sedem iterum occupavit. Nec multopost invisum se et [3608] exosum cunctis esse [3609] conspiciens, cuidam archipresbytero Johanni nomine qui quasi religiosior habebatur, pecunia** ab eo accepta permaxima papatum, pro [3610] dolor, vendidit; ipse libere deinceps cupiditates suas exerciturus in paternos [3611] lares recessit. Jam duobus annis et mensibus octo prædictus archipresbyter cui Gregorii nomen in papatu est inditum apostolicæ sedi præsederat, cum Heinricus imperator Chuonradi filius tot de Romana et apostolica sede nefandis auditis, cœlitus inspiratus, anno [3612] Domini 1047 (862). Italiam ingrediens Romam accelerat. Qui de tanta heresi sedem apostolicam desiderans expurgare, Sutri restitit, et super tanto negotio deliberaturus, universale ibi episcoporum concilium fieri statuit (*Dec.*). Misit ergo, et magna inibi episcoporum seu abbatum ac religiosorum virorum multitudine congregata, Romanum quoque pontificem qui eidem concilio præsideret decenter invitat. Quid multa? Concilio habito, et synodicis canonicisque sententiis convictus Gregorius symoniacus, sponte sua sede desiliens, pontificalibus se infulis exuit, ac [3613] terræ prostratus, invasi emptique [3614] honoris indulgentiam sibi concedi humiliter petiit. Quo facto imperator valde letificatus, cum omnibus ejusdem concilii episcopis Romam venit, et in ecclesia beati Petri apostoli congregato clero populoque Romano [3615], postquam [3616] quid Sutri egisset [3617] exposuit, tractare [3618] demum de ordi-

A natione ipsius Romanæ ecclesiæ cœpit. Facta itaque discussione quisnam in eadem ecclesia dignus tanto [3619] sacerdotio haberetur; cum nullus, [3620] heu pro dolor reperiri [3621] valeret, omnes [3622] enim (863) exemplo miseri capitis, præter cætera vitia, tum præcipue fornicationis ac symoniæ peste languebant: demum electione necessaria [3623] potius quam canonica (864) Babembergensis [3624] episcopus papa Romanus levatur, eique Clemens nomen imponitur (*Dec.* 25) (865). Ob [3625] hujusmodi igitur [3626] res tam utiliter [3627], tamque canonice gestas, Romani [3628] tunc temporis eidem Heinrico patriciatus honorem contribuunt, eumque præter imperialem coronam aureo circulo uti decernunt.

* Romanam cathedram sedisset, a 2.

B ** habebatur, papatum tradidit 2.

78. [Cap. 80.] Post hæc sumpto exercitu imperator (*an.* 1047), ad hoc monasterium venit, et cum omni honore receptus a fratribus, planetam purpuream optimam auro ac gemmis ornatam super altare beati [3629] Benedicti, cum altero pallio quantitatis [3630] non modicæ posuit; in capitulo vero auri libras aliquot fratribus obtulit, seque illis devotissime commendans, Capuam abiit. Ibi itaque [3631] Guaimario refutante [3632] Capuam, quam per novem jam annos tenuerat, Pandulfo illam sæpe [3633] dicto simul cum filio multo ab eis [3634] auro suscepto restituit: Drogoni [3635] Apuliæ, et Rainulfo Aversæ comitibus (866) ad se convenientibus, et equos illi C plurimos et pecuniam maximam offerentibus, universam quam tunc tenebant terram imperiali [3636] investitura firmavit. Ibi etiam et [3637] præceptum aurea bulla signatum abbati nostro [3638] juxta imperialem consuetudinem fecit (*Febr.* 3) (867). Inde Beneventum contendens, cum noluissent eum cives recipere [3639], a [3640] Romano pontifice qui cum illo tunc erat, civitatem eandem excommunicare fecit (868); cunctamque Beneventanam terram Nor-

VARIÆ LECTIONES.

[3601] c. prælatus p. B. homo, pro dolor, nequitiarum omnium reus per 1. [3602] aliquot 1. xu 1b. [3603] Romanam cathedram 1. *ed.* [3604] cui positum est nomen Silvester 1b. *ed. desunt* 1. [3605] spatium 4. [3606] fuisset 3. [3607] Johanne 1. [3608] et c. *a ld.* 4. [3609] cunctis aspiciens 1. *ed.* [3610] p. d. *add.* 4. [3611] paterna jura 1. paternam domum 1b. *ed.* [3612] a. D. 1047. *add.* 1b. [3613] et 1. *ed.* [3614] *deest* 1. 2. [3615] R. et facta discussione quis de ipsa eccl. 1. [3616] primo *ed.* [3617] actum fuisset *ed.* [3618] dehinc tractare cœpit de o. i. R. e. *ed.* [3619] d. inveniretur t. s. fungi 1. 2. fungi *deest* 3. d. in t. s. h. 4. [3620] cum non reperiretur, electione 1. [3621] reperiretur 1. *ed.* [3622] omnes — languebant *desunt* 1. 2. [3623] n. p. q. c. *desunt* 1. 2. [3624] ep. Pavimvergensis 1. e. Pavimbergensis de gente Saxonum 1b. e. Bambergensis de g. S. 2. Bambergensem episcopum papam Romanum constituunt. Ob hujusm. 3. [3625] Tunc temporis eidem Heinr. 1. Tunc t. ob h. 2. [3626] *addit.* 4. [3627] prospere *ed.* [3628] eidem II. p. h. Rom. cont. 1 *ed.* [3629] b. B. *add.* 4. [3630] optimo p. 1b. 2. c. a. p. o. *desunt* 1. [3631] *add.* 4. [3632] renuntiante 1. *ed.* [3633] i. priori principi simul 1. *ed.* [3634] illis 1. *ed.* [3635] r. Normannis etiam ad se c. 1. [3636] i. i. *deest* 1. [3637] *add.* 4. [3638] Richerio 1. *ed.* [3639] tam ob suam quam et ob patris injuriam *add.* 1. 2. [3640] totam civitatem a. R. p. q. c. i. t. e. excom. 1. *ed.*

NOTÆ.

(860) *Aliquanta per tempora* Desid.
(861) *Consulibus terræ* Desid.
(862) Sc. 1046. *Capuam venit*, inquit Anon. Casin. a quo annum Leo sumpsisse videtur.
(863) Hoc initio l. III Desiderius dixerat.
(864) Hæc Leonis sententia est.
(865) Huc usque e Desiderio.
(866) Nomina ab Amato III, 2 accepit.
(867) Gatt. Acc., p. 148.
(868) Cf. Ann. Benev. h. a.

magnis auctoritate sua confirmans, ultra montes reversus [3641] est, Gregorium expontificem [3642] secum asportans.

79. [Cap. 81.] (Des. *Dial.* II.) Clemente vero post novem menses ultra [3643] montes (869) defuncto (Oct. 9) prædictus [3644] (870) Benedictus iterum in pontificatum reversus, per octo circiter menses illum violenter [3645] retinuit, donec ab imperatore transmissus ex [3646] Germania Damasus Brexenorum (871) episcopus papatum [3647] recepit. Quo etiam post viginti et tres dies apud [3648] Præneste vita decedente (872), Brunonem Tullensem episcopum, Teutonicum [3649] natione, et stirpe regali progenitum, Romani ab [3650] ultramontanis partibus expetentes in suum pontificem eligunt, eumque Leonem papam vocari decernunt (873). Qui sanctus pontifex eodem anno quo ordinatus est [3651] orationis gratia montem Garganum adiit (874). Indeque revertens, in ipsa festivitate palmarum (1049, *Mart.* 19) ad [3652] hoc monasterium venit [3653]; et reverentissime susceptus a fratribus, missam [3654] sollemniter celebravit, et in refectorio cum ipsis comedit; post prandium vero [3655] in capitulum veniens, et [3656] gratias pro tam honorifica sua receptione fratribus agens, valde humiliter se commendavit, seque pro suo posse idem monasterium honoraturum [3657] et exaltaturum promittens, descendit; et die [3658] altero ecclesiam Sancti Mauricii apud insulam quæ Limata vocatur a [3659] prædicto abbate constructam sollemniter * dedicans, demum rediit Romam. Ad quem profectus Richerius [3660] privilegium [3661] ab eo juxta morem prædecessorum suorum honorabiliter adeptus est (875); in [3662] quo idem apostolicus [3663] usum sandaliorum atque dalmaticæ, nec non et chirothecarum in principalibus festis ad missarum sollemnia, tam illi quam et universis ei in hoc cœnobio regulariter promovendis, ob honorificentiam sancti loci hujus apostolica auctoritate concessit. Super [3664] hoc etiam et monasterium sanctæ Jerusalem (876) quod Suxorianum appellatur intra Romanam urbem situm, cum [3665] omnibus pertinentiis suis eidem abbati gratia hospitandi contradidit, et privilegium exinde illi faciens (*an.* 1049) (877), sacrationem tantummodo sibi abbatis ejusdem loci, quem tamen Casinensis abbas eligeret, reservavit.

* Et sancti Salvatoris in territorio sollemniter Atinensi dedicans 2.

80. [Cap. 82.] Interea [3666] (878) cum quidam Capuanorum nobiles pro castro quodam hujus monasterii, quod Conca vocatur, multas cum abbate contentiones fecissent [3667], sed Benedicto patre juvante prævalere illi nil valuissent, quadam die consilio habito statuerunt prædatum in terram istam venire. Decernunt igitur ut advesperascente die iter incipiant, et apud quandam curtem suam circa [3668] Teanum parumper quiescant; inde se tali noctis hora promoveant, ut summo mane monasterii fines ingressi, ex insperato protinus irruant, et quantum magis exinde [3669] prædam potuerint agant. Fecerunt [3670] itaque ut statuerant, et circa mediam ferme [3671] noctem ascensis equis, aggrediuntur ire quo disposuerant. Res [3672] mira! sed omnino certissima, quippe quæ ab uno eorum qui tanto equitatui interfuit michi relata est. Ab illa itaque hora usque ad crepusculum iter conficientes, cum jam se [3673] in finitima hujus terræ venisse putarent, atque ad

VARIÆ LECTIONES.

[3641] m. exinde est reversus 1. *ed.* [3642] *deest* 1b. *ed.* G. s. a. *add.* 1b. [3643] Romæ d. 1. [3644] præfatus 1b. *ed.* d. Damasus illi ex G. in papatu successit. 1. *corr.* 1b. [3645] *deest* 1b. 2. [3646] t. Dam. illi ex G. in p. 1b. [3647] illi in papatu successit 1b. *ed.* [3648] a. P. *deest* 1. [3649] T. n. et *add.* 1b. [3650] a. u. p. c. *add.* 1b. [3651] est, (Capuam venit. Ibi jam seniore Pandulfo defuncto, junioris Pandulfi fratrem Hildebrandum nomine archiepiscopum consecrans, or. g. m. G. a. I. r. *add.* 1b.) in i. 1. [3652] valde devotus ad 1. *ed.* [3653] ascendit *ed.* [3654] eo die m. 1. *ed.* [3655] *add.* 4. [3656] v. maximas fratribus p. t. h. s. r. gratias egit, seque p. 1. *ed.* [3657] m. ubique exalt. 1. *ed.* [3658] et postridie (manum Friderici diaconi et cancellarii [*sic*] *expuncta*) recedens, Capuam abiit. Ibi jam seniore Pandulfo defuncto, junioris Pandulfi fratrem Hildebrandum nomine a Capuanis electum diligenter examinans, Salernum perrexit; cumque inibi consecratum remittens Capuam (*cor.* nomine archiepiscopum consecrans), orationis gratia montem Garganum adiit; et demum Romam reversus est (*corr.* d. rediit Romam) 1, et die a. e. S. M. ap. Limatam ab eodem a. constructam, ut supra dictum est, dedicans, d. r. R. 1b. [3659] ab eodem a. 1b. *ed.* [3660] q. abbas profectus priv., *etc.* 1b. *ed.* [3661] a. profectus, et consecrationem ab illo et privil. honorabiliter adeptus est. Nam usque ad illud tempus suam sacrationem distulerat. Sequenti, *etc.* (c. 82.) 1. [3662] in — concessit *desunt* 1b. *hic postea inseruit :* Eodem anno Corbo — quattuor milium. *v. cap.* 65. [3663] sanctus pontifex *ed.* [3664] Quo etiam tempore idem apostolicus (sanctus pontifex 1b.) m. 1b. *ed.* [3665] præfato abbati (gratia h. *add.* 3.) c. o. p. s. concessit (contradidit *ed.*) 1b. *ed.* [3666] Per hos dies q. Capuani n. 1. *ed. hoc caput prius post c.* 82 *scriptum erat, sed ipse postea transposuit.* [3667] effecerant, conantes utique illud a monasterii dicione subtrahere, et ad sui juris usus redigere. Sed cum abbati nil prævalere valerent, q. 1. *ed.* [3668] in Teanensi comitatu p. 1. 2. [3669] ex ea 1. *ed.* [3670] Venientes vero ad condictum locum, cum quantum illis visum fuerat quievissent, c. 1. *ed.* [3671] *add.* 1b. [3672] *ita* 1b. Mira dicturus sum, sine ulla tamen hesitatione verissima, utpote qui hoc ex unius illorum ore percepi. Ab 1. [3673] cum se jam venisse in f. h. t. p. 1. *ed.*

NOTÆ.

(869) Ex Amato III, 14; sed hoc falsum est.

(870) *Prædictus — retinuit* Desid. non habet.

(871) *Brexenorum ep.* et *ap. Præneste* ex Amato I. I.

(872) *Aug.* 9 Necrol. Casin.

(873) Hucusque Desiderium secutus est.

(874) M. Aprili sec. Ann. Benevent. cod. Vat., ut alterutrum erravisse oporteat.

(875) Regest. num. 21. Ang.

(876) *Quod etiam S. Crucis dicitur.* Leo IX *palatii Susurriani.* Victor II.

(877) Gatt. Hist., p. 252.

(878) Cf. Desid. Dial. I. 10.

discurrendum ut prædantium moris est se instantius præpararent, subito circumspicientes [3674], in eo loco quo equos ascenderant se reperiunt. Obstupefacti nimiumque attoniti, ac sese invicem aspectantes, intelligunt tandem patris Benedicti meritis se noctis errore cecatos; dum tanto temporis spatio recto se itinere gradi putantes, prædictam curtem girando ac regirando, mane se inibi unde [3675] surrexerant repperissent. Ita demum confusione simul et admiratione repleti, Capuam sunt reversi, ipsimet [3676] palam omnibus referentes queque sibi contigerant *.

* [Cap. 83.] (PETRI DAM. ep. I, 9.) Eo etiam tempore quidam servus Dei Neapolitanæ regionis, in prærupta rupe juxta viam publicam solitarius habitabat. Qui nimirum dum nocturno tempore salleret, et fenestram cellulæ horarum explorator aperiret, ecce videt multos nigros homines tamquam Ethiopes iter capere, et longo tractu onustos fœno saumarios comminare. Cumque eos curiosus inquireret, qui essent, cujusve rei gratia hæc jumentorum pabula pararent, demones dixerunt, nequaquam esse pecoribus alendis, sed fomenta potius ignium hominibus comburendis. Præstolamur enim in proximo principem Capuæ Pandulfum, quia jam decumbit. His auditis vir Dei nuntium protinus ad mœnia Capuana direxit, qui veniens Pandulfum jam mortuum repperit (*an.* 981). Quo mortuo, mons Vesevus in flammas erupit, tantaque sulfuræ resinæ congeries ex ipso Vesuvio protinus fluxit, ut torrentem faceret, atque decurrente impetu in mare descenderet *add.* 2.

81. [Cap. 84.] Sequenti [3677] anno 1050 prædictus apostolicus [3678] iterum ad hoc [3679] monasterium venit in vigiliis sancti Petri, et die sequenti et altero apostolorum Petri et Pauli missas sollemniter celebravit: cumque die illo sabbatum esset (*Jun.* 30), ad fratrum mandatum ingressus, duodecim monachis pedes lavit, et [3680] ipse etiam ab eis lotus, in refectorium quoque cum illis ad bibendum de [3681] monasterii more perrexit [3682]. Beneventum deinde profectus ab excommunicatione illam [3683] prædecessoris sui Clementis tandem absolvit. Anno iterum [3684] altero (1051) Capuam veniens [3685], rursus Beneventum (879), et inde Salernum perrexit; dehinc expellendorum Normannorum gratia milites [3686] undecumque ardens contrahere, ultra montes ad impe- A ratorem profectus [3687] est (*an.* 1052). Gebeardus [3688] tunc episcopus Aistettensis gente Noricus, vir prudentissimus et rerum sæcularium peritissimus, regis consiliarius erat. Sed cum imperatoris imperio magnus valde apostolico traditus fuisset exercitus (*an.* 1053), jamque itineris partem non modicam confecissent, idem episcopus ad imperatorem accedens, vehementerque super hoc illum redarguens, ut totus exercitus ejus [3689] reverteretur dolosus effecit; de propinquis tantum et [3690] amicis apostolici quingentis circiter illum in partes has comitantibus*.

* Tunc temporis facta est commutatio inter eundem apostolicum et imperatorem de Benevento et episcopio Bambergense, sicut jam supra retulimus (c. 46). *add.* 2.

B 82. [Cap. 85.] Hoc anno (1052) (880) Guaimarius princeps conjuratione Amalphitanorum quos nimis indigne tractabat [3691], nec non et cognatorum [3692] (881) ac Salernitanorum quorundam, juxta oram [3693] maris Salernitani [3694] occisus est, triginta [3695] et sex plagis perfossus (882), et valde turpiter ac cum magno ludibrio [3696] per litus maris aliquandiu tractus, et civitas simul cum arce ab eis pervasa (883). Sed post quintum diem (884) Normannis auxiliantibus, a Guidone fratre ipsius principis eadem [3697] recepta civitas, et Gisulfo filio ejus reddita est, trucidatis (885) auctoribus tanti facinoris, quattuor scilicet cognatis ejusdem Guaimarii, et triginta sex aliis.

83. [Cap. 86.] Hoc [3698] etiam tempore Landenulfus et Adenulfus germani fratres nobiles Capuanæ C civitatis unacum Petro nepote suo simul ad hoc monasterium gratia conversionis venerunt, cunctasque facultates et hereditates seu possessiones suas quas in toto principatu Capuano habebant beato Benedicto exintegro obtulerunt (886). Ecclesiam videlicet [3699] sancti Nycolai intra Capuam cum omnibus pertinentiis ejus; nec non et integras portiones suas quas habebant in ecclesia Sancti Salvatoris et Sancti Rufi similiter intra Capuam: Viridiarium (887) etiam quod est ad pontem Casulini. Curtem quæ dicitur Calabrinæ, cum ecclesia Sancti Nicandri quæ ibidem constructa est. Terras

VARIÆ LECTIONES.

[3674] respicientes 1. *ed.* [3675] i. reperissent. sicque c. pariter et 1. *ed.* [3676] ipsimet — contigerant *add.* 1b. [3677] *hæc primo scripta erant statim post c.* 79. [3678] pontifex 1. *ed.* [3679] *deest ed.* [3680] et — perrexit *add.* 1b. [3681] nimis devotus p. 1. 2. [3682] ibat 3. [3683] *hic in cod.* 1. *incipit quat. ultimus, qui ipsius Leonis manu scriptus esse videtur.* [3684] item 1. [3685] venit, ac (*corr.* veniens, rursus) B. perrexit; et (*corr.* dehinc exp. 1. [3686] m. u. a. c. *desunt* 1. 2. [3687] abiit, milites ab inde conducturus 1. *ed.* [3688] Gebeardus — comitantibus *add.* 1b. [3689] *deest* 4. [3690] *deest ed.* [3691] tractabant 4. [3692] c. ac *deest* 1. [3693] ora 1, *ed.* [3694] *deest* 1, 3. [3695] 36 p. p. *desunt* 1. [3696] l. corpus illius p. l. m. a. tractum. Sed N. adjuvantibus, a. G. 1. [3697] p. recepta civitas, et Gisulfo filio ejus reddita est. Per hos d. (*c.* 80.) 1. [3698] *hoc caput in marg. add.* 1b. [3699] *deest* 4.

NOTÆ.

(879) Jul. 5, unde Aug. 8 Salernum profectus est, test. Ann. Benev.

(880) Jun. II sec. Ann. Benev.

(881) Ex Amato III, 25.

(882) Ex eodem.

(883) III, 26.

(884) 5. *Id. Jun.* Amat. III, 28, quod vereor ne noster minus recte interpretatus sit.

(885) Am. III, 31.

(886) Regest. num. 336. ANG.

(887) In chartula est *Verzario*. ANG.

et molas in fluvio Saone. Curtem in Sala [3700], Adipsi Porcari. Curtem quæ dicitur Rapedella cum silvis et paludibus sibi pertinentibus. Terras et silvas et prata ad ipsam [3701] Auciam. Curtem Calinulo circa prædictum Saonem. Curtem in loco qui dicitur Cervianum; et portionem de ecclesia Sancti Jacobi, et de curte in loco Bucinu, cum ecclesia Sanctæ Anastasiæ. Terras et silvas et paludes [3702] in loco qui dicitur Rastinitu. Curtem in Cilicia cum sorte de ecclesia Sancti Johannis. Curtes et terras in finibus Liburiæ, loco Porano [3703] prope lacum Patriæ. Fundum in vico Cupuli. Item fundos in casa Pesenna. Fundos in loco Felice. Terras in gualdo de Mataloni, et in Marcenisi, et in Madrelle. Curtem juxta Grecinianum, in loco qui dicitur Senosa [3704]. Curtem in Laneo [3705] (888) ad pontem ruptum. Terras in massa Valentiana; et universas casas [3706] sibi intra Capuam pertinentes.

84. [Cap. 87.] Reversus itaque abultra monte Romanus pontifex, ascendensque [3707] iterum ad hoc monasterium (*an.* 1053), valde suppliciter se fratribus [3708] commendavit. Cumque (889) apud Sanctum Germanum honorifice hospitatus fuisset, rogatus a fratribus ut monasterium sancti Stephani quod supra Terracinam est illis restitueret, interrogavit utrum ad eos aliquando pertinuisset. Respondentibus, *etiam*, ostendi sibi expostulat. Mox itaque dialogo sancti Gregorii in medium exhibito, et ex vita beati Benedicti qualiter in visione illud idem pater construxerat demonstrato — aut [3709] enim ignorabant, aut minime ad manum habebant privilegium quod Agapitus papa exinde Baldoino abbati fecerat (890) — *Vere*, ait sanctus pontifex, *justissimum est quod requiritis;* moxque privilegium inde fieri Friderico cancellario jussit (*Mai.* 20), et ipsum monasterium cum omnibus suis nobis assignari constituit. Fecit [3710] etiam eodem tempore (*an.* 1053, *Mai.* 29) huic monasterio et aliud præceptum (891) de libertate navis hujus monasterii in portu Romano, ut omni tempore cum nauclero et universis nauticis suis maneat libera ad omnimoda condicione et debito pensionis. Post hæc adjunctis sibi fere cunctis partium istarum militibus [3711], Apuliam cum Normannis dimicaturus perrexit, anno [3712] Domini millesimo quinquagesimo tertio (892); et ex parte quidem apostolici Rodulfus in Beneventanum principem jam electus, et Guarnerius Suevus signa sustollunt: Normanni (893) vero tres de suis statuunt turmas, quarum unam comes Humfridus, aliam comes Richardus, tertiam Robbertus agebat Viscardus. Inito autem certamine (*Jun.* 18) in planitie maxima [3713] quæ juxta Civitatem est, paulatim se subtrahentibus fugientibusque nostratibus, et solis qui ultra montes venerant remanentibus, cum diu ab his fortiterque pugnatum fuisset, omnibus tandem in ipso certamine trucidatis, Normanni [3714] Dei judicio extitere victores [3715]. Dehinc Humfridus ad papam venit, et in sua illum fide suscipiens, cum omnibus suis Beneventum perduxit; promittens ut quandocumque Romam ire disponeret, ipse illum Capuam usque perduceret. Intravit autem idem papa Beneventum in vigilia sancti Johannis Baptistæ (1054), et stetit ibi usque ad festivitatem sancti Gregorii papæ; ibique infirmatus, vocato prædicto comite, Capuam ab illo deductus est; ubi per dies 12 remoratus, accersito [3716] tandem nostro abbate sui itineris comite, Romam rediit; ac post non multos dies [3717] sancto fine quievit (*Apr.* 19). Ad cujus tumulum plurima tunc temporis signa Christus effecit (894). Hic [3718] pontifex inter innumera bonitatum suarum insignia, quandiu Romæ moratus est, omni tempore tribus per ebdomadam diebus a Lateranis usque ad Sanctum Petrum privato habitu, nudis pedibus, cum duobus aut tribus clericis noctu psallendo et orando pergebat.

85. [Cap. 88.] Eodem anno (895) gratia concordandi ecclesias Romanam et Constantinopolitanam, prudentissimos valde viros ad imperatorem Constantinum cognomento Monomachum apocrisarios transmiserat [3719]: Fridericum [3720] scilicet cancellarium suum, et Humbertum episcopum Silvæ candidæ, et Petrum archiepiscopum Amalfitanum. Qui [3721] ad hoc monasterium primitus venientes, seque fratribus devotissime commendantes, ita demum viam

VARIÆ LECTIONES.

[3700] salam *ed.* [3701] ipsa ocia 1b. [3702] padules 1b. [3703] Paurano 1b. [3704] Fenosa 2. [3705] Laneto 3. [3706] *deest* 3. [3707] *ita* 1b. p. plus quingentos secum Lotheringos, bellicosos valde viros adduxit, veniensque i. 1. [3708] *deest* 4. [3709] aut fecerat *desunt* 1. [3710] Fecit — pensionis *add.* 1b. [3711] nostratibus. 1. *corr.* 1b. [3712] a. D. 1053. *add.* 1b. et ex — Viscardus *desunt* 1. [3713] *deest* 1. [3714] Humfrido duce, illorum tunc comite, *add.* 1. [3715] victores. Papa cum paucis ad Civitatem confugit. Dehinc Humfridus pœnitentia ductus ad p. 1. [3716] a. t. n. a. s. i. c. *add.* 1b. [3717] *deest* 4. [3718] Hic—pergebat *desunt* 1. [3719] *ita corr.* 1b. transmisit 1. [3720] Fred. 4, *semper*. [3721] Qui — sunt *add.* 1b.

NOTÆ.

(888) Lanius fluvius, Latinis Clanius, vulgo *Lagno*. ANG.

(889) Ex privil. papæ quod edidit Gatt. Hist., pag. 117; dato ante iter in Germaniam susceptum.

(890) Cf. lib. I, cap. 59.

(891) Ib., p. 144.

(892) Ita Anon. Casin et Ann. Benev.

(893) Ex Amato III, 37, ubi alterius partis duces vocantur *Raynolfe et Raynier*.

(894) Ita Desider. Dial. III, 3.

(895) M. Jan., ind. VII, data est Leonis epistola ad Michaelem patriarcham. Exstat relatio legatorum, quam Leo vidisse potuit; nonnulla tamen aliunde ascivit. Cf. Petrum Diacon. *De viris ill* cap. 17.

suam profecti sunt. Quos imperator nimis honorabiliter suscepit [3722], et in palatio per aliquot dies retinuit. Intra quod spatium nonnullas Grecorum hereses corrigere decertantes [3723], tandem patriarcham Michahelem [3724], et Leonem Acridanum episcopum (896) cum universis eorum sequacibus auctoritate apostolica anathematizaverunt. Sed cum jam intra [3725] hos dies defuncto papa (*Jul.* 16) redire disponerent [3726] imperialibus illos donis Monomachus [3727] honorifice munerans, beato quoque Petro per eosdem dona non parva transmisit; insuper etiam ut omni anno binas auri libras de palatio ejus hoc monasterium reciperet, illorum rogatu concessit. Quos prospere revertentes, Trasmundus [3728] Teatinus comes per terram suam transeuntes [3729] cepit, et universa quæ ferebant cum magna injuria auferens, tandem dimisit. Atque [3730] ita Fridericus Romam reversus est.

86. [Cap. 89.] Defuncto præterea sanctæ memoriæ papa Leone, Hildebrandus tunc Romane ecclesiæ subdiaconus, ad imperatorem a Romanis transmissus est; ut, quoniam in Romana ecclesia persona ad tantum officium idonea reperiri non poterat, de partibus illis quem ipse tamen vice cleri populique Romani in Romanum [3731] pontificem elegisset adduceret. Quod cum imperator assensus fuisset, et Gebeardum Aistettensem episcopum cujus supra meminimus (c. 81) Hildebrandus ex industria et consilio Romanorum expetivisset, tristis super hoc valde imperator effectus est; nimis enim illum carum habebat. Et cum eundem sibi omnimodis necessarium imperator assereret, et alium atque alium huic officio magis idoneum judicaret, Hildebrando tamen ut alterum reciperet, persuaderi nullatenus potuit. Erat enim idem episcopus super id quod prudentia multa callebat, post [3732] imperatorem potentior ac ditior cunctis in regno. Hunc ergo Hildebrandus invito licet imperatore, invito etiam eodem ipso episcopo, propter quod utique postmodum dictus est monachos non amasse, Romam secum adduxit, eique Victoris nomen imponens, Romanum papam cunctorum assensu constituit (*an.* 1055); cum jam ferme a transitu pape Leonis annus elaberetur. Qui [3733] quoniam eidem prædecessori suo, ut supra diximus, impedimento maximo fuerat, quotiens a circumpositis molestiam aliquam patiebatur dicere solitus erat: *Merito hæc patior, quia peccavi in dominum meum* [3734]. Comperiens itaque imperator Fridericum a Constantinopoli reversum magnam [3735] valde pecuniam detulisse, cepit eum vehementer suspectum habere. Nam eo tempore fratri ejus duci Gotfrido inimicissimus erat. Quapropter scripserat apostolico ut illum caperet, sibique [3736] festinanter studeret transmittere. Quo per necessarios cognito [3737] Fridericus, abbatem nostrum qui per eos dies [3738] a Lucca ubi ad eundem imperatorem profectus fuerat, revertebatur, latenter apud Romam alloquitur, et ut se Casinum [3739] perducere, ibique se monachum facere studeat, instantissime deprecatur. Quod [3740] cum abbas gratantissime annuisset, præmissus cum omnibus suis ad monasterium est. Abbas vero post dies aliquot cum nuntiis imperatoris [3741] qui ad principes mittebatur advenit. Mox igitur Fridericus in eorundem nuntiorum præsentia, pretiosa valde quibus tunc [3742] utebatur indumenta projiciens, religionis habitum induit; et ut hoc de se per [3743] eosdem missos imperatori nuntiaretur efficiens, fratribus se [3744] de cetero sociavit [3745]. Nec multopost, ut ad insulam transmitteretur [3746] Tremitensem rogavit abbatem; quod et fecit. Dehinc cum pro quibusdam reprehensibilibus [3747] que inibi reppererat, abbati ejusdem loci cœpisset ingratus existere: nequaquam ibi remorandum ratus, egrediens inde, ad monasterium sancti Johannis quod Veneris cognominatur (897) perrexit; ibique diebus aliquot commoratus est.

Per [3748] idem tempus præfatus [3749] abbas proclamavit in placito Cadeloi cancellarii Heinrici imperatoris (898), ubi erat cum multis episcopis et comitibus illarum partium, super quodam Dodo

VARIÆ LECTIONES.

[3722] *ita* 1b. suscipiens et imper. . . . . donans, beato quoque Petro necnon et papæ dona non parva per eosdem remisit. Cum jam ibidem per dies aliquot remorantes, et non nullas 1. [3723] sed non (*corr.* minime) prævalentes *add.* 1. *del.* 1b. [3724] Michalem 4. [3725] i. h. d. *add.* 1b. [3726] *ita* 1b. redire *et post vocem jam erasam* Teatinus c. *etc.* 1. [3727] Constantinus M. *ed.* [3728] *ita hic omnes; infra ed. et* 4. Transm. [3729] illos *add.* 1. *del.* 1b. [3730] Atque — est, *et majorem capitis seq. partem supplevit* 1b. *erasis quæ in* 4 *versibus scripta fuerant.* [3731] p. R. *ed.* [3732] secus 1b. [3733] Et 1b. [3734] et item « Dignum est, inquit, ut quod fecit Saulus patiatur Paulus; quod egit lupus sustineat agnus » *add.* 1b. 2. [3735] ingentem 1b. [3736] festinanterque sibi 1b. [3737] gnito, *etc. abscisa* 1b. [3738] per illos dies reversus fuerat, latenter a. R. etc. 1b. [3739] *hinc* 1 *pergit:* C. velle venire ibique monachum fieri confitetur. Præmissus ergo c. *etc. corr.* 1b. [3740] deprecatur. Præmissus igitur cum 1b. [3741] regis 1, *corr.* 1b. [3742] clericus 1. *corr.* 1b. [3743] se regi n. 1. *corr.* 1b. [3744] f. de c. nunciavit 4. [3745] sociavit. Hisdem ipsis diebus Victor genere Teutonicus Romanus pontifex ordinatus est et hoc anno princeps Pandulfus junior præceptum concessionis fecit abbati de castello quod Saraciniscum vocatur 1. *Quibus expunctis pergit* 1b.: Qui tamen nequaquam adhuc de imperatoris ira securus, ad tutiorem se locum conferre meditabatur. Nec — commoratus est. [3746] T. t. 1b. *ed.* [3747] reprehensilibus 2. [3748] Per — omnia *desunt* 1. [3749] procl. p. a. *ed.*

NOTÆ.

(896) Acrida vel Achris urbs est Macedoniæ, metropolitana olim Serviæ et Bulgariæ. ANG.

(897) Situm est in agro Lancianensi. ANG.

(898) Ep. Numburgensis ut videtur, qui *cancellarius Romani palatii* appellatur in dipl. imp. quod 1045. Nov. 20 in Ingelenheim accepit. Cæterum Cadolaus episc. Numburg. jam an. 1045 mortuus est; hic Parmensis intelligendus, qui eo tempore complura placita habuit, sed nunquam cancellarius fuit. Cf. Schmitt *Zeitschrift für Geschichte*, Jahrg. 1847.

retinebat de causa monasterii hujus 700 modia de terra in comitatu Teatino loco Ad casa Hildebrandi; et recollegit omnia. Eodem [3750] tempore supradictus Trasmundus et Bernardus comites firmaverunt per sacramentum eumdem abbatem de omnibus rebus sancti Benedicti in comitatu Teatino et Pennensi, quod neque ipsi illas invaderent, et contra omnes homines eas monasterio [3751] nostro defenderent, apud monasterium sanctæ Scolasticæ in Penne.

87. [Cap. 90.] Hoc [3752] etiam anno (1054, *Dec.*) princeps Pandulfus junior fecit præceptum concessionis (899) in hoc monasterio de castello quod Saraceniscum [3753] vocatur, in confinio [3754] Cominensi, cum omnibus adjacentiis et [3755] pertinentiis ejus, quamvis [3756] idem castellum intra antiquos nostri monasterii terminos videatur esse constructum. Quem videlicet locum non multo ante Marsorum comites Oderisius et Rainaldus qui tunc Comino præerant per cartulam oblationis cum finibus ac terminis ejus beato Benedicto firmaverant [3757]. Unde cum quidam Aquinenses contra abbatem super hoc murmurarent, pro eo videlicet quod ipsi prius eumdem locum centum bizanteis comparaverant a quodam Berardo Marsicano, in hanc tandem convenientiam cum eo venerunt [3758], ut sponte sua in quorundam judicum præsentia omnem querelam et calumniam domno abbati de hoc refutarent, et quieti de cætero essent; proposita pœna librarum argenti centum, si aliquando amplius de hoc contendere vellent, nisi quantum ipse illis per libellum concederet. Saraceniscum autem ea de causa ipsum castellum nuncupari fama est, quod cum idem Saraceni a facie nostrorum tempore illo quo de Gariliano eliminati sunt, fuga dilapsi fuissent, cæteris interemptis, aliquanti ex eis ad ipsum tandem locum pervenerant [3759], ibique aliquandiu latitantes, prædas nonnullas a vicinis habitatoribus clanculo ac si latrunculi abigebant. Quod cum a quodam captivo illorum transfuga Soranis innotuisset, eodem transfuga duce ad eorum latebras mane summo perveniunt, illosque licet somnolentos adhuc conantes resistere, universos gladiis trucidarunt.

88. [Cap. 91.] Per [3760] idem tempus, præfatus comes Trasmundus graviter infirmatus, et monachus effici cupiens, Richerium ad se venire rogavit. Cui [3761] sese suppliciter tradens, multamque illi pecuniam offerens, tria sui juris castella sancto Benedicto in territorio [3762] Teatino concessit (*an.* 1055, *Oct.*) (900), quorum vocabula sunt: Mons Alberici, Frisca, et Muccla (901), cum portu et piscatione sua, et cum ecclesiis Sanctæ [3763] Mariæ, et Sanctæ Luciæ, et Sancti Blasii, et omnibus omnino rebus ac pertinentiis eorundem castellorum et [3764] ecclesiarum; quod sunt quinque milia quingenti modii [3765] de terra; ecclesiam quoque Sanctæ Justæ, cum omni pertinentia sua, quod sunt modii [3765] quingenti; simul etiam concessit huic monasterio in territorio Pinnense in [3766] castello quod vocatur Lastenianum unam ecclesiam Sancti Nycolai, cum omnibus similiter pertinentiis ejus, idest modii [3765] terræ tria milia (902). Sed cum prædictus papa transisset Anconam, abbas ad illum ejusdem Trasmundi causa profectus est. Cumque ad monasterium sancti Liberatoris (903) illum venisse Fridericus agnovisset, perrexit ad eum, et penitentia maxima ductus rogavit, ut Casinum illi reverti liceret. Quo mox impetrato Fridericus, huc extemplo regressus est; abbas vero iter quod inceperat peragere festinabat. Qui cum jam dudum febribus non modicis estuaret, ac metu mortis reditum in dies accelerarel, Aternum veniens, tertio [3767] Idus Decembris, nimia vi febris extinctus est. Fratres vero qui cum illo erant, nichil morati, tollentes illum eadem hora, cum media nox esset, iter arripiunt; et ad monasterium sancti Liberatoris summo mane pervenientes, ejusque [3768] honorabiliter exequias facientes, in sepulcro quo abbas Theobaldus prædecessor suus humatus fuerat eum recondunt, anno [3769] Domini 1055.

89. [Cap. 92.] Hic abbas inter cetera, ecclesiam

VARIÆ LECTIONES.

[3750] Eodem — Penne *add.* 1b. [3751] c. sancto Benedicto d. 1b. *ed.* [3752] *hoc caput add.* 1a. *cf. supra not.* n. [3753] Saracin. 1b. Sarracen. 4. [3754] pertinentia 1b. [3755] sive 1b. *ed.* [3756] quamvis — constructum *desunt* 1b. [3757] contulerant 1b. [3758] *sequentia abscisa sunt* 1b. [3759] pervenerint *ed.* [3760] Post non multos dies præfatus Tr. 1. Apostolicus interea mox ut papatum adeptus est ultra montes evestigio rediit; ibi jam imperatorem languentem reperiens, usque ad obitum ejus cum ipso permansit; filioque parvulo quem in manu ejus pater reliquerat regni totius optimates jurare faciens, eumque in regno confirmans, reversus in Tusciam est. Per hos dies supradictus Tr. 1b. *quæ pariter postea delevit. In hoc capite multa diversis temporibus et addita sunt et mutata, quæ singula annotare superfluum duxi.* [3761] Qui 2. [3762] torio Teatino *abscisa* 1b. [3763] sanctæ — Blasii *desunt* 1. [3764] et e. *desunt* 1. [3765] modia 1. [3766] P. in castello (*corr.* P. castellum) q. v. L. cum 1. [3767] IV 4. t. I. D. *desunt* 3. III *Necrol. Casin.* [3768] eique *ed.* [3769] a. D. 1055. *add.* 1b.

NOTÆ.

(899) Gatt. Acc., p. 151. Situm est in valle altis montibus obsita; modo S. Blasii etiam castellum appellatur; ib., p. 752.

(900) *Actum in Teate.* Gatt. Acc., p. 154. Filium se dicit Attonis (cf. Hist., p. 84.) comitis et Gislæ. Eccl. S. Justæ ibi non commemoratur.

(901) *Muccla* S. *Quirici cum portu* 10 *navium* Victor II ap. Gatt. Hist., p. 146.

(902) *Actum in Pinne*; ib., p. 155.

(903) Cui idem Trasmundus tunc donationem fecit, m. Dec. *Actum in Teate.* Gatt. Hist., p. 84.

Sancti Benedicti plumbeis tabulis cooperuit, palatium ab orientali parte monasterii 68 cubitorum incepit, et usque ad solarium perduxit. Ante ecclesiam vero in circuitu atrii, deambulatorios arcus cum columnellis lapideis [3770] fecit. Et licet ipse propter innumeras circummanentium oppressiones sicut ex parte ostendimus laborare in monasterio non potuerit, initium tamen et materia omnis laborum præsentium ipse fuit, quando suo studio et industria, meritis tamen beati Benedicti adjuvante se Deo terram istam de manibus Normannorum eripuit. Fratribus igitur qui cum illo fuerant mox eo sepulto ad monasterium reversis, habito ad invicem universi consilio, elegerunt de congregatione domnum Petrum religiosum valde et honestissimi habitus virum; eumque licet invitum et renitentem, ac senectutem niveam tanto officio minus idoneam objectantem, libentiusque [3771] se decaniam resumere quam abbatiam suscipere asserentem, abbatem sibi constituunt; paucissimis [3772] admodum in hoc dissentientibus, et domnum Johannem cognomine Marsicanum (904) qui tunc Capuæ præpositus [3773] erat, digniorem huic ministerio [3774] judicantibus; quamvis ipse præcavens ac timens hoc onus sibi imponi, obstinate super [3775] altare juraverit, nunquam se ipsam abbatiam suscipere aliquatenus consensurum.

Petrus quintus [3776] et tricesimus hujus monasterii abbas, sedit anno uno et [3777] mensibus 5.

90. [Cap. 93.] Hic a pueritia monachus, et [3778] ecclesiasticis usibus non mediocriter eruditus, adeo religiosis et honestis moribus crevit, et tam angelici vultus et reverendi habitus extitit, ut imperator Heinricus eo tempore quo ad hoc monasterium venit, transeunti illi ante se, satis humiliter assurrexerit; testatusque sit nunquam se in toto regno monachum honestiorem eo [3779] vidisse. Comperta [3780] igitur exabbas noster Basilius apud Salernum Petri ordinatione, mox Capuam venit, et magnam valde principi pecuniam offerens, ut hanc sibi abbatiam redderet orare obnixius cepit. Sed princeps quoniam in Petri electione consenserat, hoc se nequaquam posse facere asseverans, apud monasterium nostrum Capue illum manere constituit. Ita prudens, immo [3781] fatuus vir et Salernitanam abbatiam amisit, et hanc adquirere nequaquam promeruit. Post aliquot vero dies a fratribus nostris princeps conventus cur abbatem in nostra cella constituisset, invitum se hoc fecisse et quodammodo coactum respondit. Si ipsi [3782] tamen eum in suo monasterio] recipere vellent [3783], sibi gratissimum fore. Ita demum prædictus Basilius ad hoc monasterium veniens, et virgam abbatiæ quam eatenus retinuerat humiliter reddens, post paucos dies ad Vallem luci transmissus præpositus est.

Per hos dies (*an.* 1056, *Sept.* 21.) Heinricus [3784] et Rolandus germani fratres Lucensis civitatis viri nobiles (905), obtulerunt in hoc monasterio ecclesiam sancti Georgii, quæ intra eandem civitatem in eorum patrimonio sita est, prope posterulam quæ dicitur Guirigala, ad monasterium inibi constituendum, cum [3785] horto, et puteo, et casis, et cum universis tam intus quam extra non minimis ipsius ecclesiæ rebus ac pertinentiis (906). Ad quod videlicet monasterium construendum sive ordinandum, transmissus est domnus Johannes, genere atque cognomine Apulus, qui in nostro hoc monasterio decanatus officio tempore non modico functus est (cf. Desid. *Dial.* I, 3). Vir supra cætera bonitatum suarum insignia, compunctionis et lacrimarum gratia munere divino ditatus: qui cujus apud Deum meriti fuerit, non debet videri superfluum si vel breviter ex his quæ pro certo nobis comperta sunt ostendamus. Denique cum fama sanctitatis ejus longe lateque crebresceret, mulier quædam diro possessa demonio ad illum perducta est, rogatusque idem vir Dei a perductoribus magnis precibus, ut pro ea Dominum exoraret. Qui ut erat benivolus nimisque compatiens, mox congregatis fratribus, oratorium est ingressus; et cum aliquantisper fuisset oratum, lacrimis ejus et singultibus miseratio divina placata, mulierem fugato demone sanam redire concessit ad propria. Præterea cujusdam illustris viri Lucensis uxor, valida per aliquot dies infirmitate detenta, ad id tandem nimia vi languoris devenerat ut per triduum jam sine voce ac [3786] sensu recubans, nichil minus quam mortua putaretur. Quoniam igitur humana omnis fiducia omnino defecerat, ad divina subsidia propinqui mulieris se conferunt, atque ad præfatum virum Dei, ut pro ea Domino supplicare dignaretur, supplices mittunt. Benignus itaque vir nequaquam moratus, mox vestibus sacris indutus salutarem ho-

VARIÆ LECTIONES.

[3770] marmoreis 1. [3771] libentiusque — asserentem *add.* 1b. [3772] paucissimis 1. paucis 1b. [3773] e. p. 1. *ed.* [3774] monasterio *ed.* [3775] per corpus beati B. i. 1. *corr.* 1b. [3776] q. et t. h. m. *add.* 1b. [3777] *add.* 4. [3778] et — eruditus *add.* 1b. [3779] *deest* 1. [3780] *ita* 1b. vidisse. Qui quidem imperator sequenti anno defunctus, Heinricum filium adhuc puerulum regni successorem reliquit. Post cujus mortem Victor papa prædictum Fridericum de monasterio ad se accersiens, et universa quæ illi Trasmundus fecerat diligenter addiscens, eundem *etc.* (c. 91.) 1. [3781] i. f. *deest* 1b. [3782] Si ipse Casinum venire, et eum recipere vellet s. 1b. [3783] vellet 2. [3784] *sequentia abscisa sunt* 1b, *sed quæ de Johanne narrat, nunquam ibi scripta fuisse apparet.* [3785] c. h. et p. et c. *desunt* 3. [3786] et *ed.*

NOTÆ.

(904) Eadem patria fuit Joanni illi, qui a. 1058 abbas S. Vincentii factus est, quare ab hoc eum non diversum fuisse existimo v. infra c. 97.

(905) Filii Sisemundi et Bertæ. Cf. infra III, 61.

(906) Gatt. Acc., p. 200.

etiam pro illa Domino oblaturus accessit. Cumque ad eum locum canonis pervenisset quo vivorum solent nomina recenseri, eamque multa cum devotione nominatim ac specialiter Domino commendaret, illa procul a monasterio in domo propria velut exanimis decubans, sacerdotis vocem se memorantis audivit, statimque illi quasi juxta lectulum stanti, veluti e gravi somno experrecta festinanter respondit. Obstupefacti qui aderant sollicite cœperunt ab ea requirere, quidnam diceret, vel cui tam insolite respondisset. Illa vero: «Numquidnam, inquit, domnum Johannem venerabilem præpositum hic non stare vidistis? numquid non etiam vocem illius me inclamantis audistis? » Ad hujusmodi mulieris verba attoniti simul et gaudentes qui aderant, mox ad monasterium mittunt et quid pro ea Dei famulus ageret diligenter inquiri præcipiunt. Qui venientes, inveniunt præfatum virum Dei sanctis altaribus assistentem, proque illa missarum Domino sollemnia celebrantem; certumque constitit, eadem hora illam ad se reversam, locutamque fuisse, qua Dei famulus eam in loco canonis solito memorasset, et gratias omnipotenti Domino maximas referentes, reversi ad eos qui se miserant, rem pro certo sicut contigerat palam omnibus retulerunt. Mulier (907) vero eadem incolumitati mox pristinæ restituta, una cum jugali suo mira semper hominem Dei devotione percoluit. Ferebatur etiam idem vir Dei hujusmodi gratia præpollere, ut si ex aqua qua post missarum sollemnia manus ablueret, aliquis in potum febreticus fideliter sumeret, nullum deinceps in eo febris jus exercere potestatis valeret. Anselmus tunc eidem civitati episcopus præerat, vir tantæ auctoritatis atque prudentiæ, ut Romanam postmodum feliciter rexerit sedem. Hic cum quodam tempore ardore febris vehementissimo estuaret, repente memoratus est hoc quod jam dudum de prædicto viro Dei fama multorum vulgante perceperat. Misitque continuo qui ex aqua eadem clanculo sibi deferret. Quam mox ut in potum accepit, nulla interposita mora, omnis ab eo valitudo illa febris aufugit, idque præfatus antistes ad gloriam Dei et commendationem tanti viri sæpe referre solitus erat. Multa etiam alia de virtutibus prædicti Dei famuli referuntur, sed non sunt neque temporis neque codicis hujus.

91. [Cap. 94.] Audiens [3787] præterea apostolicus et insperatum obitum Richerii et Petri præproperam [3788] electionem (*an.* 1056), valde graviter tulit, moxque litteras huc blanditiis primum, demum vero redargutionibus plenas direxit, nequaquam nos absque illius consilio ac voluntate imperatoris electionem ipsam [3789] debuisse facere asserentes. Quamobrem duo fratres ad eum qui omnem illi rei hujus veritatem seu necessitatem exponerent, ex parte abbatis et fratrum directi sunt. Ad imperatorem etiam de eadem re protinus sunt legati transmissi. Interea [3790] apostolicus ultra montes profectus, ibique jam imperatorem languentem reperiens, usque ad ejus obitum (*an.* 1057, *Oct.* 5.) cum illo est remoratus, filioque parvulo quinque [3791] circiter annorum quem in manu [3792] ejus pater reliquerat regni totius optimates jurare faciens, eumque in regno confirmans, reversus tandem in Tusciam est. Fridericus dehinc comperto imperatoris obitu jam fiducialiter ad papam accessit, et universa quæ illi Trasmundus fecerat pleniter referens, eundem Trasmundum excommunicari fecit. Demum vero idem [3793] Trasmundus absolutionis suæ causa Romam pergens, et fere omnia [3794] quæ Friderico abstulerat referens :] cum [3795] post magnam satisfactionem se absolvi obtinuisset, suggerente eodem Friderico atque Humberto, conventus a papa atque admonitus, castellum nomine Frisa quod uxor ejus sancto Benedicto concesserat, isque post ejus mortem invadendo abstulerat, in manu [3796] ejusdem papæ sponte refutavit, et [3797] in jus monasterii hujus restituit (908). Et quoniam, ut supra jam dictum est, idem apostolicus nimis indigne tulerat quod absque sua scientia prædicti abbatis electio esset effecta (909), super hæc etiam relatum illi a quibusdam invidis fuerat in eandem electionem non omnes monachos consensisse, eumque seditiose et nequaquam canonice ad id officium promotum fuisse; occasionem nactus, mandat eidem abbati ut Romam quantocius cum 12 ad se monachis vadat, et ita de sua ordinatione rationem sibi oportunissimam red-

VARIÆ LECTIONES.

[3787] Audiens—excommunicari fecit *add.* 1b. [3788] repentinam 1b. *deest* 2. [3789] *deest* 1b. [3790] Post hæc a. 1b. [3791] q. c. a. *deest* 1b. [3792] manus 1b. [3793] *add.* 1b. [3794] et universa q. 1. *corr.* 1b. [3795] cum—obtinuisset *add.* 1b. [3796] manus 1. [3797] refutavit. Post hæc cum papæ a quibusdam invidis relatum fuisset in abbatis electionem non omnes fratres consensisse, eumque seditiose et nequaquam canonice promotum fuisse, mandatur ei ut ad proximam synodum veniat (*corr.* ut Romam vadat), deque sua electione his quæ sibi objiciuntur, oportune respondeat. Rogatus itaque dux Adenulfus, unacum illo Romam abiit, idque demum ab apostolico impetravit, ut non in Romana synodo, sed in Casinensi capitulo, missis a latere suo viris prudentibus abbatis causam discuteret; exacta ab illo promissione, ut si verum posset probari unde apud illum insimulabatur, sponte cederet abbatiæ. Celebrata igitur synodo, et abbate regresso, missi sunt ex parte papæ Humbertus et Fridericus ad monasterium. Qui ipso die sancti pentecostes capitulum fratrum ingressi — pronuntiant — eis — referunt 1. refutavit. Et quoniam *etc. ut ed.* 1b.

NOTÆ.

(907) *Mulier — percoluit* desunt ap. Desid.

(908) V. privil. Victoris II; Gatt. Hist., p. 146.

(909) Aliam causam produnt Chr. Vult. p. 154, *quia nimis simplicissimus*, et Amatus III, 46, *non fu trop expert de chozes seculeres.*

dat. Cumque sicut mandatum fuerat profectus ad A illum abbas fuisset, vix jam post biduum in ejus camera cum duobus tantum fratribus introire permissus est. Honorifice [3798] tamen receptus, cum inter loquendum nonnumquam mentis suæ commotionem apostolicus demonstraret, reverti tandem ad monasterium jussus est; ut ibi in præsentia totius conventus sive per se ipsum idem pontifex, sive per nuntios suos causam illius pleniter exquisitam addiscens, demum quod esset canonicum diffiniret. Igitur abbate regresso, non multopost missus est ex parte papæ Humbertus episcopus [3799] ad monasterium, dato illi præcepto ut diligentissime causa ipsius ordinationis investigata, si quam forte inibi occasionem reperire [3800] valeret, mox abbatem absque ulla procrastinatione deponeret : quod si B contra dicere aliquomodo præsumeret, tam ipsum quam et omnes suos fautores apostolica excommunicatione feriret. Ita ad subjugandam sibi violenter abbatiam animum papa intenderat; cum numquam aliquis ante illum Romanorum pontificum hoc attemptaverit [3801] : sed libera ab initio permanente, abbatis quidem electio monachis, papæ vero sacratio tantummodo pertinuerit. Ipso itaque die sancti [3802] pentecostes (*Mai* 18) prædictus [3803] Humbertus capitulum fratrum ingressus, apostolicam illis benedictionem si obedientiæ filii esse vellent pronuntiat. Ea die nichil ab eo quæsitum, sed pasca [3804] sollemniter celebrato, secunda feria propter quid [3805] venisset aperuit; et quid olim [3806] apostolico de C illis deque illorum abbate relatum fuerit ordine retulit; voluntatem [3807] illorum agnoscere et responsum recipere quærens. Responsum itaque [3806] a prioribus est, Casinensis [3808] abbatis electionem et [3809] regulæ auctoritate et concessione apostolica nulli omnino mortalium nisi propriis monachis pertinere; liberam auctore Deo hanc domum, nulli condicioni obnoxiam aliquatenus esse; electionem quam concorditer fecerant ratam omnimodis atque canonicam, et qualiter monastica regula præcipit, et qualiter universorum fere antecessorum suorum apostolicorum auctoritas constituit, se fecisse. Nulli [3810] ambitioni locum aliquem in ea ordinatione fuisse. Neminem porro [3806] de suis neque honestiorem, neque religiosiorem, neque meliorem D denique in abbatem eligendum invenire se [3806] potuisse. Invito [3811] illi et omnimodis renitenti officium istud impositum esse; omnesque unanimiter in ejus prælatione concordes existere. Seditionis [3812] vero consuetudinem Dei gratia in hoc monasterio nunquam fuisse. Nullius demum imperio [3813] alterum super [3814] sese consensuros recipere. Hujusmodi ratione percepta episcopus siluit, nil quod contradiceret aliquatenus pervidens; et eo etiam die ita [3815] discessum a capitulo est.

92. [Cap. 95.] Interea quattuor tantum quidam de fratribus nimis [3816] hæc indigne ferentes, et ob hoc solum ut abbatem deponeret [3817] apostolicum nuntium venisse putantes, tam abbate quam ceteris ignorantibus, ineptissimo inter se consilio habito, mandant protinus; et omnes fere hujus terræ incolas ad arma excitos die altero quasi in abbatis auxilium advocant. Cum [3818] ecce die sequenti (*Mai.* 20) cum omni pace a capitulo surgentibus, subito diversis armata telis advenit innumera multitudo frementium, et qui essent qui abbatem illorum vellent deponere inquirentium, eosque perdere cupientium. Quod fortasse fecissent, nisi abbas ad illos egressus, vix tandem multis rationibus ostensis, eorum sævitiam repressisset, adjiciens : *Nunc usque nemo michi abbatiam tollere potuit; sed vos hodie vestra stultitia, michi illam eripuistis.* Quod [3819] pro certo verissimum fuit. Nam prædictus [3820] episcopus jam jamque recedere, nulla contradictione super ejus ordinatione inventa parabat. Hac igitur sola tandem occasione reperta [3821], omnes pariter fratres in abbatis cameram convocat [3822], deque tanta sibi [3823], Romanis videlicet [3823] nuntiis ante [3824] ipsas Romanorum januas facta injuria, proclamando [3825] conqueritur. Huic etiam monachi juncti, et sibi quoque nichilominus eandem factam injuriam contestantur, nolle se abbatem amplius [3826] qui non per illos sed per terræ homines haberetur, asseverantes [3827]. Inde [3828] simul omnes in capitulum redeuntes [3829], cœpit idem Humbertus [3830] sub districtissima anathematis indictione perquirere quinam [3831] fuissent tantæ seditionis auctores. Cumque tam abbas quam cæteri fratres hujusce rei se prorsus ignaros constantissime faterentur, et ille [3832] super hoc negotio nimis instaret : surgentes tandem illi quattuor fratres, se-

VARIÆ LECTIONES.

[3798] Honeste 1b. [3799] H. et Fridericus 1b. *quod postea correxit et pluralem numerum in sing. ubique mutavit; scriptor tamen cod.* 2. valerent, deponerent, ferirent *scripsit.* [3800] reperiret 3. [3801] attemptare præsumpserit 1b. [3802] *deest* 4. [3804] prædicti legati apostolici 1. *corr.* 1b. [3804] pentecosten 3. [3805] quod *ed.* [3806] *add.* 1b. [3807] voluntatem — quærens *add.* 1b. [3808] Casinensis — fecisse *add.* 1b. [3809] et. conc. apostolica 1b. [3810] Nulli — fuisse *desunt* 1b. *f. abscisa.* [3811] invito — esse *add.* 1b. [3812] S. v. c. *add.* 1b. *reliquis abscisis.* existere. Et eo etiam die ita discessum est 1. [3813] imperium 4. [3814] *add.* 4. [3815] *deest* 4. [3816] f. non bene sibi fidentes, et ob 1. [3817] deponerent apostolicos missos 1. *corr.* 1b. [3818] *ita* 1b. Surgentibus autem cum o. p. a cap. die s. ecce multitudo inn. fr. 1. [3819] *ita* 1b. Quo ..... missi apostolici una cum omnibus (?) fratribus in c. a. conveniunt 1. [3820] prædicti legati *corr.* prædictus episcopus 1b. [3821] r. convocatis fratribus omnes pariter in camera abbatis conveniunt 1b. [3822] vocat *ed.* [3823] *deest* 1. [3824] a. i. R. i. *add.* 1b. [3825] i. magnis valde proclamationibus conqueruntur. Ilis e. 1. [3826] *add.* 1b. ampl. abb. 1b. *ed.* [3827] *add.* 1b. [3828] *ita* 1b. Post hæc o. pariter in 1. [3829] reversi, cœperunt 1. abeuntes c. i. II. 1b. [3830] ac Fridericus *add.* 1b. *sed ipse expunxit.* [3831] *ita* 1b. qui essent 1. [3832] apostolicæ sedis nuntii — instarent 1. *corr.* 1b.

que de more monasterii terræ humiliter prosternentes, se tantum, cæteris ignorantibus hujus [3833] facinoris auctores fuisse [3834] confessi sunt. Commoti fratres, de claustro [3835] monasterii protinus illos exturbant, atque apud hospitum [3836] domum in gravioribus eos culpis constitui [3837] mandant. Abbas interea Humbertum [3838] latenter alloquitur, libenter se abbatiam dimittere pollicetur, dari sibi locum ubi decenter possit consistere flagitans. Tertia post hæc die (*Mai.* 22) coram cunctis fratribus in ecclesiam veniens, et virgam super altare ponens, abbatiam tali [3839] ordine refutavit. Altera [3840] vero die (*Mai.* 23), idest sexta feria post pentecosten, in capitulum universi fratres convenientes, præsidente [3841] prædicto Humberto apostolicæ sedis legato, cœperunt de eligendo sibi abbate tractare. Uno igitur tandem consensu et unanimi voluntate, Fridericum omnibus eligere complacet; qui cum et nobilitate ac sapientia magna [3842] polleret, quod his quoque [3843] præcipuum esset, monachus ejusdem congregationis existeret. Quod cum Humberto quoque episcopo satis laudabile videretur, mox ab eo fratribus traditus, ingenti gaudio et exultatione cunctorum, de more monasterii abbas electus est, anno [3844] Domini 1057.

FRIDERICUS natione Lotheringus, tricesimus sextus abbas cœnobii hujus, sedit mensibus decem.

93. [Cap. 96.] Qui ex regali progenie ducens originem, a puero liberalibus litterarum studiis eruditus, atque apud ecclesiam Sancti Lamberti (910) canonicus conversatus est. Dehinc a Leone papa cancellarius sedis apostolicæ ordinatus, post ejus obitum ad hoc monasterium venit; ac demum ordine quo supra relatum est, loci hujus [3845] abbatiam recepit. Post decem igitur dies paratis omnibus itineris necessariis, assumptis octo fratribus, una cum episcopo Humberto gratia consecrationis suæ ad papam profectus in Tusciam est. Super quo postquam apostolicus nimis exhilaratus est, universa ei per ordinem quæ vel qualiter gesta fuerant, retulerunt; religionem et conversationem nostrorum, ac loci istius dignitatem Humberto plurimum collaudante. Sabbato itaque in jejunio [3846] Junii mensis (*Jun.* 14) cardinalis presbyter de titulo sancti Chrisogoni ordinatus, in nativitate vero sancti Johannis abbatiæ est consecrationem adeptus, atque usque ad festivitatem sancti Appollinaris (*Jul.* 23) cum eodem

A est apostolico remoratus. Quo etiam tempore privilegium ab eo per manus præfati Humberti recepit, in quo translatam ad se a Petro saniori fratrum consilio abbatiam idem apostolicus valde collaudans (911), apostolica illi [3847] hanc auctoritate juxta consuetudinem antecessorum suorum firmavit. Usum quoque illi sandaliorum cæterorumque insignium, juxta quod sanctus papa Deo dudum concesserat abbati Richerio, eadem auctoritate concessit. In omni præterea conventu episcoporum ac principum superiorem universis abbatibus sedem, et in consiliis eorum atque judiciis priorem nihilominus sui ordinis hominibus sententiam, et illi pariter et successoribus ejus auctoritate simili roboravit. Quod et ipse postmodum similiter tempore pontificatus sui cœnobio B hujc, et per ipsum omnibus deinceps cœnobii hujus abbatibus cœnobialiter promovendis cum sollempni privilegio (912) in perpetuum delegando firmavit. In quo etiam præter cætera seditiones quas dicunt levas, seu deprædationes quas hic in abbatis dormitione fieri solere expertus fuerat, ne aliquomodo deinceps fierent severissime interdixit.

94. [Cap. 97.] Cumque petita remeandi licentia Romam venisset, dominica sequenti (*Jul.* 27) apud Sanctum Petrum missam sollempniter celebrans, ingenti Romanorum multitudine comitatus ad titulum suum de more cardinalium cum laude perductus est; dehinc ad Pallariam (913) ubi hospitabatur non [3848] dissimili prosecutione profectus. Ubi cum usque ad C quintam feriam (*Jul.* 31) ornamentorum adquirendorum gratia substitisset, et omnibus jam ad recedendum paratis Urbem protinus exire pararet, subito Bonifatius Albanensis episcopus festinus a Tuscia rediens, obitum Urbi Romani pontificis (*Jul.* 28) nuntiavit. Tali mox nuntio consternatus restitit, et ita demum paulatim ac pedetemptim frequentari a Romanis tam clericis quam civibus cœpit. Residuum itaque diei illius, et nox integra cum die sequenti ab his in consiliis hujusce [3849] rei peracta: consultus tandem ab eis quid facto opus esset, vel quem eligere ad tantum pontificatum deberent, quinque illis personas quæ digniores in istis partibus essent, ad quem vellent eligendum proposuit. Humbertum scilicet episcopum D sanctæ Rufinæ, episcopum Veliternensem (914), episcopum Perosinum [3850], episcopum Tusculanen-

VARIÆ LECTIONES.

[3833] hoc facinus instigasse c. s. 1. [3834] se fuisse *ed.* [3835] de monasterio 1. *corr.* 1^b. [3836] piretum 1. d. 1^b. [3837] allegant 1. c. m. 1^b. [3838] Fridericum ac socium 1. *corr.* 1^b. [3839] a. apostolicis nuntiis r. 1. a. l. o. r. 1^b. [3840] Quinta vero feria pentecostés. 1. *corr.* 1^b. [3841] præsidentibus H. et F. a. s. legatis 1. *corr.* 1^b. [3842] s. nec non religione p. 1. s. m. p 1^b. [3843] *deest* 1. [3844] a. D. 1057 *add.* 1^b. *Ibi in media pagina desinit cod.* 1. [3845] *add.* 4. [3846] jejuniis m. I. *ed.* [3847] illa h. consuetudinem auctoritate a. s. f. 5. [3848] cum 4. [3849] hujuscemodi *ed.* [3850] Perusinum 2.

NOTÆ.

(910) Leodii.

(911) *Electionem ad regimen cœnobii præfati saniori consilio omnium fratrum in præsentia responsalis nostri a Petro monacho aliquorum pravorum conspiratione electo in te translatam collaudantes confirmamus.* Victor II in privil. ap. Gatt. Hist., p. 145. s. d.

(912) Reg., n. 27. ANG.

(913) V. infra III, 36.

(914) Joannem.

sem (915), et Hildebrandum [3851] Romanæ ecclesiæ subdiaconum. Sed cum Romani neminem sibi de his idoneum ad hoc videri censerent, eique demum tantum se honorem largiri velle assererent : *De me*, inquit ille, *nil poteritis agere nisi quod permiserit Deus, et absque illius nutu neque concedere neque tollere michi officium* [3852] *istud potestis*. Fuere tamen qui Hildebrandum [3853] adhuc apud Tusciam ubi cum apostolico fuerat remorantem, oportune dicerent expectandum. Cæteri [3854] vero moras aliquas nequaquam esse congruas judicantes, uno omnes consilio ac voluntate concordi summo mane abbati simul conveniunt (*Aug.* 2), eundemque Fridericum [3855] violenter a Pallaria extrahentes, ad electionem faciendam ad beati Petri quæ Ad vincula nuncupatur basilicam illum perducunt. Ubi [3856] ejus vocationem de consuetudine facientes, Stephanum eum quoniam festum sancti Stephani papæ eo die celebrabatur, appellari decernunt; sicque universa Urbe cum laudibus prosequente, ad Lateranense patriarchium illum deducunt. Die vero altera illucescente (*Aug.* 3), cardinalibus universis simul cum clero populoque Romano ad eum convenientibus, apud beati Petri basilicam ingenti cunctorum lætitia summus et universalis pontifex consecratur. Post hæc remissis ad monasterium fratribus, et duobus tantum ad serviendum sibi retentis, mandat præposito nostro ut cum 12 monachis quos litteris ipse significabat, ad se protinus pergat; ut tam de se quam de illis commune consilium habeat. Profecti itaque omnes ut jusserat sunt, atque post dies ferme decem reversi. Per quattuor igitur continuos menses Romæ moratus, ac frequentibus synodis clerum Urbis populumque conveniens, maximeque pro conjugiis clericorum ac sacerdotum, nec non et consanguinearum [3857] copulationibus destruendis nimio zelo decertans, ad hoc tandem monasterium in festivitate sancti Andreæ (*Nov.* 30) cum non parva Romanorum manu reversus est, et usque ad festivitatem sanctæ Scolasticæ commoratus (*an.* 1058, *Feb.* 10). Et quoniam vitium proprietatis paulatim in hoc loco a prioribus annis irrepserat, cœpit omnimodis insistere oportune, importune, arguendo, obsecrando, increpando, nec non et districtissime interminando, ut prædictum vitium hinc juxta mandatum regulæ radicitus amputaret; et hoc quidem ex parte maxima fecit. Tunc etiam et [3858] Ambrosianum cantum in ecclesia ista cantari penitus interdixit.

95. [Cap. 98.] Per hos dies (1057) Pandulfus Marsorum episcopus vir nobilis et ecclesiasticus ad hoc monasterium venit, atque ab eo nimis honorifice amanterque receptus est (*Dec.* 9). Cui [3859] etiam et privilegium episcopale fecit (916), et in hoc monasterio [3860] locum illi primum post se in omni conventu concessit. Qui videlicet episcopus obtulit in hoc loco planetam scaramanginam (917); pluviale diasprum cum lista aurea; faciem altaris purpuream cum listis et gemmis; turibula argentea duo; calicem aureum cum patena sua; aquæmanilia argentea duo; incensorium de argento unum; crucem argenteam parvulam cum ligno Domini; situlam argenteam unam; pallium [3861] magnum unum cum leonibus ad appendendum, et unum tapetum optimum, et alia nonnulla quæ scribere superflua duximus. Et sic societate ac benedictione fratrum percepta reversus est, semper ex eo tempore familiarissimus et devotissimus circa locum istum existens. Marinus etiam Trajectensis comes eisdem diebus (*an.* 1058, *Jan.*) obtulit in [3862] hoc monasterio totam et integram portionem suam, idest quartam partem totius comitatus Trajectensis, et medietatem castri Spinii (918), et quartam partem de castro Fracte [3863], nec non et monasterium sancti Marini (919) quod [3864] in pertinentia ejusdem Fractensis [3865] oppidi situm est, cum universis omnino substantiis ac pertinentiis ejus. Gezzo [3866] quoque et Petrus germani fratres de Pontecurvo his diebus tradiderunt in hoc loco ecclesiam sancti Nycolai et sancti Blasii quæ est in castello sancti Johannis de Carica, cum omnibus rebus ipsi [3867] ecclesiæ pertinentibus (920).

96. Sed cum prædictus apostolicus Romana febre jam dudum langueret, circa ipsam natalis Domini festivitatem adeo graviter infirmatus est (*an.* 1057, *Dec.*), ut pro certo se mori putaret. Electo itaque Desiderio cum priorum consilio [3868] in abbatem, quemadmodum loco congruo juvante Domino ostendemus, et apostolicæ legationis ad Constantinopolitanum imperatorem illi commisso viatico, ipse Romam reversus Alfanum olim Desiderii socium, Salernitanæ tunc sedis electum secum duxit, eumque in jejuniis Martii primo presbyterum, dehinc sequenti dominica (*an.* 1058, *Mart.* 8) archiepiscopum consecrans, cum honore Salernum remisit.

97. [Cap. 99.] Post (921) paucos dies mandavit præposito nostro (922), ut omnem ecclesiæ hujus loci thesaurum, in auro dumtaxat atque argento,

VARIÆ LECTIONES.

[3851] Hildepr. 2. [3852] *deest* 2. [3853] Hyldepr. 2. [3854] Ceteras 4. [3855] Fred. 2. [3856] Ibi 4. [3857] consanguineorum 5. [3858] etiam Ambrosii c. 4. [3859] Qui 2. [3860] monasterium 2. [3861] unam cum leonibus. P. m. u. ad a. 2. [3862] huic m. *ed.* [3863] Fratte 2. [3864] qui 4. [3865] Frattensis 2. [3866] ezzo 4. [3867] ipsius ecclesie p.... 4. [3868] *deest* 4.

NOTÆ.

(915) Petrum.

(916) Edidit Ughellus in Epp. Mars.

(917) Scaramanga olim fuit vestis militaris, inde panni speciem aliquam designabat.

(918) Nunc *Spigno* et *Le Fratte*. Edidit Gatt. Acc., p. 157. Desiderio abbate donatio eisdem fere verbis repetita est, v. infra III, 59.

(919) *Sancti Martini* in chartula dicitur : ubi nunc est terra Castrifortis. ANG. Cf. infra III, 60.

(920) Num. 393. ANG.

(921) Brevius hæc refert Amatus III, 47, 48.

(922) Joanni, v. Desid. Dial. I, 6.

festinanter sibi et quam posset latenter per se ipsum deferret; multo potiora his in brevi se huc retransmissurum promittens. Disponebat autem fratri suo duci Gotfrido apud Tusciam in colloquium jungi, eique ut ferebatur imperialem coronam largiri; demum vero ad Normannos Italia expellendos, qui maximo illi odio erant, una cum eo reverti. Cumque licet tristes nimiumque dolentes, quod papa mandaverat fratres matutinali tempore perficere maturarent, quidam novicius bonæ conversationis frater, Leo nomine, civis Amalfitanus, post nocturnam synaxim cæteris ecclesiam exeuntibus orandi gratia substitit, et post orationem parumper residens obdormivit. Cernebatque insomnis quendam reverenda canitie monachum cum alia sanctimoniali ab ipsis absidæ aditis procedentes usque ad ecclesiæ medium pervenisse, eandemque sanctimonialem suffusam lacrimis, quasi pro eo quod deprædaretur elata voce non mediocriter conqueri. Quam ita vociferantem monachus ille a latere comitans taliter consolabatur: *Noli*, inquiens, *soror, noli flere, nam universa hæc ad nos procul dubio in proximo revertentur.* Experrectus frater cœpit esse de visione attonitus; pergensque fortuito ad secretarium, et videns quæ agebantur, cum illius mandati prorsus esset ignarus, accepta mox a priore loquendi licentia, visionem quam viderat per ordinem retulit; cœperuntque omnes qui aderant flere. Sed quoniam quod mandatum fuerat prætermittere non audebant, assumptis omnibus Romam illa ad apostolicum detulerunt. Quibus ille visis, totus intremuit; demum vero recitata illi præfata visione, cognita quoque super hoc immensa nostrorum tristitia, penitentia ductus lacrimari cœpit, ac protinus unam tantummodo iconam ex his quæ ipsemet a Constantinopoli detulerat inde assumens, cætera omnia perniciter huc referri mandavit. Cum itaque mox receptis omnibus, prædictus noster præpositus maturaret reverti, et magnam jam partem itineris confecisset, nuntium repente a papa recepit, ut remisso ad monasterium thesauro per socios ipse quantocius ad eum rediret. Quem reversum de abbatia Sancti Vincentii, quemadmodum a filiis Borrelli exoratus

A fuerat investivit, eumque protinus ad eam recipiendam transmisit (923).

98. [Cap. 100.] Post (924) hæc congregatis intra ecclesiam episcopis et clero populoque Romano, sub districta nimis interdictione constituit: ut si ante quam Hildebrandus Romanæ tunc ecclesiæ subdiaconus, ab imperatrice ad quam pro quibusdam rei publicæ negotiis communi consilio mittebatur rediret, se obire contingeret, nullus omnino eligere papam præsumeret, sed usque ad illius reditum apostolica sedes intacta vacaret, ejus demum consilio ordinanda. Dehinc ipse in Tusciam properans, non multopost subito languore depressus Dei judicio apud urbem Florentiam obiit 4. Kal Aprilis, ibique digno satis est honore sepultus *. Fratres igitur

B hujus [3869] cœnobii qui cum eo perrexerant, capellam ejus quam hinc detulerat fidelibus viris apud Florentiam commendantes, quoniam per Romam regredi formidabant, annitentibus ac deducentibus se Florentinorum [3870] nobilibus per marchias iter [3871] arripiunt; atque ad nos qua possunt instantia prosperante Domino revertuntur.

* Ad (925) cujus sacratissimum corpus, meritis ejus intervenientibus, plurima Christus signa ostendit. *add.* 2.

99. [Cap. 101.] Interea Gregorius de Alberico (926) Tusculanensis * comes comperto Romani pontificis obitu, sociato sibi Girardo de Galera [3872] et Romanorum potentium aliquot, nocturno tempore

C cum armatorum turbis undique [3873] tumultuantibus atque furentibus ecclesiæ jura pervadunt, et Johannem Veliternensem episcopum, Mincium (927) postea cognominatum, invitum [3874] licet, ut ferunt, [3875] in Romana sede papam constituunt, Benedicti nomine illi imposito (928). Quod cum Petrus Damiani vir valde religiosus et [3876] in sæcularibus ac divinis litteris a pueritia studiosissimus, quem eo tempore Stephanus papa distractum ab heremo (929) in Ostiensi * ecclesia episcopum fecerat, auditu [3877] comperisset, una cum ceteris [3878] cardinalibus qui [3879] ad præsens aderant cœpit quoquomodo [3880] poterat obsistere, reclamare, ac terribiliter [3881] anathematizare; sed omnes hii tandem fautorum ejus

VARIÆ LECTIONES

[3869] nostri qui *ed.* [3870] Florentinensibus p. 2. [3871] m. ad nos revertuntur *ed.* [3872] Gaiera 4. [3873] u. t. a. f. *add.* 4. [3874] i. l. ut f. in R. s. *desunt* 2. [3875] fertur 3. [3876] et in s. ac d. l. a p. st. *desunt* 2. [3877] auditi 3. *deest.* 2. [3878] *deest ed.* [3879] q. ad p. a. *add.* 4. [3880] q. p. *add.* 4. [3881] *add.* 4.

NOTÆ.

(923) Paulo aliter hæc narrantur in Chr. Vult., p. 514: *Fratres*, inquit, *cœperunt sibi querere abbatem, et querentes invenerunt virum idoneum et prudentem d. Johannem qui fuerat genere Marsicanus et nutritus in hoc monasterio.* Sedit ann. 22, m. 4, d. 15.

(924) *Post—vacaret.* Ex Petri Dam. ep. III, 4.

(925) Idem Petrus refert in lib. *De ortu et obitu Just. Cas.* 58, *De viris ill.*, c. 17.

(926) Albericum ipsum habent Ann. Rom., in Mon. SS., p. 470.

(927) *Balordo, donde nacque la parola minchione.* Di meo Ann. Nap. VII, 338. Mintionem vocat Petrus Dam. Opusc. XX, 3.

(928) Tusculanensem vocat Petrus in pontificum catalogo.

(929) Apud Fontem Avellani. Ex ejus epist. III, 4 magna hujus cap. pars petita est, sc. *nocturno furentibus* et *una — attractus est.*

terrore compulsi, per diversa coacti sunt latibula fugere. Ita a satellitibus Satanæ Ostiensis ecclesiæ archipresbyter (930) non [3882] tam canonum quam etiam litterarum ignarus, ut prædictum Mincium ad apostolatus culmen proveheret, raptus ac violenter attractus est. Humbertus interea episcopus tunc a Florentia revertens una cum Petro Tusculanensi episcopo, nequaquam Romæ remorandum sub [3883] tanto turbine ratus, clam post [3884] paucos dies iter aggressus, apud Beneventum pascha celebraturus accelerabat. Qui cum feria 4 ante cœnam Domini (*Apr.* 15) ad Sanctum Germanum applicuisset, simul cum socio invitatus a fratribus atque retentus festivitatis gratia est.

* Lateranensis et Tusculanensis 2.

100. [Cap. 102.] Hæc præterea sunt quæ de Friderici muneribus hoc monasterium tempore diverso recepit. Crucem auream super [3885] altare, gemmis ac margaritis speciosissime [3886] comptam librarum paulominus duarum, cum tripode suo [3887] argenteo deaurato, et astili onichino, argento et auro decenter [3888] ornato, quinque librarum inter utrumque. Yconas argenteas deauratas 4. Auream unam cum gemmis ac smaltis valde pulcherrimam, cum non parva ligni dominici portione. Ceraptata cristallina, parium unum; argenteum parium alterum. Codicellum evangelii auro gemmisque decoratum. Pluviala 6. Laternam argenteam magnam librarum 5, cum nigello (931). Urceolum argenteum ad ministerium altaris. Situlam argenteam deauratam cum smaltis. Pallia quoque et hostiaria aliquot. Tapetia 7, et unum majus quolibet pallio pretiosius. Antiphonarium unum.

Secundo tandem operis hujus ab Aligerno in Desiderium usque [3889] Domino favente deducto libello, oportunum ac decens esse putamus, si vitam moresque illius ac gesta exintegro quantum [3890] fas suppetit descripturi et [3891] ab ipsis ejus incunabulis incepturi, tertium historiunculæ hujus primordium ejus auspiciis dedicemus, ac sic per [3892] ordinem [3892] reliqua illius opera comitante [3892] Christi [3892] gratia [3891] contexamus.

Explicit liber secundus [3893]

INCIPIUNT [3894] CAPITULA LIBRI TERTII.

1. *De infantia* [3895] *seu intentione Desiderii.*
2. *Qualiter patre mortuo clam matrem fugerit, et habitum religionis induerit.*
3. *Quomodo inventus a propinquis sit, et ad matrem reductus.*
4. *Qualiter iterum fugerit et apud Salernum in monasterio de Cava sit commoratus.*
5. *Qualiter per Landulfum principem rursus sit Beneventum reductus, et apud Sanctam Sofiam manere permissus, et quare Desiderius appellatus.*
6. *Qualiter sit ad Tremitense monasterium primo, dehinc ad Majellam profectus; itemque Beneventum reversus.*
7. *Qualiter Leoni papæ sit familiaris effectus; et qualiter Alphano Salernitano conjunctus, primo in curiam papæ Victoris, deinde ad hoc monasterium pariter venerit.*
8. *De visione Desiderii et quomodo Alphanus ad abbatiam Salernitanam, ipse vero ad Capuanam præposituram transmissi sunt.*
9. *Qualiter sit Desiderius electus et ordinatus.*
10. *De studio et constructione officinarum monasterii.*
11. *Qua de causa Castellum novum construxit.*
12. *De ordinatione papæ Nycolai, et qualiter ab eo cardinalis et abbas esi consecratus.*
13. *Qualiter idem apostolicus apud Melphiam Apuliæ concilium fecerit, et qualiter Sancta Maria* [3896] *de*

VARIÆ LECTIONES.

[3882] non — ignarus *desunt* 2. [3883] s. t. t. *add.* 4. [3884] p. p. d. *add.* 4. [3885] s. a. *add.* 4. [3886] m. ornatam l. d. *ed.* [3887] *deest* 2. [3888] *add.* 4. [3889] *add.* 4. [3890] q. f. s. *add.* 4. [3891] et ab i. e. i. i. *a d.* 4. [3892] *add.* 4. [3893] *ita* 3. historie cenobii Casinensis 2. *desunt* 4. [3894] *ita* 3. Incipit prologus de vita et actibus reverendissimi abbatis Desiderii qui et Victoris III. pape. 2. *ubi index capitum post prologum scriptus est, hac inscriptione :* Explicit prologus Inc. c. l. tercii. *In cod.* 3. *prologus cum capitibus numeratur.* [3895] origine et inf. et adolescentia D. 2. De susceptione monastici abitus ejusdem. 3. De vi sibi illata propter abitum susceptum. 4. De fuga Desiderii ad monasterium Cavæ. 5. De reditu ejusdem ad mon. S. Sophiæ de Benevento. 6. De profectione Desiderii ad mon. Tremitense, et mon. Magellæ, et reditu ad S. Sophiam. 7. De Alphani et Desiderii adventu ad hoc monasterium. 8. De v. D. et præpositura ejusdem, et archiepiscopatu Stephani. 9. De electione et confirmatione Desiderii a papa. 10. De susceptione Desiderii in abbatiam. 11. Qualiter inceperit renovare monasterium et ædificia (monasterii æd. 3). 12. Qua de causa (quausa 3.) Castellum novum construxerit Desiderius. 13. De — consecratus, et qualiter — Catena sit S. B. concessa. 14. De restitutione S. Benedicti de S. et de c. S. L. et qualiter cartæ S. Ben. de Salerno nobis pertinentes repertæ, absconditæ, adque incisæ pro nostra invidentia fuerint. 15 = 14. *codicis* 4. *etc., ed. sed codd.* 2 *et* 3 *sæpius discrepant, et divisio capitum in* 3: *eadem est quæ in* 4. [3896] atria de C. sancti Benedicti 4.

NOTÆ

(930) *Presbyter* P. Dam.

(931) Ital. *niello.*

Catena sancto Benedicto concessa, et Sanctus Benedictus de Salerno restitutus sit; et de concambio Sancti Laurentii.

14. *Qualiter a prædicto papa domnus Oderisius diaconus sit ordinatus, et in Aquino domnus Martinus, in* [3897] *Venafro vero domnus Petrus episcopi constituti.*

15. *Qualiter Richardo principatum, Viscardo* [3898] *vero ducatum idem apostolicus confirmavit* [3899]*; et qualiter uterque illorum id adquisierit.*

16. [3900] *Qualiter idem princeps aliquanta finitima nobis castella partim concesserit, partim commutaverit; et de concambio de Pede montis.*

17. *De quorundam in* [3901] *hoc loco oblationibus.*

18. *Quot vel qualia ornamenta Desiderius tunc vel adquisierit vel fecerit* [3902].

19. *De ordinatione papæ* [3903] *Alexandri, et controversia Cadaloy.*

20. *De flagello fulminum, et visione abbatis super hoc.*

21. *Qualiter per rogum* [3904] *regis Sardiniæ 12 illuc monachos direxerit, et qualiter a Pisanis disturbati fuerint.*

22. *Item de oblationibus ipsius et alterius regis in Sardinia, et de satisfactione Pisanorum.*

23. *De adventu ducis Gotfridi* [3905] *ad Aquinum et de ingressu Normannorum in Marchiam* [3906].

24. *Quot hujus monasterii fratres a prædicto patre ad honores promoti sint; et de privilegio nobis contra Hildebrandum archiepiscopum facto.*

25. *De monasterio Tremitensi, a prædicto abbate recepto et ordinato.*

26. *Qualiter ab eo vetus ecclesia eversa sit, et nova constructa.*

27. *Qualiter a* [3907] *Constantinopoli artificibus accersitis* [3908]*, musivis et lapidibus eandem basilicam decoravit* [3909].

28. *De diversis in eadem ecclesia laboribus.*

29. *Quanta gloria ipsam ecclesiam dedicaverit, et quibus eam sanctorum* [3910] *reliquiis adornaverit.*

30. *De frequentia populorum propter absolutionem huc incurrentium* [3911].

31. *De regina Agne* [3912]*, et oblationibus ejus.*

32. [3913] *De variis ipsius ecclesiæ ornamentis.*

33. *Qualtier ad ampliandum monasterii claustrum, destructis prioribus officinis iterum eas multo potiores ac meliores effecit.*

34. [3914] *Qualiter cartæ monasterii sancti Benedicti de Salerno nobis pertinentes, dudum repertæ, absconditæ, atque incisæ pro nostra invidentia fuerint* [3915].

---

34 a. *De renovatione ecclesiæ Sancti Martini, et constructione mansiunculæ Desiderii, et qualiter dedicaverit ecclesias Sancti Bartholomei et turrium paradisi.*

35. *De Alberico* [3916]*, et qualiter vocatus interfuerit synodo. De Alfano. De Amato, et Constantino Africano.*

36. *De demoniaco et clauda quadam curatis ab Alexandro papa, et de cambio de Sancta Maria de Palladio, et concessione Terracinensis civitatis* [3917].

37. *De restitutione sive oblatione ac constructione monasterii sancti Angeli de Formas.*

38. *De septem miraculis meritis beati Benedicti patratis* [3918]

39. *De quibusdam refutationibus et oblationibus.*

40. *De quibusdam miraculis beati Benedicti meritis in Galliis et hic patratis.*

51. *De quorundam oblationibus.*

42. *De mota quæstione coram apostolico super ecclesiam Sanctæ Sophiæ et ecclesiam Sancti Angeli de Formas.*

43. *De miraculis quorundam hujus monasterii monachorum.*

44. *De quorundam oblationibus.*

45. *Qualiter Robertus Guiscardus Siciliam ceperit, Salernum, et ecclesiam sancti Matthæi apostoli construxit, brachium sibi reservans, et quamplurima loca.*

46. *De pecunia violenter abstrata et interdicto.*

47. *De quibusdam oblationibus et confirmationibus.*

48. *De quorundam monachorum miraculis, et renovatione Sancti Liberatoris.*

VARIÆ LECTIONES.

[3897] et in Benafro d. *ed.* [3898] et Roberto Guisquardo d. *ed.* [3899] confirmaverit *ed.* [3900] 17. Qualiter idem princeps fecerit præceptum de platea publica monasterio nostro Capuæ sito. 18. Q. a. finitima — commutaverit. *ed.* [3901] q. oblatis ecclesiis et aliis o. *ed.* [3902] f. et de portis ecclesiæ brevibus *ed.* [3903] A. p. *ed.* [3904] Baresonum *ed.* [3905] Roffridi *ed.* [3906] mar 4. [3907] *deest. ed. In 2. capitula abhinc manu sæc. XIV. scripta sunt.* [3908] acersitis 4. [3909] d. et vitro et picturis. 30. Quanta gl. *etc. ed.* [3910] *deest ed.* [3911] conc. *ed.* [3912] Agnete *ed.* [3913] 33. De v. i. e. o. et q. ad a. cl. d. p. o. i. eas fecerit *ed.* [3914] *deest* 2. [3915] fuerint. Incipit Desid. 4. f. Expliciunt capitula. 3. [3916] Aberico *c.* [3917] civitas *c.* [3918] pats *c.*

INCIPIT LIBER TERTIUS.

DESIDERIUS abbas hujus monasterii tricesimus septimus, et quartus hujus loci restaurator ac renovator, sedit annis viginti novem, mensibus quinque.

A Primus siquidem monasterii hujus fundator atque constructor fuit pater sanctissimus Benedictus, Petronax secundus, Aligernus [3919] tertius : Desiderius hic noster extitit quartus. Quem [3920] videlicet omnipotens Deus [3921] adeo charissimum habuit, ut illud quod suo fideli famulo Benedicto olim promiserat, locum utique [3922] istum quem tunc gentibus destruendum diripiendumque tradere censuerat [3923], in majorem longe quam tunc erat statum, famamque [3924] et gloriam fore venturum, per ipsum nostro hoc tempore dignatus sit ut cernitur ad effectum perducere (932). Hujus plane admirabilis et singularis vere sui ordinis viri, tam dives, tam [3925] multiplex, tam denique copiosa est gestorum materia, ut vel [3926] ipsi Jeronimo vel [3927] Sulpicio certe si adessent, non posset videri ad scribendum indigna. Ego tamen quamvis imperitus [3928] et iners, et tanto sim operi nequaquam sufficiens, tum pro imperio reverendissimi [3929] patris Oderisii minime contemnendo, tum pro maxima quam idem pater Desiderius in me ab ipsa fere infantia habere dignatus est dilectione; cum me, vix dum quattuor et decem annos egressum in hoc sancto loco suscepit [3930], instruxit, enutriit, ac provexit : considerans [3931] insuper cum tanti utilitate operis memoriam quoque tanti viri scripto-

VARIÆ LECTIONES.

[3919] t. A. *ed.* [3920] In quo videlicet omnipotens Deus nostro hoc tempore etiam corporaliter evangelicam illam pollicitationem visus est adimplere, qua dicitur : Amen dico vobis, quod omnis qui reliquid domum, vel fratres, aut sorores, aut patrem, aut matrem, aut uxorem, aut filios, aut agros propter nomen meum, centuplum accipiet, et vitam æternam possidebit. Hujus, etc. 2. [3921] *deest* 4. [3922] *add.* 4. [3923] consueverat 4. [3924] famam 4. [3925] quam 4. [3926] *add.* 4. [3927] l. si adesset, vel S. non p. v. *ed.* [3928] q. omnium imperitissimus et t. s. *ed.* [3929] sanctissimi 2. [3930] quam libenter s. *ed.* [3931] cernens i. et dolens c. *ed.*

NOTÆ.

(932) em dixerat in narratione de consecr. eccl. Casin.

rum neglegentia paulatim in oblivionem, ac per hoc in contemptum fore venturam; licet non decenter, licet non eleganter, licet denique non sufficienter [3932] id valeam, aggrediar tamen, confisus de auxilio Dei, vitam illius ac gesta quolibet modo perstringere, et ad gloriam Dei tantique viri dulcem [3933] memoriam, nec non et [3934] ad solacium filiorum ejus, fratrum nostrorum, litteris utcumque mandare. Æquius utique judicans cum obedientia et devotione inscitiæ notam subire, quam de tam excellenti [3935] materia ex toto silere : et indignum prorsus esse decernens, ut etsi omnia nequeo, vel aliquanta non studeam de tot tantisque operibus ejus referre; prudentissimo utique more venantium insectantium feras, qui, etsi omnes attingere [3936] nequeunt, nequaquam tamen quotquot possunt capere neglegunt. Et quoniam plurima prorsus et fere innumera hujus [3937] viri sunt gesta [3938], multa ex [3939] ipsis etiam quæ scio me prætermissurum confiteor; quoniam si [3940] universa scribere voluissem, prolixam certe et enormem historiam condidissem : quamvis ob hoc a multis nostrorum qui mecum illa [3941] pariter recolunt, me redarguendum fore non dubitem. Sed ego lectorum fastidio utiliter consulens, si ea tantum quæ relatu essent dignissima scriberentur, sufficere judicavi. Nam, si qua minus in [3942] nostris litteris reperiuntur, in ejus profecto [3943] operibus luce clarius perviden-tur [3944]. Hujus sane viri primordia, quoniam opitulante Christo hinc exordium sumere gestio, ab his qui ei [3945] ab incunabulis extitere sodales didici [3946]. Multa præterea laudabilium [3947] actuum ejus a prioribus quibusdam audivi. Nonnulla etiam ex ejusdem ore veridico, cum frequenter me sibi nimia bonitate faceret adhærere percepi. Cætera postremo illius et oculis propriis plurima vidi, et universis fere usque ad obitum ejus interfui. Unde lectorem meum reddere certissimum volo, nulla me in hoc opusculo extrinsecus additamenta facturum, nulla prorsus de illo nisi veraciter comperta scripturum : utpote qui me simplici intellectu legisse meminerim : *Perdes, Domine, omnes qui loquuntur mendacium* (*Psal.* v, 7); salvo utique intellectu alio, quo dictum id de hereticis affirmatur. Quod si forte aliquis invidentia seu malitia ductus, fidem his accoommdare noluerit, et favoris potius gratia huic rei me operam dedisse putaverit : huc, si placuerit, properans, aperiat visus et videat, ac per ea quæ videntur illa quoque quæ videri non possunt actuum [3948] ejus, semoto livore considerans, admiretur et credat, credensque bonorum omnium largitori laudes super hoc et gratias referat. Sicque tandem me de multis illius pauca, deque maximis minima prorsus scripsisse cognoscat.

1. Is [3949] ex nobilissima Beneventanorum principum origine sanguinis lineam ducens (933), spiritu potius quam carne nobilis esse ab ipsis rudimentis infantiæ cœpit, et Dei magis servitio quam sæculi vanitatibus operam dare ab ipsis ut ita dicam uberibus matris elegit. Studebat nanque puerulus adhuc frequentare ecclesiam, divinas lectiones et audire libenter et legere; cum quibusdam etiam religiosis sæpe de his sermones innectere, et quæque ab eis de bonis moribus addiscere poterat, in semetipso exprimere [3950]. At pater (934) illius sæcularibus eum negotiis cupiens implicare, et utpote unicum unice diligens per posteritatis illius lineam suæ nobilitatis nomen disponeret propagare, puellam ei adæque nobilem, cum jam inciperet adolescere, studuit desponsare, utque parentela eadem ad invicem firmaretur, modis omnibus maturare. Sed quoniam Dei Spiritus suo igne cor Desiderii ad mundi contemptum accenderat, econtrario longe aliter quam pater disposuerat agere puer egregius destinabat, seque potius heremum quam nuptias appetere, secretis quibus poterat gestibus indicabat. Et fecisset certe [3951] suis desideriis satis; nisi quod diligens parentum custodia et singularis amor ac sollicitudo ingens impediebat.

2. Non post multos dies, Dei judicio, patre a Normannis perempto, Desiderius aliquomodo nactus occasionem quam dudum optaverat, omnibus cœpit modis clam licet satagere, ut desiderium quod cogitatu conceperat, opere parturiret. Cuidam igitur monacho bene sibi noto, prudenti satis in sæculari-bus viro, nomine Jaquinto, cujus videlicet [3952] hoc ego relatione percepi, consilium totum communicat, pandit votum, voluntatem ostendit, et ut ei super hoc fideliter [3953] auxiliaretur instanti [3954] nimis prece deposcit. Erat tunc circiter annorum viginti. *Nosti*, inquiens, *mi pater, qualiter me sæculo huic misero propinqui innexuerint. Sed quoniam, ut vere tibi fatear, jamdudum Deo vacare decrevi, per ipsum te obtestor et obsecro, ut juxta quod scis et potes, his me vinculis exsolutum Deo liberius serviturum clam omnibus ad aliquam remotissimam solitudinem transferas.* Quid multa? pollicetur in omnibus Jaquintus auxilium; sed cavere admonet [3955], ne forte sit hæc suggestio dæmonum. Verum cum ejus per omnia firmum in Christo pectus agnovit, et rursus [3956] iterumque pertemptans [3957] idem semper quod pridem invenit : quadam die jam circa vesperam pariter ascensis

VARIÆ LECTIONES.

[3932] s. v. ejus opera ex toto complecti; aggr. t. c. de a. D. quoquomodo illa perstringere *ed.* [3933] sanctam *ed.* [3934] *add.* 4. [3935] pretiosa *ed.* [3936] capere *ed.* [3937] tanti *ed.* [3938] opera *ed.* [3939] me ex i. e. q. s. p. *ed.* [3940] scribere si omnia v. *ed.* [3941] p. i. *ed.* [3942] *deest ed.* [3943] *add.* 4. [3944] conspiciuntur *ed.* [3945] ejus *ed.* [3946] addidici *ed.* [3947] p. ex ejusdem o. v. c. me f. s. n. b. f. a. p. Nonnulla etiam a pr. q. audivi *ed.* [3948] a. e. *add.* 4. [3949] Desiderius 3. D. igitur 2. s. 4. *quod rubricator in majus pinxit.* [3950] satagebat exp. *ed.* [3951] *add.* 4. [3952] *add.* 4. [3953] fidenter *ed.* [3954] fideli p. *ed.* [3955] imperat *ed.* [3956] iterum *ed.* [3957] illum p. 5. illum frequentando p. 2.

NOTÆ.

(933) Natus a. 1027, cum sexagenarius a. 1087 obierit; v. epitaph. ejus ap. Baron. ad h. a.
(934) Comitem Beneventi dicit Amatus III, 49.

equis, quasi spatiandi gratia, civitatem egressi, consequentibus aliquot famulis ad [3958] ecclesiam beati Petri cognomento Majoris quæ juxta eamdem civitatem est sita perveniunt, ibique quasi [3959] causa orationis ingressi, equos et gladium quo idem Desiderius tunc erat accinctus [3960], prædictis famulis pro foribus veluti servanda relinquunt. Inde jam sero per quandam illius ecclesiæ posterulam vadentes, pede [3961] iter adoriuntur [3962]; et cum non plus octo miliariis abinde locus ille distaret ad quem pergere disposuerant, noctis errore simul ac pavore confusi vix illuc alterius diei mane perveniunt. Quos cum vir Dei servus [3963] qui solitariam inibi vitam ducebat, Santari nomine, conspexisset, valde miratus atque lætatus est. Moxque inducens illos in cellam suam, ac Desiderium frequenter exosculans, cœpit sollerter exquirere cur ita venissent. Cognita itaque Desiderii voluntate vehementer obstupuit, quod puer tam nobilis, tam delicatus, tam dives, et præcipue parentum [3964] singularis, tam ferventer universis sæculi pompis ac vanitatibus spretis, sub tam districto proposito serviturus Domino accessisset. Sed quoniam nil Deo difficile aut impossibile esse sciebat, laudes illi et gratias maximas referens, veterem hominem cum actibus ejus Desiderium, ipso vel maxime insistente protinus exuit, et novum qui renovatur in Dei cognitionem, illum consequenter vestivit. Et Jaquinto in sua maturius redeunte, solus Desiderius [3965] cum Santari solo remansit.

3. Famuli igitur ejus, ut supra dictum est, cum equis et armis ipsius frustra illum pro foribus ecclesiæ præstolantes, cum discessum illius tandem aliquando cognovissent, vicina jam nocte ad civitatem quam [3966] citius revertuntur, matrique ac propinquis quid accidisset, pavitantibus animis referunt [3967]. Noctem illam mater continuavit in lacrimis: propinqui vero et affines ipsius mane facto equis ascensis, per diversam [3968] viciniam requirendi illum gratia disperguntur, ac tandem quod erat in re suspicantes, probitatum ejus indicio ad Santari cellam deveniunt. Quam statim violenter ingressi, veste illum monastica vestitum reperiunt, ac vehementer irati præfatum Dei servum contumeliis magnis et conviciis multis adoriuntur, et inhoneste satis sacram vestem Desiderium exuentes, manibus eam propriis scindunt; eumque invitum [3969] licet et repugnantem priori veste vestiunt. Ac postremo [3970] illum equo impositum ipsis lora tenentibus quasi maximam ante se prædam agentes, ad urbem more triumphantium revertuntur. Hic [3971] jam matris lacrimas et querelas simul ac suadelas frustra in [3972] Desiderium jactas, propinquorum immo totius urbis tripudium, quis referre contendat? Annum fere integrum sub ingenti custodia in domo matris, habitu tantummodo sæcularis, cæterum mente cœlebs exegit, nullusque illi neque de nuptiis neque de actu [3973] aliquo mundiali persuadere aliquatenus potuit. Ita quem fidelem ac strenuum domui suæ dispensatorem constituere Dominus disponebat, ab omni eum carnalis contagii macula purum immunemque servavit; unde non immerito a cunctis civibus admirabilis [3974] ac desiderabilis habebatur.

4. Sed cum jam fere nulla fugæ ipsius suspicio matrem teneret, eumque quoniam [3975] conjugatum non poterat, retinere secum vel clericum niteretur ad episcopium quod domui suæ satis erat contiguum primo quidem non sine custodia, dehinc securitate crescente solum sæpius ire sinebat. Erat tunc in monasterio sanctæ Sophiæ præpositus nomine Siconulfus, qui Desiderii desiderium pleniter noscens quoniam per diem, ne suspicio revivisceret, non præsumebat, nocte cum eo apud episcopium sæpissime loquebatur. Post non multos dies, noctu sicuti consueverat ad eum cum equis veniens, cuculla indutum clam Salernum perduxit, ac Beneventum perniciter rediit. Mox itaque [3976] Desiderius ad principem Guaimarium consanguinitate sibi propinquum accedit, adventus causam ostendit, orat ut quoniam in patria vivere monachus parentum pertinacia non auderet, quiete apud illum Deo sibi servire liceret. Si hoc mereretur impetrare, nusquam inde procederet. Si vero aliquando illum reddere propinquis deberet, modo potius sibi licentiam alio [3977] properandi concederet. Ejus igitur adventu nimium [3978] exhylaratus Guaimarius, et vehementer admiratus tantum in tantillo [3979] adolescente fervorem, annuit postulatis; eumque secum per dies aliquot retinens, nullique se contra votum reddendum fidissime pollicens, demum ad monasterium sanctæ Trinitatis quod Ad cavam nuncupatur non longe a Salerno situm, eodem petente transmisit (955). Quod propinqui persentientes [3980], magnis ac frequentibus precibus Desiderium sibi reddi Guaimarium interpellant: sed principe in promissione quam Desiderio fecerat permanente, per semetipsum Landulfus Beneventanus princeps, matris ac propinquorum orationibus fatigatus Salernum venit, et Desiderium affinibus reddi deposcit.

5. Tali igitur tandem aliquando conditione ut [3981] Beneventum redeat impetratur, ut sine alicujus

VARIÆ LECTIONES.

[3958] *deest ed.* [3959] c. q. 4. [3960] cinctus 3. [3961] *deest* 2. [3962] agrediuntur *ed.* [3963] *add.* 4. [3964] parentibus *ed.* [3965] D. proprium nomen 4. [3966] maturius r. *ed.* [3967] referuntur 2. [3968] diversas vicinias *d.* [3969] e. priori v. revestiunt, i. l. ac. r. *ed.* [3970] postremum 4. [3971] Sic 2. [3972] jam in *ed.* [3973] al. *a.* sæculari *ed.* [3974] mirabilis *ed.* [3975] *deest* 4. [3976] *add.* 4. [3977] l. daret a. p. Hujus *ed.* [3978] nimis *ed.* [3979] tanto 2. [3980] persequentes 2. [3981] ad *ed.*

NOTÆ.

(955) Sub abbate Alferio, qui a. 1050 obiit; v. Ann. Cav. in Mon. SS. III, p. 189, ad a. 1050, 1058, et V. Alferii ap. Murat. SS. VI, p. 208.

impedimento vel contradictione apud monasterium sanctæ Sophiæ sub monastica professione sibi manere liceret. Postquam ventum est Beneventum, universis affinibus sibi obviam simul cum civitate ruentibus, cum omni pariter comitatu princeps illum ad monasterium est prosecutus. Gregorius tunc vir valde prudens et strenuus eidem monasterio præerat in abbatem, qui Desiderium multa hylaritate recipiens, pro eo quod universis desiderabilis erat, tunc primum mutato ejus nomine, Desiderium appellari præcepit. Nam usque ad id tempus Dauferius vocabatur.

6. Ibi [3982] ergo illo per annos aliquot sub vita religiosissima commorante, et secum [3983] sæpissime reputante monachum in sua patria perfectum esse non posse, pervenit interim ad notitiam illius fama monasterii Tremitensis, quod videlicet in Adriatico mari apud insulam Diomedis nomine [3984] nuncupatam [3985] triginta circiter millibus a terra distans situm esse dinoscitur. Et quoniam jamdudum apud Beneventum familiaritatem abbatis prædicti loci adeptus fuerat, vix licet impetrata licentia illuc perrexit; ibique satis austeræ conversationi se tradens, non parvum tempus exegit. Sed cum ab eodem abbate adeo diligeretur, ut eandem ei abbatiam se quoque vivente contradere cuperet, ille vero subjectioni potius quam prælationi mentem accommodaret, ac propterea cedendum loco illi decerneret: quodam tempore idem abbas ad res monasterii disquirendas egrediens, eundem Desiderium secum ire rogavit; quam ille egressionis oportunitatem libenter amplexus, minime differendam putavit. Cumque pariter ad Trasmundi [3986] comitis (936) quoniam res ita poscebat curiam perrexissent, uxor ejusdem comitis super adventu Desiderii propter quod ejus [3987] affinis esset valde exhylarata, a viro suo ut secum illum aliquandiu retineret etiam invito abbate obtinuit; cujus videlicet retentionis auctor ipsemet, ut dicitur [3988], extitit. Audiens autem celebre tunc nomen heremitarum Majellæ degentium, illuc properare ac Deo secretius servire desiderans, prædictum comitem ut ibidem transmitteretur oravit; quod et factum est. Ubi cum tribus circiter mensibus, a principio videlicet Februarii usque in tertiam post pascha ebdomadam [3989] sub ingenti continentia remoratus fuisset, transmissus est illuc supranominatus Jaquintus cum litteris ex parte apostolici ad heremi ipsius priorem; quarum tenor et priori sub interminatione jubebat ne illum amplius retinere præsumeret, et illi nichilominus mandat ne vel minimas [3990] inibi moras innecteret. Ita regressus ad sanctæ Sophiæ monasterium est.

7. Non post multos dies (*an.* 1053) domnus Leo papa sanctissimus a partibus ultramontanis regressus Beneventum intravit, et quoniam Desiderius jam dudum Humberto, Silvæ candidæ episcopo, cognitus et valde [3991] carus extiterat, tam per illum quam et per Fridericum tunc cancellarium eidem papæ notus et valde familiaris efficitur; adeo (937) ut illi frequenter in altaris officio adhæreret, et evangelium ad ejus missas sæpius legeret. Per idem tempus præfatus pontifex descendit in Apuliam cum Normannis dimicaturus; sed Dei judicio ab his superatus, ac Beneventum regressus, ordinato Huodelrico [3992] archiepiscopo (938) quem secum adduxerat, post novem circiter menses Romam reversus, atque defunctus est (*an.* 1054. *Apr.* 19). Interea Desiderius ob nimiam abstinentiam multasque vigilias in languorem non modicum decidens, medendi gratia Salernum perrexit. Ibi itaque illo aliquandiu remorante, Alfanus, qui postmodum ejusdem civitatis archiepiscopatum adeptus est, prudentissimus et nobilissimus clericus, maxima illi est familiaritate conjunctus. Cujus animum frequentibus monitis ad mundi contemptum exhortans, sic tandem ab illo exegit ut monachus fieret, si prius ut jam dudum mente conceperat Jerusolimam ire permissus fuisset. Hac inter illos sponsione firmata Beneventum reversus Desiderius est, atque post non multos dies mandat eidem Alfano ut ad se veniat. Renuente illo ac potius pavitante Salernum egredi, iterum Desiderius ad illum abiit, eumque, propter quorundam inimicantium illi timorem, cuculla sua indutum noctu de civitate educens, secum Beneventum adduxit. Cum vero cœpissent Alfanum nobiles quique viri ac clerici frequentare, cumque ob maximam ejus prudentiam decenter excolere, propositum autem Jerusolimitani [3993] itineris paulatim cœpisset in [3994] ejus corde [3995] tepescere, seque a Desiderii latere nullo unquam modo, nullo unquam tempore assereret velle dividere, tempus ab eis [3996] aliquantum apud monasterium sanctæ Sophiæ exactum est: cum ecce fama percrebruit, papam [3997] Victorem ab ultramontanis partibus Roman venisse (*an.* 1055), eumque ad partes istas in proximo venturum fore. Territus Alfanus hujusmodi nuntio, quod fratres suos super Guaimarii principis occisione insimulandos arbitraretur [3998], adire [3999] ac præoccupare statuit apostolicum, secumque ire orat suppliciter Desiderium. Et quoniam miram cantandi peritiam, et medicinæ artis scientiam non parvam habebat, ejusdemque artis codices nonnullos secum a domo detulerat, magni aliquid se habendum in summi pontificis curia omnimodis confidebat. Confectis igitur

VARIÆ LECTIONES.

[3982] Ab igitur illo 4. [3983] sæpe secum r. *ed.* [3984] quondam n. 2. [3985] vocitatam *ed.* [3986] Transmundi 3. [3987] affines ejus 4. [3988] dicit *ed.* [3989] dominicam 2. [3990] v. aliquantas i. m. innectere auderet. *ed.* [3991] nimis *ed.* [3992] Hodelrico 3. Uodelrico 2. [3993] Jerusolimitanæ viæ *ed.* [3994] et in *ed.* [3995] mente *ed.* [3996] his *ed.* [3997] V. p. *ed.* [3998] i. procul dubio nosset 2. i. p. d. arbitraretur 3. [3999] a. ac *desunt* 2. a. et 3.

NOTÆ.

(936) Teatini.

(937) *Adeo — legere* ex Desid. Dial. III, Prol.

(938) Bulla d. 12 Jul. 1053, exstat.

atque aptatis quotquot potuit medicaminibus, una cum civitatis ipsius archiepiscopo ad Romanum pontificem in Tusciam proficiscuntur, eumque apud Florentiam remorantem reperiunt. In brevi itaque maximam apud illum familiaritatem adepti, et satis honorifice habiti sunt. Sed cum jam ibi per tempus aliquantum remorati, pro certo Desiderius comperisset papam minime ad partes istas venturum, insuper etiam ultra montes proxime profecturum; simulque valde inutilem [4000] proposito suo considerans in ejusdem pontificis curia conversationem : cœpit omnimodis instare Alfano, ut jam jamque peteret ab eo licentiam revertendi. Petrus ante non multos dies huic monasterio electus fuerat a fratribus in abbatem (*Dec.*), qui pro ipsa sua ordinatione insinuanda duos hujus loci ad papam tunc fratres transmiserat. Igitur Desiderius optata jam dudum opportunitate reperta, accedit pariter cum Alfano ad Romanum pontificem, simulque pedibus illius se prosternenles, orant recedendi licentiam. Adduntque petentes, ut gratia religiosius vivendi per monachos qui ad eum a Casinensi monasterio venerant, illuc eos transmittere suisque litteris illos abbati dignaretur ac fratribus commendare. Annuit apostolicus, atque ita sicut poposcerant cum fratribus illis ad hoc cœnobium transmissi sunt. Receptique decenter ab abbate, et fratribus sociati, honeste satis [4001] atque humiliter inter illos aliquandiu conversati sunt, et ab universis in dilectione plurima habiti, nec non et monasticam ab eodem abbate consecrationem adepti; Friderico super eorum adventu plus quam satis est gratulante.

8. Viderat per hos dies Desiderius visionem non contemnendam, quam satis proxime rei commendavit effectus. Cernebat siquidem se una cum Alfano in quadam excelsa ac valde pulcherrima turre quæ juxta capitulum fratrum sita esset consistere, in qua nimirum pater Benedictus videbatur sede decentissima residere. Cumque ad illius visionem pavefacti [4002] stuperent, et accedere propius nequaquam præsumerent, beatus pater [4003] Benedictus Desiderio hylariter innuebat, eumque juxta se sedere [4004] manu porrecta jubebat; Alfanus vero quoniam vocatus ab eo non fuerat, quasi indigne ferens de domo illa exibat. Quæ nimirum visio manifestissime portendere visa est, et Alfanum in loco hoc non diu remoraturum, et Desiderium Benedicti patris vicem in hoc monasterio suscepturum. Non multo post igitur a Gisulfo principe Alfanus expostulatus, primo apud Salernum in monasterio sancti Benedicti abbas effectus; demum [4005] vero ejusdem civitatis archiepiscopatum indeptus est (939); Desiderius autem [4006] ad Capuanum monasterium est

A transmissus præpositus. Richardus tunc Aversanus comes Capuam expugnabat : sed cum Pandulfus ipsius civitatis princeps indigna quædam et superflua juxta priorum temporum consuetudinem Desiderio vellet injungere, ille vero [4007] constanti ut erat pectore nequaquam in his ei congruum duceret assentiri, Capuam egressus ad Richardum accessit; et omnium quæ extra civitatem erant monasterio pertinentium ab eo securitate percepta [4008], et maxima insuper illi extunc fœderatus amicitia, in obedientiis ejusdem monasterii aliquandiu remoratus est, paucissimis in monasterio relictis fratribus, et cæteris ad se accersitis.

9. Dehinc cum prædictus Fridericus in abbatem loci [4009] hujus electus (*an.* 1057), demum vero in

B Romanum pontificem, ut suo in loco jam supra taxavimus, ordinatus fuisset, Romam ad illum, mense Augusto, cum duodecim aliis loci hujus fratribus nominatim ab eo [4010] vocatus perrexit; ibique Romana febre perculsus, post paucos dies huc rediit. Cum autem idem apostolicus ad monasterium hoc post quattuor circiter menses venisset (*Nov.* 30), non multo post gravi languore detentus atque ad extrema fere perductus est. Accersitis itaque cœnobii hujus prioribus, dat optionem illis in abbatem eligendi quem vellent. Qui cum habito adinvicem consilio nunc illum, nunc alium ut in talibus consuetudo est eligendum censerent, communis tandem universorum consensus in Desiderium expetendum aspirat; et ut ipse illis in patrem concederetur, communibus

C votis papam exorant. Cumque valde [4011] sibi placere eamdem electionem apostolicus asseruisset — nam et olim a tempore Leonis papæ optime illi apud Beneventum notus extiterat, et ex quo Petrus abbas eumdem Desiderium ante non plenum biennium receperat, multa se illi familiaritate devinxerat — ita quidem ut in camera erat, fratrum electionem confirmavit, dicens quod, quamvis plures eo tempore religiosos ac spirituales viros, multaque honestate et prudentia præditos iste [4012] locus haberet, neminem tamen magis idoneum eligere ad id officium de suo collegio potuissent. Sed [4013] quoniam, dum ipse adviveret, nulli se mortalium eamdem abbatiam tradere [4014] decreverat, Desiderium vero ad Con-

D stantinopolitanum imperatorem jam dudum Romanæ sedis apocrisarium facere disposuerat : constituit ut si idem Desiderius se superstite reverteretur, ipse illi vellet honorifice [4015] abbatiam contradere; si vero ante illius reversionem [4016] se mori contingeret, redeuntem illum absque aliqua contradictione in abbatem congregatio universa reciperet. Stephanum itaque cardinalem, et Mainardum postmodum Silvæ candidæ episcopum illi socios itineris

VARIÆ LECTIONES.

[4000] i. esse *ed.* [4001] nimis *ed.* [4002] stupefacti paverent *ed.* [4003] *add.* 4. [4004] sedem 4. [4005] dehinc e. *ed.* [4006] vero *ed*, [4007] *add.* 4. [4008] accepta *ed.* [4009] h. l. *ed.* [4010] ipso *ed.* [4011] satis *ed.* [4012] monasterium hoc *ed.* [4013] Et *ed.* [4014] traditurum *ed.* [4015] *add.* 4. [4016] conversionem 4. r. defunctus fuisset *ed.*

NOTÆ.

(939) Cf. cap. 96 libri II.

donans, et in epistolis quas imperatori mandabat, A Casinensis abbatiæ illum electum commemorans, emisit a se, præcipiens ut expleta legatione reverti quantocius [4017] festinaret. Post [4018] hæc Romam reversus (*an.* 1058. *Mart.* 29), ac demum profectus in Tusciam, post paucos dies apud Florentiam, ut jam supra retulimus, obiit. Desiderius igitur cum [4019] injunctum sibi cuperet maturare negotium, sumptis quæque essent tanto itineri necessariis, simul cum sociis [4020] iter aggressus, ad monasterium sancti Johannis quod in [4021] Veneris nuncupatur ut ibi mare ingrederetur profectus est. Cum autem per dies aliquot frustra [4022] illic remoratus fuisset, et propter aeris inclementiam mare ingredi nequaquam præsumeret, Sipontum inde contendit; ubi [4023] navem qua Barim navigaret ingressus, per quendam epi- B scopum qui orationis gratia montem Garganum adierat, fratribus se commendari, seque tunc [4024] tantum mare ingressum illis significari rogavit. Sed, cum apud Barim quoque causa nichilominus [4025] tempestatis aliquandiu restitisset, alium item nuntium huc dirigere studuit, per quem videlicet notificando [4026] mandabat, ob temporis intemperiem usque ad eam [4027] diem apud Barim morari. Contigit autem dispositione divina quæ illum ad loci hujus recipiendum honorem hactenus retardaverat, ut eo die quo idem ejus [4028] nuntius huc applicuit, eo quoque die fratres nostri qui cum papa profecti fuerant, illo apud Florentiam defuncto atque sepulto redissent. Mox itaque nostri consilio habito, duos fratres, qui Desiderium revocare nuntiata apo- C stolici morte deberent, festinanter transmittunt [4028].

[Cap. 10.] Jam tandem Desiderius necessaria [4029] quæque itineri cœpto sufficienter paraverat, jam jamque simul cum Argiro Barensium magistro navigare disponebat, cum ecce ipso palmarum dominico (*Apr.* 12) circa vesperam nuntios [4030] prædictos accepit, defunctum apostolicum, et se ad revocandum illum sub [4031] festinatione directos ab universis fratribus asserentes; rediret ergo quantocius, et regimen monasterii prout Dominus ordinaverat cunctis se desiderabiliter præstolantibus sumeret. Obriguit Desiderius tam subita apostolici morte perculsus, moxque sociis advocatis aperuit quid nuntii detulissent; cœperuntque pariter cum Argiro satagere, qualiter ante quam mors papæ divulgaretur reverti D valerent. Non enim dubitabant se, cognito ejus obitu, a Normannis vel capiendos vel disturbandos. Redemptis igitur protinus seu adquisitis pro se ac sociis aliquot quibus veherentur jumentis, altera [4032] die (*Apr.* 13) iter aggredientes venerunt ad Robbertum Viscardum, tunc quidem partis [4033] Apuliæ comitem, postmodum vero totius Apuliæ et Calabriæ atque Siciliæ ducem; rogantes ut secure illis per terram ipsius transire liceret. Qui ut fuit vir maximæ bonitatis, licet jam papæ transitum compertum haberet, et securitatem eis [4034] concessit, et tres Desiderio equos quibus adhuc indigebat largitus est. Ita Deo in omnibus prosperante sine aliquo impedimento regressi [4035], ipso paschali sabbato (*Apr.* 18) jam tardiuscule ad civitatem sancti Germani applicuerunt. Dominica vero sancti paschæ (*Apr.* 19) summo [4036] diluculo ad [4037] monasterium hoc ascendentes, capitulum fratrum de more ingressi sunt, præsidentibus Humberto sanctæ Rufinæ, et Petro Tusculanensi episcopis, et Stephano cardinali ac Mainardo Desiderii sociis. Nam prædicti episcopi Humbertus et Petrus, ut longe jam supra retulimus (l. II, c. 99), post * apostolici transitum symoniaci tunc Mincii ordinationem fugientes, Beneventum pascha celebraturi pergebant; sed Deo ordinante gratia tantæ festivitatis a nostris prioribus invitati fuerant [4038] atque retenti. Post sollemnem itaque sollemnitatis [4039] tantæ [4040] sermonem, mox Humbertus totius illius ordinationis optime conscius Desiderium advocat, eique quemadmodum olim fuerat a papa dispositum, obedientiam abbatiæ recipere ex parte fratrum omnium imperat. Nulla post [4041] imperium mora, nulla expectatio responsionis: protinus universi surgentes eundem Desiderium acceperunt, atque cum maximis laudibus ad ecclesiam deportantes, in sede illum abbatis honorifice locaverunt, universis tum pro sollemnitate paschali, tum pro ipsius ordinatione immensa lætitia et jocunditate repletis; anno [4042] Domini 1058 (*April.* 19).

* Retulimus, a Roma tunc Mincii 2.

10. [Cap. 11.] Igitur abbatia suscepta Desiderius cœpit modis omnibus studere atque satagere ut quod dicebatur dici veraciter posset. Cernens itaque totius monasterii officinas et angustas ambitu et forma deformes, et cum vetustate tum inertia ruinosas, adeo ut et contiguo viderentur omnes domate coopertæ, et egressus unius ingressui connexus esset alterius: incitabatur quidem animo illas aggredi ad renovandum, sed angebatur iterum, quia ut tam arduum inciperet opus, nichil fere pensi habebat. Primo tamen [4043] quasi experiri cupiens si quid valeret, palatium quod dudum Richerius abbas ab orientali parte monasterii inchoatum ad solarium usque perduxerat, opere satis decenti [4044] perfecit (940); jux-

VARIÆ LECTIONES.

[4017] quam posset citius f. *ed.* [4018] Post — obiit *desunt* 2. [4019] ig. ini. s. officium perficere satagens, assumptis q. *ed.* [4020] c. sibi traditis s. *ed.* [4021] q. appellatur i. V. ut *ed.* [4022] ibi frustra r. *ed.* [4023] ibi *ed.* [4024] t. t. *add.* 4. [4025] *add.* 4. [4026] significando *ed.* [4027] illam *ed.* [4028] *Cod.* 2. *hic claudit cap.* 9. [4029] suff. n. q. i. c. par. *ed.* [4030] eosdem n. a nostris directos a. *ed.* [4031] i. festinanter transmissos ab *ed.* [4032] secunda feria post palmas i. 2. [4033] q. Normannorum tantum A. 2. [4034] illis *ed.* [4035] reversi *ed.* [4036] valde *ed.* [4037] d. huc a. de more monasterii c. f. i. s. *ed.* [4038] i. a. r. f. *ed.* [4039] dici 2. [4040] tanti 2. *deest* 3. [4041] N. in medium m. 2. [4042] a. scilicet dominicæ incarnationis 1058. 2. a. D. mill. octavo 3. [4043] itaque *ed.* [4044] decente *ed.*

NOTÆ.

(940) Cf. cap. 89 libri II.

taque ipsum versus ecclesiam, parvulam quidem, sed competentem plane in qua libri reconderentur ædeculam fabricavit. Quod cum sibi prospero eventu cerneret obvenisse, domum etiam in qua abbates manere consueverant, a [4045] fundamentis renovare instituit: quæ videlicet a septemtrionali parte adhærens ecclesiæ, et vilissimis lignorum [4046] furculis ab inferioribus [4047] sustentata, et viminibus ex parte maxima videbatur intexta [4048]; adjuncto illi palatio cum absida, quod veteres todericum appellare solebant. Dehinc inspirante ac prosperante Deo, mansionem etiam illam quæ quiescentes [4049] fratres diversis præ sui exiguitate solariis continebat, nichilo segnius renovare agressus est; in latere scilicet prioris a meridiano, quam funditus evertere ob claustri spatium disposuerat [4050]. Namque propter ipsius montis verticem, cui nulla fere planities [4051] inerat, vix in hoc loco parvissimi claustri speciem juxta absidam ecclesiæ priores effecerant. Perfecta est igitur eadem domus in longitudine cubitorum sexaginta et centum, in latitudine vero cubitorum viginti quattuor [4052]: in [4053] altitudine autem, propter ipsius montis inæqualitatem quantitatis diversæ, maximæ tamen. Quam [4054] cum abietinis trabibus pulcherrime contignasset, lateribus cooperuit diversisque coloribus decoravit. Super [4055] hæc nichil moratus, pari tenore vetus capitulum funditus diruens, novum [4056] construxit; illudque gypsea urna in giro, vitreisque fenestris, ac pulchro satis [4057] variorum marmorum pavimento decorans, tegulis nichilominus cooperuit, et nimis venusta [4058] diversorum [4057] colorum varietate depinxit.

11 [Cap. 12] Interea Frattenses oppidani, inquietorum ac [4059] perfidorum hominum usque [4060] ad id temporis genus, ac si quidam latrunculi, junctis sibi Minturnensibus aliisque vicinis, nunc furtim nunc palam oppida sibi contigua nobis pertinentia infestare non desistebant. Terminum siquidem qui inter nos et illos antiquitus dividebat, id est duo leones [4061] lapidei, cum non procul ab eorum castro consisteret, olim malitiose clam confringentes in proximum demerserant puteum; qua nimirum fraude fidentes, si quando nos [4057] terminum nostrum inter duos leones, sicut præcepta imperatorum [4062] continent computabamus, illi de leonibus qui secus portas Sancti Georgii positi sunt illud dici, derisorie [4063] immo pertinaciter affirmabant. Eorum [4064] igitur frequentissimas molestationes Desiderius egerrime ferens, simulque illius sententiæ reminiscens: *Observatio ordinis nostri summam deposcit quietem et securitatem;* cum neque beneficiis eos, neque rationibus aliquatenus sedare valeret, ad eorum tandem violenter frenandam nequitiam totus intendit; et Adenulfi Cajetani ducis cui gratiam principis conciliaverat (941) adminiculo fultus, mox castellum cui Novum proprie nomen inditum est, in monte qui Peranus dicitur omni instantia contra illos erexit. Sicque sua deinceps eos tutare, non autem amplius aliena pervadere compulit.

12. [Cap. 13.] Sed ut [4065] retro paululum redeam, cum post obitum piæ memoriæ Stephani papæ, supradictus Hildebrandus reversus ab imperatrice, contra ejusdem apostolici interdictum iuvasam a pessimis hominibus ecclesiam comperisset, Florentiæ substitit; suisque litteris super hoc Romanorum meliores conveniens, eorumque ad omnia quæ [4066] vellet consensum recipiens, mox annitente Godfrido duce Girardum Florentinum episcopum in Romanum papam elegit, simulque cum ipso et duce Romam mense jam Januario venit (*an.* 1059); ubi præfatus electus a Romano clero et populo in [4067] apostolica sede inthronizatus, et Nycolai nomen indeptus est. Qui mox supradictum invasorem cum omnibus suis fautoribus excommunicans, tandem quorundam suorum interventu illum in communionem recepit, atque apud ecclesiam sanctæ Mariæ quæ a Romanis Maior vocatur, sacerdotali privatum officio manere constituit (942). Mandat deinde ad hoc monasterium, quatinus domnus abbas sibi in Marchiam proficiscenti quam citius potest occurrat, videlicet ut proximo Martii mensis jejunio et presbyterii [4068] gradum et cardinalatus pariter dignitatem [4069] cum abbatiæ consecratione recipere debeat. Dominica igitur prima quadragesimæ (*Feb.* 21) paratis omnibus necessariis iter arripiens, apud Farfense monasterium apostolico se conjunxit; ubi nimis ab eo amicabiliter honorificeque receptus, Auximum (943) simul cum ipso profectus est. Ibidem itaque secundo quadragesimæ sabbato, quod tunc pridie Nonas Martii evenit, cardinalis presbyter ab eodem apostolico ordinatus, et sequenti dominica abbatiæ consecrationem adeptus, privilegium (944) ab eo satis honorificum juxta consuetudinem prædecessorum suorum recepit (*Mart.* 8): quo insuper ad cardinalatus dignitatem [4070] et honorificentiam patris sanctissimi Benedicti, per totam Campaniam et Principatum, Apuliam quoque

VARIÆ LECTIONES.

[4045] a. f. r. i. *desunt ed.* [4046] ligni *ed.* [4047] inferiori parte s. *ed.* [4048] constructa, a fundamentis ædificare instituit, adi. *ed.* [4049] f. q. *ed.* [4050] disponebat. Nam p. *ed.* [4051] f. constabat p. *ed.* [4052] et q. *ed.* [4053] *deest* 4. [4054] eamque a. t. satis pulchre contignans, l. *ed.* [4055] Nichilque m. *ed.* [4056] d. renovavit, i. *ed* [4057] *add.* 4. [4058] vetusta 4. [4059] scilicet ac *ed.* [4060] u. ad id t. *desunt* 2. [4061] lap. l. *ed.* [4062] *deest* 2. [4063] d. i. *desunt* 2. [4064] Horum *ed.* [4065] Sed cum post *ed.* [4066] q. v. *add.* 4. [4067] *add.* 4. [4068] presbyteri *ed.* [4069] officium recipere d. 2. [4070] c. videlicet ejus d. *ed.*

NOTÆ.

(941) V. Amat. IV, 12-14.
(942) Cf Ann. Rom. Mon. SS. V, 471.
(943) Osimo.
(944) Ap. Gatt. Acc., p. 159; Tosti *Hist. Cas.* I, p. 395.

atque Calabriam, ab ipso fluvio Piscaria sicut influit A [4071] in mare vicem suam idem apostolicus illi concessit (945). Post hæc accepta remeandi [4072] licentia Romam veniens, proxima dominica mediantis quadragesimæ (*Mart.* 14) apud ecclesiam beati Petri missam sollemniter celebravit, atque turba [4073] Romanorum innumera comitatus, ad titulum sanctæ Ceciliæ trans Tiberim maxima cum laude deductus est; sicque ad hoc monasterium in festivitate[4074] beati Benedicti reversus. Sed [4075] quoniam invitatus fuerat pascha cum apostolico celebrare, evestigio Romam regressus est [4076], ibique usque ad peractam de more synodum [4077] remoratus. In qua videlicet synodo (*Apr.* 13) idem apostolicus inter cætera quæ sollemniter statuit, decretum de ordinatione Romani pontificis (946) qualiter scilicet, vel a quibus perso- B nis, seu pacis seu belli tempore, debeat ordinari, antiquas prædecessorum suorum secutus sententias discretissime scripsit; idque sub districto anathemate tam sua quam omnium qui eidem synodo interfuerant sacerdotum auctoritate, roboravit.

13. Eodem tempore (*Jun.* 24) idem papa ad hoc monasterium in ipsa beati Johannis nativitate adveniens, sociato sibi Desiderio in Apuliam descendit; ubi, cum apud Melphiam concilium celebrasset, Richardus princeps cujus jam supra meminimus per admonitionem seu [4078] jussionem ejusdem apostolici præceptum fecit huic loco de monasterio sanctæ Mariæ in Calena [4079], sito in finibus Apuliæ juxta civitatem quæ dicitur Besti (947), cum omnibus C exintegro castellis, villis, cellis, et universis omnino possessionibus ejus (*Aug.* 23). [Cap. 14.] Gisulfus etiam Salernitanus princeps [4080] monasterium sancti Benedicti de Salerno, quod [4081] nobis jam dudum parentum ipsius violentia subtraxerat, tactus [4082] timore Dei, in manus domni abbatis exintegro restituit, et, ut ab eo religiosius ordinaretur oravit. Sed cum inde [4083] subducto abbate, præpositum ibi juxta morem cellarum nostrarum ordinavisset [4084], indigne [4085] nimis hoc Salernitani simul et invidiose accipientes, eundem principem id disturbare tum precibus tum instantiis nimiis compulerunt. Demum idem princeps consilio habito, monasterium sancti martyris Laurentii intra Salernum [4086] in latere montis ædificatum, quod sibi jure hæreditario pertinebat, ex toto[4087] cum omnibus pertinentiis suis non quidem parvis prædicto nostro abbati concessit, et per præceptum in hoc monasterio confirmavit; nec tamen refutationem illam quam de priori monasterio fecerat violavit*.

* De[4088] eodem vero monasterio sancti Benedicti de Salerno, ne forte vel memoria cum multis intendimus excidat, vel ne forte non opportunior referendi locus nobis occurrat, licet præpostero ordine, necessarium videtur malitiam et invidentiam quorundam fratrum prædicti monasterii hoc in loco inserere; nam, sicut Æneam apud Virgilium (948) dixisse sociis legimus, forsan olim hæc meminisse juvabit. Causidicus quidam prædictæ civitatis Salernitanæ Romualdus nomine fuit, qui pro eo quod etiam ipsius monasterii advocatus erat, maximam ibi familiaritatem habebat; tunc proinde universa ejusdem loci munimina seu quaslibet cartas sæpissime perquirendi fidissimam ab abbate licentiam acceperat. Tandem igitur inter cæteras quattuor numero magna oblationis edicta invenit, quæ videlicet clare satis ac pleniter continebant, qualiter idem monasterium a principio huic nostro cœnobio traditum a principibus ac subditum fuerit. Has ille maxima ductus invidia, protinus rapuit, abscondit, et nemine prorsus sciente ad domum propriam detulit, atque usque ad mortis diem ne filiis quidem ostendit. In mortis igitur articulo positus, vocavit majorem filium suum Johannem nomine, eique clam universum ipsius rei prodens negotium, et prædictas cartas manibus retinens: « Ego inquit ut cernis, o fili, procul dubio morior; cartas istas fidei tuæ committo, ut sicut meam vis benedictionem habere, usque ad diem ultimam tuam nulli prorsus mortalium eas ostendas, sed sicut egomet feci, secretas illas apud te et ignotas omnibus habeas; quoniam si quomodolibet in notitiam seniorum Casinensium venerint, nullatenus quiescent quin sub jure monasterii sui monasterium istud reducant, quod jamdudum studio et sollertia nostrorum parentum ab illorum dicione subductum est. » Suscipit simul cum cartis patris imperium filius, et ac si divinum quid in pectoris archano recondens, usque ad suæ mortis diem similiter habuit et ipse celatas. Ad mortem autem veniens, accersit fratrem suum tunc ipsius loco abbatem, easque illi simili tenore, quo sibi pater reliquerat, tradidit. Non multo post idem abbas infamatus de quibusdam criminibus apud ducem

VARIÆ LECTIONES.

[4071] fluit *ed.* [4072] l. r. *ed.* [4073] R. t. *ed.* [4074] in beati B. est f. r. *ed.* [4075] Et q. ab eodem pontifice paschalis festivitatis gratia inv. fuerat. R. reversus *ed.* [4076] reversus post festum Urbem egrediens, Melfiam Apuliæ urbem perrexit, ubi tunc idem apostolicus concilium celebrare disposuerat, in qua etiam synodo dum Richardus Capuanus princeps cum aliis quampluribus interfuisset, a supradicto papa Nycolao ammonitus, præceptum fecit B. Benedicto de monasterio sanctæ Mariæ in Calena, cum pertinentiis suis. 14. Tunc temporis Gisulfus S. p. 2. [4077] *deest* 4. [4078] et 3. [4079] Cajena 4. [4080] p. Desiderio super hoc conquerenti, reddidit huic sancto loco m. (cellam 2.) s. B. *ed.* [4081] quam a jure nostri cœnobii Salernitanorum eatenus v. s. 2. [4082] subtraxerat. Sed c. *ed.* [4083] exinde *ed.* [4084] constituisset 2. [4085] Salernitani nimis hæc indigne ferentes, eidem principi instare cœperunt, ut monasterium illud ordinatum sicut antea fuerat esse permitteret. Coactus itaque princeps illorum rogatu, mon. s. Laur. *ed.* [4086] i. civitatem Salernitanam constructum q. 2. [4087] in hoc mon. exintegro optulit; nec tamen restitutionem quam jam antea de supradicta cella fecerat, irritam fecit. *ed. Sed in cod.* 3. violavit *scriptum est, et complura ibi ut in* 4. *legi persuasum habeo.* [4088] *hæc teste indiculo capitum olim in fine operis Leo collocaverat, quæ postea loco congruo insereret. Nunc. in solo cod.* 2 *servata sunt.*

NOTÆ.

(945) Scil. *ad correctionem omnium monasteriorum et monachorum.*

(946) Editum in Mon. Leg. IIb, p. 177.

(947) Nunc Viesti; *in finibus Apuliæ inter Montem Garganum et mare Adriaticum.* Edidit Gatt. Acc. p. 161; suspectum III Di Meo, sed ut mihi videtur immerito. Datum est aliquando post finitam synodum.

(948) l. c. Leo.

Roggerium, tentus est, et in suamet ipsius camera custodiæ mancipatus. Qui videlicet abbas jamdudum propalaverat prædictarum tenorem cartarum cuidam pseudo monacho propinquo suo. Verum hic quoque priorum nequitiæ nequaquam inferior, reminiscens nefandi negotii hujus, et verens ne cartæ ipsæ apud abbatem invenirentur, et nobis aliquando proderentur, festinus ad custodes abbatis accessit, et lugubri voce indicans, se quattuor cartulas propriæ hæreditatis eidem utpote propinquo commendatas habuisse, orat suppliciter ut eas sibi et perquirere, et auferre permitterent, ne forte rebus aliis intermistæ perirent. Illi nullum in monachi verbis dolum existimantes, dant ei protinus ei perquirendi et asportandi licentiam. Quas ille repertas, inscio quod dicunt abbate, die altera in conventu omnium fratrum attulit, ostendit, et legit, remque totam per ordinem pandit, mirantibus cunctis et indignantibus, et diversis ut in talibus assolet diversa promentibus. Tandem hæc pluribus sententia placuit, ut antequam res divulgaretur, cartæ ipsæ protinus minutatim inciderentur, idque mox invidia simul et ira dictantibus actum est, atque uni ex fratribus imperatum, ut easdem ipsas incisionum minutias diligenter colligens, in secessus fratrum projiceret. Hæc omnia taliter gesta fuisse, idem ipse frater, qui hoc de minutiis ipsis facere jussus est, divino timore compunctus non multo post abbati suo domno Jaquinto nostro confratri per ordinem propalavit. Ego (949) quoque ex ejusdem abbatis ore hæc universa percepi, ne quis forte autumet mendose hoc vel fabulose confictum. *addit.* 2.

14. [Cap. 15.] Sequenti tempore præfatus [4089] pontifex iterum ad has partes deveniens, domnum Oderisium Oderisii Marsorum comitis filium, et loci hujus a puero monachum diaconum in Lateranensi ecclesia, apud Acerras (950) positus [4090] ordinavit. Tunc [4091] etiam in Aquinensi civitate deposito episcopo nomine Angelo, eo quod neophitus et rerum ecclesiasticarum male prodigus erat, nec non et pro [4092] quibusdam nequitiis suis a sanctæ memoriæ papa Leone jam dudum excommunicatus extiterat, domnum Martinum, Florentinum genere, religiosum plane atque prudentem de hujus loci prioribus monachum episcopum consecravit. Petrus quoque [4093] Venafranæ [4094] et Hiserniensis sedis episcopus, Ravennas natione, monasterii [4095] hujus monachus, tempore nichilominus ipso sacratus est.

15. [Cap. 16.] Eisdem [4096] quoque diebus et Richardo principatum Capuanum [4097], et Robberto [4098] ducatum Apuliæ et Calabriæ atque Siciliæ confirmavit, sacramento [4099] et fidelitate Romanæ Ecclesiæ ab eis primo recepta, nec non et [4100] investitione census totius [4101] terræ ipsorum, singulis [4102] videlicet annis per singula boum paria denarios duodecim (951). Sed quoniam duorum [4103] horum magnatuum, Robberti scilicet atque Richardi decurrens [4104] historia attulit mentionem, qui præ cæteris sui temporis mortalibus locum hunc et [4105] dilexerunt, et ditaverunt, et protexerunt, quique huic nostro Desiderio nimium devoti, fideles, et amicissimi in omni vita extiterunt : dignum videtur, qualiter sit uterque ad suæ dignitatis honorem provectus [4106] vel breviter opusculo isti inserere ; nam et superius (l. II, c. 66) nos id ipsum promisisse meminimus. [AMAT III, 7, 10, 11; IV, 3, 4-7, 18, 23; V, 7, 18, 20, 23, 24-27; VI, 13-22.] Robberto igitur primum frater ejus Drogo qui tunc comes erat Apuliæ, roccam sancti Marci concessit, quam videlicet in confinio Calabriæ ipse non multo ante construxerat, deque tota illum Calabria pariter investivit. Sed, cum Robbertus [4107] idem pauper admodum esset, nec sine multæ summa pecuniæ ad milites conquirendos eandem se posse adquirere pervideret, tandem vicinæ civitatis dominum quæ Bisinianum [4108] vocatur, Petrum videlicet Tyræ, divitem valde virum vocatum ad colloquium cepit ; a quo utique viginti milia aureos pro ejus absolutione recepit. Huic ad fratrem pergenti Girardus de bono alipergo occurrens, primus omnium illum quasi [4109] per jocum Viscardum appellavit, ejusque demum miles effectus, Alveradam amitam [4110] suam illi in matrimonium junxit; sicque simul ingressi Calabriam, brevi tempore universas fere illius urbes ceperunt. Post mortem autem fratris Humfridi (*an.* 1057) honore ipsius recepto, Regium urbem obsidens capit, et [4111] extunc cœpit dux appellari. Dehinc [4112] (*an.* 1059) reversus Apuliam cepit etiam Trojam; et ita paulatim, diversis licet temporibus totam terram universosque partium illarum Normannos præter Richardum, suo subdidit dominatui. Cognito præterea quod prædicta Alverada sibi affinis esset, parat divortium; ac [4113] sororem Salernitani principis cœpit expetere in conjugium. Quod et factum est. Et Alveradæ quidem [4114] dona conferens plurima, Calabriam cum Sikelgaita [4115] perrexit. Post hæc (*an.* 1061) ad Saracenorum expugnationem et adquisitionem Siciliæ ingens Robberti animus verti-

VARIÆ LECTIONES.

[4089] supradictus *ed.* [4090] prepositus 4. [4091] Postmodum autem in *ed.* [4092] *deest ed.* [4093] etiam *ed.* [4094] Benefrane 2. [4095] noster monachus, t. i. s. est. *ed.* [4096] Hisdem *ed.* [4097] *deest* 3. [4098] Rothberto 2. Rotperto 3. [4099] cum. sacr. fid. *ed.* [4100] *deest ed.* [4101] t. t. i. *deest* 2. [4102] per singulos annos p *ed.* [4103] h. d. magnatium *ed.* [4104] d. h. a. m. *post* extiterunt *collocat ed.* [4105] h. d. d. ac p. *ed* [4106] profectus 4. [4107] c. pauper admodum esset, vicine urbis, d. 2. [4108] Bestinianum 4. [4109] V. (Guiscardum 2.) q. p. i. a. *ed.* [4110] amicam 4. illi a. s. in *ed.* [4111] *deest* 4. [4112] *add.* 4. [4113] sororemque *ed* [4114] *add.* 4. [4115] Sikelgatta 4.

NOTÆ.

(949) Inter Capuam et Nolam.

(950) Æn. I. 203.

(951) Utrumque juramentum quod *Robertus Dei gratia et sancti Petri dux Apuliæ et Calabriæ et utroque subveniente futurus Siciliæ* præstitit, e libro censuum edidit Baronius ad a 1059, n. 70.

tur; ad quam videlicet cum valido exercitu transiens, Messanam primo quæ in portu sita erat ex improviso occupat; inde Rimetum; (952) ad urbem deinde[4116] quæ Castrum Johannis vocatur[4116] ex quatuor partibus castella[4117] communit, bella ibi et[4118] plurima et prosperrima peragit; a Panormitano admirato dona ingentia recipit; castrum sancti Marci nomine in valle Demenæ construit; Messana militibus communita, ingenti[4119] tandem auro onustus Calabriam repetit. Ydrontum[4120] deinde tandiu obsidens afflixit, quousque illi se tradidit. Inde Barim[4121] terra marique circumdat, eamque post quattuor circiter annos Argirizzi factione ingreditur (953). Rursus igitur ad Siciliæ Panormique expugnationem cum navali profectus exercitu (954), intra quinque mensium spatium Cathenam primo, inde vero[4122] Panormum (955), deinde Mazarim[4123] (956) (an. 1072); sicque fratrem Roggerium de tota investiens insula, et medietatem Panormi, et Demenæ, ac Messanæ sibimet retinens, acceptis Saracenorum obsidibus, thesauro ingenti ditatus Calabriam redit. Hæc interim de Robberto* : jam nunc aliquanta de Richardi principatu scribamus.

* Robberto breviter tetigisse sufficiat, quia qualiter hanc insulam ceperit latius loco suo scribemus. Nunc jam aliqua de 2.

Hic itaque Aversanum ut supra jam tetigimus (*ad a.* 1050) comitatum indeptus, ad[4124] principatus dignitatem toto nisu ambire, et Capuanæ urbis expugnationem animum cœpit intendere (957). [AMAT. IV, 8.] Supra quam cum tria castella firmasset, eamque acriter debellans affligeret, septem milibus tandem aureis a Pandulfo juniore susceptis obsidionem solvit; sed ad tempus. Nam cum post mortem Pandulfi Landulfus filius successisset, mox et Richardus accedens obsidionem firmavit. Proferunt multam Capuani pecuniam, Richardus nil appetit nisi terram. Artati demum famis penuria cives, cedente Landulfo recipiunt hominem, sacrant in principem, portas sibi dumtaxat cum turrium fortitudine retinentes (*an.* 1062. *Mai.* 21). Dissimulat hoc interim novus princeps, et aptius[4125] id expetendi tempus expectat. [AMAT. IV, 13, 26, 28, 30, 31.] Non multo post venit ad hoc monasterium, recipitur honorifice nimis cum processione sollemni : erat[4126] (958) enim admodum gloriæ appetens. Placent omnia valde; rogatus a senioribus de loci tutela, devotissime promittit se totius monasterii contra omnes quos posset fidelissimum de cætero defensorem. Campaniam deinde profectus, totam ferme intra tres menses adquirit. Inde Capuam rediens, congregatis nobilibus dignum jam asserit esse, turres civitatis et portas[4127] sibi contradi. Timentibus hoc et omnino refutantibus agere Capuanis, iratus princeps urbem exit, eamque rursus artissima obsidione undique cingit. Iterum cives fame valida pressi, ultra montes ad imperatoris suffragium exorandum archiepiscopum suum (959) transmittunt; sed qui verba detulit verba recepit sine aliqua utilitate regressus (960). Tunc Capuani spe undique decidentes, jamque resistere, nullo[4128] penitus eis ferente auxilium non valentes, tandem[4129] et turres, et portas, et seipsos omnes cum suis omnibus potestati[4130] principis tradiderunt, anno (961) dominicæ incarnationis millesimo sexagesimo secundo, cum jam per decem circiter annorum curricula Normannis viriliter ac[4131] strenue repugnassent. Post paucum tempus divino judicio nocte conflagrata Teano, mane princeps cum exercitu supervenit; fugientibusque[4132] comitibus, civitatem ultro tradentibus civibus recipit. Ita (962) sibi Deo in omnibus pro incolarum nequitiis prosperante, universas Capuani principatus attinentias cum civitatibus et castellis brevi sibi tempore subdidit. In omnibus autem his prosperitatibus Deo et patri Benedicto semper gratias referebat; ejus se meritis adjuvari, ejus orationibus attolli constantissime[4133] profitens. Jam vero dominum abbatem licet dudum apud Capuam præsidentem ut supra diximus sibi amicissimum fecerit, ex eo tamen illum ac si patrem modis omnibus venerari, ejus se[4134] consiliis omnino committere, ipsi quasi domino libenter obtemperare [Cap. 17]. Primo igitur anno quo princeps simul cum Jordane filio factus est (*an.* 1058), juxta morem priorum principum generale præceptum fecit (*Nov.* 12) huic monasterio de omnibus omnino pertinentiis ac finibus suis (963). Sequenti vero tempore (*an.* 1063) fecit præceptum monasterio nostro (*Apr.* 22) quod Capuæ situm est, de platea publica quæ erat inter murum civitatis et claustrum ejusdem cœnobii (964) unde magnam inquietudinem

VARIÆ LECTIONES.

[4116] vocabatur 4. [4117] castra 4. [4118] et p. et *desunt* 2. [4119] t. i. *ed.* [4120] Otrantum 2. [4121] Varum 2. [4122] *add.* 4. [4123] Nazarim 2. Mazarim 3. Masarim 4. [4124] ad C. u. c. a. i. et ad. p. d. t. n. a. *ed.* [4125] artis 4. [4126] e. c. a. g. a. *desunt* 2. [4127] *deest* 3. [4128] n. p. e. f. a. *desunt* 2. [4129] et turres t. *ed.* [4130] virtuti *ed.* [4131] ac. s. *deest* 2. [4132] fugientibus *ed.* [4133] certissime *ed.* [4134] e. c. e c. *ed.*

NOTÆ.

(952) Rametta (?).
(953) An. 1068, Apr. 15.
(954) An. 1071, m. Julio.
(955) Jan. 10.
(956) Mazzara.
(957) Inde a M. Jun. a 1058 principis nomen assumpsit.
(958) Hoc Leo addidit.
(959) Hildericum.
(960) *Car en la cort de lempereor de Alemaigne est costumance que qui done parole parole rechoit.* Aimé.
(961) *Anno — repugnassent* Amatus non habet. Annum Anon. Casin. indicat; sed quo prima vice expugnata est.
(962) In sequentibus noster de suo aliqua supplevit.
(963) Ap. Gatt. Acc. p. 161.
(964) Ib., p. 163.

fratres tam a quibuslibet transeuntibus, quam et a vicinis mulierum [4135] garrulitatibus cotidie patiebantur.

16. [Cap. 18.] Tantæ igitur potestatis Desiderius Dei nutu amicitia fretus, nequaquam tam acceptabile tempus neglegendum existimans [4136] eidem principi tum precibus, tum muneribus non exiguis instare cœpit, ut huic monasterio quod [4137] tantopere se diligere fatebatur, quietem dignaretur et securitatem largiri, et castella nobis finitima quibus undique frequenter infestabamur, quæ videlicet ipse jam in suam dicionem redegerat, eidem monasterio in perpetuum possidenda firmaret. Ejus itaque votis princeps gratantissime annuens, primo quidem castrum quod Mortula dicitur, simul cum Casa Fortini (965); dehinc (966) oppidum Frattarum (*an.* 1065. *Jan.* 19) cujus jam supra meminimus (c. 11); sequenti vero anno (967) roccam cognomine Cucuruzzum [4138]; turrem quoque quæ juxta mare sita est, in eo videlicet loco quo Liris [4139] fluvius mari miscetur (968); nec non et castellum Teramense: (969) hæc inquam omnia, cum [4140] omnibus simul eorum [4141] pertinentiis, principalibus singillatim præceptis huic loco ex integro concessit et confirmavit. Data sunt autem in commutationem eidem principi, pro Frattis castellum quod dicitur Capriata cum omnibus pertinentiis suis, additis insuper trecentis bizanteis. Pro Teramensi vero castro datum est illi castrum [4142] quod vocatur Conca, quod ipse nobis dudum reddiderat, una cum curte sancti Felicis de Miniano. Oppidum præterea vicinius monasterio quod Pesmontis vocatur, quodque [4143] nobis erat infestius ac molestius cæteris, eodem tempore a comitibus Aquinensibus Desiderius commutavit; pro quo videlicet roccam quidem vocabulo Cellarolam [4144], et Postam illis extoto concessit; retento sibi lacu ejusdem loci cum ecclesiola quæ juxta est. Partem vero de municipio sancti Urbani nobis tunc pertinentem, idest 120 familias, singillatim dedit comiti Adenulfo in vita tantum sua tenendam, retentis sibi familiis 12 cum ecclesia sancti Urbani, et cum terra quæ sufficeret ad duo paria boum: ea videlicet condicione ut si vellet nobis prædictas comes in vita sua easdem hominum familias reddere, nos daremus illi 50 libras denariorum; sin autem, post mortem illius in nostram [4145] omnes illi homines dicionem redirent.

17. [Cap. 19.] Per (970) idem tempus oblatæ [4146] sunt in hoc loco ecclesiæ per diversa loca, quas suo ordine compendiose subter annectimus, ab anno videlicet primo ordinationis Desiderii [4147] usque ad dedicationem majoris ecclesiæ [1058-1071], deinceps reliqua descripturi. Ecclesia sanctæ Mariæ in Aurola, territorio Larinensi (971). Ecclesia sancti Benedicti intra civitatem Albanensem. Monasterium sanctæ Mariæ de Cellis, territorio [4148] Carseolano (972). Monasterium sancti Benedicti de Orbeto, loco Pascusano (973). Ecclesia sancti Valentini intra Ferentinum Campaniæ [4149]. Ecclesia sancti Marci de Carpenone, loco Aquasonula (974). Ecclesia [4150] sancti Dimitrii intra civitatem Neapolim, in regione Albinense. Ecclesia sancti Petri in Orbeto, loco Morino. Ecclesia [4151] sanctæ Luciæ juxta castellum Rendenariæ. Monasterium sanctæ Eufemiæ [4152] in Marchia (975), territorio Teatino [4153]. Ecclesia sancti Angeli et sanctæ Mariæ in Comino, loco Pesclo [4154] Masculino [4155] *. Ecclesia sancti Johannis de Conca, loco Pilano [4156]. Ecclesia sancti Nycolai intra Aquinum, juxta plateam. Ecclesia sancti Blassii de Sancto Johanne in Baniarola (976). Ecclesia sancti Benedicti in territorio Aretino, loco Ficarola. Ecclesia [4157] sancti Angeli de Algido**. Monasterium sanctæ Agathæ subtus civitatem Tusculanam (977). Ecclesia sancti

VARIÆ LECTIONES.

[4135] feminarum *ed.* [4136] ducens *ed.* [4137] *deest* 1. [4138] Cucurrizzum 2. C. cum omnibus pertinentiis ejus *ed.* [4139] mari Lyris f. admiscetur *ed.* [4140] c. o. s. c. p. *add.* [4141] s. e. simul p. 4. [4142] castellum q. dicitur C. *ed.* [4143] et inf. ac *ed.* [4144] Cellarellum 2. [4145] nostra o. i. h. diciores 4. [4146] oblata s. in h. l. monasteria et ecclesiæ p. d. l. quæ 2. [4147] ipsius *ed.* [4148] in t. *ed.* [4149] F. Monasterium s. 2. [4150] Monasterium 2. [4151] et eccl. s. L. prope c. qui dicitur Rendenaria *ed.* [4152] Eufimie *ed.* [4153] T. cum 300 modiis terræ 2. [4154] Peschu *ed.* [4155] Masculinu 2. [4156] Pisano *ed.* [4157] Monasterium 2.

NOTÆ.

(965) Interventu Pandulfi Gualæ filii. In privil. ap. Gatt. Acc. p. 164. Riccardus ita loquitur: *omnium... pateat sagacitati, quoniam Landolfus f. qd. Pandulfi olim principis, et Landulfus nepos ipsius Landulfi, et filii qd. Pandulfi, et Johannes et Petrus germani et filii qd. Gisulfi, et Paldulfus et Landenolfus germani et f. qd. Laydolfi olim Thian. com. contra nostram animam cogitaverunt, et consiliaverunt, ac inimicos nostros intus nostram provinciam invitaverunt atque introduxerunt, propter quod secundum legem Langobardorum omnes res eorum in nostro publico devolutæ sunt ad faciendum exinde omnia quæ voluerimus*, etc.

(966) Diei ejusd. Gatt. Acc., p. 165. ex orig.

(967) 1066 cum reliquæ notæ a. 1065 potius conveniant, IV. Non. Jul. monast. S. Salvatoris in monte Cucuruczu, comitatu Tean. Casinatibus dedit, confiscatum ob proditionem comitum Calatiæ et Petri com. Vulturnensis. Gatt. Hist., p. 312. ex orig.

(968) Gatt. Acc., p. 166.

(969) Comitibus ob camdem causam ademptum; ibidem.

(970) Requirenda, si juvat in Regesto Petri cuncta hic notata. ANG.

(971) Gatt. Hist., p. 131.

(972) V. supra II, 23. Dedit Siginolfus comes, f. Berardi, habitator in castello S. Angeli. Gatt. ib., p. 222.

(973) *In valle de Orbetu, in provincia Marsorum.* Gatt. Hist., p. 226.

(974) Quam obtulit Bernardus Laidulfi, f. comes Æserniæ; ib., p. 228.

(975) *Super fluvio Fauro;* ib., p. 230. (a. 1063, ind. XV).

(976) *In ipsa Limata, subtus ipso castello,* sc. S. Joan. in actu Pontiscurvi; ib., p. 266.

(977) Utriusque tres partes offerente Gregorio f. Gregorii consulis, quartam d. 24 Maii Octaviano Alberici filio; ib., 232, 234 e Reg. Petri.

Salvatoris in eadem civitate Tusculana. Ecclesia sanctæ Mariæ cognomento Ad vineas (978), territorio Tusculano [4158]***. Ecclesia sanctæ Mariæ de Uppa, territorio Carseolano. Ecclesia sancti Nycolai et sancti [4159] Moyses apud Campaniam, loco Turrici. Ecclesia sancti Angeli in Bettorrito, pago Marsorum. Ecclesia sancti Herasmi, et sancti Angeli, et sancti Donati [4160] de Pomperano, similiter in Marsia. Ecclesia sancti Christophori, et sancti Constantii, territorio Aquinensi. Ecclesia sancti Martini de Arpino. Monasterium † sancti Petri de Burgano [4161], in finibus Luceriæ. Omnes istæ ecclesiæ cum universis omnino possessionibus ac pertinentiis earum tam mobilibus quam immobilibus huic monasterio intra præscriptum spatium oblatæ, et a Desiderio receptæ sunt.

* Ecclesia sanctæ Trinitatis, et sancti Felicis in Sancto Urbano. *add.* 2.

** territorio Tusculano. Ecclesia sancti Petri in *Plegi*, sanctæ Felicitatis, sanctæ Luciæ (979), sancti Antonini in monte Porculo, territorio Tusculano. *add.* 2.

*** Monasterium, quod dicitur Sancta Jerusalem, territorio Tusculano (980). Monasterium sancti Angeli in Pesclu, territorio Veliternensi. Has omnes Gregorius consul Romanorum beato Benedicto obtulit juxta tenorem, quæ in oblationis cartula continetur. Item *add.* 2.

† Monasterium sancti Petri de Lacu, territorio Balvensi (981). Monasterium quoque sancti Petri de Burgano, in finibus Luceriæ. Monasterium sancti Petri de Avellana, apud Sangrum (982), cum universis omnino pertinentiis et possessionibus ipsarum omnium. Tunc 2.

Tunc temporis Baldoinus comes de valle Sorana obtulit, seu refutavit beato Benedicto tres curtes de Comino, quas videlicet [4162] per cartulam commutationis a parte hujus monasterii retinebat; id est ecclesiam sancti Urbani cum pertinentia [4163] sua, et ecclesiam sancti Victorini cum ipso lacu de Vicalbo, et ecclesiam sancti Angeli quæ dicitur in Pratora, cum omnibus omnino pertinentiis ac rebus earum [4162], quemadmodum a nobis receperat. Eodem quoque tempore (*an.* 1064. *Mart.*) Paldus [4164] Venafranus comes obtulit beato Benedicto quartam partem de castello quod dicitur Sextum, et medietatem totius partis suæ de valle Venafri, et de Teano, et de Calinulo, et de Calvo, et de Cajatia [4165], nec non et de omnibus quæ possidere videbatur in toto principatu Capuano. Alio etiam præcepto obtulit in hoc loco quartam partem de Cerreto [4166] plano, et Torcino, et medietatem de rocca sancti Georgii, et de Vitecuso, et de Cerasolo (983), nec non et integrum castellum quod dicitur Cerulanum, cum omnibus exintegro [4167] pertinentiis ejus. Sed et Landulfus comes de [4168] Miniano (984) ad conversionem veniens, obtulit curtem suam huic monasterio non longe ab eodem Miniano, cum duabus ecclesiis, Sancta Maria [4169] et sancto Johanne. Præterea et Joannes comes de Pontecurvo, cognomento Scintus superius jam nominatus (l. II, c. 65), obtulit [4170] in hoc loco ecclesiam sancti Angeli de loco qui dicitur Merulanus, et ecclesiam sancti Blassii sub castello quod appellatur [4171] Pica, et integram curtem de Baniolo, et Sipizano, et castellum quod vocatur [4172] Pastina, nec non et quattuor vicendas [4173] non parvas, cum universis prædictarum ecclesiarum et [4174] curtium pertinentiis (*an.* 1066 *Feb.*) (985). Johannes quoque filius Landulfi [4175] comitis Teanensis, per quartam firmavit et concessit in hoc monasterio integram partem suam de castello Mortula [4176], et de omnibus quæ illi a patris [4177] parte in eodem loco pertinuerant (*an.* 1070. *Sept.*). Idem nicholominus fecit [4178] et frater ejus Landulfus infans infra ætatem de tota altera parte sua (986). Tunc [4179] etiam Pandulfus quidam de [4180] Sipontinis nobilibus ab obitum veniens, de quinquaginta passibus ad [4181] piscandum in mare, in loco qui vocatur Ad Rigora, oblationem in hoc monasterio fecit (*an.* 1064. *Mai.*) (987). Per eos dies Berardus Marsorum comes de [4182] monasterio sanctæ Mariæ in valle Marculana in hoc loco oblationem faciens, simul eam huc cum filio suo Todino egregiæ indolis adolescente jam pridem apud monasterium Reatinum converso transmisit. Idem quoque postmodum ad hoc monasterium veniens, reddidit beato Benedicto monasterium sanctæ Mariæ de Luco

VARIÆ LECTIONES.

[4158] Tusculanensi *ed.* [4159] *deest* 4. [4160] D. cum 300 modiis terræ, de 2. [4161] Purgano 4. [4162] *ad.* 4. [4163] c. omni p. *ed.* [4164] Pandulfus *ed.* [4165] Cal. 4. [4166] Cerretu 2. [4167] o. omnino sibi pertinentibus ac possessionibus *ed.* [4168] c. Minianensis 2. [4169] S. videlicet M. *ed.* [4170] *deest.* 4. [4171] dicitur *ed.* [4172] appellatur *ed.* [4173] q. terre jujera n. p. 2. [4174] eccl. curtiumque possessionibus *ed.* [4175] q. filii Landolfi *ed.* [4176] Murtula 2. [4177] a parte. p. in e. castello pertinere videbantur *ed.* [4178] I. etiam f. et de altera integram partem suam frater e. L. i. i. c. Per eos dies Berardus *ed.* [4179] Tunc — fecit *in fine cap. collocat ed.* [4180] q. Sipontinus ad 2. [4181] p. in mari in l. q. v. Rigora ad p. o. *ed.* [4182] c. ad hoc monasterium veniens per cartam reddidit b. B. 2.

NOTÆ.

(978) Ib., p. 233. Gregorius f. Gregorii de Alberico dimidiam ejus partem offert 1068, Feb. 18.

(979) Eæ in Reg. dicuntur ecclesiæ de S. Angelo in Algido, sed S. Antoninum Petrus f. Gregorii dedit 1077, Sept. 24; v. ib., p. 256 et infra c. 60.

(980) Id in Reg. a Bened. VIII et Alberico com. pal. fratribus oblatum dicit, ib., p. 236.

(981) Gatt. Acc., p. 179. Offerunt comites Balb. a. D. 1067, ind. VII, m. Aprili.

(982) V. infra c. 39.

(983) *De castro Cerasolu inclite 3 porciones med.* ap. Gatt. Acc., p. 168, ubi utrumque docum. ei. d. invenies.

(984) Landulfus Fusco c. M. *quia contra animam nostram cogitavit et conspiravit* bonis exutus dicitur a Ricardo 1066, Sept. ap. Gatt. Hist., p. 158.

(985) Gatt. Acc., p. 169.

(986) Utrumque ib., p. 170.

(987) Ib., p. 171, ubi videmus sub Græcis imperatoribus Siponti leges valuisse Langobardorum.

[4183], simul cum rocca quæ super ipsam ecclesiam [4184] constructa erat (988), et cum omnibus villanis qui ibi residebant, et cum universis omnino per totam Marsiam pertinentiis ejus (*an.* 1070. *Nov.*). Huic [4185] Desiderius sub libelli nomine terram mille modiorum mensura de rebus hujus monasterii per diversa loca quæ sub sua duntaxat erant [4186] ditione, assignari præcepit, censu quinquaginta solidorum per annos singulos constituto.

18. [Cap. 20.] Æstuabat interea ingenti desiderio Desiderius, ecclesiastica etiam ornamenta de quibus usque ad id temporis pauperes admodum videbamur, undecumque conquirere; sed bonum desiderium non [4187] est passus Deus in tanto homine inefficax esse, sicut in sequentibus pervidebitur. Partim itaque de propriis deferens, partim vero a Romanis amicissimis mutuans, centum et octoginta librarum pretio congesto omnia fere ornamenta papæ Victoris, quæ hac illacque per Urbem fuerant pignorata redemit; quæ videlicet ista [4188] sunt. Pluviale diarodanum [4189], totum undique auro contextum, cum fimbriis nichilominus aureis. Planeta [4190] diacetrina [4191], aureis listis undique decenter ornata; alia vero [4192] exameta (989), friso nichilominus in giro circumdata. Dalmatica similiter exameta, auro et albis a capite, manibus [4193], ac pedibus insignita. Tunica diapistin cum urna amplissima a pedibus et manibus ac scapulis aurea. Stolæ auro textæ cum manipulis et semicinthiis suis, numero novem. Pannum diarodanum pro [4194] faldistorio (990), cum aureis in circuitu listis. Libet nunc [4195] super hæc inserere singula, quæ ex eo quo ordinatus est tempore usque ad renovationem basilicæ majoris, in ecclesiæ utensilibus fecerit [4196]: nam cætera deinceps plenius exequemur. Pastoralem virgam argento vestivit, et deauravit. Fecit ante faciem altaris tabulam auream cum gemmis, librarum circiter decem; nec non et turibulum de auro cum gemmis ac [4197] smaltis, librarum duarum. Librum quoque epistolarum ad missam describi faciens, tabulis aurea una, altera vero argentea decoravit. Codicem [4198] etiam regulæ beati Benedicti pulchro nimis opere deintus comptum, deforis [4199] argento vestivit. Similiter fecit et de sacramentoriis (991) altaris uno et altero, et duobus nichilominus evangeliis, et epistolario uno. Nam usque ad illud tempus in plenario missali tam evangelia quam epistolæ legebantur; quod quam esset tunc inhonestum, modo satis advertitur. Id ipsum fecit et de alio libello, in quo sunt orationes processionales. Fecit et libellum ad cantandum in [4200] gradu sive ante altare, eumque tabulis eburneis mirifice sculptis et argento ornatis annexuit. Codicem quoque de vita [4201] sancti Benedicti, et sancti Mauri, et sanctæ Scolasticæ describi studiosissime fecit. Fecit et portellas argenteas ad ingressum chori, librarum circiter triginta. Fecit et sedilia lignea in circuitu chori cum dossalibus eorum sculptura [4202] simul et pictura decora [4203]. Sed et gradum nichilominus ligneum ejusdem operis extra chorum in ambonis [4204] modum satis pulchrum constituit, in quo videlicet tam lectiones in nocte, quam etiam [4205] epistolæ et evangelia ad missas præcipuarum festivitatum legi deberent [4206]. Per eos etiam dies (*an.* 1067) cum rumor increbruisset [4207], ad Italiam regem venturum, nequaquam segnis [4208] perrexit Amalfim; ibique viginti pannos sericos quos triblattos (992) appellant [4209] emit, ut si forte necessarium esset, haberet quod [4210] regi donaret, pro tutela videlicet et honore monasterii hujus. Hydriam quoque argenteam librarum septem, ibidem tunc acquisivit, quam [4211] profecto ad ministerium aquæ sanctificatæ in processione dierum dominicorum cum alia ejusdem metalli et quantitatis hydria postmodum illi donata deputavit [4212]. De triblattis vero omnibus, quoniam rex de via reversus fuerat, pluviales protinus fieri jussit. Videns autem tunc portas æreas episcopii Amalfitani, cum valde [4213] placuissent oculis ejus, mox mensuram portarum veteris ecclesiæ Constantinopolim misit, ibique illas ut [4214] sunt fieri fecit [4215]. Nam nondum disposuerat ecclesiam renovare, et ob hanc causam portæ ipsæ sic breves effectæ sunt, sicut hactenus permanent (993).

19. [Cap. 21]. Interea ut superius revertamur [4216], defuncto apud Florentiam apostolico (*an.* 1061. *Jul.* 19.) (994) post duos et [4217] dimidium quibus ecclesiæ præfuit annos, cum maxima inter [4218] Romanos seditio cœpisset de ordinando pontifice exoriri: Hildebrandus archidiaconus cum cardinalibus nobi-

VARIÆ LECTIONES.

[4183] Lucu *ed.* [4184] ipsum monasterium *ed.* [4185] Huic — constituto *desunt* 2. [4186] *deest* 3. [4187] d. donante Deo non potuit in t. *ed.* [4188] v. sunt hæc *ed.* [4189] d. magnum, t. 2. [4190] Planetam diacitrinam *etc. casu quarto ed.* [4191] magnam *add.* 2. [4192] quoque *ed.* [4193] c. et p. ac m. i. *ed.* [4194] d. cum listis aureis p. f. 2. faldstorio 4. [4195] L. præterea hoc in loco designare s. *ed.* [4196] sive f. sive adquisierit 2. [4197] et smaldis *ed.* [4198] Calicem 4. [4199] a foris *ed.* [4200] c. ante altare sive in gradu *ed.* [4201] fecit 4. (factis?). [4202] sculptura 4. [4203] præstantes *ed.* [4204] ammonis 2. [4205] etiam et *ed.* [4206] f. legerentur *ed.* [4207] increbuisset r. ad I. v. *ed.* [4208] senix *ed.* [4209] vocant coemit *ed.* [4210] h. certe q. *ed.* [4211] ut q. ad m. *ed.* [4212] esse constituit *ed.* [4213] satis *ed.* [4214] i. valde pulchras f. 2. [4215] jussit 3. [4216] redeam *ed.* [4217] d. annos et d. q. e. p. *ed.* [4218] s. i. R. c. *ed.*

NOTÆ.

(988) Ib.

(989) I. e. sex liciis seu filis texta, unde nostrum *Sammet.*

(990) Sella plicatilis, *fauteuil.*

(991) Quæ missæ ordinem continent.

(992) I. e. trium colorum secundum Petr. Dam. ep. IV, 7.

(993) Fecit eas *Mauro filius Pantaleonis de comite Maurone, gentis Melfigene,* inscriptas nominibus possessionum ecclesiæ; v. Gatt. Acc., p. 172.

(994) Ita Necrol. Casin.

libusque Romanis consilio habito [4219], ne dissentio A convalesceret Anselmum tandem Lucensem episcopum post tres circiter menses in Romanum pontificem eligunt (*Oct.* 1.), eumque Alexandrum vocari decernunt; nostro Desiderio simul cum principe Romam proficiscente, eique in omnibus suffragante. Quod cum ad aures regis [4220] ejusque matris venisset [4221], indignatione nimia ducti quod hæc sine illorum consilio [4222] et auctoritate gesta fuissent, et ipsi nichilominus Cadaloum Parmensem episcopum ultra montes a Placentino dumtaxat et Vercellino episcopis (995), ipsa die festivitatis apostolorum Symonis et Judæ (*an.* 1061. *Oct.* 28) in papam eligi faciunt; eumque Romam evestigio ad impugnandam sive exordinandam ecclesiam cum valida manu militum, et pecunia multa transmittunt. Sed favente B Deo, licet plurimi Romanorum nec non et plurimi [4223] capitaneorum eidem [4224] Cadaloo gratia regis adhæserint (*an.* 1062), licet etiam castellum sancti Angeli ad urbis oppugnationem illi tradiderint; cum semel et bis magnis instructus copiis advenlasset, et immensam valde pecuniam profligasset, multamque stragem non minus suorum quam cæterorum fecisset: ad ultimum clam de præfato castello egressus, turpiter cum paucis aufugit; nec ultra venire ad has partes apposuit. Quippe qui eodem anno (*Oct.* 27), id est in prædictorum apostolorum vigiliis [4225] ab omnibus Teutonicis et Italicis episcopis qui cum rege tunc aderant (993), justo Dei judicio dampnatus est ac depositus.

20. [Cap. 22.] Jam [4226] fere quintum ordinationis C suæ complebat Desiderius annum, cum terribilius solito permissione divina fulmine monasterium istud attactum est (*an.* 1063). Cum enim fratres in ecclesia die quadam [4227] de more primæ horæ sollemnia agerent, subito cœlitus fulmen elapsum, ipsum ebdomadarium sacerdotem cui Manno erat vocabulum, honestæ famæ virum, in choro stantem feriens extinxit, cæteros vero circumstantes velut exanimes ad terram prostravit. Novicium etiam quemdam extra chorum stantem ante ipsam majorem crucem percutiens occidit. In capitulo tabulas officiales (997) excidit, ipsumque tabularium ac si mortuum [4228] reddidit. Vultum imaginis abbatis Richerii in eodem capitulo in tabella depictum scidit, ac [4229] porro dejecit, et in plerisque monasterii locis percussit [4230]. Fuit autem dies hæc 15. Kal. Februarii. Quamobrem consilio cum fratribus pater venerabilis habito, ad iram Dei placandam statuit tunc per omnes menses primam sextam feriam communiter ab omnibus in abstinentia peragi, ac discalciatis pedibus procedendo, missam proinde specialiter celebrari; necnon et omnibus per annum cotidianis diebus orationem pro fulgure ad missam publicam et ad psalmos speciales conjungi [4231]. Porro autem domnus Petrus Damiani cujus jam supra meminimus (l. II, c. 99.) ad hoc monasterium veniens (998), cum verbo pariter et exemplo ad Dei servitium ferventi zelo quoscumque posset accenderet, tandem consensu [4232] ac permissione domni abbatis a cuncta congregatione voluntaria oblatione in remissionem omnium peccatorum obtinuit, ut per totius anni sextas ferias quæ [4233] tamen festivæ non essent, pane tantum et aqua essent [4234] contenti, ac per singulas singuli disciplinas, data confessione, reciperent (999); insuper et triduanum jejunium in caput quadragesimæ per annos singulos agerent. Multotiens vero Desiderio cogitanti, et revelari sibi oranti quidnam esse vellet, quod sic frequenter hunc locum prædictum flagellum attereret, quadam nocte per visum Benedictus pater apparuit, eique inter alia de hoc sollicite percontanti, nichil aliud quam diabolicas insidias et antiquam pro loco invidiam esse perdocuit. Egomet ipse cum adhuc in scola monasterii degerem, reminiscor una nocte ad secundum dumtaxat nocturnum sexies in ecclesia et campanario fulmen percussisse. Alia quoque vice cum Anglo quodam aurifice duos alios longe distantes uno ictu ad portam majorem occidisse, et quod est mirabilius, puerulum quendam prædicto Anglo innitentem [4235] nil nocuisse. Altera [4236] etiam propter paradisi turrim transeuntem quendam vetulum extinxisse. Altera cuidam ex cementariis corrigiam de tergo a capite usque ad pedes incidisse, nec tamen exanimasse.

21. [Cap. 23.] Per idem tempus legati ex parte Baresonis regis Sardiniæ (1000) ad hoc venerunt [4237] cœnobium, per quos beato Benedicto duo magna

VARIÆ LECTIONES.

[4219] habitu 2. [4220] imperatricis ejusque filii 2. [4221] pervenisset *ed.* [4222] consensu *ed.* [4223] plurium 4. [4224] illi g. *ed.* [4225] Symonis et Judæ v. *ed.* [4226] Q. i. f. o. *ed.* [4227] quodam *ed.* [4228] inortem 4. [4229] pariter ac *ed.* [4230] hujus 4. [4231] edici 2. adjungi 3. [4232] c. ac *add.* 4. [4233] q. t. f. n. e. *desunt* 2. [4234] c. c. *ed.* [4235] imminentem 4. [4236] Altera — extinxisse *desunt* 4. [4237] venere *ed.*

NOTÆ.

(995) Eos Petrus Dam. ep. I, 21 commemoravit; huic Gregorio, illi Dionysio nomen fuit. Diemet finem capitis *Quippe — depositus* ex ejusdem oposc. 18. petiit.

(996) Augustæ Vindel.

(997) Consuetudo vetus fuit, seriem ministrorum et officialium, qui per hebdomadam publicis functionibus deputabantur, in tabula notatam in exedra seu capitulo ad communem notitiam exponere, idque munus uni ex monachis demandabatur; hæ sunt tabulæ officiales, hic tabularius, de quibus in hoc capite. Ang. qui earum exemplum e monumentis Casin. apponit: *Vicarius ordo postulat, ut in hac futura hebdomada canat nonnus Amicus missam, epistolam frater Desiderius legat, evangelium, responsorium, et versum frater Vincentius canat, lucernam frater Andreas procuret. Coquinæ servitium*, etc.

(998) Cf. Joan V. S. Petri Dam. 19, 20, Petri D. Opusc. 36, 16.

(999) Cujus ipse testis est, opusc. 43 initio.

(1000) *In renno quo dicitur Ore*, ut ait in privil. infra citato.

et optima pallia rex idem transmittens, orat sibi aliquot ex nostra congregatione fratres ad monasterium constituendum mandari [4238]; spondens et pollicens maximum in regno suo nostris utilitatibus honorem et commodum proventurum [4239], si monasticæ religionis studium hactenus partibus illis incognitum, qualiter apud nos tunc vigere perceperat, apud eos extunc [4240] nobis studentibus assuesceret. Mox igitur [4241] venerabilis pater tantis [4242] petitionibus simul [4243] ac pollicitationibus motus, deliberato consilio duodecim de melioribus hujus cœnobii fratribus elegit, eisque tam [4243] divinarum scripturarum codices, cum diversis ecclesiastici ministerii [4244] apparatibus ac sanctorum patrociniis plurimis, quam et diversarum rerum supellectilem abundanter præbens, nec non et abbatem (1001) qui illis præesse deberet instituens, nimis eos honorifice illuc cum Caietanorum navi direxit. Verumtamen Satana [4245] impediente ex Dei permissione, res eodem eodem tempore ad effectum pervenire non potuit. Pisani siquidem maxima Sardorum invidia ducti, cum jam nostri ad insulam quæ Lilium vocatur (1002), prospero satis eventu transissent, et scaphis egressi oportunum navigationis tempus attenderent, ex improviso super illos cum armatis navigiis veniunt, et tam nostros quam cæteros omnes indiscrete simul et nimis injuriose tractantes, universa diripiunt; insuper etiam prædictæ legationis principem patibulo jam parabant crudeles affigere, nisi monasticum habitum quodam ex nostris illi porrigente protinus induisset. Post hæc incensa navi, et vestimenta solummodo nostris restituentes, cæteris omnibus onusti, hylares [4246] ad propria remearunt. Nostros autem per diversa ab eis loca dispersos, fratres nostri de monasterio Lucensi pio studio disquirentes reperiunt [4247], omnesque præter quattuor qui jam ad Christum migraverant, ad monasterium suum conductis vehiculis revehunt; quique postmodum licet diversis temporibus, eodem tamen anno ad nos universi fere reversi sunt. Viderat præterea quidem de nostris triduo antequam ista contingerent visionem; naviculam videlicet unam contra se perniciter properantem, quam juvenis quidam valde decorus, et senex supra solis radium splendens, sceptrum gerens in manu ducebat. Cumque A jam illis [4248] esset contigua, mox sceptriger ille in prora se subrigens, navis nostræ nauclerium [4249] nominatim vocavit. Cui [4250] respondenti senex quasi valde commotus: « Putatis, ait, vos cum causa nostra tuto Sardiniam pergere? Nequaquam plane id erit. » Et hæc dicens navem illius valido impulsu feriens vertit, et vela omnia in mare disjecit, moxque disparuit. Mane somnio recitato diversi diversa conjicere, et quidam quidem vehementissime trepidare; quidam vero nequaquam somniorum illusionibus asseverabant intendendum esse. Piratæ igitur illi cætera omnia inter se dividentes, scrinium reliquiarum cuidam suorum [4251] qui major facinoris illius extiterat, apud se custodiendum contradunt; sacramento se invicem obstringentes, nullo unquam B tempore, nullo modo, nulli hominum, nisi aliter forte non possent se id reddituros. Sed cum infelix ille [4252] ad domum suam easdem sanctorum reliquias detulisset, et utpote secularis inhoneste ac sine reverentia illas haberet: terribilis Deus in consiliis super filios hominum! quadam die cubiculum illud causa alicujus utilitatis ingressus, subito corruit, et expiravit. Quod ubi innotuit, magnus protinus [4253] horror universos invasit; et die altera discalciatis pedibus venientes, cum ingenti reverentia et honore præfatas reliquias exinde abstulerunt, atque ad episcopium civitatis [4254] cum magnis laudibus [4255] transferentes, ibidem illas debita tractandas honorificentia posuerunt [4256].

C 22. [Cap. 24.] Sardorum interea rex digna pro tantis injuriis satisfactione a Pisanis recepta, cum rursus ad hoc monasterium mandasset, se quidem multo ardentius in priori devotione persistere, nos vero propter id quod evenerat nequaquam debere neglegere; duos tandem illuc fratres jam post biennium fere transmissos, rex idem alacriter nimis recepit, eisque ecclesiam beatæ Mariæ in loco qui dicitur Bubalis, nec non et Sanctum Heliam de monte sancto, cum integro ipso monte, ad monasterium constituendum per præceptum concessit (1003), cum colonis et servis quamplurimis et cum substantiis ac possessionibus magnis. Hunc æmulatus ad bonum alter rex ejusdem Sardiniæ nomine Torkytorius [4257], fecit et ipse cartulam oblationis suæ (*an.* 1066. *Mai.* 5.) (1004), et transmisit ad hoc

VARIÆ LECTIONES.

[4238] transmitti *ed.* [4239] pervent. *ed.* [4240] deinceps *ed.* [4241] *add.* 4. [4242] t. p. s. ac p. m. *desunt* 2. [4243] *deest* 4. [4244] misterii 4. [4245] V. Deo permittente et S. i. res e. 2. [4246] et h. *ed.* [4247] ceperunt 4. [4248] sibi *ed* [4249] nauclericum 4. [4250] Qui *ed.* [4251] eorum *ed.* [4252] inde 2. [4253] h. p. *ed.* [4254] *deest* 2. [4255] Dei l. *ed* [4256] posuere *ed.* [4257] Torchytorius 2. Torkeitorius 3.

NOTÆ.

(1001) Aldemarium, v. c. 24.

(1002) In mari Tyrrheno apud montem Argentarium; Latinis *Egilium* vel *Igilium*. Ang.

(1003) Ap. Gatt. Acc., p. 174 ex orig. *Nicita lebita iscribanus in palactio regis iscrisi, quod in illa ora fuit tenebro, et paucu lumine abit innilla ora, et grande presserat mihi*, etc. Ea causa fuerit, propter quam diem adnotare omisit.

(1004) Ib. Hist., p. 154. *de loco Call.* Dat. in vico Uta, prope Carales.

monasterium; de Sancto videlicet [4258] Vincentio de Taberna, cum servis multis et substantiis plurimis, nec non et de Sancta Maria ad Flumen tepidum, et de Sancta Martha, et de Sancto Pantaleone ad Olivarum [4259], et de Sancto Georgio de Tulvi, atque de Sancta Maria de Palma; omnes inquam ecclesias has cum universis eorum pertinentiis, ad monasterium ex eis constituendum rex prædictus per cartam beato Benedicto contribuit. Ad Pisanos præterea legatus ab Alexandro papa simul cum monacho nostro directus est, ut nisi apostolicum [4260] anathema vellent protinus experiri, causam beati Benedicti quam nequiter [4261] abripuerant [4262] exintegro redderent, et debita se satisfactione purgantes [4263], numquam amplius illos [4264] aliquatenus disturbare præsumerent. Qui mox ejus obsecundantes imperiis, et impie circa nos egisse se profitentes, veniam supplices postulant, et quæque tunc superesse de [4265] his ac reperiri potuerunt, magna [4266] nimis devotione restituunt, exceptis duntaxat sanctorum reliquiis, pro quibus se ut superius dictum est juramento constrinxerant. Non autem multo post cum Gotfridus dux Pisam venisset, atque ad eum Desiderius, qua de causa nescio, profectus fuisset, ipso [4267] duce interveniente atque studente post multiplicem satisfactionem tandem [4268] Pisani in ejus gratiam redeunt, et tam eidem patri quam et loco huic se fidelissimos fore de cætero pollicentur.

23. [CAP. 25.] Interea cum supradictus princeps Richardus victoriis ac prosperitatibus multis elatus, subjugata Campania [4268], ad Romæ jam se viciniam porrexisset (*an.* 1066), ipsiusque jam [4269] Urbis patriciatum omnibus modis ambiret, Teutonici regis pertinxit [4270] ad aures. Qui ut et bona sancti [4271] Petri de manibus Normannorum eriperet [4272] [cf. AMAT. VI, 9.], et imperii coronam de apostolici manu reciperet, magna cum expeditione pervenit Augustam (1005); ibi præstolans Gotfridum Tusciæ ducem [4273] ac marchionem, qui regem quotiens Italiam intrare [4274] deberet cum sua solitus erat præire [4275] militia. Sed quoniam Gotfridus idem longe præcesserat, rex hoc nimis indigne ferens, eandem mox expeditionem remittens [4276] in sua reversus est. Dux autem copioso nimis [4277] vallatus exercitu Romam accessit (1006). Cujus [4278] Normanni adventu comperto, maximo correpti tremore universam protinus Campaniam deserentes aufugiunt; et Jordane tantum ac Guilelmo (1007) qui Mostarolus [4279] dictus est cum suis in Aquino se illi contraire parantibus, cæteri cum principe apud Patenariam rei eventum præstolantur [4280]; futurum ut fertur ut si dux idem Garilianum transisset [4281], ita ut in armis erant cuncti versus Apuliam fugam arriperent. Eisdem [4282] diebus ecclesia nostra eversa jacebat. Gotfridus itaque apostolico simul [4283] et cardinalibus comitatus, mediante jam Maio Aquinum cum universo exercitu venit, ibique per octo et decem dies cum pro [4284] vita obsistentibus Normannis pari ferme eventu confligens, tandem satagente strenuissimo internuntio Guilelmo cui Testardita fuit cognomen, ad id ventum est ut ad pontem sancti Angeli qui dicitur Todici, dux et princeps altrinsecus, nam interruptus erat, se ad colloquium jungerent; sicque non parva ut dicitur donatus [4285] pecunia dux ad propria repedaret. Per eos dies stella quam cometem vocant, ingentem retro se facem gerens spatio viginti et amplius dierum apparuit (1008); quæ ejusdem ut putatur [4286] ducis, non enim multo post defecit (1009), prænuntia [4287] mortis fuit. Eodem [4288] quoque tempore (1010) cum Marsorum comites ferali inter se discordia dissiderent, ab altero eorum contra alterum princeps quem diximus est evocatus. Qui desiderium jam dudum conceptum Marsiæ adquirendæ [4289] tali occasione se invenisse gavisus, licet magno vallatus exercitu, et filios Borrelli habens itineris præduces, non tamen illuc sine trepidatione aliqua est profectus. Ubi cum per dies aliquot remoratus, Albam civitatem undique obsedisset, pugnasque ibi nonnullas et fecisset et recepisset, nichil tandem ex his quæ speraverat facere prævalens, relictis cum eo qui se conduxerat Normannis aliquot, ad propria repedavit.

24. [Cap. 26.] Sed cum prædictus apostolicus magnæ admodum circa hoc monasterium devotionis existeret, suggerente pariter et instigante Hildebrando archidiacono, si quos ex hac domo fratres a domno abbate adquirere poterat, vel suo lateri ad ecclesiasticum ministerium sociabat, vel certe in

VARIÆ LECTIONES.

[4258] scilicet *ed.* [4259] *ita ed. et valvæ eccl. Casin.* Oliuanum *Reg. Petri.* Oluianum 4. [4260] n. an. v. ap. p. *ed.* [4261] inquiunt 4. [4262] arrip. 4 [4263] purgante 4. [4264] eos *ed.* [4265] s. ac. r. de h. p. *ed.* [4266] supplici satis d. *ed.* [4267] *add.* 4. [4268] C. ex parte ad 2. [4269] i. tam p. 4. [4270] pertraxit 4. [4271] sibi 4. [4272] erueret *ed.* [4273] T. videlicet m. 2. [4274] d. i. *ed.* [4275] m. p. *ed.* [4276] remanere præcepit. Dux 2. [4277] valde *ed.* [4278] Hujus *ed.* [4279] Mostarola 2. [4280] cum suis omnibus p. 2. [4281] transiret *ed.* [4282] Per idem tempus e. n. *ed.* [4283] *add.* 4. [4284] p. v. *add.* 4. [4285] a Normannis d. 2. [4286] fertur 2. [4287] m. p. *ed.* [4288] Eodem — repedavit *desunt* 2. [4289] adquirendi 3.

NOTÆ.

(1005) Ibi fuit ante Purificationem a. 1067, sec. Ann. Aug.

(1006) Hujusque ex Amato

(1007) Genero Richardi.

(1008) A. 1067 assignat Anon. Casin. 1066 alii.

(1009) A. D. 1070.

(1010) 1067, teste Anon. Casin. Cf. Amat VI, 8.

episcopos sive abbates honorifice promovebat. Tominum igitur Berardi Marsorum comitis filium (1011) Romam ad se accersitum, in Lateranensi patriarchio levitam constituit. Aldemarium quoque felicis memoriæ Capuanæ civitatis prudentissimum ac nobilem clericum et Richardi principis olim notarium (1012), qui meus in conversione magister extiterat, quique in abbatem fratribus in Sardiniam missis dudum fuerat ordinatus, postquam reversus ad monasterium est, in ecclesia sancti Laurentii quæ appellatur Foris muros, cardinalem simul et abbatem sacravit. Sed et Ambrosium Mediolanensem prudentem nichilominus et eruditum non mediocriter hominem, in Terracinensi ecclesia episcopum ordinavit (1013). Geraldum etiam doctissimum per omnia clericum, Teutonicum genere, in archiepiscopum ecclesiæ Sipontinæ præfecit (1014). Per idem quoque tempus et Milo Capuani monasterii præpositus in Suessanam ecclesiam episcopus factus est; et Petrus, qui dicebatur Atenulfi [4290] patris cognomine [4291] de Capuanis [4292] nobilibus, qui postmodum Romæ factus est [4293] cardinalis, ad abbatiam sancti Benedicti de Salerno cujus jam supra fecimus mentionem, rogatu Salernitati principis est transmissus.

Eodem tempore (*an.* 1067. *Mai* 10) sollemne Desiderio privilegium (1015) idem apostolicus præter cætera super omnimoda hujus cœnobii libertate concessit: ne videlicet aliquis alicujus ecclesiæ episcopus præter Romanum pontificem, non solum in nostra hac principali ecclesia, verum etiam in omnibus ubique terrarum [4294] nobis pertinentibus cellis, quamlibet dicionem usurpare quolibet modo præsumeret, auctoritate apostolica interdicens. Quo etiam tempore cum Hildebrandus Capuanus archiepiscopus elatione quadam turgidus contra hanc auctoritatem fuisset summurmurare conatus, publice in Romana synodo nobis super hoc proclamantibus, privilegiis apostolicæ sedis convictus se peccasse confessus est. Unde tam sibi quam suis successoribus universis sub districto tunc anathemate interdictum est, ut nullam ulterius inde auderent assumere quæstionem, nullam prorsus contra hunc venerabilem locum promovere aliquando litem.

25. [Cap. 27.] Præterea cum de rectoribus Tremitensis cœnobii, quod nobis antiquitus pertinuisse Romanorum quoque pontificum privilegia pleraque testantur, multa eo tempore inhonesta et nefanda diffamarentur [4295], eidem Desiderio ad disquirendum et disponendum illud, prout sibi optimum videretur, ab [4296] apostolico auctoritas data est. Qui cum abbatem ejusdem loci Adam multorum facinorum reum convictum exinde removisset [4297], Robberto de Laurotello (1016) et Petrone de Lesina comitibus, et episcopis Trojano (1017), Draconariensi (1018), ac Civitatensi (1019), nec non et abbate Terræ majoris (1020) se comitantibus insulam præfatam ingressus, Transmundum [4298] inibi Oderisii [4299] Marsorum comitis filium (1021) nimis honorifice ordinat in abbatem (*an.* 1071); egregiæ sane tunc indolis adolescentem, et [4300] prudentia litterisque non parum valentem, honestis quoque moribus hoc in loco a puero institutum; nisi demum pessimorum loci ipsius fratrum consiliis fuisset [4301] assensus: sed illorum plane quos illi etiam noster abbas injunxerat auscultandos. Nam redeuntibus nostris paucos post dies tribus de prioribus ejusdem loci monachis oculos eruit, uni vero linguam abscidit; fuerant enim apud eum de rebellatione insulæ a sociis insimulati. Quod, ubi Desiderio nostro relatum est, graviter [4302] nimis et indigne accepit, et maximo est super ista mœrore confectus: tum pro passorum miseria, tum pro jubentis sævitia, tum denique quod erat præcipuum, et quod magis cor ejus angebat, pro loci hujus infamia. Et quoniam eodem anno dedicationis ecclesiæ nostræ fieri præstolabatur sollemnitas, ad eam sustinetur venturus, ac juxta culpæ modum sententiam excepturus. Quem cum venisset in totius monasterii conventu aspera nimis et digna castigatione correptum, graviori penitentiæ subdidit, eumque illuc remanere ulterius non permisit. Hildebrandus autem archidiaconus ea quæ Trasmundus [4303] egerat [4304] omnimodis approbans, et nequaquam illum hoc crudeliter sed strenue ac digne in malignos homines fecisse confirmans, nondum anno completo eum a domno abbate aliquanto [4305] difficulter extorsit; atque abbatiam sancti Clementis de Insula Pennensis [4306] comitatus primo illi committens, paulo post etiam [4307] Balvensis episcopatus addidit digni-

VARIÆ LECTIONES.

[4290] Atenulfus 4. [4291] agnomine *ed.* [4292] n. C. *ed.* [4293] *deest* 4. [4294] locorum *ed.* [4295] divulgarentur *ed.* [4296] data ab a. a. est *ed.* [4297] subduxisset *ed.* [4298] Transmundum *ed.* [4299] f. O. M. c. *ed.* [4300] n. p. et litteris *ed.* [4301] a. f. *ed.* [4302] ind. n. et g. excepit *ed.* [4303] Transmundus 2. [4304] gesserat *ed.* [4305] aliquando *ed.* [4306] Balvensis 2. [4307] eidem 2.

NOTÆ.

(1011) C. 17. De eo v. Giesebrecht *De stud litt.*, p. 44.

(1012) Privilegia ejus d. 1058, Nov. 12; 1059, Aug. 23 data sunt per manus Aldemarii; 1063, Apr. 22. Alerisius ei successerat Cf. præf., p. 552.

(1013 1064, Oct. inter testes invenitur ap. Gatt. Hist., p. 228.

(1014) 1064, Mai. occurrit ib. Acc., p. 171.

(1015) Quod e Petri Reg. edidit Cl. Tosti *Hist. Cas.* I, 422.

(1016) Filio Gaufredi comitis Capitinatæ, nepote Rob. Viscardi; cf. infra IV, 48.

(1017) Stephano.

(1018) Campone.

(1019) Rogerio.

1020) Nunc *Torre maggiore*, ad occidentem S. Severi.

(1021) Fratrem Oderisii abbat. Casin., de quo v. Alfani carmina ap. Ughell. X, p. 47, 76; cf. Giesebrecht *De stud. litt.*, p 32, 45.

tatem (1022). Post hæc Desiderius Ferro monachum cui præfatus Trasmundus monasterium commiserat, ad se venire mandavit. Qui cum ad illum accedere detrectaret, Desiderius vero ad illas partes pergere pro his quæ contigerant quodammodo erubesceret, post annum integrum et octo circiter menses duci a Sicilia reverlenti super istis conquestus est; qui protinus illuc transmittens eum exire compulit, et in potestatem Desiderii delegavit (*an.* 1073). Comitatus itaque [4308] episcopis et abbatibus ac monachis simulque Petrone jam [4309] dicto comite Lesinensi, duabus galeis armatis insulam [4310] ingressus est, et a monachis loci honorifica satis processione receptus. Die vero [4311] altera ab universis ejusdem cœnobii fratribus de eadem abbatia sollemniter est [4311] investitus. Rogatus autem ut illos firmaret, ne aliquando idem monasterium monasterio Casinensi [4312] se vivente subjiceret, sed in dicione illud propria retineret, annuit. Rogatus etiam ut ab omni deinceps Casinensium monachorum [4313] calumnia vel querimonia in perpetuum illud esse quietum statueret, abnuit; et hoc se quia non [4314] esset justum, nequaquam facturum esse respondit. Ita ergo juxta quod placuit omnibus ordinatis, tribusque de fratribus nostris ad loci [4314] custodiam derelictis reversus est. Sed cum postmodum revocatis prædictis fratribus, cuidam alii de nostris ejusdem loci regimen commisisset, ille maligno usus consilio, fastu quodam superbiæ inflatus assumpta tyrannide rebellare disposuit [4315]; ita ut semel et bis evocatus, ad Desiderium venire contempserit. Quem cum excommunicasset, non multos post dies studio fidelium Desiderii simul cum suis fautoribus turpiter captus, atque ad eum perductus est. Et illum quidem non multopost ab excommunicatione solutum, rursus Asculensi cellæ præfecit. In Tremitensi [4316] vero cœnobio suam vicem abbati Terræ majoris commisit. Quo post non multum tempus defuncto, rursum quasi jam nauseans supradicto Ferro ejusdem loci curam restituit; ita dumtaxat ut se vivente sibi exinde responderet; post mortem vero suam in manus [4317] illud pontificis Romani remitteret. Sed de his hactenus; ad [4318] superiora nunc redeamus, et quemadmodum novam beati Benedicti basilicam vel ædificaverit, vel [4319] dedicaverit, vel adornaverit, prout ipsi præsentes inspeximus describere properemus.

A 26. [Cap. 28.] In omni igitur abbas venerabilis prosperitate atque quiete meritis beatissimi patris [4320] Benedicti divinitus constitutus, et in tanta ab universis in circuitu honorificentia habitus, ut (1023) non modo mediocres quique, verum etiam ipsi eorum principes ac duces libenter ei obedire, ejusque voluntati non aliter quam sui patris ac domini in omnibus morigerari [4321] studerent, ad veterem diruendam ecclesiam, et novam pulchrius atque augustius ædificandam non sine divino instinctu animum appulit; quamvis plerisque tunc de nostris prioribus grave nimium id et intemptabile videretur, plurimumque ab hac intentione mentem illius avertere, tum precibus, tum rationibus modisque omnibus sint conati, quippe a quibus omni B vitæ suæ tempore tantum opus non posse perfici æstimaretur: cum ille Deo fidens, ad omnia quæ pro Deo fiunt Dei sibi solius polliceretur ac præstolaretur auxilium. Anno itaque ordinationis suæ nono [4322] (*an.* 1066 *Mart.*), divinæ autem incarnationis millesimo sexagesimo sexto, mense Martio, indictione quarta, constructa prius juxta infirmantium domum non satis magna beati Petri basilica, in qua videlicet fratres ad divina interim [4323] officia convenirent, supradictam beati Benedicti ecclesiam tam (1024) parvitate quam deformitate thesauro tanto tantæque fratrum congregationi prorsus [4324] incongruam, evertere a fundamentis aggressus est. Et quoniam in ipso montis vertice constructa, et ven- C torum vehementibus flabris quaquaversum patuerat, et igneis frequenter fuerat attacta fulminibus, statuit [4325] ejusdem montis saxeam cristam igne [4326] ferroque excindere, et quantum spatium [4327] fundandæ basilicæ posset sufficere, locum in imo defossum quo fundamenta jaceret complanare. Ordinatis igitur qui hæc toto nisu et instantia summa perficerent, ipse interea Romam profectus est, et quosque [4328] amicissimos alloquens, simulque larga manu pecunias oportune dispensans; columnas, bases, ac lilia (1025), nec non et diversorum colorum marmora abundanter coemit; illaque omnia ab Urbe ad portum, a portu autem Romano per mare usque ad turrem de [4329] Gariliano, indeque ad Suium, navigiis conductis ingenti fiducia detulit. Abinde vero usque D in hunc locum plaustrorum vehiculis non sine labore maximo comportavit. Et ut magis fervorem fidelium obsequentium admireris, primam hic columnam ab

VARIÆ LECTIONES.

[4308] i. dux e. 2. [4309] i. d. *add.* 4. [4310] *deest* 4. [4311] *add.* 4. [4312] Casinensi — deinceps *desunt* 4. [4313] fratrum 2. [4314] q. injustum e. n. facere debere r. *ed.* [4315] elegit *ed.* [4316] prædicto 2. [4317] manibus *ed.* [4318] n. ad s. *ed.* [4319] d. v. *desunt* 3. [4320] p. nostri B. *ed.* [4321] parere *ed. et cod.* 47. [4322] anno 4. [4323] o. i. *ed.* [4324] *deest* 2. [4325] st. de solo Dei auxilio fidens 2. [4326] igni *ed.* [4327] spatio *ed.* [4328] a. q. conveniens s. *ed.* [4329] t. Gariliani 2.

NOTÆ.

(1022) a. D. 1073, teste *Chron. Casaur.* ap. Murat. SS. II, 2, p. 864; primo anno Greg. VII v. hujus Reg. post lib. I. In episcopatu qualiter se gesserit, v. in Cl. Di Meo Ann. Neap. VIII, p. 197.

(1023) *Ut — studerent* eodem modo dicta invenies in narratione de consecratione ecclesiæ Casinensis, quam e cod. Cas. 47 post Ant. Caraccioli edidit Cl. Muratori SS. V, p. 76 scriptam ut apparet ab ipso Leone nostro; v. præf., p. 555.

(1024) *Quæ revera et crescenti in dies fratrum numero parva et pretiosissimo B. patris B. corporis thesauro indecens erat.* ib.

(1025) I. e. epistylia.

ipso montis exordio [4330] sola civium numerositas colli brachiique proprii [4331] virtute imposuit; namque ad augmentum fatigii montis hujus ascensus nimis tunc erat clivosus, artus et horridus: nec dum enim in cor ejus ascenderat eandem viam complanare ac spatiare, quemadmodum postea fecit. Tandem igitur totius basilicæ aditum (1026) cum difficultate non parva spatio complanato, et necessariis omnibus abundantissime apparatis, conductis protinus peritissimis artificibus [4332], et jactis in Christi nomine fundamentis, cœpit ejusdem basilicæ fabricam in longitudine cubitorum 105, in latitudine vero cubitorum 43, in altitudine autem cubitorum 28; basibusque subpositis columnas desuper 10 a latere uno, totidemque ex altero, in cubitis 9 erexit. Fenestras quoque in superioribus satis amplas, in navi quidem viginti et unam, in titulo vero sex longas, [4333] ac rotundas quattuor, duasque in absida mediana instituit. Porticus etiam utriusque parietes in altitudine cubitorum 15 subrigens, fenestris hinc 10, totidemque inde distinxit. Aditum interea cum planitiei basilicæ quæ cubitorum ferme sex putabatur, consequenter disponeret coæquare, tres non integras ulnas fodiens subito venerabilem [4334] patris Benedicti tumulum repperit. Inde [4335] cum religiosis fratribus et altioris consilii viris [4336] communicato consilio, ne illum aliquatenus mutare præsumeret, confestim ne quis aliquid de tanto posset thesauro surripere, eundem tumulum eodem quo situs fuerat loco pretiosis lapidibus reoperuit, ac super [4337] ipsum arcam de Pario marmore per [4338] transversum basilicæ, id est a septemtrione in meridiem, quinque per longum cubitis opere nimis pulchro construxit. Hoc itaque modo aditus ipse [4339] in eminentia priori permansit, ita ut a pavimento ipsius usque ad pavimentum basilicæ octo gradibus descendatur, sub fornice scilicet maximo qui eidem adito imminet *. Porro in absida majori ad orientalem plagam statuit altarium beati Joannis [4340] baptistæ, in eo videlicet loco ubi ejusdem olim oratorium Benedictus pater extruxerat; a parte vero meridiana, altarium beatæ Dei genitricis Mariæ [4341]; a septemtrionali autem, altarium beati papæ Gregorii. Juxta cujus absidam, bicameratam domum ad thesaurum ecclesiastici ministerii recondendum extruxit, quæ videlicet domus secretarium consuetudinaliter appellatur [4342]; eique ejusdem nichilominus operis alteram, in qua ministri altaris preparari debeant copulavit. Sane quoniam spatiandæ ecclesiæ gratia partem non modicam camere suæ [4343] subtraxerat, consequenter etiam prædicto secretario conjunctam eandem cameram ampliorem priori potius ac [4344] pulchriorem effecit. Secus ipsam vero, juxta porticum scilicet principalis ecclesiæ, beati Nycolai curvato pariete brevem quidem, sed pulchram amodum fundavit ædeculam; ab ipsa autem usque ad extimam basilicæ frontem, venerabile satis beati Bartholomei apostoli oratorium opere pari porrexit. In ejus etiam fronte prope balvas majoris ecclesiæ, de quadratis et maximis saxis mirificam arcem quæ vulgo campanarium nuncupatur erexit. Fecit [4345] et atrium ante ecclesiam, quod nos Romana consuetudine paradysum vocitamus, longitudine cubitorum septuaginta septem ac semis, latitudine quinquaginta septem et semis, altitudine vero quindecim et semis, quattuor et totidem in geminis frontibus; octo autem et octo per latera singula super quadrifidas bases habens [4346] columnas. In cujus etiam meridiano latere cisternam maximam, tandundem longitudinis habens [4347], arcuato opere sub ejusdem pavimento atrii fabricavit. Ante ingressum vero basilicæ, nec non et ante introitum atrii, quinque desuper formices, quos spiculos dicimus (1027) volvit. In occidentali porro atrii parte in singulis cornibus singulas basilicas, modo turrium valde pulchras erexit; in dextro quidem sancti archangeli Michahelis, in lævo autem beati apostolorum principis Petri, ad quas videlicet interius ab atrio quinque gradibus est ascensus. Jam vero extra atrii vestibulum easdemque basilicas, quoniam clivosus valde ad [4348] ecclesiam et [4349] nimis arduus erat ascensus, montem ipsum 66 per longum, totidemque per latum, 7 vero in [4350] altum cubitis excavavit, adeo ut ab imo usque ad ipsum vestibulum atrii 24 marmoreis gradibus quos ibi constituit ascendatur, habentibus in spatio latitudinis cubitos 36.

* Præter illum utique gradum, quo undique ad altare subitur. *add*. 2.

27. [Cap. 29.] Legatos interea Constantinopolim ad locandos (1028) artifices destinat, peritos utique in arte musiaria et quatrataria, ex quibus videlicet alii absidam et arcum atque vestibulum majoris basilicæ musivo comerent, alii vero totius ecclesiæ pavimentum diversorum lapidum varietate consternerent. Quarum artium tunc ei destinati magistri cujus perfectionis extiterint, in eorum est operibus estimari, cum et in musivo animatas fere autumet se quisque figuras et quæque virentia cernere, et in marmoribus omnigenum colorum flores pulchra pu-

VARIÆ LECTIONES.

[4330] initio *ed*. [4331] *add*. 4. [4332] a. tam Amalfitanis quam et Lambardis 2. [4333] et r. q. ac duas *ed*. [4334] B. p. v. t. *ed*. [4335] moxque *ed*. m. cum religiosis viris c. c. 2. [4336] *deest* 4. [4337] desuper a. *ed*. [4338] in *ed*. [4339] *add*. 4. [4340] b. b. l. *ed*. [4341] *add*. 4. [4342] appellabatur 3. [4343] *deest* 4. [4344] ac potius p. 4. [4345] Fecit-est ascensus *desunt* 4. [4346] habens gerens c. 2. [4347] *ita* 2. 3. [4348] ad e. *desunt* 4. [4349] et n. a. *desunt* 2. [4350] c. in a. e. *ed*.

NOTÆ.

(1026) I. e. adytum.
(1027) Sc. acuminatos.
(1028) I. e. conducendos. *Manda en Costentinnoble et en Alixandre pour homes grex et sarrazins*. Aimé, III, 49 *ex diversis orbis partibus et ab ipsa quoque regia urbe Constantinopoli*. Cod. 47.

tet diversitate vernare (1029). Et quoniam artium A istarum ingenium a quingentis et ultra jam annis magistra Latinitas intermiserat, et studio hujus inspirante et cooperante Deo [4351], nostro hoc tempore recuperare promeruit, ne sane id ultra Italiæ deperiret studuit vir totius prudentiæ plerosque de monasterii pueris diligenter eisdem artibus erudiri. Non tamen [4352] de his tantum, sed et de omnibus artificiis quæcumque ex auro vel argento, ære, ferro, vitro, ebore, ligno, gipso, vel lapide patrari possunt, studiosissimos prorsus artifices de suis sibi paravit. Sed hæc alias. Nunc vero constructam basilicam qualiter decoraverit [4353], demumque sacraverit, designemus [4354].

28. Plumbeis igitur domatibus illam totam cum titulo et utraque [4355] porticu, simulque [4356] vestibulo B decenter operiens, absidam et arcum majorem musivo vestivit. In cujus videlicet circuitus amplitudine, aureis litteris magnis [4357] hos versus describi præcepit:

Ut duce te patria justus potiatur adepta,
Hinc Desiderius pater hanc tibi condidit aulam (1030).

In absida vero hinc inde sub pedibus sanctorum baptistæ et evangelistæ Joannis versus istos (1031):

Hæc domus est similis Synai sacra jura ferentis [4358],
Ut lex demonstrat hic quæ fuit edita quondam.
Lex hinc exivit mentes quæ ducit ab imis,
Et vulgata dedit lumen per climata [4359] *secli.*

Fenestras omnes tam navis quam tituli, plumbo simul ac vitro compactis tabulis ferroque connexis [4360] inclusit; eas [4361] vero quæ in lateribus utriusque C porticus sitæ sunt, gipseas quidem sed similis fere decoris extruxit. Dehinc supposito trabibus laqueari coloribus figurisque diversis mirabiliter insignito, parietes (1032) quoque omnes pulchra satis colorum omnium varietate depinxit. Pavimentum etiam universum totius ecclesiæ cum adhærentibus oratoriis beati Bartholomei et beati Nycolai, simul etiam et cameræ suæ, mira prorsus et hactenus partibus istis incognita cæsorum lapidum multiplicitate constravit *; gradibus illis quibus ad altare [4362] ascenditur, crustis pretiosorum marmorum decenti diversitate distinctis. Frontem quoque chori quem in [4363] medio basilicæ statuit, quattuor magnis marmorum tabulis sepsit; de [4364] quibus porfiretica una, viridis altera, reliquæ duæ D ac cæteræ omnes in chori circuitu candidæ [4365]. Vestibulum autem ecclesiæ desuper quidem fecit [4366] musivo pulcherrimo cum superlimineis arcubus decorari; abinde vero usque ad imum pavimenti, totam basilicæ faciem gipso vestiri. Arcus etiam ejusdem vestibuli deforis musivo nichilominus vestiens, versus inibi [4367] Marci poetæ aureis litteris scripsit. Reliquas vero tres atrii partes, diversis tam veteris quam novi testamenti historiis abintus ac deforis depingi præcipiens, marmoreo totum in [4368] giro pavimento constravit; desuper autem laquearibus ac tegulis adoperuit; vestibulo quoque ejusdem atrii cum geminis turribus pari modo depicto, operto, marmorato.

* Sed illud præcipue, quod secus altarium est, et in choro *add.* 2.

29. [Cap. 30.] Omnibus [4369] igitur his intra quinquennii [4370] spatium Deo prosperante et auxiliante peractis, dedicare basilicam sollemnitate maxima et ingenti tripudio ad sempiternam memoriam Desiderius statuit; adiensque (1033) summæ sedis pontificem Alexandrum, ad eandem illum dedicationem venire devotissimus [4371] invitavit (*an.* 1071). Quo libentius annuente Hildebrandum quoque archidiaconum ejus, cæterosque cardinales ac Romanos episcopos, deque Urbanis clericis ac nobilibus plurimos affectu familiarissimo convocavit; die tantæ sollemnitatis ex consultu apostolici et [4372] cardinalium in ipsis Kalendis Octobris constituta, ac litteris invitatoriis ejusdem apostolici ad universos episcopos Campaniæ, Principatus, Apuliæ, atque Calabriæ datis. Fama itaque hujus rei longe lateque vulgata, tanta totius fere Italiæ episcoporum, abbatum, monachorum, clericorum, magnatium, nobilium, mediocrium, diversæque condicionis virorum pariter ac mulierum ad diem condictam multitudo confluxit, ut stellarum fere cœli quam illorum omnium numerositatem cuilibet fuerit æstimare facilius. Ita universæ monasterii officinæ, et ipsa quoque [4373] officinarum omnium tecta, totius ab imo usque ad summum montis itinera, et quid dicam domus civitatis omnes, omnesque plateæ, omnia etiam longe lateque camporum adjacentium spatia, congregatorum ad tanta sollemnia cuneis stipata erant atque conferta. Apparatus interea per tres illos continuos dies præcedentes ac subsequentes eandem solemnitatem, in pane videlicet ac vino, carniumque diversarum ac piscium multiplicitate adeo est copiosus expositus, ut nullus fere [4374] in tam innumera multitudine, qui non se sufficienter hæc accepisse dixerit, potuerit reperiri. Ipsa [4375] igitur die Kal. Octobris

VARIÆ LECTIONES.

[4351] *deest* 4. [4352] autem *ed.* [4353] ex parte d. 2. [4354] prout possumus d. 2. [4355] utroque 4. [4356] ac *ed.* [4357] *deest* 2. [4358] ferentes *ed.* [4359] clymata *ed.* [4360] convexis 2. [4361] has *ed.* [4362] ad idem a. conscenditur *ed.* [4363] fere in 2. [4364] e *ed.* [4365] simplices 2. [4366] m. f. *ed.* [4367] M. p. i. *ed.* [4368] in g. *desunt* 2. [4369] His i. o. *ed.* [4370] quinciennii 4. [4371] devotissime *ed.* [4372] et — apostolici *desunt* 4. [4373] *deest* 4. [4374] f. aliquis 2. [4375] reperiri. Interfuere itaque tantæ t. c. a. *ed.*

NOTÆ.

(1029) *Ut non lapidibus sed floribus solum vernare putes.* Cod. 47.

(1030) Ad imitationem versuum, quos Constantinus Magnus in arcu majori basilicæ Vaticanæ musivo opere inscribi jussit:

Quod duce te mundus surrexit in astra triumphans,
Hanc Constantinus victor tibi condidit aulam. Ang.

(1031) Hos et præcedentes versus reperio inter carmina Alfani codice 280 Casinensis bibliothecæ Ang.

(1032) Cf. narrat. cod. 47, l. l. p. 76.

(1033) Ib., p. 77.

cum annus ab incarnatione dominica millesimus et primus ac septuagesimus volveretur, summa omnium qui convenerant devotione ac ingenti lætitia, maximo tripudio, honore ac gloria dedicata est a domno Alexandro reverentissimo et angelico papa eadem beati Benedicti basilica cum quinque altaribus suis, die sabbati, indictione nona (1034). Cui videlicet tantæ tunc celebritati interfuerunt archiepiscopi decem : Capuanus [4376] (1035), Salernitanus [4377] (1036), Neapolitanus (1037), Surrentinus (1038), Amalfitanus (1039), Sipontinus (1040), Tranensis (1041), Acerentinus (1042), Ydrontinus (1043), Oiretanus (1044). Episcopi autem quadraginta et quattuor [4378], id est Portuensis [4379] (1045), Tusculanensis (1046), Savinensis (1047), Segnimus (1048), Anagninus (1049), Berulanus (1050), Terracinensis (1051), Cajetanus (1052), Aquinensis (1053), Soranus (1054), Marsicanus (1055), Balvensis (1056), Pennensis (1056), Teanensis (1057), Calenus (1058), Rosellanus (1059), Adversanus (1060), Nolanus (1061), Avellinensis (1062), Pestanus (1063), Trojanus [4380] (1064), Florentinensis (1065), Melfitanus (1062), Lucerinus (1062), Draconariensis (1066), Civitatensis (1067), Termulensis (1068), Guardiensis (1069), Larinensis (1070), Arianensis (1071), Yserniensis [4381] (1072), Bovaniensis (1073), Salpitanus (1062), Cannensis (1074), Rubessanus (1075), Venusinus (1076), Monorbinensis (1077), Vigiliensis [4382] (1078), Melfitensis [4383] (1079), Juvenazensis (1080), Monopolitanus (1081), Stunensis (1082), Tarentinus (1083), Perusinus (1084), et Castellanus electus (1085), qui videlicet in episcopum altero post dedicationem die sacratus est. De magnatibus autem : Richardus princeps Capuanus cum Jordane filio et fratre Rainulfo, Gisulfus princeps Salernitanus cum fratribus suis; Landulphus (1086) quoque princeps Beneventanus, et Sergius dux Neapolitanus, Sergiusque dux Surrentinus [4384]; Marsorum [4385] etiam ac Balvensium comitum, filiorumque Borrelli non [4386] parva frequentia. Cæterorum vero potentium seu nobilium, tam nostratium quam Normannorum omnium circumquaque terrarum, vel nomina vel numerum innumerum [4387], nulla prorsus fuit possibilitas vel consilium recensendi. Robbertus [4388] autem dux Panormum eo tempore oppugnabat, propter quod tantis tunc solemniis interesse non potuit [4389]. Et altaria quidem præcipua [4390], beati videlicet Benedicti ac [4391] beati Johannis vocabulis insignita, manu propria prædictus apostolicus consecravit [4392], altare vero quod in australi parte ad honorem sanctæ Dei genetricis Mariæ [4393] situm est, Johannes episcopus Tusculanensis. Quod autem in parte

VARIÆ LECTIONES.

[4376] idest C. 2. [4377] 3. *et* 4. *nomina ita disponunt, ut appareat ea binis columnis scripta fuisse, quæ illi non recte legerunt, nam melius in cod.* 2. *cardinales episcopi conjunguntur.* Cap. Neap. Am. Tran. *etc.* 3. 4. *in cod.* 4. *præterea* Sal. Sur. Sip. Ac. Oir. *inter medios episcopos occurrunt, post finem scil. primæ columnæ.* [4378] tres 2. [4379] Port. Savin. An. *etc.* 4, *et* 3 *ut videtur.* [4380] P. Mel. Troi. Flor. Luc. Lar. Drac. Civ. Guard Therm. Ar. *legit* 4, *si pristinum ordinem restituimus; et infra* Rub. Mon. Ven. Vig. Melph. [4381] Serniensis *ed.* [4382] Vig. 4. [4383] Melphiatensis 4. [4384] S. Nam dux R. P. eo t. o. ideoque tante sollemnitati i. n. p. 2. [4385] Sed et Mars. com. ac Balventium f. *ed.* [4386] ingens f. 2. [4387] vel i. 4. [4388] Robbertus — potuit *hic om.* 2. [4389] Horum igitur omnium summa dev. et ing. l. m. honore ac præcipua gloria (m. t. h. ac g. *ut supra* 3.) d. est eadem (est a d. *etc. ut supra* 3.) b. B. b. cum 5 alt. suis, ipsa die K. O. a. i. divinæ 1071. ind. 9. die sabbati, et a. *ed.* [4390] mediana 2. [4391] B et sancti I. *ed.* [4392] benedixit *ed.* [4393] g. est situm, I. *ed.*

NOTÆ.

(1034) Ita etiam cod. 47 ut Leonem indict. a Kal. Jan. inchoavisse appareat.

(1035) Ildebrandus. Nomina subjungimus ex eod. cod. 47.

(1036) Alphanus.

(1037) Joannes.

(1038) Joannes.

(1039) Decstibi.

(1040) Girardus.

(1041) Bisantius.

(1042) Arnaldus, inter episcopos.

(1043) Ugo ep.

(1044) Oriæ, in Terra d'Otranto, deest ibi.

(1045) Joannes.

(1046) Joannes.

(1047) Ubaldus.

(1048) Erasmus.

(1049) Petrus.

(1050) Honestus.

(1051) Ambrosius.

(1052) Leo.

(1053) Martinus.

(1054) Palumbus.

(1055) Pandulphus.

(1056) Deest.

(1057) Guilelmus.

(1058) Joannes.

(1059) Qui postea Grosseantus; deest in cod. 47. Is, Dodo nomine, jam a. 1061 Beneventi vicariam Nicolai II egerat, v. Mansi XIX, 935.

(1060) Goffridus.

(1061) Nescio an idem qui Joannes Picenus, qui in cod. 47 superest.

(1062) Deest.

(1063) Maraldus.

(1064) Stephanus.

(1065) I. e. Ferentini, Robertus.

(1066) Campo.

(1067) Rogerius.

(1068) Nicolaus.

(1069) De Guarda Alfiera, Petrus.

(1070) Guilelmus.

(1071) Maynardus.

(1072) Petrus Venafranus, vid. supra cap. 44.

(1073) Albertus.

(1074) Joannes.

(1075) Ruborum, Guilelmus s. Guibertus.

(1076) Constans.

(1077) Innacius.

(1078) Bisceglïæ, Joannes.

(1079) Molfettæ, Balduinus.

(1080) Joannes.

(1081) Petrus.

(1082) Datto Ostunensis.

(1083) Drogo, inter archiepiscopos

(1084) Goffridus.

(1085) Theobaldus.

(1086) Pandulphus, cod. 47, sc. filius Landulfi.

aquilonari ad nomen beatii Gregorii, Hubaldus A episcopus Savinensis; sancti vero Nycolai, Herasmus episcopus Seguinus sollemniter dedicaverunt [4394].

Quorum sane sanctorum patrocinia [4395] tunc in singulis altaribus sint recondita, opportunum hoc in loco inserere duximus. In altare itaque beati Benedicti habentur reliquiæ sanctorum apostolorum Philippi et Jacobi; martyrum autem, Alexandri papæ, Sebastiani, (Ciriaci, Chrisanti, et Dariæ *, Abdon et Sennen [4396], atque Ceciliæ, virginis. Præter has etiam duo argentea scrinia plurima diversorum sanctorum pignera continentia, intra ipsum altare honorifice sunt in marmore superiori suspensa **. In altare sancti Johannis habetur *** ex oleo de candela sancti sepulchri, quæ videlicet per singulos B annos modo valde mirabili cœlitus die sabbati [4397] sancti paschalis videntibus cunctis ascenditur de aqua [4398] Jordanis, ex eo loco ubi Dominus baptizatus est; de manna sepulchri sancti Johannis evangelistæ, et de reliquiis **** sancti [4399] Sebastiani et aliorum multorum, quæ [4400] in priori altare ipsius recondita fuerant. In altare sanctæ Mariæ habetur de lapide sepulchri ejusdem, et de reliquiis martyrum, Dionisii episcopi, Stephani [4401] papæ, Cæsarii diaconi, Primi et Feliciani. In altare sancti Gregorii habetur de lapide sancti sepulchri, de vestimento sanctæ Mariæ, de vestibus apostolorum Petri et Pauli, et de reliquiis sanctorum quadraginta martyrum, nec non Pancratii, Valentini et Hylarii, Martini episcopi, et de dalmatica sancti Ambrosii *****. C In [4402] altare sancti Nycolai habentur reliquiæ sanctorum Cornelii [4403] et Cypriani martyrum, Sebastiani, Nicandri et Marciani, Cirini et Maximi, Focæ episcopi, Euticii, et [4404] sanctorum quadraginta, et de capillis sancti Remigii episcopi. Super omnia vero hæc, quod tacendum non diximus, in singularum columnarum ejusdem basilicæ capitellis, tempore constructionis in [4405] æreis pixidulis reliquiæ ****** martyrum [4406] sanctorum Johannis et Pauli, Nicandri et Marciani, et aliorum quorundam reverenter [4406] satis [4406] locatæ sunt †.

* Os scilicet cruris, brachii, capitis, et ancæ *add.* 2.

** Quæ reverendissimus Benedictus papa ob amorem et reverentiam sanctissimi patris nostri D Benedicti de arcivo Lateranensis palatii abstrahens, in hac ecclesia Casinensi direxit primo anno abbatis nostri Theobaldi, anno dominicæ incarnationis 1023, et hoc omnino interdixit idem sanctissimus papa, ut nullus præsumat hinc aliquid auferre. Reliquiæ autem istæ sunt de ligno Domini, de sanguine Domini, de vestimentis Domini, de spinea corona, de lapide Sancti Sepulchri, de velo sanctæ Dei genitricis Mariæ, apostolorum Petri et Pauli, Andreæ Johannis, Jacobi et Thomæ, Bartholomei et Mathei, Simonis, Judæ et Mathiæ. Spongiam cum sanguine sancti protomartyris Stephani, Laurentii, Stephani papæ, Pelagii papæ, Martini episcopi, Prudentii, Juliani, Augustini, Christofori, Aemiliani, Nicandri et Marciani, Alexii, Anastasiæ, Eugeniæ, Johannis et Pauli, quadraginta martyrum, et aliorum multorum locatæ sunt *add.* 2.

*** De spongia quæ fuit imposita Christo cum aceto; de lapide sancti sepulchri sanctæ Dei genitricis Mariæ. *add.* 2.

**** sancti Laurentii *add.* 2.

***** In turre argentea quæ est in arcu majori, hæ reliquiæ positæ sunt, de capite sancti Johannis baptistæ, de vestimentis sancti Johannis evangelistæ, Andreæ apostoli, Sebastiani, quadraginta martyrum, de velo sanctæ Agathæ, de vestimentis sanctæ Susannæ. In absida sancti Johannis, in corona Salvatoris, lignum Domini, lapidem sancti sepulchri. *add.* 2.

****** reliquiæ sanctorum Philippi et Jacobi, Johannis et Pauli, Nicandri et Marciani, Cornelii et Cypriani, Cyrini et Maximi, Sebastiani, Focæ, Euticii, quadraginta martyrum, de capillis sancti Remigii episcopi et aliorum multorum locatæ sunt. 2.

† In quattuor angulis campanarii hæ reliquiæ sunt, lignum Domini, de lapide sancti sepulchri, de vestimentis sanctæ Mariæ, lapide de sepulchro ejus, sanctorum apostolorum Jacobi, Philippi, Bartholomei, Martini episcopi. In cruce campanarii lignum Domini, de capite sancti Johannis baptistæ, Bartholomei apostoli, Cyriaci diaconi. In frontispitio ecclesiæ, in cruce ærea, lignum Domini, de lapide sancti sepulchri, Mauri abbatis, et sanctorum martyrum Johannis et Pauli. *add.* 2.

30. [Cap. 31.] Peracta itaque [4407] sollemniter celebritate missarum, et apostolicæ potestatis auctoritatem tam his [4408] quos tunc præsentes esse contigerat, quam omnibus [4409] qui per octo continuos dies ob devotionem tantæ sollemnitatis ibidem accurrere possent, confessorum peccatorum absolutione concessa, cum maxima et ingenti lætitia singuli redierunt in sua. Verum præfatæ absolutionis gratia tanta undique huc diversi sexus atque ætatis per eosdem octo dies hominum se continuavit frequentia, ut neminem fere illorum qui ad primum diem confluxerant, domum remeasse putares.

Nec (1087) modus est populis coeuntibus agmine [denso,
Nec requies, properant in lucem a nocte, diemque
Expectare piget.
Campani [4410] coeunt populi, coit Apula pubes,

VARIÆ LECTIONES.

[4394] dedicarunt *ed.* [4395] reliquiæ — reconditæ *ed.* [4396] Sennes 4. [4397] sancti s. *ed.* [4398] de manna s. s. I. e. de aqua — est, et *ed.* [4399] *deest ed.* [4400] quæ — fuerant *desunt* 2. [4401] C. d. S. p. *ed.* [4402] Super — sunt. In altare — episcopi *ed.* [4403] s. m. C. et C. *ed.* [4404] E. q. martyrum, et *ed.* [4405] c. reverenter satis in *ed.* [4406] *deest* 3. [4407] igitur *ed.* [4408] iis *ed.* [4409] omnium 2. [4410] Lucani 2. *Paul.*

NOTÆ.

(1087) Hos versus e Paulini Nolani Natali S. Felicis III mutuatus est, quod jam Ang. de Nuce adnotavit.

Et [4411] Calabri, et cuncti quos alluit æstus uterque, A
Qui læva et dextra Latium [4412] circumstrepit [4413] omne :
Ipsaque cœlestium [4414] sacris procerum monumentis
Roma, Petro Pauloque potens rarescere gaudet,
Milia profundens ad mœnia [4415] celsa Casini.
Vincit iter durum pietas amor et [4416] Benedicti,
Vincit et alma fides : præsens (1088) Deus [4417] omnibus istic [4418]
Creditur, et summi Benedictus gloria Christi.
Alma [4419] dies magnis celebratur cœtibus, omnes
Vota dicant sacris rata postibus, omnia gaudent
Terrarum et cœli.
Nos quoque felices quibus istum cernere Christus [4420] B
Et celebrare diem tribuit, tantoque patrono
Gratari, et lætos [4421] inter gaudere tumultus.

Præterea [4422] infidelem certe quisque se credere, miserum penitus æstimare, si tantæ sollemnitatis vel fini tandem non satageret interesse. Ex eo jam per totum fere [4422] christianum orbem cœpit celebritatis tantæ gloria divulgari, ex tunc iste locus licet ab olim Benedicti patris meritis famosus ac nobilis fuerit, nobilior multo ac gloriosior cœpit haberi, patrisque Desiderii nomen apud plerosque jam dudum magnum et celebre, celebrius deinceps ac nobilius per occidentem totum [4423] diffundi, prudentiæ simul ac religionis maximæ ab omnibus prædicari, omnibusque ipsius temporis abbatibus ubique locorum atque [4424] terrarum ab omnibus C censebatur jure præferri. Partim igitur desiderio Desiderium visendi, partim vero templi tam vulgati tamque [4425] celebris contuendi [4426], partim denique in hoc sacrosancto cœnobio conversandi, et Deo quoad viverent serviendi, multi ex multis et extimis terrarum partibus huc cœperunt [4427] confluere, et hylariter Desiderio recipiente, factum est ut intra ipsum ferme biennium ad secundum circiter centenarium congregationis loci hujus se numerus porrexisset. Jam vero diversorum regum atque potentium tam [4428] Italicorum quam ultramontanorum, quamque etiam [4429] transmarinorum, quantus [4430] circa eundem venerabilem patrem cœperit haberi amor [4431] pariter ac devotio, supplices D ad eum litteræ et munera decentia testabantur, quibus se suosque omnes tam suis quam fratrum sub eo degentium precibus attentius commendabant.

31. [Cap. 32.] Nec imperatricis quoque Agnetis dignum videtur religiosam tacere devotionem, quæ velut altera regina Saba, Salomonis alterius et alterius templi magno videndi desiderio ducta, ex ultimis huc Germaniæ finibus adventavit, ac per medium ferme istic anni spatium commorans, multo majora de [4432] his quæ super hoc loco auditu perceperat, tam secundum Deum quam secundum seculum se [4433] videre gaudebat et asserebat; merito censens et locum, et patrem, et fratres per totum orbem sui ordinis hominibus celebriores habendos. Obtulit autem beato Benedicto prout augustalem dignitatem decebat dona magnifica, idest planetam diaspram [4434], totam undique auro contextam; albam [4435] a scapulis et capite, ac manibus friso decenter [4436] ornatam, a pedibus vero frisea nichilominus lista, mensuram ferme cubiti in latitudine habens circumdatam; simulque et amictum cum brusto; pluviales duos purpureos, pretiosis aureis listis ornatos *; nec non et pallium magnum cum elefantis, quod dorsale [4437] cognominant. Evangelium cum tabula fusili de argento, opere anaglifo pulcherrime [4438] deaurato. Duo quoque candelabra argentea æque fusilia, pondo librarum 12.

* Pannum diarodanum frisatum cum auro ante faciem majoris altaris *add.* 2.

32. [Cap. 33.] Libet nunc post ecclesiæ dedicationem residua exornationis ipsius describere, ut licentius deinceps valeamus Desiderii gestis, tam in ædificiis quam et in aliis quibuslibet ejus [4439] magnificentiis operam dare. Ad supradictam igitur regiam urbem quendam de fratribus cum litteris ad imperatorem, et auro triginta et sex librarum pondo transmittens, auream ibi in altaris facie tabulam cum gemmis ac smaltis valde speciosis patrari mandavit; quibus videlicet smaltis nonnullas quidem ex evangelio, fere autem omnes beati Benedicti miraculorum insigniri fecit historias. Quem profecto [4440] nostrum confratrem imperator Romano [4441] nimis honorifice suscepit, et quandiu ibi mansit honeste cum suis omnibus reverenterque tractavit, et quicquid operum [4442] inibi vellet efficere, imperialem ei licentiam facultatemque [4443] concessit. Fecit itaque et cancellos quattuor fusiles ex ære, ante altare scilicet hinc inde inter chorum et aditum statuendos, trabem quoque nichilominus fusilem [4444] ex ære, cum candelabris numero 50, in quibus utique totidem cerei per festivitates præcipuas ponerentur, lampadibus subter in æreis uncis

VARIÆ LECTIONES.

[4411] Ac *ed. Paul.* [4412] *deest* 3. [4413] circumsonat unda *Paul.* [4414] cælestum 3. *Paulin.* [4415] amicæ m. Nolæ *Paul.* [4416] omnia Christi *Paul.* [4417] de 2. [4418] isti 3. [4419] Alma — tumultus *desunt* 2. [4420] coram. Et c. d. datur et spectare patroni Præmia præstantique suis tam grandia Christo Grat. *Paul.* [4421] lætus 4. [4422] *add.* 4. [4423] t. fere 3. [4424] l. non solum in occidentalibus et orientalibus partibus, sed et per orbem t. ab *ed.* [4425] et tam c. *ed.* [4426] continuendi 4. [4427] cœpere *ed.* [4428] p. utriusque sexus q. c. 2. [4429] *add.* 4. [4430] quanta *ed.* [4431] a. p. ac *add.* 4. [4432] se de *ed.* [4433] *deest ed.* [4434] diasperam 2. [4435] a. quoque a *ed.* [4436] decentissime adorn. *ed.* [4437] dossale 2. [4438] et p. *ed.* [4439] *add.* 4. [4440] certe *ed.* [4441] Romanorum 4. [4442] ornamentorum 2. [4443] l tribuit *ed.* [4444] *deest* 4.

NOTÆ.

(1088) *Præsens — Christi* apud Paulinum non inveni.

ex eadem trabe 36 dependentibus. Quæ videlicet A ærea trabes æreis æque brachiis ac manibus sustentata, trabi ligneæ quam pulcherrime sculpi, et auro colorumque fucis interim fecerat Desiderius exornari, commissa est, et supra sex columnas argenteas [4445], quattuor et semis in altitudine cubitos habentes et octo libras per singulas, in ipsa chori fronte constituit. Sub qua nimirum trabe 5 numero teretes iconas suspendit, 13 vero quadratas paris mensuræ ac ponderis desuper statuit. E quibus videlicet 10 ex quadratis prædictus frater apud Constantinopolim crosso (1089) argento sculpsit, ac deauravit, habentes per singulas aliæ 14 [4446] libras, aliæ 12. Rotundas autem [4447] omnes argentea solum urna * circumdans, cætera coloribus ac figuris depingi Greca peritia fecit. Tres vero alias de quadratis ejusdem metalli atque mensuræ patrari suorum artificum opere nequaquam dissimili Desiderius jussit. Alteram quoque iconam rotundam, ex utraque parte cælato [4448] argento ac deaurato vestitam, argenteis etiam bullis extrinsecus in giro circumdatam quidam nobilis tunc beato Benedicto a regia urbe transmisit ; cui postmodum similis fieri [4449] jussa altera, utraque est in ciburio altaris hinc inde suspensa **. Fecit præterea Desiderius et aliam trabem de argento librarum circiter 60, sculptam nichilominus ac deauratam, quam in fornice majori ante altare super quattuor argenteas columnas ex parte inauratas locavit [4450] : quarum unaquæque et argenti libras 10, et 5 cubitos altitudinis habet. Fecit et duas cruces magnas argenteas librarum 30 [4451] per singulas, quarum imagines cælatura mirifica [4452] prominerent ; easque sub prædicta trabe inter easdem columnas hinc inde super marmoreos stipites statuit. Tres porro residuas majoris altaris facies argento librarum 86, sculpto [4453] ac deaurato vestivit. Nam reliquorum trium altarium facies veteribus tabulis a tribus partibus adornatæ sunt. Fecit [4454] etiam 4 trabes propter ciburium altaris, quas simili modo cælato ac deaurato argento extrinsecus induens, abintus petalis (1090) et coloribus decoravit ; quarum [4455] duæ habent in longitudine cubitos 6, libras 20, et totidem, duæ vero aliæ cubitos 4 ac semis, libras 12 [4456] et totidem, suppositæ interim columnis veteribus. Fecit [4457] et candelabra magna 6, tres cubitos altitudinis habentia de productis ac sculptis argento lamminis [4458], ana (1091) 6 vel 5 librarum ; quæ videlicet in festis præcipuis ante altare in directa linea posita accendi cum maximis faculis debeant. Fecit [4459] quoque et pulpitum ligneum ad legendum sive cantandum, longe priori præstantius et eminentius, in ascensu scilicet graduum 6 ; idque diversis colorum fucis et auri petalis de pulchro pulcherrimum reddidit [4460]. Ante quod columnam argenteam 25 librarum partim deauratam, ad modum magni candelabri sex cubitorum in altitudine habentem [4461] supra basem porphireticam statuit ; super [4462] quam videlicet cereus magnus qui sabbato paschali benedicendus est, sollemniter debeat exaltari. Fecit et pharum, idest coronam maximam de argento librarum circiter centum, habens in giro B [4463] cubitos 20 cum 12 turribus extrinsecus prominentibus, 36 ex ea lampadibus dependentibus ; eamque extra chorum ante crucem majorem satis firma ferrea catena septem deauratis malis distincta suspendit.

* Quattuor librarum *add.* 2.

** Ceraptata etiam ærea fusilia valde pulchra, duo magna et parva septem supradictus frater secum a Constantinopoli detulit. *add.* 2.

33. His tantisper de constructione, consecratione, partimque decoratione novæ basilicæ quomodolibet [4464] exaratis, ad cætera monasterii ædificia percomplenda simul cum nostro Desiderio reditum faciamus. Post transactum igitur sollemnem basilicæ dedicationem cernens idem [4465] venerabilis abbas divina cooperante potentia, simulque Benedicti [4466] C patris meritis omnia quæ cœperat ad perfectionem [4467] prout optaverat pervenisse, audentior jam imo valentior factus, totius cœnobii ambitum decrevit ingenti animo spatiare, et ut jam de aliquibus fecerat reliquas officinas, cum his etiam quæ ipsemet ante ecclesiæ constructionem construxerat renovare. Et primo quidem claustrum quod tantæ congregationi permodicum [4468] adhuc esse constabat [4469], ampliare desiderans, everso mox vetere refectorio quod satis enormiter a latere templo, a fronte vero capitulo inhærebat, quoque [4470] ipse [4471] etiam dudum bis tempore diverso adauxerat, in ulteriori illud parte futuri claustri, juxta meridianum scilicet atrii ecclesiæ latus decorum valde satisque magnum extruxit, diversisque totum coloribus pictorum ar- D tificio compsit, et laqueari apposito trabibus, tegulis desuper cooperuit [4472]. Legivum quoque perpulchrum et eminens in eo constituit, quod valde decenter gipso vestitum cunctis spectabile reddidit. Cujus

VARIÆ LECTIONES.

[4445] *deest* 3. [4446] l. q. *ed.* [4447] vero *ed.* [4448] p. a. mirifice sculpto ac d. *ed.* [4449] a. f. i. *ed.* [4450] i. 10 libras (i. argenti l. 10 3.) et 5 c. a. habentes locavit. Fecit *ed.* [4451] l. p. s. t. *ed.* [4452] satis m. *ed.* [4453] bene s. *ed.* [4454] Quattuor et t. p. c. a. sim. m. sculpto ac d. a. e. induit, a vero p. *ed.* [4455] e quibus d. h. cubitos in l. s. l. v. et viginti *ed.* [4456] 20 et 20. Sex etiam c. 2. [4457] Sex etiam c. m. t. *ed.* [4458] l. fecit *ed.* [4459] P. q. l. *etc.* fecit in ascensu g. s. *ed.* [4460] reddit *ed.* [4461] habens 4. [4462] supra 4. [4463] circuitu *ed.* [4464] quoquomodo 2. [4465] c. Desiderius d. *ed.* [4466] p. B. *ed.* [4467] perfectum *ed.* perfctm 4. [4468] a. p. *ed.* [4469] constat 2. [4470] quoque 2. [4471] e. i. *ed.* [4472] operuit *ed.*

NOTÆ.

(1089) I. e. grosso s. crasso.

(1090) I. e. bracteis, laminis.

(1091) I. e. singula quæque, e. Græco Ἀνά.

videlicet domus longitudo [4473] in cubitis 95 extenditur, latitudo in 23 porrigitur, in 15 vero altitudo sustollitur; ab orientali parte habens ingressum, ab occidentali vero absidam, antequam profecto ampla satis [4474] abbatis mensa ex transverso cernitur constituta. Habet autem a latere meridiano fenestras 14 [4475], a septemtrionali vero duas tantum, duas quoque rotundas in frontibus singulis, et circa pulpitum tres, omnes vitro, gipso [4476], ac plumbo insigniter laboratas. Juxta eandem quoque domum ab australi parte, coquinam fratrum in duobus invicem connexis fornicibus, quos una tantum columna sustentat [4477] erexit; interque ipsam et refectorium, gradus et januam unde quæque necessaria in idem refectorium sive conferantur sive referantur constituit. Ex altera vero ipsius coquinæ parte cellarium statuit, ex quo videlicet tam refectorio quam coquinæ quælibet debeant necessaria tribui. Post hæc cum necdum sufficiens sibi ad tantam fratrum multitudinem claustri spatium videretur, vir certe magnanimis et multæ [4478] fiduciæ dormitorium atque capitulum, quæ dudum ipsemet magno valde sumptu ac studio fabricaverat, nec non et veterem infirmantium domum exintegro est aggressus evertere, et claustri ampliandi occasione easdem quoque domos ampliores efficere. Quoniam igitur exteriorem dormitorii murum porro longe ab altero in magno montis præcipitio statuebat erigere, quinque crossam cubitis maceriam in fundamento maximæ firmitatis [4479] gratia jaciens, eam in ducentorum spatio cubitorum per longum extendit; in altitudine autem cubitorum 30 erexit, 24 cubitis in latitudine a muro interiori distantem. Quæ [4480] videlicet domus longe priore amplior, firmior, ac pulchrior studiose nimis est et fabrorum peritia lateribus tecta, et artificio [4481] pictorum coloribus decorata; habens a meridiano tantum fenestras amplas 20, e quibus tres maximæ tribus columnellis marmoreis fulciuntur. Juxta quam etiam in ulteriori capite ipsius vestiarum fratrum [4482], parvum quidem sed satis competens pulchrumque construxit. His omnibus [4483] triennio circiter consummatis, montem evestigio qui interjacebat [4484] suffodere aggressus est, per longum scilicet cubitis 105, per latum autem 49, per altum vero circiter 10 [4485]. Sicque capituli ædem [4486] ab orientali parte per transversum constituit, ut interior ejus frontispicii angulus angulo exteriori [4487] basilicæ sit connexus, absida vero ipsius appropriare [4488] dormitorio videatur. Cujus videlicet longitudo [4489] ædis cubitorum 53, latitudo 20, altitudo autem 18 habetur; habet autem a latere uno fenestras vitreas speciosissimas novem, ab altero totidem, a frontispicio aquilonali tres rotundas, ab australi vero duas æque rotundas; laqueari, et pavimento, seu picturis pulcherrimis [4490] sufficientissime decorata. Tantam autem tunc cum ista suffoderentur terræmotuum sumus experti frequentiam, ut uno quidem die vicibus 17, per alios vero aliquot dies nunc quattuor, nunc duobus [4491], modo etiam sex vel quinque vicibus id per dies singulos sentiremus. Quod certe propter plurimas [4492] ejusdem loci sepulturas tunc necessario violatas, quæ sanctorum forte hominum fuerant, non ab re contigisse multi putavimus. Alias sane satis raro hoc in loco solet fieri terræ motus. Verum quoniam ingens præcipitium ab interiori dormitorii parte remanserat, erectis secus domum eandem cameris, et terra saxisque cætera replens injectis, itemque ante refectorium in fronte videlicet claustri curva nichilominus camera cisternam maximam fabricans [4493], ita demum totius claustri superficiem coæquavit. Mox itaque arcus per girum deambulatorios super 110 marmoreas [4494] columnellas instituens, claustrum omne in longitudinem cubitis [4495] octoginta** et quinque, in latitudinem [4496] vero quinque et sexaginta*** porrexit [4497]. Cujus quia ea pars quæ [4498] basilicæ erat contigua si cæteris coæquaretur, non aptus in eandem basilicam esset ingressus, subtus item et super deambulatorios fornices fecit, et in ejus utriusque [4499] angulis marmoreos gradus, quibus in cætera descenderetur instituit: a [4500] capitulo quidem 15, a refectorio vero 13; totumque in circuitu et lapideis pavimentis bizantei artificii [4501] stravit, et picturis pulcherrimis compsit. Nichil hoc moratus expleto, solarium [4502] palatii illius quod a Richerio cœptum ipse perfecerat, ab eminentia priori ad planitiem [4503] claustri deposuit, atque inibi cum [4504] balneo et cæteris oportunitatibus infirmorum fratrum quietem constituit. Porro ab occidentali parte claustri, juxta refectorium **** videlice fratrum cellam noviciorum satis [4505] competenter aptavit; in qua profecto [4506] juxta regulare institutum (1092) et meditari, et quiescere, [4507] comedere novicii ipsi deberent. Sicque jam tandem fratres qui eatenus super tot operibus inquietati ac molestati plus quam satis extiterant, oportuna simul et amœna quietis statione locatos ordini

VARIÆ LECTIONES.

[4473] longitudinis *ed.* [4474] valde *ed.* [4475] circa p. t. *hic ponit ed.* [4476] v. tam gipso quam p. *ed.* [4477] sustentet *ed* [4478] et nimis magnae f. *ed.* [4479] infirmitatis 3. [4480] Habens — fulciuntur. Quae — decorata *ed.* [4481] p. a. *ed.* [4482] construxit *hic ponit ed.* [4483] *add.* 4. [4484] intra jacebat *ed.* [4485] septem 2. [4486] idem 4. [4487] e. tituli b. 2. [4488] appropiate 2. [4489] domus l. c. *ed.* [4490] pretiosissimis 2. [4491] duo 3. 4. [4492] innumeras *ed.* [4493] fabrificans *ed.* [4494] marmoreos 2. columnas marmoreas 3. [4495] cubitorum *ed.* [4496] altitud. 4. [4497] diffudit *ed.* [4498] q. majoris b. 2. [4499] utriusque angularis 2. [4500] ad capitulum q. 2. [4501] artificum 2. [4502] solacium 4. [4503] c. p. *ed.* [4504] c. b. et c. o. *desunt* 2. [4505] ordine s. a. *ed.* [4506] q. videlicet idem i. *ed.* [4507] atque *ed.*

NOTÆ.

(1092) Reg. c. 58.

de cetero regulari, quanto ordinatius tanto districtius operam dare [4508] perdocuit. His omnibus [4509] Deo favente ex voto perfectis, et interioribus fratrum officinis decentissime ut optaverat [4510] consummatis, ad exteriora [4511] nichilominus ædificia monasterii reficienda [4512], impiger se ac fortis accingit. Ab occidentali [4513] igitur parte primum maceriam firmissimam erigens, portam 30 [4514] circiter cubitis extra veterem de quadratis ac sectis [4515] lapidibus statuit; supra quam turrim [4516] fortissimam in quattuor magnis columnis erectam ingenti camera confirmavit. Verum cum deforis [4517] præcipitium pateret immensum, tumulus vero abintus [4518] magnus existeret, eo defosso præcipitium illud saxis ejus et terra, clivoso licet tramite pervium fecit; sicque [4519] demum hinc inde muro contiguo, ac propugnaculis [4520] civitatum more munito universum monasterium circumsepsit. Dehinc [4521] extra prædictam portam, juxta clivum scilicet quo [4522] ad eandem portam ascenditur, xenodochium maximum ad susceptionem peregrinorum cum universis suis oportunitatibus fabricavit: Domum [4523] vero illam quæ non competenti loco prope basilicam a parte aquilonali ad xenodochium olim constructa fuerat, ampliorem ac pulchriorem reficiens, ad hospitum nichilominus receptionem aptavit, ac in utriusque ipsis receptionum domibus et lectos et quæque necessaria abundantissime apparavit. Pistrinum [4524] quoque ex eadem parte haud longe a gradibus atrii, adeo amplum pulchrumque construxit ut plerique [4525] advenientium id ignorantes, quasi ad ecclesiam aliquam oraturi sæpissime sint profecti*****.

* Amplam satis et pulchram *add.* 2.
** Centum 2.
*** Septuaginta 2.
**** i. cisternam v. quam prædiximus c. 2.
***** Non cessabat, dum ista agerentur, Desiderius conquirendis ecclesiæ ornaminibus insudare, et undecumque posset, quibuscumque posset ingeniis, quæ ejus apta essent pulchritudini, comparare. *add.* 2.

Hinc [4526] ad ecclesiam beati Martini quæ sola fere jam intra monasterii ambitum de veteribus ædificiis remanserat renovandam, totum cor Desiderius vertit.

A Diruta namque priori ejusdem beati Martini basilica, cœpit ejusdem ecclesiæ fabricam, in longitudine cubitorum [4527] latitudo altitudo . Fenestras vero ab uno latere , ab altero totidem; columnas vero numero 16. Cancellos vero lapideos ante altarium, mirificos patrari fecit. Fenestras vero plumbo simul et vitro compactis [4528], ferro ligatis inclusit. Illas autem quæ in porticibus sitæ sunt, gypseas quidem, sed similis fere decoris extruxit. Absidam vero musivo decenter vestivit; in qua etiam aureis litteris hos versus describi præcepit:

Cultibus extiterat quondam locus iste dicatus
Demonicis, inque hoc templo veneratus Apollo.
B *Quod pater huc properans Benedictus in omnipotentis*
Vertit honore Dei Martini et nomine sancti.
Hoc Desiderius post centum lustra vetustum
Parvumque evertit, renovavit, compsit et hausit [4529].

Jam vero pavimentum quam speciosum sit, in promptu cernentibus est. Fecit et portas æreas in ingressu ejusdem ecclesiæ; fecit tabulam altaris argenteam librarum [4530] circiter . Juxta eandem vero ecclesiam mansiunculas, in quibus [4531] ipse quando vellet maneret, decenter construi fecit. Circa eandem vero ecclesiam bicameratam domum ad ornamenta [4532] ejusdem ecclesiæ recondenda construxit.

Transactis (1093) vero a dedicatione majoris ecclesiæ tribus annis, totidemque mensibus, anno C videlicet a Salvatoris nativitate 1075. incipiente, 3. Nonarum Jan. ecclesia beati Bartholomei apostoli quæ ad occidentalem partem majoris ecclesiæ satis decenter sita est, cum grandi iterum lætitia et exultatione cunctorum fratrum, honorifice dedicata est, a Johanne Sorano episcopo (1094). Ubi etiam non minima particula [4533] sancti brachii ejusdem beati apostoli in argentea capsella venerabiliter condita est.

Eodem etiam anno post octo circiter menses, reliquæ duæ basilicæ, pucherrime [4534] in extremis exterioris atrii turrium modo hinc inde locatæ, pari studio et honore sacratæ sunt, 4. Idus Septembris.

VARIÆ LECTIONES.

[4508] de cetero d. 4. [4509] H. igitur o. e. *ed.* [4510] aptaverat 2. [4511] se *hic ponit ed.* [4512] perficienda 2. [4513] *hucusque manus 1. cod. 3. in quo folii ultimi pars inferior abscisa est; membranæ ejus loco assutæ manus alia sed coæva sequentia usque ad* Pistrinum *inscripsit.* [4514] p. cubitos pene trig. 2. [4515] septis 2. [4516] turrem *ed.* [4517] exterius *ed.* [4518] interius *ed.* [4519] f. ibique juxta, extra portam scilicet xenodochium maximum fabricavit, itaque demum h. i. 2. [4520] *deest* 2. [4521] Dehinc — fabricavit *desunt* 2. [4522] quod 3. [4523] Dehinc aquilonali parte palatium quantitatis non modice ad hospitum quorumque receptionem ædificavit. Pistrinum q. tanto decore constr. ut 2. [4524] *hic in folio ultimo verso pergit manus primaria in cod.* 3. [4525] ut multi peregrinorum huc venientium ign. q. ad e. sepius illuc or. convenerint. 2. [4526] *Petri verba in quibus multa mutata et addita sunt infra dabimus.* [4527] c. 43. latitudine 28. altitudine 24. F. 3. [4528] *ita* 3. 4, [4529] *i. e.* auxit. hausit 3. [4530] l. c. *desunt* 3. *ubi post* juxta *pergit manus illa altera, v, supra col.* 761, *n.* [4513]. [4531] qua 4. [4532] hornamenta 4. ornamentum 3. [4533] S. Barth. p. 3. [4534] *vel* b. pulcherrimæ; basilice, p. 4.

NOTÆ.

(1093) Hinc narrationem cod. 47, l. I. p. 77 prosequitur.

(1094) Hic et Leo Aquinensis a Gregorio VII primo pontificatus ejus anno consecrati sunt, v. Reg. ejus ap. Mans. Conc. XX, p. 125.

Quarum alteram quæ a dextra parte ad honorem beati archangeli Michahelis constructa est, prædictus Johannes Soranus episcopus consecravit [4535]. In quo [4536] etiam recondidit reliquias has : sanctorum [4537] Nicandri et Marciani, sancti Viti, sanctorum Johannis et Pauli, sancti Mercurii, et sanctæ Katerinæ [4538], et vocabula sanctorum Appollinaris episcopi, Proti et Jacincti. Alteram vero quæ a leva, ad honorem beati [4539] apostolorum principis Petri fundata est [4540], [Leo [4541] episcopus Aquinensis divino numini, ipso domno abbate omniumque fratrum præsente conventu, cum magna lætitia et devotione sacrarunt.

Porro (1095) cum ab hac dedicatione annus jam quartus (1096) decimus, et ab incarnatione dominica millesimus et nonagesimus volveretur, tribus jam annis, et tribus ac sexaginta diebus [4542] a transitu reverendæ ac semper honorifice memorandæ memoriæ Desiderii abbatis elapsis, præsidente atque jubente domno Oderisio reverentissimo atque dignissimo successore ipsius, dedicata est ecclesia sancti confessoris Christi Martini, quam prædictus venerabilis abbas Desiderius in loco ipso ubi olim a beatissimo abbate Benedicto constructa fuerat, circa portam scilicet monasterii mirifice ac pulcherrime in sexdecim marmoreis columnis erexerat, quamque tam musivo quam etiam diversis picturarum coloribus optime decoraverat. Dedicata est autem 14. Kal. Dec. ipsa videlicet die octavarum ejusdem beatissimi confessoris Christi Martini, feria secunda, cum tribus altariis suis, ingenti frequentia ordinis diversi virorum et maxima universorum lætitia, quorum primum atque præcipuum in honore ipsiu beati Martini dedicavit vir venerabilis domnus Joannes episcopus Tusculanensis, illud autem quod ad dexteram ipsius basilicæ situm est, in honore sancti Erasmi martyris consecravit domnus Raynaldus episcopus Cajetanus, qui ipso anno ex hoc nostro monasterio eidem ecclesiæ datus fuerat episcopus; tertium vero quod a parte sinistra statutum est, in honore gloriosi confessoris Christi Ambrosii benedixit domnus Honestus, reverentissimus episcopus Verulanus, Fuere autem cum eis in hac dedicatione A episcopi etiam alii tres, id est Lambertus Alatrinensis, Roffridus Soranus, nec non et Leo episcopus Venafranus. Quod autem tamdiu post patris Desiderii transitum consecratio basilicæ hujus dilata est, hoc fuit in causa, quia et picturæ partem aliquam et pavimenti non modicam ad complendum morte præventus idem abbas reliquerat. Quæ omnia successor illius studiosissime percomplere et addere quæ necessaria curavit, et sic eam dedicari quatenus præmissum est, honorificentissime fecit.

Annis item post ista tribus et tribus insuper ac septuaginta diebus exactis, anno scilicet incarnationis dominicæ 1094, indictione 2, mensis Januarii die 30, 2. feria, dedicata est ecclesia beati Andreæ apostoli (1097), præsidente atque jubente jam dicto B abbate domno Oderisio qui eandem basilicam a fundamentis extruxerat (1098) ab orientali parte majoris ecclesiæ, inter absidam videlicet ipsius et domum infirmorum, habens cemiterium fratrum a latere dextro, a sinistro vero claustrum, licet parvulum tamen pulcherrimum. Dedicata est autem a domno Raynaldo Caietano episcopo jam superius memorato cum ingenti devotione et exultatione fratrum universorum, ea nimirum die qua castrum quod Frattæ dicitur, ultra omnem spem meritis beatissimi patris Benedicti miseratione divina recepimus, quod videlicet triennio ante a vicinis Nortmannis furatum nobis fuerat atque pervasum, sed die 13. [4543] .... Domino auxiliante receptum, atque ob sempiternam C illius triumphi memoriam in eadem die consecrationis hoc sollemne statutum. Est autem prædicta basilica instituta ad utilitatem infirmorum fratrum, lignis quidem ac tegulis firmissime contignata, fenestris vitreis optime decorata, diversis sanctorum historiis pulchra colorum varietate depicta, pavimento quoque multimoda incisione marmorum artificiose constructa : quodque omnibus his est longe præcipuum, multis ac præclaris tam apostolorum quam martyrum necnon et confessorum Dei reliquiis studiosissime consecrata. Quorum omnium nomina cum reliquarum ecclesiarum pignoribus, pariter suis in locis Domino juvante scribemus.]

INCIPIT CONTINUATIO LIBRI III AUCTORE PETRO DIACONO.

34. Christo igitur duce, omnia sibi, prout optaverat, evenisse cognoscens, hinc ad ecclesiam beati D Martini, quæ sola fere jam intra monasterii ambitum de veteribus ædificiis remanserat, renovandam, to-

VARIÆ LECTIONES.

[4535] *deest* 4. [4536] *ita* 3. 4. [4537] sancti Viti septennis pueri, s. N. et M. s. I. 3. [4538] Ecaterine 4. [4539] beatorum 4. [4540] est, que specialiter a singulis *etc.* 4. *v. supra I*, 45. *Hic desinit cod.* 3. *litteris majoribus, quæ indicant, nihil post ea scriptum fuisse, etsi folium sequens excisum est.* [4541] *quæ sequuntur supplevimus e narratione cod.* 47, *Muratorii editionem secuti.* [4542] *deest c.* [4543] *lacunam quam hic Carraciolus indicavit, Anon.Cas. ita sarcit :* et a nostris 12. die magna Dei virtute r.

NOTÆ.

(1095) Cf. infra IV, 8.
(1096) Imo sextus.
(1097) Cf. cap, 9 libri IV.
(1098) Cf. cap. 3 libri IV.

tum cor Desiderius vertit. Diruta namque priori ejusdem beati Martini basilica, jactisque in Christi nomine fundamentis, cœpit ejusdem ecclesiæ fabricam, in longitudine cubitorum 43, latitudine 28, altitudine 24; fenestras vero ab uno latere 9, ab altero totidem. Porticus etiam utriusque parietes in 16 cubitorum altitudine erigens, fenestris 4, et 4, totidemque ab altero distinxit, et illas quidem quæ in navi sunt, plumbo simul et vitro compactis tabulis ferro ligatis inclusit. In frontispicio porro ejusdem ecclesiæ fenestras tres, ac unam in absida distinguens, similis decoris patrari mandavit. Illas autem quæ in porticibus sunt, gipseas quidem, pari vero decore construxit. Columnas vero 9 ab uno latere, totidemque ab altero erexit. Secus ipsam quoque ecclesiam, curvato pariete brevem quidem sed perpulchram domum, ad ejusdem ecclesiæ ministerium construxit. Cancellos vero lapideos, ante beati Martini altarium mirificos patrari fecit. Absidam autem musivo decenter vestivit, in qua etiam aureis litteris hos versus describi præcepit:

Cultibus extiterat quondam locus iste dicatus
Demonicis, inque hoc templo veneratus Apollo,
Quod pater huc properans Benedictus in omnipotentis
Vertit honore Dei, Martini et nomine sancti.
Hoc Desiderius post centum lustra vetustum.
Parvumque evertit, renovavit, compsit et auxit.

Jam vero ipsius ecclesiæ pavimentum quam sit conspicuum, quam speciosum, ac diversorum marmorum multiplicitate constratum, oculis omnium patet. Legivum quoque pulcerrimum auro atque coloribus pictorum ingenio decoratum, ibidem extrui jussit. Ante ipsius namque beati Martini altarium, tabulam argenteam ac deauratam, et pulcerrime scultam, 44 libras habentem, Desiderius patrari mandavit, in qua omnes fere beati evangelistæ Matthei, et sancti confessoris Christi Martini desculpsit historias. Fecit et portas æreas in ingressu ejusdem ecclesiæ. Juxta eandem vero basilicam mansiunculam [4544] in qua ipse maneret construens, trabibus oppositis, tegulis desuper operuit. Hæc ubi cooperante Domino, prout optaverat consummavit, beati Bartholomei apostoli basilicam, cum fratrum universo conventu 3. Nonas Januarias (1075) a Johanne hujus ante cenobii monacho, post Sorano episcopo, fecit solemniter dedicari. In cujus altari apostolici corporis partem non exiguam in argentea recondidit capsa, in qua etiam has reliquias posuit: de lapide sancti sepulchri, et sanctorum Johannis et Pauli, Viti, Januarii, Hermetis, et quadraginta martyrum. Enimvero tantæ apud Romanum pontificem Desiderius auctoritatis habebatur et gratiæ, ut in quibuscumque vellet proprio pastore viduatis ecclesiis vel cœnobiis, juris ei esset suis ex fratribus episcopos substituere vel abbates. Non multo post hæc temporis evoluto, ædeculas quoque illas quas instar turrium in atrii diximus angulis constitutas, alteram ab eodem Johanne, alteram a Leone fecit Aquinensi episcopo magna cum lætitia dedicari 4. Idus Septembris. Sane in altari beati archangeli Michahelis reliquias condidit sanctorum Nicandri et Marciani, Johannis et Pauli, Viti, Mercurii, et Caterinæ, et vocabula sanctorum Apollinaris episcopi, Proti et Jacinthi. Altare vero principis apostolorum Leo Aquinensis episcopus divino nomini [4545], ipso domno abbate omniumque fratrum præsente conventu, cum magna lætitia et devotione sacravit. In eodem vero altario reconditæ sunt reliquæ istæ: de quinque panibus ordeaceis, et sanctorum apostolorum Petri, Matthei, Jacobi, Nazarii et Celsi, Januarii, Felicissimi et Agapiti, Sergii et Bacchi, Nicandri et Marciani, Aurelii, Protasii, Fortunati et sociorum ejus, et de vestimentis trium puerorum.

35. Per (1099) idem tempus Albericus diaconus vir disertissimus ac eruditissimus ad hunc locum habitaturus advenit. Hic in hoc monasterio positus composuit librum de virginitate sanctæ Mariæ; librum dictaminum et salutationum. In Musica dialogum. Contra Heinricum imperatorom de electione Romani pontificis. Vitam sanctæ virginis Christi Scolasticæ (1100). Omeliam ejus. Vitam sancti Dominici (1101). Passiones sancti [4546] Modesti et sancti Cæsarii. Librum de dialectica. Temporibus vero ejus facta est sinodus in urbe Roma (*an.* 1079. *Febr.*) adversus Berengarium diaconem ecclesiæ Andecavensis, qui inter multa quæ astruere nitebatur, dicebat sacrificium corporis et sanguinis Domini figuram esse. Cumque nullus ei resistere valeret, idem Albericus evocatur ad sinodum; quo dum venisset, post varia conflictationum genera, cum pars parti non cederet, idem Albericus ebdomadæ unius accepta licentia librum adversus eundem diaconem de corpore Domini edidit, sanctorum patrum testimoniis roboratum, in quo omnes assertiones ejus destruxit, æternæque oblivioni tradidit. Fecit et versus in vitam sanctæ Scolasticæ; rithmos in pascha, de die judicii, de penis inferni. Epistolas quoque quamplurimas ad Petrum Hostiensem episcopum (1102). Rithmos de gaudio paradisi, de die mortis, de monacho penitente. Composuit et alia nonnulla, quæ in nostram notitiam non venerunt. Eo etiam tempore Alfanus Salernitanus archiepi-

VARIÆ LECTIONES.

[4544] mansiunculas *c.* [4545] *l.* numini. [4546] sanctorum *c.*

NOTÆ.

(1099) Cf. P. D. *De viris ill.*, c. 21 et 45 ubi philosophus appellatur et Gelasium II dicitur edocuisse. Mabill. Ann. O. S. B. V, p. 179.

(1100) Cujus prologum cum homilia edidit A. Mai in Spicil. Rom. V, p. 129.

(1101) Sc. Sorani, editam in Actis SS. Jan. II, p. 442.

(1102) Petri ad Albericum epistolæ 2 exstant in Opusc 37.

scopus (1103) et hujus cœnobii monachus, cujus supra meminimus, vir in scripturis sanctis eruditissimus et notitia ecclesiasticorum dogmatum ad plenum instructus, composuit nitido et lucidissimo sermone passionem sanctæ Christinæ, et librum ymnorum et versuum. Amatus quoque episcopus (1104) et hujus monasterii monachus, his diebus scripsit versus de gestis apostolorum Petri et Pauli, et hos in quattuor libros divisit (1105). Ystoriam quoque Normannorum componens, nomini ejusdem abbatis dicavit. Istius porro abbatis tempore Constantinus Africanus (1106) ad hunc locum perveniens, sanctæque habitum religionis induens, ecclesiam sanctæ Agathæ in Aversa a Richardo principe sibi concessam in hoc sancto loco devotissimus optulit. Necessarium plane videtur ad posterorum memoriam, quantus hic vel qualis fuerit litteris tradere. Hic igitur e Cartagine de qua oriundus erat egrediens, Babiloniam petiit, in qua gramatica, dialectica, geometria, arithmetica, mathematica, astronomia, nec non et phisica, Chaldeorum, Arabum, Persarum, Saracenorum, Egiptiorum, ac Indorum plenissime eruditus est: completis autem in ediscendis istiusmodi studiis triginta et novem annorum curriculis, ad Africam reversus est. Quem cum vidissent Afri ita ad plenum omnium gentium studiis eruditum, cogitaverunt occidere eum. Quod Constantinus agnoscens, clam navem ingressus Salernum advenit, ibique sub specie inopis aliquandiu latuit. Deinde a fratre regis Babiloniorum qui tunc eo advenerat agnitus, ac in magna honorificentia apud Robbertum ducem habitus est. Exinde vero Constantinus egrediens, ad hunc locum pervenit, et ordine quo supra retulimus monachus factus est. In hoc vero cœnobio positus, transtulit de diversorum gentium linguis libros quamplurimos, in quibus sunt ni præcipue. Pantegnum (1107), quem divisit in libros duodecim, in quo exposuit quid medicum scire opporteat. Practicam, in qua posuit qualiter medicus custodiat sanitatem, et curet infirmitatem. Librum graduum. Dietam ciborum. Librum febrium, quem de Arabica lingua transtulit. Librum de urina. De interioribus membris. Viaticum, quem in septem partes divisit, videlicet de morbis in capite nascentibus, dehinc de morbo faciei, de instrumentis, de stomachi et intestinorum infirmitatibus, de languore epatis, renum, vesicæ, splenis, et fellis; de his, quæ in exteriori cute nascuntur. Expositionem Aforismi. Librum Tegni, Megategni, Microtegni. Antidotarium. Disputationem Platonis et Ypocratis in sententiis. De simplici medicamine. De genecia. De pulsibus. De experimentis. Glosas herbarum et specierum. De oculis.

56. Sequenti tempore supradictus papa Alexander Urbem egrediens, venit ad hoc monasterium. Qui a Desiderio honorifice susceptus, dum abbatis cameram quæ juxta ecclesiam sancti Nycolai constructa est ingressus fuisset, demoniacus quidam qui tunc illo advenerat, ei factus est obvius, quem sanctus pontifex ut vidit, orationem fundens ad Dominum dixit ad demonem: *Præcipio tibi, immunde spiritus, in virtute Domini, ut excas ab hoc homine, et vadas in illum locum ubi nec avis volat nec vox hominum resonat, et sis ibi usque ad diem judicii.* Mirabilis Deus in sanctis suis, qui invocantes se et de sua misericordia præsumentes velociter exaudire dignatur. Nam demon ad ejusdem pontificis præceptum hominem relinquens, cuncti qui aderant laudare cœperunt et benedicere Deum. Nec hoc tacendum videtur, quod omnipotens Deus per eundem suum famulum operare dignatus est. Nam cum civitatem Aquinum pertransiret, claudam quandam [4647] in itinere jacentem invenit, cujus infirmitati idem compatiens pontifex, aquam de qua post missarum sollemnia suas manus abluerat, ei ad bibendum tradidit, quam mox ut in potum accepit, sanitati reddita gratias Deo referre permaximas cepit. Fecit præterea idem sanctissimus pontifex patri Desiderio privilegium de monasterio sanctæ Mariæ in Palladio (1108), cum attinentiis suis, recipiens ab eo ecclesiam sanctæ Jerusalem, quam Leo papa reverendissimus, sicut supra taxavimus (l. II, c. 79), Richerio abbati nostro tradiderat. Concessit etiam prædictus papa Alexander personaliter nostro Desiderio civitatem Terracinensem, cum pertinen-

VARIÆ LECTIONES.

[4647] quenddam *c.*

NOTÆ.

(1103) 1058-1087. Cf. *De viris ill.*, c. 19; Giesebr. *De stud. litt.* ap. Italos, qui inedita ejus carmina dedit, alia correctius quam Ughellus It. S. X, p. 47 sqq.

(1104) Nuscanus; v. Champollion-Figeac in *Prolegg. Hist. Norm.* cujus antiquam versionem Gallicam edidit Parisiis 1835, 8.

(1105) Quos Gregorio VII dedicavit. Apographum codicis Bononiensis Casini servatur, v. Tosti *Hist. C.* I, p. 417.

(1106) De quo v. Petr. *De viris ill.*, c. 23; Fabric. bibl. Græc. XIII, p. 123.

(1107) Hic liber, teste V. C. C. L. Grotefend, in cod. biblioth. civ. Hannover. ms. sæc. XII hanc habet inscriptionem: *Domino, suo Montis Casinensis abbati, Desiderio, reverentissimo patrum patri, immo totius ordinis ecclesiastici gemme prenitenti, Constantinus Africanus indignus, suus tamen monachus, oculatis intus et exterius, celi ascribi animabus.* Librum de stomachi affectionibus *Alfano reverendissimo Salernitanæ ecclesiæ archiepiscopo* e stomacho laboranti inscripsit.

(1108) Supra II, 94, et infra IV, 81. Exemplum hujus privilegii legitur in Regesto num. 51 (s. d., teste V. D. Giesebrecht): *Alexander*; etc. *Quapropter carissime frater et consacerdos, quia prudentiam tuam maxime lateri nostro optamus adhærere, sereno vultu, tam tibi quam tuis successoribus Casini montis abbatibus, recepta investitura sanctæ Hierusalem cœnobii, quam felicis memoriæ Deo episcopus hospitandi gratia Richerio antecessori tuo contulit, tradimus et concedimus abbatiam sanctorum martyrum Sebastiani et Zosimi, quam vulgares usitato nomine Palariam solent nuncupare*, etc. Ang.

tiis suis. Defuncto autem eodem pontifice (*an.* 1073. *Apr.* 21.) clerus populusque Romanus in unum conveniunt, Hildebrandumque sedis apostolicæ archidiaconum eligentes, Gregorium appellari decernunt, qui eodem ordinationis suæ anno ad hoc monasterium veniens, sociato sibi Desiderio Beneventum perrexit, indeque regrediens Romam reversus est. Quo tempore (1109), dum in nativitatis dominicæ sollemnitate in ecclesia sanctæ Mariæ cognomento Majoris prædictus papa missarum sollemnia ageret, captus est supra sanctum altare a quibusdam Romanis infidelibus, sed vi ac constantia omnium Romanorum eadem die receptus est.

57. Per idem tempus (1072 *Febr.*) Richardus princeps per præceptum (1110) obtulit beato Benedicto ecclesiam sancti Angeli, quæ nuncupatur Ad formas, de qua superius (l. I, c. 57), tempore scilicet Baldoini abbatis, qualiter nobis a Marino papa concessa sit plenius scripsimus. Sed quia Capuanus archiepiscopus illam eo tempore retinebat, præfatus princeps cupiens ibidem facere monasterium, ante septem circiter annos cum eo concambiavit (*an.* 1065. *Dec.*), data pro ipsa alia ecclesia vocabulo sancti Johannis de Landepaldi (1111), quæ tunc temporis palatio pertinebat, cum ornamentis et libris non paucis, et universis rebus ac pertinentiis ejus. Recepit autem ab eodem archiepiscopo prædictam ecclesiam sancti Angeli cum tribus aliis ecclesiis jam vetustate consumptis, id est sancti Salvatoris, sancti Johannis, et sancti Hylarii, et cum omnibus ubicumque ad easdem ecclesias pertinentibus, 60 auri librarum pena apposita, si aliquando vel ipse archiepiscopus vel aliquis successorum id removere voluisset. Quo facto concessit in eodem loco ecclesiam sancti Angeli de Olaldisi (1112) intra Capuam cum omnibus pertinentiis suis (*an.* 1065.), nec non et quicquid palatio pertinebat in toto Sarzano (1113) cum universis ibi habitantibus villanis, et omnia, quæ ibi pertinuerunt Gregorio comiti palatii et Petro filio Doferi in loco Sancto Herasmo. Cum omnibus itaque his, et cum universis pertinentiis suis, simul et cum cartula commutationis, quam a prædicto archiepiscopo exinde receperat, in hoc Casinensi cœnobio prædictam ecclesiam optulit. Et quoniam locus idem valde amœnus, et satis aptus monasterio erat, rogavit humiliter Desiderium ut pro amore suo specialiter inde studeret; quod et fecit, de monasterio Albanetæ integram omnium mobilium medietatem accipiens, et cum medietate etiam ejusdem loci monachorum illuc transmittens, cœpitque Desiderius illud ædificare ex integro tam spatiose, quemadmodum hodie cernitur; ubi etiam intra breve tempus quadraginta et eo amplius monachos regulariter victuros aggregavit.

58. Eodem præterea tempore quidam rusticus in partibus degens Apuliæ, dum siti æstuaret ad bibendum perrexit. In quem mox diabolus ingrediens, eum vexare crudelissime cœpit. Ductus autem a propinquis ad hoc monasterium, atque ante patris Benedicti corpus jactatus, ejus intervenientibus meritis confestim sanatus est. His porro diebus cum in hoc Casinensi cœnobio de vino ob totius monasterii stipendium non plus quam palmi unius et dimidii mensura esset in vase, frater qui domum vinariam custodiebat, pergens ad patrem Desiderium ei referre curavit. Abbas autem ad hæc: « Antequam ad Robberti ducis curiam pergam, veni ad me, et unde id emere debeas dabo. » Alio autem die, ea quæ Desiderius præceperat monachus oblivioni tradens, ad eum minime venit. Desiderius autem iter arripiens, Robberti ducis curiam adiit. Sed qui in deserti regione per quadraginta annos manna populum pavit, ipse per tres menses et dimidium vinum unde omnes bibebant crescere fecit. Quidam vero puer ex monasterii famulis, cœlestium mysteriorum ignarus, vehementer admirans vinum tantum durasse in vase, cervinariam (1114) adiit, vinum mensus est, stetitque eadem hora, et ultra crescere desiit; tunc ad monachum gratulabundus accedens ait: « Ego nunc vinum mensus sum, sed tantum est, quantum fuit ante tres menses. » Monachus autem hæc audiens, eum gravissime verberavit. Puer vero ante eum aufugiens, claustrum et fratrum ingressus, et quid sibi monachus fecerat per ordinem pandit. Quem venerandæ memoriæ Stephanus, qui eo tempore decanatus officii curam gerebat evocans, dixit: « Cur tam crudeliter hunc puerum verberasti? » Tum frater: « Hoc quod nunc in vino per merita beatissimi patris Benedicti Deus operari dignatus est, multis jam vicibus egit. Hic vero ad vasculum pergens, vinum mensus est, et ulterius in vase non crevit. » Illi autem hac audientes benedixerunt Deum, qui suis temporibus in hoc loco antiquum dignatus est renovare miraculum. Nocte quadam cum frater Georgius mansionarius in stratu suo quiescens vigilaret, audivit duos pueros in ecclesia mira suavitate ac dulci modulamine laudes Deo referre. Sciens itaque pro certo, neminem monachorum esse in monasterio [4548] qui puerilem vocem haberet, confestim surgens eccle-

VARIÆ LECTIONES.

[4548] monastrium *c*.

NOTÆ.

(1109) Duobus annis post; verba petiit ab Anon. Casin. ann. 1075.

(1110) Quod ex orig. edidit Gatt. Acc., p. 176. Id pro spurio habet Di Meo Ann. Neap. VIII, 116; sed, Bethmanno teste, genuinum est.

(1111) In civ. Capuana. Instrumentum tunc factum e Reg. S. Angeli edidit Gatt. Hist., p. 253, et cum tabula picta ipsam traditionem exhibente Tosti *Hist. Cas.* I, p. 400.

(1112) *Juxta plateam de Auloaldiski* in charta quam ex orig. dedit Gatt. Acc., p. 175.

(1113) Prope Vulturnum, ad septentrionem montis Tifatæ, v. Peregrini Camp. Fel., p. 373. Ang.

(1114) I. e. cellam vinariam.

siam ingreditur, nullumque ibi reperiens, et quod in re erat advertens, facto mane quod audierat fratribus per ordinem pandit; hinc angelorum frequentiam apud beati patris exuvias hoc fuisse dixerunt. [*Desid. Dial.* II, 21.] Tempore alio præfatus Georgius lampadem ante imaginem Salvatoris quæ supra fores ecclesiæ picta est dependentem, advenerat refecturus, et ecce videt eam tensis uncinulis dependere in aere, nulla prorsus eam præter ipsum ærea [4569] materia sustentante. Convocatis Georgius fratribus qui eminus aderant, quod miratur ostendit, ipsique postmodum cum eo pariter hujus testes extitere miraculi. Nocte qua præcedebatur dies de transitu sancti patris nostri Benedicti festivus, dum ad vigilias unus e custodibus lampadem ante imaginem ejusdem beati patris dependentem reficeret, lapsa subito lampas in pavimentum ruit, illæsaque permansit, quæ iterum elevata, iterum cecidit, erecta tertio, tertio lapsa est, et nullo horum casu, vel effractionis lampas, vel effusionis oleum, vel ignis extinctionis pertulit detrimentum. Cum die quadam de custodibus unus ante altare accensam lampadem usque ad ipsa fere laquearia elevasset, repente lampas lapsa in pavimentum cecidit. Mirabilis in factis suis Deus! non solum non est fracta quæ deciderat lampas, sed nec effusum oleum, nec ignis extinctus. [PETR. DAM. Ep. VI, 22.] Tunc temporis in monasterio beati patris Benedicti quod intra Salernitanæ urbis mœnia constructum est, et huic Casinensi cœnobio ab ipso suæ constructionis exordio subditum, satis insigne miraculum contigit. Ex ipsius namque monasterii familia vorax hominum lupus parvulum puerulum clandestinus impetiit, rapuit, et abiit; post quem transfixa dolore mater inclamans ait: « Adjuro te, bestia, per beatum Benedictum, cujus servus est, ne filium meum ulterius feras, sed eum sub omni celeritate dimittas; » quo lupus audito, hunc quidem quem ferebat, aperto protinus ore deposuit; in alium vero puerum repentinus insiluit, eumque subito desecans, truncum cadaveris sprevit, præcisumque caput mordicus confixum in suas latebras concitus asportavit.

59. Circa hos dies Michahel Constantinopolitanus imperator patri Desiderio per nuntios quos ad eum direxit, dona quamplura transmisit, poscens ut pro se ac liberis et pro statu imperii sui Dei omnipotentis clementiam assidue supplicarent. Insuper etiam ob patris Benedicti reverentiam, pro salute animæ suæ per præceptum aurea bulla bullatum (1115) constituit, ut per unumquemque annum hoc monasterium accipiat de palatio Constantinopolitani imperii auri libras viginti quattuor, et pallia quattuor ad nostræ congregationis sustentationem. Borrellus autem comes Borrelli majoris filius, cum ob nonnulla sua in hoc loco servitia Desiderii familiaritatem fuisset non immerito adeptus monasterium sancti Petri quod vocatur de Avellana (1116), quod videlicet pater ipsius beato Dominico ante quattuor et quadraginta annos ad construendum tradiderat, quodque idem Borrellus satis ampla terrarum concessione ditaverat, cum ecclesiis et colonis et cum omnibus omnino pertinentiis ac possessionibus suis, quod et terra quinque millium circiter modiorum, beato Benedicto devotissimus optulit (*An.* 1069 *Mart.*). Cujus monasterii cum longe post Gualterius nepos ipsius duodecim casales de rivo Franculi nequiter retineret, veniens ad hoc monasterium sua sponte nobis ipsos refutavit ac reddidit (1117). Theodinus quoque et Oderisius atque Bernardus Balvenses comites, non multo post (1118) et ipsi quoque monasterium sancti Petri quod situm est in valle de Lacu, et aliud monasterium heremitarum in loco qui dicitur Pratum Cardosum, quæ nimirum et ipsa nichilominus a beato Dominico ante non plures annos fundata extiterant (1119), pari modo in hoc monasterio obtulerunt, cum quinque scilicet adjacentibus lacubus, cum ecclesiis et colonis et cum omnibus omnino pertinentiis ac possessionibus eorum, tam in eodem comitatu Balvensi, quam in Marsicano et Teatino. Eodem anno oblatum est beato Benedicto a quibusdam nobilibus Marsicanis (1120) castellum quod nominatur Meta, in valle de Orbeto, cum omnibus finibus ac pertinentiis suis, necnon et ecclesia sancti Patris, in loco ubi Formæ vocantur, et ecclesia sancti Donati supra ipsas Formas, cum omnibus quæ ad easdem ecclesias pertinent, insuper et universis quæ ad præfatos nobiles jure hæreditario pertinebant, tam in ipsis Formis quam et in Valle frigida. Eodem etiam anno (1121) Leo et Girardus Fundani consules optulerunt beato patri Benedicto monasterium sancti Magni cum omnibus sibi pertinentibus, et cum quarta parte de ipsa piscaria Fundani lacus, et cum ecclesia sanctæ Mariæ juxta amphitheatrum Fundanæ civitatis, sancti Mauri et sancti Martini ad Tirille, et sancti Andreæ in Terracina, et sancti Nicolai in urbe Romana, loco

VARIÆ LECTIONES.

[4569] *leg.* aera *ut infra col.* 775, *l.* 20.

NOTÆ.

(1115) Reg. num. 145, cujus titulus : *Præceptum Michaelis Constantini imperatoris*, id est filii Constantini. ANG. *minio subscripsi mense Aprili ind.* 4, i. e. 1081 : at a. 1078 regno depulsus est.

(1116) *In territorio Sangretano*, dipl. ap. Gatt. Acc., p. 179 e. Reg. Petri unde et sequentia edidit.

(1117) Notula de hac re exstat in Reg. Petri. edita ap. Gatt., ib.

(1118) 1067 (l. 1069.) *ind.* VII *m. Apr.* ib. Utraque dominatio Cl. Di Meo suspecta est, utpote a Leone omissa.

(1119) Alberici V. S. Dominici c. 2. Sed jam a. 1031 obierat, v. supra II, 59.

(1120) Ab. Azzone f. Azzonis, sed a. D. 1072, m. Dec. ind. x, ib. p. 180. Sed unum Metæ cast. ibi nominatur.

(1121) 1072, m. Sept., ind. x ap. Gatt. H., p. 259.

qui dicitur ad fossa, cum omnibus pertinentiis ac rebus illarum. Pari modo autem una cum Richardo cognomento de Aquila idem consules optulerunt huic loco ecclesiam sancti Onufrii cum pertinentiis suis. Et quoniam locus idem habilis ad construendum monasterium erat. Desiderius cupiens ibidem facere monasterium, per Girardum præpositum sancti Nicolai in Pica, qui quintus post eum hujus cœnobii abbas effectus est, in statum quo nunc cernitur erexit. His quoque diebus (1122) Littefridus Fundanus consul cartam fecit huic monasterio de omnibus quæ sibi pertinebant de civitate Fundana et valle de Cursa, et Aquaviva, et Ambrife, et Ynola, Campu de Mele, Vatera, et de tertia parte piscariæ ad Sanctam Anastasiam, et de monasterio sancti Archangeli, et omnibus quæ ei pertinebant a paterno vel materno jure. Per idem quoque tempus Johannes Hiserniensis vir nobilis similiter optulit huic Casinensi cœnobio monasterium sancti Benedicti in loco Baniorala[4550] (1123) cum duabus aliis cellis ipsius, idest sanctæ Mariæ et sanctæ Luciæ, cum universis earum pertinentiis (*An.* 1072 *Sept.*). Idem fecit et Morinus comes Benafranus de quattuor aliis ecclesiis, idest sancti Nasarii de Piperozza, sancti Petri de Sexto, sancti Barbati de Ravenola, et sancti Martini de ipsa Furca.

40. Operæ pretium reor ea quæ isto in anno Dominus per beatum Benedictum in Galliis operari dignatus est, ad posterorum memoriam et ædificationem annectere. Quidam namque vir potentissimus Gallorum gente progenitus tantis se ab ipsa infantia execrarat flagitiis, ut nulla pars ejus corporis proprio vacaret a vitio. Hic ad mortem veniens, convocatis cujusdam cœnobii fratribus, monachicum habitum sibi tribui flagitabat, mox autem ut sacris indutus est vestibus, spiritum reddidit. Cuidam vero Dei servo juxta manenti Dominus ea quæ circa defuncti animam agebantur, ostendere dignatus est. Nam statim ut de corpore exiit, terribilis turba demonum cum igneis illam ligantes catenis ad tartarea conarentur ferre incendia, beatissimus pater Benedictus pastoralem manu deferens virgam in medium astitit. At vero hostes prædam se perdere cognoscentes: « Quot a nostris jam diutissime manibus Benedicte abstuleris animas nosti; hunc vero qui nunquam aliquid boni gessit, injuste agis si a nostris manibus auferre conaris. » Et sanctus : « Ne vobis injustitiam forte facere videar, ejus facta examinate, et si vestrorum operum, postquam meum accepit habitum, aliquatenus fuit conscius, vester permaneat. » Tunc malignorum illud collegium victum se rationabiliter sentiens, tenues per auras evanuit. Hoc Dei servus ut vidit, cœpit collaudare Christi clementiam, qui tam mirabiliter eandem animam de demonum manibus liberare dignatus est. In eisdem vero partibus monasterium est quoddam in honore ejusdem patris sacratum, in quo fratres dum die qua idem sanctus cœlos ascendit, festivitatem illius sollempniter celebrassent, ad cœnam venientes, dum pisces se non habere perspicerent, ac de re conqueri contra abbatem cœperunt. Subsequenti vero nocte, sanctissimus pater Benedictus abbati in somnis apparens, dixit ad eum : « Cur fratres tristantur? » et ille : « Propter pisces quos non habuerunt in præterito die. » Cui sanctus : « Ego quidem in monasterio meo Casinensi cellararium de mundo recedentem expectavi; qui quoniam peccatorum erat ponderibus aggravatus, eum meis orationibus adjuvi, atque illum omnipotens Deus in æternæ vitæ quietem constituit. Nunc vero piscatores mitte ad proximum monasterio lacum, ibique abundanter invenies unde murmurationem sedare valeas fratrum. » Abbas autem evigilans piscatores ad lacum sub omni celeritate transmisit; quod, dum fratres cernerent, mirare cœperunt, quia lacus ad quem piscatores pergebant, non nisi serpentes et ranas ferebat. Piscatores autem lacum in quo nunquam ante vel postea piscatum fuerat ingredientes, piscium multitudinem tantam ceperunt, ut per octo continuos dies fratribus ad comedendum sufficerent. Quidam Johannes cognomine Benafranus, vicecomes Jordani I. principis, fuit vir scelestissimus et omni vitiorum labe repletus. Qui dum ad mortem venisset, ad hunc se locum duci et sanctæ sibi religionis habitum tribui rogavit. Cujus petitioni amici ejus faventes, ad hoc monasterium eum duxerunt, adque ante corpus sanctissimi patris Benedicti monastica vestimenta suscipiens, statim e mundo recessit. Illo autem sepulto, rusticus quidam de monasterio egrediens, ad campestria loca tendebat. Cumque sub ecclesia sancti Severi olim Casinensis episcopi quæ in hoc monte sita est advenisset, diabolum in via stantem repperit, statura procerum digitos ac ungulas habentem valde longissimos, virgamque in manu tenentem, et rusticum torvo vultu aspicientem. Cumque ad eum rusticus pervenisset, diabolus ait : « Unde venis? » Ille autem hominem eum esse existimans, dixit : « A Casinensi cœnobio. » Et diabolus : « Quid actum est de Johanne vicecomite? » Tum rusticus : « Postquam monachus factus est, statim e mundo recessit. » Diabolus autem hæc audiens cœpit conqueri, dicens : « Hei (1124)

VARIÆ LECTIONES.

[4550] Banlarola *c.* (?)

NOTÆ.

(1122) Anno 10 Littefredæ ducis m. Oct., ind. XI ap. Gatt. Acc., p. 130.

(1123) Non procul a castro Ribomatrici, in pertinentia Pontiscurvi. Gharta quam e Reg. edidit Gatt. Hist., p. 264, scripta est *Ponticurvo*, jubente Goffrido Ridello consule et duce civ. Caietæ et dominatore Pontiscurvi, a quo Joannes *Iscrgnise* fidelis ejus cast. de Ribomatrice et monasterium feudi loco acceperat. Eodem tempore etiam alius Joannes abbas idem monasterium cum cellis illis, consentientibus monachis, Casinensibus per chartam tradidit.

(1124) Cf. supra I, 20.

Benedicte michi! Hei Benedicte michi! cur meos cotidie ad te servos convertis? Cur me tam immaniter, tam crudeliter persequi non desistis? » Hæc cum dixisset, furibundo ac flammanti rusticum vultu respiciens ait : « Scito certissime, quia nisi hodie in monasterio Benedicti cibum potumque sumpsisses, et panem de eodem loco allatum nunc in sinum tuum teneres, nulla interposita mora te confestim occiderem. » Statimque per montis latus se præcipitem dedit, lapides et arbores in modum turbinis trahens. Rusticus autem hoc viso, tremebundus de monte descendit, et cuncta quæ viderat vel audierat per ordinem pandit. Cumque ad aquam quæ Casinus vocatur advenisset, iterato diabolus eidem apparens, dixit : « Adhuc per terram istam ambulas? » Frendensque ea quæ prius locutus fuerat protulit, et Casini aquam cum virga quam tenebat validissime percussit, atque disparuit. Ad cujus sonitum rustico visum est quod tota [4551] tremuisset; aqua vero fluminis more tempestatis sursum in aera ferebatur. Reversusque in Rivo Matricis ad domum suam, languore corripitur, atque post diem tertium vitam finivit.

41. Eodem tempore cum Landenulfus qui fuerat comes Caleni (1125), contendisset nobiscum de alveo fluminis Gariliani, quod non deberet aliquo modo pertinere castro nostro de Mortula, et quod ipsi homines de Criptis ejusdem loci nichil nobis deberent [4552], in judicio judicum Suessanorum causa ipsa diutius ventilata, victus rationibus cessit, et de his omnibus per cartam se manifestavit nullam prorsus habere justitiam. Sed et Joffridus [4553] qui cognominatus est Monius, per idem tempus ex imperio Richardi principis veniens ad hunc monasterium, in præsentia Desiderii sponte sua per scriptum se manifestavit, ac refutavit in manus ejus ipsas piscarias, quæ sunt in flumine Gariliano ad ipsos currentes, qualiter incipit a rivo qui dicitur Vivus, qui descendit ab ipsis Criptis, et vadit usque in rivum qui descendit a Sancta Cruce, et mittit in prædictum fluvium Garilianum, quæ videlicet piscariæ antiquitus pertinuerunt partim huic monasterio partim sancto Salvatori de Cucuruzzo; quas etiam usque ad illud tempus Suessani comites violenter et malo ordine retinuerant. Sequenti tempore (*an.* 1076. *Febr.*) Joffridus cognomento Ridellus, dux Cajetanorum, obtulit in hoc loco monasterium sancti Herasmi de civitate Furmiana (1126), et monasterium sancti Petri de Foresta in pertinentia Pontiscurvi, cum universis possessionibus ipsorum. Tunc etiam et Lando dominus Arpinensis civitatis, ad mortem veniens (*Aug.*) judicium fecit (1127) in hoc monasterio de omnibus quæ sibi jure hæreditario pertinebant, id est de medietate Arpini, et Montis nigri, et Sancti Urbani, et Vici albi, et Casa Silverii, pena apposita judicii hujus violatoribus centum librarum auri omnibus id removere quærentibus.

42. Per idem tempus supradicto papa Gregorio Romæ synodum celebrante (*an.* 1078), Leo hujus loci bibliothecarius, qui post Ostiensis episcopus factus est, ex jussione patris Desiderii proclamationem fecit de cella sanctæ Sophiæ in Benevento (1128), quam nuper Beneventani a dicione hujus cœnobii violenter abstraxerant; cumque ad placitum res perducta fuisset, relecta sunt in omnium audientia nostra munimina, qualiter Arichis princeps ejusdem ecclesiæ constructor illam per præceptum huic cœnobio Casinensi tradiderat; demum vero qualiter omnes Romani pontifices, imperatores, reges, duces, ac principes prædictam cellam in hoc loco confirmaverant. Quo audito, papa Gregorius ait, quod nequaquam possent Beneventani ecclesiam monasterio Casinensi primitus delegatam ab ejus potestate subtrahere : sed Casinensem ecclesiam omnino canonice ac legaliter eandem cellam in perpetuum optinere debere. In eadem etiam synodo (1129) constituit, ut si quis a laico ecclesiæ investituram acciperet, dans et accipiens anathemate plecterentur. Eodem tempore cum (1130) prædictus papa Gregorius apud Capuam moraretur, clerici ejusdem civitatis invidis apud eum questibus usi sunt, dicentes ecclesiam sancti Angeli quæ olim fuerat juris Capuanæ ecclesiæ (1131), iniquo concambio in jus monasterii nostri transisse. Quam nimirum querimoniam idem apostolicus oratu Desiderii indiscussam manere non patiens, per idoneos ac veraces viros diligenter inquirere studuit, utrum concambium quod pro eadem ecclesia datum fuerat, conveniens esse videretur. Qui videlicet hoc studiosissime disquirentes, invenerunt et probaverunt quod ecclesia sancti Johannis de Landepaldi, quæ pro eodem concambio data fuerat, satis plus possessionis et ornamentorum tempore concambii habuisset. Quod etiam Erveus, tunc ejusdem civitatis archiepiscopus, se veraciter cognovisse asseverabat. Quo competenti testimonio præmotæ litis omni dubietate sublata, censuit præphatus apostolicus tam archiepiscopum quam et Capuanos clericos in perpetuum ab hac quæstione quiescere, nullamque ulte-

VARIÆ LECTIONES.

[4551] *an* terra? [4552] deberet *c.* [4553] *ita correxi.* Loffridus *c.* (?)

NOTÆ.

(1125) Olim Cales, in cujus locum Calvi successit.

(1126) *In pertinencia civ. Cajetæ in loco qui dicitur Ad molas.* Gatt. Hist., p. 267.

(1127) Ipse dicit : *offerui et tradidi*, ap. Gatt. Acc., p. 181.

(1128) Cf. brevem ejus de hoc negotio relationem ap. Gatt. Hist., p. 54, ubi dicit se nihil justitiæ recipere potuisse. Cf. Præf., p. 552.

(1129) A. 1075 si primum de ea re decretum intelligit. Sed repetitum est a. 1078.

(1130) Ex præcepto papæ d. Romæ 1078, Dec. 7, ap. Gatt. Hist., p. 254.

(1131) Cf. cap. 37 supra.

rius de ipso concambio litem movere. Qui mox (*Dec.* 7) privilegio firmum hoc et in perpetuum stabile judicans, atque decernens ut idem monasterium sub cura et regimine Casinensis abbatis manere perpetuo debeat, eodem quoque privilegio cuncta, quæ vel ibi tunc concessa, vel in futurum essent concedenda confirmans, temeratoribus quidem hujus decreti nisi forte resipuissent, excommunicationis sententiam intulit; observatoribus vero benedictionem apostolicam et pacem perpetuam provenire optavit.

43. [Desid. *Dial.* I, 5, 8, 7.] His quoque diebus quidam frater in hoc cœnobio Angelus nomine fuit, vir reverendus et omni bonitate redimitus. Qui dum in hoc monasterio ultimum clauderet diem, demoniacus quidam adveniens clamare cœpit: « Quid hac hora michi Benedicte fecisti? Angeli monachi animam ob exigui gestaturam cuculli de potestate mea auferens, tuo in cœlestibus gregi sociasti. » Cumque hæc lugubriter diceret, repente signum quo fratrum obitus significari solet insonuit, euntesque præfatum Angelum jam vita privatum repeiunt. Alius in hoc cœnobio monachus Johannes nomine (1132) fuit, qui dum in hoc loco defunctus et sepultus fuisset, frater quidam ramicis incommodum ita patiens, ut membrano intercutaneo passo diruptionem viscera inter carnem laberentur et corium, ejus sepulchrum adiit; ibique toto prostratus corpore, omnipotentis Dei cœpit rogare clementiam, ut per intercessionem servi sui Johannis, diruptionem illam in soliditatem pristinam revocare dignaretur. Sed quantum apud Deum ejusdem Johannis valeret oratio claruit, nam statim diruptio illa solidata est. Quidam frater eo tempore in hoc sancto loco Stephanus (1133) nomine fuit, qui dum in hoc cœnobio carnis universæ viam ingrederetur, anus quædam Agundia nomine ante ecclesiam sanctæ Dei genitricis, quæ ad radicem hujus montis sita est, in oratione pernoctans, dum ad hunc montem oculos deflexisset, vidit de infirmorum domo igneam columnam egredientem cœlorum ardua penetrare. Quo viso, nuntium statim ad hoc monasterium dirigens, ea hora Stephanum invenit animam exalasse, qua ipsa columnam igneam cœlum conscendere vidit.

44. Præterea Johannes filius Hugonis comitis, patris exemplum (1134) secutus, obtulit atque firmavit beato Benedicto integram partem suam de castello Sujo, quod est medietas ipsius, cum universis ad eandem medietatem pertinentibus tam intus quam foris, nec non et integram partem suam de supradicto monasterio sancti Herasmi in Furmia (*an.* 1079. *Mai.*).

Item Sanso filius Alberti de comitatu Pinnensi, cartam fecit huic monasterio de integra sorte hæreditatis suæ, idest de medietate castelli quod dicitur Planellu (1135) cum ecclesia sancti Stephani ibidem et de medietate Pasiniani, cum terra mille modiorum mensura. Dux quoque Robbertus capta Tarento nobilissima civitate Apuliæ (*an.* 1080. *Jun.*), optulit beato Benedicto monasterium ejusdem civitatis quod vocatur Sanctus Petrus Imperialis cum omnibus pertinentiis suis, nec non quattuor et centum familias hominum eidem loco pertinentes; insuper etiam totam decimam suam frumenti et ordei, vini et olei, et omnium piscium piscariarum suarum (1136), pena apposita quingentarum librarum auri quicumque id removere quæsisset. Hisdem porro temporibus (1072) Panormitana civitas ab eodem strenuissimo duce capta est. Qualiter autem, vel qua occasione idem dux Siciliam ceperit, licet superius ex parte tetigerim (1137), opportunum videtur ad posterorum memoriam huic loco inserere.

45. [Amat. v, 8, 10, 18, 20, 23, 25, 27.] Cum igitur Panormitanæ civitatis regimen Vulthuminus admirarius retineret, quidam ex servis ejus Belchus nomine contra eum insurgens, honore eum patriaque privavit. Pulsus vero ille Sicilia, ad supradicti Robberti ducis confugit auxilium. Tunc navali dux collecto exercitu (*an.* 1061), Siciliam Christo duce expugnaturus ingreditur (1138). Contra quem Saraceni cum valido exercitu congredientes, juxta civitatem Messanam sine mora Christo favente superati sunt; reliqui fugæ præsidium sumunt. Messana vero capta, ejusque admirario interfecto, Rimetum dux pervenit ad urbem, quam sibi tributariam faciens, cum mille equitibus totidemque peditibus ad Castrum Johannis pervenit. Adversum quem Balcaoth Saracenorum admirarius cum quindecim milibus equitum et centum milibus peditum properans, bellum iniit mirum et omnibus retro temporibus inauditum: cum ex christianis non equitum vel peditum aliquis vulneraretur vel moreretur, ex paganorum multitudine interfectorum numerus vix colligi potuit. Inde autem dux victor recedens, venit in vallem Demenæ, in qua roccam beati Marci construens, Calabriam rediit, et super Barum quæ totius Apuliæ primatum optinet cum exercitu veniens, obsidionem locavit.

NOTÆ.

(1132) *Veneticus* Desid.
(1133) *St. Veneticus* Desid.
(1134) V. supra II, 53. Hanc donationem edidit Gatt. Hist., p. 267. Sed jam d. 23 Sept. 1078 Jordanus princ. Sujum Desiderio concesserat, *quia Raynerius cum aliis suis consortibus et parentibus qui in ipso castello habitaverunt talem culpam fecerunt unde legaliter omnes res eorum nostro fisco deductæ sunt*, v. Gatt. Acc., p. 187.
(1135) *In fluvio Tabe.* D. 1080, m. Nov., ind. I ap. Gatt. Acc., p. 182.
(1136) *Quas nunc illic habemus vel habituri sumus.* Gatt. Acc., p. 183.
(1137) Leo, c. 15.
(1138) Non ipse, sed Goffridus Ridellus.

Quam cum diu obsessam in deditionem accepisset (1068-1071) cum militari agmine Siciliam rediit, ac civitatem Catheniensium capiens, Panormum obsidere præcepit. [Amat. vi, 14-19; viii, 13, 12 13, 14, 17, 23.] Quam cum quinque (1139) mensibus obsedisset, tandem illam prout volebat obtinuit. Talia igitur ad votum sibi dux evenisse advertens, immenso valde congregato exercitu super Salernum castra locare disponit (*An.* 1076. *Mai.* 6). Quod supradictus papa Gregorius dum comperisset, per patrem Desiderium Gisulfo principi ducis pacem expetere monuit, ad quod ille nec responsum quidem reddere voluit. Dux vero suum exercitum congregans circa Salernum tentoria fixit. Ex alia autem parte Richardus princeps rogatu ducis occurrens, cum diversis bellorum machinis illam obpugnare vehementissime cœpit. Hoc Desiderius audiens, Richardum (1140) principem adiit, eumque una secum ad Gisulfum venire rogavit. Quo dum venissent, post multa verba in vacuum habita, eorum Gisulfus spernit consilium, et cum duce nullo pacto se confœderaturum jurejurando affirmat. Deficientibus tandem in civitate eis quæ ad victum sunt necessaria, equorum, canum, asinorum, ac muricipum (1141) carnes cœperunt comedere. Vendebatur autem canis jecur tarenis decem, gallinæ novem, ovum vero unum, nec non et septem ficus, duobus denariis, modius vero tritici quadraginta quattuor bizanteis. Illorum vero egestatem dux dum comperisset, intempestæ noctis silentio stipatus militum cuneis ad muros urbis veniens, et portam clausam lapidibus diruens, Salernum optinuit (*Dec.* 13). Civitate (1142) autem potita Robbertus ecclesiam sancti apostoli et evangelistæ Matthei inibi construi jussit (1143), in qua etiam sacrum ejusdem apostoli corpus summa cum veneratione locavit; os integrum brachii ejus argentea theca reconditum ad suam filiorumque tutelam reservans. Inde autem dux cum exercitu, sociato sibi principe, ad hoc monasterium venit, atque Desiderio et fratribus honorifice susceptus, illorumque se orationibus commendans, attentius Campaniam expugnaturus ingreditur. Talia (1144) papæ Gregorii dum pervenissent ad aures, ducem et principem a liminibus separavit, collectoque exercitu, super eos ire disponit. Quod ubi duci nuntiatum est, concite una cum principe Capuam remeans (*Dec.* 19), dux supra Beneventum, princeps vero supra Neapolim obsidionem firmavit (1145). Neapolitani autem principis terrore perculsi, omnipotentem Deum rogabant attentius quatinus de supradicti principis potestate miseratione sua clementissima eos eripere dignaretur (1077. *Mai.*). Cumque eadem civitas acerrime expugnaretur, sanctus Christi martyr Januarius cum aliis dealbatis sæpius videbantur a principe et ejus exercitu per castra armati discurrere. Qui æstimans eum esse archiepiscopum, mandat cur contra ordinem suum cum lancea scutatus ad pugnam procederet; cui respondens archiepiscopus: « Ego ut tu vir illustrissime perspicis, a multis diebus ægrotus in lectulo jaceo. Ille armatus quis sit ipse videat, nam pro certo scias, quia sanctus Januarius protegit ac defendit hanc civitatem. » Princeps vero ejus dictis derogans fidem, civitatem oppugnare non desinebat. In qua obsessione ab excommunicatione solutus defunctus est (*an.* 1078, *Apr.* 5) (1146); cui successit Jordanus filius ejus. Exinde vero inter ducem et principem dissensionis et odii scandala orta sunt. Princeps enim favens papæ Grægorio, acceptis a Beneventanis quattuor millibus quingentis bizantiis, castra quæ dux ad expugnationem Beneventi firmaverat destruens, cum universis comitibus Apuliæ (1147) contra eum conspirat. Quod ubi duci qui eo tempore in Calabria remorabatur, nuntiatum est, cum quadringentis sexaginta militibus Apuliam rediit, et Asculum, Montem de Vico (1148), et Arianum expugnans cepit, et contra principem super fluvium Sarnum ire disponit. Desiderius interea pater hæc audiens, ducem adiit, eumque ad pacem redire rogabat. Cujus monitis Robbertus obtemperans, pacem cum principe facit. Exinde autem dux movens exercitum, supra castrum quod Monticulus (1149) dicitur obsidionem fecit; quod cum cepisset, Carbonaram, Petram Palumbi, Montem viridem, Gentianam, una cum Spinaczolo similiter acquisivit. Desiderius præterea ægre ferens, ducem a matris ecclesiæ gremio diu extorrem manere, Romam adiit, et papam Gregorium rogare cœpit, ut ducem ab anathematis vinculo quo eum ligaverat solveret. Quo impetrato pacis amator et conservator Desiderius cum cardinalibus ad ducem profectus, eum ab excommunicationis vinculo solvit (1150).

NOTÆ.

(1139) *Q. m.* apud Amatum non legitur.

(1140) Ejus Amatus non meminit.

(1141) I. e. felium.

(1142) *Civitate — ingreditur* non ex Amato sumpsit.

(1143) Cui hanc posuit inscriptionem: *Matthæo apostolo et evangelistæ patrono urbis Robertus dux R. imperii max. triumphator de ærario peculiari.* Di Meo Ann. VIII, 191. Dedicata est a. D. 1084; Ann. Benev.

(1144) Amat. VIII, 52. 31: nam rerum ordinem Petrus invertisse videtur.

(1145) Hucusque Amatus.

(1146) Amat. VIII, 34.

(1147) Iratis propter dona in nuptiis filiæ ducis postulata, v. Guil. Ap. III, 498.

(1148) *Vico della Baronia* s. *Trivico.*

(1149) *Monticchio* in Capitinata, *Carbonaro* et *Monteverde* in Princ. ulteriori, *Genzano et Spinazzola* in Basil. sita sunt. Petram Palumbi frustra quæsivi.

(1150) A. 1080, Jun. 29, Ceperani Robertus a Greg. VII pace facta investituram recepit.

46. Eodem (1151) quoque tempore Rosellanensis ecclesiæ pontifex (1152) ad hoc cœnobium veniens, non parvæ pecuniæ summam in hoc loco deposuit. Quod ubi Jordano principi relatum est, missis militibus eandem pecuniam de ecclesiæ secretario abstractam ad se deferri mandavit. Fratres autem ad hæc : « Pecuniam [1554] quæ patri Benedicto credita est, nos alicui viventium minime damus, sed illam in secretario ponentes, exinde qui præsumpserit auferat. » Milites vero hæc audientes, et diabolico stimulo debriati, pecuniam de secretario ecclesiæ abstrahentes, ad principem deferunt. Tantum vero et tam immane et inauditum flagitium Gregorii papæ dum pervenisset ad aures, hujus temeritatis noxam inultam esse non ferens, et verens ne exemplo hujus facinoris iterum nostra ecclesia violaretur, divinum officium in patris Benedicti ecclesia interdixit, altariaque omnia denudari fecit, asserens quod in tanto scelere nimiæ neglegentiæ et acriter ulciscendæ timiditatis, et Desiderium ac fratres arguere posset, et gravius adversus congregationem nostram commoveri debere, nisi ea qua locum istum semper dilexerat caritate detineretur. Siquidem tolerabilius sibi videretur villas et castella nobis pertinentia in prædam et direptionem dari, quam ut sanctus locus et per totam christianitatem famosus et venerabilis tantæ ignominiæ periculo subjaceret. Sed non in longum postquam officium de ecclesia nostra interdictum est, vindictam distulit dextera Dei. Nam princeps tanti auctor sceleris, postquam pecuniam accepit, lumen amisit (1153). Idem vero papa Gregorius in concilio residens, constituit, ut si quis Normannorum, vel quorumlibet hominum, prædia, monasteria, villas, seu possessiones hujus cœnobii Casinensis invaserit, et bis vel ter admonitus non emendaverit, excommunicationi subjaceat, donec resipiscat et ecclesiæ satisfaciat (1154).

47. Eodem anno (*an.* 1080. *Spt.* 19) Jordanus princeps cujus supra meminimus, more priorum principum generale præceptum huic monasterio fecit de omnibus finibus ac pertinentiis ejus (1155). Quo etiam præcepto specialius confirmavit eidem monasterio universa, quæ tam pater quam ipse huic monasterio concesserant, seu concambiaverant, vel reddiderant : id est castellum quod dicitur Fractæ, et Terame, et Pedem de monte, et Mortulam, et Cucuruzzum, et Turrem ad mare, sed et omnia quæ antiquitus huic monasterio pertinuerunt in tota Liburia, cum ecclesiis ac finibus et pertinentiis earum. Hæc inquam omnia, cum universis ut diximus eorum attinentiis, in hoc loco specialiter confirmavit, sub pena quattuor millium librarum auri, qui huic concessioni aliquatenus inferre violentiam præsumpsissent. Biennio post hæc (*an.* 1082. *Sept.* 24) oblata est ab eodem principe in hoc monasterio ecclesia sancti Rufi intra civitatem Capuanam (1156), quæ dudum sibi concessa et per sacramentum firmata fuerat ab his, quibus jure hæreditario juxta morem patriæ pertinuerat, cum servis et ancillis atque colonis nec non et libris et ornamentis, et omnibus omnino tam foris quam intus pertinentiis ipsius, mille librarum auri pena proposita id violare conantibus. Per eos etiam dies (1157) comes Adenulfus simul et fratres fecerunt oblationem suam in hoc loco de lacu majori, qui est juxta civitatem Aquinensem, cum omnibus ejusdem loci pertinentiis; super eam oblationem, quam ante annum princeps Jordanus fecerat (1081. *Sept.* 16).

48. His namque temporibus Guinizo confessor almificus et hujus cœnobii monachus vita decessit. De cujus virtutibus, quia ad id loci decurrens pervenit historia, æquum plane videtur aliquanta opusculo isti annectere. Hic dum Basilii perversi temporibus pro hujus cœnobii causis ad Theodinum servum tunc in arce quæ Bantra dicitur residentem directus fuisset, rogatus ut ea nocte in supradicta arce remoraretur, extra cellam Guinizo nullatenus se manere posse respondit. Tunc Theodinus diabolico debriatus veneno, dum servum Dei orationis gratia ecclesiam intrasse conspiceret, cum summa diligentia claudi ecclesiam fecit. Virgam vero quam in manu servus Dei adduxerat, uxori suæ (1158) tradens in arcam claudi præcepit. Sed humani generis Conditor atque Redemptor qui in se sperantes non deserit, misit angelum suum, qui salvo januarum signaculo eum de ecclesia abstrahens, ad radices montis deposuit. Rustici vero sole jam ad occasum vergente redeuntes a ruribus, percontati a castri habitatoribus si quid novum in illis partibus nuperrime foret gestum, responderunt se omnino nichil aliut vidisse nisi quendam hominem solivagum, discalciatis pedibus, cambuttam in manu portantem. Theodinus vero nequissimus servus hoc audiens, evocat confestim presbyterum, et quid de

VARIÆ LECTIONES.

[1554] *ita Reg. Petri.* pecunia *c.*

NOTÆ.

(1151) Brevem de hac re relationem cum epistolis papæ s. d. e Reg. Petri edidit Gatt. Hist., p. 149. Cf. ep. Greg. ad Jordanum VI, 37. *Episcopum ad apostolorum limina venientem nuper ausus es et impedire et quod ferebat more prædonum auferre. Novissime ecclesiam b. B. sacrilego ausu intrare deprædari et violare non timuisti* etc. *D. Romæ* 2. *Kal. Mai. ind.* II (1075).

(1152) Dodo.

(1153) Id nullo alio teste confirmatum inveni.

(1154) Legitur in conc. Rom. 1078, Nov. 29; v. tamen Di Meo Ann. VIII, 172.

(1155) Ex orig. dedit Gatt. Acc., p. 184.

(1156) Ib., p. 188. e Reg. S. Angeli. Tenuerat eam Herluinus capellanus principis.

(1157) A. D. 1082; sed Jordanis 25, ind. VI. Res eorum (filiorum Joannis Landonis comitis Aquini) fisco addictæ erant quia *contra animam nostram cogitaverunt et consiliati sunt.* Utrumque priv. ex orig. edidit Gatt. Acc., p. 187, 188.

(1158) Marotta vocatur in Vita Guinizzonis.

Dei homine actum fuisset sollicite cœpit inquirere. Qui cum in ecclesia eum requisissent, et non invenissent, stupore simul et admiratione ingenti repleti sunt. Qualiter autem omnipotens Deus de eadem ecclesia januis clausis servum suum abstraxit, usque hodie cunctis mortalibus manet incognitum. Hujus autem viri gesta magnifica, discipulique ejus Januarii miracula si quis plenius nosse desiderat, textum vitæ ejus a nobis ante hoc ferme septennium exaratum relegat (1159). Circa hoc fere tempus sanctæ memoriæ Gebizo e Colonia de qua oriundus erat (1160) egrediens, ad hunc locum pervenit, atque a Desiderio monachus factus est, vir humilitate summus, honestatis nitore conspicuus, qui cujus apud Omnipotentem meriti fuerit, non debet videri laciniosum, si ex his quæ de eo apicibus tradita sunt, ex parte hic aliqua perstringamus. [PAULI v. *Gebiz.*] Habuerat namque ante conversionem quendam familiarissimum, Adonem nomine, prædivitem (1161). In vigiliis autem natalis Domini oranti ei diabolus innumera demonum caterva stipatus affuit. Quem vir Dei sciscitatus est, dicens : « Unde jocundaris, miserrime ? » Et diabolus : « Quoniam ex anima Adonis modo triumphavi, nunc enim inter no- A stros eam suscepi. » Et his dictis ostendit prædictam animam jumentorum more ligatam ad supplicia trahi (1162). Tunc vir Dei onus penitentiæ divitis sibi imponens, cœpit omnipotentem Deum rogare, ut eandem animam de antiqui hostis potestate eripere dignaretur. Nocte vero adveniente, diabolus affuit, eumque flagellis ita cecidit ut seminecem eum relinqueret, dicens : « Cur pro eo ausus fuisti Deum rogare, qui suis sceleribus innumeris exigentibus in nostra jura devenit ? » Non tamen pro hoc vir Dei ab oratione cessavit, usquequo angelus Domini apparens dixit : « Actenus ego meique sodales pro Adone laboravimus, sed age gratias Deo, quia modo liberatus et nostris est concivibus aggregatus. » B Nocte quadam, dum in stratu suo, quod est ante secretarii januam in ipso aditu basilicæ resideret, visi sunt in choro stare fratres, et quasi viritim turificaretur, a singulis subselliis videbatur exire fumus, cujus virgulæ supra beati Benedicti colligerentur altarium. Cumque ad hoc cerneret, angelus Domini apparens dixit : « Quod vides orationes sunt fratrum, quæ propterea in altari congeruntur, ut sanctus Benedictus representet eas ante sedem Majestatis. » Extant [4555] præterea de hoc egregio viro plura

(*Editio Veneta.*)

miracula : quæ si quis nosse desiderat, ejus vitæ historiam a Paulo grammatico et hujus cœnobii monacho (1163) perscriptam (1164) legat. Hoc etiam tempore jubente Desiderio pulchro satis opere in comitatu Teatino innovata est sancti Liberatoris ecclesia ab Adenulfo ejus loci præposito et nostri monasterii monacho.

49. Anno autem inc. Dom. 1079 (1165) Matilda comitissa Henrici imperatoris exercitum timens, Liguriam et Tusciam provincias Gregorio papæ et sanctæ Romanæ Ecclesiæ devotissime obtulit. Unde inprimis causa seminandi inter pontificem et imperatorem odii initium fuit. Quapropter pontifex opportunitatem nactus, eundem imperatorem quod sibi jura usurparet ecclesiæ, communione privavit. Cæsar autem cum optimatibus imperii consilio habito (*an.* 1076, *Febr.* 25), transmissis Alpibus ut cum pontifice pacisceretur intravit Italiam. Triduo

(*Editio Neapolitana.*)

miracula, quæ si quis nosse desiderat, historiam vitæ ejus a Paulo grammatico et hujus cœnobii monacho (1163) descriptam (1164) relegat. Hoc C etiam tempore, jussu Desiderii pulchro satis opere in comitatu Teatino renovata est ecclesia sancti Liberatoris ab Adenulfo jam dicti loci præposito et hujus cœnobii monacho

49. Anno autem dominicæ incarnationis 1077 Mattilda comitissa Liguriæ et Tusciæ, iram imperatoris Henrici sibi infesti metuens, Liguriam et Tusciam provincias Gregorio papæ et sanctæ Romanæ Ecclesiæ devotissime obtulit. Hæc ergo causa inter pontificem et Romanum imperium dissensionis et odii fomitem ministravit. Quapropter pontifex opportunitate reperta eundem imperatorem ob investituram ecclesiarum a liminibus ecclesiæ separavit. Cæsar autem cum optimatibus imperii consilio habito (*an.* 1076, *Febr.* 25), transcensis Alpibus ut

VARIÆ LECTIONES.

[4555] *Non multis abhinc annis, utique post editionem Neapolitanam, deest hic in codice membranaceo integrum folium, quo continebatur caput 49, cum paucis lineis præcedentis, et non multo pluribus subsequentis. Cujus fraude id factum fuerit, silentio juvat involvere. Moneo propterea Casinates meos non omnibus fidere. Veniunt ad nos interdum quidam in vestimentis ovium, intrinsecus autem sunt lupi rapaces. ANG. Ipse ex ed. Neap. a Laureto interpolata hæc suppleverat. Quibus nos textum edit. Venetæ addidimus, in verbis quidem magis quam illa mutatæ ceterum melioris fidei.*

NOTÆ.

(1159) Edidit G. Henschenius in Actis SS. Maii VI, 451 e cod. Casin. Cf. infra IV, 66.

(1160) *Erat enim Teutonicus, de provincia quæ Francia Teutonica dicitur.* Paulus Casinum ab Agnete imperatrice directus est.

(1161) *Institorem.*

(1162) *Ratus hominem Dei vindicta gaudere.* Ad extremum enim quibusdam injuriis ab eo affectus erat.

(1163) De quo v. Petrum *De viris ill.*, c. 36.

(1164) Jussu Oderisii, editam ap. Gatt. Hist., p. 174, et exscriptam a Petro nostro in libro *De ortu et ob. Justi Cas.* 51, ubi Ebizo appellatur. In qua hæc verba inveni mores nostratium illustrantia : *domum satis amplam repperit* (sc. in visione positus), *in qua rogum vidit grandibus lignis constructum, sicut fieri moris est in frigidis et præsertim yperboreis regionibus. Integras etenim inibi dominorum suorum focis advolvunt ruricolæ trabes, ut non secturis sed trabibus magnis pyram videantur componere. Sic tamen eas in quadrum alterum alteri superponunt, ut inter lignum aperturæ quædam efficiantur, per quas linguæ ignis egrediantur, et omnia domus spatia caloribus repleantur.*

(1165) Anno 1077 etiam Domnizo hoc assignavit.

A autem ante pontificis curiam, qui tunc in unam Matildæ munitissimam arcem se contulerat, idem augustus discalciatus persistens, pacem exposcebat, et hoc per se, hoc per imperii principes, hoc per apostoli familiares postulabat [*an.* 1077, *Jan.*). Pacis autem iste tenor erat, ut si quid utrinque fuisset admissum, solveretur; demumque cæsar Romano pontifici fidelitatem juraret. Cumque negotium effectui mandatum esset, pontifex Matildæ consiliis adjutus, quendam ex suis ultra montes dirigens, et Rodulfo duci coronam imperii mittens, adversus augustum rebellare suasit. Quod ubi cæsari in Italia renuntiatum est, e vestigio Gallias transiens, anno dom. incarnat. 1081 [1080] contra ducem ipsum iniit bellum. In quo primo conflictu superatus (*Jan.* 27), deinde victor evadens (*Oct.* 15), ducem ipsum B cum exercitu ipsius trucidavit. Cæsar igitur injuriæ ulciscendæ non immemor, congregato exercitu Romam (1167) advenit (*an.* 1081, *Mai.*); sed obsistentibus cum pontifice ipso Romanis, sine effectu reversus est (*Jul.*).

Anonym. Cas. Hoc etiam anno Robertus dux cum 15 milibus armatorum transito mari Thraciam debellaturus ingreditur. Adversus hunc Alexius imperator cum 170 milibus pugnatorum ad prælium C exiens superatus est (*Oct.* 19).

50. Henricus (1170) interea sequenti anno exercitum congregans Romam advenit (*an.* 1083), et porticum sancti Petri per vim cepit, magnaque ex parte destruxit; archiepiscopumque Ravennatem apostolicæ sedis invasorem absque consilio et voluntate Romanæ Ecclesiæ instituit. Hoc audito omnes fere istarum partium homines adversus Normannos uno animo unaque voluntate conspirant, ut cum imperator Romam transiret, omnes in illos unanimiter insurgerent. Hoc illi explorato perterriti consilium invicem ineunt, ut cum imperatore fœdus quoquo pacto componant: ne si Roma ille potiretur, adjunctis illi Romanis et omnibus per circuitum D gentibus, ipsi sedibus suis pellerentur.

cum pontifice pacisceretur intravit Italiam. Triduo namque ante pontificis curiam, qui eo tempore in unam munitissimam Mattildæ arcem se contulerat, idem augustus discalceatus permanens, pacem exposcebat, et hoc per se, hoc per principes imperii, hoc per familiares apostolici postulabat (*an.* 1077, *Jan.*). Pacis autem tenor istiusmodi fuit, ut si quid commissi ab utraque parte factum esset, solveretur; demum vero cæsar more antecessorum suorum Romano pontifici fidelitatem faceret. Postmodum vero cum imperator papam et Mattildam dolo capere vellet (1166), detecta fraude pontifex a Mattilda monitus et adjutus Romam reversus est. Cumque Henricus in pristina relapsus esset, a Gregorio rursum excommunicatus fuit, coronaque imperii Rodulphum ducem insignire curavit. Quod ubi cæsari in Italia nuntiatum est, e vestigio in Gallias transiens, anno dominicæ incarnationis 1081 [1080] contra eundem ducem bellum iniens, in quo primo publico Marte superatus (*Jan.* 27), deinde victor effectus (*Oct.* 15), eundem ducem gladio trucidavit. Victor igitur imperator effectus, suæ injuriæ ulciscendæ memor, congregato exercitu Romam (1167) advenit (*an.* 1081, *Mai.*), sed obsistentibus Romanis cum eodem pontifice, sine effectu reversus est (*Jul.*).

[Anonym. Cas.] Hoc etiam anno Robertus dux cum 15 milibus armatorum transito mari, Romaniam debellaturus ingreditur. Contra quem Alexius imperator cum 170 millibus (1168) pugnaturus adveniens, bellum iniit; a quo idem imperator devictus est (*Oct.* 19) (1169).

50. Henricus (1170) interea imperator alio anno exercitum congregans Romam advenit (*an.* 1083), et porticum sancti Petri (1171) per vim cepit et ex magna parte destruxit, atque archiepiscopum Ravennatem invasorem apostolicæ sedis absque consilio et voluntate totius Romanæ Ecclesiæ constituit. Hoc audito omnes fere istarum partium homines uno animo unaque voluntate contra Normannos conspiraverunt, ut cum imperator Romam transisset, omnes in illos unanimiter insurgerent. Quod illi cognoscentes, et malum timentes, acceperunt consilium intra se, ut si quomodo possent fœdus cum Henrico imperatore componerent (1172); dicentes quia *postquam imperator Romam habuerit, nullam* [4556] *ulterius ab eo finem habebimus, sed junctus Romanis et cæteris circa manentibus, omnes nos de partibus istis expellet.*

VARIÆ LECTIONES.

[4556] *abhinc rursus cod. Casinensem sequimur.*

NOTÆ.

(1166) Hæc ex Domnizone I, 2 Lauretus interpolasse videtur.

(1167) Hæc iisdem fere verbis habet Anon. Cas. ad a. 1081.

(1168) 70 *milibus* Lupus.

(1169) Apud Dyrrhachium.

(1170) *H.* — *constituit* ex An. Cas. ad a. 1083. Sequentia autem ad tempora spectant anteriora. Farfæ Heinricus fuit a. 1082.

(1171) Id est civitatem Leonianam; v. Bonizonem ap. Ang. Mai, Spicil. Rom. VI, 278. Stenzel Frank. Kais. 1,480.

(1172) De solo hoc Principatu intelligendum esse ostendit Di Meo in Ann. ad a. 1081, quo Jordanus cum Heinrico se conjunxit. Verum ne ipsum quidem Petrum de cæteris cogitavisse e sequentibus apparet.

Quod postquam tractatum inter eos et positum est, et nuntii eorum ad imperatorem ob hoc ierant et redierant, demum vocaverunt patrem Desiderium; et quoniam neminem alium in his partibus invenire poterant, in quo confidere potuissent, et de eo satis fideliter præsumebant, omnia ei quæ consiliati fuerant crediderunt, secumque eum ad imperatorem ire hortati sunt; et licet propter securitatem suam finem cum imperatore componerent, eo tamen animo veniebant, ut causa fidelitatis Romanæ Ecclesiæ de pace inter pontificem et imperatorem satagerent. Hoc ubi Gregorio papæ nuntiatum est, supradictum imperatorem cum omnibus suis sequacibus a liminibus ecclesiæ separavit. Hoc ubi Normanni persenserunt, omnes qui prædictum pontificem antea sinceriter ac fideliter diligebant, ex tunc ab eo corpore et animo recesserunt. Imperator interea per comites Marsorum misit epistolam ad patrem Desiderium, ut iret ad eum; ad quam epistolam nullum omnino responsum dedit, quia nesciebat cujusmodi salutationem ei scriberet. Idem misit illi aliam satis minando, quod nec ad eum ierit, nec ad scripta sua responderit, mandavitque ei ut Farvæ sibi occurrere non moraretur, nisi forte vellet graviter penitere. Ad hæc Desiderius rescripsit ei pro salutatione « debitæ fidelitatis obsequium, » ideo quia nullam ei fidelitatem se debere putabat, et cum multas illi rationes in ipsis litteris posuisset, se propter Normannos non posse illum adire, sed si forte cum Romano pontifice vellet pacem facere, inveniret aliquam occasionem illum adire; et ad ultimum, ut illum ad pacem animaret, scripsit neque regnum neque sacerdotium in tanto dissidio incolume posse consistere. Ad hæc imperator iratus, et multa contra Desiderium indignatione commotus, nuntiis suis quos ad principem mittebat, omnino interdixit ne Desiderio aliquid loquerentur, et principi mandavit ut Desiderium quantum valeret læderet, nisi sua sponte ad imperatorem veniret. Hoc ubi Desiderius pater agnovit, Romano pontifici hæc omnia litteris intimavit, et quid sibi inde esset agendum consulit; sed nullum ab eo super hoc responsum accepit. Rursus igitur imperator misit Desiderio litteras, ut nullo modo dimitteret quin ad eum in pascha iret, et cum eo ipsam festivitatem celebraret; et aliam misit monachis de eadem re; sed adhuc differens, ire ad illum distulit. Postquam vero princeps et omnes Normanni ad imperatorem pergebant, et princeps Desiderium secum ire hortabatur, idem abbas fratres convocans, dixit ad eos: « Angustiæ michi sunt undique; si enim ad imperatorem non iero, imminet periculum et eversio monasterii; si autem iero, et voluntatem ejus implevero, incurram periculum animæ; si vero iero et voluntatem ejus non fecero, imminet periculum corporis mei, simulque timeo ne iratus imperator, ita Normannis monasterium istud quod sub tutela et defensione ejus est, sicut et totum Principatum concedat. Pergam tamen ad eum, tradens me morti et periculo; neque enim faciam animam meam pretiosiorem quam patrem sanctissimum Benedictum: nam et pro vestra communi salute animarum et corporum, locique istius incolumitate, si aliter fieri non potest, opto a Christo anathema esse. Si enim milies occidar, nullus me separabit a dilectione loci istius; nam non dico imperatori, qui christianus est, sed etiam alicui pagano sive tyranno occurrere non recuso, dummodo res monasterii valeam ab ejus barbarie liberare [Hist. misc. GREG. *Dial.* III, 5, II, 32]. Nam et Leo papa, ut civitatem Romanam a devastatione et incendio liberaret, Genserico regi Arriano occurrit, et Savinus Canosinus Attilam (1173) æque Arrianum ad convivium invitavit, et de manu ejus calicem accepit, et bibit, et pater Benedictus Zallam similiter perfidiæ Arrianæ hominem etiam in oratione suscepit, ut eum afflictione rustici mitigaret. » Hæc cum dixiset, patri Benedicto se commendans, iter arripuit. Ita tamen Deo se protegente cavit, ut in toto illo itinere, et in tota illa mora quam ibi habuit, cum multi sibi episcopi et honorati viri, amici etiam sui quamplurimi, et imperatoris cancellarius (1174) occurrissent, neminem osculatus est, cum nullo eorum simul oraverit, comederit, aut biberit. Postquam vero Albanum pervenit, neque ipse ad imperatorem ivit, neque ad illum aliquem misit, sed per totam illam ebdomadam minæ sibi ab imperatore tantummodo mittebantur. Nam mandabat ei, ut sibi fidelitatem faceret, et homo ipsius per manus deveniret, et abbatiam de sua manu reciperet. Quæ videlicet omnia Desiderius forti animo contempnebat, dicens se non modo pro abbatia, sed nec pro honore totius mundi id minime esse facturum. Cumque tam rigidum et inflexibilem eum imperator esse cerneret, iratus est valde, præcepitque principi, quatinus nuntios suos acciperet, et cum eis ad monasterium veniret, illisque ipsum assignaret; sed cum princeps multa illi bona de Desiderio frequenter locutus fuisset, et eum ad illum duxisset, ita flexit se ut ipse coram principe amicitiam sibi promitteret, et de corona imperiali acquirenda[4557] illum pro suo posse adjuvaret (1175), salvo tamen ordine suo. Quæ quoniam ad comparationem superiorum Desiderio levia visa sunt, quia aliter nequivit, consensit, et coram principe hoc ei promisit. Cumque adhuc exigeret, ut virgam abbatiæ ab ipso reciperet, respondit quia cum Romani

VARIÆ LECTIONES.

[4557] *ita ed. Veneta.* ac req. *Ang.*

NOTÆ.

(1173) Totilam.

(1174) Burchardus ep. Lausanensis per hos annos diplomata recognovit.

(1175) Quod ei in opprobrium versum v. in ep. Hugonis Lugd. ap. Mansi Conc. XX, 632.

imperii coronam eum habere vidisset, tunc si sibi videretur, abbatiam ab ipso reciperet; si vero nollet, dimitteret. Post hæc imperator accepto a principe magno[4558] quantitatis pretio, per præceptum aurea bulla bullatum confirmavit totius Capuani principatus attinentias, retento sibi et imperio monasterio Casinense, cum universis rebus ac pertinentiis suis. Super hæc interim quandiu ibi permansit Desiderius, cotidie ac sæpe cum episcopis qui cum imperatore erant, de honore apostolicæ sedis contendit, et præcipue etiam cum episcopo Ostiensi (1176) qui etiam papæ Gregorio favere videbatur; cum ille ei privilegium Nycolai papæ quod cum Hildebrando archidiacono et centum viginti quinque episcopis fecerat, ostendisset, ut numquam papa in Romana Ecclesia absque consensu imperatoris fieret : quod si fieret, sciret se non pro papa habendum esse, atque anathemizandum. Unde Desiderius tam illum quam omnes qui eum adjuvabant, palam convicit. Dixit enim neque papam, neque episcopum aliquem, neque archidiaconum, neque cardinalem, sed nec ullum hominem hoc juste facere potuisse. Apostolica enim sedes domina nostra est, non ancilla nec alicui subdita, sed omnibus est prælata; et ideo nulla ratione posse constare, ut eam aliquis quasi famulam vendat. Quod si hoc a Nycolao papa factum est, injuste procul dubio et stultissime factum est, nec pro humana stultitia potest aut debet amittere suam dignitatem Ecclesia, nec unquam debet a nobis hoc aliquatenus consentiri; nec Deo volente amplius fiet ut rex Alemannorum papam constituat Romanorum. Cum ad hæc iratus episcopus dixit : « Quod si hæc ultramontani audirent, omnes simul adunati unum fierent, » Desiderius respondit : « Certe si non solum hi, sed etiam totus mundus contra hoc in unum congregaretur, numquam nos ab hac sententia excludere posset. Potest quidem imperator ad tempus, si tamen permiserit Deus prævalere, et vim ecclesiasticæ justitiæ inferre; nostrum tamen consensum ad hoc numquam poterit inclinare. » His et hujuscemodi pluribus cotidie cum eis et sæpissime contendebat, et justis eos rationibus convincebat. Cum archiepiscopo etiam Ravennate super eadem re satis contendit, et de prædicto privilegio justis eum rationibus vicit; cur etiam de papatu se intromisisset, non leviter reprehendit : sed cum multis rationibus satisfacere voluisset, nec valuisset, invitum se fecisse respondit; nam si hoc non fecisset, honorem suum imperator procul dubio perdidisset. Desiderius autem ab eodem imperatore præceptum aurea bulla bullatum de hujus loci possessionibus accipiens, et licentia redeundi ab imperatore impetrata, ad hoc monasterium est reversus.

51. Circa hæc tempora Ugo venerabilis abbas Cluniacensis, vir celeberrimæ vitæ ac famæ, ad patris Benedicti limina valde devotus advenit; quem venerabilis Desiderius honorifice ut tantum decebat virum suscipiens, et societatem Cluniacensium fratrum nostræ congregationi adjungens, memoriam illorum apud nos nostræque congregationis apud illos in morte et in vita iidem viri venerabiles in perpetuum habendam sanxerunt (1177). [Desid. *Dial.* II, 4.] Tunc temporis in hoc Casinensi cœnobio, cum quidam frater Gregorius nomine ex hoc mundo migrasset, tanta odoris fragrantia de loco in quo jacebat emanavit, ut omne subito hoc monasterium odoris suavitas resperserit. Cumque omnes mirarentur, nuntius ab infirmorum domo venit, qui Gregorium monachum obisse nuntiavit. Quidam frater in hoc Casinensi cœnobio Randiscius[4559] nomine fuit, cujus quanta qualisque vita extiterit, in ipso mortis articulo Dominus ostendere dignatus est. Nam cum expleto vivendi tempore, mortis persolveret debitum, cœperunt fratres sicut mos est ejus animam omnipotenti Domino commendare. Cumque jam extremum alitum traheret, voces psallentium virtute qua poterat compescere cœpit, dicens : « Tacete, tacete, numquid non auditis, quantæ resonant[4560] laudes in cœlo? Numquid pueros qui laudes decantant non videtis? Nam vestimenta vultusque eorum sunt ut nix. Unde per Deum obnixe vos postulo ut sileatis, michique tam suavissimum cantum audire sinatis. » Hæc dum diceret, extremum alitum fudit.

52. Sequenti tempore Jannellus et Scifridus pro parte sua et parentum suorum renuntiaverunt se huic monasterio de castello Saracenisco cum pertinentiis suis, recipientes præsentialiter a Desiderio monetæ Papiensis solidos ducentos, centum librarum auri pena præposita. His porro diebus Desiderius ante præsentiam Jordani principis concessit Goffrido cognomento Monio, diebus vitæ suæ castrum Sujense, in eo tenore ut ipsum castrum non recognosceret neque a principe neque ab ullo homine, nisi a prædicto abbate et successoribus suis, et serviret inde huic monasterio et ejus abbatibus per rectitudinem; ad mortem vero, prædictum castrum in loci hujus potestate rediret (1178).

53. Alio præterea anno (1084) Eynricus imperator Romam cum exercitu venit, et supradictum papam Gregorium, qui in arce sancti Angeli se contra eum

VARIÆ LECTIONES.

[4558] *an* magnæ? [4559] Randisius *vocatur in libro de ortu et ob. just. Cas.* 60. *et in martyrol. s. XI. ad* 2. *Non. Sept.* [4560] resonent *Petr. l. l.*

NOTÆ.

(1176) Odone.

(1177) In Necrol. cod. 47, III *Kal. Maii. Ugo Cluniacensis abbas et commemoratio Cluniacensium fratrum.*

(1178) Cf. infra IV, 7.

munierat, cum diversis bellorum machinis oppugnare modis omnibus cœpit. Hoc ubi Robberto duci qui ea tempestate Constantinopolitanum imperatorem expugnabat relatum est, Boamundum filium suum in ipsa expeditione relinquens (1179), Italiam citissime rediit, ac immensum valde exercitum congregans, ob papæ liberationem contra imperatorem ire disponit. Quod ubi Desiderio nuntiatum est, nuntium Romæ ilico destinavit, qui et papæ liberationem et imperatori adventum ducis nuntiaret. Tunc imperator Urbe egrediens, ob id scilicet quia sine militum præsidio erat, civitatem Castellanam ingressus est. Robbertus autem dux Romæ cum exercitu ad ecclesiam sanctorum Quattuor coronatorum in tempestæ noctis silentio dum advenisset, ex consilio [4561] Cencii Romanorum consulis ignem in Urbem immisit. Romani igitur re inoppinata perculsi, hac in igne extinguendo dum essent intenti, dux confestim cum exercitu ad arcem sancti Angeli properans, pontificemque inde abstrahens, Roma sine mora egressus, papam Gregorium ad hoc monasterium usque deduxit; quem apostolicum noster abbas usque ad ipsius exitum, cum episcopis et cardinalibus qui eum secuti fuerant sustentavit.

54. Factum est autem dum idem papa Gregorius missam celebraret, vir quidam Johannes nomine, juxta altaris crepidinem [4562] in remoto astitit. Cumque ad altare oculos devertisset, subito in estasin raptus nivei coloris columbam, cujus guttur videbatur esse aureum, super eandem aram stare conspexit. Quæ mox inde advolans, atque super destrum humerum papæ Gregorii recubans, alis protinus expansis utrosque protexit, et tandiu sic perstitit quousque commistio corporis et sanguinis Christi in calice facta fuit; iterumque sicut prius in humero se colligens, inde ad altare descendit, caput blande super hostiam flectens, viro illo nec quid hoc esset sentiente, cum celeri volatu pleno rostro remeavit ad cœlum. Post hæc rursus homo ille ad cor et ad memoriam rediit, adeo ut penitus in ejus animo nulla visionis hujus manerent vestigia. Nocte vero subsecuta cum se sopori dedisset, vir ut sol irradians minaci vultu in medio suæ domus hostio eidem apparuit, quo viso quo jacebat de stratu prosiliens, terrore cogente nimio fugam temptavit arripere; quem vir supereminens estensa manu compescuit, brachium ejus tenens suaviter. Fugax autem ille, cernens quod nullo modo manus ejus evadere posset, ac si ligatus invitus stetit; cujus ad auxilium quidam nivea canitie aspersus, stola candida indutus, subito advenit; illius mœrorem manu consolationis abstergens, de captione qua tenebatur eum eripuit. Quem libera voce, quis hic tantæ potestatis vel claritatis esset intrepidus inquisivit. Cui: « Hic est sol justitiæ, » respondit; et ille: « Nomen tuum simili modo quærenti michi ediscere. Nequaquam te inquit meum scire nomen oportet, sed ad interrogata sapienter michi responde. Reminisceris forsitan, quod hesterna die in ecclesia dum astares vidisti? Ille forsitan cui oblivio animum impedierat, cœpit infra se volvere et cogitare, quid ab eo senior quæreret; et subito memor sui factus, per ordinem sibi retulit rei eventus. « Vade inquit [4563], quantocius auribus papæ hoc ipsum intimato, ut constanter vigore sancti Spiritus cœptum opus peragat. » Et confestim ab oculis ejus ablatus est.

55. His porro temporibus quidam Amalfitanæ civitatis nobilis, mundo mundanisque omnibus abrenuntians ad hunc locum pervenit, et a Desiderio gratanter susceptus et monachus factus, partem non exiguam ligni salutiferæ et vivificæ crucis, auro et lapidibus pretiosis ornatam, et in aurea ycona locatam, quam ipse de palatio Constantinopolitano abstulerat, in conjuratione quæ contra Michaelem imperatorem facta est, beato Benedicto devotissimus optulit. Desiderius autem post ista Capuam pergens, et officinas monasterii Capuani in ruinis jam positas cernens, ad renovationem illius animum dedit. Dirupta namque priori ecclesia, jussit conduci artifices alios ad capitella columnarum miro opere facienda. Evocansque ad se Benedictum ejusdem loci præpositum, præcepit ut in ejusdem ecclesiæ renovatione omnibus rebus postpositis, specialiter invigilare studeret. Cujus ille imperio parens, patris Benedicti basilicam, sicut nunc cernitur pulcherrimam satis construxit. Quæ quidem ecclesia habet in longitudine cubitos 98, in latitudine 52, in altitudine 40; columnas ab uno latere 9, ab altero totidem. Tunc temporis cum omnis tellus aresceret, fratribus omnipotentem Deum et patrem Benedictum per aliquot dies ex hoc rogantibus, pluviam Dominus abundantissime tribuit. Et ut meritis beatissimi patris Benedicti id evenisse crederetur, solummodo intra terras monasterii diffusa est, a foris vero ne una quidem pluviæ gutta cecidit.

56. Sequenti vero tempore (*an.* 1084. *Apr.*) Theodinus filius Maynerii de Trivento obtulit huic loco monasterium sancti Salvatoris quod situm est prope fluvium Tresta, simul cum castello quod eidem monasterio pertinet vocabulo Pesclatura, et duabus aliis ecclesiis id est Sancta Maria de Colle rotundo, et Sanctus Paulus de Petra corvina (1180), cum universis earumdem ecclesiarum mobilibus et immobilibus. Transmundus (1181) quoque Teatinus comes similiter obtulit (*Oct.*) in hoc monasterio tria sui juris castella in comitatu Pinnense, quorum unum

VARIÆ LECTIONES.

[4561] consilii *c.* [4562] c. pedem *c. quæ glossa esse videtur.* [4563] inquam *c.*

NOTÆ.

(1179) Id jam. a. 1082, fecerat. Acc., p. 191.

(1180) *Ambæ in territorio de Castellone.* Ed. Gatt.

(1181) F. Attonis; ib., p. 192.

vocatur Arseta, alterum dicitur Bacuccu, tertium nominatur Bisenti, cum terra nichilominus decem millium et eo amplius modiorum. Circa hæc fere tempora vir Domini Aldemarius, hujus cœnobii monachus et miraculorum patrator egregius, apud Locclanicum vita decessit. De cujus miraculis, quia id ratio exigit, aliquanta opusculo isti ad succedentium memoriam perstringenda sunt. Hic dum quodam tempore Bovianum pertransiret, unus e supra dicti loci habitatoribus, eum interficere cupiens, vibrato telo ita lacertus ejus obriguit, ut brachium dectere nullo modo posset. Tunc ubi se tali correptum pena perspexit, eundem Aldemarium rogare cœpit, ut sui misereri dignaretur; vir autem Domini orationem pro ipso fundens, persequentem se confestim sanum restituit. Nec hoc silendum videtur, quod si quis languidus aquam viri Dei manibus benedictam in potum accepisset, saluti pristinæ citissime restituebatur. Per hos dies oblata est in hoc monasterio a supradicto principe Jordano ecclesia sanctæ Agathæ justa Aversam *(an.* 1086. *Feb.* 22.), quam dudum Constantinus Africanus, sicut jam supra taxavimus (c. 35), beato Benedicto obtulerat, cum curtibus et villanis et universis pertinentiis suis, qualiter eam Richardus princeps pater ejus dotaverat, et sicut Gualterius [4564] (1182) cappellanus ipsius qui eam restauraverat, ad diem obitus sui tenuerat, violatoribus ejusdem suæ oblationis centum auri librarum pena proposita.

57. Hoc interea anno Robertus dux, qui cum Constantinopolitano imperatore ejusque exercitibus multa jamdudum prælia prospere gesserat, multasque ejus urbes occupaverat, cum esset in eadem expeditione obiit (*an.* 1085. Jul. 17), corpusque ejus Italiæ relatum, et in Venusia civitate Apuliæ conditum est. Hic interea ad diem obitus sui brachium sancti apostoli et evangelistæ Matthei cappellanis suis filio suo Salerni reportandum (1183) atque reddendum reliquit (1184). Sed illi substantia pauperes ac fide pauperiores, thecam argenteam in qua sanctum brachium erat reconditum inter se dividunt, indeque Jerusolimam pergentes, sanctas reliquias usque ad diem obitus sui apud se retinuere celatas. Ad mortem autem venientes, supradictas reliquias insciis sociis, pueris suis contradunt, qui qualiter sanctum brachium temporibus Girardi abbatis ad hunc locum detulerint, loco suo scribemus (l. IV,

A c. 73.). Non autem videtur indignum hic ex parte aliqua summam oblationum istius ducis ejusque conjugis Sicelgaitæ ad scientiam posterorum annectere, qui supra omnes fere sui temporis mortales locum istum, patrem Desiderium, et nostram congregationem diligere, exaltare et honorare studuerunt.

58. Prima igitur vice, quando idem abbas Regium perrexit ad eos, donavit ei dux 600 bizantios, et 5 pallia, et unam naviculam auream (1185). Alia vice pallium unum magnum, et gemmas atque margaritas quamplures pro skifatis (1186) 700. Item alia vice ad Castrum villari (1187) donavit ei 600 bizantios, et duo millia tarenos Africanos, et 13 mulos cum 13 Saracenis, et unum tappetum magnum. Item B quando ægrotavit, mandavit huic [4565] mille skifatos. Item a Gallipoli mandavit 300 bizanteos, et duo millia tarenos. Quando prima vice venit huc, et ivit in Campaniam, posuit in capitulo 12 libras auri, et 100 bizanteos, et super altare sancti Benedicti 300 skifatos, et 3 pallia, et 100 skifatos pro fabrica dormitorii, et 100 in refectorio, et 40 in ospitali, et 12 libras denariorum in infirmario, et 100 michalatos (1188) pro pictura capituli. Quando venit super Aquinum, misit huc 500 bizanteos. Quando recepit Barim donavit Desiderio 12 libras auri. Item secunda vice quando perrexit super civitatem Tiburtinam, posuit in capitulo 12 libras auri, super altare vero 100 skifatos, et unum pallium magnum. Tertia vice C quando reversus est a Roma cum papa Gregorio posuit in capitulo mille solidos Amalfitanos, et centum bizanteos super altare, et abiens hinc, misit 190 farganas (1189) fratribus in dormitorio. Alia vice misit huc mille tarenos pro piscibus. Item mille tarenos, et unum navigium valens solidos mille. Item 400 solidos Amalfitanos. Item a Romania misit huc mille michalatos. Uxor præterea ipsius quando ægrotavit, misit beato Benedicto 45 libras argenti, et pallium 1. Item quando venit huc post mortem ducis posuit in capitulo 300 skifatos, et cooperuit omnes mensas refectorii manteliis. Alia vice obtulerunt beato Benedicto altarium aureum, cum gemmis, margaritis et smaltis ornatum. Coopertorium altaris sericum cum urna purpurea, ornatum D margaritis ac smaltis. Calicem aureum parvum. Planetam purpuream cum friso, et cum aquila de margaritis. Tunicam unam de panno perso (1190) inau

VARIÆ LECTIONES.

[4564] Gulielmus *c.* [4565] *leg.* huc.

NOTÆ.

(1182) Ita in privileg. quod ex orig. ib. editum est.

(1183) Rogerius tunc Cephaloniam oppugnabat. Robertus solus in Italia tunc fuisse potuit.

(1184) Cf. cap. 45 supra.

(1185) Qua incensum in thuribulis ponitur; vid. Ducang. s. v.

(1186) I. e. nummis cavis, qui scyphi speciem referunt; cujus generis tunc multi Byzantii cudebantur.

(1187) Castrovillare, in Calabria d. Cassan.

(1188) Nummos aureos sub Michaele Duca cusos.

(1189) arganæ quid sint, non invenio. Sarganæ vero (et forte sic ab auctore scriptum et a librario corruptum) Suidæ et Hesychio sportæ sunt vimineæ, crates ex junctis, quæ usui monachorum aptæ. Ang. Piscium speciem esse rectius, ut videtur, conjicitur in nova Ducangii editione.

(1190) Color ad cæruleum vel ad persicæ mali colorem accedens, Gallis *pers*, Italis *perso*. Duc. s. v.

rato. Pluviales 4. Albas sericas 4. Albas de matassa (1191) bambacii 8. Candelabra de cristallo et bonichino atque argento, parium 1. Abia candelabra argentea cum malis cristallinis, parium 1. Bazili (1192) de argento, parium 1 librarum 7. Laternam argenteam librarum 8. Scrinium argenteum super altare cum nigello, librarum 8. Scrinium eburneum magnum. Coppas duas argenteas deauratas cum nigello, librarum 15, cum quibus fratres in præcipuis festivitatibus biberent. Concam argenteam cum aquiminili suo, librarum 24. Urceum de cristallo majorem. Scutellam argenteam cum nigello, librarum 14. Scutellam aliam librarum 16. Alias duas librarum 10. Pannum sericum magnum cum uno roto (1193), et alios æque magnos 3, et 4 minores. Circitoria de altare sancti Benedicti 4. Duas cortinas Arabicas, quæ pendent supra chorum. Alias duas cortinas, quæ appenduntur in circuitu chori per quadragesimam. Item quando venit huc post mortem ducis, posuit in capitulo 5 libras auri, et duas dedit in infirmario, unam pro expensis, alteram pro balneo construendo. Super hæc omnia, et multa alia quæ nec recoli nec numerari possunt, optulerunt beato Benedicto monasterium sancti Petri Imperialis in Tarento (1194), cum decima de piscaria, et cum decima manualium (1195) suorum. Monasterium sancti Angeli in Troja, sancti Nycandri (1196), sanctæ Anastasiæ in Calabria, sancti Nycolai in Sellectano (1197), et fundicum (1198) in Amalfi, cum pertinentiis suis. Anno sequenti (1086) eadem ducissa Sicelgaita per consensum filii sui ducis Roggerii, optulit beato Benedicto per cartam aurea bulla signatam (1199) locum qui Cetrarius dicitur, in Calabria, cum toto portu suo, et omnibus pertinentiis suis, atque universis colonis ibidem habitantibus: quod videlicet in dotem a prædicto conjuge suo duce Robberto dudum receperat; ea tamen condicione, ut quoad ipsa viveret, idem locus in ejus dominio permaneret, post obitum vero ejus absque ulla hæredum seu successorum suorum calumnia ad hujus monasterii jus remearet; apposita pena centum librarum auri, quicumque hujus oblationis suæ violator existere temptavisset. Super hæc autem transmisit beato Benedicto per Desiderium altare prætiosissimum, auro ac smaltis, margaritis et gemmis, quodque his omnibus

A multo pretiosius est, beatissimi apostoli et evangelistæ Matthei sacrosanctis reliquiis mirifice decoratum.

59. Hoc eodem anno (1086. Jul.) Johannes comes, filius Landulfi de Venafro, ad extrema veniens, ad hoc monasterium cum rebus suis ferri se jussit, et concambium de castello suo, quod Cardetum vocatur (1200), ideo nobis valde congruum quia contiguum, diu jam optanti Desiderio fecit. Datæ sunt autem pro ejusdem castelli commutatione quattuor ecclesiæ quas in Venafro habebamus, cum omnibus possessionibus ac pertinentiis earum, id est Sanctus Benedictus qui vocatur Pizzulu, Sancta Maria in Sala, Sanctus Nazarius in Piperozzu, et Sanctus Benedictus intra eandem civitatem; apposita pena mille bizanteorum omnibus idem concambium removere B volentibus. Per hos dies (1201) Marinus comes Trajectensis una cum Oddulana uxore sua obtulit beato Benedicto totam partem suam de comitatu Trajectano et castro Spinii ac Fractæ, pena apposita centum librarum auri id removere quærentibus (*an.* 1059. *Oct.*). His quoque diebus Gualterius comes Lesinensis (1202) reddidit beato Benedicto fluvium Lauri cum tota piscaria sua, et ipsam focem sancti Benedicti cum tota piscaria et calatoribus suis tam intus quam foris, cum introitu et exitu suo, nec non ecclesiam sancti Focati, et ecclesiam sancti Petri, cum pertinentiis suis, quæ malo ordine retinuerant homines de civitate Lesinensi; pena apposita duum milium bizantiorum, qui hoc removere temptasset. Tunc temporis Leo filius Symeonis ad mortem veniens, C per manus Desiderii obtulit in hoc loco omnia sua mobilia et immobilia tam intus quam foris in civitate Barensi, pena mille solidorum proposita.

60. Hic abbas concessit Landoni comiti Trajectensi quartam partem de eodem comitatu Trajectano, quam videlicet Marinus comes sicut supra diximus sancto Benedicto cum Obdulana (1203) uxore sua tradiderat, et quartam partem de castro Fractæ, et medietatem de castro Spinii, et quartam partem de monasterio sancti Martini de Aquamundula, excepto monasterio sancti Marini cum pertinentiis suis; in eo tenore ut inde, ubicumque vocatus fuisset, supradicto abbati ac ejus successoribus fideliter serviret, post mortem vero suam omnia hæc in jus monasterii nostri absque omni contradictione redi-

NOTÆ

(1191) Quæ et metaxa, panni species.

(1192) I. e. pelves s. lances.

(1193) Forte *rocho*. Ducang. s. v.

(1194) Cf. cap. 44, supra.

(1195) I. e. pecorum.

(1196) In territ. Trojano, in loco qui Pesmontis majoris dicitur, utrumque dedit uno priv. quod ex orig. ed. Gatt. Hist., p. 275, d. 1080, m. Oct. Cæt. cf. infra IV, 10.

(1197) In territ. Bisinianensi, v. Gatt. Acc. p. 230.

(1198) Quod Itali etiamnum *fondaco* appellant, nos *bazaar*.

(1199) Quam ex orig. edidit Gatt. Acc., p. 192. Usque ad a. 1805 oppidum Casinensibus subditum fuit. Mari adjacet, a Bisiniano versus Occidentem.

(1200) Regest. num. 492 Castrum nunc dirutum, sub jure tamen monasterii, cum ampla silva. ANG. Edidit Gatt. Acc., p. 194.

(1201) I. e. ante 28 annos, sed annus Dom. Inc. in charta non ascriptus est, nec Petrus eum computare potuit, ut videtur. Data est 54, *anno comitatus d. Marini et 17 a. c. d. Dauferii et d. Landoni D. g. thio et nepotibus, atque comitibus, m. Oct., ind.* XIII. *Trijectu*; ap. Gatt. Acc., p. 193. Cf. supra II, 95.

(1202) Num. 503. ANG.

(1203) Ipse notarius in scribendo ejus nomine sibi non constat

rent. Fecit et libellum Transmundo comiti Teatino usque in tertiam generationem (1204) de castello Monte, et castello Muccla, et castello Frisa, cum pertinentiis suis (1205); eo videlicet ordine, ut in tertia generatione supradicta castra in monasterii hujus dicionem redirent. Eodem vero tempore (*an.* 1077. *Sept.* 24) Petrus filius Gregorii Romanorum consulis præceptum fecit huic monasterio de ecclesia sancti Antonini in monte Porculo cum omnibus attinentiis suis (1206), quam superius Gregorius consul Romanorum una cum filio suo Ptolomeo beato Benedicto optulerat.

61. Idem quoque Gregorius illustris ob maximam devotionem quam in patre Benedicto, et per eum in loco isto habebat, cum supradicto filio suo Ptolomeo constituit, ut omni tempore navis nostra cum nauclero et nauticis suis libera maneat ab omni condicione et debito pensionis, et ut nullum plateaticum vel portaticum monachi nostri aliquando darent in omni jure et dicione potestatis suæ mari terraque; obtulit etiam tunc beato Benedicto ecclesiam quæ dicitur Sancta Jerusalem, cum universis pertinentiis suis, sitam territorio Tusculano, juxta tenorem scilicet quo antea monasterium sanctæ Agathæ, et sancti Angeli, sanctæ Luciæ, sanctæ Felicitatis, sancti Petri in Plegi, sancti Salvatoris in Tusculana, et sanctæ Mariæ in Vineis, huic Casinensi cœnobio concesserat et confirmaverat (1207). Sequenti tempore (*Dec.* 12) Jordanis princeps (1208) præceptum fecit Desiderio de terris, quas homines nostri de castro Teramensi et Plumbariola et Pedemontis emerant ab hominibus de Aquino. De castro autem Sarracenisco (1209), et Sugensi (1210), et de Turre ad mare (1211), cum pertinentiis suis, nec non de lacu Aquinensi (1212), et de ecclesia sancti Rufi in Capua (1213), et monasterium sanctæ Agathæ in Aversa (1214): hæc inquam omnia, cum omnibus pertinentiis suis, singillatim principalibus præceptis in hoc monasterio confirmavit.

Berardus etiam comes filius Berardi Marsorum comitis, eo tempore obtulit beato Benedicto monasterium sanctæ Mariæ in valle Porclaneci, et castellum Roscolu, cum pertinentiis suis (1215). Id ipsum fecit et Johannes diaconus [4566] cum parentibus suis, de ecclesia sancti Bartholomei in Arci cum pertinentiis suis. Per eos etiam dies Romualdus presbyter fecit cartam huic monasterio de sancto Johanne in Conca cum attinentiis suis. Præterea et Nubilo comes de castro Vipera obtulit huic loco monasterium sancti Eustasii infra eundem castrum, et ecclesiam sancti Barbati, et sancti Eleutherii, et sancti Ilylarii, atque monasterium sancti Eustasii in castello Ribza, cum omnibus pertinentiis eorum (*an.* 1074. *Oct.*) (1216). Sed et Andreas sacerdos et monachus cum parentibus suis oblationem fecit huic loco de ecclesia sancti Blasii in Limata, subtus castrum quod vocatur in Carica (*an.* 1065. *Apr.*) (1217). Hoc tempore (*an.* 1065. *Febr.* 13) (1218) Rolandus vir nobilis de civitate Lucensi obtulit beato Benedicto partem suam de monasterio sancti Georgii infra eandem civitatem, et partem suam de ecclesia sanctæ Mariæ in palatio, et castello Alflexo, et de ecclesia sancti Mathei, et sanctæ Mariæ in Curte vechia, et sancti Nazarii in burcho sancti Martini et sancti Martini in eodem burcho, et quicquid sibi pertinere videbatur in comitatu Lucense, Lunense, Pinsense, Pistoriensi, Florentinensi, Voloterrensi, Populoniensi et Roselensi. Matilda præterea ductrix Liguriæ et Tusciæ cujus superius memoriam feci, reverentiam hujus loci constituit, ut nullum plateaticum vel theloneum in civitate Pisana, et Lucensi, et in omni dicionis suæ terra monachii nostri aliquando darent (1219). Racterius quoque filius Petri de territorio Marsicano his diebus cartam fecit huic loco de tota parte sua de ecclesia sancti Benedicti in Civitella loco Pascusano. Idem fecit et Rainaldus filius Obberti de civitate Antena cum parentibus suis, de Sancto Petro in Morini, et Sancta Lucia in Redenaria, cum omnibus pertinentiis illarum. Balduinus quoque comes filius Oderisi Marsorum comitis, fecit huic loco oblationem de ecclesia sancti Urbani in Cominio, et sancti Victorini in Vicu albo, una cum ipso lacu, nec non de ecclesia sancti Angeli in Pratora, cum pertinentiis suis. Similiter fecit et Robbertus de Belloprato de ecclesia sancti Johannis in Poto (1220), cum pertinentiis suis (*an.* 1077. *Apr.*). Petrus etiam et Johannes filii Antenulfi de Ceperano tunc temporis similiter fecerunt oblationis cartulam de ecclesia sancti Petri in Fabratera, cum montibus, planis,

VARIÆ LECTIONES.

[4566] diaconum c.

NOTÆ.

(1204) Usu retento ad nos usque. Ang.

(1205) Cf. supra II, 88.

(1206) Exstat in Reg. Petri, ap. Gatt. Hist., 236; sed Gregorii oblatio periit, si unquam facta est. Cf. supra c. 17.

(1207) V. supra c. 17.

(1208) Solus, vivente patre, cujus privilegium periit. Edidit Gatt. Acc., p. 186; cf. p. 189.

(1209) S. d. Gatt. Acc., p. 189.

(1210) 1078, Sept. 23, ib., p. 187; cf. supra c. 41.

(1211) 1085, Nov. 18. ib., pag. 192.

(1212) 1081, Sept. 16, supra c. 47.

(1213) 1082, Sept. 24, ib.

(1214) 1086, Febr. 22, c. 56.

(1215) Exstat in Petri Reg. donatio castelli ad mon. S Mariæ a Berardo facta a. 1048, m. Jul. ind. xv. Gatt. Acc., p. 195.

(1216) Gatt. Hist., p. 282.

(1217) Ib., p. 266.

(1218) A. 1064 (more Florent.) m. Feb., ind. xiii (l. xviii), ap. Gatt. Acc., p. 195, e Reg. Petri. Cf supra II, 90.

(1219) S. d. ib., p. 201. Murat. Ant. I, 957.

(1220) In finibus Pontiscurvi *in pede montis de Ponte*. Gatt. Hist. 313 ex orig.

silvis, ac pertinentiis suis. Per eos etiam dies Maio judex de civitate Berulana cum parentibus suis, per manus Desiderii obtulerunt huic monasterio ecclesiam sancti Stephani intra candem civitatem. Oderisius præterea Landonis filius de Baduco (1221) ad hunc locum veniens, ecclesiam sanctæ Mariæ sitam sub ipso castro, et aliam ecclesiam sanctæ Mariæ in jam dicto castro, et sancti Pauli et sancti Archangeli in Mozzani, et sancti Quinziani, in hoc cœnobio devotissimus obtulit (*an.* 1080. *Nov.* 3) (1222). Sed et Johannes filius Liudini de civitate Aquinensi oblationem fecit in hoc monasterio de ecclesia sancti Martini intra eandem civitatem. Raul quoque Novellus eodem tempore cartam fecit in hoc sancto cœnobio de ecclesia sancti Johannis in Pantano, et sancti Laurentii in Casa Palumbi, et sanctæ Marinæ in ipso colle, et sancti Blasii in Farneto, cum omnibus rebus ac pertinentiis illarum. Heynricus etiam filius Heynrici comitis de castro Cremonensi (1223), obtulit et ipse monasterium sancti Benedicti situm in pertinentiis ejusdem castri, et ecclesiam sancti Ambrosii in castro Aire [4567], cum omnibus pertinentiis suis (*an.* 1097. *Dec.* 1). Id ipsum fecit et Punzo filius Benedicti de duabus ecclesiis, idest sancti [4568] Felicis et sanctæ Trinitatis, in civitate sancti Urbani. Pandulfus quoque Aquinensis (1224) comes eo tempore similiter obtulit in hoc loco monasterium sancti Martini in colle Arcizzi cum pertinentiis suis. Tunc temporis Bernardus quidam nobilis de civitate Aquinensi cartam fecit huic monasterio de silva quæ dicitur Matrelle, loco qui appellatur Ad rivum tortum, territorio Aquinensi.

62. His quoque diebus Guaiferius (1225) vir sapientissimus et facundissimus, e civitate Salernitana de qua oriundus erat egrediens, ad hunc locum pervenit, atque a Desiderio susceptus, monachus factus est. In hoc igitur cœnobio positus, scripsit vitam sancti Secundini (1226). Versus in laudem psalterii. De miraculo illius, qui se ipsum occidit, et per beatum Jacobum vitæ redditus est (1227). Omelia de adventu, In nativitate Domini; de pyphania, et alia quamplurima, quæ hic scribere superfluum duximus.

63. Non solum autem in ædificiis. verum etiam in libris describendis (1228) operam Desiderius dare permaximam studuit. Codices namque nonnullos in hoc loco describi præcepit, quorum nomina hæc sunt. Augustinum contra Faustum. De opere monachorum. De sermone Domini in monte. Omelias 50. Super epistolam ad Romanos. Sermones. Epistolas Pauli. De Genesi ad litteram. Epistolas ejus. Pastorale ejus. De baptismo parvulorum. Ambrosium de rebus gestis in ecclesia Mediolanensi. De Patriarchis. De fide ad Gratianum imperatorem. Sermones ejus. Registrum Leonis papæ. Registrum Felicis papæ. Regulam Basilii. Jeronimum super Ezechielem. Super epistolas Pauli. Super duodecim prophetas. Eugepium. Sermones Severiani. Historiam Anastasii. Historiam Langobardorum, Gothorum, et Wandalorum. Historiam Jordanis episcopi de Romanis, et Gothis. Historiam Gregorii Turonensis. Josephum de bello Judaico. Historiam Cornelii cum Omero (1229). Historiam Erchemperti. Bedam super Tobiam. De locis sanctis. Evangelium majorem auro et lapidibus pretiosis ornatum, in quo has reliquias posuit: de ligno Domini, et de vestimentis sancti Johannis evangelistæ. Sermones Leonis papæ. Sermones Gregorii Nazianzeni. Doctrinam patrum. Sacramentorum cum martirologio. Sacramentorum aliud. Ordo episcopalis. Gualfridum de officiis. Super regulam. Passionaria totius anni, libros quattuor. Antiphonaria de die duo in choro semper habenda. Antiphonarium de nocte. Vitas patrum. Instituta patrum. Actus apostolorum cum epistolis canonicis, et apocalipsin. Epistolas Pauli. Paralipomenon. Super cantica canticorum Origenis, Gregorii, et Berengarii. Johannem Crisostomum de reparatione lapsi. Dialogum, quem ipse cum Alberico diacono (1230) edidit de miraculis monachorum loci istius. Dialogum aliud. Dialogum de vita sancti Benedicti. Hilarius mysteriorum, et ymnorum. Sedulium de evangeliis. Juvencum de evangeliis. Medicinalis. Psalterium. Cresconium de bellis Libicis (1231). Versus Arichis, Pauli, et Caroli. Versus Paulini. Ciceronem de natura Deorum. Instituta Justiniani. Novellam ejus. Terentium. Oratium cum Geometria. Ovidium Fastorum, Senecam. Virgilium cum egloga [4569] Theodori [4570]. Donatum.

64. [Desid. *Dial.* I, 13.] Hoc præterea tempore la-

VARIÆ LECTIONES.

[4567] Tire *c.* [4568] sancte *c.* [4569] egogla *c.* [4570] Theoduli *emendat Giesebr.*

NOTÆ.

(1221) In campania Romana.

(1222) Ib., 816.

(1223) Crema, v. chartam ap. Gatt. Hist., 284.

(1224) Cominii potius, ut ipse ait, v. Gatt. Hist., p. 289.

(1225) Cf. de Justis Cas. c. 49, *De viris ill.*, c. 29. Amatum p. 155 — 138.

(1226) Editam in Actis SS. Febr. II, p. 531 V. S Lucii ib., Mart. 1, p., 304.

(1227) Fragmentum carminis edidit Cl. Tostius in *Hist. Cas.* I, 414, q. v. de cæteris ejus operibus in cod. Cas. 280 conservatis.

(1228) Quorum plurimi supersunt, non tamen omnes: expilata non semel nostra bibliotheca. Ang. Cf. Giesebr. l. l., p. 54 Federici, Duchi di Gaeta p. 124.

(1229) Miro modo concinit priscus catal. codd. Gorbei, ap. Ang. Mai in Spicil. Rom. V, p. XIII. *Cornelii liber De bello Trojano.*

(1230) Theophilus vocatur in editione quam e cod. Vatic. olim Casin. curavit I. B. Marus, Romæ 1651, 8. repetita a Bollandianis et a Mabilione.

(1231) Quem e cod. Trivulziano s. XIV, edidit P. Mazzucchelli, Mediol. 1820, 4, et suis atque C. Lachmanni curis emendatum I. Bekkkr in Coll. SS. Histor. Byzant.

trones noctu hujus nostri monasterii ingressi cellarium, carnes, caseum, lardumque inde surripientes, suos his mercibus sacculos impleverunt, foras autem egressi, sacculos quos impleverant levare conati, minime potuerunt. Dein relicta sarcina temptantes fugam, per totius excursum noctis monasterii claustra circumeuntes, nullam egrediendi facultatem penitus consequi valuerunt. His quoque diebus in ecclesia quæ est ad honorem patris Benedicti in partibus Liburiæ constructa, satis insigne miraculum factum est. Nam cum quidam frater ad terraticum a ruricolis accipiendum directus fuisset, rusticus quidam a quo triticum exigebatur, intempestæ noctis silentio saccum frumento implens et super humeros ponens, fugam arripuit. Sed ho verax per cœlestem lata sententia Regem : *Qui ambulat in tenebris, nescit quo eat, quia tenebræ obcæcaverunt oculos ejus.* (*Joan.* XII, 35). Nam qui jussa principis tenebrarum omni conamine omnique instantia implere nisus est, per viam rectam se incedere putans, per totam noctem in circuitu curtis illius deambulavit; ubi autem dies est reddita terris, in se rusticus rediens, et quod in re erat advertens, volebat cum tritico egredi, et nequibat; volebat triticum de collo suo deponere, et minime poterat. Monachus vero completis ymnis matutinalibus ecclesiam egrediens, eumque divinitus ligatum aspiciens, postquam ab ipso totius rei seriem dedicit, orationem Deo Benedictoque patri sanctissimo fundens, rusticum a nexu quo detinebatur ocius solvit. Hoc præterea tempore fames maxima per totam fere Italiam facta est (1232). Tunc Desiderius cum fratribus communicato consilio, cibos indigentibus abundanter conferebat.

65. Anno autem dominicæ incarnationis 1085, indictione 8, cum venerabilis ac semper recolendæ memoriæ dominus Gregorius septimus papa apud Salernum infirmitate magna detineretur, interrogatus ante diem tertium obitus sui ab episcopis, et cardinalibus, qui tunc una cum Desiderio præsentes erant, quid post suum obitum de Romanæ sedis ordinatione juberet; respondit, ut si unquam aliquo modo possent, eundem Desiderium ad hoc officium promoverent. Is enim præter id quod primum presbyter cardinalis Romanæ tunc ecclesiæ esset, et prudentia maxima, et religione singulari, et principum circummanentium amicitia multa polleret. Si vero hunc nullatenus flectere ad ista valerent, aut archiepiscopum Lugdunensem Ugonem, aut Ottonem Hostiensem, aut Lucensem episcopum (1233), quem prius ex his habere possent, in papam eligere post suum obitnm quantocius festinarent. Hoc statuto, defunctus est, octavo scilicet Kal. Junii, die dominica, et honorabiliter intra ecclesiam beati Matthei apostoli et evangelistæ sepultus, cum sedisset in pontificatu annis 12, mense 1, diebus 3.

A Et quoniam Romana ecclesia pastore destituta remanserat, et hæretici atque schismatici more luporum illam nitebantur invadere, Desiderius una cum episcopis et cardinalibus, nec non et laicis religiosis, qui actenus in catholica unitate et obedientia papæ Gregorii fideliter perstiterant, cœpit unanimiter agere qualiter eam posset decentissime ordinare. Miserunt ergo, et convenire fecerunt undique aptas huic officio personas, quatinus ex eis unanimi consensu eam personam cum gratia et auxilio Dei eligerent, quæ idonea et apta tanto ordini esset. Convenientes post hæc ad prædictum abbatem episcopi et cardinales, cœperunt eum super præfati pontificis judicio appellare, utque in tanta temporis necessitate periclitanti subveniret ecclesiæ, papatum sus-
B cipiendo, instantissime flagitare. Ad hæc ille, papatum quidem se suscipere obstinatissima responsione recusavit, aliis vero quibus sciret et posset modis, ad Romanæ ecclesiæ servitium se paratum esse spopondit. Die pentecostes (*Jun.* 8.) Savinensi episcopo (1234) et Gratiano Roma venientibus occurrit, eisque verba quæ cum papa Gregorio de ecclesiæ ordinatione habuerat retulit, pariterque cum eis Jordanum principem et Raynulfum comitem (1235) adiit, atque ad servitium et adjutorium Romanæ ecclesiæ adhortatus, libentissime ad omnia paratos invenit. Cœpit deinde cardinalibus vehementer insistere, ut de pontificis eligendi persona quantocius deliberarent, et ut ad comitissam Mattildam litteras
C mitterent, quatinus studeret ut et ii quos prædiximus episcopi, et quotquot idoneæ tanto officio personæ judicarentur, Romam sine tarditate venirent. Quod illi facere neglegentes, cum Jordano principe clam machinabantur eidem abbati pastoralem curam injungere, et suasionibus multis nitebantur eum quoquo modo Romam perducere, putantes violenter se id ei posse imponere. Quod ipse persentiens, omnino renuere et contradicere cœpit, sicque ad hoc monasterium reversus, iterum Normannos et Langobardos et omnes quotquot potuit, ortari ad Romanæ ecclesiæ servitium cœpit, et multos ex eis promtos et paratos ad rem ipsam invenit. Sed quia fervor æstatis nimius erat, propterea tunc Romam ire distulerunt, quousque se et calor æstatis immi-
D nueret, et tempora infirma transirent. Postquam vero princeps conducto exercitu hujus rei gratia Romam eundi Campaniam venit, comitantibus etiam se una cum Desiderio nonnullis partium istarum episcopis, ipse suspectus prædictorum consiliorum amplius procedere noluit, dicens quod nisi Jordanus princeps et comes Raynulfus et episcopi Romani fidem suam sibi præsenti darent, nullam super hac re vim illi illaturos, neque alios inferre passuros, ipse cum eis nullatenus pergeret. Renuentibus facere, hac de causa res tunc infecta remansit.

NOTÆ.

(1232) 1085; Anon. Casin.
(1233) Anselmum.
(1234) Ubaldo.
(1235) Fratrem Richardi I principis.

66. Jam fere annus in tali fluctuatione transierat, quo in apostolica sede nullus pastor erat, nullus dominici gregis curam gerebat, et Guibertus æresiarcha oves Christi sanguine redemptas suis cum sequacibus laniabat, cum circa paschalem festivitatem episcopi et cardinales Romanæ ecclesiæ de diversis partibus Romam convenientes (*An.* 1086, *Apr.*), mandaverunt prædicto abbati, ut una cum episcopis et cardinalibus Romanis qui secum tunc morabantur, et cum Gisulfo Salernitano principe qui tunc a cysalpinis partibus venerat (1236), ad eos quantocius pergerent, quatinus de Romanæ ecclesiæ ordinatione simul tractarent. Ille nichil suspicans de se jam illos aliquid cogitare, cum jam nulla de eo mentio ab aliquo fieret, assumptis præphatis omnibus Romanam pervenit ad urbem. Eo die quo applicuit, in vigiliis pentecostes (*Mai.* 23), instante Desiderio ut pontificatus apex personarum earum injungeretur alicui, quæ vel ipsis, vel ei videbantur idoneæ, renuerunt prorsus omnis Romanus et clerus et populus consentire. Per totam autem ipsam diem multa frequentia quotquot catholicæ parti favebant tam clerici quam laici ad eum convenientes, jam circa vesperam congregati sunt pariter omnes tam episcopi et cardinales quam et cæteri Romani, qui in fidelitate beati Petri apostolorum principis perseverabant, in diaconiam sanctæ Luciæ quæ est justa Septesolis; cœperuntque omnes unanimiter Desiderium multis precibus obsecrare ut Romanum pontificatum suscipere non recusaret, eumque obtestare per divina, per humana omnia, ut subveniret periclitanti ecclesiæ in naufragio constitutæ, multotiens ad genua ejus, nonnullis lacrimantibus, omnes pariter ruentes. Desiderius vero qui jam dudum decreverat vitam suam in quiete transigere, et qui magis optabat in divina peregrinatione (1237) suum tempus finire, cœpit omnimodis refutare, et hoc se numquam consensurum firmiter repromittere. Instare illi vehementer, perseveranter insistere, ipse vehementius reniti, resistere perseverantius, dicens : « Pro certo sciatis, quia si aliquam michi violentiam super hoc intuleritis, ego quidem prout citius potuero, Casinum redibo, et nullo modo unquam inde me intromitto; vos autem propter hoc ridiculum magnum et vobis et Romanæ [4571] ecclesiæ facitis. » Et quia tardior jam ora processerat, imminente jam nocte ad sua quique reversi sunt. Summo mane dominica pentecostes (*Mai.* 24), omnes unanimiter ad eum iterum convenientes, eadem cœperunt repetere, et ipse nichilominus in semel fixa sententia perdurare. Videntes se omnino jam nichil proficere, dixerunt Desiderio presbyteri et cardinales episcopi, quoniam quemcumque ipse illis consuluisset, ipsum illi parati essent eligere. Unde cum Cencio Romanorum consule consilio habito, tandem ut Hostiensis episcopus papa eligeretur decrevit. Post hæc quæsierunt ab eo, ut ipsum pontificem quem eligerent, in Casinensi monasterio reciperet, eumque donec ecclesia tranquillaretur, cum suis omnibus sustentaret, sicut et de supradicto papa Gregorio fecerat; quod Desiderius libentissime facere repromisit, et per ferulam quam manu gestabat, eos in fide sua de hoc investivit. Cum autem jam jamque de Hostiensi episcopo decernerent, repente iterum quidam de cardinalibus contra canones esse hanc electionem affirmans (1238), nequaquam se consensurum clamavit. Illi pro tempore, pro necessitate hoc ferre oportere astruentibus, nequaquam eum ad suam sententiam flectere valuerunt. Verum ut sapientum Salomon sapiens attestatur, non est prudentia, non est consilium contra Deum (*Prov.* XXI, 30). Mox enim episcopi et cardinales, una cum clero et populo, in Desiderii duritiam stomachantes, et videntes se nil posse cum eo precibus agere, statuerunt violenter causam perficere. Tandem itaque universi pariter uno consensu et animo illum capientes, invitum et renitentem attrahunt, et ad ecclesiam prædictam Christi martyris Luciæ perducunt, ibique eum juxta morem ecclesiæ eligentes, Victoris ei nomen imponunt. Sed quoniam hæc omnia ut diximus contra ejus animum et voluntatem fecerunt, cappam quidem rubeam induebat, albam vero numquam ei potuerunt induere.

67. Eo igitur tempore præfectus imperatoris a duce (1239) et ejus matre dimissus, propter illud videlicet odium quod episcopi et cardinales, faciente tamen Salernitano principe, Salernitanum archiepiscopum (1240) sacrare noluerunt, die noctuque cum aliquantis ære iniquo conductis in capitolium contra eundem electum conveniens, persecutiones ei maximas intulit. Post quattuor dies idem electus Romam egressus, venit Ardeam, ibique per triduum remoratus, abiit Terracinam; abinde crucem et clamidem et cætera pontificatus insignia ita dimisit, ut eis ulterius uti nullo unquam modo persuaderi potuerit: decernens potius omni vitæ suæ tempore in divina peregrinatione vitam finire, quam tanti ordinis fascibus gravissimis colla submittere. Insistebatur ei cotidie precibus lacrimisque creberrimis, objciebantur ecclesiarum magna discrimina, ingerebatur plurimarum perditio animarum, quibus ei manifestissime divina indignatio intendebatur; sicque Casinum reversus est. Cæterum per anni totius curriculum adeo mentis ejus propositum immobilis

VARIÆ LECTIONES.

[4571] *ita correxi* : Rome *c.*

NOTÆ.

(1236) Imo a transalpinis, quo a Gregor. VII missus fuerat, v. hujus ep. VIII, 23.

(1237) I. e. monastica conversatione. ANG.

(1238) Quod videlicet alterius sedis episcopus ad Romanam traduceretur. ANG.

(1239) Rogerio.

(1240) Alfanum II; Alfanus I obiit 1085, Oct. 9.

perstitit, ut nullis omnino argumentis ad eorum potuerit hortamenta precationesque deflecti. Non tamen ob hoc cardinales et episcopi qui cum eo erant aliquatenus quiescentes, Jordano principi instare cœperunt ut quantocius properaret, et propter consecrationem ejusdem electi Romam cum eis pergeret. Qui cum magno exercitu ad hoc monasterium veniens, partim deortatione ipsius electi, partim timore æstatis ulterius progredi nolens, reversus est.

68. Sequenti anno mediante quadragesima (*an.* 1087 *Mart.* 7.) apud Capuam episcoporum concilio congregato (1241), cum prædictus electus una cum episcopis et cardinalibus Romanis eidem concilio præfuisset, Cencius etiam Romanorum consul cum aliis nobilibus Romanis, et Jordanus princeps, et Rogerius dux cum omnibus fere suis optimatibus interfuisset, post finem concilii rursus insperate, et nichil eo de his suspicante, cum multis precibus lacrimisque a clericis et laicis perurgeretur, biduo immobilis perstitit. Tandem cum dux et princeps, una cum episcopis cæterisque catholicis viris, flentes ejus pedibus adjacerent, multis rationibus et orationibus coactus, vix tandem succubuit, et præteritam electionem crucis et purpuræ resumptione firmavit; duodecimo scilicet Kalend. Aprilis, dominica in ramis palmarum. Inde Casinum reversus, ibidem pascha celebravit. Peracta festivitate, cum Capuano ac Salernitano principe Romam perrexit, ac justa civitatem Hostiensem Tiberim cum omnibus transiens, cum gravi infirmitate detineretur, extra porticum sancti Petri tentoria fixit; et quoniam Ravennas æresiarcha, qui vivente papa Gregorio papatum invaserat, ecclesiam sancti Petri armata manu tenebat, non integro die a militibus principis Dei auxilio expugnata et recepta est. Dominico vero die post dominicam ascensionem, multis Romanis et omnibus fere Transtiberinis sollemniter cum maxima frequentia occurrentibus, præfatus electus a Romanis episcopis, Hostiensi videlicet, Tusculanensi (1242), Portuensi (1243), atque Albanensi (1244), cardinalibus quoque et episcopis atque abbatibus quamplurimis assistentibus, more ecclesiastico consecratus et in apostolicam sedem locatus est, septimo Idus Magi (1245); quo etiam die corpus sancti confessoris Christi Nicolai a civitate Mirensi, in qua per annos 775 quieverat, Barim delatum est (1246). Prædictus autem pontifex per octo circiter dies Romæ remoratus, una cum prædictis principibus ad hoc monasterium rediit

69. Post exiguum vero temporis spatium comitissa Mattildis Urbem adiens, magnis eundem pontificem supplicationibus per legatos interpellavit, quatinus ejus frui aspectibus, ejus potiri colloquiis mereretur. Eam quippe causam sibi Romam veniendi fuisse permaximam suggerebat. Cogebat corporis languor loco non abscedere; sed quia pro sanctæ utilitate ecclesiæ omnibus se disposuerat vel extremis periculis objectare, iter per mare aggressus est. Cumque ad Urbem pervenisset, a comitissa et ejus exercitu, ac cæteris beati Petri fidelibus devotissime officiosissimeque susceptus est, atque apud ecclesiam beati Petri octo diebus permansit. Deinde in festivitate sancti Barnabæ super altare sancti Petri missam sollemniter celebrans, eadem die auxilio et ope præfatæ comitissæ per Transtiberim Romam intravit. Transtiberim tunc totam, Romanorumque permaximam partem et nobilium[4872], pene omnem populum, castellum quoque sancti Angeli, basilicam beati Petri, civitatem Hostiensem ac Portuensem, in sui juris dicione tenebat; morabatur vero apud insulam Romæ (1247), quæ et ipsa sui juris extabat. Die igitur qui apostolorum natalitia præcedebat (*Jun.* 28), nuntius quidam quasi ex imperatoris parte adveniens, omnes consules, senatores, ac populum Romanum de corona summovit imperii, cum subito Romani supervenientes, præter beati Petri ecclesiam universa ceperunt. Ecclesiam vero ipsam, quam supradicti pontificis homines desuper tuebantur, ingredi nullo modo potuerunt. Sed quia Guiberti æresiarchæ multitudo permaxima erat, hi qui ex parte papæ Victoris erant, contra tantam hostium manum obsistere non valentes, in Transtiberim, sive in castellum sancti Angeli discesserunt. Jam die mediante (*Jun.* 29), in ecclesia sanctæ Mariæ in turribus Ravennas æresiarcha missam cantavit, nam utrumque campanile (1248) igne et fumo supposito ceperat; sole autem jam ad occasum vergente, hii qui in ecclesia steterant, palam cum armis suis descendentes reversi sunt. Ita eu pro dolor! apostolica, et universalis beati Petri ecclesia eo die quo ejus præcipue festivitas extitit, omni tam nocturno quam diurno officio caruit. Sic Guiberti æresiarchæ spes frustrata est, qui in apostolorum solempnitate missas illic celebrare affectabat. Altera die (*Jun.* 30) ab hæreticis apostolicum altare lotum, et missa est ibi peracta. Die vero sequenti (*Jul.* 1) omnes ad propria sunt reversi, et eadem ecclesia in dicionem papæ Victoris rediit. Eo itidem tempore, dum quidam peregrini orationis gratia ad beatum Benedictum

VARIÆ LECTIONES

[4872] *an* nobilium et ?

NOTÆ.

Cf. Hugonis Lugdun. epist. apud Mansi Conc. XX, p. 633.

(1241) Cf. Hugonis Lugdun. epist. ad Mathildam l. l.

(1242) Joanne

(1243) Joanne.

(1244) Petro igneo.

(1245) Ita etiam Anon. Casin.

(1246) Historiam translat. scripsit Joan. presb. Barensis, editam in Mosandri app. ad Sur., p. 397. Ubi cum paucis post concil. Nicænum diebus mortuus dicatur, summa annorum nimia est.

(1247) Cf. Bernold. ad h. a.

(1248) Sc. basilicæ b. Petri, inter cujus turres B. Mariæ erat sacellum.

venirent, obvius illis quidam vir canonicus factus est, quem quis esset interrogantes, Petrum apostolum se esse respondit. Et illi: « Quo tendis? » Et sanctus apostolus: « Vado ad fratrem Benedictum, ut cum illo passionis meæ diem celebrem; nam Romæ consistere non valeo: variis enim procellis ecclesia mea deprimitur. » Quod dum fratribus viri illi postmodum reserassent, ad succedentium memoriam constituerunt ita tanti apostoli festivitatem, sicut et patris Benedicti, cum maxima devotione sollemniter celebrare.

70. Guibertus interea æresiarcha, qui post præstita domino suo beatæ memoriæ Gregorio septimo papæ fidelitatis sacramenta, et obedientiam novem annis exibitam, apostolicum thronum invaserat, cernens Victorem papam ab omnibus in maxima veneratione haberi, Heynricum imperatorem solvens ab observatione juramenti, quod apud Canusiam Tusciæ oppidum olim papæ Gregorio fecerat, Romam attraxit, et cum eo expugnare catholicam ecclesiam cœpit (*an.* 1080). Hi vero qui ex parte papæ Victoris in ultramontanis partibus erant, imperatorem Romæ remorare cognoscentes, contra eum rebellare disponunt. Contra quos Heynricus imperator adveniens, facto ut assolet vario bellandi eventu, diutissime plurimis deprædationibus et incendiis ac cædibus utrimque decertatum est. Tandem præphatus imperator relictis ad resistendum in Germania copiis, assumto partim suo, partim conductitio sive gregario exercitu, Romam et suburbana ejus deprædationibus et incendiis ac cædibus quibus valuit quadriennio devastavit, et tandem suo Simone magis pretio quam vi inthronizato (*an.* 1084), ab eodem imperialem coronam accepit (1249), et tam non faventibus quam non communicantibus sibi suisque complicibus, et Romæ et in omni Romano imperio sævissimam et diuturnam intulit persecutionem. Hujus rei causa et ecclesiæ pene totius Romani imperii desolatæ, et christiana religio propemodum dissipata, et viginti milia hominum et eo amplius in diversis regionibus, katopapa Guiberto cooperante cæsa sunt. Qui etiam pulsis catholicis episcopis et abbatibus et aliis ecclesiarum præpositis, scientia pariter et religione pollentibus, sceleratos et idiotas singulis civitatibus et cœnobiis vel ecclesiis singulos, interdum autem binos vel annuos prælatos dampnabili prioris magistri sui Simonis magi mercimonio substituens, in deprædationibus sanctorum locorum et christianorum sibi non faventium, imo et faventium, dum non esset qui armato resisteret, longe lateque, voluntate quidem Neronis et Decii, sed minus possibilitate crassatus est. Idem vero Guibertus, qui multo rectius papa Deméns quam papa Clemens dici debuit, in oppidulo suo, quod Argenteum dicitur (1250), quasi ad sui munitionem excelsa turri fabricata, præstolabatur simoniacos angelos, cum quibus volando in putidissimas stigias paludes rueret, scilicet cruribus suis, Deo per omnia papæ Victori propitio, confractis et ad nichilum redactis (1251). Cui nemo apostolicam reverentiam sive obedientiam exhibebat, præter imperatorem et complices ejus, vel qui se illi propter avaritiam quæ est idolorum servitus, vel perpetuo vel ad tempus pacto jusjurando vendiderunt; quorum plurimi quibus ejus perfidia claruerat, dum execranda sacrificia celebraret non intererant, scientes eundem nulli Romanorum pontificum successisse, sed præscripto modo perjurum et invasorem ac simoniacum papæ Gregorio fuisse superinjectum. Nam catholici qui fidem et religionem zelo Dei tuebantur, papæ Victori scientia et religione præstantissimo adhærebant.

71. Æstuabat interea (*an.* 1087) ingenti desiderio idem Victor apostolicus, qualiter Saracenorum in Africa commorantium confunderet, conculcaret, atque contereret infidelitatem. Unde cum episcopis et cardinalibus consilio habito, de omnibus fere Italiæ populis christianorum exercitum congregans, atque vexillum beati Petri apostoli illis contrdaens, sub remissione omnium peccatorum contra Saracenos in Africa commorantes direxit. Christo igitur duce, Africanam devoluti dum essent ad urbem (1252), omni nisu illam expugnantes, Deo adjuvante ceperunt, interfectis de Saracenorum exercitu centum milibus pugnatorum. Quod — ne quis ambigat hoc absque voluntate accidisse divina — illo die quo christiani de Saracenis victoriam adepti sunt, eo etiam Italiæ divinitus patefactum est

72. Præphatus autem Victor papa tertius Urbem egrediens venit ad hoc monasterium, sociatisque sibi episcopis et cardinalibus ecclesiam sancti Nicolai in Pica sollempniter dedicavit; mense autem Augusto sinodum celebrare cum episcopis Apuliæ et Calabriæ nec non Principatuum statuens, Beneventum perrexit. In qua videlicet idem apostolicus præsidens ait: « Novit dilectio vestra, carissimi fratres et coepiscopi, omni etiam orbi non latuit, sancta Romana et apostolica sedes cui Deo auctore deservio, quot adversa pertulerit, quot denique per simoniacæ hæreseos trapezitas malleis crebrisque tunsionibus subjacuerit, adeo ut columpna Dei viventis videretur jam pene concussa nutare, et sagena summi piscatoris procellis intumescentibus, cogeretur in naufragii profunda submergi. Guibertus enim æresiarcha, qui vivente sanctæ memoriæ prædecessore meo papa Gregorio Romanam invasit ecclesiam, præcursor Antichristi ac signifer Satanæ effectus, cessat oves Christi conculcare, occidere, et dilaniare. Irritator enim, persecutor, exaggera-

NOTÆ.

(1249) Coronatus est a. 1084. Mart. 31. His annis Italiam non intravit.

(1250) Vide Bernold. ad a. 1098.

(1251) Vid. Clem. Const. Ap. VI, 9, Arnob. II. 12, cæteros.

(1252) Mahadia; cf. Anon Casin. 1087

tor, et accensor injuriarum papæ Gregorii factus, quantas tribulationes, et quantas persecutiones ei intulerit, referre quis valeat? conspirationes et conjurationes adversus eum excitavit, Urbe fugavit, sacerdotio perjurus ac simoniacus, quantum ad se fuit privavit, atque contra eum Romanum imperium, gentes et regna commovit, et quod a sæculo non est auditum, ipse excommunicatus et damnatus, eumdem sanctum pontificem excommunicare præsumpsit, et Romanam urbem actenus sacrilegiis, omicidiis, perjuriis, conspirationibus, flagitiis, et omnibus vitiorum et criminum ludibriis deturpare non desistit, et Simonis magi munitus perfidia, ipsiusque officina factus, nequitiarum suarum complices ad tam impiissimum et execrabile facinus evocans, imperatorisque exercitum congregans, apostolicæ sedis invasor est factus; contra præcepta evangelica, contra prophetarum et apostolorum decreta, contra canonum et Romanorum pontificum jura, nullo cardinalium episcoporum præcedente judicio, nullo Romani cleri approbante suffragio, nullo devoti populi fervore adibito, in sancta Romana ecclesia omnis malitiæ, nequitiæ, et perditionis caput est factus. Sed omnipotentis Dei clementia prædictum pontificem Gregorium post labores et certamina ad æternam requiem evocante, cum jam unanimi concordia episcoporum et cardinalium, et comprovincialium episcoporum, et cleri ac populi Romani, nostram parvitatem omnibus modis contradicentem et renitentem apostolicæ sedi præfecissent, non timens æterni imperatoris judicium, usque nunc Christum et oves pro quibus suum sanguinem fudit, persequi non omisit. Idcirco auctoritate Dei et beatorum apostolorum Petri et Pauli et omnium sanctorum, omni sacerdotali officio, honore privamus, et a liminibus illum ecclesiæ separantes, anathematis vinculo innodamus. Nostis præterea, et bene nostis, quantos dolos, quantasque persecutiones michi intulerint Ugo Lucdunensis archiepiscopus, et Richardus Massiliensis abbas, qui pro fastu et ambitione sedis apostolicæ, quam actenus latenter habuerant, postquam se non posse adipisci perviderunt, in sancta ecclesia scismatici facti sunt: et Richardus quidem electionem nostram Romæ cum episcopis et cardinalibus fecerat, Ugo autem post modicum ad nos veniens, pedum effusus vestigiis, dum obsequium nobis summi pontificis invitis ac retractantibus exiberet, legationem a nobis in partibus Galliarum postulaverat, et acceperat. Quoad itaque parvitatis nostræ infirmitatem factæ et collaudatæ a se ipsis electioni conspexerant repugnare, omnibus ipsi nobis modis insistebant ne onus abjicerem, pro ecclesiæ necessitate impositum. Sed ubi nos ad id deflexos contemplati sunt, conceptam diu ambitionis flammam clibanus exturatus evomuit. Quapropter omnium sibi fratrum videntes unanimitatem pertinacius in eo scandalorum scelere reluctari, ab eorum et nostra continuo sunt communione sejuncti. Unde vobis apostolica auctoritate præcipimus, ut ab eis abstinere curetis, nec illis omnino communicetis, quia Romanæ ecclesiæ communione sua sponte sejuncti sunt; quoniam ut beatus scribit Ambrosius (serm. 50) qui se a Romana (1253) ecclesia segregat, vere est hæreticus æstimandus. Constituimus etiam, ut si quis deinceps episcopatum vel abbatiam de manu alicujus laicæ personæ susceperit, nullatenus inter episcopos vel abbates habeatur, nec ulla ei episcopo seu abbati audientia concedatur. Insuper ei gratiam beati Petri et introitum ecclesiæ interdicimus quousque locum quem sub crimine tam ambitionis quam inobedientiæ, quod est scelus idolatriæ, cepit, resipiscendo non deserit. Similiter etiam de inferioribus ecclesiasticis dignitatibus constituimus. Item si quis imperatorum, regum, ducum, marchionum, comitum, vel quilibet sæcularium potestatum aut personarum, investituram episcopatuum, vel alicujus ecclesiasticæ dignitatis dare præsumpserit, ejusdem sententiæ vinculo se astrictum esse sciat. Nec mirum, cum omnes vendentes et ementes trecenti decem et octo patres in Niceno concilio congregati excommunicaverunt, dicentes: « Qui (1254) dat et qui recipit, anathema sit. » Quando ergo tales episcopos vel abbates vel reliquos clericos non devitatis, si eorum missas auditis, vel cum eis oratis, cum illis excommunicationem subitis. Quos quidem sacerdotes esse saltim credere, omnino errare est. Penitentia vero et communio, a nullo nisi a catholico suscipiatis [4673]: si vero nullus sacerdos catholicus affuerit, rectius est sine communione manere visibili, et invisibiliter a Domino communicari, quam ab hæretico communicari, et a Deo separari; nulla etenim conventio Christi ad Belial, ait Apostolus, neque pars fideli cum infideli (*II Cor.* VI, 15): omnis enim hæreticus infidelis est. Simoniacus vero, quia hæreticus, ideo infidelis. Sacram enim communionem Christi, quamvis visibiliter et corporaliter catholici propter imminentes hæreticos habere non possint, tamen dum mente et corpore Christo conjuncti sunt, sacram Christi communionem invisibiliter habent. » Hæc igitur dum cunctorum episcoporum in eodem concilio residentium auctoritate confirmata fuissent, facientes exemplaria per Orientem et Occidentem disseminaverunt.

73. In eodem vero concilio idem pontifex graviter infirmatus, post actum per tres dies concilium festi-

VARIÆ LECTIONES.

[4673] *an* suscipiatur.

NOTÆ.

(1253) *Romana* Ambr. non habet.

(1254) Hoc inter canones conc. Nic. non inveni. Nescio an concilii Chalced. can. 2 ejus animo sit obversatus.

nianter Casinum rediit, atque cum episcopis et cardinalibus ad hoc monasterium ascendens, in capitulum fratrum se ferri præcepit, et sub districtissimo anathemate interdixit, ne quis successorum suorum auderet vendere vel alienare terraticum, ecclesias, villas, vel quascumque possessiones huic Casinensi cœnobio pertinentes. Simili modo interdixit, ne quis monachorum auderet facere cartam vel libellum absque scientia abbatis sui; quod si fecisset, irritum esset. Constituit etiam tunc, ut omnia monasteria quæ sub dicione hujus nostri Casinensis cœnobii sunt, prandium per unumquemque annum huic nostræ congregationi faciant (1255). Hoc statuto, omnium monachorum unanimi consensu, præfatis episcopis in eodem capitulo residentibus atque confirmantibus, domnum Oderisium religiosum valde virum et Romanum diaconum, qui tunc in hoc monasterio præpositura fungebatur officio, abbatem constituit (*an.* 1087, *Sept.* 14). Post hæc convocatis eisdem episcopis atque cardinalibus, monuit atque præcepit, ut juxta quod prædecessor suus papa Gregorius jam dudum decreverat, Ottonem Ostiensem episcopum in papam eligere quanto possent citius perstuderent, cumque quia præsens erat manu apprehendens, cæteris episcopis tradidit, dicens: « Accipite eum, et in Romanam ecclesiam ordinate, meamque vicem in omnibus, quousque id facere possitis habete. » His ita dispositis atque decretis, sepulchrum sibi construi in absida ipsius capituli jussit, atque post diem tertium feliciter migravit ad Dominum 16 Kalendas Octobris, anno dominicæ incarnationis 1087, a patris autem Benedicti transitu anno 579, cum præfuisset in hujus monasterii regimine annis 29, mensibus 4, dies 16; in sede vero apostolica ab ipso suæ electionis exordio anno 1; sacrationis, mensibus 4, diebus 7.

74. Ista præterea ornamenta idem papa Victor ad mortem suam in hoc monasterio dereliquit; quæ omnia fere post dedicationem ecclesiæ, partim ipse cum fratribus hujus cœnobii acquisivit, partim ab aliis in pignore posita recollegit. Planetæ diaspræ deauratæ 5, et 3 sine auro. Diarodanæ 3 deauratæ, diapisti 2, et alia cetrina. Purpureæ deauratæ 7, et aliæ 5 purpureæ, et 2 exametæ. Plancta Johannis medici. Planetæ cotidianæ 6, quadragesimales 4. Dalmaticæ paratæ (1256) 8, et aliæ 11. Tunicæ paratæ 5, et aliæ 19. Propter incensum 5. Pluviales auro ornatos 38, et alios 87. Albas lineas 193, de serico 10. Stolæ deauratæ cum manipulis suis 19, de argento cum manipulis suis 3. Stolæ aliæ 18. Semicintia 7. Fanones (1257) aurei pro subdiaconibus 3, et alii 14. Camisi magni deaurati cum amictis suis 2, et alii de serico 7. Panni de altare sancti Benedicti: facies una cum margaritis, et altera facies deaurata; coopertoria cum auro 3, et 2 alia sine auro; circitoria magna et optima 11. Panni de altare sancti Johannis: circitoria 5, et coopertoria 5. Panni de altare sanctæ Mariæ: facies una purpurea cum auro; coopertorium cum smaltis; circitoria 4; opertoria 4. Panni de altare sancti Gregorii: circitorium aureum, et alios 4 sine auro; opertoria 4. Dossales (1258) magni 19. Dossales minores 30. Ostiaria 7. Calices aurei 12; cum patenis suis, 7 majores, et 5 minores. Fistula (1259) aurea cum angulo. Calices argentei Saxonici 2, et alii argentei 7. Fistulas argenteas 2. Turibula de auro 2, de argento deaurata 2, alia argentea maxima 2, et alia argentea 8. Candelabra de cristallo parium unum, et aliud parium argenteum cum onichino, et aliud parium argenteum cum malis christallinis, et alia candelabra 5. Duæ laternæ argenteæ magnæ, et una cotidiana. Evangelium ipsius. Evangelium imperatoris. Evangelium papæ Stephani. Evangelium imperatricis. Duo evangelia Fratris Firmi (1260). Evangelium abbatis Aligerni. Duo sacramentoria cum argento. Epistolaria duo, unum cum tabula aurea, aliud cum tabulis argenteis. Regulam sancti Benedicti cum tabulis argenteis. Capsa magna argentea cum gemmis et smaltis. Scrinia argentea 2. Duas cruces aureas magnas cum gemmis, et 2 aliæ aureæ minores, et 3 argenteæ ad processionem. Candelabrum; urceum cum aquamanili suo; fumigatorium Grecum, aliud cum nigello; urceum cum smaltis; omnia hæc argentea. Pixis aurea cum smaltis pro corpore Domini, et alia major argentea cum nigello. Coppetellæ de pernis tres. Calices onichino duos. Bacilia argentea paria duo. Centum libras auri non laborati. Stolæ aureæ duæ. Fanonem imperialem totum aureum. Scaramangæ imperatorum 12. Coronam de argento super altare sancti Johannis cum crucibus 5, et aliam crucem Grecam. Coronam argenteam deauratam et lapidibus pretiosis ornatam, ferens 6 cruces. Aliam coronam super altare sancti Benedicti, ferens 3 cruces lapidibus pretiosis ornatas. In Sancto Nycolao coronam argenteam, et crucem argenteam fusam. Coronæ argenteæ quas in veteri ecclesia invenit, undecim. Hæc de reverendissimi Victoris tertii papæ vita et moribus, ac loci istius renovatione seu adornatione breviter dicta sufficiant. Certe quandiu mundi istius orbita volvitur, ejus laudabile meritum semper accipit incrementum, per Jesum Christum dominum nostrum, qui [4574] vivit et regnat cum Patre et Spiritu sancto in sæcula sæculorum. Amen.

VARIÆ LECTIONES.

[4574] *deest c.*

NOTÆ.

(1255) In Regesto Bernardi abbatis folio 130 a tergo refertur statutum Desiderii abbatis factum per conventum monasterii Casinensis super prandio, solvendo a præposituris Casinensibus. Ang.

(1256) I. e. ornatæ.

(1257) Indumentorum genus.

(1258) Aulæa quæ parietibus appenduntur.

(1259) Ad hauriendum vinum in communione.

(1260) V. Giesebr. *De litt. stud.*, p. 49.

INCIPIT PROLOGUS PETRI DIACONI

In libro quarto Historiæ cœnobii Casinensis ad reverendissimum Rainaldum sedis apostolicæ cardinalem et sacratissimi cœnobii Casinensis venerabilem et pium abbatem.

Patri in Christo venerabili et semper recolendæ memoriæ Raynaldo sanctæ Romanæ ecclesiæ cardinali et sacri Casini Montis venerabili abbati Petrus diaconus debitæ obedientiæ famulatum.

Priscorum quondam veterum rerum doctores ob sapientiæ ingenium demonstrandum assidue retexere non desinebant, quæ forte, quanta, vel qualia prospere ac secus, in Romano imperio evenissent. De quibus, vel in quibus stilum ingenii sui exacuere et limare modis omnibus cupiebant, et renitentes sui magisterii flores per historias diu desideratas imperatoribus ostendebant, summumque apud eos studium erat, animique ingens sagacitas, ut minime lateret in toto, quod in parte contingeret gestum. Sed illi favorali et inani gloria cupidi, et fastu vano cæcati, perituram suæ elationis gloriam longe lateque satagebant per orbis circulum propagare. At pater patrum in Christo milies beatissime, venerabilitas vestri studii, hujus sacri cœnobii residuam historiæ partem texere cupiens, nostræ exiguitati hoc præcipere dignati estis; simili quidem fervoris studio, sed dispari tamen amore. Illi namque descripserunt, ut perituram, transitoriam, momentaneam ac labentem laudem acquirerent: vestra vero a Deo protegenda beatitudo id exigit, ut pretiosi, præclari, fulgidi, atque laudabiles apud omnipotentem Deum simus in futuræ quietis gloria, illud sæpe sæpiusque in nostræ mentis archano replicantes: « In Domino laudabitur anima nostra; audiant mansueti, et lætentur (*Psal.* xxxiii, 3). » Ego nempe vestræ jussionis imperio cervicem submittens, quartam nostræ chronicæ decisionem, quam vir facundissimus Leo Hostiensis (1261) episcopus, morte præventus explere nequivit, sicut disposuerat scribere ordiar; sed dum tot ac tantos viros in hoc sacratissimo cœnobio liberalibus disciplinis plenos aspicio, oneris fasce devictus succumbo. Hi enim sal terræ sunt, quorum verbis hominum mentes, ne tædii torpore deficiant condiuntur. Hisperulæ (1262) sunt et lilia in septiformi candelabro positi, qui densas peccatorum sordes abluunt, et ad æterni luminis claritatem reducunt.

A Inter tales igitur positus, cum opus a vobis antea nobis injunctum dimisissem, utpote iners, indoctus et impar, vestra beatitudo antiquorum viam in omnibus tenens, talibus affatis nos instruere cœpit: « Ad ea quæ tibi injunguntur accingi ne cuncteris; verte oculos tuos ad montes (1263), idest ad præcepta legis et gratiæ, et inde tibi auxilium veniet. Illius enim est perficere, quod nobis velle adjacet; hominum namque est plantare, Dei autem incrementum dare; ipse nempe ad se festinantes separat ab amicitia carnis et sanguinis, et trahit ad gratiam suam, suscitans de terra, et de lacu miseriæ, et locans cum principibus populi sui. Ergo de illius fidens auxilio, aggredere illud quod tibi a nobis obedientiæ merito imperatur;
B simul etiam et quicquid a patris Desiderii felici ad cœlestia transitu in hoc evenere [4578] cœnobio, seu in aliis terrarum partibus, studiosius inquirens exarare sollicite studeas: illa nichilominus suis in locis adjiciens, quæ nostro videlicet tempore in orientali climate per peregrinos milites operatus est Christus, simulque tempora, loca, personas, et præcipua duntaxat gesta ac bella annectens, ex eo videlicet tempore quo idem peregrini ipsum iter auxiliante Deo aggressi sunt, quousque sanctam civitatem Jerusalem receperunt, et sanctum ac venerabile Christi sepulchrum, propter quæ utique specialiter profecti sunt, de prophanorum manibus eruerunt. » Hoc ubi pectore ausi, conatus sum pro viribus quod injunxeratis, fidens in illo cui omnia
C possibilia sunt, quique ea quæ abscondita sunt philosophis et vanæ gloriæ turgidis, sua largiflua pietate sæpius revelat parvulis; et insipientibus causam etiam reddens, quod excusabit nostræ inscitiæ culpas tanti patris præcipientis auctoritas. Et quia abbatum series ab patris Benedicti temporibus usque ad renovationem ecclesiæ beati Martini, a prædicto Leone fuerat exarata: nos ab ejusdem ecclesiæ renovatione scribendi sumentes initium, ea quæ de sanctissimi Desiderii vita descripta non erant, eidem historiæ adjungere curavimus, ne ex maxima parte tertius liber detruncatus videretur; deinceps reve-

VARIÆ LECTIONES.

[4578] *an* evenerit? *sed cf. p.* 759. *l.* 17.

NOTÆ.

(1261) De tempore quo Leo episcopus factus est, supra p. 553 egimus. Sed, monente viro amicissimo Guil. Giesebrecht, quædam addenda sunt. Nam Leo *Villiternus ep.* jam a. 1109 testis fuit, in charta quam Albinus servavit in Cod. Vat. Ottobon. 3057, f. 139. Anno 1115, Leo *vir dignus honore*, *Hostia quem patrem vita meritisque probavit*, Romæ altare ecclesiæ S. Salvatoris de Primicerio dedicavit, teste inscriptione ap. Galett. del Primicero p. 364. In alia autem inscriptione ap. Martinellum, Roma sacra p. 258 de dedicatione ecclesiæ S. Matthæi in Merulana d. 8 apr., a. 1110, et Raynerius de Ostia et cæteri episcopi ibi nominati cum reliquis ejus temporis monumentis nullo modo conciliari possunt. — Secundum narrationem ap. Borgiam, Velletri p. 215 de corpore S. Marci Leo jam c. a. 1100 ep. Velitrensis fuisse videtur, ideoque ut cum Borgia existimo etiam Ostiensis.

(1262) Nescio an ita Petrus scripserit; de sobærulis quas intelligit v. Exod. xxxvii, 17.

(1263) V. Ps. cxx, 1.

rendissimum et religiosissimum Oderisium cum reliquis abbatibus sibi succedentibus, litteris utcumque mandaturi. Notandum sane, quia ea quæ conscribenda sunt, ex registris Romanorum pontificum, Gregorii septimi et successorum ejus, necnon principum et ducum gestis decerpsimus, aliquando sensum tantum, nonnunquam vero illorum verba et acta ut descripta erant interserens. A Girardi porro abbatis tempore, qui me in hoc scolastico Casinensi cœnobio primo ætatis meæ lustro suscepit, usque ad hunc diem, partim ex ore venerabilis abbatis Seniorecti sui temporis singularis nostri ordinis viri audivi, partim oculis propriis vidi, partim priorum nostrorum aliorumque fidelium relatione comperi. Ea præterea, quæ nuper ante hoc fere triennium sub imperatore Lothario nostro evenere cœnobio, dum in ejus expeditione versarer, ac pro hujus sacri Casinensis cœnobii causis imperiali curiæ apocrisarius adærerem, ipsemet conspexi, et universis fere rebus et verbis interfui. Quod si vestræ sanctissimæ paternitati non displicere perspexero, aliis me placiturum confido. Enim vero ut nosti disciplinis liberalibus nequaquam operam dedi, sed a quinto ætatis meæ anno, quo ad hunc locum sicut supra retuli, Christo largiente perveni, divinis expositionibus et priscis annalibus, prout Dominus dedit secundum nostrum scire et posse adæsi. Quod si aliquis contra nos propter hoc locutus fuerit, et me insulsum atque indoctum dijudicans, tantum opus nequaquam aggredi debuisse clamaverit, liquido noscat quia tunc Redemptoris nostri magnalia pene annichilantur, si humanæ rationis astutia investigantur. Ille enim qui brutum animal olim resolvit in verba loquentium, ipse in cordibus servorum suorum prout vult, et quantum vult, et quando vult, dat verbum. Unde et per psalmographum vatem clamat : « Aperi os tuum, et ego adimplebo illud (*Psal.* LXXX, 11; *Ezech.* XXIX, 21), » et in alio loco : « Omnis sapientia a Domino Deo est : et cum illo fuit semper, et est ante ævum (*Eccl.* I, 1); » et Jacobus : « Si quis indiget sapientia, postulet a Deo, qui dat omnibus affluenter, et non improperat; et dabitur ei (*Jac.* I, 5); » et rursum : « Omne datum optimum, et omne donum perfectum desursum est, descendens a patre luminum (*ibid.* 17). » Et amantissimus Domini Paulus, thalamus Trinitatis, vas electionis, et singularis ecclesiæ magister clamat : « Unicuique datur per Spiritum sermo sapientiæ, alii sermo scientiæ, alii gratia sanitatum, alii genera linguarum alii interpretatio sermonum. Hæc autem omnia operatur unus atque idem Spiritus, dividens singulis prout vult (*I Cor.* XII, 8). » Unde si quid scientiæ, si quid ingenii, si quid in nobis boni conspicitur, ad cunctorum bonorum auctorem ex toto necesse est ut referatur. Ipse namque dixit : « Non enim vos estis qui loquimini, sed Spiritus Patris vestri, qui loquitur in vobis (*Matth.* X, 20), » per quem, et in quo, et a quo omnis sapientiæ, omnis scientiæ, et omnis bonitatis norma et principium constat. Et quia sunt aliqua forsan, a quibus a sapientibus possim merito reprehendi, hoc nostræ inscitiæ imputent; si qua vero inreprehensibilia, Deo, non michi ascribant, quia nos distracti necessitate et perturbatione temporis a doctissimis viris hunc locum incolentibus hoc opusculum, non quo debui stilo digessi. Nam teste beato Gregorio, dum mens dividitur ad multa, efficitur in singulis parva. Sicut enim formas hominum per colores quosdam pictores in tabulis tetras depingunt, dum tincturas non proprias et non congruas immittunt, ita historia a venusti decoris altitudine ruet, si mens cogitationibus obumbrata, et pressurarum mundialium tenebris offuscata fuerit. Aliud namque operatur eloquium, aliud auditus, aliud intelligentia, quam in hominis mente infundit intrinsecus Deus. Et beatus pater et egregius doctor Augustinus, ecclesiæ organum, veri sponsi amicus, et templum Spiritus sancti in scriptis suis reliquit dicens : « Cum videmur aliquid addiscere, nichil addiscimus, sed potius præteritorum, quæ ante peccatum in natura fuerant, recordamur (1264). » In aliis siquidem scientia naturalis per vitium naturæ deleta est, in aliis vero parumper fucata permansit. Mens vero historiographi elucescere minime valet, quandiu terrenis curis et lucris insudat, quia cum homo mundi turbinibus quatitur, movetur pariter et mens; et cum quiescit, similiter et ipsa quiescit, quemadmodum circa ignem fieri naturale est, ut cum paleis circumcirca tegitur, et nulla aura suscitatur, nec circumtecta depascit, nec penitus extinguitur. Quod si paululum commotus fuerit, ilico excitatur in flammam. Similiter et mens diversis curis obtecta, nec ad sermonis ornatum poterit elucere, nec splendidum ornatumque proferre. Ego namque, quem non grammaticorum scientia ornat, non eloquentiæ gloria, non sapientium peritia, sed sola naturalis intelligentia, quam Jesus Christus Deus et Dominus meus nostro animo ac menti sua solita pietate restituendo infudit, juxta vestræ sanctitatis imperium, et illud viduæ duo minuta in templo offerentis exemplum, offerre studeam vestræ sanctissimæ religiositati quod possum. Et licet non pure, non nitide, non ornate, non speciose, exiguum tamen, turbulentum, et parvum libare studeam. Quapropter Rainalde pater in Christo, beatissime patrum, unicum in orbe leviticæ [4576] sapientiæ et

VARIÆ LECTIONES.

[4576] *ita correxi;* levitici *c.*

NOTÆ.

(1264) His similia Augustinus scripsit ad Nebridium, ep. I, 7; de animæ quant. 20; cf. Retract. I, 8; sed ipsa verba nusquam inveni, nec scio utrum sequentia Augustini sint an Petri.

monastici stematis decus, qui nos indignos ad tantum opus eligere censuistis, vestro id si placet elimato splendidoque sermone corrigite, nec simplicis verbi inerciam, sed historiam nostro cœnobio attendatis utilissimam. Est namque historia testis temporum, indiculum veritatis, vita memoriæ, magistra vitæ, priscorum temporum nuntia (1265), bonorum omnium norma. Vobis enim condecet hanc elimare, quam superni Regis clementia constituit currum et A aurigam spiritualis Jherusalem, Benedicti vicarium atque abbatum abbatem. Enixius autem flagito, ut in hoc opere non verborum sillogismos requiratis, non rethoricorum faleras, sed potius pio cordis oculo sollicite perlustrantes, emendare, corrigere, et superflua resecare studete. Jam vero sermonis nostri principium ac finis sit Christus Dominus, qui est Patris Verbum, lux, decus, splendor, sapientia, virtus.

Explicit Prologus.

INCIPIUNT CAPITULA IN LIB. IV HISTORIÆ CŒNOBII CASINENSIS.

NOTÆ.

(1265) V. Cic. *De orat.* II, 9, 36.

34. *De renuntiatione Pandulfi comitis Presenzani de castris Mortula, Cucurutio et rocca de Bantra.*
35. *De adventu Henrici imperatoris.*
36. *Qualiter Paschalis papa mandavit imperatori prædicto, ut exhiberet ei obedientiam.*
37. *Qualiter idem imperator intravit Romam.*
38. *De captione Paschalis papæ, cardinalium, clericorum, ac laicorum.*
39. *De pugna Romanorum cum Teutonicis.*
40. *De coronatione dicti imperatoris ab eodem papa recepta.*
41. *De dedicatione ecclesiæ sancti Thomæ, sitæ extra castrum Vallis frigidæ, et de miraculo ibi facto.*
42. *De obitu sancti Bruni episcopi Signensis, et quomodo abbatiam dimiserit.*
43. *De origine et de infantia ac de ordinatione Girardi abbatis hujus loci.*
44. *Qualiter b. Benedictus sanavit Ugonem de Albaspina, et postmodum effectus fuit monachus.*
45. *Qualiter Girardus abbas post confirmationem a Paschale papa obtinuit privilegium de libertate hujus monasterii.*
46. *Qualiter Alexius imperator Constantinopolitanus delegavit prædicto pontifici, ut imperatorem Romanum eum coronaret.*
47. *De quibusdam oblationibus et ecclesiis in partibus Beneventanæ civitatis et in pertinentiis ejus.*
48. *De adventu Rogerii* [4577] *ducis ad hunc locum, et de libertate ab eodem concepta* [4578] *hominibus Castellioni, ac de concessione Sancti Petri in Tarento.*
49. *Qualiter idem papa investivit Guilielmum ducem ducatus Apuliæ et Calabriæ.*
50. *Qualiter Azo decanus et socii missi in Sardiniam, cum ipso capti sunt a Sarracenis, et per Rogerium ducem Siciliæ liberati sunt.*
51. *Qualiter dictus decanus defunctus fuit, et lampadem plenam aquæ in morem olei semper ardentem visa sit.*
52. *Qualiter concessa fuit huic monasterio Sanctæ Agathæ in Aversana civitate.*
53. *De renovatione Sanctæ Mariæ in Cingla.*
54. *Qualiter Rangarda uxor Riccardi de Aquila subtraxit a potestate hujus monasterii ecclesiam sancti Benedicti de Suessa, et aliis possessionibus.*
55. *Qualiter dedicata est ecclesia sancti Vincentii de Vulturno, et de miraculo in obitu Alamanni monachi istius monasterii facto.*
56. *Qualiter homines de Sancto Germano sæpe rebelles extiterunt, ac de constructione roccæ Janulæ.*
57. *Qualiter comites Presenzani renuerunt omne jus competens in castro Camini huic monasterio.*
58. *De quodam milite, qui in Apulia in foveam demersus, catenisque devinctus, per beatum Benedictum exstitit liberatus.*
59. *De quibusdam renunciationibus et oblationibus huic monasterio factis, ac de electione et confirmatione abbatissæ sancti Johannis in Capua.*
60. *Qualiter abbas hujus monasterii abbas abbatum vocetur.*
61. *Qualiter imperator Henricus Romam ingressus est.*
62. *De terræmotu mirabili fere per totam Ytaliam facto.*
63. *Qualiter Robertus rex Anglorum legatos ad hoc monasterium direxit, et de quibusdam oblationibus in Sicilia.*
64. *De morte Paschalis papæ, et de Johanne hujus monasterii monacho, qui ei in papatum successit, ac dedicatione ecclesiæ sancti Mauri in Francia.*
65. *Qualiter idem terræmotus meritis beati Benedicti quievit.*
66. *Qualiter Petrus diaconus receptus fuit in monachum ab abbate Girardo, et quot libros et omelias fecit.*
67. *De quibusdam oblationibus, ecclesiis atque servis in Sardinia huic monasterio concessis.*
68. *Qualiter papa Calixtus ad hoc monasterium venit.*
69. *Qualiter archiepiscopus Capuanus conabatur tres ecclesias subtrahere hujus monasterii a potestate, et per summum pontificem contra eum sententia lata fuit.*
70. *Qualiter idem papa restitui fecit huic monasterio Sancta Maria de Cingla.*
71. *Qualiter Sparanus abbas obtulit huic monasterio ecclesiam sancti Martini in Arche.*
72. *Qualiter civitas Capuana igni tradita est, et monasterium sancti Benedicti in eadem civitate mansit illæsum.*

VARIÆ LECTIONES

[4577] *leg.* Guilielmi. [4578] *leg.* concessa.

73. *Qualiter brachium sancti Matthei apostoli ad hoc monasterium fuit deportatum*
74. *De quodam claudo per beatum Benedictum sanato.*
75. *Quomodo Pandulfus de Sexto renuntiavit per juramentum castrum Vitecosi, et de adventu Pontii abbatis Cluniacensis ad hunc locum.*
76. *Quomodo idem abbas concessit vestiario monachorum ecclesiam S. Mariæ de Casaleplano.*
77. *De obitu Girardi abbatis hujus loci.*
78. *De ordinatione abbatis Oderisii II.*
79. *Qualiter homines castri sancti Angeli in Teodici rebelles fuerunt, et idem abbas ad fidelitatem coegit eosdem.*
80. *Qualiter oblata fuit huic monasterio Sancta Maria de Rabiata in Sclavonia.*
81. *De Lamberto episcopo Hostiensi, qui et Honorius papa fuit.*
82. *Qualiter castrum Picani huic monasterio datum fuit.*
83. *De obitu Calixti papæ, et quomodo cardinales divisi fuerunt in electione supradicti Honorii.*
84. *Qualiter restitutum est huic monasterio monasterium sancti Manni de Fundis cum pertinentiis suis.*
85. *Qualiter monasterium sancti Nycolai de Pica fuit deprædatum a comitibus Aquinatis.*
86. *De adventu Honorii papæ ad hunc locum.*
87. *De obitu Henrici V imperatoris.*
88. *Qualiter depositus fuit Oderisius II, abbas hujus loci*
89. *De electione et confirmatione abbatis Nicolai hujus loci.*
90 *Qualiter prædictus abbas Robertum principem Capuanum suum auxilium evocavit pro castro Sugii, quod Goffridus de Aquila tenebat; aquiminilia argentea et crucem auream ad se deferri præcepit, dictum castrum non recollegit; odium monachorum adversum se suscitavit.*
91. *Qualiter idem abbas Castrum novum recollegit, et castrum Picanum Normannorum ditioni subjugavit.*
92. *Qualiter duo fratres Ispani Philippus et Philibertus obtulerunt beato Benedicto ecclesiam constructam in Ispania, ac de renuntiatione abbatis Oderisii II, hujus abbatiæ in manu papæ.*
93. *Qualiter idem abbas ab Honorio papa depositus fuit.*
94. *De electione Seniorecti abbatis.*
95. *Qualiter Honorius prædictus ad hunc locum venit, et consecravit prædictum abbatem.*
96. *De obitu Guilielmi ducis, et de quibusdam oblationibus huic monasterio factis.*
97. *Qualiter Anacletus coronavit Rogerium comitem in regem Siciliæ.*
98. *Qualiter Guarinus cancellarius prædicti regis intendebat capere prædictum abbatem, set non potuit.*
99. [4579] *De miraculo in obitu Johannis, et visione ejus.*
100. *Qualiter dictus cancellarius morte subitanea defunctus est.*
101. *Qualiter sanctus Benedictus apparuit cuidam monacho Bono nomine.*
102. *Qualiter quidam monachus vidit animam Guarini dicti cancellarii.*
103. *De obitu Seniorecti abbatis hujus loci.*
104. *De electione Raynaldi abbatis.*
105. *Qualiter Henricus dux Bajoariæ misso* [4580] *ab imperatore Lothario intravit regnum cum Innocentio papa.*
106. *Qualiter Lotharius imperator restituit omnia monasterio sancti Liberatoris de Magella, quicquit sancto Benedicto in partibus illis oblata* [4581] *fuerant.*
107. *Qualiter dictus imperator cum Richiza imperatrice, direxerunt epistolam huic monasterio, ut universali ecclesiæ Dominus concederet pacem.*
108. *Qualiter prædictus imperator jussit ad se vocari Raynaldum hujus monasterii electum.*
109. *Qualiter Petrus diaconus cum quibusdam de cardinalibus Romanæ ecclesiæ causidicus fuit pro monasterio Casinensi in consistorio imperatoris.*
110. *Qualiter dicti cardinales petebant et conabantur, ut monachi sacramentum et fidelitatem facerent Romanæ ecclesiæ.*
111. *Qualiter Petrus diaconus genuflexit ante imperatorem prædictum pro juribus et libertate hujus monasterii.*
112. *Qualiter dictus imperator conabatur ut monasterium istud manuteneretur, defenderetur et veneraretur.*

VARIÆ LECTIONES

[4579] *abhinc capitula manu alia, indice priore eraso, scripta sunt.* [4580] *leg.* missus. [4581] *leg.* ablata.

113. *Qualiter objiciebatur a Girardo cardinali, cur sine consensu Romani pontificis subdiaconem in abbatem eligerent.*
114. *Qualiter prædictus Petrus remansit in curia pro servitiis imperatoris.*
115. *Qualiter prædictus Raynaldus exhibuit obedientiam domino papæ Innocentio II.*
116. *Qualiter dictus Petrus disputavit cum quodam philosopho Græco.*
117. *Qualiter per Lotharium imperatorem restitutæ fuerunt multæ ecclesiæ huic monasterio.*
118. *Qualiter prædictus Raynaldus licentiam habuit redeundi ad monasterium.*
119. *Qualiter dictus imperator cum imperatrice venit ad hoc monasterium.*
120. *Qualiter Raynaldus prædictus incusatus fuit imperatori prædicto.*
121. *Qualiter papa Innocentius misit duos cardinales ad electionem examinandam supradicti Raynaldi electi.*
122. *Qualiter prædictus Raynaldus depositus fuit ab Innocentio papa secundo.*
123. *Qualiter Gerardus cardinalis conabatur devertere electionem hujus monasterii ad manus papæ Innocentii.*
124. *Qualiter Guibaldus abbas effectus fuit, et consecratus a papa Innocentio II.*
125. *Qualiter Lotharius imperator præceptum fecit et confirmavit huic monasterio omnes possessiones ejus.*
126. *Qualiter rex Rogerius audito sæpedictum imperatorem de Campania recessisse, Apuliam devenit, ac de obitu imperatoris.*
127. *Qualiter Guibaldus abbas ex timore Rogerii regis Siciliæ perterritus recessit.*
128. *Qualiter Raynaldus II electus fuit in abbatem.*
129. *Qualiter Sanctus Maurus et sanctus Placidus apparuerunt in visione cuidam monacho Alberto nomine ac de aliis duobus miraculis.*
130. *De obitu Petri qui et Anacletus dictus fuit, et quomodo fautores ejus papæ Innocentii vestigiis ad volvuntur.*

Expliciunt capitula libri quarti.

INCIPIT LIBER QUARTUS.

ODERISIUS hujus monasterii abbas tricesimus octavus, sedit annis decem et octo, mensibus duobus, diebus decem et octo.

1. Hic ex Marsorum comitum origine sanguinis lineam ducens, in ipso suæ pueritiæ tempore, dum in hoc Casinensi cœnobio a reverendæ memoriæ Richerio abbate susceptus (1266), et habitu sanctæ conversationis indutus fuisset, cernens eum supradictus abbas luxus sæculi spernere, divinis lectionibus intentum esse, contemplativam vitam inianter appetere, et regularis vitæ egregium sectatorem, et Casinensem abbatem illum futurum esse prædixit. Qui a prædecessore suo sanctæ ac semper venerandæ memoriæ Desiderio, qui et Victore papa, præpositus hujus loci ordinatus, dum idem pontifex sicut supra retulimus (l. III, c. 73) graviter infirmatus ad hunc locum venisset, in capitulo fratrum se deferri in lecto præcepit, ibique in præsentia episcoporum et cardinalium qui cum eo erant, admonuit fratres ut juxta quod beati Benedicti regula præcipit (1267), abbatem sibi de ipsa congregatione eligerent. Fratres vero habito consilio, omnes pari consensu Oderisium ad tantum ordinem recipiendum dignum proclamantes elegere (*an.* 1087, *Sept.* 14); quod cum supradicto papæ Victori retulissent, ipse voluntatem eorum et electionem valde laudabat, eundemque protinus vocari faciens, omnino invitum et renitentem, et virtute, qua poterat obsistentem, seque infirmum et nescium tantum ordinem regere voce qua poterat proclamantem, et per ipsum Deum ne hoc faceret obtestantem [4582], per virgam et regulam de abbatia eum investivit.

2. Post mortem autem supradicti pontificis tristitia ingens et desperatio cunctos nostræ partis invasit, et jam fere quid agerent, vel qualiter se de ecclesia intromitterent ignorabant. Prædictis igitur episcopis circumquaque dispersis, rursus frequentes nuntii crebrique legati tam Romanorum, quam ultramontanorum, et comitissæ Matfildæ ad eosdem episcopos transmissi, hortabantur pariter atque rogabant, ut de Romanæ ecclesiæ ordinatione studerent, ut in unum convenientes caput facere christianitatis satagerent; membra Dei auxilio capiti non defutura, facile et in proximo casuram et confundendam ecclesiam nisi pastorem haberet. Tandem itaque rursum undique coadunati, una cum nostro abbate Oderisio, miserunt litteras Romanis clericis et laicis, sancti Petri fidelibus, ut quotquot ex eis pos-

VARIÆ LECTIONES.

4582 *correxi monente V. D. C. L. Grotefend*; obstantem *c.*

NOTÆ.

(1266) Cf. cap. 14 libri III.

(1267) c. 64.

sent, prima ebdomada quadragesimæ (1088) Terracinam venirent; quotquot vero non possent, assensum suum in persona quam ipsi concordi voto eligerent, propriis litteris repræsentarent. Similiter etiam miserunt litteras universis circumquaque per Campaniam, Principatum, atque Apuliam manentibus episcopis atque abbatibus, ut quicumque possent absque canonica excusatione, per se ipsos ad prædictum locum et tempus occurrerent: non autem valentes, aut per idoneas personas, aut certe per litteras, consensum suum transmittere perstuderent. Factum est, et quarta feria primæ ebdomadis quadragesimæ, octavo scilicet Idus Martii, congregati sunt apud Terracinam Campaniæ civitatem, cum episcopis et cardinalibus Romanis superius nominatis, atque cum nostro abbate Oderisio, archiepiscopi, episcopi, atque abbates ex diversis partibus numero quadraginta; ab urbe autem Roma, Johannes Portuensis episcopus omnium cardinalium et clericorum catholicæ dumtaxat parti faventium. Benedictus vero præfectus universorum laicorum fidelium legationem et consensum unanimem per litteras attulerunt. Legatorum autem ultramontanorum et Mattildæ comitissæ nonnulli interfuerunt, orantes instanter, ut eidem propter quam convenerant rei, cum auxilio et gratia Spiritus sancti ita studerent, ut læta illis a quibus legati fuerant nuntia referre valerent. Altera igitur die (*Mart.* 9) convenerunt omnes pariter ad episcopium prædictæ civitatis in ecclesia beati apostolorum principis et sancti Christi levitæ Cæsarii; et cum resedissent, surgens in medium Tusculanensis episcopus (1268), retulit per ordinem omnia quæ de ordinatione ecclesiæ vel papa Gregorius antea, vel postmodum papa Victor statuerant; simul etiam quam ob causam ipsimet universi tunc in eodem loco convenerant. Deinc surgens episcopus Portuensis, et Benedictus præfectus, retulerunt et ipsi tam clericorum quam laicorum fidelium a Roma super hoc negotio legationem pariter atque consensum, videlicet ut quemcumque ipsi tunc unanimi voto ad hoc officium promoverent, eundem omnes pari et simili consensu in apostolica sede statuendum reciperent. Cumque hujus monasterii abbas, et archiepiscopus Capuanus, et ad postremum cuncti qui convenerant, bene factum recteque dictum laudassent, atque omnipotentem Deum ut miseriam et afflictionem ecclesiæ quandoque respicere ac relevare dignaretur, multis precibus implorassent: statuerunt demum communi consilio, ut per tres illos dies, idest quintam et sextam feriam ac sabbato, triduanum specialiter jejunium celebrarent in abstinentia, et orationibus ac eleemosinis divinitus ostendi sibi personam tantæ dignitati condignam continuis precibus impetrarent. Dominica itaque die (*an.* 1088, *Mart.* 12), valde mane, omnes iterum in eadem ecclesia congregati, cum inter se pariter nonnulla de re hujuscemodi tractavissent, exurgentes tres cardinales episcopi qui caput ejusdem concilii erant, Portuensis scilicet, Tusculanensis, et Albanensis (1269), ambonem ascenderunt, factoque silentio, uno simul ore pronuntiant, Ottonem episcopum placere sibi in Romanum pontificem eligendum. Cumque utrum omnibus idem quoque placeret sicut est consuetudo requirerent, repente mirabili ac summa concordia omnes magna voce, hoc sibi placere, dignumque illum universi conclamant apostolicæ sedis papam existere. Tunc Albanensi episcopo pronuntiante, Urbanum illum placere vocari, mox cuncti surgentes capiunt, eumque cappam laneam exuentes, purpuream induunt, et cum acclamatione atque invocatione sancti Spiritus ad altare beati Petri apostoli illum pertrahentes, in pontificali solio ponunt, quarto Idus Martii; sicque ab eodem pontifice missa sollemniter celebrata, universi gaudentes, Deoque gratias referentes, redierunt ad sua. Sed de his actenus, nunc qualiter noster abbas veteres officinas diruens, novas extruxerit describamus.

5. Cernens igitur Oderisius renovationem cœnobii Desiderio ad votum cessisse, ad officinas quæ ex veteribus supererant renovandas non signis accingitur; domum namque infirmorum, quam dudum prædecessor suus Desiderius magno sumptu ac studio una cum balneo ædificaverat, a fundamentis est orsus evertere; et monasterii ampliandi occasione, ipsam infirmorum domum ampliorem et meliorem efficere. In declivo igitur montis latere demum illam construens, in spatio cubitorum extendit, in latitudine in altitudine erexit. Quæ videlicet longe priore speciosior ac firmior, mirifice satis est lateribus tecta, et pictorum studio decorata, habens ab oriente fenestras In cujus capite perpulchram abbatis cameram constituit, juxta quam etiam ecclesiam sancti Andreæ apostoli (1270) in longitudine cubitorum latitudine altitudine construxit. Desuper autem trabibus tabulisque est mirifice laqueata, ac lateribus cooperta, parietibus in giro figuris pulcherrimis decoratis: pavimenti vero opus quam speciosum, quam solidum, quam multigena marmorum sit diversitate constratum, obtutibus omnium patet. Circuitus etiam chori magnis duorum [4583] marmorum tabulis sepsit. Fenestras præterea in absida duas, in frontispicio ab uno latere ab altero totidem instituit. Quæ videlicet ecclesia ab uno capite absidæ sanctissimi patris Benedicti, ab altero hæret domui infirmorum. Juxta ejusdem vero ecclesiæ frontem,

VARIÆ LECTIONES.

[4583] *an* diversorum?

NOTÆ.

(1268) Joannes.
(1269) Petrus.
(1270) Cf. supra col. 763.

cisternam arcuato opere fabricavit; a septemtrionali porro ejusdem ecclesiæ parte cimiterium in longitudine cubitorum latitudine altitudine construens, lateribus cooperuit; juxta infirmorum vero domum ab interiori parte coquinam, ac balneum, atque cisternam opere perpulchro extruxit. Claustrum quoque infirmorum inibi super marmoreas columnellas erigens, et picturis decoravit, et tegulis texit. Nichil hoc vir strenuissimus expleto moratus, circa atrium majoris ecclesiæ palatium, in quo nobiles quique hospitarentur, in longitudine cubitorum latitudine altitudine fabricavit, et idem trabibus contignans, tegulis cooperuit; juxta quod etiam cisternam arcuato opere patrari mandavit.

4. Hoc præterea tempore quidam frater in hoc cœnobio Majo dictus est, qui qualiter a diabolo interfectus, qualiterque per sanctissimum patrem Benedictum ereptus sit, præsens textus declarat. Hic igitur dum in domo infirmorum senio fessus maneret, in nativitate Domini ob sui corporis necessitatem ad secessus pergebat; cui diabolus in humana effigie apparens, dixit ad eum : « Scio quo pergis; sed quia decrepito jam senio fessus absque amminiculo tendere illuc inter noctis tenebras minime vales, sequere me; ego ero dux itineris tui. » Hæc dum supradictus frater audisset, putans eum hominem, non diabolum esse, post eum pergere cœpit, cumque ad fenestram magnam quæ in medio palatii est pervenissent, antiquus hostis senem in eandem fenestram imponens, eumque exinde præcipitans, interfecit. Fratres vero eum per totam noctem inquirentes non invenerunt. Igitur cum eum ubique quærerent, et non invenirent, monachus quidam ad eandem fenestram accedens, eumque mortuum aspiciens, fratribus ubi jaceret ostendit. Alio vero die idem abbas æternæ justitiæ reseratorem precibus pulsare fratres admonuit, ut qualiter vel quo ordine prædictus frater ex hoc mundo recessisset, pandere dignaretur. Tunc is qui defunctus fuerat, cuidam fratri per visionem apparens, quid circa se actum fuerat narravit; adjungens, quia postquam defunctus est, cum eum diabolus per viam carbonibus plenam duceret, et illum sæpissime in eodem igne volutaret, pater illico Benedictus adveniens, eumque de potestate demonum auferens, suo cœtui aggregavit. Tunc prædictus una cum fratribus ob ejusdem animæ liberationem Deo gratias referens, constituit ut quotquot fratres obirent, tot etiam pauperes usque ad tricesimum diem ad mandatum ospitum addi deberent : adjuncto insuper uno paupere pro anima Desiderii sui prædecessoris; et omni tempore cum a capitulo fratres surgunt, cantent pro defunctis psalmos quattuor, et quotquot fratres defuncti fuerint, tot etiam psalmi de canticis graduum super præfatos quattuor usque ad diem tricesimum addantur; insuper sexta feria per totum annum, mox ut missa defunctorum expleta fuerit, psalmos decantantes ad cimiterium pergant, ibique dantes orationem, postea de more capitulum solvant.

5. His porro diebus (1271), dum supradictus papa Urbanus ad hunc locum venisset, consuetudinario sibi lateris dolore gravissime tactus est. In vigiliis igitur patris Benedicti (*Mart.* 20), dum eodem languore cruciaretur, et de præsentia corporis ejus dubitaret, visibiliter ei sanctus apparens, dixit ad eum : « Cur de mei corporis præsentia dubitas? » Ad quem pontifex : « Tu quis es? » et sanctus : « Ego sum frater Benedictus. Quia autem tu me in hoc loco dubitasti quiescere, id ne amplius dubites, et me certissime in hoc Casinensi cœnobio quiescere credas, hoc tibi signum erit. Cum primum ad nocturnalem synaxim pulsatum fuerit, statim sanus eris. » Et his dictis disparuit. Adveniente autem hora, pontifex sanus effectus Oderisium abbatem vocavit, dicens : « Quia usque nunc de corpore beati Benedicti dubitavi, fateor; sed quia in hac nocte me visibiliter sanavit, et suum suæque sororis corpus hic certissime quiescere docuit, surgamus, et Deo laudes permaximas reddamus. » Et his dictis, quæ sibi pater Benedictus reseraverat, per ordinem pandit. Quanta autem tunc lætitia, et quanta mentis exultatio de tanti pontificis sanitate omnibus fuerit, quia adhuc fere omnes qui videre supersunt, omitto referre.

6. Tunc temporis (*an.* 1089. *Mai.* 1.) Gentilis (1272) filius Balduini comitis, una cum Transmundo nepote suo, obtulere beato Benedicto monasterium sanctæ Mariæ in Luco, cum omnibus suis mobilibus et immobilibus, et ecclesiam sancti Nycolai in valle Sorana, sancti Stephani in Rivo vivo, sanctæ Restitutæ et sanctæ Mariæ in Morrei, et sanctæ Mariæ in Colle longo, cum omnibus pertinentiis illarum. Propterea [4584] et Morinus (1273) Benafranus comes, obtulit beato Benedicto castrum Aquæfundatæ, quod (1274) videlicet antiquitus sicut præcepta imperatorum continent, intra hujus monasterii fines situm esse dinoscitur, cum omnibus

VARIÆ LECTIONES.

[4584] Præterea

NOTÆ.

(1271) A. 1091, si genuina esset bulla Urbani II qua hæc refert, d. 1091, Apr. 1. Capuæ. Novissime eam edidit Tosti *Hist. Cas.* II, 83.

(1272) De comitibus Marsorum. Edidit Gatt. Hist., p. 248. Cf. supra III, 17.

(1273) *Ugo qui et Morinus comes vocor.* Gatt. Acc. p. 201; v. supra II, 37.

(1274) *Quod — dinoscitur* sunt ipsa Morini verba.

pertinentiis suis, pena apposita mille bizanteorum; pro quo videlicet castro idem abbas 115 libras ei contradidit. (*Jul.*)

7. Sequenti tempore (1275) supradictus papa Urbanus iterum ad has partes deveniens, Johannem Gaietanum, loci hujus a pueritia monachum, diaconum in Lateranensi patriarchio ordinavit. Quo etiam tempore (*an.* 1043, *Mart.* 11), dum apud Trojam Apuliæ civitatem sinodum celebraret, abbas noster Oderisius proclamationem fecit de cella sanctæ Sophiæ in Benevento (1276), sed causis bellorum ingruentibus nil justitiæ habere exinde potuit. His porro diebus (1090) defuncto in Gaietana ecclesia Leone episcopo, Raynaldus hujus cœnobii monachus in eadem ecclesia episcopus ordinatur; similiter in Sardiniæ insula Benedictus hujus monasterii monachus episcopus substituitur. Hujus autem Benedicti miracula nosse qui cupit, librum qui « *De miraculis* » prænotatur, a nobis ante hoc fere septennium exaratum relegat (1277). Tunc temporis Richardus cui cognomen de Aquila inditum est, ad hoc monasterium veniens, abbati nostro jurejurando firmavit quod castrum Sujum non recognosceret ab ulla persona, nisi tantum ab hoc monasterio Casinensi, et ex prædicto castro serviret inde sancto Benedicto, secundum tenorem quem Goffridus [4585] Monius Desiderio abbati fecerat (1278); ad mortem vero suam absque alicujus contradictione in hujus cœnobii dicionem rediret.

8. Porro (1279) cum a (1280) dedicatione majoris ecclesiæ annus jam quartus decimus, et ab incarnatione dominica millesimus et nonagesimus volveretur, tribus am annis et tribus ac sexaginta diebus a transitu reverendæ ac semper honorifice memorandæ memoriæ papæ Victoris III. elapsis, præsidente atque jubente supradicto patre Oderisio, dedicata est ecclesia sancti confessoris Christi Martini (*Nov.* 18), quam prædictus venerabilis abbas Desiderius, sicut supra retulimus (c. 34), in loco ipso ubi olim a beatissimo patre Benedicto constructa fuerat, circa portam scilicet monasterii, mirifice ac pulcherrime in 16 marmoreis columnis erexerat, quamque tam musivo quam et diversis picturarum coloribus optime decoraverat. Dedicata est autem 14 Kalendas Decembris, ipsa videlicet die octavarum ejusdem beati confessoris Martini, feria secunda, cum tribus altariis suis, ingenti frequentia ordinis diversi virorum et maxima universorum lætitia. Quorum primum atque præcipuum in honore ipsius beati Martini dedicavit vir venerabilis domnus Johannes episcopus Tusculanensis. Illud autem quod ad dextram ipsius basilicæ situm est, in honore sancti Herasmi martyris consecravit domnus Raynaldus episcopus Gaietanus, qui ipso anno ex hoc nostro monasterio sicut supra retulimus (c. 7), eidem ecclesiæ fuerat datus episcopus. Tertium vero, quod a parte sinistra statutum est, in honore gloriosi confessoris Christi Ambrosii benedixit domnus Honestus, reverendissimus episcopus Berulanus. In altare vero sancti Martini hæ reliquiæ reconditæ sunt: Matthei apostoli et evangelistæ, Marci evangelistæ, Martini episcopi, Cornelii et Cypriani, Cirini et Maximi, Stephani papæ et martyris, Sebastiani, Focæ episcopi et martyris, Quadraginta martyrum, et brachium sanctorum Faustini et Jovitæ. In altare sancti Herasmi habentur reliquiæ ejus, Casti, Secundini et Yppoliti martyrum. In altare sancti Ambrosii sunt reliquiæ ejus, Augustini episcopi, Pancratii martyris, et vocabulum sancti Jeronymi presbyteri. Fuerunt autem cum eis in hac dedicatione episcopi etiam alii tres, id est Lambertus Alatrinensis, Roffridus Soranus, necnon et Leo episcopus Benafranus. Quod autem tandiu post patris Desiderii transitum consecratio basilicæ hujus dilata est, hoc fuit in causa, quoniam et picturæ partem aliquam et pavimenti non modicam ad complendum, morte præventus idem abbas reliquerat. Bis enim illam construxit: primo namque postquam columpnas et epistilia locavit, Desiderio Capuam adeunte, ecclesia ipsa funditus corruit; quod ubi agnovit, in hæc verba prorupit: « Sacerdos Dei Martine, pastor egregie, ora pro nobis Deum. » Moxque vir strenuissimus ad hunc locum remeans, ecclesiam sicut hodie cernitur, a novo construere fundamine cœpit; sed ut diximus morte præventus hanc explere nequivit; quam successor illius studiosissime complere, et addere quæque necessaria videbantur curavit, et sic eam dedicari, quatinus præmissum est, honorificentissime fecit. Quo tempore Sikelgaita ducissa, conjux bonæ memoriæ ducis Robberti cujus supra meminimus, vita decedens (1281), propter summam spem quam in patre Benedicto habebat, ad hoc se monasterium duci fecit et in paradiso hujus ecclesiæ ante basilicam beati Petri apostoli tumulari rogavit.

9. Eodem præterea tempore (1091) quidam miles Richardus nomine, in castro degens quod Spinium

VARIÆ LECTIONES.

[4585] Gaffridus *c*.

NOTÆ.

(1275) Hic tempora maxime turbata esse oportet. Omnes enim Urbani II epistolæ et præcepta inde ab Id. Oct. a. 1088 data sunt per manum Joannis s. R. e. diaconi. De Raynaldo v. cap. sequens.

(1276) Per Leonem, v. ejus relationem ap. Gatt. Hist., p. 54. Is causam, cur nihil effecerit, non indicat.

(1277) Narrantur etiam a Petro in libro *De ortu et obitu Just. Casin.*, c. 45.

(1278) V. supra III, 52.

(1279) Hæc desumpta sunt e Leonis relatione de consecratione eccl. Casin., cod. 47; v. supra col. 763.

(1280) *Ab hac dedicatione* Leo, sc. basilicarum b. Petri et b. Michaelis.

(1281) Apr. 16, Necrol. Cas.

nuncupatur, orreis alimenta negantibus ad eundem abbatem quantocius properavit, ac preces pro pretio offerens, aliquantulum tritici quo suam consolaretur inopiam, magnopere postulavit. At ipse postulantis necessitati compatiens, bis quinque tritici modios se ei indubitanter daturum, alacriter spopondit ; et dictis fidem facturus ut certiorem illum redderet, prædixit quando vel unde esset accepturus. Ille vero substantia pauper, sed mente pauperior, vice contraria persecutionem pro benignitate, pro misericordia impietatem beato patri Benedicto rependere deliberavit, majora potius eligens cum execratione possidere, quam paucis contentus cum benedictione manere. Nam diabolo suggerente unius consolationi, alterius compassioni graviter invidente, quid apud abbatem invenerat, idem Richardus Raynaldo Ridello suo domino, in oppido quod Trajectum dicitur, tunc manenti festinavit referre : non tamen ut charitatis exemplo informaretur , sed quod sub recipiendi occasione tritici, castrum quod Fractæ vocatur, in quo erat repositum, locus sibi tradendi congruus haberetur. Tunc ille aurem accommodans consilio traditoris, eundem Richardum sacramento securum reddidit, quod dimidiam partem supradicti castri sibi esset daturus. Adveniente ergo festivitate sanctæ Priscæ, dux nefandi sceleris sub amici specie prædictum castrum ingressus est. Quem nonnulli juvenes bini ac bini demissis vultibus sequentes, ab inhabitantibus castrum communi hospitio recipiuntur ; recepti autem, non virtutis merito sed fraudis magisterio, de hospitalitate ad dominationem subito transeunt. Quod ubi Oderisio abbati nuntiatum est, eundem Raynaldum rogando mandavit, ut accepto centum solidorum pretio castrum monasterio redderet. Hoc dum ille etiam audire contempneret, per integram ebdomadam ab eodem abbate commonitus, justitiam huic loco facere contempnens, ante patris Benedicti corpus excommunicatus est. Quarta autem die Adenulfus Aquinensis comes ab eodem abbate illuc cum exercitu directus, ab oppidanis in castro receptus, arcem expugnare modis omnibus cœpit. Mira (1282) dicturus sum, verissima tamen. Nam, cum hi qui in arce erant, super obsidentes viritim lapides et jacula mitterent, nullus quispiam in aliquo læsus est ; sicque auxilio Dei et meritis beati patris Benedicti intervenientibus, eandem vi arcem ceperunt (*Jan.* 30), captis omnibus ejusdem Raynaldi fidelibus qui ibidem reperti sunt, cum universis eorum. Nam ut ista beati Benedicti auxilio ac voluntate gesta credantur, in exercitu deambulans quidam monachus apparuit, cum nullus A monachorum tunc se illi pugnæ miscuerit. Septimo vero die, dum præphatus abbas cum papa Urbano Capuæ esset, astantibus multis clericis atque nobilibus Capuanis, prædictus Raynaldus cum omnibus qui secum erant veniens discalciatis pedibus, publice satisfecit, sicque ab excommunicatione solutus est. Eo (1283) etiam die quo supradictum castrum recipimus, anno dominicæ incarnationis millesimo nonagesimo quarto [4586], indictione secunda, mensis Januarii die tricesima, dedicata est ecclesia sancti Andreæ apostoli, quam idem abbas a fundamentis sicut supra retulimus (c. 5) ædificaverat, a domno Raynaldo Gaietano episcopo et hujus cœnobii monacho ; in qua videlicet sunt reconditæ sanctorum reliquiæ quæ subter ascriptæ sunt : B De catena sancti Petri apostoli, Andreæ apostoli, Jacobi apostoli, Philippi apostoli, Matthei apostoli, Matthiæ apostoli, sanctorum Innocentium, Stephani protomartyris, Urbani papæ, Felicis papæ, Gregorii papæ, Marcelliani et Marci, Cyriaci diaconi, Cosmæ et Damiani, Viti martyris, Savini Canosini episcopi, Antonii Constantinopolitani, et sanctæ Lucinæ. Tunc temporis Oderisius filius Oderisii Sangrorum comitis, ad mortem veniens optulit beato Benedicto duo sui juris castella , Fracturam scilicet et collem Angeli, et quicquid sibi a paterno vel materno jure pertinere videbatur in toto comitatu Sangretano.

10. Per idem tempus (1090) Jordanus princeps cujus supra meminimus, cum universam fere Campaniam a jure sedis apostolicæ subductam in deditionem accepisset, C apud Pipernum (1284) vita decedit (*Nov.* 20) ; corpusque ejus ad hoc monasterium delatum, et juxta ecclesiam beati Petri apostoli reconditum est. Capuani autem ubi mortem principis agnovere, contra Richardum supradicti Jordani principis filium, ejusque matrem conspirantes, Capuanæ civitatis munitiones capiunt. Normannosque omnes urbe depellunt (*an.* 1098, *Mai.*). Richardus autem Aversam una cum matre secedens, ducem Roggerium in suum auxilium evocat (1285); qui æstivo adveniens tempore, cuncta Capuanæ civitati adjacentia flamma ferroque consumpsit, et tandiu eos expugnavit, usquequo Capuani necessitate coacti prædicto Richardo munitiones redderent, D eumque recipientes, sibi in principem consecrarent (*Jun.*).

Idem præterea Roggerius dux eo tempore (*an.* 1090, *Aug.*) fecit præceptum beato Benedicto, de omnibus quæ Robbertus dux pater ejus, una cum uxore sua loco isti concesserant, et (1286) de monasterio sanctæ Anastasiæ cum pertinentiis suis in territorio

VARIÆ LECTIONES.

[4586] tertio *cod.*

NOTÆ.

(1282) Fabulæ quas ad verbum repetiit e Leonis libro II, 71 72.

(1283) E relatione cod. 47.

(1284) Olim Privernum.

(1285) V. Anon. Casin. a. 1098 ; Gaufr. Malat. IV, 26 — 28.

(1286) *Scilicet* in dipl. ap. Gatt. Acc., 205

Follocastri. Insuper et decem homines in eodem castro, quorum nomina hæc sunt : Petrus Marci cum familia sua, Niciforus cum familia sua, Theodolus Domini cum familia sua, Andreas Sceloxelli cum familia sua, Theodolus cum familia sua, Marinus, Leo Dorcari [4587], Condomiti Calazuri, Perechita, Leo Fargadari. Hos omnes cum familiis et rebus suis in hoc sancto cœnobio per præceptum aurea bulla bullatum concessit ; nec non et monasterium sancti Nycolai in bisiniano (1287), sancti Angeli in Troja, sancti Nycandri, Castellionem (1288), fundicum in Amalfi : pena apposita id removere quærentibus auri purissimi libras quingentas. Sed et Boamundus (1289) frater ejus eo anno (*Aug.* 19) similiter per præceptum aureo sigillo bullatum confirmavit omnia quæ pater ejus in hoc loco tradiderat, cum monasterio sancti Petri Imperialis in Tarento cum omnibus omnino pertinentiis suis, et decimam suam de frumento, vino, ordeo, animalium, piscium, quas tunc habebat vel deinceps habiturus erat.

11. Anno (1290) autem dominicæ incarnationis 1095, indictione 3, pridie Nonas Aprilis, quarta feria post octavas paschæ, a quarta ferme vigilia noctis usque in crepusculum, stellæ innumerabiles de cœlo versus occidentalem plagam ubique terrarum cadere visæ sunt (1291). Eodem tempore innumerabilis et inæstimabilis multitudinis occidentalium gentium facta est motio, omnibus certe retroactis sæculis inaudita et admirabilis, cum profecto toto simul gentes, tot principes, tam subito, tam unanimiter, tamque constanter, absque hominis ullius imperio conspiravisse, nemo qui legerit, nemo qui vel audierit aliquando, vel viderit alicubi, valeat reperiri. Unde non sine cœlesti nutu ac dispositione divina id geri, vel etiam incipi potuisse, nemo qui possit ambigere. De quorum omnium magnis et multiplicibus gestis summa duntaxat et excellentia quæque breviter et compendiose opusculo isti decrevi inserere; quoniam quidem nec mei propositi est per ordinem universa litteris tradere, et certe tot sunt et talia, quæ prudentis cujuslibet non parva exigant otia, et prolixi ac specialis voluminis opera. Fertur autem commotionem hanc apud Gallias occasione quorundam penitentium principium accepisse. Qui videlicet propterea quod, de innumeris sceleribus digne apud suos penitere nequibant, et

A quod sine armis utpote sæculares, inter notos conversari vehementer erubescebant, auctoritate atque consilio sanctæ memoriæ papæ Urbani, prudentis plane et vere apostolici viri qui tunc temporis pro negotiis ecclesiæ partes illas adierat (*Nov.*), ultramarinum iter ad sepulcrum Domini a Saracenis eripiendum, in penitentiam et remissionem peccatorum suorum illis injunctum, fide promptissima se arripere sponderunt ; certi et indubii redditi quod quicquid adversi, quicquid periculi, quicquid denique incommodi illis contingeret, loco penitentiæ a Domino recipiendum : ut tamen se a præteritis nequitiis continerent. Paulatim (1292) igitur ab uno ad alterum, et a provinciis ad provincias verbo hujusmodi volitante, incredibile est ad quantam multitudinem B brevi tempore conspiratio ipsa pervenerit. Ad inditium autem evidens ac speciale hujus expeditionis, communi consilio in vestibus suis a dextera scapula [4588] signum sanctæ crucis undecumque facere assuere, et simul altis vocibus « Deus lovolt, Deus lovolt, Deus lovolt » per totum iter decrevere frequentius inclamare (1293). Et re vera divinæ jam voluntatis erat, et hoc ipsum clementissima simul et omnipotentissima jam illa sua miseratione disposuerat, ut et christianos illarum partium ex tanto jam tempore sub jugo et ludibriis Saracenorum degentes a dominio illorum erueret, et sancta illa loca salutiferæ nativitati, passioni, ac sepulturæ ejus dicata, quæ ab impiis per tot annorum curricula propter iniquitates nostras et patrum nostro- C rum occulto suo judicio invadi ac profanari permiserat, ipsamque sanctam civitatem Jerusalem a nostris recuperari sua pietate concederet, atque ad ea visitanda et adoranda universos per orbem fideles sine periculo aliquo properantes, misericorditer exaudiret. Factis (1294) igitur tribus turmis ex omni illa quæ ad id jam consenserat multitudine, una pars eorum cum duce Gotfrido et ejus fratre Balduino, et cum comite Balduino de Monte, simul et cum quodam Petro heremita, quem sequebatur ingens turba Alemannorum, Ungariam ingressi, per viam quam olim rex Carolus statuerat, abiere Constantinopolim (*an.* 1096, *Aug.*) ; ubi jam illos Lombardorum ac Langobardorum maxima multitudo D præveneraf. Pars (1295) vero alia cum Raimundo comite Sancti Egidii et cum episcopo Podiensi (1296) per Sclavoniam perrexit. Tertia autem pars per

VARIÆ LECTIONES.

[4587] *ita orig. et reg.* Eodercari *c.* [4588] scapulos *c.*

NOTÆ.

(1287) *In territ. Bisiniani* ; supra III, 58 · *in Selectano*.

(1288) *In eodem territ. Trojano.*

(1289) *Marcus qui et Abboamonte* ap. Gatt. Acc., p. 205.

(1290) De cod. Casin. unde hæc Petrus hausit, edito in Mabill. Mus. Ital. I^b. p. 131, v. Sybel, Gesch. d. ersten Kreuzzuges. Düsseld. 1841, 8, p. 39. Sed initio aliunde hausta non pauca admiscuit.

(1291) Meminit ejus prodigii Hist. belli sacri, p. 138, et Anon. Casin. cujus verba noster retinuit. Sed neuter diem indicavit.

(1292) Cf. l. l., p. 139.

(1293) P. 140.

(1294) Abhinc auctorem suum pressius sequitur, quem tamen et in compendium redegit, nec verba ubique retinuit. Quæ licentius mutavit, typorum diversitate distinximus

(1295) L. l., p. 142.

(1296) Ademario.

antiquam stratam Romam venit, cum Robberto scilicet comite Flandrensi, et Roberto comite Normanniæ, et Hugone qui vocatus est Magnus, et Guilielmo Marchisii (1297) filio, cum aliis pluribus: qui (1298) videlicet omnes per nostrum Casinense monasterium transeuntes, et Benedicto patri ac fratribus se plurimum commendantes, Barium profecti sunt. Interea Boamundus filius bonæ memoriæ ducis Roberti cognomento Viscardi, qui primo cum patre, dehinc per se multa cum Constantinopolitano imperatore ejusque exercitibus prælia jam dudum prospere gesserat, cum esset in expeditione una cum patruo suo comite Roggerio in partes Campaniæ (1299), et hæc omnia per ordinem ad aures pervenissent ipsius, mox ad ejusmodi servitium subeundum cœlitus animatus, pannum sericum sibi protinus afferri præcipiens, totum in frusta divisit, et tam sibi quam et omnibus suis et pluribus aliis ob id negotium ad se confluentibus, sicut alios fecisse audierat, cruces inde in vestibus fecit, et simul omnes « Deus lovolt » inclamare magnis vocibus jussit. Qua fama exciti omnes Rogerii milites, tam multi ad hujuscemodi confœderationem subito confluxerunt, ut paucis sibi relictis prædictus comes mœstus ad Siciliam remeaverit. Mox Boamundus ad sua regressus, ad præfatum iter aggrediendum se præparavit. Perrexerunt autem cum eo capitanei hi : Tancredus Marchisii (1300) filius, Robbertus filius Girardi, Richardus de Principatu, et Rainulfus frater ejus, Robbertus (1301) de Ansa, Hermannus (1301) de Cannis, Robbertus de Surda valle, Robbertus filius Trosteni, Unfridus filius Rao, Richardus filius comitis Rainulfi, Goffridus comes de Ruscilione, et episcopus, et Girardus frater ejus, episcopus de Ariano, Boellus Carnotensis, Alberedus de Caniano, et Joffridus de Monte scaioso (1302), et plures alii quorum ad præsens non reminiscimur. Cum vero transfretassent (*Nov. 1*), venerunt ad Velonam (1303), ibique sociati sunt eis Flandrensis comes, et comes de Normannia, et alii plures qui cum illis transierant. Inde progressi venerunt in parte Vulgariæ, dehinc in vallem Andronopolis (1304), inde Castoriam (1305), inde Paflagoniam (1306), demum ad flumen Bardarum (*Dec. 25*) (1307). Cumque audisset imperator venire Boamundum, misit choropalasium (1308) quendam, qui illum cum omnibus suis secure et honorifice conduceret usque Constantinopolim ; venientes autem ad Russam civitatem (1309), Boamundus relicto ibi universo exercitu, cum paucis abiit Constantinopolim cum imperatore locuturus, ibique invenit ducem Gotfridum cum fratre ejus (*an. 1097. Feb.-Mart.*). Comes (1310) interea S. Egidii cum Podiensi episcopo, post multa pericula vix de Sclavorum terra egressus, venit Dirrachium, indeque progressus post dies aliquot introivit Constantinopolim. Hucusque tamen omnes hi quos prædiximus, et maxime primi, non ita facile, verum cum magna difficultate multisque angustiis et periculis pervenisse credendi sunt : quæ videlicet tam a Turcis et Pizinacis aliisque barbaris, quam etiam et ab ipsis imperatoris exercitibus per diversa loca perpessi sunt ; pluresque ex eis alii fame, alii gladio, quidam vero diversis infirmitatum mortiumque generibus periere : multotiens tamen ex prædictis barbaris victoriam Christus suis peregrinis concessit. Cœpit præterea providus et callidus imperator cum duce et comite atque Boamundo cæterisque eorum sociis agere, quod si vellent ei ex sacramento securitatem et fidelitatem facere, ipse quoque omnibus illis fidem nichilominus et securitatem daret, juraret etiam quod simul cum eis et ipse cum exercitu suo in viam sancti sepulcri per terram et per mare pergeret, et mercatum illis concederet, et quæque perdita liberaliter restauraret ; insuper et Boamundo quindecim dierum terram in longitudine, octo autem in latitudine, ex ista parte Antiochiæ (1311) daret. Sed dum hoc facere diu ex consilio detrectarent, ita tandem multa et inevitabili necessitate coacti jurare assensi sunt, ut si imperator juramentum quod se facere pollicebatur illis fideliter observaret, isti quoque suum nullatenus præterirent. Quo facto, mox omnis supradictorum exercitus transmeato brachio profecti sunt civitatem Nicomiam (1312). Videns itaque dux Gotfridus, quod tanto exercitui arta nimium esset via, per quam transire ad Nyceam debebant, utpote per valde ardua et excelsa montana, præmisit tria millia hominum cum securibus et aliis ferramentis, qui eandem viam viriliter inciderent et spatiarent, crucesque ferreas ac ligneas fieri, ac [4589] supra stipites pro signo viæ jussit affigi. Ventum tandem est ad Niceam, quæ videlicet civitas nobilissima et valde munita totius Romaniæ caput esse dinoscitur ; ibique castra me-

VARIÆ LECTIONES.

[4589] ac — affigi *l. l. desunt, sed in Gestis Dei leguntur ; quæ casu in Mabilionis ed. excidisse arbitror.*

NOTÆ.

(1297) *Marchusi* l. l.
(1298) *Qui — sunt* addidit noster.
(1299) *In obsessione Amalfi* l. l., p. 144, cum Ann. Cav. et Gaufredo IV, 24. Totum hunc locum liberius tractavit.
(1300) *Marchusi* ib. Matrem Emmam alii sororem alii filiam Roberti Viscardi fuisse volunt.
(1301) Desunt ibi ; sed postea commemorantur.
(1302) I. e. caveoso, *Montescaglioso* in Basilicata.
(1303) Latinis Aulon, Italis *La Vallona*. Urbs maritima portuosa, in ora occidentali Macedoniæ. Ang.
(1304) Adrianopolis, postea Drinopoli.
(1305) Macedoniæ urbs olim episcopalis.
(1306) *Palagoniam* l. l., p. 145; olim Pelagonia.
(1307) Prius Axium.
(1308) I. e. curopalatem.
(1309) Rhusion, ad Nestum fluv.
(1310) Hist., p. 147.
(1311) *Ab Antiochia retro* l. l., p. 149.
(1312) I. e. Nicomediam.

tati sunt, sexto die incipiente mense Maio (1313), obsederuntque illam per continuas hebdomadas septem (1314). Ipso (1315) autem primo biduo tam acriter nostri civitatem ipsam aggressi sunt, ut quandam muri partem perfoderent. Tertia vero die, cum Soliman (1316) rex Unnorum quos nunc Turcos vocamus, cum ducentis milibus equitibus (1317) a meridiana porta, quæ nondum custodiebatur, ad auxiliandum sociis vellet intrare, repente irruit super eos comes Sancti Egidii, et tanta eos virtute contrivit, ut vix paucis evadentibus cæteros obtruncaret; itemque alios cum tanta superbia accedentes, ut etiam funes secum quibus nostri vincirentur afferrent, Dei auxilio devicerunt, eorumque capita ad reliquorum terrorem cum fundis et aliis instrumentis intra civitatis muros jecerunt. Tunc ad omnem penitus civitatis aditum disturbandum, fecerunt in circuitu ejus unusquisque de prædictis magnatibus unum castellum ligneum, et cœpere cum diversis machinis civitatis turres confringere. Post hæc consilio habito, elegerunt de suis tres prudentissimos viros, et miserunt Babiloniam (1318) ad ammirarium cum litteris hujuscemodi : videlicet, ut sciret quod universi Francorum principes Jerosolimam unanimiter pergerent, et iter ad sepulchrum Domini aperire disponerent, deque prophanorum paganorum dominio christianorum terram eripere, eosque inde turpiter ejicere cum Christi auxilio vellent; videret nunc quid sibi agendum esset, et eligeret utrum vellet, aut fide Christi recepta illorum de cætero amicum manere, aut amicitia paganorum prælata obviam illis in bellum exire. Erat igitur justa civitatem lacus quantitatis non modicæ, per quem Turci cum navibus exeuntes nonnulla civibus subdita deferebant. Accepto itaque consilio, miserunt ad imperatorem, orantes ut mandaret illis aliquot naves usque ad portum civitatis, ac deinde faceret eas cum bobus deferre per montana usque ad prædictum lacum; factumque est. Cumque naves applicuissent, nocte miserunt eas in lacum plenas armatis Turcopolis, quos cum eisdem navibus imperator transmiserat; et facto mane, cœperunt properare contra civitatem. Quod Turci videntes, cœpere valde mirari, ignorantes utrum de suis essent, an de imperatore; cum autem cognovissent naves illas imperatorem mandasse, eumque nostris favere, de suis vero neminem illis posse succurrere, confusi atque perterriti, et penitus desperantes miserunt imperatori, quod si eis cum uxoribus et filiis et armis suis exire impune liceret, ipsi sponte civitatem protinus redderent. Tunc imperator mandavit illis, ut reddita civitate ad se sine aliqua trepidatione fiducialiter properarent. Quoniam autem imperator jam dudum promiserat, se omne aurum et argentum et equos, omnemque suppellectilem civitatis nostris contradere, sed et monasterium ibi Latinum, ac xenodochium constituere: sperantes in verbis ejus veritatem esse, deditionem ipsam et laudavere et misere (1319) (*Jun.* 20.). Sed imperator civitate recepta lætissimus redditus, nichil eorum quæ fuerat pollicitus fecit. Post hæc moventes inde tentoria, cum jam tertia die ante lucem iter arripuissent, noctis errore confusi in duos seorsum cuneos per duos ferme dies divisi sunt. Interea ingens multitudo Turcorum atque Persarum Arabumque quoadunata, versus cuneum in quo Boamundus erat, summo diluculo tendere cœpit, immensis vocibus more suo garrientes, stridentes, atque frendentes (*Jul.* 1). Quod Boamundus magnanimis vir prospiciens, cœpit hortari socios, dicens: « O fortissimi Christi milites, nolite terreri, scientes quod Dominus cujus bella bellamus nobiscum est. Equites igitur abeant contra illos; pedites vero festinanter extendant tentoria. Quod vult Deus de nobis, hoc faciat. » Erant tunc cum illo comes de Normannia et Tancredus; misit interea nuntios ad cæteros principes, ut quantocius festinarent accurrere illis: cinxerant enim illos undique Turcæ et Arabes, quorum non esset numerus, et nequaquam tanti prælii pondus ferre soli valerent. Quod illi audientes, quamvis id minime crederent, et hæc sub ludo mandata esse putarent, profecti tamen protinus sunt; et cernentes tantam hostium multitudinem, valde mirati sunt. Tunc accepta a Deo fiducia ordinaverunt acies, steteruntque in sinistro cornu Boamundus, et comes de Normannia, et Tancredus, et Richardus de Principatu; Robbertus filius Girardi eorum signifer. In cornu vero dextro, comes Sancti Egidii, dux Gotfridus, Hugo Magnus, et comes Flandrensis; episcopus autem Podiensis per montana cingebat eos. Statimque ut a nostris omnibus pariter inclamatum ex more est « Deus lovolt, » tanto mox terrore barbari omnes arrepti sunt, ut quantocius fugam inirent; quos nostri instantissime persequentes, multitudinem ex eis maximam occiderunt, per diverticula quæque vix cæteris evadentibus. Fertur relatione fidelium, et ipsorum quoque Turcorum qui evaserant testimonio comprobatur, quod tres egregii milites super albos equos sedentes, et alba nichilominus vexilla crucibus insignita gerentes, exercitum nostrorum præcedere, et adversarios quosque insequi ac perimere videbantur: Georgium scilicet, et Demitrium, atque Theodorum

NOTÆ

(1313) *D. Ascensionis* l. l.
(1314) P. 153.
(1315) P. 150.
(1316) l. l., p. 156. *Solimam veteris filius.*
(1317) Numerum Hist. belli sacri non habet.
(1318) Cairo.
(1319) l. e. admiserunt.

insignes Christi milites fuisse conicientes. Nec mirum plane istud, nec incredibile debet videri: quomodo enim persequeretur unus mille, et duo transmoverent dena milia, nisi quia Dominus subdidit eos, et Deus tradidit illos? Nam itinere trium dierum postea inveniebant nostri Turcos occisos et equos illorum, cum nondum aliquis illuc de nostris transisset. Fertur autem ad illam expeditionem Turcorum atque Persarum quadraginta sexaginta (1320) milia convenisse, præter Arabes quorum numerus ignoratur. Præda omnis in auro et argento, vestibus atque animalibus, satis magna, inter omnes divisa. Duravit autem pugna hæc ab hora ferme tertia usque in vesperam, acta ipsa die Kalendarum Juliarum, cecideruntque in eo prælio de nostris duo nobiles ac felicissimi milites, cum maximo certe dolore cunctorum, Joffredus scilicet de Montescaioso, et Guilielmus frater Tancridi, et quingenti sexaginta sex equites, et undecim milia pedites; Saracenorum vero plus quam centum milia (1321). Accidit post hæc, ut Solima dux Niceæ ab inde fugiens, obvius fieret exercitui Arabum circiter decem milium, venienti in auxilium suorum; qui percunctatus ab eis, curnam sic fugeret, respondit: « Si michi credere vobisque consulere vultis, vertite cursum; alioquin si vel parum teritis moras, nemo vestrum evadet manus Francorum: Deus enim eorum pro certo cum illis est. Nam cum nudius tertius ita eos undique cinctos et superatos jam fere in manibus haberemus, respicientes subito vidimus tam innumeram gentem, quantam nemo unquam hominum vidit. Siquidem tam montana quam plana omnia repleta erant armatis, moxque vociferantibus cunctis, tanta nos repente formido, tantus tremor arripuit, ut nichil aliud quam fugam meditari possemus. Mirum valde, si quisquam de tanta illa multitudine nostra vivus evasit. » His Arabes et hujusmodi verbis auditis, protinus terga verterunt; et dum fugerent ante nostros, ubicumque applicabant gloriabantur, dicentes: « Nos sumus qui superavimus Francos; » et devastabant ecclesias et domos et villas et filios christianorum ducebant captivos, et incendebant omnia quæ nostris fore necessaria viderentur. Nostrorum itaque exercitus dum illos indesinenter insequeretur, per inaquosa et deserta loca, maximam equorum multitudinem amisit; ipsi quoque per dies aliquot nil nisi solas agrorum spicas reperiebant ad comedendum. Tandem per Iconium devenerunt Heracleam (1322); ibi quoque cum non parva Turcorum manu congressi, superatos fugere compulere. Hinc Tancredus et Balduinus frater ducis Gotfridi se ab exercitu dividentes, ingressi sunt vallem de Botentrot (1323). Inde Tancredus cum suis tantum progressus venit Tharsum, ibique cum Turcis qui illi haud procul a civitate occurrerant confligens, intra eandem illos se tutari coegit; moxque ante ipsius urbis portas tentoria fixit. Balduinus etiam superveniens, similiter fecit, quod Turci videntes, exterriti omnes nocte illa fugere. Facto mane, exeuntes civitatis majores Tancredo illam spontanee tradidere, quem videlicet tam strenue viderant cum Turcis pridie dimicasse. Quam Tancredus Balduino relinquens, et in anteriora contendens, Adenam et Mamistam similiter adquisivit, nec non et universa castella usque Antiochiam. Cæteri vero ab Heraclea digressi, Armeniam ingressi sunt, castella seu civitates ipsius partim vi partim deditione recipientes, et versus Antiochiam quantocius properantes. Cum autem prope jam essent præcursores exercitus nostri, non parvam Turcorum manum, qui Antiochiæ ad suffragia ferenda veniebant, offendunt; quos in Christi nomine unanimiter aggressos, plures eorum interfecere, cæteros vero in fugam verterunt, prædamque maximam equorum, mulorum, et camelorum, quos diversis victualibus oneratos duxerant, acceperunt; atque juxta ripam fluminis Farfar eo die castra metati sunt (*Oct.* 20).

12. His diebus (1091, *Apr.*) Richardus de Aquila cujus supra meminimus (c. 7), obtulit beato Benedicto ecclesiam sancti Heliæ in Ambrife, sancti Mauricii in monte supra castellum sancti Johannis de Carica, sanctæ Mariæ ad fontem de monte Cervario, et sancti Johannis de Fabrateria loco Campusani, cum terris, vineis, casis, molendinis, et omnibus tam mobilibus quam immobilibus illorum (1324). Quo tempore idem abbas dedit ei libras 25. Similiter Pandulfus de Presenzano [4890] (1325) obtulit beato Benedicto partem suam de castro Mirtula (1326), et Bantra comitale, et sancti Salvatoris in Cucuruczo, cum universis pertinentiis illorum mille libras auri pena apposita (*an.* 1091, *Sept.*); pro qua etiam re abbas Oderisius 96 libras ei contradidit. Rodulfus (1327) etiam de Molisio Bovianensis comes cartam fecit huic loco de monasterio sanctæ Crucis in Ysernia, necnon de castello qui vocatur Balneus, cum casis, terris, vineis, aquis, molendinis, silvis, ecclesiis, et universis pertinentiis suis, tam intus quam foris, apposita pena 150 librarum auri (*an.* 1092, *Mart.*); accipiens ab

VARIÆ LECTIONES.

[4890] Presensano c.

NOTÆ.

(1320) *Tricenti quadraginta m.* l. l., p. 154.

(1321) Numeros addidit.

(1322) Ercle.

(1323) Podandus, ubi aditus in Ciliciam est.

(1324) V. I. B. Federici degli antichi duchi di Gaeta Neap. 1791, 4, p. 440.

(1325) *Comes, filius d. Pandulfi qui fuit comes Tiaño*, ap. Gatt. Acc., p. 206.

(1326) Alias Mortula. Ang.

(1327) Gatt. Acc., p. 207.

eodem abbate libras 100, Petrus quoque filius Atenulfi, cum Johanne cognomento Revere fratre suo, idem fecit de Sancto Johanne in Campo Samni cum pertinentiis suis, territorio Cyperano. Id ipsum fecit et Raynaldus comes Pontiscurvi (1328) de monasterio sancti Pauli in Furesta cum pertinentiis suis (*an.* 1093, *Mart.*). Sed et Lando dux olim Cagetanorum eodem tempore [*Dec.* 10] (1329) fecit et ipse cartam beato Benedicto, de omnibus quæ sibi a paterno, vel materno jure pertinebant in toto ducatu Cagetano ac principatu, de civitatibus, castellis, villis, ecclesiis, silvis, omnia et in omnibus, pena centum librarum auri apposita.

13. His porro diebus Cidrus vicecomes Richardi principis (1330) ad hunc locum veniens, sanctæque conversationis habitum accipiens, monachus factus est. Opportunum vero videtur tam ad præsentium quam ad posterorum notitiam scribere, quid iste diversis temporibus huic loco obtulit. Prima igitur vice dedit domno Desiderio abbati, quando cœpit renovare ecclesiam sancti Benedicti, solidos Amalfitanos 800. Item alia vice dedit ei solidos 400. Post hæc dedit ei 6 libras denariorum. Item dedit ei solidos 300, de quibus emit circitorium optimum ad altare sancti Benedicti. Item alia vice dedit ei 100 libras argenti. Item alia vice pro tabula altaris beati Martini libras 24, pro renovandis libris ipsius solidos 45. Post patris autem Desiderii transitum, obtulit beato Benedicto crucem auream pretiosam cum gemmis et margaritis, et scrinium aureum mirificum, et calamarium aureum margaritis et gemmis pretiosissimis undique adornatum, vestem etiam imperialem totam deauratam, gemmis, smaltis ac margaritis decenter ornatam. Pallium purpureum, et listam auream pro pluviale. Item pro corona argentea libras 40, pro constructione cimiterii libras 20, item libras argenteas 50. Pro tabula altaris sancti Andreæ libras 20, nec non et plura alia in utilitatibus fratrum in diversis temporibus. Arnulfus (1331) interea vir nobilis cum omnibus parentibus suis, eo tempore (1093, *Mai.*) fecerunt huic sancto loco cartam oblationis de rocca quæ vocatur Civitella in ducatu Spoletino, nec non et de monasterio sancti Salvatoris ibidem constructo, et ecclesiam sancti Petri de Montescopulo, ac medietatem de ecclesia sanctæ Mariæ, et de ecclesia sancti Agnelli in Cese, et curtem in Petraccle, et in Alanu, in Paganica, et in Porcaria in comitatu Narniensi, cum omnibus pertinentiis illarum tam mobilibus quam immobilibus, quingentarum librarum argenti pena apposita.

14. Eodem quoque tempore, cum Aquinenses comites ferali adversus Soranos odio desævirent, ab eisdem Soranis contra eos Jonathas filius Jordani principis est evocatus; qui desiderium acquirendæ Campaniæ per hoc se invenisse lætatus, Normannos ad se evocans, urbem Soranam ingressus est. Ubi, cum per aliquot annos remoratus pugnas ibi nonnullas fecisset et recepisset, ab eodem Jonatha Adenulphus comes captus, atque in carceris est vincula conjectus. Tunc capti comitis fratres Landulfus, Pandulfus et Lando, Oderisium abbatem adeunt, utque sibi in tantis necessitatibus subveniret, modis omnibus poscunt. Abbas vero Oderisius sociatis sibi aliquot fratribus, Jonathan apud Soram remorantem adiit, ibique cum eo colloquens, prædictum comitem a vinculis solvit: sub hoc videlicet tenore, ut quousque mille libras Jonathæ persolveret, filios suos obsides illi contraderet; quod et factum est. Post hæc autem idem comes ad monasterium veniens, idem abbas dedit ei libras centum, et alias centum accommodavit, et comes Adenulfus dedit in civitate illius de Sancto Urbano omnes illos, quos beatæ memoriæ domnus Desiderius abbas cum eo concambiaverat (1332), cum omnibus eorum pertinentiis in integro, sicut octo diebus antea domnus Desiderius abbas commutationem tenuerat; tali tenore, ut a proxima paschali festivitate veniente usque ad aliam resurrectionem, vel antea, si potuerit fieri, si comes Adenulfus reddiderit centum libras, sive de alia tali merce quæ abbati vel monachis complacuerit, reddantur ex integro ipsi supradicti homines: si vero ad prædictum terminum easdem libras non reddiderit, per cartam legaliter scriptam testibusque roboratam amittat omnes homines jam dictos, cum omnibus illorum pertinentiis, quæ supradicti sub abbate Desiderio tenuerunt; ita tamen, ut usque ad prædictum terminum sic possideant et habeant ipsos homines, ut hodie habere videntur. Excipitur Mons de Alberto cum vineis et terris, si tamen ibi castrum ædificaverit. Excipitur et Miluczu cum rebus soceri sui, et presbyteri Landonis avunculi sui. Et refutavit terram huic monasterio pertinentem, quæ est ad Petram scriptam, quam post mortem patris sui idem comes ab hujus loci dicione subduxerat. Adveniente vero reddendi pretii termino, ab Oderisio abbate Adenulfus comes conventus, ut supradictas libras Casinensi cœnobio redderet, se non habere professus est, unde has nobis restituere posset.

15. His quoque diebus Paldus comes, filius Johannis Venafrani comitis, reddidit beato Benedicto ecclesiam sancti Benedicti in Venafro, et sancti Benedicti Pizzuli, cum omnibus pertinentiis suis, pena mille bizanteorum apposita; quas videlicet Desiderius abbas in concambium dederat Johanni patri

NOTÆ.

(1328) F. Goffridi Ridelli; Gatt. Hist., p. 294.

(1329) Gatt. Acc., 207 e. Reg. Petri; cf. Federici, Duchi di Gaeta, p. 442.

(1330) Jordanus eum viceprincipem suum dilectum appellat, ap. Gatt. Acc., p. 187.

(1331) Arnulfus ipse jam defunctus erat. Chartam edidit Gatt. Acc., p. 208. Data est, *regnante Henrico rege in anno regni sui* 38.

(1332) V. supra III, 16.

ipsius (1333). Sed et Teudus vir nobilis (1334) obtulit huic sancto cœnobio ecclesiam sancti Petri subtus castrum Murolum, sancti Angeli et sancti Martini super castrum eundem, nec non 8 familias hominum, quorum nomina hæc sunt : Aspranus cum familia sua, Mampo cum familia sua, Johannes de Silva de Muli cum familia sua, Benedictus de Merco cum familia sua, Johannes de Adammo, et Leo de Raynerio (1335) cum omnibus suis. Hos omnes cum universis substantiis suis in hoc loco devotissimus obtulit, centum librarum auri pena proposita (*an.* 1094. *Jan.* 24.)

16. Sub [4891] hujus abbatis temporibus Balduinus, dominus castelli quod vocatur Pons sanctæ Anastasiæ in comitatu Telesino, optulit beato Benedicto ecclesiam [4892] sancti Dionisii de prædicto castello sanctæ Anastasiæ — quam ipse valde parvulam reperiens ac vetustam, a fundamentis renovavit et ampliavit, eamque nonnullis possessionibus atque colonis dotans, et mansiones in circuitu construens, dompnum Roffridum Beneventanum archiepiscopum illam dedicare sollempniter fecit, commonitus a supradicto papa Urbano — cum terris, vineis superpositis et silvis, cum arboribus, cultis et incultis, et ecclesiis antiquis constructis intra easdem pertinentias numero quinque, videlicet ecclesia sanctæ Dei genitricis et virginis Mariæ, quæ Ad Arvente vocatur, cum omnibus pertinentiis suis, ecclesia sancti Angeli quæ dicitur Ad gruttam, cum omnibus pertinentiis suis, ecclesia sancti Barbati cum omnibus pertinentiis suis, ecclesia sancti Juliani quæ constructa est in territorio castelli Limate, quæ dicitur Ad pugnam, cum omnibus pertinentiis suis; insuper et ecclesia sancti Herasmi intra fines ipsius castelli Pontis sanctæ Anastasiæ, in loco ubi dicitur Ferrarisi, cum molendinis sex in fluvio Alento, qui vadit juxta prædictum castellum Pontis sanctæ Anastasiæ; et piscaria in fluvio Calore, in loco ubi dicitur Decembri, et vinea, et silva quæ ad Cerra dompnica sita est. Robbertus etiam filius Rainulfi comitis (1336) restituit huic sancto loco ecclesiam sanctæ Mariæ de Cinglis cum pertinentiis suis (*an.* 1094. *Dec.*); nec multo post Nycolaus presbyter de Venafro judicavit et tradidit huic cœnobio ecclesiam sancti Nycolai in civitate Venafri, cum omnibus pertinentiis suis. Adelgrima (1337) quoque comitissa filia Pandulfi principis Capuani, habitatrix in territorio Carseolano, in castello quod vocatur Auricula, relicta Raynaldi comitis filii Berardi comitis, judicavit et tradidit quattuor castella in dicto territorio Carseolano anno dominicæ incarnationis 1096 (*Mart.*) primum quidem castellum quod nominatur Auricula, secundum quod vocatur Fossaceca, tertium quod dicitur Camerata, quartum quod nominatur Piretus; nec non tria monasteria, videlicet monasterium sancti Johannis cum ipso hospitali, sancti Johannis de valle Calvula, et sancti Petri de Pireto; castella et monasteria supradicta cum omnibus omnino pertinentiis suis. Eodem (1338) anno (1097) stella cometes apparuit; et urbs Antiochena a christianis capta est. Sequenti (1339) vero tempore, Idibus Julii christicolæ civitatem Jerusalem cœperunt (1099), et in cœlo ignea via per totam noctem visa est quinto Kalendas Octobris.

17. Alexius imperator Constantinopolitanus per Johannem choropalasium suum transmisit beato Benedicto vestem de dorso suo oxideauratam (1340) (*an.* 1098. *Jun.*): quem profecto legatum prædictus abbas honorifice satis suscepit, eundemque imperatorem participem bonorum quæ in Casino operantur, imperpetuum manere constituit; legatumque suum cum litteris ad eum direxit, per quas christianos qui ad expugnandam paganorum perfidiam Jerosolimam perrexerant, illi commendare curavit, ac prælationem et curam domus peregrinorum, quæ in Casino est, ad remissionem omnium peccatorum ei gerendam injunxit. Pari etiam modo litteras Goffrido regi Jerosolimitano, ac Boamundo principi Antiocheno, ne imperatorem debellarent, transmittere studuit. Alia (1341) vice libras 8 solidorum michalatorum misit idem imperator, causa memoriæ, et pallium triacontasimum (1342) pro altari nostræ ecclesiæ. Tunc temporis (*an.* 1097. *Mar.* 27.) abbas noster Oderisius a præfato Urbano papa privilegium generale (1343) accepit de libertate hujus cœnobii, tam in capite quam in membris ecclesiarum atque castrorum, et dignitate et usu compagorum (1344) et cirothecæ, dalmaticæ ac mitræ, et multis aliis quæ longum est enarrare.

18. Idem præterea pontifex apostolicæ sedis Urbanus pro negotiis ecclesiasticis ut supra diximus (c. 11.) Galliam ingressus (*an.* 1096.), in plenario Turonensi ubi ipse præsidebat concilio (*Mart.*) mo-

VARIÆ LECTIONES.

[4891] *Hic alia manus ejusdem temporis pergit, initio capitis quod jam scriptum erat eraso.* [4892] *Sequentia usque ad finem c. 25. manus eadem in 4 foliis postea insertis scripsit.*

NOTÆ.

(1333) III, 39.

(1334) *Teudo dominus castrorum Sculculæ (in Campania) et Muroli quam et arcis Vitolini*, ap. Gatt. Acc., p. 209 e Reg.

(1335) Omisit Amatum de Dato et Joannem Silbii, neque cætera nomina accurate expressit.

(1336) Fratris Richardi I principis; 1094, ind. II, Gatt. Acc., 713.

(1337) Gatt. Acc., 212.

(1338) Anon. Casin. ad a. 1097.

(1339) Idem ad a. 1098.

(1340) Ὀξυχρύσεον, auro splendente inauratam. Duc. Epiloricum vocat ipse in epistola ad. Gatt. Hist., p. 923; Murat. Ant. V, 587. Tosti II, 93.

(1341) Indicare videtur ep. tertiam ib., p. 924; sed v. infra c. 46.

(1342) Τριακοντάσημον, 30 clavis aureis ornatam. Ducang.

(1343) Gatt. Histor., pag. 149.

(1344) S. campagorum i. e. calceamentorum pontificalium.

nasterium sancti Mauri in Glannafolio (1345) a tyrannide Fossatensium monachorum (1346) abstrahens, pristinæ libertati restituit, sub magisterio tantum et tutela monasterii Casinensis perpetuo mansurum (1347). Per hos dies idem abbas Oderisius per Georgium monasterii sui monachum Henrico IV. Imperatori literas destinavit, per quas se Desiderio in monasterii regimine et in imperatoris fidelitate et servitiis successisse monstravit. Quo etiam tempore jam dictus frater Georgius in præsentia prædicti imperatoris Henrici, et Henrici V. filii ejus, et Mathildæ comitissæ (1348) proclamationem fecit de possessionibus cœnobii Casinensis apud Liguriam constitutis, quæ patri Benedicto Aystulfus et Desiderius reges Langobardorum, nec non Karolus, Pipinus, et Lotharius imperatores, ac cæteri Deum timentes concesserant. De monasterio sancti Benedicti in Persiceta, territorio Mutinensi, intra fines fluvii Fusculi et limitis Malmeniliaci, quod videlicet Petrus dux civitatis Ravennæ beato Benedicto sub abbate Angelario optulerat, cum tota curte Persiceta, et curte de Greniano, et curte de Monterione, cum molendinis duorum fluviorum, id est Fusculi et Gallici. Deinde monasterium sanctæ Mariæ in Laurentiatico ultra fluvium Gallicum; inde non longe est monasterium sancti Dompnini in curte Argellæ, una cum silva alta, et silva majore, et tota piscaria quæ dicitur Caucenna, usque in fluvium Gambacane, et usque in Rosalese, et usque in curtem Ragogusola. Deinde subtus viam publicam monasterium sancti Vitalis cum tota curte Calderaria prope castrum Sala. Monasterium sancti Johannis in Frassenetula cum tota curte ipsa, usque ad stratam Petrosam sitam prope castrum Cedula (1349. Monasterium sancti Martini juxta stratam Petrosam in casali Marciano cum tota ipsa curte prope castrum Unciola (1350), et omnia dompnicalia. Monasterium sancti Salvatoris in Pontelongu cum tota eadem curte per comitatum Mutinensem, mansos terræ 30 et jugera 61. In pertinentia de Montirone ex superiori et inferiori parte ipsius castri, quamplurimæ petiæ de terra, et molendinum in loco qui dicitur Campaldus, in fluvio Fusculo, et curtes quæ sunt in Benselio, quæ Berta filia compalatii (1351) Ticinensis obtulit beato Benedicto intra hos fines: Ab oriente limes Bisentulæ; a meridie via quæ appellatur major, et limites de Maleandroni; ab occidente flumen Riolum subtus Castellione. In Postumiano 6, in Laino jugera 2. Hæc inquam omnia, cum universis pertinentiis et appendiciis suis in circuitu, cum casalibus, fundis, et cum dompnicalibus, cum villis, rusticis, colonis utriusque sexus, cultum, incultum, divisum, indivisum, subter et super, ad jus pertinuerant antiquitus monasterii Casinensis. De his omnibus imperator veritate cognita Mathildæ comitissæ præcepit, ut cuncta jam dicta eidem fratri reconsignaret pro parte et vice monasterii Casinensis, centum librarum auri pena apposita. Per (1352) idem tempus (*an.* 1098. *Dec.* 8.) monasterium sanctæ Mariæ de Cinglis, de quo etiam tempore abbatis Desiderii et hujus abbatis diu proclamatum fuerat contra abbatissam sanctæ Mariæ in Capua, quæ ibidem violenter ingressa fuerat, visis utriusque partis juribus, prædictus pontifex nobis restituit, et per privilegium sub dominio hujus cœnobii et ordinatione manere constituit. Anno (1353) dominicæ incarnationis 1098 [1099] luna 12. in ortu suo defectum passa, paulatim redintegrata est Nonis Junii. Eodem anno bonæ memoriæ Urbanus apostolicæ sedis præsul obiit (*Jul.* 29), cui Raynerius abbas sanctorum Laurentii et Stephani (1354) in apostolicam sedem pontifex subrogatur (*Aug.* 13), Paschali nomine illi imposito.

19. Per idem tempus (*an.* 1098. *Jul.*) Anso rector Beneventani principatus ad fidelitatem Romanæ ecclesiæ, et nobiles viri fratres sui Dauferius et Atenulfus, Johannes et Berardus, Petrus et Alfanus et Liuprandus, filii dompni Dacomari Beneventani præsidis, optulerunt sancto Benedicto ecclesiam sancti Nycolai constructam sursum in turre nova Beneventanæ civitatis, quæ vocatur Pagana, quam ipse genitor eorum ampliaverat, cum casis, terris, molendinis ad fluvium Sabbatum, et cum omnibus pertinentiis suis (1355). Ipsi enim fratres ante hoc tempus fecerant privilegium dictæ ecclesiæ de omnibus rebus suis. Berardus (1356) etiam Marsorum comes illis diebus optulit huic cœnobio ecclesiam sancti Martini in territorio Marsicano, juxta lacum Fucinum, loco qui Filimini appellatur, cum omnibus pertinentiis suis, terris, vineis, et uno servitio piscatorum et rebus suis (*an.* 1097. *Jul.*).

20. Interea (*an.* 1097. *Feb.*) Rocca filia Drogonis comitis optulit 46 homines in vico Sellectano, et in Castellione 7 homines, cum omnibus rebus eorum stabilibus vel mobilibus, et filiis eorum, et alios cum reversi fuerint, qui exiverant de ipsis terris (1357). Set comes Roggerius Siciliæ et Calabriæ,

NOTÆ.

(1345) *Glanfeuil* d. Andegav.

(1346) *S. Maur des Fossés* d. Paris.

(1347) Hæc ipse fusius refert in bulla d. ap. Tarracinam 1097, Mart. 21, ap. Gatt. Hist., p. 298.

(1348) Separatim certe. Sed de imperatore omnino dubito; de Mathilde v. c. 25. Cæterum de his possessionibus v. Tiraboschi, Nonantula I, p. 445. Desiderii regis privilegium in quo primum commemorantur (ap. Tostium I, 89), quin spurium sit non dubito.

(1349) *Cellula* legi jubet Tiraboschi l. l. Nunc Zola vocatur.

(1350) Anzola.

(1351) I. e. comitis palatii, quod fortasse Petro restituendum erat.

(1352) Ex privil. Urbani ap. Gatt. Acc., p. 710; Mabill. Ann. Bened. V, 629.

(1353) Ex Anon. Casin. ad a. 1099.

(1354) *S. Lorenzo fuori le mura.*

(1355) Ap. Gatt. Hist., p. 409.

(1356) Diploma ap. Gattulum exstare ait Di Meo Ann. Neap. IX, p. 25. Quod frustra ibi quæsivi.

(1357) *Anno ab inc. d. n. I. C.* 1105, *apud Romanos autem* 98 *regn. d. n. Rogerio duce ind.* v, ap. Gatt. Acc., p. 215.

confirmavit (*an.* 1098) omnia (1358) quæ Rocca neptis sua huic cœnobio dedit, videlicet omnia illa quæ in vico Sellectano possederat. Pari (1359) etiam modo Berardus comes filius Oderisii Sangretani comitis obtulit beato Benedicto totam et integram pertinentiam, quæ sibi pertinebat intra fines montis Aze pro pascuis, exceptis silvis, et cultis terris, pratis defensis; nec non optulit cunctum et integrum locum qui dicitur de Lacuvivo, et cunctum et integrum locum qui dicitur Godi, et quantum sibi pertinuit de Pantana, totamque et integram Claranam et Muricentum, et Altareofaniam, et quantum sibi pertinuit de loco qui dicitur Saphinum, et campum de Armonia (*Feb.*). Simili modo nobilis vir Maxarus habitator civitatis Albæ in territorio Marsicano obtulit huic sancto loco ecclesiam suam sancti Martini in dicto territorio ubi dicitur Sclavi, cum 30 modiis de terra, et omnibus pertinentiis suis. His etiam diebus abbas noster Oderisius commutationem fecit cum Benedicto Terracinensi episcopo de ecclesia beati Andreæ apostoli, quæ posita est in civitate ipsa prope episcopium, cum cimiterio et domibus et plateis, pro qua recepit ecclesiam beati Nycolai sitam extra civitatem ipsam juxta portam Albinam, cum cimiterio et orto et domo, centum solidorum pena apposita, si id removere quæsisset. Porro cum a papæ Gregorii VII sextus decimus, et Victoris III quartus decimus, et secundi Urbani transitu, ac subrogatione Paschalis II. secundus jam annus esset elapsus, et ab incarnatione dominica nonus nonagesimus et millesimus (1100) volveretur, Guibertus (1360) hæresiarcha, invasor Romanæ ecclesiæ vita privatus est. Post non multum temporis (*an.* 1101. *Aug.*) spatium Landenulfus[4593] comes, filius Laydolfi comitis, optulit beato Benedicto totam et integram roccam de Camino (1361), cum suo castro et suis pertinentiis.

Sequenti autem anno (1362) Rocca, quam supra nominavimus, fecit privilegium de hominibus undecim, quos habebat in vico Sellectano, cum familiis[4594], terris, et vineis eorum, et cum omnibus quæ ad ipsos pertinebant. Optulit etiam (1363) per privilegium ecclesiam (1364) sancti Petri quæ est ad Ferulitum, et medietatem ecclesiæ sancti Dimitrii, quæ est oblata prædictæ ecclesiæ sancti Petri, et medietatem de omnibus terris cultis vel incultis, montibus, planis, aquis, molendinis, pascuis atque paludibus, et portus ipsius maris, auri librarum 50 pena apposita.

21. Demum abbas noster Oderisius a supradicto papa Paschali privilegium concessionis de Sancto Nicolao in Benevento et libertate ejus, cum omnibus quæ tunc possidebat, id est molendina duo sub uno tegmine, centimolum (1365), ortos cum diversis arboribus, curtes decem cum terris et silvis suis et domibus (*an.* 1101. *Nov.* 17). Addidit etiam idem pontifex ecclesias has, videlicet ecclesiam sancti Nicolai in Urbiliano, prope Petram pedicinam (1366) cum pertinentiis suis; ecclesiam sancti Nicolai quæ vocatur Rodenandi, cum pertinentiis suis; ecclesiam sanctæ Mariæ quæ vocatur Rotunda, cum pertinentiis suis; et balneum, juxta ecclesiam sancti Potiti.

22. Tunc temporis Laydolfus filius Petri Laydolfi, vir nobilis de civitate Capuana, optulit beato Benedicto integram turrem, quæ vocatur De mari (1367), quæ est infra fines Suessanæ civitatis, juxta fauces Gariliani fluminis, et aquam et alveum prædicti fluminis, cum ripis ejus, et terra, et silva quæ nominatur Pineta, cum aliis terris ibi conjunctis. Per idem tempus (1368) Gualterius comes donavit casas et casalina infra civitatem Teramnensem (1369), et vineam, terram, molendina, et alvea in castaldatu Teramnensi, et silvam infra ducatum Spoletinum, in locis ubi dicuntur Cifalanum et Pracclepetanum, et quartam portionem castelli Johannis et Pauli, cum pertinentiis suis. Dedit etiam idem Gualterius (1370) omnes res quæ fuerunt Ascari, in valle quæ dicitur Praraccle, et Interampnes, excepta ecclesia sancti Paterniani cum sua pertinentia, et dedit medietatem Cifelani, cum pertinentiis suis, et omne quod fuit Unaldi, in Gruttule, et in Cinqualio, et in Sallano, et in Plano episcopale, et in Joniano, et in Producte, et in Mandulano, et terram in Cinqualio, et terram juxta frontem Gruttule.

23. Hoc præsidente abbate, anno Domini 1103, septimo decimo anno promotionis suæ, dedicata est ecclesia sancti Stephani a Benedicto Terracinensi episcopo, Nonis Novembris; in qua sunt reconditæ sanctorum reliquiæ quæ subter adscriptæ sunt. De

VARIÆ LECTIONES.

[4593] Landulfus *c.* [4594] famulis *c.*

NOTÆ.

(1358) A. D. 1098, ib., p. 216.
(1359) Gatt. Acc., p. 218.
(1360) Anon. Casin. ad a. 1100.
(1361) Oppido Gallucio conterminam, in diœc. Teanensi, teste Gattula, Acc. p. 219. ubi donationem e Reg. edidit.
(1362) A. D. 1102, ind. 2, dominante Rogerio comite, Gatt. Acc., p. 217; v. supra n. 98.
(1363) A. D. 1104, Rogerii ducis 20. ind. VII quibus mendum inesse oportet. Gatt. Acc., p. 217.
(1364) *Medietatem* ejus, ib., offert in eccl. S. Benedicti Citrarii, cui hæc vicina esse videtur. Residebat ipsa in Castro Ullano.
(1365) Molam domesticam, jumento actam. ANG.
(1366) *Pelicinam* in privil. ap. Gatt. Hist., p. 411.
(1367) Duas turres distinguendas esse, monet I. B. Federici, *Degli antichi duchi di Gaeta.* Neap. 1791, 4, p. 162. Alteram quam supra II, 37, 38 habuimus, ædificavit Joannes patr. Cajetanus, sed tempore Joannis X, non VIII; alteram in sinistra Gariliani ripa, ad mare sitam, Pandulfus.
(1368) A. D. 1102 Henrici regis 46, indict. IX (leg. 10), Gatt. Acc., p. 219.
(1369) Terni.
(1370) A. D. 1103 Henrici regis 47, ind. II (l. ib., p. 220.

panno ubi involutus fuit Christus, quando natus est. De lapide qui fuit ad ostium monumenti Domini. De palma quam tenuit Dominus in manu, quando ei via constrata est. Sancti Mathei apostoli, Bartholomei apostoli, Stephani protomartyris, Laurentii, Vincentii, Sebastiani, Ciriaci, duodecim fratrum, Cosmæ et Damiani, Luciæ et Geminiani, Marii et Marthæ, Tyburtii et Valeriani, Georgii, Ypoliti, Martini Turonensis, Stephani papæ, Calixti papæ, Cornelii papæ, Cypriani, Priscæ, et Adelberti. In (1371) hac ecclesia cum inventa fuissent corpora sanctorum monachorum Paulini et Augustini, beatissimi Benedicti discipulorum, cum aliis duobus sepulta, demoniacus quidam ibidem veniens clamare cœpit, dicens : *Paulinus et Augustinus discipuli Benedicti cum duobus sociis suis me ejiciunt.* Hæc dum crebro per os illius diabolus diceret, cum sanguine immundus spiritus egressus est. Oderisius autem abbas sanctorum inde corpora elevans, in muro ecclesiæ sancti Andreæ apostoli reverenter locavit.

24. Inter hæc Guilielmus comes civitatis montis sancti Michahelis archangeli (1372) fecit privilegium beato Benedicto de xenodochio extra dictam civitatem cum pertinentiis suis, et concessit eidem xenodochio terras et ecclesias (*an.* 1100. *Apr.*). Henricus vero frater ejus concesserat prius (*an.* 1099. *Nov.*) cuidam ziano (1373) suo terras pro construendo ipsum xenodochium; demum (1374) concessit xenodochio ipsi ecclesiam sancti Nicolai in Tiliata cum pertinentiis suis, centum unciarum auri pena apposita (*an.* 1101. *Apr.*). Johannes quoque Comitellus optulit partem suam, id est integram medietatem de ecclesia sancti Benedicti xenodochio memorato. Ursus etiam cognomento Spina partem suam optulit de dicta ecclesia sancti Benedicti in ipso xenodochio. Sed et Sico presbiter, et Manus, Ursus et Leo, nobiles viri de dicta civitate, optulerunt ecclesiam sancti Altissimi dicto xenodochio, constructam in silva ad Marruta, quam habebant a paterna vel materna substantia. Hujus abbatis anno ultimo Rogerius dux fecit privilegium huic cœnobio de terris in pertinentiis Trojanæ civitatis (*an.* 1104. *Dec.*) (1375).

25. Ryccardus quoque II. princeps, interventu Robberti comitis dedit huic loco oppidum Pontiscurvi (1376) cum pertinentiis suis, exceptis castellis deforis, cum illorum pertinentiis, et excepto feudo Ryccardi de Aquila, quod ibi habebat id vita Gualguani (*an.* 1105. *Jan.* 25). Quod videlicet oppidum idem Gualguanus nomine dotis uxori suæ dedit, et moriens dereliquit; set illa debitam securitatem dicto principi facere contempsit, et contra voluntatem suam hostibus ipsius se junxit, et guerram sibi fecit, et negotium cum eis commisit, et annonam eis tribuit : ob quam culpam prædictum oppidum in principis jurisdictionem et potestatem evenit, et præphato Robberto comiti, fratri dictæ uxori Gualguani prædicti dedit, per quem videlicet comitem, et a quo præfatum oppidum in nostro cœnobio datum fuit. Sed et Robbertus Cajatianorum atque aliorum multorum comes, filius Raynulfi comitis superius nominati (1377), partim dono partim pretio, concessit et confirmavit (*Jan.* 13) huic cœnobio oppidum de Pontecurvo cum suis pertinentiis, ex concessione Ryccardi II principis, qualiter a prædicto principe sibi concessum fuit : quod videlicet Gualguanus triduo antequam moreretur possidere visus est. Nobilis etiam mulier Berta, filia Unaldi, dedit, et optulit huic cœnobio ecclesiam sancti Martini constructam in Spoletina civitate, in loco qui dicitur Porta sancti Laurentii, cum omnibus pertinentiis suis. Demum Tobaldus et Petrus Caldina viri nobiles, et alii quattuor, optulerunt huic loco Gissum (1378) in monte de Trequanzano in castro Argenti. Robbertus quoque de Buthone vir nobilis cum uxore sua Sica, optulerunt et tradiderunt sancto Benedicto medietatem de ecclesia sancti Petri constructa ad Ferulitum, cum omnibus dotibus quæ eidem ecclesiæ pertinent, et cum ecclesia sancti Dimitrii, cum terris, silvis, planis, montibus, pascuis, aquis, molendinis, atque paludibus. Circa hos dies (*Jun.* 22) Mattilda comitissa concessit (1379) huic loco tertiam partem de curte sancti Benedicti, quæ dicitur in Pastorini (1380). Ugo, comes de Melisio, filius comitis Raulis (1381), optulit beato Benedicto integrum castellum nomine Vitecosum, cum pertinentiis suis (*Sept.*). Præterea præfatus abbas recepit a supradicto papa Paschali privilegium generale (*Mart.* 17) (1382), prout receperat ab Urbano II. superius nominato. Huic quoque abbati et successoribus ejus, Ptolomeus consul et comes Tusculanæ affidavit unum navigium in qualicumque navigio sint hujus cœnobii monachi, ut in mari et terra securi sint a se suisque hominibus, et omnia mercimonia eorum, et omnes homines qui fuerint inventi navigio ipso, eundo Sardiniam et red-

NOTÆ.

(1371) Eadem de Justis Casin. 20, 21.

(1372) Vel potius Heinricus præsente fratre, teste Jo. Mabillon. Ann. V, 399.

(1373) I. e. avunculo, Joanni abbati de Curte, filio Guaimarii principis Salernitani. Heinricus erat Roberti comitis. Gatt. Hist., p. 412.

(1374) Ib., p. 413.

(1375) Gatt. Hist., p. 158. Suspectum videtur Al. di Meo Ann. Neap. IX, 121.

(1376) Gatt. Acc., p. 223. Exstat ib. juramentum principis et notitia abbatis de pecunia in hoc negotio expensa.

(1377) Fratris Richardi I. Privil. v. ib., pag. 222.

(1378) An gypsi fodinas?

(1379) Imo restituit, proclamante in judicio Georgio monacho supradicto (c. 18), ut et ecclesiam S. Benedicti. Edidit Cl. Murat. Antt. It. V, 611.

(1380) In pago Persiceta.

(1381) Ejusdem qui c. 12 Rodulfus vocabatur. Gatt. Acc., p. 224.

(1382) Gatt. Hist., p. 331.

eundo Gaietam, pena apposita ut omnia sua perdant hoc removere temptantes (1583). Obiit autem præfatus noster abbas Oderisius quarto Nonas Decembris.

Otto [4595] abbas hujus monasterii tricesimus nonus, sedit anno uno, mensibus decem.

26. Hic [4596] nobilissima Fundensium consulum prosapia ortus, in ipsis infantiæ annis omnipotenti Deo oblatus, atque a venerandæ memoriæ patre Desiderio sanctæ conversationis habitum indutus est. Qui, cum aliquantos annos in sanctæ religionis studio peregisset, in monasterio sancti Nicolai in Pica præpositus ordinatus est. Defuncto autem piæ memoriæ abbate Oderisio, cum fratres ut in talibus rebus consuetudo est, ad hujus cœnobii abbatiam regendam unusquisque suum abbatem eligere vellent, priores, quorum pars sanior et religiosior erat, nimis hæc indigne ferentes, de eodem viro fratribus suum velle notificantes, cum in hujus loci regimine abbatem elegerunt. Princeps autem Ricchardus eo tempore infirmitate gravissima laborabat, et, cum non posset in servitio ejusdem abbatis venire Casinum, ex latere suo strenuos destinat viros, qui eidem abbati servitia sua fideliter offerrent. His ita peractis, ingravescente infirmitate vita decessit (1584) et Robbertus frater ejus illi in principatum succedit. [Cap. 26.] Per idem tempus defuncto augustæ memoriæ quarto imperatore Heinrico (*an.* 1106. *Aug.* 7) qui cum Gregorio septimo papa de ecclesiarum investitura plurimum disceptaverat, Heinricus V. filius ejus Romani imperii gubernacula regenda suscepit. Hic abbas concessit Girardo filio Girardi de Corvazzano libellario more terras pertinentes ecclesiæ sancti Benedicti de Pastorino [4597], usque in tertiam generationem, recipiens in præsenti Lucensis monetæ solidos 120 : annualiter vero pro censu solidos 3 de omnibus frugibus, quæ ibidem annualiter fuerint. Similiter fecit Abberto Raynaldo, et Sicefrit de Falsabrina, et Albertino filio Bonifatii de aliis terris ibidem, recipiens ab eo tantumdem pretii. Huic abbati Robbertus princeps sacramentum fecit, confirmans de more omnes pertinentias monasterii hujus (1585).

27. Hoc interea anno Alexius Constantinopolitanus imperator per apocrisarios imperii sui transmisit beato Benedicto pallium purpureum optimum, de quo prædictus abbas pluviale aureis listis ornavit, et tunicam ejusdem subtegminis fieri jussit. Direxit præterea cum eisdem legatis ad imperatorem nuntium suum cum litteris, per quas Oderisium abbatem de hac luce migrasse, et se in monasterii regimine, et in amore ac servitiis ejusdem imperatoris successisse notificavit. Eodem vero anno (*an.* 1106. *Mart.*) Carbonellus vir nobilis optulit beato Benedicto ecclesiam sancti Gregorii, et sancti Nicolai, et sanctæ Agathæ in Tarsia (1586) ad locum Pectianum, cum omnibus rebus ac pertinentiis suis, centum librarum auri pena apposita.

28. Sequenti tempore idem abbas Capuam pergens, cappellam sancti Angeli ad fermas, quæ in honore sancti Nycolai noviter constructa erat, fecit a Brunone Signensi episcopo et hujus cœnobii monacho dedicari, convocato etiam ad hoc Senne Capuano archiepiscopo. Facta itaque dedicatione, alia die idem archiepiscopus coadunata multitudine Capuanorum vel aliorum virorum, armata manu misit illos ad eandem ecclesiam violandam, altareque destruendum, et reliquias inde diripiendas sibique asportandas. Quo facto conquerebatur contra nostrum abbatem et jam dictum episcopum, quod contra canones erga se egissent in eadem dedicatione, non cedentes sibi metropolitano, in his quæ archiepiscopum agere decet. Nostri autem et jam dictus episcopus dicebant, quia simul concorditer fecissent omnia quæ ibidem acta sunt. Hac de re proclamantibus nostris Romæ in synodo, idem archiepiscopus et irruptionem ecclesiæ et destructionem altaris, ac reliquiarum violentiam una cum clero et populo civitatis honorifice se emendare humiliter spopondit; quod et fecit. Hic abbas rogatu fratrum nostrorum, concessit et confirmavit eis castrum Citrariæ cum pertinentiis suis.

29. Eo igitur tempore, cum fratres necessitates multimodas sustinerent, abbati nostro Ottoni [4598] exinde conquerentes, rogabant ut justa regulæ præceptum (1587) eis necessitatem corporum tribuat [4599] : reminisci illum debere, quod patris Oderisii tempore idem ipse jam dicto Oderisio exinde sæpius conquestus fuerat. Abbas autem nimis hæc indigne et ægerrime ferens, fatetur se deliquisse, fatetur male egisse, quod abbati Oderisio multotiens obstiterit, quod contradixerit; fratres et in Deum et in patris Benedicti regulam delinquere, quod necessitates corporis animarum saluti præponerent : reminisci illos debere, primum esse quærendum regnum Dei et justitiam ejus, et hæc omnia adjicientur illis (*Matth.* VI, 33). Quid multis? Videntes fratres eundem abbatem contra patris Benedicti præceptum (1587) studere plus timeri quam amari, jam dicto papæ Paschali nonnulli ex ipsis, cæteris ignorantibus,

VARIÆ LECTIONES.

[4595] *Initium capitis hic esse, ex ejus inscriptione apparet.* [4596] *Hinc manus primaria pergit.* [4597] Pastorivo *c.* [4598] Octoni *c.* [4599] tribuant *c.*

NOTÆ.

(1583) Ad res navales horum comitum, præter ea quæ supra p. 563 attulimus, spectat bellum quod de navi quadam cum Cajetanis gesserunt Gregorius et Ptolomeus I, pace finitum 1105, Feb. 9; v. I. B. Federici *de duchi di Gaeta* p. 463. — De Ptol. I agit etiam charta Oddonis de Columna in Murat. Antt. Ital. III, 777.

(1584) Anon. Casin. ad a. 1106.

(1585) S. d. Gatt. Acc., p. 225.

(1586) In Calabria cit. Gatt. Hist., p. 937.

(1587) Regulæ c. 64

abscondite litteras dirigunt, quod non fratrum unanimi consensu electus esset, quod seditiose et nequaquam canonice ad Casinensis abbatiæ officium promotus fuisset. Hæc ergo causa Romanum pontificem contra eundem abbatem commotum omnimodo reddidit. Quod cum abbas certo certius agnovisset hoc a fratribus actitatum, occasione contra eos accepta, illos de monasterio expulit. At fratres e Casino expulsi Romam adeunt, acta et dicta pontifici per ordinem pandunt. Pontifex autem eosdem fratres ad remorandum ad beati Pauli apostoli monasterium dirigens, nonnullos ex ipsis in suamet curia secum manere constituit, Urbemque egrediens, pro causis ecclesiasticis Galliam ingressus, venit ad Floriacense monasterium Benedicti patris nomine consecratum (*an.* 1107, *Jul.* 11). Agebatur porro ab illis tunc falsissimæ translationis beati Benedicti celebritas: at pontifex eandem translationem falsam esse affirmans, non festivitatis sed diei officium celebrare cum cardinalibus Italicis cœpit. Monachi autem supradicti loci cum nonnullis episcopis et cardinalibus Gallicanis translationem celebrare incipientibus, papa orationem fudit ad Dominum, obnixe expostulans, ut de eadem re veritatis indicium sibi ostendere dignaretur. Celebrantibus autem illis nocturnalem synaxim, tantus stupor et ebetudo mentis eos invasit, ut omnino quid dicerent ignorarent. Attoniti autem tanto miraculo, regulare officium decantare inoffense cœperunt; mox enim ut translationis cantum celebrare disponebant, horrore simul et stupore replebantur. Quod reverendissimus pontifex advertens, glorificare cœpit et benedicere Deum et Benedictum famulum ejus. Factum autem mane, abbatem ad se et monasterii priores convocans, præcepit ut altare de loco tolleretur, quatinus omnes patenter agnoscerent, utrumnam vera esset necne translatio illa; nolle ulterius aliquos de corpore beati Benedicti illorum ambagibus decipi, quem ipse temporibus papæ Alexandri in monasterio Casinensi inventum esse certissime noverat. Illi autem prostrati pedibus ejus, rogare cœperunt ne altare effodere præciperet, ne monasterium destrueret; se nichil certi de corpore beati Benedicti, nisi famam tantum a majoribus suis accepisse; si reliquiæ non invenirentur, scirent certissime monasterium destruendum, et possessiones a quibusque diripiendas. Tunc papa illorum precibus inclinatus conticuit, interdicens omnino, et ex parte sedis apostolicæ præcipiens, ut ulterius eandem falsissimam translationem celebrare nequaquam præsumerent (1388). Idem præterea apostolicus ordinatis in Gallia negotiis suis, Romam reversus est. Et quoniam, ut supra taxavimus, facientibus nostris de Casinensis abbatis electione prædictus pontifex ultra modum commotus erat, fratres, qui a nostro abbate ad eum directi fuerant, monuit ut de abbatis electione patris Benedicti instituta servarent. Cumque illi abbatis electionem unanimi fratrum consensu factam esse astruerunt, et nequaquam seditiose sed canonice ad id officium promotum dicerent, papa respondit: « Quomodo canonice vester abbas electus est, qui sibi devotis et fidis concessit obedientias, repugnantes de monasterio expulit? Sed nunc ad monasterium redite; ibi per me sive per nuntios meos electione illius pleniter examinata, quod erit canonicum statuam. » Egressis igitur illis, cum hi qui supradictum abbatem exosum habebant, commotum apostolicum adversus eum agnovissent, molestias quas poterant illi inferre non desinebant. Comites interea Aquinenses cum ab hujus loci infestatione nequaquam cessarent, ad illorum nequitiam refrenandam idem abbas animum dedit; singula namque monasterii castra vallo in giro munivit, ibique ruricolas, qui eatenus in villis deguerant, manere constituit; sicque contra eosdem comites se præparare modis omnibus cœpit. Dignum sane videtur ad posterorum memoriam ystoriæ præsenti annectere miraculum, quod in hoc monasterio omnipotens Deus ad laudem et gloriam sui nominis ostendere dignatus est.

30. Tempore siquidem ipso, dum Johannes cognomento Affidatus, in mansiuncula, quæ turri patris Benedicti (1389) conlateralis est, nocturno tempore sopori membra dedisset, evigilans audivit dulcisonum officium ante nocturnalem synaxim in beati patris ædecula ab angelis celebrari. Ad quod stupefactus, Sebastianum qui juxta eum quiescebat, interrogat si jam fratres ad nocturnale officium surrexissent; qui, cum adhuc primam noctis vigiliam manere dixisset, jam dictus Johannes exurgens ad turrem accessit, quam immensi splendoris et inauditi odoris replebat fragrantia. Stupefactus autem, et id quod in re erat advertens, Ottonem abbatem adiit: quæ visa et audita fuerant, seriatim enuntiat. Qui Deo omnipotenti gratias agens, juxta quod venerandæ memoriæ Victori III, papæ, et Theodemario servo Domini revelatum fuerat (1390), jam dictam turrem cum largo habitaculo in oraculum domini Salvatoris et ejus genitricis virginis Mariæ dedicari constituit; convocatisque artificibus, cellarium inter dormitorium et titulum sancti protomartyris Stephani construxit; sed morte præventus explere nequivit. Jam dictæ vero cantilenæ suavitas et odoris fragrantia ac lucis immensitas, ab antiquis viris in jam dicta turri in præcipuis festivitatibus visa et audita narrantur, sed quam maxime uno-

NOTÆ.

(1388) *Non vi e obbligo di credere cosa alcuna di tutto questo.* MEO. III, Id. Jul. papa apud Privatum, ad Rhodanum fuit. Mansi XX, 1025.

(1389) v Greg. Dial. II, 35 et Ang. de Nuce ibi. Gatt. Hist., p. 15.

(1390) Quid hoc sit frustra eruere studui.

quoque anno depositionis die beati patris Benedicti advenienle, audiri et videri solitum est. Obiit autem præfatus abbas die Kalendarum Octobrium (1107), et sepultus est juxta ecclesiam sancti Andreæ apostoli in cymiterio fratrum, introeuntibus jam dictum cymiterium ad levam.

Beatissimus Bruno abbas hujus monasterii quadragesimus, sedit annis tribus, mensibus decem.

31. Hic (1391) Liguria provincia ortus ex illustri Astensium civium prosapia, sed illustres [4600] ab infantia possidens mores, liberalibusque studiis a pueritia sufficienter instructus, Astensis (1392) episcopii canonicus extitit. Qui desiderio regni cœlestis patriam parentesque relinquens, ad hunc locum ut Deo liberius sub monachili habitu deservire valeret, Romanam properans venit ad urbem. His porro diebus (1079) Urbanus (1393) papa secundus universali præsidebat ecclesiæ, Factum est autem, ut eo tempore quo idem vir ad hunc locum tendebat, Signensis episcopus vita decederet; quem idem reverendissimus pontifex in divina servitute fervere aspiciens, dixit ad eum: « Sicut tranquillitas maris multotiens infert periculum nautis, ita et monachis a sæculi turbine remotis quies et securitas ipsa perniciosissimum solet inferre naufragium. Unde nostris monitis te obedire convenit, et Signensis ecclesiæ curam, quæ tibi a nobis injungitur, tanto diligentius ac religiosius quanto scientia ac sapientia polles, regere stude. » Cujus cum ille sermonibus minime præberet assensum, præcepit ei ut ad civitatem prædictam pergeret, ibique vice Romani pontificis episcopum ordinans, iret quo vellet. Tunc supradictus vir illuc adveniens, cum sibi injuncta implere satageret, idem papa clam Signensibus apices destinans, eum episcopum ordinari præcepit. Talia dum ad ejus notitiam pervenissent, in tempestæ noctis silentio beatæ Mariæ ecclesiam egrediens, fugam arripuit. Itaque dum meditata implere satageret, in quodam trivio virgo quædam imperiali trabea adornata, cujus facies splendebat sicut sol, illi eminus astitit. Quam, unde, qualis, quæve esset, et quo tenderet, dum requisisset, illa respondit: « Sponsam quam non bene fugis, me noveris esse. Quapropter ut ad ecclesiam redeas, ex Dei omnipotentis parte præcipio; et cave ne Dei ulterius velis resistere voluntati; » et his dictis disparuit. Perculsus ad hæc Bruno tanto virginis famine, Deique in sua ordinatione voluntatem advertens, succubuit, ac pontificii cathedram lætantibus cunctis suscepit. Ordinatus autem, in ea qua fuerat mentis intentione permansit. Unde adinventa

A opportunitate sub supradicto abbate Oderisio ad hunc locum perveniens, flentibus qui cum eo venerant, et nichil tale de ipso suspicantibus, monachus factus est. Signenses autem graviter illius ferentes absentiam, Paschalem papam secundum adeunt, rogant ut illum potius episcopatus sui curam gerere cogeret, quam sibi tantum consulens, in Casinensi cœnobio quietum et remotum a sæculi turbine velle quiescere. Pontifex autem illorum ad verba commotus, strenuos a suo latere destinat viros, per quos eidem Brunoni ex parte sedis apostolicæ mandat, ut in cura ovium suarum studeat, et Romano pontifici pro causis ecclesiasticis semper adæreat; arguens insuper illum et increpans, cur absque apostolicæ sedis licentia ausus fuisset monasterium petere, quo

B illum omnino esse non permitteret ipse. Ad hæc præphatus Bruno rescripsit (1394): « Cuncti procuIdubio qui in Romana sunt ecclesia, noscunt quia nisi contra ecclesiam scismaticorum sæviret insania, hoc quod nunc egi a multis jam annis opere implevissem: nunc vero quia in Romana ecclesia Petro clavum regente, tota per orbem Christi Dei nostri gratulatur ecclesia, ventorum jam turbines silent, maria pacata quiescunt. Idcirco, quod Deo semel devoveram, reddere cogor. Melius est enim non vovere, quam vovere et non reddere (*Eccl.* v, 4). Quod si quis fortasse michi objiciat, quod semel acceptum episcopatum relinquere non debeam, licenter respondeo, quod multi sunt qui pontificatus jura non

C deserunt, et de sinistris sunt, dicente Domino: *Principes fuerunt, et non cognovi; judices extiterunt, et non per spiritum meum* (*Ose.* VIII, 4). Illi autem qui recta intentione episcopatum dimiserunt, certum est eos de æterna felicitate perenniter cum Christo gaudere. Michi porro exempla sanctorum non desunt, quorum vestigia secutus sum, qui relicto tumultu sæculi quietam vitam adepti sunt. Unde per vos summum pontificem obnixe deprecor, ut de reliquo amplius michi molestus non sit, et quietum portum in quem Christo gubernante perveni, ne me relinquere cogat, suppliciter posco. » Cumque nulla ratione eundem apostolicum nec Signinum populum flectere valeret, supradictus abbas Oderisius rogavit eundem pontificem, ut præphatum virum sub mo-

D nachili habitu [4601] in hoc monasterio Deo militare permitteret, atque pro obsequio, ejusdem pontificis fultus auxilio, quadraginta diebus in Romanæ ecclesiæ servitio esset, et Signensem . . . . Idem papa aurem accommodans quievit. Post hæc autem ab eodem pontifice atque abbate nostro (1395), una

VARIÆ LECTIONES.

[4600] *leg.* illustriores. [4601] habitu in *desunt c.*

NOTÆ.

(1391) Majorem quam Petro fidem deberi Anonymi Vitæ S. Brunonis, demonstravit I. B. Solerius in Actis SS. Jul. IV, 471 seq.

(1392) Senensis potius.

(1393) Gregorius VII.

(1394) Vel Bruno, vel quod magis puto Petrus hic a Petro Damiani, Opusc. 19 de abdicatione episcopatus, et sensum et verba mutuatus est.

(1395) *Cum sui abbatis licentia* V . Brun.

cum Boamundo (1396) sicut supra retulimus, in Gallias directus (1397), vice Romani pontificis in eisdem partibus (1398) sinodum secundum traditionem ecclesiasticam tenuit (*an.* 1106. *Jun.*). Inde quoque Romam reversus, 44. die ab Ottonis abbatis depositione extante ad hoc monasterium rediit, atque a fratribus est in hujus cœnobii regimine ac cura prælatus (*an.* 1107. *Nov.* 13). Hidem vero apostolicus ad hunc locum postea veniens, non solum dignum illum esse abbatem in conventu fratrum peroratus est, verum etiam in apostolicam sedem dignum sibi successorem fore testificatus est. Non autem idem vir otiose hic vixisse credendus est, qui tales ac tantos nobis scripturarum exposuerit libros, de quibus summam, illorum scilicet qui in nostris manibus venere, pandere curamus (1399): super Psalterium, super Genesim, super Exodum, super Leviticum, super Numerum, super Deuteronomium, super Ysayam, super Cantica canticorum, super Judicum, super Apocalypsin. De totius autem anni festivitatibus atque diebus dominicis composuit sermones 69, omelias 155.

52. Hoc (1400) præterea tempore (*an.* 1108 *Jul.*) Adenulfus, Lando, et Adenulfus Aquinenses comites diabolica debriati vesania castrum Terame rusticorum proditione ingredientes, et ejusdem castri habitatores in suam fidelitatem jurare facientes, oppida monasterio pertinentia deprædare cœperunt. Hoc, ubi prædicto abbati nuntiatum est, ad eosdem comites dirigens, ut castrum monasterio redderent, et a tantis iniquitatibus et direptionibus cessarent monere cœpit. Illi autem ejus dicta non solum facere, sed etiam audire spernentes, deteriora in dies agere mirabantur [4602]. Tunc abbas cum fratribus communicato consilio, eosdem sacrilegos a liminibus ecclesiæ separavit, ac e vestigio Robbertum principem evocans, ad ejusdem castri recuperationem invitat. Qui copioso valde congregato exercitu, super eundem castrum adveniens, illum oppugnare modis omnibus cœpit; cumque hostiliter ibi per dies ferme quindecim resedisset, idem comites miserunt ad eundem abbatem, quod si illos cum armis suis exinde exire permitteret, idem castrum absque omni controversia protinus monasterio redderent. Quod, dum abbas annuisset, supradictum castrum in monasterii hujus potestate recepit, die Iduum Augustarum anno dominicæ incarnationis 1108. Pro quo videlicet castro idem abbas Capuano principi libras ducentas contradidit.

53. Mense itaque Octobrio adveniente, idem apostolicus ad hunc locum adveniens, sociato sibi nostro abbate synodum celebraturus Beneventum perrexit. In qua videlicet vestigia prædecessorum suorum secutus constituit, ut quicumque investituram ecclesiæ vel ecclesiasticam dignitatem de manu laici acceperit, et dans et accipiens communione privetur. Vestimenta vero sæcularia et pretiosa clericis reprehendit, et talibus uti interdixit. Cum autem Capuam devenisset, rogatus ab eodem abbate ecclesiam sancti Benedicti, quam Desiderius abbas intra eandem civitatem renovaverat, sollemniter dedicavit; in qua etiam de vestimentis sanctissimi patris Benedicti recondidit; sicque ad hoc monasterium veniens, Romam reversus est.

54. His porro diebus (*an.* 1110. *Nov.*) Roggerius dux præceptum (1401) fecit beato Benedicto de ovibus loci istius, ut nullam dationem vel censum ulterius inde exigeret tam ipse quam successores sui, in omni pertinentia montis Gargani, et licentiam hospitandi semper habeant cum eisdem ovibus, ab ecclesia quæ dicitur Passari, usque ad Salpitanum pontem qui Langobardorum dicitur, usque in mare, et usque in Vadum de fico, decem librarum auri pena apposita. Tunc temporis (*an.* 1108. *Sept*). Laydulfus filius Pandulfi comitis de Presenzano (1402) in præsentia ejusdem abbatis manifestavit et renuntiavit se de inclita parte sua de castello Mortula, et Casa Fortini, et Cucuruczu, et Rocca de Bantra, pena apposita centum librarum auri, si hoc removere quæsisset. Sed et Johannes Triventinæ sedis episcopus, una cum Robberto filio Tristayni (1403) Limessani castri domino, optulit huic loco ecclesiam sanctæ Illuminatæ infra fines prædicti castri Limessani, loco ubi dicitur Petra majore, cum omnibus ecclesiis et pertinentiis suis, pena indicta centum librarum auri id removere quærentibus (*an.* 1109. *Jun.*). Notandum plane videtur, nequitiam et fraudulentiam Alferii Triventinensis episcopi (1404) hoc in loco inserere. Hic enim, dum præpositus in eadem beatæ Illuminatæ ecclesia esset, sciens supradictam ecclesiam monasterio sancti Eustasii ab ipso suæ constructionis exordio subditam, et a Beneventinis principibus in eodem loco concessam, simulque cupiens eam a dicione ejusdem monasterii subducere, accessit ad præpositum qui tunc monasterio præerat, cumque rogare suppliciter cœpit, ut sibi cartas ejusdem loci ostenderet, dicens suæ hæreditatis cartas ibidem esse repositas: orare ut sibi illas exinde auferre permitteret, ne forte temporis vetustate perirent. Præpositus autem nullum in verbis ejus dolum existimans, dat ei et perquirendi

VARIÆ LECTIONES.

[4602] minabantur?

NOTÆ.

(1396) Princ. Antiochiæ.
(1397) Nihil de hac legatione habuimus.
(1398) Pictavi. Mansi XX, 1205.
(1399) Cf. *De viris ill.*, c. 34 et ibi Marum.
(1400) Cf. Anon. Casin. cod. 47, ad a. 1108.
(1401) Ap. Tostium II, 97.
(1402) V. c. 12, Gatt., Acc. 22
(1403) *Trostayni* in charta ap. Gatt. Hist., p. 421. *Limosani* situm est in com. Molise, ad Bifernum.
(1404) Jam anno 1084 episcopus fuit, v. Di Meo Ann. ad h. a.

et asportandi licentiam. Tandem igitur inter reliquas præceptum a Beneventanis principibus de ecclesia sanctæ Illuminatæ monasterio sancti Eustasii factum invenit; quod videlicet lucide satis et aperte continebat, qualiter ecclesia illa a suæ constructionis principio monasterio beati Eustasii a Beneventanis principibus tradita fuerat. Hujus ille ductus invidia, et iniqua debriatus vesania, rapuit, abscondit, et ad domum propriam reversus illud minutatim incidit. Hæc ita acta fuisse ego ex ore Alberti hujus nostri cœnobii monachi ultimam fere jam ætatem agentis audivi, ne quis hoc existimet mendose descriptum.

35. Anno autem dominicæ incarnationis 1110, indictione 3, mense Junio, sexto ejusdem, stella cometes apparuit. Eo etiam tempore jam dictus Paschalis papa secundus Urbem egrediens, ad has partes devenit, et ducem ac principem, omnesque comites Apuliæ, Calabriæ, ac Principatus advocans, accepit securitatem ab eis, quatinus illum adjuvarent contra Heinricum imperatorem, si necessitas sibi incumberet, et ad hoc provocati fuissent. His ita peractis, Romam rediit, et omnes proceres Romanorum simili sacramento constrinxit. Heinricus interea imperator immensum valde exercitum congregans, intravit Italiam (*Dec.*) prædecessorum suorum antiquorum videlicet imperatorum dignitates et jura, et imperii coronam ab eodem pontifice Romæ accipere cupiens, sicque cursum suum cotidie accelerabat. Erat jam hyemis tempus (*an.* 1111.); cumque (1405) in Tusciam devenisset, missis Romam in porticu sancti Petri nuntiis, cum Petro Leonis et aliis pontificis nuntiis, hoc pactum inter eos deliberatum est (*Feb.*); ut imperator scripto refutaret omnem investituram omnium ecclesiarum in manu pontificis in conspectu cleri et populi; in die coronationis suæ, et postquam papa fecerit de regalibus, sicut in alia carta scriptum est, sacramento firmabit, et dimittet ecclesias liberas, cum oblationibus et possessionibus quæ ad regnum manifeste non pertinebant, et absolvet populos a juramentis quæ contra episcopos facta sunt. Patrimonia et possessiones beati Petri restituet et concedet, sicut a Carolo, Ludovico, Heinrico, et aliis imperatoribus factum est, et tenere adjuvabit [4603], secundum suum posse, et non erit in facto aut in consilio, ut idem papa perdat papatum Romanum, aut vitam, vel membra, vel capiatur mala captione, aut per se, aut per summissam personam, nec ipse, nec fideles ipsius, qui pro ipso securitatem ei fecerint, id est Petrus [4604] Leonis cum filiis suis, quorum bona dampnum studiose non patiantur, vel alii [4605], quos imperatori significaverit, et si quis eis malum fecerit, rex eos fideliter adjuvabit. Pro hujus securitatis observatione, mediatores dabit eidem pontifici Fridericum (1406) filium sororis suæ, Engilibertum (1407) et Theobaldum (1408) marchiones, Hermannum et Gotfridum comites, Fridericum palatinum comitem de Saxonia, Beringarium de Baioaria, Fridericum Saxonem, Albertum cancellarium, Cononem fratrem Beringarii, Sigeboth de Baioaria, Heinricum ducem Carinthiæ, Bertulfum filium ducis Bertulfi, qui jurabunt papæ securitatem de vita, de membris, de papatu, de captione; et si imperator hæc omnia suprascripta non observasset, ipsi cum honoribus suis ad Romanam ecclesiam se tenerent. Obsides pro securitate pontificis rex dare pollicitus est proxima quinta feria, et secure mitteret ad insulam in potestate papæ, Fridericum ducem nepotem suum, Brunonem episcopum Spirensem, Chonradum nepotem comitis Herimmanni, et filium ejus, et Heinricum fratrem comitis Friderici. Obsides si recepisset, redderet in die coronationis suæ transito ponte; et si forte coronatus non fuisset, aut non transisset, similiter redderet apud castellum sancti Angeli. Legatos autem quos papa ad eum misisset, in eundo et redeundo securos faceret tam a se quam a suis, et si eis nescienter injuria illata fuisset, ad emendandum fideliter adjuvaret. Et postquam rex hoc adimplevit, papa præciperet episcopis præsentibus in die coronationis ejus, ut dimittant regalia imperatori et regno, quæ ad regnum pertinebant tempore Caroli, Ludoyci, Heinrici, et aliorum prædecessorum ejus; scripto firmabit sub anathemate auctoritate sua et justitia, ne quis eorum vel præsentium vel absentium, vel successores eorum, intromittant se vel invadant regalia, id est civitates, ducatus, marchias, comitatus, monetas, teloneum, mercatum, advocatias imperii, jura centurionum, et curtes, quæ manifeste imperii erant, cum pertinentiis suis, militias et castra imperii, nec ipse imperatorem, nec Romanum imperium super his ulterius inquietaret, et privilegio sub anathemate confirmaret, [4606] nec posteri sui inquietare præsumerent. Imperatorem benigne et honorifice susciperet, et more prædecessorum ipsius catholicorum imperatorum scienter et non subtracto coronabit, et ad tenendum imperium officii sui auxilio adjuvabit. Si papa hoc non adimpleverit, Petrus Leonis cum omnibus suis teneret se ad imperatorem. Obsides autem, nisi effugerent, redderet altero die post coronationem; si per papam remanserit ut non coronetur, similiter reddet. Cumque hoc inter eos constitutum fuisset (*Feb.* 9), jurejurando firmavit hoc imperator, Albertus cancellarius, Hermannus, Fridericus et Gotfridus comites, Fridericus Saxo et Cuono frater Berengarii,

VARIÆ LECTIONES.

[4603] adjuvavit *c.* [4604] Petrum. *c.* [4605] aliis *c.* [4606] ne *l. l.*

NOTÆ.

(1405) E Registro Paschalis II.
(1406) Ducem Alemanniæ.
(1407) striæ.
(1408) De Vohburg.

Sigeboth de Bavoaria, Heinricus dux Carinthiæ, Bertulfus filius ducis Berthulfi, atque Albertus cancellarius [4607]. Hi omnes post imperatorem eo ordine juraverunt, ut si imperator hoc implere nollet, ipsi cum omnibus suis tenerent se ad Romanam ecclesiam.

56. Postquam autem hæc ita firmata sunt, idem apostolicus direxit ad eum litteras (1409), per quas ei mandavit, quod illuminatori omnium gratias ageret, qui cordis ipsius oculos illuminare dignatus est, ut patris ejus nequitiam toto jam sæculo diffamatam, et interius cognosceret et gravius abhorreret. Apostolica namque sedes eum ad æterni Patris viscera confugientem paterna benignitate susciperet, et inter matris ecclesiæ filios familiarius confovere optaret. Si enim sicut suarum apostolicæ sedi litterarum allegatione promittebat, plena mentis devotione sibi suisque legitimis successoribus obedientiam exhibere curasset, quam sive reges sive imperatores catholici suis prædecessoribus exhibuerunt, ipse profecto eum ut catholicum imperatorem haberet, et honorem ejus per Dei gratiam servaret, atque augere curaret. Nam si [4608] in cœpta vellet probitate persistere, magna [4609] Romano imperio salus per apostolicæ sedis obedientiam proveniret; quam ob causam non solum in partes illas venire, sed extremis quoque periculis personam suam exponere paratus esset. Cæterum, quia ad præsens ad ipsum venire temporis qualitas rerumque non pateretur per suos nuntios voluntatem suam aperire, et imperator suam insinuare valeret. Postulat interea imperator, ut patris sui cadaver in ecclesia sepeliri permitteret. Ad quod papa respondit, quod sanctarum scripturarum exinde sibi obstaret auctoritas, et miraculorum prohiberet reverentia divinorum. Ipsos enim Dei martyres jam in cœlestibus positos id terribiliter exigisse sciret, ut sceleratorum cadavera de suis basilicis pellerentur; ut quibus viventibus non communicamus, nec mortuis communicare possimus. Mense autem Februario cæsar concite castra sua movens ad Urbem tendebat. Pontifex autem exortarios ubique dirigens apices, non cessabat Normannos et Langobardos ad Romanæ ecclesiæ servitium invitare; sed qui verba ferebat, verba recepit. Post hæc idem imperator Romam accessit tertio Idus Februarii, in sabbato videlicet ante quinquagesima (*Feb.* 11). Romanis vero instantibus, ut honorem et libertatem Urbis sacramento firmaret, callide illos cæsar circumvenire cupiens Teutonica lingua justa suum velle juravit; nonnulli autem ex Romanis hoc agnoscentes, et fraudem esse in negotio proclamantes, in Urbem se receperunt.

A 57. Igitur ubi pontifex imperatorem venisse cognovit, directis nuntiis securitatem ab eo et obsides expetebat. Cui cæsar obsides tradens, et ab eo obsides recipiens, jurejurando firmavit de ipsius apostolici vita, de honore, de membris, de mala captione, de regalibus etiam et patrimoniis beati Petri, et nominatim de Apulia, Calabria, Sicilia, ac Capuano principatu; factis etiam sacramentis, quod omnes investituras [4610] ecclesiarum et earum res omnino quietas dimitteret. Altero die (*Feb.* 12) obviam ei pontifex misit in montem Gaudii, qui et Marii dicitur, bajulos cereostatarios, stauroferos, aquiliferos, leoniferos, lupiferos, draconarios, candidatos, defensores, stratores, et maximam [4611] populi multitudinem cum floribus et palmis. Duo justa priorum imperatorum consuetu-
B dinem juramenta, unum justa ponticulum, alterum ante portam porticus, Romanorum populo fecit. Ante portam a Judeis, in porta a Grecis cantando exceptus est. Illic omnis Romanæ urbis clerus ex pontificis præcepto convenerat, et eum ex equo descendentem usque ad sancti Petri gradus cum laudibus deduxerunt. Cum vero ad superiora graduum ascendisset, illic domnus papa cum episcopis pluribus, cum cardinalibus presbyteris et diaconibus, cum subdiaconibus, et cæteris scolæ cantorum ministris affuit. Quem imperator ut vidit, de equo descendens procidit ad pedes ejus, demumque exurgens, in nomine Trinitatis in ore et fronte et oculis ei pacem dedit, ac stratoris officium exibuit; mox-
C que dexteram pontificis tenens, cum magno populorum gaudio et clamore ad portam pervenit argenteam. Ibi ex libro professionem imperatoriam fecit, et a pontifice imperator designatus est, et iterum a pontifice osculatus; mox super eum orationem primam, sicut in ordine continetur, Lavicanus episcopus dedit (1410). Post ingressum basilicæ, cum in rotam porfireticam venisset, positis utrisque sedibus consedere. Pontifex restaurationem investituræ et cætera quæ in conventionis carta scripta fuerant requisivit, paratus et ipse, quæ in alia conventionis carta fuerant adimplere. Ille cum episcopis suis et principibus successit in parte justa secretarium; ibi diutius quod eis placuit tractaverunt. In quo tractatu interfuere Langobardici episcopi tres, Bernardus
D Parmensis, Bonus senior Regitanus, Aldo Placentinus. Cum autem hora longior se protraheret, missis nuntiis pontifex conventionis supradictæ tenorem petiit adimpleri. Tunc episcopi transalpini ad pontificis vestigia corruerunt, et ad oscula surrexerunt. Sed post paululum familiares regis dolos suos paulatim aperire cœperunt, dicentes: scriptum illud

VARIÆ LECTIONES.

[4607] *aut Petri aut scribæ hic negligentiam reprehendas.* [4608] *ita corr. Lauretus.* N. in certa v. *c.* [4609] *ita Lauretus.* magnam R. I. salutem *c.* [4610] investituram *c.* [4611] maxima p. multitudo ei cum ramis occurrit. *Reg. Pasch.*

NOTÆ.

(1409) Eas non habemus.

(1410) David Scottus app. Will. Malmesb. V, 423 *De Actis* Apr. 13: *et cœpta oratione quæ in ordine continetur ab Ostiensi episcopo, quoniam Albanus deerat a quo debuisset dici si adesset.* Lavicanus episcopatus tunc jam cum Albanensi conjunct fuisse videtur. Ordo Rom. quem Jo. Mabillon edidit, hoc loco habet Albanensem. Ricardus ep. Alban. tunc in Gallia erat.

quod condictum fuerat, non posse firmari auctoritate et justitia. Quibus dum evangelica et apostolica objiceretur auctoritas, quia reddenda cæsari, quæ sunt cæsaris (*Matth.* XXII, 21), et *nemo militans Deo implicat se negotiis secularibus* (*II Tim.* II, 4), et juxta beatum Ambrosium, ab episcopali officio alienus sit talia agens: cum hæc et alia illis apostolica et canonica capitula objicerentur, illi tamen in dolositate sua et pertinacia permanebant.

58. Imperator interea cupiens suis assertionibus pontificem decipere, ait: « Discordiam quæ inter te et Stephanum cognomento Normannum usque nunc fuit, volo ut jam finem accipiat. » Is enim Stephanus ob fidelitatem ejus multa pericula sustinuerat. Ad hæc papa: « Dies maxima ex parte præteriit, et officium prolixum erit hodie, ideoque primitus si placet, quod vestrum est impleatur. » Unus autem ex his qui cum imperatore venerant, confestim surgens in medium ait: « Quid verbis opus est tantis? Indubie noveris dominum nostrum imperatorem ita velle accipere coronam, sicut illam Carolus, Pipinus, ac Ludoycus sumpsere. » Quod cum papa se id non posse implere dixisset, cæsar iratus, et seductus consilio Alberti archiepiscopi Maguntini (1411), et Bruchardi episcopi Saxonum (1412), non veritus est eum suis armatis militibus circumdare. Sed cum jam dies declinaret in vesperam, consultum a fratribus est, ut imperator eodem die coronaretur, cæterorum tractatus in sequentem ebdomadam differretur. Illi etiam hoc aversati sunt. Inter hæc tam pontifex quam omnes qui cum eo erant, a militibus armatis custodiebantur. Vix tandem ad altare beati Petri pro audiendis missæ officiis conscenderunt, vix ad sacramenta divina conficienda panem, vinum, aquam invenire potuerunt. Post missam ex cathedra descendere compulsus pontifex, deorsum ante confessionem beati Petri cum fratribus sedit; ibi usque ad noctis tenebras ab armatis militibus custoditus, inde ad hospitium extra ecclesiæ atrium cum fratribus deductus est. Capta est cum eo et clericorum et laycorum numerosior multitudo. Pueros etiam ac diversæ ætatis homines, et clericos, qui obviam ei cum floribus et palmis processerant, alios detruncavit, alios expoliavit, alios verberavit, alios in captione detinuit. Johannes interea Tuscolanensis episcopus et Leo Ostiensis, papam in vinculis tentum ut perspexerunt, habitu plebeio induti in Urbem se receperunt.

59. Igitur (1413) Romani papam captum ut audiere, repentinus illos tumultus, dolor et gemitus invasit; evestigio Alemannos qui causa orationis seu negotii aut visendi in Urbem ingressi fuerant, interficiunt. Altera autem die (*Feb.* 13) ab Urbe egredientes pugnam conserunt, multosque de exercitu imperatoris interficientes, et eorum spolia capientes, adversus Teutonicos acrius pugnaverunt, adeo ut eos ex porticu pæne propellerent, ipsum etiam imperatorem equo dejicerent et in faciem vulnerarent. Hoc ubi Otto comes Mediolanensis (1414) perspexit, pro imperatore se ad mortem obiciens, equum suum contradidit; nec mora, a Romanis captus, et in Urbem inductus, minutatim concisus est, ejusque carnes in platea canibus devorandæ relictæ. Tunc imperator, ubi Romanorum victoriam et suorum perditionem aspexit, clamavit et dixit: « Videtisne, o milites mei, me interfici a Romanis, et non me defenditis? » Ad hanc vocem videres Alemannorum et Romanorum micare enses, alios discindi a capite usque ad pectus, nullaque erat requies morientum. Quam perniciosissima dies tunc Romanis et hostibus eorum fuit, cum hinc et inde tot millia hominum cæsa jacebant! Fluvius etiam ipse Tyberis occisorum cruore rubens et infectus videbatur. Jam ad occasum dies vergebat, cum Teotonici bello resoluti a pugna se subducere cœperunt; virtus namque eorum, ut ait Eutropius (1415), sicut primo impetu major est quam aliorum, ita sequens minor est quam feminarum. Habent namque aliquid simile cum nivibus suis; nam statim ut tacti calore fuerint, in sudorem conversi deficiunt, et quasi a sole solvuntur. Igitur Romani ut Cymbros bello cessisse viderunt, ad spolia et prædas conversi, spoliisque peremptorum onusti, in Urbem redire cœperunt. Hoc ubi cæsar advertit, imperat suis ut Romanos qui spoliis onusti in Urbem redibant, unanimiter invaderent. Quod cum factum fuisset, plures oppressione et suffocatione quam gladio mortui sunt. In tanta igitur perturbatione varia fortuna, variique erant eventus. At Teutonici, cum ad castrum Crescentii pervenissent, Romani, pilis de castro emissis illos in fugam convertunt. Quibus omnibus rebus Alemanni permoti, cum multitudine Romanorum castra sua compleri, et suum exercitum premi vidissent, in castris se receperunt, tantusque terror eos invasit, ut per totum sequens biduum (*Feb.* 14-15) die ac nocte in armis essent. Nocte autem adveniente, episcopus Tuscolanensis, omnem Romanum populum advocans, dixit ad eos: « Licet verba (1416), karissimi filii, nobis virtutem non addant, neque strenuus ex imbecille, neque robustus reddatur ex timido: omnis tamen vobis causa est pro vita, pro gloria, pro libertate, pro defensione sedis apostolicæ. Omnia namque hæc in vestris dextris portatis (1416*); nam qui desiderat pacem, præparet bellum. Filii vestri contra jus, contra fas in compedibus detinentur, et apo-

NOTÆ.

(1411) Tunc cancellarii.

(1412) Monasteriensis.

(1413) *Igitur — duxerunt* l. I. paucis verbis continentur. Quæ hic ex Leonis relatione accuratius exposita putaverim.

(1414) Cf. Landulf. Jun. 18.

(1415) Hoc apud Eutropium non inveni. Cf. Plutarchi Marium, c. 26; Oros. V, 15; Hist. misc., l. V.

(1416) *Verba — timido* et Salustii Cat. 58 desumpta esse monuit V. Cl. Stenzel.

(1416*) Catilinam debiis imitatur. EDIT.

stoli Petri basilica toto orbe veneranda, armis, cadaveribus atque cruore est repleta. Quid autem aliut exinde nisi malum dicere possumus? Ecclesia namque penitus attrita et desolata est; unde rogamus et obsecramus, ut ei subveniatis, et ad tantam injuriam ulciscendam totis viribus insurgatis: nam ubi viri sunt qui eis obsistant? velociores sunt ad fugiendum quam ad resistendum. De Dei et [4613] nostri, et beatorum apostolorum Petri et Pauli misericordia confidentes, ab omnibus vos peccatis absolvimus. » Hac igitur Romani ortatione animati, omnes insimul contra imperatorem sacramento se constrinxerunt, et omnes qui eos adjuvarent, in loco fratrum habendos statuerunt. Hoc ubi imperatori nuntiatum est, eadem nocte eundem apostolicum exinde abstrahens, tanto metu ex porticu profugit cum suo exercitu, ut non solum sarcinas, sed multos etiam socios in ospitiis reliquerit. Post duos autem dies milites advocans, præcepit pontificem expoliari vestimentis suis. Quod dum factum fuisset, vinculis alligatum secum duxerunt. Dehinc usque ad pedem Soractis progredientes, justa beati Andreæ monasterium Tyberis alveum transierunt, et per Sabinos ad Lucanum pontem (1417) iter agentes, ulteriores Romanæ urbis partes aggressi sunt. Trahebantur inter hæc clericorum et laycorum nonnulli funibus alligati; pontifex autem cum duobus episcopis, Sabinensi (1418) videlicet et Portuensi (1419), et cardinalibus quattuor, apud castellum Trebicum, cæteri vero cardinales apud Corcodilum in custodia tenebantur. Latinorum vero nullus cum eodem pontifice audebat colloqui. Custodiebatur autem a magnatibus imperatoris, ab ipsis etiam et obsequebatur, ad ultimum vero tam causa suspectionis, quam et concordiæ gratia reductus est in castra. Fuit autem idem apostolicus in eodem carceris ergastulo diebus 61. Johannes interea Tusculanensis episcopus per epistolas non cessabat confortare, sollicitare ac roborare animos fidelium ad succurrendum et auxilium ferendum sedi apostolicæ afflictæ ac destitutæ. Tunc princeps in Patenariam cum suis adveniens, elegit milites ferme trecentos, et misit in adjutorium Romanis; qui venientes Ferentinum, invenerunt Ptolemeum et omnes proceres illarum partium faventes imperatori. Imperator autem cum omni suo exercitu jam transmeaverat Tyberim, qua de re cum non possent Urbem intrare, Capuam repedarunt.

40. His porro perturbationibus instantibus dux Roggerius cum Boamundo fratre suo vita decedit (1420). Horum itaque mors Normannis magnum timorem, imperatori autem et exercitui ejus, ac omnibus Langobardis, audaciam maximam tribuit: re enim vera vehementer conturbati fuerant de adventu imperatoris, ne videlicet pellerentur de Principatibus, Apulia, seu Calabria, et munitissima loca eligebant omnes, et ædificabant ibi munitiones contra adventum imperatoris. Princeps autem, habito cum suis consilio, ad imperatorem legatos direxit, pacem ab eo et securitatem expetens. Itaque cum et agros Romanorum imperator cotidie depopularet, et eorum animos dolis ac pecunia pertemptaret, tantam Deus populo constantiam tribuit, ut nichil cum eis pacis sine papæ et cardinalium liberatione inire potuerit. Diversis inter hæc consiliis distrahebatur; sed perpetrati sceleris conscius, nichil sibi ulterius tutum fore apud papam arbitrabatur. Videns itaque sibi evenisse quod non putabat, cœpit jurejurando firmare, quod nisi pontifex voluntatem suam implere morigeraret, et ipsum et omnes quos habebat in vinculis, alios interficeret, alios membris detruncaret. Sed cum flectere in hoc pontificem minime posset, in hoc tandem plena deliberatione convenit, ut omnes quos ceperat liberos faceret, dummodo securitatem sibi aput papam futuri temporis provideret. Hoc profecto per principes suos, hoc per clericos, hoc per laicos, hoc per cives Romanos sollicitus satagebat. Cæterum domnus papa facilius vitam exponere, quam investituris episcopatuum et abbatiarum consentire malebat, quamvis ille per investituras illas non ecclesias, non officia quælibet, sed sola regalia se dare assereret. Proponebatur gravissimum scismatis periculum, quod pæne universæ Latinorum ecclesiæ immineret. Victus tamen miseriis filiorum, laborans gravibus suspiriis atque gemitibus, et in lacrimis totus effusus: « Cogor, ait, pro ecclesiæ liberatione ac pace hoc pati, hoc permittere, quod pro vita mea nullatenus consentirem. » Ad hanc enim securitatem confirmandam episcopi et cardinales qui capti fuerant expetebantur, nec omnino aliter aut captivorum dimissio, aut ecclesiæ pax, quantum in ipsis erat, poterat provenire. Cum itaque comes Albertus de Blanderada et cæteri imperatoris laterales juramentis condiciones præscribi non sinerent, pontifex ait: « Quandoquidem condicionem perscribi non patimini, verbis apponam. » Tunc totus ad imperatorem conversus, dixit: « Juramenta hæc ideo facimus tibi, ut vos illa quæ pacti estis faciatis et observetis. » Quod imperator cum suis omnibus lætissime ac libentissime annuit. Ex verbo igitur papæ ab eis juratum est (*Apr.* 11) in agro juxta pontem Mammeum (1421), qui Romanos a Teutonicis dirimebat, in hoc videlicet modo, quod ulterius non inquietaret imperatorem neque ejus imperium de investitura

VARIÆ LECTIONES.

[4613] etiam *legendum videtur.*

NOTÆ.

(1417) Quo Anio transitur, infra Tibur.
(1418) Crescentio.
(1419) Petro.
(1420) Anon. Cas. ad a. 1111, Necrol. Cas. ad IX Kal. Mart. et Non. Mart.
(1421) *Ponte Mammolo*, quo via Tiburtina Anienem transmittit.

episcopatuum et abbatiarum, et de injuria sibi illata et suis in persona et bonis; imperatoris [4613] aliquod malum sibi vel alicui personæ non redderet pro hac causa, et penitus in persona imperatoris nunquam anathemata poneret; et concederet eidem imperatori et ejus imperio, et privilegio suo sub anathemate confirmaret [4614] episcopos et abbates, libere electos, assensu imperatoris, sine symonia, quos idem imperator annulo et virga investiat, et episcopus investitus libere consecrationem accipiat ab archiepiscopo, ad quem pertinuerit. Si quis vero a populo et a clero eligatur, nisi ab imperatore investiatur, a nemine consecretur, et archiepiscopi et episcopi libertatem habeant consecrandi investitos ab imperatore. Et regnum et imperium et patriciatum officii sui auxilio tenere adjuvabit. Cumque hoc sacramento firmasset, demum imperator juravit quod dimitteret eundem pontificem cum episcopis et cardinalibus, et omnes captivos qui cum eo vel pro eo capti sunt, et obsides, et securos perduceret intra portas Transtyberinæ civitatis, nec ulterius caperet, aut capi permitteret. His qui in fidelitate sedis apostolicæ manerent, et populo Romanæ civitatis, pacem et securitatem servaret tam per se quam per suos, et in personis et rebus, qui pacem sibi servassent, eundem papam fideliter adjuvaret ut [4615] papatum secure et quiete teneret, patrimonia et possessiones Romanæ ecclesiæ, quæ abstulit, restitueret, cætera quæ jure habere debet, more antecessorum recuperare et tenere adjuvaret bona fide, et eidem pontifici fideliter obediret, salvo honore regni et imperii, sicut catholici imperatores catholicis pontificibus Romanis. Post hæc Coloniensis archiepiscopus Fridericus, Gebeardus Tridentinensis, Bruchardus Monasteriensis, Bruchardus [4616] Spirensis, Albertus cancellarius, Fridericus (1422), Herimannus, Albertus (1423), Fridericus (1424), Berengarius (1425), Fridericus (1426), Gotfridus (1427), et Guarnerius comites ac Bonifatius marchio (1428) in hunc modum juraverunt. Restabat illa exactionis et extorsionis portio, ut de investituræ permissione privilegium imperatori personaliter scriberetur. Nec ipse igitur nec ipsius laterales passi sunt, ut intra Urbem scriptura ipsa differretur, ubi sigillum pontificis dimissum fuerat. Altero itaque die (*Apr.* 12) in eodem campo qui Septem Fratrum dicitur, dum castra moverent, illud dictari oportuit, et transito juxta pontem Salarium Tyberis fluvio, dum apud Octavum castra sita essent, accitus ab Urbe scriniarius scriptum illud inter nocturnas tenebras exaravit; cui nimirum scripto ibidem quamvis invitus pontifex subscripsit. Porro cum ibidem cartam ipsam imperator accepisset, postmodum tamen cum ad beati Petri ecclesiam pervenissent, post coronæ acceptionem, eam ad manum pontificis retulit, nec solum contra ejus voluntatem, sed etiam contra omnem consuetudinem de ejus manu accepit (*Apr.* 13). Coronatus est autem idem imperator, portis omnibus Romanæ urbis, ne quis civium ad eum accederet, obseratis. Cumque ad hostiæ confractionem venisset, partem ipse accipiens, partem imperatori contradens, dixit: « Sicut pars ista vivifici corporis divisa est, ita divisus sit a regno Christi et Dei, quicumque pactum istud dirumpere temptaverit. » Post coronationem, finitis missarum solempniis, imperator statim ad castra in campum egreditur; pontifex autem Urbem ingressus est. Abhinc igitur in Romana ecclesia scandala dissensionum et scismatum oriri cœperunt.

41. His quoque diebus, dum abbas noster Bruno ecclesiam sancti Thomæ apostoli extra castrum Vallis frigidæ sitam solempniter dedicasset, mulier quædam quam immundus acriter vexabat spiritus, ad eum delata est; cujus calamitati compatiens, oratione præmissa aquam de qua manus laverat, patienti feminæ in potum tribuit, moxque ab ea diabolum effugavit. Eo etiam tempore quidam presbyter in Alemanniæ partibus, dum quendam puerulum psalmum 113 edoceret, et eo relicto alio perrexisset, puer somno fessus deprimitur; moxque rediens presbyter excitavit illum, imperans illi legere psalmum. Puer autem perterritus, cœpit alios corde tenus dicere versus: increpatus autem a magistro, ut psalmum potius quam versus diceret, ille magis ac magis cœpit illos repetere. Intelligens autem presbyter puerum per Spiritum loqui, cœpit illos ex ore illius describere. Versus autem hi sunt: « Rex morietur, et ursus interficietur, et erit terror in diversorio. Sol et luna emittent venenum suum, et stellæ pluent sanguinem. Regina destruetur, et non stabit regnum ejus, et erit superstes, Rex christianorum processit ex alvo matris, quem genuit, interfecit. Oculi ejus ut faces ardentes, et ungues ejus sicut gris [4617]. Alia autem die puer interrogatus, nichil se ex hoc scire professus est.

42. Præphatus namque abbas, sociatis sibi Guala Legionensi [4618] episcopo, et Robberto Parisiensi [4619] (1429), et aliis cardinalibus, cœpit omnimodis instare pontifici, ut privilegium quod imperatori fecerat disrumperet, eumque anathematis vinculo innodaret. Hi (1430) autem qui cum papa in vinculis fuerant, dicebant: « Quod antea prædicavimus, prædi-

VARIÆ LECTIONES.

[4613] *an* imperatori? [4614] confirmat *c.* [4615] et *c.* [4616] *l.* Bruno. [4617] *an* gruis? [4618] Regionensi *c.* [4619] Pasiensi *c.*

NOTÆ.

(1422) Palatinus.
(1423) De Blanderada.
(1424) Saxo.
(1425) De Bajoaria.
(1426) Frisingensis.
(1427) De Suavia.
(1428) Savonæ et Salutiarum, sec. Mulettum, Saluzzo I, 412.
(1429) Cf. Order. Vit. I, X, p. 762.
(1430) *Hi* — *conabantur* e verbis quæ ipse Bruuus subscripsit epistolæ ad Petrum Port. ap. Baron. 1111, n. 31 paulum mutatis.

camus una et consona voce, et quod dampnavimus, damnamus. Alii autem non solum non[4620] dampnabant ea quæ contra apostolicam et universalem ecclesiam facta fuerant, verum etiam satis impudenter defendere conabantur. Igitur, dum istiusmodi dissensionibus apostolica ecclesia quateretur, relatum est eidem pontifici, quod supradictus vir illius dissidii et scandali dux et signifer esset. Quod ubi prædictus abbas audivit, temporis opportunitate reperta dixit ad eum : (1431) « Inimici mei dicunt tibi, quia te non diligo, et quia de te male loquor; sed mentiuntur. Ego enim sic te diligo, sicut patrem et dominum diligere debeo, et nullum alium te vivente volo habere pontificem, sicut ego cum multis aliis tibi promisi. Audio tamen Salvatorem meum michi dicentem : « Qui amat patrem aut matrem plus quam me, non est me dignus » (*Math.* x, 37). Unde et apostolus dicit : « Si quis non diligit Dominum Jesum, sit anathema maranatha » (*I Cor.* xvi, 22). Debeo igitur diligere te : sed plus debeo diligere illum, qui et te fecit, et me. Huic enim tanto amori nichil unquam præferendum est. Fœdus autem illud tam fœdum, tam violentum, cum tanta proditione factum, tam omni pietati et religioni contrarium, ego non laudo : quis enim illud laudare potest, in quo fides violatur, ecclesia libertatem amittit, sacerdotium tollitur, unicum et singulare hostium ecclesiæ clauditur, multa hostia aperiuntur; per quæ quicumque intrat, fur est et latro? Habemus canones, habemus sanctorum patrum constitutiones a temporibus apostolorum usque ad te : via regia incedendum est, neque ab ea in aliquam partem declinandum. Apostoli omnes illos damnant (1432), et a fidelium communione segregant, quicumque per sæcularem potestatem ecclesiam obtinerent; laici enim, quamvis religiosi sint, nullam tamen disponendi ecclesiam habent facultatem. Hæc namque constitutio apostolorum sancta est; cui quicumque contradicit, catholicus non est : omnis autem qui hæresim defendit, hæreticus est; nemo autem hanc non esse hæresim dicere potest, quam sancta et apostolica ecclesia in multis conciliis hæresim nominavit, et simul cum suis auctoribus dampnavit et excommunicavit. » Talis allocutio inter pontificem et abbatem invidiæ et odii fomitem ministravit. Inter reliqua autem, quæ tunc contra eumdem abbatem locutus est, ait : « Si non acceleravero tollere ei abbatiam, futurum est, ut ipse suis argumentationibus Romanum michi tollat pontificatum. » Quapropter eidem abbati ab Urbe direxit epistolam (1433), per quam mandat, quod non deberet episcopus simul esse et abbas, nec ulterius ferre sedem apostolicam, aliquem episcopum tam famosissimæ abbatiæ præesse. Fratribus etiam per Leonem Ostiensem episcopum et hujus cœnobii monachum litteras misit, in quibus præcepit, ut ulterius eidem viro obedientiam non exiberent, sed secundum Deum regulariter sibi abbatem eligerent; quod si aliter agerent, in omnibus cellis huic cœnobio subditis abbates proprios ordinaret. Hoc ubi abbas audivit, fratres convocans cœpit ostendere illis dissensionem, quæ inter se et pontificem pro causis ecclesiasticis erat, simulque etiam monuit illos, ut si vellent abbatem quem ipse eligeret, et illos et hunc locum pro suo posse protegeret atque defenderet. Erat tunc in hoc monasterio frater quidam Peregrinus nomine, natione Ligur, sæculari astutia callidus, cui eandem abbatiam dare decreverat. Quod cum fratres præscissent, dixerunt abbati, quia quandiu ipse vellet abbatis jure præesse, omnes illi ut patri et domino obedirent : sin autem abbatiam vellet relinquere, electionem quæ illis præcepto regulæ debebatur, nulli omnino contraderent, sed ipsi antiquo more abbatem sibi eligerent. Hoc ubi ille audivit, putans se id violenter implere, armatos milites ad monasterium custodiendum in suum auxilium evocat. Die vero altero fratribus cum pace ad missam celebrandam ecclesiam intrantibus, subito advenit diversis armata telis multitudo furentium, et qui essent, qui voluntatem abbatis nollent implere, quærentium. Fratres autem nimis hæc indigne ferentes, ac unanimiter super illos irruentes, de monasterio ejecerunt. Quod cum abbati nuntiatum fuisset, ad hoc monasterium ascendit, et ad se fratres advocans : « Nolo, inquit, ut propter me inter vos et Romanam ecclesiam scandalum oriatur, ideoque virgam pastoralem quam michi tradidistis recipite, et mox eam super altare ponens, fratribusque absolutionem faciens, ad episcopatum suum reversus est, ubi sancta conversatione feliciter usque ad Oderisii II. abbatis tempora vivens, e mundo recessit pridie Kal. Septembris (1434); sepultus vero est in civitate Signina in ecclesia sanctæ Dei genitricis et virginis Mariæ : ad cujus memoriam miracula Dominus patrare non desinit usque in hodiernum diem. His diebus defuncto in Terracinensi ecclesia Benedicto episcopo Gregorius hujus cœnobii a pueritia monachus et in scripturis sanctis eruditissimus, a Romano pontifice in eadem ecclesia episcopus sustituitur (1435). Similiter etiam in cœnobio sancti martiris Christi Vincentii, Amicus hujus

VARIÆ LECTIONES.

[4620] non *deest cod.*

NOTÆ.

(1431) Non dixit, sed scripsit. Verba enim *Inimici — non est* sumpta sunt ex ep. ad papam, reliqua ex ep. ad Petrum ep. Port. Utramque edidit Baronius ad. a. 1111, n. 30, 31; alteram ad Petrum Martene e cod. Casin. Coll. 1, 627.

(1432) Can. apost

(1433) Conspiratione monachorum hæc omnia facta esse dicuntur in Vita S. Bruni, Acta SS. Jul. IV, 483, ubi sequentia etiam aliter narrantur.

(1434) Imo 15 Kal. Aug. quo ut sanctus colitur, a. D. 1123.

(1435) Cf. de viris ill., c. 32

Casinensis monasterii decanus abbas præficitur (1436), et in Romana ecclesia Oderisius (1437) et Roscemannus (1438) diaconi cardinales ordinantur.

GIRARDUS hujus monasterii abbas quadragesimus primus, sedit annis undecim, mensibus tribus,

43. Hic nobilissima Marsorum comitum progenie originem ducens, in primis pueritiæ suæ annis omnipotenti Deo in hoc monasterio oblatus, atque a Desiderio abbate susceptus, et in monasterio sancti Nycolai in Pica præpositus constitutus, demum vero ab Oderisio qui Desiderio in monasterii successit regimine, hujus loci decanus ordinatus est. Sed cum post Ottonis transitum, Bruno ordine quo supra retulimus (c. 31) abbas effectus fuisset, Romanus pontifex graviter ut antea jam diximus ejus ferens electionem, scripsit ei ut abbatiam dimitteret, ac episcopatum suum peteret. Ille scismatis et discordiæ periculum metuens, abbatiam reliquit. Post hæc fratres in capitulum convenientes, omnium unanimitate abbas ordinatus est (*An. 1111. Oct.*). Ilis quoque diebus Roggerius dux Apuliæ vita decedit, et in loco ejus Guilielmus filius ejus substituitur (*Feb. 21*).

44. Tunc temporis Ugo quidem transalpinus miles, cui de Albaspina [4621] cognomen inditum fuerat, istis in partibus apud plerosque comites suis armis deserviens, ditiaque stipendia lucrans, rebus satis prosperis dulcissimæ juventutis voluptatibus utebatur. Erat enim cum manu promptus tum etiam sermone facundus. Is cum Raone Rahelis filio, Teanensis civitatis comite ipsa cœnæ dominicæ sollempnitate sanctum pascha celebraturus ad hoc monasterium devotione non modica veniens, declivi montis scabrosa via equitatura concidens horribilem nimis crurium fracturam passus est, et non aliter quam in lectulo huc asportari prævaluit; moxque se ante beati Benedicti corpus poni, instantissima prece deposcit, ibique magnis clamoribus vociferans, totum diem flendo consumsit. Cumque jam sequentis noctis tenebræ die finem imponerent, mansionarius ecclesiæ foras illum deferre famulis quibusdam mandavit. Ille autem magnis sacramentis contestari cœpit, se nullo modo inde nisi convalesceret exiturum, et aiebat: « Hic hic ante illius corpus, cujus cum ardenti desiderio curiam visitarem, tanto mei corporis usus sum infortunio, hic, inquam, ad illius injuriam jacens, continuo naturæ satisfaciam; nisi consuetam sibi protinus michi tulerit opem. » Quibus dictis, recedentibus cunctis ipse quoque semisopitus paulisper obticuit. Cum ecce videt sacrosanctum altarium, in quo Benedicti patris est corpus reconditum, quasi divinitus aperiri; indeque venerandæ canitiei virum egredi, illo scilicet habitu quo in festivis processionibus abbates uti consuerunt. Qui propius accedens, et fracturæ locum benigna manu contingens, dixit: *Ecce sanus factus es, minitari jam desine.* Æger autem continuo sanus surgens et incolumis, noctem illam in Omnipotentis laudibus expendit. Mane autem facto, rem gestam innotuit, gratiarumque actiones Deo et patri Benedicto permagnificas reddidit. Post festum itaque non minori quam decuit mentis lætitia celebratum Teanum Hugo rediit cœlestisque ignis ardore calescens, mundo mundanisque, omnibus vale dicens, se ipsum quoque secundum divinum præceptum sibi abnegans, nudus et expeditus secutus est Christum; moxque ad fontem de Corrigia (1439) xenodochium construens tam religioso vitæ tramite ad supernam patriam currere cœpit, ut calciamentis quidem nullis, vestimentis vero tantum laneis usus sit. Idem etiam post 15 annos rursus huc veniens, quasi adeptæ salutis rependio beato Benedicto perpetuo se tradidit servum, veridicoque ore superius dicta multotiens fatebatur. Eo etiam die Rao filius Raelis remisit super altare beati Benedicti cunctam pertinentiam cellæ nostræ de Tiano et juravit (1440) quod quietam nobis dimitteret, quemadmodum temporibus Jordani principis fuerat reservans sibi hoc tantummodo, quod homines nostri duobus diebus per ebdomadam suo servitio deputentur usque in 4 annos, et ipse ob hoc dimitteret de solito censu, quem accipit de Casa Flamma vel aliis annuatim tarenos 100; completo ergo termino, cætera omnia quieta dimittat [4622] in perpetuum.

45. Mittit dehinc pontifex nostro abbati, quatinus præparatis omnibus ad Urbem pergat, videlicet ut proximo mense Martio abbatiæ consecrationem accipere debeat. Præparatis igitur necessariis iter arripiens, Romam advenit, ibique consecrationem indeptus, privilegium ab eo de omnimoda monasterii hujus libertate recepit (*an. 1112.*). *Feb. 4.* Mense itaque Martio adveniente facta est ibi sinodus (*an. 1112. Mart. 18*) (1441), in qua cum omnibus episcopis [4623] de negotio sedis apostolicæ et Romani imperii tractaretur. Papa (1442) professus est, se non tam sua quam aliorum concaptivorum liberatione, cum imperatore fecisse quod fecit; seque omnino catholicum esse, firma ac vera ratione ostendit. Privilegium etiam quod fecit; contra omne jus et fas, necessitate fecisse confessus est. Quicquid vero sui prædecessores

VARIÆ LECTIONES.

[4621] Ahbaspina *c.* [4622] dimittant *c.* [4623] *nescio an* præsentibus *hic exciderit, ut sequentia apodosim efficiant.*

NOTÆ.

(1436) Cf. Murat. SS. I[b], p. 517.

(1437) Sacristanus S. Agathæ vocatur a Pand. Pisano.

(1438) S. Georgii, postea rector Beveventi, Falco a. 1120

(1439) In agro Teanensi, durat nomen. ANG.

(1440) Extat juramentum ejus s. d. ap. Gatt. Acc., p. 229.

(1441) Gatt. Hist., p. 333. Datum est *Girardo nostris per Dei gratiam manibus in abbatem Cassinensis monasterii Consecrato*, 4 Febr. anno d. i. 1113, ind. IV pont. 13 Lateranis. Quod si hoc anno datum est, ante m. Martium consecratus est.

(1442) Ex actis concilii v. Mon. Leg. II B. 181.

statuerunt et damnaverunt, omnia similiter confirmavit et damnavit. Hoc episcopi audientes illud scriptum privilegium, si privilegium vocandum, audierunt, et omnino in perpetuum condemnaverunt.

46. Eodem vero anno Alexius imperator cujus supra memoravimus, strenuissimos de suo imperio viros cum litteris Romam direxit, per quas significabat se idem imperator primitus de injuria et captivitate summi pontificis, a Romanorum imperatore sibi illata, nimium dolere (1443); deinde gratias agens collaudabat illos, quod viriliter contra eum stetissent nec illi ad votum cessissent, atque ob id, si animos illorum promptissimos ac paratissimos inveniret, prout sibi ab istis partibus jam dudum mandatum fuerat, vellet ipse, vel Johannes filius ejus, secundum morem antiquorum fidelium videlicet imperatorum a summo pontifice Romæ coronam accipere. Romani autem se omnino paratissimos fore secundum voluntatem illius, per eosdem nuntios mandaverunt. Mense autem Magio elegerunt de suis ferme sexcentos, et direxerunt imperatori ad conducendum eum. Qui venientes Casinum, honorabiliter a nostro abbate recepti sunt, atque cum illis legatos ad imperatorem direxit, per [4624] quos servitium et orationem ei spopondit. Igitur cum Constantinopolim reversi fuissent, et una cum Romanis eidem imperatori narrassent quod illis noster abbas fecisset, censuit imperator eum in loco amicorum habendum, ac per hujus cœnobii fratres 8 libras solidorum michalatorum et pallium triacontasimum beato Benedicto direxit (1444). Insuper etiam eidem abbati mandavit, ut cum ipse Romam coronandus veniret, obviam ei usque Dirachium exiret, atque cum eo usque ad Urbem in ejus servitio permaneret.

47. His diebus Ugo filius Ugonis infantis de castro Fenuculi, una cum Landulfo Beneventano archiepiscopo, reddidit beato Benedicto ecclesiam sancti Petri in Russano, et sancti Johannis in pertinentiis de castro Helicuso, et sancti Georgii in castro Feniculi, et sancti Martini in pertinentiis de castello qui dicitur Turrepalatium, et sancti Januarii in pertinentiis civitatis Beneventanæ, cum pertinentiis illarum, quas videlicet pater ejus ad diem obitus sancto Benedicto tradiderat.

48. Alio vero anno præphatus papa Paschalis iterum ad has partes deveniens (*an.* 1112), cum nostro abbate sinodum celebraturus Beneventum perrexit; in qua videlicet per Sennem Capuanum archiepiscopum proclamationem fecit de ecclesia sanctæ Sophiæ in Beneventu (*an.* 1113. *Febr.*), quæ violenter a dicione hujus loci subducta fuerat, sed nichil exinde habere justitiæ potuit. Proclamavit (1445) etiam super Benedictum Terræ majoris abbatem, quod ecclesiam sanctæ Mariæ in Casali plano, quæ juris hujus loci extiterat, invasisset. Tunc pontifex, licet ab abbate Oderisio olim exinde pulsatus fuisset, missis iterum atque iterum litteris, apposita etiam interdictione vel loci vel ordinis, eundem abbatem ad se venire coegit. Data est igitur per biduum (*Febr.* 11-12.) jurisperitis licentia disputandi. Novissime auctores monasterii Terræ majoris probationem possessionis quadragenariæ intenderunt. Cæterum eorum testes non ex visu et auditu, sed ex fama testimonium profitentes, nec legibus nec canonibus suscipi potuerunt. At contra nostri quadragenariæ vel tricenariæ possessionis interruptionem modis talibus astruebant: testes duos notæ religionis monachos, unum episcopum, alterum diaconum protulere, qui se præsentibus supradictam ecclesiam sanctæ Mariæ de Casali plano per Desiderium memoriæ felicis abbatem locatam Rodulfo presbytero asserebant, sicut in locationis descriptione ostendebatur, sub censu 6 bizanteorum (1446). Tres etiam ab eis layci testes prolati sunt, qui se vidisse profiterentur [4625] per annos 40, priusquam ecclesiam illam Terræ majoris monasterium invasisset, hujus cœnobii monachos ibidem fuisse præpositos (1447). Legum igitur pontifex auctoritate perspecta, monasterio Terræ majoris super hoc negotio perpetuum silentium indixit, et demum ecclesiam de Casali plano cum possessionibus suis apud nostrum monasterium per privilegium quietam in perpetuum manere constituit (*Febr.* 13). Tunc (1448) temporis (*Ap.*) et Robbertus comes de Lauretello quadragesimali tempore causa orationis ad hoc monasterium veniens, una cum Oldiberto milite suo obtulit beato Benedicto quicquid sibi (1449) pertinebat in territorio sancti Martini in Pisile. Sequenti vero anno (1114) Guillelmus dux, filius Roggerii ducis, ad hunc locum deveniens (Oct.), per præceptum (1450) confirmavit in hoc loco quidquid Robbertus et Roggerius duces sancto Benedicto tradiderunt, confirmans insuper terram quam olim in Trojano apud Sanctam Justam in hoc loco concesserat; adjiciens insuper, ut animalia nostra quæ annualiter in suam terram devenerint, pascua in solitis locis habeant, et absque sua hominumque suorum vel alicujus personæ contrarietate vel infestatione seu reditione

VARIÆ LECTIONES.

[4624] *deest c.* [4625] *ita corr. e divi.* profitentur *c.*

NOTÆ.

(1443) Hujusmodi ep. ad abb. Cas. e Reg. Petri edidit Gatt. Hist., p. 929; Murat. Ant. V, 389, in qua tamen coronationis nulla mentio fit.

(1444) Huc referenda esse videtur ep. ib., p. 924 edita, missa mense Junio, ind. v.

(1445) E privil. papæ ap. Gatt. Acc., p. 714. Sita erat in episcopatu Larinensi ad fl. Saccionem. Cf. supra II, 52.

(1446) A. D. 1071.

(1447) *Et Radulfum... pensionem Casinensi monasterio persolventem. l. l.*

(1448) E privil. Robberti ap. Gatt. Hist., 344. *Actum in palacio Termulano.* Vocatur *comitum comes de Lauretello*, fil. Robberti.

(1449) Sc. Oldeberto *ejusdem monasterii offerto.*

(1450) Gatt. Acc., p. 230. Casinum se venisse, ibi non dicit.

maneant et redeant, mille librarum auri pena indicta. Fecit et aliud præceptum (*an.* 1126. *Aug.*) de Castelione de Baroncello (1451), cum pertinentiis suis, ut homines qui in eo manent, solidi [4626], quieti, et liberi sint a se et a suis, ab omni datione vel censu. Sed et Constantia filia regis Francorum, cum Boamundo filio suo, eodem anno (1114. *Apr.*) obtulit in ecclesia sancti Petri imperialis in civitate Tarento 86 familias hominum cum rebus suis, et quicquid eidem loco concessum est per præcepta et oblationes.

49. Eodem vero annò papa Paschalis cum apud Ceperanum sinodum celebraret (*Oct.*), archiepiscopus Consentinus proclamationem fecit super Roggerium comitem Siciliæ, qui eum de archiepiscopatu dejiciens, invitum et renitentem monachum fieri jusserat. Ad hæc papa : « Hoc ad me non attinet; abbatis enim Casinensis est judicare et discernere de talibus, cui hanc prærogativam prædecessores nostri contulerunt. Dona namque et vocatio Dei, sicut apostolus, sine penitentia sunt (*Rom.* XI, 29). Illud ergo donum, quod omnipotens Deus beato concessit Benedicto, ac per eum Casinensi cœnobio, nulla potest ratione convelli : idemque abbas Casinensis super re tali respondeat. » Tunc abbas : « Non vult Deus coacta servitia ; unde si contra vestram voluntatem monasticum institutum arripuisti, vestrum erit vel relinquere vel tenere. Quapropter sanctæ religionis habitum quod inviti sumpsistis, ut ad pedes domini nostri apostolici deponatis præcipimus; demum, ut ante jam dixi, vestrum erit vel recipere vel dimittere. » Ille autem continuo ad pedes summi pontificis vestimenta deponit monastica, sed nullo modo ei ab aliquo persuaderi potuit ulterius resumere. In eodem etiam concilio idem apostolicus investivit Guillelmum ducem de ducatu Apuliæ et Calabriæ. Ibi etiam cum Landulfus Beneventanus archiepiscopus accusatus fuisset, et se purificare de objectis non valeret, ad hunc locum fugit, papæ sententiam audire declinans; sed qualiter rogatu nostræ congregationis et pontificii ordinem et papæ gratiam rursus habuerit, loco suo scribemus (1452).

50. Hoc etiam anno, cum fratres nostri cœnobii a Sardinia remearent, pyratæ Saracenorum super eos irruentes in Africam vinctos duxere. Quod ubi noster abbas agnovit, pretium pro redemptione eorum illuc transmittere studuit; sed hi qui deferebant ventorum vi in Syciliam appulsi sunt. Igitur dum hæc ad notitiam Roggerii magnifici comitis pervenissent, amore sanctissimi patris Benedicti ductus, nuntios suos ad regem civitatis Calamensis (1453), quod a Sarracenis Alchila dicitur, destinavit, quatinus illos ad hoc monasterium redire permitteret, si ejus frui amore, si ejus pace uti desideraret. Annuit protinus Calamensis rex tantis postulationibus, eosdemque fratres legatis ipsius comitis tradidit ; jam enim Azzo, hujus sancti loci decanus, in eadem captione vita decesserat. Qui per Africam Syciliam venientes, honorabiliter ab eodem comite suscepti [4627], atque ad hunc nostrum monasterium retransmissi.

51. Operæ pretium reor, ea quæ omnipotens Deus ad jam dicti decani declaranda ostendit merita, opusculo præsenti annectere. Hic (1454) igitur dum in eadem provincia defunctus fuisset, corpus ejus in ecclesia beatæ Mariæ ante altarium sepultum est. Factum est autem intempestæ noctis silentio, Sarraceni inde transeuntes, dum luna radios suos emitteret, viderunt eum foris justa hostium basilicæ sedentem, librumque in manu tenentem. Tunc illi obstupefacti, alios Sarracenos clamare cœperunt, dicentes : « Currite citius, currite, huc properare studete ! nam presbyterum [4628] christianorum, qui in isto mense mortuus est, ante hostium ecclesiæ sedentem conspicimus. » Hoc igitur reliqui audientes, portas civitatis egressi illuc tendere festinaverunt. Cumque ad eum appropinquassent, vir Domini inter limen hostiumque basilicæ ingressus, nusquam comparuit. Quadam vero die mansionarius ingressus ecclesiam, repperit lampadem quæ super sepulchrum ejus pendebat, ardentem. Tunc iratus, puerum qui ei jugiter in ecclesia serviebat vocavit, eique dixit : « Cur lampadem accensam reliquisti ? » Ad quem puer respondit : « Ego quando ecclesiam clausi, lucernas omnes extinxi ; hanc autem quis [4629] accenderit, ignoro. » Animadvertens autem vir ille quod in re erat, lampadem extinxit, ecclesiam clausit ; alioque die ingressus ecclesiam, eam ardentem repperit. Hoc igitur dum sæpius fieret, nuntiatum est regi Sarracenorum ; qui in re insolita admiratus, et putans a christianis ista confingi, destinat Sarracenos qui lampadem extinguerent oleumque inde traherent. Quod dum factum fuisset, alio die ecclesiam ingressi, lampadem lucentem, atque aquam in morem olei ardentem invenere. Qui præpete cursu inde egredientes, ad regem venerunt, et cuncta quæ evenerant per ordinem pandunt. Tunc rex lampadem extingui, et Sarracenos die ac nocte ecclesiam custodire præcepit, ne quis christianorum ibidem intraret; qui præceptis ejus parentes, ecclesiam custodire cœpere. Nocte autem adveniente, Sarra-

VARIÆ LECTIONES.

[4626] *ita in orig.* [4627] *an* s. sunt? [4628] *ita in libro illo*, presbyter *c.* [4629] *ita ibi*, qui *c.*

NOTÆ.

(1451) Territ. Trojano. Gatt. ib., 251.

(1452) C. 61. Cæterum cf. Falconem Ben. ad h. a. et Romualdum Salern.

(1453) Quæ inter Cirtam et Hipponem regium sita est, et nunc Guelma vocatur; cf. Pagium ad a. 1114, n. 5.

(1454) Hæc eisdem fere verbis leguntur in libro *De Justis Cas.*, c. 62.

ceni qui ecclesiam observabant, oculos in cœlum (A) levantes, stellam de cœlo super lampadem ecclesiæ radiantem aspiciunt. Tunc obstupefacti fores ecclesiæ reserant, lampademque lucentem aspiciunt, cursuque celeri ad regis tendentes palatium, seriatim quæ viderant narrare cœperunt. Rex vero suorum talia dum audisset ab ore, dictis derogans fidem, lampadem extingui, et ecclesiam sicut prius custodire præcepit; exurgensque ad domum callifæ, qui ecclesiam luminabat (1455) perrexit. Cumque jam nox advenisset, elevatis in cœlum oculis, vidit stellam super lampadem ecclesiæ radiantem, eandemque radio suo accendentem; statimque Sarracenos ad ecclesiam mittens, lampadem ardentem reversi nuntiarunt. Tunc rex proponit edictum, ut christiani liberam in ecclesiam ingrediendi faculta- (B) tem haberent.

52. Eodem quoque tempore Robbertus Aversanus episcopus præsente Romano pontifice promovit litigium contra hoc monasterium de ecclesia sanctæ Agathæ in Averse. Cumque diu inter nos et illos in Romana curia hæc causa sæpius ventilata fuisset, ex præcepto Romani pontificis et cardinalium, quibus grave videbatur totiens eandem causam in judicio audire, una cum clericis Aversanæ ecclesiæ idem episcopus eandem ecclesiam in perpetuum huic nostro Casinensi cœnobio habendam concessit (1456), pena 50 librarum auri apposita. Hic abbas fecit libellum hominibus habitantibus in castro sancti Angeli de terris et silvis huic monasterio pertinentibus in loco qui dicitur Tabulenla, justa tenorem (C) antecessorum suorum, unde recepit libras denariorum decem.

Huic abbati Robbertus princeps jurejurando firmavit totam ex integro abbatiam, et omnem terram, castra, et monasteria, sicut illa tenuit Otto abbas octo dies antequam mortuus esset, et omnia quæ hoc monasterium retinebat infra principatum Capuanum. Id ipsum fecit Andreas consul et dux Cagetanorum (1457) de terra sancti Benedicti, et nominatim de castro Pontiscurvi cum pertinentiis suis.

53. Tunc temporis Benedictus Fundanæ ecclesiæ episcopus et hujus cœnobii monachus, contendere cœpit adversus hoc monasterium pro pecunia, quam (D) Contardus prædecessor suus in hoc loco deposuit; cujus pecuniæ partem idem episcopatui redditam fatebatur, partem vero nostram [4630]. Noster vero abbas causam se ignorare dicebat; et cum hujus rei negotium diu multumque ventilatum fuisset, quoniam et de quantitate pecuniæ dubitabat [4631], et utrum minus esset redditum quam in deposito fuisset acceptum: tandem ad hanc venimus conventionem, quod hujus rei gratia noster abbas concessit eidem episcopo usque ad obitum suum monasterium sancti Nycolai in Pica, ut haberet inde omnem redditum quem hoc monasterium esset habiturum, præter consuetas salutes temporibus suis. Hic abbas cum adhuc præposituræ officio fungeretur in ecclesia sancti Nycolai in Pica, tempore patris Desiderii, acquisivit a Girardo, Richardo, et Leone Fundanis consulibus ecclesiam sancti Onufrii cum pertinentiis suis; et quoniam supradictus locus in devexo montis latere constructus latronum direptionibus semper patebat, illam Gyrardus diruens, in monticulo justa posito construxit monasterium in honorem sancti confessoris Christi Onufrii; atque de monasterio sancti Nycolai in Pica omnium mobilium medietatem auferens, partem etiam monachorum ejusdem loci ibi transmittens, sedecim fratres illic Christo servituros aggregavit. Pari etiam modo in Aliphano territorio ecclesiam sanctæ Mariæ in Cingla a fundamentis diruens, magnificam et speciosissimam ad similitudinem hujus ecclesiæ sancti Martini in priori loco renovavit. Hic abbas concambiavit cum Grimaldo, filio Majonis de Aquino, terram in Ulmitu, recipiens aliam petiam terræ in Aspranu cum pertinentiis suis, 50 bizzanteorum pena apposita.

54. Sub isdem fere diebus, cum jam ab incarnatione Domini annus millesimus centesimus ac quintus decimus elaberetur, 11 Kal. Martii, castrum hujus nostri monasterii quod Suium (1458) dicitur, quodque a patris Desiderii tempore ab hoc monasterio subtractum fuerat, post decessum Richardi de Aquila, qui eundem castrum tenuerat (1459), captoque Alexandro qui uxorem ejusdem Richardi acceperat, Suienses non ferentes insolentiam exactorum ejusdem Alexandri, eundem castrum in manus præphati abbatis reddiderunt (1460). Rangarda igitur uxor præphati Richardi, hoc agnito, turrem quæ Ad mare dicitur proditione custodum in sua accipiens, villam Laurianam (1461), Casam majorem, Sanctum Benedictum in Suessa, et omnia quæ in sua dicione ad Casinense cœnobium pertinebant ab hujus l'ci potestate subtraxit; et ex tunc et deinceps, quicquid adversi, quicquid incommodi Casi-

VARIÆ LECTIONES.

[4630] *leg.* non *ANG.* [4631] *an* dubitabatur ?

NOTÆ.

(1455) Num. i. q. prospiciebat? *quæ e. liminabat* correxit Lauretus; ipse de Justis l. l., dicit: *quæ ecclesiæ imminebat*. Callifam Pagius ad a. 1114, n. 4, putat esse episcopum vel presbyterum Christianorum.

(1456) A. 1115, indictione VII, Gatt. Hist., p. 281.

(1457) F. Richardi de Aquila.

(1458) Ejus partem dimidiam Hugo Cajetanus donaverat Tueobaldo abbati m. Jan. 1025, diplomate quod Gattulam fugit, commemorato ab I. B. Federici, De' duchi di Gaeta, p. 326. Postea a. 1040 quartam partem filio reservavit, qui 1079 monasterio rursus instrumentum de parte dimidia castri tradidit; v. supra II, 55, III, 44.

(1459) V. supra c. 7.

(1460) 1115. *G. abbas oppidum Suium adquisivit.* Anon. Cas.

(1461) Quæ nunc Sancti Crestensis appellatur. Antiquæ vero villæ Laurianæ vix ecclesiæ rudera supersunt, prope Sanctum Crestensem in via Caietana. ANG.

nensi cœnobio excogitare poterat, inferre non desinebat. Abbas autem non segnis ad hæc, aggregato exercitu, Suessanam terram igne ferroque devastare omnimodis cœpit. Rychardus etiam tunc Bartholomei de Caleno filius, propter pugnam quam cum eadem Ringarda pro ducatu Cagetano habebat, eidem abbati per sacramentum firmavit totam ex integro abbatiam, et quam antea recuperare posset in terra Fundana, vel in terra Guidonis de Castro, vel comitum de Cyccano, et intra Capuanum principatum, in comitatu Aquinensi, Benafrano, Aliphano, ac Teanensi, et nominatim castellum de Suio cum pertinentiis suis, et specialiter viam per flumen Garilianum eundi et redeundi cum navigiis, et mercata ad portum de Suio, et specialiter terras, quæ ab eadem Rangarda sublatæ fuerant, id est curtem sancti Johannis ad Currenti, curtem de Lando de mari, Casam majorem, Laurianam, Sanctum Benedictum de Suessa, et terras quas retinebat Gezzolinus. Id ipsum fecit et Robbertus princeps, jurejurando confirmans beato Benedicto supradictum castrum de Suio cum pertinentiis suis (1462).

55. Sequenti (1463) anno, mense Madio, jam dictus papa Paschalis Romam egrediens venit ad hoc monasterium, nostrumque abbatem secum ducens, synodum celebraturus Trojam perrexit (*Aug.*), indeque regrediens ecclesiam sancti Vincentii, quam Gyrardus hujus cœnobii monachus justa ortum Vulturni fluminis a fundamentis construxerat, sollempniter dedicavit (1464); in qua etiam noster abbas duo pallia optulit. Hujus abbatis tempore Almannus in hoc sancto cœnobio monachus defunctus est (*Sept.*) cujus vita quantum Deo complacuit, exitus illius patefecit. Hic (1465) itaque e Melfia civitate, de qua oriundus erat, ad hunc locum perveniens, districtissime satis et continentissime vixit; omnibus enim noctibus justa ecclesiam sancti Andreæ apostoli in cymiterio fratrum nudus permanens et psalmos canens, duris scoparum ictibus carnem suam affligere non desinebat. Sub istius autem abbatis tempore cum idem vir intempestæ noctis silentio esset defunctus, Nycolaus cellararius extra monasterium manens, elevatis oculis vidit tectum desuper aperiri, et ex eo maximum globum ignis egredi, atque in cœli alta deferri. Statim vero ad monasterium nuntium mittens, invenit ea hora fuisse Almanni obitum, qua globum ignis de monasterio egredi cœlique alta petere vidit. Hanc autem visionem sicut cellararius aforis, ita et Carbo, unus ex hujus loci prioribus qui adhuc superest, in monasterio positus vidit. Hic vero quandiu vixit, tribus diebus in epdomada panem et aquam comedit, et numquam nisi certa solvit festivitate jejunium.

56. Interea cum homines de civitate sancti Germani nostro abbati sæpe inquieti et rebelles existerent, ad horum nequitiam refrenandam Gerardi animus ingens erigitur. Unde cum Oderisio præposito et Seniorecto decano, qui post abbates hujus cœnobii extiterunt, aliisque prudentibus viris communicato consilio, quosque hujus loci fideles in suum auxilium evocans, 17. Kal. Februarias nocturno tempore monticulum Janulæ qui eidem civitati imminet cepit, atque a civibus obsides accipiens, eandem Janulæ arcem, quæ a temporibus Aligerni abbatis destituta ac desolata fuerat, restruere vir strenuissimus cœpit. Primo itaque in montis summitate turrem speciosissimam ac valde maximam extruxit, justa quam duas veteres turres dirutas reparavit. Jam vero abbatis cameram cum cappella et reliquis officinis pulcherrime satis construens, ipsius arcis ambitum muro firmissimo sepsit, et sic demum rebelles et infidos quietos manere coegit. Pari etiam modo castrum Pontiscurvi, Cardetum, Vitecusum ac Suium muris turribusque munivit.

57. His diebus defuncto in Cagetana ecclesia Alberto [4632] episcopo, Richardus hujus cœnobii a pueritia monachus eidem ecclesiæ episcopus datur. Romanus interea pontifex cum ad paganorum sævitiam edomandam sollicitus esset, Romanos, Pysanos, aliosque de diversis partibus evocans, sub remissione omnium peccatorum illos ad insulas Baleares direxit (*an.* 1114). Quo dum venissent, diu multumque illas expugnantes, tandem in deditionem acceperunt, centum (1466) milibus Sarracenorum gladio interemptis. Hoc præterea tempore Hector, Pandulfus, et Gisulfus, filii [4633] Pandulfi de Presenzano, antiqui hostis malitia debriati castrum hujus monasterii quod Caminum dicitur furtive subripientes, terras hujus cœnobii sibi contiguas modis omnibus infestare cœperunt. Abbas autem ut erat magnanimis, exercitum aggregans, terram illorum igne ferroque consumpsit. Eodem vero anno prædictus papa Urbem egrediens, venit ad hoc monasterium, ubi honorifice nimis receptus, cum ei relatum fuisset de supradictis sacrilegis, qui ante jam fatum castrum Camini invaserant, inter ipsa missarum sollempnia tanti mali auctores, nisi resipiscerent, a liminibus ecclesiæ separavit. Quid tantis? Videntes sibi Deum in omnibus resistere, eundem castrum in manus nostri abbatis reddiderunt, atque ad hoc monasterium venientes, cuncta con-

VARIÆ LECTIONES.

[4632] *ita Gatt.* Abberto *Ang.* [4633] filius *c.*

NOTÆ

(1462) Præcepto suo possessionem Suii Casinensibus confirmavit 1117 Feb., ap. Gatt. Acc., p. 232.

(1463) Eodem. Negligentiam Petri in temporibus computandis sæpe jam vidimus; anni autem initium se more Pisanorum a Martio anni præcedentis computavisse credatur, vetat e. g. cap. 52, 53, 61.

(1464) Cf. Falconem Benev. ad h. a.

(1465) *Hic—jejunium* de Justis Casin., c. 53.

(1466) 50 Secundum Chr. Pis. ap. Murat. SS. VI, 169.

gregatione astante supradictum castrum supra beati Benedicti altarium refutavere. Lando interea filius Landonis comitis, more parentum suorum ab hujus loci infestatione nequaquam quiescens, in silva huic monasterio contigua, quæ Tirille dicitur, castrum construere cœpit. Erat tum in hoc sancto cœnobio Johannes Romanæ Ecclesiæ cancellarius et hujus monasterii monachus, cujus superius memoriam feci; qui tantam insolentiam nequaquam ferendam censens, Seniorectum decanum aliosque ex fratribus secum assumens, eundem comitem adiit, atque illum ex parte Romani pontificis obtestare cœpit, ut in possessione beati Benedicti castrum non ædificaret, nisi anathema apostolicum experiri vellet. Tum ille et pontificis ira et beati Benedicti justitia agnita, de eodem loco confestim recessit.

58. Tunc temporis quidam miles in Apulia in quodam conflictu a quodam iniquissimo captus, atque boia catenisque devinctus in foveam demersus est. Cumque per dies plurimos eodem nervo detineretur astrictus, et die noctuque sanctissimi patris Benedicti auxilium anxie flagitaret, quadam nocte ei apparuit dicens : « Dormis, an vigilas? » Et ille : « Ut cernis domine, plus in meæ mentis archano de morte, quam de sompni quiete pertracto. Sed tu quis es, qui ad me venire dignatus es? notum ut facias, prona mente deposco. » Et sanctus : « Ego sum frater Benedictus, quem in tuo adjutorio venire rogasti. Nunc vero surge celerius; catenas vero cum quibus ligatus es, quoniam propter itineris longitudinem ad corpus meum in Casino ferre minime vales, ad sepulchrum fratris Ottonis inclausi, qui meam regulam optime conservavit, suspende; et ob tuam liberationem laudes Deo reddendas ire ne tardes Casinum. » Hæc cum dixisset, continuo miles surgens, invocato Redemptoris nostri ac beati Benedicti nomine, confestim catenæ quæ in pedibus ejus erant solutæ sunt, et continuo surgens, quæ sibi injuncta fuerant omni instantia implere curavit. Demum vero Casinum veniens, Deo patrique Benedicto laudes quam maximas retulit. Arderadus hujus loci hostiarius, dum noctis medio per plana quæ Casinensi monti subjacent iter ageret, oculos ad sanctissimi patris Benedicti cœnobium vertens, vidit super eundem locum ad instar solaris splendoris descendisse maximam lucem : quæ prius ecclesiam, postmodum vero totum monasterium operiens, usque ad dimidium fere horæ spatium mansit; ac sic [4634] demum lux, quæ ante oculos ejus apparuerat, subtracta est. Eo (1467) etiam tempore Sergius hujus cœnobii monachus, natione Amalfitanus, dum vita decederet, Gregorium hujus loci presbyterum rogavit, ut eum non dimitteret; qui postulationi ejus obtemperans cum eo permansit. Cum vero vitæ ejus appropinquasset jam ultima hora, respiciens vidit beatissimam Dei genitricem Mariam ad se venientem, ilicoque manus sursum erigens, clamare cœpit ; « Domina mea, domina mea. » Quem interrogantes quid videret, ait : « Numquid nam non beatissimam virginem Mariam videtis? Hic nempe est. » Hæc dum dixisset, animam exalavit.

59. Per hos dies Petrus filius Petri Mayni de civitate Aquinensi, optulit beato Benedicto quicquid sibi pertinere videbatur infra fines suprascriptæ civitatis in valle Opplosa, et Surgili, et Cysternola, et omne quod sibi pertinebat apud Suium, loco qui vocatur Casa majore, pena centum bizanteorum statuta. Adenulfus filius quoque Bernardi de Aquino, et ipse ad hoc monasterium veniens obtulit huic sancto loco quicquid sibi a paterno vel materno jure pertinebat in Sancto Urbano. Hoc etiam tempore (*an.* 1115. *Aug.* 17) abbas Gyrardus concessit (1468) in vestiario hujus sacri cœnobii ob fratrum utilitate, quicquid sancto Benedicto pertinebat in comitatu Termulensi, nec non et terras quæ fuerunt Oldiberti militis, quas comes Robbertus sicut supra retulimus (c. 48) huic loco obtulit, anathematis innodatione [4635] apposita, si aliquis successorum suorum hoc a vestiario fratrum subtrahere vellet. Concessit etiam in monasterio sancti Johannis de Capua Petram mellariam cum pertinentiis suis. Sciendum sane quoniam in monasterio puellarum sancti Johannis abbatissa quidem debet eligi, cum necesse est, a sanctimonialibus, sicut egoipse recolo me legisse in privilegio abbatis Aligerni, quod apud Capuanum beati Benedicti monasterium habetur, sed approbari et confirmari debetur judicio Casinensis abbatis, cujus etiam auctoritate consecrationem ipsa abbatissa accipere debet (1469).

60. Supradictus autem pontifex sociato sibi nostro abbate Romam rediens, mediante quadragesima synodum celebrare disponit (*an.* 1116. *Mart.*), in qua etiam noster abbas proclamationem fecit de cella sanctæ Sophiæ in Benevento; sed nullam exinde habere justitiam valuit. Quo etiam tempore, dum Pontius Cluniacensis cœnobii abbas ad synodum veniens, se abbatem abbatum esse jactitaret, interrogatus a Johanne cancellario, si Casinenses accepissent regulam a Cluniacensibus, an Cluniacenses a Casinensibus, Pontius respondit, quod non solum Cluniacenses, verum etiam omnes monachi in orbe Romano degentes regulam patris Benedicti a Casinensi cœnobio acceperunt. Tum cancellarius : « Ergo si ex Casinensi cœnobio tamquam a vivo

VARIÆ LECTIONES.

[4634] si *c.* [4635] inondatione *c.*

NOTÆ.

(1467) Cf. de Justis Casin. 61.

(1468) Ap. Gatt. Hist., p. 134 et Acc., p. 233;

(1469) V. Gatt. Hist., p. 126. Cf. infra, c. 76.

fonte monasticæ religionis norma manavit, jure ac merito Casinensi abbati hæc prærogativa a Romanis pontificibus concessa est, ut ipse solus qui Benedicti legislatoris est vicarius, abbas abbatum vocetur.» Per idem tempus Romani adversus jam dictum pontificem ferali inter se odio dissidebant. Nam pars maxima illorum, qui filium nuper defuncti præfecti (1470) contra [4686] voluntatem elegerant (*April.*), omnibus nisibus contra Petrum Leonis agebant, adeo ut nonnullas ejus turres destruerent, quia pro tempore ipso et cum ipso non consenserat pontifex voluntati eorum. His auditis Heinricus imperator, qui defuncta Mattilda tunc apud Liguriam degebat gratia disponendarum rerum illius, lætus effectus quia non bene cum papa conveniebat, xenia imperialia Urbis præfecto et Romanis transmisit, adventum suum illis prænuntians affuturum. Pontifex interim loco cesserat, et Petro Leonis in munitionibus degenti, quoquomodo poterat subsidia ministrabat.

61. Anno autem dominicæ incarnationis 1117. idem imperator congregato exercitu Romam advenit. Quod dum papa Paschalis comperisset, Urbem egrediens venit ad hoc monasterium, atque ab universa hujus loci congregatione rogatus, Landulphum archiepiscopum Beneventanum, quem supra (c. 49) depositum retulimus, in gradu suo restituit (1471), sicque per Capuam Beneventum ingressus est. Imperator interea urbem Romam ingrediens, et pontificem exinde discessisse prænoscens, consules, senatores ac proceres partim donis, partim promissis ad se attrahens, Ptolemeo illustrissimo, Octavia stirpe progenito, Ptolomei magnificentissimi consulis Romanorum filio, Bertam filiam suam (1472) in conjugio tradidit; eique dona perplurima conferens, quicquid avus ejus Gregorius aliique parentes habuerant vel retinuerant, prædicto Ptolomeo et hæredibus ejus imperiali auctoritate in perpetuum confirmavit (1473). Agit interim papa cum principe aliisque Normannis, quatinus contra imperatorem conglutinentur, illique obsistant, vel certe contra jam dictum Ptolomeum, Romanorum consulem, generum ejus hominibus supradicti pontificis armatorum auxilium subministrent. Heinricus præterea imperator in urbe Roma persistens, paschalis die solempnitatem (*Mart.* 25) cum ingenti gaudio senatus populique Romani celebrare studuit, et quia pontificem ibidem non invenit, et rationes suas cum rationibus ejus internuntiis mediantibus minime convenire videbat, coactus fervore æstatis secessit cum suis in hyperboreis regionibus, spondens se temperato ære agiliter Romam redire. Normanni vero imperatorem ab Urbe egressum dum agnovissent, elegerunt de suis ferme trecentos, ac diebus pentecostes, contra Ptolomeum de quo supra retulimus direxerunt. Qui Campaniam ingressi, justa Pylium ejusdem provinciæ oppidum castra metati sunt, prædam inde hominum ac jumentorum facientes. Hoc ubi Ptolomeo consuli nuntiatum est, evestigio milites quos imperator in adjutorium suum reliquerat evocans, per noctem eos exadverso contra castra illorum dirigere studuit. Normanni interim cognito illorum adventu, præpete cursu ad castrum Acutum fugientes pervenere, quos Teutonici insequentes quotquot invenire poterant neci tradebant, magnamque stragem de eis fecissent, nisi castrum Normannos recepisset. Victoria itaque Alemanni potiti, Normannos exequitatos et deprædatos per vicos et oppida persequebantur, talique ordine Normanni injuriis affecti unus post unum ad propria remearunt.

62. Hoc præterea tempore terræmotus (1474) magni per universam fere Italiam facti sunt (*Jan.*) ita quod muri multarum civitatum ruerent, ecclesiæ a fundamentis subverterentur, et excelsæ turres demergerentur, et multorum hominum strages fierent; fontes etiam fere omnes turbidati sunt, et lampades ecclesiarum nullo impellente turbine per aerem movebantur. Tunc quoque in civitate Veronensi maxima pars ædificiorum corruit, yatus etiam in eisdem partibus magni facti sunt, et innumeræ arbores virentibus foliis radicitus evulsæ, foras ejectæ sunt, fumoque loca illa obtecta; infans etiam contra ætatem locutus, quædam portentuosa vaticinatus est, quæ postea evenerunt. His perturbationibus insistentibus, Symon, filius Ugonis de Molisi, apud Yserniam vita decessit, corpusque ejus ad hoc monasterium delatum atque in atrio ecclesiæ beati Benedicti reconditum est.

63. His porro diebus Robbertus, rex Anglorum, (1475) legatos ad hoc monasterium direxit, petens ut pro se atque pro statu regni sui Domini clementiam exorarent, calicemque aureum quantitatis non modicæ beato Benedicto per eos dirigere studuit, eo etiam tempore Roggerius (1476), filius Landonis

VARIÆ LECTIONES.

[4686] pontificis *excidisse videtur*.

NOTÆ

(1470) Petrum f. Petri.

(1471) 11 Aug. 1116. Falco Ben. calculo Pisano usus.

(1472) Illegitimam.

(1473) Contra hunc Ptolemeum et Dulciacam, matrem ejus ut videtur, a. 1140 monachi Cryptæ Ferratæ conquesti sunt, v. Annales nostros VII, 22. Filii ejus fuerunt Raino, Jordanis de Gabiniano (Borgia Ist. di Velletri p. 247.) et Jonathas, dictus comes Romanorum in Necr. Casin. ad XIV. Kal. Dec., sed Tusculanus in placito Ottonis com. palatini a. 1159 in Murat. SS. II^b, 678. Die 9 Julii 1155 papæ fidelitatem juravit (Mattei, Memorie di Tusculo p. 162), sed a. 1170. Tusculum Alexandro III resignavit (Romuald. Sal. p. 210), simul cum Rainone de quo v. Annales nostros VII, 23; IX, 440; Murat SS. III^a, 462; Ant. Ital. I, 141.

(1474) Meminere eorum Anon. Cas. ad h. a. multique alii.

(1475) Sed cui frater sceptrum præripuisset, captivumque detineret. Tamen ut nomen mutemus necesse non est.

(1476) Dictus Scannacaballu. Edidit Gatt. Acc., p. 237.

Calvensis comitis ad hunc locum deveniens, obtulit beato Benedicto (*an.* 1118. *Jan.*) in Sycilia, in loco ubi dicitur Melazzeti, casalem sancti Andreæ, justa flumen Platiplatanion (1477, intra hos fines: a prima parte conjungit in monte qui dicitur de Marge, qui est a parte orientis, a secunda parte conjungit cum prædicto flumine, et cum torone (1478) qui est justa flumen de Sancta Venera, a tertia parte casalem sancti Nycolai de Melito, cum hominibus in eodem loco sibi pertinentibus, quingentorum bizanteorum pena apposita.

64. Per hos etiam dies Alexius imperator novæ Romæ Constantinopoleos, qui multa bona huic sancto Casinensi cœnobio contulerat, et super omnia Latini nominis monasteria dilexerat, quadragesimo quarto (1479) anno imperii sui hujus vitæ metas exsolvit (*Aug.* 15), et Joanni Porfirogenito filio suo orientalium Romanorum summam reliquit. Similiter et jam dictus papa Paschalis a Benevento Romam regressus, 12. Kal. Febr. vita decedit, et Joannes cancellarius, hujus Casinensis cœnobii a pueritia monachus, a clero, senatu, populoque Romano in Gelasium papam eligitur. Talia dum Heinrici imperatoris venissent ad aures, festinus Romam advenit, nuntiosque ad eundem electum transmittere studuit, per quos ei direxit, quod si fidem quam papa Paschalis cum imperatore fecerat observaret, et conventiones quæ inter Romanum imperium et sedem apostolicam statutæ fuerant firmaret, imperator confestim fidelitatem eidem electo et Romanæ ecclesiæ faceret; sin alias, alium pontificem in Romana ecclesia inthronizaret. Videns igitur idem electus rationes suas cum rationibus imperii convenire non posse, per fluvium Tiberim mare ingressus, una cum episcopis et cardinalibus aliisque clericis Romanæ ecclesiæ, nec non et præfecto Romanæ urbis, multisque aliis nobilibus Romanis, advenit Cagetam. Hoc ubi imperatori nuntiatum est, evestigio Mauricium, Bracariensem archiepiscopum a papa Paschali depositum, invasorem Romanæ ecclesiæ constituit. Supradictus autem electus Cagetæ remorans, in quadragesima presbyter ordinatus, et ab eisdem episcopis et cardinalibus in papam Gelasium consecratus est. Tunc temporis Capuanus princeps Robbertus et Guilielmus dux ad eum pontificem in eadem civitate venientes, fidelitatem fecere. Deinde Capuam veniens, una cum episcopis et cardinalibus excommunicavit eundem imperatorem una cum prædicto invasore eorumque complicibus (1480). In festivitate autem paschali (*Apr.* 14), im-

A posito sibi Romani orbis diademate, cum magna laude et gloria ad patris Benedicti monasterium Capuæ situm venit, celebrataque missa sollempniter ad episcopium civitatis rediit, ornatis plateis et arcubus Romano more. Post hæc idem pontifex ad hoc monasterium veniens, cum immenso honore ac gaudio ab universa congregatione susceptus est, atque per plurimos dies in hac terra moratus est. Robbertus interea princeps exercitum congregans ad hoc monasterium venit, Romam sicut promiserat pontifici cum eo iturus; audiens autem quod imperator oppidum quod Turricula (1481) dicitur obsideret, Casini substitit; ubi etiam nuntios imperatoris suscipiens, Capuam repedavit. Imperator interea cum oppidanis fœdus iniens, Romam rediit, ibique die sancti Pen-
B tecostes ab eodem hæresiarcha coronatus, Liguriam rediit. Hoc ubi pontifex supradictus agnovit, Romam reversus est, indeque egressus civitatem Pisanam adiit, ecclesiamque inibi sanctæ Mariæ quæ Ad domum nuncupatur dedicans (*Sept.* 26), primus in eadem urbe archiepiscopatum instituit (1482). In eadem vero civitate supradicto pontifice persistente, auctoritate ejus ac Petri archiepiscopi civitatis illius oblata est beato Benedicto ecclesia sancti Silvestri in eadem civitate Pisana ab Odemundo et filiis ejus, cum pertinentiis suis (*Sep.* 29) (1483). Huic concessioni Lambertus Hostiensis episcopus, post autem papa Honorius, cum aliis cardinalibus interfuit. Exinde vero supradictus pontifex discedens cum episcopis et cardinalibus, Cluniacense cœno-
C bium petiit, atque a supradicti loci abbate honorifice nimis receptus, et ibi aliquandiu remoratus, post paucos dies vita decessit (*An.* 1119. *Jan.* 29.), atque in eodem monasterio decenti est sepultura reconditus. Cardinales igitur videntes se tanto destitutos esse pastore, consilio habito, ne diutius Romana ecclesia morsibus scismaticorum pateret, Guydonem Byennensem archiepiscopum, regali stirpe progenitum, in rebus sæcularibus et ecclesiasticis apprime eruditum, ibidem sibi in papam Calixtum præficiunt. Idem præterea pontifex per aliquantum temporis ibidem remorans, Rosemannumque cardinalem et hujus cœnobii monachum [4687]... ex parte Italorum, catholicæ dumtaxat parti faventium, de sua ordina-
D tione consensum unanimem per litteras excipiens, una cum episcopis et cardinalibus ad monasterium Beati Mauri in Glannafolio situm, et huic Casinensi cœnobio subditum pervenit, rogatusque a monachis Casinensibus, qui secum venerant, nec non a Gyrardo, jam dicti loci (1484) abbate, ejusdem confes-

VARIÆ LECTIONES.

4687 *excidisse aliquid patet, fortasse* Romam dirigens et per eum.

NOTÆ.

(1477) Plotiplatamon ib.
(1478) I. e. colle.
(1479) Imo 38.
(1480) In dom. palmarum, ut ipse scribit ad Cononem Prænest. Cod. Udalr. 293. Inde Casinum eum venisse, etiam Pandulfus Pis. retulit.
(1481) Torricella, ut videtur, quod lacui Trasimeno adjacet.
(1482) V. Chr. Pis. ap. Murat. SS. VI, p. 105, 169. Pagium ad a. 1118, n. 10, 11.
(1483) V. chartam ap. Gall. Hist., p. 422.
(1484) S. Mauri.

soris Christi Mauri ecclesiam sollemniter dedicavit, in qua etiam corpora sanctorum Antonii et Constantiniani, qui de hoc Casinensi cœnobio ad Gallias cum beato Mauro perrexerant, cum maxima reverentia posuit. Sicque Romam veniens, a clero, senatu, populoque Romano honorifice satis exceptus est (*Jun.* 3).

65. Eo igitur tempore, cum jam ab incarnatione Domini annus vicesimus centesimus atque millesimus volveretur (1485), tam magni terræmotus in hac terra facti sunt, ut in Camino palatium dirueret, in Cucuruzzu ecclesiam cum curia subverteret, apud Bantram ecclesiam, domos, et campanaria ad terram dejiceret, multique sub ipsa ruina interirent, et nunc quidem novem, nunc decem et septem, nunc viginti et eo amplius[4638] id per dies singulos sentiremus (1486). Quo tempore pater Benedictus cuidam Hispano apud Termulas tribus vicibus visibiliter in quodam trivio apparens, dixit: « Vade, dic abbati, ut omnes qui in dicionis suæ terra habitant, discalciatis pedibus ad monasterium meum in Casino constructum, omnipotentem Deum rogaturi, convenire faciat, et ipse una cum fratribus per omnes monasterii ecclesias letanias faciant discalceatis pedibus. Increverunt enim peccata hominum, et delicta eorum multiplicata sunt valde; forsitan ignoscet Deus delictis illorum, perficiat vota et supplicationes ad eum. » Percontatus quisnam esset, fratrem Benedictum se esse respondit. Ille autem exurgens, venit ad abbatem, et quid viderit vel audierit seriatim pandit. Igitur cum justa patris Benedicti præceptum sursum ad monasterium omnes Deum rogaturi convenirent, diabolus claudi specie assumta in devexo montis latere illis factus est obviam dicens gloriosæ virginis Mariæ ecclesiam, maximamque civitatis partem terræ motu diruta esse. Illi autem falsitati ejus aurem accommodantes, et id quod cœperant ocius dimittentes, ad civitatem reversi sunt; quo dum venissent, videntes illusionem diabolicam, alio die letaniam quam stulte dimiserant discalciatis pedibus implere studuerunt. Igitur prima noctis vigilia magno ultra modum terræmotu facto, fratres e stratis suis surgentes, discalciatis pedibus flentes et ejulantes ad patrem confugiunt Benedictum, atque ante ejus sacratissimum corpus preces ad eum fundentes, per omnia monasterii altaria letanias decantare cœperunt. Fidelis Dominus in verbis suis, qui invocantes se et de sua misericordia præsumentes exaudire promisit; nam supplicatio letaniæ a fratribus explicita, ne unus quidem lapis ulterius de hoc loco motus est. Hæc dum ad notitiam vicinorum circummanentium pervenissent, omnes fere qui in principatu manebant, nudis vestigiis huc ad beatum Benedictum venerunt, omnipotentis Dei clementiam suppliciter postulantes ut tanti patris interventu illis misereri dignaretur. Nec sua frustrati sunt æstimatione, nam confestim tremor terræ quievit.

Hoc interea anno Robbertus Capuanorum princeps cujus supra meminimus vita decedit (*Jun.* 3), et Richardus filius ejus a Capuanis in principatum substituitur; quo paulo post mortuo, Robbertus (1487) patruus ejus illi in principatum succedit.

66. Hujus abbatis tempore, in Campania provincia insigne miraculum ei antiquis per omnia simile factum est. In Comino namque, in castro quod in honore sanctorum Septem fratrum constructum est, nobilis cujusdam militis filius fuit nomine Albericus, qui puer decimo anno nativitatis suæ inchoante languore correptus ad extrema perductus est; quo tempore novem diebus totidemque noctibus immobilis ac sine sensu, et velut mortuus jacuit. In quo spatio a beato Petro apostolo et duobus angelis, quorum unus Emmanuhel, alter Eloy dicebatur, per loca pœnarum deportatus, ductus est ad os infernalis baratri, demum vero ductus ad paradysum, vidit mansiones sanctorum, atque in cœlum aereum sublevatus, et a beato Petro apostolo sufficienter instructus de veteri testamento, de pœnis peccatorum, et de perhenni gloria sanctorum, vidit archana quædam, quæ prohibitus est alicui loqui, sicque per 72 provincias ab eodem apostolo deportatus, et vitæ redditus est. Hujus igitur visionem nosse qui cupit, rei seriem a Guidone[4639] hujus Casinensis cœnobii monacho compositam (1488) relegat; quæ quia per omnium fere ora volvitur, referre omisimus. Exinde vero idem Albericus relictis et spretis sæculi pompis, hoc Casinense cœnobium petiit, atque a patre Gyrardo gratanter nimis susceptus, et sanctæ conversationis habitu indutus, Christo vero regi militaturus cum cæteris fratribus est aggregatus. Tanta enim usque in hodiernum abstinentia, tanta morum gravitate pollet, ut pœnas peccatorum perspexisse et pertimuisse, et gloriam sanctorum illum vidisse nemo quis dubitet. Non enim carnes, non adipem, non vinum ab illo tempore usque nunc Deo annuente sumpsit; calciamenta nullo penitus tempore utitur, et sic in tanta cordis ac corporis contritione et humilitate usque in hodiernum in hoc Casinensi cœnobio perseverat, ut multa illum quæ alios laterent vel metuenda vel desideranda vidisse,

VARIÆ LECTIONES.

4638 vicibus *excidisse videtur.* 4639 *ita Gattula.* Guidono *Ang.*

NOTÆ.

(1485) Consentit Anon. Casin.

(1486) Imitari videtur Leonem III, 33.

(1487) Imo Jordanus frater post mortem Richardi.
 ejus.

(1488) Jussu Girardi abbatis; v. præf. visionis in Francisci Cancelliere observationibus *Sopra l'originalità della Divina Commedia di Dante*, Romæ 1814, 8, p. 134 et supra p. 568. Exstat in cod. Cas. 257 f. 356.

etiamsi lingua taceret, vita loqueretur. His (1489) porro temporibus, Petrus diaconus anno dominicæ incarnationis quintodecimo centesimo atque millesimo, primo ætatis suæ lustro a parentibus suis beato Benedicto oblatus, et a jam dicto Gyrardo abbate susceptus, et habitu sanctæ conversationis indutus, atque sub eodem abbate per annos bis quattuor eruditus, 21 anno ætatis suæ scripsit ad Odesirium II. supradicti Gyrardi successorem (1490), passionem beatissimi martyris Marci et [4640] sociorum ejus (1491), vitam egregii confessoris Fulconis [4641], passionem sanctissimi martyris Placidi discipuli beati patris Benedicti (1492), et vitam sancti Apollinaris abbatis ad [4642] reverendissimum Raynaldum abbatem (1493), vitam sanctorum Guinizonis et Januarii ad [4643] Richardum monachum Casinensem, vitam sancti Constantii episcopi et confessoris ad Guarinum episcopum Aquinensem, vitam sancti Severi episcopi Casinensis [4644] ad Seniorectum abbatem. Rythmum de novissimis diebus (1494), in quo justa litteram videtur secutum fuisse apostolum Johannem, cum idem Petrus sciret finitum pro infinito, justa quod ibidem scriptum est. Destructionem etiam et restaurationem civitatis Atinæ, et inventionem corporis beati martyris Marci descripsit. Vitam sanctæ Dariæ uxoris sancti Nycandri. Scripsit etiam sermones hos : de festivitate beati Marci sermones 8, de vigiliis ejus sermones 2, de [4645] sancto martyre Placido omelias 2 (1495); et sermones 12 : de cœna Domini sermones 2, in parasceven, in sabbato sancto, omeliam in festivitate sancti Benedicti, sermonem in pasca, in octava sancti Benedicti, in ascensione Domini, in pentecoste, de festivitate A sancti Johannis baptistæ, de sancto Petro et Paulo, de sancto Laurentio, de vigilia sanctæ Mariæ; librum illustrium virorum cœnobii Casinensis ad Pandulfum Teanensem episcopum (1496). Miracula Casinensium monachorum quæ scripta adhuc minime erant descripsit. Istoriam de eversione seu restauratione cœnobii beati Mauri ex jussione abbatis Seniorecti emendavit, in qua et prologum scripsit. Fecit et prologum in libro privilegiorum, sermonem de translatione corporis sancti protomartyris Stephani a civitate Constantinopolitana ad Urbem Romanam, ortus et vitas justorum cœnobii Casinensis (1497), sermonem de festivitate omnium sanctorum, de nativitate Domini sermones duo (1498), de sancto Stephano. Chronicam cœnobii Casinensis a renovatione B ecclesiæ beati Martini a Desiderio facta, usque ad hunc diem. Astronomiam ex veteribus libris collegit. Demum vero pro responsis Casinensis cœnobii apocrisarius ad Lotharium III, Romanorum imperatorem directus, postquam (1499) ei sessionem ad pedes suos concessit, postquam inter cappellanos Romani imperii locavit, postquam discipulum Bertulfi cancellarii constituit, postquam a secretis effecit; logothetam, exceptorem, et auditorem Romani imperii illum constituit, in aula porro Romani imperii idem Petrus dum versaretur, altercationem quæ facta est ante eundem imperatorem inter eum et adversarium Casinensis ecclesiæ composuit (1500). Solinum de miraculis breviavit (1501). De generibus C lapidum pretiosorum ad Chouradum imperatorem librum exaravit. Expositionem super regula sancti Benedicti componens, in 4 libros divisit (1502). Scolias in veteri testamento (1503). Epistolas duas ad

VARIÆ LECTIONES.

[4640] ac 2. [4641] *ita codd.* F. vitam s. Placidi 2. [4642] ad r. R. a. *desunt* 2. [4643] ad R. m. C. *desunt* 2. [4644] ep. et confessoris 2. [4645] sermonem in octava sanctorum Marci, Nycandri et Marcyani, et 2.

NOTÆ.

(1489) Quæ de Vita sua et scriptis hic Petrus refert, bis præterea exstant, ipsius manu scripta, scil. 1 cod. Cas. 361, cap. ultimo libri *De viris ill. Casinensibus*, ordine diverso, ubi cum septies atramentum mutetur (sc. verbis : *In ipso autem, in sabb. sancto; serm. de transl. s. Stephani, librum notarum, translationem, cantus, et sanctorum N. et Marciani*, ubi desinit, pagina vacua relicta), et narratio brevior sit, primo hæc scripsisse videtur. 2 cod. Cas. 257, cujus varias lectiones adjicimus. Incipit : *Petrus Casinensis diaconus, cartularius, scriniarius ac bybliothecarius, ex patre Egidio natione Romano, Gregorii Romanorum patricii et consulis filio, quinquennis sub Girardo abb. b. Ben. oblatus, a. d. i. 1115, atque sub eodem abbate per 8 fere annorum curricula eruditus est. Anno vero i. d. 1128, etatis autem ejus 21, cum abbas Od. II. Girardi abbatis successor abbatiam reliquisset, ad exilium emulorum suorum faciente invidia directus est. In ipso autem constitutus dum esset exilio, descripsit ad supradictum Od. abb. passionem* etc.

(1490) Sed tunc dimissa abbatia cardinalem, ut bene Ang. de Nuce.

(1491) V. p. 565.

(1492) P. 566.

(1493) Exstat in Reg. S. Placidi, cod. Cas. 515, f. 126; v. S. Guinizonis f. 141; v. S. Severi f. 150. Easdem recepit in librum *De ortu et ob. just. Casinensium*. Cf. p. 569.

(1494) Exstat in cod. autogr. Cas. 361 ex quo principium edidit L. Tosti II, 120.

(1495) Eæ cum 12 sermonibus exstant in cod. 515, f. 64; sermones etiam in cod. autogr. 361.

(1496) V. p. 568. Autographus exstat in cod. 361.

(1497) Exstant in cod. 361 autographo.

(1498) Hi tres sermones exstant ibidem.

(1499) Cf. ep. ad Richizam, Mart. Coll. I, 757 : *Postquam enim nostram parvitatem discipulum B. c. effecerat, postquam logothetæ, exceptoris et auditoris officio remuneraverat, postquam sessionem ad pedes suos indulserat, postquam a secretis effecerat*, etc., v. infra c. 125.

(1500) Ea Casini non exstat, sed servata est cum altera altercatione in apogr. manu Constantini Cajetani a. 1602 confecto, in Bibl. Brancacciana II, C. 22. Cf. infra c. 97 et 115.

(1501) Ejusmodi opus continetur cod. Casin. 391, sæc. XII.

(1502) Cod. 257, f. 57 scripta jussu Seniorecti et Rainaldi Colementani; Tosti II, 118. Partem ejus Ang. de Nuce edidit, in Append. Chronici.

(1503) Ib., f. 346. Incip. *Mos est sanctæ scripturæ*, etc. I. B. MARUS.

Lotharium imperatorem, ex jussione abbatis Guybaldi (1504). Ad Richizam imperatricem de obitu Lotharii imperatoris. Ad eandem de obitu Heinrici ducis Bajoariorum. De electione Chonradi II. Romanorum imperatoris epistolam perpulchram composuit. Librum notarum ex parvo ampliorem effecit, et Chonrado imperatori dedicavit (1505). Vitrubium de architectura mundi emendans breviavit (1506). Librum Hevæ, regis Arabiæ, de pretiosis lapidibus ad Neronem imperatorem, quem Constantinus imperator ante annos fere octingentos ab urbe Roma Constantinopolim asportaverat, de Greco in Romanam linguam transtulit. Ymnos duos in laudem sanctæ Justæ virginis et martyris dictavit. Visionem Alberici monachi Casinensis corruptam emendavit (1507). Chronicam regum gentis Trojanæ, et consulum, dictatorum, et imperatorum composuit (1508). Miracula sanctorum martyrum Marci, Nycandri, et Marciani exaravit. Ymnos sex [4646] in eorum laude composuit. Cantus beati martyris Marci dictavit. Scolias in diversis sententiis (1509). Exhortatorium ad monachos (1510), in quo ostendit quid custodire, quid cavere debeant, de septem vitiis et virtutibus, de 7 petitionibus, de Rebecca et Isaac, de rege Ozia et sacerdotibus, de Moyse, et via trium dierum, ac tribus temporibus, de visione Ysaiæ. Librum salutationum, exhortationum [4647], et opprobriorum. De terra repromissionis itinerarium ex omnibus veteribus libris collegit, et Guybaldo Casinensi abbati dicavit (1511). Vitam sancti papæ Leonis exaravit [4648]. Ystoriam [4649] gentis Trojanæ a principio mundi usque ad sua tempora, nec non et librum prodigiorum et portentorum describens, illustrissimo Ptolemeo II, Romanorum consuli dedicavit. De temptatione Christi in deserto omeliam perpulchram exaravit, nec non et altercationem, quam habuit cum quodam Constantinopolitano pro Romana ecclesia. Composuit alia multa, quæ hic scribere supersedimus (1512).

67. Sub jam dicto abbate Gyrardo Gunnarius Sardorum nobilissimus (1513), parentum suorum Baresonis et Torkitorii regum vestigia sequens, cum licentia archiepiscopi sui (1514) obtulit beato Benedicto ecclesiam sancti Petri in Nurki, et sancti Nycolai, ac sancti Johannis et sancti Petri in Nugulbi, et sancti Héliæ ac sancti Johannis (1515) in Setin, cum omnibus pertinentiis earumdem ecclesiarum, ad utilitatem vestimentorum nostrorum (*an.* 1120. *Mai.* 24). Id ipsum fecit et Furatus de Gytil (1516) cum voluntate ejusdem archiepiscopi, et episcopi s. Boni, de ecclesia sancti Nycolai in Solio, et sanctæ Mariæ (1517) cum pertinentiis suis. Sed et Comita Sardorum nobilissimus tunc temporis ad hoc monasterium veniens, cartam (1518) fecit huic loco de ecclesia sancti Michaelis in Ferrucesi cum attinentiis suis. Pari etiam modo Marianus de Zori optulit in hoc loco ecclesiam sancti Georgii in Banarcatu, cum omnibus quæ tunc temporis habere videbatur. Hujus exemplo ducta Muscuniona cartam fecit de domo sua in Solio, cum servis et ancillis, et omnibus rebus suis. Susanna etiam illam ad bonum æmulata optulit beato Benedicto domum suam in Yscano, et in Mulana, et in Cortina, et in Myrra, et in Coquina, et in Amendula, cum servis et ancillis, et omnibus suis. Vera quoque filia Gunnarii de Thori concessit similiter in hoc loco domum suam in Coquina, cum servis, et omnibus quæ habere videbatur. Id ipsum fecit et Constantinus de Carvia, fecit oblationis cartulam de ecclesia sancti Petri in Symbrano, cum omnibus pertinentiis suis (1519).

68. Tunc temporis (*an.* 1120. *Jul.*) præphatus papa Calixtus Urbem egressus venit ad hoc monasterium, et a prædicto nostro abbate cum ingenti honore susceptus, die illo missam sollempniter celebravit, atque in hac terra per duos fere menses (1520) est remoratus. Quem videlicet pontificem noster abbas honorifice nimis sustentavit, et in omnibus necessi-

VARIÆ LECTIONES.

[4646] *numero locus vacat* 2. [4647] exornationum 2. [4648] ad Innoc. papam II ex. 1, 2. [4649] *Hæc in cod.* 257 *ita leguntur, eadem manu sed non eodem tempore scripta :* Y. g. T. a Noe u. ad s. t. describens, Pt. II R. c. dicavit. Scripsit omeliam in quadragesima, necnon et altercationem q. h. c. q. C. p. R. ecclesia. *Ibi finis est.*

NOTÆ.

(1504) Ib., f. 52. Epistolæ ad Richizam, f. 37 et 368: ad Conradum, f. 37. Cf. p. 571.

(1505) Prodiit cum Valerio Probo Venetiis 1525, 4; Lugd. Bat. 1599, 8; Col. Allobr. 1602, 4 et in coll. auctorum linguæ Latinæ.

(1506) V. Polenii Exercitatt. Vitruv. II, 171.

(1507) Cod. 257, f. 356.

(1508) Cod. 257. Fragmenta edita sunt in Mon. SS. III, 219 et in L. Tosti *Hist. Cas.* II, 116.

(1509) Cod. 257, f. 18.

(1510) Ib., f. 41.

(1511) V. Præf., p. 571.

(1512) Librum *De dignitate Romani imperii*, inc. *Hæc digni*, etc., habet catal. codd. Cas. in A. Mai Spicil. V, 223; Cod. 257 præterea continet catalogos pontificum Romanorum et abb. Casinensium, explanationem brevem regulæ, et epitomam super Regula S. Benedicti ad Lotharium imperatorem, inc. : *Admirabili*, etc. Quod ad historiam faciat, nihil ibi invenies. In cod. 515 est Vita Aldemari (Ortus et ob. c. 69); in fine cod. 361 periit opus inscriptum : *Synonima M. T. Ciceronis.*

(1513) De Laccon; in regno Ardar. Gatt. Hist., p. 424; cf. confirmationem Gonnarii regis Turritanorum Acc., p. 255.

(1514) Athu s. Azzu.

(1515) Ea in privil. non commemoratur.

(1516) S. d. Gatt. Acc., p. 237.

(1517) In altera charta, cujus fragm. dedit Gatt. Hist., p. 344.

(1518) Fragmentum ejus edidit Gattula ib. Reliquas non edidit.

(1519) Edidit Tosti *Hist. Cas.* I, 421.

(1520) Id pugnat cum epistola Eginonis ap. Udalscalcum, ubi papam Kal. Jul. adhuc Romæ manentem videmus, quem Falco 8 Aug. Beneventum intrasse narrat. Casini eum fuisse, etiam Pandulfus in Vita ejus testatur.

tatibus ejus strenue satis deservire curavit. Inde vero Beneventum veniens (*Aug.* 8), in Apuliam usque descendit, ac more antecessorum suorum a duce Guilielmo fidelitate recepta (1521), Romam reversus est. Dehinc vero exercitum congregans, Mauricium æresiarcham in civitate Sutrina obsidens cepit (*an.* 1121. *Apr.*), et in arce hujus monasterii (1522), quam idem abbas a fundamentis construxerat, exilio relegavit. Hic autem reverendissimus pontifex dum Beneventi resideret, rogatus ab eodem abbate nostro vel fratribus, ecclesias sancti Petri et sancti Nycolai de Nugulbi, sancti Heliæ in Setin, et sancti Petri in Nurci, quas vir illustrissimus Gunnarius de quo supra retulimus, beato Petro optulerat, et postmodum ejusdem pontificis jussu beato Benedicto concesserat (1523), per apostolicæ sedis privilegium (1524) congregationi nostræ in perpetuum confirmavit (*an.* 1120. *Aug.* 9), ut de ipsarum ecclesiarum reditibus prout facultas ministraverit indumenta semper huic nostro conventui præparentur. Salvo nimirum censu quattuor solidorum Papiensis monetæ singulis annis Lateranensi sacro palatio persolvendo. Adjiciens insuper, ut possessiones et dona omnia, quæ supradictus Gunnarius beato Benedicto contulit, vel collaturus est, omnia similiter in necessitate vestimentorum in perpetuum conserventur, et si quis ejusdem Gunnarii oblationes auferre, vel minuere, aut a constituta vestimentorum præparatione hujus sancti Casinensis conventus subtrahere vel mutare præsumpsisset, anathemate plecteretur. Idem præterea illustri viro Gunnario uxorique ejus Helenæ litteras direxit (*Aug.* 10) (1525), gratias agens simul et monens, ac in remissione peccatorum illis injungens, ut in eo quod cœpissent constantius permanerent. Romana enim sedes et ecclesias et donum quod nostro cœnobio fecerant, sua auctoritate firmaverat, prohibens ne quis illa subtrahere, diminuere, aut in futurum sine Casinensium fratrum consensu audeat commutare; sed ob fratrum indumenta quieta semper et illibata permaneant. Pari etiam modo litteras Vulterano episcopo destinavit (1526), mandans quam specialiter, quam præcipue hoc Casinense cœnobium ad protectionem Romanæ spectaret ecclesiæ; præcipiens insuper, ut donum quod beato Benedicto ab illustri viro Gunnario et uxore ejus factum fuerat, pro beati Benedicti reverentia quietum et ab omnium infestatione liberum faceret permanere, quia apostolica sedes donum illud scripti sui auctoritate firmasset, et ecclesias quasdam, quas Gunnarius cum uxore sua Helena beato Petro obtulerant, huic nostro cœnobio ex apostolicæ sedis liberalitate concessisset. Nollet ergo, ut per quorumlibet violentiam subtraherentur vel infestarentur; sed omnia quiete ac libere ad Casinensium fratrum indumenta conservarentur.

69. Factum (1527) est autem, dum idem venerabilis papa apud Beneventum maneret (*Oct.*), Otto Capuanus archiepiscopus conquestus est Capuanam ecclesiam spoliatam tribus ecclesiis quæ essent juris sancti Stephani, quas hæc Casinensis ecclesia possideret; scilicet sancti Benedicti Pyzzuli, sancti Angeli ad Odaldiscos, sancti Ruphi, quarum sibi possessionem restitui per Romanam curiam postulabat. Ad hæc noster abbas respondit, Casinensem ecclesiam ejusque ministros Capuanam ecclesiam non expoliasse, asserens se de prænominatis rebus, pro quibus impetebatur, multiplici ratione munitum, tam instrumentorum quam legitima et inconcussa temporis detentione; ostendens insuper quod appellatio quæ a parte archiepiscopi facta fuerat, neque canonica esset neque legitima, idque pluribus et evidentibus rationibus asserebat. Cumque inter utramque partem diu super hoc decertatum fuisset, apostolicus præcepit, ut rationes quas noster abbas habebat ostenderet. Tridui igitur dilatione concessa, iterum nostra illiusque pars curiam adeuntes, de eisdem quæstionibus causa denuo ventilata est. Verum ubi a parte archiepiscopi nulla ratione neque canonica neque legitima posset ostendi, quod Casinense monasterium prædictarum ecclesiarum possessionem ei restitueret, cum constaret Capuanam ecclesiam a Casinensi non fuisse expoliatam, atque in hoc prolixius immoratum esset, jussit tandem prædictus papa sibi rationes nostri cœnobii ostendi. Quibus exhibitis, et diligenter a cardinalibus clericisque Romanis studiose relectis et (1528) perspectis, qualiter illas Richardus princeps et Jordanus filius ejus in hoc cœnobio concesserant, et præcepto suo firmaverant: pontifex accepto concilio, tum pro multimodis rationibus, instrumentorum scilicet et temporum, tum pro privilegiis Romanorum pontificum huic nostro cœnobio concessis, præcepit prædictarum ecclesiarum possessiones apud hoc monasterium prout tunc fuerat remanere.

70. Hoc præterea tempore in ejusdem apostolici præsentia prædictus noster abbas proclamationem fecit de ecclesia sanctæ Mariæ in Cyngla, quam a jure hujus cœnobii Raynulfus comes (1529) violenter abstulerat, et ecclesiæ sanctæ Mariæ de Capua subjugaverat. Tunc pontifex abbatissæ sanctæ Mariæ

NOTÆ.

(1521) Mense Oct. Beneventi, secundum Rom. Salern.

(1522) Sc. Janulæ, v. c. 86. Sed tunc in Cavense monasterium eum relegatum esse constat.

(1523) V. epist. ad (Rogerium) ep. Vulterr.

(1524) Ap. Gatt. Hist., p. 425 ex orig.

(1525) Ib., p. 426.

(1526) Ibidem, utræque e Petri Regesto.

(1527) Cf. notitiam hac de re scriptam in Reg. Petri, ap. Gatt. Acc., p. 715.

(1528) *Et — firmaverant* hic addidit Petrus; v. supra III, 57.

(1529) F. Roberti comitis Cajat. quem supra habuimus.

de Capua litteras dirigere studuit (1530), præcipiens ut quinta feria post octavas pentecosten se sedi apostolicæ præsentaret, et jus ecclesiæ suæ præsentibus episcopis et cardinalibus Romano pontifici ostenderet. Illa autem muliebri furore exæstuans, ad pontificis curiam nequaquam ire, ejusque præceptis nullo pacto se obedire respondit. Quod dum supradicto papæ nuntiatum fuisset, litteras ad eam direxit, mandans quod in nostri abbatis querimonia super Cynglensi ecclesia subterfugium quærere jam videretur, nam secundis transactis terminis ad judicium minime venisset, neque personas pro se rationabiles direxisset: in his tamen omnibus Romana ecclesia actenus sibi et monasterio suo pepercisset, sed diutius causæ hujus discussionem protendere non valeret. Omni ergo occasione B seposita pontificis conspectui se repræsentaret, vel tales pro se personas dirigeret, quæ vice sua negotium illud sufficienter valerent pertractare. Alioquin Romana ecclesia Casinensi cœnobio de Cynglensi ecclesia restitutionem cooperante Domino faceret. Tali igitur abbatissa conventione perterrita, accedit ad comitem Raynulfum, rogat, obsecrat ut pro se Romano pontifici litteras mittat. Annuit illius voluntati remuneratus pecunia comes, et ut ab abbatissa rogatus fuerat peragens, supradicto papæ litteras mittit. Relectis igitur supradicti comitis litteris pontifex, ejus petitioni assensum præbuit, et terminum ei dedit, mandans eidem comiti, ut nullum super hoc impedimentum faceret, quin negotium C illud suo tempore decideretur. Nisi enim abbatissa termino constituto sedi se apostolicæ repræsentaret, vel personas pro se idoneas mitteret, ipse Casinensi cœnobio restitutionem de Cynglensi cooperante Domino faceret, quoniam Casinensis abbatis querimoniam diutius ferre non posset. Adveniente autem termino, abbas noster Romam perrexit, justitiam nostri cœnobii recipere cupiens, simul etiam et munimina nostra secum deferens. Abbatissa vero nuntium destinare vel per se ire omnino negavit. Tum papa cum episcopis et cardinalibus consilio habito, eidem abbatissæ litteras misit, admirans quia pro controversia, quæ de supradicta Cynglensi ecclesia inter sanctimoniales et Casinense cœnobium longo tempore agitata fuerat, apostolicas ad eam D frequenter litteras miserat, et tres illi jam terminos constituerat : sed neque ad se ipsa venisset, neque justa ejus præceptum sufficientes pro se personas ad decisionem causæ direxisset. In quo profecto non justitiam expectare, sed dissimulationibus quibusdam et occasionibus tempus infinitum velle protrahere. Sibi quoque et cardinalibus rationabile visum esse, ut deinceps dilatione vel occasione absentiæ ejus Casinensis ecclesia non deberet manere de possessione Cynglensis cellæ diutius spoliata. Non enim qui

A possessa re spoliatus est, justa legum instituta et sanctorum canonum sanctionem ad juri cogeretur actionem accedere. Præciperet ergo suo cardinaliumque judicio, ut infra viginti dies postquam apostolicas litteras accepisset, Casinensem ecclesiam de Cynglensi cella, salva monasterii sui justitia, in integrum reinvestiret. Res vero ecclesiæ, quas spoliationis tempore habuit, a se vel a suis hominibus minime tollerentur. Ad hæc abbatissa, ignorans ea quæ ventura erant super eam, missis hominibus contra papæ præceptum libros et quicquid in Cinglensi cella repperit asportavit. Hoc ubi papa agnovit, ad eam per litteras direxit, quia dum illam paterna benignitate et mansuetudine toleraret, ipsa in derisu papæ patientiam exhabens, nichil eorum quæ illi præciperet satageret adimplere : insuper etiam ad apostolicæ sedis injuriam et contemptum Cinglensem ecclesiam expoliasset. Præciperet ergo, nisi iram vellet experiri apostolicam, ut nichil deinceps de Cinglensis ecclesiæ rebus auferret, sed omni occasione vel dissimulatione postposita, ecclesiæ ipsi quæ per eam de eadem ecclesia ablata sunt redderet, eandemque ecclesiam cum omnibus rebus suis Casinensi monasterio restitueret. Si autem ulterius contemptrix existeret, et mandatum apostolicum infra viginti dies post litteras acceptas non satageret adimplere, apostolica sedes ex tunc in Cinglensi ecclesia divina officia interdiceret; abbatissæ vero omnem monasterii prælationem potestate apostolicæ auctoritatis prohiberet, quoadusque præphatam restitutionem cum integritate adimpleret, et Romanæ ecclesiæ de contemptu plenarie satisfaceret. Abbatissa vero ubi papæ voluntatem agnovit, ad consueta arma recurrit, pecuniam oportune importune distribuit, et se nulla ratione, nullo pacto, papæ voluntatem impleturam fatetur. Hoc igitur ubi pontifici nuntiatum est, rursus ad eam direxit, quia quanto illam majori patientia sustineret, tanto habundantiori superbia et extollentia contra Romanam ecclesiam elevaretur. Quater enim et eo amplius sibi karitative ac paterne justa sacrorum canonum sanctionem scripsisset, et mandata ejus penitus contempsisset, et Romanam ecclesiam sprevisset, quæ omnium ecclesiarum mater et domina est, non ab alio sed a Christo domino constituta : unde non immerito fideles omnes eam debent honorare. Ipsa vero econtra sua eam vellet potestate et dignitate privare. Totiens quippe a Romana ecclesia commonita, non solum inobediens extitisset, verum etiam inobedientiam addidisset. Pro tanta igitur insolentia ejus, idem pontifex in eodem beatæ Mariæ monasterio divina omnia officia interdiceret; abbatissam ab ipsius monasterii regimine sequestraret, et tam eam quam fautores ejus in hac causa excommunicationis vinculo innodaret.

NOTÆ.

(1530) Quatuor ejus epistolæ ad Alpheradam abbatissam et tres ad R. comitem exstant in Reg. Petri f. 51, teste Gatt. Hist., pag. 49.

Cumque nec sic valeret Romanus pontifex abbatissæ proterviam humiliare, mandat comiti Raynulfo, ut infra viginti dies postquam apostolicas litteras accepisset, Casinense monasterium de Cinglensi ecclesia in integrum reinvestiret, neque interim ejusdem ecclesiæ bona diripi a quibuslibet vel auferri permitteret. Quod si et ipse quoque apostolici mandati contemptor existeret, qui spoliationis hujus causa et principium extitisset, papa ecclesiasticæ justitiæ vigorem pro eo dimittere non valens, in personam et in totam terram ipsius excommunicationis sententiam, auxiliante Domino, proferret. Suscipiens igitur apostolicas litteras comes, abbatissam evocat. quid sibi a papa mandatum sit per ordinem pandit. Illa vero facibus succensa femineis, principem et comitem universosque illorum satellites ingenti ære remunerat, rogat, poscit, obsecrat, uti comitem flagitent, ut contra papæ sententiam tueri abbatissam studeat, utque in tanto articulo temporis subveniat, modis ac nisibus quibus valet exorat. Remuneratus itaque abbatissæ pecunia comes, illam contra papæ sententiam pro suo posse tueri promittit. Quod dum supradicto pontifici relatum fuisset, mandat comiti, quia cum ipse beati Petri et papæ fidelis esset, Romana ecclesia vera cum dilectione diligeret, et inter alios strenuos et illustres viros personam ipsius præcipuæ dilectionis brachiis amplexaretur, et nisi per eum remaneret, id ipsum deinceps facere præoptaret; propter quod tunc usque ecclesia nichil egisset, in quo gravari a sede apostolica videretur. Præciperet ergo, ut omni penitus dilatione et occasione postposita, Casinensem abbatem de Cinglensi ecclesia et de possessionibus ejus faceret revestiri. Quod si contra hoc ire præsumpsisset, ipse eidem comiti divina officia et omnium ecclesiarum introitum interdiceret, et ad viginti dierum terminum constitutum personam ipsius excommunicaret, donec Casinensem abbatem de Cinglensi cella plenarie revestiret, quia Casinensium fratrum clamorem nullo modo ferre valeret. Pari etiam modo litteras Ottoni archiepiscopo Capuano direxit (1531), præcipiens ut Alferadam abbatissam pro deposita et excommunicata tamquam haberet, et in eodem beatæ Mariæ monasterio nullum divinum officium celebrare permitteret; datam a Romano pontifice interdictionis et excommunicationis sententiam per suam parrochiam nuntiari et teneri faceret. Clericis vero et laicis omnimodo prohibuit, ne contra suum interdictum ecclesiam ipsam ingredi aut cum excommunicatis participare nullatenus præsumerent. Comes interea Raynulfus ægroferens se pro feminea superbia excommunicatum et ab omnibus divinis mysteriis separatum, apostolici voluntatem se impleturum spopondit, si Casinensium fratrum munimina perspicere posset. Relectis igitur in præsentia supradicti papæ Callisti et omnium episcoporum et cardinalium antiquis et autenticis nostri cœnobii cartulis, qualiter Sarracenus sculdahis Beneventanus, cui locus idem jure hæreditario pertinebat, ecclesiam ibi sicut in hujus libri principio (c. 6) commemoravimus beati Cassiani a fundamentis construxerat, eidem ecclesiæ, quoniam filium non habebat, omnem omnino substantiam et possessionem suam per consensum Gisulfi ducis Langobardorum concesserat, et qualiter postmodum per auctoritatem ipsius ducis eandem ecclesiam cum omnibus possessionibus suis huic Casinensi cœnobio subdiderat, seu et qualiter et sanctus Petronax abbas cum adjutorio ejusdem ducis ecclesiam ibi in honore sanctæ Dei genitricis Mariæ construens, monasterium puellarum Dei effecerat, et qualiter illam ab hoc monasterio subtractam Oderisius abbas temporibus papæ Urbani recollegerat (1532), et qualiter Capuani monasterii abbatissam idem papa ob hanc rem apostolicis litteris et sui oris invitatione [4680] vocaverat, et qualiter abbatissa ad pontificem venire contempnens, nec ejus monita suscepit et judicium penitus subterfugit: simul etiam in omnium præsentia relecto exinde papæ Paschalis judicio (1533), continuo idem comes coram Johanne cardinali tituli sancti Eusebii, et Bermanno [4681] Romanæ ecclesiæ subdiacono, reddidit beato Benedicto totum ex integro prædictum sanctæ Mariæ monasterium, cum omnibus pertinentiis suis quæ tempore patris sui tenuit, cartulamque renuntiationis et restitutionis exinde conscribi faciens, illamque propria manu roborans (*an.* 1122. *Sept.*), super altare beati Benedicti posuit, violatoribus illius decisionis mille librarum auri penam indicens (1534).

71. Hoc interea anno Sparanus abbas de monasterio sancti Martini in Arci ad hunc locum veniens (*Feb.*), obtulit beato Benedicto eandem ecclesiam sancti Martini cum pertinentiis suis (1535). Id ipsum fecit et Rao de Banterone cum Auristellâ uxore sua de ecclesia sancti Petri sita in finibus Consentiæ, in loco qui vocatur Gaurano, et ecclesia sancti Martini, loco qui dicitur Cupplatu, cum omnibus pertinentiis illarum, centum librarum auri pena apposita. Similiter etiam Milo et Litulfus filii Bernardi de Aquino, et Milo filius Milonis, ad hoc monasterium venientes optulere beato Benedicto novem familias hominum sibi pertinentium in oppido quod Pesmontis dicitur,

VARIÆ LECTIONES.

[4680] invitationem *c.* [4681] Ermanno *in carta Rainulfi.*

NOTÆ.

(1531) Quas edidit Gatt. I. l., s. d.
(1532) Cf. cap. 18 libri IV.
(1533) D. 1101 Mart. 31, ap. Gatt. Hist., p. 48.
(1534) Eam edidit Gatt. Acc., p. 716.
(1535) Gatt. Hist., p. 414.

et in villa sanctæ Luciæ, quorum nomina hæc sunt: Johannes, cum familia sua; Conterius, cum familia sua; Desiderius, cum familia sua; Trostaynus, cum familia sua; Petrus, cum familia sua; Bricius, cum familia sua; Litolfus, cum familia sua; Ugo, cum familia sua; Johannes, cum familia sua.

72. Tunc temporis cum (1536) fratres monasterii Capuani cuidam [4682] ægroto jam fere morti proximo monasticum habitum tradidissent, clerici Capuanæ ecclesiæ cum armata manu illuc convenientes, eum jam defunctum repperiunt, et stimulis nequitiæ debriati, monachico habitu illum spoliantes, eadem indumenta quibusque ambulantibus conculcanda in platea projecerunt. Quod ubi papa Calixtus agnovit, Capuano archiepiscopo præcepit ut inauditam et novam tantæ temeritatis præsumptionem sic per Dei gratiam corrigeret, ne aliquatenus talia agere præsumerent, neque idem archiepiscopus in hoc Deum et Romanam ecclesiam offenderet, et quia Casinense monasterium Romanæ ecclesiæ juris esse sciret, loca ei pertinentia nec per se nec per suos ullatenus inquietaret. Ab hoc etiam venerabili papa prædictus abbas privilegium de omnimoda loci istius libertate recepit (*an.* 1122, *Sept.* 16) (1537); adjiciens insuper, ut si quis hujus nostri monasterii vel cellarum ejus possessiones aut res violenter auferrent, postquam episcopi ipsorum a nostro abbate commoniti, justitiam de eis facere omnino noluerint, abbas super eosdem raptores secundo tertiove commonitos canonicam excommunicationem proferat. Quo etiam anno, peccatis exigentibus Capuana civitas igni tradita est. Ex toto fere itaque civitate consumpta, sancti Benedicti monasterio ignis undique minabatur; fratres autem humanis rebus diffidentes, et in solo Dei adjutorio sperantes, corporale calicis sumentes, extra monasterium in medio ignis posuerunt. Mirum immodum: reversus ignis ultra propius accedere non audebat. Civibus etiam omnibus quædam manus a monasterio ignem propellens visa est; corporale vero prorsus ab ignis injuria illæsum mansit, præter quod causa testimonii ejus in medio foramen parvum factum est.

73. Hic interea abbas cum apud Beneventum in apostolici servitio permaneret (1538), et certo certius brachium sancti apostoli et evangelistæ Mathei in eadem civitate reconditum esse didicisset (1539), ad se jam dicti brachii custodes convocans, qualiter vel quo ordine ejusdem sancti apostoli brachium habuissent percontari studiosissime cœpit. Qui dum retulissent, qualiter illud secum Robbertus dux detulisset in expeditione, quam contra Alexium imperatorem habuerat, ac demum cappellanis suis ad mortem reliquerat, ipsique postmodum in die obitus sui sibi dimiserant: abbas monere illos attentius cœpit, ut tanta pignora Casinensi cœnobio conferrent. Illi autem ocius se hæc adimplere fatentur, si abbas illos quacumque hora ad conversionem venire vellent, absque aliquo pretio illos in hoc monasterio reciperet. Quod cum abbas libentissime se impleturum spopondisset, illi confestim sanctas reliquias ad hunc locum ferendas eidem abbati contradunt. Suscipiens igitur idem abbas sanctas reliquias, diuque deosculans, per hujus nostræ congregationis fratres ad hoc monasterium transmittere studuit. Ad cujus adventum omnes qui hanc terram inhabitabant, cum ingenti devotione et gaudio obviam processerunt. Sane cum hæc ad hujus nostræ congregationis notitiam pervenissent, inæstimabili exultatione repleti, ac sollempnibus vestimentis induti, cum lampadibus et thimiamatibus usque ad portam veterem exierunt, ac terræ prostrati sanctum evangelistam adoraverunt, surgentesque cum maxima reverentia deosculaverunt, et cum ymnis et laudibus illud in monasterium introducentes, atque in argentea capsa turrium instar aptata sanctum brachium recludentes, in argentea trabe ante beati Benedicti altarium suspenderunt, anno dominicæ incarnationis 1122.

74. Eodem quoque anno quidam claudus de territorio Turonensi orationis gratia montem statuerat adire Garganum. Cumque Aquinatem devenisset ad urbem, intempestæ noctis silentio quiescenti ei beatissimus pater Benedictus apparuit, dicens: « Surge velociter, et castrum pete Casinum, ibique ante corporis mei præsentiam vestem donaveris, et sanitatem sine dubio percipies. » Tum claudus: « Quis es tu, qui tanta nobis taliaque promittis? » Et legislator ad hæc: « Omni dubitatione seposita noveris me esse fratrem Benedictum, Casinensis cœnobii fundatorem. » Et his dictis disparuit. Claudus vero confestim exurgens, rem gestam sociis per ordinem pandit. Illi vero visioni fidem derogantes, ut diversi diversa sensere. Alii namque dicebant fallacibus sompniis credere nullum debere, nam multos errare fecerunt sompnia. Nonnulli autem, quorum fides sanior ac devotior erat, censebant nequaquam id esse agendum; sed a Benedicto patre sanctissimo promissum beneficium expetendum. Tunc claudus exurgens, ad montem celeri gradu ac nisu quo poterat ascendit Casinum. Cumque in ecclesiam Benedicti patris corpore et nomine consecratam ingressus fuisset, et ante columnam argenteam in qua cereus magnus ponitur pervenisset, Benedicti confestim suffragantibus meritis, cœpit in

VARIÆ LECTIONES.

[4682] quemdam *c*.

NOTÆ.

(1536) Ex ep. Calixti s. d. in Petri Regesto f. 52.

(1537) Gall. Hist., p. 335. *Datum Berulis.*

(1538) Calixtus II a Nov. 1121 ad Feb. 1122 Beneventi fuit.

(1539) V. supra III, 57.

pristinum claudus restitui gradum. Tunc Andreas mansionarius, qui eo die ecclesiæ curam gerebat, claudum vociferantem audiens, ad eum celeri cursu pervenit, vidensque callos qui in membrorum contractione exorti fuerant disruptos, et sanguinem ex conjunctione profluentem, ad fratres ut rei gestæ ordinem promeret concito gradu perrexit. Claudus vero ecclesiam egrediens insciis fratribus, concito gradu ad socios qui eum apud civitatem sancti Germani expectabant lætissimus rediit. Illi autem tanta perspicientes mirabilia, Gerardum abbatem adeunt, et rem gestam per ordinem pandunt. Venerabilis autem abbas ob ejus sanitatem lætissimus redditus, omnipotenti Deo gratias reddidit, eumque confestim Casinum ad patris Benedicti corpus remisit. Quanta autem mentis lætitia, quantaque tunc exultatio fuerit, quia adhuc omnes qui viderant supersunt, omitto referre. Post hæc quidam senatorum ab urbe Roma egredientes, ad montem pervenere Casinum, videntesque eundem claudum, quem prius ante Lateranense palatium jacere cognoverant, inquirebant qualiter quoque modo sanatus fuisset. Qui dum seriatim suam erectionem retulisset, ejus dictis senatores nequaquam assensum præbentes, interula ejus artus nudantes, et callos in frusta divisos videntes, omnipotenti Deo et patri Benedicto laudes retulere quam maximas. Ad hujus vero perpetuæ rei indicium, ejusdem claudi cambuttas ante fores ecclesiæ jam dicti patris Benedicti suspenderunt. Operæ pretium reor annectere celebre totoque orbi famosum miraculum, quod tunc Dominus ad ejusdem patris sanctissimi artus ostendit. Ipsa namque resurrectionis dominicæ die, dum quidam Etruriensis cum sociis suis, mutus cæcus et surdus ad patris Benedicti sanctas exuvias pervenisset, salutem recepit in omnibus membris.

75. His porro diebus Pandulfus, cui cognomen de Sexto inditum est, antiqui serpentis nequitia debriatus, sociato sibi Odaldo quodam sui sceleris complice, terras nostri monasterii sibi contiguas infestare non desinebant; contra quem noster abbas exercitum congregans, omnem illorum terram igni ferroque consumpsit. Pandulfus autem sera penitudine ductus ad hoc monasterium venit, et jurejurando refutavit sancto Benedicto et eidem abbati per cartam castrum Vitecusum cum pertinentijs suis, unde pugna illa exhorta fuerat. Idipsum etiam fecit et Odaldus de Casale (1540) de castro quod dicitur Aquafundata, obligando se una cum Pandulfo et hæredes suos huic monasterio, ut si ipsi vel hæredes sui amodo vel aliquo tempore litem aut calumpniam per se vel per aliquam submissam personam exinde sancto Benedicto facere temptaverint, componerent auri optimi libras centum. His quoque diebus Rao, filius Raelis (1541), collecta latrocinantium manu, castra beati Benedicti Suium et Mortulam deprædatus est. Quod dum papa Calixtus audisset, Pandulfo Teanensi episcopo, qui de hoc nostro cœnobio sub papa Paschali eidem ecclesiæ episcopus datus fuerat, præcepit ut supradictum Raonem exinde conveniret, quatenus totam terram restitueret, et tale quid in terra [4653] beati Benedicti quæ sub protectione Romanæ consistebat ecclesiæ, ulterius facere non præsumeret. Si vero super hoc eidem episcopo, imo Romanæ ecclesiæ obtemperare nollet, idem episcopus canonicam de eo justitiam faceret, quia quicquid inde dictante justitia fecisset, papa, auctore Domino, et ratum haberet et confirmaret. Tunc etiam (*an.* 1522) domnus Pontius Cluniacensis cœnobii abbas, ob maximæ devotionis reverentiam quam patri Benedicto habebat, cum duodecim suæ ecclesiæ fratribus hoc Casinense cœnobium petiit (1542) abbatisque nostri Gerardi vestigiis provolutus, officinas monasterii dum perlustrasset dixit : « Mallem prius esse decanus Casinensis, quam abbas Cluniacensis. » Demum vero fratrum vestigiis provolutus, illorumque se orationibus commendans, Jerusolimam petiit, beato Benedicto spondens, post suum regressum pastoralem curam relinquere, et Deo attentius in hoc sancto Casinensi cœnobio deservire.

76. Per idem tempus, cum possessiones monasterii beati Mauri quod in Glannafolio situm est a quibusdam diriperentur, Gyrardus ejusdem cœnobii abbas Gyrardo abbati nostro litteras misit, rogans ut papam Calixtum hac de re exorare studeret; quod et fecit. Cujus postulationibus pontifex flexus, Glannafoliensi et fratribus apostolicam benedictionem, et episcopis Germaniæ [4654] direxit, ut possessiones monasterii beati Mauri, quod ad jus pertinebat cœnobii Casinensis, quæ præreptione injusta a comite Andegabensi (1543), et ab aliis quibusque invasæ fuerant, ex integro restituerentur. Eo etiam tempore Gyrardus abbas noster concessit in vestiario fratrum ecclesiam sanctæ Mariæ de Casali plano, et monasterium sancti Benedicti in Pectinari, et ecclesiam sancti Nycolai in castro sancti Martini, cum omnibus pertinentiis earundem ecclesiarum (1544).

77. Idem vero abbas cum ad grandævam jam dierum suorum pervenisset ætatem, anniversario Oderisii abbatis die (*Dec.* 2.), dum pro eo in cappella sancti Sebastiani defunctorum officium decantaret, post finitam primam vigiliam cum impo-

VARIÆ LECTIONES.

[4653] *deest c.* [4654] *an* Galliæ?

NOTÆ.

(1540) Casale feudum est distinctum a castro Aquæ fundatæ, sacro cœnobio Casinensi pleno jure parens. Ang.

(1541) Dominus Teani.

(1542) Pontius a. D. 1122 m. Apr. Romam venit, m. Maio 1123 pugnæ apud Ascalonem interfuit.

(1543) Fulcone juniore.

(1544) Hæc omnia jam enumerata sunt in charta cujus supra c. 69 meminit.

fuisset antiphonam « Anima mea Deo vivit, » supradictus abbas Oderisius eidem abbati Gyrardo post altare ejusdem ecclesiæ visibiliter apparuit, eumque ut ad se veniret manu innuit. Hoc Gyrardus abbas ut vidit, in faciem proruens flere inconsolabiliter cœpit, completoque officio ad cameram suam flens et ejulans rediit. Percontatus autem a fratribus cur fleret, causam aperuit, seque in proximo moriturum esse prædixit, nec multo post idem abbas languore tactus, 16. Kal. Februarii (1123) mortem perdidit, et vitam invenit. Sepultus vero est in capitulo fratrum ad caput abbatis Desiderii.

Oderisius abbas a beato Benedicto quadragesimus secundus, sedit annis 3, mensibus 4, diebus 15.

78. Hic ex Sangrorum comitum prosapia suæ originis lineam ducens, sub sanctæ memoriæ Oderisio in hunc locum susceptus, et habitu monastico indutus, et liberalibus disciplinis apprime eruditus est. Qui a prædecessore suo Gyrardo hujus monasterii præpositus ordinatus, cum prudentia et sapientia multa polleret, a venerabili papa Paschali diaconus in Lateranensi ecclesia est constitutus (1545). Gyrardo autem abbate viam universæ carnis ingresso, fratres ut in talibus consuetudo est in unum conveniunt, et quoniam nostra congregatio plurimis erat tunc dissensionibus scissa, et unusquisque abbatem ad suam voluntatem eligere proponebat, novissime tandem una sententia eundem Oderisium abbatem eligentes, supradicto papæ Calixto ocius litteras dirigunt, Gyrardi decessum et Oderisii electionem notificantes. Pontifex autem ejus electione agnita, apostolicas litteras fratribus hujus cœnobii dirigens, ejusque electionem confirmans mandat[4655], ut illi in omnibus parere studerent. Mense itaque Martio adveniente, præparatis his quæ itineri necessaria erant, prout a pontifice ei directum fuerat, Romam consecrandus advenit. Ibi ab eodem papa, qui tunc forte synodum celebrabat, honorifice satis consecratus, et a cardinalibus nobilibusque Romanis in magna est gloria habitus. In qua etiam synodo episcopi et archiepiscopi adversus monachos proclamationem fecerunt, dicentes nil aliud superesse, nisi ut sublatis virgis et anulis deservirent monachis : « illi enim ecclesias, villas, castra decimationes, vivorum et mortuorum oblationes retinent ; » et rursum hæc sæpius ante pontificem conquerentes : « Decidit pudor canonicorum, honestas oblitterata est, clericorum religio cecidit, dum monachi, contempto cœlesti desiderio, jura episcoporum insatiabiliter concupiscunt, et omnes quæ sua sunt quærunt, et qui mundum cum suis concupiscentiis reliquerunt, his quæ in mundo sunt inhiare non desinunt : et quibus per beatum Benedictum a curis mundialibus ultro quiescendi locus offertur, ad tollenda ea quæ episcoporum sunt, opportune importune fatigantur (1546). » Cumque super hujus rei negotium diversi diversa sentirent, tandem ex summissione nostri abbatis surgens in medium quidam ex nostris dixit : « Congregati sunt inimici nostri, et gloriantur in virtute sua : sed tu, domine noster, contere virtutem illorum, ut agnoscant, quia non est alius qui pugnet pro nobis, nisi tu dominus noster. Nam quid acturi sunt fratres Casini degentes, qui die ac nocte omnipotentis Dei clementiam pro totius orbis salute supplicare non cessant? quid acturi sunt, si concessiones Romanorum pontificum violantur? Non enim ita Casinenses abbates Romanæ ecclesiæ obsecuti sunt, ut ea quæ sancto Benedicto imperatores, reges, duces ac principes, atque Romani pontifices obtulerunt, nos vestri apostolatus tempore perdere et exæreditari mereamur. » Cumque hæc et alia multa proferret, quidam episcopus Liguriæ dixit : « Licet coepiscoporum religiositas conquestum contra monachos fecerint, non tamen sine causa prædecessores nostri monasteria ditaverunt. A principio namque nascentis ecclesiæ duo ordines fuisse, notissimum est : unum qui laboraret in verbo et doctrina, alium qui orationi vacaret; unum qui active, alium qui contemplative deserviret. Unde non immerito monachos nos potius diligere quam insequi convenit. » Ad hæc papa Calixtus imperato silentio dixit : « Casinensis ecclesia non ab hominibus, neque per hominem, sed per Jesum Christum fundata est, cujus imperio pater Benedictus ad eundem locum deveniens, illumque ab idolorum sordibus emundans, sanctæ regulæ descriptione, et miraculorum prodigiis, et sui corporis sepultura, toto orbi spectabilem reddidit, et totius monastici ordinis caput effecit. Accedit ad hoc, quod idem venerabilis locus a Romanis pontificibus restauratus, et Romanæ Ecclesiæ filiorum unicum in adversis solacium, et in prosperis infatigata requies perseverat. Et nos ergo sanctorum prædecessorum nostrorum Romanorum pontificum vestigiis insistentes, Casinense cœnobium cum omnibus attinentiis suis ab omnium mortalium jugo quietum semper et liberum manere, et sub solius sanctæ Romanæ ecclesiæ jure defensioneque perpetua manere decernimus. Cætera vero monasterio in eo ordine, quo antiquitus fuerunt, manere jubemus. » In eo etiam concilio idem venerabilis papa et præphati Gyrardi abbatis animam et omnes nostri cœnobii possessiones episcopis et archiepiscopis commendare curavit. Supradictus autem abbas explicitis Romæ suis negotiis omnibus, ad hoc monasterium rediit, atque ab universis fratribus honorifica est et sollempni processione receptus.

79. Interea homines de Sancto Angelo in Todici,

VARIÆ LECTIONES.

[4655] mandans c.

NOTÆ.

(1545) Cf. cap. 42, supra.
(1546) Cf. hujus concilii canones 17 — 19 ap. Mans. Conc. XXI, p. 285.

qui omnium tribulationum et persecutionum in hoc A loco venientium semper caput et auctores fuerunt, sociatis sibi his qui castrum sancti Victoris incolebant, contra eundem abbatem conspirant, et jurisjurandi nexibus se mutuo alligant, ut nequaquam huic Casinensi cœnobio abbatique fidelitatem faciant, nisi ad suum velle relaxationes illis et placita tribuat. Quod dum abbati nuntiatum fuisset, evestigio exercitum congregans, illorum adjacentia quæque devastare modis omnibus cœpit. Illi autem videntes evenisse quod non sperabant, sera penitudine ducti, et solotenus abbatis vestigiis prostrati, se deliquisse, se impie egisse testantur; utque sibi abbas veniam de perpetrato scelere tribuat, instantissime rogant. Annuit illorum postulationibus abbas, commissa dimittit, sicque non parva quantitate B pecuniæ ab eis extorta et fidelitate recepta, invidos et perversos quietos et fideles manere coegit.

Hoc interea tempore, anno dominicæ incarnationis ejus 1122 (1547), pridie Nonas Aprilis, quarta vigilia noctis, cum fratres nocturnalem synaxim decantarent, stellæ de cœlo innumerabiles cadere et quasi pluere visæ sunt ubique per totum orbem terrarum.

Tunc temporis Pandulfus comes de Sexto cujus supra meminimus (c. 75), ad hoc monasterium veniens, jurejurando firmavit eidem abbati totam ex integro abbatiam, et nominatim castrum Vitecusum cum pertinentiis suis, unde, ut supra retulimus, litigium cum Gyrardo abbate habuerat.

80. His quoque diebus Savinus vir nobilissimus, C Dalmatino genere ortus, direxit in hoc monasterium duos sciphos argenteos librarum circiter novem, rogans et multa prece deposcens, ut de nostris fratribus idem abbas ad monasticum ordinem demonstrandum in Dalmatiam mitteret, pollicens non minimum proficuum per hoc loco isti venturum. Abbas autem nichil moratus, tres de hoc monasterio ibidem fratres direxit, divinarum Scripturarum codices et ecclesiasticum apparatum illis habundantissime tribuens. Susceptis namque Savinus eisdem fratribus, permittente supradicto papa Calixto, ac concedente Raguseorum archiepiscopo, optulit, beato Benedicto ecclesiam Sanctæ Mariæ in loco qui dicitur Rabiata prope civitatem Ragusam, cum portu et D piscatione sua, cum servis et ancillis, et cum omnibus omnino pertinentiis et finibus suis. Sequenti tempore papa Calixtus ad hoc monasterium veniens, Gotfridum comitem Cyccanensem, qui monasterium sancti Petri in Yscleta ab hujus loci dicione subduxerat (1548), usque ad dignam satisfactionem a liminibus ecclesiæ separavit; sicque patri Benedicto et fratribus se commendans attentius, Beneventum perrexit. His porro diebus in Sardinia Homodei et Albertus episcopi, in Dalmatia vero Petronius et Adenulfus abbates ab hoc monasterio dati sunt. Eo etiam tempore jam dictus abbas Oderisius portas æreas pulcerrimas in ingressu hujus nostræ ecclesiæ fieri jussit.

81. Lambertus præterea Hostiensis episcopus, post autem papa Honorius, tunc temporis ad hoc monasterium veniens eundem abbatem rogare cœpit, ut hospitium sibi et suis in monasterio sanctæ Mariæ in Pallaria concederet, quemadmodum Leo prædecessor suus a parte nostri monasterii habuerat (1549). Abbas autem perspiciens illum hoc ex jure sui prædecessoris quærere, simulque præcavens ne hac occasione locum illum ecclesia nostra amitteret, id se agere posse negavit. Episcopus autem indignatione simul et ira repletus recessit, læsionis et contrarietatis contra eundem abbatem tempus expectans.

82. Per idem tempus Richardus cognomento Pygnardus (1550), Picani castri dominus, Richardi de Caleno promissionibus illectus, evocans ad se Leonem Fundanum consulem, et Petrum filium ejus, post datum ei prandium in domo sua, dum esset cum eo in securitate per sacramentum, compater quoque ejus et amicus, ritu proditoris Judæ hostiliter eum cum suis omnibus capiens, Richardo de Caleno, quemadmodum inter se occulte conjuraverant tradidit. Hoc dum ad notitiam papæ Calixti pervenisset, et de tam nefaria ac flagitiosa proditione plurimum commotus [4657], eidem abbati mandavit, quatinus supradictum Richardum modis ac nisibus quibus valeret impugnare studeret. Accidit forte ut nunc [4658] quidam ex nostris, quia res ita exigebat, Fundanam civitatem peteret; qui in ipso itinere ab ejusdem Richardi hominibus captus ac de equo dejectus et deonestationibus quin [4659] plurimis affectus, negotio pro quo abierat infecto ad abbatem rediret. Tali igitur abbas occasione accepta, cum Octaviano prædicti Leonis fratre confœderatur, et vallatus militum turmis, Pycani castri attinentias devastare modis omnibus cœpit. Sed cum per integrum fere annum eundem castrum devastasset et afflixisset, Richardus certocertius agnoscens papam Calixtum cum exercitu super se esse venturum, ignorantibus cunctis cum fratribus suis occulte de castro recessit. Quod dum abbati relatum fuisset, ingenti coadunato exercitu ad eundem castrum accedit, et recipientibus eum ejusdem castri incolis, arcem diu multumque expugnans, eandem in deditionem accepit, anno dominicæ incarnationis 1123 (1551). Oppido vero Oderisius abbas ut optabat potito, papæ Calixto per litteras hæc notificare

VARIÆ LECTIONES.

[4657] *verbum deest vel* et *abundat.* [4658] *leg.* tunc. [4659] quem?

NOTÆ.

(1547) Imo 1123; quod habet Anon. Casin.

(1548) Cf. cap. 32 libri II.

(1549) Cf. cap. 36 libri III.

(1550) *Filius Raonis Pigardi* vocatur in priv. Jordani.

(1551) 1124 *castrum Pica ab O. abbate adquiritur, et a Calixto p. et Jordano pr. S. B. confirmatur.* Anon. Casin.

curavit, qui Deo omnipotenti super hoc gratias referens, per anulum quod manu gestabat beatum Benedictum absque ullo consorte vel participante de eodem castro investivit. Rychardus præterea Caleni dominus, agnito quod noster abbas supradictum castrum optineret, tactus dolore cordis Capuam properat, et principis provolutus vestigiis rogat, supplicat, obsecrat, ut sibi opem ferendo subveniat, quatinus castrum recipere valeat. Annuit propinqui sui postulationibus princeps, exercitum congregans, et ad expugnandam et deprædandam hanc terram erigitur. Abbas autem ipse militum vallatus agminibus ad castrum Bantrense deveniens, terram beati Benedicti illum ingredi non sinebat. Ob id itaque princeps papæ Calixti litteris commonitus, et per sacramentum quod Romanæ ecclesiæ fecerat adjuratus, ut terram beati Benedicti non divastaret, sin alius [4660], excommunicationi subjaceat, abbatem ad se evocat, et trecentas ab eo libras accipiens, principale de supradicto castro præceptum huic nostro cœnobio fecit (1552) (*an.* 1125, *Feb.*); sicque Capuanam est regressus ad urbem. Per idem tempus comitissa Adelasia una cum Ildebrando comite (1553), ex jussione supradicti papæ Calixti (1554) reddidit beato Benedicto ecclesiam Sancti Martini in Armino (1555), et Sancti Columbani, cum pertinentiis suis, centum librarum auri pena apposita (1556).

83. His diebus (1557) defuncto Romæ jam dicto papa Calixto (*an.* 1124, *Dec.*), cardinales dividuntur, et alii Lambertum Hostiensem episcopum de quo superius mentionem fecimus (c. 81), in papam Honorium, alii Theobaldum cardinalem tituli sanctæ Anastasiæ sibi in Celestinum papam præficiunt; verum quia fortior et potior pars cum Honorio erat, hi qui jam dicto Theobaldo favebant, rerum eventum videntes, sera penitudine ducti ad eundem Honorium reversi sunt. Mandat dehinc idem papa nostro abbati, navem Petri periclitari in fluctibus, monet uti subveniat, ut pecuniæ subsidium mittat, protestans illos qui se in tanto articulo adjuvarent, habituros [4661] ut filios, qui non, ut privignos. Commotus ad talia abbas, fatetur quod ipse qui tunc de adjutorii ope ferenda pulsabatur, interesse debuisset [4662] electioni, ut qui particeps erat tribulationum, consors esse deberet et consiliorum. Interrogantibus fratribus de prædicto pontifice, cujus filius esset, quis, qualis, et quantus: abbas respondit, ignorare se cujus filius esset; unum tamen pro certo scire, quia plenus esset litteris a capite usque ad pedes (1558). Hæc ergo causa inter eundem pontificem et abbatem perpetuum discordiæ malum et perenne odium suscitavit.

84. Tunc temporis Leo Fundanus consul una cum Petro filio suo a captione qua a Richardo Caleni domino detinebatur solutus, venit ad hoc monasterium. Susceptus itaque honorifice ab eodem abbate, post celebratum resurrectionis dominicæ festum, rogatus a supradicto Leone et a jam dicto filio ejus, 50 libras eis donavit, et 50 accommodavit, ea ratione ut easdem 50 libras usque ad unum annum Casinensi cœnobio redderent, in auro et argento, sive in pannis sericis et in aliis rebus, quæ monachis apta essent ad recipiendum (*an.* 1125, *Mart.* 29). Et pro suprascripta pecunia, quam eis idem abbas donavit et accommodavit, ante jam dictus Leo cum Petro filio suo quietas dimisit beato Benedicto et Casinensi cœnobio omnes obedientias, quæ a quibusque hominibus in terra sua huic monasterio oblata sunt, scilicet ecclesiam Sancti Magni cum pertinentiis suis, et partem de piscaria Fundani lacus, monasterium sancti Onufrii, sancti Heliæ in Ambrife, sancti Martini de Ynola (1559), sancti Martini in Tyrille, et quicquid in terra sua a quibusque hominibus beato Benedicto oblata sunt, ut secure et quiete Casinensis ecclesia ejusque abbates teneant et possideant, et liberam habeant facultatem in eisdem ecclesiis ordinandi præpositos, et faciendi prout nostris abbatibus placuerit, sine omni illorum contradictione vel molestatione. Insuper etiam promisit per unumquemque annum prandium fratribus se facturum.

85. Interea, cum Aquinenses comites ferali adversus Landulfum de Sancto Johanne odio desævirent, contra eundem abbatem conqueri cœperunt, quod Landulfum illis præferret, illi pecuniam, terras et domos tribueret, se vero contempni et pro nichilo haberi. Sed, cum ad ista abbas non præberet auditum, juncti quibusdam ex nostris eum papæ Honorio accusare cœperunt, illum apostolicæ sedis inimicum, prodigum et dilapidatorem rerum monasterii astruentes. Rychardus porro Caleni dominus a nostri monasterii infestatione nequaquam quiescens (*an.* 1125), congregato exercitu insperate terram istam ingressus, castra huic monasterio pertinentia, Sanctum Apollinarium videlicet, Sanctum Ambrosium, et Sanctum Stephanum, et partem de castello sancti Georgii, igni ferroque consumsit (1560) indeque digrediens, monasterium sancti Nycolai in Pica ex toto deprædavit; sicque ad sua rediit.

86. Eodem vero anno (1125) papa Honorius Ur-

VARIÆ LECTIONES

[4660] *lege* aliter. [4661] *leg.* habiturum. [4662] debuisse *c.*

NOTÆ.

(1552) Quod ex orig. edidit Gatt. Acc., 240. Castrum ibi Lupica audit.

(1553) Tusciæ.

(1554) Id in carta non legitur.

(1555) Juxta fluvium Armini.

(1556) *Actum grosseto* s. d. Sitæ tamen erant in diœc. Castrensi, postea Aquæpendentis; v. Gatt. Hist., p. 416 sq.

(1557) 14 Dec. sec. Necrol. Casin.

(1558) Similiter Pand. Pisanus ait: *De mediocri plebe comitatus Bononiensis genitus, bene tamen litteratus.*

(1559) Nunc Lenola. Ang.

(1560) V. Anon. Cas. ad a. 1125

bem egrediens, ascendit ad hoc monasterium, atque a supradicto abbate et fratribus honorifica satis processione receptus, super altare beati Benedicti missam sollempniter celebrans, sero jam ad civitatem rediit. Demum vero Mauricium hæresiarcam de Janula, in qua eum papa Calixtus exiliaverat, abstrahens, apud Fumonem exilio relegavit (1561). Ibi itaque in plenario laicorum conventu eundem abbatem papa Honorius evocans, et enormi adversus eum odio desæviens, ingenti eum increpatione redarguit, militem illum, non abbatem, lapidatorem et prodigum substantiæ monasterii esse inclamitans, confestimque civitatem egrediens, Beneventum perrexit (1562).

87. Hoc præterea tempore Heinrico quinto imperatore defuncto (*Mai.* 23), consules, præfecti, dictatores, duces et principes in unum convenientes, de imperatoris electione tractare cœperunt. Visum demum omnibus est, ut electionem ipsam in arbitrio archiepiscopi Maguntini et Lotharii ducis Saxoniæ ponerent, ut quem illi utilem Romano imperio esse astruerent, hunc procul dubio eligerent universi. Archiepiscopus autem ferali zelo adversus cognationem Heinrici imperatoris desæviens, et de imperiali culmine Fredericum et Conradum nepotes ejus propellere cupiens, ob illorum odium supradictum Lotharium, armis experientissimum, religione et prudentia multa pollentem, qui per plura annorum curricula Leuticos expugnans sub Romano imperio redegerat, utilem atque idoneum ad imperiale fastigium accipiendum judicavit, sicque hujus calliditate Romanum imperium a Teutonicis ad Saxones translatum est. His quoque diebus Rodulfus Quosentinorum archiepiscopus obtulit beato Benedicto ecclesiam Sancti Petri in Buda, cum pertinentiis suis. Id ipsum fecit et Augustinus Narniensis episcopus una cum Oderisio comite de ecclesia Sancti Nicolai in Guaytanello, et de ecclesia Sanctæ Luciæ (1563) cum portu suo, et cum omnibus in integrum pertinentiis suis.

88. Honorio interea papa a Benevento ad Urbem regresso, Adenulfus comes letali odio eundem abbatem insequens, eidem pontifici litteras misit, æmulum pontificii et honoris Casinensem abbatem inclamitans. At papa ejus dictis fidem accommodans, decernit eum a Casinensi abbatia removere, et e vestigio Gregorium Terracinensem episcopum et hujus cœnobii monachum, qui sub papa Paschali ex hac nostra ecclesia eidem civitati episcopus datus fuerat, ad eum direxit, mandans abbati, ut Romam veniret, et de his quæ sibi objiciebant justa canonum sanctionem satisfacere studeret. Renuente igitur illo Urbem adire, nisi pontifex suam gratiam ei reddidisset, ter eum papa occasione accepta vocavit. Sed cum ille ob hoc quia papam adversum se commotum sciebat, ire distulisset, in epdomada quinta quadragesimalis jejunii (1126) idem pontifex sententiam depositionis in eum vibravit; uno tantum repertus in crimine, quod vocatus ad curiam ire distulisset, dicente pontifice: « Et si in nullo alio culpandus est, ejus tamen superbia crimen est dampnationi sufficiens, quia omnia peccata remittuntur hominibus; superbis autem Deus resistit. » Sacro autem palmarum die adveniente (*Apr.* 4), idem Oderisius consiliatorum suorum verbis deceptus et in abbatis cathedra resedit, et pastorale baculum manu gestavit, et universa abbatis officia sicut et antequam deponeretur exercuit. Hæc ergo causa papam magis iratum reddidit, atque in resurrectionis dominicæ solempnitate (*Apr.* 11) eundem Oderisium et omnes fautores ejus a liminibus ecclesiæ separavit. obedientes vero a communione ecclesiastica extorres esse præcepit. Hinc ergo seditio et dissensio inter monachos et populum civitatis gravissima exhorta est. Accidit autem tunc, ut quosdam pedites supradictus Oderisius cum armis suis ad castrum Janulæ custodiendum transmitteret. Cives vero propter excidium Sancti Germani inclamantes, eosdem pedites capiunt, armisque sublatis illos de civitate projiciunt. Oderisius autem eventum rei agnoscens, civitatem agressus, ad Pontemcurvum exercitum congregaturus perrexit, minitans eandem civitatem cum suis habitatoribus perdere. Illi autem consilio inito, montem ascendunt, decanum et reliquos fratres conveniunt, rogant ut eidem Oderisio litteras destinent, ut ad civitatem redeat, et si quam adversus illos querelam haberet, legalem inde justiciam sumeret. Hæc quidem dictis, factis vero aliter, quippe qui disposuerant in ipso itineris bivio interficere eum. Decanus vero habito consilio statuit, ut ad civitatem redeant, atque de suis duodecim sapientiores et meliores eligant, et cum eis die altera ad hoc monasterium veniant, ut una cum illis fratres exinde salubre consilium sumant. Recedentibus interea illis, decanus nocturno silentio Oderisio nuntium destinat, acta et dicta seriatim enuntiat, utque ad eos redeat instanter exorat. Ille autem civium noscens versutiam, ad eos se tunc redire posse denegavit. Illucescente autem die, cives uti statutum fuerat montem subeunt unus post unum, monasterium intrant, et ad capitulum convenientes, quod [4663] alio die inter monachos et laycos de pacis conventione statutum fuerat, replicare cœperunt. Cumque inter eos de eadem re se longius sermo protraheret, unus e civibus surgens in medium ait: « Cur frustra sermonem longius trahitis? Certissime scitote nos monasterium non

VARIÆ LECTIONES.

[4663] quæ *c.*

NOTÆ.

(1561) Castrum Fumonis in Hernicis, non longe ab Alatro, fastigium obtinet montis. ANG. Cf. Anon. Cas. ad h. a.

(1562) Ibi fuit mense Oct. teste Falcone.

(1563) *Cum insula S. Viti.* Privil. Alex. III.

egressuros, nisi deposito Oderisio alium nostro consilio substituatis abbatem. » Quod cum fratres nulla ratione, nullo pacto se hoc facturos dixissent, illi evestigio monasterii munitiones fraude occupaverunt, sicque in unum summi archimandritæ convenientes, per archipresbyterum suum in eundem Oderisium sententiam depositionis et excommunicationis promulgant; confestimque ad Janulæ arcem pergentes, et illos qui in ea residebant pecunia corrumpentes, ad suam voluntatem inflectunt; eandemque munitionem ab his qui illam custodiebant accipientes diruunt, monachosque contradicentes ante portas ecclesiæ beati Benedicti gladiis percusserunt, et per divina et humana omnia jurare cœperunt, quod nisi confestim abbatem ad suam voluntatem eligerent, alios gladio trucidarent, alios de monasterio pellerent, alios ad papam vinctos transmitterent. Quid tantis? Fratres in discriminis articulo se constitutos videntes, ad Oderisium nuntios dirigunt, mandant ut ad monasterium redeat, et aut laicis satisfaciat, aut ad voluntatem illorum abbatiam dimittat. Quod, cum Oderisius minime se facturum dixisset, fratres necessitate coacti laycorum voluntatem se facturos promittunt. Taliter Oderisius ab æmulis suis est projectus, et a propria sede depulsus, vir certe magnanimis, scientia clarus, eloquentiæ decore ornatus. Nam inter tantas persecutiones constitutus, sermones de præcipuis festivitatibus lucidos satis et disertos composuit. Ab illo autem tempore non defuerunt huic Casinensi cœnobio variæ ac ingentes ærumpnæ. Jam vero qualiter Nycolai electio et ejectio facta sit describamus.

NYCOLAUS natione Tusculanus, sedit anno 1, mense 1, diebus 16.

89. Hic a sanctæ memoriæ Oderisio I, in hoc Casinensi cœnobio receptus et monachus factus, atque a Gyrardo abbate rector apud Sujum ordinatus, post ab Oderisio II decanus hujus loci est constitutus; quam cum per mensem fere amministrasset, a fratribus hujus cœnobii est in abbatem electus (*an.* 1126, *Jun.*). Quidam vero ex prioribus nimis hæc indigne ferentes, cæteris ignorantibus clanculo ad papam Honorium litteras dirigunt, seditiose illum et nequaquam canonice electum esse affirmantes. Pontifex autem cum Nycolaum adhuc electum esse nesciret, Gregorium cardinalem tituli Apostolorum ad hoc monasterium dirigens, mandat quatinus ejusdem Gregorii consilio Seniorectum Capuani monasterii præpositum in pastorem et abbatem Casinenses fratres unanimiter eligerent, de quo et Deus honoraretur, et religionis statu in famoso Casinensi monasterio per ejus industriam roborato, bona ecclesiæ tam spiritalia quam temporalia in melius augerentur. Ipse namque si opportunum esset, monasterium manutenere, defendere, et adjuvare paratus esset. Veniens autem prædictus cardinalis ad monasterium, fratres convocat, et quod papa præceperat seriatim enuntiat. Quod dum fratres audissent, murmur inter eos ingens repente exoritur, dicentes, non debere Casinensis abbatis electionem in alterius potestate transire, et nimis indignum et inconveniens esse, ut Casinensis ecclesia, quæ sub antecessoribus suis libera semper extiterat, ad suæ confusionis obprobrium cardinalibus subjiceretur. Tunc Gregorius imperato silentio fratribus dixit: « Indubie noveritis me non pro papæ Honorii lucro, et honore Romanæ ecclesiæ venisse, set pro salute animarum vestrarum cum Christi auxilio si permittitis providenda. Romana enim ecclesia vestro auxilio et laude non indiget, quæ laudis præconium in Petro ex ipsius ore meruit Redemptoris. Quæ autem ecclesia vel abbatia a Romanæ sedis jugo extranea repperitur, cujus arbitrio ipsum cœlum ligatur et solvitur? omnes namque ecclesiæ a pontificibus, imperatoribus et regibus, vel quibusque fidelibus fundatæ sunt, Romanam vero sedem solus Filius Dei fundavit, et super Petri apostoli fidem erexit, cui etiam terreni simul et cœlestis imperii jura commisit, et illud Verbum, quod condidit cœlum et terram, Romanam fundavit ecclesiam. Et ut cæteris omissis ad ea de quibus nunc sermo agitur veniamus, sicut apostolorum principes Petrus et Paulus Romanam ecclesiam suo sanguine consecrarunt, ita Casinense cœnobium per beatum Benedictum, qui Romæ edoctus fuerat, et per cives Romanos Maurum et Placidum habuit fundamentum. Illud quoque vobis notissimum esse non ambigimus, qualiter eo destructo a Longobardis, Caninensis cœnobii fratres justa Lateranense palatium per centum triginta annorum curricula habitaverint, et demum Casinensem ecclesiam Romani pontifices Gregorius et Zacharias restruxerunt; quæ rursum a Sarracenis cremata, iterum a sancto papa Agapito in monastico est ordine reformata. Cum ergo hujus cœnobii fundatores ex Romanæ ecclesiæ prodierint disciplina, ejusque restauratores Romani pontifices fuerint, conveniens est juxta sanctorum patrum statuta, ut ecclesia Romana mater et domina, Casinensis ejus specialis, singularis jure dicatur et filia. Revolvite Casinensis cœnobii munimina, ejusdem libros perscrutate, et id unde nunc sermo agitur poteritis invenire: si vero non potestis, mendacii arguite; sin autem potestis, nolite veritati resistere, nolite Romanæ ecclesiæ repugnare, nolite ejus jussionibus contraire; sed ex cujus uberibus fidei salutem suxistis, ejus jussionibus studete in omnibus obtemperare. » Tunc fratres necessitatem temporis ostendentes, apostolici voluntatem se impleturos fatentur, si parendi lautiora tempora evenirent; sicque discessum a capitulo est. Oderisius vero cognita Nycolai insperata electione, agiliter ad roccam quæ Bantra dicitur pervenit, pecuniam opportune importune dispensat, et milites undecumque aggregans, igni ferroque castra quæ eidem Nycolao favebant demolire solotenus cœpit.

90. Hoc interea anno Goffridus filius Richardi de Aquila, una cum Richardo Galeni domino et Raone Rahelis filio castrum Sujum diu multumque expu-

gnans, incolarum fraude et consuetudinaria proditione illum obtinuit. Nycolaus vero hoc cognito, Robertum filium Jordani principis in suum auxilium evocat, evestigioque ad hoc monasterium dirigens, ad se deferri præcepit aquiminilia argentea librarum 9 et unciarum totidem, quæ Savimus sicut supra retulimus (c. 80) beato Benedicto direxerat, aquiminilia argentea Stephani papæ, altare aureum cum gemmis speciosis, calicem aureum librarum 4, calicem magnum Saxonicum quem Theodericus Saxonum rex beato Benedicto olim transmiserat, epistolarium aureum Desiderii abbatis, textum evangelii Heinrici imperatoris cum gemmis pretiosis, alium textum evangelii, turibula argentea 9, coronas argenteas totidem, pensantes singulæ aliæ 9, aliæ 12 libras, quas Otto imperator ac Ugo marchio aliique fideles sancto Benedicto optulerunt, calicem librarum 9, alios calices 5, concam librarum 7, candelabrorum paria 3, coronas 4, habentes per unamquamque 18 libras, concas 2 librarum 8, cucumellum (1564) librarum 6, textum evangelii, scutellam magnam, urceum ducis cum aquiminili suo, omnia hæc argentea, et crucem auream. Hæc, inquam, omnia de ista ecclesia abstrahens, castrum non recollegit, et indissolubile odium monachorum adversus se suscitavit.

91. Statuentibus interea civibus iterum monasterium capere (*an.* 1127), quendam ex prioribus adeunt, decaniam et non parvam pecuniæ summam ilii promittunt, si eorum in tam nefando negotio cooperator pro suo posse existeret. Quod dum ille fratribus reserasset, evestigio fideles quosque in monasterii munitiones immittunt. Cives autem rem gestam ignorantes, nocte adveniente insidias justa monasterium locant; sed cum agnovissent sua patefacta consilia, confusione et mestitia repleti ad sua reversi sunt. Tunc temporis Adenulfus quidam, castri Spinii dominus, anxians et exæstuans qualiter hoc monasterium infestare quoquomodo posset, locutus primo cum Richardo Caleni domino et Goffrido Suessano, cordis sui intima pandit, et ut eorum amminiculo et juvamine conceptam parturire et ad effectum malitiam posset perducere, instanter exorat. Illi autem proditores parergio lætissimi redditi, rogant uti meditata opere expleat, auxilium suum ei non defuturum. Hoc enim sibi salutiferum, hoc delectabile, hoc jocundum esse fatentur. Evocat interea idem Adenulfus illos qui arcem Castri novi custodiebant, pecuniam spondet, egregios illos et felices facturus promittit, si supradicti Castri novi arcem sibi traderent. Ast proditores cruentis promissionibus illecti, intempestæ noctis silentio cum quibusdam latrunculis cum evocantes, monacho et cæteris oppidanis ignorantibus supradictam arcem contradunt (1565). Quod dum Nycolao nuntiatum fuisset, quid ageret vel quid diceret nesciebat. Tandem cum quibusdam dextro genu claudicantibus (1566) communicato consilio, ut supradictum castrum recolligere posset, Picanum oppidum, quod Oderisius prædecessor suus acquisierat (1567), et papa Calixtus per anulum confirmaverat, et Jordanus princeps sacramento et præcepto concesserat, in Normannorum dicione remisit, talique ordine jam dictum Castrum novum recollegit (1568). Reddidit etiam tunc supranominatus Goffridus turrem quæ dicitur Ad mare, monasterium sancti Benedicti in Suessa, curtem de Lauriana, Casam majorem, curtem de Lando de mari, et Sanctum Johannem ad Currentes, cum universis quæ ad jam dictas curtes et obedientias pertinebant.

92. His quoque diebus duo fratres ex Hispania Philippus et Philipbertus, cœlesti desiderio tacti ad patris Benedicti limina valde devoti venerunt, atque ecclesiam quam dudum ipsi in Hispania in solo proprio justa civitatem Locronium (1569), loco qui Coadgranium appellatur construxerant, in hoc sancto loco optulere. Oderisius interea cernens Romanum pontificem sibi in omnibus adversari, sera penitentia ductus Romam adiit, et papæ prostratus vestigiis, Casinensem abbatiam in manu ejusdem apostolici refutavit (1570), arcem vero Bantrensem in hujus cœnobii jura remisit. Tunc temporis Rao filius Rahelis ad hoc monasterium veniens, per scriptum renuntiavit beato Benedicto omnes lites, querimonias et calumpnias, quas adversus hoc monasterio habuerat, de hominibus qui fuere de civitate Teano, et eo tempore in hac terra residebant, 400 bizanteorum pena apposita. Per idem tempus Jordanus II princeps ad hunc locum deveniens, jurejurando firmavit eidem abbati totam ex integro abbatiam, secundum morem antecessorum suorum (1571).

93. Per idem tempus (1127) Pandulfus filius Landonis Aquinensis comitis in silva hujus monasterii quæ Tyrilla dicitur, castrum construere cœpit (1572). Quod ubi papæ Honorio nuntiatum est, per apostolicas litteras ei interdicendo direxit, ne in possessione beati Benedicti castrum ædificaret : sed Deum in eodem contempnens pontifice, intentione sacrilega eundem castrum ob hujus loci obpugnationem sicut hodie cernitur a novo construxit. Nycolaus autem cœpta ejus præpedire cupiens, in montem qui Timmari appellatur, castrum contra eum erexit.

NOTÆ.

(1564) Vas lato ventre, in quo aqua calefit. DUCANG.
(1565) A. 1127, sec. Anon. Casin.
(1566) Proverbiali figura, qua indicantur qui dubia erant fide. ANG.
(1567) Cf. cap. 82, supra.
(1568) Anon. Cas.
(1569) Logrono.
(1570) Anon. Cas. ad a. 1127.
(1571) Exstat tantum juramentum quod Oderisio præstitit, m. Junio 1123 ap. Gatt. Acc., p. 239.
(1572). Quod adhuc exstat : sed sub jure Sorani ducis. ANG. *Castrum Terelle edificatur.* Anon, Casin. ad a. 1127.

Tantas porro Casinensis cœnobii perturbationes tantaque infortunia papæ Honorii dum pervenissent ad aures, eundem Nycolaum Casinensis abbatiæ a regimine sequestravit, omnesque ei faventes vel adhærentes a liminaribus ecclesiæ separavit, litterasque ad hoc monasterium direxit, mandans, quia ut in nobili et famoso beati Benedicti monasterio antiqua posset reformari religio, instanti animo et diligenti studio laborasset. Proinde si in manu et consilio suo monasterii Casinensis dispositionem et ordinationem libere et absque contradictione aliqua posuissent, quantocius ad Casinense monasterium venire festinaret, et ob honorem, salutem, et reformationem cœnobii tam in spiritualibus quam in temporalibus præstante Domino studeret laborare. Fratres vero, qui eundem Nycolaum pro thesauri ecclesiastici dilapidatione et terræ amissione valde exosum habebant, Nycolao ad hoc monasterium venienti portas claudunt, ilicoque nuntios ad papam Honorium destinantes, quæ gesserant per ordinem pandunt; se et monasterium in ejus potestate ex toto tradentes. Ille vero super hujus rei negotio lætissimus redditus, Matheum episcopum Albanensem ad hoc monasterium direxit, fratribus mandans, ut quem utilem ille et idoneum tanto officio ex Romanæ sedis auctoritate astrueret, tunc ipsi absque aliqua procrastinatione eligerent. Hoc ubi supradictus Pandulfus agnovit, insperate super castrum quod idem Nycolaus construxerat veniens, illud ad solum usque prostravit, et Nycolai quidem talis rerum exitus extitit.

Seniorectus hujus cœnobii abbas a beato Benedicto quadragesimus quartus, sedit annis 9, mensibus 6, diebus 19.

94. Hic ab ipsis infantiæ annis beato Benedicto oblatus, atque a sanctæ memoriæ Oderisio monachus factus, et in disciplinis regularibus studiosissime in omnibus educatus et enutritus, primo ad monasterium sanctæ Mariæ in Luco, deinde ad monasterium sancti Nycolai in Pica regendum præpositus est transmissus. Qui ad hujus cœnobii abbatiam taliter est electus. Igitur cum satis strenue per tria annorum curricula hujus sancti cœnobii decaniam administrasset, ac deinde Capuani monasterii præposituram satis provide gubernasset, ejecto jussu papæ Honorii Nycolao, de eadem Capuani monasterii præpositura ad hujus loci abbatiam eligitur. Enimvero dum ex parte supradicti pontificis Chohradus cardinalis sanctæ Praxedis hac de causa ad hunc locum venisset, nunc singillatim nunc communiter cum illis pertractaret, demum congregationi voluntatem apostolici pandit. Tunc ex consulto mandatur illi, ut quanta potest instantia ad hoc monasterium venire studeat, quatinus de Casinensis abbatis electione in commune simul ab omnibus tractaretur. Qui cum imperata implere satageret, a Goffrido de Aquila qui partibus Nycolai favebat capitur, et apud Sujum custodiæ mancipatur. Quod dum fratribus relatum fuisset, æstuare cœperunt quid agerent, et sicut est consuetudinis diversi diversa sentiebant, et alii Oderisium reducere, alii pro suo velle abbatem eligere disponebant. Tunc præfatus Albanensis episcopus Matheus in capitulum veniens (*Jul. 12*), cœpit de ipsa abbatis electione tractare, et si præceptis apostolici parere vellent interrogare. Fratres autem cum hoc in ejus posuissent deliberatione, seque per omnia Romano pontifici obedire velle dixissent, et quem cum fratrum consilio nominaret, ipsi abbatem eligere promisissent, tum proprio illum nomine vocans, interrogat senes, deinde juvenes, utrum illis talis electio placeat. Cumque omnes tum voce tum capitum inflexione (1573) hunc se velle respondissent, mox omnium unanimitate cum absens esset, ex præcepto ut ante jam diximus apostolici, quarto Idus Julias elegerunt eum in abbatem. Quamvis nonnulli, et ex maxima parte timore ducti, hoc ægre ferrent, ob hanc scilicet causam quia tempore decanatus sui nimium austerus et rigidus in hujus monasterii ordine extitisset, adque etiam a Romana ecclesia abbas effectus est. Denique ab ipso fere tempore quo decaniam dimisit, et præcipue a morte venerabilis abbatis Gerardi, cum omnes fere priores qui a Desiderio monachi facti fuerant ex hoc mundo recessissent, nunc ipsius abbatiæ ambitione, nunc per fratrum clandestinas seditiones, nunc per abbatum expulsiones, cum fratres ad tantam inopiam devenissent ut omnium rerum necessitatem permaximam sustinerent, ordinis religio de hoc cœpit labefactari. Nec immerito, cum quamplurimi necessitate coacti arduæ vitæ tramitem ob paupertatem retinere non possent. Cum hæc et alia per multorum ora volitarent, dolens apostolicus Casinensem ecclesiam tantis dehonestari obprobriis, et his malis finem imponere cupiens, nec non et illam regulæ sententiam (1574) suo sæpius versans in pectore, ut « si vitiosam, quod absit, personam congregatio elegerit, et in notitia episcopi ad cujus diœcesim pertinet locus, vel abbatibus, aut christianis vicinis claruerit, prohibeant pravorum prævalere consensum, » et cætera : deposito, ut superius dictum est, Oderisio, et de ejus successore Nycolao similia facere volens, penitus congregationem a liminibus ecclesiæ separavit, si ulterius eidem Nycolao obedientes existere præsumpsissent. Fratres igitur, qui jam dictum Nycolaum pro thesauri ecclesiastici dilapidatione valde exosum habebant, consilio habito eum ab ingressu monasterii repulerunt, ociusque qui hæc Romano pontifici nuntiarent miserunt,

NOTÆ.

(1573) Custoditur adhuc apud nos ritus, ut seniores voce, juniores vero capitis inflexione approbent, quod proponitur in conventu. Ang.

(1574) C. 64.

postulantes ut de suis aliquem mitteret, per quem papa suam voluntatem congregationi aperiret, quatinus suo consilio et adjutorio sibi abbatem eligerent. Tunc apostolicus eundem episcopum ad hoc monasterium direxit, mandans ut eundem virum huic congregatione præficeret. Dimissus itaque Seniorectus a Goffrido ad hoc monasterium venit, atque ejus electio à fratribus confirmata, illum in patris Benedicti cathedra honorifice locavere. Suscepta igitur abbatia Seniorectus cœpit omnibus perinde modis studere, quatinus naviter adimpleret id, ad quod abbas a Romano pontifice factus fuerat. Angebatur itaque nimium nimiumque interdum ejus animus, tum scilicet pro nostri ordinis emendatione, tum vel maxime et fratrum sustentatione et terræ recuperatione. Interea oppidani occasione accepta ad suum velle relaxationes se placita exquirebant, et licet vi recipiebant. Exabbas igitur noster Nycolaus, favente et juvante se Goffrido de Aquila, quandam hujus terræ partem, videlicet Myrtulam, Sanctum Andream, Vallem frigidam, atque Castellum novum retinens, terram quæ huic loco residua erat infestare non desinebat. Ob quam rem Jordanus princeps ob eodem abbate evocatus extemplo cum non parva militum manu venit, atque super Castrum novum quo nepos supradicti Nycolai residebat tendens, adjacentia quæque igni ferroque demoliri præcepit. Ille autem perspiciens oppidanos diffluere a se, et ad abbatem clam nuntios destinasse, protinus eidem abbati dirigere studuit, quod si eum cum omnibus suis secure exire permitteret, sine dilatione castrum illi continuo redderet. Quo impetrato, in abbatis manibus confestim eundem reddidit castrum.

95. Interea apostolicus Urbem egrediens venit ad hoc monasterium, a quo idem abbas primus in hac ecclesia abbatiæ consecrationem suscepit. Postea vero cœpit ab eo sacramentum vehementer exquirere, atque ut Romanæ ecclesiæ fidelitatem faceret, omnino insistere: et fratres modis omnibus reniti et contradicere, et hoc Casinenses abbates numquam fecisse dicebant. Quibus pontifex e diverso respondebat, quia quod omnes fere episcopi, archiepiscopi et abbates faciunt, Casinensis abbas agere debet. Qui (1575) e diverso nostri dicebant, ideo ab illis Romana ecclesia fidelitatem extorsisse, pro eo quod sæpius in hæresim lapsi contra Romanam ecclesiam sensissent: Casinensis vero ecclesia numquam in hæresim decidit, numquam contra sedem apostolicam sensit. Qua ratione papa accepta conticuit. Exinde vero pontifex ex hoc loco discedens Beneventum ingressus est. Sed de his actenus.

96. Dux igitur Guilielmus cum jam fere sedecim ducatum rexisset annos, mortuus est (*an.* 1127, *Jul.* 28), atque in ipso omnis Robberti Guiscardi familia, quæ ex ipso descenderat, finita est. Defuncto itaque duce, Roggerius (1576) hæres et filius quondam Roggerii Siciliæ comitis, fratris prædicti Robberti Guiscardi ducis, ducatum occupat (*an.* 1128); contra quem apostolicus cum expeditione properat, demum facta concordia eidem confirmavit ducatum (1577). Hiis porro diebus Jordano principe [1664] obeunte (*an.* 1127, *Dec.* 19), Robbertus ejus filius eidem successit in principatu. Qui huic monasterio privilegium fecit (*an.* 1128, *Mart.*) (1578) de data remissa hominibus Casæ Gentianæ, de scadentiis (1579), de modiis terræ 20 in territorio sancti Mauri ad Casale, de piscatione in mari et flumine in omni territorio Castelli ad mare, de his quæ dederunt Jordanus II, pater ejus, Ryccardus II, et Robbertus patrui, Jordanus avus, et Ryccardus proavus sui, et de venientibus ad habitandum in terra sancti Benedicti, vel aliquid monasterio largiendum, pena librarum auri centum apposita. Robbertus etiam comes de Molisio fecit privilegium huic loco de medietate castri Serræ (1580), quod est sub jure Larinensis episcopatus, pena librarum auri centum apposita. Præterea Roggerius dux (1581) fecit privilegium sancto Benedicto (*an.* 1129, *Dec.* 30), de hiis quæ obtulerunt Robbertus dux et Sikelgayta uxor ejus, Roggerius et Guilielmus filii, in Apulia, Calabria, Principatu, Salerno, et Amalfia, de concessionibus principum, baronum et aliorum fidelium, pena librarum auri trecentarum apposita, anno Domini 1130, per manum Guarnerii Mazariensis decani (1582).

97. Interea papa Honorio vita decedente (*an.* 1130, *Feb.* 14), electi sunt Gregorius diaconus cardinalis sancti Angeli in papam Innocentium II, et Petrus presbyter cardinalis sancti Calixti in Anacletum. Innocentius vero per aliquantum temporis spatium in Urbe permanens, cum episcopis et cardinalibus qui suæ parti favebant, ad civitatem Pisanam perrexit, Conradum Savinensem episcopum vicarium

VARIÆ LECTIONES.

[1664] *hic incipit ultimus quaternio, quem manus illa altera sed vix diversa scripsit; v. supra.*

NOTÆ.

(1575) I. e. *Cui.* Ang.

(1576) V. Anon. Cas. ad a. 1128.

(1577) Aug. 22.

(1578) Ap. Ang. de Nuce in notis ad h. c. et ap. Gatt. Acc., p. 242 ex orig.

(1579) *Scilicet trecentos tarenos, quos singulis annis accipiebamus ab hominibus de Casa Genzana pro data. Similiter et terras, quas relinquunt homines qui sine hæredibus moriuntur, quæ dicuntur scadiones; quæ nunc sunt, vel amodo erunt.*

(1580) Idem esse quod nunc Serra Capriola dicitur, opinio est Gattulæ Acc., 243 ubi chartam edidit Ugonis c. Molisii qua donationem a Robberto patruo suo moriente factam confirmat, datam 1128 m. Junio.

(1581) *Christianorum adjutor et clipeus*, ut ipse ait in privileg. ap. Gatt., l. 1.

(1582) Subscripsit etiam *Guarinus, magister camerarius d. ducis.*

in Urbe relinquens. Petrus præterea cardinalis Roggerio duci Apuliæ coronam tribuens, et per privilegium (1583) Capuanum principatum, et ducatum Neapolitanum cum Apulia, Calabria et Sicilia illi confirmans (*Sept.* 27), regemque constituens, ad suam partem attraxit; præcipiens ut episcopi et abbates, qui in suæ dicionis terra manebant, ei hominium facerent (1584). Per idem tempus (*an.* 1132, *Mart.*) Robbertus princeps, cujus supra meminimus, fecit privilegium huic loco sicut antea fecerat, et de relaxatione 50 tarenorum de gualdo (1585), et de portu molendini, quod est in fluvio Vulturni loco Cazoli cum portu ex utraque parte fluminis. Post (1586) hæc prædictus princeps abiit Pisas (*an.* 1134), et rex Roggerius venit super principatum. Ob quam rem hic princeps a Pisis stipatus navali exercitu Neapolim venit. Aversani se ejus imperio subdunt, contra quem rex Roggerius veniens fugavit, Aversam in cinerem redegit (*an.* 1135), Alfuso filio Capuanum tradidit principatum. Tunc temporis (1136) Hubertus Pisanus archiepiscopus, apostolicæ sedis legatus, fecit privilegium huic monasterio de Sancto Georgio de Baray, et Sancta Maria de Gennor. Innocentius igitur Alemmannorum et Lotheringorum terram ingressus (*an.* 1131), juxta Leodium a Lothario rege excipitur (*Mart.*), virgam et anulum ei juxta morem antiquum confirmans (1587), nec non et terram comitissæ Mattildæ ei contradens. Deinde Lotharius (1588) rex venit Romam, et accipiens coronam ab Innocentio reversus est (*an.* 1133 *Jun.* 4). Et [4665] dum in conspectu ejus totus, ut ita dicam, Romanus orbis pacatus quiesceret, et sub ejus dicione calcati jacerent [4666], a papa Innocentio Pisis remorante (*an.* 1135) frequentibus litteris monitus ut Romani imperii coronam ab hostium jugo defenderet, et ecclesiam scissam ad pacem, concordiam et unitatem cæsar strenuissimus et clementissimus liberaret: anno dominicæ incarnationis 1135 immensum valde nimis totius Romani imperii exercitum congregans, una cum Richiza augusta uxore sua intravit Italiam (*an.* 1136). Ingens interea pavor et ebitudo mentis corrupit [4667] Ausoniam, et quid dicerent vel facerent, unus ab alio inquirebat [4668].

98. Inter (1589) hæc regis cancellarius Guarinus nomine, Canzolino qui tunc Capuæ præerat mandat, quatinus Casinensi abbati ut ad se veniat destinet, venientem protinus capiat. Abbas autem talia dum persensisset abnuit, ac se minime tunc illo posse ire remittit. Cancellarius vero magis ac magis in suspicionem veniens, mandat abbati ut sibi Capuam venienti cum festinatione occurrat, quatinus de regni negotiis cum ipsius terræ baronibus insimul tractent. Casu itaque tunc accidente, abbas graviter infirmatus est, et ob hanc rem ire ad eum distulit. Sanitati autem redditus duos fratres ante nativitatem Domini cancellario apud Beneventum constituto direxit, infirmitatis magnitudinem pandens. Cui cancellarius remisit, ut post celebratam festivitatem ad eum Capuam pergeret, alias autem ipse ad eum veniret. In festo autem evangelistæ Johannis prædicti fratres reversi, rumorem quem auxerant (1590) pandunt. Nam inter eundum et redeundum per amicos et fideles monasterii de hac re interrogantes, nil aliud quam ut illum capere vellet audierunt. Abbas autem quid in tali re faceret ignorans, simulat infirmitatem. Cancellarius vero juncto sibi Capuano electo (1591) et Cansolino, Casinum ut disposuerat venit. Aquinensis interea electus, invidiæ stimulis incitatus, et veneno nequitiæ debriatus, regis cancellario per quendam scutiferum mandat, quod Casinensis abbas non pro ipsis, set contra ipsos, ad suscipiendum imperatorem Lotharium et papam Innocentium se prepararet. Quod si illum veritatem dicere minime crederent, Casinense monasterium ab eo expeterent; si daret, scirent illum esse mentitum; si non, veritatem illum dicere certissime crederent. Epistolarum vero portitor sciens quid in ipsis contineretur epistolis, ad monasterium venit, et id quod in re erat abbati per ordinem pandit. Abbas autem a scutifero epistolam accipiens et relegens, omnia prout idem retulerat invenit. Cancellario itaque cum Capuano electo et Canzolino apud Sanctum Germanum adveniente, Guarinus electus Aquinensis pro eadem re ad illos advenit. Cumque abbati in dolo mandarent, ut omni seposita occasione ob regni negotia ordinanda ad illos descenderet, remittit se ad eos ob infirmitatem ire non posse; misit tamen

VARIÆ LECTIONES.

[4665] *Hic incipit:* Altercatio Petri Diaconi pro cœnobio Casinensi. Igitur dum in conspectu imperatoris Lotharii totus, etc. [4666] *vox deesse videtur.* [4667] corripuit *emendavit Lauretus.* [4668] *Altercatio pergit:* Ast abbas *et in 9 versibus breviter narratis, quæ hic c.* 103-106 *fusius persequitur, ad c.* 107. *transit.*

NOTÆ.

(1583) Quod Baronius edidit in Ann. ad a. 1130, n. 52.

(1584) Hoc in privil. illo non legitur: Scriptum fuisse in altero cujus prima tantum verba supersunt in Reg. Anacleti Casini servato, existimat Baronius l. l., n. 53.

(1585) *Sc.* 500 *tarenos quos accipere soliti sumus in omni tertio anno ab hominibus qui tenent terras de gualdo pro calzati* i. e. ad vias reficiendas, in dipl. orig. ap. Gatt. Acc., p. 245.

(1586) Ex Anon. Cas. ad h. a.

(1587) Hoc poscenti regi non concessit, terram Mathildis autem tunc nescio an promiserit; contradidit a. 1133, Jun. 8. Romæ, ut bene Ang. de Nuce adnotavit.

(1588) Ex Anon. Casin.

(1589) Hæc et sequentia conferenda sunt cum Wibaldi epistola in Mart. Col. II, 188.

(1590) I. e. hauserant. Ang.

(1591) Guillelmo.

monasterii priores ad cancellarium, qui in ejus præsentia Aquinensem electum de prædicta causa reprobarent, atque illum falsissimum omnino ostenderent. Cumque electus hoc se fecisse negaret, ostendunt epistolam, pandunt per ordinem omnia. Tunc ille confusus nesciebat, quid evidenti rationi responderet. Cœperunt autem hii qui ex parte regis erant cœpta omittere, ac simulato animo et ira Casinensibus faceta verba proferre, utpote qui electo Aquinensi favebant, atque se ob hanc rem neque venisse, neque credere, jurejurando affirmare. Set post paululum, qui dolorem conceperant, pepererc iniquitatem (*Psal.* VII, 15), cum protinus earundem litterarum portitorem apprehendentes, et diversis suppliciis excruciantes, oculis privaverunt. Electus vero timore ductus, ac minantium civium furore perterritus, Canzolino illum de civitate educente, Aquinum rediit. Altera autem die in ipsis epyphaniorum vigiliis (*an.* 1137, *Jan.* 5) ad monasterium ascendentes, post salutationem ex more factam ac nonnulla inter se colloquia, cæteris exeuntibus cœperunt abbatem super mandatum regis de datione monasterii requirere, atque ut sibi statim in præsentiarum, quod est a sæculis inauditum, traderetur omnino præcipere. Ipse vero cum viginti, aut quantis ex fratribus vellet, cum omni thesauro ecclesiastico et cuncta supellectili monasterii, ad arcem quæ Bantra dicitur demigraret: reliqui vero per obedientias dividerentur, in monasterio quattuor sacerdotes cum tribus aut quattuor fratribus dimitteret, qui divinum officium ad patris Benedicti corpus peragerent; asserentes se hoc pro nulla alia causa facere velle, nisi quod Casinensis ecclesia magnam per totum orbem Romanum haberet famam, esse in omnibus locupletem, atque præ omnibus Italiæ ecclesiis in auro et argento aliisque pluribus opibus pollere. Quodsi omnia hæc Lotarius imperator vel alii inimici regis optinere valerent, multa detrimenta et dampna per hoc in regno ejus evenirent. Dicebant autem hæc mentientes, quia ut post in propatulo claruit, illum inter eundum comprehendere et supradicta omnia subripere disposuerant: sicque jam monasterium et cuncta secure detinerent. Post hanc ergo tam inauditam tamque nefandam jussionem, absque communi Casinensium fratrum consilio abbas hoc se agere posse negavit. Accepta itaque consiliandi licentia, hii qui ex parte regis erant egressi sunt foras. Dehinc abbas monasterii priores convocans, quam ob causam cancellarius venerat pandit: quid cuique super hoc videretur interrogat, atque quid in tali negotio opus sit, consilio cum eis communi pertractat. Omnium tamen unum animi votum, una sententia fuit, quatinus Casinense monasterium nullo pacto, nulla ratione in laycorum potestate traderetur; promittentes se usque ad mortem pro tanti loci defensione certare paratos esse ex toto, ante se canum, muricipum, et equorum carnes comedere, quam Casinense cœnobium in aliorum potestatem atque dominium venire permitterent. Quoniam quidem si caput incolume permanere constaret, reliqua membra, si quid incommodi, si quid e adversi eveniret, salutem sperarent: si autem caput periret, cætera etiam membra, licet sana viderentur, cum capite pariter in interitum irent. Hoc communi consilio deliberato, cancellario advenienti cum Canzolino abbas taliter orsus est loqui: « Super Casinensis cœnobii negotiis, unde nos requirere voluistis, tam pro rei magnitudine quam etiam et pro ipsius temporis brevitate, neque consiliari neque quid vobis respondere possemus invenimus. Unde rogamus, quatinus nobis terminum detis, quousque cunctos nostræ congregationis fratres qui per obedientias positi sunt convocemus, sicque cum eis consilio habito, quid nobis agendum sit, communi consilio pertractemus. » Tunc cancellarius amaritudinis felle succensus respondit, dicens : « Quod consilium hic est? aut quod consilium vultis habere? hic non est consilium, non erit dilatio aliqua, nisi ut jussionem regis impleatis. Nam ego vobis consiliandi terminum non do : sed omnino ex parte illius impero atque præcipio, quatinus extemplo quid de hac re statuistis, respondere curetis. » Cui abbas respondit : « Hoc profecto quod dicitis implere minime possumus, et maxime quia si hoc rex præcepit, vel qua ex causa hæc fieri mandavit, ignoramus. » Ad quem cancellarius tale confestim dedit responsum : « Ego sum os et lingua regis, per me loquitur et sua jura disponit. Qua vero ex causa fieri mandavit, hæc est. Lotharius cum suo papa Innocentio veniet, et in hoc volumus vos probando temptare, si nobiscum debetis in fidelitate regis permanere, ac pro ejus conservanda corona contra Lotharium decertare. » Ad quem abbas : « Parati sumus, » inquit; « hoc cum necesse fuerit adimplere, et sacramento inde vos in præsenti per nostros fideles firmare. Insuper promittimus nos contra inimicos regis strenue præparare, et pro posse Casinense cœnobium contra imperatorem defendere et manutenere. » Cui cum cancellarius dixisset, cum quibus Casinense cœnobium contra imperatorem defensurus esset, abbas respondit : « Cum opportunum fuerit, de civitate Sancti Germani et omni terra sancti Benedicti fortiores et robustiores quosque eligentes, hic habere studebimus, sicque cum vestro consilio, et vestris militibus in adjutorium si res ita exigeret venientibus, Casinensem ecclesiam contra imperatorem et contra milites ejus defendere et manutenere curabimus, ita ut per Casinense cœnobium nulla rex detrimenta vel dampna patiatur. » Exclamans protinus cancellarius infit cum magna indignatione : « Ecce regis fideles videte, ecce perspicite, ecce considerate, ecce advertite, cum quibus putat se Casinensis abbas imperatori resistere, cum effeminatis videlicet infidis et perjuris, et qui numquam beato Benedicto fidem servaverunt : qui Brunonem, Oderisium et Nicolaum de abbatia expulerunt, qui Casinense cœnobium contra fas et jus ceperunt, qui castrum Janulæ destruxerunt [4669], monachosque contradicentes ante beati Benedicti altarium gladiis percusserunt. » Cœpit autem et multa cum suis contra abbatem dicere, et monachos et laycos deturpando injuriare, multis et variis opprobriis dehonestare, fallaces et callidos declamare; cumque ad hæc omnium ora in silentio essent, recessit tandem cum magna indignatione et ira, præcipiens ac dicens, ut per totum ipsum diem de eadem re responsum sibi reddere morigerarent. Recedente itaque eo, omnes priores in unum cum abbate conveniunt, causam inter se conferunt, trahunt longa suspiria, et quid agere debeant nesciunt. Angustiæ illis erant undique, et quid eligerent nesciebant, dicentes : « Si monasterium in manibus laycorum damus, incurrimus in mortem animæ et corporis; si autem non damus, non effugiemus manus illorum : set melius est nobis incidere in manus hominum, quam derelinquere legem Dei nostri, et videre mala gentis nostræ et sanctorum. » Quæ dum ad cunctorum notitiam pervenissent, contritum est extemplo cor eorum, et contenebrati sunt oculi eorum. Et vere tunc dies festi conversi sunt in luctum, et canticum in lamentationen (*Amos* VIII, 10). Hoc unum omnes a minimo usque ad maximum dicebant, in hoc omnium definita sententia erat, ut quamdiu possent, numquam Casinense cœnobium pro vita amittenda in laycorum traderent potestatem. Visum demum omnibus est ut ad eundem cancellarium et socios ejus nuntios destinarent, qui eos suppliciter exorarent, quatinus illis spatium darent, quousque de tanta re sicut deceret consiliari eisque respondere valerent. Cancellarius autem dum monasterium cum satellitibus suis deambulans circuiret, ad dormitorium veniens, jussit metiri altitudinem muri, quatinus illius extemplo scalas ad cœnobii captionem aptare valerent. Quod videns unus ex fratribus, nuntiavit abbati.

99. Eo etiam tempore quidam frater Johannes nomine, dum naturæ debitum solveret, et jam sine motu et voce jaceret, subito in se rediens, retulit se vidisse patrem Benedictum cum multitudine monachorum defunctorum in ecclesia stantem, et regem Rogerium eandem ecclesiam ingredientem, omnemque Casinensis ecclesiæ thesaurum asportantem. Qui cum ad gradus majoris ecclesiæ pervenisset, mortui qui in ecclesia eminus erant irruentes interficiebant eum. Hæc cum dixisset, adjunxit : « Ut certius sciatis me vera proferre, noveritis me statim e mundo recessurum. Quod si post hæc ulterius vixero, indubitanter quæ protuli falsa fuisse noscatis. » His dictis obdormivit. Hæc quidem frater. Nos vero præfatam visionem pertractantes, atque in memoriam retinentes, jam pæne totam impletam esse videmus, quando fere omnem hujus loci thesaurum Rogerii regis factione sublatum esse videmus. Acta sunt autem hæc omnia vigiliarum epyfaniarum die (*an.* 1137, *Jan.* 5).

100. Post hæc ab abbate et fratribus statutum est, ut duodecim ex monasterii senioribus discalciatis pedibus ad civitatem pergerent, ubi jam dictus cancellarius et Capuanus electus morabantur, suppliciter flagitantes, ut spatium darent in quo fratres qui in obedientiis erant congregarentur, quatinus cum eis in unum communicato consilio, congruum responsum de re suprascripta proferre valerent. Quod, dum factum fuisset, cum luctu et gemitu usque ad januam monasterii illos est omnis congregatio subsecuta; illis autem recedentibus, fratres ad ecclesiam beati Benedicti reversi sunt, ubi quantæ lacrimæ effusæ sint, referre quis valeat? Omnes enim in terram se prosternentes, et capita in pavimento ecclesiæ percutientes, Domini misericordiam cum luctu et voce cordis implorabant, ut locum istum respiceret. Demum vero ad beatum Benedictum conversi, ac si præsentem eum viderent, dicebant : « Pater honestissime et sanctissime, tu præsentiorem te discipulis tuis post carnis recessum quam si viveres, pollicitus es te esse futurum, unde per Patrem, et Filium, et Spiritum sanctum te adjuramus, ut, quemadmodum pollicitus es, et nos et locum istum protegas, et ab omnibus malis defendas. » Post hæc vivificæ crucis lignum, et brachium sancti apostoli et evangelistæ Mathei et sancti confessoris Christi Mauri fratres sumentes, cum letaniis per ecclesias intra monasterium sitas pergere statuere. Cumque in ecclesia beati Martini vota Domino supplicationis et laudis persolverent, post finita suffragia exeuntes inde ad ecclesiam beati protomatyris Stephani deverterunt; ubi, dum unus e fratribus ad portas basilicæ aperiendas præcessisset, invenit eas obseratas. Frater enim qui eandem tenebat ecclesiam, unus erat ex duodecim illis qui ad cancellarium ierant, et clavem ecclesiæ oblitus dimittere secum detulerat. Regresso autem illo qui ad ecclesiam aperiendam præcesserat, quod in re erat denuntiat, et ut reverterentur qui primi incedebant dicebat. Iterum alii atque alii currentes, similiter clausas januas invenere et fratribus nuntiare curarunt. Frater autem qui crucem ferebat, nesciens quid ageret, se sequentes hortatus ad januas pervenit ecclesiæ, et mox tactis seris divinitus sunt apertæ, unde aliquantulum lætificati gratias Deo peregerunt, atque cum omni devotione et cordis contritione ibi letaniarum suffragiis peractis, ad patris Benedicti ecclesiam sunt reversi, sicque missas ipsius diei cum luctu et tristitia peregerunt. Et tunc adimpletum est in illis quod per prophetam dicitur : « Dies festi vestri convertentur in luctum (*Amos* VIII, 10). » At fratres qui missi fuerant ad cancellarium, cum ad locum in quo pater Benedictus semel per annum cum sorore sua locutus fuerat pervenissent, decanus et qui cum eo ob ean-

VARIÆ LECTIONES.

[4669] detruxerunt c.

dem rem ante descenderant, cognito illorum adventu ad monasterium remiserunt dicentes, quod pro tali facto cancellarius magis provocaretur ad iram, quam flecteretur ad misericordiam. Cancellarius autem postquam audivit, quod fratres cum beati Mauri brachio per sanctorum ecclesias Dei omnipotentis clementiam supplicarent, in superbiam elevatus cœpit multa contra monachos minitare, dicens se incisuros illis et labrum et nares, et vestes illorum medias usque ad nates, et sicut alter Nicanor, verba blasphemiæ in Deum et sanctos ejus proferre, dicens quod spes quam monachi in Benedicto et in Mauro habebant, cassa esset, illisque magis perniciem quam salubritatem conferret. Vehementique post hæc indignatione permotus, litteras habitantibus in Campania, Sampnio, Apulia, Lucania et Calabria direxit, mandans ut quam citissime possent cum diversis bellorum machinis ad Casinense monasterium obsidendum et capiendum venirent. Abbas autem agnoscens, quod cancellarius de sua morte et cœnobii captione cogitaret, cum paucis communicato consilio, legatos ad Landulfum de Sancto Johanne, qui tunc imperatori favebat, direxit, mandans ut veniret, et Casinense monasterium sub cura sua susciperet, et contra eos qui illud capere quærebant defenderet. Verum quia hoc per diem agi non poterat, per noctem impletum est, atque ex utraque parte factis sacramentis tertia die post festivitatem epyphaniæ (*Jan.* 8), feria sexta, milites Landulfi jam dicti in monasterium inducti, et munitiones contraditæ sunt. Landulfus vero post hæc Casinum deveniens, abbati et fratribus constantiam et inimicis perturbationem maximam contulit. Cancellarius autem agnoscens Landulfum Casinum venisse, civitatem Aquinum quo commorabatur relinquens, atque per Sanctum Angelum in Majolisi (1592) Lirim fluvium transiens, Minianum perrexit, ubi infirmitate gravissima tactus, notario præcepit ut litteras scriberet, quatinus omnes qui in regno regis Rogerii morabantur, ad Casinense monasterium capiendum venirent. Quod dum ille implere satageret, subitanea morte defunctus est (1593). Post hæc abbas cum fratribus statuit, ut per triduum Dei omnipotentis clementiam supplicarent, quatinus pacem et quietem Casinensi cœnobio largiflua pietate concederet, et quia silentium illis diebus propter tumultum et perturbationem tenere non poterant, decreverunt ut tribus diebus post completorium unum per noctem psalterium in ecclesia cantaretur: set antequam eandem triduanam inchoarent, abbas in capitulo surgens, juxta monasterii consuetudinem veniam petiit, et confessionem de suis excessibus fecit. Similiter et omnes fratres post illum se in patris Benedicti regula deliquisse confessi sunt, sicque abbas indulgentiam illis conferens, de omnibus excommunicationibus in Casinensi cœnobio factis, in quibus aliquando offenderant, eos absolvit.

101. Hiis porro diebus quidam frater Bonus nomine, dum in ecclesia beati protomartyris Stephani post matutinalem synaxim fatigatus obdormisset, beatus Benedictus in visione ei apparens dixit: « Multa incommoda et perturbationes, et rerum maximum detrimentum pro hoc facto habebitis: sed confidite in Domino et in potentia virtutis ejus, quia adhuc domus mea reintegrabitur, et in suum statum reducetur. Beatissimum vero Maurum ut omni instantia precum supplicetis præcipio, quia ipsius sine dubio interventu ab instanti periculo et perturbatione liberabimini. » Et hiis dictis disparuit; evigilans autem frater, abbati et fratribus quæ viderat et audierat per ordinem pandit. Unde in communi fratrum capitulo statutum est, ut omnibus dominicis diebus ad introitum ecclesiæ post antiphonam beati Benedicti adderetur et antiphona beati Mauri; similiter et in omnibus festis in quibus collecta facienda est, sicut in cotidianis diebus, antiphona et oratio ejus diceretur. Interea tota terra a fidelitate abbatis et fratrum, præter castrum Casinum recessit; de quo facto homines de castro sancti Angeli causa et initium extiterunt. Ipsi enim primitus inimicos monasterii infra castrum suscipientes, Casinense cœnobium obpugnare cœperunt. Post hæc Bertulfus mansionarius, natione Cymbris, et Adenulfus cognomento Marsicanus, hujus rei gratia ad imperatorem Lotharium diriguntur. Dehinc omnes obedientiæ per Campaniam, Picenum, Sampnium, Lucaniam atque Calabriam, capiæ atque a jure cœnobii Casinensis subductæ sunt. Cancellarius vero qui tanti mali caput et actor fuit, septimo decimo die postquam huc in vigiliis epyphaniæ pervenit (*Jan.* 21), apud Salernum ad extrema perveniens, clamabat: « Benedicte et Maure, cur me interficitis? » Cumque hæc crebro repeteret, vita decessit.

102. Eo etiam tempore quidam frater Crescentius nomine, natione Romanus, vidit in visione quendam lacum nimiæ magnitudinis et ignei coloris, cujus undæ ad cœlum ferri videbantur; in quibus undis vidit ejusdem cancellarii animam in aeris alta elevari, et rursum ad yma demergi. Juxta quem lacum cum duos monachos stare vidisset, interrogatus ab eis, cujus esset anima quam tantis tormentis affici videbat, se frater nescire respondit; ad quem qui videbatur senex: « Hæc est, inquit, anima Guarini cancellarii, quæ idcirco talia patitur, propter perturbationem et tribulationem quam Casinensi monasterio excitavit. » Quem frater cum, quis esset qui talia promeret, interrogasset, fratrem Benedictum se esse respondit. Frater autem a somno exurgens, ita se vidisse et audisse, Deum et sanctos ejus testem invocans affirmabat. Inter hæc quidam ex nostris contra voluntatem abbatis de

NOTÆ.

(1592) Qui etiam *in Todici* dicebatur. Ang.

(1593) Notarius.

pace et concordia tractare cœperunt cum hiis qui ex parte regis erant, mediante Ryccardo episcopo Gagetano. Demum vero ad id ventum est (*Feb.* 2), ut ex parte fratrum facto ab obedientialibus sacramento, et a cuncta congregatione promissione de pacta conventione, atque ex illa parte factis sacramentis, pax fieret; sicque commotio illa et perturbatio subito quievit, sed ad tempus.

103. Tertia vero die postquam hæc facta sunt, supradictus abbas languore depressus vitam finivit, quinta feria, Idus Februarii (1594). Per totam vero noctem qua vita decessit, decanus cum fratribus tractare cœpit, qualiter, antequam mors ejus divulgaretur, homines Landulfi superius nominati, qui monasterium tenebant, foras expellerentur. Remuneratis igitur illis qui in capite eorum erant, et a regis balivis securitate accepta, ut securi inde cum suis omnibus exirent, mediante jam die omnes de monasterio cum armis recedentes ad sua reversi sunt; qua ex re factum est ut usque ad illam horam mors abbatis palam nesciretur. Hora autem nona jam propinquante, celebrato officio ipsius, sepulturæ traditus est ad dexteram partem introeuntium in cymiterium, juxta gradus, ubi quattuor discipuli beati Benedicti requiescunt.

104. Sed, ut ad id redeam unde digressus sum, cum adhuc abbatis feretrum in ecclesia esset, destinati sunt a Canzolino Capuani principatus camerario milites, ut nullus eo absente de abbatis electione tractare præsumeret. Dilatum itaque est, et contradicentibus ac mœrentibus monachis usque ad ipsius adventum protelatum. Cumque illuc advenisset, cum ei ostenderentur de electione abbatis patris Benedicti jussio et privilegiorum constitutio, respondit quod nil ad præsens istiusmodi valeret ostensio: « Set differte usque ad domini mei Rogerii regis notitiam; sin autem, tradite arcem Bantrensem, et eligite quem vultis; ita tamen, ut prius fidelitatem regi faciat. » Quod cum fratres se non implere dixissent, ipse exercitum congregans, universa Casinensis cœnobii castra ab ejus dicione subduxit. Jam fere sex dies in tali fluctuatione transierant, cum ad festum virginis Christi Scolasticæ (*Feb.* 10) fratres undique ad monasterium convenientes, et de electione abbatis inter se tractarent, dividuntur in partes, et una quidem Raynaldum Colementanum (1595), qui post abbas extitit, alia Raynaldum Hetruriensem eligere disponebant. Set cum inter se plurima conferrent, visum demum prioribus est, ut electio differretur usquequo ad regem Rogerium Romanumque pontificem tunc Pisis remorantem nuntios destinarent, per quos Casinensis cœnobii fortunam notificare, et super tali negotio illorum consilium præstolari valerent. Set cum ad hoc alteram partem flectere nullo modo valerent, contradicentibus et renuentibus aliis qui supradictum Raynaldum Colementanum eligere disposuerant, eundem Raynaldum (1596) apprehendentes, in patris Benedicti cathedra illum locantes, sibi in abbatem constituunt. Reliqui vero nimis hæc indigne ferentes, clam ad Bertulfum mansionarium et ad Adenulfum, Casinensis cœnobii fratres, quos abbas Seniorectus legatos direxerat ad imperatorem Lotharium, nuntium cum litteris destinant, per quas et Seniorectum de hoc mundo migrasse, et eundem Raynaldum contra voluntatem suam seditiose et non canonice electum esse notificabant; postulantes ut imperatorem atque pontificem ex parte totius congregationis rogarent, ut ex suis aliquem in Casinensi cœnobio abbatem constituerent, et in Raynaldi electione nullatenus præberent assensum : prius se monasterium destruere, prius inde egredi, quam illum sibi abbatem constitui proclamantes. Quod dum Raynaldus certo certius agnovisset, clam cum Canzolino aliisque fidelibus regis paciscitur, eique fidelitatem faciens, abbatiam illi confirmant; sicque sacramentum a colonis monasterii accipiens, a filio Petri Leonis, cujus subdiaconus erat, in Casinensi abbatia firmatur. Cumque nuntius qui litteras ferebat, Ravennam, ubi tunc imperator morabatur pervenisset, a supradictis fratribus imperatori Lothario cum litteris præsentatur. Pandunt quæ Casinensi ecclesiæ, cameræ scilicet Romani imperii, accidissent, qualiter Seniorectus defunctus, et Raynaldus qui fidelitatem regi Rogerio fecerat abbas contra voluntatem multorum electus fuisset, et quia nonnulli ex fratribus de monasterio egredientes, inimicorum manus vitassent, et plurimas perpessi essent calamitates. Post vero deflebant periclitari suos familiares, confundi Casinense cœnobium, et quemadmodum ipsi omnia dimisissent pro Romani imperii fidelitate, in quo solo spem suam post Deum et patrem Benedictum Casinensis ecclesia posuisset. Lotharius autem imperator, misericordia motus, necnon et memor qualiter sub antecessorum suorum tuitione Casinensis ecclesia fuisset, multo magis tamen propter odium regis Rogerii, quem Romano imperio inimicissimum esse judicaverat, propensior erat apud prædictos fratres, et juxta tenorem edicti quod Pipinus et Karolus Magnus statuerant (1597), illos inter cappellanos Romani imperii juxta morem antiquum constituit. Cumque duces, principes, ac marchiones imperii congregasset, beneficia prædecessorum suorum in Casinensi cœnobio concessa in-

NOTÆ.

(1594) Imo pridie Nonas, cui diei ascribitur in Necrol. cod. 47. Ea tunc incidit in v feriam, et ipse Petrus in seq. cap. ab ea computat.

(1595) De Collemezzo, prope Furconem, e stirpe comitum Marsorum. Peregrin. ap. Murat. SS. VII, p. 252.

(1596) Sc. Hetruriensem.

(1597) Ejusmodi decretum quod Carolo tribuit, commemorat Pseudo-Anastasius iste, Murat. SS. II, 365.

timabat, et supradictum Raynaldum accusans, manifestum hostem Romani imperii pronuncians [4670], quoniam abbatiam ab inimico Romani imperii sibi confirmatam acceperat, neglecto et contempto imperatore, a quo Casinensis ecclesia civitates et castra et omnes possessiones acceperat.

105. Eo siquidem tempore Henricus dux Bajoariæ gener imperatoris ab eodem imperatore transmissus, una cum papa Innocentio, intravit Campaniam. Igitur, cum in planitie quæ Casini contigua est castra posuissent, Rychardum supradicti pontificis cappellanum et Casinensis cœnobii monachum ad monasterium destinant, mandantes quod si illos vellent recipere, et papæ Innocentio obedientiam exhibere, ipsi pro suo posse illos ut filios, ut fratres, ut socios diligerent, et Casinense monasterium sub imperatoris tutela et defensione semper haberent. Set, cum huic rei Raynaldus aurem non accommodaret, et fratres illum de monasterio exturbare, si facultas daretur, per omnia vellent: idem Raynaldus fratres in capitulum convocans suadebat ut in regis Rogerii fidelitate manerent, ut filio Petri Leonis obedientiam conservarent; adjutorium illis non defuturum. Postremo fatetur se ab illis abbatiam accepisse, non ab alio. Ad illorum libitum, si vellent, abbatiam dimitteret; si non, retineret. Et hæc quidem ore, non corde proferebat; jam enim occulte miserat ad Gregorium filium Adenulfi de Sancto Johanne, ut cum suo exercitu per Tyrillanam silvam Casinum veniret, quatinus ejus ope et auxilio fultus, monasterium contra papam, ducem, et monachos retinere valeret. Quo dum venisset, cum eodem electo sacramento confœderatur, et monasterii munitionem ab ipso accipiens, et assultum cum suis militibus in pontificis nuntiis illos invadit [4671]; quos, cum in fugam vertisset, suis audaciam permaximam tribuit. Apocrisarii autem pontificis, dum ad civitatem quæ monti adjacet pervenissent, cives sub imperatoris fidelitate sacramento constringunt, et sic ad castra redeunt. Raynaldus autem, cum Gregorio intra monasterium conclusus, sata extra monasterium incidebat, et omnia destruebat, ne quid ad alimentum hominum vel jumentorum relinqueretur. Jam fere undecim dies transierant, cum dux videns monasterii Casinensis bona dilapidari simul et pugnæ tempus transire, consilio habito Raynaldum evocat, et calicem aureum nec non et obsides pro quadringentis libris accipiens, abbatiam ex parte imperatoris, si in ejus fidelitate permaneret, illi confirmat, et eum a se suisque securum reddens, imperatoris vexillum in beati Benedicti ecclesiam induci, ac demum in arcem quæ ecclesiæ imminet cum ingenti laude imponi præcepit. Alia vero die castra movens, cum ingenti exercitu supra civitatem Capuanam devenit; ibi itaque Rao Rahelis filius et Goffridus de Aquila venientes, et se ac suos pontificis ac principis Robberti et Henrici ducis imperio subdunt. Capuani autem cernentes barones catervatim ad papam et ducem confluere, solo prostrati veniam poscunt; qua impetrata, et se suaque una cum civitate illorum dominio subdunt. Quo facto totus, ut ita dicam, Capuanus principatus, Rogerii jussa linquentes, papæ vestigiis advolvuntur, omnia imperata se facturos spondentes; multi nanque propter amicitiam quam cum Robberto principe habuerant, confluebant ad eos; nonnulli propter illorum gloriam et remunerationem beneficiorum, quam se ab ipsis accepturos sperabant: plures vero propter spem, quam in eis tanquam in propriis dominis habebant. Henricus interea gener imperatoris una cum papa Innocentio Robberto principi Capuanum principatum restituentes, cum ingenti exercitu ad pontem sancti Valentini, juxta Beneventum, castra locavit (*an.* 1137, *Mai.* 21). Mandat post hæc dux in civitatem cum apostolico nuntios, ut nisi anathema apostolicum et imperialem vellent incurrere iram, Beneventum in eorum manu remitterent, et nundinas foris urbem pararent. Contradicentibus autem illis [4672] in urbe ex parte filii Petri Leonis erant, nuntii papæ Innocentii, cum nichil egissent, infecto negotio de civitate exclusi sunt, nam Rogeriani milites qui tunc in civitate erant, minime pactis consenserunt; moxque quingentorum militum et triginta milia peditum congregantes exercitum, foris civitatem contra illos pugnaturi conveniunt: ob quam rem pontifex in iracundiam versus, Beneventanos a liminibus ecclesiæ separavit; ducemque cum exercitu contra eos congredi præcepit. Set cum scutiferi ducis in prima acie terga vertissent, dux eventum fortunæ alteratum perpendens, præcepit militibus, ut fluvium transvadantes montem in quo civitas sita erat ascenderent, et ab Aurea porta civitatem invaderent. Seditio tamen in urbe de rebus præsentibus erat, quibusdam dicentibus, papæ Innocentio reddendam civitatem, debere juxta patrium morem beato Petro et ejus vicario deservire: alii vero nequaquam, set repugnare persuadebant. Milites interea fluvium transvadantes ad civitatem tendebant. Beneventani autem, hostes contra se venire, dum perspexissent, a pugna se subducentes, fugæ præsidium sumunt. Hii autem, qui ex parte ducis erant, illos instantius insequentes, civitatem cum eis ingressi sunt, atque hoc modo Beneventum in deditionem acceperunt (*Mai.* 24) (1598). Urbe vero potita, Trojam Apuliæ urbem applicuere; quam absque pugna a civibus accipientes, oppida quæque adjacentia cum Gargano atque Siponto (1599) in suum dominium vertunt.

106. Lotharius interea imperator eo tempore Ra-

VARIÆ LECTIONES.

[4670] *f.* pronuntiavit. [4671] *locum corruptum esse apparet.* [4672] qui *excidisse videtur.*

NOTÆ.

(1598) Accuratius et paulo aliter hæc Falco retulit.

(1599) Hæc imperator ipse 8 Mai expugnaverat.

vennam egrediens, Umbriam, Emiliam, Flaminiam, Piceninumque provincias sub suo jure redegit, civitates obedientes sub Romani imperii jura redegit, contradicentes ad solum usque prostravit. Cumque ad monasterium sancti Martini in Saliniis (1600) pervenisset, Transmundus præpositus Sancti Liberatoris illum adiens, eumque ex parte Casinensis congregationis efflagitans, quicquid beato Benedicto in partibus illis ablatum fuerat, reddi præcepit. Inde vero castra movens, supra Barum, quæ totius Apuliæ caput est tentoria figit, et a civibus urbis susceptus, arcem quam rex Rogerius magnifice construxerat oppugnare modis omnibus cœpit. Diu itaque illam vallo diversisque bellorum machinis oppugnans, plurimis ex utraque parte interemptis, tandem cum magno labore illam optinens, ad solum usque deduxit, universasque Apuliæ urbes sub Romani imperii jura redegit; sicque peractis omnibus, ducem ordinaturus apud Melphiam Apuliæ urbem perrexit (*Jun.*), quo, dum venisset, exercitum dirigens Salernum obsidere præcepit. His porro diebus Bertulfus et Johannes Casinensis cœnobii fratres proclamationem fecerunt supra Sipontinos ante eundem imperatorem, qui silvam monasterii, quæ sub dicione hospitalis sita erat, in suum dominium retorserant. Horum itaque imperator precibus inclinatus sigillum suum illis concessit; ex parte sua præcipiens, nisi imperialem vellent incurrere iram, extunc et deinceps silvam illam sub Casinensi monasterio quietam manere permitterent, mille bizanteorum pena apposita, si hoc removere temptassent.

107. Sed ut ad id redeam unde digressus sum, tempore quod idem imperator transcensis Alpibus intravit Italiam, epistolam ad Casinensem abbatem direxit (1601), mandans quod [4673] ex antiquo Casinensis ecclesia nomen religionis habuit, et semper sanctæ conversationis exemplum et formam aliis præbuit; unde etiam confideret fratrum orationibus apud Deum hoc posse optineri, ut quietem universali reddat ecclesiæ, et pacem suis concedat temporibus. Cum ergo ex privilegio antiquæ religionis Casinensis ecclesia specialiter et singulariter ad Romanam dignitatem respicere deberet, commonere illos mandando, ut si timore alicujus coacti ab unitate ecclesiæ exorbitassent, ad eum quem tota ecclesia patrem recognovit redirent. Ipse enim in omnibus debitam tuitionem Casinensi cœnobio exhibere cupiens, quam cognoverat imperialibus dotatam oblationibus, mandaret ut cum partibus illis appropiasset, abbas ad (1602) officium cappellaniæ faciendum cum sapientioribus ex congregatione occurreret, ut de his quæ ad tuendas res monasterii expedirent plenarie convenirent. Aliam autem direxit fratribus (1603), per quam mandavit, quod si in ipsis non remansisset, in proposito suo esset, ut de honore Casinensis ecclesiæ secundum munificentiam imperialem cogitaret: attendentes dignitatem tantæ ecclesiæ, et religionem quæ præ ceteris actenus floruit, in eandem respicere, et manutenere ecclesiam sicut specialem et singularem cameræ suæ domum disposuisset; multum enim intentus esset, ut ad insigne honoris imperialis si Deus concessisset memoriale suum apud patrem Benedictum in perpetuum relinqueret. Rychiza quoque imperatrix litteras eo tempore fratribus direxit (1603), per quas significavit, quod magnam fuisse ex antiquo ecclesiæ Casinensis religionem audisset, unde memoriam sui haberi apud Casinensem ecclesiam rogaret, quatinus fratrum optentu Deus pacem ecclesiæ suæ in suis in daret temporibus. Ipsa enim in quantum posset auxiliante Deo, pro salvandis rebus Casinensis ecclesiæ cogitaret: tantum abbas tempestive sibi cum sapientioribus fratribus occurreret, ut de his et de aliis plenarie convenire possent.

108. Seniorecto itaque vita decedente, Raynaldo qui ei successit imperator litteras destinavit (1603), mandans quod semper moris sui fuit manutenere et amplecti eos, qui ad Romanum spectarent imperium, nec eos unquam deserere, qui fiduciam in se posuissent. Unde procul dubio sciret, quod ecclesiæ Casinensis jus, quousque viveret, tueretur, nec alienæ potestati summitteret quod sui juris esset, et quod ad imperialem spectabat dignitatem. Quia vero in festo apostolorum Petri et Pauli curiam pro statuendo duce apud Melfiam condixisset, omnesque terræ barones eo convocasset, mandaret ut assumptis secum sapientioribus fratribus, omnibus postpositis ad eum veniret, omniaque privilegia secum deferret, jus ecclesiæ suæ ostensurus: volens beneficiis suis hoc optinere, ut apud Casinensem ecclesiam memoriale suum semper remaneret. Si ad festum præfatum venire posset, veniret; sin autem, quam citius posset veniret. Aliam quoque sacram Ottoni [4674] decano et fratridus direxit (1604), notificans quia nollet quantum Deus permitteret, in aliquo terminum antecessorum suorum imperatorum excedere, et jus ecclesiæ Casinensis ad exemplum illorum in nullo minui pateretur; semper enim Casinensis ecclesia in vigore sanctæ religionis permansit, omnibusque forma bonæ conversationis fuit. Unde nosse illos vellet, quia abbatem suum ad se venire fecisset et pro consilio principum ita Casinensis ecclesiæ causam diffinire, ut nichil libertatis suæ tempore suo amitteret. Sed cum abbas ad eum

VARIÆ LECTIONES

[4673] scilicet quod *Altercatio quæ dehinc ad verbum cum chron. convenit.* [4674] Octoni *c.*

NOTÆ.

(1600) Quæ erat cella S. Liberatoris, in com. Pinnensi juxta mare, in territ. S. Angeli; v. Gall. Hist. p. 314.

(1601) Eam in calce Chronici e Petri Regesto edidit Angelus, repetitam in Cl. Murat. SS. IV, p. 621.

(1602) *Ad o. c. f.* desunt in epistola.

(1603) Hæ epistolæ cum priore l. c. editæ sunt; v. p. 56.

(1604) Nomen addidit; epistolam v. l. l.

adhuc ire distulisset, iterum aliam direxit epistolam (1605), per quam mandavit, quod præsentiam ipsius cum duce expectasset; cum quo quia non venisset, mandaret ut ad se veniret; audisse autem quod homines beati Benedicti in illius Syculi fidelitate manerent, et in castris adhuc monasterii essent; placeret ut illos caute removeret, ne impedimentum ecclesiæ Casinensi per eos possit conferri. Electus vero imperiali compulsus, præparatis omnibus quæ itineri erant necessaria, sumptis de congregatione aliquantis ex fratribus, Petro quoque Casinensi diacono, cartulario, bibliothecario ac scriniario, quem Lotharius imperator nominatim vocaverat, non tamen absque titubatione, dum amici et inimici, non impune ei provenire amicitias quas cum inimicis imperatoris habuisset [4675], ob quam rem amici quidem desperabant: inimici vero licet in prospectu contristarentur, in abscondito lætabantur, sperantes meliora sibi rerum mutatione ventura; quod postea rei probavit eventus. Set, cum in suspicione quosdam fratres haberet, monasterium et castra ejus amicis et propinquis suis commendavit. At ubi legati imperatoris legationis suæ causam in conspectu omnium protulerunt, pars trepidare, quod in regno et sub potestate regis Rogerii positi, nequaquam cum inimico illius pacem facere, vel ad eum ire debere censebant; alia vero quæ et sanior videbatur, ad imperatorem ire, ejus in omnibus præceptis obedire dicebant. Tandem abbas coactus, in nativitate sancti Johannis baptistæ iter arripuit, ducens secum ex Casinensi congregatione hos, quorum nomina vel numerum ne oblivioni traderentur supposuimus: Pandulfum Teanensem episcopum et Casinensis cœnobii monachum, Maurum quoque curopalatem palatii imperatoris Constantinopolitani, Johannem camerarium, et jam dictum Petrum bibliothecarium, Amfredum vestararium, Petrum Machabeum, Petrum et Hectorem Casinensis cœnobii monachos, nec non Johannem civitatis sancti Germani archipresbyterum, aliosque nonnullos nobiles sapientesque laicos de terra sancti Benedicti. Eo itaque die quo civitatem sancti Germani egressus est, Teanensem devenerunt ad urbem, ibique 4 diebus aliquid novi de imperatore præstolantes mansere. Indeque progressi Capuam devenere, benignum utpote in propria domo in monasterio sancti Benedicti quod in eadem situm est civitate, hospitium se habituros fore arbitrantes. Verum, uti postea rei probavit eventus, omnino eos sua fefellit spes; nam Innocentius papa secundus litteras per omnia Casinensis A ecclesiæ adjacentia monasteria, ne supradicto electo vel fratribus obedirent mandaverat. Ad quod, cum pervenissent, pulsantibus illis monasterii januam, fratres egressi talia illis responsa dedere: « Nequaquam, domini, ausi sumus vobis aliquid contradicere, cum luce clarius constet hoc monasterium Casinensis ecclesiæ et vobis subditum semper fuisse: sed, quia jurejurando apostolicis nuntiis ne vobis hospitium daremus coacti promisimus, nobis egressis quæque vobis sunt de rebus monasterii necessaria tollite. » His electus auditis, ad Sancti Vincentii ecclesiam quæ in eadem civitate constructa est suis abire præcepit; quo dum pervenissent, tametsi et ipsis ne illos reciperent esset interdictum: tamen [4676] quia præ verecundia illos jam ingressos minime ejicere poterant, B affluenter de quibus abundabant eis serviere. Reliqua vero omnia quæ erant necessaria abundanter abbatissa monasterii sancti Johannis transmisit. Altera autem die cœptum iter arripientes, per furcas Caudinas (1606) Beneventum applicuerunt, indeque moti, per Afrigentum (1607), perque roccam Gysoaldi, ad castrum cui Guardia Lombardorum nomen est applicuerunt, ubi quondam Leo papa sanctissimus cum Normannis præliaturus sanguinem minuerat, et per aliquot dies ibi requieverat. Nolentes igitur præ parvitate et deformitate castellum ingredi, foris in monasterio sancti papæ Leonis diverterunt, ibique satis benigne honorabiliterque, in quantum videri poterat, sunt recepti. Set, quia humana fragilitas ad malum magis quam C ad bonum semper extenditur, illius loci homines supradictum electum cum suis fratribus, Giliberto de Balbana et Robberto de Murra qui exercitui Rogerii regis præerant tradere conati sunt; tamen omnipotentis Dei dispositio, quæ multo aliter fieri disposuerat, consilium confudit eorum. Quædam namque sanctimonialis in eadem ecclesia commanens, cum consilii illius esset conscia, Petrum Casinensem bibliothecarium ad se venire fecit, eique quæque ab illis erant consilio inventa aperuit. Quo Petrus audito, electo ceterisque quæ illi erant revelata aperuit, castellumque quod valde erat proximum petendum admonuit. Quod electus et quidam ex fratribus despexere, seque nullo modo eo die D monasterium egressuros affirmaverunt. At præfatus Petrus periculosum sibi esse si ibi nocte maneret perpendens, Anfredum vestararium allocutus, ad castellum cum suis rebus festinare cœpit; nonnulli vero ex monachis quæ illi fecerant advertentes, et ipsi relicto electo recessere. At, ubi electus omnes

VARIÆ LECTIONES.

[4675] *verbum excidisse videtur.* [4676] tam c.

NOTÆ.

(1605) Quam e Petri Reg. a Pertzio exscriptam hic apponimus: *Lotharius Dei gratia Romanorum imperator augustus abbati R. de Monte Casino gratiam suam et bonam voluntatem. Præsentiam tuam cum duce expectabamus. cum quo quia non venisti mandamus, ut ad nos veniatis. Audivimus autem quosdam homines beati Benedicti in illius Syculi adhuc fidelitate permanentes in castris tuis manere. Quos placet ut caute removeatis ne quod impedimentum ecclesie Casinensi per eos possit oriri.*

(1606) Nunc Lo stretto d'Arpaja. Ang.

(1607) Nunc Frigento.

pæne suos recessisse perspexit, ipse quoque ascensis equis cum reliquis ad castellum perrexit. Illucescente vero castellum egressi, cœptum summo studio peragebant iter: cum vix tribus diei elapsis horis, militum multitudinem contra se per latus descendere montis conspiciunt, subitoque metu turbati, et in fugam conversi sunt. At postquam milites omnem eos capiendi spem illis fugientibus perdidere, ad locum proprium, eos persequi desistentes, protinus sunt reversi. Monachi autem magis fugam quam iter pacificum accelerantes, per Cisternam Montemque viridem, Aufidum transfretantes, primo ad civitatem Melfiam, deinde ad lacum Pensilem (1608), ubi omnis imperatoris exercitus cum papa Innocentio residebat, advenerunt. Set, cum nuntii papæ Innocentii extra castra ei obviantes dixissent, pontificem jussisse, ut, antequam castra intraret, discalciatis pedibus cum fratribus qui secum erant papæ satisfacere, et pro obedientia quam filio Petri Leonis exhibuerant pœnitentiam recipere, et jurejurando firmare [4677], ut quicquid pontifex præciperet, implere morigeraret, et filium Petri Leonis cum suis refutans anathematizaret: Raynaldus timore ductus, cæsarem appellare, et de hac re cum imperatore consiliaturum respondit, et sic castra ingressus est. Post hæc (*Jul.*) cœpit in omnibus liberalitatem ostendere, et quosque venientes muneribus alligare, moxque antequam tentoria figerentur, missis nuntiis suum imperatori adventum notificare curavit. Tunc imperator in ipso ac fratribus pro beati Benedicti amore munificentiam ostendit, moxque misso a latere suo Henrico duce Bajoariæ genero suo, et Rodulfo (1609) et Ottone palatinis comitibus, ut tentorium quod juxta papilionem pontificis ipsius jussu fixum fuerat removerent, illudque juxta suum tentorium figerent mandavit, asserens cum Casinensis ecclesia per Carlomannum (1610) et Pipinum specialis camera sit Romani imperii constituta, nequaquam justum esse, cappellanos imperatoris, monachos scilicet Casinensis ecclesiæ, ab imperatore separari, set juxta eum suum tentorium figi debere; quod et factum est. Cæterum ubi Romanus pontifex Casinensem electum ab imperatore susceptum esse cognovit, directis cardinalibus cœpit vehementer imperatori instare, ut jurejurando filium Petri Leonis anathematizari a Casinensibus monachis faceret; conquerens cur excommunicati et a liminibus ecclesiæ separati ab imperatoria essent majestate recepti; renuentibus monachis, atque dicentibus, Dominum in Evangelio (*Matth.* v, 34), et patrem Benedictum in regula (1611), præcepisse ne jurarent, et se ac priores suos nunquam jurandi consuetudinem habuisse, fidelitatem vero neque papæ neque alicui se esse facturos, quippe cum sibimet ipsi fideles esse non possent, faciendo illa quæ Deus per beatum Benedictum vetuit, et dimittendo quæ observare præcepit; sicque eo die ab imperatore discessum est. Alio vero die (*Jul.* 7) pontifex per Aymericum cancellarium, et Gerardum ac Guidonem cardinales direxit, ut aut a monachis Casinensibus filium Petri Leonis anathematizari faceret, aut ab illis sicut ab excommunicatis abstineret. Clementissimus autem imperator et religiosissimus, cum nec antistitem irasci, nec Casinensem ecclesiam dejici vellet, blande eos allocutus ad apostolicum remisit, dicens, uti apostolicus directis disceptatoribus ante imperatoriam majestatem, utrum excommunicati essent quos receperat nec ne diffiniretur; diem statuendum esse dicens, quo utraque pars in consistorio convenirent. Duodecimus [4678] ad talia peragenda dies statuitur, sicque infectis negotiis ad papam reversi sunt. Illis autem egressis, ad se imperator omnes qui cum electo venerant monachos præcepit introduci; qui dum ab eunucho palatii repræsentati imperatori assisterent, requirere jussit, quod eis genus, quæ patria, qui honores, quæve nomina essent. Confessi igitur genus, patriam, honores, nomina utrum præcepta imperatorum, pontificumque Romanorum privilegia, ut ipse præceperat detulissent inquiritur; respondentibusque eis se omnia ut præceperat detulisse, modo quæ animo versaret ediceret, precabantur. Ad hæc cæsar: « Quam amabilis, quam desiderabilis Casinensis ecclesia nostris prædecessoribus invictissimis imperatoribus fuerit, et magnifica in auro et argento data munera et præcepta liquidissime ostendunt. Constat etiam Carlomanni sanctissimi et invictissimi imperatoris et Romani patricii, cujus vicem tametsi indigni accepimus, apud eandem ecclesiam tumulatas esse reliquias; ob cujus venerationem non solum nos qui ejus vicem tenemus, verum totus orbis Romanus, nobiles et ignobiles, divites et pauperes eundem locum honorare, exaltare, colere, et aliis omnino hujus religionis locis præponere debet. Hos et nos in quantum possibile esset sequi cupientes, hunc magnificis decreveramus donis honorare locum. Set quia beatissimus papa Innocentius hoc fieri prohibet, dicens vos ab ecclesia separatos, ut quosdam ex vobis contra causidicos apostolici disceptatores eligatis præcipimus; nullo enim modo pati possumus, ut tantæ famæ locus tantæque religionis et tantæ dignitatis nostris temporibus annichiletur aut pereat. Electum autem vestrum nolumus huic interesse conventui, quia non minus de eo quam de monasterio agitur. » Dixerat. Tunc

VARIÆ LECTIONES.

[4677] deberet *excidisse videtur.*

[4678] *An* tertius? *V. Jaffé, Gesch. des Deutschen Reichs unter Lothar p.* 221.

NOTÆ.

(1608) Lago Pesole, unde Brandanus oritur.

(1609) Quis hic fuerit nescio. Otto pal. Rheni et Otto pal. Bajoariæ imperatorem in Italiam comitabantur.

(1610) Carolum Magnum intelligit, vel potius utrumque confundit, quod mox clarius apparebit.

(1611) C. 4

imperatore jubente, ad hospitia est regressum. At ubi quæ imperator retulerat monachi suo electo repræsentavere, consilio habito Petrum Casinensem diaconum, bibliothecarium, cartularium, scriniarium, disceptatorem defensoremque suæ partis eligunt. Postquam vero dies est reddita terris, assunt nuntii imperatoris (*Jul.* 8), qui præphato electo ut suos monachos ad imperatorem dirigeret dixerunt. Advenientes itaque fratres, ut mos est præ foribus astitere, statimque nuntiantur imperatori, moxque sunt ingredi jussi (*Jul.* 8). Ingressis igitur illis, jubet imperator nomina, genus, ac patriam eorum qui disceptaturi erant requiri. Offertur Petrus diaconus, natione Romanus, genere nobilis, divinis apprime literis imbutus, dehinc Amfredus genere Anglus, vir eloquentissimus. Post generis, nominis, patriæ præsentationem, officia requiruntur singulorum. Expletis his, quem pro Casinensi ecclesia responsurum elegerant requiritur. Offertur itaque jam dictus Petrus Casinensis diaconus, et cum omnes testimonium ei perhiberent, imperato inquit silentio cæsar : « Fratre vestro cui testimonium perhibetis dimisso, ad hospitia vestra redite, et cum dies factus fuerit, parati estote, ut nostris visis nuntiis disceptaturi veniatis. » Illis autem recedentibus, Petrum diaconum Bertulfo cancellario tradidit quatinus cum nocte cæsar pro tribunali resedisset, ei posset offerri. Noctem illam imperator fere totam duxit insomnem, jussitque ante se relegi omnia [4679] gesta antecessorum suorum imperatorum. Mane itaque facto (*Jul.* 9), expletaque matutinali synaxi, vivificisque celebratis mysteriis, imperator tribunal sibi in tentorio parari jussit, missisque nuntiis Casinenses vocari fecit; qui cum venissent, imperatori præsentantur. Assunt et cardinales ab Innocentio papa directi, causidici quoque quamplurimi.

109. In nomine Domini et salvatoris nostri Jesu Christi, anno incarnationis ejus millesimo centesimo tricesimo octavo (1612), indictione prima, septimo Idus Julii, anno autem imperii domini Lotharii cæsaris invictissimi imperatoris augusti sexto, residente eodem invictissimo imperatore ad aquas Pensiles, consedente etiam Peregrino patriarcha Aquilegensi, cum archiepiscopis et episcopis abbatibusque quampluribus, causidicus pro Romana ecclesia directus est Gerardus cardinalis tituli sanctæ Crucis, nec non et Guido cardinalis, qui ambo postea Romanam rexerunt ecclesiam (1613), Aymericus cancellarius et diaconus cardinalis, Balduinus presbyter cardinalis qui post (1614) Pisanorum archiepiscopus factus est, et Norbertus [4680] Clarevallensis abbas, ac alii quamplures civitatis Romanæ nobiles. Ex parte Casinensis ecclesiæ auditores extiterunt Henricus dux Bajoariæ gener imperatoris, Conradus dux Sueviæ, qui postea, Romani imperii sceptra suscepit, Otto [4681] de Burchisin consobrinus imperatoris, Fredericus marchio Anchonitanus, Malaspina marchio Liguriæ, Henricus episcopus Ratisponensis, Anno [4682] episcopus Basiliensis, Anno abbas Luneburgensis, Gualfridus palatinus judex Romani imperii. His itaque præsentibus, factus est conventus in prædicto loco, et facto silentio imperator dixit : « Non solum præsentium et temporalium, verum etiam futurarum et æternarum in hoc conventu erit diffinitio rerum. Constat enim sanctos patres, qui diversa diversis locis egere concilia [4683], et dum in unum ex una re tractaturi convenissent, diversa occasione unius dilucidasse [4684]. Sic et in hoc Romanæ Casinensisque ecclesiæ causa specialiter agatur, diversæ tamen Deo auxiliante hic diffinientur quæstiones, sicque fit ut causa unius sit salus omnium facta ecclesiarum per totum orbem terrarum constitutarum. Nos quoque vestigia prædecessorum nostrorum sequi cupientes, dignum duximus huic interesse concilio, judiciique stateram nostro sensu ponderari : defensores autem utriusque disceptantium partis magnificos a nostro latere dedimus viros, qui violentiam alterutræ partis prohibeant. Invocantes igitur summi Tonantis virtutem, sedeant quibus Romanæ non displicent leges, taciteque rerum expectent exitum, ne dum omnes confuse vel dicunt vel loquuntur, veritas annullletur. » His et aliis quampluribus augustus prophatis, Conradus dux Sueviæ ab imperatore defensor datus inquit : « Copia imperialium dictorum me inopem dicendi factum fore cognosco, cum tam profonde, tam habundanter, tamque rationabiliter imperialis sit prophata magestas, ut non humano set ex divino processisse ore videantur. Ducibus tamen, marchionibus, comitibusque defensoribus mecum datis, visum est primo apparatu hodiernæ sessionis, quæ sint pro utraque parte disceptaturæ personæ pronuntiari, vel si alicui permittitur disceptandi licentia, nisi his quibus fuerit concessa potestas. Omnis enim maximeque divini conventus causæ ordinate et rationabiliter fieri debent, quippe cum nil perfecte diffiniri possit, ubi ordo loquendi non observatur. » Placet omnibus quod dux dixerat, et, quis pro utraque parte responderet inquiritur, quive interpretes, quis etiam disputantibus locus concederetur. Eligitur Gerardus cardinalis tituli sanctæ Crucis, qui pro Romana responderet ecclesia; eligitur et Petrus diaconus suorum probatus testimonio fratrum. Interpretes autem dati sunt Bertulfus imperatoris cancellarius, Amfredus vestararius, et Bertulfus mansionarius; traditur autem Gerardo cardinali locus ante faciem impera-

VARIÆ LECTIONES.

[4679] Omni *c.* [4680] *Leg.* Bernardus. [4681] Gebeardus *in privil. Loth.* [4682] Adelbero *ib.* [4683] Consilia *c.* [4684] *Locum corruptum et mancum esse apparet.*

NOTÆ.

(1612) V. præf., p. 570. Cf. præf., p. 572, n. 57.
(1613) Hic Celestinus II, ille Lucius II vocatus. (1614) A. 1138.

toris, ad pedes vero ipsius Petrus diaconus constituitur. Renuit Gerardus cardinalis ad suos monachum sedere pedes, incongruum esse dicens et omnino illicitum, excommunicatos cum filiis sedere ecclesiæ. Ast imperator litigio finem imponere cupiens, ad pedes suos Petrum diaconum extunc et deinceps sedere præcepit. Tum taliter initium loquendi Gerardus cardinalis arripuit: « Sancta et universalis ecclesia, invictissime imperator, quæ et ante vos vestros prædecessores, et post illos vos in dominatores totius orbis Romani consecravit, mirari non sufficit, cur excommunicatos et a liminibus ecclesiæ separatos receperitis. » Ad hæc imperator: « Imperii nostri nos ab apostolica ecclesia suscepisse gaudemus coronam, excommunicatos nos nullo modo suscepisse putamus; attamen si ut dicitis sunt excommunicati, conflictus iste invenit [4668]. » Pandulfus episcopus Teanensis et Casinensis monachus dixit: « Quomodo Romanæ ecclesiæ cardinalis Casinenses monachos excommunicatos asserat, nullo modo videre possumus. » Gerardus cardinalis dixit: « Quid michi et tibi, bone vir? alienus a nobis es. O mirum, o novum et inauditum prodygium, ut truncus ramis præcisis et a radicibus evulsus, novas contra ecclesiam erigat machinas. » Ad hæc imperator: « Cesset, inquit, omnis violentia procul. Conciliis enim ut quisque potest non contumelias ingerit proximo, immo patienter omnia suffert. Qua de re constituimus, ut neutra pars violentiam sibi contrariæ parti faciat, ne quod ad laudem Dei et posterorum proficuum agitur, in litigium rixamque vertatur. » Tunc Gerardus cardinalis resumpto sermone ait: « Hoc insuper sancta et universalis ecclesia censuit, ut monachi Casinensis cœnobii voluntatem domini nostri Innocentii pii et universalis papæ se in omnibus adimplere sacramento confirment. » Jam enim Innocentius papa omnes Casinenses monachos dispergere diversis in locis statuerat; verum Lotharius clementissimus imperator, cum nollet Casinensem destrui ecclesiam, contra papæ voluntatem pro eadem ecclesia se opponere non dubitavit. Cum igitur Gerardus cardinalis et Romanæ ecclesiæ defensor de sacramento monachorum sermonem fecisset, Petrus diaconus respondit: « Non minimum miramur, cur dominus cardinalis monachos sub sacramento dixerit constringendos, cum Dominus in evangelio nec per cœlum, nec per terram, nec per capillum capitis jurandum docuerit (*Matth.* v, 34). » Gerardus cardinalis dixit: « Quod monachus retulit annuimus: set Romana ecclesia censuit, nullo modo Casinenses monachos sine sacramento fore recipiendos. » Petrus diaconus respondit: « In regula sanctissimi

A patris Benedicti, ne monachi jurent omnino interdicitur, ne forte (quod absit!) perjurii crimen incurrant (1615). Hoc quoque, monachorum scilicet sacramentum, non solum divinæ verum etiam humanæ prohibent leges. In præceptis enim magnorum imperatorum Caroli, Lodoyci, Pipini, Carlomanni, Lodoyci, Ugonis, Lotharii, Berengarii, Alberti, trium Ottonum, quinque Henricorum, ac Conradi sic invenitur: « Statuimus, ut monachi ad sacramentum « non compellantur (1616). » Et hæc dicens, præcepta supradictorum imperatorum, cera, plumbo, aureisque sigillis signata, quæ Casinensi monasterio fecerant, imperatori cæterisque omnibus demonstravit. Quo viso imperator jam dicta præcepta in imperiali purpura accipiens deosculatus est, moxque in hæc
B verba prorupit: « Magnorum, sanctorum invictissimorumque imperatorum ac nostrorum prædecessorum ista esse præcepta, demonstrantibus sigillis cognovimus. Nostræ igitur attinet majestati, cuncta nostrorum prædecessorum inviolabiliter observare præcepta. Quare suppliciter dominum apostolicum vos qui ejus vice venistis, ex nostra parte rogare curetis, ut sanctissimorum imperatorum prædecessorum nostrorum præcepta nobiscum protegat, sua etiam auctoritate, ut ipsius fecere prædecessores, confirmare dignetur. Quis enim ultra catholicorum imperatoria observabit præcepta, si hæc ab apostolico contempnentur? Omnia membra caput secuntur, nec a capite, nisi magnum detrimentum patiantur, possunt membra separari. Certet itaque pro membris
C caput, pro natis pater, pro ovibus pastor, quia nullo modo adversus oves prævalebit mordacitas lupi, si sollerti cura custodiantur pastoris. Sit igitur hodierni diei finita consessio repetantque quique hospitia propria; cardinales quidem ad dominum papam nostra repræsentent rogata, et ut mecum Casinensem foveat ecclesiam, nostra vice precentur. Monachi autem ad suum electum quæ dicta sunt referant, et quid cras respondere contra quæque objecta debeant meditentur. Ast ubi dies fuerit reddita terris, tribus transactis horis, ut omnes ad consilium redeant censemus. Quicquid etiam hodierni diei invenit conflictus, prætitulatis personis adhibitis notariis conscribantur, ne quæ nos magis posteris profutura
D tractamus, oblivioni tradantur. » His dictis disceptatores cessere curiæ, imperator ad publica quæ sibi imminebant negotia tractanda resedit.

110. Postera vero die (*Jul.* 10) utræque disceptaturæ partes convenerunt; at ubi introgressi, et coram (1617) est data copia fandi, Gerardus cardinalis dixit: « Mandata pietatis vestræ, sanctissime et invictissime imperator, ad summæ sedis retulimus

VARIÆ LECTIONES

[4668] *an* inveniet?

NOTÆ.

(1615) C. 4.

(1616) Hoc in nullo ante Lotharium III privilegio inveni.

(1617) Virg. Æn. I, 520.

episcopum; sed nullo modo se hoc facere posse respondit, asserens facilius posse fieri, ut ipsemet sacerdotalia deponeret et conculcaret indumenta, quam quæ imperator rogaverat efficeret. » Paululum itaque imperator conticuit; dehinc ut disceptarentur, quæ hesterni diei residua fuerant jussit. Gerardus cardinalis dixit : « Memini me hesterno die de sacramento et fidelitate monachorum Casinensium tractavisse, nichilque ad perfectum adduxisse : de eadem igitur re ante imperatoris præsentiam tractaturi, non arbitror videri superfluum, si voluntatem domini nostri papæ Innocentii post relationem primam hesterni diei, nunc iterum referre in medium [4686]. Sciat invictissima vestri imperii majestas, hæc dominum papam a Casinensibus monachis requirere, ut sacramento ipsius voluntatem in omnibus se impleturos confirment, seque omni tempore sibi suisque successoribus fideles et obedientes existere; aliter enim nullo modo patietur eos divinis ministeriis uti, ac dominici corporis et sanguinis participes existere. » Petrus diaconus respondit : « Constat dominum cardinalem hesterni diei renovasse conflictum, nostrosque animos ad rediviva præparasse certamina : nobis autem satis superque videtur huic sententiæ contraisse dominico præcepto, cum Dominus nullum nec per capillum capitis jurare permiserit. De fidelitate autem, de qua dominus cardinalis agit, superfluum nobis videtur, hoc a nobis sacramento repeti, quod usque modo fecimus non inviti. » Gerardus cardinalis dixit : « Ante præsentiam domini nostri Lotharii invictissimi cæsaris constitutus, non est reveritus monachus falsiloquium proferre, dicens Casinenses monachos fidelitatem Romanæ semper ecclesiæ tenuisse, cum sit omnibus recta cernentibus in propatulo, eos scismaticos extitisse usquemodo, tunicamque Christi scidisse, abbatemque sibi a scismaticis ordinatum elegisse. » Petrus diaconus respondit : « Proborum est, non prius aliquem mendacii arguere, nisi ipsum omnibus patefecerit mendacium, ut cum nil contra possit opponi, non eum ipse, set conscientia propria mendacem fuisse reprehendat. Dominus ergo cardinalis, cum me mendacem esse firmavit, non rectum fecisse ostenditur, cum nullam mei causam mendacii protulerit. Præponatur causa, objiciantur si qua sunt objicienda, et tunc mendacem arguat, vaniloquum me esse affirmet. » Gerardus cardinalis dixit : « Ut breviter dicam, cum, relicto domino papa Innocentio, scismatico adhæsistis, quid aliud quam infideles fuistis ? » Petrus diaconus respondit : « Dic, rogo, nos eum, an ipse nos dimisit ? » Gerardus cardinalis dixit : « Ecclesia a scismaticis capta, a lupis etiam laniantibus piissimus de sede est expulsus episcopus, sicque relicta Italia ad Gallias properavit. » Petrus diaconus respondit : « Nonne bonus pastor Jesus Christus, cum diversitatem immo unitatem in se pastorem pastorum unitam describeret, inquit : Bonus pastor animam suam ponit pro ovibus suis ? » (*Joan.* x, 12.) Gerardus cardinalis dixit : « Hæc non solum verbis, verum etiam factis ostendit. » Petrus diaconus respondit : « Iterum ipse Dominus, descriptis optimi pastoris factis, mercenarii mores scribens, dixit : Mercenarius et qui non est pastor, cujus non sunt oves propriæ, videt lupum venientem, et dimittit oves, et fugit. Credis hæc verba evangelica esse, an non ? » Gerardus cardinalis dixit : « Quam maxime equidem. » Petrus diaconus respondit : « Debet hoc a Romano pontifice actitari ? » Gerardus cardinalis dixit : « Tanto magis ab apostolicæ sedis præsule sunt observanda, quanto peculiarius suscepit aliis prædicanda. » Petrus diaconus respondit : « Quid igitur ? deputabitur a justo judice ovibus, si quid pastor commisit ? » Gerardus cardinalis dixit : « Minime. » Petrus diaconus respondit : « Ergo non deputetis monachis, si pastore destituti, morsibus patuerunt inimici. Debuit enim apostolicus, ut Dominus ait, non solum non dimittere oves, verum etiam pro eis mortem libenter amplecti. » Ad hæc imperator dixit : « Quantum patet, ostendit monachus, si aliquid deliquerunt, non esse culpa ovium, set pastoris. Unde roganda est adhuc domini apostolici pietas, ut nobiscum quæ contra nos gessere dimittat. Quare censemus hodierni diei jam finiri litigium. Occupati enim rei publicæ negotiis, hiis diu interesse non possumus. Quisque igitur ad propria revertatur, cras iterum ad eundem rediturus certamen. » Hoc dicto, omnibus faventibus discessum est.

111. Altera vero die (*Jul.* 11), cum piissimus imperator, cum suprascriptis magnatibus suis, quæ residua fuerant audituri residerent, hac voce convenit exercitum : « Omnibus qui intra Romanum orbem constituti sunt, notum esse non ambigimus, in quali quantaque reverentia nostri prædecessores, Romani scilicet imperatores, Casinensem scilicet ecclesiam suam singularem et specialem cameram habuerunt, et super omnia Romani imperii monasteria exaltantes præposuerunt, suisque præceptis et privilegiis ab initio honoraverunt. Deceret etiam dominum apostolicum mecum eandem fovere ecclesiam, quod Deo auxiliante postquam lis ista finem habuerit fiet. Hæc autem non lis aliquo modo vel accipienda vel dicenda est ab aliquo, cum constet membra secum litigare non posse, nec caput dicere manui, Necessariam te non habeo, nec oculus pedi, vel alicui aliquod membrum : viliora enim sæpe utiliora sunt nostra. Nulli igitur videatur incongruum quod facere censemus, nec aliquo modo aliquis nos incusare velit, quod quasi tueri Casinense monasterium videmur [4687]. Evenit namque, cum vel mater filiam vel vir conjugem vel genitor natum iracundia concitatus ceciderit, ut aliquis bonis ornatus mori-

VARIÆ LECTIONES.

4686 *verbum excidisse videtur.* 4687 videremus *c.*

bus medium se inter iratum patrem timentemque natum ponat, natumque ab immoderata quamquam paterna cæde eripiat. Numquid ubi pater ad mentem redierit, paternaque ira in mansuetudinem versa fuerit, conqueretur se ab homine illo injuriam aliquam pertulisse? Immo gratias aget innumeras, quod filium e suis abstraxerit manibus. Sic et universalis mater ecclesia Romana, cum deposita ira requieverit, gratias aget nostro imperio, quod filiam in ira liberaverimus. Disceptetur itaque, quæ disceptanda sunt, quia nullo modo ab istis desistam, quousque compleatur desiderium meum. » His atque aliis imperator profatis, Gerardus cardinalis dixit : « Vestræ magnitudinis verba simulque rogata, sacratissime imperator et semper auguste, ad dominum Innocentium papam ut præcepisti retulimus; set nullo modo se umquam posse pati asserit, ut sine sacramento et fidelitate monachos recipiat. » Petrus diaconus respondit : « Satis nos fecisse de his ante domini imperatoris præsentiam, et ex præcepto Domini et ex imperialibus edictis putamus. Cæterum si quid super his habes, edicito. » Gerardus cardinalis dixit : « Ignoras, invictissime imperator, hos quos vestra magnitudo defendit, cum Rogerio Siculorum comite adversus Romanam ecclesiam et vestrum invictissimum conjurasse imperium, et non solum conjurasse, verum etiam anathematizasse et deposuisse. O inaudita res, quod ligati et ligent solutos et solvant ligatos. » Ad hæc piissimus imperator facto silentio dixit : « Quod in me Casinenses monachi commisere, et libenter patior et gratanter dimitto; verum quod in Romanam ecclesiam et in dominum papam commiserunt, ut nos quæ in nos peccaverunt, sic et ipse quæ in se peccaverunt dimittat. » Gerardus cardinalis dixit : « Tametsi domini nostri Innocentii pii et universalis papæ vicem agamus, has tamen tales et tantas res sine eo diffinire non possumus. » His dictis, favente imperatore discessum est. Nocte itaque insecuta, cum imperator juxta consuetudinem pervigilem duceret, Petrus diaconus genu flexo ante imperatorem talem pro Casinensi ecclesia protulit orationem : « Cum omnes mortales qui in orbe Romano sunt, vobis militent, imperatoribus rerum atque principibus, vos ipsi imperatori cœlesti, pietati, paci atque justitiæ militatis. Aliter enim utriusque vitæ salus tuta esse non poterit, nisi talibus amministratoribus gubernetur : nemo enim imperatorem omnium rerum fallit, cui cordis abdita manifesta sunt. Ergo cum vestram sublimitatem, imperator invicte, tutelam omnibus per orbem conveniat conferre ecclesiis, specialius tamen vos Casinensi cœnobio hoc convenit conferre et exhibere, et contra illorum insidias eandem munire ecclesiam, qui loquendi usum nobis denegarunt, et privilegia ab imperatoribus Casinensi collata cœnobio pro nichilo ducunt. Et quidem Romano pontifici obtemperandum et obsequendum et ego suadeo, set Deum omnipotentem certum est omnibus præferendum. Nullius namque injuria est, cum propter divini cultus pietatem ecclesiæ mortalibus præponuntur. Totus in Casinensis ecclesiæ dejectione [4688] monasticus ordo vacillat, fluctuat, quatitur et injuriis diversis afficitur. Te ergo imperatore monachi de officiis suis deponentur? Te imperatore hoc petitur et postulatur, ut monachi sacramentum faciant. Unde vestram flagitamus clementiam, triumphator præcelse, ne id decernas, ne statuas, vel in ejus decreta subscribas. Dignumne est vestris temporibus, ut dignitas Casinensi ecclesiæ abrogetur, quo cardinalibus pravæ deferatur voluntatis effectus? Nichil majus est religione, nichil in monastico ordine sanctius et sublimius patre Benedicto. Quid respondebit Carlomannus pius imperator augustus? Nonne tibi dicet : « Imperium me deposuisse non credidi, quia Lotharium justum et sanctum imperatorem habebam. Imperium me dimisisse non dolui, quia imperia mea, præsertim de religione monastica, inconvulsa in perpetuum manere credebam. Titulos ego pietatis et justitiæ ac mansuetudinis in Casino erexeram, has de mundi pressuris manubias offerebam. Quid michi plus potuit meus hostis auferre? Modo, inquam, modo abrogantur decreta mea, nunc gravius telum corpore recipio, cum a Romano pontifice mea instituta dampnantur. Nunc michi abrogatur imperium, et quod est gravius, a Romanis pontificibus, et hoc præsente fratre meo imperatore Lothario. » Cui enim magis quam sibi Romanorum imperator favet aut commodat, quod instituta prædecessorum suorum, quod Casinensis cœnobii jura defendit? Nulli ergo honerosum videatur, si religionis monasticæ statum defendimus. Certe numerentur centum tredecim Romani pontifices a beato Benedicto usque ad dominum papam Innocentium : omnes Casinensem religionem coluerunt, tenuerunt, dilexerunt, nullus removit. Jam vero si venerandæ canitiei obsequendum putamus, patrem Benedictum introducamus loquentem : « Optime imperator, pater patriæ, cæsar auguste, reveremini canos meos, in quibus me canities longa adduxit, utantur filii mei legibus a me sibi collatis; neque enim indecens est, ut vivant meo more. Per hos sub jura mea orbem redegi, per hos Anglia multæque nationes ad Christum conversæ sunt, mea est istorum salus, tutela, juvamen. » Cumque hæc et alia multa Petrus diaconus retexuisset, ad Bertulfi cancellarii tentorium nocte eadem ex jussu imperatoris devertit.

112. Cum igitur cardinales evocati ante imperatorem convenissent (*Jul.* 12), Gerardus cardinalis dixit : « Quæ hesterno die vestra sublimitas nobis præcipere dignata est, ad dominum papam retulimus. Benigne vestra rogata suscepit, verum dixit,

VARIÆ LECTIONES

[4688] delectione c.

nimium ei vos imposuisse molestam causam, quam vix sufferre posset; jus enim episcopale, quod sui habuere prædecessores anteactis temporibus, se nullo modo, nullo pacto, nulla ratione dimittere posse. › Lotharius imperator dixit: ‹ Nos Casinensem ecclesiam, ut jam sæpe docuimus, tanto defendere, exaltare et venerari debemus, quanto amplius a nostris prædecessoribus honoratam et ditatam esse cognovimus. Sciat igitur dominus apostolicus, castra, villas, et prædia, omnesque monasterii possessiones nostro pertinere imperio: episcopale autem jus, in quantum ei debetur, ut suum sit concedimus. › Bertulfus cancellarius dixit: ‹ Nil apostolicus juris in Casinensi ecclesia, quæ Romani imperii singularis et specialis camera esse decernitur, habere debet, nisi abbatis consecrationem, quam etiam Henrico imperatore concedente habuisse dinoscitur. › Gerardus cardinalis dixit: ‹ Placeat ergo consilium meum vestro invictissimo imperio, o cæsar. Vobis quidem mundanarum, apostolico vero securitatem divinarum sacramento firment rerum. › Lotharius imperator dixit: ‹ Nostro valde inhonestum videtur imperio, nostrorum prædecessorum non observare mandata, eorum sanctissimis non obedire præceptis. Si enim nos nostrorum prædecessorum præcepta fregerimus, quis observabit? et quemadmodum alios hæc observare compellemus, si nos ea convellimus? lex enim et dantis et dati causas dijudicat. Quorumcumque igitur causas dijudicat, sub sua utique regula coartat: lex ergo imperatorum non plus aliis quam imperatoribus constituitur, immo magis hanc illis conservare condecet, qui eorum originem possident generositatis. › Gerardus cardinalis dixit: ‹ Non parum quoque dominus papa miratur, cur cum ecclesia te in cæsarem totiusque orbis dominatorem et elegerit et consecraverit, contra eam niti pro Casinensi ecclesia coneris, quam non vobis ut vos asseritis, set sibi pertinere ut cæteræ ecclesiæ dicit. › Tunc imperator iratus dixit: ‹ Immo nos valde miramur, cur nostro nil facere rogatu voluerit, cum nos pro ejus amore jam per annum et dimidium in papilionibus commorati cum Romano exercitu, pecuniam quam ad publicos usus exequendos accepimus, in ipsius obsequium converterimus: ipsumque apostolicæ cathedræ restituerimus, omnesque ultramontanos populos ei favere fecerimus. Quid itaque mirandum, si Casinensem pro posse tuemur ecclesiam, cum constet hoc a prædecessoribus nostris gloriosissime actitatum. Et illi quidem non aliter quam propriam habuere cameram, adeo ut nonnulli ab his exuti ærumpnis carnalibusque impedimentis, ibi magis quam in propriis domibus voluerunt tumulari. Quid de sanctissimo et omni memoria digno invictissimo augusto Carolo retexam, qui relictis imperialibus sceptris augustique dignitatibus, cœnobialem inibi vitam exegit? Quid etiam de ipsius Caroli fratre Pipino referam, qui in Germania positus, cum frater ipsius Carolus qui ad eum monachus ierat obisset, nolens eum alibi sepeliri, ad Casinense monasterium retransmisit? Rachis quoque Langobardorum rex, relicto regno ad idem venerabile monasterium venit, monachicamque ibi usque ad extremum vitam exegit. Quid etiam de imperatoribus Justiniano, Justino, Theoderico, Pipino, Carolo, Pipino, Carolomagno, binis Ludoycis, Ugone, duobus Lothariis, Alberto, tribus Ottonibus [4689], et quinque Henricis? Quid de Michaele Romano et Alexio referam, qui omnes Casinensem ecclesiam dilexerunt, et magnis muneribus ornaverunt. Adeo itaque Casinensis ecclesia imperialis extitit camera, ut ipsi imperatores ad ejus liberationem cum omni Romani exercitus potentatu venerint. Henricus enim pius invictissimus et christianissimus imperator ad eandem defendendam ecclesiam cum centum octoginta milibus armatorum Ytaliam ingressus est, eamque a Capuani principis manu auferens, pristinæ restituit libertati. Conradus etiam imperator augustus, et Henricus filius ejus cum centum sexaginta milibus pugnatorum, eandem defensurus venit ecclesiam, cum Pandulfi iniquissimi, non dico principis, set tiranni servitutis jugo subjiceretur. Omittamus nova, modernisque peracta temporibus; antiquorum gesta deducantur in medium, situsque loci cui proprie attinuerit videamus. Legimus namque in antecessorum nostrorum gestis, quod Varro Romanorum consul hunc sibi ex omnibus Romani imperii locis elegisset, extruxisset, multisque illustrem monimentis reddidisset. Post cujus decessum supradictum castrum Casinum cum suis pertinentiis cæsar Antonio tradidit, prout Marcus Tullius in Philippica sua describit. Set forsan nobis obicitur, quod pater Benedictus, qui constructor, non tamen auctor hujus extitit loci, ecclesiæ Romanæ auditor fuerit. Ad quod eundem locum non solum, sed cum Romanorum nobilibus construxisse respondemus: beatissimo namque papa Gregorio referente cognovimus, quod beatus Benedictus cum Mauro Equitii senatoris (1618), et Placido Tertulli patricii filio, ad Casinense monasterium construendum a Deo directus sit. Quid tantis? Aut igitur Romana ecclesia cameram Romani imperii, Casinensem scilicet ecclesiam, ut justum est recipiet, aut Romanum imperium inrevocabiliter separabitur. › Gerardus cardinalis respondit: ‹ Nequaquam, invictissime imperator, vestra indignetur mansuetudo super domini apostolici mandatis, nec domini Innocentii pii et

VARIÆ LECTIONES.

[4689] Octonibus c.

NOTÆ.

(1618) Senatorem nec Gregorius nec Leo vocat.

universalis papæ videantur mandata injusta. Verum si in his vobis aliquid displicet, ad eum referatur. » Hiis dictis, quarti diei est solutus conventus.

113. Facto itaque mane (*Jul.* 13), cum omnes utriusque partis magnates ante imperatoris præsentiam convenissent, Gerardus cardinalis, qui vicem gerebat Romanæ ecclesiæ dixit : « Noverit vestra celsitudo, imperator invicte, hæc dominum apostolicum hesternis vestris respondisse mandatis, quod vestri causa fidelitatem ab eis non exigeret, sacramentum tamen et obedientiam non dimitteret. Interim quoque de electione abbatis nobis fore censuit disputandum, qua ratione excommunicati excommunicatum et quod gravius est scismaticum, Christi ecclesiæ prætulerint. » Tunc Petrus diaconus principium disceptandi incipiens, dixit : « Quid super nostri abbatis electionem dominus cardinalis dicere velit audiamus. » Gerardus cardinalis dixit : « Sancta et universalis ecclesia pernimium miratur, cur vos excommunicati et a liminibus existentes ecclesiæ separati, excommunicatum et scismaticum in ecclesia, absque domini nostri papæ consensu et voluntate, et præponere et abbatem vocitare non dubitastis. » Petrus diaconus respondit : « Diversas ut doctiloquus præponens quæstiones, ex magna nobis habundantia inopiam generasti, adeo ut tuarum diversitas quæstionum obstaculum nobis responsionis non parvum efficiat. Unde si sancto imperio cæterisque magnatibus non videtur esse contrarium, proponatur ex hiis pluribus aliqua quæstio, quæ usque ad perfectum ventiletur. Quo facto, si quid in aliis deest, quod quærendum sit, requiratur. » Gerardus cardinalis dixit : « Quod monachus proposuit, jam nos fecisse arbitramur : de electione enim abbatis me egisse confiteor. » Petrus diaconus respondit : « Si de abbatis electione agitur, quid opponere de eadem causa velitis audiamus. » Gerardus cardinalis dixit : « Prima est oppositio, cur sine consensu et voluntate Romani pontificis abbatem vobis elegeritis. » Petrus diaconus respondit : « Meminimus in istius concilii principio nos non persuasibilibus verbis, set antiquorum comprobare testimoniis quæsitas res vel exemplis debere. Qua ex re, si exemplum aliquod vel testimonium proferre volueritis, proferatis. » Gerardus cardinalis dixit : « Copia vel testimoniorum vel exempli adeo nobis abundat, ut sui magnitudine nobis indigentiam generet : verum enim sufficiant nobis pauca e pluribus proferre exempla, inter quæ illud primo nobis occurrit, quod de Frederico Casinensi primum abbate, post vero Stephano papa factum esse dinoscitur. Ergo antequam res prout gesta est referam, confiteatur monachus, quis Fredericum electo Petro elegerit, eundemque Petrum quis deposuerit?

A quis Desiderium, Oderisium, Gerardum, ad postremum quis elegerit Seniorectum? qui cum negare non potuerit, ab apostolicis et illum depositum, et hos ordinatos, apostolici esse juris Casinensis abbatis electionem, profecto liquebit. » Petrus diaconus respondit : « De quo primo proposuistis, hoc sufficiat me respondisse, quod tametsi et Petri depositioni et electioni Frederici Romani interfuerint cardinales, non tamen a cardinalibus, set a monachis Casinensibus et ille depositus et iste est ordinatus (1619). Oderisius quoque primus, qui ut vos asseritis ab apostolico est ordinatus (1620), nequaquam nobis est improperandus, cum licuerit renovatori monasterii, non propter jus apostolicum, set propter quod monasterium renovavit, ordinationem
B in monasterio facere. Attamen quamvis præsidente Victore pontifice monachi Oderisium elegere, nec eis potestas ablata est a pontifice, set attributum adjutorium. Cæterum quid memoriale fuit, quod renovator monasterii abbatem non sine fratrum consensu ordinavit? Girardus quoque abbas (1621), Paschali apostolico annuente, a monachis est electus. Seniorectum etiam quem ultimo proposuistis, quo ordine eum a papa Honorio electum fore dicatis ignoro, cum præsens ejus affuerim electioni, nec pontificem, nec pontificis etiam nuntium viderim (1622). Cæterum ut de veteribus rectoribus et abbatibus Casinensis monasterii loquar, dic quis elegerit in Casinensi cœnobio beatissimum patrem
C Benedictum? » Ad hæc cardinalis conticuit. Iterum Petrus diaconus dixit : « Constat sanctissimum patrem Benedictum ab eo esse in Casino electum, qui regem Deumque Pharaonis constituit Moysen. Unde dicendum nobis est, Casinense monasterium nec ab homine nec per hominem cœpisse : set sui principium ab omnipotente Deo, qui principium et finis est, habuisse. » Gerardus cardinalis dixit : « Novum adinvenit monachus loquendi genus, ut dicat Casinensem ecclesiam non per hominem, set per Deum cœpisse. » Lotharius imperator dixit : « Si quid boni malive me jubente meus fecerit famulus, cur nisi michi reputabitur? Si igitur meo famulo, cum aliquid me præcipiente fecerit, non ei set michi deputabitur : multo magis credendum est et dicen-
D dum, quod beati Benedicti factum, quod Deo præcipiente peregit, non ei set Domino est deputandum. Unde constat monachum esse veridicum, inanemque reprehensorem. Set qualiter, vel quo ordine beatus Benedictus Casinum advenerit, adolescens ante nostrum positus consistorium pandat. » Tunc Petrus in imperatoris et omnium audientia relegit ita : « Divina (1623) admonitus revelatione beatus Benedictus, ut loco cederet, castrumque quod Casinum dicitur properaret, mox vir sanctus duobus angelis

NOTÆ.

(1619) Cf. cap. 92 libri III.
(1620) Cf. cap. 1 libri IV.
(1621) Cf. cap. 43.
(1622) At, ipso teste, duo aderant, c. 94.
(1623) Hæc verba nusquam reperi.

et tribus corvis se comitantibus, per quinquaginta passuum millia Casinum advenit, et in templo quidem Apollinis oraculum beati Martini, ubi vero ara Apollinis fuit, ecclesiam construxit Johannis, et circumquaque manentes populos ad Christi fidem convertit. » Lotharius imperator dixit : « De his quidem nobis jam satisfactum est. Nunc ad abbatis electionem vestrum iterum vertatur eloquium, quatinus per vos veritatis nobis elucescat certitudo. » Petrus diaconus respondit : « Modernorum abbatum ordinationem ab apostolico minime factam esse docuimus, restat quoque nunc veterum abbatum exponere ordinationem. Legimus in vita beati Mauri sancti patris Benedicti discipuli (c. 27), quod Casinensis congregatio, adhuc vivente beato Benedicto, sanctum Maurum abbatem sibi post magistri obitum eligere statuerant. Quod profecto perfectum esset, nisi favente Deo ad Gallias directus fuisset. Set rogo, dic quis post beati Benedicti obitum elegerit Constantinum, Simplicium, Vitalem, Bonitum, Valentinianum, Gregorium (1624), Theodorum, Johannem, Leonem, Ursum, Agapitum, Leonem, Johannem, Theophilum, Adrianum, Romanum, Petronacem, Optatum, Hermerisium, Gratianum, Tomichis, Potonem, Theodemarium, Gisulfum, Apollinarium, Deusdedit, Hildericum, Authpertum, Bassacium, Berthariom, Angelarium, Ragemprandum, Leonem, Johannem, Adelpertum, Balduinum, Maielpotum, Aligernum, Mansonem, Johannem [4690], Atenulfum, Theobaldum, Richerium, Petrum, Ottonem, Brunonem, Oderisium, et Nycolaum quos omnes nullo modo affirmare poteris ab aliquo nisi a monachis ordinatos. » Gerardus cardinalis dixit : « Non parum miramur, quomodo monachus inreverita fronte ausus sit talia de Casinensium fratrum electione tractare, cum sanctissimus et luculentissimus monasticæ regulæ conscriptor Benedictus in sua regula (c. 64) præcepit, ut si congregatio erraverit in eligendo abbate, aut aliter quam debuerit elegerit, episcopus ad cujus diœcesim locus pertinet, facere minime permittat. Hanc etiam potestatem non modo episcopo, verum etiam et laycis circummanentibus legislator concessit. Quid plura de abbatis opus ordinatione? cum sanctus Benedictus presbyterum quoque, qui in monasterio est, nullo modo eici sine episcopi consensu et voluntate præcipiat (*Reg.* c. 62). » Petrus diaconus respondit : « Assentio sanctissimum patrem Benedictum ab episcopo congregationi malam electionem interdicendam fore dixisse. Verum qui regulariter et unanimiter electionem faciunt, quid ad eos attinet hujusmodi mandatum ? » Gerardus cardinalis dixit : « Consecratio Casinensis abbatis cui attinet ? » Petrus diaconus dixit : « Romano pontifici. » Gerardus cardinalis dixit : « Ergo si consecratio Romano pontifici pertinet, electio quoque similiter pertinere debet ; injuriam enim Romanæ sedi inrogastis, quando absque ejus conscientia abbatem elegistis. » Petrus diaconus respondit : « Electionem factam non negamus, quia nec debemus : Romanæ vero sedis injuriam modis omnibus propulsamus. » Gerardus cardinalis dixit : « Hoc interim negare non vales, Seniorectum abbatem jussu Honorii papæ electum fuisse. » Petrus diaconus respondit : « Ego, ego electioni interfui; set nullum penitus nec episcopum nec cardinalem vidi (1625). » Gerardus cardinalis dixit : « Perge quo vis, argumentare quod libet, quia subdiaconum nullo unquam pacto abbatem eligere potuistis, et hoc absque papæ consensu. Eugenius namque papa in decretis suis ita scribit, dicens : « Abbates per « monasteria tales eligantur, qui levitico vel sacerdo- « tali honore sint præditi (1626). » Petrus diaconus respondit : « Miraris si multotiens Romanorum pontificum jura mutantur, cum ipse qui cœlum et terram creavit, sæpe pro merito quæ promittit immutat ? Centum namque et viginti annos propter agendam penitentiam his qui ante cataclismum fuerant constituit : set quia sensus illorum versus fuerat ad malum, viginti annis subtractis diluvium mundo induxit. Judæ quoque patriarchæ, et Salomoni regi nonne Deus regnum promisit in æternum? Ninivitas quoque subversurus, Deus per Jonam prophetam prædixit, et tamen penitentiam agentibus perditionem indictam removit. » Gerardus cardinalis dixit : « Quod pro parte vestra intulistis, domino papæ nil obest; liquido enim patet, patrem Benedictum vitia congregationis ab episcopo loci emendanda dixisse. » Petrus diaconus respondit : « Canonica decernit auctoritas, ut vel humili cujuscumque ecclesiæ clero liceat, liberum de illo qui sibi præferendus est habere judicium. Similiter autem et Casinensi cœnobio Romani pontifices, Gregorius doctor (1627) et alii centum duodecim, tale decretum constituerunt (1628): « Defuncto abbate ex se ipsa con- « gregatio sibi abbatem eligat, secundum timorem Dei « et beati Benedicti regulam. » Gerardus cardinalis dixit : « Qualem ergo debet eligere abbatem, catholicum, an a membris ecclesiæ præcisum? » Petrus diaconus respondit : « Catholicum. » Gerardus car-

VARIÆ LECTIONES.

[4690] *Johannem III vel Petrus vel scriba omisit.*

NOTÆ.

(1624) Gregorius—Romanus sunt abbates congregationis Lateranensis, quos præter Petrum solus pseudo-Anastasius habet, Murat. SS. II, 354 ubi Romanus Theophilum præcedit.

(1625) Vide supra notam 1622.

(1626) *Sacerdotalem quoque honorem sint adepti.* Mansi XIV, 1007.

(1627) Fictitium ejus privil. v. in append. Chron. Cas. ap. Vincentinum et Breulium.

(1628) In privilegiis ap. Gattulam impressis Jo. VIII et Ben. II nihil habent de electione, Victor II et Nicol. II addunt : *et apostolicæ sedis pontifici firmandum et consecrandum exhibeant;* quod omiserunt Urb. II et Pasch. II, Leo IX et Calixtus II *consecrandum* retinent.

dinalis dixit: « Subdiaconum eligere debent, an diaconum vel presbyterum? » Petrus diaconus respondit. « Diaconum vel presbyterum eligere, canonum sanxit auctoritas. » Gerardus cardinalis dixit: « Et si levitico vel sacerdotali honore non funguntur hii qui eligendi sunt, quomodo juxta præceptum regulæ lecturi sunt lectionem evangelii? et missam cantare quomodo possunt? quomodo aliquem possunt solvere vel ligare? qualiter ad subdiaconi pedes presbyteri vel diaconi ruent? qualiter incensum ponent, et presbyteris vel diaconibus benedicent? Nam lectores, exorcistæ, hostiarii, acoliti et subdiaconi subjacent officiis levitarum et sacerdotum, et si subjacent, quomodo præficientur? Non enim, ut ait sanctus Silvester (1629), lector, exorcista, hostiarius, acolitus, subdiaconus, super diaconum vel presbyterum præponatur. Hinc pater Benedictus abbatem in Gallia dirigere cupiens, non subdiaconum vel alium quemque, set Maurum ibi levitam direxit sanctissimum. Quomodo ergo electio de subdiacono excommunicato vel scismatico rata dici poterit? » Ad hæc imperator respondit: « Ea quæ vel injuste vel juste usque modo Casinenses fecere monachi, eis per omnia dimittere dignum duximus, et hæc est petitionis meæ summa, quam a domino apostolico rogo, quatinus, quæ usque ad præsens egerunt, eis remittatur. Sit igitur finis hodierni conflictus. Nostra rogata iterum ad dominum papam referantur: quid jubeat, post quartum audituri diem, has quoque consiliis damus indutias, ut definite quid facturus sit audiamus. » His dictis, quique recessere ad sua; Petrus vero diaconus in curia remansit imperatoris. Cardinales itaque ad apostolicum redeuntes, quæque dicta sunt retulere ei, dicentes quendam diaconum ex parte Casinensis ecclesiæ esse, qui solus pro ecclesia sua contra Romanam ecclesiam disceptaret. Aderat tunc quidam ex Casinensibus monachis, qui apostolico contra suam suæque ecclesiæ salutem favebat. Hic prorumpens in medium dixit: « Diaconus iste, de quo vestro relatum est apostolatui, monachum ab ipsa fere infantia fuisse sciatis: tanto in eodem monasterio crescens extitisse ingenio, ut divinæ plerosque scripturæ libros, quod vix alii magistris docentibus capere possunt, ad perfectum intellexerit. Hunc cum aliquo constrinxeris vinculo, alios omnes qui assunt pro nichilo computabitis. » His Innocentius papa auditis, cujus generis vel patriæ esset inquisivit. At qui supra: « Pater ipsius, inquit, filius fuit Gregorii, filii Gregorii de Alberico Romanorum ducis et consulis. » Tunc papa: « Auxiliante Deo et illum et alios tali constringam compede, ut nec mei nec successorum meorum apostolicorum muttire audeant, » vehementique ira permotus, talia post quartum diem referri imperatori verba præcepit: non illi ecclesiæ Casinensis dominium, set sibi pertinere, ut et reliquarum ecclesiarum. « Decreveramus, inquit, pro vestro amore et rogatu, fidelitatem dimittere monachis, verum quia in nostrum nisi sunt apostolatum, et hæc alia insuper ab eis requirenda fore, dignum duximus. » Mandat dehinc pontifex per Benedictum cappellanum suum Petro diacono, præcipiens ut a famulatu imperatoris recedens, a Casinensium fratrum societate cessaret, dicens satis superque se mirari, cur ipse Romano genere ortus, amorem exterorum prætulisset contribulibus suis, Romanam deserendo ecclesiam. Proinde si Casinenses tunc dimittere, et modis quibus sciret et posset illos impugnare vellet, se illum inter cappellanos suos habiturum, et res necessarias præbiturum pollicens. Ad quem Petrus talia responsa remisit, videlicet gratias agens, quod illum tantum ac talem existimans, ad suum servitium invitasset: cæterum non posse se socios in tali articulo constitutos dimittere; post peractum vero litigium se in servitio sedis apostolicæ et Romani pontificis fidelitate cum vita permansurum promittens. Post hæc decrevit papa per omnia loca Casinensis monasterii adjacentia epistolas dirigere, ut Casinensi abbati et monachis non obedirent, omniaque cœnobia, quæ sub præpositis fuerant, abbates sibi eligerent. Sed omnipotens Deus, qui Petro mergenti manum porrexit, consilium et voluntatem pontificis præpedivit. Itaque ut retro redeam, dum cardinales a facie imperatoris exissent, quidam monachus Cystellensis eminus astans, cœpit subsannare monachos Casinenses, pro eo quod filio Petri Leonis adhæsissent, et abbatem sibi absque papæ consilio elegissent; dicens, quod talis electio irrita esset, et omnia facta electi pro nichilo haberi debere, utpote qui alienam sedem invasit. Ad quem Petrus diaconus conversus dixit: « Dic, quomodo alienam sedem invasit. » Cystellensis respondit: « Quia cum alienus esset ab ecclesia, huic [4691] qui recte juxta patris Benedicti præceptum ordinandus erat, Casinensem cathedram abstulit; » ideoque ipsius facta et electio ejus irrita esset. Petrus diaconus dixit: « Electio ejus, juxta antiquam monasterii consuetudinem factam fuisse liquidius patet. » Cystellensis respondit: « Raynaldus vester abbas non fuit, ideoque ejus facta pro nichilo sunt ducenda. » Petrus diaconus dixit: « Non solum qui Casini habitabant, verum et circumquaque manentes eum ut abbatem tenuerunt. » Cistellensis respondit: « Assentio, quia eum ut abbatem tenuerunt: set electio ipsa ficta et reproba fuit [4692]. » His et aliis multis peroratis, Lotharius imperator dixit: « De omnibus quæ contra nostram cameram, Casinensem scilicet ecclesiam, Cistellensis objecerat monachus, Petrus diaconus lucide satis diserteque

VARIÆ LECTIONES.

[4691] his *c.* [4692] *In altercatione contentio Petri cum Cistellensi per 4 paginas et dimidiam producitur.*

NOTÆ.

(1629) Hæc verba ita in decretis ei suppositis non inveni.

respondit. Set jam hujus altercationis ista sit finis, quisque igitur ad hospitium redeat, mane ad conflictum iterum reversuri. »

114. Altera autem die (*Jul.* 14), ubi (1630) lux est reddita terris, imperator accersitis magnatibus suis in consistorio resedit, et utrasque partes ante se venire ad disceptandum præcepit; et dum venissent, Cystellensis monachus hujusmodi altercandi auspicium habuit: « Pastor et princeps monastici ordinis Benedictus regulam monasterialem describens, qualiter vivere deberent instituit: vos e contrario immemores præceptorum ejus multa adjunxistis, nonnulla subtrahentes, aliter quam ipse præcepit agere non veretis. » Petrus diaconus dixit: « Quid contra regulam agamus, in præsentia domini nostri invictissimi imperatoris edicito. » Cistellensis respondit: « Contra regulam agitis de cibo, de potu, de indumentis et aliis quampluribus rebus. » Petrus diaconus dixit: « Falsus testis non erit impunitus; nam Casinenses monachi cum regula, non contra regulam agunt. Vestimenta namque habemus, quæ corpus contegant, verecundiam nuditatis prohibeant, et frigoris retundant injuriam (*Reg.*, c. 55). » Cystellensis respondit: « Vestimenta cur semper nigra amicimini? » Petrus diaconus dixit: « Quia pater Benedictus talibus usus est, ut mundo etiam in habitu renuntiasse videretur. » Hæc et alia multa[4693] cum dicerent, Lotharius imperator dixit ad Cystellensem: « Quamquam varie sermonum diversitates contra Casinensem ecclesiam protulissetis, tamen quia ad vestra famina luculenter satis Petrus diaconus ac Romani imperii fidelis respondit, omnesque de nostris mentibus fugavit ambiguitates, quisque ad suum hospitium redeat, mane iterum ad conflictum reversuri. Petrus autem in imperiali aula cum Bertulfo nostro cancellario remaneat, imperii servitia peracturus. » Hæc (1631) ubi dicta dedit, quisque ad tentoria sua recessit. Nocte vero adveniente, imperator pro tribunali residens, gesta imperatorum, regum, ducum ac principum Romanorum, Grecorum, Hismahelitarum et diversarum gentium de annalibus imperatorum recitare præcepit, et illorum sententias singillatim annotare. Ubi autem Tytaneum jubar resplenduit arvis (*Jul.* 15), cæsar matutinum (1632) se agens, accitis imperii aulicis, utrasque partes ante se venire præcepit, et dum venissent, cæsar in consistorio residens, dixit: « Ea quæ conferenda sunt, præcipimus ut Scripturarum testimoniis vestras sententias muniatis[4694], ut, remotis omnibus dubietatis ambagibus, tenaciter justitiæ et æquitati ac veritati inhærere queamus. » Cystellensis respondit: « Jure cum adolescente isto, pro Casinensi ecclesia disputanti, esset congrediendum, nisi de scismate et hæresi ipse et Casinensis congregatio denota fuisset. » Petrus diaconus dixit erubescens: « Conticescat lingua frenetica, quæ prius in latratum quam in æqua verba prorupit. » Ad hæc Lotharius imperator, ejus verba anticipans, dixit: « Quoniam pro Casinensi ecclesia solus contra omnes congredi cœpisti, civiliter et non furiose te respondere convenit; indecens namque est, ut in imperiali aula versantes, et protodomestici imperatoris effecti, inhonestum vel insulsum in sermone, incessu et habitu proferatis. » Petrus diaconus dixit: « Si aliquid, clementissime imperator et semper auguste, vester servus in locutione excessit, Cystellensis me coegit, qui ab ipso disputationis principio ab injuriis cœpit et in injuriis perseverat. » Cystellensis respondit: « Dic, ubi injurias irrogavi? » Petrus diaconus dixit: « Cum nobis excommunicationis et scismatis tytulum infixistis, tunc injurias Casinensi ecclesiæ intulistis. » Cystellensis respondit: « Si placet, edicito quæ sit injuria. » Petrus diaconus dixit: « Injuria est, quæ verbis fallentibus irrogatur; vos autem falsissime loqui ante dominum imperatorem veriti non estis, cum nos de æresi infamastis. » Cumque plurimum disputassent, Peregrinus[4695] patriarcha respondit: « Justa et competenti ratione constat Cystellensem a Petro diacono victum, ideoque hujus litigii ista fit finis. »

115. Alia autem die (*Jul.* 16) Gerardus cardinalis ex parte sedis apostolicæ veniens, imperatore residente pro tribunali, dixit: « Romana ecclesia, sacratissime imperator et semper auguste, non ab hominibus, neque per hominem, set per Jesum Christum fundata est, qui Petrum principem apostolorum illuc direxit: cui etiam claves regni cœlorum commisit; et idcirco non alicujus amore Romanæ ecclesiæ jura violari debere. » Petro autem diacono respondente, nunquam aliquando papam Romanum sacramentum a monachis Casinensibus accepisse: Gerardus cardinalis dixit, ideo illos hoc non quæsisse, quia usque ad tempora illa in unitate ecclesiæ permansissent; set postquam recedentes ab ecclesia extorres facti fuissent, postquam scisma in ecclesia commisissent, absque sacramento recipiendos non esse; protulitque ex jussu papæ Innocentii in medio capitulum Niceni concilii (1633), in quo continebatur, ut revertentes a schismate absque sacramento non reciperentur. Lotharius imperator dixit: « Non hac de causa vos congregavi, ut canonum jura scrutetis: set ut benigne et civiliter contra Casinensem ecclesiam ageretis. » Reminisci illos debere beneficiorum suorum in Romana ecclesia

VARIÆ LECTIONES.

[4693] *Hæc « alia » in Altercatione 3 paginas occupant.* [4694] munitatir *c.* [4695] Piligrimus *Altercatio, ubi « plurima » illa paginam et dimidiam replent.*

NOTÆ.

(1630) Cf. Virg. Æn. VIII, 170.
(1631) Virg., Æn. II, 790.
(1632) Cf. Virg., Æn. VIII, 465.
(1633) Non Nicæni concilii, sed aliorum canonum statutum est. ANG.

collatorum; reminisci, quæ et quanta pericula idem imperator cum suo exercitu pro illis sustinuisset, qualiter per annum et duos menses in tentoriis commoratus fuisset, quot propinquos et amicissimos in expeditione amisisset : non enim Casinenses fratres ad quemlibet inimicum pontificis, set ad Romanum imperatorem et defensorem ecclesiæ confugium fecisse dicebat. Postremo fatetur, quod si in hoc eum contristarent, scirent certissime Romanum imperium ab illo die et deinceps a papa scissum et separatum, ac non pro amico set pro inimico imperatori habendum ex toto scirent. Cumque ad hanc rem omnis exercitus imperatoris diutissime acclamasset, recteque illa quæ ab imperatore dicta fuerant collaudassent, primo per omnes episcopos, secundo per archiepiscopos, tertio per patriarcham Aquilegensem, quarto per abbates, sexto [4696] per comites, septimo per marchiones et principes, octavo per Richizam imperatricem, nono per semetipsum imperator pontificem de eadem causa rogavit. Mandat dehinc pontifex imperatori, se de Casinensi ecclesia consilium ejus accepturum, et voluntatem impleturum. De qua re imperator lætissimus effectus, iterum ad papam per semetipsum imperator accedere studuit. Quem dum pro Casinensi ecclesia supplicaret, papa respondit mirari se non sufficere, cur pro illis rogaret, qui pontificem et imperatorem anathematizassent et deposuissent, qui filium Petri Leonis pro papa recepissent, qui aliam coronam supra coronam Romani imperii recepissent, et usque ad tempora illa in priori nequitia perdurassent. Tunc clementissimus imperator totus in lacrimis resolutus, imperato silentio dixit : « Non ignoro hoc ideo illos egisse, ut ad nos Casinensis cœnobii status incolumis deveniret; nam si non egissent, ecclesia illa a nostris inimicis nunc subversa jaceret. Unde rogo ut censuram qua illi plectendi sunt in me retorqueatis; si verberandi sunt, ego pro eis dorsum submitto; si deponendi, deponi volo. » Tunc papa : « Pro vestro amore canonicæ sanctionis temperamus rigorem : nam jure deponendi essent, qui excommunicatis participaverunt, qui pontificem suum anathematizaverunt. Set nos lenitate et clementia usi, pro vobis cuncta quæ deliquerunt dimittimus : ita tamen, ut filium Petri Leonis cum suis sequacibus anathematizent, et michi et successoribus meis obedientiam promittant. » Hæc dum imperatori complacuissent, beatæ martyris Simphorosæ festivitate adveniente (*Jul.* 18), direxit imperator cum electo et fratribus Heinricum ducem Bajoariæ generum suum, Conradum ducem Sueviæ nepotem Heinrici V imperatoris, Ottonem [4697] de Burchisin consobrinum suum, simul etiam et omnes episcopos, archiepiscopos, comites, marchiones, principes et duces Romani imperii. Cumque ad papæ tentorium propinquassent, cardinales occurrentes interrogabant, si filium Petri Leonis cum suis sequacibus refutare vellet. Qui dum se id implere dixisset, protinus eundem electum in hæc verba jurare fecerunt; litterarum autem tenor istiusmodi fuit : « Ego Raynaldus refuto et anathematizo omne scisma, et omnem hæresim extollentem se adversus sanctam catholicam et apostolicam ecclesiam. Refuto etiam et abrenuntio filium Petri Leonis, et Rogerium Siciliæ, et omnes sequaces illorum, et obediens ero domino papæ Innocentio et ejus successoribus canonice intrantibus. » Cumque Raynaldus in hæc verba jurasset, reliquos similiter jurare cogebant. Illi autem patri Benedicto et ejus successoribus se jurasse, et idcirco se sacramentum facere non posse dicebant. Tunc Raynaldus ex parte patris Benedicti et sua illis præcepit ut obedientiam quam eatenus beato Benedicto et successoribus suis sibique exhibuerant, in manu papæ promitterent; sicque fratres constricti, quod electus ad evangelia, hoc illi juxta tenorem cartulæ in manu episcopi Hostiensis (1634) juraverunt. Adjungentes insuper hoc, quod : « Si ecclesia Casinensis a Romana sede divisa fuerit, ego in monasterio Casinensi non remanebo, nec abbati obediens ero, salva Romani imperii fidelitate. » Hæc ubi ad papæ libitum completa sunt, ab excommunicationis nexu soluti, discalciatis pedibus ad papæ vestigia, dein ad osculum sunt recepti. Petrum vero diaconum Innocentius papa ad se evocans, dixit ad eum : « Præcipio et convenio te in virtute Spiritus sancti, et per sacramentum quod hodierna die michi et successoribus meis fecisti te adjuro, ut quacumque hora litteras vel nuntium meum successorumque meorum acceperis, non habeas potestatem amplius remorandi vel persistendi : set quam citius poteris vestigiis sedis apostolicæ et pontificis qui pro tempore fuerit te repræsentare studeto. Nolo enim ut per te Romana ecclesia inquietetur, vel aliquid litigium patiatur. » Raynaldus autem post hæc ad imperatorem deductus, et ab eo cum ingenti honore susceptus, et cum fratribus inter cappellanos imperii constitutus est. Nam usque ad diem illum imperatoris obtutibus repræsentatus non fuerat [4698]. His porro diebus legati Johannis Constantinopolitani imperatoris ad augustum Lotharium pervenerunt, congratulantes et munera magna deferentes, propter victoriam contra Rogerium a Deo sibi collatam (1635). Inter quos quidam philosophus veniens, et ante imperatorem eminus astans, canino latratu sanctam Romanam et apostolicam sedem totamque occidentalem ecclesiam corrodere cœpit,

VARIÆ LECTIONES.

[4696] *quintum ordinem vel Petrus vel scriba omisit.* [4697] Octonem *c.* [4698] *Hic desinit* « Altercatio » *illa, sed incipit altera* Altercatio pro Romana ecclesia contra Grecum quendam : « Eodem preterea die nuntius Johannis, » *etc. quæ in cod. Caietani 14 paginas replet; extrema jam tunc perdita erant. Lotharii verba præter ea quæ hic habemus, nulla ibi leguntur.*

NOTÆ.

(1634) Drogonis.

(1635) Cf. Ann. Hild. 1137.

dicens Romanum pontificem imperatorem non episcopum esse, clericosque Romanos excommunicatos et azimitas vocare. Contra quem Petrus diaconus conversus, opportune importune contra eum altercare modis omnibus cœpit. Set cum nox supradictæ disputationi finem daret, Lotharius imperator præcepit ut summo mane ante imperiale consistorium convenirent, et si quid Grecus contra Romanam haberet ecclesiam, in medium proferre morigeraret.

116. Quod dum factum fuisset, Grecus in hanc vocem prorupit: « Viri cordati et sensu vigentes, advertite, et in vestræ mentis solio æqua libratione decernite, si excommunicatus cum catholico debet conferre sermonem. » Petrus autem diaconus, reputans Grecum contra se jaculum excommunicationis protulisse, dixit ad eum: « Contra quem anathematis jaculum intulisti, si placet edicito; contra me, an contra omnem occidentalem ecclesiam? » Grecus respondit: « Et contra te, et contra omnem occidentalem ecclesiam. » Petrus diaconus dixit: « Cur? » Grecus respondit: « Quia decreta Nyceni concilii transgressi estis. » Petrus diaconus dixit: « In quo transgressi sumus statuta Nyceni concilii? » Grecus respondit: « In eo quod adjunxistis, quia Spiritus sanctus procedit a Patre et Filio: nam in eodem concilio scriptum est, quia Spiritus procedit a Patre. » Petrus diaconus dixit: « Si nos excommunicatos appellatis pro eo, quod adjunximus, quia Spiritus procedit a Patre et Filio: ergo et vos excommunicati estis, qui adjunxistis, quod procedit a Patre solo. » Ad hanc vocem Grecus conticuit, atque post paululum eundem diaconum taliter alloquitur: « In occidentali climate nunc impletum videmus, quod Dominus per prophetam dicit: Erit ut populus, sic sacerdos (*Isa.* XXIV, 2), cum pontifices ad bella ruunt, sicut papa vester Innocentius facit, pecunias distribuunt, milites congregant, purpurea vestimenta amiciuntur. » His et aliis multis peroratis, cum nox diei finem imponeret, idem Grecus dicta sua et Petri diaconi responsa in Grecum sermonem transtulit (1636), patriarchæ Constantinopolitano et imperatori Johanni deferenda; auctoritates etiam, per quas Greci uxores defendebant, Petro diacono tunc in scriptis tradidit. Imperator etiam de litigio, quod Petrus diaconus cum Greco habuerat, ultra modum gavisus, eundem diaconum interventu Richizæ piissimæ augustæ, et Henrici ducis Bajoariorum, et Conradi ducis Suevorum, logothetam, a secretis, exceptorem, auditorem, cartularium, ac cappellanum Romani imperii constituit.

117. Idem vero imperator Lotharius exercitum congregans, navalemque [4699] expeditionem, super quam Stabulensis abbas Guibaldus ordinatus erat, supra Salernum direxit. Pugna itaque maxima facta, multisque ab utraque parte cadentibus, Salernitani dum civitatis suæ statum alteratum perspicerent, habito concilio et se ac civitatem imperiali clementiæ subdunt. Quæ res inter pontificem et cæsarem dissensionem maximam ministravit (*Aug.*), papa dicente, Salernitanam civitatem Romanæ ecclesiæ attinere; imperatore econtra, non pontifici, set imperatori pertinere debere dicente. His porro diebus Petrus Casinensis diaconus in præsentia præphati imperatoris et optimatum proclamationem fecit de monasterio sancti Benedicti in Bari, quod cives Barenses a dicione Casinensis cœnobii subduxerant, ab obitu scilicet patris Desiderii, qui et Victoris papæ tertii. Tunc imperator Barenses ante se evocans, præcepit ut rationem quam de præphata ecclesia habebant ostenderent; quam dum se non habere dixissent, ex jussu imperatoris Petrus diaconus in omnium audientia legit, qualiter eam Pipinus et Carolus Magnus filius ejus, et omnes succedentes imperatores beato Benedicto et ejus Casinensi cœnobio concesserant (1637). Ratione itaque imperator Casinensis cœnobii agnita, Barensibus præcepit ut beato Benedicto eandem ecclesiam redderent, centum marcarum auri pena proposita si hoc removere temptassent. Tunc etiam idem Petrus conquestus est supra Robbertum comitem de Laurotello, qui ecclesiam sanctæ Scolasticæ sitam in territorio Pinnensi cum multis aliis possessionibus et ecclesiis cuidam militi suo in feudum tradiderat, et judicante præphato imperatore per Gualfridum judicem Bononiensem, et prædicto comite renuntiante, recollegit protinus illas. Idem præterea imperator, ob maximam devotionem et singulare spei remedium, quod post Deum in patre Benedicto habebat, sub vadimonio constrinxit omnes proceres Sampniæ, Liguriæ, Piceni, Peligni, Apuliæ, Liburiæ, ac Principatus, ut nisi Romani imperii iram vellent experiri, statim ut ad domum propriam remeassent, cunctas beati Benedicti possessiones Casinensi cœnobio redderent, quas usque ad diem illum a temporibus Justiniani Magni nequiter retinuerant, mille librarum auri pena apposita, si in hoc contemptores existere voluissent.

118. Raynaldus autem accepta a pontifice et imperatore redeundi licentia, Casinum reversus est. Petrum vero diaconum et Bertulfum mansionarium Lotharius imperator in eadem expeditione secum retinuit. Set quoniam idem Petrus languore erat depressus, accepta ab imperatore licentia, Casinum per quindecim dies remoraturus secessit. Direxit autem pontifex cum jam dicto Raynaldo Balduynum presbyterum cardinalem, qui post Pisanorum archi-

VARIÆ LECTIONES.

[4699] *aut* navalem *legendum est, aut verbum excidit.*

NOTÆ.

(1636) Petrus eadem Latine edidit, v. supra. c. 66.

(1637) Primam ejus mentionem inveni in privil. Nicolai II, d. 1059.

episcopus factus est, præcipiens ut filium Petri Leonis cum suis sequacibus a monachis Casinensibus refutari et anathematizari faceret, sicut idem Raynaldus fecerat, et papæ et ejus successoribus obedientiam promitterent. Quæ omnia, prout papa præceperat, fratres implere curarunt. Per idem tempus supradictus Raynaldus a quibusdam æmulis suis imperatori accusatus est, eo quod regi Rogerio faveret, nuntios ejus suscipiens. Forte tunc Raynaldus in languorem gravissimum inciderat. Imperator autem super his quæ de eo dicebantur commotus, nec non æstimans illum hostem imperii esse, sacram imperialem ei direxit, mandans ut absque aliqua mora ire non differret ad eum. Petrum vero diaconum, et qui cum ipso in eadem expeditione fuerat, una cum Casinensi decano ad se confestim remitteret. Ille autem cum gravi languore detineretur, Petrum diaconum, prout ab imperatore in mandatis acceperat, ad eum remisit, ipse vero Casini remansit. His quoque diebus supradictus electus nuntios direxit ad Gregorium filium Adenulfi de Sancto Johanne, cujus supra meminimus, mandans ut veniret, et Casinense cœnobium sicut et prius contra imperatorem muniret. Quod dum fratres certo certius agnovissent, imperatori notificare curarunt; qui confestim cohortem destinans militum, monasterium ad suam fidelitatem custodire præcepit. Raynaldus autem præscius quæ contra eum meditabantur, secessit ad cameram quæ domui infirmorum contigua est. Adveniente autem Brunone campidoctore imperatoris, cum exercitu ingressus est monasterium, confestimque eundem electum a militibus custodiri præcepit. Eo etiam tempore dum imperator Capuæ moraretur, fratres de monasterio sancti martyris Christi Vincentii ad eum venerunt, proclamationem facientes contra Casinensem ecclesiam, quod illos expoliasset de castro Cardeto, Vitecuso, Valle rotunda, Saracenisco, et aliis possessionibus, quæ juris sancti Vincentii fuisse constarent. Intererat huic rei Petrus diaconus, cujus superius memoriam feci, qui hanc ystoriam scripsit, qui talem proclamationem nequaquam ferendam ducens, ante imperatorem illos interrogare cœpit, sub quo imperatore supradicta castra monasterio sancti Vincentii collata fuissent. Qui cum Lodoyci II tempora in medium protulissent, Petrus diaconus injuste illos calumpniam contra Casinense cœnobium protulisse respondit, cum præceptum de possessionibus beati Benedicti a temporibus Justini senioris et Justiniani ante annos fere trecentos antequam Lodoycus regnaret, exaratum fuisse, constaret. Lotharius autem imperator æquitatis ratione perspecta, sententiam protulit, dicens justum non esse, et omni rationi videretur esse contrarium, ut Casinensis ecclesia, quæ singularis et specialis Romani imperii camera erat, aliquam possessionem vel castrum suo tempore amitteret, quæ ante annos fere sexcentos habuisse constaret (1638). Ideoque absque aliquo litigio ea quæ beato Benedicto concessa fuerant, perhenniter retinere debere, contemptoribus hujus decreti mille librarum auri penam indicens; sicque ordinatis suis negotiis, cum omni suo exercitu ad civitatem sancti Germani, papa se Innocentio comitante pervenit (*Sept.* 13), ibique a præphato Raynaldo, tunc sub custodia degenti, honorifica est processione receptus, et eo quidem die idem electus in secretario basilicæ domini Salvatoris est custoditus, post vero ad monasterium, ubi examinandus erat, sub custodia est non parva remissus.

119. Alia vero die (*an.* 1137. *Sept.* 14) imperator direxit Annonem abbatem cœnobii Luneburgensis et Petrum Casinensem diaconum ad monasterium, per eos fratribus mandans, ne quid incompositum vel indisciplinatum in habitu, locutione, vel in incessu proferrent; ipse autem venturus esset ad monasterium cum cardinalibus, archiepiscopis, abbatibus, principibus, ducibus, marchionibus, comitibus, ac religiosioribus et prudentioribus Romani imperii, et si quidem invenisset Raynaldum tantæ abbatiæ indignum, confestim eum removeret, et in beati Benedicti cathedra personam ydoneam constitueret. Ipse vero in civitate coronam circuli patricialis accepturus remansit: nam tunc exaltationis sanctæ Crucis agebatur celebritas. Illucescente vero diluculo Rychiza imperatrix pedibus totum montem ascendit, papa in civitate remanente. Lotharius autem imperator innumera exercitus sui multitudine comitatus Casinum pervenit, atque a fratribus prout imperialem decebat dignitatem, cum maximo est honore receptus. Optulit autem eo die beato Benedicto pluviale optimum aureis listis ornatum, et planetam ejusdem subtegminis, candelabra de argento parium unum librarum circiter 14, marcam auri unam, et 19 marcas argenti. Richiza autem augusta posuit super altare stolam frigiam cum manipulo suo, et mitram auro decenter ornatam. Eo etiam die, dum idem christianissimus imperator in ecclesia consisteret, Raynaldus fratres in capitulo convocans cœpit ostendere, se ab illis fuisse electum; non opus esse, illos de hac causa fastidium sumere: si vellent, abbatiam confestim ad illorum voluntatem dimitteret. Cumque hæc et alia multa repeteret, quidam ex laycis in capitulum convenientes, cœperunt fratres arguere, et quampluribus obprobriis dehonestare, qui abbatem suum in tanto articulo discriminis relinquere vellent. Fratres autem indignatione simul et ira commoti, illos de capitulo verberibus affectos exturbant, clamantes se

NOTÆ.

(1638) Lotharius igitur privilegia illa pro genuinis accepit, si vera sunt quæ hic narrantur: nam instrumentum ea de re factum frustra quæras. Justiniani privilegium quoddam etiam in Regestum suum Petrus recepit.

ulterius nolle illum habere abbatem, qui non per monachos, set per laycos abbatiam retinere vellet. Dehinc circa solis occasum papa Innocentius nuntium suum ad monasterium dirigens, fratribus mandat, præcipiens et per fidem et obedientiam quam sibi et beato Petro promiserant illos obtestans, ut ulterius eidem electo obedientiam non exhiberent, ac de Casinensi abbatia quam citius possent illum exturbare studerent; observatoribus talium mandatorum suam gratiam, contemptoribus perpetuum indicens exilium. Illucescente vero diluculo (*Sept.* 15), Aymericus diaconus cardinalis et cancellarius Romanæ ecclesiæ, et Gerardus cardinalis sanctæ Crucis, et abbas Clarevallensis ab eodem papa transmissi sunt, qui prædictum Raynaldum examinarent, et juxta canonum sanctionem ab abbatiæ regimine sequestrarent. Residente itaque imperatore in capitulo Casinensi cum universis imperii magnatibus, consedente quoque ibidem Peregrino patriarcha Aquilegensi cum archiepiscopis, episcopis, abbatibus, et cardinalibus, jusserunt electum ingredi, proferentes adversus eum multa, rebellem et adversarium imperii proclamantes, et a scismaticis ordinatum dicentes. Tunc quidam in medium surgens ante imperatorem cœpit dicere, quia postquam cum Henrico duce Bajoariorum concordiam fecit, hostis pontificis et imperatoris apparuit. Contradicente vero Raynaldo et sociis ejus, imperator præcepit utramque partem de capitulo egredi, quatinus cum patriarcha et cardinalibus exinde consilium sumeret. Quibus residentibus, Peregrinus patriarcha et Aymericus cancellarius dixerunt, illum tanto loco præesse nequaquam posse: ob multas scilicet causas, quia a filio Petri Leonis subdiaconus factus fuisset, et sacramentum regi Rogerio præbuisset, tum vero quod contra canonum præceptum excommunicati electionem facere non potuissent. Postremo, quod contra ecclesiastica instituta de subdiacono electum fecissent, proferentes capitulum Eugenii papæ (1639) ita scribentis: « Abbates per monasteria tales eligantur et ordinentur, qui levitico vel sacerdotali honore sint præditi, » et cætera. Set cum jam sol ad occasum vergens noctem intentaret, imperatore jubente est solutus conventus.

120. Alia vero die, imperatore in capitulo residente cum prælatis et magnatibus (*Sept.* 16), electus surgens in medio, de rebus sibi in contrarium versis vellet conferre sermonem: nonnulli ex fratribus, antequam verba finiret, surgentes in medio, eundem sicut et prius cœperunt accusare, dicentes quod ejus electio seditiose et non canonice facta fuisset. Hii autem qui ex parte supradicti electi erant, eos mendacii et falsitatis redarguere cœperunt, sicque coram imperatore disceptabant, diversisque injuriis semetipsos afficiebant. Imperator autem his sermonibus motus surrexit, et manu silentium indicens, dixit satis superque se mirari, quod talis et tanta congregatio tam confuse et inordinate loqueretur, et cum tanta confusione sua negotia demonstrarent. Præciperet ergo, nisi iram Romani vellent experiri imperii, ut rationabiliter et non cum dissensione negotia sua exprimerent. Hæc dum perorasset, resedit, et cum reliquos consedere jussisset, congregationem taliter affatus est, dicens abbatis electionem, unde tanta discordia orta fuerat, se ad plenum examinare non posse, nisi utraque pars separatim audiretur. Unde factum est, ut omnes archiepiscopi, episcopi et abbates ex præcepto imperatoris cum parte, quæ electo abbati favebat [4700], januis obseratis convenirent; quod dum factum fuisset, residentibus qui ad discutiendam electionem convenerant, Anno [4701] episcopus Basiliensis dixit: « Si quid contra electum abbatem habetis, rationabiliter et non tumultuose proferte. » Nonnulli vero ex fratribus surgentes in medio, eundem electum accusare cœperunt, dicentes quod pro sua electione munus a lingua, munus a manu, munus ab obsequio promisisset, et convenientia testimonia non erant. His ita altercantibus, Pandulfus vestararius exurgens in medio dixit: « Cum multa sint, quæ in electo proferre possemus, unum tamen est quod in eo intolerandum esse videtur, scilicet quod a Petro filio Petri Leonis ordinatus, et valde indignum est, ut in tanta ecclesia, quæ caput et mater est omnium monasteriorum, abbas subdiaconus habeatur, qui nec missarum sollempnia celebrare, nec veniam possit conferre delictorum. » Ad quæ Anselmus (1640) episcopus verba respondit: « Cum multa sint, quæ isti fratres in suum electum verba dixerint unde deponi debuisset, hoc unum tamen ad ejus ejectionem [4702] sufficiens esse videtur, quia Domino teste fundamentum, quod super arenam est, stare non potest. Unde his quæ ad hæc discutienda convenistis si placet, cæterorum verba seponentes, hoc unum solum teneamus. » Quod dum reliquis placuisset, jusserunt foras fratres secedere, Raynaldumque cum his qui sibi favebant, de his quæ sibi objecta fuerant ad se excusandum intrare. Cumque in hoc diu moratum fuisset, imperator prospiciens finem in his minime fieri, mandavit his qui ad audiendum et discutiendum convenerant, quatinus jam dicto electo suaderent, ut in potestate papæ Innocentii et ipsius imperatoris atque omnium optimatum Romani imperii se poneret, ut quicquid de hoc judicarent, ipse sine aliqua contradictione perficeret; contradicente et modis omnibus renitente electo,

VARIÆ LECTIONES.

[4700] *immo* quæ non favebat, *ut ex sequentibus patet.* [4701] *rectius* Adelbero. [4702] electionem *c.*

NOTÆ.

(1639) v. supra c. 114.
(1640) A. Havelbergensis est inter testes privilegii Lotharii III.

tandem consensit, et se in judicio ac potestate illorum sicut volebant posuit. Post hæc omnes ad imperatorem reversi, Basiliensis episcopus imperatori et cæteris residentibus gesta dictaque per ordinem pandunt. Demum vero imperatore interrogante, si hi qui Raynaldo contradicebant, se in potestate imperii ac sacerdotii ponere vellent, libentissime illos ad talia paratos invenit; sicque secundi diei solutus conventus est. Acta sunt autem hæc quarta et quinta feria tertiæ ebdomadis Septembrii mensis, secundo die post exaltationem sanctæ Crucis.

121. Post hæc vero ex parte imperatoris et congregationis directi sunt, qui rei seriem papæ Innocentio tunc apud sanctum Germanum remoranti notificarent, qui venientes eundem pontificem iratum valde invenerunt, prohibitique sunt ad eum ingredi; ob id scilicet quod præsente Romano pontifice, imperator cum suis optimatibus de Casinensis abbatis electione examinationem facere præsumpsisset. Ob quam rem archiepiscopos, episcopos et abbates, qui in tali examinatione præsentes fuerant, officio privare minatus est. Hii autem qui ab imperatore directi fuerant, sine effectu redeuntes, quæ apud papam invenerant imperatori renuntiare curarunt. Imperator autem ex consulto talia ad pontificem responsa direxit, quia quod factum erat, non studiose set simpliciter, neque ad ejus injuriam set ad honorem ipsius factum fuisset: nam facta et dicta in ejus potestate constarent, ut quod ipse exinde decerneret, hoc omnes pro rato haberent, et ideo aliquos e suo latere pontifex dirigere maturaret, qui supradictam electionem iterum retractantes viderent, et quod exinde justum esset deliberarent. Innocentius autem talibus verbis placatus, sexta feria quattuor temporum (*Sept.* 17) Aymericum cancellarium et Gerardum cardinalem tytuli sanctæ Crucis, qui post Romanam rexit ecclesiam, et alios cardinales ad eandem examinandam electionem direxit; qui ad monasterium dum devenissent, et de supradicta re sermonem in longius protraxissent, convenientes in refectorium, omnes loci priores convocantes, dixerunt, quod supradictus Raynaldus remanere in abbatia nullatenus posset, eo quod ab excommunicatis ordinatus fuisset. Post hæc singillatim unumquemque de persona eligendi abbatis interrogare cœperunt. Ubi cum nonnulli quosdam ex congregatione pro suo velle præferrent, a loco in quo residebant exeuntes, eundemque electum convocantes infra claustrum monasterii, ex parte sedis apostolicæ præceperunt ut jam ab ipsa abbatia quiesceret, quia ultra jam abbas esse non posset: sicque ad papam redeuntes, acta et dicta referre curarunt.

122. Sequenti autem die (*Sept.* 18) iterum ad monasterium ascendentes in capitulo resederunt, in quo A post peractum ab abbate Clarevallensi sermonem, cardinales auctoritate apostolica eidem Raynaldo Casinensem abbatiam interdixerunt; sicque una cum imperatore et archiepiscopis, episcopis, abbatibus, ducibus, principibus ac marchionibus surgentes, beati Benedicti sunt ingressi ecclesiam, eundemque Raynaldum Aymericus cancellarius ac Peregrinus patriarcha Aquilegensis et Gerardus cardinalis evocantes, depositionis sententiam in eum protulerunt, et sic jussu illorum, præsente imperatore et universis imperii magnatibus, virgam et anulum nec non et regulam supra corpus sanctissimi Benedicti deposuit, et Raynaldi quidem talis rerum exitus fuit.

123. Post hæc in capitulum venientes, Gerardus B cardinalis surgens in medium hujusmodi auspiciis orsus est [4703] fratres: « Nostis, amandissimi fratres, quia juxta regulæ præceptum abbas jubetur a fratribus eligi: set quia vos in arbitrio domini nostri Innocentii papæ ponere voluistis ac potestate, modo in eligendo abbate privati estis ex toto, nisi quantum ipse vobis permiserit, et non ad vos set ad Romanam ecclesiam talis electio pertinet. Verumnos pro conservatione pacis et concordiæ unitate nolumus per omnia hac uti potestate, set ex præcepto sedis apostolicæ præcipimus, ut duodecim ex vestra congregatione fratres eligatis, qui una nobiscum dignum tanto loco abbatem eligere valeant. » Cui cum fratres respondissent, quia juxta antiquam C consuetudinem electionem liberam vellent habere, et cardinales ad eorum dicta minime assensum præberent, maxima dissensio inter utramque partem exorta est. Pars enim quæ cum jam dicto Raynaldo fuerat, dicebat se nullo modo assensum præbere, ut de Casinensi congregatione abbas eligeretur. Cardinales autem nulla ratione se consensuros dicebant, ut de alio monasterio in capite et matre omnium monasteriorum abbas eligeretur. Set cum pars parti non cederet, et aerem verberantes pro sua voluntate in vanum verba proferrent, tandem cancellarius iratus, ex parte Romanæ ecclesiæ interdixit, ne ullam omnino electionem facere præsumerent; ac demum ad papam regressi, gesta et dicta per ordinem pandunt. Post hæc imperator e suo latere D strenuos viros ad papam Innocentium dirigens, rogare cœpit ut pro suo amore monachos a prædicta obligatione solveret, et licentiam illis eligendi abbatem conferret. Cujus postulationibus papa flexus, quæ rogata a cæsare fuerant pro ejus amore concessit, eo tamen tenore ut sibi privilegia et præcepta imperatorum ad legendum a monasterio mitterentur; factumque est. Relectis itaque ante imperatorem et pontificem de eligendo abbate Caroli regis præcepto (1641), et Benedicti VII et Leonis IX privilegiis, in quibus aperte continebatur qualiter Ho-

VARIÆ LECTIONES.

[4703] *verbum ut videtur excidit.*

NOTÆ.

(1641) V. 1, 12.

ricus Pius Romano pontifici septimo[4704] Benedicto consecrationem Theobaldi abbatis Casinensis, quem ipse imperator ordinaverat concessit, et unum prandium (1642) in eundo et in redeundo ad Beneventum: reliqua vero Romano imperio reservavit; quod idipsum confirmaverunt Conradus et Henricus filius ejus (1643), similiter et ex præcepto Caroli (1644) lectum est, ut in Casinensi cœnobio abbatem eligant, quem meliorem et digniorem Romanoque imperio fideliorem invenissent. Tantis itaque rationibus pontifex victus, Casinensis abbatis electionem fratribus, ordinationem Lothario imperatori et successoribus ejus concessit et confirmavit; consecrationem vero abbatis, et prandium in eundo et redeundo a Benevento sibi et successoribus suis retinuit (1645).

124. Jam vero Christo auspice qualiter Guibaldus electus sit, et qualis quantusve fuerit describamus. Hic igitur natione Lotheringus, et a pueritia in monasterio Stabulensi monachus factus, gramaticam, dialecticam, rhetoricam, arithmeticam, geometricam, et astronomiam ad plenum eruditus, atque a quinto Henrico imperatore ejusdem cœnobii Stabulensis abbatiam regendam suscepit. Eo vero tempore quo imperator Lotharius cum papa Innocentio intravit Italiam, idem Guibaldus super navalem expeditionem ab imperatore constitutus et Neapolim est transmissus. Qui in eundo dum ad patris Benedicti limina Casinum venisset, atque ob supradicti Raynaldi electionem turbatam Casinensem ecclesiam comperisset, in capitulum veniens cœpit monere fratres, ut pacifice et concorditer secundum beati Benedicti regulam viverent; reminisci illos debere, qualiter per totum fere orbem sanctæ prædicationis fluenta et monachicæ vitæ rudimenta ab eodem loco manassent, quanta et qualia pater Benedictus divina fretus potentia ibidem patrasset, qualiter sua corporali requie regulæque descriptione Casinense cœnobium caput omnium monasteriorum perpetuo constituisset, postremo propter filium Petri Leonis ab ecclesia disjuncti et separati essent: oportere illos dare operam ut reformaretur, ut tanti loci fluenta ad antiquum claritatis statum redirent, et ad papam Innocentium quem totus mundus sequebatur converterentur. Hæc dum perorasset, patri Benedicto se commendans et fratribus, Neapolim abiit. Set cum ordine quo supra retulimus Raynaldus abbatiam dimisisset, et fratres pro his quæ Casinensi cœnobio ob Raynaldi electionem acciderant divisi fuissent, cum pars parti non cederet, novissime omnibus hæc sententia placuit, ut in Casinensi cœnobio abbas de imperatoris latere eligeretur. Quod dum papæ Innocentio retulissent, omnino reniti et contradicere cœpit, asserens nullo modo se pati, ut in Casinensi cœnobio exter aliquis eligeretur, vel alicui extraneo illa ecclesia submitteretur, quæ Romanæ sedi Stephanum VII[4705], Victorem III, ac secundum Gelasium apostolicos dedisset, et multis aliis ecclesiis catholicos idoneosque pastores tribuisset. Set dum supra hujus rei negotium papa nullo pacto ad concordiam reducere posset, et Nycolaum quem papa Honorius de abbatia ejecerat, in monasterii regimine restituere vellet, imperatori tunc in Casino degenti rei seriem pandunt, orant et supplicant, poscunt, efflagitant, ut sicut Magnus Henricus Theobaldum, et Conradus cum filio Henrico Richerium, ita ipse abbatem ex suo latere ordinaret. Ad quorum verba imperator in lacrimis resolutus, dixit (1646) prius se sinere omnia privilegia ecclesiarum et concessiones convelli, quam aliquid de dignitatibus Casinensis ecclesiæ minui, et prius permittere electiones omnium episcoporum, archiepiscoporum et abbatum qui sunt in toto orbe Romano tollere, quam solummodo Casinensis abbatis. Nam si abbas ex consensu monachorum electus non fuerit, abbas non erit, et quicumque electionem monachis tollit, omnia monasterii jura convellit. Jam vero quis tanti imperatoris gravitatem non miretur? Nam cum ad sedandas dissensiones fratrum, quæ pro electione abbatis exortæ fuerant, ad capitulum venisset, ab hora prima diei usque in vesperum, non cibo, non potu indulgens, exinde egressus non est, et sub imperiali clamide alterius militiæ tyrocinium ostendebat. Nam in omni expeditione, in qua simul cum ipso fui, in lucis crepusculo missam pro defunctis audiebat, dehinc pro exercitu, postremo missam diei, demum viduis et orphanis una (1647) cum Richiza clementissima augusta pedes lavans et capillis tergens atque deosculans, ac cibum et potum large distribuens, quæstiones et oppressiones ecclesiarum relevabat, et in ultimo in cura imperii insudabat. Quandiu enim in Casinensi cœnobio remoratus est, ita (1648) claustrum et omnes officinas monasterii, ac si abbas vel quilibet decanus circuibat, scire cupiens qualiter unusquisque sub beati Benedicti magisterio viveret, factoque mane per omnes monasterii ecclesias discalciatis pedibus incedebat. Licet autem hæc ageret, numquam a consortio episcoporum, archiepiscoporum et abbatum sequestrabatur, ut impleretur in eo quod legitur: « Et cum sapientibus[4706] sermocinatio ejus (*Prov.* III, 32), » et cum hæc ageret,

VARIÆ LECTIONES.

[4704] *imo* octavo. [4705] *imino* IX. [4706] simplicibus *l. l.*

NOTÆ.

(1642) De prandio ne in falso quidem Ben. VIII privil. quidquam legitur.

(1643) In editis eorum privilegiis nihil de electione abbatis legitur.

(1644) Ap. Gatt. Acc., p. 14; cf. supra I, 12

(1645) Eadem in privil. Lotharii III leguntur.

(1646) *Dixit — hominibus offerebat* eisdem fere verbis etsi inverso ordine leguntur in Petri epistola ad Richizam in Mart. et Dur. Coll. I, 759.

(1647) *Una — ac* in ep. omisit.

(1648) *Omnibus noctibus* addit ib.

erat tamen cœcorum baculus, esurientibus cibus, spes miserorum, solamen lugentium, et ita singulis eminebat virtutibus, ac si cæteras non haberet. Sacerdotes namque honorabat ut patres, clericos ut dominos, pauperes ut filios, viduas ut matres; creber in orationibus, pervigil in vigiliis, lacrimas Deo, non hominibus offerebat. Hæc de tanto imperatore breviter dicta sufficiant, nunc, ad Guibaldi electionem complendam veniamus. Igitur dum ad papæ notitiam voluntas fratrum de eligendo abbate pervenisset, Aymericum cancellarium suum Casini direxit, fratribus mandans ut de sua congregatione abbatem eligerent; sin alias, eligendi licentiam non haberent. Hæc dum imperatori relata fuissent, graviter hoc et nimis moleste accipiens, papam per suos nuntios rogat, ut monachorum voluntati condescendat; sin autem, imperium ab illo die et deinceps scissum a pontificio esse omnimodis sciret. Innocentius autem dum Lotharium imperatorem fratribus concordare in electione vidisset, dat monachis potestatem eligendi quem vellent. Guibaldus itaque, ut ante jam diximus, cum et sapientia multa et morum honestate ac probitate polleret, præscius futurorum loco cesserat. Mittit post hæc imperator ad Guibaldum nuntios, ut ad se ad monasterium veniret; nam tunc forte in eadem expeditione remanserat. Quo dum venisset, ubi fratrum voluntatem advertit, omnino renuere et contradicere cœpit. Conveniunt post hæc in camera in qua imperator morabatur, fratres cum Richiza augusta et cum Peregrino patriarcha Aquilegensi, episcopis, archiepiscopis, abbatibus, et universis imperii optimatibus, cœperuntque eum opportune importune monere de tali totoque negotio: set ille constanter renuens, numquam se tam gravem tamque immensam sarcinam suscepturum affirmabat. Cernens itaque imperator Guibaldum modis omnibus reluctare, fratribus illum tradidit; quem suscipientes in Casinensi monasterio abbatem ordinaverunt, et ab imperatore per Romani imperii sceptrum, quod manu gestabat, de Casinensi abbatia cum omnibus possessionibus suis, sicut a temporibus Justiniani usque ad illum diem monasterio concessa fuerant, est investitus; dicens ad eum: « Fidelitatem a vobis de Casinensi abbatia ideo non accipimus, quia dudum nobis de Stabulensi cœnobio fidelitatem dedisti. Nolo ut successores tui [illegible] trahant in exemplum, et dicant se successoribus meis de Casinensi cœnobio ideo non facturos fidelitatem, quia a te nostri imperii majestas non exegit; set consuetudinariam fidelitatem, quam a temporibus Caroli et deinceps abbates de abbatia Casinensi fecerunt, facere studeant. » Imperator itaque ordinata una cum monachis Casinensi ecclesia, octavo die postquam ibidem

A advenerat (*Sept.* 21), beato Benedicto se commendans ac fratribus, cum jam ad grandævam, centenariam scilicet dierum suorum pervenisset ætatem, et finem dierum suorum non ignoraret, una cum Guibaldo ad civitatem sancti Germani descendit, supradictumque abbatem papæ commendans, juxta civitatem veterem Aquinensem tentoria fixit. Guibaldus vero assumpto Ottone[4707] Casinensi decano, et Raynaldo qui post eum abbas extitit, Petro quoque diacono, Bertulfo mansionario, Amphredo vestarario, aliisque ex congregatione quampluribus ad imperatorem pervenit. Tunc quoque ex jussu imperatoris Raginulfus dux Apuliæ (1649), qui ab eodem imperatore ordinatus fuerat, et Robbertus princeps Capuanus, et omnes comites de principatu B Capuano, et comites Aquinenses, et Normanni circummanentes, prædicto abbati Guibaldo fidelitatem fecerunt, jurejurando firmantes super evangelia et lignum Domini et sanctorum reliquias Casinensi cœnobio cum omnibus omnino possessionibus suis. Eo vero die quo Guibaldus abbas ordinatus est, per eundem abbatem suggestum est imperatori, qualiter Pandulfus filius Landonis Aquinensis comitis nequiter ac violenter in silva monasterii Casinensis Tirilla vocabulo castrum ædificaverat, et residua monasterii prædia circumadjacentia deprædaverat. Imperator autem ad hæc verba commotus, Brunonem campidoctorem cum cohorte destinans, militum jam dictum castrum direptioni et incendio tradidit. Raynaldus itaque cernens Guibaldum con- C tra suam spem ordinatum, callide illum circumvenire et præpedire satagens, et verens ne in exilium in Alamaniam mitteretur, humilitatem corpore non corde præferens, obedientiam et fidelitatem illi promisit; sicque ab eo præpositura sancti Magni juxta Fundanam urbem positi accepta, de monasterio est egressus, atque in arcem quæ Castrum Cœli dicitur, quamque Manso Casinensis abbas olim construxerat (1650), et ejus propinqui a potestate monasterii subtraxerant, se contulit, omni nisu et omni instantia satagens, qualiter recedente imperatore Casinensem abbatem recuperare et de suis æmulis ultionem sumere posset.

125. Imperator itaque et apostolicus festum sancti Christi martyris Mauricii in ecclesia beati Petri D apostoli celebrans, Guibaldum abbatem ad prandium cum fratribus Casinensis cœnobii invitavit, dicens: « Puto, ni fallor, quia comedendi et bibendi vobiscum hæc erit michi ultima dies, » quod postea rei probavit eventus. Post comestionem vero expletam, Lotharius imperator Petrum diaconum ad suum consistorium evocans, præcepit ut una secum cum præceptis a sua magestate sibi traditis Galliam peteret, imperialia semper servitia peracturus. Hæc dum Guibaldus audisset, graviter hoc et mo-

VARIÆ LECTIONES

4707 Octone *c*

NOTÆ.

(1649) F. Roberti comitis Cajatiæ.

(1650) Cf. cap. 14 libri II.

teste accipiens, rogare cœpit ne Petri diaconi frustraretur servitio, ne ejus privaretur solacio. Imperator autem Lotharius Guibaldi postulationibus annuens, præsente Peregino patriarcha Aquilegensi, cum archiepiscopis, episcopis, abbatibus et aliis magnatibus Romani imperii, manum (1651) Petri diaconi apprehendens et Guibaldo contradens, dixit: « Nostri a Deo conservandi imperii magestas hunc quem videtis discipulum Henrici Ratisponensis episcopi et cancellarii effecit, logothetæ, exceptoris, et auditoris officio remuneravit, sessionem ad dextrum pedem indulsit. Hic solus in gente Romana inventus est, qui contra Constantinopolitanos pro imperio se et pontificio Romano opponeret. Quamobrem, quia dicis te sine illo non velle manere, hunc tuæ fidelitati summo studio, summo mentis amore commendo, eo tenore, ut si qua meæ dilectionis, si qua amoris in tuo corde vestigia sunt, in isto ostendas, eumque pro nostro amore loco carissimi et unici filii habe. » Eo etiam die idem piissimus et clementissimus imperator per interventum Richizæ augustæ prædicto abbati Guibaldo præceptum fecit, confirmans Casinensi cœnobio omnes possessiones ejus (1652). Præphatus autem imperator Guibaldo abbati valedicens, et fratribus ac patri Benedicto se commendans, comitante se jam dicto papa Innocentio, juxta auream urbem pervenit, acceptoque a Tolomeo duce et consule Romano et dictatore Tusculanensium fidelitatis sacramento, et Reginulfo filio ejus obside (1653), per annulum quod manu gestabat confirmavit ei et hæredibus ejus in perpetuum totam terram, quam a parte parentum suorum jure hæreditario pertinebat. Idem vero imperator tempore illo direxit Casini (*Sept.* 30) ad Guibaldum abbatem epistolam continentem ita: « Lotharius (1654) Dei gratia Romanorum imperator augustus dilectissimo [4708] fideli suo Guibaldo Casinensi gerarchæ, et Romani imperii cancellario [4709] et magistro capellano ac principi pacis, gratiam suam et bonam voluntatem. Tuæ fidelitati per imperialia scripta mandamus, ut nostræ a Deo conservandæ magestati Petrum Casinensem diaconum qui a nostra [4710] imperiali serenitate logotheta Italicus [4711], exceptor, cartularius, et capellanus Romani imperii constitutus est, transmittere studeas; recepturus pro tuæ fidelitatis servitio, digne retributionis præmium. Indubitanter [4712] enim noveritis nostram magestatem et collaterales imperii propter antiquitates et rerum gestarum relationes ejus minime frui absentia velle. Mitte etiam per eum omnia præcepta antecessorum nostrorum, quæ ei ad Aquas Pensiles [4713] olim nos custodienda dedisse meminimus. Data apud [4714] suburbium Tyburtinum, pridie Kal. Octubris. » Hii autem qui imperiales apices ferebant, dum Casinum venissent, invenerunt Guibaldum ad belli procintum, quod imminebat per totum. Raynaldus enim qui ab imperatore et pontifice de abbatia ejectus fuerat, ubi imperatorem recessisse pro certo addidicit, de his qui Rogerio favebant regi cohortem congregans militum, aggregatis etiam terræ circummanentis magnatibus, qui ei consanguinitatis linea jungebantur, recipientibus se colonis qui castrum sancti Angeli incolebant, totam circumpositam terram flamma ferroque tradebat. Verum ubi Guibaldus augusti scripta relegit, animatus et corroboratus de his quæ imperator per apocrisarios direxerat, post quartum diem per milites suos direxit ad imperatorem epistolam (1655), suas ac monasterii et totius provinciæ turbationes, et angustias quas a Rogerio et a gente ejus perferebant, continentem, præsidium ab eo efflagitans et tutamen.

126. Roggerius itaque rex ubi Lotharium imperatorem de Campania recessisse cognovit, aggregato exercitu, præter Barum, Trojam atque Neapolim, omnem terram quam facile amiserat, facilius cœpit recuperare. Econtra Reginulfus dux imperatoris cum Teutonicis et Apulis ei fortiter obsistebat. Guibaldus autem præscius eorum quæ futura erant, iterum ad eundem imperatorem jam in Tuscia commorantem litteras destinavit, inter alia continentes (1656): « In variis tribulationibus constitutus, vestrum sperabam de die in diem venturum præsidium; set, ut video, me fefellit spes mea. Quantum enim relationibus vestræ piissimæ tranquillitatis ad nos in Casino venientium didicimus, vos jam fere Aquilegæ propinquasse, etiam ipso auditu noster nimis contristatus est animus, et tanto jaculo mœroris infixit [4715], ut linguæ humanæ nequeant enarrare. De venerandis vero sermonibus vestris, quos

VARIÆ LECTIONES.

[4708] d. f. s. *desunt in cod.* 257. [4709] archicancellario *ib.* [4710] ab imp. *ib.* [4711] logotheta. a secretis. exceptor. auditor et cartularius ac c. *ib.* [4712] Indubitanter — velle *desunt ib.* [4713] pensyles *ib.* [4714] aput *ib.* [4715] cor nostrum infixit. *Mart.*

NOTÆ.

(1651) In ep. ad Richizam Petrus post verba c. 66 allata ita pergit: *Postquam de his quæ ad vitam æternam attinent satis instruxerat, te præsente et cunctis imperii aulicis adstantibus, manum meam apprehendens et Guibaldo commendans abbati, dixit ad eum: « Si qua meæ dilectionis, si qua mei amoris in vestro corde vestigia sunt, in isto ostende, eumque — habe.*

(1652) Quod illæsum exstat, aurea bulla munitum. Edidit E. Gattula, Acc., pag. 250

(1653) Cf. Petri ep. ad Richizam n Mart. Coll. I, 757.

(1654) Eadem scripta est in cod. Casin. 257, f. 38, manu coæva. Cf. Ps. Anastasium, Murat. SS. II 365.

(1655) A Petro conscriptam, editam in Martenii Coll. ampl. II, 183.

(1656) Integras e cod. Casin. per Jo. Mabillon exscriptas ediderunt Mart. et Dur. Coll. II 186.

nobis per nuntios vestros misistis, de sacramento Normannorum et Langobardorum, utinam non eis imputetur; melius enim fuerat illis non jurare, quam jurare et perjurium committere. Omnes namque qui in istis partibus habitant, apostatantes ad Satan conversi sunt, et nichil dicunt vel faciunt, nisi quod diabolus in corde eorum scribit. Quantas autem calamitates, quantas tribulationes, vel quantas persecutiones ab ipsis sustineam, per dilectissimum filium meum Petrum vobis notificare decreveram; set quia id itineris longitudo et conclusio prohibuit, paucis aperiam. Post vestrum namque discessum Saraceni, Normanni, ac Langobardi invenientes quietam terram quaquaversum tendunt, devastando depopulantur[4716], incendio atque homicidiis totum exterminantes, set nec arbustis fructiferis omnino parcunt: ne forte, quos antra montium, vel prærupta terrarum, vel seclusa quæque occultant, illis pabulis nutriantur. Et sic eadem crudelitate furentes, ab eorum contagione nullus lætus remansit, et nullus locus ab eorum infestatione est relictus immunis, præsertim in possessionibus monasterii Casinensis, nec non et in aliis ecclesiis basilicisque sanctorum monasteriisque sceleratius desæviunt, ut majoribus incendiis domus orationis, quam urbes cunctaque oppida comburantur. Impletum est nunc in ecclesiis quod vir sanctus declamat ad Dominum, dicens: « Ubi laudaverunt te patres nostri, « facta est exustio ignis (*Isa.* LXIV, 11). » Nunc jam venit hora, ut omnes qui nostram terram deprædantur[4717], incendunt, devastant, et ruricolas et monachos in nervo vinciunt, compedibus ac manicis gravant, occidunt, vendunt, cruciant et persequuntur, arbitrentur se obsequium præstare Deo. Ubi autem venerabilis aulæ clausas inveniunt portas, certatim ictibus dextralium aditus reserant, ut recte dicatur: « Quasi in silva lignorum securibus exci« derunt januas ejus, in id ipsum in securi et ascia « dejecerunt eas, incenderunt igni sanctuarium tuum, « in terra polluerunt tabernaculum nominis tui (*Psal.* « LXXV, 6). » Quanti nunc ab eis pontifices, presbiteri, diaconi, monachi, nobiles, ignobiles diversi sexus et ætatis interficiuntur, quanti cruciantur, ut tradant si quid auri vel argenti proprium vel ecclesiasticum habeant, et dum quæ habent urgentibus penis facilius dant, iterum crudelibus tormentis oblatores urgent, autumantes quantam[4718] partem non totum datum, et quanto plus dant, tanto amplius quempiam habere credunt. Non infirmior sexus, non consideratio nobilitatis, non reverentia sacerdotalis, non monastici habitus stemma crudelissimas mentes eorum mitigant. Quin immo

A ibi exagerantur ira furoris, ubi honorem conspiciunt dignitatis, senilis maturitas atque veneranda canities, quæ cæsariem capitis et lanam candidam dealbarat[4719], nullam sibi ab hostibus misericordiam vendicant. Parvulos etiam ab uberibus maternis rapiens barbarus furor, insontem infantiam elidit ad terram. Impletum est nunc, quod olim Judæi canebant: « Dixit inimicus incen« dere fines meos, et parvulos meos elisurum ad « terras (*Judith* XVI, 6). » In ædificiis autem magnarum ecclesiarum, domorum civitatum, ubi incendium destructionis per ignem facere non possunt, parietes solo æquantur, ut nunc antiqua illa speciositas ædificiorum, nec quia fuerit prorsus appareat. Quod si quis nostris dictis derogaverit fidem, testis est
B civitas Puteolana, Aliphana ac Telesina, quæ nichil aliud nisi quia olim fuere demonstrant. Set et aliæ urbes quamplurimæ aut raris aut nullis habitatoribus incoluntur, nam et hodie si qua supersunt, subinde desolantur, sicut et de civitate Capuana, quæ olim post urbem Romanam totius Campaniæ et caput et gloria extitit, fecerunt. Nam postquam eam hominibus deleverunt, auro et argento spoliaverunt, ne vel ad horam locus impietati cederet illam incendio cremaverunt, et antiquam illam ingenuam et nobilem libertatem in servitutem redegerunt, et præcipuos quosque in captivitatem duxerunt, aurum, argentum, gemmas ac vestes, et quicquid pretiosum, quicquid carum invenerunt, asportaverunt. Quanta autem et qualia ipsi et dux illorum Casinensi
C intulere cœnobio, et post vestrum et ante vestrum adventum, referre quis valeat? Ob quam rem rogamus, imperator invicte, ut vestræ cameræ afflictæ, destitutæ ac desolatæ subveniatis, nequando dicant Saraceni, Normanni, ac Langobardi: « Ubi est « imperator illius? » Is autem qui apices ferebat, Liguriam dum devenisset, cartam quidem clementissimo imperatori Lothario detulit, set nullum emolumenti auxilium accipere potuit: nam idem imperator morbo simul et senio fessus, videns sibi jam jam finem vitæ imminere, apud Clusam Liguriæ (1657) se contulerat, ibique Henricum ducem Bajoariæ generum suum de ducatu Saxoniæ sibi hæredem instituens (1658), gemmea cœli palatia cum Christo
D sine fine regnaturus intravit (*an.* 1137, *Dec.* 4), corpusque ejus Maguntiæ relatum et honorifice reconditum est.

127. Post hæc duces, principes, marchiones et omnes proceres imperii convenientes in unum (*an.* 1138, *Mart.* 7), Conradum ducem Sueviæ nepotem Henrici V imperatoris in seniori Roma monocratorem constituunt. Eo etiam tempore Henricus Bajoariæ

VARIÆ LECTIONES.

[4716] *ita Mart.* depopulant *c.* [4717] *ita Mart.* depredant *c.* [4718] quandam *Mart.* [4719] dealbat *M.*

NOTÆ.

(1657) Minus accurate hæc narrari apparet ex testibus a V. D. Jaffé allatis l. 1, p. 223.

(1658) Hoc quidem verum esse asseritur ib., p. 230.

gener Lotharii jam dicti imperatoris vita decessit (*an.* 1139, *Oct.* 20). Set ut ad id redeam unde digressus sum, et abbas Raynaldus cum regem Roggerium Farum transisse pro certo didicisset, consanguineorum et amicorum exercitum congregans (*an.* 1137), suscipientibus se civibus civitatem sancti Germani ingressus est, disponens alio die ad monasterium capiendum et ad abbatiam recuperandam montem ascendere. Contra quem Landulfus de Sancto Johanne, a Guibaldo abbate a monasterio missus adveniens, civitatem optinuit, Raynaldumque cum suis vertens in fugam, ignem in civitatem immisit; plurimis captis ac pluribus debellatis, ad Guibaldum sursum ad monasterium rediit. Roggerius itaque rex sui exercitus falanga stipatus, supra civitatem Capuanam devenit; quam incendio tradens, suo juri parere coegit. Guibaldus autem, cum fratribus communicato consilio, legatos ad Roggerium destinat, tunc Capuæ remorantem, pacem ab eo exquirens, et amicitiam spondens, cujus verba Roggerius pro nichilo ducens, inefficaces nuntios ejus remisit, mandans se nulla ratione, nullo pacto ferre posse, ut abbas ab imperatore constitutus in Casinensi cœnobio remaneret; quin immo si aliquo modo idem Guibaldus in ipsius manibus veniret, absque dubio laqueo suspensum necaret. Tantis itaque ac talibus minis Guibaldus perterritus, Casinense cœnobium Landulfo de sancto Johanne ad custodiendum relinquens, quarto Nonas Novembris, insciis fratribus, eodem Landulfo sibi ducatum præbente, nocturno tempore recessit, dans potestatem fratribus eligendi quem vellent (1659).

128. Jam duodecim dies a Guibaldi recessu transierant, cum fratres convenientes in unum, et Spiritus sancti gratia invocata, elegerunt Raynaldum (1660), ejusdem cœnobii monachum, virum utique habitu, incessu et moribus honestissimum, et divina humanaque scientia clarum. Hic itaque nobilissimo Marsorum comitum genere, in Valeria scilicet provincia sanguinis sui lineam ducens, tertio ætatis suæ lustro sub Oderisio II beato Benedicto oblatus, tanta morum scientia, tanta honestate ac constantia super omnes coævos sui temporis splenduit ut jure illud dominicum ei possit ascribi: « Ego ostendam ei quanta illum oporteat pati pro nomine meo (*Act.* IX, 16). » Contra hunc namque conjuraverunt gentes et regna, et ut ita dicam orbis terrarum contra eum surrexit; set galea salutis et lorica fidei indutus, et patris Benedicti protectione munitus, adversantium et æmulantium insidias pro nichilo duxit. Eo etiam tempore, cum rex Roggerius civitates et castra usque ad confinia Casinensis cœnobii recepisset, fortissimoque atque durissimo imperio suo juri subditas retineret, eique nullo modo, nullo pacto idem abbas prout Roggerius volebat consentiret, se civitates et castra omniaque monasterio pertinentia demoliturum minari cœpit, missisque nuntiis hoc abbati, fratribus cunctoque populo nuntiari mandavit. Verum ut in talibus assolet, primum sævire vulgus ignobile, deinde sævitia in timorem mutata, suis cum omnibus, uxoribus quoque et filiis, Casinense ad monasterium confugerunt. Non post multum præfatus rex paciscens cum Casinensibus, treuguam interim, ut omnes qui ob timorem illius aufugerant, ut cum suis ad propria reverterentur, concessit.

129. His porro diebus erat quidam frater in Casinensi cœnobio Albertus nomine, natione Pelignus, ætate senex, religiosam agens vitam, adeo ut cæteris fratribus admirationis et compunctionis sæpe causa existeret. Is cum senio fessus in domo infirmorum maneret, et populi sua reportare cupientis tumultum auribus ausisset, quosdam ex circumstantibus quid sibi vellet tam confusus populorum tumultus interrogavit. Ad quem unus: « Num tibi, inquit, incognitum esse potest, quis vel cur sit populorum iste tumultus, cum constet omnibus has plagas incolentibus esse notissimum? » Cui cum ille nil horum se nosse respondisset, ait: « Rex Roggerius nuper nobis minatus est, se et Casinense monasterium et omnem terram adjacentem destructurum: set omnipotentis Dei misericordia placatus treuguam nobis concessit, et inde est tumultus iste quem audis, cum ea quæ ob timorem illius in Casinensi monasterio flendo delata fuerant a populo, gaudendo reportantur. » His sæpe dictus frater auditis, ingemuit, atque ex intimo longa trahens suspiria, hunc psalmum decantare cœpit cum lacrimis: « Judica me, Deus, et discerne causam meam de gente non sancta (*Psal.* XLII, 1); » cumque versum illum qui dicitur: « Emitte lucem tuam (*Ibid.*, 3), » canere cœpisset, subito, mirabile dictu! immensa coruscatio super eum descendit, adeo ut ipse qui jam per aliquod tempus lumine privatus fuerat, lumen reciperet oculorum, atque illius immensæ lucis munere minime fraudaretur. Nec mora, conspicit januas ecclesiæ ipsius qua residebat patefactas, venerabiles vultu habituque viros duos ad se intrantes; quos cum vidisset deifico lumine circumdatos, expavit, nec ultra oculos levare ausus resedit. Tum illi propius accedentes, dixerunt: « Surge, age, frater Alberte, abbatique et fratribus ut penitentiam commissorum delictorum agere satagant edicito, discalciatisque pedibus antiphonam beatæ Mariæ decantantes egressi, letanias ante sacrosanctum beati patris Benedicti corpus peragant, si forte Deus vestrorum delictorum lamentis penitentiaque immemor factus, ab his locis tantas calamitates repellat. » Tum frater, quis esset et quibus vocitarentur nominibus inquisivit. Ad hæc ille: « Ego, inquit,

NOTÆ.

(1659) Per epistolam, quam e Petri Regesto post Chron. edidit Ang. de Nuce, repetitam in Murat. SS. IV, 622.

(1660) Colementanum, teste Anonymo Casinensi.

sum Maurus, sanctissimi patris Benedicti discipulus; hic vero ejusdem patris et ipse discipulus Placidus est, » adjecitque: « Hæc quæ nunc a te vel audita vel visa sunt, cave ne pigritia dicere quibus tibi jussum est prætermittas; sin alias, contemptus pigritiæque penam incurres. Scias quoque, te ideo divino justoque judicio corporali lumine fuisse privatum, quia quæ aliquando in capitulo ob penitentiam agendam divina est tibi dignata ostendere majestas, tui cordis celasti abscondito, nulli quæ videras revelans. » Namque idem frater, dum adhuc sub districtione cœnobitalis institutionis in claustro cum reliquis fratribus commoraretur, seque vigiliis, jejuniis, orationibus et scoparum verberibus in conspectu Divinitatis mactaret, quadam nocte dum capitulum ingressus fuisset, raptus in spiritu, judiciarias Domino una cum matre considente sedes in absida ipsius capituli, ut attenus [4720] in pictura cernitur, ordinatas esse conspexit, tantoque liberius divinis cœpit intendere, quanto se ab humanis rebus fecerat alienum. Cum itaque hac visione stupefactus astaret, vidit subito sanctissimum patrem Benedictum, a dextris quidem Maurum, a sinistris vero habens [habentem] Placidum, in medio concilii advenisse, ingentibusque clamoribus Cunctipotentis majestatem talibus questibus interpellasse: « Rex regum, creator, redemptor mortalium, sine cujus nutu humana fragilitas subsistere nullatenus potest, has mei questus voces exaudias, meumque quem te donante fabricandum perpetuoque regendum monasterium suscepi respicias; tu enim Domine, qui cogitationes de longe consideras, et vocas ea quæ non sunt, tanquam ea quæ sunt, hunc locum adhuc michi mortali incarne posito destruendum esse monstraveras, gentibusque barbaris res quæ fratribus præparaveram, te traditurum esse, occulto judicio dixeras: in melius restaurandum fore post modicum, promisisti. Quod et factum hodie cernitur; insurrexerunt namque contra hunc locum iniquissimi quidam et Deo odibiles, conantes prædictum destruere locum. Rectores quoque istius loci nequaquam boni pastoris set voracis lupi vestigia sequentes, oves sibi commissas mordacibus dentibus ut tiranni laniant, res et opes ad tui servitium et honorem congregatas [4721] in turpissimos usus convertunt, populum sibi commissum ut lascivientes vaccas vagari sinunt, pupillorum quoque viduarumque causas contempnentes, ad sola munera convertuntur. Quem das finem, rex magne polorum? » His dictis sanctus conticuit, factoque ibi fine quievit. Cum ecce innumerabilis multitudo demonum, furcis igneisque uncinis armata, ante se Crescentium Marsorum comitem habentes advenit, turibulaque argentea magna, quæ ex Casinensi monasterio quidam in pignore acceperat, et quæ contra voluntatem Seniorecti abbatis recollegerat, in naribus veluti de fornace exirent habentem. Quem idem frater cum interrogasset, cur tantis tormentis afficeretur; ob majorum turibulorum detentionem se cruciari respondit, cœpitque monachum rogare, ut hæc quæ de se vidisset, filio suo Berardo diceret, et ut suprascripta turibula Casinensi cœnobio redderentur, ex sui parte rogare, addens, hoc illis signum sit, quod eadem turibula, insuper et aureum calicem, ab aliis rebus dum adviveret segregasse, hocque nullum exceptis Fuscone et Transmundo suis consiliariis scire. Quod ubi ad se rediit dicere dubitavit. Exhinc justo Dei judicio actum est, ut frater ille lumine privaretur, et qui lumen æternum quod viderat, talentumque quod erogandum acceperat, cæteris erogare conservis noluit, set in terram ut piger servus abscondit, juste proprium lumen talentumque amisit. Et ut ad ea quæ reliquimus revertamur, sancti viri Mauri auditis monitis, illisque recedentibus, lux quoque quæ ejus illustraverat oculos cum eisdem recessit, adeo ut cæcus velut antea fuerat remaneret. Verum ne pro deliratore et mendoso haberetur, hæc quæ viderat vel audierat dicere noluit. Tricesimo itaque die postquam hæc viderat illucescente, eodem fratre in loco ubi prædictam visionem viderat residente, in ecclesia scilicet sancti Andreæ apostoli, isdem qui supra sanctissimus Maurus apparuit, et cur quæ viderat vel audierat dicere renuisset increpans, talia verba profudit: « Ego quidem, frater, præcepi, ut secreta Dei quæ per me tibi revelata sunt, hominibus revelares: set tu despectui pigritiæque tradidisti. Unde velut majestatis reus tradendus esses penis inextinguibilibus; set quia cunctipotentis Dei misericordia, quæ melior est super vitas, hoc tibi commissum indulget, præcipio ut quæ a me tibi revelata sunt, dicere ne pigriteris. Quod si, quod absit, non feceris, æternis traderis incendiis. » Hæc fatus in (1661) tenues subito sanctus evanuit auras, frater autem continuo surgens, abbatem ad se evocat, et cuncta quæ viderat vel audierat seriatim enuntiat. Abbas autem fratres convocans, seriatim quæ supradictus frater viderat retexens, discalciatis pedibus capitulum quo resederant egressi, letanias cum lacrimis et fletu ante patris Benedicti corpus peregerunt. Cæterum cum quidam fratres hæc deliramenta putarent, nullumque vellent assensum præbere, quadam die prædictus monachus Albertus me ad se vocari fecit, reque ut viderat intimata, me præsente sacramento firmavit. Nullum ergo de hoc aliquo modo dubitare admoneo, ne forte suæ incredulitatis penam reci-

VARIÆ LECTIONES.

[4720] *i. e.* hactenus. [4721] congregatæ *c.*

NOTÆ.

(1661) Cf. Virg. Æn. IV, 278; IX, 658.

piant ut cum me falsiloquii reprehenderent, falsi testes mentientesque apud districtum Jesu Christi examen habeantur.

130. Eo etiam tempore Petrus filius Petri Leonis humanis rebus exemptus, diem clausit extremum (*an.* 1138, *Jan.* 25), et in loco illius fautores ejus Gregorium cardinalem tituli Apostolorum sibi præficientes, Victorem appellari decernunt (*Mart.*). Innocentius autem immensa in filios Petri Leonis et in his qui eis adhærebant pecunia profligata, illos ad suam partem attraxit, sicque cardinales qui jam dicto filio Petri Leonis communicaverant, omni auxilio destituti, Innocentii vestigiis advolvuntur (*Mai.*); sacramento a parte illius prius accepto, ne illos officio privaret, ne bonis diminueret: sed ad tempus [4722].

APPENDIX AD LEONIS ET PETRI CHRONICON.

ANONYMI CHRONICON CASINENSE.

(Pertz, *Monum. Germ. hist.*, Script. t. III, p. 222.)

Prima jam vice integrum prodit ex codice tabularii Casinensis, a Joanne I abbate cœnobii con oblato, n. 353, membr., sæc. x ineuntis, unde mutilum antea a Peregrinio p. 97, sub nomine « Historiola ignoti Casinensis » transcriptum, collectionibus Muratorii SS. t. II, 264, quoque et Pratilli t. I, 179 seqq., insertum fuerat. Auctor Casinensis sub abbatibus Bassacio et Berthario monachus (1662), plurima quæ præsens expertus fuerat calamo commisit, rudi quidem et scribendi minus perito, sed cui haud pauca scitu dignissima debeamus. Opus incœpisse videtur Bari civitate nondum a Hludovico II imp. recuperata, incœptum (1663) a divisione ducatus Beneventani usque ad a. 867 perduxit, quare eum a Joanne Casinensi annis 915-934 abbate diversum puto, licet Leo Ostiensis in præfatione Historiæ et Petrus Diaconus De viris illustribus, c. 15, *chronica Johannis abbatis qui primus in Capua nova monasterium nostrum construxit* et *Joannis abbatis Chronicum de persecutionibus hujus cœnobii et de miraculis hic factis*, laudantes, codicem nostrum intellexerint. Libro (1664) Leonem in concinnanda historia usum esse, jam Peregrinius observavit, sed eum veram codicis lectionem presso pede secutum fuisse, non nisi nostra editione evulgata patebit.

Capitum divisionem a Peregrinio institutam, licet capitibus 3, 4, 11, 12, 15, 19, 20 21, 23, 24, 25, 26, 27, 32, 33 in codice minime distinctis, servandam duximus.

---

1. Quidam ex nostris scire volentes, quot anni essent a tempore sanctissimi Benedicti patris usque nunc, nos quoque amore ducti, quantum potuimus sub calculandi æstimatione collegimus. Ab anno incarnationis Domini quingentesimo vicesimo sub Justiniano imperatore, sunt anni a diebus ejusdem beatissimi Benedicti usque ad Petronacem abbatem centum octoginta et unum. Et a Petronace abbate usque nunc (701) [4723] annum domni Berthari abbatis, qui est Deo præsule in cœnobio tertius decimus pastor, dinumerantur circiter anni. . . . . [4724], quod est annus dominicæ incarnationis . . . . . [4724] (867?).

2. Paululum aliquid et de Langobardorum gente, quomodo in Italiam properarit, commemorandum. Narsis quoque patricius pro [4725] Gothorum gente, quæ

VARIÆ LECTIONES.

[4722] *Hic cod. desinit in media columna. Sed accuratiorem codicum Casinensium descriptionem quam per Bethmannum nostrum, dum hæc imprimebantur, accepi, hic subjungere liceat. — Cod. 450. mbr. fol. sæc. XIII. in duabus columnis eleganter scriptus est; litteræ initiales calamo pulcherrime pictæ, sed tantum usque ad II, 42; ea quam L. Tosti dedit, post ind. cap. sequitur. In indiculis capitum aliqua manu recentiore suppleta sunt, quæ ibi adnotavimus. Cap. IV, 16 cum sequentibus manus alia sed coæva scripsit, 4 foliis insertis quæ continent* S. Dionisii—(*c.* 25) 4. Non. Dec. *Eadem etiam ultimum quaternionem (c. 96-130.) scripsit, et in media pagina desinit. Reliqua manus primaria omnia scripsit, quæ etiam annales in fine addidit. Nihil quicquam additum est vel mutatum. Aliena quædam de redditibus et ritu mon. vacuis foliis inscripta sunt, ultimo manu s. XIII. epistola Roffridi abbatis, quam A. de Nuce edidit ad Vitam S. Ben, c. 18. — Alter cod. 202. fol. manu continua s. XII. scriptus est; folii ultimi pars inferior abscisa est, sed assuta membrana; v. p. 725 not. n.* [4723] *ita codex;* hunc *Peregr.* [4724] *locus vacat.* [4725] *i. e.* causa Gothorum gentis.

NOTÆ.

(1662) C. 19 seqq.
(1663) C. 7.
(1664) Scilicet capp. 4, 5, 6, 7, 8, , 10, 12, 14, 18, 19, 20, 22, 26, 27, 28, 30, 33 maximam partem verbatim Leonis capitibus I 25-29, 31, 33, 35, 36, 38 inserta sunt.

Italiam invaserat, Langobardos fœderatos elegit, et A cum Græcis suis pariter ac Romanis ab eisdem finibus, hoc est Romanorum terminis, pepulit Gothos. Qui (1665) Narsis Neapolim residens, legatos ad Langobardorum gentem dirigit, mandans ut paupertina Pannoniæ rura desererent, et ad Italiam cunctam, refertam divitiis, possidendam venirent. Simulque multimoda pomorum genera aliarumque rerum species, quarum Italia ferax est emittit, quatenus eorum ad veniendum animos possit inlicere. Langobardi vero læta nuntia, ut quæ ipsi præoptabant, gratanter suscipiunt, deque futuris commodis animos attollunt. Tunc Langobardi sedes proprias, hoc est Pannoniam, amicis suis Hunnis contribuunt, eo scilicet ordine, ut, si quo tempore Langobardis necesse esset reverti, sua rursus arva repeterent. Igitur Langobardi, relicta Pannonia, cum uxoribus et natis omnibus et suppellectile Italiam properant possessuri. Habitaverunt autem in Pannonia annis quadraginta duobus, de qua egressi sunt mense B Aprilis per indictionem primam (*an.* 568, *Apr.* 2) [4726], alio quidem die post sanctum pascha, cujus festivitas eo anno juxta calculi rationem [4726] in ipsis Kalendis Aprilibus fuit, cum jam a Domini incarnatione anni quingenti sexaginta et octo essent evoluti.

3. Post hoc dominantes Italiam, Beneventum properantes [4727], introeunt ad habitandum. Horum autem princeps militiæ cælestis exercitus Michahel extitit archangelus. Neapolites ad fidem Christi perducti. Alzechus Vulgar suis cum hominibus ad habitandum suscipitur. Græcorum Romanorumque Langobardi gentes superantes, totam simul Beneventi possiderunt patriam.

4. « Omne quippe regnum, » ut ait Dominus, « in se ipsum divisum desolabitur; et quod quis serens seminaverit, hoc et metet. » Propterea divisus Israheliticus populus, in omnem ventilatus est mundum; sic et hæc Langobardorum gens dissidentes C mentibus, etiam suos interfecere principes. Ob id patriæ facta divisio (*an.* 839); Beneventanorum principatus duobus equidem partibus efficit (*sic*) divisus. A quibus vicissim Franci Sarracenique unus contra alterum evocati; post tandem fraus Saracenorum Barim noctu capiens (*an.* 842), post demum Tarantum obsidentes introeunt, totumque pæne in integrum postmodum regnum igne ferroque vastantes, demoliti sunt, et ad solum usque perductum circiter per annos ferme triginta.

5. Langobardi vero dum nimia suis pro factis pericula sustinerent (*an.* 866), ob hoc nimium afflicti necessitateque compulsi, Franciam legatos dirigunt, atque gloriosi imperatoris Hludowici implorant augusti clementiam, ut patria sua cum gente veniens, eos omnino a Saracenis quantocius eriperet. Qui beniens [4728], hoc decretum suæ reliquid patriæ :

6. « Constitutio promotionis exercitus observa- D tionis partibus Beneventi, sub indictione quinta decima. Quicumque de mobilibus widrigild suum habere potest, pergat in hoste. Qui vero medium widrigild habet, duos juncti in unum qualitatem instruant, ut bene ire possint. Pauperes vero personæ ad custodiam maritimam vel patriæ pergant; ita videlicet, ut qui plus quam decem solidos habet de mobilibus, ad eandem custodiam vadant. Qui vero non plus quam decem solidos habet de mobilibus, nil ei requiratur. Si pater quoque unum filium habuerit, et ipse filius utilior patre est, instructus a patre pergat. Nam si pater utilior est, ipse pergat. Si vero duos filios habuerit, quicumque ex eis utilior fuerit, ipse pergat; alius autem cum patre remaneat. Quod si plures filios habuerit, utiliores omnes pergant; tantum unus remaneat, qui inutilior fuerit. De fratribus indivisis juxta capitularem domini et genitoris nostri volumus, ut si duos fuerint, ambo pergant. Si tres fuerint, unus qui inutilior apparuerit, remaneat; ceteri pergant. Si quoque plures omnes utiliores apparuerint, pergant; unus inutilior remaneat. De qua condicione volumus, ut neque per præceptum, neque per advocationem, aut quamcumque occasionem excusatus sit; aut comes aut gastaldus vel ministri eorum ullum excusatum habeant; præter quod comes in unoquoque comitatu unum relinquat qui eundem locum custodiat, et duos cum uxore sua. Episcopi ergo nullum laicum relinquant. Quicumque enim contra hanc institutionem remanere præsumpserit, proprium ejus a missis, quod [4729] subter ordinatum habemus, præsentaliter ad nostrum opus recipere jussimus, et illum foras eicere. Omnibus enim notum esse volumus, quia jam a prioribus nostris juxta hanc institutionem tultæ fuerunt, sed pro misericordia recuperare meruerunt; nunc autem certissime scitote, cujuscumque proprietas tulta fuerit, vix a nobis promerebitur recuperatione. A flubio Pado usque Trebia sit missus Iotselmus. Inter Padum et Ticinum Eriulfus. Inter Ticinum et Adda Erembertus. Inter Adda et Addiza Landebertus. Ab Addiza usque Forum Julii Teodoldus. Petrus et Arthemius episcopi, junctis secum missis episcoporum et comitum, Pisa, Luca, Pistoris et Lunis Teutmundus; Florentia, Volterra et Aritio Rodselmus; Clusio et Sena Andreas. In ministerio Witonis Rimmo et Johannes episcopus de Forcona. In ministerio Verengari Hiselmundus episcopus. In litore Italico, Ermefridus, Macedo, et Vulfericus. Hi volumus ut populum eiciant, et custodiam prævideant, et populum in castella residere faciant, etiam et cum pace. Nam si missus aliquis ausus fuerit prætermittere, quin ominibus [4730] (1666) remanserint, præsentaliter proprium tollant, et eum foris eiciant. Et si inventus fuerit ipse missus, proprium suum perdat. Et si comes aliquem excusatum, aut bassallum suum, præter quod superius diximus, dimiserit, honorem suum perdat. Similiter eorum ministri, si aliquem dimiserint, et proprium et ministerium perdant. Quod si comes aut bassi nostri aliqua infirmitate detenti remanserint, aut aliquem excusatum retinuerint, aut abbates vel abbatissæ si plenissime homines suos non direxerint, ipsi suos honores perdant, et eorum bassalli et proprium et beneficium amittant. De episcopis autem cujuscumque bassallus remanserint, et proprium et beneficium perdant. Si quoque episcopus absque manifesta infirmitate remanserit, pro tali neglegentia ita emendet, ut in ipsa marcha resideat, quousque alia vice exercitus illuc pergat. Et ut certissime sciatis, quia hanc expeditionem, in quantum Dominus largire dignatus fuerit [4731], plenissime explere volumus, constituimus, ut episcopus, comes, aut bassus noster, si in infirmitate incerta detentus fuerit, episcopus quippe per suum missum, quem meliorem habet, comes vero et bassi nostri per se ipsos hoc sub sacramentum affirment, quod pro

VARIÆ LECTIONES.

[4726] primam-rationem *in margine, eadem vero manu scripta sunt; minime, ut Peregrinius opinatur, posteriori, quam Johanni abbati Casinati, chronici comitum Capuæ auctori, tribuit.* [4727] *in margine scriptum.* [4728] *i. e.* veniens. [4729] *lege* secundum quod s. o. h. [4730] *ita correxi* qui nominibus. [4731] In q. d. l. d. fuerit et in c. s. q. h. expeditionem plenissime explere volumus *c. Ego sententias transponendas duxi.*

NOTÆ.

(1665) Hæc ex Pauli *Hist. Lang.* II, 5, 7, fluxerunt.
(1666) i. e. homines.

nulla occasione remansissent, nisi quod pro certissima infirmitate hoc agere non potuissent. Omnes enim volumus, ut omni hostili apparatu secum deferant, ut cum nos hoc prospexerimus [4732] et inbreviare fecerimus, non neglegentes appareant, sed gratiam quoque nostram habere mereantur. Vestimenta autem habeant ad annum unum, victualia vero quousque novum fructum ipsa patria habere poterit. Fagidis (1667) enim quicumque eundo et redeundo commotionem fecerit, vitæ incurrat periculum. Et quia etiam temporis congruentia imminet quadragesimale, in quo studenda sunt præcepta Dei, constituimus, ut quicumque ecclesiam Dei fregerit, adulteria et incendia fecerit, vitæ incurrat periculum. Quicumque caballum, bovem, friskingas, vestes, arma, vel alia mobilia tollere ausus fuerit, triplici lege componat, et liberum [4733] armiscara id est sella ad suum dorsum, ante nos a suis senioribus dirigatur, et usque ad nostram indulgentiam sustineat. Servi vero flagellentur et tundantur, et illorum domini, quæ ipsi tulerunt, restituant. Quod si clamor ad seniores venerit, et ipsi talia non emendaverint, tunc horum seniores ipsam compositionem faciant; et eadem armiscara, quamdiu nobis placuerit, sufficere compellantur. Et hoc constituimus, ut ex utraque parte justitia servetur. Videlicet nostri sicut circavicini, quæ necessaria sunt, emendo. Vicini autem nullatenus carius quam suis circavicinis vendere præsumant. Qui vero homicidia indiscrete et præsumptiose fecerit, vitæ incurrat periculum. Iter enim erit nostrum per Ravennam, exin mediante mense Martio in Piscaria, et omnis exercitus Italicus nobiscum. Tuscani autem, cum populo qui de ultra veniunt, per Romam veniant ad Pontem-curvum, inde Capuam, et per Beneventum descendant nobis obviam Luceria octavo Kalendas Aprilis. »

7. His igitur prælibatis et hac lege sancita, dictus domnus imperator Hludowicus augustus cum uxore sua pariter gloriosa, Angelberga augusta, Benevento [4734] properantes, Junio mense ad monasterium veniunt sanctissimi Benedicti patris; ubi a venerabili Berthario abbate cum sacerdotali officio, lampadibus ac tymiamatibus, nec non et fratrum laudibus, honorifice susceptus est. Ascendens autem montem, ubi dicti almi patris pii Benedicti sacrum corpus humatum est, pari gloria ibidem susceptus, aliquid ibidem sancto et Benedicto conferens munere, dictum omne cœnobium conspiciens, laudabiliter ammiratus descendit. Inibi Capuanorum frustrata calliditate, post dies aliquot possidens (1668) optinuit Capuam, ingreditur Salerno, navigans Malfim (1669), Puteolim utitur lavacris, et per Neapolim Sessulanam (1670) adiit urbem; dehinc castrametatur Caudim. Mense autem Decembrio, Dei omnipotentis opitulante gratia, ingressus est Beneventum, anno quidem septimo decimo augustalis imperii sui. Et ecce congreditur cum Saracenis (*an.* 867), tropeum primitus bellicans sumpsit ex eis victoriæ, ac demum omnia illorum capiens castra, solæ tantum illius [4735] civitates remanserunt, Barim (1671) scilicet nec non atque Tarantum. Nam omnium quidem eorum gloria, munitissima capta est urbs Materia, quæque igne ferroque ad nichilum redacta est; Augusto autem mense reversus est Beneventum. In cujus obsequium dum essent ibidem Berthari abba; nam illuc in sanctam Sophiam inchoatum fuerat oratorium a decessore suo reverentissimo viro Bassacio, quod omne studium perfecit, et in honorem sancti construxit Benedicti; dedicata est autem a Stephano Teanensis sedis episcopo, et ab Angelari levitæ studio opus perficitur.

8. Si forte nosse cupis quis lector futurus eris, quam ob causam Beneventanorum regionem Saraceni dominassent, occasio videlicet exstitit talis. Sichard Beneventanorum princeps a suis interfectus (*an.* 839), Radelchis zetarius (1672) palatii ei successit in principatum. Tunc apud Tarantum morabatur Siconolfus armipotens, bonæ memoriæ Siconis magni principis filius. Interea his temporibus Capuanites plurima perpetrantes flagitia, etiam suos majores sibi occiserunt parentes, illorumque omnia diripientes, semetipsos sublime in spectaculum constituerunt mundi. Ob hoc verebantur adire Beneventum, principisque sui Radelchisi obœdire præceptis. Nam novis fraudum iniere machinis [4736], seque Tarantum contulerunt ad Siconolfum, prædicti principis filium, et cum cæteris sibi socios et in flagitiis pariter consimiles dictum sibi constituerunt Siconolfum principem. Qui nec multo post introiens Salernum, magnaque pars Beneventi regio secuta est eum. Contra quem Radelchis principis libor exarsit, et eum disperdere nitebatur e terra. Quatenus alterutrum per tempora longa dimicaverint, quanta per hos gesta fuerint vicissim mala, nulla sustinere valet pagina, nullus doctoris explanare sensus; sed neque scribentis potest esse omnino facultas. Nam eo tempore (*an.* 841) dictus Radelchis princeps per Barensem Pandonem gastaldium in auxilium sibi transmarinos invitabit [4737] Saracenos, qui diu erga Barim residentes, intempesta videlicet noctis hora more solito nominatam rapuerunt civitatem; quæ urbs juxta Græcorum stilum Βαρὺν, — brachia gravis sive fortis interpretatur — vocabulum ex eo olim promeruit, ob delinquentium facinora ab hac gravis vel fortis Saracenorum vastatio ut in nos utique sic nimium sæviret. Horum iniquorum primus venientum vocabatur Kalfon rex, obsitis siquidem vestimentis et calciamentis, saltem nec tara (1673) bene succintis, sed solis harundinibus manu gestantes. Cum his quoque Radelchis totam devastavit Siconolfi regionem, Capuamque primariam (1674) universam redegit in cinerem; exinde hinc omnia corruunt pariter in pejus. Hoc in tempore bellum inter utrosque factum est in Cannis.

9. [4738] His diebus Saraceni egressi Romam (*an.* 846, *Aug.*) horatorium totum devastaverunt beatissimorum principis apostolorum Petri beatique ecclesiam Pauli, multosque ibidem peremerunt Saxones aliosque quamplurimos utriusque sexus et ætatis. Fundensemque capientes urbem, vicinaque deprædantes loca, Septembrio quoque mense secus Gaietam castrametati sunt. Contra quos pervenit Francorum exercitus, sed superatus a Saracenis quarto Nobemrii idus, iniit fugam; quos persequentes Saraceni illorumque omnia capientes, tandem ad sanctum devenerunt Andream, cujusque cellam igne cremaverunt. Quique dum pervenissent ad cellam præsulis (1675) beatissimi Apolinaris cogno-

VARIÆ LECTIONES.

[4732] propspexerimus *c.* [4733] *lege* liber cum *a.* [4734] benenuento *c.* [4735] *i. e.* illis. [4736] chinis *manu recentiori scriptum videtur.* [4737] *i. q.* invitavit. [4738] Quomodo Sarraceni ecclesiam beati Petri apostoli depredati sunt, et cellas beati Benedicti igne cremaverunt. *In marg.*

NOTÆ.

(1667) I. e. faidis.
(1668) I. e. obsidens.
(1669) I. e. Amalfim.
(1670) Sessola.
(1671) Hæc itaque ante mensem Februarium anni 871 scripta sunt.
(1672) Cubiculi interioris palatii custos, cubicularius.
(1673) Fascia?
(1674) I. e. veterem.
(1675) Ravennatis.

mento Albianum, e vicino sanctum beatissimi confessoris Christi conspexerunt montem; quo ilico pergere satagebant, sed tardior quippe eos transire hora vitabat. Igitur tanta tunc et cœli serenitas et terræ siccitas, ut flubium pede quisque volens pertransire posset. Beatissimi vero Benedicti Patris monachi tam vicinam sibi mortem cernentes, protinus vicissim pacem dederunt, obsecrantes misericordem Dominum, ut illorum propitius in pace animas susciperet, quas in velocitatem mortis continuo exspectabant migrare. Ilico universi nudis plantis, et cinere sperso capite, cum lætaniis ad patronem suum se contulerunt, Benedictum beatum. Dum nimius esset pavor et formidolosa expectatio, et copiosa fieret ad omnipotentem Dominum exoratio, per visum Bassacio patri paruit prædecessor ejus Apollinarius abbas : « Quid, inquiens, habetis? quare mœrorem patimini? » Et Bassacius ad hæc : Imminet inquam mors, pater, et non verendum? — Nolite, inquid, ait, timere; Benedictus pius pater vestram obtinuit salutem; deprecamini igitur sedule Dominum cum lætaniis et missarum sollemniis; Dominus cito exaudiat voces clamantium ad se : denique et nos vobiscum in ecclesiis stantes, cœlorum cum civibus communiter pro vobis Jesum Christum dominum exorare non desistimus. » Cumque a somno surrexisset Bassacius pastor, et hoc fratribus indicassed, in commune omnes excelsa voce Deum benedixerunt, qui salvat misericorditer sperantes in se. Tum subito inmanis facta est pluvia, coruscationes, et tonitrua tam vehementia, ita siquidem ut etiam Carnellus (1676) fluvius ultra terminos excrescens redundaret, et quem pridie adversarii transire poterant pede, sequenti videlicet die divina cohercití repulsione, neque ripam attingere valebant fluvii. Nitebantur quolibet fluvium transmeare modo, sed dum nullus adesset eis ad cœnobium transmeandi aditus, sicut est illorum dira barbaries, digitos corrodentes manuum, fremebantque seu stridebant dentibus, huc illucque furibundi discurrentes. Et ut non abesset illorum assuetus facinus, cellas beatissimorum martirum Stephani seu Georgeii igne cremaverunt, et per duos Leones (1677) ad castra remearunt. Post dies aliquot suos subnervantes equos, navigare cœperunt; qui dum proprius [4739] suæ adessent provinciæ, ita ut etiam jam vicinos cernerent montes, nautico plausu laudem suo more dederunt. Mox inter eos una paruit navicula, quæ duos ferebat homines, unius velut speciem clerici, alterius velut monachi habitus habentis. Qui dixerunt ad eos : « Unde venitis, vel quo itis? » At illi responderunt dicentes : « A Petro revertimur; Roma omne illius devastabimus [4740] oratorium, populum cum regione deprædata; Francos superabimus, cellasque Benedicti igne cremavimus [4741]; et vos, inquiunt, quinam estis? » Aiunt illi : « Qui nos quoque sumus, modo visuri eritis. » Ilico facta est tempestas valida et procella vehemens; omnes igitur naves confractæ sunt, cunctique adversarii peremti; nullus umquam ex eis penitus remansit, qui ceteris talia nuntiaret. Sequenti itaque tempore Leo venerabilis papa oratorium ambiens beati Petri muris firmissimis et excelsis, ne umquam talis Romæ ulterius aliquando ebentus [4742] eveniret.

10. Per idem tempus (*an.* 844) Siconolfus princeps pro Spanis (1678) tribuendum de beatissimi Benedicti cœnobio thesaurum [4743] abstulit perplurimum. Si quidem vice prima basiem (1679) argenteam unam, vaucas (1680) par I, in gemmis et smaragdis spora (1681) par I, suricamque (1682) sericam de silfori (1683) cum auro et gemmis. In alia igitur vice centum triginta in vasis auro libras. Tertia itaque vice trecenti sexaginta quinque argento libras, et tredecim milia solidos auro figuratos. Quarta videlicet vice vatias (1684) duos pensantes libras triginta, et fundatos (1685) duplices septem. Quinta nichilominus vice matiatos (1686) solidos ac prædolatos quattuordecim abstulit milia. Et post hæc in agrifis (1687) batiam unam, et scaptonem (1688) unum Constantinopolitano deaurate fabrofacte vasa opere. Porro insequenti vice sexta per Landonem comitem, et Aldemarium gastaldeum vim ex cœnobio sustulit isdem Siconolfus prædolati solidos duo milia, et sui principis coronam Siconis genitorisque, de auro ac gemmis smaragdinis ornatam. Et hoc neque sibi profuit, animamque jugulavit suam; sed neque quod fallere monachos promittendo nisus est, ei neque profuit nichilominus seu patriæ; sed videlicet abhinc nullum ei amplius evenit triumphum victoriæ.

11. His diebus inter utrosque principes factum est in Cancellos (1689) bellum perexecrabilem.

12. Aliquantis interim elapsis temporibus, Massar dux, Benevento residens in auxilium Radelchisi principis, beatissimæ Dei genitricis in Cingla Mariæ monasterium devastabit, castellumque postmodum sancti qui cognominatur Viti (1690) cœpit. Telesinium [4744] possidens castrum, Sitim humiiiabit, totamque devastabit Apuliam, et cætera nichilominus loca. Quandoque pervenit secus almi Benedicti monasterium, cujus adeo ita divinitus mens immutata est, et dum unus ejus canis vellet in pratis unam comprehendere aucam, per semedipsum cum flagello concurrit, et eandem de ore captoris expulit abem [4745]. Cumque ante januas assisteret monasterii, protinus portas claudere jussit, ne subsequentes introire magaritæ (1691) præsumerent. His expositis, pertransiit Aquinum (1692), ac deprædavit Arcem (1693) vicinaque loca. Novembrio autem mense post dies octo reversus est Beneventum.

13. Mortuo itaque Siconolfo apud Salernum (*an.*

VARIÆ LECTIONES.

[4739] i. *e.* propius. [4740] *i. e.* devastavimus. [4741] cramavimus *c.* [4742] *i. e.* eventus. [4743] Thesaurum sancti Benedicti quod abstulit Siconolfus. *In marg.* [4744] *ita aut* telesimum *c.* [4745] *i. e.* avem

NOTÆ.

(1676) Idem qui Liris et Garilianus. PRATILL.

(1677) Terminus Casinensis ditionis ex Leone Ostiensi I, 5.

(1678) Hispanis, i. e. Sarracenis; sed cf. Prudentii Ann. a. 844 SS. I, 440.

(1679) Nostrum *becken* esse videtur, Anglorum *basin.*

(1680) I. q. bauca, vas.

(1681) I. q. sporones, nostris *sporen.*

(1682) Pannus sericus.

(1683) Adelung vocem a σιλφη *blatta* derivatam opinatur.

(1684) I. q. batia, bazia.

(1685) Vas aureum vel argenteum

(1686) An purgatos? Leo I 26 *mazatos* dicit.

(1687) Anagrifis, anaglyphis ut Leo legit.

(1688) Vas quoddam esse videtur.

(1689) Prope Furculas Caudinas.

(1690) Prope Æserniam. PR.

(1691) I. e. apostatæ, infideles, Sarraceni.

(1692) Aquino.

(1693) Arce.

849), Sico, filius ejus, specietenus ei successit in principatum. Isque post aliquantulum Franciam puerulus transducitur.

14. Mense Junio (848) generalis per totam Beneventi regionem terræmotus factus est magnus (1694), ita ut Iserniensem funditus urbem obrueret, multumque perimeret populum; ad ultimum etiam et præsulem extinxit ejusdem civitatis. Pari ruina ædificiorum extitit apud sanctum Vincentium (1695), similique vim fuit terremoti ad Benedicti beati cœnobium, sed nec unus quidem lapidis suo de loco labsus est. Quod dum Massaro nuntiatum fuisset, et ruinosam deprædaret Iserniam, ait enim: « Dominus omnium illuc iratus est; et ego peramplius desæbiam? Non utique ibo! »

15. Telesis nova secus primariam in planitiem sui cognominis construitur.

16. Inter hæc tempora, breviter ut superius dictum est, infra Capuanites filii Landolfi gastaldii, hoc est Lando comes, Landolfus episcopus. Pando marepahis, Pandinolfus gastaldius, hujus patriæ insignes habebantur. Sed ob scelera commorantium crebro eorum urbs incendio cremabatur. Non pœnitentiæ remedium, neque divinam postulantes misericordiam aut emendationem facinorum, sed quodam tandem reperto consilio, ad Casolini pontem construunt civitatem; quamque ludo « secundam » vocitabant « Romam. » Nam sicut qui effugerit a facie leonis et incurrerit in ursum, sic ab istis remota civitas ipsa ab igne, pari in ultione corruit in abyssum. Qua gloria sperabatur erigi, carmen indicat istud :

Quæ primum sen.o marcebat tempore .ongo,
Cernitur, en, amplis consurgere mœnibus urbem!
Illa senatorum pollebat fulta caterbis,
Nomine sed Capua vocitatur et ista secunda.
Providus in cunctis patriæ populique juvamen,
Lando comes studio sollerti hanc condidit urbem.
Aurea porta vocatur, fert quia lucis honorem.

—

Arma, salus, virtus perpetua, Christus in urbe
Hac maneat, populo tempus in omne suo;
Pellat et hinc hostem sævum fraudemque malignum,
Civibus et præstet pacis honore frui!

17. Hoc videlicet tempore Tarantum fame obsessa, a Saracenis capitur (*an.* 856).

18. Per idem tempus Bassacius abbas, rogatus a primatibus patriæ, adiit Franciam, obsecrans gloriosum imperatorem Hludowicum; qui [4746] veniens Barim, et in quantum [4747] possibilitas fuit totis viribus cum Saracenis dimicabit (*an.* 848). Post complures autem dies venit Beneventum. Igitur sabbato vigilia sanctum pentecosten infra Beneventanam urbem interempti Saraceni, Radelchisi principatum gerens, Massari capitur, ad imperatorem adductus capite plectitur. Hludowicus exin repedavit in patriam.

19. His temporibus Bassacius abbas defunctus est (*an.* 856), expletis in regimine annis decem et novem; cujus quale quantumque fuit sursum deorsumque in ecclesiis studium, et ipsi vidimus qui scribimus, et carmina illius nobis descripta resonant. Huic successit in regimine Berthari sacerdos, ejus discipulus, moribus et vita strenuus, et omni bonitate conspicuus. Castelli sursum monitionem ipse ambiens, calicem ad honorem Dei officium operatus est, civitatem juso (1696) fieri voluit, et inchoabit. Et quomodo totis viribus contra Saracenos, in Gaietam dimicabit, nostra plenissime comperit ætas. Quomodo autem suos dilexit commissos, et qualenus pro ipsis decertavit, præcepta indicant cœnobio facta imperatorum.

20. Eo tempore Ademari princeps erat apud Salernum (854-860). Teanensis ecclesiæ præsul Lupoald obiit. Hilarius levita, beati Benedicti monachus, ad episcopale [4748] decus eligitur.

21. Bone memorie Aloara, Landonis conjux comitis, una cum Surano medico ejusque interventu tam benefactrix erat monachorum, ut Madium totum mensem stipendia præveret, ac aleret fratres.

22. Lampert filius Widonis, et Ildepert comites nisi sunt manus erigere contra Hludowicum imperatorem; sed relata illorum fraude, persecutus est eos Hludowicus usque Marsim. At illi demum ante faciem ejus fugerunt Benevento apud Adelchisum principem. Hildepert vero pertransiens, abiit Barim, libentissime quidem a Seodane rege susceptus est, et habitavit ibi tempore quo voluit. Hludowicus ergo imperator persequens eos, devenit in Hiserniam, quam cum infidelem sibi comperisset, bellando cepit; ac deinde pertransiens Aliphem, post plura bella urbs capta est. Per Telesiam igitur devenit ad civitatem quæ dicitur sanctæ Agathæ, et urbem expugnare cœpit; quæ dum valde esset munita, multis diebus obsedit eam; erat etenim tunc æstivum tempus. « Nemo umquam, ut apostolus ait, carnem suam odio habet, sed nutrit et fobet eam (*Ephes.* V). » Tandem Berthari abba condoluit super Hisembardum, consanguineum sibi et gastaldium obsessæ civitatis, et intervenit pro eo apud imperatorem augustum; cujus et promeruit gratiam et pactum dedit (1697) civitati, ac illius juri protinus urbs mancipata est. Adelchis princeps ad pedes prostratus clementissimi imperatoris, et suam obtinuit veniam et fugacibus comitibus; ab hinc tandem Hludowichus rediit Franciam. Hoc in tempore Magenolfus clericus Ingenam, neptem imperatricis, accepit conjugem.

23. Ademari junctus cum Neapolitis nitebatur quiddam dolose erga suos; ob hoc oculi ejus evulsi, spernitur a principatu, et Waiferi Salerni factus est princeps (*an.* 860). Nam dictus Ademari Suram, Erpinum, Vicum Album et Atinen tradidit Francis, id est Widoni comiti. In his locis præerat Landolfus gastaldius; quæ dum amississet loca, præ nimia est tristitia defunctus.

24. Juvamine Landonis comitis et fere sacerdotis Teano monasterium construitur famulabus Dei.

25. Defuncto igitur apud Capuanam urbem Lando comes, Pando germanus ejus ei successit in comitatu; qui junctus cum Landolfo episcopo, venerabilem Aloaram, cognatam suam, de Capua excutientes; quæ exul cum natis et facultatibus propriis apud Salernum habitatura devenit. Per idem tempus Neapolites audacter super Capuanos venire in bellum conati sunt, eo siquidem die quo beati Michaelis est festivitas. Hujus Langobardi auxilio freti, exierunt adversus Querites (1698), et tanta in illis cæda bachati sunt, ut plurimi ex eis gladio fuissent peremti multique capti; nonnulli in fluvio se projicientes; residui vero perpauci vulnerati in urbem [4749] reversi sunt suam. Cæsarius autem, magistri militis filius, capitur, Capuaque adductus, ferro in compedibus habetur. Secunda Neapolitis hæc ruina extitit similis, quo olim in Gargano cum beato Michelielo archangelo agere temptaverunt. Quod ex utroque latere Seudan audiens, factum irrisit, dicens :

VARIÆ LECTIONES.

[4746] q. o. g. i. H. *c.* [4747] qua tum *c.* [4748] episcale *c.* [4749] urbe *c.*

NOTÆ.

(1694) Cf. vitam Leonis IV, cap. 12, ubi indictioni x terræmotus ascribitur. Leo Ostiensis anno 847 scribit.

(1695) Ad Vulturnum.

(1696) I. e. deorsum, civitatem S. Germani.

(1697) Scilicet imperator.

(1698) I. e. Quirites.

« Stuppa cum tomentis pariter juncta, fecerunt bellum. »

26. Eo autem tempore in Aquini villam Rodoald gastaldius secus Pontem Curvum (1699) construxit castellum. Hoc facto subduxit se a jure Capuanorum, qui vehementer ob hoc affligebatur a Capuanis. His diebus Magenolfus, de quo supra paululum diximus, pergebat Franciam, ut sibi ab imperatore glorioso peteret, quo vivere loco seu et habitare posset. Cui Rodoald legatarium quendam Ursum transmisit presbiterum, ut reversus veniret ac pariter commorarentur, suoque præsidio juvaret eum a persequentibus se. Regressus ergo Magenolfus de itinere cœpto, et in Pontem introibit Curvum; nec multo post profectus est Salernum, sumptaque conjuge, omni cum suppellectile ac familia rediit in castrum. Neque diu latuit misterium iniquitatis; nam quodam die cum suis cepit Rodoaldum, eumque in custodiam retrusit, duos quoque filios ejus in turrem projecit, omnemque facultatem ipsius abstulit, thesaurum, peculia, mancipia, servos, populum, castrum, villam et omnia subjugavit sibi. Rurem [4750] populum et indisciplinatum, quem invenit, docuit more palatii esse prudentissimum; et qui prius non noverant nisi cæpe et alei, nunc ab eis censum principales exquiruntur solidi, etiam et in hostili armati proficiscuntur exercitu. Rodoald offertus dum beato Benedicto fuisset, vix a venerabili viro Berthari abbate et a monachis liberatus est, ut Esepus [4751] doctor fabularum, ait : « Hoc patiatur, qui fortiorem sibi induxerit in domum suam! »

27. Dum in Eublogimenopolis (1700) urbis mœnia struerentur, vir quidam tunc ibi erat suis cum sociis in constructionem civitatis. Is quondam præ nimia infirmitate linguæ perdiderat officium, et per annos circiter septem nullum omnimodo valuit proferre sermonem. Quadam itaque nocte lassus ab opere manuum, dum fratres in oratorio beatissimi Benedicti Deo laudes peragerent, idem mutus ad columnæ pedem, cum aliis residens, obdormivit; quem beatus Benedictus per visum baculo capite percutiens, increpans ait : « Huc properasti, inquid, ad dormiendum? Evigila ergo, et tribus vicibus expue in terram! » Qui cum hoc fecisset, surgens a somno, beneficium sibi collatum cœpit omnibus effari, et ita perfecte loqui, ut ante septennium nec minus solitus erat. At omnes Deo laudem pariter dederunt.

28. Interim gladius dominicæ indignationis huc illucque discurrens, in deliquentium cervicibus grassabatur; nam egressus de vagina sua, omnes terminos per circuitum devastabat. Ille impiissimus atque crudelissimus latro, « quem Dominus percutiat gladio oris sui, et destruat illustratione adventus sui! » (*II Thess.* II) ille pestifer Seodan, quodam tempore egressus a Barim, totam devastabit Capuam, Cantias, Lenorem, et suo nequissimo throno posuit in campo de Neapolim. Nullus omnino præteribat dies, quod ad quingentos et eo amplius interficeret homines, et hoc partis [4752] Dei esse dicebat, ut illud compleretur evangelicum : « Omnis qui interficit vos, arbitratur se obsequium præstare Deo (*Joan.* XVI). » Nam servus ille tyrannus super cadavera mortuorum sedens, edebat tamquam unus putridus canis. Tandem quasi e gravi somno evigilantes sed gravati atque præpediti nimiis miseriis Wandelpert, et Maielpotus gastaldius, et Garard comes (1701), cum plurimis aliis nobilibus, properaverunt Beneventum, ut communi consilio ulciscerent se de Saracenis. Salubre quidem fuit consilium, sed inutilis ordo ejus. Non uno agmine, non una eademque intentione per cohortes incedebant; sed divisi ab alterutro inordinate proficiscebant. Igitur propinquaverunt secus Saracenos ad Arium; quod hi cernentes, se protinus straverunt in terram; jamque sol ad occasum tendebat. Hi vero qui a Benevento venerunt, sicuti fuerant lassi et nimium equidem fatigati sitientesque valde, continuo in aciem introierunt. Ilico Saraceni subito erecti, ut erant in uno agmine conglobati, repente irruerunt super eos; hi vero terga vertentes, fugere cœperunt, plurimi interempti a gladiis, nonnulli cadentes, in alterutrum inpingentes, præfocabantur; alii in fossatis sepibus et cavernis terræ, inlesi a gladiis, sed præ siti mortui inveniebantur. Saraceni autem victores effecti, cœptum peregerunt iter.

29. Inter Capuam, Teanum, nec non Aliphem auditur esse mons quidam, in quo dicitur adesse angelica virtus, ad instar beati Michahelis archangeli in monte Gargano, ita stillari aquam, et jugiter effodi criptam, et patere basilicam, atque ibidem divina crebro fieri prodigia. Exhortatum autem Landolfi præsulis Hilari, Teanensis ecclesiæ episcopus, dedicabit illuc sanctorum altaria, et peramplius ex tunc fiunt multorum sanitatum signa et prodigia, ad gloriam et laudem nominis Jesu Christi.

30. Mos etenim est apud monachos utrorumque cœnobiorum, videlicet sanctorum Vincentium martiris et beati confessoris Benedicti, diebus sanctæ quadragesimæ vicissim sibi rogum exhibere caritatis gratia. Dum hoc quadam die apud sanctum Vincentium fratres spiritaliter agerent, et illuc de sancto ob hoc Benedicto fratres adessent, die Veneris tamquam pernicitatem volucri repente super eos Seodan rex Saracenorum cum suis satellitibus venit. Monachi vero, quamquam nudi, tamen incolumes ad suum confugerunt castellum. Adest illius misericordia, qui suis fidelibus ait : « Pater meus usque nunc operatur, et ego operor, ego inquam, vobiscum sum omnibus diebus, et ex opibus meis nemo [4753] potest rapere de manu patris mei; quia ubi duo vel tres congregati fuerint in nomine meo, ibi sum in medio eorum! » Sed neque minus in hoc quam dudum suo fideli concessit Dominus Benedicto, quia et si res tradita fuisset gentibus, animas tamen custodiret. Saraceni vero omne demolierunt monasterium, confringentes omnia, frumenta et legumina in flumine projicientes. Et dum huc illucque foderent, plurimum absconsum reppererunt thesaurum, coronas videlicet, ministeria sacra, et quotquot valuit esse ecclesiasticus honor. Nefandissimus autem Seodan rex in sacris calicibus bibebat, et cum turibulis aureis incensum sibi fieri jubebat. Post diem autem tertium veloci cursu properavit cum suis ministris usque ad portas Capuanæ civitatis, plaustra onusta, animalia, homines plurimos capiens; atque eo die rediens, secus Teanum castra metatus est. Verentes autem beatissimi Benedicti monachi et illius vicinum adventum et suorum periculum, per Ragenaldum diaconem, ipsius ut mitigari potuissent ferocitatem, prima vice pro pactu contulerunt ei.

31. Pando Capuanitis gastaldius contra Waiferium principem cum suis hominibus exivit in bellum; mox quidem ipse prius corruit, dehinc qui fuerunt cum eo, victoriamque adeptus est Waiferius princeps. Per hæc tempora Seodan cum omni suo

VARIÆ LECTIONES.

[4750] *i. e.* rusticum. [4751] *i. e.* Æsopus. [4752] pars *c.* [4753] nepo *c.*

NOTÆ.

(1699) Pontecorvo.

(1700) *Eulogimenopolis id est Benedicti civitatis* Leo I, 33, v. supra c. 19.

(1701) Marsorum. Leo I 35. Cf. infra Erchemperti c. 29.

exercitu per dies quadraginta debellabat Consiam urbem, et nimium obsedit eam tempore multo; quamque Dominus suo præsidio eripuit, et Seodan cum suis turpiter ab ea recessit. Et jamdictus Pando annis duobus et mensibus..... Capuam retinens, atque defunctus (*an.* 862) [4754], suo eam filio reliquit Pandinolfo per indictionem undecimam. Pandinolfus, Pandonis dicti filius, Capuana in urbe factus est gastaldius retinens eam menses 9. Quemque non post multum Landolfus episcopus sua seclusit ab urbe; et sua cum facultate veniens, habitavit in Sessam eadem indictione.

32. Landolfus autem extitit suis civibus non solum episcopus, sed et comes et judex, non solum præsul, verum etiam gastaldius, neque tantum pontifex, quin velut miles super cunctos præerat [4755].

33. (*Anno* 867.) Item benefactor noster, id est omnium contrarius hostis, Seodan venit in Benafrum; postquam eorum cœperat civitatem, et postquam omnem devastavit villam, et in circuitu ejus tamquam rex potens in medio resedit terræ, initium siquidem tunc erat quadragesimæ sanctæ [4756]. Eo autem A die sanctam dominicam more solito Berthari abbas suum exhortabat divinis præceptis beatissimum gregem. Cujus vicinitatem cum certo fratres comperissent, concito gressu ad sanctum conscenderunt Benedictum. Sequenti die Mercoris nefandus ipsius regis exercitus secus sancti Benedicti pervenit monasterium, haud non longe quasi stadia dua. Hoc est dum vellent Saraceni per montes descendere Atinen, hic qui eos deducebat, descendit cum eis in vallem Rotundam, de hinc in Rapidum; cumque in planitiis devenissent, prædari cœperunt. In sancti æcclesiam dum introissent Heliæ, parum aliquod damnum ibidem facientes, per Circlarius in Ortum dominicum, et per Pascarium in Fontanam Lucii, ab hinc Peolem, ibidemque senem ante cancellos interfecerunt, qui eorum fallitus est viam. Cesam Constantii, Olibetum, Matronolam loca perscrutantes, omnes jumentas et vaccas monasterii auferentes, ad socios in Benafrum jam sero reversi sunt. B Hic finis in his fuit, Deo propellente partibus beati Benedicti, tam Seodan regis quamque omnium satellitum ejus.

VARIÆ LECTIONES

[4754] atque de *supplevi; locus obscurus in c.* [4755] *Quæ sequuntur posteriori manu in margine addita sunt; ea ex Chronico S. Benedicti, ex eodem codice N.* 353 *iterum edito fluxisse, jam Peregrinius adnotaverat, qui et hunc locum et chronica comitum Capuæ Johanni abbati Casinensi, Leone Ostiensi I.* 52. *teste e nobilium Capuanorum familia prognato adscribit. Eundem Johannem et de persecutoribus ejusdem cœnobii et de miraculis inibi factis chronicam succinctam sed valde necessariam edidisse, Petrus Diaconus de Viris illustribus c.* 15. (*Fabr. bibl. eccl. p.* 173.) *adfirmat. Pergit igitur:*

879. per annos duodecim. Quo defuncto, Pandenolfus, nepos ejus, factus est gastaldeus;
882. qui tribus annis et octo mensibus in ea residens, a parentibus suis captus est; et Lando, frater Landolfi episcopi, factus est gastaldeus, residens annis duobus et men-
885. sibus decem. Cui successit Landenolfus, frater ejus, gastaldeus Capuæ anno uno,
887. mensibus quatuor. Per indictionem quintam, mense Januario Cæpit Capuam Atenolfus comes, quam tenuit annis decem; quibus expletis Beneventi factus est, dominans eam
911. annis decem, mensibus sex.

[4756] Hoc factum est tertio anno principatus domni Radelgarii indictione xv. *in marg.*

LEONIS MARSICANI

VITA S. MENNATIS.

(Exstat in codice bibliothecæ Casinensis signato num. 413. Prologum et Epilogum edidit Gattula *Hist. Casin.* t. I, p. 188 et 911.)

PROLOGUS IN VITAM S. MENNATIS.

Vitam et conversationem egregii confessoris Christi Mennatis (1), necnon et translationem sanctarum reliquiarum ipsius in Cajatiam de loco illo, in quo vitam solitariam egerat divina dispositione nu- C per effectam imperio tuo, reverendissime pater Oderisi, scriptam suscepi. Siquidem et ipse a glorioso comite Roberto magnis fuerat precaminibus exoratus, ut hujusce rei negotium alicui ex Cassinensis

(1) Mennas seu Menna eremiticam vitam sæculo VI duxit in Samnitibus: cujus præcipuum studium semper fuit nihil in hoc mundo habere, nihil quærere, omnesque ad se charitatis causa venientes ad æternæ vitæ desideria accendere; multis clarus virtutibus ad superos evolavit anno a Christo nato 583, sepultus eo ipso in loco quem vivens solitarius incoluerat. Ejus meminit Martyrologium Romanum ad diem Novembris undecimam his verbis: « In provincia Samnii S. Mennæ solitarii, cujus virtutes et miracula sanctus Gregorius papa commemorat, » nimirum lib. III Dialogorum, cap. 26, ubi de eo ex professo agit. Vitam et Acta translationis, quæ, urgente potissimum Roberto inclyto comite, anno 1094 facta est, descripsit Leo Marsicanus Casinensis monachus et S. R. E. cardinalis Ostiensis auctor coævus.

monasterii fratribus dignareris injungere : non quod alibi locorum, et in ipsa quoque curia sua, nequiret scriptores quam plurimos, et scientia claros, et facundos eloquentia reperire; sed utpote vir Deo devotus, et auctoritate nominis loci nostri plurimum fidens simplicibus magis, et proximorum ædificationi profuturis, quam grandiloquis, et trutinatis, et sæcularem potius philosophiam redolentibus verbis ecclesiastica dignius judicaret gesta conscribi. Hoc autem prædictus comes idcirco tantopere flagitabat quoniam et corpus ejusdem sanctissimi confessoris ipsemet Deo concedente, nuper promeruerat invenire atque transferre, et ea quæ de hoc ipso sancto viro in libris Dialogorum suorum, beatus papa Gregorius scripserat, nimis compendiosa, et quasi transcursim viderentur esse commemorata. Ut autem fideles quique populi ad ejus convenientes solemnia haberent, unde se eodem die in ejus laudibus festivis exercerent, non illa tantum, quæ luculentissimo tanti præsulis stylo digesta fuerant, congestis undecunque sententiis competentibus ampliari et spatiari poposcerat, sed et cantus insuper aliquot, et laudum suavium melodias rogaverat, valde devotus inde A componi. Igitur imperitus licet, et iners, et liberalium artium parvissima vix scientia assecutus, præsumens tamen de auctoritate imperii tui ad id quoquo modo exsequendum animo impuli, et ad gloriam Dei, ejusque beatissimi confessoris Mennatis, gesta virtutum, et gloriæ sanctorum Dei, et illis honorem debitum exhiberi, et nobis gestorum illorum exemplis plurimum utilitatis conferri; ut enim docet Apostolus, *quæcunque scripta sunt, ad nostram doctrinam scripta sunt*. Si cujus tamen ædificationis fructum lector meus in opusculo isto repererit, Dei solius applicet gratiæ; si quid vero dignum inibi censuerit reprehendere, imperantis primum auctoritate diligentius considerata (quam contemnere minime licuit), venialiter mecum studeat agere, qui B non id sicut arrogans impudensque arripui, verum aliquo modo, quidem exactus sed humiliter obediens tuis, Pater beatissime, præceptionibus parui. Nam ego non tantum solius obedientiæ, quam tibi ut patri ac domino debeo, mercedem hinc me recepturum confido, verum etiam divinæ retributionem gratiæ superabundanter me consecuturum meritis tam egregii confessoris indubius spero.

EPILOGUS.

« Hæc tantisper de vita et conversatione beatissimi confessoris Christi Mennatis, materiam luculentissimi doctoris, et sanctissimi papæ Gregorii magistram et cooperatricem habentes, imperito licet sermone descripsimus satagentes, et vestrum (Oderisium primum abbatem alloquitur) imperium, in quantum possibile fuit implere, et voluntati, ac devotioni prædicti magnifici (Roberti) comitis (Calatiani) satisfacere. Ortum sane ipsius, et obitum juxta morem, qui in plerisque sanctorum gestis invenitur idcirco C præsentibus litteris non inserimus, quia qui, vel qualis, quove tempore exstiterit nusquam reperientes, et mendacium quod et Deus odit, et occidit animam, omnimodis præcaventes incerta pro certis astruere nolumus, » etc. Et initio Translationis hujus sancti subdit : « Sed libet jam translationis ejus historiam secundum certissimam fidem gestorum ad fidelium populorum notitiam litteris tradere, ut nulli deinceps de tantæ hujus solemnitatis origine prorsus expediat dubitare, » etc.

ACTA TRANSLATIONIS S. MENNATIS

EREMITÆ ET CONFESSORIS

Auctore LEONE Marsicano monacho Casinensi et S. R. E. cardinali Ostiensi.

(Ex ms. Casinensi eruit Mabillonius, edidit D. MARTENE *ampl. Collect* t. VI, p. 977.)

Quod temporibus his nostris novissimis ac periculosis (*an.* 1094), in quibus videlicet, juxta quod testatur Apostolus, sunt *homines seipsos amantes* (*II Tim.* III), et *omnes quæ sua sunt, non quæ Jesu Christi quærentes* (*Philipp.* II), et in quibus etiam D jam, proh dolor! *defecit sanctus, et diminutæ sunt veritates a filiis hominum* (*Psal.* XI); quod his, inquam, temporibus revelationibus sanctorum corporum superna nos pietas visitare ac lætificare dignatur, sola illa ineffabili gratia et bonitate sua hoc circa nos exhibet benignus ac misericors Deus, ut uno eodemque opere et magis magisque animet electos ad præmium, et peccatores incitet ad sperandum, imo præsumendum veniam peccatorum, utque ille divini amoris ardor qui quotidie abundante iniquitate, sinistro quodam flatu in sanctis etiam viris torpescere solet, quasi gratissimo austri flamine reaccendi in pectoribus fidelium iterum valeat. Quapropter exsultemus omnes et jucundemur in Domino, dum ad recolenda sanctissimi nostri patroni, gloriosi scilicet confessoris Christi Mennatis sublimia mérita solemniter convenimus. Dignum etenim est et omnino certe dignissimum, ut quoniam Dei gratia concedente sacratissimum ejus corpus obtinere meruimus, omni spiritualis lætitiæ jubilo mens nostra plausibiliter hilarescat, et ei potissimum a quo *omne datum optimum et omne donum perfectum est* (*Jac.* I), laudum gratiarumque rependere præconia non desistat. Dignum et hoc nihilominus est, ut dum ejusdem translationis sacra solemnia annua revolutione recolimus, ipsi quoque mentes nostras a terrenis actibus et desideriis ad cœlestia ac perpetua transferamus, ut, dum glebam ejus corporis tantopere apud homines in terris venerari conspicimus; quantum gloriæ pondus apud angelos in cœlestibus, ubi profecto verus et incomparabilis honor est, possideat, perpendamus. Sed libet jam translationis ejus historiam, secundum certissimam fidem gestorum, ad fidelium populorum notitiam litteris tradere, ut nullo deinceps de tantæ hujus solemnitatis origine prorsus expediat dubitare; quin potius in laudem et gloriam Dei qui mirificat sanctos suos, omni devotionis genere studeat tam corde quam ore prorumpere, dicens : *Quis similis tibi in diis, Domine, quis similis tibi, gloriosus in sanctis, mirabilis in majestatibus, faciens prodigia?* (*Psal.* LXXXV, LXVII, LXXI.)

Cum igitur a sancti hujus viri transitu quingentorum circiter supputatio jam volveretur annorum, et tam pretiosus ac cœlestis thesaurus vilissimo quodam ac parvissimo, nec non ac vetustissimo, non dicam oratorio, sed tugurio, satis indecenter requiesceret, in eodem scilicet monte ac loco, quo vitam solitariam, imo sanctissimam egerat, non utique procul a Beneventi mœnibus, sed quasi millibus octo, jamque decrevisset omnipotens Deus sacrosanctas ejus reliquias, et ad sui nominis gloriam et ad fidelium providentiam revelare, talis profecto ipsius dispositione provenit occasio : Quadam denique die, cum Robertus egregius comes, Rainulfi scilicet comitis filius, vir plane et in sæcularibus strenuus, et in divinis devotus admodum, prout fas suppetit, ac studiosus, cum latomis ac cæmentariis qui aulam sanctæ Dei Genitricis apud Cajatiam ejus imperio studiosissime construebant sederet, et satis anxie cogitaret unde vel qualiter sanctorum reliquias posset acquirere, quibus juxta devotionem suam eamdem Genitricis Dei basilicam honoraret, contigit ordinatione divina ut hora eadem domnus Madelinus, venerabilis abbas monasterii Sanctæ Sophiæ de Benevento, una cum domno Guiso abbate monasterii Sancti Lupi, ad eum pro quibusdam monasterii sui utilitatibus advenisset. Cumque pariter consederent, et de quibusdam inter se negotiis aliquantisper tractarent; tandem inter loquendum percontatur comitem abbas unde tandem sanctorum reliquias ad ipsius ecclesiæ consecrationem speraret. Animadvertens itaque vir prudens non sine Dei nutu id se abbatem interrogasse quod ipse paulo ante versabat in corde : *Deus*, respondit, *et sancta ejus Genitrix providebunt hæc ad gloriam nominis sui qualiter illis placuerit.* Ad hæc abbas gratulabundus : *Quod mihi*, inquit, *repensurus es beneficium, si non modo parvas aut forte ignotas vel dubias corporum sanctorum particulas dedero, sed integrum prorsus tibi sancti cujusdam corpus intra comitatus tui ditionem ostendero, quod possis promereri continuo?* Exhilaratus ad ista plurimum comes, et in spem tantæ pollicitationis erectus : *Nihil*, inquit, *est certe in toto honore meo, quod me irreprehensibiliter dare et recipere te conveniat, quod non tibi præsto donetur, si quod promittis ore, opere fueris exsecutus.* Subinfert protinus abbas : *Non aurum a te, non argentum, seu quodlibet sæculare, quod nequaquam meæ professioni competit, exigam. Verum enim vero illud quod tuæ saluti, quod tuo honori, quod tuo denique officio potius congruat quæram. Volo igitur simul et flagito, ut omnium rerum nostro monasterio pertinentium in tuo duntaxat consistentium comitatu, custodem, advocatum ac defensorem te ab hodierna die constituas, ut ea quæ a pravis quibusdam subtracta vel diminuta sunt, eidem sancto cœnobio, prout tibi posse fuerit, gratanter restituas. Quod videlicet modo si irrefragabiliter te exsecuturum spoponderis, quod ego quoque sum pollicitus, protinus obtinebis.* Promptissime comes universis mox ejus petitionibus annuit, insuper etiam conjugem suam testem rei hujus ac mediatricem, sicut exegerat, posuit.

His ita firmiter utrinque pepactis, retulit abbas comiti omnia quæ de sancto hoc viro in Dialogis beati Gregorii legerat, quod viderat, quod certo certius noverat : *In monte*, inquiens, *qui hodie, ex vocabulo ejusdem hominis Dei, mons Sancti Mennatis a loci incolis nuncupatur, referente beato papa Gregorio, idem vir Dei vitam solitariam duxit, ubi etiam post felicem sui transitus cursum a fidelibus est sepultus, parva admodum super ejus memoriam ecclesiola fabricata, quæ hactenus, licet semiruta, durat, cujus procul dubio sanctum corpus usque hodie in eadem ecclesia requiescit, sicut hoc et a coævis nostris, et a nostris etiam majoribus frequenter audivimus affirmari. Nam et ad commendandam venerabilem sancti ipsius memoriam memorabile usque in hanc diem miraculum in eodem loco peragit omnipotens et mirabilis Deus. Prope siquidem ipsam ecclesiam fonticulus perspicuus oritur, qui videlicet in usibus viri Dei, dum adviveret, fuisse non immerito creditur.*

Hunc refert antiqua incolarum traditio per ipsum viri Dei sepulcrum habere meatum. Quam profecto aquam feminæ, geniali lacte carentes, dum devote perbiberint, protinus abundantia cœlestis gratiæ mirabiliter eorum ubera replet, et lactis copiam affatim subministrat; quodque magis mirandum est, idipsum etiam quibusque lactantibus fertur animantibus provenire.

His comes acceptis, lætitia simul et confidentia magna repletus est, et ad exquirendum, imo ad quærendum tam incomparabile margaritum totis viribus animum impulit. Perrexit itaque protinus comes cum abbatibus supradictis Alifas, indeque post biduum properavit Telesiam. Inter eundum autem, quemdam nutu divino rusticum duas ligneas capsas ferentem offendunt, quas dato mox pretio emptas ad recondendas in eis corporis sancti reliquias secum vehunt. Maxima siquidem fide fidens, procul dubio se reperturum quod cupiebat sperabat. Ubi advenit Telesiam, et comedit..... candente sancti desiderii flamma in pectore, minime id differendum seu recrastinandum passus, confestim illuc cum eodem abbate profectus est, paucis secum assumptis, ut suspicionem nemini faceret. Cavens tamen ne si forte vicini incolæ hoc præsentiscerent, nullatenus id fieri paterentur, armatos aliquot de castro, quod dicitur Tocius, illuc convenire mandavit.

Cumque ad oratorium conductum venissent, et facta oratione foras egressi essent, advocans quemdam fratrum qui inibi commanebat, præfatus abbas, et oratorium illud rursum ingressus, cœpit ab eo disquirere utrumnam certius sciret locum in quo beati Mennatis corpus quiesceret. Tum ille: *Sicut ex majorum*, inquit, *traditione, mi Pater, accepimus, certum habemus eumdem eximium Dei confessorem in ecclesiola ista pausare; sed certus pro certo locus quo lateat cunctis manet incertus.* Illis ergo in hæc verba egressis, iterum comes nimium anxius et morarum impatiens, cum abbate et aliis aliquot ecclesiam ipsam ingrediens, eamdemque undique curiose perscrutando circumiens, maturabat id propter quod venerat agere; sed ignorabat in quem potissimum locum deberet manus injicere. Verum cum ipsius oratorii pavimentum præ vetustate simul et injuria scabrum totum videretur atque defossum; ante crucem tantum, quæ inibi stabat, aliqua illius particula remanserat solida, propter quod plerique suspicabantur in eodem loco sanctas jacere reliquias. At comes nequaquam hoc verisimile reputans, et iterum ecclesiam iterumque regyrans, aliquod lucidius indicium exquirebat. Tandem vero secus altare vir valde devotus pertransiens, respexit subito post illud sancti viri imaginem cingulo tenus depictam, et proprii nominis apicibus insignitam. Exclamat continuo præ lætitia, quasi non jam imaginem, sed ipsam rei veritatem, ipsas sancti Dei reliquias cerneret. Accurrunt omnes, videntesque figuram sancti viri ac litteras gavisi sunt, minime jam dubitantes reperturos se protinus quæ quærebant.

A Primus itaque idem comes Christum invocans, terræ fossor accedit. Sequuntur et cæteri. Et primam quidem soli ipsius faciem quasi arenariam calci commistam inveniunt. Qua mox egesta, terram reperiunt, et ea rursum defossa, impingunt in calceum pavimentum. Itaque se voti compotes æstimantes, magna cum aviditate illud dirumpunt; sed eo remoto, in puram terram iterum incidunt. Eo igitur magis instare, et terram ipsam aliquanto altius fodere; quam cum nihilo segnius ejecissent, pavimentum item de tegulis reperiunt, et eo quoque omni instantia dissipato, tertio iterum in similem priori terram deveniunt. Itaque fatigati, quasi diffidere et relinquere cœpta parabant, cum fervor fidei ac devotio comitis quiescere nullatenus acquiescens,

B magis ac magis cœpit instare, inventamque terram instantius mandat eruderare. Quod dum fieret, tandem ad lapidem quo sanctum contegebatur corpus attingitur, eoque caute ac diligenter sublato, thesaurus omni pretio pretiosior invenitur, integrum scilicet et illibatum in ossibus Mennatis beatissimi corpus. Jam vero quis enarrare pergat laudes et gratiarum actiones in Deum, gaudia et gratulationes in homines? Sed quoniam sepulcri ipsius medietas ita sub altare sita erat, ut sine illius violatione moveri vel levari nullomodo posset, consuluit abbas ut archiepiscopo Beneventano id significaretur, quatenus ejus permissione liceret eis et altare confringere, et sepulcrum cum corpore simul, ut erat, levare. Verum comes prudentiori consilio usus:

C *Nequaquam*, ait, *ne forte archiepiscopus non solum altare non violari, sed nec etiam corpus nobis auferre permittat; imo fortasse prohibeat; nosque postmodum si fecerimus, incurramus non leve peccatum; si non fecerimus, incurramus nihilominus voti simul fastigiique dispendium: et si non possumus*, inquit, *quod volumus, velimus id quod possumus.*

Cum maxima igitur devotione ac reverentia jussit levari sacras reliquias, atque in duabus capsidibus ligneis nimis diligenter locari. Sicque acceptis illis cum laudibus et canticis, gaudentes ac triumphantes inde progressi, eodem die qui erat pridie Kalendas Aprilis ad villam, quæ Squilla dicitur, applicuerunt, ibique in excubiis sancti corporis noctem

D integram peregerunt. Altera vero die, quia Sabbatum, Palmarum solemnitatem præcedens, illucesce bat, innumera tam cleri quam populi multitudine confluente, accipientes sanctas confessoris Christi reliquias, pedester comes ipse cum omnibus qui convenerant per millia circiter (2) profecti, cum ingenti tripudio et lætitia, cumque hymnis et confessionibus Cajatiam detulerunt, easque super altare beatissimæ Dei genitricis Mariæ decenti honore ac reverentia posuerunt, glorificantes ac benedicentes Dominum, qui non deserit confidentes in se et de sua misericordia præsumentes. Acta autem sunt hæc anno Incarnationis Dominicæ millesimo nonagesimo quarto, ad honorem

(2) *Septem aut tria nescio quot* antiqua manu insertum est margini.

et gloriam ejusdem Dei et Domini nostri Jesu Christi, cui simul cum Patre et Spiritu sancto sit decus et gloria, laus et gratiarum actio, et nunc et semper, et in sæcula sæculorum. Amen. Hæc igitur sacræ hujus solemnitatis est causa, hæc veneranda cunctis celebritatis hodiernæ materia. Et ideo quam bonum et quam jucundum, quam dignum quamque justissimum est ut, in translatione sacri corporis, omni tripudio gaudeat plebs devota fidelium, cui non dubium est congratulari exercitum etiam angelorum.

NARRATIO

DE CONSECRATIONE ET DEDICATIONE ECCLESIÆ CASINENSIS,

AUCTORE

LEONE MARSICANO.

(MURATORI, *Script. Ital.*, t. V, p. 76.)

Operæ pretium mihi videtur, ad laudem et gloriam omnipotentis Dei, qualiter hujus sancti et venerabilis cœnobii nova ecclesia, quove tempore vel a quibus personis funditus renovata, constructa et dedicata sit, ad posterorum memoriam litteris utcunque mandare. Sicut enim detestandi sunt qui ea quæ noverunt celanda, revelant, ita nihilominus ingrati sunt qui ea quæ multorum ædificationi profutura præviderint, celant. Et quamvis non sicut decebit id enarrare me posse confidam, melius tamen hac mea imperitia aliquo modo puto scribendum, quam ad non parvum nostrum dedecus scribendi negligentia reticendum.

Cum igitur sanctissimi et eximii Patris nostri Benedicti in hoc ejus venerabili monasterio Casinensi, quod ipse quondam strenue, Deo duce et fautore, primum construxerat, venerandæ memoriæ domnus Desiderius, septimus et tricesimus successor, divina dispositione ordinatus esset, omnipotenti Deo adeo charus exstitit ac devotus, ut quod suo fideli famulo Benedicto olim promiserat, videlicet quod locus hic, quem tunc gentibus vastandum diripiendumque tradere censuerat, in majorem quam tunc erat statum, famam et gloriam venturus esset, constat ab hoc inchoari et perfici voluisse, cui tantam suæ pietatis gratiam meritis Patris Benedicti concessit, ut inter ferocissimas Northmannorum gentes, quæ non ante multos annos finitimas quasque et contiguas terras occupaverant, tam pacifice tamque quiete consisteret, ut non solum mediocres viri, verum etiam ipsi eorum principes ac duces libenter ei obedire, ejusque voluntati non aliter quam sui patris ac domini in omnibus parere studerent, nullusque circumquaque manentium esset qui non ejus gratiam et benevolentiam desideraret. In tali igitur pace ac tranquillitate divinitus constitutus, post nonnullas hujus sancti cœnobii a se nobiliter ædificatas officinas atque constructas, tandem aliquando ad renovandum a fundamentis ecclesiam, quæ revera et crescenti in dies fratrum numero, parva et pretiosissimo beati Patris Benedicti corporis thesauro indecens erat, non sine divino instinctu animum adjecit, quæ videlicet, ut compendio loquar, anno ab Incarnatione Domini millesimo sexagesimo sexto omni nisu et studio ædificari cœpta cum atrio et porticibus suis, in quinque annorum spatio omni est gloria et decore perfecta. Cujus quidem columnas omnes universosque pavimenti lapides ab urbe Roma magno labore et non parvo pretio convexit, ipsamque ecclesiam mirificis operibus et pene temporibus istis incognitis, artificibus ex diversis orbis partibus et ab ipsa quoque regia urbe Constantinopoli maximo ære conductis, decentissime decoravit.

Parietibus autem in circuitu pulchra colorum varietate depictis, absidam, et arcum majorem, et atrium musivo pretiosissimo adornavit. Pavimentum vero totius ecclesiæ tanta tamque mirifica et pene ineffabili cæsorum lapidum diversitate distinxit, ut non lapidibus, sed floribus solum vernare putes. Quæ omnia videri quidem et admirari, ut dignum tamen est, comprehendi vix ab aliquo possunt. Quantitatem autem ipsius ecclesiæ, et qualitatem, seu ornamenta, quoniam non fuit mei propositi ex integro in hoc sermone describere, et alio loco cum reliquis operibus prædicti domni abbatis latius, Deo volente, comite vita, pandentur, id tantum quanta gloria quantaque frequentia sit consecrata, pro posse narrabo.

Venerandæ memoriæ domnus Alexander II papa eo tempore sanctam Romanam Ecclesiam sapientissime et religiosissime gubernabat. Hunc ergo domnus abbas, ut decebat, devotissimus adiit, eumque ut ad tantæ ecclesiæ consecrationem accedere dignaretur, oravit. Quo velociter, utpote præ cunctis ei familiarior, impetrato, Ildebrandum quoque archidiaconum, ac reliquos Romanos episcopos et cardinales officiosissime invitavit. Optimum autem mihi et non contemnendum videtur, nomina et numerum episcoporum et magnatium aliquot qui adfuere (cum universos non sit facile reminisci) memoriæ tradere, quatenus eorum numerositate, innumera etiam populi multitudine, qui tunc undique terrarum confluxit, ipsius dedicationis gloria innotescat. Sunt autem hi :

Joannes episcopus Portuensis.
Joannes episcopus Tusculanensis.
Ubaldus episcopus Sabinensis.
Alphanus archiepiscopus Salernitanus.
Ildebrandus archiepiscopus Capuanus.
Joannes archiepiscopus Neapolitanus
Joannes archiepiscopus Surrentinus.
Girardus archiepiscopus Sipontinus.
Bisantius archiepiscopus Tranensis.
Drogo archiepiscopus Tarentinus.
Erasmus episcopus Signinus.
Petrus episcopus Anagninus.
Honestus episcopus Verolensis.
Ambrosius episcopus Tarracinensis.
Leo episcopus Cajetanus.
Pandulphus episcopus Marsicanus.
Palumbus episcopus Soranus.
Martinus episcopus Aquinensis.
Guilelmus episcopus Theanensis.
Joannes episcopus Calenus, *sive* Foriclaudiensis, *ut est in bulla Alexandri II.*
Petrus episcopus Venafranus.
Goffridus episcopus Aversanus.
Joannes episcopus Picænus.
Maraldus episcopus Pestanus.
Albertus episcopus Bojanensis.
Rogerius episcopus Civitatensis.
Campo episcopus Draconariensis.
Stephanus episcopus Trojanus.
Balduinus episcopus Melfitensis.
Joannes episcopus Cannensis.
Robertus episcopus Florentinensis.
Nicolaus episcopus Termulensis.
Guilelmus episcopus Larinensis.
Petrus episcopus Guardiensis.
Joannes episcopus Vigiliensis.
Innacius episcopus Monorbinensis.
Guilelmus sive Guibertus episcopus Rubiles
Datto episcopus Ostunensis.
Petrus episcopus Monopolitanus.
Joannes episcopus Juvenatiensis.
Maynardus episcopus Arianensis.
Arnaldus episcopus Acherontinus.
Constans episcopus Venusinus.
Ugo episcopus Hydruntinus.
Goffridus episcopus Perusinus.
Theobaldus electus Castellanus, qui videlicet altero post dedicationem die episcopus consecratus est.

At ex originali diplomate Alexandri II, quod est in archivo Casinensi, habentur præterea hi prælati ecclesiastici interfuisse huic ecclesiæ Casinensis consecrationi, videlicet :

Ildebrandus archidiaconus S. R. E.
Petrus Dam. Ost. episcopus

A Et post episcopos omnes ai cardinales subscribunt jam dicto diplomati.

Ego Firminus card. S. R. E.
Leo card. . . . . .
Stephanus card. presbyter.
Landulphus card. presbyter.
Leo card. presbyter, pro omnibus presbyteris cardinalibus, diaconibus et clericis S. R. E.

Monachorum vero quot millia cum suis abbatibus ad tantæ festivitatis gloriam convenerint, nequaquam recoli, quia nec videri quidem omnes potuerunt.

Principes autem Capuani, Richardus, et Jordanus filius ejus, et Jordanus Patruus, Gisulphus princeps Salernitanus, Pandulphus princeps Beneventanus, B Sergius dux Surrentinus, Raynulphus comes.

Cæterorum autem potentium comitumque, seu nobilium omnium circumquaque terrarum tanta adfuit multitudo, ut eorum numerum nedum nomina recensere, multæ otiositatis indigeat. Quid autem populorum turbam memorem? quæ proculdubio tanta exstitit, ut non modo totius monasterii ambitum, non modo omnium officinarum etiam tecta compleverit, sed et ipsa quoque itinera ab ipso vertice montis usque ad radices ejus ita frequentia constipatione sua repleverit, ut vix alicui fortissimo aliquo modo inter eos gradiendi facultas esset.

Omnibus igitur his summo gaudio præcipuaque devotione tantæ festivitatis gratia congregatis, summo, ut oportuit, honore dedicata est præfata eccle- C sia prima die Kalend. Octobrium, die Sabbati, anno divinæ Incarnationis 1071, ind. IX, cum quinque altaribus suis, ex quibus videlicet duo, id est S. Benedicti et S. Joannis præfatus venerabilis papa Alexander manu propria consecravit : altare vero Sanctæ Mariæ Joannes episcopus Tusculanensis; Sancti vero Georgii Ubaldus episcopus Sabinensis; Sancti autem Nicolai Erasmus episcopus Signinus consecrarunt.

Peractis itaque omnibus, et missa a Romano pontifice solemniter celebrata, multisque a populo oblatis donariis, et non tantum iis qui tunc aderant, sed et universis qui per continuos octo dedicationis dies festivitatis devotione conventuri essent, ab eo- D dem beatissimo pontifice absolutione data, unusquisque gaudens et exsultans recessit ad propria. Hujus autem absolutionis gratia tanta devotione tantaque frequentia per continuos octo dies huc undecunque concursum est, ut quasi non se fidelem putaret qui particeps tantæ solemnitatis non fieret. Hæc omnia ita fuisse nemo legentium ambigat, quæ utique non ab aliis tradita, sed revera propriis oculis visa descripsimus. Transactis vero a dedicatione hujus ecclesiæ tribus annis, totidemque mensibus, anno videlicet a Salvatoris Nativitate 1075, incipiente III Non. Januarii, ecclesia B. Bartholomæi apostoli, quæ ad occidentalem partem majoris ecclesiæ satis decenter sita est, cum grandi iterum lætitia et exsultatione cunctorum fratrum honorifice dedicata est a Joanne

Sorano episcopo, ubi etiam non minima particula brachii ejusdem beati apostoli in argentea capsella venerabiliter recondita est.

Eodem etiam anno, post octo circiter menses, reliquæ duæ basilicæ pulcherrimæ in extremis exterioris atrii turrium modo hinc inde locatæ, pari studio et honore sacratæ sunt 4 Idus Septemb.; quarum alteram, quæ a dextra parte ad honorem B. archangeli Michaelis constructa est, prædictus Joannes Soranus episcopus, alteram vero, quæ a læva, ad honorem B. apostolorum principis Petri fundata est, Leo episcopus Aquinensis divino numini, ipso domno abbate omniumque fratrum præsente conventu, cum magna lætitia et devotione sacrarunt.

Porro cum ab hac dedicatione annus jam quartus decimus, et ab Incarnatione Dominica millesimus et nonagesimus volveretur, tribus jam annis, et tribus ac sexaginta diebus, transitu reverendæ ac semper honorifice memorandæ memoriæ Desiderii abbatis elapsis, præsidente atque jubente domno Oderisio, reverentissimo atque dignissimo successore ipsius, dedicata est ecclesia sancti confessoris Christi Martini, quam prædictus venerabilis abbas Desiderius in loco ipso ubi olim a beatissimo abbate Benedicto constructa fuerat, circa portam scilicet monasterii, mirifice ac pulcherrime in sexdecim marmoreis columnis erexerat, quamque tam musivo quam etiam diversis picturarum coloribus optime decoraverat. Dedicata est autem XIV Kal. Decemb., ipsa videlicet die octavarum ejusdem beatissimi confessoris Christi Martini, feria II, cum tribus altariis suis, ingenti frequentia ordinis diversi virorum, et maxima universorum lætitia, quorum primum atque præcipuum in honore ipsius B. Martini dedicavit vir venerabilis domnus Joannes episcopus Tusculanensis; illud autem quod ad dexteram ipsius basilicæ situm est, in honore S. Erasmi martyris consecravit domnus Raynaldus episcopus Cajetanus, qui ipso anno ex hoc nostro monasterio eidem ecclesiæ datus fuerat episcopus: tertium vero, quod a parte sinistra statutum est, in honore gloriosi confessoris Christi Ambrosii benedixit domnus Honestus, reverentissimus episcopus Verulanus. Fuere autem cum eis in hac dedicatione episcopi etiam alii tres id est A Lambertus Alatrinensis, Roffridus Soranus, nec non et Leo episcopus Venafranus. Quod autem tandiu post Patris Desiderii transitum consecratio basilicæ hujus dilata est, hoc fuit in causa, quia et picturæ partem aliquam, et pavimenti non modicam, ad complendum, morte præventus idem abbas reliquerat. Quæ omnia successor illius studiosissime percomplere, et addere quæ necessaria, curavit, et sic eam dedicari, quatenus præmissum est, honorificentissime fecit.

Annis item post ista tribus, et tribus insuper ac septuaginta diebus exactis, anno scilicet Incarnationis Dominicæ 1094, Indictione secunda, mensis Januarii die tricesima, secunda feria, dedicata est ecclesia Beati Andreæ apostoli, præsidente, atque B jubente jam dicto abbate domno Oderisio, qui eamdem basilicam a fundamentis exstruxerat ab orientali parte majoris ecclesiæ, inter absidam videlicet ipsius et domum infirmorum, habens cœmeterium fratrum a latere dextro, a sinistro vero claustrum, licet parvulum, tamen pulcherrimum. Dedicata est autem a Dom. Raynaldo Cajetano episcopo, jam superius memorato, cum ingenti devotione et exsultatione fratrum universorum, ea nimirum die qua castrum quod Frattæ dicitur, ultra omnem spem, meritis beatissimi Patris Benedicti, miseratione divina, recepimus, quod videlicet triennio ante a vicinis Northmannis furatum nobis fuerat atque pervasum, sed die XIII. . . . . Domino auxiliante C receptum, atque ob sempiternam illius triumphi memoriam in eadem die consecrationis hoc solemne statutum. Est autem prædicta basilica instituta ad utilitatem infirmorum fratrum, lignis quidem ac tegulis firmissime contignata, fenestris vitreis optime decorata, diversis sanctorum historiis pulchra colorum varietate depicta, pavimento quoque multimoda incisione marmorum artificiose constructa. Quodque omnibus his est longe præcipuum, multis ac præclaris tam apostolorum quam Martyrum nec non et confessorum Dei reliquiis studiosissime consecrata. Quorum omnium nomina cum reliquarum ecclesiarum pignoribus pariter suis in locis, Domino juvante, scribemus.

PETRI DIACONI

AC BIBLIOTHECARII SACRI CASINENSIS ARCHISTERII,

DE VIRIS ILLUSTRIBUS CASINENSIBUS

OPUSCULUM

Ex celeberrima bibliotheca Barberina deprompium, notisque illustratum studio et opera Joannis baptistæ Mari, Romani, Sancti Angeli in foro Piscium canonici.

(MURATORI, *Script. Ital.*, V, 1.)

MURATORII PRÆFATIO.

Primus qui hunc Petri Diaconi Casinensis monachi et bibliothecarii libellum e tenebris in publicam lucem deduxit, fuit Joannes Baptista Marus, Romanus, S. Angeli in foro Piscium canonicus, qui descriptum ex ms. codice bibliothecæ Barberinæ una cum supplemento Placidi monachi Casinensis, suisque notis, edidit Romæ anno 1655. Tum recusus est liber in bibliotheca Patrum, tom. XXI, pag. 545. Parisiis quoque anno 1666, ac demum in Bibliotheca ecclesiastica a cl. viro Joanne Alberto Fabricio, Hamburgi anno 1718. Auctoris nobile genus, acta, et scripta nihil est quod ego recenseam, quum, præter alios de ecclesiasticis scriptoribus agentes, Marus ipse in notis multa de eo attulerit, ut actum agerem, si plura referrem.

ILLUSTRISSIMO ET REVERENDISSIMO

D. J. BAPTISTÆ BARSOTTO DE PUCCINIS

Præposito Isnensi, protonotario apostolico, sacræ Cæsareæ Majestatis consiliario, ac eminentissimi cardinalis ab Harrach cubili præfecto.

Accedit ad te, Illustrissime domine, libellus iste gemina ae causa, sponte mea, et jure suo : etenim tantam humanitatem, sapientiam, nobilitatemque in te omnes suspicimus, ut non minus orbis universus litteratorum tibi per benevolentiam connectatur, quam olim catena Homerica tellus cœlo conjuncta fuit ; neque id mirum mihi, qui singularem tuam indolem perspexi, per quam instauratur apud nos Pythagoricus ille concentus, quem apud superos auditum veteres memorant. Virtutibus scilicet ac nobilitate abundas, quæ tam jucunde, tam amabiliter tam canore penes homines accipiuntur, ut harmoniam plusquam terrestrem efficiant. Testatur genus et proavos tuos non modo Lucensis patria, quæ agnoscit in tuis sanguinem suum, sed illa nobilium animarum parens et altrix Polonia, quæ Joannem Baptistam Puccinum avum tuum Italicorum secretorum apud Augustum Sigismundum conspexit et participem et interpretem ; quem in Germaniam ad Ferdinandum II Cæsarem aliosque complures principes legavit regiæ voluntatis administrum gratum omnibus nec sine ornamento ac prærogativa ab ipso Cæsare principibusque dimissum. Tuas vero virtutes, si per modestiam licet, non sola Roma, non sola Germania, sed omnes pene provinciæ ad quas fama tuæ dexteritatis pervenit, laudant et probant. Bohemia certe debet tantum tuæ fidei ac prudentiæ, ut eminentissimus Pragæ archiepiscopus non alium delegerit ac velit Romæ suarum rerum curatorem quam te. Nunquam orationis finem facerem, si vellem reliqua et innata vel collata tibi a principibus ornamenta describere ; et præterea tuæ modestiæ injuriam facerem, et fortasse feci ; sed hæc fuere indicanda ut constaret libellum istum sponte sua ad te accedere. Magnes est virtus ; non modo corda, sed etiam opuscula hoc magnete trahuntur.

Verum non modo sponte sua, sed etiam jure suo ad te properat, tibique debetur. Quisnam ignorat quantum ames sacram Divi Benedicti familiam ? quanta mediteris ad illius splendorem augendum ? quanta pietate Sublacense cœnobium frequentes, colas et venereris ? nec immerito. Hic enim summus ille Christianæ Sanctimoniæ athleta et magister per ingens miraculum venenata pocula elusit, Stygias insidias evasit, tam insignis deque Ecclesia optime meriti ordinis fundamenta jecit ; quodque stupendum est, tot in dies e cœlo largitur fluento gratiarum, ut videatur esse locus hujusmodi officina cœlestis liberalitatis, ut omittam summorum pontificum Paschalis II, Urbani V, Leonis IX, Clementis III et VI, Eugenii IV, Joannis X, Benedicti VI, ac ipsius sancti Gregorii Magni testimonia, quibus Sublacense Benedicti sacrarium commendatur, tanquam et Ecclesiæ thesaurus, et Benedictinæ Familiæ seminarium.

Porro hic liber est scriptus a Petro Diacono monacho ac bibliothecario Casinensi, nec aliud complectitur quam notitiam lucubrationum, moresque virorum illustrium Casinensium, hoc est propria et immortalia ornamenta ejusdem ordinis, cui tu tantum tribuis, adeoque ad te jure suo accedit, tuo etiam patrocinio et ære sublevandus. Vale.

Joannes Baptista Marus F.

J. BAPTISTÆ MARI PRÆFATIO.

Dialogos Victoris papæ tertii (1), olim Desiderii abbatis Casinensis, inter blattas et tineas conflictantes, annis præteritis e Vaticana bibliotheca depromptos, cum in lucem protraxerimus, quidam diobolaris sciolus illis perlectis, virtutes Casinensium nos nimis extollere conquestus est; critica fronte asserens perpauca aut nulla fuisse ea ad quæ perscribenda et pervulganda ingenium Casinenses contulerint; neminemque fere se in gravioribus conscribendi laboribus exercuisse, honestissimæ gloriæ stimulis concitatum aliquid exarasse. Hactenus nimis profecto patienter hominem insulsius obtrectantem audivimus, cujusque etiamsi omnia dicta referre vellemus, plane esset otio nostro abuti, præsertim cum scriptis prodigia se editurum elato supercilio promiserit.

O rem ridiculam, Cato, et jocosam,
Dignamque auribus, et tuo cachinno!

Licet enim ordo monasticus semper obtrectatores suos habuerit, ut recte prodiderunt SS. Hieronymus pluribus in locis, et Chrysostomus in illo præclaro vitæ Monasticæ Clypeo, et alii antiquiores; nunquam tamen audacius hoc nostro sæculo id factum est ab impudentibus hæreticis, apud quos in tantam devenit detestationem idem monasticus ordo, ut nonnulli solo intuitu a librorum quamvis optimorum lectione abstineant, quod monachi nomine sint tantum prænotati; locumque etiam proverbio plerumque faciant, *monacho indoctior*, quæ risum quoque movere possent Heraclito obstinate lugenti: imo nec defuit quidam misogrammia, qui in detestationem atque derogationem monachorum scribere non erubuerit, verecundante charta, et ipso atramento in minium verso ad tantum impudentiæ promptuarium, nonnullos sanctos Patres monastico titulo designatos, ut opera eorum in dubium revocaret, nunquam fuisse in monachorum numerum adscitos; dementissime existimans tam solidum validumque esse hoc unicum, enerve ac ficulneum argumentum, ut exsolutus perinde fuerit onere cætera probandi. Et, quamvis nimis falsa non sint refellenda, ne videantur posse esse credibilia, ut recte dixit sanctus Athanasius epistola ad Epictetum, approbante sancto Epiphanio hæres. 77; attamen nos, ne in superbiam vel ignorantiam silentium (licet noscamus quam nobis sit curta supellex) iste nugivendulus accepturus sit; haud ignorantes insuper multos homines esse judicii parum firmi, qui nihil audiunt leguntve quod non credant, nisi refutatum sciant; nulla interposita mora, memores Ulpiani sententiæ de verb. signif. l. 22. § 1: *Minus solvit, qui tardius solvit: nam et tempore minus solvitur*; præclarique etiam magni auctoris dicti: *Barbaris cunctatio servilis: statim exsequi, regium*: opusculum istud pro re nata inter tenebras delitescens de Viris illustribus Casinensibus a clarissimo viro *Petro* Diacono monacho ac bibliothecario ejusdem cœnobii conscriptum, hactenus ineditum, a pluribusque viris eruditis diu quoque expetitum, nobis e celeberrima Barberina bibliotheca suppeditatum singulari humanitate ac beneficentia v. clar. Caroli Moroni, ad maledicta istius obtrectatoris evertenda ipsumque convincendum, tibi vero, benigne lector, et bono publico promulgandum duximus; cui etiam ob argumenti similitudinem

A adjungimus Supplementum manu exaratum virorum pariter illustrium Casinensium, per *Placidum* Romanum monachum, ac diaconum ejusdem archisterii conflatum. Parvum quidem atque exiguum fatemur (neque enim res tam numero et magnitudine, quam pretio et pondere, æstimandæ sunt), sed accurate cogitateque scriptum a nostro Petro, qui anno 1115, quo in vivis agebat, multa prodidit quæ historiam Ecclesiæ illustrant, ut legere est apud Leonem Ostiensem in Chronico Casinensi, cujus tertium librum ipse supplevit, et quartum ei adjecit: pergratum ac utilem futurum etiam iis qui scientiarum studiis ducuntur, auctorum librorumque cognitione capiuntur. Multa sane in hoc opusculo, maximeque in nostris indicantur notis, quæ publicam merentur lucem, dum ex abditis diversorum educitur veterum scriptorum notitia, quorum libri intercidisse credebantur; qua spreta librorum auctorum notione, in tenebris forsan perpetuo jacuissent; et, ut tumulus
B corpus contegit, sic nomen eorum in omnem fere ætatem obruisset, eorumque dein lucubrationes in privatis sepultæ bibliothecis remansissent, magno certe rei litterariæ damno; cum hac tempestate magna doctrinæ pars existimanda sit, scire qui libri auctorum legendi, qui non legendi sint. Necessarium enim est haud ignorare qui scripserint, et de quibus scripserint, fontesque nosse unde hauriri possint ea quæ vel ad scientias alendas, virtutes procreandas, vel detestanda vitia, magno usui sint futura; cum absque Bibliothecis ferme inermis sit religio, et inanis sapientia. Hæc autem consideratio, et per se jucunda, ac ingenuo homine digna est, cum ad delectum auctorum, tum ad excitandos animos studiosorum plurimum faciat: quemadmodum Miltiadis trophæa Themistoclem dormientem excitabant; sic doctorum hominum volumina, quæ in hoc libello commemorantur, ad laborem, laudemque studiosorum animos inflammare debebunt. Et sicut
C omni solatio viri docti privari videntur, cum illis lectio interdicitur, ut olim nonnullis irrogatum hoc pœnæ genus legitur a Tiberio apud Suetonium: *Quibusdam, inquit, custodia traditis, non modo studendi solatium ademptum, sed etiam sermonis, et colloquii usus*: sic omne solamen ex lectione recipiunt. Fassus est id Angelicus Doctor, qui sacrarum litterarum monimenta tanti faciebat, ut de more diceret, *se unius B. Chrysostomi homilias, urbi Parisiensi divitiis omnibus refertissimæ, sed vel ipsis imperiis, serio anteponere*. Libri profecto velut studiorum instrumenta medullitus delectant, colloquuntur, consulunt, et viva quadam nobis, atque arguta familiaritate junguntur. *Sola denique scripta sunt, quæ mortales quadam famæ immortalitate perpetuant, et actibus veterum, quos traducunt ad posteros, nullam permittunt obrepere vetustatem;* docet Petrus Blesensis epist. 77. Unde vere Martialis:

Chartis, nec furta nocent, nec sæcula præsunt,
Solaque non norunt hæc monumenta mori.

D Possidius namque in calce Vitæ sancti Augustini, ejus perpetuam fore memoriam ob libros conscriptos, haud falsus vates confirmavit; adducto etiam hoc sæcularis poetæ de se loquentis epitaphio, quod tumulo suo adscribi voluit:

Vivere post obitum vatem, vis nosse, viator?
Quod legis, ecce loquor: vox tua nempe mea est.

(1) Hi Victoris III Dialogi, de quibus infra, impressi sunt tom. XVIII Bibliothecæ Patrum, edit. Lugd.

Præterea operæ pretium est nosse, non solum innumerabiles fere monachos ex hac nobilissima academia Casinensi prodiisse cujusvis doctrinæ genere refertos; verum etiam assidua fuisse diligentia, pietate ac intentione, sanctorum Patrum, aliorumque virorum doctorum volumina exscribendi; ut postea in rebus dubiis ad Mss. codices et antiquos impressos, ex quibus veræ lectiones restituuntur, tanquam ad oracula quædam tutissime viri docti, ac eruditi confugere valerent; quod lege caverunt prudentissimi imperatores Theodosius et Valentinianus, lib. I, Cod. Theodos., De responsis prudentum: cum non modo auctoribus plerisque deficimur, sed etiam hi, qui ad manus, non æque omnes emendati sunt. Unde plane ridiculi censeri debent, qui emendatone, an inemendato libro utantur, sua nihil putant interesse; cum certe si depravatis utimur codicibus, nil aliud supersit, nisi, ut Ixioni similes umbram pro re, errorem pro scientia amplectamur. Præmissa hac igitur animadversione, subnectenda venit hæc observatio, tantam nempe diligentiam in accurate exscribendo fidelium illam prisci ævi pietatem adjunxisse; ut nec promiscue omnibus Evangelium, Psalterium aut Missale exscribere licitum fuerit; sed perfectæ ætatis homines huic muneri eligebantur, ut errores magis caverent. Quod notatum legitur in capitulari Aquisgranensi, cap. 72: *Si opus est Evangelium, vel Psalterium, et Missale scribere, perfectæ ætatis homines scribant cum omni diligentia.* Et quidem nullus labor, qui manibus exercetur, magis monachis convenit, quam officium scribendi; cum illud sit manu hominibus prædicare, digitis linguas aperire, salutem mortalibus tacitam dare. Vide quæ Gerson late disputavit integro libro De laude scriptorum, hoc est exscriptorum, sive amanuensium; ac Trithemium, qui pariter integrum De laudibus ipsorum conscripsit librum: adi Theophilum Raynaudum societatis Jesu, alterum pene Didymum Chalcenterum de bonis, ac malis libris partit. III, erotem. 4, fol. 309. Tantaque etiam industria, ac studio incredibili insuper usi esse traduntur, ut continuo velut uno opere eamdem incudem diu noctuque tundentes, scriptos Codices aliqui artificiose conglutinarent, mira animi attentione corrigerent alii, rubro cæteri exornarent, Theodosii imperatoris exemplum imitantes, qui cum a publicis vacaret, libros sacros tanta elegantia scriberet, ut Calligraphi nomen inde acceperit; testis est Raderus in Aula sacra, cap. 6. Imo illotis manibus sacros codices contingere piaculum ulterius existimaverunt. Quod simile quidpiam etiam a Gentilibus factitatum reperimus, ita tamen, ut præter manus, etiam pedes, auresque lustrarent. Plutarchus, orat. II, De esu carnium, ita loquitur: *Quanquam nos fortasse peccamus, qui libros istos attingimus non lustratis manibus, pedibus, auribus.* Quam vero gratus divinæ bonitati esset labor iste exscribendi, perspicuo ac evidenti miraculo declaratus agnoscitur; dum Trithemius memorat, De laudibus scriptor. man., cap. 6, fuisse in quodam cœnobio Benedictinorum quemdam monachum, qui in scribendis ad ornatum bibliothecæ voluminibus, sedulum, elaboratumque ponebat studium; ita ut quotiescunque a divino potuisset vacare officio, ad secreta cellæ se conferens huic sancto labori insisteret; unde et multa sanctorum opuscula cum ingenti devotione descripserit. Hujus mortui ossa cum post multos annos exhumarentur, tres digiti dextræ manus, quibus tot volumina scripserat, tam integri et incorrupti inventi sunt, ac si eodem tempore sepulcro fuissent impositi; reliquum autem corpus, ut moris est, consumptum ad ossa fuerit. Simile etiam factum de Richardo Anglo Præmonstratensi legere est apud Cæsarium lib. XII, cap. 47. Hinc viri pietate ac eruditione insignes, divinam providentiam tanti habere laborem istum exscribendi animadvertentes (ne multa sanctorum Patrum, ecclesiasticorumque scriptorum monumenta perirent,
A quod facile evenisset, nisi monachorum opera ad posteros fuissent transmissa) in florentissimam academiam Casinensem, veluti litterarum tunc temporis seminarium, innumerabilem pene Mss. ac impressorum copiam transtulerunt; ita ut hodie in tota Italia nulla sit paulo celebrior bibliotheca, quæ non aliqua ex parte ipsorum nobilibus thesauris locupletetur. Vide quæ notavit noster Petrus in Auctario histor. Casinens. lib. III, cap. 62, edit. Venetæ, de libris, quos solum Desiderius abbas, deinde Victor Papa tertius, exscribi curavit; et tunc non immerito fidem nobis dabis; velleque propterea sacrum Asceterium Casinense eruditionis merita laude spoliare, est rem manifestam negare, non secus atque olim Zeno motum e rerum natura sustulit, nivi candorem detraxit Anaxagoras; et Soli concessam ab omnibus astronomis magnitudinem Epicurus. Facessant denique hæc ludicra risu potius despicanda, quam disputatione seria confutanda; et producamus, post
B fabulam tantam istius polymythi sycophantæ, id, quod illustris ille ecclesiasticæ antiquitatis præco cardinalis Baronius tom. IX anno 716, suis Annalibus de Casinensibus intexuit: *Sed et illud*, inquit, *absque trepidatione mendacii asseri jure potest: nullum unquam toto Christiano Orbe exstitisse aliquando monasterium, ex quo tot viri sanctitate conspicui, atque doctrina, tanta numerositate, ad regimen sanctæ apostolicæ sedis adsciti fuerint; ut plane dici possit fuisse idem aliquando seminarium sacrorum antistitum, prout quæ suo loco dicturi sumus manifeste docebunt.* Vertat nunc igitur se in omnes formas Proteus iste, et Casinensium academiam, ut libet, oppugnet simul cum iis qui in ipsa fæce ignorantiæ volutati, omnibusque pudoris repagulis perfractis, otiosam appellarunt, omnisque rei litterariæ expertem etiam crediderunt. Hæc tibi, benigne Lector, significare voluimus, umbraticos impugnatores, dentesque Theoninos Casinense archisterium cœnobi-
C tarum sanctitate, ac doctrina celeberrimum non metuere, cum tantorum doctorum refugium sibi ipsi patere videat; totque ex se tanquam præclaros genuisse filios, qui ingenii sui monumentis, omnique bonarum litterarum genere Christi Ecclesiam locupletarunt. Veritas defensore non eget, et mendacium plerumque cadere nullo impellente, ac se ipsum subvertere, dixisse Augustinum memor esto. Demum ne mireris obnixe precamur, si non cunctos noster Petrus scriptores Casinenses, et omnes eorum, quorum meminit, lucubrationes recensuerit; præsertim cum pedem e navigio ponere animus ei non fuerit; quod facile dignoscimus e scriptis ejus, uti e vestigio Herculem: sed pro certo habendum, multa diversorum Scriptorum monumenta, superstite Petro, adhuc in diversis privatis bibliothecis latitasse, omniaque propterea legere, aut expiscari ex animi sententia non valuisse; maxime hominem publicis, privatisque negotiis districtum, commodiori tempore omnes an-
D notaturum. Et si forte, mi lector, hæc minus ad gustum tuum; en patrocinium: scias quod ab indiligentiæ crimine tueri eum possumus, non solum exemplo, quod neque Trithemius, aut Pantaleo, aut Cornelius Callidus, cum de Germanis, neque Sammarthanus cum de Gallis; neque Ferd. Matamorus, cum de Hispanis; neque Folieta, cum de Liguribus; neque Miræus, cum de Flandris; neque Hebediesu, cum de Chaldæis (beneficio Vir. Clar. Abrahami Ecchellensis ex tenebris, atque obscura caligine anno præterito eductus, eruditissimisque notis illustratus), neque alii, cum de civibus suis, aut sociis scriberent, omnes tunc simul complexi sunt; quos majori forsan adhibita diligentia, aut fortuna magis propitia complecti potuissent: verum etiam sententia Varronis, qui aiebat neminem reprehensum esse, qui stipulam reliquisset ad spicilegium: quod confirmavit Columella de re rustica: *In magna silva*, inquiens, *boni venatoris est, feras indagare: quamplurimas capere*, *neque cuiquam culpæ fuit non*

omnes cepisse, præsertim, cum munere suo quisquis bene fungitur, si avido lectori famem utcunque sedat, quamvis non penitus eximat. Et ut rem dicamus, si olim civem unum servanti civica donabatur, quamnam coronam plectere debebunt musici omnes κισσοφόροι nostro Petro, dum non unius, sed plurium illustrium virorum nomina ab interitu vindicavit, thesaurosque elucidavit invisos? Uni sapienti notum est, quanti res quæque taxanda sit. Denique superfluam rem etiam nos non agere, cum jam de scriptoribus Casinensibus Trithemius, Arnoldus Wion, aliique abunde quoque id præstiterint, in eorum indice non tam sollicitos fuisse, inscius ne sis, quin multos non agnoverint; et quos agnovisse se referunt, singula accurate eorum postea non recitasse opuscula. Fruere igitur, studiose Lector, Casinensium laboribus, tibique persuadeas: quod si amor, studiumque litterarum te incendit (licet fateamur ingenue, multos litterarum cepisse tædium, quia vident ea facta esse inimicorum retia, quæ honesti erant animi instrumenta) ex polymathiæ Casinensis thesauris aliqua istorum heroum litterariorum scripta transcribere, vel excusa cum Mss. conferre; scito nostris temporibus librorum pretium te non remoraturum; sicuti de Platone legitur, qui tres Philolai Pythagorici libros decem millibus denarium, etiam in difficultate rei familiaris, est mercatus, ex quibus plura in suum deinde Timæum usurpavit, ut auctor est jurisconsultus Gallus Antiq. Roman. lib. IV par. 2, cap. 16, et de Aristotele, qui creditur libros pauculos Speusippi emisse tribus talentis Atticis, quorum summa fit apud Romanos H. S. duo et septuaginta millia, teste A. Gellio lib. III, cap. 17. Nec etiam animum tuum perturbatum, ignavumque reddere debebit exemplum Nicolai V, summi pontificis, qui ducatorum quinque millia ad se Evangelium divi Matthæi Hebraicum afferenti promiserat, ut scribit Eckius homil. de Sancto Matthæo; cum Casinenses non inducti pecunia, sed studio gloriæ divinæ, benevolentia, ac liberalitate paratos se offerunt tibi illa prodere; et tanquam te veterum scriniorum excussorem, manuscriptorumque exemplarium conquisitorem agnoscentes, ad illa evulganda cohortabuntur, impellent, gratique animi calcaribus insuper perurgebunt. Reminisci quoque te volumus, favore, non odio, dignam hanc nostram esse propensissimam bene de republica litteraria merendi voluntatem: dum totum nostrum studium hisce thesauris reperiendis, tuo et bono publico impendimus. Ave mi lector, et fave.

DE VIRIS ILLUSTRIBUS CASINENSIS CŒNOBII.

PROLOGUS.

Coactus assiduis tuis imperiis, Pandulphe præsul venerande, arduam, difficillimamque rem apicibus exarare sum orsus; illustrium scilicet virorum Casinensis archisterii librum. Opusculum isto in tempore novum, oblivionique pene jam traditum; quod utinam qui perspexerint, cum quanta cordis id mœstitia scripserim, advertere valeant: nam stupor, et hebetudo ingens nostri opplevit pectoris arcem, cur a sexcentis ferme jam annorum curriculis in Casinensi gymnasio non exstiterit, qui hunc vilibus saltem mandaret schedulis librum, et hoc non causa inscitiæ, sed laborem, ac detrahentium linguas fugiendo accidit. Nunc enim illud Deiloqui est consummatum oraculum: in quo perspicimus homines semetipsos amantes, et quæ sua sunt quærentes, non quæ Jesu Christi, detractionique ardentissime operam dantes. Et primo quidem a Tranquillo, Græcoque Apollonio cœptum, sed ab illustrissimis viris Hieronymo, Gennadio, atque Isidoro apud Romanos ad finem est usque perductum. Et quamvis ab aliis nihil est tam operose actum, quod non Hieronymi eloquentia superet; post istorum tamen e mundo recessum, nullus inventus est, qui illud ad calcem perduceret. Guido præterea noster institutor, moribus vitaque præcipuus, ante hoc ferme septennium, opusculum scribere aggressus est illud; sed laboriosum inibi videns jacere materias ea dimisit facilitate qua cœperat: quod si ille, longe me in sermone sensuque præpollens, rem cœptam dimisit, ego qui acumine mentis iners, sermoneque impolitus, et variis rebus sum implicatus, quid acturus sum? Sed ad ea quæ imminent, stylus sequens vertatur.

CAPUT PRIMUM.

DE SANCTO BENEDICTO.

(1) Benedictus monachorum institutor, vir egregius

(1*) Nursiæ ex patre Anicio Eupropio, et Abundantia matre, ex illustri Riguardatorum familia; unica Nursini comitis filia, facultatumque ejus ac cognominis hærede, sanctus Benedictus natione Romanus, monachorum in Occidente antesignanus ac princeps, eodem cum sorore Scholastica partu nascitur anno Domini 480. Quibus editis, mortua est mater, quasi jam satis vixisset, cum tantos talesque relinqueret posteros; nec alia videretur nupsisse causa, quam ut talium sanctorum fieret mater. Ejus res gestas non solum sanctus Gregorius papa Magnus, omnium virtutum magister, fuse prosecutus est libro II Dialogorum (quem Gregorii librum Ingolstadienses Græcolatinum annis superioribus publicarunt), verum etiam ambitioso quasi præconio Alexander secundus, Victor secundus, summi pontifices: Joannes Trithemius, Cardinalis Baronius, ac Arnoldus Wion, qui Lignum vitæ duobus tomis complexus est, in quo propago tanti Patris accuratissime conscripta est, copiose tradiderunt. Videndus etiam Benedictus Hæstenius, monasterii Affligeniensis præpositus lib. disquisit. monast. prolegom. 1, in Vita sancti Benedicti, diffuse de eo agens.

Præter memorata a nostro Petro conscripsit etiam patriarcha Benedictus *De Ordine Monasterii*, qualiter, inquit, a fratribus religiose ac studiose conversari, ac Domino militare oportet, librum unum, qui incipit: *In primis nocturnis horis*. Hic vero liber, una cum Regula excusus fuit apud Junctas Venetiis anno 1593 in-16, procurante Arnoldo Wione, quamvis in hoc opusculo quædam occurrant verba, quæ suspicionem ingerunt, ut sancto Benedicto non videatur hic liber tribuendus; pro qua re lege dictum Hæftenium fol. 1062. Litteris etiam consignavit sermonem in discessu sancti Mauri, cujus initium: *Si tristandum, dilectissimi*, qui integer habetur in Marac post apostolos singularis, provinciæ Nursiæ exstitit oriundus, ex patre Eupropio nomine, matre Abundantia, avo Justiniano, nutrice Cyrilla. Postquam duodecim monasteria, Christo adjuvante, construxit temporibus Justiniani imperatoris, prædictas cellas sub præpositis ordinans, divino ad se facto responso, duobus angelis comitantibus, ad Evangelium prædicandum, paganosque ad Christum convertendos, Casinum advenit; ubi templa idolorum destruens, cœnobium construens, circummanentes paganos ad Christum convertit. Scripsit autem jam senex in eodem Casinensi cœnobio monachorum regulam, discretione præcipuam, sermone luculentam, epistolas vero duas; primam ad Remigium Rhemensem archiepiscopum; secundam ad

A Maurum suum discipulum, quem in Galliis ad prædicandum direxerat, elegantissimo sermone composuit. Fuit autem temporibus Anastasii, Zenonis, Justini, et Justiniani imperatorum; sepultus vero est in Casino in ecclesia Sancti Joannis Baptistæ ante altare, ubi a toto orbe venerabiliter honoratur.

CAPUT II.

DE FAUSTO.

(2) Faustus ejusdem Patris discipulus, septennis in Casino oblatus, et a sanctissimo Benedicto cum Mauro Casinensi præposito in Gallias directus, post suam reversionem, beati Mauri Vitam ex jussione Abbatis Theodori lucidissime valde composuit. Claruit autem temporibus supradictorum imperatorum, sepultus autem est in monasterio Lateranensi.

tyrologio Benedictinorum Arnoldi Wionis ad diem quartam decimam Januarii: sermonem pariter in passione sancti Placidi et sociorum his verbis: *Sicut patris est gaudere*. Hic vero excusus est in epistola Siculorum ad sanctum Benedictum, quæ ad calcem Casinensis chronici editionis Venetæ fuit adjecta. Supradicta opuscula simul colligata reperies in novissima Bibliotheca sanctorum Patrum, et postremo loco in Theologia regular. Cl. viri patris Caramuelis Ord. Cisterciensis, doctissimis etiam illustrata commentariis. Notandum vero quod licet epistola ad sanctum Remigium, quæ in fine dicti chronic. Casin. et alibi legitur, in dubium a cardin. Baronio tom. VI Annal. anno 707 una cum tota historia revocetur; lapsumque ex nominum similitudine irrepsisse putet: attamen cum eam veram Petrus Thiræus lib. singul. de Dæmoniacis agnoscat, nec post edita Baronii scripta quidquam insinuet dubitationis, defendendo etiam eam Antonius de Yepes in chr. Ord., Balduinus Moreau in opusculis sancti Benedicti, et Georgius Colvenerius in scholiis ad Flodoardi historiam; lectoris propterea judicio relinquimus, ut ipse suapte diligentia discernat quid vere sancto Benedicto tribuendum, quidve illi adjudicandum censeat. Non est autem hoc loco silentii tenebris involvendum, quod novissime ad huic epistolæ fidem adstruendam dictus Hæftenius comment. ad Vitam sancti Benedicti cap. 16, disquisit. monast. se invenisse refert, in antiquo videlicet Ms. cod. bibl. monast. Sancti Martini Tornaci, alteram epistolam monachorum Rhemensium post quingentos annos a sancti Benedicti obitu ad Casinenses perscriptam, quam totam ibi integram reddit. Denique an vere cunctæ supradictæ lucubrationes genuini sint fetus sancti Benedicti, discutitur solita diligentia, eruditione, ac doctrina a præfato Caramuele in Theolog. reg. p. 2; ideo lectorem ad eum remittimus.

Vixit sanctus Benedictus annos 63, cum habitasset Nursiæ annos septem, Romæ septem, Sublaci triginta quinque, Casini quatuordecim; stans atque erectus in templo inter discipulorum manus (editis prius perfectæ administrationis copiosis actibus, relictis pietatis præclaris monimentis, ac congestis innumeris meritorum manipulis) efflat animam, quæ illustri via cœlum deduci visa est, anno Domini 543, die 21 Martii, hora tertia matutina; et sepulcro appositum epitaphium, ut refert Sylvester Maurolicus lib. 1. Hist. sac. omnium relig. de Sancto Benedicto agens:

Nursia me genuit, specus obtulit alta Casini,
Me rapuit vertex, aula beata tenet.

Cæterum, de die et anno obitus sancti Benedicti exstat controversia quam affert et dissolvit rei chronologicæ peritissimus vir Dionysius Petavius in Rationario temporum, parte secunda, libro quarto, cap. 14, illucque amandamus lectorem plenioris discussionis hujus puncti avidum.

B (2) Sanctus Faustus, natione Italus, divi Benedicti primarius assecla, ac symmysta, sensuum, affectionumque mortificatione fuit tanta, ut supra imitationem fuisse videretur. Cum septem annorum esset, divo Benedicto a parentibus suis fuit oblatus; a quo tandem post perfectam regularis propositi institutionem, cum beato Mauro missus fuit in Gallias anno salutis 542, Arnoldi Wionis annorum calculo; at juxta computum Ecclesiæ, anno 535, ad construendum cœnobium, ubi in magna sanctitate multis annis conversatus, tandem ad Lateranense monasterium est regressus. Testatur id etiam Martyrologium Gallicanum Cl. V. Andreæ Saussay in supplemento ad diem decimam quintam Febr. his verbis: *Depositio S. Fausti monachi Casinensis, discipuli sancti Benedicti, qui aliquandiu in cœnobio Glanofolii in Andegavensi præsulatu ad Ligerim, sub S. Mauri disciplina conversatus, postea redux in Italiam apud Casinum suum cursum finivit*, etc.

C Is erat per hæc tempora calamitosissima Italiæ status, ut Langobardis crudeliter ubique grassantibus, nulla urbs tam munita, nullus locus tam remotus inveniretur, quo illi suis incursionibus non perrumperent. Neque cœnobium Casinense cladis acerbissimam calamitatem effugere potuit; quam etiam S. Benedictus prænuntiaverat. Itaque fugientes monachi ex eodem cœnobio Romam profecti sunt, et Pelagium secundum pontificem adiverunt, ab eoque benigne accepti, juxta Lateranense patriarchium, monasterium in honorem SS. Joannis apostoli et evangelistæ, ac Pancratii martyris construxerunt, ibique spatio centum triginta annorum habitaverunt; in quo degens sanctus Faustus Vitam sancti Mauri abbatis in Gallia condiscipuli sui, qui septuagenario major in cœlum migraverat anno Domini 584, juxta vero Chronolog. clar. V. Guesnay in Vita sancti Joannis Cassiani, anno 565 luculentissime litteris consignavit, sub Christi anno 606 quod colD ligitur ex præfatione, in qua sic loquitur ipse Faustus: *Hoc opusculum beatissimo Papæ Bonifacio ostendi; quod ipse sanctissimus Pontifex approbans laude dignum duxit, suaque sancta auctoritate roboravit.* Fuit is Bonifacius Papa III, ut Leo Ostiens. chron. Casin. lib. I, cap. 3, testatur, qui anno 606 sedere cœpit, et anno eodem decessit, succedente Bonifacio IV papa. Unde corrigendus Trithemius de script. eccles. in verbo *Faustus*, qui ad Bonifacium II scripsisse refert. Edita est ea Vita a Lippomanno, et Surio ad diem quintam decimam Januarii, et a Mombritio tom. I. Vide Acta sanctorum V. Cl. Bollandi ad hanc diem, in quibus vita, translatio, ac miracula sancti Mauri accurate descripta leguntur. Adi etiam notas V. Cl. Joannis Tamayo in Martyrolog. Hispan. ad diem decimam quartam Januarii. Observavit tamen Hugo Menardus in notis Mart. Bened. prædicta acta esse corrupta, tu tamen illum consule. Exstare etiam in bibliotheca Carmelitarum Excalcea-

CAPUT III.

DE MARCO.

(3) Marcus Patris Benedicti discipulus, et Casinensis monachus, vir egregius, et in Scripturis apprime eruditus. De adventu sanctissimi Benedicti ad Casinum; de situ loci, constructioneque cœnobii elegantissimos versu composuit.

CAPUT IV.

DE SEBASTIANO.

(4) Sebastianus B. Benedicti monachus, Hieronymi doctoris egregii Vitam describens, legendam Ecclesiis tradidit : in qua, quæ ei a puero institutio, quale in juventute studium, quæ in senectute ei scientia fuerit, lucidissime satis demonstrat.

CAPUT V.

DE SANCTO SIMPLICIO.

(5) Simplicius sanctissimi Benedicti discipulus, ac A post eum in Casino abbas effectus : Regulam, quam suus magister ediderat, publice legendam omnibus monachis tradidit. Versus quoque nonnullos de eadem re descripsit. Fuit vero temporibus Justini Junioris, sepultus autem in Casino, juxta corpus B. Benedicti.

CAPUT VI.

DE LAURENTIO.

(6) Laurentius ejusdem cœnobii monachus, scientia antecessorum suorum post sanctissimum Benedictum nulli inferior, factus episcopus, beati Mauri vitam, ac Castrensis episcopi passionem versibus adornavit : historiam quoque Sancti Wenceslai, et B sermonem de beati Benedicti vigilia elegantem composuit.

torum claromontensium in Arvernia Vitam Ms. sancti Mauri metro et prosa scriptam per Odonem : libellum miraculorum ejusdem : sermonem de translatione ejusdem in monasterium Fossatense, docet Vir Clar. Philippus Labbeus Societatis Jesu in nova Bibliotheca Mss. librorum edita Parisiis anno præt., pag. 206. De gestis Fausti agit Sigebertus cap. 32, de script. eccles. Martyrol. Benedict. sub die decima quinta Febr. Galesinus, Maurolycus, et Trithemius de Vir. illustr. ordin. S. Bened. lib. II, cap. 2, et lib. III, cap. 3. Leo Ostiens. lib. II, cap. 3 Histor. Casin. Vincent. in Specul. histor. lib. XXI cap. 68 et 69. V. Cl. Gerardus Joan. Vossius de Histor. Lat. lib. II, cap. 24. Ad lucis æternæ præmia evocatus fuit S. Faustus circa annum Domini 620.

(3) Marcus a sancto Benedicto familiarissime dilectus, vir ad poeticam artem extollendam a natura progenitus, moribus et conversatione præclarus, ac in litteris etiam sæcularibus peritissimus. Et ne Marci auctoritas a nonnullis parvi habeatur, tanquam obscuri alicujus scriptoris, hic producere de eo quorumdam veterum scriptorum testimonia non alienum duximus. Paulus Diaconus lib I, c. 26 de gestis Langob. sic ait : *Hæc omnia ex Marci poetæ carmine sumpsi, qui apud eumdem Patrem* (Benedictum) *huc veniens aliquot versus in ejus laude composuit.* Eadem referuntur ab Aldrevaldo lib. II, cap. 4 de miracul. sanct. Bened. Sanctus Petrus Damianus serm. 8, in vigilia sancti Benedicti : *Hæc plane de Marci, ejusdem, videlicet D. Benedicti discipuli, venusto carmine jam defloravimus.* Vide etiam Sigebertum de script. eccles. capit. 33. Præter recensita a nostro Petro, quæ inedita remanserunt, scripsit etiam versibus heroicis ejusdem sancti Benedicti magistri sui nonnulla miracula a divo Gregorio papa primo omissa : quæ carmina cum diu delituissent, excusa modo reperiuntur in tertio poematum volumine D. Prosperi Martinengii, Romæ anno 1590 in 4°, studio et opera Arnoldi Wionis, ut ipse testatur lib. Lign. vitæ; quæque Mantuæ in cœnobio Sancti Benedicti inventa etiam refert. Scripsit insuper Gnomas impressas Haganoæ anno 1531 et alia quædam opuscula collecta per Joannem Picum, edita sunt Parisiis anno 1565 in-8°. Claruit eodem fere tempore quo sanctus Faustus : id est, usque ad imperium Heraclii Augusti, anno Domini 610.

(4) Vita sancti Hieronymi Ecclesiæ doctoris maximi, pluribus referta mendaciis, quæ sine auctore vagatur, teste cardinali Baronio ad annum 420, num. 49, non videtur tribuenda nostro Sebastiano, ut aliqui perperam arbitratu suo scriptis fecerunt; cum tantum ab ipso litteris demandata fuerit Vita æqualis sui sancti Hieronymi discipuli Sancti Benedicti, non autem Ecclesiæ doctoris; illamque deinde cœnobiis Benedictinis legendam tradidisse scribit Arnoldus lib. Lign. vitæ. Vide Gerardum Joannem Vossium, diffusæ, reconditæque eruditionis virum, lib. de hist. Latinis in Sebastiano. Floruit circa annum Domini 560.

(5) Sanctus Simplicius abbas ab obitu divi Benedicti tertius, ut docet S. Greg. lib. II Dial. in princ. Vir cœlestibus charismatibus præditus, omnique testimonio sanctitatis illustris. Versus, quos in laudem regulæ sancti Benedicti descripsit, una cum diversis aliis sanctorum monachorum regulis, in lucem propediem dabit vir præcellentis doctrinæ, et summus ecclesiasticæ antiquitatis assertor ac vindex Lucas Holstenius. Vide quæ annotarunt Hæftenius in tr. 6, disquis. 1. de regulæ sancti Benedicti pro- C mulgatione in Simplicio, Mathæus Lauretus de existentia corporis sancti Benedicti in cœnobio Casin., cap. 5, Hugo Menardus de origine et incremento ordinis S. Benedict., pag. 870, ac Antonius de Yepes in chron. Bened., fol. 337, de sera promulgatione dictæ regulæ, ubi argumenta eruditissimi Antonii Gallonii in Apologia de monachatu sancti Gregorii adversus abbatem Constantinum Cajetanum enervant ejusque diluunt objectionem. Ad auspicatissimum locum indeterminatæ beatitudinis transivit Simplicius circa annum Domini 576 miraculis coruscans; sepultus est Casini una cum Constantino abbate suo prædecessore juxta sui magistri corpus. Horum corpora primum a Desiderio abbate, postea Victore Papa III, una cum sacris cineribus Carolomani regis ac monachi, inventa sunt anno Domini 1071 * ut ex nostro Petro Diacono serm. Ms. de Octava Sancti Benedicti habetur. Vide V. Cl. Marcum Scipionem in Elog. abb. Casin. in Simplicio; eum etiam commemorant Trithem. De vir. illustr. D ord. S. Bened. lib. III, cap. 10. Leo Ostiens. lib. I, cap. 2 histor. Casin. Anastas. Biblioth. Monachus in libello de translat. Sanct. Bened., et iterum noster Petrus lib. Ms. De ortu et vita Justor. Casin., cap. 10.

(6) Opuscula Laurentii monachi Casinensis, deinceps episcopi, incertæ tamen sedis, exstare Casini Ms. uti et alia quædam in sexto pluteo ad dextram bibliothecæ, testatur Arnoldus Wion lib. Lign. vit. Historiæ sancti martyris Wenceslai ducis Bohemorum, habitu monachi Benedictini, sed non professione, auctore Laurentio, meminit Baron. in Martyrol. ad diem 28 Septembris, illamque etiam Ms. in nostro exili Mss. sacrorum penario asservamus tali lemmate : *Dominus ac Redemptor noster humanis visibus*, etc. quam, si vota et spes nostras Deus Opt. Max. fortunaverit, una cum aliis sanctorum Vitis hactenus ineditis bono publico proferendam dabimus. Scripsisse præterea præfationem in doctrinas Dorothei, constare ue in Bibl. SS. Patrum Tom. II, edit.

CAPUT VII.

DE CYPRIANO.

(7) Cyprianus presbyter sub Petronace abbate in eodem cœnobio monachus factus, de B. Benedicti miraculis hymnum in ejus festivitate cantandum
A descripsit. Claruit autem temporibus Leonis, Constantini, et Hirenes imperatorum.

CAPUT VIII.

DE PAULO.

(8) Paulus Aquileiensis patriarchii diaconus, regis-

2. auctor est Possevinus in Apparatu in verbo Laurentius; sed Vossius de hist. Lat. fatetur se non satis assequi mentem Possevini, vel mirifice eum rationem fugere; nam noster Petrus Diaconus, quem de hoc Laurentio monacho scripsisse refert, vixit circa Annum Domini 1145; at ille Laurentius monachus, qui auctor est præfationis Dorothei esse Hilarionem monachum Casinensem : at Hilario ille floruit circa annum Domini 1516, annis quadringentis quinquaginta et amplius post Petrum Casinensem. De vita sancti Castrensis episcopi et martyris, consule cl. vir. Michaelem monachum in Sanctuario Capuano. Floruit Laurentius circa annum Domini 750.

(7) Hymnus, quem composuit Cyprianus de beato Benedicto, in Bibl. Casinensi tali servatur exordio : *Aureo Solis radio perennis*, etc., teste Arnoldo Wionelib. Lign. vit. Scripsit et alia nonnulla. Vivebat anno Domini 760.

(8) Paulus cognomento Warnefrid ex Langobardorum gente originem duxit, Warnefridi ac Theodelindæ filius; vir apostolicus, ac antistes doctissimus, appellatus a Gaspare Barthio merito Polyhistor, qui pene innumera miræ ac exquisitæ eruditionis monimenta suo eximio ingenio, acri judicio, ac prudentia singulari prodidit; et ne quid a lectore curioso de Paulo desiderari possit, verba damus Leonis Ost. in Chron. Casin. lib. I, cap. 15 : *Iste siquidem ex Langobardorum gente originem duxit ; ejus namque abavus Leupichis nomine, eo tempore quo primum in Italiam Langobardi ingressi sunt cum eis venit. Cujus Pauli pater nomine Warnefrid, mater Theodelinda fuit. Qui a puero disciplinis liberalibus eruditus, maximum in curia Desiderii ultimi regis Langobardorum ob suam industriam, familiaritatis locum obtinuit : cancellarius dicti regis, atque Aquileiensis patriarchii diaconus extitit :* (hinc Paulo Diaconi cognomen ab adepta dignitate inditum, perpetuo adhæsit, licet hoc non attendat Raphael Volaterranus, nam pro diversis habet nostrum Paulum historiæ, Langobardicæ scriptorem, et Paulum Diaconum Aquileiensem). *Hic post captam Papiam, cum regi quoque Carolo pro sua prudentia admodum charus, et familiaris effectus est, ac non multo post cum accusatus apud eundem regem fuisset a quibusdam invidis, quod eum propter fidelitatem Desiderii domini sui voluisset occidere, fecit eum idem rex comprehendere, et coram se adduci : quem cum interrogasset, utrum vera essent, quæ super morte sua de eo dicerentur, constanter respondit, se pro certo fidelissimum domini sui fuisse, et in eadem se fidelitate cum vita perseverare : ad hæc rex subito ira succensus, præcepit eum manibus sine mora privari; sed mox in se reversus, et reminiscens sagacitatis ejus, atque prudentiæ, suspirans ait : Et si ejus manus abscindimus, ubi tam elegantem scriptorem reperiemus? et ais proceribus assistentibus sibi : Dicite quid super hoc vobis videtur : at illi : Jubete, inquiunt, ut eruantur ejus oculi, ne aliquando aliquas alicui contra vos litteras dirigat. Et ubi, vel quando, ait rex, tam insignem historiographum, aut poetam invenire valebimus? illi vero videntes circa illum regis compassionem, ac benevolentiam, suaserunt tandem, ut in Diomedis insulam, quæ hodie a tribus montibus Tremiti dicitur, eum exsiliaret. Factumque est, ubi cum per aliquot annos exsul mansisset (a), tandem ad Monasterium Casinense, celebri sanctitatis fama notissimum clam perrexit ibique monachus factus, pie et religiose vitam duxit, ac diu superstes in senectute bona in pace quievit, cum innocentiæ, humilitati, silentioque ultra humanum modum operam dedisset.* Sic dictus Leo Ostiensis.

Plura alia veneratione digna, insigniaque virtutum monumenta immortalitati consecrasse fertur, quæ ad notitiam nostri Petri non pervenerant : videlicet
B Vitam sancti Benedicti metrice scriptam, quam invenies apud eundem Paulum lib. I, cap. 26. de gestis Langob. Arnoldus Wion mentionem facit cujusdam poematis de Vita sancti Benedicti a Paulo Diacono conscripti, cujus singuli distichi iisdem quibus incipiunt, desinunt verbis, quod integrum affert Aymoinus serm. de sancto Benedicto, ubi etiam ejusdem Pauli hymnum affert singula miracula divi Benedicti continentem. Exaravit insuper Paulus Vitam sancti Mauri abbatis miro quodam artificio descriptam : sic exorditur :

Dux, via, vita tuis, decus et laus, gloria virtus,
Jesu, lux lucis, Dux, via, vita tuis.
Tu facis, Omnipotens, animalia muta profari.
Quod tibi cumque placet, tu facis omnipotens,
Da, precor, ut referam sancti magnalia Mauri,
Quæ per te gessit, da precor, ut referam, etc. :

vitamque etiam sanctæ Scholasticæ virginis, man-
C dante Carolo Magno imperatore, quæ integræ in tertio poematum libro habentur Prosperi Martinengii ; lectorem propterea curiosum ad eum remittimus. Sicuti etiam jussu ejusdem Caroli (qui anno 814. V Kalend. Febr. Aquisgrani diem clausit extremum, ætatis annorum 71), ordinavit historias, et lectiones per totum annum singulis festivitatibus sanctorum congruentes : quæ ejus dispositio ab ecclesia tota observata est, et usque ad hæc nostra temporal inviolabiliter custodita ; servatur apud nos hæc etiam ordinationis nota MS. Vide epistolam Caroli imperatoris de hac ordinatione scribentis, quæ homiliario Alcuini præponitur. Præterea de eadem sancta Scholastica nonnullos composuit versus, qui habentur in Martyrologio Arnoldi Wionis ad diem decimum Febr. Vitam etiam sancti Arnulfi Metensis episcopi, qui fuit primo præfectus domus regis Francorum, postea Metensium episcopus, quæ apud Surium Tomo IV ad diem 16 Augusti, et apud Bedam
D tom. III, reperitur, licet falso ipsi Bedæ ascribatur. Librum de gestis episcoporum Metensium, editum per Marquardum Freherum in Corpore histor. Franc., indicat ipsemet Paulus scripsisse lib. VI De gestis Langob. cap. XVI. De gestis Episcoporum Papiensium librum unum, quem se vidisse testatur Galesinus. Ad Carolum Imperatorem epistolam unam, quæ ms. in Biblioth. Casin. ad dextram scamno III, n. 179 servatur. Vitam sancti Cypriani Episcopi, et Martyris, quæ habetur in prolegomenis Jacobi Pamelii ad S. Cypriani opera. Versus ad Arichem principem Beneventanum generum Desiderii regis typis modo cusi reperiuntur apud virum Cl. Camillum Peregrinum rerum antiquarum indagatorem indefessum, historicumque insignem in hist. principum Langob.

(a) Hinc varia lectio codicis Leonis, quo usus est Marus, ab edito in collectione nostra. Is equidem si, ut in impressis hactenus ipsius annotationibus legebatur, ita se habebat, enormiter quidem vitiatus erat et mancus. Nos ad veram lectionem hujus loci initium restituimus. MUR.

que Desiderii notarius, sub Theodemario abbate ad Casinum perveniens, monasticumque schema suscipiens, sanctitate, gravitate suo tempore singularis, philosophia quoque a pueritia eruditus, composuit in laudem beatissimi Benedicti versus elegiaco metro digestos; hymnos quoque sancti Johannis Baptistæ, sanctique Benedicti; versus ad Carolum imperatorem, ad Arichis Beneventanum principem; sanctique Fortunati episcopi vitam eleganter descripsit; homilias quoque quinquaginta, sancti pontificis Gregorii Vitam; in Regula sancti Benedicti expositionem; ac de ingressu Langobardorum in Italiam, origine regnoque eorum, historiam valde luculentam edidit. In historia autem Eutropii quam plurima adjunxit. Universas etiam lectiunculas a principio mundi usque ad suam ætatem, una cum annali com-

pag. mihi 235. Divorum etiam aliquot facinora, laudesque luculentis versibus celebravit: quo in genere carmen in S. Joannem Baptistam tutelarem suum, patronumque regni Langobardorum maxime excellit, cujus pietate, ac numeris Romana ecclesia delectata recitandum proposuit, estque inter sacratos hymnos elegantia et venustate facile princeps: sic exorditur.

Ut queant laxis resonare fibris, etc.

Composuit et hymnum de passione sancti Mercurii ac etiam alterum in translatione corporis Beneventum: primum refert Petrus Pipernus Beneventanus Lib. v, cap. 20 De effectibus magicis. Exstat pariter hymnus alcaicus dactylicus e vet. ms. Lang. Eccles. Benevent. ritu in festo assumptæ virginis Deiparæ decantari solitus, a nostro Paulo, ut asseritur, scriptus, incipit:

Quis possit amplo famine præpotens, etc.

Insuper aliqua fragmenta MSS. sub nomine Pauli Diaconi, mutila tamen, et hiulca nos custodimus; videlicet, Vitam Germani sanctissimi Constantinopolitani patriarchæ per Paulum Diaconum historicum scriptam. In transitu Petri Damiani, de dimittendo episcopatu orationem, in qua fit mentio de sancto Arnulpho Metensi episcopo. Vitam sancti Petri Damasceni episcopi, et martyris nec non alterius Petri pariter martyris, per Paulum Diaconum scriptam. Alia etiam opuscula necdum prælo subjecta Casinatem biblioth. exornant, videlicet Cod. ms. sign. num. 146, præfixus est sermo Pauli Diaconi in Evangel. *Nemo accendit lucernam*, etc., incipit. *His sancti Evangelii verbis*, etc. Item Cod. CXLV, pag. 198. Vita sancti Gregorii Papæ I, tribus libris conscripta per Paulum Diaconum, incipit: *Gregorius Urbe Romulea patre Gordiano*, finit: *Iduum Martiarum regnante*, etc. Item Cod. 305, ejusdem Pauli Diaconi sermo de B. Virgine, incipit: *Licet omnium Sanctorum*, etc. Ejusdem sermo in illud Evangelii, *Simile est regnum cælorum homini regi, qui voluit rationem ponere*, etc., incipit: *Præsens sancti Evangelii lectio*, etc. Hæc vero homilia inter opuscula sanctorum aliquot Patrum per Thomam Galletum edita habetur Lugduni anno 1615, pag. 450. Sicut etiam in celeberrima bibliotheca Medicea plut. 17, exstare inter octo volumina homiliarum diversorum auctorum nonnullas Pauli Diaconi homilias refert Henricus Ernstius in Catal. Medic. Biblioth. In eodem Archivio Casin. adsunt commentaria mss. in fol. Pauli Diaconi in Regulam sancti Benedicti, ubi in fronte habetur pictura vetustissima sancti Benedicti, et Joannis abbatis cui Regulam tradit, licet commentarium prædictum Hugo Menardus Ruthardo monacho Rabani et strabi auditori tribuendum esse notarit. Vide disquisitiones monasticas Hæfteni lib. II, tract. 5, disquis. 4. Item epistola Pauli Diaconi ad Carolum Magnum, nomine Theodemari, et Casin. congreg. scripta, de qua Ostiensis in Chron. Subjungitur etiam in eodem Codice ms. sylloge quædam chronologica ejusdem, ut nonnulli putant, Pauli, quam simul cum quadam historiola sub titulo ignoti Casinensis vir. cl. Camillus Peregrin. Histor. princip. Langobard. ultimo loco in lucem edidit. Epistolarum ad diversos librum unum scripsisse etiam fertur.

Observandum denique est, auctorem Miscellæ falso dici Paulum Diaconum, Baron. Tom. V. Annal. et Bellarm. De scriptor. eccles. probant. Vide notas eruditissimi Auberti Miræi in Sigebertum De scriptor. eccles. cap. 80, et præcipue Vossium de histor. Latin. in Paulo, et de natali anno Christi dissert. 7, pag. 5, Camillum Peregrin, histor. princip. Langobard. qui Paulum callide non produxisse historiam Langob. ad sua tempora observavit, sicut etiam nonnulla alia silentio obvelasse. Alphonsus Ciacon. in Vitis pontificum in Leone: *Habet*, inquit, *auctor Miscellæ Paulus, vel potius Joannes Diaconus*. Sed utcunque sit de nomine scriptoris, certe, quod in omnibus fere mss. Cod. nomen Pauli, non Joannis legitur.

Claruit Paulus anno Domini 704. Cum innocentiæ, humilitati, silentioque ultra humanum modum operam dedisset, atque in Casinensi monasterio usque ad finem vitæ ardue satis, ac districtissime vixisset, sepultus est Casini ante capitulum, gloriosis emicans meritorum maximorum insigniis, testatur noster Petrus Lib. ms. De ortu, et vita Justor. Casin. cap. XXV. Exstant Caroli Magni litteræ metro exaratæ nostro Paulo, in quibus de susceptæ vitæ ratione per ipsum, sacrique cœnobii Casin. sanctitate mirifice gratulatur: quarum litterarum partem hic inserimus, ut clarissimi imperatoris in eruditos homines singularis humanitas, deque sacri archisterii Casin. sanctitate præclara existimatio agnoscatur. Est hujusmodi:

Hinc celer egrediens, celeri mea charta volatu
Per silvas, colles, valles quoque præpete cursu,
Alma Deo chari Benedicti tecta require;
Est nam certa quies fessis venientibus illuc.
Hic olus hospitibus, piscis, hic panis abundat,
Pax pia, mens humilis, pulchra et concordia fratrum.
Laus, amor, et cultus Christi simul omnibus horis,
Dic Patri, et sociis cunctis, salvete, valete.
Colla mei Pauli gaudendo amplecte benigne,
Dicito multoties, salve Pater optime, salve,

De Paulo mentionem habent Leo Ostiens. Chron. Casin. lib. I, cap. 17; Sigebert. cap. 80; Trith. De viris illustribus Ord. S. Bened. lib. II, cap. 30; Arnold. Lib. v; cap. 91 Lig. vitæ; Th. Dempsterus in notis antiq. Roman. Ipse Paulus de se ipso multis in locis, et alii innumeri; in pervetusto cod. ms. legimus Paulum fuisse diaconum S. R. E. cardinalem, uti etiam dicto lib. ms. nostri Petri de ortu et vita Justorum Casinensium in cap. 25, inscriptione his verbis:

De Paulo diacono cardinali, etc

Quem fucum exscriptores, sive amanuenses lectori facere voluisse existimamus, dum in nullis tabulis ecclesiasticis in numerum Cardinalium adscitum colligimus. Vel potius scrupulum istum injectum fuisse credendum à Martino Polono in præfatione suæ Chronicæ, dum in opere De gestis imperatorum et Pontificum nominat quemdam Paulum Diaconum romanum et cardinalem: iste tamen dissolvitur nodus quod noster Paulus fuit diaconus Aquileiensis, et postea monachus Casinensis; at iste, ex quo puto rhythmice composuit. Fuit, autem temporibus Caroli imperatoris. Sepultus est in eodem cœnobio juxta ecclesiam sancti Benedicti ante capitulum.

CAPUT IX.

DE HILDERICO.

(9) Hildericus, ejusdem Pauli Diaconi auditor, de origine præceptoris sui vita, institutione, doctrina, religione, habitu, lucidissimos versus composuit.

CAPUT X.

DE THEOPHANIO.

(10) Theophanius diaconus, vir eruditissimus ac disertissimus, de constructione cœnobii Domini Salvatoris de adventu sancti Benedicti ad Casinum, ac de miraculis per eum inibi factis, et in laudem sanctæ Dei genetricis, et de constructione monasterii sanctæ Mariæ in Plumbariola versus mirificos edidit.

CAPUT XI.

DE BASSATIO

(11) Bassatius Casinensis cœnobii abbas, vir Scripturis sanctis deditus, et notitia ecclesiastici dogmatis sufficienter instructus, composuit nitido satis et aperto sermone quosdam tractatus : fuit autem tempore Ludovici imperatoris

CAPUT XII.

DE S. BERTARIO.

(12) Bertarius, supradicti Bassatii discipulus, ac

profecit Martinus, vocatur Romanus diaconus et cardinalis. Vide Vossium de histor. Latin.

Exstat epitaphium Pauli Diaconi versibus exornatum ab Hilderico monacho et abbate Casinensi discipulo prædicti Pauli : quod tibi, singulari humanitate V. cl. Caroli Borelli cler. Regul. Minor. nobis suppeditatum, ex antiquo ms. cod. sign. 256. Biblioth. Casinensi depromptum, nunc primum in lucem damus.

EPITAPHIUM PAULI DIACONI.

Perspicua clarum nimium tum fama per ævum.
Astra simul junctum pangant te cœtibus almis.
Veridico Levita tuos quis, summe, triumphos
Lucifluis, Paule, potuit depromere dictis ?
Ut tua, sed lector properans huc noscat, et hospes
Sacrato tumulo requiescere membra sub isto,
Laudis amande tuæ summatim carmine digno
Almificos actus dignum est reserare canendo.
Eximio dudum Bardorum stemmate gentis
Viribus atque armis, quæ tunc opibusque per orbem.
Insignis fuerat, sumpsisti generis ortum :
Tam digna est, postquam nitidos ubi sæpe Timavi
Amnis habet cursus, genitus tu prole fuisti :
Divino instinctu regalis protinus aula
Ob decus et lumen patriæ te sumpsit alendum ;
Cum tua post Tibridem populis et regibus altis
Tunc placida cunctis vita, studiumque maneret.
Omnia sophiæ cœpisti culmina sacræ,
Rege monente pio Ratchis, penetrare decenter
Plurima captasses digne cum dogmata, cujus
Resplendens cunctas, superis ut Phœbus ab astris,
Arctoas rutilo decorasti lumine gentes ;
Hæc sint jam nimium, fluidi cum gloria sæcli
Condignis ditaret ovans te sedule gazis,
Lucis ob æternæ vitam sine fine beatam
Audacter sprevisti hujus devotus honores :
Regis et immensi fretus pietate polorum
Vernanti huc domino properasti pectore Christo
Subdita colla dare Benedicti ad septa beati ;
Exemplis mox compta tuis ubi concio sacra
Tum jubar ut fulgens cœpit radiare coruscis,
In te nam pietas jugiter, dilectio dulcis,
Nectareus et pacis amor, patientia victrix,
Simplicitas solers nimiam, concordia summa
Omne simul atque bonum, semper venerande, manebat ;
Nunc ideo Cœli te gemmea regna retentant,
Sideream retinens pariter per secla coronam.
Hoc tibi posco, sacer, gratum sit carmen honoris.
Hilderic en cecini quod lacrymando tuus,
Quem requiem captare tuis fac quæso perennem
Sacratis precibus, semper amande Pater.

(9) Fuit deinde abbas Casinen. Hildericus, et eodem mense, quo electus, obiit, scilicet anno Domini 834, cum sedisset diebus decem et septem : versus quos composuit de Paulo, supra retulimus.

(10) Vixit sub Ludovico Pio imperatore, anno Domini 855. Mur.

(11) Opuscula quæ Bassatius abbas Benedictinus decimus octavus scripsisse exponitur, quænam contineant, non explicat Petrus ; nisi intelligere velimus quod cum suo tempore ordinem monasticum aliqua jam ex parte corruptum in Liguria, Burgundia; Germania vidisset, sermonibus ac doctrinis correxisset. Naturæ concessit non sine opinione sanctitatis, Casini, anno Domini 861, die XVI Kalend. Aprilis, et in Capitulo fratrum juxta ædem divi Benedicti, quam magnifico ornatu decoraverat, sepultus est.

(12) Sanctus Bertharius, ab ipsis Francorum regibus ortum ducens, vir tantæ sanctitatis et inculpatæ vitæ laudibus conspicuus, clam suis, domo, ac patria digreditur, illud poetæ veteris animo semper agitans :

Qui vult esse pius, regalibus exeat aulis.

Religiosa peregrinatione inde usque è Galliis Casinum suscepta ; quo simul ac pervenit, res suas sæculum habere jussit, omniaque illius ornamenta, opes, dignitates (quæ propter summam Bertharii nobilitatem, modestiam, ingenium, ipsi non dubia spe proponebantur) tanquam stercus arbitratus, nudus ad Christi nudi crucem confugit, et Benedictinis addictus est Casini : deinde vero Bassatio abbate demortuo, communi Patrum consensu abbas eligitur anno Domini 856. Per hæc enim tempora Bertharius a Sarracenis, qui Italiam invaserant, plures est perpessus injurias ; nempe quod auxilia adversus illos ex Gallia, et aliunde advocasset, frequenterque in eos egressus, ac impetum faciens, a finibus illis avertisset ; unde in se odium immane concitatum fuit. Quadam igitur die Lyri amne advecti Sarraceni, Bertharium in majori æde cœnobii Sancti Germani celebrantem repentè adorti, cum aliquot monachis obtruncant XI Kalend. Novembris anno Domini 883, sedente Ludovico imperatore Arnulphi imperatoris quarti filio, cum annis 28 non exactis monasterio Casinensi, impleto cumulo meritorum, præfuisset. Consule Leonem Ostiens., lib. I. cap. 46 ; Chron. Casin. ; Carolum Sigonium de Regno Italiæ libr. VI, et Camillum Peregr. Histor. princip. Langob. in serie abb. Casin. in Berthario. Ejus martyrii acta ab Ignatio Prangensi monast. Casin. priore conscripta hactenus inedita apud nos servantur tali exordio : *Tempore, quo sacrum imperium ad tuendas res Ecclesiæ Romanæ*, etc. Ejusdem sancti Bertharii vitæ per dictum Ignatium exaratæ, notisque Constantini Cajetani illustratæ meminit etiam Labbeus in nova Bibliot. mss. librorum pag. 365, Martyrol. Gallicanum sub die XXII Octobris sancti Bertharii etiam mentionem facit. De vita et translatione reliquiarum sancti Bertharii ad montem Casinum vide Martyrol. Wionis ad 22 Octobris et II Decembris.

Scripsit sanctus Bertharius philosophus ac medicus insignis, ante conversionem suam multa versibus et soluta oratione : nempe de medicina et Grammatica, videlicet de innumeris morbis hinc inde collecta volumina duo; de grammatica libros aliquot.

post eum abbas Casinensis effectus; vir genere et litteris nobilis, honestatis, religionis ac martyrii corona perspicuus. Scripsit non contemnenda opuscula, sed præcipua sunt illa quæ abbas jam constitutus edidit. De sancto Luca Evangelista sermonem: de beata Scholastica homiliam descripsit: librum quoque difficillimum sententiarum tam Veteris quam Novi Testamenti patravit ipsumque *anticimenon* appellavit. De vita autem, et obitu ac miraculis sanctissimi Benedicti, necnon ad Angelbergam Augustam aliosque suos amicos versus mirificos fecit. Sed cum peccatis Christicolarum exigentibus, justo Dei judicio Italia ab Ismaelitis devastaretur, solusque contra eorum sævitiam ob defensionem Christianorum per decem et septem annos et.... acerrime expugnaret, consilio Sarraceni habito clam navem ascendunt, et ad monasterium Domini Salvatoris, quod situm est ad pedem Casini montis venientes, A Ecclesiam intrant, ibique Bertharium martyrem Christi reperiunt. Cumque ad eum venissent, dixerunt: Tu es Bertharius, qui usque nunc Christianos defendisti, ac pro illorum liberatione ad imperatorem bis ultra montes perrexisti? justum est ergo ut pro eis mortem suscipias, ac pro fide Dei tui. Hæc cum dixissent, ab eisdem Sarracenis juxta altare sancti Martini pro fide Christi capite truncatus est. Passus est autem temporibus Ludovici imperatoris: sepultum vero est ejus sacratissimum corpus juxta ecclesiam Sancti Joannis Baptistæ in capitulo Casinensi.

CAPUT XIII.

DE AUTHPERTO.

(15) Authpertus ejusdem cœnobii abbas, vir di- B sertus et valde eruditus, inter multa et præclara ingenii sui monumenta in laudem S. Mathiæ apostoli, necnon de Purificatione sanctæ Dei Genitricis, alio-

Sed postea studium mutans, animarumque medicus constitutus, fecit sermonum et homiliarum librum unum qui adest ms. in Biblioth. Casinen. Cod. sign. num. 107; de S. Matthia apostolo sermonem unum, cujus initium: *Inclytam, et gloriosam festivitatem.* Vide tamen notas Michaelis monachi ad Kalendarium quintum sub die vigesima quarta Februarii sanctuarii Capuani.

De sancto Romano abbate sermonem unum, exordium est: *Adest nobis dies*, etc. cujus etiam mentionem facit Arnoldus Wion ad Martyrol. Bened. sub die XXII Maii: quæ supradicta opuscula ac tractatus ad notitiam Petri non venerant.

Sermo de S. Luca evangelista, quem noster Petrus indicavit, habetur in Breviario Ord. S. Benedicti, ac etiam in Biblioth. Vallicellana, testatur card. Baron. in Martyrol. ad diem XVIII Octobris,

Versus ad Angelbergam Augustam, uti etiam de vita et obitu sanctissimi Benedicti, excusi sunt Romæ anno Dom. 1590 et in tertio poematum volumine Prosperi Martinengii simul cum duobus aliis poetis, qui nondum erant impressi reperiuntur; habenturque etiam in notis Martyrolog. Benedict.. Arnoldi Wionis ad diem XXI Martii.

Liber, cui nomen fecit *Antikeimenon*, id est contrariorum, sive contrapositorum libri utriusque Testamenti, exstat impressus Coloniæ anno Domini 1503, in-8°, incerto auctore: ignotum enim tunc erat nomen nostri S. Berthari iis qui in lucem dictum librum prodiderant, exorditur: *Cum in Genesi septem primi dies legantur.* Meminere hujus libri Leo Ostiens. lib. I, c. 32, his verbis: *Hic* (videlicet Bertharius) *apprime litteratus, nonnullos tractatus atque sermones, necnon et versus in sanctorum laude composuit. Cujus et Anticimenon de plurimis tam Veteris quam Novi Testamenti quæstionibus hic habetur*: et Fabianus Justinianus in suo indice universali littera A, fol. 30; inscio tamen nomine auctoris. Custoditur etiam liber iste manu exaratus litteris Langob. sub nomine nostri S. Berthari in Biblioth. Aniciana. Ejus opuscula penes Abb. Constantinum Cajetanum exstitisse, scribit V. clar. Leo Allatius omnigena eruditione egregie, docteque instructus, librorumque helluo lib. de Viris illustribus, cui titulum fecit *Apes urbanæ*, in verbo Constantinus.

Agunt de S. Berthario Ostiensis loco cit., Trith. De viris illustribus, Sigonius De regno Italiæ lib. VI, aliique.

(15) Authpertus abbas decimus septimus ord. S. Benedicti creatus die XVI Octobris anno 834, præfuit annis tribus: subductus est e mortalium cœtu X Kalend. Martii anno 837 et Casini sepultus, regnante Lothario imperatore. Vir fuit moribus compositus; religione præstans, ingenio non infelix, litteraturæ non ignobilis, teste Leone Ostien. in Chron. lib. I, cap. 25, edit. Venet. Bibliothecam quam habebat optimis cujusque generis libris instructam, cum sarcinam mortalem exueret, Casinensibus legavit. Traduntur enim dono data, inter cætera, ab Authperto infra scripta raræ eruditionis monumenta, videlicet diversæ homiliæ mss. S. Epiphanii episcopi; exstant in cod. sign. n. 305, pariter in cod. 232 adest liber S. Greg. Nysseni episcopi de conditione hominis, ex versione Dionysii abbatis. *Incipit epist. Dionysii ad Egipium presbyt. Domino sanctissi-* C *mo, et a me plurimum venerando.* Inhæret præterea eidem cod. 232 liber De vita christiana Fastidii Britannorum episcopi, qui in cod. Vatican. 551 vocatur Fastidiosus, incipit: *ut ego peccator, et ultimus, insipientior cæteris*, etc., sunt fol. 14 in-4° de quo Gennadius De scrip. Eccles. cap. 56. Vide Vossium De hist. Lat. lib. II, cap. 19, in Dionysio; sicuti in scamno 5 ad sinistram cod. sign. n° 29. Auxilii presb. Etymologicum habetur, liber egregius vetustissimus. Et in eodem scamno cod. sign. n. 30, sequuntur ejusdem Auxilii presbyt. varia theologica erudita: nempe primo quæst. 137 in Exameron; secundo, aliæ quæstiones ferme omnes De Genesi; tertio, capitula differentiarum 36; quarto, De distinctione quatuor vitiorum; quinto, De Trinitate, per quæstiones et responsiones, ubi deinde ferme omnia nomina explicat, quæ in rebus ecclesiasticis versantur, ut quid neophytus, quid catechumenus, quid competens; sexto de officiis divinis, D per interrogationem et responsionem, ut: Unde dicta sit missa, etc.; unde statio, et quid inter stationem et jejunium intersit, quid abstinentia, etc.; quænam sit Xerophagia, et quæ reconciliatio, etc. Quæ supradicta mss. opuscula, sicuti pene infinita alia, quæ hodie Bibliothecam Casinens. exornant, magnifico munere fuere [fuisse]? a nostro Authperto donata, asserunt nonnulli; sunt enim Bibliothecæ in monasteriis, velut Armamentaria militiæ spiritualis, et gazophylacia thesaurorum religiosorum.

Scripsit Authpertus præter exposita a nostro Petro diversas insuper homilias et sermones, scilicet de Assumptione B. Mariæ, tali exordio: *Adest nobis, dilectissimi*; de nativitate ejusdem, sive sermonem communem in ejus festivitatibus, qui incipit: *Celebritas hodierna*; sermonem in festo omnium sanctorum, incipit: *Adest, dilectissimi*, etc. Habentur hi sermones mss. in Biblioth. Casin. cod. signat. num. 305. Sermo vero in laudem S. Mathiæ apostoli ineditus adhuc creditur.

rumque sanctorum, homilias valde pulchras composuit. Fuit autem temporibus Lotharii imperatoris.

CAPUT XIV.

DE ERCHEMPERTO.

(14) Erchempertus diaconus, parvulus et ipse B. Benedicto oblatus, de destructione et renovatione Casinensis cœnobii, necnon de Ismaelitarum incursione historiam necessariam satis composuit. Fuit vero tempore Ludovici imperatoris.

CAPUT XV.

DE JOANNE.

(15) oannes supradicti Casinensis cœnobii abbas, vir nobilis carne et spiritu. De persecutionibus ejusdem cœnobii, et de miraculis inibi factis, Chronicam succinctam, sed valde necessariam loco descripsit. Sepultus vero est in monasterio Capuano.

Circumferuntur sub nomine nostri Authperti abbatis, sed perperam, infrascripta mss. opuscula; videlicet sermo De cupiditate viris sæcularibus valde utilis, habens Scripturarum testimonia octoginta. Incipit: *Sanctorum Ecclesiam.* Sermo in Purificatione beatæ Mariæ Virginis, qui exstat impressus quoque in Alcuini Homiliario. *Si subtiliter a fidelibus.* Sermo in Dedicatione Ecclesiæ. *Vide civitatem sanctam Hierusalem.* Oratio contra septies septena vitia: *Summa et incomprehensibilis natura.* Homilia in illud Evangelii sancti Marci: *Assumpsit Jesus Petrum et Jacobum, et Joannem.* Quæ in Breviario Ecclesiæ Atinensis litteris Langobard. in tres lectiones distincta habetur sub die sexta Augusti: *Solet nonnunquam evenire.* Vita sanctorum Patrum Paldonis, Tatonis, et Tasonis monasterii Sancti Vincentii de Vulturno abbatum: *Humani generis primus parens.* De qua vide catalog. Sanctor. Ferrarii ad diem XI Octob., XI Januar., XI Decembris, et Bollandum sub die XI Januar. Quæ præfata opuscula male nostro Authperto attribuuntur, cum suum agnoscant auctorem Ambrosium Autbertum alias Ansbertum monachum et abbatem S. Vincentii de Vulturno prope Capuam fluvio, qui claruit anno Domini 890 fuitque Magister in humanioribus Caroli Magni, de quo Sigebertus De scrip. Eccles. cap. 91, et Aubertus Miræus in auct. De scrip. cap. 257, cujusque etiam exstant lucubrationes nonnullæ impressæ Coloniæ anno Domini 1536 in-fol. Certe quoad supramemorata opuscula, quæ nos manu exarata etiam asservamus, præferunt nomen Ambrosii Authperti abbatis Sancti Vincentii, non Casinensis.

Porro Authpertus iste in Bibliotheca philosophica, et alibi a nonnullis appellatur Rupertus, quem inquiunt vixisse anno 1040 sed duplex hic lapsus est, nimirum in nomine, et in annorum numero: quippe in Casinensium abbatum catalogo nullus Rupertus invenitur, et anno 1040 Richerius abbas monasterio Casinensi præerat.

(14) Erchempertus ab aliis Herempertus: seu Herembertus, e Langobardorum illustri stirpe, genus sumens e Beneventanis ducibus, pater ejus Radelgarius, abavus Rodoalt; patruus Radolphus vocabatur. Vir fuit sanguinis splendore et doctrina non ignobilis, historiæque scientissimus; ad humanæ tamen vitæ incommoda solum natus. Scripsit Chronicon, sive historiam Langobardorum, cujus prototypon, putatur periisse; tempore tamen Desiderii abbatis Casin., qui postea fuit Victor papa III exscriptum fuisse, ita ipso mandante, testatur noster Petrus in auctario Chron. Casin. lib. III cap. 62, edit. Venet. Fusioris enim hujus historiæ epitomen, seu potius auctarium ad histor. Pauli Diaconi De gestis Langobard. ann. 888 ab ipsomet Erchemperto confectum, ut creditur, vir clar. Antonius Caracciolus ex ord. Cler. Reg. primum ex ms. codice Vaticano edidit, notisque illustravit, et typis Neapoli anno 1626 in-4° publicavit una cum Chron. Lupi Protospatæ, Falconis Beneventani, aliorumque. Verum postremo loco eruditissimus Camillus Peregrinus suæ Langob. hist. prædictum Chron. seu Epitomen scholiis ornatum solita diligentia ac eruditione attexuit: unde qui plura volet, apparatum, notasque ejusdem consulere poterit. Vide etiam Philippum Labbeum in nova Bibl. mss. librorum part. I, pag. 10 et 366.

Scripsit insuper Erchempertus Carmen de vita Landulphi episcopi Capuani, de quo vide Sanctuarium Capuan. Michaelis monachi, ac etiam prænotatum Peregrinum in præfat. ad dict. histor. pag. 15.

Ab eodem pariter Erchemperto litteris consignata putantur acta translationis sancti Matthæi apostoli, et ea fortasse censentur, quæ edidit Columna archiepiscopus Salernitanus; verum prædicta acta, quæ mss. penes nos sunt, præferunt nomen Paulini Legionensis, sive Londinensis episcopi in Britannia: initium est: *Matthæus evangelista et apostolus, cum primum in Judæam*, etc.

Observandum etiam est, non exstare opuscula, quibus noster Petrus titulum fecit, de destructione et renovatione Casinensis cœnobii; necnon de Ismaelitarum incursione: nisi velimus dicere, in prædicto Chronico, sive historia, utramque descriptam fuisse cladem. Adi vir. clar. Vossium De hist. Lat. lib. III. Denique Leo Ostiens. in Chron. Casinensi sæpe meminit Erchemperti, e quo plurima desumpsisse videtur, ut lib. I, cap. 9, et 19, 46. Et card. Baron. ex Erchemperti historia multa pariter haussisse, atque in suos annales inseruisse, facile videre est. Lege ipsum ad ann. 871, 872, 874 et 912.

Quoto autem signate anno Erchempertus mortalis corporis deposuerit pondus, ignoratur: licet quidem opinari ann. 889, dum exeuntem annum 888, viderat, descripseratque, nec ulterius historiam produxerat suam, quam se producturum promiserat; et sic nostrum Petrum non libasse historiam Erchemperti, suspicatur præfatus Peregrinus, dum claruisse refert sub Ludovico imperatore, cum illum vixisse sub Carolo M. compertum habeamus. Carolus enim imperavit ab anno 881 ad annum 898.

(15) Joannes abbas, Capuæ illustri loco natus, principum Landulfi primi, et Atenulfi secundi consanguineus, vir animo infractus, litteris eruditus, et ut eruditione, sic et sanctitate insignis, ex archidiacono Capuano monachus Casinensis: quo tempore scilicet, anno Dom. 915, cœnobio Casinensi a Sarracenis vastato, monachi Capuæ habitabant, ob singularem morum maturitatem abbas creatus est. Cœli limina petiit omni virtute prælucens, anno Domini 934, ac in Capuano cœnobio tumulatus est, sanctorumque dein Casinensium fastis sub pridie Kalendas Aprilis ascriptus legitur. Meminit Ferrarius in novo catalogo sanctorum. De eo scribunt Leo Ostiens. Chron. lib. I, cap. 56, 57 et 58; noster Petrus lib. ms. De ortu et vita Just. Casinen., cap. 36, et Vossius De histor. Lat. lib. III. Vide Sanctuar. Capuanum Michaelis monachi pag. 157, ubi diffuse de Joanne agit.

Chronicon, quod descripsit de persecutionibus cœnobii Casin. et de miraculis inibi factis, ineditum adhuc remanet, illudque existimatur, quo in prologo sui Chron. usum se dixit Ostiensis his verbis: *Adhibui præcipue Chronica Joannis abbatis, qui primus in*

CAPUT XVI.

DE THEODORICO.

(16) Theodoricus Casinensis gymnasii presbyter, vir inter Scriptores ecclesiasticos non immerito prædicandus, historiam sancti Confessoris Christi Firmani, et hymnum in laudem beatissimi Mauri venusto stylo descripsit.

CAPUT XVII.

DE STEPHANO.

(17) Stephanus S. R. E. pontifex, vir eruditissimus ac singularis, prius quidem S. R. E. cancellarius ac dicti Casinensis cœnobii abbas effectus, post Richerii transitum carne simul et spiritu nobilissimus, dum causa consecrationis suæ ad urbem Ro-

---

Capua nova monasterium nostrum construxit. Camillus Peregrinus histor. Princip. Langob., fol. 122, aliud Chronicon postremorum comitum Capuæ hactenus ineditum in lucem evulgavit sub nomine nostri Joannis abbatis, licet autographum nomine ipsius Joannis careret, quod haud raro antiquis scriptoribus, et maxime monachis, in more fuit, ut in editione librorum modestiæ ergo, nomen celarent suum; notarunt viri clarissimi Sixtus Senensis in sua Biblioth. lib. IV in verbo *Mammotreptus*, ac Theophylus Raynaudus in Raymundo Jordano, qui hactenus Idiotæ nomen præferebat.

(16) Quisnam fuerit sanctus Firmanus qui scire desiderat, consulat card. Baron. in annal. Eccles. ad ann. 995, qui citat etiam S. Petrum Damianum, ante cujus tempora vixit. Unde Ferrarius in catalogo Sanctorum sub die II Martii sic legit : *Firmanus, Firmii in Piceno natus, admirabili floruit sanctitate, qui inter sanctos Confessores, non solemni ritu, sed sola altaris, sacellive erectione relatus est.* Arnoldus Wion lib. II, cap. 78, Lign. vit. in Theodorico hæc refert : *N. Theodoricus monachus, et sacerdos monasterii Casinensis scripsit de vita sancti Firmiani episcopi lib. I; de S. Mauro abbate hymnum unum.* Vossius De histor. Lat. in Theodorico, nuncupat Firminum, et ait fuisse primum Ambianensem in Galliis episcopum, qui temporibus Diocletiani martyrio decessit 7 Kalend. Octobris : utrique tamen decepti, ut credimus, ob solam nominis similitudinem, aut ob depravati forsitan codicis lectionem; Theodoricus enim noster sancti Firmani confessoris ord. S. Benedicti vitam descripsit, non autem Firmiani episcopi, aut Firmini pariter episcopi. Fuit quidem Firmanus monachus et abbas monasterii Sancti Sabini in Firmana civitate, at non episcopus; decessitque ante Leonem papam IX. Olim in cathedrali Firmana huic sancto dedicatum visebatur altare, et in ecclesia Sancti Jacobi ad radices montis Gerionis magno populorum concursu ejus festum celebrabatur, cui item visendum sane altare consecraverunt. Legitur præterea Ubertus episcopus Firmanus non solum Ecclesiam Sancti Michaelis archangeli prope mare in fundo Rejano sitam anno Dom. 1016, abbati Firmano, et monachis S. Benedicti concessisse; verum etiam multa alia bona, prædiaque, anno 1010 tradit Leo Ostiens. in Chron. lib. II, cap. 26. Vide eruditissimum Ughellum, virtutibus omnibus perinsignem, ac in cumulandis ecclesiasticis monumentis perpetuum cultorem, diligentissimumque indagatorem, tom. II Ital. sac. in catal. episc. Firmanorum in Uberto. Claruit Theodoricus circa annum Dom. 1012.

(17) Stephanus papa decimus, antea Fridericus e nobilissima Familia Lotharingiæ (aliqui nonum legunt, eo quia pontificum catalogo Stephanum hujus nominis secundum Zachariæ pontificis successorem non ascribunt; cum dies tres solummodo in pontificatu transegerit : quæ ratio non debet certe illum ab albo summorum pontificum expungere), fuit itaque frater magni Gotthifredi regis Hierosolymitani. Vir quidem nobilitate sanguinis satis notus, sed animi splendore et doctrina multo magis clarus. A Leone papa IX, ejus consanguineo, cardinalis diaconus Sanctæ Mariæ in Dominica anno Dom. 1050, ac etiam S. R. E. cancellarius et bibliothecarius creatus legitur : Constantinopolim mittitur, Græcam Ecclesiam cum Latina conciliaturus; Michaelem Cærularium patriarcham ejusdem urbis deposuit, et anathematis vinculo innodavit; inde rediens, sæculique tædio affectus, verum pro certo habens illud philosophi a Plutarcho singulari commentario celebratum, *Latens vive*, Casinum petit, ubi positis honorum insigniis ad exactam religiosæ humilitatis legem se totum composuit : et post biennium communibus monachorum suffragiis creatur abbas in locum Richerii anno 1057, IV Kalend. Junii, die Veneris post Pentecosten; deposito Petro, qui præpropere fuerat intrusus. Quare delati muneris confirmationem petiturus (nec enim fas erat Casinatem præfecturam Romani pontificis injussu adire) Florentiam, ubi per eos dies Victor papa II degebat, se contulit, a quo non solum abbas (quod quærebatur) sed iterum etiam cardinalis tit. sancti Chrysogoni, ex archidiacono S. Mariæ in Dominica, factus presbyter secunda promotione, isque solus, præter opinionem et votum renuntiatur anno 1057. In reditu igitur e Tuscia, dum Romæ etiam subsisteret, nuntiato Victoris obitu, per Bonifacium episcopum Albanensem, mirifica sacri senatus conspiratione in demortui pontificis locum sublegitur, adeo invitus ac reluctans, ut per vim ex hospitio ad basilicam S. Petri ad Vincula educendus fuerit, pontificatumque ipsi procurantibus aiebat mœrens : *De me non potestis agere, nisi quod permiserit Deus, et absque illius nutu, nec mihi dare, nec auferre istud potestis.* Postridie ingenti omnium ordinum acclamatione, ac lætitia in Vaticano consecratus, Stephani decimi appellatione insignitur anno Domini 1057, die Sabbati II Augusti, quoniam festum sancti Stephani papæ et mart. eo die celebrabatur. Ita Fridericus nondum quadriennio monachus, hoc anno intra unum propemodum mensem, et abbas Casinensis, et card. S. R. E. ac tandem summus pontifex renuntiatur. Rem illico Christianam, quam perinvitus susceperat, prudentissime temperavit; siquidem adjecto animo ad veteris disciplinæ instaurationem, multa pie prudenterque constituit, et præcipue contra concubinatum, aliaque plurima cleri vitia, unde omnes clericos Romæ degentes, qui post interdictum papæ Leonis incontinentes exstiterant, de conventu Clericorum et choro Ecclesiæ præcepit exire; et qui inobedientes ejus sanctissimæ ordinationi resistebant, Deus ultionum in eos signa demonstrabat, ut notavit noster Petrus lib. ms. De ortu et vit. Justor. Casin. cap. 58 de quodam presbytero, qui juxta canonicam B. Cæciliæ Transtyberim habitans, feminam abjicere non acquiescebat, vana et frivola hæc judicans statuta. *Dum itaque incolumis,* inquit Petrus, *vegetus ac sanus existeret, vespertinis horis ad quiescendum se in lecto composuit, sed repentina divinæ ultionis animadversione percussus subitanea morte mortuus est.* Falsorum monachorum item ac sanctimonialium vitam idem pontifex reprehendit et correxit; Simoniacam hæresim in æternum damnavit. Mediolanensem Ecclesiam, quæ per ducentos fere annos a subjectione Romanæ Ecclesiæ insolenter se subtraxerat, eidem obtemperantem fecit. Denique dum se totum in depravatis moribus corrigendis accommodasset, infirmæ tamen semper valetudinis, Florentiæ singulari omnium dolore ac luctu vitam cum morte vel cœlo potius commutavit anno 1058, die 28 Aprilis, ibique sepultus in cathedrali ecclesia

mam pergeret, defuncto Victore Ecclesiæ præsule, a cardinalibus et episcopis Romanus pontifex eligitur. Scripsit apud Constantinopolim adversus Michaelem ejusdem Urbis abusivum patriarcham una cum Uberto librum De corpore Domini, in quo omnia, quæ Græci adversus Latinorum sacrificium delatrabant, destruxit. Alium etiam librum de eadem re edidit adversus quemdam monachum Constantinopolitanum. Claruit vero temporibus Constantini et Henrici imperatorum; sepultusque est in civitate

A Florentiæ, ubi multa signa usque in hodiernum diem per eum Deus patrare non cessat.

CAPUT XVIII.

DE VICTORE.

(18) Victor, et ipse apostolicæ sedis pontifex, Casinensis abbas, compunctione timoris Dei plenus, castitate singulari, professione et opere monachus, in nuptiis sponsam suam relinquens, eremum petiit, ibique sanctæ religionis habitum sumpsit: cujus fugam rabido furore insequentes parentes, cum

Reparatæ, absque ulla inscriptione, cum sedisset decem menses, totoque etiam vitæ spatio abbatia Casinensi sibi reservata; constituto tamen illic ejusdem cœnobii monacho Desiderio Vicesgerente, qui postea Victor papa III est appellatus, exemplo Leonis papæ IX, qui sibi episcopatum Tullensem quoad vixit retinuerat, dato suffraganeo. Sanctum Petrum Damianum Sabbato quatuor temporum Martii in collegium cardinalium renitentem cooptavit, ac in episcopum Ostiensem etiam consecravit, ut proinde ipse Damianus, in Epistola ad Nicolaum II, *Suum* vocaverit *persecutorem Stephanum.* Ut etiam Hildebrandum S. R. E. archidiaconum, *sanctum Satanam*, utpote bona intentione adversarium, nimirum, quod votis de repetenda eremo conceptis pertinaciter obstitisset; datis litteris ad Alexandrum papam II.

Res gestas Stephani scripserunt Sigebertus in Chron. ad annum 1058, Leo Ostiens. in Chron. Lib. II, cap. 77, 96, 100 et 101, qui suo tempore multa patrata fuisse ad ejus sepulcrum miracula scribit. Ejus sanctitas memoratur in martyrologiis Arnoldi Wionis, Hugonis Menardi, et Andreæ Saussay. Vide etiam Lambertum Schafnaburgensem in hist. Germ. ad ann. 1058; Frizonem in Gallia purpurata, Sigonium de Regno Ital. lib. IX aliosque.

Scripsit, præter memorata a Petro, epistolam ad Gervasium Barbet archiepiscopum XLIII Rhemensem; habetur tom. II Biblioth. Patrum, et tom. VII Concil. apud Baron. ad annum 1057, num. 33, ac Papyrium Massonum: sed male ad Wilhelmum pro Gervasio dicitur, cum nullus reperiatur hoc nomine toto illo sæculo Rhemensis archiepiscopus.

Diplomata varia pontificia fertur scripsisse, dum bibliothecarii ac cancellarii S. R. E. officio fungeretur. Ejus decreta leguntur Coloniæ excusa cum aliis, teste Possevino in Apparatu. Si plura de scriptis Stephani videre optas, adeas Rupipozeum episcopum Pictaviensem in nomenclatura. Card. Possevinum in dict. Apparat. et Claudium Robertum in Gervasio Barbet.

(18) Victor papa tertius, in sæculo Dauferius, deinde monachus, Desiderius vocatus, Samnio Beneventani principis unica proles originem trahens, ex familia Epiphania natus anno Domini 1027, a primis annis amores suos ac delicias in cœlo collocans, in eremum clam secedit (erat enim sæculi rigidus aspernator); deinde inter Casinates opera Romani pontificis admissus fuit, nihil aliud in votis habens quam latere, et nesciri: unde de illo vere dici poterat, quod hodie in effigie Thomæ Kempensis legitur: *In omnibus requiem quæsivi, sed non inveni, nisi in abditis recessibus et libellis.* Non multo post igitur, videlicet ann. 1056, ætatis suæ 30, abbas Casinensis eligitur (qui ante electionem S. Benedictum sibi hilari vultu, manu porrecta innuentem, et juxta se considere jubentem per visum aspexit: quæ visio Casinensis cœnobii eum abbatem futurum indicabat) et a Romano pontifice in procurandis magni momenti negotiis ad Michaelem imperatorem legatus mittitur, e qua legatione postea regressus, administrationem denuo cœnobii Casinensis suscepit et a

Nicolao papa II, anno Domini 1059, inter cardinales, tit. S. Cæciliæ cooptatur. Exstincto apud Salernum Gregorio VII, Desiderius omnium consensu, Christianæ reipublicæ præficitur, quo, ille, accepto nun-B tio, tanquam repentinæ calamitatis inopinato casu perculsus, nunquam persuaderi potuit, ut electioni assentiretur, diserte contestans se pontificem esse nolle, et deposita cruce, chlamyde coccinea, cæterisque pontificiis ornamentis, præter albam, quam renitenti non potuerunt imponere, Casinum, generosa seculi fuga, ad suos remigrat: sed quia deliberatum erat, neminem alium, ipso superstite ac vivo, ad illud dignitatis culmen evehere, importunis cleri, principumque precibus victus pontificatum admittit anno Domini 1086, IX Kalend. Junii, qui minime postea consecrari passus est, usque ad XIII Kalendas Aprilis die Dominico in Ramis palmarum, in diaconia sanctæ Luciæ ad Septisolium ann. 1087. Quo tempore, dum Victor rem divinam faciebat in monasterio Casinensi, ad gloriæ immortalis conscendit sublimitatem anno ætatis suæ 60, XVI Kalend. Octobris (veneno in calicem infuso, Henrici IV imp., pseudopapæ insidiis suspicantur nonnulli. Vide Ge-C nebr. Lib. IV Chron.), dignus vivere annorum seriem innumerabilem, cum præfuisset in sede apostolica ab ipso suæ electionis exordio annum unum, a consecratione menses quatuor, dies septem, et in Martyrologio Benedictino sub die XVI Septemb. ascriptus hoc elogio: *In monasterio Casinensi obitus beati Victoris Papæ tertii, sanctitate vitæ, et miraculorum gloria clarissimi.* Michael Constantinopolitanus imperator Victorem nostrum fama notissimum venerabatur, eique nuntios et plura munera misit: postulans ut pro se, filiis et imperii statu Deum exoraret. Leo Ostiens. in prologo lib. III Chron. Casin. admirabilem et singularem sui ordinis virum Desiderium appellavit, et sanctus Petrus Damiani archangelum monachorum. Ejus sepulcrum visitur in capella Sancti Bertharii abbatis et martyris ad sinistrum altaris cornu, hoc ornatum epitaphio:

Qui fuerim, vel quid, qualis, quantusque doceri
Si quis forte velit, aurea scripta docent.
D *Stirps mihi magnatum, Beneventus patria, nomen*
Est Desiderius, tuque, Casine, decus.
Intactam sponsam, matrem, patriamque, propinquos
Spernens, huc propero, monachus efficior.
Abbas dehinc factus, studui pro tempore totum
(Ut nunc aspicitur) hunc renovare locum.
Interea fueram Romana clarus in Urbe
Presbyter Ecclesiæ, Petre beate, tuæ.
Hoc senis lustris, minus anno, functus honore
Victor, Apostolicum scando dehinc solium.
Quatuor et semis, vix mensibus inde peractis,
Bis sex lustra gerens, mortuus hic tumulor
Solis virgineo stabat lux ultima Signo,
Cum me Sol verus hinc tulit ipse Deus.

Multa dum vixit scripsisse fertur, inter quæ adsunt tantum Dialogi sub hoc programmate evulgati: *Victoris tertii Rom. Pontif. olim Desiderii abbatis Casinensis Dialogi.* Diversa enim miracula in eis a S. Benedicto, aliisve monachis in Casinensi cœnorepertum veste monastica exuunt, militaribusque illum tegminibus induentes, ad ejus genitricis domum Samnium usque deducunt. Inde igitur, nacta quadam hora aufugiens, Sanctæ Trinitatis cœnobium petiit. Inde igitur Magellæ eremum, ac dein montem Casinum adveniens, monasticam isthic consecrationem accepit. Factus deinde abbas, totum Casinum cœnobium renovavit. De miraculis præterea, quæ a B. Benedicto et a monachis Casinensibus gesta sunt, una cum Theophilo diacono libros edidit quatuor. Cantum etiam B. Mauri composuit, in quibus qui vult artis grammaticæ tramitem, et monochordi sonori Magade reperiet notas. Factus dehinc sedis apostolicæ pontifex scripsit ad Philippum regem Francorum, ad Ugonem Cluniacensem abbatem quamplures epistolas. Claruit autem temporibus imperatorum Michaelis, Constantini, Alexii, atque Henrici. Sepultus vero est in absida capituli Casinensis.

CAPUT XIX.

DE ALPHANO.

(19) Alphanus Salernitanus archiepiscopus, et Casinensis cœnobii monachus, vir in Scripturis sanctis eruditus, et notitia ecclesiasticorum dogmatum ad plenum instructus. Composuit nudo et lucidissimo sermone passionem Sanctæ Christinæ, Hymnos præterea de eadem virgine duos; de Sancto Benedicto versus ad Pandulphum Marsorum episcopum; cantus S. Sabinæ; versus Sanctæ Christinæ, S. Petri Apostoli; in laudem monachorum Casinensium. De situ constructione ac renovatione ejusdem cœnobii; metrum saphicum hendecasyllabum de S. Mauro; item ejusdem hymnos; de sancto Matthæo hymnos tres; de sancto Fortunato duos; de sancto Nicolao;

bio, et alibi patrata leguntur, quos annis superioribus Romæ in-8°, forma in lucem e Vatic. Biblioth. depromptos edidimus, notisque illustravimus.

Cantus, quem de sancto Mauro composuit (erat enim musices et medicæ artis peritissimus) in odeo monasterii Casin. legitur: nota tamen, quod Magadium in dicto cantu indicatum, ea pars est lyræ, in qua plectrum illiditur, ubi scilicet percussio chordarum fit manu dextra, ut Budæus notavit. Vide Librum de harmonia psallentis Ecclesiæ cap. 17, § 3, num. 5 circa finem, Dom. Joannis Bona cong. Sancti Bernardi, ord. Cisterc. abbatis dignissimi, viri omnigena litterarum eruditione instructissimi, validisque præsidiis disciplinarum omnium tam metro quam prosa nobiliter instructi.

De rebus gestis Victoris agunt Leo Ostiens. lib. III per totum; Binius in VII tom. Concil.; Sigonius lib. III De regno Italiæ; Arnoldus Wion lib. V, pag. 633 Lign. vitæ; Albertus Crantzius; Baron. ad an. 1087; Camil. Peregr. Histor. Princ. Langob. in serie abb. Casin. in Desiderio, aliique.

(19) Alphanus Salernitanus, primo monachus Casinensis, deinde postulatione Gisulfi principis, abbas monasterii Sancti Benedicti Salerni, et postremo ejusdem civitatis archiepiscopus renuntiatur anno Domini 1057 interfuisse enim legitur concilio Romano sub Nicolao II, scientiæ tanto lumine cum sanctitate conjuncto præditus dicitur, ut illius sæculi hominibus pro miraculo fuerit: philosophus, theologus, ac orator celeberrimæ opinionis, poeticæque artis disertissimus; neque vero alienum ab episcopi dignitate existimandum, quod in Dei laudibus poeticam maxime adhibuisset, cum et Paulus gentium Doctor hymnis et canticis Deum celebrari jubeat; nec jam inde ab initio nascentis Ecclesiæ exempla defuerunt. Quo in numero familiam ducunt Damasus pontifex, Nazianzenus, Damascenus, Paulinus, Fortunatus, Prosper, Sidonius, cæterique præsules. Lucubrationes, quas notavit noster Petrus, editæ habentur apud V. cl. Ughellum in calce tom. II Italiæ Sacræ, demptis versibus, quos scripsit in laudem Romualdi Causidici, et Sigismundi monachi Casinens. quos mss. servamus.

Insuper exaravit Alphanus præter recensita, quædam insignia profundi sensus opuscula, videlicet De unione Verbi Dei et hominis librum unum; De unione corporis et animæ librum unum; De quatuor humoribus corporis librum unum. Exstabant prædicta doctrinæ consummatissimæ monumenta in Casin. Biblioth. mss. in pluteo 8 ad sinistram; num vero hodie, nondum comperimus, quamvis illa cum diligentia ab antiquitatum Eccles. indagatoribus perquisierimus. Passio sanctorum martyrum duodecim fratrum Beneventanorum, licet non una die sint passi, quam metro heroico in honorem dictorum sanctorum scripsit ad Fratrem Roffridum Casinensem monachum, legitur apud Lippomanum tom. IV, et Sur. tom. VII, sub die prima Septembris, cujus etiam mentionem facit Galesinus in not. ad Mart. servaturque etiam ms. in nostro tenui litterario penu.

Notandum tamen est quod non solum ex isto nostro ms. exemplari versus editi emendantur; verum etiam ex aliis centum versibus hactenus ineditis metrum heroicum suppletur, sequitur enim:

Sic sacra temporibus sanctorum corpora multis, etc.

Terminatur sic:

Jam sistat opus milleno carmine clausum.

Historiam prædictam ad fidem dicti ms. cod. correctam, omnibusque numeris absolutam Deo dante evulgabimus. Commentatus quoque est de aliis sanctis, quæ a Trithemio præterita Possevinus recenset.

Aliorum hymnorum et carminum libri una cum epitaphiis, partim excusi sunt in tertio tom. poematum Prosperi Martinengii in-4°, Romæ 1589, et in Annal. card. Baron. tom. XII, partim vero in calce tom. II Italiæ sacræ. Inter opuscula Guaiferii Salernitani monachi Casinens. cod. sign. num. 280 Biblioth. Casin. cuncta Alphani poemata intexta nunc habentur.

Claruit Alphanus velut sol cunctis fulgidus, virtutis exempla felicitatisque tramitem subditis præmonstrans, ultimis Henrici tertii, ac primis Henrici quarti temporibus, anno scilicet Dom. 1057 usque ad annum 1086 post vigesimum nonum annum sui præsulatus, mense Maii: qui etiam fuit inter sanctos relatus, inquit Arnoldus Wion. Hinc corrigendum Falconis Chronicon editum a viro clar. Antonio Caracciolo, in cujus indice hæc leguntur: *Alphanus archiepiscopus Salernitanus obiit ann.* 1121. *Succedente sibi Romualdo Chronici scriptore. Falco* 2.0. *Fuit auctor poematum quæ servat bibliotheca Vaticana, ut testatur Baron. tom. XII ad annum* 1111. *Diversus est ab Alphano illo seniori, qui consecratus est archiepiscopus anno* 1058, *de quo Leo Ostiens. lib.* II, *cap.* 99, 100. Noster enim Alphanus, qui auctor est poematum, fuit electus et consecratus archiepiscopus Salernitanus a Stephano papa X, anno 1057, non autem senior Alphanus, ut clare docet Leo Ostiens. in Chron. lib. II, cap. 97, ac etiam lib. III, cap. 7, 8 et 35. Adi Vossium De histor. Lat. in Alphano.

ad Attonem episcopum Theatinum; ad Gisulphum A principem Salernitanum; ad Sigismundum monachum Casinensem; ad Guilielmum ejusdem loci grammaticum; ad Guidonem fratrem principis Salernitani; ad Goffridum Aversanum episcopum; ad Hildebrandum archidiaconum Romanum; ad Romualdum causidicum Salernitanum; ad Roffridum monachum Casinensem: metrum heroicum in honorem sanctorum duodecim fratrum; confessionem metricam ejus; versus de Ecclesia Sancti Joannis Baptistæ in Casino; epitaphia quamplurima virorum insignium, et alia quæ in nostram notitiam non venerunt. Fuit autem temporibus supradictorum imperatorum; sepultus vero est apud Salernum.

CAPUT XX.

DE AMATO.

(20) Amatus episcopus, et Casinensis monachus, in Scripturis disertissimus, et versificator admirabilis. Scripsit ad Gregorium papam versus De gestis apostolorum Petri et Pauli, et hos in quatuor libros divisit: fecit et De laude ejusdem pontificis; De duodecim lapidibus, et civitate cœlesti Hierusalem. Historiam quoque Northmannorum edidit, eamdemque in libros octo divisit. Fuit autem temporibus supradictorum imperatorum.

CAPUT XXI.

DE ALBERICO.

(21) Albericus diaconus, vir illis temporibus

(20) Fuit Amatus provincia Campania, scriptor sui temporis non contemnendus, ac deinceps episcopus, incertæ tamen sedis. Scripsit ad Gregorium VII papam De gestis apostolorum Petri et Pauli. Historiam Northmannorum dicavit Desiderio abbati, qui fuit Victor papa III: testis est noster Petrus in auctario Chron. Casin. lib. 3, cap. 35, illamque hodie non exstare, nisi ms. in Casinensi biblioth. affirmant aliqui, non exiguo sane historiæ ecclesiasticæ ac profanæ bono, cum in ea multa scitu digna accurateque descripta legantur, præcipueque vero Northmannorum ritus, ac res gestæ fideliter exaratæ explicentur. Animadverterunt enim curiosi exteros fere accuratius, quam incolas, gentis cujusque mores, ritus, antiquitatem et observasse, et litteris mandasse. Non longe abierimus: Græci, Dionysius Halicarnassæus, Plutarchus Chæroneus, Dio Cassius, et Herodianus copiosius quam Latini, Livius, et Paterculus cæterique in suo quisque genere res Romanas. Vivebat Amatus anno Domini 1070, sicuti per ea tempora inter Casinates sanctitate et litteris etiam florebant Albericus, Constantinus, Guaiferius, et Alphanus.

(21) Albericus monachus Casinensis et S. R. E. diaconus cardinalis Sanctorum Quatuor Coronatorum a Stephano papa X creatus, alii ab Alexandro II Papa legunt; vir disertissimus, multisque virtutibus suo tempore clarus, quem iterum honorifico satis elogio idem noster Petrus Diaconus in auctario ad Ostiens. Chron. lib. III, cap. 35, commemorat. Librum integræ vix hebdomadæ interjectu elaboratum adversus Berengarium hæresiarcham De corpore Domini, Patrum testimoniis roboratum edidit, quo ejus omnes assertiones omnino evertit, ipsumque devicit, ac profligavit secunda vice sub Gregorio VII, ann. 1079, in synodo Romana, ut tanti proinde sacramenti defensor dici promeruerit; unde postea Berengarius rationibus potissimum Alberici superatus ac victus, pœnitentia ductus, errorem suum confitens, suscepta peregrinatione toto tempore vitæ suæ satisfecit peccato, et anno Domini 1088, die Epiphaniæ obiit nonagenarius, in templo S. Cosmæ apud Turones sepultus. Scribit Claudius Robertus in sua Gallia Christiana, ubi de episcopis Andegavensibus agit. Vide notas Viri Clar. Auberti Miræi in Sigebertum cap. 154. Berengarii abjurationem habes cap. *Ego Berengarius*, *De consecr.*, dist. 2; aliam in Regest. Gregorii VII, lib. III et VI in Synodo: cui repetitioni, quid causam dederit, exponitur in Scholiis conciliorum, quæ Coloniæ quatuor tomis sunt impressa. Vide Bellarminum lib. III De Euchar. cap. 8, col. 3; Blondum decad. 2, lib. III; Lanfrancum, et Guitmundum contra Bereng. Notat card. Baron. tom II ann. 1059, Leonem Ostiensem nimis glorianter, ac valde mendaciter locutum de Alberico, dum plus quam par est, de reportata gloriosa victoria in synodo contra Berengarium, eidem

B Alberico tribuat: cujus objectionem refellit Matthæus Lauretus De exist. corp. S. Benedict. cap. 42, pag. 204. Plus etiam refert animadvertere non esse Leonis ea quæ notavit Baron., sed ejusdem nostri Petri Diaconi, qui post Leonem incipiens a renovatione ecclesiæ Sancti Martini, id est, lib. III, cap. 34, edit. Neapol. Chronicon Casinense continuavit; in qua parte, videlicet cap. 35, laudes et elogia Alberici a Petro describuntur, sive denuo repetuntur.

Meminit Alberici noster Petrus lib. ms. De. vita Just. Casin., cap. 48 in Guaiferio his verbis: *Cumque jam remunerationes laborum, perennemque coronam æternus dare ei* (Guaiferio) *Arbiter decrevisset, languore deprimitur: qui in lectulo jacens extremum vitæ spatium jamjam ad Dominum reversurus trahebat: nonnulli e fratribus circa lectum ipsius excubantes obitum ejus orationum precibus munire cœperunt. Cumque in hujus ministerio rei diei maximam partem*
C *pertransissent, surgens in medium Albericus diaconus per Jesu Christi Domini nomen obtestari eumdem Guaiferium cœpit, ut post suum e mundo recessum qualiter susceptus, quove in loco deputatus esset, eidem apparens revelare curaret: quo dicto, prædictus frater ex hoc mundo recessit. Post non multos autem dies idem Gauiferius eidem Alberico per visionem apparens dixit ad eum: In veritate scias me ad vitam transisse æternam.* Hæc Petrus.

Cunctæ lucubrationes Alberici habentur mss. in biblioth. cœnobii Sanctæ Crucis Fratrum Minorum Conventualium S. Francisci civitatis Florentiæ. Vita S. Scholasticæ habetur quoque ms. in Biblioth. Casin. cod. sign. num. 146, pag. 253, post quam sequitur ejusdem Alberici quædam homilia, incipit: *Audistis, fratres charissimi.*

In Vita sancti Dominici innumerabilium patratoris miraculorum, monachi Casinensis ac abbatis juxta Soram in Italia (licet habitu Cisterciensium
D pingatur, quem constat, diu ante Cisterciensem reformationem vixisse Casinensibus Benedictinorum institutis) per nostrum Albericum descripta, apud vir. clar. Bollandum tom. II, sub die 22 Januarii, nonnulla desiderantur, quæ ex nostro ms. exemplari suppleri possent. Meminit Baron. sancti Dominici anno 1031, et Ferrarius in Catologo sanctorum.

Cæterum vero notandum, quod alius ab eo est Albericus, monachus pariter Casinensis, qui scripsit de visione sua librum, natus anno 1101 circiter; legitur enim apud nostrum Petrum in auctario Chronici Leonis Ostiensis lib. IV, cap. 66, Casinense cœnobium petiisse annum tunc agens ætatis suæ decimum, sub Gerardo abbate, qui sedit ab ann. 1111 usque ad annum 1125. Stephanus vero papa X, a quo in cœtum cardinalium fuit cooptatus noster Albericus, obiit anno 1058. Unde diversus manifeste dignoscitur, et corrigendus Bollandus in prolegom. supradictæ Vitæ Sancti Dominici, unum et eumdem esse opinans. Insuper observandum nostrum Albe-

singularis. Scripsit librum dictaminum et salutationum; hymnos in sancti Nicolai, in musica Dialogum; librum De virginitate sanctæ Mariæ; contra Henricum imperatorem De electione Romani pontificis; De astronomia; hymnos in S. Crucis, in Ascensionis, in sancti Pauli, in sancti Apollinaris; Vitam S. Scholasticæ, homiliam ejus, et hymnos; in Assumptionis S. Mariæ hymnos tres; in sancti Petri hymnos; Vitam S. Dominici, passionem S. Modesti et S. Cæsarii; librum De dialectica. Temporibus vero ejus facta est synodus in urbe Roma adversus Berengarium diaconum Ecclesiæ Andegavensis, qui, inter multa quæ astruere nitebatur, dicebat sacrificium corporis et sanguinis Domini figuram esse: cumque ei nullus resistere valeret, idem Albericus evocatur ad synodum: quo dum venisset, post varia conflictationum genera, cum pars parti non cederet, idem Albericus, accepta hebdomadæ unius licentia, librum adversus eumdem diaconum De corpore Domini edidit sanctorum Patrum testimoniis roboratum, in quo omnes assertiones ejus destruxit, æternæque oblivioni tradidit. Fecit et versus in vitam S. Scholasticæ, rhythmum in Pascha, De die judicii, et De pœnis inferni; rhythmum De gaudio paradisi; epistolas quoque quamplurimas ad Petrum Ostiensem episcopum; De die mortis; De monachis. Composuit et alia quæ in nostram notitiam non venerunt. Fuit autem temporibus supradictorum imperatorum. Sepultus vero est in urbe Roma juxta ecclesiam Sanctorum Quatuor Coronatorum.

CAPUT XXII.

DE ARIALDO.

(22) Arialdus Casinensis presbyter scripsit eleganti sermone quosdam tractatus; fuit autem eo tempore quo et Albericus.

CAPUT XXIII.

DE CONSTANTINO.

(23) Constantinus Africanus, ejusdem cœnobii monachus, philosophicis studiis plenissime eruditus, Orientis et Occidentis magister, novusque effulgens Hippocrates. De Carthagine, e qua ipse oriundus erat, egrediens, Babyloniam petiit, in qua grammaticam, dialecticam, physicam, geometriam, arithmeticam, mathematicam, astronomiam, necromantiam, musicam, physicamque Chaldæorum, Arabum, Persarum, Saracenorum plenissime edoctus est: inde discedens Indiam adiit, eorumque se studiis erudiendum tradidit: et dum Indorum artes ad plenum edoctus fuisset, Æthiopiam petiit, ibique rursus Æthiopicis disciplinis eruditur. Cumque affatim eorum studiis repletus fuisset, Ægyptum profectus est, ibique omnibus Ægyptiorum artibus ad plenum instruitur. Completis igitur in ediscendis hujusmodi studiis triginta et novem annorum curriculis, Africam reversus est. Quem cum vidissent ita ad plenum omnibus gentium studiis eruditum, cogitaverunt occidere eum: quod Constantinus agnoscens, clam navem ingressus Salernum advenit, ibique sub specie inopis aliquandiu latuit: deinde a fratre regis Babyloniorum, qui tunc ibidem advenerat, agnitus, ac in magna honorificentia apud Robertum ducem habitus est. Exinde vero Constantinus egrediens, Casinense cœnobium petiit, atque a Desiderio abbate libentissime susceptus monachus factus est. In eodem vero cœnobio positus, transtulit de diversis gentium linguis libros quamplurimos, in quibus præcipue sunt Pantegnum, quod divisit in libros duodecim, in quo exposuit quid medicum scire oporteat; practicam, in qua posuit qualiter medicus custodiat sanitatem, et curet infirmitatem, quam divisit in libros duodecim; librum

ricum card. non scripsisse de visione sua librum, ut incogitate notarunt Arnoldus Wion, Possevinus, Torrigius, aliique, quem utique indicasset noster Petrus in Elencho lucubrationum Alberici, si litteris demandasset; cum visionem habuerit illam Albericus puer natione Campanus ex oppido Septemfratrum, qui postea cœnobium Casinense petiit sub Girardo abbate, ut dicemus infra in Guidone et notavit supradicta noster Petrus in auctario ad Chron. Casin. Pariterque corrigendus venit Alphonsus Ciaconius cæterique etiam qui de cardinalium gestis conscripserunt, notantes Albericum cardinalem esse natione Campanum ex Oppido Septemfratrum, dum putant Albericum Diaconum monachum Casinensem, dein card. et Albericum puerum, unum et eumdem esse, ex nominis similitudine, ut credimus decepti.

Exstant epistolæ S. Petri Damiani ad nostrum Albericum tom. I, lib. II, epist. 20, 21, in quibus quæstiones quasdam ab Alberico sibi propositas discutit: laudat et Platina in Nicolao II, vocans eum virum doctissimum.

Florebat Albericus ann. Dom. 1084, et ætas ex eo satis cognoscitur, quod pro Gregorio papa VII calamum strinxerit adversus Henricum IV.

(22) Claruit anno 1080. MUR.

(23) Constantinus ad eorum morem, qui a dipsade morsi sunt, plenis faucibus avide et sine interspiratione cunctas physicas disciplinas haurire constituit, ut omnes dein faterentur novum Hippocratem orbi effulsisse; eamque ob causam Hebræam, Syram, Chaldaicam, Græcam, Latinam, Italicam, Persicam, Arabicam, Ægyptiacam, Æthiopicam, et Indicam linguam discere curavit. Vir quidam suapte natura ad res difficiles obscurasque in antiquorum libris pervestigandas valde propensus, ut nemo illum in ætate sua vicerit, paucissimi æquarint, linguarumque omnium exacta notitia, quæ ad homines illustrandos una fere sufficere semper existimata est, exiguam partem in hujus viri, vere polyglossi laudibus occupaverit, sed profecto pro tanti viri laudibus, jejune arideque. Ejus opera conquisita magno studio Basileæ apud Henr. Petri ann. 1536 in-folio excusa reperiuntur: exstare etiam mss. in biblioth. Sancti Germani de Pratis cod. sign., num. 439, scribit Labbeus in nova Biblioth. mss. libr. p. 50, uti etiam nonnulla in diversis biblioth. Patavinis memorat v. cl. Thomasinus episcopus Æmonensis in bibliotheca Patavina. Claruit Constantinus temporibus imperatorum Michaelis, Constantini, Alexii, atque Henrici anno 1072 circiter. Vide nostrum Petrum Diaconum in auctario Chron. Casin. lib. III, cap. 35; Trithem. de Script. Eccles. et De vir. illustr. ord. S. Bened., lib. II, cap. 70, et Arnoldum Wionem lib. V, cap. 98 Ligni vitæ.

duodecim graduum; Diætam ciborum; librum febrium, quem de Arabica lingua transtulit; librum De urina; De interioribus membris; De coitu; Viaticum, quem in septem divisit partes, primo De morbis in capite nascentibus, dehinc De morbis faciei, De instrumentis, De stomachi et intestinorum infirmitatibus, De infirmitatibus hepatis, renum, vesicæ, splenis et fellis. De his quæ in generativis membris nascuntur; De omnibus quæ in exteriori cute nascuntur, exponens aphorismi librum: Tegni, Megategni, Micotegni, Antidotarium; disputationes Platonis et Hippocratis in sententiis. De simplici medicamine, De Gynæcia, id est de membris ac corporibus feminarum; De pulsibus; prognostica; De experimentis; glossas herbarum et specierum; Chirurgiam; librum De medicamine oculorum. Hic vir quadraginta annis in ediscendis diversarum gentium studiis explevit, novissime vero senex, et plenus dierum in Casino obiit. Fuit autem temporibus supradictorum imperatorum.

CAPUT XXIV.

DE ATTONE.

(24) Atto Constantini Africani auditor, et Agnetis imperatricis capellanus, ea, quæ supradictus Constantinus de diversis linguis transtulerat, cothurnato sermone in Romanam linguam descripsit.

CAPUT XXV.

DE PANDULPHO.

(25) Pandulphus Ostiensis episcopus; parvulus et ipse in Casino B. Benedicto oblatus, scripsit sermones de totius anni festivitatibus; rhythmum quoque in laudem sanctæ Mariæ composuit, et alia nonnulla quæ nostris in manibus necdum venerunt. Fuit vero temporibus Alexii, Joannis, Henrici, Lotharii que imperatorum.

CAPUT XXVI.

DE PANDULPHO.

(26) Pandulphus Capuanus presb. in Casino sub Desiderio abb. monachus factus, divina sæcularique litteratura eruditus, scripsit ad Petrum Salernitanum abbatem librum De calculatione, versus De termino Paschæ Hebræorum; De circulo solari ad concurrentes inveniendos; De cyclo lunari, De feria Paschæ Hebræorum invenienda; ad annos Domini inveniendos; qualiter sint inveniendæ indictiones; De luna cujusque diei invenienda absque Embolismorum contrarietate; quomodo fallunt qui se scire putant, quot horis vel punctis luna in unaquaque nocte luceat; quibus modis cursus solis dividatur; quomodo efficiatur bisextus; ad ferias Kalendarum inveniendas; qualiter vel unde regulæ ad ferias mensium inveniendas præcedant; quomodo regula terminorum Hebræorum ex cursu solis inveniatur; ad feriam uniuscujusque diei inveniendam; De quatuor temporibus, in quibus datariis solstitia veraciter esse debeant: ubi æquinoctia veraciter credantur esse; quomodo Adventus Domini sit inveniendus; ut littera hebdomadarum per totum annum memoriter inveniatur; quomodo Christus sit passus in tertio Kalendas Aprilis; quomodo anni ab origine mundi omnes fallunt; qualiter luna quintadecima non potest ad illam diem, qua facta fuit, pertinere; De assumptione sanctæ Mariæ; De Agnete imperatrice. Fuit autem temporibus Michaelis et Alexii imperatorum.

CAPUT XXVII.

DE LANDENULPHO.

(27) Landenulphus Capuanus sub Desiderio abbate monachus factus est. Scripsit sermone simplici librum, qui appellatur......, in quo introduxit Dominum, et virginem Mariam, ac sanctissimum Benedictum justis ac peccatoribus loquentes. Fuit eo tempore quo et Alphanus.

CAPUT XXVIII.

DE ODERISIO.

(28) Oderisius primus Casinensis abbas, humilitate summus, castitate pudicus, spirituali lumine præditus, versificatorque mirabilis. Scripsit nonnulla quæ, quia præ manibus habentur, omitto referre. Fuit autem temporibus supradictorum imperatorum.

(24) Atto, sive Haito, vel Hetto, Varie enim id nomen scribitur, floruit anno 1070.

(25) Pandulphus monachus Casinensis primum a Paschale papa II presbyt. cardinalis, deinde ab Innocentio papa secundo episcopus Ostiensis creatus anno 1131, obiit an. 1134, ut scribit Arnoldus Wion lib. II, cap. 9, pag. mihi 190 Lign. vitæ, subdens hunc esse cui noster Petrus diaconus opusculum istud De vir. illustr. Casin. dedicarit; sed memoria ille quidem excidit, cum ille fuerit episcopus Theanensis, ut ex Catalogo librorum ab eodemmet Petro prætexto in auctario histor. Casin. lib. IV, cap. 66, legitur; ex supramemorata temporis supputatione, aliisque difficultatibus labi forsan nostrum Petrum circa titulum episcopatus observavit vir clar. Ughellus in Ital. sacr., in Catalog. episcop. Ostiens. Adi, si lubet, ipsum.

(26) Ex præfatis luculentis eruditionis ac doctrinæ monumentis nonnulla asservari in Biblioth. Casinensi cod. sign. num. 3, sub hoc lemmate, *Canones mathematici*, Camillus Peregrinus virtute doctrinaque ornatissimus nobis humanissimus litteris communicavit. Floruit Pandulphus anno Domini 1060.

(27) Claruit anno Domini 1150. MUR.

(28) Oderisius Oderisii comitis Marsorum filius Campanus ex diac. card. Sanctæ Agathæ. Nicolai II papæ Presbyt., cardinalis tit. Sancti Cyriaci in Thermis, et Abbas Casin. ab Urbano II ordinatus est ann. 1087, XVI Kalend. Octobris, sanctitatis et doctrinæ meritis nobilitatus abiit ad præmium IV Nonas decembris 1105, et Casini sepultus in ecclesia Sancti Benedicti. Meminit Martyrolog. Benedict. ad diem 2 Decembris, et Ferrar. in catalog. Sanctorum. Ejus in antiquo lapide mentio fit in ecclesia Sancti Joannis in Venere in agro Lancianensi. Oderisii maxima per litteras usus est amicitia Alexius Comnenus Constantinopolitanus imperator; Henricum IV Cæsarem, quamvis Ecclesiæ hostem, sui tamen monasterii amicum et fautorem habuit. De gestis ejus vide Ostiens. lib. III, cap. 15 Hist. Casin., et Camill. Peregrin. in serie Abb. Casinens. in Oderisio. Exstat epistola Oderisii ad monachos Floriacenses, quam refert Lauretus De exist. corp. S. Benedicti in monast. Casin., cap. 26, pag. 122.

CAPUT XXIX.

DE BENEDICTO.

(29) Benedictus qui et Guaiferius, Salernitatus, sanctitate et religione conspicuus, suavis eloquio, ingenio magnus, sermone facundus. Scripsit ad Trojanum episcopum Vitam sancti Secundini, et cantum ejus; versus in laudem Psalterii; De miraculo illius qui se ipsum occidit, et per beatum Jacobum vitæ redditus est; De conversione quorumdam Salernitanorum; De laude sancti Martini; in laudem sancti Secundini; Hymnos de eodem; ho- A miliam De Adventu; sermones De Nativitate Domini; De Epiphania; De Cœna Domini; De Septuagesima; De ramis Palmarum; Passionem sancti Lucii papæ. Claruit autem temporibus Alexii et Henrici imperatorum ac Desiderii abbatis.

CAPUT XXX.

DE LEONE.

(30) Leo Ostiensis episcopus et bibliothecarius a pueritia in Casino oblatus, sanctitate, et monasticis disciplinis ad plenum imbutus, et in divinis Scripturis apprime eruditus. Fecit sermones de Pascha, de

(29) Opuscula mss. Guaiferii seu Gauferii, charactere Langobardico in priscis membranis exarata habentur in bibliotheca Casinensi sub num. 280, hoc titulo præsignata: Gauferii monachi Casinensis homiliæ. In Adventu Domini incipit: *Verba Sancti Evangelii.* In Nativitate Domini. *Ex Patre Majestatis.* In Epiphania. *Sempiterni pudoris.* In Septuagesima. *Per parabolam conductoris.* In ramis Palmarum. *Singularem, et famosissimam.* In Cœna Domini. *Ad gloriosissimam Redemptoris.* Passio Sancti Lucii papæ. *Fortissima et præclara virtutum studia.* Historia sancti Secundini episcopi Trojani. *De bono dilectionis,* quam in catalogo Sanctorum Ferrarii sub die II Febr. compendio descriptam etiam reperies. Sequuntur in eodem cod. ms. carmina Gauferii, videlicet. In laudem Psalterii, incipit:

Verba fero vitæ, quæ verbum vita notavit.

De miraculo ejus, qui se ipsum occidit.

Mortis in immanem te mersit culpa ruinam.

De conversione quorumdam Salernitanorum.

Res nova magna satis perhibetur facta Salerni.

In laudem sancti Martini episcopi.

Gemma sacerdotum votis assiste tuorum.

In laudem sancti Secundini Trajoni Episcopi.

Adsis tota tuis festis festiva diebus.

Hymnum de eodem sancto Secundino.

Christe, Rex regum, pretium piorum.

Cuncta præfata opuscula et carmina nos etiam manu exarata asservamus, bono publico proferenda.

De obitu Gauferii, vide quæ notavimus supra in Alberico, consule etiam nostrum Petrum in auct. Chron. Casin. lib. III, cap. 61 edit. Ven. Claruit anno Domini 1060.

(30) Leo Marsicanus Campanus, a puero in monte Casino monachum induit, ubi tum ob vitæ sanctimoniam, tum ob eximiam sapientiæ litteraturam celebris evasit: cumque ejusdem monasterii bibliothecarius ac decanus esset, cooptatus est dein in episcopum et cardinalem Ostiensem a Paschali papa II, anno Domini 1101. Hic ingentis animi fuit; vidensque imperatorem Henricum IV ex odio retinere Paschalem, populum contra illum in seditionem vertit. Concilio Vastellensi interfuit, majusque altare S. Laurentii in Lucina consecravit, reconditis multorum sanctorum reliquiis, et præcipue de craticula S. Laurentii cum ejusdem martyris duabus sanguinis ampullis anno Domini 1112, die 15 octobris, ut ex antiquissima inscriptione ejusdem Ecclesiæ colligitur, quam postea in suos annales retulit card. Baron. inveniturque etiam nostrum Leonem subscripsisse acta concilii Laterani sub Paschali II, V Kalendas Aprilis. Vide quæ notavit Lauretus de nostro Leone in Chron. Casin. pag. 79. Scripsit jubente Oderisio Casin. abbate Chronicon sui monasterii Casinensis, libris tribus, a temporibus S. Benedicti usque ad Desiderium abbatem, qui postea Victor papa tertius fuit, qui dati sunt prelo Venetiis anno 1513, et Parisiis; postremo Neapoli anno 1616 opera et notis Matthæi Laureti Hispani monachi Casinensis, quas quidem editiones collatas cum antiquissimo exemplari ms. in Casin. biblioth. servato, quod Chronicon Casinense appellatur, fuisse ab integritatis suæ deturbatas gradu, mendisque obsitas, facile cognoscere per se sedulus lector valebit. Accidere enim sæpe videmus, et B magno reipublicæ litterariæ incommodo experimur, ut inter imprimendum quædam vel omittantur, vel addantur, vel in pejus mutentur, librariorum vel incuria, vel audacia, vel malitia, et animi perversitate: exstat penes vir. clar. Lucam Holstenium Chronicon Leonis, in quo variantes lectiones ad fidem plurium mss. exemplarium sua manu ad oram editi libri adnotatas vidimus. Tu tamen consule (si res te sollicitat) ea quæ notarunt Matthæus Lauretus, De exist. corp. S. Benedicti in monast. Casin., cap. 41, pag. 148; Camillus Peregr., in Histor. princip. Langobard. in serie abb. Casin. in Petronace: et tunc sane proferes, in eruditorum symposio limam ulteriorem etiam non esse desesperandam.

Animadvertendum est, Baronium, tom. X Annal., sub anno Christi 891, observasse haud recte in dicto Chron. collocatum Formosum pontificem max. post Adrianum, ante Stephanum, quem non præcessisse, sed ei successisse exploratissimum est: C deinde quod patraverat sacrilegium Sergius papa schismaticus, id Leo tribuat laudatissimo pontifici Stephano, etc. Quem tamen errorem ex depravato codice facile irrepsisse arbitramur; vide dictum Lauretum in not. ad lib. I, cap. 45 Chron. Casin., et De exist. Corp. sancti Benedicti, cap. 41, a calumniis nonnullorum nostrum Leonem vindicantem. Baronius certe anno 1059 vocat Leonem, scriptorem sui temporis integerrimum, et anno 1077, sincere fidei scriptorem.

Vita S. Mennatis, seu Mennæ confessoris, quam Leonem imperio Oderisii abbatis scripsisse testatur Petrus, manu exarata, et typis nondum cusa penes nos servatur una cum translatione reliquiarum ipsius ad urbem Cajatiam, addita insuper exacta miraculorum ejus narratione, quam tibi bono publico cum aliis sanctorum Actis, Deo dante, evulgandam dabimus, incipit: *Vitam et conversationem egregii confessoris Christi Mennatis, etc.* De ejus D sanctitate agit S. Gregor. lib. III Dialog., cap. 26; Martyrolog. Rom., sub die II, Novembris; Sigebert. in Chron., anno 579.

Scripsisse insuper Leonem Vitam S. Januarii monachi Casin. testatur Arnoldus Wion, Lign. vit. lib. II, cap. 9, fol. 188, quam etiam descriptam a nostro Petro Diacono. lib. ms. De ortu et vita just. Casin., cap. 31, in Vita sancti Guinizonis, cujus fuit discipulus, invenies: vide etiam elogia abb. Casin. M. Ant. Scipionis, pag. 322; cæteræ vero lucubrationes ineditæ adhuc remanent.

Decessit Leo vir eximius, præclareque de studiis meritus sacrique senatus ornamentum XI Kal. Aprilis anno 1115, ut plane perspici potest ex illo tempore quo in vivis agebat; invenitur enim subscriptus bullæ Paschalis II, Ecclesiæ Marsorum concessæ anno Dom. 1115. *Ego Fr. Leo episcopus Ostiensis.*

Nativitate; historiam Peregrinorum; historiam Casinensis archisterii divisam in libros quatuor; Vitam sancti Mennatis, et alia quamplurima, quæ in nostram non venere notitiam. Fuit autem temporibus supradictorum imperatorum.

CAPUT XXXI.

DE LEONE.

(31) Leo S. R. E. cardinalis diaconus, et Casinensis cœnobii monachus, insignis studio, ac eloquentia, scripsit ex nomine Urbani papæ quamplures epistolas, fecit et registrum ejus.

CAPUT XXXII.

DE GREGORIO.

(32) Gregorius Tarracinensis episcopus parvulus et ipse in Casino oblatus, memoria tenax, ingenio vivax, tantæ fuit gravitatis, suavitatis ac eloquentiæ, ut a nonnullis Columna Ecclesiæ diceretur. Scripsit passionem sanctorum Casti et Cassii; passionem sanctæ virginis Restitutæ; Vitam S. confessoris Christi Gerardi; homiliam de assumptione sanctissimæ Dei genitricis Mariæ; cantus sanctorum Casti et Cassii; hymnos eorum; versus de transitu pere- A grinorum ad sepulcrum Domini, et captione Hierosolymitanæ urbis, rogatu Berardi Valvensis, pulcherrimos fecit. Historiam Jonæ; versus de dedicationibus ecclesiarum festivitateque Paschali; de sancto Andrea; homilias de totius anni festivitatibus. Fuit autem temporibus Alexii, Henrici, ac Joannis imperatorum; sepultus vero est apud Pipernensem ecclesiam.

CAPUT XXXIII.

DE GREGORIO.

(33) Gregorius Sinuessanus episcopus, et Casinensis monachus, magnus ingenio, præclarus eloquentia. De captione Casinensis cœnobii versus descripsit mirificos, in quibus introduxit B. Benedictum ad monachos Casinenses loquentem. Compo- B suit et multa alia, quæ in nostras manus minime venerunt. Fuit vero supradictis imperatoribus; sepultus est in episcopatu suo.

CAPUT XXXIV.

DE BRUNONE.

(34) Bruno Signiensis episcopus, et Casinensis abbas, insignissimus, et splendidissimus Ecclesiæ

(31) Creatum anno Dom. 1105 a Paschali papa II, scribit Wion lib. II Lign. vitæ, cap. 9; Ciacconius vero ab Urbano secundo. Quamplures exaravit epistolas, quæ mss. in Vaticana asservantur bibliotheca, ex quibus viginti reperiuntur sub nomine Urbani II, scriptæ a nostro Leone. Earum meminit card. Baron. tom. XI, anno Dom. 1088, sub nomine tamen Leonis Ostiensis: exstantque modo prædictæ epistolæ tom. VII Concil. Binii; fecit et ejus Regestum, sed caremus eo. Notandum tandem est hic obiter, cardin. Baronium supra cit. loco, Possevinum in suo Apparatu, aliosque mente lapsos fuisse, putantes Leonem Marsicanum cardinalem et episcopum Ostiensem, eumdem esse cum Leone nostro cardinale diacono; dum Regestum Urbani, ejusque epistolas, quas scriptis prodidit, attribuunt Leoni Ostiensi, sicque ex duobus unum faciunt, decepti, ut arbitramur, ex ejusdem nominis nuncupatione, fereque eodem tempore promotione duorum monachorum Casinensium in cœtum S. R. E. cardinalium, indeque fuerit natus error.

(32) Ecclesiæ Tarracinensi præpositus eligitur a Paschali papa II, in quam postea noster Gregorius eximia admodum doctrina refertus, omnique scientia exornatus, virtutum semina inseruit, vitiorum clementa erasit, optimis præceptis moribusque subditos præcipue imbuens, et quo denique radii solis *meliorem nullum illuxere alterum*, ut ex ejus operibus, quæ mss. passim in multorum manibus versantur, dignoscitur. Interfuit concilio Vastellensi anno 1106. Idem bullam quamdam subscripsit Pisanæ Ecclesiæ indultam anno 1126. Ipsum iterum commemorat noster Petrus in auctario Chron. Casin. lib. IV, cap. 42.

Acta sanctorum Casti et Cassii, qui episcopi habentur, et coluntur a Soranis, scripta fuisse a nostro Gregorio, dum monasticum habitum gerebat, testatur card. Baron. in Martyrolog. Roman. ad diem primam Julii. Acta vero S. Restitutæ virginis et martyr. Romanæ, cujus festum pariter Soræ celebratur sub die 27 Maii, pariter a Gregorio conscripta, summatim in catalogo sanctorum Ferrarii leguntur.

In bibliotheca Casinensi exstat codex ms. signat. n. 300, in quo describitur Historia de via Hierosolymis; qualiter recuperata sit, qualiterque etiam Antiochia, et eadem Hierusalem ab invasione gentilium per fideles Christi liberatæ fuerint, incipit: *Tempore quo Alexius Imperii Constantinopolitani regebat habenas, quo et beatæ recordationis Urbanus papa II, Romanæ sedis pontificium administrabat, fuit quidam eremi accola in Galliarum regione Petrus nomine, etc.* Perducit historiam usque ad Regnum Balduini. Putant nonnulli prædictam histo- C riam esse Gregorii, qui rogatu Berardi Valvensis, etiam versus de transitu peregrinorum ad sepulcrum Domini, et captione Hierosolym. Urbis ediderat.

Notandum, nostrum Gregorium longe diversum esse ab altero Gregorio pariter Casinensi, et episcopo Sinuessano, de quo in sequenti: unde nonnulli ex ejusdem pariter nominis nuncupatione decepti ex duobus unum faciunt: dum opuscula, quæ litteris consignavit noster Gregorius, sequenti Gregorio attribuunt; sed lapsus utique talis primo condonandus est Possevino in Apparat. in verb. Gregorius, deinde vero iis qui de Scriptoribus post Possevinum conscripserunt.

(33) Hic fuit episcopus Sinuessanus, sic legendum putamus, non Limessanus, ut perperam in aliquibus cod. mss. scriptum notavimus. Floruit anno Domini 1120 circiter; vir in sacris litteris doctus, ac poeticæ artis disertissimus; ejus opuscula mss. in Casin. biblioth. asservantur.

(34) Sanctus Bruno Aste natus est ex familia So- D leria nobilissima, a Gregorio septimo episcopus Signinus creatur, in virtutum ac doctrinæ præmium, quod Berengarium impie de sacramento altaris sentientem in publico Romano concilio disputando profligasset; deinde desiderio vitæ contemplatricis tactus, abdicato onere episcopali monachum Casinensem professus est anno 1104. Ubi postea omnium monachorum suffragio abbas Casinas electus anno 1107, Idibus Novembris, ibique præfuit annis tribus et mensibus decem, quibus exactis, ad Ecclesiam Signinam, quam perinvitus acceperat, rediit, pontificis reverentia victus. Nos vero ne tanti doctoris laudes culpa deteramus ingenii, calamique parum felicis, illum aliis mittimus laudandum. Opuscula Brunonis duobus distincta tomis in lucem prodierunt anno 1651, Venetiis, studio et opera D. Mauri Marchesii Casinensis decani scholiisque etiam illustrata; et licet non omnes lucubrationes quæ in nostri Petri elencho descriptæ sunt, inibi

defensor et doctor, inter multa et præclara ingenii sui monumenta scripsit rogatu Signiensium canonicorum Expositionem super Psalterium, super Genesim, super Exodum, super Leviticum, super Numerum, super Deuteronomium, super Cantica canticorum, super Judicum. Fecit et sermones hos : de laudibus Ecclesiæ in dedicatione templi, de paradiso, de arca Noe, de tabernaculo fœderis, de templo Salomonis, et de muliere, per quam Ecclesia significatur. De civitate sancta Hierusalem; de basilicis quæ ab episcopis dedicantur. Item de Evangeliis : de ornamentis ecclesiæ, de fide, de spe, de charitate, de quatuor virtutibus, de humilitate, de misericordia, de pace, de patientia, de castitate, de obedientia, de abstinentia. — Ubi Ecclesia ornatur, de novo mundo, de cœlis novis, de nubibus novis, de montibus novis, de arboribus novis, de potestatibus novis, de mari et piscatoribus novis, de avibus novis, de fluminibus novis, de animalibus novis; de festivitatibus festivitatum, id est de Sancta Trinitate sermones tres; de Nativitate Domini, de Circumcisione, de Epiphania, de octava Epiphaniæ, de Palmis, de Cœna Domini, de Pascha, de Ascensione Domini, de Pentecoste, de Nativitate sanctæ Mariæ, de Annuntiatione, de Purificatione, de Assumptione ejus; de virginibus sermones tres, de martyribus sermones septem : homiliam in festivitatibus confessorum, aliam in festivitate sancti Benedicti, cum sermonibus duobus de pontificibus; quatuor de sancto angelo; de apostolis homilias quinque, de pluribus martyribus tres, de uno martyre duas, de dedicatione ecclesiæ, in Adventu Domini, Dominica secunda de Adventu, Dominica tertia, de Annuntiatione beatæ Mariæ homilias duas : de Dominica quarta de Adventu; in vigilia Nativitatis Domini, in die homilias tres, in sancti Stephani, in sancti Joannis Evangelistæ, in festivitate Innocentium, Dominica prima post Natalem Domini, in octava Domini, in Epiphania; Dominica prima post Epiphaniam, Dominica tertia, quarta et quinta. In Purificatione sanctæ Mariæ, in Septuagesima, in Sexagesima, in Quinquagesima, in Cinere et cilicio Feria sexta et Sabbato in capite Quadragesimæ usque in Cœnam Domini homilias quadraginta. In Cœna Domini, sabbato sancto, in festivitate Paschali, in feria secunda, tertia, quarta, quinta et sexta, et Sabbato in octavis Paschalibus, in Dominica prima, secunda, tertia et quarta post octavas Paschæ in processione majori; in festivitate apostolorum Philippi et Jacobi, in Inventione sanctæ crucis, in sancto angelo, in Ascensione Domini, in Dominica prima post Ascensionem Domini, in Pentecoste, Dominica prima post octavam Pentecosten, Dominica secunda, tertia, et quarta; In S. Joannis Baptistæ, in vigilia apostolorum Petri et Pauli, et in die eorum, in Dominica prima post natalem apostolorum cum homiliis viginti quatuor. In S. Laurentio, in Assumptione sanctæ Mariæ, S. Matthæi, vigilia S. Andreæ, et in die ejusdem; sermonem de sancta Scholastica; sermonem de translatione S. Stephani e civitate Constantinopolitana ad arcem Romanam : versus in laudem sanctæ Mariæ; homiliam in decollatione sancti Joannis Baptistæ, in Nativitate sanctæ Mariæ. Fuit autem temporibus supra dictorum imperatorum. Sepultus est in episcopatu suo apud civitatem Signinam.

CAPUT XXXV.

DE JOANNE.

(35) Joannes Medicus, supradicti Constantini Africani discipulus et Casinensis monachus, vir in physica arte disertissimus ac eruditissimus; post Constantini sui magistri transitum aphorismum edidit physicis satis necessarium. Fuit autem supradictis imperatoribus. Obiit autem apud Neapolim, ubi omnes libros Constantini sui magistri reliquit.

CAPUT XXXVI.

DE PAULO.

(36) Paulus e Liguria Romanorum provincia ortus, et ab ipsa infantia occulto Dei judicio lumine privatus, et ob hanc rem litteris et philosophicis studiis ignarus, tantum usque in hodiernum diem

leguntur; multæ tamen, quas Petrus præteriit, ibi habentur : nonnullæ vero mss. exstant Taurini in nobilissima ac celeberrima bibliotheca serenissimi Sabaudiæ ducis, præsertim vero commentarius in cuncta quatuor Evangelia, uti etiam aliqua in biblioth. illustrissimi D. Caroli de Montchal, archiepiscopi Tolosani, scribit Philippus Labbeus, in nova Biblioth. mss. librorum pag. 199. Forsan tempus, quod publica abscondit, et occulta manifestat, Dei miseratione orbem tantis ditabit continuo thesauris. Consule auctarium de Script. eccles. Auberti Miræi in Brunone, ac vir. clar. Theophilum Raynaudum Societatis Jesu, de malis ac bonis libris partit. I, erot. 10, in Eusebio Emisseno, et in Brunone Carthus., fol. 151 et 158. E valle miseriarum in montes æternitatis ascendit Bruno anno 1125, XV Kal. Augusti, cum multis tam in vita quam in morte claruisset miraculis, relatus postea inter sanctos a Lucio III, ut videre est in subjecta inscriptione marmorea, quæ in Signina cathedrali spectatur. *Memoriæ æternæ beati Brunonis, quem Lucius III, pontif. max. card. et episcopum civitatis Signiæ in Ecclesia Beatæ Mariæ, ubi defunctum corpus quiescebat, inter sanctos jussit ascribi anno ab ejus abscessu 58. S. P. Q. S.* Meminit Martyrolog. Rom. sub die 18 Julii, plura de eo noster Petrus in auctario Chron. Casin. lib. IV, cap. 33. Vide etiam apparatum ad præfata edita opuscula sancti Brunonis.

(35) Claruit anno Domini 1072. MUR.

(36) Ultimis Henrici III ac primis Henrici IV temporibus, scilicet anno 1100, claruit Paulus Genuensis, ab eodemque nostro Petro in auctario Hist. Casin. lib. III, cap. 47, Paulus Grammaticus etiam vocitatus; qui etsi oculorum lumine esset orbatus, tanto tamen ingenii acumine fuit excultus, tantaque perspicuitate cæterorum sensuum exstitit decoratus, ut ab omnibus venerari promeruerit, deque illo vere poterat dici : *Dominus illuminat cæcos.*

Sanctus Ebizo seu Gebizo, cujus Vitam descripsit noster Paulus, Colonia oriundus fuit, et monachus Casinens. sub Desiderio abbate; inter præclara ejus gesta refertur quod animam Adonis amici, quam dæmones ad supplicium trahebant, precibus liberavit; notavit id etiam noster Petrus lib. ms. De ortu et vita justor. Casin. cap. 51, et in auctario

de se miraculum præbuit, ut ab omnibus alter Didymus appelletur. Hic postquam scripsit altercationem Romanorum et Græcorum, quæ facta est in civitate Constantinopolitana sub Oderisio abbate, Casinense cœnobium adiit temporibus Paschalis II papæ, et Alexii imperatoris; super Isaiam, super Jeremiam, et super reliquos prophetas; super Psalterium, super Matthæum, super Marcum, super Lucam, super Joannem, super Epistolas Pauli, super Apocalypsim. Non solum autem grammaticam, verum et reliquas artes auditu tantum plenissime corde tenus didicit. Scripsit etiam Vitam S. Ebizzonis monachi Casinensis, qui Hilarioni similis fuit. Exstant et alia ejus librorum volumina, quæ in nostras manus nondum venerunt. Obiit autem apud Tiburtinam civitatem.

CAPUT XXXVII.

DE BERNARDO.

(37) Bernardus Casinensis monachus liberalibus studiis optime eruditus descripsit miracula S. confessoris Christi Amici Casinensis monachi; fecit et alia multa quæ recensere superfluum duximus. Obiit autem nostro pene sub tempore.

CAPUT XXXVIII.

DE JOANNE.

(38) Joannes Diaconus, divina et humana scriptura peritissimus, fecit versus in laudem sanctæ Dei genitricis et virginis Mariæ, et alia quamplurima, quæ ad nostros obtutus nondum venere.

CAPUT XXXIX.

DE PETRO.

(39) Petrus diaconus institutor meus, declamator insignis e civitate Theanensi, de qua oriundus erat, egrediens, Casinum advenit, abque Oderisio abbate monachus factus est. Scripsit præterea in eodem cœnobio positus, sermonem de Septuagesima, de Dedicatione Ecclesiæ, de Nativitate Domini : de Epiphania, et alios quam plurimos.

CAPUT XL.

DE LANDENULPHO.

(40) Landenulphus parvulus in Casino sub Desiderio abbate beato Benedicto oblatus, ac in divinis Scripturis plenissime doctus, et in earum sensibus subtilissima exercitatione limatus, de renovatione Casinensis cœnobii, seu archisterii, ac regimine Desiderii versus mirificos fecit, quos idem Desiderius abbas in circuitu capituli et claustri describi præcepit.

CAPUT XLI.

DE GUIDONE.

(41) Guido Casinensis presbyter, vir in humana eruditione clarissimus, religione et vita probatissi-

Hist. Casin. lib. III, cap. 47. Vide Hugonem Menardum in Martyrolog. Bened. ad diem 20 Octobris, ac lib. I Dialog. Victoris papæ III, pag. 20. Cætera opuscula, tempora nobis, ut credimus, inviderunt; sed quid tum, cum hisce temporibus inveniantur viri, qui pro eruendis antiquitatum profanarum quisquiliis non solum in viscera terræ penetrant, verum etiam viscera opum profundunt, thesauros vero invisos sacrorum monumentorum, quæ animos beant, ita nauseant, ut obolo potius parcere velint, quam hasce litterarias exquirere divitias.

(37) Vita sancti Amici confessoris, quam Bernardus scripsit, inter nostra sacrorum monumenta ms. hactenus inedita servatur, incipit : *Beatus Amicus genere nobili ortus in finibus comitatus Camerini*, etc. Locus, in quo natus, Arabona in Piceno (nomen est abbatiæ) apud Montem Melonem, nuncupatur. Ejus meminit sanctus Petrus Damiani, ut Baron. adnotavit ad ann. 993, ubi Amicum canonizatum esse, absque tamen solemni ritu Ecclesiæ, scribit. Agitur dies festus die 3 Novembris, multisque clarus miraculis fuit. Vide quæ observavit Lauretus in notis ad Chron. Casin., in calce libri tertii, et Arnoldus Wion, in notis ad Martyrol. Bened. Claruit Bernardus anno Dom. 1120.

(38) Diversus est noster Joannes ab altero Joanne S. R. E. diacono, qui a Sigeberto in Catal. cap. 106. laudatur, et Anastasio S. R. E. bibliothecario familiaris fuit, qui etiam sub anno 874 libros quatuor de Vita S. Gregorii Magni papæ edidit, gestaque Clementis papæ scripsit, quæ mss. habentur in Casin. Biblioth. Vide Vossium de hist. Lat. in Joanne Diacono, maleque propterea nonnulli opuscula eorum confundunt inter se, dum ex duobus unum faciunt.

(39) Claruit circa annum Domini 1080. MUR.

(40) Vivebat anno 1060. MUR.

(41) Vivebat Guido tempore Girardi abbatis Casinensis anno Domini 1111, inter elegantissimos scriptores sua tempestate præcipuus. Visio Alberici, de qua supra in Alberico diacon. cardinal. penes nos exstat ms. tali lemmate : *Quia nonnulli veritatem mendacio obumbrare consueverunt.* Summatim vero descripta a nostro Petro legitur in Chron. Casin. lib. IV, cap. 68, edit. Venetæ his verbis : *Hujus tempore* (id est Girardi abbatis, qui sedit ab anno 1111. usque ad 1123) *in Campaniæ provincia insigne miraculum et antiquis per omnia simile contigit. Namque in castro Sanctorum septem Fratrum, Albericus quidam nobilis puer cum decimum ageret ætatis annum, morbo correptus ad extrema perductus est. Quo tempore diebus novem, et totidem noctibus immobilis, ac sine sensu quasi mortuus jacuit; hoc autem intervallo a beato Petro apostolo, duobusque angelis per loca pœnarum deductus ad infernale barathrum devenit. Demum ad paradisi amœna delatus, vidit sanctorum mansiones, atque in cœlum sublevatus aereum, et a beato Petro apostolo sufficienter edoctus de Veteri Testamento, de peccatorum pœnis, gloriaque sanctorum, vidit arcana quædam, quæ loqui prohibitus est : sicque per septuaginta duas provincias ab eodem apostolo deductus, vitæ redditus est. Hujus visionem qui cupit agnoscere, a Guidone hujus monasterii monacho descriptam legat. Nos eam, quia per ora omnium vertitur, hic scribere omisimus. Ex hinc Albericus ipse, relictis sæculi pompis, Casinense cœnobium petiit, atque a Patre Girardo gratissimo affectu susceptus, accepto sanctæ conversationis habitu, Christo regi militiam professus. Tanta vero (hodieque) abstinentia, tanta pollet gravitate morum, ut et peccatorum inspexisse pœnas, et sanctorum gloriam vidisse nemo est qui dubitet. Nam ex illo tempore neque carnes aliquando gustavit, neque vinum bibit, nudisque semper incessit pedibus, atque in hac afflictione corporis, cordisque contritione, et humilitate nunc usque* (anno 1115) *in Casinensi hoc monasterio permanet, ut multa illa, quæ alios lateant, vel metuenda, vel desideranda vidisse, etiamsi lingua taceat, vita loquatur.* Hucusque Petrus. Historia Henrici nescio quo infortunio nondum lucem viderit, dum hi qui de rebus Henrici IV et V conscripserunt, de Guidone silentium altum habuerunt.

mus, scripsit historiam Henrici imperatoris, visionem Alberici monachi Casinensis; versus de fortuna ejusdem. . . . . præterea quæ in Historia Casinensi deerant, a temporibus scilicet Oderisii primi usque ad hunc diem, adjunxit.

CAPUT XLII.

DE ROBOA.

(42) Roboas diaconus, parvulus in Casino a Girardo abbate susceptus, scripsit rogatu quorumdam amicorum suorum sermones de totius anni festivitatibus, ac Vitam S. confessoris Christi Leonardi.

CAPUT XLIII.

DE PETRO.

(43) Petrus Romanæ Ecclesiæ subdiaconus, et Casinensis monachus, parvulus et ipse in Casino susceptus, rogatu Petri diaconi, ac bibliothecarii, passionem beati Marci versibus adornavit.

CAPUT XLIV.

DE RAYNALDO.

(44) Raynaldus Casinensis subdiaconus parvulus beato Benedicto oblatus, vir valde eruditus, et versificandi scientia antiquis per omnia comparandus, scripsit ad Petrum Diaconum ac bibliothecarium sanctissimi Severi Casinatis episcopi in laudem versus; Versus quoque de Vita beati Benedicti, ac beati Mauri. Hymnos in laudem sancti confessoris Christi atque pontificis Severi.

Ex supplemento Petri Diaconi De viris illustribus

CAPUT XLV.

DE GELASIO.

(45) Gelasius sedis apostolicæ pontifex, parvulus in Casino sub Desiderio abbate beato Benedicto oblatus, et ab Alberico philosopho edoctus. Scripsit in eodem cœnobio positus passionem sancti Erasmi, sanctæque Anatoliæ; passionem quoque sancti Cæsarii versibus adornavit. Factus dehinc S. R. E. cancellarius descripsit Registrum Paschalis papæ II; demum vero in apostolica sede pontifex factus, Henricum imperatorem propter investituram Ecclesiarum excommunicavit, atque pro ordinandis ecclesiasticis negotiis Galliam ingressus, apud Cluniacense cœnobium obiit.

Vix ageret primum pastor venerabilis annum,
Bina dies jam restabat, cum Cluniacensi
Dormiit in proprio Romani juris asylo.
Hic igitur positus dilectos inter alumnos,
Cum Patribus sanctis requiescit, et optat ut orbis
Conditor, et judex veniat quandoque potenter,
Et cineres lapsos in pristina membra reformet.
Felix inde nimis semper Cluniace manebis,
Quod Pater orbis apostolicus summusque sacerdos.
Ecclesiæ, matrisque tuæ specialis, apud te
Transiit ad superos, in te requiescit humatus.
Nec minus hic etiam felicem credimus illum,
Cui dedit ipse pius magno pro munere Christus
Ut monachi monachum Patrem quoque pignora chara
Jugiter aspicerent lacrymisque rigando sepulcrum
Sacris in precibus specialem semper haberent.

De laudibus Gelasii hæc notavit Card. Baronius anno 1119 : *Post Martyres, qui fuso sanguine martyrium consummarunt, haud facile inter Romanos pontifices aliquem quis inveneril, qui breviori vitæ tempore majora sit passus : ob idque præclariori corona donandus, atque celebrioribus fuerit præconiis celebrandus.* Gelasium sanctum Joannettus nuncupat, virum sanctissimum Genebrardus; abbas Urspergensis virum prudentem, venerandum, Apostolicæ sedi semper irreprehensibiliter collaborantem. Vide Gelasii vitam a Pandulpho Pisano ejus synchrono conscriptam, studio et opera Constantini Cajetani editam; Martyrolog. Wionis ad dictam diem; Sigonium de Regno Italiæ, libro x et Hugonem Menardum in not. ad Mart. Bened., sub die 27 Jan., qui a calumniis Orderici Vitalis cœnobii Uticensis, seu sancti Ebrulfi monachi, libro xii, circa initium historiæ Ecclesiasticæ Normannorum Theopompino scriptionis genere exaratæ, Gelasium sanctissimum vindicat.

Passio sancti Erasmi episcopi et martyr. typis excusa est Romæ 1639, studio et opera præfati Cajetani. Actorum SS. Anatoliæ ac Cæsarii rhythmice a Gelasio litteris consignatorum meminit Baron. in Martyrolog. ad 9 Julii, quæ temporum injuria intercidisse existimamus.

Ex epistolis, quas scripsit, quinque refert Binius, tom. VII. Concil. Vide Baron. tom. XII. Annal., anno 1118 et 1119. Regestum Paschalis II papæ ejus prædecessoris composuit, quod non exstat, nisi ms.

(42) Claruit Roboas, sive Noboas anno 1120. Mur.

(43) Petrus S. R. E. subdiaconus, et cardinalis appellatur ab Arnoldo Wione lib. ii. cap. 9, Lign. vit., a quo autem pontifice promotus, ignoratur, verum ab Arnoldo perperam nuncupatur S. R. E. subdiaconus cardinalis, cum in tabulis ecclesiasticis, episcopi, presbyteri, et diaconi cardinales in Ecclesia Romana tantummodo legantur. Vivebat anno Domini 1120.

(44) Hymni excusi sunt in Breviariis Casinensibus anno 1568 et 1572. Vide quæ de Raynaldo notarunt Arnoldus libro ii, cap. 9. Lign. vitæ; Vossius De histor. Latin. lib iii, cap. 47, pag. 713, et Camill. Peregrin. Histor. princip. Langobard., in serie abbatum Casin. in Raynaldo.

(45) Antea Joannes Cajetanus, natione Campanus, Crescentii filius, nobili genere ortus, ex S. R. E. subdiacono, et præsignatore Urbani II, diaconus cardinalis sanctæ Mariæ in Cosmedin, et S. R. E. cancellarius, ac biblioth. Paschali Papæ II, gratissimus exstitit, cujus senectutis baculus vocabatur; demum pontifex sub Gelasii II. nomine creatur ann. 1118, die 22 Januar., justitiæ Pater acclamatus. Post annum, et dies aliquot pontificatus, agens Matiscone, in pleuresim incidit, jussitque se lectica ferri in Cluniacense cœnobium, ubi mortem oppetiit iv Kalend. Febr., anno 1119, meritis inclytus, ac sanctitate insignis : strato humi corpore cinere ac cilicio cooperto, postea sepulto in monumento marmoreo opere Tusco, et lapide candido, cui Petrus Pictaviensis cognomento Venerabilis, abbas Cluniacensis, ac coætaneus nostri Gelasii sequens epitaphium posuit.

Vir gravis et sapiens, actu, verboque Joannes,
Cum prius ex Monacho, pro multa strenuitate
Archilevita foret, et cancellarius Urbis,
Præsule Paschali meritis ad sidera rapto,
Promeruit tandem sacram conscendere sedem.
Dignus post primum Gelasius esse secundus.
Sed, quia rege fuit non præcipiente levatus,
Horrendum fremuit princeps : et filia dulcis,
More suo, profugum suscepit Gallia Patrem,
Si licuisset ei (pro certo crede) sub ipso
Virtus, et pietas, et honestas cresceret omnis,
Et pax Ecclesiæ toto floreret in orbe.
Nam rapuit mors atra virum, cum pontificatus

CAPUT XLVI.

DE JOANNE.

(46) Joannes Tiburtinus a Girardo abb. in Casino susceptus, scripsit sermone simplici sermones de totius anni festivitatibus; fecit et alia nonnulla, quæ in nostram notitiam non venerunt. Obiit autem temporibus Lotharii imperatoris.

CAPUT XLVII.

DE PETRO.

(47) Petrus Diaconus Casinensis chartularius ac bibliothecarius, quinquennis sub Girardo abbate beato Benedicto oblatus a patre Ægidio, natione Romano, atque sub eodem abbate per octo ferme annos eruditus est. Anno vero Incarnat. Dominicæ

(46) Claruit anno Domini 1120. Mur.

(47) Petrus Casinensis Diaconus, chartularius, scriniarius ac bibliothecarius Casinensis, qui hunc de Viris illustribus Casinensibus librum litteris consignavit, ex Patre Ægidio natione Romano, Gregorii, Romanorum patricii et consulis filio, ex comitibus Tusculanis, vir fuit in sacris, humanisque litteris taliter eruditus, ut inter elegantissimos scriptores sua tempestate præcipuus sit habitus. Excessit e vivis post annum 1140, innumeros pene fœtus sui ingenii ad reipubl. litterariæ commodum relinquens, quorum ob temporis injuriam hominumque negligentiam nonnulli collapsi ac dispersi sunt, eorum tamen indicem ipsemet Petrus lib. IV Chron. Casinens., cap. 68, edit. Venet., pertexuit : *Vah! quam multa tempus atrox falce metit.* Nil aliud typis cusum modo legitur præter supplementum ad III lib. Chron. Casin. Leonis Ost., totus liber IV. eidem Chron. attextus; exorsus noster Petrus, ubi Leo desierat, ab anno scilicet 1086, prosecutus usque ad annum 1138. Et insuper liber de notis litterarum more Romano ad Conradum imperatorem editus Venet. anno 1525. studio Nicolai Erythræi, novissime vero Hanoviæ una cum auctoribus antiquis Grammaticæ Latinæ opera Heliæ Putschii. Nonnullæ lucubrationes, quæ prelo hactenus non sunt traditæ, in nostro sacrorum penario mss. asservantur, quas commemorare hic non diffugimus, et sunt :

De ortu et vita Justorum Casinensium, incipit : *Benedictus signifer.*

Scholia in diversas sententias : *Veni Verbum Dei.*

Scholia in quæstiones Veteris Testamenti : *Mos est sanctæ Scripturæ tempora mutare.*

Exhortatorium ad monachos, in quo ostendit quid custodire, quid cavere debeant, et de septem vitiis et virtutibus. De Patriarchis, de rege Ozia et de Moyse : *Omnibus, qui secundum sancti Benedicti Regulam.*

Rhythmus de novissimis diebus : *Anno Christi passionis finito millesimo, Satanas Averni princeps solvetur a vinculis.*

Altercatio pro cœnobio Casinensi : *Igitur dum in conspectu imperatoris Lotharii.*

Catalogus regum, consulum, dictatorum, tribunorum, patriciorum ac imperatorum gentis Trojanæ : *Saturnus Uranius.*

Epistola ad Lotharium imperatorem abbatis Casinensis nomine Guibaldi missa : *Post innumeras sollicitudines.*

Epistola secunda ad eumdem imperatorem : *In variis, multiplicibus ac diversis tribulationibus constitutus.*

Epistola consolatoria ad Richizam Romanam imperatricem : *Multoties, imperatrix invicta.*

Epistola consolatoria ad Richizam imperatricem de obitu Lotharii tertii imperatoris : *Licet nervus incisus doleat.*

Epistola consolatoria ad Conradum imperatorem secundum de electione sua : *Benedictio, et claritas, et sapientia.*

Sermo in Cœna Domini : *Scripturus venerabilem Domini passionem.*

Sermo in Parasceve : *Hodie quadrifida fabrica orbis innovatur.*

Sermo in Sabbato sancto : *Sicut fuit Jonas in ventre ceti.*

Sermo in Resurrect. Domini : *Resultet hodie cœlum.*

Sermo in Ascensione Domini : *Hodie terrenis cœlestia sociantur.*

Sermo in festo Pentecostes : *Redemptoris nostri festivum diem.*

B Sermo in Nativitate sancti Joannis Baptistæ : *Hodie Evangelica tuba fulsit in orbe.*

Sermo in natali apostolorum Petri et Pauli : *Sanctissimus ac felicissimus dies.*

Sermo de sancto Laurentio martyre : *Divini muneris sacratissimum hodie.*

Sermo in vigilia Assumptionis beatissimæ Virginis : *Sacratissimæ ac intemeratæ Genitricis.*

Sermo in festivitate Omnium Sanctorum : *Hodie æterni imperatoris claritas.*

Sermo in Nativitate Domini : *Hodie mundo salus redditur.*

Alter sermo in Nativitate Domini : *Hodie nobis pax vera refulsit.*

Sermo singularis in octava S. Patris Benedicti, ubi de miraculorum abundantia : *Egregii, atque pretiosissimi confessoris Benedicti.*

Vita S. Placidi discipuli S. Benedicti, sive Regestum ejus compilatum a nostro Petro circa annum 1130, ubi prolixæ narrationes variorum de C Vita et martyrio S. Placidi, de oblationibus Tertullii, Justiniani imperatoris, et Vitaliani papæ habentur.

Vita S. Severi episcopi Casinensis ad Seniorettum abbatem : *Quia vestra injussus potestate.*

Vita sancti Apollinaris abbatis ad Raynaldum. Casinensis cœnobii diaconum : *Nimium admiranda.*

Vita sanctorum Guinizonis, et Januarii ad Richardum monachum : *Guinizonis ortum, vitam, obitumque descripturus.*

Sermo in vigilia sancti Marci Atinensis episcopi : *Vigilias pretiosissimi martyris et pontificis Marci.*

De sanctis Atinatibus, scilicet Marco episcopo, Nicandro et Marciano, eorumque miraculis : *Domitiano imperatore Ecclesiam persequente.*

Sermo in eorumdem martyrum festivitate : *Sanctam venerandamque, fratres charissimi.*

D De beato Marco Atinensi episcopo seorsim a Nicandro, et Marciano sermones. Primus incipit : *Unius idem est initium, celebritas, et gaudium,* alter vero : *Maximus prophetarum.*

Hæc supra memorata opuscula, quæ mss. servamus, communi orbis bono in lucem exitura speramus.

Exaravit insuper noster Petrus Vitam sancti Leonis papæ ad Innocentium papam secundum : librum etiam De locis sanctis, sive Itinerarium terræ sanctæ, continet septem folia. Librum pariter in quo descripti sunt fasti consulares, et series imperatorum, pontificum atque abbatum Casinensium. Præterea expositionem in Regulam sancti Benedicti, opus satis magnum; cujus unicum fragmentum refertur a viro clar. Joanne Bona, lib. de Harmonia psallentis Ecclesiæ, cap. 12. § 2, de Officio parvo beatæ Virginis Mariæ, pag. 244. Item Regestum pervetustum sign. num. 86. characteribus Langobardis

1128. ætatis autem ejus 21, cum Oderisius Girardi abbatis successor abbatiam reliquisset, ad exsilium, æmulorum suorum faciente invidia, directus est. In ipso autem dum esset exsilio, rogatus ab Adenulpho ejusdem urbis comite, descripsit ad Oderisium abbatem passionem beati Marci et sociorum ejus. Vitam egregii confessoris Falconis. Vitam sancti Placidi discipuli sancti Benedicti. Vitam sancti Apollinaris abbatis. Vitam sanctorum Guinizonis et Januarii. Rhythmum de novissimis diebus, in quo juxta litteram videtur secutus esse apostolum Joannem, cum idem Petrus sciret juxta quod ibidem scriptum est, finitum pro infinito. Destructionem et restaurationem Atinæ urbis in beati Marci adjunxit historiam. Scripsit etiam sermones hos: De festivitate B. Marci sermones octo; sermonem in vigiliam ejus; de vigilia SS. Nicandri, et Marciani; sermonem de Cœna Domini; duos in Parasceve, in Sabbato sancto; homiliam de sancto Benedicto; in Pascha, in Ascensione, in Octava sancti Benedicti, in Pentecoste, in festivitate sancti Joannis Baptistæ, de sancto Petro et Paulo, de sancto Laurentio; in vigilia sanctæ Mariæ. Librum illustrium virorum cœnobii Casinensis; miracula Casinens. monachorum, quæ scripta adhuc minime erant, descripsit. Historiam de eversione, seu restauratione cœnobii beati Mauri ex jussione abbatis Senioretti emendavit, in qua et prologum scripsit. Fecit et prologum in libro Privilegiorum, ex rogatu Raynaldi subdiaconi Casinensis; de S. Nicandro sermonem; de translatione sancti Stephani protomart. a civitate Constantinopolitana ad urbem Romam; De ortu et vita justorum cœnobii Casin.; in festivitate omnium Sanctorum; de Nativitate Domini sermones duos; de sancto Stephano; Chronica cœnobii Casin. a renovatione ecclesiæ Beati Martini a Desiderio facta, usque ad hunc diem. Astronomiam ex veteribus libris collegit, Solinum De miraculis breviavit. De generibus lapidum pretiosorum librum exaravit. Expositionem Regulæ in quatuor libros divisit. Scholia in Veteri Testamento, epistolas duas ad Lotharium imperatorem, ad Richizam imperatricem; librum notarum ex parvo ampliorem fecit. Vitruvium de Architectura mundi abbreviavit. Librum Heve [Evacis] regis Arabum De lapidibus transtulit. Hymnum de sancta Christina, Vitam sancti Constantii episcopi, epistolam ad Conradum imperatorem, visionem Alberici monachi Casin. corruptam emendavit. Scripsit et Vitam sancti Severi episcopi et Confess. ex rogatu Raynaldi subdiaconi Casin. De sancto Nicandro et Marciano sermonem de translatione, et chronicam consulum, dictatorum et imperatorum composuit. Translationem beati Marci in civitate Atina, et ejus miracula exaravit. Cantus beati Marci composuit, et sanctorum Nicandri et Marciani. Obiit autem in Casino, et ibi sepultus est.

Explicit liber de Viris illustribus Casinensibus.

SUPPLEMENTUM
VIRORUM ILLUSTRIUM MONASTERII CASINENSIS
CONFLATUM
PER DOMNUM PLACIDUM
ROMANUM

MONACHUM ET DIACONUM CASINENSEM.

CAPUT PRIMUM.
DE RICHARDO.

(48) Richardus, Casinensis abbas et cardinalis, scripsit expositionem super Regulam sanctissimi Patris nostri Benedicti. Claruit anno Dom. 1256, et sepultus est Casini, cum sedisset annis septem.

in membranis scriptum ex mandato Senioretti abbatis, habens folia 259, in quo continentur multa diplomata monasterio Casinensi a Romanis pontificibus imperatoribus, regibus, principibus concessa. Custodiuntur supradicta opuscula mss. in Casinensi biblioth. scamno primo ad lævam ingredientibus.

De scriptis, laudibus et vita nostri Petri Diaconi, qui diversus est ab alio Petro Diacono pariter Casinensi, qui Vitam S. Athanasii Neapolitani descripsit, agunt Leo Ostiens. Hist. Casin. Trithemius, card. Baron., Possevinus in suo Apparatu; Arnoldus Wion, lib. Ligni vitæ; Camill. Peregrin., in Histor. princip. Langobard. pluribus in locis, aliique quamplures. Vide etiam dictum lib. de Harmonia psallentis Ecclesiæ, in verbo *Petrus*, cui præfixa est rara et exquisita notitia multorum auctorum cum librorum censura.

(48) Sepulcrum marmoreum Richardi Hannibaldensis de Molaria, domini arcis Molariæ in Latio, infra Montes Tusculanos, nobilis Romani, diaconi cardinalis S. Angeli hodie visitur in basilica Latera-

CAPUT II.

DE BERNARDO.

(49) Bernardus Gallus abbas Casinensis. Scripsit et ipse super Regulam sancti Benedicti. Edidit quoque Speculum monachorum. Fecit etiam regesta duo, unum collationum beneficiorum et officiorum; alterum, omnium inquisitionum, jurium et bonorum A in castris et villis monasterii Casinensis. Floruit anno 1272. Sepultus vero est in Casino, cum sedisset annis viginti duobus.

CAPUT III.

DE IGNATIO.

(50) Ignatius Florentinus, monachus monasterii Florentiæ, et abbas Casinensis, nobilitate insignis,

nensi, cum hac veteri inscriptione : *Memoriæ Richardi Hannibaldensis de Molaria S. R. E. archidiaconi cardinalis Sancti Angeli, qui a Gregorio papa nono creatus Romæ ann.* 1240, *obiit Lugduni in consilio generali ann. Domini* 1274. Exstat in Biblioth. Casinensi præfata expositio super Regulam S. Benedicti.

(49) Bernardus Ayglerius Gallus monachus cœnobii Saviniacensis, diœcesis Lugdunensis, Innocentii papæ IV exstitit capellanus, et anno 1256 abbas Sancti Honorati insulæ Lirinensis, deinde jussu Urbani IV, anno 1263, electus abbas Casinensis, postmodum in cœtum cardinalium allectus ab eodem Urbano, asserunt nonnulli, alii vero, quod probabilius, a Clemente papa IV. Vide notam abbatis Ughelli ad Ciac. in Clement. IV; Frizonem in Gallia purpurata, et Arnoldum Wionem, lib. II, cap. 9 Lign. vitæ, pag. 217. Hunc certe Carolus primus rex Franciæ illustri prudentiæ ac virtutis fama notissimum plurimi fecit, cumque iter in Italiam susciperet, eumdem voluit et itineris comitem, et suorum participem ac moderatorem consiliorum. Quanti etiam habuerit Urbanus papa IV nostrum Bernardum, ex litteris ejusdem Urbani ad ipsum cognoscere est; ex pluribus unam refert eruditissimus Marcus Antonius Scipio in Elog. abbat. Casinens. in Bernardo. Inter opuscula, quæ scripsit, solum exstat typis cusum Speculum monachorum, in tres partes divisum; Venetiis et Coloniæ anno 1520, in-16. Liber super Regulam sancti Benedicti habetur ms. Casini, et in cœnobio Sancti Benedicti Mantuano; reliquæ vero lucubrationes in archivo Casin. ms. reperiuntur. Obiit Bernardus Casini pridie Nonas Aprilis, anno 1282, ibidemque sepultus.

Unum vero notandum est, quod noster Bernardus Ayglerius fuit a Ciacconio, et Panvino in Elencho cardinalium prætermissus, nec inter purpuratos nominatus, eo quod ipsi putaverint Clementem papam IV nullum creavisse cardinalem, ut asserit eruditissimus Petrus Coretinus in Chronologia episcoporum Viterbiensium, ideoque in sede vacante Clementis IV, Ciacconius decem et septem cardinales numeravit, ac propriis nominibus expressit, non recensito nostro Ayglerio, cum re vera decem et octo fuerint, quod colligit idem Coretinus ex quodam diplomate asservato in archivio civitatis Viterbiensis, quod tibi damus ex originali transcriptum singulari humanitate vir. clar. Dominici Magri Melitensis, canonici Viterbiensis cathedralis, in quo Henrico cardinali Ostiensi (qui summam in jure canonico edidit, quamque vulgo ob excellentiam Ostiensem vocamus) conceditur facultas exeundi e conclavi a cæteris collegis, qui præter dictum Henricum sunt decem et septem, ut clare habetur ex decem et septem sigillis ex cera rubra pendentibus cum sanctorum imaginibus, temporum injuria consumptis in infra scripto diplomate. Ex his infert dictus Coretinus omnes in conclavi fuisse decem et octo, inter quos erat noster Bernardus creatus unica promotione a Clemente IV, cum sigillum Henrici non exstitisse credendum sit, qui facultatem exeundi e conclavi petebat, assensum vero non præstabat, pro cujus signo sigillum in diplomate apponebatur. Ex tunc enim conclavis usus invaluit, qui usque ad hæc nostra tempora perseverat; nam antea cardinales conveniebant summo mane in cathedrali ecclesia, ibique suffragia pro eligendo summo pontifice ferebant, quibus peractis ad eorum domicilia revertebantur. Viterbienses autem hortatu sancti Bonaventuræ, qui tunc ibi degebat, duce Raynerio Gatto, civitatis portis obseratis, et cardinalibus ipsis in episcopale palatium prope cathedralem constructum, adductis, omnes ibidem die Pentecostes incluserant; sicque conclavis originem traxit, ut Panvinus etiam cum Ciacconio affir-
B mat. Sed quia pervicaces ac obstinati nihilominus ad electionem se demonstrabant, Raynerius Gattus tunc civitatis Viterbiensis capitaneus ac conclavis custos, quique alimenta necessaria Patribus quotidie subministrabat, discooperta aula Palatii, ut legitur in præinserto diplomate, his verbis : *Datum Viterbii in palatio discooperto*, cardinales ad pontificis electionem ineundam aeris injuria rerumque penuria compulit, edoctus a card. Joanne Anglo, cognomento de Toleto, monacho ordin. Cisterc., episcopo Portuensi, quem aliqui perperam de Franciogia nuncupant, qui ad sociorum discordiam exprobrandam palatium supradictum, in quo electio fieri debebat, tecto et lateribus nudandum, quibusdam salibus facetis jactis, prædicabat; ut Papirius Massonius, Panvinus, Ughellus Tom. I Ital. sacr., in Elencho episcoporum Portuensium in Joanne fol. Odoricus Raynaldus, ad annum Domini 1271. 162. num. 12, referunt, adeo ut perrupta animorum duritie, prævio compromisso inter eos inito Theal-
C dum de Vicecomitibus Placentinum archidiaconum Leodiensem extra eorumdem Patrum numerum, et tunc in Syria pro Christi fide commorantem die prima Septembris 1271 pontificem creaverint sub nomine Gregorii X, post longam duorum annorum, novem mensium, ac unius diei, sedis vacationem.

Exemplum præfati diplomatis est hujusmodi.

« Nos miseratione divina episcopi, presbyteri et diaconi, sacrosanctæ Romanæ Ecclesiæ cardinales, infirmitati venerabilis fratris nostri H. Ostiensis, et Velletrensis episcopi fraterno compatientes affectu, vobis Alberto de Monte Bono potestati, et Raynerio Gatto, qui pro capitaneo Viterbiensi te geris, et communi Viterbiensi, tenore præsentium sub debito fidelitatis, quo nobis Ecclesiæ Romanæ tenemini, districte præcipiendo mandamus, quatenus cum idem episcopus juri, et voto sibi competentibus in electione Romani pontificis renuntiaverit coram nobis quantum ad præsentem vacationem duntaxat,
D volens, ut non obstante ejus absentia, sine ipso hac vice libere procedamus ad providendum Romanæ Ecclesiæ de pastore, ratam habiturus et gratam electionem, seu provisionem quam de Romano pontifice absque ipso, et ejus requisitione duxerimus faciendam, ac instanter petierit vobis mandari, ut de palatio, in quo sumus inclusi, ipsum permitteretis exire, eumdem episcopum de ipso palatio statim egredi libere permittatis, nec ipsum de cætero aliquatenus detineatis invitum. Datum Viterbii in palatio discooperto episcopatus Viterbiensis VI Idus Junii, anno Domini 1270, apostolica sede vacante. »

Loco † † † † † † † † † † † † † † † † † sigillorum pendentium ex cera rubra numero decem et septem.

(50) De Ignatio filio Manfredi ex nobilissima Squarcialuporum Familia oriundo, viro doctissimo, ac divini cultus zelantissimo, hæc scribit Michael

et in divinis, et humanis scientiis apprime eruditus. Scripsit sermonem pulcherrimum in honorem sanctissimi Benedicti, eumque coram magno monasterii et populi cœtu habuit, quando solemniter capta est possessio monasterii Casinensis sub Eusebio Mutinensi ejusdem cœnobii abbate, anno Domini 1505. Scripsit et carmen saphicum in honorem et laudem sanctissimæ Trinitatis. Edidit quoque hymnos in honorem sancti Berthari martyris et abbatis Casinensis. Claruit temporibus Leonis X, cujus dicebatur affinis. Sepultus vero est in abbatia civitatis Florentiæ, cum sedisset annos novem in hac Casinensi abbatia.

CAPUT IV.

DE BENEDICTO.

(51) Benedictus de Sancto Severino monachus Casinensis, in philosophia et divinis scripturis apprime eruditus. Fuit temporibus Caroli V, et sepultus est in Casino.

CAPUT V.

DE JUSTINO.

(52) Justinus Hispanus monachus professus monasterii S. Justinæ, et hujus cœnobii abbas nonagesimus septimus, vir in philosophia et divinis scientiis doctissimus, ac historiæ amator. Fuit temporibus Caroli V imperatoris; sepultus est in monasterio Sanctæ Justinæ, cum sedisset anno uno in hoc cœnobio.

CAPUT VI.

DE AUGUSTINO.

(53) Augustinus Paduanus monachus professus monasterii S. Justinæ, et abbas Casinensis nonagesimus nonus, vir in philosophia ac divinis scientiis doctissimus. Floruit temporibus supradicti imperatoris. Obiit Brixiæ, et sepultus est in monasterio Sancti Faustini, cum sedisset in abbatia Casinensi annis tribus.

CAPUT VII.

DE INNOCENTIO.

(54) Innocentius de Novaria, professus monachus monasterii Florentiæ, et hujus monasterii abbas centesimus quartus, vir disertus et valde eruditus in divinis Scripturis, verum in philosophia et mathesi versatissimus. Claruit temporibus Caroli V et Maximiliani imperatorum. Obiit Venetiis, et sepultus est in monasterio S. Georgii, cum sedisset in hoc monasterio annis tribus.

CAPUT VIII.

DE ANGELO.

(55) Angelus Sangrinus abbas et restaurator cœnobii Casinensis, sub Vincentio Neapolitano abbate hujus monasterii. Monachus ab adolescentia in Casino factus est, vir reverendus, et omni bonitate et sanctitate redimitus, religione et vita probatus, et in divinis scripturis versatissimus, poeta insignis et admirabilis. Scripsit innumera pene opera, inter quæ hæc tantum brevitati consulens referam: Carmen heroicum de ineffabili Jesu nomine; Meditationes septem in septem novissima verba Jesu Christi, eodem genere carminis exaratas; similiter De misericordia, amore et bonitate Dei erga peccatores; De spe peccatoris in Deum; Speculum peccatoris; paræneses sex in hebdomada sancta; de nominibus Jesu; de contemptu divitiarum, et vanitate humanæ vitæ; elegias duodecim de Jesu pietate, et amore in peccatores; triumphum divini amoris; carmen sapio, in Elog. abbat. Casinens., fol. 215.

Poccianitus in Catalogo Scriptorum Florentinorum: *Ignatius Squarcialupus monachus Benedictinus ejusdem congregationis generalis abb., amplissimus, vir vitæ sanctitate, et bonarum litterarum scientia clarus, atque poeta illustris, cujus ingenium omnibus jugiter admirandum exstitit; elaboravit tam metro, quam prosa, opuscula quædam, quibus memoriam sui posteritati commendavit, e quibus ista feruntur.*

De Virginitate hymnus carminibus hexametris.

Epistola divi Benedicti ad Scholasticam Etruscis versibus exarata. Orationes multis in locis suæ congregationis in solatium Patrum habitæ.

Rursus hymni nonnulli, inter quos præcipuus exstat ille in honorem sanctissimæ Trinitatis, quem Patres Casinenses suis in Ecclesiis concinunt, et quædam alia.

Mors eum ex humanis abstulit Florentiæ 1520, *cujus ossa in abbatia Florentina conquiescunt.*

Hæc de Ignatio Poccianitus. Præter memorata, conscripsit etiam Ignatius, teste Arnoldo Wione lib. I, cap. 16 Ligni vitæ, pag. 29 et 30, infrascripta opuscula. De visione illustr. principis Ferrandi Consalvi compendium lib. I: *Divinam illustris Ferrandi.* De aggregatione monasteriorum Siciliæ ad congregationem Casinensem sermo; 1 *Superat vires moles.* Exstabant his proximis annis penes abbatem Constantinum Cajetanum, carmen saphicum in honorem sanctissimæ Trinitatis, et de sancto Berthario hymni habentur mss. in biblioth. Casinens. De eo agunt Arnoldus lib. I, cap. 15, 16; lib. V, cap. 8; Covaccius, lib VI; Petrus Recordatus, dial. 4. pag. 457; Diplomata Leonis X, sub datum Romæ anno 1514, anno secundo sui pontific.; Scipio, in Elog. abbat. Casinens., fol. 215.

(51) Claruit anno Domini 1520. MUR.

(52) Claruit anno Domini 1522. MUR.

(53) Abbas Casinensis nonagesimus octavus, originem ducens ex familia Bonfiliorum, claruit anno 1530. Vide elog. Marc. Ant. Scipionis pag. 225.

(54) Innocentius filius Nicolai Novariensis, vir linguis Græcis, Hebraicis, Chaldæis ac latinis versatus, et in omnibus scientiis eruditus. Decessit anno 1557. Agunt de eo Wion, libro I, cap. 16; libro V, cap. 8; Ulmus, atque Marcus Antonius Scipio, in Elog. abbatum Casinensium.

(55) Ab oppido Sangri, familia de Faggis ortus est Angelus, qui (si Platonis illud verum est, nomina rebus plerumque convenire) Angeli instar fuit, priscæ quidem virtutis, ac sanctitatis exemplar, temporis avarissimus et diligens, horarumque pervigil distributor, poetica facultate usque adeo pollebat, ut quidquid libuisset, facile atque ubertim pene extemporaneo carmine enuntiaret. Opuscula quæ edidit, feruntur passim eruditorum manibus, impressa Coloniæ Agrippinæ. Psalmos David mira paraphrasis arte colligavit imitatione Hebræorum, quos numeris decurrere auctor est Hieronymus, ut et Jobi pleraque, et Jeremiæ Threnos; exstat impressa paraphrasis ista Venetiis 1540, et Basileæ 1551, Romæ vero 1587, in 4; excusa est Vita sancti Benedicti carmine heroico. Tractatus quadraginta horarum habetur impressus Florentiæ 1587, in 12, et tridenti in 16. Obiit Casini ann. 1593, ætatis suæ 93; cujus corpus anno octavo postquam terræ mandatum fuerat, integrum illæsumque se vidisse in sepulcro testati sunt nonnulli.

phicum in Nativitate Domini, et in omnes alias ejusdem festivitates: epicædium in mortem Domini; de Jesu beneficiis in homines. Scripsit et librum unum diverso carminum genere de laudibus beatæ Mariæ virginis. Exstant quoque libri duo, in quibus celeberrima nonnulla sanctorum et sanctarum sacra vario describuntur metro, eorumque gesta hymnidicis proferuntur modulis. Aureas etiam, divinasque sententias ex Davidis psalmis excerptas elegiaco carmine conscripsit. Insuper Vitam sanctissimi Patris nostri Benedicti, carmine heroico conscripsit; elegias duodecim de Passione Domini; paraphrasim vario metri genere excultam in Psalterium Davidis regis; de martyrio monachi; Vitam B. Guillelmi anachoretæ, carmine sapphico; Vitam S. Patris Benedicti, sanctorum Mauri, Placidi et Joannis Baptistæ carmine heroico; Vitam aliam S. Benedicti carmine sapphico, et soluta oratione moralem expositionem continentem; tractatum orationis quadraginta horarum, et Psalterium gloriosæ Virginis Mariæ carmine sapphico. Scripsit etiam quamplura alia poetica, quæ longum esset singula enarrare. Edidit etiam dialogos, homilias, et sermones multos soluta oratione. Vivit usque hodie et septuagesimum octavum excessit annum.

CAPUT IX.

DE HONORATO.

(56) Honoratus Hiserniensis, ex familia Fascitella, in Casino monachus susceptus est sub Vencentio Neapolitano. Postea vero creatus est episcopus de Insula in Calabria; Vir in Græcis, humanis, et divinis litteris versatissimus, poeta insignis. Scripsit quamplurima opera, quæ temporum calamitate ad manus nostras non devenerunt. Floruit temporibus Caroli V et Maximiliani imperatorum.

CAPUT X.

DE GREGORIO.

(57) Gregorius de Viterbio, monachus Casinensis, utriusque juris doctissimus. Floruit temporibus dictorum imperatorum, et sepultus est in Casino.

CAPUT XI.

DE BENEDICTO.

(58) Benedictus Canophilus Sangrinus, monachus in Casino factus est sub Ignatio Florentino, abbate Casinensi, vir utriusque juris doctissimus. Scripsit quamplurimos libros in jure canonico; edidit quoque Repertorium quoddam in jure civili, et extractum de foro fori, et foro poli, qui quidem est impressus. Claruit temporibus Caroli V, et sepultus est in Casino.

CAPUT XII.

DE CHRYSOSTOMO.

(59) Chrysostomus de S. Gemiliano Calaber, monachus Casinensis factus sub Chrysostomo Neapolitano abbate, postea archiepiscopus Ragusinus creatus est; vir sanctitate insignis, reformator monasteriorum insulæ Melitæ prope Ragusium, in scientiis doctissimus; sed et in Græca lingua valde eruditus. Transtulit diversos tractatus e Græco in Latinum sermonem. Claruit temporibus supradicti imperatoris. Obiit Ragusii temporibus nostris, et sepultus est in suo archiepiscopatu.

CAPUT XIII.

DE FLAVIO.

(60) Flavius de Ferraria, monachus Casinensis, et postea episcopus Ravellensis, Græca et Latina lingua valide instructus, a papa Julio III plurimum dilectus, atque ob hoc ab eodem episcopus creatus est. Floruit temporibus Maximiliani imperatoris.

(56) Marci filius, natus anno 1502, laudatus a Bembo, Joanne Casa, Flaminio, aliisque doctissimis viris; cujus etiam poemata lepidissima leguntur apud Jovium in Elog. Suntque impressa quoque in Deliciis poetarum Italorum. Insigne edidit opus de factis Alphonsi Avoli marchionis Vasti. Anno Domini 1551, die 30 Januar. a Julio Papa III ornatus infula episcopali; præceptor datus Innocentio Montio cardinali ejusdem Pontificis Nepoti adoptivo. Meminere Ranutius Gerus (a) lib. I Poetarum illust. Italiæ, et Caramella in suo Musæo illustriorum poetarum hoc disticho:

Lacteus est vates. Cur lacteus? undeque lactis
Nomen habet? versu est candidus atque tener.

Interfuit concilio Tridentino. Romæ obiit mense Martii 1564, ibidemque sepultus postquam Episcopatum resignaverat anno 1562.

(57) Meminit Arnoldus lib. II. Ligni vitæ, de Scriptor. Eccles. littera G. hoc lemmate. *D. Gregorius Viterbiensis, juris utriusque doctor, et monachus congregationis Casinensis, alias S. Justinæ de Padua, qui claruit anno Domini* 1540. *Scripsit tam pie quam docte, super Evangelium Joannis:* In principio erat verbum, *homilias sive sermones tres, qui sic incipiunt: I. Dicibilis sermo de indicibili Verbo in verbis dicibilibus. II. In principio erat Verbum. III. Non licet filiis veritatis. Sunt mss. apud D. Constantinum Syracusanum monachum Catanensem.* Ita Arnoldus.

(58) Benedictus Canophilus de Castro Sangri fecit Compendium juris civilis ac canonici, et Summam rerum. Scripsit etiam Repetitionem super primum decretalium de constitut. fori et poli, qui tractatus excusus est Venetiis, anno 1542, in 8, quem Bernardinus Bonfius juris utriusque doctor, lector ordinarius ac decanus Patavinus testatur a doctissimo Marco Mantua, aliisque clarissimis viris in Patavina academia examinatum, approbatum, commendatumque merito fuisse. Scripsit etiam de privilegiis Ecclesiæ, et Ecclesiasticarum personarum; De criminibus in Deum et proximum, de pœnis eorum. Floruit anno Domini 1550.

(59) Chrysostomus fuit electus archiepiscopus, sedente Ludovico Beccatello Bononiensi, die 21 octobris 1564, ut ex Actis consistor.

(60) Hunc non bene Flavium vocat noster Placidus, ut etiam Arnoldus Wion, lib. II Ligni vit., cum Hercules Tombesius in Catalogo Ravellensium episcoporum nominetur. Episcopali dignitate insignitus legitur anno Domini 1555, die 18 septembris. Ferrariæ obiit anno 1570, ibique sepultus in ecclesia Sancti Francisci. Testatur Marcus Antonius Guarinus in Compend. histor. ecclesiarum Ferrariens. lib. IV, pag. 247, et vir clar. Ughellus in episcopis Ravellensibus se legisse meminit, insculpta in ejus tumulo hæc verba vernacula lingua: *Hercole Tambusi vescovo* 1570.

(a) Ranutius Gorus, hoc est Janus Gruterus, qui Delicias poetarum collegit.

CAPUT XIV.

DE SEVERO.

(61) Severus Aversanus, in Casino monachus sub Chrysostomo abbate susceptus, vir in philosophia versatissimus, et in divinis Scripturis studiosissimus. Floruit temporibus supradicti imperatoris, et sepultus est in Casino in cœmeterio S. Annæ.

CAPUT XV.

DE LUCA.

(62) Lucas Fratensis monachus in Casino sub Chrysostomo abbate factus est. Vir acer ingenio, et in divinis Scripturis, et in philosophia doctissimus. Claruit temporibus Maximiliani imperatoris, et sepultus est in monasterio Sancti Benedicti Mantuanæ diœcesis, in quo philosophiam publice docuit.

CAPUT XVI.

DE HIERONYMO.

(63) Hieronymus patria Neapolitanus, ex nobili et illustri Caracciolorum familia oriundus, monachus ab adolescentia factus est sub Hieronymo de Monte Rubeo. Vir humilitate summus, castitate pudicus, prudentia, animi magnitudine, morum gravitate, ac religionis conversatione insignis : nobilis carne, sed nobilior spiritu, humanis et divinis litteris sufficienter instructus. Floruit temporibus nostris, et adhuc vivit, abbasque titularis existit.

CAPUT XVII.

DE PAULO.

(64) Paulus de Alta Villa, monachus in Casino susceptus sub Hieronymo de Placentia abbate; vir in Græcis, Hebraicis et Latinis litteris doctissimus, memoria tenax, ingenio vivax. Fuit temporibus nostris, et sepultus est in Casino, in cœmeterio S. Annæ

CAPUT XVIII.

DE MATTHIA.

(65) Matthias de Bergamo Casinensis monachus, vir in divinis litteris versatus, et memoria adeo pollebat, ut plures Novi et Veteris Testamenti libros memoriter recitaret. Obiit temporibus nostris, et sepultus est in Casino, in cœmeterio S. Annæ.

CAPUT XIX.

DE BENEDICTO.

(66) Benedictus de Sancto Germano, in Casino sub Hieronymo de Placentia abbate monachus factus est. Vir egregius, et ingenio magnus; in Latinis, Græcis et Hebraicis litteris valde eruditus; in philosophia autem et theologia doctissimus, adeo ut suis temporibus in nostra congregatione nemini fuerit secundus. Scripsit commentaria in Psalterium Hebraicum, in Epistolam Pauli ad Romanos; tractatum De usuris. Edidit quoque expositiones super Psalmos. Scripsit præterea super libros Periher-

A menias, priorum et posteriorum Aristotelis, super libros De anima ejusdem. Est quoque in lucem editus, et impressioni traditus ipsius tractatus De imitatione Ciceronis. Exstant disputationes in libros Prædicamentorum Aristotelis, et pulcherrimum illud opus quod inscribitur Proverbia animalium. Scripsit etiam Apologiam contra calumniantes ejus opera. Claruit nostris temporibus, et adhuc vivit.

CAPUT XX.

DE BERNARDO.

(67) Bernardus de Janua, monachus Casinensis factus est sub Hieronymo de Placentia, hujus monasterii abbate. Vir disertus et eruditus in philosophia et divinis Scripturis. Fuit temporibus Maximiliani imperatoris, et sepultus in Casino.

B CAPUT XXI.

DE ANTONIO.

(68) Antonius Frachensis monachus in Casino, sub Lauro de Mantua hujus cœnobii abbate susceptus est. Vir acri et magno ingenio, in Græcis et humanis litteris versatissimus, in jure etiam pontificio valde instructus. Scripsit quoddam Repertorium Polyanthea dictum, alphabeti ordine distinctum pro archivio Casinensi; in quo quidem opusculo et jurisdictiones, et dignitates, et quæcunque bona fuerint vel sint monasterii Casinensis, facile est invenire. Edidit quoque librum quemdam confinium bonorum Casinensis cœnobii, sed, morte præventus, imperfectum reliquit; qui postea a me Pla- C cido Romano monacho Casinensi repurgatus et perfectus fuit. Floruit temporibus Maximiliani imperatoris, et sepultus est in monasterio Sancti Liberatoris de Majella.

CAPUT XXII.

DE LUCA.

(68*) Lucas Antonius de Firmo, in Casino sub Hieronymo de Placentia abbate monachus factus est, vir in philosophia et medicina doctissimus. Floruit temporibus supradicti imperatoris. Obiit Cajetæ temporibus nostris, et sepultus est in monasterio Sancti Angeli.

CAPUT XXIII.

DE PIO.

(69) Pius patria Neapolitanus, ex nobili et anti- D qua familia Lottheriorum civitatis Florentiæ ducens originem, monachus in Casino factus est, sub Innocentio de Novaria hujus cœnobii abbate. Vir religione, et bonitate perspicuus, in divinis Scripturis doctus, et notitia juris civilis, et ecclesiasticorum dogmatum sufficienter instructus. Qui cum 25 annis religiose et laudabiliter vixisset in nostra congregatione Casinensi, existens prior S. Severini in civitate Neapolis, a papa Gregorio XIII episcopus

(61) Claruit anno Domini 1570. Mur.
(62) Floruit anno 1570. Mur.
(63) Anno 1570 clarescebat. Mur.
(64) Claruit anno 1580. Mur.
(65) Claruit anno 1577. Mur.
(66) Anno Domini 1570. Mur.
(67) Claruit anno Domini 1570. Mur.

(68) Floruit anno Domini 1575. Mur.
(68*) Anno 1570. Mur.
(69) Creatus episcopus ann. 1576, 30 Jan. Vir religione et bonitate perspicuus, acerrimus ecclesiast. libertatis defensor. Decessit Casini 1592, ibique tumulatus quiescit

Fundanus creatus est, de quo, quia adhuc vivit, meum judicium subtraham, ne in alterutram partem aut adulatio in me reprehendatur, aut veritas.

CAPUT XXIV.

DE THEOPHILO.

(70) Theophilus Senensis in Casino sub Angelo Sangrino abbate monachus factus est, vir ingenio perspicax, in scientiis valde eruditus, verum in philosophia, mathematica et theologia doctissimus, adeo ut suis temporibus in congregatione nostra Casinensi admirabilis haberetur. Floruit temporibus nostris, et adhuc vivit. Hic bis vocatus a Romano pontifice fuit, ut ejus opera in quibusdam ecclesiasticis negotiis uteretur. Edidit tractatum De nova restitutione Kalendarii.

CAPUT XXV.

DE BENEDICTO.

(71) Benedictus Capuanus in Casino sub Angelo Sangrino abbate monachus susceptus est, vir discretus, et valde eruditus in divinis et humanis litteris. Verum in scribendis carminibus in materna lingua poeta insignis, et nostris temporibus admirabilis. Edidit librum unum carminum materna lingua, in quo martyrium D. Agnetis, Agathæ, Luciæ, Justinæ, et Catharinæ decantat. Scripsit quoque eadem lingua et metro tractatum de cogitatione mortis; Triumphum martyrum, confessorum et virginum; librum unum piorum carminum diverso metri genere. Exstat etiam ejusdem tragœdia Jephtæ ducis Israelitici populi. Scripsit et commentaria in Dantem poetam. Edidit quoque librum unum epistolarum materna lingua. Floruit temporibus nostris, et adhuc vivit.

CAPUT XXVI.

DE JOANNE.

(72) Joannes Evangelista patria Neapolitanus, et nobili Mormiliorum familia oriundus, monachus in Casino ab Ignatio Neapolitano susceptus est. Vir ingenio perspicax, et divina et humana eruditione valde instructus. Verum in versificandi scientia antiquis per omnia comparandus. Scripsit quamplurimos tractatus. Librum scilicet in quo continentur præcipuæ Domini festivitates, vario metri genere illustratæ; librum De laude gloriosæ virginis Mariæ, in cujus calce ejus Psalterium elegiaco carmine concinitur; librum, qui nonnullorum sanctorum Vitas, hymnosque vario carminum genere continet. Exstat et alius ejusdem liber carminum, in quo illa præsertim opuscula continentur: De insigni Christianorum victoria contra Turcas, temporibus A Maximiliani imperatoris, et Pii V pontificis max.; De laudibus Casinensis juventutis; ibidemque liber odarum appenditur, et in fine continetur liber Tristium, ubi suas et amicorum ærumnas elegiace decantat; sunt et quatuor ejusdem eclogæ. Scripsit præterea innumera epigrammata; edidit quoque declamationes et sermones aliquot, homilias duas prosa oratione. Item expositionem in Epistolam divi Pauli ad Romanos, et in librum Perihermenias Aristotelis. Materna autem lingua quamplurima pia carmina de laudibus gloriosæ virginis Mariæ, et usque in præsentem diem scribit.

CAPUT XXVII.

DE THOMA.

(73) Thomas ab Ebulo, Casinensis monachus, sub B Angelo Sangrino abbate factus est. Vir prudentia et ingenio insignis, in Philosophia et divinis Scripturis doctissimus. Scripsit librum Synodalium; librum Examinis confessorum, et promovendorum ad sacros ordines, et eorum, qui mittendi sunt ad parochiales Ecclesias. Edidit quoque materna lingua Conciones quinquaginta. Floruit temporibus nostris, et adhuc vivit, et vicarius generalis in tota diœcesi Casinensi existit.

CAPUT XXVIII.

DE HIERONYMO.

Hieronymus ex nobili Sersalium familia civitatis Cosentiæ originem ducens, in Casino sub Hieronymo de Placentia hujus sacri cœnobii abbate monachus effectus est. Vir callido quidem et subtili ingenio, C in humanis et divinis litteris mediocriter eruditus; verum in rerum humanarum experientia, et in peragendis negotiis insignis et admirabilis. Floruit temporibus nostris, et hujus Casinensis cœnobii abbas exstitit. Sepultus vero est Parmæ in monasterio Sancti Joannis Evangelistæ, ubi capitulum generale nostræ congregationis celebratur. In anno Domini 1577.

CAPUT XXIX.

DE APOLLINARE.

Apollinaris a Bauco ab adolescentia sub Lauro de Mantua abbate in Casino monachalem vestem induit, ubi per triginta ferme annos angelicam potius quam humanam vitam duxit. Hic vir vitæ integerrimæ, humanis et divinis litteris satis in- D structus, adeo in Scripturis sacris deditus erat, ut exercitationis causa, atque ne otio torpesceret, ex Veteri et Novo Testamento, atque ex diversis catholicis orthodoxisque Patribus innumeras aureas sententias excerpserit et scripserit. Decanus

(70) Theophili Martii nobilis Senensis meminit Petrus Recordatus Hist. monasticæ. Romæ in basilica S. Pauli pœnitentiæ ministris Pontificiis a Gregorio XIII ascriptus legitur. De ejus laudibus scripsit F. Isidorus Ugurgierius Azolinus ord. Præd. lib. cui nomem præfixit: Pompe Sanesi tit. 21, pag. 667. Exstat apud nos tractatus ms. De reformatione Kalendarii, incipit: *Magna quidem aggredi laudabile est.* Obiit Casini anno 1586.

(71) Claruit Benedictus Anno Dom. 1570, originem ducens ex nobili familia de Uva. Passiones sanctarum Agnetis, Agathæ, Justinæ, et Catharinæ typis cusæ sunt Florentiæ anno 1587, in 4, sicuti Jephtæ tragœdia.

(72) Scripsit etiam de sancta Febronia virg. et martyr. versus, qui habentur impressi Romæ 1589, una cum operibus Prosperi Martinengii. Memorata opuscula mss., uti etiam multa alia, se legisse testatur lib. II. Lign. vit. p. 430. Arnoldus Wion, dum Casini morabatur. Meminit et Possevinus in suo Apparatu. Clarescebat anno 1590.

(73) Obiit post annum 1594, Casini, Mur.

præterea in hoc Casinensi monasterio existens, novitiorum curam invitus ac renitens suscepit. Tali igitur fungens officio, me, licet indignum, Casinensium monachorum cœtui ascripsit, sub domino Matthia de Lignano, hujus cœnobii abbate, cum viginti essem annorum, in anno Domini 1570. De hoc magistro meo illud silentio non prætereundum esse judicavi, quod ad vitæ integritatem et puritatem pertinet. Nam talis ejus vita fuit, ut mortis suæ tempore, in vigilia scilicet Nativitatis S. Joannis Baptistæ, cum in missa, *Gloria in excelsis Deo* cantaretur in ecclesia, ejus anima ab ergastulo corporis egrediens in cœlum ab angelis deferri cerneretur. Sepultus vero est in cœmeterio S. Annæ, anno Domini 1581.

CAPUT XXX.

DE ANDREA.

(74) Andreas a Suessa, juvenis præclaræ indolis, et vivacis ingenii, de civitate Neapolitana, ubi a parentibus studiis litterarum erudiendus traditus fuerat, egrediens, Casinum advenit, atque ab Isidoro de Placentia hujus sacri cœnobii abbate monachus factus est. Hic exiguus quidem corpore, sed ingenio magnus, ab ipso fere suæ conversationis initio, ob sui ingenii vivacitatem, et rerum mundanarum experientiam, cum singulari quadam prudentia ac solertia conjunctam, multis annis hujus nostri monasterii negotiis operam dedit. Inter multa præclara ingenii sui monumenta, existens in regimine terræ nostræ Citrarii scripsit regesta duo omnium jurium et bonorum quæ impræsentiarum in eadem terra a nostro monasterio possidentur. Humanis insuper et divinis litteris apprime eruditus, magnam sui apud omnes adhuc vivens exspectationem concitavit. Vivit etiam, et temporibus nostris hujus Casinensis monasterii præpositus existit.

CAPUT XXXI.

DE GREGORIO.

(75) Gregorius Cortesius Mutinensis abbas primum Sancti Petri de Perusio, deinde Sancti Benedicti de Mantua, et S. R. E. cardinalis a papa Paulo tertio creatus, anno Dom. 1542. Vir utriusque juris doctor, et in divinis Scripturis valde instructus. Scripsit quamplurima carmina in laudem D. Petri, quæ impressa reperiuntur. Obiit Romæ, et sepultus est in ecclesia Sanctorum Apostolorum anno Dom. 1584.

(74) Floruit anno Domini 1578. MUR.

(75) Nobilissima familia Cortesiorum ortum suum habuit a quodam imperiali vicario cui nomine Ludovicus Cortes, inter Gallos nobilissimus; qui cum esset a consiliis Pipini regis Italiæ, Caroli filii, civitatem Mutinam inhabitaverat. Ex ea Gregorius noster natus est; vir quidem Græcis Latinisque litteris instructissimus. Severum Varinum Placentinum monachum Cisterciensem, raræ et exquisitæ eruditionis virum, præceptorem habuit. Ab ineunte ætate, civili canonicoque juri operam dedit, et apud Joannem Mediceum cardinalem, postea Leonem papam decimum, audiendarum causarum munus exercuit. Demum cum Romanæ aulæ pertæsus ad sua pristina studia rediisset, ex divino etiam instinctu, Casinensibus monachis nomen dedit. Ejus postea virtutis, probitatis ac scientiæ fama inductus Paulus papa tertius, in collegium cardinalium ascivit, incredibili totius senatus consensu, anno Domini 1542, die 11 Junii, tit. S. Cyriaci in Thermis, et Urbinatensium præsul est etiam dictus: privilegio insuper concesso, ut purpureo cultu sibi uti liceret, tametsi monachus Benedictinus esset; quod etiam concesserat card. Philippo a Camera Gallo pariter Benedictino. Plurima hujus viri clarissimi monumenta relicta sunt:

Quod sanctus Petrus Romæ fuerit, ad Adrianum Sextum lib. 1.

Epistolarum familiarium lib. 1.

Hi duo impressi sunt Venetiis apud Franciscum Franciscium Senens., an. Dom. 1573, in-4.

De theologica institutione lib.

Hymnorum diverso metro lib. 1.

Carmen saphicum de Vita S. Honorati archiepiscopi Arelatensis.

Hymnus in deiparam Virginem.

In divum Honoratum carmen.

In Lerinam insulam carmen.

De potestate ecclesiastica tract.

De peccato originali.

De direptione urbis Genuensis.

De theologia, et philosophia multa.

Lerinensis insulæ et cœnobii laudes.

Poemata quædam ad imitationem Catulli.

Prodierunt ex Aldi officina cum Sanazari De partu Virginis lib.

S. Basilii De virginitate liber e Græco in Latinum idioma, ejus opera perlegitur.

De viris illustribus ordinis monastici, lib. 1, qui furto sublatus ideo non habetur, refert Arnoldus Wion lib. II, Lign. vit., pag. 216. Et alia multa scripsisse fertur, quæ temporum injuria, hominumque negligentia perierunt.

Libri quatuor in sententias Petri Lombardi perperam a nomenclatore card. a Torrigio lib. De script. S. R. card. et ab aliis attribuuntur nostro Gregorio, cum suum agnoscant auctorem Paulum Cortesium protonotarium apostolicum.

Exstant diversæ epist. Dionysii Faucherii monachi Lerin. in laudem nostri Gregorii in Chron. Lerin. Quanti autem integritatem ejus, doctrinam ac prudentiam incomparabilem supradictus Paulus pontifex fecerit, ex miris laudibus, quibus eum cohonestavit, quando in cœtum cardinalium adlegit, agnosces: audi ipsum cum eo loquentem: *Hodie in his sacris jejuniis, atque in consistorio nostro secreto, inducti singulari tua probitate, religione, integritate ac doctrina, te S. R. E. cardinalem, cum Dei nomine, de venerabilium fratrum nostrorum ejusdem S. R. E. cardinalium consilio, creavimus*, etc. Meminere Cortesii Sadoletus et Bembus, quorum alter doctissimum, alter excellentis doctrinæ virum appellat, ingeniique prope divini. Vide etiam quæ notavit eruditissimus d'Auberi, in Histor. generali cardinalium Gallico idiomate conscripta, part. IV, edita Parisiis 1647. Obiit Romæ anno Domini 1548, XI Kalendas Octobris, sepultusque est apud ecclesiam Sanctorum Apostolorum, ante altare sanctæ Eugeniæ.

Explicit supplementum domni Placidi Romani et diaconi De Viris illustribus cœnobii Casinensis.

PETRI DIACONI

LIBER

DE ORTU ET OBITU JUSTORUM

COENOBII CASINENSIS.

(Ex codice Vaticano edidit Angelo Mai, *Collectio nova*, t. VI, p. II, p. 245.)

Præcedit in codice Vat. Petri Diaconi opusculum De viris ill. Casinensibus a J. B. Maro olim editum ex Barberinio codice. Sequitur Ludovici Barbi Historia congregationis Benedictinæ S. Justinæ, quam edidit Pezius. Medium Petri Diaconi De justis Casinensibus librum adhuc ineditum ego demum, ob SS. virorum biographiam historiamque ecclesiasticam amplificandam, in lucem profero. Neque vero importune sub sæcularis criticæ regulam narrationes has revocabo, quæ simplicitate sua, pio et candido scribentis ingenio, docilique suorum temporum indole satis commendantur.

I. BENEDICTUS signifer, institutor, legislator, doctor eximius, clarus doctrina, clarus virtutibus, adhuc in pueritia positus primum in partes divisum revinxit capisterium. Vas vitreum, in quo pestifer potus habebatur, solo tantum signo crucis rupit. Aquam in aridi montis produxit vertice. Ferrum in morem Elisei de profundo abstraxit aquarum. Placidum de profundo lacus per Maurum discipulum suum abstraxit. Corvus ejus obsecundat imperiis. Florentius, qui eum persequebatur, ab omnipotente Deo occisus est. Indeque vir Dei egrediens cœnobium Casinense construxit, ibique ingentem lapidem oratione sua levem reddidit. Falsum ignem in frugibus ostensum obtutibus oratione similiter sua exstinxit. Monachum omnibus membris contritum et dissolutum, confestim sanum reddidit. Facta suorum monachorum ac cogitationes statim reserabat. Totilæ tyranno ventura prædixit. Romanæ urbis instabilitatem, Gregoriique Romani pontificis nativitatem, ac nomen officiumque, et Casinensis cœnobii destructionem prædixit. Occulta Dei judicia cognovit. Furtum Exhilarati prodidit. Mappulas a monacho contra ejus præceptum acceptas, per Spiritum agnoscens, confestim redarguit. Cogitationes sibi servientis agnovit. In famis tempore ducenta modia farinæ ei omnipotens Deus transmisit, quæ a quibus delata sint, usque hodie manet incognitum. Discipulis longe positis in somno apparens, quid agere deberent ostendit. Sanctimonialium animas in illo jam invisibili judicio constitutas ipse adhuc in corpore positus ligavit et solvit. Monachum contra ejus voluntatem de monasterio egressum ac sepultum terra projecit. Leprosum oratione sua curavit. Æther ei numismata fudit. Varietatem cutis tactu suo confestim fugavit. Vas vitreum in lapidem projectum incolume mansit. Dolium aridum oratione sua oleo implevit. Monachum a dæmonio vexatum alapa percussit, et immundum ab eo spiritum expulit. Rusticum vinctum solo suo intuitu solvit. Mortuum vitæ restituit. Sororis suæ animam in columbæ specie cœlum penetrare conspexit. Germani episcopi animam in sphæra ignea ab angelis ferri in cœlum vidit. Totus mundus velut sub uno solis radio collectus ante oculos ejus adductus est. Mulierem cum filio suo a dæmonio vexatam oratione sua curavit. Scripsit præterea monachorum regulam, discretione præcipuam, sermone luculentam, in qua omnes illius actus inveniuntur. Duabus vicibus in hebdomada minimum potius prægustabat quam sumebat cibum, saccoque tantum induebatur cilicino. In hujus transitu viderunt discipuli ejus viam stratam palliis atque innumeris coruscam lampadibus, recto orientis tramite ab ejus cella in cœlum usque tendentem: eisque dictum ab angelo est, hæc est via qua dilectus Domino cœlum Benedictus ascendit. Sepultus vero est in Casino, in templo ante altare beati Baptistæ Joannis. Tantis autem usque nunc fulget virtutibus, ut nec lingua explicare, aut auris audire, vel manus sufficiat scribere.

II. MAURUS, Casinensis præpositus, natione Romanus ex patre Æquitio, vir celeberrimus et famosissimus, ac post Benedictum legislatorem primus, juxta illud apostoli Petri supra aquas pedibus ambulavit. In Casinensi cœnobio claudum et mutum curavit. Arderardus toto corpore confractus ab eo statim sanatus est. Famulum suum Sergium, similiter sanavit. Cæcum ex utero matris illuminavit. Eligium corpore exutum ac locis pœnalibus deputatum ad vitam reduxit. Magistri sui Benedicti obitum Spiritu sancto sibi revelante agnovit. Clericum omnibus membris contritum ac dissolutum sanitati restituit. Ei detrahentes a diabolo vexantur, atque ab eo sanantur. Illi vero, cui diabolus animam extorserat, vitam reddidit. Ex pravissimo vini vasculo sexaginta et eo amplius homines abundantissime satiavit tribus vicibus, et vasculum plenum reddidit. Labrum et nares cujusdam hominis a morbo canceris comestas signo crucis statim curavit. Secreta Dei judicia agnovit pandentibus angelis. Septuagesimo vero ac secundo ætatis suæ anno dolore lateris tactus spiritum reddidit. Sepultus vero est ad dexteram partem altaris beati Martini in Glannofolio. Nullus unquam corpus suum plus edomuit squaloribus, jejuniis, abstinentia, ac vigiliis frigoribusque. In diebus autem sanctæ Quadragesimæ nec tunica nec cuculla, nisi solummodo sacro cilicino, induebatur: et bis in hebdomada parvissimum cibum potius prægustabat quam sumebat. Asperrimo autem a scapulis usque ad renes indutus est trogulo. Quiescebat vero in stratu super aggestum calcis et sabuli, excepto quadragesimali tempore: tunc enim cum nimium eum lassitudo compulisset, stando aut sedendo somnum capiebat. Nunquam de lecto cum cæteris surrexit fratribus, sed semper nocturnos vigilando præveniebat hymnos. Plerumque quinquagenos et centenos, nonnunquam vero totum ante nocturnalem synaxim psalterium complebat, exceptis horarum spatiis, quibus orationi ac lacrymis insistebat. Silentio vero ac lectioni ita vacabat, ut pro hoc ipsi etiam sanctissimo Benedicto admirabilis haberetur.

III. SCHOLASTICA, Benedicti Patris sanctissimi soror, eique tam carnis propinquitate quam etiam sanctitate conjuncta, moribus et pedibus eum secuta, ex ejus voluntate in confinio Casini montis stationem fixit, ubi felicem vitam felicissimo exitu consummavit. Hæc igitur, ut olim Josue ac Samuel, cœli serenitatem in pluviam ac tonitrua vertit. Hujus animam Benedictus pater sanctissimus in columbæ specie cœli alta petere vidit. Sepulta est in Casino una cum fratre suo ante altare sancti Baptistæ Joannis.

IV. MARTINUS, vir egregius miraculorumque patrator magnificus, in Casino prius, ac postea in monte Marsico degens, cum serpente per multum tempus habitavit. Aquam de lapide speluncæ suæ ei omnipotens Deus ad bibendum concessit. Mulierem ad obscena eum provocantem opera omnipotens Deus terribiliter occidit. Puerum e summo montis vertice usque ad ima ruentem oratione sua illæsum servavit. Lapidem magnum speluncæ suæ imminentem de loco ad locum mutavit. Sepultus vero est ibidem in monte Marsico.

V. FELICISSIMUS, beati Benedicti discipulus, natione Romanus, felicissimus nomine, felicissimus opere, sanctissimi Mauri consobrinus exstitit. Hic puer beato Benedicto traditus, magistri sui in omnibus viam usque ad mortem secutus est.

VI. FAUSTUS, septennis in Casino beato Benedicto oblatus, atque ab eo in Galliam ad monasterium construendum cum beato Mauro transmissus, stetit ibi annis quadraginta. Indeque post obitum beati Mauri Romam reversus, plenus dierum obiit. Sepultus vero est in monasterio Lateranensi.

VII. CONSTANTINIANUS similiter cum beato Mauro in Gallias missus, quadragesimo anno adventus sui in Gallias, obiit. Sepultus vero est in Ecclesia Beati Martini.

VIII. ANTONIUS cum eodem similiter missus, eo anno eodemque loco, ubi et Constantinianus, defunctus est ac sepultus.

IX. PROLOGUS IN VITAM ET OBITUM SANCTI PLACID MARTYRIS.

Gymnosophistarum morem ferunt esse doctores, ut cum ad laticis haustum Gangen ad fluvium venerunt, fulvum metallum despicientes suis sub pedibus calcent. Quod ego Petrus Casinensis archisterii indignus diaconus advertens, ita te, Gregori præsul verende, jubente, Placidi exaravi sanctissimi gesta, ut ejus nihil desit ex vita, cum aliquid desit ex virtute signorum. Enimvero cum hoc opus vestra mihi injungere vellet paternitas, nostraque exiguitas propter tanti cœnobii perturbationem nostrique exsilii ærumnas id aggredi recusaret, vobisque hoc opus, qui in dictandi scientia splendetis, imponere vellem, vestra sagacitas tali me responsione obstruere cœpit: cur inani tædio de Casinatis cœnobii oppressione afficeris? Nunquidnam nescis quia

Si cecidit Sinai mons qui legem dedit olim,
Quod periisse tamen sua munia credere nolim:
Regula namque manet digitis descripta sacratis
Tradita discipulis Mauro Placidoque beatis.
Si rex Antiochus ex auro vendidit aram,
Lege labore novam Machabæus restruet aram.
Lator, ait, legis, vobis præsentior adsum
Post mortem quam nunc, dicam clamantibus [adsum.

Et si tantus Pater se præsentiorem post suum e mundo recessum promisit futurum, cur de talibus perturbationibus tristis incedis? An jam oblivioni dedisti quibus angustiis quibusve persecutionum generibus affecti sunt omnes veritatis præcones? An mente cessit a tua, quia levitas Jesus Christus Dominus noster segregavit ad annuntiandum toti orbi Evangelium suum? Hi enim sunt septem stellæ in dextera Dei, septem tubas tenentes, missi in omnem terram. Nunquidnam ignoras quia servus de absconso talento torqueri jubetur? Tantis igitur, præsul amande, assertionibus victus, imperio succubui vestro, et ad beatissimi Vitam exarandam animum erigere cœpi. Unde reor non sine superni regis nutu animo hoc hæsisse in tuo, ut tanti patris passio a Gordiano descripta transferretur. Nam cum ab ipsis beati Benedicti temporibus in Casinensi gymnasio sapientes quamplurimi fuerint, istius passio de Græco in Latinum a nullo translata fuisset, hoc omnipotens Deus per nos tempore vestro implere dignatus est. Disponebam præterea opusculum istud ad Ptolemæum, Romanorum consulem, dirigere; sed prius censui illud tuo renitenti cothurno elimare. Vestri tamen erit operis, Pater reverende, ut si aliqua non æqua ordinis lance protulero, a vobis emendentur. Nam vigesimum tertium ætatis agens annum, discipulum, non magistrum esse decebat. Superni igitur regis munimine fultus, tanti patris vitam scribere ordiar.

VITA ET OBITUS SANCTI PLACIDI MARTYRIS.

Postquam summi regis divinitas lucis suæ radio idolorum tenebras pepulit ac procul fugavit, multos per orbem Ecclesiæ suæ donavit viros, qui ceu sidera cœlum, ita et hi ejus Ecclesiam vita ac miraculis adornarent. Ex quorum renitenti collegio, tempore Justini senioris, sole splendidius claruit (Benedictus) cujus Vitam Ecclesiæ Dei speculum et doctor egregius beatus Gregorius stylo deprompsit suavissimo. Sed qualiter idem pater sanctissimus perfectioris vitæ normam arripuit, ac monasterium Sublacense condidit, qualiter beatissimus Placidus ad eum venerit, vel quo ordine locoque recesserit, cœnobiumque in Varronis antiquissima schola ædificaverit, in propatulo declarandum est. Hic igitur dum relictis sæculi strophis petere deserta decrevisset, Romanus eum pater sanctissimus reperit, quo tenderet requisivit : cujus cum desiderium comperisset, et secretum tenuit, et adjutorium impendit, eique sanctæ conversationis habitum tradidit, et in quantum licuit ministravit : tribusque annis, excepto Romano monacho, hominibus incognitus mansit. Cum vero cunctorum opifex Deus Benedictum Patrem mortalibus declarare censuisset, multi ab eo in eadem regione ad Dei sunt servitium coadunati, ita ut illic duodecim monasteria construeret ; in quibus substitutis præpositis duodenos monachos deputavit : nonnullos vero secum retinuit, quos adhuc in sua præsentia aptius erudiri judicavit. Cœperunt etiam tunc Romanæ urbis nobiles ac religiosi concurrere, suosque ei filios omnipotenti Deo nutriendos dare. Tunc quoque bonæ spei suas soboles Æquitius Maurum, Tertullus vero patricius Placidum puerum tradidit. Ab ipso enim pueritiæ suæ Placidus tempore abstinentiam, silentium, vigilias, castitatem, omnesque sanctas virtutes est secutus : obedientiæ vero callem sibi vindicavit.

Quadam igitur die cum aqua in cellario deesset, Patris imperio ad hauriendam de lacu aquam Placidus est sanctus egressus : ad quem cum venisset, vasque quod tenebat incaute in aquam misisset, ipse quoque cadendo secutus est : quem continuo unda rapuit, et pene in unius sagittæ cursu a terra introrsum traxit. Sed quid prævalet contra Tonantis potentiam antiqui hostis versutia ? Nam mox ut sanctus in aquam Placidus cecidit, eventum rei Spiritus sanctus, qui in electorum cordibus principalem obtinet thronum, Benedicto Patri sanctissimo revelavit : qui e vestigio beatum Maurum cœpit sub magna celeritate vocare, dicens : Frater Maure, curre velociter, quia puer Placidus qui ad hauriendam aquam perrexerat, in lacum cecidit, eumque unda jam longius trahit. Res mira ! et post Petrum apostolum omnibus retro sæculis inaudita ! Benedictione postulata et accepta, Patris ad imperium concite Maurus perrexit, atque ad locum quo sanctus ab unda Placidus trahebatur, per terram se ire existimans, super undas rapidissimas cucurrit, Placidumque beatum per capillos tenuit, rapidoque cursu rediit. Reversus autem ad Patrem, rem gestam in se per ordinem pandit. Pater vero sanctissimus Benedictus hoc non suis meritis, sed Mauri cœpit deputare obedientiæ. At contra Maurus pro solo imperio Benedicti factum dicebat, seque conscium in illa virtute non esse, quam nesciens fecisset. Sed in hac humilitatis mutuæ amica contentione accessit arbiter sanctus qui ereptus est Placidus puer. Dicebat enim : « Ego cum ex aqua traherer, super caput meum abbatis melotem videbam, ipsumque me ex aquis educere considerabam. »

Comes etiam fuit Benedicto Patri Placidus sanctus, cum nocte quadam cum eo montis rupem aridam ascendit : ubi oratione facta, idem Pater Benedictus tres petras pro signo posuit, atque ad suum monasterium una cum Placido, cunctis illis nescientibus, rediit. Cumque die altero pro necessitate aquæ fratres, qui in illa rupe habitabant, ad eum venissent, dixit Pater : « Ite et rupem illam in qua tres super invicem petras inveneritis, in modico cavate. » Qui euntes rupem montis jam sudantem invenerunt : cumque in ea concavum locum fecissent, statim aqua repletus est, quæ nunc usque ubertim defluit, atque ab illo montis cacumine usque ad inferiora descendit. Nemo ergo dubitet beatissimum Placidum tanti miraculi participem non exstitisse, quem beatissimus magister suus solum hujus signi voluit habere conscium. Jamvero qualiter ad Casinense cœnobium Benedictus Pater sanctissimus venerit, pandendum est.

Quidam itaque presbyter, Florentius nomine, antiqui hostis veneno inebriatus, sanctissimi Patris cœpit studiis æmulari, sicque panem veneno infectum pro benedictione transmisit. Quod cum vir Dei per spiritum declinasset, scelestus Florentius, quia Benedicti corpus veneno necare non potuit, se ad discipulorum animas exstinguendas accendit; ita ut in hortum cellæ, cui Benedictus inerat, nudas septem puellas mitteret, quæ mentes illorum ad perversitatem libidinis inflammarent. Quod Benedictus Pater conspiciens, lapsumque adhuc teneris discipulis pertimescens, eos custodiri præcepit, dareque invidiæ locum disponit.

Hæc dum sollicita secum mente tractaret, revelatio cœlestis tali illum adhortari est dignata oraculo : Ut quid, dulcissime Benedicte, tristaris ? Nunquidnam non reminisceris illud quod ego deprompsi dicens : *Si me persecuti sunt, et vos persequentur ?* (*Joan.* xv, 20.) Te namque elegi ex omnibus incolentibus orbem ; tu Evangelii mei tuba cœlestis existes, spiritu es meo repletus. Surge jam, vade ad castrum Casinum, et populum ejusdem provinciæ qui adhuc idolorum nefandis cultibus servit, et in quorum præcordiis Satanæ versutia regnat; qui nihil sciunt aut dicunt, nisi quod in cordibus eorum veternosi serpentis versutia scripsit; sermone vivifico prædicans, meum ad cultum convertere stude: quia tecum ego ero, et non deseram, et confundam omnes adversarios tuos, serve meus charissime. Proficiscere idolorum ad pugnam, confortare et esto robustus, quia castrum Casinum tibi tradam, et illic sedes nominis tui in perpetuum erit.

Hæc dum sanctissimus Pater audisset, omnia convocatis discipulis patefecit, et longa ad eos oratione exhortationeque ad profectum ab eo habita, tandem dixit: « Jussio Domini nostri Jesu Christi imminet; parere debemus, eundum est: vos autem state et permanete in conversatione et gratia sanctæ religionis. » Hæc cum dixisset, anno Dominicæ Incarnationis quingentesimo vigesimo nono, temporibus Justiniani imperatoris, oratoria cuncta quæ construxerat, adjunctis fratribus sub statutis præpositis, ordinavit, statimque absque cujuslibet comitis adminiculo ad Casinum castrum pergere cœpit. Sed cum per ignota loca solus viator incederet, duo confestim in figura juvenum aderant angeli, qui tanto Patri per montium deserta quo gressum dirigere deberet indicabant. Tres etiam corvi per omnem viam individui illi facti sunt comites, ejus assidue vestigia prosequentes. Cum ad Casinum castrum pervenisset, contrivit idolum, subvertit aram, succidit lucos qui circumquaque in dæmonum cultura succreverant, atque cum Placido et Mauro religiosissimis Casinense fundavit monasterium; illudque et sua corporali requie, regulæque descriptione, caput omnium monasteriorum constituit. Ubi autem templum Apollinis erat, ecclesiam Beati Martini; ubi vero ara Apollinis, ecclesiam Sancti construxit Joannis; et circumquaque manentes populos ad Christi fidem convertit.

Eodem vero tempore supradictus Tertullus, Romanæ urbis patricius, per suggestionem Placidi filii sui præceptum fecit Casinensi cœnobio de decem et octo curtibus suis, quæ erant in Sicilia, cum servis septem millibus, ac portu Panormitano et Messano; pœna qui id removere tentasset apposita quatuordecim millium talentorum auri. Evocat interea Pater sanctissimus Benedictus Placidum discipulum suum, qui ab eo sanctissime religiosissimeque nutritus fuerat, eumque ad tuitionem curtium, quas pater ejus Tertullus patricius Casinensi cœnobio dederat, in Siciliam mittens, dixit ad eum: « Ad suscipiendum militiæ laborem accinge sicut vir lumbos tuos: quem tibi per me Jesus nunc dat, Rex omnium Christus, religionis sanctæ ordinem sicut a me accepisti, usque ad finem vitæ inviolabiliter tene. Perge nunc, dulcissime, ad Siciliam, fili, imitans Regem regum Jesum Christum Filium Dei, Dominum nostrum, qui *factus est obediens usque ad mortem* (*Philip.* II, 8). Reminiscere sermonis ejus dicentis: *Non veni facere voluntatem meam, sed ejus qui misit me* Patris (*Joan.* VI, 38). Nec te longi itineris conturbet austeritas. Recordare illud apostolicum, quia *non sunt condignæ passiones hujus temporis ad futuram gloriam quæ revelabitur in nobis.* (*Rom.* VIII, 18). Nam per multas tribulationes oportet nos intrare in regnum cœlorum. Nam pro Christi nomine in hac vita decertantes æternam remunerationem in æterna accipient: patriam illam scilicet quam *oculus non vidit, nec auris audivit, nec in cor hominis ascendit*, quam *præparavit Deus* diligentibus se (*I Cor.* II, 9). Ne timeas neque paveas, confortare et esto robustus, quia tecum celsa erit tonantis dextera Dei. Hoc pro certo sciens, quia quanto austeriora in hoc mundo pertuleris, tanto vehementiora a summo Opifice accipies cœlestium gaudia præmiorum. Jesus Christus autem, Filius Dei, Dominus noster semper sit tecum, perducatque te ad æternæ consortia vitæ, quam daturus est his qui diligunt eum. » Hæc cum perorasset, benedictione super eum tradita, misit a se.

At vero dum Placidus ad Siciliam venisset, ea quæ a magistro didicerat suo modis omnibus implere satagebat, et in omnibus virtutibus, quibus eum perfectissimus magister suus Benedictus ab ipso infantiæ suæ tempore erudiverat, de die in diem proficiebat atque crescebat. Ecclesias etiam idem vir beatus fundavit, atque juxta morem magistri sui sanctissimi, fratres illic servituros aggregavit. De signis porro ejus superfluum est quærere: non enim signa sanctos viros faciunt, sed vita potius Deo placens et recta sanctificat hominem. Verum quia provinciam Siculorum Ismaelitarum est crudelitas depopulata, multa quæ per eum gesta sunt, Gordianus, Patris Benedicti discipulus, Constantinopoli positus, descripta dereliquit. Is enim Gordianus a beato Benedicto cum beato Placido ad Siciliam directus, ea quæ oculis suis vidit, descripsit.

Postquam autem placuit Regi regum Domino ut beatissimus Placidus de præsentis vitæ liberaretur naufragio, Mamucha, dux Sarracenorum, in navibus, cum Sarracenis sexdecim millibus septingentis adveniens, beatum Placidum cum fratribus suis Eutychio, Victorino, et virgine Flavia, nec non et Faustum, Firmatum, Donatumque, cum monachis triginta teneri, et ante suam præsentiam exhiberi præcepit. Quos cum diversis tormentorum generibus excruciasset, sicut Gordianus in ejusdem passionis describit historia, beatum Placidum post linguæ abscissionem, post arteriarum et dentium confractionem, cum omnibus sociis suis capite truncari præcepit in portu Messanæ civitatis provinciæ Siciliæ. Tertio Nonas Octobris regna conscendit æterna. Hunc igitur, fratres, flagitemus enixius, quo pro universali Ecclesia orationes fundat. Sepultus vero est in eadem provincia, ubi exuberant beneficia pia prece quærentibus; ipso adjuvante qui vivit et regnat cum Patre in unitate Spiritus sancti Deus per omnia sæcula sæculorum. Amen.

De hac vita legitur plenius alibi (76).

X. SIMPLICIUS, Benedicti Patris discipulus, cum beato Mauro in Gallias directus, post ejus obitum Romam cum Fausto reversus, apud Lateranense cœnobium defunctus est ac sepultus.

XI. CONSTANTINUS nomine, Constantinus et opere, post Patris Benedicti transitum abbas effectus, vir valde reverendus, in Casino defunctus, juxtaque est corpus beati Benedicti sepultus.

XII. SIMPLICIUS, nomine et opere simplex, post Constantinum abbas effectus, ibidem defunctus in Casino, atque juxta Patrem Benedictum sepultus.

XIII. VITALIS, post Simplicium Casinensis abbas factus, in Casino defunctus est atque sepultus.

XIV. BONITIUS, quintus post Patrem Benedictum abbas, vigesimo sexto anno post Patris Benedicti transitum, destructo Casinensi cœnobio, anno Dominicæ Incarnationis quingentesimo sexagesimo octavo, secum fratres cœnobii Casinensis Romam asportans, atque a Pelagio papa susceptus, cœnobium Lateranense construxit, quatuor vel quinque fratres Casini ob beati corpus custodiendum relinquens Benedicti legislatoris. In Lateranensi cœnobio defunctus est atque sepultus : ubi etiam regulam quam Pater Benedictus manu sua descripserat, et saccos quibus cœlitus escæ ei delatæ fuerant, dereliquit.

XV. PROLOGUS PETRI DIACONI IN VITAM SANCTI SEVERI EPISCOPI ET CONFESSORIS.

Sanctissimo ac in monastico residenti gymnasio Seniorecto abbati abbatum eximio Petrus Casinensis diaconus quidquid in cœlo terraque felicius. Quam vestra jussus potentia Severi pastoris egregie Vitam orsus sum scribere, dilecti filii vestri Rainaldi, hujus archisterii subdiaconi, solers exegit instantia, qui nequaquam priscorum tantum libris contentus, ceu regina Saba avidior, ita et hic a vestra eminentia desiderat aliquid novi divinique accipere. Hic nempe dum nostram exiguitatem in diversorio legislatoris fluctuantem reperisset, et cœnobialibus negotiis me irretitum vidisset, agnovissetque quod assidua præceptorum atque tomorum inquisitio nostri pectoris animum (prohiberet) libros scrutari deiloquos, cœpit crebris insistere precibus, quatenus seposito cothurno, ac sedatis cogitationum turbinibus, remotisque mundi fragoribus, ad theologicas inquisitiones accederem, atque Severum ab antiquis intentatum apicibus tradere non recusarem. Tandem utilis labor et ejus dilectio incitavit ut, quod prohibebat litterarum inscitia, tanti viri urgeret inchoare devotio. Nam qui Spiritu Dei aguntur, hi filii Dei sunt, ut ait cathegeta gentium Paulus : quippe qui non sibi tantum, quantum aliis virtute et merito vigilant.

Excellentissimorum vero et clarissimorum virorum facta moresque posteris generationibus tradere, ab ipso, ut ita dicam, mundi est usitatum exordio : omnes enim qui ingenio celeberrimi, virtute eminen- A tissimi, castitate pudici, armis terribiles, et solerti singulares, memoriaque erant insignes, ac sophistica sagacitate sublimes, sine invidia, gratia, ambitione aut odio, antiquorum gesta virorum schedulis tradebant. Quamplures etiam ipsi sua facta narrare, accessionem potius morum, quam arrogantiam autumabant. (TAC., *Agric.*) Unde et Paulus ait : *Quæcunque scripta sunt, ad nostram doctrinam scripta sunt, ut per patientiam et consolationem Scripturarum spem habeamus.* (*Rom.* xv, 4) Patriarchæ quoque Levitici ordinis, Moysi Dominus præcepit, dicens : (*Deut.* xxxi, 26) Scribe *librum istum, et* pone *illum in latere arcæ fœderis, ut sit* in signum et monumentum filiis Israel, ne obliviscantur Domini Dei sui. Et hoc cur ? ut ostenderet tironibus, priscos patres strenue cursum consummasse usque ad calcem, quo instigati B ardentius festinent appropinquare agoni, eorum iter carpere, ac divinis obedire mandatis. Unxit namque Deus Ecclesiæ filios oleo Spiritus sancti, quo ad luctam experti et habiles redderentur. Nam qui luctatur, habet quod speret ; ubi certamen, ibi corona : certat namque in sæculo, coronatur a Christo ; e terra colligitur præmium, in cœlo redditur. Tunc enim prudentia, castitas, justitia, sapientiaque vigebant, cum celeberrimorum virtutes virorum describebantur.

Porro tanti ac talis viri vitam scripturus, veniam nostræ adolescentiæ quærere opus fuit ; quam non petissem, nisi sævam, nefandam, cruentam et infestam historiographis æmulorum vecordiam scissem : nam multoties non solum in ipsos, sed etiam C in libros eorum constat esse sævitum. Sed in hoc eximium patientiæ documentum nostri demonstravere majores, qui nec stultitiæ illorum responderunt, nec ob id ab annalibus describendis cessarunt : quippe qui et aureum patris Desiderii sæculum, virtutes morum, ac excellentissima atque obstupescenda signa Casinensium monachorum elegantissime conscripserunt. Sed de his hactenus. Nunc jam ad Severi retexenda præconia stylus sequens revertatur.

INCIPIT VITA SANCTI SEVERI AB EODEM PETRO.

Casinensis arcis sublimitas tanto olim culmine viguit, ut Romani celsitudo imperii philosophicis D studiis, illam in ævum dicaret. Hanc M. Terentius Varro, omnium Romanorum doctissimus, consideratissimus, acutissimus, et facundissimus incoluit, et proprii juris ditione possedit. Iste igitur tam insignis excellentisque peritiæ tam multa legit, ut aliquid ei scribere vacavisse nobilitas Romana miretur ; tam multa scripsit, quam multa vix legere quisquam possit. Scripsit præterea Antiquitatum libros quadraginta et unum ; et hos in res humanas et divinas divisit : rebus humanis viginti quinque, divinis sexdecim tribuit ; istam in ea divisione secutus rationem, ut rerum humanarum libros senos quatuor partibus daret ; in quibus disputat qui

(76) Intellige Gordiani lucubrationem, quæ exstat in Actis Sanctorum Benedict. I.

agant, ubi agant, quando agant, quid agant. In sex itaque primis de hominibus scripsit; in secundis sex de locis; sex tertios de temporibus; sex quartos eosdemque postremos de rebus absolvit. Quater autem seni, viginti et quatuor sunt. Sed unum singularem qui communiter prius de omnibus loqueretur, in capite posuit. In divinis itidem rebus eadem ab illo divisionis forma servata est. Quantum vero attinet ad ea quæ diis exhibenda sunt ab hominibus, in locis, temporibus, et sacris, hæc quatuor libris complexus est ternis: nam tres priores de hominibus scripsit, sequentes de locis, tertios de temporibus, quartos de sacris: etiam hi qui exhibeant, ubi exhibeant, quando exhibeant, quid exhibeant, subtilissima distinctione commendans. Alios vero tres libros conscripsit extremos, etc.

Hoc in loco mutilavi; loquitur enim de reliquis ejus operibus nimis diffuse (77).

De hoc siquidem Varrone Tullius ait (78): Nos in nostram urbem peregrinantes errantesque, tanquam hospites, tui libri quasi domum reduxerunt, ut possemus aliquando qui et ubi essemus agnoscere. Tu ætatem patriæ, tu descriptiones temporum, tu sacrorum jura, tu sacerdotum, tu domesticam, tu publicam disciplinam, tu sedium, regionum, locorum, tu omnium divinarum humanarumque rerum nomina, genera, officia, causas aperuisti.

Tali igitur auctore talibusque studiis Casinensis civitas antiquitus ab ipso suæ constructionis exordio splenduit ac eminentissime viguit. Tribus namque nominibus olim dicta est, prius Heraclea, deinde Forum vetus, postremo Samnites, orti a Sabinis, eumdem locum a Casca appellavere Casinum: casca enim antiquitus dicebatur vetustior res. Sed cum cœlestis Imperatoris Verbum, virtus et sapientia, Christus censuisset ad veræ sapientiæ gymnasium vertere, duos ei urbi destinat principes per quos orbis fieret speculum, ætheris dignitas, legis latio, æquitatis et religionis norma, via, templum, thronusque piorum. Per hos siquidem ab eodem loco eliminata est perversæ superstitionis cultura, et spirituales nequitiæ imperio herili propulsæ non materialibus aut fulgentibus armis, non diversitate legionum, non rhetoricatis phaleramentis verborum, sed vita, verbo, signis prodigiisque tantum insignes. Sed quia legislatoris vitam plenissime Jesu Christi carbunculus Chrysostomus exaravit Gregorius, summi atque venerandi Severi præsulis eximii Vitam scribere ordiar.

Annorum a vivifici Verbi Incarnatione quadringentesimus primus circulus volvebatur (79), cum Valentinianus tertius felicissimus ac excellentissimus Romani imperii thronum suscepit regendum. Hoc itaque orbis moderante habenas, vir Domini Severus Omnitenentis beneficio donatus Campaniæ, [A] ceu topazius, morum gravitate, vitæ prærogativa, virtutumque jubare coruscus, eo potissimum tempore Casiniensis Ecclesiæ pontifex splenduit, quo æquitas ab injustitia, pietas ab impietate, mansuetudo a severitate, catholicæ et apostolicæ Ecclesiæ status sub nefandissimorum Arianorum, Nestorianorum, Manichæorum, Circumcellionum, Priscillianistarum ac Donatistarum fluctuabat vesania. Hic itaque teneris adhuc constitutus temporibus peritura gaudia mundi toto mentis contemnens conamine, almifico Flamini templum in semetipso construere viribus satagebat omnimodis. Erat enim castitate perspicuus, sanctitate mirabilis, pauperum, viduarum ac orphanorum tutor præcipuus. Unde his aliisque virtutibus luce clarius rutilans, usque [B] adeo charus ac admirabilis habebatur ab omnibus, ut hunc patrem, hunc dominum, hunc, post episcopi transitum, sperarent habere pontificem. Inter cætera enim bonitatis insignia, quæ ei divina largita fuerat gratia, sic fidei, spei charitatisve fuerat munitus virtutibus, ut omnibus facile foret perspicuum quid honoris in se jam Severus portenderet. Tali igitur ordine puerili transacta ætate, ut Pythagoricæ litteræ pervenit ad bivium, qualem quantumve divina favente clementia sese præstiterit, sequentis historiæ declarabit formula. De cætero vero quo pacto, quo ordine ad episcopale fastigium venerit, breviter prælibare aggrediar.

Factum est igitur ut supradictæ civitatis antistes [C] debitum naturæ persolvens ad supernæ beatitudinis patriam remunerandi gratia vocaretur a Domino. Sancta Casinensis Ecclesia, pastoris destituta solatio, viduata remansit. Verum quia sine rectore Christi Ecclesia diutius esse non poterat, famulorum suorum tandem dolens incommodis, consilio ad invicem habito, beatissimum Christi famulum Severum omnes unanimiter elegerunt antistitem. Quod cum vir Domini humilitatis gratia nollet suscipere, aiebat: « Non perspicio, dilectissimi fratres, his me virtutibus adornatum, quibus divina clementia florere hortatur episcopum. » Econtra illi, ardore succensi deifico, talibus eum adoriuntur sermonibus: « Christum pro certo nunc, Pater, contemnis, ejus cum oves pascere renuis: in illo nempe tunc reus eris examine, [D] cum argueris de abscondito munere: conversatio namque illorum qui vitam sub silentio transeunt, etsi prodest exemplo, plus tamen obest silentio. Ideo tibi divini verbi semina Rex omnium dedit, ut indigentibus impertires. Unde et Apostolus ait: *Prædica verbum, insta opportune, importune; argue, obsecra, increpa, in omni patientia et doctrina* (*II Tim.* IV, 2). » Severus autem pastor his convictus sermonibus ulterius non audet respuere, quod ad communem præcipitur subire salutem. Dilectionis Dei et proximi amictus virtutibus, gratia Regis

(77) *Nemo putet ereptam nobis in hac lacuna (quam fecit amanuensis) notitiam operum Varronianorum. Etenim Petrus diaconus nihil aliud dicturus erat, quam quod est apud Augustinum De civ. Dei lib.* VI, 3.

(78) *Apud Augustinum op. cit.* VI, 2.

(79) *Imo vero Valentinianus tertius imperium adiit anno Christi* 424.

æterni favente, sublimatur honore sacerdotii. Ordinatus autem episcopus, tanto sollicitius super grege sibi commisso curam gerebat, quanto super omnes exaltatum se esse noverat. Non enim ignorabat, in futuro terribilis illius diei examine pro ovibus sibi creditis se redditurum Domino rationem. Igitur omnibus dulcis, omnibus benignus et mitis, pluribus acer aliquando atque tranquillus aderat.

Eodem vero tempore apud Constantinopolim pestilentissimus et ultra omnes hæreticos impiissimus surrexit falsus patriarcha Nestorius, pelago falsitatis demersus, minister diaboli, vas totius perversitatis et nequitiæ, inauditæ temeritatis et superstitionis inventor; qui in tantam una cum scelestissimo Eutyche prorumpere est ausus stultitiam, ut affirmaret Deum Verbum incarnatum non esse, et sanctam B ac gloriosam virginem, Dei genitricem Mariam, Deum non genuisse, sed tantum hominem. Ex hac vero radice pestilentissima nefandissimi surrexere hæretici Acacius, Petrus Alexandrinus, ac perversus Dioscorus, quos nunquam ad matris Ecclesiæ gremium Romani valuerunt revocare pontifices; sed deteriora in dies agentes, per totum Orientem Christi sciderunt Ecclesiam. Cunctis enim orbis terræ sacerdotibus Chalcedonensem synodum recipientibus, isti sibilo veternosi serpentis infecti, injuriis appetebant. Verum orientalium aliqui munimine divino circumdati, cum obscenorum serpentium fœtorem non possent exstinguere, ultimum omnium insedit consilium ut a Romanæ sedis pontifice de- C fensionis exspectarent præsidium. Nam hi qui in nova Roma ac per Orientem morabantur, ad seniorem Romam venientes, deprecati sunt Felicem Romanum pontificem, ut tantis malis finem dignaretur imponere. Inter quos et Joannes, patriarcha Alexandrinus, eadem dicens Romam venit. Felix autem, sanctissimus pontifex, synodo in ecclesia Beati Petri apostolorum principis facta, duos episcopos et Ecclesiæ defensorem Constantinopolim misit, scribens Acacio ut ad matris Ecclesiæ gremium rediret. Qui dum Constantinopolim pervenissent, Acacii voluntate retenti, litterisque ablatis, in carcerem trusi sunt: comminansque se interficere illos, nisi sibi communicarent, suppliciis diversis affecit. Statuto autem die, Acacius scelestissimus hæreticorum ad se colle- D gium convocans, muneribusque apostolicæ sedis apocrisiarios decipiens, sibi communicare coegit; quanquam e contra contestarentur et repugnarent orthodoxi episcopi qui tunc aderant; ex quibus nonnulli apud Constantinopolim persecutionem gravissimam pertulerunt: sublatisque chartis, primum quidem *protestationis libellum*, hamo circumponentes funem, *uni ex legatis suspenderunt* (80); secundum in librum immiserunt; tertium vero in cophinum olerum imposuerunt.

Felix autem sanctissimus papa, compertis quæ ab apocrisiariis gesta sunt, deposuit eos, synodaleque A episcoporum celebrare concilium statuit. Confluit itaque ex omni fere Italia Romam sacerdotale collegium: advenit illuc et sanctissimus Severus, Casinensis episcopus. Residente vero in ecclesia Petri apostoli eodem sanctissimo papa, facta est synodus in urbe Roma, in qua interfuerunt una cum sancto Severo episcopi sexaginta et septem. Ibi namque Spiritus sancti gladio confodere et damnavere Nestorium, Eutychen, Acacium, Dioscorum, Petrum Antiochenum, ac Joannem sceleratissimum patriarcham Alexandrinum: facientesque exemplaria, per Orientem et Occidentem per manus orthodoxorum fidelium disseminaverunt. Ad clerum autem et populum Constantinopolitanum de hac re epistolam direxerunt. Pari etiam modo Acacio depositionis et excommunicationis epistolam transmisere. Cumque hi qui apostolicos apices deferebant Constantinopolim advenissent, pervenere ad monasterium Dii. Monachi vero Dii Dominico die in sacrario porrexerunt epistolam Acacio. Ast hi qui erant ex parte Acacii occiderunt quosdam ex monachis qui epistolam dederant, quosdam autem carceris ergastulo tradiderunt. Acacius vero scelestissimus, patrem suum diabolum imitans, deteriora in dies agebat. Sed non in longum vigilans super eum advenit judicium Dei: post duos enim menses a depositione sua præsentem simul et futuram vitam amisit.

Severus autem pastor almificus de virtute in virtutem succrescens, gregem sibi creditum ad altiora tendere admonebat: alios quidem bonis operibus insudantes confortabat, negligentes ad potiora agenda convertebat, immunda mundabat, arida irrigabat, et noxia quæque radicitus evellebat. Igitur coluber veternosus cernens sibi perire quos ad Dominum quotidie constabat redire, novas quotidie adversus Ecclesiam pugnas movere non desinebat. Eodem vero tempore pestilentisima doctrina Arianorum, Manichæorum, Circumcellionum, Priscillianistarum, ac Donatistarum Africanam fœdabat Ecclesiam. In tantum enim rabies eorum corda Afrorum maculavit, ut episcopi, presbyteri, diaconi ac monachi, rebaptizarentur. Ob quam rem Victor Carthaginiensis archiepiscopus Romam adveniens, quæ in Africa evenerant, cum Donato, Rustico et Pardulio episcopis, Felici papæ notificare curavit. Tunc sanctissimus Felix mittens congregavit in urbe Roma episcopos septuaginta novem, et fecit synodum in basilica Constantiniana, in qua constituit ut episcopi, presbyteri ac diaconi, qui rebaptizati sunt, ad mortem usque in pœnitentia maneant, et in mortis articulo reconcilientur: monachos vero, clericos atque laicos utriusque sexus, triennio in pœnitentia manere, et sic demum ad societatem sacramenti recipi, et nunquam ad ecclesiam permittantur accedere. Vir autem Domini Severus ab eadem synodo ad Casinatem reversus Ecclesiam, tantis misericordiæ cœpit vacare operibus, tantumque dapsilis in largiendis

(80) Hæc ego supplementa ex Theophane apud Pagium sumo, in Baron. Critic. ad an. Chr. 484.

eleemosynis cœpit existere, ut libere jam cum beato Job dicere posset: ab infantia crevit mecum miseratio. Quis enim pauperum Severi non substentatus est ope? vel quis proprio destitutus auxilio, Severi non est expertus suffragium? Faciebat siquidem juxta Domini præceptum sibi amicos de mammona iniquitatis, qui eum reciperent in æterna tabernacula; ad quæ ambulare cupiens, dicebat: *Quam amabilia sunt tabernacula tua, Domine virtutum! concupiscit et deficit anima mea in* atriis tuis (*Psal.* LXXXIII, 3).

Expleto vero sui temporis cursu laudabili, cum jam terminum vitæ sibi imminere cognovisset, suos ad se clericos evocans ait: « Ego, ut cernitis, amantissimi filii, patrum gradior viam, illudque mihi jam libet decantare apostolicum, *Bonum certamen certavi, cursum consummavi, fidem servavi* (*I Tim.* IV, 7), jamque *dissolvi* cupio *et esse cum Christo* (*Philip.* I, 23). Quapropter sermonum meorum verba ad mentem reducite, Christum amate, pacem et charitatem toto ex corde diligite, mundi hujus caduca calcate. Lubrica et vanissima sunt cuncta quæ in hoc mundo speciosa et delectabilia videntur, fallacique voluptate genus humanum illaqueant; cum labore possidentur, cum invidia conspiciuntur; omnes faciunt suspectos, omnes pavidos, omnes in voraginem ignis æterni demergere conantur, et pro exigui temporis felicitate, perpetuam inducunt calamitatem. Parva sunt quæ hominibus necessaria sunt, quæ vobis sufficere possunt. Carnis petulantiam, per quam Deus a mente excluditur, fugite; avaritiam dimittite, superbiæ resistite, malitiam debellate, iram vincere festinate, vaniloquia respuite, misericordiam et judicium diligite, a viis diaboli et hæreticorum versutiis, quæ non ducunt ad vitam sed ad mortem, non ad cœlestia regna, sed ad tartara sæva, cor vestrum avertite. Nullus vos decipiat: secundum facta vestra judicabimini: unum ex his duobus habebitis, aut pœnam aut gloriam sempiternam. Christum ad dexteram Patris sedentem aspicite, Christi præcepta servate, Christi regnum diligite; illuc intendite, illuc oculos cordis dirigite, illuc animum vestrum mentemque attollite; retrorsum nolite respicere; conditionis vestræ dignitatem servate; ut Deum valeatis agnoscere, vosmetipsos prius aspicite; quales ad æterni Imperatoris conspectum veniatis, perpendite; illam gloriam corde et animo concupiscite quæ æterna est, ubi cuncta tranquilla, ubi quieta, ubi lux, ubi decus, ubi splendor, ipse Deus est, ubi nulla nox, nullæ tenebræ, nulla miseria, sed gaudia felicitate sunt plena. »

Hæc et his similia sanctissimus Severus episcopus suos clericos alloquens, postquam sanctissime ac gloriosissime sanctam Casinatem rexit Ecclesiam, reddens terrea terræ, feliciter migravit ad Dominum tertio decimo Kal. Augusti. Plebs autem se tanto cernens destitutam esse pastore, cum hymnis et laudibus ejus sacratissimum corpus tollens, in eodem Casinensi castro honorifice sepelierunt; ubi multa mirabilia Dominum Jesum Christum, meritis ejus intervenientibus, operari nullus ambigat usque in hodiernum diem. Claruit vero beatissimus Severus episcopus temporibus Valentiniani tertii, Martiani, Leonis, ac Zenonis, imperatorum; Romanorum autem pontificum, Leonis, Hilarii, Simplicii, et tertii Felicis.

Quodam vero tempore cum quædam mulier, Alserada nomine, in civitate Aquinensi gravissimo oculorum dolore laboraret, cœpit omni nisu archiatrorum frequentare suffragia: sed quanto plus carnalia mortalium juvamina oculis suis exhibebat, tanto amplius languor convalescebat. Cumque jam carnalis lux ab ea funditus esset ablata, illum secum psalmigraphi vatis tractans versiculum, *invoca me in die tribulationis* tuæ (*Psal.* XLIX, 15), eripiam te, et magnificabis me (*Psal.* XC, 15), cœpit intra se omnipotentis Dei clementiam magnificare, dicens: Domine, Deus omnipotens, qui in luce incomprehensibili permanes, qui sedentes in tenebris et umbra mortis, Filii tui Domini nostri Jesu Christi pretioso sanguine illuminasti, suppliciter tuam exoro clementiam, ut mihi miserrimæ lumen reddere digneris, quod culpis meis exigentibus perdidi; ut tuum laudare, glorificare, benedicere valeam nomen nunc et in æternum. Cumque hæc in corde suo tacite volveret, sanctissimus Severus ei apparens dixit: « Quæ res, o mulier, te ad tantam duxit mœstitiam? » Cui illa: « En tu cernis, domine, peccatis meis exigentibus, solis lucicomum jubar, quem Deus ad orbem illuminandum creavit, cernere nullatenus possum. » Ad quam sanctus Severus episcopus ait: « Vis sana fieri? » Cui mulier: « volo et vehementer exposco. » Et Severus sanctus: « Vade ad ecclesiam meam, quæ in monte Casino constructa est, et ibi te sanitati restituam. » Mulier vero hæc audiens ait: « Quo nomine, Pater sanctissime, vocaris? » Cui sanctus Severus episcopus respondit, omni ambiguitate seposita: « Noveris me esse Severum, Casinensem episcopum. » Et his dictis, disparuit. Mulier autem virum suum evocans ait: « Cæcitatem oculorum, quæ nunc usque nostrum enormiter texit corpusculum, nunc abjicere possum, si nostris faveris votis nostræque voluntati non repugnaveris. » Et vir: « Quidquid dixeris, faciam, tuæque in omnibus voluntati obtemperabo: tantum ut quo ordine hæc ad tuam notitiam venerint, ocius et sub omni velocitate depromas. » Tum illa: « Dum pro dolore oculorum Dei flagitarem clementiam, ecce quidam vir astitit, qui se Severum, Casinensem episcopum, esse commemorans, præcepit ut, si lumen recipere vellem, ecclesiam suam, quæ in Casino monte constructa est, omni sub festinatione adirem. » Vir autem ejus ex ore conjugis talia cum verba audisset, benedixit Dominum, statimque cum uxore consurgens ad montem Casinum pergere cœpit. Sanctissimus autem Severus mulieris fidem ac devotionem advertens, non in longum passus est ejus sanitatem protelari. Antequam enim ad ejusdem confessoris propinquaret ecclesiam, lumen recepit. Quod vir ejus advertens, glorificare cœpit et benedicere Dominum, qui tale ac tantum per beatissimum Severum episcopum in uxore sua dignatus est operari miraculum. Cumque ad ejusdem pontificis ecclesiam pervenisset, quæ sibi Dominus per sanctum Severum episcopum præstiterat, palam omnibus enarrabat. Vota quoque Domino gratiarum pro sui corporis sanitate inibi mulier reddens, domum reversa est laudans et benedicens Jesum; cui est cum Patre et Flamine sancto una deitas, una majestas, par gloria, virtus, potestas, et magnificentia nunc et semper et in æterna sæculorum sæcula. Amen.

XVI. VALENTINIANUS, Patris Benedicti discipulus, nobilis carne, sed nobilior spiritu, post sanctissimum Benedictum quintus in Lateranensi cœnobio, quod Bonitus abbas decessor suus ex concessione Pelagii papæ construxerat, primus ibidem Casinensem congregationem rexit. Ibidem sepultus quievit.

XVII. THEODORUS, post Valentinianum tertius ibidem abbas effectus, vita sanctitateque præclarus ibidem quievit.

XVIII. GREGORIUS et ipse Patris Benedicti discipulus sanctitate perspicuus, in monasterio Sancti Stephani apud Terracinam et vixit et obiit.

XIX. SPECIOSUS, hujus Gregorii germanus, nobilis carne, exterioribusque una cum fratre suo studiis eruditus, a beato Benedicto una cum fratre suo (ut sanctus refert in quarto Dialogorum libro Gregorius) monachus factus, atque ab eo monasterium Sancti Stephani juxta Terracinam est ad habitandum directus. Qui multas una cum fratre pecunias in hoc mundo possedit, sed cuncta pauperibus pro animarum suarum redemptione largiti sunt, et in eodem monasterio permanserunt. Speciosus autem dum pro utilitate monasterii Capuanam ad urbem missus fuisset, die quadam frater ejus Gregorius cum fratribus ad mensam sedens atque convescens, per spiritum sublevatus aspexit et vidit Speciosi germani sui animam tam longe a se positi de corpore exire: quod mox fratribus indicavit, atque festinans cucurrit, jamque eumdem fratrem suum sepultum reperit: quem tamen ea hora qua viderat de corpore invenit exisse. In quo miraculo Gregorius beatissimo Benedicto magistro suo similis fuit, qui Scholasticæ sororis suæ animam cœli alta petentem aspexit.

XX. PAULINUS, Patris Benedicti discipulus, vita religioneque perspicuus in Casino usque ad suum obitum est conversatus. Sepultus vero est ibi in ipso loco, ubi postea ecclesia Sancti Stephani constructa est. Hujus igitur corpus, Oderisii abbatis in tempore, cum inventum fuisset, dæmoniacus quidam ibidem veniens sanatus est. Tunc abbas cum fratribus sancti Paulini corpus elevans, in muro ecclesiæ Sancti Andreæ apostoli reverenter locavit.

XXI. AUGUSTINUS, beati Benedicti discipulus, sanctitate probatus, ibidem in Casino conversatus est, atque juxta corpus sancti Paulini cum aliis duobus sepultus. Sed cum sanctorum corpora inventa fuissent, dæmoniacus quidam ibidem veniens clamare cœpit dicens: « Paulinus et Augustinus, discipuli Benedicti, cum duobus sociis suis me ejiciunt. » Hæc dum crebro per os illius diabolus diceret, cum sanguine immundus spiritus egressus est. Oderisius autem abbas sanctorum corpora inde elevans, cum corpore beati Paulini, juxta ecclesiam Sancti Andreæ apostoli sepelivit.

XXII. PETRONAX, Casinensis abbas, dum causa salutis Hierosolymam pergere vellet, a Zacharia papa monitus Casinum advenit, eumdemque locum restaurans, usque ad finem vitæ sanctissime et religiosissime ibi conversatus est.

XXIII. CAROLUS, rex Francorum ac patricius Romanorum, casinum veniens, deposito diademate capitis ac purpura, monachus factus est, ibique cum omni humilitate sedulum fratribus exhibebat servitium: et qui ante purpuratus contextisque vestibus ex auro ac gemmis incedebat, post vili tectus tegmine pauper ipse pauperibus ministrabat: erat enim humilitate summus, innocentia magnus. Abbas vero, ut experimento ejus cordis arcana cognosceret, paucas oves ei ad pascendum tradidit: cumque ad pastum per multos dies illas duceret ac reduceret, quadam die incidit in latronem: qui cum super eum irruisset, sanctus Carolus dixit: « Fac quod vis; tantum ne oves mihi commissas tollere quæras. » Latro autem Carolum sanctum sine mora funditus exspoliavit. Carolus vero sui corporis nuditatem non ferens, super latronem irruit, eumque in terram protinus stravit et femoralia abstulit, cætera vero vestimenta ei reliquit. Igitur cum Casinum cum ovibus venisset Carolus nudus, abbatique rem quæ acciderat indicasset, increpare eum abbas vehementissime cœpit; cum Carolus nihil aliud, nisi se peccasse, responderet. Jubetur ergo vestiri, et ad obedientiam remitti. Quadam vero die dum ad monasterium cum ovibus redire satageret, una eorum claudicare ægerrime cœpit. Videns igitur Carolus se ad monasterium non posse reverti, ovem in humeris suis imponens, eam usque ad Casinense cœnobium reduxit. Sed antequam rediret, perfundi eum ovis lotio contigit: quam rem Carolus adeo patientissime tulit, ut nec oviculam ob hoc de collo deposuerit, aut alicui ex hoc verbum aliquod dixerit. Quod cum abbati ab his qui viderant nuntiatum fuisset, vereque Dei Spiritum in eo esse perpendens, præcepit eum ab obedientia quiescere, atque juxta quod sciret hortum excolere. Demum vero ad fratrem suum Pipinum in Franciam missus, ibidem defunctus est: cujus corpus frater ejus Pipinus in locello aureo gemmatoque recondens ad monasterium Casinense remisit. Ibi juxta corpus beati Benedicti sepultus est.

XXIV. RADCHIS, rex Longobardorum, cum uxore et filia Casinum adveniens, deposito diademate ac purpura, una cum filiis suis monachus factus est. Exstat usque in hodiernum vinea satis monasterio vicina, quam idem rex plantavit, quæ usque nunc ex nomine ejus appellatur. Uxor vero ejus et filia de propriis sumptibus monasterium in Plumbarola construentes, sub districta satis vita ibidem diem clauserunt extremum.

XXV. PAULUS, diaconus et Casinensis monachus, innocentiæ, humilitati silentioque ultra humanum modum operam dabat; ibique usque ad finem vitæ ardue satis ac districtissime vixit. Sepultus vero est in Casino ante capitulum.

XXVI. PROLOGUS PETRI DIACONI CASINENSIS IN VITAM SANCTI APOLLINARIS ABBATIS.

Reverendissimo academicisque floribus adornato RAINALDO Casinensis cœnobii condiacono, PETRUS ultimus ejusdem cœnobii filius, bravium perennis victoriæ.

Enixius admiranda omnibusque laudibus virorum sollicitudo est attollenda sanctorum, qui perituri mundi exagitari quatique dum videntur quisquiliis, nec prosperis cupiunt extolli, nec adversitatibus frangi verentur; et ad immutabilis fastigii sceptra anhelantes, æternæque victoriæ lauream præstolantes, non inter illos quorum Deus venter est, sed inter summi Imperatoris milites æqua ascribendi sunt lance. In quorum ostreata turma sophorum te, frater, videns verende locatum, in augmentum fidei laudemque Jesu Christi novis expositionibus, ceu alter pacificus, novum Opifici celso conaris construere templum. Ob quam vel maxime rem sensus parvitatem exiguam mei dignatus es impellere, ac post mei reversionem perpetuam Casini montis ad arcem, e qua per tempus, tempora et dimidium temporis absens fueram (81), otioso, inerti lethargicoque somno sopitum evigilare, proculque noxium silentii somnum pellere, Apollinaris exarare Vitam eximii, crebris postulationibus assiduisque exhortationibus flagitare non desinis; illud deiloquum ante mentis obtutum sæpius replicas reducensque præceptum, qui non doxologice sed simpliciter in tetro horrore labyrintheoque antro degentes, ad splendidissimi luminis gratiam reducens agalma, illos in ævum beavit. Postulationibus itaque, frater charissime, vestris neque cupiens reniti nec valens, flaccigenus incedebam et anceps. Igitur cum marinis fluctuarem in scopulis, tetroque horrore quaterentur nostri corporis ima, diu haud passus oriens omnem qui illuminat mundum me noxiis latere in tenebris, illud divinum nostro in corde revocavit oraculum : *Si quis indiget sapientia, postulet a Deo, et dabit ei* (*Jac.* I, 5). Et rursum : *Omne datum optimum et omne donum perfectum desursum est descendens a Patre luminum* (*ibid.*, 17). Ergo principium lucis æternæque sapientiæ fontem et originem Jesum Christum Filium Dei invocantes, per quem accessum habemus ad principalem ac vivificum indeficiensque lumen in uno sancto Spiritu; et respicientes inconvulsibilem doxologicorum auctorem, servi miracula sui prout ipse mundi plastes, sator et altor, largiflua dare dignatus fuerit clementia sua, enucleatius exarare curabo.

Quod si et nunc amici mei, qui me in tantum diligunt, ut sine me hæretici esse non possint, corrodere laniareque quieverint, et me insulsum insipientemque ad scribendum censuerint, androgynique effecti prostibula dæmonum ac mortis pabulum magis susurrando facti fuerint, vasti censoris examini illos relinquere quam respondere fore censui æquum : præsertim cum in supremo audituri sint examinis die : *discedite a me*, operarii iniquitatis, non *novi vos* (*Matth.* VII, 23). Enixius autem flagito omnes qui huic operi ornati inspectores accesserint, indoli ut dent veniam meæ, fluctuantemque inter larvales ponti hiulcos, atlanticorumque gramina, anguis sub quæ gelidus jacet, carpenti, cœlestis civitatis reducant ad portum. Mei vero sermonis auctor et signifer Jesus sit Rex omnipotens Christus, per quem et in quo et a quo sophiæ principium constat. Tu vero in Christo, charissime frater, et nimium nimiumque ab ipsis ut ita dicam crepundiis indissolubili mihi conglutinate amore, secundum superexcellentem et supereminentem Regis tubam eximii, quæ nobis omni creaturæ prædicare Evangelium præcepit, æternaque agalmata ob hujusce mysterium rei se daturum spopondit, opusculum istud a me simpliciter exaratum tua renitenti ancipitique elimare rompha ne pigeat : et secundum traditum tibi acumen scientiæ, infandum obstrue porcorum rugitum, larvalis pardi qui signum sequentes, et cynicorum cœnosa lucra amplecti gliscentes, adversum æterni Imperatoris margaritum inconfusum lucidissimumque, Casinensis cœnobii gymnasium grunniunt. Sed his suo cum principe larvalibus ad damnandum regis relinquens, æternumque Flamen citharistæ plectrum qui implevit, sæpissime invocans, Apollinaris hierarchæ eximii, rhinocerotis fregit qui cornua sævi, aggrediar exarare, prout Rex regum donaverit, vitam.

INCIPIT VITA.

Igitur postquam millies ille felix laureatus pollicisque infulis adornatus per viam palliis stratam lampadibusque coruscam ad cœlestis Imperatoris thronum pervenit, in Casinensi archisterio, quod idem sanctissimus Pater juxta Tonantis oraculum super fidei petram ædificaverat, quod etiam sua corporali requie regulæque descriptione caput et verticem omnium cœnobiorum statuerat, plurimi post ejus felicem ad Christi regna ascensum exstitere sanctissimi viri, qui adversus mundi principem superno freti juvamine decertantes, infatigabili fidei animo ejus protervam calcaverunt, et vita doctrinaque ad superni regis servitium præcordia suorum incitantes auditorum, apostolicis et antiquis per

(81) De exsilio Petri Diaconi legesis additamenta ad ejus libellum De viris ill. Casin. cap. 47, itemque epistolam Ptolomæi consulis Romanorum (de quo noster p. 247) in adnotationibus ad librum IV Chronici Casinensis apud Murator., SS. RR. II, t. IV, p. 483.

omnia coæquandis fulsere miraculis. E quorum sacratissimo et supra modum renitenti collegio, ceu lucifer in æthereo axe, ita vita miraculisque in eodem cœnobio splendens, temporibus Caroli et Nicephori imperatorum sanctissimus Apollinaris refulsit abbas magnificus. Hic igitur juxta illud apostolicum, ante mundi constitutionem ab omnipotenti Deo cum esset electus, tantæ sanctitatis tantæque religionis exstitit, ut ejus honestatis ac vitæ continentia, morum gravitatis longe lateque fama volitans plurimos ad superni Imperatoris servitutem attraheret. Cum autem intra annos pueritiæ versaretur, ab his qui eum unico diligebant affectu, apicibus erudiendus litterarum cathegetis est traditus. Qui dum in coævorum incederet turma, non, ut illa agere tunc assolet ætas, lanuginecis studebat in rebus: puer namque erat, prout ætas exigebat, sed gravitate, modestia, incessu senex existebat. Ast ubi superni Regis cauterio habilis est judicatus, ad ecclesiastici stemmatis ordinem adsciscitur clericalique tonsura notatur. Qui in eodem gradu dum esset, ardua altioraque et quæ aliis impossibilia videbantur, appetere non desinebat. Hujus animum cum sui perspexissent parentes, una cum eo Casinum adeuntes, Opifici summo Patrique eum obtulere Benedicto. Puer autem Domini cum pubescentes pervenisset ad annos, cœpit dare operam orationi lectionique, et in quantum ei sui permittebat licentia patris, arduum sumere institutum non cessabat. Gisulphus vero, ejusdem cœnobii abbas, ejusdem adolescentis animum ubi perspexit super fidei petram esse fundatum, et ad cœleste bravium anhelantem, levitica eum dehinc sacerdotii dignitate ordinari fecit. Ordinatus autem cœpit vir beatissimus omni conatu de virtute in virtutem succrescere.

Jam vero qualiter Casinensis archisterii thronum regendum susceptit, prælibare paucis aggrediar. Gisulpho igitur abbate vita decedente ut Apollinarem virum sanctissimum incessu habituque conspicuum, cujus concordaret cum regimine vita, in Patrem eligerent, Benedictoque legislatori vicarium ponerent, uno omnibus voto, uno animo, imoque inspiravere consensu. Quem culminis gradum vir Domini Apollinaris gravissimum atque citra modum arduum esse perspiciens, humilitatisque callem, in qua cunctarum perfectio constat virtutum, humilitatis discipulus tenens, tanto indignum se clamitabat honore. Fratres autem cum dignum esse ut tanto gymnasio præponeretur judicantes, ac ut Benedicti legislatoris thronum acciperet cœlestisque theoriæ cathegeta hierarchaque existeret, ac ut fidelis servus sibi credita a summi Regis Filio cum augmentationis lucro reportaret talenta, Patris Benedicti ex parte præcipiunt. Vir autem Domini omnipotentis super hoc voluntatem advertens, regiminis gradum accipere ulterius non recusavit. Ast ubi in tanto gymnasio legislatoris Apollinaris thronum Pater suscepit, qualis quantusve fuerit retexere quis doctor valebit? Vere, ut fatear, cunctorum Plato sophistarum princeps, si acheruntinis a faucibus, in quibus cruciatur, lethalibus rogis exsurgeret, Romanorumque synergus, M. Terentius Varro, plectro suo Latinos omnes qui vicit, superius redderetur, tanti talisque Patris Vitam scribendam ab illis non videretur indignum. Ut enim cuncta brevi sermone percurram, Benedicti Patris sanctissimi erat vicarius nomine, erat et opere. Diffundebatur præterea sanctitatis ejus opinio per universam fere Italiam, multique jam mundum relinquere, et sub ejus institui doctrina exoptabant. Cerneres in altero Sinai monte, Novi Testamenti signifer Moyses cœlestia populis in quo jura dictavit, tanto cœlestem chorum conversari sub Patre; in terra quidam degentes, sed Spiritus sancti summi Regis in præsentia stantes. Felicem se tunc quisque putabat, qui vel in tanto cœnobio vivere, vel suas res ibidem dare quivisset.

Quadam autem die, vir Domini, sanctus Apollinaris, quia res ita exigebat, ad Casinensis cœnobii possessiones est egressus; cumque ad Lirim fluvium pervenisset, ad eum qui cum eo venerat proloquens, ait: « Fluvii littora nunc, charissime, deambula, fili, et sicubi navem inveneris qua fluvium transvadere queamus, ad me perniciter repedans, nuntiare studeto. » Ille autem obtemperans quod sibi injunctum fuerat sine mora facessit. Ast ubi universa fluvii littora perlustravit, ad sanctum tandem Apollinarem sine effectu reversus est. Cumque venisset ad eum, interrogatus si præcepta ejus implesset, respondit: « Universa jam, Pater sanctissime, fluvii littora peragrans deambulavi, navemque invenire non potui. » Apollinaris ad hæc, signifer Tonantis eximius, quid ageret, quo se conferret, quodve consilium sumeret, ignorabat. Tandem ubi vidit sibi subsidium frustratum terrenum, ad ejus se convertit adminiculum qui ait: *Petite, et accipietis: quærite, et invenietis* (*Matth.* VII, 7), etc. Sanctus itaque Domini Apollinaris navem qua fluvium transvaderet sibi deesse ut vidit, igne Flaminis almi qui non comburit sed illuminat ardens, ad fluvii oram fide plenus accedens, salutarique crucis se signaculo muniens, indutus calciatusque in fluvium intravit, atque super aquas deambulans, ad citeriorem fluminis partem, principis apostolorum exemplo, pedibus est siccis advectus, ut non super aquas ambulasse, sed super aridam terram crederetur. Celsus es, Christe; ingens virtus tua, novum qui Petrum in Casinensi cœnobio dedisti, ac Benedicto legislatori vicarium posuisti! Juxta vero eumdem fluvium præsentes qui aderant, videntes sanctum Apollinarem super aquas ambulare, conturbati et conterriti, putantesque larvali præstigio deludi, labaro Regis immensi se munire satagunt. Tanto itaque stupefacti miraculo ad Liris fluenta mittentes, quis vel unde esset qui super aquas pedibus ambulasset, quove nomine vocaretur, perniciter addiscere satagunt. Nuntius vero illorum, fluvii dum pervenisset ad ripam, sanctumque Apollinarem esse cognovisset, gaudio gestiens ad socios velox repedare curavit: a quo cum seriatim socii cuncta didicissent, perculsi prodigio tanto, palmasque ad sidera tollentes, celsi clementiam Regis laudare cœperunt, et quantocius sanctum virum adeunt. Ast ubi ad eum venere, solo prostrati, ut pro illis Pater sanctissimus Deo cuncta regenti preces funderet, flagitare cœperunt. Quos vir Domini e terra elevans, ut die ac nocte summi in jura Satoris meditarentur commonuit, benedictioneque sua illos remunerans, repedare ad propria fecit. Interea volitat fama hæc per rura, per urbes, felicemque nimis sese tunc quisque putabat, si vel videre vel benedictionem ejus accipere potuisset. Tanti igitur Patris miraculum ab his qui viderant in Casinensi cœnobio fratribus cum nuntiatum fuisset, et qualiter quove loco evenisset ordine diligentius inquisissent, cunctipotenti Opifici grates ferre cœperunt dicentes: « Gratias tibi agimus, mortalium vita salusque, qui Casinense cœnobium tanta sublimasti gloria, ut in speciali famulo tuo Apollinare te tota per orbem magnificet Ecclesia. » Sanctus autem Domini, expletis his pro quibus ierat, Casinum cum reversus fuisset, in magna ex tunc veneratione a fratribus cœpit haberi. Apollinaris vero Pater venerandus de virtute in virtutem succrescens, non in gloriam ob hoc est elatus humanam.

Dum igitur ejus fama virtutum longe lateque cunctorum spargeretur per ora, Radelchis Compsanus comes, qui, interfecto Grimoald, Siconem in principem substituerat, ejus virtutum famam audiens, et noxium se cruore domini sui quem interfecerat esse perpendens, cœpit intra se hæc tacitus volvere: « Væ mihi infelici qui excessi enormiter! quid agam? quodve consilium sumam? deliqui graviter qui dominum meum vita privavi. Accelera, festina, curre pro te, miser, dat tibi dum Sol justitiæ lucem. » Hæc et plura dum intra se tacitus volveret, ut ad Apollinarem Patrem visendum ad Casinense archisterium pergeret, animo deliberat suo; cumque ad eumdem locum festinus venisset, sanctissimi Apollinaris obtutibus, prout optaverat, præsentatus est: quem cum vidisset, ejus vestigiis obvolvitur; ad quem vir Dei ut surgeret cum præcepisset, cur venire ad Casinense gymnasium tantus vir voluisset, inquirit. Comes autem secretum expetens locum, rem propter quam venerat pandit: quem vir Dei taliter alloquitur: « Non, fili, enormitas tuorum peccatorum te in desperationem adducat; nam idem mediator Dei et hominum homo Christus Jesus ad suos discipulos ait: *Non veni vocare justos, sed peccatores* (*Matth.* IX, 13). Et iterum: *Dico vobis*, magnum *gaudium* est angelis Dei *super uno peccatore pœnitentiam agente, quam supra nonaginta novem justos qui non indigent pœnitentia* (*Matth.* XV, 8). Hæc et plurima consolationis et vitæ æternæ verba cum Radelchis percepisset, respondit: A te, Pater, prolata famina nostri perforarunt præcordia pectoris ima: unde omnipotentem enixius flagito Deum,

A ut qui mihi tribuit velle, donet et posse; sanctoque Patri se commendans Compsanam redit ad urbem.

Hi autem quorum hæc consulto peregerat comes, eum rediisse perspicientes, quid in Casino viderit sollicitius eum interrogare cœperunt. Tunc comes ad hæc: « Vidi plane, ut verum fatear, Casini montis in vertice cœlestem in terra chorum degentem, ac cœlestium more spirituum horis pene omnibus atque momentis Sabaoth cœlestia super sceptra regnantem laudantes; quibus vivere Christus est, et mori lucrum. Et quid ego vobis de eorum refero vita? Illos plane Jesus Christus Dominus noster elegit ante mundi constitutionem, ut essent sancti et immaculati in conspectu ejus. Nempe mihi sophistarum si suppeditaret facundia, ad Casinensium

B narranda præconia fratrum non usquequaque sufficeret. Illius namque montis in vertice Jesus Christus, Rex regum æternus templum sibi construxit. » Hæc dum comes dixisset, reminiscens ea quæ sibi Apollinaris in Casino abbas sanctissimus dixerat, mundi nænias quisquiliasque contemnens, veternosique chelydri versutias, celsi Regis fretus munimine, calcans, fluxamque rerum copiam spernens, cervice tenus ferrea ligatus catena, Casinense cœnobium flens et ejulans adiit, Apollinaremque sanctum conveniens, poplitem obtutumque ad arva defocans, sic ei orsus est fari: « Miserere mei, Pater sanctissime, recipe pœnitentem et languidum, stygiaque sub lympha depressum Benedicti cauterio ure: nam *non est opus* sanis *medicus, sed male habentibus* (*Matth.*

C IX, 12); suscipe innoxii cruoris fusorem, reduc ad caulas ovem errantem, hydrumque larvalem sequentem, pastor honestissime. Ob id nempe te cunctorum salus, decus et gloria celsa mortalibus archiatrum dedit, ut petulantes et lascivos ad viam salutis reduceres: libera perditum; per cunctorum Regem te obtestor immensum. » Tanti autem viri humilitatem Apollinaris aspiciens Pater, cum Deum laudasset multaque perorasset, professionis sanctæ propositum eidem comiti tradidit. Qualis vero quantusque Racheldis idem postea fuerit, vel quam strenue Opifici summo placuerit, ex diaboli verbis datur intelligi: nam per multum temporis spatium cunctis audientibus flens et ejulans idem nequissimus draco

D per Casinensis cœnobii claustrum diebus ac noctibus clamare non desistebat, dicens:

Hei, Benedicte, mihi cur undique rodis inique?
Me prius hinc pulso, nunc mea membra rapis.

Sanctus autem Domini, Apollinaris, expleto sui temporis cursu laudabili, accitis fratribus, horam qua supernis inveheretur cœtibus, sibi imminere prædixit. « En, ut cernitis, charissimi, patrum gradior viam, Apollinaris ait, spemque quam Jesus Christus suis promittere dignatus est fidelibus, sumere cupio. » Cumque loquendi finem fecisset, vivifici corporis sanguinisque perceptione se muniens, post undecim annorum curricula, quibus sanctam Casinatem rexit ecclesiam, quinto Kalendarum Decembrium die feliciter migravit ad Christum. Sepultus vero est juxta basilicam Sancti Joannis Baptistæ, in qua et sanctus Pater Benedictus suis cum discipulis requiescit.

Decursis autem a transitu sancti Apollinaris decem et novem annorum curriculis, tempore Leonis sanctissimi papæ, innumera Ismaelitarum, Arabum, atque Persarum multitudo a Babylonia, Africa, atque Sicilia, classe Italiam devecta suorum, Romam advenere, atque ecclesias Sanctorum Petri et Pauli deprædantes, in eisdem ecclesiis innumeros peremere Christicolas. Inde igitur recedentes civitatem Fundanam succenderunt, interfectis cunctis habitantibus ejus. Contra quos destinatur Romanorum, Germanorum, ac Longobardorum exercitus, sed ab Ismaelitis victi fugæ præsidium sumunt : quos Ismaelitæ instantius persequentes illorum omnia capientes, cunctamque terram igni ferroque tradentes, ad vicina tandem Casini montis venere. Evocat interea scelestissimus dux pestilentissimos signiferos turbæ, qui cum venissent, exercitum in unum convenire præcepit, cumque ante eum omnes astarent, iniquitatis censor inquit ad eos : « Gratulor virtuti vestræ, commilitones optimi, unum quia animum, unum quia vobis video velle : nam vatis nostri Maumeth excellentissimis intervenientibus meritis ecclesias Petri et Pauli deprædati sumus, Christianos interfecimus, Romanorumque exercitum omnibus retro sæculis inexpugnabilem superavimus, populosque Italiæ una cum Germanorum caterva gladio fugavimus. Sed dum vestrarum virtutum insignia exprimere conor, mens hebet, plectrumque meum enormiter præpeditur. Ergo quia ita est, Titaneumque jubar ad occasum vergens iter nostrum jam præpedire conatur, isto sistentes in loco, potioris fortunæ præstolemur eventum : ubi autem sol splendorem suum dederit arvis, præpete cursu præsentia rura linquentes, Casinensis montis in verticem ascendamus, cœnobiumque Benedicti diruentes, deprædantes et incendentes, ejusque discipulos trucidantes morti tradamus. » Talia pestilentissimus observanda cum censuisset, ejus ad imperium tentoria figunt. Tanta vero tunc erat cœli serenitas, ut nullius nubis operiretur amictu; nam per vastum jam temporis spatium tenuis vel stillicidii gutta vix arva perfuderat; Liris vero tanta siccitas erat, ut pedibus quisque volens transvadere quivisset.

Ast ubi fuscus horror incubuit terris, unus Christicolarum e castris Ismaelitarum aufugiens, atque ad Domini Salvatoris cœnobium veniens, Bassatium abbatem sanctissimum clamare omnibus modis cœpit; cui dum præsentatus, ipso vestis ex habitu, mœrentia omnique lacrymarum fonte lugentia signa obtulit, percunctans ait cur hora eadem venire voluisset; sic orsus est fari : « Annuisset cuncta regentis ut dextera excelsi quo te, Pater sanctissime, nunquam cognovissem, nunquam vidissem! » Hæc cum perorasset, lacrymarum rivulis genas inspergens, adjunxit : « Eloquar, an sileam? funestumque

A exitium ab Ismaelitis futurum retexam? Tamen superventuram cladis ultionem in Casinensi cœnobio promam : nam si ego tacere voluero, res ipsa clamabit. Sceleribus suis Christianorum exercitus, qui ad reprimendam Ismaelitarum sævitiam venerat, per compita fugit, per rura, per valles, Campanumque solum penitus deleverunt, Fundanam urbem cremaverunt, atque ad Casinense cœnobium incendendum, deprædandum ac monachos interficiendos se venire professi sunt. » Hæc fratres sua cum aure cepissent, et tam ingens horrendumque excidium sibi imminere perspexissent, exsangues effecti sunt : mortalium ab illis præsidium recessit cunctorum, pacis osculum inter se invicem dantes Cunctipotentis enixius flagitare cœperunt clementiam,
B ut eorum animas benigne susciperet, quorum corpora horrendo exterminio Sarracenis ad necandum tradidisset. Surgentesque citissime, cinere asperso capite, discalciatisque pedibus, montis ascenderunt verticem. Cumque ad Sancti Joannis ecclesiam pervenissent, et Ismaelitarum adventum fratribus nuntiassent, ante corpus sanctissimi Benedicti illico ruentes clamare cœperunt dicentes : « Succurre nunc, adjuva, Pater sanctissime, qui discipulis tuis post mortem præsentiorem te promisisti futurum; adjuva et libera nos a præsenti discrimine; exora, Pater beatissime patrum, pro nostra salute tuique cœnobii stabilitate. »

Totam igitur noctem pervigilem fratribus ducen-
C tibus, præcelsique Opificis aurem cum luctu et gemitu pulsantibus, sanctumque Patrem Benedictum sine intermissione rogantibus; sollicitatus, imo (ut ita dicam) stimulatus congregationis suæ precibus Benedictus Pater sanctissimus ad discipulos proloquens ait : « Fratres vestri in supremo articulo positi sunt, et vos adamantina adversus eos præcordia fertis; sequimini me, ac pro eis Jesu Christo Domino preces fundamus. » Hæc cum perorasset, in medio sanctorum consistens, dixit ad eos : « Quod vestræ nunc sanctitati surrexi promendum, vos non dubito nosse : unde vos communiter ad illorum liberationem invito, et ut pro illis æterni Regis thronum adeamus, æquanimiter peto. » Statimque celsi adiit tribunal imperii; quo cum pervenisset, humiliter supplicans
D ait : « Tuam supplex, Rex regum benignissime, adii rogaturus clementiam, filiorum ut mihi vitam dones meorum : tibi enim omnia parent; tu dixisti : *Petite et accipietis* (*Matth.* VII, 7), etc. Tuo enim jussu eumdem adii locum, tuoque præcepto jura sancivi, et me præsentiorem illis post carnis depositionem, quam si viverem, futurum promisi. Certe vides, cœlestium terrestriumque rector atque altor, afflictionem eorum; obtrita et humiliata eorum præcordia cernis; chirographo promissionis meæ astrictum me tenent; et ut pastor suum gregem tueatur, adjuvet, protegat atque defendat, clamare non cessant. Ego vero, Pastor æterne, quid tunc acturus, quid ero dicturus, cum filios meos ante corporis mei præsentiam a Sarracenis perspexero in frusta divi-

sos? Me die ac nocte horis et momentis ad suam tuitionem vocare non desistunt: sperant atque confidunt, quidquid voluero, me a tua impetrare clementia posse. » Hæc igitur eo rogante, responsum accepit: « Ut quid, dulcissime Benedicte, tristaris, vel cur tantopere pro illis flagitas, quos tuis intervenientibus meritis liberasti? Scito prænoscens quia quod petisti, datum est tibi. »

Igitur cum per totam noctem aspersi capita cinere fratres vigiliis essent ac orationibus intenti, sanctus Apollinaris per visum sancto Bassatio abbati apparens, dixit ad eum: « Cur ita, Bassati charissime fili, tristaris? » Et ille: « propter mortem, Pater sanctissime, et propter loci sancti hujus desolationem, quam ocius præstolamur. » Ad quem sanctus Apollinaris respondit: « Confortare, dulcissime fili, in Domino; abjice procul metum, procul ab animo pelle mœrorem. Misit me Dominus noster Jesus Christus, ut et tu indubitans esses, et fratrum omnium animos tuis debeas relationibus certos reddere, te sanctumque Patrem Benedictum vestrum omnium obtinuisse liberationem a Domino, ipsumque pariter nobiscum venisse in auxilium vestrum. Unde procul omni ambiguitate remota estote certissimi, quod nullas ad præsens in perniciem vestri vires Agarenorum sit habitura ferocitas; sed illos, divinæ vi territos fortitudinis, reditum accelératuros in propria. » Venerabilis igitur abbas expergefactus, convocatis in unum fratribus, seriatim eis quod sibi a sancto Apollinari fuerat revelatum innotuit, eosque in divinæ fortitudine virtutis corroborans, ut instanter omnipotentem Dominum precarentur, admonuit: qui divinis confortationibus roborati, procidentes in faciem pro tantæ dignatione consolationis Creatori gratias rependerunt, atque quod reliquum erat noctis, laudum redditionibus est orationibusque consumptum.

Aeris vero tanta tunc erat serenitas, ut nulla in eo vel tenuis nubecula videretur: cum cœlum subito densatur nubibus, tonitrua concrepant, coruscationes ac fulgura micant, tantusque imber effusus est terris, ut Liris fluvius redundans quasi mare videretur. Igitur illucescente diluculo surgentes e castris barbari accessere ad oram fluminis, diligentius perscrutantes si quam forte navem vadumve reperire possent. Sed cum transeundi eis spes esset ablata, digitos sibi cœpere manusque præ furore corrodere, cellasque cœnobii Casinensis trans fluvium positas igne cremaverunt: ascendentesque naves, dantesque carbasa ventis recto cursu Siciliam cum devenissent, repente parvam cernunt naviculam huc illucque inter suas naves discurrentem celeriter, in qua clericus veneranda canitie, alter monachali habitu indutus, sedere videbantur. Et cum ab eis sollicite interrogarentur, unde tam læti tam alacres repedarent, ab Italia se venire professi sunt, ibique omnia igni ferroque tradidisse, domos etiam Petri, et Pauli, ac Benedicti se exspoliasse gloriati sunt. « Et vos, inquit, qui estis qui tam sollicite, tam diligenter nos interrogastis? — Nos, inquiunt, unus Petrus, alter Benedictus vocamur, quorum domos vos invasisse jactatis. Sed cujus virtutis cujusve potentiæ simus, quam citissime experiemini. » Et his dictis, ab oculis eorum ablati sunt. Mox igitur furentibus ventis fluctibusque tumescentibus tanta subito tempestas exorta est, ut naves omnes vel collisæ vel impulsæ scopulis confractæ sint, ita ut ex omni illa Ismaelitarum copia vix pauci superfuerint, qui suis hæc, a quibus missi fuerant, civibus nuntiarent. Elapsis autem a transitu sancti Apollinaris annis ducentis quinquaginta tribus, vir reverendissimus Desiderius e loco primariæ sepulturæ sancti Apollinaris inde corpus elevans, in muro ecclesiæ Sancti Baptistæ Joannis juxta altarium beati Gregorii papæ humavit.

Ipse supervacuum scriptor dum vito laborem,
Quæ non sunt ad rem, plurima subripui (82).

XXVII. DEUSDEDIT, abbas a Beneventano principe, causa pecuniæ captus atque in custodiam trusus ibique interfectus est. Qui dum in monasterio Beati Benedicti sepultus fuisset, quidam vir gravissimo febris ardore fluctuans, in ipso febris ardore super ejus quiescens obdormivit sepulcrum. Evigilans autem gratias referre cœpit voce magna dicens: « Benedictus es, Domine Deus patrum nostrorum, qui me sanum fecisti meritis Deusdedit famuli tui. » Dum igitur hoc ad aures populorum pervenisset, ingens ad ejus sepulcrum ægrotantium turba cœpit concurrere, et pro sua sospitate illic Redemptori omnium supplicare: quorum vota Deus advertens, multos febre detentos diversisque langoribus oppressos ex fide poscentes pristinæ ibidem sanitati restituit.

XXVIII. BERTHARIUS abbas (83), nobilis carne, nobilis spiritu, in monasterio domini Salvatoris juxta altare Sancti Martini pro fide Christi a Sarracenis capite truncatus est. Sepultus vero est in monasterio Casinensi sursum. Passi sunt autem cum eo et alii multi undecimo Kal. Novembris.

XXIX. ALIGERIUS (84) abbas, tertius (ut ita dicam) Casinensis cœnobii ædificator, totam terram hominibus replevit. Hic parthenopensium (85) genere ortus, apud monasterium Sancti Pauli Romæ ab Alduino Casinensi abbate monachus factus est, ac non multo post præpositus Casinensis constitutus. Abbas dehinc Casinensis effectus Aligerius cœpit monasterii possessiones solerter exquirere. Quadam vero die Adenulphus quidam pro eo quod Casinensis cœnobii possessiones Aligerius requirebat, cum mi-

(82) Hæc amanuensis adnotatio est, qui Petri Diaconi verbositatem non patiens, permulta resecuit.

(83) Bertharii hujus abbatis et martyris sunt mihi in manibus homiliæ duæ, de S. Matthia ap., et de S. Scholastica in pervetusto codice scriptæ, quas idoneo tempore cum aliis, ut puto, Casinensium auctorum scriptis vulgabo.

(84) In chronico Casin. lib. II Aligernus.

(85) Neapolitanorum, ut chron. et lib. cit. cap. 1.

litibus superveniens, eumdem abbatem vi cepit, atque Aquinum veluti prædam maximam asportavit. Ibi vero in publico civium spectaculo, ursino illum tergo revestiens, canes ei undique, sicut revera urso, ad circumlatrandum immisit, et plurimis injuriis virum sanctissimum vir nequissimus dehonestavit. His Landulphus princeps auditis, mandat Adenulpho ut Capuam vadat, coramque se legali judicio abbati justitiam faciat. Ille autem perspiciens legaliter ob commissum facinus morti debere succumbere, rebellare magis elegit, et de Aquinensi satis munitione confidens, ad principis curiam ire contempsit. Quod ubi principi renuntiatum est, Aquinum mox cum exercitu venit, ejusque prætorium, in quo præfatus rebellio se muniverat, obsidione ac machinis circumdedit. Videns igitur Adenulphus Aquinensis comes se non posse principis manus evadere, funem in collum suum misit, et per manus conjugis suæ ad principis pedes se trahi præcepit. Quo facto, protinus eum princeps cum suis manibus, ita ut erat ligatus abbati deliberavit, ut quidquid vellet tam de ipso quam de ipsius omnibus faceret (86). Sepultus vero est prædictus abbas in Casino juxta ecclesiam Sancti Benedicti. Hujus igitur corpus inde Desiderius abbas elevans, in monasterio ecclesiæ Sancti Benedicti juxta altarium Sanctæ Dei genitricis Mariæ reverenter locavit.

XXX. PETRI DIACONI CASINENSIS PROLOGUS IN VITAM SANCTI GUINIZONIS. (87)

GUINIZONIS eximii ortum obitumque descripturus, quem Redemptor omnium ceu sidus splendidissimum istis radiare fecit temporibus, cooperatorem adjutoremque invoco Spiritum sanctum, qui revelat mysteria, et reserat secreta inenarrabilia, qui eumdem confessorem almificum eo potissimum tempore, quo diminutæ sunt veritates a filiis hominum, sanctusque defecit, in Casinensi fulgere fecit cœnobio: indignum ultra et impiissimum reputans, si tam insignis cœlestis curiæ senatoris gesta in Casinensi tantum occultarentur archisterio, et non potius ad laudem Jesu Christi Imperatoris æterni, qualiter contra sævissimum tyrannum infatigabili lacerto pugnaverit, ejusque proterviam calcans devicerit, ad omnium ædificationem monachorum ecclesiis Christi, quæ per totum Romani imperii orbem constructæ sunt, destinarem.

Ad hoc nempe non meæ industriæ, sed Ricardi, ejusdem Casinensis archisterii reverendi monachi, sum provocatus adhortatusque imperio. Nam cum die quadam in eodem cœnobio de sanctorum miraculis reproborumque loqueretur suppliciis, inter multa quæ tunc peroravit, mœrere se fatebatur, quod tanti confessoris oblitterarentur miracula, et ut nomen ita et gesta illius mirifica, quibus præ omnibus sui temporis hominibus resplenduit enixius, diuturnitate temporum in conspectu occultarentur mortalium; et eo præcipue tempore, cum grammaticorum, dialecticorum, rhetoricæque eminentissime ibidem vigerent scientiæ. Hæc igitur dum perorasset, nostram exiguitatem flagitare cœpit, ut, quod in beatissimo Placido et Apollinari egeram, hoc in Guinizone facere non recusarem. Tum ego: « Cum tanti confessoris miracula fratribus narrentur ab omnibus, ac sæpius sæpiusque relata sint notissima, ejus exarare quid necesse est vitam? — Nec me, inquit, latet, Ricardus, satis ejus patere miracula: sed non te pigeat ejus insignissimam apicibus mandare historiam, tam nobis quam posteris generationibus profuturam. Attendendum est enim ac sollicitius præcavendum, ne antiqui hostis versutia nos in hac parte pertentet, qui vitas eorum qui Redemptori nostro in isto placuere cœnobio, describere negligimus. Hinc etenim Scriptura dicit: *Filii matris meæ pugnaverunt* adversus *me* (*Cant.* I, 5). Tunc nempe filii sanctæ Ecclesiæ adversus matris suæ Ecclesiæ filios pugnant, cum eorum vitam pestifero taciturnitatis turbine tegunt. Quid ex hoc acturus eris, qui exterorum miracula descripsisti quamplurima, et nostrorum audire fastidisti? Unde et Dominus ait: *Nemo propheta acceptus est in patria sua* (*Luc.* IV, 24). Nostræ enim taciturnitatis stoliditas sapientibus mœstitiam, et insipientibus gaudium generat. Sed vereor ne illud nobis dicatur in supremo examinis die: *Filios* genui *et enutrivi, ipsi autem* contemnentes *spreverunt me* (*Isa.* I, 2): ille namque patrem suum spernit, qui fratrum suorum gesta mirifica apicibus mandare contemnit. Hoc autem ideo flagito, quia corpus illius sacratissimum in nostra quiescit ecclesia, et ea quæ de eodem sancto viro in libris Dialogorum suorum Victor sedis apostolicæ pontifex retulit, nimis compendiosa, valdeque transcursim videntur esse descripta. »

Hæc venerandus dum vir retulisset, exiguitatem inscientiæ meæ postponens, ad hujusce rei negotium animum impuli, et ad nostri Redemptoris gloriam, sanctissimi confessoris vitam scripturus, sensum aptavi; procul dubio sciens, in narratione virtutum, et illi honorem debitum exhiberi, et audientibus plurimum utilitatis conferri. Nam (teste Deo loquor) quæcunque scripta sunt, ad nostram doctrinam scripta sunt. Si qua vero (bona) in hoc opusculo pru-

(86) Additur in chron. Casin. II, 2, Adenulfum captivum cuncta abbati restituisse quæ interceperat, atque ita ab abbate dimissum gratis et incolumem.

(87) Hanc sancti Guinizonis Vitam impetrarunt a Casinensi bibliotheca ediderunt que Bollandiani t. VI Maii p. 450 sqq. cum prologo, quam Vaticani codicis scriptor prætermisit, ego autem a Bollandianis acceptum in seriem revocavi. Nam Petri Diaconi codicem Casinensem pleniorem esse Vaticano, non hoc solum exemplo intelligimus, verum etiam ex amanuensis pag. 251 et 265, confessione, qui honestæ brevitati consulens, partes operis exemisse dicit. Codicem autem archetypum hujus commentarii de justis Casinensibus narrant Bollandiani pag. 250, antiquis litteris Longobardicis scriptum in monasterio Casinensi sub arctissima custodia asservari. Cæteroquin exemplar Bollandianis ab imperito amanuense suppeditatum et parum fidele fuit et valde mendosum, ut codex Vaticanus, quo utor, mihi demonstrat.

deus forte lector invenerit, beneficio misericordis depufet Conditoris, a quo est *omne datum optimum, omne donum perfectum* (*Jac.* I, 17). Lecturos interea suppliciter posco, ut pro nostris commissis Jesum Christum, Filium Dei, Dominum nostrum, universalem exorent Pontificem, quatenus me a latrantium rostris eripiens, ac in futuro justi judicii die delictorum remissione concessa, sit mihi præmium fugisse supplicium.

INCIPIT VITA.

Tempore quo serenissimus Heinricus Romanum, Basilius autem Constantinopolitanum feliciter gubernabant imperium, sacerrimæque vitæ Benedictus, moribus doctrinaque præcipuus, apostolicæ ac universali præsidebat Ecclesiæ; Guinizo confessor almificus, apud Casinum cœnobium sole fulgidius claruit, vir plane mirabilis, sanctitate perspicuus, humilitate præcipuus, abstinentia clarus, prophetiæ spiritu splendidus, virtutum jubare coruscus, et omni bonitate redimitus. Hic ulteriore Hispania ortus, tantam in se abstinentiam, tantam sectatus est patientiam, ut liquidius jam a parentibus valeret agnosci, non ad suæ hæreditatis successionem, sed ad divinam potius servitutem, a pietate eum electum fuisse superna. Scintilla namque in ejus pectusculo divinæ jam lucis splendebat, illius utique *quæ illuminat omnem hominem venientem in hunc mundum* (*Joan.* I, 9). Cum autem puerilem transcendens, ad illam pervenisset ætatem in qua vel maxime antiquus hostis genus humanum irretire conatur, tanto eminentius se armatura fidei, gladioque verbi Dei, loricaque bonorum operum cœpit munire, quanto gravius adversum se jacula ignita videbat insurgere. Cœpit igitur toto mentis desiderio ad altiora conscendere, spiritualia quærere, labentia perituraque relinquere. Sed quanto a se conabatur mundi curas abjicere, tanto magis illius nexibus irretiebatur. Cernens itaque vir Dei, non posse se in patria ad effectum perducere quod jam mente conceperat, levavit se super se; relictaque, ut olim Abraham, patria sua, caput monastici ordinis, Casinense cœnobium petiit, ibique cum servis Dei vivere cœpit.

Eo autem tempore gravissima persecutionum procella eamdem cœpit agitare Ecclesiam. Pandulphus namque Capuanus princeps, supra modum scelestis et inauditis operibus detentus, Casinensi cœnobio persecutiones inferre non desinebat. Primum namque adjiciens peccatum peccato, reverendissimum abbatem ex Casinensi monasterio abstrahens, in civitate Capuana custodiæ mancipavit; de Casinensi vero claustro omnes fere monachos exsules fecit; paucos tantum, qui vix duodecim possent complere lectiones, ad corpus beati Benedicti dimisit. In monasterio vero eodem scelestissimum et ultra modum perversum suæ nequitiæ complicem, Basilium, abbatem suum potius quam monachorum, constituit, præbito suis manibus prius turpiter principi sacramento, ut ultra viginti solidos per annum, de rebus monasterii omnibus ei traditis, nihil retineret. Ad postremum autem universos monasterii homines in suam fidelitatem jurare faciens, et cuncta castella seu villas ejusdem loci Northmannis, qui sibi tunc adhærebant, distribuens, Theodinum quemdam de monasterii servis, suæ nequitiæ similem, superposuit, eumque apud Sanctum Germanum, in ipsa abbatis curia manere constituit, insuper et Roccam, quæ Bantra dicitur, illi contradens, ad suam fidelitatem cunctos illic tam Northmannos quam cæteros quoque parere præcepit. Jam vero quam pessimus, quam impius idem Theodinus in Dei servos exstiterit, in quantam eos sanctumque hunc locum penuriam dedecusque redegerit, etiamsi Varronis aut Tullii mihi inesset facundia, referre non valerem: adeo (ut ex his pauca perstringam) ut in ipsa sanctæ Dei Genitricis assumptione, ad ministerium altaris vinum eis defuerit; adeo nihil reliqui tunc monachis erat, quam cum Hieremia in lamentum prorumpere: *Servi dominati sunt nostri, nec fuit qui eriperet nos de manibus eorum* (*Thren.* V, 9).

Cumque nec ista rabidissimo sufficerent cani, post dies aliquot jubet nequissimus princeps cuidam fideli suo, nomine Aldegisio, ut quantocius ad hoc monasterium veniat, eique planetam et calicem Heinrici imperatoris, et alia præcipua ecclesiæ ornamenta, Aquini et Sexti comitibus impignoranda perniciter deferat. Cumque ille veniens, rem propter quam missus fuerat indicasset, Adam, reverendissimus ejusdem ecclesiæ paramonarius, ait: « Ego hæc quæ, vir bone, requiris, neque tibi neque alicui alii daturus aliquando sum. Verum ea super ipsum, cujus sunt, beati Benedicti altarium ponam; inde ille qui præsumpserit auferat. » Quod cum fecisset, mox ille audacter accedens, cum jam jamque super beati Benedicti corpus manus nefandas extenderet, protinus in faciem corruit, et vehementissima subito paralysi correptus, distorto ore et oculo usque ad mortem permansit. Quod scelestissimus Pandulphus audiens, præfatum Basilium misit, omnemque hujus loci thesaurum per illum ad se asportari præcepit, quem gloriosæ memoriæ Carolus, Pipinus et Carolus frater ejus, Lodovicus, Lotharius, Carlittus, Otto ac Heinricus imperatores sancto Benedicto obtulerant, atque in arce Sanctæ Agathæ, omnia simul condens, reposuit. Tali igitur modo abrasis a nefandissimo principe funditus monasterii rebus, vir Domini Guinizo, eremiticam vitam ducturus, a fratribus licentiam petiit, atque in eodem monte non longe a monasterio sibi cellam fecit: ibique in orationibus, jejuniis ac vigiliis persistens, omnipotentem Deum flagitare cœpit enixius, ut Casinensi cœnobio solita pietate succurreret, filiosque ejus, a scelestissimo Pandulpho dispersos, ad eamdem ecclesiam iterum revocaret.

Eo autem tempore, cum prædicti Casinensis cœnobii fratres maxima stipendii premerentur inopia, almifici Patris Guinizonis sanctitatem, vitam ac mores agnoscentes esse præcipuam, eum convocantes in medium, tale ad eum habuere omnes colloquium : « Quantis jam dudum, frater dulcissime, simus oppressi miseriis, quantisque tribulationibus coarctemur, vestræ dilectioni non manet incognitum. Jam enim pervenit gladius usque ad animam, jam consummatio desolationis in hoc loco a principe facta est, jam namque totum deprædati sunt cœnobium, possessionesque beati Benedicti ad suas utilitates retorserunt ; nosque fames dirissima cruciat, et quale vitæ capiamus remedium, penitus ignoramus. Sed Dei omnipotentis confisi clementia, vestram fraternitatem suppliciter poscimus ut ad Theodini pestilentissimi curiam quantocius properes ; confidimus enim in Domino et in potentia virtutis ejus, quod nobis in tanto periculo positis concedet remedium. Hæc vir Domini audiens, ait : « Fratres et domini mei, nostrumque unicum ac singulare remedium, cur adeo mœstum animum geritis? Confidite in eo qui vicit mundum, qui percutit et sanat, vulnerat et medetur ; qui ideo hic flagella irrogat, ne in æternum puniat. Recolite quia Pater sanctissimus Benedictus præsentiorem quam si viveret pollicitus est se futurum ; unde in tribulatione gratias agentes, illud cum Job decantemus canticum : Si bona suscepimus de manu Domini, mala quare non suscipiamus? Unum autem a dilectione postulo vestra, ut pro me Domino Jesu Christo Patrique sanctissimo Benedicto preces fundatis, quatenus Theodini miserrimi vultum mihi placabilem faciat, mentemque ejus ad preces meas inclinet, quo ab eo valeam obtinere quod rogaturus sum. »

His dictis, nulla interposita mora, omnium fratrum se prosternens vestigiis, sumpto baculo iter aggressus est. Mox vero ut ad Roccam crudelissimo servo præsentatus est, cur illuc tantus vir venire insolite voluisset, inquisitus est. Cui vir Dei respondit : « Nostrum procul dubio hujus rei gratia ad hunc locum noveris exstitisse adventum, ut fratribus nostris, alimentorum necessitatem patientibus, frumenti præstes auxilium. » Qui inter multa verborum convicia, servilis ut est consuetudinis, respondit : « Cur non laboratis manibus vestris, sicut vobis regula præcepit ? » Tunc vir Dei : « Quia alii infirmi sunt, alii vero in decrepita jam ætate consistunt. » Sed cum multis vir Dei instaret precibus, respondit : « Ne vestra demum verba parvipendere videar, hac mecum nocte si perseverare volueris, centum tibi milii modios, diei illucescente aurora, vestri gratia tribuam. » Quæ omnia vir Dei subdole illum retexere sentiens, regulæ præcepta se nullo modo violaturum fore respondit. At Theodinus, dum in mente sua anxius quæreret quo venena perfidiæ fundere posset, diabolicis tandem exagitatus stimulis, dum servum Dei orationis gratia ecclesiam intrasse conspiceret, cœpit intra se hæc tacitus volvere : « Quia manere hodie sponte nobiscum noluit iste, persistat invitus ; » sicque cum summa diligentia claudi ecclesiam fecit : virgam vero, quam in manu servus Dei adduxerat, uxori suæ tradidit, et eam in arca claudi præcepit. Sed humani generis Conditor, qui in se sperantes non deserit, misit angelum suum, qui salvo januarum signaculo eum de ecclesia abstrahens, in montis pede servum Dei deposuit. Rustici vero, ex more sero redeuntes a ruribus, percunctati a castri habitatoribus si quid novi in illis partibus nuperrime gestum foret, respondere se omnino nihil aliud vidisse, nisi quemdam hominem solivagum, discalciatis pedibus, cambuttam in manu portantem. Theodinus vero nequissimus servus hoc audiens, evocat confestim presbyterum et Marottam uxorem suam, et quid de Dei homine actum fuisset sollicite cœpit inquirere. Qui cum in ecclesia eum permanere dixissent, ut eum ad Theodinum perducerent concito gradu perrexerunt ; quem invenire non prævalentes, ei nuntiare curarunt ; uxor autem ejus baculum, quem in arca posuerat, similiter requirens, invenire non potuit. Qualiter autem omnipotens Deus de ecclesia, januis clausis, servum suum abstraxerit, usque hodie manet incognitum.

Sed cum idem omnipotens Deus tantis direptionibus decrevisset finem imponere, Casinensis cœnobii fratres, ultra montes ad imperatorem pergentes, quæ mala a Pandulpho pertulerant retulere ; orantes ut ad Italiam dignaretur venire, ac Casinense cœnobium, quod caput omnium monasteriorum a Domino Jesu Christo per Patrem Benedictum statutum fuerat, quod omnes imperatores sub sua tutela reverenter nimis habuerant, de sævissimi tyranni manibus potenter erueret. Conradus autem imperator, his auditis ira succensus, cum valido nimis totius Occidentis exercitu transitis Alpibus Romam advenit ; ibique habito cum Romanis consilio, strenuos a latere suo principi destinat viros, mandans ut nisi indignationem Romani imperii vellet protinus experiri, monasterio Casinensi cuncta quæ abstulerat confestim restitueret. Sed cum hi, qui ab imperatore missi fuerant, nil profecissent, cernens Augustus se a Pandulpho contemni, sumpto exercitu venit Casinum. Quod cum fratribus fuisset relatum, dixerunt : « Tempus tacendi transiit, et loquendi tempus advenit : ecce illuxit dies redemptionis nostræ. Descendamus, et imperatoris ministris omnia quæ sunt necessaria præparemus. » Alia autem die imperator, Benedicto Patri se commendaturus, montis ascendit verticem ; cumque capitulum, una cum Heinrico rege filio suo, ingressus fuisset, surgentes monachi, omnes in terram ante faciem imperatoris se prostravere, surgentesque : « Ita vos, inquiunt, exspectavimus, ita faciem vestram contemplari desideravimus, ac si justorum animæ in inferno Redemptoris adventum exspectasse noscuntur. » Et iterum omnes in faciem ruentes, quæ et quanta mala per duodecim annos a Pandulpho perpessi fuerant referunt. Tunc imperator in fletum erumpens, ob eam solummodo causam se ad partes istas transisse, ut sanctissimi Patris Benedicti cœnobium de jugo servitutis ereptum pristinæ redderet libertati, jurejurando affirmabat. Ibi autem imperator aliquandiu demoratus, Richerium in eodem Casinensi cœnobio abbatem constituit; indeque recedens Capuam super principem sine mora perrexit, ibique Guaymarium principem ordinans, omnem terram sancto Benedicto restituit.

Scelestissimus autem Pandulphus, una cum Basilio suo ad imperatorem Constantinopolim abiit, a quo justo Dei judicio in exsilium directus est. Theodinus vero, disponente Deo, a Richerio abbate captus, virgis cæsus ac tonsus, nec non sacco indutus, et ad cernendam farinam more servorum in pistrino positus est. Northmanni vero, qui tanti loci infestatores exstiterant, centum quinquaginta intra biennium diversa morte consumpti sunt. Comes autem illorum, qui terram monasterii vastare disposuerat, eo die quo id se acturum sperabat, subitanea morte defunctus est. Siconulphus vero Aquinensis comes, et ipse ex persecutoribus, Dei judicio percussus, una cum duobus millibus quingentis civitatis suæ habitatoribus, eodem anno mortuus est. Pandulphus autem, pro his quæ in Casinensi ecclesia gessit, licet in hoc sæculo pœnam sustinuit, in futuro tamen pœna non caruit; quod certius probabitur, si ea quæ de eo visa sunt, in medium deducantur.

Sergius namque magister militum, qui Neapolitanæ præerat urbi, in ipso sancto Paschali Sabbato silvam suis cum pueris venaturus ingreditur: tensisque retibus, ad insequendos apros per silvam omnes sese cum canibus huc illucque diffundunt. Fit autem venantibus eis aper obvius, qui, priusquam fugiens retis involveretur laqueo, confossus verubus captioni cessit eorum. Cum autem ad occasum sol vergens, tardioris horæ noctisque jam imminentis indicia certa referret, sumpta quam ceperant venatione, celerem cum universis domum repedationem Sergius arripuit, uno duntaxat post se puero, Pythagoras nomine, derelicto; cui, ut collectis retibus summa sese cum festinatione sequeretur, præcepit. Cum autem jussionibus parens dominicis, dominum celeri cursu sequeretur, duo repente monachi, vultus admodum reverendi, ei sese in itinere obvios obtulere. Cumque timore exterritus puer, quinam essent inquireret, illi: « Procul, inquiunt, ab animo omnem repelle formidinem, nosque intrepidus comitare. » Cum itaque per eamdem silvam simul proficiscentes aliquantulum processissent, venerunt ad lacum quemdam cœnosum valde aspectuque horribilem; ibique Pythagoræ monachi, qui videbantur, Pandulphum principem supradictum ostendunt, ferreis nexum vinculis, atque in cœno lacus ad gulam usque demersum. Visi sunt interea duo Æthiopes in restis speciem vites contorquere agrestes, quibus collum principis colligantes, missum in inferiora lacus, ad superiora trahebant; atque ad superiora pertractum, iterum in inferiora trahebant. Cumque has Æthiopes puer vices alternare conspiceret, immensa licet correptus formidine, Pandulphum tamen alloquitur, tantique ab eo causam discriminis percunctatur.

Tum ille, flens et ejulans, in hujus verba responsionis erumpit: « Licet, o Pythagora, multiplicibus et infinitis facinoribus meis multiplicia et infinita mihi sint parata supplicia; hujus tamen, cujus ipse conspector es, pœnæ nullam aliam causam noveris esse, nisi quod aureum calicem de sancti Patris Benedicti cœnobio, sacrilega ductus cupiditate, abstraxi, eique moriens minime reddere procuravi. Unde obnixe deprecor ac per Jesum Christum Dominum, cujus infelix ego præcepta contemnens in hac sum detrusus voragine, te obtestor, ne usque Capuam itineris pigriteris fatigationem subire, eamque quæ mihi in conjugem fuit copulata adire, eique pœnam meam, cujus te Deus viso ipso cognitorem voluit, intimare; pœnæque causam abstractionem esse calicis memorati, te meis eloquiis didicisse, meque rogare et obtestari obnixe ut pristini dilectionem amoris in memoriam revocet, ablatumque calicem sancto loco ocius et sub omni celeritate restituendum procuret. » Ad hæc Pythagoras: « Non, inquit, verbis meis, ut reor, uxor tua adhibitura est fidem; neque quod te viderim, vel quod ipse patiaris talia, creditura. » Tunc princeps ait: « Ut uxor mea tuis debeat fidem inambiguam adhibere sermonibus, hoc illi dabis indubiæ certitudinis signum, dicens præfatum calicem Pandulphum Gualæ filium habere pro pignore; rogabisque ex persona mea ut, si quæ in ipsius animo conjugalis resident amoris vestigia, solidos, pro quibus calix in pignus est traditus, Gualæ reddere non moretur, sanctoque calicem monasterio restituere, ut quam pro ablatione calicis pœnam mereor pati, ea, calice restituto, merear liberari. » Quibus dictis visio omnis illa ab oculis pueri ablata est. Qui reversus domum, gravi continuo languore corripitur, qui per singulos dies invalescens, vitam ei brevi temporis spatio terminavit. Prius vero quam decederet vita, Pandulphum, cui præfatus calix fuerat in arrhabonem commissus, contigit venire Neapolim, et ex ipsius ore Pythagoræ hanc seriatim visionem audire. Qui cum reversus Capuam uxori principis cuncta intimasset, parvipendens verba mulier, nec pretium quod vir acceperat mutuo restituere, nec calicem restituendum ecclesiæ curavit recipere. His taliter prælibatis ad sancti Januarii, Guinizonis discipuli, enarranda miracula veniamus.

XXXI. DE JANUARIO GUINIZONIS DISCIPULO.

Hic igitur cum in Guinizonis erudiretur doctrina, magnis abstinentiæ obedientiæque cœpit pollere virtutibus. Qui cum tempore quodam a magistro, ut ferramenta, quibus erant soliti operari, reficeret, Aquinum missus fuisset; domum fabri ferrarii adiit, atque ab eo ferramenta sibi reparari data mercede poposcit. Erat autem a natura sancto Januario quædam attributa corpulentia, ruborque genarum in tantum, ut mira quoque abstinentia exinanire duo ista in Januario non sufficeret. Faber ergo ferrarius figens obtutus in Januarium, cœpit de eo cum astantibus risum facere, ejusque corpulentiam et ruborem esculentioribus cibis vinique potationibus assiduis deputare. Ad quam falsam suspicionem de eo præsumptam, sanctus Januarius respondit: « Potens est Deus facere ut de pinguedine et rubore meo falsa vos pœniteat opinatos. » Interim autem dum faber ferrarius quæ artis erant suæ operari non desinebat, fervens nimiique ruboris ferrum de igne extrahit, super incudem ponit, idque fortuito excussum forcipe, incude desiliens, in terram decidit; quod continuo correptum manu sanctus Januarius incudi restituit, cunctorumque, qui præsentes astabant, tremore corpora, animos stupore replevit; eoque facto, neque ex edacitate se nimia corpulentum, neque ex vini potatione sedula rubescentem, evidentissime omnibus patefecit. Non enim astantium quispiam vel tenuiter ultra potuit opinari sanctum Januarium edacem vel bibulum, per quæ tantæ vertutis in eorum oculis Creator omnipotens demonstrare voluit signum. Cum autem ferramentis refectis ad cellam sanctus remeasset Januarius, vehementis a magistro est verbis increpationis correptus, quod, insultantibus cedens, virtutis signum in eorum facere conspectibus præsumpsisset. Cumque ad hæc sanctus Januarius stupens percunctaretur ab eo, quo revelante ista ei insinuata fuissent, Guinizo vir Dei, respondit: « Cujus tibi virtute signum tantum concessum est exterius facere, eodem revelante interius illud mihi concessum est scire. » In quo facto Guinizo facta absentis discipuli contuitus, Elisæo; in exstinctione vero virtutis igneæ, tribus pueris similis Januarius factus est.

Non multis dierum transactis curriculis, cum ad Sancti Germani curiam, rebus monasterii expetentibus, missus fuisset, omniaque Guinizo jam perfecisset; ecce quemdam perspexit hominem, qui calathum uvis refertum, quem latrocinio acquisierat, suis in humeris deferebat. Quod cum venerabilis Pater Guinizo, sancto repletus Spiritu, cognovisset, protinus vociferans ad se illum venire præcepit. Qui cum sceleris sui se conscium manere cognosceret, ad servum Dei ocius venit. Mox vero de perpetrato facinore illum redarguens, dixit: « Unde tibi hæ uvæ, furcifer? Unde eas adducis? » Ad hæc callidus fur sese dissimulans, eas a sua vinea se collegisse jurejurando affirmabat. Tunc vir Dei respondit: « Non sic, sed potius eas de tali vinea collegisti. » Qui demum victum se sentiens, tanti viri admirans benignitatem, de commissis veniam postulat. Quem cum ad rectæ vitæ tramitem Guinizo Pater sanctissimus diu monuisset, dixit: « Curre, frater, curre velocius; et ad vineam, unde uvas rapuisti, ferre summopere satage: ecce enim super eas diabolum sedentem conspicio. » Qui cursu velocissimo mandata perficiens, ad vineam, unde uvas abstulerat, easdem reportare curavit.

Guinizo autem Pater almificus, expleto sui temporibus cursu laudabili, perrexit ad Dominum VII Kal. Junii. Eo vero die quo de hoc mundo recessit, quidam frater apud Beneventum positus, ejus excessum per Spiritum cognovit, et astantibus ibi fratribus dixit: « Omni remoto scrupulo hæsitationis, estote certissimi, in Casinensi monasterio magni quemdam meriti hodierna die migrasse ad Dominum. » Ad quæ nimirum verba mentes audientium omnium in stuporem sunt versæ, quod videlicet migrationem viri, per octoginta fere passuum millia separati, tanta sibi acciperent firmitatis certitudine nuntiari. Diligentiore tamen perquisitione rei veritatem discutientes, cognovere profecto, eodem die Guinizonem Patrem migrasse, quo nimirum magnum quemdam in Casinensi monasterio virum memoratus frater obiisse cognovit, ejusque cæteris obitum revelavit. Sepultus vero est in ecclesia sancti confessoris Christi Nicolai, in loculo plumbeo ad dexteram partem altaris, in loco qui dicitur Ciconia: in quo et sanctus Januarius discipulus defunctus una cum magistro suo positus est: ad quorum Christus merita declaranda, mira in dies usque in hodiernum patrare non cessat.

XXXII. LYUTIUS Casinensis monachus ab eodem cœnobio egrediens Hierosolymam petiit, indeque reversus primo apud Salernum in quadam eremo, in loco qui dicitur ad Cavam, aliquandiu mansit: postmodum vero in monte hoc loco Albaneta vocabulo monasterium construxit, ibique cum triginta circiter fratribus conversari religiosissime cœpit. Ipse autem præ cæteris omni vilitate et extremitate contentus, tam humili se officio mancipavit, ut farinam in pristino ad panem faciendum famulorum more discerneret; cum interim de ore illius Dominica cantica nunquam cessarent. In cujus vitæ humilitate ac nimia abstinentiæ austeritate usque ad finem vitæ perduravit. Sepultus vero est in monasterio Casinensi.

XXXIII. JOANNES, Apulia provincia ortus, Casinensis decanus aliquanto tempore exstitit. Demum vero ad civitatem Lucensem ad construendum monasterium missus, cum ibidem jejuniis, vigiliis, orationibus maximeque eleemosynis studium indesinens adhiberet, tantarum lacrymarum ubertatem tantæque compunctionis gratiam de supernæ munificentiæ largitate promeruit, ut nemo permitteretur ambigere quin ille fons oculorum, illaque tanta spiritus humilitatis contritio, multa et maxima a divinis posset auribus impetrare. Cum itaque fama sanctitatis ejus ora omnium personarent, mulier quædam quam dirus miserabiliter dæmon vexabat ad eum perducta est. Et cum ab eis qui eam duxerant ut pro ea Dominum precaretur, magnis precibus fuisset astrictus, convocatis in unum fratribus oratorium est ingressus; cumque pro ea diutius Dominum exoraret, immundum ab ea spiritum protinus expulit. In eadem civitate quædam femina valida languoris peste laborabat, quo ingravescente ad extrema pervenit, tribusque diebus sine sensu ac voce recubans, solo pulsu vitæ indicia dabat: cumque de ejus vita omnes desperarent, virum Dei rogare cœperunt ut pro ea Dominum supplicaret. Tunc sanctus Joannes sacerdotalibus vestibus indutus sacrificium pro ea Domino offerre cœpit; cumque intra missarum solemnia nomen mulieris a viro Dei memoraretur, illa in domo propria longe a monasterio jacens pene exanimis, vocem presbyteri se memorantis audivit, eique tanquam præsenti respondit. Illi autem obstupefacti ad vocem illius, quæ jam triduo quasi mortua jacuerat, cui mulier respondisset interrogant. Ad quos illa: « Nunquidnam, inquit, huic lecto domnus Joannes præpositus præsens non assistit? nunquid non ipsi vocem ejus me clamantis atque a gravi sopore excitantis audistis? » Hæc cum dixisset, sanitati pristinæ reddita ocius est. Tunc ad monasterium quantocius mittunt nuntios, ut quid pro ea vir Dei ageret inquirerent; qui cum ecclesiam ingressi fuissent, virum Dei reperiunt sacris altaribus assistentem, atque pro ejus salute Domino hostiam offerentem. Tunc sollicite inquirentes, ea hora ejus sanitatis invenere exstitisse principium, qua vir Dei eam intra sacra missarum solemnia nominavit, illaque ei in lecto respondit. Alexander papa cum febre valida ægrotaret, et languor in dies ingravesceret, ei in memoriam venit quod quicunque febre detentus aquam, quæ de manibus sancti Joannis post missarum solemnia defluebat, in potum sumeret, febris in eo dominium ulterius non exerceret. Misit igitur continuo qui ex aqua illa latenter sibi deferrent. Delata igitur aqua, statim ut eam in potum accepit, omnis ab eo infirmitas febris recessit.

XXXIV. CONSTANTIUS, in Casino presbyter, fuit vir egregius omnique morum probitate ornatus. Hic igitur cum Aligerii abbatis temporibus ad monasterium Sancti Benedicti construendum in locum qui Pectinarius dicitur transmissus fuisset, et aquam in eodem loco non haberet, ad apostolorum principis limina tertio discalciatus perrexit, ibique æterni regis clementiam rogare attentius cœpit, ut qui aquam in deserto ex petra produxerat, per apostolorum principis ac Benedicti Patris sanctissimi interventum aquam in loco arenti largiri dignaretur. Hoc cum tertio egisset, beatus Petrus apostolus apparens dixit ad eum: « Petitiones tuas exaudivit Dominus; desideria cordis tui ante ejus divinitatis sacrarium admissa sunt. Nunc igitur surge, et tali in loco terram fodere incipe; ibi aquam indeficientem invenies. » Surgens autem vir Domini Constantius, ad locum quem ei apostolus demonstraverat pergit; in quo cum fodisset, aquam indeficientem invenit, quæ incolis potum præstat usque in diem præsentem. Postquam vero sanctus Constantius e mundo recessit, quidam vir ditissimus e Dalmatia in medio Adriatici maris naufragium sustinens, servum Dei Constantium ad suum indesinenter vocabat suffragium, dicens: « Sancte Constanti, si vera sunt quæ de te audivimus, in præsenti rogamus ut nobis subvenias, quatenus, erepti de præsenti articulo, te patrem, te tutorem, te dominum me habere gaudeam. » Hæc dum assidue diceret, tranquillitas facta est magna; et ad portum veniens, viri Dei sepulcrum cum muneribus adiit, laudans et benedicens Deum.

XXXV. JOANNES, Casinensis abbas, Beneventanæ civitatis archidiaconus exstitit, qui mundi spernens divitias Casinum adiit, ibique monachus factus est, non parvum ibidem tempus exigens. Demum vero Hierosolymam profectus, per sex continuos annos in monte Sinai vitam eremiticam duxit. Postmodum vero in Græcia in monte qui ἅγιον ὄρος dicitur aliquanto est tempore conversatus. Post multos vero dies sanctus Pater Benedictus eidem Joanni per visionem apparens, virgam pastoralem, quam manu gestare videbatur, ei contradidit, ac ut ad Casinense monasterium omni sub festinatione rediret præcepit. Surgens igitur Joannes Casinum reversus est, atque a Joanne abbate præpositus, demum vero abbas Casinensis constitutus est.

XXXVI. JOANNES, Casinensis abbas, vir sanctissimus ac religiosissimus fuit. Hic abbatia relicta, in loco qui Piretus dicitur vitam eremiticam usque ad suum fere obitum duxit. Nocte vero qua e mundo recessit, quidam monachus Joannes nomine in monasterio Sancti Laurentii martyris, quod intra Capuam urbem constructum est, nocturnam synaxim vigilando præveniens, respiciens subito cernit magnam claritatem lucis in aere, et intra eamdem cernit ejusdem Joannis animam cœlum penetrare. Mane autem facto, nuntium confestim ad Casinense cœnobium misit, et quid in Casino actum fuisset, ut sollicite inquireret, præcepit: quo Casinum tendente, alter ei nuntius obviam factus est, qui se Capuam proficisci ob Joannis abbatis obitum nuntiandum dicebat. A quo cum de migrationis tempore sciscitaretur, ea ipsum hora invenit ex hac vita eductum, qua Joannes monachus ejus animam cœli alta penetrare respexit.

XXXVII. FELIX monachus a Casinensi abbate ut pastoribus gregique præesset transmissus est. Ubi cum defunctus fuisset, et multa ad sepulcrum ejus signa fierent, Theatinus episcopus ejus exinde corpus elevans in ecclesia venerabiliter collocavit, ac super illud altarium consecravit: quo loco cum quidam cæcus venisset, lumen recepit.

XXXVIII. SALVIUS e Campania ortus, a Casinensi abbate ad ecclesiam Sancti Clementis in Plumbata transmissus est: ubi cum defunctus fuisset, multa apud ejus sepulcrum miracula divina est operata majestas.

XXXIX. ANGELUS in Casino monachus fuit, vir reverendus et omni bonitate redimitus. Qui cum ultimum clausisset diem, dæmoniacus quidam ibidem adveniens cœpit clamare dicens: « Quid hac hora mihi, Benedicte, fecisti? Angeli mihi animam ob exigui gestamen cuculli auferens, tuo in cœlestibus gregi miscuisti. » Cumque hæc lugubriter diceret, repente signum quo fratrum obitus significari solet insonuit; euntesque præfatum angelum jam vita privatum repererunt.

XL. AZO in Casino religiosissimæ vitæ monachus fuit, qui ecclesiam Beati Michaelis archangeli in valle regia a Sarracenis destructam instauravit. Qui dum in Casino ultimum flatum traheret, monachus quidam Rainaldus nomine vidit beatum archangelum Michaelem in ea qua depingi consuevit effigie cum alio angelo per dormitorium ad domum infirmorum pergentem. Ad quem frater ait : « Tune es cœlestis militiæ princeps angelus Michael? » Et ille : « Ego utique. » Et frater : « Quo tendis, domine? » Ad domum, inquit, proficiscor infirmorum, Azonem ad cœlestem mecum curiam delaturus; tempus enim vitæ ejus terrenæ consummatum est. » Et his dictis, disparuit. Frater autem continuo surgens, domum infirmorum perrexit, jamque præfatum Azonem defunctum reperit.

XLI. JOANNES Veneticus in Casino monachus fuit, patientia, obedientia humilitateque insignis. Hic cum ibidem defunctus ac sepultus fuisset, frater quidam ramicis incommodum ita patiens, ut membrana intercutanea passa diruptionem, viscera in carnem laborarent et corium, ejus sepulcrum adiit, ibique toto prostrato corpore, Omnipotentis cœpit rogare clementiam, ut per intercessionem servi sui Joannis diruptionem illam in soliditatem statumque pristinum revocare dignaretur. Sed quantum apud Deum servi sui Joannis valeret oratio, claruit; nam statim diruptio illa solidata est.

XLII. STEPHANUS Veneticus in Casino monachus fuit, qui dum in eodem cœnobio ultimum diem clauderet, anus quædam Agundia nomine ante ecclesiam sanctæ Dei Genitricis in oratione pernoctans, cum ad montis apicem oculos deflexisset, vidit de infirmorum domo igneam columnam egressam cœlorum ardua penetrare. Quo viso, nuntium statim ad monasterium mittens, ea hora Stephanum invenit animam exhalasse, qua ipsam columnam igneam cœli alta penetrare conspexit.

XLIII. PAULUS, Casinensis monachus, cum in Capuano monasterio defunctus fuisset, ea nocte quidam episcopus orationis gratia petebat Garganum; qui cum in Capua urbe juxta ecclesiam Sancti Laurentii hospitatus fuisset, intempestæ noctis medio surgens vidit ad dexteram partem solaris instar radii lucem splendidam a monasterio egressam cœli alta penetrare : cumque lucem quam cernebat attentius miraretur, campanæ sonum e monasterio fratris exitum significantis audivit, statimque nuntium ad monasterium mittens, ea ipsum hora invenit de mundo migrasse, qua ipse cœlorum alta claritatem lucis petere vidit.

XLIV. GREGORIUS, Casinensis monachus, cum ex hoc mundo migrasset, tanta odoris fragrantia de loco in quo jacebat emanavit, ut omne subito monasterium odoris suavitas resperserit : dumque omnes mirarentur, nuntius ab infirmorum domo venit, qui Gregorium monachum obiisse retulit.

XLV. RAYNERIUS, Casinensis monachus, juvenis ætate, grandævis moribus, præcipuæ humilitatis, A obedientiæ singularis. Hic cum ad Theatinos fines pro utilitate monasterii missus fuisset, a latrunculis Oderisii comitis, omnibus quæ deferebat sublatis, occisus est. Ad cujus sepulcrum multa divinitus sunt patrata miracula.

XLVI. ADAM, Casinensis paramonarius, dum pro causis Ecclesiæ pergeret, duo juvenes vestimentis induti monasticis ei obviam facti sunt, quos cum interrogasset qui essent, unum Protum, alterum Hyacinthum se esse responderunt. Et adjunxere : « Venimus ut fratribus gratias referamus, quia nostræ festivitatis diem summa veneratione ac studio celebrarunt. » Erat enim dies quo martyrio coronati sunt.

B XLVII. BENEDICTUS. Constantinus, Sardorum rex, sub Oderisio abbate Casinum misit, ut ei quemdam ex fratribus mitterent, qui ibi episcopatum acciperet. Tunc miserunt ei quemdam monachum Benedictum nomine, virum per omnia venerabilem; qui dum satis strenue ibi episcopatus ordinem gereret, ex more solito veniens maxima multitudo passerum suo stercore fœdabat omnem ecclesiam, et omnia vasa altaris, ipsum quoque altare. Tunc vir Dei cum maximam inde quotidie injuriam sustineret, facto crucis signaculo dixit : « Præcipio vobis, in nomine Patris, et Filii, et Spiritus sancti, ut in ecclesiam amplius nec intretis nec injuriam faciatis; » quod usque in hodierrum diem ita custoditur, ut nullus passer eo intrare audeat. Quodam C prætérea tempore Sarraceni Sardiniam ingressi sunt, cumque ad Benedicti episcopatum intrassent, episcopum quærere cœperunt. Tunc vir Dei ante altarium stans, omnipotenti Deo preces fundere cœpit. Sarraceni vero ecclesiam ingredientes in episcopum impingebant, et eum videre non poterant. Quotquot autem invenerunt, in captivitatem duxerunt; episcopum vero solum nec videre nec tenere potuerunt.

XLVIII. BENEDICTUS, Casinensis presbyter, cum ad monasterium Lucense præpositus missus fuisset, quidam ejusdem civitatis nobilis graviter infestare idem cœnobium cœpit : quemdam namque agrum de prædicto loco auferens, suo juri vindicavit; cumD que a venerabili Benedicto sæpissime moneretur ut agrum sancto loco redderet, indignatione vir truculentus dixit : « Si vestræ justitiæ est et non meæ ager, ut dicitis, ostendat nunc Deus antequam de agro isto egrediar ultionem in me et in bestiis meis; » statimque oculus ejus crepuit, bos vero ejus in terram corruens expiravit. Alio quoque tempore quidam nobilis non parvam pecuniam venerabili commendaverat Benedicto, quam cum clericus quidam furto abstulisset, et vir Domini unde redderet non haberet, sacerdotalibus se vestibus induit, et ut ei Dominus ostendere dignaretur quis pecuniam abstulisset, sacrificium omnipotenti Deo offerre vir reverendissimus cœpit. Inter ipsa autem missarum solemnia venit angelus Domini, et quia clericus qui cum eo ad altarium stabat prædictam pecuniam habereret, monuit.

XLIX. GUAYFERIUS in Casino admirabilis vitæ monachus dictus est, qui amore cœlestis regni civitatem Salernitanam, e qua oriundus erat, relinquens, Casinum advenit, atque sub sanctæ religionis regula omnipotenti Deo strenue servire studuit. Cumque jam remunerationem laborum perennemque coronam æternus dare ei arbiter decrevisset, languore deprimitur; qui in lectulo jacens extremum vitæ spiritum jam ad Dominum recessurus trahebat. Nonnulli vero e fratribus circa lectum ipsius excubantes obitum ejus orationum precibus munire cœperunt, cumque in hujus mysterio rei diei maximam partem protraxissent, surgens in medium Albericus diaconus per Jesu Christi Domini nomen obtestari eumdem Guayferium cœpit, ut post suum e mundo recessum qualiter susceptus quove in loco deputatus esset, eidem apparens revelare curaret. Quo dicto, prædictus frater ex hoc mundo recessit. Post non multos autem dies idem Guayferius eidem Alberico per visionem apparens, dixit ad eum: « In veritate scias me ad vitam transisse æternam. »

L. THEODEMARIUS e Lemania provincia ortus, Agnetisque imperatricis capellanus fuit. Hic igitur cum relictis spretisque sæculi pompis Casinum peteret, venit ad fluvium Viridem, qui secus Cipcranum influit, quem cum transmeasset, famulum ejus unda rapiens introrsum trahere cœpit; quod ubi advertit, se confestim ibidem in orationem dedit; moxque ut ab oratione surrexit, famulum ejus unda foras projecit. Cum autem Casinum venisset, sanctæ conversationis habitum, prout optabat, accepit. Quantæ autem religionis quantæque perfectionis ejus vita exstiterit, et in quantum Deo placuerit, in sequentibus declarabitur. Quadam vero die cum sacrificium omnipotenti Deo offerret, quidam claudus eleemosynam petens advenit, cujus cum vir Dei manus apprehendisset, confestim sanatus est. Nec hoc silendum videtur, quod post missæ celebrationem aqua, quæ de ejus manibus effluebat, in potum energumenis data, sanabantur. Eodem præterea tempore episcopus Tranensis nepotem suum, Phocam nomine, quem immundus acriter vexabat spiritus, ad eum mittere studuit, rogans eum ut ob ejus liberationem omnipotenti Deo preces fundere dignaretur: super quem cum orationem fudisset, ab eo diabolum effugavit. Illis porro temporibus Berengarius diaconus Andegavensis sui nominis hæresim condidit, dicens sacrificium, quod omnipotenti Deo offertur, esse figuram non veritatem corporis Christi. Hoc ubi Romano pontifici nuntiatum est, Dominum Jesum Christum precibus pulsare admonuit, ut populum suo sanguine redemptum ad viam dignaretur reducere veritatis. Igitur dum omnes ob hoc Domini flagitarent clementiam, supradictus Theodemarius hostiam Deo oblaturus accedit; cumque ad consecrationem ventum fuisset, prædictam oblationem in carnem repente mutatam conspicit. Quod cum Romano pontifici A nuntiatum fuisset, omnium bonorum resoratori gratias retulit, Berengariumque cum suis sequacibus eidem cum hæresi renuntiare coegit. Stephanus Capuanus a civitate Sancti Germani cum Casinum venisset, ad altare Beatæ Mariæ semper virginis Deum rogaturus perrexit. Ad idem vero altare vir Domini Theodemarius divina mysteria celebraturus accesserat. Ab oratione igitur Stephanus cum surrexisset, ad Theodemarium fortuito oculos vertens, vidit in capite ejus coronam auream gemmis ac margaritis ornatam. Ad hanc visionem obstupefactus Oderisium abbatem adiit, eique cuncta quæ viderat per ordinem pandit. Alio quoque tempore cum idem vir Dei sacris astaret altaribus, vir sanctissimus Ebizo cum eo stare consueverat. Sed sicut est natura humana segnis ad Dei servitium, multoties vocatus B renuebat. Illo vero die quo sacram hostiam Deo ad Beatæ Mariæ semper Virginis altare offerebat, supradictus Ebizo sopore deprimitur, videtque angelum Domini juxta se stantem et dicentem: « Ebizo, animadverte et vide cui tu servire contemnis, quomodo ei angeli serviunt; et tu ei servitio denegato, Dominus ei angelos misit. » Stabant autem juxta eum duo angeli, unus a dextris et unus a sinistris. Alio quoque tempore dum idem Theodemarius sacris astaret altaribus, ac se in cordis contritione Domino Jesu Christo mactaret, hi qui ibidem astabant viderunt super scapulam ejus dexteram columbam nivei coloris residentem. Eo præterea tempore cum C omnis tellus aresceret, Oderisius abbas fratres ad se convocans, Deum ac Mariam virginem precibus pulsare admonuit, ut qui in deserto aquam de petra produxit, ipse arenti mundo pluviam daret. Quod cum fratribus placuisset, statuerunt ad Beatæ Mariæ ecclesiam in eodem monte constructam discalciatis pedibus pergere, ibique Dei omnipotentis clementiam supplicare. Adveniente autem die prædicto, Theodemario abbas præcepit ut cum fratribus pergeret, ac pro terræ siccitate sacrificium Deo offerret. Igitur dum ea quæ sibi injuncta fuerant implere satageret, cogitare intra se cœpit nullum in Casino sui similem aut meliorem esse, ideoque sibi utpote meliori ac sanctiori hoc injunctum fuisse. Peractis igitur litaniis, fratres redierunt Casinum; sed aer D in ea qua fuerat serenitate permansit. Vir autem Domini hoc cernens, se in precibus strinxit, triduoque sine intermissione Deum rogare attentius cœpit. Mane vero facto surgens, expansis ante altare manibus ait: « Non deponam manus meas usquequo pluviam nobis Dominus dare dignetur. » Eodem vero die tanta inundatio pluviæ erupit, ut tota affatim terra aqua repleretur. Quodam præterea tempore cum Neapolim advenisset, quidam vir magnis detentus febribus, oratione ejus interveniente, confestim sanatus est. In civitate Salernitana quidem rusticus filium claudum habebat, quem ad abbatem ferens de curte, exposcit ut aliquod remedium claudo impertiret. Abbas vero virum Dei Theodemarium ad se venientem aspiciens, puerum ante eum projecit, eumque rogare cœpit ut puerum a terra levaret : vir autem Dei quid in re esset ignarus, extendens manum apprehendit puerum, dicens : « Surge ; » et confestim surrexit.

LI. EBIZO, Casinensis monachus, dum in vigilia natalis Domini signum ad inchoandam missam pulsaret, vidit cujusdam ultramontani comitis animam in jumentorum morem ligatam ad supplicia trahi : cumque ad hanc visionem obtupesceret, diabolus qui eamdem animam trahebat ait : « Animam istam, quam cernis in nostra jura venisse, domini tui noveris esse, qui die hodierna mortuus est. » Hoc ubi vir Dei audivit, ingemuit, et facto mane veniens in capitulum ait : « Dominum meum noveritis hesterno die de mundo migrasse, unde vestram sanctitatem enixius flagito ut pro eo omnipotenti Deo preces fundatis : vidi enim in præterito die animam ejus ligatam a dæmonibus ad supplicia trahi. » Hæc cum narrasset, una cum fratribus pro ejusdem animæ liberatione preces fundere cœpit. Nocte vero adveniente diabolus adfuit, eumque ita flagellis cecidit, ut seminecem eum relinqueret, dicens : « Cur pro eo ausus fuisti Deum rogare, qui suis sceleribus exigentibus in nostra jura devenit ? » Mansionarii vero currentes, eumque a terra levantes, in lecto posuerunt. Alia etiam nocte adveniente, cum Deum pro ejusdem animæ liberatione rogaret, antiquus hostis eum iterum gravissime verberavit. Tertia autem nocte tantis eum diabolus verberibus flagellavit, ut e lecto in terram decideret, eumque mansionarii seminecem invenirent. Igitur cum vir Dei ob ejusdem animæ liberationem assidue Deum rogaret, Leo Bibliothecarius, qui post Ostiensis episcopus factus est, ab eodem viro Dei rogatus divina mysteria celebraturus accessit ; cumque ad hostiæ confractionem venisset, Ebizo sopore deprimitur ; apparuitque ei diabolus dicens : « Cum tuis psalmis et orationibus animam de potestate mea abstraxisti (88). » Tunc vir Dei evigilans Deo gratias retulit, et quod viderat et audierat, fratribus per ordinem pandit. Interea e Gallia Alemanni cum advenissent, vir Dei de ejus obitu inquirens, ea hora illum invenit de mundo migrasse, qua ipse ejus animam ad supplicia trahi prospexerat. Quodam præterea tempore cum ab abbate Venafrum missus fuisset, constituto ei in ecclesia diabolus adfuit, eumque taliter alloqui cœpit : « Abbas vester plus gerit sollicitudinem de rebus transitoriis et caducis quam de monachis, multaque jam mala sustinuisti. Nunc igitur tolle pallium istud, tibique panes exinde eme. » Cui vir Dei respondit : « Pallium tuum tecum sit in perditionem. » Tunc statim recessit, et e tecto duos lapides, quibus eum percutere posset, projecit. Illo vero tempore quo de hac vita erat exiturus, beata Dei genitrix apparuit ei, eumque si in hac vita plus vivere vellet, inquirit. Cui ille « Non, » respondit. Et Dei genitrix : « Veni ad me. » Quo ille audito, extremum halitum fudit.

Ex vita ejusdem Ebizonis composita a Paulo monacho Casinensi.

Ebizo genere Teutonicus, de provincia, quæ Francia Teutonica dicitur, cum a parentibus et cognatis primatibusque civitatis suæ impediretur longe proficisci, habitumque mutare ; nactus horam, quamprimum imperatricem adivit Agnetem, ejusque consilio fultus et auxilio non solum urbem, sed et gentem mutavit. Peregrinationis igitur Abrahæ factus imitator, a sancto Desiderio monasterii Casinensis abbate susceptus est benigne; sub quo nimirum religionis amatore taliumque adjutore, corpus suum hostiam viventem, sanctam, Deo placentem exhibuit. Cilicium quod asperius invenire poterat ad carnem induebatur : sic intentus erat jejunio, ut et piscibus, qui cœnobitarum cibus dici consuevit, indesinenter abstineret : non ovis vel adipe unquam usus est ; carnes a nativitate sua nunquam comedit : oleo quoque, nisi communiter cum cæteris, prorsus indiguit. Facta denique dicti liquoris penuria, edictum exivit a patre monasterii, ne cui daretur oleum, nisi solemni cunctorum refectione. Sicque factum est ut elixis tantum leguminibus uteretur ; et, quod erat miserabilius, quando alii melius prandebant, ipse deterius reficiebat. Ante nonam nunquam reficiebat exceptis Dominicis diebus et solemnitatibus præcipuis, tribus in hebdomada diebus pane duntaxat et aqua contentus. Sic totum annum ex ordine continuabat. Rarissime dormiebat, ne prævaricari videretur illud : *Sine intermissione orate* (*I Thess.* v, 17). Ita silentio deditus erat, ut vix per integrum annum nisi confessionis causa loqueretur. Aulam beati Bartholomæi, quæ basilicæ Sancti Benedicti lateralis est atque contigua, quasi consistorium fecit, ut incluso corpori negaretur horis et momentis excursus; quam nimirum pro eremo indesinenter habitans, absque mendacio psallebat : *Ecce elongavi fugiens, et mansi in solitudine* (*Psal.* LIV, 8). Nullo certe tempore præfata æde exibat, nisi vel obedientiæ proventu, vel humanæ necessitatis impulsu; ut cum beato Job dicere videretur : *In nidulo meo moriar* (*Job* XXIX, 18). Unde factum est ut hominum interdicta frequentia, sæpius cum angelis vel dæmoniis quam cum hominibus confabularetur. Habuerat enim ante conversionem quemdam familiarissimum Adonem nomine, prædivitem, qui plurima beneficia sibi conferens, ad extremum quibusdam eum adfecit injuriis. Satanæ vero satellites rati hominem Dei vindicta gaudere, in vigilia natalis Domini oranti ei, et præ nimia lassitudine jam somniculanti visi sunt quodam tri-

(88) Diaboli testimonium nemo necessario admittet. Nam quod ipse bibliographus postea affirmat, id quoque ex hoc diaboli dicto pendet. Est autem catholicæ Ecclesiæ doctrina, sententiam damnationis post obitum esse irrevocabilem. Quominus tamen hac super re theologice heic disputem, otium ipse mihi feci, qui ad Nicephori Blemmydæ a me editam orationem satis disserui de illorum opinione qui Trajani imp. animam precibus S. Gregorii PP. ab inferis liberatam autumarunt.

pudio lætabundi. Quos ita sciscitatus est : « Et vos A unde jucundamini? » At illi : « Quoniam, aiunt, de anima illius modo triumphavimus. »

De eodem Ebizone secundum Paulum monachum Casinensem.

Ductus est etiam in spiritu per amœna loca, et nominabantur ei quorum forent diversoria, et inter cætera ostensus est illi quidam deliciosus locus; et audivit illum Eliæ fuisse prophetæ. Ad extremum autem poposcerat Deum, ut ante vitæ occasum qualibet cruciatus ægritudine mundus exiret ad requiem. Tandem exauditus fistulam accepit in læva parte mamillæ, quæ cum a fratribus et a se ipso vix tolerari posset propter incrementum liquoris atque putoris, persuasus est ab eisdem fratribus suis curationis causa pergere ad Venafranum episcopum B vocabulo Petrum, qui plurimis super ejusmodi morbo remedium contulerat. Ille vero nolens abjicere quod a Deo petierat, a venerabili presbytero Gregorio tunc temporis edicto vix ire compulsus est. Cumque Venafri aliquot diebus ea de causa moraretur, non tamen opus orationis intermittens, post altare basilicæ secreto sedebat. Unde communis piorum inimicus diabolus nec jam livorem sufferens, saxum dejecit, Dominique famulum, reor, opprimere cupiens, sedem ligneam ante quam sedebat comminuit. Illo autem a solitis obsecrationibus nullatenus desistente, jam populo ad divina conveniente, templique parietes constipante, malignus tunc hostis quem prius terrore permovere nequiverat, simulata benignitus consola- C tione, in monachi specie Ebizonem humiliter adiens, sic exorsus est : « Abbas vester plus gerit sollicitudinem de rebus transitoriis et caducis quam de monachis, multaque jam mala sustinuisti. Nunc igitur exuere vili quo indutus es habitu, et decentiore quem affero, in tanta frequentia plebis amicire : » nam et ipse vilibus vestitus erat; honestius pallium monachum, qui videbatur, gerere cernebat. Quem cum diligenter attenderet, qui quasi minister adolescens venerat, nunc virilis ætatis, nunc senilis apparebat, ut, opinor, verbis auctoritas major inesset : cumque personam variari prospiceret, illico quid fuerit animadvertens, semetipsum signo crucis armavit, et mox imago illa disparuit; qua evanescente, tanto tremore tota concussa est aulæ machina, ut populus D et clerus qui interfuerat, fugiens exiret; pontifex etiam in episcopio prope commanens terræ motu stupefactus, aliosque palari prospectans, cœpit quærere sollicite quidnam de servo Dei factum esset, cumque ad se adduci præcepit. Quem percontatus an terræ motum sensisset, quid homo Dei vidisset, et quod gestum fuerat penitus agnovit. Hic autem præsul ob dignæ religionis meritum, Deo revelante, comperit eum impotem curari, et hominem in proximo exuturum. Quapropter eum ad Casinense cœnobium remisit, ut in suo monasterio sæculo vale faceret. Ubi dum persisteret divinam flagitans opitulationem, cernit per visum prolixam atque jucundam dealbatorum processionem; ad quorum accedens extremum, sciscitatus est qui essent, et quare celebrarent illam? Cui respondit quem consuluit : « Non expedit te nunc id doceri, quia de vicino es cogniturus. » Inter hæc abbas ejusdem loci Desiderius visitandi gratia ad eum accedens ait : « Quomodo te habes, frater? » et Ebizo : « Orationibus, Pater, intervenientibus vestris, bene. » Tunc hortatus est eum ut pro allevatione ægritudinis piscem saltem comederet. Et Ebizo : « Non, Pater, non; absit ut abstinentiam, quam per totum vitæ meæ tempus servavi, nunc in mortis articulo constitutus perdam! jam enim Domini mei præsentabor conspectibus; jam cupio dissolvi et esse cum eo. » Tunc Desiderius ad fratres conversus ait : « Iste homo lapideus est, non carneus, excellit hominum mensuram. Non enim pisces, non carnem, non caseum, non ova, nec ullum prorsus pinguedinis blandimentum in tota vita sua, ut ante jam dictum est, vir beatus comedit. O virum inter summos ex antiquis Patres non immerito connumerandum, qui nec in die mortis abstinentiæ voluit relaxare rigorem! » Dum igitur vir Dei in eadem infirmitate depressus jaceret, matrona quædam statura admirabilis, venustate inæstimabilis, persona imperialis, fit ei obviam, et talibus dolomate angustiantem affatur eloquiis : « Vide ne deficias, sed confortare, meque operire quoad redeam : » videbatur enim esse in itinere. At ille : « Quonam, inquit, pacto te præstolor, domina, qui præ ulceris æstu vix in me maneo? » Tum illa, quæ ipsi putabatur beata esse Maria, hoc æstuanti dedit responsum : « Sustine, ait, viriliter, quia per ardorem hunc momentaneum evasurus es illum intolerabilem atque perpetuum. » Hac igitur consolatione suscepta stetit hilarior, et post pusillum diem clausit extremum XII Kal. Novembris, tertio decimo die postquam Venafro redierat. Sepultus vero est juxta ecclesiam Sancti Benedicti. Postea vero Desiderius ex eodem loco corpus ejus elevans, in capite graduum, qui pergunt ad refectorium, cum aliis multis locavit. Idem Paulus ait : Ebizo comparabilis est beato Gregorio, qui de suppliciis Trajanum eripuit. Sane non est difficilius ethnico subvenire quam publicano. Institor enim Ado fuerat, nec absque gravi culpa nundinas frequentare poterat, et habemus scripturas satis authenticas, quæ publicanos deteriores ethnicis asseverant. Non ergo mirabilius est Trajanum quam Adonem liberasse : quanquam in hoc distant, quod hic aqua et spiritu regeneratus regnum Dei credatur ingressus, ille solum de pœnis ereptus.

LII. RAIDERISUS, Casinensis monachus, dum quodam tempore ad sancti Apollinaris castrum venisset, maximaque siccitas esset, habitatores loci ubi eum illuc venisse agnoverunt, rogabant ut pro siccitate preces Domino fundere dignaretur. Vir autem Domini, eorum humiliter postulationibus obediens, ad vivificam aram omnipotenti Deo sacrificium oblaturus accessit. Adfuit itaque confestim clementia Dei; nam statim inundatio pluviæ erupit.

LIII. ALMANNUS in Casino monachus fuit, cujus profecto quantum Deo placuerit vita, exitus ejus patefecit. Hic igitur e Melphia, de qua ortus fuerat, ad hoc cœnobium veniens districtissime satis et continentissime vixit : omnibus enim noctibus juxta ecclesiam Sancti Andreæ apostoli nudus permanens, duris scoparum ictibus, psalmos canens, semetipsum affligere non desinebat. Gerardi autem abbatis tempore, cum idem vir nocturno tempore esset defunctus, Nicolaus cellerarius extra monasterium foris manens, elevatis oculis vidit tectum cœnobii desuper aperiri, et ex eo maximum globum ignis egredi, atque in cœli alta deferri. Statim vero ad monasterium nuntium mittens, invenit ea hora fuisse Almani obitum, qua globum ignis de monasterio egredi cœlique alta petere vidit. Hanc autem visionem sicut cellerarius foris, ita et Carbo in monasterio positus conspexit. Hic vero, quandiu vixit, tribus diebus in hebdomada panem comedit et aquam bibit, et nunquam nisi certa solvit solemnitate jejunium.

LIV. FORTUNATUS, Hispania provincia oriundus, ad corpus beati Benedicti causa religiosius conversandi Casinum veniens, ex concessione abbatis Richerii juxta ecclesiam Sancti Matthæi apostoli sibi habitaculum construens, omnipotenti Deo servire illic studiosius cœpit. Quadam vero die ad Casinense cœnobium veniens, ingressus ecclesiam, obvius ei ante crucem majorem quidam vir factus est, quem immundus spiritus gravissime vexabat; cumque ante eum venisset, rabido ore, micantibus oculis, in eum impetum fecit. Cui vir Domini manus suas extendens ait : « Crudelissime latro, si hominum carnibus delectaris, hos digitos devora (quos enim homines tenebat, scindebat; alios autem dentibus vorabat). » Cum hæc dixisset Fortunatus presbyter, immundus spiritus ab eo egrediens, ecclesiam fumo fetoreque replevit. Juxta ecclesiam vero Sancti Matthæi dæmoniacam ad se venientem oratione curavit.

LV. ALPHANUS, Casinensis monachus, ante quam vita decederet, vidit per visum scalam erectam ire de lectuli sui sede usque ad cœlum. Cumque hac visione stuperet attonitus, quidam albati juxta eum stantes dixerunt : « Ascende per scalam sursum; » cumque jam ad summitatem scalæ pervenisset, vidit duos gradus in ea deesse, statimque ab albatis sursum raptus, in domum ingenti lumine coruscantem inducitur. Evigilans autem cum hæc fratribus retulisset, suum obitum reseravit, ac post non multos dies diem clausit extremum. Hujus autem vita talis exstitit : in quadragesima nunquam in lecto quievit, bis in hebdomada comedit, psalmi ex ore illius non recessere.

LVI. JOANNES, sancti Romualdi discipulus, atque ab eo cum Olibano ad quemdam locum inhabitandam directus, per aliquot annos ibi remoratus est. Inde igitur recedens Hierosolymam petit. Cumque de Casinensi monte descendens jam ad campestria pervenisset, subito equus socii ejus furioso rotatus impetu Joannis tibiam calce ferrato percutiens A fregit; qui ad terram nimio dolore prostratus, reduci se Casinum fecit, atque prope monasterium cellam ædificans, in ea per triginta annos in sancta conversatione permansit. Fuit namque in charitate, abstinentia ac humilitate summus ac præcipuus, ita ut nec intra claustrum quisquam sciret quomodo jejunaret. Inter reliqua autem virtutum ejus dona ita exosum habebat detractionis (vitium), quatenus mox ut quis ad detrahendum os aperiret, mox, velut sagitta rigore lapidis repercussa, in dirigentem protinus redundaret. Post vero ejus obitum nonnulla per eum ibi divinitus sunt facta miracula.

LVII. PETRUS, Casinensis abbas, fuit maximæ religionis, qui pondus regiminis arduum sibi esse perspiciens, abbatia relicta, ad vallem lucis se contulit, B ibique cum fratribus religiose vivere cœpit. Quadam autem die dum idem venerabilis Pater una cum fratribus ad fruges incidendas esset egressus, serenitasque maxima esset, subito cœlum densatur nubibus, tonitrua concrepant, coruscationesque maximæ micare cœperunt. Quod ubi vir Dei advertit, fratribus præcepit dicens : « Nullus vestrum agrum deserat, cœptoque insistite operi, ut hodie illud valeatis explere. » Hæc cum dixisset, sese cum lacrymis ibidem in orationem dedit : *Mirabilis Deus in sanctis suis* (*Psal.* LXVII, 6), qui glorificantes se, suaque præcepta servantes, tam velociter exaudire dignatur! Nam cum pluvia magna descendisset, in agro in quo idem vir Domini cum fratribus stabat, C nec una quidem gutta pluviæ cecidit. Ex vicino vero monte, qui eidem monasterio imminet, sæpissime lupus venire, eique oves auferre consueverat. Quadam autem die lupus venit ex more, ovem abstulit, et recessit. Quod cum viro Dei nuntiatum fuisset, ecclesiam ingressus, sese cum lacrymis in orationem dedit; qua completa, ad portam egressus, reperit lupum ovem in ore tenentem, et ad se deducentem; cumque ad eum lupus venisset, ovem ante pedes ejus posuit, statimque recessit. Alio autem tempore latrones ejusdem monasterii hortum ingressi sunt, ac olera furari nitebantur. Cumque jam onusti oleribus essent, tentantes fugere, per totam noctem in circuitu deambulaverunt, foras egredi non valentes. Qui sollicitius unde, qui essent, vel cur venissent, D inquisiti, protinus sui sceleris furtum pandentes soluti sunt. Qui autem illos invenerat, fuit horti custos frater quidam, qui mane facto reperit eos deambulantes, et aditum nullatenus invenientes.

LVIII. STEPHANUS Casinensis abbas et sedis apostolicæ pontifex, regali ortus prosapia a pueritia liberalibus litteris eruditus ac nimis eloquentissimus, Leonis papæ cancellarius fuit; a quo Constantinopolim directus, patriarcham ejusdem urbis deposuit, ac anathematis vinculo innodavit. Inde igitur rediens, in Casino monachus factus, ac post non multum abbas electus, Romam consecrationis suæ gratia pergens, a Victore papa consecratus est; sed ante quam reverteretur, Romanus pontifex obiit. Confestim a senatu, clero, populoque Romano est raptus, et in apostolica sede consecratus : ubi indigladiabiliter pro (89) conjugiis clericorum, sacerdotum, nec non consanguineorum pugnavit, ac omnes clericos Romæ, qui post interdictum papæ Leonis incontinentes exstiterant, de conventu clericorum et choro ecclesiæ præcepit exire. Quidam presbyter juxta canonicam beatæ Cæciliæ trans Tiberim habitabat, qui nec feminam acquiescebat abjicere, nec nunquam poterat hæc statuta nisi vana et frivola judicare. Quadam autem die dum incolumis vegetus et sanus existeret, vespertinis horis ad quiescendum se in lecto composuit : sed repentina divinæ ultionis animadversione percussus, subitanea morte mortuus est. Falsorum monachorum et sanctimonialium vitam idem pontifex reprehendit et correxit ; Simoniacam hæresim in æternum damnavit, atque post hæc in civitate Florentia obiit; ad cujus sepulcrum suis pro meritis plurima Christus signa ostendit.

LIX. VICTOR in ipsis suis nuptiis sponsam suam relinquens, eremum petiit; ac deinde Casinum veniens consecrationem monastici ordinis ibidem accepit. Quodam vero tempore quiescente eo, apparuit ei visio non contemnenda. Cernebat namque se in turre, quæ juxta capitulum erat consistere, in qua nimirum Pater Benedictus videbatur sede decentissima residere. Cumque ad hanc visionem pavefactus stuperet et accedere propius nequaquam præsumeret, beatus Pater Benedictus ei hilariter innuebat, eumque juxta se sedere manu porrecta jubebat. Hanc visionem rei probavit eventus, abbas dehinc factus totum monasterium sicut nunc cernitur renovavit. Præterea cum Casinense cœnobium sæpissime attereretur a fulmine quadam nocte sanctus Pater Benedictus ei apparens, nihil aliud quam diabolicas insidias et antiquam pro loco ipso invidiam esse perdocuit. Defuncto interea sedis apostolicæ pontifice, ab omni clero et populo pontifex ordinatus est. Sepultus vero est in Casino in absida capituli.

LX. RANDISIUS in Casino sub Desiderio abbate monachus fuit; cujus qualis quantaque vita fuerit, in ipso mortis articulo est dignatus Dominus ostendere. Nam cum expleto vivendi tempore, mortis debitum persolveret, cœperunt fratres sicut mos est ejus animam omnipotenti Domino commendare. Cum jam extremum halitum traheret, ad fratres conversus ait : « Tacete, tacete ; nunquid non auditis quantæ resonent laudes in cœlo? nunquid pueros qui mihi laudes decantant non videtis ? nam vestimenta vultusque eorum sunt ut nix. Unde per Deum obnixe vos postulo, ut sileatis, mihique tam suavissimum sonum audire sinatis. » Hæc dum diceret, spiritum emisit. Sepultus vero est juxta ecclesiam Beati Stephani et sancti confessoris Christi Martini. Hic quandiu vixit, ab omnibus admirabilis atque sanctissimus habebatur.

LXI. SERGIUS, Casinensis monachus, natione Amalphitanus, dum Gerardi abbatis in tempore vita A decederet, Gregorium ejusdem cœnobii presbyterum rogavit ut eum non dimitteret. Qui postulationi ejus obtemperans, cum eo permansit. Cum vero vitæ ejus appropinquasset jam ultima hora, respiciens vidit beatissimam Dei genitricem Mariam ad se venientem ; illicoque manus sursus erigens clamare cœpit : « Domina mea. » Quem interrogantes quid videret, ait : « Nunquidnam beatissimam virginem Mariam non videtis? hic nempe est. » Hæc cum dixisset, animam exhalavit.

LXII. AZO, Casinensis decanus, Campania provincia oriundus fuit; qui dum a Gerardo abbate in Sardiniam missus fuisset, dum rediret ad monasterium, captus a Sarracenis apud Africam provinciam ductus in captivitatem est. Hic igitur cum in eadem B provincia defunctus fuisset, corpus ejus in ecclesia Beatæ Mariæ ante altare sepultum est. Factum est autem intempestæ noctis silentio, Sarraceni inde transeuntes, dum luna radios suos emitteret, viderunt eum foris juxta ostium sedentem librumque in manu tenentem. Tunc illi obstupefacti alios Sarracenos vocare cœperunt, dicentes : « Currite citius, currite; huc properare studete : nam presbyterum Christianorum qui in isto mense mortuus est, ante ostium ecclesiæ sedentem conspicimus. » Hoc igitur reliqui audientes, portas civitatis egressi, illuc tendere festinarunt; cumque ad eum appropinquassent, vir Domini intra limen ostiumque basilicæ ingressus, nusquam comparuit. Quodam vero die mansionarius C ingressus ecclesiam reperit lampadem, quæ super sepulcrum ejus pendebat ardentem. Tunc iratus puerum qui ei jugiter in ecclesia serviebat vocavit, eique dixit: « Cur lampadem accensam reliquisti ? » Ad quem puer respondit : « Ego quando ecclesiam clausi, lucernas omnes exstinxi ; istam autem quis accenderit, ignoro. » Animadvertens autem ille quod in re erat, lampadem exstinxit et ecclesiam clausit. Alio quoque die ingressus ecclesiam, lampadem ardentem reperit. Hoc igitur dum sæpius fieret, nuntiatum est regi Sarracenorum qui in re insolita admiratus, et putans a Christianis ista confingi, destinat Sarracenos qui lampadem exstinguerent, oleumque exinde traherent; quod cum factum fuisset, alio die ecclesiam ingressi, lampadem lucentem atque aquam in morem olei arden- D tem invenerunt : qui præpete cursu inde egredientes, ad regem venerunt, et cuncta quæ viderant per ordinem pandunt. Tunc rex lampadem exstingui, et Sarracenos die ac nocte ecclesiam custodire præcepit, ne quis Christianorum eamdem intraret. Nocte itaque adveniente, Sarraceni qui ecclesiam observabant oculos in cœlum levantes, stellam de cœlo super lampadem ecclesiæ radiantem aspiciunt. Tunc obstupefacti fores ecclesiæ reserant, lampademque lucentem aspiciunt. Cursu celeri ad regis tendentes palatium, seriatim quæ viderant nuntiare cœperunt. Rex vero suorum talia cum audisset ab ore, dictis derogans fidem, lampadem exstingui, et ecclesiam

(89) *Pro* hic significat *contra*, ut mox sub finem vitæ Victoris. Alias apud infimi ævi scriptores significat *causa*.

sicut prius custodire præcepit, exsurgensque ad domum califæ, quæ ecclesiæ imminebat, perrexit; cumque jam nox advenisset, elevatis in cœlum oculis vidit stellam super lampadem ecclesiæ radiantem, eamdemque radio suo accendentem. Statim igitur Sarracenos ad ecclesiam mittens, lampadem ardentem reversi nuntiaverunt. Tunc rex proponit edictum ut Christiani liberam in ecclesiam ingrediendi facultatem haberent.

LXIII. LEO, quidam Amalphitanus, in Casino monachus fuit, qui ad finem vitæ non leviter ægrotans, se custodientibus fratribus aquam petiit: quorum unus cum aliquantulum in hauriendo moratus bibendam aquam ei obtulisset, ille renuit dicens: « Nolo hanc aquam, quoniam Odilo Cluniacensis abbas statim huc veniens aquam mihi detulit, meque sitientem refecit. » Quod audientes illi mirati sunt, statimque prædictus frater e mundo recessit.

LXIV. JOANNES Cajetanus Casinensis monachus fuit, qui cum apud domum infirmorum in extremo vitæ positus jaceret, Georgius mansionarius in secretario dormiens vidit magnam fratrum multitudinem quasi ad processionem euntium ab orientali parte hoc ingredi monasterium: eoque ad hanc visionem mirante, unus dixit: « Ad suscipiendum Joannem venimus. » Hoc dicto, statim signum, quo fratrum obitus significatur, sonuit, festinansque invenit eum mortuum: intellexitque magni meriti Joannem fuisse, ad cujus animam suscipiendam illa sanctorum congregatio advenisset.

LXV. PETRUS, cui Cuculites cognomen fuit, cum gratia conversionis Casinum venisset, ad ecclesiam Sancti Severi quæ in hujus latere montis sita est, ei diabolus obviam factus est dicens: « Tu quidem mea jura relinquens, ad Benedictum confugium facis: ego autem corpus tuum, sicut quondam Job, a Deo expetens flagellandum accepi, licet animam sub tanto patrono constitutam nullo modo lædere prævaleam; » quod postea liquido patuit. Nam ille huc veniens, usque in vitæ terminum religiosissime vixit; corpus tamen ejus crebris atque validis cruciatibus est semper depressum.

LXVI. RANDISIUS, Casinensis monachus ac Burrelli comitis filius, qui per triginta annos pristinum tenuit, cum hydropicus factus fuisset, ad mortem veniens vidit sanctum protomartyrem Stephanum cum innumerabili turba ad se venientem. Quod cum narrasset, confestim spiritum reddidit.

LXVII. JOANNES, Casinensis presbyter, natione Ravennas, qualis quantusque fuerit, quantumque in vita valeret ipsius apud omnipotentem Deum oratio, est dignatus Dominus ostendere. Nam Gerardi abbatis temporibus dum Sennes Capuanæ ecclesiæ archiepiscopus defunctus fuisset, idem archiepiscopus prædicto abbati per visionem apparuit. Cui abbas ait: « Quomodo te habes? » Et ille, « Diu est quod in igne crucior; sed si Joanni de Ravenna, et Joanni de Sancto Angelo præceperis ut pro me Redemptori omnium hostiam offerant, ab his cruciatibus liberabor. »

LXVIII. BENEDICTUS sub Desiderio abbate Casinensis monachus, Capuamque cœnobii præpositus veniens, quam creber fuerit in psalmodiis, quam studiosus in eleemosynis, quam sedulus in orationibus, quamque pervigil in vigiliis, luce clarius patet. Hic apud Capuanum monasterium infirmitate tactus, defunctus est XI Kal. Julii. Sepultus vero est ante ostium ejusdem monasterii ad dexteram partem introeuntibus ecclesiam, ubi usque hodie mira virtus divina patrare non cessat.

PETRI DIACONI
LIBER
DE LOCIS SANCTIS.

(Dom. TOSTI, *Storia della Badia di Monte-Cassino.* Napoli 1842, 4°, t. II, p. 121, ex cod. ms. Casin. n. 361.)

PROLOGUS.
AD GUIBALDUM CASINENSEM ET STABULENSEM ABBATEM.

(MARTENE, *Ampl. Coll.* VI, 790.)

Domino suo ac Patri in Christo venerabili GUIBALDO, Dei gratia sacri Casini Montis abbati, PETRUS Casinensis diaconus debitæ obedientiæ famulatum.

Quanto cupidinis igne, Pater in Christo venerande, exarserim, ac quali quantove desiderio ut vos omnipotens Deus de adversis eriperet exoptaverim, ipsum Deum invoco testem, quem mentis abdita, A quem conscientiæ occulta non fallunt, quia et de ipsis animi motibus generis arbiter creditur futurus humani. Sed quia juxta prophetæ elogium in manu hominis non est via ejus, nec ab homine, sed a Domino gressus hominis diriguntur, nostris id facinoribus exigentibus, non est factum quod humana aviditas concupivit, sed quæ Deus arbiter meritis humanis competere judicavit. Nam cum omnium pravorum grassante impietate, Ecclesiæ Dei status quotidie labefactari cernatur, et fere, ut ita dicam, nullus adversus eos insurgit pro domo Israel, partim amore, partim timore sæcularium potestatum, idcirco augustæ memoriæ dominus noster imperator Lotharius vestram beatitudinem in Casinensi B cœnobio abbatem instituit, ut ea quæ ad correctionem malorum et salutem bonorum attinent, sollicite ac diligenter pertractares effrenatos refrenares, ac superbos humiliares : quatenus recuperata justitia, et restaurata religione, cœtus ecclesiasticus sibi juste ac misericorditer servire, ac pro Romani imperii statu Dei omnipotentis clementiam exorare queat. Unde non immerito ab omnibus probis ac sapientibus diligeris ac veneraris. Nam quis tanti viri familiaritatem spernat, affabilitatem contemnat, industriam fugiat? Nam ut omittam cætera maxima et egregia vestri ingenii munimenta insignia, cunctos præcellentis Romani imperii sapientes Tulliana eloquentia superas, et antecessorum vestrorum largam munificentiam omnibus horis momentisque C præcellis : tantis, inquam, et talibus vos cernens sertis redimitum et laureis decoratum, *Itinerarium de locis sanctis* a nobis utcunque exaratum, et ex omnibus, ut ita dicam, libris collectum, vestræ paternitati destinare curavi, poscens id a vestra eminentia roborari, in quo rogo non dictantis ignaviam, sed materiam attendatis utillimam. Nec novi vos et incogniti hactenus aliquid in hoc itinerario edisciturос, sed ea quæ jam viva voce illis referentibus qui ad sepulcrum Domini perrexerunt edidicistis, vel ea quæ per volumina diversa librorum legistis, nos hic noveritis collegisse. Quæ autem indeclinabilia et immania impedimenta a perfidis et scelestis utroque genu claudicantibus nobis obstiterint, non jam Deum, verum vos ipsos conscios, vos ipsos fideles corde clamaverim testes. Cæterum ad tantillum spatii, quod e largitate divinæ indulgentiæ relictum est istud opusculum cœlesti munificentia edidi, confidens nihilominus de Deo, de nostris æmulis quandoque nobis victoriam collaturum. Sicut enim nunquam fit opus solidum vel decorum si artifex omnia prout ratio poscit non aptet, sic omnis scriptor manans multimoda verbositate nullam habebit valentiam edendi scripturam dulcedine sertam prout Horatius strenuissimus orator in scriptis suis reliquit, dicens :

Omne tulit punctum, qui miscuit utile dulci,

si postquam scribere conetur, materiam non rimetur. Jam vero Christo auspice hujus procemii iste sit finis.

EXPLICIT PROLOGUS.

INCIPIT

LIBER DE LOCIS SANCTIS.

Situs urbis Jerusalem, pone in orbem circumactus, non parvo murorum ambitu assurgit, quo etiam montem Sion vicinum intra se recipit, qui a meridie positus, pro arce urbi surpereminet. Major pars civitatis infra montem jacet in planitie humilioris collis sita, cujus in magno murorum ambitu D octoginta quatuor turres, portas sex habet. Prima porta David ad occidentem montis Sion. Secunda porta villæ Fullonis. Tertia porta S. Stephani. Quarta porta Benjamin. Quinta portula ab hac per gradus ad vallem Josaphat descenditur. Sexta porta Tecuitis. Celebriores tamen ex his sunt tres exitus portarum, unus quidem ab occasu, alius a septentrione, tertius ab oriente. A meridie autem aquilone montis Sion supercilium supereminet civitati, et ea pars murorum cum interpositis turribus nullas habere portas comprobatur, id est a supra dicta porta David usque ad eam ejusdem montis Sion frontem, quæ prærupta rupe orientalem plagam respicit. Situs quippe ipsius urbis, a supercilio aquilonis montis incipiens Sion, ita est mollidruo dispositus usque ad humiliora aquilonarium orientaliumque murorum, ut pluvia ibi decidens nequaquam proteri, sed instar fluviorum per orientales defluens portas, cunctis secum platearum sordibus raptis in valle Josaphat, torrentem Cedron augeat. Ingressis ergo ab septentrionali parte urbem, primum de locis sanctis pro conditione platearum divertendum est ad ecclesiam Constantinianam, ubi crux Domini inventa est. Dehinc ab occasu Golgothana videtur ecclesia, in qua etiam rupis apparet illa, quæ quondam ipsam affixam Domini corpore crucem pertulit, argenteam nunc grandem sustinens crucem, pendente desuper ænea rota cum lampadibus. Infra ipsum vero locum Dominicæ crucis, excisa in petra crypta est, in qua super altare pro defunctis honoratis sacrificium solet offerri, positis interim in platea corporibus. Hujus quoque ad occasum ecclesia Anastasis, hoc est Resurrectionis Dominicæ, rotunda ecclesia, tribus cincta parietibus, duodecim columnis sustentatur, inter parietes singulos latum habens spatium viæ, quæ tria altaria in tribus locis parietis medii continet, hoc est australi, aquilonali, et occidentali. Hæc bis quaternas portas per tres e regione parietes habet, e quibus quatuor ad vulturnum et quatuor ad eurum spectant. Hujus in medio monumentum Domini rotundum petra excisum est, cujus culmen intrinsecus stans homo manu contingere potest, ab oriente habens introitum cui lapis ille magnus appositus est, quod intrinsecus foramentorum vestigia usque in præsens ostendit; nam extrinsecus usque ad culminis summitatem totum marmore tectum est; summum vero culmen auro ornatum auream magnam gestat crucem.

In hujus ergo monumenti aquilonali parte sepulcrum Domini in eadem petra excisum, longitudinis septem pedum, trium mensura palmorum, palumento altius eminet. Introitum habet ab latere meridiano, ubi die noctuque duodecim lampades ardent, quatuor intra sepulcrum, octo in margine dextro. Lapis, qui ad ostium monumenti positus erat, nunc fichus (*sic*) est. Cujus pars minor quadratum altare ante ostium nihilominus ejusdem monumenti stat, major vero in orientali ejusdem ecclesiæ loco; quadrangulum aliud altare sub linteaminibus exstat. Color autem ejusdem monumenti et sepulcri albo et rubicundo permistus esse videtur. Ad dexteram vero partem huic ecclesiæ cohæret Dei Genitricis ecclesia quadrangula. In platea quæ Martyrium et Golgotha continuat exedra est, in qua calix Domini, scrinio reconditus, per operculi foramen tangi solet et osculari. Qui argenteus calix, duas hinc et inde ansulas habens, sextarii Gallici mensuram capit; in quo est et illa spongia Dominici potus ministra. Ibi etiam in Golgotha Abraham Isaac filium suum obtulit. Lancea præterea militis inserta habetur in cruce lignea in porticu Martyrii, cujus hastile in duas partes intercisum est. Hæc quidem sancta loca extra montem Sion posita sunt, quo se ad aquilonem deficiens loci tumor porrexit. In inferiori vero parte urbis templum in vicinia muri ab oriente locatum est; paucæ illic cisternæ sunt. Sepulcrum vero Domini, de quo supra retulimus, est fabricatum in medio templi; templum vero in media civitate contra aquilonem, non longe a porta David. Post Resurrectionem autem est hortus, in quo sancta Maria cum Domino locuta est. Foris ecclesiam retro est medietas orbis; quo loco dicit David : *Operatus est salutem in medio terræ* (*Psal.* LXXIII).Alius etiam propheta dicit : *Hæc dicit Dominus : Ista est Jerusalem; in medio gentium posui eum* (*Ezech.* V). In Golgotha autem est pars ligni salutiferæ crucis, in qua confixus est Dominus, et titulum quod est repositum in locello argenteo. Est illic et cornu, unde ungebantur reges, et annulum Salomonis. Non autem longe a medietate mundi est carcer; ibi vero est alligatio; ibi prope et flagellatio, ibique prope spinis coronatio, ibi prope est despoliatio, et vestimenti divisio.

In Calvaria autem, ubi crucifixus est Dominus, est

A mons scissus, et in ipso monte Calvariæ ascenditur per gradus decem et septem, et ibi pendent lampades novem cum singulis nappis (*sic*) argenteis. Subtus vero est Golgotha, ubi cecidit sanguis Christi super petram scissam. Subtus autem monte Calvariæ contra orientem est templum Domini ex alia parte civitatis, quod Salomon ædificavit. Quatuor portas habet, prima ab oriente, secunda ab occidente, tertia a meridie, quarta ab aquilone, quæ habent significationem quatuor partium mundi. Deforis vero octo angulos habet; per unumquodque angulum duodecim passus volvitur. In medium templi est mons magnus circumdatus parietibus, in quo tabernaculum, illuc et arca testamenti fuit, quæ a Vespasiano imperatore, destructo templo, Romæ delata est.

B A latere vero sinistro tabernaculi super saxum posuit Dominus Jesus Christus pedem suum quando eum Simeon accepit in ulnis, et ita remansit pes sculptus ibidem, ac si in cera positus esset. Ab alio vero latere saxi est tabernaculum apertum, in quo per gradus viginti duo ascenditur. Ibi Dominus orabat, ibi et Zacharias sacrificabat. Extra templum locus est ubi Zacharias filius Barachiæ interfectus est. Super saxum in medio templi pendet candela aurea, in qua est sanguis Christi, qui per petram scissam descendit. Contra meridiem autem, non longe, templum Salomonis, in quo habitavit, constructum est; in quo sunt portæ viginti quinque; intus habet columnas trecentas sexaginta duo, et subtus non longe

C cunabula Christi, et balneum ejus, et lectum sanctæ Dei Genitricis. Subtus templum Domini ab oriente est porta Speciosa, unde Dominus intravit sedens super pullum asinæ; ibi et Petrus claudum sanavit. Contra aquilonem est ecclesia Sanctæ Annæ, ubi tribus annis beata Maria nutrita fuit. Prope vero est Probatica piscina, quæ quinque porticus habet. In vicinia autem templi est Bethsaida piscina; gemino insignis lacu apparet, quorum alter uberius plerumque impletur imbribus, alter rubris est discolor aquis. Ab ea fonte montis Sion, quæ prærupta rupe orientalem plagam spectat, intra muros atque in radicibus collis fons Siloe prorumpit, qui alternante quidem aquarum accessu in meridiem profluit, id est non jugibus aquis, sed in certis

D horis diebusque ebullit, et per terrarum concava et antra saxi durissimi venire consuevit. In suprema montis Sion planitie est ecclesia magna ab apostolis fundata, eo quod ibi Spiritum sanctum acceperunt, ibique sancta Maria obiit, in qua etiam locus cœnæ Domini ostenditur. Sed et columna marmorea in medio stat, cui adhærens Dominus flagellatus est. Hic monstratur petra, super quam lapidatus est Stephanus martyr beatissimus, sita extra civitatem.

In medio autem Jerusalem, ubi cruce Domini superposita mortuus resurrexit, columna celsa stat, quæ æstivo solstitio umbram non facit : illic medietas mundi est. In ecclesia vero quæ dicitur Sancta Sion, est thronus Jacobi fratris Domini, qui juxta templum sepultus est; in eo autem loco fundata est ubi cœnantibus apostolis post passionem, ostiis clausis, apparuit Dominus. Prope vero illic est porta, de qua angelus Petrum eduxit. De templo vero, quod Salomon ædificavit, duæ tantum pinnæ permanent, quarum una quæ altior valde est, ipsa est in qua Dominus tentatus est a diabolo; reliqua autem destructa sunt. Prope autem portam effusus est sanguis Zachariæ filii Barachiæ. Portam David egredientibus pons occurrit in austrum per vallem directus, ad cujus medietatem ab occasu ficus magna stat, in qua Judas laqueo se suspendit. Porro Haceldama ad australem plagam montis Sion peregrinos et ignobiles mortuos, alios terra tegit, alios inhumatos putrefacit. Sudarium capitis Domini, post Resurrectionem ejus, mox quidam Christianissimus furatus, usque ad obitum, divitiis sibi affluentibus, habuit. Qui moriturus interrogavit filios qui Domini sudarium, qui cæteras patris velit accipere divitias. Major vero thesauros rerum, minor elegit sudarium. Et mox illi priori decrescunt usque ad paupertatem; fratri autem juniori cum fide crescunt, et opes usque ad quintam generationem tenuere. Hinc ad impios perveniens divitias tantum auxit, ubi Judæis et hoc tempore multo donec post longa litigia, quibus Christiani Judæi se Christi, infideles vero se patrum suorum affirmabant hæredes, Mauras Saracenorum rex, qui nostra ætate fuit judex, postulatur. Qui, accensa grandi pira, Christum judicem precatur qui hoc pro suorum salute super caput habere signaretur. Missum vero in ignem sudarium, veloci raptu aufugiens evolat, et in summo aere diutissime quasi ludendo volucritans, ad ultimum, cunctis utrisque intuentibus, se leviter in cujusdam de Christianis sinu deposuit. Quod mane mox totus populus summa veneratione salutabat et osculabatur; habebat autem longitudinis octo pedes. Sudarium vero, cum quo Christus faciem suam extersit, quod ab aliis Veronicæ dicitur, tempore Tiberii Cæsaris Romæ delatum est. Arundo vero cum qua caput ejus percussum est, et sandalia ejus, et lora cum quibus ligatus est, et circumcisio ejus, et sanguis ejus in basilica Constantiniana Romæ venerabiliter honorantur. Aliud quoque aliquanto majus linteum in ecclesia veneratur; quod fertur a sancta Maria contextum, duodecim apostolorum et ipsius Domini continens imagines, uno latere rubro et altero viridi.

Circa Jerosolymam aspera ac montuosa cernuntur loca. Hinc quoque septentrionem versus usque ad Arimathæam terram petrosa et aspera per intervalla monstrantur; valles quoque spinosæ usque ad Thamnycam regionem patentes. Ad Cæsaream vero Palæstinæ ab Jerusalem, quamvis aliqua reperiantur angusta et brevia aspera loca, præcipue tamen planities camporum, interpositis olivetis, distant autem septuaginta millibus passuum. Longitudo vero terræ repromissionis a Dan usque Bersabee tenditur spatio centum sexaginta quinque millium, ab Joppe usque Bethlehem quadraginta sex millibus. Juxta murum templi vel Jerusalem ab oriente Gœnon occurrit, quæ est vallis Josaphat a septentrionali plaga in austrum porrecta, per quam torrens Cedron, si quando pluviarum aquam recipit, decurrit.

Hæc vallis, et pauca campi planities, irrigua et nemorosa, plenaque deliciis est. In hac turris est regis Josaphat, sepulcrum ejus continens. Cujus ad dexteram de rupe montis Oliveti, excisa et separata domus duo cavata habet sepulcra, hoc est Simeonis senis et Joseph sanctæ Mariæ sponsi. In eadem valle sanctæ Mariæ rotunda est ecclesia, lapideo tabulatu discreta, cujus in superioribus quatuor altaria, in inferioribus unum habetur in orientali plaga, et ad ejus dexteram monumentum vacuum, in quo sancta Maria aliquandiu pausasse dicitur. Hanc intrantes vident ad dexteram insertam parieti petram, in qua Dominus nocte qua tradebatur oravit, vestigiis genuum quasi ceræ molli impressis. Mons Olivarum, mille ab Jerusalem discretus passibus, altitudine montis Sion par est, sed longitudine et latitudine præstat, exceptis vitibus et olivis, rare ferax arboris, frumenti quoque et hordei fertilis. Neque enim bruchosa, sed herbosa et florida soli illius est qualitas. In cujus summo vertice, ubi Dominus ad cœlos ascendit, ecclesia rotunda, grandis, ternas per circuitum cameratas habet porticus desuper tectas; interior namque domus propter Dominici corporis meatum, camerari et tegi non potuit, altare ad orientem habens angusto culmine protectum in cujus medio ultima Domini vestigia, cœlo desuper patente, ubi ascendit, visuntur. Quæ cum quotidie a credentibus terra tollatur, nihilominus manet, eademque adhuc sui speciem veluti impressa signata vestigia servat. Hæc circa ærea rota jacet usque ad verticem alta, ab occasu habens introitum, pendente desuper in trocleis magna lampade totaque die ac nocte lucente. In occidentali ejusdem ecclesiæ parte fenestræ octo, totidemque ea regione lampades lucent. In die Ascensionis Dominicæ per annos singulos, missa peracta, validi flaminis procella desursum venire consuevit, et omnes qui in ecclesia fuerint terræ prosternere. Monumentum Lazari ecclesia ibidem exstructum demonstrat, et monasterium grande in campo Bethaniæ magna olivarum silva circumdat. Est autem Bethania quindecim stadiis ab Jerusalem; tertia quoque montis ejusdem ad australem Bethaniæ partem ecclesia est, ubi Dominus ante passionem discipulis de die judicii locutus est. Trans torrentem Cedron est spelunca, et super eam ecclesia in eo loco, ubi quinta feria post cœnam Salvatorem Judæi comprehenderunt; qui locus est in capite vallis Josaphat. In eadem vero valle stetit palma, unde pueri ramos tulerunt quando clamaverunt Hosanna. Item in monte Oliveti est spelunca, et in ea altare bene lucidum, in qua solebat Dominus docere discipulos suos: super quam speluncam est sancta ecclesia grandis, et non longe est martyrium S. Stephani. Inde non longe est locus ubi oravit Dominus quando factus est sudor ejus sicut guttæ sanguinis. In itinere autem Bethaniæ vicus est, de qua adducta est asina. Bethlehem sex millibus in austrum ab Jerosolyma, discreta, in dorso sita est angusto ex omni parte vallibus circumdato, ab occidente in orientem mille passibus longa, humili sine turribus muro per extrema plani verticis instructo. In cujus orientali angulo quasi quoddam naturale semiantrum est, cujus exterior nativitatis Dominicæ est locus, interior præsepe Domini nominatur. Hæc spelunca tota interius pretioso marmore tecta. Supra ipsum locum, ubi natus est Dominus, Sanctæ Mariæ grandem gestat ecclesiam, petra juxta murum cavata, primum Dominici corporis lavacrum, de muro missum suscipiens, hactenus servat, quæ si qua forte occasione, vel industria fuerit exhausta, nihilominus continuo, dum respicis, sicut antea fuerat, plena redundat. Ad aquilonem Bethlehem in valle contigua ecclesia est. Ad austrum vero in valle contigua in ecclesia sepulcrum est sancti Hieronymi.

Porro ad Orientem in turre Ader, id est *gregis*, mille passibus a civitate segregata ecclesia est, trium pastorum dominicæ nativitatis consciorum monumenta continens, sepulcrum vero David in Jerusalem situm est. Via regia quæ ab Helia Ceron ducit, ab oriente Bethlehem, ab occidente sepulcrum Rachel habet. Piscina vero, ubi exprobravit Rabsaces juxta Bethlehem est. Juxta ostium autem speluncæ puteus est, unde aquam concupivit David. In valle etiam quæ Bethlehem est, sunt memoriæ regum Judæ. Non longe autem inde est ecclesia, quæ appellatur Ad Pastores, ubi nunc est viridarium grande clausum parietibus diligenter per gyrum, et ibi est spelunca lucidissima, habens altare in eo loco ubi pastoribus, cum vigilias haberent, apparens angelus annuntiavit eis Christi nativitatem. In Anatho autem est turris in qua lamentavit Jeremias propheta; distat autem ab Jerosolyma milliario quarto. Milliario vero ab Jerusalem duodecimo est sepulcrum sancti Amos prophetæ; qui locus appellatur Thecue. In quo itinere contra mons est quem excavavit Herodes, et fecit sibi palatium super eremum contra mare Mortuum. In Thamnadsere est sepulcrum sancti Jesu filii Nave, ubi sunt et gladii petrini, unde circumcisi sunt filii Israel secundo. Ecclesia vero ibi constructa est; distat autem ab Jerusalem milliariis viginti. In alio autem monte, ad milliarum secundum, est ecclesia ubi requiescunt corpora sanctorum Eleazari et Phinees. Milliario vero ab Jerusalem, in loco qui dicitur Cariathaim, ubi fuit arca Domini, ecclesia illuc constructa est. Hebron in campi latitudine sita, et ab Jesusalem viginti duobus millibus separata, uno ad orientem stadio speluncam duplicem habet, ubi sepulcra patriarcharum quadrato muro circumdantur, capitibus versis ad aquilonem; sepulcrum vero Adam protoplasti obscurioris et vilioris operis non longe ab illis ad borealem extremamque muri illius partem pausat. Triumque feminarum viliores et minores memoriæ cernuntur. Mambre collis mille passibus a monumentis his ad boream, herbosus valde et floridus, campestrem habens in vertice planitiem, in cujus aquilonari parte quercus Abrahæ duorum hominum altitudinis truncus, ecclesia circumdata est. Egredientibus Hebron ad aquilonem in sinistra parte viæ occurrit mons pinosus parvus, tribus millibus passuum ab Hebron, unde Jerosolymam pinea ligna feruntur in camelis; nam in omni Judæa plaustra vel currus raro fiunt. In vicesimo autem quarto milliario ab Jerusalem, juxta Hebron, est fons in quo baptizavit Philippus apostolus et evangelista eunuchum Candacis reginæ. In loco vero qui appellatur Terebinthus, ubi apparuerunt tres angeli Abrahæ, est puteus Abrahæ optimus, et speluncæ duæ lucidissimæ ubi habitavit, nam et altare ibi positum est, et ante se ecclesiam habet. Non longe autem inde mons est usque quo deduxit Abraham angelos euntes in Sodomis. Intus vero in Hebron, domus consistit David, unde adhuc aliqua pars stat; nam cubiculum, ubi mansit, usque hodie ibi ad orationem curritur. Longe autem ab Hebron ad passus trecentos, in loco qui dicitur Abramiri, est domus Jacob, ubi ecclesia sine tecto constructa est. Inde vero ad passus quinquaginta est sepulcrum sancti Caleb. Item Abramiri vinea est, in qua est spelunca, ubi requiescunt corpora undecim filiorum Jacobi: ossa autem Joseph separatim sepulta in sua ecclesia sunt; non longe vero ab Hebron est sepulcrum Abner filii Ner.

Jericho ab Jerusalem in orientem versus decem et octo millia pedes abest, qua tertio a fundamentis destructa, sola domus Rahab ob signum fidei permanet: ejus enim adhuc parietes sine culmine durant. Locus urbis segetes et vineas recipit. Inter hanc et Jordanem, quinque vel sex ab ea millibus separatum. . . . . duodecim lapides, quas Josue de Jordane tolli præceperat in ecclesia Galgalis facta altrinsecus juxta parietes ejusdem jacent, vix singuli duobus viris levabiles. Est juxta Jericho fons uber ad potum, pinguis ad rigandum, qui quondam sterilis ad generandum, parum salubris ad potandum, sed per Elisæum prophetam sanatus est. Denique campus eum circumjacet, septuaginta stadiorum in longitudine, viginti in latitudine patens, in quo mirabilis hortorum gratia, varia palmarum genera, præstantissimi apium fetus, illic optimum balsamum gignitur. Quod ideo cum adjectione significamus, quia agricolæ cortice tenues virgulas acutis lapidibus incidunt, ea in quibus balsama generantur, ut per illas cavernas paulatim distillans, humor se colligat lacrymis pulcher rorantibus. Illic cyprum, illic mirobalsamum nascitur. Aqua, ut cætera fontium, æstate frigida, hieme tepens, ver mollior. Urbs ipsa condita in campo, cui supereminet mons diffusior et nudus gignentium; ægrum enim et jejunum solum, et ideo est desertum ab incolis. Hic a Scythopolis urbis terra usque ad regionem Sodomitanam, et Alfaltios fines diffusus habetur. . . . . usque ad Roaros Arabiæ Petræ centum terminos extentus. Ubi etiam mons est Ferreus nominatus. Inter hos duos montes campus magnus jacet, qui dicitur Aulon, cujus longitudo centum et viginti: exordium a vico Gennano, finis usque Alfatium lucum. Jordanis eum enim medium intersecat, viriditantibus ripis, fluminis alluvione, si quidem supra ripam fluminis fructus arborum uberior est, alias longe exilior; arida enim sunt omnia præter oram fluminis. Ipsius autem Jordanis exordium in provincia Fenicis ad radices montis Libani, ubi Panium, id est Cæsarea Philippi sita est. . . . . In Trachonitide vero terra fons est rotæ qualitatem exprimens, unde et Syla nomen accepit, quindecim a Cæsarea millibus passuum discretus; ita jugiter plenus aquarum abundantia, ut neque superfluant, neque unquam minuantur. In hunc Philippus tetrarches paleas misit. . . . . Unde liquet in Phiala principium esse Jordanis, sed post subterraneos meatus in Panio cœpisse fluere, qui mox lacum ingressus paludes ejus intersecat. Inde quoque cursus suos dirigens, quindecim millia passuum sine ulla intermissione progreditur usque ad urbem Juliam. Postea lacum Genesar medio transit fluento, unde plurima circumvagatus, Alfaltium, hoc est mare Mortuum, ingressus, laudabiles perdit aquas; est enim coloris albi sicut lac, et ob hoc in mari Mortuo discernitur. Est autem Genesar, id est mare Galileæ, magnis silvis circumdatum, in longitudine habens centum sexaginta stadia, in latitudine quadraginta; aquæ dulcis et ad potandum amabilis, siquidem nec palustris uliginis crassatum aliquid aut turbidum recipit: quia arenoso undique littore circumvenitur. Sed amœnis circumdatur oppidis: ab oriente Juliade et Hippo, ab occidente Tiberiade . . . . genera quoque piscium gustu, specie, quam in alio lacu præstantiora. Mare vero Mortuum longitudine stadiis quinquaginta octoginta usque ad Zoaros Arabiæ, latitudine centum quinquaginta usque ad vicinia Sodomorum protendit. Nam et de puteis quondam salis post Sodomæ et Gomorrhæ. . . . certissimum est. Apparet vero procul de specilla montis Oliveti cernentibus. Quod fluctuum collisione commotum salsissimum ejicit sal, et hoc sole siccatum accipitur, multis nationibus profuturum. Mare vero Mortuum nihil recipit generum viventium, neque pisces, neque assuetas aquis. . . . Denique si Jordanis auctus imbribus pisces illuc influentes rapuerit, statim moriuntur, et pinguibus aquis supernatant. Lucerna accensa ibidem natat sine ulla conversione, exstincta demergitur, omniaque viventia demersa, licet sint vehementer illisa statim resiliunt. Homines enim natandi

A ignari, si illuc projiciantur, revinctis post tergum manibus, sine dubio natant. Aqua ipsa sterilis et amara, cæterisque aquis obscurior...... præferens similitudinem. Vagari super aquas bitumina certum est atro liquore, quæ scaphis appropinquantes colligunt. Hæreres! ibi bitumen et nequaquam ferro præcidi fertur, sanguine tantum mulierum et menstrua et urina cedit, utilis autem ad compagem navium, vel corporibus hominum medendis. Servat adhuc regio speciem pœnæ; nascuntur ibi poma pulcherrima, quæ edendi cupiditatem spectantibus generant; si carpas, fatescunt, et resolvuntur in cinerem, fumumque excitant quasi adhuc ardeant. Sane in diebus ætatis modicus per spatia campi exæstuat vapor, unde et coalescente vitio nimiæ siccitatis atque humidi corruptior aer miserandas incolis

B conficit ægritudines.

In loco ergo, in quo Dominus baptizatus est, crux lignea stat usque ad collum alta, quæ aliquoties aqua transcendente absconditur. A quo loco ripa ulterior, id est orientalis, in jactu fundæ est; citerior vero ripa in supercilio monticuli, ubi constructum est monasterium Sancti Baptistæ Joannis, de quo per pontem arcubus suffultum solent descendere ad illam crucem, et orare. In extrema fluminis parte quadrata ecclesia quatuor lapideis..... superposita est, cocto ex latere, creta super tecta, ubi Domini vestimenta cum baptizaretur servata sunt.... Ab eo loco quo e faucibus maris Galilææ Jordanis exitusque ubi mare Mortuum intrat, octo dierum iter

C est. Locustæ autem de quibus edebat beatus Joannes, ibi usque hodie sunt, quæ corpusculis in modum digiti manus exilibus et brevibus, in herbis facile captæ coctæque in oleo pauperi præbent victum. In eodem deserto sunt arbores folia lata et rotunda lactei coloris et melliti saporis habentes, quæ natura fragili manibus confricantur et eduntur, hoc esse mel silvestre dicitur. Ibidem et fons sancti Joannis Baptistæ ostenditur lucida aqua lapideo protectus tecto, calce perlito. Qui autem ad Jordanem ire ab Jerusalem desiderat, per montem Oliveti descendit; a monte Oliveti Christus ascendit ad cœlum, et ibi fecit *Pater noster*. Mons autem Sion a meridie est, ibi obiit sancta Maria; et ibi Dominus cœnavit cum

D discipulis suis, et ibi misit Spiritum sanctum super discipulos. In ecclesia vero quæ est in Bethlehem est mensa, in qua comedit sancta Maria cum tribus regibus, Christum Dei Filium requirentibus. Columnæ sunt intus ipsam ecclesiam sexaginta quatuor: ibi requiescunt pueri pro Christo ab Herode interfecti. Fundamenta vero murorum urbis Jericho, quos subvertit Jesus filius Nave, adhuc ex parte apparent. Arbor vero sycomori in qua ascendit Zachæus, stat juxta domum Rahab. Non longe autem ab Jericho est locus unde Elias raptus est in cœlum. Trans Jordanem vero sunt montes excelsi valde, inter quos est altior unus qui vocatur Naban, in quo ascendit Moyses, quando vidit terram repromissionis et mortuus est. Gabaon non longe est ab Jerusalem, quam expugnavit Jesus. Emmaus autem ubi Dominus cum discipulis suis post resurrectionem comedit, sexaginta stadiis ab Jerosolymis distat. In turre autem Cades domus fuit Jacob, cujus fundamenta usque hodie apparent. In Galilæa autem est villa Some, de qua fuit Abisac Sunamitis, et mulier in cujus domo mansit Elisæus : quæ domus usque hodie permanet. A monte vero Hermon qui excelsus valde est, omnis Galilæa videtur, in quibus nihil pulchrius est; nam cum sit planities grandis, aliud nihil est nisi vineæ et oliveta. Ibi autem ager est, in quo Dominus cum discipulis suis comedit : ibi lapis est, in quo cubitum fixit Dominus, qui usque hodie videtur. Non longe vero ab eodem monte fons est, quem Salvator benedixit, qui fons ad omnes infirmitates valet. In villa vero Naim, in domum viduæ, cujus filius resuscitatus est, nunc ecclesia est; sepultura autem, in qua ponere eum volabant, usque hodie est. In Nazara vero est hortus, ubi Dominus fuit, postquam reversus est de Ægypto. Prope civitatem, quæ nunc Neapolis dicitur, ecclesia quadrifida est, hoc est in crucis modum facta, in cujus medio est fons Jacob quadraginta cubitis altus,........ de quo Dominus aquam a muliere Samaritana petere dignatus est : duo autem milliaria ecclesia ista distat ab eadem villa, quæ olim dicta est Sichem. A longe vero ab eadem ecclesia passus quingintos est ecclesia, in qua requiescit sanctus Joseph. Locus autem ille in quo Dominus panes benedixit et fregit, citra mare Galilææ ad aquilonem civitatis Tiberiadis, campus herbosus et planus, nunquam ex illo tempore aratus, nulla habens ædificia, fontem tantum, ex quo tunc illi biberunt, ostendens.

Qui ergo ab Jerusalem Capharnaum pergunt, per Tiberiadem iter habent, deinde secus mare Galilææ, et locum benedictionis panum, a quo non longe civitas Capharnaum murum non habens, angusto inter montem et stagnum situ, per maritimam oram, orientem versus, longo tramite protenditur, montem ab aquilone, locum ab austro habens. Nazareth murum non habet sed magna ædificia, duasque grandes ecclesias, unam in medio civitatis, supra duos fundata cancros, ubi quondam fuerat domus in qua Dominus nutritus est infans. Hæc autem ecclesia duobus, ut dictum est, tumulis, et interpositis arcubus suffulta habet inferius inter eosdem tumulos fontem lucidissimum, unde aquam in vasculis per trocleas in ecclesia extrahunt. Altera vero est ecclesia, ubi domus erat in qua angelus S. Mariæ locutus est. Spelunca vero in qua habitavit magna est et lucidissima, ubi est positum altare, et ibi intra ipsam speluncam est locus, unde aquam tollebat. In eadem autem civitate, ubi fuit synagoga, nunc est ecclesia, ubi Dominus legit librum Isaiæ. Foris autem castellum fons est, unde aquam sancta sumebat Maria. Mons Thabor in medio Galilææ campo in tribus millibus Manasse ad boream a mari Cenereth distat, ex omni parte rotundus, herbosus valde et floridus, altitudinis triginta stadiorum, A vertex ipse campestris et multum amœnus, viginti et trium stadiorum spatio dilatatus, ubi grande monasterium, grandi quoque silva circumdatur, tres ecclesias habens, unam in honore Domini Salvatoris, reliquæ autem duæ in honore Moysis et Eliæ. Locus vero ipse muro cinctus magna gesta ædificia, valde autem excelsior, et altior quam Hermon; nam et Galilæa omnis, et mare Tiberiadis inde apparet. Contra se vero positi sunt montes utrique. In Endor est domus pythonissæ, ad quam fuit Saul nocte, de qua domo adhuc fundamenta apparent. In Tiberiadis eo loco nunc est ecclesia, in qua domus fuit apostolorum Jacobi et Joannis. Ibi etiam juxta mare Tiberiadis est, super quem Dominus pedibus ambulavit. In Capharnaum autem ex domo apostolorum principis ecclesia facta est, qui parietes usque hodie ita B stant sicut fuerunt. Ibi paralyticum Dominus curavit. Illuc est et synagoga, in qua Dominus dæmoniacum curavit, ad quam per gradus multos ascenditur; quæ synagoga ex lapidibus quadratis est facta. Non longe autem inde cernuntur gradus lapidei super quos Dominus stetit. Ibidem vero super mare est campus herbosus habens fenum satis, et arbores palmarum multas, et juxta eas septem fontes, qui singuli infinitam aquam emittunt, in quo campo Dominus de quinque panibus et duobus piscibus populum satiavit. Sane lapis, super quem Dominus panem posuit, nunc est factum altare, de quo lapide non frustra tollunt venientes pro salute sibi, et prodest omnibus. Juxta cujus ecclesiæ parietes via publica C transit, ubi Matthæus apostolus teloneum habuit; inde in montem, qui juxta est, est spelunca in qua ascendens beatitudines dixit Salvator. Non longe autem inde est synagoga, quam Salvator maledixit; nam cum transiret Salvator, et illam Judæi fabricarent, interrogavit eos dicens : *Quid facitis?* et illi : *Nihil.* Et Dominus : *Si nihil est quod facitis, nihil erit semper.* Quod usque hodie ita permanet. Postmodum enim quoties voluerunt illam Judæi fabricare, quidquid per diem faciebant, per noctem diruebatur, et mane semper in ea mensura inveniebatur fabrica ejus in qua fuerat tunc quando maledicta est.

Inde autem non longe sunt montes Gelboe, ubi est et vicus Gebus, ubi mortui sunt Saul et Jonathas. In D Jezrael autem vinea quæ fuit Naboth, nunc puteus tantum est. Ibi et fundamenta turris usque hodie apparent, sepulcrum vero Jezabel usque hodie ab omnibus lapidatur. Non longe autem a civitate est mons in quo sedit Elias propheta, quando eum persequebatur Jezabel. A longe est pars montis Carmeli; est locus ubi Elias altare Domino consecravit. Sebastia, quæ olim Samaria dicta est, continet ecclesiam, in qua requiescit corpus sancti Baptistæ Joannis, et Elisæi, et Abdiæ. In secundo autem milliario mons est altissimus, in quo sunt duæ speluncæ lucidissimæ, in quarum una absconditi sunt prophetæ sub Jezabel, in altera autem sedit sanctus Elias. Milliario autem vigesimo a Sichem est templum destructum in Silo, ubi est et sepulcrum Heli

A sacerdotis. In Bethel autem ibi constructa est ecclesia in eo loco ubi Jacob, dum iret in Mesopotamiam, vidit scalam in cœlum usque tendentem. Ibi est etiam et sepulcrum prophetæ qui prophetavit adversus Jeroboam. Milliario autem vicesimo secundo ab Jerosolymis inter Sochebet Judæ, et inter Zechara Muel occidit David Goliam Philisthæum. In Eleutheropoli autem loco Bycoryca, in qua est sepulcrum Habacuc prophetæ. Ab Eleutheropoli autem milliario quinto decimo est sepulcrum sancti Esdræ prophetæ in loco qui dicitur Asoa. Et in milliario tertio in loco qui dicitur Chariassati, quod ante dicta est autem Morastites, est sepulcrum sancti Micheæ prophetæ. Taphnis est posita super ripam fluminis Nili. Ibi est palatium Pharaonis, ubi sanctus Moyses coram Pharaone B mirabilia fecit. Alexandria ab occasu in ortum solis longa, ab austro ostiis Nili cingitur, ab aquilone lacu. . . . . . cujus portus cæteris difficilior quasi ad formam humani corporis in capite ipso et statione capacior, in faucibus vero angustior, qua meatus maris ac navium suscipit, quibus quædam spirandi subsidia portui subministratur; ubi quis angustias atque ora portus evaserit, tanquam reliqua corporis forma, ita diffusio maris longe lateque extenditur: in ejusdem dextera portus parva insula habetur, in qua pharus, id est turris maxima est, nocturno tempore flammarum faucibus ardens, ne decepti tenebris nautæ in scopulos incidant et vestibuli limitem comprehendere nequeant, qui et ipse se semper inquietus est fluctibus hinc inde collidentibus. C Portus vero placidus semper amplitudinem triginta stadiorum. A parte Ægypti urbem intrantibus, ad dexteram occurrit ecclesia beati Marci evangelistæ nomine consecrata, in qua ipse beatissimus requievit. Circa Nilum aggeres crebros propter irruptionem aquarum facere solent, qui si forte custodum incuria rupti fuerint, non irrigant, sed opprimunt terras subjacentes, et qui plana Ægypti incolunt super rivos aquarum sibi domos faciunt, transversis trabibus pontes. Memphis vero adhuc palatium continet, ubi sanctus Joseph frequenter ingrediebatur. Inde ad milliarium sextum contra ripam fluminis Nili est thronus Moysi et Aaron. Sunt autem prædicti throni in monte excelso, ubi D sunt duæ turriculæ, quæ per gradus plurimos ascenduntur; una earum habuit tectum, alia autem sine tecto est. Ibi ascendebat Moyses quando loquebatur filiis Israel cum deprimerentur, in alia vero orabat. Subtus autem in circuitu est campus, ibi filii Israel lateres faciebant. Inde autem ad mille passus villa est supra ripam fluminis, ubi sancta Maria cum Domino fuit, quando in Ægyptum perrexit. Inter Memphis vero et Babylonia millia sunt duodecim, ubi sunt pyramides plurimæ, quas fecit Joseph ad frumenta recondenda. Eliopolis distat a Babylonia millia duodecim. In medio autem hujus civitatis est campus ingens, in quo est templum solis, et ibi est domus Petefræ. Inter domum autem Petefræ et templum est domus Asennec. Ibi vero est et viridarium solis, ubi est columna grandis, quæ appellatur Bomon, in qua phœnix post quingentos annos residere consuevit. Ægypti autem cum sint ubertissima loca; tamen, quæ tenuerunt filii Israel, sunt meliora.

Pars Arabiæ, quæ jungitur Palestinæ, inaccessibile iter habet; nam licet mansionibus quindecim.... loca tamen ipsa sine aqua sunt. Ab Jerusalem autem usque ad montem sanctum Sina, sunt mansiones viginti duo. Pelusius vero metropolis est provinciæ Augustæ Niceæ; Augusta Nicææ autem provincia in Ægypto est. A Pelusio autem usque ad montem Sina sunt mansiones duodecim. Antequam vero pervenias ad montem Sina occurrit castrum Clesma super mare Rubrum, ubi filii Israel sicco pede transierunt mare. Vestigia autem currus Pharaonis in mediis arenis apparent usque in sempiternum. Rotæ autem ipsæ inter se multo plus apparent, quam currus temporis nostri, qui nunc in Romano imperio fiunt. Nam inter rotam et rotam viginti et quatuor pedes, et eo amplius fuerunt: orbitæ autem ipsæ habent binos pedes in lato. Vestigia vero currus Pharaonis usque ad mare accedit, ubi autem ingressus est in mare, dum vult filios Israel comprehendere; in eo autem loco, in quo ingressi sunt filii Israel in mare, id est quousque Pharaonis orbitæ apparent in hodie duo signa posita sunt, unum in dextro, et aliud in sinistro, idem ac si columnellæ factæ sunt. Locus autem ipse non longe a castro est, id est de Clesma. Clesma autem ipsa in ripa est, id est supra mare; nam portus est ibi clausus, qui portus mittit ad Indiam, vel excipit venientes naves de India, alibi enim nusquam in Romano solo accessum habent naves de India, nisi ibi. Naves autem ibi et multæ et ingentes sunt; quare portus famosus est pro advenientibus ibi mercatoribus de India. Nam et ille agens in rebus, quem Logotetema appellant, idem qui singulis annis legatus ad Indiam vadit jussu imperatoris Romani, ibi sedes habet, et naves ibi stant ipsius. Hic est locus ubi pervenerunt filii Israel fugientes a Pharaone, quando de Ægypto profecti sunt. Hoc autem castrum postmodum ibi positum est pro defensione, et disciplina pro incursione Saracenorum. Locus autem ipse talis est...... id est campi arenosi, excepto monte illo uno, qui incumbit in mari, in cujus montis latere ex adverso colligitur marmor porphyreticum: nam ex eo dicitur appellari mare Rubrum, quod hic mons, qui per spatium grande super mare Rosseum jacet, rubrum, rosseum lapidem habeat, vel porphyreticum; nam et ipse mons quasi rosseo colore est. Qui tamen mons fuit in dextro filiis Israel fugientibus de Ægypto, ubi tamen cœperunt se ad mare appropinquare: nam venientibus de Ægypto ad dexteram partem ipse mons est erectus valde et excelsus satis, ac si paries, quem putas manu hominum excisum esse. Ipse autem mons aridus est penitus, ita ut nec fructum in se habeat; filii autem Israel exeuntes de Ramesse, primum per medias arenas errando ambulaverunt, cum vero ad mare Rubrum appropiaverunt, tunc mons de dextero illis qui apparebat, in proximo factus est, et jungentes se ipsi monti, perveniunt ad mare; latus autem montis illius excelsi de dextro illis veniebat, et mare de sinistro; tunc subito euntibus eis ante ipsos apparuit locus ipse ubi mons in mari jungebat, imo ingrediebatur, ubi promontoria faciunt. Campus autem ipse, ubi filii Israel nocte illa manserunt cum Moyse, infinitus est, et planities ejus ingens. Distat vero locus ubi incumbit mons in mare a castro Clesma passus quingentos. Inter castrum autem et ipsum montem medius est locus a promontorio montis, ubi ingressi sunt filii Israel in mare et Pharao post eos. Trajectus autem, ubi transierunt sicco pede mare Rubrum, habet octo millia passus in lato. Mare autem Rubrum non hoc habet nomen, quia rubra est aqua, aut turbulenta, sed adeo est limpidus et prælustris et frigidus, ac si mare Oceanum: ibi cessæ nimii saporis et suavitatis sunt. Omne autem genus piscium in eodem mare sunt tanti saporis ut pisces maris Italici. Deinde omnia quæcunque de mari desiderari solent, illic ad cibum abundant. Ibi sunt buccinæ et conchylii diversa genera, fondili vero et conceleæ diversæ et ingentes, per littus autem ejus diversæ res jacent, sed majores et pulchriores, quam in nullo mari. Corallum vero in illo littore plurimum est. Ipso autem mare Rubrum par Oceano est. Desertum vero Sur eremus est infinitæ solitudinis illius inæstimabilis, ubi triduo ambulaverunt sine aqua. A deserto autem Sur usque ad Maran est mansio una per ripas maris. In Maran vero arbores palmarum paucissimæ sunt. Sunt illic et duo fontes, quos edulcavit sanctus Moyses; inde autem per triduum de sinistro eremus est infinitus in locum qui dicitur Arandara. Arandara autem est locus. . . . . Helim fluvius currit, qui tamen tempore aliquo siccatur; sed per ipsius alveum, sive juxta ripam ipsius inveniuntur aquæ. Herba vero illic satis abundat; arbores autem palmarum illic plurimæ sunt. A transitu autem maris Rubri, id est Sur, non invenitur tam amœnus locus cum tanta et tali aqua, et tam abundanter nisi iste. Inde ergo media mansio juxta mare est.

Demum vero apparent duo montes excelsi valde; a parte vero sinistra antequam ad montes venias, locus est ubi pluit Dominus manna filiis Israel. Montes vero ipsi excelsi et erecti valde sunt. Ab alia autem parte montium vallis planissima est. Ab utroque autem latere vallis montes ipsi excelsi et erecti sunt. Ubi autem montes aperti sunt, et vallis sex millibus passibus lata, longitudinis autem satis plus habet. Montes vero toti per gyrum excavati sunt. Taliter autem factæ sunt cryptæ illæ, ut si suspendere volueris vela, cubicula pulcherrima sint. Unumquodque autem cubiculum est descriptum litteris Hebræis. Aquæ etiam ibi bonæ et abundantes satis in extrema valle sunt, sed non quales in Helim. Locus vero ipse vocatur desertus Pharon, unde missi sunt exploratores a Moyse qui considerarent terram. Ab utrisque vero partibus locus ille agros aut vineas, nihilque alit; illic est nisi aqua et arbores palmarum. Prope vero, ad vicum Pharoni ad mille quingentos passus coangustantur montes illi, ut vix triginta passibus lata ibi sit vallis illa. Ibi appellatur locus ille Raphidin, ubi Amalec occurrit filiis Israel, et ubi murmuravit populus pro aqua, et ubi Jethro socer Moysis ei occurrit. Locus vero ubi oravit Moyses, quando Jesus expugnavit Amalec, mons excelsus est valde et erectus, imminens super Pharon. Ubi autem oravit Moyses, ecclesia nunc constructa est. Locus autem ipse quemadmodum sedit, et quemadmodum lapides sub cubitu habuit hodie parent. Ibi etiam Moyses, devicto Amalec, ædificavit altare Domino. In tantum autem locus ipse usque ad quingentos passus erectus est, ac si per parietem subeas. De Pharon vero usque ad montem sanctum Sina millia triginta quinque. Porro in Aseroth adhuc apparet quemadmodum fuit de lapide vallum ipsum ubi habitaverunt filii Israel cum reverterentur a monte Dei. Throni etiam tres ibi sunt de lapidibus facti modice in editiori loco, unus Moysi, reliqui vero Aaron et Jethro. Cella autem ubi separata fuit Maria Moysis soror septem diebus, usque hodie super terram duos pedes eminet. Ab Aseroth autem usque ad montem sanctum Sina inter montes ad dexteram et sinistram totam per vallem ipsam monumentis plenus est. Prope vero montem sanctum in loco qui appellatur sepulcra Concupiscentiæ totum sepulcris plenum est. Antequam vero pervenias ad montem Sina sunt sex montes qui faciunt vallem infinitam planissimam et valde pulchram. Trans vallem vero ipsam apparet mons sanctus Sina. Locus autem, ubi se montes aperiunt junctus est cum eo loco ubi sunt sepulcra Concupiscentiæ. A loco autem unde videtur usque ad montem. . . sunt per vallem ipsam quatuor millia passuum. Vallis autem ipsa ingens valde est. . . montis Dei, quæ habet in longitudine passus sexdecim millia, in latitudine autem quatuor millia. Qui vult. . . montem sanctum pergere per transversum ad vallem illam deambulat. Hæc est autem vallis ingens et planissima, in qua filii Israel commorati sunt quando Moyses fuit in montem quadraginta diebus et quadraginta noctibus. Locus autem ubi factus est vitulus usque hodie ostenditur, nam lapis grandis ibi fixus stat.

Hæc ergo vallis ipsa est in cujus capite ille locus est, ubi sancto Moysi locutus est Deus in rubo de igne. Ab uno autem latere optimus est ascensus in montem, et ab alio descensus: per medium autem vallis transversatur, et hic ad montem Dei pervenitur. Mons vero ipse in gyro quidem unus esse videtur; intus autem plurimi sunt, sed omnes illi, unus mons Sinai appellatur. Specialis autem ille mons est in cujus summitate est ille locus, ubi descendit majestas Dei, qui mons in medio omnium montium est; et cum omnes, qui per gyrum sunt, excelsissimi sint, tamen ipse ille medianus, in quo descendit majestas Dei, tanto altior est omnibus illis, ut cum quis ascenderit in illo, prorsus omnes illi montes, quos excelsissimos viderit, ita sub monte videntur Sina, ac si colliculi. Mons autem cum omnibus altior sit ille medianus qui specialiter Sina dicitur, tamen videri non potest, nisi ad propriam radicem illius veneris, ante tamen quam eum subeas; nam posteaquam ex eo descenderis, . . . antequam in eum ascendat, facere non poterit. Montes vero, qui in circuitu sunt, cum maximo labore ascenduntur; quoniam non ascenduntur per gyrum in cochleis; sed directe ascenduntur, ac si per parietem, et directe descenduntur. In vertice autem montis Sina ubi lex Moysi data est, ecclesia parva constructa est. In summitate vero montis illius nullus habitat, nihil est enim ibi aliud nisi sola ecclesia et spelunca, in qua habitavit sanctus Moyses; mons vero ipse totus petrinus est, ita ut nec fruticem habeat. De summitate vero montis mediani ita subtus videntur esse illi montes excelsissimi quasi colliculi. A vertice autem montis Sinai Ægyptum, Palestinam, mare Rubrum, mare Parthenicum, quod mittit Alexandriam, nec non et fines Saracenorum videntur. In monte vero Horeb, qui eidem monti conjunctus est, est ecclesia, et ante ecclesiam, in qua latuit sanctus Elias sub Achab. Ostenditur ibi etiam altare lapideum, quod posuit ipse sanctus Elias ad offerendum Deo. Non longe autem inde est locus ubi stetit sanctus Aaron cum septuaginta senioribus. In eo loco tectum non est, petra tamen ingens est per gyrum habens planitiem supra se, ubi illi steterunt. In medio autem lapideum altare est. In capite vero vallis, quæ monti subjacet, ecclesia est in eo loco ubi locutus est Dominus in rubo; qui rubus usque hodie vivit et mittit virgulta. Ibi ergo aqua est optima. Ostenditur etiam in ipsa valle qualiter unusquisque habitationes habuerat. De quibus habitationibus usque in hodiernum diem fundamenta apparent, quemadmodum fuerunt lapidibus circumdata. Ibi etiam est locus ubi tabernaculum fœderis primitus fixum est. Ab alia vero parte inter montes exitur et incipitur jam juxta mare ambulare, ita ut subito per aquam maris ambules, subito etiam in quingentos passus per arenam ambuletur eremi; via enim illic penitus non est, sed qui ibidem ambulant, in locis et locis signa ponunt, ad quæ signa per diem ambulant, nocte autem signa cameli ostendunt. A mari autem Rubro usque ad Arabiæ civitatem mansiones quatuor sunt. Filii autem Israel, quando egressi sunt de Ægypto, quantum ibant dextra, tantum redibant sinistra, quantum denuo sinistra ibant, tantum denuo retro revertebantur, et sic fecerunt (90). . . . . . .

(90) Questo ms., molto guasto dal tempo, è scemo della fine.

PETRI DIACONI

PROLOGUS IN REGESTUM CASINENSE

AD SENIORECTUM ABBATEM.

(Exstat inter Prolegomena ad Chronicon Casinense, supra, col. 470.)

PETRI DIACONI

DISCIPLINA CASINENSIS.

(*Vetus disciplina monastica seu collectio auctorum ordinis S. Benedicti maximam partem ineditorum* opera et studio *** presbyteri et monachi Bened. e Congr. S. Blasii in Silva Nigra. Paris., 1726, 4°.)

MONITUM.

Sanctus Benedictus ea quæ in sacra sua regula indefinita reliquerat, cujusmodi sunt pœnitentiarum modus, vestium forma et color, aliaque id genus, abbatis arbitrio definienda commisit: suis etiam discipulis potestatem fecit pro locorum temporumve diversitate peculiares quosdam ritus, usus ac consuetudines superinducendi, ut ex Regulæ capite ultimo perspicuum est. Voluit tamen vir sanctus, ut intro ducti semel usus ac ordines firmi stabilesque in monasteriis persisterent; quapropter cap. 63, ab eo cautum est, ne « Abbas conturbet gregem sibi commissum, nec quasi libera utens potestate, injuste disponat aliquid... sed secundum ordines quos constituerit, vel quos habuerint ipsi fratres, sic accedant ad Pacem, ad Communionem, ad Psalmum imponendum, in choro standum, et in omnibus omnino locis ætas non discernatur in ordine, nec præjudicet, etc. » Quare dubium non est quin primis statim illis a S. Benedicto temporibus præter Regulæ præcepta peculiares quidam patriique ritus seu usus Casini sint instituti, in quibus disciplina Casinensis scripto tradita fuit ad posteros transmittenda. Hujus rei specimen videre mihi videor in Petri Diaconi Commentationibus anecdotis in Regulam S. Benedicti, quarum exemplum ad fidem autographi exactum ante aliquot annos vir piæ memoriæ Archangelus Brancaccius Casinensis abbas ad me direxit. Petrus namque in « clausula brevi, » ut vocat, dictæ Commentationis suæ Consuetudines et judicia, quæ in Casinensi monte. S. Benedictus instituit, descripsit : « Consuetudines, ait, et judicia, quæ in loco isto a beato Benedicto constituta sunt, custodi. » An autem revera a S. Benedicto constituta sint, satis non liquet. Hoc exploratum habeo, consuetudines et judicia a Petro relata vetustiora esse aliis omnibus, quæ hac de re ad nos usque pervenerunt. Nam usus et consuetudines, quæ sequiori ævo a Carolo Magno et Ludovico Pio etiam in sacro Casinensi cœnobio stabilitæ fuerunt, his recentiores omnino videntur, ut ex collatione utrarumque evincitur. Vetustatem porro harum consuetudinum præter alia commendant canones pœnitentiales al calcem additi, et paucitas festorum præcipuorum quæ post initium adnotantur. Quamobrem, etsi sæculo primum XII conscriptæ a Petro sint, primum tamen inter consuetudines Casinenses ob sacram vetustatem locum sibi vindicant.

PETRI DIACONI DISCIPLINA CASINENSIS.

(In CLAUSULA BREVI Commentationis suæ in Regulam S. Benedicti descripta, ex ms. Bibl. Casinensis, nunquam antea edita.)

In cap. 27 regulæ S. Benedicti.

A His autem sermonibus debet senior consolari fratrem delinquentem : Dilige Dominum Deum tuum, frater, ex toto corde tuo, et ex tota anima tua, et Consuetudines, et judicia, quæ in loco isto a beato Benedicto constituta sunt, custodi ; sciens quod hæc Dei imperio præceperit, diligere proximum tuum sicut te ipsum, et de malis de cætero emendare. Quæ autem custodiri convenit, ista sunt.

Præcipue, ut mente et corpore sit monachus ab omni repurgatus et mundus (91). Ut humilitatem et charitatem teneat, consortia sanctorum diligat, voluntates proprias renuntiet, continentiam amplectatur : fratribus suis obediat, cum omni fervore Deo serviat. Abbas autem nihil extra voluntatem Dei præcipiat, vel dicat, vel imperet : fratrum vitia cum charitate amputet, Monachus autem eo affectu suscipiat correptionem, quo æger medicinam. Proprium non habeat. Infirmis ac si Christo serviunt [*f.* serviat]. Verba otiosa non proferat. Honorem hujus mundi non requirat. Ut conversus est, ita sedeat, ambulet, psalmum dicat, in ecclesia communicet.

Secunda feria (92) ante decanum artifices congregentur, suscepturi ab eo opus manuum quod agere debeant. Nullus autem aliquod opus inchoet, nisi prius oratione præmissa. Expleto autem opere, iterum oratio celebretur. Diebus autem præcipuis, id est sancti Bendicti, sancti Mauri, sanctæ Scholasticæ, Dedicatio ecclesiæ (93), Idus Septembris, Caput Quadragesimæ (exceptis his qui infirmitate detenti sunt), omnes ad Casinense monasterium obedientiales (94) redeant, ut insimul prædictos dies celebrent. Nemo aspiciat alterum comedentem ; sed unusquisque ante se respiciat. Postquam a capitulo surrexerint, omnes memoriter retexant quæ abbas vel decanus jusserit. Quando signum pro aliqua re insonuerit, ut conveniant, nullus remanebit absque præcepto abbatis. Quando ecclesiam intraverint, vel de ecclesia exierint, sive ad comedendum vel bibendum venerint, psalmos decantent. Nullus in claustrum inducatur, nisi prius ad plenum omnem consuetudinem monasterii didicerit. In refectorio nullus audeat aliquid quærere, nisi cum signo (95). Servitores, nisi ea quæ in commune fratribus præparata sunt, nihil comedant, nec aliquid sibi audeant præparare. Cum decanus percutit cymbalum ad vescendum, psalmos decantet. Nemo plus alteri dabit quam alter accipit. Abbas statim ut de capitulo exierit, vadat visitare infirmos. Fratres autem tribus diebus in hebdomada visitandi infirmos habeant potestatem. Qui cibos præparant, ipsi fratribus ministrabunt. Nullus solus (96) mittatur foras ad aliquod B negotium absque altero fratre. Si signum datum fuerit, ut egrediantur foras (97), nullus in claustro remanebit, nisi a decano licentiam acceperit. Hi autem qui pergunt psalmos decantent. Nullus pro aliqua necessitate fratrem suum alicubi dirigat sine jussione decani. Nullus de horto tollat aliquid, nisi ab hortulano acceperit. Nullus in refectorio comedere præsumat aliquid sine cæteris fratribus, antequam omnes pariter comedant. Nullus ad mensam reponat aliquid ad vescendum absque his quæ ab hebdomadario acceperit. Præter monasterii coquinam, nullus coquendi cibos habeat potestatem. Nemo habebit præter ea quæ in monasterii regula præcepta sunt ; quod si habuerit, ei auferantur. C Nullus de claustro neque de monasterio procedat sine præcepto decani. In nocte post somnum cum vigilaverint, orent. Nullus bibat vel comedat ante horam, vel post horam. Nullus lavet vel ungat alterum sine præcepto decani. Nullus alteri loquatur in tenebris. Nullus cum altero dormiat in uno strato (98). Nullus manum alterius teneat. Sive ambulaverint, vel sederint, vel steterint,

(91) Omnia ex Regula sancti Benedicti desumpta.

(92) A Cluniacensibus postmodum statutum est sub finem sæculi x, ut singulis diebus post capitulum abbas vel prior monachis singulis officia et manualem operam injungat.

(93) Recentius hoc est : excedit tamen tempora Petri Diaconi.

(94) *Obedientiales* seu *obedientiarii*, monachi qui in cellas et prioratus, seu obedientias mittebantur, easque procurabant. Eadem voce Petrus Diaconus utitur lib. IV. Chron. Casin., cap. 102.

(95) Inde Cluniacenses tot signa excogitarunt, ut ex Bernardi Consuetudinibus, et Wilhelmi constit. Hirsaug. patet.

(96) Eadem lex ad Cluniacens. lata est.

(97) Subaudiendum est, causa operæ manualis : neque enim alia de causa omnibus monachis claustrum simul egredi licuit.

(98) Similem cautionem adhibuit S. B. Regulæ cap. 22, *Quomodo dormiant monachi.*

uno cubitu distent ab altero. Nullus tonsuram vel barbirasium faciat absque decani imperio. In habitu monastico præter cæteros nullum novum decorem inveniet. Nemo vadens alicubi dimittat codicem negligenter. Nullus aliquid in commendationem accipiat sine jussione. Quando farinam conspergunt aqua, vel panem faciunt, psalmos decantent. Nullus ad divinum servitium loqui præsumat. Cum frater ad exitum propinquaverit, omnis congregatio ante eum psalmos decantet; illoque sepulto, post vesperum septem psalmos cum litaniis omni corpore in terram prostrati decantent. Nullus sallat [psallat], nisi jussus. Si aliquid perdiderit, postquam veniam petierit, id quod amisit de vestiario accipiat. Qui aliquid invenerit per tres dies ante dormitorium suspendat. Nullus lutum in domo faciat. Omnes monachi in monasterio habitantes litteram discant.

Canones pœnitentiales.

Detractor separetur a conventu fratrum, et septem dies in pane et aqua pœniteat. Iracundus et furiosus, nisi emendaverit, ponatur in ultimo. Falsus testis triginta et novem verbera accipiens ponatur in ultimo, et sic de omni ordine deponatur. Si quis dum falsum judicium proferens personam acceperit, degradetur de solio suo. Injuste judicans, juste condemnetur. Ministri altaris post expletam missam, antequam egrediantur de secretario, lavent manus suas. Fur triginta et novem verbera accipiens, cinere et cilicio operiatur, et panem et aquam comedat.

PETRI DIACONI EPISTOLÆ TRES.

(Martene, *Ampl. Coll.*, I, 760, ex ms. Casin.)

I. *Ad Richizam Romanorum imperatricem. — Consolatoria de morte Lotharii imperatoris et Henrici ducis Bavariæ ejus generi.* (Anno 1139.)

Dominæ Richizæ a Deo protectæ Romanorum imperatrici, Petrus Diaconus, post præsentis vitæ metas æterni regni calculum.

Multoties, imperatrix invicta, impetum cœpi consolandi vestram eminentiam, multoties continui. Ut id protinus facerem, plurima invitabant, præcipue autem domini nostri imperatoris Lotharii defuncti fidelitas, tum vestræ augustalis clementiæ in nos indignos dilectio, ut lacrymas vestras etsi ex toto sopire non potuissem, interim certe vel abstersissem: ut retardarem autem, sciebam dolori tuo, dum recens sæviret, præpropere occurrendum non esse, ne illum ipsa eadem solatia potius irritarent, exagerarent, accenderent: nam sæpe videmus in ipsis quoque morbis immaturam medicinam esse perniciosissimam. Exspectabam itaque dum ipsemet dolor vires suas deponeret, ut mora mitigatus tangi se quodammodo, attrectarique ad remedia sustinenda permitteret. Ante tamen quam cum eo congrediar, adero illi, et aliquanta quibus excitetur in memoriam reducam, et quæ jam quasi obducta videntur rescindam et proferam, optimo videlicet ac solemni genere consolandi. Hi itaque fleant gemantque diutius, quorum delicatissimas mentes enervavit longa felicitas, effeminavit luxuria, qui spem suam omnino fixerunt in sæculo; qui, quæ sint bona illa perennia, vel ignorant ex toto, vel si sciunt, oblectamentis sopiti mundialibus negligunt. At quorum fere omnes sani per diversas curas transierunt, quorum, juxta Apostolum, conversatio in cœlis est, qui et vanitates sæculi, ut cœli gaudia, prudenti ac discreto corde perpendunt, gravissima quoque quælibet immobili constantia perferunt. Quid pergam referre? numera quot calamitatibus, quot infortuniis ab infantia ipsa jactata sis, cum in eisdem fere, ut sic dicam, innata fueris. Felicis memoriæ dominus noster imperator Lotharius, qui te sibi in conjugem elegerat, ad imperiale fastigium promoverat, in quam solam cuncta negotia Romani imperii commiserat, post multas quas cum ipso pertulisti angustias, post orbem Romanum, ut ita dixerim, cum eo peragratum, cum in dies ad imperiale domicilium cum eo accelerares regressum; heu! proh dolor, multorum sociorum dolore gravissimo extulisti. Transeo tot pericula, tot metus, quos sine interstitio incursantes in te cum tanto cæsare pertulisti: modo, modo, cum nondum priores luctus integre composueris, lugenti adhuc tibi luctus adjunctus est, et cum quasi solatium tot ærumnarum, quod videlicet solum residuum erat in vivente genero vestro Heinrico duce Bavariæ te habere putares, subito nec opinanti vobis mors ejus immatura (99) relata est: gravissimum plane est omnibus quæ vobis post decessum domini nostri imperatoris Lotharii obtigerunt, recens vulnus; nec autem summam rupit, sed pectus, fateor, et viscera ipsa divisit: nec ex intacto corpore tuo hic sanguis effluxit per ipsas cicatrices percussus, sed quemadmodum tirones leviter sauciati, tamen vociferantur, ut veterani quamvis confossi patienter ac sine gemitu curari se patiuntur: non enim, clementissima domina, ita lugendi sunt quique fideles, ait Apostolus, sicut et cæteri qui spem non habent: *Si enim credimus quod Jesus mortuus est et resurrexit, ita et Deus eos qui dormierunt per Jesum adducet cum eo.* Ergo, clementissima domina, ut consolationem accipiatis, hortamur; ista enim mors, quid est aliud, nisi relictio corporis, depositio sarcinæ gravis? Nata es, o imperatrix, moritura es; quo ibis ut non moriaris? Quid facis, ut non moriaris? Ut Dominus Deus tuus consolaretur te, propria voluntate mori

(99) Anno 1139. Quidelenburgi repentino morbo correptus, XIII Kalendas Octobris occubuit, præbito, ut plerique scribunt, veneno.

dignatus est. Quando vides Christum pro te mortuum, tu mori dedignaris? Ergo moritura es, velis, nolis. Quo evades? quo effugies ut non moriaris? Hodie sit, cras sit; futurum est, dubium non est, credendum est. Quid ergo agis, times, fugis! futurum est. Ergo, mi piissima domina, lamentationes et ululatus ac si muliebres tumultus a te viriliter amove; quando enim dolor iste vester durior est, tanto major vobis virtus advocanda est, et veluti cum noto hoste et sæpe jam victo acrius congrediendum; fortem ac sapientem nec secunda evehunt, nec adversa demittunt; facile illa fert qui semper exspectat; illi sunt gravia quæ sunt repentina; qui lætis rebus non se inflavit, nec mutatis contraxit, adversus utrumque statum invictam animam tenet jam exploratæ firmitatis. In ipsa namque felicitate quid contra infelicitatem posset, expertus est: infinito quidem dolore, cum aliquem ex carissimis amiseris affici, inepta indulgentia est; nullo autem inhumana duritia; nam et non sentire dolorem, non est hominis, et non ferre, non est virtutis. Optimum inter utrumque temperamentum est, et sentire desiderium, et reprimere; præsertim cum nec excellentiæ vestræ conveniat immensum tristari: maximum solatium est cogitare, id vobis accidisse quod omnes ante passi sunt, omnesque passuri. Gaude itaque habuisse te virum Romanum imperatorem: cogita jucundissimum esse quod habuisti, humanum quod amisisti: quod talem habuisti, in summis bonis pone; non est cogitandum vobis quam diutius habere illum potueris, sed quandiu habueris: non in eo mors vestram satietatem, sed suam sequi voluit legem. Stet tantum animus in procinctu; mors alium alio tempore comprehendet, neminem interibit; nullum certe excipiet. Quisquis ad vitam editur, ad mortem destinatur; sed animus sapientis quod necesse est nunquam timeat; quod incertum semper exspectet.

II. *Ad eamdem.* — *Ejusdem argumenti.* (Anno eod.)

Dominæ suæ excellentissimæ atque piissimæ Richizæ a Deo protectæ, magnæ ac pacificæ Romanorum imperatrici Augustæ PETRUS, vestri imperii servus, post præsentis regni potentiam æternam felicitatem.

Licet nervus incisus doleat, et spiritus tristis ossa conterat, non tamen adeo lugendus est dominus noster imperator Lotharius sicut et hi, sicut dicit Apostolus, qui spem non habent. Ad suum perrexit, in quo summum bonum est, in quo omnis bonitas, omnis justitia, omnis pietas, omnisque sanctitas est. Ad illum perrexit qui sua præcepta servantibus clamare non cessat, Venite ad me omnes qui laboratis et onerati estis; et ego vos requiescere faciam. Elias festinans rogabat ut acciperetur a se anima sua.

Et post multa :

Dolendumne est igitur in decessu? Minime, quid enim absurdius, quam ut id quod scias omnibus esse præscriptum, quasi speciale deplores? Hoc est animum supra conditionem extollere, legem non recipere communem, consortium recusare, mente carnis

A inflari, et carnis ipsius nescire mensuram. Quid absurdius quam nescire qui sis, affectare quod non sis? aut quid imprudentius, quod futurum scias, id cum acciderit ferre non posse? Natura ipsa nos revocat, et hujuscemodi mœroribus quadam sui collatione subducit. Quis enim tam gravis luctus, aut tam acer inest dolor, in quo non interdum relaxetur animus? Habet hoc natura, ut quamvis homines in tristibus rebus sint, tamen si modo homines sunt, a mœrore mentem paulisper abducant. Fuisse etiam feruntur quidam populi, qui ortus hominum lugerent, obitusque celebrarent, nec imprudenter: eos enim qui in hoc vitæ sæculum venissent, mœrendos putabant; eos vero qui ex istius mundi procellis et fluctibus emersissent, non injusto gaudio prose-
B quendos arbitrabantur. Mors æqualis est omnibus hominibus, indiscreta divitibus. Hanc quotidie præ oculis tantus Cæsar habebat, qui, sicut vidimus et experti sumus, dum in ejus versaremur obsequiis, sub imperiali chlamyde alterius militiæ tirocinium ostendebat. Prius enim in lucis crepusculo missam pro defunctis audiebat, dehinc pro exercitu, postremo missam diei, demum cibum potumque viduis, pupillis ac cæteris pauperibus large distribuens, quæstiones et oppressiones ecclesiarum relevabat, et in ultimo in cura imperii insudabat. Quandiu enim Casini remoratus est, omnibus noctibus ita claustrum et omnes officinas monasterii, ac si abbas vel quilibet decanus circuibat, scire cupiens, qualiter unusquisque sub B. Benedicti magisterio viverent. Fa-
C ctoque mane, per omnes monasterii ecclesias causa orationis discalceatis pedibus incedebat. Licet autem hoc ageret, nunquam a consortio archiepiscoporum, episcoporum, abbatum, clericorum, vel monachorum sequestrabatur, ut impleretur in eo quod legitur: Et cum sapientibus ac religiosis sermocinatio ejus. Quis autem ejus gravitatem non miretur, cum ad sedandas dissensiones fratrum, quæ pro electione abbatis ortæ fuerant, ad capitulum veniens, ab hora prima diei usque in vesperum, non cibo, non potui indulgens, exinde non egrediebatur? Quo autem affectu, quove amore Casinensem dilexit ecclesiam, ostendit, cum dixit prius se sinere omnia privilegia et concessiones ecclesiarum con-
D velli, quam aliquid de dignitatibus et privilegiis Casinensis Ecclesiæ minui: et prius sineret electionem omnium episcoporum, archiepiscoporum et abbatum qui sunt in toto orbe Romano tollere, quam solummodo Casinensis abbatis. Dicebat enim, Abbas si ex consensu monachorum electus non fuerit, abbas non est, et quicunque electionem monachis tollit, omnia monasterii jura convellit. Et cum hæc omnia ageret erat tamen cæcorum baculus, esurientium cibus, spes miserorum, solamen lugentium; et ita singulis virtutibus eminebat, quasi cæteras non haberet. Sacerdotes honorabat ut dominos, clericos ut patres, pauperes ut filios, viduas ut matres, creber monitionibus, pervigil in vigiliis, lacrymas Deo non hominibus offerebat. Volvuntur per ora lacrymæ et ob-

firmato animo non queo dolorem dissimulare quem patior. Posquam enim nostram parvitatem discipulum Bertulfi cancellarii effeceras, postquam logothetæ, exceptoris et auditoris officio renumeraverat, postquam sessionem ad pedes suos indulserat, postquam a secretis effecerat, postquam de his quæ ad vitam æternam attinent, satis instruxerat, te præsente et cunctis imperii aulicis adstantibus, manum meam apprehendens et Guibaldo commendans abbati, dixit ad eum : Si qua meæ dilectionis, si qua mei amoris in vestro corde vestigia sunt, in isto ostende, eumque pro nostro amore loco charissimi et unici filii habe. Hæc cum dixisset imperator augustus Cæsarque Romanus, et pater patriæ nominatus, ut clericos discordantes in pace reconciliaret, una cum vestra excellentia dum studeret, corpus et animam cœlo reddidit. Confortare igitur, strenuissima, et juxta illud Salomonis præceptum, Accipe consolationem propter tristitiam. Sed fortasse dicis : Quomodo possum accipere consolationem, cum eum quem diligebam amisi? Nonne hæc nobis cum ipso mundo elementisque communia sunt, quia ad tempus creata in perpetuum tenere non possumus? Non amisit virum quæ exhibet castitatem : non est viduata conjugio, quæ non mutavit nomen mariti. Recole quid David fecerit : is enim cum amisisset filium, surrexit, comedit, bibit, et dixit : Ego vado ad eum, ille vero amplius non revertetur ad me. Hæc igitur, excellentissima domina, advertens, ita vos ab imminente tristitia temperate, ita studete, quatenus Deum ut decet felici cernere possitis intuitu. Salvationis etiam et consolationis et orationis obsequium vobis congregatio Casinensis dirigit, puerumque Manonem filium domini Ptolomei, qui penes vos est, vobis commendantes, rogant ut illum loco filii habeatis.

III. *Ad Conradum imperatorem II. — Congratulatur ei de sua in imperatorem electione, hortaturque ut strenue et christiane Romanum regat imperium, atque Casinense monasterium protegat.* (Anno eod.)

Conrado excellentissimo imperatori et Romani imperii strenuissimo propagatori Petrus Diaconus clypeo Domini jugiter protegi, atque ejus victrici dextera de spiritualibus ac corporalibus hostibus perpetuo triumphare.

Benedictio et claritas et sapientia et gratiarum actio sit in sæcula omnipotenti Deo nostro, qui per vos et in vobis antiqua nobis suscitavit miracula, et de recenti vestra electione vetera Romano imperio renovat gaudia : non enim Annibalis interitus, aut Gothorum internecio, vel Lucii Catilinæ cædes, vel Attilæ ac Totilæ interitus sic nos delectat, quomodo magnificam vestram audisse electionem, et in vestris successibus divinam jugiter prædicare potentiam. Per vos quippe æternæ urbis decus honorque ad solis ortum usque protenditur, dilatatur, ac in rebelles sibi nationes infidelitate depulsa accipit principatum. Per vos Romani imperii dignitas reparatur, sublimatur, et in antiquum consulum Pompeii, Scipionis, Julii, Octaviani atque Trajani dominationis vix attollitur statum. Lætetur itaque in vestra electione omnis penitus christianitas, oriens et occidens gaudeat, meridies cum septentrione resultet, æterna urbs cunctorum post Deum terrestrium domina fastos ac solemnes dies concelebret et in Domini nostri Jesu Christi laudibus det vota, promat cantica, et consonis lætitiæ vocibus antiquam renovet harmoniam, dicens : *Cantemus Domino, gloriose enim glorificatus est.* Vere namque in vobis honorificatur Deus, qui talem elegit, qui unus persequatur mille et transmoveat dena millia. Ecce per quadruos orbis Romani fines vestra opera, vestri labores, vestra certamina insignia referuntur, omnis pene lingua de vestri imperii gloria loquitur. Facti siquidem estis, ut ait Apostolus, spectaculum mundo et angelis et hominibus, facti estis propugnatores Domini, Romani imperii gloria, augmentum, decus, et mirabile diadema, defensio sedis apostolicæ, solamen tristium, refocillatio pauperum. Recepit tandem proprium filium Dei miseratione Romana civitas, et ex antiqua cæsarum prosapia gaudet se retinere imperatorem. Vos tamen quos ad tantum imperium divina elegit majestas, oportet et decet, ut quanto magis ab illo super cæteros mortales elevati estis, tanto magis illi in omni humilitate subditi sitis. Quos enim temporaliter dedit imperare, si ejus misericordiæ, ejus potentiæ omnes actus vestros ascripseritis, dabit perpetuo triumphare : pacis itaque bonum, imperator invicte, ante omnia et super omnia custodite, nullus in vestro pectore livor, nulla subrepat invidia. Subjectum vero vobis Romanum imperium juste misericorditerque tractate, ut Romana ecclesia maxime, per quam accepistis Romani imperii sedem, sentiant se et sentientes gaudeant talem ac tantum augustum meruisse, atque in Deum timentis ditionem venisse. Nunquam tantum vobis opes alicujus placeant, ut non semper in vestro pectore justitia præponderet, ut justitia locum æquitatis perdat : quid namque prodest Romani imperii gubernacula suscepisse, si non cunctos mortales studeris in misericordia, in justitia, in omni denique bonitate præcellere ; animi enim probitas, non solum vobis, sed etiam subsequentibus debet esse forma, exemplum virtutis. Ita autem facientes omnipotentis Dei gratiam semper cooperatricem habebitis, cujus adminiculis et inimicos omnes subjugabitis, et tam de præsenti, quam et de futura pace gaudebitis. Casinensem vero Ecclesiam sciatis quotidie pro vestri imperii statu omnipotenti Domino supplicare, ut cœpta per vos misericordiæ suæ opera ad condignum finem perducat, et ut vos ab omnibus malis protegat, et defendat, atque pro tanto labore æternæ municipatum vitæ vobis in futuro concedat. Rogamus autem generositatis vestræ celsitudinem, triumphator præcelse, ut Casinensem Ecclesiam, omnium cœnobiorum matrem protegatis ; ea enim prædecessorum vestrorum quondam defensa præsidiis, ditata opibus exstitisse cognoscitur. Vos ergo quemadmodum pro sapientiæ vestræ nobilitate, potentia, prudentia, in omnibus quæ sæculi sunt, et probis, quod magis egregium est, moribus æquiparare probamini, ita etiam in Casinensis cœnobii exaltatione æquiparare conamini. Facite vobis in terris beatum Benedictum debitorem, ut ei quæque contuleritis, centuplicata in cœlis recipere mereamini. Ad hoc enim cœlestis Providentia quæ omnia moderatur et a sæculo universa disponit, hoc præsertim tempore quando peccatis nostris exigentibus defecit sanitas, et diminutæ sunt veritates a filiis hominum, tantæ strenuitatis ac prudentiæ virum in Romana republica elegit, ut Ecclesias exaltare debeatis. Deus autem et Dominus noster, qui dona suæ pietatis gratis largitur petentibus, dextera fortitudinis suæ vos protegat et benedicat, et utriusque substantiæ hostibus separatis, cum palma certaminis ad se revertentibus, cœlestis vitæ vobis januas aperiat, secumque perpetuo jucundare de cœlestibus bonis concedat.

RHYTHMUS PETRI DIACONI DE NOVISSIMIS DIEBUS (100.)

(D. Luigi Tosti *Storia della Badia di Monte Cassino*, t. II, p. 119, ex codice ms. 361.)

Anno Christi passione
Finito millesimo,
Satanas Averni princeps
Solvetur a vinculis,
Quem ligavit Jesus Christus,
Resurgens a mortuis

Jam non fides inter fratres,
Neque inter conjuges;
Neque servi servant fidem,
Neque nati Patribus:
Terrea divina namque
Miscebuntur omnia.

Hæc disciputi magistris,
Monachi abbatibus,
Tricerberus vero canis
Obtinebit omnia.
Exabbates non abbates
Erunt his temporibus.

Parvipendent cuncta bona,
Mala semper facient:
Dei linquent disciplinam,
Sensum habent reprobum,
Somnolenti, et superbi,
Diri, et terribiles.

Bona dicunt, mala agunt;
Oves cunctas devorant;
Devorabunt, laniabunt
Oves sibi creditas;
Voratores, et edaces
Erunt, ut Antonius.

Desides, et pigri valde
Opus ad deificum.
Disquirent vero thesaurum
Occultatum hominum.
Præsules habebunt regna,
Sacra dabunt Symoni.

Sævit ferrum, ira, dolus,
Furta sacrilegia:
Clericorum vero jura
Erunt epycurea,
Linquebunt divina jura,
Obtinebunt cynica.

Fœminas diligunt omnes,
Fœminas præjudicant,
Passim currunt, passim quærunt
Huc illucque fœminas.
Ignoravi, et nescivi
Corpus tuum, mulier.

Deum linquunt, Deum pellunt,
Ut te solam habeant.
Æpulas diligent magnas,
Vina pura ambiunt.
Fores observare jubent,
Pauper ne ut veniat.

Cæsares vero salutant,
Pauperes despiciunt:
Prævident, procurant namque
Aurum et pecuniam;
Proditores accusabunt,
Proditores diligent.

Repræhendent, repræhendent
Hoc quod agunt omnibus:
Deum vendunt, Deum produnt,
Ut honorem habeant:
Aurum ligat, aurum solvit,
Datque sacros ordines.

Exercere prava sciunt:
Bona numquam faciunt.
Malorum origo horum
Papa est herroneus,
Callidus valde perversus
Ultra omnes homines.

Exutus, alienatus
Bonis a cœlestibus,
Lucra quærit vero sua
In divinis ovibus,
Antychristi qui præcursor
Fuit a principio.

Mœchatorum, et latronum
Erunt jura omnium.
Seductores, et fallaces
Pravi namque pessimi;
Jura quærunt, jura agunt
Ut confundant homines.

Vilis et despectus erit
Tunc, qui Deo serviet,
Antivia Christo namque
Hi parabunt homines,
Apparebit tunc nefandus
Filius diaboli.

Vociferans atque clamans
Suis auditoribus:
Principes, et reges terræ,
Consules, et divites,
Comites, et dictatores,
Præsides, et judices;

Magistratus, et tribuni
Cæsares, et divites,
Equites, fortes, et servi,
Præsules et clerici,
Cinnamomi, et amomi,
Vini atque olei;

Purpuræ, serici, cocci,
Vasa cuncta eboris:
Omnia ista si vultis,
Christum abnegabitis:
Ego sum feci qui cœlum,
Qui terram constitui;

Verbo qui cuncta creavi,
Hominem qui condidi:
Adorate me, si mundum
Vultis, si diligitis
Ego Deus, ego magnus,
Ego vester Dominus:

Ego Agnus, ego Leo,
Vita, decus, gratia,
Ego Verbum, ego salus,
Splendor sapientiæ.
Ego Deus, ego magni
Filius Omnipotens.

Reparetur, renovetur
Templum magni Domini;
Observate Hæbreorum
Jura antiquissima,
Jura Dei, jura magni
Quæ mandavit Moisi.

. . . .
. . . .

Christe Deus, qui tu mundum
Restaurasti perditum,
Qui de altis descendisti
Utero in Virginis,
Erue, Deus tu, Petrum,
Pater clementissime.

Protege, libera Petrum
Ab Averni principe,
Quem laxatum, quem solutum
Johannes perdocuit.
Solutus vero est ille
Pem quem homo eccidit. ec.

. . . .
. . . .
. . . .

(100) Con questi versi il monaco acutamente ritrae le tristizie del suo tempo, ed a quanto pare, potrebbe congetturarsi questi versi essere stati scritti mentre la Chiesa ero tribolata dallo scisma di Anacleto, e forse dopo la riconciliazione de' monaci scismatici, tra i quali Pietro, con papa Innocenzo.

PTOLEMEI ET GREGORII PETRI PATRUORUM EPISTOLÆ AD IPSUM.

(Exstant inter Prolegomena ad Chronicon Casinense, supra, col. 466.)

DESCRIPTIO SACRI CASINI MONTIS.

(Mabill. *Annal. Bened.*, t. II.)

Mons Casinus in duos scinditur vertices, ceu geminos montes : unum eminentiorem ad Septentrionem, cui Cairus vocabulum, ubi nulla ædificia ; alterum paulo depressiorem, Casinum dictum, in quo visum est. Ad hunc montem ad tria fere millia per sinuosos tramites patet ascensus. Ubi ad primam portam perveneris, occurrit subobscurus fornix, ex quo quadraginta gradibus ascenditur ad primam aream, quadratis stratam lapidibus, porticibusque ornatam. Inde in basilicæ atrium, columnis et statuis insigne, per totidem fere gradus, ac demum in ipsam basilicam subitur. In hac quadriporticu exstant statuæ summorum pontificum et episcoporum, e Casinate monasterio eductorum; tum ex una parte ecclesiastici, ex alia sæculares benefactores. Ad portam ecclesiæ uterque parens sancti Benedicti exhibetur cum columna ex lapide serpentino, cui impositum fuisse tradunt Apollinis simulacrum quod comminuit beatissimus pater. Ecclesia, ut in loco angusto, ampla et eximia; cujus bipatentes portæ majoris valvæ ex ære, in quibus universas Casinatium possessiones Desiderius abbas, is qui postea Victor III dictus est, litteris argenteis describi curavit. Ex utroque navis latere octo sunt omnino sacella cum suis convexis hemisphæriis. Choris navi supereminet pone majus altare, ab Alexandro II consecratum. Hinc Vidi Feramoscæ, inde Petri Me- A monasterium positum est. Sed quoniam hujus montis fastigium angustius erat, quam ut omnes regulares ædes posset capere, monasterium totum in triplici planitie triplicique concameratione constituere dicei mausolea. Sub principe ara et choro jacet crypta cum ara sancti Benedicti, duabusque aliis, sancto Placido et sancto Mauro nuncupatis. Ibidem sella pertusa ex porphyritide visitur, forte balnearia, cujus generis sellam veteres *solium* appellabant. Ad dextram ecclesiæ, qua meridiem spectat, consistunt regulares ædes; capitulum cum adjuncta bibliotheca, atrium seu claustrum, eique adhærens refectorium : dormitoria, ædes abbatis et hospitum nobilium, desinentes in turrim, eam ipsam, ut creditur, quam sanctus Benedictus inhabitavit, insigni oratorio et picturis exquisitissimis ornatam. Ad frontem ecclesiæ exstat dormitorium noviliorum : cui adhæret Sanctæ Annæ ædicula, in qua monachorum conditorium est. Ad sinistram ecclesiæ partem habetur vetus sancti Martini ædicula, in qua sepeliuntur pau- B peres peregrini, quorum hospitium et nosocomium ex eadem parte ad primum atrium conspiciuntur. Hæc de recentiori monasterii statu. Ad radices montis situm est oppidum sancti Germani cum altero monasterio et palatio abbatiali; nec multum procul antiqua Casini civitas cum reliquiis veteris amphitheatri.

ANNO DOMINI MCXXXIX-MCXLII

FALCONIS BENEVENTANI CHRONICON

(Muratori, *Rerum Italicarum scriptores*, tom. V, p. 79. Mediolani 1723.)

ANTONII CARACCIOLI PRÆFATIO.

Falco notarius et sacri palatii scriba fuit, atque ab Innocentio II. P. M. ob fidei constantiam, qua pontificias partes in maximis illis turbis tutatus fuerat, judex suæ patriæ renuntiatus est. Hoc vero Chronico, quod ab anno 1102 ad 1140 producit, res sui temporis, easque præcipue quæ Beneventi contigerunt, adeo fuse et accurate describit, ut tibi, lector non legere, sed præsens esse videaris. Et nisi te C stylus, barbarie horridus, arceat, cætera abs te laudatum iri Falconem, nullus dubito. Baronio sane, et Gordono is placuisse videtur: quippe qui et calamo exceptum habuerint, et non semel ille in Annalibus, iste in Operis chronologici posteriore tomo citaverint. Hoc igitur et tu, sudiose lector, nunc primum aspiciente lucem, per me fruere et vale.

MONITUM CAMILLI PEREGRINI.

Incultus, et semi quamvis barbarus, qui nunc recensendus mihi superest antiquus chronologus Falco, nostratium nihilominus historicorum mediæ ætatis ob fidelem, nec prorsus ineptam diligentiam facile princeps, munere, ut ipse de se tradit ad an. 1133 et 1137 Notarius et scriba sacri Beneventani palatii, tandemque sua in eadem patria urbe judex, Chronicon, quod nunc principio et fine mutilum habetur, exorsus ab anno mihi quandoque est visus 1077, in quo Beneventanorum principum Langobardorum, deficiente in Landulfo VI successione regi D ea civitas cœpit a Romano pontifice per præfectos, vulgo tunc dictos *Rectores : post cujus principis obitum* (inquit anonymus Sanctæ Sophiæ part. III num. 15) *recta est civitas per Romanam Ecclesiam ;* namque in ejus demum devenerat potestatem ex causa exposita ab Ostiensi lib. II, cap. 83, mihique ad Anonymum Cassin. ad an. 1051 cursim delibata. At cur ita putarem, in causa erat ipsius Falconis acephalus textus ; qui ante omnia sermone abrupto præfert Beneventanos fere centum viros, tum nobiles, tum honesto loco natos, quos *bonos homines* ipse auctor appellat, Romam adiisse, ac papam, sed frustra, esse deprecatos, ut *pastorem electum corroborare*, hoc est suo assensu robur ei, et potestatem dare *dignaretur*; quibus verbis de electo aliquo archiepiscopo a Beneventano populo, ac juxta sacros canones a summo pontifice confirmando, sermo ibi fieri videbatur; quod præfato anno 1077 contigisse conjectabar; quoniam in eodem Chronico proxime post dicta, ad annum scilicet 1107, notatur obitus Beneventani archiepiscopi Roffridi, cui imputantur anni XXXI, menses 2, dies 20, indeque constare poterat electionem a Romano pontifice improbatam præcedere oportuisse præfati Roffridi sublimationem; qua ratione Falco suam describere historiam ab exordio novi archiepiscopi, simulque novi pontificii regiminis convenientissime suscepisset; quam nunc habemus ingenti hiatu ad annum usque 1103 fatiscentem. Rem tamen aliter se haberi postmodum judicavi; nimirum cum advertissem Petrum episcopum Portuensem, qui Beneventi tunc præsens, ut idem auctor perhibet, Beneventanos in seditionem ob passam a papa repulsam versos, eorumque arma vix effugerat, ad remotiora illa tempore minime referri posse, quibus Portuensem episcopatum haud ipse obtinebat, qui ad eam dignitatem longe post evectus fuit a Paschali II, sed Joannes: opinionem itaque abjeci, saniorique consilio sum persuasus, Beneventanos pastorem quidem, sed sæculari, non autem ecclesiastica potestate prædicatum, a papa confirmandum petiisse, quem usi atiori vocabulo appellabant rectorem; idque a Falcone metipso simul exponi, non dubitavi: quandoquidem Portuensis ille episcopus non multos post die, in gratiam rediens cum Beneventanis, ex eorumdem petitione (verba sunt Falconis) *oravit Dominum papam, ut rectorem mitteret, qui Rossemannum monachum rectorem iterato constituit*: nimirum restituit, ut reor, quem Beneventani suscipere recusarant, unde processerat seditio; sicque lis ea omnis ac jurgium conquievit. Verum enimvero de his cum ista statuam, haud tamen negaverim, rectorem a Beneventanis electum dignitate episcopum exstitisse: namque ejus fautores demonstrabat Falco, dicens, civile bellum *incohatum, eo quod pars episcopi in campanili* (Ecclesiæ cathedralis) *ascendens, palatium Dacomarii* (in inferiori urbis locum situm ad occidentem hibernum, vulgo nunc dictum *la Commare*) *in quo episcopus ille* (Portuensis) *morabatur, fortiter expugnabat*. Rector itaque ille a Beneventanis expetitus, dignitate episcopus fuit, idemque nomine appellatus *Riso*, ut idem exponit auctor. *Qui*, inquit, *ex parte Risonis videbantur, arma, et belli apparatus super campanili imposuerunt*. Quocirca rector a papa iterato institutus cum fuerit monachus, observareque etiam in Falcone possimus, ejusdem urbis sæpius demandatam fuisse curam viris cardinalibus, atque in anno 1120, Rossemannum diaconum præfati Rossemanni filium ordinatum rectorem a Calixto secundo, nulla jam de episcopo Risone tunc electo a Beneventano populo reliqua nobis esse poterit dubitatio. Haud igitur Falco, ut olim opinabar, Beneventanam historiam conjunctarum etiam rerum casus complectentem, ab excessu Beneventani principis Landulfi sexti, atque ab anno 1077, sed ex recentioribus est eam initiis auspicatus. Illa autem, nisi mea me iterum destituit conjectura, ea ipsa arbitror, quæ pontificatus Paschalis secundi primordia etiam fuere, præsentemque Falconis textum uno, aut altero anno vix antecedunt; electus namque fuit Paschalis, Urbani secundi successor, mense Augusti, anno 1099, qui *in anno* 1102, *indictione* X, ut perhibet Romualdus Salernitanus in Chronico, *simul cum* Apuliæ *duce Rogerio obsedit Beneventum maximo cum exercitu: nec destitit, donec eo, qui in eadem civitate principabatur, expulso, cepit ipsam civitatem*. Hos itaque suorum Beneventanorum casus adeo memorandos videri ne poterit Falco prætermisisse, qui eorumdem historiam per annos proxime subsecutos describendam susceperat? quique aliam opportuniorem scriptitandi occasionem nec seligere quidem valuisset? Quod nullo verisimili argumento inficiari cum possimus, consequens quoque est, ut credamus, una cum iis ab eo expositum, quis ille, Romualdo innominatus, fuerit princeps, atque quo pacto, et anno, Beneventanum obtinuerit principatum. At Falconis frustrata hæc vota haud prorsus irrita remanebunt; cujus defectus ex præfati auctoris narratione, exque Petri Diaconi dictis suppleri utcunque poterit; qui in Auctario ad Ostiens. lib. IV, cap. 19, meminit cujusdam oblationis, quam circa annum 1098 fecerat B. Benedicto, ac Monasterio Casinensi *Anso rector Beneventani principatus ad fidelitatem Romanæ Ecclesiæ, et nobiles viri fratres sui Dauferius, et Atenulfus, Joannes et Berardus, Petrus et Alfanus, et Luitprandus, filii domni Dacomarii Beneventani præsidis*. Hic autem rector Anso in ipso diplomate ejusce donationis, seu præcepto, cujus antigraphum exstat in Registro ejusdem Petri pag. 283, non *Rector*, sed nuncupatur *Princeps*, quo etiam nomine est eidem auctori ibidem dictus pag. 52, a tergo, ubi recitatis litteris quas Urbanus II, Benevento rediens Romam, dedit *carissimo filio A. Beneventanorum Domino* (sic ibi) *apud Ceperanum 5 Non. Novembris*, eidem præcipiens, ut monachorum Cassinensium jura super possessione Ecclesiæ Sanctæ Sophiæ ejusdem urbis sæpius examinata recognosceret, hanc notulam subjecit. *Sequenti anno*, inquit, *papa defunctus est* (scilicet in an. 1099), *Anzo post biennium perdidit principatum* (in an. 1101 quod Romualdus actum dicit anno sequenti) *et negotium istud eapropter mansit infectum*. Ista itaque gesta haud dubie initio sui Chronici fusius Falco exposuerat; quorum ordinem poterit nunc quisque pro arbitrio, ut verisimilius judicabit, conjectari. Verumtamen de meo hoc unum proferam, videri hunc Ansonem, sive Anzonem, ex rectore, ut eum nuncupat Petrus Diaconus in laudato Auctario, nomen principis, atque dominium Beneventi, qua dissimulante, qua annuente papa Urbano II usurpasse; qui illum non *principem*, sed *Beneventanorum dominum* in præfata epistola appellavit, idque a successore ejus Paschali nullo pacto fuisse toleratum: ex diuturnori enim ejusmodi rectoratus magistratu, quem Ansonis quoque pater Dacomarius, vir sane magni nominis, pridem obtinuerat, proclive ei fuerat receptam longissimo annorum curriculo in ea urbe, subinde civibus acceptissimam, concupiscere, et demum adipisci dignitatem. At Falconis historiam pari propemodum fallacia, qua ferebar eam ductam ab anno 1077 et ab exordio archiepiscopatus Roffridi, productam ad Guarmundi Beneventani etiam archiepiscopi initia, et ad annum 1142 in ejusdem gratiam ab auctore suo elucubratam, sum quandoque opinatus, quæ quidem nullo congruo fine in anno nunc subsistit 1140. Meaque mihi arridebat conjectura, quod ex Baronii observatione ad an. 1113, Falconem crederem, *in eadem Beneventana Ecclesia clericatus munere functum*; qui eopse in Opere ad annum 1124, Ecclesiasticum alloqui videbatur virum atque in dignitate etiam constitutum, eum honorifico vocabulo paternitatis compellans, inquit enim: *De miraculis autem, quæ ob prædicti patris nostri Barbati merita, honoremque Jesus Christus humani generis amator nobis omnibus aspicientibus ostendere dignatus est, licet sermone inculto paternitate vestræ explicabo*. Et ad an. 1118: *De guerra*, inquit, *Jordanis comitis supra memorati, si vestræ placuerit charitati, et comitis Rainulphi, aliquid succincte narrabo*, parique ratione ad an. 1137 sic habet: *Aliud quoque non tegendum silentio fraternitati vestræ explicabo*. Atqui iis sane titulis, eaque dicendi forma haud decorum aliquem certum virum, sed quemlibet lectorem modeste et humaniter compellasse, censendus est: quippe ad an. 1114, id quam clarissime innuit, cum inquit: *Sed si lectoris charitati asperum non videbitur, quos post illatam excommunicationem actum Beneventi sit, non prætereundum exarabo.* Et hanc itaque malesanam, sicut antecedentem, abjeci opinionem, de quo quid nunc statuam nil prorsus habeo. Ipse autem Falco cur reputatus a Baronio fuerit clericali militiæ mancipatus, non equidem assequor; quem constat, ex laicali munere notarii, et scribæ sacri Beneventani palatii, ut initio dixi, in judicem Beneventanum ascitum: namque desitis principibus, curia Beneventana adhuc dici perseveravit *sacrum palatium*, ut ante annos tercentum princeps Arichis instituerat, ac pleraque palatina officia vel re vel saltem nomine tenus remanserant, ut comes palatii: de quo idem luculentus testis est Falco ad an. 1114 et 1137. Cum autem ille se civitatis judicem in anno 1133, ex consilio rectoris, et cardinalis Girardi, Rolpotonis comestabuli, aliorumque sapientum civium factum, electumque prodit, perque apostolicum Innocentii II privilegium deinde confirmatum dicit, haud prætorem definiendis litibus constitutum, sed in decurionum, sive dicas senatorum album credas relatum, qui per ea tempora plerisque in locis *judices* appellabantur, unde etiamnum nobile Capuæ forum servat antiquum ab ejusmodi judicibus acceptum nomen. Et Beneventanorum quidem plurimorum judicum frequens apud Falconem cum sit mentio, quos sæpe sapientibus viris conjungit, sæpe etiam ipsos absolute vocat sapientes: eorum tamen munus, quamvis fortasse circa judicia quoque versabatur, ut Cajetæ olim observatum constat, cæteras nihilominus publicas contemplabat functiones; pontificemque Callixtum II, in an. 1120 Beneventani solemni pompa in suam urbem excipientes, *pedes ejus, et habenas equi cives quatuor a Ponte Leproso usque ad Portam S. Laurentii* (qua ab eo latere urbs aditur) *ducebant: deinde quatuor alii usque ad episcopium; ab episcopio autem quatuor judices Joannes, Persicus......* (deficit judicis nomen, qui tertio descriptus fuerat loco) *et Landulphus usque ad sacrum Beneventanum palatium detulerunt.* Et in anno pariter 1137: *Judices Beneventanæ civitatis cum alium civibus regem Rogerium adeuntes, ad Anacleti fidelitatem, et ipsius regis amorem civitatem submittunt Beneventanam.* Ad ejusmodi igitur judicum ordinem, dicendum est, Falconem ex notario fuisse evectum: pari ferme ratione ac vir nomine Salernus ex medico judex Salernitanæ urbis legitur apud Hugonem Falcandum institutus, qui nihilominus medendi exercitia non deseruit. Et sane qui regendis civitatibus sua tunc ferebant suffragia, et præcipuum ordinem, ut olim decuriones in coloniis, Romæ vero senatores, constituebant, judicum nomine passim appellabantur; nam rex Guilielmus II una cum matre sua Marga-

A rita litteras dans *Andreæ Stratigoto, et judicibus, et universo populo Messani*, quas recitat idem Falcandus, universam urbem Messanam compellasse videtur: eodem pacto ac si antiquiori ritu dixisset, *Ordini, et populo Messanensi.* Eamdemque formulam non alia mente pridem usurpavit pontifex Joannes VIII, cum epistolam scriberet: *Omnibus eximiis judicibus, et universo populo Neapolitano*; quæ inter ejus Decretales notatur num. 67, et simul in epist. 205, Landulfum assereret, *omnium Dei sacerdotum, et judicum, seu totius Capuanæ plebis voto, parique consensu*, fuisse electum ejusdem urbis episcopum (stat *seu* hoc loco conjunctive pro *et*, acceptatione non infrequenti, ut opportuniori occasione exponam). Quorum quidem judicum ordinem ex solis viris patritiis constitisse, idem indicat Pontifex epist. 205, de eodem electo episcopo ad Guaiferium Salerni principem scribens, ac *nobilium* appellans *catervam*, quos in antecedenti *judices* nuncupaverat. Hi tamen peculiari consuetudine tum

B Neapoli, tum Cajetæ, tum quoque Pisis, sed dispari nonnihil observatione, non loco apte exponenda, dicti fuere *consules*, unde nostro Falconi ad an. 1134, *Alzopardus et Canis consules Pisanorum*, neque Neapolitanis consulibus aliis relata, sed non huic fini, nec modo succurrit quam bene exposita, obvia sunt exempla, quæ nunc repetere non est opus. Haud tamen omittam, his dici Anastasio Bibl. in Hadriano *judices cleri, et judices militiæ*, qui eidem ibi nominantur *primates Ecclesiæ*, et in Stephano II, *optimates militiæ*: utrumque nimirum Romani universi populi ordinem, hoc est, ecclesiasticum, et laicalem, cleri, et militiæ vocabulis denotans. Quos quidem optimates ab præfato Hadriano obviam missos credam Carolo magno Romam advenienti, cum *direxit in ejus occursum*, ut idem loquitur, *universos judices ad fere triginta millia a Romana urbe*; cujus itineris spatium ad numerum judicum retulisse videtur parum lectioni attentus Platina, legendumque judicasse, *tria millia*: qui nec sic

C devitans immodicum cœtum judicum, vocatos censuit hoc nomine eos, *qui nequaquam sordidis artibus impliciti essent*, sed acceptione nunquam omnino observata. Deque his ipsis judicibus, sive optimatibus militiæ, id est laicalis populi Romani, capio Petrum Diac. in Auctar. ad Ostiens. lib. IV, cap. 37, qui eos a dignitatibus, muneribusque appellat, *bajulos, cereostatarios* (sic ibi legendum; non, *cereosarios*), *stauroferos, aquiliferos, leoniferos, lupiferos, candidatos, defensores et stratores.* Ex quibus intelligere erit, judices non semper ad judicia referendos esse, nostrumque simul Falconem haud ecclesiasticorum judicum consortio fuisse aggregatum, qui non *cleri*, sed *civitatis* se judicem affirmat institutum. Sed in his diutius jam non moror?

FALCONIS BENEVENTANI CHRONICON.

JULIUS DE SYNDICIS, BENEVENTANUS, LECTORI.

Pervenit in manus nostras, lector dulcissime, libellus quidam, cujus auctor notarius Falco, scriba sacri palatii appellabatur: in quo historiæ multæ totius regni Neapolitani scriptæ sunt; præcipue tamen Beneventanorum gesta inter se, uti civilia bella, ac etiam contra exteros Normandos, ut est videre ibidem. At quia corrosioni, et litterarum obscuritati, successione longi temporis videbatur proximus, ut apparet ex defectu sui principii et sui finis, utrinque enim paginæ duæ evulsæ et deperditæ sunt, propterea ne tantum opus, et auctoris labor in nullam memoriam deveniant, exemplandi onus suscepi; commutando tamen characteres Longobardorum in Latinos nostros. Noli igitur mirari, si principium habet sine principio, et finem sine fine. Vale.

. . . .

apud urbem Romanam eum ab honore privabat, quinetiam animos Beneventanorum sæpissime incitabat, ne præter licentiam domini papæ archiepiscopatui consentirent. Tandem concives hujuscemodi deliramenta aspicientes, nec mora, fere centum nobilium, et bonorum hominum Romam miserunt, dominum papam precantes, ut pastorem electum corrobare dignaretur. Illi autem abeuntes, coram omnibus, videlicet in sacrosancta synodo, quam constituerat, eum indesinenter postulavere, quod minime obtinere valuerunt. Videntes autem hoc, qui missi fuerant, indeque reversi corda aliorum movebant dicentes, patres, avos, proavos nostros tantam injuriam passos nunquam fuisse. Sed quid plura? Qui ex parte Risonis videbantur, arma, et belli apparatus super campanili imposuerunt; audierant enim, quod Petrus ipse Portuensis episcopus conjurationem fecisset, ut thesauros ecclesiæ et ejus bona virtute vellet diripere. Tunc episcopus ipse in coclerio arma imponi aspiciens, tristis factus, suos vocari præcepit fideles, quatenus consulerent, quid super hoc tanto talique negotio fieri debuisset. Interim bellum inchoatum est, eo quod pars episcopi in campanili ascendens palatium Dacomarii, in quo episcopus ille morabatur, fortiter expugnabat, et episcopi auxiliarii de turre Dacomarii pugnantes invicem crudeliter præliati sunt; duo quidem juvenes in ipso conflictu animas reddidere. Postremo nocte adveniente, videns se episcopus ipse circumventum, medio noctis silentio monasterium S. Sophiæ cum quibusdam ascendit, ibique tempore non multo commoratus est.

A Præterea cives metu coacti timentes, ne episcopus ille eos apud dominum papam affligeret, eum coegerunt, quoadusque eis fidem sacramento præberet, quod facturum promisit, oravitque dominum papam, ut rectorem mitteret, qui Rossemannum monachum rectorem iterato constituit.

Anno 1103, XII indictionis.

Anno 1104, XIII indictionis.

Anno 1105, XIV indictionis, mense Januario, et Februario nix magna fuit, et fluminum inundatio, et stella cometes ad occasum apparuit; triduo enim post venit papa Beneventum.

Sequenti anno obiit Henricus Teutonicorum rex.

Anno 1107, mense Septembri, I indict., obiit præfatus Roffridus Beneventanus archiepiscopus, qui B sedit triginta annis et uno, mensibus duobus, diebus XX.

In hoc anno, ipso mense Septembri obiit abbas Madelmus, et hoc mense Septembris electus est Bernardus abbas in festivitate Sancti Angeli.

Anno 1108, II indictionis sterilitas vini, mortalitasque animalium, et papa Paschalis venit Beneventum, qui mense Novembris ordinavit Landulphum archiepiscopum.

Anno 1109, III indictionis obiit Formatus. Pascha accidit VII Kalendas Maias (1), et die secundo intrante mensis Novembris combustus est thesaurus S. Mariæ.

Anno 1110, IV indictionis Henricus rex venit Romam, qui fraude et dolo papam Paschalem cepit, et C cardinales mense Februario. Eodem mense dux Rogerius obiit, et Boamundus germanus suus (2).

Anno 1111, V indictionis.

(1) Annorum, indictionumque hi non cohærent numeri; eademque disconvenientia præsens Chronicon laborat ab omnium primo, quo prænotatum habetur anno, ad an. 1112. Castigandas autem esse indictiones, quæ rectum calculum unitate excedunt, tum ex iis quæ infra dicam, tum ex die Paschatis hic descripto, palam constat. Namque in anno 1109, vere Pascha celebrari contigit VII Kal. Maii, quod tempora subducentes non latebit. PEREGR.

(2) Ex recta antecedentium et subsequentium annorum in præsenti Chronico descripta serie hic plane est annus 1110. At ei non indictio quarta, sed tertia: nec quos Falco appingit, competunt eventus, sed anno 1111. In antiquo Vaticano codice apud Baronium captus notatur Paschalis ab Henrico *mense Februario, pridie Idus, anno Dominicæ Incarnationis* 1111, *indictione* IV, *die Dominico;* cui antiqua monumenta prorsus omnia, et auctores consentiunt; sibique invicem bene congruunt temporum hi characteres. Rogerii etiam ducis, et Boemundi obitum nec in antecedentem referunt annum Petrus Diac. in Auctar. ad Ostiens. lib. IV, cap. 40. Romualdus Salernitanus, Anonymus Cassinensis a me recensitus, et qui recentissime mihi innotuit; perque me post has castigationes lucem primum aspiciet ignotus, et antiquus civis Barensis, Chronici Lupi Protosp. fere paraphrastes, qui præterea Rogerium mense quidem Februarii, ut hic dicitur, sed Boemundum mense Martii defunctos notat, eique astipulantur Emortualia monasterii Cassinensis edita a Caracciolo. Minime itaque receptam aliis annorum supputationem servasse, censendus est Falco; qui sane haud annos a Januario, sed a Martio auspicari deprehenditur; namque singulis fere præpositis annis mensem statim subjicere solet Martium; et quæ per Januarium, et Februarium, perque initia etiam Martii acciderunt, in eumdem constanti tenore conjicit annum, in quem retulerat ea, quæ per menses contigerant anteriores. Sic nimirum ad annum observat 1112, ubi de Paschali Beneventum adveniente mense Decembri, ibique synodum celebrante in Februario: nec non ad an. 1117, ubi de eodem ponD tifice aliam synodum ibidem habente mense Aprili, diem vero obeunte XI Kal. Februarii. Et ad an. 1129, ubi de pontifice Honorio eadem in urbe consecrante Franconem in abbatem S. Sophiæ mense Augusti, ac decedente in Februario. Et præterea, pag. 221, 245, 252, 254, 278, 296, 319 et 338 (*edit. Caracc.*), annos tum ultra Decembrem producit, tum ut dixi, ad Martium usque extendit etiam inchoatum; qui tamen pag. 190 et 320, diem quartam decimam, et decimam quintam prædicti mensis et pag. 201, diem secundam novo anno imputat; ita ut annos non ab die, qua *Verbum caro factum est*, vigesima quinta nimirum Martii, nec a die Nativitatis vel Circumcisionis se ducere prodat; quos nihilominus ab communi epocha ducit Nativitatis, ac juxta communem calculum congruas eis assignat indictio-

Anno 1112, vi indictionis mense Martio (3) papa Paschalis faciens Romæ synodum fregit pactum, quod fecerat cum Henrico rege. Hoc anno inœptum est ædificium, vel ædificari Oratorium Sancti Bartholomæi apostoli. . . . .

His et aliis ita decursis cernentes Beneventani se variis prædarum doloribus affligi, consilio habito, Landulphum archiepiscopum, et Joannem judicem ad præfatum apostolicum delegaverunt, quatenus cives illos tanta oppressos calamitate ad portum salutis erigere dignaretur; præcipue cum plerique Beneventanorum civitatem intrinsecis conspirationibus sæpe turbavissent; scilicet quod alii Landulphum Burrellum, alii Ansonem civitatis rectorem sine domini papæ voluntate constituere satagebant. Apostolicus autem hæc audiens, nec mora, secundo die intrante mensis Decembris advenit Beneventum, qui mense Februario synodum constituit. Synodo autem facta, cum in sacro Beneventano palatio assisteret, prædictamque conspirationem factam pro parte illius Landulphi Burrelli deprehendens, concives vocari jussit, a quibus, quid agendum esset super hoc tanto et tali negotio, subtiliter sciscitatus est, quomodo, ut diximus, conjuratio illa ad traditionem civitatis, et detrimentum fore videbatur: et quod quidam civium pro ipsius Landulphi auxilio turres portæ summæ noctu cepissent; indeque munitionum ipsarum custodem ejicientes una tantum nocte eas virtute tenuerunt. Tandem, Deo opitulante, et Beneventanorum complurium fidelium solatio, quorum mens erat sanior, turres ipsæ vendicatæ sunt, et B. Petro restitutæ. At cives ipsi tale domino papæ dedere responsum, ut, quos suspectos haberet, vocaret, et ab eis pleniter justitiam sumeret. Quid plura? Curia ordinata, vocantur malorum fautores, vocantur suspecti; tandem legitime sententia extensa, quosdam captos vidimus, quosdam ejectos, et domos quorumdam fisco deditas, quorumdam destructas. Istis taliter actis.

Anno videlicet 113, supra millesimum, et xiv anno pontificatus supradicti domini papæ mense Martio, vi indictionis dominus ipse apostolicus civitatem Beneventanam variis prædarum persecutionibus ex omni parte oppressam aspiciens, et civium bona a Normandis undique vicinantibus quotidie distrahi, et confundi cognoscens, consilio habito, Landulphum de Græcia militem præstantem, et solertem comestabulum Beneventanorum instituit (4), quatenus, Deo juvante, et ipsius prudentia civitas a prædarum solita confusione, quæ sæpissime imminebat, et a conspirationum seditione contra dominum papam crebro erecta, secura in progenie, et progenies consisteret: cognoverat enim eum prudentem, et animosum, sagacisque ingenii virum, cujus auxilio, et solertia nedum Beneventanorum populus sibi ad regendum commissus, verum etiam pleraque Langobardorum habitatio a Normandorum servitute affligentium eripi, et liberari confidebat; erat quippe Landulphus ipse bellicosi spiritus, et minorum injurias non patiens, inimicis omnibus quotidie minabatur. Nam si quis inimicorum illi injuriam, vel prædam inferret, mori prius velle desiderabat, quam impunitus aliquo modo inimicus recederet. Quid plura? Landulphus ipse comestabulus,

nes, quo sane pacto tertiam, non quartam indictionem, ut editus codex depravate repræsentat, rite ascripsit an. 1110, eamque pari passu ad Martium produxit anni sequentis; nec de cætero est sincerior alia lectio ibi expetenda. Peregr.

(3) Rescribe v *indictionis*, quod exigit temporum ratio superius exposita; et insuper card. Baronius testatur ad an. 1140, sic haberi in hujus Chronici antiquo exemplari. *Falco Beneventanus*, inquit, *Chronicon suum in hunc usque annum perduxit, cœptum ab anno Redemptoris* 1112, *quinta indictione*. At de ejus exordio sic quidem ibi pronuntiat: ad annum tamen 1113, ductum ipsum ait ab anno hoc ipso, perque annos duntaxat 27 ad annum usque 1140 productum; ita ut antecedentium, quæ suo operi inutilia, et per se tum mutila, tum nimis jejuna esse cognoverat, nihili fecisse videatur. Cæterum in Falcone e verbis illis : *Hoc anno incœptum est ædificium, vel ædificari*, etc. expungendum est τὸ *ædificium*, quod orationi non quadrat, redundatque; glossula cum sit compendiati verbi, *ædific.* Apostolicus autem, hoc est Romanus pontifex, tunc Paschalis II, Beneventum, ut Falco perhibet, cum advenisset initio mensis Decembris hujus anni 1112, synodum deinde ibidem celebravit in Februario, scilicet communis sequentis anni 1113, hisque consonat Petrus Diac. in Auct. ad Ostiens. lib. iv, cap. 48, qui præsentem adventum Paschalis in has partes numero facit secundum, priorem statuens in anno 1108, mense Octobri, ut tradidit lib. eod. cap. 33 assertoremque nostrum habet Falconem, dicentem tunc illum mense Novembri ordinasse Landulphum archiepiscopum Beneventi. Quo circa hoc anno ab eodem pontifice Beneventum pergente consecratam credam in urbe nuncupata S. Agatha Gothorum, Ecclesiam S. Mennæ, quam construxit R. *Comes*, hoc est Robertus filius Rainulfi, Petro Diac. memoratus præfato lib. iv, cap. 25. Licet in lapide, operis sane antiqui, nec imposturæ indicium præferente, ibi posito, legerim eam actam *anno ab Incarn. Dom.* 1109 ii *Non. Septembr. indict. quarta per manus dom. Paschalis secundi PP.* quæ præterea temporum consignatio haud sibi constat; nec Paschalem eo anno, et mense ad nos accessisse, est qui prodat. Peregr.

(4) Baronius hoc loco, et ad an. 1114 ex hoc auctore appellat : *Landulphum de Græcia*, quod gentis nomen natum suspicor ab dominio oppidi olim *Græcia* nuncupati, in terra Beneventana, ut legitur in regiæ Siculæ tabulario; idque varie pronuntiatum reor, qui a Falcone videam infra ad an. 1121 memorari *Gerardum de Græcis;* sicut et ad an. 1137 *Thadæum de la Græca*, nobiles utique viros Beneventanos. Porro Landulphus honorem comestabiliæ a papa Paschali, nescio an dicam adhuc in hoc anno 1113 apud Beneventum commorante, accepisse videtur mense Martii; qui anno sequenti (cum ipse dicam Falcone) *posita comestabilia domum secessit eodem mense, quo ordinatus est : unius solummodo anni spatio in honore perseverans.* Et vero haud hoc anno Paschalis Beneventi manens litteras dedit xv Kal. Aprilis ad patriarcham Antiochiæ, a Guillelmo Tyr. relatas lib. ii, cap. 27, sed in an. 1117, ut dicam post; qui alias etiam recitat datas ab eodem pontifice eadem die ad regem Hierosolymitanorum, non Beneventi, sed apud Lateranum commorante, manifesta contradictione, aliis non observata. Peregr.

ex omni parte, virtute, et scientia redimitus colla nulli minantium flectere dignabatur. Cumque, sicut prædictum est, Landulphus ille, comestabilis honorem a supradicto domino papa Paschali acciperet, videns castellum, quod quidam Robertus, qui Sclavus cognominabatur, in monte Sableta construxerat, vir omnis malitiæ, et nequitiæ studio repletus, anxiando cum eo locutus est, ut castellum illud destrueretur. Ob Beneventanorum enim guerram, et inimicitiam civitatis, castellum illud Robertus ipse construxerat mirabile, valdeque laboriosum. Ex cujus castri residentibus multa cives opprobria, damnorumque copiam perpessi fuerant, ita quidem, quod quidam concivium pro ipsius castelli ædificio prædia, et possessiones, quas circa eumdem montem habuerunt, perdidere. Castello itaque mirabiliter constructo, illic residentes cum ipsius Roberti servientibus quandoque Beneventanos capiebant; quandoque, quod crudelius est, peregrinis vitam cum eorum bonis auferebant. Prædictus igitur apostolicus hæc Romæ audiens Robertum illum excommunicavit, donec castellum illud civitati contrarium delevisset, quod facere ipse Robertus contempsit. Quid plura? Landulphus ipse de Græca comestabulus ordinatus, cum prædicto Roberto pactum incipiens, ipse quod cum prædicto papa facere noluerat, castellum illud destruxit, et funditus delevit, duobus videlicet equis optimis, et ducentis solidis datis. Deinde Landulphus ipse comestabulus pactum cum comite Jordano sacramento affirmans, quotidie virtutibus, et laudis præconio attollebatur.

Robertus itaque princeps, et Robertus, et Jordanus comites castellum illud sic destructum, et Landulphum illum comestabulum de die in diem virtute et divitiis repleri aspicientes, invidiæ zelo ex odio Longobardorum perculsi, putantes se illius prudentia exhæredari, cum omnibus Normandis ex omni parte vicinantibus conjuravere, affirmantes se guerram Beneventi facturos, et prædam, donec Landulphus ipse Beneventanorum comestabulus videretur. Sacramento ipso taliter confirmato innumeris cum militibus et peditibus super Beneventum venerunt, duodecimo die intrante mensis Augusti, et in monte, qui Guardia dicitur, die una tantum, ac nocte castrametati sunt, credentes et illum ejicere, et civitatem omnino depopulari; sed die ipso, quo applicuerunt, bellum inchoantes et superati sunt, et quidam eorum capti. Nocte autem insecuta, timore cœlesti, et Beneventanorum terribiliter commoti, more latronum per devia fugientes, existimabant se nocte ipsa a Beneventanis capi, et turpiter teneri. Ita quidem, ut sicut ex ore eorum complurium narrantium auditum est, si comestabulus ipse cum Beneventanorum et militum caterva Ecclesiam S. Angeli ad crucem transcenderet, vel vocis alicujus sonitus audiretur et hostes, et hostium apparatus stipendia Beneventanorum in manibus procul dubio traderentur.

Illis autem Normandis sic abeuntibus, Landulphus ipse de Græca comestabulus, inimicorum non ferens impugnationes, vicem reddens pro acceptis, haud mora, militum fere centum et octuaginta numero armatorum collecto, et civium circiter quatuor millia multitudine congregata, castellum, quod Terrarubea dicitur, adivit, quod igne ferroque terra tenus prostravit: ipsiusque castri incendio Robertus quidam de Sicilia dictus, combustus obiit; sicque innumerabilem animalium, et aliarum rerum substantiam Beneventum magno cum gaudio perduxere. Non post multum vero temporis iterum collecta equitum et concivium cohorte, Landulphus ipse castellum apicem insilivit; cujus castri, et molendina destruxit, et prædam animalium secum gaudens asportavit.

His omnibus ita perfectis, guerra Normandorum quorum mentionem fecimus, durius incepta est; in qua Landulphus innumeram auri et argenti copiam et equorum distribuit. Interea dum comestabulus ipse cum militum caterva prope pontem Serretellæ pro inimicorum insidiis custodisset, en adsunt equites Roberti comitis fere quinquaginta, qui et pro dolo civitatis inter fruteta morabantur. Quid dicam? insidiis ex utraque parte propalatis, conflictus inter eos habitus est. Tandem Dei misericordia superveniente, pars inimicorum terga vertens, in fugam conversa est, adeo quod de eorum equitibus duodecim captivos comestabulus ipse cum armis omnibus eorum duxit. Præterea sicut diximus, guerra ex utraque parte fortiter inchoata, sæpissime hinc et inde deprædatum est. Contigit autem die quadam, Rao, qui erat dominus castelli Ceppalunis, cum Landulpho Burrello, et aliis fere centum quinquaginta militibus, et peditum multitudine ad frangendam, ut ita dicam, arcaturiam ivit (5). Cumque comestabulus sic frangentes eos flumen Sabbati vidisset, tantam non ferens audaciam, in medium campi ad ecclesiam Sanctorum septem Fratrum, stipatus militum collegio exiit; ubi ad invicem decertatum est; sed, peccatis supervenientibus, pars comestabuli ab insidiis inimicorum decepta, per planitiem illam persecuta corruit; ita quod duodecim milites civitatis nobiles cum omni armorum apparatu retenti sunt.

Istis omnibus, et aliis sic decursis, inimici omnes, qui pro guerra conjuraverant, videntes comestabulum ipsum colla eis non flectentem, eis potius minari, et Beneventanos eum, et ejus præcepta jugiter sectari, cœperunt civitatem plus solito distringere, præcipientes ut omnes, quas possent, vineæ circum astantes inciderentur. Quod et factum est: insuper pauperes, aliosque viros, quos invenirent, caperent: sententia quorum divulgata, plerique hominum capti sunt.

(5) Palorum sepem in publicum, privatumve commodum structam ad arcendam, constringendamve perennis fluminis aquam, Falco populari tunc vocabulo, plerisque etiamnum in locis usurpato, appellat *arcaturiam*. PEREGR.

Anno 1114, mense Martio, VII indictionis, dum vineæ sic incidebantur, et capiebantur homines, Beneventanorum quidam, invidiæ gladio compulsi miserunt ad prædictum papam Landulphum archiepiscopum, et Rachisium Sancti Modesti abbatem, ut ei necessitatem ex omni parte, quam patiebantur, intimarent. Ipsi autem abeuntes, quam viderant afflictionem domino papæ patefecerunt, eum lacrymando precantes, ut gregi commisso sicut pastor bonus subvenire dignaretur. Necessitate autem domino papæ ostensa, eis præcepit (6), ut pacem civitati, prout melius potuissent, facerent, et pauperibus subvenirent, ne Petrus apostolus civitatem acquisitam occasione perderet; quidquid autem de pacis consilio invenissent, ipsi remitterent. Archiepiscopus vero Roma reversus aliter quam acceperat, faciens, misit Landulpho comestabulo dicens, ut condolens necessitati pauperum comestabiliam deponeret, quoadusque dominus papa Beneventum veniret. Postea vero aut pretio, servitiisque, seu civium precibus papam ipsum precarentur, eumque honori pristino redderent: dummodo Normandi pacem facere nolint, sacramento, ut dictum est, eorum interveniente. Landulphus autem comestabulus hoc audiens, in sacro Beneventano palatio coram B. Petri fidelibus respondens, ait se nunquam comestabiliam dimissurum, nisi manu ad manum captus esset, et per vim retentus. Insuper videre vellet, quam Normandi pacem Beneventanis facere voluissent, et domino papæ pacem ipsam descriptam delegaret; quidquid autem de pace præciperet, vel de comestabilia ponenda ipse dominus papa coram omnibus faceret se exsecuturum. Qualiter autem in sacro Beneventano palatio comestabulus ipse adfuerit, retexam: Cum, sicut prælatum est, archiepiscopus Roma reversus fuisset, cum quo et Petrus Portuensis episcopus, et Romualdus diaconus, sanctæ Romanæ sedis cardinales ab ipso papa missi pro pace invenienda fuissent, absque mora, in ipso eorum adventu, eisque nondum hospitatis, populus ferina mente commotus palatii Dacomarii, in quo comestabulus habitabat, ascendens vociferabatur, dicens, quod pacem desideratam, nisi cito feceritis, omnino gladiis acceptis per plateas moriremur. Insuper minas, et opprobria comestabulo inferebant, dicentes, eos pro unius hominis comestabilia guerram passuros non esse, et sic turpiter vitam finire. Alia quidem die surgente, pars archiepiscopi arma et belli apparatus super campanili imposuit, quatenus Landulphum armis, et lapidibus debellatum ejicerent. Seditionem itaque populi Portuensis episcopus deprehendens cum eodem comestabulo, et fidelibus B. Petri curiam principis advenit, ibique in conspectu omnium taliter allocutus est: « Afflictionem, et famis penuriam, quam diu pro fidelitate B. Petri passi estis, et patimini, dominus noster papa, et a quibusdam audivit, et ab archiepiscopo deprehendit; unde sciatis eum toto mentis affectu contristari, et super audita mirabiliter dolere. Idcirco nos, et archiepiscopum vestrum delegavit, quatenus, Deo adjuvante, pacem consequi valeatis. Propterea fidelitatem vestram monemus orando, ne superbia aut furore moveamini, dum nos cum aliis sapientibus viris, pacis consilium vobis necessarium invenire possimus, tam enim grave, et laboriosum negotium nemo præcipiti animo agere poterit. Ideo nemo armis superveniat, quatenus, si Deo placuerit, pacem, omni furore deposito, invenire mereamur. » Hæc, et alia hujusmodi eo loquente, vox populi ad sidera tollitur dicentis: « Orationes istas, quas funditis, nos ullo modo audire non possumus, nisi pacem citissime nobis dederitis. » Tunc alio die adveniente, populus dilationes, et inducias, quas ponebant, non ferens, domum Persici judicis aggreditur, quam ex toto destruxisset, sed quorumdam amicorum auxilio evasit. Portuensis igitur episcopus seditionem populi placare non valens, aurora alterius diei surgente recessit, comestabulo præcipiens, ut palatium principis ascenderet, et sic populi sævientis rumorem evaderet: qui jussui ejus favens, taliter sacrum palatium habitavit. Sed redeamus ad causam.

Archiepiscopus autem dicta comestabuli audiens pacis firmamentum ordinatim describens, sicut postulaverat, ei mandavit. Audita namque serie scripturæ pacem continentis, ait comestabulus. En pacis firmamentum optimum est; nunc Domino nostro mittatur, et sicut imperaverit, assequamur. Interea archiepiscopus ipse, et vir quidam nomine Fulco, in episcopio sæpe complures civium convocans dicebat: « Nos domino papæ vestram patefecimus necessitatem, a quo et accipimus, ut finem cum Normandis faceremus; idcirco superfluum videtur pacem descriptam ad eum remitti. Civium vero quidam aliarum inimicitiarum odio repleti, animos aliorum incitantes palam exclamabant, se pro illius comestabilia guerram passuros non esse. Consilio habito conjuraverunt intra episcopium, quod Landulphum illum de Græca comestabulum esse non consentient, exin, et dum dominus papa cum consilio Normandorum illum honori non reddidisset. Sacramento taliter eo invento, archiepiscopus prædicto comestabulo episcopum Abellinensem, et quosdam presbyterorum misit, ut honorem dimitteret, sicut dictum est, qui et similiter respondit. Deinde alia Sabbati XIV die intrante mensis Martii comestabulus cum suorum caterva armatus in medium plateæ exivit dicens: Quod videre vellem eos, qui

(6) Baronius legit. *Necessitate .n. Domnus papa eis præcepit*, etc. ex auctoris plane idiotismo, optimoque ejusdem exemplari, quo est usus; a cujus tamen fide videtur alicubi discessisse, aliquantoque concinnius, et ad Latinam magis normam dictionem composuisse. Singula nunc non prosequar ejusmodi loca, sed ea tantum, quæ peculiarem exigent observationem, eritque mihi satis indicium fecisse.

PEREGR.

me de palatio et honore ejicere minantur. Laudabilius quidem est sic animam reddere, quam ita turpiter, aut auri pondere promisso obstrictum, honorem acceptum dimittere. Audito igitur archiepiscopus belli apparatu, et campana palatii tristiter sonante, suos jussit vocari fautores, ut cum Normandis, quam posuerant pacem firmarent; si autem comestabulus ipse resistere vellet, paratos eos haberet. Interim pars archiepiscopi domum cujusdam fidelis comestabuli aggreditur, quia eis non consentiebat; quod comestabulus audiens, ut domum aggressam defenderet properavit, sicque eo viso bellum inceptum est civile, intantum quod alii per campanilia, alii per tecta domorum, atque alii per plateas pugnarent. Postremo pars archiepiscopi, fortuna conversa, victoriam capiens, comestabulum illum cum suis usque ad palatium principis secuta est, quosdam autem ex utraque parte vidimus vulneratos. Comestabulus itaque se in palatio recipiens parumper ibi moratus est, donec archiepiscopus ei fidem dare deberet in persona videlicet sua, et suorum sequentium. Cives interea protelationem hanc non ferentes, et quod sitibundo pectore pacem quærebant optatam, ei lapidibus minabantur, ut si cito de palatio non descenderet, eum vi caperent, et membratim illum perimissent. Ipse autem Landulphus se circumventum aspiciens, se archiepiscopo, et civibus reddidit: insuper jurejurando firmavit, quod comestabiliam, et rectoraticum, aut aliquam baliam publicam non acciperet, nisi bona voluntate archiepiscopi, et Roffredi archipresbyteri, et Arechisii archidiaconi, et Roffridi Foligaderisii, et Roffridi a Porta aurea (7), et Gervasii, et Vitalis filii Joannis Galli, et quod malum meritum archiepiscopo, et omnibus Beneventanis non redderet, et si aliquis reddere vellet, disturbaret sine fraude, et malo ingenio. Quo facto, et a militibus, qui eum secuti sunt, hujusmodi fides accepta est, et sic unusquisque ad propria remeavit, et Landulphus ille de Græca domum posita comestabilia secessit, videlicet eodem mense Martio, quo ordinatus est, descendit, unius solummodo anni spatio in honore perseverans. Alia autem die surgente Dominica, postquam hæc peracta sunt, comes adveniens Robertus, cum militum, et peditum multitudine in capite Pontis majoris sacramento ipse, et Rao domi-

A nus Ceppalonis, et Ugo de Castellopotonis pacem promissam cunctis vitæ eorum diebus, confirmaverunt. Idipsum etiam Jordanus comes, et Robertus Sclavus, et Girardus de la Marra juraverunt. Cumque sicut supra relatum est archiepiscopus in persona comestabuli, et aliorum videlicet militum, peditumque, velut ipse postulaverat, securitatis verba dedisset, domum honore posito adiit, ipso namque archiepiscopo, et Beneventanis videbatur, quod pacem diu desideratam lucrarentur. Deinde comestabulus securitate accepta domi residens existimabat nihil aliud procul dubio agere, quam erga suam animam securiter impendere, erat enim, ut fati sumus, graviter vulneratus. Amici igitur ejus, et B. Petri fideles, quorum mens super illius contume-

B lias injuriasque fideliter contristabatur, die noctuque, licet non in propatulo eum solabantur; hortantes, ne animus ejus circa accepta tristis foret, cum hæc quæ viderant, quæque facta super eo fuerant, pro Beati Petri fidelitate perpessus fuisset. Archiepiscopus autem, ejusque fautores hæc audientes, suspicione quadam repleti, sperantes Landulphum consilium pro comestabilia reintegranda accipere, ei sæpe, sæpiusque miserunt, ut civitatem exiret, et amicorum consortia desereret, dum dominus papa eum, qualiter præmissum est, honori solito reddidisset. Tunc comestabulus verba ferentibus, aliisque concivibus palam exclamabat: Quod super hujusmodi verbis miramur omnino, cum ab

C omni Beneventanorum cœtu coactus comestabiliam dimiserim, et promissam ab archiepiscopo securitatem circa nos versari quoquomodo non viderim. Tandem comestabulus populi sævientis videns pertinaciam, magis magisque inflammari, consilio habito die Dominica in Ramis palmarum, aurora scilicet surgente, Montemfuscum paucis cum militibus expetivit. Deinde archipræsulis conjuratio nondum perfidiæ inchoatæ fidem tribuens, Joannem, et Persicum judices, aliosque nobilium et bonorum hominum sacramento perstrinxit, quo comestabulus ipse juraverat, aliosque civium, timore omni remoto, putant eos inimicitiarum merita eis retribuere allegavit. Cumque istiusmodi facti, ultra quam credi potest, nefandi, prædicti apostolici aures fama tetigisset,

D tactus dolore intrinsecus super dilecti filii sui comestabuli expulsione, lacrymis, sicut audivimus,

(7) Scribo. *Roffridi filii Gaiderisii*, qui ad ann. 1130, absolute dicitur: *Roffridus de Gaiderisio:* sic enim ibi legendum est; non autem *de Garderisio*, quippe apud Langobardos proprium virile nomen fuit *Gaideris*, quod Latino magis ore enuntiabant, *Gaiderisus*, et *Gaiderisius*. Atque ex hoc Falconis loco intelligere est, quo pacto parentum nomina in filiorum, et in universæ tandem stirpis cognomina frequentissime olim transirent: nimirum quoniam ex genitorum nominibus gnati sic, vel sic, communi quadam consuetudine denominabantur, ut ab aliis consimili appellatione in gente, vel in vicinia nuncupatis facilius discernerentur, quæ semel indita cognomenta firmius eis cum inhærerent, gentilitia demum devenere, haud tamen contracta illa vocula *fili*, semper expressa, de quo exempla obvia sunt satis. Plurima autem talia gentilitia ex parentum nominibus exorta cognomina facillime ab omnibus nunc cum internoscantur, sunt tamen nonnulla, quæ nisi antiquitatis peritioribus, nec iis omnia quidem patent; nam propria illa vocabula ab communiori usu cum jam recesserint, vulgus haud ex ipsis, sed vel ex alia, vel ex ignota origine gentilitia processisse putat. Sed redeo ad Falconem, apud quem est hoc loco Roffridus, et ad an. 1119. Alferius cognomine dictus *A Porta aurea*, quod genti inditum eadem plane occasione conjicio, qua apud Salernum nobilis quædam stirps a Portæ Rotensis custodia denominata fuit *De Porta:* promiscue enim portæ urbium olim a suis custodibus, ut alibi exposui, nomina desumebant; eisque sua aliquando impertiebantur. PEREGR.

manantibus, spiritu infremuit, qui confestim archipræsulem Landulphum ab omni quod acceperat a sede Romana officio coram omnibus deposuit, similiterque omnes suos sequaces anathematis vinculo, donec satisfecerint, alligavit. Sed si lectoris charitati asperum non videbitur, quid post illatam excommunicationem actum Beneventi sit, non prætereundum exarabo. Deum enim testor, nihil aliud posuisse, præter quod viderim, et quod audiverim scripsisse.

Tali igitur anathematis sententia in B. Petri adversarios longe lateque divulgata, delegavit præfatus apostolicus Beneventum Anastasium..... et Albanensem episcopum, cardinales Romanæ sedis idoneos (8), cupiens, quid Beneventanus populus in animo haberet cognoscere. Cardinalibus autem ipsis hospitatis, triduo post cœtus omnis Beneventanorum in sacro Beneventano palatio convenit, ibique omnia qualiter Beneventi acciderant negotia, et guerræ origo surrexerat coram cardinalibus illis radicitus recitatum est. Quibus auditis, Anastasius in verba prorumpens inquit: « Ad videnda, domini et fratres, Romæ quæ audierat dominus papa noster negotia, et investiganda nos præcepto, sciatis esse delegatos. Unde prout melius, Deo annuente, poterimus, circa pacis, et utilitatis vestræ proficuum nos die noctuque consilium, et auxilium præbebimus. » Istis et his similibus taliter prolatis, unusquisque ad propria remeavit. Diebus autem non multis elapsis, vir ille, cujus mentionem fecimus, nomine Falco, ex hujus sæculi ergastulo, anathematis vinculo irretitus, heu! miser, migravit. His taliter actis, cardinalis ipse Romam tetendit: cumque cardinalis ipse Anastasius Romam peteret, dominus papa Paschalis, archiepiscopis, episcopis et abbatibus congregatis, mense Octobri post primum ejus regressum adveniente, Ceperani concilium constituit, ad cujus sacri conventus frequentiam Guillelmus dux, et Robertus princeps, mille fere equitum numero congregato perrexere. Landulphus vero de Græca comestabulus litteris domini papæ specialibus ad idem sacrum concilium accersitus honorifice commeavit. Qui a domino papa officiosissime susceptus est: hic namque fraudem devitans Normandorum navigio quodam securiter transfretavit. Jordanus autem comes, timens, multorum suorum pondere delictorum oneratus, ad tale tantumque concilium pergere, legatos suos direxit. Archiepiscopus vero Landulphus suffraganeis suis convocatis, innumeraque auri et argenti copia congregata, cum comite Roberto ad conventum illum tetendit. Talibus igitur, et tantis patribus proceribusque congregatis, in medio conventus ipsius, die videlicet Sabbati ducatum Apuliæ, Calabriæ, et Siciliæ duci præfato apostolicus concessit (9). Concilio itaque mirabiliter ordinato, apostolicus ipse coram omnibus super Landulpho archipræsule lacrymabiliter, et quod comestabulum suum expulisset Landulphum, et quod litteris suis vocatum ad eum ira

(8) Duplices cardinales a papa Beneventum missos præfert his verbis editus Falconis codex; qui infra hac eadem pagina unum tantum Anastasium cardinalem apud Beneventanos loquentem, Beneventoque Romam recedentem facit, et sane unus, et idem Anastasius cardinalis simul et Albanensis tunc erat episcopus; quam lectionem, ac cætera in eamdem sententiam concorditer descripta Baronius ex suo exhibet exemplari; et præterea verba illa, *cupiens quod Beneventanus populus in animo haberet cognoscere*, citat in hanc formam, *cupiens quod Beneventanus populus deberet se recognoscere*; et infra, *nos pro certo sciatis*: non; *præcepto*. Peregr.

(9) Non *ducatum Apuliæ*, sed *ducatum Italiæ* legebat Baronii optimus codex. Pontifex itaque, dices, universam Italiam duci concessit Guilielmo in concilio Ceperanensi? Id quidem apertum quia videbatur mendacium, librarium persuasit, ut expuncto Italiæ nomine, alterum Apuliæ induceret; vel ob id maxime, quod fortasse observasset, Petrum Diac. in Auctar. ad Ostiens. lib. iv, cap. 49, pro illa sua stare lectione. *In eodem concilio*, inquit Petrus, *idem apostolicus investivit Guilielmum ducem de ducatu Apuliæ et Calabriæ*. At nescius erat ex Græcorum tunc idiotismo, nostratibus etiam Italis ob mutuam cum iis consuetudinem usurpato, communi Italiæ vocabulo a Falcone Apuliam solummodo demonstrari, quam Langobardis, perindeque Italicis dynastis ipsi subtraxerant. Nec noverat ob id recentem Calabriam, sitam ad mare Inferum, tunc comprehensam sub eo vocabulo non fuisse, quoniam ea Græcis amissa nunquam fuerat, nec Italis unquam post Justini Junioris tempora possessa. Hoc autem si ex superius laudatis ad Lupum auctoribus, et ex Lupo metipso non cognoverat, potuisset plane ex non uno Falconis loco quam manifestissime intelligere; cui frequenter non cuncta duplici mari, et Alpibus circumsepta Italia, sed una tantum Apulia eo nomine est. Dabo ejus in hanc sententiam non ambigua verba de Lothario imp. demoliente castellum a rege Rogerio constructum apud Barim, ejusque defensores vi captos non uno mortis genere perimente. *De tali*, inquit, *tantaque victoria tota Italia, et Calabria, Siciliaque intonuit*. Quæ vocabuli usurpatio adeo obtinuit, ut universa etiam cis-Tiberim Italica regio nonnunquam absolute dicta fuerit *Italia*: ut in antiqua chartula de anno 1091, in Archivo monasterii Cavensis, quæ de quadam donatione est facta eidem monasterio a Guaimario de Jefuno, Langobardorum principum Salerni prognato, cum ipse ibi, et filius ejus sacra religionis vota Deo nuncuparent. *Et si*, inquit præclarus vir ille, *ante nostram consecrationem mihi et ipsi filio meo mors evenerit, in quocunque loco ab urbe Roma in istis partibus per totam pertinentiam Italiæ, statim*, etc. Atque hinc est, quod Græco auctori Nicephoro Gregoræ constanti more Carolus Andegavensis, dicitur *rex Italiæ*, qui, ut olim vulgo loquebantur, fuit *rex Apuliæ*. At hæc bis jam constabilita, nec difficili dubiove assensu doctis probata amicis viris, quibuscum ea dudum communicavi, supervacaneum certe est longiori sermone communire. Obiter tamen addam, nostræ huic Italiæ idem propemodum accidisse, cum absolute Italia est dicta, quod septem universæ Italiæ provinciis pridem contigisse, norunt eruditiores; quæ absolutum Italiæ nomen sibi vendicarunt, quoniam eæ solæ magistratui parebant, vicario Italiæ nuncupato, cæteræ cum essent vicario Urbis subjectæ. Sed nec prætereaam, nulla fallacia a Falcone esse proditum, confirmasse tunc apud Ceperanum pontificem Paschalem duci Guilielmo præter Apuliam, et Calabriam, Siciliam quoque Petro Diac. omissam, quam tunc ejus patruus obtinebat comes Rogerius; nam Guilielmus, ut noster perhibet ad an. 1122, *nondum medietatem suam Palermitanæ civitatis, et Messanæ, et totius Calabriæ eidem comiti concesserat*. Peregr.

contempsisset, condolens conquerebatur. Ipse vero archipræsul nolens, imo timens conventum illum sine loci et officii restitutione ingredi, apud insulam Ceperani proximam hospitatus est. At ubi apostolicum conquerentem ipse comperiit, quosdam Romanorum, et præfectum etiam vocari jussit, ut videlicet, utcunque potuissent, misericordiam a domino papa pro eo impetrarent: quinetiam dicebat archiepiscopus se domino papæ ex omnibus illatis querimoniis satisfacturum, dummodo ei locum concilii, et officium restitueret. Hoc apostolicus audito, consilio habito, et locum, et officium ei reintegravit; cumque taliter restitutus fuisset, absque mora, conventum illum, die videlicet Lunæ, cum comite Roberto adivit. Quid plura? eum reintegratum per diaconum quemdam ad faciendam justitiam in præsentiarum apostolicus vocari præcepit. Qui continuo surgens voce lacrymabili coram omnibus respondens inquit: « Primitus gratias ago Deo, et B. Petro, et tibi domino nostro papæ Paschali de restitutione loci, et officii: nunc autem, domine Pater, vestram imploro paternitatem, ut misericordiam super me, quem Sanctitas vestra apud Beneventanam sedem plantavit, habeatis. » Apostolicus autem hoc audiens: « Unde vis, » inquit, « ut misericordiam super vobis habeamus? » et archipræsul: « Domine, quia audivi vos erga me indignatos esse, quod cum me litteris vestris accersiri jussistis, curiam vestram non adveni. » Et apostolicus: « Quare, » inquit, « ut ipse asseris, vocatus curiam non advenisti? » Ad hæc archiepiscopus: « Domine, » inquit, « Pater, timore coactus vestræ indignationis, et quorumdam minantium, non adveni vocatus, et quod legatos meos episcopos quidem non accepisti, et alium quemdam, quem prius direxeram, adversarii nostri verberibus afflixere. » Ad hæc apostolicus: « Legatos tuos, quos dicis episcopos, idcirco non exaudivi, quia justitiæ faciendæ verba non dixerant, imo mercedis causa pro vobis, venerant. Legatum autem alium, quem verberatum profiteris, nec vidi, neque ejus fama ullo modo ad nos pervenit. » Cumque archiepiscopus ipse ex omni parte detentum se veris aspexisset responsionibus, aliam adinvenit excusationem, dicens: « Domine Pater, terminum competentem mihi veniendi non tribuisti, unde, venire nec potui; nec, ut dixi, metu compulsus ausus fui. Et apostolicus: « Sed quia litteras nostras contempsisti, asseris te nunc non pro contemptu, metu autem ad nos non venisse. Competentem enim terminum veniendi procul dubio largitus fui, ab Idibus scilicet Aprilis, et sex mensium spatio interposito. » Unde litteras vocationis in medio legi præcepit. « Verumtamen isti nostri deliberent, et quam dicis excusa-

A tionem canonicam fuisse, discernant. » Et præcepit quibusdam cardinalibus quidem et archiepiscopis, Romanæ sedis judicibus, ut in partem semoti super hujusmodi excusationem archipræsulis sententiam extenderent. At ipsi, in partem euntes, sententiam illam diu ventilantes, taliter in conspectu omnium regressi judices ipsi protulerunt: « Domine archiepiscope Beneventane, quoniam non pro contemptu, sed metu asseris vocatus ad curiam, te non venisse, dicimus, et judicamus hanc canonicam non esse excusationem; » judicio etenim talium tantorumque Patrum extenso, capitula sanctorum Patrum prædicatorum coram omnibus exhiberi, et legi apostolicus præcepit (10), confirmata scilicet in conventibus, et super contemptoribus ordinata. His ita perfectis,

B super tanto et tali negotio a cardinalibus et episcopis diu ventilatum est. Sed quid plura? Diaconus eum iterato ad justitiam vocavit faciendam, qui continuo surgens: « Unde, » inquit, » et de quo accusor? » Et apostolicus: « Quia suscepisti regalia beati Petri extra nostram voluntatem, et claves tenuisti portarum, et palatium invasisti, et Landulphum expulisti, et galeam sumpsisti, et clypeum, et Fulconem illum ad sacramentum impulisti. » Hoc ipse archiepiscopus audito respondit: « Vere regalia beati Petri non alia de causa accepi, nisi vestra pro fidelitate. Nam cum Beneventi aderas, civitatem mihi commendasti. Portarum vero claves non ego susceperam, hunc sane, qui eas retinet, fidelem

C tuum omnino confitemur. Clypeum profecto non accepi, galeam quidem tuli capitis pro munitione, ne aliquo lapide opprimerer. Normandos, ut dixistis, non introduxi; Longobardos vero sexdecim pro auxilio populi civitatem ingredi feci. Sacramentum Fulconis jussu meo factum fuisse, et populi jusjurandum denego. » His omnibus apostolicus auditis, cardinalibus iterum, et præfatis judicibus præcepit, ut super omnibus istis, et super contemptu sententiam exprimerent. Cumque archiepiscopus ipse hujusmodi præceptum, ut ita dicam, terribile audisset, Guillelmum ducem supra memoratum, et Robertum principem, et Petrum filium Leonis, nec non et episcopos exorabat dicens: « Domini proceres, et episcopi confratres, dominum nostrum papam Paschalem, precor,

D orate, ne me in conspectu omnium taliter confundat, et dedecoratum dimittat; si vero ejus clementiæ placuerit, exsilium petam, vel mare transfretabo (11). » Tunc proceres ipsi euntes pedibus domini papæ advoluti, sicut archiepiscopus rogaverat, deprecati sunt, quod minime obtinere valuerunt. At ipsi judices ex præcepto euntes, licet dolendo, et protelando reversi tale super Landulpho dedere judicium. Judicibus enim ipsis, ut dixi, moram facientibus super

(10) Aptius sane Baronii exemplar. *Capit. sanct. Patrum prædecessorum*, apud quem reliqua etiam narratio de Beneventano archiepiscopo Landulfo in concilio illo deposito, qua ad Falconis mentem, qua in decentiorem conversa sermonem pluribus, sed leviusculis locis, castigatior habetur. PEREGR.

(11) Conjunctive legit Baronius, *et mare transfretabo*: rei quidem congrua sententia. At nec disjunctiva hoc erat loco particula illa, *vel*: sicuti nec apud Erchempertum (domestica do exempla, in re non difficili, ut parcam verbis) in Descript. regum Italiæ, num. 5, et in Historia Langob. num. 1. Nec apud quotquot in antiquis codicibus descripta habentur sanctorum virorum gesta, quæ passim hanc

sententia, præcepit apostolicus adjurando, ut per fidem quam B. Petro, et ei deberent, quod canonicum esset dicendum, dicerent. At episcopus Portuensis primus omnium, licet ægre et tantæ sententiæ dolore turbatus, ait : « Quoniam regalia beati Petri suscepisti, et claves portarum tenuisti et, palatium invasisti, et Landulphum expulisti, et curiam venire vocatus contempsisti, judicamus super vos depositionis sententiam, quia contra beatum Petrum, et dominum nostrum papam fecisti. » Idipsum Capuanus archiepiscopus, et Gregorius cardinalis affirmavere. Volentibus autem aliis judicibus eamdem confirmare sententiam, Landulphus ipse e medio conventus illius timore coactus, et sententiæ talis gladio perculsus, surrexit. O qualem, si interesses lector, fletum videres, et Landulphi illius pallidum aspiceres vultum : cum ex ore tantorum judicum, qui decoratus Beneventana sede, et præ aliis gloriosus ubique fuerat, deponebatur. Quid dicam? subsellio ejus levato, metuendum illud concilium, ut mente captus, dereliquit.

Hoc anno Ecclesia B. Mariæ de episcopio ampliata est per consilium Landulphi de Græca. Hoc anno Landulphus Beneventanus archiepiscopus captus est, et Landulphus de Græca, qui expulsus fuit de civitate Beneventana, reversus est, accepta comestabilia.

His omnibus, et aliis ita peractis (12), apostolicus ipse IX Kalendas Septembris Trojam tetendit, ibique concilium statuit, et firmavit (13), ad cujus sacri conventus præsentiam fere omnes Apuliæ proceres, archiepiscopi, et episcopi convenerunt. Conventu itaque sancte ordinato, inter cætera quæ ibi composita sunt, treuga Dei statuta est, adeo

præferunt epigraphen. *Vita, vel obitus*, quod Italice sonat. *Vita, et morte.* Nec tandem apud concilium Taurinense canone 5, iis verbis : *Si quis ab ejus* (Felicis) *communione se voluerit sequestrare, in nostræ sanctæ pacis consortium suscipiatur, juxta litteras venerabilis memoriæ Ambrosii, vel Romanæ Ecclesiæ sacerdotis dudum latas.* Super quæ inutilis fuit labor Hieronymi Alexandri Junioris in Dissert. II, cap. 3, De region. suburb. dicentis, *particulam, vel*, eo *loci declarandi vim obtinere; perinde ac si dictum fuisset* (hanc ille putat plenam verborum concilii sententiam) *juxta litteras Ambrosii, vel ut verius dicamus, Romanæ Ecclesiæ sacerdotis*; namque planus erit sensus, si juxta alias usurpatam ejus significationem conjunctionis vice posita credatur. Sed et disjunctiva illa pariter particula, *seu*: conjunctiva est, tum alibi, tum in Epitome Constitutionum Caroli Mag. titul. de Metropolit. cap. 4. *Ut episcopi*, sic ibi, *de incestuosis hominibus emendandi licentiam habeant*; *seu et de viduis infra sua parochia potestatem habeant corrigendi.* Ad quem locum frustra etiam est Vitus Amerbachius, putans, *seu potuisse omitti*; *aut positum esse pro, imo*, stat enim ibi pro, *item*. Sed hæc per transcursum. Cæterum non longe post superius producta Falconis verba, mutilus est ejus textus; sic ex Baronii exemplari instaurandus. *At ipsi judices ex præcepto euntes, licet dolendo, et protelando reversi sunt, ne tale super Landulphum archiepiscopum darent judicium. Judicibus tamen ipsis, ut dixi*, etc. PEREGR.

(12) In antiquo exemplari fortasse scriptum fuerat. *Ecclesia B. M. de episcopio*, quod Librario interpretari visum, *B. Mariæ*; at exponendum erat, *B. Maximi*; ut idem Falco ad an. 1123, argumento est, dicens : *Eodem anno Landulphum de Græca supranominatum* XII *Kal. Decembris obiisse; et ad Ecclesiam suam S. Maximi sepultum esse* : ni potius sit ibi *B. Mariæ* nomen restituendum. Diu autem anceps fui, præsens ne integra adnotatio sit Falconi tribuenda; an ab extraneo aliquo adnotatore ad ejus codicis fuerit oram adpicta, ac demum ab imperito, novitioque librario in textum inducta; quippe quæ antecedenti, subsequentique haud apte admodum cohæret sermoni : nec in Falcone apparet, Landulfum archiepiscopum ante, vel post suam depositionem captum, ut hic asseritur, et in vincula conjectum fuisse; quem Petrus Diac. in Auct. sæpius dicto lib. IV, cap. 49, palam proclamat, papæ sententiam audire declinantem ex Ceperanensi concilio ad Cassinense cœnobium confugisse; et insuper non obscure indicat, ad suam usque restitutionem ibidem mansisse; cum affirmet, rogatu ejusdem congregationis pontificii ordinem, et papæ gratiam non diu post rursus habuisse; scilicet quando idem Paschalis Roma Beneventum in an. 1117 proficiscens, ad prædictum in itinere divertit monasterium. Sed tandem visum est, Petrum Diac. præclari adeo antistitis carcerem, sive liberam custodiam verecunde reticuisse ac dissimulasse; qui de cætero hac ipsa in narratione suis est etiam monachis blanditus, asserens illum in gradum suum restitutum rogatu congregationis Cassinensis : cum tamen Falco tradat, antequam Paschalis Beneventanum iter arripuisset, ac subinde priusquam Cassinum concessisset, hoc est *in anno 1116, undecimo die intrante mensis Augusti redintegratum in archiepiscopatum*, quod Baronius gestum subdubitat in concilio Lateranensi, celebrato jam dicto anno, mense Martii : quamvis ad annum dein 1117 Petri consentiat dicto. Falconis itaque præmissa adnotatio omnino spuria non est : omnino, inquam; etenim ut verum fatear, subolet ea mihi nescio quid consciæ orationis, quæ ex alia prolixiori in minorem verborum circuitum præter auctoris morem videtur redacta, et sane laxiorem ni eam formasset Falco, haud continuo illam usurpasset dicendi formam, ac subjecisset. *His omnibus, et aliis ita peractis*, quæ uberrimam præcessisse narrationem, qui non intelligat, erit nemo. PEREGR.

(13) *His*, inquit, *omnibus, et aliis ita* (nimirum, *ut exposui*) *peractis* (scilicet tum *in concilio Ceperanensi*, celebrato, ut ipsemet Falco adnotarat, mense Octobri, an. 1114, tum *per menses proxime post concilium subsecutos*) *apostolicus ipse* IX *Kal. Septembris* (anno videlicet 1115, quem nondum sermone attigerat) *Trojam tetendit*, etc. Est itaque his præligendus jam dictus annus 1115, in quem etiam Baronius ex hoc auctore præsentem conjicit synodum Trojanam. At Paschalis, ut Petrus Diac. perhibet in laudato non semel Auctario lib. IV, cap. 53 : *Mense Maio Roma egrediens, venit ad monasterium Cassinense, ejusque abbatem*, tunc Girardum, *secum ducens, synodum celebraturus Troiam perrexit, indeque regrediens, Ecclesiam S. Vincentii juxta ortum Vulturni fluminis solemniter dedicavit.* Sic ille. Et Falco insuper post prædicta subdit : *Confirmato autem concilio, et pie finito, papa Beneventum tertio die intrante mensis Septembris reversus est. Deinde Romam reversus est septimo Kal. Octobris; qui tunc monasterium S. Vincentii* (hoc jam a Petro etiam intellexeramus) *dedicavit.* Igitur Paschalis, a mense Martio, in an. 1115, Roma absens moratus in his est locis per quatuor fere menses, cum synodum habuit Troianam; recitata namque Petri verba de alia synodo in præfata urbe congregata, quam de exposita a Falcone, haud sunt intelligenda; quod amborum auctorum de celebrata tunc a Paschali dedicatione Ecclesiæ S. Vincentii concors assertio manifeste,

quod comes Jordanus, et comes de Lauritello, et alii barones Apuliæ sacramento in præsentiarum firmaverunt treugam Dei (14) extunc, et spatio annorum trium fore tenendam et custodiendam; sicque confirmato concilio, et pie finito, papa Beneventum, tertio die intrante mensis Septembris, reversus est. Deinde apostolicus ipse civitatis negotia, quæ imminebant dijudicans, Romam reversus est septimo Kal. Octobris. Qui tunc monasterium Sancti Vincentii dedicavit.

Anno 1116 ab Incarnatione Domini nostri Jesu Christi, et XVII anno pontificatus Domini Paschalis II, summi pontificis, et universalis papæ, mense Martio IX indictionis, dominus noster prædictus apostolicus Romæ synodum statuit. Et hoc anno præfectus urbis Romæ mense quidem Martio obiit (15), post cujus mortem civile bellum terribiliter ortum est, eo quod Romani audierant, quod Petrus, filius Leonis, apostolici consilio, filium suum præfectum ordinare vellet. Unde Romanorum populus præfecti defuncti filium ad præfecturæ honorem erexerunt. Quo ordinato, ad prædictum papam Paschalem miserunt, suppliciter postulantes, quatenus eorum ordinationi assensum ipse præberet, et corroboraret. Apostolicus autem nullo modo eis assensum tribuit. Romani itaque hæc agnoscentes, conjuratione facta, mirabilia domorum ædificia, et turres complures radicitus prostraverunt; eorum quidem, qui cum Petro Leonis ad id faciendum conjurabant. Unde factum est, ut Ptolemæus, præfecti avunculus, et alii barones apostolici castra invaderent, et tenerent. Contigit autem die quadam, quod præfectus ipse militum fere quinquaginta collegio stipatus ad explorandum milites, quos apostolicus miserat, extra urbem perrexisset. Comestabulus autem apostolicus hoc deprehendens, ex improviso eos aggreditur, prostravit, et præfectum comprehendit. Ptolemæus igitur memorati nepotis captionem audiens, absque mora militibus sumptis, papæ præfatum comestabulum invadens, nepotem, qui captivus ferebatur, absolvit, et secum gaudens ad propria perduxit. Dum hæc et alia Romæ agerentur, præfatus apostolicus Urbe exivit, qui apud castrum quoddam, Setium nomine, commoratus est. Viderat siquidem seditionem illam magis, ac magis inflammari, et Petrum Leonis de die in diem acriter expugnari. Diebus autem non multis elapsis, apostolicus ipse seditionem illam placari, et minui aspiciens, consilio accepto, militibus collectis, Romam ingressus est, deinde palatium Lateranense ingreditur, ibique missarum solemnia decantavit. Cum autem ipse urbem ingressus fuisset, Romanorum cœtus, qui ei rebellis exstiterat, fere ad ejus imperium et voluntatem conversus est; sicque apostolicus ipse tranquillitate inventa Romam securus habitavit. His taliter actis, prædictus apostolicus Landulphum, quem deposuerat, undecimo die intrante mensis Augusti, redintegravit ad archiepiscopatum.

Anno 1117 Dominicæ Incarnationis, et XVIII pon-

probat. Et præterea, ut in castigationibus ad Anonymum Cassin. ad an. 1114 observabam, Petrus dicens, papam Paschalem sequenti anno postquam Cassinenses monachi Castellum Suium recuperarunt, quod cap. 54 accidisse perhibet in an. 1115 (sic enim ejus scriptus codex, et editio præfert Neapolitana) statuens, inquam, papam Roma discessisse sequenti anno, hoc est Christi 1116 Trojanum concilium celebraturum, communem epocham Christi nati observatam a Falcone anno certe præit; quo fit, ut Falconi de tempore præfati concilii non adversetur. Qui insuper spontanea confessione coactum illud detegit in an. 1115, dum cap. 60 et 61 ait Paschalem sociato sibi abbate Cassinensi Romam reversum (ex synodo nimirum jam dicta) disposuisse *mediante Quadragesima* alteram ibi synodum celebrare; ac deinde *loco cessisse* ob turbas a Romanis motas, occasione præfecti, se invito, instituti; tandemque in an. 1117 urbe egressum (ad eam enim prius ipse iterum se contulerat, ut fatendum est idque Falco non tacet) Beneventum recessisse, ut Romam advenientem regem devitaret, Henricum. Paschalis, inquam, præfati regis occursum si in dicto anno 1117 declinavit, in quem cæteri etiam omnes id conjiciunt auctores et præsertim Falco, qui illum mense Aprili Beneventi constitisse affirmat, utique postquam concilium in Quadragesima antecedentis anni 1116 Romæ habuerat, eam deseruerat, repetiveratque Urbem, ac subinde in anteacto an. 1115, Trojæ, ut prædictum est, præsens fuerat. Quæ autem tunc bis Beneventum pertransiens ibi egerit Paschalis, in Falcone desiderantur. PEREGR.

(14) Sic etiam infra ad an. 1123. *Treugam Dei tenendam posuerunt*, hoc est, inducias, sive pacem pepigerunt. Guilielmus Nevbr. lib. V, cap. 3. *Induciis, quas treugas vocant*. Tyrius lib. I, cap. 13: *Pax, quæ verbo vulgari treuga dicitur*. Ea plane sic dicta scriptaque est aliis etiam auctoribus; et insuper *treuva* nostro auctori bis ad an. 1120, ubi per typographi forte errorem modo habet. *Treuna*. Ad lupum dixi promiscua fuisse *g* et *v* sicut in *Ugo* et *Uvo*, etc. Igitur *tregua*, et *treuva* idem. Sed *u* ante *u* transibat quandoque in *q* unde, *tregua*, Italice nunc effertur. At in Ivone Carnot. epistol. 90, et in Lupo Protospat. ad ann. 1089 et 1091 forma magis Latina appellatur *trevia*, quem auctorem cum castigarem, subdubitavi, de qua trevia ille erat capiendus: sicut part. II, num 3, ineditus testatur Anonymus, tunc enim ad memoranda Nortmannorum procerum bella mentem cum haberem, non adverti sermonem ibi fieri de conciliatis iis dynastis ob privata odia, causasve alias civibus armis mutuo conflictantibus: quo morbo immane quantum *prælati omnes*: hoc est quicunque præsidendi aliis munus, et dignitatem obtinebant, per Langobardorum tempora, sicut ineditus testatur Anonymus Salernitanus, ubi de principe Beneventi Sicone, sed et per Nortmannorum ætatem, ut ex præfato Lupo, et Falcone constat, laborarunt! Quibus nil modestius se gesserunt inferioris homines conditionis; Alexandrum Telesinum, ut alios prætercam, vide lib. I, cap. 21. PEREGR.

(15) Credam ne Falconem mendacem, an ejus textum luxatum, an potius hæc ab ipso rite ad an. tradi 1116 relata aliis ad annum antecedentem; quæ acta fuisse *anno pacis quinto*, initæ nimirum inter papam Paschalem, et regem Henricum mense Aprilis an. 1111. Petrus perhibet bibliothec. apud Baronium, et in an XVI pontificatus ejusdem papæ, qui etiam Falconi reputatur Christi jam dictus 1115. PEREGR.

tificatus domini Paschalis, mense Aprili ipse papa A synodum Beneventi celebravit (16).

Hoc anno Riso Barensis archiepiscopus ab Argyro, cive Barensi, trucidatus est in via Canusina.

Hoc anno Paschalis papa obiit undecimo Kalendas Februarii, et Gelasius papa eligitur.

Anno 1118 ab Incarnatione Domini nostri Jesu Christi, et anno primo pontificatus domini Gelasii II, summi pontificis, et universalis papæ, mense Martio, xi indictionis: Factum est, cum præfatus pontifex Gelasius ad pontificale solium fere totius populi Romani unanimi voto, et concordia eligeretur, archiepiscopis, episcopis et abbatibus circa Romanam sedem morantibus, missos Apuliæ quoque partibus delegavit, ut ad ejus consecrationis diem convenirent. Erat quippe, ut retulimus, cum electus fuit, B diaconus, et cancellarius; qui quidem non nisi in canonico jejunii tempore constituto consecrari poterat. Legatione itaque accepta, episcopus Trojanæ, archiepiscopus Sipontinæ civitatis, et alii complures ad ipsius consecrationis solemnitatem properaverunt. Sed priusquam memoratus electus Gelasius consecrationis acciperet dignitatem, rex præfatus Henricus, instructis insidiis, noctis silentio Romam ingreditur mensis Martii secundo die ingrediente. Apostolicus itaque regis ipsius ingressum sic latenter deprehendens, reminiscens qualiter rex ipse dominum papam Paschalem ejus prædecessorem, et cardinales fraude, et dolo cepisset, absque mora cardinalibus convocatis, fluvium Tiberis ingressus est; deinde prosperis ventis mare sulcantes pervenerunt Calenum (17). Rex autem apostolici egressum cognoscens, ei apud Calenum delegavit quatenus urbem reverteretur, quoniam ad ejus consecrationem libentissime interesse, et corroborare desideraret. Pontifex autem Gelasius nequitiam ejus, et perfidiæ telum longe, lateque cognoscens: « Miramur, inquit, super talis tantique viri legationibus,

(16) Sane haud Trojæ, sed Beneventi manens Paschalis litteras dedit hoc anno, tum ad episcopos, regemque Angliæ Henricum, ix Kal. Aprilis, quas refert ex Malmesburiensi Baronius: tum ad patriarcham Antiochiæ, xv Kal. ejusdem mensis; nam scriptæ hæ fuere, ut res, de qua in iis agitur, manifestat, post alias pridem ad regem Hierosolymitanorum directas, v Kal. Julii: aliasque ad præfatum patriarcham ab eodem pontifice datas, vii Idus Augusti, quas omnes Guilielmus Tyrius, lib. xi, cap. 27 recitat, et ad annum refert 1115, sed plane posteriores illæ ad patriarcham (cur non etiam anteriores, sic nimirum locorum distantia, actæque rei dictante difficultate?) transacto præfato anno C transmissæ fuere; quæ, ut prædixi, datæ leguntur apud Beneventum xv Kal. Aprilis, ac subinde in an. 1117. Paschalis enim haud antea in eam urbem rediit post an. 1115. Sibique, non mihi, idem Tyrius pugnat, alias his socias papæ epistolas præferens, eadem die non Beneventi, sed apud Lateranum ad prædictum patriarcham datas. At de Beneventana superius descripta synodo, quæ in litteris etiam memoratur Gelasii II ad Galliæ archiepiscopos, episcopos, etc., relatis a Baronio ex præfato Malmesburiensi: non de antecedenti Trojana capiendus est Petrus bibl in Vita Paschalis iis verbis: *Dominus papa*, inquit, *celebrato concilio, quod in partibus Apuliæ congregaverat, rediens cum Nortmannorum exercitu in Campaniam* (quæ scilicet *Latium* olim fuit appellata) *Pillum*, *Pullanumque* (Petrus Diac. lib. iv, cap. 61 *Pylium* vocat, peractaque hæc dicit *diebus Pentecostes*: sed ipse bibliothecarius: *Autumnus*, ait, *instabat*, et calor, et D æstus senem pontificem dissolvebat; mallem itaque. *Æstas instabat*. Et, *Pullanum*, certe est *Palianum*) *in maritimis oppidum S. Silvestri in sui deditionem convertit*. Nec turbet te, quod dicat, *in Apuliæ partibus*, concilium illud congregatum, in quibus haud censetur Beneventum; nam tunc, et aliquanto etiam post, passim unius Apuliæ absoluto nomine cunctam Italiam cis Tiberim exteri occidentales nuncuparunt, exque illorum usurpatione etiam incolæ; quandoquidem Nortmanni ob res primum in Apulia præclare, et feliciter gestas longinquorum ora ad se solos, et ad unam Apuliam converterant. Cæterum Barensis archiepiscopi Risonis necem, Falconi leviter hic libatam, Ignotus ejusdem urbis civis fusius in suo Chronico superius laudato præsenti anno patratam exponit. In quem etiam annum noster obitum referens papæ Paschalis, id juxta servatam a se annorum facit rationem; nam obiit ille, ut perhibet præfatus bibliothecarius, xv Kal. Februarii, collocatusque est xi Kal. (hunc humationis ejus in diem mortis idem noster immutavit) hoc est desinente anno Falconiano 1117 et inchoante communi 1118. Ex hac autem, quam præsens Falconis textus ad descriptum annum strictissimam præfert narrationem, deciderunt quæ ipse infra ad annum 1119, se pridem adnotasse ait de excidio montis militis, et Montis Aperti. Sane ea nisi ex hoc, non ex alio excidisse videntur loco. PEREGR.

(17) Ergo ne Roma Calenum marino pervenit itinere Gelasius? Equidem Plinius lib. iii, cap. 5, mediterraneam eam urbem facit; sed quid Plinius? Auctores prorsus omnes a mari eam longius removent, quam non sic, sed primitivo vocabulo (derivativum est enim Calenum) appellant, *Cales*; ita ut de Caleno municipio, cive, agro, vino, prœlio, aqua, etc., multa apud veteres cum habeatur mentio, vix præter Plinium, alium reperies, qui absolutum præferat Caleni nomen. In quo fœde sunt lapsi omnes fere recentiores, vel Cales a Caleno pessime distinguendo, vel utramque urbem unam recte quidem faciendo, sed perverse Calenum nunc esse *Carinulam* (et ipsam mediterraneam) reputando, quæ sane est *Calvi*. At errorem ex auctoribus videntur hausisse, qui præter ætatem vixerunt Nortmannorum, Carinulamque omnium primi appellare Latino eloquio cœperunt Calenum; quam novam urbem Langobardi ante annos octingentos duobus fere milliariis ad Septentrionem secedentes ab antiqua, nec scio quo casu consumpta, *Foro Claudio* appellata, quæ prius fuerat *Forum Poplium*, ut est apud Ptolomæum Geogr. lib. iii, tab. 6. Europæ, sive *Forum Popilium*, ut apud Dionysium Halicarn. lib. i, sed apud Plinium lib. xiv, cap. 6 *Colonia Syllana*, nunc inanis locus, dictus *Civita rotta*, munitiori in secessu construxerunt, ac denominarunt *Calinium*, sed de his fusius alibi. Interim vero nunquam ad mare cum fuerit Calenum nec ambiguum sit, papam Gelasium tunc ad patriam urbem Cajetam se recepisse, haud difficili conjectura in Falcone nomen Cajetæ esse restituendum apparet; in qua aliquantisper ille commoratus, in sacerdotem primum, et mox in papam consecratus est *infra Kalendas Martii*, ut perhibet Pandulfus Pisanus in ejus vita: ut vero Petrus habet Diac. lib. iv, cap. 64 *in Quadragesima*; at noster magis signate, *in Canonico jejunii tempore*, hoc est in quatuor temporum Veris: Diaconus enim ille adhuc erat cum in papam fuit electus; quo anno 1118, dies Cinerum incidit in diem nonum, non infra Martii octavas. PEREGR.

cum ad nos venturum se die resurrectionis nuper transmiserit. Nunc vero nocturno tempore, et ante condictum tempus comperimus eum adventasse. Ego vero, Deo annuente, consecrationis accipiam firmitatem. Dehinc me, ubicunque voluerit, paratum ad propositum negotiationis inveniet. » Quo audito, qui missi fuerant, ad regem reversi sunt festinanter, atque omnia, quæ a prædicto pontifice audierant, regi renuntiaverunt. Deinde electus ille Gelasius die constituto a cardinalibus, qui cum eo exierant, canonice et ordinate consecratus est apud Calenum, mense Martio superius memorato. Rex autem pontificis ipsius responsum audiens, pestifero invento consilio, archiepiscopum quemdam Hispanum in pontificem, et ut ita dicam, invasorem Ecclesiæ constituit, et consecravit. O nefas et terribile periculum! rex ille, qui Romanæ sedis, et totius catholicæ Ecclesiæ defensor et adjutor fieri deberet, novam hæresim, et dira morti genera per universum orbem induxit. Romanorum igitur complures, quorum mens erga Ecclesiæ Romanæ fidelitatem fixa manebat, visa hujusmodi hæresi et cognita, aiebant: « Heu miseri! cum nos ex longo nostrorum patrum vetusto ritu sine alicujus regis adventu, et licentia, pastorem eligebamus, consecrabamus, quem volebamus, nunc autem sine regis permissu jam amplius alium neque eligere, neque consecrare ausi erimus. » Deinde præfatus, et alii Romanorum nobiles (18), Gelasio canonice ordinato, apud Calenum, legaverunt dicentes: « Vestræ notescat Paternitati, Pater et domine, nos et nostros amices consecrationi illius excommunicati viri in pontificem scelestum constituti, nullatenus consilii, et auxilii manus dedisse. Et sciatis, quoniam, Deo opitulante, regis illius, viri iniquissimi machinationes, et consilia in proximo delebuntur, et vos, Deo propitio, erroris et malignitatis destructor ad sedem propriam, et locum cum lætitia, et honore revertemini. » His taliter actis, prædictus Landulphus de Græca, olim Beneventanus comestabulus, litteras suas apud memoratum Gelasium notificando, rectorem Stephanum Beneventanum, ex quo ipse depositus fuerat, justitiam egentibus non fecisse, insuper etiam domos suas, et possessiones a Beneventanis dirutas nuntiavit.

Hoc anno prædictus papa Gelasius Gallias ivit secundo die mensis Septembris intrante, et Pisas applicuit: cumque, sicut relatum est, pontifex Gelasius apud civitatem Pisanam ivisset, et archiepiscopum civitatis consecrasset, inito consilio, navem ingressus est; deinde, divina gubernante clementia, ventis secundis, ultramontanas partes transfretavit. Continuo archiepiscopi omnes et episcopi, proceresque alii gaudio eum ineffabili, et honore immenso susceperunt. Taliter igitur Gelasius acceptus, cum prædicto Anglorum rege confabulatus est (19). Dehinc apostolicus ipse stabilivit, ut in sequenti mense Martio synodum cum patribus Franciæ, Theutonicisque celebraret, ibique de sacerdotii, et regni discidio, longe lateque habito, Spiritu sancto mediante, loquerentur. Quantas autem divitias, et munera argenti, et auri partibus in illis apostolicus ille lucratus est, si sigillatim describere vellem, prius me tempus desereret, quam copia recitandi. Sed antequam terminus statutus synodum celebrandi advenisset, apud monasterium S. Petri, quod vocatur Clunia, ubi diligenter morabatur, ægritudinis mole detentus est. Confestim se infirmitatis validæ dissolutione teneri persentiens (20), Palestrinum acciri jussit episcopum, et imponere illi tanti honoris culmen Romanæ sedis satagebat. Prævidebat enim se, ut fragilitatis est, corpore dissolvi. Audiens itaque episcopus ipse hujusmodi verba pontificem proferentem: « Absit, inquit, omnino absit, ut tanti honoris ponderisque cacumen indignus ego, et infelix suscipiam! præcipue cum auxilio Dei, et sæcularium virtute divitiarum, Romana sedes temporibus nostris, sub persecutionis flagello dedita, defendi oporteat, et muniri. Si vero meis acquiescere velitis consiliis, Viennensem archiepiscopum, virum utique religiosum, prudentisque animi, et sæcularibus ornatum virtutibus, ad tale tantumque patrocinium eligamus. Dei namque consilio, et beati Petri meritis, et viri

(18) Locus palam mutilus, sed et corruptus in voce *Calenum*, ut prædixi. Quæ autem hic desint, haud facile divinaverim: non abnuerim tamen Epistolæ auctores extitisse eosdem Romanos proceres, qui Gelasium, ut prædictus Pandulfus Pisanus perhibet, e manibus eripuerant Cencii Frangepanis: eam vero per nuntium missam papa Capuæ manens accepit, ubi proximum Pascha solemni pompa celebravit, eodem Pandulfo, et Petro Diac. perhibente, lib IV, cap. 64 qui etiam ibidem synodum habens, damnavit regem Henricum et idolum ejus, antipapam scilicet Burdinum, ut ait abbas Uspergensis. Et fortasse eodem tempore *Landulphus de Græca, olim Beneventanus comestabulus*, ut noster subjicit antedictis, *litteras suas apud memoratum Gelasium notificando, rectorem Stephanum Beneventanum, ex quo ipse depositus fuerat, justitiam egentibus non fecisse, nuntiavit.* At quo pacto contigerit, ut Landulfus denuo ejiceretur, postquam in an. 1114, iterum præfatam acceperat comestabiliam, in Falcone non legitur; intelligereque tantum datur, id patratum in an. 1117; nam in an. 1120, mense Augusti a pontifice Callixto Beneventum revocatus fuit, *cum per triennium Montem Fuscum habitasset.* PEREGR.

(19) Anglorum rex, qui tunc erat Henricus I, haud Falconi antehac fuerat memoratus: quin illum Gelasius in Gallias profectus alloqui minime valuit, qui post synodum apud Viennam Allobrogum collectam ineunte an. 1119, ne Gallorum quidem regem, nisi per nuntios litterasque quivit compellare, minores tantum principes coram allocutus. Certe res qui descripsere præfati Henrici, illum præterquam cum Callixto II, apud Gisortium, et cum Innocentio II, apud Carnotum et Rothomagum, colloquium cum alio Romano pontifice habuisse, non adnotarunt. Mancus itaque, et præterea depravatus est hoc loco Falco: nam de confabulatione inter regem et papam per internuntios habita si eum capias, ineptissimi sermonis ipsum facis reum; qui nec silere debuisset, consimili ratione Gelasium tunc etiam Gallorum regem convenisse. PEREGR.

(20) Universus hic sermo usque ad præsentis anni finem in pluscul is variat apud Baronium: locos confer, eamque sequere, quam sinceriorem reputabis lectionem. PEREGR.

hujus solatio Romanam sedem sub tantæ persecutionis periculo diutissime oppressam, credimus ad serenitatem, triumphumque sublevari. » Quid multa? et Gelasio pontifici infirmanti, et cæteris cardinalibus, aliisque omnibus episcopi sermo complacuit; nec mora, archiepiscopum illum accersiri jubent, ut dicta factis compleant, et perseverent. Quia vero vocatus viribus totis renuit, seseque tanti officii culmine indignum clamitabat, tamen cœlesti clementia ordinante, ad pontificalem infulam, Gelasio ægrotante et volente, promovetur. Die vero altera adveniente, Gelasius pontifex, IV videlicet Kalendas Februarii, apud prædictum monasterium feliciter ex hujus mundi ergastulo migravit ad Dominum.

Protinus, consilio invento, cardinales, qui illic aderant, Petro Portuensi episcopo, quem pontifex Gelasius Romæ vicarium dimiserat, et ipsius Gelasii obitum, et qualiter archiepiscopum illum in pontificem Callistum elegerant, studiose delegaverunt. Portuensis autem episcopus, litteris acceptis, super ipsius apostolici morte lacrymis manantibus valde contristatus est. Illico cardinales cum eo manentes pluresque Romanorum fidelium convocans, capitolium ascendit, ibique litteras missas ostendit, et legi præcepit. Quibus lectis, una voce et concordia Dominum laudavere Omnipotentem, quod eis virum prudentem, et ornatum moribus in pontificem largitus est. De obitu vero apostolici Gelasii valde turbati sunt. His ita gestis, consilii studio invento, præfatus episcopus Landulpho Beneventano antistiti, et Ugoni cardinali Beneventum regenti, clero, et populo Beneventano Gelasii mortem, et Callisti electionem ordinatim mittere curavit. Continuo Landulphus antistes, cives, presbyterosque omnes, et episcopii clericos ad sacrum fecit vocari palatium, ut eis ordinem rei annuntiaret, quibus accitis, litteras illas legi jussit, et exponi; nec mora, prædicti Callisti electionem unanimiter laudantes commendaverunt. Deinde *Te Deum laudamus* canendo proruperunt; sicque archiepiscopus ipse, et Ugo cardinalis, clericorumque turba copiosa, et civium multitudo a prædicto sacro palatio ad episcopium canendo descenderunt. Postea vero eminentiori loco antistes ille ascendens, cives exhortatus est, ut fidelitatis manum erga Romanam sedem perpetuo conservarent. Quo facto, ad propria remearunt.

Anno 1119 et anno primo pontificatus domini Callisti secundi summi pontificis et universalis Papæ, mense Martio, XII indictionis, eodem mense Martio prædictus Beneventanus archiepiscopus videns civitatem variis prædarum afflictionibus ex omni parte confundi et devastari, suæque parochiæ ecclesias a raptoribus vexari quotidie, synodum, decimo die intrante mensis ejusdem Martii, celebravit (21) Ad cujus sacri conventus præsentiam Tusculanus adfuit episcopus, et Ugo supranominatus cardinalis, et cardinalis alius, et Beneventanæ sedis suffraganei circiter viginti, monasteriorum abbates sex adfuere. Inter cætera vero quæ in ipso conventu statuta sunt, omnes male facientes Beneventi, et disturbantes mercatores ad civitatem venientes, et redeuntes, sub anathematis vinculo alligavit. Conventu itaque pie et ordinate finito, unusquisque ad propria repedavit.

De guerra autem Jordanis comitis supra memorati (si vestræ placuerit charitati) et comitis Rainulphi aliquid succincte narrabo. Cumque jam, ut dictum est, Montismilitis castrum, et Montisaperti, destructum fuisset, præfatus Robertus de Montefusco castellum aliud, quod Tufum vocatur, sæpissime aggressus est, qui vero, ut dominum castri, et habitatores terroribus variis commoverent, bellorum machinationibus assiduis acriter expugnavit. Deinde mortis inaudito nuntio, consilio invento, rusticorum sata, et vineas, silvasque igni, ferroque depopulatus est. Sata quidem rusticorum noviter aspersa, quod nunquam a sæculo auditum est, rastris et aratris iterato volvi, et devastari præcepit. Dominus autem castri, Rao nomine, nec bellorum turbinibus, neque tali mortifera confusione turbatus, castrum illud viriliter, et animose tenuit Jordanis comitis ad fidelitatem. Præterea Jordanis comitis patruus jam nominatus Robertus, quotidie adversus eum seditionum conventicula, et minarum jacula, ut erat viperei cordis, operabatur : sæpissime namque cum comite Rainulpho, et Roberto de Montefusco de ipsius Jordanis comitis infestationibus, et damnorum periculis confabulabatur. Tandem cordis sui silentia, quæ jugiter meditabatur aperiens, castellum, quod Templanum vocatur, a comite Jordano expetiit, ut sic fidelis et amicus ejus diebus omnibus ipse permaneret. Agebat autem quod cuidam filio suo naturali, quem diligebat, castrum illud sacramento comes illo firmaret. Comes autem hæc audiens, mentis afflictione, ultra quam credi potest, perculsus, valde super his mirabatur. Continuo suos omnes vocari fecit

(21) Excommunicationis sententiam in hac Beneventana provinciali synodo, cui præter alios adfuit Hugo cardinalis, Beneventi rector a Gelasio in Gallias proficiscente institutus, torsit Landulfus archiepiscopus in Beneventanorum res, et negotia disturbantes. Sed ejusdem urbis ad tutelam eximie se tunc præfatum Hugonem gessisse indicat Landulfus Pisanus : *Hugoni*, inquit *cardinali apostolorum Beneventanæ urbis custodia*, *pro ut postea vidimus*, *non sine sancti Spiritus oraculo* est a Gelasio *commendata; nam paulo post deficiente papa, nisi ipse resisteret et mille modis ipsis sagaciter obviasset*, *Nortmanni illam hodie*, *et non papa teneret* : deque his successibus Falconem ne verbum quidem fecisse cum appareat, illum vel aliena injuria, vel propria incuria, sive malis industria, mancum putem, necesse est : qui prædictos Hugonem, et Landulfum amicitiam cum Jordano Ariani, et aliorum locorum comite, genere Nortmanno, coluisse adversus Rainulfum Abellini, et Calatiæ, pluriumque pariter oppidorum comitem, genteque etiam Nortmannum, et asseclas ejus, ad hunc, et ad sequentem annum, quam sobriissime adnotavit. Hugonis itaque industriæ ascribendum est, cunctos illos proceres in Beneventi damna tunc una non conspirasse. PEREGR.

A latrones, et super hoc tanto, et tali negotio studiose ab illis consilium perquisivit. Illi vero comitis necessitates, quæ supererant, et Roberti illius mentis perfidiam cognoscentes, et aliter erga comitis fidelitatem converti non posse aspicientes, ut petitionibus ejus usquequaque faveret, consilium tribuerunt. Ventilato itaque, et firmato concilio in præsentia Landulphi archiepiscopi et Ugonis cardinalis, aliorumque Beneventanorum procerum, qui ad tale tantumque spectaculum convenerant, petitiones cunctas illius adimplevit. Deinde sacramento mediante, comitis Jordani, fidelis et canonicus effectus est (22). His taliter actis, centum milites pro ejus servitio obtinuit. Continuo, vicem reddens pro acceptis, segetes omnes militum Montisfusci depopulatus est. B Contigit autem, dum die quadam Landulphus de Græca, Montisfusci comestabulus, super castrum jam dictum, nomine Tufum, militum caterva stipatus tenderet, comes Jordanus occulto invigilans, eos aggreditur, prosternit, et duodecim milites illorum comprehendit, armis omnibus eorum acceptis, inter quos miles nomine Eternus, et Brianus captivi perducti sunt. Audiens autem Rainulphus comes fidelium suorum stragem immensam, et a comite Jordano ita superari non patiens, militum fere quadringentorum copiam, et peditum multitudinem congregavit. Quibus congregatis multoties minabatur se terram comitis Jordani ingressurum, et castrum aliquod ejus igni, ferroque consumere. Tandem militum peditumque manu illa assumpta Jordani comi- C tis terram ingressus est; nam sicut ipse sæpius dixerat, non ausus est castellum illius aggredi, neque belli sonitum præparare; sed, ut nominis sui gloria levaretur, et comitem Jordanum terreret, confinia castelli, quod Pesclum nominatur, intravit, sicque nullo concursu suorum parato ad propria reversus est. Comes autem Jordanus, ut providi, et sapientis erat ingenii; Rainulphi comitis agnoscens protervitam; et hujusmodi audaciam non ex prudentum thesauris procedere, trecentorum militum caterva stipatus circa ejus confinia districte morabatur. Agebat quidem comitem illum non sic stulte sectari, sed munitiones suas, si oporteret, viriliter contueri.

Hoc anno xv, die intrante mensis Maii, Beneventanus archiepiscopus Landulphus (23) supra memo- D ratus, consilio salutis invento, corpora sanctorum Martiani, Dori, Potiti et Prosperi, Felicis, Cerveli atque Stephani, quæ prisco ex tempore non honestæ tumbæ, qua jacuerant, coram omnibus propalavit. Corporibus namque illis taliter foras eductis, ex ossibus eorum duo in conspectu omnium civium antistes præfatus poni magna cum reverentia, ut crederent, præcepit. Fama igitur per civitatem ventilata, concursus magnus factus est virorum ac mulierum, et cursu præcipiti, oblationibus ossa illa lacrymando osculabantur; quæ vero ossa sanctorum indignus ego osculatus sum. Biduo autem postquam corpora illa sanctorum foras educta sunt, prædictus antistes presbyteros omnes civitatis ad episcopium vocari præcepit, quatenus de tantorum sanctorum laudibus agendis colloquerentur. Continuo, consilio assumpto, dedit in mandatis, ut primum presbyteri Portæ Summæ ad episcopium jubilando, cereis et lampadibus descenderent; et coram sanctorum ossibus laudes Deo, et eis decantarent. Secundo quidam presbyteri Portæ aureæ; tertio autem Portæ Ruffinæ; quarto Forenses; quinto civitatis novæ; postremo vero civitatis totius presbyteri, et viri, quatenus una in honore Dei et sanctorum illorum aggregati, Omnipotentis Dei misericordiam invocarent, ut eorum intercessionibus, delictorum veniam consequerentur. Presbyteri autem pastoris jussa audientes, sicut imperaverat, exsecuti sunt, et laudibus innumeris ordinatim ad sanctorum corpora descendebant. Virorum autem, et mulierum, et pauperum turbam canentium, quæ præcedebat et sequebatur, cereis in altum positis et accensis, lector, si cerneres, de tanto gaudio ultra humanum modum exsultares, et ex cordis profundo lacrymas rivo irriguo produceres; processionem enim insolitam cerneres, et quod a multis annorum spatiis inauditum est, Beneventana civitas ob sanctorum honorem, amoremque modo operata est. Regem quidem testor cœlorum, quod si lingua triplicatos ederet sonos, et vox incessabili plectro promeretur, tanti gaudii pondus, et tantarum laudum densitatem nullo modo exarare valerem. Quis unquam civium tempore isto viventium, sic prorsus civitatem lætari, poterit recordari? Credo vero sub B. apostoli Bartholomæi patroni civitatis adventum, ita prorsus gaudio magno civitatem impletam fuisse. Nam, ut Beneventanorum memoria per duas generationes allevaretur, abbates omnes Ecclesiarum studio magno lignorum machinationes mirabili constructas artificio composuerunt. Civitatis autem novæ presbyteri, ut studiosiores præ

(22) Nimirum cum in Feudum accepisset a Jordano castellum Templanum, factus est ejus *canonicus*: hoc est *tributarius*; nam pensio passim olim dicta reperitur *Canon*; quoniam scilicet juxta canonem, et certam regulam penderetur; unde Cassiodoro lib. II, epist. 25 *solidi canonici*; et lib. XII, ep 13, aliisque in locis sunt *Canonicarii*, qui tales canones exigebant, deque iis etiam vide Cujacium in expositione Novell. Justiniani 128. Porro in Falcone paulo post lego, *duodecim milites illorum comprehendit, armis omnibus eorum acceptis; inter quos miles nomine Eternus, et Arianum captivi sunt perducti*: non *Eternus, et Brianus*. PEREGR.

(23) Restituo XIII *die intrante*, nam Landulfus eductis e vetusta tumba sanctorum Lipsanis, ut ea in decentiori reponeret sepulcro, post transactum biduum, die videlicet 14 Maii, palam universo Beneventano populo per insecutos dies octo, nempe ad 21 usque diem, ipsa exposuit; et demum proxima luce, *in crastinum*, inquit Falco, *die videlicet decimo stante mensis Maii*, hoc est decem ejus mensis diebus superstitibus, ipsoque die 22 in præparato loculo collocavit. Beneventanos autem regionatim ad eorumdem SS. honorem vigilias per singulos prædictos octo dies celebrandas convenisse, simulque in Falcone nomina deesse duarum regionum, alibi est a me observatum. PEREGR.

omnibus viderentur, lignorum machinam quamdam circumquaque cereis, lampadibusque immensis obductam, ad sanctorum corpora perduxere. Infra eam vero juvenes cum tympanis, cum citharis tinnientibus vidimus insultantes. Campanas namque et tintinnabula multa intra struem illam videbamus. Sacerdotes denique in albis vestiti, cum vexillis, et multo cereorum comitatu coram sanctorum ossibus decantabant. Novissime autem Archisius archidiaconus talem, tantamque per singulas civitatis partes, partiumque angulos lætitiam insolitam fieri aspiciens, consilio accepto, mirabilem quamdam lignorum structuram pro ecclesiæ Sancti Laurentii honore, quam regebat, et totius civitatis, præcepit componi; illic artifices multos, lector, si adesses, conspiceres, ibi studii manus operantes videres, sub quorum vero industria ad naviculæ instar facta est. Qua demum peracta, super illam magni ponderis campanam, et multa alia metallorum genera vociferantia, et cereos multos accensos imponi præcepit. Hominem etiam lyrizantem, et tubas stridentes ad astra, ibi associavit; et circa illam cornua crepitantia, tympana mirabiliter percussa, citharæ variique generis modulationes tripudiabant. O qualem, lector, aspiceres exsultationem, quale gaudium per totius civitatis partes cerneres, si interesses, quod revera putares crederesque potius aliam vitam, aliamque speciem cordis, oculi et corporis imitari! Talibus igitur, et tantis modulationibus patratis, ut archidiaconi gloria attolleretur, boves ad illam structuram injunxit, et junctis bobus usque ad S. Andreæ ecclesiam perduxere. Deinde pro densitate ædificiorum, quæ super plateas inerat, usque ad episcopium boves illam trahere nequiverunt. Continuo ad manus virorum multorum machina ipsa sic ponderata ad sanctorum corpora perducta est; et ea perducta, archidiaconus ipse cum clericorum comitatu in albis vestito coram ossibus sanctorum vigilias cantaverunt; quibus finitis unusquisque ad propria reversi sumus. In crastinum autem prædictus antistes, die videlicet decimo stante mensis Maii, cum episcopo Frequentino, et de Monte Marano, et Arianensi corpora sanctorum collocavit, inter quos corpus associavit beati Joannis XXI, Beneventani archiepiscopi, qui triginta et tres annos, sicut titulus testabatur, in episcopatum advixit. Item corpus Stephani levitæ, et corpus alterius sancti, cujus nomen ignorabatur. Corpus quidem ipsius Joannis episcopi, et Stephani levitæ, et alterius sancti ante prædictorum inventionem sanctorum Martiani, et ejus sociorum inventum est juxta altare in quo ipsi requiescebant. Ad quorum vero venerabilem dedicationem archipræsul ipse quartam partem peccatorum omnibus qui ad sanctorum visitationem convenerant condonavit; donavit id quoque omnibus aliis qui usque ad octavum diem apostolorum Petri et Pauli venturum, ad dedicationem hanc convenerint; item sub excommunicationis vinculis posuit contra omnes male facientes illis, qui ad tantorum sanctorum convenissent dedicationem.

Hoc anno Landulphus, Beneventanus archiepiscopus, obiit quarta die intrante mensis Augusti; et Roffridus electus est, qui erat tunc archipresbyter.

Hoc anno septimo die stante mensis Februarii, Alferius judex a Porta Aurea obiit.

Anno 1120 Dominicæ Incarnationis, et secundo anno pontificatus domini Callisti secundi summi pontificis et universalis papæ, mense Martio XIII indictionis. Hoc anno mense Maio tertio die ante festivitatem sancti Eustachii magna fluminis Caloris venit inundatio, quam nemo viventium tempore ipso potuerit recordari. Per idem tempus comes Rainulphus, cujus mentionem fecimus, congregata militum peditumque caterva innumera, una cum Roberto de Montefusco, super prædictum castellum, quod Tufum vocatum est, commeavit: continuo montem quemdam munitum valde conscendunt: in quo castelli munitiones mirabiliter construentes, vallo et aggere illud circumeunt, et lignorum machinis circumquaque componunt, et eo taliter munito, Tufum illud sæpissime, acriterque expugnabant. Rao autem, castri dominus, viriliter obviabat. Comes igitur Jordanus audiens Rainulphum comitem super Tufum illud castelli munitiones construxisse, et oris omnibus belli apparatus fecisse, absque mora, collecta equitum peditumque manu copiosa, ad castellum, quod Monisfalconis dicitur, haud longe a Rainulphi comitis tentoriis tetendit. Deinde cardinalem Ugonem, Beneventum regentem, et Stephanum rectorem, Roffridumque electum accersiri præcepit (24); et eis advocatis ad comitem Rainulphum illos destinavit, addens in mandatis, quod libenter a comite Rainulpho justitiam sumeret, et ipse ei justitiam conferret. Comes hæc audiens pollicitus est et accipere justitiam, et libenter sectari. Quid plura? Tufum illud dimittunt, et ad pontem S. Va-

(24) Paulo diligentiorem nunc te optassem, Falco; nam cardinalem Hugonem *regentem*, Stephanum vero *rectorem* cum appellas, discreta quidem ea fuisse officia innuis, alterumque altero præstantius, quæ viri imparis conditionis obtinerent; ut etiam facis ad an. 1127, ubi de Gualterio, archiepiscopo Tarentino, Beneventum moderante, et Guilielmo tunc cum eo simul rectore; sed talium nuncupationum discrimen tute confinxisti, nec palam ipsorum munerum aperis disparitatem; qui promiscue non semel rectores vocas tum eos, quos suprema illa potestate, tum quos minori præditos fuisse, verisimile est; quin ad an. 1129, præfato Guilielmo rectori substitutum ais rectorem Girardum cardinalem, haud plane eamdem, ni fallor, sed celsiorem jam dictam dignitatem obtinentem; in qua positus qui erat, administrum habere solebat rectorem inferiorem; ut ex Falcone metipso discere est ad an. 1137. *Prius vero*, inquit, *quam apostolicus* Innocentius *de civitate discederet, Octavium subdiaconum, virum prudentem, et sapientis animi, rectorem Beneventi ordinavit; qui simul cum domino Girardo* cardinali *statum civitatis, et pacis firmamentum studiose regebat:* vel etiam comestabulum, et ipsum dignitate se minorem: idem noster ad an. 1132 fautores ait papæ Innocentii statuisse Girardum cardinalem presbyterum rectorem Beneventanorum, et alio die *tradidisse comestabiliæ honorem, et potestatem Rolpo*

lentini magna procerum caterva glomerante congregantur. Confestim coram omnibus, data fide, et accepta, treunam a septimo die stante mensis Maii, et usque ad Kalendas Septembris firmiter confirmaverunt; in qua etiam treuna civitatem Beneventanam statuere.

Hoc anno quinto die stante mensis Maii Capuani constituerunt principem Richardum filium Roberti principis Dominum eorum, eo quod princeps ipse genitor ejus infirmabatur; et eo constituto, Capuanus archiepiscopus, convocatis episcopis, aliisque viris prudentibus, et Roffrido Beneventano electo, die Ascensionis Domini, quinto die ipsius Maii stante, principem illum consecravit. Octavo autem die post ejusdem filii sui consecrationem, princeps ipse genitor suus ex hoc sæculo decessit; filius autem principis illius, postquam consecratus est, decem dies advixit; quo defuncto, Jordanum, prædicti Roberti principis fratrem constituerunt in principatus honorem.

Hoc anno supramemoratus papa Callistus ab ultramontanis partibus reversus est, et nono die intrante mensis Junii Romam ingreditur. Unde factum est, ut Petrus Portuensis episcopus, tunc vicarius cum aliis cardinalibus Romæ manentibus, aliisque clericorum turmis, et viris utriusque sexus obviam pontifici illi properavit. Gaudium igitur populi Romani, et lætitiam, si lector aspiceres, diceres admirans præ gaudio, tanto sub honore et triumpho pontificem quempiam Urbem ingressum non fuisse. Audiens itaque Ugo cardinalis, qui tunc Beneventanam civitatem regebat, apostolici adventum, Romam festinus tetendit, et cum illo cives complures adierunt. Eodem anno, nono die intrante mensis Julii, Rao, nomine dominus Ceppaloni, mortuus est.

Hoc anno Bernardus, abbas monasterii Sanctæ Sophiæ, tertio Kalendas Augusti migravit ad Dominum. Post obitum vero ipsius abbatis quædam monachorum pars, ultimo die stante mensis Julii, monachum quemdam, Ademarium nomine, abbatis Madelmi nepotem, in abbatem elegerunt, ad cujus electionem Joannes venerabilis decanus, Joannes, grammaticus vir per cuncta laudabilis, Rao sacerdos et monachus, aliique monachorum sapientum non consenserunt. Unde factum est quod discordia ineffabilis inter eos habita est. Hoc anno dominus noster papa Callistus, accepto consilio, Beneventum advenit, et octavo die intrante mensis Augusti, civitatem ingressus est. Audiens itaque Beneventanus populus ipsius adventum longe lateque optatum, extra civitatem duorum millium spatio, gaudio magno repletus, egrediebatur. Tandem apostolicus ipse a clericis et monachorum turba, et a presbyteris, civibusque omnibus, gloria et gaudio magno suscipitur. Præterea Amalphitani omnes, plateas cunctas vestibus sericis, palliisque et ornamentis pretiosis in adventu illius ornaverunt; infra ornamenta vero, thuribula aurea, et argentea cum odoribus, et cinnamomo posuerunt. Pedes vero apostolici, et habenas equi cives quatuor a Ponte leproso usque ad Portam S. Laurentii ducebant; deinde quatuor alii usque ad episcopium, ab episcopio autem quatuor judices, Joannes, Persicus, ... et Landulphus usque ad sacrum Beneventanum Palatium detulerunt. In comitatu apostolici, lector, si adesses, et tympana percussa, cymbala tinnientia et lyras sonantes aspiceres, revera affirmares apostolicum alium tali sub triumpho et gaudio ingressum non fuisse civitatem. Diebus autem non multis decursis, complures civium, qui amici Landulphi, quondam comestabuli, exstiterant, apostolicum precantur, quatenus ei copiam habitandi tribueret in civitate. Comestabulus vero per triennium Montemfuscum habitaverat. Apostolicus igitur fidelium suorum precibus favens, sicut postulaverant, licentiam impendit. Continuo obviam exeuntes cum Jordano comite, qui pro eo venerat, Landulphum illum civitatem introduxere. Audiens autem Callistus pontifex discordiam illam, quæ inter fratres monasterii Sanctæ Sophiæ, pro electione facta supradicti Ademarii

toni de Sancto Eustasio, qui taliter ordinatus, cœpit simul cum cardinali illo curiæ statum regere, et justitiæ vigorem unicuique dispartiri. Comestabilia enim, sicuti ille minor rectoratus, proxima supremo rectori potestas censebatur, omnisque alia erat iis inferior; indeque Landulfus de Græca a seditiosis Beneventanis adactus est, ut *jurejurando firmaret* (verba sunt Falconis ad an. 1114) *quod comestabiliam, et rectoraticum, aut aliquam baliam publicam non acciperet*, quarum licet altera militari, altera civili munere esset prædita, in Falcone tamen non leges, tunc apud Beneventum eas simul, sed modo istam, modo illam observatam: nimirum quoniam si pro temporis ratione arma erant tractanda, vir præficiebatur gerendo bello aptus; qui sub militaris magistratus titulo utramque obtinebat potestatem: unde est, quod præfatus comestabulus Rolpoto curiæ statum rexisse, et justitiæ vigorem unicuique dispertiisse dicatur: et ad an. 1133 quod *cum B. Petri fidelibus curiam animose gubernarit.* Sin autem nulla armorum aderat occasio, non connestabulus, sed rector instituebatur; qui etiam pro opportunitate milites educebat ad bellum, ut de Guilielmo rectore legitur ad an. 1127. Quæ promiscua cum essent munera, ut dictum est, nunc intelligimus, non incongrue Landulphum de Græcia, olim Beneventanum comestabulum, litteras suas apud papam Gelasium direxisse, *notificando rectorem Stephanum Beneventanum, ex quo ipse depositus fuerat, justitiam egentibus non fecisse.* Comestabuli itaque, et rectores illi minores, sive uno, sive altero vocabulo præfigurarentur, æque forensibus, et bellicis præerant concertationibus: pari ratione ac ipsis supremis rectoribus utraque committi consuebat cura. Honorius papa, inquit Falco ad an. 1127. *Gualterio Tarentino præcepit archiepiscopo, ut Beneventum veniens, civitatis negotia studiose curaret, et ejus consilio civitatem tueretur.* Et ad annum 1137, ait, pontificem Innocentium sic Beneventanum populum inter alia verba allocutum. *Cardinalem Girardum vobiscum morari permittimus, qui erga vestras utilitates assidue invigilabit, et pacem inter vos continebit*, quæ tamen publico ordine urbis consulto, sive, ut tunc loquebantur, consultis, *Judicibus*, ipsi rectores curabant. *Amici*, inquit Falco ad an. 1131, *ipsius Crescentii cardinalis, et præfati judices ad eum animose conveniunt, et eum hortantur, ut Curiæ statum simul cum eis obtineat.* PEREGR.

regnabat, monasterium advenit, et congregatis fratribus, satis abundeque super electione tali locutus est. Tandem cognita rei veritate, et quia electio illa canonica et regularis non esset, a Petro, Portuensi episcopo, cæterisque cardinalibus, qui illuc convenerant, irrita et facta judicata est. Confestim id a pontifice Callisto confirmatur. Quid multa? licentiam fratribus dedit, ut, quem vellent, abbatem eligerent. Quo facto, ad palatium apostolicus reversus est. In crastinum autem, quarto decimo die intrante mensis Augusti, tota fratrum collectio locum capituli solitum ingreditur, ibique Spiritu sancto mediante, de facienda electione pleniter tractavit. Interea prædictus Joannes venerabilis decanus personam fratris ad tantum ferendum pondus idoneam elegit, et fratribus in unum congregatis eam patefecit. Denique unumquemque interrogavit, si persona complaceret. At ipsi una voce, una concordia dignam fore, dignam, clamavere. Fratres vero ipsi numero fere quinquaginta convenerant, et clamantibus illis personam illam Joannis quidem grammatici, virum prudentem, ornatum moribus comprehenderunt, et eum invitum, et renuentem, jubilando, cathedram supersedere fecerunt. Ipse autem indignum et infelicem se coram nobis omnibus clamitabat. Deinde facta est actio venerabilis sacra, et monachus virgam in manu ejus pastoralem posuit, et eum ad locum abbatis in capitulo statuerunt. Continuo decanus primum, postea fratres omnes pedibus ejus, ut moris est, advolvuntur, et unicuique pacis osculum ipse donavit. Electo autem eo, nuntium Callisto pontifici dirigit congregatio, significans Joannem grammaticum electum fuisse. Audiens igitur apostolicus, quod regulariter electio illa fieret, complacuit ei, et confirmavit. Diebus autem non multis excursis, prædictus pontifex Callistus monasterium Sanctæ Sophiæ advenit, et inter missarum solemnia, XIV Kal. Septembris, præfatum Joannem grammaticum, quem congregatio monasterii elegerat in abbatem, consecravit. Die vero ipsius consecrationis dedicatio altaris B. Mercurii celebratur in Sancta Sophia. Diebus autem non multis elapsis, prius ad prædicti Roffridi electionem pontifex Callistus inducias posuit, ut ad constitutum tempus jejunii mensis quidem Septembris consecraretur. Cumque ad id ventum est, magno cum honore, et diligentia eum in sacro Beneventano palatio presbyterum statuit. In crastinum autem die Dominico coram episcopis decem numero, sedis Beneventanæ suffraganeis, illum ad pontificalem infulam sublimavit: inter quos venerabilis Joannes monasterii Sanctæ Sophiæ abbas adfuit; die vero consecrationis ipsius festivitas Sancti Januarii celebratur.

Hoc anno biduo post consecrationem prædicti archiepiscopi Roffridi, Callistus pontifex, consilio accepto, deposuit Stephanum, qui tunc rector fuerat, et ordinavit rectorem Rossemannum diaconum, filium Rossemanni monachi.

Anno 1121 Dominicæ Incarnationis, et tertio anno pontificatus domini Callisti secundi, summi pontificis, et universalis papæ, mense Martio IV indictionis (25). Hoc anno domina Labinia, abbatissa monasterii S. Mariæ a Porta Summa, infirmitate valida detenta est. Videns itaque se ad mortis transitum tendere, consilio accepto, cunctas ancillas Dei, sorores suas, vocari præcepit. Quibus vocatis, ita eas alloquitur: «Credo vestram non latere prudentiam, sorores charissimæ, quantum erga monasterium istud, et vestram charitatem laborum perpessa sum. Unde, Deo favente, et vestris orationibus succedentibus, status monasterii hujus enituit, et ad perfectionis culmen attinxit. Nunc autem, sicut conspicitis, validæ infirmitatis periculo teneor, et certa sum ab hoc corpore cito dissolvi: familiaritatem igitur vestram suppliciter postulo, quatenus petitionibus meis faveatis; præsertim cum, Deo teste, nihil præter monasterii proficuum a vobis petiero. Prævidi enim corde post meum discessum discordiam electionis oriundam, et monasterii causas ad detrimentum pervenire. Unde si vestræ placuerit charitati, vivente me, dissidium hoc auferatur et personam, quam dixero, abbatissam statuamus.» Quid plura? Bethlehem, filiam Girardi comitis de Græcis patefecit. Audita itaque persona eis complacuit, et studium electionis laudaverunt. His actis, prædicta domina Labinia abbatissa migravit ad Dominum. Continuo Roffridum, Beneventanum archiepiscopum, et Rachisium, S. Modesti abbatem, accersiri jubent, ut factum illud firmarent, et statuerent; qui vero, petitionibus earum faventes, factum illud firmaverunt. Diebus autem non multis elapsis, archiepiscopus ipse monasterium advenit, et abbatissam illam secundum ordinem regulæ nobis, et multis aliis viris consecravit aspicientibus, ad cujus sacrationem Joannes, venerabilis abbas monasterii S. Sophiæ, et prædictus Rachisius, abbas Sancti Modesti, convenerunt quarto die intrante mensis Aprilis.

Hoc anno XVIII Kalend. Junii, Robertus de Montefusco a Rogerio filio Trogisii, et fratribus suis apud Beneventum gladiis, heu miser, laceratus est; quem si, lector, aspiceres, capite horribiliter cæso, membrisque ejus divisis, et per partes diffusis, miseratione motus lacrymarum fontem super eo produceres, et de tali, tantoque homicidio mirareris. Prædictus autem Joannes, monasterii S. Sophiæ abbas venerabilis, cum quibusdam fratribus ad cadaver illud properavit, et eo viso mirabiliter horruit, mirabiliusque lacrymatus est. Nec mora, illum taliter cruentatum ad monasterium perduci præcepit, quem juxta ritum Christianorum occisorum sepelierunt (26). Confestim comes Jordanus Mon-

(25) Denarii numeri notam omisit typographus, nam hoc anno indict. censebatur XIV. PEREGR.

(26) Hunc paulo clarius descripsit ritum Aymoinus Floriac. in Vita S. Abbonis cap. 20, de ejus agens nece. *Dubitatum*, inquit, *aliquandiu est, quonam in loco poni deberet. Tunc in commune pla-*

temfuscum properavit, et, pactis intervenientibus, suæ castellum illud obtinuit potestati.

Eodem anno supradictus pontifex Callistus, exercitu congregato, super civitatem nomine Sutrim tetendit. Gregorius autem ille, quem prædictus rex in pontificem statuerat, civitatem ipsam obtinebat. Quid longius moror? viribus sumptis, civitatem illam comprehenderunt, et Gregorium illum turpissime, ultra quam credi potest, injuriis afflictum ligaverunt. Deinde illum super camelo imponentes, Romam taliter captivum, et vestibus propriis exutum perduxere IX. Kalend. Majas. Pontifex igitur Callistus Deo, et Petro apostolo gratias agens, gaudio magno repletus, Urbem triumphans ingressus est: deinde consilio invento, ad monasterium S. Trinitatis, quod Cavæ dicitur, illum delegavit.

His ita peractis prædictus pontifex Callistus, consilio invento, Salernum ivit, quinto die intrante mensis Septembris, ut pacis firmamentum cum duce Guillelmo, et Rogerio comite confirmaret (27).

Hoc anno, IV Kalend. Septembris, archiepiscopus Salernitanus, nomine Alfanus, defunctus est. Quo defuncto, Callistus, supramemoratus pontifex, Romualdum, diaconum cardinalem, archiepiscopum Salerni consecravit mense Septembris mediante.

Hoc anno Robertus Sclavus obiit decimo die stante mensis Decembris, et Rachisius abbas Sancti Modesti, ad cujus obitum Joannes Venerabilis, abbas monasterii S. Sophiæ, cum quibusdam fratribus properavit. Continuo cadaver ejus ex more paratum ad monasterium sepeliendum perduxit: deinde peractis exsequiis, in tumba quadam marmorea positum est.

Aliud quoque si placuerit explicabo; septima namque die Kalendarum Martiarum, Agnes, abbatissa monasterii S. Petri apostoli, quod situm est intra civitatem Beneventanam, in sacro Beneventano palatio ascendit, et super Bethlehem abbatissam monasterii Sanctæ Mariæ, quod est constructum ad Portam Summam [conquesta est, videlicet, quod contra voluntatem suam abbatissa effecta esset de prædicto monasterio Sanctæ Mariæ, affirmans quidem monasterium illud suæ ditioni positum, et monasterio Beati Petri subditum esse. Apostolicus autem hoc audiens (28), prædictam Bethlehem vocari præcepit, ut justitiam ex hoc consequeretur. Continuo adveniens querimonias audivit, et per advocatos suos respondit, se dictis illius fidem dare non debere, nisi rationibus scriptis, quæ dixerat, probaret. Tunc apostolicus, quia valde infirmabatur, et curiam in conspectu suo servare non poterat, Dionysio Tusculano episcopo, et Chrysogono cancellario, Roberto Bariensi, et aliis cardinalibus præcepit, ut super hoc negotio judices existerent, et discordiam utriusque monasterii, rationibus cognitis, sedarent; quod et factum est. His ita decursis præfata Agnes abbatissa per advocatum suum ostendit privilegium quoddam, per quod Leoprand, olim dux civitatis Beneventanæ, concessit, et tradidit prædictam ecclesiam Sanctæ Mariæ cum omnibus suis pertinentiis sub jure, et dominio

cuit, ut quando innocenter, ac pro veritate, quæ Christus est, interemptus erat, in Ecclesia poneretur, et infra: *Matutino sane tempore feriæ quartæ, cum ipsis quibus indutus erat vestimentis, uti mos est sepeliri interemptos, inlotus etiam, lapideo tumulatus Sarcophago. Inlotus,* inquit; nam defunctorum hominum cadavera, communiter olim lavabantur, antequam humarentur, atque vestibus, quantum licebat, decentioribus induebantur; non sic occisorum sine causa: nimirum quoniam sanguis eorum, si dilutus non fuisset, divinam vindictam in percussores indesinenter clamare credebatur; juxta id quod legitur Genesis cap. IV: *Vox sanguinis fratris tui clamat ad me de terra.* Rex autem Chilpericus suorum temporum alter Nero, ut est apud Gregorium Turon. Histor. lib. VI, cap. ult. cum fuisset interemptus, *ablutus, vestimentisque melioribus indutus, in Basilica S. Vincentii, quæ Parisiis est, sepelitur.* PEREGR.

(27) Acta hæc dicit Falco postquam Callixtus antipapam Mauritium ex Sutrina civitate vi extractum, *ad monasterium S. Trinitatis, quod Cavæ dicitur, illum delegavit;* illuc, inquam, tunc primum, ut ad Anonymum Cassin. est notatum. Et quidem etiam Baronius in Callixti potestatem Mauritium hoc an. 1121. venisse assentitur, quod non antea contigisse, ad præfatum Anonymum exposuimus. At idem dux Guilielmus, ut perhibet Romualdus Salernitanus, quem præfatus sequitur Baronius, in Beneventano palatio in anno antecedenti, ante captum antipapam, ligius homo papæ Callixti factus, ducatum ab eo per vexillum recepit; eodemque mense illum Trojam venientem officiosissime coluit. A quo haud dissona tradit Petrus Diac. lib. IV, cap. 68 dicens, Callixtum Benevento Trojam discendisse, ac more antecessorum suorum a duce Guilielmo fidelitate recepta, Romam esse reversum, ac Mauritium deinde cepisse. Nec ego temere fidem his auctoribus denegaverim; verum id non apud Beneventum, quod non siluisset Falco, pluscula Callixti ibi gesta prolixius elocutus; sed primum apud Trojam, quam causam illuc procedendi habuisse videtur papa; et demum iterum apud Salernum, in an. 1121. interventu etiam Siciliæ comitis Rogerii, peractum reor. PEREGR.

(28) Septima die Kalendarum Martiarum, desinente anno Falconiano 1121. inchoato autem anno communi 1122 coram Callixto Beneventi tunc degente, Falco perhibens proclamasse Agnetem abbatissam monasterii S. Petri apostoli super Bethlehem abbatissam S. Mariæ, hoc quidem dicto, non alio apertiori sermone prodidit, papam Salerno digressum se contulisse Beneventum. Cui tunc, ut puto, Sugerius abbas S. Dionysii, quod ipse de se ait in Vita Ludovici Grossi, *in Apuliam* (sic dicit Italiam hanc omnem cis Tyberim) *apud civitatem Beneventum* (non *Botontum*, ut depravatus ejus codex; nec *Bitontum*, ut legit Baronius, qui hæc refert in antecedentem Callixti ad nos adventum, quando vero ille in Apuliam, ac Trojam processit) *missus a Domino rege Ludovico pro quibusdam regni negotiis occurrit.* Id autem in anno 1122 cum Beneventi Callixtus iterum adesset, accidisse, ex Sugerio met-ipso fatendum est; qui tradit, Mauritium antipapam pridem devictum fuisse, annoque sequenti ab eodem pontifice celebratum concilium Lateranense, quod in anno actum constat 1123 ut paulo post dicam. Quos autem raptores Italiæ, et Apuliæ tunc a Callixto perdomitos idem ibi innuat auctor, haud novi. Cæterum secundus iste Callixti adventus Beneventum latuit Baronium, quem non latuit Falco. PEREGR.

prædicti monasterii S. Petri apostoli. Ostendit item privilegia, quibus Pandulphus princeps, et ejus successores confirmaverant eamdem ecclesiam S. Mariæ sub potestate jam dicti monasterii B. Petri. Iterum protulit alia privilegia, et munimina ipsius monasterio pertinentia. Ad hæc jam dicta Bethlehem abbatissa monasterii S. Mariæ per advocatum suum produxit in medium chartas, et instrumenta ejusdem monasterio pertinentia, in quibus continebatur, a quinquaginta annis jam præteritis, et usque ad præsens abbatissam continuatim in monasterio S. Mariæ præfuisse; ex quibus prior fuerat Labinia nomine, secunda Sicelgarda, et aliæ, quarum nomina in earum instrumentis legebantur. Nos autem memoriæ ducimus ex moderno tempore abbatissam Labiniam eidem monasterio secundam præfuisse. Similiter in ipsis muniminibus legebatur, præpositas ipsi monasterio per se causas, et negotia, et præfuisse, et egisse. Ostensis itaque ab utraque parte privilegiis, et munitionibus illis, et lectis, prædicti cardinales judices dati in partem euntes, super auditis querimoniis sententiam protulerunt: ventilata igitur sententia ex communi consulto domino papæ Callisto eam intimavere, ut ipse, quam invenerant, sententiam confirmaret. Callistus autem pontifex absque mora, dicta eorum et confirmavit, et fidem attribuit; et sententia talis fuit, videlicet: Ut prædictum monasterium S. Mariæ a modo, et perpetuo propriam habeat abbatissam, a Romano quidem pontifice consecrandam, ita ut sororum congregatio apud idem monasterium S. Mariæ degentium potestatem habeat eligendi abbatissam, qualem voluerit, salvo tamen censu, quem pars ipsius monasterii persolvat annualiter ad prædictum monasterium S. Petri, quatuor oblatas scilicet, et duos cereos in Nativitate Domini, in Resurrectione totidem; in Assumptione Beatæ Mariæ totidem. Super etiam sententiam ipsam apostolicus ipse scribi præcepit, et a cunctis præfatis cardinalibus constitutis super hoc judicibus, testari mandavit. In quo vero libello judicii ipse pontifex manu propria se subscripsit. Confirmata itaque, et sic roborata tali sententia, prædictæ Bethlehem venerabili abbatissæ illam delegavit talibus et tantis ornatam cardinalium testimoniis, quatenus amodo, et perpetuis temporibus pars monasterii ipsius quieta permaneat, et sine aliqua, a parte Beati Petri, perturbatione, molestiave consistat. Præterea, privilegio signato, confirmavit idem monasterium S. Mariæ cum omnibus possessionibus ei pertinentibus, quatenus omni tempore inviolatum permaneat, et sine cujuslibet contrarietate vigorem obtineat.

Anno 1122. Dominicæ Incarnationis, et quarto anno pontificatus prædicti domini Callisti, secundi, summi pontificis et universalis papæ, mense Martio xv indictionis. Hoc anno dux Guillelmus, filius Rogerii ducis, ad Rogerium comitem, filium Rogerii comitis Siculorum, descendit, conquerens de Jordano comite Arianensi, ut ei auxilii manum, et virtutis militum, et divitiarum ei largiretur, quatenus ejus auxilio de Jordano comite ultionem perciperet. Cumque dux ipse ad comitem illum applicuisset, precibus multis lacrymisque taliter exorsus est: « Ad vestram, comes egregie, descendi potentiam, tum pro consanguinitatis vigore, tum pro divitiarum tuarum magnitudine, de Jordano comite querimoniam facturus, et suppliciter postulans, ut vestro vallatus auxilio super illo ulciscar. Nam cum die quadam ego civitatem Nuscum intrarem, en comes ille Jordanus, militum suorum caterva stipatus, ante portam ipsius civitatis advenit, et contumelias multas, et convicia mihi inferens minatus est, « Quia mantellum « tuum ego curtabo (29). » Deinde civitatem ipsam Nuscum circumquaque perlustrans omnino deprædatus est. Ego vero quia prævalere in eum non poteram, invitus sustinui, et diem rogavi ultionis. » Et his actis, comes ille horis omnibus multis, variisque afflictionibus nos deshonestabat. Quid multa? Medietatem suam Palermitanæ civitatis, et Messanæ, et totius Calabriæ dux ille eidem comiti concessit, ut ei super his omnibus auxilium largiretur. Continuo sexcentos milites, et quingentas uncias auri ei largitus est. Nec mora: dux ille adveniens terram comitis Jordani aggrediens die S. Joannis Baptistæ castrum Rosetum, et alia multa ei abstulit. Inde procedens in festivitate sanctorum Joannis et Pauli, castellum Montis-Jovis insiliens, igne ferroque illud consumpsit; et quinquaginta milites ibi comprehendens, arma eorum, et spolia secum gaudens deportavit. Et inde procedens castellum Apicis, ubi comes ille morabatur, obsedit. Ad ducis namque auxilium Crescentius cardinalis tunc rector Beneventanus cum Beneventanorum cœtu festinavit. Quid multis? Comitem illum, et castrum Apicis suæ obtinuit potestati. Comes itaque Jordanus, ducis pedibus, sicut ipsi vidimus, qui aderamus, prostratus, misericordiam ei postulavit. Dux autem precibus multis coactus, præcipue comitis Rainulphi, qui aderat, liberum eum, et ubi vellet abire permisit: qui vero comes Montemfuscum properavit: et his actis, civitatem Ariani, et totius sui comitatus confinia, ejus submisit potestati. Cumque comes ille Jordanus Montemfuscum ascendisset, dies quindecim ibi moratus est. Continuo Landulphus de Græca, ejus ad-

(29) In Sacris litteris lib. II Reg. x. Hanon contumeliæ etiam causa *præscidit vestes servorum David medias* (Septuaginta legunt *Mantella*, quam lectionem noster imitatus videtur) *usque nates*. Sed et regis Rogerii cancellarius Guarinus apud Petrum Diac. lib. IV cap. 100 paribus minis opprobria etiam paria in Cassinenses monachos se illaturum vociferabatur; dicebatque, *se incisurum illis, et labrum, et nares, et vestes illorum medias usque ad nates*, qua contumelia, olim frequenter solita irrogari, qui afficiebantur, cum abirent, quia utraque pudenda manibus tegere conabantur, dicterio occasionem dedere, in eos usurpari consueto, quos aliqua cum ignominia ad sua rediisse, vel redituros notamus. PEREGR.

versarius, conspiratione firmata eum de Montefusco ejecit, qui taliter ejectus castrum Morconis adivit, ibique per annum habitavit; quibus ita patratis, dux ipse Montem Corvinum Salerni proximum obsedit: Fulco itaque dominus castri illius, quia resistere non poterat, castellum illud ducis submisit potestati. Eodem tempore Richardus, filius Guarini de Formari, a villanis suis est trucidatus. Audiens autem dux prænominatus taliter Richardum illum trucidatum esse, congregato exercitu Montem Vicum festinavit, et inauditam de homicidis illis accepit ultionem, et castellum illud igne, ferroque consummavit; et duos presbyteros, qui ad mortem illius consenserant, laqueo suspendit. His, aliisque negotiis ita decursis, dux ille milites, quos a comite Rogerio acceperat, ei remisit; cumque, sicut prædiximus, Jordanus comes exhæredatus fuisset, consilio Ugonis Infantis, et Raonis de Boscone, et Raonis de Fraineta invento, Castellum Paludis comprehendit. Audiens autem dux prænominatus castellum illud captum fuisse, exercitu aggregato, castrum illud obsedit mensibus tribus. Tandem dux ille videns, quia sic cito capi non poterat, principem Jordanum Capuanorum rogavit, ut ei auxilium præberet, et pro auxilio offerendo castellum Apicis, et Acernum ei largitur. Continuo princeps ipse, congregato exercitu, super Apicis castrum advenit, et ex hac parte in planitie castrametatus est. Præterea dux ipse Beneventanis mandavit, ut neque sibi, neque comiti Jordano auxilium præstarent, et daret eis, et concederet totas fidantias et pensiones, quæ a castello Fenuculo, et usque ad castellum Montisfusculi exibant de hæreditatibus Beneventanorum; quod Beneventanis complacuit, et sic pactis firmatis juratum est ab utraque parte. Cumque comes ille Jordanus, taliter se coactum aspiciens, in manus prædicti principis se, et Castellum Paludis submisit: et ipse cum suis prædictis consociis, inde exeuntes, ad propria reversi sunt; comes vero Jordanus castrum Morconis ingressus est; et sic pace firmata princeps ipse Capuam revertens, temporibus multis castrum Apicis, et Acernum obtinuit. Deinde dux ille super castrum Morcone milites, et peditum catervas opposuit, cogitans et comitem et castellum illud suæ obtinere ditioni, quod facere minime potuit. Deinde dux præfatus Salernum adivit, et de multis, variisque sudoribus, quos perpessus fuerat, requiem adeptus est; sicque usque ad diem obitus sui, terra sui ducatus a bellorum turbinibus siluit et quievit. Et ipso anno, duodecimo die intrante mensis Augusti, copia piscium in Caloris flumine apparuit, ita quod mulieres, et viri manibus tantum, sine retibus, capiebant.

Anno 1123 Dominicæ Incarnationis, et quinto anno pontificatus domini Callisti secundi, summi pontificis et universalis papæ, mense Martio, primæ indictionis, supradictus Callistus pontifex consilio salutis accepto, ultramontanos omnes fere episcopos, et archiepiscopos, et abbates, et totius, ut ita dicam, Italiæ Ecclesiarum pastores accersiri præcepit, quatenus (30), sancta synodali confabulatione firmata, pactum cum imperatore Henrico positum perpetuo confirmaret. Ad cujus sacri conventus præsentiam Roffridus, Beneventanus antistes, honeste properavit. Ordinato itaque concilio tali et tanto, apostolicus ipse sacramenti privilegium, quod prædictus imperator constitueral pacis, in conspectu omnium qui convenerant adduci et legi præcepit. Continuo ab omnibus confirmatum est, et commendatum. Inter cætera vero quæ ibi statuta sunt, treugam Dei tenendam posuerunt. Item vinculis anathematis alligavit apostolicus ipse, si quis Beneventanam civitatem ex Beati Petri potestate auferre tentaret; et multa alia, quæ huic opusculo affigere longum visum nobis est: excogitans quidem me fastidia addere, si libello tali universa componerem. Alias vero scripta omnia, et notata invenietis. Audivimus autem, et quod revera est comperimus, tale tantumque pacis firmamentum infra Romanam urbem temporibus prædicti apostolici advenisse, quod nemo civium, vel alienigena arma, sicut consueverat, ferre ausus est; et, concilio celebrato, Beneventum venit prædictus apostolicus Callistus, et quædam negotia Beneventanorum tractavit.

Eodem anno Landulphus de Græca supranominatus, XII, Kalendas Decembris obiit, et ad Ecclesiam suam S. Maximi sepultus est. Cumque prædictus pontifex Callistus Beneventum venisset, vocari fecit præfatum Roffridum archiepiscopum, ut audiret quorumdam civium accusationes, quæ ei inferebantur. Accusatus enim fuerat, quod simoniace archiepiscopatus honorem accepisset. Tunc præsul ipse, vocatis quibusdam suffraganeis suis et presbyteris civitatis, sacrum ascendit palatium, et accusatoribus auditis, inducias postulavit, et acceptis induciis, respondit: « Paratus sum, Pater sanctissime, juxta canonica instituta ab his purgari accusationibus, et vestram, sequi jussionem. » Tandem juravit ipse primum (31), cum duobus episcopis, et tribus presbyteris, simoniace non fuisse ingressum.

Anno 1124 Dominicæ Incarnationis, et VI anno pontificatus domini Callisti papæ. Hoc anno præfatus Roffridus Beneventanus antistes, consilio accepto, corpus sanctissimi Patris nostri Barbati, Beneventani præsulis, ex altaris tumba, qua per multa annorum curricula quieverat, abstraxit: altare vero illud non honeste, prout decebat, habebatur; præcipue quia structura novi episcopii ad locum ipsius altaris producebatur: idcirco inde amoveri juxta-

(30) In præsentem etiam annum hanc Lateranensem synodum conjicit Robertus de Monte, et Chronicon Ciccanense; a qua sententia stat quoque Rigordus in Ludovico, ut expositum est supra. Sed Baronius eam statuit ad antecedentem. PEREGR.

(31) Canonica ea dicebatur purgatio, de qua Jureto ad Ivonem, aliisque observata, non repeto. PEREGR.

fabricæ sententiam oportebat. Archiepiscopus itaque prænominatus episcopos duos suos suffraganeos vocari præcepit, quatenus eorum consilio et auxilio, talis tantusque copiosus thesaurus inveniretur. Continuo quibusdam civibus advocatis, et clero, medio noctis silentio, archipræsul Roffridus Ecclesiam ingrediens ad altare superius nominatum adivit, et coram omnibus, episcoporum solatio, illud confregit; et altare fracto sanctorum reliquiæ, quorum nomina nesciuntur, inventæ sunt; quibus eductis, in altum fodi præcipitur, ut diu desideratum pignus præfati corporis videretur. Nec mora, lapis quidam pretiosus invenitur, ex omni parte acriter, miroque laboris opere conclusus, quem vectes ferrei sustentabant: et eo invento, lætitia eos invasit immensa, qui ad tollendum lapidem viribus omnibus conabantur; sed quia fortiter ob duritiem operis tenebatur lapis ille, assensu omnium, frustatim confringitur. Quo sublevato, divina gratia favente, beatissimi Barbati corpus inventum est. Præfatus itaque archiepiscopus, primus omnium locum ingreditur, et ossa, cineremque advolvens, gaudio magno, laudibusque sonantibus, ad medium propalavit. O quale gaudium, lector, aspiceres, et alacritatem, cum longe margaritas optatas temporibus nostris invenimus. Ossa autem collecta ad altare S. Sebastiani, clericis cantantibus hymnos, producuntur. Mane autem facto, tota civitas catervatim prorupit, et Deum omnium conditorem laudabant, qui eis tale tantumque B. corpus Barbati largiri dignatus est. De ossibus namque ipsius vidimus quædam, et osculati sumus. Quibus ita peractis, præcepit archiepiscopus ut primum presbyteri Portæ Summæ, et clerici simul cum laicis ad episcopium descenderent, et coram sacratissimo Barbati corpore vigilias celebrarent. Confestim ex jussu archipræsulis, sacerdotes conveniunt, et cereis lampadibusque accensis, simulque magno laicorum comitatu utriusque sexus et ætatis, jubilando descendimus; sicque unaquæque civitatis porta diebus singulis usque ad octavum diem peregit. Die itaque octavo adveniente, pridie Kalend. Junii, sub altari lapideo corpus B. Barbati præfatus archiepiscopus duobus secum episcopis adhibitis, locavit; et eo taliter locato, altare in honore B. Barbati dedicavit; ad cujus dedicationis solemnitatem turba multa civitatis convenit, quatenus delictis eorum Deus omnipotens indulgeret. Archiepiscopus itaque jam fatus loco eminentiori ascendens, ut videri et audiri ab omnibus posset, peccatorum partem, divina favente clementia, condonavit. Donavit item aliis omnibus, qui usque ad octavum diem festivitatis sanctorum apostolorum Petri et Pauli ad dedicationem illam devote concurrunt. De miraculis autem, quæ ob prædicti Patris nostri Barbati merita honoremque Jesus Christus, humani generis amator, nobis omnibus aspicientibus ostendere dignatus est, licet sermone inculto, Paternitati vestræ explicabo. Cum enim, sicut supra scriptum est, B. corpus venerabile in conspectu omnium ad altare S. Sebastiani per dies octo teneretur, vir quidam, Joannes Sutor vocabulo, episcopium ingreditur, et ante sanctissimi Barbati corpus terratenus lacrymis rigantibus prosternitur, qui continuo a clero, populoque astante, qua de causa defleret, interrogatur, et ille cuncta, quæ acciderant, a vestigio patefecit. « Dum ego noctis silentio in strato quiescerem, meo corpori somno debito soporatus, en adest ante oculos vir quidam canitie venerandus, vestimentis indutus dealbatis, qui vero paulatim accedens strato meo appropinquavit: *Et quare*, inquit, *cum cæteris ad vigilias canendas coram ossibus præterito die non advenisti meis?* Et ego: *Pater, quoniam dolore gravi, uti cernis, brachium meum cum dextera tenebatur; sex etenim mensium spatio miser ego tali languore perturbor;* addidique: *Dicito mihi, quo nomine, Pater, vocaris?* et ille: *Barbatus*, ait, *Beneventanæ quondam civitatis episcopus.* Subjunxit item: *Brachium et manum ipsam cito mihi ostendas.* Tandem ego, quia dolore torquebar, non citissime manum extendi; extensam tamen tetigit eam, et ita cursu rapido dolor ille dilabitur, ac si nunquam manum cum brachio dolor ipse tenuisset. Protinus mane facto surrexi, et sanitatem cito exortam mirabar. Adveni itaque gratias et laudes Creatori omnium Deo, et Barbato sanctissimo præsuli, cujus meritis evasi, redditurus. » His ita actis atque narratis, tintinnabula omnia episcopii pulsari jubentur, ut civitatis populus ad audiendum, videndumque tale tantumque miraculum convenirent. Prorupit continuo tota fere civitas, et medicorum omnium medicum gloriosiorem benedicendo laudavimus: manum illius cum brachio curatam scriptor ego palpavi: vicini namque illius testabantur, quod tempore longo eum infirmari cognovissent. Quo viso ad propria, lætitiæ referti, reversi sumus. Aliud quoque miraculum, quod Redemptor generis humani Christus Jesus diebus ipsis operatus est, ad præfati Patris nostri Barbati gloriam, enarrabo. Rusticus quidam de Castello Montisfusci habitator, tantique viri famam sanctitatis audiens, Beneventum venit, qui per longa annorum curricula nervis cruris pedisque arefactis claudicaverat; tenebatur quidem jugiter dolore terribili, et quasi pede ad clunes ligato miser ille omnibus horis cruciabatur. Continuo ante Basilicam Sancti Barbati prosternitur, Redemptorem omnium Deum efflagitans, quatenus ei pristinam restitueret sanitatem: et eo taliter orante, soporis gravitate arripitur, et ceu semivivus noctis unius spatio ibi moratus est. Noctis igitur ipsius silentio, en adest vir quidam ætate senili productus, canitie veneranda locupletatus, qui, sicut ex ejus lingua audivimus, eum taliter expergefactus est: *Surge*, ait, *festinus, et propera altare nomini meo consecratum exquirens, ibique favente* Salvatoris clementia, sanitatis gaudia longe *lateque optata consequeris?* Et ille: *Quis es*, inquit, *qui mihi tanti thesauri pondus promittis? Barbatus*, ait, *Beneventanæ civitatis episcopus.* Confestim claudus ille audaciam sumens loquendi : *Non possum*, ait, *infelix ego sic pergere ; videsne qualiter pede sicrato cruciatus hic ego permaneo? tuæ namque sanctitatis famam persentiens cursu rapido asello supersedens adveni, ut tuis intercessionibus salutis optatæ lætitiam adipiscar.* Nec mora; Pater ille Barbatus manum extendens, pedem aridum et tibiam tangit, inquiens; *Festina celeriter, et sanitate accepta, ante altare te prosternito!* His auditis, surrexit sanus qui fuerat claudus, et alta voce Deum laudat, per quem sibi dona salutis talia donantur, per quem sibi gaudia dantur. Et mane facto Ecclesiam ingreditur, Deo et Patri Barbato gratiarum actiones redditurus. Narrat itaque, qui claudus fuerat, e vestigio cuncta, quæ sibi acciderant, populo advenienti, et qualiter longo ex tempore claudicaverat nervis contractis. Fatebatur etiam præfatum episcopum Barbatum sibi apparuisse, et ejus interventu sanitatem accepisse desideratam, Fragor interea tanti miraculi civitatis partes, partiumque angulos invadit, et catervatim ad videndum hominem cives properaverunt. Quo viso, factorem omnium laudantes ad propria remeavimus. Diebus autem non multis elapsis, mulier quædam manus aridas, nervosque obductos ferens ad beneficia præsulis Barbati accucurrit, quæ coram altaris præsentia accubuit, et lacrymis manantibus Salvatoris misericordiam invocabat. Lacrymas autem ejus Omnipotens Dominus ex alto aspiciens, et confessoris sui Barbati gloriam ostendere volens, qualis quantique apud eum triumphi consistit, coram omnibus, qui convenerant, manus sic arefactas cœpit mulier illa ad cœlum erigere; deinde voce clara prorupit sanitatis auxilium in manibus, et nervis circumflexis sensisse, digitos revera curvatos aperuit, et compages digitorum omnium, gratia divina favente, solutæ sunt. Ad hæc populus fere totus festinat, et cœlorum regem, Patremque nostrum Barbatum benedicendo magnificavimus.

Hoc anno tanta fuit fertilitas vini, quod nobis, et multis aliis videntibus, centum saumæ pro triginta denariis vendebantur. Eodem anno supramemoratus papa Callistus, duodecimo die stante mensis Decembris, migravit ad Dominum ; post cujus obitum, cardinales omnes Ostiensem episcopum nomine Lambertum in pontificem Honorium elegerunt; qui vero Callistus annis quinque, et mensibus novem pontificatus cathedram gubernavit. Continuo Honorius ipse pontifex ordinatus, Petrum presbyterum, cardinalem rectorem apud Beneventum delegavit.

Anno 1125 Dominicæ Incarnationis et primo anno domini Honorii, mense Martio tertiæ indictionis : hoc anno, undecima nocte mensis Octobris adveniente, novum terribileque Beneventi advenit prodigium : et, ut audivimus, etiam per civitates alias, et oppida civitati Beneventanæ contigua. Nocte siquidem illa, nobis omnibus sopori debito incumbentibus, terræmotus subito factus est inauditus, ita quod universi nos exterriti mortem exspectabamus. Continuo civitatis populus expergefactus, lacrymis singultibusque exæstuans, ad episcopium festinavit, alii quidem civium ad monasterium Sanctæ Sophiæ, Deum precaturi Salvatorem omnium, festinavimus. Terræmotus vero sic terribiliter accidit, quod turres, palatia, et universa civitatis ædificia concussa tremebant; terra quoque, et saxa a tanti tremoris formidine in duas partes scissa sunt : muri quoque civitatis ruentes domos quorumdam terratenus prostraverunt. Regem vero testamur æternum, terram sub pedibus cerneres labefactari. Quid dicam? terræmotu tanto stupefacti, et præ timore insolito arescentes ad ima descendere cogitabamus : sicque usque ad solis ortum, locis sanctorum gemitibus, lacrymisque adhærentes, fletibus multis precabamur Dominum corporum, et animarum salubrem Medicum, ut pietatis viscera nobis indignis largiretur. Tertio, ut ferebant, et quarto terræmotum illum accidisse nocte illa affirmabant. Die vero insecuta, circa meridiem, en adest iterato terræmotus concutiens, quod, si, lector, adesses, oculata fide universa civitatis ædificia tremere et palpitare videres. Præfatus igitur pontifex Honorius, qui tunc apud sacrum palatium Beneventanum morabatur, tanti terræmotus concussionem nocte illa persentiens, Cameram egreditur, et S. Joannis basilicam properavit. Continuo terratenus prosternitur, et coram altari Salvatoris Dei misericordiam lacrymis irrigantibus invocavit. Mira res, et omnibus inaudita viventibus, quæ nusquam temporibus istis, et a quibus recordari potuerit, sic evidenter accidisset! Nocte siquidem semel terræmotus concussionem advenisse complures memoriæ ducimus et firmamus. Nunc vero die noctuque sæpissime ad quindecim usque dies terræmotus tempestas perduravit : ex cujus terræmotus formidine cives stupefacti ad episcopium, et ad Ecclesiam S. Leonis papæ cum litaniis, et magno lacrymarum singultu viri et mulieres, parvuli quoque clamantes ad Dominum festinarunt. Quin etiam præfatus pontifex Honorius, cardinalibus vocatis, nudis pedibus, magnas super hoc ad Deum lacrymas preces effudit.

Anno 1126 Dominicæ Incarnationis mense Martio IV indictionis, hoc anno imperator Henricus obiit.

Anno 1127 Dominicæ Incarnationis : hoc anno dux prænominatus Guillelmus, septimo Kalendas Augusti mortuus est. Continuo uxor ejus crines suos, quos pulchros et suaves nutrierat, coram omnibus, qui aderant totondit, et lacrymis manantibus, vocibusque ad astra levatis super ducis defuncti pectus projecit. Nec mora, totius civitatis Salernitanæ partes obitus ducis fama perculsit; et sic catervatim cursu præcipiti populus omnis ad palatium properavit, cupiens ducis illius defuncti cadaver aspicere (32), et

(32) Eodem ritu a cuncto clero et populo civitatis Trojæ, per turmas scilicet dispertito, ducem Raynulfum sepulturæ traditum narrat idem noster ad an. 1138. Nec diverso admodum modo Hugo Falcandus ait comploratum primi regis Guillelmi obitum. *Per totum*, inquit, *triduum mulieres, nobilesque matronæ*,

eo viso humilitatis ejus, et pietatis reminiscentes, crinibus genisque evulsis, Patrem eorum, et dominum mirabiliter invocabant. Confestim archiepiscopus civitatis, clero accito ad deferendum corpus adivit, et eo in feretro gloriose imposito, quatuor ejus, quos dilexerat, equos, ante feretrum usque ad episcopium Sancti Matthæi duxerunt, similiter quatuor aurea vexilla coram eo imposuerunt. Lector itaque si adesses, utriusque sexus populum deflentem aspiceres, et miratus affirmares ducem aliquem, vel imperatorem tali sub mœstitia nunquam sepultum fuisse. Exsequiis igitur ex more celebratis, in tumba pretiose parata ducem illum sepelierunt. Cumque ducis illius mortem fama per totius Apuliæ partes ventilaret, comes prænominatus Jordanus, quia a duce illo exhæredatus fuerat, auxilio militum arrepto, Montemfuscum ascendit, die videlicet sepulturæ præfati ducis, et quia ibi complures amicos habuerat, comes ille Montemfuscum obtinuit. Deinde totius sui comitatus comprehendit civitates, et oppida, et sic in integrum lucratur quod perdiderat. Diebus præterea quindecim evolutis, Robertus filius Richardi comitem præfatum precatur, ut in ejus subveniret auxilio, quatenus civitatem Florentinam capere potuisset. Comes itaque Jordanus, ut erat ardentis animi, absque mora militibus sumptis, festinavit. A Continuo tubis sonantibus, civitas illa ex omni parte aggreditur, et comes ille ad portam quamdam insiliens ingredi satagebat; custodes autem turris tantam aspicientes audaciam cœperunt lapidibus gladiisque obsistere. Tandem, divino judicio superveniente, comes ille sub lapidum densitate oppressus vitam, et totius sui comitatus amplitudinem, quam acquisierat morte infelici amisit. Cumque Rogerius comes Siculorum, mortem ducis Guillelmi agnovit, navigiis septem paratis (in armis siquidem, et omnibus necessariis, Salernum advenit) et diebus ibi decem commoratus est, nolens revera de navi descendere, sed nocte, dieque in navigio persistens, cives vocari fecit Salernitanos, et archiepiscopum eorum Romualdum, et eis juxta littus B omnibus convenientibus taliter comes ille Rogerius exorsus est: « Domini et fratres, sicut vestra novit sagacitas, Robertus Guiscardus dux olim bonæ memoriæ patruus meus, civitatem hanc, quam modo vestra tenet prudentia, in vigore animi et prudentia multa expugnans acquisivit; deinde post discessum Rogerius dux ejus filius, consobrinus noster, pacifice tenuit cum vestra prosperitate; inde dux Guillelmus hæres ejus, et filius usque in præsentiarum viriliter dominatus est. Nunc vero judicio Dei adveniente dux ipse Guillelmus sine filio mortuus est. Ego ita-

maxime Saracenæ, quibus ex morte regis dolor non fictus obvenerat, saccis opertæ, passis crinibus, et die noctuque turmatim incedentes, ancillarum præeunte multitudine, totam civitatem ululatu complebant, ad pulsata tympana cantu flebili respondentes. Sic etiam de Boni Neapolis ducis morte, ut legitur in ejus tumulo, Neapolitani *turmatim* condoluerunt. Nec tantum in luctu ejusmodi mos servabatur, sed etiam in publica lætitia. Idem Falco ad an. 1139: *Audiens,* inquit, *populus Romanus domini papæ Innocentii adventum, catervatim obviam exivit, et illum gaudio magno, et honore suscepit.* Quin non alio ordine ad sacras tunc procedebant, conveniebantque præcipuas solemnitates, easque celebrabant. Anastasium Biblioth. sic capio in Leone III dicentem, quod Romæ, qua die idem pontifex a Romanis clericis lingua, et oculis fuit privatus, indictis majoribus Lætaniis, *omnes tam viri, quam feminæ devota mente catervatim in Ecclesia B. Christi martyris Laurentii, quæ Lucinæ nuncupatur, ubi et collecta prædicta inerat, occurrerant.* Nec nisi catervatim etiam recedebant: idque est S. Paulino Nolano in Natali 7; *solvere cœtus a templo.* Catervas autem tales regionatim collectas disco ex Gisleberto in Vita S. Romani, lib. II, cap. 15, apud Biblioth. Floriac., ubi de pueri cujusdam matre, surdi et claudi, quæ viderat per somnium, se ad sanctorum Ecclesias filium detulisse, sanitatemque ei expostulasse. *Quibus ita visis,* inquit, *superveniente diei splendore, audivit referri a commanentibus, quod ad S. Romanum ire, ac peculiare deberent orationum celebrare sacrificium. Quem laborem tota cum illis suscipiens industria, eorum juncta agmini, unicum detulit pignus ad limina præfati protectoris.* Sed adverte peculiare illud fuisse sacrificium, et laboriosum; nam solebant singularum regionum incolæ in singulos cœtus adunati, una cum ecclesiasticis viris suæ regionis, quibus præcipua cura erat processionem ducere, habereque tum ad sui nominis, tum ad suarum ecclesiarum decus quam ornatissimam, statutis diebus, si festum in plures dies producebatur, ad sacras vigilias celebrandas procedere: sacra cantica canentes, cereosque, et lampades accensas, et vexilla simul gestantes, et pegmata majoris, minorisve molis vario artificio elaborata, in templo ejus divi, cujus festum agebatur, aliquandiu ad devoti cultus argumentum C asservanda. Cujus sacri ritus luculentum præfert exemplum noster Falco ad an. 1119, exiguumque nunc etiam a Campanis servatur vestigium in festo Inventionis S. Stephani protomart., qui machinulas a sacerdotibus delinitarum Ecclesiarum ad cathedralem ecclesiam delatas, appellant *fajos*: detorto vocabulo ab antiquo Langobardico, *faræ*, quod apud Leges Langobard., lib. III, tit. 12, et Paulum Diac., lib. II, cap. 7, sive 9, sonat idem, ac *generationes*, vel, *prosapiæ*. Nam ipsi utique singuli *faji* insignia quædam esse videbantur singularum regionum, quæ urbani populi convenientis ad eam synaxim stirpes complectebantur. Istamque nominis originem sequi penitus placet: vero, quamvis etiam simile videri posset, dictos esse *phajos*, quasi *phalas*: priscis sic appellatas *turres*, teste Servio ad Æneid., lib. IX, et Isidoro Etym., lib. XVIII, cap. 7, quibus ii forma maxime accedunt. At a *fajis*, hoc est ab ejusce nominis arborum, sive aliarum arborum virentibus D ramis, quos celebri etiam in solemnitate Translationis S. Matthæi apost. regionatim Salernitanus populus, ac diœcesani oppidatim ad cathedralem ecclesiam convenientes lætitiæ, et honoris causa antiquitus importabant, sicut ex ejusdem Ecclesiæ vetusto libro Rituali ejusmodi imagunculis belle depicto cognovi, minime nostros structiles dictos credam *fajos*. Multoque minus, quod tanquam, *phari*, annexis ardentibus cannellis, lucernisve in noctu, dum procedebatur, prælucerent; nam accensæ quidem faculæ in ejusmodi processionibus, ut est dictum, præferebantur, tuncque ad vigilias faciendas, celebrandasque procedi, prisco sane verbo dicebatur; sed minime nocturnum illud constat tunc fuisse sacrum: Gislebertus, inquit, verbis supra relatis; *superveniente diei splendore, audivit* mulier *referri a commanentibus, quod ad S. Romanum ire deberent,* etc. PEREGR.

que, qui ex ejus progenie productus sum, si vestræ placuerit nobilitati, vestram imploro civilitatem, quatenus consilium habeatis, et me præter quemlibet alium diligentes, dominium nostrum, et amoris vinculum consequamini. Nam, Domino auxiliante, et vita comite, ad melioris status vigorem pervenietis, et divitias, quas sub tempore pristino habuistis. » Quid multa? Cives illi, consilio communicato, civitatem Salerni ejus sub fidelitate commiserunt. Sacramentis civium omnium diligenter firmatis pollicentes suam nusquam deserere dilectionem. Juravit statim comes ille Rogerius, quod sine judicio, et sine culpa eos non capiat, neque capi permittat, neque extra dies duos in expeditione illos perducat, et castellum Turris majoris de illorum potestate non auferat, et si quis abstulerit ejus auxilio sub eorum potestate restituat. Et his actis civitatem ingreditur, et ibi honeste commoratur. Audiens autem Beneventanus populus comitem illum Salernitanam habuisse civitatem, quosdam civitatis sapientes ei miserunt, dilectionis vinculum, et obsequia pollicendo. At comes ille gratis, et retributionis munera remisit Beneventanis, vita comite, redd56turum. His et aliis ita decursis, universum ducatum Amalphitanorum circumquaque comes ille suæ subjugavit potestati; et inde procedens Trojanam civitatem, et Melphitanam, et totius fere Apuliæ partes obtinuit. Landulphum quoque de Montemarano, et Landulphum de Sancto Barbato, et Raonem de Fraineta, et Ugonem infantem, cum omnibus eorum pertinentiis ad suam redegit ditionem. Quibus peractis victor, et exsultans Siciliam repedavit. Continuo consilio habito, ad ducatus arripiendum honorem animum impulit elatum, et præcepit omnibus in terra sua manentibus, ut ducem Rogerium eum vocitarent, quod et factum est. Misit præterea domino papæ Honorio munera multa auri et argenti, pollicitando insuper etiam civitatem Trojanam, et Montemfuscum, ut ducatus ei vexillum et nomen largiretur; quod nunquam tempore illo prædictus papa Honorius ei concedere dignatus est. Unde discordia multa, et sanguinis effusio orta est. Qualiter autem sibi prædictus pontifex Honorius, et quando ducatum concessit, in subsequentibus, vita comite, describam. Audiens autem prædictus Rogerius Siculorum comes, præfatum pontificem Honorium petitionibus suis circumflecti non posse, præfato Raoni de Fraineta, et Ugoni infanti, omnibusque circa Beneventanam civitatem fautoribus suis præcepit, quatenus quot possent captivos, perducerent Beneventanorum, et afflictionibus multis civitatem infestarent. Qui vere magis quam fuerat eis injunctum exsecuti sunt; præcipue Rao de Fraineta, qui valde civitatem ex antiquo oderat. Guillelmus igitur, qui tunc Beneventanorum præerat rector, ferociam, et infestationem præfati persentiens Raonis de Fraineta, consilio habito, die quidem festivitatis S. Martini totius civitatis partes submovit, ut armis acceptis super Raonem illum festinaret, qui libentissime perrexerunt, ut ultionem acciperent de acceptis. At prædictus Rao quinquaginta fere milites et pedites multos secum occultaverat. Unde ex improviso insiliens multos Beneventanorum in fugam conversos comprehendit, et eos turpiter in flumine Sabbati, et extra invenit. Sicque ad castrum Ceppaluni secum perduxit captivos, et eis taliter alligatis bona illorum argenti, et auri pro redemptione accepit. His taliter omnibus superius narratis evolutis, prædictus pontifex Honorius nihil utilitatis, et virtutis erga civitatem Beneventanam agere deprehendens, consilio salutis accepto III Kalend. Januarias Capuanam civitatem adivit. Continuo prædictus Robertus princeps officiosissime illum excipiens ad palatium episcopii Capuani gaudio magno eum castrametari præcepit (33). Nec mora: præfatus pontifex Honorius archiepiscopos et abbates accersiri præcepit, quatenus ad principis unctionem convenirent, qui euntes die statuto exsultatione ingenti ad Capuanam ecclesiam convenere. Archiepiscopus itaque Capuanus juxta prædecessorum suorum privilegium, præsente tanto ac tali pontifice Honorio cum turba virorum religiosorum, quæ convenerat, et episcoporum conventu, prædictum Robertum in principatus honorem inunxit et confirmavit. O quantus exsultationis et gaudii adfuit affectus cœlorum regem testamur viventem, neminem principum vetustorum tali jubilatione et jucunditate nobilitatum fuisse. Audivimus profecto sicut ex eorum, qui interfuere, comperimus testimonio, quinque millia virorum ad tanti principis unctionem convenisse. Pontifex au-

(33) Nec de discrimine, in quo Beneventana civitas tunc erat, nec de adventu papæ Honorii ad eam, aliisque ejus gestis in hoc an. 1127, quæ tamen oratio a præfato pontifice in conventu Capuæ habita, inferius descripta, utcunque exponit; nec de principe Roberto, est in antecedentibus quidquam dictum. Deficere nunc itaque ea in Falcone, nemo erit, qui non fateatur. Sed ipse, ex industria fortasse, quamvis sane rudi, Honorium cum faciat ea quæ perpessus fuerat, in concione enarrantem, reliqua de principe Roberto ex Petro Diac. lib. IV, cap. 96, et ex Anonymo Cassin. a me castigato sunt petenda: scilicet eodem anno 1127, quo e vivis decesserat dux Apuliæ Guilielmus, in fata etiam concessisse Capuæ principem Jordanum II (hujus obitus in antiquis Emortualibus notatur XIV Kal. Januarii) eique in principatu successisse præfatum Robertum ejus filium, hujus nominis secundum; quod utique Falco pluribus exposuerat; sicuti ejusdem etiam descripsit inaugurationem, enarrans quo pacto *Archiepiscopus Capuanus* (erat tunc Otho) *juxta prædecessorum suorum privilegium*, ac juxta antiquum principum Langobardorum ritum, *præsente tanto, ac tali pontifice Honorio cum turba virorum religiosorum, quæ convenerat, et episcoporum conventu* (episcopos, non *archiepiscopos* cum abbatibus ad eam solemnitatem a papa accersitos in Falcone legendum est; ni mavis utrosque: nam sublimationi principis Richardi III, actæ in an. 1120, eidemque auctori descriptæ, adfuit etiam Roffridus electus archiepiscopus Beneventi) *prædictum Robertum in principatus honorem inunxit* (oleo scilicet sancto perfudit) *et confirmavit*: mense nimirum Januarii, ineunte communi anno 1128, qui Falconi usque ad sequentem Mar-

tem Honorius tantam episcoporum, et proborum virorum multitudinem aspiciens, principe illo sacrato, eminentiori ascendens loco, taliter exorsus est: « Domini et charissimi fratres, sicut vestra cognovit charitas, diu est, quo Romanam sedem relinquens, apud civitatem Beneventanam, quæ specialis Romanæ attinet sedi, pacificus venerim, et omnibus abjectis tempestatibus, circa convicaneos nostros hospitatus sum. Biduo autem post nostri adventus præsentiam Rogerius comes, B. Petri adversarius circa civitatem Beneventanam milites fere quadringentos ob civitatis ruinam, et nostri dedecus inauditum induxit, qui vere horis omnibus civium bona deprædati sunt, et eorum possessiones assidue incisioni posuerunt. Nos autem universas illorum sustinentes afflictiones, ut ab illorum desisterent pertinacia, excogitavimus: insuper etiam prædictus comes Rogerius cum Ugone infante, et Raone de Ceppaluni pro civitatis detrimento gravissime confœderatus est, existimans nos timori ejus succumbere, et nefandis ejus petitionibus operam dare. Ugo itaque et Rao conjuratione tali alligata, quotidie confinia civitatis igne ferroque consumere cœperunt. Nos autem omnia, quæ ingerebantur, aspicientes, solam Dei Omnipotentis misericordiam præstolantes, cœlestis Regis auxilium et beati Petri invocabamus. Deinde ne civitas prorsus turbaretur Beneventana, talibus commota afflictionibus, militum amicorum depoposci juvamen; sicque, prout potuimus, obsistere cœpimus eorum pertinaciæ. Cumque pro quibusdam imminentibus negotiis civitatem Trojanam adissemus, præfatus Rao de Ceppaluni Beneventanos cives, qui ob vindicandas, quas passi fuerant, contumelias, die festivitatis B. Martini circa ejusdem Raonis confinia exierant; ira divina et furore cœlitus adveniente, ducentos fere captivos tenuit, et in ima carceris, denudatis corporibus, alligavit. Deinde quosdam captivorum civium Ugoni infanti viro nefandæ memoriæ, et tyranno horribili, ut cruciatibus et suppliciis afficerentur donavit. Qui Ugo dentibus eorum radicitus evulsis, et membratim dilaceratis, pretio eorum accepto, distraxit. Eos vero quos Rao ipse detinuit, periculo famis, et frigoris jugiter affligere non desistit. Quid multa? universa, quæ excogitari possunt, convicia Beneventanis captioni positis inferuntur. Præterea die noctuque minantur, ut comitem illum Rogerium anathemati deditum super civitatem inducant Beneventanam, et de B. Petri virtute eductam, suæ obtineant ditioni, et potestati. Insuper vobis omnibus, qui civitatum dominia, et castrorum vigores tenetis, terroribus multis, variisque tempestatibus minitatur, quatenus unicuique vestrum munitiones, et in quibus confiditis arces auferat, et secundum ejus velle vitam vestram disponat, et prout vult et quomodo vult, de civibus peregrinos faciat, et de viris locupletatis pauperes statuat, et egenos. Nos itaque mentis suæ iniquitatem, et excogitationes quibusdam signorum conjecturis, per eos, qui hactenus perpessi sunt, cognoscentes, longe lateque vitavimus, et pollicitationes suas tanquam virus mortiferum fugientes, nullo modo paruimus, neque, ut ita dicam, auribus percipere dignati sumus. Auri quippe et divitiarum o quantas pollicitus est cumulationes, duntaxat, si ei ducatus honorem largiri vellemus, divitiarum sane illarum multimodas evitans promissiones, tum pro Romanæ sedis honestate, quam conservare certavi, tum pro vestri exsilii, quod horis omnibus terrore expavi, Deum omnium factorem sæculorum, qui renes scrutatur, et corda, dejeci et dedignatus sum. Pro vestra, credatis, confusione, et expulsione divitias tantas promiserat; excogitans ad ejus libitum me usquequaque devolvere, et consensum vestræ largiri exsulationi. Ego vero dilectionis vestræ vinculum amplexatus, mori prius vobiscum elegerim, quam ejus pollicitationibus nefandis adhærere. Vitam igitur, mortisque asperitatem, charissimi confratres, et filii in vestra tenetis electione, et voluntate, dummodo pugnare velitis, et vigorem honestatis tueri ad invicem exæstuatis: prudentiam vestram certissimam expertus sum, nihilque restat, nisi ut omni desidia abjecta, et cordis torpore deposito, Romanæ sedis dignitatem, quæ pro vobis omnibus assidue intervenit, defendatis, et vobisipsis, quem tenetis vigorem, et filiis vestris conservare conemini. Subvenite itaque, viri fortissimi et bellatores perspicui, et dum tempus prosperitatis succedit, viribus cunctis justitiæ, quam amplectimur, severitatem ad ardua sublevemus. Deus enim, qui justitiæ via est, et lux veritatis, et B. Petri apostoli interventio nos quotidie liberabit, et auxilium a sancto ejus solio pietate assueta largietur. » Hæc et multa his similia pontifice Honorio lacrymis irrigantibus prædicante, vox militum populique omnis, qui

tium est 1127. Porro quia Campanus archiepiscopus præfato privilegio non antea donatus censendus est, quam Principatus Capuæ dignitas ab Othone I, imperiali auctoritate fuisset confirmata, præsidente tunc in ea urbe Pandulfo, cognomine Caput ferreo, de quo pauca libavi lib. I, plura dicturus lib. II Hist. Langobard. ea plane prærogativa nec ab alio, quam a Joanne XIII, qui Campanam Ecclesiam per eadem tempora, et in an. 968 in archiepiscopatum erexit, videtur auctus. Hanc autem nostræ ecclesiæ metropoliticam dignitatem ætate minorem facere cum nequeant, qui eam suæ ecclesiæ pari decore aliquanto recentius præditæ anteferri dolent, mira res est, ad quot in dies nova se vertant argumenta, sed et diminuta etiam (non credam fraude) tanquam e sinu, proferant prisca monumenta, et auctores; quorum fallaciam nunc non detegam, nam ipsi sunt sibi invicem sui indices erroris. At nobis cur hanc invident nostræ senectutis prærogativam, quæ recens est præ antiquissima illa ab usque Ecclesiæ Christianæ primordiis enata Campanæ sedis dignitate? Sane qui initio præsentis sæculi de regionibus Suburbicariis peracute, summaque cum eruditione disputarunt, ultro Campanam Ecclesiam, non aliam, in omni Campania per ea tempora archiepiscopali munere exornatam consenserunt, ac velut rem exploratissimam constanter asserere, de cætero discordes, non dubitarunt. Orationem autem a papa Honorio in Campano conventu habitam, et a Falcone descriptam, in multis leges apud Baronium meliorem. PERTGE.

convenerat, efficitur, et una concordia clamavere se, suaque omnia pro B. Petri fidelitate, et sua tradituros. Novissime Robertus noviter princeps statutus coram omnibus taliter pollicetur: « En, Pater venerabilis, et personam, quam aspicis, et totius principatus mei, quem tradidisti, virtutem tuæ committo ditioni, et ad tuum imperium omnia subjacebunt. » Idipsum Rainulphus comes, et multi alii proceres et episcopi, qui convenerant, pollicentur. O quales, lector, promissiones, si adesses, aspiceres, et quæ ex eorum promissis oriebantur lacrymationes, quas si universas enarrare voluissem, fastidium auditoribus oriretur! Audiens autem apostolicus Honorius multitudinem illam ad ejus exorationes consentaneam dedisse concordiam, Salvatori omnium Deo, et beatis apostolis Petro et Paulo gratias egit, qui in se sperantibus subvenit, et quotidianum præbet auxilium. Continuo ex auctoritate divina, et beatæ Mariæ Virginis, et sanctorum Apostolorum meritis talem eis impendit retributionem; eorum videlicet, qui delictorum suorum pœnitentiam sumpserint, si in expeditione illa morientur, peccata universa remisit; illorum autem, qui ibi mortui non fuerint, et confessi sunt, medietatem donavit. Audiens itaque præfatus princeps, et comes Rainulphus tanti beneficii gratiam ab Honorio pontifice prolatam, alacritate ingenti locupletati, cum universis, qui convenerant ad eorum propria secesserunt. Nec mora: totius sui principatus orbem, et comitatus, præconibus tonantibus, feriunt, ut unusquisque ad pontificis paretur solatium. Populus autem universus eorum imperio consensit. Accesserunt interea prædictus princeps, et comes Rainulphus ad pontificis præsentiam, et ei salutis consilium inventum intimavere, prius videlicet Ugonem infantem a comite illo conveniri oporteret, quoniam quidem datis inter se, et acceptis securitatibus alligati videbantur. Apostolicus autem dictis illorum et assensum præbuit, et eorum fidem commendavit. Confestim quosdam suorum procerum comes ille accipiens ad Ugonem conveniendum, ut justitiam ei sequatur, delegavit, addens in mandatis, ut obsides, et fidejussores acciperet, quatenus securitate omni adhibita, curiam comitis ad justitiam faciendam veniret. Quid multa? neque obsides voluit, nec curiam comitis adivit. Comes igitur protinus omnia pontifici Honorio patefecit, deinde præfatus princeps et comes, sicut polliciti sunt, militum copiosam manum et peditum innumeram multitudinem arripiens super castellum ipsius Ugonis infantis, nomine Lapillosa commeavit. Audiens Guillelmus tunc rector Beneventanus castellum illud sic obsessum fuisse, civitatis totius partes voce præconis intonuit, quatenus armis eductis ad expeditionem illam properarent. Populus itaque paratus ad necessaria expeditionis citissime festinavit. Triduo autem post præfatus rector sumptis secum fere duobus millibus hominum super castellum illud tetendit. Cumque sic acriter castrum illud obsessum fuisset, silva, quæ ob ipsius castri tuitionem longo ex tempore surrexerat, celeriter incisa, et in ignem est conversa. Deinde Beneventanus populus unanimiter aggregatus castri illius aggreditur munitionem, et eo aggresso, viriliter expugnatum est: capi quidem, et comburi potuisset, dummodo comitis Rainulphi auxilium subveniret; sed quia comes ille, prout poterat, auxiliari noluit, Beneventanus populus ad sua castra fatigatus revertitur. Altera autem die adveniente Beneventanus aspiciens populus comitis auxilium et principis non ita viriliter adesse, prout polliciti sunt apostolico, pavore tædioque correpti super talibus dilationibus mirabantur. Mane autem facto prædictus princeps tentorium suum, et apparatum ejus amoveri præcepit. Deinde comes Rainulphus pro tempore nivali et periculoso instanti, manere excusabat in tanta expeditione, sicque una cum principe discessit. Rector igitur illorum deprehendens excusationes, ut populus omnis ad civitatem reverteretur, præcepit. Nec mora, jussa sumentes, cursu rapido repedaverunt; obsidio autem illa IV Kal n'. Februarii facta est. Præfatus itaque pontifex, qui apud Montemsarculum morabatur, castrum illud sic dimissum fuisse deprehendens, et pollicitationes principis, et comitis non circa eum prospere commorari dolore inaudito turbatus, ultra quam credi potest condoluit infremendo. Continuo iter arripiens Romanos fines adivit. Princeps itaque, et comes dolosas suas machinationes circa pontificem excusabant Honorium. Apostolicus autem universa quæ facta fuerant, et audita, cordis secreto conservans, torvo, ut ita dicam, lumine eos aspectans, sicut mente conceperat, festinavit. Quibus ita peractis, Gualterio Tarentino præcepit archiepiscopo, ut Beneventum veniens civitatis negotia studiose curaret, et ejus consilio civitatem tueretur. Insuper etiam rectori præfato mandavit, ut solidos de regalibus acceptos archiepiscopo illi committeret, de quibus milites civitatis armarentur, et auxilium secundum vires præberetur. Rector itaque solidos illos militibus largiri distulit, dum usque litteris propriis mandatum accepisset, et imperio accepto equitibus solidos illos largitus est.

Anno 1128 Dominicæ Incarnationis, et IV anno pontificatus domini Honorii papæ, mense Martio VI indictionis; hoc anno papa Honorius venit Beneventum cum ducentis militibus Romanorum, et invenit Robertum principem Capuanum, et comitem Rainulphum cum exercitu magno, et civium Beneventanorum multitudine super castellum turris palatii, et illud valde expugnantes, et obsidentes, quod castellum erat Ugonis infantis. Ugo enim ipse contra prædictum principem, et comitem Rainulphum instabat, et castro illo sic obsesso, et mirabiliter expugnato, dominus, qui illud observabat, quia illud defendere non valebat, in potestate principis et comitis tradidit. Quibus ita peractis, prædictus apostolicus Honorius audiens comitem Rogerium Siculorum contra ejus voluntatem quotidie insistere et Apuliæ partes detinere, Robertum principem nomine et comitem submovit, ut, exercitu congregato, super comitem illum Rogerium festinent: quid multa? simul cum principe et comite illo Apuliam descendit prædictus apostolicus, et Grimoaldum Barensem et Tancredum vocari præcepit, ut omnes unanimiter adversus comitem Siculorum insistant, quod et factum est. Comes itaque Rogerius sentiens apostolicum cum exercitu valido militum et peditum, et baronibus illis adversus se venientem, in montana secessit, devitans apostolici virtutem, ne aliquo modo aliquid ei sinistrum contingeret, et sic per quadraginta dies apostolicus ille ardenti sole mensis Julii fatigatus comitem illum obsedit. Interea prædictus princeps, quia delicati corporis erat et laborem sustinere non poterat, cœpit a fidelitate apostolici declinare, excogitans qualiter castra ejus dimitteret, et ad propria repedaret, et tentoria sua amoveri fecit, et iter arripere conabatur. Apostolicus itaque principis fraudem, et aliorum baronum deprehendens, pactis intervenientibus, ducatum prædicto comiti Rogerio per cancellarium Americum, et cencium Frajapanem se daturum promisit, et ut comes ille circa Beneventum veniret, ibique ducatus honorem ei firmaret. Et his actis, Beneventum apostolicus ille revertitur, et comes ille, exercitu suo aggregato, Beneventum venit, et in monte Sancti Felicis castrametatus est. Inde, pactis inter se compositis et promissionibus adimplendis, prædictus apostolicus in octavo die Assumptionis sanctæ Mariæ ducatus honorem comiti illi in conspectu fere viginti millium hominum largitus est, ad Pontem scilicet Majorem juxta fluminis ripam post solis occasum, multis enim negotiis intervenientibus, dies ille totus disputando inter se consumptus est. Et quia comes ille civitatem Beneventi introire dubitabat, ideo prædictus apostolicus foris, ut dictum est, ad prædictum Pontem exivit, et ducatus ei tribuit honorem et ducatu accepto, dux ille sacramento juravit non esse in facto vel consensu, ut B. Petrus et dominus papa Honorius, ejusque successores Catholici civitatem Beneventanam perdant, et principatum Capuanum non capiat vel permittat ad capiendum. Et his omnibus actis Salernum revertitur, et Siciliam repedavit. Diebus autem non multis elapsis prædictus pontifex Honorius consilio accepto Romam reversus est. Sed priusquam urbem Romam ingrederetur, pars quædam Beneventanorum secundo die stante mensis Septembris, Guillelmum tunc Bene-

A ventanum rectorem in sacro palatio Beneventano gladiis eductis occidit. Videlicet miser ille rector furorem partis illius fugere tentans post altare S. Joannis de Capella palatii fugit, et ibi se occultans infra pedes Joannis presbyteri, qui ibi missam tunc celebrabat, se abscondit, sed evadere non potuit. Ibi vero cultris percussus est, et foris eductus de palatio illo projicitur, et pedibus ejus funem ligaverunt, sicque per civitatis plateam usque ad Carnariam Sancti Laurentii, heu miser! lapidibus obrutus productus est (34). Et eo defuncto, populus civitatis furore arreptus, domum Potonis Spitamete, et Joannis, et Guisilitii judicum, et Transonis, et Laurentii, et Lodoici medici destruxerunt. Ipsi vero, et Dauferius judex, populi caventes superbiam ad Montem-

B fuscum fugiunt. Continuo communitate intra se ordinata, populus fere totus juravit, ut extunc, et septem annis completis, et quadraginta diebus non esset habitator civitatis prædictus Poto Spitameta cum aliis supradictis, qui civitatem exierunt.

Eodem anno Joannes abbas Sanctæ Sophiæ octavo die stante mensis Novembris mortuus est, et Franco, qui tunc erat mansionarius electus est. Audiens autem prædictus pontifex mortem rectoris illius sic contigisse, dolore turbatus valde, civitati Beneventanæ minatur ultionem pro tali facinore insectari. Continuo concilio accepto miserunt ad prædictum pontificem legatos, qui dicerent mortem rectoris per stultos et viros iniquos advenisse, rogantes ut rec-

C torem idoneum mitteret, et pacem donaret Beneventanis. Pontifex autem consilio accepto dominum Girardum cardinalem rectorem nobis mandavit.

Anno 1129 Dominicæ Incarnationis. Hoc anno prædictus papa Honorius Beneventum venit, et mense Augusto prædictum Franconem abbatem monasterii Sanctæ Sophiæ consecravit, et precatur Beneventanos, qui communitatem fecerant, ut prædictum Potonem Spitametam cum jam dictis civibus, quos de civitate ejecerant, in civitatem revocarent Beneventum, quod obtinere non potuit. Unde apostolicus valde iratus de Benevento exivit, et ad vicum quemdam, qui dicitur Leocabante, secessit et rogavit prædictum ducem Rogerium, qui ibi mora-

D batur, ut in mense Maio venturo cum exercitu veniret, et de civibus Beneventanis ultionem acciperet, quod dux ille sacramento juravit taliter facturum. Inde apostolicus ille ad castrum Ceppaluni adivit, et civitatem prædari fecit, et sic valde iratus Romam repedavit. Et hoc anno corpora sanctorum Januarii,

(34) *Per plateam Beneventi*, inquit, non *per plateas:* quæ tunc quoque et sacro Beneventano palatio, in summa urbis, re et nomine regione sito, ducebat recto, nec minori itinere, quam omnis ejusdem urbis extenderetur, nuncque extendatur longitudo, ad Portam Sancti Laurentii, in regione positam inferiori. Apud quam exterius de more erat *carnaria*, fuitque etiam ad Salernitanæ urbis Portam Novam, et ad Capuæ Portam pariter Novam sive Castelli olim, nunc dictam Portam Neapolis: hoc est locus sub dio, muris septus ad quem suspendii morte, unde ei fortasse nomen nam Latine est *carnarium* cella, ubi caro salsa suspenditur; alterove supplicii genere perempti, sed et vilissima capita semihumanda comportabantur: Italice tunc dictus, *carnaro* et *carnajo*, quem Florentina academia in suo Dictionario, in verbo *carname* valere ait, *sepoltura comune di Spedali, o di simili luoghi*. Si itaque dicas, ad ecclesiam Sancti Laurentii, sitam etiamnum extra præfatam Beneventanæ urbis Portam cognominem, ubi vetustissimorum etiam operum rudera apparent, et ad ejus Nosocomion, quod inibi fuerit, spectasse id genus sepulturæ atque Carnariam non repugnabo. PEREGR.

Festi et Desiderii Roffridus tunc archipræsul foras produxit de altari, in quo antiquo tempore jacuerant, et revera non honeste, sicut decebat loco illo manebant. Unde in basilicam, quam Gualterius Tarentinus archiepiscopus, pro sanctorum illorum dilectione construi fecerat, magno cum honore et lætitia, prædictorum sanctorum ossa collocata sunt, nobis videntibus et de illorum ossibus osculantibus.

Eodem anno dominus papa Honorius medio mense Februario viam universæ carnis ingressus est ad Dominum; et dominus Innocentius electus est, post quem Innocentium die ipso ad horam tertiam Petrus Portuensis episcopus Petrum filium Petri Leonis elegit pro Anacleto. Deinde Innocentii illius electionem damnantes, Anacleti pontificis electionem confirmabant: cumque Leo Frangenspanem, qui partem Innocentii sequebatur, electionem Anacleti audivisset, cœpit Romanos cives fideles suos, et amicos exhortari, ut ejus faverent auxilio. Inde Leo germanus præfati Anacleti, ærario aperto, totum fere populum Romanum rogavit, ut juxta vires fratris electionem tueretur, quod et factum est. Sicque ab utraque parte graviter civile bellum sævissimum inceptum est.

Anno Dominicæ Incarnationis 1130, mense Martio VIII indictionis. Cum prædictus Anacletus electus fuisset, Beneventanis mandavit, qualiter ipse electus fuisset, et ut Beneventani sibi facerent fidelitatem.

A Præfatus igitur Innocentius consecratus pontifex videns populi Romani divisiones et civilia bella quotidie oriri, consilio habito, ultra montes perrexit ad regem quidem Francorum, et ad alios Romanæ sedis fideles, qui honeste et diligenti cura ab eis susceptus est. Continuo apud Rhemensem civitatem synodum celebravit; ad cujus conventus præsentiam archiepiscopi et episcopi fere centum (sicut accepimus) et quinquaginta, convenere. Ibi Anacletum illum, et ejus fautores vinculis excommunicationis alligavit.

Eodem anno prædictus Roffridus Beneventanus archiepiscopus mortuus est, et Landulphus filius Roffridi de Garderisio electus est in archiepiscopum.

Eodem anno, prædictus Anacletus venit Beneventum; B deinde Abellinum civitatem ivit, et cum prædicto duce Rogerio stabilivit, ut eum regem coronaret Siciliæ. Et his statutis, Anacletus ille Beneventum revertitur, et dux ipse Salernum, deinde Siciliam remeavit. Anno igitur ipso prædictus Anacletus cardinalem suum, Comitem nomine, ad ducem illum direxit, quem die Nativitatis Domini in civitate Panormitana in regem coronavit. Princeps vero Robertus Capuanus coronam in capite ejus posuit (35), cui non dignam retributionem impendit. Et eodem anno ipse Anacletus consecravit Romæ prædictum Landulphum archiepiscopum. Et his omnibus actis, idem rex Rogerius, exercitu congregato, compre-

(35) De Rogerio in regem coronando convenerat primum inter ipsum et Anacletum apud Abellinum hoc anno, aliquanto ante v Kalendas Octobris: et deinde prædicto die Anacletus, jam Abellino Beneventum reversus, Diploma conscripsit de regio titulo, ac regno eidem impertiendo, quod prostat apud Baronium; et tandem in Dominicæ Nativitatis proxime subsecuta celebritate ea coronatio peracta est apud Panormum, ordine, quem exposuit superioribus verbis Falco, sed fusius Alexander Teles. lib. II, cap. 1 et seqq. Sed haud latet me esse, qui affirment, non semel, sed bis, nec tunc primum, sed anno antecedenti, Idibus Maii, Rogerium, proprio arbitrio persuasum, regia se corona etiam apud Panormum, redimitum fuisse per manus quatuor archiepiscoporum; Beneventani videlicet, Campani, Salernitani et Panormitani astantibus compluribus aliis episcopis, abbatibus, ac viris religiosis, præter Dynastas, nobilesque milites admodum frequentes. Qui ejusce narrationis auctorem se habere contestantur ineditum Chronicon Maraldi, nec dicunt quantæ antiquitatis, Monachi Carthusiani; quibus facile assentiri non possum, tacentibus omnibus antiquis, et præcipue Alexandro Telesino, qui Rogerii benevolus et familiaris coronationem ejus summo sumptu, hominumque omnis conditionis frequentia in Dominicis Natalitiis, ac perinde in exitu anni 1130, Antipapæ Anacleti auctoritate actam, et a Falcone descriptam, litteris cum consignet: haud antecedentem, vel in ipsius Rogerii gratiam, siluisset, nec pompa, nec antistitum, procerumque minori conventu, quia nullo tunc in Romana Ecclesia schismate vigente; sed Honorio sedente, Rogerii eo temporis momento amicissimo, celebratam: uni Fazello superiori sæculo descriptam Decade II, lib. VII, sed vah! quam inconvenientia simul componenti. Sane quisquis ille fuerit Maraldus, is quidem unius tantum meminit coronationis, sicut facit Fazellus; et præterea non incongrue coronam, Rogerio a præfatis archiepiscopis impositam, est commen-C tatus; quippe regem, qui Siciliam, cujus metropolis Panormus, cunctamque, cis-Tyberinam Italiam, Beneventano olim, Salernitano et Campano principatu fere comprehensam obtinebat, ab archiepiscopis earumdem urbium condecebat coronari; quibus suos principes inungere, ex antiquo more, et privilegio competebat; atque ea ratione, velut, quadruplici corona unico actu redimiri, ad instar scilicet quatuor Dynastiarum eodem ab rege sub unico regno possessarum; nam id antiquitus exemplo, ut autumabant, petito ex sacris litteris usurparunt: atque, ut Hincmarus episcopus Remorum in Coronatione Caroli Calvi de regno Lotharii Metis acta in an. 869, quæ exstat una cum ejusdem regis capitulis, est ad populum præfatus, *Reges quando regna obtinuerunt; singulorum sibi diademata imposuerunt.* Et præterea non ab uno episcopo, sed a pluribus simul coronam regi imponi solitam, quod in priori illa Rogerii coronatione observatum fuisse, Maraldus tradidit, ex altera ejusdem coronationis Caroli Calvi descriptione, D adjecta ad finem præfatorum capitulorum clare patet. Sed ad veram, et a nostro Falcone descriptam regis Rogerii coronationem, ut me convertam: *Princeps Robertus Capuanus*, ait ille, *coronam in capite ejus posuit*; quod scilicet suæ dignitati, qua cæteros omnes barones, ipsumque Sergium mag. militum Neapolitanum, ut est apud Telesinum lib. II, cap. 1, Rogerio tunc obnoxios supereminebat, ac subjectioni, qua eidem obstrictus erat, condecens fuit; nam Roberti patruus et decessor, princeps Richardus II, ut perhibet Gaufredus Malat. lib. IV, cap. 26, *homo* Rogerii quondam *Apuliæ ducis factus fuerat*, cujus ducatus jam ad præsentem Rogerium pervenerant jura; simillimoque exemplo legitur apud Rigordum coronatus Remis Philippus rex Francorum a Remensium archiepiscopo Romanæ Sedis Legato, *astante Henrico rege Angliæ, et ex una parte super caput ejus ex debita subjectione coronam portante.* PEREGR.

aendit Amalphiam; cumque prædictus Anacletus, ut supra cum duce Rogerio apud civitatem locutus esset Abellinum, Beneventum revertitur, et consilio accepto vocari fecit prædictum Joannem, et Dauferium, et Benedictum judices, et Lodoicum medicum, et Potonem Spitametam, et accipiens ab eis ducentos solidos reduxit illos in civitatem, et omnes illorum possessiones concessit eis, deinde cum illis, et aliis suis fautoribus tractavit, quomodo communitatem frangeret, quæ infra civitatem conjuraverat a tempore mortis prænominati Guillelmi rectoris. Sæpissime etenim relatum fuerat, quod ob ejus infestationem, et civitatis detrimentum communitas illa fuisset ordinata maxime a tempore prædicti papæ Honorii, quatenus idem papa eis, qui rectorem illum interfecerant, nocere non posset. Item sibi narratum fuerat, quomodo idem pontifex Honorius Beneventum venisset post mortem prædicti rectoris, et cum civibus satis, satisque fuisset locutus, ut judices illos, qui ab illius morte rectoris exsulaverant, in civitatem permitterent introire, et ad domos eorum, quamvis destructas, remeare, quod obtinere non potuit. Unde, ut prædiximus, idem pontifex Honorius valde iratus de Beneventana civitate exivit, et cum duce Rogerio de civitatis tractavit desolatione. His et aliis multis prædicto Anacleto de communitate illa sic ordinata relatis, continuo consilio prædictorum judicum et aliorum ejus fautorum communicato, Anacletus ipse Robertum Capuanum principem, qui tunc sibi favebat, vocari præcepit, ut virtute militum copiosa stipatus ad eum festinaret, qui nunctis acceptis, sicut mandaverat acceleravit. Confestim fractionem communitatis faciendam cum eo disponens, precatur eum, ut super hoc viriliter auxilietur. Quid multis? die constituto in octavis quidem Epiphaniæ, et præfato principe cum suis insistente, vocatur Rolpoto de S. Eustasio, qui præcipuus super illa videbatur communitate ferventior, et Beneventus de Joanne de Rocca (36), et Roffridus de Anselmo, et Dauferius Barbæ majoris, aliique ejusdem Rolpotonis sequaces, qui acciti in palatio Dacomarii, ubi tunc Anacletus ipse consilio celebrato morabatur, conveniunt, ut, quid Anacletus peteret, audirent. Ex adverso denique Crescentius tunc rector fere quadringentos suos vocaverat fautores armatos, ut eos vocatos sine audientia caperet. Continuo Anacleti fautores sic armati, et principis vigorem habentes insurgunt, armisque eductis Rolpotonem illum, et cunctos qui cum illo venerant, turpiter comprehendentes in palatio illo Dacomarii vinctos tenuerunt, deinde per plateas eorum amicos inventos comprehenderunt. Joannem vero quemdam, ut ita dicam, jocularium ultra quam credi potest, lapidibus gladiisque diversis trucidant, qui sic trucidatus et vulneribus multis afflictus de eorum manibus semivivus evasit, qui plures postea advixit annos. Cumque præfatus Rolpoto cum sequacibus suis taliter captus fuisset, statuit prædictus Anacletus, ut Persicum et Roffridum judices caperet, qui actibus illorum consenserant, et quorum consilio longo sic tempore communitas illa regnaverat. Prædictus autem Persicus et Roffridus judices hujusmodi consilia per amicos sentientes, civitatem silentio exeuntes manus Anacleti, et inimicorum evaserunt; sicque per dimidium fere annum exsulaverunt. Audiens itaque prædictus Anacletus sic Persicum, et Roffridum diffugientes mirabiliter contristatus est, et mirabatur, quomodo ejus consilium esset patefactum. Excogitaverat enim, ut si judices illi capti fuissent, in Siciliam illos captivos, Beneventum nunquam reversuros transmitteret. Et his actis a compluribus prædicti Rolpotonis amicis Anacletus ille rogatur, ut Rolpotonem illum a vinculis solvat, qui orationibus eorum favens a vinculis eum absolvit, qui sacramento firmavit jam amplius communitatem illam, vel aliam nunquam tenendam. Alios vero ejus sequaces sacramentis ligatos de civitate projecit, ut sine ipsius Anacleti voluntate, vel sui rectoris non ingrediantur civitatem. Quibus omnibus ita peractis, prædictus Anacletus die Kalendarum Martiarum Salernum ivit, deinde consilio accepto Romam redeundi disposuit. Cumque de captione prædicti Anacleti Rolpoto ille evaderet, cœpit mirabiliter mirabiliusque multas, variasque in pectore moliri machinationes, qualiter contra Anacletum, et ejus fautores, qui se turpiter comprehenderant, et quorum institutione hortum suum vendiderat sexaginta Romanatos, quos prædicto dederat Anacleto; aiebat quidem Rolpoto ille, morti se prius velle succumbere, quam captivitatem suam, et amicorum suorum impunitam dimittere. Cœpit itaque nova quotidie experiri consilia, et contra suos adversarios torvo semper vultu, et animo excogitare.

Anno 1131 Dominicæ Incarnationis mense Martio: diebus non multis evolutis prædictus Beneventus cum sequacibus suis, octavo die intrante mensis Maii, armis acceptis, Beneventum ingrediuntur, et domum ipsius Dauferii Basaforte ascendunt, ibique audaci animo permanserunt. Miserunt itaque amicis suis, ut ipsis in plateam propalatis unanimiter subveniant, et de adversariis suis accipiant ultionem, quorum consilio de civitate expulsi fuerant: nec mora, prædictus Beneventus, et ejus sequaces cœperunt viriliter gladiis lapidibusque debellare. Audiens igitur prædictus Crescentius rector sic eos audacter civitatem fuisse ingressos, turbatus animo, et valde admirans campanam Palatii pulsari præce-

(36) Recte quidem, non, *Benevenutus*. Siculi vir alter apud Falcandum ab nomine urbis Salerni *Salernus* est appellatus, ita et hic a Benevento, *Beneventus*. Horum itaque filii si a genitorum nominibus fors tulisset, ut gentilitia traxissent cognomina, facile nunc non nemo gentes sic denominatas genus duxisse ex principibus earumdem urbium autumaret; scilicet quoniam pari ratione plures familias a possessis locis et oppidis appellatas constat: at patrii etiam loci nuncupatio in stirpis nomen sæpius transivit, quod notum. PEREGR.

pit, quatenus omnes sui fautores cursu rapido ad eos ejiciendos festinent. Quid plura? armis eductis ad domum Dauferii Basaforte descendunt, et viriliter defendere conantur, ne sic civitas ab eorum invasione turbetur. Beneventus autem, et socii ejus amicorum suorum auxilium non adesse aspiciens, domum illam Dauferii ascendunt, et per domos alias diffugientes, et plateas, de civitate exeunt, et de manibus persequentium incolumes evaserunt, et, eis sic fugientibus domum prædicti Dauferii, et aliorum qui eis conserserant, prostraverunt. Ab illo autem die discordia multa et inaudita inter concives orta est. Persicus interea, et Roffridus judices, timore inimicorum coacti civitatem Beneventanam ingredi non audebant, tandem cognoscentes prædictum Anacletum Capuanam civitatem applicuisse, ut Romam reverteretur, habito consilio civitatem ipsam Capuanam audacter ingrediuntur. Inde Robertum principem tunc Anacleti fidelem suppliciter precantur, ut ejus intercessione amorem Anacleti invenire mereantur, et licentiam ad possessiones suas remeandi. Robertus itaque princeps absque mora, Anacletum adiit, et eum præ dilectione eorum invenienda pulsavit. Quid multis? petitionibus principis Anacletus favens litteris datis, licentiam redeundi, et secure habitandi in civitate eis largitur; ii vero redeuntes ad Portam Sancti Laurentii pervenerunt, disponentes ad propria, fronte libera, sicut ab Anacleto acceperant, reverti. Sed turba inimicorum copiosa simul cum prædicto Crescentio insurgens, crudeliter, ne introirent, minatur. Ipsi vero proterviam eorum, et minarum copiam sentientes, salutis consilium arripiunt, et ad prædictum sunt reversi Anacletum, qui adhuc Capuæ morabatur. Continuo pedibus ejus prostrati, omnia, quæ dicta quæque facta super se fuerant, e vestigio retulerunt. Anacletus igitur super hoc iratus, cœpit contra Beneventanos mirabiliter minari. Tandem ex consulto principis eos ad civitatem remisit, dans eis cardinalem suum, ut eo viso et audito fidem darent, eosque pacifice ad propria eorum reverti permitterent. Venerunt itaque cum prædicto cardinali, quo audito, omnique deposito furore cum civibus cives ipsi permanserunt. Interea præfatus Rolpoto amicorum suorum fretus auxilio die noctuque nova semper consilia et conventicula super præfato Crescentio, et ejus conspiratoribus palam quandoque, privatim aliquando adinveniebat. Tractabat quidem Rolpoto de Crescentio et ejus consentaneis ultionis pœnam accipere, reminiscens doloris, et captivitatis, simulque horti sui venditionis, et qualiter sexaginta Romanatos per eos perdidisset. Prædictus autem Crescentius Rolpotonis illius, et ejus amicorum murmur, et minarum terrores deprehendens de palatio curiæ descendit, et apud monasterium Sanctæ Sophiæ permansit: relatum siquidem ei fuerat, quod sicut prædictus Guillelmus rector, ita et ipse in palatio trucidari disponebatur, qui quidem ferociam talem, et mortis asperitatem devitans, quasi securus infra ipsius monasterii claustra manebat. Amici igitur ipsius Crescentii, et præfati judices ad eum animose conveniunt, et eum hortantur, ut curiæ statum simul cum eis obtineat. Ipse vero Crescentius hortationibus eorum, et monitis nullo voluit modo favere. Nam per amicos revera suos sæpe ei referebatur, quod si palatium reverteretur, membratim eum dividerent morte inopinata; unde, ut prædiximus, Crescentius ipse minas illorum et terrores devitans, infra idem monasterium usque ad festivitatem Sancti Angeli, quæ III Kalend. Octobr. colitur, moratus est. Cernens præterea prædictus Crescentius rector Rolpotonem illum, et ejus auxiliarios die noctuque minarum terrores, et convicia super se exercere et evidenter super eum velle insurgere, cœpit cum fautoribus suis studiose tractare qualiter tanti veneni mortiferi flammas posset exstinguere. Prædictus interea Rolpoto horis omnibus minabatur, quod si Crescentius ipse sexaginta Romanatos, quos Anacletus ei abstulerat ei non reddidisset, remota omni caligine, de corpore ejus inauditam sumeret ultionem. Advocans igitur prædictus Crescentius suos omnes fautores, cœpit cum eis agere, quid super hoc esset faciendum. Pars quippe ejus amicorum diligenter, et dolo remoto, Crescentium illum hortatur, et monet ut illos sexaginta Romanatos de curiæ regalibus prædicto redderet Rolpotoni, quatenus vel sic a tanta ruina, et timoris tempestate secure possent permanere. Ad hæc Crescentius ipse coram eis aiebat se Romanatos ipsos ei reddere dubitare, præcipue cum Anacletus ille in scriniis suis pecuniam illam detulisset. Unde timens asserebat, quod si pecuniam illam sine Anacleti consilio redderet, proculdubio ejus incurreret furorem. Dum hæc, et alia Beneventi geruntur, Crescentius ipse legatum suum ad Anacletum direxit, notificans omnia quæ ei acciderant, et qualiter pro pecunia Rolpotoni ablata, ipse cum amicis suis mortem quotidie exspectaret. Insuper quod pro ipsius Rolpotonis timore de palatio descendisset, et infra Sanctæ Sophiæ cœnobium permansisset: nunc vero et de pecuniæ illius redditione, et de cæteris, quæ ad vos misimus, quid sit agendum, nobis remittatis (37). Prædictus itaque Anacletus hujusmodi sinistrum accipiens legatum, dolore cordis turbatus, vocari fecit quosdam suorum amicorum, et cum eis, quid facto opus esset, tractavit. Quædam vero pars ejus amicorum, ut redderetur pecunia, pro qua rector ejus, et civitas turbata trepidabat, confirmavit. Sed Anacletus, ut erat viperei cordis, dejecit consilium, et Crescentio delegavit, pecuniam illam non reddere. Vita enim comite, ipse Beneventum veniret,

(37) Dissonam qui videas eodem in contextu sermonis formam usurpari, ne deesse hic quidquam suspiceris; sicuti nec ad annum 1137, ubi non omnino impar legitur elocutio: non enim infrequens fuit ea variatio apud auctores mediæ ætatis. Vide Historiam Miscell. lib. XV, ubi de Justino imp. et Anastasium. Bibl. in Silverio bis, et in Vigilio: omitto Anonymum Salernit. ineditum. PEREGR.

et tempestatis hujus turbinem ad portum perduceret salutis. Reversus igitur ab Anacleto legatus litteras hæc omnia continentes præfato dedit Crescentio, qui magis magisque confisus litterarum continentias adimplevit. Audiens autem præfatus Rolpoto Anacletum sic præcipientem, et Crescentium reddere dubitantem, cœpit ferventius inflammari, et cum Roberto principe Capuanorum et Rainulpho comite meditari; qualiter de Crescentio rectore et ejus amicis, qui causa perditionis ejus fuerant, ulciscatur, quod postea rei probavit eventus. His et aliis conflictationibus inter se habitis, et pro multis antiquis inimicitiarum generibus, quæ ad memoriam ducebantur, concordia illa ad fructum tranquillitatis perduci non potuit. Præfatus igitur princeps et comes Rainulphus Rolpotonis illius dulcia audientes colloquia, et aureas argenteasque pollicitationes, sacramentis communibus juraverunt, cum res et tempus expostularet, sibi ad invicem subvenirent. Sed ne tempus tarditatis me apprehendat describendi, ad ea quæ necessaria, imminent et opportuna videntur, succincte festinemus. In subsequenti igitur tractatu, vita comite, describemus, qualiter prædictus Crescentius cum prædictis judicibus, aliisque eorum amicis, et alii fere quadringenti tali inventa occasione de civitate fuerunt exsulati. Plura etenim veritate munita, et quæ ipse viderim omni remota dubietate si singillatim describere vellem, et tempus deficeret, et ego, licet incultus, sub tanti laboris sudore defessus succumberem. Nihil etenim lectoribus, et audientibus proderit mendacia proferre, et vanitate repleta, cum tot, ut prædixi, vera habeantur, quæ, Domino favente, ad posteritatis memoriam ducere curamus.

Anno igitur 1132 Dominicæ Incarnationis, mense Martio IX indictionis (38), luna splendorem ortus sui derelinquens in sanguinis colorem conversa est, quam nos aspicientes prodigium fore credidimus. Hoc anno prædictus Anacletus venit Salernum. Eodem anno præfatus rex Rogerius videns Tancredum de Conversano virum utique prudentem, et animosum, rebellem sibi et resistentem, consilio habito exercitum congregavit, et super castrum Brindisii ejusdem Tancredi festinavit, et illud terra marique obsedit, sicque mirabiliter expugnatum suæ illud obtinuit potestati, et his actis super civitatem Barensem exercitu convocato festinavit. Nec mora; civitatem illam diversis cœpit expugnare machinationibus, per quindecim vero dies civitas illa obsessa et expugnata est. Tandem civium Barensium tra- A ditione manifestata civitas ipsa ad regis potestatem tradita est (39), et civitate ipsa sic comprehensa, Grimoaldus princeps vir valde mirabilis et bellicosi spiritus a quibusdam concivibus captus est, et ad regis potestatem perductus, quem rex ipse confestim captivum cum uxore sua et filiis ad Siciliam mandavit, sicque totam Apuliam suæ subegit potestati. His ita peractis minabatur rex ipse principem Robertum, et Rainulphum comitem exhæredare. Eodem anno rex præfatus deprehendens comitem ipsum Rainulphum convicia multa, et afflictiones Mathildi uxori suæ inferre ejusdem regis sorori, quam ultra quam credi potest, diligebat, consilio habito, ipsam suam sororem vocari mandavit, quam honeste accipiens eam dulcibus collo- B quiis consolatur, et eam in Siciliam mandavit. Hoc anno rex ipse prædictum principem, et comitem Rainulphum cum ducentis militibus ad auxilium prædicti Anacleti Romam delegavit, et eis euntibus, sicut prædixi, uxorem jam dicti comitis, et filium, et civitatem Abellinum ei abstulit; cum autem princeps et comes Roma reverterentur, turbati animo, et dolore immenso percussi mirabantur, qualiter rex ipse ejus uxorem abstulisset, præcipue tamen comes Rainulphus, cujus uxor charissima, et filius sic ablata fuisset, palam quandoque, aliquando privatim lacrymis conquerebatur manantibus, injuste conjugem et filium perdidisse. Inde per seipsos, et amicos eorum prædictum Anacle- C tum rogaverunt, ut a rege Rogerio impetraret reddi filium, et uxorem. Anacletus igitur regem per nuntios precatur, ut uxorem comiti redderet, et filium, quod obtinere non potuit. Unde comes ille dolore accensus, ultionis tempora rogabat. Quid multa? cum prædicto principe et magistro militum Neapolitanorum, et aliis amicis alligatus, cum duobus millibus equitum et pedestrium multitudine propalatus exivit. Exivit quidem lætanti animo, et intrepidus, et morti primum succumbere desiderabat, quam exhæredatus ab illo aliena peteret, et incognitas partes adiret. Famam vero Barensis civitatis, et Grimoaldi principis, et Tancredi, quos olim dilexerat, ante oculos ferens, et qualiter eos afflixerat malis, mori gladio orabat, et ense deficere, quam D tali, tantaque regis potestate colla ligare. Nec mora, princeps ille et comes, ut fati sumus, cum duobus millibus equitum, et peditum armatorum magnitudine innumera pugnaturus, et defensurus a regis proposito in planitiem montis Sardi castrametati sunt. Cœlorum quidem regem suppliciter precantur,

(38) Scribe, X *indictionis*, et ad an. 1135 *indictione* XIII, non XII. Nec de recta dubites annorum consignatione, quibus cæteræ omnes bene competunt a Falcone assignatæ indictiones; et præterea apprime eis consentiunt temporum characteres pluribus hujus Chronici locis descripti, scilicet ad an. 1109, 1114, 1120, bis, 1122 et 1137. PEREGR.

(39) Non igitur vi capta a Rogerio fuit Baris; sed ejus cives deditionem fecerunt, nempe post tres fere hebdomadas obsidionis, ut ait Alexander Teles. lib. II, cap. 21, qui non in aliam sententiam est capiendus. Idque Falconis plane denotat sermo, usurpari solitus iis qui in Forensibus concertationibus judicio victi manus dabant, ac manifestare se de re injuste possessa, hoc est eam legitimis dominis renuntiare, publico scripto profitebantur. Sic etiam Aymoinus lib. V, cap. 5 de Barcinone ab imp. Ludovico Pio recepta. *Tradita*, inquit, *et patefacta civitate* (quod idem valet, ac *manifestata*) *primo quidem die custodes illuc rex destinavit* PEREGR.

ut cœlesti accincti auxilio minas regis, et timorem evadere possint. Quotidie comes ille suos lacrymando orat et monet, quatenus solius Dei fiduciam habentes, timorem abjiciant et terrorem deponant; gloriosius quidem toto mundo narrabitur nos in justitia confidentes, et propria tueri et mori primum in ore gladii, quam pati alienas manus nobis viventibus nostra invadere, et de civibus delicatis peregrinos efficere. Vox itaque omnium una efficitur, et ad illorum petitiones vertuntur; sicque die noctuque invigilantes cœlestem victoriam invocabant. Cumque, ut supra diximus, rex Rogerius civitatem Barensem suæ subjugasset potestati, et Tancredum de Conversano a totius Apuliæ finibus expulisset, exercitu viriliter, acriusque congregato, circa Beneventanos fines advenit. Continuo in planitiem pontis Sancti Valentini civitati proximam, rex ipse tertiodecimo die mensis Julii intrante castrametatus est. Deinde consilio accepto legatos Roberto principi Capuano et comiti Rainulpho mandavit, ut justitiam sibi ex multis variisque querimoniis consequatur. Princeps autem, nuntiis auditis in conspectu omnium suorum, taliter respondit: « Sciat revera rex vester, quem dicitis, quoniam nullo modo ei justitiam faciemus, donec comiti Rainulpho uxorem et filium restaurabit; super etiam civitatem Abellinum, et castrum, quod sibi abstulit, in ejus potestate largietur (40). » Et legatis illis revertentibus princeps ille universos suos milites tria millia fere numero et quadraginta millia peditum armatorum, quos rogaverat congregari, mandavit, quatenus ad tale tantumque negotium viribus totis parati invigilarent, et taliter oratio incœpta discreta, et diligenti cura alloquitur: « Certissimum, domini et fratres, agnovimus vos pro libertate vestra augenda, domos, uxores filiosque vestros, et universa bona dimisisse, et armis solummodo vestris acceptis, solam Dei Salvatoris misericordiam invocantes in medium convenisse. Audistis etenim, et nos veritate perfecta accepimus, qualiter erga civitatem Barensem gesserit, et quomodo talem, tantumque Grimoaldum principem ab honoris gloria turpiter afflictum exsulaverit catenatum. Tancredum vero, et ejus probitatem quid memorem? vos ipsi audistis, qualiter ei civitates omnes, et oppida dolo invento eripuit, et transmarinas partes eum destinavit. Giffredum quoque comitem ad qualem afflictionem civitatum suarum perduxerit, credimus vestram non latere probitatem: omnes namque potentes viros, et illorum divitias gutture aperto desiderat, et ne ei resistant, terratenus sternit, et in pulverem gloriam illorum sine aliqua manu pietatis inducit. Heu nefas et morte dignissimum, sic omnium nostrum gloriam sitibundo pectore velle consumere et gladio evaginato sine misericordiæ fonte nos omnes ad mortis periculum destinare! Succurrite itaque viri fortissimi, et vobis, inquam, ipsis subvenite, ut, dum tempus auxilii et consilii nobis superest, a tanti viri faucibus et potestate effrenata liberari valeamus. Sola namque salutaris Dei fiducia in omni nostra manet dispositione, et in vestris armis, quæ accepistis, omniumque bonorum amissione vestrorum consolatio vestra inflammetur. Consolandum quippe est, ut spes in victoria habeatur. Nos pro augenda libertate sanguinem volumus fundere, et in alienas manus nullo modo pervenire. Timorem itaque mortis abjiciamus hujusmodi, et justitiam defendentes unanimiter moriamur, ut toto orbe terrarum fama nostræ virtutis inveniatur. Rex cœlorum Dominus, fratres, justitiam nostram inspiciat, et qui Machabæorum orationes clamantium exaudivit, nostras dignetur accipere afflictiones. Quid enim prodest, dilectissimi, turpiter in mundo isto manere et afflictionibus subjacere, cum post multas miserias, et pericula quæ nobis succedunt, mors ex improviso horribilis accidit, et calamitatibus nostris, divitiisque finem terminumque imponit? Gloriosius igitur erit pro justitia, quam speramus deficere, quam gentis nostræ mala videre, et periculose exsulati diem claudere extremum. Notum præterea vestræ significamus fraternitati, ut pro securitate nobis ad invicem data obsides filiorum nostrorum, et consanguineorum ponamus, ponendum quippe est, et lætanti animo faciendum, ut unusquisque nostrum securus, et timore deposito alter alteri fidem attribuat, et vigoris alacritatem. » Hæc et his similia principe illo orante, unusquisque militum, et peditum, divina instigante clementia, petitionibus principis consentaneam dedere concordiam, et sic singillatim filios suos unusquisque baronum in principis potestate obsidis loco largitus est. Legati itaque regis a principe reversi, e vestigio cuncta eis injuncta narraverunt. Quibus auditis rex, consilio iterato accepto, nuntios alios eidem principi legavit, ita continentes: « Miramur valde super his quæ princeps nobis destinavit; præcipue cum ejus suasionibus et legatis ego in partibus istis modo advenerim, pollicens se nobis justitiam de querimoniis nostris facturum. Præstolamur itaque ejus promissiones, et die constituto in crastinum monemus illum ad justitiam nobis sequendam; deinde, vita comite, quid super his opus sit, faciendum tractabimus. » Princeps vero eadem regi remisit, quæ et primum mandaverat. Rex autem Rogerius dicta principis et comitis audiens, dolore multo accensus, et quia quod mente conceperat, aliter fieri cognoscit, satis satisque turbatus est.

At princeps continuo Crescentium cardinalem, Beneventanum rectorem, et Landulphum Beneventanum archiepiscopum vocari mandavit, quatenus cum quibusdam sapientibus civibus Beneventanis ad regem ipsum festinarent, et nuntio accepto, assum-

(40) Castrum, cujus nomen, vel auctor, vel librarius omisit, Alexandro Teles. lib. II, cap. 22, dicitur *Mercuilianum*. PEREGR.

ptis secum Beneventanis judicibus, et triginta aliis probis viris, ad regem festinaverunt. Rex itaque diligenter eos, et honeste accepit, deinde cunctis longe lateque confabulatus est, ut ejus amore, et Anacleti fidelitate secum alligati, et sacramentis confœderati guerram adversus principem Capuanum, et comitem Rainulphum facerent (41). Promittebat ideo pacem civitati Beneventanæ daturum, et Beneventanorum hæreditates a Northmannorum servitute, et tributis liberare. Quid multa? Cardinalis exaudiens simul cum archiepiscopo et civibus Beneventum reversi sunt. Nec mora; Beneventanorum non modicam partem congregari præcepit, quatenus super his, quæ a rege acceperant, consiliarentur; pars autem populi præcepto cardinalis favens curiam sacri palatii ascendit, deinde ordinem rei exponens, et quid civitati polliceretur nominatus rex, e vestigio aperiens, consilium ab eis perscrutatus est. Exposuit etiam, quoniam sine sacramentorum firmatione istud negotium agere noluisset. Quid longius moror! petitio regis audita cursu rapido quibusdam complacuit Beneventanorum. Continuo in ipso sacro palatio cives illi, qui convenerant, judices primum Joannes, Persicus, Dauferius, Benedictus, Roffridus juraverunt, non esse in facto, consilio, vel consensu, ut rex ille vitam, vel corporis membra perdat, aut capiatur, et vivam, et continuam guerram principi nominato, et comiti faciant, et alia quæ in Capitulari facto legebantur, salva tamen fidelitate Petri apostoli. Quibus ita peractis cardinalis de palatio descendit, et per civitatem quot inveniri studuit, sacramento eodem alligavit. Cumque taliter a Beneventanis juratum esset, fama terribilis civitatem Beneventanam perculsit, et linguis solutis vociferabantur alii, quibus sacramentum illud displicebat, quod cardinalis Crescentius simul cum archiepiscopo Landulpho, et judicibus nominatis, et Beneventanis quibusdam civitatem Beneventanam regi Rogerio dare voluisset, et in ejus potestate largiri. Affirmabant quoque uncias auri a rege innumeras accepisse. Factum est autem, cum taliter fama hujusmodi per civitatem ventilaretur, en subito armis acceptis maxima civitatis turba in plateas exivit, et furore arrepto super cardinalem Crescentium, insurgens in fugam illum perduxit. Cardinalis autem timore coactus civitatem fugiendo deseruit, et ad regem festinanter acceleravit. Nuntiavit itaque omnia, quæ Beneventi acciderant, et qualiter in eum lapidibus armisque acceptis insurrexisset turba civitatis, Landulphus autem archiepiscopus sic cardinalem fugientem aspiciens palatium episcopii ascendit, et ibi timore coactus morabatur. Quibus ita peractis populus in unum catervatus, armis eductis, palam vociferabatur, quod sacramenta regi Rogerio noviter facta non observentur. « Nolumus quidem sic regi alligari, et sacramentis astricti in expeditionibus suis cum Siculis et Calabridibus, Apulisque sole ardenti et sudore fatigati anhelare. In deliciis quidem positi, et periculis exercitalibus nunquam assueti cum tali tantoque rege consortia minime habemus. » His ita præmissis memoratus princeps, et comes Rainulphus, nuntiis acceptis, Beneventanis miserunt pacis verba, et securitatis dilectionem. « Notum sit vobis, quoniam princeps, et comes, et Rao de Fraineta, et Ugo infans sacramentis intervenientibus dimittet in perpetuum Beneventanis omnes fidentias et tributa, quæ nobis solvere solebatis; dum tamen neque regi Rogerio, neque nobis auxiliamen tribuatis. Revera vestrum auxilium tempore isto accipere nolumus civitati providentes, ne tali occasione civitas Beneventana contrarietatem incurrat; volumus tamen securi transire, et timore deposito securiores manere. » Quid multa? licet cardinali Crescentio, Beneventano rectori, pactum illud displicuisset, tamen Beneventanis animo libenti satis satisque complacuit. Princeps itaque, et comes Rainulphus militibus accitis ad Pontem majorem venerunt, et coram Landulpho Beneventano antistite, et turba multa Beneventanorum, sicut in superiori tractavimus, simul et Rao de Fraineta, et Ugo infans juraverunt. Juraverunt quoque B. Petro fidelitatem, et in scripto sigillato ordinem convenientiæ et sacramentorum firmitatem adnotari jusserunt, per omnes civitatis portas scriptum signatum de convenientia illa ad posteritatis memoriam diligenti cura positum est. Cumque talium sacramentorum, et convenientiæ cum principe firmiter factæ Rogerii regis aures fama tetigisset, ultra quam credi potest, admirans obstupuit, et dolore cordis perculsus aiebat: quomodo civitas Beneventana, cujus auxilium habere putabat, erga principis et comitis Rainulphi dilectionem adhæsisset, revera sicut a multis comperimus, non alia de causa regem illum circa Beneventanos fines venisse, nisi ut Beneventanorum auxilio, et virtute principem invaderet, et eum in fugam duceret desolatum. Unde a mentis proposito decidens, cogitationibus variis frangebatur

(41) Capuæ itaque princeps Robertus Beneventanos ad regem Rogerium ire persuasit, ut adversus se fœdera cum illo inirent? Quid sane absurdius? Sed adverte, ne fallax lectio ad alia a vero æque aliena commendanda te seducat; nam Falco inquit: *Princeps vocari mandavit*, etc., scilicet *ad se*, et prætere quod cardinalis Crescentius, et archiepiscopus Landulfus *assumptis secum Beneventanis judicibus, et triginta aliis probis viris ad regem festinaverunt:* fœdera scilicet cum eo inituri. Non princeps igitur, sed rex illos vocari mandaverat; *qui in planitiem pontis S. Valentini, civitati Beneventanæ proximam, tertio decimo die mensis Julii intrante castrametatus fuerat;* et per legatos semel, et iterum principem Robertum interpellaverat, *ut justitiam sibi ex multis, variisque querimoniis consequeretur;* sed illum ad debita obsequia sibi præstanda allicere cum nequivisset, *dolore multo accensus, et quia quod mente conceperat, aliter fieri cognovit, satis satisque turbatus est, et continuo Crescentium cardinalem rectorem Beneventanum* (sic plane legendum; non, *At princeps continuo*) *et Landulphum Beneventanum archiepiscopum vocari mandavit*, etc. PEREGR.

assiduae, et quod mente conceperat, ad effectum non posse perducere, oculata fide cernebat. Quid igitur dicebat, ab exteris, Siculisque partibus huc adveni, cum in his quæ excogitaverim fortuna volatili, animo defeci! Et tali fractus angustia exercitum suum in partes divisit, et quasi ad bellandum ducturus acies diversas exercitus, et manus armatorum instruxit. Ipse vero rex, ut erat providi animi, et cordis meticulosi, et ne ab inimicorum cognosceretur instantia, quasi bellandi, et resistendi adinvenit securitatem. Nocte etenim insecuta cubiculariis suis, et sapientioribus consilii ejus patefecit excessum, et qualiter inde amovere desiderat, significavit. Continuo clamari voce præconis jussit, ut vexillo ejus viso universus exercitus, qua parte duceretur, consequatur. Præconis itaque voce audita, timorem regis sentientes, prout poterant, parantur ad proficiscendum. Nec mora, cohortibus militaribus, et peditum turmis divisis fugiendo potius quam resistendo, castra inde amovere. Deum quidem testor æternum, qui cordium occulta cognoscit; remotio ista regis in fugam nocturnam, timoremque ascribi poterit, et memorari. Et regem illum, cujus potentia cœlum hactenus verberabat, nocturnis umbris insilire per devia, et cursu celeri festinare. Mane autem facto circa Salernitanos fines applicuit, ibique fatigatus, et aliquantisper deposito cordis timore circa fluenta montis Atrupaldi quievit (42). Octo vero dies in planitiem pontis Sancti Valentini rex ille moratus est, et illo taliter ibi morante multa frumentorum confusio, et ruina mobilium a suis peracta est. Cumque taliter rex locum illum fugiendo dimisisset, ad exercitum principis auditum est. Confestim Rao de Fraineta, caterva militum accita, post eum viriliter, et animose insequitur: insequitur eum dentibus frendens, et ultionem de eo sitibundo pectore anhelabat: novissime quosdam Sarracenorum regis, qui eum sequebantur Rao ipso aggreditur, et eos capiens captivos secum perduxit; uni vero eorum caput abscidi præcepit, quod nomine gloriæ ad principem delegavit. Princeps autem caput illud Capuam, ut fama laudis ejus attolleretur, mandavit. Rex autem Sarracenorum suorum stragem, et captivitatem audiens, satis abundeque condoluit: minabatur insuper dolore commotus, ut tempore ultionis accepto, vicem redderet pro acceptis. Inde castra A amovens ad castrum Nuceriam valde munitum, quod præfati Roberti principis erat, exercitu congregato festinavit. Continuo tubis sonantibus, et tentoriis paratis castellum illud Nuceriam prope muros, et turres obsedit, et eo acriter circumquaque vallato rex ipse Rogerius præcepit pontem ligneum frangi, qui super flumen Sarnum positus antiquitus erat, ubi Scafati cognominatur, et fractum illum omnino de loco illo tolli, et amoveri. Dubitabat revera ne princeps et comes Rainulphus hostium multimoda manu, audita obsidionis fama, super eum irruentes sese affligerent. Securus itaque rex ipse castellum illud Nucerium obsidebat, et ex omni parte expugnatum credebat suæ obtinere voluntati. Princeps igitur Robertus, et comes Nuceriam taliter obsessam B sentientes mente confusi mirabiliter dolent, et suos omnes convocantes cursu rapido ad liberandum concurrunt, Nucerium castrum, quod obsessum audierat, festinant, cito citissimo victorem Dominum invocantes, et gladio mori desiderant priusquam a tanto capiantur invasore; et eis sic sitienter currentibus ad præfati fluminis Sarni oram castrametati sunt. Continuo legatos explorandi destinant inquirentes, utrum obsidio castelli, sicut audierant, vera haberetur, et veritate inventa, tractare inter se cœperunt, quomodo obsidionem castri illius virili animo liberarent. Novissime invento consilio, pontem ordinari, et firmari fecerunt super prædictum fluvium Sarnum, et vigore accepto contra regis acies C ad liberandam obsidionem expediti accelerarent. Deinde, ponte illo superposito, princeps ille, et comes, milites cunctos armatos, et peditum suorum copiosam multitudinem transire die Dominico, qui aderat, mandavit, quinto videlicet die, postquam castrum illud obsessum fuerat, et eis trans flumen euntibus absque mora, princeps ipse salutifero usus consilio milites suos mille rogatos in duas divisit cohortes. At comes Rainulphus, ut erat sapientis animi, et ad quem doloris magnitudo, et uxoris amissa dulcedo spectabat, | similiter equites suos mille numero et quingentos in quinque divisit catervas; ducentos vero, et quinquaginta milites ad defendendum Nuceriam transmiserant, qui viriliter contra regem pugnabant. Cumque, ut dictum est, D ad præliandum taliter princeps et comes parati instarent, subito ad regis aures fama eorum pervenit.

(42) De Salernitanis finibus alibi erit sermo peculiaris. Nunc adverto, Atrupaldi montem ipsos esse colles, quos amnis Sabbatus præterfluit, oppido imminentes *Atrupaldo*: quandoque etiam nuncupato *Atropaldo*, sive si ejus primitivum nomen retinere malis, *Tripaldo*, quod etiamnum obtinet, cum dicatur: *L'atripalda*, pro *La Tripalda;* unde oppidani *Atrium Palladis*, vel *Atram Paludem* nomini occasionem dedisse poetico sane figmento, sibi persuadent. Sed revera cum per Langobardorum tempora in adversa Sabbati ripa civitas adhuc staret Abellinum (ibi nunc monasterium et ecclesia S. Joannis Baptistæ, et rudera antiquæ urbis non obscura) speculatrix turris a quodam Paldo in edito colle constructa fuisse videtur, dictaque perinde *Turris Paldi*, et per syncopen *Tri paldi*, et tandem *Tripalda;* ad quam plerique Abellinates in patriæ excidio, quando ea in tutiorem paulo locum secedere coacta est, se receperint, sed tandem ad ima iterum sensim descenderint, tum aquarum ad varia opificia opportunitate, tum erga excavatum ibi antiquitus cœmeterium S. Hippolyti Mart. devoto cultu allecti: sicuti S. Felicis apud Nolam, et apud Capuam S. Prisci Christi discipuli cœmeteria, habitatoribus etiam ab antiquo frequentata fuisse constat. Sed hoc oppidum in Tabulis monasterii Cavensis de an. 1174, scriptum legi *Truppoaldum*, ex tabularii, ut reor, opinione: qui ab viri nomine ipsum appellatum audierat, nullumque *Tripaldi* vocabulo magis accredere sentiebat, quam *Truppoaldi*, viris olim imponi consuetum. PEREGR.

Quid multa? Præconis voce pulsatur quatenus omnis excercitus ad prælium armaretur. Confestim armis acceptis, armati coram rege apparuere; illico rex ipse, ut audivimus, octo acies militum suorum, et peditum pugnaturus divisit: quibus ita divisis ad invicem applicuerunt. Quantas lacrymas ab utraque parte armatorum, lector, si adesses, aspiceres, victorem Deum invocantes, ut justitiam ex alto inspiciat, et sanguinem innocentem liberaret! En subito prima regis acies contra principis cohortem insilivit, qui juxta eorum potentiam defendendo pugnaverunt, et sic ad invicem aliquantulum dimicatum est. Quibus ita præliantibus, timor terribilis pedites principis et comitis ex improviso invadit, et usque ad flumen nominatum terga vertentes fugerunt: multi vero per pontem transeuntes evasere; alii namque mille, sicut nobis nuntiatum est, pontem illum desiderantes in aquam fluvii ingrediuntur, evadere cogitantes animas suas in gurgite illo amiserunt, armis eorum bibulis aquis immersis. Qualis igitur stridor, luctusque morientium accidit? quem si ex toto scribere voluissem, prius me tempus desereret quam copia recitandi. Sed redeamus ad causam. Secunda itaque principis manus stragem tantam militum peditumque persentiens, viribus animisque acceptis ad principis intravit auxilium. Regis quoque acies ad regis juvamen ex adverso positæ incurrerunt; sicque spatio interposito acriter duriterque decertaverunt. Revera, sicut ex ore narrantium, qui interfuerunt, audivimus, sic instanti animo pars regis præliabatur, quod principis acies, fuga jam inchoata, deficiebat ab armis; sed divina providentia gubernante, in cujus dispositione non fallitur, justitiæ partem, sicut nostræ fragilitati apparuit, ex alto prospexit. Comes enim Rainulphus, qui ex adverso positus erat, eventum pugnæ jam fallentis aspiciens, equis concitatis quingentorum militum caterva stipatus, regem animose invadit, vigorem illico, et constantiam principi pugnanti attribuit, et clamoribus ad astra levatis expugnabant. Deinde secunda comitis acies accurrit, et regem atrociter pugnantem aliquantisper impulit. Quid longius morer? tertia ejusdem comitis manus ardenti animo agitata, fatigatos suos agnoscens, ex adverso exiens, sicut Leonis triduana fames dentibus exasperata pervolat, et in medio præliantium intravit, et sic, Domino auxiliante, in fugam et stragem rex ille conversus est. En clamor populi pugnantis ad sidera tollitur, regem fugientem significans, suosque adhortans, ut sequantur, quatenus victoria cœlitus concessa de tali tantoque viro ulciscatur. Rex autem volens militibus suis animositatem constantiamque reparare, ne tali infortunio campum dimittant, cœpit hasta accepta obsistere, et suis fugientibus nomen suum manifestare: nihil tamen manifestatio nominis profuit, nihilque fugientibus auxilii accidit, cum jam talis, tantaque victoria ab excelso Salvatoris solio principi et comiti orta est. Rex igitur sic suos, ultra quam credi potest, fugientes aspiciens, hastam projicit; de sola fuga et vita custodienda cogitabat, et equo mirabili quem supersedebat, concitato, ut auditum est, quatuor secum militibus adjunctis fugiendo et mirabiliter lugendo evasit. Sicque tanta districtus angustia, et mentis calamitate circumquaque satiatus, Salernitanam civitatem ad solis occasum introivit. Cives autem Salernitani, sic eum fugientem sentientes, regem illum suscepere. At comes Rainulphus milites armatos accipiens prope civitatem ipsam regem illum fugientem insequitur. Revertitur comes intrepidus; audierat enim regem Salernum intravisse, et eo revertente simul cum principe, barones regis viginti fere numero, et septingentos milites præter multos alios, quos nominare silentio debimus, comprehendit: alios vero in fugam conversos occisioni expositos crudeliter fore audivimus. Quid plura? totus regis exercitus militum peditumque in fugam, occisionem, captivitatem perductus est; auri vero copiam, et argenti ineffabilem multitudinem, et vasorum aureorum abundantiam, et vestimentorum infinitas varietates, et equorum congregationes, et loricarum densitatem, cunctorumque mobilium, quæ in victoria illa capta sunt, Regem regum testamur æternum, si universa et singillatim describere vellem, prius in scribendo deficerem quam universa exararem. Quid plura? universa illa mobilium gloriosa magnitudo ad potestatem principis et comitis pervenit. Lætatur itaque princeps et comes de tali triumpho cœlitus concesso. Quibus omnibus ita peractis, fragor victoriæ et regis fugientis calamitas Apuliæ partes, et Siciliæ, et totus Italiæ intonuit, et super inauditis occisionibus, et regis terroribus valde mirabatur. Nemo quidem tempore isto viventium, recordatur talem tantamque præliorum stragem infra Christianos accidisse. Cum autem victoriæ fama Beneventanam civitatem tetigisset, en subito civitatis populus gaudio magno repletus ad episcopium et monasterium S. Sophiæ jubilando convenit; ibique gratias Deo, et Petro apostolo, lacrymis manantibus, egit; deinde cereorum magnorum frequentia, et luminarium lignorum accepta, cum clericis et presbyteris catervatim ad B. Bartholomæi apostoli basilicam et monasterium S. Sophiæ vigilias et laudes persolventes lætabantur. Lætabatur quidem gaudio ineffabili totius civitatis populus, ac si omnis illa victoria a Beneventanis facta fuisset. Dies vero, quo bellum illud factum est, in vigiliis B. Jacobi apostoli habebatur, octavo videlicet Kal. Augusti (45).

Hoc anno duodecimo die intrante mensis Augusti obiit Landulphus Beneventanus archiepiscopus. His

(45) Cur VIII *Kal.* vigilias B. Jacobi celebrari dicat, quæ hoc an. 1171 vere in Dominicam incidere; ipsumque festum infra ad an. 1139 in VII *Kal.* conjiciat, ibi exponam. Cum autem prædicta die ingentem victoriam de rege Rogerio Robertum principem obtinuisse, nuntius Beneventum pervenisset: *En subito*, inquit idem noster, *civitatis populus gaudio magno repletus, in episcopium et monasterium S. So-*

ita gestis, prædictus rex Rogerius consilio communicato in Apuliam descendit, et apud civitatem Melphitanam diebus non multis moratus est. Continuo quosdam ex baronibus suis vocari mandavit quos valde præcipiendo admonuit, quatenus in ejus permanerent fidelitate et dilectione. Mandavit etiam, ut juxta eorum vires a Tancredi de Conversano consortio caveant; oderat enim eum rex ipse Rogerius odio mortifero, et sicut præmisimus, a totius Apuliæ finibus eum depellere conatus est. Quibus peractis Salernum repedavit, ibique procerum suorum frequentia magnificatus de inimicitiis principis Capuani, et comitis Rainulphi satis abundeque tractabat. Consiliabatur quotidie, qualiter eos vincere posset; quoniam quidem, sicut prædiximus, ab eis victum, et in fugam conversum eorum virtute longe lateque audivimus. Diebus præterea non multis evolutis, rex præfatus Rogerius consilio cardinalis Crescentii tunc Beneventani rectoris, et aliorum Beneventanorum, sicut audivimus, civitatem Beneventanam deprædatus est; viros quidem, et mulieres, et animalium multitudinem captivos apud Montemfuscum perduxit. O qualem, lector, si adesses, luctum Beneventanorum audires et miratus lugeres! quoniam quidem civitas securitate a rege accepta, jugiter ad possessiones eorum et vineas, quia vindemiarum tempus inerat sine timoris aliqua dubietate exibat. Die itaque ipso, cum talis deprædationis crudelitas acta est, civitatis fere totus populus armis eductis apud monasterium S. Sophiæ, ubi prædictus cardinalis morabatur, furore accepto properavit. Confestim eum ad præfatum regem licet invitum transmittunt, quatenus cives a vinculis regis absolvat, et prædam Beneventanorum innumeram reducat: aiebat siquidem, quoniam ejus consilio, et fautorum suorum talis tantaque deprædatio facta est. Cardinalis igitur absque mora, ad regem festinavit. Jurabat cardinalis ille sacramentorum verbis coram omnibus consilio suo prædam ipsam factam non fuisse. Cardinalis itaque ad regem veniens nullo modo impetrare potuit, ut multitudo illa deprædationis et civium captivorum redderetur. His ita decursis jussit præfatus rex, ut horis omnibus circa Beneventanam civitatem milites sui insilirent, et quos cives invenire possent, captivos ligarent. Ipse autem rex, navigio parato, octave die mensis Decembris intrante, mare ingrediens ad Siciliæ partes transfretavit, sed antequam rex ipse ad navigandum pararetur, Bernardum de Fraineta, qui dominus erat de castello Balba, suasit nuntiis interjectis, ut castrum illud ejus traderet potestati, quod et factum est. Accepit itaque ab eo, sicut audivimus, centum uncias auri: ipse vero Bernardus ad Salernitanam civitatem recessit. Mandavit continuo rex ille centum fere viros armatos ad castellum illud muniendum. Rao igitur de Fraineta, qui erat dominus præfati Bernardi, a quo castrum illud tenuerat dolore cordis perculsus, castelli illius perditionem deprehendens, Beneventum venit, et diligenter eos precatur, quatenus ei subveniant, et celeri cursu festinent. Deinde principem Robertum Capuanum, et comitem Rainulphum adivit, eosque hortatur ut ad ejus auxilium veniant. Princeps illico et comes præfati simul cum Beneventanis ad obsidendum castrum illud totis viribus festinaverunt, ibique lignorum machinis ad turrem illam destruendam citissime utuntur, custodes autem, qui turrem illam observabant, nihil omnino eorum quæ inferebantur, metuebant: milites vero regis, et pedites in conspectu principis, et Beneventanorum castrum illud securi intrabant, arma quoque et cuncta eis necessaria coram omnibus deferebant. Princeps itaque talem tantamque eorum constantiam, et animorum alacritatem aspiciens castra sua inde amovit, et civitatem Capuanam ingressus est: comes autem Rainulphus et Rao de Fraineta dolore cordis turbati similiter cum Beneventanorum cœtu, qui aderat, ad propria reversi sunt: machinas quidem lignorum, quas Rao de Fraineta ad obsidionem illam duci fecerat, timore interveniente, dimisere. Confestim viri de turre illa exeuntes machinas illas coram omnibus capiunt, et lætanti animo eas introducunt: sicque castellum illud dimissum est, et sub regis potestate magis magisque alligatur.

Per idem tempus pars quædam Beneventanæ civitatis, concilio habito, dominum Girardum cardinalem presbyterum, qui cum domino papa Innocentio aderat, in civitatem Beneventi introduxerunt; firmabat enim pars ipsa civitatis partem Innocentii papæ tenendam fore, Anacleti vero electionem contra Canones fore et iniquam. Statuit itaque præfatum cardinalem rectorem Beneventanorum ad Romanæ ecclesiæ, et ejusdem domini papæ fidelitatem mense Novembri mediante. Alio autem die post ejus adventum in sacro Beneventano palatio coram Beneventanorum cœtu, qui convenerat, tradidit comestabiliæ honorem, et potestatem Rolpotoni de Sancto Eustasio, qui vero taliter ordinatus cœpit simul cum cardinali illo curiæ statum regere, et justitiæ vigorem unicuique dispartiri. Milites denique et servientes rogavit, ut civitati subveniant, et contra regis milites civitatis inimicos insurgant, sicque de guerra civitatis studiosus apparuit. Comestabulus autem Montisfusci a rege ibi ordinatus, ut Beneventanæ civitati timorem induceret, præcepit vineas omnes, et possessiones Beneventanorum igne ferroque devastari, quod et factum est. Præfatus igitur Rolpoto

phiæ jubilando convenit, deinde cereorum magnorum frequentia et luminarium lignorum accepta, cum clericis et presbyteris catervatim ad B. Bartholomæi apost. basilicam et monasterium S. Sophiæ vigilias, et laudes persolventes lætabantur. Quod inobservatum præterire nolui, ut videres sacras vigilias clara die, sicut superius notabam, non in nocte a populo et clericis turmatim cereos et lignea luminaria deferentibus celebrari consuetas: quæ sane luminaria Fais non correspondent Campanis; nam hi tanquam donaria quædam divo oblata super templi chorum affiguntur: illa e templo reportabantur ad eosdem usus, quoties accideret, adhibenda. PEREGR.

Beneventanus comestabulus, tantam aspiciens contra civitatem adversitatem, assidue insurgere, vicem reddens pro acceptis absque mora, civitatis partes præconis voce commovit, ut armis eductis, unusquisque ad ecclesiam Sancti Martiani conveniat. Qui vero præceptis ejus faventes, simul cum Rainulpho comite, qui cum trecentis advenerat militibus, super castellum Farnitum, quod erat Raonis Pinellæ, ultimo die stante mensis Januarii adivit. Quid multa? tota rusticorum habitatio igne, ferroque consumitur, deinde tota eadem manus habitantium utriusque sexus et ætatis in timorem fugamque conversa, bona sua dimisit, sicque a civibus viri multi, et mulieres, parvulique dispoliati sunt et deprædati; mobilia vero illorum innumera et animalia in oppido illo inventa sunt. Dominus autem castri illius captivus perducitur: et his actis ad propria Beneventani ipso die vertuntur. Alia autem die insurgente, simul cum præfato comite civium multitudo ad castellum, quod Plescum nominatur, properavit. Robertus itaque de la Marra, cujus castellum illud erat, viros armatos certum fere intromisit. Præfatus autem Rolpoto comestabulus constantiam illorum aspiciens ad civitatem Beneventanam repedavit, et sic castellum illud a Beneventanis dimittitur, deinde securiter et illæsum permansit. His ita peractis Rogerius comes Jordani comitis filius, qui in captione comitis Rainulphi tenebatur, ex quo prædictus rex Rogerius sicut in superiori tractatu dictum est, in fugam conversus fuit, consilio amicorum suorum accepto, sacramento firmavit, ut principis Capuani et ipsius comitis Rainulphi, et civitatis Beneventanæ fidelitatem teneat, et contra jam dictum regem jugiter adversetur: idipsum Robertus de la Marra, et Bartholomæus de Petrapolicina aliique milites juraverunt.

Anno 1133 Dominicæ Incarnationis, his ita peractis, Tancredus de Conversano, vir valde bellicosus, et prudentis animi simul cum comite Rainulpho, et aliis baronibus Apuliæ consilio salutis accepto, mille fere milites, et peditum multitudinem copiosam rogavit, et civitatem Venusiam supersedit. Populus itaque civitatis libertatem optatam exspectans gratuita voluntate sub Tancredi de Conversano fidelitate colla submisit, deinde alias civitates Apuliæ suæ obtinuit potestati.

Dum hæc et alia in Apuliæ finibus geruntur, Innocentius papa simul cum Lothario imperatore Romam pervenerunt. Audivimus revera duo millia militum secum duxisse. Apostolicus itaque honeste susceptus, palatium Lateranense ingreditur, ibique gaudio magno et honoris copia supersedit. Imperator autem circa monasterium S. Pauli cum exercitu suo viriliter castrametatur. Misit namque, sicut audivimus, ad Anacletum, ut consilio religiosorum virorum communicato adesset, et Spiritu sancto mediante tanti erroris et homicidii magnitudini finem poneret, quod Anacletus ille, sicut accepimus, facere contempsit. Audiens itaque Robertus princeps Capuanus, et Rainulphus comes apostolici Innocentii, et imperatoris Lotharii adventum longe lateque optatum, trecentum fere militum caterva stipati, simul cum domino Gerardo cardinale, qui tunc Beneventanus rector præfuerat, et civibus quibusdam sapientibus Beneventanis, Romam festinarunt. Qui vero euntes, ordinem omnem afflictionis, quam civitas Beneventana dudum perpessa est, e vestigio intimavere, lacrymis orantes, ut civitatem Beneventanam a comite Rogerio Siculorum jugiter oppressam liberarent, et eam libertati redderent longe lateque desideratæ. Cumque prædictus Girardus cardinalis rector præesset civitati, consilio cum prædicto Rolpotone comestabulo accepto, et aliis civitatis sapientibus, Falconem notarium, scribam sacri palatii, istius opusculi factorem (44), sicut in principio legitur, judicem civitatis ordinavit, et eo ordinato, sicut prædiximus, Romam repedavit. Continuo cardinalis ille simul cum civibus Beneventanis, qui cum ipso ierant, civitatis negotia, et pericula multa, quæ patiebamur, intimavit prædicto domino papæ. Inter cætera vero annuntiant ei qualiter consilio comestabuli, et civium, cardinalis ille Falconem scribam sacri palatii judicem statuisset. Quid multa? Apostolicus ille petitionibus eorum favens confirmavit, et privilegio signato misit civitati Beneventanæ per Gregorium Beneventanum electum, qui Romam ierat, se Falconem præfatum judicem confirmasse Beneventanum.

Eodem anno, triginta et duo Beneventani cives, qui apud civitatem Salernum captivi tenebantur, Domino auxiliante de vinculis liberati sunt: dies vero eorum liberationis Sancti Eustachii martyris celebatur. Princeps itaque et comes Romam euntes, non sicut voluerunt ab imperatore consecuti sunt. Et eis illic morantibus, en ex improviso prædictus rex Rogerius Siculorum, exercitu Saracenorum congregato, Pharum transivit; deinde in Apuliam cursu rapido acceleravit, et continuo civitatem Venusiam, quam Tancredus comprehenderat, et alias civitates virtute comprehendens, igne ferroque consummavit: viros quoque et mulieres, parvulosque earum variis mortis generibus necavit, quosdam vero eorum comburi fecit. Regem testamur æternum, tanta crudelitate in Christianos illos exar-

(44) *Falco* certe dictus est hic auctor, non *Fulco*: ut alicubi legitur apud Baronium per typographi forte errorem. Quod nomen quia syllaba crescit in obliquis, Italice dicitur *Falcone*; sed Beneventani cives efferunt *Falco*: quos non reprehendo; siquidem promiscue olim vulgo dicebatur. *Falco*, et *Falcone*; *Leo*, et *Leone*; *Pando*, et *Pandone*; *Scipio*, et *Scipione*; *Ugo*, et *Ugone*, etc., unde ex iis variæ etiam gentes, et cognomina processere apud Capuam, et alibi: nempe *de Falco*, et *de Falcone*; *de Leo*, et *de Leone*; *de Pando*, et *de Pandone*; *de Scipio*, et *de Scipione*; *de Ugo*, sive *de Uvo*, et *de Ugone*, quæ una gens est, inque ea ante annos fere 60 in poetices studiis emicuit Benedictus de Uva, patruo meo Camillo amicissimus. PEREGR.

sit, quod vix aut nunquam a sæculo est auditum. Continuo principi et comiti Romæ morantibus est nuntiatum : et citissime redeant, et tanto tyranno resistentes, Apuliam totam, et eorum bona a gutture tanti prædonis defendant. Itaque nuntio accepto celeriter redeunt, et præconis voce tonante, principatum totum Capuanum et civitatem Beneventanam exagitant, ut armis eductis contra perfidiam illius et tyrannidem viriliter resistant ; quod factum est, et præparatum. Comes itaque Rainulphus mille fere milites accipiens circa Trojanos fines acceleravit; misit continuo legatos suos ad Trojanam civitatem, ut sacramenta, quæ comiti et principi cives Trojani promiserant, adimplerent. Trojanus vero populus timore prædicti regis coactus, et verbis regis dolose pacificis fidem attribuens, comitis voluntati favere penitus recusavit. Insuper etiam episcopus civitatis populum omnem suaserat, ut regis fidelitatem non dimitteret. Comes autem hæc audiens quadraginta dierum spatio illic commorans apud Beneventum repedavit. Dum hæc, et alia geruntur, rex præfatus civitatem nomine Materam obsedit, quam acriter expugnans proditione populi comprehendit; ibique Giffredum filium Giffredi comitis dominum civitatis alligavit. Quibus ita peractis, civitatem aliam nomine Ansam suæ obtinuit potestati. Revera thesaurum auri et argenti Alexandri comitis invenit. Quid multa? omnes civitates ejusdem Alexandri comitis, et oppida suæ submisit ditioni. Alexander itaque comes, sicut naufragus, apud prædictum comitem Rainulphum, heu miser! mortuus est. Deinde civitatem Tranum et totam Apuliam igne ferroque rex ipse trucidavit. Quid dicam? quod nunquam a sæculo est auditum! rex ipse in Christianos operatus est. Deinde amoto exercitu, rex ipse Rogerius humano nondum sanguine satiatus, montem Pilosum, ubi Tancredus de Conversano et Rogerius de Pleuto viri bellicosi et strenui aderant, obsedit; quindecim vero dies ibi moratus est. Tancredus itaque, et prædictus Rogerius viriliter et animose regi Rogerio, et ejus exercitui obsistebant. Rex autem Rogerius constantiam eorum aspiciens, machinas lignorum, et belli apparatus super montem Pilosum fieri mandavit. Rusticorum itaque manus montis Pilosi, ferocitatem regis, et præliorum terrores persentiens, pugnare contra eum nolebant : clamabant etiam se minime defendere posse. Quid longius? tubis sonantibus, et prælii apparatu circa muros inchoato, montem Pilosum circumquaque vocibus ad astra levatis expugnat. Tancredus autem de Conversano et prædictus Rogerius aggressionem ipsam aspiciens equos ascendunt, et cum militibus eorum secundum vires obsistunt. Novissime autem judicio divino su-

A perveniente, et eorum infortunio horribili, civitas ipsa montis Pilosi capta est. Tancredus quidem, et miser ipse Rogerius armis projectis, per latebras et loca civitatis abscondita latuerunt. Inveniuntur tamen a persequentibus, et coram rege Rogerio perducuntur. O quantus dolor, et lacrymarum horror insolitus! quod si lector adesses, dolore turbatus expavesceres. Continuo Rogerium ipsum laqueo suspendi præcepit. Præcepit etiam ut Tancredus ipse, manu sua funem laquei traheret (45) : heu nefas et dictu terribile! Tancredus ipse invitus regis voluntati obtemperavit. Mirabatur omnis exercitus, et facta regis horrebat, cœlorum Regem deposcens, ut tanto tyranno et crudeli viro resistere dignaretur. Quo facto, Tancredum de Conversano
B virum mirabilem custodiri mandavit. Et sicut audivimus apud Siciliam captivus perducitur. Nec mora, civitatem ipsam montis Pilosi, et monasteria, viros et mulieres, omnes habitatores cum parvulis eorum in ore ignis et gladii trucidavit. Inde exercitu amoto, cursu rapido super Trojanam civitatem advenit. Cives autem, quia verbis ejus in dolo pacificis crediderant, securiter eum exspectavere. Episcopus itaque Guillelmus nomine, civitatis clerum omnem, civitatis et monachos, et cives convocans, in albis vestitus, eum laudibus et processionibus coram rege obviavit, cogitans animi ferocitatem sedare, corpora, ut audivimus, sanctorum ad ejus gloriam ante eum perduxit. Rex autem ipse furibundus civitatem in-
C gressus, et securitatis datæ oblitus processionem ipsam et gloriam aspiciens, catholicæ fidei immemor, et Christianæ religionis expugnator, oculis ardentibus processionem illam destruxit : « Nolo, inquit, nolo hujusmodi gloriam, sed vita comite, omnes destruam, et omnes exsulabo. » Clerus autem, et populus, qui obviam exiverant, in fugam convertuntur, et, sicut potuit, quisque absconditur. Continuo cives multos Trojanorum comprehendit, et mulieres, et eorum infantes vinculis destinavit. Judicem quoque Robertum nomine, et quatuor alios viros sapientes laqueo suspendi præcepit. Multi vero Trojanorum cum uxoribus et filiis substantiam omnem relinquentes, ad Beneventum fugerunt. Domos insuper Trojanorum, et eorum bona igne ferroque
D consumi præcipit. O quantus luctus mulierum et infantum per totam civitatem Trojanam surrexit! Quod si centenas voces lingua exprimeret, prius deficerem scribendo, quam omnia singillatim enarrarem. Diebus autem non multis evolutis, exercitu congregato rex præfatus apud Melphitanam civitatem festinavit, quam, sicut audivimus, viriliter comprehendens suæ submisit potestati. Hoc anno præfatus Robertus princeps videns ferocitatem Rogerii regis,

(45) Attende quo more olim, qui suspendii morte erant plectendi, ad supplicium ducebantur; nam ex eorum collo pendentem laquei funem carnifex manu servabat, ac præibat. Petrus Diac. lib. III, cap. 47 ab hac est mente, animam dicens cujusdam Adonis ad æternos cruciatus damnatam, visam esse Gebizoni monacho Cassinensi *jumentorum more ligatam ad supplicium trahi.* Nec aliter capiendus Ostiensis lib. II, cap. 2, iis verbis : *Videns*, inquit, *Adenulfus se non posse principis manus evadere, funem in collum suum misit, et per manus conjugis suæ ad principis pedes se trahi præcepit :* scilicet ut reus mortis. PEREGR.

et Apuliam totam in confusionem, et mortis periculum pervenire, timens etiam, ne rex ipse principatum suum invaderet, consilio accepto, apud Pisanam civitatem, navigiis paratis festinavit, qui quidem honorifice susceptus interrogatur, qua de causa tanti laboris sudorem subiret. Princeps itaque regis Rogerii ferocitatem, et minas ejus, et terrores illatos evestigio exponens precatus suppliciter, ut civitas Pisana auxilii manum et consilii ei largiretur, partis eorum intervenientibus, sicut in inferiori tractatu continebitur. Octavo quidem Kalend. Julii princeps ipse mare ingressus est, et Pisas transfretavit; qualiter autem cum Pisanis egerit nondum plenissime ad nostram perventum est notitiam. Sed redeamus ad causam.

Cum præfatus rex Rogerius Trojanam, et Melphitanam civitatem depopulatus est, sicut accepimus, exercitus sui magnitudinem per partes dividens apud Barensem civitatem repedavit. Hæc inter præfatus comes Rainulphus principatum totum Capuanum submovit, et totius terræ suæ auxilium, et Rolpotonem Beneventanum comestabulum, et Beneventanæ civitatis partes, partiumque angulos, ut omnes armis eductis regi tyranno resistant, qui unanimiter, et mente devota comitis Rainulphi voluntati famulantur. Clamabant quidem prius morti velle succumbere, quam sub nefandi regis imperio colla submittere. Quid longius moror? mille numeratos equites, et viriliter armatos, et peditum fere viginti millia comes ipse congregavit. Comestabulus autem Rolpoto præconis voce civitatem Beneventanam exagitans innumerabilem civium multitudinem secum gaudens eduxit, et eis in unum convenientibus, dum rex ipse taliter Apuliam consummaret, consilio virtutis arrepto, super castrum, quod *la Pelosa* vocatur, festinavere. Castrum illud Ugonis infantis fuerat, qui perjurio facto comitem Rainulphum dimiserat, et regi Rogerio adhæsit. At castrum illud obsessum per quatriduum acriter expugnatum est; machinas continuo lignorum ad muros destruendos comes ipse ordinari præcepit, aquam vero fluminis, quod prope aderat, et fontes ibi contiguos die noctuque custodiri, ne a rusticis hauriretur, viriliter præfatus comes et comestabulus mandavere. Milites itaque castellum illud servantes terrorem machinarum, et domos rusticorum a lapidibus dirutas aspicientes, et sitis periculum imminentis sentientes, ne igne ferroque caperentur, exterriti castrum illud reddiderunt ad præfati comitis potestatem. Deinde, sacramentis intervenientibus, sub fidelitate comitis alligantur. Inde, consilio accepto, prædictus comestabulus cum Beneventanis civitatem Beneventanam gaudens ingreditur. At comes, suis omnibus congregatis, licentiam redeundi ad propria largitur, sacramento firmantes, ut, cum necessitas incumberet, omnes armis eductis convenirent; et sic ad propria unusquisque repedavit.

Eodem anno Crescentius cardinalis, de quo superius mentionem fecimus, cum præfato rege Rogerio

A consiliatur, ut vineæ omnes Beneventanorum et possessiones incenderentur, excogitans terrorem Beneventanæ civitati inducere, et sic civitatem sub nefandi regis imperio subjugare. Rex itaque hujusmodi nefando consilio communicato præcepit, ut vineæ omnes Beneventanorum et hæreditates igne ferroque consumerentur. Nec mora; pars quædam vinearum, et possessionum inciditur, pars quædam combusta est. Lector quidem, si adesses, turbatus expavesceres de tanta vinearum incisione et combustione possessionum. Vindemias dimisimus, famis quidem penuriam, et sitis mortisque genera sustinentes ore vociferabamur aperto, prius pelago et morti terribili colla submittere, quam ejus imperio famulari. Quis unquam mortalium tanti regis nefandi furorem B audiens, ejus dominium subire non pertimescat? Regem vero testamur æternum, judicemque communem, Neronem crudelissimum imperatorem paganorum in Christianos stragem talem non legimus exercuisse. Cumque, sicut prædiximus, præfatus rex Rogerius civitates Apuliæ et oppida, viros et mulieres eorum crudeli manu depopulatus est, consilio accepto, Salernum venit, ibique congregari mandavit proceres quosdam juxta Salernitanam commorantes, et eis accitis tractavit cum eis, qualiter cives Salernitanos et Amalphitanos, sicut Apuliæ, feroci manu perderet. Sed quia congruum sibi tempus non videbatur, quod corde conceperat, imperfectum dimisit, excogitans tempore opportuno adimplere. De- C inde navigio parato, mare ingrediens Siciliam transfretavit XII Kalend. Novembris. Audivimus præterea viginti et tria navigia auro et argento onerata, et mobilium, quæ de civitatibus Apuliæ exspoliaverat, in profundo maris se submersisse, in quibus navigiis multi viri et mulieres ex omnibus civitatibus Apuliæ, et infantes ligati exsules ducebantur, patriam parentesque suos nunquam visuri; qui in eodem naufragio suffocati sunt. O quantus luctus, et dolor horribilis universos fines Apuliæ invasit, cœlorum tamen regem collaudantes, quod de variis mortis generibus et exsilii periculo, eos liberavit, et momento uno de mundi hujus voragine eos eduxit.

Dum hæc et alia, quæ scripta sunt, juxta Apuliam geruntur, prænominatus pontifex Innocentius, et D Robertus Capuanus princeps, salutis accepto consilio, mense Septembri mediante, navem ingrediuntur, et ventis secundis Pisas transfretavere; nam, sicut accepimus, exercitus navium et armatorum virorum, et imperatoris Lotharii virtutem quærentes cordi proposuere, ut Domino favente civitatem Beneventanam, multis variisque calamitatibus oppressam a gutture nefandi regis Rogerii eripiant. Iverat enim præfatus princeps Robertus ad civitatem Pisanam, et cum consulibus et sapientibus viris civitatis satis abundeque tractavit, ut auxilium navalis exercitus ei largirentur. Qui tamen sine populo Januensi hoc promittere noluerunt. Tandem definito consilio, sacramentis intervenientibus, pactum stabilivere, ut circa mensem Martium futurum cum centum naviglis paratis armatorum super nefandum regem Rogerium festinent. Audivimus quoque ducem Venetiarum ad ejus auxilium manum dedisse: ideoque princeps ipse Romam revertitur, et omnia quæcunque cum Pisano, et Januensi populo tractavit, domino papæ Innocentio e vestigio patefecit, sicque cum eodem pontifice ad pactum illud firmandum Pisas festinavere. Cumque sicut prælatum est, rex Rogerius Siciliam peteret, præfatus Crescentius nomine tantum cardinalis, aspiciens quod sui ipsius regis potestate, sicut tractaverat, Beneventanam civitatem non posset submittere, valde cœpit ipse cum aliis Beneventanis de civitate projectis contristari. Deinde multis variisque insidiis, et conspirationibus cœpit quosdam eorum muneribus, quosdam pollicitationibus, sacramentis intervenientibus, alligare. Alligavit revera, ut comestabulum Rolpotonem occiderent, et ejus sequaces, quot invenire possent, et sic armis eductis civitatis plateas invaderent, pacem nomine doloso clamitando. Quibus sacramento taliter alligatis, alios Beneventanos sanioris sensus, et prudentiores præfatus Crescentius decipiendo, mandavit, ut præfatis fautoribus suis manum consilii et auxilii largirentur, quibusdam vero pecuniam transmisit, quibusdam honoris dignitatem pollicebatur. Nam, sicut accepimus, præfatum comestabulum die solemnitatis omnium sanctorum trucidare disposuere. Sed humani generis Salvator, qui reprobat consilia gentium, cujus consilium manet in æternum, dispositiones eorum subvertit. Deinde præfatus Crescentius per totum mensem Novembris cum prædictis fautoribus suis de invasione civitatis et destructione subtiliter et studiosissime tractare non desinit. Quid multa? pestifero invento consilio die festivitatis sancti Andreæ apostoli statuerunt, ut ipse Crescentius, congregatis fere ducentis militibus et peditum multitudine copiosa, ad incidendas vineas Beneventanorum, quæ sunt in loco, ubi dicitur Rosetum, venirent. Incisionem illam cum cives Beneventani vidissent, ad defendendas vineas suas exire pugnaturi deberent, cum quibus exeuntibus prædictum comestabulum Rolpotonem aggredi, et in fugam convertere disposuerunt, ita quidem, ut simulata fide et fraude mortifera, primum ipsi terga vertentes quosdam suorum militum et peditum captivos in manus dimitterent Beneventanorum. Qua de re præfatus comestabulus cum civibus eos prosequi et invadere protinus deberet, et eis ita persequentibus, quidam Beneventanorum præfati Crescentii fautores, et homicidio civitatis alligati, portam sancti Laurentii clauderent, et porta illa viriliter clausa nominatus comestabulus cum Beneventanis, qui secum exierant, civitatem ingredi non possent, et sic præfatus Crescentius cum militibus regis Beneventanos insequerentur usque ad prædictam portam sancti Laurentii, ad quam eum capere destinaverunt, et quot civium invenire potuissent; sicque omnes particulatim trucidarent. Disposuerunt etiam, ut centum milites ad ecclesiam sancti Angeli ad Crucem, quæ est infra confinia portæ Summæ, latitarent, qui stragem illam et captivitatem sentientes, Portam Summam virtute intrarent, deinde viros, et mulieres, et parvulos, et omnia civitatis bona in ore ignis et gladii confunderent, et ita civitatem in potestate regis, et dominio submitterent. Sed Salvator omnipotens, qui castigat et salvat, qui ducit ad inferos et reducit, et post lacrymationem et fletum exsultationem inducit, mortifera eorum consilia et nefandas dispositiones reprobavit. Ipse, inquam, qui reprobat consilia gentium, cujus consilium manet in æternum, reprobavit revera, et subvertit malignorum machinationes, et longe aliter quam ipse Crescentius cum hostibus tractaverat, peractum est. O dolor et dictu terribile! sub colorato nomine Romanæ sedis Beneventanam civitatem, quæ in vigore libertatis, et in B. Petri fidelitate longe lateque permanserat, sub prædicti regis Rogerii crudelitate, exsecrandæ, ut ita dicam, memoriæ, submittere disponebant. Regem quidem testamur æternum, quoniam per civitatis Beneventanæ libertatem viriliter custoditam, et merita apostolorum Petri, et Pauli, et Bartholomæi, et aliorum sanctorum, miseram Apuliam a nefando illo rege captivatam, et usque in Romanos fines provincias de manu ejusdem regis, et desiderio ereptam fore, et ad gloriam perductam sine dubio sperabamus. Sperandum quippe erat, et ante oculos jugiter habendum, quoniam quidem Innocentius pontifex cum Roberto Capuano principe sudore multo et periculo arrepto, pro nobis omnibus redimendis laborabant, sicut in superiori tractatu præmisimus, modo vero apud hostes civitatis disponebatur, nos omnes in mortem, et deprædationem, et dispersionem subjicere. Sed redeamus ad causam.

Præfati igitur Crescentii fautores, velocitate accepta, Beneventanorum sanguinem sitientes adventum inimicorum civitatis, qui secum conjuraverant, sicut superius dictum est, non exspectavere. Continuo in prædicta festivitate sancti Andreæ apostoli, armis acceptis, in plateas exierunt. Quid dicam? mente confusi, fideles B. Petri percutientes, pacem se velle clamabant. Roffridum quidem judicem, et abbatem Paroaldum gladiis percusserunt. Mira res! Quid defuncto, vel ad mortem percussis pax talis proficeret? pacem vero firmari et consolidari, armis depositis, vidimus, et audivimus, et eis in plateas exeuntibus existimabant, ut tota fere civitas dictis eorum, et factis obtemperarent. Comestabulus autem Rolpoto tunc in civitate non aderat; iverat enim comitem Rainulphum allocuturus. Confestim, spiritu fidelitatis accepto, populus omnis Beneventanus insurgens, armis celeriter assumptis, civitatem Beneventanam animose et studiose obtinuimus. Quid plura? nefandos illos viros Crescentii fautores comprehendimus. Comestabulus autem prope civitatem Beneventanam adveniens, et eam turbatam, et in tali ruina positam audiens, confisus in Beati Petri fidelitate, civitatem ingreditur, mori prius velle desiderans, quam sic inopinate civitatem destructam videret. Armis itaque acceptis viriliter et animose cum quibusdam militibus Beneventanis secum venientibus per plateam civitatis ascendit, et ad Portam Summam acceleravit, invenit revera Portam ipsam firmiter clausam, et a fidelibus honeste custoditam. Milites interea Montisfusci cum Beneventanis, qui projecti de civitate fuerant, foris portam Summam venerunt, ut civitatem intrarent, et desideria cordis perficerent, sicut inter se tractaverant. At ubi portam ipsam clausam aspiciunt, paulisper ibi morati sunt: fideles autem B. Petri turrim Portæ Summæ ascendentes milites illos lapidibus projectis ejiciunt, et eam fideliter defendunt. Nec mora, milites illi terga vertentes cursu præcipiti ad suos revertuntur. Confestim comestabulus ipse Portam Summam aperiri præcipiens cum militibus armatis eos mirabiliter insequitur, qui sane timore coacti ad Montemfuscum repedaverunt: in quorum persecutione vir quidam, nomine Joannes Benedicti, qui Beneventanus erat, quique cum præfato Crescentio exierat, captus est. Præfatus autem comestabulus ad civitatem reversus cum B. Petri fidelibus curiam animose gubernavit. Quid multa? prædictum Joannem Benedicti laqueo suspendi præcepit; deinde cæteros alios præditores, quos comprehenderamus, suspendi jussit. Joannem quidem de Lepore, virum nefandæ memoriæ, præfati Crescentii fautorem capite verso in foveam mergi præcepit, et pedibus in altum levatis; heu miser! vitam inaudita morte finivit. His et aliis ita decursis, Beneventana civitas a turbine tanto, et tempestate quievit. Quosdam præterea Beneventanos, qui in suspicione illa tenebantur, præfatus comprehendit comestabulus, et vinculis alligari mandavit per comitis Rainulphi municipia.

Anno Dominicæ Incarnationis 1134 mense Martio XII Indictionis. Hoc anno præfatus princeps Robertus cum duobus consulibus Pisanorum Alzopardo videlicet et Cane, viris sapientibus, et cum aliis fere mille Pisanis ad principatum suum Capuanum revertitur IV Kalend. Martii (46). Qui diligenter a A magistro militum Neapolis, et Rainulpho comite susceptus, omnia, quæ cum Pisanis et Januensibus firmaverat coram papa Innocentio prædicto patefecit, et qualiter tria millia librarum argenti Pisanis in auxilium suum venientibus, sacramento mediante, dare deberet: prædictus autem magister militum et comes Rainulphus hæc audientes, gaudio magno gavisi sunt, factisque omnibus a principe recitatis fidem attribuerunt. Nec mora, per Ecclesias Neapolitanæ civitatis et Capuanæ discursum est, et pecuniam illam argenti cursu celeri congregavere. Quid plura? thesaurum ipsum argenti ad Pisanos transmiserunt, rogantes, ut cum festinatione ad eorum auxilium subvenirent. In quorum comitatu Gregorium Beneventanum electum cum quibusdam sacer- B dotibus suis mandaverunt, quatenus afflictionem Beneventanæ civitatis domino papæ, qui illic aderat, et Pisanis intimaret. Quibus ita peractis, rex Rogerius memoratus, navigiis galearum fere sexaginta paratis Salernum pervenit. Continuo galeas illas ad civitatem Neapolim debellandam mandavit, et eis applicantibus usque ad portum Neapolis, expugnatum est. Cives Neapolitani, armis acceptis, viriliter galeas illas pepulerunt, deinde castella Neapolitanorum ibi contigua deprædati sunt, sicque ad regem remeaverunt. His et aliis ita decursis, præfatus rex Rogerius, congregato exercitu Siculorum et Apulorum, Abellinum civitatem advenit. Inde amoto exercitu, aurora surgente, castellum C quoddam nomine Prata, quod erat Guillelmi de Abinalia, insilivit. Castrum quidem ipsum putans fore securum, et a tanto exercitu imparatum fuerat. Quid dicam? momento uno captum est, et in ore ignis, et gladii consummatum: ibi milites mortuos, vulneratos, et captivos audivimus. Eadem die castrum illud Alta cauda, et Grucla, et sub monte ad Ranem de Fraineta pertinentia, comprehendit (47). Dum hæc, et alia crudeli manu agerentur, Beneventanam civitatem, totumque Capuanum principatum timor invasit. Rogabamus itaque Salvatorem omnium, ut nobis omnibus solita pietate subveniret. Quantas autem lacrymas et voces in altum levatas

(46) Si initio hujus anni Falconiani, inchoati a Martio, Robertus ad suum rediit principatum, id utique non in IV Kal. Martii, nam sic in exitu ejus anni contigisset, sed in IV Nonas incidit, vel Idus. Ipse plane princeps, ut idem noster tradit, *an.* 1133, VIII *Kal. Julii mare ingressus, Pisas transfretavit; factumque cum Pisanis stabilivit, ut circa mensem Martium futurum cum centum navigiis paratis armatorum super nefandum regem Rogerium festinarent.* PEREGR.

(47) Scribo *Raonem;* ut pluries illum dicit Falco, quem non confundas cum altero Raone, Ceppaluni similiter domino, jam ab anno 1120 præmortuo: nec distinguas a Radolfo, ut ipsum appellat Alexander Telesinus lib. II, cap. 54; namque Nortmanni hoc nomen, *Rao*, videntur efferre etiam consuevisse, *Rayno*, *Radolfus*, sive *Raydolfus*, et *Ranolfus*, sive *Raynolfus:* de quo nunc non afferam exempla. Ipsum potius Telesinum præfato loco emaculandum collatione nostri Falconis obiter indicabo; qui Radolfum *de Frameto*, pro *de Fraineto* · *Grintla Simonlo*, et *Altacunda* habet, pro *Grucla*, *Submontum*, et *Alta*, sive *Alzacauda*. Et insuper subsequenti cap. 55, D sicut etiam antecedenti cap. 25 est depravatus in vocabulo oppidi *Tressancti;* pro quo utrobique nunc legitur: *Cressanta:* nimirum errore nato, quod Nortmanni inducta super majusculum *C* transversa quadam lineola, facile lectorem fallebant, qui ipsum ab *T* ob consimillimam formam non distinguebant; unde ipse etiam Alexander cum esset *abbas Cœnobii Telesini*, reputatus est, ac dictus *abbas Celesinus:* Sed nec prætereaın, eodem cap. 55, legendum esse *Suis proceribus baronibusque instanter omnibus mittens:* non, *principibus* (*Procerum* etiam lego apud eumdem lib. eod. cap. 37, non, *principum*) qui sane sub magno cæteroquin comite Raynulfo fuere nulli: Falco hac pag. 119 dicit *milites omnes et proceres*, virosque ecclesiasticos tunc convenisse. Sed et ipse auctor noster pag. eadem auxilio eget, verbo diminutus, ubi legendum, *quadraginta equites, et mille fere pedites Beneventanos transmisit.* Nunc deest *pedites.* PEREGR.

Beneventanorum, Neapolitanorum et Capuanorum, A omniumque circumquaque habitantium, lector si adesses, mirareris, et crinibus solutis misericordem Dominum invocabamus, et castris illis ita comprehensis rex ipse Rogerius revertens castra Roberti principis comprehendit, palmam quidem et Sarnum. Audiens autem talem tantamque stragem, et invasionem comes prædictus Rainulphus, et Robertus princeps et magister militum, mirabiliter mirabiliusque insiliunt, et præconis voce tubisque sonantibus civitates suas, et oppida et vicos submoverint, ut unusquisque armipotens omnibus eorum armis eductis insurgeret, et tali tantoque tyranno obviaret. Quid longius morer? Cœlorum Regem testamur, milites omnes, proceres, sacerdotes, clerici, juvenes et senes occurrerunt, et mirabili et potentissimo exer- B citu congregato, gaudio magno festinant vocibus apertis dicentes : *Melius est mori in bello, quam videre mala gentis nostræ et sanctorum*; et eis ita congregatis apud castellum Marilianum, exercitus ipse castrametatus est. Ad auxilium vero eorum Rolpoto Beneventanorum comestabulus quadraginta equites, et mille fere Beneventanos transmisit. Cumque præfatus rex taliter comitem Rainulphum, et principem paratos persensisset, super castrum Nucerium festinavit, putans illud momento, sicut et cætera comprehendi, et circa flumen nomine Sarnum milites et sagittarios posuit, ne comes cum suis ad eum transiret. Interea castrum illud Nucerium acerrime ab exercitu regis expugnatum est. C Rogerius autem de Surrento a principe ibi ordinatus, cum centum quinquaginta militibus, et sagittariis multis, et armatis viris fidelibus, nihil eorum quæ inferebantur trepidabat, et quotidie et animose castrum illud tuebatur. Quid multis? proditione quorumdam regis amicorum, castrum illud Nucerium in potestate ipsius regis datum est; deinde castrum Sarni et Lauri, et universa oppida rex ipse suæ obtinuit potestati. Cumque castrum illud Lauri sic comprehensum esset, prædictus princeps, et comes Rainulphus, et magister militum mirabiliter turbati sunt. Congregant itaque mille fere equites et multitudinem peditum copiosam, ut castrum illud Lauri de regis potestate evellant, sed, proceres principis et comitis Rainulphi, pecunia regis accepta, D auxilium eis, sicut juraverant, inferre distulerunt. Unde princeps ipse dolore commotus, Neapolim properans Pisas transfretavit. Præfatus autem comes Rainulphus baronum suorum nequitiam comprehendens, et quia tanto regi obsistere non poterat, sacramento interveniente sub regis potestate colla submisit. Audiens autem Rolpoto Beneventanus comestabulus comitem illum Rainulphum ad regis imperium pervenisse, animo consternatus die Kalendarum Julii de civitate Beneventana exiens Neapolim ingressus est quem comestabulum mille, et eo amplius Beneventanorum secuti sunt. Triduo autem post comestabulus ipse Rolpoto timore perculsus navigio parato, ne in manus regis traderetur, cum quibusdam fidelibus suis, et duobus filiis Pisas festinavit, et eis navigantibus, judicio Dei superveniente, navis illa confringitur, et sic ipse cum uno filio suo, et duobus fidelibus suis, inter procellas maris mortui sunt. Alter vero filius evasit. Rex autem comite illo accepto, Capuam, et Aversam, et totum principatum comprehendens Salernum adivit, et ibi non multis diebus commorans, victorque effectu Siciliam repedavit. Pontifex autem sub Anacleti nomine coloratus cursu rapido Beneventum venit, et civitatem illam ipsius regis virtute suæ obtinuit voluntati, et domos quorumdam Beneventanorum destrui præcepit. Princeps præterea Capuæ a papa Innocentio, qui Pisis aderat, honorifice suscipitur, et ibi usque ad mensem Martium permansit.

Anno 1135 Dominicæ incarnationis, et sexto anno pontificatus domini Innocentii mense Martio indictionis XIII. Hoc anno princeps ipse septimo die stante mensis Aprilis cum viginti navigiis Neapolim venit, et comprehendit Aversam et Cuculum, quibus comprehensis Neapolim princeps ipse revertitur, et ibi immoratus est cum Pisanis ipsis. Eodem anno præfatus comes Rainulphus venit Neapolim cum quadringentis militibus, et civitates suas, et oppida dimisit. His ita peractis præfatus rex medio mense Junio venit Salernum, et exercitum congregavit, et super Aversam perrexit, et eam igne, ferroque est depopulatus, et bona eorum diripuit. Cumque rex ipse stragem illam fecisset, super Neapolim venit, et diebus novem eam obsedit, sed populus civitatis, et princeps nihil ex hoc trepidabant. Rex autem civitatem illam capere non posse aspiciens, eam dimisit, et Aversam perrexit, et eam reædificari præcepit. His ita decursis præfatus populus Pisanorum cum aliis viginti navigiis, quæ supervenerunt, civitatem Amalphitanam pergunt, et eam comprehendunt, et ejus universa bona diripiunt, sicque divitiis multis locupletati Pisas redeunt simul cum principe. Rex autem, Pisanorum exercitum reverti comprehendens, iterum Neapolim obsedit, cumque die quodam in festivitate Nativitatis Sanctæ Mariæ, Rex ipse navale bellum cum Neapolitanis incipere vellet, en subito tempestas adfuit, et omnes naves illas divisit; ita quod in profundum mergi putarent, et sic ad portum Puteolanum revertuntur. Tunc rex videns neque mari neque terra, contra civitatem agere, navigia illa reverti præcepit, et ipse Salernum repedavit, deinde Siciliam ingressus est. Cumque Robertus princeps Pisas reverteretur, consilio domini papæ Innocentii simul cum domino Girardo cardinali, et Riccardo comitis Rainulphi germano ad gloriosum Lotharium Imperatorem festinavit, qui honorifice ab ipso imperatore suscipiuntur, et ei qualiter principatum suum perdidisset, lacrymis multis intimavit. Precatur etiam, ut pro amore domini papæ sibi succurreret, et quod injuste perdiderat, redintegraret. Imperator itaque muneribus multis ei datis, promisit se ipso anno venturum ad Romanæ sedis libertatem, et ejusdem principis restitutionem, et sic princeps ipse reversus domino papæ Innocentio cuncta narravit. Ipso anno magister militum Pisas perrexit, ut auxilium ab apostolico Innocentio et Pisanis inveniret, qui a Pisanis diligenter susceptus est, et promiserunt libentissime ei auxilium inferre, sed quorumdam inimicorum consilio auxilium illud promissum destructum est. Unde magister ipse militum vehementer turbatus Neapolim revertitur, et civitatem suam viriliter tenuit.

Anno 1136 Dominicæ Incarnationis, et septimo anno papæ Innocentii, dum hæc et multa alia agerentur, præfatus imperator apostolico Innocentio mandavit, ut eum præstolaretur, quia, Domino favente, sicut promiserat, in festivitate S. Jacobi venire despondebat. Pontifex autem spirituali gaudio gavisus magistro militum destinavit omnia, quæ imperator ei mandaverat, deinde princeps ipse audiens civitatem Neapolim famis periculo urgeri cum quinque navigiis ad eamdem civitatem venit, et imperatoris adventum firmiter propalavit et cursu celeri Pisas revertitur. Continuo ad imperatorem festinans invenit eum Montes descendisse (48), et super civitatem Cremonam castra sua posuisse. Illico pedibus ejus advolvitur lacrymis rogans, ut sibi exhæredato subveniret. Interea ad tantam famis asperitatem civitas pervenit Neapolitana, quod infantes multi, pueri, adolescentes, juvenes, senes etiam utriusque sexus per civitatis plateas, et domos spiritum exhalabant. Sed magister militum, et ejus fideles, qui libertati invigilabant civitatis, quique antiquorum suorum sequebantur honestatem, mori prius famis morte malebant quam sub nefandi regis potestate colla submittere. Hæc inter præfatus imperator litteras suas signatas propriis legatis suis magistro militum, et civibus suis destinavit consolationis verba describens, ut fidelitatis propositum teneat, qui, favente Domino, in proximo ad ejus liberationem festinaret. Legati vero illi coram omnibus juraverunt imperatorem illum ad civitatem Spoletum dimisisse. Diebus autem non multis excursis, en adest legatus alius ipsius imperatoris litteras ferens, consolationis similiter verba continentes, qui eum dimisisse apud fluvium Piscariam affirmavit. Item in subsequentibus diebus alias transmisit imperator litteras continentes se in proximo venturum in Apuliam, et Italiam a tanta perditione redempturum. Archiepiscopus præterea Marinus civitatis Neapolitanæ, et Philippus de Acerra civis Neapolitanus vir prudentis ingenii, et Rainulphus comes, qui obviam imperatori dudum exierant, similiter litteras suas consolationis magistro militum delegavit. Litteris itaque talibus acceptis, et tali suspensi Neapolitani promissione, licet fame coacti, imperatoris tamen illius exspectabant adventum.

Anno 1137 et anno octavo pontificatus Domini Innocentii (49) mense Martio, xv Indictionis præfatus apostolicus Innocentius, qui tunc Pisis morabatur, consilio communicato de civitate Pisana exivit, et apud civitatem Bitervum advenit, præfatum imperatorem allocuturus. Imperator igitur Henricum generum suum cum tribus millibus equitum ad pontificem destinavit Innocentium, addens se facturum ut Romanos fines teneat, et principi Roberto principatum suum restituat. Ipse vero Marcas adire disposuit. Apostolicus autem continuo Romanos fines advenit, et civitatem Albanum, et provinciam totam Campaniæ suæ obtinuit fidelitati. Romam quidem ingredi noluit, ne in Romanorum negotiis impediretur. Præfatus autem imperator flumen Piscariæ adveniens, Pascha Domini ibi celebravit. Inde flumen illud transiens, civitatem Termulensem, et illius provinciæ comites obtinuit, et inde amoto exercitu, Apuliam ingreditur, et civitatem Sipontum, et montem Sancti Angeli octavo die intrante mensis Maii comprehendit. Tantus itaque timor totam invasit Apuliam, quod universus populus usque ad civitatem Barum, ad ejus imperium alligatus est. Et his actis apostolicus ipse ad civitatem Sancti Germani pervenit, quam suæ submisit ditioni. Inde Capuam veniens Roberto principi eam restituit, et his actis Beneventum venit prædictus apostolicus decimo Kalendas Junii, et retro montem Sancti Felicis prope Beneventum cum Henrico duce prædicti imperatoris genero castrametatus est. Continuo dominum Girardum cardinalem virum prudentem, et discretum prope civitatem misit Beneventanam, ut cum Beneventanis loqueretur, utrum cum eo pacis firmamentum ponere vellent. Venerunt itaque ad eam quidam de civibus Beneventanis, et cum illis satis abundeque de civitatis concordia tractaverunt, et his actis ad dominum apostolicum omnia, quæ dicta sunt, exposuit prædictus Girardus cardinalis. Alio autem die adveniente prædictus apostolicus, consilio arrepto, castra inde amovit die videlicet Sabbati, et ex hac parte prædicti montis Sancti Felicis transivit cum exercitu prædicti ducis Henrici, et in planitie Sancti Petri apostoli juxta flumen Sabbati, viriliter et animose castra apponi præcepit. Beneventanus autem populus horum, quæ fiebant, nihil agnoscere poterat. Cumque taliter in prædicta planitie Sancti Petri castra apostolici, et ducis illius ponerent, fama talis tantique facti civitatem percussit Beneventanam, et Rossemannus, qui tunc præerat Romanæ sedis adversarius cives fere universos submovit, ut contra apostolicum venien-

(48) Scribe littera grandiuscula: *Montes*, quo absoluto nomine nobis Italis dicuntur *Alpes*; pari ratione, ac *omnes altitudines montium*, teste Servio ad Æn. lib. x: *A Gallis Alpes vocantur; proprie tamen montium Gallicorum sunt*, illorum scilicet quibus Gallia ab Italia separatur. PEREGR.

(49) Descripta a Falcone hoc anno recitat ex eo Baronius verbis plerisque in locis, sed leviter, immutatis, sicuti nonnulla etiam alia anno 1138 et 1139. PEREGR.

tem insurgerent, et ad eorum posse resisterent. Nec mora, prædictus Girardus cardinalis vocari fecit Landulphum judicem Beneventanum, et Lodoicum medicum, et Malfridum de Grimaldo abbate, ut de pacis fœdere loquerentur, et civitatem domino papæ Innocentio redderent. Exierunt itaque viri illi vocati, et petitionibus apostolici faventes civitatem revertuntur. Præterea ad horam fere nonam quidam Beneventanorum exeuntes cum Teutonicis pugnare cœperunt, putantes eis timorem inducere, et eos in fugam sectari. Dux vero illorum nominatus Henricus, audiens Beneventanos ita super se insilire, armari suos omnes occulte præcepit, et catervatim eos a castris exire disponens præcepit, ut Beneventanos sic stulte et furiose exeuntes, insidiis positis, præoccuparent. Quid multis? en ex improviso leonum more frendentes Teutonici insiliunt, et Beneventanos illos, qui contra eos pugnabant, usque ad Pontem majorem in fugam convertunt. In fuga vero illorum quadraginta ferme capti sunt, et quidam illorum trucidati, inter quos Petrus de Populo vocatus, capite abscisso, heu miser! exhalavit. Alter vero, Priscianus nomine, civitatis notarius, ibi mortuus est vulneribus multis afflictus. Decem vero vulneratorum, qui de captione evaserunt post dies quadraginta mortui sunt intra civitatem. Cumque taliter cives Beneventani capti, trucidati, et morti dediti essent, timor continuo civitatem invadit Beneventi, et luctus, quod, si lector adesses, mori cum eis putares et afflictione multa deficere. Nocte itaque insecuta, cives, qui capti fuerant, vinculis districti sunt, et alligati. Mane autem facto, die quidem Dominico, ad dominum papam veniunt quidam de civibus Beneventanis viri sapientes, et discreti, qui omnia, quæ apostolicus exquisierat, assecuti sunt, continuo captivos cives Beneventanos, quos Teutonici comprehenderant dominus apostolicus absolvi jussit, et ad propria reverti. Et sic sacramentis firmatis, fidelitatem domino papæ complures civium, qui ad ipsum pontificem exierant, juraverunt. Cumque taliter sacramenta illa perficerentur, vir quidam Jaquintus nomine, civis Beneventanus, quique per triennium exsulaverat, ultionem reddere de acceptis excogitans, Teutonicos omnes submovit, ut civitatem ingredientes, quot possent, caperent et bona eorum auferrent; qui cursu rapido armis acceptis insiliunt, et usque Portam Ruffini festinaverunt, sed quia Portam illam hi, qui intrinsecus erant, firmiter clauserunt, civitatem ingredi non potuere. Fama itaque tantæ invasionis cum ad aures pontificis Innocentii pervenit, prædictum ducem Henricum vocari mandavit, ut exercitum illum compesceret, et a tali mortifera aggressione illum prohibeat. Confestim dux ille pervolat, et totum illum exercitum ad castra reverti mandavit; sicque civitas ab eorum invasione evasit. Jaquintus vero ille per clavicam, quæ Sancti Renati vocatur, ingrediens, cum quibusdam consociis suis ad sacrum palatium curiæ festinans perrexit, et Crescentium cardinalem pontificis Innocentii ad-

A versarium, qui tunc ibi occultabatur comprehendit. Nec mora, per plateam illum ducentes ad dominum papam captivum illum transmiserunt; deinde in eadem platea, Bernardum, qui comes palatii vocabatur, ejusdem pontificis contrarium Jaquintus ille invenit, quem audacia assumpta capere conatus est, quatenus eum in captionem prædicto apostolico delegaret; qui Bernardus videns se sic turpiter capi, quibusdam sociis suis secum equitantibus exclamavit, ut quantocius succurrant, et eum a tanta captione eripiant, qui statim ensibus evaginatis Jaquintum illum feriunt, et plagis crudeli manu impositis terratenus illum de equo prosternunt, et sic Bernardus ille a captione illa liberatur. Invadit igitur civitatem illam timor mirabilis, et bonis suis oblitis, cives attoniti B ruinam inauditam, et deprædationem metuebant. Præfatus autem Jaquintus ita crudeliter vulneratus ad manus quorumdam ad sororis domum perducitur, et sic novem dies sine sensu et memoria advivens mortuus est. Dominus autem apostolicus sic illum vulneratum et mortuum, suaque sponte taliter fuisse perductum audiens, ut erat sapientis animi, et pacifici cordis, nullam cum Beneventanis, qui eum interfecerant, excitavit quæstionem. Bossemannus autem, qui tunc contra voluntatem ipsius apostolici episcopus fuerat, et qui civitatem violento nomine tenuerat, noctis silentio timore coactus fugit. Quibus omnibus ita peractis, ita prædictus Falco judex, et Falco abbatis Falconis, et Saductus, et Pando, et C Potofridus, et Adonibezet, qui per triennium exsules fueramus, cum aliis Beneventanis similiter exsulibus, licentia prædicti pontificis ad propria reversi sumus. Cœlestis quidem regis magnalia laudantes, qui post tribulationem, et fletum exsultationem inducit. Præfatus autem apostolicus supranominatum Girardum cardinalem ad civitatem mandavit, ut a civibus universis fidelitatem acciperet, quod et factum est.

His omnibus ita evolutis, pontifex Innocentius sacramentis fidelitatis acceptis, consilio habito, iter arripuit VIII Kalend. Junii, ut ad imperatorem nominatum festinaret; veniens autem ante Portam Summam, populum civitatis, qui eum ibi præstolabatur, pontifex ipse taliter allocutus est: « Gratias vobis D agimus, fratres et domini, quia corde hilari et voluntate sincera fidelitatem nobis peregistis; rogo itaque fraternitatem vestram et probitatem, ut pacem teneatis et constantiam justitiæ inter vos; civitatem vero intrare modo non possumus pro multis variisque negotiis, quæ cum domino imperatore definienda decrevi. Sed his divina clementia definitis, ad vos revertemur, et de civitatis utilitate tractabimus; nunc vero prædictum fratrem nostrum cardinalem Girardum vobiscum morari permittimus, qui erga vestras utilitates assidue invigilabit et pacem inter vos continebit. » Hæc et his similia pontifex ipse ubi allocutus esset, iter cœptum arripiens, ad prædictum imperatorem tetendit Lotharium, quem super civitatem Barensem eam acriter obsidentem invenit.

Cardinalis igitur nominatus Girardus jussu prædicti apostolici in Beneventana civitate moratus est, et confestim sacrum Beneventanum palatium ascendens, civitatis utilitates, data pace circumquaque, operabatur. Inter cæteras ejus dispositiones præcipue pacem tenendam viribus totis, ore et corde prædicabat. Prius vero quam apostolicus de civitate discederet. Octavianum subdiaconum, virum prudentem, et sapientis animi, rectorem Beneventi ordinavit, qui simul cum domino Girardo statum civitatis, et pacis firmamentum studiose regebat. Cumque pontifex ipse apud imperatorem pervenisset, cum præfato duce Henrico, honore mirabili et gaudio ab imperatore suscipitur. Deinde Barensis populus castellum civitatis, quod pro eorum afflictione rex Rogerius fabricari jusserat, valde terribile et munitum expugnaverunt, sicque per quadraginta dies illud obsidentes cum Teutonicorum auxilio, virtute multa castellum illud comprehenderunt, et terratenus prostraverunt. Custodes autem castelli, quia jam amplius illud defendere non poterant, capti et trucidati, et in mare præcipitati sunt. Sicque de tali tantaque victoria tota Italia, et Calabria, Siciliaque intonuit, et Regi cœlorum gratias agens de tanti tyranni gutture eripi gaudebat. Inde maritima omnis usque ad Tarentum, et Calabriam ad imperatoris fidelitatem alligari satagebat. Cumque castellum illud Barense taliter comprehensum est, super civitatem Melfium apostolicus et imperator venerunt, et eam viriliter obsidentes, diebus non multis elapsis, comprehenderunt, et suæ obtinuerunt fidelitati. Hæc inter Pisanorum exercitus, sicut juraverat, centum navigiis armatis ad civitatem pervenit Neapolitanam. Nec mora; jussu prædicti imperatoris super civitatem Amalphitanam festinat, excogitans igne ferroque eam depopulari. Cives autem Amalphitani, consilio salutis invento, pecunia multa data, ad imperatoris et Pisanorum permansit fidelitatem; inde super Rebellum, et Scalam properantes eas invadunt, et universa eorum bona diripientes, in ore ignis et gladii eas consumunt. Viros quoque et mulieres cum eorum parvulis captivos perducunt, sicque super tali vindicta gavisi, ultra quam credi potest, insultant. Interim præfatus imperator, et apostolicus civitatem dimisit Melfium, et civitatis Potentiæ fines descendit: ibique juxta fluenta de lacu Pesele per dies fere triginta moratur. Inde universa Apuliæ oppida, et civitates ad suum imperium alligavit. Et his actis mandavit imperator, ut Pisanorum exercitus Salernum obsideat; præcepit quoque Roberto principi et magistro militum Neapolitanorum, ut viribus totis et armis simul cum Pisanis eamdem Salernitanam obsiderent civitatem; quod et factum est xv Kalend. Augusti. Quinetiam Rainulphum comitem, quem affectione multa secum detinebat, mille Teutonicorum viris ei datis, super civitatem ipsam Salernum destinavit: quibus ita convenientibus prope muros obsederunt. In civitate illa revera quadringenti milites aderant, qui civitati invigilantes, Pisanos et principem, suosque omnes quotidie expugnabant. Quadam itaque die, sicut accepimus, certatum ad invicem validissime est inter eos, et de militibus illis Rogerii Siculorum captivi ducti sunt et alligati. Consules præterea Pisanorum, civitatis constantiam aspicientes, quia talis tantaque caterva militum intererat, consilio communicato, lignorum machinam mirabiliter mirabiliusque excelsam, et ultra quam credi potest, terribilem construi, summaque cum festinatione levari mandaverunt. Unde factum est, quod populus civitatis mortis periculo oppressus mortem exspectabat. Audiens autem imperator civitatis Salernitanæ constantiam, et quia igne ferroque Pisani eam obsidebant, consilio invento, simul cum domino apostolico ad eamdem civitatem celeriter festinavit. Sequenti igitur die sapientes civitatis ad ipsum imperatorem venere, et pactis intervenientibus, civitatem ipsam suo imperio submiserunt. Quidam vero militum illorum, securitate accepta licentiam excundi impetrarunt; quidam vero et prædicti Rogerii proceres ad turrem majorem, quæ super civitatem erat, confugerunt. Sicque civitas ipsa in gaudium conversa, sub tali tantoque imperio exsultabat. Audiens autem populus Pisanorum civitatem Salerni sine eorum consilio, et voluntate ab imperatore captam fuisse, mirabiliter contristati sunt, et furore arrepto machinam lignorum factam combusserunt, et paratis navigiis Pisas regredi disponebant, sed apostolici Innocentii precibus et promissionibus coacti ad imperatoris voluntatem reversi sunt. Sicque castrum illud Turris majoris pro eorum discordia dimissum est. His ita peractis præfatus imperator et apostolicus castra inde amoventes, Abellinum venerunt; deinde Beneventum et juxta fluvium Caloris ex hac parte Urbiani, ad ecclesiam Sancti Stephani castrametati sunt, secundo die stante mensis Augusti. Cum autem Abellinum venisset apostolicus ipse Innocentius, ducem ad defensionem Apuliæ ordinare nomine suo satagebat. Imperator vero nomine suo, contra voluntatem apostolici ordinare volebat. Unde factum est, ut per triginta fere dies ad invicem discordatum sit, sed sapientum consilio communicato, discordia talis destructa est. Quid multa? divina favente clementia, et ipso imperatore favente, omnibusque suis, apostolicus nomine suo ad B. Petri fidelitatem comitem Rainulphum virum utique prudentem, et discretum in ducem elegit, et eo electo vexillum ad honorem ducatus apostolicus et imperator in conspectu omnium ei tradiderunt et confirmaverunt. Unde nemo tempore isto viventium recordari poterit, tali lætitia et honore ducem aliquem fuisse electum. Cumque taliter in prædicto loco castrametati sunt, triduo post, die videlicet Kalendarum Septembris imperatrix nomine Floridas, militibus fere centum assumptis, ad ecclesiam B. Bartholomæi apostoli venit Portam auream ingrediens, et missarum solemnia ibi audiens, pallium quoddam super altare Beati Bartholomæi, et libram unam argenti obtulit. Præ gaudio vero Beneventanus populus utriusque sexus, quia per innumera annorum curricula imperatricem sive imperatorem non vidimus, cursu præcipiti ad ipsam intuendam imperatricem ex omni parte civitatis festinavimus, et gratias Deo agentes exsultavimus, quia, quod patres, avi, proavi videre non potuerunt, temporibus nostris vidimus. Ea autem basilicam ipsam B. Bartholomæi egrediens per mediam plateam civitatis ascendit, et per Portam Summam exiens ad exercitum suum remeavit. Triduo autem post imperatricis adventum præfatus apostolicus Beneventanam civitatem intravit, et a Clero et populo universo honorifice susceptus est. Altera autem die adveniente in sacro Beneventano palatio sedens in conspectu cleri et populi Beneventani clamavit, ut si quis contra personam sive electionem Gregorii Beneventani electi canonice et rationabiliter opponere vellet, litera fronte opponeret; sed clementia divina opitulante, et quia electus ipse vitam suam religiose custodierat, nemo civium contra ejus electionem objecit. Apostolicus itaque hoc aspiciens gratias Deo egit, et ipse de persona, et vita electi testificatus est honeste et religiose, et eidem electo præcepit, ut de peccatis suis confiteatur, et die Dominico adveniente, Spiritu sancto cooperante consecrationem acciperet. Quid multa? die adveniente Dominico apostolicus ipse Ecclesiam episcopii descendit, quinto die videlicet intrante mensis Septembris electum ipsum consecravit, ad cujus consecrationem patriarcha interfuit Aquilejæ, et complures alii archiepiscopi, episcopi et abbates Teutonicorum viri religiosi. Lector, si interesses, revera miratus diceres archiepiscopum quemlibet Beneventanum tanto honore et reverentia consecratum nunquam fuisse, et eo consecrato, apostolicus ipse palatium revertitur. His ita peractis, judices et sapientes civitatis eumdem Dominum papam precantur, quatenus apud imperatorem intercederet, ut de antiqua afflictione, quam civitas longe lateque perpessa est, imperator ipse Beneventanos liberaret; videlicet de vinearum fidantiis et angariis, terratico et de omnibus redditionibus quas Normandis reddere soliti sunt, quoniam quidem nos, et patres nostri, avi et proavi Deum oravimus, ut imperatoris adventum partibus istis largiri dignaretur, per cujus adventum libertatis vigorem et securitatis consequeremur. Nunc vero, Pater sanctissime, et quia voluntas, et potestas concessa est bene nobis faciendi, lacrymis omnium oramus, ut de tanto periculo tributorum civitatem B. Petri eripias. Apostolicus itaque pietate divina correptus super civitatis longa afflictione condolens patriarcham Aquilejæ aliosque cardinales, et Girardum specialiter cardinalem suum presbyterum virum valde venerabilem, et discretum ad imperatorem direxit, qui foras in prælato loco castrametatus erat, expostulans, ut comiti Rogerio de Ariano præciperet, ejusque baronibus, ut fidantias et omnes redditus, quos de hæreditatibus Beneventanorum habere solitus erat, quietus dimitteret. Imperator itaque precibus apostolici acceptis, absque mora, vocari fecit præfatum comitem, ut cum baronibus suis veniret, et sacramento interveniente, petitionibus apostolici obtemperaret. Comes itaque adveniens coram imperatore confessus est, se hoc juravisse et confirmavisse tempore comestabuli Rolpotonis, qui pro civitate hoc petierat. Denique barones, quos secum duxit, jurare coegit, sicut apostolicus exigebat. In primis Alferius Draco, et Robertus de la Marra, et Bartholomæus de Petrapulcina, et Tadeus de la Græca, et Girardus de Lanzulinu, et Sarolus de lo Tufo, et sic juraverunt: « Juro, et promitto, quod ab hac hora in antea non quæram, nec quæri permittam de cunctis hæreditatibus Beneventanorum fidantias, angarias, terraticum, olivas, vinum, salutes, nec ullam dationem, scilicet de vineis, terris aspris, silvis, castanetis, et ecclesiis, et liberam facultatem tribuo in hæreditatibus Beneventanorum venandi, aucupandi, et in eis et de eis quodcunque voluerint faciendi, et per hoc mercatum civitati non disturbabo, nec disturbari consentiam. Hæc omnia attendam bona fide sine fraude. » Taliter eis jurantibus, præcepit imperator, ut alios suos barones Montisfusculi vocaret ad idem sacramentum faciendum. Quibus actis, præfatus Girardus cardinalis cum sapientibus civitatis omnia hæc domino papæ retulerunt. Hoc sacramentum factum est sexto die intrante mensis Septembris. Altera autem die idem Girardus cardinalis cum judicibus ad imperatorem tetendit, ut ab ipso comite, et suis baronibus sacramentum hujusmodi acciperet. Comes vero Rogerius sacramentum illud facere noluit, confitens se tempore præterito illud fecisse, suos vero barones de Montefusco jurare præcepit, videlicet Raonem de lo Tufo, Accardum, Gemundum, Eternum, Onfridum, cæterosque, qui circa Beneventum fidantias accipiebant, et his taliter actis Salvatori Deo, et Innocentio papæ gratias egimus, cujus virtute, et gratia tantam consecuti sumus libertatem. Quibus ita peractis præfatus imperator de prædicto loco castra amovens, viam Romam redeundi arripuit, qui ante Portam Summam cum toto suo exercitu transivit, et prædictus apostolicus cum illo festinavit nono die intrante mensis Septembris (50). Tunc ipse imperator castrametatus est, ubi Tres-Sancti nominatur; deinde Capuam petens, Romam transierunt. Quid multa? Imperii sui altitudinem et palatia imperator ille repedavit. Apostolicus autem Innocentius palatium Lateranense adivit. Audiens itaque nominatus rex Rogerius imperatorem illum viam redeundi arripuisse, exercitu convocato Salernum venit; continuo super Nuceriam veniens, illud suæ obtinuit potestati, deinde castra amovens totam terram Rainulphi comitis obtinuit; inde procedens Capuam furore multo et tempestate comprehendit, et eam igne ferroque depopulatur; universa siquidem civitatis illius

(50) Hæc omnino cum iis congruunt, quæ in Serie abbatum Cassin. de tempore observabam, quo Innocentius et Lotharius apud Cassinum simul fuerunt. PEREGR.

spolia et divitias partim igne, partimque virtute consumi præcepit; ecclesias quidem, et earum ornamenta diripuit, mulieres quoque, et sanctimoniales in opprobrium conversæ sunt, et his taliter evolutis Abellinum, et usque ad confinia Beneventi obtinuit. Confestim magister militum Sergius civitatis Neapolitanæ ad suam convertitur fidelitatem; deinde judices Beneventanæ civitatis cum aliis civibus regem ipsum adeuntes ad Anacleti fidelitatem, et ipsius regis amorem civitatem submittunt Beneventanam, Innocentii papæ fidelitatem parvipendentes, et his actis convocato exercitu civitatem Beneventanam applicuit, et ante Portam Summam medio mense Octobris transiens ad montem Sarchum festinavit, quod suæ obtinuit potestati. Et inde procedens super civitatem comitis Riccardi cursu volucri properavit, quam comes ille dimittens ad ducem confugit Rainulphum; sicque civitatem illam suæ voluntati alligavit. Inde montem Corvinum capiens in ore ignis et gladii illud consumi præcepit, et spolia ejus diripuit. Dux igitur Rainulphus memoratus audiens regem illum ob ejus confusionem Apuliam fuisse ingressum, et ejus desolationem quotidie tractare, Barensem populum et Tranensem, Trojanum et Melphiensem, et mille quingentos milites congregavit, affirmans prius morti velle succumbere, quam vitam ducere infelicem, et taliter dux ille paratus prope regis exercitum adivit. Interea abbas de Claravalle, vir valde mirabilis et discretus, qui ad regem illum venerat pro tanti dissidii infestatione sedanda, inter regem illum et ducem pacis fœdera alligare conatur; sed pro multis variisque negotiis quæ inter eos quærebantur, apud Salvatoris Dei potentiam nondum complacuit concordia alligari. Quid plura? Rex ipse exercitum suum divisit, et ad bellandum illum viriliter stabilivit, similiter et dux ille suos omnes sapienter ordinavit. Primum quidem regis acies ordinata aggreditur, et inter ducis armatos intravit. Illico acies illa regis prosternitur. Rex autem, qui cum aliis aciebus suis armatis inerat, Dei adveniente judicio, timore perculsus ipse primum terga vertens in fugam conversus est; sicque universa regis congregatio cursu præcipiti confugit, dimissis omnibus divitiarum suarum apparatibus et tentoriis, auri, argentique magnitudine infinita, quorum numerare copia non est humanæ scientiæ. Quid multa? Dux ille victor effectus de regis exercitu comprehendit, et occidit, omnemque illam magnitudinem, divitiasque tam ipse, quam populus Barensis et Tranensis, cæterique quos rogaverat ad propria locupletati detulerunt. Tria millia, sicut audivimus, hominum in bello mortua sunt. Ibi Sergius, magister militum Neapolitanæ civitatis, mortuus est; ibi Eternus de Montefusco, et Girardus de Luzulino, et Sarolus de lo Tufo, et complures, quorum nomina pro difficultate numerandi silentio tegimus. Secundo vero die stante mensis Octobris bellum hoc actum est. Rex itaque nominatus taliter cum sequacibus suis aufugiens noctis tempore, altera quidem die ad castrum Paludis pervenit, deinde Salernum festinavit; diebus autem non multis evolutis, Rossemannus Beneventanus antistes, consilio accepto cum judicibus civitatis et sapientibus quibusdam ad regem ipsum consolandum, et servitia civitatis offerenda festinavit. Precatur insuper, ut libertatem possessionum Beneventanorum, quam supradictus imperator concesserat, populo Beneventano ipse largiretur. Rex igitur, precibus eorum acceptis, pro totius civitatis amore inveniendo, privilegio facto et signato, omnes fidantias et exactiones, quas soliti fuimus persolvere, condonavit, et privilegii pagina accepta gaudio ineffabili civitatem sunt regressi Beneventanam; privilegii pagina ita est continens:

« In nomine Domini Dei Salvatoris æterni Jesu Christi; Dominicæ Incarnationis anno 1137, mense Novembri primæ indictionis: Ego Rogerius Dei gratia Siciliæ Italiæ rex, Christianorum adjutor et clypeus, Rogerii primi comitis filius: Regalis Excellentiæ nostræ provocamur liberalitate fidelibus nostris tanquam de nobis bene promeritis beneficia ampliori manu debere impendere, ut non solum fideliores inveniantur, sed ut cæteri spe retributionis adjuti in nostro servitio promptiores habeantur. Eapropter, venerabilis Beneventane Rossemanne archiepiscope, qui semper in omnibus fidelis exstitisti, petitionibus tuis, et Bernardi Beneventani comestabuli, et Beneventanorum judicum, aliorumque plurimorum civium clementius annuentes, quia vos semper nostros fideles experti sumus, pro amore Summi Regis, per quem subsistimus, et regnamus, et amore et fidelitate vestra, quam in nobis habetis, et in antea habituri estis, dimittimus et condonamus vobis ea omnia, quæ nos et prædecessores nostri Normandi circa Beneventanam civitatem habuerunt, fidantias subscriptas, videlicet denariorum redditus, salutes angarias, terraticum, herbaticum, carnaticum, Kalendaticum, vinum, olivas, relevum, postremo omnes alias exactiones tam ecclesiarum, quam civium, et omnia prædicta et possessiones liberas facimus, et quietas, undecunque aliquid accipere soliti sumus; ut quandiu in nostra permanseritis fidelitate, et nostrorum hæredum, liberi et quieti vos, et vestri hæredes ab omnibus supradictis maneatis, et in vestris prædiis venandi, piscandi, aucupandi liberam facultatem habeatis, et ut firmiter hoc tenere valeatis privilegium istud sigillo aureo nostro signari fecimus: Si qua vero persona, quod absit, magna humilisve, hujus nostræ concessionis paginam in aliquo violare præsumpserit, viginti libras auri purissimi in misericordia nostra palatio nostro componat, præsensque privilegium robur pristinum obtineat. At hujus concessionis judicium per manus Henrici nostri notarii scribi præcepimus, et bulla aurea insigniri. Anno regni nostri septimo. »

Cumque privilegium hoc coram Beneventanorum cœtu lectum esset, Deo Salvatori omnium, præfatoque regi, et jam dicto antistiti gratias egimus, quia quod avi et patres nostri videre non potuerunt, libertatis et securitatis donum nobis dignatus est misericordia sua Jesus Christus largiri, et meritis non nostris offerre. Quid multa? ex tanto nobis concesso beneficio, et firmato, cives universi, servitia, et honores præfato regi polliciti sunt, et sine offensione ad ejus præceptum famulari (51). Dux præterea Rainulphus supra memoratus audiens regem illum sic devictum, et animo consternatum cum paucis Salernitanam civitatem fuisse ingressum, consilio habito, mille fere equites, et Apulorum peditum multitudinem congregavit; nec mora, Trojam dimittens captivatam totam suæ alligavit potestati, et inde procedens super comitis Rogerii de Ariano comitatum advenit, qui continuo Alferium Draco, et Robertum de la Marra, et Robertum de Petramajori, et Robertum de Potofranco, aliosque barones ipsius comitis suæ subjugavit ditioni. Postremo eumdem comitem Rogerium ad suam coegit voluntatem. Quibus ita peractis dux ipse prope castellum Paludis suorum virtute stipatus castrametatur, die quidem Kalendarum Decembris. Mirabatur interea populus Beneventanus de ducis illius Rainulphi continentia, et in prædicti regis amore et fidelitate, et Anacleti servitio die, noctuque simul cum Domino Rossemanno antistite invigilabat.

Aliud quoque non tegendum silentio fraternitati vestræ explicabo. Cum præfatus abbas de Claravalle, vir valde mirabilis et discretus de fœdere pacis, et Ecclesiæ unitate cum nominato rege confabularetur, assidue rex ipse cum abbate illo stabilivit, ut tres cardinales ex parte Innocentii papæ, qui ejus interfuissent electioni ad regem ipsum venirent, et tres ex parte Anacleti et ordinem electionis utriusque regi ipsi insinuarent, deinde rex ipse, ordine audito, utriusque partis sanctiorem et justiorem eligeret electionem, et sic Spiritu sancto favente, ad pacis perveniret cum totius sui regni magnitudine firmamentum, quantum in sui arbitrio et scientia contineret. Cognoverat enim, firmiterque crediderat, totius mundi Christicolas parti favere Innocentii, et ejus pontificatum venerari; ipse vero solus cum regni sui latitudine discordabat. Continuo ad Innocentium papam, et Anacletum delegatum est, et cursu rapido regis positio destinatur. Placuit itaque eis, et consilio eorum firmato ex parte Innocentii Aimericus cancellarius, et Girardus cardinalis vir valde venerabilis simul cum prædicto abbate de Claravalle Salernum super hujusmodi electione ventilanda advenerunt. Ex parte vero Anacleti Matthæus cancellarius, et Petrus Pisanus cardinalis, et cardinalis alius nomine Gregorius similiter accele-

A ravere. Quibus ita congregatis, rex ille, ut erat sagacis animi, providique consilii, prius partem Innocentii quatriduo usque ad occasum mirabiliter, et ultra quam credi potest, examinavit; sequenter autem Anacleti partem quatriduo similiter perscrutatus est. Studiose igitur, et diligenter partibus utriusque electionis auditis, rex ipse clerum omnem et populum civitatis Salernitanæ congregari mandavit, et episcopos, et abbates monasteriorum, qui convenerant, et coram eis taliter exorsus est: « Domini et fratres, credimus vestram non latere prudentiam, qua de re cardinales istos partes utriusque fecerim convocari; putavi etenim, quantum nostræ attinet virtuti, tali et tanto negotio finem imponere, et justitiæ semitam evidenter sectari, sed quia multis B quæstionibus variisque responsionibus animus noster impeditur, solus ego super hoc tanto negotio finem impendere nequeo: unde si dominis istis cardinalibus videtur, ordinem utriusque scribant electionis, et ab utraque parte unus mecum in Siciliam descendat cardinalis, ubi, favente Domino Nativitatis Jesu Christi Salvatoris festivitatem celebraturi sumus, ibique sapientes archiepiscopos, episcopos, aliosque inveniemus prudentis animi viros, quorum consilio Anacleti partem usque modo sectatus sum: tunc enim ipsorum aliorumque sapientum consilio super hoc negotio, divina inspirante clementia, certissimum finem, quantum meæ attinet potestati, imponemus. » Cardinalis ad hæc Girardus respondit: C « Sciatis revera, quoniam ex parte nostra ordinem partis nostræ nos omnes scribemus: audistis enim ex ore nostro seriem electionis, audistis omnia, quæcunque circa nos gesta sunt: cardinalem quidem mittentus Guidonem de Castello, sapientem utique virum et discretum, qui vobiscum, sicut petitis ad Siciliam veniat, deinde sicut sapientiæ vestræ placuerit, perficiatis, Spiritus sanctus Paracletus cor vestrum illuminet, et corde recto ad Ecclesiam, et veritatis lumen perducat. » Et, his actis, unusquisque ad propria remeavit. Altera die adveniente prædictus Girardus cardinalis cum suis reversus est: solus autem Guido præfatus cardinalis remansit cum rege profecturus, sicut statutum est. Ex parte vero Anacleti similiter cardinalis alius destinatur. Quibus D patratis, navigio parato, rex ipse ad Siciliam transfretavit. Dux præterea Rainulphus jam nominatus præfatum castellum Paludis viriliter obsedit, quod præliis multis, et machinationibus quotidie expugnabat. Videns autem dux ipse castellum illud capere non posse, consilio habito, castellum illud dimisit, et in finibus Alifanis secessit; qui continuo civitatem

(51) Fortasse: *sine offensione Romani pontificis.* Beneventani autem liberi ab exactionibus omnibus Rogerii privilegio redditi, sua servitia ei promiserunt; sed pridem concesserat Anacletus. *Auxilium hominum Beneventi*, inquit in diplomate superius relato, *contra hostes tuos largimur, et confirmamus.* Quos anno sequenti 1138 obsequii sui specimen eidem dedisse, perhibet Falco, cum ait: *Prædictus rex dominum papam Innocentium in patrem, et dominum accepit, et civitati Beneventanæ, et per totius regni sui partes mandavit, eum patrem et dominum accepisse. Nos autem litteris ejus acceptis, dominum illum et patrem vocavimus.* Schismati sic renuntiasse videtur Rogerius; pax tamen inter illum, et Innocentium secuta haud est, quem anno 1139, ut idem noster habet, præfatus papa in Romana synodo *vinculis excommunicationis alligavit.* Perger.

illam, et munitionem castelli comprehendit, et suæ obtinuit potestati.

Hoc anno Anacletus, qui sub nomine pontificatus advixit, septimo die stante mensis Januarii mortuus est, qui sedit annis septem, et mensibus undecim, et diebus viginti duobus. Innocentius itaque pontifex continuo viribus sumptis, et amicorum virtute accepta contra inimicos viriliter insilivit. Rossemannus igitur episcopus totius civitatis tintinnabula Beneventanæ pulsare præcepit, mortem ipsius Anacleti significando.

Hoc anno prædictus imperator cum ad imperium suum revertebatur, mortuus est in partibus Tusciæ, et eo defuncto Corradus ad imperium unanimi voto sublimatus est.

Anno 1138 et novo anno pontificatus domini Innocentii secundi summi pontificis, mense Martio primæ indictionis. Cum prædictus Anacletus mortuus esset, cardinales sui, consilio accepto a fratribus ipsius Anacleti, ad regem miserunt Rogerium ipsius Anacleti mortem significantes, ut si ei placeret, papam constituerent. Rex itaque ut domini papæ Innocentii partem impediret, voluntati eorum assensit, et papam eligendi potestatem dedit; qui Romam reversi fautoribus eorum congregatis; medio mense Martio, Gregorium cardinalem papam sibi, et invasorem constituerunt, Victoremque eum vocaverunt. Sed Dei misericordia auxiliante, hæresis illa, et invasio pauco tempore regnavit. Diebus autem non multis evolutis, fratres prædicti Anacleti, tantam cognoscentes turbationem, in se reversi, Domino favente, cum prædicto domino Innocentio papa pacis firmamentum composuerunt, et ipsi, et omnes ejus adversarii ad ejus fidelitatem conversi sunt, et sceleratus ille, qui sub Victoris nomine apparuit, vestem, et mitram deposuit, et ad voluntatem pontificis Innocentii pervenit. Sicque gaudio magno, et gloria exsultationis tota Romana civitas exsultavit, et pontifex ipse Innocentius ad unitatem Ecclesiæ, et concordiam, auxiliante Domino, perducitur. Diebus autem non multis evolutis, prædictus apostolicus consilio accepto Albanum venit disponens, exercitu congregato ad ducem Rainulphum venire, sed infirmitate percussus venire non potuit. Interea rex Rogerius congregato exercitu in finibus venit Apuliæ, cogitans civitates sibi ab imperatore ablatas suæ submittere potestati. Dux igitur Rainulphus regis illius sentiens adventum, totius Apuliæ partes submovit, ut contra ejus rabiem unanimiter insistant. Nec mora, cursu rapido ad ducem festinant nominatum, et sic contra regis illius ferociam mensibus fere duobus resistunt. Hæc inter, sicut nobis est relatum, prædictus rex dominum papam Innocentium in pa- A trem et dominum accepit, et civitati Beneventanæ, et per totius regni sui partes mandavit eum patrem et dominum accepisse. Nos autem litteris ejus acceptis dominum illum et patrem vocavimus; quibus peractis Rao de Fraineta Beneventanæ civitati, et regi Rogerio rebellis apparuit, et vineas Beneventanorum incidi mandavit. Cives itaque consilio accepto Raonis illius infestationes regi nominato mandaverunt, ut citissime eos ab illius adversitatibus eripiat. Rex illico, congregato exercitu, iter arripuit, et in ipsius sui adventus virtute Montemmaranum, et castella alia comprehendit, et igne comburit. Inde super Ceppalunum adveniens simul cum Beneventanis illud obsedit, et die ipso villam rusticorum comprehendit, et eorum bona deprædata sunt, et domus B omnes eorum destructæ. Sequenti vero die turres et munitiones castelli in potestate regis datæ sunt. Rao etenim de Fraineta timore regis coactus castellum illud triduo ante exierat cum uxore, et ad ducem festinavit Rainulphum simul cum Raone de lo Tufo, et Orrico de Sarno, qui similiter faciem regis fugientes castella sua dimiserunt. Cives continuo Beneventani regem precantur suppliciter, ut castellum illud Ceppaluni civitati contrarium, ad destruendum largiatur. Quid multa? Rex ipse petitionibus populi favens permisit ad diruendum. Nec mora, catervatim Beneventanus populus festinat ad destruendum, et sic radicitus universa ædificia castelli evulsa sunt, et civitas tota super illius gaudebat destructione. C Nam si universas crudelitates, et pericula, quæ ab illius castelli domini passi sumus, describere vellem, nec lingua dicere, neque stylo pronuntiare possem. Unde Deum laudantes regi gratias egimus, qui nobis illud ad destruendum concessit. Et his actis præfatus rex Capuanos fines adivit, et castellum, quod Calvum dicitur, comprehendit (52). Dux præterea Rainulphus exercitu congregato horis omnibus invigilabat, ut regem illum virtute insiliat et accipiat ultionem. Rex vero, ut erat sapientis consilii, per montana quæque, et loca ardua castrametatur, et sic ducis vitabat prudentiam, et virtutem, unde dux ille vehementer condolens mente, et corpore fremebat, quia cordis dolorem ostendere non poterat. Novissime apud Alifas moratur, existimans regem illum Alifis venire. D Rex vero, ut diximus, ducis constantiam fugiens a castello Calvo revertitur, et in finibus S. Agathes tentoria sua poni præcepit, Beneventum venire disponens; et inde amoto exercitu castrametatus est prope Beneventum, ubi dicitur Plancella, et ibi mansit duobus diebus. Tunc accepto consilio inde recessit, et districto exercitu flumen transivit Caloris, et castra posuit super pontem Valentinum, mansitque ibi duobus diebus. Dux

(52) Vere Calvum (ubi olim *Cales*, diutissime quæ deserta mansit) et ab ejus constructionis primordio in ipso confinio fuit agri Campani : quippe in an. 879 ab Atenulfo, qui dein comes Capuæ, et demum princeps Beneventi evasit, ædificari cœptum in limite Calinii, incurrente in Campanum, ex Erchemperto num. 40 et 45 est intelligere; de quo offendebatur Capuæ tunc Gastaldus Pandonulfus. Eadem autem descriptio, cum postea suus ager Calvo fuisset assignatus, immutata non est, quod ex præcepto princ. Pandulfi in Hist. PP. Langob. lib. I et ex privilegio quodam reginæ Joannæ II in Archivo Campanæ urbis aperitur : atque etiamnum manet, de quo alibi. PEREGR.

autem nominatus Rainulphus, ut erat prudentis animi, in finibus morabatur Petræmajoris, pertractans, ut castellum Apicis, quod rex minabatur obsidere, virtute, et animose illud liberaret. Rex itaque nominatus Beneventanos precatur, ut in ejus auxilio unanimiter festinarent, Rossemannus igitur, qui tunc præsul aderat, amore regis coactus cives universos rogavit, et in ejus mandavit auxilio. Audiens autem rex ipse castellum Apicis a militibus et viris prudentibus armatum fore, consilio accepto, castra amovit, et Petræpolicinæ castellum aggredi præcepit, et igne ferroque illud depopulatur; et inde procedens castella alia comprehendit, et comburi mandavit. Pontem Landulphi Farnitum, Campugattari, et Guardiam, et civitatem comprehendit Alipham, et igne consumpsit, universam quidem substantiam civium, et Ecclesiarum ornatus, galiotæ regis, et turba innumera prædonum, quæ eum sequebatur, comprehendit, rapuit, dispoliavit, et unusquisque, prout potuit, dispartitur. Lector itaque, si adesses, super tali tantaque civitatis strage et confusione turbatus deficeres, et firmares a Græcorum tempore et paganorum, tantam in Christianos ruinam et combustionem non accidisse. Cumque taliter civitatem illam Alipham consumpsisset, exercitu inde amoto, in finibus festinavit Benafri, civitates illas suæ submittere potestati. Continuo jussu crudelitatis a rege illo injuncto, civitatem illam Benafrum aggredi, et expugnari mandavit. Cives autem, prout poterant, et se et civitatem defendebant. Rex itaque eorum constantiam aspiciens, crudeli manu jussionis minatur, ut civitatem illam insiliant. Continuo, peccatis imminentibus, civitas illa valde munita et divitiis plena capitur; et civium omnium bona et divitiarum magnitudines ab hostibus capiuntur, et divisæ per partes ad nihilum sunt conversæ. Viri itaque, et mulieres, parvulique eorum per montana fugiunt, omnibus eorum bonis in manibus rapientium, et prædonum dimissis, sicque civitas illa, et turrium ejus munitiones in potestate regis subacta est. Et tali crudelitate audita Præsentianum castellum et Roccaromana ad regis voluntatem convertitur, et alia castella circumquaque contigua. Quibus actis, rex inde revertens Beneventum venit, et ad Paludis castellum castrametatur duodecimo die mensis Septembris intrante. Dux interea Rainulphus, qui tanto regi resistere non poterat; dolore cordis concussus circa Aliphanos fines morabatur. Inde procedens rex ipse ad civitatem Melphium ivit, putans eam suæ submittere potestati, quod obtinere non potuit, et inde reversus super castellum Toccum adivit. Continuo machinas lignorum fieri mandavit, virtute quarum turres castelli illius, et munitiones destruerentur; sicque pars quædam turrium diruta est. Dux interea Rainulphus circa eum quotidie invigilabat, ne rex ille terras Rogerii comitis de Ariano invaderet. Populus autem castelli, virtutem regis, et furorem aspiciens sub ejus potestate et ditione colla submisit, et castellum illud in ejus dominatione subactum est tertio Kalend. Octobris, octo quidem dies castellum illud Toccum obsedit. Quibus ita peractis, rex ipse castra inde amovit, et tempore valde pluviali Beneventum venit, et ipse intra ecclesiam Sancti Petri apostoli prope civitatem sitam castrametatur (53). Totus quidem ejus exercitus infra civitatem hospitatus est Beneventi, ibique mansit diebus tribus: tempus enim terribile pluviarum, et valde periculosum inerat, et pro inveniendis ad exercitum necessariis, nullo modo adire valebant; unde, sicut diximus, infra civitatem Beneventi ad refocillandum exercitum commorati sunt. Rex interea nominatus civitatem intravit Beneventanam quarto die intrante mensis Octobris, et Ecclesias, et civitatis palatia, et curiam apostolici studiose perquisivit, et exercitu refocillato, castra a civitate amovit et prope castellum S. Severi castrametatus est. Inde procedens castellum Morcone suæ obtinuit potestati, et his actis castellum Sancti Georgii, et Petræ majoris comprehendit. Comes igitur Rogerius de Ariano hæc audiens Apicis castellum dimisit, et villanis omnibus, ut regi obedirent, licentiam largitur, et ipse civitatem intravit Arianum; ibique confidens ducis Rainulphi auxilium adinvenit; qua de re nullo modo ad regis voluntatem pervenire voluit. Continuo rex ipse castellum Apicis suæ alligavit fidelitati et rex ipse ad castellum Tamarum diebus quatuor moratus est. Præfatus autem dux exercitu congregato prope civitatem Arianum venit custodiens, ne rex ipse quoquo modo eam invaderet, et sic rex ipse, et dux ad invicem laborabant. Et his decursis prædictus rex a Tamaro illo castello discedens circa Melphitanos fines festinavit; et inde procedens castellum S. Agathes valde munitum suæ obtinuit potestati, et alia castella ibi contigua. Dux interea nominatus civitatem regebat Melphium, ne rex ille quoquo modo ingenio eam invaderet: præfatus autem rex cognoscens ducem Rainulphum jugiter

(53) Manent etiamnum hujus Ecclesiæ rudera *in planitie*, ut nostri Falconis usurpem verba ad an. 1137, *juxta flumen Sabbati;* eamque Theoderada, uxor ducis Romualdi, qui sedit ab an. 961 ad an. 977 construxit; *quo in loco multarum ancillarum Dei cœnobium instituit*, ut perhibet Paulus Diac. lib. VI, cap. 1. At hoc Rogerii tempore ibi non aderant Moniales, ut reor; quæ monasterium S. Petri apost. pariter nuncupatum, memoratumque Falconi ad an. 1121 intra urbem situm incolebant. Theoderada autem eam extra Beneventi mœnia construxisse videtur Ecclesiam, ut pio quodam affectu D. Petri in Vaticano campo extra Romam conditam Basilicam imitaretur; sicuti non alia occasione excitatas reputo extra Capuam, Tarentum, Viennam (Nolam mitto, aliasque urbes) Ecclesias eidem divo, summo cultu olim habitas, quarum prima descripta habetur nostro Michaeli monacho in suo Sanctuario par. III; altera Petro Diac. lib. III, cap. 43 et 57; tertia vero in quodam Diplomate memoratur Callixti II apud Bibl. Floriac. qua deinde labentibus annis ignorata, vulgus, quem secuti postea sunt doctiores, longe alias earumdem construendarum excogitavit, pias quidem, rationes. PEREGR.

contra se, et suos obsistere, et Apuliæ civitates tueri, consilio communicato, castella, quæ comprehenderat, militibus et viris armatis muniri, et observari mandavit, et ipse rex Salernum adivit, disponens ad Siciliam reverti, quam longo tempore dimiserat. At dux nominatus Barum descendit, et marinos fines visitavit, populum omnem hortando, ut tempore opportuno, viribus sumptis, et armis, contra regem obsistant, qui unanimiter, et corde devoto paratos fore clamitabant.

Anno 1139, Dominicæ Incarnationis, et decimo anno pontificatus domini Innocentii secundi summi pontificis, et universalis papæ mense Martio secundæ indictionis, hoc anno præfatus apostolicus Innocentius, octavo die intrante mensis Aprilis, Romæ synodum celebravit. Ad cujus sacri conventus præsentiam archiepiscopi, episcopi et abbates innumeri convenerunt: ibique inter cætera, quæ, Spiritu sancto mediante, statuta sunt, vinculis excommunicationis alligavit regem Rogerium prædictus apostolicus Innocentius in præsentia omnium Catholicorum virorum, qui convenerant, et ejus omnes sequaces. Hoc anno Rainulphus dux, de quo in superiori tractatu mentionem fecimus, ardentissimo febris synoche, calore correptus, ultimo die stante mensis Aprilis ex hoc mundo decessit apud civitatem Trojanam, quem ducem Guillelmus venerabilis ipsius civitatis episcopus cum universo clero et populo diligenter et honeste, lacrymisque manantibus sepulturæ infra episcopium tradiderunt. O quantus luctus omnium, et virginum, et viduarum, puerorum, et senum utriusque sexus, et militum, civitatem illam invasit! quem si radicitus describere tentarem, nec dies sufficerent, nec copia describendi. Barensis itaque populus, et Tranensis, Melphiensis, Canusinus, et omnes, qui sub ejus dominio, et protectione confidebant, consolatione oblita, crinibus evulsis, pectoribus laniatis et genis, ultra humanum modum lugebant. Lugebant enim ducem piissimum, et ad rem universorum, qui totius sui ducatus habenas dulcedine, et humanitatis suavitate, furore omni deposito disponebat. Quid multa? de mortis illius compassione inimicorum etiam acerbitas, et de ejus prudentia condolens, lacrymansque compatiebatur: sicque tota fere Italia de ejus probitate, et præliis, horis omnibus recitabat. Audiens autem prænominatus rex Rogerius ducem Rainulphum virum bellicosum, et magnanimum ex hoc mundo obiisse, vanitatis et elationis spiritu accensus ultra humanum modum gavisus est. Gavisus utique, et morte communi oblitus exæstuat, animoque concipiens, ut exercitu congregato Apuliæ fines insiliat, eamque suæ submittat ditioni et fidelitati. Quid multa? septem navigiis armatorum paratis, et auri, argentique magnitudine ditatis, die septimo stante mensis Maii, Salernum transfretavit. Continuo clerus omnis et populus Salernitanus laudibus multis hymnisque sonantibus regem illum suscepit. Nec mora, rex ipse litteras omnibus suis circumquaque manentibus direxit, ut armis eductis ad eum conveniant. Litteris itaque ejus acceptis ad imperium ejus obtemperaverunt; deinde rex ipse exercitu congregato Beneventum venit, et sic contra inimicos expugnandos festinavit.

Hoc anno IV Kalend. Junii, mons ille, qui prope civitatem Neapolim esse videbatur, ignem validum, et flammas visibiles projecit, per dies octo, ita ut civitates ei contiguæ, et castra mortem exspectabant, ex cujus incendio pulvis niger, et horribilis exivit, et usque Salernum, et Beneventum, et Capuam, et Neapolim pulvis ille a facie venti pervolavit; ignis vero ille per dies octo visus est, de quo pulvere cives multi Beneventanorum, et ego istius operis descriptor collegimus, per dies vero triginta pulvis ille super terram visus est. Cumque, ut supra dictum est, rex Rogerius exercitum congregasset, super comitis civitatem festinus adivit, et civitatem illam acerrime expugnans suæ eam alligavit ditioni. Comes autem fugam petens Trojam ingressus est. Deinde rex ille civitates, et castra Capitanatæ suæ obtinuit potestati. Dux præterea filius præfati regis civitates cunctas Apuliæ, et maritimas ad suum convertit imperium, pacem omnibus, et securitatem affirmans. Barum quidem civitatem valde munitam obtinere non potuit; quadringentos enim milites princeps civitatis secum detinebat, præter cives quinquaginta millia habitantium. Dux itaque nominatus civitatem illam Barum cognoscens capere non posse, exercitu suo convocato, ad patrem regem Rogerium, qui in Trojanis morabatur confinibus pervenit, et eis in unum convenientibus, studiose tractare cœperunt, qualiter civitatem Trojanam suæ submittant potestati. Quatuor quidem millibus interjectis a civitate Trojana comes Rogerius Ariani cum septingentis militibus de morte desperatis morabantur. Cives revera Trojani cum extraneis, qui ad eos confugerant præ timore nominati regis civitatem illam tuebantur. Rex itaque civitatem illam sic a tantorum virorum virtute munitam persentiens ad castellum Bacharezza ibi vicinum ducentos milites dimisit pro civitatis illius infestatione, et ipse cum duce nominato filio suo, simulque eorum exercitu advocato super civitatem Arianum comitis Rogerii venit. Continuo rex ipse civitatem illam obsedit, et lignorum machinas ad expugnandum eam fieri mandavit. Cives autem, et milites, qui cum eis erant, nihil ex his, quæ ingerebantur, metuebant; ducentos enim milites et viginti fere millia armatorum in civitatem introduxerunt. Rex itaque sic eam paratam et munitam aspiciens castra amoveri præcepit et furore commotus vineas, olivas, et arbores, et sata eorum, quæ inveniri poterant, incidi mandavit, et devastari, et sic civitatem illam dimittens biduo per confinia illius moratus est.

Eodem tempore præfatus apostolicus Innocentius prædictum ducem Rainulphum obiisse audiens, satis satisque condoluit, et consilio communicato, urbem Romam exivit, mille equitum caterva stipatus, et peditum multitudine copiosa, deinde ad civitatem Sancti Germani pervenit. Cumque præfatus rex apostolicum illum urbe egressum persensit, legatos suos prædicto apostolico de pace mandavit, et voluntatem apostolici, et petitionem pollicetur perficere. Apostolicus autem legatos regis honeste accipiens, cardinales duos ad regem ipsum transmisit, pacis et dilectionis firmamentum describens, et ut ad civitatem Sancti Germani rex ipse festinaret. Quid multa? Cardinales illos rex ille diligenter et honeste accipiens, civitatem Trojanam, quam obsidebat dimisit, et cursu rapido ad prædictum apostolicum cum duce filio suo, et exercitibus suis festinat; continuo per legatos suos ab utraque parte de pacis fœdere interlocuti sunt. Apostolicus itaque principatum Capuanum a rege petebat, quem injuste principi Roberto abstulerat. Rex vero nullo modo principatum illum reddere voluit, et sic per dies octo disceptatio talis inter eos habita est; et his actis præfatus rex suo omni exercitu coacervato, ad terras, quæ filiorum Burelli vocantur, acceleravit, de quibus terris partem quamdam castrorum suæ submisit potestati. Apostolicus autem, et qui cum eo erant, regem illum in partes illas recessisse cognoscentes, castrum quoddam nomine Galluzzum aggredi præcepit, et devastari. Nec mora, præfato regi nuntiatum est qualiter jam dictus apostolicus castellum illud esset aggressus. Quid multa? cursu rapidissimo rex ille ad terram Sancti Germani, ubi apostolicus ipse morabatur, pervenit. En subito de regis adventu fama terribilis pervolat, et continuo castra regis confixa sunt. Apostolicus itaque, et princeps Robertus Capuanus, et Romanorum militia regis adventum sentiens castra eorum omnia amo-

A -veri jubent, ut in securiori parte manerent. Dux autem regis filius, mille fere equites accipiens sic apostolicum discedentem deprehendens, insidiis constitutis, super apostolici milites insilivit, qui potentiam et insidias sentientes terga vertentes fugam petunt, et secundum vires per loca illa diversa aufugiunt. Præfatus vero princeps, et Riccardus de Sapacanina (54), et Romanorum multitudo evasit, multi vero militum, et peditum in flumine mortui sunt, multos in captione regis fore audivimus. Apostolicus autem Innocentius post suos omnes quasi securus incedebat. En ex improviso militum caterva eum aggreditur, heu dolor! et illum comprehendunt, omnique suo thesauro et ornatu diviso, ducunt illum ante regis aspectum, et sic contumeliis

B ditatum, captivum illum in tentorio, quod rex illi transmisit, intromittunt: et consequenter apostolici cancellarium Aimericum et cardinales captivos perducunt. Decimo autem die stante mensis Julii, pontifex ipse Innocentius captus est (55). O quantus luctus, et mœroris abundantia mentes fidelium et civitates apostolici invasit! quod si radicitus describere vellem, nec dies, nec tempus sufficerent. Quid multa? Continuo rex ille per legatos suos pontifici Innocentio, quem captivum tenebat, suppliciter, et ultra quam credi potest, mandavit humiliter, ut pacis et concordiæ manum componat. Apostolicus itaque se destitutum virtute et armis, et desolatum aspiciens, precibus regis et petitionibus assensit,

C et capitularibus et privilegiis ab utraque parte firmatis, rex ipse, et dux filius ejus, et princeps septimo decimo die stante mensis Julii ante ipsius apostolici præsentiam veniunt, et pedibus ejus advoluti misericordiam petunt, et ad pontificis imperium usquequaque flectuntur. Continuo per Evangelia fir-

(54) Non sic, sed *De Rupecanina*, quod oppidi est nomen in episcopatu Allifano. Hic Richardus frater fuit Raynulfi, qui ex Abellini, aliarumque plurium civitatum, oppidorumque comite, dux Apuliæ ab Innocentio, et a Lothario fuit institutus; exque Comite Roberto natus erat, filio senioris comitis Raynulfi, germani fratris principis Capuæ Richardi I, ut alibi est dictum. PEREGR.

(55) Baronius non habet τὸ, *stante*, et absolute legit, *decimo die mensis Julii*, ac perinde id contigisse censuit VI Id. Julii. Sed certe Innocentius captus a Rogerio fuit II. Kalendas Augusti, decem tantum diebus Julii restantibus; nam *quarto die*, inquit Anonymus Cassin. *pace facta confirmavit illi totam terram:* die nimirum prædicti mensis; a quo noster die tantum discrepat. *Die vero illa*, ait, *in qua prædictus apostolicus pacem cum rege firmavit, B. Jacobi festivitas celebratur.* Quocirca in eodem Falcone ante hæc verba legam: *Rex ipse, et dux filius ejus, et princeps septimo die stante mensis Julii ante ipsius apostolici præsentiam veniunt*, non *septimo decimo*. Sed in antecedentibus, ut dixi, nil mutandum. Nec ubi de eodem Rogerio pag. 128, qui *die septimo stante mensis maii Salernum transfretavit*, a quo simul loco Baronius expunxit, τὸ *stante*. Sane *quinto die stante mensis Maji* (fortasse VI, non V) an. 1120 a Campanis constitutum principem Richardum hujus nominis tertium, cum idem dicit Falco ac subdit, *die Ascensionis Domini quinto die ipsius Maii stante* a Campano archiepiscopo illum consecratum, utique ipsam consecrationem 27 die Maii actam demonstrat; in quam præfato anno festum contigit Dominicæ ascensionis. Huncque Falconis locum familiari in sermone, meo more, apud amicum, doctumque virum, ut sæpe etiam pleraque alia antiqua minus trita, sic etiam olim enarrabam; qui applausu tunc suo meam amplexatus interpretationem, nescio cur postea eam scripto tradens, per me profecisse, (quod non hac tantum vice commisit) dissimulavit; Baroniumque gravissimum absque controversia; sed quem ea non semel fugerat, ut dictum est, maluit super hoc laudare

D auctorem. Integros autem uniuscujusque mensis dies in tres sectiones, hoc est in dies intrantis, mediantis et exeuntis, quos stantes appellabant, cum olim distinguerent (Synesius epist. 4 in dies tantum intrantes, et exeuntes partitur menses) de quo exempla sunt nimis obvia, priscorum Latinorum Nonas, Idus, et Kalendas aliquo pacto videntur voluisse imitari; sed ea præter alias adhibita exceptione; ut stantem diem ab ultimo mensis die distantem, non a Kalendis, et *a principio successuri mensis*, ut rem, non sicut docueram, tradidit idem amicus meus, denotarent; quam differentiam Falco vel nesciens, vel non curans, non diverso calculo dies Kalendarum, quo dies stantes supputavit; Festumque D. Jacobi Apost. celebrari dixit VII Kal. Augusti, quod VIII Kal. ac septimo die stante Julii veneratur: ad annum tamen 1131 festum S. Angeli figit III Kal. Octobris nullo errore: quippe ibi recensitus. PEREGR.

maverunt B. Petro, et Innocentio papæ, ejusque successoribus canonice intrantibus fidelitatem deferre, cæteraque, quæ conscripta sunt. Regi vero Rogerio statim Siciliæ regnum per vexillum donavit ejus duci filio ducatum Apuliæ, principi alteri filio ejus principatum Capuanum largitus est. Die vero illa, in qua prædictus apostolicus pacem cum rege firmavit, B. Jacobi apostoli festivitas celebratur; VII Kalendas Augusti. Et his actis, missæ solemnia celebravit apostolicus ipse, ubi satis abundeque de pacis continentia tractavit. Lætitia igitur, et gaudii abundantia universos inhausit, et cœlorum regem magnificantes super pacis firmatæ et concordiæ dextra lætati sunt. Beneventanus itaque populus pacem audiens firmatam, et regem voluntati apostolici alligatum, tanto gaudio et exsultatione triumphat, quod si ex toto describerem, deficerem in tempore et locutione. Apostolicus igitur, pace firmata cum nominato rege, Beneventum ingressus est die Kalendarum Augusti, quem Beneventanus populus honore multo, et devotione cordis suscipiens, quasi Beatum Petrum in carne aspiciens, lætatus valde gaudebat. Rex autem foris civitatem Beneventi castrametatus est, quia rex usque ad Portam Sancti Laurentii cum domino apostolico comitatur. Die vero ipsa ad Vesperam rex ipse civitatem ingreditur, et curiam domini papæ ascendens, cum eo aliquantum moratur, deinde ad episcopium pergit, et Beatæ Mariæ basilicam, et Bartholomæi apostoli ingrediens pro salute sua oravit. Intravit quoque monasterium S. Sophiæ, et ante altare S. Mercurii se prostravit. Inde procedens claustra monasterii, et dormitorium, et refectorium perambulavit, et monachorum orationibus se commendans, civitatem exivit per Portam Summam, et ad castra gaudens remeavit. Rossemannus autem, qui contra voluntatem apostolici quotidie pugnabat, archiepiscopus a Petro Leonis consecratus, de Benevento expulsus est, et miser ipse cum domino rege festinavit. Et his actis castellum, quod Rossemannus ille ad Portam Summam fabricari jussit, dominus papa destruxit: et in his diebus cives Neapolitani venerunt Beneventum, et civitatem Neapolim ad fidelitatem domini regis tradentes, ducem filium ejus duxerunt; et ejus fidelitati colla submittunt. Præfatus præterea rex, exercitu amoto, Trojam adivit, et civitatem ipsam suæ submisit potestati; episcopus autem Trojanæ civitatis Guillelmus nomine, et populus civitatis legatos præfato delegaverunt regi, ut civitatem ingrediatur, et inter suos fideles et amicos honeste maneat, et secure. Rex vero, legatis acceptis: « Non civitatem, » inquit, « ingrediar, donec traditor ille, Raynulphus scilicet, inter vos manserit. » Continuo qui missi fuerant, civitatem regressi regis intentionem omnibus patefaciunt, et licet dolore commoti cives ex tanta regis responsione, quatuor tamen militibus præceperunt, ut sepulcro fracto cadaver ducis Rainulphi extraheretur, et extra civitatem educerent, ut furore regis sedato, ad eos pacifice ingrediatur. Jusserunt etiam inimici ducis præfati cuidam militi nomine Gallicano, qui ducis illius fidelissimus fuerat, ut ipse Gallicanus ob injuriam ducis defuncti, et ejusdem Gallicani dolorem, tumulum frangeret, et ducis ossa pelli, et fetori adhuc circumplexa manu sua extraheret: qui Gallicanus timore coactus, et ne tanti regis furorem incurrat, (heu dolor!) quasi mente hilari cum aliis, ducis ossa involuta, ut diximus, eduxit. Continuo in collo ducis defuncti funem ligari fecerunt, qui ejus inimici exstiterant, et usque ad castellum civitatis per plateas traxerunt, deinde reversi usque ad Carbonarium foris civitatem, ubi stagnum luteum, putridumque inerat, ducis ipsius suffocaverunt cadaver (56), heu nefas et dictu mirabile! totam protinus civitatem, timor et luctus invadit, quod unusquisque mortem optabat, et amicorum ducis ipsius, et inimicorum (Regem quidem testor æternum, Judicemque sæculorum) tale tantumque factum horribile in generationibus præteritis, et inter paganorum sectam nunquam legimus accidisse. Hæc siquidem crudelitatis potentia quid regi illi profuit? quæ victoria, vel majestatis gloria ei successit? sed, ut mentis suæ furorem pacare desiderans, quod non potuit exercere in viventem, operatus est in defunctum. Revera, dum dux prædictus vixerat, licet cum paucis adesset, ipse tamen rex nullo modo circa ducis ipsius aciem, etsi cum decem millibus armatorum instaret, propinquare audebat. Unde ei visum fuit, mentis suæ rabiem aliquantisper fore mitigatam. Sed redeamus ad causam; dux itaque regis illius filius factum hujusmodi audiens ad patrem accessit audacter, et facti illius ordinem redarguit, et precatur patrem, ut sepulturæ dux ille dehonestatus traderetur. Rex igitur ducis filii favens orationi sepulturæ illum tradi mandavit; et his actis civitatis populus, ut ingrederetur ad eos, exspectabat, sicut promiserat. Qui nec sic voluit civitatem Trojam introire, sed castra inde amovens civitatem Barensem adivit: quam terra, marique obsedit; cumque prædictus apostolicus civitatem introisset Beneventanam, omnem ordinationem a Petro Leonis factam deposuit, et a rossemanno: die vero Assumptionis S. Mariæ, et in passione B. Bartholomæi episcopium descendit, et missarum solemnia honeste celebravit; et his actis, prædictus apostolicus a Romanis sæpe vocatus, secundo die stante mensis Septembris, iter arripuit, et Domino favente, Romam repedavit.

(56) Extra urbes sub ipsis muris ad excipiendas sordes omnes de more cœnosa ista, et fœtida stagna tunc deputabantur. Loci quid tale descripsit Joannes Boccacius in Fabella de Magistro Simeone iis verbis: *Erano allora per quella contrada fosse, nelle quali i lavoratori di quei campi facevan votar la Contessa a Civillari, per ingrassare i campi loro.* Et fortasse locus pridem sub muro urbis Neapolis, qui etiamnum antiquo nomine appellatur *Carbonaria*, eidem usui fuit; sed multo quidem ante Francisci Petrarchæ ætatem, qui Gladiatorum munus se spectante ibi exhibitum ait lib. V Famil. epist. 6. PEREGR.

Hoc anno Gregorius Beneventanus antistes a domino papa Innocentio consecratus Beneventum intravit secundo die intrante mensis Septembris, et dominus papa Guidonem diaconum cardinalem rectorem Beneventi ordinavit. Audiens autem populus Romanus domini papæ Innocentii adventum catervatim obviam exivit, et illum gaudio magno et honore suscepit, deinde eum hortabatur, ut pacem, quam cum rege Rogerio posuerat, consilio eorum confringeret. Apostolicus autem nullo modo petitionibus eorum consentire voluit; dicebat quidem sic Domino placuisse, quod per ejus captionem pax hujusmodi facta fuisset. Cumque, ut supra dictum est, præfatus rex civitatem obsedisset Barensem Innocentius papa, cum intra civitatem esset Beneventanam, episcopum Ostiensem virum valde venerabilem ad civitatem Barensem delegavit, populum civitatis monendo, ut ad regis fidelitatem colla submittant, et ejus voluntati famulentur. Populus autem Barensis, ut erat superbi animi, et elationi suppositus, episcopum illum, ut civitatem ingrederetur nullatenus est passus, dictis quoque ejus nullo modo credere pertentavit. Quid multa? Episcopus ille revertens, Barensis populi ferociam, et elationem Domino intimabat apostolico; inde ut dictum est, Dominus papa Romam reversus est. Rex igitur Rogerius populi illius Barensis aspiciens superbiam, consilio habito, machinas lignorum, et turres triginta fere ordinari præcepit, ut civitatis muros, et munitiones prosternat; quibus peractis prope civitatis murum machinas illas appropinquari virtute multa mandavit, et continuo turres, et muri civitatis prostrati frangebantur; palatia etiam civitatis, quæ prope civitatis murum intrinsecus erant, fracta ruebant; sicque duorum mensium spatio Augusti videlicet, et Septembris ruinam illam, et timorem passi sunt, famis etiam asperitatem et sitis sustinentes, panem unum sex romesinis emebant, carnem, ut audivimus, equorum comedebant. Novissime autem tum pro fame, tum pro populi seditione, quæ inter eos orta erat, quosdam civium cum Rogerio de Surrento, princeps civitatis, Jaquintus nomine, ad præfatum regem mandavit, addens in mandatis, quia civitatem animo libenti ei redderet, dummodo securi circa eum, pace accepta, consistant; et rex captivos civitatis, quos habebat, eis reddat, similiter homines regis, quos civitas habebat, dimittat. Nec mora, pactio talis et ordinatio et regi placuit, et civitati, sicque civitatis populus, pace accepta acquievit, et, sacramentis datis, pax constituta apparuit. His ita peractis, en adest miles quidam, cui præfatus civitatis princeps oculum evelli præcepit, pedibus regis prostratus oravit ut justitiam sibi de principe Barensi faciat, qui lumen oculorum sibi evulsit. Rex itaque continuo furore accensus, et ultra quam credi potest admirans, cursu rapido vocari fecit judices Trojanorum, Tranensium et Barensium, ut de pacto judicarent, quod rex cum civitate Barensi posuerat, videlicet, ut ex utraque captivi, sani, et incolumes redderentur. Quid plura? a Judicibus Barensibus judicatum est ut princeps ille Jaquintus civitatis, qui ei oculum jussit evelli, et ejus consiliarii in potestate essent regis. Confestim princeps ille, et consiliarii ejus Guaiferius quidam, et Abiut, cæterique eorum consocii ante regem confessi sunt, jussu, et consilio eorum lumen oculorum militi prædicto evelli fecisse. Nec mora; principem illum et prædictos viros, aliosque decem laqueo fecit suspendi præfatus rex, et decem alios oculis et membris truncari, civesque alios prudentes ligari, et vinculis teneri, eorumque bona auferri; sicque de civitate illa Barensi inauditam fecit ultionem. Timor itaque, et tremor tantus civitatem illam invasit quod nemo virorum et mulierum per plateas, et vicos incedere palam audebat. Lacrymis quidem, et suspiriis Salvatoris misericordiam invocabant, ut eorum afflictioni subvenire dignaretur. His ita gestis, consilio accepto, rex ipse exercitum dividens Salernum adivit quinto die stante mensis Octobris, ibique de negotiis suis et actibus tractavit. Octo retro diebus intrantibus mensis Octobris civitas illa Barensis sic afflicta et exagitata est. Cumque Salernum rex ipse advenisset, inimicis suis terras omnes eorum abstulit, et sacramento eos perstrinxit, ut ultra montes festinarent: quod et factum est. Comitem vero Rogerium de Ariano ejus adversarium simul cum uxore sua navigio parato in partes Siciliæ captivum mandavit, sicque vindictam perficiens super inimicis, quinto die intrante mensis Novembris navigio armato Panormum transfretavit.

Hoc anno XI Kalend. Februarii primo pullorum cantu terræmotus magnus factus est, ita quod domos corruere putabamus: cumque, ut prædiximus, papa Innocentius civitatem Beneventanam recuperaret, Guidonem diaconum Romanæ sedis virum valde discretum, et moribus ornatum rectorem civitatis Beneventanæ ordinavit. Qui rector usque ad Kalendas Martii in civitate permansit. Deinde apostolicus alium misit rectorem Joannem nomine, consanguineum suum, subdiaconum, et Guido ille Romam repedavit.

Anno 1140 et undecimo anno pontificatus prædicti domini Innocentii, mense Martio tertiæ indictionis. Hoc anno prædictus rex Rogerius Amphusum filium suum principem Capuanorum magno cum exercitu militum et peditum trans civitatem Piscariam misit, ut provinciam illam suæ subjugaret potestati; qui vero princeps exercitu illo accepto, sicut rex pater ejus jusserat, labore multo peregit, et Piscariam transiens castella copiosa ibi contigua, et vicos comprehendit, et spolia illorum prædatus est, et quædam eorum igne consumpsit. Diebus autem non multis interjectis, præfatus rex Rogerium ducem filium suum mille cum militibus et peditum manu copiosa in auxilium præfati principis delegavit. Dux itaque cum principe fratre suo simul alligati provinciam illam prope Romanos fines adjacentem timore multo ad eorum imperium submiserunt, unde prædictus apostolicus Innocentius turbatus, consilio accepto Romanorum, ad eos per cardinales direxit, ne aliena invaderent, et Romanis fines non usurparent, qui apostolico rescribentes responderunt, non aliena petere, sed solummodo terras ad principatum pertinentes velle redintegrare (57).

Dum hæc et alia geruntur, nominatus rex medio mense Julio, navigiis paratis Salernum venit, ut filiorum ducis et principis facta, quos, ut supra dixi, cum exercitibus miserat, agnosceret; insuper cum domino apostolico Innocentio alloqui, et simul esse excogitabat. Continuo rex ille, consilio habito, Salernum exivit, et ducentis militibus aggregatis, prope civitatem venit Beneventanam, et cum Joanne subdiacono Romanæ sedis tunc Beneventano rectore, et aliis Beneventanis de pace, et civitatis utilitatibus, et domini apostolici fidelitate tenenda satis, abundeque locutus est, et inde procedens Capuam ingressus est, ibique diebus non multis commorans de quibusdam suis negotiis tractavit, deinde apud Sanctum Germanum festinavit. Illico habito consilio legatos duci, et principi filiis suis mandavit, ut ad eum reverterentur; audierat enim rex ipse, apostolicum Innocentium de provinciæ illius invasione valde turbatum esse, et contristatum. Dux autem, et princeps nuntiis acceptis ad patrem eorum reversi sunt, universa vero oppida, quæ comprehenderant, necessariis omnibus muniverunt. Et his actis nuntios rex ipse præfato apostolico delegavit, suppliciter impetrando, ut si fieri posset cum illo alloqui, et de multis, variisque negotiis terminare desideraret. Apostolicus autem consilio habito, tum pro temporis tempestate, tum pro aliis negotiis instantibus eum alloqui non posse rescripsit. Rex igitur aggregato exercitu Capuam repedavit, et ibi aliquantisper castrametatus, exercitum omnem dimisit, licentiam ad propria remeandi unicuique præbens. Ipse vero rex quingentis acceptis militibus Piscariam tetendit, quam supra diximus filios suos comprehendisse. Inde procedens totam illam regionem a prædictis filiis ejus obtentam circuivit, et eis omnibus studiose perscrutatis, Arianum civitatem advenit, ibique de innumeris suis actibus curia procerum

A et episcoporum ordinata tractavit. Inter cætera etenim suarum dispositionum, edictum terribile induxit, totius Italiæ partibus abhorrendum, et morte proximum, et egestati, scilicet, ut nemo in toto ejus regno viventium Romesinas accipiat, vel in mercatibus distribuat, et mortali consilio accepto monetam suam introduxit, unam vero, cui ducatus nomen imposuit, octo Romesinas valentem, quæ magis magisque ærea, quam argentea probata tenebatur. Induxit etiam tres follares æreos Romesinam unam appretiatos, de quibus horribilibus monetis totus Italicus populus paupertati et miseriæ positus est, et oppressus, et de regis illius actibus mortiferis, mortem ejus et depositionem regni optabat. Quibus ita mortalibus edictis et monetis inductis, rex ipse B militibus suis congregatis Neapolim tetendit. Archiepiscopus itaque Neapolitanus, Marinus nomine, clerum omnem civitatis congregari præcepit; simul et cives, et adventum regis eis annuntians hortatur, ut honeste, et lætitia multa eum suscipiant. Cives igitur simul cum militibus civitatis foris Portam Capuanam exierunt in campum, quem Neapolim dicunt (58), et regem ipsum honore et diligentia multa, ultra quam credi potest, amplexati sunt, et sic usque ad prædictam portam Capuanam perductus est. Continuo presbyteri, et civitatis clerus ad eamdem portam obviam exivit, et eum hymnis, et laudibus ad astra levatis civitatem introduxerunt. Quatuor illico viri nobiles habenas equi, et pedes regis ipsius tenentes, alii quatuor usque ad episcopium civitatis C regem illum introduxerunt. Frequentiam vero populi per plateam incedentis, et mulieres viduas, conjugatas et virgines per fenestras existentes, lector, si aspiceres, miratus affirmares, imperatorem aut regem alium, sive principem tali sub honore et gaudio nunquam civitatem Neapolim ingressum fuisse. Quid multa? Rex ipse tali et tanto honore ditatus ad episcopium descendit, et in camera archiepiscopi hospitatur; die vero altera adveniente, totam intrinsecus civitatem, et foris rex ipse equitavit, et palatia, et ædificia circumspexit. Inde navigio parato ad castellum Sancti Salvatoris civitati proximum ascendit, et civibus Neapolitanis ibi vocatis, negotia quædam cum illis de libertate civitatis, et utilitate tractavit (59). Donavit insuper unicuique militi quinque

(57) Ad Capuæ ne principatum provincia trans civitatem Piscariam pertinebat? De hoc alibi viderimus. PEREGR.

(58) Hunc etiam campum demonstrabat Ignotus Cassin. num. 28, et Joannes Diac. de episc. Neapol. in S. Athanasio. Sed cur ipse præcipue dictus fuerit *de Neapoli* sive *Neapolis*, hoc operæ erat pretium, ut litterati Neapolitani viri, omnigenæque antiquitatis periti intactum non præterirent. PEREGR.

(59) De Neapolitanæ civitatis immunitate rex cum ejus civibus tractavit, quam Falco consueto tunc vocabulo appellat *libertatem*. Sicut ad an. 1137. *Precatur insuper*, inquit, *ut libertatem possessionum Beneventanorum quam imperator* Lotharius *concesserat, populo Beneventano ipse* rex Rogerius *largiretur*. Quam sane immunitatem Siculi eripi sibi timebant apud Falcandum. *Non difficile*, inquit, *persuaserant cancellarium, si diu perseveraverit in eo culmine po-* D *testatis, universis populis Siciliæ libertatem quam hactenus habuerant sublaturum*. Et infra : *Ut universi populi Siciliæ redditus annuos et exactiones solvere cogerentur, juxta Galliæ consuetudinem quæ cives liberos non haberet*. Nec diversæ rationis libertate et immunitate Neapolitani præditi, ea participes fecerunt negotiatores ducatus Amalfitani, degentes Neapoli : de quo in privilegio apud Latinam Historiam Neapolitanam lib. I, cap. 12 sic legitur : *Ut sicut ista civitas Neapolis privilegio libertatis præfulget, ita et vos negotiatores, campsores sive apothecarii in perpetuum gaudeatis*. Sed quanam? pergit privilegium. *Ut nulla conditio* [scribo *condictio*] *de personis, vel rebus vestris, sive hæredum et successorum vestrorum negotiatorum in Neapoli habitantium requiratur; sicut non requiritur de civibus Neapolitanis*. Haud igitur eo in privilegio, ut censuit ejusdem Historiæ auctor, *libertas Neapolitana præponitur, quæ*

modia terræ, et quinque villanos (60), et promisit eis, vita comite, munera multa, et possessiones largiturum. Interea noctis silentio præfatus rex totam civitatem Neapolim extrinsecus metiri fecit, cognoscere volens, quantæ esset circumquaque latitudinis; invenit itaque studiose metiendo in gyrum passus duo millia ter centum et sexaginta tres. Et passibus illis ita inventis, dum populus civitatis aggregatus esset, in ejus conspectu quasi dilectionis affectu, eos interrogare cœpit utrum scirent, quot passus civitas illorum per circuitum habuisset, qui, ultra quam credi potest admirantes, se nescire profitentur. Rex autem sicut studiose invenerat, mensuram passuum quos civitas eorum tenebat patefecit. Unde populus omnis regem ipsum sapientiorem aliis antecessoribus et studiosiorem prædicabat, et quod nunquam factum fuerat, super civitatis mensura mirabantur, quomodo rex ille fieri contractasset. Et his omnibus ita peractis ipse Salernum properavit, et ibi diebus non multis moratus, quarto die intrante mensis Octobris navigio parato mare ingressus est, deinde Panormum festinavit. Dux vero filius ejus in Apuliæ partibus remansit, et princeps alter ejus filius apud civitatem Capuam mansitavit. Cumque, ut prædiximus, prædictus rex Rogerius

A monetas illas superius dictas introduceret, domino Joanni subdiacono sanctæ Romanæ sedis Beneventano rectori et civibus Beneventanis delegavit, ut monetas illas infra civitatem suscipiat, quod prædictus rector audiens mirabiliter contristatur. Aiebat quidem rector ipse, quoniam sine domini papæ licentia monetas illas recipere non posset, præcipue cum ad totius Italiæ mortem monetarum illarum introductio spectaret. Tandem communicato consilio rector præfatus prædicto pontifici regis edicta mandavit, ut quid super his negotiis esset agendum mittere dignaretur. Pontifex itaque Innocentius his auditis, ultra quam credi potest condoluit, et super regis Rogerii exsecrandis actibus mirabatur. Confestim Beneventanis mandavit litteras suas ita continentes:

B « Facta regis et monetarum suarum inventiones, et a vobis accepimus, et aliis nobis in veritate referentibus; unde mandamus, ut non terreamini; neque jam mentes vestras moveatis, quoniam transitura sunt, et cito possunt emendari. Nos autem circa utilitates vestras quotidie invigilamus. » Litteris talibus acceptis et lectis, gratiarum egimus actiones, et aliquantulum roborati respiravimus; et his actis præfatus pontifex Innocentius ad regem transmisit Rogerium significando, qualiter totus

ab ædificationis primordiis secum vixit, quippe illam libertatum intellexisse videtur, qua municipia communiter omnia, fœderatæque civitates, ac perinde ipsi Neapolitani olim cum fruerentur, a quibus *stipendium et naves*, ut est apud Livium lib. XXXV, C *Romani ex fœdere exigebant*, magistratus sibi creabant; nec satis exploratum habetur an ei cesserint, quando in anno urbis conditæ 663 ante Christum natum fere 90. Sociali bello universa pene Italia in Romanos quia conspiravit, *lege Julia civitas est sociis et Latinis data; in quo magna contentio Heracliensium et Neapolitanorum fuit*, teste Cicerone pro Balbo, *cum magna pars in iis civitatibus juris sui libertatem civitati anteferrent.* Sed sane ei tandem renuntiarunt, ut indicio est idem Cicero cont. Rull. 2, qui enumeratis coloniis et municipiis Campaniæ, quæ Rullus suis colonis occupare destinaverat, haud Neapolim, sed Puteolos in sua potestate tunc fuisse perhibet. *Calenum*, inquit, *municipium complebunt. Teanum oppriment. Atellam, Cumas, Neapolim, Pompeios, Nuceriam suis præsidiis devincient. Puteolos vero, qui nunc in sua potestate sunt, suo jure libertateque utuntur, totos novo populo atque adventitiis copiis occupabunt.* Porro dein et ipsum *vetus oppidum Puteoli*, ut ait Tacitus Annal. lib. XIV D *jus coloniæ et cognomentum a Nerone adipiscuntur*, cum scilicet primitivæ Coloniæ illuc deductæ, de qua Livius lib. XXXIV et Velleius noster lib. I jam exsolevissent jura; recentisque, de qua Frontinus in Catal. Coloniarum abolita fuissent. Sed eidem Tacito lib. III Hist. adhuc inter municipia collocari judico Puteolos; qui ait a Claudiis, Faventino, et Apollinari et ab Apinio Tirone *Municipia, coloniasque impulsas, præcipuo Puteolanorum in Vespasianum studio, contra Capua Vitellio fida* (erat hæc certe colonia) *municipalem æmulationem bellis civilibus miscuisse:* quippe jus coloniæ adeptos fuisse, non coloniam missam prædixerat. Sic Pompeius, ut tradit Asconius Pedian. ad Orat. in Pison. Transpadanas colonias deducens, *non novis colonis eas constituit; sed veteribus incolis manentibus, jus dedit Latii, ut possent habere jus quod cæteræ Latinæ coloniæ: id est ut petendi magistratus gratia civitatem Romanam adipiscerentur.* Qualem

etiam coloniam fuisse Neapolim, valde suspicor, quæ patrios Græcanicos ritus nunquam dimisit. Hæc autem civitas *quæ, mirabile dictu, post Romanum imperium*, ut cum Alexandro Teles. dicam lib. II, cap. 12 et 66 cujus sententiam rigide nunc non examino, *vix unquam a quoquam subdita fuit, nunc vero Rogerio, solo verbo præmisso, submittitur.* Græcis namque impp. non armis domita, sed ex antiquissima subjectione; ut reliqua multo etiam tempore Italia: longo annorum curriculo obediverat; de quo dicam lib. II Hist. Langob. PEREGR.

(60) *Unicuique militi*, inquit, non *comiti*, non *magnati*, in feudum dedit exiguum terræ modium cum glebæ ascriptis colonis; ut præstito sibi perinde ab iis fidelitatis juramento, urbem in officio strictiori, velut nexu devinctam detineret. Alexandrum Teles. lib. II, cap. 37 huc advoco, ubi de eodem rege. *Eo quod*, inquit, *supradictorum adversum se principum* (lego *procerum*, ut monui supra) *compererat cum perjurio factam conspirationem, tanta quidem contra eos rapitur indignatione, tantoque mentis erupit furore, ut non comiti, non magnati; non etiam cuilibet militi, qui ita perjurantes, in eum colla erexerant, penitus parceret.* Sed attende temporum vices. Rullus olim, ut Cicero perhibet de lege agrar. II quinque millia colonorum Capuam scribi, quos e rusticis tribubus sortiri decreverat, et in singulos tum dena, tum duodena jugera dispertiri jusserat, hoc est nostros terræ modios plus minus octo. Porro Fazellus Poster. Decad. lib. VII non contentus res plures, tempora et personas perperam immiscuisse, hoc etiam addit; quod postquam inter Innocentium et Rogerium convenit, ipse *rex Neapolim ingreditur, magno tum suorum, tum civium applausu; quo die centum quinquaginta milites instituit, duosque menses ibidem festos egit.* Noster sane nil habet tale quem pro hoc dicto a viris parum cordatis (tales enim nuperrimo experimento contra spem se prodiderunt meam) citari video. Et præterea ipse Falco diserte declarat, hoc anno *Rogerium medio mense Julio Salernum e Sicilia venisse, et quarto die intrante mensis Octobris mare ingressum, Panormum festinasse;* variis interim negotiis itineribusque distentum. PEREGR.

populus Italiæ, et extra de introductione monetarum istarum doluisset, et quomodo ad famis afflictionem devenisset. . . . .

Hactenus codex Benevent. papyraceus.

ANNO DOMINI MCXXXIX

MATTHÆUS

CARDINALIS EPISCOPUS ALBANENSIS

NOTITIA HISTORICA

(UGHELLI, *Italia sacra*, t. I, p. 254, in episc. Alban.)

Matthæus, Gallus, nobilibus opulentisque parentibus editus, in Remensi provincia monachus, ac prior Cluniacensis, ab Honorio II electus est episcopus card. Albanus 1125. Hic a primis annis cum pietate disciplinarum peritiam felici successu conjunxit, cumque antea canonicus Remensis esset, monasticam vitam professus est in celebri cœnobio S. Martini de Campis Parisiensi, cujus postea abbas electus est. Cum postea ad episcopatum assumptus fuisset, adeo inter beatioris vitæ obsequia instituti prioris non fuit oblitus, ut cæteræ vitæ austeritati etiam duriora addiderit, ita ut sanctimoniæ vitæ rarissimis exemplis illustrarit Ecclesiam. Familiaris D. Bernardo fuit, atque ad obsequium veri pontificis traducendis deviis individuus ejusdem collega. Sub Honorio II in Galliis legatione functus est, ubi in Trecensi concilio militare Templariorum institutum favorabilibus diplomatibus indultis, confirmavit. Ab eodem legatus ad Montem Casinum, Oderisium Nicolaumque exuit dignitate, ac Signorettum in ejusdem loci abbatem eligendum curavit. Interea cum inter Innocentium II atque antipapam Anacletum obortum schisma fuisset, Matthæus miro animi candore Innocentii partes consecutus est, atque antipapæ scelerosos ausus insectatus : cumque a Petro Leone expulsus Roma fuisset, in ea plena ærumnis sive fuga, sive peregrinatione, officii sui egregie memor, Gallos atque Germanos, ad quos pervenerat, ad veri pontificis obsequium obedientiamque demum adduxit. Sub vitæ finem, D. Bernardo collega, Ligustica legatione etiam functus est, in qua Mediolanensibus auctor fuit ut Innocentium verum pontificem venerarentur. Demum Pisas reversus, ubi per id tempus pontifex morabatur, ex laboribus contracto morbo, vitam finivit, die Natali Domini sacro, dum adhuc crepera luce sacrum perageretur anno 1139, sepultusque apud S. Frigidianum, gloria miraculorum clarus. Præfuit etiam conciliis Moguntino et Parisiensi. Ejus Vitam perscripsit ven. Petrus Cluniacensis abbas, tametsi in Cluniacensi Chronico ejusdem gesta, vitaque rursus narrentur ; cujus Baronius meminit tom. XII Annal. eccles. Ejus ibidem laudes S. Bernardus in quibusdam epistolis sincere deprompsit, in quibus vel cum gravi consultoque viro gravissima transigebat negotia, vel sanctæ familiaritatis ergo mutuam charitatem alebat.

MATTHÆI CARDINALIS

EPISCOPI ALBANENSIS

EPISTOLÆ ET DIPLOMATA.

I.

Diploma Matthæi Albanensis episcopi, nec non sanctæ Romanæ Ecclesiæ cardinalis et legati, super concordia inter Henricum Senonensem archiepiscopum et canonicos Stampenses.

(Anno 1127.)

[FLEUREAU, *Antiquités d'Estampes*, p. 40.]

In nomine sanctæ et individuæ Trinitatis, ego MATTHÆUS, Dei gratia Albanensis episcopus, sanctæque Romanæ Ecclesiæ cardinalis legatus ; GAUFRIDUS Carnotensis et BURCHARDUS Meldensis episcopi : Notum fieri volumus cunctis fidelibus, tam futuris quam præsentibus, quod inter Senonensem archiepiscopum Henricum, et canonicos Stampenses hujusmodi, Deo auctore concordiam apud Sanctum Dionysium composuimus, quod idem archiepiscopus noster, et religiosarum personarum quæ aderant, consilio, benigne illis concessit ut ipsi in perpetuum sacerdotem in ecclesiam Sancti Basilii, quæ ad ipsos pertinet, sine simonia provideant, nec ipse calumniam aliquam, nec debitum ex officio, sacerdoti illi imponet, et si persona ejus legitima et recipienda fuerit, archiepiscopus animarum illi curam concedet. Concessit etiam quod data sibi animarum cura, sacerdos ille prædictis canonicis censam tribuat, et eis plenam securitatem inde faciat, et archiepiscopus nullo modo, aut per se, aut per submissam personam censam illam canonicis illis impediet. Et ipse, sicut sacerdos et episcopus, concessit, et promisit quod hujusmodi concordiam integram et inconcussam servabit et tenebit.

II.

Authenticum cardinalium super compositione facta inter Stephanum episcopum Parisiensem et Theobaldum archidiaconum.

(Anno 1127.)

[*Cartulaire de Notre-Dame de Paris*, tom. I, p. 28.]

Hæc est concordia quam nos Matthæus episcopus Albanensis et Joannes, de titulo Sancti Grisogoni, et Petrus de titulo Calixti, cardinales, inter dominum Stephanum, Parisiensem episcopum et Theobaldum, notarium archidiaconum ejusdem Ecclesiæ, ex mandato domini papæ [Honorii] composuimus. Non liceat archidiacono in ecclesiis presbyterum ponere. Episcopi autem erit ecclesias ordinare per archidiaconum tantum, sicut per ministrum suum; ita ut episcopus sacerdoti curam committat animarum; per archidiaconum vero ecclesiam et res assignet ecclesiæ. Archidiacono sacerdotem ab officio suspendere nullatenus liceat, si episcopus in parochia fuerit; deponere autem omnino non liceat: neque pœnitentias dare, sed neque reconciliare nisi ex licentia debebit episcopi. Excommunicare autem aliquem clericum aut absolvere archidiacono [non] licet nisi per mandatum episcopi. Episcopus vero, quotiens expedierit, parochianos suos conveniet per archidiaconum et ad justitiam invitabit; quod si contempserint et justitias dictaverit, excommunicare licebit episcopo; factam vero excommunicationem archidiaconus observabit. Clericos vero ad ordines promoveri non faciat archidiaconus, nisi per mandatum et sigillum episcopi, si tamen in provincia fuerit. Si vero episcopus tres menses abfuerit, et archidiaconus mandatum habebit episcopi, necessitate urgente, et clericos promoveri faciet, et ecclesias canonice poterit ordinare. Collectas vero episcopus, absque archidiacono, per parochiam ipsius non faciet, nisi aut Romam veniat, aut concilium in provincia celebretur, aut forte dominum papam in Ecclesia sua suscipiat; quod tamen consulto archidiacono faciet: in quibus quidem collectis, quia expensæ omnes erunt episcopi, archidiaconus nullam habeat portionem. In cæteris vero communibus collectis, archidiaconus ut moris est tertiam partem obtineat. Archidiacono autem, in tota parochia, collectas sine episcopi [facere] non licebit. Quod si quis archidiacono de suo, precibus aut ultro, donare voluerit, nequaquam debebit episcopus contradicere. Debitum vero quod Franci catate vocant, quod archidiaconus debebat episcopo usque ad [hunc] diem, precibus nostris et pacis amore, totum archidiacono dimisit episcopus. De cætero, archidiaconus omne debitum persolvet episcopo, ita tantum si in pace et concordia hac archidiaconus perseverat. De scholis vero, unde inter episcopum et canonicos Parisienses emersit discordia, dominus Theobaldus contra voluntatem episcopi nullatenus veniet. Si vero pacem hanc non observaverit archidiaconus, et si semel, secundo aut tertio admonitus erratum suum non emendaverit, aut justitiam facere contempserit, tunc licebit episcopo, sicut prius, debitum omne suum requirere. Si quis in parochia clericus, sive laicus, archidiacono aut alii injustitiam fecerit, et per eumdem archidiaconum emendare noluerit, si episcopus in loco fuerit et negotium ante se tractare voluerit, archidiaconus usque ad sententiam non procedat, sed causam suam ad episcopum deferat, qui ei canonicam in omnibus observet justitiam. Si vero episcopus absens fuerit, aut audire noluerit, archidiaconus justitiam faciat, ex mandato tamen episcopi, et hoc in laicos. Hanc concordiam fecimus, salva in omnibus apostolicæ sedis et domini papæ auctoritate et debita reverentia. Huic paci interfuerunt, et eorum consilio facta est, venerabiles fratres nostri Gaufridus Carnotensis et Burchardus Meldensis episcopi.

Actum est Romæ (1) apud Palladium, anno Dominicæ Incarnationis 1127, pontificatus domini Honorii papæ secundi anno tertio.

III.

Matthæus Albanensis electionem Udonis, S. Petri Carnotensis abbatis confirmat.

(Anno 1128.)

[MABILLON, *Annal. Bened.* VI, 164.]

Servorum Dei quieti sicut in præsenti consulere pium est, sic et in posterum providere opportunum. Proinde ego MATTHÆUS, Albanæ Ecclesiæ Dei gratia humilis episcopus, et sanctæ Romanæ atque apostolicæ sedis cardinalis et in Galliis legatus, omnibus quibus oportuerit notum esse volo fidelibus, quia monasterio S. Petri Carnoti eam quam hactenus habuisse cognoscitur abbatem eligendi libertatem, præsente venerabili Gaufrido Carnotensi episcopo, ipsius suggestu atque rogatu, ex Romanæ Ecclesiæ auctoritate præsens in ejus monasterii capitulo præsidente ei Udone recens electo abbate, viva voce confirmaverim, et hoc idem scripto atque sigillo nostro me facturum promiserim. Hic ergo eamdem confirmationem repetentes, ex domni papæ Honorii,

(1) Quæ sequuntur deprompta sunt ex parvo chartulario, f° 46, v°. In alio ejusdem concordiæ apographo, ibid., f° 47, legitur: « Interfuerunt etiam hi testes, domnus T. prior Sancti Victoris, R. archidiaconus Cameracensis, A. cancellarius, T. archidiaconus Meldensis, T. monachus, Hugo monachus Resbaci, Albertus Stampensis. »

cujus in Galliarum partibus vicem gerimus, auctoritate, et ex Romanæ, cui ipse præsidet, sedis potestate, scripto et sigillo isto decernimus atque statuimus, ut præfati monasterii S. Petri Carnoti capitulo ab omni tam ecclesiastica quam sæculari potestate omnino libera sit, et firma abbatis sui electio; et sicut hactenus licuit, perpetuo liceat monachis quancunque voluerint personam regulariter duntaxat sibi in abbatem eligere; itaque electum, sine cujusquam contradictione, sine præjudicio vel surreptione, locum firmiter obtinere. Quod decretum nostrum si quis unquam quolibet ingenio ausus fuerit aliquatenus scienter temerare, ex ipsius domni papæ auctoritate, et ex sanctæ atque apostolicæ sedis majestate eum, quicunque ille fuerit, anathematizamus, atque a regno Christi et Dei, nisi hoc digna cum satisfactione emendaverit sequestramus.

IV.

Litteræ Matthæi Albanensis episcopi, quibus Argentoliense monasterium abbatiæ S. Dionysii, de sententia concilii Parisiensis apud S. Germanum a Pratis habiti, restituitur.

(Anno 1129.)

[LABBE, *Concil.* t. X, col. 936.]

In nomine summi Dei et Salvatoris nostri Jesu Christi, MATTHÆUS, divinæ gratiæ dispositione Albanensis episcopus et apostolicæ sedis legatus.

Quoniam ad nostræ dignitatis potestatem pertinere constat circa ecclesiasticæ cultum religionis summa sollitudine fideliter elaborare, immunda cuncta eliminare, utilia quoque studiose supplantare, ideo summopere nobis injuncto officio oportet invigilare.

Ea propter cum nuper in præsentia domini serenissimi regis Francorum Ludovici, cum fratribus nostris coepiscopis, Remensi scilicet archiepiscopo R. [Rainaldo] Parisiensi episcopo Stephano, Carnotensi episcopo G. [Gaufrido] Suessionensi episcopo G. [Gosleno] aliisque quamplurimis, de sacri ordinis reformatione per diversa Galliarum, in quibus tepuerat, monasteria, Parisius ageremus, subito in communi audientia conclamatum est super enormitate et infamia cujusdam monasterii sanctimonialium, quod dicitur Argentolium, in quo paucæ moniales multiplici infamia, ad ignominiam sui ordinis degentes, multo tempore spurca et infami conversatione omnem ejusdem loci affinitatem fœdaverant. Cumque omnes qui aderant illarum expulsioni insisterent, venerabilis abbas S. Dionysii Suggerius, emunitatibus suis apostolicorum confirmatione certissimis in medium ostensis, præfatum monasterium ad jus ecclesiæ suæ pertinere satis evidenter ostendit.

Unde nos, cum fratribus prænominatis participato consilio, et quia illud venerabile cœnobium, potissimum in suis temporibus inter alia Galliæ totius monasteria, Dei misericordia, et sanctorum martyrum intercessione, omni religione irradiatum vidimus, non solum ejus justitiæ, verum etiam illarum miseriæ consulentes, hanc ei injunximus obedientiam, ut illis in religiosis locatis monasteriis, ibidem monachos suos, qui Deo religiose deserviant, substitueret.

Et ut hæc nostræ restitutionis concessio tam sibi quam posteris firmissima in posterum habeatur, et apostolica auctoritate, nostrique sigilli corroboratione, in sempiternum confirmavimus: hoc idem, Parisiensi episcopo Stephano, in cujus parochia est, primum faciente et confirmante.

V.

Epistola Matthæi Albanensis episcopi ad fratres conscriptos, etc., abbates, etc.

[D. BOUQUET, *Recueil*, tom. XIV, p. 419.]

Fratribus conscriptis cœlestis curiæ senatoribus, abbatibus illis qui condixere singulis annis Remis convenire pro monastici ordinis correctione, Matthæus Dei gratia Albanensis episcopus, eorum frater et devotus amicus, gratia et pax a Deo patre et Domino Jesu Christo, et qui ab utroque procedit, Spiritu paracleto.

Vestræ strenuæ probitatis et ardentissimæ religionis fragrantia ad nos usque pervenit, et qui de sanctis studiis vestris procedit odor suavissimus viscera nostra replevit. Benedictus sit Deus, qui licet instante Antichristi tempore, cujus faciem, quemadmodum scriptum est, præcedet egestas, ad hæc misera tempora tales reservavit personas: et ad tenebras effugandas, quæ quasi palpabiles sua tetra caligine monasticum ordinem in partibus illis offuscaverant, vos tanquam clara lumina sideraque rutilantia constituit; et non solum vestra propria loca, verum etiam alia quædam sanctitatis vestræ radiis irradiavit, et in ruinosa monastici ordinis fabrica in frigidis illis regionibus, tanquam firmas et immobiles columnas super bonum firmamentum, quod est Christus, fundavit et stabilivit! Et quemadmodum illa evangelica devotaque mulier pretiosum super pedes Domini effudit unguentum, et tota domus odore repleta est; ita et vos, postquam vestras odoriferas aperuistis thecas, odor gratissimus atque suavissimus circumquaque diffusus est, et merito cantare potestis: « Nardus mea dedit odorem suavitatis. » Bona siquidem aromata quanto magis tractantur atque teruntur, tanto suavius aspirant, tantoque delectabilius redolent. Quoniam quidem in claustris vestris, quæ prius tanquam delubra voluptatum exstiterant, in quibus habitabat ericius, ululæ morabantur, sirenæ cantabant, saltabant pilosi; nunc expulsis illis viriliterque damnatis, gloriosa Christi ovilia delectabiliaque præsepia reparastis, iis quibus nunc pascit Christus et pascitur; reficit et reficitur, nutrit et nutritur, fovet et fovetur, gaudet et delectatur. Nam religio quæ ibi floruit, et humilitas quæ ibi viget, et obedientia quæ ibi regnat, et charitas quæ ibi omnes attrahit, et amplectitur et saginatur, bona mater sanctaque Rebecca docuit dilectum filium suum Jacob cibos præparare, quibus pater Isaac, qui *risus* interpretatur, libenter vescitur; vos quoque mater gratia cibos præparare docuit, quibus verus Christus libenter et delectabiliter, nec non cum magna aviditate vescitur, etc.

A risus verumque gaudium nostrum Dominus Jesus

(In subsequentibus autem institutum in claustris perpetuum silentium reprehendit, decurtatam psalmodiam, neglecta solitudinis studio ruralia et manualia opera, minoratum quoque humilitatis erga religionis cultum; ac tandem sic concludit: « Dilectissimi, quæso, redite ad cor, et nolite ambulare in magnis neque in mirabilibus super vos. »)

VI.

Charta Matthæi Albanensis episcopi pro ecclesia S. Martini de Campis.

[DUCHÈNE, *Hist. des cardinaux français*, tom. II, p. 80.]

Ego MATTHÆUS Albanensis episcopus et sedis apostolicæ legatus, notum facio tam præsentibus quam futuris, quod in nostra Hyenuillæ, et fratrum nostrorum Reginandi Remensis archiepiscopi, Gosleni Suessionensis, Bartholomæi Laudunensis, Simonis Noviomensis, Gaufredi Carnotensis, Joannis Aurelianensis, Stephani Parisiensis, Burchardi Meldensis episcoporum, Gaufredi S. Medardi Suessionensis, Sugerii S. Dionysii abbatum præsentia, charissimus filius noster Ludovicus rex, nostro et omnium prædictorum rogatu, et etiam precibus, Adelaidis reginæ, Radulphi Vermendensis comitis, necnon et Philippi filii regis, in regem designati, terram quam apud Pontisaram ecclesia Sancti Martini de Campis habebat, ab omnibus consuetudinibus ad res pertinentibus liberam fecerit, excepta sola expeditione per propriam vel dapiferi sui personam submonita.

VII

Decretum Matthæi Albanensis episcopi, et sanctæ sedis apostolicæ legati de expulsione monialium ab ecclesia S. Mariæ et S. Joannis Laudunensi.

[Anno 1137.]

[Dom MARLOT, *Metropol. Rem.*, II, 301.]

MATTHÆUS, Dei gratia Albanensis episcopus, et apostolicæ sedis legatus universis fidelibus salutem.

Quod in conventu Atrebatensi, sancto Spiritu cooperante a venerabilibus fratribus Raynaldo Remensi archiepiscopo, Bartholomæo Laudunensi, B Gisleno Suessionensi, cæterisque illius diœcesis episcopis et abbatibus, aliisque religiosis personis de expulsione monialium, in ecclesia S. Mariæ Sanctique Joannis Laudunensis minus honeste viventium, et de substitutione abbatis, et monachorum ibidem Deo religiose servientium, constitutum est, Ludovico rege Francorum præsente, annuente, et suo præcepto firmante, nos in Remensi conventu, consilio et petitione venerabilium fratrum, Remensis et Senonensis archiepiscoporum, atque abbatum plurimorum, aliarumque religiosarum personarum comprobavimus, et sedis apostolicæ auctoritate, et munimine in perpetuum confirmamus.

ANNO DOMINI MCXXXIV

SANCTUS OTTO

BAMBERGENSIS EPISCOPUS

SANCTI OTTONIS VITA

(*Episcopatus Bambergensis chronologice ac diplomatice illustratus opera et studio P. Æmiliani* USSERMANN, *bibliothecarii S. Blasii.* — Typis San-Blasianis, 1802.)

SUMMARIA.

I Vitæ ejus scriptores. II. Patria, studia, adolescentia. III. In Henrici IV Cæsaris aula innotescit. IV. Otto in aula Cæsaris. V. Ejus ibi negotia. VI. Bambergensis episcopatus a rege oblatus. VII. Quem Otto recusat, ac demum suscipit. VIII. Bambergam venit. IX. Ejus de hac re ad papam litteræ. X. A quo confirmatur. XI. Henrici regis ad Ottonem litteræ. XII. Otto in itinere Romam captus et liberatus. XIII. A papa consecrari petit. XIV. A quo Anagniæ ordinatur. XV. Quod Ecclesiæ suæ perscribit. XVI. Papæ hac de re epistolæ. XVII. Otto ad suam Ecclesiam reversus. XVIII. Cura pro Ecclesia. XIX. Plura construit monasteria. XX. Et cellas regulares. XXI. Quæ a papa confirmari petit. XXII. Quædam alia gesta. XXIII. Cœnobia Prüflingen, Osterhoven. XXIV. Cathedralis ecclesia. Pallium. XXV. Ecclesiæ suæ prædia comparat. XXVI. Epistola Brunonis ad Ottonem. XXVII. Banthense cœnobium. XXVIII. Otto Henrico Cæsari suspectus. XXIX. Ob Cæsarem reprehensus. XXX. Quod a conventibus episcoporum abstineat. XXXI. Quæ hujus rei causa? XXXII. In S. Michaelis cœnobium largus. XXXIII. Ottonis parentum sepultura et genus. XXXIV. Monasterium Michelfeld et Reinstorf. XXXV. Otto iterum de absentia sua objurgatus. XXXVI. Pax redintegrata. XXXVII. Ottonis gesta Pomeranica. XXXVIII. Pomeraniæ eo tempore status. XXXIX. Otto illuc invitatus. XL. Ad iter se parat. XLI. Quod ingreditur. XLII. Per Poloniam in Pomeraniam venit. XLIII. Otto Camini. XLIV. Wollini seu Julinæ. XLV. Stetini. XLVI. Polonorum ducis ad Stetinenses litteræ. XLVII. Qui fidem amplectuntur cum aliis. XLVIII. Dux Julinæ episcopatum instituit. XLIX. Otto Colbergæ et alibi. L. Disciplinæ capita Pomeranis tradita. LI. Doctrina de sacramentis. LII. Otto in patriam redit. LIII. Ejus gesta post reditum. LIV. Altera Ottonis in Pomeraniam sacra expeditio. LV. Sacri ejus ibidem labores. LVI. Pacem Pomeranis a duce Poloniæ in petrat. LVII. In patriam revocatus redit. LVIII. Gesta domi in ejus absentia. LIX. Otto ad synodum vocatur. LX. Gesta quædam. LXI. Aliud Ottonis iter in Bohemiam. LXII. Varia monasteria dotat. LXIII. De monasterio Mallerstorf. LXIV. Synodus Bambergensis. LXV. Ottonis encyclica ad monasteriorum abbates. LXVI. Ultima Ottonis acta. LXVII. Postremus ejus annus. LXVIII. Et obitus.

I. Ex tot annorum et malorum procellis tandiu agitata Bambergensis Ecclesia, Deo providente, per illum ipsum erepta est, qui eorum præcipua causa fuit, Henricum IV imp. intelligo, qui eam duobus successive contulit, Hermanno et Ruperto ob Simoniacas artes notatis; felicior tamen in deligendo ultimi successore Ottone, qui suæ Ecclesiæ dein restaurator fuit et decus maximum; dignus adeo, in cujus priora fata et posteriora facta curatius nonnihil inquiramus: seposita interim hic de Andechsiana ejus progenie, ne genealogicis his tricis lectores inutili opera detineamus; de quibus tamen inferius nonnulla. Ad certiora igitur progredimur, ex quibus majorem quam a quacunque illustri prosapia laudem et gloriam promeruit Otto.

Ut vero in tanta scriptorum varietate tuta incedamus via, fontes, unde hausimus, præcipuos prius indicare juvat. Diversos enim vitæ scriptores numeramus, ut plurimum interpolatos aut posterioris ætatis, quibus fidem tribuere, saltem in omnibus, instituti nostri ratio haud patitur. Illos igitur paucis considerabimus, qui temporibus proximiores videntur, et quos etiam actis suis inseruit I. B. Sollerius in commentario prævio (1). Hos Sefridum, Ebbonem et Tiemonem appellat, ita tamen in unum confusos, ut quid cuique tribuendum sit, plane ignores. Id solum constat, unum illorum seu Sefridum scribam seu notarium S. Ottonis fuisse ejusque in missione Pomeranica socium; quod ipse non semel in libro secundo prodit, dum de illo agens in prima persona plurali loquitur. Id cum in reliquis duobus Vitæ Ottonianæ libris haud observetur, indicio est, illos ab aliis scriptoribus esse exaratos. Hos tamen non multum fuisse suppares, indicat prologus in Vitam (2): « Scripta autem sunt in libro hoc, quæ religiosi ac probatissimi viri ab ipso gesta oculis suis viderunt, et nobis fideliter enarraverunt, ut in testimonio veritatis nihil privati amoris et gratiæ inseratur, sed opera ejus, quæ in Deo facta sunt, summam sinceritate et veritate in honorem Dei et utilitatem Ecclesiæ proferantur. » Notandum quoque, ab illis Ottonem nunquam sanctum, sed beatum aut venerabilem appellari, adeoque jam ante a. 1189 seu illius canonizationem litteris fuisse mandata.

II. Otto igitur ex Suevia seu Alemannia duxit originem, circa annum 1062 natus, cujus parentes Otto et Adelheida nobilitate quidem clari, *opibus autem mediocres*, filium suum in primæva ætate litteris erudiendum tradiderunt, quorsum vero, haud notatur. Litteris itaque diligenter excultus et in discretionis annis constitutus parentes amisit, Friderico fratre ejus milite futuro facultates paternas adepto. Certe de hoc Friderico testatur Necrologium S. Michaelis Bambergæ ad d. 25 Oct.: « Fridericus frater Ottonis episcopi. » Hic cum fratri suo Ottoni sumptus ad prosequenda studia haud suppeditaret, is partim necessitate, partim litterarum amore in Poloniam migravit, ubi scholam puerorum aperiens alios docendo seque ipsum instruendo, brevi tempore ditatus et honoratus est. Ibi etiam gentis linguam edoctus, qua virtute, qua corporis elegantia magnatum primo sibi familiaritatem, brevi post etiam ipsius ducis Poloniæ gratiam promeruit, qui illum ceu clericum per aliquot annos apud se detinuit. Dux iste ab aliis Boleslaus dicitur, at revera fuit Uladislaus Boleslai II regis filius, qui tamen ob papæ reverentiam ducis tantum titulo utebatur. Mortua igitur sua uxore Juditha, ducis Bohemiæ filia, Otto duci auctor fuit, ut Sophiam, quam alii Juditham appellant, Henrici IV Cæsaris sororem et Salomonis regis Hungariæ viduam peteret conjugem. Delegatus itaque cum aliis ad Henricum est ipse Otto, ut sponsam illam ab eo postularet, quam et a. 1088 obtinuit atque in Poloniam comitatus est, cujus dein capellanus fuit et litterarum ad fratrem suum Henricum bajulus. Hac occasione Henrico regi innotuit, seque magis ac magis in ejus gratiam insinuavit, adeo ut illum denique a sorore ejusque marito duce expeteret ceu obsequiis suis necessarium, quem etiam ab eis ægre licet obtinuit, cum magnis muneribus a se dimissum

III. Hic jam a se invicem dissentiunt memorati biographi, dum Ottonem ceu Judithæ capellanum, tunc primum cum ea in Poloniam venisse volunt: qua etiam occasione ob frequentem transitum per Wirceburgum ibidem hospitale erexerit, de quo alibi diximus (3). Ottonem quoque post obitum Judithæ Ratisbonem pervenisse scribunt et inter canonicos moratum, donec ab abbatissa inferioris monasterii ibidem domus suæ dispensator sit constitutus, ibi autem ab Henrico rege neptem suam invisente postulatus et in aulam suam accitus: ubi varia quoque narrantur utriusque amicitiæ argumenta, quæ uberius discutere non vacat. Cum autem nec de anno emortuali Judithæ seu Sophiæ Poloniæ reginæ, nec de aliqua Henrici regis nepte abbatissa Ratisbonensi aliunde quid constet, certum tempus determinari nequit, quo in aulam Cæsaris pervenerit Otto, quamvis id demum circa a. 1096 factum existimem. Id saltem extra dubium est, Ottonem prius in Polonia fuisse, antequam quacunque demum ratione ad Henrici regis aulam delatus sit. Patet id aperte ex vitæ scriptore quem sequimur, qui (4)

(1) T. I Jul., Bolland., p. 349.
(2) L. c., p. 378.
(3) Episcop. Wirceb., p. 194.
(4) L. II, c. I, n. 53.

testatur, Ottonis Babembergensis episcopi famam late in regnis Poloniæ effloruisse Boleslai III regis tempore, « eo quod et hunc in adolescentia pater ejus, » Ladislaus nempe, « sui capellani more obsequentem notum et charum habuerit. » Quin et ipse Boleslaus in data ad eum epistola (5) asserit, quod in diebus juventutis suæ Ottonis « apud patrem suum decentissima honestate conversati meminerit. Natus est iste Boleslaus an. 1086; igitur Otto saltem usque ad decimum fere ejus ætatis annum in Polonia perstitisse debuit, ut eum noscere potuerit Boleslaus.

IV. « Imperator vero, pergit scriptor noster » primo in levibus rebus Ottonem exercens, familiari ejus servitio in multis bene usus est, psalmos et orationes privatas, si quando vacabat, cum eo ruminare solitus. » Plurima ejusmodi pietatis exercitia, in psalmodia præcipue memorat tam idem quam reliqui Vitæ scriptores fusius. Noster quoque Ottonem hoc tempore etiam cancellarium regis factum memorat, postquam alius ad episcopatum sit sublimatus. Humbertus is forte est, qui ab a. 1086 usque 1102 cancellarius in chartis Henrici legitur, eodem adhuc anno factus archiepiscopus Bremensis. Ibi factum esse potuit, quod Ebbo in vita refert, allato Bremensis episcopi baculo et annulo pastorali, imperatorem hæc insignia Ottoni sibi unice dilecto conservanda tradidisse. Et forte hanc ei sedem destinaverat, nisi paucos post dies regi etiam Ruperti Bambergensis pariter defuncti pontificalia insignia fuissent delata, quæ Ottoni destinarit. Speciosa hæc sunt, sed tempora non conveniunt. Liemarus enim Bremensis d. 17 Maii, a. 1101 obiit, et eodem adhuc anno Humbertum successorem habuit; Rupertus autem sequente primum anno d. 11 Jun. decessit. Haud ergo utriusque Ecclesiæ legati simul adesse poterant episcopum a rege petituri; nec regi jam integrum fuit inter utramque electionem deliberare, Bremensi sede priore jam anno concessa Humberto, cujus cancellariatus officium rex dein Ottoni capellano suo dedit. Illum saltem ex cancellario factum esse episcopum Annalista Saxo aliique scribunt, quamvis nullum diploma ab eo recognitum occurrat (6).

V. Aliud Ottoni in aula degenti negotium ascribunt biographi, commissam nempe eidem ab Henrico rege curam perficiendæ ecclesiæ Spirensis fabricæ, quam jam Conradus II inchoaverat, Henricus III auxit, sed filius ejus Ottonis nostri studio et diligentia demum perfecit. Ecclesia hæc illa est S. Mariæ seu S. Joannis, nunc collegiata S. Guidonis, de qua Hermannus Contractus ad a. 1047. Henricus III « corpus B. Widonis Pomposiæ monasterii abbatis magno secum cum honore de Italia rediens devexit, et in incœpta extra urbem basilica tumulari fecit (7). » Hermanni autem continuator ad a. 1056 imperator Henricus defunctus, « Nemetumque translatus, in ecclesia S. Mariæ, quam ipse construxerat, adhuc imperfecta, juxta patrem matremque sepultus est. » Diu adhuc imperfecta permansit, donec tandem exeunte hoc sæculo, ut dictum, ab Henrico IV fuit absoluta, in quam dein circa an. 1097 Bertham conjugem, ab a. 1088 Moguntiæ sepultam transtulit (8), ac ipse post quinquennium ab obitu an. 1111 juxta majores suos in eadem ecclesia sepultus est. Hæc de primordiis Ottonis, nunc ejus pontificatum videamus.

VI. Ruperto episcopo Bambergensi d. 11 Jun. a. 1102 mortuo adsunt in aula illius Ecclesiæ legati, baculum et annulum ejus afferentes, novumque a rege pastorem postulantes. At ille sex mensium tempus statuit, quo de ea re mature deliberet, Bambergensi interim clero ac populo Deum pro felici successu exorante. Elapsis induciis, imperator Ecclesiæ dignum inventum esse episcopum Bambergensibus nuntiavit. « Abeuntibus ergo *ad aulam* nuntiis, summis et præcipuis de ipsa Ecclesia viris tam clericis quam laicis, reliqui omnes a minimo usque ad maximum in proxima Dominica ante Nativitatem Domini, *d.* 21 *Dec.* elatis crucibus cum processione montem B. Michaelis ascendunt, ut strenuum, bonum et gnarum super se provisorem accipere mererentur. » Legatis ab Henrico bene exceptis et de pastore sciscitantibus, is « manu arripiens Ottonem capellanum suum : En, inquit, hic est dominus vester, hic est Babembergensis Ecclesiæ antistes. » His auditis, hæsere quasi attoniti circumstantes nobiles, qui ex suis aliquem nominandum sperabant; Bambergenses autem legati, quorum caput erat Berengerus comes de Sulzbach, uti ex alio scriptore colligitur : « Subtristes, sperabamus, inquiunt, aliquem ex dominis et principibus curiæ nostræ parentatum ac nobis notum dominatorem nos accepturos; nam hunc quis sit aut unde sit, ignoramus. » Quis, quæso, hinc nobilem tunc et notissimam Andecensium comitum familiam, unde ortus sit Otto, vel somniando sibi imaginetur? Imperator autem reprobationem personæ haud sustinens, et vultis, ait, scire quis sit? volumus, inquiunt. « Profecto, ait, ego pater ejus sum, et Babenberg mater ejus debet esse. Verbum hoc mutare non poterimus. Si quis autem huic nostræ ordinationi, quæ a Deo est, contraire tentaverit, offensam nostræ indignationis procul dubio incurret. Non enim levitate aut privatis commodis ducimur, sed quod honestissimum et maxime illi Ecclesiæ necessarium esse perspeximus, id simplici animo in hoc sectati sumus. De expertis rebus non incertum judicium est, longa hunc hominem experientia et probatione didicimus, patientiam, sagacitatem et diligentiam in exsequendis parvis rebus, strenuitatem ejus in magnis negotiis notam habemus. Denique absentatio ejus ma-

(5) Cod. proba.t, n. LXXVIII.
(6) Vid. Chron. Gottwic., p. 302.

(7) Vid. t. III Mart., Bolland. ad d. 31 mensis.
(8) Annal. Hildesh. h. a.

gnum domui nostræ impedimentum fiet, quam ipse de omnibus rebus strenue ac fideliter expedire solebat. »

VII. Sed quid interim Otto? Se ad Cæsaris pedes projicit, cum multis lacrymis munus sibi impositum deprecatur, se pauperem et indignum profitetur, dignitatem in alios claros, nobiles, potentes, ac divites concapellanos suos transferri rogat. « Cernitis, ait imperator, qua hic homo feratur ambitione? jam tertio recusat, jam duos episcopatus sibi oblatos ad socios transferri rogavit. Augustensi episcopatui eum locare voluimus (*Sigefrido a. 1096 defuncto*), sed ille eos, qui se priores in laboribus et exercitiis curiæ nostræ exstiterunt, prius ad quietem venire justum esse dicebat. Postea vero de Halberstadensi episcopatu sibi a nobis oblato similiter fecit (9). « Nec mora : traditis annulo et baculo investitum legatis consignavit. « In ipso igitur articulo adhuc in curia votum vovit Domino, nunquam se in episcopatu mansurum, nisi et consecrationem pariter et investituram canonice, consensu et petitione Ecclesiæ suæ, a manu domini apostolici suscipere mereretur. Diem Natalis Domini Moguntiæ cum imperatore celebravit : dehinc retentis ex parte, ex parte dimissis legatis, qui pro se venerant, in curia mansit diebus pene 40 decore magno et honestate, imperatore ipso et omni aula plurimum ei deferente. » Atque hæc singularis est Ottonis ad episcopatum nominatio, ipsi æque ac Henrico regi gloriosa et honorifica.

VIII. « Post hæc, » pergit scriptor noster, « princeps Augustensi et Wirzburgensi mandat episcopis aliisque de curia sua honoratis viris, qui honestissima societate atque ingenti comitatu ad sedem suam in vigilia Purificationis beatæ semper virginis Mariæ, quæ a. 1103 erat Dominica Sexagesimæ, Babenberg eum deducant, omni clero et populo in magno desiderio et exspectatione positis. » Addit Ebbo, illi, cum emenso itinere ad villam Ampfarbach pervenisset, occurrisse eminentiores quosque Bambergensium, et magna exsultatione patrem desiderantissimum excepisse. « Itaque appropinquante ille ad locum ubi primitus conspicere potuit monasterium cathedrale, ab equo descendit, calceamenta solvit, humilitatem cordis habitu corporis ostendit, frigora, nives et glaciem Februarii nudis pedibus usque in ædem B. Georgii calcavit, occurrentibus ei longo examine clericis et monachis, nobilibusque laicis in multitudine copiosa, cum universa plebe Babenbergensis Ecclesiæ in pompa et processione gloriosa, in ornamentis et reliquiis sanctorum, in hymnis et confessionibus personæ ac tempori opportunis : tantaque fuit exsultatio et decus susceptionis, ut verbis explicari non queat. »

IX. Hic jam magis inter se dissentire videntur vitæ scriptores, dum ille quem hucusque secuti sumus, memorat, Ottonem « post paucos dies susceptionis suæ, antequam de aliis rebus suis ordinaret, » nuntios suos ad Paschalem II Romam misisse cum litteris, quas recitat una cum responsoriis papæ. Alter vero seu Ebbo asserit, illum « consecrationis suæ gratiam longo tempore, id est, per triennium » distulisse, ut ad hanc se magis præpararet. Veram autem hujus dilationis causam refert in dissidium hujus temporis, quo Ruthardus archiepiscopus Moguntinus, a quo consecrari debuerat, « quasi rebellis imperatori, et pro hoc cathedra sua depulsus, in Thuringia jam per octo annos morabatur ; plurimi quoque episcoporum in Teutonicis partibus officii sacerdotalis suspensione multati fuerant : » unde et ab ipso papa consecrari petiit, datis ad eum aliis litteris. Hæ a prioribus diversæ sunt, neutræ tamen certi temporis notam præferunt. Prior tamen ex his epistolis scopo Ottonis in sua nominatione sibi proposito magis congruere videtur, ubi ita loquitur : « Vobis igitur, Pater sanctissime, et sanctæ matri nostræ Romanæ Ecclesiæ collum devote submittens auxilium et consilium de rebus meis flagito. In obsequio enim domini mei imperatoris per annos aliquot degens, et gratiam in oculis ejus inveniens, suspectam habens de manu principis investituram, semel et iterum cum dare vellet, renui episcopatum. Nunc vero jam tertio in Babenbergensi episcopatu me ordinavit, in quo tamen minime permanebo, nisi vestræ complaceat sanctitati per vos me investire et consecrare. Quidquid ergo placeat discretioni vestræ de me, per nuntios mihi significate servo vestro, ne forte in vacuum curram, si ad vos currere incipiam. »

X. Pontifex, lectis his litteris, gavisus, maxime quod pauci episcopi in regno Teutonico Ecclesiæ suæ matri deferrent, ita ad eum rescripsit : « Paschalis — Ottoni dilecto fratri Babenbergensis Ecclesiæ electo. — Filius sapiens lætificat matrem suam. Opera tua et consilium tuum virum præferunt sensatum. Nos igitur te honorare et profectus tuos juvare congruum duximus. Nihil ergo de nostra benevolentia dubitans tuam nobis, quantocius vales, præsentiam exhibeto, certi enim sumus, quod divina sapientia etiam malis hominibus bene uti novit (10). » Datæ autem videntur hoc an. 1103 atque ad confirmationem Ottonis in episcopatu spectant, a qua nonnunquam sui pontificatus annos numerat. Ab hac autem confirmatione discernenda est ordinatio seu consecratio de qua intelligendus est Ebbo, quæve primum an. 1106 peracta est, uti paulo post dicemus : qua utique distinctione ambo hi scriptores facile inter se conciliantur.

XI. Otto igitur jam confirmatus episcopus ab Henrico IV e. a. 1103, d. 15 Jul. amplissimum pro sua Ecclesia accepit privilegium (11), in quo illum iterato septimum Ecclesiæ Babenbergensis episcopum numerat, non computato nempe Hermanno de-

(9) A. 1101.
(10) Labb., Concil., t. X, p. 688.

(11) Cod. probat., n. LV.

posito. Ad ipsum quoque annum, etsi haud notatum, spectant aliæ ejusdem imperatoris ad Ottonem litteræ, quibus illi pontificatus sui auspicia gratulatur (12), et pulcherrima monita suggerit. Exposito enim suo gaudio, quod ab Ecclesia sua honorifice sit receptus : « Consulimus, inquit, hortamur et petimus, ut quod facis facias, ne primitias bonæ famæ, si manum remiseris, perdas, quia bona inceptio sine fine (13) speciosi corporis instar est sine capite. Nemo te a delectu ecclesiastico secundum justitiam utilitatis terrore detorqueat, pretio flectat, suadendi fellito melle seducat, quoniam tentatus his omnibus, si probatus fueris, facile omnia propulsabis. Si quid autem grave tuis viribus æstimabis, ad nos tibi procul dubio succursuros ex nostri deferas occasione præcepti. »

Difficultatem haud modicam pariunt aliæ Henrici IV imp. litteræ ad episcopum Babenbergensem, cujus tamen nomen aut annum haud præferunt (14). In iis præsulem ad expeditionem contra Robertum Flandriæ comitem circa Kalendas Nov. ineundam evocat. Hæc autem omnium historicorum fide exeunte autumno an. 1102 suscepta est ab imperatore, quo tempore necdum episcopus erat Otto, sed sedes Babenbergensis adhuc vacabat. Hæc itaque epistola nec ad Ottonem, nec ad Rupertum dari potuit, utpote prius jam defunctum. Vel ergo erratum est in nomine Ecclesiæ, vel formulare tantum fuit sede vacante conceptum, si interim aliquis episcopus nominaretur, unde et nomen abest. Potius tamen arbitramur, nomen Augusti imperatoris perperam his litteris præfixum, easque ad Henricum V regem pertinere, qui, teste Urspergensi, an. 1107 circa Octobrem aliam contra Robertum in Flandriam expeditionem instituit, ad quam invitari potuit Otto. Aliæ binæ sunt Henrici IV ad Ottonem epistolæ (15), quibus ejus auxilium contra Henricum filium suum rebellem implorat, neve ad ejus partes transeat admonet. Datæ sunt, dum filius castrum Nurenberg obsideret, adeoque an. 1105.

XII. Durante hoc inter utrumque Henricum dissidio, mediante filio magnus principum conventus Moguntiæ habitus est in Natali Domini an. 1105 (16), ubi instantibus legatis apostolicis solemnis ad papam legatio decreta est ut Ecclesiæ per Germaniam diuturna discordia turbatæ in communionem cum papa redirent. Delecti hanc in rem sunt legati ex præcipuis regni provinciis, interque eos e Francia Otto Babenbergensis designatus, ut eum Annalista Saxo hac occasione appellat, quippe necdum ordinatum. Hi omnes, ineunte a. 1106, in Italiam iter aggressi, dum in Tridentinam vallem pervenerant, ab Adalberto provinciæ comite per Henricum IV præmonito capiuntur; et solus ex illis Gebhardus Constantiensis per occultas Alpium semitas ad pontificem pervenit : Otto quoque Bambergensis, cujus miles erat iste Adalbertus, in libertatem assertus est. Præcipue id factum arbitror ope Welfonis ducis Bajoariæ, qui hac captivitate percepta perruptis locorum claustris et fugato Adalberto captivos in libertatem asseruit (17). Faciunt huc litteræ a Bambergensi clero inscriptæ « illustri et magnifico N. (18) duci » pro liberatione sui episcopi (19), ubi inter alia ita conqueruntur : « Neque enim simplici in eum genere sævitum est; cum enim et episcopo et ad sedem apostolicam religioso habitu proficiscenti sacrilegas manus injecissent, deinde ingentes pecunias, quas ad tanti itineris impensas paraverat, diripuere : nec adhuc tanta præda contenti, nunc ab eo mille manseros (20), id est, totum episcopii patrimonium extorquere conantur. » Hæc tamen rursus per Welfonem recuperasse videtur Otto, qui libertati redditus ad Ecclesiam suam tantopere pro ipso sollicitam reversus est, tranquilliora tempora exspectans, donec tutus ei ad pontificem pateret aditus.

XIII. Hunc brevi patefecit Henrici IV captivitas et Henrici V filii coronatio, qua tam regni tranquillitas, quam viarum Romam versus securitas ab Henrico seniore hucusque turbata aliquatenus fuit restituta. Cuncta hæc constant ex aliis Ottonis litteris ad Paschalem II papam pro sua consecratione datis (21), quæ ita ordiuntur : « Quia tandem, Domino miserante et Ecclesiæ suæ navem moderante, post nubilas errorum tempestates serenæ lux veritatis occidentali refulsit Ecclesiæ, ante omnia et super omnia desideramus scire sanctitatem tuam, in omnibus nos paruisse, uti decuit, legato tuo, episcopo videlicet Constantiensi Gebhardo, et summa devotione cuncta, quæ per ipsum edocti sumus, partim exsecutos fuisse, partim si vita detur, exsequi paratos. » Et post alia hæc de sua ordinatione subjungit : « Auctoritati tuæ tota mente desideramus inniti, tu nobis manum porrige, quod nobis velis facere jube. Si mandas, ut ad te veniamus, opes nostræ licet rapina (in vix præterita captivitate) et igne sint attritæ, tamen desiderio te videndi et consecrationis gratiam consequendi, cum debita servitutis nostræ benedictione tuæ majestatis (nos) præsentabimus aspectibus. Dignentur ergo viscera pietatis tuæ super hoc negotio aliquo nos rescripto certum reddere, quo et iter tutius ad te veniendi nobis præmonstretur, et benedictionem, quam devoti efflagitamus, a te percepturos esse significetur. » Cur vero ab ipso papa consecrari postulet, mox addit : « Quam nimirum propterea a tuæ sanctitatis manu tantopere expetimus, quia metropolitanus noster, etsi per te habeat consecrationis gratiam, ta-

(12) Ludwig. Script. Bamb., p. 814.
(13) Bono.
(14) L. c., p. 815.
(15) L. c., p. 813.
(16) Usperg. h. a.
(17) Annal. Saxo. ad ann. 1106.
(18) Welfoni scilicet.
(19) Cod. prob., n. LIX.
(20) *F.* mansos.
(21) Cod. probat., n. LX.

men, quod sine lacrymis fateri nequimus, magnam cooperatorum spiritualis doni patitur penuriam; » quod nempe plerique Germaniæ episcopi Cæsari adhæserint. Metropolitanum autem hic intelligit Ruthardum Moguntinum, qui ab anno 1098 usque ad hunc 1106 se ob metum Henrici IV in Thuringia detinuerat.

XIV. Fausta fuisse papæ responsa dubium non est: quibus acceptis, Otto Romam in Ascensione Domini, quæ a. 1106 dies tertia Maii erat, venit, et inde Anagniam ad papam perrexit. Huic totam rei seriem exposuit, et posito baculo veniam precabatur, et ab eo usque ad festum Pentecostes exspectare jussus, ad hospitium rediit. Nocte igitur in pastoralis oneris meditatione transacta, privatus vivere, et in patriam sine consecratione reverti decrevit. Jamque cum suis itinere unius diei Sutriam usque retrocesserat; quod ubi papæ innotuit, missis illico nuntiis, illum Anagniam redire sub obedientia jussit. Igitur illuc reversus Otto, in die Pentecostes petentibus Ecclesiæ suæ legatis, ab ipso papa inter missarum solemnia in episcopum consecratus est. Addit Ebbo, Pentecosten tunc in tertium idus Maii incidisse seu festum S. Gingolfi aut Gangolfi martyris; quod in Martyrologio d. 11 Maii notatur, olim etiam d. 9 aut 13 ejusdem mensis pro locorum varietate fuit celebratum in quo ultimo Pentecoste hoc anno evenit. Inde manifestissime constat, Ottonem non jam an. 1103, quod plures volunt, sed hoc primum anno 1106 triennio post electionem fuisse ordinatum, a quo tempore etiam pontificatus sui annos potissimum numerat.

XV. Hujus facti plures circumstantias prodit ipse Otto in suis ad capitulum Bambergense litteris de sua consecratione (22). « In die sancto Pentecostes, Deo sic ordinante, in Anagnia civitate Campaniæ, quæ Romaniam dividit et Apuliam, episcopalis benedictionis munus, quamvis indignus, Domino largiente, suscepi, beatissimo papa Paschali manum imponente, cæteris vero episcopis plurimis cooperantibus, clero quoque Romanæ Ecclesiæ, cujus magna pars ea die in eamdem civitatem convenerat, astante et consentiente. Et, quod nulli a Romano pontifice consecrato nostris temporibus contigit, sine oblatione alicujus juramenti consecratus sum. Hujus loci, hujus diei, hujus gratuitæ misericordiæ Dei semper memores esse velitis cum omni gratiarum actione obnixe precamur; præcipue cum aliæ complures venerandæ personæ de magnis rebus apud apostolicam sedem agentes infecto negotio redierunt. » His brevem adjungit parænesin de implorando divino auxilio, ut suo munere pastorali rite et salubriter perfungi possit.

XVI. Eamdem consecrationem ipse Paschalis papa ad clerum et populum Bambergensem perscripsit, eos ad debitam obedientiam exhibendam hortatus (23): « quanto, inquit, affectionis debito Bambergensis Ecclesia ab ipso suæ institutionis exordio sedi apostolicæ constringatur, etsi nos lateret, litterarum vestrarum significatio manifestat. Quod affectionis debitum venerabilis frater Otto vestræ Ecclesiæ electus constanter tenuisse ac tenere cognoscitur, cum per tot et tanta pericula ad apostolicæ sedis visitationem percurrat. Nos igitur debitæ benignitatis affectione suscepimus, et juxta dilectionis vestræ desiderium nostris tanquam B. Petri manibus, salvo metropolitani jure, vobis per Dei gratiam præsulem ordinavimus. » Hoc jus metropoliticum ut salvum præstaret pontifex, alias quoque litteras ad Ruthardum archiep. Moguntinum dedit d. 21 Maii h. a. (24), in quibus ita loquitur: « Congruum duximus, ut venientem ad nos venerabilem fratrem nostrum Ottonem Babenbergensis Ecclesiæ electum intergra et perfecta præteritæ familiaritatis gratia susciperemus. Præterea quoniam Ecclesia eadem per diuturna jam tempora episcopalis officii sollicitudine caruit, et propter præteriti schismatis ultionem in Teutonicis partibus perpauci episcopali funguntur officio, juxta ipsius Ecclesiæ postulationem eidem fratri nostro, cum per multa ad nos venisset pericula, consentientibus et unanimi sententia decernentibus omnibus qui nobiscum aderant; episcopalis benedictionis manum (25), Domino largiente, contulimus, salva nimirum debita tuæ metropolis reverentia: » prout nempe a præcedentibus fuerat constitutum. Præterea in dicta ordinatione Ottonem usu palii et præferendæ crucis in sua Ecclesia fuisse donatum, reffert Ebbo. Id tamen revera nonnisi an. 1111 factum videbimus.

XVII. Quid porro postea Romæ actum sit, idem Ebbo paucis narrat: « Consecratione solemni ab apostolico honorifice provectus, aliquantisper ab eo humanitatis gratia est detentus. » Forte ibi etiam de pace et tranquillitate Ecclesiarum Teutonicarum actum est, maxime cum simul adfuerit Gebhardus Constantiensis legatus hanc ob rem ad papam missus. Hæc etiam eodem anno 1106. d. 22 Octobr. in concilio Guastallensi sancita est, præsentibus pluribus Germaniæ episcopis (26), quos inter tamen Ottonem haud reperio; antea igitur jam Italia excesserat. De hujus reditu hæc habet Ebbo: Romæ « optata potius, emissione prospero itineris decursu, transcensis Alpibus, Carinthiam venit, » ibi forte de rebus et bonis suæ Ecclesiæ ordinaturus. « Post hæc ad curiale colloquium, quod Henricus imperator universi regni optimatibus Ratisponæ indixerat, Otto novus antistes occurrit. » Id ad natale Domini statuit Urspengensis. Ibidem oblatum Ottoni somnium monasterio Prufingensi ortum dedisse narrat Trithemius ad a. 1114. « Sicque regia cumulatus munificentia post arduæ peregrinationis angariam pastor pius ovium suarum curam susce-

(22) Cod. probat, n. LXII.
(23) Ibid., n. LXII.
(24) Ibid, n. LXI.
(25) Leg. *munus*.
(26) Ladb. Concil.

plurus Babenberg ingreditur, ibique a clero et populo debitæ jubilationis tripudio honorifice suscipitur. » Id ad initium anni 1107 fieri debuit.

XVIII. Inter oves suas jam constitutus pastor optimus saluti earum et commodis omni cura invigilavit, easque in sequente dissidio Henrici V semper in communione papæ constantes servavit, canonicis duntaxat pro temporalium rerum conservatione magis regi, quam papæ faventibus. « Quapropter, ait Ebbo, de commissa sibi cura sollicitus, ecclesiasticæ libertati diebus invigilabat ac noctibus, dans operam, quomodo bona Ecclesiæ suæ vel augeret inventa, vel restauraret dispersa. » Majori adhuc studio sacrum Ecclesiæ suæ statum, antecessorum incuria et diuturnæ discordiæ acerbitate depravatum reformare agressus, clerum inprimis nimium quantum corruptum optimo quo potuit modo ad canonicas leges reducere sategit. Præprimis autem restituendæ disciplinæ monasticæ erat intentus, bene gnarus, quantum id et cleri et populi reformationi inserviret. Quem in finem diversis temporibus tam in propria quam aliis quoque diœcesibus, in locis tamen ad Ecclesiæ jus temporale pertinentibus, plura cœnobia e fundamentis construxit; « quibus, » ex biographo, « honesta et eleganti fabrica compositis, prædia emere, silvas et agros et prata comparare, vel aliis justis modis acquirere satagebat. »

XIX. Monasteria autem recens constructa ab Ottone hoc modo a vitæ scriptoribus recensentur. In Wirceburgensi diœcesi Uraugia S. Laurentii ad Salam in patrimoniali fundo ecclesiæ a. 1108, et Uraha S. Petri seu Herrenaurach in fundo adventitio a. 1108, de quibus in historia ejusdem episcopatus actum (27). In propria Bambergensi duo ædificavit monasteria, Lanckheimense pro Cisterciensibus in adventitio, et Michelfeldense in fundo Ecclesiæ pro nigris monachis. In Eistettensi Heilsbrunnam magnis sumptibus provexit in abbatiam. In Ratisbonensi sex monasteria construxit, quinque de ordine Cluniacensi, unum Ensdorf ab Ottone Palatino comite acceptum, alterum Prufling utrumque in adventitio fundo; tertio Munster cum adjacente cognomine parochia ab Heinrico duce Bavariæ et Diepoldo marchione comparatum ac regali Lotharii privilegio Ecclesiæ Bambergensi collatum. Quintum et sextum Biburch et Mallerstorf, utrumque fundi adventitii, perinde ac septimum Windeberg de ordine Norpertinorum. In Halberstadiensi abbatiam Wirzenburg nunc Reginstorff cum omnibus pertinentiis ab imperatore Henrico acceptis Babenbergensi adjecit Ecclesiæ, et bona ejusdem cœnobii duplicavit. In Pataviensi Alderbach seu Alterspach et Gluicense seu Gleinck, quod a Leopoldo marchione comparavit. In patriarchatu denique Aquileiensi in Carinthia decimum cuintum cœnobium in castro Arnoldenstein construxit in diruto castro a. 1107

XX. Præter quindecim hæc monasteria quinque insuper cellas seu minora cœnobia instituit. Harum prima est Aspach in diœcesi Ratisbonensi, « cujus fundum et prædium Babenbergensis Ecclesia multo tempore perdiderat, sed Otto illud solerti cura requisitum cellam fecit monachorum, eaque in abbatiam convaluit, prædiorum donatione copiosa ab ipso primum, deinde ab aliis fidelibus ditata (28). Secunda cella est in loco Babenbergensi in domate S. Michaelis sita, » de qua infra in ejus monasterii historia agemus. « Tertia est Rotha in episcopatu Herbipolensi, quam episcopus ab Agnete Palatina et ejus sorore Adelheide cum sexaginta marcis Ecclesiæ Bambergensi donatam accepit: circumjacentia vero ecclesiæ cellæ emit bona ducentis septuaginta quinque marcis cum ministerialibus, scilicet agris, silvis et pratis, pascuis ac molendinis, et cum utilitate ac jure, quo Chuno dux idem prædium noscitur habuisse. » Si recte conjicio, Chuno dux haud alius erat, quam Conradus Franconiæ dux, postea imperator, cujus mater Agnes, quæ hic palatina dicitur, filia Henrici IV imp. Friderico de Hohenstauffen copulata erat, sicut soror ejus Adelhaidis Boleslao III Poloniæ regi.

« Vezeram quartam cellam Goteboldus comes (29) ædificare inchoaverat, quam episcopus ab eo sibi datam suscipiens suis eam promovit impensis. » De utraque hac cella jam in episcopatu Wirceburgensi (30) egimus, uti et de aliis duabus Nichardelsehausen seu Nitarshausen in pago Tullefelt, et Tuckelnhausen (31). His alii alia addunt, a S. Ottone restituta seu reformata potius quam primitus fundata, de quibus hinc inde et infra § LXV mentio recurret.

XXI. Facile porro prævidere poterat sagacissimus hic præsul, multos fore, qui hunc agendi modum carperent, ac nimiam ei prodigalitatem objicerent in exstruendis tot monasteriis, quibus aliunde jam oneratus sit mundus. His tamen obtrectatoribus qua ratione obviaverit Otto, apud vitæ scriptorem legi malim quam ipsius scribere ac ceu Cicero pro domo suggillari. Ut vero cuncta hæc firmiora persisterent apostolica illa auctoritate roborari voluit. Unde a Callisto II papa litteras accepit III. Non. April., a. 1123 datas (32), quibus monasteria hucusque ab eo « propriis sumptibus » constructa, et Babenbergensi Ecclesiæ collata, in Romanæ Ecclesiæ protectionem suscipit, cunctaque eorum bona salva esse vult. Decernit quoque, « ut ordinationes abbatum vel monachorum suorum a catholicis episcopis diœcesanis accipiant, rerum vero ipsorum monasteriorum curam et administrationem in Ottonis ejusque successorum potestate manere statuit. » Numerantur

(27) P. III, p. 449.
(28) Vid. Monum. Boic., t. 449 V, p. 407.
(29) Henneborgensis.
(30) Pag. 496 et 486.
(31) L. c., p. 461 et 493.
(32) Cod. prob., n. LXXI.

inter ea S. Joannis Baptistæ in Regnisdorf, S. Joannis evang. in Michelinvelt, S. Jacobi in Entisdorf, S. Laurentii in Urowa, et S. Georgii in Bruviningen; unde cætera tunc necdum absoluta esse videntur. Ab Innocentio II insuper post a. 1130 obtinuit decretum, « ut in cœnobiis, quæ vel antiquitus in ejus parochia constructa sunt, vel ipse devotionis intuitu » constituit, sacræ religionis ordo « firmiter in eis perpetuis futuris temporibus conservetur. » Constituit etiam, « ut in eisdem ecclesiis nullus per Simoniacan hæresin statuatur, sed honestæ personæ, quibus utique, morum et status dignitas suffragatur, inibi ordinentur (33). »

XXII. Sed jam gesta Ottonis singillatim prosequamur. Ipsum ineunte ann. 1107 Roma ad suam Ecclesiam fuisse reversum jam diximus. Illum certe jam in Paschate cum rege fuisse Moguntiæ constat ex ejus diplomate pro cœnobio S. Maximini dat. VII. Non. (34) Maii, a. 1107 (35), in qua notatur Otto Babenbergensis. Quid vero, antequam Bambergam accederet, in Carinthia egerit, non constat. Ibidem cœnobium Arnoldstein tunc ab eo fuisse ordinatum aliqui volunt, quod de ejus inceptione intelligendum esse existimo. De hoc ita vitæ scriptor: « Cœnobium in castro Arnoldenstein destructa munitione construxit. Quadraginta vero et quinque annis hoc castrum cum nonaginta quinque mansis ad se pertinentibus Ecclesiæ Babenbergensi abalienatum fuit; sed ipse multo labore et impensa recuperavit, et additis ei sexaginta mansis abbatiam esse fecit; » sed annum non addidit. Eodem anno 1108, pontificatus sexto, scilicet a confirmatione, in alio castro Aurach seu Urach in diœcessi Herbipolensi cœnobium S. Laurentii construere cœpit, et quinto post anno dedicavit, variisque prædiis dotavit, ut ipse fatetur in suis litteris hac de re a. 1122 datis, quas ex Frisio vernaculas alibi dedimus (36).

XXIII. Anno 1109, d. 25 Jul. ecclesiam collegiatam S. Jacobi extra muros Bambergenses a. 1071 ab Hermanno episcopo inchoatam, a se autem perfectam consecravit. Ad hunc ipsum annum referuntur initia monasterii Pruflingen prope Ratisbonam. Villa olim erat ad Nabi et Danubii confluentes, quam ab a. 999 Otto III imp. Taginoni Henrici adhuc Bavariæ ducis capellano concessit, a quo ad præposituram veteris capellæ Ratisbonæ devenit; postea ab eodem Henrico jam rege Ecclesiæ Bambergensi collatam. Ibi igitur ceu loco amœno cœnobium constructurus Otto, divinitus admonitus (37), illam alterius prædii permutatione comparavit, et anno Domini 1109 construxit ibidem in honore Dei omnipotentis et S. Georgii M. monasterium monachorum secundum regulam B. Benedicti degentium (38) juxta codicem traditionum, eique Erminoldum ex Hirsaugia anno 1114 primum abbatem præfecit, ac multa prædia undique conquisita attribuit, quæ omnia a. 1123 datis litteris roboravit (39).

Alterum in Bavaria Osterhoviense monasterium, quod olim S. Pirminius sub Utone duce pro Benedictinis sodalibus exstruxerat, et ab Hunnis eversum Henricus IV Bavariæ dux S. Cunegundis frater pro canonicis quibusdam sæcularibus restauraverat, Henricus II imp. Ecclesiæ Bambergensi tradidit, ubi a. 1110 « ædificata est basilica B. Mariæ V. et circumstantibus turribus honorifice decorata, a venerabili domino Ottone episcopo Bambergensi donata et dedicata ad honorem Dei et genitricis suæ Mariæ » : In hac etiam anniversarium diem Hezli ducis, præfati scilicet Hezilonis seu Henrici restauratoris instituit, qui a. 1125, d. 1, Sept. defunctus ibidem cum conjuge sua Maria sepulturam accepit. Anno autem 1127 Otto ad preces Norperti Magdeburgensis archiep. canonicos Præmonstratenses ibi constituit (40).

XXIV. Ad annum 1111 Cæsare jam in Italiam profecto revocat Hoffmannus (41) restaurationem ecclesiæ cathedralis sub Ruperto antecessore a. 1081, flammis absumptæ. Hoc ita describit biographus : « In diebus ipsius Ottonis cathedralis ecclesiæ monasterium, quod sub antecessore suo, Domino permittente, usque ad solos muros superstites conflagratum erat incendio, multis sumptibus ab eo ad pristini decoris nobilitatem reparatum est : » quod dein fusius enarrat, uti et bona eidem collata. Vix tamen mihi persuadere possum, Ottonem construendis aliis ecclesiis tantopere hucusque intentum, propriam suam cathedralem tandiu neglexisse. Perinde incertum videtur quartum jam episcopi iter in Carinthiam, eodem anno ex Hoffmanno susceptum, quo demum castrum Arnoldstein recuperarit, in monasterium dein conversum; de quo jam supra § XXII dictum. Hoc autem anno 1111 die 15 April. absque controversia Ottoni episcopo Paschalis II concessit « pallium ad sacra missarum solemnia celebranda, » pro certis tamen diebus, una cum præferendæ crucis « intra Babenbergensis Ecclesiæ parochiam » facultate, « salva videlicet Moguntinæ metropolis reverentia (42), » quidquid in contrarium scripserint alii.

XXV. Occurrit his et sequentibus annis frequens Ottonis nostri memoria in pluribus chartis, quas tamen recensere haud interest, nisi de aliqua ejus epocha agatur, quodam facto insigni. Talis juxta Hoffmannum est annus 1112 quo Ecclesiæ Bambergensi castrum Albistein seu Bothenstein cum oppido traditum est a Richwino advocato, et diplomate confirmatum : quibus Otto addidit oppida et castra Hilpolstein, Geilrut, Hensefeld et Ebersberg, de qui-

(33) Ludwig. Script., p. 429.
(34) Leg. Kal,
(35) Guden. cod. diplom. t, p. 8.
(36) Episcop. Wirceburg. prob., p. 29.
(37) Trithemius ad annum 1114.
(38) Monum. Boic., t. XIII, p. 2, 3.
(39) Loc. cit., p. 141.
(40) Monum. Boic., t. XII, p. 323. seqq.
(41) Ludwig Script. Bamberg., p. 97.
(42) Cod. probat., n. LXV.

bus ita biographus: « Rem familiarem episcopii sicut prædiis et possessionibus, ita etiam ædificiis et castrorum munitionibus adjuvit atque sublimavit. Nam per diversa loca et curtes episcopii quatuordecim basilicas et quatuor cœnacula elegantis fabricæ construxit. Præterea sex castella, quæ pridem non habuit, dominio episcopatus adjecit, unum videlicet Abuinestein, secundum Lupoldenstein, tertium Geutenreut, quartum Hempfenveld, quintum Ebersperck, sextum Eschenveld. Castrum vero Albuinenstein, quod etiam dicitur Bottenstein, fere in meditullio situm episcopatus, octingentis argenti libris, nec non septemdecim auri talentis comparavit. » His alia quoque plura addidit, quæ omnia, ne a quoquam suorum successorum immutarentur, Callisti II confirmationem expetiit, qui datis ad eum d. 15 April., a. 1124 (43), litteris hæc omnia banno suo rata habuit, statuens, « ut nulli successorum vel alicui homini liceat eos (44) vendere, sive in laicorum beneficium tradere, vel in usus alios commutare, sed sicut a te dispositum est, de unoquoque prædictorum mansorum denarius unus annis singulis Babenbergensi Ecclesiæ pro anima imperatoris Heinrici fundatoris ejus ad concinnanda luminaria conferatur. Abbatias vero et regulares canonicas, per industriam tuam in religionis ordine stabilitas, et alia a te recte constituta nulli hominum facultas sit in posterum immutare. »

Eodem anno 1112, eodem teste, Otto prodigio quodam territus gravem in morbum incidit, atque a Wolframo S. Michaelis abbate monasticum habitum petiit: qui voto ab illo recepto, ubi eum convalescere vidit, ut episcopus esse pergeret, sub obedientia præcepit.

XXVI. Circa eumdem annum 1112 producit Hahnius (45) epistolam Brunonis Trevirensis archiepiscopi, qua Ottonem nostrum Spiram evocat, ad cognoscendam ejusdem urbis electi episcopi causam. Bruno hic Ottoni ante jam optime notus fuerat, quo etiam mediante e captivitate dimissus est, in quam una cum illo a. 1106 Romam perrecturus in Tridentina valle devenerat (46), ut partim jam superius dictum. Is ad initium anni 1110 cum aliis legatus missus, fuerat ab Henrico V rege, ut imperialem pro eo coronam a papa peteret (47), quocum forte etiam in sua coronatione a. 1111 ibidem aderat, et postea adhuc, ut ex citata epistola colligitur: quam hic ceu parum cognitam recitamus integram, notis subin illustratam: « Bruno Treverorum Dei gratia provisor indignus O. Bambergensis Ecclesiæ sancto pontifici sinceræ charitatis obsequium. Beatitudini vestræ magna hilaritate congratulor, quoniam non absque magno sanctitatis vestræ merito provenire (48), memoriam vestri dominum papam tam dulciter retinere. Cum enim domini regis legatione functus essem (49), de obedientia vestræ charitatis mecum contulit, vobisque salutem et apostolicam (50) per me mandavit. Inito autem dispensationis suæ consilio nobis injunxit, ut electum Heistettensem atque Spirensem consecraremus, vosque in adjutorem et cooperatorem nobis vocaremus. »

Igitur Trevirensi adhuc apud papam morante uterque episcopus interim electus, seu a rege pro more nominatus est. De neutrius certa epocha constat. Si Trithemio fides, Bruno jam a. 1110 Gebhardo in sede Spirensi successit auctoritate regia promotus. Et certe Bruno Spirensis jam legitur mense Aprili a. 1111 in prima conventione papam inter et regem Romæ inita (51). Alia quæstio est de Udalrico Eichstettensi, quem Eberhado d. 6. Jan. a. 1112 successisse scribit Gretserus et Falckenstein in illorum episcoporum catalogo, quod tamen potius anno priore factum crediderim ex hac ipsa epistola, in qua ita prosequitur Trevirensis: « Quia tamen de Spirensi quædam sibi, » papæ scilicet, « significata fuerunt, præcepit, ut sancto cum studio examinaremus, etsi ordine fratrum qui adessent testimonio posset se de objectis expurgare, ad Dei honorem et Ecclesiæ necessariam providentiam ipsum ordinaremus. Ex parte igitur domini papæ vos moneo, ut ad hoc, quia causa Dei est, ne per vos proteletur, studeatis, et a die Dominicæ Resurrectionis infra 15 dies ad nos Spiram veniatis. » Cum itaque Bruno Spirensis, de quo sermo est, anno 1111 « feria tertia post Paschas, » qua die subscripta est conventio, adhuc Romæ fuerit, examinari Spiræ hoc anno non potuit, sed aut 1110, aut, quod potius crediderim, a. 1112 quo electus est Eichstettensis in hac epistola pariter memoratus. Cæterum Brunonis causam non aliam fuisse, quam quod regia auctoritate, adeoque pendente adhuc lite, per annulum et baculum promotus fuerit, innocens tamen, ut videtur, inventus, cum deinceps optimum Ecclesiæ suæ pastorem egerit. Sed hæc occasione Ottonis nostri, cujus gesta prosequimur.

XXVII. Anno 1113 ecclesiam Laurentii in Uraha, et a. 1114, d. 21 Sept., illam Banthensis cœnobii dedicavit. Hoc olim Alberada fundatrix a. 1071 Ecclesiæ Bambergensi obtulerat, sed « negligentia prælatorum suorum spiritualibus et temporalibus bonis » desolatum ipse Otto innovavit, et in ecclesiasticum statum erexit, constituto ibi Balduino abbate cum aliis viris fidelibus et religiosis, ac restitutis bonis ex primæva fundatione ad illud pertinentibus; cui etiam a. 1127 Montem Stekkilze donavit, et jus advocatiæ a comite Rapotone redemit. Patent hæc omnia ex ipsius Ottonis litteris c. a. 1127 datis (52), quibus,

(43) Ludwig Script., p. 434.
(44) Mansos.
(45) Collect. monum., t. I, p. 202.
(46) Annal. Saxo. ad e. a.
(47) Annal. Hildes. ad. a. 1109.
(48) Existimo.
(49) A. 1110.
(50) Benedictionem.
(51) Vid. Calles Annal. eccles. Germ., t. VI, p. I, p. 128.
(52) Episcop. Wirceb. probat., p. 50.

subscribuntur Egilbertus decanus, Gerunck decanus de Tuirstatt, Steriker comes, Reginboto comes.

XXVIII. Interea Otto suspicionem Henrici V imper. incurrit, ne durante inter ipsum et pontificem dissidio cæteros episcopos a se averteret, cum ipse, ne qua alienæ culpæ contagione macularetur, a frequentanda curia abstineret. Experimentum igitur fidei ejus capturus Cæsar, ipsus Bambergam accessit, Natalem Domini a. 1113 ibi celebraturus, quem Otto, ut conceptam erga se suspicionem amoliretur, magnifice suscepit et per eosdem dies habuit, ut scribit Annalista Saxo et Urspergensis ad a. 1114: « Imperator Natalem Domini Babenberch cum summa magnificentia copiosaque principum multitudine celebravit, et hoc non simpliciter; quia virum Dei Ottonem urbis episcopum, propter quædam jam in regno orientia scandala curiam frequentare renitentem, ex parte suspectum habebat. Ipse vero rebus transitoriis pro concordia ecclesiastica non parcens, beneficiis, indefessis animositatem regis gloriose devicit. » Neque etiam Ottonem ab omni communione cum Henrico imp. abstinuisse patet ex facto Ermenoldi abbatis Prufflingensis nuper ab Ottone constituti, qui non adeo prudenti zelo imperatorem in ejus comitatu suum monasterium invisentem suscipere noluit, et ipsum episcopum de hac communione quodammodo redarguit, ut quidem refert Trithemius in Annalibus ad an. 1114.

XXIX. Sed et ab ipsis episcopis ob nimium, ut sibi videbatur, erga Henricum imp. favorem seu conniventiam reprehensus est Otto suo exemplo comprobans, quam difficile sit adhibita quoque omni prudentia inter duas partes contrarias medium tenere. Cum enim idem Henricus eodem anno d. 6 Dec. in synodo Bellovacensi, ac iterum d. 28 Mart. a. 1115 in Remensi anathemate perculsus esset, absente semper Ottone, Fridericus Coloniensis archiepiscopus satis acerbam epistolam ad eum perscripsit, qua ei suam negligentiam exprobrat, et ad defensionem vel saltem ad liberam deplorationem gravissimi Ecclesiæ casus excitat, quem ipse etiam acerbe deplorat (53); ac illum tandem ita alloquitur: « Nolite nos longa exspectatione ulterius suspendere, sed de vestra sententia scripto nos certificate. Salutat vos dominus Chuono pronepos tuus, episcopus et Romanæ Ecclesiæ legatus, qui imperatorem et Monasteriensem episcopum, et Hermannum de Wincenburg, cum omnibus Galliæ episcopis in concilio Belvacensi excommunicavit, et hoc vobis notum fieri præcepit. Eamdem sententiam iterabit in prædictos et in omnes complices eorum in concilio Remensi, quod » erit Lætare Jerusalem (54), « cum aliis tribus episcopis noviter a Romana sede directis. » Chuno cardinalis Prænestinus Ottonis nostri pronepos forte ex linea materna, filius erat Egenonis fatoris comitum de Uhrah in Wurembergia (55). Fratrem habebat Eginonem II comitem et sororem Mathildem nuptam Manegoldo comiti de Sumetingen seu Sunemotingen (56). His tamen litteris permotus Otto eodem anno ante Natale Domini Coloniam venit, ad synodum a legato indictam, ubi legato mortuo, a quo Adalbertus Moguntinus consecrationem exspectaverat, illam ab Ottone nostro in nativitate S. Stephani die 26 Dec. suscepit (57).

XXX. Exeunte anno 1115, Spiræ Natalem Domini celebravit imperator, de suo in Italiam itinere deliberaturus, ut « Romanæ sedi et reipublicæ » consuleret. « Quapropter necessario nostros principes convocamus, ut inde sicuti justum est, eorum consilium et auxilium habeamus; » ut scribit in suis ad Ottonem litteris (58). « Ad quod plurimum indigemus tuæ fidei præsentia et tui consilii prudentia, quoniam et te cordetenus diligimus, et tibi de omni honore nostro prout nobismetipsis indubitanter confidimus. Confidenter igitur et intime rogamus tuam dilectionem, ut die Veneris post proximum festum S. Mariæ (59), venias ad nos Spiram, et ibi super his tuo et aliorum nostrorum principum consilio ad Dei honorem de regni et Christianæ pacis statu tractabimus; et hilariter facias hoc, sciens quod te cito dimittemus. » Ex familiaribus adeo litteris intimum quis Cæsaris amicum fuisse Ottonem suspicaretur; nec tamen illum in eo conventu præsentem lego, uti nec in itinere Italico brevi postea suscepto socium.

Eodem anno, mense Martio, Paschalis II in Laterano concilium congregavit, ubi quidem investituræ proscriptæ sunt, non tamen ipse imperator. Quæ ipsa causa fuisse videtur, quod Otto illum nunquam seu excommunicatum habuerit, utpote necdum ab ipso papa ut talem declaratum: unde et plerumque ab ejusmodi conventibus abstinuit, ubi idem negotium urgebatur. Imo nequidem in Coloniensi synodo papæ jussu in diebus Rogationum a. 1118 ab eodem Conone legato indicta comparuit. De quo graviter conquestus est Adalbertus Moguntinus in suis ad eum litteris (60): « Quod proxime dominus Prænestinus Romanæ Ecclesiæ legatus nobis apostolica auctoritate denuntiaverat, nostra quoque diligentia per omnia Romanæ auctoritati subdita solertim impleverat, denuntians et vobis sub eadem auctoritate et nostra, uti « ad concilium Coloniæ celebrandum vestra veniret præsentia. Sed quia hoc nescio qua prætermissum fuerit negligentia, eadem quidem, quæ et cæteris ejusdem concilii neglectoribus, vobis quoque injuncta esset sententia, scilicet vel divini officii suspensio vel a communione corporis et

(53) Cod. prob., n. LXVII.
(54) Seu 28 Martii.
(55) Neugart, Cod. dipl. Alem. t. II, p. 44, not.
(56) Crus. Annal. p. II, l. 9, c. 20. Vid. Schmidlin Wurtemberg. Beytrage tab. Geneal., p. 129.
(57) Annal. SAX. ad a. 1116.
(58) Cod. prob., n. LXIX.
(59) Purificatæ scilicet seu 4 Febr. a. 1116.
(60) Eccard. Corp. hist. med. ævi t. II, p. 281.

sanguinis Domini formidanda interdictio, nisi nostræ petitionis diligentia hoc pervenisset, et eximia sanctitatis vestræ reverentia, ne id fieret, apud Ecclesiam promeruisset. Quibus simul concurrentibus causis et cooperantibus hoc tandem obtinuimus, ne quid severitatis vestra subiret dilectio, cujus hactenus in Ecclesia valuisset devotio. Dignum nimirum arbitratus sum, in omnibus honori vestro et reverentiæ parcendum, et pro posse loco et tempori providere et consulere, cum sanctitatis vestræ dilectio beata magno se devotæ charitatis nobis obligaverit munere. » Hic consecrationem suam ab Ottone acceptam intelligit. « De cætero, sicut in mandatum accepimus, denuntiamus, ut ad concilium v Kalendarum augusti Fridislariæ a prædicto legato celebrandum indubitanter veniatis, ne et hujus mandati neglector effectus austerioris sententiæ decretum, mea petitione nil amplius prævalente, vobis indicatis. » Sed et hanc synodum supersedisse evincitur Otto ex aliis ejusdem Adalberti litteris (61). « Excommunicationem, quam communicato fratrum et principum consilio (62) in regni invasorem fecimus, « jamdudum fraternitati vestræ per litteras nostras significavimus. » Sed quia dubitamus, utrum ad vos pervenerint litteræ, « audivimus enim, quod Ecclesia vestra velit eas ignorare, » mittimus iterum præsentes aspices, monentes, ut quod fecimus nos, et vos faciatis, et per omnes ecclesias vestras ipsum iniquitatis auctorem cum fautoribus suis a communione Christiana et omni divino officio arceri præcipiatis. » Litteras has primum a. 1119 esse scriptas, indicium est titulus legati sedis apostolicæ, quem sibi hoc demum anno in litteris tribuit Adalbertus. Nisi forte ad Adalbertum II spectent, qui Conradum ducem regni contra Lotharium invasorem simili pœna affecit.

XXXI. Miratur nobiscum Callesius (63), quid causæ fuerit, cur Otto Bambergensis ab hujusmodi synodis abfuerit, sanctus alioquin præsul, et sanctæ sedi si quis alius addictus. Causam conjicit in itinera a Cæsarea factione undique obsessa, et illum pastoribus intentum curis subterfugisse consilia, quæ non magno sane Ecclesiæ emolumento novas easque ingentes Germaniæ turbas datura timeret. Ecclesiæ enim suæ res duntaxat curabat, de cæteris regni turbis parum sollicitus : imitatus in hoc Paschalem II qui in concilio Lateranensi a. 1116, cum omnes Henricum V damnari peterent, investituras et cætera ab eo perperam gesta reprobasse contentus, personæ adhuc pepercit, saniore quam Gregorius VII usus consilio. Ab hac autem agendi ratione cum longe alienus esset Adalbertus Moguntinus, turbulenti ingenii homo et privato potius in Henricum odio quam publico bono intentus, inter illum et Ottonem virum pacificum et pacis amantem convenire haud potuit. Aversum Adalberti erga Ottonem animum produnt etiam ejus litteræ satis tumidæ ad clerum, primores et subditos Bambergenses hac ipsa occasione datæ (64) : « Nos in partem apostolicæ sollicitudinis vocati, fungentes tenore vicis nobis delegatæ, quia scimus anathema excommunicatæ communionis inter vos esse, interdicimus in omni loco hoc divinis officiis, verbo Domini et judicio Spiritus sancti, usque ad satisfactionem vestri episcopi. » Verum bruta hæc fulmina facile averterit episcopus, qui Romanum pro se debet defensorem. Saltem quid inde consecutum sit, nullibi proditum legimus.

XXXII Sed jam a turbulentis his ad pia Ottonis negotia revertamur. Anno 1117, cum in Italia æque ac Germania terræ motus plurima passim ædificia everteret, etiam Bambergæ monasterii S. Michaelis ecclesia, aliunde ex vetustate scissa, adeo concussa est, ut totius cœnobii ruinam minitaretur. Hanc igitur, ut habet primus Vitæ scriptor, « a fundamento destruxit, et ingenti sumptu ac pecunia majoris et elegantis fabricæ monasterium in laudem et gloriam Dei et militiæ cœlestis erexit. Stipendia quoque fratrum talentis plus quam nonaginta redituum per singulos annos cumulavit. Multa quoque ornamenta eidem loco contulit, ipsumque usque ad novissimam tubam et vocem filii Dei locum habitationis suo venerando corpori elegit. » Sed de his plenius infra in illius monasterii historia disserendum erit.

XXXIII. Inter donationes huic cœnobio factas ab Ottone notari præprimis illa meretur, qua, teste Ebbone, « Ecclesiam juxta Albuch, hæreditario sibi jure propriam, eidem monasterio cum duabus aliis ecclesiis donavit, ob memoriam videlicet sui » parentumque suorum, « inibi corpore quiescentium. Parentes episcopi Ottonem et Adelheidam ex provicia Alamannorum seu Suevia supra vidimus, quin tamen de eorum familia constet. Aliquam saltem hic lucem effundit citatus ex biographo locus, ubi Otto juxta Albuch ecclesiam « hæreditario sibi jure propriam » habuisse legitur, et cum ibi « parentes ejus sint sepulti, » totus locus cum vicinia ad eosdem pertinuisse videtur. Locum hunc in Suevia ad Brentzam amnem constituunt geographi in pago Alba (65), adeoque in confiniibus Wurtembergensis et Ulmensis territorii, ubi Rechbergensium comitum dominium. Albuch specialem Albæ pagi tractum fuisse volunt, quem vero communi Albæ pagi nomine censeri asserit Besoldus (66). Albuch tamen in citato scriptore haud intelligendum esse certum quemdam districtum, sed potius locum particularem, indicat ecclesiæ hæreditariæ et parentum ibi sepulturæ mentio. Hujus nominis villæ ad Brenzam meminit Munsterus (67), illam vero in nullis hucusque mappis geo-

(61) Ludwig loc. cit., p. 822.
(62) In Fridislariensi concilio a. 1119.
(63) Annal. eccles. Germ. t. VI, p. I, p. 169
(64) Eccard, Hist. med. ævi t. II, p. 293.
(65) Chron. Gottwic., p. 534.
(66) Docum. rediv. monast. Wurtemb. vet. edit., p. 329.
(67) Cosmogr. l. v, c. 244.

graphicis videre licuit. Neque etiam verosimile est ab Ottone simplicem quamdam villam monasterio Bambergensi tantopere dissito fuisse donatam, maxime quam aliæ duæ adhuc ecclesiæ ibidem exstitisse memorentur.

Haud frustra igitur conjicimus, memoratum Albuch non aliud esse quam Albech seu Albeck ex Monstero in eodem pago Alba, aut juxta Chronicon Gottwicense (68) in Alpengowe priori contermino, unde et nomen Albeck ortum videtur. Est vero Albeck nunc partim dirutum castrum in monte cum subjecto cognomine oppido, aliquot ab Ulma horis distans. Ab hoc olim denominati sunt milites ac dein comites de Albeck, quorum primum anonymum jam ad annum 933 sub Henrico Aucupe producit Frid. Lucæ (69), qua fide, ipse viderit. Primum certum hujus familiæ surculum reperio « Wittigovum nobilem de Albecke, qui pro salute et remedio animæ suæ et omnium parentum suorum » in monte S. Michaelis prope Ulmam domum hospitalem instituit a. 1183 sub cura canonicorum regularium, qui postea in urbem ad insulas Wengenses translati sunt, ubi hodieque subsistunt (70). Notantur adhuc in ejusdem canoniæ scriniis « Beringerus comes de Albecke frater fundatoris, uti et Sibotto comes de Albecke » eorumdem frater, ac « Wittigovus filius dicti Sibottonis, » qui ultimus suæ familiæ decessisse memoratur.

Inde hic comitatus ad Werdenbergenses pervenit (71), ex quibus Rudolphus castrum a. 1383 Ulmensibus vendidit. Ex his ergo verosimilius arbitramur, sepulturam Ottonis parentum in Albeck potius castro, quam in villa ignota Albuch esse quærendam, ubi Ottoni saltem aliquid paternæ hæreditatis relictum est, dum frater ejus « Fridericus miles futurus possedit, quæ parentes in possessionibus et pecunia reliquerunt. » Aliam adhuc ecclesiam in Albuoch in pago Nahgowe in Lotharingia Mosellanica seu Francia nova reperio in Ottonis I imp. diplomate, quo Otto I imp. eamdem a. 962 cœnobio S. Maximini Treviris attribuit (72). Dubium vero est, an idem sit locus, qui in charta Adalberti I, archiepiscopi a. 1135 dicitur villa Albecho sita in pago Nachowe in comitatu Emmechonis comitis abbatiæ S. Albani Moguntiæ donata (73). Alias Albacha seu Albachermarca dicebatur, hodie Albich prope Alzeium in eodem pago, seu vicino Wormatiensi (74). Qui vero pagi nimis dissiti videntur ab Alemannia seu Suevia, unde parentes ejus orti erant, in Albuch sepulti, qui locus paternæ hæreditatis jure Ottoni attinebat.

Ulterius hic conjectari nolumus. Id unum ex his certum est, quod Otto suam hæreditatem sicut et parentes sepulturam in Suevia habuerit, non in Bavaria ; unde tamen ejus originem ex illustri Andecensium comitum prosapia repetunt recentiores, de quo ante Braschium ne unus quidem prudens somniavit, aut si qui in ea opinione fuerunt, Ottonem I cum II episcopo indubitato illius stirpis surculo confuderunt. Nec etiam, quæ hucusque diximus de mediocri ejus fortuna, unde nec studia quidem prosequi potuit, factus demum in Polonia ludimagister, aut quod in sua electione Babenbergensibus plane incognitus fuerit, altam aut divitem ejus prosapiam produnt. Sed de his genealogicis tricis satis, de quibus legendus Cl. Scholliner in eruditissima dissertatione de Ottonis nostri genere. Hic certe mundano hoc splendore opus haud habuit qui genus suum propriis factis et virtutibus multo illustrius reddidit, quam accepit.

XXXIV. Anno 1119, d. 6 Maii diploma dedit de monasterio S. Joannis evangelistæ in Michelvelt in Palatinatu superiore sua ope et studio constructo (75), cui collatas a se villas ibidem enumerat, et comitem « Berengerum de Sulzbach » illius advocatum constituit. « Contulit ei » quoque « confessionis, communionis, baptismi et sepulturæ commoditatem, « seu jura parochialia. Anno 1121 Henricus V imp. VIII. Kal. April. indict. XIII (76). Ratisbonæ Ecclesiæ Bambergensi confirmavit traditionem monasterii Reginstorf in diœcesi Halberstadiensi eidem factam. De isto hæc habet biographus : « Abbatiam Witzenburch, quæ nunc mutato loco et nomine Reginstorf appellatur, cum omnibus pertinentiis ab Henrico imperatore acceptis privilegiis Babenbergensi adjecit Ecclesiæ. « Vocatur alias etiam Reinsdorf seu Reinersdorf, situm ad Unstrutam Thuringiæ amnem inter Scheidungen et Memleben. De hoc ita scribit auctor de fundatione cœnobii Bigungiensis (77) : « Nobilis quidam Vizo de Wyzenborch, consanguineus Wicperti (78) moriens ipsum statuit hæredem. Is congregationem sanctimonialium in eodem castello instituerat. Quo defuncto Wicbertus venerabilem matrem suam dominam Sigenam jam secundo viduatam ibi pausare usque ad finem vitæ in sancta conversatione concessit. Qua mortua ibidemque sepulta, cum religiositas ibidem omnis deperisset, Wicbertus consilio Ottonis episcopi Bambergensis in vicinia ejusdem castelli juxta fluvium Unstrut monasterium monachorum instituit in loco, qui Reyndorp dicitur, cui abbas Wyndoltus (79) fratrem Ludigerum de Corbeia revocatum abbatem instituit. » Id ad annum 1110 revocant. Monachi anno 1491 Bursfeldensi reformationi nomen dedere, paulo post dispersi, et monasterio in usus profanos commutato.

Hoc item anno 1121 Otto ecclesiam cœnobii S. Michaelis consecravit d. I Sept. postquam ante centum annos prima fuerat dedicata.

(68) Pag. 537.
(69) Graffensaal, p. 836.
(70) Kuen, Script. eccl. t. V, p. II, p. 292.
(71) Vid. Lazius l. VIII, q. 543, 514 et 558.
(72) Lunig archiv. t. XVI, p. 260.
(73) Joannis rer. Mogunt. t. II, p. 746.
(74) Vid. Chron. Gottwic., p. 699 et 869.
(75) Cod. prob., n. LXX.
(76) Al. XIV.
(77) Hofmann Rer. Lusat. t. I, p. 122.
(78) Marchionis Lusatiæ.
(79 Begaugiensis.

XXXV. Tandem imperii principes diuturnæ discordiæ pertæsi in solemni conventu Wirceburgensi eodem anno d. 29 Septemb. de pace cum Cæsare tractarunt. Quo consentiente Romam legati missi sunt, qui causæ ejus arbitrium ad pontificem et concilium generale referrent. « Designati quoque sunt in præsenti » conventu « domnus Otto Babenbergensis præsul, dux Heinricus, comes Beringerus (80), qui hæc omnia Noricis principibus, qui tunc forte aliis occupati reipublicæ causis prædicto conventui deerant, apud Ratisbonam Kal. Nov. convocatis intimarent, quos et ad omnia hæc voluntarios invenerunt (81). » Verum nova interim dissensionis causa suborta est an. 1122, dum, Erlongo Wirceburgensi episcopo mortuo, Henricus imp. Gebhardum intrusit, clerus autem et populus Ruggerum elegit, a B legatis apostolicis confirmatum, et ab Adalberto Moguntino in cœnobio Schwarzacensi consecratum.

Ab hoc autem actu dum iterum abesset Otto, denuo ab Adalberto Moguntino acriter objurgatus est, in data ad eum epistola (82) : Dilectioni vestræ, » scribit, « pridem significavimus, ut sanctæ apostolicæ sedis legato et fratribus nostris coepiscopis vestris, ac cæteris catholicis principibus in loco, qui dicitur Prefeld (83) occurrere velletis, et Wirzeburgensis episcopi interesse ordinationi. Ad quam utique prompto et alacri animo etiam non rogatus venire debueratis, non solum quia coepiscopus, sed etiam quia concivis vester est, et jure propinquitatis ipsum quodammodo familiarius et specialius diligere debetis. » Ambigua hæc sunt, num de propinquitate locorum Wirceburgi et Bambergæ, an de illa sanguinis inter Ottonem et Ruggerum intelligenda sint ; quod si ultimum, novum hic suppeteret Suevicæ originis episcopi Ottonis argumentum. Ruggerum enim Frisius et alii comitibus de Vaihingen annumerant in ducatu Wurtembergiæ (84).

Sed quia, pergit epistola, venire neglexistis, dominus cardinalis usque ad satisfactionem a divino officio cæteris consentientibus vos suspendere voluit. Nos autem pro singulari amore et reverentia, ne quid durius contra vos diffiniri deberet, vix obtinuimus. Nunc itaque fraternitatem vestram rogamus, et ex auctoritate domini papæ et apostolicæ sedis legati et nostra præcipimus, ut universali concilio in Nativitate sanctæ Dei Genitricis Moguntiæ celebrando, omni amputata occasione, vestram exhibeatis præsentiam, ut ibi et domini papæ legationem cognoscatis, et de statu Ecclesiæ una nobiscum in commune consulatis. Si qui vero episcoporum huic sancto concilio interesse neglexerint, sciant se ex auctoritate domini papæ et apostolicæ A sedis legati, et totius concilii synodali sententiæ qua hujusmodi præsumptores feriendi sunt, modis omnibus subjacere. »

XXXVI. Verum mutata sententia synodus ista dein Wormatiæ eodem die VIII Sept. a 1122 habita est, in qua cum gravissimum negotium de pace imperium inter et sacerdotium restituenda ageretur, tam importuno monitore opus haud habuit Otto, ut ibi adesset. Adfuit igitur, et cum aliis principibus conventioni Henrici V imp. qua prælatos ritui per annulum et baculum investiendi renuntiavit, ac sic funestæ dissensioni finem imposuit d. 23 Sept. a. 1122 (85). Eodem quoque anno idem Henricus imp. Ottoni et Ecclesiæ Bambergensi perpetuo possidendum obtulit Cronacum oppidum, jam patri suo Henrico IV ab Henrico de Marchen collatum. Litteræ desuper Wirceburgi datæ sunt anno imperii Henrici XI, indictione XV (86).

XXXVII. Hucusque Ottonis in patria et episcopatu suo gesta recensuimus : nunc ad illa quoque enarranda pergamus, quæ peregre pro fidei propagatione et gentium conversione apostolice peregit ; apostolatum ejus in Pomerania intelligo, eumque non unum sed geminum, passim tamen a scriptoribus confusum seu perperam assignatum. Hunc adeo Ottoni nostro tam gloriosum si prolixius nonnihil dilucidavero, rem lectoribus haud ingratam me præstiturum confido. Hæc autem pleraque ex libro II Vitæ Ottonianæ desumpta sunt, cujus scriptor Sefridus his gestis ceu testis aderat, ut ab initio monuimus. C

XXXVIII. Cæcis adhuc gentilitatis tenebris involuti erant Pomeraniæ populi, variis nominibus appellati, de quibus consulendi sunt scriptores profani, gentis hujus historiam pertractantes. Diversis regulis seu ducibus parebant, ex quibus Suantibor Bogislai filius a. 1107 mortuus terram inter quatuor filios divisit, Uratislaum, Ratiborem, Bogislaum et Suantopelckum, quorum duo primi in citeriore, alii duo in ulteriore præerant, quæ postea Pomerania parva seu Pomerellia est appellata (87). His crebra erant bella cum vicinis Danis et maxime Polonis, quorum dux Boleslaus III a. 1117 et 1119 magna eos clade affecit adeo, ut ei subjecti Christi D fidem amplecti promitterent. Constat id ex ipsius Boleslai ducis epistola ad Ottonem nostrum circa an. 1123 data (88). « Nosti enim, » inquit, « ut arbitror, quomodo Pomeranorum cruda barbaries non mea quidem, sed Dei virtute humiliata, sociari Ecclesiæ per baptismi lavacrum, seque admitti petiit. Sed ecce per triennium laboro, quod nullum episcoporum vel sacerdotum idoneorum mihique affinium ad hoc opus inducere queo. » Memor itaque veteris cum Ottone amicitiæ, dum in diebus juven-

(80) Sulzbacensis.
(81) Annal. Saxo ad h. a.
(82) Ludewig Script. Bamb., p. 822.
(83) Forte Pleinfeld Eichstettensi oppido.
(84) Vid. Sattler hist. topogr. Virtemb., p. 244.

(85) Annal. Saxo h. a. et Harzheim Concil. Germ. t. III.
(86) Leg. V.
(87) Vid. l'*Art de vérifier*, t. III, p. 496 et 505.
(88) Cod. prob., n. LXXVIII.

tutis apud ejus patrem Uladislaum decentissime conversaretur, Boleslaus dux eum ad hoc opus suis litteris invitavit, promittens « impensas omnes et socios itinerum, et linguæ interpretes, et coadjutores presbyteros, et quæcunque necessaria fuerint. » Nec diu se rogari passus Otto consuetam ad id facultatem a Callisto II papa petiit et facile impetravit.

XXXIX. Indixerat Henricus imp. solemnem conventum Bambergam ad d. 17 Maii a. 1124 qui tamen jam mense Aprili fuit anticipatus, ut patet ex privilegio imperatoris pro monasterio Schyrensi (89) : « Acta sunt hæc anno Domini 1124, indictione XIII (90), in curia Babenberch VII Kal. Maii. » Hic Annalista Saxo et Urspergensis notant eadem de liberalitate Ottonis, quæ jam ad a. 1115 in primo Bambergensi conventu notarunt. Dein addunt : « Compositis causis ejusdem conventus insinuat Otto tam augusto quam primatibus universis, se litteris atque nuntiis quampluribus a duce Poloniæ Polizlao vocatum, insuper etiam domini papæ Callisti permissione atque benedictione directum ad gentem scilicet Pomeranorum, quam nuper idem dux sibi finitimam subegerat, et ad Christianitatis confugium impulerat. Annuit tota, quæ convenerat Ecclesia, annuit et aula, prosperitatem piis conatibus imprecantes : soli Babenbergensis Ecclesiæ filii patrem dulcissimum inviti deserunt, multis eum lacrymis ac si funus prosequentes. »

XL. Evangelio contraria videri posset præparatio Ottonis ad sacram hanc missionem, nisi optima intentio et felicior eventus hanc comprobasset. Hanc ita describit Sefridus itineris socius : « Otto, quia terram Pomeranorum opulentam audiverat, et egenos sive mendicos penitus non habere, sed vehementer aspernari, et jamdudum quosdam servos Dei prædicatores egenos ac censu tenues propter inopiam contempsisse, quasi non pro salute hominum, sed pro sua necessitate relevanda officio insisterent prædicandi : quam in rem legendus Ebbo, de Bernardo quodam episcopo ob vilem habitum a Pomeranis ejecto), studiose procuravit, ut non solum illis non indigens, verum etiam opulentus appareret, non opes eorum sibi, sed ipsos potius velle Deo lucrari. Assumptis ergo clericis idoneis, et eisdem ad iter abunde procuratis, missales aliosque libros et calices cum indumentis sacerdotalibus, et alia quæque altaris utensilia, quæ in gente pagana subito non posse inveniri sciebat, provida liberalitate secum fecit portari, ne sine instrumento agricola fidus in agrum domini sui exire videretur. Vestes quoque et pannos pretiosos aliaque donaria, nobilibus ac divitibus apta, evangelista simplex et prudens in viam portavit Evangelii, ne forte indigentiæ causa paganis videretur evangelizare, sed novellæ plantationi sua potius conferre, quam illius appetere. »

XLI. Vix igitur aut necdum pleno finito conventu prædicto « paratis omnibus, quæ ad profectionem erant necessaria, proxima die post festum S. Georgii M. » quod tum 24 April. celebrabatur, » salutato clero et populo suo, tanquam hoc opere viam suam sanctificaret, duas ecclesias, unam in Luchenberge, et alteram in Vohendrere consecravit. Hinc transito nemore Bohemico venit ad Cladrim cœnobium Cluniacensis ordinis, ubi honorifice susceptus dedicavit ecclesiam in honore S. Nicolai. » Est hoc monasterium Kladran seu Cladrubium in districtu Pilsnensi, a Zwifaltensibus monachis tunc inhabitatum. « A Cladrim digressus pervenit Bragam, inde per Sacischam in Albis fluminis ripa sitam ecclesiam » (Sacza est collegiata ecclesia) « ad castrum ducis Bohemici, quod Mileciam dicunt, unde a duce ipso susceptus et donis honoratus est. » Id jam Pragæ factum memorat Ebbo, ducemque Bohemiæ Ladislaum appellat. Per Mileciam castrum P. Gelasius Dobner veterem arcem Miletium in Hradistiensi districtu intelligit (91), Burdam penitus ignorat. « Inde per aliud ejus (92) castrum, Burda nomine, usque ad Nemetiam (93) urbem ducis Poloniæ, atque inde per tres episcopatus Poloniæ, Bretzlaviensem videlicet (94) et Callisensem (95) et Poznanensem usque ad archiepiscopatum Gueznensem cum gaudio et pace conducti sumus : » en scriptorem itineris socium.

XLII. Fusius dein Sefridus Ottonis et sociorum iter in Pomeraniam prosequitur. Guesnæ igitur a Boleslao duce et optimatibus Poloniæ solemniter excepti et per septem dies humanissime habiti, acceptis a duce præter alia itineris necessaria interpretibus, tribus capellanis et centurione Paulitio iter Pomeraniam versus ingressi sunt. De horum adventu præmonitus dux Uratislaus, quem Worcizlaum appellat scriptor, eis ad fines suos occurrit, ac benigne exceptis ex suis ductores et ministros dedit. Inde transito flumine terram Pomeraniæ intrarunt, ac iter ad castrum Pirissam seu Piritseam direxerunt. Ibi post aliquam ipsis injectam moram, ingenti fructu populum in Christi fide instruunt, in dicto triduano jejunio post viginti dierum spatium, quo inter eos demorati sunt, ad septem fere millia hominum baptizarunt. Confirmata itaque et instituta Pirissæ ecclesia, legatis eos deducentibus ad ducis civitatem Caminam pervenerunt in Nativitate S. Joannis Baptistæ a. 1124.

XLIII. Camini favore ducissæ usus Otto cum suis magnam populi multitudinem sua prædicatione ad fidem perduxit, sacroque fonte cum duce ejusque conjuge abluit, cui etiam persuasit, ut omnes concubinas dimitteret, cujus exemplum et alii plures

(89) Monum. Boic. t. X, p. 449.
(90) T. II.
(91) Annal. Hager, p. VI, p. 175.
(92) Bohemiæ ducis.
(93) Nimpsch in Silesia.
(94) Bresslau.
(95) Kalisch.

secuti sunt. « Exstructa quoque illic basilica, et sanctificato altari et sanctuario, collatisque illuc per ducem prædiis ac dote in sustentationem sacerdotis, pater liberalissimus, sicut omnibus in terra illa ecclesiis faciebat, libros contulit et indumenta sacerdotalia, calicem quoque argenteum cum cæteris utensilibus, deque suis sacerdotibus unum, qui populum posset instruere, eidem præfecit ecclesiæ. »

XLIV. Cum Otto quinquaginta fere diebus Camini substitisset, cum suis navigio Wollinum seu Julinum se contulit, additis a duce legatis et conductoribus, qui eos sine turbis illam in urbem inducerent. Nocte igitur urbem ingressus in ædibus ducis pernoctat; postridie autem concursu civium facto, non sine capitis periculo urbe rursus excedere cogitur. Gravius tamen in fuga periculum subiit, nam fuste percussus a barbaro e ponte in lutum dejicitur, ejusque socii, dum episcopum protegunt, fustibus quoque graviter mactantur. « Abeuntes ergo trans lacum, disjecto ponte a tergo nostro, ne iterum impetum super nos facerent, in campo inter areas et loca horreorum decumbendo respiravimus, » ut scribit Sefridus individuus sancti in hac expeditione comes, qui et testatur, Ottonem hic esse conquestum, martyrii palmam sibi a sociis fuisse ereptam. Dum autem per quindecim dies secus stagnum manerent, Julinenses nonnihil mitiores effecti episcopum honoris gratia invisere cœperunt, quos ille ad Christi fidem amplectendam amice hortabatur, injecto etiam ducis Polonorum metu. Tandem Stetinensium exemplum secuturos se pollicentur : « hanc enim civitatem antiquissimam et nobilissimam dicebant in terra Pomeranorum matremque civitatum; et satis injustum fore, si aliquam novæ religionis observantiam admitterent, quæ illius auctoritate prius roborata non fuisset. »

XLV. Stetinum igitur cum suis navigio profectus Otto, sub noctem in urbem Paulitio ductus, et in ædibus ducis collocatus est. Postridie Polonorum legati causam adventus episcopi primoribus libere exponunt : qui tamen se patrias leges in gratiam Evangelii dimissuros, præfracte negarunt. Ita spe frustrati menses duos et amplius sine fructu ibi hæserunt. Tandem legatos ad ducem Polonorum decreverunt, sciscitatum, an ipsis in sterili solo diutius remanendum esset, an vero redeundum. His et Stetinenses suos nuntios adjunxere, cum promisso, « ut si apud ducem perpetuæ pacis stabilitatem obtinere, tributumque alleviare queant, his ibi coram suis et nostris legatis ex scripto firmatis, Christianis se legibus sponte inclinarent. » Atque hæc quidem anno 1124 sunt acta.

Interim Otto cum suis Stetini veram fidem bis per septimanam, prælata cruce, sacerdotali cultu ornatus, publico in foro prædicabat, plebe agresti magno numero confluente. Nec id sine fructu : « duo enim pulcherrimi adolescentes, » ut scribit Sefridus, « filii cujusdam nobilis de civitate, domum nostram frequentare, ac familiares se præbere, paulatimque de Deo nostro et de fide quærere cœperunt. » Horum indole delectatus Otto eos in fide satis instructos baptizavit. Quod ubi rescivit illorum mater, Christianis parentibus nata, præ gaudio accurrit, et pretiosa de pelliculis chlamyde ab episcopo donata, familiares etiam et domesticos suos ad Christi fidem adduxit. Pueri autem isti neophyti elegantibus vestibus ab episcopo donati etiam æquales suos ad sanctum Ottonem et fidem alliciebant, qui turmatim baptismum receperunt. « A pueris « itaque » et juvenibus cana patrum prudentia se passa est erudiri, flammaque fidei paulatim progrediente concaluit civitas universa ; neque jam occulte vel pauci, sed publice et multi simul quotidie veniebant ad fidem. » Restabat adhuc amborum puerorum pater, tunc domo absens, qui hanc quidem mutationem graviter tulit, suorum tamen precibus et vicinorum exemplo motus animum et ipse mutavit.

XLVI. Rediere interim e Polonia, legati cum litteris Boleslai ducis. Has recitat Vitæ scriptor apud Henr. Canisium (96) in hunc modum. « Polislaus omnipotentis Dei favente clementia dux Poloniorum, » hostis omnium paganorum, genti Pomeranicæ et populo Stetinensi promissa fidei sacramenta servantibus pacem firmam et longas amicitias, non servanti vero cædem et incendia et æternas inimicitias. Si occasiones quærerem adversum vos, justa esse poterat indignatio mea, quod quasi fidei vestræ transgressores vos retrorsum abire conspicio, et quod « dominum et patrem meum Ottonem episcopum, omni honore ac reverentia dignissimum, vita et fama in omni populo et gente præclarum, vestræ saluti a Deo vero et nostro ministerio destinatum, sicut oportuit non suscepistis, neque hactenus secundum Dei timorem illius doctrinæ obedistis. » Omnia hæc vestræ valebant accusationi ; sed interpellavere pro vobis responsales et mei et vestri, honorati viri ac prudentes, « præcipue autem ipse pontifex apud vos manens, evangelista vester et apostolus. » Horum ergo consilio ac petitioni acquiescere dignum judicans, servitutis ac tributi pondus, « ut jugum Christi eo alacrius suscipiatis, » hoc modo relevare decrevi. Tota terra Pomeranorum ducibus Poloniæ, quicunque sint illi, trecentas tantum argenti marcas publici ponderis annis singulis persolvant. Si bellum ingruerit ei, hoc modo eum juvabunt : novem patresfamilias decimum in expeditionem armis et impensis abunde procurabunt, et ejusdem familiæ interim domi fideliter providebunt. Ista servantes, et « fidei Christianæ consentientes » nostram pacem porrectione pacis et manus et æternæ vitæ gaudium consequemini, et in omnibus opportunitatibus vestris præsidia semper et auxilia Polonensium tanquam socii et amici experiemini. »

XLVII. His in publica concione lectis ingens in

(96) Edit. Basnag., t. III, p. II, p. 69.

populo lætitia oritur, qui se certatim episcopo in fide erudiendos obtulerunt. Hoc fervore utendum ratus Otto publica ad Stetinenses habita oratione illos ad fidem provocavit, atque in tantum animavit, ut, dum ipse cum suis sacerdotibus et clericis urbis fana et simulacra dirueret, ipsi quoque cives in illis demoliendis operam suam conferrent. His peractis illos in fide instruxit, ac ingenti numero baptizavit. « Ordinatis autem illic omnibus, quæ rudi ecclesiæ profutura credebantur, exstructaque basilica diligenti cura in medio foro Stetinensi, collatisque omnibus, quæ sacerdotalis officii ratio poscebat, qui populo præesset, sicut ubique faciebat, sacerdotem investiri curavit. » Inde postea, discedens ad Gratizcenses et Lubinenses in confinio positos pervenit, quibus fidem pariter amplexis exstructo altari et ordinatis illic sacerdotibus per Oderam fluvium prospero vento ad Julinæ littora cum suis reversus est.

XLVIII. In illa civitate ab incolis ad Stetinensium exemplum meliora edoctis cum gaudio excepti brevi tempore totam fere urbem et provinciam Deo acquisierunt. « Et quia civitas hæc in meditullio sita est Pomeraniæ, civesque Julinenses fortes et duræ cervicis sunt, cum dux Vrotizlaus et principes terræ sedem episcopatus fore censuerunt : scilicet ut gens aspera ex jugi doctoris præsentia mansuesceret, nec ad pristinos rediret errores ; et quod de medio ad omnes terræ terminos chrisma et alia, quæ ab episcopo accipienda sunt, facilius deportari possent. Itaque duas illic basilicas fieri præcipiens, altaria tantum et sanctuaria sanctificavit Otto ad alia festinans. Episcopus enim, ut postea scribit Sefridus, propter festinationem de episcopatu Pomeraniæ pro voto suo tunc ordinare non potuit, sed de prudentia ducis confisus, ei ex otio commisit ordinandum. At ille dux unum de capellanis suis Adalbertum nomine, quem de latere suo cum aliis duobus sacerdotibus in adjutorium concesserat episcopo, præsulatus honore in gente illa sublimavit. » Patet id quoque ex bulla Innocentii de a. 1140 (97) ad hunc ipsum Albertum Pomeranorum episcopum : statuimus « ut in civitate Wollinensi in ecclesia B. Alberti episcopalis sedes perpetuis temporibus habeatur. » Et ipse Adelbertus se primum Pomeranorum apostolum scribit in litteris a. 1153 datis (98). « Ex quo, ait, primum gens Pomeranorum devoto studio domini Bolizlai gloriosi Polonorum ducis ac prædicatione Ottonis venerandi Babenbergensis episcopi fidem Christi ac baptisma suscepit sub principe eorum Wartizlavo, communis eorumdem principum electio et domini papæ Innocentii consecratio me quamvis indignum primum Pomeraniæ præfecit episcopum sub apostolicæ confirmationis testato. »

XLIX. Wollino seu Julina digressi novi apostoli Dordonam ibi in honorem S. crucis insignem basilicam construxerunt et baptizatis incolis Colobregam seu Colbergam super littus maris sitam pervenerunt, ubi conversionis negotium cunctantius non nihil processit, quod civium plerique urbis maritimæ negotiandi causa abessent, ac cæteri in eorum absentia nihil in religione mutandum censerent. Crebris tamen Ottonis exhortationibus moti et ipsi suscepto baptismo Ecclesiæ sunt aggregati, fundato ibi pariter altari et sanctuario. Hinc unius diei itinere progressi ad Belgradiam seu Belegardiam castrum, metam ibi sacræ suæ expeditionis etiam hujus loci conversione posuerunt.

Otto igitur, ut tempore paschali an. 1125 ad Ecclesiam suam Bambergensem reverti posset, antequam e Pomerania discederet, singula adhuc loca in reditu lustrare voluit, ut quæ forte primo labori defuissent secundis curis suppleret aut perficeret. Et vero maximo suo gaudio ecclesias, quas primo rudes et imperfectas reliquerat, jam interim consummatas reperit ope sacerdotum, quos ubique constituerat; quas etiam consecravit, et fidelibus recens conversis confirmationis sacramentum impertivit. Id quoque ingenti ei solatio accidit, quod plures adhuc, qui in primo ejus adventu peregre aberant, salutari unda cæteris aggregare potuerit.

L. Priusquam autem neophytis suis valediceret, quædam disciplinæ morumque capita litteris consignata reliquit, ut testatur Urspergensis ad a. 1125 ex quo illa huc apponimus, quia exinde Ecclesiæ hujus temporis disciplina et gentis mores optime cognoscuntur, quæ partim etiam refert Sefridus. Itaque Pomeranis « conversis et baptizatis ecclesias construxit Otto et consecravit; et hæc secundum SS. Patrum instituta eos servare docuit. Scilicet ut feria sexta abstinerent a carne et lacte more cæterorum Christianorum. » Ergo lacticinia æque ac carnes tunc erant prohibita in diebus abstinentiæ, quibus tamen Sabbatum necdum accensebatur. « Dominica die vacent ab omni opere malo, et ad ecclesiam divinum officium audituri veniant, ibique orationibus studiose insistant. » Opus malum hic tam de opere servili prohibito, quam de quocunque peccaminoso saltem publico intelligi potest. « Solemnitas Sanctorum cum vigiliis, vel secundum quod eis indicatum fuerit, cum omni diligentia observent. » Festa ab eis observanda hæc recenset Sefridus in vita, de Incarnatione, de Nativitate, Circumcisione, Apparitione, Præsentatione, Baptismate, Transfiguratione, Passione et Resurrectione atque Ascensione, de Adventu Spiritus S., de vigiliis et natalitiis apostolorum et aliorum martyrum et sanctorum. « Sacrosanctam Quadragesimam jejuniis, vigiliis, eleemosynis et orationibus diligentissime observare studeant : » quibus Sefridus etiam Quatuor Tempora addit.

Quæ sequuntur, in Sefrido omissa, ritus baptismi tunc temperis usitatos concernunt. Infantes suos in Sabbato sancto Paschæ et Pentecostes cum

(97) Dregeri cod. diplom. Pom., p. 1.

(98) Loc. cit., p. 3.

candelis et cappa, quæ dicitur vestis candida, et patrinis comitantibus ad baptismum deferant, eosque veste innocentiæ indutos per singulos dies usque in octavam diem ejusdem dici Sabbati ad ecclesiam deferant, et celebrationi divini officii interesse satagant. « Hoc etiam districta redargutione prohibuit, ne filias suas necarent, quod nefas maxime inter eos vigebat : » ne etiam filios suos aut filias suas ad baptismum teneant, sed sibi patrinos quærant, patrinis etiam fidem et amicitiam ut carnalibus parentibus servent. « Interdixit etiam, ne quis commatrem suam ducat in uxorem, neque propriam cognatam suam usque in sextam et septimam generationem. » En gradus cognationis carnalis et spiritualis. « Unusquisque contentus sit una uxore. » Sequentia ad paganos Pomeranorum ritus spectant: « Ne sepeliant mortuos Christianos inter paganos in silvis aut in campis, sed in cœmeteriis, sicut mos est omnium Christianorum. Ne fustes ad sepulcra eorum ponant. Omnem ritum et pravitatem paganam abjiciant; domos idolorum non construant; pythonyssas non adeant; sortilegi non sint. » His quædam addit ex primitivæ Ecclesiæ more desumpta, eodem tamen ex fine nunc Pomeranis ad tempus inculcata, quo gentibus recens conversis per apostolos imposita, quorum adeo decretum in concilio Hierosolymitano necdum sæculo XII plene exoleverat. Sequitur enim : « Ne quid immundum comedant, non morticinum, non suffocatum, neque idolothytum, neque sanguinem animalium. Ne communicent paganis, nec cibum aut potum cum ei aut in vasculis eorum sumant, ne in his omnibus consuetudinem paganam repetant. »

« Injunxit etiam eis, ut, dum sani sunt, veniant ad sacerdotes Ecclesiæ, ut confiteantur peccata sua: in infirmitate autem sua vocent presbyteros ad se, ut confiteantur peccata sua, et corpus Domini accipiant. Instituit etiam, ut de perjuriis, de adulteriis, de homicidiis, et de cæteris criminalibus secundum canonum instituta pœnitentiam agant, et in omni Christiana religione et observatione obedientes sint. » Testantur hæc de usitata tum adhuc Ecclesiæ circa pœnitentes disciplina. Demum « mulieres post partum ad ecclesiam veniant, et benedictionem a sacerdote, sicut mos est, accipiant. » Recitat dein Urspergensis nomina civitatum, in quibus prædicavit Otto, perperam tamen in editis expressa : Piriz, Stetin, Vulingumen, i. e. Wolin, Camin, Colberch, Belgrado, Lubingresch seu Lubin et Gresch sive Gradiz.

LI. Facile vero quis hic videt, potissima tantum ecclesiasticæ disciplinæ capita pro Pomeranis esse conscripta, non ipsam dogmaticam doctrinam, quam in libris ab eo haud dubie relictis legere poterant, non item priora. Doctrinam quoque de sacramentis eis valedicens sermone primum, dein et brevi scripto commendavit. Hanc refert Sefridus et ex eo Harzheim (99), unde nos notabiliora excerpsimus. « Discessurus a vobis trado vobis, quæ tradita sunt nobis a Domino, arrham fidei sanctæ inter vos et Deum, septem scilicet sacramenta Ecclesiæ quasi septem significativa dona Spiritus sancti, quibus intendendo in laboribus et certamine hujus vitæ non deficere, sed proficere vestra possit Ecclesia, suosque defectus reficere. Videte ergo et tenete, ut sciatis diligenter enumerare quæ tradimus vobis discedentes a vobis. »

Enumerat postea illa sacramenta alio nonnihil ordine, baptismum, quem « tempore opportuno, scilicet in Sabbato sancto Paschæ ac Pentecostes » conferri præcipit. De sacramento confirmationis seu unctione chrismatis in fronte monet, illud « non usque in senectam differendum » esse, « ut quidam putant, sed in ipsius adolescentiæ fervore percipiendum, quia illa ætas magis obnoxia est tentationibus. » Tertio loco ponit unctionem infirmorum ab omni Christiano in agone mortis desiderandam et percipiendam. Quartum dicit sacramentum eucharistiæ, ad quod sumendum frequenter missas celebrari jubet. « Oportet tamen, » addit, « et vos ipsos ter vel quater in anno, si amplius fieri non potest, et confessionem facere atque ipsi sacramento communicare. » De quinto seu pœnitentia nil aliud speciale monet; « quinque autem hæc sacramenta quasi generalia sunt et omni Christiano necessaria: » reliqua autem duo particularia, pro certo tantum hominum statu instituta et cuivis libera; sextum nempe seu conjugium, ac septimum seu ordines sacri. Præprimis hic uxorum pluralitatem genti huic usitatam prohibet. « Si quis ergo in vobis est, » inquit, « qui plures habuerit uxores ante baptismum, nunc unam de illis, quæ sibi magis placet, eligat, dimissisque aliis hanc solam habeat ritu Christiano. » Ad sacramentum ordinis, « qui moribus ac scientia magis idonei sunt, invitandi potius quam trahendi. » Unde eos adhortatur, ut de liberis suis ad clericatum tradant « liberalibus studiis prius diligenter instructos, » ut ipsi per se, sicut aliæ gentes, de lingua sua Latinitatis conscios possint habere clericos et sacerdotes.

Sermonem suum ita tandem concludit : « Quapropter omni honore ac reverentia eadem sacramenta servate diligenter et veneramini : docete ea filios vestros, ut memoriter teneant et diligenter observent in omnes generationes. Ecce habetis ecclesiam, habetis sacerdotem, de his omnibus et quæcunque sunt necessaria vobis, abundantius vos instruere scientem. Ipsum ergo sicut me audietis, honorantes et amantes eum, et quæcunque vobis dixerit facientes. Et nunc ego vado, iterum cito reversurus ad vos. Valete in Domino, dilectissimi. »

LII. Igitur Otto a dilectis suis neophytis non sine lacrymis ægre avulsus, adhuc mense Februario anni 1125 in Poloniam rediit, ingenti gaudio a Bo-

(99) Concil. Germ., t. III, p. 302.

leslao duce exceptus, atque magnifice donatus splendidissimo cum comitatu in Bohemiam reductus. Ibi Uladislaum ducem pene jam in extremis agentem reperit, eumque ad pacem cum Sobieslao fratre suo exsule et paulo post successore persuasit. Vel unicum hoc factum Ottonis reditum ad annum 1125 extra omne dubium ponit; Uladislaus enim paulo post die 12 April. hujus anni defunctus est. Otto autem omnis moræ impatiens Bambergam contendit, per Cladubriam monasterium, ubi priore anno transiens ecclesiam dedicaverat, suam diœcesin ingressus. Reditum hunc paucis describit Ebbo alter ejus biographus : « tandem fines peregrinationis suæ egressus » ad monasterium « Michilvelt venit » feria tertia majoris hebdomadæ seu d. 24 Martii, ubi « occurrentibus sibi multis de clero et populo Bambergensi cœnam Dominicam celebravit. » Ea occasione, ut videtur, eidem monasterio donationem a Carolo de Smalenohe banni obligatione stabilivit, sigillique sui impressione munivit « ipsa die, qua ipsum per se corpus illius inibi sepulturæ tradidit, » ut ex ejus archivo liquet (100). Inde autem discedens « Sabbato sancto Paschæ Turstatt » seu Teuerstatt S. Jacobi ecclesiam in suburbio Bambergensi « adiit, sed ea die urbem intrare distulit. Mane ergo primo resurrectionis Dominicæ (101) Bambergensem Ecclesiam geminata excepit lætitia tam jucunditate paschalis festi, quam etiam adventu pii Ottonis illustrata. Convenit etiam tota civitas novum nostri temporis apostolum excipiens. » — « Sic infinito stipatus agmine processit ad ecclesiam, quibus ille verbum Dei solita eructans dulcedine, Pomeraniam Christi legibus subjugatam annuntiabat, et cunctorum affectus ad considerandam divinæ pietatis gratiam accendebat. » Inter tantos tamen lætitiæ applausus non deerat pio pastori commiserationis dolor de incendio, quod Bambergensis civitas in ejus absentia perpessa est a. 1124, d. 28 Aug. qua festivitas S. Hermetis M. agebatur, « cujus pretioso corpore locus ipse in primordio per fundatorem suum B. Henricum nobiliter est insignitus. »

LIII. Quæ porro gesserit sanctus præsul post suum in diœcesin reditum, paucis recensuit Sefridus. « Omnia, quæ dudum inchoaverat cœnobiorum et ecclesiarum septa, quantocius consummare accelerabat, ne si quid in his neglectum foret, subtractum de mercede sua postea doleret. » Huc spectat charta Ottonis « data et confirmata anno Dom. Incarnationis 1126, indict. XIV, (102) XII Kalend. Junii, feria III, in synodo Babenbergensi in præsentia cleri et populi (103). » In illa profitetur Otto, « se cellam S. Fidis in occidentali parte montis B. Michaelis a se constructam, cum omnibus appendiciis suis cœnobio S. Michaelis donasse ea conditione, ut septem fratres

A et duo conversi ex eodem cœnobio ibi habitent, « qui in eadem cella quotidianas circa divinum obsequium excubias agant, et propriis utilitatibus tam foris quam intra serviant. » His etiam abbas Hermannus in circuitu Cellæ triginta jugera ad faciendos hortos et pomaria contulit; uti et episcopus diversa prædia cum « hospitali S. Gertrudis » ex altera parte fluminis; quorum advocatias variis advocatis commisit, scilicet « Gebehardo comiti de Sulzbach, Bertolfo comiti de Blassenberg, Botoni comiti de Gichen, Poponi comiti, Hermanno de Bamberg, Rapotoni comiti » et aliis, et quidem hoc pacto, « ut per semetipsos sine subadvocatis eas administrent, placitum vero cum colonis nequaquam ponant, nisi aut de percussura, aut de furto, aut de irrupto agrorum B limite, vel certe si adversiantur (104) a præposito vel priore. Quinque dies in anno quilibet rusticus suo operatur advocato. » Subscribuntur inter alios « Eberhardus præpositus et Egilbertus decanus. »

Henrico V imp. ad an. 1125, d. 23 Maii mortui ac Spiræ sepulto, Adalbertus Moguntinus aliique episcopi ac principes datis ad Ottonem nostrum litteris illum ad curiam in festo B. Bartholomæi apud Moguntiam pro eligendo novo rege celebrandam invitarunt (105). Eum tamen electioni Lotharii regis d. 30 Aug. interfuisse haud lego. Alia adhuc ejusdem Moguntini exstat epistola (106), qua Ottonem post mortem Ruggeri Herbipolensis episcopi pro substituendo successore ad synodum invitat; id quod ad C annum 1125 spectare alibi (107) ostendimus : nec tamen ibidem comparuisse videtur.

Ad quem porro annum pertineat Ottonis Halberstadiensis episcopi ad nostrum epistola (108), qua ei miserum suum statum conqueritur, ejusque auxilium implorat, haud facile statuerim. Data ea est post proximam expeditionem, in qua ob honorem regni et Ecclesiæ diligentius cæteris laboraverit. Id de infausta Lotharii regis expeditione contra Sobieslaum Bohemiæ ducem mense Februario a. 1126 suscepta intelligendum existimo, in qua Saxones magno numero interfuere, ut refert Annalista Saxo et annales Hildesienses. Hæc itaque epistola ad eumdem annum consignanda videtur, quod etiam ejus epilogus persuadet. « Proinde rogamus, quate- D nus litteras vestras ad metropolitanum dirigatis, et ut in causa nostra diligens esse velit causa vestri, efflagitetis. Rogamus quoque, ut ubicunque concilium pro hujus rei discussione convocetur, vos adesse velitis. Necdum igitur hac de causa synodus quædam habebantur, quæ primum a. 1129 Moguntiæ fuit decisa, reverso jam altera vice Ottone e Pomerania.

LIV. Anxia hucusque Ottonem nostrum sollicitudo tenebat de novella sua in Pomerania plantatione. Hæc eo magis necessaria erat, quod inaudierat,

(100) Cod. prob., n. LXXXI.
(101) D. 29 Mart. a. 1125.
(102) L. IV.
(103) Ludwig script. Bamb., p. 1122.
(104) F., *accersiantur*.

(105) Cod. prob., n. LXXXII.
(106) Harzheim concil. Germ. t. III, p. 298.
(107) Episc. Wirceb., p. 61.
(108) Ludwig Script., p. 824.

Stetinenses et Julinenses sacrificulorum suorum suasu ad avitas superstitiones rediisse, Christum simul et idola colentes, quod fuse enarrat Ebbo. Secundam adeo profectionem in Pomeraniam necessariam duxit, de qua ita scribit Sefridus: « Post hæc triennio domi detentus Otto, post quadriennium, quamvis multis domi teneretur negotiis, ipse tamen amore novellæ coloniæ suæ flagrans, omnibus postpositis illam revisere aggreditur. » Dubium inde scriptoribus motum, quo anno alterum hoc in Pomeraniam iter sit institutum, plerisque in annum 1128 consentientibus. Nos annum 1127 præferendum censemus, ducti rationibus partim in ipsa narratione occurrentibus, partim postea referendis. Triennium itaque a Sefrido memoratum de incepto tantum intelligimus, a reditu nempe a. 1125, d. 29 April. usque ad. 31 Mart. 1127. Quadriennium vero ab incepto primo itinere d. 25 April. a. 1124 meliorem auctores conciliandi viam doctoribus relinquentes.

«Igitur electus Dei pontifex, «ut scribit Ebbo,» audiens inimicum bono semini zizania superseminasse, petita benedictione a domino apostolico Honorio II et serenissimo rege Lothario barbarorum fines rursum adire disposuit. Præparatis itaque viæ necessariis, pluribus etiam ministris et cooperatoribus assumptis, in Cœna Domini sacratissima (109) post confectionem chrismatis et missarum solemnia devote peracta, jejunus et sandaliis, sicut altari astiterat, ornatus elato crucis vexillo iter prædicationis arripuit. » Nolim hic recensere quæ porro acta memorant in hoc itinere, quod hac vice, ne Bohemiæ et Poloniæ ducibus denuo molestus esset, per Saxoniam et marchiam Brandenburgicam disposuit, et apud Hallam naves victualibus onerans, per Albam flumen in Havelam perlapsus Leutitiæ usque littora adductus est. Ibi cuncta sua quadraginta curribus imponens Timinam, hodie Demmin, civitatem Pomeraniæ transportavit. Ibi Wortislaum ducem a Luititiorum expugnatione reversum reperit, a quo pro veteri amicitia susceptus, res suas navigio impositas tridui itinere Uznoimam, nunc Ussedom præmisit, ipse pedestri itinere ducem illuc subsecutus.

LV. Hoc in loco interim sacerdotes ab Ottone prima vice relicti populum jam magna ex parte converterant. Dux vero sancti præsulis monitu regionis totius primoribus generalem conventum ad proximam Pentecosten d. 22 Maii Uznoimam indixit, et adducto secum illuc episcopo fere omnes ad recipiendam ejus prædicationem et fidem eleganti oratione persuasit: unde etiam perorantem sibi episcopum tranquille audierunt. Lætum hujus conventus exitum ita describit Sefridus: «Quosdam jamdudum Christianos, sed errore paganismi denuo inquinatos, præsenti sermone ad compunctionem et validam cordis contritionem emollitos, cum magno fructu aspicientium per manus impositionem Ecclesiæ reconciliavit; alios autem certatim se offerentes, catechizatos ac pro tempore instructos baptizavit, et totam illam hebdomadam doctrinæ sacrisque operibus instabat gaudio ingenti, adeo ut vere Spiritus sancti præsentiam illic adesse certissime constaret. Itaque concilium hoc non antea solutum est, quam principes ipsi et omnes, qui cum eis advenerant, baptismi sacramenta percepissent.»

Substitit ibi adhuc cum duce episcopus, ac duos ante se presbyteros Udalricum et Albinum præmisit Hologastum seu Wolgastum, viam Evangelio paraturos. Illuc jam in prima sua prædicatione penetrare volebat Otto, uti et in reliquas adhuc tres civitates cum vicis et insulis earum, Uznoimiam, Gozgangiam et Timinam. Wolgastum itaque venientes prædicti sacerdotes, benigne quidem a præfecti conjuge sunt excepti, sed ab incolis mox ad necem quæsiti, quam nec effugissent, nisi superveniens dux cum episcopo tumultum sedasset, eique publice loquendi facultatem impetrasset. Erat tunc animorum mira mutatio: nam « tandiu mansit in loco illo disputans et suadens de regno Dei, quousque omnis populus fidei sacramenta percipiens fana sua destrueret, et ecclesiæ sanctuarium cum altari præpararet: quod episcopus consecrans Joannem presbyterum eis ordinavit, et ut reliquam basilicæ formam post suum discessum promoveret, admonuit. »

LVI. Wolgasto digressus Otto sine Wortislao duce Gozgangiam seu Gozgaviam pervenit, oppidum tunc cum castro, nunc vicum ad Panim fluvium Gutzkow nuncupatum. Incolæ opera præprimis Mizlai loci domini, quem nuper Usedomi baptizaverat, faciles quidem aures præbuere, metuebant autem fano suo, quod insigne recens magnis sumptibus exstruxerant. Ab episcopo autem demum persuasi, ipsi suis manibus delubrum cum simulacris demoliti sunt, et paulo post baptizati. Ut vero eos de amisso fano consolaretur, basilicam ibidem construxit, et nonnihil absolutam solemni ritu dedicavit.

Interim maxima in populo fiebat perturbatio, quod Boleslaus Poloniæ dux cum infesto exercitu Pomeraniæ finibus immineret, eorum perfidiam et a fide defectionem graviter ulturus. Unicum hic in sancto episcopo perfugium erat, qui eorum rogatu assumptis secum clericis et gentis legatis duci obvium se dedit, eique ægre tandem persuasit, ut firmatis denuo prioribus sacramentis et pace reddita ad sua rediret. Quo ipso magis in fide firmati sunt, et eam rursus amplectendam, quam partim abjecerant partim paganis superstitionibus vitiaverant, animati Stetinenses et Julinenses. Ad hos igitur profectus Otto, quamvis non sine magno vitæ discrimine, ingenti labore, pluribus miraculis, et Witsaci civis opulenti, qui a Danis captus insigni miraculo per Ottonem liberatus fuerat, impigra apud concives opera Stetinenses primo, dein et Julinenses ad ejuratam religionem reduxit, ac semidirutam ab ipsis S. Adalberti ecclesiam suis sumptibus reparari curavit

(109) H. a. d. 31 Mart.

Quo autem tempore hæc contigerint, palam fit ex narratione Sefridi de rustico divinitus punito, qui in agro cum uxore sua fruges metebat in festo Assumptionis B. Mariæ, quæ erat feria secunda. Hic a prætereunte Ottonis sacerdote monitus, ut cessaret, et festo honorem haberet, reposuit. « Heri propter Dominicam non licuit operari, et iterum hodie vacare debemus. Quæ est hæc doctrina, quæ homines a rebus necessariis bonis jubet cessare? quando ergo collectas videbimus fruges nostras? » Vel sola hæc nota secundæ hujus Pomeranicæ expeditionis epocham determinat, annum nempe 1127 quo festum Assumptionis in secunda feria evenit.

LVII. His in Pomerania pro fide gestis, etiam ad Rutheros seu Rugianos pergere constituit: quos tamen cum sub Danorum archiepiscopi jure esse rescivit, alienæ messi se immittere noluit. Domum igitur redire parabat, minis etiam ac litteris evocatus: « Lotharius » enim rex, ut scribit Ebbo, « cæterique principes diuturnam beati viri ægre ferentes absentiam, utpote qui consiliis et piis artibus præ cæteris tunc temporis regnum nobilitare consueverat, præcipiendo simul et petendo mandant, ut se quantocius expediret, et Babenbergensem Ecclesiam desiderato suo reditu recrearet. » Quinimo rex jurejurando affirmaverat, se res ejus in suum redacturum dominium, nisi quamprimum rediret (110). His minis accessere Wigandi abbatis Tharisiensis litteræ (111), quibus eum summopere ad reditum hortabatur, etiam ad Ecclesiæ suæ damna præcavenda necessarium, unde et illi circa festum S. Mauritii in Saxoniam usque obvius processerat.

His igitur « legationibus contraire non valens » Pomeranorum apostolus, « visitatis circa circum fidelibus et in fide confirmatis, Christo, cui crediderant, eos commendans, iter cum suis aggressus est. Cumque emenso itinere in Poloniam venisset, dux Boleslaus antiquus suæ familiaritatis custos solita eum benignitate excipiens tanta mellifluæ doctrinæ ejus intendebat aviditate, ut evolutis octo diebus vix dilecto patri licentiam abeundi indulgeret. Tandem longo peregrinationis hujus labore consummato, in vigilia S. Thomæ apostoli Otto Deo dignus episcopus et Pomeranorum apostolus Ecclesiam suam desiderabili adventu lætificans, omni utriusque professionis et sexus plebe in unum concurrente summa cum jucunditate et spirituali gaudio pater a filiis suscipitur. » Duravit autem altera hæc sacra expeditio a die 31 Martii usque ad 20 Dec. a. 1127 cui potius, ut vidimus, illiganda est, quam sequenti anno, quo plerumque domi erat.

LVIII. Ex superius citata Wigandi abbatis ad Ottonem epistola quædam adhuc referre juvat, quæ Germaniæ ac præcipue diœcesis Bambergensis statum concernunt. « Nolumus vos ignorare, scribit, quia ex quo recessistis, semper imminebat nobis dies angustiæ et tribulationis. Tyrannus enim Conradus toto pene anno in castello Nurenbergensi moratus bona episcopatus sibi vicina devastavit, de redditibus vestris frumentum ex parte abstulit, censum sibi persolvi statuit, villicum de Rustall bis captivatum omnibus rebus suis dispoliavit. Insuper urbem Babenberg callida machinatione, ut fertur, apprehendere studuit; sed, Deo gratias, iniquitas ejus nequaquam prævaluit. Ego enim et Conradus custos de dispensatione nobis credita sollicitè præsidia et custodes cum cæteris fidelibus vestris deputavimus, militibus prout opus erat stipendia erogavimus, reliqua omnia, quæ commisistis, diligenter procuravimus. »

Conradus iste frater erat Friderici de Hohenstauffen ducis Sueviæ, qui ob matrem suam Agnetem Henrici V imp. sororem propinquius jus ad regnum se habere arbitratus, contra Lotharium regem rebellis anno 1127 regium nomen principibus quibusdam sibi faventibus assumpsit, a rege post Pentecosten in castro Nurenberg frustra obsessus, ac demum in conventu Wirceburgensi in Natali Domini a tribus archiepiscopis anathemate percussus est. Hanc sententiam Ottoni jam tum reverso Adalbertus Moguntinus per litteras indicavit (112). Quorsum autem sequentia dictæ epistolæ spectent, haud facile dixerim: « Inter Hermannum et Fridericum maxima guerra habetur, insidiæ diversæ altrinsecus tenduntur, rapinæ rapinis, incendia incendiis redduntur: inter quæ villa subjacens Lapidi Botonis cum ecclesia combusta est. Fridericus quadam nocte munitionem Niestein cum militibus suis clam ingressus viriliter agere cœpit. Sed qui in arce erant, missis jaculis et jactis lapidibus unum de suis occiderunt, plures vulneraverunt, sicque infecto negotio vix cum suis omnibus evasit. Præterea per totam provinciam multa mala grassantur, rapinis, incendiis omnia vastantur. »

LIX. Ad annum 1128 pertinent litteræ Conradi archiepiscopi Salisburgensis ad Ottonem episcopum et canonicos Bambergenses de eorum decano in patriarcham Aquileiensem electo, de quibus infra in Egilberto agemus. Eodem anno Lotharius rex Natalem B. Virginis Bambergæ egit, ubi Scampachium vicum a S. Henrico imperatore cum decimis et possessionibus Ecclesiæ huic attributum, a se autem instauratum amplissimo firmavit privilegio, dat. XV Kal. Sept., indict. VI, anno regni sui tertio Babebergæ.

Mortuo ad a. 1130 Honorio II papa in successoris electione schisma exortum est; unde Innocentius II legatos ad regem in Germaniam misit, qui ob eam causam mense Octobri concilium Herbipolim indixit, ad quod papæ legati Ottonem his litteris invitarunt: « Inter principes fraternitatem vestram primam aut inter primos pro servitio Ecclesiæ ad curiam festi-

(110) Vid. Goldast constit. imperial., t. I, p. 260.
(111) Cod. prob., n. LXXXV.

(112) Harzheim concil. Germ. t. III, p. 305.

nasse credidimus, quippe quem inter reliquos episcopos regni Teutonici mater nostra Romana Ecclesia quadam prærogativa dilexit, et tanquàm specialem filium creans propriis manibus benedixit. Rogamus itaque dilectionem vestram, et in ea fide et devotione, quam matri vestræ Romanæ Ecclesiæ debetis, mandamus ut omni occasione et excusatione remota quantocius ad nos veniatis, et in causa Ecclesiæ tanquam fidelis et catholicus nobis assistendo legationem domini papæ cum litteris suis una cum aliis fratribus recipiatis et obaudiatis. »

Nec tamen ibi ab initio saltem adfuisse videtur Otto, morbo præpeditus, ut patet ex ipsius Lotharii regis ad eum litteris (113) : « Propter instans et valde necessarium Ecclesiæ et regni negotium Wirtzburch gratia Spiritus sancti tractandum, de infirmitate tua, quæ adventum tuum ad nos tardavit, dolemus, quia prudentiæ tuæ discretione ac consilio ad opus Ecclesiæ et regni potissimum nunc indigemus. Verum quia virtus in infirmitate perficitur, in charitate, quam Ecclesiæ, pro qua Dei gratia semper devote laborasti, debes, commonemus te et quam intime rogamus, ut si alio vehiculo non possis, navigio saltem ad nos et ad conventum venerabilium confratrum et coepiscoporum tuorum Wirtzburch una nobiscum adventum tuum desiderabilem præstolantium venire properes. Vale. » Similis fere tenoris est Conradi Salisburgensis ad eum epistola (114). «Miramur et satis dolemus vestram non adesse præsentiam, cum in hoc negotio nemo posset nobis esse magis necessarius. Obnixe itaque dignitatem vestram monemus et rogamus ut, remota penitus omni occasione vel excusatione, adhuc tentetis venire, scientes omnes principes desiderare præsentiam vestram et exspectare. » Satis hæc ostendunt, quantæ auctoritatis et existimationis apud summos etiam Germaniæ principes ob suam prudentiam exstiterit sanctus hic præsul.

LX. Hoc ipso anno 1130 Non. April., indict. VIII regni sui V Babenbergæ ad S. Andream in rotundo sacello Lotharius rex dato diplomate vicum Staffelstein in Radenzgau turribus et mœnibus cinxit, ac mercatu certisque privilegiis instructum per manus Reginbodonis comitis de Giech Ecclesiæ Bambergensi obtulit. Otto autem episcopus, teste Hofmanno, ineunte eodem anno S. Michaelis cœnobium amplificare aggressus, paradisum et vicinum hospitium ad usum eorum construxit, qui illuc negotiorum causa diverterent. His sacellum B. Virginis, et oratoria S. Bartholomæi et S. Oswaldi adjunxit, quæ omnia magnifice exornavit, variis paramentis sacris instruxit, locumque sibi in sepulturam elegit.

LXI. Ad annum 1131 insigne Ottonis factum legitur apud unicum continuatorem Cosmæ Pragensis,

A dignum proin, quod hic cæteris ejus gestis inseratur, Meinhardus Pragensis episcopus in peregrinatione Hierosolymitana absens apud Sobieslaum Bohemiæ ducem conjurationis in eum conflatæ reus agebatur. Hic Pragam redux et talia audiens ac veritus, ne inimicorum suorum machinationibus sede sua deturbaretur, ab Ottone, quem ex primo in Pomeraniam itinere sibi amicissimum habuit, per litteras consilium et auxilium expetiit. Præstitit Otto quod petebatur, et scripta ad eum epistola (115) consilium dedit, ut se de objectis in sua Ecclesia apud ducem et principes terræ purgare satagat. Meinhardo igitur duci ad omnia judicia subeunda paratum se offerente, hujus jussu missi duo
B ecclesiastici viri causæ arbitrium ad Adalbertum Moguntinum et Ottonem Bambergensem detulerunt. Causa ab illis discussa, et episcopi innocentia probata, legati in Bohemiam sunt remissi, comitante eos Ottone nostro. « Ibi IV Kal. Octobris an. 1131 præsul Bambergensis et antistes Olamucensis cum septem Bohemiensibus abbatibus, astante duce Sobieslao cum populo et clero Meginardum Pragensis Ecclesiæ episcopum ab omni culpa, quæ sibi prius illata fuerat, per depositionem stolarum suarum expurgaverunt, profitendo videlicet, Meginardum episcopum nihil adversi duci Sobieslao cogitasse. Hæc stolarum depositio solemnis ea ætate ecclesiasticorum juramenti ritus erat, quo clerus se indignum sacrorum ordinum munere, ipsisque privandum de-
C clarabat, nisi veritatem ediceret. Facile vero crediderim, Ottoni hunc honorem delatum fuisse a duce Sobieslao, quod ejus potissimum opera cum Uladislao fratre suo reconciliatus fuerit, dum in primo suo e Pomerania reditu an. 1125 Pragam pervenerat, ut superius jam probavimus ex vitæ scriptoribus, qui etsi ultimi hujus facti non meminerint, illud tamen ob scriptoris nostri sinceritatem extra dubium est (116).

LXII. Anno insequente 1132 « Locum Lancheim, ut porro refert biographus, a tribus fratribus Hermanno, Wolframmo et Gundelocho ministerialibus S. Georgii sibi suæque ecclesiæ traditum, in nomen abbatiæ provexit, et beatissimæ virgini Mariæ dicavit, tribuens eidem loco prædia in usus fra-
D trum Deo inibi servientium profutura ». quæ recenset et confirmat Ottonis successor Egilbertus an. 1142 (117).

Hoc item anno 1132 aliud Cisterciensium cœnobium condidit in diœcesi Eichstettensi, Heilsbronn seu *fons* salutis dictum, cujus fundationis litteras hoc anno Bambergæ datas recitat Hocker (118), unde sequentia notamus. Prædium Heilsbrunne coemit ab Adelberto comite ejusque fratre Conrado ac tribus eorum sororibus, quod per manus Adalberonis de Tagstetten Ecclesiæ suæ Bambergensi

(113) Cod. prob., n. LXXXVIII.
(114) Hansiz Germ. Sacr. t. II, p. 229.
(115) Eccard. corp. hist., t. II, p. 370.
(116) Vid. Calles Annal. eccles. Germ, t. VI, p. 1, p. 328 et Dobner Annal. Hagec., t. VI, p. 217 et seqq.
(117) Cod. prob., n. XCVIII.
(118) Cod. prob., n. LXXXIX.

obtulit, ibique in honorem B. Virginis monasterium et ecclesiam erexit atque abbatem instituit, cui per manus Wignandi de Beerbach prædium apud Adelsdorf pretio comparatum, item Witramsdorf, Erlebe, Oberendorf, Velsendorf, et Peccemannesdorf tradidit eique non alium quam Bambergensis Ecclesiæ advocatum constituit. Testes erant Adelbero de Tagstetten, Adelbertus de Dachsbach, Fridericus de Hergoldispach, aliique plures; de canonicis vero Egilbertus decanus.

Annus 1133 alterius monasterii dedicatione nobilitatus est, Biburgi scilicet in Bavaria et diœcesi Ratisbonensi, de quo ita Hundius (119) : « Anno 1125 Conradus. Ergo et Bertha de Birburg consilio et « auxilio S. Ottonis episcopi Bambergensis » de suo patrimonio Benedictinis viris et feminis cœnobium ædificare cœperunt, et octavo anno compleverunt, hoc est anno 1133, quo etiam in die Simonis et Judæ D. Otto Bambergensis episcopus et Henricus pontifex Ratisbonensis templum Biburgense consecrarunt. Innocentius II comprobavit hanc fundationem et diplomate confirmavit. «Datum, id est VII Id. Jan. an. 1139 (120), ubi testatur, religionem secundum B. Benedicti Regulam « per studium atque industriam Ottonis Bambergensis episcopi » ibi institutam esse; « quascunque præterea possessiones, quæcunque bona idem frater noster Otto episcopus præfato monasterio B. Mariæ Biburgensis consensu fratrum Babenbergensium contulit illibata permaneant. » In bulla Alexandri III an. 1177 statuitur, ut abbas « cum consilio et auxilio Babenbergensis episcopi » advocatum eligat, et inutilem removeat, adnitentibus « episcopo Babenbergensi ratione fundi, » et Ratisbonensi ratione diœcesis : quod item in diplomate Friderici I imp. an. 1177 legitur; unde monasterium hoc feudum Bambergense fuisse constat.

LXIII. Anno 1135 Lotharius imp. XVI Kal. April. celebrem Bambergæ conventum egit, ubi Fridericus Sueviæ dux eidem reconciliatus est (121). Ibi Cæsar diploma dedit pro monasterio Mallerstorf, etiam ab Ottone Bambergensi subscriptum. Legitur illud in monumentis Boicis (122), uti et ejus confirmatio dictæ fundationis an. 1129 Mallerstorf Bavariæ monasterium biographi inter illa referunt, quæ a S. Ottone fundata sint aut restaurata, cujus tamen operam huic fundationi impensam in chartis saltem haud reperio. Primam huc monachorum coloniam sub primo abbate Burkardo e S. Michaelis Bambergæ cœnobio an. 1109 fuisse traductam, ipsi academici Boici suspicantur. Nexum autem aliquem huic monasterio cum Bambergensi Ecclesia intercessisse prodit bulla Innocentii an. 1139 d. 7 Jan. vivente adhuc Ottone data, qua Epponi abbati privilegia et possessiones suas confirmat, « salva nimirum justitia et reverentia Bambergensis Ecclesiæ, cui idem cœnobium cum suis pertinentiis tuo studio ac petitione constat esse delegatum atque subjectum (123).

Hoc quoque a. 1135 ut saltem Hoffmannus asserit, Lotharius imp. Ecclesiæ Babenbergensi privilegium dedit, quo regium tributum quatuor gentis Henetæ seu Venetæ provinciis relaxavit, et permittente Alberto Urso marchione Brandenburgensi, in cujus marchiæ finibus eædem provinciæ inclusæ erant, Ottoni episcopo beneficii loco attribuit; dignum existimans, ut qui in destruenda idololatria et convertenda Slavorum barbarie primus in ea vicinia laboraverat, in terris adhuc aliquem laboris fructum perciperet. Produxisset modo asserti sui tabulas. Hoc item anno Godeboldus comes de Henneberg cœnobium Vesseram ad altare B. Petri in Bamberg tradidit (124).

LXIV. Nullibi etiam reperio acta aut mentionem saltem synodi, quam solus iterum Hoffmannus ad a. 1136 recitat. « Otto frequentem omnium diœceseos suæ clericorum et provincialium conventum Babenbergam advocavit, et mentione de formando Ecclesiæ et reipublicæ statu illata, labentem monachorum disciplinam coercuit. Ibi sublata vetere Amorbacensium regula, rigidam et religione plenam Hirsaugiensium disciplinam in cœnobio montis archangeli Michaelis instituit, et additis viginti, qui dudum ibi consederant, quinquaginta amplius monachis, et eruditione et pietate conspicuis, in communi eos vitam agere et divinis laudibus insistere præcepit, et, ut cæteros monasteriorum suorum abbates ad pulcherrimi hujus facti imitationem accenderet, ob id eos sub divini numinis obtestatione litteris adhortatus est. » Delitescunt adhuc in scriniis hæc acta, aut in eorum recensione aberravit Hoffmannus, qui ad posteriores Ottonis annos retulisse videtur, quæ ad priores spectant. Ex hucusque enim dictis et suo loco dicendis colligitur, ab Ottone in potissimis suis monasteriis jam in eorum exordio nonnisi Hirsaugienses monachos esse constitutos. In cœnobio quoque S. Michaelis a se reformato an. 1112 Wolframum pariter ex Hirsaugia abbatem ordinavit. Jam tum igitur Hirsaugiensis disciplina ibi fuit introducta, abrogata Amorbacensi, quam primus ejus abbas Batto ante sæculum invexerat. Porro de collapsa celebris alias hujus monasterii disciplina regulari, circa a. 1140 ex Hirsaugia quoque restituta legendus est P. Ignatius Gropp in ejus historia (125).

LXV. Provocat dein Hoffmannus ad litteras S. Ottonis ad monasteriorum suorum abbates, quos ad regularem observantiam exhortatur. Datum istæ nullum præferunt, quod adeo aliunde eruendum est. Inscriptæ sunt Wulframo abbati S. Michaelis, Wigando Tharisiensi, Baldewino Banzensi, Eggehardo

(119) Metrop. Salisburg. t. II, p. 138.
(120) L. c., p. 141.
(121) Annal. Saxo. ad h. a.
(122) T. XV, p. 266; conf. p. 263.
(123) L. c., p. 271.
(124) Episc. Wirceb., p. 486.
(125) Hist. Amorb., p. 150.

Uraugiensi, Imbriconi Michelveldensi, Walchuno de Entsdorf, Eriboni de Pruveningen, Friderico de Gengenbach, Eberhardo Scuturensi, Ottoni Steinensi, Liugero de Regenstorff, Ingramo de Arnolstein, et præpositis de Cluniken et Osterhofen (126). In vivis adeo tunc simul agebant memorati abbates, et Bambergensi Ecclesiæ jam tradita eorum cœnobia et ab Ottone reformata. De monte, S. Michaelis jam diximus, cujus abbas Wolframus d. 22 Oct. a. 1123 obiit, ultra quem igitur annum dictæ litteræ differri haud possunt; imo cum Imbrico Michelfeldensis nonnisi biennio ab a. 1119 usque 1121 præfuisse legatur, intra hos annos sunt referendæ: quo tempore jam abbas erat Wigandus et Baldewinus ac Eggehardus. Difficultatem hic faciunt Eribo seu Erbo de Priflingen et Walchunus de Ensdorf, ex quibus primus successit S. Ermenoldo a. 1121, d. 6 Jan. defuncto; alter vero juxta acta domestica primum a. 1123 e nostro D. Blasii monasterio Ensdorfium dimissus est; quod tamen prius fieri debuit, ut cum Imbricone a. 1121 mortuo notari possit. Idem de Ottone Steinensi dicendum. De Ludigero seu Luigero Regnisdorfensi supra ad a. 1121 diximus. Ingramus jam a. 1116 primus abbas in Arnoldstein ordinatus est. Fridericus in Gengenbach a. 1118 abbas factus est, quem Gallia Christiana jam a. 1120, d. 19. Oct. defunctum scribit, quod superioribus repugnat. De tempore Eberhardi Schutterani nil constat. Supersunt in dicta encyclica duæ præposituræ in Osterhoven et Glunicken. De priore tunc adhuc sæcularium, ab anno autem 1127. Norbertinorum canonicorum collegio diximus supra, cui adeo post ædificatam ibi a. 1110 ab Ottone basilicam præpositum fuisse datum ex hoc loco colligitur. Glunick seu Gleinck superioris Austriæ O. S. B. monasterium prope Stiram ab Arnhalmo de Glunic et Prunonio filio fundatum; ac circa 1121 Ottoni Bambergensi esse traditum, pluribus probat Aquilinus Cæsar (127), ubi tamen abbas serius aliquantulum institutus fuisse videtur, cum hoc loco præpositus tantum nominetur. Notandum præterea, nullam in hac epistola reperiri mentionem de aliis monasteriis, quæ jam post primum quam secundum e Pomerania reditum adhuc exstruxit, quæ nec etiam in Callisti II bulla a. 1123 memorantur. Haud igitur multum aberravero, si hanc encyclicam ad annum 1121 revocaverim, scriptam adhuc ante dictam Callisti bullam, cum Otto non pontificiæ sed episcopalis tantum suæ confirmationis meminerit.

LXVI. Constitutus mortuo Lothario novus rex Conradus Ecclesiæ Babenbergensi antea infestus, in proxima Pentecoste a. 1138 generalem principum curiam Bambergam indixit, ubi novus archiepiscopus Moguntinus Adalbertus II in Sabbato Quatuor Temporum d. 28 Maii sacerdotio initiatus, et « sequenti die octavis videlicet Pentecostes ab Ottone ipsius Ecclesiæ Bambergensis antistite episcopus consecratus est (128). » Eodem anno Otto ecclesiam in monasterio Vessera a se constructam d. 16 Oct. ceu Dominica dedicavit. Die autem 11 Dec. amplissimas pro monasterio Prufiingensi litteras dedit, quibus ejus fundationem, possessiones et subjectionem ad Bambergensem Ecclesiam denuo confirmavit. « Actum Babenberc anno Dom. 1138, indictione I, tertio Idus Decembris, anno Chuonradi regis tertii primo, anno vero ordinationis domini Ottonis Babenbergensis episcopi octavi XXXII scilicet a consecratione (129). »

LXVII. Pervenimus tandem ad annum 1139, qui tot Ottonis laboribus gloriosum finem imposuit, quin tamen ab iis ante quiesceret, quam vivere cessaret. Perfecerat quidem monasteria a se hucusque sive constructa, sive alias in meliorem statum redacta. Adhuc tamen de eorum firmitate sollicitus ab Innocentio II eorum omnium confirmationem petiit, et data Laterani X Kal. Febr., indict. II seu a. 1139 bulla obtinuit (130). Quin nec his contentus monasterium Alderspacense, quod circa a. 1120, licet pauperculum canonicis regularibus tradiderat, interim tamen auctum morti jam proximus confirmavit a. 1139 (131): « Salva proprietate et jure Babenbergensis, nec non etiam debita subjectione Pataviensis Ecclesiæ. »

Eodem insuper anno, die haud notato, dedit litteras fundationis, dotationis et confirmationis pro monasterio in Ensdorf pridem a se constructo, in quibus notum facit omnibus, qualiter « in episcopio Ratisbonensi juxta Vilsam in prædio Palatini comitis Ottonis de Wittelinespach ipsius rogatu, consensu, auxilio, et consilio locum, cui Ensdorf nomen est inditum, in salvationem animarum providimus eligendum, construentes ibidem in honorem Dei omnipotentis et S. Jacobi apostoli monasterium secundum Regulam B. Benedicti degentium, » quod idem Palatinus Ecclesiæ Bambergensi defendendum tradidit. Recenset deinde prædia tam a se quam a Palatino ad victum et vestitum concessa, illaque confirmat ac libera declarat, « sicut in initio apostolica et regia auctoritate sancitum est. Anno Incarnationis Domini millesimo centesimo trigesimo nono, indict. II. Acta sunt hæc anno Kuonradi III regis secundo, episcopatus vero domini Ottonis XXXII. Babenberg feliciter. Amen (132). » Ibidem etiam (133) habetur Ottonis charta incerti anni, qua decimas novalium inter Prufiingenses et Ratisbonenses controversas, ne utrisque perirent, Ensdorfensibus attribuit.

(126) Cod. prob., n. LXXVII.
(127) Annal. Styr. t. I, p. 144, 606, 743 et 841.
(128) Chron. S. Pantal. ad h. a.
(129) Monum. Boic. t. XIII, p. 158.
(130) Cod. prob., n. XCV.
(131) Monum. Boic. t. V, p. 291 et 353.
(132) Cod. prob., n. XCIII ex Anselm. Meiller hist. Ensdorf., p. 267.
(133) Pag. 261.

Sed hic jam meta laborum, quos si quis alius sui temporis episcopus exantlavit, sive pro convertendis gentibus, sive pro conservanda ecclesiasticæ disciplinæ ac fidei puritate : quem in finem tot ubique solidæ doctrinæ ac pietatis domicilia aut meliorem in ordinem redegit, aut immensa fere liberalitate erexit. Accedunt his prædia et possessiones, quibus propriam suam auxit ac eleemosynæ, quas in pauperes liberalissime distribuit, dicere solitus, « se quanto magis in opera Dei erogaret, tanto magis quod erogaret, habere. » Præter prudentem vero œconomiam aliorum quoque nobilium ac divitum subsidio et opibus in pio suo proposito suffulciebatur. Hos inter præcipui erant Uratislaus Pomeraniæ, Boleslaus Poloniæ, et Uladislaus Bohemiæ duces, nec non Bela II Hungariæ rex, amicitia eidem conjunctissimi : quorum auxilio adjutus in misericordiæ operibus tantus erat, « ut sui temporis sæcula hunc solum hunc unum tantæ misericordiæ virum » habuisse publice contestatus sit Embrico Wirceburgensis episcopus in sermone, quem in Ottonis funere Bambergæ dixit : qui cum præcipuas ejus laudes atque virtutes complectatur, infra inter probationes comparebit (134).

LXVIII. Cum itaque jam ultra septuaginta ætatis annos numeraret, et Ecclesiam triginta sex annis non minore prudentia quam sanctitate administrasset, morbis et viribus corporis exhaustus, ubi « se acrius premente languore in proximo ad Dominum speraret migraturum, illud amicum sibi semper ac solitum opus eleemosynæ tantæ ardentius exercuit, quanto illi constabat, quod diu hæc exercere non daretur. « Inde », supplici et pura confessione præmissa, « unctione sacri olei delibutus, » propitiabile viaticum, corpus Domini percepit, et circumstante illo suo semper familiari collegio virorum religiosorum tam monachorum quam clericorum, psalmis et orationibus agonem ejus devote Deo commendantium, plenam operibus bonis et eleemosynis, plenam honoris et gratiæ animam exaltavit in cœlum. » Diem obitus haud notat Sefridus, quem signat Ebbo : « Nocte, qua festivitas seu commemoratio S. Pauli apostoli agitur, hora diei prima pius Otto cœlo reddidit animam. » Obiit ergo pridie Kal. Julii seu 30 Junii feria sexta a. 1139, qua die notatur in Necrologio S. Michaelis. Pergit Sefridus : « Per totum triduum dormitionis ejus dilecti corporis gleba per omnes ecclesias circumferebatur, jugi sacrificio indefessisque orationibus et multis eleemosynarum largitionibus beata ejus anima Deo commendata fuerat ab omnibus. Quarto die ubi ad locum tumuli ventum est, episcopus (Wirceburgensis Embrico) commendationem celebravit, atque inter missarum solemnia ad mœrentem et lugentem conversus multitudinem brevem intulit sermonem..... Sic ergo finita missa, in loco, ubi cernitur, in ecclesia B. Michaelis, comitibus, marchionibus, seu aliis quibuslibet nobilibus feretrum ejus certatim gestantibus, sarcophagum levantibus, seu alia, quæ ibi erant necessaria, operariorum more suis manibus devotissime agentibus, ejus corpus tumulatum est, anno Dominicæ Incarnationis 1139, tertio Nonas Julii feliciter. Amen. » Cum autem hoc modo sexto demum, non quarto post obitum die sepultus fuisset, Sollerius hic pro *tertio Nonas Julii* legendum censet *tertio Julii*. Festus Ottonis dies in Martyrologio Romano secunda Julii consignatur, Bambergæ die 30 Sept. celebratur, qua sacrum ejus corpus a. 1189 in ejus canonizatione translatum est, uti infra in Ottone II dicemus.

(134) Cod. prob., n. XCVI.

SANCTI OTTONIS

BAMBERGENSIS EPISCOPI

EPISTOLÆ ET DIPLOMATA.

INTERMISCENTUR

VARIORUM AD IPSUM LITTERÆ.

(*Episcopatus Bamberg.* cod. prob. p. 55.)

I.

S. Ottonis Bamberg. ep. litteræ ad Paschalem II PP. de sua electione.

(Anno 1103.)

Domino suo PASCHALI sanctæ et apostolicæ sedis universali episcopo, OTTO Bambergensis Ecclesiæ id quod est, tam devotæ quam debitæ subjectionis orationes et servitium.

Quia totius ecclesiasticæ dignitatis ac religionis firmamentum in Christo petra est, etc. *Vide in Paschali, Patrologiæ tom.* CLXIII, *col.* 464.

Paschalis papæ responsum.

PASCHALIS servus servorum Dei, OTTONI dilecto fratri Bambergensis Ecclesiæ electo, salutem et apostolicam benedictionem.

Filius sapiens lætificat matrem. Opera tua et consilium tuum virum præferunt sensatum. Nos igitur honorare et profectus tuos juvare congruum duximus. Nihil ergo de nostra benevolentia dubitans tuam nobis quantocius vales præsentiam exhibeto. Certi enim sumus quod divina sapientia etiam malis hominibus bene uti novit.

II.

Henrici IV imp. memorabile diploma pro ecclesia Bambergensi.

(Anno 1103, Jul. 15.)

In nomine sanctæ et individuæ Trinitatis, HEINRICUS, divina favente clementia, tertius Romanorum imperator augustus.

In examine Dei cuncta conspicientis æquale meritum credimus fore dantis et corroborantis. Credimus etiam ad regalem nostram majestatem pertinere totius regni curas præcipueque omnium sanctarum Dei ecclesiarum commoda considerare, et omnia eisdem adversantia sub omni festinatione abolere, ne vel gravi incommoditate vilescant, vel qualibet pro nostra culpa orta occasione a pristino cultu et religione recedant, quatenus, dum hoc pro amore pariterque timore Dei fideliter peragimus, illorum qui hæc pio affectu Deo contulerunt meritis et gloriæ communicemus.

Proinde omnibus in Christo fidelibus, scilicet tam futuris quam præsentibus, notum esse volumus, qualiter ob hanc spem, et ob memoriam avi nostri imperatoris Cuonradi, et aviæ nostræ Giselæ imperatricis augustæ, nec non patris nostri imperatoris Heinrici et matris nostræ Agnetis imperatricis, ac memorandæ conjugis nostræ imperatricis Berthæ et præcipue ob memoriam pii Heinrici imperatoris, nostri consanguinei, fundatoris Sanctæ Babenbergensis ecclesiæ; prætereaper interventum dilectissimi filii nostri Heinrici V regis, consilio præcipue principum nostrorum, qui interfuerunt, Frederici Coloniensis archiepiscopi, Brunonis Treverensis archiepiscopi, Huberti Premensis archiepiscopi, Oberti Leodiensis episcopi, Joannis Spirensis episcopi, Burchardi Monasteriensis episcopi, Utonis Hiltinisheimensis episcopi, Heinrici Boidelbrunnensis episcopi, Burchardi Trajectensis episcopi, Wuilonis Mindensis episcopi, Mazonis Virdunensis episcopi, Walcheri Cameracensis episcopi Frederici ducis Sueviæ, Heinrici ducis Lotharingiæ, Magni ducis Saxoniæ, Heinrici marchionis de Isenburc, Utonis marchionis de Staden, præcipue cæterorum principum aliorumque fidelium nostrorum, qui aderant; pro amore etiam dilecti fidelisque nostri VII (135) ejusdem Ecclesiæ episcopi Otthonis, eumdem locum a divo imperatore Heinrico secundo pro sua suorumque anima in episcopatum, divina inspirante clementia, perfecte fidei spei charitatisque devotione in honorem principis apostolorum Petri et sancti Georgii martyris sublimatum consensu fidelium nostrorum, sancimus et omnium contradictione remota regalis nostræ majestatis auctoritate corroboramus Omnes etiam res mobiles et immobiles ejusdem sanctæ Dei ecclesiæ, quas ipse divus imperator pro ardore cœlestis patriæ ibidem larga manu contulit, ea ratione confirmamus, ut fidelis noster Ottho VII ejusdem loci episcopus ejusque in perpetuum successores secura eas tranquillitate possideant, et liberam potestatem habeant, res et proprietates ejusdem ecclesiæ cum consensu cleri et populi ordinare, componere, commutare et augmentare.

Nostra quoque auctoritate sancimus ut in abbatiis, monasteriis, comitatibus, foris, mercatis, monetis, naulis, theloneis, castellis, villis, vicis, arcis, servis, ancillis, tributariis, decimis, forestibus, silvis, venationibus, piscationibus, molis, molendinis, aquis aquarumque decursibus, campis, pratis, pascuis, terris cultis et incultis, libris, auro, argento, gemmis, vasis, ornamentis vel aliquibus utensilibus in cultum et religionem Dei et ibidem collatis, et in omnibus terminis et rebus ejusdem ecclesiæ, ac quidquid ad præsens illuc pertinet, vel ex his amplificari potest, nulla sit infestatio tyrannorum, nulla potestas ibi per violentiam irruat, nullus ibi comes aut judex legem facere præsumat infra urbem, præter episcopum ejusdem loci, omnis possessio famulantium ibi Deo pro immunitate habeatur. Sit ille episcopatus liber, et ab omni extranea et iniqua securus potestate, quatenus ibidem Deo famulantes et primi constructoris memoriam celebrare, nosque fautores et corroboratores possint et velint Deo precibus suis commendare. Et ut hæc nostræ auctoritatis traditio firma et inconvulsa permaneat, hoc privilegium inde conscriptum manu propria corroborantes sigilli nostri impressione jussimus insigniri.

Signum domini Heinrici tertii Romanorum imperatoris invictissimi.

Erlongus cancellarius (136) vice Rothardi archicancellarii recognovi.

Datum Idus Julii anno Dominicæ Incarn. 1103, indict. XI, anno autem domini Heinrici tertii Roman., imperatoris Aug. ordinationis L, regni XLVIII, imperii vero XX, anno autem ordinationis filii ejus Heinrici IV.

Actum Leodii feliciter in nomine Domini. Amen.

III.

Heinricus IV imp. S. Ottoni Bambergensi, gratulatur pontificatus sui auspicia.

(Circa ann. 1103.)

HENRICUS Dei gratia R. I. A. OTTONI Babenbergensis Ecclesiæ episcopo, gratiam, dilectionem et omne bonum.

Perfectus amor cum utique domesticus cordis sit,

(135) Hermanno deposito non connumerato.

(136) Hic ab aliis omissus haud alius est ac Erlongus ab eo anno sequente in sedem Herbipolensem intrusus.

non ad oculum tantum valet, non ad oculum spectat, non pendet ex tempore, per quem absentes quanto longius separantur, tanto arctius mutua pro se sollicitudine constringuntur. Nos certe absentis tui ampliorem, quam dum adfuisti, curam gerimus, eodem quo te proveximus animo cuncta tibi prospera cupientes, adversa etsi non accidant, quia possunt accidere, verentes. Unde maximo nobis gaudio est, quod adhuc de rebus tuis optata comperimus, te videlicet ab Ecclesia tua honorifice receptum, grata omnibus responsionum habitibus et actuum temperantia placuisse, et in præstandis beneficiis necessariam laudabiliter exhibuisse cautelam.

Qua de re consulimus, hortamur et petimus ut quod facis facias, ne primitias bonæ famæ, si manum remiseris, perdas, quia bona inceptio sine fine speciosi corporis instar est sine capite. Nemo te a delectu ecclesiasticæ secundum justitiam utilitatis terrore detorqueat, pretio flectat, suadendi fellito melle seducat, quoniam tentatus his omnibus, si probatus fueris, facile omnia propulsabis. Si quid autem grave tuis viribus æstimabis, ad nos tibi procul dubio succursuros ex nostri deferas occasione præcepti (137).

IV.

Heinricus IV imp. Bambergensi episcopo scribit de expeditione in Flandriam.

(*Incerti anni.*)

Heinricus D. G. R. I. A., Babenbergensi episcopo, suo fideli charissimo, gratiam et omne bonum.

Cum Dei providentia et magnæ pietatis ejus consilio de nostro regno ubique pacificato gauderemus, advenerunt nobis nuntii ex parte G. ducis Loth, et B. Balduini comitis aliorumque fidelium nostrorum marchiæ Flandrensis intimantes, eos diutius non posse sustinere molestias Roberti comitis, qui regnum nostrum invasit, et ad ignominiam omnium, qui in eo sunt, sibi nostrum Cameracensem episcopatum usurpavit. Unde, quemadmodum res hortabatur, nostros principes convocatos consuluimus, et ab eis sapienter re notata constituimus eorum consilio nos facturos expeditionem in Flandriam supra tam præsumptuosum hostem, qui noster miles debet esse, ne diutius de imminutione et dedecore regni nostri impune superbiat. Hoc siquidem tam manifestum et tam commune regni nostri dedecus tibi fieri, si tuum honorem diligis, pensare debes corde tenus.

Ut igitur fideliter hoc facias et prudenter, rogamus te sub spe remunerationis gratissimæ, et per fidelitatem, quam nobis et regno debes, monemus ut, omni occasione destructa, sicut honor est regni atque tuus, ad expeditionem venias, sciens quod in proximo festo Sanctorum Omnium Tungris juxta Leodium conveniemus, parati super Flandriam equi-
A tare. Nec mireris mutatum esse adventum nostrum Radisponam, sicut intellexeras, quando nobiscum eras, quia hujus rei necessitas intervenit, et utiliter ad decus regni firmiter est laudata ab omnibus nostris expeditio nostra super hostes in Flandriam (138).

V.

Heinricus IV imp. datis litteris S. Ottonis Bamb. auxilium contra filium implorat.

(*Circa an. 1104.*)

Heinricus D. G. R. I., Ottoni Babenbergensi episcopo, suo dilecto et certo fideli gratiam et omne bonum.

Nunc imminente necessitate debet apparere qui sint fideles nobis, et ipsa evidentia rei manifestandum est quantum nos diligant et honorem nostrum. B Scias igitur quod nos usque Wirzeburc venimus cum multis militibus, et adhuc ibidem plures exspectamus, cupientes cum Dei adjutorio inimicos nostros invadere, et castrum nostrum Nurenberc, quod obsident, liberare. Quapropter tibi, sicut optimo fideli, rogando mandamus ut ad nos venire festines cum omnibus quos habere poteris, sicut tibi confidimus. Insuper etiam diligenter te rogamus ut in præsenti nostram consideres necessitatem, et A. qui nobis est necessarius, concedas beneficium quod a te postulat, animadvertens quomodo nos præsens periculum compellit multis supplicare, et eorum voluntatem faciendo ipsos in nostra fidelitate confirmare et hac ratione constrictos de his et de aliis multis C oportet nos te rogare aliter quam vellemus. Sed nos, Deo volente, si prosperitas advenerit, te et ecclesiam tuam sicut dignum est respiciemus. De hac re fac secundum quod tibi dicit N. ex nostri parte.

VI.

Alia ejusdem epistola ad eumdem similis argumenti.

Henricus D. G. R. I. A., Othoni Babenbergensi episcopo, gratiam et omne bonum.

Scimus quia legationibus filii nostri frequenter fatigaris, sicut nobis per tuum nuntium mandasti. Confidimus autem de tuæ bonitatis fide quod nec precibus, nec minis, nec persuasionibus, nec blanditiis unquam acquiescas nostris contrarius inimicis, sed semper fideliter nobiscum permaneas. Quantascunque D autem persecutiones ab inimicis nostris sustineas, nullatenus tamen terrearis, sed certus esto quod te non deseremus sive in pace sive in periculo, et fiduciam habeas in omnipotente Domino quod nobiscum cito a præsente liberaberis periculo. Sicut ergo de te confidimus, et per nuntium tuum tibi mandavimus, ad diem et locum, quem tibi condiximus, venire non dubites. Igitur per fidem, quam nobis debes, neque precibus neque minis aliquatenus terrearis, ut ad filium nostrum transferaris, et ab omni Ecclesia atque per omnes congregationes tibi commissas orationes sine inter-

(137) Insigne æstimationis argumentum, quam Heinricus IV imp. erga S. Ottonem gerebat, quo simul ejusdem intima sensa de ecclesiastico regimine declarantur.

(138) De hac expeditione et epistola diximus supra in Vita Ottonis, § XI.

missione fac fieri ad Deum pro nobis. Castrum etiam tuum ita diligenter custodiri facias, ne aliquis ex custodibus ab eo descendat. Nuntium etiam tuum ad consolandos mittas Nurenbergenses.

VII.

Bambergensis Ecclesiæ litteræ ad Welfonem Bajoariæ ducem pro liberatione episcopi sui Ottonis.

(Anno 1106.)

Illustri et magnifico N. duci, humilis et luctuosus Bambergensis clerus, devotas in Christo orationes.

Quia magnificentiam vestram non magis fortitudine insignem quam clementia placabilem ex bonæ opinionis vestræ odore [qui] late diffunditur [cognoscimus], contra indignissimum facinus, quod in Deum et episcopum nostrum admissum est, ut pro indignitate rei Christianissimus animi vestri zelus B insurgat, per ipsum vos Christum obsecramus. Neque enim simplici in eum genere sævitum est; cum enim et episcopo et ad sedem apostolicam religioso habitu proficiscenti sacrilegas manus injecissent, deinde ingentes pecunias, quas ad tanti itineris impensas paraverat, diripuere, nec adhuc tanta præda contenti nunc ab eo mille manseros, id est totum episcopii patrimonium, extorquere conantur.

Quis rogo barbarus crudelius in aliquem captivum sæviret? Certe periculosus iste temporum motus hunc, quia titulum non fert, pro correctione morum et meliorando statu Ecclesiarum, ea quæ usquequaque patimur actitat. Itane vero per sacrilegia et rapinas boni illi mores nobis revocantur? Itane vero per vastationem et direptionem florentissimæ ecclesiæ damna ecclesiarum resarcienda sperabimus? Vestram ergo gloriosam eminentiam et pro liberatione pastoris nostri, qui innocentissimus tenetur, et pro incolumitate Ecclesiæ nostræ omni genere supplicationis imploramus, ut a patronis nostris, beato videlicet Petro, Georio dignam compensationem meritorum vestrorum ante illud terribile Christi tribunal consequi mereamini.

VIII.

S. Ottonis Bamberg. ep. litteræ ad Paschalem II. P. pro sua ordinatione.

(Anno 1106.)

Domno apostolico PASCHALI, prærogativa meritorum et sanctitate morum Romanæ sedis apice condigne sublimato, OTTO Dei gratia Babenbergensis electus, cum omni devotione orationes promptissimas et servitium tam voluntarium quam debitum.

Quia tandem, Domino miserante et ecclesiæ suæ navem moderante, post nubilas errorum tempestates serenæ lux veritatis Occidentali refulsit Ecclesiæ (139), ante omnia et super omnia desideramus scire sanctitatem tuam in omnibus nos paruisse, uti decuit, legato tuo, episcopo videlicet Constantiensi (140), et summa devotione cuncta, quæ per A ipsum edocti sumus, partim exsecutos fuisse, partim si vita detur exsequi paratos. Quamobrem vestigiis pedum tuorum advoluti obnixe flagitamus, ut paternitatis tuæ servum patienter audias, si quidem, mundo jam in maligno posito, cum vix cuiquam creditur homini aut loco (141), non parvæ nos torquent angustiæ pro ordinationis nostræ assecutione. Proinde dubius, et anxius et fluctibus curarum naufrago simillimus cum principe apostolorum, cujus vicem tenes, ad te clamo: Domine, salva me. Et ut paucis summam nostræ causæ concludamus, in hac hora et potestate tenebrarum te solum respiciunt oculi nostri, tibi debitam servare obedientiam parati sumus, tecum aut consistere aut pro te in carcerem ire decrevimus.

Auctoritati ergo tuæ tota mente desideramus inniti, tu nobis manum porrige, quod nobis velis facere jube. Si mandas ut ad te veniamus, opes nostræ, licet rapina et igne sint attritæ, tamen desiderio te videndi et consecrationis gratiam consequendi, cum debita servitutis nostræ benedictione (142) tuæ majestatis præsentabimus aspectibus. Dignentur ergo viscera pietatis tuæ super hoc negotio aliquo nos rescripto certum reddere, quo et iter tutius ad te veniendi nobis præmonstretur, et benedictionem quam devoti efflagitamus a te percepturos esse significetur. Quam nimirum propterea tuæ sanctitatis manu tantopere expetimus, quia metropolitanus noster (143), etsi per te habeat consecrationis gratiam, tamen quod sine lacrymis fateri nequimus, C magnam cooperatorum spiritualis doni habet injuriam [*f.* penuriam].

IX.

Paschalis II. P. S. Ottonem Bamberg. ep. a se ordinatum Ruthardo ep. Mogunt. commendat.

(Anno 1106, Maii 21.)

PASCHALIS episcopus.... RUTHARDO Moguntino archiepiscopo...

Quantum a suæ institutionis exordio Babenbergensis Ecclesia sedi apostolicæ familiaris exstiterit, prudentiæ tuæ notum esse existimamus. Congruum igitur duximus, etc. *Vide in Paschali, Patrologiæ t.* CLXIII, *col.* 191.

X.

D *Paschalis II PP. litteræ ad clerum et populum Bambergensem de Ottone episcopo a se ordinato.*

(Anno 1106.)

PASCHALIS episcopus, servus servorum Dei, clero et populo Bambergensi...

Quanto affectionis debito Bambergensis Ecclesia ab ipso suæ institutionis exordio sedi apostolicæ constringatur etsi nos lateret, litterarum vestrarum significatio manifestat. Quod affectionis debitum, etc. *Vide ubi supra, col.* 192.

(139) Sublato videlicet post mortem Henrici IV dissidio.

(140) Gebehardo.

(141) De captivitate sua in priore itinere loquitur.

(142) Recognitione a Bambergensi ecclesia pendenda.

(143) Ruthardus Moguntinus in Thuringia exsul.

XI.

S. Ottonis Bamb. ep. ad suam Ecclesiam litteræ de peracta sua consecratione.

(Anno 1106.)

OTTO Dei gratia Bambergensis episcopus, EGILBERTO (144) præposito, ADELBERTO decano, cæterisque fratribus, omne bonum.

Quantum ego novi et expertus sum charitatem vestram, scio vos jam diu exspectare eventum nostri laboris, ut de nostro successu, siquidem bene per misericordiam Dei successerit, gaudeatis. Ne ergo diutius suspensi aut dubii de nobis sitis, sed ut justum est sincerissime congratulemini, litteris istis significare vobis decrevimus quam misericorditer Deus more suo post immensos labores et sudores plurimos nobiscum operatus sit.

In die sancto Pentecostes, qui dies ex adventu sancti Spiritus sacratus et cunctis fidelibus jure solemnis est, illo, inquam, die Deo sic ordinante in Anagnia civitate Campaniæ, quæ Romaniam dividit et Apuliam, episcopalis benedictionis munus quamvis indignus Domino largiente suscepi, beatissimo papa Paschali manum imponente, cæteris vero episcopis plurimis cooperantibus, clero quoque Romanæ Ecclesiæ, cujus magna pars ea die in eamdem civitatem convenerat, astante et consentiente. Et, quod nulli a Romano pontifice consecrato nostris temporibus contigit, sine oblatione alicujus juramenti consecratus sum. Hujus loci, hujus diei, hujus gratuitæ misericordiæ Dei semper memores esse velitis cum omni gratiarum actione obnixe precamur, præcipue cum aliæ complures venerandæ personæ de magnis rebus apud apostolicam sedem agentes infecto negotio redierunt.

Magnificate ergo Dominum mecum et exaltemus nomen ejus invicem, cui quam facile est resistere superbis, tam facile est humilibus dare gratiam. Quia vero asperum est confusis temporibus esse præpositos, curandum nobis est et omnino satagendum ut res dura fiat mercedis occasio. Dum ergo seminandi tempus est, semina bonorum operum serere non cessemus, ut majores in die messis lætitiæ manipulos reportemus capiti nostro, quod est Christus, per compagem charitatis adhærentes, ne ab eo mundanis plus justo intenti lucris separemur, et veluti palmites de vite ejecti arescamus. Sed quia in exsequendis justitiæ operibus divinæ gratiæ adjutorio opus est, omnipotentis Dei assiduis precibus clementiam exorate, quatenus ad hæc nobis operanda et velle tribuat et posse concedat, atque in ea nos via cum fructu boni operis, quam se esse testatus est, dirigat, ut sine quo nihil possumus per ipsum implere omnia valeamus.

—

XII.

Paschalis II PP. monasterium Weissenoense confirmat.

(Anno 1109, die 14 April.)

PASCHALIS servus servorum Dei, dilecto filio OTBERTO ejusque successoribus regulariter substituendis in perpetuum.

Desiderium, quod ad religiosum propositum et animarum salutem pertinere monstratur, auctore Deo sine aliqua est dilatione complendum. Illustris siquidem vir Eribo cum conjuge sua Guilla, et neptis ejus Hadimuot in Babebergensi parochia in fundo proprio, qui vocatur Guizna [*al.* Wizenabe] ecclesiam Beati Bonifacii episcopi et martyris nomini fundaverunt, quam beato Petro apostolo et sanctæ ejus Romanæ ecclesiæ cum omnibus dotis sive prædiis obtulerunt. Quam nos pro eorum devotione Romanæ matri in filiam adoptantes universa dotis ejus tam prædia quam mancipia huic paginæ diligenter annotari jubemus. Sunt igitur hæc prædia die fundationis ejus a prædictis personis filiæ nostræ perdonata, Guizna, Nidrendorff, Diedungesdorf, Salewenbergh, Hilteboldesdorf cum castro in eodem fundo sito, Crummenaha, Eppenruit, Suphenruit, Cretsinruit, Herbendorf. Præterea in provincia, quæ Mannua [*al.* Manau dicitur], Churenberch, Bocchesruit, Niwenruit, Paffenruit, Sibenlinten, Liubenstat, Rampogen, Rutenbach, Tittenwiden, Albewinesberch, Utelenhofen, Pulteshofen, Tiuskiendorf, Wolvesbach, Helehenvelt, Nerdesdorf, Moseten, Thetgingen, Husen; mancipia vero, ut breviter perstringamus, utriusque sexus, quæcunque fundatores habuerunt, ecclesiæ dabant quam fundaverunt, exceptis tribus, Wezelone, Hotescalco et Potone.

Hujus ergo loci fundationem apostolicæ sedis auctoritate communimus, ut semper in jure proprio nostræ Romanæ Ecclesiæ sub disciplina monastici ordinis conservetur, et ex eo quotannis byzantius Lateranensi palatio persolvatur. De cætero autem constituimus, imo beatorum apostolorum auctoritate præcipimus, ut quæcunque diximus prædia, villas et mancipia seu cætera bona, quæ prænominatæ personæ ad eumdem locum contulerunt, quæcunque etiam in futurum aut per ipsos aut per alios fideles de ipsorum jure largiente Domino conferentur, sub monastica regula illic militantibus firma semper et integra conserventur, nullique hominum liceat ecclesiam illam temere perturbare, aut ejus possessiones auferre vel ablatas retinere, vel injuste datas suis usibus vindicare, minuere, vel temeraria vexatione fatigare, sed omnia tuta maneant et quieta, eorum pro quorum sustentatione et gubernatione concessa sunt, usibus profutura. Nullus ibi abbas qualibet subreptione seu violentia præponatur quem non communi sensu fratres vel eorum pars consilii sanioris vel de suo, vel de alieno, si oportuerit, collegio secundum Dei timorem et beati Benedicti Re-

(144) Eberhardus erat, ob litteram initialem E a scriptore confusus.

gulam elegerint. Baptismum et sepulturam eidem loco libere concedimus, ut ibi si qui tumulari voluerint, eorum devotioni et extremæ voluntati, nisi forte excommunicati sint, nullus obsistat. Permittimus quoque ut communi consilio fratrum abbas advocatum, quem sibi utiliorem providerint, instituat, qui, si postmodum monasterio inutilis fuerit et fratribus gravis, alium quem voluerint præficiant. Nulli quoque abbatum sine fratrum electione et confirmatione ibidem Deo servientium aliquam advocatiam prorsus alicui concedere liceat, ne forte locum et occasionem rapiendi quæ sua non sunt laicalis persona manu importunitatis inveniat. Quod si fecerit, in virtute Dei et Domini nostri Jesu Christi et auctoritate beati Petri principis apostolorum et nostræ excommunicationi subjaceat, graduque officii et ordinis sui dignitate in perpetuum careat. Si qua igitur in futurum ecclesiastica sæcularisve persona hanc nostræ constitutionis paginam sciens contra eam temere venire tentaverit, secundo tertiove commonita, si non satisfactione digna emendaverit, potestatis honorisque sui dignitate careat, reamque se divino judicio existere de perpetrata iniquitate cognoscat, et a sacratissimo corpore ac sanguine Dei et Domini nostri Jesu Christi aliena fiat, atque in extremo examine districtæ ultioni subjaceat. Cunctis autem eidem loco justa servantibus sit pax in Domino nostro Jesu Christo, quatenus et his fructum bonæ actionis percipiant, et apud justum judicem præmia æternæ pacis inveniant. Amen.

Ego Paschalis catholicæ ecclesiæ episcopus, etc.

Ego Rodbertus presbyter tituli Sancti Eusebii, etc.

Data Lateranis per manum Joannis sanctæ Romanæ Ecclesiæ diaconi cardinalis ac bibliothecarii XVIII. Kl. Maii, indictione II, Incarnationis Dominicæ anno 1109, pontificatus autem domini Paschalis secundi papæ anno X.

XIII.

(145) *Paschalis II PP. S. Ottoni Bamb. Ep. ejusque successoribus usum pallii et præferendæ crucis potestatem concedit.* (Aprilis 15, anno 1111.)

Paschalis.... venerabili fratri Ottoni Babenbergensi episcopo ejusque successoribus canonice promovendis in perpetuum.

Charitatis bonum est proprium congaudere profectibus aliorum, charitas enim non quærit quæ sua sunt. Unde et Apostolus: *Tunc*, ait, *vivimus, si vos statis in Domino* (*I Thess.* III); et iterum : *Quæ est enim nostra spes aut gaudium aut corona gloriæ? nonne vos ante Dominum nostrum Jesum Christum?* (*I Thess.* II) — — Hoc igitur charitatis debito provocamur, et apostolicæ sedis auctoritate compellimur, honorem debitum fratribus exhibere, et sanctæ Romanæ Ecclesiæ dignitatem pro suo cuique modo cæteris ecclesiis impertiri.

Idcirco venerabilis frater Otto Ecclesiæ Babenbergensis episcope, dilectioni tuæ pallium ad sacra missarum solemnia celebranda concedimus, quo nimirum fraternitas tua intra ecclesiam tuam uti noverit, illis tantum diebus, quos præsens descriptio continet, videlicet die sancto Resurrectionis Dominicæ et Pentecostes, item Nativitate Domini nostri Jesu Christi, et in Natalitio sanctorum apostolorum Petri et Pauli, et in solemnitate S. Dionysii martyris, anniversario etiam tuæ consecrationis die et dedicationibus ecclesiarum.

Cujus nimirum pallii volumus te per omnia genium [*al.* gratiam] vindicare; hujus siquidem indumenti honor humilitas atque justitia est. Tota ergo mente fraternitas vestra se exhibere festinet in prosperis humilem, et in adversis, si quando eveniunt, cum justitia erectam, amicam bonis, perversis contrariam, nullius unquam faciem contra veritatem suscipiens, nullius unquam faciem pro veritate loquentem premens, misericordiæ operibus juxta virtutem substantiæ insistens, et tamen insistere etiam supra virtutem cupiens, infirmis compatiens, bene valentibus congaudens, aliena damna propria deputans, de alienis gaudiis tanquam de propriis exsultans, in corrigendis vitiis pie sæviens, in fovendis virtutibus auditorum animum demulcens, in ira [*al.* intra] judicium sine ira tenens, in tranquillitate autem severitatis justæ censuram non deserens. Hæc est ergo, frater charissime, pallii accepti dignitas, quam si sollicite servaveris, quod foris accepisse ostenderis, intus habebis.

Ad hæc etiam crucis vexillum intra Babenbergensis ecclesiæ parochiam ante faciem tuam portari concedimus, salva videlicet Moguntinæ metropolis reverentia, ut speciali sanctæ Romanæ Ecclesiæ dignitate præditus, specialiter ei studeas obedientiæ ac servitiis insudare. Fraternitatem tuam superna dignatio per tempora longa servet incolumem. Amen, amen.

Scriptum per manum Joannis scriniarii regionarii ac notarii sacri palatii.

Dat. Romæ in insula Lycaonia per manum Joannis sanctæ Romanæ Ecclesiæ diaconi cardinalis ac bibliothecarii, vice domni Friderici archicancellarii et Coloniensis archiepiscopi (146) XVII. Kal. Maii, indictione IIII, incarnat. Dominicæ anno 1111, pontificatus autem domini Paschalis secundi papæ XI, imperii vero Henrici quarti imperatoris anno primo.

XIV.

Bruno Trevirensis ep. Ottonem Bambergensem evocat ad cognoscendam causam Spirensis electi.

(Circa an. 1112.)

Bruno Treverorum Dei gratia provisor indignus. O. Bambergensis Ecclesiæ sancto pontifici, sinceræ charitatis obsequium.

Beatitudini vestræ magna hilaritate congratulor, quoniam non absque magno sanctitatis vestræ me-

(145) Exstat in Paschali Patrologiæ t. CLXIII, col. 285, sed minus integra. Prodit auctior ex apographo.

(146) Ergo tunc adhuc AE. Colon. erat archicancellarius. S. R. E.

rito provenire [existimo], memoriam vestri dominum papam tam dulciter retinere. Cum enim domini mei regis legatione functus essem, de obedientia vestræ charitatis mecum contulit, vobisque salutem et apostolicam [benedictionem] per me mandavit. Inito autem dispensationis suæ consilio nobis injunxit, ut electum Heistettensem atque Spirensem (147) consecraremus, vosque in adjutorem et cooperatorem nobis vocaremus. Quia tamen de Spirensi quædam sibi significata fuerant, præcepit ut sancto cum studio examinaremus, etsi ordine, fratrum qui adessent testimonio posset se de objectis expurgare, ad Dei honorem et Ecclesiæ necessariam providentiam ipsum ordinaremus. Ex parte igitur domini papæ vos moneo ut ad hoc, quia causa Dei est, ne per vos proteletur studeatis, et a die Dominicæ Resurrectionis infra xv dies ad nos Spiram veniatis.

XV.

Friderici Coloniensis ep. litteræ ad Ottonem Bambergensem, quem ad suas partes contra Heinricum V sollicitat.

(Anno 1115.)

Domino OTTONI Bambergensis Ecclesiæ venerabili episcopo Fr. Coloniensium Dei gratia id quod est in orationibus et obsequio, quidquid veræ fraternitatis non otiosa efficit dilectio.

Quasdam sanctitati vestræ litteras jam antea misimus, quas si forte accepistis de tam longa responsionis vestræ dilatione non parum miramur. Ut enim longam earum sententiam breviter replicemus, summa intentionis erat, ut prudentiam vestram ad defensionem vel saltem ad liberam deplorationem hujus, quem videtis, gravissimi sanctæ Ecclesiæ casus excitaremus, quem ipsum tacito desiderio vos diu intrinsecus fovisse jam olim cognovimus.

Iterum, venerande frater, iterum idem dicimus. Si zelus domus Dei, imo si veraciter amor Ecclesiæ, quæ domus Dei est, vos medullitus comedit, ne tantam ejus desolationem, tam crudelem hæreditatis Dei direptionem et profanationem nimia patientia ulterius dissimuletis. Ecce per misericordiam Dei magnum nobis ostium apertum est, ut veritas quæ diu siluit, in manifestum prodeat, ut libertas nostra diu suppressa cervicem erigat, quia pro nobis et pro seipsa jam in vocem prorupit sancta Romana Ecclesia. Jungit se nobis Francia (148), libero, sicut audistis, ore veritatem Saxonia profitetur. Et quem, charissime frater, non moveat, quia omnis ecclesiastici vigoris auctoritas aulicis et palatinis in quæstum versa est. Synodales episcoporum conventus, annua concilia, omnes denique ecclesiastici ordinis administrationes in regalem curiam translata sunt, ut illorum marsupiis inserviant, quæ spiritualiter examinari debuerant. Quid de cathedris episcopalibus dicemus, quibus regales villici præsident, quas disponunt, et de domo orationis speluncam plane latronum efficiunt. De animarum lucris nulla penitus quæstio est, dum tantum terrenis lucris regalis fisci os insatiabile repleatur.

Hic nos, qui Ecclesiæ Dei per ipsius gratiam columnæ sumus, qui navem Petri per hujus sæculi procellosos fluctus gubernare debemus, hic, inquam, nos advigilare, hic clavum moderaminis firmiter tenere convenit, ne nobis segniter torpentibus, dum sine nisu moderaminis fluctuat, his et similibus impiæ tyrannidis scopulis allisa convellatur, et (quod absit!) irruentium fluctuum gravitate mergatur: ne canes muti et latrare non valentes prophetæ verbis arguamur (*Isa.* LVI), neve illud in nos conveniat: *Nonne ascendistis ex adverso, ut opponeretis murum pro domo Israelis* (*Ezech.* XIII). De nobis quidem, sancte et venerabile frater, non ex nobis, sed ex virtute quam Deus in nobis operatur, hoc vobis fiducialiter in ipsius gratiam promittimus, quia ex hac qua cœpimus veritatis libera professione, nec tribulatio nec angustia, nec mors nec vita [nos] separabit. In hoc vero, scitis, positi sumus, in hoc novum hominem induimus, ut mortificationem Jesu in corpore nostro circumferamus, ut propter ipsum in mortem tradamur, quatenus et vita Jesu in hac nostra mortali carne quandoque manifestetur.

In hac ergo tam gloriosa spe non defecimus, et de vestra constantia idem speramus et intime optamus; et quia indigne passi sitis, ut ad memoriam vestram sæpe reducatis, hortamur. Nolite nos longa exspectatione ulterius suspendere, sed de vestra sententia scripto nos certificate. Salutat vos dominus Chuono pronepos tuus episcopus [Prænestinus] et Romanæ Ecclesiæ legatus, qui imperatorem [Heinricum], nec non Monasteriensem episcopum [Purchardum], et Hermannum de Winceburg cum omnibus Galliæ episcopis in concilio Belvacensi (6 Dec. a. 1114) excommunicavit, et hoc vobis notum fieri præcepit. Eamdem sententiam iterabit in prædictos et in omnes complices eorum in concilio Remensi, quod erit *Lætare Jerusalem* (28 Mart. a. 1115), cum aliis tribus episcopis noviter a Romana sede directis. Vale. (149).

XVI.

Heinricus V. imp. Ottonem ad conventum Spirensem invitat.

(Circa ann. 1116.)

HEINRICUS D. G. R. I. Aug., OTTONI Babenbergensium dilecto episcopo, gratiam abunde et omne bonum.

Roma nostri nuntii rediere, et Dei gratia ex parte maxima nobis læta et prospera retulere. Mandant etiam nobis nostri fideles quod tempus habemus acceptabile, ut Romanæ sedi et reipublicæ consulamus. Quapropter necessario nostros principes convocamus, ut inde, sicuti justum est, eorum consilium et auxilium habeamus. Ad quod plurimum indigemus tuæ fidei præsentia et tui consilii pru-

(147) De his in Vita actum.
(148) In synodo Bellovacensi a. 1114.

(149) Consule de his Vitam supra.

dentia, quoniam et te corde tenus diligimus, et tibi de omni honore nostro prout nobismetipsis indubitanter confidimus.

Confidenter igitur et intime rogamus tuam dilectionem, ut die Veneris post proximum festum S. Mariæ venias ad nos Spiram, et ibi super his, tuo et aliorum nostrorum principum consilio, ad Dei honorem et regni et Christianæ pacis statum tractabimus. Et hilariter facias hoc sciens, quod te cito dimittemus. Et [ob] hoc libenter tibi parceremus, nisi tam alti negotii nos urgeret instantia. Præterea mandamus tibi, ut mittas pro comite N. quem tibi commisimus, et eum nobis repræsentes (150).

negligentia, eadem quidem, quæ et cæteris ejusdem concilii neglectoribus, vobis quoque injuncta essset sententia, scilicet vel divini officii suspensio vel a communione corporis et sanguinis Dominici formidanda interdictio; nisi nostræ petitionis diligentia hoc prævenisset, et eximia sanctitatis vestræ reverentia, ne id fieret, apud Ecclesiam promeruisset; quibus simul concurrentibus causis et cooperantibus hoc tandem obtinuimus, ne quid severitatis vestra subiret dilectio, cujus hactenus in Ecclesia valuisset devotio. Dignum nimirum arbitratus sum, in omnibus honori vestro et reverentiæ parcendum, et pro posse loco et tempori providere et consulere, cum sanctitatis vestræ dilectio beata magno se devotæ charitatis nobis obligaverit munere (151).

De cætero, sicut in mandatum accepimus, denuntiamus ut ad concilium v. Kalendarum Augusti Fridislariæ a prædicto legato celebrandum indubitanter veniatis, ne et hujus mandati neglector effectus, austerioris sententiæ decretum, mea petitione nil amplius prævalente, vobis indicatis. Præterea ducem [Suevíæ Fridericum] et confratrem ejus, et G. [Godefridum comitem] Palatinum et reliquos complices eorum in prædicto concilio excommunicatos noveritis. Litteras etiam nostras, rogamus ut fratribus nostris, Pragensi scilicet et Moraviensi episcopis dirigatis.

XVII.

Adalberti ep. Moguntini ad Ottonem Bambergensem litteræ de ejus absentia a synodo Coloniensi conquerentes.

(Anno 1118.)

Reverentissimo Bambergensium episcopo, A. Moguntinæ sedis minister indignus, fraternæ dilectionis et orationis inviolabile pignus.

Quod proxime dominus Prænestinus Romanæ Ecclesiæ legatus nobis apostolica auctoritate denuntiaverat, nostra quoque diligentia per omnia Romanæ auctoritati subdita solertim impleverat, denuntians et vobis sub eadem auctoritate et nostra, uti ad concilium Coloniæ celebrandum (a. 1118,) vestra veniret præsentia. Sed quia nescio qua prætermissum fuerit

A

XVIII.

S. Ottonis Bamberg. ep. litteræ fundationis pro monasterio Michelfeld.

(Anno 1119, Maii 6.)

[Ex archivo monasterii. Sed apud Bruschium corruptæ.]

In nomine sanctæ et individuæ Trinitatis OTTO divina favente clementia octavus sanctæ Babenbergensis Ecclesiæ episcopus.

Noverit Christi fidelium universitas, tam præsentis ævi quam etiam futuri, monasterium Sancti Joannis evangelistæ in loco, qui dicitur Michelvelt, nostro opere, nostro studio esse constructum. Recognoscant etiam, tam præsentes quam futuri, quibus bonis ipsum locum cumulaverimus, de quibus

B possessionibus fratribus illic in servitio divino excubantibus subsidia temporalis vitæ procuravimus, ut dum hujus veritatis testimonium multos assertores, multos testes habuerit, quæ a nostra humilitate statuta sunt, jugiter inconvulsa permaneant.

Sciant etiam omnes quod ipse locus, in quo monasterium constructum est, cum esset mansus ad jus nemoris pertinens, alio manso in Risehæ [Reisach] episcopatui restitutus est. Per ambitum quidem monasterii lata spatia agrorum, pratorum, sed et nemoris partem usque ad viam meridianam, quæ in transversum silvæ porrecta est, et in occidentali ponte apud Seberc terminatur, ad ipsum monasterium tradidimus, et in hoc quieti monachorum consulentes. Prævidimus enim inevitabile, ut vicinorum

C querulosis litibus non gravarentur, si eorum possessiones alienis possessionibus arctarentur. Præterea de jure nemoris ad episcopatum pertinentis, volente et rogante comite Berengero (152) cum conniventia primatum cleri et populi Babenbergensis Ecclesiæ in usum monasterii et monachorum tanquam privilegio beneficii hæc transtulimus, in præterfluenti fluvio, qui dicitur Begenz ab ejusdem nominis villa usque ad rupem, qui dicitur Gozenstein, piscationem propriam monasterio largiti sumus. Pascua animalium infra semitam, quæ a villa Begenz directa viam contingit ducentem Velden. A supradicto ponte concessione nostra libere cæduntur ligna ad ædificiorum cellæque usum, sparsim tamen, et ubi custodes nemoris monuerint ad focum vero

D ligna, quæ trabilibus operibus apta non sunt, ubicunque potuerint inveniri, nisi in locis condensioribus et latibulis ferarum. Faciendis quoque alveolis apum ubique in nemore largam licentiam dedimus.

Villæ autem, quas ips. monasterio contulimus, istæ sunt. Ipsa villa Michelvelt, Heroltesruit, Nuseze, Ruchedorf, Widelwanch, Willeberc, item Heroltisrvit, Churbendorf ex parte, Buchenbach cum parochia, Vutenloch, Ruikersberg, Birche ex parte,

(150) Ambigui hæremus, Henrico IV, an V, tribuenda sit hæc epistola, cum utrique conveniat. Quoniam vero nulla hic filii rebellis, sed Romanæ sedis mentio fit, posteriori et anno 1116 ascribimus, quo concordia iterum fuit tentata. Elucet saltem hinc augusti scriptoris insignis æstimatio de S. Ottonis prudentia.

(151) Ab ipso enim consecratus est.

(152) De Sulzbach, in pago Nordgove.

Sconenveld, Bucha ex parte, Benzenrvit, cum Riselæ, Iluwenstein qui et Gernotestein dicitur, Sigehartisruit, Urbach, Uveloch, Pileinstein, Luzenbuche, Ebersberg, Friderichesrvit, Perhartsruit, Sumerhawen, Namegast, Hophenahe ex parte, Franckenahe, Circhendorf ex parte, item Circhendorf ex parte, Artolfesprunnen, Hagenach, Godesendorf, Steinegewazzer ex parte, Rachenberc, Cimerberc, Igelsruit, Plez, Toberin, Junruit, Gozemarsberg, Pernhach, Grune, prædium Henphenvelt et parochiam cum fundo et omnibus pertinentiis suis, Swaigoltesruit ex parte, Otenberch, Snelharstesdorf, Welmesgeseze (153).

Delegavit autem eas super altare sancti Joannis vir illustrissimus comes Berengerus, quem ejusdem loci advocatum constitueramus. Affuerunt autem testes horum omnium Bucco de Culmen, Meinhart de Parchstein, Wignandus Udelscalch, Wirnt de Wolferingen, Wignandus de Wolfesbach, et fratres ejus Rapoto et Bruno, Merboto et Eppo de Ebermannesdorf, Rupertus de Bibra, Engelmar de Woldelspach et Alibero frater ejus, Poppo de Sconevelt, Baldewin de Restelbach, Eckenbertus de Tennelberc et fratres ejus Poppo, Reinolt, Volcholt de Gelhendorf, Hertuinc de Bernrvit, Rupertus de Stein, Marquart de Gunzendorf, Roho frater Ruperti (154).

Igitur ut hæc et alia quæ ipsi monasterio vel per nos collata sunt, vel postmodum a fidelibus Christi conferenda erunt, tam apostolico quam regio cum privilegio per nostram solertiam dato rata sint, et ut si quis eorum injusta usurpatione quidquam Ecclesiæ subripuerit, vel privilegia immutaverit, æterno anathemate percutiatur, et majestatis reus habeatur, sigilli nostri impressione hanc chartam de his omnibus conscriptam signamus, ut in omne ævum statuta nostra, Domino favente, corroboremus.

Anno Dominicæ Incarnationis 1119, indict. XII, II Nonas Maii, actum feliciter. Amen.

XIX.

Notitia de eadem fundatione, et collatione juris parochialis.

[Ex eodem archivo.]

Noverit, tam nostræ collegium ætatis quam successio totius posteritatis, qualiter Babenbergensis episcopus Otto cœnobium Michelveldense in honore S. Joannis evangelistæ fundaverit, et per varios reditus sumptibus suis quacunque quæsitos pro posse ac posse ditaverit. Qui etiam magnæ devotionis affectum eidem loco exhibere cupiens, ut ab omnibus comprovincialibus liberius frequentaretur, contulit ei confessionis, communionis, baptismi et sepulturæ commoditatem secundum arbitrium abbatis, annuente Regelone parochiano Veldense.

Data in fundo ejusdem ecclesiæ Michelveldensis, A præsentibus et aure tractis (155) his testibus, Eberhardo præposito et Egilberto majoris ecclesiæ decano, Sefrido capellano, Regilone, parochiano de Velden, Wernhero capellano et aliis quampluribus.

Anno Dominicæ Incarnationis 1120 (156), indictione XII, II Non. Maii, actum feliciter.

XX.

Idem Otto parochiam Michelfeldensem erigit.

[Ex archivo monasterii.]

(Anno 1121, Nov. 6.)

Notum sit omnibus Christi fidelibus, tam præsentibus quam futuris, quantum utilitatis omnibus conferat, qui in ædificandis monasteriis laborat. Et quia voluntatis nostræ est ut omnimodis quieti et prosperitati Deo servientium provideamus, maxime tamen B in illis locis decet nos eniti, ubi laboris nostri diligentia vel sumptuum necessaria aut prædiorum subsidia constant. Inter cætera autem quoniam et Michelveldensis cœnobii locus quasi quoddam insigne ad monimentum nostri laboris refulget, ob amorem ipsius quem Dominus Jesus Christus speciali prærogativa castitatis dilectionis suæ præconio fecerat dignum, eumdem locum ipsi specialiter dedicavimus. Quia autem propositi nostri est locum ipsum exaltare et amplificare in omnibus, ita videlicet, ut tam præsentibus quam supervenientibus in longinquum consulamus, ecclesiam S. Leonhardi, a quodam capellano nostro Heroldo nomine constructam ipsique monasterio adjacentem, auctoritate nostra C eidem monasterio tradidimus.

Ut autem ampliori dilectionis studio locus ipse frequentetur ab omnibus, statuimus ut omnium adjacentium villarum populi, quæ et ipsius monasterii juris sunt, in eadem ecclesia omnia Christianæ fidei instituta ab eo, cui permiserit abbas, accipiant. Ad majorem itaque firmitatem horum omnium, ne quis imposterum adversarius hæc infringere et infirmare conetur, banno firmamus, et sigilli nostri impressione signamus. Affuerunt autem testes horum omnium Heroldus canonicus majoris ecclesiæ, Wernherus de Erhinbach, Sefridus capellanus; ministeriales episcopi Ezzo de Burgelin, Stercher de Muchindorf, Eberhard de Lapide, Wolfram de Zu- D dinruit, Hadmar de Dornbach, Heinricus de Churtinruit, Hartwicus de Plez, Sigbot de Turndorf, Erchenbertus de Hanbach.

Anno Dominicæ incarn. 1121, indict. XIV, VIII Idus Novembris actum feliciter.

XXI.

Adelberti II ep. Monguntini acres litteræ ad Ottonem ob ejus absentiam a synodo.

(Anno 1122.)

ADELBERTUS Dei gratia sanctæ Moguntinæ Ecclesiæ, licet indignus et humilis, minister, OTTONI dilecto et venerabili fratri suo Babenbergensi epi-

(153) Spectant hæc ad notitiam geographicam superioris Palatinatus et veteris pagi Nordgoviæ.

(154) Hic primo in nostris chartis nobiles a locis denominati occurrunt.

(155) More Bavarico.

(156) Leg. 1119, ut supra, vel mutanda indictio.

scopo, fraternam in Domino dilectionem et orationes.

Fraternitatem vestram coram Deo et hominibus hactenus laudabiliter vixisse, et contra hæreticos tempore hujus schismatis plurimum desudasse pro Ecclesia, nulli pene dubium est. Quanto igitur zelum vestrum erga Deum et Ecclesiam ferventiorem dudum esse cognovimus, tanto magis nunc miramur, quod tamen salva fraterna charitate dicimus, vos Deo et Ecclesiæ minus devotum existere, et quodammodo refrixisse, cum jam magnum ostium nobis apertum sit recuperandæ unitatis ecclesiasticæ, cum jam bonum certamen nostrum Domino cooperante pervenerit ad finem, et nunc quammaxime nobis et omnibus orthodoxis summopere satagendum sit, ut quod dudum a nobis est incohatum bene, votivum in Dei nomine sortiatur effectum.

Dilectioni vestræ pridem significavimus ut sanctæ apostolicæ sædis legato et fratribus nostris coepiscopis vestris, ac cæteris catholicis principibus in loco, qui dicitur Plefeld, occurrere velletis, et Wirzeburgensis episcopi (157) una nobiscum interesse ordinationi. Ad quam utique prompto et alacri animo etiam non rogatus venire debueratis, non solum quia coepiscopus, sed etiam quia concivis vester est et jure propinquitatis ipsum quodammodo familiarius et specialius diligere debetis. Sed quia venire neglexistis, dominus cardinalis usque ad satisfactionem a divino officio cæteris consentientibus vos suspendere voluit. Nos autem pro singulari amore et reverentia veriti ne quid durius contra vos diffiniri deberet, vix obtinuimus.

Nunc itaque fraternitatem vestram rogamus, et ex auctoritate domini papæ et apostolicæ sedis legati et nostra præcipimus, ut universali concilio in Navitate sanctæ Dei Genitricis Moguntiæ (158) celebrando omni amputata occasione vestram exhibeatis præsentiam, ut ibi et domini papæ legationem cognoscatis, et de statu Ecclesiæ una nobiscum in commune consulatis. Si qui vero episcoporum huic sancto concilio interesse neglexerint, sciant se ex auctoritate domini papæ et apostolicæ sedis legati et totius concilii synodali sententia, qua hujusmodi præsumptores feriendi sunt modis omnibus subjacere.

XXII.

S. Ottonis ep. Bamberg. charta fundationis monasterii Uraugiensis (158*).

(Anno 1122.)

C. ego Otto sola Dei omnipotentis gratia Sanctæ Babenbergensis Ecclesiæ humilis episcopus omnibus in Christo fidelibus cupio fore notum qualiter intuitu divinæ contemplationis, in propitiationem peccatorum meorum atque in memoriam Heinrici benigni quondam imperatoris cujus eleemosynæ dispensatorem a Deo ordinatum me profiteor, nec non in remedium et salutem omnium successorum meorum, in loco illo, qui Uraugia nuncupatur, sancto Laurentio monasterium construere incœpi, quod, annuente divina gratia consummavi, consecravi, et in auxiliare patrocinium sanctorum dedicavi, bonis immobilibus dotavi, deinde etiam aliis emolumentis dilatavi, quosdam Deo famulantes illuc congregavi, iis etiam et eorum in divino obsequio successoribus pro perpetua sustentatione de necessariis prospexi, postmodum etiam auctoritate pontificali corroboravi.

Et quoniam anno Dominicæ Incarnationis 1108 episcopatus vero nostri anno VI, accedente imprimis cleri nostri et aliorum fidelium nostrorum consensu simul et consilio, illud ædificium inchoatum, anno quinto postmodo ad fastigia perductum, nec non in honorem sanctorum martyrum Laurentii et Georgii solemniter, ut prædicitur, dedicatum, per manum Starcheri advocati juxta decentiam ditavi, ad reliquias etiam eorumdem sanctorum martyrum quasdam ecclesiolas, villas, agros, silvas, pascua, aquas aquarumve decursus, vineas, homines, et alias prorsus omnes utilitates, quæ ad prædictum castellum seu vero curtim hactenus pertinere videbantur, delegavi, quæ inquam curtis quondam late celebrata, ædificiis etiam et fortaliciis sic est constructa, quod Ernustus dux Orientalis Franciæ commorans in valido castello ibidem, prout ex signis apparenter adhuc cognoscitur (159) cum suis familiaribus residentiam fecerit ibidem, cujus parentela usque modo nondum defecit.

Ne igitur hæc traditio unquam a successoribus nostris pro damnosa, aut ab alia qualibet persona per invidiam (quod absit!) impretiata pro iniqua quomodolibet reputari valeat, sane nos illam curtem cum prædiis suis attinentibus, quorum annui proventus annuatim soli hoc tempore septem libras in reditibus exponere consueverunt, multo meliore concambio restauravimus. Siquidem castellum Albinstein cum omnibus pertinentiis suis magno labore comparatum, et curtem eidem proxime adjacentem, quæ Hovestat dicitur, ecclesiæ nostræ in proprium inde contulimus et tradidimus; atque sic hoc concambium firma stipulatione, imo etiam scripti consensus apostolici et imperialis munimine fecimus corroborari. Insuper etiam propria quædam dona de stipendio nostro comparata eidem monasterio sine contradictione cujuslibet hominis, communi suffragio juris gentium attitulante delegavimus, atque pro sustentatione hujus monasticæ congregationis perpetuo servitio mancipavimus.

(157) Ruggeri scilicet a 1122.

(158) Wormatiæ dein habito a. 1122.

(158*) Exstant ex Frisio in Hist. Ep. Wirceb. prob. n. 29, vernacule, quas nunc ex libro Salico Trimpergensi in idiomate originali damus.

(159) *Nota collectoris.* Hæc signa hodiedum conspiciuntur, et sunt arcus varii et pinnæ, quæ atrium antiquum ecclesiæ et nunc cœmeterium Uraugiense ex una parte cingunt. Supersunt etiam alia monumenta, lapides enormes, pelves, arcus cum liliis et aquilis, quorum plures accurate delineavimus; quæ omnia ab antiquitatum gnaris tutissime ad sæc. X referuntur.

Quapropter omnes nostri ordinis successores generatim et eorum quemlibet specialim, per excelsum nomen Domini Zebaot, et per virtutem eidem sancto Petro a Deo concessam, nec non et per victoriam sanctorum Laurentii et Georgii humiliter exoramus, quatenus huic nostræ intentioni prorsus et omnimode se conformare, et eumdem locum paterna benivolentia protegere, pauperibus etiam Christi inibi habitantibus manum auxiliarem patrocinii porrigere velint, ut in iis omnibus fructum sempiternæ retributionis ex hoc opere nobiscum participare mereantur id quod tribuere dignetur, cujus regnum et majestas jugiter perennat a sæculis in sæcula.

Testes hujus sunt Everhardus præpositus, Egilwardus decanus, Thammo [Thaimo] præpositus, Udalricus custos, Dudo scholasticus, Ruschelin, Volmar, Heriman. Laici, Arnold de Cunstat et frater ejus Werenzo Ratlac et filius ejus Migger. Gundelacus de Obirsteineveld, Henricus de Weida, Adalbero de Wiselach, et alii quamplures.

Actum Babenberc anno Domini 1122, indictione XV, regnante Heinrico juniore.

XXIII.

Ottonis episcopi traditio ad monasterium S. Michaelis.
(Ante an. 1123.)
[*Ex diplomatario monasterii.*]

In nomine sanctæ et individuæ Trinitatis. Otto Dei gratia episcopus.

Quia facile res in oblivionem ducuntur, quorum origo nescitur, debet earum series litteris imprimi, ne per succedentia tempora ipsarum memoria mentibus hominum possit elabi. Quapropter præsentis chartæ pagina omnibus, tam præsentibus quam futuris, significare volumus qualiter prædium in Altenholfeld de manu Adeloldi Walpotonis in ditionem nostram cesserit, vel in quos usus a nobis deputatum sit, ne per ignorantiam rei gestæ liceat cuiquam in posterum vel aliud hinc æstimare, vel minus forsitan utiliter aliquid inde disponere. Udalricus Walpoto cum exigentibus culpis suis anathematis vinculo innodari meruisset, in brevi exhinc sub ipsa excommunicatione præsentem vitam finivit: qui, cum adhuc viveret, cum fratre suo Adeloldo disposuerat ut de bonis suis pro remedio animæ suæ ad cœnobium Sancti Michaelis in montem daretur prædium Damesdorf, ubi ecclesia sita est, atque molendinum cum aliis duobus mansis in Dalenvelt, ut post obitum suum sepulturam ibidem ipse consequeretur, et fratres devotius in communicatione orationum et eleemosynarum suarum ejus memoriam haberent.

Defunctus autem cum propter excommunicationis sententiam sepeliri non permitteretur, frater ejus Adeloldus nos adiit, et accepto consilio prædium Altenholfeld libero et absoluto jure possidendum nobis tradidit, quatenus et sibi beneficium fratris eidem mortuo fratri sepulturam soluto banni vinculo impetraret. Obtinuit ergo quod voluit, sed a mona-

A sterio Sancti Michaelis oblationem, quam frater disposuerat, subtrahere sibi retinuit. Nos autem prædium nobis traditum possessivo jure sub potestatem et dominium nostrum redegimus, et habita postmodum deliberatione ad altare Sancti Michaelis sine omni contradictione donavimus, ut lumen unum continuum perpetuo exinde habeatur ibi, ut et nobis lumen perenne Dominus cum sanctis suis concedere dignetur. Sane curam et defensionem ipsius allodii Walthero de Streitberg ea conditione commisimus, ut non advocati jure sed defensoris pietate rusticis præemineat, nulla eos vi opprimendo aut iniqua exactione lædendo. Testes hujus rei sunt Eberhardus præpositus, Egilbertus decanus, Udalricus custos, Tuto scholasticus, Reginboto comes, Sterkerus
B comes, Arnoldus de Chunstatt, Ezzo de Willhalmerstorf, Billinc de Memenstorf, et alii multi.

XXIV.

(160) *Callisti II PP. litteræ ad Ottonem Bamberg. ep. quibus monasteria ab ipso constructa confirmat.*

(Anno 1123, April. 3.)

Callistus episcopus . . . venerabili fratri Ottoni Babenbergensi episcopo S. et A. B.

Bonis fratrum nostrorum studiis non solum favere, sed ad ea ipsorum etiam debemus animos incitare. Tuis igitur reverendissime [*al.* charissime] et venerabilis frater Otto Babenbergensis episcope, supplicationibus inclinati monasteria sancti Joannis Baptistæ in Regnisdorf, sancti Joannis evangelistæ in Miche-
C linvelt, Sancti Jacobi in Entisdorf, Sancti Laurentii martyris in Vrowa, Sancti Georgii martyris in Bruviningen, quæ ipse propriis sumptibus construxisti, et Babenbergensi Ecclesiæ conferens apostolicæ sedis roborari munimine quæsivisti, in beati Petri ejusque Romanæ ecclesiæ protectione suscipimus contra pravorum hominum nequitiam defensanda. Statuimus enim ut possessiones, prædia et omnia bona, quæ et fraternitas tua eisdem monasteriis divini amoris intuitu contulit, quæque aliorum fidelium justa oblatione concessa sunt, aut in futurum juste legaliterve acquiri vel offerri contigerit, firma eis et illibata Domino auctore permaneant. Ordinationes sane abbatum vel monachorum suorum a catholicis episcopis diœcesanis accipiant. Rerum vero
D ipsorum monasteriorum curam et administrationem in tua tuorumque successorum potestate manere censemus.

Nulli itaque hominum facultas sit eadem monasteria temere perturbare, aut eorum possessiones auferre vel ablatas retinere, minuere, vel temerariis vexationibus fatigare, sed omnia integre conserventur eorum, pro quorum sustentatione et gubernatione concessa sunt, usibus omnimodis profutura. Si qua igitur ecclesiastica sæcularisve persona etc.

Scriptum per manum Gervasii scriniarii regionarii et notarii sacri palatii.

Datum Laterani per manum Hugonis sanctæ Ro-

(160) Ex archivo monast. Michelfeld. Sed apud Ludewig Script. Bamb., p. 427, mancæ.

manæ Ecclesiæ subdiaconi, III non. April, indict. I, Incarn. Dnicæ an. 1123, pontificatus autem Dni Calixti sedi pp. anno quinto.

XXV.

S. Ottonis Bamb. ep. epistola encyclica ad abbates et præpositos monasteriorum, quæ ipse aut fundavit aut restituit, quos ad officium suum exsequendum cohortatur.

(Circa an. 1123.)

Otto Dei gratia Babebergensis Ecclesiæ minister humilis, venerabili fratri Wulframo abbati cœnobii S. Michaelis, Wigando Tharisiensi, Baldewino Banzensi, Eggehardo Uraugiensi, Imbriconi Michelveldensi, Walchuno de Enthisdorf, Eriboni de Pruveningen, Friderico de Gengenbach, Eberhardo Scuturensi, Ottoni Steinensi, Lingerio [seu Liugero] de Regenstorf, Ingramo de Arnolstein, præposito de Clunicken, præposito de Hosterhoven, et omnibus sub ipsis pie conversantibus, salutem et perseverantem in Dei voluntate famulatum.

Cum primum curæ pastoralis regimem, quamvis indigni, suscepimus, monasteria Ecclesiæ nostræ subdita qualiter in monastica religione disposita essent, diligenter attendimus, sed omnia a disciplinæ suæ rigore nimis resoluta invenimus. Quod moleste ferentes ac dispensationi nostræ incautum existimantes, diu multumque laboravimus fusis ad Deum precibus, ut per divinam providentiam, quæ in sui dispositione non fallitur, hoc mutaretur in melius. Tandem Deus virtutum, cujus est totum quod est optimum, vota respiciens humilium, in omnibus monasteriis nostris religionis præstitit augmentum, quia vos gregi suo pastores idoneos elegit, ac fratrum vestrorum numerum in sancta conversatione multiplicavit; quod in vicino S. Michaelis monte ostenditur, quia dum non plus quam viginti fratres et eosdem sub tenui disciplina invenimus, jam Deo gratias plus quam septuaginta ibi cernimus, absque his qui honeste conversantur extrinsecus. Unde nos non mediocriter lætificati omnes vos prælatos ac subditos in charitate sancta appellamus, omnium pedibus humiliati in Deo et propter Deum obsecrantes, ut digne ambuletis vocatione qua vocati estis, et religionis vestræ ac spiritualis disciplinæ rigorem alii succedentes aliis hæreditario jure in longitudinem dierum conservetis.

In memoriam igitur tam salubris exhortationis addimus decretum nostræ episcopalis confirmationis dirigendum, transcribendum, relegendum singulis monasteriis; monasticæ religionis spiritualem militiam Deo placitam, hominibus acceptam, celebrem angelis, terribilem hostibus, ut jam per omnia cænobia nostra sub auctoritate Spiritus sancti renovavimus, instituimus, sic deinceps integram illibatamque perseverare, sancimus atque decernimus, commendantes eam sub testimonio Christi et Ecclesiæ vobis electis rectoribus ac dilectis fratribus, per A vos nihilominus commendandum omnibus vestris successoribus.

De cætero in nomine Domini vobis benedicimus; testis enim mihi est Deus quomodo cupiam omnes vos in Christi visceribus. Amen (161).

XXVI.

Boleslai III Poloniæ ducis litteræ, quibus S. Ottonem Bamberg. ad conversionem Pomeraniæ invitat.

(Circa ann. 1123.)

[*Anselmus Meiller in Vita S. Ottonis, p. 106.*]

Domino suo et Patri amantissimo Ottoni venerabili episcopo, Bolezlaus dux Polonorum filialis obsequii humilem devotionem.

B Quia in diebus juventutis tuæ apud patrem meum decentissima te honestate conversatum memini, et nunc quoque Dominus tecum est, firmans te et benedicens tibi in omnibus viis tuis, si tuæ non displicet dignitati, veteres tecum renovare animo sedet amicitias, tuoque consilio simul et auxilio uti ad Dei gloriam promovendam ipsius gratia coadjuvante.

Nosti enim, ut arbitror, quomodo Pomeranorum cruda barbaries non mea quidem, sed Dei virtute humiliata sociari Ecclesiæ per baptismi lavacrum, seque admitti petivit. Sed ecce per triennium laboro, quod nullum episcoporum vel sacerdotum idoneorum mihique affinium ad hoc opus inducere queo. Unde quia tua sanctitas ad omne opus bonum prompta et indefessa prædicatur, rogamus, Pater aman- C tissime, non te pigeat, nostro comitante servitio, pro Dei gloria tuæque beatitudinis incremento id laboris assumere. Sed et ego tuæ paternitatis devotus famulus impensas omnes et socios itinerum et linguæ interpretes et coadjutores presbyteros, et quæcunque necessaria fuerint, præbebo. Tu tantum, sanctissime Pater, venire dignare.

XXVII.

Callixtus II PP. omnia instituta S. Ottonis confirmat.

(Anno 1124, April. 13.)

Callixtus . . . venerabili fratri Ottoni Babebergensi episcopo. . . .

Sanctorum Patrum præceptis et canonicis sanctionibus demonstratur, quod prædia et possessio- D nes ecclesiarum, quæ vota fidelium, pretia peccatorum et pauperum patrimonia non immerito nuncupantur, vendi vel alienari non debeant. Quæ enim divinæ majestatis obsequio et cœlestium secretorum usui sunt dicata, non decet in alienum jus redigi et in alterius servitii formam transmutare. Nempe ut beati Symmachi verbis loquamur, possessiones, quas unusquisque Ecclesiæ proprio dedit aut reliquit arbitrio, alienari quibuslibet titulis aut distractionibus vel sub quocunque argumento non patimur.

Ea propter nos tuis justis postulationibus annuentes, mansos, qui episcopalis mensæ tuæ servitio

(161) De hac epistola et ejus epocha disseruimus in Ottonis Vita, § LXV.

dediti sunt, in eodem statu, in quo bene a te dispositi cognoscuntur, futuris temporibus permanere præsentis scripti nostri confirmatione sancimus, statuentes ut nulli successorum tuorum vel alicui hominum liceat eos vendere, sive in laicorum beneficium tradere, aut in usus alios commutare; sed sicut a te dispositum est, de unoquoque prædictorum mansorum denarius unus annis singulis Babebergensi Ecclesiæ pro anima imperatoris Henrici fundatoris ejus ad concinnanda luminaria conferatur. Abbatias vero et regulares canonias per industriam tuam in religionis ordine stabilitas, et alia a te recte constituta nulli hominum facultas sit in posterum immutare. Si quis autem contra hanc nostram confirmationem venire temerario ausu præsumpserit, excommunicationis vinculo subjaceat.

Data Laterani Idib. Aprilis, indictione secunda.

XXVIII.

(161*) *Narratio de S. Ottonis Bamb. ep. apostolatu in Pomerania.*

(Anno 1124.)

Anno Dominicæ Incarnationis millesimo centesimo vicesimo quarto, indictione secunda, Callixto papa secundo Romanæ sedi præsidente, Otto Dei gratia Babenbergensis Ecclesiæ octavus episcopus, igne divini amoris succensus, et prædicti apostolici auctoritate assensuque roboratus partes Pommeranorum paganorum cum quibusdam civitatibus terræ Lutitiæ aggressus est, ut eos ab errore gentilitatis revocaret, et ad viam veritatis agnitionemque Christi filii Dei perduceret, quibus Domino opitulante conversis et baptizatis ecclesias construxit et consecravit.

Deinde juxta SS. Patrum instituta hæc eos servare docuit, scilicet, ut sexta feria abstineant a carne et lacte more Christianorum, Dominico die vacent ab omni opere malo, et ad ecclesiam divinum officium audituri veniant, ibique orationibus studiosi insistant, solemnitates Sanctorum cum vigiliis secundum quod eis indicatum fuerit omni diligentia observent, sacrosanctam Quadragesimam jejuniis, vigiliis, eleemosynis et orationibus diligentissime observare studeant, infantes suos in sancto Sabbato Paschæ et Pentecostes cum candelis et cappa, quæ dicitur vestis candida, et patrinis comitantibus ad baptismum deferant, eosque veste innocentiæ indutos per singulos dies usque in diem octavam ejusdem Sabbati ad ecclesiam deferant, et celebrationi divini officii interesse satagant.

Hoc etiam districta redargutione prohibuit ne filias suas necarent, nam hoc nefas maxime inter eos vigebat, ne etiam filios suos aut filias ad baptismum teneant, sed sibi patrinos quærant, patrinis etiam fidem et amicitiam ut carnalibus parentibus servent. Interdixit etiam ne quis commatrem suam ducat in uxorem, neque propriam cognatam suam usque in sextam et septimam generationem, et unusquisque contentus sit una uxore, ne sepeliant mortuos Christianos inter paganos in silvis aut in campis, sed in cœmeteriis, sicut mos est omnium Christianorum, ne fustes ad eorum sepulcra ponant, omnem ritum et pravitatem paganismi abjiciant, domos idolorum non construant, pythonissas non adeant, sortilegi non sint, ne quid etiam immundum comedant, non morticinum, non suffocatum, non idolothytum, neque sanguinem animalium; ne communicent paganis, ne cibum aut potum cum eis aut in vasculis eorum sumant, ne in his omnibus consuetudinem paganismi repetant.

Injunxit etiam eis ut dum sani sint, veniant ad sacerdotes Ecclesiæ, et confiteantur peccata sua; in infirmitate autem vocent ad se presbyteros, ac pura confessione expiati corpus Domini accipiant. Instituit etiam ut de perjuriis, de adulteriis, de homicidiis et cæteris de criminalibus secundum canonica instituta pœnitentiam agant, et in omni Christiana religione et observatione obedientes sint, et ut mulieres post partum ad ecclesiam veniant, et benedictionem a sacerdote, ut mos est, accipiant.

XXIX.

S. Otto confirmat donationem Michelfeldensi cœnobio factam.

(Anno 1125, Martio.)

[*Ex archivo monasterii.*]

Notum sit omnibus scire volentibus, qualiter Karolus de Smalenahe super altare Sancti Joannis evangelistæ Michelfeldensi cœnobio mansum cum molendino in quodam municipio See nuncupato, quod allodium, quia ipse primus inter laicos hunc locum dotavit, sibique sepulturam inibi procuravit, banni obligatione Otto episcopus Bambergensis eidem cœnobio stabilivit, sigillique sui impressione munivit ipsa die qua ipsum per se corpus illius inibi sepulturæ tradidit (162). Hujus rei testes sunt Ezzo de Burgeline, Starcher de Mutechendorf, Wolfram de Zudenruit, Hademar de Dornbach, Sigeboto de Turndorf, Erchenbrecht de Hannebach, Gelphrad de Chungesteine.

XXX.

Litteræ quorumdam episcoporum et principum, quibus S. Ottonem ad novum regem Heinrico substituendum invitant.

(Anno 1125.)

Adalbertus Moguntinus, Fridericus Coloniensis, Udalricus Constantiensis, Bucco Wormatiensis, Arnoldus Spirensis per Dei misericordiam archiepiscopi et episcopi; Udalricus Fuldensis abbas; Henricus quoque dux [Bavariæ], Fridericus dux [Sueviæ], Godefridus Palatinus comes, Berengerus comes de Sulzbach, et cæteri utriusque professionis principes, qui exsequiis imperatoris intererant, venerabili fratri Ottoni episcopo, hinc fraternas in Christo

(161*) Conf. Ursperg. Chron. ad a. 1125 et supra in Vita.

(162) Otto tunc et Pomerania redux in monasterio Michelfeld substitit. Consule Vitam.

orationes, inde fidelissimum devotæ servitutis obsequium.

Postquam domnus imperator viam universæ carnis ingressus est, et nos exsequias ejus cum justa devotione et reverentia complevimus, ipse ordo rei et temporis qualitas exigere videbatur ut de statu et pace regni aliquid conferremus, si non abesset præsentiæ vestræ consilium et aliorum principum, tanto negotio utile et pernecessarium. Quam exspectare quia grave erat et difficile, sedit omnium nostrum sententia, si vestræ tantum non displicet concordiæ, curiam in festo beati Bartholomæi apud Moguntiam celebrare, et ibidem convenientibus principibus de statu et successore regni ac negotiis necessariis, prout Spiritus sanctus aspiraverit, ordinare (163).

Nullum tamen præjudicium deliberationi et voluntati vestræ facientes, nihil nobis singulare ac privatum in hac re usurpamus, quin potius discretioni vestræ hoc apprime intimatum esse cupimus, quatenus memor oppressionis, qua Ecclesia cum universo regno usque modo laboravit, dispositionis divinæ providentiam invocetis, ut in substitutione alterius personæ sic Ecclesiæ suæ et regno provideat, quod tanto servitutis jugo amodo careat, et suis legibus uti liceat, nosque omnes cum subjecta plebe temporali perfruamur tranquillitate. Contestamur etiam dilectionem vestram, ut pacem credito vobis cœlitus populo infra præscriptum curiæ terminum et ultra ad quatuor hebdomades ordinetis, quatenus omnibus tutior fiat concursus ac reditus, et ut curialiter, more videlicet antiquorum principum, cum propria impensa neminem pauperum lædentes conveniatis.

XXXI.

Adalberti Moguntini litteræ, quibus Ottonem Bamb. ad synodum vocat.

(Circa an. 1125.)

Adelbertus sanctæ Moguntinæ ecclesiæ humilis minister et apostolicæ sedis legatus, venerabili et in Christo dilecto fratri et coepiscopo, domno Ottoni, salutem et obsequium fraternæ dilectionis.

Tribulationes et destructiones Herbipolensis Ecclesiæ quæ et quantæ sint, quandiu duraverint, jam dudum discretioni vestræ innotuit, quæ usque adeo multiplicatæ sunt, nisi in brevi eis provideat omnipotens et misericors Dominus, quod in proximo Ecclesia illa omnimodis annihilabitur. Unde si facultas suppeteret, vestræ fraternitatis præsentiam et consilium potissimum desideraremus convenire, et de ipsius reformanda pace et religione, quantum divina misericordia concedet, sollicitius pertractare.

Siquidem fratrum, qui nobiscum sunt, et quos præsentialiter vel per litteras nostras convenire potuimus, tale est consilium. Quoniam venerabilis frater et coepiscopus noster Rogerus (164) viam universæ carnis ingressus est, in hoc Ecclesiæ illi provideamus, ut promovendo fratrem illum Gebehardum dispersa illius Ecclesiæ dispensatorie potius recolligamus, quam alium super imponendo graviter quidem dispersa funditus exstirpare permittamus.

Quocirca fraterna vos commonemus charitate, ut præsentiam vestram conventui fratrum nostrorum, quos in idipsum convocavimus, in proximo festo B. Lucæ (165) velitis repræsentare, vel si id minime valueritis, adimplere consilio quod Spiritus sanctus vobis dictaverit, consensus vestri litteras non differatis transmittere. Valete, et in orationibus vestris nostri memoriam facite (166).

XXXII.

Ottonis ep. Bamberg. litteræ de restauratione monasterii Banthensis.

(Anno 1127.)

[*Ex archivo Banth. et Vinar.*]

In nomine sanctæ et individuæ Trinitatis, Otto humilis sanctæ Babenbergensis Ecclesiæ episcopus octavus. Quia summus et essentialiter bonus pastor curam sancti ovilis sui committere dignatus est humilitati nostræ, pervigili corde debemus amare, fovere et augere profectum spiritualis vitæ, et in hoc ipsum vota fidelium verbo et exemplo informare et adjuvare. Ecclesiam igitur monasticæ professionis, quam in Bantzensi castro fundavit et ædificavit felicis memoriæ Alberad comitissa (167) pro redemptione animæ suæ et omnium suorum, et domino meo beato Petro in hoc Babenbergensi loco cum omnibus prædiis suis per manum mundiburdi sui Hermanni marchionis delegavit, negligentia prælatorum suorum spiritualibus et temporalibus bonis desolatam paterna gratia respeximus, eamque innovare et in ecclesiasticum statum erigere omnimodis intendimus. Et ne in vacuum denuo curreret intentio bonæ voluntatis nostræ, Baldewinum virum probabilem et omnibus bonis convenientem abbatem inibi ordinavimus, adjunctis ei viris fidelibus et religiosis. Ipsam vero ecclesiam anno Dominicæ Incarnationis millesimo cente-

(163) Hic aliquam speciem capitulationis deprehendisse me arbitror.

(164) An. 1125, vid. Episcop. Wirceb. p. 60.

(165) Nulla alicubi hujus synodi, ut videtur, omissæ mentio.

(166) Ibidem p. 307 legitur alia Ottonis nostri citatio ad synodum Mogunt. in causa Ottonis Halberstadensis episcopi, qui miserum suum statum Ottoni nostro per litteras suas exposuerat, ejus auxilium efflagitans; qui tamen impedire non potuit quominus iste ob Simoniam postea depositus fuerit, uti l. c. memoratur.

(167) Primam hujus monasterii originem alibi (Hist. Wirceb. p. 510.) ad annum 1058 revocavimus, ab Alberada comitissa jam vidua incœptam et una cum altero marito Hermanno marchione Vohburgensi a. 1069 absolutam. Qui nostram Wirceburg. episcopatus historiam recensuit (Ien. litt. Zeit. a. 1795. B. III. p. 658.), Alberadam filiam dicit Ottonis marchionis de Schwinfurt, qui a. 1048 etiam dux Sueviæ fuit; primum vero maritum ei tribuit Henricum de Landsberg ex Bavaria, qua fide, ipse silet. Vid. supra n. 40.

simo decimo quarto, indictione septima, undecimo Kalendas Octobris solemniter dedicavimus in honore beati Petri principis apostolorum et magni pretiosique martyris Dionysii.

Ipsa die secundum tenorem testamenti sui et fidem antiquæ traditionis, consilio et testimonio piorum et ministerialium nostrorum, eidem Ecclesiæ omnia bona sua computavimus, assignavimus et confirmavimus, videlicet Muggeburg cum omnibus pertinentiis suis, mobilibus et immobilibus, villis, pratis, silvis, pascuis, viis et inviis, exitibus et reditibus, et totum Bantzgowe quod inter Itesam et Moyam situm est, cum villis, silvis et terminis suis, exceptis prædiis et beneficiis ministerialium, et excepto monte Stekkiltze et prædio Grodeze cum pertinentiis suis, et foresto Bantzensi, in quo tamen habet abbas ejusdem loci cædendi et pascendi liberam facultatem. Quæcunque igitur bona ipsius ecclesiæ infra terminos Muggeburgensis prædii vel in aliqua parte possessionis ejus injustis beneficiis, imo prædatoriis permissionibus, aliqua occasione vel ingenio a ministerialibus nostris vel ab aliis hominibus usurpata et distracta fuerunt, solerti cura et frequentibus expensis ei recognosci et restitui effecimus, omnemque possessionem ejus vel in locis descriptis vel in Volckaba et in Cloden, vel ubicunque sitam, utpote sortem Domini, divino banno ab aliorum invasione munivimus.

Succedente quoque tempore considerantes, præfatum montem Stekkiltze importunis et malis hominibus in præsidium vesaniæ suæ congruentem, prospicientes futuræ securitati sub privilegio et testibus idoneis ipsi ecclesiæ in perpetuam possessionem redonavimus anno Dominicæ Incarnationis millesimo centesimo vigesimo septimo, indictione quinta, regnante gloriosissimo imperatore Lothario. Hujus rei testes sunt Eberhardus præpositus major, Egilbertus decanus, Tuto magister scholarum, Eberhardus, Uodalricus, Reginboto comes, Stercker comes, Babo, Thiemo, Arnolt, Starker, Luipolt, Liupolt et alii multi de clero et populo. Hoc autem pactum cum abbate stabiliter inivimus, ut neque per eum neque per aliquem successorum ejus venditione, concambio vel beneficio in aliam transeat personam. Ipsi quoque et successoribus ejus auctoritate Dei et nostra hoc mandatum et consilium dedimus, ut de prædiis in præsentiarum habitis, vel in futuro ex oblatione fidelium vel aliquo eventu acquirendis nulli beneficium concedatur, nisi ratione majoris emolumenti; præter hæreditaria beneficia fidelium suorum, quæ etiam pro opportunitate personæ et temporis redimere et expedire laborent.

His ita compositis cum eadem plantatio fidelium Christi nostra opera et industria abbatis sui divinis et humanis proficeret incrementis, annua advocatorum servitia, quæ ex paterna hæreditate illis statuta dicebantur de fratrum cellario, non sine magno familiaris rei detrimento persolvebantur. Quapropter petente ipso venerabili abbate a comite Rapotone, qui eo tempore advocatus ejus erat, hoc obtinuimus, ut omne jus suum, quod sibi de ipsa abbatia deberi affirmabat, in manus nostras remitteret, et hoc ei in stabile beneficium concessimus, ut annuatim duo talenta ab ejusdem loci abbate pro debito totius servitii ipsi ejusque hæredibus persolvantur. Hæc omnia successoribus et filiis nostris in perpetuum memoriale insinuamus et commendamus, ut sciant et recogitent quod pro fide et merito fundatorum suorum exemplo nostræ humilitatis Bantzensi Ecclesiæ debeant prodesse et præesse speciali gratia, salvo privilegio libertatis ejus in canonica electione prælati sui.

Et ut hæc omnia rata et inviolata permaneant, et ea nemo temerarius infringat, chartam hanc inde jussimus conscribi et sigillo nostro roborari, anathematizantes et banno episcopali obligantes omnes qui in ea traditorum vel confirmatorum violatores exstiterint. Conventionis autem nostræ cum advocato hi testes sunt, Egilbertus decanus, Tuto magister scholarum, Uodalricus custos, Gerunck decanus de Tuirstat., Stercker comes, Reginboto comes, Helmrich, Adelbero, Poppo, Diepolt, Arnolt, Rinmunt, Gotefrit, et alii multi de clero et populo Babenbergensi.

XXXIII.

Wigandi Tharisiensis abbatis litteræ, quibus S. Ottonem ad reditum e Pomerania hortatur.

(Anno 1127.)

Domino et Patri charissimo pio Ottoni, episcopo ac gentis Pomeraniæ apostolo, Wigandus Tharisiensis cœnobii provisor indignus, dignum in omnibus servitium et orationum spirituale debitum.

Benedictus Deus, Pater misericordiarum, Pater luminum, qui ex utero formans vos servum sibi dedit in lucem gentium, ut salus ejus in extremis terræ per vos annuntiaretur, ac lumine fidei tenebrosa gentilium corda irradiarentur. Unde mater Ecclesia novo filiorum augmento digne lætatur, dum per ministerium vestrum multa millia barbaræ nationis sacro baptismate renascuntur, et abjecta idolorum cultura, destructis delubris, reædificatis ecclesiis verus Deus adoratur et colitur.

Ergo post Evangelium alienis annuntiatum, post tanti ministerii opus consummatum, jam ad proprias oves reverlenti pastori grex omnis lætabundus occurrit, clerus cum populo, ac singulari gaudio monachorum processio Patrem suum suscipit, concinens in jubilo cordis et voce exsultationis: *Revertere, revertere, Sunamitis, revertere, revertere ut intueamur te* (*Cant.* VI). Ego autem horum omnium minimus, sed fidei- et dilectionis integritate nulli secundus, circa festum S. Mauritii in Saxoniam veni, sperans optatissimum adventum domini mei, ut primus susciperem, quem novissimus deduxi. Sed redeunte nuntio vestro spe exspectationis meæ frustratus, multum autem de certo reditu vestro lætificatus, quod corporali præsentia non potui, in spiritu humilitatis dominum meum primus salutare studui, dicens non sono tantum oris, sed flagrantissimo etiam jubilo cordis :

Salve, magne Pater, dic libere, dic reverenter,
Dic rogo versifice, inclite præsul ave.
Exspectate redis populi spes, optio cleri,
Digne dator legis, certa medela gregis.

Nolumus ergo vos ignorare, Pater sanctissime, quia ex quo recessistis, semper imminebat nobis dies angustiæ et tribulationis. Tyrannus enim Conradus (168) toto pene anno in castello Nurnbergensi moratus bona episcopatus sibi vicina devastavit, de redditibus vestris frumentum ex parte abstulit, censum sibi persolvi statuit, villicum de Rustall bis captivatum omnibus rebus suis dispoliavit. Insuper urbem Babenberg callida machinatione, ut fertur, apprehendere studuit, sed Deo gratias iniquitas ejus nequaquam prævaluit. Ego enim et Conradus custos de dispensatione nobis credita solliciti, civitati præsidia et custodes cum cæteris fidelibus vestris deputavimus, militibus, prout opus erat, stipendia erogavimus, reliqua omnia quæ commisistis diligenter procuravimus.

Inter Hermannum et Fridericum maxima guerra habetur, insidiæ diversæ altrinsecus tenduntur, rapinæ rapinis, incendia incendiis redduntur; inter quæ villa subjacens Lapidi Botonis [Botenstein] cum ecclesia combusta est. Fridericus quadam nocte munitionem Niestein cum militibus suis clam ingressus viriliter agere cœpit. Sed qui in arce erant, missis jaculis et jactis lapidibus unum de suis occiderunt, plures vulneraverunt, sicque infecto negotio vix cum suis omnibus evasit. Præterea per totam provinciam multa mala grassantur, rapinis incendiis omnia vastantur. Ergo tot malis, tot miseriis, finem facere sperantes adventum vestrum clamamus singuli, clamamus omnes : Veni, domine, veni, festina, ne tardaveris, adveni desiderabilis, quem exspectabamus in tot tribulationum tenebris.

Reliquus rerum vestrarum status in Bavaria et Saxonia satis prospere agitur. De negotio autem mihi specialiter injuncto paternitatem vestram scire volo, quia cuprum ad septingentos et eo amplius centenarios comparavimus, ex quibus trecentos maxima difficultate usque Smalchalten perduximus, et jam viribus exhausti manum auxilii vestri ardenti desiderio præstolamur, ac exoptatissimum omni regno sanctitatis vestræ reditum vix exspectamus.

XXXIV.

Adalberti II ep. Mog. epistola ad Ottonem Bamb. de excommunicatione Conradi invasoris regni a. 1127 facta.

(Circa an. 1127.)

Adelbertus Dei gratia Moguntinus archiepiscopus et apostolicæ sedis legatus, venerabili fratri Ottoni Babebergensi episcopo, salutem in Domino.

A Excommunicationem, quam communicato fratrum et principum consilio in invasorem regni fecimus, jam dudum fraternitati vestræ per litteras nostras significavimus. Sed quia dubitamus utrum ad vos pervenerint litteræ, audivimus enim quod ecclesia vestra velit eas ignorare, mittimus iterum præsentes apices monentes, ut quod fecimus nos, et vos faciatis, et per omnes ecclesias vestras ipsum iniquitatis auctorem cum fautoribus suis a communione Christiana et omni divino officio arceri præcipiatis (169).

XXXV.

Conradi archiep. Salzburg. litteræ ad Ottonem et canonicos Bambergenses de eorum decano in patriarcham Aquileiensem electo.

(Anno 1128.)

B Venerabili fratri O.[TTONI] Babenbergensis Ecclesiæ episcopo, C. [ONRADUS] Salzburgensis Ecclesiæ Dei gratia humilis minister, devotæ orationis affectum ac servituis obsequium.

Electo Aquileiensi Ecclesiæ in episcopalis fastigii dignitatem decano vestro, fratre nostro et consacerdote dignissimo, eliminatam fuisse veterum spurcitiarum, quæ longo illic tempore dominata fuerat, credebamus fœditatem, cum abjecta indigna satis omni ecclesiastico regimini persona, clerum et populum vidimus tam honeste atque canonice de alterius substitutione cogitare, talemque virum mirabili unanimitate elegisse, cujus persona, scientia et vita vere nobis idoneum repræsentarent episcopum. C In illius siquidem virtute Babenbergensis decoratur et honoratur Ecclesia, in quam rursus eum necesse fuerit fiducialius spem ponere, virtutis et disciplinæ fructus inveniri non dubitamus, cujus primitias tam dulces in hoc viro prægustavimus.

Verum, ut apparet, nondum impleta sunt peccata Aquileiensium, qui eadem perfidia, quam contra illum Gerardum [*al.* Richardum] stirpem inutilem exercebant prius ob illius nequitiam, nunc contra istum canonice electum, ideoque merito suscipiendum, semper insani et perfidi tumultuantur ob ejus probitatem omnibus amplectendam, ut illud, quod mali bonum elegerunt, non suum, sed Dei fuisse ostendant, et per hoc quod innocentem persequuntur, propositum suum sui similem eligendi D fuisse evidentissimum faciant. Quorum malitiam et quantum oportuit patienter sustinens, et quantum potuit pro tempore leniter arguens, ac deinde negata sibi a clericis obedientia honesta occasione prudenter declinans, egregiæ virtutis et modestiæ exhibuit documentum, et transgressoribus dignæ confusionis intulit opprobrium.

Nunc itaque absentiam ejus, si recederet, æquanimiter ferre non valentes, apud nos manere rogavimus, quousque castigata furentium insolentia electum suum recognoscerent, et debita reverentia reposcerent. Sed metuentem, ne fama sua propter

(168) Postea rex Lotharii successor.
(169) Falluntur, qui hæc ad Henricum V imp. et a. 1119 referunt, qui licet ab episcopis fuerit a communione exclusus, neutiquam tamen regni invasor fuit, quod Conrado Hohenstauffensi competit, de quo præcedens epistola agit.

vicinitatem locorum aliquid suspicionis ex hac re pateretur, eum tenere non potuimus, virtutum suarum apud nos depositum servantes in pace dimisimus, obsecrantes vos, tam pro antiqua amicitia quam pro adepta sibi et nobis honoris gloria, diligere eum ut fratrem, honorare eum ut electum pontificem, servare ut necessarium hominem, in quo nihil præter pietatem invenimus et honestatem, quem etiam denuo in opus, ad quod assumptus est, restitui necesse erit.

Ejusdem litteræ ad canonicos Bambergenses.

C. Saltzburgensis Ecclesiæ Dei gratia, si quid est, fratribus omnibus Babenbergensis canonicæ orationem cum dilectione, omne bonum cum salute.

Succisa in Aquilegensi Ecclesia arbore, quæ inutiliter terram occupabat, æstuantibus nobis, ne similem vel certe nequiorem vacanti sedi improbitas clericorum adduceret, repente nobis vir probitate conspicuus, omnium honore dignissimus sacerdotalem infulam suscepturus dominus et frater noster E. [GILBERTUS] decanus vester producitur, cujus virtute atque in bonis artibus exercitata prudentia omnem nostram anxietatem expulsam esse gratularemur. In quo, ut verum fateamur, Ecclesiæ vestræ honor plurimum sublimatur, in qua tam utilis tam egregia persona nutrita cognoscitur. Unde quia nihil in eo nisi quod ecclesiasticam personam deceat, bonos delectet et malos offendat, experti sumus honestatem sæculi, pietatem Dei, per quæ etiam Aquilegiensium displicuit oculis, jure dignum est, ut a vobis atque omnibus ecclesiæ filiis honoretur et diligatur pro magno probitatis ejus testimonio, quod malis displicuit. Displicuisse tantum malis, ait beatus Gregorius, magna bonorum commendatio est.

XXXVI.

S. Otto Bamb. ad concilium Herbipolense invitatur pro Innocentio papa recipiendo.

(Anno 1130.)

In Christo plurimum dilecto fratri Ottoni Bambergensis Ecclesiæ venerabili episcopo, frater Gualterius Ravennatis Ecclesiæ humilis minister, et frater Gerhardus sanctæ Romanæ Ecclesiæ cardinalis, apostolicæ sedis legati salutem et omne bonum.

Fraternitati vestræ notum esse credimus quod dominus noster papa Innocentius cum litteris suis misit nos et ad regem et ad regni principes, qui cum amore et honore nos recepit, sed responsionem suam ad consilium principum distulit, inter quos fraternitatem vestram primam aut inter primos pro servitio Ecclesiæ ad curiam festinasse credidimus, quippe quem inter reliquos episcopos regni Teutonici mater nostra Romana Ecclesia quadam prærogativa dilexit et tanquam specialem filium creans propriis manibus benedixit. Rogamus itaque dilectionem vestram, et in ea fide et devotione, quam matri vestræ Romanæ Ecclesiæ debetis mandamus, ut omni occasione et excusatione remota quantocius ad nos veniatis, et in causa Ecclesiæ tanquam fidelis et catholicus nobis assistendo legationem domini papæ cum litteris suis una cum aliis fratribus recipiatis et obaudiatis.

XXXVII.

Lotharii regis invitatio.

Lotharius Dei gratia Rom. rex Ottoni dilecto fidelique suo Babenbergensi episcopo, gratiam suam et omne bonum.

Propter instans et valde necessarium Ecclesiæ et regni negotium Wirtzburch gratia Spiritus sancti tractandum, de infirmitate tua, quæ adventum tuum ad nos tardavit, dolemus, quia prudentiæ tuæ discretione ac consilio ad opus Ecclesiæ et regni potissimum nunc indigemus. Verum quia virtus in infirmitate perficitur, in ea charitate, quam Ecclesiæ, pro qua Dei gratia semper devote laborasti, debes, commonemus te et quam intime rogamus, ut si alio vehiculo non possis, navigio saltem ad nos et ad conventum venerabilium confratrum et coepiscoporum tuorum Wirtzburch una nobiscum adventum tuum desiderabilem præstolantium venire properes. Vale.

XXXVIII.

S. Ottonis Bamb. litteræ fundationis monasterii Heilsbronn.

(Anno 1132.)

C. In nomine sanctæ et individuæ Trinitatis. OTTO sanctæ Babenbergensis Ecclesiæ gratia Dei episcopus, universis Christi fidelibus.

Quia subsidia temporalis vitæ a Christo Redemptore nostro nos accepisse recolimus, indignum est, si non etiam ad laudem et gloriam ejusdem Redemptoris nostri quæ possumus bona operemur. Quapropter universorum notitiæ patere volumus, qualiter nos prædium apud Halesprunnem ab Adelberto comite et a fratre suo Chunardo atque a tribus sororibus suis digno pretio comparavimus, idque beato Petro in Babenbergensi Ecclesia, cui auctore Deo deservimus, per manum Adelberonis de Tagestetten donavimus. Ut autem in prædicto loco desiderii nostri adjuvante Domino compleretur effectus, quo scilicet monasticæ religionis ordinem inibi institueremus, basilicam ibi in honore beatæ Mariæ virginis cum claustralibus officinis exstruximus, convocatisque illic fratribus, ac ordinato eis spirituali patre locum ipsum in nomen abbatiæ promovimus. Dedimus quoque eidem cœnobio per manum Wignandi de Beerbach in usus fratrum prædium apud Adelstorf, quod a quodam Dieterico et a sorore ejus ac Eberhardo, nec non et ab Irmingarda et a liberis eorum CXCV marcis comparavimus. Item Halesprunnem, Witramdorf, Erlehe, Obpendorf, Velsendorf, Pecemannesdorf. Hæc igitur bona præfato monasterio præsentis scripturæ pagina roboramus, statuentes ut quascunque possessiones, quæcunque bona idem cœnobium inpræsentiarum juste et legitime possidet, aut in futurum concessione pontificum, liberalitate regum vel principum, oblatione fidelium seu aliis justis modis, præstante Domino poterit adipisci, firma in perpetuum et illibata eidem monasterio et fratribus inibi Deo servientibus permaneant.

Sane advocatum eidem cœnobio nullum specialiter designamus, sed advocatum altaris Beati Petri principalis ecclesiæ, ejusdem cœnobii defensorem esse sancimus. Decernimus ergo ut nulli omnino hominum liceat locum ipsum temere perturbare, aut ejus possessiones auferre, vel ablatas retinere, vel temerariis vexationibus fatigare, sed omnia integra conserventur fratrum ibidem Domino famulantium usibus profutura. Si quis autem huic nostræ constitutioni temerario ausu contraire tentaverit, si commonitus reatum suum non correxerit, sciat se banni nostri vinculo ligatum et cum hac catena ad tribunal æterni judicis pertrahendum. Cunctis autem eidem loco sua jura servantibus sit pax Domini nostri Jesu Christi et perpetua cum electis Dei cohabitatio concedatur in regno cœlesti.

Hujus rei testes sunt hi : Adelbero de Tagestetten, Adelberecht de Dahspach, Fridericus de Hergoltispach, Heinrich, Eberhart, Megingoz de Ottohesdorf, Otnant de Esenowa, Ezzo de Burgelin, Uro de Willehalmisdorf, Gernot et filius ejus, Rudolf de Putendorf, Macelin et Berhtolt de Husen, Wolfram de Stetebach, Chunrat de Nuisaze, Dietmar de Hohenekke, Egino de Chrigenbrunnen. De canonicis vero Egilbertus decanus, Chunradus custos, Dietpertus, Udalricus longus, Volmarus, Sefridus et alii multi.

Anno Dominicæ Incarnationis 1132, indictione x, regnante imperatore Lothario, actum Babenberch feliciter.

XXXIX.

(170) *S. Otto cœnobio S. Michaelis capellam seu cellam S. Fidis donat.*

Anno 1137, Maii 25.

In nomine sanctæ et individuæ Trinitatis. Otto, divina dispensante clementia, octavus Babenbergensis episcopus.

Quia facile in oblivionem res ducitur, cujus causa nescitur, debet rerum gestarum series litteris imprimi, ne a succedentium memoria possit elabi. Proinde universorum notitiæ patere volumus qualiter nos divini amoris instinctu cellam in occidentali parte montis beati archangeli Michaelis in honore Domini et Beatæ Fidis virginis construximus, eamque cum omnibus appenditiis suis cœnobio S. Michaelis donavimus, volentes utique in hoc utrique loco consulere, quatenus uni præstaretur obsequium, nec alteri necessitatis suæ deesset solatium. A venerabili quoque Hermanno abbate et reliquis fratribus prædicti cœnobii hoc obtinuimus, atque ab eis perpetuo firmatum est, ut septem fratres et duos conversos eidem cellæ dimittant, qui in eadem cella quotidianas circa divinum obsequium A excubias agant, et propriis utilitatibus tam foris quam intus inserviant.

Ad quorum sustentationem hæc prædia eidem loco contulimus : Vellendorf, Tragamusil, Gissital, quæ una cum ecclesia ac mancipiis ac molendino comparavimus a Richperto de Saxonia octoginta marcis, et Gebehardo comiti de Sulzbach defensanda commisimus. Item Silwiz et Grunowa quæ emimus a Luitpoldo de Kirchendorf, simul cum ministeriali quodam nomine Bertolfo, qui de ipso allodio duos mansos in beneficium habet, qui scilicet mansi post obitum ejusdem Bertolfi ad S. Fidem sicut et cætera pertinebunt, eo quod filios non de consociali sed de externa habeat uxore. Ipsa bona Bertolfo comiti de Blassenberg sub mundiburdio B commendavimus. Item prædium apud Chemtmerice, quod postea commutavimus cum Klucowa et Kumele et Dornowa et Bucha et Revit et Streitruit, ac manso uno apud Goren, quæ partim (a Regnibotone comite de Giche et ab Eberhardo ministeriali nostro digno pretio acquisivimus [171]), partim ab Eckeberto de Saxonia quadraginta marcis emimus, et insuper uxori ejus Berthæ ac filiæ ejus beneficium, quod ab Ecclesia nostra idem Eckbertus habuerat, concessimus, quorum scilicet bonorum Popo comes advocatus est. Item prædium ac beneficium cujusdam Thiemonis apud Alren et Eppental et Timenreut, quod ab ipso Thiemone et ab hæredibus suis quadraginta quinque marcis redemimus. Dedimus præterea eidem cellæ S. Fidis hospitale C S. Gertrudis, quod est ex altera parte fluminis cum prædiis suis Mirinhule, et Potechendorf, quod utrumque accepimus ab Hermanno de Bramberch pro beneficio fratris sui Stephani, ipsorumque bonorum advocatiam idem Hermannus habet. Item apud Schlurispach xvi mansos una cum ecclesia et dote ejus ac molendino, quod Ratpotoni comiti tuendum commisimus. Ipsum est allodium, quod nobis Sigeboto Wundingesaze dedit pro advocatia Holveld et pro beneficio, quod habuit Waldo maritus sororis ejus præter Utzingen, et Wunckendorf, quæ et ipsa ad idem hospitale donavimus, e quibus Uzingen Arnoldo de Chunstat, Wunckendorf Friderico de Luitenbach defensandum commisimus, statuentes D tam de his quam de prænominatis prædiis quotidie ad ipsum hospitale sex denarios dari, quibus alantur advenientes peregrini.

Sane advocatias omnium prædictorum bonorum prænominatis personis sub tali conditione concessimus, ut per semetipsos sine subadvocatis eas administrent. Placitum vero cum colonis nequaquam ponant, nisi aut de percussura, aut de furto, aut de irrupto agrorum limite, vel certe si accersiantur a præposito vel priore. Quinque dies in anno quilibet rusticus suo operatur advocato. Dedimus autem eamdem cellam prædicto S. Michaelis cœnobio cum omni justitia ad se pertinente, hoc est utriusque

(170) Hanc depravatam in editis chartam ex diplomatario monasterii restituimus.

(171) Parenthesis a diplomatario abest.

sexus mancipiis, ecclesiis, villis, ædificiis, areis, exitibus et redditibus, agris cultis et incultis, quæsitis et inquirendis, pratis, pascuis, viis, et inviis, aquis aquarumve decursibus, molis, molendinis, piscationibus, silvis, venationibus, ac cum omni utilitate, quæ ullo modo inde provenire poterit, statuentes ut nulli deinceps personæ facultas sit ipsam cellam cum quibuslibet pertinentiis suis occasione qualibet ab ejusdem cœnobii jurisdictione subtrahere. Fratribus autem in ipsa cella habitantibus de bonis sancti Michaelis ab abbate obtinuimus in circuitu ipsius cellæ de cultis et incultis circiter xxx jugera ad faciendos hortos et pomaria sive alia utilitati suæ necessaria.

Nulli ergo temerare liceat quæ a nobis pro divini nominis honore sunt disposita. Maneant humilitatis nostræ statuta omni ævo inconvulsa, nulli successorum nostrorum pontificum ea violare sit licitum, pro quorum custoditione præmium debet sperare perpetuum: de cujus pietate confidimus, ut ea, quæ ministrantium Deo usibus a nobis pro ejus sunt amore collata, augeat potius quam minuat. Si quis autem contra hæc venire tentaverit, ipse peccabit, admonitusque si reatum suum digna emendatione non correxerit, pœnas delicti sui in judicio Domini sustinebit. Cunctis autem eidem cellæ justa servantibus eique de suis largitionibus suffragium impertientibus sit pax Domini nostri Jesu Christi et æterna retributio in vita perenni. Verum ut hæc sciantur a posteris, præsentem chartam fecimus inde conscribi, quam banno nostro roborantes sigilli quoque nostri impressione jussimus insigniri. Hujus rei testes sunt Eberhardus præpositus, Egilbertus decanus, Conradus custos, Tuto scholasticus, Pero, Henricus, Udalricus, Sifridus, canonici; Hatho, Bernolt, Hartnit, Gerunch, Megindach et cæteri parochiani: Ratpoto comes, Walpoto, Adelber de Steina, Arnol de Cunstat et frater ejus Wirnt, Heinrich de Hofstete, Pabo de Schonebrunnen, Hermannus Olgotz de Lizendorf, Pillunc de Mamesdorff et frater ejus, Gundeloch, et alii multi.

Data et confirmata anno Dominicæ Incarnationis 1137 (172) VIII Kalend. Junii, feria III, in synodo Babenbergensi in præsentia cleri et populi.

XL.

Alia ejusdem Ottonis donatio ad idem cœnobium facta anno incerto.

[*Ex ejus diplomatario.*]

In nomine — — Otto sanctæ Babenbergensis Ecclesiæ solo nomine episcopus, Christi fidelibus perpetuam in Domino salutem.

Quia facile in contemptu res deducitur, cujus origo nescitur, debet rerum gestarum series litteris imprimi, ne a posterorum notitia possit elabi. Qua propter notum esse cupimus, tam futuris quam præsentibus, qualiter venerabilis noster Gotefridus presbyter S. Ratisbonensis Ecclesiæ prædium apud Santæ juxta Wacherode situm in comitatu Rapotonis comitis a quodam Nizone et ab hæredibus ejus Eggehardo et Ludevico sedecim talentis emit, et in præsentia nostri propria manu sub altare S. Michaelis in monte Babenbergensi donavit, ea scilicet ratione ut, dum ipse vita præsenti fungitur, in anniversario matris suæ fratribus inde serviatur, post obitum vero suum agendus anniversarius transeat ad ipsum. Sed et casulam novam cum aurifrigio decenter ornatam, et albam cum stola et calice ipso die B. archangelo cum magna devotione obtulit; venerabilis vero abbas Hermannus una cum fratribus suis consortium plenæ fraternitatis suæ eidem Gothefrido donavit, ut quidquid uni de fratribus vivo vel defuncto impenditur, sibi perpetualiter persolvatur. Ut autem de his nullus reddatur ambiguus, atque ut per succedentia tempora firma hæc et inconvulsa permaneant, petitione fratrum præsentem chartulam fecimus inde conscribi, quam et sigilli nostri impressione jussimus insigniri.

XLI.

Fragmentum litterarum S. Ottonis Bamberg. ep. de fundatione cœnobii Vessera.

(Anno 1138.)

In nomine sanctæ et individuæ Trinitatis. Otto, sanctæ Bambergensis Ecclesiæ episcopus Dei gratia.

Quia facile in contemptum res ducitur, cujus origo nescitur, debet ergo rerum gestarum series litteris imprimi, ne ad posteros memoria possit elabi. Proinde notum esse cupimus tam futuris quam præsentibus, qualiter Godebaldus comes de Henneberg cum uxore sua Luckharde et ex unanimi consensu hæredum suorum pro amore Christi, et propter sanctæ vitæ perennitatem, quemdam proprietatis suæ locum, qui a nomine cujusdam fluminis Vessera nomen accepit, manu emisit, et divino servitio assignavit, eumdemque regularium clericorum monasterio initians sub beatæ Mariæ Virginis patrocinio dedicari postulavit etc.

XLII.

S. Ottonis ep. Bamberg. litteræ fundationis et confirmationis monasterii Ensdorff.

(Anno 1139.)

In nomine — — Ego Otto, sanctæ Babenbergensis Ecclesiæ octavus episcopus, omnibus Christi fidelibus. — —

Notum esse cupimus omnibus Christi fidelibus, tam futuris quam præsentibus, qualiter nos Domino cooperante in idipsum in episcopio Ratisbonensi juxta Vilsam in prædio Palatini comitis Ottonis de Wittelinespahc ipsius rogatu consensu auxilio et consilio locum, cui Ensdorf nomen est inditum, in salvationem animarum providimus eligendum, construentes ibidem in honorem Dei omnipotentis et sancti Jacobi Apostoli monasterium secundum Regulam beati Benedicti degentium, in perpetuum favente Dei misericordia inibi futurorum. Ut autem id firmius et sta-

(172) Edit. perperam 1127.

bilius esse posset, prædictus Otto Palatinus nostro consilio eumdem locum beato Petro mancipavit ea intentione et pactione, ut sub tanto mundiburdio ac defensione ab omni adversariorum injusta læsione protegi posset et defendi. Et revera prudenti consilio — — — patefiat receptaculum.

Notificamus igitur nostris cunctisque fidelibus, quod eidem cœnobio quædam prædia delegavimus per manum advocati, prædicti scilicet Ottonis cum omni jure Bajoarici ritus, et servis Christi ibidem degentibus in victu vestituque concessimus. Sunt igitur hæc : Gigant, Gunemars, Gemundi, Lesan, Stresenhoven, Droschenreit, Mulendorf, Popenreut molendinum, Potensteine, Wihesteine, Fridrichesreut, Hasalahe, Schupphe, Chunesbac, Stettebahc, Eschenbahc, Erlebahc, Sugast, Gotesfridesmale, Stadele, Chrandorf, Steinenla molendinum, Erlebahc, Jacobsreut cum molendino, novum molendinum, pratum cum novalibus juxta Jacobesreut. In nemore Nittenowe xxv, mansus, Rechart, Turne, in eodem prædio IIII, molendina, Messenberge cum molendino, Eichaha, Hage, Sicenhoven, Drushingen, Hovestetin, Uffheim, Pabenhoven. Ista vero prædia Palatinus prædictus eidem cœnobio contradidit, prædium in quo locus ipse fundatus est cum adjacenti curia Wilinbahc, Berengotesrewt cum vineis, Kelweline, Udelscalchesberc.

Anno Incarnationis Domini 1139, indict. II. Acta sunt hæc anno Konradi III regis secundo, episcopatus vero domini Ottonis XXXII Babenberg feliciter. Amen, amen, A.

XLIII.

S. Ottonis Bamb. ordinatio de quibusdam decimis monasterio Ensdorfensi traditis.

(Anno incerto.)

Otto, sanctæ Babenbergensis Ecclesiæ solo nomine episcopus.

De decimis novalium ecclesiæ nostræ in Ratisbonensi episcopatu sitorum, quas nos de eodem episcopatu justo concambio redemptas cœnobio beati Georgii Prüfeningen donavimus, quid postea actum sit, præsentium ac futurorum notitiæ patere volumus. Igitur cum fratres ejusdem cœnobii ipsas decimas sine inquietudine possiderent, nullusque esset, qui eos in causa pulsaret, considerans venerabilis Aribo abbas ejusdem loci cum fratribus, quod jam multoties essent a familia Ratisbonensi super hac quæstione gravati, et in futurum sibi prospicientes, utpote qui nollent tot inquietudinum ulterius sustinere molestias, nos supplices adierunt, et ut easdem decimas in usus nostros reciperemus instantissima prece postulabant. Quod nos facere omnino recusavimus, quippe qui easdem decimas duorum apostolicorum, Calixti scilicet ac Innocentii privilegiis, nec non trium pontificum Ratisb. ecclesiæ Hartwici, Chunonis, Heinrici auctoritate roboratas eidem monasterio sciebamus.

Cum ergo in hoc nostrum inclinare non potuissent assensum, id communi consilio apud se diffinierunt, ut decimas illas omnino non tangerent, nullusque ut ut exiguam partem ex eis intra septa monasterii inferre ulla ratione præsumeret. Quod ubi comperimus, misimus ad eos venerabiles fratres nostros Wignandum Tharisen, et Eberhardum Biburgensem, qui eis vice nostra fraterno corde suggererent, ut decimas quas nullus impeteret, jure quieto retenta rent. Illi vero huic suggestioni a maximo usque ad minimum omnes contradixerunt, seque nunquam tali consilio parituros, vel de decimis illis unquam aliquid cœnobio suo illaturos paribus vocibus affirmaverunt.

Tandem nos inito cum ecclesia nostra consilio juxta tenorem petitionis eorum decimas illas, ne et nobis et illis perirent, ad manum nostram recepimus, easdemque aliis cœnobiis divisimus. In quarum divisione dedimus cœnobio beati Jacobi in Ensdorf coram subscriptis testibus usibus fratrum perpetuo profuturas has decimas : In parochia Schlichten Sweikersrewt, Hemmensigile, Pappenberch, Pernrewt, Sigifridesrewt, Unterloch, Ronahe, Karmanfelden, Schefloe, et aliarum trium villularum in ipsum pertinentium. Testes fuerunt hi : Eberhardus præpositus, Egelwertus decanus, Ruzil præpositus, Cunrad custos, Tuto scholasticus, Udalricus longus, Starcker de Muttendechendorf, Ezzo, Gundeloch, Pillunc, Wilhalm, Rudolf, Chunrat camerarius, Eberhart cum aliis multis.

XLIV.

Innocentius II papa confirmat religionem a S. Ottone in sua monasteria introductam.

(Anno 1139, Jan. 23.)

Innocentius, etc.

Quoties illud, etc. *Vide in Innocentio II, infra, sub num.* 353.

Quæ sequuntur epistolas edidit Eccard, sed sine temporis nota, in Corpore historicorum medii ævi, tom. II, pag. 329 et seqq.

XLV.

Ad E. Scholasticum.

O[tto], Dei gratia Babenbergensis Ecclesiæ episcopus, E. præpositus, A. decanus cum universa congregatione S. Georgii, E. scholasticæ disciplinæ viro, paternæ fraternæque dilectionis affectum.

Quia morum tuorum qualitatem, vitæ conversationem, liberalium studiorum maturitatem, cum adhuc nobiscum conversareris, experimento didicimus, in te unanimiter intendimus, utque unus ex nobis fias invitamus. Intelleximus enim illo tempore, cum esses apud nos, assiduum et fidelem laborem tuum circa officium tibi commissum, ita ut facile notari posset quid nobis et Ecclesiæ nostræ cuperes, et quidem constitutus super multa, cum admodo in paucis esse fidelis promitteres. Nos igitur destituti scholarum magisterio, a te pro antiqua familiaritate impetratum mittimus, ut probatio tuæ dilectionis fiat exhibitio operis. Rogamus et ut facilem te super hac re præbeas, et in brevi ad nos venire nullo modo differas. Si quid vero huic obstat festinationi, hunc certum tibi præscribimus terminum, ut in jejunio Septembris procul dubio nobis Moguntiæ occurras.

XLVI.

*Ad *** cardinalem.*

Romanæ sedis dignissimo cardinali, O[TTO]. Dei gratia Bambergensis electus, utriusque hominis devotissimos conatus.

Cum divino præditus ingenio cardo sis et munimen sanctæ matris Ecclesiæ, beatos nos fore reputamus, quod in tanto rerum discrimine sanctitatis tuæ consulere possimus auctoritatem. Notum sit ergo charitati tuæ nos a domino apostolico paternæ consolationis accepisse litteras, quarum exemplar idcirco tibi subscribere curavimus, ut eo fiducialius nostris valeas condescendere precationibus. Flagitamus itaque obnoxius, ut perspecta accuratius clausula, qua jubemur consulere metropolitanum, ut officii sui debitum prosequatur, liberum et auctoritati tuæ condignum nobis suppedites consilium. Non enim es immemor præcepti domini apostolici per te metropolitano injuncti, videlicet ut a consecratione episcoporum contineat manus. Quocirca, petere nos consecrationem, ubi certi sumus non posse consequi, res est frivola et vanitati simillima. Succurrat ergo nobis in hac difficultate tuæ pietatis auctoritas, quatenus tuo interventu locus nobis detur a Moguntinæ sedis archiepiscopo consequendi gratiam, quam dominus papa nobis exhibere dignatur. Non enim si nostri servitii obtentu anniti curaveris, negabit tibi epistolam commendatitiam, quam ex ipsius parte Romanæ sedis perferamus pontifici. Super hoc quoque tua instruere nos dignetur paternitas, ut pro libro actionum Nicæni concilii digne apostolico respondeamus. Nihil sane in nostro ex his reperimus armario, nec XX capitula in eadem synodo statuta, et nomina episcoporum ex diversis mundi partibus congregatorum.

XLVII.

Episcoporum epistolæ ad Ottonem Bambergensem episcopum.

Venerabili fratri et coepiscopo OTTONI episcopo, Dei gratia qualescunque C. Saltzburgensis, E. Monasteriensis episcopi, cum orationibus devotum et intimum servitium.

Convenientibus ad curiam pro destruenda, quæ regnum invasit, calamitate ejusdem regni principibus, miramur et satis dolemus, vestram non adesse præsentiam, cum in hoc negotio nemo posset nobis magis esse necessarius. Unde personam vestram nulla deberetis occasione subtrahere, quoniam eo magis pro pace et tranquillitate Ecclesiæ et regni collaborare nobis deberetis. Obnixe itaque debita dilectione dignitatem vestram monemus et rogamus, ut remota penitus omni occasione vel excusatione adhuc tentetis venire, scientes omnes principes desiderare præsentiam vestram et exspectare.

XLVIII.

Epistola Hermanni Augustinensis episcopi ad Ottonem Babenbergensem episcopum de Lothario rege.

Bono Christi et Eclesiæ odori OTTONI venerabili Babenbergensium episcopo omnique Ecclesiæ suæ, HERMANNUS, Augustensis Ecclesiæ Dei gratia humilis minister, cum universo clero et populo suo, devotas orationes in Christo cum fideli servitio.

Aspiciat Dominus de sede sancta sua, cogitet de nobis omnis cœlestium, terrestrium, specialiter vero Babenbergensium Ecclesia, quæ murum pro domo Israel semper hucusque se posuit, quam zelus domus Dei semper comedit, inclinet aurem suam et audiat: aperiat oculos suos et videat tribulationem nostram. Ecce enim desolata est civitas nostra, civitas sancta et antiqua; civitas hactenus dicta Augusta, sed nunc potius dicenda potius angusta vel angustia. Sedet in tristitia, non est qui consoletur eam, nisi Deus noster et Deum timentes: propter Deum in charitate compatiantur nobis in passionibus nostris, quas passi sumus introitu domini regis. In cujus adventu sustinuimus pacem et non venit: quæsivimus bona, et ecce perturbatio, exigentibus quidem peccatis nostris quæ fecimus, non contra eum, sed contra Deum. Ipsum enim venientem ad nos debito honore cum gaudio suscepimus, nos et universus clerus noster et populus, tanquam regem et dominum, tanquam eum, in cujus manu est regnum, et potestas et imperium, tanquam justum et misericordem judicem, per quem sperabamus recuperare diu perditam pacem. Prætermissis itaque multis et magnis Ecclesiæ nostræ miseriis et injuriis, unum solummodo sacrilegum nefas in auribus domini regis et principum, qui aderant, lacrymabili voce conquesti sumus, quod contingit ante adventum regis paucis diebus. Hoc videlicet, quod cives nostri quidam exierant a nobis, qui non erant ex nobili semine, nequam, filii scelerati, qui in conductu nostro ac fere in præsentia nostra spoliaverant Aquensem episcopum apostolicæ sedis legatum per nos ad curiam regis transeuntem. Super his, inquam, omni curiæ conquesti sumus, justitiamque regno et Ecclesiæ debitam postulavimus humiliter.

Dum ergo principes in hoc essent, et consilium super his caperent, orta est machinante diabolo, subito inter vendentes et ementes quædam pro vili causa parva seditio, primum per secretarios regis in suburbio; deinde clamor ingens tollitur, forenses campanæ pulsantur, concurrunt cives, conveniunt regis milites, universi ad pugnam festinant, universi causam pugnæ ignorant, unus illud, alter aliud opinatur; rex ipse necem sibi intentari suspicatur. Videns ergo milites et ministeriales ecclesiæ coram matrice ecclesia stantes armatos, existimat eos ex consilio contra ipsum congregatos, qui, quod vere dicimus in Domino, ex nulla conspiratione contra regem facta convenerant, sed propter tumultum populi inconsulte subito concurrerant, nescientes quid facerent, cum et ipsi se in manum regis ex aliquorum machinatione traditos nullatenus dubitarent. Ego interim indignus, ac solo nomine episcopus, oblitus annorum meorum et senectutis, immemor vitæ et mortis, suspensus inter brachia duorum solummodo clericorum meorum, cæteris fugam capientibus, misi me in turbam intra utramque aciem non clypeo protectus, aut galea, sed sacris tamen vestibus indutus et signo crucis armatus; crucifixum enim in memoriam passionis Dominicæ ante pectus nostrum portavimus propriis manibus, sperantes, ut Christianos, crucis Christi memores, ut oportuit, ab injuria mutua et cæde fraterna compesceremus. Illico irruebant in nos et in nostros rex et sui in die Dominica v Kal. Septembris, et facta est cædes sacrilega clericorum et laicorum prope januas matricis ecclesiæ intus et extra, ab hora diei VI, usque ad vesperam, plerisque occisis, plerisque vulneratis, plerisque captivatis, plerisque fugatis, plerisque spoliatis. Ego vero per signum crucis sospes evasi, repens manibus ac pedibus inter hostes et pericula, inter enses et sagittas, et jacula quæ undique circumvolabant canos capitis mei et collum, et latera, et dorsum meum et meorum, qui me non modo portabant, sed per brachia et crura trahebant, inferentes me per aliud quoddam ostium, cum maxima difficultate super altum murum ante summum altare in ipsum scunarium. Ibi ego fusis non modo precibus, sed fletibus, jacui miserabiliter in sanguine vulneratorum, exspectans proprii sanguinis effusionem et desiderans mortem. Interea extra portam civitatis inter forenses et regis milites regnabat similiter cædes hominum ac pecorum, funesta prædia, funestum incendium, sanctuaria profanata sunt; ecclesiæ plures combustæ sunt, plures effractæ et deprædatæ sunt; clericorum, monachorum, sanctimonialium despoliatæ congregationes in dispersione sunt; inclusæ quoque mulieres miserabiliter ejectæ sunt; viri ac feminæ impudenter denudatæ sunt; parvuli eorum partim occisi sunt, partim captivi abducti sunt. Nam quod ex intimis præcordiorum dicimus suspiriis, rex Christianus induxit super Ecclesiam Christi inimicos Christi, homines inhumanos et paganos, Bohemos videlicet ac Slavos, qui vulgaliter Valuwen dicuntur, qui persecutores Christi et Ecclesiæ esse ac fuisse semper manifeste ab omnibus cognoscuntur. Nox ipsam litem diremit, sed tota nocte regis exercitus matricem ecclesiam ex omni parte obsidione circumdedit, qua in nocte ego ipse de meo expulsus hospitio, omnibusque meis nudatus, et in ipsius platea civitatis nostræ desertus ac solus tam diu flens jacui, donec a domino N. Magdeburgensium archiepiscopo in hospitium ejus, tanquam hospes et peregrinus per misericordiam Dei collectus fui.

Mane autem facto, quoscunque et quotquot voluit de obsessa ecclesia rex abstraxit, et, ut taceamus de cæteris, ipsos et vulneratos et omnino desperatos in vinculis secum abduxit. Eadem vero die castra metatus est in campo juxta civitatem, regressusque tertia die cum armatis in urbem, munitiones omnes diruit urbis et confregit, omnibusque præda et incendio consumptis, quarto destructionis nostræ et sexto adventus sui die lætus abiit. Archiepiscopi quidem et episcopi et abbates, qui aderant, satis ac satis regiam majestatem præmonuerant, quatenus regio more victis saltem parceret, et imitando Regem regum justos cum impiis non perderet. Sed iracundia regalis potentiæ non prius mitigata est, donec omnis civitas nostra, sine judicio, sine justitia funditus destructa et irrecuperabiliter adnihilata est. Propterea nos cum universo clero et populo civitatis nostræ precamur per Christum et in Christo misericordiam venerandam paternitatis vestræ, ut doloribus nostris clementer condoleatis, et lamentabilem Ecclesiæ nostræ ruinam consilio et auxilio infatigabiliter fulcientes, murum inexpugnabilem pro domo Israel nos ponere solito more vestro satagatis.

SERMO

Quem habuit S. Otto ad primitivam suam ecclesiam anno 1124 fundatam, habitus Pirissæ in Pomerania, cum ab ea prima vice Bambergam rediret (173).

Fratres, æmulor vos Dei æmulatione (*II Cor.* XI), vos enim omnes, qui in præsentiarum ad me audiendum convenistis, et me docente, Christo credidistis, et Christiani facti estis, una in Domino Ecclesia estis desponsati per fidem Domino meo Jesu Christo; una, inquam, vos omnes Ecclesia estis,

(173) Hunc sermonem S. Ottonis ad nascentem suam in Pomerania Ecclesiam habitum ponit Andreas Biographus, editus a Gretsero tomo X novæ editionis pag. 620, post inchoatam primam conversionem circa 1124-1125; sed quo anno præcise sit habitus nil interest; hoc interest ut Catholici sciant quam fidem

una et unica sponsa Domini mei Jesu Christi, quia universali Ecclesiæ per fidem incorporati estis. Sed quia ego per ejus gratiam hujus vestræ desponsationis auctor esse videor, nam ego et uni viro despondi vos: « *Virginem castam exhibere Christo* (*I Cor.* VII). » Hinc est, quod *æmulor vos*, non tamen qualibet, sed *æmulatione Dei*. Nam et mala æmulatio esse potest, juxta illud Apostoli: *Sunt quidam, qui æmulantur vos non bene* (*Gal.* IV): æmulari autem est, velle indignari, licet pro *imitari* nonnunquam positum inveniatur, ut est: *æmulamini charismata meliora* (*I Cor.* XII). Volo autem vobis indignari, et paratus vobis indignari, quod pridem dixi, *æmulor vos*. Quia sine tristitia et indignatione ferre non possum nec potero, si, quod absit, ad injuriam Domini mei Jesu, cui per fidem vos despondi, B cum diis alienis vos denuo contaminare volueritis. Hoc enim est fornicationis genus, quod maxime separat a Deo.

Fratres, intendite, ecce: *Omnes in Christo baptizati estis, et omnes Christum induistis* (*Galat.* III); originalium et actualium peccatorum indulgentiam accepistis ab ipso, mundi estis et sancti, non per nos sed per eum mundati, et sanctificati, quia ipse sanguine suo lavit peccata mundi. Nolite ergo iterum inquinare vos cultura idolorum. Nam hæc est immunditia, qua omnino Deus offenditur et penitus separat a Deo. Nolite vos prostituere corruptoribus et immundis spiritibus: soli Deo creatori vestro, nulli autem creaturæ divinum exhibete honorem: ne indignatio ejus et furor veniat super vos: sed C magis in fide, spe et charitate proficite, ut benedictio ejus veniat super vos et super filios vestros, et ut ei credentes, et fidem operibus exornantes *vitam habeatis in nomine ipsius, qui de tenebris vocavit vos in admirabile lumen suum* (*Joan.* V; *I Petr.* II). Certi enim esse, et nullatenus dubitare debetis, quia, si hanc, in qua hodie positi estis, innocentiam et sanctificationem, ipsius adjutorio servare usque in finem vitæ studueritis, non solum mortem evadetis æternam, sed etiam gaudium regni cœlestis possidebitis in æternum.

Sed quia vita præsens sine peccatis duci non potest: *lucta enim et tentatio est vita hominis super terram* (*Job* VII), discessurus a vobis, trado vobis quæ D tradita sunt nobis a Domino, arrham fidei sanctæ inter vos et Deum, septem videlicet sacramenta Ecclesiæ, quasi septem sanctificativa dona sancti Spiritus, quibus utendo in laboribus et certamine hujus vitæ non deficere sed proficere vestra pos- A sit Ecclesia, suosque defectus reficere. Videte ergo et tenete; et ut sciatis, diligenter enumerate quæ tradidimus vobis discedentes a vobis.

Primum ergo sacramentum est, quo jam imbuti estis, sacrosanctus baptismus. Hoc sacramentum, fratres mei, abhinc et semper tenere et venerari debetis, et parvulis opportuno tempore, scilicet in Sabbato sancto Paschæ et Pentecostes, per manus sacerdotum, tradere debetis, certissime scientes, quod quicunque sine illo de hac vita migraverit, et regno Dei carebit, et insuper maledicti originalis pœnas luet æternas.

Secundum sacramentum est confirmatio, id est unctio chrismatis in fronte. Hoc sacramentum victuris est necessarium, videlicet, ut Spiritus sancti corroboratione muniantur, si armentur contra omnes tentationes et nequitias vitæ pugnaturi. Non autem usque in senectam differendum est, ut quidam putant, sed in ipsius adolescentiæ fervore percipiendum, quia illa ætas magis obnoxia est tentationibus.

Tertium sacramentum est unctio infirmorum, quod ideo morituris necessarium est, quia in illa unctione per virtutem Spiritus sancti remissio datur peccatorum, et ipse, qui moriturus est, contra spirituales nequitias, id est contra malignos spiritus, in exitu vitæ animabus insidiantes eadem Spiritus sancti virtute pugnaturus armatur. Hoc omni Christiano in agone mortis ardentissime desiderandum et devotissime percipiendum est, utpote remedium animæ certissimum.

Quartum sacramentum est corpus et sanguis Domini. Hoc sacramentum victuris et morituris est necessarium, sive vivimus sive morimur, hoc viatico semper est utendum. Est enim cibus animæ verus, vitam in se habens æternam. Unde frequenter missæ celebrandæ sunt, et vos ad easdem devote convenire debetis, ut sæpius huic viatico communicetis. Quod si non potestis, quia carnales estis, huic tam sanctissimæ rei per vos ad omnes missas participari, saltem per mediatorem vestrum, scilicet sacerdotem, qui pro vobis communicat, fideliter, reverenter et devote missas audiendo communicate. Oportet tamen et vos ipsos ter vel quater in anno, si amplius fieri non potest et confessionem facere, atque ipsi sacramento communicare.

Quintum sacramentum est per pœnitentiam reconciliatio lapsorum, id est ipsorum, qui post baptismum propter graviores culpas ab Ecclesia projecti, satisfactione pœnitentiæ iterum ei refor-

prædicaverit Otto in Pomeraniam invitatus a duce, et missus a papa Calixto II prædicaverit neophytis Pomeranis, nempe Catholicam prorsus, qualem hoc sæculo XVIII, Catholici profitemur. Uspergensis præter hæc dogmata a S. Ottone annuntiata, narrat leges disciplinæ et morum nostris conformes, præscriptas neophytis, desumptas ex disciplina Germanicæ Ecclesiæ. Secundo. Ideo hanc doctrinam habitam in Pomerania apud conventum neophytorum, sive Pirissæ, sive Damini, sive Uzedomi ascripsi, ut pateat orbi honorato impudentia et calumnia tum Danielis Crameri in *dem grossen Domerschen Kirchen*-Chronico a Gretsero pro merito castigata ac confutata tomo X novæ editionis, qui ausus est scribere a S. Ottone non fuisse Christum Pomeranis prædicatum, sed papisticas superstitiones: tum aliorum acatholicorum, qui non cessant etiam hoc sæculo eleganti scurrilibus calumniis sanctissimi apostoli vitam et prædicationem lacerare, non obstantibus clarissimis coævorum testimoniis a Gretsero et Bollandistis ad diem II Julii collectis.

mantur, et hoc sacramentum quasi malagma et recuperatio est cadentium in pugna et vulneratorum.

Sextum sacramentum est conjugium, id est copula matrimonialis. Quinque autem sacramenta superiora quasi generalia sunt, et omni Christiano necessaria. Istud autem quasi particulare est, quia non omnibus necessarium est, sed eis tantum, qui se continere non possunt. Et sicut ad superiora sacramenta omnes homines trahendi sunt et invitandi, ita nullus ad hoc trahendus vel invitandus est, nisi, qui, ut dictum est, se non continent, sed vaga et illicito concubitu sese polluunt et commaculant. His enim suadendum est ut infirmitati suæ honestiori subveniant remedio. Vos autem, qui usque ad hæc tempora non Christiani sed pagani fuistis, sacramentum conjugii non habuistis : quia fidem uni thoro non servastis, qui voluistis, plures habuistis uxores; quod deinceps vobis non licebit: sed unus vir unam tantum habere debet uxorem, et una unum, quod amplius est, a malo est. Si quis ergo in vobis est qui plures habuerat uxores ante baptismum, nunc unam de illis, quæ sibi magis placet, eligat, dimissisque aliis, hanc solam habeat ritu Christiano. Et partus, inquit, femineos audio, quia vos, o mulieres, necare consuevistis : quod quantum abominationis habeat, exprimi sermone non potest. Videte, si hoc vel bruta animalia faciant fetibus suis. Parricidium hoc non fiat modo in vobis, quia sine gravissima pœnitentia dimitti non potest : sive igitur sit masculus, sive femina, diligenter nutrite partus vestros. A Dei enim est et marem procreare et feminam.

Septimum itaque sacramentum est ordinatio sive consecratio clericorum, quod et ipsum particulare est et non generale, quia non omni homini necessarium; quamvis enim omnes homines indigeant clericis, non tamen est necessarium omnes homines fieri clericos. Ad ipsum tamen sacramentum, qui moribus et scientia magis idonei sunt, invitandi sunt potius quam trahendi. Unde adhortor vos et invito, quia cogere non debeo, ut de liberis vestris ad clericatum tradatis liberalibus studiis prius diligenter instructos, ut ipsi per vos, sicut aliæ gentes de lingua vestra latinitatis conscios possitis habere clericos et sacerdotes.

Ista igitur septem sacramenta, quæ iterum vestri B causa enumerare libet, id est baptismum, confirmationem, infirmorum unctionem, eucharistiam, lapsorum reconciliationem, conjugium et ordines per nos humiles suos paranymphos cœlestis sponsus in arrham veræ dilectionis vobis, Ecclesiæ ac sponsæ suæ transmittere dignatus est. Quapropter omni honore ac reverentia eadem sacramenta servate, diligite et veneramini; docete ea filios vestros, ut memoriter teneant, et diligenter observent in omnes generationes. Ecce habetis ecclesiam, habetis sacerdotem, de his omnibus, et quæcunque sunt necessaria vobis, abundantius vos instruere scientem. Ipsum ergo, sicut me audietis, honorantes et amantes eum, et quæcunque vobis dixerit, facientes. Et nunc C ego vado, iterum cito reversurus ad vos. Valete in Domino.

APPENDIX.

I.

CONVENTUS SEU CONCILIUM IN UZEDOM

CIVITATE POMERANIÆ.

Sub duce Vratizlao et S. Ottone episcopo Bambergensi, apostolo, Pomeranorum a papa misso, (174) anno Christi 1127, Honorii II papæ anno IV, Lotharii II regis III. — In eo ad fidem conversi principes Pomeraniæ et populus baptizantur per S. Ottonem.

(HARTZHEIM, *Concilia Germaniæ*. tom. III, p. 301.)

In hac civitate Uznoym, quia prope fuit festum D adventus Spiritus sancti dux terræ Vratizlaus toto corde Christianus instinctu Ottonis episcopi baronibus ac capitaneis totius provinciæ ac profectis in civitatem in festo Pentecostes conventum indixit, causam simul Christi mandans, Evangelium et Evangelistam iterum advenisse Ottonem episcopum. Itaque die statuto congregatis omnibus adducto in me-

(174) Primus secessus sancti Ottonis, Bambergensis episcopi, in Pomeraniam, annuente Calixto II. papa, fuit anno 1124, die 24 Aprilis; rediit Bambergam 1125, 29 Martii. Secunda profectio Bamberga in Pomeraniam anno 1127, certe non post 1128, sub Honorio II Bambergam reversus; obiit 1137, 30 Julii. Synodus hæc habita fuit post secundum iter circa 1128. Hæc ex Actis Ss Antwerp. ad diem 2 Julii.

dium episcopo dux ait : « En ad quod venistis, en A casione ipsius temporis de adventu Spiritus sancti,
« coram est nuntius Altissimi, pacem fert non arma,
« neque vestra sibi sed vosmetipsos Deo lucrari
« quærit. Attendite, oro, ante hoc quadriennium in
« superioribus hujus terræ partibus docens, me teste,
« nostis quoque et ipsi, omnia replevit Evangelio.
« Et tunc quidem has partes visitare volebat, sed
« Deo prosperante negotia sua, toto anno illo san-
« ctis operibus illic tenebatur occupatus, emensoque
« anno ad sua reverti, suæ sedis rationibus cogeba-
« tur, nec ad vos venire prævaluit, sed quæso, una
« mecum et hujus et illius viæ causas diligenter
« advertite. » Longa deinde ad suos oratione habita Sefredus subdit.

Adfuit Spiritus sancti gratia et sermonem ducis omnium cordibus, altius quam dici queat implanta- B vit, omnesque pari voto, pari consensu faciendum respondent, quidquid episcopus suaderet. Igitur occasione ipsius temporis de adventu Spiritus sancti, de remissione peccatorum, de variis charismatum donis, de bonitate et clementia divina, sermone mirabili præsul eos alloquens, evangelizavit eis Jesum, et quosdam quidem jam dudum Christianos, sed errore paganismi denuo inquinatos præsenti sermone ad compunctionem et validam cordis constructionem emollitos, cum magno fructu aspicientium per manus impositionem Ecclesiæ reconciliavit; alios autem certatim se offerentes catechizatos ac pro tempore instructos baptizavit, et totam illam hebdomadam doctrinæ sacrisque operibus instabat, gaudio ingenti adeo, ut vere Spiritus sancti præsentiam illic adesse certissime constaret. Itaque concilium hoc non antea solutum est quam principes ipsi et omnes qui cum eis advenerant, baptismati sacramenta percepissent (175).

(175) Ex Sefredo coævo in Vita S. Ottonis lib. III, cap. 1, n. 124. Apud Canisium Lection. antiquar. t. III. Sed plenior et accuratior exstat eadem die secunda Julii, pag. 407, apud Hagiographos Antwerpienses. Rursum apud Gretserum tomo VI novæ editionis, pag. 645.

SERMO IN EXSEQUIIS SANCTI OTTONIS

Habitus ab Embricone episcopo Wirceburgensi.

(*Episcopatus Bambergensis*, cod. prob. p. 89, ex tom. I Jul. Bolland., p. 423.)

Ecquid fiet, quid erit consilii? Mortua est Martha. C Ecce ubi jacet. Quis ergo venientem Dominum Jesum in hoc castello amodo suscipiet? Equidem defuncta est, defuncta est Martha, quæ illum suscipere consueverat. Defuncta est hospita Domini Jesu, quæ venienti hospitium præbebat, sed et ponebat mensam.

Pariter benigne ac liberaliter ministratum est ab eo (Ottone), nisi quod non solum ministravit Christo, sed minister et hospes ac susceptor fuit Christianorum. Ecquis stabit in loco ejus, quis vicem ministerii hujus implebit? Quis, rogo, agetquæ iste agere consuevit? Omnibus gradibus, omnibus ordinibus, omnibus personis Ecclesiæ valde utilis fuit. Ecce defunctus, ut vere dicam, servus servorum Dei. Quid facietis, monachi? quid facietis clerici? quid facietis, D pauperes et mendici? Quis vobis restituet matrem vestram? Ubi amodo illa materna ubera, ubi maternos affectus quæretis? Sed quærere ubi potestis, vobis denuntio, nusquam invenietis. Sui temporis enim sæcula, confitenter dico, hunc solum, hunc unum tantæ misericordiæ virum habuerunt. Ut enim de aliis virtutibus ejus taceam, quæ plurimæ fuerunt et claræ, in misericordia et misericordiæ operibus tantus erat, ut nullum penitus ex omnibus mihi notis ei possim adæquare.

Sed quid dicam? Doleo, dico iterum, doleo vicem illorum qui in sinum hunc misericordiæ fugere consueverunt. Doleo, ut verum fatear, vicem meimetipsius, ac ut ita dicam, miseret me mei meritoque mœrore conturbor; multum enim præsidii, multum solaminis in hoc amico perdidi : hic enim commodus, societate opportunus magnum mihi fuit præsidium. Cum hoc fiducialiter ac tute omnes curas meas, omnia negotia mea seu consilia penitiora communicare solebam. Hic mihi, ut breviter dicam, in omnibus opportunitatibus meis magnus fuit sublevator.

De me certe dico; nam mei nominis ordo universus, videlicet ordo pontificalis, hoc adempto compare merito lugebit. Hic nobis gemma, hic decus, hic splendor fuit; conventus quippe nostros in conciliis sicut aureis virtutum suarum radiis collustrabat. In hoc, ut ita dicam, quasi in veteri libro quomodo nobis vivendum vel quid agendum esset conspiciebamus, sancta enim exempla, sanctæ actiones magis erudiunt quam verba. Sed doctrina hæc, o dolor! rara est in hominibus; quotquot sumus, eloquio magis quam exemplo proximos ædificare studemus : sed ille et eloquio et exemplo dixit et fecit. Talem Martham de medio nostri ablatam æqua mente quis ferat? Sed vado ad altiores.

Hujus certe interitum, o Romane pontifex, caput sacrosanctæ Ecclesiæ senties, et tu regnator orbis, rex Alemanniæ imperator Romanorum Auguste, casum pontificis hujus experieris. Ambo permaximi magna clade mulctati estis, magnus enim Ahod ille ambidexter vobis occubuit. Occubuit ille qui utraque manu pro dextera utebatur, Israeliticæ gentis ductor egregius : occubuit, inquam, qui potens erat et industrius, et prona voluntate reddere quæ sunt Cæsaris Cæsari, et Deo quæ sunt Dei. Non tibi, o imperialis majestas! non tibi cito consurget alia columna, cui tam fiducialiter inniti queas. Hic te quidem non solum divitiis et prudentia sæculari, sed quod utroque majus est, sanctitate suffulsit. Sanctitate, inquam, et virtutum meritis imperatorem pariter et imperium sublevavit, justitia enim et sanctitas in dextera ejus. Non parva res acta est, non parva hæc mutatio in Ecclesia Dei; non ergo leviter ferenda talis viri mors. Ubi amodo tale ingenium, talem prudentiam, talem bonitatem inveniemus?

Sed redeamus ad monachos, redeamus ad populum spiritualem, detrimenta illorum lamenta nobis faciunt. Quid fiet de illis? quid fiet de monachis et pauperibus, qui ad has manus spectare consueverant? Lugetis, video, et fletis Ottonem nostrum, et certe non immerito; vobis enim ille occubuit, vobis ablatus est. Vos nempe, o monachi! specialiter populus pascuæ ejus et oves manus ejus. Hic profecto erat, qui de abundantia divitum hujus mundi vestram supplere sollicitus fuit inopiam.

Hic magno auctoritatis exemplo gloriari solebat dicens : « Spolians Ægyptios ditavi Hebræos. » Nam revera sancte ac religiose multa sæcularibus extorsit, quibus penuriam sublevaret spiritualium. Sancta et religiosa fraude, ut ita dicam, divites circumveniebat, ut eleemosynas facerent, quandoque non cogitatas; argumentosus enim erat in lucris divinis, nam et manus Domini cum eo erat. O quam multos divites cum suis omnibus divitiis ad spiritualem vitam trajecit? Quidquid personarum, quidquid rerum vel operum sæculo auferre potuit, Deo aptavit pietatis ac misericordiæ obtentu. Quid multa? Misericordia ejus super omnia opera ejus, misericordia Dei ante oculos ejus semper fuit.

Orate ergo, fratres dilectissimi, orate attentius, ut et ipse hodie misericordiam consequatur. Orate, ut illa beatissima anima quam credidit, quam speravit, quam dilexit, reipsa Dei misericordiam hodie percipiat. Equidem non surdis auribus illud evangelicum accepit : « Beati misericordes, quoniam ipsi misericordiam consequentur; » et : « Estote misericordes sicut et Pater vester misericors est. » Nullus autem misericors esse potest, qui non et humilis fuit, omnis ergo misericors et humilis est : unde bene inferre possumus, quod veram et coram Deo probatam habuit humilitatem spiritus ejus, qui tantæ misericordiæ exstitit. Interventu ergo beatæ Dei Genitricis Mariæ, cui semper devotus fuit, interventu beati Michaelis archangeli, cujus ecclesiæ reparator et sublimator hodie conspicitur, quem patronum et servatorem et corpori et animæ suæ delegit; interventuque omnium beatorum spirituum spiritus ejus divinam misericordiam consequatur : ipsorum, inquam, atque omnium sanctorum suorum meritis, si uspiam, sicut est humanæ fragilitatis, tanta ejus opera, tantæ ipsius miserationes et benefacta, humana laude vel humanæ laudis intentione titillata sunt vel maculata; nihil enim satis purum coram summo judice; rogate, quæso, rogate attentius; oremus omnes pariter ut hoc abolere, hoc tollere dignetur ipse qui tollit peccata mundi, Agnus Dei Dominus noster Jesus Christus, qui cum Patre et Spiritu sancto vivit et regnat Deus in sæcula sæculorum.

ANNALES BABENBERGENSES, ENSDORFENSES,

AUGUSTANI MINORES.

(Pertz, *Monumenta Germaniæ historica*, Script. tom. X, p. 1.)

Heimo presbyter, cœnobii Sancti Michaelis Babenbergensis monachus (175*), *vir scriptis inter æquales clarus et Ottoni episcopo ut dicunt charus, a Bernhardo episcopo primo Pomeranorum apostolo edoctus, anno 1135 chronographiam edidit, qua computationem temporum inde ab initio mundi ad suam usque ætatem emendaret. Rebus sextæ ætatis regerendis cyclos paschales adhibuit, quibus notitias ad sua usque tempora ex Bernoldo præcipue et annalibus Wirzeburgensibus excerpta ascripsit. Cyclos ipsos usque ad an. 1595 produxit. Qua de re ita fatur :* « Denique a passione Domini usque in annum Domini 1135, qui est decimus regni « Lotharii III, transierunt lunares cicli 59 et 15 anni, cicli solares 40 et 16 anni, cicli magni pascales duo

(175*) Ipse Burcardum monachum Sancti Michahelis, cui librum inscripsit, fratrem et copresbyterum vocat. Andreas Lang, abbas ipsius cœnobii, in vitis sanctorum ordinis sancti Benedicti inter codices bibliothecæ regiæ Bambergensis n. 57 Heimonem monasterio ipsi vindicat (Jäck Beschreibung der Handschriften, etc. T. I, p. 10; t. II, p. xiii), in chronico tamen cœnobii sui cod. n. 58 (Jäck l. c. p. 11; II, p. xiii) et in Vita Ottonis episcopi apud Ludewig p. 463 canonicum Sancti Jacobi extra muros civitatis fuisse scribit. Cui consentire videtur catalogus librorum ab Hermanno abbate, qui a. 1123-1147 sedit, bibliothecæ Sancti Michaelis illatorum; recensetur enim loco 83° Heimonis presbyteri in ecclesia S. Jacobi extra muros Bambergæ, consideratio annorum sæculi et Christi Jesu scripta a. 1135. Vid. Jäck und Heller Beiträge zur Literaturgeschichte a. 1825, p. 1, pag. xxix.

« et 72 anni, cicli indictionum a nativitate Christi 77 et anni 13. Cæterum ultra hunc annum adjeci 460 « annos adhuc forte futuros ad completionem tertii magni cicli pascalis, in quibus successuræ posteritati « statum futurorum temporum discere et assignare relinquo; suppliciter rogans omnes ista lecturos, ut « mei peccatoris humilisque presbiteri Heimonis, qui hæc qualiacunque non ad novitatis ostentationem, « sed ad veritatis investigationem et juniorum excitationem elaboravi, dignentur apud Dominum Jesum « Christum in bono reminisci. »

In fine cycli addit :

« Sic finitur tertius magnus paschalis ciclus a passione Domini. Post ejus completionem, si cui forte « tunc placuerit, superaddat illi, quantum sibi collibuerit. — Et tu, frater dilectissime Burcarde, ne ces- « ses orare pro me, ut ereptus de lacu miseriæ et de luto fecis mundanæ, hujus regni et societatis sancto- « rum particeps fieri merear.

« Omne tulit punctum qui miscuit utile dulci. »

Liber, defuncto post quadriennium Heimone, bibliothecæ Sancti Michaelis illatus, ibique per quadraginta circiter annos adnotationibus historicis auctus est, sed hodie latet. Exstant tamen alii duo codices, quorum

1) *Alter ex Babenbergensi circa annum* 1180 *descriptus, in monasterio a sancto Ottone Babenbergensi episcopo condito* (176) *Ensdorfensi, ad Vilsam fluvium prope Ambergam sito, per tria saltem sæcula servatus notisque historicis auctus est, deinde in Maurimonasterium prope Tabernas translatus, hodie in bibliotheca universitatis Argentoratensis servatur, ubi eum an.* 1841 *evolvi.*

2) *Alter regius Monacensis inter Latinos in folio majore numero* 2 *signatus, ante aliquot sæcula ex Augustensi ecclesia bibliothecæ electorali Bawaricæ illatus esse videtur; siquidem continuationem Heimonis Augustanam quam infra edituri sumus, prætereaque annales Augustanos tomo scriptorum tertio primum in lucem prolatos exhibet. Evolvi eum an.* 1833. *Quibus ita usus sum, ut ex chronographia Heimonis usque ad exitum sæculi undecimi paucis tantum notitiis propositis, reliquas usque ad an.* 1135 *omnes, tum annales Babenbergenses et Ensdorfenses, ultimo vero loco Augustanos sisterem, quibus ad reliquos Sueviæ annales transitus paratur.*

EX CHRONOGRAPHIA HEIMONIS.

I. — EX CODICE ENSDORFENSI.

1006.[1] Episcopium Babenberg a rege Heinrico secundo [2] constituitur, Eberhardus ibi primus episcopus preficitur [cf. Ann. Witzburg.].

1012. Domus sancti Petri et sancti Georgii Babenberg dedicatur.

1040. Eberhardus primus episcopus Babenberg obiit.

1096 [3]. Facta [4] est expedicio contra [5] Sarracenos sub duce[6] Gotfrido de Loven.

1098. Capta [7] est Jerusalem.

1100. [Hoc anno ordo sancti Bernhardi sumpsit inicium *manu sæc. XIV.*]

Paschalis secundus papa 161[us] sedit annis 19. Hic pium Ottonem consecravit 4. Idus Maii in sancta die pentecostes, et pallium ei cum aliis privilegiis dedit.

1106. Heinricus quartus imperator obiit. Cui successit filius ejus Heinricus quintus, et regnavit post eum annis 20.

1119. Gelasius secundus sedit anno uno.

1120. Calistus secundus papa sedit annis 5.

1121 [8]. [*Monasterium nostrum hic in Enstorf cepit edificari.]

1124 [9]. [*Hic dedicatum est a venerabili Ottone Babenbergensi episcopo fundatore.] — [*Watkunus, de claustro sancti Blasii monachus, primus huic loco preficitur vir bone vite abbas sæc. XIII. ex.*]

1125. Honorius II. papa 164[us] sedit annis 5.

Heinricus V imperator obiit 9 Kal. Junii. Cui successit circa Kalendas Septembris Lotharius tercius, dux Saxoniæ.

1130. Petrus filius Leonis, et Gregorius diaconus Sancti Angeli, pro papatu contendere ceperunt.

1133. Eclypsis solis facta est 4. Non. Augusti luna 16.

1135. Hoc anno ista collectio et digestio cyclorum ab initio mundi usque huc facta est.

II. — EX CODICE AUGUSTANO.

1006 [10]. Episcopium Babenberg a rege Heinrico

* *Hic subjicere juvat duas notas historicas ex eodem codice fol.* 89 *depromtas, atque sæculo XII conscriptas :* Counradus subdiaconus vir jocundus et amabilis, miro quodam et incomparabili ingenio præditus, gravi languore paralysis per aliquod tempus in membris debilitatus, et circa finem a catholicis viris æcclesiæ reconciliatus, præsentis vitæ cursum in senectute bona 1122° 3 Kal. Februar. consummavit, pro cujus animæ remedio fideles quique humanæ fragilitatis memores assiduas preces effundite coram Domino.

Engilger Augustensis æcclesiæ canonicus in Lateranensi æcclesia presbyter ordinatus, utpote vere catholicus, propter instantem persecutionem Constantiam sese contulit, ubi æcclesiæ membra sub Uodalrico antistite catholicæ fidei fideli defensore magis videbantur tuta et heu 1121 °. 4 Non. Julii ex hujus vitæ peregrinatione in vera confessione vitam finivit.

VARIÆ LECTIONES.

[1] *sæculo* X. *notavi e. g.* 915. Laudo papa 123[us] sedit menses 5 et post eum Leo VI sedit menses 2. Deinde Johannes, X. sedit annos 14 menses 2.—920 Heinricus primus regnavit a. 17. [2] cundo *supplevi.* [3] *errore ductus hæc anno* 1092 *adscripsit, cujus ad latus annus mundi* VCXVI *habetur.* [4] Fa *supplevi.* [5] cont *supplevi.* [6] du *supplevi.* [7] ca *supplevi.* [8] *notæ annorum* 1121, 1124, *asterisco uno insignes, interpolatori sæculi XII. Ensdorfensi debentur.* [9] *aut* 1123 (?) [10] *Ex anterioribus Boehmerus noster quocum hæc Monachii exscripsi ista notavit :* 955. Ungari juxta Augustam Alemanniæ urbem immensa cede necantur. —1001. Heinricus secundus regnavit annos 23, menses 5.

NOTÆ.

(176) Ottonis chartam a. 1139 vide in Ussermann episcopatus Bambergensis cod. prob. p. 87 —Andreæ Lang Vita Ottonis lib. I, c. 29, p. 423.

constituitur, et Eberhardus ibi primus episcopus præficitur.

1012. Domus sancti Petri et sancti Georgii Babinberg dedicatur.

1024. Heinricus secundus imperator obiit 2. Idus Julii, cui successit Kounradus 7. Idus Septembris, et regnavit annos fere 15.

1039. Chunigunt imperatrix uxor Heinrici secundi obiit 5. Nonas Marcii. Eodem anno Chounradus imperator obiit 2. Nonas Junii, cui successit filius ejus Heinricus tercius, et regnavit annos 17.

1056. Heinricus tercius imperator obiit 3. Nonas Octobris, et filius ejus Heinricus quartus regnavit annos 50.

1099. Hoc anno prior expeditio Jerosolimitana facta est a Gofredo duce Phlandriæ, multisque Franciæ et Teotonicæ principibus, unde quidam :

Anno milleno centeno sed minus uno
Jerusalem Franci capiunt virtute potenti.

1105. Heinricus rex, filius Heinrici quarti imperatoris, contra patrem armatur : ubique luctus et pavor.

1106. Heinricus quartus imperator obiit, cui successit filius ejus Heinricus quintus, et regnavit post eum annis 20.

1108. Heinricus rex adhuc puer, Italiam indeque Romam cum maximo exercitu intrans, Paschalem papam quia inique potestati suæ restitit, captivatum vinculis injecit; dimissus autem, investituras episcopatuum eundem regem primus resignare coegit.

1117. Terremotus magnus ubique terrarum, semel in die, semel in nocte est factus.*

1126. Heinricus quintus imperator 8. Kal. Junii obiit, cui successit circa Kal. Septembris Lotharius tercius genere Saxo, et regnavit annis 11 [11].

1131. Lotharius rex cum expeditione Italiam intrat, et Augustam totam in suburbio ferro et igne vastat.

1133. Hermannus Augustensis episcopus obiit. Waltherus eligitur 14. Kalendas Aprilis. Eodem anno tenebræ factæ sunt 3. Nonas Augusti.

1134. Waltherus in Saligenstat episcopus ordinatur 5. Idus Septembris.

1135. Hoc anno ista collectio et digestio ciclorum ab initio mundi usque huc facta est.

ANNALES BABENBERGENSES.

1137. Lotharius tercius imperator obiit 3. Non. Dec. [*Walkunus abbas obiit, cui Ditwinus subrogatur sæc. XIII. ex.*]

1138. Cunradus III. rex constituitur 6. Kal. Martii.

1139. Heimo, auctor istius operis, obiit 2. Kal. Aug.

1140. [1139] Otto octavus Babenbergensis æcclesiæ pius episcopus, plenus operibus bonis et elemosinis, celo [12] gaudente terra plorante supernam Jerusalem ascendit 2. Kal. Jul.

1142. Richenza imperatrix obiit.

1144. Eberhardus, piæ memoriæ præpositus majoris æcclesiæ, obiit.

1146. Egilbertus nonus æpiscopus (176*), vir misericordiæ et pietatis, ad Christum migravit; cui ipsa die dominus Eberhardus, Sancti Jacobi præpositus, omni sapiencia, probitate et religione conspicuus, unanimi tocius cleri et populi electione substituitur; cujus primo anno sanctus Heinricus ab Eugenio papa canonizatus est.

1147. Expeditio 1147°. [*Expeditio ad Jerusalem sub rege Cunrado.]

1149 [13]. [*Cunradus rex repatriavit.]

1153. Cunradus III. rex obiit 16. Kal. Martii. Fridericus successit 4. Non. ejusdem.

1155.[14] **Otto palatinus obiit [*fundator hujus cenobii felicis recordationis sæc. XV.*].

1158.[14] **Victor et Alexander in apostolica sede discordes erant.

1170. Eberhardus decimus episcopus, vir misericordiæ et pietatis, migravit ad Christum. Cui ipsa die Hermannus præpositus unanimi tocius cleri et populi electione substituitur.

*Helmricus abbas quartus hujus loci obiit. Boto subrogatur.

1173 [14]. **Heilica palatina obiit [*fundatrix hujus cenobii pie memorie et omni laude digna sæc. XV.*].

1177. Hermannus undecimus episcopus obiit. Otto regali prosapia ortus, majoris quoque æcclesiæ præpositus, subrogatur. Generalis synodus 514 episcoporum sub Alexandro papa agitur. In qua etiam memoratus. Otto se suosque successores a domno papa consecrari debere prærogative, dominica Judica consecratus obtinuit [15].

1180. [*Hoc anno mutatus est marchionatus Styrie in ducatum. Eodem anno Otto de Scheyria fit dux Wawarie. sæc. XV.*]

VARIÆ LECTIONES.

[11] *Secunda manu* : 12 et mensibus 3. *cf. ann.* 1135. [12] c. g. *errore quodam post* Richenza imperatrix obiit *scripta sunt.* [13] *notæ annorum* 1147, 1149, 1170, *asterisco uno insignes, interpolatori eidem Ensdorfensi cui notæ annorum* 1121 *et* 1124 *debentur.* [14] *notæ annorum* 1155, 1158, 1173, 1184, *eadem sæculi XII manu exaratæ sunt.* [15] *hucusque manus primi scriptoris.*

NOTÆ.

(176*) Bambergensis.

ANNALES ENSDORFENSES

1184? Otto dux Bawarie obiit[16].

1189. Expedicio sub imperatore Friderico.

1190. Fridericus imperator aquis suffocatus est.

1196. ... Oct. obiit Fridericus palatinus piæ memoriæ. [*... Babarus obiit sæc. XV. filius fundatoris nostri sæc. XV. ex.*]

1197. Heinricus VI. imperator obiit.. 4. Kal. Octobr.[17].

1198. Phylippus rex constituitur, et Otto de Saxonia ei opponitur.

1201. Terre motus factus est ad horam nonam 4. Non. Mai.

1202. Poto abbas quintus obiit; præfuit annis 33. Albero subrogatur[18].

1203. Albero abbas obiit. Rudiger subrogatur.[18]

1206. [*Hoc anno ordo fratrum Minorum sumpsit inicium sæc. XV.*]

1208. Phylippus rex Babenberc occiditur ab Ottone palatino.

1209. Idem Otto a marschalco de Kalentine jugulatur.

1210. Otto de Saxonia mortuo Phylippo consensu principum ab Innocentio papa coronatur, et post unum annum de regno dejicitur, et Fridericus filius Heinrici imperatoris rex constituitur.

1216. [*Hoc anno ordo Predicatorum sumpsit inicium sæc. XV.*]

1218. [*Hoc anno Strawbing construitur sæc. XV.*]

1220. [*Hoc anno Abach erigitur sæc. XV.*]

1224. [*Hoc anno Landawe*[19] *construitur sæc. XV.*]

1225. Heinricus[20] filius Friderici imperatoris cum filia Liupoldi ducis Austrie Nurnberc celebravit nuptias.

1227. Cunradus episcopus Ratisponensis obiit. Gotfridus præpositus subrogatur.

1228. [*Otto filius Ludwici ducis Bawarie accingitur gladio Struwinge sæc. XIII. ex. XIV.*]

1229. [*Ludwicus dux nascitur sæc. XIII ex. XIV.*]

1231. Luodwicus dux Bawarie Chelheim occiditur. Liupoldus dux Austrie obiit.

1235. [*Hainricus dux nascitur sæc. XIII. ex. XIV.*]

1241. Tatararii destruere conantur totam ecclesiam. — Facta est eclipsis solis 2. Non. Octobris circa horam nonam, et obscuratus est sol, et tenebre facte sunt per totam terram, et stelle apparuerunt manifeste.

1242. [*Hoc anno Albertus comes de Pogen obiit manus sæc. XV*].

1246. Ipso anno dux Austrie in die sancti Viti occisus est.

Hoc anno lantgravius Tnoringie suscepit regnum Romanorum, et a domno apostolico et ab aliis principibus spiritualibus sublimatus est in regem, et cruce signatus est super omnes qui imperatori consentiebant[21] cum suis fautoribus, et promovit expeditionem cum exercitu magno super regem filium imperatoris; et congressi, accepit triumphum victorie, et regnavit potenter domno apostolico per omnia eidem favente; et facta est maxima strages ei interfectio hominum in regnis universis; apud regiam civitatem Nurenberch homines frigore et nuditate et fame matres et parvuli miserabiliter perierunt.

1247. Et idem rex in omnipotentia sua regnans, obiit in ebdomada prima quadragesime ipsius anni.

Hoc anno cessaverunt divina in Ratisponensi dyocesi a domno apostolico et legato et episcopo Ratisponensi a legato confirmato.

1250. Fridericus imperator obiit.

1251. Rex Kunradus apud Ratisponam vix evasit mortem.

1254. Kunradus rex filius Friderici, qui duxerat filiam Ottonis ducis Wawarie, obiit.

[*Otto dux Bavarie obiit sæc. XIII. ex.*]. Muchs.

1255. [*Ludwicus et Hainricus duces Wawarie accinguntur gladio sæc. XIII. ex. XIV.*] Chunradus abbas obiit. Heroldus subrogatur, Michahelis.

1256. Maria hic ducissa Brabancie (177) occisa est. Duo reges sunt electi apud Franchenfurt, a majori parte rex Anglie, a tribus autem electoribus marchio[22] Brandenburgensis, ubi etiam infinita multitudo principum convenerat.

[23] Maria ducissa interfecta est a duce Ludwico marito suo. Hec scripta sunt manu Kunradi[24] cantoris de Gewangesek[25]. Fridericus.

1267. Rex Boemie habuit prelium cum ducibus Waubarie, et ipsam Baubariam rapinis et incendiis devastavit.

1269. Filius regis Chunradi in Gallia occiditur.

1271. Anna ducissa obiit. Rex Boemie cum rege Ungarie certamen iniit, et magna strages facta est in Austria et etiam in Ungaria.

1273. Hoc anno venerabilis comes Rudolfus in octava Mychaelis electus est in regem Romanorum, dignus nominis et honoris. Heroldus abbas noster Kastello preficitur, Alhardus de Priveninge subrogatur Marie Magdalene.

VARIÆ LECTIONES

[16] *manu sæc. XII, qua* 1155, 1158, 1173. *Hinc inde diversæ manus coætaneorum.* [17] *additur in codice* vux x, *quibusdam abscisis.* [18] tur *supplevi.* [19] Landawe. [20] *vox abscisa.* [21] consentiebant *codex.* [22] machio *codex.* [23] *hæc anno* 1261 *adscripta omnia jam erasa sunt.* [24] radi *supplevi.* [25] *vox dubia.*

NOTÆ.

(177) Uxor Ludowici ducis Bawariæ.

1275. Hoc anno papa Gregorius X^us apud Lugdunum Gallie concilium celebravit, regique Rudolfo obediri a christianis omnibus sub anathemate ordinavit.

1276. Domnus Albardus abbatiam resignavit. Gerungus monachus noster subintravit dominica Reminiscere.

1278. Leo episcopus Ratisponensis obiit; domnus Heinricus canonicus substituitur. Hoc anno illustris rex Romanorum Rudolfus, manens in Austria quam sibi ante biennium faventibus ejusdem terre optimatibus subjugaverat, summo Deo permittente, nec non rege Ungarie cum multo suorum Sarracenorum exercitu adjuvante, condicto die et loco adversarium suum regem Bohemie cum exercitu suo innumero gladio stravit, et de hoste suo [26] victoriam rex serenissimus reportavit.

1280. Hoc anno 17. Kal. Decembris obiit venerabilis dominus, Magnus Albertus, quondam Ratisponensis ecclesiæ episcopus, magister in theologia.

1281. Hoc tempore comparavimus donationem ecclesie Wolfespach cum advocacia judicio [27] et piscacione et silva et agris, 85 libris.

1282. Hoc anno in die sancti Achatii (177*) in meridie sole radiante scissa est turris a summo usque deorsum, concussaque capella et scissa [28] in aliqua parte, et semoto altari sancti Blasii ictu fulminis est divisum.

3. feria pentecostes venit [29].

1285. Gerungus abbas destituitur. Ruedgerus subrogatur de Sancto Emerando post ascensionem Domini 3. feria, qui mansit 10 diebus. Item eodem anno Eberhardus preficitur in die sancti Dyonisii.

1288. Hoc anno apud Coloniam magna strages facta est inter episcopum Coloniensem et ducem Brabantensem, et ceciderunt una die octo milia hominum, ipse quoque episcopus et sui capitanei et comites occiduntur.

1289. Eberhardus abbas obiit.

1290. Heinricus dux obiit. Libhardus decem diebus post obitum Eberhardi nondum plene elapsis in abbatem eligitur unanimi deliberatione et consensu, adeo prosperum habens successum, quod in quinque diebus continuatim succedentibus eligitur, ac Ratispone confirmatur et consecratur jocunde, laudabiliter, feliciter et honeste.

1291. Hujus tempore missa beate Virginis privilegio sanctitur celebrari. Minhardus custos curiam solventem talentum [30] redemit; domnus Libhardus [31] A abbas medietatem [32] addidit fratribus singulis diebus pro consolatione.

1293. Luodwicus dux obiit. Hic dedit nobis ecclesiam Vilshoven pro melioranda prebenda et agenda sollempniter anniversaria die sua.

1294. Libhardus abbatiam resignavit, et consilio domni episcopi domnus Engelmarus, prior Altabensis ecclesie, nostre ecclesie preficitur; Udalrici venit. Hic unanimi fratrum deliberatione et consensu instituit, ut prebenda defuncti fratris per ejusdem anni circulum pro remedio anime ejus pauperibus erogetur.

1296. Heinricus de Rotenekke episcopus obiit; cui summus prepositus domnus Chunradus de Lupurch B [33] die quinta sollemniter subrogatur.

1298. Minhardus custos et monachus nostre congregationis, vir bone indolis et multe devotionis quique multum bene ante ecclesie nostre fecit, in abbatem eligitur, domni Chunradi episcopi Ratisponensis et Engelmari quondam abbatis nostri consilio mediante. Preficitur itaque per omnia canonice, rite, laudabiliter et honeste.

1299. Hoc anno inimici Christi, scilicet Judei, fere per totum mundum cremati sunt, adeo ut pauci evaderent christiani, Christi sanguinem ulciscentes. Eodem quoque anno Albertus dux Austrie cum exercitu Ungarorum regem Romanorum, videlicet Adolfum, dolose est agressus circa Renum, et ipsum regem interfecit et regnum sibi usurpavit.

C 1300. Hoc anno maxima pestilentia animalium et maxime vaccarum per totum mundum suborta est.

1305. Mortuo Meinhardo abbate, Wernherus abbas in Munster (177*) subrogatur.

1309. Mortuo Wernhero abbate, Fridericus prior hujus ecclesie substituitur.

1310. Friderico abaciam resignante, Albertus monachus Sancti Emmerammi subrogatur.

1314. Hoc anno scilicet die Luce ewangeliste [34] duo reges in Franchenfurt sunt electi [35], a majori parte dux Ludwicus Wawarie [36], a minori parte Fridericus dux Austrie, qui [37] ambo a suis electoribus in reges sunt consecrati, et uterque se per omnes D annos regem Romanorum [38] scribebat.

1319. Hoc anno Rudolfus dux Wawarie obiit.

1322. Hoc anno in vigilia sancti Michelis archangeli [39] predicti duo electi, scilicet rex Ludwicus dux Wabrie, et Fridericus dux Austrie, juxta civitatem Muldorf congressi sunt in prelium, et Fridericus dux Austrie cum suis optimatibus detentus est a rege

VARIÆ LECTIONES.

[26] *prius scripserat* Dei *quod delevit scriba.* [27] judicio advocacia (*sic*). [28] cissa *codex.* [29] *hæc superscripta ad Eberhardum abbatem pertinere videntur.* [30] m tt. *codex.* [31] L. *codex.* [32] medit *c.* [33] *hic* factus monachus *erasa videntur.* [34] ste *supplevi.* [35] ti *supplevi.* [36] arie *supplevi.* [37] i *supplevi.* [38] Roma *supplevi.* [39] han *supplevi.*

NOTÆ.

(177*) D. 22. Junii. (178) Münchsmünster diœc. Ratisbonensis ad Danubium infra Vohburg.

Romanorum Ludwico, et ibi ex utraque parte multi sunt interempti.

1328. Hoc anno Ludwicus rex Romanorum cum copioso exercitu ivit Romam, ubi consilio Romanorum ut dicitur deceptus, papam vel pocius antipapam instituit, qui ipsum in regem Romanorum consecravit; qui tamen post non multum temporis properavit ad Johannem papam XXII. qui plus quam 18 annis Avinione sederat, cujus gracie resignato papatu se tradidit puniendum.

1332. Hoc anno Ludwicus imperator obsedit Straubing post Udalrici.

1334. Alberto abbatia resignante, Ulricus, prepositus et monachus hujus cenobii, preficitur; et vix ad medium annum supervixit. Eodem anno secundus Ulricus, prior et monachus hujus cenobii, subrogatur.

1337. Hoc anno Ratispona fuit a quibusdam perfidis civibus clanculo suffossa et Ludwico cesari tradita; set Dei gracia et beatorum pontificum Wolfgangi et Erhardi meritis a tanto periculo sunt salvati.

1338. Hoc anno volavit multitudo locustarum. Eodem anno cremati sunt Judei in Straubing.

1340. Hoc anno obiit domnus Nycolaus Ratisponensis episcopus 5. Ydus Octobris. Quo sepulto in sue diocesis monasterio dicto Obern-Altach ordinis sancti Benedicti, domnus Hainricus de Lapide in possessionibus episcopii exaltatus est auxilio Ludwici cesaris et quorundam secularium dominorum, qui castra episcopii sibi tradiderunt sine consensu tocius capituli, set precipue domni Friderici purkravii de Nuernberch et domni de Homberch, quorum utrique majorem capituli consensum in episcopi electione habebant. Eodem anno obiit circa festum Lucie virginis Johannes unicus et novissimus heres inferioris Wabarie; cujus ducatum possedit Ludwicus cesar, dux superioris Wabarie.

1342. Hoc anno tanta inundatio pluvie facta est, ita ut omnes fructus terre devastaret in[40] vigilia Braxedis.

Hoc anno obiit venerabilis domnus Nykolaus, Ratisponensis episcopus, in die Gereonis.

Hoc anno circa dominicam Esto mihi Ludwicus cesar Johannem ducem Karinthie, filium regis Bohemie, de genitalium inpotencia infamatum, expulit a ducatu et a provincia Tyrol, ablatam quoque uxorem copulavit filio suo Ludwico marchioni Brandenwurgensi.

1347. Hoc[41] anno Lwdbicus imperator obiit in die Maximiliani. Et eodem anno[42] duo reges Romanorum sunt[43] electi, scilicet comes Guntherus[44] de Swartzpurg[45] et Karolus rex Bohemie[46]; a majori parte[47] comes de Swartzpurg[48] electus, set per toxicum[49] infectus obiit[50]. Karolus regnavit, bene rexit[51], clerum dilexit.

1348. Hoc anno terre motus factus est in conversione sancti Pauli, qui Villach dejecit.

1349. Hoc anno facta est pestilencia magna in toto mundo. Eodem anno surrexerunt homines dicentes se penitere peccata sua, euntes cum vexillis et cum flagellis percucientes se, et perambulabant omnes[52] regiones.

1350. Anno Domini 1350. Ludwicus marckrafius congregavit exercitum magnum et intravit Brandenburgam contra ducem Saxonie, qui elegerat quendam molendinatorem pro marckgravio in terra que vocatur Marck, quoniam marckravius terre illius fuit amissus magis quam triginta annos, et dicebant ipsum revixisse.

1361. Hoc anno circa festum sancti Georgii martyris imperatrix uxor Karoli peperit filium, scilicet Wenczeslaum, in civitate Nuerenberch; ad cujus baptismum Karolus imperator omnes principes Alamannie convocavit, qui et venerunt. Et celebravit ibi honorabiliter imperialem curiam, et ibi ostendit reliquias imperiales. Eodem anno in vigilia Mathei apostoli obiit Ludwicus marckgrafius dux Bawarie.

1364. Hoc anno in die Bonifacii Stephanus dux[53] Wabarie et filii sui[54] Stephanus et Fridericus obsederunt civitatem Mueldorf, cupientes eam expugnare. Et in die beati Augustini ab[55] obsidio cum magno exercitu recesserunt in[56] Prawnowe. Cum quibus Rudpertus comes palatinus et dux Wabarie, purkravius de Nurnberch et quam plures et innumerabiles; et volebant pugnasse cum Rudolfo duci Austrie, qui dedit fugam de Ried ad partes suas.

1368. Ulrico abbacia resignante, Fridericus infirmarius ecclesie nostre substituitur, Barbare virginis et martiris.

Anno[57] milleno ter centum ter quater uno (178)
Austria quos pavit, hos onse Babaria stravit,
Martiris in festo Theodori; sic memor esto.
Gamelstorf villa felicior ergo sit illa.

—

Sunt M, C trinum, duplex X, I quoque binum (179).
Wenczeslayque jugum cadit Austria sub Wabarinum.

—

Ut valeas esse monachus, tibi crede necesse
Rostrum porcinum, et dorsum fac asininum,
Osque columbinum, cor ovinum, crusque bovinum[58].

VARIÆ LECTIONES.

[40] in *supplevi.* [41] Hoc *supplevi.* [42] ann. *supplevi.* [43] sunt *supplevi.* [44] G *supplevi.* [45] pu *supplevi.* [46] Bo *supplevi.* [47] par *supplevi.* [48] pur *supplevi.* [49] i *supplevi.* [50] ob *supplevi.* [51] r *supplevi.* [52] eos *c.* [53] d *supplevi.* [54] s *supplevi.* [55] a *supplevi.* [56] i *supplevi.* [57] *quæ sequuntur sæc. XIV. in margine folii ultimi codicis scripta sunt.* [58] *in scriptio ultimæ paginæ sæc. XV. hæc est*: Iste liber pertinet ad Sanctum Jacobum Ensdorff ordinis sancti Benedicti Ratisponensis dioces. quod jacit in ducatu comitis palatini MCCCCLXXXI.

NOTÆ.

(178) 1313.

(179) 1322.

ANNALES AUGUSTANI MINORES.

1137. Lotharius tercius imperator 2. Nonas Decembris obiit. Cunradus genere Suevus forimsito (179*) anno eligitur, et regnavit annis 14. Hic prius a quibusdam contra Lotharium in regem electus, in Italiam fugere compulsus, postmodum rex efficitur.

1146. Hac tempestate quidam in specie bona, griseorum scilicet habitu, Augustam intrans, zodorum et psalmistam se nominat, et in principe demoniorum multa signa faciens totam in se convertit Alamanniam.

1147. Chuonradus rex et Ludewicus rex Francie cum multis christianis Jerosolimam et contra Sarracenos proficiscentes, nichil proficiunt.

1150. Rex a Jerosolimis revertitur, multis christianis a barbaris captis et occisis.

1152. Kuonradus rex obiit. Fredericus filius fratris sui eligitur. Walterus episcopus senio confectus deponitur. De electione episcopi dissensio inter canonicos et ministeriales ecclesie orta, coram Frederico rege canonicis [59] est adjudicata. Cujus etiam interventu Chuonradus natione Suevus eligitur.

1156. Fredericus rex cum expeditione Romam pergens, ab Adriano papa imperator consecratur. Magister Arnoldus a papa suspendi præcipitur. Spoletum ab imperatore capitur et vastatur. Mediolanum hostis regni pronuntiatur.

Discordia inter episcopum et canonicos Augustenses oritur; papa ab utrisque appellatur.

1158. Fridericus imperator iterum cum expeditione Italiam perlustrans, Cremam obsidet et capit, Mediolanum in deditionem recipit. Scisma inter sacerdotium et regnum oritur.

1162. Fredericus imperator Italiam tertio cum expeditione vastans, Mediolanum, quia pactum frustraverat, funditus evertit in Kalendis Marcii, scismate adhuc durante.

1164. Pugna inter Fridericum ducem, filium regis Chunradi, et Welfonem juniorem in Tuingen.

1166. Fredericus imperator quarto cum maxima expeditione Romam usque progressus, post infinitam Romanorum cædem ecclesiam sancti Petri invasit et destruxit, ac ibidem mense Augusto castra figente, maxima clades, nostris inaudita seculis, Teutonicos invadens, Welfonem et Fridericum duces, et pene omnes occidit principes. Eodem anno tota Italia imperatori rebellis, et cum paucissimis per montem Cillenii (180) eum fugere coegit.

A 1167. Cuonradus Augustensis episcopus obiit: Hartwicus eligitur in Kalendis Novembribus, secunda fere hora noctis quæ est omnium sanctorum, imperatore adhuc in [60] Italia manente.

1169. Arnoldus Maguntinus archiepiscopus in Kalendis Julii Maguntiæ in ecclesia sancti Jacobi occiditur. Rudolfus et Cristanus discorditer eliguntur.

1174. Fridericus imperator quintam expeditionem per montem Cillenii in Italiam ducens, Sicusim (181) unde prius clanculum recesserat incendit, Astam (182) in deditionem recipit. Paleam, que Alexandria, obsidet nec capit; in vigilia pasche cum maxima clade suorum ab ea recedit, scismate adhuc durante [61].

1177. Scisma quod 19 annos duraverat, papa B Alexandro et imperatore Friderico Venetiis convenientibus terminatur. Suburbium Auguste, ecclesia sancti Mauricii et ecclesia sancti Petri igne sunt consumptæ.

1179 [62]. . . . . Hartwicus episcopus ma. . . ecclesiarum novis super. . . . . ravit hoc ipso cui interfuerunt 290. . . episcopi.

1181. Heinricus dux Bawariæ et Saxoniæ, quia reus majestatis dicebatur, sine difficultate imperii deponitur. Otto palatinus dux efficitur.

1183. Imperator pentecosten Ratispone cum Ottone duce celebrat. Idem Otto dux post paucos dies in castro Phullendorf obiit. Longobardi in Constantia in gratiam recipiuntur. Ecclesia sancti Oudalrici Augustæ combusta est.

C 1184. Hartwicus Augustensis episcopus 8. Kal. Februarii obiit. Udelscalcus eodem die eligitur. Eodem anno filii imperatoris, quorum alter rex, alter dux fuit, militiæ cingulo Maguntiæ potiuntur in pentecosten, patre et matre præsentibus. Eodem anno Cristanus archiepiscopus Maguntinus obiit. Chunradus restituitur.

1185. Filio imperatoris Heinrico regi Constantia filia Siculi regis Augustæ in palatio episcopi 4. Kal. Novembris juramento firmatur. Sequenti anno

1186. nuptiæ Mediolani celebrantur.

1187. Ecclipsis solis ab hora sexta in horam nonam est facta. Eodem anno gens barbarorum Salhadino duce Jerosolimam et dominicam crucem capit. D Eodem anno imperator et filius ejus dux cum multis principibus zelo Christi crucem in ultionem ejus Maguntiæ 6. Kal. Aprilis accipiunt. Philippus Coloniensis archiepiscopus in gratiam ibi recipitur.

VARIÆ LECTIONES.

[59] canonis *codex*. [60] l. *codex*. [61] durante *supplevi*. [62] *sententia esse videtur, Hartwicum episcopum Romam ad concilium generale Lateranense profectum esse, cui interfuissent* 290 *episcopi. Hartwicus inter episcopos circiter* 300 *in concilio præsentes recensetur apud Martene et Durand, Collectio ampliss. VII*, p. 85.

NOTÆ.

(179*) I. e. anno foris. ante lineam, scilicet 1137.

(180) I. e. Cinisii.

(181) Susa.

(182) Asti.

1188. Heinricus prius dux, non recepto ducatu, in gratiam redit[63].

1208. Hoc anno 11. Kal. Julii rex Philippus in Babenberc occiditur.

1237. Hoc anno factus est terre motus magnus, ita ut concuterentur templa et structura lapidæ 16. Kal. Octobris in die sanctorum martirum Luciani et Gemelliane post diluculum ante primam missam.

1241. Hoc anno factæ sunt tenebre Nonis Octobris, die dominico post meridiem, Fidis (183) virginis.

1246. Hoc anno matrimonium inter domnum Conradum Romanorum in regem electum, et filiam ducis Bawarie contractum est.

Hoc anno Nonis Augusti, die videlicet sancti Oswaldi regis illustris, Conradus Romanorum in regem electus cum domno Heinrico lantgravio Thuringiæ, ordinatis et instructis utrimque aciebus, prope Frankenfurt bello congressus, in fugam cum suis versus est; et sequenti anno

1247. predictus lantgravius Thuringiæ mortuus est. Post cujus obitum domnus Wilhelmus comes Hollandie in regem electus est. Siboto[64] Augustanus episcopus episcopatum resignavit, succedente (184) sibi filio comitis de Dilingen.

1256. Hoc anno Ludowicus dux Bawarie occidit uxorem suam Mariam, filiam ducis Brabentie, die Antonii 16. Kal. Febr.

Valde[65] negligens est clerus hujus ecclesie, qui acta imperatorum et principum in presenti genealogia sic vacare permittit, predecessorum vestigia in procedendo nullatenus inmitando, quis usque modo satis eleganter et diserte scripserunt.

1271. Hoc anno venerabili domino Hartmanno comite de Diligen regente episcopatum Augustensem, et ecclesia Romana post decessum Clementis pape quarti carente tunc anno quarto pontifice, in Suevia et per omnes circumjacentes provintias tanta fames invaluit, ut in eadem civitate modius tritici pro 4 libris, modius siguli pro 3 libris et 4 solidis, medius ordei pro 35 solidis, modius avene pro 24 solidis denariorum Augustensium venderentur, et plurimi pauperes famis angustiati miseria quasi exanimes, et plures inveniebantur mortui in plateis.

1278 Hoc anno feria sexta septimo Kalend. Septembris facta est pugna inter dominum Ruodolfum de Habsburk regem Romanorum ex una, et dominum Otacrum regem Bohemie ex altera parte, juxta civitatem Marchegge, occisusque est rex Bohemiæ et ceciderunt cum eo. . . . . milia.

1279. Hoc anno feria septima hebdomade pentecostes (Mai. 27) hora matutina exortus est ignis sevissimus ex domo institoris juxta vicum Stezenbach, de quo plurime domus trans Licum purum et omnes intermedie domus tam intra muros quam in suburbio barene cremabantur, et non solum structure lignee, verum etiam octo domus lapidee sunt exuste, in quibus homines promiscui sexus plures quam centum perierunt, quorum alii suffocati, alii omnino combusti reperiebantur. — Eodem anno tanta fuit habundantia frugum, quod modius siliginis pro 4 solidis Augustensibus vendebatur.

1285. Hoc anno Tartari Ungariam invaserunt circa purificationem, et terram per totam quadragesimam potenter occupantes, infinitos populos occidunt. Tandem a principibus Hungarie quasi totus eorum exercitus interimitur. Pestilentia pecudum solito major per totam estatem duravit, ita ut in Augusta non decima pars vaccarum remaneret viva. Eodem etiam anno cesar (185) in Wetfelaria combustus est Nonas Julii sabbato in die Willibaldi. Judei quoque in Monako tempore autumpnali pro occisione cujusdam pueri promiscui sexus 132 comburuntur.

1288. Hoc anno domnus Wolfhardus electus ecclesie Augustensis, vacante sede Moguntina per domnum Hugonem filium comitis silvestris et domnum Wernherum de Lewenstein canonicos, transmissos ex parte capituli Moguntinensis ecclesie, in monasterio sancte Marie Augustensis cum magna sollempnitate in episcopum confirmatur 15. Kal. Septembris.

1296. Hoc anno 6. Kal. Maii fraudulenter obsessum est castrum quod dicitur Mergartau (186) a Baveris, scilicet a C. de Haldenberch. Qui eodem anno patruum suum dictum de Losbach fraudulenter occidit in Lausperch.

1298. Hoc anno Adolfus Romanorum rex per domnum Albertum ducem Austrie in bello cum multis aliis interemptus est juxta Wormaciam, in campo qui dicitur Haselbuhel secunda die mensis Julii. Idem etiam Albertus mox in regem electus, 10 annis cum magna potestate regnavit, ac demum interfectus crudeli morte decessit.

1302. Eclipsis lune universalis Felicis in Januario die dominico (*Jan. 14.*) ad noctem sub matutinis fratrum.

1308. Hoc anno Albertus rex Romanorum per Johannem fratuelem suum tribus vulneribus transfixus, morte subitanea et improvisa vitam finivit in die apostolorum Philippi et Jacobi (*Mai. 1.*)

1310. Eclipsis solis valida in fine Januarii quod est

VARIÆ LECTIONES.

[63] *hucusque secunda manus.* [64] *vocem supplevi.* [65] *hæc leguntur in fine paginæ annos* 1220 *usque* 1257 *exhibentis; scripta sunt manu coæva.*

NOTÆ.

(183) D. 6. Octobris quæ a. 1241 in Dominicam incidit.

(184) Hartmanno, filio Hartmanni.

(185) Fridericus impostor.

(186) Hodie Mergenthau ad Paar fluvium, quindecim millibus passuum ab Augusta.

in vigilia Brigide (187), circa horam vespertinam, A die sabbati.

1311. Anno Domini 1311 in die Egidii (*Sept.* 1.) hora vespertina venit grando super Augustam, et ceciderunt lapides globosi et magni quasi vitella ovorum, ex quorum impetu fracta fuerunt pro magna parte omnia tecta domorum de scindulis facta. Et vitra in fenestris ecclesiarum versus aquilonem totaliter comminuta fuerunt. Fructus arborum percussi et excussi quasi omnes. Item in ortis gramina et olera omnino destructa, et capita caulium usque ad magudarim amputata. Mira dico : quidam civis invenit in pomario suo sub arbore quadam 30 passeres percussos et mortuos. Similiter in agris bene 100 grues inventi sunt mortui, qui portabantur in foro Perlaici ad vendendum. Eodem anno karistia B magna fuit. In tempore messis vendebatur modius siliginis in Augusta pro 26 solidis. Et post messem cepit crescere pretium annone de septimana in septimanam, ita quod circa festum Michahelis modius siguli dabatur pro 42 solidis denariorum.

1312. Eclipsis solis particularis sexta die Julii, quod est in octava apostolorum Petri et Pauli, ante horam prandii, feria quinta.

1321. Eclipsis solis universalis et tenebre super faciem terre per totam Alemanniam in Junio in die Johannis et Pauli, sub missa magna, feria sexta (*Jun.* 26).

1457. Intoxicatus est dulcissimus rex Ladizlaus, Ungarie et Bohemie rex, in Praga innocenter; qui vix 18 annos complevit.

(187) Cujus festum Kal. Februariis et a. 1310 die dominica celebrabatur.

ANNO DOMINI MCXLI

GUALTERUS

CLUNIACENSIS MONACHUS

DE MIRACULIS BEATÆ VIRGINIS MARIÆ.

(LABBE, *Bibliotheca nova manuscript.*, t. I, p. 650.)

PROLOGUS.

Fratri venerando et in Christi visceribus plurimum complectendo Sancti Venantii monacho GUALTERUS, Cluniacensis monachus, usque ad finem pondus diei et æstus constanter portare.

Petitionis vestræ nostræque promissionis non immemor, miracula sanctissimæ Dei genitricis et semper Virginis Mariæ quæ coram vobis retuli ad ædificationem legentium litteris mandavi, non præsumptionis causa, sed ut simplices quique hæc simplici stylo conscripta facile intelligant, et per ea ad supradictæ et semper dicendæ Virginis Mariæ venerationem commoveantur; et ne quis ista velut vana et frivola rejicienda putet, scias me nequaquam oculis propriis hæc aspexisse, sed ab uno [*f.* a viro] venerabili Goffrido, Carnotensi episcopo et apostolicæ sedis legato, in conventu nobilium personarum referente, cognovisse. Nunc ergo quæ ad laudem gloriosæ Dei Matris audivimus, tibi et cæteris sibi similibus in Christo parvulis, qualium est regnum cœlorum, notificabimus.

CAPUT PRIMUM.

In Galliis, vico qui dicitur Dormientium, habetur imago Matris Domini tanta venustate et formositate depicta, ut supra nihil. Ad hanc videndam et vene- C randam ex diversis provinciis fideles quique veniunt, vota solventes et auxilium illius implorantes. Mater vero totius misericordiæ se adesse miraculis frequentibus probat, ex quibus pauca quæ ad nos venerunt, referemus. Cum divina providentia anno ab Incarnatione Domini 1133 peccatis nostris exigentibus, ad correctionem multorum sacro igne quorumdam corpora depasci permitteret, supra dicta ecclesia tanta divinæ largitatis gratia redundabat, ut quicunque patiens hanc infirmitatem coram beatæ Virginis vultu adveniret, statim superna gratia visitatus ardoris sui refrigerium sentiret : ea propter et [*f.* ita] languentibus ecclesia illa replebatur, ut vix in ea consistere posset advenientium turba. Accidit autem ut cujusdam rustici ad jus ecclesiæ D pertinentis uxor satis apud suos habens honestatis, pavenda et horribili ultione in ipso vultu percuteretur. Adducitur ad communem salutis portum, et in supradictam ecclesiam manibus filiorum et parentum introducitur. Coram sanctissimæ Virginis imagine gemebunda prosternitur, et multis lacrymis et suspiriis Matrem misericordiæ evocat, et ut sui misereatur flebilis et miseranda deprecatur. Conventus virginum sacrarum in eadem ecclesia Reginæ virginum servientium accurrunt, et pro devota sibi supplicant ancilla, quam miserabili languoris genere teneri conspiciunt; pervigilem ducunt noctem psalmis et orationibus cum lacrymis et cordis contritione Dei misericordiam et B. Virginis auxilium invocantes. Fit inaudita rerum mutatio, misericordia obduratur; quasi preces Virginis respuuntur, nec ad ullum perducuntur effectum : manet infelix mulier, et adhuc exspectat Matrem misericordiæ ut sui misereatur. Furit iterum infirmitas et totum vultum mulieris occupat; fetor invisus ab infelicis facie consurgit, omnemque replet ecclesiam. Tædio laboreque gravatus recedit maritus, filii filiaque illius vigiliis fetore, deprecatione lassantur. Mulier invelata faciem indecoram impudenter coram populo erigit, et jam ipsa desperata post XIII dierum exspectationem ante imaginem Virginis prosternitur, et lacrymis suffusa, miseranda facie hujusmodi verbis quasi præsentem Dei Matrem compellat : « O Domina, inquit, quam totius misericordiæ Matrem et pietatis fontem, et portum credidi miserorum, video te mihi in crudelem versam, et frustra tuam exspectare misericordiam. Omnes alienigenas huc advenientes et undique concurrentes pristinæ sanitati restituis, me autem, quæ propria ancilla tua sum despicis, nec ullum invenio consilium a te mihi collatum. Recedam ergo ab ecclesia tua, nec faciam cæteris amplius fetorem, aut terrorem meæ inauditæ deformitatis. » Hæc dicens mulier ab ecclesia egreditur et omni collacrymanti turba spectantium, voces miserandas et lacrymosa suspiria trahens pedetentim, ut poterat, egreditur a toto vico, meante et stupente omni populo; fit terrori mulier omni occurrenti, non enim vultum præferebat hominis, sed informis monstri imaginem protendebat. Carebat omni naso cum labio inferiori, utrisque genis infirmitatis violentia conjunctis, et jam ab oculis profluente multitudine concremati sanguinis, tandem incumbente jam die fatigata nimis infelix mulier ad domum cujusdam pervenit rustici, hospitiumque ab illo quæsivit; qui misericordia motus in parte secretiori domus suæ lectulum in stramine illi composuit et ad quiescendum in eo mulierem collocavit : monuit illam ut aliquantulum cibi sumeret, et illa non acquievit; tenebrescente autem nocte mulier præ tædio et labore visa est obdormisse; et in eodem somno videt B. Virginem Dei et Domini Matrem cum consueta claritate assistere, sibique comminari, seque increpantem cur ab ecclesia recessisset; illa autem pedibus ejus provoluta misericordiam precabatur : Beata itaque Dei Genitrix manu propria mulierem erigit et coram se stare præcipit : manu benigna vultum attrectat, et omni effugato dolore pristinæ eam sanitati sub momento restituit, ita ut nec etiam cicatrix aut signum aliquod vulneris alicujus remaneret, benedictaque muliere, visio gloriosa disparuit. Illa ad semetipsam reversa, sanitatis suæ incerta, visionem suam ad memoriam reducit, vultum suaviter manu tangit, integram faciem invenit, et prorsus fugatum languorem : certa facta de miraculo mulier voces laudis et confessionis emittens, clamore valido totam sui hospitii turbat familiam ; accenduntur luminaria plurima, accurrunt vicini, vident fulgenti facie sedere, quam paulo ante viderant horribili deformitate fetere, interrogant quomodo factum sit, narrat mulier visionem quam viderat, per quam sanata fuerat. Reducitur ad ecclesiam mulier, et coram imagine sanctissimæ Dei Genitricis prosternitur, curatrici suæ flexis genibus et ejulans gratias refert, admirante et congaudente populo, et in Virginis beatæ laudes acclamante. Videres ibi populum certatim concurrentem ad mulieris osculandam faciem, quam Mater Domini propria manu formaverat. Tradidit autem seipsam mulier in perpetuam ancillam eidem ecclesiæ ad laudem et gloriam nominis Jesu Christi, qui cum Patre, etc.

CAPUT II.

Alio autem tempore in eodem vico manebat quidam plebeiæ multitudinis vir, qui uxore propria derelicta, quamdam puellam devirginaverat, quam loco pellicis in proprios usus tenebat. Mulier autem illius graviter et iniquo animo hujusmodi disjunctionem ferens quotidie coram B. Virgine prosternebatur clamorem faciens de muliercula illa. Dicebat autem hæc verba quotidie : « Sancta Maria Mater Domini, fac mihi justitiam de meretrice illa, quæ mihi virum meum incantationibus aufert. » Peccatrix autem mulier quotidie procedebat ad ecclesiam et ante imaginem Matris Domini hæc proferebat : « Ave Maria, » etc., illa clamabat, hæc salutabat, donec sic agendo annum peregerunt. Illucescente autem die Dominicæ Resurrectionis apparuit Dei genitrix, et semper virgo Maria mulieri quæ clamorem faciebat, et dixit ei : « Mulier, quære alium qui tibi justitiam faciat de muliercula illa, quia ego nullo modo facere possum eam tibi. » Illa vero, ut sibi videbatur, respondebat illi dicens : « O Domina, quæ potestatem obtines super omnes cœlorum virtutes, et quæ mundanam superbiam semper, cum tibi placuerit, humilias, nec non dæmonum crudelitatem potestate comprimis, quomodo dicis, Domina, te mihi non posse justitiam facere de misera muliercula quæ peccat in filium tuum et in te auferendo mihi maritum meum ? » Ad hæc mulieris verba respondit Regina virginum dicens : « Verum dicis, mulier, quia mihi data est potestas omnium quæ in cœlo sunt et in terra, et in dæmones facio justitiam ; sed peccatrix illa quotidie mihi reducit in memoriam gaudium majus quod unquam habui in præsenti sæculo, proferens mihi salutationem angelicam, quæ fuit gaudium restaurationis humani generis; et ideo non possum pati ut aliquod infortunium illi contingat. » Hæc dicens visio astantis et colloquentis disparuit. Mulier vero cum mane surrexisset recolens visionem quam viderat ad ecclesiam quidem processit; sed coram beatæ Domini Genitricis imagine intime se præsentavit, nec solitum clamorem apud eam fecit : æstimabat enim se per incantationem esse delusam et malitia supradictæ pellicis Dei Matrem, quod dictu quoque nefas est, ad hæc dicenda contractam. Mansit autem diu in ecclesia stupens, et nesciens quo se verteret vel quid agere deberet; post hæc egreditur ab ecclesia, et in porta habet obviam illam de qua loquimur pelliceam, in cujus aspectu commota mulier, velut amens exclamat : « O infelix mulier, cur tu hanc ecclesiam præsumis ingredi, quæ mihi legitimum tulisti maritum, et ipsam Dei matrem præcantationibus tuis adeo seduxisti, ut mihi dixerit hac nocte sic salutationibus tuis delectari, ut de te nullam possit facere vindictam. » Peccatrix autem mulier, coram multitudine virorum ac mulierum sic provocata, nihil mali procaci respondit mulieri, sed tantum in turba declinare eam volens, in medio populi sese ingerebat : at contra mulier alia pene furibunda, et vix ab ea continens manus, vociferans insequebatur eam populo contra renitente. Turbati presbyteri et clerici accurrunt, causas clamoris inquirunt refert mulier omnia sicut narravimus et visionem quam viderat sicut eam supra retulimus : inquirunt; clerici a peccatrice cujusmodi salutationem B. Virgini proferret; refert illa, agnoscunt salutationem angelicam quam Gabriel archangelus ei protulit, cum Dominum ex ea nasciturum prædixit. Ubi vero peccatrix mulier se exauditam comperit, ante supradictam imaginem genua flectens, audiente populo, perpetuam continentiam devovit, seque sanctimonialem fieri postulavit, quod consecuta cellulam juxta eamdem ecclesiam ædificans, in ea se conclusit, et in eodem proposito permansit usque ad tumulum fideliter.

CAPUT III.

Accidit autem ut quædam pauper mulier cum parvulo filio quem in ulnis ferebat sola supradictam ecclesiam ingrederetur nemine in ecclesia consistente; quod ubi mulier conspexit, coram Dei Genitricis imagine genua ponens orationem propriam cœpit dicere, et ut sibi dignaretur adesse, supplex orare. Forte parvulus quem mulier in brachiis tenebat frustum panis dentibus adhuc infirmis ruminabat; qui intuens puerum quem beata Virgo in manibus tenebat, partem panis sui fregit et imagini Filii Virginis porrexit balbutiendo dicens : « Infans, comede; » quod dum sæpius iteraret et pueri similitudo, utpote insensibilis, minime responderet, cœpit infans mulieris flere quia videbat alium puerum de pane sicco nolle comedere. Nunquam obliviscenda clementia Salvatoris ! Imago pueri illius per virtutem sancti Spiritus locuta dixit puero flenti : « Usque tertiam diem tecum epulabor. » Stupefacta mulier quæ filium tenebat in ulnis, cum audivisset imaginem loquentem ad filium, exclamavit præ timore. Sanctimoniales mox adveniunt, causam clamoris inquirunt, narrat mulier tremens quomodo pueri sanctissimi imago locuta sit ad filium suum, et quid ei dixerit. Audito miraculo tanto, accurrunt omnes tam clerici quam laici, dantque consilium ut infans retineatur in ecclesia usque in tertiam diem, ut viderent quid ei accideret. Quod cum placuisset omnibus, mater cum puero in ecclesia mansit usque in diem tertium. Tertia autem die facies pueri ultra solitum resplenduit, et in ipso splendore sine angustia spiritum exhalavit, complevitque ei Dominus quod promiserat, dans ei panem angelorum quo nutriuntur omnes ordines cœlestium virtutum; corpusculum autem sancti pueri intra eamdem ecclesiam sepelierunt ad laudem et gloriam Domini Jesu Christi, etc.

CAPUT IV.

In quodam monasterio erat imago Virginis supradictæ satis honeste depicta : in eodem autem monasterio erat quidam monachus qui jacebat in ecclesia sacrosanctæ curam habens horarum sonandarum. Qui cum vitiis deserviret plurimis, carnis fluxui deditus, quaque nocte monasterium egressus cum meretrice, quam propriam tenebat, dum alii dormirent illicito concubitu defluebat abominabilis Deo et hominibus. Dum itaque antiquus sic eum deluderet hostis, et nullum sui criminis haberet conscium, pia Domini Mater hujusmodi miraculum manifestavit super illum. Erat juxta supradictam ecclesiam stagnum, per quod in parva navicula quaque nocte transibat ad domum infelicis mulierculæ monachus infelicior; cum autem illuc pergere vellet, obseratis undique portis, et ante imaginem B. Virginis transiens veniam coram ea petebat, animam et corpus in ejus ponens custodia, et sic per quoddam egrediebatur ostiolum. Accidit autem ut nocte quadam cum ad opus nefarium properaret, petita venia coram imagine, ut navicula submergeretur in stagno, et infelix monachus aquis immersus suffocaretur. Adfuit illico dæmonum turba infelicem trahens animam ad tormentorum loca; quibus occurrens B. Dei Genitrix eripuit miseram animam de pœnis illorum, dicens : « O miseri, nec miserandi ! utquid præsumpsistis invadere animam monachi hujus, qui licet ad peccandum pergeret, sub mea tamen custodia se posuit. » Audientes hæc dæmones exclamant : « Judicemur ante Dominum. » Cumque coram Deo venissent, ait Mater misericordiæ : « Animam hanc, charissime Fili, sub mea positam custodia invaserunt dæmones, et nisi citius occurrissem, ad sua secum tormenta pertraxissent. Cumque judicium vestrum quæsiissent, ecce coram vobis assistens oro ut revocetur ad corpus suum, et deinceps vivat ut monachus nec illusionibus et deceptionibus dæmonum amplius acquiescat, ne deterius in fine illi contingat. » Benignissimus autem Judex ait Matri suæ : « Quomodo non licet, Mater veneranda, me tibi aliquid negare, sicut petisti, redeat monachus ad ordinem suum, et agat pœnitentiam, ne gravius in die ultima judicetur. » Sic anima dimissa a superis ad sæculum reversa est. Dum hæc circa animam sic aguntur, nox transierat, monachique fratrem defunctum esse nescientes quærebant nec invenire poterant. Cum vero circa stagnum quidam illorum deambularent, viderunt eum ex aquæ profundo surgere, et ad littus natando venire conantem. Quod cum vidissent, intrantes in naviculam perrexerunt ei obviam, et eum foras eduxerunt. Ille vero cursu concito pervenit ad ecclesiam vociferando dicens : « Convenite huc ad me qui Dominum timetis, et Matrem misericordiæ veneramini. » Currens itaque pervenit coram imagine Genitricis Dei, et cadens in faciem suam cum multis lacrymis et gemitu valido se peccasse, se reum esse... Aderat turba mirantium, tam monachorum quam laicorum, et quid hæc sibi vellent penitus nescientium. Post longa autem suspiria tandem monachus ab oratione A surgens, impetrato silentio, omnia manifestat sicut supra exposuimus, et quomodo per misericordiæ Matrem e diaboli faucibus abstractus et saluti suæ restitutus. Videres populum pie collacrymari et compatiendo pectora tundere, cordibusque ac vocibus gloriosam collaudare. Ecce quæ de B. Maria audivimus, prout potuimus litteris mandavimus : veniant itaque ad eam pœnitentes cum interno gemitu rea pectora tundentes, sine dubio, si vere pœniteant, meritis hujus sanctissimæ Virginis recuperaturi gratiam benignissimi Filii et Domini nostri Jesu Christi qui vivit, etc.

ANNO DOMINI MCXLII

GILO TUSCULANUS EPISCOPUS

NOTITIA

(*Histoire littéraire de la France*, t. XII, p. 81.)

Gilon, surnommé *de Paris*, à cause du long séjour qu'il fit en cette ville, naquit à Touci dans le comté d'Auxerre. Moreri, qui le confond avec Gilles de Paris, plus récent que lui d'un siècle, avance, par suite de cette méprise, qu'il enseigna les belles-lettres dans la capitale. Il est mieux fondé à dire que Gilon entra dans le clergé de Paris, quoiqu'il ajoute sans preuve qu'il y reçut le diaconat. Ce qui est certain, c'est qu'après y avoir brillé par ses talents, il en sortit l'an 1119 pour se retirer à Cluni. S'il fuyait l'éclat en se confinant dans ce monastère, il ne rencontra pas ce qu'il y cherchait. Le pape Calixte II, dans un voyage qu'il fit à Cluni, eut occasion de le connaître, l'emmena peu après à Rome, et le créa en même temps cardinal et évêque de Tusculum (1). Honoré II, successeur de Calixte, hérita de son estime pour Gilon, et lui en donna diverses preuves. L'an 1127 il le revêtit du titre de légat, en l'envoyant à la terre sainte pour pacifier les troubles qui s'y étaient élevés parmi le clergé. Nous avons les lettres de ce pape à Bernard, patriarche d'Antioche (2), le principal auteur de la division, lettres par lesquelles il lui enjoint de rendre au légat Gilon l'honneur et l'obéissance dus à son caractère. Cette légation ayant eu tout le succès qu'on s'en était promis, Gilon à son retour se vit chargé du même ministère pour la Pologne. Quoiqu'on ne sache ni l'objet, ni le détail de ses opérations en ce royaume, il est à présumer qu'il y soutint la haute idée qu'il avait donnée jusqu'alors de sa prudence et de sa capacité.

La mort d'Honoré fut le terme des services que notre prélat rendit au saint-siége. Loin de lui être utile depuis, il en devint le fléau par le parti qu'il prit dans le schisme d'Innocent et d'Anaclet, concurrents pour la papauté. Gilon tint pour le dernier et le moins légitime avec une opiniâtreté qui survécut même à la mort de cet antipape. On le voit en 1134 exercer au nom de celui-ci les fonctions de légat en Aquitaine, de concert avec le fameux Gérard, évêque d'Angoulême (3). En vain Pierre le Vénérable essaya-t-il de le ramener au parti d'Innocent, par deux lettres très-pressantes, dont la première fut écrite du vivant d'Anaclet, et la seconde lorsqu'il n'était plus : il ne paraît pas qu'elles aient fait aucune impression sur son esprit. S'il est vrai toutefois qu'il vécut jusqu'en 1142, comme le pense un habile critique (4), on aura peine à se persuader qu'il ne soit pas venu à résipiscence, d'autant plus qu'alors il ne subsistait plus aucune étincelle de schisme. Dom Mabillon n'hésite pas même à l'assurer (5), et rapporte à saint Bernard, d'après Ughelli (6), l'honneur de cette conversion. Mais ni l'un ni l'autre écrivain ne donnent aucune preuve positive de ce fait.

Le public possède, mais non dans leur intégrité, deux écrits de Gilon, dont l'un est un poëme historique de la première croisade, en six livres, l'autre une Vie de S. Hugues, abbé de Cluni. La première de ces productions, tirée de l'obscurité par les soins d'André Duchesne, se trouve à la fin du IVe tome de son *Recueil des historiens de France*. Elle y forme les quatre derniers livres d'une Histoire totale de cette expédition, comprise en sept, dont les trois premiers appartiennent à un nommé Foulque. Le travail de celui-ci n'étant représenté dans cette édition que sur un manuscrit plein de lacunes, Dom Martène a jugé à propos de le faire reparaître dans le troisième tome de ses *Anecdotes*, d'après un exemplaire beaucoup mieux conditionné de l'abbaye Saint-Germain des Prés. Cette seconde édition n'est pas néanmoins tellement complète, qu'elle ne laisse encore plusieurs vides à remplir. Dom Martène reconnaît lui-même

(1) Duches. *Hist. des card. fr.* t. I, p. 98.
(2) Will. Tyr. *Hist.* l. LXXIII, c. 23.
(3) Helinand. p. 187; *Bibl. PP. Cist.* t. VII,
(4) Mab. *Ann.* t. VI, l. LXXVII, n° 137.
(5) Ibid. n° 4.
(6) *Ital. sacra*, t. I, p. 264.

qu'il aurait pu la rendre plus parfaite, s'il eût eu pour lors connaissance d'un autre manuscrit qu'il a vu depuis à l'abbaye de Marchiennes. Cet exemplaire a pour titre : *Historia Gilonis cardinalis episcopi de via Hierosolymitana* ; et à la fin on lit : *Explicit libellus Gilonis Parisiensis clerici, postea Cluniacensis monachi, inde cardinalis, episcopi de via Hierosolymitana, quando, expulsis et occisis paganis, devictæ sunt Nicæa, Antiochia et Hierusalem a Christianis.* On voit là tous les états par où passa Gilon, et en deux mots tout le précis de l'ouvrage. Les mêmes paroles se voient à la fin de ce poëme dans un manuscrit de la Bibliothèque du roi, pour le moins aussi ancien (il est du XIIIe siècle), et encore plus ample que celui de Marchiennes, car il renferme un prologue de Gilon en vers élégiaques, qui ne se rencontre ni dans celui-là, ni dans les autres. En voici les premiers distiques, d'après lesquels on verra que ce poëme n'était pas le coup d'essai de notre auteur.

Hactenus intentus levibus puerilia dixi,
Materia puero conveniente levi.
Nec Turno dedimus carmen, nec carmen Achilli ;
Sed juvenis juveni carmina plura dedi.
Materiamque gravem penitus mens nostra refugit ;
At levibus nugis dedita tota fuit.
Ætas mollis erat, tenerisque lusibus apta,
Quæque gravant mentem, ferre nequibat ea.
Ausus eram, memini, de bellis scribere ; sed ne
Materia premeret, Musa reliquit opus.

A cet extrait du prologue nous joindrons le début de l'ouvrage, ce qui suffira pour mettre le lecteur en état d'apprécier la versification de Gilon.

Est ope divina Turcorum facta ruina.
Hoc pro laude Dei, licet impar materiei,
Carmine perstringo facili, nec ludicra fingo.
Christe, meæ menti tua bella referre volenti
Adsis, laus cujus series est carminis hujus,
Ut bene proveniant, et te duce carmina fiant.

En terminant ce poëme historique, il déclare son nom, sa patrie et sa demeure par ces deux vers :

Hæc ego composui, Gilo nomine, Parisiensis
Incola, Tuciaci non inficiandus alumnus :

Il n'était donc pas encore moine de Cluni quand il mit la main à cet ouvrage, mais habitant de Paris. Cependant Baudouin, second roi de Jérusalem, qui mourut en 1118, n'existait déjà plus, puisqu'il en parle comme d'un prince dont le gouvernement était expiré ; ce qui prouve avec quel fondement nous avons retardé la profession religieuse de Gilon jusqu'à l'an 1119.

Notre auteur avait passé de l'état monastique à l'épiscopat lorsqu'il entreprit d'écrire la vie de saint Hugues, ouvrage dont les Bollandistes se sont contentés de donner des extraits (7), ainsi que de celui d'Ezélon sur le même sujet. C'est lui-même qui déclare ce changement d'état dans son épître dédicatoire à Ponce, successeur de saint Hugues, insérée par dom Martène dans le premier tome de ses *Anecdotes*. Car on ne peut donner un autre sens aux regrets qu'il y manifeste d'être rentré dans le monde après l'avoir quitté, d'avoir perdu à Rome ce qu'il avait amassé à Cluni. Cette épître est bien écrite et pleine de grands sentiments.

On doit, sur le témoignage de Guillaume de Tyr (8), présumer aussi favorablement des lettres qu'il écrivit au clergé d'Antioche pendant sa légation en Palestine. Le temps nous les a enviées (9), et nous ne les connaissons que par les éloges que cet historien en fait. Elles avaient pour objet d'engager ce clergé et son patriarche à restituer à l'archevêque de Tyr plusieurs églises que ce prélat revendiquait. Ces lettres eurent leur effet ; c'est la meilleure preuve de l'éloquence du légat.

(7) Boll. t. III Apr. 29, p. 655.
(8) Guill. Tyr. *Hist.* l. LXXIII, c. 23, p. 847.
(9) Vide infra.

EPISTOLA GILONIS

TUSCULANENSIS EPISCOPI

De vita B. Hugonis Cluniacensis abbatis ab ipso conscripta. — Plangit se a claustro avulsum.

(Circa annum 1110.)

MARTÈNE, *Anecdot.* tom. I, pag. 321, ex ms. Igniacensis monasterii.

Dilectissimo Patri, cum jucunditate animi semper recolendo, domino PONTIO abbati, frater (10) GILO titulo dignior quam vocabulo, filios cum ipso et per ipsum mellea paradisi dulcedine satiari.

(10) Præter Gilonem cardinalem et Hildebertum Turonensem archiepiscopum, cujus lucubratio non semel est edita, Vitam sancti Hugonis scripsere Hugo Cluniacensis monachus et Raynaldus abbas Vezeliacensis, quorum opus manuscriptum asservatur in manuscripto codice Clari-Marisci (Vide *Patrol.* t. CLIX).

Quoniam celsitudinis vestræ reverentia de viro ineffabili me quoque fari commonuit, elegi plus apparere præsumptor temerarius, quam vestræ voluntati contrarius. Et quidem tanti lucernam luminis aureo sustollendam candelabro super arundineum et fragile vehiculum attollens videor deprimere, dum levare cupio; utque trahunt oculos radiantia lumina solis: ita nimio sui splendore nostræ mentis hebetudinem tanti patroni gesta reverberant. Cæterum ut mendicatis tinnulisve utar sermonibus,

Si vox infragilis, pectus mihi firmius esset,
Pluraque cum linguis pluribus ora forent,
Non tamen idcirco complecterer omnia verbis,
Materia vires exsuperante meas:
Invida me spatio natura coercuit arcto.
Ingenio vires exiguasque dedit.

Quia vero bona voluntas pro facto sæpe reputatur, si non est unde comparetur gratia, venia saltem non negabitur. Hinc est quod vidua quæ duo misit æra in gazophylacium, Crœsi divitiis præfertur: quia sinceram devotionem obtulisse creditur, divitiis ditiorem. Oportebat sane non in sapientia verbi sanctum efferre, qui suorum luce meritorum coruscat. Sic licet mensis regalibus nectareus liquor patulis distribuatur fialis, tamen in angustis cyathis interdum propinatur. Dignum profecto fuit ut vita illius Romæ particulatim scriberetur, qui, dum vixit, Romanorum principum, Petri dico et A Pauli, maximus cultor exstitisse cognoscitur. Si hoc modo culpam evasero, vestræ dignationi deputabitur, qui dedistis animos, ut inciperem, et congruum rebus ordinem præfixistis. Denique jussionem vestram tanta comitatur efficacia, quod quidquid injungitis non gravat, licet arduum sit a natura. Unum difficile reperi quod mea magis fecere delicta mundo me redditum, qui duram Pharaonis servitutem abdicaveram. Nunc primum novi jam in terris cœlestis regni habitaculum. O si liceret ulterius cœtibus sanctorum associari! pedibus vestris procumberem, ne a consortio beatorum obsessus omni crimine excludere. Ego socius peccatis et spoliatus virtutibus, languentium medicos animarum adieram, et iterum latronibus expositus plagis recrudescentibus B compellor exclamare: Putruerunt et corruptæ sunt cicatrices meæ: ego morbida ovis procul a stabulis aberrans, nisi me pius pastor reducat, cito deficiam, et in ipso conamine vestigia concident assurgentis. Ego prodigus ille substantiam Patris perdidi, dum quod Cluniacus docuit Romæ servare non potui. Ego ne cum multis perirem Lot egredientem ad montana sequi proposueram, sed retro respiciens versus in statuam semitas justorum non observavi. Superest ut magnitudinis vestræ clementia, me regredi ab urbe præcipiat, qui progredi non possum; et oratu fratrum me sancti Spiritus aura provehat ad portum optatum.

EPITOME VITÆ SANCTI HUGONIS

ABBATIS CLUNIACENSIS

Ab Ezelone atque Gilone, proxime ab obitu sancti scriptæ, per anonymum excerpta.

(Vide Patrologiæ, tom. CLIX, col. 909.)

HISTORIA DE VIA HIEROSOLYMITANA

AUCTORE GILONE.

(Vide Patrologiæ tom. CLV, col. 000.)

GILONIS TUSCULANI EPISCOPI

LEGATI APOSTOLICI

Acerrima disputatio adversus Antiochenum patriarcham quod nolit papæ Romano concedere primatum, contemnat litteras papæ, ignominia afficiat papales legatos, seseque non filium dicat, sed fratrem papæ, cum injuria Decalogi.

Apud Ludewig. *Reliquiæ mss. dipl.*, p. 452.

Ægidius Tusculanus episcopus, apostolicæ sedis legatus, B. Antiocheno patriarchæ. Quod relatione non didici vel rumusculorum deceptoria varietate, C imo sub interminatione magni discriminis cum erubescentia declamo, experientiam proferens, non conjecturam. Contempseras jam sæpenumero sanctam et apostolicam sedem, litteras omnium christianorum Patris insolenter respuens, legatos ejus, contra tuæ professionis sacramentum, rejiciens. Ego tamen legationem domni mei papæ assumens, cum his qui oderunt pacem, pacificus esse optabam spe correctionis, non consensu malignitatis, decebam ad hoc habitæ tecum familiaritatis aliquantæ contubernium, quod me tibi fidelissimum præsentabat, propensiorem ad obsequendum tuæ charitati, quam ad arguendum. Demum si aliquando persona potens minus aptum delegaverit nuntium, non despicitur humilitas missi, quia servatur reverentiæ mittentis domini. Tu autem, summi papæ non attendens imperium, me conservum tuum de finibus nostris exturbasti suffocatum æstimans, si allegatum tibi directe silentium imponeres. In quo nimirum facto tibi dicit Zacharias propheta : *Leva oculos tuos et vide maledictionem, quasi volumen volans ad domum jurantis in nomine meo mendaciter, ut consumat eam.* Scriptis profecto et patentibus argumentis amodo demonstrabitur universis, quanto cum tuo periculo contra omne fas et jus tentes antiquum Divinitatis consilium immutare, quodam supercilio Romanum contemnens dominium. Illi sane post communem in baptismate promissionem, in consecratione tua coram Domini sepulcro, obedientiam papæ promisisti, sumpsisti denuo pallii fidem, cooperante domino Mauricio Portuensi episcopo. Jampridem erroris seductus phantasmate, ascendisti equum superbiæ, ut cadas retro confusus, non in faciem, ut Saulus. Qualis vero, quam lamentabilis vere et detestabilis est illa sacrilega usurpatio qua te collegam et fratrem domini papæ jactas, quod dicere ad hæc usque tempora omnis horruit Christianus, et dicentem inter christianos Ecclesia non habuit. Ignoras Petrum a petra Christo denominatum, super cujus corpus Romæ tota consistit Ecclesia. Petrus iste implet fundam et Philis hæcum Goliath in frontem percutit, ubi crucis vexillum profanus et impius non habet. Omnis siquidem Ecclesia Romana adversarios cernit. Fundamentum aliud, præter id quod positum est, frustra laborantes statuere. Recordate tandem quod sacra historia narrat : Profecti arrogantes de Oriente in campum Sennaar construxerunt turrem Babel, habentes lateres pro saxis, et bitumen pro cimento. Oriens non immerito universalis Ecclesia Roma est, a qua quicunque resilierit, fetorem omnibus sociis facit, Sennaar enim fetor eorum interpretatur, de quibus propheta : *Computruerunt iniquitatibus suis.* Et Isaias : *Erit pro suavi odore fetor, et pro zona,* etc. Istis terrenis voluptatibus dediti luto et lateribus cœlum attingere cupientes, dum attollunt se super se, confusionis sempiternæ *Babel* ædificant cum Ægyptiis, qui cum simili opere filios Israel affligebant, in abyssum repente dissolvendi. Enimvero si in petra fidei, quæ est Romana Ecclesia Petri, ædificii fabricam construeres, non in arena mundanæ spei, in qua Moyses sepelivit Ægyptium, memor esses beneficii a pia

A matre tibi copiose collati, libenter te subjiceres illi, quæ quoscunque reges tibi subjecit. Hoc sanctum ut implere valeas, clama cum Isaia : *Lateres ceciderunt, sed quadris lapidibus ædificabimus. Sicomoros succiderunt, sed cedros immutabimus.* Alioquin time, quod proverbia tibi specialiter imprecantur. Oculum qui subsannat patrem et despicit matrem, effodiant corvi de torrente, et comedent eum filii aquilæ. Quod procul dubio reipsa tibi continget, quando dictante justitia dominus papa, episcopi, cardinales, tota accordante Ecclesia, adversus præsumptiones tuas consurgent. Tunc præsumptiones tuæ crepabunt, qui te in saltum dirigens ultra metas tui ordinis te extollis, non considerans teipsum.

B Porro bonum est ut oculus scandalizans eruatur et projiciatur, quatenus intuitus superbiæ et malitiæ obteratur, et oculus sanæ fidei simplicitatis aperiatur. Unde dicit Apostolus : *Si quis inter vos videtur esse sapiens.* Qui aliquando excæcatur illo superbo oculo, spiritali illuminatus est a Domino. Hæccine Romanæ Ecclesiæ recompensas, quæ miseram Antiochiam ex ipsis hiantium faucibus hostium valenter, violenter extraxit jam funditus absorptam, et in dies filios suos ad conservandam eam mittit, suam tolerans imminutionem, ob ipsius liberationem ? Mirum in modum factum est, sicut quod dicit Amos : Quomodo si eruat pastor de ore leonis duo crura aut extremum auriculæ, ita vos eripuit apostolica pietas de inæstimabili Persarum rabie. O altitudo

C profunda ! Parum erat litteras domini papæ negligere, si non et meipsum episcopum tu, episcopus, per tuum capellanum et characteres contumeliosos confutares, legatum domini tui impudenter repelleres ? Nesciens forsitan legationem solam sequestram pacis vel belli a sapientibus nuncupari. Utinam aperiret Dominus oculos tuos, sicut aperuit cæci, videns multo plures nobiscum esse, quam tecum. Sed pudor cæcitate percussus nisi per Elysæum ducaris in Samariam, sicut Benadad, visum recuperare non poteris, videlicet per obedientiam domini papæ redire ad metropolim Israelitorum, Romanam Ecclesiam. Sin autem, ut Balaam, apertos tandem habebis oculos, cum sola vexatio dabit intellectum, timendum certe et vere timendum, ne propter tuam

D singularem extollentiam Orientalis confundatur Ecclesia, inter se intestinum mittens excidium, et Occidentalis Ecclesiæ perdens auxilium. Quod indubitanter eveniet, nisi ad te redieris, et nisi suffraganeos suos Trevirensi archiepiscopo libere dimiseris, nullius in hoc sustinens præjudicium, si domini papæ mandatum observes. Scandalis istis de medio sublatis per Psalmistam loquatur Dominus pacem in plebem suam et in... et ambulabimus in domo Domini cum consensu. Cæterum in rebellione cum pertinacibus pacem non habemus, ne operibus malignis communicemus, quia nec spiritus hæc fecit pacem, hominibus bonæ voluntatis offerens. Confidimus tamen ex divina pietate, quod vel ab his admonitus cessabis. Denique si de schola Petri Anthiochenam Ecclesiam processisse asseris, navem Petri in Jerusalem ædificatam cognosce, portuque ab illo anchora soluta littoribus vestris per æstuantium volumina undarum applicuisse. Attestante enim Domino oportebat prædicari Evangelium in omnes gentes incipientibus ab Jerusalem. Igitur A quia Sion principium nostræ salutis diversis de causis exaltare nos convenit, ut exaltemur. Postremo pro Christo legatione fungens, tanquam Deo exhortante per me, obsecro, reconciliare Patri tuo, ut vivas propter eum, qui est pax nostra, qui fecit utramque unum.

ANNO DOMINI MCXLII

GAUFRIDUS

CATALAUNENSIS EPISCOPUS

NOTITIA

(*Gallia Christiana*, tom. IX, pag. 879).

« Cum B. Bernardus, inquit Albericus in Chronico, in episcopum Catalaunensem fuisset electus, recusavit, et per ipsum Gaufridus abbas Sancti Medardi Suessionensis fit episcopus Catalaunensis. » Succinit Chronicon S. Medardi, Spicil. tom. II, pag. 787, in hæc verba : « Anno 1131 Gaufridus cognominatus Collum-cervi, abbas ecclesiæ B. Medardi, episcopus Catalaunensis effectus est. » Paulo post vero missus est cum Matthæo Albanensi episcopo ab Innocentio II papa ad Ludovicum VI Francorum regem, ut eum consolaretur de morte Philippi, filii ejus primogeniti. Anno sequenti, quo consecratus est, confirmavit Laurentio abbati Sancti Vitoni fundationem prioratus Calidi-fontis, aliaque omnia ejusdem monasterii bona in sua diœcesi posita; et anno 1133 ecclesiæ Cellensi quasdam ecclesias. An. 1134 monasterium in Argona fundavit deditque canonicis regularibus, qui postea ad ordinem Cisterciensem transierunt. Anno 1137 subscripsit fundationi Carthusiæ Montis-Dei, deditque Odoni abbati S. Remigii Remensis altare Lupemontis. Anno 1138 litem Manassis II episcopi Meldensis cum Risendi abbatissa Faræ-monasterii diremit cum aliis arbitris. Eodem anno ad ejus preces Guarinus dedit monasterio Novigenti ecclesiam de Fontanis juxta Montem-Desiderii, quæ adhuc sub manu laica erat, et monasterio Sancti Petri personatum totius parochiæ Vitriacensis. Anno 1140 adfuit concilio Senonensi adversus Petrum Abælardum; præsensque fuit cum Hugo Roceii comes satisfecit ecclesiæ Sancti Remigii Remensis. Eodem anno fundavit anniversarium B suum in ecclesia Sancti Martini a Campis Paris. Eodem circiter tempore composuit cum Hugone episcopo Autissiodorensi litem quam habebat abbatissa Faræ-monasterii cum episcopo Meldensi. Ad eum scripsit Petrus venerabilis abbas Cluniaci lib. II, epist. 43, in hæc verba : « Vos Cluniacensis, imo divini ordinis per totam Franciam primum disseminatorem, auctorem, provectorem : vos, inquam, inveterati draconis de tot monasteriorum cubilibus expulsorem : vos diuturni somni, et longi monastici torporis excitatorem; hæc et mille talia dum recolo, dum rumino, dum teneo, totus et integer in sacrum vestrum amorem flammesco. Inde est quod de duobus vos alterum elegi, quos in non fictæ charitatis vertice totius Belgicæ Galliæ vestræ amicis præponendos C non tantum credidi, sed et publice prædicavi. Quid et illud quod et tantæ urbi non solum episcopum, sed et principem necessario vos esse oporteat : nihil de monacho pontifex vindicet, nihil de religione princeps usurpet, nihil de prisco ordine mundus furetur. » Anno 1141 confirmavit cellæ Brigensi tertiam partem decimæ ecclesiæ Sanctæ Mariæ de Codreio. Anno 1142 subscripsit chartæ Sansonis archiepiscopi Remensis pro monasterio Sancti Theoderici; et obiit V vel VI Kal. Junii, ex Necrologiis : eodem anno, non sequenti, ut fert Chronicon S. Petri Catalaunensis (si tamen in chronologia epistolarum S. Bernardi, quas modo citabimus, nihil erratum est), conditus in choro ecclesiæ cathedralis inter aquilam et imaginem S. Stephani.

GAUFRIDI

EPISTOLÆ ET DIPLOMATA.

Gaufridi epistola ad Petrum Venerabilem Cluniacensem abbatem.

(Exstat inter epistolas Petri Venerabilis sub num. 42. Vide infra ad annum 1156.)

II.

Ad Stephanum Parisiensem episcopum.

(Vide infra in Stephano.)

III.

Charta fundationis abbatiæ Monasterii in Argona.

(Anno 1134.)

[*Gall. Christ.* X, Instrum. 167.]

In nomine sanctæ et individuæ Trinitatis, GAUFRIDUS Catalaunensis Ecclesiæ minister humilis.

Si utilitatibus Ecclesiarum, si necessitatibus in eis Christo famulantium ad petitionem eorum quibus commissæ sunt providemus, opus charitatis et officium pontificis exercemus. Notum sit igitur tam præsentibus quam futuris, quod locum et ecclesiam quæ Monasterium dicitur, dedimus Eustachio venerabili abbati Sanctæ Dei Genitricis Mariæ et fratribus ibidem Deo servientibus posterisque ipsorum, cum decima ejusdem parochiæ, et silva cum pratis, terris cultis et incultis, liberam et absolutam ab omni costumia et inquietatione episcopi, archidiaconi et decani, in ea tamen subjectione Catalaunensi Ecclesiæ et obedientia, ut ad consulendum nobis et capitulo beati protomartyris veniant, quoties episcopus vel archidiaconus eos vocaverit. Ordinamus etiam et firmamus ut quicunque hactenus capellam Summellæ tenuerit, costumias quas mater ecclesia, Monasterium scilicet, antiquitus debuerat episcopo, archidiacono et decano, in perpetuum solvat, habeatque præter silvam quidquid est intra fines ipsius Summellæ de Monasterii parochia. Ad hæc Petrus de Atheio et nepos ipsius Gippuinus, assensu et concessione domni Galberti Catalaunensis et Milonis de Cernone, concesserunt et dederunt eidem abbatiæ pro remedium animarum suorumque prædecessorum, alodium quod habebant a vado Ositremont usque ad terram de Noviers juxta Summellam, et a terra de Noviers per Fornoncium juxta Algicurtem usque ad Bercholtham, et de Bercholtha ad Wambais juxta Hattummaisnil, usque ad locum ubi cadit Wambais in Gelestre, et de Gelestre usque ad Ositremont. Hæc igitur et quidquid amodo pie dictæ sanctæ Dei Genitricis ecclesiæ donabitur concessione pontificum, liberalitate principum, oblatione fidelium, sine contradictione tenenda sigilli nostri munimine firmamus, testes assignamus; et si cuiquam importunitas de cætero hæc mutare et cassare præsumpserit, anathematis vinculo innodamus eum.

Signum Stephani, Sig. Odonis, Sig. Reinerii, Sign. Guidonis archidiaconi. Sig. Ancheri decani. Signum Johannis, Sig. Wiberti, Sig. Walteri presbyterorum. Signum Guarnerii, Sign. Petri diaconorum. Signum Bononis. Sig. Hugonis. Sig. Segardi. Sig. Guiardi.

Actum Catalaunis anno ab Incarnatione Domini 1134, epacta XII, concurrente VI, Walterius cancellarius scripsit.

IV.

Charta Gaufridi episcopi Catalaunensis donationes præcipuas monasterio Trium-fontium a Petro Cluniacensi, Alone sancti Eugendi et Benedicto sancti Petri ad Montes abbatibus, atque canonicis Compendiensibus factas confirmantis.

(Anno 1136.)

[*Gall. Christ. ibid.*, col. 168.]

GAUFRIDUS Dei gratia Catalaunensis ecclesiæ minister humilis.

Notum sit omnibus P. Cluniacensem abbatem, A. abbatem Sancti Eugendi, P. abbatem Sancti Petri Catalaunensis, decanum et capitulum Compendiensis Ecclesiæ, singulos videlicet sub testimonio sigilli sui et assignatorum testium, petitione domni Bernardi abbatis Claræ-Vallis, privilegium fecisse abbati et fratribus Trium-fontium super his quæ eis concesserunt et dederunt, in hæc verba :

« Venerabili domno Guidoni abbati et fratribus de Tribus-fontibus, Petrus Cluniacensis abbas, salutem et dilectionem. A domino et amico nostro Bernardo, Claræ-Vallis abbate quem plurimum diligimus rogati, concedimus vobis et fratribus vestris, quos in eodem charitatis affectu habere cupimus, decimam illam deinceps possidere liberam quam a vobis fratres nostri de Baudovillari accipere solebant. Hoc etiam donum esse factum vobis innotescimus, cum consilio et personarum laude Cluniaci. Signum domni Bernardi prioris. Signum Bernardi de Meleiaco. Signum Jarentonis. Sign. Gaufridi prioris de Sancta Margareta. Sig. Gigonis camerarii. Valete memores nostri, fratres dilectissimi. »

« Ado Dei gratia ecclesiæ Sancti Eugendii Jurensis abbas, notum facio omnibus, quod ego stabilivi in capitulo ecclesiæ Sarmatiensis, laudantibus omnibus fratribus, atque consentientibus tam monachis quam conversis, quod ecclesia eadem Sarmatiensis singulis annis, Dominica proxima ante mediam Dominicam Quadragesimæ, sex solidos Catalaunensis monetæ pro ecclesia Sanctæ Mariæ de Tribus-fontibus, canonicis Sancti Cornelii Compendiensis persolveret. Testes Robertus prior ejusdem loci, Girardus, Milo. Affuerunt et isti quos domnus Ebalus Dei gratia Catalaunensis episcopus, misit ad hoc audiendum : Radulfus abbas Sancti Petri, et magister Rainerus. »

« Ego Benedictus abbas Sancti Petri, et universi ejusdem ecclesiæ fratres, domni Guillermi Catalaunensis episcopi et Bernardi Claræ-Vallis abbatis preces suscepimus, et ecclesiæ beatæ Mariæ quæ sita est in silva Luiz, in loco quem incolæ Tres-fontes appellabant, alodium quod apud Lombracum habebamus libere in perpetuum concessimus : quod ne temporis assensu præsumptuose aliquis conaretur infirmare, sigilli nostri et assignatorum testium firmavimus munimine. Signum Duranni. Sign. Philippi. Sign. Dudonis. Sign. Alberti. Actum est hoc anno ab Incarnatione Domini 1117. »

« Gaufridus sanctæ Compendiensis Ecclesiæ decanus, Johannes cantor, nosque simul ejusdem loci fraternitas universa, tam præsentibus quam futuris. Cunctis volumus innotescat quia domni regis Ludovici, ejusque conjugis reginæ Adelaidis, atque comitis Theobaldi, necnon virorum venerabilium Goisleni Suessionis, Gaufridi Carnotensis, Guarini Ambianensis episcoporum domnique Bernardi Claræ-Vallensis abbatis petitionibus, locum quemdam qui Tres-fontes vocatur in silva Luiz, quæ tota de jure nostræ est ecclesiæ, fratri Vidoni abbati et monachis cum eo ibidem servientibus inhabitandum concessimus. Quod ne longa temporum vetustate a memoria tolleretur, litteris fecimus assignari. Placuit itaque nobis ut terram illam et nemus, et quidquid de terra ecclesiæ nostræ ubicunque adjacet, in eadem silva salvis aliorum terminis ulterius eis accesserit, dicti monachi possiderent, excolerent, et quidquid in ea juris nostri erat libere et quiete perpetualiter obtinerent. Pro his omnibus Catalaunensium sex solidos eis constituimus, quos singulis annis proxima ante mediam Quadragesimam Dominica ministerialibus nostris apud Pontigonem persolvant ; et sic per totum annum in tota quietudine quantum in nobis est, perseverent. Firmatum est igitur hoc præsenti cyrographo, et sigillo signisque qui adfuerunt ad posterorum notitiam roboratum. Sign. Goisleni Suessionis, Signum Gaufridi Carnotensis, Signum Warini Ambianensis episcoporum. Signum Bernardi Claræ-Vallis abbatis. Sig. Gaufridi decani. Sig. Johannis cantoris, Signum Odonis et Haymonis præpositorum. Sign. Rainaldi abbatis sancti Bartholomæi. Sig. Theoderici abbatis S. Eligii Noviomensis. Actum Compendii anno ab Incarnat Domini 1130, in publico capitulo. »

Actum Catalauni anno 1136.

V.

Privilegium Gaufridi episcopi pro monasterio Sancti Petri.

(Anno 1138.)

[*Ibid.*, col. 169, ex autographo]

In nomine sanctæ et individuæ Trinitatis, GAUFRIDUS Dei gratia Catalaunensis Ecclesiæ minister humilis.

Ecclesiasticis utilitatibus fideliter insudantes, et contemplationis studio sollicitius inhærentes congruo sunt remunerationis beneficio prosequendi, ut et nos eorum obsequiis digne respondisse videamur, et illi ex indulta consolationis gratia utiliores existant. Quia igitur extra fines nostros manentibus quandoque manum porrigimus, longe amplius, longe benignius, hi qui sollicitudini nostræ commissi sunt et pro nobis invigilant, respirare debent in munificentia nostræ recompensationis, nec magnum est si nostra metunt temporalia quorum intercessionibus præparamur ad æterna. Notum sit igitur præsentibus et futuris, ad petitionem reverendi fratris et amici nostri Hugonis abbatis Sancti Petri de Montibus, assensu et voluntate capituli beati protomartyris, nos dedisse eidem abbati et ecclesiæ ipsius personarum totius parochiæ Vitriensis in eo honore et libertate qua eum dominus Anscherus decanus S. Stephani tenuerat, sic tamen ut die anniversarii xx solidorum refectionem Sancti Petri conventus exinde habeat, quatenus nostra misericorditer foveat oblatio, quorum pro nobis apud Deum intercedit oratio.

Et ecce testes hujus actionis. Signum Raineri, Signum Odonis, Signum Gaufridi, Signum Guidonis archidiaconum. Sign. Garneri cantoris. Sign. Johannis capellani. Signum Garneri de Malleio.

Actum Catalaunis anno Dominicæ Incarnationis 1138, epacta VII, concurrente V.

Galterius cancellarius scripsit et subscripsit.

VI.

Gaufridus episcopus Catalaunensis anniversarium suum fundat in ecclesia S. Martini de Campis Parisiensi.

(Anno 1140.)

[*Ibid.*]

In nomine sanctæ et individuæ Trinitatis, amen. Quia juxta propheticam et apostolicam vocem, veritatem a filiis hominum diminui, et refrigescente multorum charitate, iniquitatem, proh dolor ! videmus abundare, expedit ut per abundantiam bonorum operum multiplicati iniquitatis et malitiæ studeamus resistere. Et cum omnes omnibus officia debeant charitatis impendere, prælati tamen Ecclesiæ pro officio pastoralis curæ religiosis fidelibus impensius et devotius debent prospicere, et de sua abundantia illorum inopiam supplere. Hac ratione et devotione ego Gaufridus Dei gratia Catalaunensis episcopus, incitatus, pro salute animæ meæ et anniversarii mei recordatione, concessione et assensu domni Gaufridi archidiaconi nostri et aliorum archidiaconorum nostrorum, totiusque nostri capituli donavi monachis Sancti Martini de Campis Parisius manentibus. altare de Frisivilla, altare de Nigro-loco, altare de Verreriis, altare de Wallimont, altare de Expantia, cum capellis et dotibus, et omnibus ad prædicta altaria pertinentibus, salvo in omnibus episcopali et archidiaconali jure. Quod ut ratum et firmum permaneat, sigilli nostri impressione et testimoniis canonicorum nostrorum corroboravimus. Signum magistri Rainerii archidiaconi et decani. Signum Odonis de Roseto archidiaconi, Sign. Gaufredi archidiaconi, Signum Guidonis archidiaconi, Signum Henrici thesaurarii, Signum Garnerii cantoris. Sign. Guiniberti succentoris, Signum Johannis capellani, Signum Gualterii presbyterorum. Signum Petri, Signum Guarnerii, Signum Radulfi diaconorum. Sig. Stephani, Signum Renaldi, Signum Rogerii subdiaconorum. Signum Balduini, Sig. Hugonis, Sig. Milonis acolythorum.

Actum est hoc anno Incarnati Verbi 1140, episcopatus autem nostri decimo.

VII.

Fundatio Gaufridi Catalaunensis episcopi in abbatia Mauri-montis.

(Anno 1142.)

[*Ibid.*, col. 172, ex autographo.]

In nomine Patris, et Filii, et Spiritus sancti, ego JOFFRIDUS Dei gratia Catalaunensis Ecclesiæ episcopus.

Quæ Spiritus sanctus per manus meas dignatur operari, quo ratum sit in perpetuum, litteris mandare decrevi ex consilio venerabilium fratrum, scilicet Anselmi abbatis Sancti Vincentii Laudunensis, Nicolai abbatis Sancti Nichasii, Willelmi abbatis A Mauri-montis, constituimus et in æternum permanere firmamus, ut in monasterio prædicti Mauri-montis perpetuo missa beatæ Mariæ semper virginis omni die sine intermissione celebretur, si tanti sacerdotes ibi fuerint qui id officii implere possint. Quod si nonnisi unus fuerit et necesse fuerit ut aliam quamcunque missam celebret, etiam pro defunctis, officium beatæ Mariæ dicat privatim, vel secum, vel cum ministris, usque ad secretam : postea dicto solemniter quod necessarium fuerit officio, cum ad secretas venerit, prius secretam beatæ Mariæ celebrabit; et post perceptionem Dominici corporis et sanguinis similiter privatim, sicut officium celebravit, sic post communionem cum collecta consummavit. Ad tanti celebrationem mysterii Guarnerus B illustris de Altreio donavit ecclesiæ Mauri-montis majorem partem decimæ quæ ad ipsum pertinebat de villa quæ dicitur Super-turbam, pro remedio animæ suæ et Elisabeth uxoris suæ, et antecessorum suorum et filiorum, atque libera donatione confirmavit. Si quis vero, quod non optamus, hoc nostræ constitutionis privilegium pro nihilo ducere et hanc memoriam beatæ Mariæ vilipendere ausus fuerit, ex parte Dei et ejusdem matris Domini nostri anathema sit.

Actum est hoc in præsentia nostra Remis metropoli, VI Nonas Martii, anno Incarnat. Dominicæ 1141, epacta XI.

Hujus rei testes sunt prædicti abbates, et Walterius filius noster, ipsius Warneri frater : Balduinus C decanus (11), Petrus monachus, et multi alii.

(11) Decanus non ecclesiæ cathedralis, sed alius forte ejusdem civitatis ecclesiæ.

ANNO DOMINI MCXLII

STEPHANUS

PARISIENSIS EPISCOPUS

NOTITIA

(*Gallia Christiana*, nov. edit., tom. VII, col. 59).

Stephanus I, quem nonnulli Philippi I aut Ludovici Crassi regum Franciæ natum perperam asserunt, alii non minus mendose ex gente Garlanda ortum, fratremque Anselli senescalli et Stephani de Garlanda, Franciæ cancellarii, archidiaconi Parisiensis, quod peccandi forte ansam præbuit eis qui errantes in nomine, hunc pontificatus dignitate honestatum, illum vero cancellarium Franciæ Aurelianensemque D decanum fuisse tradidere, verius ex antiqua et illustri familia Silvanectensi genitus erat, quæ Franciæ buticularii officio sub primis tertiæ dynastiæ regibus condecorata fuit, prout testantur chartularia Sanctæ Mariæ Corboliensis, et abbatiarum Ederacensis, S. Victoris Parisiensis et Caroli loci, in cujus fundatione Guillelmi Lupi Silvanectensis frater nuncupatur, filius quippe Guidonis Silvanectensis, alias de Turre, domini de Chantilly et d'Ermenonville, ac Berthæ uxoris. In omni disciplinarum genere excultus fit archidiaconus Parisiensis, inde defuncto Girberto statim subrogatus episcopus, vix cathedram adeptus est, cum ob singularem quo Victorinos prosequebatur amorem largitus eis est, capitulis quorum intererat assentientibus, annuum reditum præbendarum vacantium, tam in ecclesia majore S. Mariæ quo potiebatur ecclesia S. Joannis Rotundi, quam in eccl. S. Marcelli, S. Germani Antissiodorensis, S. Clodoaldi, et S. Martini de Campellis : ecclesiæ autem Sancti Joannis Rotundi in compensationem dedit unam præbendam anno 1124 episcopatus primo (1). Canonicis Ecclesiæ Parisiensis eodem anno nonnulla concessit instrumento, ex quo haud temere colligitur cœptam tunc esse communem inter canonicos mensam. Fossatensibus monachis dedit ecclesiam de Boissiaco. Pontisarensibus donationem S. Præjecti de Turno confirmavit. Conventionem inter Matthæum priorem Sancti Martini a Campis, et Burchardum de Montemorenciaco stabilivit. Unus est ex episcopis quibus Calixtus papa mandavit VII Kalend. Sept. ut interdictum ob incestuosas nuptias Guillelmi Northmanni cum filia comitis Andegavensis latum in suis parochiis facerent observari (2). Subscripsit diplomati Ludovici Crassi bona Præmonstratensium confirmantis an. 1125. Controversiam habuit adversus Theobaldum Noterium archidiaconum, qui multa ultra muneris sui potestatem aggrediebatur. Ad causam definiendam vocavit abbates et clericos Parisienses, qui parati erant ad sententiam ferendam, cum Theobaldus summi pontificis provocavit judicium (3). Continuo episcopus et archidiaconus Romam petiere, quos inter arbitri a summo pontifice delegati pacem composuere Honorii pontificatus an. tertio. Exortum quoque inter episcopum et canonicos ecclesiæ Parisiensis (4) ob scholares in claustro habitantes dissidium compescuere Sugerius S. Dionysii et Gilduinus Sancti Victoris abbates cum Thoma priore et Roberto. Anno eodem cum Stephanus in Victorinos pronus præbendam ecclesiæ suæ tradere iis tentasset, obviam ivit rex Ludovicus (5), vetans ne quid in Ecclesia Parisiensi minueretur, nec canonici regulares præbendam in ea obtinerent : quo metuens diplomate episcopus ne libertas ecclesiæ labefactaretur, illi et ejus terræ sacris interdixit, idem minitantibus et archiepiscopo Senonensi et episcopo Carnotensi. Rex vicissim nec episcopo nec ejus bonis, hospitibus et colonis pepercit, temporalesque reditus manu regia invasit. Quapropter Stephanus ad opem sibi ferendam, tam episcopos suæ provinciæ, quam abbates apud Cistercium tum convocatos appellavit, rogavitque ut pro spiritali fraternitate, quam cum rege contraxerant eum obsecrarent, ut

A pacem secum componeret. Dum hæc agebantur Ludovicus acceptis ab Honorio litteris, quibus ab interdicto absolvebatur, ferocior, neminem audivit. Rursus igitur a Stephano ad Cistercienses perfugium. Ea de re ad summum pontificem scripsere Hugo Pontiniacensis et Bernardus Claræ-Vallensis abbates, scripsit et Gaufridus Carnotensis episcopus litteras, quas habes apud S. Bernardum (6).

Eodem anno cum Thoma priore Sancti Victoris testis fuit Stephanus donatæ mense Dec. a canonicis Senonensibus ecclesiæ Sancti Salvatoris canonicis regularibus Sancti Joannis apud Senonas degentibus. Habita est die 13 Januarii 1128 synodus Trecensis pro militibus Templi, cui adfuit Stephanus. Cisterciensum abbatum litteris factus forsan mitior
B Honorius, simulque permotus malis quæ adversarii Stephani regia subnixi auctoritate in Ecclesia Parisiensi moliebantur, Parisiensi capitulo dedit litteras VI Nonas Martii an. 1129 (7), quibus vetabat ne quid in Parisiensi Ecclesia immutarent absque episcopi consensu et rescindebat quidquid ex quo Stephanus cœperat esse episcopus, in eius præjudicium erat ab iis constitutum.

Interfuit Stephanus die Paschæ ejusdem anni coronationi Philippi regis Ludovici Crassi primogeniti. Hoc etiam anno celebratur a Matthæo episcopo Albanensi sanctæ sedis legato, olim priore Sancti Martini a Campis, concilium Parisiis in monasterio Sancti Germani, ubi Argentolium restituitur S. Dionysio petente Sugerio abbate. Huic adfuit Ste-
C phanus et subscripsit litteris Ludovici VI hac de re datis. Malum acerbum anno 1130 Gallias afflixit; Parisienses præsertim igne sacro vorabantur. Quam ut ablueret luem Stephanus, opem sanctæ Genovefæ imploravit, solemnem indixit supplicationem, in qua ad tactum sanctarum reliquiarum sanati ægroti : hujus in memoriam miraculi Innocentius II anno sequenti festum Miraculorum instituit, nec procul a basilica majore exstructa seu restituta ecclesia Sanctæ Genovefæ Ardentium, ab ægris, qui ardentes dicebantur, nuncupatæ

Remis synodum habuit Innocentius mense Oct. anno 1131, in qua pacem inter regem Ludovicum et Stephanum conciliavit : dignitati enim regis consulens et libertati Ecclesiæ, a capitulo Parisiensi præ-
D bendam petiit, quam canonicis Sancti Victoris libenter concessere (8), sicque a dissidiis hisce quies fuit. Stephanus in Martyrologio Ederensi legitur hanc abbatiam anno 1132 construxisse, ordinem secundum Regulam S. Benedicti sanctimonialibus statuisse, et auctoritate apostolica Innocentii papæ sub anathemate ne mulieres ejicerentur firmavisse, multaque alia bona innumerabilia eis fecisse. Anno eodem Stephano mandavit Innocentius (9), ut Archembaldo Aurelianensi subdecano et sociis honores et bona

(1) Hist. Ecclesiæ Paris. t. II, pag. 23.
(2) Spicileg. t. III, p. 149.
(3) Hist. Ecclesiæ Paris. t. II, pag. 29.
(4) Ibid. p. 31.
(5) Ibid. p. 25.

(6) Epist. 45, 46, 47, 49.
(7) Hist. Ecclesiæ Paris. t. II, pag. 27.
(8) Ibid. t. II, pag. 28.
(9) Spicileg. t. III, pag. 154 et seq.

ablata restitui satageret. Scripsit et ut interdictum ecclesiæ Sanctæ Genovefæ a se inflictum solveret.

Circa id tempus Stephanus episcopus querelam habuit cum Stephano de Garlanda archidiacono, Henrici archiepiscopi Senonensis consanguineo, qui horrenda perpetrarat facinora in terra Sancti Germani Pratensis (10), quam ad examinandam Pruvinum vocatus a metropolita venire renuit, ne contra honorem et dignitatem Parisiensis Ecclesiæ obediret. Hanc autem Bernardi abbatis Claræ-Vallensis arbitrio de consilio Gaufredi Carnotensis terminatam fuisse verisimile est (11). Iis quoque temporibus Galo Parisiensis scholæ magister a Stephano excommunicatus ob gravissimam, quam Algrino cancellario Ecclesiæ intulerat injuriam ad Henricum archiepiscopum Senonensem provocavit, et post ad legatum sedis apostolicæ, quibus respondit Stephanus, Henrico quidem, absque assensu ipsius non potuisse ad tribunal suum vocare causam Galonis excommunicati; legato vero, Galonem ejusque socios absolvere non posse ante satisfactionem, paratumque se esse, cum nonnisi de regis et episcoporum consilio egerit, ac auctoritate et præcepto papæ Galonem excommunicaverit, coram legato et ipso papa stare, suamque auctoritatem tueri. Monachis S. Martini de Campis dedit anno 1133 episcopatus nono, ecclesiam Sancti Dionysii de Carcere cum omnibus ad eam pertinentibus et præbendam in basilica majore; quam quidem ecclesiam a laicis acceptam Ludovicus rex ei dimiserat, ut monachis traderet, qui vicissim virginibus instituendis tradiderunt ecclesiam quam habebant in Monte Martyrum. Exstat etiamnum monachorum Cluniacensium prioratus.

Anno eodem Thomas prior S. Victoris occisus est XIII Kalendas Septemb.; cujus cædes plurimas concivit turbas. Perrexerat Stephanus ad Calam ad abbatiam monialium emendandam et ordinandam, habebatque in comitatu magistrum Thomam; in reditu vero juxta S. Stephani castrum, quod Gorniacum dicitur, subito a nepotibus Theobaldi archidiaconi insidias episcopo in via struentibus assultum passus est die Dominica, qui cum inermes invasissent prædictum Thomam interfecerunt (12). Tam atroci scelere perculsus Stephanus, Parisios reversus, subito auctores anathemate percussit, archipresbyterisque mandavit, ut latam ab ipso excommunicationis sententiam promulgarent (13). Hæc iisdem pene verbis scripsit ad Gaufridum episcopum Carnotensem e monasterio Claræ-vallensi, quo tædio se receperat post latam in hujus sceleris auctores excommunicationis sententiam (14), simulque Gaufridum invitavit ut ad se veniret solandum, quid in tali negotio facto opus esset deliberaturus. Scripsit pariter ad Innocentium summum pontificem (15) doloris et luctus plenam epistolam, in qua Innocentium imprimis obsecrat ne se verbis Theobaldi Noterii, si ipsum adeat, circumveniri sinat, suas quoque Bernardus litteris Stephani adjecit litteras (16), quibus permoto pontifici placuit, ut episcopi ad quos ea causa exspectabat, de tanto flagitio judicium ferrent. Innocentii litteris (17) excitati Galliæ episcopi, apud Jotrum non procul a Matrona flumine convenerunt. Quid in concilio decretum sit non facile dictu est, hujus enim acta interciderunt, sed sententiam episcoporum confirmavit Innocentius, novasque insuper parricidis irrogavit pœnas. Occiso per hæc tempora ab adversariis Archembaldo Ecclesiæ Aurelianensis subdecano, eo ferme tempore quo Thomas Victorinus, cum cædis auctores in conventu cardinalium damnati veniam deprecati fuissent, ad flagitium expiandum delegavit summus pontifex Stephanum et Gaufridum quibus et significavit latam a se in eos sententiam litteris datis Pisis VI Idus Januarii, anni scilicet 1134 (18). Monasterium Sancti Eligii Fossatensibus a Galone olim minus canonice donatum cum Stephano restituisset Theobaldus abbas (19), Stephanus diu retentum ecclesiæ Fossatensi iterum donavit anno 1134, episcopatus undecimo. Pactum iniit cum Ludovico rege pro quodam fossato sito in suburbio Parisiensi, Campello dicto, his conditionibus ut duas partes rex, episcopus vero tertiam obtineret, anno 1136 (20). Insequenti cum monachi et canonici a jurisdictione et potestate episcoporum subtrahere se conarentur, ab Innocentio, VII Kalend. Aprilis anno 1137 obtinuit litteras, quibus ecclesiæ et monasteria notata etiam privilegio summi pontificis in potestate et jurisdictione Parisiensis episcopi permanerent. Eodem anno subscripsit chartæ Ludovici VI, privilegia episcoporum provinciæ Burdegalensis confirmantis (21). Ludovico VI, morienti VII Kalend. Augusti adfuit, cumque ad meliorem vitam accinxit. Donum Hugonis Tiroli de villa Bofesmont monachis Sancti Martini factum confirmavit. Restitutas monialibus de Edera decimas largitus est anno 1138, donumque ecclesiæ Caroliloci a Guillelmo germano factum confirmavit. Prioratui Sancti Nicolai de Aciaco ecclesias parochiales de Derenciaco et Carrona in sua diœcesi asseruit an. 1140 (22). Memoratur et in charta Ludovici VII regis dato anno 1141, regni quinto, quæ asservatur in historia mss. S. Victoris. Quantæ autem apud summum pontificem Innocentium fuerit existimationis Stephanus, plures ad eum probant epistolæ, præsertim 18 et 19, a quo ob institutos in ecclesia de Dogilo presbyteros inconsultis Sancti Florentii monachis, quorum in-

(10) Spicileg. pag. 159, 160, 161.
(11) Ibid. pag. 155, 156, 157, 158
(12) Ibid. t. III, pag. 165.
(13) Duchesne t. IV, pag. 746.
(14) Not. in S. Bernard. col. LVIII.
(15) Bernard. ep. 159.
(16) Ibid. ep. 158.
(17) Not. in S. Bernard. col. LIX.
(18) Hist. Eccles. Paris. t. II, pag. 50.
(19) Ibid. p. 50.
(20) Hist. Eccles. Paris. t. II, pag. 59.
(21) Labb. Melanges cur. pag. 608.
(22) Hist. sancti Martini a Campis, pag. 296.

teneral, reprehensus legitur in tabulario hujus monasterii. De die et anno obitus Stephani non constat apud auctores et monumenta, IV Kal. Aug. mortem oppetiisse volunt Victorini. Joannes hujus domus scriptor hæc de ejus obitu scribit: « Hoc tempore obiit Stephanus Parisiensis episcopus, et sepultus est in monasterio Sancti Victoris Parisiensis, in medio chori. Et super tumulum ejus scripti sunt versus hi:

Hic jacet inter oves Stephanus, qui Parisiensis
Exstitit ecclesiæ pastor, et hujus ovis.
Hanc inopem, parvamque, novamque pius pater auxit,
Extulit, ornavit rebus, honore, libris.
Multa dedit multis, se nobis, plusque daturus,
Si dare plus posset, qui sua, seque dedit. »

Hujus quoque præsulis memoria celebratur ad IV Kal. Augusti in obituario Victorino his verbis: « Quarto Kal. Augusti anniversarium piæ recordationis Stephani Parisiensis episcopi, qui in vita sua hanc nostram ecclesiam mirabili affectu sinceræ dilectionis amplectens, multa et magna ei beneficia conferens; dignum et perpetuum sui nominis et amoris memoriale posteris dereliquit; siquidem in omnibus ecclesiis in quibus præbendæ sunt, nobis in singulis præbendas singulas dedit, in seniori ecclesia B. Mariæ Parisiensis præbendam unam, in ecclesia Sancti Marcelli; Sancti Germani Antissiodorensis, Sancti Martini de Campellis præbendam unam; dedit etiam nobis in omnibus supradictis ecclesiis annualia præbendarum, libros quoque optimos, quos sibi paraverat, moriens nobis reliquit: hujus itaque tanti viri, tam specialis amici anniversarium per singulos annos specialiter et solemniter celebrandum, et cum magna devotione faciendum est, et ante missam commendatio. Statutum est etiam, ut pro ejus anima præbenda una integra singulis diebus ad eleemosynam præbeatur, et pauper unus per singulos annos ex integro vestiatur, et in die anniversarii ejus centum pauperes, pane, vino et carnibus reficiantur. Anniversarium patris et matris ejusdem. Item anniversarium Bartholomæi Catalaunensis episcopi nepotis ejusdem. » Mense tamen Aug. non obiisse Stephanum, sed Maio, constat ex Necrologio ecclesiæ ipsius Parisiensis, ubi legitur: « II Nonas Maii de domo Sanctæ Mariæ obiit Stephanus episcopus, qui dedit nobis sexaginta solidos de reditu altaris ad stationem quatuor ferculorum in festivitate sancti Augustini: dedit etiam nobis septem modios frumenti ad panem Quadragesimæ, et qua-

A tuor pallia, et duo dalmatica, et tunicam unam, et duos urceolos argenteos cum acerra argentea. »

Stephani autem I. hic esse mentionem probat charta donationum ab ipso factarum Ecclesiæ suæ anno 1124. Obiit ergo Stephanus pridie Non. Maii, sed cujus anni hoc opus, hic labor. Attamen ex litteris Innocentii datis anno 1141 Gilduino Sancti Victoris abbati, et ex charta Ludovici VII, data anno regni ejus V, in quibus sit Stephani mentio, liquet Stephanum adhuc superstitem anno 1141, mense Augusto. Quin et decimas injuste a militibus tentas et restitutas sanctimonialibus Ederæ contulit anno 1142, ex chartulario Ederensi. Et certe in brevi Chronico ecclesiæ Sancti Dionysii (23) legitur: « M. CXLII. obiit Stephanus episcopus Parisiensis. »
B Non quidem me latet ejus tumulo insculptam nunc hanc inscriptionem: « Hic jacet felicis memoriæ reverendus pater et dominus Stephanus quondam Franciæ cancellarius, post episcopus Parisiensis, hujus domus specialis benefactor, qui obiit anno Domini M. CXL. III, Kalendas Augusti. » At primo recentius est epitaphium, in quo dum reficitur tumulus, et novum inscribitur, erratum esse quivis vel mediocriter eruditus perspiciet. Secundo Stephanus nusquam cancellarius fuit: in nulla quippe charta vel Philippi regis, vel Ludovici sexti, aut Ludovici Junioris hunc reperies eo nomine suscripsisse. Stephanum quidem cancellariorum numero accensent uterque Quercetanus, Mabillonius, D. du
C Fourni, PP. Angelus et Anselmus (24): at pace horumce scriptorum dixerim, Stephanum Silvanectensem confuderunt cum Stephano de Garlanda, qui ipsis fatentibus PP. Angelo et Anselmo (25) jam cancellarii munus obibat anno 1106, quo quidem anno et sequentibus Stephanum Silvanectensem cancellarium volunt alibi. Sed nec fuit decanus Aurelianensis, quod soli de Garlanda convenit. Non mirum igitur peccatum esse in die et anno in epitaphio assignatis. Stephani corpus integrum repertum est, anno 1515, quando novæ fundamenta ecclesiæ posita sunt.

Exstat tomo IV Scriptorum Historiæ Francorum a Duchesnio editorum de morte Stephani ad Parisienses canonicos Hugonis de Dociaco Senonen-
D sis archiepiscopi epistola, in qua patrem, ordinatorem et doctorem sibi puero et juveni creptum plangit eosque ad concordiam et unitatem hortatur.

(23) Spicil. t. II, p. 809.
(24) Hist. dom. Franc. t. VI, pag. 250.
(25) Ibid. p. 36.

NOTITIA LITTERARIA.

(*Hist. littéraire de la France*, t. XII, p. 153.)

Les écrits d'Etienne de Senlis que les temps ont épargnés sont moins propres à nous donner une haute idée de sa littérature qu'à nous faire connaître les principaux traits de sa vie et les événements les plus remarquables de son épiscopat. Le tout ne consiste qu'en quelques lettres assez courtes et des chartes. Pour ne pas interrompre la chaîne des faits énoncés dans ces deux genres de productions, nous les rapporterons suivant l'ordre chronologique, au lieu de les séparer en deux classes.

I. Déterminé à rétablir l'ordre dans son diocèse, notre prélat crut devoir commencer par le chapitre de sa cathédrale. Les chanoines s'étaient relâchés tellement sur l'article de la vie commune, que plusieurs avaient quitté le cloître pour vivre dans des maisons particulières. Etienne, pour les engager à se rejoindre à leurs confrères, gratifia son chapitre d'une rente de sept muids de blé destinés à faire du pain durant le carême pour les seuls chanoines domiciliés dans le cloître. L'acte de cette donation, daté de l'an 1124, fut suivi trois ans après d'un autre, par lequel Etienne transfère dans un lieu voisin de son auditoire, l'école publique qui était dans le cloître. De là l'Ecole du parvis.

II. La même année (1124) il signala sa libéralité envers d'autres chanoines dont la ferveur n'avait nul besoin d'être excitée par un semblable attrait. Nous voulons parler des chanoines réguliers de Saint-Victor. Voici en quoi consistait le bienfait. Deux prêtres qui desservaient l'église de Saint-Jean le Rond, qu'on croit avoir été l'ancien baptistère de Paris, étaient en possession de percevoir l'anniversaire, c'est-à-dire l'année de vacance de chaque canonicat de Notre-Dame. Etienne, du consentement de son chapitre, transporta ce droit aux Victorins par une charte signée de Bernier doyen, d'Adam préchantre, d'Etienne et de Thibaud archidiacres, de huit chanoines tant prêtres que diacres, et de trois enfants, *pueri* (26), c'est-à-dire de jeunes chanoines qui n'étaient pas dans les ordres sacrés.

III. Mais en même temps pour dédommager les desservants de Saint-Jean le Rond, il fit expédier une autre charte par laquelle il leur donne une prébende de la cathédrale, sans toutefois, y est-il dit, qu'à raison de cette donation ils puissent se qualifier chanoines de Notre-Dame, et à la charge d'y venir faire le service de semaine à leur tour. Comme il avait pareillement à indemniser son chapitre pour la prébende démembrée, il lui accorde par le même acte le droit d'instituer lesdits desservants et de les destituer. On voit au bas de cette pièce les mêmes souscriptions que dans la précédente. L'une et l'autre ont été publiées par le P. Dubois, dans le second tome de son *Histoire ecclésiastique de Paris* (p. 94).

Etienne, après avoir investi les Victorins du droit d'annate dans sa cathédrale, voulut encore qu'ils y possédassent un canonicat. Mais il ne trouva pas sur ce point la même complaisance dans son chapitre. Il y eut de la part de quelques chanoines des oppositions dont les suites devinrent très-fâcheuses par l'intervention du roi. Il ne reste aucun des écrits composés par notre prélat dans ce démêlé.

IV. L'évêque de Paris n'eut pas qu'une affaire disgracieuse à la fois. Dans le même temps deux de ses archidiacres, dont il avait voulu réprimer les excès, se soulevèrent contre lui, et mirent le comble à ses chagrins (27). Le premier était Etienne de Garlande. Dès le commencement de l'épiscopat d'Etienne, l'abbé de Saint-Germain des Prés avait porté des plaintes juridiques à ce prélat touchant des incendies, des sacriléges, des homicides, et d'autres forfaits commis par les gens de cet archidiacre sur les terres de l'abbaye. Cité à l'audience épiscopale l'accusé demanda, pour se défendre, du temps, un lieu sûr et un sauf-conduit. Tout cela lui fut accordé; mais après avoir obtenu délais sur délais, voyant qu'on se disposait à procéder contre lui par contumace, il s'avisa d'un expédient très-familier pour lors à ceux qui se défiaient de la bonté de leur cause. Ce fut de mettre sa personne et ses biens sous la protection du saint-siége. L'affaire cependant n'en alla pas moins son train. Sans égard pour cet appel frustratoire, Gilduin, abbé de Saint-Victor et official de l'évêque, prononça contre l'archidiacre une sentence par laquelle il mit sa terre en interdit. Garlande, loin de plier, se pourvut devant l'archevêque de Sens, Henri-Sanglier, son parent. Le recours est admis. Henri mande à l'évêque et à Garlande de se rendre la veille de l'Ascension à Provins pour y plaider leur cause. La réponse de notre prélat, insérée dans le troisième tome du Spicilége (p. 162), fut telle qu'on devait l'espérer. Après avoir exposé les faits comme on vient de les rapporter, il déclare à son métropolitain qu'outre le moyen de récusation qui résulte de sa parenté avec l'archidiacre, il n'est point en droit d'évoquer une pareille cause à son tribunal. On ignore quelles furent les suites de cette affaire, mais il est certain qu'elle finit par la réduction du coupable.

V. Thibaud Notier, l'autre rebelle, fut plus difficile à subjuguer, et poussa les choses aux dernières extrémités avant que de se rendre. Son premier crime était des concussions criantes qu'il exerçait à la faveur de son ministère. L'évêque employa la voie de l'interdit pour les faire cesser. Thibaud ne manqua pas d'en appeller à Rome (28). Matthieu d'Albane et Pierre de Léon, légats en France, furent chargés par le pape Honoré II de terminer cette affaire sur les lieux. Ces commissaires rendirent une sentence par laquelle ils fixaient et limitaient les droits de l'archidiacre bien au-dessous de ses prétentions. Thibaud parut s'y soumettre; mais intérieurement il ne pouvait digérer un échec aussi funeste à sa cupidité. Ses neveux, non moins avares que lui, mais plus audacieux, résolurent de s'en venger sur les promoteurs du jugement. Thomas, prieur de Saint-Victor, l'âme du conseil de l'évêque, fut la première victime de leur ressentiment. Comme il revenait de Chelles un dimanche, 17 août de l'an 1133, avec le prélat, ils fondirent sur lui et le massacrèrent près de Gournai. Etienne, de retour à Paris, fulmina une sentence d'excommunication contre les meurtriers. Elle est adressée en forme de mandement aux archiprêtres du diocèse, pour être envoyée par leur ministère à tous les prêtres de leur département. Le prélat y comprend non-seulement les auteurs du meurtre, mais leurs fauteurs, ceux qui leur donneront asile ou qui

(26) Du Cange, verbo *Puer*.
(27) Dubois, *Hist. eccl. Paris*, t. II. p. 24.
(28) *Ibid.*, p. 30, 32.

communiqueront en quelque manière avec eux. Il défend à tout prêtre, chanoine, abbé, moine, reclus, ermite, même à l'abbé de Saint-Victor, de délier aucun des coupables qui viendront se présenter à eux dans le tribunal de la pénitence, se réservant à lui seul le droit de les absoudre. Cette sévérité du prélat ne servit qu'à aigrir les assassins, et à tourner toute leur fureur contre sa personne. Averti des embûches qu'ils lui tendaient, il chercha son salut dans la fuite, et se réfugia dans l'abbaye de Clairvaux. Ce fut de là qu'il écrivit à l'évêque de Chartres, Geoffroi, pour l'inviter à venir concerter avec lui les moyens de faire réparation à l'Eglise d'un si horrible attentat. Sa lettre est pleine d'une vigueur épiscopale, et montre en même temps la vive affliction dont le cœur du prélat était pénétré. Elle se trouve, ainsi que la sentence, dans les grandes notes de Picard et de D. Mabillon sur les lettres de saint Bernard, dans le Xe tome des *Conciles* du P. Labbe, dans le VIe de ceux du P. Hardouin, et dans le second volume de l'*Histoire ecclésiastique de Paris* par le P. Dubois.

VI. Celle qu'Etienne adressa sur le même sujet au pape Innocent est encore plus pathétique. Aussi saint Bernard lui servit-il de secrétaire en cette occasion, motif qui a porté les éditeurs de ce Père à la placer entre ses lettres (ep. 159), « Pleurez, mes yeux, dit-il, et versez des torrents de larmes, parce que ma force m'a abandonné, et que la lumière qui m'éclairait, n'est plus avec moi. Ce n'est pas le personnage respectable qui vient de m'être enlevé, c'est moi-même que je pleure... Ce ne sont pas en effet des larmes, mais des applaudissements que l'on doit à celui qui ne vivait que pour Jésus-Christ, et à qui la mort était un gain. Mais j'ai tout perdu en le perdant. Il faisait les fonctions d'évêque, et je n'en avais que le nom. Méprisant l'honneur attaché à cette dignité, il en supportait le poids de toutes ses forces... Toute mon Eglise pleure avec moi, et n'attend de consolation que de votre bonté paternelle. Si Notier va se présenter à vous, qu'il sente que mon Seigneur a exaucé la voix de mes pleurs. Ses neveux sont les auteurs du meurtre; mais il en est l'occasion, et peut-être l'instigateur. »

Les personnes les plus éminentes en piété se joignirent au prélat pour appuyer ses justes plaintes. Mais il ne paraît pas que l'autorité civile ait pris connaissance de cette affaire. C'est qu'alors celles qui concernaient les ecclésiastiques n'étaient point de son ressort. Le concile de Jouarre, tenu cette même année 1133, par les ordres du pape Innocent, se mit en devoir de punir les coupables (29); mais les peines canoniques auxquelles il les condamna parurent trop légères au pontife, qui fit là dessus des reproches très-vifs aux Pères de cette assemblée (30).

VII. Ce fut encore cette année, mais avant le meurtre de Thomas, que l'évêque de Paris mit les religieux de Saint-Martin des Champs en possession de l'église de Saint-Denis de la Chartre, laquelle était depuis longtemps entre les mains des laïques. La charte qu'il fit expédier à ce sujet porte que cette donation a été faite du consentement du roi Louis (le Gros) et de la reine Adélaïde. Mais on omet de dire que ce n'était que le contre-change de l'église de Montmartre, acquise de ces religieux par le roi et la reine, pour en faire une abbaye de filles. Cet acte, rapporté par le P. Dubois et dans le nouveau *Gallia Christiana*, est souscrit par Etienne de Garlande et Thibaut Notier, ce qui prouve que le premier était rentré en grâce avec son évêque, et que l'autre n'avait pas encore commis l'attentat qui lui fit perdre son bénéfice.

VIII. L'année suivante, 1134, produisit un nouvel événement fâcheux pour ce prélat. Ce fut l'insulte faite au chancelier de son église, par Galon, modérateur d'une école à Paris, insulte qui fut portée à son tribunal, et dont il eut bien de la peine à tirer satisfaction (31). Ayant rendu compte des suites de cette affaire à l'article de Galon (t. XI, p. 416-418), nous nous contenterons de rappeler ici les deux lettres qu'Etienne écrivit à ce sujet.

La première est à l'archevêque de Sens, pour lui prouver que l'appel interjeté devant lui par Galon était nul de plein droit.

La seconde, écrite au légat du saint-siége, a pour objet de justifier l'excommunication lancée contre ce professeur.

IX. Tandis qu'Etienne était aux prises avec Galon, il expédia, en faveur des religieux de Saint-Maur des Fossés, une charte dont voici la teneur. Sous l'évêque Galon, un de ses prédécesseurs, les religieuses de Saint-Eloi de Paris furent chassées, à raison de leur mauvaise conduite, et leur monastère adjugé à l'abbaye de Saint-Maur. Le zèle du prélat s'affranchit en cette rencontre des formalités de droit; tout se fit par voie de fait. L'abbé Thibaud accepta ce don en 1107, et le garda jusqu'à la seconde année de l'épiscopat d'Etienne. Alors, pressé de remords sur l'irrégularité de son acquisition, il prit le parti de s'en demettre entre les mains de l'évêque. La démission fut acceptée, et l'abbaye de Saint-Eloi demeura l'espace de neuf ans entre les mains d'Etienne. Lui-même à son tour ressentit une syndérèse de garder un bien qui ne lui appartenait pas. Le pape, le roi, son chapitre, et d'autres personnes respectables, étant venus à l'appui de ce scrupule, il consentit à rendre cette maison à l'abbé Ascelin, successeur de Thibaud. C'est ce qu'il énonce dans l'acte susdit, par lequel il réunit à l'abbaye de Saint-Maur celle de Saint-Eloi, sous le titre de prieuré, à la charge d'y établir douze religieux pour y faire le service. Cette réunion fut confirmée deux ans après par le pape Innocent II.

X. Les religieuses de l'abbaye d'Hières sont redevables de leur fondation en partie à notre prélat. Elles lui doivent de plus leurs premières constitutions, que nous n'avons plus. Dubreuil et les auteurs du nouveau *Gallia Christiana* d'après lui, ont publié la charte qu'Etienne fit expédier l'an 1138 pour cet établissement. Il y est dit, entre autres choses, que l'élection de l'abbesse se fera du consentement de l'évêque et en présence des abbés de Saint-Victor et de Sainte-Marie du Val. Les constitutions dressées sur les avis de Hugues de Mâcon, évêque d'Auxerre, et auparavant abbé de Pontigni, portaient en plusieurs endroits l'empreinte des usages de Cîteaux.

XI. Enfin nous donnerons pour dernier écrit d'Etienne de Senlis une lettre sans date et sans adresse, écrite vraisemblablement à un légat touchant une contestation qui s'était élevée entre Matthieu de Montmorenci et sa belle-mère. La dame s'était plainte d'un déni de justice, parce qu'Etienne, au tribunal duquel l'affaire avait été portée, ne se pressait pas de juger. Le prélat s'excuse en disant que le roi lui ayant demandé un délai pour Matthieu, dont il avait besoin pour faire la guerre à Dreux de Mouchi et à Lancelin, il n'avait pu le refuser; « cependant, ajoute-t-il, en conséquence de vos ordres nous lui avons

(29) *Conc.* t. X, p. 974; Mab. not. in ep. Bern. 158.
(30) *Conc.* ibid., p. 978.
(31) Duchesne, *Histoire des chanceliers de France*, p. 168

fait signifier depuis peu qu'il eût à comparaître devant vous à Reims; à quoi il a repondu qu'il n'irait point plaider hors de sa province, disposé d'ailleurs à subir votre jugement dans celle-ci, pourvu qu'on lui assigne un lieu sûr pour se défendre. » Cette lettre a été publiée dans le IIIe volume du Spicilége (p. 163).

STEPHANI PARISIENSIS EPISCOPI

EPISTOLÆ,

ET VARIORUM AD IPSUM.

I.

Henrici archiepiscopi Senonensis ad Stephanum. — Monet ut veniat Pruvinum ad examinandam causam Stephani archidiaconi Parisiensis.

(Circa annum 1152.)

[Dom Lucas d'Achery, *Spicil.* t. III, p. 158.]

Dilectioni vestræ querimonia et clamore domini Stephani archidiaconi vestri compellimur scribere. Idem namque vester archidiaconus super hoc conquerendo clamat quod licet abbati S. Victoris vicario vestro rectitudinem offerret, et per eum justitiam exsequi paratus esset: licet etiam seipsum cum omnibus suis sub protectione domni papæ prætenderet, idem abbas super terram ejus interdicti sententiam posuit, unde præfatus archidiaconus se prægravari dicit. Addit etiam in his se prægravatum esse quod a vobis justitiam requisivit et habere non potuit de rebus Ecclesiæ Parisiensis et rebus hominum suorum violenter ablatis, quamvis, sicut dictum est, sub defensione domni papæ et custodia ipse Stephanus sit constitutus. Et quoniam in his se prægravari sensit, ad nos clamorem fecit, et convenientem diem et locum sibi et suis coadjutoribus tutum dari requirit. Unde vobis et ipsi diem in vigilia imminentis Ascensionis Domini, et Pruvinum, quia tutus locus est, locum constituimus, et vestræ dilectioni præcipimus, ut ad diem datam et locum constitutum, quantum res postulabit responsurus veniatis, et tanquam charissimo consulimus ut interdicti sententiam relaxetis. Valete.

II.

Stephani ad Henricum archiepiscopum Senonensem. — Respondet se non potuisse a metropolitano extra sedem metropolitanam vocari ad examen causæ archidiaconi sui.

(Circa annum 1152.)

[*Ibid.*]

Audito clamore consanguinei vestri, domini videlicet Stephani Parisiensis archidiaconi, adversum nos injuste apud vos conquerentis, diem nobis et locum tutum, videlicet Pruvinum in terra hostili statuistis, et me suffraganeum vestrum neque viva voce neque litteris prius commonitum ad exsecutionem justitiæ extra metropolitanam sedem venire præcepistis: quoniam vester consanguineus, ut dicit, a nobis justitiam requisivit et habere non potuit. Hoc vero, si placeret vestræ discretioni, et metropolitanæ gravitati, etsi non potuissetis non audisse, non debuissetis credidisse, quia ei sine læsione fidei, cum homo meus sit, justitiam denegare non potui. Et quoniam litteris alternantibus ad invicem locuti sumus, et ipsas adhuc pene omnes nos habemus, cum in commune venerit, et lectæ fuerint, aut nos, aut ipsum de mendacio arguent, et alterum erubescere cogent. Nos siquidem statim ut Parisius venimus super sacrilegio, incendiis, homicidiis et aliis criminalibus capitulis domini S. archidiaconi in terra S. Germani injuste a clerico, injustius a diacono, injustissime ab archidiacono et decano factis clamorem abbatis audivimus dominum Stephanum, submonuimus, diem dedimus, et quia propinquissimus ei videbatur, induciavimus, securum locum, securum conductum, regis videlicet et reginæ, et domni Radulphi comitis, et nostrum ei obtulimus: et fortasse hoc modo cum eo agere est ei justitiam denegare? Et quia in nullo, ut auditis, quantum ad hoc spectat excessimus, unde curiam nostram exire debeamus, si placet benignitati vestræ, submonitionem vestram et præceptum relaxate, quia contra honorem et dignitatem Parisiensis Ecclesiæ nec volumus nec debemus obedire. De interdicto autem, et de litteris domini papæ sufficienter respondebitur, si dominus Stephanus ubi justum est causam suam tractari non dedignetur.

III.

Gaufridi episcopi Carnotensis ad Stephanum. — Significat, Stephanum archidiaconum deligere arbitrum causæ suæ abbatem Clarevallensem S. Bernardum.

(Circa annum 1152.)

[*Ibid.*, p. 160.]

De reformanda pace inter vos et Stephanum de Garlanda dudum vobis ipso petente locuti fuimus; nunc autem quoniam audivimus quod omissis quibusdam quæ adversum vos videbatur habere, pacem vestram desiderat, sanctitatis vestræ discretioni consulimus (quem ex cordis affectu diligimus, et cui consulere nisi quod honori vestro serviet non possumus) consulimus, inquam, et petimus ut diem ei competentem et terminum constituatis, in quo juxta considerationem rationis pacem cum eo reformetis, quam offert vobis ad cognitionem et examinationem amicorum vestrorum, videlicet abbatis de Claravalle. Non enim decet paternitatem vestram oblatam pacem respuere, quam etiam non oblatam modis omnibus provocare debetis. Nam juxta Domini Salvatoris exemplum ovem errantem debetis requirere, et ad pacis ovile vestris etiam humeris reportare. Si cum omnibus hominibus, sicut dicit Apostolus, pacem debemus habere, quanto magis cum his de quibus nos oportet Domino respondere? Unde, quod absit! si prædicti viri satisfactionem ex amicorum sententia non recipitis, certum est quod et apud Deum offensam incurritis, et amicis vestris ruborem incutitis. Valete.

IV.

Gaufridi episcopi Carnotensis ad Stephanum. — Excusat se quod ad colloquium non possit accedere.

(Circa annum 1132.)

[*Ibid.*, p. 165.]

Litteras apud Bonam-Vallem accepimus die Veneris quas nobis misit vestra dilectio, in quibus nostrum colloquium die proxima Lunæ postulabatis. Quod nullo modo fieri vel grandium quæ in manibus nostris erat negotiorum multitudo vel ipsa temporis angustia patiebatur. Pontilevenses namque monachi, quibus ut abbatem provideremus, Deo auctore operam dabamus, gravem nobis et inauditam contumeliam irrogarunt; abbatibus et archidiaconis nostris, quos ad hoc ipsum illuc direxeramus, armata in eos manu rustica intentantes mortem et supplicia comminantes; et hæc interim cum aliis pluribus causa nos occupat. De eo autem unde nos consulitis quod nobis ad præsens occurrit, vestræ faternitati mandamus ut curiæ invitanti vos ad justitiam, ex abundanti quidem, si salvum habueritis conductum, die competenti vestram exhibeatis personam, de his in quibus appellamini responsurus, si vobis prius facta fuerit justitia, et exspoliato restituatur investitura. Postea fratrum vestrorum judicio, si quid adversum vos dominus rex habuerit, quantum res exigat, eo ordine quo debebitis, sicut pro Domino et per omnia facietis. Nos vero sicut vobis scripsimus, die proxima Jovis apud Latiniacum vobis occurremus, et si aliquod consilium interim acceperitis, contramandate nobis.

V.

Ejusdem ad eumdem. — Petit ut designate S. Victoris cœnobio canonicum qui instituatur abbas Virtuensis.

(Circa annum 1132.)

[*Ibid.*, p. 164.]

Multiplici seminario discordiæ civitas nostra longo jam tempore conquassata, etiam nunc in eo statu est ut sine grandi discrimine absentiam nostram sustinere non possit. Ecce vinculum quo alligatus teneor; ecce necessitas quæ sancto conventui vestro non patitur nos interesse. Sed hæc hactenus. Frater et amicus noster abbas Virtuensis et fratres ejus loci vocaverunt nos, multo religionis desiderio, Deo gratias, accensi, unanimiter postulantes, ut ad honorem Dei et salutem animarum suarum pastorem eis utilem sollicitudo nostra provideret. Curam et administrationem abbas ipse in manu nostrâ deposuit una fuit totius capituli illius vox, unanimis in præsentia nostra consensus et electio ut pastor eis concederetur de monasterio sancti Victoris Parisiensis. Quia vero domus illius religiosas personas non cognoverunt ex nomine, nullam quæsierunt, sed sanctitatis vestræ religioni curam hanc et sollicitudinem commiserunt. Locus enim ille est vobis familiaris et religio personarum. Sanctitatis igitur vestræ prudentiæ, qua possumus humilitate supplicamus ut justo desiderio consilii et auxilii manum porrigatis. Suscipient enim cum gratiarum actione personam quam de prædicto B. Victoris monasterio electio vestra eis obtulerit.

VI.

(32) *Anonymi ad Stephanum. — Laudat episcopi constantiam et perseverantiam ipsi suadet.*

(Circa annum 1132.)

[*Ibid.*, p. 162.]

Quamvis paternitatis vestræ constantiam nihil adhuc mutari nec debilitari perseuserim, tamen pro vobis moræ amici sollicitus, vos moneo et remoneo ne a proposito vestro et a justitiæ rigore declinetis, nec Ecclesiæ vestræ libertatem, quæ temporibus antecessorum vestrorum floruit, annihilari permittatis; illamque Dominicam sententiam memoriter retineatis: *Beati qui persecutionem patiuntur propter justitiam.* Sciatis autem me in omnibus et per omnia vobis cum perseverare, nec pro damnis quæ mihi et hospitibus meis pro vobis contigerunt, a proposito meo pedem retrahere. Rex enim et regina meis hospitibus XII libras dederunt, et hoc totum pro redemptione suarum rerum abstulerunt: et mei parentes et amici regi et reginæ vineas meas exstirpari jubentibus X libras dederunt; et hoc totum decani et archidiaconorum instigatione, imo G. succentoris nocturna susurratione peractum est. Deo vero vobis et mihi subveniente me omnia quæcunque amiserim recuperaturum non vereor, nec vos sine me rerumque mearum recuperatione pacem recepturum arbitror. Præterea nisi vos consilio satis abundare sentirem, parvitas mea paternitati vestræ consuleret, ut dominum Senonensem archiepiscopum et coepiscopos vestros precibus vestris et amicorum vestrorum vobis alliciatis, et ad justitiæ vestræ aggravationem, ut in episcopatibus suis a divinis cessent modis omnibus impetrare non differatis, ut ejusdem justitiæ

(32) Vide S. Bernardi epistolam, 45.

participes vobis contra omnes subveniant, et, si necesse fuerit, Romam nobiscum veniant. Valete.

VII.

Item anonymi ad Stephanum. — Monetur ut caveat sibi ab adversariis qui in illius necem conspirarunt.

(Circa annum 1132.)

[*Ibid.*]

Quoniam, sicut mihi testis est Deus, non ficto corde sed in veritate vos diligo, et salutem vestram non solum spiritualem sed etiam corporalem desidero : tribulationibus vestris cordis affectu condoleo, et si aliquid quod vobis nocere debeat mihi referatur, lætus audire non valeo. Hac igitur erga vos charitate compulsus, quod de vobis recenter audivi, vobis insinuare non distuli. Audivi siquidem et pro certo audivi quod quidam maligni et perfidi, non solum extranei sed etiam familiarissimi vestri insimul conspiraverunt, et mortem vestram juraverunt, et vos aut impetitione aut armis interficere disposuerunt (33). Et ne hoc frivolum esse putetis et ideo negligatis, pro certo sciatis quia unus eorum qui conjurationi interfuit, mihi hoc in confessione revelavit, et vobis cito manifestare multis precibus obsecravit. Caute igitur de cætero vos custodite, et, sicut scriptum est, a domesticis vestris cavete. Sed quid dico? Quid quæso valeat humana industria, si divina non adsit custodia? O ineffabilis pietas Dei ! Ecce omnipotens Deus qui tanta vobis bona in hoc sæculo contulit, qui mala vestra tandiu æquanimiter pertulit, modo in præsenti pro peccatis vestris subito et inopinate vos percutere noluit; sed sola pietate præcedenti misericordiæ misericordiam misericorditer addidit, qui hoc quod perfidorum malitia in occulto disposuit, vobis occultum esse noluit. Quid igitur exspectatis? ecce occultus judex arcum tetendit, sagittas paravit : et nisi cito vos converteritis ad ipsum, emittet sagittam et percutiet inimicum. Sed prius vos Deus sua protectione custodiat, oculos vestri cordis aperiat, cor ad pœnitentiam compungat, et vos ad seipsum sine mora convertat, qui non vult mortem peccatoris, sed ut magis convertatur et vivat.

VIII.

Ad archipresbyteros diœcesis Parisiensis. — Sententia excommunicationis contra occisores Thomæ, prioris Sancti Victoris, et fautores eorum.

(Anno 1133.)

[Labbe, *Concil.*, tom. X, col. 974.]

Stephanus, Dei gratia Parisiensis episcopus, F. R. E. H archipresbyteris, salutem.

Ex auctoritate Dei Patris omnipotentis, et Filii, et Spiritus sancti, et sanctæ Dei genitricis Mariæ, et omnium sanctorum, excommunicamus, et anathematizamus, et a sanctæ matris Ecclesiæ liminibus sequestramus illos qui dominum Thomam priorem Sancti Victoris interfecerunt, et qui cum fortitudine interfectoribus adfuerunt, et eos quorum consilio et admonitione et auxilio interfectus est. Omnes etiam illos excommunicamus, qui interfectores et interfectorum præsentes coadjutores in suo hospitio receperint, et qui cum eis aliquam communionem vel participationem habuerint in cibo et potu, in consilio et locutione (nisi forte pro eorum correptione) vel emptione, et venditione, in dati et accepti communione, in susceptione et protectione: omnes istos excommunicamus, donec resipiscant, et ad satisfactionem veniant. Mandamus itaque vobis et præcipimus, quatenus per singulos dies Dominicos hoc modo et his verbis excommunicetis, ac cæteros presbyteros excommunicare faciatis. Mandamus enim vobis, quatenus unusquisque vestrum in suo archipresbyteratu prohibeat, ut nullus omnino presbyter, nec de sæculo, nec de religione, nec abbas, nec canonicus, nec monachus inclusus, nec eremita, nec etiam abbas Sancti Victoris, hujus excommunicationis reum ad se pro confessione venientem suscipiat, neque absolutionem hujus culpæ tribuat, aut pœnitentiam injungat : quia ego de toto reatu mihi soli absolutionem et pœnitentiam reservavi. Hoc quoque præcipimus, ut presbyteri, quando excommunicant, hanc nostram prohibitionem omnibus dicant. Valete.

IX.

Stephani ad Gaufridum Carnotensem episcopum. — De impia cæde Thomæ prioris.

(Anno 1133.)

[Labbe, *Concil.* tom. X, col. 975.]

Gaufrido, Dei gratiæ venerabili Carnotensium episcopo et apostolicæ sedis legato, Stephanus eadem gratia Parisiensis Ecclesiæ minister indignus, nunc autem miseriæ et afflictionis præco infelix, valete in Domino.

Calamitatis novæ pondus, quam vestris auribus, imo cordi vestro, illaturus sum, nescio si verbis aliquibus digne valeat explicari. Nuntium durum et grave auditu, omnibus, quibus Christi Jesu et sanctæ matris Ecclesiæ opprobria dura et gravia sunt, præcipue nobis sub habitu et signo religionis constitutis : quibus hæc tanto plus omnibus graviora futura sunt, quanto specialius ad nostrum gravamen, imo impressionem et ruinam omnium spectat nostrum unius occasus. Magistrum Thomam priorem cœnobii Sancti Victoris, virum approbatum, omnibusque bonis amicum et dilectum, ac in sanctæ Ecclesiæ defensione illum coadjutorem et propugnatorem devotissimum et strenuissimum, impiorum manibus exstinctum sciatis, carne quidem mortuum, sed, ut indubitanter credimus, viventem cum Christo. Cui enim Christus vere causa moriendi fuit, in gloria omnino deesse non poterit : quoniam et ipse, cum ultimum in nostris manibus exhalaret spiritum, libera voce se pro justitia mori protestatus est : certissimum præteritæ præsentisque justitiæ suæ, qua in Ecclesia Christi contra impios pugnaverat,

(33) Impetitus est hoc tempore episcopus a nepotibus Theobaldi archidiaconi. Vide S. Bern. ep. 158 et notas.

testimonium relinquens, quoniam in ipsa consummaretur. Hæc enim prima, hæc et ultima causa fuit laboris illius. Nam pro ipsa justitia tunc mecum aderat. Ego enim ipsius præcipue admonitiones sicut ei semper de his cura esse solebat, rogatu et assensu regis, per eum quoque ad ipsum persuasi, ad abbatiam monialium, quæ est Chelis (*Chelles*), emendandam et ordinandam perrexeram, assumptis mecum viris religiosis, abbate scilicet Sancti Victoris, et Sancti Maglorii, et subpriore Sancti Martini, aliisque compluribus monachis, canonicis ac clericis. Cumque pro viribus negotio peracto reverterer, juxta domini Stephani castrum, quod Gorniacum (*Gournay*) dicitur, subita ab ejus hominibus, scilicet nepotibus Theobaldi archidiaconi, insidias mihi in via præstruentibus, assultum passus sum. Cumque nos inermes, utpote die Dominico, et pacem ferentes incederemus, subito evaginatis gladiis irruunt super nos, et nec Deo, nec diei sacræ, nec mihi, nec his qui mecum erant religiosis viris, honorem dantes, inter manus nostras et innocentem trucidaverunt, mihique mortem comminati sunt, nisi abscederem a conspectu eorum celeriter. Nos autem fiducialius agentes, in medios gladios nos conjecimus, et jam semivivum direque laniatum a manibus eorum abstraximus : atque undique circumdantes eum, de sua confessione, et de ejus quam passus fuerat inimicorum impietate dimittenda, allocuti sumus. Tunc ille libenti animo omnibus qui in se peccaverant dimittens, et suorum peccatorum intime remissionem petens, percepta tandem communione corporis et sanguinis Christi, libera voce se coram omnibus pro justitia mori contestatus est, et sic reddidit spiritum. Hinc ergo, licet nostræ spei fiducia certa, quantum ad ejus spectat salutem et gloriam, exsultandum omnino non dubitet, pretiosamque in conspectu Domini mortem sanctorum ejus sciamus : mœror tamen et luctus gravis, qui de amici orbatione, et communi omnium nostrum confusione oboritur, nulla prorsus consolatione in nostro animo temperatur. Me enim in ipso occisum video, et multo magis me occisum quam ipsum, quia me in ejus morte periculis expositum cerno, ipsum autem a periculis liberatum. Superest igitur, ut, quia me nunc tam graviter desolatum et contristatum cernitis, ad me consolandum simul et consiliandum vobis non differatis. Ego enim, quasi qui ipsam detestandam loci faciem sustinere non valeam, Clarævallis fugiens secessi, illic vos exspectaturus, ut consilium pariter capiamus quid nobis pro sanctæ Ecclesiæ tam intolerabili ruina faciendum sit. In omnes enim nos impetus iste casum minatur, et veniet, nisi præveniat Dominus. Mando ergo vobis, et summopere deprecor ut, omni dilatione postposita, Clarævallis properetis, quia pericula undique mihi imminent, pro quibus consilium differri non potest.

X.

Stephani ad Innocentium II pontificem Romanum.— Ejusdem argumenti.

(Anno 1133.)

Exstat inter S. Bernardi epistolas n. 159, *Patrologiæ* tom. CLXXXII, col. 319.

XI.

Stephani ad Henricum archiepiscopum Senonensem. — Probat non posse absque suo assensu metropolitanum Senonensem vocare ad tribunal suum causam cujusdam Galonis Parisiensis scholæ magistri.

(Anno 1134.)

[D. Lucas d'Achery, *Spicil.* t. III, p. 155.]

Significavit nobis in litteris vestris sublimitas vestra quod placuit : quibus obtemperare minime contemnimus, sed terminos quos posuerunt Patres nostri antiquos transgredi formidamus. Nunquam enim reverenda Patrum sanxit auctoritas, nusquam hoc servare consuevit antiquitas, ut aliarum Ecclesiarum causas alicui metropolitano liceat terminare, vel sine consensu illius episcopi, cui cura commissa est, judicia judicare. Unde scribit papa Calistus, quintus decimus a Petro, Benedicto fratri et episcopo : « Nullus metropolitanus diœcesani Ecclesiam vel parochiam aut aliquem de parochia præsumat excommunicare, aliquidve agere absque ejus consilio vel judicio ; sed hoc observent quod ab apostolis ac Patribus et prædecessoribus nostris statutum et a nobis confirmatum est. » Iterum : « Si quis metropolitanus non quod ad suam solummodo propriam pertinet parochiam sine consilio et voluntate omnium comprovincialium episcoporum aliquid agere tentaverit, gradus sui periculo subjacebit, et quod egerit, irritum habeatur. » Iterum : « Nullus alterius parochiam disponat aut ordinet aut judicet : quia sicut ordinatio, ita et ministratio et aliarum rerum dispositio prohibetur. » Radulfo siquidem Bituricensi archiepiscopo de re simili ita scribit papa Nicolaus : « Conquestus est apostolatui nostro frater noster Sigebodus Narbonensis archiepiscopus, quod clericos suos eo inconsulto ad judicium tuum venire compellas, et de rebus ad Ecclesiam suam pertinentibus in invito quasi jure patriarchatus tui disponas; cum hoc nec antiquitas, cui Patres sanxere reverentiam, habeat : et auctoritates sacrorum canonum penitus non habeat. » His igitur et aliis auctoritatibus muniti nolumus nec debemus ad præsens nostræ et fratrum meorum Ecclesiis inauditam novitatem inducere, et earum jura antiquitus statuta permutare. Hoc dicentes non instruimus prudentiam vestram, quæ satis novit plura de paucis colligere, nec tollimus quin possint metropolitani episcopos comprovinciales convocare et quæ præcipienda sunt præcipere, sed antiquum jus pro parvitate nostra volumus conservare. Unde non satis mirari possumus quod verba G. fallacia et R. nobis inobedientes suscipitis, cum causam istam a nobis ipsis et a religiosis viris veraciter audieritis, et manifestam ejus culpam, si placet, plenius ipsi cognoveritis. Pro illius itaque irrationabili et non canonica invitatione (quam nullius ponderis esse, quando et ubi oportuerit, manifestissime monstrabimus) ante vestram, quam valde diligere et honorare volumus, præsentiam ad præsens ire visum fuit nobis non esse opus, cum per nos tam sibi quam scholaribus suis plenariam justitiam obtulerimus, et ad ultimum in præsentia domni papæ, ad quem hujus causæ finis maxime spectat, invitati fuerimus. Mandatum etenim sedis apostolicæ habuimus, cujus auctoritate tam Algrinum quam omnes res suas sibi retinet et munit. Insuper et vobis et nobis præcipitur ne super eo ab aliquo judicetur, sed potius apostolicæ sedis judicio omnis ejus causa decidatur. Cum igitur ejus causa ad domni papæ audientiam fuerit invitata; et a nobis, ut ante ipsius præsentiam monstrabimus, huc usque rationabiliter sit tractata, quod juste fecimus, salva reverentia vestra, quia sine contemptu domni papæ facere nequimus, et eo inconsulto, relaxare non audemus. Redeat ergo ad se mansuetudo vestra, et ne in amicum subito insurgat, indignationem suam erga nos compescat, qui sic parati sumus vestræ parere amicitiæ ut honorificemus ministerium vestrum satisfaciendo justitiæ. Valete in Domino Deo. Valete in Christo.

XII.

Stephani ad legatum sedis apostolicæ. — Gualonem ejusque sectatores excommunicatos absolvere non posse ante satisfactionem contendit.

(Anno 1134.)

[*Ibid.*, p. 157.]

C Visis litteris vestris non minimum doluimus, supramodum moti sumus suggeri vobis posse quod vos nolumus exaudire. Novit siquidem curia nostra, novit Parisiensis Ecclesia, utpote quod vidit et audivit, quoniam litteras vestras nobis missas in præsentia Gualonis legi fecimus, et quod mandastis, si voluisset, fecissemus. Ipse autem non in causa sua sed in archiepiscopi et dapiferi fisus potentia contempsit, et ad contemptum Dei et nostrum legit. Nos vero cum rege et episcopis habuimus consilium quid super hoc esset agendum; et quia juxta eorum condictum in clericos et parochianos nostros sententiam dedimus; et quia defuerunt auditores, Gualonem silere compulimus. Videat itaque dilectio, videat vestra discretio si inobedientes et ideo mortuos et fetentes, quos juste legavimus, ante discussionem, ante satisfactionem solvere debeamus, maxime cum domni papæ præcepto et auctoritate sententiam excommunicationis nos promulgasse constiterit. Ipse enim domnum Algrinum suscipit in protectionem suam, et nobis injungit ut de malefactoribus suis plenariam ei faciamus justitiam; et si qua forte super eo causa emerserit, sibi emancipavit, et in curia Romana finiendum statuit: sicut in litteris ejus,
A quas vobis mittimus, videbitur, si diligenter inspiciantur. Et quia super domni papæ statuto et sententia nolumus auferre aut unum apicem aut unum iota, juxta Gualonis invitationem in festo sancti Andreæ Romam statuimus ire, si interim congrua satisfactione non deleverit quod in nobis, imo in domino papa contumaciter commisit. Quod si vultis et si consulitis causam istam tractari in curia vestra et vos terminare, non renuimus. Sciatis procul dubio quoniam nos temere periculis non offerimus, imo, quantum in nobis est, declinamus. Attamen et Alpium asperitatem et viæ longitudinem parvipendimus, ut primæ sedis et Romani pontificis dignitas, quantum ad nos spectat, conservetur; et ne in aliquo per nos Romana auctoritas minuatur. Unde pa-
B ternitatem vestram suppliciter exoramus ut quod juste, quia domni papæ et episcoporum consilio fecimus, interim stare permittatis, nec mutari præcipiatis donec in Romana aut in vestra discutiatur audientia, si consulitis, sicut diximus, et Gualo in sua pertinacia perseveraverit, et Ecclesiæ Romanæ non satisfecerit. Scimus procul dubio et scitis pro certo quoniam Parisiensis Ecclesia et omnes personæ, una excepta, tuebuntur eam causam si vestram pervenerit ad audientiam. Et quoniam epistolari brevitate omnem negotii nostri qualitatem non possumus comprehendere, legatos nostros, canonicos videlicet Parisiensis Ecclesiæ dirigimus sanctitati vestræ, ut cum mora et perspicaci diligentia jus nostrum possitis ad plenum cognoscere.

XIII.

Ad anonymum.

(Anno incerto.)

[*Ibid.*]

Matthæum de Montemorenciaco pro noverca sua ad causam vocavimus, diem dedimus. Contigit autem ut ante et circa diem datum dominus rex esset Belvaci ducturus exercitum super Drogonem de Monciaco et Lancelinum. Videns vero dominus rex quod milites qui secum erant, venire ad causam prænominatam disponebant (multi enim erant) eos retinuit, et ut causa induciaretur, nobis mandavit et rogavit. Hac igitur necessitate causa induciata et die
D data, interim litteris vestris nos monuistis ut Matthæum Remis Dominica *Gaudete in Domino* ad executionem justitiæ ante vos submoneremus; quod et fecimus. Ipse autem dicit quod ante vos extra provinciam non veniet. Paratus enim et est et fuit (quod negare non possumus) in præsentia vestra et ubi tutus ei sit locus in provincia sua subire causam, et novercæ suæ plenam exsequi justitiam. Nobis igitur, si placet, significate quid debemus facere. Parati enim sumus obedire.

STEPHANI DIPLOMATA ET DONATIONES.

I.

Charta pro canonicis S. Mariæ Parisiensis.

(Anno 1124.)

[DUBOIS, *Hist. Eccles. Paris.*, t. II, p. 53.]

Ego Stephanus humilis, Dei gratia, minister Parisiensis Ecclesiæ, notum fieri volo cunctis fidelibus tam futuris, quam et instantibus, quod de rebus ad presbyteratum sex ecclesiarum, ecclesiæ videlicet de Orliaco, Civiliaco, Castaneto, Sussiaco, Balneolo, de Christoilo pertinentibus Beatæ Mariæ et capitulo Parisiensis Ecclesiæ, in ecclesia de Orliaco duos, et in singulis prædictarum villarum ecclesiis singulos frumenti modios singulis annis habendos pro remissione peccatorum, et pro servitio Dei amplificando jure perpetuo donamus, et concedimus. Statuimus B tamen et præcipimus, ut tempore Quadragesimæ a Capite jejunii usque in quintum, annona illa ad hoc durare et sufficere poterit, singulis canonicis in claustro Beatæ Mariæ mansiones habentibus panes inde singulis diebus singulis tribuantur. Nos autem sicut et cæteri canonici, nobis singulos panes singulis diebus inde habebimus : canonici vero annuales questas, quas ab prædictarum ecclesiarum sacerdotibus exigere annuatim, et habere consueverunt, ab eis nec amplius exigent, nec habebunt. Sub anathematis autem periculo interdicimus, ne ulli episcopo, ulli archidiacono, ulli ecclesiasticæ sæcularive personæ, hanc pii voti nostri institutionem aliquando liceat immutare, aut imminuere ; sive eos, qui hoc nobiscum instituerunt aliqua occasione C in posterum vexare, etc.

Hæc autem omnia quæ supra diximus assensu archidiaconorum nostrorum Theobaldi, videlicet, et alterius Theobaldi, in quorum archidiaconatibus prædictæ habentur ecclesiæ, et fecimus et instituimus.

Actum publice Parisiis in capitulo Beatæ Mariæ, anno Incarnati Verbi 1124, Ludovico rege anno XVI, Stephano episcopo anno primo.

Signum Stephani episcopi.

Signum Berneri Decani.

Signum Adæ præcentoris. Signum Stepnani archidiaconi.

Signum Theobaldi archidiaconi.

Datum per manum Algrini camellarii. D

II.

Charta pro canonicis regularibus sancti Victoris Parisiensis.

(Anno 1124.)

[*Hist. Eccl. Paris.* ibid., p. 53.]

Ego STEPHANUS, divina gratia Parisiensis episco- A pus, petitione et precibus Berneri decani, cæterorumque canonicorum Beatæ Mariæ, assensu etiam presbyterorum Sancti Joannis Guillelmi videlicet et Hugonis, ecclesiæ Beati Victoris et canonicis regularius inibi servientibus, et prænominatorum canonicorum anniversaria deinceps habeant, et nullum ex debito super hoc aut ecclesiæ, aut defuncto, sive processionis, sive visitationis, propter anniversaria, exsolvant obsequium. Nolumus enim eos inquietare, et contra eorumdem voluntatem, aut propositum ad publicum prodire. Hoc autem adjungimus, quod si canonicus Beatæ Mariæ præbendam suam in manu episcopi sui reddiderit, et pro aliquo oraverit, et super hoc episcopus exaudierit in præbenda sic reddita, aut eremitarum, aut canonicorum regularium, aut monachorum, aut quorumlibet eligens vitam, præbendam reliquerit, præfata ecclesia Sancti Victoris ejus præbendæ per annum redditus possidebit. Et ut omnia ad liquidum determinentur, ut pravæ intelligentium ora obstruantur hoc solum excipimus : quod si canonicus Beatæ Mariæ præbendam suam in manu episcopi reddiderit, et pro aliquo oraverit, et super hoc eum episcopus exaudierit in præbenda sic reddita, canonici Sancti Victoris nihil habebunt. Et illud similiter volumus, quorum quidquid in præbendis canonicorum Beatæ Mariæ, prout superius determinatum est, canonicis regularibus Sancti Victoris concessimus ; hoc idem et in præbendis canonicorum Sancti Marcelli, Sancti Germani Antissiodorensis, Sancti Clodoaldi, nec non etiam Sancti Martini de Campellis, communi decanorum et canonicorum earumdem ecclesiarum assensu, præfatis canonicis Sancti Victoris jure perpetuo habendum et possidendum concedimus; ut autem hoc ratum et firmum permaneat in perpetuum, præsentem chartam sigilli nostri auctoritate subterfirmavimus, et signis canonicorum nostrorum corroboravimus.

Actum Parisiis publice in capitulo Beatæ Mariæ, anno Incarnationis Verbi 1124, regnante Ludovico rege anno XVI, Stephano episcopo anno I.

Signum Stephani episcopi, Berneri decani, Adæ præcentoris, Stephani archidiaconi, Theobaldi archidiaconi, Landonis presbyteri, Theodorici presbyteri, Odonis presbyteri, Domberti diaconi, Guillelmi diaconi, Gimmerani diaconi, Petri subdiaconi, Henrici subdiaconi, Theobaldi pueri, Manassis pueri, Urbani pueri.

Si quis autem contra hanc nostram dispositionem agere præsumpserit, anathema sit.

Datum per manum Algrini cancellarii.

III.

Charta pro canonicis S. Joannis Rotundi.

(Anno 1124.)

[*Hist. eccles.* ibid. p. 23.]

Ego STEPHANUS, Parisiensis episcopus, notum fieri volo tam futuris quam proinstantibus, quoniam communi assensu ac petitione Berneri decani, totiusque capituli Beatæ Mariæ pro anniversariis canonicorum, quæ videlicet ecclesiæ Sancti Joannis præbendam unam donavimus et donando confirmavimus; hoc autem sub silentio præterire nolumus, quod neque in visitationibus inferiorum, neque nos vel canonici Beatæ Mariæ, eos absolvimus, vel relaxamus : imo in eodem servitio, in eodem debito, in eodem statu in quo sunt, solummodo anniversariis exclusis, eosdem relinquimus. Nec eos Beatæ Mariæ B canonicos, sed Beati Joannis esse volumus et confirmamus; decano etiam et Beatæ Mariæ capitulo liberam potestatem ponendi, vel removendi ejusdem ecclesiæ sacerdotes jure perpetuo concedimus, et ne quid in eorum substitutione detur vel accipiatur sub anathemate prohibemus. Statuimus etiam, ut unusquisque Sancti Joannis integram sicut canonicus septimanam et integrum servitium persolvat. Verum ut hoc ratum et firmum permaneat in sempiternum, præsentem chartam nostri auctoritate sigilli firmari disposuimus, et nominibus canonicorum nostrorum subterfirmavimus.

Actum publice Parisiis in capitulo Beatæ Mariæ anno 1124, regnante Ludovico rege XVI, Stephano episcopo anno I.

IV.

Charta de ecclesia S. Dionysii de Carcere.

(Anno 1133.)

[*Hist. eccles.* ibid., p. 45.]

In nomine sanctæ et individuæ Trinitatis, ego STEPHANUS, Dei gratia, Parisiorum episcopus licet indignus, non ignorans quid sollicitudinis, quid amoris, Christi et Ecclesiæ filiis debeam, et cum multo timore perpendens quid oneris pro regendis fidelibus populis sustineam, quanto ad hæc auxilio, quanta re pro distribuendis mihi eorum oblationibus solertia indigeam, faciendum pro necessitate cognov ad supportandum tantæ impositionis sarcinam servorum Dei auxilia quærere, eosque, ut nobiscum D ob custodiam gregis Dei vigilent, et orent, stipendiorum nostrorum participes efficere. Cum autem omnibus, si fieri posset, munificum et utilem episcopalis me dignitas esse deposcat, religiosis maxime viris munificentiæ et utilitatis meæ liberalitatem aliquam impendere studui. Quapropter ecclesiæ Beati Martini de Campis, et fratribus inibi Deo servientibus, ecclesiam S. Dionysii, quæ dicitur de Carcere, quam diu manus laica injuste invaserat, quæ etiam tempore nostro, ad manus regias redacta fuerat, ipsam in manibus nostris redditam, ex consensu, petitione, et voluntate ipsius domini regis Ludovici, annuente Adelaide regina, filiis etiam ejus Ludovico rege, et Henrico ejusdem ecclesiæ abbate concedentibus, A salvo in omnibus jure Parisiensis Ecclesiæ, in perpetuum donavimus, cum omnibus ad eam pertinentibus, scilicet molendino uno in Mibray, furno etiam uno eidem ecclesiæ proximo, villa de Fontanis, cum ecclesia et decima, nemore et portu, villa etiam de Simogiis cum ecclesia et decima, villa de Furcis cum ecclesia et decima, terra et pratis in loco qui dicitur Rouundel, cum præbenda etiam Beatæ Mariæ majoris et sedalis ecclesiæ, et cum universis cæteris appendiciis, eo duntaxat modo, quo præfatæ ecclesiæ clerici eatenus tenuerant. Nos autem tranquillitati fratrum ibidem Deo famulantium providentes, ex consensu Bernerii decani et Adæ præcentoris, totiusque capituli, solas processiones (excepta cruce, capellano, et textu, et aqua benedicta) eis condonavimus, cæteraque ad jus Ecclesiæ Parisiensis pertinentia nobis et ecclesiæ nostræ retinuimus. Verum, ut hoc ratum et firmum permaneat in sempiternum, præsentem chartam nostri auctoritate sigilli firmavimus, quæ donum nostrum diligenter exponat, et munimentum stabilitatis perpetuo exsistat.

Actum Parisiis in capitulo, anno Incarnationis Domini 1133, regnante Ludovico anno XXV, episcopatus autem nostri IX. Signa quoque fratrum nostrorum subtitulari decrevimus, ut testimonio veritatis quod factum est corroboraretur.

Signum Bernerii decani.
Signum Adæ præcentoris.
Signum Stephani archidiaconi.
C Signum Theobaldi archidiaconi.
Signum Theobaldi archidiaconi.
Signum Gilleberti sacerdotis.
Signum Theoderici sacerdotis.
Signum Willelmi diaconi.
Signum Ivonis diaconi.
Signum Guiveranni diaconi.
Signum Anselmi subdiaconi.
Signum Petri subdiaconi.
Signum Alberti subdiaconi.
Signum Henrici pueri.
Signum Manasses pueri.
Signum Henrici pueri.

V.

Charta de ecclesia Fossatensi.

(Anno 1134.)

[*Hist. eccles.* ibid., p. 48.]

Exempla Patrum nos admonent, et ratio nos consulit, ordinem, et munditiam domus Domini sic amare, ut ea quæ sanctorum auctoritatibus non concordant, rigore judiciali studeamus corrigere, et ea quæ justitia et honestas commendant, paterno affectu peroptemus in suo statu, et ordine conservare; ut et male viventes ab enormitatibus suis judicii timore reprimamus, et bene et honeste viventes ad meliorem vitæ viam paterno amore accendamus, et saluti nostræ, et suæ ita provideamus. Ego igitur Stephanus, Dei gratia Parisiensis episcopus, notum fieri volo cunctis fidelibus, tam posteris quam præsentibus, monasterium Sancti Eligii Parisiensis ordini Sanctimonialium fuisse antiquitus deputatum. Verum pro nimia illius sexus fragilitate, qui voto castitatis rupto, et proposito religionis abjecto, ad intolerandam turpitudinis prolapsus erat miseriam, ita ut templum Dei effecisset fornicationis speluncam, venerabilis et bonæ memoriæ prædecessor noster Galo Parisiensis episcopus tantam pestem non ferens, infames et incorrigibiles personas pro turpitudine vitæ prædicto eliminavit, et prorsus alienavit monasterio. Volens etiam sanctum locum altiori ordine decorare, prædictum Sancti Eligii monasterium cum omnibus ad illud pertinentibus ecclesiæ Beati Petri Fossatensis jure perpetuo habendum, minus tamen canonice quam deceret, donavit, et concessit. Quod siquidem donum quia inordinate, nec ita ut oporteret secundum Deum, actum est; abbas Ecclesiæ Fossatensis Theobaldus vir quidem discretus et honestus, suæ et subditorum famæ consulens et saluti, prædictum Beati Eligii monasterium nobis in nostra manu reddidit et dimisit, et se et monachos Fossatenses prædictum monasterium nec secundum Deum adeptos esse, nec bene possedisse cognovit. Cum vero idem monasterium in manu nostra diu tenuissemus, tandem misericordia, quæ omnis humilitatis amica est, oculis nostris se offerens, visa est nobis exigere, ut, quod prædictus abbas nobis dimisit, timore Dei et humilitate compunctus, ecclesiæ Fossatensi misericorditer donaremus. Dignum enim non erat ut ex hoc, quod gratia humilitatis videbatur, aliquod ei damnum, vel incommodum sequeretur. Imo quod amor humilitatis videbatur, ut ita dicamus, abstulisse, misericordia quæ illius amica est, debebat restituere. Amore itaque misericordiæ inclinati, et petitione domni papæ Innocentii, et prece domni Ludovici illustris et gloriosi Francorum regis inflexi, et religiosorum virorum inductu, assensu et Bernerii decani et capituli nostri, prædictum S. Eligii monasterium cum omnibus ad illud pertinentibus Ascelino abbati et ecclesiæ Beati Petri Fossatensis perpetuo habendum, salvo quidem in omnibus jure nostro et successorum nostrorum, et salvis in omnibus et per omnia consuetudinibus Ecclesiæ Parisiensis, donamus et concedimus; ita scilicet ut abbas Fossatensis præscriptum monasterium tanquam cellam sua possideat, et in monachos ibi militantes plenam et perfectam abbatis potestatem exerceat, dum ipse, et successores sui abbates, et monachi Fossatenses in nostra et successorum nostrorum episcoporum Parisiensium subjectione permanserint; et Parisiensi Ecclesiæ, et nobis jus et honorem nostrum, et consuetudines nostras in omnibus conservaverint, et reddiderint. Institutum tamen est, ut duodecim ad minus monachi cum suo priore ad serviendum Deo illic apponantur, qui juxta Regulam Sancti Benedicti ad ordinem tenendum sufficere videantur. Sciendum vero est, quia eamdem illam potestatem, quæ prædecessores nostri in monasterium Sancti Eligii, et in abbatissam, quæ ibi antiquitus fuerat, habuerunt, nos in abbatem Fossatensem ex integro habemus, et in perpetuum retinemus, quantum scilicet ad cœnobium Sancti Eligii, et ad res illius monasterii pertinere videtur. Sed, ut totius altercationis molestia in posterum excludatur, quid potestatis episcopus, quid juris aut consuetudinis canonici Sanctæ Mariæ, tam in abbatissam, quam in monasterium illud prius possederint et modo possideant, evidenter et aperte distinximus. Sciendum igitur est, quod quoties Parisiensis episcopus ad justitiam vocavit, illa procul dubio omnem exsecutura justitiam ante episcopum se præsentavit. Si autem servus, vel ancilla, vel hospes illius monasterii contra personam episcopi, aut contra proprias res illius aliquid foris fecisset; abbatissa, audito prius episcopi mandato, illos in præsentiam episcopi ad justitiam faciendam adduxisset; et post justitiam episcopi abbatissa suos districtus accepisset, si voluisset. Quod si abbatissa servos vel ancillas monasterii libertate donare, aut terram alienare, aut manu firmam facere voluisset; nullam id faciendi licentiam habuisset absque assensu episcopi, et absque charta sigillo ejus et sigillo cancellarii firmata. Hanc ergo potestatem in abbatissam, et in monasterium Sancti Eligii prædecessores nostri habuisse noscuntur; et nos quoque in abbatem Fossatensem eamdem retinemus potestatem, nihil nostri juris relinquentes, vel relaxantes. Canonicis vero Beatæ Mariæ prædictum monasterium singulis annis duos pastus ex debito persolvit, unum in festivitate Sancti Pauli, alterum in festo Sancti Eligii. Itaque uterque pastus in refectorio canonicorum recipitur. Consuetudo etiam est, ut præfati cœnobii conventus una cum canonicis Beatæ Mariæ processiones faciant, in die Rogationum, et in die Ascensionis, et in funeribus canonicorum: alias etiam processiones, aut pro aeris serenitate, aut pro aliqua tempestate, sive necessitate, si canonici facere disposuerint; necesse est prædictum conventum canonicorum instituta sequi, eosque, si mandaverint, in his processionibus comitari. Præterea quoties mater ecclesia a divino officio cessaverit, cœnobium Sancti Eligii ex necessitate cessabit. Sub hac igitur distinctione cœnobium Sancti Eligii ecclesiæ Fossatensi in cellam possidendum concedimus, eo scilicet tenore, ut quoties Fossatensis abbas debitam professionem in Parisiensi ecclesia fecerit, præsente episcopo fateatur cœnobium Sancti Eligii ex dono episcopi et beneficio Parisiensis Ecclesiæ se habere. Volumus et determinare, quod homines prædicti cœnobii in exercitum regis inconsulto episcopo non debent ire; sed abbas, aut prior, ex præcepto episcopi illos debent in exercitum mittere. Definitum est etiam, ut in festo S. Eligii canonici Sanctæ Mariæ dextrum chorum, monachi sinistrum teneant; ita ut cum canonico, qui chorum tenuerit, aut prior aut cantor monachorum chorum teneat, nec alia persona ad illud admittatur; missam vero aut abbas, aut prior, cantabit. Quod si uterque aberit, aliquis ex clero nostro illam celebrabit. Sciendum vero est, quia die illo prædictus pastus redditus ex sex porcis vivis, et sanæ carnis, ex duobus modiis vini et dimidio ad mensuram nostri claustri, et tribus sextariis frumenti bene vanati. Pastus vero, qui redditur in festo sancti Pauli, de octo constat arietibus, et duobus modiis vini et dimidio sextario, et ex duobus sextariis et dimidio frumenti bene vanati, et ex sex nummis, et obolo. Ut autem hoc ratum, et inconcussum permaneat, præsentem chartam fieri præcipimus, et sigillo nostro signavimus, et manibus canonicorum nostrorum firmandum tradidimus.

Signum Stephani episcopi. S. Bernerii decani. S. etc.

Actum publice in capitulo Sanctæ Mariæ, anno incarnati Verbi 1134, regnante Ludovico rege anno XXVII, Ludovico rege in regem sublimato anno III, anno episcopatus Stephani XI.

Datum per manum Algrini cancellarii.

VI.

Charta fundationis abbatiæ Hederensis.

(Anno 1138.)

[*Gall. Christ.* nov. t. VII, col. 60.]

STEPHANUS Domino ordinante Parisiorum episcopus, universis Christi fidelibus, tam posteris, quam præsentibus salutem.

Ad hoc nobis episcopalis officii cura ab omnipotente Deo commissa est, ut religiosas diligamus personas, et bene placente Domino religionem studeamus modis omnibus propagare. Noverint igitur universi, quod ecclesiam Sanctæ Mariæ Ederensis nostro labore, nostro studio, Dei gratia nos in omnibus præcedente, a fundamentis exstruximus, et sanctimoniales feminas in ea ponentes, religionis ordinem in eadem ecclesia perpetuo conservari decrevimus. Sed quia femineum sexum fragilem, atque adeo labilem esse cognovimus, idcirco prædictas sanctimoniales, arctioris propositi disciplina, tam per nos quam per religiosos viros ligare curavimus; habent enim institutiones optimas ex maxima parte de ordine monachorum Cisterciensium subscriptas, partim etiam de observantiis aliarum religionum collectas, quod consilio venerabilis viri, domini scilicet Hugonis Pontiniacensis abbatis, necnon industria fratris nostri Willelmi, consilio etiam et voluntate charissimæ filiæ Hildiardis, ejusdem ecclesiæ Sanctæ Mariæ venerabilis abbatissæ, conventusque totius, factum est, volumus et auctoritate episcopali præcipimus, ut prædictæ sanctimoniales prædictas institutiones, sicut determinatæ vel scriptæ sunt in libris, quos consuetudines vocamus, in perpetuum teneant, nec unquam in aliquo, eas minuere vel mutare præsumant. Obeunte abbatissa, aliam quæ substituenda erat, hoc modo eligendam censemus : in primis Parisiensi episcopo voluntatem et necessitatem suam insinuabunt, deinde religiosos viros, abbatem Sancti Victoris, et abbatem Sanctæ Mariæ de Valle in suo capitulo, præsente episcopo convocabunt, his autem in unum convocatis, de electione abbatissæ tractabunt, et sine contradictione quamcunque voluerint, dignamque judicaverint, eligent ; si vero abbates habere nequiverint, prior cum tribus religiosissimis sanctimonialibus in præsentia episcopi substituentur : hoc etiam notum fieri volumus, quod eamdem ecclesiam ab omni exactione temporali, quantum ad nos et successores nostros spectat, liberam omnino et quietam fore concedimus, etc.

Actum Incarnationis Dominicæ anno 1138.

Data per manum Algrini cancellarii.

HUGONIS DE DOCIACO

SENONENSIS ARCHIEPISCOPI

EPISTOLA AD B. DECANUM ET CÆTEROS PARISIENSIS ECCLESIÆ CANONICOS, CONSOLATORIA SUPER MORTE PARISIENSIS EPISCOPI.

(DUCHESNE, *Script. Rer. Franc.*, t. IV, p. 446.)

H. Dei gratia Senonensis Ecclesiæ minister, B. decano et cæteris Parisiensis Ecclesiæ canonicis, dilectis in Christo fratribus, salutem et salutiferam a Domino dilectionem.

Consideranti mihi, fratres, insperatum dulcissimi fratris, imo ut ita dixerim, charissimi Patris mei pontificis vestri casum et occasum, flere magis libet quam scribere. Nimis enim saxeum pectus habet, quem non ad dolorem vel gemitum piissimi viri lacrymabilis non emollit excessus. Cæterum quidquid forte nonnulli sentiant, ego vero prorsus plango et lamentor damnum ingens et incommodum meum. Amisi enim portionem animæ meæ, baculum juventutis meæ, consolatorem et eruditorem vitæ meæ. Baculus namque sustentationis, fratres, sicut scitis, multotiens juveni necessarius est plus quam seni, quia juventuti pernecessaria est doctrina; senectus vero longo usu temporis multa didicit per experimenta. In quo ergo erit ultra similis mihi requies, simile gaudium simile reclinatorium ? Quem quoties videbam, præsente gaudio meo non gaudere non poteram. Sed quid dicam, Domine Deus, ut quid recessisti longe, despicis in opportunitatibus in tribulatione? Modo rudem et tenerum amovisti puerum tuum, et tam cito subtraxisti ei ordinatorem et doctorem suum? Sed quid ago, fratres? dum dolorem meum nimis exaggero, consolatorem onerosum me vobis ostendo. Jam vero dulcissimi Patris animam dulcedini et mansuetudini commendo Redemptoris nostri. Ad vos autem, quibus compatior, sermonis mei vultum converto. Circa vos enim non mediocriter sollicitus existo, quia frequenter in A talibus subrepit invidia, per invidiam discordia, per discordiam divisio, per divisionem unitatis confusio. Tunc adversæ facies, tunc dissonæ linguæ, thesaurorum diminutio et invidorum et æmulorum cachinnus et irrisio. Deus hoc avertat a vobis, fratres, Spiritus sancti plenitudo descendat super vos, spiritusque vestros uniat, divisiones removeat, et quibus unus est futurus pastor, eadem pascua gustare concedat. Quibus inspectis, charissimi fratres, mementote jugiter admonitionis nostræ et salutis vestræ. Ad illum incessanter corda vestra convertite, qui salus est omnium sperantium in se.

ANNO DOMINI MCXXXIII-MCXLIV.

LANDULPHI JUNIORIS

SIVE

DE SANCTO PAULO

HISTORIA MEDIOLANENSIS

(Anno 1095-1137).

[MURATORI *Rer. Ital. Script.*, t. V, p. 459, ex mss. codicibus metropolitanæ Mediolanensis bibliothecæ. Accedunt notæ Josephi Antonii Saxii, Ambrosianæ bibliothecæ præfecti.]

PRÆFATIO LUDOVICI ANTONII MURATORII.

Post Arnulphi ac Landulphi Senioris Historias de Mediolanensium rebus agentes, præcedenti tomo (*Patr.* t. CXLVII) jam evulgatas, succedit nunc tertia itidem *Mediolanensis Historia*, auctore Landulpho Juniore, quem *De Sancto Paulo*, ut ab altero Seniore distinguatur, appellare consuevimus. Deducitur autem ab anno 1095 usque ad annum 1137, quibus temporibus floruit ejusdem auctor, patria Mediolanensis, et dignitate sacerdos. Quantum operæ et curæ ille posuerit in litteris addiscendis, quantoque ardore usque in Gallias ad conquirendos magistros sese contulerit, ex ipso discimus ita scribente de Liprando celebri presbytero ac avunculo suo, cap. 10: *Cætera vero quæ possidebat in libris et aliis rebus, statuit ut conservarentur Landulpho nepoti suo et alumno, atque Ecclesiæ acolytho, qui tunc temporis discebat Aureliani ab egregio magistro Alfredo et nobili Jacobo.* Hæc ille narrat ad annum circiter 1103. Tum cap. 13 addit: *Anselmo de Pusterla, et Olrico vicedomino Mediolanensi* (ambobus deinde archiepiscopatum Mediolanensem adeptis) *adhæsi. Cum Anselmo namque* B *per annum et dimidium uroni et Parisinis in scholis magistri Alfredi et Guiliemi legi, et legendo, scribendo, multisque aliis modis Anselmo multam commoditatem dedi;* quæ ejus verba referenda sunt ad annum circiter 1106. Tum in patriam regressus, rursus habitare cœpit ad ecclesiam *Sancti Pauli in Compito*, quam Liprandus ejus avunculus reædificaverat, multisque ornamentis ditarat, et quam ipse Landulphus *titulum meorum ordinum* appellat. Hinc autem illi accessit agnomen *Landulphi de Sancto Paulo*. Imo is cap. 28 testatur, sibi *infantulo adjectum fuisse nomen, scilicet Clocham Sancti Pauli;* nos diceremus *la Campana di San Paolo;* in more quippe fuit eorum temporum agnomen aliquod pueris imponere, quod pro nomine, aut cognomine deinde usurpatum est, uti in Antiquit. Estens. jam monui.

Verum minime diuturna quies relicta est historico nostro a potentioribus urbis. Erat ipse nimia affinitate ac familiaritate junctus Liprando, quem illi invisum prorsus habebant; proinde odia illorum in nepotem quoque conversa sunt, atque is a sua est ecclesia deturbatus, quanquam merita plura ipsum populo Mediolanensi commendarent. Tunc enim, ut idem auctor est cap. 10 : *Lector, scriba, puerorum eruditor, publicorum officiorum et beneficiorum particeps, et consulum epistolarum dictator* fuit, si quidem in hæc verba nullus librariorum error irrepsit. Studiorum autem causa bis ac ter in Gallias profectus fuisse videtur Landulphus. Rursus enim cap. 17 ait, suggestum fuisse *Olrico Mediolanensi vicedomino, et Anselmo de Pusterla ire ad præcipuum magistrum Anselmum de Monte Leoduni* (hoc est Laudunensem), *quibus duobus fuit gratum secum ducere me* [*Landulphum presbyteri Liprandi alumnum.* Hæc acta circiter annum 1109. Jordano deinde, dum curreret annus 1112, electo et consecrato Mediolanensis Ecclesiæ archiepiscopo, cum Landulphus noster, acolythus adhuc, *in communi beneficio presbyterorum et clericorum Mediolanensium* susceptus fuisset, indignationem incurrit novi archiepiscopi, ejusque auctoritate denuo exclusus est *ab ecclesia Sancti Pauli, quæ*, ut ille repetit, *est titulus ordinationis meæ*. Ita is cap. 25. Hujusmodi injuria incitatus Landulphus Romam se contulit, anno 1116, ad synodum Lateranensem, sperans ibi æquiorem judicem sibi præsto futurum; tum ante Calixtum II papam Terdonæ ac Placentiæ suas querelas renovavit; sed in irritum semper cessere ejus conatus ac voces. Modoetiensi quoque, inani tamen, coronationi Conradi regis, peractæ anno 1128 narrat Landulphus se interfuisse, seque *ante ipsum pontificem* (Anselmum videlicet Mediolanensem archiepiscopum) *ipsumque Coronatum* (scilicet Conradum) *ab ecclesia Sancti Michaelis pontificatem virgam in admirabili pompa usque ad ecclesiam Sancti Joannis portasse.* Narraverat etiam antea se electum ab eodem Anselmo, *ut præesset suis capellanis.* In Italiam deinde descendit Lotharius III, anno 1136, coronam regni ac imperii suscepturus, atque ante eum stetit Landulphus noster, ac justitiam imploravit.

Pauca hæc adnotare placuit, ab historico nostro diversis in locis Historiæ suæ de se ipso memorata, ut lector hominem prius quam ejus librum noscat. Nunc de ipsa Historia aliquid addamus. Brevis est, grandia tamen in Mediolanensi urbe gesta continet, et rerum perturbationes memoria dignas; graphiceque exprimit, quid in animis hominum eorum temporum potuerit, semperque poterit dominandi cupido. Neque intra pomœria unius Mediolani consistit Landulphi narratio : multa etiam habet, quibus Italica ejus ævi historia illustretur. Propterea Pagius in Crit. Baron. ad annum 1136, num. 7, postquam variis ejus laciniis antea editis usus fuerat ad Annales ecclesiasticos exornandos simulque corrigendos, in hæc tandem verba erumpit : *Ita finit Historia Landulphi Junioris, pertingens usque ad annum 1137, quo elucubrata fuit. Ex ea, si tandem lucem videat, Historia ecclesiastica magnam lucem accipere poterit.* Unicus autem codex ms. membranaceus, ac pervetustus, hujus Historiæ habetur, mihi non semel perlustratus, in bibliotheca metropolitani Mediolanensis capituli, qui pariter complectitur Historiam Arnulphi in præcedenti, jam editam, ac deinde *Passionem beati Arialdi martyris, qui ad Sanctum Dionixium est tumulatus*, hoc est idem opusculum, quod Puricellius publici juris fecit. Habet et Ambrosiana bibliotheca alterum Landulphinæ Historiæ exemplar, sed ex metropolitanæ bibliothecæ codice expressum. Cæterum primus, qui scriptori huic nomen apud eruditos quæsivit, supra memoratus Puricellius fuit, qui tum in Monumentis Ambros. basil., tum in Vita sanctorum Herlembaldi ac Arialdi, ejus auctoritate non raro usus, complura fragmenta ex ipso evulgavit, prout sui instituti ratio exigebat. Eadem fragmenta rursus in tomum IV Italiæ sacræ intulit Ughellus, quæ postea eruditi, ac præsertim Pagius, in suam utilitatem converterunt. Verum litterariæ reipublicæ intererat, ut integra jam tandem Landulphi Junioris Historia evulgaretur, quæ etiam charior futura nobis est, quam Landulphi Senioris ac Arnulphi Historiæ Mediolanenses, quandoquidem Junior Landulphus Catholicum se ubique prodit, et a schismaticorum erroribus alienum, et quæcunque sibi scribenda sumpsit, accuratius scripsit. Ut autem fetus iste gratiorem adhuc sese exhibeat oculis eruditæ gentis, prodibit ille una cum notis clarissimi viri Josephi Antonii Saxii, Ambrosianæ bibliothecæ præfecti, cujus cura ac studio illustrata habebis, quæcunque ei visa sunt aut lucem, aut majorem lucem exposcere. Quod si aliqua adhuc restant obscura, aut manca, id noris tribuendum codici ms., quem aliorum codicum ope aut supplere aut emendare non licuit.

LECTORI BENEVOLO

JOSEPH ANTONIUS SAXIUS

Collegio et bibliothecæ Ambrosianæ præfectus.

Quod in votis eruditorum omnium erat, ut jacentia in pluteis patriæ nostræ monumenta extraherentur in lucem, nec frustatim hac illac sparsa, sed integra, et per ordinem ætatum disposita publico darentur conspectui, quemadmodum Papebrochius tom. VII Maii, fol. LXXX, enixe Mediolanenses adhortabatur, id inpræsentiarum aggressi sumus, urgemusque, manum ultro dante ac facem præferente cl. v. Ludovico Antonio Muratorio. Nam præter ea ad urbem nostram spectantia, quæ superioribus tomis vulgata sunt, codicem quoque Historiarum Landulphi a S. Paulo tandiu exspectatum e typis dimittimus, rudem quidem obscurumque in suo genuino textu, sed notis, quantum licuit, a nativa ferrugine eductum expolitumque, ac justa temporum serie in suos annos distributum exhibemus. Hujus autem studii laborem Palatina Societas, nulli et ipsa labori ac sumptui parcens, ut augeat censum historicæ supellectilis, et patrimonium litterarum, mihi benevole magis quam merito (absit verbo invidia) demandavit : nihilominus imbecillis utcunque viribus, ingenioque sentirem me esse, pro obsequii mei ratione hanc provinciam suscepi, notasque adjeci, fusius forte, quam aliquibus sublimioris eruditionis necessariæ sint, sed quia non omnibus par librorum copia, aut antiquarum rerum notitia est, eas quoque bono usui futuras aliquibus spero.

Synchronus huic meo labori fuit labor longe dignior doctissimi mihique amicissimi P. Stampæ, sed discors in supputandis eorumdem temporum eventibus sensus; ille enim anonymum Comensem nuper excusum suis notis illustrandum aggressus, ejusque vestigiis pede post pedem, ut aiunt, inhærens, Anselmum anno 1123, archiepiscopum agnovit. Ego vero, Landulphi mei testimonio fretus, nonnisi anno 1126 eumdem electum in archiepiscopum assevero; unde chronologica inter nos dissensio non modicæ difficultatis emersit. Hanc, ut per litteras familiares intellexit prælaudatus Muratorius, ea, qua præstat, in historiis facilitate statim conciliare studuit, præfationemque contexuit ad eumdem Anonymum, in qua candide affirmans Olricum, cui Anselmus successit, nonnisi anno 1126 ex hac vita decessisse, ut ego statui contra adductos ibi plures egregios scriptores, nihilominus credibile ait Olrico adhuc vivente electum etiam Anselmum in archiepiscopum, ut nunc dicimus coadjutorem, quemadmodum jam in usu Ecclesiæ fuisse ex Thomassino liquet. Hujusmodi autem consuetudinem in Ecclesia quoque Mediolanensi viguisse asserit, tum hoc Anselmi exemplo, tum alio Algisii, quem triennio ante mortem S. Galdini jam archiepiscopum opinatur, innixus subscriptionibus ad diplomata, de quibus in notis erit sermo, et auctoritate anonymi ipsius, qui ad annum 1123 de Anselmo scribit: Archiepiscopus inthronizatus, sed male pactus. At ego veneror eruditionem doctissimi viri, verum in ejus sententiam flecti non possum, argumentis haud levibus ductus, quæ ad notam 6 capitis 37 rejeci, ne hic diutius lectorem morarer: neque proinde vel minimam ducit rimam illa conjunctio animorum, qua nos arctissima necessitudo constringit; quin juxta leges ingenuæ amicitiæ est, posse unumquemque libere sincereque expromere sensum suum, ut eligat eruditus lector, quam melioribus suffultam fundamentis judicaverit partem.

Cæterum, ut de præstantia hujus Historiæ aliquid disseram, id unum proferre sufficeret, statim ac prodiere in lucem nonnulla ejusdem fragmenta, Puricellio vulgante, excepta fuisse ab eruditis viris tanto plausu, ut in suas quisque lucubrationes ille certatim transferre curaverit. Iis enim Papebrochius exegesim suam Mediolanensium antistitum auxit, Ughellus in Italia sacra plurium episcoporum lacunas explevit, Pagius uberiores ad Baronii Historiam criticas notas adornavit, ut sileam privatos quamplures urbium finitimarum, atque exteros etiam scriptores, qui magni fecere auctorem nostrum in describendis annalibus temporum illorum; tum testis coævus, atque ut plurimum etiam præsens rebus quas narrat, indubiam sibi fidem conciliet, ac tenebricoso illo ævo, inopia scriptorum non modicum laborante, propitium veluti sidus affulgeat. Id unum affirmare valeo, cum patriæ quoque nostræ limites egreditur, summorum pontificum, imperatorum ac principum gesta commemorans, ita veritati semper calamum attemperasse, ut a me collatus cum ætatis illius historiis, ab exteris conscriptis, consentire cum iisdem pene omnino videatur. Quæ tamen lucis plurimum arripit ex scripto Landulphi, Historia est Mediolanensis, a chronographis nostris Corio, Calcho, Morigia, Ripamontio, aliisque, in iis quæ ad illa tempora spectant, adeo confusa, ut extricari vix possit. Mirum est quanta inter ipsos varietas sit in assignanda Mediolanensium antistitum sede, cum integro quandoque decennio aliquorum ætas decurtetur, aliorum vero ultra modum producatur; præpostero etiam ordine eorumdem successio refertur, aliis ante alios male collocatis; gesta denique quamplura dissonis prorsus veritati narrationibus accumulantur. Rem exemplis firmarem, nisi supervacaneum crederem hic, per compendium quoque congerere, quæ toto fere opere adnotare minime omisi. His autem omnibus emendandis præsto est Landulphus, qui novam veluti faciem historiæ Mediolanensi, præcipue ecclesiasticæ induxit. Quocirca etiam non incongruum putavi seriem chronologicam rerum ad hoc Landulphi opus spectantium in primo ejusdem fronte defigere, ut unico veluti obtutu rem omnem inibi pertractatam commode lector percipiat.

Ut hanc editionem adornarem duo mihi exemplaria ad manus fuere in Ambrosiana bibliotheca, alterum a clarissimo Muratorio in præfatione sua memoratum, alterum vero quod eo postmodum reperi, cum vastam manuscriptorum molem evolverem, ut in suas thecas atque indicem redigerentur. Testatur autem in ejus fronte Jo. Antonius Castillioneus, publicus, ut ipse ait, imperiali auctoritate notarius, se exemplar istud contulisse cum autographo Caroli a Basilica Petri episcopi Novariensis, in collegio S. Marci Novariæ. Cum his ego (adlaborante etiam indefesso viro Philippo Argelato) metropolitanum codicem contuli, atque inde varias nonnullas lectiones decerpsi quas obscurioribus locis auctoris nostri elucidandis satis opportunas censui, easque signavi numeris arabicis 1 et 2, ut ex quo codice erutæ forent lector dignosceret; primo enim numero indicatur exemplar Muratorio jam notum, secundo alterum Caroli a Basilica Petri a me nuper inventum. Hæc sunt de quibus te monitum volui; si quid in hoc meo labore minus probatum offenderis, benigne indulge, et vale.

SERIES CHRONOLOGICA

RERUM AD HANC HISTORIAM PERTINENTIUM

IN COMMENTARIIS DIGESTA.

Anno 1093. Conradus, Henrici III seu IV imp. filius, Modoetiæ ac Mediolani ab Anselmo archiepisc. coronatur. *Cap.* 4, *num.* 21. — Anselmus Mediol. archiep. moritur. *Ibid.*

1095. Urbanus II Placentiæ synodum celebrat. *Cap.* 28, *num.* 6. Mediolanum venit. *Ibid.*, *num.* 7.— Arnulphus, Anselmi III successor, in archiepiscopum Mediolan. consecratur. *Cap.* 1, *num.* 1.— Conradus, Italiæ rex, in Tusciam pergit nuptias celebraturus. *Cap.* 1, *num.* 31.— Beatus Albertus Cluniacensis Pontidii monasterium condit. *Cap.* 24, *num.* 1.

1096. Armanus card. eligitur in Brixiensem episcopum. *Cap.* 1, *num.* 7. — Urbanus II e Galliis redux Mediolanum iterum venit, et in templo Sanctæ

Theclæ sermonem ad populum e suggestu habet. Cap. 28, num. 7 et 8.

1097. Arnulphus Mediol. archiep. moritur. Cap. 1, num. 8 et 28, num. 13. — Landulphus de Badagio in archiepiscopum a clero Mediol. electus ab Armano card. Brixiensi episcopo rejicitur. Cap. 1, num. 5 et 9. — Anselmus de Buis eidem substituitur, et ab Armano confirmatur. Ibid., num. 14. Pallium ab Urbano II per legatum apostolicum recipit. Ibid., num. 18.

1098. Anselmus IV, Med. archiep., immunitatem indulget venientibus ad festum SS. Protasii et Gervasii. Cap. 2, num. 5.

1099. Conradus, Henrici IV filius, in Tusciam secundo proficiscitur. Cap. 1, num. 31. — Urbanus II, summus pontifex, moritur. Cap. 1, num. 32, et Cap. 8, num. 1. — Anselmus IV archiep. sancti Arialdi corpus transfert e S. Celsi ad S. Dionysii ecclesiam. Cap. 3, num. 5.

1100. Grossulanus in episcopum Saonensem eligitur et consecratur. Cap. 3, num. 4 et 7. Anselmi archiep. Mediol. vicarius constituitur. Ibid. Biennio in eo munere perdurat. Cap. 4, num. 6.—Anselmus Mediolan. archiep. ad Hierosolymitanum bellum proficiscitur. Cap. 2, num. 5.

1101. Conradus, Henrici IV filius, moritur. Cap. 1, num. 32. — Anselmus Mediol. archiep. Constantinopoli obit. Cap. 2, num. 8.

1102. Grossulanus in archiepiscopum Mediol. eligitur. Cap. 5, num. 4. De Simonia apud summum pontificem accusatur. Ibid., num. 8. Pallium suscipit a sancto Bernardo cardinali delatum. Ibid., num. 11 et seqq. Synodum provincialem Mediolani celebrandam indicit. Cap. 9, num. 2.

1103. Synodus provincialis tempore Quadragesimæ a Grossulano celebratur. Cap. 9, num. 9. — Liprandus presbyter innocue per ignem transit, die 25 Martii, ut simoniam archiepiscopi Grossulani divino judicio comprobet. Cap. 10, num. 3 et 6. — Grossulanus statim peracto ignis judicio Romam ad Paschalem II proficiscitur. Cap. 11, num. 5. Ab eodem summo pontifice eximiis honoribus cumulatur. Ibid., num. 9.

1105. Grossulanus in synodo Lateranensi a Paschali II celebrata sedi Mediolanensi restituitur. Cap. 11, num. 12. A Mediolanensibus pellitur. Cap. 12, num. 5. — Landulfus de Vareglate post synodum Lateranensem in Astensem episcopum eligitur. Cap. 11, num. 15. — Henricus Junior contra patrem rebellat. Cap. 13, num. 3. — Reliquiæ insignes in ecclesia S. Mariæ ad Portam Mediol. reperiuntur, et ob id universi cleri et populi supplicatio habetur, omnium solemnior. Cap. 22, num. 2 et seqq.

1106. Cometes longissimum trahens crinem in occidente apparet. Cap. 13, num. 5. — Henricus IV imp. Leodii moritur. Ibid., num. 4. — Liprandus presbyter in Vallemtellinam secedit. Cap. 16, num. 1. — Annua celebritas pro inventis sacris reliquiis S. Mariæ ad Portam publico decreto statuitur. Cap. 22, num. 6.

1107. Laudense bellum incipit. Cap. 16, num. 1. — Liprandus presb. e Valletellina Mediolanum redit. Ibid.

1109. Mediolanenses urbem Laudensem ex improviso captam statim dimittere a Cremonensibus compelluntur. Cap. 16, num. 5.

1110. Grossulanus Hierosolymas peregrinatur. Cap. 17, num. 9. — Ardericum Laudensem episcopum, suum Mediolani vicarium designat. Ibid. — Olricus Vicedominus in archipresbyterum eligitur. Ibid., num. 6. — Sacros ordines Januæ suscipit. Ibid., num. 13. — Cremonenses a Mediolanensibus apud Brixianorum campum victi. Ibid., n. 14. — Henricus V in Italiam descendit. Cap. 18, num. 2.

1111. Henricus V Romam petit. Ibid., num. 3. — A Paschali II Idibus Aprilis coronatur. Ibid., num. 13. — In Germaniam redit. Ibid., num. 14. — Otto

A Mediolanensis vicecomes Romæ interimitur. Ibid., num. 11. — Urbs Laudensis a Mediolanensibus capitur ac deletur. Ibid., num. 18. — Jordanus de Clivi, postea archiepiscopus, in sacerdotem ordinatur Januæ. Cap. 19, num. 8. — Pluviarum et fluminum mira exundatio Octobri mense terrore populos implet. Cap. 20, num. 1.

1112. Jordanus de Clivi in archiepiscopum Mediol. Kal. Januarii eligitur. Cap. 21, num. 3. — Eidem pallium Roma defert Manardus Taurinensis episcopus. Cap. 21, num. 9. — Recusatum primo, post sex menses, die 6 Decembris suscipit. Cap. 25, num. 2. — Liprandus presb. ad Pontidii monasterium pergit die 6 Decembris. Cap. 24, num. 2.

1113. Presbyter Liprandus in Pontidii monasterio sancte moritur 6 Januarii, et miraculis claret. Cap. 24, num. 1 et 3. — Grossulanus a Hierosolymitana peregrinatione redux Mediolanum ingreditur mense Augusto. Cap. 26, num 2. — Civilis pugna inter
B Grossulani et Jordani fautores committitur. Ibid., num. 7. — Pace composita Grossulanus Placentiam se recipit. Cap. 27, num. 1. — Andreas Primicerius decumanorum moritur. Cap. 28, num. 3.

1114. Nazarius Muricula mortuo Andrea Dalvultio substituitur primicerius decumanorum. Cap. 29, num. 1.

1116. Paschalis II Romæ in Laterano concilium celebrat. Cap. 29, num. 4. — Sententia contra Grossulanum in synodo eadem profertur. Ibid., n. 15. — Armanus Brixiensis episcopus deponitur, atque in ejus locum sufficitur Villanus. Cap. 30, num. 2 et 3. — Jordanus Mediolanum redit et Henricum imperatorem excommunicat. Cap. 31, num. 2 et 3.

1117. Grossulanus Romæ moritur in monasterio S. Sabæ VIII Idus Augusti, Cap. 29, num. 17. — Terræmotus quadraginta dierum in Langobardia excitatur die 3 Januarii. Cap. 31, num. 6. — Jordanus concilium provinciale Mediolani celebrat. Ibid.,
C num. 8. — Ugonem de Noceto ab Henrico institutum Cremonæ episcopum deponit, ac Ubertum substituit. Cap. 46, num. 7.

1118. Paschalis II moritur 21 Januarii. Cap. 32, num. 1. — Gelasius II, in sum. pontificem electus, Henrici imp. insidias fugiens, Cajetam se recipit. Ibid., num. 5. — Ibidem presbyter et pontifex consecratur. Cap. 33, num. 2. — Romam reversus in Gallias proficiscitur. Ibid., num. 4 et seqq. — Henricus imp. Romæ in pseudopontificem eligi Burdinum curat. Cap. 32, num. 10. — In Germaniam redit. Ibid., num. 17. — Bellum Cumanum incipit. Cap. 34, num. 6. — Concilium episcoporum et principum Langobardorum Mediolani celebratur. Cap. 34, num. 11 et 12.

1119. Gelasius II Cluniaci moritur. Cap. 33, num. 7. — Calixtus II Gelasio succedit. Ibid., num. 8. — Remis Concilium celebrat 20 Octobris. Ibid., num. 10.

1120. Calixtus II e Galliis in Lombardiam venit
D ac Terdonæ consistit. Cap. 35, num. 1. — Inde Placentiam progrediens ibidem Paschale festum celebrat. Ibid., num. 5. — Romæ 3 Junii excipitur. Ibid., n. 16. — Jordanus archiep. Mediol. moritur. Cap. 36, num. 2. — Olricus vicedominus Jordano succedit 17 Novembris. Ibid., num. 3.

1121. Burdinus pseudopontifex capitur, ac Romam ignominiose perducitur. Cap. 35, num. 17. Atque in Cavensi monasterio includitur. Ibid., num. 18.

1122. Burdinus a Cava extractus a Calixto II in arcem Janulæ transfertur. Cap. 35, num. 18.

1123. Calixtus II concilium generale Lateranense primum celebrat. Cap. 36, num. 4.—Olricus Mediol. archiep. Romam pergit, et in concilio ad dexteram summi pontificis sedet, frustra contranitente archiepiscopo Ravennate. Ibid., num. 8.

1125. Henricus V imp. X Kal. Junii moritur. Cap. 37, num. 5.

1126. Olricus Mediol. archiep. Maii 28 moritur. Cap. 37, num. 6 et 7. — Anselmus de Pusterula in archiepiscopum eligitur. Ibid., num. 7. — Romam ad pallium suscipiendum pergit. Cap. 38, num. 2.— Id tamen e manibus summi pontificis suscipere abnuit. Ibid., num. 3. — Mediolanum reversus in festo S. Michaelis solemniter suscipitur. Ibid., n. 6.

1127. Urbs Cumana deletur a Mediolanensibus. Cap. 37, num. 10.

1128. Conradus in Italiam venit. Cap. 39, n. 2.— Modoetiæ in Regem Italiæ coronatur 29 Junii. Ibid., num. 7 et seqq. — Iterum Mediolani in ecclesia S. Ambrosii coronam accipit ab Anselmo archiepiscopo. Ibid., num. 11.

1129. Conradus in Germaniam redit. Cap. 39, num. 17. — Concilium provinciale a J. Cremensi Card. Papiæ celebratur, ac in eodem Anselmus archiep. anathemate percellitur. Cap. 39, num. 18.— Cremonenses contra Cremæ castrum exercitum admovent. Ibid., num. 21.

1130. Honorius II 14 Februarii moritur. Cap. 40, num. 1.—Innocentius II die 15 Feb. eligitur. Ibid., num. 2. — Anacletus pseudopontifex creatur die 16 Feb. Ibid. — Anselmus de Pusterula archiep. pallium ab Anacleto pseudopontifice missum per legatos accipit. Cap. 40, num. 3.

1133. Mediolanensium agmen captivum Cremonam perducitur. Cap. 41, num. 1. — Concilium episcoporum provincialium Mediolani celebratur. Ibid., num. 5. — Anselmus archiep. a concilio, et universo clero et populo ab archiepiscopali sede extruditur. Ibid., num. 9. — Robaldus Albensis episcopus vicarius Mediolanensis Ecclesiæ constituitur. Ibid., num. 10.

1134. Innocentius II Pisis concilium celebrat tertio Kal. Junii. Ibid., num. 13. — Anselmi archiep. Mediol. depositionem confirmat. Ibid., num. 16. — Thedaldus Landrianus, Stephano de Guandeca mortuo, archipresbyter Ecclesiæ Mediolanensis renuntiatur. Ibid., num. 14. — S. Bernardus legatus a latere Innocentii II Mediolanum venit. Ibid., num. 18; cap. 42, num. 4. — In Mediolanensem archiepiscopum acclamatur. Cap. 42, num. 7. — Insulam Mediolanensem recusat. Ibid., num. 11. — Conradus Lothario imperatori obedientiam præstat, ejusque vexillifer constituitur. Cap. 42, num. 1.

1135. Conradus iterum Lothario fidelitatem jurat. Ibid.—Robaldus Albensis episcopus in archiep. Mediol. eligitur 29 Julii. Cap. 42, num. 17.—Mediolanenses bellum Cremonensibus indicunt, sed exitu infelici. Cap. 42, num. 18. — Anselmus archiep. Romam pergens a Goyso de Martinengo capitur, ac Pisas ad Innocentium II transmittitur. Ibid., num. 22.

1136. Cœnobium Clarævallense Cisterciensis ordinis conditur. Cap. 41, num. 5. — Anselmus Romam captivus mittitur ab Innocentio II atque ibidem Augusto mense moritur. Cap. 42, num. 25. — Robaldus archiepiscopus Pisis Innocentio fidelitatem jurat. Cap. 43, num. 2. — Cremonenses proscriptos a Lothario imperatore excommunicat. Ibid., num. 8. — Pallium ab eodem summo pontifice transmissum recipit. Ibid., num. 3. — Lotharius iterum in Italiam descendit. Ibid., num. 6. — In Roncbalia leges condit. Ibid., num. 12.—Papiam progreditur, ac deinde Abbiatum Crassum, et Taurinum, ac Rhegium. Cap. 44, num. 11; et 45, num. 2 et seqq.— Papienses a Conrado Lotharii duce, prælio commisso in fugam vertuntur, ac deinde in gratiam imperat. pacta pecunia suscipiuntur. Cap. 45, num. 6 et 8.

1137. Innocentius II mense Martii. Pisis Viterbium pergit, ut Lotharium imperatorem excipiat. Cap. 42, num. 3. — Cremonenses ab excommunicatione in ipsos a Robaldo lata solvit. Cap. 46, num. 1. — Mediolanenses Juvenaltam castrum Cremonensibus eripiunt, et eorum episcopum in bello captum in custodia per plures menses continent. Ibid., num. 4, et 5. — Episcopus Cremonensis, venenato custode, fuga carcere elabitur, et Cremonam redit. Ibid.

LANDULPHI DE S. PAULO

LIBER HISTORIARUM MEDIOLANENSIS URBIS.

CAPUT PRIMUM.

Anselmus de Buis in archiep. Med. eligitur an. 1094 (1).

Cum in diebus Robaldi Albanensis (2) episcopi ferentis infulam archiepiscopatus Mediolanen., ingens dolor instaret Mediolanensibus pro suis militibus, et civibus captis Cremonæ, atque Papiæ (3),

CAP. I. — (1) Anni hujus epocham eamdem prorsus in omnibus mss. Landulphi exemplaribus vidi. Falso tamen iisdem præfixam crediderim amanuensis imperitia, qui vel Historiam Landulphi unico descriptam contextu in multa capita dissecuerit, vel anni numerum male intellexerit. Compertum siquidem est, anno sæculi XI nonagesimo quarto nondum fuisse in archiepiscopum Mediolanensem consecratum Arnulphum, qui Anselmo huic proxime præcessit, et anno tantummodo sequenti a tribus episcopis post synodum Placentinam Mediolanum profectis, Urbano II mandante, inunctus fuit, ut testatur Bertholdus illius ævi scriptor ad ann. 1095; Anselmum vero nonnisi anno 1097 ad archiepiscopalem sedem promotum fuisse constat, ut mox dicemus.

(2) Vere *Albensis*, sicuti legebatur in codice antiquo metropolitanæ bibliothecæ, recenti manu male correcto *Albanensis*. Alba enim Pompeja, cujus ille erat episcopus, urbs est Liguriæ ac Montisferrati, adhuc connumerata inter suffraganeos episcopatus Mediolanensis metropolis. Quod adnotatum hic volo pro omnibus hujus historiæ locis, in quibus, cum de hoc Robaldo mentio fit, male vox ista *Albanensis* fere semper usurpatur.

(3) Quæ hic a Landulpho innuuntur, longe posterius accidere, quam ordo præsentis historiæ postulat. Robaldus enim in archiepiscopum Mediolanensem electus est sæculo sequenti jam multum provecto, ut in postremis hujus libri capitibus videbimus. Cur autem hujusmodi rerum memoriam, quæ longo post tempore contigere, hic præmiserit auctor

non sum immemor Armani de Ganardo (4), qui sub specie religionis plantavit quamdam radicem novitatis (5), quæ paulatim non solum Mediolanensem Ecclesiam, sed regnum Longobardorum per omnes suos status fere perturbavit, donec Bernadus abbas Clarævallensis ad expellendum dæmones, et ad sanandum, et ad erigendum infirmos contractos secundum jussum hominum Mediolanensium intravit. Armanus enim ille monachus quasi cardinalis (6) Romanus, et a parte Brixiensium civium, atque favore comitissæ Mathildis in Ecclesia Brixiensi electus episcopus (7), defuncto Arnulpho (8) archiepiscopo Mediolanensi, ad alium eligendum venit (9): Qui ubi sensit nobilem multitudinem Mediolanen.

noster, existimaverim id factum, ut comparationem quamdam institueret publici tumultus excitati tempore, quo scribebat, cum eo a quo historiam suam exordiebatur, atque inde occasionem caperet cæteros perturbatæ illius ætatis eventus calamo prosequendi.

(4) Nomen oppidi quod novem milliaribus ad orientem Brixia dissitum, ad oram Clusii fluminis statuit Ælias Capreolus in annalium Brixiensium tabula geographica; unde etiam nobilis illius urbis familia *Gavardà* ab ipso sæpius memorata cognomentum traxit. Hinc corrigenda lectio Puricellii, qui num. 284 eum vocat *de Ganardo.*

(5) Non aliam esse arbitror novitatem hanc, quam quæ proxime a Landulpho narratur, quod videlicet rejecta electione archiepiscopi Mediolanensis a clero et primoribus urbis statuta (recti animi colore, ut par est credere, et religioso aliquo prætextu interposito) Armanus iste in causa fuerit, ut circumstans ad modum coronæ inconditum vulgus in seditionem ageretur, ductumque opinione summæ integritatis, qua eum pollere existimabat, utpote tanta apud Romanam, et Brixiensem Ecclesiam, ac Mathildem gratia vigentem, alterum archiepiscopum tumultuariis suffragiis elegerit contra antiquum morem hujus Ecclesiæ; inde enim veluti ex noxia radice contentiones, dissidia, schismata et bella paulatim erupere, quibus non tam urbs nostra, quam finitimæ gentes diuturna perturbatione afflictæ sunt, donec S. Bernardus Clarævallensis abbas velut angelus pacis ad nos missus, concussæ calamitatibus universæ Langobardorum provinciæ suppetias tulit veteremque decorem, ac quietem restituit, ut infra cap. 42 narrabitur.

(6) Particula *quasi* non ad minuendam significationem vocis cui præponitur, sed potius ad designandam rem, vel dignitatem ab auctore nostro hic et alibi in historiæ decursu passim usurpatur, idemque sonat apud ipsum ac altera hæc: *nempe, videlicet:* quod monitum lectorem ab initio volui, ne dubius hæreat, cum offenderit in Landulpho rudes hujusmodi formulas *quasi monitus, quasi archidiaconus* etc. Cæterum Armanum fuisse cardinalem S. R. E. probat subscriptio adjecta diplomati primum edito a cl. v. Benedicto Bacchinio in Hist. monast. Padolironen., ac deinde inserto in nova Ital. sacr. editione tom. IV, col. 541, ab eruditissimo amico meo Paulo Galeardo, in hæc verba: *Ego Armannus sanctæ Romanæ Ecclesiæ cardinalis confirmo;* quod tamen Ciaconio et Oldoino, necnon Brixiensium episcoporum Chronologis Jo. Franc. Florentinio, et Ughello ignotum fuit. An vero hic Armanus idem sit ac Hermanus presb. card. tit. SS. Quatuor Coronatorum, quem per eadem tempora floruisse compertum est, quique ab Urbano II missus Mediolanum nuper fuerat ad pallium deferendum Arnulpho nostro archiepiscopo, dubitationi locum aliquem facit Ughellus, qui eumdem Armanum æque vocatum fuisse *Arimannum,* et *Hermannum* scribit: attamen cum Hermannum illum usque ab anno 1061 cardinalem creatum ab Alexandro II et ab Urbano II archipresbyteratus S. R. E. dignitate auctum tradat Oldoinus, et nusquam eum viderim subscriptum, aut memoratum episcopum; Brixiensem autem hunc antistitem longe post sæculum XI vitam produxisse repererim; anno enim 1116, ab episcopatu depositum fuisse docet Landulphus cap. 30, et *Armanni,* non *Hermanni* nomine tum ab auctore nostro, tum in documentis manu ipsius firmatis appellatum fuisse constanter observaverim, in eam sententiam adducor, ut diversos illos omnino existimem. Quandoquidem vero de hoc cardinali Armanno producenda hæc fuere, ut Landulphi Historia illustraretur, liceat mihi obiter refellere Puricellium, qui in dissert. Nazariana, cap. 106, num. 4, ut lectori erudito satisfaciat quærenti cur S. Gualdinus postquam Mediolanensem archiepiscopatum suscepit, nunquam se cardinalem subscripserit, cum tamen citra dubium sit, eumdem S. R. E. cardinalem fuisse antequam ad hanc infulam vocaretur, id factum ait, quod (docente Panvinio in libro *De episcopalibus, titulis, et diaconis cardinalium*) antiquitus usque ad Alexandri III tempora in more fuerit, ut qui ex presbytero cardinali episcopus fieret, cardinalis esse desineret. Quam infirmá tamen hæc ratio sit, quæ attulimus dilucide probant. Armanum enim post initum Brixiensis episcopatus regimen, longe ante Alexandri III ætatem, S. R. E. cardinalem subscriptum legimus, quemadmodum in Bacchinio et Ughello supracitatis videri potest. Adde neque verum esse, quod S. Galdinus, Mediolanensi Ecclesiæ regendæ addictus, hunc dignitatis suæ titulum perpetuo siluerit. Exstant siquidem in tomo III Thesauri Anecdotorum Edmundi Martene, col. 1235, breves litteræ Alexandri III ad Garinum Pontiniacensem abbatem, datæ III Id. Novembris, ejusdem pontificatus anno VIII, id est 1166, in quibus octavo loco se in hunc modum subscribit Gualdinus: *Ego Gualdinus S. Sabinæ presbyter cardinalis, et archiepiscopus Mediolanensis SS.*

(7) Ejus electionem ab Ughello anno Christi 1096 consignatam Bacchinius loc. cit. retraxit ad annum 1087, fretus diplomate ejusdem Armani a se ibidem producto, quod illo anno datum putavit. Verum cum diploma ipsum a me in opere Bacchinii diligenter examinatum, monagesimum septimum annum expresse referat, et dies in eodem enuntiatus anno huic, non alteri a Bacchinio assignato conveniat, solaque indictio amanuensis fortasse vitio corrupta dissentiat, ut erudite adnotavit laudatus Galeardus, Armani electio ab anno 1096 minime removenda.

(8) Obiit Arnulphus non anno 1096, ut perperam scripsit Ughellus, sed anno 1097, VIII kal. Octobris juxta calculum Papebrochii antiquis Catalogis innixum, et ipsius etiam Puricellii, qui in vita S. Herlemb. lib. IV, cap. 82, num. 1, sententiam suam in Monum. basil. Ambros. num. 284, prolatam, quæ Arnulphi mortem anno 1096 statuebat, irritam prorsus voluit.

(9) Vocari in dubium posset, an huic electioni interfuerit Armanus tanquam suffraganeus episcopus electus, quemadmodum in more hujus Ecclesiæ fuisse colligitur ex hac ipsa historia; Landulphus enim cap. 57 Anselmum de Pusterula a clero metropolitano et episcopis suffraganeis electum in archiepiscopum narrat; et cap. 42, loquens de electione Robaldi, qui utpote jam multis ab inde annis Albensis episcopus, consecratione non indigebat, ait, convocatos Mediolanum ab ordinariis, et decumanis tres suffraganeos episcopos, ut *in consilio suo* ad archiepiscopalem dignitatem *sublimaretur.* An vero huc accesserit tanquam legatus apostolicus, ut sibi persuasum esse ostendit Papebrochius dum in exegesi suprad. num. 105 inquit

convenire ad eligendum Landulphum de Badagio Sancti Ambrosii canonicæ præpositum in archiepiscopum, virumque moribus et vita quam bene ornatum, substitit, et electioni illi non consensit. Corona unde vulgi, gratia Romanæ Ecclesiæ et Brixiensis, ac Mathildis comitissæ favore, putans illum fore religionis virum, mox ubi sensit illum Armanum huic electioni abesse, cœpit adversus ipsam electionem insanire, et clericos, et sacerdotes pugnis et fustibus vehementer lacerare, virum quoque de .... civibus Paganum nomine, et in Porta Orientali ..... in ipsa ecclesia quæ dicitur Hyemalis (10) præsumpsit occidere. Hanc insaniam nobilis Landulphus vitavit, et descendens secretarium (11) ecclesiæ ad domesticam suam ecclesiam (12), quæ Sancti Joannis ad Quatuor Facies dicitur, pervenit. Armanus autem ille in tanta perturbatione in ecclesia Sancti Ambrosii ait populo sibi congregato : Vobis fiet prout proverbium dicit : « Populo stulto episcopus *surdus* (13). » Hoc dicto statim elegit sibi, et illis (14) in archiepiscopum Anselmum de Buis (15), hominem simplicem, et canonicæ S. Laurentii præpositum. Hic vero, ut sensit electum a Brixiensi illo Armano, et populo impetuoso collaudatum, illico cathedram archiepiscopatus ascendit, et sedit. Et deficientibus sibi suffraganeis episcopis omnes ecclesiasticos ordines usque ad presbyteratum (16), ordinationem quoque episcopatus ab extraneis episcopis suscepit : Virgæ quoque pastorali per munus Mathildis abbatissæ adhæsit (17); stolam (18) vero per legatum D. Urbani PP. sibi delatam induit. Deinde homo iste effectus prudens neglexit Obertum agnomine Baltricum, qui propter investituram Brixiensis episcopatus, quam a rege suo Henrico susceperat, Armano repugnabat, et Armanum, qui se in archiepiscopum elegit, in episcopum Brixiensem ordinavit. Hoc quidem prudentia archiepiscoporum antecedentium sibi, videlicet Anselmi de Raude, et Arnulphi de Porta Orientali, facere vitavit (19).

electionem Landulphi de Badagio irritam factam fuisse a legato apostolico, qui certe non alius fuit quam hic Armanus. Ego verius in hanc secundam partem inclinaverim, cum nonnisi credendum sit, excelsiori aliqua auctoritate præditum eum fuisse, qui et collata a nobili multitudine suffragia abolere, et alterum constituere archiepiscopum suo veluti nutu potuerit, ut auctor noster narrat. *Vicarium papæ* appellatum fuisse Armanum in diplomate ab ipso dato in favorem cœnobii S. Petri, tradit Florentinius jam cit. in indice chronolog. antist. Brixien., sed desiderandum foret ut saltem annum dati diplomatis indicasset.

(10) Ecclesia hæc, Deiparæ Virgini sacra, Hiemalis appellabatur eo quod clerus metropolitanus divina ibidem ministeria peragebat hiemis tempore : sita autem erat in eodem loco, ubi nunc immane templi maximi ædificium surgit a Joan. Galeatio vicecomite Mediolani domino, ac postmodum primo duce, excitatum : vocabatur autem hiemalis ad differentiam Æstivæ, quæ sanctæ martyri Theclæ dicata erat : jacebatque in confinio porticus, cui nomen in præsens *Figini* est, ac tandem diruta fuit, atque unita metropolitano capitulo a sanc. mem. Cardinali archiepiscopo Carolo Borromæo. De utraque hac ecclesia plura tradit Puricellius in dissert. Nazar., cap. 100, et alibi in suis dissertationibus.

(11) Secretarium apud ecclesiasticos scriptores idem sonat ac *sacristia*, ut docet Macrius in Hierolexico. In metropolitana nostra Ecclesia locus ille per hæc tempora conditorium erat thesauri Ecclesiæ; Beroldus enim scriptor Mediolanensis, qui sub initium sæculi sequentis floruit, et cujus aliqua fragmenta edidit Puricellius in dissertat. Nazar. cap. 97 et seqq. describens ordinem metropolitanæ ecclesiæ ait, ex sexdecim custodibus octo *majores* appellatos in id munus addictos fuisse, ut bini per hebdomadam una cum subdiacono hebdomadario jacerent *in secretario ad custodiendum thesaurum ecclesiæ*, qui statis deinde solemnibus per annum festis super altare proferebatur; alii autem octo, *minores* dicti, in altero jacebant loco, qui *ecclesiæ tribunal* vocabatur.

(12) Id est ad ecclesiam, quæ prope paternam ipsius domum erat. Nobilissimam enim familiam de Badagio fixo ibidem domicilio consedisse, argumentum est ecclesia S. Hilarii in iis ipsis confiniis exstructa ab Anselmo de Badagio Lucensi primum episcopo, ac postmodum sub Alexandri II nomine summo pontifice, ut tradit Puricell. in monum. Basil. Ambros., num. 284.

(13) A. 1, *lurdus*. Antiquitus in codice metropolitanæ legebatur *surdus*. Recenti vero manu inducta in illum fuit hæc alia vox *lurdus* (Italice *lordo*), quæ pariter in exemplaribus Ambrosianæ bibliot. legitur. Quæcunque tamen ea sit, quæ tunc in adagium traheretur, congruere utraque optime potest *populo stulto*.

(14) Non ipse elegit, sed electum tumultuarie a populo, pejorum fortasse metu, eidem indulsit, et auctoritate sua confirmavit, ut ex ipsa hujus rei narratione patet, et clarius etiam exprimitur cap. 28. Ibi enim Landulphus refert, *Nazarium Muriculam cum suæ connexionis turba, fere quodcunque voluit, fecisse in Ecclesia Mediolanensi, et in Saona Civitate. In Mediolanensi namque sublimavit Anselmum de Buis hominem simplicem in archiepiscopum Mediolanensem*, etc. Quo autem anno electio ista contigerit, ex vetustis Catalogis a Papebrochio in memorata exegesi, et a Puricellio in Vita S. Herlemb. cap. 82, diligenter expensis manifeste colligitur, consignandam eam esse anno 1097, die 3 Novembris.

(15) Galvaneus Flamma in Chron. Maj. ad ann. 1094 ait, eum fuisse *ex valvasoribus de Buyso*, qui pagus est decimo ab hac urbe lapide distans, sub metrocomia, seu in plebe oppidi Decii.

(16) Hinc patet prædictum Anselmum fuisse quidem præpositum S. Laurentii, sed tantummodo electum, cum nullo adhuc ordine sacro esset initiatus.

(17) Excidisse a calamo amanuensis per errorem hoc nomen *abbatissæ* loco alterius *comitissæ* existimo, cum nulla in historiis de alicujus abbatissæ jure aut patrocinio ad hanc electionem mentio exstet; item nemo credat, investituram aliquam, quæ iterato anathemate a conciliis et summis pontificibus confixa tunc erat, intelligendam hic esse, sed tantummodo, quod in beneplacito comitissæ Mathildis, quæ summa in Italico regno auctoritate pollebat, ac Romanæ Ecclesiæ partes viriliter tuebatur, archiepiscopalem sedem Anselmus conscenderit.

(18) Hoc nomine ubique ab auctore nostro usurpato, indicatur *pallium* ut adnotavit etiam Ducangius in Glossario.

(19) Ex hoc Landulphi contextu eruitur a præcedentibus archiepiscopis Mediolanensibus Anselmo et Arnulpho, toleratum fuisse in Brixiensi episcopatu Obertum Baltricum, prudenti, ut credendum

Cono (20) quoque rex, qui dum pater ejus Henricus viveret per contractationem Mathildis comitissæ, et officium hujus Anselmi de Rode fuit coronatus Modoetiæ, et in ecclesia S. Ambrosii regali more (21) ad horum pontificum, scilicet Anselmi de Buis, et Armani Brixiensis, ordinationem non respexit, sed regnans in loco qui Burgus S. Domini (22) dicitur, vidit presbyterum Liprandum (23) propter patariam (24) naso, et auribus truncatum (25) euntem ad Urbanum pont. Rom., cui presbytero rex ipse cum devotione inquit : « Cum sis magister patariorum, quid sentis de pontificibus, et sacerdotibus regio

A jura possidentibus, et regi nulla alimenta præstantibus ? » Et presbyter ipse absque ullo rancore in beneplacito Dei et ipsius regis respondit. Verumtamen altera die faciens iter suum cum presbytero Arnaldo magistro scholarum Mediolanensi (26), et Syro sacerdote (27) ecclesiæ S. Mariæ Pedoni (28) captus est ab hominibus Parmensis episcopi (29), qui ducebatur digerens pœnam ad locum, qui dicitur.. ibique per IV dies retentus et exspoliatus, inde Mediolanum rediit. Rex vero ipse, prout audivi, a raptoribus illis emendam (30) et mulum ipsius presbyteri suscepit, et mox in Thu-

est, consilio, ne Henricus ejusdem fautor acerbius irritaretur. Fortasse etiam reprobare in suffraganeo episcopo non audebant quod in se ipsis admiserant ; utrumque enim ab Henrico imperatore, per virgam et annulum institutum archiepiscopum affirmat Sigonius De regno Italiæ, lib. IX, ad an. 1804 et 1092.

(20) Id est Conradus filius Henrici III, dicti etiam passim IV imperatoris, quem numerum ego quoque inposterum in designando hoc Henrico, cum Pagio sequar.

(21) Coronatus fuit Conradus eo anno quo rebelli in Romanam Ecclesiam patri se rebellem fecit, descenditque in Italiam, nempe anno 1093. Solemnis autem hæc inauguratio peracta est ab Anselmo de Raude Mediolanen. archiep. (vita etiam functo sub finem ejusdem anni), qui Modoetiæ primum oppido insigni, ac deinde Mediolani in ecclesia S. Ambrosii regiam Italiæ coronam ejus capiti imposuit, ut ex coævis scriptoribus Landulpho nostro, et Bertholdo ad ann. 1093 patet. Coronationem hanc in patria sua peractam Barthol. Zucchius sedulus alioquin Modoetiensium rerum scriptor ignoravit.

(22) Tunc insigne oppidum, nunc urbs episcopalis inter Placentiam et parmam posita, quæ olim *Julia Fidentia* vocabatur.

(23) *Luitprandum* appellat Arnulphus historicus jam editus in IV hujus collectionis tomo, lib. IV, cap. 9 (*Patr.*, t. CXLVII).

(24) De *Pataris* et *pataria* nonnulla protulit Pagius in crit. Baronii ad ann. 1058, sed plura erudite discussa legi possunt in Comment. prædicti Arnulphi editi eod. tom. IV, eodem anno, quæ hic repetere non vacat. Id equidem adnotare licet, clare colligi ex nostro auctore, *patari* nomen tunc temporis proprium fuisse eorum qui pontificiis obsequentes mandatis, contra contumaces in nuptiis clericos castimoniam propugnabant.

(25) Hanc injuriam passus est presbyter Liprandus paulo post martyrium S. Herlembaldi, teste Arnulpho loco superius citato, anno scilicet 1075, ut num. 23 ibidem cruditissimus Arnulphi adnotator contendit, quinimo martyris titulo decoratus ob id fuit a Gregorio VII in litteris ad eumdem datis, quas infra a Landulpho nostro recitatas, cap. 6 videbimus.

(26) Exstitisse in hac urbe scholas illas, quas a conciliis decretas ad erudiendos pueros clericosque juniores in cathedralibus præcipue ecclesiis olim floruisse docet Thomassinus De veter. et nova Eccles. disciplin., part. II, cap. 92 ad 100, dubitare non sinit Beroldus jam memoratus, qui metropolitanæ nostræ clerum describens, quatuor magistros scholarum pluries enumerat, quorum unus alternatim per hebdomadas cum sacris mystis choro semper interesse debebat, omnesque simul, recurrentibus quibusdam sanctorum memoriis, divina cum reliquo ejusdem Ecclesiæ clero officia peragebant ; alterum igitur ex hisce magistris fuisse Arnaldum obvium est credere. Num vero hinc colligi possit vestigium aliquod palatinæ Mediolanensis scholæ, quæ usque ab Ambrosii sanctissimi archiepiscopi temporibus celebris, magno Ecclesiæ doctore Augustino hic publico nomine ac stipendio rhe-

B toricam docente, in nostrum quoque ævum florentissima perduravit ; conjectandi ansam præbet exemplar Landulphi, quo usus est Puricellius. In illius enim relato textu, tum in præfat. ad lib. II Vitæ S. Arialdi, tum in Vita S. Herlembaldi, cap. 86, constanter legitur : *Magistro scholarum Mediolanensium ;* qua appellatione opinari quis posset non alias indicatas hic scholas fuisse, quam quæ ab antiquis temporibus publica auctoritate, atque ære Mediolanensis urbis conditæ sunt. Sed non hic locus de his disceptandi. Nonnulla ad hanc rem pertinentia fusius prosequar in *Histor. litteraria Mediolanen.*, quam præ manibus habeo (si per otium tandem licebit absolvere) typis committendam.

(27) Ab hoc Syro conscriptam fuisse S. Arialdi Vitam, quæ in præsens desideratur, censet Puricellius in Vita S. Herlembaldi, cap. 86, cui astipulatur Pagius in crit. ad ann. 1061, nu. 6, Baronium

C et Bollandum refellens.

(28) *Pedonis* etiamnum sacra hæc Deiparæ Virgini ecclesia appellatur, eique nomen hæreditarium mansisse a primo conditore *comite Pedone* tradunt Chronica mss. in Ambros. biblioth., queis titulus *Flos Florum* in Angilberto II Mediol. archiep.

(29) Quisnam esset Parmensis iste episcopus, a cujus hominibus captum Liprandum memorat Landulphus, ex historiis non liquet. Eberardus, seu Evrardus illius urbis antistes schismaticus, fautorque antipapæ Clementis, a quo abbatem quemdam Romam ad Concilium properantem anno 1079 in carcerem conjectum scribit Ughellus in epis. Parmen., num. 26., teste Bertholdo misere jam obierat anno 1087, quo Urbanus II nondum creatus fuerat summus pontifex, nec Conradus in Italiam descenderat. Quis vero eidem successerit, ignoravit Ughellus, qui lacunam prope XX annorum inter Heberardum et S. Bernardum cardinalem in hac serie reli-

D quit. Vadonem quemdam illius urbis episcopum nominat diploma Henrici IV et Conradi regis nomine datum, ac relatum a Francisco Sansovino in Orig. illustr. famil. Ital., ubi agit de Martinenga familia. Hunc Vadonem fortasse etiam Guidonem appellatum (nisi etiam alius fuerit a Vadone, seu Vidone hic Guido) episcopum Parmensem fuisse confirmat charta concessionis ex archivo canonicorum ejusdem urbis producta a Bonvicinio in addit. ad novam Ital. sacr. editionem Venetiis peractam ; sed cui anno consignandum sit initium aut finis sedis ignotum prorsus est ; atque ideo etiam latet, cui secure antistiti (certe tamen schismatico) tribuenda sit illata hæc Liprando carceris et exspoliationis injuria.

(30) Emendam esse *pecuniariam mulctam*, *seu compensationem damni* tradit Du-Cangius in Glossario. Hoc loco adhiberi ad significandum pretium quod pro sua redemptione obtulerat Liprandus, adnotavit Pagius in crit. ad annum 1100, num. 22. Verius crediderim fuisse mulctam a Conrado inflı-

sciam adire tentavit (31), et cum pervenisset Florentiam, rex ipse prudens, et sapiens, atque decorus specie (proh dolor!) adolescens accepta potione ab Aviano medico Mathildis comitissæ vitam finivit (32).

CAPUT II.

Anselmus contra Saracenos transfretat, et in Constantinopoli moritur.

Rege igitur in regno deficiente (1) supradictus Anselmus de Buis Mediolanensis archiepiscopus A quasi monitus apostolica auctoritate (2) jam dicto presbytero nolente studuit congregare de diversis gentibus exercitum, cum quo caperet Babylonicum regnum (3), et in hoc studio permonuit prælectam juventutem Mediolanensem cruces suscipere, et cantilenam *de Ultreia, Ultreia* (4) cantare. Atque ad vocem hujus prudentis viri plures viri cujuslibet conditionis per civitates Longobardorum, villas, et castella eorum cruces susceperunt, et eamdem cantilenam *de Ultreia, Ultreia*, cantaverunt. Statuit quoque et ipse dum esset in hac expeditione (5), de

tam raptoribus, ob injuriam Liprando irrogatam, ut ex textu patet.

(31) Perrexisse in Tusciam, et Pisas Conradum cum regio apparatu anno 1095, ut filiam Rogerii ducis Siciliæ in sponsam acciperet, testis est Bertholdus ad illum annum; sed inde reversum fuisse, clare ostendit Landulphus; ait enim eum regnasse *in Burgo S. Domini*, quo tempore electus est archiepiscopus Mediolani Anselmus, et in antistitem Brixiensem consecratus Armanus, nempe anno 1097. Secunda igitur hæc in Tusciam profectio est, quæ hactenus scriptores fugit, eamque anno 1099 susceptam fuisse, contra Puricellium verius statuit Pagius in crit. ad ann. 1100, num. 22.

(32) Obiisse Conradum nono anno post defectionem a Patre, atque ideo anno 1101, auctor est abbas Uspergensis, qui non tam egregias regis illius dotes, sed etiam prodigium quoddam ab oculari teste inspectum in ejus obitu, et sibi postmodum relatum narrat ad eumdem annum. Idem confirmat coævus auctor Domnizo in vita Mathildis qui tertio post Urbani II papæ mortem anno ereptum fato Conradum enuntiat: revera tamen vix incœptus esse debuerat tertius hic annus, cum Urbanus II decesserit anno 1099, eodem mense Julio, quo etiam Conradus postmodum obiit.

CAP. II.—(1) Hæc Landulphi verba mire Puricellium ambagibus implicuere; cum enim credidisset, auctorem nostrum a morte Conradi reliquam historiæ suæ seriem fuisse exorsum, adverteretque omnia, quæ hic narrantur de procurata per Anselmum archiepiscopum tanto apparatu, tantisque laboribus absoluta in Orientem expeditione, minime componi posse cum obitu illius regis producto usque ad annum superius statutum, triennio eumdem antevertit, affigens mortem Conradi anno 1098, quinimo ex Landulpho corrigendos esse auctores illos magni alioqui nominis superius relatos censuit, pluraque congessit in Vita S. Herlemb. cap. 86, ut scriptoris hujus Mediolanensis, loquentis de re in hisce regionibus acta, et ad Liprandum avunculum suum spectante, auctoritatem cæteris præferendam probaret. Refellit Puricellium Pagius, utque falcem veluti ad radicem mittat, male ab ipso intellectum Landulphum dicit in Crit. ad ann. 1100, num. 21, neque enim scribit ille peregrinationem Anselmi in Orientem initam fuisse post Conradi regis obitum, sed tantum *eo in regno deficiente*, id est, *eo jam morti proximo, vel cum prope esset, ut in regno deficeret.* Ita Pagius. Equidem excusare a manifesta historiæ perturbatione Puricellium nequeo: attamen ut verum candide fatear, nec Pagii interpretatio placet. Nimis enim asperum atque alienum ab auctoris sensu videtur, voluisse ab illo per *defectionem in regno* defectionem virium ac vitæ significari. Ut igitur planiore via incedam, adverto in superiori capite fuisse a Landulpho narratum, quod Conradus regni sui sedem apud nos constituerat, dum ait: *regnans in loco, qui dicitur Burgus S. Domnini:* cum ergo relatis omnibus, quæ ad Conradum pertinebant, ad Anselmi nostri historiam texendam redierit, verbis illis *rege in regno deficiente* nihil aliud expri-

mere voluit, nisi quod, ob regis profectionem in Tusciam, sedes regni Langobardici ad Burgum S. Domnini jam fixa, et rudi formula pro more barbari illius sæculi *regnum* vocata, apud nos esse desierit. B Certe Anselmus noster in Orientem profectus est vivente adhuc Conrado, qui nonnisi postremis Julii diebus anni 1101 obiit, duobus nempe tantum mensibus ante Anselmi ejusdem fugati, et gravem luctum Constantinopoli agentis, decessum; quocirca non vitam, sed regnum Conradi, modo hic explicato, defecisse dicendum est, cum iter suum Hierosolymas versus moliri cœpit Mediolan. antistes.

(2) Indictam fuisse Hierosolymitanam expeditionem ab Urbano II pluribus in conciliis, Placentino, Claromontano, Lateranensi, eidemque ubique promovendæ studium omne impendisse sanctissimum illum pontificem, ex Baronio, Labbeo, aliisque passim scriptoribus constat. Fortasse etiam, mortuo Arnulpho archiepiscopo nostro, novas ad Anselmum litteras dederat Urbanus, ut ipsum ad tantam rem impigre agendam adhortaretur; id enim innuere videntur hæc Landulphi verba.

(3) Nobilis hujus consilii originem, seriemque in C iis præcipue, quæ ad res nostras pertinent compendiosa narratione collegit Calchus ad ann 1087 quem vide.

(4) Vox ista, quæ nusquam, præterquam in Landulpho, occurrit, peculiaris esse debuit urbis nostræ, et eo tantum tempore enata, quo expeditio hæc parabatur. Ejusdem etymon indagare studuit Franc. Bernardin. Ferrarius olim antecessor meus in Ambrosiana hac præfectura; libro enim VI, cap. 7, *De veterum acclamationibus et plausu*, ait conflatam esse ex duobus hisce adverbiis *ultra* et *eia*, quibus ad generose capessendum iter ultra mare populi incitabantur; sed confuse prolatis, corruptum hoc vocabulum *Ultreia* conditum fuisse. Conjecturam hanc parum certam affirmat Du Cangius in Glossario: optandum tamen foret ut alteram ipse firmiorem produxisset; interim eidem acquiescendum est, nisi fortasse velis ab altero hoc adverbio *ultro eia* derivatam hanc vocem, quæ spontaneum promD ptumque animum suscipientium crucem designarent.

(5) Bis in Orientem profectum fuisse Anselmum, anno scilicet 1098 et 1100, sibi persuadere conatus est Puricellius, sed citra verum, cum nulla exstent hujus iteratæ expeditionis vestigia, et contra militet Landulphi auctoritas, qui de unica tantum loquitur. Imo Puricellius ipse non bene sibi convenit; ait enim circa medium anni 1098 Anselmum Mediolani morantem publico decreto indulsisse immunitatem a vectigalibus pro festo SS. Gervasii et Protasii, et sub initium subsequentis descripsisse sententiæ cuidam latæ in favorem abbatis S. Simpliciani. Quis autem credat expeditionem tanti momenti tam celeriter peragi potuisse, ut intra breve paucorum mensium intervallum profectus reversusque foret Anselmus? Adde, ab Urspergensi abbate ad ann. 1101 narrari, episcopos Mediolanensem ac Papiensem auctores fuisse, ut quinquaginta millia Langobardorum, *quorum prius votis timor, vel diffidentia, inopia,*

reditibus archiepiscopatus non daretur sacerdotibus, et levitis, et cæteris clericis beneficium, quod consuevimus suscipere per celebrationes festorum sanctorum martyrum, virginum et confessorum (6). Insuper quidam peroptandus mihi frater nomine Girismannus, spectans ad illius admonitionem, patrem, et matrem, sorores, et fratres, uxorem quoque et filiam unicam in cunabulis dimisit, atque (rediens a Hierosolymis viam universæ carnis intravit) Babylonis terram, præstante sibi divina gratia, simul cum multis peregrinis intravit. Archiepiscopus vero ille de Buis a Turcis et Saracenis fugatus (7) in gravi luctu Constantinopoli exspiravit (8).

CAPUT III.

Anselmus Grossulanum in Saonensem episcopum consecrat, et suum vicarium facit in Mediolano ante transfretationem.

Sed ne finis mei laboris hic intelligatur, dico: A Cum adhuc homo iste simplex (1) Mediolani viveret, et exercitum congregaret, habuit consilium statuendi sibi vicarium hominem multarum artium; unde quidam sagacissimi viri ab eo ordinati sacerdotes mandatum eundi Saonam (2) susceperunt, ut in ipsa civitate suo jussu et auctoritate electionem episcopi admoverent, et fieri cogerent. Qui dum iter facerent, venerunt Ferrariam (3), in quo nemore amplexi sunt Grossulanum et ejus consilium. Quorum sacerdotum exercitium in tantum valuit, quod quidam ex Saonensibus ipsum Grossulanum in victu afflictum, in vestitu abjectum elegerunt sibi in episcopum. (4) Et eligentes una cum illo electo, et illis duobus sacerdotibus ab archiepiscopo missis, videlicet B presbytero Joanne Aculeo, et presbytero Nazario Muricula, Mediolanum pervenerunt; ibique per jussionem archiepiscopi, qui jam erat in expeditione

vel imbecillitas obstiterant, itineri se committerent; quod signum est, eos non antea profectos fuisse. Quo autem anno in Orientem concesserit Anselmus incertum est. Conscendisse ipsum Genuæ classem, quæ Kalendis Augusti anni 1100 inde solvit, a Ligusticis annalibus tradi, Calchus affirmat: nihil tamen de hac re habere Justiniani, et Foglietlæ historias, advertit etiam Pagius ad ann. 1101, n. 7. Ego potius crediderim, terrestri Anselmum itinere Constantinopolim contendisse sub finem millesimi centesimi, aut sub initium anni subsequentis; citatus enim Urspergensis refert Longobardorum exercitum Carinthia permeata in Bulgariæ civitatibus hiemasse, ac tandem illo eodem anno 1101 Constantinopolim pervenisse.

(6) Mos erat in Ambrosiana Ecclesia, ut cum præcipua per annum festa recurrerent, varia quædam munera, et nummi etiam præstarentur ab archiepiscopo iis qui divino ministerio officiisque interessent. Exstat inter opera citati Beroldi peculiaris liber *De ordine*, in quo id etiam legitur: *qualiter denarii omnium festivitatum dividuntur*. Ibidem minutim enumerantur quæ ecclesiasticis ministris, spectata eorum conditione, ac varietate festorum distribuenda erant ab antistite nostro, vinum nempe, panes ex secale, aut tritico, cera, aliaque id genus; quin etiam solidi aut denarii suis quibusque ordinibus statuti. Insuper recensentur solemniores dies, quibus potior pars cleri ad prandium in archiepiscopali domo et cum ipso quoque archiepiscopo vocari debebat; idque tunc publice in choro notum fieri per primicerium lectorum archiepiscopus mandabat, cum inchoaretur canticum *Benedictus* his verbis: *Reficite cum Domino.* Hinc ego colligebam olim in dissert. mea typis data pro vindiciis secundum possessionem corporum SS. Gervasii et Protasii, num. 19 et 21, non omnino sublata fuisse in Ecclesia nostra antiqua illa convivia ad fovendam mutuam charitatem, quæ *agapes natalitiæ* dicebantur, vestigia enim illarum erant frugales hæ mensæ, quæ amoto luxu omni, et intemperantia vulgi promiscui, clero tantum sacra facienti indulgebantur, et usque ad sæculum XIV Ambrosiano ritu perduravere.

(7) Pugna improspere adeo Catholicis cedens, ut in fugam Anselmus aliique compellerentur, non alia fuisse videtur, quam quæ in Orderico Vitali temporum illorum scriptore legitur. Postquam enim is narravit ad ann. 1101, *archiepiscopum Mediolanensem et Albertum de Blandraja* (seu *Blandrate*) *potentissimum Italorum cum catervis Ligurum iter Hierosolymitanum aggressos* esse, historiam suam prosecutus ait, Christianos variis undique circumventos infortuniis per devia silvarum ac pericula fluminum ad magnam tandem Barbarorum urbem *Gandras* pervenisse, ibique acerrimum commissum prælium ingenti utrinque cæde, quamvis in neutram partem inclinante victoria; verum instaurato a Turcis certamine fusum fuisse Christianorum exercitum, *Alberto de Brandajo strenuissimo heroe* cum multis millibus in bello perempto: reliquos vero supremos duces cum suis fuga elapsos Constantinopolim rediisse. His quoque Anselmum archiep. se comitem fugæ junxisse, ex auctore nostro credendum est. Cæterum præterire nequeo testimonium Radulfi in Orientis partibus versati, utpote sub Tancredi vexillis anno 1107 militantis, qui num. 147 De gestis ejusdem Tancredi hæc ait: *Tunc temporis Anselmus Mediolanensis archiepiscopus*, *Willelmusque comes* C *Pictaviensis contra Danismam in Romania præliati, archiepiscopus interimitur; comes vero vix Turcorum manus evasit, fuga lapsus.* Quo posito, non Constantinopoli, sed in prælio ipso obiisset Anselmus, delatus deinde ad eam urbem ut sepulcro inferretur. Attamen ne erroris insimuletur auctor noster, credi potest Anselmum gravi vulnere in pugna dejectum a suis sese a periculo fuga proripientibus curatum perductumque Constantinopolim, ubi ex eodem vulnere in gravi luctu interierit.

(8) Mortuum anno sæculari pridie Kal. Octobris Anselmum plures scriptores tradidere, Sigonius, Puricellius, Ughellus, aliique; sed falsum id esse ex supra deductis evincitur: quocirca nonnisi anno 1101 illius obitus adnotari potest, ut erroris sui conscius fateri dein coactus est ipse Puricellius in Vita S. Herlemb., cap. 85, n. 5.

CAP. III. — (1) Id est Anselmus.

(2) Urbs est ad Ligustici maris oram posita, D adhuc Mediolanensi archiepiscopo suffraganea.

(3) Terrestri itinere Saonam contendisse missos Anselmi nos monet pagus iste *Ferera* in tabulis geographicis dictus, qui euntibus illuc per Alexandriam Statelliorum, et Aquensem urbem occurrit ad montium radices octo circiter milliaribus Saona distans, nisi forte quis velit locum, in quo constitere, fuisse *Ferraniam* in eadem vicinia sitam.

(4) Electionem hanc contigisse anno 1098 affirmat Ughellus in epis. Saonen., num. 14. Serius tamen id factum ex Landulpho colligitur; cum enim eum dicat eodem tempore ordinatum episcopum, quo archiepiscopi Mediolanensis vicarius est constitutus, et in hoc munere per biennium perdurasse, donec videlicet certum de Anselmi obitu nuntium accepit, ut cap. seq. narratur, clare deducitur non potuisse illum usque ab anno 1098 episcopum eligi atque ordinari; secus namque quatuor annos in hujus Mediolanensis Ecclesiæ administrandæ officio in-

positus (5), Grossulanus ab Arinano Brixiensi, et Arialdo Januensi (6), et Mamardo Taurinensi (7) ordinatus est episcopus et archiepiscopi vicarius. Verum quia ipse ordinatus sedem Saonensem nondum ascenderat, ad ipsam civitatem adire tentavit, et quodammodo pervenit, sed requies ibi, si quam habuit, parvissima fuit. At citissime inde exiens, Mediolanum rediit, cujus magnæ civitatis commonuit gentem, ut per singulas hebdomadas in secunda feria ad Sancti Ambrosii ecclesiam convenirent, et pro archiepiscopo illo Anselmo, ejusque exercitu litanias (8) facerent. Ipse vero Grossulanus non solum in ipsis feriis, sed fere per singulas festivitates illi magnæ genti luculente sermocinabatur, et sermocinando non magis affectabat (9) eam sibi, quam asperitate vestitus et cibi.

CAPUT IV.

Presbyter Liprandus Grossulanum de vili habitu reprehendit, et audita morte Anselmi instat electionem fieri Grossulani.

Interea presbyter Liprandus ipsi Grossulano adhærenti cathedræ archiepiscopi (1) coram Andrea primicerio (2), et quibusdam aliis sacerdotibus placide dixit, ut horridam cappam exueret, et convenientem tanto vicario indueret; cui presbytero ille Grossulanus pretium emendi non habere respondit. Tunc presbyter Liprandus ad primicerium inquit: « Primiceri, dives es, et potes hoc pretium

sumpsisset, fide Landulphi repugnante. Statuenda igitur est hujusmodi electio anno 1100, et quidem ante mensem Julium, sicuti eamdem Pagius in crit. ad hunc annum refert.

(5) Primam hanc fuisse Anselmi expeditionem in Orientem susceptam anno 1098 credidit Puricellius in Monum. basil. Ambros., num. 284, falso tamen, ut supra ostendimus. Eamdem postea ad annum sequentem protraxit in Vita S. Herlemb., cap. 86; sed ne hoc quidem cum ejusdem Puricelli scriptis componi potest. Ait enim, superstite adhuc Urbano II, collectum ab Anselmo exercitum, simulque deliberatum, ut sibi in longinquas terras proficiscenti vicarius substitueretur; cumque ideo Saonam misisset, tanta interim celeritate Anselmum Mediolano excessisse tradit, ut jam longe positus foret, cum Grossulanus electus, nulla interposita mora, ad hanc urbem venit. Debuit igitur, juxta calculum Puricellii, in Orientem processisse archiepiscopus noster Julio mense, quo tandem Urbanus interiit, aut saltem paulo post, si ad hæc molienda peragendaque tempus aliquod intercessit: atqui cap. 83 Puricellius ipse nobis exhibet, Anselmum multo post tempore adhuc Mediolani degentem; refert enim ab ipso translatum solemni pompa venerabile S. Arialdi corpus e S. Celsi ad S. Dionysii ecclesiam, quod nonnisi sub finem hujusce anni fieri potuisse, ipsemet cogitur fateri, cum Landulphus senior ab eodem relatus, et in hac Collectione tomo IV editus (*Patr.* t. CXLVII), cap. 2, num. 6, asserat, id peractum *post biennium suæ consecrationis*, mense videlicet Novembri, quo biennium ab inita Mediolanensi sede explebatur, nisi etiam serius id contigit; neque enim Landulphus ait *statim post biennium* institutam ab antistite nostro S. Arialdi memoriæ novam hanc sacri cultus magnificentiam. Inane igitur, et commentitium est primum hoc Anselmi in Syriam iter, undequaque difficultatum sentibus obsitum: sed imposuit eruditissimo viro formula hæc Landulphi *in expeditione positus* qua censuit non aliud exprimi, quam profectionem Anselmi in Orientem, cum tamen, ut optime Pagius advertit in crit. ad ann. 1100, num. 21, ea tantummodo indicetur Anselmum Mediolano abfuisse, ut reliquas Langobardiæ gentes ad crucem suscipiendam accenderet, quod et obtinuit, narrante superius cap. 2 Landulpho: *ad vocem hujus prudentis viri plures viri cujuslibet conditionis per civitates Langobardorum, villas et castella eorum cruces susceperunt.*

(6) De hoc mentio recurret cap. 17.

(7) Hunc episcopum ignoravit Ughellus, qui Umberto sub finem sæculi XI vita functo successorem facit Amizonem II, cum tamen illum procul dubio proxime exceperit Mamardus iste Taurinensi infula jam donatus anno 1100, quo Grossulanus ab ipso consecratus in documento dedicationis ecclesiæ S. Sepulcri ab Anselmo Mediol. archiep. eodem anno peractæ subscriptus *episcopus* legitur; an autem idem Mamardus sit qui cap. 21 a Landulpho Taurinensis episcopus memoratur, suo loco expendemus, ad idem nempe cap. 21.

(8) Id est supplicationes, de quibus fuse Macrius in Hierolexico.

(9) Intellige *conciliabat.*

CAP. IV. — (1) Id est vicarii munus exercenti.

(2) Plures eo tempore fuisse in Ecclesia Mediolanensi ecclesiasticæ hierarchiæ ordines, quibus suus præerat primicerius, ex Beroldo sæpius producto discimus. Describens enim ille in *Ambrosiano Manuali* sacros ritus in divinis officiis adhiberi solitos ab hoc clero, rubricam statuit de iis quæ præstanda erant in Sabbato præcedente Dominicam diem Palmarum his verbis: « Sabbato in Ramis Palmarum archiepiscopus dat palmas omnibus ordinibus ecclesiæ majoris hoc modo: archipresbytero magnum ramum palmæ, ex quo tribuit cæteris presbyteris sibi subjectis; archidiacono similiter unum, ex quo dat ille diaconibus suis. *Primicerio subdiaconorum* unum, ex quo tribuit subdiaconis; *primicerio notariorum* unum, ex quo dat ille suis, etc. *Primicerio lectorum* unum, etc. *Primicerio presbyterorum minorum* ramum unum, ex quo dat omnibus sibi subjectis, » etc. Alibi etiam *primicerium presbyterorum decumanorum* recenset; quin etiam suum quoque *Veglonibus* (quæ pars est metropolitani cleri, schola S. Ambrosii appellata, etiam nunc vigens) *primicerium* adfuisse ex antiquis scripturis tradit Puricellius in Monum. basil. Ambros., num. 652, et in Dissert. Nazar., cap. 100, num. 16. Quo igitur in ordine principem locum teneret Andreas memoratus, quamvis hoc loco sileat Landulphus, alibi tamen expresse prodit, eumdem vocans *primicerium presbyterorum decumanorum.* Quantæ vero amplitudinis hæc dignitas tunc foret, ex hac ipsa Historia colligere possumus. Cum enim de novo instituendo archiepiscopo proxime ageret Grossulanus, hunc primo adiisse narratur, ac si ab ipso tanquam præcipuo auctore tanti momenti petenda res foret; quin imo is dicitur, adhibitis in consilium clero et nobilibus, electionem ipsam statuisse; insuper cap. 12 formula summam dignitatem exprimente, *primicerius Ecclesiæ Mediolanensis* appellatur. Plura de hujus primicerii summa auctoritate lege in Landulpho seniori. In præsens hæc dignitas antiquo quidem jure, sed non splendore vacua translata est in unum ex primario metropolitanæ clero, qui decorum hoc *primicerii* nomen gerit, et tertium locum inter dignitates capituli obtinet; reliquorum vero adhuc nonnulla supersunt vestigia in *primicerio lectorum*, qui etiam *magister chori* dicitur, primisque aliis ex quovis ordine, quibus peculiares quædam in nostra Ecclesia prærogativæ mansere.

bene præstare. Verumtamen si placet præstabo A medietatem tanti pretii. » Primicerius autem presbytero : « Hoc satis, perficiam in crastino. » Et vicarius ait, quod eam non indueret, cum de contemptu mundi vitam agere proposuisset. Hoc ut presbyter ille Liprandus audivit, sub quadam admirationis specie protulit, dicens : « Cum spernis mundum cur venisti in mundum (3)? En civitas ista suo more utitur pellibus variis, grixis (4), marturinis (5), et cæteris pretiosis ornamentis, et cibis. Turpe quidem erit nobis, cum advenæ et peregrini viderint te hispidum et pannosum in nobis. Attamen vicarius in hac sua commoditate afflictionis, et orationis, atque sermocinationis per duos annos (6) laboravit, et laborando certitudinem de morte prædicti Anselmi de Buis accepit. Primi- B cerio ergo ipse Grossulanus, et ordinariis majoris Mediolanensis ecclesiæ inquit, ut, se præsente, eligerent sibi et populo archiepiscopum convenientem, priusquam rediret ad episcopatum Saonensem.

CAPUT. V.

Grossulanus in archiepiscopum eligitur, et a Romano pontifice sibi stola transmittitur.

Tunc primicerius habito consilio cum nobilibus, clericis, et viris Mediolani, coram populo, et ipso, alterum de duobus Landulphis Mediolanensis Ecclesiæ ordinariis, videlicet de Badagio (1), et de Varcglaie (2) a Hierosolymis redeuntibus elegit, sed Grossulanus de absenti persona electionem fieri prohibuit. Pars itaque cleri et populi ad nutum Arialdi abbatis monasterii Sancti Dionysii clamavit, et laudavit Grossulanum sibi in archiepiscopum. Ipse vero statim ut vidit se a quadam magna multitudine vulgi, et nobilium conclamatum, et ab abbate illo plaudatum (3), archiepiscopalem sedem ascendit, et sedit (4), et sedens illum Arialdum abbatem de abbatia in abbatiam majorem, videlicet Clarævallensem (5) transtulit. Sed ante hujus translationem contigit, quod quidam, qui videbantur moribus, et vita probi (6) viri et clerici Mediolanenses, quædam

(3) Pro mundo hic intelligenda videtur, more Gallico, frequentia populi, in quam se conjecerat Grossulanus vicariam induens archiepiscopi dignitatem. Congruentius tamen crediderim indicatum hic monasticum institutum, cui se addixerat Grossulanus (ut ad finem cap. seq. ostendam), ejusque professione sese extra mundum veluti collocaverat.

(4) Pelles pretiosæ ex grise animalculo. Vide Laurentium in Amalthæa onomastica; appellari hoc animal Gallico idiomate *vair* tradit Ducangius verbo *Griseus*.

(5) Pelles ex Scythica mustela, Italice *armellino*, C quæ *martes* et *marterus* appellatur; de hoc Russico animali fuse Aldrovandus loquitur, et novissime Henricus Ruysch in Theatr. animalium.

(6) Quo tempore hoc biennium inceperit, haud facile est decernere. Si verum esset, quod Papebrochius tradit in exegesi Mediol. archiep., num. 104, nonnisi elapso prope anno ab obitu Anselmi securum illius nuntium ad hanc urbem perlatum, mense videlicet Augusti anni 1102, quo etiam mense Grossulanum cleri suffragiis ad infulam Mediolanensem evectum fuisse ex antiquo nostro Catalogo colligit, dici posset statim post peractam Idibus Julii dedicationem templi S. Sepulcri arreptum ab Anselmo Hierosolymam versus iter, atque inchoatum a Grossulano laboriosum vicarii munus sextili mense anni 1100, ita ut anno 1102, eodem itidem mense, biennium prædicationis et precum ab ipso indictarum pro Anselmo, et ejus exercitu compleretur. Certe in subscriptione documenti relatæ dedicationis, in qua Grossulanus se episcopum nominat, vicarii titulus deest. Attamen cum ex Landulpho dixerimus, creatum fuisse illum simul episcopum et vicarium, fatendum est, etiam ante dedicationem memoratam archiepiscopi vices Grossulanum gessisse. Ut itaque omnia concilientur, censeo ante Idus Julias exercitum hoc munus ab ipso fuisse, quo tempore Anselmus Mediolano abfuit, sollicitandæ in proximis urbibus Langobardicæ expeditioni intentus : profecto vero in Orientem sub finem anni illius, aut initium subsequentis archiepiscopo nostro, cœpisse statim Grossulanum ea peragere, quæ Landulphus narrat, donec anno 1102, ut dicemus, certus de Anselmi obitu fieret; duos quidem annos, sed minime completos impendens in hoc munere post ultimum Anselmi discessum suscepto.

CAP. V. — (1) Eumdem esse hunc Landulphum, quem altera jam vice communibus suffragiis archiepiscopum designatum rejecit Armanus, ut cap. 1 legitur, suadere videtur idem prorsus nomen : atque huic conjecturæ subscribit etiam Puricellius in Mon. bas. Ambr., num. 292.

(2) Castrum est uno tantum milliario ab Astensi urbe distans, vulgo dictum *Variglia*, a quo familia hæc olim illius domina nomen sumpsit, ut testatur Ughellius in Epis. Asten., num. 29. Landulphus iste primum basilicæ Nazarianæ Mediolani præpositus, dein Astensis episcopus, postremo sanctitatis fama conspicuus cœlitum albo ascriptus est, ejusque Vita a Philippo Malabayla contexta in Actis SS. ad 7 Junii legitur.

(3) Philippus Malabayla in Vita B. Landulphi superius dicta refert, cum vulgi et nobilium favore in archiepiscopum acclamaretur Grossulanus, Arialdum hunc abbatem illico episcopale paludamentum in illius humeros injecisse. Si aliqua istius narrationis ratio habenda sit, corrigenda fortasse videretur hæc lectio *plaudatum* in alteram *paludatum*, id est *paludamento indutum;* ego tamen crediderim genuinam hanc in omnibus Landulphi mss. vocem fuisse ab auctore Latini sermonis valde imperito deductum a verbo *plaudo*, ita ut *plausu exceptum*, seu *collaudatum* significet.

(4) De anno quo sedere cœpit Grossulanus, non una auctorum sententia est. Successisse illum Anselmo anno 1101 scribit Sigonius, eique minime refragatur Puricellius num. 291. Citius etiam initium D sedis hujus archiepiscopi statuit Donatus Bossius in Chron. Mediol., anno videlicet 1100. E contra Ughellus, Pagius aliique nonnisi secundo post 1100 anno datum viduæ Mediolanensi Ecclesiæ pastorem hunc constanter affirmant. Mensem etiam designat Papebrochius loc. cit. Augusti nempe jam ad extremos dies perducti ; idque historicæ veritati magis consonum est, ut ex superius dictis patet.

(5) Legendum procul dubio *Clivatensem*, cui præfuisse Arialdum (fortasse hunc ipsum) postmodum tradit Landulphus noster cap. 14. Clarævallense enim, seu potius *Caravallense* cœnobium nonnisi tricesimo quarto post Grossulani electionem anno conditum fuit, ut in fine hujus historiæ innuetur.

(6) τὸ *probi* in omnibus mss. deest, recentique manu scriptum legitur, et certe sensus ipse contextus id exigere videtur.

turpia (7) de Grossulano, et ejus electione (8) presbytero Liprando notificaverunt. Quibus viris, et clericis presbyter ipse consilium præbuit ut litteras et duos idoneos clericos mitterent Romam, rogando papam (9), quatenus Grossulanum in archiepiscopatu non firmaret, donec se ipsos mittentes litteras in proximo tempore videret, et audiret. Bernardus autem abbas Umbrosæ-Vallis (10), et cardinalis Romanus (11) ad has litteras et nuntios, videlicet Obizonem, qui cognominatur Nigrum, et Heribertum de Bruzzano contemnentes Grossulani causam, ipsiusque (12) legatorum verba, videlicet Arderici de Carimate, et Joannis presbyteri de Ploltello coram apostolico, et ejus curia non respexit, sed accepta stola curiam comitissæ Mathildis intravit. Ibique inito consilio in beneplacito Arderici de Carimate, qui pro Grossulano, et stola Romam iverat, abbas ille Bernardus Mediolanum venire festinavit, et cum procul vidissent Mediolanum, Ardericus idem in protensi (13) virga usque ad majorem ecclesiam (14) civitatis portavit, clamando : « Heccum (15) la stola, Heccum la stola ; » Et in hoc clamore plenitudo vulgi fuit, et acclamavit : « Moriatur quicunque contradixerit. » Clamor iste ingens et continuus fuit, donec abbas ille cardinalis, et Grossulanus pulpitum majoris ecclesiæ Mediolani ascendit, et cum uterque ibi videbantur in victu afflicti, in vestitu demissi (16), in sermone præclari, tantum plausum audierunt sibi, velut si pure forent angeli Dei. Ibique Grossulanus stola indutus, et abbas in suo tempore remuneratus quievit, et recessit, et post paucos dies in gratiam prædictæ comitissæ Mathildis idem abbas Parmensem episcopatum suscepit (17).

CAPUT VI.

Grossulanus voluit presbytero Liprando bullam exemptionis auferre, dum fateretur se adversariis favisse.

Grossulanus vero, consentiens humanæ fragilitati, usus est cibis deliciosis, et vestibus pretiosis, atque petiit subcingulum (1) quo presbyter Liprandus fruebatur in officio missæ secundum morem cardina-

(7) Quæ forent hæc turpia de quibus accusabatur Grossulanus, colligere possumus ex cap. 9 ubi narratur hunc antistitem in frequentissima populi concione testatum fuisse, juramento ad sacrosanctos Evangeliorum codices emisso, se nunquam contra castimoniam peccasse.

(8) Pecunia ad Henricum Cæsarem palam delata coemptam fuisse a Grossulano Mediolanensem infulam in Ughello legitur, male tamen : cum Henricum IV a civibus nostris multo ante ejuratum, siculi et Henricum filium, constitutum quidem regem a patre anno 1099, sed Mediolanensibus minime acceptum qui fratri ejus Conrado adhærebant, sese hujusmodi electioni immiscuisse haud credibile sit, nec id Landulphi historia nusquam prodat, qua in re corrigendus quoque est Sigonius, Galesinius in tabul. synodal., aliique scriptores qui passim datum ab Henrico Insubricæ sedi hunc antistitem tradunt. Occupatam certe simoniacis artibus archiepiscopalem dignitatem a Grossulano, quæ in decursu narrantur, dilucide ostendunt.

(9) Paschalem nempe II.

(10) Quartus ejusdem congregationis rector generalis in SS. catalogum postea relatus.

(11) Tituli S. Chrysogoni ab Urbano II creatus anno 1097. Legati atque vicarii apostolici munere in Langobardiæ partibus Paschalis II nomine tunc fungens.

(12) Id est Grossulani.

(13) Umbellæ forsitan genus *protensum* esse censet Papebrochius ad diem 27 Junii, pag. 311, n. 5, nisi forsitan legendum sit *protensa*.

(14) Nempe hiemalem cap. 1 indicatam, quæ metropolitana semper fuit, ac *major* vocata. Hinc patet pallium ad Grossulanum archiep. fuisse delatum post tertiam Octobris Dominicam, quo tempore in ecclesia majori, id est Hiemali, officia celebrari incipiebant, ut infra cap. 28, num. 8, dilucidius explicabo.

(15) Lege *Eccum* sine aspiratione; vox enim Latina est *ecce hic* significans.

(16) Suspicatus fuerat aliquando Puricellius in Mon. bas. Ambr., num. 521; Grossulanum Vallis-Umbrosæ monachum fuisse, eique suspicioni occasionem dederat locus Landulphi, qui cap. 27 refert, eumdem Mediolano excedentem, seu potius ferro repulsum a Jordani archiepiscopi fautoribus Placentiam contendisse ibique in monasterio S. Marci congregationis Vallis-Umbrosæ hospitem fuisse receptum. Id expresse traditum lego in Vita B. Landulphi a Malabayla jam citato conscripta, ubi num. 4. Grossulanus monachus Vallis-Umbrosæ appellatur. Quo admisso clariorem huic historiæ lucem quandam oboriri autumno. Explicari siquidem commodius potest cur in pannoso et aspero amictu tandiu perduraverit, etiam cum se vicarium archiepiscopi Mediolanensis gereret; cur suadenti nobilius indumentum Liprando responderit se de contemptu mundi vitam agere proposuisse; cur denique tam impenso favore illum prosequeretur cardinalis Bernardus, utpote ejusdem instituti alumnum. Fortasse etiam uterque monasticum ordinis sui amictum gestabat, cum in publicum adducti ecclesiæ majoris Mediolani ambonem conscendissent; id enim indicare videntur verba hæc : *Uterque ibi videbantur in victu afflicti, et in vestitu demissi.*

(17) Anno 1106 a Paschali II Parmæ, causa itineris in Germaniam, morante institutus ejusdem urbis episcopus fuit, ut Mabillon. in Annal. Bened. ad hunc ann. narrat; quo posito, quæ hic narrantur de stola seu pallio ad Grossulanum delato ad hunc eumdem annum referri deberent, cum post paucos dies asserat auctor noster Bernardum abbatem cardinalem Parmensi infula decoratum. Attamen admitti id neutiquam potest, cum alioquin universus historiæ hujus chronologicus ordo subverteretur, ut ex proxime dicendis patebit. Censeo igitur vitiatum fuisse hunc textum, ita ut amanuensis loco hujus formulæ *post paucos annos*, scripserit *post paucos dies*, quemadmodum colligi potest ex verbis ipsis Landulphi paulo ante præmissis *in suo tempore remuneratus*, quæ diuturnus certe, quam paucorum dierum intervallum videntur innuere : Nisi forte ex auctore nostro corrigendi sint scriptores illi qui annum hunc 1106 electioni Bernardi in Parmensem antistitem assignavere, eaque retrahenda sit ad finem anni 1102, vel ad initium subsequentis ; cum in hac re implexa sit Parmensium episcoporum series, quæ antistitem proxime Bernardo antecedentem ignorat, nec securum aliquod fundamentum proferatur, quo Bernardi electio supradicto anno 1106 affigi debeat.

CAP. VI. — (1) Genus sacræ vestis in parvi manipuli formam e latere sinistro usque ad genua delabentis quam sibi veluti *pharetram appendere* sacerdotem, sicuti *cingulo pro arcu se cingit*, ait Gem. lib. I, cap. 85. Sacerdotalis hujus indumenti morem obsolevisse in Ecclesia Latina, solo summo pontifice

lis (2). Sed presbyter ipse ipsum cingulum Grossulano dare negavit. Deinde ipse archiepiscopus quoscunque non potuit sibi blandire (3), tentavit minis terrere, presbyterum Liprandum præcipue. Qui presbyter, cum esset coram cuncto populo urbis Mediolani interrogatus, inquit: « Quam plures de hic consedentibus et stantibus ad libitum suum placitumque tuum locuti sunt, atque de litteris Romam missis (4), propter quas super me intendis tibi responderunt, quod si vis, meum inde habere responsum, dic mihi, si vis ut dicam tibi verum, an mendacium? alioquin non dabo tibi idem responsum. » Grossulanus vero super hoc percunctatus, tandem in eodem conventu dixit: « Volo, ut dicas verum. » Tunc presbyter (*), *qui* a Domino confortatus dixit. « Litteras de quibus me interrogas, ego non dictavi, nec scripsi, sed et alias in divina pagina legi, et in ipsis non inveni verbum quod confirmaret te jure posse esse Mediolanensis Ecclesiæ archiepiscopum, atque consilium, et auxilium dedi pluribus clericis, et viris, qui miserunt Romam Obizonem Nigrum, et Heribertum de Bruzzano, ut rogarent papam ne tibi mitteret stolam. » Unde Grossulanus commotus ait: « Archiepiscopus nunc sum, et stolam habeo. Quod nisi satisfeceris mihi de hac præsumptione, faciam de te quod mihi pertinet facere. » Tunc presbyter porrexit sibi chartam sigillatam apostolico sigillo (5) hæc continentem.

GREGORIUS *episcopus, servus servorum Dei*, LITRANDO *sacerdoti salutem et apostolicam benedictionem.*

Si sanctorum memoriam veneramur, de quorum legimus morte et abscissione membrorum, si patientiam laudamus eorum quos a Christi fide gladius nec ulla pœna divisit. Tu quoque, abscisso naso et auribus pro Christi nomine, laudabilior es, qui ad eam gratiam pertingere meruisti quæ ob omnibus desideranda est, qua a sanctis, si perseveraveris in finem, non discrepas. Integritas quidem corporis tui diminuta est, sed interior homo, qui renovatur de die in diem, magnum sanctitatis suscepit incrementum: forma visibilis turpior, sed imago Dei, quæ est forma justitiæ facta est in diminutione jucundior, in turpitudine pulchrior. Unde in Canticis canticorum gloriatur Ecclesia, dicens: « Nigra sum, filiæ Hierusalem. » Quod si interior species nihil passa est detrimenti, iis abscissionibus non est abcissum a te sacerdotale officium, quod proprium est sanctitatis, et non tantum consideratur in integritate membrorum quam in integritate virtutum. Unde imperator Constantinus Hierosolymitani episcopi cujusdam oculum pro nomine Christi erutum sæpe osculabatur, et exemplo Patrum atque documento majorum didicimus non auferri sacrum officium martyribus pro hujusmodi cæsura membrorum. Proinde, martyr Christi, confortare in Domino, magis credas in te nunc esse presbyteratus officium quod prius olei unctione, nunc vero tibi est sanguinis tinctione commissum, et quanto minus habes quod possit auferri, tanto minus timeas prædicare quæ recta sunt seminare, quæ centuplicata reddentur. Scimus quidem te ab inimicis sanctæ Ecclesiæ semper inimicari atque affligi: sed tu ne eos timeas, neque perterrearis, quia nos tam te quam tua omnia sub nostra et sub apostolicæ sedis tutela cum magna charitate tenemus, et si in aliquibus tibi necessarium fuerit, apostolicam sedem appellare concedimus, et si ad nos et ad sedem nostram veneris, cum gaudio et magno honore suscipere parati sumus.

His perlectis Grossulanus (*), *quasi* vellet destruere sigillum, strinxit et cappa sua texit. Inde presbyter ceu irato animo rem suam quæsivit, et requirendo Grossulano ait: « Nisi sigillum, et chartam illæsam sibi redderet, civitatem totam inde commoveret. » Et charta sigillata, et illæsa sibi reddita, Arialdus abbas monasterii Sancti Dionysii (6) seorsum presbyterum fecit, et in cameram duxit, atque inter multa *blanda* (*) presbytero ait: ut manum obedientiæ Grossulano daret, sed presbyter ipse exaltando, et reiterando vocem, dixit: « Manum obedientiæ?

in solemni sacrorum celebratione id adhibente, tradit Macrius in Hierolexico, v. *Cingulum*, qui etiam v. *Epigonation* subdit adhuc in usu fuisse apud præcipuos Græcorum mystas sæculo XVI, ut ex quadam epistola ab Oriente transmissa constat.

(2) Adhibitum fuisse ab episcopis aliisque ecclesiasticis dignitatibus hoc indumentum testatur Macrius loco citato. Fortasse nomine *cardinalis* innuuntur hic ordinarii metropolitanæ Mediolan., qui olim hujusmodi titulo decorabantur; imo Galvaneus Flamma in Chron. Maj., cap. 396, ex Datio tradit eosdem episcopalibus insignibus indui solitos a tempore sancti Ambrosii; quod antiquum decus, rerum, et temporum varietate in desuetudinem lapsum renovavit fel. record. Clemens XI anno 1716, Idibus Julii, datis brevibus litteris, quibus omnibus et singulis dignitatibus, et canonicis ordinariis Mediolan. perpetuo indulsit, ut in omnibus solemnibus ecclesiasticis functionibus in quibus sacra adhibentur paramenta, mitra aliisque indumentis ad instar abbatum usum mitræ habentium, tum in Urbe, tum in diœcesi uti valeant, et gentilitiis insignibus mitram apponere etc.

(3) Id est *blanditiis allicere.*

(4) Iis videlicet quas contra Grossulanum conscribi, ac a duobus idoneis clericis Romam deferri consilio suo curaverat ipse Liprandus, ut superiori cap. narratum fuit.

(*) A. 2. *quasi.*

(5) Dederat has litteras ad Liprandum Gregorius VII statim ac fœdam aurum et nasi mutationem pro tuenda sacerdotum castimonia passus fuerat anno 1075, easque conscripserat sanctissimus pontifex non tantum ut gratularetur illi adeptam martyrii gloriam, sed etiam ut ecclesiasticis impedimentis, quibus ob corporis deformitatem arceri ab altaribus posset, auctoritate apostolica ipsum minime innodatum declararet. Cur autem has litteras Grossulano obtulerit Liprandus, id in causa esse potuit, quod archiepiscopus indignatione commotus iis verbis, *faciam de te quod mihi pertinet facere*, minari visus sit, velle illum sacris interdicere.

(*) A. 1, *Cum.*

(6) Grossulano impense addictus, nondum tamen, ut hinc patet, pinguioris abbatiæ superius memoratæ possessionem adeptus.

(*) A. 2, *Blandimenta.*

manum obedientiæ? per viventem in sæcula, nec minimum digitum manus meæ darem pro hac re. » Quod cum audisset conventus clericorum, qui adhuc aderat in palatio, ait intra se : « Hoc consilium non est in silentio (7); » et cum abbas et presbyter cameram exissent, et archiepiscopus signum dissolvendi consilii dedisset, presbyter sibi silentium indixit, et audientiam habuit, dicens : « Ne scandalum in me faciatis, scitote : ego in meo officio (8).... secundum quod ipse me servaverit in suo, » et tali tenore præbuit manum Grossulano.

CAPUT VII.

Liprandus Heribertum in domo suscepit ægrotum, unde jussu Grossulani a celebratione (*) abstinuit.

Cum alter alterum suspectum haberet, contigit quod Heribertus de Bruzzano (1) valde aggravatus febribus venit ad dictum presbyterum supplicando ut adversus infirmitatem daret sibi remedium. Ministri vero presbyteri ministraverunt cibum, et lectum convenientem illi ægrotanti, donec Dominus virtutum per impositionem manuum ejusdem presbyteri præbuit salutiferum remedium ipsi ægrotanti (2). Unde Grossulanus stimulatus ait ad presbyterum, « quia participasti Heriberto meo excommunicato (3), præcipio tibi ut missam non cantes, quousque pœnitentiam inde susceperis, et mihi satisfeceris. » Et presbyter ad illum : « Quod feci in Heriberto bonum fuit, et a Deo venit, atque de bono, et Dei opere non novi pœnitere; et si non habes super me hanc potestatem (4), tamen propter hoc scandalum vitandum, tibi contemperabo. » Quemdam igitur sacerdotem scholasticum (5) in domo sui proprii juris presbyter Liprandus induxit, qui sibi missam cantabat in ecclesia Sancti Pauli, quæ dicitur in *Copodo* (6) quam ipse presbyter Liprandus una cum ecclesia Sancti Germani sita in Niguarda (7) reædificando, et magnificando ditavit, et ut nunc apparet, decoravit, accepto in se, suisque hæredibus jure fundationis, quemadmodum legitur in chartis a regalibus judicibus (8), et viris, et clerico ordinario (9) subscriptis, et attestatis. Hinc est etiam quod ipse stabilius Grossulano restitit, et cæteris inimicantibus et sibi et suis.

CAPUT VIII.

Liprandus ecclesiam Sanctæ Trinitatis cum exemptione Urbani II fundavit.

Ut securitatem (1) sibi et suis clericis constitueret, ecclesiam quoque Sanctæ Trinitatis inchoavit, et in proprio suo allodio ad locum, qui pons Guinizeli (2) dicitur, *scilicet* (*) cum Landulpho suo acolytho et alumno (3) fundavit. Ipsam quoque beato Petro obtulit, et Urbanus papa II suscepit, et cum privilegio ipsum presbyterum et ecclesiam communivit, subscribens :

Bullæ exemplum.

URBANUS *episcopus, servus servorum Dei, dilecto filio* LIPRANDO, etc. *Statuimus ecclesiam illam cum prædiolo, in quo fundata est. . . . vel per alios fideles illic Domino largiente collata fuerint, ab omni sæculari oppositione quietam perpetuo manere, et liberam. Clericis vero ibi victuris vivendi regulariter.*

(7) Ista enim voce proditum fuerat.

(8) Verba quæ desunt in ms. non alia fuisse videntur quam *servabo eum*.

CAP. VII.— (*) A. 2, *celebratione missæ*.

(1) Alter ex nuntiis qui Romam missus fuerat contra Grossulanum.

(2) Eximiam vitæ sanctimoniam, quæ in Liprando fulgebat, comprobatam a Deo fuisse testimonio miraculorum, ostendit tum depulsa hæc ab Heriberto ægritudo sola manuum impositione, tum plura alia, quæ in præsentis Historiæ decursu videbimus. Eadem in unum collegit Puricellius in Vita S. Herlemb. cap. 91, quem vide.

(3) Ferali anathemate perculsos fuisse a Grossulano nuntios illos, quos jam diximus Romam missos contra ipsum, locus iste nos monet.

(4) Exemptus enim fuerat tum a Gregorio VII, qui in litteris apostolicis superius recitatis hæc ad illum scripserat. *Nos tam te, quam tua omnia sub nostra et apostolicæ sedis tutela cum magna charitate tenemus*; tum ab Urbano II, qui ecclesiam Sanctissimæ Trinitatis ab eodem conditam, et ipsum Liprandum peculiari privilegio communiverat, ut mox videbimus.

(5) Varias hujus vocis significationes pro varia temporum antiquorum acceptione referunt Ducangius in Glossar. et Macrius in Hierolex. Crediderim hic innui virum cujus munus in docendo foret, ac fortasse etiam Arnaldum, de quo cap. 1 mentionem habuimus.

(6) A. 1. *Compedo*, verius *Compito*, ita enim etiam in præsens ecclesia hæc *S. Pauli in Compito* nomen gerit. Hanc autem appellationem eidem inditam fuisse a spatiosa via, quæ ante illam jacebat, ac *Compitum* vocabatur, auctor est Galvaneus Flamma in Chron. Extravag. ms. in bibl. Ambr., cap. 35, ubi plura de eodem Compito tradit.

(7) Pagus ad tria circiter milliaria extra portam Comensem positus, atque in præsens celebris ob ædes magnificas ab excellentiss. D. marchione Georgio de Clericis, senatus Mediolanensis præside, ibidem exstructas, et viridaria ad omnem amœnæ voluptatis luxum et delicias exculta.

(8) Seu missis domini regis, quos subscriptos videmus documento confecto anno 1123, et a Puricellio relato in Mon. bas. Ambr., num. 336.

(9) Nempe canonico metropolitanæ.

CAP. VIII.— (1) Securitatem, de qua hic sermo est, longe ante hæc tempora sibi paraverat Liprandus, sub Urbano scilicet II, qui extremum diem clausit Julio expirante anni 1099. Recenset igitur auctor extra Historiæ ordinem tum ecclesiæ ab ipso conditæ meritum, tum obtenti a summo illo pontifice gratiosi diplomatis decus, cujus etiam exemplum Grossulano mox obtulisse credendum est, non secus ad litteras Gregorii VII superius descriptas, ut illatam interdicti pœnam infringeret, seque ab ira minabundi præsulis salutari veluti clypeo tueretur.

(2) Si constaret qua Mediolanensis urbis aut ditionis parte positus esset pons iste, securum aliquod indicium loci haberemus, in quo ecclesiam suam, privilegio summi pontificis decoratam condidit Liprandus; sed cum evolutis diligenter historiis, ac adhibitis etiam in consilium rei antiquariæ peritis viris, nihil ubi tutum pedem figere hic possim, emerserit, vatem agere nolo.

(*) A. 2, *simul*.

(3) Hic idem Landulphus est a quo hæc historia conscripta fuit, ut cap. seq. clarius se prodit.

concedimus facultatem, eosque decernimus tam proprias ordinationes, quam altarium et ecclesiarum consecrationes, cæterorumque dona sacramentorum a Mediolanensi archiepiscopo suscipere, si quidem Catholicus fuerit, et communionem ac gratiam apostolicæ sedis habuerit, et si ea gratis et non pravitate indulserit; alias autem liberum eis arbitrium sit sacramenta eadem suscipere a quocunque voluerint Catholico episcopo. Decernimus ergo ut neque Mediolanensi archiepiscopo, neque alicui viventium liceat eamdem ecclesiam, et fratres qui illic Deo servierint, quolibet occasionis jugo deprimere, aut bona eorum distrahere et suis usibus applicare, vel temerariis vexationibus fatigare, sed omnia integre conserventur vobis, et successoribus vestris omnimodis profutura, salva ejusdem Mediolanensis archiepiscopi Catholica reverentia. Ad indicium autem hujus perceptæ libertatis a Romana Ecclesia Mediolanensis monetæ nummos sex quatuor annis Lateranensi palatio persolveritis. Si qua igitur in crastinum ecclesiastica sæcularisve persona, hujus decreti paginam sciens, contra eam temere venire tentaverit, potestatis honorisque dignitate careat, reamque se divino judicio existere de perpetrata iniquitate cognoscat, atque a sacratissimo corpore et sanguine Christi Dei ac Domini Redemptoris nostri Jesu Christi aliena fiat, et in extremo examine districtæ ultioni subjaceat. Cunctis autem eidem loco juxta servientibus sit pax Domini nostri Jesu Christi, qualenus et hic fructus bonæ actionis percipiant, et apud districtum judicem præmia æternæ pacis inveniant. Amen.

CAPUT IX.

Liprandus prædicat Grossulanum simoniacum esse, et id se per ignis judicium probaturum.

Grossulanus autem et ejus turba ad hanc apostolicam monitionem (1), neque ad multas nobilium virorum preces pro presbytero Liprando fusas

A respexit, sed, cupiens subvertere illum, sibi laboravit ut episcopos et principes Longobardiæ commoveret, et cum ipsis synodum celebraret (2). Hujus synodi tempus dum appropinquaret, et multorum hominum tumultus multa turpia adversus Grossulanum tumultuabat (3). Et Grossulanus ad compescendum illum tumultum, quasi in prima vigilia (4) cujuslibet authenticæ noctis (5) matutinum pulsare fecit, et gentem multam, tam per se quam per suos sacerdotes et ministros, occasione matutini habita congregavit, atque matutino cantato, multo populo coram ipso convocato, de passione Christi, et proditore Juda prolixum sermonem fecit, et suæ causæ ipsum sermonem coaptavit, atque in fine sui sermonis super sancta Dei Evangelia, nullo interrogante, B publice juravit quod a die, qua egressus est ab utero matris, pollutionem non fecit, et carnem suam non coinquinavit (6). Arialdus vero monasterii Sancti Dionysii abbas, et Guazzo, qui cognominatur de Orreo, id ipsum jurando firmaverunt, et mox Grossulanus adjecit, dicens: Si quis vult adversum me dicere aliquid, nunc dicat; quod si modo tacuerit, amplius adversum me audientiam non habebit. Hoc cum presbytero Liprando renuntiatum fuit, et ipse *plures* (*) cives ad ecclesiam Sancti Pauli vocavit in die, quibus dixit: « Videtis me abscissum naso et auribus pro nomine Christi, unde mihi magna retributio est promissa, si in fine perseveravero; pro amore itaque Christi, vestraque salute, et pace, rogo vos ut ad me, et ea quæ vobis C dixero, intendatis. » Et cum hæc et plura bene dicta, beneque sonantia adversus præsertim simoniam dixisset, proposuit, dicens: « Grossulanus, qui pro archiepiscopo tenetur, est simoniacus de archiepiscopatu Mediolanensi per munus a manu, per munus a lingua, per munus ab obsequio (7). » Et cum hæc in suo proposito procederet, sæpis-

CAP. IX. — (1) Recitatas nempe Urbani II breves litteras.

(2) Synodum hanc Mediolanensem indictam fuisse sub finem anni 1102, aut initium sequentis, credere jubet calculus ex rebus proxime narrandis deductus. Interim adnota Mediolanensis archiepiscopi summam illo ævo auctoritatem ad cujus nutum non tam suffraganei episcopi, quam principes Langobardiæ commoverentur.

(3) Id est mussitabat.

(4) Indicatur hic summa sedulitas Grossulani, qua præter consuetum morem recitandi matutinas horas ante auroram, maturiori tempore easdem cani præcipiebat, dato sacri æris signo, ut excitatus novitate rei populus frequentior adesset; neque enim apud Ecclesiæ ministros mos invaluit, ut ad militiæ antiquæ normam, primas aut secundas noctis vigilias distinguerent.

(5) Postremam Quadragesimæ hebdomadam, quæ *Major* passim appellatur, *authenticam* dici in Ambrosia Ecclesia, compertum est: At de hac hebdomada minime loqui Landulphum nostrum, ex ipsius facti narratione patet; refert siquidem cap. seq. post varia inter Liprandum et Grossulanum dissidia agitata, et celebratam etiam per duos dies in majori ecclesia synodum fuisse tandem compulsum eumdem Liprandum *vespertina hora Dominicæ diei de Ramis Palmarum* ad judicium ignis parandum. Multo igitur ante debuit Grossulanus ea peragere, quæ hic describuntur: quænam ergo essent illæ noctes, *authenticæ* ab auctore nostro vocatæ? existimaverim non alias fuisse quam noctes sextam cujuslibet quadragesimalis hebdomadæ feriam precedentes, quæ cum ex Ambrosiano ritu Crucifixi Redemptoris venerationi dicatæ sint cultu adeo peculiari, ut eo die in reverentiam sacrificii cruenti a primo, et summo Sacerdote Christo Domino peracti, sacerdotes a sacri celebratione abstinere D jubeantur, *authenticæ* dici potuere non secus ac extremæ hebdomadæ dies, quos ideo *authenticos* dici credimus, quod cruentæ Passionis Domini memoria ac si in ipso archetypo expressa videretur, summa fidelium religione ab Ecclesia recolatur; Præcipue cum advertam, in iismet noctibus a Grossulano habitum sermonem *de passione Christi*, ut hic Landulphus memorat.

(6) Hinc non obscure deducitur criminationum materia quæ in Grossulanum intorquebantur, cum adversus illum turpia quædam obmurmurari a populo superius dixit Landulphus, quemadmodum cap. 5, num. 7, jam monui.

(*) A. 1, *principales*.

(7) Tria hæc præcipua capita sunt, e quibus simoniam contrahi theologi omnes docent, quos consule; hinc tantum collige quam antiqua sit hæc stricta loquendi formula apud scholasticos familiaris.

sime hortabatur omnes, ut convenirent ad veram cognitionem hujus propositi per divinum judicium (8) approbatum in vita, vel morte sua manifestata per ipsum. Sed Grossulani turba hoc perturbabat auctoritate pontificum qui Mediolanum venerant ad celebrandum synodum cum Grossulano. Verumtamen presbyter ipse adversus episcopos disputans, rationibus et exemplis suam sententiam sustinuit, nec dimisit. Grossulanus vero parvipendens hujus presbyteri verba, veluti in præsentia ejus non essent prolata, synodum suam in ecclesia Sanctæ Mariæ, quæ dicitur Hiemalis, per duos dies tractavit (9), atque in tertia in prato, quod dicitur Brorium (10), coram infinita hominum multitudine dedit sententiam deponendi Andream primicerium, et alios sacerdotes, quos Anselmus de Rode Mediolanensis archiepiscopus, et a rege Henrico investitos (11) ordinavit. Quam sententiam multitudo cleri illico, et populi, et non multum post tempus Paschalis papa Romanus contempsit (12).

CAPUT X.

Presbyter Liprandus per ignem transivit illæsus.

Attamen Grossulani turba dimicans adversus primicerium, Landulphum ejusdem primicerii clericum lapide occidit; deinde quasi in consensu totius civitatis dictum fuit presbytero, ut ad faciendum judicium multa ligna congregaret in prato, quod clauditur in muro juxta Sancti Ambrosii monasterium. Et presbyter ipse plenus magno Spiritu annonam, et vinum, quæ ad edendum habebat, pauperibus erogavit, suamque lupicervinam (*) (1) pellem pro lignis pignoravit, cætera vero, quæ possidebat

(8) Nempe ignis, ad quod provocare tunc licitum erat; superiori enim sæculo idem examen indictum fuerat in Florentina urbe a S. Joanne Gualberto, qui Petro monacho suo Vallumbrosano, postea cardinali atque episcopo Albanensi, transitum per ignem mandavit, ut Petrus *Florentiæ* episcopus simoniæ reus publice comprobaretur; quod etiam ex voto accidit, innocue flammas percurrente monacho, *Ignei* propterea nomen adepto, ut desiderius abbas Casinensis, et Bertholdus ad ann. 1089 coævi narrant, atque ex eo Baronius ad ann. 1063, Puricellius in Mon. bas. Ambr., num 296, aliique. Postmodum sublata fuit hæc judicii forma, cum ultra quam par est tentari Deus videretur, gravesque ab Ecclesia indictæ censuræ, quas collegit in Epitom. sacr. Canon. cardinalis Lauræa, exponitque in Polyanthæa Pallavicinus verbo *Purgatio.*

(9) Hanc synodum celebratam fuisse anno 1103, tempore Quadragesimæ dubitari vix potest; cum enim superius dixerit Landulphus, dum hujus synodi tempus appropinquaret consuevisse singulis authenticis noctibus haberi concionem a Grossulano; judicium vero ignis peractum sit a Liprando hebdomada sanctiore post celebratum concilium, aperte patet intra Quadragesimales dies, et quidem ad finem vergentes synodum fuisse tractatam.

(10) Legendum *Brolium.* Galvaneus Flamma in Chron. Maj., cap. 68 et 73, *brolium* fuisse ait pomœrium arboribus consitum in tanta densitate ut nemoris speciem referret, eratque positum in ea parte urbis, quæ intermedia est duabus insignibus Mediolani basilicis S. Nazarii, et S. Stephani, quibus adhuc superstes nomen mansit *in Brolio.* Sed locus iste synodo celebrandæ aptus esse non poterat, nisi fortasse excisis arboribus tunc temporis area patens inducta fuisset : alterum Brolium describit idem Flamma in manip. Flor. ms. fol. 28, hæc habens : « Extra muros civitatis erat Brolium magnum, ubi juvenes in armis, et pugnis diversis, excitationis causa, conveniebant. » Certe hoc sæculo XII exstitisse hortos, *Brolii* nuncupatos, in quibus militaria signa fixit Fridericus Ænobarbus, cum castra in urbem nostram moveret, tradit Calchus ad ann. 1158, atque in hujus Brolii capite sitam fuisse ecclesiam S. Babylæ ex Othone Morena ed eumd. ann. discimus : fortasse hoc ipsum Brolii pratum erat, de quo Landulphus noster loquitur.

(11) Alterum ex mss. bibl. Ambr., conformius, ut arbitror, ad auctoris mentem, quam prodit particula illa *et*, legit *investitus;* et sane Anselmum ab Henrico imperatore ecclesiasticas investituras contumaciter tuente, fuisse in archiepiscopum Mediolanensem electum, atque ideo a Gregorio VII, summo pontifice improbatum, tradit Sigonius de regn. Ital. lib. IX, ad ann. 1084. In hoc tamen aperti erroris illum redarguit Pagius in crit. ad ann. 1085, cum Gregorius VII vita functus eodem anno, ac etiam die quo Tedaldus Mediolanensis archiepiscopus obiit, successoris Anselmi electionem improbare non potuerit : Tedaldum autem fatis cessisse non anno 1084, ut crediderat Sigonius, sed sequenti, ex Bertholdo synchrono scriptore id asserente indubium est : an autem hic Anselmus vere ab Henrico investitus sit Mediolanensis antistes, Pagius negat, Bertholdi auctoritate inter alia fretus, a quo post narratam Tedaldi mortem, hæc scripta dicit : « De medio sublato potentissimo Mediolanensis Ecclesiæ invasore, erigere caput ea cœpit, excussoque e cervicibus jugo schismaticorum Catholicum sibi delegit antistitem Anselmum, ejus nominis III. » Attamen eruditissimus vir hallucinatus est; nihil enim in Bertholdo a me diligenter evoluto de hac Anselmi electione legitur, verbaque relata non scriptoris illius sed Baronii sunt ad hunc annum 1085. Corruit igitur præcipuum illius fundamentum; cætera vero, quibus ex eodem Bertholdo Pagius firmare sententiam suam nititur, rem minime evincunt; quæ enim auctor ille de conjuratione Mediolani, et quarumdam aliarum Langobardiæ civitatum contra Henricum in XX annos indictam, et de Anselmo *in causa S. Petri studiosissimo* tradit, ad annum 1093, postremum scilicet Anselmi vitæ, non ad primum, quo in archiepiscopum electus est, referuntur. Itaque recedendum non est a Landulphi nostri fide, qui eum ab Henrico investitum aperte dicit; præcipue, cum Papebrochium in hac re consentientem habeamus in exegesi cit. num. 101, ubi quamvis et ipse perperam crediderit, verba superius relata vere in Bertholdo legi, attamen nihilum quidem a sententia sua discedit, qua Anselmi electionem Henrici schismatici imperatoris auctoritati ascribit, « esto, ut idem prosequitur, Anselmus schisma exsecratus, mox ut Victor III vel qui ejus brevem pontificatum excepit, Urbanus II, Gregorianis contra schismaticos vestigiis insistens, agnitus pontifex fuerit, et curaverit cum Ecclesia reconciliari. »

(12) Irritam cassamque cessisse hanc depositionis sententiam probat exercita publice ab isto Andrea primiceriatus sui auctoritas, quemadmodum in decursu historiæ videbimus. De Paschalis papæ decreto nihil apud auctores legitur, appellasse tamen ad summum pontificem, Andream aliosque depositos sacerdotes ex hoc loco clare colligitur.

Cap. X.— (*) A. 2, *lupitunicam.*

(1) *Lynx* Latina, seu potius Græca voce. Peregrinum hoc animal appellatur, ejusque pellis varii coloris maculis punctatim inspersa adhuc in pretio est. *Lupum cervarium* vulgari vocabulo dici scribit Aldrovandus, fuse de illo agens.

in libris, et aliis rebus, statuit, ut conservarentur Landulpho nepoti suo (2) et alumno, atque Ecclesiæ acolytho, qui tunc temporis discebat Aureliani (3) ab egregio magistro Alfredo, et nobili Jacobo. Statuit etiam, si contigerit illum mori in illo judicio, si quid corporis ejus residuum fuerit, portari ad ecclesiam Sanctæ Trinitatis, quam ipse, sicut supra in privilegio legitur, in allodio suo fundavit, et B. Petro tradidit. His ita statutis, et ordinatis, idem... Ambrosii ecclesiam ivit, et cum ipse facturus judicium... manus Grossulani prævaluit, et ipsa ligna in prato disposita dispersit, ipsumque presbyterum ab illa dispositione separavit ignominiose. Deinde in domo sua, et Sancti Pauli ecclesia presbyter ipse siluit, et quievit, donec pueri et puellæ, mares et feminæ in proximo tempore clamaverunt : Foras, foras, Grossulane. Hunc clamorem Grossulanus cupiens compescere, habuit consilium cum satellitibus suis, quibus dixit : Ite et vos, et publice eligite viros de populo, qui dicant illi Liprando, aut ad satisfactionem meam veniat, aut de terra ista exeat, aut judicium, quod se facturum promisit, faciat. Consiliarii itaque de latere ejus venientes ad concionem populi in vespertina hora Dominicæ diei de Ramis Palmarum, seu Olivarum (4) publicaverunt quæ audierant a domino suo archiepiscopo Grossulano, quapropter non solum viri in concione electi venerunt ad presbyterum hanc legationem dicere, sed innumera hominum multitudo venit hanc legationem confirmare. Ad quorum clamorem clamantem : Veniat presbyter ipse Liprandus, ipse humilis exivit : et ut legationem audivit et intellexit, manus ad cœlos levavit, et Deo gratias egit, et interrogando legatos, inquit, vult, et mandat ipse, quod mihi dicitis. Qui omnes respondentes dixerunt : Utique vult, et mandat. Et presbyter ad eos : Terram non exeo, sed in istis duobus diebus jejunium ago, et in quarta feria (5) faciam judicium, præstante Deo, sed unde ligna emam, non habeo. Tunc Grossulani, et reipublicæ ministri quercina ligna ad flammam, et ad calorem aptissima, triginta solidos denariorum emerunt, quæ in campo ante atrium ecclesiæ Sancti Ambrosii in duabus congeriebus respicientibus se composuerunt, longitudo quarum decem cubitorum fuit, et altitudo, et latitudo major statura hominis cubitorum quatuor, via vero inter ipsas congeries unius cubiti et semis. His ita dispositis, et quibusdam lignis in via interpositis, in quarta feria (6) presbyter, indutus cilicio, camisio atque casula, more sacerdotis ab ecclesia Sancti Pauli usque ad ecclesiam sanctorum martyrum Protasii et Gervasii, et Beatissimi Ambrosii nudis pedibus crucem portavit, super quorum sanctorum altare, cæteris sacerdotibus deficientibus, ipse sibi missam cantavit (7), et missa cantata, Grossulanus quoque gerendo crucem, eamdem ecclesiam intravit, et pulpitum cum Arialdo de Meregnano, et Berardo judice Astensi ascendit, et facto silentio in populo, et presbytero stante nudis pedibus super lapidem marmoreum, qui in introitu chori continet Herculis simulacrum (8), idem Grossulanus ait ad populum : Attendite, quia in tribus verbis hunc hominem vincam, et ejus confusionem ostendam. Et ad presbyterum, inquit : Proposuisti quod ego sum simoniacus per munus a manu ; modo dic, cui dedi? Tunc presbyter super populum oculos aperuit, et digitum ad tres illos, qui stabant in pulpito, extendit, dicens : Videte tres grandissimos diabolos, qui per ingenium, et pecuniam suam putant me confundere; et nonne ille diabolus, qui suasit illum fieri simoniacum per pecuniam, suadere potest ut adhuc majorem pecuniam daret, et veritatem occultaret, et testes, et judices mundanos mihi auferret? et non nescitis, quia propter vitandam astutiam diaboli et pravorum hominum, ego elegi Deum judicem, qui neque per pecuniam, neque aliquo modo potest falli in judicio? ad cujus judicium, si vultis venire, paratus sum quod promisi facere. Et Grossulanus ad eum : Modo dic de qua simonia dicis? Et presbyter ad illum : Modo dic tu, quæ est bona? Et Grossulanus aliquantulum subsiluit, et ait : Est simonia, quæ simoniacum non deponit.

(2) Qui hæc scripsit.

(3) Hinc Pagius colligit antiquitatem et famam studiorum Aurelianensium.

(4) Die 22 Martii, in quem anno 1103 hæc Dominica incidit.

(5) Nempe hebdomadæ sanctioris, sed cujus anni ea vere foret, prorsus ignoravit Puricellius. In Monum. bas. Ambros. num. 295, sententiam suam protulerat, qua judicium hoc ignis ascribendum anno 1101 *certa et evidenti*, ut ipse ait, *conclusione* statuerat. Postmodum lib. IV Vitæ S. Arialdi cap. 88 *mutata in melius opinione*, illud sequenti anno 1102 adjudicandum censuit. At neque hoc anno id contigisse ex superius dictis liquido patet : cum enim mense illius Augusto delatam plebis et nobilium acclamatione Mediolanensem infulam Grossulano ostenderimus, quis non videt innoxium hunc Liprandi per ignem transitum postrema Quadragesimæ hebdomada peractum nonnisi anno tertio sæculi ejusdem XII posse affigi? Corrigendus itaque est error typographicus, qui in exegesim jam pluries laudatam Papebrochii irrepsit num. 104, ubi sub eodem anno 1102 et judicium Liprandi, et Grossulani electio ponitur, quamvis hæc facta dicatur prædicto mense Augusto. Cæterum id secure discere poterat Puricellius ex Galvanei Flammæ Chron. majori, et altero ms. *Flos florum* ab ipso relatis, in quibus hæc habentur : « In millesimo centesimo tertio secundum chronicam Gothofredi de Bussero, factum fuit judicium ignis presbyteri Aliprandi ecclesiæ S. Pauli in Compito : » Gothofredus enim de Bussero, cujus opus ms. de Vitis SS. exstat in biblioth. capituli metropolit., prope sæculum illud vivebat. Uberiora in hanc rem argumenta vide apud Pag. in crit. hoc ipso anno 1103, num. 6.

(6) 25 Martii.

(7) In more positum fuisse, ut ante examen ignis missa, caneretur, tradit Edmundus Marthene tom. III De antiq. Ecclesiæ ritibus pag. mihi 458.

(8) De hoc simulacro plura disserit Puricellius in Monum. bas. Ambr. num. 297, et in Vita S. Herlemb. cap. 88, quamvis quæ de comitibus Angleriæ, ac stemmate vicecomitum antiquo ibidem leguntur, ego jam refutaverim in Append. ad vindi-

Et presbyter ait : Ego dico de illa, quæ deponit abbatem de abbatia, episcopum de episcopatu, archiepiscopum de archiepiscopatu, in quo est. Et cum in his verbis satisfecisset omnibus audivit populum clamantem : Exite foras ad judicium; exite foras ad judicium. Et presbyter in hoc multiplicato clamore, licet senex, desuper lapide continente Herculis simulacrum prosiluit, et una cum populo in campo, in quo erant lignorum congeries, venit. Ibique, dum ignis lignis accendebatur, presbyter circumstantibus dixit : Vos præter me non cernitis sacerdotem, qui hunc ignem mihi benedicat (9), sed cernitis chartam hanc quam teneo, in qua sancta verba et signa sanctæ crucis continentur. Et ego minister hæc verba, et signa inferius dicam, et faciam : Et Deus, qui est Dominus meus, desuper B ignem benedicat. Et audientes, et bene intelligentes dixerunt : Amen. Atque cum in circuitu ignis hæc verba dixisset, et signa fecisset, et aquam benedictam, et incensum super ignem, astante ibi Grossulano, aspersisset, dubitabat de ordinando sacramento apud Grossulanum et Arialdum de Meregnano, qui erat quasi potentissimus princeps Grossulani, et procurator judicii, et exspectans presbyterum per ignem in monte finiri, vel per nimium terrorem ad dominum suum Grossulanum converti : ipse namque (10) Berardo judici Astensi hanc legem non solum per mortem, sed et per quamlibet ignitam læsuram in presbytero factam condemnare dixerat. Absit quod læsura (11), sed ignem adeo magnificabo, C quod procul oculos ignis de capite ejus eruet, et in ipso igne ardens cinis putrefiet! Attamen presbyter cum vidisset eos de ordinando sacramento (12) dubitare, dixit ad eos : Sinite me, quod ego bene ordinabo, nec finiam sacramentum donec dixero tantum, quantum vobis satisfecerit. Et illico in consensu eorum apprehendit cappam Grossulani, ipsamque quassavit. dicens : Iste Grossulanus, qui est sub ista cappa, et non de [illegible]o dico, est simoniacus de archiepiscopatu Mediolani per munus a manu, per munus a lingua, per munus ab obsequio. Et cum illis videbatur sufficere, addidit : Et ego ad fiduciam maleficii, aut incantationis, vel carminis non intro hoc judicium, sic me Deus adjuvet, et ista sancta Evangelia in isto sancto judicio. Facto hoc sacramento concorditer Grossula- D nus equum ascendit, et ad ecclesiam Sancti Joannis qui dicitur ad Concam (13) venit. Arialdus vero prædictus de Meregnano inquirens, et exspectans plenitudinem ignis presbyterum tenuit, et tenendo manum suam læsam procul ab ipso calore ignis sensit, et tamen ad presbyterum inquit : Presbyter Liprande, vide mortem tuam in igne, convertere ad dominum meum archiepiscopum, habita securitate tuæ vitæ, alioquin vade et arde te cum Dei maledictione. Et presbyter ad illum : Satana, retro vade. Illo retrocedente presbyter prostratus a terra levavit, et signo crucis sibi opposito, ingens flamma ignis in meridiem et septentrionem se divisit, et via apparuit, quam presbyter intravit, et transiens per ipsos carbones ignis, ceu arenam calcaret, sensit ; et dum per ipsam viam transibat, flamma post ipsum coibat, et ut ipse mihi dixit, et bene intellexi, donec in via hujus ignis fuit, hanc orationem Deo protulit, dicens : *Deus, in nomine tuo salvum me fac, et in virtute tua libera me ; Deus, in nomine tuo salvum me fac.* Et dum tertio proferret hoc verbum *fac*, se extra ignem vidit, nec in se, nec in suis sacerdotalibus vestibus lineis ac sericis, quibus erat indutus, sive in cilicio læsionem ullam sensit.

CAPUT XI.

Liprandus in synodo ante Paschalem papam Grossulani præsentis simoniam accusat, et ignis judicium manifestat.

Tunc populus plene, quasi ex uno ore, laudem Deo, et huic presbytero extra et intra civitatem contulit. Grossulanus vero intrepidus sedem archiepiscopatus deseruit, et civitatem, quia aperte communi civitatis (1) juratum erat, quod neutri eorum, nec alicui de parte illorum pro hac actione malum fieret, nisi quod Dominus sibi faceret. Sed quia præsentia episcoporum suffraganeorum (2) huic legi, et triumpho favorem integre non præbuit, et ignis manum presbyteri in projiciendo aquam, et incensum super ignem læsit, et quia pes equi Joannis de Rode (3) nudum presbyteri pedem de igne exeuntis duro calcavit; turba tristis de casu et ruina Grossulani, in presbyterum, et ejus legem post paucos dies scandalizavit (4), et scandalizando hortatu quorumdam sacerdotum prælia et homicidia multa commisit. Interea Grossulanus D. papam Paschalem gratum sibi invenit (5). Landulphus

clas SS. corp. Gervas. et Protas., num. 35.

(9) Etiam hoc servari solitum in hujusmodi judiciis per ignem tentatis, docet supracit. Martene.

(10) Scilicet Grossulanus.

(11) Sensus esse videtur, quod Berardus judex non tam modice libandam cutem Liprandi vasta illa ignis mole, quam excitare meditabatur, sed omnino absumendum esse intrepide sibi polliceretur.

(12) Id est *jurisjurandi formula*.

(13) Ecclesia hæc in urbe nostra ad viam Romanam posita etiam in præsens nomen hoc gerit, cum antiquitus diceretur cœmeterium peregrinorum.

Cap. XI. — (1) In altero ex mss. bibl. Ambr. legitur *communi civitatis ore*.

(2) Nondum enim Mediolano discesserant post synodum recenter a Grossulano celebratam ; unde confirmatur initæ hujus synodi tempus, superius statutum.

(3) Seu *Rhaude* pago, octo milliaribus Mediol. dissito.

(4) Id est a concepta prius recta opinione de Liprandi transitu innoxio per ignem, recessit.

(5) Grossulanum, statim peracto judicio ignis, Mediolano excessisse superius dictum est. Romam inde profectum hinc discimus, sed an hoc eodem anno 1103, an sequenti incertum est. Hoc secundum erui *ex consequentibus* scribit Pagius ad ann. 1104; nullo tamen argumento id evincere mihi videtur ; quinimo verosimilius censeo Grossulanum contendisse ad Paschalem summum pontificem illomet anno 1103, cui explendo post judicium ignis novem integri supererant menses. Ita enim intermedium aliquod moræ spatium statui poterit iteratis itineribus Romam et Mediolanum susceptis a Lan-

vero de Vareglate (6), qui primus in Coritiana fuga (7) fuerat, rediens a Hierosolymis (8), Romam pervenit, atque in Grossulano jam inde regresso didicit non solum quod actum fuerat Mediolani propter concertationem presbyteri, et Grossulani, sed et quam solemniter Romanus pontifex post talia facta ipsum Grossulanum susceperat, quia ipse quidem papa Paschalis super sedem suam ipsum Grossulanum posuit, et per quot dies idem Grossulanus tunc temporis Laterani fuit, eumdem super sedem suam sedere fecit, atque ipsi sedenti cessit, et locum dedit (9), suam quoque curiam, et omnes causas ecclesiasticas a se discernendas, et judicandum ipsi Grossulano ad discernendum, et judicandas tradidit. Sed tamen Landulphus ille de Vareglate veniens Mediolanum, non presbyterum, nec ejus legem directe contempsit, sed clero et populo Mediolanensi promittens deponere Grossulanum ab omni ecclesiastico officio juxta canonum rationem, inquit: Cur de lege presbyteri Liprandi, et Grossulano contenditis, et prælia, et homicidia in vobis facitis? En vobis certissime dico, et per Joannem vicomercatensem Grossulano mando, quod ego apud dominum papam Paschalem, ejusque curiam, vel synodum certis cum rationibus, et justis, et sanctis canonibus comprobabo illum non posse subsistere in numero episcoporum nec presbyterorum, aut etiam in aliquo ordine clericorum. Clerus vero et populus huic authentico viro (10), et secundum quamdam novitatem (11) canonicæ Sancti Nazarii præposito et majoris Mediolanensis ecclesiæ ordinario, credulus una cum Grossulano ad Romanam synodum (12) pervenire studuit. Unde rigidus et sapiens capitaneus Mediolanensium Amigo (*) de Landriano ait: Vos ludriam in aqua legare vultis (13). Sed Grossulanus nil moratus, ad pedes apostolici provolutus, sibi, et suis iterum refugium suscepit. Presbyter vero Liprandus cum jam senex esset, et duo anni (14) post legem ab ipso factam mansissent, provocatus, et quasi compulsus Romam ad synodum venit, in qua prædictus Landulphus de Vareglate, qui post

dulpho de Vereglate, quæ inferius describuntur. Adde hic proxime narrari Grossulanum ab urbe Roma jam fuisse regressum, cum illuc redux a Hierosolymitana expeditione Landulphus pervenit. Quis vero sibi persuadeat archiepiscopum illum tanto auctum honore, tantisque in curia Romana, ob causas omnes sibi commissas, negotiis implicitum, festine adeo sese inde proripuisse, ut eomet anno ejusdem Romam profectio, mora et reditus accidissent, antequam illuc adventaret Landulphus, Mediolanum postea et ipse profectus? Commodius itaque eo ciliari omnia possunt, si dicamus, Grossulanum, quem constat Mediolanam discessisse peracto statim Liprandi judicio, Romam recto tramite se contulisse anno 1103; sequenti vero Landulphum de Vareglate intellecto Romæ dissidio Mediolanensium, inde jam regresso Grossulano, in patriam reversum, ac demum an. 1105 utrumque, simul ad synodum Romanam perrexisse, cum ut superius innuimus, nullum historicæ rationis momentum nos urgeat ut universa hæc in unum annum coacervemus.

(6) Unus ex iis, quos absentes in archiepiscopum Mediolanensem eligi vetaverat Grossulanus.

(7) Pagius ad hæc verba inquit se non meminisse vel in Guillelmo Tyrio de hac urbe *Coritio* lib. x, cap. 24 loquente, vel in alio auctore de hac Mediolanensium et Langobardorum clade aliquid a se lectum. Ego jam ad finem primi capitis ea retuli, quæ Ordericus Vitalis et Radulphus ævi illius scriptores in hanc rem narravere. Nunc abbatem Urspergensem produco, qui ad ann. 1101 refert Christianorum exercitum, Nicomediam profectum, inde Romania declinantem ad aquilonarem plagam contra terram Corizianam, quæ Turcorum est patria, convertisse, ibique a quatuor millibus Turcarum afflictum adeo Langobardorum exercitum, ut alii caperentur, alii cæderentur, paganis contra ipsos tela undique et flammis armantibus.

(8) Illuc enim comitatus fuerat Anselmum IV Mediolanensem archiepiscopum.

(9) Vix fidem invenire potest tanta honoris gratia Mediolanensi huic archiepiscopo indulta, cujus non alterum in historiis exemplum invenies.

(10) Id est summæ auctoritatis viro.

(11) Landulphum hunc de Vareglate prima adhuc juventa florentem, missum Papiam, ut in cœnobio S. Petri in cœlo aureo pietate ac litteris instituetur, ibidemque postea monasticæ vitæ ascriptum, S. Benedicti institutum professum fuisse, refert Mabillonius in Annal. Benedictin. ad ann. 1102, num. 53; idemque asserit Philippus Malabayla supracit., in ejusdem Vita num. 1, qui etiam exponens auctoris nostri textum, ait, novitatem, de qua hic loquitur, in eo positam esse, quod monachus canonicæ clericorum præficeretur.

(12) Synodum hanc, in qua de Grossulani causa actum est, habitam fuisse Romæ a Paschali II, anno 1103 credidit Labbeus, qui ideo eamdem in Append. ad tom. X Concilior., col. 1833 retulit, fidem Puricellii interponens, Landulphum nostrum scriptorem coævum producentis. Attamen cum turbatam ab ipso in hac historia chronologiæ seriem omnem jam ostenderim, et severioribus calculis adhibitis constet, Grossulanum nonnisi anno 1102 electum, factumque anno sequenti judicium ignis, ac duobus postmodum annis elapsis discussam Romæ Grossulani controversiam, corruit fundamentum omne commentitiæ synodi, quam perperam ad tuendum propositum suum sibi finxit Puricellius. Adde ex Landulpho ipso clare indicari annum, cui affigi debeat vera synodus: cap. namque 22 hæc habet: «Durante lite Grossulani, scilicet 1105 septimo Idus Maii inventæ sunt reliquiæ, » etc. Non igitur ante VII Idus Maii hujus anni sententiam suam protulerat Paschalis de restituendo in sedem Mediolanensem Grossulano. Certum igitur fit synodum, de qua hic loquitur Landulphus, non aliam fuisse quam concilium II Lateranense a Paschali II celebratum hoc ipso anno 1105, ut contra Labbeum, aliosque illuc anno præcedenti affigentes, statuit etiam Pagius in Crit. ad hunc ann., num. 4 indictum, putans circa diem VII Kal. Aprilis.

(*) A. 1 et 2, *Amizo*.

(13) Id est suffocare. Adagium hoc vulgare tum fuisse existimat Puricellius in Vita Herlemb., cap. 90, illudque usurpari solitum, cum quis contrario votis suis medio uti vellet ad assequendum finem, quem cæteroqui unice optaret. Ludria enim, seu Lutra, amphibium animal est in aquis simul, atque in arido per intervalla degens æquali vitæ integritate.

(14) Martio enim exeunte anni 1103 publicum ignis examen sustinuerat, ut superiori cap. ostendimus.

ipsam synodum fuit Astensis episcopus (15), neque ante papam, vel ejus curiam, vel synodum adversus Grossulanum verbum ignominiosum protulit (16). Sed presbyter Liprandus causam, quam adversus Grossulanum habuit, pure notificavit, et apostolicus non legem per ipsum presbyterum datam, et sacramento, et igne notatam laudavit, sed gratiam, et officium presbyteratus in illo firmavit, et dixit: Si hic presbyter juraret, et duodecim sacerdotes cum illo jurando affirmarent, quod Grossulanus coegit ipsum presbyterum ire ad ignem, sustineret Grossulanus depositionem, atque super hoc, spatium consulendi per unam noctem dedit.

CAPUT XII.

Grossulano coram papa, se non coegisse Liprandum ad ignem, jurante, Grossulanus restitutus est, sed a civibus non est receptus.

Nocte autem illa transacta, apostolicus coram synodo a Grossulano suscepit sacramentum, in quo sacramento Grossulanus sic ait: Ego Grossulanus gratia Dei archiepiscopus non coegi dictum Liprandum presbyterum ire ad ignem, et facere judicium. Tunc et Ardericus Laudensis episcopus (1) jurando firmavit id ipsum. Azoni vero Aquensi episcopo (2) proferenti id ipsum jurare ex parte Grossulani ab apostolico fuit condonatum. Grossulanus itaque accessit, ut acciperet gratiam restitutionis; et cum ad accipiendum restitutionem accederet Gabuta (3), et pastoralis virga, quam idem Grossulanus sua tene-

A bat manu coram synodo ad terram corruit, quod signum quampluribus fuit indicium, quod sacramentum ejus fuit sacramentum mortis. Verumtamen nec papa, nec ejus synodus ad hoc tunc respexit, sed ipsum Grossulanum Azoni Aquensi, et Arderico Laudensi, atque Jordano de Clivi (4), et cæteris Mediolanensibus tam clericis quam laicis, verum etiam episcopis ejusdem Ecclesiæ suffraganeis, volentibus eum habere in archiepiscopum, licet otiose (5), restituit. Quandoquidem (*) presbyter ille Liprandus, licet occasione hujus restitutionis foret suspectus, Grossulano restituto, et restitutum suscipientibus, tamen in ecclesia Sancti Pauli, suaque domo fuit sacerdos idoneus in suo officio per 7 annos post ipsam restitutionem. Grossulanus vero gratia Gullelmi abB batis monasterii Sancti Ambrosii, et Andreæ Mediolanensis Ecclesiæ primicerii, et Ottonis vicecomitis (6), et aliorum multorum prudentum tam clericorum quam laicorum, nec sedem, nec aliquam munitionem archiepiscopatus post legem ipsam (*) a presbytero factam, sive restitutionem a synodo celebratam habuit.

CAPUT XIII.

Perturbatione in Mediolanensi Ecclesia orta ob Grossulanum, Olricus vicedominus, et Anselmus de Pusterla se Parisinum in studium transtulerunt.

Ipsa quoque Ecclesia et regnum (1), quæ pro Grossulano synodum ipsam tractavit, in semetipsis (*) dissensionem servans servavit, et servando quis po-

(15) Electum fuisse Landulphum a canonicis cathedralis Astensis in patriæ suæ episcopum anno 1103 tradit Malabayla in ejus Vita, superiori anno 1102. Ughellus in episcop. Asten., quem secutus est Mabillon. in Annal. Benedict. ad eumd. ann. Ab his omnibus male hujus sedis initium designatum scriptoris nostri auctoritas probat, qui nonnisi post Romanam hanc synodum ad eam infulam promotum Landulphum dicit: quocirca nec ante annum 1105 potuit Ecclesiæ illius episcopus renuntiari.

(16) Papebrochius in Append. de Ven. presb. Liprando ad diem 27 Junii, hujus silentii causam fuisse ait, quod Landulphus prece fortassis, vel pretio in favorem rei corruptus fuerit. Injuriosum tamen nimis crediderim hoc suspicari de viro cujus memoria inter cœlites ascribitur. Non ita certe locum hunc interpretatus est auctor ejusdem vitæ Malabayla, qui illum stetisse promissis diserte asserit, sed ita, ut nullum in Grossulanum ignominiosum verbum protulerit.

Cap. XII. — (1) Fuisse hunc Grossulani vicarium, ac demum Placentiæ in Vallumbrosano cœnobio monachum, testatur noster Landulphus, cap. 27.

(2) Translatum hunc fuisse ad Vercellensem Ecclesiam anno 1135 refert Ughellus.

(3) Idem quod *Cabuta*, seu Cambuta. Hoc autem vocabulo significari *pedum episcopale* tradunt Macrius et Ducange. Duplici autem voce unam eamdemque rem Landulphus explicavit, ita ut *Gabuta, et virga* idem exprimat, ac *Gabuta, seu virga pastoralis*: quod etiam clarius ex cap. 29 demonstratur.

(4) De hoc Jordane, qui electus postmodum fuit in archiepiscopum a Mediolanensibus contra Grossulanum anno 1112, plura in decursu dicentur.

(5) Eidem enim, etiam sic restituto, potior Mediolanensium pars ita obstitit, ut nedum tranquilla pace frui hac in sede, sed nec illam quidem attingere secure licuerit, ut in calce hujus cap. legitur.

C (*) A. 1, *qui quidem*

(6) Hujus mentio non fit in altero ex mss. bibl. Ambr. sicuti neque in exemplari quo usus est Paricellius. Cæterum de hoc Ottone plura ad miraculum usque excelsæ virtutis traduntur a scriptoribus nostris Corio, Merula, aliisque, quibus pedissequum se facit Sigonius lib. IX De regn. Ital. Id in primis celebre apud ipsos est, cum ipse Hierosolymæ obsidioni instaret, dux Mediolanensis exercitus, singulari certamine stravisse barbarum quemdam *Volucem* nomine, qui corporis specie supra cæteros assurgens, armisque et viribus ferox omnibus terrori erat; spolia vero ipsius fuisse vipereum insigne detractum e casside, quod postmodum in legionum Mediolanensium vexillum, ac gentilitiam familiæ suæ tesseram, immortale rei tam præclare gestæ monumentum, transierit. Attamen non ita credulus fuit Calchus, qui lib. III et VII Hist. patriæ, vanitatis et mendacii arguit scriptores qui hæc tradidere, gratiam potius D nobilissimæ familiæ, quam historicam veritatem sectantes. Et quidem ad fidem hanc enervandam plurimum facit coævorum silentium: quis enim credat tam illustre fortitudinis experimentum ita negligi ab omnibus potuisse, ut nostri quoque concivis Landulphi, expeditionem illam referentis, et Ottonis istius mortem cap. 18, summa cum laude narrantis, muta omnino in hac re foret historia? Absurdius est, quod in catalogo archiep. Mediol. inscripto *Successores S. Barnabæ* legitur, cruce signatum nempe fuisse Ottonem hunc vicecomitem, et cum septem millibus militum Hierosolymam missum ab Arnulpho III, antistite nostro. De hac enim tam festinata expeditione nullum in historiis exstat vestigium.

(*) A. 1, *primam*.

Cap. XIII. — (1) Ecclesiastici videlicet, ac laici qui in hac Grossulani causa contrariis studiis agebantur.

(*) A. 1, *defensionem*.

test enarrare combustiones, desolationes, abominationes, quæ combusserunt et desolaverunt Mediolanum et regnum, ipsumque sacerdotium, et tempore quo lex presbyteri Liprandi venit in ambiguum (2); etenim, ut taceam combustiones quæ perturbaverunt, et perturbant Mediolanum, memor sum suggestionis principum, quæ tunc suggessit Henrico dicere (3) Henricum patrem suum regem et imperatorem dominum. Ille quidem abhorrendo simoniam in patre patrem oppressit (4). In tempore hujus oppositionis egregia stella, quæ dicebatur cometa (5), per plures dies et noctes in tempore veris a septentrione, et quasi in occidente late, et splendide nituit, et mortem oppressi Henrici præsignavit. Ego quoque in hoc regali et sacerdotali turbine crescendo tribulationes (6) improperiorum, quæ fiebant (*) mihi propter timorem (7) sæpe dicti presbyteri avunculi mei, salva ejus reverentia ipsius convictum vitavi, et Anselmo de Pusterla (8), et Olrico vicedomino Mediolanensi (9) adhæsi, quibus duobus domi et foris, ut manifestum est, utilis et rectus fui. Cum Anselmo namque per annum, et dimidium Turoni, et Parisinis in scholis magistri Alfredi, et Gullelmi (10) legi, et legendo, scribendo, multisque aliis modis Anselmo multam commoditatem dedi.

CAPUT XIV.

Historicus præsens presbyterum Liprandum a Valtellina Mediolanam reducit.

Meus vero sæpe dictus avunculus infra hujus anni, et dimidii spatium homines, qui non pro amore divinæ legis, et ecclesiasticæ consuetudinis litigabant de sua lege, et Grossulani restitutione, dimisit, et eorum civitatem exivit, atque Valtellinam vallem (1) a Mediolano ultra septuaginta milliaria remotam habitavit. Tunc ego subtractus a studio (2) inveni Sancti Pauli ecclesiam, et meam domum isto meo patrono quasi desertam. Assumpto igitur equo Anselmi (3), et meo, una cum fratre meo, ad ipsum meum patronum festinavi, et cum processissem 25 milliariis mihi angelus occurrit, dicens : Presbyter Liprandus rediens a Valtellina infirmus jacet ad monasterium de Clivate (4). Citius igitur quam sperassem inveni illum in lecto sedentem, et lac edentem. Qui, cum me viderit (*), ambas manus levavit, et gratias Deo dixit. Arialdus vero illius monasterii abbas (5), postquam audivit me advenisse, et consolationem ipsi ægroto dedisse, me meumque fratrem extra cameram vocavit, et per plura verba, se trepidare fidelitatem, quam juraverat Grossulano nobis notavit (6), atque nescientibus monachis nos admonuit ut ipsum deportaremus ægrotum a monastario saltem duobus milliaribus. Infirmus autem ut sensit me, meumque fratrem sollicitari super sua infirmi-

(2) Ob memoratam superius læsionem manus ante ingressum in ignem, et pedis post transitum.

(3) Altera lectio ms. Ambros. biblioth. habet conformius ad hujus textus sensum *dejicere*. Insurrexit autem hic Henricus contra patrem rebellis in Noricis partibus anno 1105, consilio Theobaldi marchionis, et Berengarii comitis sub specie religionis, eo quod pater ejus a Romanis pontificibus excommunicatus esset, ut scribit Otho Frisingen. lib. VII, cap. 8. Acta hujus belli prolixe narrat chronographus Hildensheimen et Urspergensis abbas, ex quo Baronius. Tragœdiæ hujus specimen quoddam tum Mediolani vigens deplorat Landulphus cum divisus in partes clerus non secus ac populus fraternas veluti acies in seipsum armaret.

(4) Henricus IV imperio a filio spoliatus miserabili exitu diem clausit Leodii mense Augusto anni 1106, ut Domnizo in Vita Mathildis, et Ordericus Vitalis, aliique passim testantur.

(5) De hoc idem Ordericus lib. V, pag. 589, ita loquitur : « Anno ab Incar. Dom. 1106, in fine Februarii cometa longissimum crinem emittens in occiduis partibus apparuit. » A prima Quadragesimæ hebdomada usque ad Passionem Domini perdurasse tradit annalista Saxo apud Eccardum tom. I Scriptorum medii ævi, fol. 611.

(6) Seu potius *crescentibus tribulationibus*.

(*) A. 2 additum habet *et fiunt*.

(7) Lectio alterius e mss. bibl. Ambr. habet *livorem* quem videlicet pars Grossulano favens contra Liprandum conceperat.

(8) Hic fuit postmodum in Mediolanensem archiepiscopum electus, sicut etiam Olricus proxime hic memoratus, ut suo loco videbimus.

(9) Nomen officii ac dignitatis notissimum.

(10) Scilicet Campellensis, ita dicti a Campello oppido Briegii, ubi ortum habuit. Vir magni nominis fuit; archidiaconus Ecclesiæ Parisiensis in eadem publice dialecticam docuit. Inde ad canonicorum regularium Institutum transiit, ac demum episcopus Catalaunensis renuntiatus est anno 1113, mortuus anno 1121. De eo plura Mabillon. tom. V Annal. Bened. Pagius ad ann. 1121; Gallia Christiana in epis. Catalaun., aliique.

CAP. XIV. — (1) A Tillio, principe illius loci oppido, Vallis-Tellina dicitur. Historiam antiquam, et novam hujus celeberrimæ Vallis decem libris Italice scriptis, editisque in curiensi Rhætica urbe anno 1716 complexus est eruditissimus, atque amore mihi summe conjunctus, Petrus Angelus Lavizarius.

(2) Cui Turoni, ac Parisiis vacaverat, ut proxime dictum est.

(3) Scilicet *de Pusterula* studiorum suorum in Galliis collegæ.

(4) Antiquitatem summam hujus monasterii ex Calcho discimus, qui ad ann. Christi 755, de postremo Langobardorum rege Desiderio ad Italici regni solium ob Aistulphi mortem evecto loquens, inter prima illius gesta hoc narrat. Cœnobium Clivati in Incinati præfectura in honorem S. Petri apostoli condidit, et locupletissimum fecit. » Quid autem in causa fuerit, ut pium hoc opus Desiderius aggrederetur, describit Corius parte prima. Ait enim, Algisium filium, cum ibidem venatorio jaculo aprum insequeretur, subita cæcitate perculsum fuisse, atque inde S. Petri apostoli ope, ex patris voto ad eumdem concepto, visui restitutum. Collocatas etiam eo in templo SS. Petri et Marcellini insignes reliquias, Adriani papæ dono, ad ipsum transmissas, memorat.

(*) A. 1, *vidit*.

(5) Arialdum S. Dionysii abbatem impense Grossulano favisse, atque in præmium studiosi officii, quod eidem ad sedem archiepiscopalem promovendo præstiterat pinguiori abbatia donatum fuisse, cap. 5 narravit Landulphus; quocirca hunc eumdem esse Arialdum ibidem memoratum, facile credere possumus.

(6) Id est *notam fecit*.

ipso exaltato, et benedicto corpus et sanguinem A Christi ad altare sancti Petri communicavit. Demum idem imperator in Germaniam festinavit (14), ubi vix requiem ullam habuit, quia cum in promontorio, quod secus Guarmatiam (15) continet abbatiam (16) ipse imperator torqueretur acutissimis febribus, Guarmatini, qui magis de morte, quam de ejus vita sperabant, ut regalia sibi vindicarent, armati exierunt, et conclamando ad ipsum montem appropinquaverunt. Quod cum ipse quasi moriens persensit, sub tenore juratæ fidelitatis, circumstantibus sibi ministris præcepit, ut se a lecto erigerent et levarent, atque induerent, et super equum ponerent, atque armarent. His peractis sudor ab ipso, ceu aqua de fonte exivit, et stipatus a paucis, Guarmatinis obviam fuit, atque in primo congressu Guarmatinorum vexilliferum in mortem projecit, ipsamque civitatem in ore gladii et combustione ignis delevit. Illam tantum turbam ejusdem civitatis, quæ ad ecclesiam sancti tunc consurgit (17), illæsam servari præcepit. Mediolanenses quoque cum iste imperator per Veronam a Roma in Germaniam properabat, gladiis, et incendiis, diversisque instrumentis funditus destruxerunt Laudem in Longobardia civitatem alteram (18).

CAPUT XIX.

Jordanus de Clivi a studio revocatus est in sacerdotio consecratus.

Urbs itaque Mediolanum cum jam esset secura de victis suis inimicis, placuit Arderico de Carimate, et Vicedomino, et quibusdam aliis ordinariis valde studiosis revocare Jordanum de Clivi (1) a provincia quæ dicitur Sancti Ægidii (2), in qua ipse Jordanus legebat lectionem auctorum non divinorum, sed paganorum (3). Et, ut verum de eo dicam, psalterio, et tympano, et cæteris bene sonantibus in ecclesia instrumentis commune in choro Mediolani ita pepercit, et neque psalmum, neque canticum musicæ arti idoneum, nec singulariter, sive communiter congrue sonuit (4). Verumtamen B blanda facies ejus speciei adeo Grossulano placuit, quod ordinavit eum subdiaconum, cum ipse Grossulanus videbatur pacifice tenere archiepiscopatum (5). Demum Jordanus idem adeo studuit in libro Epistolarum Pauli, quod Paginus (6) lector fuit ejusdem libri. Hunc quoque Ardericus prædictus (7) de Carimate in mense Septembri (8), qui fuit quartus a Junio, quo civitas Laudæ destructa fuit, jam dicto Januensi episcopo (9) repræsentavit, et ipse episcopus ipsum Jordanum et plures alios de Mediolanensibus in sacerdotes benedixit. Sciendum quoque est quod hic rudis (10) Jordanus sacerdos reversus Mediolanum a Gualdo miræ calliditatis (11) presby-

(14) Tempus hujus reditus Henrici in Germaniam designat Sigonius, inquiens illum ingressum fuisse Parmam, ac inde, expleto triduo Bibianelli cum Mathilde, in Germaniam abiisse. Celebratam ab Henrico Veronæ Pentecostem, quæ hoc anno 21 Maii contigit testatur Annalista Saxo apud Ecard., loco cit., col. 627.

(15) Wormatiam, quæ urbs est vetustissima in Palatinatu ad Rhenum posita.

(16) Conditum fuisse cœnobium monialium ord. S. Bened. a Ludovico Pio in suburbiis Wormatiæ refert Mabillon. in Annal. Bened., sub ann. 838. Addit Bucelinus, part. II German. sacr., fol. mihi 58, inchoatum fuisse in monte urbi proximo Wallembergio, postea ad urbem translatum, ac Cisterciensibus datum. Inter antistitas illius loci supra cæteras effulsisse D. Mectildem S. Burchardi Wormatiensium pontificis, anno 1025 defuncti, germanam sororem, ingenio et meritis plurimum celebratam, tradit idem auctor. Hæc igitur procul dubio est abbatia de qua loquitur auctor noster.

(17) Legendum *confugit*.

(18) De Laude veteri anno 1111 a Mediolanensibus eversa, et durissimæ servitutis legibus ejusdem populo indictis, lege Calchum, ad hunc ann., et Sigonium, qui tamen ubi habet *Kal. Juliis* corrigendus est ex auctore nostro *Juniis*, ut cap. seq. videbimus.

CAP. XIX. — (1) Vicus est in Insubribus sane conspicuus, qui in valle ad Lucanum excurrente lacum positus, sibi ipsi nomen indidit in clivo constructus, a quo velut specula anterior posteriorque vallis late conspicitur. De hoc consule Bonavent. Castillion. lib. de Gallor. Insubr. antiq. sedib. qui eumdem fuse describit.

(2) Pars est Galliæ Narbonensis, cujus metropoli nomen dedit S. Ægidius in eadem degens. Galliam Gothicam olim appellatam, Gothis vero expulsis dictam fuisse provinciam Sancti Ægidii, tradit Rob. de Monte in supplem. Sigeberti ad ann. 1118.

(3) Fortasse dialecticæ studio tunc temporis in C Gallia plurimum florenti vacabat. Publicum ibidem lectorem eum fuisse censuit Puricellius in mon. Bas. Ambr., num. 314.

(4) Crediderim hic allegorice locutum auctorem nostrum verbis ex psal. CL desumptis, ut ostenderet, eum adeo imperitum fuisse Ambrosiani cantus, aut vocis ita asperæ et extra communem modulum vagantis, ut universam chori harmoniam confunderet, sicuti indicare videtur corruptum illud verbum *pepercit*, cujus loco legendum arbitror *pervertit*.

(5) Contulerat enim eidem hunc ordinem, antequam peregrinationem in Orientem susciperet, et fortasse eo tempore, quo Aronæ arce occupata, absente Vicedomino, videbatur pacifice suis juribus frui.

(6) Vox barbara, et Glossariis incognita. Congruenter ad superius dicta existimo velle hic Landulphum exprimere quod cum rudis atque indocilis ad ecclesiasticum cantum foret Jordanus, pertinaci adeo labore studuerit recte addiscendis epistolis D S. Pauli (quarum lectio frequentius in missis occurrit, eaque ad subdiaconum spectat, cum sacra solemniter peraguntur) ut officio suo in hac re congrue satisfaceret, sacras paginas publice in ecclesia legendo.

(7) Scilicet archidiaconus metropolitanæ Ecclesiæ.

(8) Die videlicet 23 ejusdem mensis, in quem hoc anno 1111 Sabbatum IV Temporum incidebat.

(9) Arialdo nempe.

(10) In iis videlicet quæ ad ecclesiasticum ministerium pertinebant, ut statim Landulphus explicat: unde confirmari quæ superius conjectavimus puto.

(11) Cum latini sermonis valde ignarus sit auctor iste, saniori modo vocem hanc interpretandam arbitror, ut nempe a verbo *calleo* deducta sit, laudemque potius summæ peritiæ, quam malitiæ probrum Gualdo presbytero affigat

tero discere studuit qualiter sacerdoti sit sacrificandum, et cum iste (12) ista et alia ad sacerdotis officium pertinentia disceret.

CAPUT XX.

Eliguntur aliqui sacerdotes, qui debeant judicare an Grossulanus absens digne possit esse archiepiscopus.

Octobri vero mense sequenti flumina per continuam pluviam in tantum creverunt, quod non solum villas, sed ipsam civitatem in mirum modum perturbarent. Quidam etiam sibi et mundo finem timuerunt (1), quia homo imperabat (2) qui patrem suum oppresserat. Sep Guazo Cuminus una cum Amizone de Sala et aliis quampluribus, tam clericis quam laicis, a Guazone et Amizone inductis, tendentes ad alia cœperunt prædicare, et dicere discordiam de Grossulano esse malitiam altero diluvio dignam; ad quorum voces Joannes Maneri et Petrus de Carate, qui erant primi et maximi in parte Grossulani pugnatores, et defensores, et conscii consilii Guazonis et Amizonis, coram populo responderunt, et illis dixerunt : Dicite quid vultis nobis fieri ex parte nostra? Qui dixerunt : Volumus ut Ardericus de Carimate, qui levita est ordinarius, presbyter Joannes ecclesiæ Sancti Naboris præpositus, presbyter Nazarius Muricula, presbyter Petrus de Sancto Carpophoro, presbyter Lenterius de Sancto Protasio in Campo, presbyter Albericus de Sancto Dalmatio, presbyter Anricus de Sancto Victore ad Theatrum, presbyter Ambrosius de Sancto Joanne ad Concham, presbyter quoquè Galdo de Sancto Michele, quos omnes scitis esse defensores Grossulani. Et ex altera parte volumus, quod vicedominus, Anselmus de Pusterla, Anselmus de Badagio, presbyter Richelmus præpositus ecclesiæ Sancti Nazarii, presbyter Girardus præpositus canonicæ ecclesiæ Sancti Ambrosii, Rolucus (*) quoque præpositus ecclesiæ Sancti Stephani, presbyter Arialdus Amerii, presbyter Lanfrancus propheta....., et nos duo, videlicet Guazo, ut Amizo cum illis jurabimus, quod usque ad istas Kalendas proximi Januarii concorditer dabimus justam, et rectam sententiam secundum canones de discordia Grossulani, si possit esse archiepiscopus Mediolani, sive non; et si non poterit, esse, de alia persona concorditer faciemus catholicam electionem in eadem die. Volumus etiam, ut Landulphus Carogna, qui est presbyter ordinarius, et Anricus de Birago, qui est levita ordinarius, presbyter Joannes Actilens, presbyter Olricus de Sancto Martino, Joannes etiam Mane-

A rius, Guazo Tastaguadum, et alii clerici, et sacerdotes, milites et cives, quos nos vocabimus, veniant et jurent tenere sententiam, quam nos decem et octo dabimus sine discordia, et schismate de Grossulano tenendo, sive dimittendo, sive de alia persona, quam nos concorditer eligemus. Guazone, et Amizone poscentibus, ita pro posse meo restiti, et populo præsente illis dixi : Abraham, nec aliquis fidelis homo veteris testamenti, vel novi tale consilium dedit, nec suscepit. Verumtamen et hoc procedens (3) sacramentum, et hoc sequens sicut a Guazone Cumino, et Amizone de la Sala exposita et expetita sunt, sicut a prænominatis clericis et laicis, et Landulpho Carogna, et Jordano de Clivi presbyteris ordinariis, aliisque presbyteris, et clericis,

B militibus etiam et civibus jurata sunt, me humiliter seorsum existente. Sciendum quippe est quod Ardericus Laudensis episcopus licentiam jurandi ista dedit (4), et Ardericus de Carimate primitus licentiam istam suscepit, et juravit, et primatum et potestatem super hoc negotium sibi judicavit. Quia post multam pertractationem de Grossulano dimittendo vel tenendo, atque de Jordano eligendo vel non eligendo, demum dixit omnibus in isto conjurio sibi conjuratis : Procul dubio scitote; non dimittam Grossulanum, nisi habuero potestatem eligendi Jordanum, et propter hæc hujusmodi Arderici verba corda illorum, qui Grossulanum, et Jordani electionem spernebant, facta sunt quasi lapidea, et voluntati Arderici colligata.

C

CAPUT XXI.

Jordanus de Clivi in archiepiscopum eligitur, et consecratur.

Sed cum in ultimo die Decembris Ardericus ille, et decem septem alii essent in concordia eligendi Jordanum, ego jussu Andreæ Primicerii, presbyterorum, et clericorum Decumanorum (1) Mediolanensium ad eos veni, et ut ipse primicerius mihi præcepit, eis dixi : Quod male consiliati erant. Verumtamen ipsi consilium non mutaverunt, sed mane facto, videlicet Kalendis Januarii, Ardericus idem cum vicedomino, et cæteris sibi conjuratis in abjiciendo Grossulanum, vel in suscipiendo, aut in alium eligendo archiepiscopum catholice (2) pulpitum ascendit; et facto silentio in populo, coram illa mista

D multitudine loquens dixit : Nos, salva reverentia papæ, secundum auctoritatem et justitiam canonum, dicimus quod Grossulanus non potest esse archiepiscopus Mediolani. Isto dicto et confirmato, illico

(12) Legendum *isto*, ut sensus aliquis mutilæ huic periodo constet.

Cap. XX.—(1) Periculosam hiemem pluviis et nivibus supra modum gravem tunc fuisse testatur Ordericus Vitalis sub initium lib. x. Calamitates vero, quæ Henrico in Germaniam reverso accidere, Deo veluti in vindictam armato, refert Sigebertus ad ann. 1113, quo etiam historiæ ac vitæ suæ finem imposuit.

(2) Nempe Henricus V.

(*) A. 1. *Rubricus.*

(3) Melius *præcedens.*

(4) Erat enim vicarius Grossulani, ut vidimus.

Cap. XXI.—(1) A centenario numero, qui ordinem illum complectebatur, dicti sunt Decumani. De his luculentam dissertationem Puricellius elucubravit, quam Deo juvante, si vita et vires suppetent, edere aliquando meditor una cum aliis ad Ecclesiam Mediolanensem spectantibus sub hoc titulo : *Ambrosiani ritus monumenta.*

(2) Id est *in publico cœtu*. Pagius explicat ad ann. 1212, num. 6. Ego potius censeo sic legendum, aut in alium eligendo archiepiscopum catholice, pulpitum ascendit. Consonat enim iis quæ superiori capite Guazo et Amizo proponebant dicentes, concorditer faciemus catholicam electionem eodem die.

tate et portatione, ait: Nolite turbari, quia per gratiam Dei nunc mihi multum est melius, et in crastino, Deo annuente, ad civitatem iter habebimus: et mane facto derudatas (7) quasdam suas vestes induit, ac cibum sumpsit, et quasi sanus factus super mulam sedit. Puer quoque ejus habens suum asinum oneratum pellibus stambucinis (8), licet de solito bis, aut ter in die torqueretur caduco morbo, tamen presbytero sedente super mulam, puer idem venit nobiscum in una die usque ad Sanctum Damianum de Baraza (9) absque ullo illius infirmitatis impedimento (10). Ibi gratia Dei et beatissimi Ambrosii, cujus locus iste cella est (11), bis (*) recepti pernoctavimus, atque alteram diem dimidiavimus, et ante solis occasum ecclesiam Sancti Pauli (12), domumque nostram intravimus, atque familiam, quæ ibi aderat, nostram lætam fecimus.

CAPUT XV.

Landulphus historicus se a presbytero Liprando separavit.

Grossulanistas, et in parte altera fictos, et dolosos murmurare de reditu nostro valde persensimus. At A ego, ut minus et minus eorum murmura timerem, et ut meam, et ipsius mei magistri causam amplius excusarem et comprobarem, domum inter cognatos et vicinos meos non otiose emi, quia in ipsa vivendo, lector, scriba, puerorum eruditor, publicorum officiorum (1) et beneficiorum (2) particeps, et consulum (3) epistolarum dictator (4), salva mea querela (5) in ecclesiam, et in ipsa civitate Mediolani videor parvi (6), namque filii eorum, qui propter Patariam Herlembaldum occiderunt, et presbyterum Liprandum naso et auribus truncaverunt (7), me ab ecclesia Sancti Pauli, quæ est titulus meorum ordinum exturbant, et quia non sperno libertatem, et piam conversationem, quæ in ipso presbytero fuit, factus sum quasi opprobrium illis, et me prohibente B possident et vendunt res, quæ sunt proprii mei juris. Verumtamen non ab opusculi mei proposito.

CAPUT XVI.

Exsulante Grossulano Mediolanenses bellum inchoant cum Laudensibus.

Igitur circa tempus, quo presbyter Liprandus a Valtellina rediit (1), pars cleri et populi Laudensis metuendo perjurium in episcopo suo (2), qui pro

(7) Exemplar, quo usus est Puricellius, habet *ocrudatas*. Crediderim iis verbis nihil aliud significari, quam vestes rudes et asperas, quas ipse ad mundi contemptum ac corporis macerationem, consueto sanctis viris more, adhibebat.

(8) Corruptum forsitan hoc vocabulum est, cum ignotum prorsus sit ejus nominis animal. Existimo caprinas pelles fuisse. In lege enim Salica, tit. 5, caper *buccus* dicitur, ut in suo Glossario Lindembrogius adnotat. Fortasse etiam recenter detractæ erant, atque ideo suo stamine, seu pilis refertæ *stambucinæ* dictæ sunt.

(9) In diplomate infra enuntiando Caroli Crassi hæc leguntur, et dono similiter in Baraza ecclesiam unam, quæ vocatur Sanctus Damianus cum omnibus suis pertinentiis, etc. Ex pluribus autem documentis servatis in archivo monasterii S. Ambrosii Mediolani, cui hæc donata fuere, colligitur pagum hunc non longe a Modoetia positum fuisse.

(10) Alterum hoc argumentum est sanctitatis Liprandi, quam Deus miraculis testatam sæpius fecit, ut adnotavit Puricellius in Vita sancti Arialdi, lib. IV, cap. 82.

(11) Hac voce monachorum cœnobium sæculis posterioribus indicari, et crebro etiam pro monasteriolis, quæ olim abbatiolæ, seu obedientiæ vocabantur, eamdem usurpari apud auctores Ducangius refert. Cujus autem ordinis monachorum domicilium foret hæc cella, intelligere possumus ex prædictis documentis monasterii S. Ambrosii Majoris Mediolani, in quibus locus iste sub illius ditione fuisse dicitur usque ab anno 881, quo datum est diploma Caroli Crassi apud Puricell. in Mon. bas. Amb., num. 131. Quocirca monachi, si qui ibidem tunc erant, ejusdem instituti Cluniacensis credendi sunt.

(*) A. 1, et 2, *bene*.

(12) Scilicet in compito Mediolani.

Cap. XV. — (1) Hæc erant fortasse annualia *communia* appellata, ad quæ non ii tantum de septuaginta duobus, sed reliquus etiam clerus admittebatur, et singuli ab erogatario distributiones suas percipiebant, ut legitur apud Puricell. in dissert. Nazar., cap. 112.

(2) Quid nomine beneficii intelligi hic debeat, supra monuimus, cap. 2, num. 6, ubi statutum ab Anselmo archiepiscopo Hierosolymas profecto narratur, ne de reditibus archiepiscopatus daretur sacerdotibus, levitis et clericis *beneficium*, quod accipere consueverant per celebrationes festorum.

(3) Nempe Mediolanensium, a quibus tunc rectam fuisse urbem nostram in speciem reipublicæ ex Othone Frisingensi, Morena et Sigonio constat.

(4) Amanuensibus forsitan præerat, qui rescripta et epistolas consulum ad urbis regimen pertinentes C aut suis formulis conceptas exponerent, aut in publicas tabulas referrent.

(5) Neque enim jure suo se abdicaverat, quamvis Liprandi avunculi consortium, suique tituli ecclesiam deseruisset.

(6) Id est *contemptui habeor*.

(7) Genealogicam eorum seriem, qui Herlembaldo et Liprando infensi fuere, cap. 44, recenset.

Cap. XVI. — (1) Hinc facile conjicimus, quo anno illuc profectus sit Liprandus. Cum enim Laudense bellum per quatuor annos actum fuisse a Landulpho dicatur, atque ex historiis constet mense Junio anni 1111 desiisse, excisa funditus a Mediolanensibus urbe illa, perspicuum fit, assignandum esse illius in Vallem-Tellinam iter anno 1106, si post moram unius anni aut etiam longiorem ibidem protractam, ut cap. 14 innuitur, rediisse debuit sub initium indicti contra Laudenses belli, quod certe nonnisi ad annum 1107 referri potest, ut etiam Si- D gonius lib. x De regn. Ital. ad eumd ann. narrat. Valde igitur erravit Puricellius, qui in Mon. bas. Ambr., num. 295 censuit, Liprandum in Vallem illam concessisse, postquam Henricus V Mediolani a Grossulano (quod etiam falsum est) ac postmodum Romæ a Paschali II coronam accepit. Id enim anno 1111 contigit, ut infra videbimus. Errori locum dedit septennium, quo post prolatam in Romana synodo favorabilem Grossulano sententiam, cap. 12 tenuisse dicitur Liprandus suæ domus et ecclesia S. Pauli imperturbatam possessionem: nonnisi enim eo elapso sese ab hac urbe proripuisse illum putavit. At male a Puricellio intellectum auctorem nostrum adnotavit etiam Paguis ad ann. 1105, num. 7. Neque enim immotum illum Mediolani perseverasse tradit Landulphus, sed tantum neminem toto eo tempore obstitisse, quin ad officii sui munera exercenda tanquam idoneus sacerdos accederet.

(2) Nempe Arderico.

Grossulano in synodo Romana juravit, ipsum quidem episcopum suspectum habuit. Hinc est etiam quod *Gairardus* (*) frater ejusdem episcopi Laudensis, et ipse Ardericus episcopus dicuntur fuisse fautores, et coadjutores Laudensium militum suam civitatem destructioni tradentium. Mediolanensibus quippe manifeste conantibus ad ipsius civitatis destructionem, ipsi duo fratres spiritualiter, et temporaliter dederunt consilium et auxilium (3). Infinita autem mala, quæ operata sunt per quatuor annos in ipsa guerra non enumero (4), sed mortem Anselmi germani mei, et aliorum multorum propinquorum meorum, et civium per illam guerram manifestatam lugeo, nec tamen cœptum iter penitus desero. Quia dum civitas illa Laudensis adhuc staret et resisteret Mediolanensibus conantibus eam destruere (5), Grossulanus a Mediolano exsulabat (6), et Laudensis ille Ardericus suam civitatem perrarum intrabat, sed Mediolanum frequentabat. Presbyter vero Liprandus in sua domo, suaque Sancti Pauli ecclesia consolationem regni et Ecclesiæ devote exspectabat.

CAPUT XVII.

Olricus, et Anselmus revocati a studio ad ordines sunt promoti.

At quidam, qui dicebantur amici presbytero exspectanti, et Grossulano exsulanti, dum hæc præ-

A fata guerra agebatur inter Mediolanenses et Laudenses, Papienses quoque et Cremonenses Laudensem civitatem defendentes, suggesserunt Olrico Mediolanensi vicedomino, et Anselmo de Pusterla cognominato ire ad præcipuum magistrum Anselmum de Monte Leoduni (1), quibus duobus fuit gratum secum ducere me Landulphum presbyteri Liprandi alumnum. Et cum (2) apud ipsum magistrum, et fratrem ejus Rodulphum studeremus, nuntiatum est illic (*) quod Grossulanus Aronam (3) arcem munitissimam archiepiscopatus possidet. Quo audito vicedominus valde infremuit, quia propter ejus absentiam dicebant quod hic secundus (4) casus Grossulano contigerit. Et ideo, prout dicitur, Mediolanum redire festinaverunt (*), ipsamque arcem et cætera ad ar-
B chiepiscopatum pertinentia, a jure et potestate Grossulani vacuam invenit. Et ii, qui in utraque (5) dicebantur amici, quorum hortatu ipse adivit Leodunum, in isto reditu, nescio quo spiritu ipsum juvenem, et infra ordinem (6) vicedominum elegerunt in archipresbyterum, et facta ista electione, ipsi, qui magis erant in parte Grossulani præbuerunt Grossulano consilium, ut huic electioni nec laudem, nec vituperationem præstaret; sed Hierosolymam peteret, et Ardericum, Laudensem episcopum, in Ecclesia Mediolani sui vicarium faceret. In hac manifesta dispositione (7) et alia non pluribus cognita (8),

(*) A. 1, *Gajardus.*

(3) Proditione civium suorum captam, deletamque urbem Laudæ fuisse scribit Joannes Mostus, seu Cadamostus in Chron. Lauden. ms. in bibl.
C Ambr. servato. Alios tamen auctores commissi hujus in patriam sceleris nominat.

(4) Tristanus Calchus referens ad ann. 1111 extremam calamitatem Laudensis urbis implacabili Mediolanensium ira ad solum dejectæ, fatetur se jejunum lectorem dimittere, qui fortasse de hac eversione uberiorem narrationem desiderasset. Id tamen factum ait, quod plura, etiam diligentius, persequenti ad manus non venerint. Posterioribus sæculis historicas illius urbis memorias colligere defendens a Laude, et Jo. Bap. Villanova, apud quos fuse descripta invenies tum belli hujus occasionem, tum reliquam rerum seriem, quæ his temporibus accidere.

(5) Anno 1109 pulsis a Brixiæ obsidione Cremonensibus, ac eorumdem sociis Laudensibus, Brixianos iratos, ulciscendæ injuriæ causa, Laudem una cum Mediolanensibus accessisse, atque imparatam civitatem adortos levi momento in potestatem suam
D adduxisse, scribunt Antonius Campius Hist. Cremon. lib. I, et Sigonius ad hunc ann. Irrito tamen conatu id tentatum iidem asserunt. Cremonenses enim admoniti de Laudensis urbis jactura, adauctis copiis continuo advolarunt, eamque receptam sociis reddidere. Ad hunc igitur annum, quæ Landulphus hic, et cap. seq. narrat, referenda videntur.

(6) Prohibitus videlicet archiepiscopalem sedem conscendere ab adversa cleri et civium factione, quam perpetuo sibi obsistentem Grossulanus persensit, ut in fine cap. 12 Landulphus retulit.

CAP. XVII. — (1) Celebre in historiis hujus Anselmi nomen est. Laudunensis enim decanus Lutetiæ et Lauduni per 40 et amplius annos theologiam publice docuit; scriptis etiam et egregiis discipulis clarus obiit anno 1117, ut contendit Pagius, apud quem plura vide in ejus laudem scriptorum testimonia.

(2) De his Germanis fratribus Laudunensibus magistris mentio est apud Othonem Frising. De gestis Frider. I imperat., lib. I, cap. 50.

(*) A. I et 2, *illis.*

(3) De arce hac ad Verbani lacus oram imminente, aliisque pluribus oppidis, ac pagis, quæ amplissimum Mediolanensis archiepiscopatus patrimonium olim constituebant, nonnulla ego protuli in Append. ad Vindicias SS. corporum Protas. et Gervas., num. 28, et seqq.

(4) Id est *favorabilis.*

(*) A. 2, *festinavit.*

(5) Intellige *parte.*

(6) Nondum enim ullo ordine initiatus erat, seu in ordinem canonicorum metropolitanæ adlectus.

(7) In exemplari quo Puricellius usus est, legitur *depositione:* unde Pagius ad ann. 1110, num. 2, hanc Grossulani peregrinationem pro abdicatione habitam fuisse putavit, ita ut scilicet ob profectionem, quam in terram sanctam suscepit Grossulanus, archiepiscopalem infulam quasi abdicaverit, atque dimiserit: verum cum etiam in duobus mss. codicibus in bibl. Ambr. servatis expresse legatur *dispositione*, lectionem hanc tenendam crediderim. Ex hoc autem textu nil aliud innui videtur, quam quod Grossulanus attento consilio sibi dato Hierosolymam petendi, se ad illud iter manifeste dispositum seu paratum ostenderit.

(8) Conjectari posset hoc loco, causam non pluribus cognitam, cur in Orientem proficisceretur Grossulanus, fuisse legationem ad Alexium Comnenum Constantinopoli imperantem, quam eidem commisisse Paschalem II, refert Baronius ad ann. 1116, et Ripamontius sub initium Decad. II, hist. Eccl. Mediolanen. Certe illum contra Græcos de Spiritus sancti processione male sentientes coram eodem Alexio disputasse, indubium est; ejus siquidem orationem apud prædictum imperatorem habitam, atque a Græco in Latinum sermonem translatam, in suos Annales intulit Baronius præcitatus. Sed an vere a Paschali illuc missus fuerit, an capta solummodo occasione Hierosolymitani sui itineris proprio Marte

presbyterum Jordanum de Clivi elegit in archiepiscopum (3). Hoc cum presbyter Liprandus audivit, ægrotus a lecto surrexit, et in altera die illi electo piscem obtulit dicens : Gratias Deo quod nunc mihi testimonium perhibetis, (4) sed ii qui te elegerunt in archiepiscopum male fecerunt (5), et Deus illis misereatur, quia tu posses esse unus bonus presbyter de claustro. Nunc autem masculus esto (6). Cum autem electus ille, nec aliquis de tot circumstantibus ipsi presbytero respondisset, presbyter ipse propinquius accessit, et osculatus Jordanum sicut unum de cæteris sacerdotibus reliquit. Landulphus (7) autem episcopus Astensis, et Arialdus (8) Januensis et Mamardus Taurinensis (9) non solum ad osculandum venerunt, sed quasi ut ordinarent eum episcopum in sequenti mense Februario ad ipsum venerant. Sed Astensis cum vidisset episcopum Aquensem (10), et Laudensem (11), et cæteros suffraganeos, et comprovinciales episcopos huic ordinationi, et novitati abesse, invenit ordinationem Jordani differendam fore ; et, velut homo volens fugere, surrexit in nocte, et cum suis rebus cœpit abire. Sed cauta manus Jordani ipsum retraxit Astensem, ejusque episcopi diaconem vulneravit, pueros quoque eorum verberavit et exspoliavit. Die autem adveniente, habita cautione, D. Jordanus eumdem episcopum quasi vinctum, et absentem verbis valde ignominiosis increpavit. Attamen Astensis idem per admonitionem Januensis, suæque humilitatis post talem ignominiam sua et suorum servientium spolia recepit, atque in altera die ordinationi, quam illi duo episcopi (12) de Jordano fecerunt, interfuit, non ut episcopus indutus, sed ut viator carens sermone ipsam ordinationem spectavit, et dum in ecclesia, quæ dicitur Hiemalis, ordinatio ista agebatur, cives pro hac re prælia gerebant, et canonicam (13) presbyteri Joannis Aculei spoliabant. Tunc quamplures super hac causa et ordinatione murmurabant, in quo murmure episcopi supranominati, videlicet Azo Aquensis, et Ardericus Laudensis videntur fuisse (14). Vigilante (15) itaque hoc murmure Mamardus Taurinensis illico Romam adivit, et stolam petiit, et rediens inde stolam et chartam continentem sacramentum, quod papa poscebat a Jordano (16), attulit, alioquin stolam dari Jordano papa prohibuit, sicut idem Mamardus notavit. At Jordanus per sex menses jejunus fuit, et stolam non habuit, sed infra hoc spatium, sex mensium Bernardo episcopo Papiensi, et Jordano Mediolanensi consentientibus (17). Papienses et Mediolanenses statuerunt, et juraverunt sibi fœdera, quæ nimium quibusdam videntur fuisse imperatoriæ majestati, et apostolicæ auctoritati contraria, et cum isti cives jurarent sibi servare se, et sua contra

(3) Electum fuisse Jordanum Kal. Januarii anni 1112 dubitari non potest, docente id Landulpho, qui præsens aderat. Emendandus itaque omnino est Calchus, qui electionem hanc anno 1110 contigisse asserit.

(4) Judicii nempe ab ipso per ignis transitum facti.

(5) Fortasse quia contra Paschalis decretum Grossulanum a sede Mediolanensi dejecerant.

(6) Scilicet *gere te, ut virum decet.*

(7) Nempe *de Vareglate*, de quo sup. cap. 5.

(8) Quem Grossulani quoque consecrationi interfuisse cap. 3 dictum est.

(9) Ughellus in epis. Taurinen. Mamardum hunc, quem ipse Mainardum nominat, electum fuisse anno 1109 asserit, quo tamen fundamento, ignoratur. Amizonem II ejusdem urbis episcopum fuisse anno 1104 ex monumento marmoreo a Baldessano relato tradit. Ex nostro tamen auctore satis dilucide colligitur, eumdem omnino fuisse Mamardum, qui anno saltem 1100 Grossulanum in episcopum Saonensem consecravit, et anno 1112 Jordano in archiepiscopum Mediolanensem inungendo præsens adfuit, nisi quis dicere velit duos fuisse Mamardos Taurinensis urbis antistites, inter quos sedem illam obtinuerit Amizo ; quod tamen vix crediderim ; quocirca Baldessani relationem, quam ego ad manus non habui, diligentius examinandam censeo.

(10) Azonem.

(11) Ardericum.

(12) Scilicet Januensis, et Taurinensis. Hinc corrigendus Papebrochius, qui in exegesi, cit. num. 105, consecrationem hanc a Bernardo Papiensi episcopo simul cum Taurinensi supradicto peractam fuisse putavit.

(13) Seu præbendæ suæ domum.

(14) Quodnam esset hoc murmur, clare enuntiat epistola ipsiusmet Azonis Aquens. episc. ad Henricum imperatorem, quam e cod. Udelrici Bamberg. Eccardus vulgavit, tom. I Scriptorum medii ævi, col. 267. Nonnulla inde ad rem nostram elucidandam decerpere opportunum reor. Ait igitur : « Mediolanenses quemdam archiepiscopum elegerunt (Jordanum) et a quibusdam parochianis suis (intellige suffraganeos Arialdum Januen. et Mamardum Taurin.) eum consecrari fecerunt ; quod ego videns contra imperii vestri honorem fieri, omnino interdixi, et licet ab ipsis multum rogatus, hujusmodi consecrationi interesse, nec assensum præbere volui ; imo dedi operam erigendi magnum parietem populi contra populum, sub occasione cujusdam alterius archiepiscopi (Grossulani), quem pars illorum intendit deponere, viri scilicet perfectissime litterati, et ingenio astutissimi et eloquentissimi, curiæ vestræ valde necessarii, cujus partem propter honorem vestrum in tantum auxi, quod medietas populi contra medietatem populi contendit. Nunc itaque videat pietas vestra, si ad hoc velitis me laborare, ut et populus ille maneat divisus, et antiquus ille archiepiscopus a vestra majestate adjuvetur, scribendo præcipite. » Quid Henricus rescripserit nondum emersit. Hinc tamen dignoscimus quis fuerit auctor succensi in urbe nostra civilis belli, quod magna cæde postmodum exarsisse Landulphus noster narrat cap. 25 et 26.

(15) Id est *vigente*.

(16) Procul dubio credendum est hoc fuisse juramentum fidelitatis, quod a Robaldo archiep. Mediolan. præstitum Pisis fuisse Innocentio II infra videbimus, indignante clero et populo, atque ipso etiam Landulpho nostro, a quibus credebatur hujusmodi juramento abrogari antiquum Mediolanensis Ecclesiæ decus, ac libertas imminui. Ob id etiam recusatum fuisse a Jordano pallium, sub ea indecora (ut tunc videbatur) conditione, facile possumus opinari.

(17) Ughellus male *Grossulanum* archiepiscopum, loco *Jordani*, consentientem huic fœderi inter Papienses et Mediolanenses inito adducit in episc. Papien., num 64.

quemlibet mortalem hominem natum, vel nasciturum (18).

CAPUT XXII.

De festo Agios, quod fit ad Sanctam Mariam ad portam Vercellinam die, 9 Maii.

Putavi non prætereundum silentio, quod durante lite (1) Grossulani, scilicet 1105 (2), VII Idus Maii (3) inventæ sunt reliquiæ pretiosæ in ecclesia Sanctæ Mariæ ad Portam (4), unde ordinarii cum universo clero statuerunt (5) festum solemne illa die (6) in ecclesia prædicta, in cujus rei testimonium talis exstat epistola.

« Ordinarii cardinales (7) sanctæ Mediolanensis Ecclesiæ, necnon et primicerius cum universo sacerdotio, et clero Mediolanensi, omnisque populus, et omnis ordo laicorum, omnibus sacerdotibus, et clericis, et laicis cujuscunque ordinis in diœcesi Mediolanensis Ecclesiæ constitutis pacem, et salutem a Domino, et pleni gaudii participationem. Quoniam ratio exspostulat, et dignum est ut exsultante capite, cætera quoque membra exsultationi congaudeant, ideo immensæ lætitiæ, quam nobis immeritis et insperantibus divina clementia contulit, vos exsortes esse non volumus. Notum ergo universitati vestræ fieri volumus, quoniam inæstimabiles thesauros, et incomparabiles margaritas sole splendidiores, et omni aromate fragrantiores divino nutu, et munere nuper invenimus, videlicet partem de sudario Domini, et de sindone ejus, et de lapide ubi sederunt angeli nuntiantes resurrectionem Domini nostri Jesu Christi, et de probato ligno salvificæ crucis Salvatoris nostri, et de veste sanctæ Mariæ, et de ossibus sanctorum Casti, et Polimii in ecclesia S. Mariæ, quæ dicitur ad Portam. Quapropter non solum in ea die, sed etiam ab ea die, et deinceps factus est ibi jugis, et celebris, et admirabilis concursus plebis utriusque sexus Deum glorificantium et magnificantium, quod hoc tempore tales nobis thesauros sua benignitate revelare dignatus est, quorum patrocinia non solum nostræ, sed et universæ diœcesi ejus per Dei misericordiam, protectionem, et salutem futuram etiam (*) speramus. Facta est etiam generalis processio (8) ad honorem Dei, et Salvatoris nostri tam ingens, tam solemnis, tam admirabilis, qualem nunquam retro ante tempora vel vidimus, vel meminimus factam. Ad hanc igitur solemnitatem annue omnes populi devote concurrite tam mentium securitate quam corporum obsequio nihil hæsitantes deprimi magnificentissimam remunerationem. Quanta enim virtus sanctorum est, tanta salus occurrenti populo. Titulus autem, et nomen ejus eximiæ festivitatis est Sancti Salvatoris. Terminus autem hujus celebrationis est VII Idus Maii. Rogamus etiam vos, et secundum statutum Ecclesiæ nostræ singulis, et omnibus præcipimus ut in die hujus festivitatis ad honorem Dei, et Salvatoris nostri ab omni opere servili vacetis, et abstineatis tanquam in die Resurrectionis, et Nativitatis Domini nostri Jesu Christi, quo etiam die ad frequentationem hujus solemnitatis statutum est annuale et (*) mercatum, et omnibus venientibus ad hanc solemnitatem vel causa orationis, vel causa mercandi, et redeuntibus stabilita est ab omni civitate firma,

(18) Hujusmodi juramenti, quod barbaro vocabulo dicitur *ligium*, quia scilicet homo sic jurans quasi firmiter et solide ligetur, ea est natura, ut intelligatur pacta fidelitas contra omnem hominem, nullo penitus excepto. Hinc patet, cur fœdera de quibus auctor noster hic loquitur, pontificiæ ac imperatoriæ auctoritati contraria dicantur, quia nempe non fuit excepta persona pontificis et imperatoris, prout jura exigunt, et docent communiter auctores feudistæ.

Cap. XXII.—(1) Id est cum nondum discussa Romæ foret Grossulani causa, et pontificio Paschalis decreto adjudicata eidem sedes Mediolanensis, a qua repellendum illum curabat in synodo Romana potior pars cleri et populi, ob Simoniam judicio ignis comprobatam, ut supra diximus.

(2) Tristanus Calchus quæ hic narrantur ad annum 1107 refert, sed citra verum, ut ex auctore nostro annum signante patet.

(3) Nonus hic dies Maii tam pretioso reperto thesauro insignis, eo anno incidit in feriam tertiam quintæ post Pascha hebdomadæ.

(4) Ita dictæ ex vicinia portæ, quæ Vercellas respicit, quamque tum proxime attingebat antiqua hæc ecclesia. Mansit nihilominus eidem cognomentum istud, etiam postquam amplificata urbe primo post Ænobarbi excidium, inde sub Carolo V longe multo retractæ sunt urbis portæ, atque in præsens quoque ita appellatur.

(5) Mediolanensem Ecclesiam sese tunc temporis gessisse, ac si archiepiscopalis sedes vacaret, quamvis revera Grossulanus Romana in synodo legitimus antistes Mediolanensis urbis declaratus foret, festum hoc universi cleri nomine indictum ac celebratum, nulla prorsus archiepiscopi mentione habita, perspicua docet. Grossulanum siquidem etiam sic restitutum Mediolanensis civitas præsulem suum nunquam agnoscere voluit, ut in fine cap. 12 aiebat Landulphus.

(6) Credibile est, statim anno sequenti 1106 celebrari incœptum hoc festum, id exposcente jugi et admirabili plebis utriusque sexus concursu ab eo die et deinceps facti, ut in epistola mox recitanda legitur.

(7) Nomine hoc passim appellatos fuisse eo tempore metropolitanæ nostræ canonicos, antiqua ostendunt documenta, ex quo Mediolanensis Ecclesiæ dignitas conjici potest; quamvis enim tituli hujus ornamentum peculiare minime foret urbis nostræ, ut præter Panvinium, et Macrium erudite ostendit doctrina et pietate eminentissimus olim Ursinus, nunc universo exsultante fidelium cœtu summus pontifex Benedictus XIII in notis ad II provinciale Beneventanum concilium, suo *Sydonico* insertum, nonnisi tamen primariis sacerdotibus nobiliorum Ecclesiarum datum legimus. Perseverasse apud nos in longum ævum nobilem hanc appellationem, docet oratio in primis sacri solemniis Fabricii Castrofranchi majoris Mediolanensis Ecclesiæ cardinalis ordinarii habita a Joanne Ambrosio Bulla et Mediolani edita anno 1557. Postmodum abrogata fuere a S. Pio V hujusmodi Ecclesiarum privilegia (si quæ erant,) diplomate expedito anno 1568, 17 Februarii, ut testatur Cohellius cap. 2, § *Et ideo.*

(*) A. 1 et 2 esse.

(8) Procul dubio eo anno 1105, sed qua die, ignotum.

(*) A. 1 *caret hac particula*, et.

Grossulanus Hierosolymitanum iter intravit (9). Electus autem iste vicedominus secutus consilium Arderici de Carimate, qui præcipue elegit eum in archipresbyterum in mense Aprili, quo electus fuit, canonicam (10) ædificare cœpit, atque in subsequenti Junio ad Airaldum episcopum Januensem cum quibusdam suis confratribus clericis ordinariis ivit. Et episcopus ille, licet foret Grossulano contrarius (11), tamen per repræsentationem Arderici de Carimate, qui primus et maximus diaconus (12) tenebatur in parte Grossulani, ordinavit ipsum vicedominum, ostiarium, lectorem et exorcistam atque acolythum. Widonem Fulcumanium fecit subdiaconum, Anselmum de Pusterla atque Henricum de Birago levitam Landulphum Caroniam fecit presbyterum.

A Qui quinque ordinarii in Junio (13) apud Januam ordinati plane videbantur infesti Grossulano, in quo facto Mediolanenses, qui lætabantur, etiam in majori gaudio gavisi sunt, quia in ipso mense susceperunt triumphum de Cremonensibus victis (14), et superatis apud Brixanorii campum (15).

CAPUT XVIII.

Henricus imperator Paschalem papam cum curia captivavit, et altera die pace facta, est ab eo solemniter coronatus.

Cognito hoc triumpho per regna, rex fortissimus Henricus cum ingenti exercitu (1) venit in Italiam (2), atque Romæ in ecclesia Sancti Petri discalceatus stetit (3) ante Paschalem papam exspectans coronam imperandi (4), quemadmodum promissum

contra Græcos disseruerit, incertum omnino videtur, cum nullum exstet hujusmodi legationis securum fundamentum in antiquis historiis, et Landulphus noster hoc unum expresse asserat, suasione amicorum Hierosolymam transmeasse Grossulanum, quemadmodum etiam Puricellius advertit in Mon. bas. Ambr. num. 326. *Plane commentitiam* legationem hanc vocat Pagius ad ann. 1116, num. 5.

(9) Puricellius minime sibi constans, peregrinationem hanc, quam in cit. Monum., num. 308, anno 1109, assignaverat, libro IV Vitæ S. Arialdi, cap. 90, ad ann. 1111 produxit. Neutrum autem verum esse Pagius ostendit, eamdem probans affigi debere anno 1110. Statim enim post Grossulani discessum initum mense Aprili Olricus et quatuor metropolitanæ ecclesiæ canonici in IV Temporibus Pentecostes sacros ordines Mediolani (*potius* Januæ) accepere, quæ eo anno contigere ineunte Junio, ut inquit Landulphus cit.

(10) Id est canonicales ædes, fortasse metropolitanæ ecclesiæ, cujus ipse erat archipresbyter electus. Alterum insigne pietatis monumentum reliquit Olricus, Beroldo teste, quod hic silentio præterire piaculum ducerem. Cum enim S. abbas Odilo, superiore sæculo, in cœnobia Cluniacensis sui instituti ritum laudabilem primo induxisset, ut *Commemoratio omnium fidelium defunctorum* statuta die celebraretur, eumdem Olricus ad Ambrosianam Ecclesiam transtulit, affixitque secundæ feriæ post tertiam Octobris Dominicam, constituto annuo censu, ex quo clerus universus et ipse etiam archiepiscopus præsens divinis officiis emolumenta perciperet. Perduravit autem pia hæc consuetudo apud nos, etiam postquam Romana Ecclesia ritum hunc amplexa persolvendis communibus suffragiis erga detentas purgatorio igne animas, secundam Novembris diem solemnem voluit. Bis enim in liturgicis libris Ambrosiani ritus usque ad annum 1560, adnotata legitur hæc funebrium precum celebritas, die videlicet ab Olrico jam indicta, ac altera universim recepta.

(11) Hinc patet falsum esse quod tradit Ughellus in epis. Januen., num. 23, Airaldum hunc seu Aycardum fuisse Mediolanensis Ecclesiæ vicarium, cum Landulphus noster aperte asserat eumdem Grossulano contrarium, et superius constet Ardericum Laudensem ab eodem, cum Mediolano discederet, sibi vicarium constitutum.

(12) Id est archidiaconus.

(13) Nempe die 4 ejusdem mensis, in quam eo anno 1110 Sabbatum IV Temporum incidebat.

(14) Cladem hanc Cremonensibus inflictam a Mediolanensibus copiis in annum 1111 refert Cavitellius in Annal. Cremon. Falsum tamen id esse ex Landulpho nostro evincitur, cum fusum Cremonensium exercitum dicat antequam in Italiam properaret

B Henricus. Huc autem ille advenit præcedenti anno 1110, ut cap. seq. videbimus. Congruentius ad historicam veritatem scribit Sigonius ante adventum Henrici, profligatis acie civibus, Cremonam a Mediolanensibus captam, ac fœdo incendio pene deletam; præmature tamen nimis id narrat, ac si anno 1109 accidisset. Hoc certi ex auctore nostro eruitur, eodem Junio mense, quo memorati quinque ordinarii Genuæ sacros ordines suscepere, victos quoque Cremonenses fuisse, statimque subsecutam Henrici in Italiam profectionem; quæ omnia nonnisi sub anno 1110 collocari ex superius dictis ac infra dicendis patet.

(15) Id est *Brixanæ*, Italice *Brezaiia*, qui pagus est ad Ogginæ fl. oram positus prope castrum Bussetum, ut in tabula topographica Cremonensis ditionis ab Antonio Campio confecta videri potest.

CAP. XVIII. — (1) Triginta millia equitum electorum, exceptis his qui ex Italia ad eum confluxerant, C habuisse suis in castris juxta Padum positis Henricum, tradit Otho Frisingen. in Chron. lib. VII, cap. 14.

(2) Anno scilicet 1110, in ortu autumni, ut scribit Donnizo in Vita Mathildis. Circa medium mensis Augusti venisse in Italiam Henricum, testatur Chronographus Hildensheimen. a Pagio relatus, qui etiam tradit, ab eodem celebratum fuisse hoc anno Natalem Domini apud Florentiam. Exstat penes Puricellium in Mon. bas. Ambr., num. 311, diploma hujus Henrici datum Vercellis, IV Idus Octobris anni 1110.

(3) Ad Urbem pervenit III Idus Februarii, sabbato ante Quinquagesimam, teste Petr. Diac. in Chron. Casinen. lib. IV, cap. 38, sicque anno 1111.

(4) Regiam Italici imperii coronam prius Mediolani ab Henrico susceptam per Chrysolaum (verius Grossulanum) archiepiscopum, impigre affirmat Sigonius ad hunc ann. Bartholomæus Zucchius addit etiam Modoetiæ: Galvaneus vero Flamma in Chron. D Maj., cap. 251, insuper tradit comitem itineris sese junxisse Henrico antistitem illum, ac Romæ in Cæsarem coronandum summo pontifici præsentasse. Hos omnes manifesti erroris arguit Landulphus noster, qui Grossulanum jam longe ab urbe ista positum eo tempore scribit, utpote paulo ante Hierosolymam profectum; unde nonnisi biennio post Mediolanum rediit, ut Puricellius etiam optime advertit loc. cit. num. 310. Deteriori anachronismo peccat auctor *Manipuli Florum* ms., cap. 162, et Catalogus inscriptus *Successores S. Barnabæ*, in quibus legitur coronatio hæc Mediolani habita a Jordano Clivio archiepiscopo, quem constat anno tantum 12 illius sæculi in archipræsulem Mediolanensem fuisse electum, ut cap. 21 ostendemus. Puricellius in dubio collati hujus regii honoris Henrico fluctuans, in eam tandem videtur inclinare sententiam, ut a monasterii

fuerat sibi (5), sed quia ipsam coronam sibi dare distulit (6) ipse papa ipsius regis iram sensit, et se, suosque cardinales, quomodo non poscebat, sive nolebat duci vidit (7). Hic strages multa crevit. Romanorum namque turba, ut suum papam, suosque cardinales liberaret armata cucurrit, et papa cum cardinalibus in custodia Teutonicorum (8) datis (*), rex discalceatus in atrium ecclesiæ Sancti Petri venit, ibique equum ferocissimum ascendit, et ut erat nudis pedibus in ipso impetu ibi equitando, ipsos marmoreos ecclesiæ Sancti Petri gradus descendit, et prout ad aures meas pervenit, cum lancea una A quinque de Romanis occidit (9). Otho autem Mediolanensis vicecomes (10) cum multis pugnatoribus ejusdem regis in ipsa strage corruit in mortem amarissimam (11) hominibus diligentibus civitatem Mediolanensem, et Ecclesiam, sed regia facultas (*), et multa religiosorum principum prudentia ita placide, et benigne hanc perturbationem placavit (12), quod altera die (13) in loco san to, scilicet in ecclesia Sancti Petri, idem Paschalis papa secundus cum cardinalibus, et episcopis cæterisque viris in religionem habitis ipsum regem Henricum solemniter coronavit, et in imperatorem exaltavit, et cum

basilicæ S. Ambrosii abbate Italici regni diademate fuerit redimitus. Ego tamen asserere constanter non dubitaverim Henricum illum Mediolani minime coronatum; vix enim credi potest rem hanc, quæ sacræ B pompæ strepitu ac celebritate non caret, a nullo ex tot auctoribus, qui eorum temporum gesta scripsere, litteris consignatam, ac ne quidem a Landulpho nostro in hac urbe tunc degente, si revera accidisset; eoque validius in hoc proposito obfirmor, quod videam prædecessoris Henrici ac successoris Conradi Modoetiensem simul ac Mediolanensem coronationes ab archiepiscopis nostris peractas, minutim quoque, ut infra videbimus, ab hoc auctore narrari.

(5) Ea tamen lege per legatos utrinque missos sancita, ut liberas ecclesias dimitteret, atque ab omni earumdem laica investitura imposterum abstineret, salvo regalium jure, quemadmodum Uspergensis, ad ann. 1111, et Petrus Diac., cap. 35, testantur.

(6) Causam hujus dilationis legimus apud Helmold., cap. 39, his verbis expressam: « Ubi autem ventum est ad consecrationem, exegit ab eo dominus papa juramenta, quatenus in Catholicæ fidei C observantia integer, in apostolicæ sedis reverentia promptus, in Ecclesiarum defensione sollicitus existeret, sed rex superbus jurare noluit, dicens imperatorem nemini jurare debere, cui juramentorum sacramenta ab omnibus sint exhibenda. Facta est ergo contentio inter dominum papam, et regem, et interceptum est opus consecrationis. » Alteram hujus dilationis causam assignat Ordericus Vitalis sub initium libri x inquiens: ideo imperatorem ira commotum, quod Paschalis antequam solemne sacrum faceret, jussisset ab ecclesia expelli quatuor optimates Augusti, quos ipse nominatim anathematis pœna damnaverat. De hoc tamen card. Aragonius in Vita Paschalis tom. III hujus collectionis edita omnino silet.

(7) Captum fuisse ab Henrico Paschalem summum pontificem cum episcopis et cardinalibus, cæterisque ordinibus, et cum proceribus quamplurimis II. Idus Februarii, eo ipso die Dominico, quo lege- D batur Evangelium: *Ecce ascendimus Hierosolymam, et consummabuntur omnia quæ scripta sunt per prophetas, de Filio hominis, quoniam tradetur gentibus*, etc. scribit Pandulphus in Vita Paschalis II edita, tom. III hujus collectionis, quem vide.

(8) Commissum fuisse Ulrico Aquileiensi patriarchæ ut in custodia detineretur, tradit Otho Frising. loco supradicto.

(*) A. 1 et 2, *dans*.

(9) De hoc etiam fidem facit præcit. Frising. Reliqua hujus tragicæ historiæ acta prolixe Baronius ad hunc ann. describit.

(10) Vocabulum hoc esse officii, non cognomentum familiæ, satis dilucide ostendit interpositum illud verbum *Mediolanensis*: quæ autem dignitas in urbe nostra hæc foret, Beroldus pluries adductus, eorum temporum scriptor enuntiat. In opusculo enim, cui titulus: *Ordo Mediolanensis Ecclesiæ*, describens ordinem supplicationum, quæ celebrioribus sanctorum natalitiis diebus, ac Dominicis solemnitatibus per urbem habebantur, ait: Extremum agmen claudere debuisse vicecomitem, cui Ferula muneris insigne præferebatur, quique postmodum subsequenti archiepiscopo viam parabat, servorum caterva stipatus *cum flagellis ligneis, et scissis*. Prælato gladio incidere solitum hunc vicecomitem archiepiscopi vices gerentem, atque omnia cum consulibus negotia pertractantem, tradit etiam Sigonius De regn. Ital. ad ann. 973.

(11) Eam luculentius ex Actis Vatic., et Petro Diac. describit ad hunc ann. Baronius his verbis: « Postera die egressi Urbem (Romani) conserta pugna plurimos de imperatoris exercitu obtruncant, et eorum captis spoliis adversus Teutones acriorem ineunt pugnam, adeo ut fortius eos pene propellerent, ipsumque imperatorem equo dejicerent, atque in faciem vulnerarent. Hoc ubi Otho Mediolanensis comes (vicecomes) aspexit, pro imperatore se objiciens morti, equum illi suum ut evaderet tradidit, qui nec mora a Romanis capitur atque in Urbem inductus, minutatim concisus est, et carnes ejus in platea canibus devorandæ relictæ sunt. » Hinc autem refellas Corium, qui ad ann. 1055 refert, hunc Othonem cum in Germaniam pergeret, improvisa morte sublatum.

(*) A. 1, *Facilitas*.

(12) Sexaginta et unum diem detentum in vinculis Paschalem, scribit Baronius; pauciorem tamen numerum hunc dierum fuisse Pagius tradit, ut in subsequenti adnotatione dicetur. Interim ex Othone Frisingen. discere possumus quomodo hæc perturbatio sedata sit. Ait enim: « Per aliquod temporis sacrilego ausu tento summo pontifice, conventione facta, rex a civibus revocatur, et per conditionem dimisso summo pontifice, ac extorto ab eo per vim de investitura episcoporum privilegio, in Urbem ingreditur. Tunc, quasi pœnitentia ductus, cives ac pontificem muneribus conciliat, ab eoque coronatus, favore omnium, imperatoris et augusti nomen sortitur. » Juramentum cardinalium nomine Paschalis papæ, sicuti etiam illud Henrici in hac conventione editum, lege apud card. Aragon. in ejusdem Vita, tom. III nostræ collectionis.

(13) Fuisse hanc decimam tertiam Aprilis censuit Baronius: verum cum auctores a Pagio relati asserant Henricum imperiali corona insignitum octavo post Pascha die, Dominica in Albis nuncupato, retrahenda videtur solemnis hæc inauguratio ad v Idus Aprilis, in quem Dominicus ille dies anno 1111 incidebat: adeoque etiam minuendum tempus captivitati Paschalis a Baronio assignatum a diebus 61 ad 56, ut pluribus conatur ostendere Pagius ad hunc ann. Card. tamen Aragonius « *Actum* id ait *Idibus Aprilis, quinta feria post octavas Paschæ indict.* IV, » subjungitque ex auctore certe synchrono: « Hæc sicut passi sumus et oculis nostris vidimus, et auribus nostris audivimus, mera veritate conscripsimus. » Vide tomum tertium, supra cit.

et inviolabilis trevia (9) 8 dies ante festum, et 8 dies post festum. Quod si quis hujus treviæ violator exstiterit, indignationem Dei non effugiet, et iram totius civitatis super se, et super sua bona gravissimam indubitanter incurret. Colonen (*), quod vulgo Turadia dicitur, sive Portenaticum (10) in his præfatis diebus nulli omni modo tolletur. Ut autem magis sit authenticum, et nulla unquam oblivione deleatur, quod Deo inspirante ad honorem Dei et Salvatoris nostri decrevimus per singulas plebes singulas epistolas in audientia omnium habitantium in eis has litteras legere, et ponere studeant, et in Martyrologio hoc festum scribant; quatenus per singulos annos, et per singulas generationes istos dies nulla deleat oblivio; sed perpetuo, et solemniter honoretur. Hæc autem epistola in scripturis ecclesiæ diligentur et semper servetur valida.»

Inventi autem sunt prædicti thesauri scilicet reliquiæ: pars de sudario Domini, et de sindone ejus, et de lapide isto, et de ligno sancto, et de sanctis, anno Domini 1105, VII. Idus Maii in civitate Mediolanensi in Porta Vercellina in ecclesia Sanctæ Mariæ, quæ dicitur ad Portam. Fuerunt autem prædicti sancti confessores Castus et Polimius, diacones Sancti Ambrosii (11), quorum corpora jacent in ecclesia Sancti Victoris ad Cœlum aureum (12), quæ nunc dicitur ecclesia Sancti Satyri sita juxta ecclesiam Sancti Ambrosii requiescunt. In prædicto autem festo ab ecclesia Æstiva usque ad prædictam ecclesiam Sanctæ Mariæ ad Portam ordinarii hebdomadarii cum aliis hebdomadariis Mediolanensis Ecclesiæ processionaliter vadunt semper præcedentibus vicinis, et parochianis ipsius ecclesiæ Sanctæ Mariæ cum viridibus frondibus, et ramis arborum, candelis accensis alligatis (13) eisdem, et cantantibus *Agios* (14) propter quod dicitur festum *de Agios*, quod est nomen Dei. Qui dicti ordinarii postea celebrant missam in ecclesia Sanctæ Mariæ ad Portam. Deo gratias. Amen, Amen.

CAPUT XXIII.

Liprandus admonet Landulphum historicum ut a communicatione Jordani abstineat.

Nunc ad propositum redeo. Presbyter Liprandus in summa sua senectute positus mihi ait: Video te aliquantulum super me erubescere propter ea quæ adversus Grossulanum dixi et feci, sed ut minus inde erubescas, vere dico tibi quod ego illam causam reservo soli Deo omnipotenti, et dum mihi superest spiritus, multum desidero hujus mundi vitam meam finire in manibus eorum, quorum protectione corpus meum, et anima mea, præstante divina gratia, protegatur a manibus eorum, qui protegendo Grossulanum, veritatem Dei occultare voluerunt et volunt. De Ecclesia autem ista Mediolanensi, in qua consulis mihi manere et vitam finire dico quod illa est mihi cupienti Hierosolymam (1) adire, ceu navis sine nauta et remige in portu putescens, quod si vixeris secundum ætatem tuam, eam talem esse experieris. Interim et ego consulo tibi, ut participationem mensæ Jordani, ejusque beneficia, quæ potes tenere propter electionem, et investituram diaconatus capellæ ejus, quam ab eo suscepisti, me nesciente, quam citius vales, et tamen honeste dimittas, nec unquam per illum proficere speres. Vicedomino vero dum gratus et benevolus tibi fuerit, ei tuum obsequium impendere non prohibebis. Per hæc quoque verba, quæ hic meus magister mihi dixit, ipse Jordanus ejusque fabrica (*) mihi suspectus, et in parte suspecta atque grata quemadmodum in vicedomino fuit.

CAPUT XXIV.

Presbyter Liprandus in Pontidii monasterio obiit.

Hujus mei magistri consilium sequens, cum vellem prorsus dimittere Jordani administrationem, delatus est ipse presbyter ad Pontidii monasterium (1), me nesciente, in quo monasterio coram monachis et fratribus in festo sancti Nicolai (2) usque ad festum Epiphaniæ Domini splendide (3) vixit, atque in ejusdem festivitatis nocte quando spiritum emisit, magnus et suavis splendor domum.

---

(9) Immunitas, seu pax data quandiu nundinæ durant, Ducang. in Glossar.

(*) A. 1 et 2 Coloneum.

(10) De hoc vocabulo aliisque synonymis hic enuntiatis, fuse Puricellius in dissert. Nazar. cap. 95, num. 7, ubi asserit significari quoddam vectigalis genus a viatoribus persolvendum, præcipue vero teloneum archiepiscopi, de quo Galvaneus Flamma in Chron. Maj. cap. 227 in hunc modum scribit: « Archiepiscopus Mediolanensis quosdam alios maximos reditus imperiali auctoritate recipiebat quia super stratas regales in exitu quolibet de comitatu (Medionali) habuit teloneum, et dum intrabat aliquis extraneus in equo, vel cum curru, aut pedibus, dabat telonario archiepiscopi....... censum. »

(11) Hoc ex Paulino testatum habemus, qui etiam sub cura alterius ex hisce, id est honorabilis viri Casti diaconi se degisse tradit in Vita S. Ambrosii.

(12) De hac plura disserit Puricellius in *tumulo sancti Satyri illustrato*, cap. 10 et seqq., et in mon. Bas. Ambr., num. 304, ubi etiam expendit num martyres ut alicubi legitur, an tantummodo confessores fuerint prædicti SS. Castus et Polimius.

(13) Peculiaris est, ac recensione dignus Ritus iste in Ambrosiana Ecclesia annuæ supplicationis cum frondibus, et ramis arborum ad cereos intextis; atque ideo Nicolai Serrarii libello *De sacris Eccles. processionibus* aliquando inserendus.

(14) Nomen hoc solemni huic festo recens instituto tunc inditum, Græcæ linguæ in urbe nostra vigentis eo tempore non spernendum vestigium est.

CAP. XXIII.— (1) Intellige *cœlestem*.

(*) A. 1, *familia*.

CAP. XXIV.— (1) In agro Bergomensi ultra fluvium Abduam situm, cujus primus conditor et abbas fuit beatus Albertus Cluniacensis instituti, anno 1095, Kal. Septembris defunctus, ut refert Mabillonius in Annal. Bened. ad ann. 1087, quo conditum fuit hoc cœnobium, et S. Jacobo dicatum. Plura etiam tradit Puricellius in mon. Bas. Ambr. num. 316 et 331.

(2) Id est a die 6 mensis Decembris anni 1112, usque ad diem 6 Januarii proxime subsequentis.

(3) Nempe cum magno sanctitatis splendore.

in qua jacebat, admirantibus circumstantibus illustravit, et illuminavit, et sic ille prædixerat fratribus : In hora illa, quando corpus ejus ferebatur ad sepulcrum solis splendor aerem illuminavit, et nubes cum nive cessavit. Ipso quoque presbytero existente in vita, cum Jordanus (4) et cæteri Grossulanistæ calumniabantur eum et suam legem, nobilis miles Placentinus de faucibus mortis ad laudem ejus ereptus est, quia cum miles ille esset, quasi in sumno sensit hunc presbyterum palpare guttur suum, et statim evomuit os piscis, quod suffocabat eum (5). Eodem etiam tempore, cum domus cujusdam sui affinis, et sibi attrahentis arderet, repente imber fuit, et paleam, et domum ipsius presbyteri integre servavit. Quod si currerem per singula, quæ Deus fecit ad laudem ejus, deficeret quidem spiritus meus; sed Deus, qui per omnia sæcula vivit, et regnat nunc, et semper, animæ ejus benedicat (6). Amen. Et mihi gratiam recte scribendi tribuat, quia sincere adhuc cupio scribere ea, quæ in Ecclesia, et in regno per pontifices, et abbates, sacerdotes, et levitas, per consules et cives, et alios Ecclesiæ, et regni ministros seminata et operata sunt, non tantum ad augmentum, sed etiam ad detrimentum religionis et directæ consuetudinis.

CAPUT XXV.

Jordanus stolam papalem accipiens clericos exturbat, historicum ab ecclesia Sancti Pauli removet.

Igitur presbytero Liprando posito in Pontidii monasterio fama de Grossulano redeunte a Hierosolymis aures Jordani, et ordinariorum ejus implevit. Et Mamardus Taurinensis episcopus iterum Mediolanum venit, atque stolam, quam in præcedenti anno (1) sine sacramento Jordani dare noluit, neque dedit, nunc videlicet in festo Sancti Nicolai, quando presbyter Liprandus Pontidium intravit, super altare sancti Ambrosii posuit, et Jordanus osculatus eam de ipso altari assumpsit : quæ positio, et assumptio absentibus ordinariis et primiceriis facta fuit (2). Deinde securius idem archiepiscopus, quos voluit læsit, me quippe eo tempore injuste turbavit. Quod cum presbyter Andreas primicerius intellexisset, solemniter me suscepit in communi beneficio (3) presbyterorum et clericorum Mediolanensium. Jordanus quoque cum Widoni Falcimario conditori (*) meo pro me dedit pecuniam, nec tamen indulsi ei (4), quam in me fecit offensam. Sed æquo animo sustinui illam, quia cum enses et lanceæ acuebantur, ut adveniente Grossulano ipse ad archiepiscopali sede ejiceretur, nimirum (5) si me humilem acolythum neglexit, et presbyterum Ari-

(4) Puricellius hoc loco ait, videri legendum *cum Grossulanus* : attamen cur emendari debeat hæc lectio, prorsus non video. Cum enim superius dictum sit, Jordanum Grossulano placuisse, et ab eodem in subdiaconum fuisse ordinatum, non inverosimile est in illius archiepiscopi partibus olim stetisse; imo id innuere videtur ipsemet Grossulanus loquens apud Landulphum, cap. 26, et quærelas contra eumdem Jordanum cum suis fautoribus instituens, quod videlicet ipse *sibi jurasset, et dejurasset.*

(5) Miraculum hoc narrat etiam Petrus Maria Campus Hist. suæ Placent. part. I ad ann. 1114.

(6) Vitam hujus Liprandi sub titulo *Venerabilis* inseruit Papebrochius Actis SS. in Append. ad diem 27 Junii post S. Herlembaldi Vitam. Ibidem asserit neminem meminisse ullius cultus eidem ut beato post mortem impensi. Attamen ubi agit de S. Davide solitario Thessalonicensi ad diem 26 ejusdem mensis, tradit ex sanctuario Papiensi Jacobi Gualllæ, die 25 Julii anni 1504 reperta fuisse in ecclesia S. Petri in Cœlo aureo Papiæ inter cætera sacra lipsana etiam ossa S. Liprandi seu Luitprandi, quæ ipse credit illuc e Pontidio translata, hujus Liprandi esse; cum minime facile sit, alium hujus nominis invenire, cui potuerit datus fuisse titulus sancti.

CAP. XXV. — (1) Verba hæc inextricabilem ferme nodum in hujusmodi historia intexuere : cum enim certum sit eodem anno 1112 et electum fuisse Jordanum Kal. Januarii, et susceptum ab ipso pallium die 6 Decembris, ut narrat Landulphus, intelligi nequit, quomodo cum historica veritate componi possit, quod idem auctor hoc loco refert, stolam videlicet a Mamardo delatam Roma fuisse *præcedenti anno*. Puricellius ut se difficultate exsolvat, morem illum producit ab aliquibus usurpatum, ut annum a die 25 Martii exordirentur, atque illo usum Landulphum, ita ut ab eo die alterum jam annum numeraret. Attamen sententia hæc, quæ ingenio non caret, pluribus refelli potest. Primo enim non constat, hanc incarnationis æram ab auctore nostro adhibitam esse in describenda hac historia, cum potius contrarium evincatur cap. 22, ubi Grossulani litem cum inventione reliquiarum in ecclesia S. Mariæ ad portam ad VII Idus Maii sub eodem anno 1105 ponit. Præterea etiam hoc misso, ipsa Landulphi historia Puricellii dicto refragatur. Tradit enim sex mensium intervallum fluxisse a delato per Mamardum pallio ad ejusdem susceptionem die 6 Decembris a Jordano factam. Certe autem a die 25 Martii non sex tantum modo, sed fere novem intercesserant menses. Pagius, qui ad ann. 1112, num. 8, hæc optime advertit, facile se expedit, culpam in amanuensem refundens, cujus e calamo per errorem excidisse ait *præcedenti anno*, cum scribi debuisset *præsenti anno*. Papebrochius eadem via incedens, in Vita Liprandi sup. cit. in altero ex his verbis vitium esse affirmat, ita ut non *præcedenti anno*, sed *præcedenti Junio* sit legendum. Porro uterque apprime rem explicat, sed læso auctoris textu. Itaque si me immiscere viris tanti nominis licet, salva manuscripti integritate omnia componi posse censerem, asserendo, Landulphum, qui jam processerat ad narrandam Liprandi mortem, et miracula ipsam subsecuta anno 1113, cum revocaret calamum ad ea quæ superiori anno contigerant, usum fuisse hac formula *præcedenti anno* relate ad mortem Liprandi jam narratam, quamvis revera, quæ tunc referebat, anno proxime elapso accidissent.

(2) Fortasse acquieverat Jordanus sacramento a summo pontifice requisito, atque ideo secreto ac veluti per umbras pallium suscepit, nemine ex primoribus cleri astante, ne illorum indignationem contra se commoveret.

(3) Quodnam esset hoc beneficium, jam supra cap. 2, explicatum est. Fortasse etiam in cœtum Decumanorum illum admiserat, ut presbyteris sacra peragentibus inserviret.

(*) A. 1 et 2 *creditori*.

(4) Id est minime oblitus sum acceptæ offensæ : quænam autem hæc esset inferius explicat.

(5) Existimo legendum *nil mirum*.

prandum Paliarium, virum sibi convenientem et in A bello potentem assumpsit, et prout quibusdam placuit nondum esse absurdum (6) quod Gullelmus Venerabilis abbas hoc in tempore subridens et condolens de iis casibus clericorum, pontificum, militum et civium deseruit Sancti Ambrosii monasterium, et rexit, et regit abbatiam monasterii Sancti Solutoris (7) constructam in episcopatu Taurinensium. Quod si et ego non concupivi per illius Jordani manus ad subdiaconatus gradum promoveri, convicini mei cur per ejus auctoritatem præsumpserunt me exturbare ab ecclesia Sancti Pauli, quæ est titulus ordinationis meæ? et Andreas Sugaliola, qui si presbyter est, plebeianus est (8), quo jure potest ipsam meam Ecclesiam possidere? Insuper manus ejus cur ossa parentum meorum de B proprio nostro, non suo sepulcro projecit, et suum mortuum in ipsum posuit? Præterea Sugaliola ille Andreas domos, campos, prata, vineas, silvas et alia multa › quæ mei proprii juris sunt, quare usurpat, vendit et alienat? Hæc quidem si ille, ejusque manus, ejusque auctores religiose et rationabiliter fecissent, defensionesque meas si juste cæcassent (9), et decidissent, meos quidem oculos eruerem, et sepulturam intrarem. Sed, ne moriar, sicuti illi mei adversarii moriuntur, et mortui sunt valde multum desideravi, et desidero ut ii, qui adhuc vivere videntur, a sole justitiæ illuminarentur, ut depulsa schismaticorum et superstitiosorum superbia, spernant suorum auctorum mendacia, atque diligant et teneant quam optimi regis (10), ejusque pontificis C (11) patrocinia.

(6) A. 1, *placet, non debet esse absurdum.* Prudenter enim egisse videbatur Gullelmus abbas recedendo ab hac urbe tumultibus plena.

(7) Migratio hæc a cœnobio S. Ambrosii Mediolanensis ad S. Solutoris Taurinensis anno 1115 contigit, ut etiam Mabillonius in Annal. Bened. ad eumd. adnotavit.

(8) Fortasse alteri Ecclesiæ in aliqua plebe ascriptus. Videtur autem hic innui antiqua illa Ecclesiæ disciplina, qua pluribus evulgatis conciliorum decretis cavebatur, ne quis ab eo titulo, seu Ecclesia, ad quam esset ordinatus, recederet, nec ad alterum, majorem licet, titulum posset transmigrare. Vide epist. 175 Joannis PP. VIII., synodum Remensem anni 813, cap. 20, Turonen. III. cap. 14, et alias apud Labbeum.

(9) Alterum ex mss. bibl. Ambr. legit *gustassent.*

(10) Henrici.

(11) Fortasse Grossulani, in quem Hierosolymis redeuntem enses et lanceæ acuebantur, ut paulo antea dixit Landulphus, qui ejusdem depositioni minime consenserat, et Jordani electoribus Andreæ primicerii dictum retulerat *quod male consiliati erant*, cap. 21.

Cap. XXVI. — (1) Anni scilicet 1113

(2) Puricellius in mon. Bas. Ambr. num. 320, et Pagius ad ann. 1113, num. 10 censent, his verbis indicari, Grossulanum hoc eodem mense Augusto bis Mediolanum intrasse, primo scilicet anno 1105, post obtentam a Paschali II, hujus sedis restitutionem, secundo vero hoc ipso anno post reditum a Hierosolymis. Attamen cum in fine cap. 12 Landulphus asserat quod Grossulanus nec sedem, nec munitionem aliquam archiepiscopatus habuerit post

CAPUT XXVI.

Inter Grossulanistas, et Jordanistas pugna committitur, ipsis præsulibus ad suos sermocinantibus

In Augusto (1), qui fuit octavus mensis ab illo, in quo presbyter Liprandus obiit. In isto enim mense et Grossulanus a Hierosolymis rediit, et prius post legem factam de eo ignitam intravit Mediolanum (2), ibique tunc ad locum ubi sanctus Victor carceratus fuit (3) suos labores, suosque thesauros sacerdotibus et viris, quos sibi putabat fideles explicavit, et explicando induxit (4) benignitatem, qua pavit et induit Jordanum, quem fecerat subdiaconum (5). Videbatur etiam instare adversus Jordanum eo quod dicebat, eum sibi jurasse et dejerasse (6), quod fortis et valida turba Jordani non sustinuit, sed assumptis armis maximum insultum in Grossulanum fecit. Ipsius autem Grossulani caterva undique concurrens ferendo, et inferendo vulnerationes, orbitationes et multas occisiones in equis et in hominibus, fortiter, et prudenter ipsum Grossulanum per 15 dies in turribus de Porta Romana (7) servavit. Interea Anselmus de Pusterla ad ecclesiam Sancti Joannis, quæ dicitur ad Concham, audita strage venit, et in concionem, quæ ibi tenebatur ex parte Grossulani locutus, plura consuluit ut perniciosa illa pestis cessaret, et certum locum certumque tempus statuerent, et per legitimam et generalem synodum cognoscerent cujus causa justa foret. Hoc autem consilium, quia Jordano ejusque fautoribus displicuit, pecunia utriusque pontificis ad milites et pedites bellatores, ad clericos quoque et mulieres bella instigantes pervenit, et Jordanus aperto ore coram

legem a presbytero Liprando factam, et restitutionem a synodo Romana statutam, censerem adverbio illo *prius* indicari ab auctore nostro *primitus*, ita ut primus hic fuerit ingressus hujus antistitis in urbem Mediolanensem post ignis judicium contra eumdem susceptum.

(3) Carcerem, in quo S. Victor detentus fuit, exstitisse, ubi nunc ecclesia ejusdem nomini dicata *S. Victorelli* ad portam Romanam vulgo appellatur, (fortasse ob sacræ ædis angustias, quæ biennio proxime elapso elegantius exstructa fuit, seu ut ab altera S. Victoris secerneretur, quæ etiam in præsens *magni* nomen obtinet) legimus in Vita sancti hujus martyris a Bonino Mobritio relata. Eidem autem antiquitus contermina erat porta, quam Romanam dicimus, quamque solummodo post Ænobarbicam D eversionem, amplificata urbe nostra, multo remotius ab ista Ecclesia cives excitavere. De his sæpius loquitur in suo majori Chron. Galvaneus Flamma, idemque tradit Puricellius in dissert. Nazar. cap. 54, num. 21.

(4) Id est in sermonem induxit, seu commemoravit beneficia, quæ in Jordanum contulerat.

(5) Vide sup. cap. 19.

(6) Hinc patet Jordanum aliquando Grossulani factioni fuisse connumeratum, ut supra diximus.

(7) Suas cuilibet Portæ urbis Mediolanensis fuisse turres, pluribi tradit Galvaneus Flamma; excisa per Federicum Ænobarbum urbe nostra, abrasa mœnia sunt, turresque dejectæ. Eas tamen excitare, statim ac respirare civitas potuit, primum consilium fuit, ut docet lapis adhuc infixus lateri arcus, qui Ponti Portæ Romanæ imminet, ejusque inscriptionem refert Puricellius in mon. Basil. Ambr. n. 515.

sua gente de Grossulano, ceu de Simone Mago cantavit, et Grossulanus apud suam plebem idolo, et vitulo conflatili, atque homini perfido, et perjuro Jordanum comparavit. Ac sic stragem quamplurimam uterque pontifex commiscuit, in qua Rogerius de Sorexima miles capitaneus, et Ariprandus de Lampugiano (*) vexillifer de Vavassoribus, et Ariprandus de Meda civis prudentissimus cum quampluribus ejusdem nobilitatis hominibus occisi sunt.

CAPUT XXVII.

Data pecunia Grossulano, et anselmo de Pusterla Grossulanus Placentiam adiit.

Sed cum Grossulani mantica (1) foret exhausta, et Jordani adhuc onerata, conventio facta est per pecuniam Grossulano promissam, quam ipse Grossulanus, prout dicitur, cum suis et Jordanistis participavit, et facta participatione, Grossulanus Mediolanum exivit, atque Placentiam adivit, ibique in monasterio Sancti Marci, quod est de congregatione Vallis Umbrosæ hospitatus invenit Ardericum Laudensem, quem fecerat sibi vicarium in victu, et in vestitu ejusdem congregationis monachum. Alter vero Ardericus de Carimate, qui licentiam jurandi ab isto, cum esset vicarius, suscepit, et occasione illius juramenti sententiam in Grossulanum dedit, et Jordanum in archiepiscopum elegit, Grossulani adventum non exspectavit, sed circuiens transmarina loca inventus et jugulatus est a Turcis. Sciendum quoque est quod Grossulano, et Jordano existente auctore (2) Mediolanensium per gratiam domini Paschalis papæ II, clerus et populus Mediolani natura nobilis, et religiosus in utraque parte, non sine causa dicitur levis, et vanus, et ad cujuslibet novitatis præsumptionem promptus. Cujus enim religionis, nobilitatis fuit ille spiritus qui monuit Jordanum, clerumque suum et populum ut exprobaret et excommunicaret (3) Anselmum de Pusterla diaconem ordinarium, quia dedit consilium ut Grossulani et Jordani causa discerneretur per legitimam et generalem synodum. Iterum qua ratione divulgavit eumdem dici erroneum (4), quia cum clero et populo Grossulani scrutinium (5) egit et baptismum? Et contra Jordanum apostolica auctoritate donatum (6) archiepiscopum quis potuit dicere esse simulacrum, et hominem perfidum atque perjurium? nimirum (7) si quæro, quia dum Grossulanus in prædicto Sancti Marci monasterio esset, et Anselmus Mediolani instaret, et obligationem conveniendi ad generalem synodum quæreret, et Jordanus hoc fieri prohibet (*), dicitur et creditur quod pecunia jurata et data (8) fuit Grossulano atque Anselmo, ne persona Jordani calumniaretur ab illis in aliqua synodo.

CAPUT XXVIII.

De moribus, et imbratis (1) presbyteri Nazarii Muriculæ.

Igitur hac cautione (2) facta per presbyterum Nazarium muriculam, et Lafrancum Ferrarium, prout dicitur, contigit quod presbyter Andreas bonæ memoriæ primicerius obiit (3), cui successit dictus presbyter Nazarius, de quo Nazario superest adhuc mihi quædam scribere veluti de homine, qui quasi coætaneus, et condiscipulus exstitit mecum in una vicinitate, et sub disciplina hujus presbyterii Andreæ, qui dictus fuit Dalvultum secundum suam cognationem. Iste itaque Nazarius cum esset infra ordines clericus, et juvenis ingenio acutissimus, non sine causa mihi infantulo adjecit nomen, scilicet Clocam (4) Sancti Pauli. Insuper ipse dum singulariter habitaret solarium (5) suum, me, et rusticum Gemmarum, sive Caccum atque Nazarium Flotam super ipsum solarium induxit, atque de nuptiis fratris sui suave et dulce obsonium nobis præbuit, ubi per præcedentia et sequentia, quæ de libro cordis ejus legi, illius animum prævidi non magis appetere sanctæ Mediolanensis Ecclesiæ decorem, quam ejusdem Ecclesiæ utilem, et honestam nobilitatem. In isto namque tempore nostræ coævitatis, et discipulatus Urbanus papa synodum Placentiæ celebravit (6), atque de Franzia

(*) A. 1, *Lampugnano.*

CAP. XXVII. — (1) Id est *pera.*

(2) Forsitan *antistite;* alter enim Paschalis II, decreto restitutus fuerat in sede Mediolanensi; alter vero ab eodem Paschali approbatus per pallii a Mainardo Taurinensi episcopo delati missionem, ut supra dictum est.

(3) Hinc colligitur, suasione cleri et populi, qui Jordano favebant, Anselmum de Pusterla pacis concilia proponentem fuisse statim ab eodem anathemati subjectum.

(4) Vox ista videtur hic pro seductore, seu impostore accipi, quemadmodum id quoque per illam significari tradit Ducangius ex glossa Græco-Latina, et Henricus Stephanus in Thesaur. Græcæ linguæ v. Πλάνος.

(5) Id est examen cathecumenorum habitum tempore quadragesimali circa res fidei, quo explorabant fidei professores, an illi essent idonei ad recipiendum sacrum lavacrum in proximo Sabbato sancto, ut explicat Macrius in Hierolexico.

(6) Seu potius, Pallii missione confirmatum.

(7) Etiam hic videtur legendum *nil mirum.*

(*) A. 1. *prohiberet.*

(8) Scilicet a Jordano, ut initio hujus cap. narravit Landulphus.

CAP. XXVIII. — (1) Vox barbara, qua thecnas, seu conspurcamenta Italico idiomate significare videtur.

(2) Scilicet erogatione pecuniæ facta Grossulano, et Anselmo, ut famæ suæ securitati caveret Jordanus; eaque auctores præcipuos habuerat Muriculam et Ferrarium hic memoratos.

(3) Obiisse hunc Andream sub finem anni 1113, ex supra narratis colligi potest.

(4) Idem est ac *campana :* de hoc nomine antiquitus usurpato in documentis plura disserit Puricel. in Monum., num. 391. Alterum ex nostris mss. legit *clerica.*

(5) Locus editus, in quo antiqui apricabantur. Cubiculum majus ac superius vocat Ducangius.

(6) Synodus ista celebrata fuit anno 1095, circa mediam Quadragesimam, teste Bertholdo, qui eam luculenter describit, asseritque tam frequentem fuisse, ut ad illam quatuor millia clericorum, et plusquam triginta millia laicorum confluxisse perhibeantur.

Mediolanum redivit (7), in qua civitate cum ipse papa staret in pulpito Sanctæ Teglæ (8) immensæ multitudini hominum utriusque sexus prædicavit; et prædicando de magna sua sapientia protulit: quod minimus clericulus de Ecclesia Dei est major quolibet rege mortali. Addidit etiam: quod clerici et sacerdotes per pecuniam in Ecclesias non sunt introducendi, sed per electionem hominum, qui sunt Ecclesiarum vicini, de quibus apostolicis dictis clerus (9) iste Nazarius ingenio acutissimus, et Muricula cognominatus, pennas assumpsit, atque de solario suo ad ecclesiam Sancti Babilæ, Sanctique Romani, quæ antiquitus dicitur Concilia Sanctorum (10), sine (*) regali et sacerdotali auctoritate volavit, et habito favore vulgi illius vicinitatis ibi habitavit, et novum habitaculum ædificavit, expulsis inde sacerdotibus, et clericis consuetis deservire ipsis Ecclesiis. Ad hujusmodi exemplum (**) Albinus homo de Magenta, et Joannes Aculeus de Vicomercato, et Mayfredus de Limidi homines litterati (11), et intonsi, ac plures urbani, et plebeiani non habentes sufficientiam, sequentes partium vulgi clamores et laudes, intraverunt ecclesias, beneficia quarum susceperunt, et inordinati possederunt, donec Arnulphus de Porta Orientali (12) tunc temporis senex Mediolanensis archiepiscopus in Clavatensi monasterio fuit sepultus (13). De cætero prædictus Nazarius cum suæ connexionis turba fere quodcunque voluit fecit in ecclesia Mediolanensi, et in Saona civitate. In Mediolanensi namque sublimavit Anselmum de Buis hominem simplicem in archiepiscopum, qui sublimatus Albinum, Joannem Aculeum, et cæteros de turba connexionis Nazarii sua auctoritate in ecclesiis confirmavit, ipsumque Nazarium et Grossulanum ad omnes ecclesiasticos ordines promovit, et sacerdotes fecit. Nazarius vero ipse

(7) Absoluta synodo Placentina, statim in hanc metropolim commigrasse Urbanum II, prodidit Calchus, ad ann. 1095. Vox ista *redivit*, ab auctore nostro exarata, hoc dilucide comprobat; idque confirmat diploma a Primo Aloysio Tatto relatum in suis Annal. Comen., part. II, pag. 865, et expeditum « Mediolani XVII Kal. Junii, indict. III. Incarn. Dom. anno 1096 » (scilicet æræ Pisanæ, quæ nobis est tantum annus 1095 quod non advertit ipse Tattus, errorem ideo sibi fingens in hujus diplomatis anno, quem corrigendum asserit ad ann. 1095, num. 27), « pontificatus Urbani II papæ anno VIII. » Reversum autem e Galliis fuisse anno 1096, post celebratum in tertia Quadragesimæ hebdomada Turonense concilium ex Bertholdo ad eumdem annum discimus; quinimo ex iis quæ scriptor ille subdit intelligere possumus Urbani reditum Mediolanensem in urbem circa finem Septembris contigisse; ait enim ibidem: « Dominus papa bene dispositis rebus in Gallia, post reconciliationem regis Galliarum (Philippi I) et post multa concilia, tandem in Longobardiam cum magno triumpho repedavit, et exaltationem S. Crucis (die 14 Septembris) apud Hortarium prope Papiam solemniter celebravit; » Mortaria vero (quam esse locum a Bertholdo indicatum dubitari nequit, cum nullum in tabulis geographicis oppidum aut castrum occurrat cui hoc nomen consonet) concessisse Mediolanum eodem mense credibile est. Pagius ad ann. 1096, num. 15, refragatur, et Bertholdum erroris arguit, producens chartam a Bouche descriptam, in qua sic legitur: « Notum fieri volumus quod ven. papa Urbanus anno Incarn. Dom. 1096, sui autem pontificatus octavo, III Idus Septembris per Castrum Tarasconem transiens, » etc. atque hinc probare contendit, non potuisse Urbanum in festo Exaltationis S. Crucis apud Mortariam esse, cum triduo ante degeret Tarascone quatuor leucis ab Avenione distante. Attamen cum etiam in hac charta æra Pisana sit adhibita, ut perspicuum fit ex pontificatus Urbani anno 8 ibidem expresso, quem perperam emendandum vult Pagius *anno* 9, atque ideo charta hæc pertineat ad annum 1095, quo primum in Gallias profectus est Urbanus, condemnari erroris Bertholdus minime debet, qui eumdem Urbani adventum ad Castrum Mortariæ sub sequenti anno 1096 ponit.

(8) Rectius *Theclæ*. Erat hæc ecclesia illa ad quam æstivo tempore accedebant metropolitani Mistæ ad divina ibidem mysteria celebranda. Incipiebat autem hoc tempus (docente Beroldo a Puricellio etiam in Dissert. Nazar. cap. 100 relato) ipso Dominicæ Resurrectionis paschali die, quo arcam in speciem arcæ veteris testamenti efformatam solemni supplicatione illuc deferebant, eamdem postmodum reducentes æquali prorsus celebritate, cum ad tertium Octobris Dominicum diem sese hiemali ecclesiæ restituerent. Ex his facile percipimus cur in ecclesia S. Theclæ sermonem habuerit summus pontifex Urbanus; perdurabat siquidem æstivi temporis mora ibidem statuta metropolitano clero ad sacra officia peragenda. Hinc etiam confirmantur quæ superius asseruimus de tempore hujusmodi adventus Urbani ad hanc urbem; debuit enim procul dubio tertiam Octobris Dominicam præcessisse.

(9) Legendum *clericus*, ut paulo ante nominatur, licet *infra ordines*, id est tonsura tantummodo initiatus.

(10) Usque ad sæculum XV appellatam fuisse hoc nomine S. Babylæ ecclesiam, patet ex Kalendar. Ambrosiano anni 1402, in quo ad 27 Septembris legitur: « Depositio sancti Caii episcopi. Statio ad Concilia Sanctorum. » Otto Morena ad ann. 1158 describens Ænobarbicam Mediolani obsidionem, eam vocat *Omnes Sancti*, et *ecclesiam Omnium Sanctorum*.

(*) A. 1. *sicut*.

(**) A. 1. *expulsionem*.

(11) Nomen hoc etiam pro clerico accipi Macrius in hierolex. testatur. Id in præsenti significari minime crediderim, cum Landulphus statim addat *et intonsi*, ex quo aperte conjicimus eos tonsura caruisse. Dicendum igitur mutilam esse hanc vocem, ita ut loco *litterati* legi debeat *illitterati*, quemadmodum etiam videntur innuere sequentia verba, « ac plures urbani, et plebeiani non habentes sufficientiam, » scilicet doctrinæ.

(12) Bertholdus, ad ann. 1093, eum vocat *de porta argentea*, ita enim tum temporis appellabatur Orientalis hæc porta, ab argenteis radiis nascentis solis, cui est obversa, ut interpretatur Puricellius in mon. Bas. Amb., num. 280.

(13) De hoc insigni cœnobio mentio superius facta est ad cap. 14. Obiit autem Arnulphus archiepiscopus anno 1097, die 25 aut 26 Septembris, ut ex catalogis archiep. Mediol. constat. Interim emendari hinc potest Ughellus, qui in archiep. Mediol., num. 79, scribit sepultum fuisse Arnulphum hunc « apud S. Victorem, cujus ille templum ditaverat fortunis, gratiisque, ac privilegiis exornaverat. » Non enim ab isto Arnulpho, sed ab altero ejusdem nominis II, templum, seu verius monasterium illud conditum ac dotatum fuerat, ut in mon. Bas. Ambr., num. 215, Puricellius tradit. Hunc vero archiepiscopum in Clivatensi, seu Clavatensi (quod idem est) monasterio sepultum Landulphi evincit auctoritas.

presbyter factus una cum presbytero Joanne Aculeo sicut supra legitur, in Saona elegit Grossulanum in episcopum, et Anselmi sui ordinatoris vicarium et successorem. Præterea legem, quam presbyter Liprandus fecit adversus Grossulanum iste presbyter Nazarius contempsit, domum quoque hujus presbyteri Liprandi exspoliari cognovit. Propterquam exspoliationem Petrus Pazananus homo de doctrina hujus presbyteri Nazarii occisus fuit. Grossulanum vero restitui in Romana synodo idem presbyter Nazarius cum gaudio vidit, et ipsum restitutum suscepit, eique sicut catholico suo archiepiscopo per undecim annos (14) obedire cognitus fuit. Tandem ipsum Grossulanum apud Hierosolymam peregrinantem deposuit, et Jordanum de suæ connexionis turba in archiepiscopum elegit. Unde contigit, quod ipse presbyter Nazarius exprobratus a suis vicinis suam Ecclesiam dimisit, et per auctoritatem pravorum hominum, et Jordani, quos juste tunc causabam et causo, res et ecclesiam meam usurpavit, et usurpando invenit cilicium, quod magister et avunculus meus illæsum per ignem transportavit, a trabe (15) ecclesiæ Sancti Pauli deponeretur, et ignominiose consumeretur.

CAPUT XXIX.

Paschalis papa Jordanum confirmat, Grossulanum deponit, qui post annum in Roma moritur.

Taceo multa quæ ipse presbyter Nazarius egit ad mei damnum, meamque injuriam et ignominiam. Dicoque quod post acceptam dignitatem (1) primiceriatus a Jordano, hujus primicerii prudentia tantum valuit, quod furor armorum in Grossulanistas et Jordanistas cessavit (2). Ad ecclesiam Sanctæ Teglæ, in qua fuit conversatio et finis præcedentis Andreæ primicerii, ivit, et in ea habitavit, eamque dimisit (3). Verumtamen tunc cum meam dimisit, alterum, id est Andream Sugaliolam ipse una cum Jordano eidem meæ ecclesiæ intrusit. Ego itaque mœrens de hac intrusione, et omnis ecclesiastici beneficii et officii in me facta exspoliatione ivi ad synodum quam papa Paschalis pro causa Grossulani et Jordani Romæ celebravit (4). In qua supradictus Anselmus de Pusterla secundum suam dignitatem (5) honestum locum habuit, et sedit. Sed neque pro Grossulano, neque adversus Jordanum, verbum bonum aut malum in synodo protulit. Jordanus vero a principio synodi usque in finem sedens, et silens, a dextera apostolici nullo mediante in ipsa synodo fuit (6). At Grossulanus ibi stando et sedendo inter archiepiscopos et episcopos, ceu vir prudens intendebat ad destruendam Jordani impositionem (7) et conversionem (8) eorum qui ipsam fecerant impositionem, et intendendo ad ista egregie loquebatur de positione et restitutione sua, qua positus et restitutus fuit in Mediolanensi ecclesia, cui viro homo qui in ista synodo sive in Lateranensi palatio contradixerit, certum locum non habuit (9). Sed Dominus papa Paschalis quasi affectans reddere illum placabilem Deo, et sibi, ejus scientiam ejusque facundiam (10) commendabat, atque labores, quos ipse papa per se, suosque legatos Romæ, et per Longobardorum provinciam pro ipso Grossulano sustinuerat (11) coram synodo referebat,

(14) His undecim annis, si ad arithmeticum calculum revocentur, locus esse non potest in chronologia superius statuta, cum electum dixerimus Grossulanum sub finem Augusti mensis anni 1102, depositum vero per Jordani electionem Kal. Januarii 1112. Quocirca existimaverim ab auctore nostro numeratos annos vulgari more, ita ut secundum et duodecimum, quos tantum attigit in archiepiscopali suo regimine Grossulanus pro completis annis computaverit, quemadmodum usurpatum a Domnizone vidimus sub finem primi capitis, ubi scriptor ille tres effluxisse annos a morte Urbani II ad obitum Conradi regis asserit; quamvis, adhibito intermedii temporis recto calculo vix biennium elapsum fuerit, ut ibidem adnotavimus.

(15) Mancus est hic locus, ad deesse videtur verbum hujusmodi, *jussitque ut a trabe.*

Cap. XXIX.— (1) Nempe primicerii Decumanorum, ad quam, mortuo sub finem anni 1113 Andrea Dalvulto ut diximus, ineunte subsequenti anno promotum Nazarium fuisse credere possumus.

(2) Ob cautionem videlicet initio cap. 28 memoratam.

(3) Legendum procul dubio *meamque dimisit*, ut statim subjungitur.

(4) Concilium hoc Paschalis pontifex celebravit Laterani anno 1116, atque unica absolvit hebdomada. Acta hujus concilii ex abbate Urspergensi descripsit Baronius, aliique.

(5) Cardinalis nempe ordinarii ecclesiæ Mediolanensis, in cujus hierarchico ordine Levitæ, seu diaconi manus exercebat, ut cap. 17 testatus est Landulphus. Hic autem obiter adnotandum quanto in honore haberetur Mediolanensis ecclesia, ac singuli illius primores ministri.

(6) Etiam ex hoc loco summa Mediolanensis archiepiscopi dignitas elucet.

(7) In archiepiscopalem scilicet sedem.

(8) Notari hic videtur mobilis eorum animus, qui Grossulano primum faventes in Jordani postmodum partes deflexerant.

(9) Silente Anselmo de Pusterula, ut proxime narravit Landulphus, nemo fortasse ausus est contra Grossulanum insurgere.

(10) Quanta foret in Paschali opinio de Grossulani doctrina, ea docent quæ cap. 11 exposita sunt, Romanam scilicet curiam, omnesque causas ecclesiasticas archiepiscopo huic nostro commendatas fuisse ab illo summo pontifice, ut in iisdem plenum jus diceret. Trithemius quoque, cujus verba exscripsit Baronius ad ann. 1116 nobile hoc eidem elogium texit : « Chrysolanus (ita enim etiam a Baronio nominatur) Ecclesiæ Mediolanensis archiepiscopus, vir in divinis Scripturis eruditissimus, et in sæcularibus litteris nobiliter doctus, Græca et Latina eloquentia insignis, edidit quædam magnæ auctoritatis opuscula, quibus nomen suum ad notitiam posteritatis transmisit, de quibus ad manus nostras nullum pervenit. » Posterioribus sæculis repertus est tractatus ab ipso editus de Spiritu sancto, quem primus vulgavit Baronius, mutilum tamen. Integrum asservari ms. in bibliotheca regia sub titulo : *Petri Grossulani episcopi de processione Spiritus sancti* asserit Pagius ad ann. 1116, num. 5, unde prænomen *Petri* Grossulano fuisse cum Ughello in episc. Mediolanen. deducere possumus.

(11) In concilio videlicet Lateranensi II, in quo, clericis Mediolanensibus, et Liprando ipso actore innocui per ignem transitus, de Grossulani Simonia contestantibus, ipsum absolverat, et fortasse etiam

et ad leniendam duritiam et asperitatem eorum, qui nec positionem, nec restitutionem Grossulani susceperant vel suscipiebant, non solum de presbytero Liprando, ejusque lege mentionem faciebat, sed ruinam gambutæ (12) introducebat, quæ ruina tunc apparuit, quando ipse Grossulanus juravit, et ad recipiendam restitutionem ascendit. Insuper inferebat quod Grossulani translatio de episcopatu Saonensi ad archiepiscopatum Mediolanensem utilitatem non contulerat, quos casus Grossulanus clypeo ecclesiasticæ consuetudinis, et legis (13) a se quodammodo repellebat. Verumtamen D. papa, nec synodus, neque in prima, neque in secunda, neque in tertia, sive in quarta die synodi Grossulano per singulos dies pro se, suaque causa in palatio, et synodo agenti non satisfecit. Sed ipse Grossulanus in quinta die (14), qui fuit ultimus illius synodi, apostolico instanti suis cum prædictis objectionibus flendo inquit : Domine, Domine veniam ad vos, quamvis ii, quibus dedisti potestatem judicandi causam meam, me non diligant. Tunc Portuensis Petrus episcopus se et cæteros habentes hanc potestatem de malevolentia habita in Grossulanum honeste et sufficienter excusavit, et cum excusasset, in com- A muni concordia illius excusantis, et cæterorum habentium potestatem istam, prolata fuit sententia, quæ prohibuit Grossulanum Mediolanensem Ecclesiam inquietare, et ad episcopatum (15) dixit ei redire. Ipse autem non ad Saonam ivit, sed in ipsa urbe apud monasterium, quod dicitur Sanctus Sabaoth (16) per annum unum, et menses quatuor ut episcopus vixit, atque ibi sepultus est VIII Id. Aug. (17).

CAPUT XXX.

Jordanus papæ gratias agens episcopum Brixiensem consecrat, promittens historico justitiam facere.

Jordanus vero audita, et publicata illa sententia de redeundo Grossulano ad episcopatum coram ipsa synodo Theatrum (1) ascendit, et ibi ad pedes apo- B stolici stratus, grates sibi reddidit, et elevatus ab ipso apostolico gratiam, et virgam pontificalem in ipso Theatro suscepit. Altera vero die ipse Jordanus archiepiscopus monitus a Landulpho Astensi episcopo, et quibusdam aliis episcopis in quadam ecclesia Lateranensi vivo, et deposito quondam episcopo Armano Brixiensi (2), ordinavit Brixiensem electum in episcopum nomine Villanum (3). In qua ordinatione secundum ordinis mei officium legi le-

postmodum per legatos allaboraverat, ut episcopis suffraganeis, ac civibus nostris, eumdem a sede Mediolanensi repellentibus, conciliaretur.

(12) Virgæ videlicet pastoralis, quæ manu exciderat in supradicta synodo, ejusque lapsus in argumentum perjurii captus ab aliquibus fuerat, ut cap. 12 narratum est.

(13) De consuetudine ac lege translationum episcopalium tum in Oriente, tum in Occidente, consulendus Ludovicus Thomassinus *De veteri et nova Ecclesiæ disciplina* part. II, lib. LX et seqq., ubi rem hanc, pro more suo, erudite ac fuse pertractat.

(14) Quintam diem, synodi illius postremam, fuisse Sabbatum, ex abbate Urspergense, discimus, a quo etiam testatum habemus, feria quinta Paschalem in concilio non sedisse.

(15) Scilicet Saonensem.

(16) Legendum *S. Sabbæ*, quod tunc temporis in monte Aventino constructum Græci monachi incolebant, eratque antiquissimum, cum ejusdem mentionem fecerit Joannes diaconus in Vita S. Gregorii Magni summi pontificis. anno postmodum 1144 traditum fuisse monachis Cluniacensibus a Lucio papa II, testatur Baronius ad eumdem annum, et patet ex epistola ejusdem Lucii ad Petrum venerabilem Cluniacensem abbatem, in qua monasterium S. Sabbæ a temporibus beatissimi papæ Gregorii (nempe Magni) Romæ fundatum, se eidem et successoribus ejus in perpetuum committere scribit; quamvis epistolam hanc ad annum sequentem pertinere Pagius ostendat in crit. ad ann. 1144, num 5. Cur autem ad illud confugerit Grossulanus, conjecturam hanc producit Purricellius in Vita S. Arialdi lib. IV, cap. 90, num. 17, quod videlicet cum in Oriente (quo tempore Mediolano exsulans Hierosolymam perrexerat) egregie contra Græcos schismaticos disputasset, Romæ postmodum moram trahens, cum Græcis catholicis in eo cœnobio degere, ac supremum illic diem obire lubens selegerit. Cæterum emendandi hic sunt Galvaneus Flamma in Chron. maj. Galesinius in tabul. synod. catalogus inscriptus, *Successores S. Barnabæ*, aliique loco *S. Sebastiani* perperam reponentes.

(17) Annum obitus Grossulani præclare nobis indicat auctor noster : cum enim concilium hoc Lateranense absolutum fuerit Martii undecima die anni 1116, ipse vero superfuisse dicatur anno uno mensibus quatuor, liquido constat obiisse illum anno 1117. Verum quidem est, ex calculo quatuor mensium, quos supra annum a synodo elapsum assignat Landulphus vitæ Grossulani, deduci, quod ipse non C VIII idus Augusti, sed V Idus Julii sepulcro inferri debuerit : totidem enim menses a Martio ad hanc diem intercedunt. Attamen existimo intelligendum auctorem nostrum de contubernio Grossulani apud monachos illius cœnobii anno uno, et mensibus quatuor expleto; illuc vero non statim a synodo peracta se contulisse credi potest, sed aliquot interjectis diebus, iis videlicet, qui usque ad VIII Idus Augusti statutum a Landulpho, quatuor mensium computum superant. Ex his refelli debent auctores nostri, qui in designando extremo vitæ hujus archiepiscopi anno, longe a vero aberrant, Galvaneus videlicet Flamma, qui annum 1120 ejus morti statuit, et Tristanus Calchus, qui graviori anachronismo ipsum anno 1110 jam defunctum intrepide affirmat ad illum annum, ne quid dicam de Donato Bossio, qui etiam citius Grossulanum fato ereptum dicit, id est anno 1109.

Cap. XXX. — (1) Locum nempe supra cæteros D assurgentem, in quo defixus erat Paschalis II thronus, theatrum fortasse appellatum, quod ibidem nobile sui spectaculum faceret summus pontifex. Vox enim ista, prout a Landulpho nostra usurpatur, in Glossariis deest.

(2) Causam hujus depositionis nemo scriptorum, quos viderim, protulit. Fortasse illum Henrici imperatoris ab Ecclesia damnati partibus sese devovisse quis suspicabitur; sed, ne hoc quidem difficultate caret, cum Joannes alter Brixiensis episcopus ab Henrico imperatore intrusus usque ab anno 1107, ut docet Florentinius, perseverasse in ejusdem gratia conjiciatur ex diplomate dato in illius favorem a prædicto Henrico, anno 1123, quod in epis. Brixien. Ital. sacr. novæ edit. produxit laudatus Galeardus. Silente itaque historia, divinare illam nolumus.

(3) Legitimæ hujus consecrationis, anno 1116 peractæ, notitiam auctori nostro debet Brixiensis Ecclesia, quæ perturbatis eo tempore ecclesiasticis rebus, plures simul episcopos sortita, hinc pontificia,

ctionem de libro Exodi, atque mitram de capite illius Villani casu ruentem in ipsius capite firmavi. Quia archiepiscopus iste Jordanus in diebus, quibus Grossulanus causam suam notificabat, et ego in voce humilitatis, et mansuetudinis geminata dominatione (4) quæsivi audientiam in synodo, promisit mihi satisfacere Mediolani de omnibus, quæ volebam adversus ipsum Jordanum conqueri in ipsa Romana synodo. Cujus promissioni tunc malui credere, quam synodaliter decertare, quia si ea decertatio directe tractaretur, aut Grossulanum et superimpositum (5) damnaret, aut divinam et humanam legem cum ipso papa, salva reverentia sedis copiose (6) judicio hoc dico (*) sepeliret. Verumtamen pontifex ipse Jordanus, quam Romæ suscepit post victoriam et ordinationem istam, nullam mihi fieri justitiam dilexit, nec fecit; sed mœstitiam in me augmentavit.

CAPUT XXXI.

Jordanus Henricum imperatorem excommunicat Mediolani, et concilium provinciale celebrat, a quo historicum conquerentem expulit.

Henricum imperatorem, in quo quodammodo sperabam, ipse Jordanus, si fas est dicere, una cum clero et populo suo, Joanne Cremense cardinali Romano (1) præcipiente (2) in pulpito Sanctæ Teglæ (3) Mediol. excommunicavit (4). Magis vero terræ motus, qui vigilante (5) ista excommunicatione regnum Longobardorum penitus commovit et quassavit (6), me nimirum vigilare fecit. In eo quippe tempore, gentes, quæ viderant magnas ruinas per civitates, et quælibet loca præsertim per Ecclesias, proferebant guttas sanguinis ad modum pluviæ de cœlo descendisse, monstruosos partus, et alia multa prodigia in aere, in aquis, in montibus, planitiis, silvisque vidisse, et subterranea tonitrua audisse (7), et in hac divina visitatione, et hi qui videbantur esse sacerdotes, ignorabant quo fugerent. Longobardorum autem civitates, et earum pontifices audita legatione Jordani archiepiscopi, et consulum ejusdem urbis in statuta die convenerunt (8) Mediolanum

inde imperiali parte suum vicissim antistitem substituente, eorumdem chronologicam seriem valde implexam habet. Cæterum hic Villanus, cum Anacleto antipapæ impense faveret, ab Innocentio II summo pontifice excommunicatus, ac episcopatus honore exutus est, non anno 1131, ut scripsit Ughellus, sed 1132, ut ex diplomatibus ab eodem Innocentio hoc anno Brixiæ datis colligimus, quamvis ea sequenti anno 1133 exarata fuisse perperam putarit Galeardus, non advertens annum incarnationis more Pisanorum in iis anteversum esse.

(4) Corruptus videtur hic locus, ita ut legi debeat *petitione*. Altera lectio ms. bibl. Ambr. habet *geminatam donationem;* nihil tamen etiam ab ea recti sensus elicitur, nisi forsan legi debeat *geminata devotione.*

(5) Id est Jordanum, in archiepiscopum contra Grossulanum electum.

(6) Affluentia nempe rationum, quas ipse producturus fuisset.

(*) A. 2, τὸ *dicto* non habet.

CAP. XXXI. — (1) Præsb. tit. S. Chrysogoni a Paschali II, creato, ut refert Oldoinus.

(2) De hac legatione Joannis Cremensis nec Oldoinus, nec Baronius, nec alius quispiam aliquid edidere; ex nostro tamen auctore constat huc missum, ut contra Henricum imp. anathema publice indiceretur: nonnisi enim apostolica auctoritate id præcipere poterat.

(3) Hinc patet rediisse Jordanum in hanc urbem eodem anno 1116, atque excommunicationem in Henricum ab ipso prolatam esse intra illud tempus, quod a Paschate Resurrectionis Dominicæ ad tertiam Octobris Dominicam interfluit, juxta superius dicta de hac S. Theclæ metropolitana ecclesia in adnot. ad cap. 28.

(4) Causa hujus excommunicationis non alia esse debuit, quam quæ exposita fuit in supradicto Lateranensi concilio a Conone card. episc. Prænestino, ob videlicet captum indigneque tractatum summum pontificem, tractosque in vincula ac exspoliatos cardinales, et nobiles Romanos anno 1111, propter quæ alibi pluries Henricus anathemate perculsus fuerat, ut Conradus abbas Urspergensis ad hunc ann. narrat.

(5) Phrasis auctori nostro familiaris, adhibita pro *vigente.*

(6) Feralem hunc Italiæ urbibus terræ motum contigisse anno 1117 scribit Rogerius de Hoveden scriptor Anglicus æqualis, qui etiam tradit, 40 dierum spatio durasse; eoque adeo concussam Longobardiam, ut plurima domorum ædificia corruerint. Rem quoque subdit ad urbem nostram pertinentem, atque ideo minime omittendam : ait enim : « Viri Mediolani patriciæ dignitatis dum de republica tractantes sub una residerent turri, auribus omnium vox foris insonuit, unum ex illis nomine vocans, et festinato exire rogans; quo tardante persona quædam apparuit, quæ vocatum virum, ut egrederetur, prece obtinuit. Exeunte illo turris repente cecidit, et omnes, qui ibidem erant, casu miserabili oppressit. » Diem quo primum quassari tellus cœpit tam luctuosa ædium ruina, adnotavit chronographus Hildensheimen, apud Pagium num. 12, tertium videlicet mensis Januarii anni prædicti.

(7) Fusius hæc describuntur a Sigon. De regn. Ital. lib. x, et Conrado Lycostene in Chron. prodigiorum ad hunc annum.

(8) Concilium hoc Mediolanense institutum fuisse sub finem Februarii anni 1117 censuit Puricellius in mon. Bas. Ambr., num. 325, eo ductus argumento, quod Landulphus noster cap. seq. asserat, post hoc colloquium et tempus terræ motus non ultra decem menses et dimidium vixisse Paschalem II. Verum, præterquam quod fallitur asserens Paschalem *medio mense Januario* obiisse, ut in adnot. ad sequens cap. ostendemus, id etiam adverti debet, epocham obitus Paschalis affigi a Landulpho non concilio Mediolanensi, sed colloquio Arenghi, ubi remissionem peccatorum indulserat Jordanus, ut ostendunt verba initio capitis sequentis posita. Citius igitur, juxta hic narrata crediderim collectam hanc synodum, circa medium nempe Februarium : id enim erui potest ex verbis paulo infra hic positis; *in illo namque tempore terræ motus,* quæ certe indicant intra (40), dierum intervallum hujusmodi terræ concussionis ab Hovedeno superius adnotatum, hæc accidisse; nec celerius statui potest, si aliqua inter indictam et celebratam hoc anno synodum istam, mora itinerum convocatis suffraganeis episcopis concedi debet. Quamvis si candide verum fateri debeam, valde arduum ad prudentem fidem videtur, credere, tempore ferventis in hac urbe terræ motus, confluere voluisse ad eamdem provinciales episcopos, ac celebratam tanta solemnitate synodum memoratam. Quocirca non abs re esset autumare, ea, quæ tanquam post concilium acta inferius narrantur, contigisse revera tempore terræ motus, sed ea Landulphum nostrum hic præpostere congessisse, ut ostenderet male affectum

in Prato Sancto (9), quod dicitur Brolium, ubi archiepiscopus et coss. duo theatra constituerunt. In uno archiepiscopus cum episcopis, et abbatibus, et ecclesiarum prælatis stetit, et sedit; in altero coss. cum juris, legum et morum peritis, atque in circuitu eorum affuit innumera multitudo clericorum et laicorum, mulierum quoque, et virginum exspectantium sepelitionem vitiorum, et suscitationem virtutum. Veruntamen presbyter Olricus de Sancto Martino, qui pro domino suo Grossulano adhuc in Roma vivente crucem ferebat, nec ego qui pro me, meoque magistro, scilicet presbytero Liprando jam Pontidii sepulto justitiam quærebam, et crucem portabam, in eloquio illo sive tempore audientiam habuimus, Jordano prohibente, atque in me furente. In isto namque tempore terræ motus Jordanus, ejusque vice dominus Olricus una cum quadam turba pravorum (*) hominum descendit ad Arenchium (10), ubi plures homines me absente invenit, atque ego, cum essem penitus hujus concionis, sive Arenchii ignarus, Rolandus ablaticus Lanfredi coram Jordano, totaque illa gente mentitus ait: Me fore perjurum Jordani, quem Jordanus mendacii hujus certissimus non correxit, sed conticuit. Vicedominus vero tenere me excusavit, licet illum Rolandum esse mentitum approbatissime novit. At ego longe magis sollicitus, altera die veni in locum, qui dicitur Brolium archiepiscopi (11), ibique cum tenerem crucem (12), et pignus (13), in manibus meis, et pro justitia mihi conservanda quærerem audientiam ab ipso Jordano, et cuncto populo, ibi timore ruinæ materiarum congregato (14), ut missam et prædicationem audiret, idem Jordanus in me abusive clamavit: Landulphe, homo diaboli, tace. Sed et cum vidissem populum et gentem fere totam intendere ad vocem meam, prosiluit de cathedra cum furore dicens: Si illum audieritis, me non audietis. Tunc furentis turba populi oblita sui jurati juris (15), vociferavit mihi: Tolle te hinc, tolle. Ab eis itaque recessi. Sed hi, qui ibi, et alibi pacem, et remissionem peccatorum (16) tam in isto pontifice quam a suffraganeis ejus, et consulibus ejus susceperunt, non diu misericordes aut pacifici habiti sunt.

CAPUT XXXII

Mortuo Paschali imperator Burdinum in antipapam eligi fecit, quem Gregorium nominavit.

Paschalis papa, ad quem religio et remissio peccatorum tunc spectabat, post hoc colloquium et tempus terræ motus non ultra decem menses, et

semper fuisse erga se animum Jordani; concilium tamen dilatum fuisse, quousque depulso timore præteriti infortunii, securius agi res posset. Hoc enim posito facilius admitti queunt, quæ Puricellius adnotaverat, videlicet celebratum vere fuisse concilium decem cum dimidio mensibus ante Paschalis mortem: sic namque in 6 Martii diem synodus incidisset, quo tempore pax animis agitatis redire poterat, quieta jam tellure ab Idibus Februarii. Ne tamen huic opinioni, a me prolatæ, indulgentior sim, vetat Landulphus ipse, qui cap. 33, narrat in Terdonensi palatio, ab episcopis et cardinalibus Callistum II, comitantibus, declaratam fuisse irritam sententiam quamdam, « Quam Jordanus archiepiscopus cum suis consulibus, in tempore terræ motus, de suo theatro divulgaverat. » Id enim procul dubio ad hoc concilium referri videtur.

(9) Quinam esset hic locus, *Pratum sanctum*, appellatus, nullum in antiquis urbis nostræ monumentis vestigium inveni. Fortasse in archetypo littera tantum initialis *S.* legebatur, quam Amanuensis pro *Sancto* exarandam putavit, cum tamen scribi deberet *scilicet*, quemadmodum in altero ex mss. Biblioth. Ambr. expresse legitur. Certe Landulphus cum de altera synodo a Grossulano celebrata in hoc eodem Prato sermonem habuit, cap. 9, *Sancti* vocem minime adjecit: vide quæ ibidem retulimus.

(*) A. 2, *paucorum*.

(10) Describit hoc Galvaneus Flamma in Chron. Maj., cap. 43, his verbis: « Inter ecclesiam majorem et ecclesiam S. Theclæ fuit quoddam ædificium dictum *Arena*, nunc dicitur *Arengum*, et erat rotundum et magnum, cujus muri erant alti, nigro et albo marmore vestiti, et erat locus atrocitatis magis, quam consolationis, quia rei ibi puniebantur. » etc. De hoc arengo meminit Tristanus Calchus ad ann. 1162, et Puricellius plura disserit in Mon. Bas. Ambr., num. 441.

(11) In catalogo archiep. Mediol. ms. in Bibl. Ambr., quem conscripsit presb. Antonius Confanonerius anno 1408, ubi de Alamanno, seu Adelmanno archiepiscopo nostro fit mentio, hæc leguntur: « Extra civitatem erat Brolium, ubi nunc feria 6 fiunt nundinæ, quod appellabatur Brolium archiepiscopale, ubi statutis horis diei aliquas pias causas audiebat. » Fortasse conditum erat hoc Brolium archiepiscopi ea in area, quæ etiam in præsens nundinis præcipue equorum quolibet Sabbato inservit, jacetque ante Ticinensem portam in amplam protensa planitiem.

(12) Is enim Italorum mos erat, ut habentes querelas crucem manibus præferrent, teste Radevico in continuat. Ottonis Frinsingen. lib. II, cap. v, de quo fuse Felix Osius in notis ad Morenæ historiam, num. 64, atque ad hunc morem revocanda sunt quæ de cruce perlata vel a se vel ab aliis in hac historia pluribi narrat Landulphus.

(13) Nempe vadium, seu fide jussionem; ea enim formula olim in judiciis obtinebat, ut de prosequenda appellatione pignus daretur. Hujus rei exemplum reperies in Annal. Rogeri de Hoveden. part. poster. pag. mihi 695. Plura lege in Glossar. Ducangii v. *Vadium*. Antiquis erat *vadari*, vel *vadimonium sistere*, *promittere concipere*, *et obedire*, ut in Brissonio De verb. signif.

(14) Hinc quoque dignosci potest, acta hæc fuisse, vigente adhuc terræ motu.

(15) Libertatis videlicet publica auctoritate firmatæ, qua cuique licebat eo in loco jus suum proferre.

(16) Intellige *quo ad pœnam*, quæ indulgentiarum munus est, nec plenaria dabatur, cum permagna tum foret episcoporum parcitas in iis dispensandis, ut docet Thomassinus De vet. et nov. Eccles. discipl. part. I, libr. II, cap. 15, num. 3 et seqq. Certe in dedicatione ecclesiæ S. Sepulchri solemniter peracta anno 1100. Anselmus archiepiscopus noster eamdem visitantibus tertiæ tantummodo delictorum partis remissionem indulsit, ut in documento penes Puricellium ad annum illum relato legitur. Ex Urspergensi vero constat, etiam ab ipso Paschali II, summo pontifice nonnisi 40 dierum indulgentiam concessam fuisse anno 1116 visitantibus, ac venerantibus limina apostolorum.

dimidium vixit (1). In tempore cujus mortis imperator, audita legatione Romanorum (2), a Taurinensium partibus (3), Romam adire festinavit (4). Ex qua urbe simul cum Romanis quarto Nonas Martii misit Gagetas (5) legatos, legando Joanni Gagetano electo in papam, cardinalibus quoque et episcopis, qui cum ipso erant Gageiis, uti Romam redirent, et in ecclesia B. Petri hoc quod faciendum erat de papa substituendo una cum ipsis juste et catholice facerent (6). Sed septimo Idus ejusdem Martii in ecclesia B. Petri præsente imperatore Henrico, et populo Romano, cleroque astante, in aliquo illud responsum quod legati imperatoris Romanorum vel cum eligentibus a prænominato electo audierunt, et susceperunt quodammodo relatum est, videlicet, quod in proximo Septembri ipse cum cardinalibus et episcopis provinciarum, Mediolani vel Cremonæ esset (7), et tunc Romani, et imperator quid agendum sit de se in papam electo, vel alium substituendo per doctrinam cardinalium et episcoporum sufficienter cognoscerent. Romani vero non intelli- A gentes hanc responsionem fore sufficientem et legibus, et canonibus, atque suis petitionibus convenientem, commoti clamaverunt : Nunquid honorem Romæ volunt illi transferre Cremonæ? Absit! Sed, ut ubique valeamus astutias eorum opprimere, qui a nobis exierunt, et Cajetas fugerunt, secundum auctoritatem legum et canonum eligamus nobis papam prudentem, et bonum juxta ista, vel consimilem formam verborum Romanorum. Magister Guarnerius de Bononia (8), et plures legisperiti populum Romanum ad eligendum papam convenit (9), et quidam expeditus lector in pulpito S. Petri per prolixam lectionem decreta pontificum de substituendo papa explicavit. Quibus perlectis et explicatis, totus populus elegit in papam (10) quem- B dam episcopum Hispaniæ (11), qui ibi aderat cum imperatore. Quem electum imperator duxit in pulpitum, ubi ipse electus interrogantibus de suo nomine dixit : Meum nomen est Burdinus (12); sed quando papa Urbanus ordinavit me episcopum nominavit me Mauritium (13). Tunc quidam de indutis

CAP. XXXII. — (1) Obitus Paschalis incidit in diem 21 Januarii anni 1118, ut Petrus Diaconus, Chronographus Malleacen. et Pandulphus Pisanus testantur; quamvis hic postremus in Vita ejusdem Paschalis ponat XV Kal. Februarii, errore fortasse Amanuensis, cum scribendum esset XII Kalendas, ut ex ipsomet Pandulpho eruitur, qui post tres vacantis sedis dies electionem successoris die 25 Februarii contigisse asserit.

(2) Qua videlicet monebatur de festinata electione in summum pontificem Joannis Cajetani S. R. E. cardinalis sub nomine Gelasii II. Hujus pontificis Vita a Pandulpho Pisano familiari conscripta cum prolixis commentariis Constantini Cajetani data est tomo III collectionis.

(3) Non a Taurinensi, sed a *Paduano* agro profectum fuisse Henricum, ut Romam se conferret, scribit abbas Uspergensis ad hunc ann. 1118, idemque tradunt Gobelinus Persona ætate VI, cap. 58, ac Sigonius De regn. Ital Quid si forte Landulphus scripserit *a Tarvisiensium partibus*, ejusque loco Amanuensis, male intellecto verbo illo, reposuerit *Taurinensium?* Si genuina esset lectio, quam affert Pagius junior in *Gregorio Antipapa* num. 57 ubi verba Urspergensis abbatis adducens, loco *dum Paduanis regionibus immoraretur*, legit *Padanis regionibus*, conciliari possent, quæ de discessu Henrici *a Taurinensium partibus* Romam versus tradit Landulphus noster. Attamen, cum in Chronicis Urspergensis abbatis a me inspectis clare legatur *Paduanis regionibus*, nec aliud ejusdem exemplar viderim, rem indecisam relinquo, quam nonnisi ex diplomatibus, si quæ emerserint, elucidari posse existimaverim.

(4) Diem ingressus Henrici imp. in Urbem adnotavit Falco in Chron. nempe secundam Martii ingredientem : noctis enim silentio, et instructis insidiis Romam intraverat.

(5) Id est *Cajetam* Gelasii II patriam. Causam profectionis narrat prædictus Falco : « Apostolicus itaque regis ipsius adventum sic latenter deprehendens, reminiscens qualiter rex ipse dominum papam Paschalem ejus prædecessorem, et cardinales fraude et dolo cepisset, absque mora cardinalibus convocatis fluvium Tiberis ingressus est, deinde prosperis ventis mare sulcantes pervenerunt Caietum (verius *Cajetam*), ut notat etiam Pagius. »

(6) Diversimode legationem hanc refert idem Falco; inquit enim, delegasse Henricum ad Gelasium II nuntios, ut in Urbem reverteretur, quoniam ad ejus consecrationem libentissime interesse, et corroborare desideraret, sed animadversa imperatoris nequitia a summo pontifice increpatos fuisse legatos, ac re infecta dimissos.

(7) Hæc eadem narrat Gelasius ipse in epistola ad Gallos, quæ in tom. X Concil. Labbei pag. 817, legitur. Controversiam tamen ibidem decidendam C eam esse dicit Gelasius, quæ inter Ecclesiam et regnum vertebat, non quæ hic subjungitur de electione facta, aut substitutione facienda summi pontificis. Item non in proximo Septembri se adfuturum Mediolani, vel Cremonæ ait, sed in proxima B. Lucæ festivitate, quæ die 18 Octobris celebratur.

(8) Hunc memorat Otho Morena in Hist. rer. Lauden. ad ann. 1158, eumque ait fuisse magistrum quatuor insignium legis doctorum, quos ad colloquium cum Italiæ principibus in Ronchaliis initum Fridericus Ænobarbus acciverat, subditque Distichon, quod in extremis laborans confecit, cum a discipulis suis interragaretur, quem ex quatuor illis doctoribus successorem sibi in cathedra designaret.

(9) Id est *congregavit*.

(10) Quo die peracta fuerit nefaria hæc electio docet ipsemet Gelasius in epist. suprad. in qua scribit fuisse diem 44 a sua electione, nempe nonum, vel D decimum Martii. Consonat auctor noster, qui ad VII Idus ejusdem mensis ferale hoc schisma conflatum tradit.

(11) Fuerat primo hic pseudopontifex episcopus Conimbricensis, inde vero defuncto S. Gerardo Bracharensi archiepiscopo, in illius sedem successerat anno 1110. Pallium a se eidem datum (cum videlicet sub Paschali II, diaconi cardinalis et cancellarii munus obiret), testatur ipse Gelasius II, in epist sup. relata.

(12) Varia de hoc nomine inter scriptores agitantur, ut tradit Baluzius ejus Vita tom. III Miscell. inserta, qui tamen Roderico a Chuna in Hist. eccles. archiep. Bracharen. adhæret, ut credat, gentilium hoc ipsius cognomentum fuisse.

(13) An primo inditum illi foret hoc nomen a summo pontifice, an vero proprium ipsius esset, definiri hinc facile nequit. Mauritium Burdinum appellatum simul fuisse tradunt insi-

habitu ecclesiastico de pulpito ad populum tertio A exclamavit: Vultis dominum Mauritium in papam? Qui tertio respondentes et clamantes, dixerunt: Volumus. Tunc ipse cum cæteris astantibus clericis aperto libro super hunc electum, et manto coopertum sublimi voce clamavit, dicens: Et nos laudamus, et confirmamus dominum Gregorium. Facta igitur electione ista ad hunc modum, imperator hunc papam suum Gregorium (14) permovit; et per castrum Sancti Angeli in palatium Laterani perduxit. In quo iste pontifex, si fas est dicere, cathedram sedit, et prandium sumpsit, et pernoctavit. Altera vero die nullo mediante idem papa eumdem imperatorem ad ipsum palatium suscepit, et cum ipso ad ecclesiam Sancti Petri rediit, ante cujus, B et super cujus altare de clero coram imperatore, et pluribus Romanis in eadem die ad ordines promovit, et missam cantavit, ibique per quot dies et menses habitavit (15), et fidelitatem suscepit, atque splendide de lege Dei, et ecclesiasticis consuetudinibus prædicavit absque ullo rancore, pacem regno, et sibi, et suum papam Gaietano Joanni papa electo exclamavit (16), donec imperator iterum ad Germaniam rediens, (17) ipsum Gregorium suum papam in Sutrina civitate, quasi securum fecit (18).

CAPUT XXXIII.

Gelasius papa Gaietæ consecratus Januam, et Pisas fugit, tandem in Franciam, ubi moritur.

In temporibus autem istis, in quibus, hic Gregorius de clero quemdam ante altare sancti Petri ad ordines promovit, Gaietanus in papa electus, et presbyter, et propterea (1) apud Gaietam solemniter est consecratus, (2) et Gelasius papa secundus est vocatus, qui etiam per plures dies et menses (3) cathedram apostolicam in Laterano sedit, ipsumque palatium cum cardinalibus et episcopis habitavit. Deinde ipse cum navigio Pisas, Januam, pluresque civitates, et loca super mare posita quæsivit (4). Eadem navi ejus affixa S. Ægidio (5) regnum Franciæ intravit, et cum benigne foret receptus a principibus illius regni (6), de mundo migravit Duniaci (7). Cui Viennensis ille episcopus successit (8) de regia stirpe genitus (9), et synodum, quam ipse papa Gelasius convocaverat, iste archiepiscopus re-

gnes scriptores apud Baluz. loc. cit. Fortasse, cum se prius Burdinum tantummodo passim diceret, summus pontifex, pro more episcoporum nullam familiæ mentionem suis in titulis gerentium, ipsum ex baptismi nomine Mauritium nuncupavit. »

(14) Nempe VIII hujus nominis.

(15) Usque ad secundum Junii ejusdem anni 1118 Burdinum sub Gregorii VIII nomine Romæ mansisse certum ex est Petr. Diac. lib. IV, cap. 64, qui eo die, Pentecostis solemnitati tum sacro, Henricum C imperatorem iterum coronatum ab ipso fuisse testatur.

(16) Seu *per contemptum derisit*.

(17) Statim a coronatione in Liguriam rediisse Henricum, tradit Petrus Diac. loc. cit. Continuator vero Chronici Sigeberti hæc insuper addit ad hunc ann. 1118: « Henricus imperator ab Italia in Lotharingiam repatriat, et secundum illud: *Qui a multis timetur, necesse est ut multos timeat*, conjuratos in se regni principes modo minis, modo blanditiis, modo vi, modo satisfactione ad pacem invitat. »

(18) Altera lectio ms. bibl. Amb. habet *securum duxit*, incongrue tamen: Henrico enim discedente, non illico Sutrium petiisse Burdinum, sed Romæ adhuc moratum fuisse ex Pandulpho in Gelasii vita discimus, qui de Henrico loquens, ait: « *Eadem via, qua venerat, in Alamanniam rediit, idolo suo in urbe relicto.* »

CAP. XXXIII. — (1) Legendum *papa*, pro ut in altero ex mss. bibl. Amb. congrue scriptum repe- D ritur.

(2) Eodem circiter die, quo superius diximus acclamatum Romæ pseudopontificem Burdinum, consecratus est Caietæ legitimus pontifex summus Gelasius. Cum enim tantum diaconus foret eo tempore, quo ad supremam sedem promotus fuit, et teste Falcone Beneventano loc. cit. nonnisi jejunii tempore, id est in IV. Temporibus sacri ordines conferrentur, non potuit, nisi nona die Martii, in quam anno 1118 incidit Sabbatum IV Temporum vernalium, presbyter ordinari, dieque 10 Romanus pontifex consecrari; quocirca emendandum Pandulphi textum male ab Amanuensi descriptum, ubi legitur *Gelasius infra Kal. Martii in papam consecratur* advertit Pagius ad ann. 1118, num. 6.

(3) Uno tantum mense, et paucis diebus Romæ sedisse Gelasium II, cum primo ad cathedram S. Petri ascendit, ex superius dictis patet: creatus siquidem summus pontifex 25 Januarii, die secunda Martii Urbe abscedere coactus est, metu Henrici jam ad porticum S. Petri concubia nocte latenter properantis. Burdino vero atque Henrico post Pentecostis festum Roma digressis, in Urbem rediit Gelasius, peregrini tamen potius quam domini specie, ut loquitur illius itineris comes Pandulphus; sed pauco etiam tunc tempore morari potuit ibidem optimus pontifex, Henrici fautoribus denuo in ipsum per arma insurgentibus, adeo ut Kalendis Septembris vix elapsis, Pisas solvere, atque in Gallias migrare selegerit, ut ex Falcone jam memorato testatum habemus.

(4) Gloriosa ubique pietatis, ac muneris sui pontificii monumenta reliquit Gelasius, quæ hic recensere non vacat, sicuti nec loca mari circumflua ab ipso in itinere peragrata, quæ ab auctore nostro innuuntur, cum hæc in Pandulpho superioribus tomis edito, et in utroque Pagio legi commode possint.

(5) Attigisse portum S. Ægidii cum sua navi Gelasium scribit Pandulphus citatus. Cum tamen fanum S. Ægidii, in Occitana provincia positum, una leuca a Rhodano fluvio distet, appulisse ad Rhodanum Pagius asserit ubi supra num. 14.

(6) Id tradit etiam Falco loquens de Gelasii in Gallias accessu his verbis: « Continuo archiepiscopi omnes, et episcopi, proceresque alii, gaudio cum ineffabili, et honore immenso eum susceperunt. »

(7) Legendum *Cluniaci*, quo se perferri, cum Matiscone gravissima ægritudine laboraret, instantissime præcepit, ut Hugo monachus Cluniacen. apud Pag. ad ann. 1119, num. 3 testatur, ibique extremum vitæ suæ diem imposuit, pleuritico morbo consumptus, die 29 Januarii anni 1119.

(8) Guido Viennensis archiepiscopus post duorum dierum interpontificium, Kal. videlicet Februarii, ut contra Ordericum et Papeprochium statuit Pagius loc. cit. num. 5, Gelasio successit sub nomine Calisti II.

(9) Patrem habuit Willelmum Burgundiæ comitem, sororem vero nomine Gillam, quæ Humberto II comiti Maurianensi, seu Sabaudiæ nupta Adelaidem peperit Ludovico VI Francorum regi anno 1115 in matrimonium collocatam, ut Pagius loc. suprad. testatur. Consanguinitatis lineam a regibus Alamanniæ, Franciæ atque Angliæ duxisse scribit Pandulphus in ejus Vita

mis celebravit (10). Sed prius cum imperatore colloquium (11) habere disposuit. De concilio autem isto, sive colloquio plura scribere, digitum meæ sexagenariæ ætatis (12) non constringo.

CAPUT XXXIV.

Bellum inter Mediolanenses, et Cumanos oritur, in quo civitas Cumana destruitur.

Sed ad prænotandam inquietudinem Langobardorum, meamque molestiam redeo. Quoniam quidem ubi imperator a Roma exivit (1), et se a prædicto papa Gregorio sive Burdino prolongavit, mox manus Guidonis Cumani episcopi, ejusque militum, et civium violenter apprehendit Landulphum Carcanensem Mediolanensis Ecclesiæ clericum ordinarium, et ministrum (2), atque in ipsa apprehensione interfecit Ottonem ipsius Landulphi nepotem (3), et urbis Mediolani egregium capitaneum. Hinc Jordanus pontifex Mediolanen, concionem militum, et civium clamantium in Cumanos (4) intravit. Ibique connumerando et lamentando quamplura mala, quæ Cumani fecerant in rebus, et hominibus archiepiscopatus Mediolanen. ipsam turbam concionis ad faciendam vindictam inflammavit. Eodem quoque tempore idem pontifex Jordanus obseratis januis ecclesiarium suo populo negavit introitum (5), nisi materiali gladio vindicaret malitiam Cumanorum.

A Demum ad sonitum vocis, et jussu hujus pontificis Mediolanensis populus cœpit facere guerram Cumanis, (6) atque in primo exercitu, quo Mediolanenses castra metati sunt in Caneto (7), civitatem ipsam Cumanam occupaverunt, ipsumque Landulphum, qui investituram Cumani episcopatus a rege (8), et ordinationem a patriarcha Aquileiensi (9) suo metropolitano susceperat, de captione liberaverunt. Sed Cumani illico restituti Mediolanenses expulerunt, et quos invenerunt jacentes in fuga, sive in spoliis oneratos, in morte, et in ore gladii dimiserunt (10). Guilicionem vero Bucardum, et Lanterium Sicheri, quemdam quoque meum nepotem, et plures de egregiis militibus, et civibus Mediolani resistentibus ipsis fugantibus occiderunt.

B Marchiones vero et comites Longobardiæ in hac tempestate (11) convenerunt Mediolani, ut ibi coram episcopis suffraganeis et comprovincialibus explicarent imperatoris innocentiam, et ipsum imperatorem perducerent in archiepiscopi et episcoporum benevolentiam. Episcopi itaque consedentes in palatio Mediolanensi, una cum archiepiscopo attente audierunt marchiones et comites fideliter loquentes de domino suo, propter quorum verba quamplures arbitrati sunt imperatorem esse alienum ab excommunicationis culpa (12). Sed dum archiepicopus et episcopi contentiose adversus marchiones et comi-

(10) Indictum fuisse a Gelasio II concilium in media Quadragesima Remis celebrandum tradit Eadmerus coævus scriptor apud Pagium ibid., num. 2. Votum Gelasii absolvit Callistus II, a quo vigesima Octobris die anni 1119 celebratum Remis fuit concilium a Labbeo tom. X relatum.

(11) Series hujus colloquii vere statuti, sed minime initi ob malam Henrici fidem, diserte describitur in Hessonis scholastici commentariolo de Actis hujus concilii Remensis, inserto in Concil. Labbei, tom. X, col. 872.

(12) Hinc annus, quod Landulphus in lucem editus est deduci potest, sexagesimus enim circiter sæculi XI esse debuit, si calculus annorum ab hujus concilii celebratione desumatur. Attamen cum primo hujus historiæ capite Landulphus asserat, se tempore Robaldi jam infulam archiepiscopatus Mediolanensis ferentis scribere incœpisse, ætas illius nonnisi ab anno 1135, quo Robaldus electus est archiepiscopus, aut aliis duobus, in quibus historia hæc desinit, computanda est: quocirca dicendum, Landulphum circa annum 1076 enatum fuisse.

CAP. XXXIV. — (1) Post diem nempe Junii anni 1118, ut superius dictum est.

(2) Id est *diaconum*. Violentæ autem hujus apprehensionis ab auctore nostro relatæ causa fuit, quod Landulphus ab Henrico imp. institutus fuerat ejusdem urbis episcopus contra eumdem Guidonem Gelasio II legitimo pontifici adhærentem, ut in decursu hujus cap. Landulphus noster narrat.

(3) In hoc tumultu non tam Ottonem, quam alterum ex ejus nepotibus nomine *Bolgnum*, imo etiam Landulphum ipsum pseudoepiscopum, dum arma capiuntur, interemptum Tristanus Calchus lib. VII, Hist. patr. et Ughellus in episc. Comen. num. 48 tradidere; falso tamen. Ex nostro enim auctore constat Landulphum prædictum e vinculis paulo post a Mediolanensibus ereptum, ut infra narratur.

(4) Tristanus Calchus loc. cit. rem narrat, quæ Mediolanensium iræ in Comenses succendendæ faces subdjdit, eaque refertur etiam a Benedicto Jovio

lib. I Hist. Novocom., videlicet conjuges et propinquos interfectorum, vestes laceras et adhuc C sanguine infectas Mediolanum detulisse, et cum lacrymis, ac miserabili ejulatu Jordano archiepiscopo, et cuncto populo ostentasse, rogasseque, ne tam sæva, ac inhumana crudelitas inulta relinqueretur. Motos inde lacrymis, et habitu squalentium cunctos ad commiserationem, tandemque decretum bello prosequendam injuriam esse. Alteram tamen causam Jordano fuisse, ut ad bellum contra Comenses populum suum armaret, affert Landulphus noster, nempe mala, quæ Comenses in rebus, et hominibus Mediolanensis sui archiepiscopatus perpetraverant.

(5) Id est interdicti pœnam comminatus est.

(6) Incœptum fuisse hoc bellum contra Comenses anno 1120 Sigonius asseruit De regn. Ital. lib. X, male tamen, ut ex nostro auctore perspicuum fit, illud affigente eidem anno, quo Henricus imp. Roma discessit, id est 1118, ut jam prænotavimus.

(7) Ager est adjacens duobus insignibus vicis Comensis ditionis, *Grandato* videlicet, ac *Lucino*.

(8) Henrico nempe hujus nominis IV, qui eumdem D in episcopatum substituit Hartuvico ejusdem urbis episcopo ab ipso olim instituto, ac defuncto anno 1093, vel 1094, ut primus Aloysius Tattus docet in Annal. Comen. ad ann. 1093, num. 18: propterea vero Landulphus ab Urbano II excommunicatus, atque ab episcopali dignitate detrusus fuit anno 1095, ut idem Tattus ad hunc ann. refert.

(9) Ulrico scilicet, quem ultra annum 1118 Vitam produxisse, additamenta in Ughelli Ital. sacr. tom. V, edit. Venet., num. 57 comprobant

(10) Pugnam hanc diserte Calchus describit; plura in Comensi anonymo leges.

(11) Id est hoc eodem anno 1118.

(12) Henricus in pluribus conciliis excommunicatus fuerat, et in ipsa etiam hac nostra ecclesia S. Theclæ, ut initio cap. 31 narrat Landulphus. Postremo etiam eum cum idolo suo, id est Burdino, anathemate confixerat Gelasius II, cum Capuæ moraretur, teste abbate Urspergensi ad hunc ann.

tes, duces et reges (13) disputarent, milites et cives Mediolani in atrio ecclesiæ jurabant facere guerram Cumanis, donec vicum et coloniolam (14) destruerent, civitatem quoque ipsam dissiparent. Huic autem juramento manus Vidonis (15) episcopi Cumanorum resistit (16). Sed Arduinus ejusdem episcopatus advocator (17) consensit, et ut ipsum juramentum compelleretur, multum studuit. Verumtamen utrorumque, scilicet Vidonis et hujus advocati studium, recte, sive non recte, dicitur fuisse iniquitatis seminarium. In quo enim semine quis vivens vidit tot pessima opera? In hoc semine castra multa, et jucundissima, et oppida fortissima cum habitantibus, et villis suis utrobique, etsi non æque combusta sunt, et destructa. Naves quoque multæ, et bellicosæ cum viris, et innumerabili multitudine hominum in lacubus submersæ jacent. Ipsa tandem civitas suis evacuata cultoribus, lacrymabilibus oculis suam ruinam quotidie videt (18), vel plures quoque de clero et populo totius orbis propter diversa studia (19) Romani pontificis, et ejusdem urbis, et ecclesiæ Patritii, et advocati, sive pie, sive non pie, dicuntur certare ad animarum perditionem, et maximam corporum confusionem. Ego autem memor horum malorum diversas suffero perturbationes, non quia schisma sedeat in animo meo, sed quia schismaticis usurpantibus res meas non consentio. De ipsis apud pontifices, sacerdotes, milites, cives, consules, et reges justitiam quæsivi, et quæro.

CAPUT XXXV.

Historicus ante Calixtum papam, Terdonæ et Placentiæ de Jordano frustra conqueritur.

Guerra Cumanorum et Mediolanensium durante, atque eorum pontificum, et consulum, vidi dominum papam Calixtum, et Jordanum archiepiscopum cum pluribus ecclesiasticis, et sæcularibus viris illustribus consedere in Terdonensi palatio (1), in quorum præsentia querelæ meæ causam protuli, scilicet de D. Jordano, et querendo introduxi injurias, et homicidium (2), quod manus ejus fecit in me, præter litteras quas D. papa Gelasius misi illi pro me, quarum exempleum hoc est:

« G. episcopus, servus servorum Dei, ven. fratri Jordano Mediolanensi archiepiscopo salutem et apostolicam benedictionem.

« Frater iste Landulphus ab ecclesia sua se queritur exturbatum. Quod autem ab eo queritur (3) ut titulationis suæ certificationem *exhibeat* (*) secundum B. Gregorium ridiculum demonstratur. Quod enim ait, juxta ejusdem beati Gregorii dicta et legum statuta probare debet, alioquin non est huic calumnia hujusmodi occasionibus impingenda : sed nisi alia causa impediat, suæ restituatur ecclesiæ. Datum Gajetæ Idibus Martii (4). »

Ipse vero Jordanus cum non haberet unde se suamque turbam excusaret, et ibi coram papa taceret, interrogatus ab Abraham presbytero, et magistro suo capellano ait : Quid debeo ei respondere? Ille non tenet me pro episcopo. Tunc dominus Lambertus Ostiensis episcopus (5), et domini Calixti prolocutor (6) quasi papa (7) sua manu apprehendit me stantem, et proferentem : Domine, ad hæc debeo respondere, et ait mihi publice : Frater, deposuisti querelam tuam, et tempus Januarii non est aptum calcandi uvas in torculari (8) : dominus quippe archiepiscopus occurrit nobis propter eos, qui in-

(13) Pagius ita explicat, *id est jura prætensa a regibus Longobardiæ*. Certe Italiæ reges sese in jura ecclesiastica plurimum intrusisse, ex historiis illius ævi notum est ; contra hæc declamabat archiepiscopus noster.

(14) Duo Comensis civitatis suburbia, quæ velut duo brachia lacum influentem complectebantur.

(15) Nempe illa pars populi, quæ Guidoni Comensi episcopo adhærebat.

(16) Lege *restitit*.

(17) Deceptus est Tattus ad ann. 1124, ab hoc nomine existimans esse gentilitium familiæ, quocirca eum sub num. 114 aperte asseruit ex advocatorum familia progenitum : quam longe tamen hoc a vero absit, qui modice in historia versatus sit, facile deprehendet : id enim officii nomen erat, ut dilucide ostendit auctor noster, et fuse Du Cangius explicat, ubi de *advocatis ecclesiarum* disserit in Glossar., tradens eorum munus fuisse jura et bona ecclesiarum tueri, atque ideo *defensores* etiam passim solitos appellari.

(18) Bellum hoc, decennii odiis grave, fervensque assidua strage utriusque partis, ac ob lacrymabilem arcium pagorumque ruinam feralis memoriæ, magna ex parte descripsit Corius et Calchus lib. vii Hist. patr. Integro tamen poemate complexus est Anonymus Comensis eo tempore vivens, quod hic proxime editum eruditis adnotationibus illustravit vir cl. mihique ingenii amœnitate ac doctrinæ præstantia summe charus P. Joseph Maria Stampa ; quocirca hic diutius immorari supervacaneum censeo, eidem gloriam elucidati hujus belli ultro relinquens.

(19) Schisma videlicet Burdini catholicam convolvens Ecclesiam.

Cap. XXXV. — (1) Anno 1120 Calixtus II, « peragratis Provinciæ partibus, et Alpium difficultate transcensa, » ut loquitur card. Aragonius in ejus Vita tom. III edita, « ad S. Ambrosium (oppidum prope Susam) eum jucunditate pervenit, inde ad populosas Lombardiæ civitates » descendit, et Terdonæ circa finem Quadragesimæ constitit.

(2) Metaphorice id asserit Landulphus, de juribus suis quodammodo jugulatis ; mortuus enim conqueri non poterat.

(3) Lege *queritur*, ut in aliis bibl. Ambr. mss.

(*) A. 1, *cohibeat*.

(4) Anni videlicet 1118 : illuc enim appulerat sexta circiter ejusdem mensis die.

(5) Summus postea pontifex sub nomine Honorii II.

(6) Vox ista pro *advocato* sumitur, pluraque exempla profert Du Cangius in Glossar. præcipue illud petitum ex vita S. Willibaldi, in qua hoc habetur : « Et in celebratione concilii tanquam verus cancellarius, ac prolocutor concilii a dextris archiepiscopo proximus assidebat. »

(7) Altera lectio ms. bibl. Ambr. melius habet *quasi propria* ; particula enim *quasi* ab auctore nostro frequenter adhibita nil verbo, cui adjicitur, minuit, ut cap. 1 jam monuimus.

(8) Vulgare proloquium, ut quis importunitatis arguatur ; neque enim tunc *Januarius* mensis, sed *Aprilis* currebat.

sidiantur gratiam Imperatoris (9); volumus ideo nunc audire de ejus consolatione, et non perturbatione, atque cum ipso invenire, qualiter valeamus cum isto domino nostro propere, et prospere Romam adire, ejusque sedem obtinere. Interim archiepiscopus cum istis, et aliis suis fratribus poterit habere consilium, et facere tibi bonum. Jordanus itaque ejusque cœtus locutus de sua opulentia in illa vespertina hora, et die altera palatium descendit, et in tertia, quæ dies fuit Dominica de ramis Palmarum (10) in ecclesia Sancti Martiani cum suis suffraganeis Petrum Terdonensem electum, licet modo abjectum (11) in episcopum ordinavit. In eadem quoque civitate et festivitate de ramis Palmarum Guazo clericus de *Orco* (*), et Mediolanensis Ecclesiæ lector accepit chartam a pontificibus, et cardinalibus subscriptam confirmantem ipsius Guazonis conjugium esse legitimum, quod Jordanus archiepiscopus cum suis consulibus in tempore terræmotus de suo theatro (12) divulgaverat esse adulterium. In die autem altera, quæ fuit secunda feria, dominus ipse electus papa Terdonam exivit, cum quo Olricus vicedominus Mediolanensis, Jordano archiepiscopo redeunte Mediolanum, usque Placentiam ivit, qui vicedominus cum intenderet excusare suum archiepiscopum, mihi reiteranti querelam in Placentino palatio de sensu suo ait: Ferocem animum geris. Cui quidam meus frater, Liprandus nomine, respondit: Si secundum ferocitatem vellet agere, in una die posset quinque millia hominum excitare, qui pugnarent bellicis armis pro se. Huic verbo vicedominus consensit. Et dominus papa surrexit, et cameram intravit, et cæteri, qui ibi aderant, potentes, tam episcopi quam cardinales, de suis cœperunt loqui confluentiis (13). At ego, illis dimissis, perveni ad cameram, de qua dominus papa dignatus exire ad me dixit: Frater, pecunia est res de qua homo potest facere multum bonum: tu pecuniam non habes, nec tempus supersedendi causæ tuæ (14) nunc est: sed Deus potens est dare, et transacto isto Paschali festo (15) per vicedominum mandabo archiepiscopo, ut non sit tibi molestus, sed benignus. Sed post hoc Paschale festum Romani propere et solemniter susceperunt ipsum papam Calixtum (16), et ipse cum Romanis Sutrium comprehendit Burdinum papam (17), deinde et in loco, qui dicitur Cana (18), posuit comprehensum.

CAPUT XXXVI.

Mortuo Jordano Olricus eligitur in archiepiscopum, qui ad dexteram Calixti papæ sedit contranitente Ravennate.

Deus omnipotens neque per litteras domini Gelasii, neque per legatum (1) Calixti Jordanum mihi suavem, sive benignum fecit, sed de mundo illum tulit (2), et gratia presbyteri Nazarii primicerii, et cæterorum, quos suspectos habebam, et habeo, Olricus vicedominus Jordano successit (3), qui fere

(9) Jordanus enim archiepiscopus noster in concilio Mediolanensi sup. relato, strenue pugnaverat contra marchiones et comites, qui ad illud convenerant, ut innocentiam Henrici tutarentur, eumque in Jordani et suffraganeorum benevolentiam perducerent.

(10) Anno isto 1120, in diem 11 Aprilis incidit.

(11) Huic abrogatum fuisse ab Innocentio II, in concilio Pisano Derthonensem episcopatum ob manifestissimas vitæ culpas, testatur Ughellus in Epis. Derthon., num. 32.

(*) A. 1 et 2, *Oreo*.

(12) Connotatur hic a Landulpho concilium alterum Mediolanense, ad quod solemnius celebrandum duplex in prato Brolii theatrum excitari jusserat Jordanus; de quo vide cap. 31.

(13) Fortasse *opulentia*, ut de Jordano paulo ante narratum est.

(14) Id est *discutiendæ*.

(15) Moratum fuisse Placentiæ Calixtum etiam transacto Dominicæ resurrectionis festo, colligitur ex diplomate ibidem *dato* IX *Kalend. Maii, indict.* XIII, *Incarn. Dom. anno* 1121 (æræ Pisanæ), *pontificatus anno* II, in favorem ecclesiæ S. Evasii de Casali, quod ex archivo ejusdem ecclesiæ adhuc ineditum inseruit historiæ suæ chronologicæ ms. prædictæ ecclesiæ Benedictus Collius ex oppido Lù Montisferrati, antiquitatis amantissimus, mihique humanissime communicavit.

(16) Calixtus Romam pervenit tertia Junii die, ut ex epist. Æginonis abbatis apud Baronium ad hunc annum 1120 constat.

(17) Quæ hic de Burdino pseudopontifice narrantur, non ad hunc ann. 1120, sed ad sequentem pertinent. Ex Falcone siquidem Beneventano habemus, eumdem victum armis, captumque Romam deductum fuisse, ibique ad IX Kal. Maii camelo impositum, ac per summam ignominiam vestibus exutum, turpissimum sui fecisse spectaculum. Pompam hanc publici ludibrii luculentius narrat card. Aragonius in Vita Calixti sup. cit. quem vide in tomo III.

(18) Locus corruptus; legendum *Cava*. In arce Fummonis prius conclusum, ac deinde ad Cavense monasterium perductum Burdinum, « ubi perseverans in sua rebellione vitam finivit, » legimus in card. Aragon. loc. cit. Rem aliter describit Baluzius, tom. III Miscell. Ait enim anno sequenti 1122, Burdinum a Calixto II de Cava extractum in Janula, quæ arx est in rupe imminente civitati Sancti Germani ad custodiam fuisse traditum, id asserente Anonymo Casinensi, quem edidit Antonius Caracciolus: denique hinc etiam eductum ab Honorio II, anno 1124, in arcem Fummonis non longe ab Alatro civitate in Hernicis translatum fuisse; ibique ad extremum usque senium perductum, tandem vivere desiisse.

CAP. XXXVI.—(1) Nempe Olricum vicedominum, cui Calixtus se injuncturum superiori capite pollicitus fuerat, ut e Placentia Mediolanum reversus pontificium mandatum Jordano renuntiaret, ne eidem Landulpho molestus esset, sed benignus.

(2) Obiit Jordanus archiepiscopus die 4 Octobris 1120, ut ex catalogis vetustis archiepisc. Mediol. colligitur; quocirca corrigendus est Calchus, qui Jordanum e vivis excessisse ante annum 1118 scribit; quomodo enim occurrere potuisset Calixto II, Terdonam adeunti anno 1120, ut superiori cap. narravit Landulphus, si biennio ante fato ereptus fuisset?

(3) Olricus iste, quem alii Henricum, Honorium, et Honoricum vocant, electus fuit Mediolani archiepiscopus die 17 Novembris anni ejusdem 1120, non 1121, ut male asseruit Ughellus in eodem Olrico; id enim ex antiquis catalogis clare deducitur, ut videri potest in cit. Exegesi Papebrochii num. 106.

simili modo me gravavit, ut Jordanus, fere quia hic in communi officio, et beneficio cum ordinariis, et decumanis presbyteris non prohibuit. Verumtamen illo Olrico archiepiscopo sedente in Roma tunc cum papa Calixtus synodum Romæ celebravit (4), ego ab ecclesia mea exturbatus, et propriis meis rebus et allodiis exspoliatus, coram D. papa Calixto, ejusque curia consedente in Lateranensi palatio causam meam notavi, et ut eam explicarem in synodo, synodum intravi. In qua synodo gratia antiquæ honestatis Mediolanensis Ecclesiæ (5), et condiscipulatus ejusdem Olrici valde condolui de perturbatione, quam Ravennas archiepiscopus faciebat sibi. Poscebat enim Ravennas locum sedendi in synodo ad dexteram apostolici nullo mediante, quem locum Grossulanus possedit quando restitutus fuit (6). Jordanus quoque, qui Grossulano successit, eumdem locum habuit. Tunc quando idem Grossulanus eumdem Jordanum deponere studuit (7). Hac itaque ratione, et multis aliis, quæ tunc in memoria non habebantur (8), dominus Olricus Mediolanensis archiepiscopus locum illum obtinere non dubitavit. Sed tamen ipse Mediolanensis Olricus in feria secunda, qua incœpta et celebrata fuit synodus (9), loco vacante, neque in palatio, neque in synodo apparuit. Synodus vero tunc in tertia feria non fuit: et idem Mediolanensis palatium non intravit; sed in quarta feria, dum synodus celebrata fuit, Olricus idem Mediolanensis archiepiscopus ad dexteram apostolici Calixti nullo mediante sedit.

CAPUT XXXVII.

Historicus sentit imperatorem, ad quem pergebat, defunctum. Olricus moritur. Anselmus eligitur in archiepiscopum.

Ego exspectans alteram diem convenientem meæ causæ, meæque querelæ, ex improviso vidi, et audivi, quod dominus papa gratia consecrandi altare (1) dissolvit synodum in ipsa die Mercurii, nec ultra ab eo synodum celebrari audivi, nec vidi. Sed sperans in Domino persensi quod dominus Olricus Mediolanensis archiepiscopus prout moris et legis consuetudo exigit (2), pro rege Henrico oravit, et ei ramos Palmarum per Landrianensem Thealdum Mediolanensis Ecclesiæ egregium notarium in Germaniam misit. Ego itaque ut ad ipsum regem pervenirem, et ei sicut patri

(4) Concilium hoc generale Lateranense primum anno 1122 Baronius affixit; sequenti tamen anno 1123 celebratum fuisse xv Kal. Aprilis ex antiquis scriptoribus evincit Pagius ad hunc ann. num. 1.

(5) Dignitas primatus Ecclesiæ Mediolanensis supra cæteras, post Romanam, Italiæ Ecclesias comprobata jam fuerat usque ab anno 501, 2 et 3, in tribus a Symmacho summo pontifice synodis celebratis, quibus præfuit Laurentius Mediolani archiepiscopus, primusque omnium et ante episcopum Ravennatem subscripsit, ut videri potest in Labbeo tom. IV conciliorum ad prædictos annos. Consule Puricellium, qui in Vita ejusdem Laurentii fuse hanc prærogativam nostræ Ecclesiæ contra Rubeum pro Ravennatibus pugnantem firmat, cap. 24.

(6) Anno videlicet 1105, quo Paschalis II synodum Romæ habuit, ut superius contra Puricellium eumdem anno 1103 figentem jam diximus.

(7) Nempe in alia synodo ab eodem Paschali anno 1116 celebrata, de qua recole cap. 29.

(8) Id præcipue memorandum erat quod Arnulphus tomo IV præsentis collectionis editus narrat, videlicet, cum Romæ imperiali diademate præcingendus foret Conradus (anno sæculi præcedentis 27) contendente Ravennate archipræsule Mediol. Heriberto apud sum. pontificem dexteræ honorem, statutum fuisse in plena synodo, « ut Ravennas nullo modo in æternum se Mediolanensi præferret antistiti. »

(9) Ex hoc Landulphi nostri loco morem in generalibus synodis servatum, ne unquam diebus Dominicis prima sessio inciperetur, Pagius confirmat num. 1 ad ann. 1123.

CAP. XXXVII. — (1) Card. Aragon. in Vita Calixti II, tomo III hujus collectionis edita hæc habet: « Hic a fundamento construxit in palatio Lateranensi capellam S. Nicolai, ad assiduum Romanorum pontificum usum. » Hoc itaque fuisse altare, cujus consecrandi gratia synodum in eodem palatio coactam dissolvit, valde verosimile est.

(2) Quæ fuerit lex ista, aut consuetudo, cujus inveterato usu archiepiscopo Mediolanensi munus illud incumberet, ut ramos Palmarum ad imperatorem transmitteret, ex historiis nostris colligi nequit. Id in honorem splendoremque Ecclesiæ Mediolanensis trahit Puricellius in Mon. bas. Ambr. num. 334; grandioribus ideo litteris hanc Landulphi periodum, non secus ac alteram de sede ad dexteram summi pontificis contra archiep. Ravennatem obtenta, imprimi curans. Fortasse opinari quis posset, quemadmodum mos antiquus obtinuit, ut Romani pontifices auream rosam quarta Quadragesimæ Dominica solemni ritu benedictam principibus viris dono mittant, ita inter reliqua Ambrosianæ Ecclesiæ decora hoc etiam connumeratum, ut præmissa precum celebritate lustrali aqua conspersi rami Palmarum Cæsari sacrum munus destinarentur. Attamen cum Beroldus, horum temporum scriptor sæpius relatus, ritum omnem Dominicæ Palmarum, ac reliquarum festivitatum describens, morem hunc adeo splendidum silentio prætereat, inani dicto onerare gloriam nostram non ausim. Certe in usu fuisse superioribus sæculis, ut rami Palmarum ad imperatorem mitterentur, luculentum nobis testimonium præfert epistola 32 Joannis papæ VIII ad Carolum Calvum imp. apud Labbeum tom. IX Concil., col. 28 relata, quæ sic incipit: « Inter cætera, quæ vera crescente religione ob olim ecclesiastica facta vestra pietati duximus intimanda, virentium vobis Palmarum ecce bravium mittimus; » et in decursu: « Optantes enim, vos de cunctis adversariis triumphare, nihil aptius vobis, quam ramos Palmarum duximus offerendum. » Cur autem Olricus noster hoc tantummodo tempore dicatur pro Henrico orasse, et palmæ donum deferri ad eumdem curavisse, ideo crediderim factum, quod imperator ille retroactis annis in schismate fuerat, atque ideo etiam Olricus Calixto II, vero Christi vicario, adhærens, eumdem in Italiæ regem minime recognoverit. Cum igitur in synodo Lateranensi inter sacerdotium et imperium firmata pax fuerit, et restituto in Ecclesiæ Rom. gratiam Henrico nullus jam obex adesset iis peragendis, quæ *mos, et legis consuetudo* exigebat, muneri statim suo satisfecit archiep. noster, publice pro ipso ad aras preces effundens, mittensque ad eumdem ramos Palmarum, quibus regiam Italici imperii dignitatem in ipso testaretur, simulque felicium eventuum omen præstaret, quemadmodum offerri palmam Galliæ regibus, cum primo solium adirent, Hincmarus tradit.

et domino meo causam meam notificarem, iter cum puero (3) subintravi, et vitans manus Cumanorum, qui tunc temporis guerram faciebant Mediolanensibus, Veronam adivi, ubi Bernardum episcopum (4), meum quondam gratum condiscipulum inveni, et per ipsum fere usque ad introitum episcopatus Tridentini bene fui. Et cum sperarem ibi in melius procedere, pie et tenere condolui super regis Henrici morte (5). Unde valde fessus redii ad domunculam meam cum mœrore : in qua ego sedens, et de solito more pro victu meo scribens, audivi voces, et fletus de morte Olrici archiepiscopi (6), et subsequenter compulsus a promiscuo sensu meæ cognationis et viciniæ, ab ipso officio meo surrexi, atque ad D. Anselmum de Pusterla a presbytero Nazario primicerio, et cæteris clericis ordinariis, et episcopis suffraganeis in archiepiscopum electum (7) perveni. De cujus Anselmi morte nimirum valde su-

(3) Id est *famulo* : servulos enim etiam senioris ætatis *pueros* a dominis dici asseruit S. Ambrosius lib. I, De Abraham c. 9, quod adnotatum velim etiam pro cæteris hujus hist. locis, in quibus hoc idem verbum occurrit.

(4) Præclaro genere apud Brixienses natum, ad Veronensem sedem promotum fuisse anno 1123, in eaque usque ad 1135 perdurasse, Ughellus auctor est in episc. Veronen., num. 78.

(5) Extremum diem clausit Henricus V Junior dictus anno 1125, x Kal. Junii, teste abbate Urspergensi, aliisque apud Pag. ad hunc annum, n. 7.

(6) Gravis controversia est inter historicos, quonam vere anno obierit Olricus. Pagius ad ann. 1120, n. 8, certum esse ait mortem ejus incidisse in an. 1122 (lege 1123, quo Olricum Lateranensi concilio interfuisse ipse Pagius testatur). In idem consentiunt Calchus, Sigonius, Puricellius, Ughellus, aliique. Sed contra stat auctoritas Landulphi facto præsentis, qui audita morte Henrici imperatoris, cum in confiniis Tridentini episcopatus moraretur, postmodum patriæ suæ restitutus, considensque in domo sua, ex ululatu et fletibus civium de Olrici obitu admonitus fuit. Itaque non ante an. 1125, quo sublatus fuit Henricus Cæsar, Olricum fatis concessisse dicendum est. Adde quod tabula synodalis aliique antiquiores archiepiscoporum Mediol. catalogi concordibus numeris 5 annos, menses 6, dies 11 regiminis Olrico tribuunt, unde sequitur obisse illum die 28 Maii an. 1126, ut in seq. not. accuratius ostendam. Abduxit celebres illos scriptores in eam opinionem, quæ præripit mortem Olrici, documentum a Puricellio relatum in Monum. basil. Ambr., n. 336, cui subscriptus legitur *Anselmus Mediolanensis archiep.*; nota autem anni eidem apposita est 1123; ex quo inferunt mortuum eo anno Olricum, electumque Anselmum ejus successorem. Sed ego adverto illud idem documentum inchoari nomine Olrici archiepiscopi, in eodem legi inter quatuordecim alios ibi nominatos : « Signum manuum Anselmi de Pusterla, Arialdi Grassi, etc. » Itaque rationabiliter credi debet scripturam illam fuisse conceptam primitus notato anno, quo erat archiepiscopus Olricus, et cum versaretur circa quasdam lites inter canonicos et monachos Ambrosianæ basilicæ, novis in dies intervenientibus difficultatibus protractam suspensamque tandiu hæsisse, donec, rebus omnibus sub Anselmo compositis, ejus ad archiepiscopatum evectio subscriptione fuerit firmata. Exemplum in promptu est ab ipso Puricellio desumptum. Profert ille Dissert. Nazar., c. 106, n. 8, duplicem chartam confectam anno 1173, in quarum utraque hoc ad calcem legitur : « Ego Algisius Mediolanensis archiepiscopus subscripsi ; » cum tamen certum sit S. Galdinum, cui Algisius successit, triennio adhuc in hujus Ecclesiæ regimine supervixisse, defunctum solummodo anno 1176. Non alia se via expedit Puricellius, nisi asserendo « binas illas Algisii subscriptiones non eo protinus factas tempore, quo documenta ipsa confecta fuere, sed post aliquos inde annos ; forte siquidem aliæ postea lites excitatæ fuerunt, quibus e medio tollendis prodesset subscriptionem illam (archiepiscopi) superaddi. » Hæc eadem in præsentis documenti controversia Puricellio reponimus. Mihi certe ex contextu ipso documentorum hæc videtur genuina solutio nodi, quem implicant notæ annorum hujusmodi, scripturis adjectæ ; nam conjectura illa utcunque erudita, quod viventibus adhuc Olrico et Galdino electi fuerint in archiepiscopos, ut vulgo dicimus, coadjutores, Anselmus et Algisius, nova omnino mihi videtur in hac Ambrosiana Ecclesia, in quam hujusmodi morem invectum credere vetat silentium veterum omnium ac recentium scriptorum, præcipue Landulphi nostri, qui et Anselmi electionem post mortem Olrici et eventus omnes etiam minoris momenti minutim describit, et substitutos absentibus archiepiscopis vicarios Grossulanum atque Ardericum, et expulso a Mediolanensibus Anselmo hoc eodem, suffectum notat administrationi Ecclesiæ Robaldum episcopum Albensem, quin tamen ullam de alia prævia Anselmi ante mortem Olrici electione faciat mentionem. At poeta anonymus coævus et ipse scriptor ad annum 1123, vocat Anselmum *archiepiscopum inthronizatum*. Non ignoro : sed quam obscure, quam involute scribit, ut arduum sit verum ejus sensum attingere ! Deinde nec novum, nec poetæ injuriosum est dicere quod figurate locutus fuerit, quatenus eo anno cum Olricum Romæ detineret Lateranense concilium, partes absentis archiepiscopi contra Comenses ageret Anselmus tam superbe, ut juxta vulgare proloquium *inthronizatus* dici posset. Valde autem historico nostro injuriosum esset suspicari quod rem tanti momenti, cujus nullum aliud exemplum fuerat in Ecclesia Mediolanensi, et quam ignorare non poterat, cum hujusmodi electiones fierent in publico populi conventu, negligenter omiserit. Fortius etiam ea conjectura eliditur in Algisio ; nam S. Galdini Vita, quam paulo post ejus obitum fuisse contextam Henschenius censet in Act. SS., ad diem 18 Apr., describens extremum diem quo S. Galdinus quievit, adhuc cimeliarchæ titulo Algisium notat, dum ait : « Quia corporis multa debilitate laborabat (Galdinus) missarum solemnia a supra memorato cimeliarcha, qui postea successit, celebrari præcepit. »

Præterea vetustiores catalogi Mediolanen. archiep. aperte tradunt denas hebdomadas ac dies quatuor intercessisse ab obitu S. Galdini ad electionem Algisii, et historici fere omnes Mediolanenses, quin et Sigonius et Ughellus asserunt in his comitiis divisum prius fuisse clerum, aliis archipresbyterum, aliis archidiaconum promoventibus, tandem, ne longius protraheretur electio, deflexisse omnes in electionem Algisii cimeliarchæ. His positis, an credi possit suffectus in archiepiscopum coadjutorem vivente adhuc S. Galdino, lector judicet, quem ne longius onerem, alia firmamenta omitto.

(7) Antequam diem electionis hujus Anselmi statuamus, cum omnia hic perturbata videam in exegesi archiep. Mediol. a Papebrochio edita, sicuti et a Puricellio, et Pagio, necessarium duco rem altius repetere, et collatis invicem catalogis quos Papebrochius et Mabillonius produxere, cum altero qui e bibliotheca capituli metropolitani eductus, fortasse etiam illis antiquior huic Collectioni insereretur, seriem antistitum nostrorum usque ad Obertum diligenti examine elucidare.

Certum est Jordanum, de quo superius mentio

spiro (8), quia licet ille fuerit mollis et dulcis suspectis meis, meisque adversariis, et suis proditoribus, tamen ipse non fuit ceu Jordanus furiosus, nec immemor mei, ceu Olricus. In illa enim die in qua electionem iste Anselmus archiepiscopatus suscepit, me, ut præessem suis capellanis (9), elegit, quorum capellanorum consilium, etsi non omnium, alienavit eum a me fere in omnibus, quæ ipse operatus est. In eo enim quo ipse festinavit ad confe- A rendam pacem Cumanis, quando eorum civitas ad destruendam capta fuit (10), mihi quippe placuit.

CAPUT XXXVIII.

Anselmus a Romano pontifice respuit stolam suscipere consentientibus Mediolanensibus, ne honor archiepiscopatus minuatur.

Sed cum idem archiepiscopus secutus consilium quorumdam capellanorum et primicerii, Petri vero

fuit, electum fuisse anno 1112 Kalend. Januarii, ut testis est Landulphus electioni huic tunc præsens. Cum igitur catalogi omnes in hoc conveniant, eum sedisse annis octo, mensibus novem, et diebus tribus, atque obiisse IV Nonas Octobris, constat eumdem mortuum an. 1120, die quarta mensis Octobris.

Sequitur Olricus, qui pariter concordes catalogi annos 5, menses 6, dies 11 sedis assignant; obiisse autem asserunt V Kal. Junii : retrocedendo itaque per hunc annorum et dierum numerum, reperimus, quod electus fuit anno 1120, die 17 Novembris, ita ut post Jordani mortem sedes vacaverit mens. 1, et dies 13, ac ipse Olricus obierit an. 1126, die 28 Maii.

Anselmus inde occurrit, in cujus regiminis tempore consentiunt catalogi, nisi quod ille a Papebrochio editus diem mortis XIX Kalend. Octobris designat; alter vero metropolitanæ diem 19 (intellige Kal.) Septembris statuit. Errorem tamen amanuensis in primo fuisse dilucide ostendit modus ipse numerandi, id est 19 ante Kalend. Octobris dies, qui in Septembris non reperitur, cum ille mensis habeat solummodo XVIII Kalendas; quocirca legendum est XIX Kalend. Septembris : id enim cum Landulpho nostro concordat, qui mense Augusto Anselmum hunc defunctum scribit; statuuntur autem Anselmo archiepiscopatus anni 10, mensis 1, et dies 14. Si itaque retrocedas a die quarta decima Augusti, qua obiit anno 1136, pervenies ad diem trigesimam Junii an. 1126 qua electus fuit, post mens. 1 ac dies 2 vacantis sedis a morte Olrici.

In catalogo Papebrochii, antequam de Anselmo sermo sit, hæc leguntur : « Ab electione Anselmi de Pusterla ad electionem Robaldi sunt anni novem, dies viginti novem, » quod in catalogo metropolitanæ et altero superiori tomo edito nequaquam exprimitur. Si igitur computus fiat ab hoc numero annorum et dierum, dicendum erit electionem Robaldi incidisse in annum 1135, die 29 Julii. Attamen hæc minime accommodari possunt cum reliqua lectione catalogorum, quorum alter, id est Papebrochii, statuit Robaldo regiminis ann. 11, mens. 4, dies 23; alter vero metropolitanæ, sicuti etiam Mabillonianus, 10 tantum annos ultra menses 4, et dies 26 assignant (quamvis crediderim errorem irrepsisse in illum numerum 11, qui in catalogo Papebrochii expressus est, cum ipse in elucidatione 10 tantum annos, ultra menses ac dies prædictos adnotet, sicuti etiam in numero dierum 23, in quo Papebrochius corrigendum ait Mabillonii catalogum, cum tamen Mabillonianus cum metropolitano omnino consentiat). Obiisse autem Robaldum omnes referunt III Kalend. Januarii; quapropter si hinc retrocedas, ad quartam Augusti diem anni 1135, te adductum videbis, atque ideo Robaldi electio, juxta hunc calculum, 5 diebus distaret ab eo annorum 9, et dierum 29 numero, quem superius in catalogo Papebrochii adnotatum vidimus. Rem tamen facile conciliari posse puto, si dicamus, ab altero diem electionis, ab altero adnotatum diem initæ sedis, a qua arcebatur canonum decreto, vetante ne unius Ecclesiæ episcopus ad aliam transferretur inconsulto summo pontifice. Ad ipsum autem Pisis morantem expediri legatio potuit statim ac de eligendo Albensi hoc episcopo a clero, et suffraganeis tractari cœpit, ita ut quinta post electionem die favorabili jam obtento Innocentii rescripto eumdem solemniter renuntiaverint archiepiscopum Mediolanensem, atque hinc desumpta fuerit ejusdem archiepiscopalis regiminis epocha. Certe in hac translatione Innocentii II placitum interfuisse testis est S. Bernardus in epist. de qua mentio erit cap. 42, num 18. B Quocirca dicendum, Robaldum electum anno 1135, die 29 Julii, et pontificio indulto ad sedem promotum die 4 Augusti, obiisse anno 1145, die 30 Decembris. Hoc unum adjicere libet, nullum difficultati propositæ locum futurum, si catalogum Actis Ecclesiæ Mediolanensis insertum sequi vellemus : in eo enim supra annos decem, integri menses quinque Robaldi sedi assignantur, quibus statutis, illummet diem 29 Julii (si emortualem excipias) attingeremus, quo post novem annos, ac dies 29 ab electione Anselmi donatum infula Mediolanensi Robaldum, Papebrochii catalogus docet. Sed cum in nullo veterum catalogorum id adnotatum viderim, hunc unum vadem hujusmodi firmandæ sententiæ accersere nolo.

Hæc placuit examinare unico tantum loco, ne repetita in subsequentibus capitibus discussio annorum, ubi de electione aut obitu nostrorum antistitum agitur, lectori fastidium crearet. Cæterum, ut, unde divertimus, redeamus, ex dictis perspicuum C fit, Anselmum de Pusterula electum fuisse die trigesima Junii anni 1126, non autem 1123, ut Pagius et Papebrochius, aliique sup. cit. credidere; cum Olricus eo tantum anno decesserit, quemadmodum satis superque probatum ex huc usque allatis crediderim. Hinc quoque eximi potest Ughellus a scrupulo illo, quo se vexari passus est, cum in Laudensibus episcopis num. 20 retulit documentum ab Olrico archiepiscopo nostro subscriptum anno 1125. In Appendice enim ad tom. IV primæ editionis corrigendum hunc annum affirmavit, ejusque loco reponendum 1123, quemadmodum etiam correctum fuit in nova Veneta editione, omissa omnino qualibet anni nota, ubi de Arderico Lauden. episc. agitur; sed frustra, ut dilucide jam ostendimus.

(8) De morte Anselmi, præter ea quæ adnotavimus num. superiore, disserendi locus erit, cap. 42.

(9) Etiam hinc non modicum lumen erui potest D ad assequendum tempus mortis Olrici, ac electionis Anselmi; cum enim superius dixerit Landulphus, se audito Henrici imp. obitu reversum fuisse in patriam, ac in domuncula sua considentem, victum pro more scribendo captasse, perspicuum est, eum neutiquam tum fuisse hujus præfecturæ honore ac beneficio insignitum. Debuit itaque Anselmi electio nonnisi mortuo Henrico accidisse, si illa eadem die, qua peracta est, designatus quoque Landulphus fuit, ut Anselmi capellanis præesset.

(10) Etiam in hoc excidii Comensis anno assignando in contrarias sententias dirimitur scriptorum agmen. Deletam fuisse ultimo prælio Comensem urbem anno 1127 graves auctores tradidere, Corius, Calchus, Sigonius, Jovius, Ballarinus, Tattus, aliique. Econtra auctor Chron. Flos Florum, Puricellius et Pagius sequenti tantum anno id peractum testantur. Item inter ipsos de hujus ruinæ mense non convenit; alii enim Martium, alii

Terdonensis episcopi, contra publicum interdictum (1) cleri et populi Mediolanensis Romam ivit (2), mihi quidem non sedit. Verumtamen ipse, ceu vir prudens et sapiens cum papa Honorio et cardinalibus ejus multa contulit, et conferendo ecclesiasticas consuetudines Ambrosianæ Ecclesiæ, et honores ejus archiepiscopatus et urbis vivis et bonis rationibus defendit (3). Unde ipse papa huic prudenti viro dixit : Frater meditatus (4), et episcopus venisti. Sed si vis frui auctoritate archiepiscopi in temporibus meis, necesse est ut stolam suscipias a manibus meis, aut sicut ego suscepi, ad altare sancti Petri. Hinc dominus iste Mediolanensis Robaldum (5) Albensem episcopum adjuravit, ut sibi consuleret. Tunc Robaldus ille Albensis sic ait : Quod prius sustineret nasum suum scindi usque ad oculos, quam daret sibi consilium, ut susciperet Romæ stolam, et Ecclesiæ Mediolanensi præpararet hanc novam et gravissimam, quam Honorius papa dicebat sibi imponere, mensuram. Mediolanum igitur iste Anselmus archiepiscopus sine stola rediit (6), et eumdem Albensem episcopum secum reduxit. Verumtamen archiepiscopalem sedem non ascendit (7), donec Ubertus de Meregnano ejus scriba non juravit, quod ipse Dominus suus Anselmus nulli minuimento honoris Ecclesiæ Mediolanensis consensit, et ad ipsum (8) Albensis ille episcopus Robaldus auctoritate sua confirmavit. Deinde pontifex iste Anselmus sedem, et Castella archiepiscopatus (9) in beneplacito cleri et populi recuperavit.

CAPUT XXXIX.

Anselmus archiepiscopus Conradum imperatorem coronat, quem Honorius papa rejicit, unde Anselmus jussu papæ excommunicatur.

Anselmus in Castellis (1) habitans intellexit quod clerus et populus Mediolanensis nobilem principem Conradum cum ecclesiastica pompa, et civili triumpho convenienle regi naturali (2) suscepit. Cum autem clerus et populus idem de coronando rege ipso tractaret, pontifex idem Anselmus a Leuco descendit ad Modoetiam, qui est primus locus coronæ regis Italiæ (3), ibique pernoctavit, et consilium redeundi ad montana suscepit. Et post

Julium designant. Ex Ottone Frisingen. colligi certe videtur eodem anno adventum Conradi in Italiam contigisse, quo eversa funditus urbs illa fuit. Ait enim, lib. VII, cap. 17 : « Conradus a fratre ac quibusdam aliis rex creatus, Pyrenæum per jugum septimi montis, qua Rhenus et Ænus fluvii oriuntur, transcendit, ubi a Mediolanensibus, qui *tunc* Comense bellum per decem annos pro afflictione populi utriusque civitatis miserrime protractum, capta ac deleta urbe prospere consummarunt, honorifice suscipitur. » Cum igitur Conradum descendisse in Italiam anno 1128 tradat abbas Ursperg. *de annis Lotharii*, et alii passim scriptores, eodem quoque anno dicendum est Comensem urbem direptam, ac solo æquatam fuisse. Porro particula illa *tunc* minus apte apposita videretur, si a Comensi excidio ad Italicum iter Conradi præterfluxisset integer ferme annus. Præterea decem annorum spatium, per quos actum id bellum Frisingensis testatur, nonnisi huic anno accommodari facile potest, cum inceptum dixerimus anno 1118, postquam mense Junio Romana ab urbe discessisset Henricus. Hæc sunt, quæ suadere hujusmodi sententiam valent; eaque adnotare volui, ne partibus meis deesse viderer, illa præteriens quæ ad veritatem propius consectandam ex historiis elucent. Cæterum scribentibus de patria sua magis deferendum esse, quam exteris, ultro profiteor; atque ideo libentius subscribam sententiæ, quam in commentariis ad poema de bello hoc Comensi amplexus est prælaudatus P. Joseph Maria Stampa. Imo ut amico huic doctissimo obsequium meum qualecunque tester, solidis argumentis ab eodem productis, ut epocham Comensis excidii superiori anno figendam probaret, id in præsens addo, quod P. A. Crispus in sua Insubrica historia manuscripta, Busti, vulgo dicti Arsitii, religiose asservata, testatum reliquit : cum videlicet in vico Olgiati Olonæ nostræ diœcesis, solo æquaretur antiquissima ecclesia B. Laurentio levitæ et martyri dicata, inventam fuisse tabulam marmoream in ingressu januæ majoris his litteris inscriptam :

† ANNO DNIC. INCAR. MILL. CENT. XXVII.

CVME DESTRVVNT. HEC PORTA ERIGIT.

CAP. XXXVIII. — (1) Intellige cleri ac populi reluctantis clamorem, ne Romam pergeret Anselmus pallium suscepturus, quod injuriosum Ecclesiæ Mediolanensi arbitrabantur, ut infra videbimus.

(2) Perrexisse ad Urbem Anselmum nostrum statim ac electus in archiepiscopum fuit, ut pallium a summo pontifice reportaret, ea docent quæ inferius narrantur. Cum igitur Honorium II, qui vigesima prima Decembris anni 1124 creatus est supremus pastor, adiisse dicatur, hinc etiam satis perspicue colligitur, Anselmi electionem longe posterius accidisse, quam Puricellius et Papebrochius asserebant. Certe hoc Anselmi ad Romanam urbem iter in annum 1125 conjiciunt Puricellius et Pagius. Juxta calculum vero ex antiquis catalogis superius deductum, nonnisi post mensem Junium sequentis anni 1126 Anselmum hunc Romam proficisci potuisse liquido constat.

(3) Consuetudo, honorque archiepiscopalis suæ dignitatis, quam apud Honorium et cardinales præcipue defendebat Anselmus ille, erat, quo donatam fuisse antiquitus Mediolanensem Ecclesiam ex historiis colligimus, ut videlicet pallium a summo pontifice nonnisi per legatos missum acciperet. Id in more positum reperimus usque ab anno 594, quo indictione XII scribens S. Gregorius Magnus Constantio episcopo Mediolanen. epist. 1, lib. IV, hæc habet : « Præterea pallium ad sacra missarum solemnia utendum ex more transmittimus. » Sæculo decimo, anno circiter 930 conservatam hanc honoris prærogativam Mediolanensi archiepiscopo legimus in Hist. Leodien. in qua Ratherius Veronensis primo, ac dein Leodiensis episcopus in epistola sua testatur, se Hilduino antistiti nostro pallium detulisse a Joanne XII ad eumdem transmissum, ut tomo III hujusmet collectionis, pag. 300, jam adnotavi. Proxime vero ad hunc Anselmum peculiaris decoris testimonium receperat ab Urbano II, Arnulphus hujus nominis III nec non Anselmus de Buis, et a Paschali II Grossulanus atque Jordanus, ut Landulphus noster narravit. Quanti vero momenti decus hoc foret ex Baronio intelligere possumus, qui ad ann. 1070 refert, Laufranco Cantuariensi archiepiscopo petenti, ut ab Alexandro II pallium mitteretur, negatum id fuisse, atque ab Hildebrando, archidiacono, postea Gregorio VII, in hæc verba rescriptum : « Necessarium nobis videtur vos apostolorum limina visitare. » Præclarius est quod in epistola sua apud Papebrochium in Exeg., num. 102, ad Arnulphum nostrum præmemoratum scribit Urbanus II : « Pallium fraternitati

trium dierum interpositionem castellum, quod dicitur Plebia (4) ascendit, ibi plures sonos sonoros (5) de coronando rege Conrado audivit. Et ego non in amaritudine ab ipso pontifice audivi, ut citissime Mediolanum adirem, et affectum civium omnium super hujusmodi regale negotium sibi renuntiarem. Tunc Unifredus Aboriti, et armiger ejus a vespera hora diei usque ad solis ortum mecum et cum puero meo requiem non habuit, sed ad plenitudinem concionis cleri et populi convocatam, et congregatam Mediolani quasi in hora tertia perveni, ubi clerus et populus quasi homo unus amplissime et mirifice collaudavit et conclamavit, ut archiepiscopus veniret, et principem illum coronaret. Ad hæc quoque Rogerius Clivellus nobilis miles et potens, populo circumstante ait : B Per corpus Domini, nisi voluntas Dei esset, ut hic nobilis dominus coronaretur, iste benedictus populus nequaquam ad laudem ejus ita concorditer clamaret. Causa itaque ista sic collaudata et statuta, Anselmus de Badaglo subdiaconus ordinarius, Guido de Landriano electus capitaneus, Guerenzus de Puzobonello vavassor (6) strenuus, Rubacastellus civis et eques nominatissimus, ex parte totius cleri et A populi legationem de collaudato et coronando rege Conrado pontifici Anselmo contulerunt. Qui cum esset in castro Plebiæ, et intendisset super horum legationem et meam relationem, et festinavit ad urbem. De cætero ipse quasi consentiens communi omnium gentium voto in ecclesia Sancti Michaelis (7), quæ est Modoetiæ benedixit, et unxit, et coronam electo Conrado in festo sancti Petri (8) posuit, altero episcopo astante regi coronando. In quo facto ego quippe piger non fui, sed ante ipsum pontificem, ipsumque coronatum ab ecclesia Sancti Michaelis pontificalem virgam in admirabili pompa (9) per Dei voluntatem congregata ad honorem illius regis usque ad ecclesias Sancti Joannis bona cum voluntate portavi, et in Sancti Joannis ecclesia (10) solemniter cum rege isto quamoptimo missam audivi. Eamdem quoque solemnitatem coronationis idem pontifex in ecclesia S. Ambrosii (11), me alibi non meo vitio (12) detento, celebravit. Verumtamen quidquid directe est actum in illo domino meo rege dilexi et diligo. Hunc namque gradientem per comitatus et marchias Lombardiæ (13), et Tusciæ comites, et marchiones cujuscunque nobilitatis viri potentes, et humiles cum gaudio sus-

tuæ, præter consuetudinem Romanæ Ecclesiæ, quæ nulli hoc dignitatis genus, nisi præsenti concedit, litteris tuis exorati ex apostolicæ sedis benedictione transmittimus. »

(4) Id est *rationibus præmunitus.*

(5) Seu *Robaldum.*

(6) De hoc Anselmi reditu Puricellius in Mon. basil. Ambr., num. 338, asserit sermonem haberi in catal. tam metropolitani archipresbyteri, quam urbis nostræ secretarii his verbis. : « Hic cum magna comitiva nobilium Mediolanensium in festo S. Michaelis per portam Ticinensem intrans in sede sua collocatur, ut mos est in talibus. » Si solemnem hunc ingressum tunc, cum ab urbe reverteretur, peregit Anselmus, fatendum est eum statim ac electus et consecratus fuit, Romanum iter arripuisse; antequam enim trium mensium spatium effluxisset, die 29 Septembris jam Mediolanum reversus erat.

(7) Non quia electus tantum foret, et nondum consecratus, ut a Puricellio traditum Pagius censuit ad ann. 1125, num. 20, cum eum jam ordinatum fuisse indicent ea verba : « Mediatus et episcopus venisti ; » sed quia clerus et populus eum Mediolanensis Ecclesiæ jura apud Romanum pontificem violasse reputaverat, ut infra declarat auctor noster.

(8) Lege *idipsum.*

(9) Totam ferme Verbani lacus oram cum adjacentibus oppidis atque arcibus paruisse archiepiscopo nostro jam docui in Append. ad vindic. corpor. SS. Gervas. et Protas., num. 29. Plura legi possunt in Corio primæ editionis 1503, pag. 85, ubi Cassonus Turrianus archiepiscopus in Matthæum vicecomitem sacris diris invectus, multa archiepiscopalis ditionis castella et loca enumerat, inquiens : « Tu, Matthæe, rem universam Angleriensem, Leucensem, Bellanensem, Vallasinensem, Cattanensem, Travalliensem, Brebiensem, quæ arces et loca sunt antiquitus ecclesiastici nostri juris, tenes. »

Cap. XXXIX. — (1) Archiepiscopalis nempe juris.

(2) Inter cætera, quæ Conradus armaverat, ut ad imperium assumeretur, id etiam erat, quod ab Agnete Henrici senioris filia in lucem editus, atque ideo Henrici postremo defuncti sororius regnum sibi naturali jure competere affirmaret; inde etiam Mediolanenses Conradum tanquam regem suum naturalem susceperunt. Venisse autem Conradum in Italiam anno 1128 superius diximus : mensem quo apud Insubres fuit, nobis indicat Landulphus, cum illum infra asserat vigesima nona Junii die, C S. Petro sacra, Modoetiæ coronatum.

(3) Hinc redargui potest Onuphrius Panvinius, qui in lib. De comitiis imperatoriis, cap. 11 coronam ferream, qua inaugurari solent Italiæ reges, in usu fuisse ante Friderici II tempora Mediolani aut Modoetiæ nequaquam credidit. Solide illum refutavit quoque Puricellius in Mon. bas. Ambr., num. 343.

(4) Id est *Brebia*, oppidum non longe a Verbano lacu, antiquissimis monumentis refertum, atque olim celebre, nunc prope funditus dirutum, ut scribit Bonav. Castillioneus De Gallor. Insubr. antiq. sedib., col. mihi 373, qui nominis etymon et reliqua insignis antiquitatis vestigia ibidem manentia refert.

(5) Id est famam late diffusam communis plausus ac consilii Mediolanensium.

(6) Seu *valvassor*, nomen illo ævo notissimum, quo vassalli feudales majores aut minores indicabantur, ut ex Du Cangii Glossar.

D (7) Hujus ecclesiæ mentio fit in diplomate Clementis papæ III ad Obertum Modoetiensem archipresbyterum anno 1188 dato, et a Barthol. Zucchio cap. 20 exhibito ; eaque inter ecclesias post S. Joannem prima recensetur.

(8) Nempe die 29 Junii anni 1128, ut sup. notavimus.

(9) Seu potius *populi multitudine.*

(10) Ecclesia hæc antiquitate sua venerabilis, utpote a Theodelinda Langobardorum regina exstructa ac dotata, in præsens etiam celebris est, pontificalium insignium privilegio fulgens, et recentibus auri ac picturarum ornamentis in nobiliorem sacri cultus magnificentiam adducta.

(11) Nempe Mediolani, quod Sigonius omisit, Modoetiensem tantum Conradi coronationem ad hunc annum recensens.

(12) Id est *me legitime impedito.*

(13) Non tamen omnes : nonnullæ enim civitates

ceperunt, et amaverunt. Qui vero rebelles fuerunt, ejus acutissimi gladii fortitudinem senserunt, atque mortem et confusionem, ceu Anselmus marchio del Busco (14), et illustris... comes (15) susceperunt. Alter quorum Anselmus vitam et absolutionem suscepit per gratiam Mediolanensium, quibus in angustissimis præliis campestris ceu miles fortissimus profuit. Alter vero, scilicet comes, vel mortem sustinuit, ac sic benigne et fortiter agendo Romæ appropinquavit. Sed fortis manus Honorii papæ ipsum resupinavit (16), atque ad Germaniam, quasi ad sua propria loca redire fecit (17). Joannes igitur Cremensis cardinalis Romanus episcopos suffraganeos et comprovinciales Mediolanensis Ecclesiæ, ut excommunicaret Mediolan. pontificem convocavit Papiæ (18). Quibus convocatis, et cardinali, per plures viros et sacerdotes ipse pontifex Mediolanensis mandavit, ne præsumerent (19), sed ipsum per unius diei spatium exspectarent. At Papienses, Cremonenses, Novarienses quoque et eorum episcopi, et aliarum civitatum, prædicantes hoc regium opus Anselmi, contrarium Deo, et magno regi Lothario (20), nequaquam illius pontificis legationem susceperunt, sed ipsum præstante cardinali illo Joanne excommunicaverunt, et Mediolanensibus protegentibus castrum Cremæ (21) guerram facere statuerunt. Attamen in maxima parte Mediolanenses catholicam reverentiam (22), vivente papa Honorio, huic pontifici præbuerunt.

CAPUT XL.

Anselmus archiepiscopus Anacleto antipapæ adhæret, et ab ipso stolam recipit.

Honorio defuncto (1), Anacletus papa Romano-

pro Lothario stabant, ut ex Landulpho ipso in fine hujusmet capitis colligi potest. Exstat in codice Babembergensi apud Eccardum loc. cit., col 361. Epistola Litifredi Novariensis episc. ad eumdem Lotharium scripta, in qua hæc habentur: « Excellentia vestra pro certo cognoscat quod Novaria, Papia, Placentia, Cremona et Brixia, civitates Italiæ firmiter fidelitatem vestram custodiunt, et adventum vestrum unanimiter cupiunt. Conradus autem Mediolanensium idolum, ab eis tamen relictum, qui arrepta fuga solum Parmæ habet refugium ubi tam pauper, tamque paucis stipatus viliter moratur, quod ab uno loco ad alium vix fama ejus extenditur. »

(14) *Boschum* locus est in agro Alexandrino ad Orbam fluvium in limite ditionis Genuensis et Montisferrati, olim hujusmodi marchionum dominio et sede celebris, quorum splendorum et jura amplissima describit Hieron. Ghilinus in Annalib. Italicis Alexandrinæ urbis postremo folio, asserens locum ipsum in quo excitata fuit prædicta civitas, illorum ditioni tunc paruisse.

(15) Hujus comitis nomen, quod in archetypo temporum vetustate abraso intercidit, ex cerebro suo supplere conatus est recens auctor Alex. Maximil. de Bode, qui in Dissert. jur. public. de Etruriæ ducatu edita Halæ Magdeburg. anno 1722, cap. 1, § 22, pag. 22 hæc ait: « Verisimile est, illustrem comitem, cujus nomen in Landulphi junioris ms. legi non potuit, Albertum fuisse, seu Ingelbertum, quem Honorius II papa in Tusciæ terra marchionem, et sui vicarium habuerat. Saltem Muratorius chartam hujus Alberti refert, in qua se cooperante gratia, et beati Petri, et domini papæ Honorii, ejus vicarii munere ad hujus honoris fastigia provectum fatetur. » Fluxa tamen opinio hæc est: illustris enim comes, de quo in ms. nostro fit mentio, jussu Conradi multatus gladio dicitur a Landulpho, certe ante annum 1130, quo Conradus ab Honorio II repulsus in Germaniam redierat. Non ergo esse potuit Albertus ille marchio quem adhuc floruisse anno 1135, imo etiam 1146 clariss. Muratorius cap. eod. 30 Antiquit. Esten., pag. 293 et 94, ex documentis ibidem indicatis colligit. Idem de Ingelberto dicendum, quem adhuc viventem anno 1137 (rectius 1135) refert Annalista Saxo apud Eccardum in Hist. medii ævi, nec non Pagius ad ann. 1134, num. 1 ex Chronicis Pisanis genuinis ab Ughello relatis, nonnulla de hoc Ingelberto dilucidius proferens. Quis autem fuerit iste comes, nihil in ms. nostro innuitur, ex quo securum de illo judicium capi possit: quocirca nolo cæcorum more in aere digladiari.

(16) Id est a proposito devolvit. Cur autem Honorius papa Conrado infensus esset, magis notum est, quam ut referri debeat. Lotharius enim II in imperatorem electus fuerat anno 1125 tertio Kal. Septembris, ac Idibus ejusdem mensis Aquisgrani in Germaniæ regem inunctus, id approbante per legatos suos Eurardum et Romanum Honorio. Conradus vero, qui post Fridericum fratrem suum in Lotharium insurrexerat, ab Honorio excommunicationis sententia perculsus est, ut Otho Frisingen. ejusdem Conradi uterinus frater lib. VII, cap. 17, narrat. Atque hoc fortasse telum fuit, quo repulsum a Romanæ urbis ingressu Conradum refert auctor noster, cum armis contra eumdem conflixisse Honorium nusquam apud scriptores invenerim.

(17) Anno 1129 Italiam adhuc contra Lotharium obtinebat Conradus, ut testatur ad hunc ann. Sigonius; imo neque recesserat Septembri mense. Exstat enim in Hist. Mathildis a Francisco Maria Florentinio compacta, lib. II, pag. mihi 346, ejusdem diploma datum Lucæ, ubi tunc ipse morabatur, 4 Septembris 1129, in quo nonnulla monasterio S. Pontiani largitur. Intra tempus tamen, quod ab hoc mense ad obitum Honorii sub initium anni 1130 defuncti superfuit, rediisse Conradum in Germaniam dicendum est, si ab Honorio compulsus fuit illuc proficisci, ut narrat noster Landulphus: quod non advertit Puricellius, qui in Mon. bas. Ambros. num. 353. rediisse in Germaniam Conradum scribit paulo ante quam Innocentius II e Gallia veniens Genuam appelleret, id est anno 1132.

(18) Concilium hoc provincialium episcoporum convocatum fuisse Papiæ anno 1128 Pagius ad hunc ann. num. 14 tradit. Illud tamen in sequentem annum referendum videtur, cum auctor noster, post discessum Conradi ab Italia, quem vergente in finem anno 1129 contigisse ostendimus, congregatam hanc synodum narret. Et valde credibile est, nonnisi expulso ab Italia Conrado processisse Honorium ad plectendum Anselmum illius fautorem.

(19) Id est ne præcipites in proferenda sententia forent, ipso absente, ac inaudito.

(20) Hinc patet a prædictis urbibus, ut supra innuimus minime susceptum Conradum, cum Lotharium regem publice profiterentur.

(21) Antonius Campus in Hist. Cremonen. ad ann. 1129 refert Cremenses Ecclesiæ Cremonensi subditos, nulla justa premente causa, rebelles ab eadem temere descivisse, ac fœdus cum Mediolanensibus tunc Cremonensium hostibus percussisse, atque ideo ab indignatis Cremonensibus, ut se ab injuria vindicarent, contra ipsos bellum indictum.

(22) Tanquam legitimo suo pastori.

CAP. XL. — (1) Obiit Honorius II die 14 Februarii anni 1130, ut recte Pagius contendit ad hunc ann., num. 1 et 2.

rum secundus (2) huic Mediolanensi stolam (3) per suos idoneos nuntios, videlicet, Joannem Palæstinæ (4) episcopum, et Beltramum subdiaconum Romanum mandavit (5); quam stolam ipse Anselmus pontifex clero et populo Mediolanensi circumstante et collaudante Anacletum papam, ejusque legatos et legationem reverenter suscepit. Pars vero sibi adversa inde magis detrahere cœpit. At plenitudo cleri et populi ad eum concurrebat, timorem quoque et reverentiam regi Conrado et papæ Anacleto ex dilectione portabat (6). Et dum hic spes fuit (7) in plenitudine Ecclesiæ, et civitatis Mediolani, et venditiones (8), et privilegia, quæ egregii capitanei de Besana (9), et de Porta Orientali (10), atque Lomagna (11), et Gregorius papa septimus, et Urbanus papa secundus presbytero Liprando fecerunt (12) vim suam obtinuerunt, et oculi omnium latuerunt (13), nulla guerra Mediolanenses ignominiavit, sed Papensibus, Cremonensibus, Novariensibus, cunctisque suis inimicis late et splendidi ipsi Mediolanenses perstiterunt (14).

CAPUT XLI.

Clerus Mediolani Anselmum de archiepiscopatu pellit. Papa Innocentius id confirmat, et B. Bernardum Mediolanum mittit.

At ubi Anselmus archiepiscopus contra ipsas venditiones, et privilegia facere voluit, et fecit, et multitudo cleri et populi, atque consulum ipsas venditiones, et privilegia legere voluit, contigit, quod quidam manipulus militum Mediolanensium captus est a *Mediolanensibus* (1), et plures de ordinariis decumanis sacerdotibus cœperunt nescio quo spiritu super causa regis Conradi ridere, et causam Anacleti latenter spernere. Hic Anselmus archiepiscopus

(2) Sequenti post Honorii mortem die, id est 15 Februarii, electus fuerat in Romanum pontificem Gregorius diac. card. S. Angeli sub nomine Innocentii II, vir tanta morum integritate conspicuus, « ut unicus unicæ dignitati divina jam videretur providentia præformatus, » teste Arnulpho Sagiensi superius edito tom. III, pag. 423. At postridie ad Innocentii electionem id est 16 Februarii in S. Petri cathedram intrusus est Petrus Petri Leonis filius, presb. card. tit. S. Mariæ trans Tiberim flagitiis omnibus deturpatus (ut cap. 5 idem Arnulphus describit) Anacletus II dictus; proinde non papa, ut in hoc ms. legitur, sed pseudopapa procul dubio appellandus.

(3) Quam videlicet ab Honorii II manibus sumere Anselmus detrectaverat, ut cap. 38 narravit Landulphus.

(4) Lege *Prænestinæ* Ecclesiæ non episcopum, sed pseudoepiscopum. Legitimus enim illius Ecclesiæ antistes tunc erat Guillelmus, qui in vita Innocentii II a card. Aragonio conscripta, et tertio tomo pag. 434 inserta, primus numeratur inter cardinales, qui ejusdem canonicæ electioni adfuere: quocirca credi potest in hujusmet electionis odium creatus alter Prænestinus episcopus, ac fortasse ille idem Joannes, quem a pseudopontifice Anacleto Sabbato sancto anni 1130, una cum aliis renuntiatum presb. cardinalem tit. S. Pudentianæ refert Oldoinus.

(5) Festinati hujus muneris causam prodit Sigonius ad ann. 1130. Anacletus enim ut in occupata dignitate pontificia sese firmaret, instituit adversam partem sacris censuris premere, « et ad causam suam amicos, quamplurimos potuit, aggregare. » Eumdem Anselmum ab Anacleto cardinalem quoque creatum fuisse docet Oldoinus loco cit.

(6) Pessimæ hujus dilectionis auctorem Anselmum archiepiscopum facit Sigonius loc. cit. inquiens: « Anselmus Mediolanensis archiepiscopus ei (id est Anacleto) se tradidit, atque una secum populum Mediolanensem, ac plerosque Lombardiæ episcopos traxit. »

(7) Alterum ex bibl. Ambr. mss. habet *dum hic spiritus fuit*, quæ lectio dilucidiorem sensum Landulphi facit in hunc modum, « dum videlicet spiritus concordiæ (licet pessimæ) vigeret in universo ferme clero et populo pacifice Anacleto, et Conrado adhærenti. » Auctor enim noster ex ejusdem asseclis erat, Anacletum, ut vidimus, *papam* vocans, et credens.

(8) Quod præstatur domino feudali pro distractionis seu venditionis prædii facultate, ut explicat Du Cangius in Glossar.

(9) Institutos fuisse a Landulpho archiepiscopo nostro, anno 979 electo, plebium capitaneos, qui ab eisdem postea cognomentum accepere, ut capitanei de Incino, de Missalia, de Meregnano, auctor est Galv. Flamma in Chron. maj. cap. 712. Besana vero est vicus nostræ diœcesis in plebe Aliati.

(10) Etiam cuilibet urbis Mediolanensis portæ assignatos fuisse antiquitus suos capitaneos, docet idem Galvaneus Flamma ibidem cap. 698 et 845, rudia quædam carmina, quæ nobiles familias enuntiant sua ætate in id munus adlectas, proferens in Chronic. extravag., quæst. 18, videlicet:

Ex senis portis sumptos capitaneos urbis
Novæ, Cumæ, Ticinis, Orientis, Romæ, Vercellis,
Turres, Badagios, Busti, Oriens, Carrogia, Crassos.

(11) Pagus est agri Mediolanensis in Missaliæ Plebe.

(12) Pontificia hæc diplomata jam Landulphus retulit cap. 6 et 8.

(13) Sensus est: « Vim suam obtinuerunt, quamvis nec producta, nec quæsita fuissent, » ut initio cap. seq. ex verbo illo *legere* clare colligitur, nisi forte ibi legendum sit *lædere*, hic vero *patuerunt*.

(14) Lege *præstiterunt*, ut in aliis bibl. Ambr. mss.

Acta prospero eventu a Mediolanensibus bella, contra fœderatas Cremonæ, ac Papiæ urbes suscepta, luculenter describunt Antonius Campus in Hist. Cremon. ad ann. 1130 et Sigonius ad ann. 1131 et 1132. Cum Novariensibus singulari acie congressos fuisse Mediolanenses, in historiis neutiquam legi: auxiliares tamen illorum copias, iisdem quibus amicæ ipsis urbes perculsæ sunt, cladibus afflictas dubitari nequit, auctore nostro id confirmante.

Cap. XLI. (1) Lege *Cremonensibus*, ut in Ambros. mss.

Hæc autem ad annum 1133 referenda Pagius censet in crit. ad ann. 1130, num. 48 idque asserere consentaneum est historiæ auctoris nostri. Cum enim superiori anno adhuc splendide agerent Mediolanenses adversus hostes suos, terrorem undique ac cædes spargentes, ut in Sigonio legi potest, nonnisi post illum annum dicendum est, eosdem hac belli ignominia plecti cœpisse; præcipue cum hoc eodem anno constructum a Cremonensibus castrum Piceleonis, ut incursiones Mediolanensium facilius obtunderent supracit. auctores tradant; eo enim propugnaculo tutati, confidentius in hostes irruere potuerunt, et palantem fortasse Mediolanensium manipulum occupare, ac in triumphum Cremonam perducere.

multos sustinens stimulos, tandem presbyterum Azonem magistrum puerorum canentium principaliter in missa sacerdotum celebrantium corporis et sanguinis Christi sacrificia, et quosdam alios, qui fuerunt dolosi in celebratione coronæ regis Conradi, excommunicavit. Ex cujus excommunicationis radice circumcisi (2) Christum filium Virginis ignorant, et maxima pars Quiritum, et Longobardorum auctorem divinæ et humanæ legis minime amant, sine quibus auctoribus cœli vel terræ pace frui non possumus (3). En etiam nunc dissensio multa, et perniciosa nimirum orta est in Mediolanensi populo sub excommunicationis titulo, quia, si archiepiscopus excommunicavit hunc presbyterum et alios in pulpito S. Teglæ, et episcopi comprovinciales et suffraganei, sicut supra dictum est (4), excommunicaverunt illum Papiæ. Ordinarii itaque et decumani sacerdotes, et cæteri faventes papæ Innocentio secundo, et insidias perpetrantes (*) hujusmodi archiepiscopo, suas pecunias effuderunt, et ipsas legis, et morum peritis, atque bellatoribus viris tribuerunt. Unde ipse archiepiscopus compulsus est intrare popularem concionem, ut ibi decertaret cum suis excommunicatis de excommunicatione. Cumque ipse exspectaret sagittas de justa aut injusta excommu-

A nicatione, Nazarius primicerius miræ calliditatis homo per prolixum sermonem cunctæ concioni induxit fastidium. Archipresbyter autem (**) Stephanus, qui cognominatur Guandeca, videns primicerium suum fastidiose fore locutum, vocem suam exaltavit, et contra archiepiscopum sic ait : Hoc, quod isti nolunt tibi dicere, ego dico : Tu es hæreticus, perjurus, sacrilegus, et aliis criminibus, quæ non sunt hic notanda, es reus. His auditis ex improviso archiepiscopus obstupuit. Archipresbyter vero ille habens textum Evangeliorum ad manum continuo juravit, quod ipse de istis rebus, quas dixerat esse in isto Anselmo, qui dicitur de Pusterla, in judicio episcopi Novariensis et Albanensis, qui sunt de suffraganeis Ecclesiæ Mediolani, staret. B Consules itaque Mediolani in concordia utriusque partis statuerunt, ut ipsi et alii suffraganei venirent. In statuta itaque die non solum suffraganei, sed quamplures pure induti rudi et inculta lana, et rasi insolita rasura concurrerunt (5). Cumque archiepiscopus iste Anselmus vidisset eos constare, et populo [videri] quasi si essent angeli de cœlis, ad ipsum populum ait : Omnes illi, quos hic videtis cum illis cappis albis et grisiis (6), hæretici [sunt].

(2) Num Judæos Mediolani tunc degentes innuit auctor noster? Eos certe in hac urbe constitisse retroactis sæculis, probat rescriptum Theodorici regis *Judæis Mediolanensibus* datum, quod lib. v Variar. Cassiodori legitur.

(3) Connotari in hac periodo Manichæos, « auctorem legis, aut Deum Veteris Testamenti rejicientes, qui tunc in illis partibus multiplicabantur, » credidit Pagius ad ann. 1135, num. 15, incongrue tamen, cum tunc temporis Quirites ac Langobardos turpi hoc errore maxima parte infectos nullus unquam asseruerit. Id enim longe ab hac ætate, sub initium videlicet sæculi superioris tantummodo accidisse testantur fragmenta Hist. Franc. apud Baron. ad ann. 1017, et Glaber lib. III, cap. 8. Obscurum itaque hunc auctoris nostri textum non aliter explicari posse crediderim, quam dicendo ex iteratis hisce, et contrariis inter se anathematum sententiis ita perturbatos animos fuisse, ut et Judæi in errore suo confirmarentur, et maxima Quiritum ac Langobardorum pars legitimum pontificem ignorans, a catholico erga Deum cultu averteretur, atque ideo violatæ humanæ ac divinæ legis rea sese infortuniis merito objiceret.

(4) Cap. videlicet 39.

(*) A. 1 et 2 *præparantes.*

(**) *In margine additur* decumanorum, *quod tamen in aliis mss. deest.*

(5) Puricellius in Mon. bas. Ambr., num. 358, censuit eos, qui a Landulpho narrantur cum suffraganeis convenisse pure indutos *rudi et inculta lana* fuisse Cistercienses novitios, ad quos degentes apud Mediolanum et nuper conversos epistolam 134 direxit S. Bernardus. Contra Papebrochius in Exegesi, num. 116 insurgit, atque ex codice Humiliatorum a Puricellio ipso allegato in eam propendet sententiam, « ut non alios hoc loco indicari putet, quam sæculares magnates, et nobiles cives Mediolani, qui sub idem tempus a S. Bernardo Spiritu divino inebriati formam vivendi in habitu religioso cum suis familiis inhabitando sumpserunt, dicti *fratres S. Bernardi*, qui deinde fuerunt fundatores primi et secundi ordinis Humiliatorum. » Ut hoc fidentius statuat, id facit, « quod Cistercienses necdum Mediolani fundati erant, sed illuc primum introducti sunt post concilium Pisanum, nec pauci illi, quos in suo comitatu habuit S. Bernardus, potuerunt turbam hic indicatam facere. » Fallitur tamen vir doctissimus; C neque enim acta hæc sunt S. Bernardo Mediolani commorante, sed antequam ad concilium Pisanum proficisceretur, quo tempore nondum Mediolanum advenerat. Constat autem ex eadem epist. sup. cit., Mediolanenses legationem direxisse ad S. Bernardum, ut fortasse ipsum ad sedandam discordiam, quam nuper narravimus, Mediolanum accirent; quocirca de iis, qui in comitatu S. Bernardi erant, cum Mediolanum postea, Pisano concilio absoluto, advenit, sermo esse non potest. Præterea dici etiam nequit, qui hic memorantur, fuisse magnates ac nobiles cives Mediolani, qui *fratres S. Bernardi* postmodum sunt appellati, ac fundatores primi et secundi ordinis Humiliatorum exstitere. Id enim nonnisi post secundum S. Bernardi in hanc urbem adventum contigit, anno videlicet 1134, ut ex ipso Humiliatorum codice Puricellius affirmat, a cujus propterea sententia non esse recedendum existimo; quamvis enim verum sit, nonnisi anno 1135 seu D etiam 1136, ut idem Puricellius num. 385 contendit, primo conditum fuisse Clarævallense cœnobium Cisterciensis instituti, fuisse tamen Mediolani domicilium aliquod in suburbiis, in quo recepti jam essent Cistercienses, docet titulus ipse epistolæ supradictæ, quæ ita inscribitur *ad novitios apud Mediolanum conversos*; quod etiam Baronius diserte affirmavit : quidquid Ughellus dicat tom. IV Ital. sacr. existimans in hac epistola, *novitiorum* nomine intelligendos esse eos, qui S. Bernardi opera ad Pisanum concilium pergentis, recens conversi ejus se magisterio ex animo jam devovissent.

(6) Hinc etiam validum Puricellii sententiæ munimentum astruitur, Cistercienses videlicet fuisse eos, qui populo astabant. In Historia enim occidentali Jacobi de Vitriaco, prope medium sæculi subsequentis defuncti, cap. 19, ubi institutum et mores Cisterciensium viridi adhuc observantia florentium describuntur, inter alia hoc legitur : « Primi igitur

Inde simplices et compositi (7) ad expellendum et deponendum (8) bellum commoverunt. Verumtamen gladio Anselmi in die illa resistere non potuerunt. Sed mediante nocte per expansam pecuniam manus primicerii et presbyteri [archipresbyteri] Stephani fortissima in summo diluculo ipsum Anselmum a sede compulit : qui cum non invenerit quo declinaret, paternam suam domum intravit, factoque mane die altera idem Anselmus coram humili sua plebe in ecclesia sancti Ambrosii congregata, se præsente jurare fecit camerarium suum, ne iste dominus suus effugeret judicium ipse suffraganeorum, et coram eis responderet Stephano Guandeca dicto presbytero de iis rebus quas sibi objecerat, remota causa regis Conradi. Joannes autem de Rode unus de consulibus Mediolani reversus ad alteram partem, quæ cum miserat, de juramento isto Anselmi nihil retulit, sed ait : Dominus ille, ad quem me misistis, ad nullam rationem faciendam nobis venire promittit (9). Tunc qui in concione illa aderant, clamaverunt : Et ipse deinceps sit remotus a nobis. Ac sic quisque suffraganeus ad sedem suam rediit, nisi Robaldus Albanensis, qui in chrismate, et in cæteris episcopalibus officiis Ecclesiæ Mediolani subvenit (10). Anselmus autem ille quasi a cuncto clero

A et populo abjectus, et expulsus, ad solita castella archiepiscopatus exivit (11), in quibus qualemcunque requiem suscepit (12). Interim Innocentius papa Pisis synodum celebravit (13), in qua Robaldo episcopo Albanensi repræsentante (*), Tedaldus de Landriano (14) archipresbyter Ecclesiæ Mediolanensis, Amizo de la Sala archidiaconus, Anselmus de Rode levita ordinarius, et alii plures ejusdem Ecclesiæ ordinarii, et cum primicerio decumani sacerdotes contra solitum decus Mediolani, et ejus Ecclesiæ Innocentio papæ fidelitatem juraverunt (15). Cremonenses vero nequaquam propter hanc fidelitatem milites Mediolanenses, quos captos habebant, dimiserunt. Sed papa Innocentius depositionem (16) et expulsionem sæpe dicti Anselmi de Pusterla fir-
B mavit. Attamen prænominati, qui fidelitatem juraverant, timentes hos casus urbis, et Ecclesiæ Mediolani differebant redire Mediolanum, nisi haberent protectorem, qui coram populo Mediolani confirmaret Anselmi expulsionem, et in nihilum reduceret Conradi coronationem (17), et populum tantæ urbis convocaret, et confirmaret ad Lotharii imperatoris amorem, et ad ipsius Innocentii papæ unitatem. Ad hæc peragenda papa adeo idoneum angelum habuit, sicut Bernardus abbas Claræ-Vallensis fuit (18).

Cistercienses nigrum habitum in griseum commutantes, vetera reformare, et nova superaddere studuerunt; » griseus vero habitus non alius est, quam ex alba et nigra lana contextus.

(7) Id est universus cleri et populi cœtus.

(8) Nempe Anselmum.

(9) Quam verum sit, quod superius asseruit Landulphus, per *insidias* nempe actum esse cum Anselmo archiepiscopo, apertum hoc mendacium comprobat.

(10) Rogatus nempe a clero et populo, ut credi potest, ne repulso a sede Anselmo archiepiscopo, deserta jaceret Mediolanensis Ecclesia.

(11) Abjectum expulsumque a clero et populo Anselmum nonnisi anno 1134 pro certo habuit Puricellius loc. cit., num. 351. Econtra Papebrochius in Exeg., num. 107 et 114, diserte affirmat id pertinere ad annum 1132; deceptus tamen a præconcepta opinione (valide, ut arbitror, superius revulsa) quod videlicet Anselmus anno 1123 archiepiscopali auctus dignitate fuisset : inde enim numerandos censuit novem annos, qui ab electione illius ad electionem Robaldi, ut vices archiepiscopi gereret, in catalogis statuuntur. Mediam inter utrumque sententiam amplectitur Pagius ad ann. 1133, num. 18, eidem anno alligans hoc Anselmi infortunium; idque conformius esse reliquæ subjungendæ Landulphi historiæ ipse quoque crediderim.

(12) Hanc requiem habuit Anselmus non per duos annos, ut juxta calculum suum scripsit Papebrochius num. 117 suæ Exegesis, sed per illud temporis intervallum, quod ad concilii Pisani celebrationem effluxit; nec ita tenue esse debuit, ut quievisse expulsum archiepiscopum nostrum merito dici possit. Proinde hinc etiam explodendæ Puricellii sententiæ in superiori adnotatione relatæ argumentum desumitur.

(13) Cum Lotharius imperator anno 1133 Romæ constitisset imperiali etiam diademate pridie Nonas Junias ab Innocentio II solemniter præcinctus (quod perperam Cavitellus anno 1137 peractum dicit) spes erat, fore ut præsentia Cæsaris et armorum terrore, compulso ad meliora Anacleto, Ecclesiæ tandem tranquillitas redderetur. Sed prævalentibus adversæ partis viribus, et obdurato in schismate pseudopontificis animo pacis consilia eludente, satius habuit
C Lotharius in Germaniam reverti, Innocentius vero Pisas iterum se recipere, ubi tuto confidens concilium ex universo Occidente indixit, quod etiam tertio Kal. Junii anni 1134 celebravit, ut docet Pagius ad hunc ann., num. 1 et 2.

(*) A. 2 *præsente*.

(14) Missus hic fuerat ab Olrico archiepiscopo in Germaniam ad Henricum juniorem, cum tantummodo notariorum ordini (qui adhuc in Ambrosiana majori Ecclesia viget) ascriptus esset, ut cap. 37 vidimus. Dum itaque hic *archipresbyter Ecclesiæ Mediolanensis* dicitur, credi potest suffectus fuisse Stephano de Guandeca, quem anno elapso auctorem acerrimum suæ ab urbe expulsionis Anselmus habuerat.

(15) Quondam esset hoc *solitum decus Mediolani, et ejus Ecclesiæ*, quod violari auctor noster arbitrabatur, explicat Pagius ad ann. 1134, num. 6. « Mediolanenses enim, qui hactenus antiquam libertatem
D retinuerant, juramentum fidelitatis a Gregorio VII decretum, quod hodie a præsulibus exigitur, decori Ecclesiæ suæ adversari sibi persuadebant. »

(16) Ab archiepiscopatu Mediolanensi, a quo dejectus jam fuerat in publica concione cleri et populi hujus urbis, ac suffraganeorum antistitum conventu, ut paulo ante narratum est.

(17) Id est, propositum male susceptum in coronatione Conradi anno 1128 peracta, ipso Conrado repudiato, nunc ejurarent.

(18) Multis supplicationibus expetierant Mediolanenses S. Bernardum, ut schismatis conciliator ad urbem nostram se conferret, idque multo etiam antequam concilium Pisanum celebraretur, ut ex epist. 132 et duab. seqq. ejusdem S. abbatis constat. Nunc a latere suo directum Innocentius II ad reconciliandam hanc urbem S. Bernardum misit, teste Ernaldo in ejus Vita cap. 2, lib. II.

CAPUT XLII.

B. Bernardus facit Mediolanenses obedire Ecclesiæ et Lothario imperatori. Robaldus in archiepiscopum eligitur. Anselmus captus in Pado Romæ moritur.

Interea princeps Conradus altiori consilio potitus imperatoris Lotharii vexillifer est factus (1), et prænominatus abbas iste nil moratus cum Carnotensi episcopo (2), et Robaldo Albensi (3) Mediolanum intravit (4), quam civitatem nimirum, prout voluit, formavit. Ad nutum quidem hujus abbatis omnia ornamenta ecclesiastica, quæ auro et argento palliisque in ecclesia ipsius civitatis videbantur, quasi ab ipso abbate despecta in scrineis reclusa sunt; et non solum masculi, sed etiam mulieres tonsæ sunt, et ciliciis, et laneis vilissimis induti ad quælibet religiosa convertuntur, aqua in vinum mutatur, dæmones fugantur, contracti eriguntur (5), infirmi etiam a quacunque infirmitate similiter sanantur, et quoscunque captivos infirmos Mediolanenses habebant de inimicis suis in custodia abbas ipse solvit, et liberos dimisit, et tantum populum ad amorem imperatoris Lotharii, atque ad obedientiam Innocentii papæ per sacramentum panis, quod abbas ipse porrexit, confirmavit (6). Tandem idem populus, ut haberet abbatem illum in archiepiscopum (7) ad ecclesiam S. Laurentii (8), in qua erat hospitatus cum hymnis, et laudibus, et solito suo Kyr. (9) cucurrit. Quod abbas ille non tulit (10), sed ait : Ego in crastinum ascendam palafredum (11) meum, et si me extra vos portaverit (12), non ero vobis quod peti-

Cap XLII.—(1) Conradum regni et imperii æmulum in deditionem, et gratiam acceptum fuisse a Lothario, non anno 1133, ut fortasse vitio typographi in Pagio legitur ad ann. 1133, num. 12; sed sequenti 1134, ut Trithemius tradit in Chron. Hirsaugiensi. Chronographus Hildesheimensis apud eumdem Pag. loc. cit. narrat in festo S. Michaelis anni 1135 in loco, qui dicitur Mulenhusen, Conradum imperatori reconciliatum. Bis igitur debuit Conradus amicum fœdus cum Lothario iniisse (primæva pace anni 1134, ob aliquod interjectum dissidium, abrupta) si fides duobus hisce scriptoribus haberi debet. Nisi credere velimus, obedientiam primo a Conrado præstitam Lothario anno 1134, iterato postmodum sacramento, in publico principum conventu firmatam anno 1135. Quæcunque tamen causa fuerit hujus secundi congressus, de prima Conradi reconciliatione loqui auctorem nostrum, ex iis, quæ statim subdit, perspicue colligitur.

(2) Videlicet, *Gaufrido des Lieves*, qui ab anno 1116 usque ad 1138 Carnotensis Ecclesiæ regimini præfuit, ut in Gallia Christ. tom. II legitur.

(3) Eo videlicet, quem Anselmo deposito Mediolanenses delegerant vicarium archiepiscopalibus obeundis officiis.

(4) Soluto Pisano concilio statim festinasse ad hanc urbem S. Clarævallensem abbatem illomet anno 1134 auctores omnes tradunt. Adjecti fuere hujus pontificiæ legationis collegæ præter Gaufridum Carnotensem, Guido Pisanus, et Matthæus Albanensis episcopus S. R. E. cardinales, teste Ernaldo in Vita S. Bern., lib. II, cap. 2. Quæ autem fuerit Mediolanensium civium lætitia, et plausus in tanti viri adventu, explicari vix potest. Ad septem usque milliaria obvium eidem occurrisse populum tanta sexus omnis, ac conditionis frequentia, ut quasi de civitate migrasse videretur, Ernaldus idem testatur.

(5) Plura insignia miracula Mediolanensi in urbe a S. Bernardo peracta legi possunt in præcit. ejusdem Vita, ac in Puricellio in Mon. bas. Ambr. num. 363 et seqq.

(6) Rem ita narrat auctor ejusdem Vitæ : « Cum tractatum esset in publico de negotio, propter quod tam vir Dei quam cardinales advenerant, oblita fortitudinis suæ civitas, omni ferocitate deposita, se ita abbati substravit, ut obedientiæ eorum non incongrue ille posset aptari poetæ versiculus :

Jussa sequi tam velle mihi, quam posse necesse est.

Vide epist. 137 novæ edit. S. Bernardi, in qua ad imperatricem Ricizam ipsemet S. abbas scribit quæ acta ab ipso sunt in Mediolanensium reconciliatione.

(7) In assignando vacantis sedis tempore, quo S. Bernardo oblata est infula Mediolanensis, mire hallucinati sunt scriptores nostri. Bernardinus Corius ad ann. 1115, historiam omnem prævertens, statim post Jordanum archiepiscopum in hanc dignitatem vocatum sanctum Bernardum scribit, nulla prorsus mentione habita successoris Olrici; quo intolerabili errore Merula quoque non caret. Donatus Bossius, a se ipso dissentiens, in catalogo S. abbatem Henrico, seu Olrico anteponit, quem in Chronicis posteriorem fecerat. Sigonius ad ann. 1123, Morigia lib. II, Bugattus lib. III, Galesinius in tabula synodali, omnesque ferme recentiores archiepiscoporum Mediolanen. Catalogi ante Anselmum de Pusterula electionem hanc statuunt : quam falso tamen tradita hæc sint, Landulphus noster oculatus testis, vitaque ejusdem Clarævallensis abbatis a coævis scripta abunde probat ; nonnisi enim deposito Anselmo, susceptaque ad nos legatione post Pisanum concilium acclamatus in archiepiscopum fuit S. Bernardus anno eodem, quo Mediolanum primo se contulit 1134, ut ex historia hac constat, Pagiusque ac Puricellius testantur.

(8) Nempe *majoris* appellati, quæ altera est ex quatuor insignibus Mediolani basilicis.

(9) Cum non agatur hic de sacra aliqua supplicatione, sed de tumultuario populi accursu, dubitatio mihi suboritur, num hæc fortasse peculiaris esset acclamationis formula, quæ in electione archiepiscopi tunc temporis a Mediolanensi populo adhiberetur. Acclamatum quandoque in synodis hac voce *Kyrie eleison*, scribit Macrius in Hierol. De ea omnino silet Ferrarius in præclaro suo opere *De vet. acclamat. et plausu.* An recenseri ibidem mereatur mos iste urbis nostræ, lector decernat.

(10) Non Mediolanensi solummodo infulæ, sed et pluribus aliis sibi oblatis constanti honorum contemptu repulsam dedisse S. Bernardum, ab Ernaldo intelligimus, qui lib. II, cap. 4 ejusdem Vitæ hæc habet : « Quot Ecclesiæ destitutæ pastoribus eum sibi in episcopum elegerunt ? Elegit eum domestica Lingonensis Ecclesia, elegit Catalaunensis. Intra Italiam civitas Januensis, et Mediolanum metropolis Ligurum hunc optaverunt pastorem et magistrum. Remi nobilissima Franciæ civitas, secundæ Belgicæ provinciæ caput, ejus dominationem ambivit. Omnibus his vocationibus postpositis non sollicitavit animam ejus honor oblatus, nec motus est pes ejus ut inclinaret se ad gloriam, nec magis eum delectabat tiara et annulus, quam rastrum et sarculus. »

(11) Id est *equum gradarium*, de quo vide Du Cang. in Glossar.

(12) Incerta admodum est Puricellii conjectura, qui in Mon. bas. Ambr., num. 368 censet, S. Bernardum his verbis innuere voluisse, quod S. Ambrosio regimen Ecclesiæ Mediolanensis sibi oblatum recusanti contigerat, ut videlicet ab urbe fugiens, cum Ticinum attingere putaret, mane ad portam

tis, ac sic a Mediolano recessit (13). Sed quidam de discipulis ejus, qui remanserunt, per civitatem euntes, collectam multam de auro et argento, et rebus pluribus sibi fecerunt, et faciunt (14). Mediolanenses vero ordinarii, et decumani, qui papæ Innocentio fidelitatem juraverant, confortati de hac Mediolanensium conversione (15) fecerunt Litifredum Novariensem, Widonem Iporiensem, et alios suffraganeos venire Mediolanum, qui in consilio suo sublimaverunt Robaldum Albanensem episcopum in Mediolanensem archiepiscopum (16), habita securitate (*) retinendi, prout dicitur, Albanensem episcopatum (17). Isto sublimato Mediolanum super Cremonenses exercitum suum admovit (18), de quo exercitu ipsi Cremonenses apprehenderunt 150 mili- A tes in nocte errantes. Anselmus autem de Pusterla audiens et intelligens horum militum captionem *pli* (**), nullam suscepit consolationem contra Robaldi sublimationem (19), neque secundum consilium Alberti de Landriano, et amicorum ejus ambulavit. Sed credulus Ugoni suo Naso voluit cognoscere qualiter cum Anacleto papa (20) Romanorum posset procedere. Attamen ipse cum isto suo capellano ambulans Romam (21), in flumine Padi juxta Ferrariam a Gorio de Martinengo (22) captus est, et ad Innocentium papam transmissus, qui papa in mense Augusti a Pisis (23) illum captum Romam misit. Ibique, prout fama est, Anselmus ille in eodem mense in manu Petri Latri (24), qui procurator est Innocentii, vitam finivit (25).

civitatis Mediolanensis, quæ *Romana* dicitur, se adductum reperit. B

(13) Non acquievisse superius enuntiato S. abbatis responso Mediolanenses cives, atque ideo compulsum fuisse S. Bernardum latenter se ab hac urbe proripere, credere nos jubet id quod anonymus auctor ex ore ven. Ramaldi S. Bernardi socii, et facto præsentis, refert apud Manriq. in Annal. Cister. ad ann. 1134, cap. 2, videlicet Mediolanenses « ita sibi in ipso complacuisse, ut cum antea illum non vidissent, ingressum in urbem, mox in archiepiscopum unanimi consensu raperent potius quam eligerent : quod cum ille recusasset, parati erant omnino vim facere, nisi in fugam latenter evasisset. »

(14) Fortasse ad construendum cœnobium instituti sui, quod vere etiam profusa civium largitate conditum fuit biennio post extra urbem, *Claravallis* nomine indito, de quo vide Manriq. eod cap. 2 et seqq. C

(15) Exstat. epist. 132 S. Bernardi gratulationis plena ad clerum Mediolanensem.

(16) Electum fuisse Robaldum in archiepiscopum nostrum anno 1135, die 29 Julii, jam ostendimus, cap. 37.

(*) A. 1, *auctoritate.*

(17) De translatione hujus Albensis episcopi in archiepiscopum Mediolanensem nobis fidem facit S. Bernardus epist. 131 his verbis : « Si voluistis licuisse vobis, quod illicitum, nisi pro magna quidem necessitate, sacri canones judicant, translationem episcopi scilicet in archiepiscopatum, concessum est. » Atque hinc refellendum censeo tum Mabillonium in notis ad eamdem epist., tum Pagium ad ann. 1134, num. 18, qui asserunt hæc verba intelligenda esse de restitutione dignitatis archiepiscopalis, quæ ob schisma ab Innocentio II abrogata nostræ urbi fuerat. Loqui enim S. Bernardum, et Landulphum de Robaldo, qui cum episcopus esset D alterius urbis, ad nostram translatus est, cuilibet ipsorum verba perpendenti perspicuum esse potest. Utrum vero Albensem quoque episcopatum cum Mediolanensi simul retinuerit Robaldus, quemadmodum securitatem illum retinendi habuisse dicit auctor noster, apud nullum scriptorem inveni.

(18) S. Bernardus Mediolano recedens Papiam, et Cremonam adiit, ut diuturno bello, quod inter ipsas et Mediolanensem urbem exarserat, pace tandem firmata, finem imponeret, sed re infecta Mediolanum rediisse ipsemet profitetur S. abbas, Cremonensium contumaciam ad Innocentium II testatus his verbis : « Cremonenses induruerunt, et prosperitas eorum perdit eos; Mediolanenses contemnunt, et confidentia ipsorum seducit eos. Hi in curribus et equis spem suam ponentes meam frustraverunt, et laborem meum exinanierunt. » Hinc enatum esse B bellum, quod, Robaldo ad archiepiscopalem sedem erecto, contra Cremonenses Mediolanum promovit, credi potest, quamvis exitu infelici, ut mox narrabitur.

(**) A. 2, *probi*, melius *probe*; alterum ms. nihil legitur.

(19) Quæ nempe ipso rejecto ac deposito, facta a Mediolanensibus, ac confirmata ab Innocentio II fuerat.

(20) Quem ipse Anselmus in eo schismate contumax, atque ideo anathemate vinctus, pro vero pontifice habebat.

(21) Papebrochius in Exeg. num. 120 contendit legendum esse *Ravennam*, cum id dictare videatur ratio itineris hic descripti; sed pace viri doctissimi, non video cur emendanda sit hujusmodi lectio : neque enim iter describit Landulphus, sed mentem Anselmi connotat, Romam properare per Mantuanam ac Ferrariensem viam eligentis. C

(22) In Ambrosian. mss. *Goizo*. Inter cardinales ab Innocentio II creatos, Goizum presb. card. tit. S. Cæciliæ refert Oldoinus, eumque subscriptum pluribus ejusdem Innocentii, Cœlestini II ac Lucii II diplomatibus apud Ughellum videre licet. Fortasse ab hoc captus, transmissusque fuit ad Innocentium Anselmus noster.

(23) Usque ad Martium mensem anni 1137 moratum fuisse Pisis Innocentium II testis est Falco Beneventanus in Chron. Qui prædicto mense, indict. xv, Pisana civitate dimissa, Viterbium advenisse Innocentium scribit, ut cum Lothario, quem præcedenti anno in Italiam advocaverat, colloqueretur.

(24) Videtur ille esse, quem Lotharius imperator memorat in sua epist. apud Dacherium et Pagium ad ann. 1133, num. 7, quique ibidem inter obsides numeratur, quos una cum munitionibus sibi libere in manu oblatos ex parte Innocentii II ipsemet Cæsar D testatur, cum prædicto anno de schismate tollendo cum Anacleti fautoribus Romæ tractaret.

(25) Mortuum fuisse Anselmum die 14 Augusti ferme omnes historici ac catalogi asserunt. De anno gravior dissensio est apud scriptores. Tristanus Calchus et Morigia hist. Mediol. lib. II, cap. 2 obiisse Anselmum tradunt anno 1133. Sequentem annum ejusdem morti assignant Puricellius et Pagius, ac recentiores archiep. Mediolanen. catalogi. Papebrochius in Exeg., num. 120, eam in annum 1135 conjicit : neque enim, ut ipse ait, videtur, res tot tantasque a Landulpho narratas perfici potuisse illomet anno, quo celebratum est concilium Pisanum. Ego vero tum ex hoc ipso Papebrochii argumento, tum ex iis, quæ cap. 37, num. 7 accurate examinavi, serius etiam Anselmi obitum protrahendum censeo, nempe in annum 1136.

Cæterum quanti momenti sit ad illustrandam

CAPUT XLIII.

Robaldus Innocentio papæ fidelitatem jurat, Lotharium imperatorem sociat, et Cremonensium castra diruit.

His ita perpetratis ad captionem Anselmi de Pusterla, vexilla Mediolanensium, et eorum agmina capta aut fugata sunt a Papiensibus velut mitissima ovium pecora (1). Instantibus igitur iis infortuniis Mediolano, et Anselmo, prout supra dictum est, mortuo, Robaldus ejusdem civitatis archiepiscopus A Pisis Innocentio papæ juravit (2), et jurando libertatem Ecclesiæ Mediolanensi in contrarium convertit (3). Addito quoque isto infortunio (4) imperator Lotharius cum principibus cujuscunque dignitatis (5) venit in Longobardiam (6), in cujus castris iste Mediolani (7) cum suis suffraganeis ad nutum imperatoris circumferebatur, et circumferendo excommunicavit Cremonenses, quia non reddiderunt imperatori Mediolanenses Cremonensium vincula, et captionem sustinentes (8). Mediolanensium igitur

Mediolanensem Historiam scriptum hoc Landulphi nusquam magis, quam hoc loco discimus : tot enim commenta de Anselmo isto ubique in nostris Annalibus tradita occurrunt, ut eadem ex auctore hoc emendare necesse sit, ne posteritati amplius imponant. Coronatum ab Anselmo Mediolani Lotharium B imperatorem refert Calchus ad ann. 1123, et fidentissime Zucchius etiam Modoetiæ, Ottonem Frising. testem producens, cum nihil tale unquam narraverit scriptor ille, nec Lothario Anselmus adhæserit, Conrado addictissimus atque ob id etiam a sacris, et sede ipsa Mediolanensi repulsus. Absurdius est, quod tradit Ripamontius, lib. I Hist. Eccles. Mediol., part. II, ivisse videlicet Romam Anselmum petendæ a pontifice absolutionis gratia, ibique magna dignitate transegisse velut in altera patria reliquum vitæ tempus, assiduum pontifici Innocentio, qui amice illum liberaliterque tractavit. Innocentius enim nec Romæ tunc erat, nec diu in ea urbe supervixit Anselmus carceri mancipatus, ac mortuus illomet Augusti mense, quo Romam fuerat Pisis transmissus. Quid quod Morigia loc. cit. Galesinius in tabula synodali, et catalogus inscriptus successores S. Barnabæ testantur ab Anselmo S. Bernardum sæpenumero hospitio receptum, ejusque intuitu C Claravallense monasterium ab Anselmo Archinto constructum, atque dotatum. Figmenta omnia fœdissima, cum ex Landulpho constet, dejectum sede, atque extorrem fuisse hunc antistitem, antequam redux a Pisano concilio Mediolanum primo ingrederetur sanctus ille abbas. Adde a Calcho hunc Anselmum defunctum Mediolani affirmari, quo nihil a veritate magis alienum, ut exteros auctores prætereamus, Angelum nempe Manrique, qui in Annal. Cister. ad ann. 1134, cap. 2, num. 7, inter alia falso narrata de nostro Anselmo toto illo capite, scribit, eumdem sicuti schismatis socium ita ducem pœnitentiæ Mediolanensibus fuisse, unionisque et debitæ obedientiæ persuasorem, imo impetratum ab ipsis, ut in sede restitueretur : quæ quomodo cum auctoris nostri, de re sibi præsente scribentis, historia componi possint, prorsus non video; et Claudium Robertum, qui part. II Gall. Christ. sepultum illum scribit in monasterio a se condito Clarævallis : humatum namque Romæ in ecclesia S. Joannis Lateranensis docent catalogi vetustiores. Inde autem colligit Pagius ad ann. 1134, num. 12 pœnituisse Anselmum contumaciæ suæ, atque in catholica fide et unitate, anathemate solutum, obdormivisse.

Cap. XLIII. — (1) Profectum fuisse S. Bernardum Papiam, statim ac Mediolano recessit anno 1134, ut illam, sicuti et cæteras Lombardiæ civitates ad pacem componeret, superius vidimus. Id in urbe Ticinensi obtentum fuisse a S. abbate, credere licet ex ipsa S. Bernardi epistol. 314 novæ editionis, in qua de Cremonensium duritie apud Innocentium II, tantummodo conqueritur. Cum igitur motum rursus bellum contra Papienses post captum Anselmum, id est anno 1135, in Landupho legamus, dicendum, novis invicem simultatibus exortis, veteres iras revixisse, pugnasque instauratas; sed de his altum in historiis silentium.

(2) Cum auctor noster asserat, mortuo Anselmo Robaldum Pisas profectum fuisse ad Innocentium, ut coram ipso fidelitatis juramentum emitteret, liquido constat, nonnisi post Augustum mensem anni 1136, id contigisse.

(3) Quænam esset hæc libertas, quam violatam Mediolanenses autumabant, cap. 41 jam ex Pagio adnotavimus. Interim subjungere libet conjecturam, quam ad hunc locum Puricellius exposuit in mon. bas. Ambr. num. 376, videlicet Robaldum jurasse quidem summo pontifici fidelitatem, sed minime voluisse, honori Ecclesiæ Mediolanensis detractum. Cum enim ista ex veteri consuetudine peculiare id decus sibi venditaret, ut pallium archiepiscopale antistes noster non præsens e pontificis manu, sed absens per legatos susciperet, existimat Puricellius Robaldum hac in re constantem fuisse, memorem consilii, quod Anselmo decessori suo Romæ dederat, ut cap. 38 jam vidimus. Transmissum certe fuisse pallium ad archiepiscopum nostrum Robaldum, petente id Ecclesia Mediolanensi, testatur S. Bernardus in epist. sua 131 ad Mediolanenses, ubi inter cætera apostolicæ clementiæ munera, quæ inclytæ huic urbi Innocentius indulserat, hoc recenset : « In quo postremo quæcunque rationabilis petitio filiæ non dico repulsam, sed vel moram passa est apud piam matrem? En ad complementum pallium præsto est, plenitudo honoris. »

(4) Nempe amissione libertatis, ut credebant Mediolanenses, ob juramentum a Robaldo præstitum.

(5) Id est tam ecclesiasticis quam laicis, quorum plures nominantur in diplomate ipsius Lotharii dato pro Ecclesia Modoetiensi, infra memorando.

(6) Expeditionem hanc imperatoris in Italiam circa Assumptionem S. Mariæ anni 1136 contigisse, docet chronographus Hildesheimen. apud Pagium ad hunc ann., num. 1. In Lombardiam tamen serius se contulisse Lotharium, discimus tum ex historia hac Landulphi, tum ex diplomate, quod ab Ughello refertur tom. V Ital. sacræ, novæ edition. in epist. Veronen., col. 1013. Datum apud Procelum juxta D Miriticum (legendum juxta Mincium, ut ipse Ughellus col. 777. eum appellat) VII. Kal. Octobris. Unde corrigendum censeo Pagium, qui ad hunc eumd. ann. num. 5 tradit, Lotharium jam mense Augusto in Longobardia versatum esse. Nititur enim diplomate supradicto Lotharii ad Canonicos Modoetienses dato apud castrum S. Bassiani, quod tamen mense ac die caret.

(7) Intellige *archiepiscopus Robaldus.*

(8) Sigonius ad ann. 1136 narrat. « Statim ac Lotharius in Italiam venit, anxios ad eum Italicos convenisse, ac lites, quas initis dirimere certaminibus instituerant, continuo ad illius judicium revocasse. » Quæ ad Cremonenses spectant, Otto Frisingen. in Chron. lib. VII, cap. 19, in hunc modum refert : « Lotharius ad Padum usque progrediens, Caristallium (Guardastallum) cepit. Ibi Mediolanenses, et Cremonenses diuturnum inter sese bellum

exercitus confortatus præsentia imperatoris et vinculo excommunicationis, Sonzinum (9), Sanctumque Bassanum, et alia multa castella Cremonensium destruxerunt (10). Quibus destructis multitudo Mediolanensium ad civitatem rediit. Archiepiscopus vero, et quædam pars inclyta militiæ Mediolanensium cum imperatore in Roncalia (11) super Padum castrametati sunt; ibique per plures dies, et hebdomadas imperator curiam potestative (*) habuit, et leges dedit (12).

CAPUT XLIV.

Per imperatorem causa historici frustra consulibus Mediolani committitur.

Tunc ego quoque ibi per tres dies adfui, et licentiam lamentandi ad imperatorem a domino meo Conrado rege (1) præsente Sigifredo filio (2) ejus interprete suscepi, et principibus cujuscunque dignitatis circumsedentibus, et vocem meam audientibus sub tentorio imperatoris querelam de Andrea Sugaliola feci (3), quam querelam archiepiscopus Taurinensis (4) cum cæteris archiepiscopis et episcopis, aliisque litteratis viris intellexit, et me sicut vir prudens et sapiens interrogavit, et post meam responsionem domino imperatori causam meam per verba mihi barbara (5) revelavit, et dominus imperator secundum petitionem meam, prout pontifices mihi fidem fecerunt, imperavit consulibus Mediolanensibus, ut Mediolani causam meam juste et paterne tractarent. Sed nimirum (6) si cœtus consulum huic præcepto non obedivit, quia Arnaldus de Raude unus ex illis consulibus in auribus eorum sonuit, quod investituram de meo placito susceperat (7). Hoc quidem mens mea nullo modo novit, nec jure esse potuit, quia Arnaldus hujus Arnaldi avus Herlembaldum, protectorem presbyteri Liprandi occidit (8), ipsumque auctorem meæ causæ ad truncationem nasi et aurium, atque ad vincula et carceres violenter adduxit (9). Ardericus quoque hujus juvenis Arnaldi patruus, eumdem presbyterum ad ignem, per quem transivit (10), venire compulit. Ugo alter ejusdem Arnaldi patruus, Andream, de quo juste queror, non ratione, sed furiose protegit, et Arnaldus iste miræ calliditatis homo, cum nullum in mea causa habeat accessum, studet me, meamque causam impedire per hujusmodi investituræ verbum. Quapropter imperatoris præsentiam exspectavi (11).

habentes obvios habuit; discussaque utriusque urbis causa, Cremonenses a principibus Italiæ hostes judicantur, proscriptique discedunt. » Huic Lotharii decreto archiepiscopalis suæ auctoritatis sententiam, qua sacris quoque interdicerentur Cremonenses, anathemate sancitam Robaldus adjunxit.

(9) Famam huic loco non mediocrem fecit mortuum ibidem ac sepultum anno 1259, monstrum illud tyrannidis terrorque urbium finitimarum Ezellinus, seu Actiolinus, ut eum vocat Calchus.

(10) Ex agro Mantuano, ubi juxta Mincium Lotharius diploma supra memoratum dederat, ad castrum S. Bassani se contulit, ubi alterum diploma expedivit in favorem cleri ecclesiæ S. Joannis Baptistæ Modoetiensis, quod Bartholomæus Zucchius in Hist. coronæ ferreæ edidit, « datum anno Incarn. Dom. 1136, et actum apud castrum S. Bassani. » Cum itaque destructum fuisse a Mediolanensibus hoc castrum referat Landulphus *præsentia imperatoris confortatis*, credere possumus id contigisse Octobri mense, tum ex diplomate supra relato, datoque *juxta Mincium* VII Kal. Octobris, ex quo patet, illuc nec dum eo tempore Lotharium advenisse; tum ex legibus feudalibus datis in Ronchalia die 7 Novembris, quæ dilucide probant, Lotharium eo mense jam inde profectum.

(11) Locum istum Galliæ togatæ apud Placentiam urbem celebrem esse pluribus ibidem habitis imperatorum comitiis, cuique notum est.

(*) A. 1. *potestaturæ*.

(12) Feudales præcipue, datæ die 7 Novembris ejusdem anni 1136, ut diximus, quæ in novum juris civilis corpus illatæ sunt.

CAP. XLIV. — (1) Abdicaverat se multo jam ante, ut diximus, Italico regno Conradus, eumque exercitus sui ducem constituerat Lotharius. At Landulphus, qui summo erga illum amore rapiebatur, quemadmodum verba illa, cap. 39, hujus historiæ ostendunt : « Quidquid actum est in illo anno domino meo rege, et diligo, » eumdem etiam regia dignitate spoliatum, regem ex antiqua appellatione dicebat, colebatque.

(2) Nullum Conradi aut Lotharii filium nomine Sigifredum, historiæ quas viderim, memorant, cum illi Henricum ac Fridericum, huic vero Lotharium natos tantummodo assignent scriptores : quapropter honorarium fuisse ephebum, qui Teutonicæ linguæ interpretem, apud auctorem nostrum ageret, et eo *filii* nomine indicetur, hunc Sigifredum existimaverim. Si quis vero contendat reputandum eum esse vere filium Conradi, vel Lotharii, acceptam hujusmodi notitiam unice Landulpho debebit.

(3) A quo se exspoliatum fuisse omni ecclesiastico beneficio jam doluerat cap. 39 : intrusus enim fuerat in ejus juris ecclesiam S. Pauli a presbytero Nazario Muricula eamdem prius occupante, et ad primicerii dignitatem postea promoto.

(4) Error amanuensis, qui in omnia exemplaria irrepsit. Taurinensis enim Ecclesia nonnisi anno 1515, a Leone X archiepiscopali honore donata fuit. Arbertus autem tunc sedebat, anno 1128 electus, protractusque in annum 1147 ab Ughello in epis. Taurinen. num. 31.

(5) Facile *Teutonica*, quæ Landulpho illius idiomatis imperito barbara videbantur.

(6) Lege *nil mirum*, ut alibi etiam adnotavimus.

(7) Andræas nempe Sugaliola jam memoratus.

(8) Herlembaldus apostolicæ sedis contra Nicolaitas vexillifer, in plebis tumultu contra ipsum excitato pluribus confossus ictibus ceciderat anno 1075, ut superius monui. Ex nostro Landulpho præcipuum tam nefariæ cædis auctorem intelligimus, Arnaldum nempe seniorem de Raude, quod idem prodidit quoque Galvaneus Flamma in Chron. maj. cap. 250, tanquam ex Chronica Kalendaria desumptum, non Arnaldum tamen, sed Arialdum eum appellans.

(9) De probris hisce, ac vulneribus Liprando illatis ob sacerdotum castimoniam strenue propugnatam, nonnulla legi possunt in adnotationibus ad cap 1, et fuse in Puricell. loc. cit.

(10) Vide cap. 10.

(11) Venisse ad hanc urbem Lotharium, atque Italica redimitum corona fuisse a Robaldo ibidem primo, ac postmodum Modoetiæ, ultro admisit Puricellus num. 582, in eo tantummodo Zucchium, aliosque id asserentes reprehendens, quod Anselmum hujus solemnis inaugurationis auctorem faciant. Ego tamen, si quid sapio, ne exceptum quidem Mediolani Lotharium crediderim. Antiqui enim scriptores de hoc adventu in urbem nostram silent, seriesque itineris hucusque

CAPUT XLV.

Lotharius Papiensibus fusis Mediolanum venit (1).

Lotharius postmodum imperator in quarta die, quæ fuit dies Sabbati (2) post meam querelam, secus Papiam est castrametatus ad locum qui dicitur Lardiracus (3), super flumen Oronam positus (4). Cumque imperator ibi pernoctasset, et diem Dominicam (5) quasi dimidiasset, militia ejus cucurrit ad Papienses, qui armati exierunt (6). In prælio illo fortissima manus principis Conradi quamplures de Papiensibus ejecit, et comprehendit, neque a prælio se subtraxit, donec Papienses fere ad muros civitatis conculcavit, et appropinquavit. Tunc Papienses valde perterriti, et metuentes hostilem exercitum Mediolanensium concurrentium ad imperatoris triumphum, in primo diluculo secundæ feriæ (7) cum maxima devotione (8) reddiderunt imperatori quotquot habebant de Mediolanensibus in sua captione (9). Imperator commotus maxima pietate Papienses eadem die a sua custodia solvit, et liberos dimisit, et die altera (10) sua castra amovit, et ad locum qui dicitur Abbiate Crassum (11), pervenit, et omnis multitudo Mediolanensium cum suis militibus a captione Papiensium liberatis rediit Mediolanum. De cætero imperator Ticinum, atque Padum (12) ad suum commodum transivit (13).

descripti, ac describendi credere id vetat, cum e Ronchalia ad Lardiracum secus Papiam processerit die 14 Novembris, ut cap. seq. dicemus: inde vero die 17 ejusdem mensis ad oppidum Abbiati Crassi se contulerit, ac statim Vercellas et Taurinum, ut ex annalista Sax. et Othone Frising. testatum habemus. Modica tamen ibidem Lotharii mora esse debuit, cum paulo post Placentiam, Parmam, ac Regium adierit, ubi Decembrem transegit, Saxone citato et Sigonio adnotantibus. Exstat ejusdem diploma datum Regii XVI Kal. Januarii apud Ughell., tom. II, col. 288 novæ editionis. Januario anni sequentis 1137, Ravennam in hiberna perrexit; inde Campaniam et Apuliam peragravit, post multa per Flaminiam, Picenum, Umbriam, aliasque regiones itinera peracta, quæ in Sigonio, et aliis legi possunt. In Germaniam inde rediens apud Tridentum in vilissima casa, miseram humanæ conditionis relinquens memoriam, ut Frisingensis loquitur, obiit pridie Non. Decembris anni 1137. Nullus igitur suscipiendæ Modoetiæ, aut Mediolani Italicæ coronæ locus esse potest in hac Lotharicæ expeditionis historia: quod vero scribit Sigonius Lotharium in reditu Mediolanum accessisse, belloque, Novembri mense, in Cremonenses moto, Soncinum, Bassianum, multaque alia ex eorum jurisdictione castra delevisse, anachronismo laborat. Acta enim hæc sunt anno superiore 1136, antequam in Roncalias proficisceretur ibique leges conderet ille imperator, ut ex Landulpho nostro constat; ex quo item corrige Campum et Cavitellum similia narrantes.

Præterea mirum valde esset, quod Landulphus historiam suam prosecutus usque ad annum 1137, atque ubique imperatorem conveniens, ut causam suam peroraret, nullum de ejusdem adventu in hanc urbem verbum proferret, nullam de accepto Mediolani, ac Modoetiæ regio serto memorem vocem suis inscriptis relinqueret, cum alias hujusmodi regum inaugurationes utrobique peractas non tam retulerit, sed minutim etiam descripserit. Porro tanti momenti hoc silentium Pagio visum est, ut coronationem hanc omnino commentitiam affirmet ad an. 1134, num. 19. Hæc tamen dicta sint quin mihi id invidiæ tribuatur, ac si gloriam hanc ab urbe nostra, ac Modoetiensi oppido propulsare voluerim. Veritatem siquidem consectari studeo, utique libentissime manus daturus, si validiora ad novum hoc decus patriæ meæ, ac Modoetiæ vindicandum argumenta emergant.

Cap. XLV. — (1) Male ab amanuensi aliquo appositum fuisse hunc titulum docet tum Landulphus, apud quem nullum de Mediolano verbum, tum superioris capitis postrema adnotatio.

(2) Contulerat se in Ronchaliam Landulphus eo tempore quo Lotharius imperator ibidem leges superius relatas condebat. Cum itaque illæ datæ sint die 7 Novembris anni 1136, ut in juris volumine ad easdem adnotatum legitur, dies Sabbati, quæ subsecuta tum fuit, in decimum quartum ejusdem mensis incidit: eo igitur die Papiam versus Lotharium movisse credendum est.

(3) Locus est Papiensis ditionis, cui e regione in præsens posita est, paucis milliaribus dissita, Ticinensis Carthusia, artis et magnificentiæ miraculum, a Joanne Galeatio primo Mediolani duce constructa.

(4) Plures hujus nominis Oronæ seu Olonæ fluvios recensent Gaudentius Merula De antiq. Gall. Cisalp. lib. I, cap. 7, et Bonavent. Castillionæus De Gall. Insubr. antiq. sed, Qui hic memoratur, a Bernardo Sacco in Hist. Ticinensi in hunc modum describitur: « Olona ex Mediolanensibus collibus vallibusque dilapsa Circiatum, ac Castaneatum petens, ipsis primum Mediolanensibus usui est, quibus potu exhibito Ticinensem oram magnis circuitibus ambit, rigatque undis, tandemque Padum petit inter vicum Spissiæ et divi Zenonis, longe a Ticino urbe decem millia passuum. »

(5) Id est 15 Novembris.

(6) Infestos Mediolanensibus acri bello Papienses, superius cap. 43 vidimus. Fortasse ea victoria elati insultantesque Lotharii, qui Mediolanensibus favebat, imperium pati renuerant. Certe nonnisi pacta pecunia in gratiam susceptos ab eo imperatore testatur Otto Frising. lib. VII, cap. 19. Sed fidem superat quod annalista Saxo jam citatus scribit, eam nempe fuisse 20 *millium talentorum*, nisi forte legendum sit *Tertiolorum*, quæ moneta in usu apud Papienses erat.

(7) Nempe 16 Novembris.

(8) Cleri et monachorum cœtus, assumptis crucibus et sanctorum reliquiis urbem egressos lugubri voce et habitu ad imperatorem processisse, ut ejus clementiam deprecarentur, legimus in suprad. Saxone, col. 673.

(9) Eos videlicet, quos cap. 43 captos dixit Landulphus a Papiensibus *veluti vilissima ovium pecora*.

(10) Scilicet 17 Novembris.

(11) Oppidum etiam in præsens celebre quatuordecim milliaribus Mediolano distans, Viglevanum versus, qua deductum e Ticino magnum navigium ad urbem nostram dilabitur. Castrum olim fuit munitissimum, resque ibidem strenue gestas a Mediolanensibus pro restitutione Francisci Sfortiæ postremi ducis sui contra Gallos refert Galeatius Capella lib. III de bello Mediolanensi. Plura de hoc oppido disserit Felix Osius in Commentariis ad Othonem Murenam num. 275 et seq.

(12) Complectitur hoc loco Landulphus itinera, quæ superiori cap. num. 11 jam descripsimus, ad Taurinensem videlicet urbem, ac postmodum Regiensem. Per agrum Novariensem, ac signanter vico *Momo* diversatum fuisse Lotharium Calchus narrat ad an 1138 brevi periodo ab universa Italica expeditione ejusdem se exsolvens.

(13) Prospere acta hæc itinera a Lothario fuisse, nemine inimicam manum in ipsum armante, testatur

CAP. XLVI.

Mediolanenses episcopum Cremonensem capiunt, qui veneno custode de vinculis fugit.

At Innocentius papa Cremonenses ab excommunicatione Robaldi archiepiscopi solvit (1) Verumtamen Mediolanensis exercitus Cremonensibus, nec eorum episcopo pepercit (2), quia post absolutionem (3) Juvenaltam castellum eorum (4), et alia apprehendit, atque episcopum eorum loricatum, et hortantem suos ad pugnam proficientem (*) homicidium de ipso castello pertraxit, et plures menses in custodia tenuit (5), donec Herlembaldus de Bresorio custos illius custodiæ contaminatus veneno, prout dicitur, subito in mortem corruit. Et in ipsa nocte, qua ipse custos subito occidit, episcopus de ipsa domo, qua claudebatur, effugit, et liberatus Papiam, deinde B Cremonam pervenit. Hic fortassis episcopus iste reminiscitur amaritudinis (6), qua potatus fuit Mediolani in die suæ ordinationis (7), sed prout quibusdam placet, non bene. Quia, si Jordanus archiepiscopus, ejusque Ecclesia amovit Ugonem de Noceto A (8) nobilem virum, et Parmensis Ecclesiæ quasi archidiaconum ab episcopatu Cremonensi, in quo Cremonenses per suam electionem, et Henricus rex eorum per investituram suæ laudationis et confirmationis ipsum posuerant, et susceperant per plures annos reverenter, et diu intus, et foris tenuerant; quid mirum, si populus Mediolanensis compulit istum Ubertum egregium virum jurare fidelitatem Ecclesiæ Mediolanensi, et archiepiscopo Jordano, quando (*) ipsum Ubertum episcopum consecravit! Quod si forte quis dixerit: Amotio Ugonis fuit justa (9), sed compulsio Uberti fuit iniqua: nec dicat cujus mortalis auctoritate principaliter est regenda Cremona, ejusque Ecclesia. (10). Si non (*) dixerit: Utrumque fuit malum, et iniquum; surgat igitur Deus exercituum, qui Mediolanum et Cremonam corrigat, et me acolythum oppressum et exspoliatum, quemadmodum in hac mea copia continente probos et pravos legitur, jure gubernet et protegat.

Deo gratias. Amen. Amen

Explicit liber Historiarum Landulphi de Sancto Paulo de Gestis Mediolani ab anno Christi 1094, usque ad annum Chr. 1133, tempore Robaldi archiepiscopi, qui obiit anno Christi 1142, secundo die ante Kal. Jan., jacet in ecclesia Hiemali. Huic successit Ubertus de Pirovano, quo sedente Mediolanum a Frederico funditus evertitur (11).

abb. Ursperg. in Vita Lotharii inquiens: « Post usque Taurinum progrediens, totam citeriorem (non liberiorem ut typographi fortasse errore in Struvii Historiam German., dissert. 16, § 26 irrepsit) Italiam sine ferro subegit.. »

Cap. XLVI. — (1) Displicuisse Innocentio papæ Ropaldi archiepiscopi Mediol. severam animadversionem in Cremonenses, eaque improbata, *illos* anathemate C inflicto exsolvisse affirmat Pagius ad an. 1136, num. 7; sed quod hoc anno id acciderit, assentiri eidem non ita facile possum, cum, post trajectum Ticinum et Padum *ad suum commodum* sub finem illiusmet anni, absolutos ab Innocentio Cremonenses narret Landulphus; atque ideo videantur hæc ad annum sequentem pertinere quo jam Lotharius, et ipse Cremonensibus iratus, ab hisce finibus excesserat.

(2) Obertus, seu Ubertus, ut illum infra appellat Landulphus, Cremonensem tunc infulam gerebat, usque ad 1169 superstes, teste Ughello in hujus urbis episc., num. 46.

(3) Nempe Innocentii II.

(4) Non longe a Romanengo, ac Soncino celebre hoc castrum est in Historia Cremonensi, pluribus ibidem commissis præliis; anno enim 1215 narrat Campus pugna improspere Cremonensibus cedente, captum fuisse Romanengum et Juvenaltam, ipsumque Carrocium (quod in deteriori fortuna gravius D tum damnum ac dedecus habebatur) a Mediolanensibus ereptum: iterum apud Juvenaltam acerrime cum iisdem decertatum refert anno 1239, sed pari cæde ac nemine victore.

(*) A. 2 *perficientem.*

(5) Quandiu in vinculis Mediolanensium perduraverit Cremonensis episcopus ignotum prorsus est, cum de insigni hoc facto, prædaque divite in Cremonensi agro a nostris relata, nullum in historiis verbum offenderim. Narrat quidem Sigonius Cremonenses iratos quod Lotharii auxilio Cremensium ulcisci injurias nequivissent, instasse oppido Cremonæ anno 1159 armis et minis graves; Mediolanensibus tamen propere accurrentibus, ab obsidione depulsos fractosque fuisse, eorumdem pluribus captis, atque in carceres Mediolanum transmissis. Sed cum pugnam hanc apud Rivoltam, non parum a Juvenalta sejunctam contigisse referat, alterum a præsenti bellum illud fuisse credendum est. Interim adnotare licet Landulphi Historiam in annum saltem 1137, procul dubio protendi. Cum enim Ubertum episcopum per plures menses detentum, tandemque fuga elapsum, Cremonæ incolumem restitutum enarret, collatis quæ supra exposuimus perspicuum fit in annum 1136 contrahi hæc minime posse.

(6) Causam hujus amaritudinis inferius exponit C Landulphus, juramentum videlicet fidelitatis Ecclesiæ Mediolanensi et archiepiscopo Jordano, ad quod compulsus est eodem tempore quo Mediolani consecratus fuit. Id autem videbatur officere libertati, in quam se asseruerant Lombardiæ urbes, ut notum est.

(7) Suffectum fuisse in Cremonensi sede a Jordano archiep. Mediol. Ubertum anno 1117 Ughellus asserit, sed quo fundamento annum hunc ejusdem electioni designaverit non video, cum nihil certi de tempore, quo Valterus proximus decessor obiit, aut intrusus est ab Henrico imp. Ugo de Noceto, producat. Certe ante Octobrem anni 1120, quo vivere desiit Jordanus electum atque inunctum fuisse hunc Ubertum ex nostro Landulpho constat, qua in re gravi anachronismo erravit Ludovicus Cavitellus in Annal. Cremon. qui omnia confundens, Walterum mortuum anno 1129, sequenti vero substitutum Ugonem, atque ipso non multo post defuncto, eodem anno 1130 successisse Ubertum tradit, quæ quam D absurda sint, historiæ hujus auctoritas evincit.

(8) De hoc Ugone nusquam mentio injicitur, præterquam in Landulpho nostro. Quæ Ughellus in episc. Cremon. et Berdonus in Thesauro Eccl. Parmen. prodidere, ex eodem collecta sunt.

(*) A. 2. *qui.*

(9) Pluribus enim summorum pontificum ac conciliorum decretis in laicas investituras, quas sibi asseruerant Henricus IV et V imperatores, declamatum fuerat, Cæsaribus ipsis anathemate perculsis.

(10) Innuit hoc loco Landulphus jura metropolis, quæ fortasse prætendebant Mediol., ut ipsorum imperio reliquæ urbes atque ecclesiæ finitimæ subderentur.

(*) A. 2. *si vero.*

(11) Quæ hic leguntur, desunt in altero ex mss. bibl. Ambr. Addita fuisse ab imperito quopiam ex huc usque expositis patet, cum inchoatam ab anno 1097, historiam suam Landulphus usque ad annum saltem 1137, produxerit. De Robaldi vero obitu vide quæ cap. 37, n. 7 disserui.

ORDO RERUM

QUÆ IN HOCCE TOMO CENTESIMO SEPTUAGESIMO TERTIO CONTINENTUR.

RODULPHUS ABBAS S. TRUDONIS.

LEO MARSICANUS ET PETRUS DIACONUS.

— Monet ut veniat Pruvinum ad examinandam causam Stephani archidiaconi Parisiensis. 1411
II. — Stephani ad Henricum archiepiscopum Senonensem. — Respondet se non potuisse a metropolitano extra sedem metropolitanam vocari ad examen causæ archidiaconi sui. 1411
III. — Gaufridi episcopi Carnotensis ad Stephanum. — Significat Stephanum archidiaconum deligere arbitrum causæ suæ abbatem Clarevallensem S. Bernardum. 1412
IV. — Gaufridi episcopi Carnotensis ad Stephanum. — Excusat se quod ad colloquium non possit accedere. 1413
V. — Ejusdem ad eumdem. — Petit ut designet S. Victoris cœnobio canonicum qui instituatur abbas Virtuensis. 1413
VI. — Anonymi ad Stephanum. — Laudat episcopi constantiam et perseverantiam ei suadet. 1414
VII. — Item anonymi ad Stephanum. — Monetur ut caveat sibi ab adversariis qui in illius necem conspirarunt. 1415
VIII. — Ad archipresbyteros diœcesis Parisiensis. — Sententia excommunicationis contra occisores Thomæ, prioris S. Victoris, et fautores eorum. 1415
IX. — Stephani ad Gaufridum Carnotensem episcopum. — De impia cæde Thomæ æprioris. 1416
X. — Stephani ad Innocentium II pontificem Romanum. — Ejusdem argumenti. 1418
XI. — Sephani ad Henricum archiepiscopum Senonensem. — Probat non posse absque suo assensu metropolitanum Senonensem vocare ad tribunal suum causam cujusdam Galonis Parisiensis scholæ magistri. 1418
XII. — Stephani ad legatum sedis apostolicæ. — Gualonem ejusque sectatores excommunicatos absolvere non posse ante satisfactionem contendit. 1419
XIII. — Ad anonymum. 1420
DIPLOMATA ET DONATIONES. 1421
I. — Charta pro canonicis S. Mariæ Parisiensis. 1421
II. — Charta pro canonicis regularibus Sancti Victoris Parisiensis. 1421
II. — Charta pro canonicis S. Joannis Rotundi. 1423
IV. — Charta de ecclesia S. Dionysii de Carcere. 1423
V. — Charta de ecclesia Fossatensi. 1424
VI. — Charta fundationis abbatiæ Hederensis 1427
EPISTOLA HUGONIS DE DOCIANO Senonensis archiepiscopi ad B. decanum et cæteros Parisiensis ecclesiæ canonicos consolatoria super morte episcopi Parisiensis. 1428

LANDULPHUS JUNIOR.

HISTORIA MEDIOLANENSIS. 1429
Præfatio Ludovici Antonii Muratorii. 1429
Præfatio alia Antonii Saxii. 1431
Series chronologica rerum ad hanc historiam pertinentium. 1433
CAP. I. — Anselmus de Buis in archiepiscopum Mediolani eligitur. 1437
CAP. II. — Anselmus contra Saracenos transfretat, et in Constantinopoli moritur. 1445
CAP. III. — Anselmus Grossulanum in Saonensem episcopum consecrat, et suum vicarium facit in Mediolano ante transfretationem. 1447
CAP. IV. — Presbyter Liprandus Grossulanum de vili habitu reprehendit, et audita morte Anselmi instat electionem fieri Grossulani. 1450
CAP. V. — Grossulanus in archiepiscopum eligitur, et a Romano pontifice sibi stola transmittitur. 1452
CAP. VI. — Grossulanus voluit presbytero Liprando bullam exemptionis auferre, dum faterelur se adversariis favisse. 1454
CAP. VII. — Liprandus Heribertum in domo suscepit ægrotum, unde jussu Grossulani a celebratione abstinuit. 1457
CAP. VIII. — Liprandus ecclesiam Sanctæ Trinitatis cum exemptione Urbani II fundavit. 1458
CAP. IX. — Liprandus prædicat Grossulanum Simoniacum esse, et id se per ignis judicium probaturum. 1459
CAP. X. — Presbyter Liprandus per ignem transivit illæsus. 1462
CAP. XI. — Liprandus in synodo ante Paschalem papam Grossulani præsentis Simoniam accusat, et ignis judicium manifestat. 1466
CAP. XII. — Grossulano coram papa se non coegisse Liprandum ad ignem jurante, Grossulanus restitutus est, sed a civibus non est receptus. 1469
CAP. XIII. — Perturbatione in Mediolanensi ecclesia orta ob Grossulanum, Olricus vicedominus, et Anselmus de Pusterla se Parisinum in studium transtulerunt. 1470
CAP. XIV. — Historicus præsens presbyterum Liprandum a Valletellina Mediolanam reducit. 1472
CAP. XV. — Landulphus historicus se a presbytero Liprando separavit. 1473
CAP. XVI. — Exsulante Grossulano Mediolanenses bellum inchoant cum Laudunensibus. 1474
CAP. XVII. — Olricus et Anselmus revocati a studio ad ordines sunt promoti. 1475
CAP. XVIII. — Henricus imperator Paschalem papam cum curia captivavit, et altera die, pace facta, est ab eo solemniter coronatus. 1478
CAP. XIX. — Jordanus de Clivi a studio revocatus, est in sacerdotio consecratus. 1482
CAP. XX. — Eliguntur aliqui sacerdotes, qui debeant judicare an Grossulanus absens digne possit esse archiepiscopus. 1483
CAP. XXI. — Jordanus de Clivi in archiepiscopum eligitur, et consecratur. 1484
CAP. XXII. — De festo Agios, quod fit ad sanctam Mariam, ad portam Vercellinam, die 9 Maii. 1487
CAP. XXIII. — Liprandus admonet Landulphum historicum ut a communicatione Jordani abstineat. 1490
CAP. XXIV. — Presbyter Liprandus in Pontidii monasterio obiit. 1490
CAP. XXV. — Jordanus stolam papalem accipiens clericos exturbat, historicum ab ecclesia Sancti Petri removet. 1492
CAP. XXVI — Inter Grossulanistas et Jordanistas pugna committitur, ipsis præsulibus ad suos sermocinantibus 1494
CAP. XXVII. — Data pecunia Grossulano et Anselmo de Pusterla, Grossulanus Placentiam adiit. 1495
CAP. XXVIII. — De moribus et imbratis presbyteri Nazarii Muriculæ. 1496
CAP. XXIX. — Paschalis papa Jordanum confirmat, Grossulanum deponit, qui post annum in Roma moritur. 1499
CAP. XXX. — Jordanus papæ gratias agens episcopum Brixiensem consecrat, promittens historico justitiam facere. 1502
CAP. XXXI. — Jordanus Henricum imperatorem excommunicat Mediolani, et concilium provinciale celebrat a quo historicum conquerentem expulit. 1505
CAP. XXXII. — Mortuo Paschali imperator Burdinum in antipapam eligi fecit, quem Gregorium nominavit. 1506
CAP. XXXIII. — Gelasius papa Gajetæ consecratus Januam et Pisas fugit, tandem in Franciam ubi moritur. 1510
CAP. XXXIV. — Bellum inter Mediolanenses et Cumanos oritur, in quo civitas Cumana destruitur. 1511
CAP. XXXV. — Historicus ante Calixtum papam Terdonæ, et Placentiæ de Jordano frustra conqueritur. 1515
CAP. XXXVI. — Mortuo Jordano Olricus eligitur in archiepiscopum, qui ad dexteram Calixti papæ sedit contranitense Ravennate. 1516
CAP. XXXVII. — Historicus sensit imperatorem, ad quem pergebat, defunctum. Olricus moritur. Anselmus eligitur in archiepiscopum. 1518
CAP. XXXVIII. — Anselmus a Romano pontifice respuit stolam suscipere consentientibus Mediolanensibus, ne honor archiepiscopatus minuatur. 1522
CAP. XXXIX. — Anselmus archiepiscopus Conradum imperatorem coronat, quem Honorius papa rejicit, unde Anselmus jussu papæ excommunicatur. 1525
CAP. XL. — Anselmus archiepiscopus Anacleto antipapæ adhæret, et ab ipso stolam recipit. 1528
CAP. XLI. — Clerus Mediolani Anselmum de archiepiscopatu pellit. Papa Innocentius id confirmat, et B. Bernardum Mediolanum mittit. 1530
CAP. XLII. — B. Bernardus facit Mediolanenses obedire Ecclesiæ et Lothario imperatori. Robaldus in archiepiscopum eligitur. Anselmus captus in Pado moritur Romæ. 1535
CAP. XLIII. — Robaldus Innocentio papæ fidelitatem jurat, Lotharium imperatorem sociat, et Cremonensium castra diruit. 1539
CAP. XLIV. — Per imperatorem causa historici frustra consulibus Mediolani committitur. 1541
CAP. XLV. — Lotharius Papiensibus fusis Mediolanum venit. 1543
CAP. XLVI. — Mediolanenses episcopum Cremonensem capiunt, qui venenato custode de vinculis fugit. 1545

FINIS TOMI CENTESIMI SEPTUAGESIMI TERTII

Ex typis MIGNE, au Petit-Montrouge.

www.ingramcontent.com/pod-product-compliance
Lightning Source LLC
Chambersburg PA
CBHW052036290426
44111CB00011B/1525